Hier finden Sie die Formulare (ohne Anmerkungen) zum Download:

http://ch.beck.de/MPFormB-MietR

Geben Sie bitte in das dafür vorgesehene Eingabefeld diesen persönlichen Freischaltcode ein:

GOxdiJxEI0e1MjjcjU38TA[[

Bei Fragen stehen wir Ihnen gerne zur Verfügung. Sie erreichen uns per E-Mail unter hotline@beck.de.

Münchener Prozessformularbuch
Band 1
Mietrecht

Münchener Prozessformularbuch

Band 1
Mietrecht

Herausgegeben von
Prof. Dr. Ulf Börstinghaus
Richter am Amtsgericht Dortmund

Bearbeitet von:

Rudolf Beuermann, Richter am Amtsgericht Berlin-Tiergarten a. D.; *Prof. Dr. Ulf Börstinghaus*, Richter am Amtsgericht Dortmund; *Werner Borzutzki-Pasing*, Vorsitzender Richter am Oberlandesgericht Düsseldorf a. D.; *Dr. Michael Deppen*, Rechtsanwalt in Hamm; *Dr. Richard Gies*, Richter am Landgericht Köln a. D.; *Thomas Hannemann*, Rechtsanwalt in Karlsruhe; *Dr. Thomas Kischkel*, Richter am Amtsgericht Wetzlar; *Prof. Dr. Arnold Lehmann-Richter*, Hochschule für Wirtschaft u. Recht in Berlin; *Dr. Günter Mersson*, Richter am Oberlandesgericht Hamm a. D.; *Erich-Wolfgang Moersch*, Rechtsanwalt in Karlsruhe; *Ralf Schacht*, Rechtsanwalt in Düsseldorf; *Axel Wetekamp*, Rechtsanwalt in München, Richter am Amtsgericht München a. D.

5. Auflage 2016

C.H.BECK

Zitiervorschlag:
MPFormB MietR/*Bearbeiter* Form. ... Anm. ...

www.beck.de

ISBN 978 3 406 68675 7

© 2016 Verlag C. H. Beck oHG
Wilhelmstraße 9, 80801 München
Satz: Reemers Publishing Services GmbH, Krefeld
Druck und Bindung: Beltz Bad Langensalza GmbH
Neustädter Str. 1–4, 99947 Bad Langensalza
Umschlaggestaltung: Druckerei C. H. Beck, Nördlingen

Gedruckt auf säurefreiem, alterungsbeständigem Papier
(hergestellt aus chlorfrei gebleichtem Zellstoff)

Vorwort zur 5. Auflage

Vor 3 Jahren ist die 4. Auflage erschienen. Ein solcher Zeitraum ist im Mietrecht inzwischen eine halbe Ewigkeit.

Zunächst lässt bereits der Gesetzgeber das Mietrecht kaum zur Ruhe kommen. Durch das Mietrechtsmodernisierungsgesetz vom 21.5.2015 (BGBl. I 610) hat der Bundesgesetzgeber den Ländern die Möglichkeit eingeräumt, Gemeinden zu bestimmen, in denen die Wiedervermietungsmiete begrenzt ist. Hiervon haben 10 Bundesländer in ca. 300 Gemeinden Gebrauch gemacht. In 2 weiteren Bundesländern sollen noch in diesem Jahr entsprechende Verordnungen erlassen werden. Die Neuregelung schafft zahlreiche neue Rechtsprobleme, für die es entsprechende Formulare zu entwickeln galt.

Und dann hat der Bundesgerichtshof zahlreiche grundsätzliche Fragen der täglichen Mietrechtspraxis inzwischen entschieden und dabei teilweise unter Aufgabe seiner eigenen Rechtsprechung neue Lösungen entwickelt. Man denke nur an die drei Entscheidungen zur Abwälzung der Schönheitsreparaturen und den Quotenabgeltungsklauseln. Aber auch die Rückkehr zu gerechten Lösungen bei Flächenabweichungen im Mieterhöhungsverfahren und die Entscheidungen zur Wirksamkeitskontrolle von Kappungsgrenzenverordnungen und zu Umfeldmängeln erforderten eine umfangreiche Überarbeitung der Formulare. Die tägliche Praxis zeigte zusätzlich noch Fallgestaltungen auf, für die bisher im Buch kein Formular angeboten wurde. All dies wurde in der 5. Auflage berücksichtigt. Das Werk hat einen Bearbeitungsstand vom Mai 2016.

Ausgeschieden aus dem Autorenteam sind Herr RiAG a.D. Dr. H. Franke, der verstorben ist, und Frau RAin M. Walke. Ihren Teil hat freundlicherweise Herr RA E.-W. Moersch übernommen, der neben dem Kapitel betreffend die Besonderheiten der Zwangsverwaltung und Insolvenz auch die über das ganze Werk verstreuten Anmerkungen zu dieser Thematik bearbeitet hat. Neu im Autorenteam ist Herr Kollege RiAG T. Kischkel vom AG Wetzlar, der den größten Teil der bisher vom Kollegen Franke betreuten Formulare übernommen hat. Ihnen und den „alten Hasen" gilt mein Dank. Alle Mitautoren haben trotz starker beruflicher Belastungen innerhalb des vom Verlag vorgegebenen Zeitrahmens die Bearbeitungen vorgenommen.

Gelsenkirchen, im Juni 2016   *Prof. Dr. Ulf Börstinghaus*

Inhaltsübersicht

E. Besonderheiten bei Mietverhältnissen in der Zwangsverwaltung

F. Besonderheiten bei Mietverhältnissen in der Insolvenz

Inhaltsverzeichnis

A. Klagen vor bzw. ohne Abschluss eines Mietvertrages

B. Klagen aus dem begründeten und noch nicht beendeten Mietvertrag

C. Klagen nach Beendigung des Mietvertrages

D. Sonstige Verfahren und Anträge

E. Besonderheiten bei Mietverhältnissen in der Zwangsverwaltung

F. Besonderheiten bei Mietverhältnissen in der Insolvenz

Verzeichnis der Bearbeiter

Rudolf Beuermann ....
B. II. 8, 13–15, 34, 46, 59–63
B. III. 16, 17, 19–21
C. II. 21–23

Prof. Dr. Ulf Börstinghaus ....
B. II. 9, 10, 12, 35–41, 44, 45
B. III. 6–9, 11, 12, 22–24, 43, 44

Werner Borzutzki-Pasing ....
B. II. 21, 47–51
B. III. 57–60
C. II 25–28
C. III. 8–18, 21–23

Dr. Michael Deppen ....
A
B. II. 64–66
B. III. 30–33
C. I. 4, 5
C. III. 19, 20
D. V. 3, 14–16

Dr. Richard Gies ....
B. II. 16–20, 22–27
B. III. 1–5, 13–15, 18, 28, 29, 34–37, 46–50
D. III. 1–7

Thomas Hannemann ....
B. I
B. II. 1, 2, 52–57
B. III. 25–27
C. I. 1–3
D. II
D. V. 1, 2
D. VI.

Dr. Thomas Kischkel ....
C. II. 1–17, 20, 24

Prof. Dr. Arnold Lehmann-
Richter ....
B. II. 11, 31–33, 58
B. III. 38, 51, 52
C. III. 1, 3
D. I
D. III. 8
D. V. 9–13, 17–19

Dr. Günter Mersson ....
B. II. 3–7, 28, 29
B. III. 39–42, 45
C. II. 29, 30
C. III. 4–7
D. V. 5, 20

Verzeichnis der Bearbeiter

Abkürzungs- und Literaturverzeichnis

aA	anderer Ansicht/ Auffasung
aaO	am angegebenen Ort
aE	am Ende
aF	alte Fassung
AG	Amtsgericht
AGBG	Gesetz über allgemeine Geschäftsbedingungen
AMVOB	Altbaumietenverordnung (Berlin)
Anm.	Anmerkung
Aufl.	Auflage
ausf.	ausführlich
Bamberger/Roth	BGB, 3. Aufl. 2012
Barthelmess	Wohnraumkündigungsschutzgesetz, Miethöhegesetz, Kommentar, 5. Aufl. 1995
Baumgärtel/Laumen/ Prütting	Handbuch der Beweislast, 3. Aufl. 2010
BayObLG	Bayerisches Oberstes Landgericht
BB	Der Betriebs-Berater
BeckOK	Beck`scher Online-Kommentar
Beierlein	Beierlein/Kinne/Koch/Stackmann/Zimmermann, Der Mietprozess, 2006
Betr.	Betreff
BGB	Bürgerliches Gesetzbuch
BGBl.	Bundesgesetzblatt
BGH	Bundesgerichtshof
BGHZ	Entscheidungssammlung BGH Zivilsachen
BLAH	Baumbach/Lauterbach/Albers/Hartmann, ZPO, Kommentar, 74. Aufl. 2016
Blank/Börstinghaus	Miete, 4. Aufl. 2014
BlnGE	Berliner Grundeigentum
Börstinghaus	Miethöhe, Handbuch, 2. Aufl. 2016
BRAGO	Bundesgebührenordnung für Rechtsanwälte
BR-Drucks.	Drucksache des Bundesrats
Bub/Treier	Bub/Treier, Handbuch der Geschäfts- und Wohnraummiete, 4. Aufl. 2014
BetrKV	Betriebskostenverordnung
BVerfG	Bundesverfassungsgericht
BVerwG	Bundesverwaltungsgericht
c. i. c.	culpa in contrahendo
dh	das heißt
DB	Der Betrieb
Depré/Mayer	Die Praxis der Zwangsverwaltung, 7. Aufl. 2013
DWW	Deutsche Wohnungswirtschaft
Emmerich/Sonnenschein	Miete, Handkommentar, 11. Aufl. 2014
Erman	BGB, Kommentar, 14. Aufl. 2014

f.	folgende
FamRZ	Ehe und Familie im privaten und öffentlichen Recht. Zeitschrift für das gesamte Familienrecht
ff.	fortfolgende
Form.	Formular
Franken/Dahl	Mietverhältnisse in der Insolvenz, 2. Aufl. 2006
Fritz	Gewerberaummietrecht, 4. Aufl. 2004
GbR	Gesellschaft des bürgerlichen Rechts
GE	Berliner Grundeigentum (Zeitschrift)
gem.	gemäß
ggf.	gegebenenfalls
BeckFormB MietR	Gies, Beck'sches Formularbuch Mietrecht, 5. Aufl. 2016
GKG	Gerichtskostengesetz
GVG	Gerichtsverfassungsgesetz
Haarmeyer/Wutzke/Förster/Hintzen	Zwangsverwaltung, 5. Aufl. 2011
hM	herrschende Meinung
Hannemann/Wiek/Emmert	Handbuch des Mietrechts, 6. Aufl. 2015
Hartmann	Kostengesetze, Kommentar, 46. Aufl. 2016
Herrlein/Kandelhard	Mietrecht, 4. Aufl. 2010
HmbGE	Hamburger Grundeigentum
idR	in der Regel
iSd	im Sinne des
iE	im Einzelnen
iÜ	im Übrigen
iVm	in Verbindung mit
JA	Juristische Ausbildung
jew.	jeweils
JMBl NW	Justizministerialblatt Nordrhein-Westfalen
JR	Juristische Rundschau
JurBüro	Das juristische Büro
JuS	Juristische Schulung
Justiz	Die Justiz
JW	Juristische Wochenschrift
JZ	Juristen-Zeitung
KG	Kammergericht
Kinne/Schach/Bieber	Miet- und Mietprozessrecht, 7. Aufl. 2013
Kossmann/Meyer-Abich	Handbuch der Wohnraummiete, 7. Aufl. 2014
Lammel	Wohnraummietrecht, 3. Aufl. 2007
LandesVO	Landesverordnung
LG	Landgericht
Lindner-Figura/Oprée/Stellmann	Geschäftsraummiete, 3. Aufl. 2012
LM	Nachschlagewerk des BGH, herausgegeben von Lindenmaier und Möhring
MAH MietR	Hannemann/Wiegner, Münchener Anwaltshandbuch Mietrecht, 4. Aufl. 2014

mE	meines Erachtens
MM	Mindermeinung
mwN	mit weiteren Nachweisen
MDR	Monatsschrift für Deutsches Recht
Mersson	Vermieterleitfaden, 6. Aufl. 20015
MHG	Gesetz zur Regelung der Miethöhe
MHRG	s. MHG
MietPrax	Mietrecht in der Praxis, Hrsg. Börstinghaus
MietPrax-AK	Rechtsprechung des BGH in Mietsachen, Hrsg. Börstinghaus/Eisenschmid
MM	Mietrechtliche Mitteilungen
MüKoBGB	Münchener Kommentar zum BGB
MüKoZPO	Münchener Kommentar zur ZPO
Musielak/Voit	Zivilprozessordnung, 13. Aufl. 2016
MwSt	Mehrwertsteuer
Nachw.	Nachweise/n
nF	neue Fassung
NJW	Neue Juristische Wochenschrift
NJWE-MietR	Neue Juristische Wochenschrift Entscheidungsdienst – Mietrecht
NJW-RR	NJW-Rechtsprechungsreport
NMV	Neubaumietenverordnung
NZA	Neue Zeitschrift für Arbeitsrecht
NZM	Neue Zeitschrift für Mietrecht
OLG	Oberlandesgericht
OLG-NL	OLG-Rechtsprechung neue Länder
OLGZ	Entscheidungen der Oberlandesgerichte in Zivilsachen
OVG	Oberverwaltungsgericht
p. a.	per anno
pVV	positive Vertragsverletzung
Palandt	Bürgerliches Gesetzbuch, Kommentar, 75. Aufl. 2016
PAngKlauselG	Preisangaben- und Preisklauselgesetz
PiG	Partner im Gespräch, Schriftenreihe des evangelischen Siedlungswerks in Deutschland
PrKV	Preisklauselverordnung
RE	Rechtsentscheid
RG	Reichsgericht
RGRK	BGB-Kommentar, 12. Aufl. 1974 ff. (Mietrechtsteil von Gelhaar)
RGZ	Entscheidungssammlung RG Zivilsachen
Rn.	Randnummer/n
Rpfleger	Der deutsche Rechtspfleger
Rspr.	Rechtsprechung
s.	siehe
Schmidt-Futterer	Mietrecht, Kommentar, 12. Aufl. 2015
Soergel	Bürgerliches Gesetzbuch, Kommentar, 13. Aufl. 1999
Sternel	Mietrecht, 3. Aufl. 1988
Staudinger	Bürgerliches Gesetzbuch, Kommentar
StGB	Strafgesetzbuch
Stöber	Zwangsversteigerungsgesetz, Kommentar, 21. Aufl. 2016

Thomas/Putzo .... Zivilprozessordnung, Kommentar, 37. Aufl. 2016

ua .... unter anderem
Uhlenbruck .... Insolvenzordnung, Kommentar, 14. Aufl. 2015
uU .... unter Umständen
UStG .... Umsatzsteuergesetz
usw .... und so weiter
UWG .... Gesetz gegen unlauteren Wettbewerb

VersR .... Versicherungsrecht
vg. .... vorgenannte
vgl. .... vergleiche

Wedekind/Wedekind .... Zwangsverwaltung, 2. Aufl. 2016
WiStG .... Wirtschaftsstrafgesetz
WKSchG .... Wohnraumkündigungsschutzgesetz
WM .... Wertpapiermitteilungen, Zeitschrift für Wirtschafts- und Bankenrecht

A. Klagen vor bzw. ohne Abschluss eines Mietvertrages

I. Klagen aus einem Mietvorvertrag

1. Klage auf Abschluss des Mietvertrages und auf Leistung aus dem abzuschließenden Mietvertrag

An das

Landgericht[1] . . . . .

Klage

des . . . . .

– Kläger –

Prozessbevollmächtigte: . . . . .

gegen

den . . . . .

– Beklagter –

Prozessbevollmächtigte: . . . . .

wegen Erfüllung eines Mietvor- und Mietvertrages

Streitwert: 28.560,– EUR[2]

Wir bitten um Anberaumung eines Termins zur mündlichen Verhandlung, in dem wir beantragen werden:[3, 9]

1. den Beklagten zu verurteilen, dem Kläger gegenüber verbindlich zu erklären:[4]
   „Ich bin damit einverstanden, dass zwischen dem Kläger als Mieter und dem Beklagten als Vermieter ein Mietvertrag über den im Erdgeschoss des Hauses . . . . . gelegenen Kiosk mit folgendem Inhalt zustande kommt:
   • vermietet wird der Kiosk . . . . . in . . . . ., bestehend aus einem Verkaufsraum von ca. 20 m², einem Lagerraum von ca. 15 m² und einem Wasch-Toilettenraum von 3 m², mit der darin befindlichen Einrichtung,
   • die Miete beträgt monatlich 1.000,– EUR zzgl. der jeweils gültigen Mehrwertsteuer einschließlich sämtlicher Nebenkosten,
   • der Mietvertrag beginnt am 1.10.2016 und endet am 30.9.2019,
   • der Mieter verpflichtet sich, die Mietsache pfleglich zu behandeln und diese nach Beendigung des Mietverhältnisses im bei Vertragsbeginn vorhandenen Zustand mit sämtlichen Schlüsseln zurückzugeben."
2. hilfsweise bezüglich der Vertragsdauer zu erklären:
   „Der Mietvertrag beginnt am 1.10.2017 und endet am 30.9.2019".
3. für den Fall der Begründetheit der Klageanträge zu 1. oder 2. den Beklagten zu verurteilen, dem Kläger den Kiosk im Hause . . . . . in . . . . . durch Herausgabe der 3 zum Objekt gehörenden Schlüssel zum Gebrauch zu überlassen,[5]

4. für den Fall des Vorliegens der Voraussetzungen Versäumnisurteil ohne mündliche Verhandlung gemäß § 331 Abs. 3 ZPO zu erlassen,
5. dem Kläger eine vollstreckbare Ausfertigung des Urteils nebst Zustellungsbescheinigung (§ 169 ZPO) zu erteilen.[6, 10]

Begründung:

Die Parteien sind Rentner. Sie waren früher Arbeitskollegen und wohnen im selben Stadtviertel. Der Beklagte betrieb bis Mitte 2016 zur Aufbesserung seines Einkommens den Kiosk im Hause . . . . . in . . . . . Er hatte diesen Kiosk vom Hauseigentümer . . . . . für die Dauer von 5 Jahren bis zum Ende des Jahres 2019 angemietet.

Beweis: Vorlage des Mietvertrages mit dem Hauseigentümer durch den Beklagten; Zeugnis . . . . .

Anfang 2016 lernte der verwitwete Beklagte die Zeugin . . . . . kennen. Da die Zeugin . . . . . ein Haus auf Teneriffa hat, beschlossen beide, für die Dauer von etwa 2 bis 3 Jahren dort gemeinsam zu leben. Der Beklagte wollte seinen Kiosk aufgeben und kündigte dem . . . . . das Mietverhältnis . . . . . Der Hauseigentümer war mit der Kündigung jedoch nicht einverstanden und verwies auf den bis zum 31.12.2019 laufenden Mietvertrag.

Beweis: Zeugnis . . . . .

Daraufhin kamen die Parteien ins Gespräch. Der Kläger sah sich mit seiner Ehefrau den Kiosk an und bekundete Interesse. Er wollte den Kiosk zusammen mit seiner Ehefrau bis zum Ablauf des Hauptmietvertrages untermietweise übernehmen. Am 30.7.2016 trafen sich die Parteien sowie die Ehefrau des Klägers zu einem Gespräch im Verkaufsraum des Kiosk. Dabei verhandelten sie, zu welchen Konditionen und wie lange der Kiosk überlassen werden sollte. Nach längerem Gespräch kamen sie dahin überein, dass die monatliche Miete 1.000,– EUR zzgl. gesetzlicher Mehrwertsteuer einschließlich sämtlicher Nebenkosten betragen sollte. Außerdem sollte der Kiosk in dem Zustand, in dem er sich an diesem Tage befand, dem Kläger für die Zeit entweder vom 1.10.2016 oder vom 1.10.2017 bis 30.9.2019 überlassen und in demselben Zustand, in dem er sich bei Vertragsbeginn befand, an den Beklagten bei Vertragsende zurückgegeben werden. Diese Konditionen hielt die Ehefrau des Klägers auf anliegend in Kopie beigefügtem Notizzettel handgeschrieben fest.

Beweis: Zeugnis . . . . .

Den Mietvertrag selbst schlossen sie deshalb noch nicht, weil die Ehefrau des Klägers den Vertrag auf einer Schreibmaschine säuberlich niederlegen wollte. Außerdem blieb der Zeitpunkt des Vertragsbeginns offen. Es war unklar, wann der Beklagte den Kiosk aufgeben wollte.

Beweis: Zeugnis . . . . .

Der Beklagte holte sich von dem Eigentümer . . . . . die Zustimmung zur Untervermietung. Eine Durchschrift übersandte er dem Kläger zur Kenntnis. Wir überreichen die Ablichtung des Schreibens an den Beklagten vom 2.8.2016. Wider Erwarten kam es jedoch nicht zum Abschluss des schriftlichen Vertrages, weil die Ehefrau des Klägers schwer erkrankte. Da zunächst auch offen blieb, ob wegen dieser Erkrankung der Kiosk überhaupt wie geplant hätte geführt werden können, kam es zwischen den Parteien noch nicht zur Schlüsselübergabe.

Beweis: Zeugnis . . . . .

Vielmehr reiste der Beklagte im August 2016 mit seiner Lebensgefährtin nach Teneriffa. Die Schlüssel des Kiosk ließ er bei seinem Sohn zurück.

Beweis: Zeugnis . . . . .

Die Ehefrau des Klägers war aber nach einer Operation im August 2016 wieder auf dem Wege der Besserung und erholte sich verhältnismäßig schnell. Nach ihrer Entlassung aus dem Krankenhaus fertigte sie anliegend in Kopie beigefügten Mietvertrag. Beide vom Kläger unterzeichneten Exemplare übersandte dieser dem Beklagten mit der Bitte um Gegenzeichnung und Rücksendung der Erstausfertigung sowie um Überlassung der Schlüssel. Eine Ablichtung dieses Schreibens wird ebenfalls beigefügt. Der Kläger hörte jedoch zunächst nichts vom Beklagten, erfuhr dann aber von dessen Sohn, dass sein Vater bald von Teneriffa zurückkehren werde, da es zwischen ihm und seiner Lebensgefährtin zu einem erheblichen Zerwürfnis gekommen sei. Sein Vater wolle deshalb auch den Kiosk weiterbetreiben. Damit ist der Kläger nicht einverstanden. Er verlangt den Abschluss des in allen Punkten verabredeten Untermietvertrages.[7] Darüber hinaus begehrt er dessen Erfüllung. Die Prozessbevollmächtigten des Beklagten haben vor Klageerhebung dem entsprechenden diesseitigen Begehren mit der Begründung widersprochen, es gebe noch keine Bindungen. Auch der Vorvertrag habe wegen der vorgesehenen Vertragsdauer von mehr als 1 Jahr der Schriftform bedurft. Im Übrigen habe der Abschluss sowohl eines Mietvor- als auch eines Mietvertrages unter der Bedingung gestanden, dass der Hauseigentümer . . . . . der Untervermietung zustimme. Zudem sei man sich über die Vertragsdauer nicht einig gewesen. Der Kläger habe 3 Jahre verlangt, der Beklagte habe sich wegen der unklaren Situation allenfalls zu 2 Jahren bereit finden wollen, sich jedoch diesbezüglich noch nicht festgelegt. Damit kann der Beklagte aber nicht gehört werden. Der Vorvertrag bedurfte nicht der Schriftform gemäß §§ 550, 578 Abs. 1, Abs. 2 S. 1 BGB, auch wenn der Hauptvertrag seinerseits wegen der Vertragsdauer von mehr als 1 Jahr beurkundungsbedürftig ist (BGH NJW 2007, 1817; *Neuhaus*, Handbuch der Geschäftsraummiete, 4, Aufl. 2011, Rn. 235).

Das Zustandekommen eines Vorvertrages war nicht an die Bedingung geknüpft, dass der Hauseigentümer zustimmte. Davon sind die Parteien bei ihren Verhandlungen am 30.7.2016 als feststehend ausgegangen, da dem Beklagten in seinem Mietvertrag eine generelle Untermieterlaubnis bereits erteilt war.

Beweis: Zeugnis . . . . .

Danach durfte der Hauseigentümer die Zustimmung nur aus wichtigem Grunde verweigern. Ein derartiger Grund lag nicht vor, wie das Schreiben des . . . . . vom 2.8.2016 zeigt.

Richtig ist, dass zunächst offen blieb, ob der Kiosk für 2 oder 3 Jahre vermietet werden sollte. Die Parteien haben sich jedoch auf 3 Jahre geeinigt.

Beweis: Zeugnis . . . . .

Mit dem Hilfsantrag wird dem Umstand Rechnung getragen, dass man sich wie vom Beklagten behauptet nur auf 2 Jahre verständigt hat. Insofern macht sich der Kläger die vom Beklagten selbst genannte Vertragsdauer hilfsweise zu eigen.

Ist der Beklagte zum Abschluss des Untermietvertrages verpflichtet, kann der Kläger daraus zugleich auf Erfüllung dieses Vertrages, insbesondere auf Gebrauchsüberlassung klagen.[8] Insoweit droht, dass die Vertragslaufzeit mit zunehmender Zeitdauer nicht mehr eingehalten werden kann. Wegen veränderter Umstände bleibt deshalb vorbehalten, die Klage hilfsweise dahin zu erweitern, dass der Beklagte verpflichtet wird, einer Vertragsdauer bis zum 31.12.2019, dem Ende des Hauptmietvertrages, im Wege des Nachverhandelns zuzustimmen.[9]

Rechtsanwalt

Anmerkungen

1. Zuständigkeit. Da der Streitwert 5.000,– EUR überschreitet, ist gemäß §§ 23 Nr. 1, 71 Abs. 1 GVG das Landgericht zuständig. Umstritten ist, ob bei Klagen auf Abschluss eines Mietvertrages aus einem Vorvertrag § 29a ZPO die örtliche Zuständigkeit regelt, da begrifflich eine Streitigkeit über Ansprüche aus einem Mietverhältnis über Räume nicht vorliegt (deshalb auch verneinend Thomas/*Putzo* § 29a Rn. 5; Saenger/*Bendtsen,* ZPO, 6. Aufl. 2015, § 29a Rn. 6; differenzierend *Ghassemi-Tabar* NZM 2012, 375). Der Wortlaut kann jedoch nicht maßgeblich sein, da nach dem Willen des Gesetzgebers der Gerichtsstand der Belegenheit der Räume auch bei Anbahnung und Abwicklung eines Miet- oder Pachtverhältnisses eingreifen soll (Zöller/*Vollkommer* § 29a Rn. 8, 9, 13 unter Verweis auf BR-Drs. 314/91 vom 5.7.1991, S. 67; BLAH/*Hartmann* § 29a Rn. 11 Stichwort: „Vorvertrag"; *Fleischmann* NZM 2012, 625, 628; AG Berlin-Schöneberg ZMR 2000, 31). Ansprüche aus einem Mietvorvertrag resultieren ebenfalls aus der Anbahnung eines Mietvertrages, sind also ähnlich wie Ansprüche aus § 311 Abs. 2 BGB wegen Verschuldens bei Vertragsschluss vom Normzweck erfasst (hierzu aber aA LG Frankenthal NJW-RR 1997, 335).

2. Streitwert. Für die Klage auf Abgabe einer Willenserklärung gilt § 3 ZPO (s. BLAH/*Hartmann* Anh. § 3 Rn. 76 „Klage auf den Abschluss eines Mietvertrages"; LG Dortmund WuM 1991, 358). Der Wert für den Hauptsacheanspruch ist danach mit einer Jahresmiete zu bemessen. Für den Gebührenstreitwert sind gemäß § 48 Abs. 1 GKG wiederum die §§ 3 bis 9 ZPO maßgeblich. § 41 Abs. 1 GKG ist nicht anwendbar, wenn es sich um einen erst noch auf Grund der Klage vorgesehenen Mietvertragsabschluss handelt (*Hartmann* GKG § 41 Rn. 18 „Vertragsabschluss"). Der Hilfsantrag zu 2) ist gemäß § 45 Abs. 1 S. 2 GKG im Falle einer Entscheidung über ihn mit dem Hauptanspruch zusammen zu rechnen. Da jedoch gemäß § 45 Abs. 1 S. 3 GKG derselbe Gegenstand betroffen ist, kommt eine Streitwerterhöhung aus diesem Grunde nicht in Betracht. Der Hilfsantrag zu 3) auf Überlassung der Mietsache ist ebenfalls gemäß § 3 ZPO zu bewerten. § 8 ZPO kann zwar auch den Streit um die Überlassung der Mietsache erfassen, nämlich dann, wenn zwischen den Parteien streitig ist, ob ein Mietverhältnis überhaupt zustande gekommen ist (BLAH/*Hartmann* § 8 Rn. 3 Stichwort „Vertragsabschluss"). Da der Hilfsantrag zu 3) jedoch unter der Bedingung des Zustandekommens eines Mietvertrages steht, nämlich der Begründetheit der Klageanträge zu 1) oder 2), liegen diese Voraussetzungen nicht vor. Anhaltspunkt für das freie Ermessen ist § 41 Abs. 1 GKG. Nach dieser Vorschrift ist auch der Anspruch des Mieters auf Gebrauchsüberlassung zu bewerten (BLAH/*Hartmann* Anh. § 3 Rn. 78; aA OLG Celle MDR 1989, 272; maßgeblich sei § 41 Abs. 2 GKG. Abs. 2 befasst sich jedoch mit der Beendigung eines Miet- oder Pachtverhältnisses und dem daraus abgeleiteten Räumungsanspruch.). § 41 Abs. 1 GKG ist indessen schon auf die Klage auf Abschluss eines Mietvertrages analog angewandt worden (LG Dortmund WuM 1991, 358; s. auch Bub/Treier/*Fischer* XI Rn. 389). Für die Überlassungsklage ist deshalb ebenfalls eine Jahresmiete in Ansatz zu bringen. Gemäß § 45 Abs. 1 S. 2 GKG ist ein hilfsweise geltend gemachter Anspruch mit dem Hauptanspruch zusammenzurechnen, soweit eine Entscheidung über ihn ergeht. Der Streitwert dürfte sich daher sowohl für die Zuständigkeit als auch für die Gebühren auf 12 × 1.000,– EUR × 2 = 24.000,– EUR zzgl. Mehrwertsteuer von 19 % = 4.560,– EUR, also insgesamt 28.560,– EUR erstrecken.

3. Antragstellung. Werden Ansprüche aus einem Mietvorvertrag auf Abschluss eines Mietvertrages geltend gemacht, ist der Klageantrag im Sinne des § 253 Abs. 2 Nr. 2 ZPO nur dann hinreichend bestimmt, wenn er so gefasst ist, dass er nach § 894 ZPO vollstreckt werden kann. Danach muss der Leistungsantrag alles enthalten, was nach der Vorstellung des Klägers den Inhalt der Verpflichtung des Beklagten zum Abschluss des Mietvertrages bilden soll (BGH NJW 2002, 3016, 3018; BGH MDR 1994, 827; BGH NJW 1962, 1812).

Wesentlicher Inhalt eines Mietvorvertrages müssen Vereinbarungen über die Vertragsparteien, das Mietobjekt, die Mietdauer und die Höhe der Miete sein (*Neuhaus*, Handbuch der Geschäftsraummiete, 4. Aufl. 2011, Rn. 233; MAH MietR/*Gößl* § 7 Rn. 80 ff.; BGH NZM 2006, 674; BGH NJW-RR 1993, 139). Darüber hinausgehende Vereinbarungen aus dem Mietvorvertrag sind in den Klageantrag aufzunehmen (im Klagebeispiel etwa die Vereinbarung über die Behandlung und die Rückgabe der Mietsache). Weitere Vereinbarungen, die zum Abschluss des Hauptvertrages führen sollen, jedoch im Vorvertrag noch nicht getroffen worden sind, müssen ebenfalls in einem Klageantrag enthalten sein. Ob der Vorvertragspartner verpflichtet ist, diese weiteren Verhandlungspunkte zu akzeptieren, bleibt der richterlichen Vertragsergänzung vorbehalten (*Sternel*, Mietrecht Aktuell, 4. Aufl. 2009, I Rn. 157; BGH NJW-RR 1993, 139; BGH NJW 1990, 1234). Der aus dem Mietvorvertrag Anspruchsverpflichtete kann im Wege der Einwendungen einzelne Vertragspflichten ablehnen bzw. Alternativen geltend machen. Der BGH empfiehlt dem Kläger, abweichende Vertragsvorstellungen des Verpflichteten durch entsprechende Hilfsanträge aufzufangen, um eine Klageabweisung wegen mangelnden Konsenses zu vermeiden (BGH MDR 1994, 827). Denn zu abweichenden Vertragsformulierungen ist das Gericht bei der Tenorierung wegen § 308 ZPO nicht befugt (MAH MietR/*Gößl* § 7 Rn. 75; *Fleischmann NZM 2012, 625, 628*; OLG Köln DWW 1992, 210). Mit der Klage wird die Annahme des Mietvertrages durch den aus dem Vorvertrag Verpflichteten erstrebt. Für eine Klage auf Abgabe eines Angebotes fehlt in der Regel das Rechtsschutzbedürfnis. Dieses wird dann bejaht, wenn wie im Klagebeispiel der in Aussicht genommene Hauptvertrag in dem Vorvertrag inhaltlich bereits vollständig enthalten war (Beispiel: MAH MietR/*Gößl* § 7 Rn. 72 unter Verweis auf BGH NJW 1984, 479, 480).

4. **Klageart.** In Betracht kommt regelmäßig nur die Leistungs-, nicht die Feststellungsklage, da ein Feststellungsinteresse zu verneinen ist, wenn bereits auf Leistung geklagt werden kann (Zöller/*Greger* § 256 Rn. 7 a; *Fleischmann* NZM 2012, 625; BGH NJW-RR 1994, 1272, 1273). Indessen hat der BGH die Zulässigkeit einer Feststellungsklage, mit die Beklagte verpflichtet werden sollte, mit der Klägerin einen einem bereits geschlossenen Mietvorvertrag entsprechenden Mietvertrag abzuschließen, dann für zulässig gehalten, wenn nicht um Details des Mietvertrages, sondern darum gestritten wird, ob der aus dem Mietvorvertrag Verpflichtete überhaupt vermieten muss (BGH NJW 2002, 3016, 3018). Rechte aus dem Mietvorvertrag können nicht im Wege der einstweiligen Verfügung durchgesetzt werden (OLG Celle IMR 2008, 498). In jenem Fall wollte der Berechtigte aus einem Mietvorvertrag dem Vermieter wegen anderweitiger Vermietung der Mietsache die Überlassung an den Dritten untersagen. Das OLG vertrat die Auffassung, es handele sich um eine unzulässige Befriedigungsverfügung. Auch im Falle der Doppelvermietung könne der erste Mieter seinen Besitzüberlassungsanspruch gegenüber dem Vermieter nicht durch eine einstweilige Verfügung sichern lassen. Allerdings gibt es hierzu divergierende obergerichtliche Rechtsprechung (Hinz IMR 2008, 498). S. hierzu auch → Form. D. V. 11.

5. **Objektive Klagehäufung.** Aus Gründen der Prozessökonomie kann eine Klage auf Vertragsabschluss mit einer Klage auf Leistung aus dem abgeschlossenen Mietvertrag verbunden werden (Schmidt-Futterer/*Blank* vor § 535 Rn. 118). Der Hilfsantrag kommt nur zum Tragen, wenn die Klage auf Abschluss des Mietvertrages Erfolg hat (MAH MietR/*Gößl* § 7 Rn. 77; BGH NJW 2001, 1285; BGH NJW 1986, 2820, 2821).

6. **Antrag auf Erteilung einer vollstreckbaren Ausfertigung des Urteils nebst Zustellungsbescheinigung.** Die Erteilung der vollstreckbaren Ausfertigung des Urteils erfolgt nicht von Amts wegen, sondern nur auf Antrag (Zöller/*Stöber* § 724 Rn. 8). Der Antrag dient dazu, die Zwangsvollstreckung zu beschleunigen. Mit der von Amts wegen vorgenommenen Zustellung des Titels sind zudem die Voraussetzungen für eine Zwangsvollstreckung in der Regel erfüllt.

7. Anspruch auf Abschluss eines Mietvertrages. Der Anspruch auf Abschluss eines Mietvertrages mit den im Klageantrag aufzuführenden Vertragsgegenständen setzt einen wirksam abgeschlossenen Mietvorvertrag voraus (*Fleischmann* NZM 2012, 625). Der Vorvertrag muss eine Einigung über den wesentlichen Inhalt eines Mietvertrages, also über die Vertragsparteien, das Mietobjekt, die Mietdauer und die Höhe der Miete enthalten. Zusätzliche Regelungspunkte wie zum Beispiel die Abwicklung der Nebenkosten, die Verpflichtung zur Übernahme von Schönheitsreparaturen oder Kautionsfragen können weiteren Verhandlungen vorbehalten bleiben, die zum Abschluss des Hauptvertrages führen sollen (*Fritz* Rn. 27; *Sternel*, Mietrecht Aktuell, 4. Aufl. 2009, I Rn. 159; BGH NZM 2006, 674; BGH NJW-RR 1993, 139; BGH NJW 1990, 1234; OLG Frankfurt/Main NJOZ 2015, 916). Je mehr durch den Vorvertrag offen bleibt, desto mehr ist nach zu verhandeln und desto schwieriger gestaltet sich die Antragstellung im Prozess, wenn der Verpflichtete derartige Verhandlungen ablehnt. Der Vorvertrag ist einerseits von gescheiterten Vertragsverhandlungen, andererseits vom aufschiebend bedingten Mietvertrag abzugrenzen. Haben sich die Parteien zwar über die wesentlichen Vertragsbestandteile wie Mietobjekt, Mietdauer und Miete geeinigt, fehlt es jedoch an einer Einigung über weitere Vertragspunkte, über die nach dem Willen beider Parteien eine Einigung erforderlich war, liegt kein Vorvertrag vor (BGH NZM 2002, 910; BGH NJW-RR 1993, 139). Vielmehr ist die Einigung über einen abzuschließenden Mietvertrag überhaupt nicht zustande gekommen. Ein Vorvertrag setzt voraus, dass dem endgültigen Abschluss eines Mietvertrages tatsächliche Hindernisse im Wege stehen, insbesondere die im Vorvertrag noch offenen Punkte zu regeln (*Fleischmann* NZM 2012, 625). Ein bedingter Mietvertrag liegt vor, wenn alle wesentlichen Punkte eines Mietvertrages bereits geregelt sind, das Zustandekommen des Vertrages jedoch von ungewissen Ereignissen abhängt. Im Klagebeispiel hing das Zustandekommen eines Mietvertrages nicht von der Zustimmung des Eigentümers zur Untervermietung ab, da nach der Darstellung des Klägers von einer Erteilung dieser Zustimmung auf Grund der vertraglichen Beziehungen des Hauptmieters zu dem Eigentümer ausgegangen worden war. Allerdings bedurfte es hier nicht mehr eines Nachverhandelns, da man über die im Vorvertrag geregelten Punkte hinaus nur noch vereinbart hatte, diese schriftlich niederzulegen. Der Erfüllung der Schriftform stand ein tatsächliches Hindernis entgegen. An Ort und Stelle war die maschinenschriftliche Abfassung des Vertrages nicht möglich. Sie war aber erforderlich, um der Schriftform der §§ 550, 578 Abs. 1, Abs. 2 S. 1 BGB für den noch abzuschließenden Mietvertrag genüge zu tun. Demgegenüber war der Vorvertrag bereits mündlich wirksam (allg. M. MAH MietR/*Gößl* § 7 Rn. 49; Bub/Treier/*Drettmann* II Rn. 261; BGH NJW 2007, 1817).

Nach zu verhandeln war lediglich der Vertragsbeginn 1.10.2016 oder 1.10.2017. Hierzu reicht es jedoch, dass im Klageantrag der spätere Zeitpunkt eingesetzt wird, wenn der frühere durch Zeitablauf ohnehin nicht mehr zum Tragen kommt.

8. Anspruch auf Gewährung der Mietsache. Der Vermieter ist verpflichtet, dem Mieter den Gebrauch der Mietsache während der Mietzeit zu gewähren, ihm die Mietsache in einem zum vertragsgemäßen Gebrauch geeigneten Zustand zu überlassen und sie während der Mietzeit in diesem Zustand zu erhalten (§ 535 Abs. 1 S. 1 und S. 2 BGB). Die Gebrauchsgewährungsklage ist im Miet- und Pachtrecht äußerst selten. Eines Zug-um-Zug-Antrages bedarf es nicht, da der Vermieter mit der Gewährung des Gebrauchs der Mietsache vorleistungspflichtig ist. Klagt der Vermieter auf Abschluss des Mietvertrages, kann er dieses Begehren bereits mit dem Antrag auf Zahlung der aus dem Vertrag geschuldeten Miete verbinden (BGH NJW 2001, 1285; BGHZ 98, 130, 134; BGH NJW 1986, 2820, 2821).

9. Anspruch auf Nachverhandeln zunächst offengelassener Punkte. Da ein Mietvorvertrag nur erfordert, dass die wesentlichen Punkte eines Mietvertrages zumindest bestimmbar sein müssen, sind die Parteien verpflichtet, sich gegenseitig um eine Regelung der noch offengelassenen Vertragspunkte zu bemühen (*Neuhaus*, Handbuch der Geschäftsraummiete, 4. Aufl. 2011, Rn. 236, 258; Bub/Treier/*Drettmann* II Rn. 264; BGH NJW 2007, 1817; MDR 2006, 1394). Dies geht sogar so weit, dass zwischen Abschluss des Vorvertrages und des Hauptvertrages eingetretene Veränderungen in der Weise zu berücksichtigen sind, dass ihnen in dem abzuschließenden Hauptvertrage Rechnung zu tragen ist, und zwar so, wie sie die Parteien bei Kenntnis dieser Veränderungen festgelegt haben würden (BGH NJW 1986, 2822, 2823). Dies kann beispielsweise den Vertragsbeginn wegen verzögerter Fertigstellung der Mietsache betreffen. Ein Nachverhandeln kommt allerdings dann nicht in Betracht, wenn eine Einigung bereits herbeigeführt war. Der bloße Zeitablauf infolge zwischenzeitlicher Korrespondenz oder einer Klageerhebung berechtigt deshalb nicht dazu, die Vertragsdauer zu verlängern. Führt die Auseinandersetzung um den Inhalt des abzuschließenden Mietvertrages aus zeitlichen Gründen etwa wegen der Inanspruchnahme des Instanzenzuges zu einem Interessewegfall einer Vertragspartei, kann die Weigerung einer Partei zum Abschluss des Hauptvertrages unter dem Gesichtspunkt der positiven Vertragsverletzung gemäß § 241 Abs. 2 BGB Schadensersatzansprüche oder Rücktrittsrechte vom Vorvertrag auslösen (BGH NJW 1984, 479). Eine Anpassung wegen des Wegfalls der Geschäftsgrundlage (§ 313 BGB) dürfte jedenfalls daran scheitern, dass die Vertragstreue jeder Partei bezüglich des Vorvertrages keine gemeinsame Geschäftsgrundlage darstellt. Indessen kann ein Wegfall der Geschäftsgrundlage dazu führen, dass der Abschluss des Hauptvertrages abzulehnen ist, wenn zwischen Abschluss des Vorvertrages und Abschluss des Hauptvertrages tiefgreifende Veränderungen eingetreten sind (BGH NJW 1962, 1812).

10. Vollstreckung. Die Klage auf Abgabe von Willenserklärungen bedarf wegen § 894 ZPO keiner besonderen Vollstreckung. Mit der Rechtskraft der Entscheidung liegen übereinstimmende Willenserklärungen vor. Die Schriftform ist gewahrt, wenn bei einem Mietvertrag über eine Mietzeit von länger als einem Jahr die Urteilsausfertigung von dem Kläger unterzeichnet und dem Beklagten übersandt wird (*Fleischmann* NZM 2012, 625). Nur so ist § 126 Abs. 2 S. 1 BGB genügt, da lediglich eine Vertragsurkunde vorliegt (Bub/Treier/*Drettmann* II Rn. 291; aA Lindner-Figura/Oprée/Stellmann/*Stellmann* Kap. 3 Rn. 33: Der Beklagte sei zur Mitwirkung an der Erstellung eines die Schriftform wahrenden Mietvertrages verpflichtet).

Die Zwangsvollstreckung aus einem Gebrauchsgewährungstitel hat gemäß § 885 Abs. 1 2. Alt. ZPO zu erfolgen. Der Gerichtsvollzieher vollstreckt gegen den Vermieter, der aber zugleich Gewahrsamsinhaber der Mietsache sein muss.

2. Klage auf Feststellung, dass infolge Rücktritts vom Mietvorvertrag ein Erfüllungsanspruch aus diesem nicht mehr besteht

An das

Landgericht[1] . . . . .

Klage

des . . . . .

– Kläger –

Prozessbevollmächtigte: . . . . .

gegen

Deppen

den . . . . .

– Beklagter –

Prozessbevollmächtigte: . . . . .

wegen Feststellung

Streitwert: 11.424,– EUR[2]

Wir bitten um Anberaumung eines Termins zur mündlichen Verhandlung, in dem wir beantragen werden:

1. festzustellen,[3] dass der Mietvorvertrag zwischen den Parteien vom 30.7.2016 über den im Erdgeschoss des Hauses . . . . . in . . . . . gelegenen Kiosk durch Rücktrittserklärung des Klägers vom 30.9.2016 rückabgewickelt ist und der Beklagte deshalb nicht berechtigt ist, Ansprüche aus diesem Mietvorvertrag, insbesondere solche auf Abschluss eines Mietvertrages, gegen den Kläger geltend zu machen,[5]
2. für den Fall des Vorliegens der Voraussetzungen Versäumnisurteil ohne mündliche Verhandlung gemäß § 331 Abs. 3 ZPO zu erlassen,

Begründung:

Die Parteien sind Rentner. Sie waren früher Arbeitskollegen und wohnen im selben Stadtviertel. Der Beklagte betrieb bis Mitte 2016 zur Aufbesserung seines Einkommens den Kiosk im Hause . . . . . in . . . . . Er hatte diesen Kiosk vom Hauseigentümer . . . . . für die Dauer von 5 Jahren bis zum Ende des Jahres 2019 angemietet.

Beweis: Vorlage des Mietvertrages mit dem Hauseigentümer durch den Beklagten;
        Zeugnis . . . . .

Anfang 2016 lernte der verwitwete Beklagte die Zeugin . . . . . kennen. Da die Zeugin . . . . . ein Haus auf Teneriffa hat, beschlossen beide, für die Dauer von etwa 2 bis 3 Jahren dort gemeinsam zu leben. Der Beklagte wollte seinen Kiosk aufgeben und kündigte dem . . . . . das Mietverhältnis . . . . . Der Hauseigentümer war mit der Kündigung jedoch nicht einverstanden und verwies auf den bis zum 31.12.2019 laufenden Mietvertrag.

Beweis: Zeugnis . . . . .

Daraufhin kamen die Parteien ins Gespräch. Der Kläger sah sich mit seiner Ehefrau den Kiosk an und bekundete Interesse. Er wollte den Kiosk zusammen mit seiner Ehefrau bis zum Ablauf des Hauptmietvertrages untermietweise übernehmen. Am 30.7.2016 trafen sich die Parteien sowie die Ehefrau des Klägers zu einem Gespräch im Verkaufsraum des Kiosk. Dabei verhandelten sie, zu welchen Konditionen und wie lange der Kiosk überlassen werden sollte. Nach längerem Gespräch kamen sie dahin überein, dass die monatliche Miete 1.000,– EUR zzgl. gesetzlicher Mehrwertsteuer einschließlich sämtlicher Nebenkosten betragen sollte. Außerdem sollte der Kiosk in dem Zustand, in dem er sich an diesem Tage befand, dem Kläger für die Zeit entweder vom 1.9.2016 oder vom 1.10.2016 bis 30.9.2019 überlassen und in demselben Zustand, in dem er sich bei Vertragsbeginn befand, an den Beklagten bei Vertragsende zurückgegeben werden. Diese Konditionen hielt die Ehefrau des Klägers auf anliegend in Kopie beigefügtem Notizzettel handgeschrieben fest.

Beweis: Zeugnis . . . . .

Den Mietvertrag selbst schlossen sie deshalb noch nicht, weil die Ehefrau des Klägers den Vertrag auf einer Schreibmaschine säuberlich niederlegen wollte. Außerdem blieb der Zeitpunkt des Vertragsbeginns offen. Es war unklar, wann der Beklagte den Kiosk aufgeben wollte.

Beweis: Zeugnis . . . . .

Der Beklagte holte sich von dem Eigentümer . . . . . die Zustimmung zur Untervermietung. Eine Durchschrift übersandte er dem Kläger zur Kenntnis. Wir überreichen die Ablichtung des Schreibens an den Beklagten vom 2.8.2016. Wider Erwarten kam es jedoch nicht zum Abschluss des schriftlichen Vertrages, weil die Ehefrau des Klägers schwer erkrankte. Da zunächst offen blieb, ob wegen dieser Erkrankung der Kiosk überhaupt wie geplant vom Kläger hätte geführt werden können, kam es am 15.8.2016 zwischen den Parteien zu einem Telefonat. Der Kläger erklärte, von den Vereinbarungen vom 30.7.2016 Abstand nehmen zu wollen, worauf der Beklagte verärgert reagierte. Er entgegnete dem Kläger, dass bei dem gemeinsamen Gespräch vom 30.7.2016 nicht davon die Rede gewesen sei, dass an der Führung des Kiosk tatsächlich auch die Ehefrau des Klägers habe beteiligt werden sollen, so dass deren plötzlicher Ausfall für die getroffenen Abreden unerheblich sei. Er warf dem Kläger deshalb Vertragsuntreue vor, ließ jedoch offen, was er weiter zu tun beabsichtigte. Das Telefonat wurde im Beisein der Tochter des Klägers,

der Zeugin . . . . .

geführt. Der Kläger hatte den Telefonapparat auf Lautsprecher gestellt.

Der Beklagte reiste dann noch im August 2016 mit seiner Lebensgefährtin nach Teneriffa. Die Ehefrau des Klägers war aber nach einer Operation Ende desselben Monats wieder auf dem Wege der Besserung und erholte sich verhältnismäßig schnell. Nach ihrer Entlassung aus dem Krankenhaus fertigte sie anliegend in Kopie beigefügten Mietvertrag. Beide vom Kläger unterzeichneten Exemplare übersandte dieser dem Beklagten mit der Bitte um Gegenzeichnung und Rücksendung der Erstausfertigung sowie um Überlassung der Schlüssel. Eine Ablichtung dieses Schreibens wird ebenfalls beigefügt. Der Kläger hörte jedoch zunächst nichts vom Beklagten, erfuhr dann aber von dessen Sohn, dass sein Vater bald von Teneriffa zurückkehren werde, da es zwischen ihm und seiner Lebensgefährtin zu einem erheblichen Zerwürfnis gekommen sei. Sein Vater wolle deshalb auch den Kiosk weiterbetreiben. Damit war der Kläger nunmehr nicht einverstanden. Um Klarheit zu schaffen, sandte er auf Anraten seiner jetzigen Prozessbevollmächtigten dem Beklagten anliegend in Kopie beigefügtes Schreiben vom 15.9.2016, in dem er ihm eine Frist bis zum 30.9.2016 setzte, innerhalb der sich der Beklagte zu entscheiden hatte, ob er den übersandten Mietvertrag unterschreiben und damit das Mietverhältnis in Gang setzen wollte. Für den Fall der weiteren Weigerung, einen Mietvertrag abzuschließen, drohte der Kläger dem Beklagten an, von dem Mietvorvertrag zurückzutreten. Da der Beklagte weiter nichts von sich hören ließ, wurde der Rücktritt mit anliegend in Kopie beigefügtem Schreiben mit Rückschein vom 30.9.2016 gegenüber dem Beklagten ausgesprochen. Zu diesem Zeitpunkt war der Beklagte wieder in Deutschland.

Etwa eine Woche später ließ der Beklagte jedoch den Rücktritt des Klägers vom Vorvertrag mit anliegend in Kopie beigefügtem Schreiben zurückweisen. Als Anlage zu diesem Schreiben fügte er das von ihm unterschriebene Exemplar des Mietvertrages bei. Er habe sich mit seiner Lebensgefährtin wieder versöhnt. Der Kläger müsse den Kiosk übernehmen, da er nicht zum Rücktritt berechtigt gewesen sei. Er sei zuvor selbst vertragsuntreu gewesen, wenn er wegen der Erkrankung seiner Ehefrau den Mietvertrag nicht habe ausfertigen wollen. Schließlich machte der Beklagte die Miete für Oktober 2016 in Höhe von 1.000,– EUR zuzüglich Mehrwertsteuer geltend.

Der Kläger möchte nunmehr anderweitig einen Kiosk anmieten. Er ist berechtigt, die Rückabwicklung des Mietvorvertrages durch die Rücktrittserklärung vom 30.9.2016 feststellen zu lassen. Das rechtliche Interesse an der Feststellung ergibt sich daraus, dass der Beklagte die Wirksamkeit des Rücktritts in Abrede stellt und aus dem von ihm unterzeichneten Mietvertrag Erfüllung, insbesondere die Zahlung der Miete fordert. Damit gefährdet eine tatsächliche Unsicherheit die Rechtsbeziehungen der Parteien aus diesem Vorvertrag.

Die Feststellungsklage ist auch begründet. Nach dem vorliegenden Sachverhalt ist davon auszugehen, dass der Kläger gemäß § 323 Abs. 1 BGB von dem Mietvorvertrag nach vorheriger Fristsetzung zurückgetreten ist.[4] Auf Grund der getroffenen Abreden war der Beklagte verpflichtet, den von der Ehefrau des Klägers ausgefertigten Mietvertrag zu unterzeichnen und an den Kläger zurückzusenden. Infolge des zwischenzeitlich eingetretenen Zeitablaufs kam ein Mietbeginn zum 1.9.2016 nicht mehr in Betracht. Der Beklagte war deshalb verpflichtet, endgültig einem Mietbeginn 1.10.2016 zuzustimmen. Mit der ihm obliegenden Verpflichtung zur Unterzeichnung des vorbereiteten Mietvertrages kam der Beklagte durch das Schreiben des Klägers vom 15.9.2016 in Verzug. Nach Ablauf der gesetzten Frist von 15 Tagen und Zugang des Schreibens vom 30.9.2016 war der Mietvorvertrag beendet. Ansprüche auf Abschluss des Mietvertrages gingen mit diesem Rücktritt für beide Vertragsparteien unter. Der Beklagte entschloss sich zu spät, nämlich nach Ablauf der Frist, den Mietvertrag zu unterzeichnen und an den Kläger zurückzusenden. Dieser hat sich nunmehr auch anderweitig orientiert und Vertragsverhandlungen über die Anmietung einer Trinkhalle geführt. Der Beklagte kann nicht einwenden, der Kläger sei zum Rücktritt nicht berechtigt gewesen, weil er zunächst selber zum Abschluss des Vertrages nicht bereit gewesen sei. Zwar trifft zu, dass der Kläger wegen der schweren Erkrankung seiner Frau wankelmütig war. Nach der gut verlaufenen Operation bekannte sich der Kläger jedoch sofort zu den zwischen den Parteien getroffenen Vereinbarungen und sandte den Mietvertrag zu. Der Beklagte hatte seinerseits aus dem Telefonat der Parteien vom 15.8.2016 keine Konsequenzen gezogen. Selbst wenn man unterstellt, dass darin eine Vertragsuntreue des Klägers liegen sollte, schließt dies die Ausübung des Rücktrittsrechts nicht aus, da das Verhalten des Beklagten die Vertrauensgrundlage zwischen den Parteien in der Weise erschüttert hat, dass eine weitere Bindung des Klägers an den Vorvertrag diesem nicht mehr zumutbar ist.

Rechtsanwalt

Anmerkungen

1. Zuständigkeit. → Form. A. I. 1 Anm. 1.

2. Streitwert. Der Streitwert für den Feststellungsantrag ist § 3 ZPO zu entnehmen. Bei der behauptenden Feststellungsklage wird für gewöhnlich ein etwas geringerer Wert als derjenige eines vergleichbaren Leistungsanspruchs, und zwar 80 % angesetzt (BLAH/*Hartmann* Anh. § 3 „Feststellungsklage" Rn. 53; BGH MDR 2008, 829). § 8 ZPO gilt nach dem Ende eines Mietverhältnisses nämlich nicht. Vielmehr muss dieses die Grundlage des Anspruchs bilden (BLAH/*Hartmann* § 8 Rn. 2). Zugrundezulegen für das freie Ermessen ist gemäß § 41 Abs. 1 GKG eine Jahresmiete von 1.190,– EUR × 12 = 14.280,– EUR × 80 % = 11.424,– EUR. Auch wenn der Klageantrag des Weiteren negative Elemente hat, handelt es sich hier nicht um eine negative Feststellungsklage, für die der volle Wert anzusetzen ist. Ist festgestellt, dass der Kläger vom Mietvorvertrag zurückgetreten ist, kann der Beklagte aus diesem ebenso wenig mehr Ansprüche wie aus einem daraus abgeleiteten Mietvertrag geltend machen. Für den Gebührenstreitwert sind gemäß § 48 GKG wiederum die §§ 3 bis 9 ZPO maßgeblich (→ Form. A. I. 1 Anm. 2).

3. Zulässigkeit der Feststellungsklage. Das Feststellungsinteresse gemäß § 256 Abs. 1 ZPO ergibt sich daraus, dass der Beklagte vorprozessual dem Kläger gegenüber die Wirksamkeit des Rücktritts bestreitet und aus dem nach Zugang des Rücktritts dem Kläger übersandten unterzeichneten Mietvertrag Zahlungsansprüche ableitet. Der Kläger muss deshalb wissen, ob er an den Vorvertrag und damit auch an den Mietvertrag gebunden ist.

4. Rücktritt vom Mietvorvertrag. Bei Leistungsstörungen im Mietvorverhältnis gelten die gesetzlichen Regelungen aus Unmöglichkeit, Verzug und positiver Vertragsverletzung (Schmidt-Futterer/*Blank* Vor § 535 Rn. 117 f.; MAH MietR/*Gößl* § 7 Rn. 65 ff.; Bub/Treier/*Drettmann* II Rn. 276 ff.; BGH NJW 2007, 1817). Bei Setzung einer angemessenen Frist von 14 Tagen konnte der Beklagte, der bereits im Besitze eines ausformulierten Mietvertragsexemplares war, abschließend überlegen, ob er die sich aus dem Mietvorvertrag ergebende Verpflichtung zum Abschluss dieses Vertrages erfüllen wollte.

Ob weiterhin erforderlich ist, dass ein Rücktrittsrecht nur derjenige ausüben kann, der sich selbst vertragstreu verhält, ist nach Inkrafttreten des Schuldrechtsmodernisierungsgesetzes unklar (so noch BGH NJW 1984, 479; ablehnend MAH MietR/*Gößl* § 7 Rn. 68: Es komme nur noch auf den fruchtlosen Ablauf der Frist an). Jedenfalls muss sich eine Vertragsuntreue bei Ausübung des Rücktrittsrechts noch auswirken. Hier hatte der Kläger dem Beklagten im Telefonat vom 15.7.2016 angedroht, die Vertragserfüllung endgültig zu verweigern. Der Beklagte hatte dies jedoch zurückgewiesen, ohne daraus rechtliche Konsequenzen seinerseits zu ziehen. Da der Kläger alsdann seine weigerliche Haltung zu einem Zeitpunkt aufgab, als der Beklagte selbst noch aus dem Vorvertrag den Abschluss des Mietvertrages herbeiführen wollte, hatte dieser das wieder erwachte Abschlussverlangen des Klägers zu erfüllen. Ausnahmsweise kann jedoch auch bei Vertragsuntreue der Rücktritt dann verlangt werden, wenn das Vertrauensverhältnis zwischen den Parteien nach den Gesamtumständen des Einzelfalles so erschüttert ist, dass keinem mehr die Bindung an den Vorvertrag zumutbar ist (*Neuhaus*, Handbuch der Geschäftsraummiete, 4. Aufl. 2011, Rn. 236; Schmidt-Futterer/*Blank* Vor § 535 Rn. 117; BGH NJW 1958, 1531). Diese Voraussetzungen haben im Beispielsfall noch nicht vorgelegen. Zwar haben beide Parteien sich jeweils einmal aus persönlichen Gründen vom Mietvorvertrag lösen wollen. Die hierzu vorgebrachten Gründe gab es jedoch tatsächlich und waren nicht etwa vorgeschoben. Dass sie rechtlich unerheblich waren, begründet keine nachhaltige Erschütterung der Vertrauensgrundlage.

Neben dem Rücktritt kann der Berechtigte kumulativ oder wahlweise alternativ Schadensersatz wegen Nichterfüllung verlangen. Schadensersatzansprüche kommen wie folgt in Betracht:
- unberechtigte Kündigung des Vorvertrages (*Fleischmann* NZM 2012, 625)
- Weigerung den Mietvertrag abzuschließen (Schmidt-Futterer/*Blank* Vor § 535 Rn. 118; BGH NJW 2007, 1817)
- nach Abschluss des Vorvertrages vermietet der Vermieter die Räume an einen Dritten (BGH NJW-RR 1993, 139, 141)
- In einem derartigen Fall bleibt dem Mieter der Erfüllungsanspruch erhalten. Es tritt also keine Unmöglichkeit gemäß § 275 Abs. 1 BGB ein. Aus diesem Grunde kann der Mieter auch nicht Schadensersatz gemäß § 283 S. 1 BGB, sondern nur unter den Voraussetzungen der §§ 280 Abs. 1, Abs. 3; 281 Abs. 1 S. 1 BGB verlangen (MAH MietR/*Gößl* § 7 Rn. 66).
- Vermieter oder Mieter geraten mit dem Abschluss des Mietvertrages in Verzug (§§ 280 Abs. 1 S. 1, Abs. 2, 286 BGB).
Ein Verzug aus dem Mietvortrag kommt so lange nicht in Betracht, als die rechtlichen oder tatsächlichen Hindernisse, die dem Zustandekommen des Mietvertrages entgegenstehen, nicht beseitigt sind, ohne dass dies von einer der Parteien zu vertreten ist.
- Nach Abschluss des Vorvertrages bezieht der Mieter vorzeitig die Mieträume und nutzt sie. Zum Abschluss eines Miethauptvertrages kommt es deshalb nicht, weil der Mieter von der Mietsache einen vertragswidrigen Gebrauch macht, der gemäß § 543

Abs. 1 S. 1 BGB zur fristlosen Kündigung des Mietverhältnisses berechtigt. Die Schadensersatzansprüche folgen aus §§ 280 Abs. 1, Abs. 3, 281 Abs. 1 S. 1 BGB. Daneben kommen Schadensersatzansprüche für den Fall, dass der Vermieter zugleich Eigentümer des Mietobjekts ist, aus §§ 989 ff. BGB in Betracht, wenn der berechtigte Besitz entfällt, weil mit den Kündigungsvoraussetzungen der beabsichtigte Abschluss des Mietvertrages fehlgeschlagen ist (Palandt/*Bassenge* Vorb. v. § 987 Rn. 6). Für die Zeit vor dem Abbruch der Verhandlungen über den Abschluss eines Mietvertrages wird ein vorläufiger Mietvertrag bejaht (OLG Hamburg WuM 2003, 84; OLG Karlsruhe WuM 1991, 81). In dieser Phase besteht der Anspruch auf Zahlung von Miete.

5. **Ansprüche bei Überlassung des Mietobjekts.** Ist es bereits zu einer Überlassung des Mietobjekts gekommen, obwohl nach abgeschlossenem Mietvorvertrag der Vermieter zum Abschluss des Mietvertrages nicht verpflichtet ist (Beispiel: Der Mieter nimmt nach Abschluss des Vorvertrages eine gegenüber dem beabsichtigten Mietzweck vertragswidrige Nutzung auf), kann auf Herausgabe der Mietsache geklagt werden. Zwar kommt ein Anspruch aus § 546 BGB nicht in Betracht, da ein Mietvertrag nicht zustande gekommen ist. Ist der zukünftige Vermieter jedoch Eigentümer, kann er § 985 BGB für sich beanspruchen, ansonsten ist er auf §§ 861, 862 BGB bzw. auf § 812 Abs. 1 S. 1 BGB angewiesen. Das Rücktrittsrecht besteht deshalb, weil im Falle des Bestehens eines Mietvertrages ein Kündigungsrecht aus wichtigem Grund entstanden wäre (§ 543 Abs. 1 S. 2 BGB bzw. § 573 Abs. 2 Nr. 1 BGB). Anders herum kann die Räumung nur verlangt werden, wenn die Verhandlungen über den Abschluss des Mietvertrages endgültig gescheitert sind (*Sternel*, Mietrecht Aktuell, 4. Aufl. 2009, I Rn. 161; AG Winsen/Luhe ZMR 2004, 123, 124).

II. Klage des Vermieters auf Schadenersatz aus einem Rahmenvertrag

An das

Landgericht[1] . . . . .

Klage

der Firma . . . . .

– Klägerin –

Prozessbevollmächtigte: . . . . .

gegen

die Firma . . . . .

– Beklagte –

Prozessbevollmächtigte: . . . . .

wegen Schadensersatzes

Streitwert: 34.000,– EUR[2]

Wir bitten um Anberaumung eines Termins zur mündlichen Verhandlung, in dem wir beantragen werden:

1. die Beklagte wird gesamtschuldnerisch verurteilt, an die Klägerin 10.000,– EUR nebst Zinsen in Höhe von 9 Prozentpunkten über dem Basiszinssatz von je 2.500,– EUR seit dem 4. 7., 4. 8., 4. 9. und 4.10.2016 zu zahlen,[3]
2. festzustellen,[4] dass die Beklagte verpflichtet ist, der Klägerin jeglichen Schaden zu ersetzen, der sich daraus ergibt, dass die Hallen 8 und 9 auf dem Grundstück . . . . . in . . . . . in der Zeit vom 1.11.2016 bis einschließlich 31.12.2020 unvermietet bleiben oder eine geringere Miete als 2.500,– EUR netto[5] pro Monat ohne Nebenkosten erlösen,
3. für den Fall des Vorliegens der Voraussetzungen Versäumnisurteil ohne mündliche Verhandlung gemäß § 331 Abs. 3 ZPO zu erlassen,
4. der Klägerin eine vollstreckbare Ausfertigung des Urteils nebst Zustellungsbescheinigung (§ 169 ZPO) zu erteilen.[6]

Begründung:

Die Klägerin ist Eigentümerin des Grundstücks . . . . . in . . . . . Es handelt sich um das Gelände der ehemaligen . . . . . AG. Auf dem Gewerbegrundstück befindet sich eine Vielzahl von Hallen, die die Klägerin an Gewerbetreibende vermietet hat. Die Beklagte hatte mit anliegend in Kopie beigefügten Mietverträgen die Hallen Nr. 4 bis 7 zur Größe von insgesamt 4000 m² angemietet. Die Bezifferung der einzelnen Hallen ergibt sich aus dem als Anlage beigefügten Übersichtsplan.

Die Beklagte meldete bei der Klägerin weiteren Hallenbedarf an. Nach vorangegangener Verhandlung trafen die Parteien am 1.6.2015 folgende als Abmachung überschriebene schriftliche Vereinbarung:

„1. Die Firma . . . . . hat von der Firma . . . . . seit dem 1.1.2013 auf dem Grundstück . . . . . in . . . . . die Hallen 4 bis 7 jeweils bis zum 31.12.2020 mit
Verlängerungsmöglichkeit für die Mieterin um 5 Jahre angemietet. Die Miete für
jede Halle beträgt 5,– EUR/m². Insgesamt beläuft sie sich auf 20.000,– EUR netto
pro Monat.

2. Die Firma . . . . . ist an der Anmietung weiterer Hallen zur Größe von rund 500 m²
interessiert. Da derzeit sämtliche weiteren Hallen noch anderweitig vermietet sind,
wird die Firma . . . . . Hallen in geeigneter Größe kündigen und per 1.7.2016 der
Firma . . . . . zur Verfügung stellen.

3. Grundlage einer Neuvermietung sollen die Konditionen für die bereits abgeschlossenen Mietverträge sein. Darüber sollen noch weitere jeweils gleich lautende
Verträge geschlossen werden.

. . . . ., den

(Unterschriften)"

Beweis: Vorlage der „Abmachung" vom 1.6.2015

Die Klägerin kündigte den Mietern der Hallen 8 und 9 zur Größe von 500 m² und stellte
sie am 28.6.2016 der Beklagten mit anliegend in Kopie beigefügtem Telefaxschreiben
vom selben Tage zu Mietzwecken zur Verfügung. Mit anliegend in Kopie beigefügtem
Rücktelefax vom darauf folgenden Tage lehnte die Beklagte die Übernahme der beiden
Hallen ab und erklärte, eine vertragliche Bindung sei sie nicht eingegangen. Auf Grund
konjunktureller Einbrüche seien derzeit noch nicht einmal die angemieteten Hallen vollständig ausgelastet. Außerdem befinde sich zwischen ihren Hallen und den Hallen 8 und
9 ein großer Besucherparkplatz, so dass die Transportwege zwischen den Hallen 4 bis 7
und 8 bzw. 9 mit mehr als 100 m viel zu lang seien. Die Anmietung zusätzlicher Hallen
komme deshalb nicht in Frage.

Mit anwaltlichem Schreiben vom 30.6.2016 wurde die Beklagte unter Fristsetzung bis
zum 5.7.2016 aufgefordert, mit der Klägerin über die Hallen 8 und 9 Verträge abzuschließen, die mit den Mietverträgen über die Hallen 4 bis 7 vergleichbar sind, und die
Zahlung der Miete aufzunehmen. Anderenfalls würde Schadensersatz verlangt. Die
Beklagte ließ über ihre Prozessbevollmächtigten mitteilen, es werde inhaltlich auf das
Telefaxschreiben vom 29.6.2016 verwiesen. Im Übrigen sei vorsorglich darauf hinzuweisen, dass wegen der Nichteinhaltung der gemäß §§ 550, 578 Abs. 1, Abs. 2 S. 1 BGB
erforderlichen Schriftform dauerhaft Schadensersatzansprüche ohnehin nicht in Betracht
kämen.

Beweis: Vorlage des vorprozessualen Schriftverkehrs in Ablichtung

Die Klägerin hat sich in den zurückliegenden vier Monaten ohne Erfolg darum bemüht,
die Hallen 8 und 9 anderweitig zu vermieten. Dazu hat sie 3 Maklerbüros eingeschaltet.
Ferner hat sie am . . . . . (Daten) jeweils Anzeigen in den beiden örtlichen Tageszeitungen
geschaltet.

Beweis: 1. Zeugnis . . . . .;
2. Ablichtung des Schriftverkehrs mit den Maklerbüros;
3. Vorlage der Zeitungsannoncen in Kopie

Die Klägerin kann von der Beklagten Schadensersatz aus der am 1.6.2015 getroffenen
Abmachung verlangen. Es handelt sich um eine Rahmenvereinbarung,[7, 9, 10] in der sich

die Beklagte verpflichtet hat, Hallenkapazitäten im Umfang von 500 m^2 ab 1.7.2016 anzumieten. Offen blieb lediglich, welche der Hallen in Betracht kamen. Hierzu hatte die Klägerin freie Hand.

Beweis: 1. Vorlage der „Abmachung" vom 1.6.2015;
      2. Zeugnis . . . . .

Der Zeuge hat die Verhandlungen für die Klägerin geführt. Die Auswahl der Hallen stand deshalb im Belieben der Klägerin, da sie eine identische Bauweise und Qualität aufweisen. Sie sind nur unterschiedlich groß.

Beweis: 1. Augenscheinseinnahme;
      2. Zeugnis . . . . .

Damit konnte die Klägerin jede ihrer 15 Hallen anbieten, soweit sie frei waren und den gewünschten Platzbedarf deckten. Weitere Festlegungen sind durch die Bezugnahme auf die bestehenden Mietverhältnisse erfolgt. Deren wesentliche Bestandteile sind die Höhe der Miete (5,– EUR/m^2 Kaltmiete ohne Mehrwertsteuer und Nebenkosten) und die Mietdauer (bis 31.12.2020).

Der Klägerin ist mithin ein Mietausfallschaden für vier Monate in Höhe der Nettomiete entstanden. Ausweislich der zwischen den Parteien bestehenden Mietverhältnisse wäre die jeweilige Monatsmiete bis zum 3. eines jeden Monats fällig gewesen. Daraus wird der weitergehende Verzugsschaden gemäß § 288 S. 2 BGB abgeleitet.

Außerdem hat die Klägerin Anspruch auf Feststellung ihres Zukunftsschadens. Eine etwa vorrangige Leistungsklage ist auszuschließen, da sich die Schadenshöhe nicht bestimmen lässt. Es ist nicht vorhersehbar, wann und zu welchen Mietkonditionen es der Klägerin gelingen wird, die Hallen 8 und 9 zu vermieten. Das besondere Feststellungsinteresse ergibt sich daraus, dass die Beklagte außergerichtlich die Auffassung vertreten hat, die fehlende Schriftform[8] gewähre allenfalls eine Schadensersatzverpflichtung, die für einen Mietvertrag gelte, der über unbestimmte Zeit abgeschlossen sei. Dieser sei nämlich gemäß § 580 a Abs. 2 BGB spätestens am 3. Werktag eines Kalendervierteljahres für den Ablauf des nächsten Kalendervierteljahres kündbar. Diese Auffassung ist aber unzutreffend, da die Beklagte die Verpflichtung übernommen hat, über die von der Klägerin noch anzubietenden Hallen Mietverträge mit einer Laufzeit von mehr als 1 Jahr abzuschließen. Hätte sie diese Verpflichtung erfüllt, wäre die Beklagte analog zu den bereits abgeschlossenen Verträgen bis zum 31.12.2020 gebunden gewesen. Die Schriftform der §§ 550, 578 Abs. 1, Abs. 2 S. 1 BGB ist für die Rahmenvereinbarung indessen gewahrt, da zur Laufzeit eine Bezugnahme auf die bereits abgeschlossenen Mietverträge über die Hallen 4 bis 7 zwischen den Parteien erfolgt ist und diese somit zum Gegenstand der Vereinbarung gemacht wurden.

                          Rechtsanwalt

Anmerkungen

1. **Zuständigkeit.** Da der Streitwert 5.000,– EUR überschreitet, ist gemäß §§ 23 Nr. 1, 71 Abs. 1 GVG das Landgericht zuständig. Ausschließlich örtlich zuständig ist gemäß § 29a Abs. 1 ZPO das Gericht der belegenen Sache. § 29a ZPO gilt auch für Miet- und Pachtverhältnisse über Räume, soweit es sich nicht um Wohnraum handelt, dagegen nicht für Miet- und Pachtverhältnisse über unbebaute Grundstücke (*Sternel*, Mietrecht Aktuell, 4. Aufl. 2009, XIV Rn. 1, 24).

2. Streitwert. Für den Zahlungsantrag gilt der Zuständigkeitsstreitwert des § 3 ZPO. Bei Geldforderungen ist der Betrag der Klageforderung maßgeblich (*Hartmann* Anh. I § 48 GKG Rn. 59 „Geldforderung"). Für den Gebührenstreitwert kommt es bei den bezifferten Leistungsanträgen gemäß § 48 Abs. 1 GKG wiederum auf die §§ 3 bis 9 ZPO an. Der Feststellungsantrag hat selbständige Bedeutung im Sinne des § 5 ZPO (*Hartmann* Anh. I § 48 GKG Rn. 55 „Häufung einer Feststellungs- und einer Leistungsklage"; BGH MDR 2011, 1474; BGH NJW-RR 1992, 698). Es liegt eine objektive Klagehäufung im Sinne des § 260 ZPO vor, wobei sich die Verschiedenartigkeit daraus ergibt, dass die Leistungsklage bezifferten Schadensersatz für die Monate Juli bis Oktober 2016 und die Feststellungsklage die Schadensersatzpflicht für die Zeit danach zum Gegenstand hat. Der Streitwert für den Feststellungsantrag ist ebenfalls § 3 ZPO zu entnehmen. Da die Höhe des Zukunftsschadens unbestimmt ist, ist das Interesse der Klägerin zu schätzen. Insgesamt würde der max. Ausfallschaden 50 × 2.500,– EUR = 125.000,– EUR betragen. Es ist jedoch nicht davon auszugehen, dass die Hallen im gesamten Feststellungszeitraum unvermietet bleiben werden. Es liegt daher nahe, eine Jahresmiete zur Bewertung des Schadensersatzanspruches zu Grunde zu legen und davon 80 % zu nehmen. Die Jahresnettomiete, die hier für das Schadensersatzbegehren maßgeblich ist, beträgt 30.000,– EUR. 80 % davon sind 24.000,– EUR (BLAH/*Hartmann* Anh. § 3 Rn. 53; BGH MDR 2008, 829). Nicht einschlägig ist § 8 ZPO. Zwar ist streitig die zeitliche Dauer der Schadensersatzpflicht. Insbesondere könnte an eine analoge Anwendung der Vorschrift gedacht werden. Indessen erstreckt sich die Feststellung nicht primär auf die Klärung des Bestehens oder auf die Dauer des beabsichtigten Mietverhältnisses, sondern auf die für die beanspruchte Dauer geltend gemachte Schadensersatzpflicht. Es handelt sich deshalb nach wie vor um einen Streit wegen eines Anspruchs auf Zahlung von Geld (BLAH/*Hartmann* § 8 Rn. 2). Für den Gebührenstreitwert wird wiederum über § 48 Abs. 1 GKG auf § 3 ZPO zurückverwiesen.

3. Zinsanspruch. Da im Beispielsfall an der Vereinbarung vom 1.6.2015 2 Handelsunternehmen beteiligt sind, gilt gemäß § 288 Abs. 2 BGB ein Zinssatz für Mieten in Höhe von 9 Prozentpunkten über dem Basiszinssatz (BGH NJW 2010, 1872). Der Basiszinssatz beträgt gemäß § 247 Abs. 1 S. 1 BGB seit dem 1.7.2014 -0,73 %, der Verzugszins damit 8,27 %. Er verändert sich halbjährlich gemäß § 247 Abs. 1 S. 2 BGB und kann den jeweiligen Änderungsanzeigen im Bundesanzeiger entnommen werden (Palandt/*Grüneberg* § 247 Rn. 1 ff.).

4. Zulässigkeit der Feststellungsklage. Wie bereits in der Klagebegründung ausgeführt, kommt eine Klage auf künftige Leistung (§ 257 ZPO) oder wegen Besorgnis der Nichterfüllung (§ 259 ZPO) unabhängig vom Vorliegen der Voraussetzungen dieser Normen schon deshalb nicht in Betracht, weil eine Bezifferung des Zukunftsschadens nicht möglich ist. Das besondere Feststellungsinteresse im Sinne des § 256 Abs. 1 ZPO ist daraus abzuleiten, dass die Beklagte eine Schadensersatzpflicht bereits dem Grunde nach ablehnt, da sie keine vertragliche Bindung sieht und im Übrigen eine etwaige Schadensersatzpflicht auch dem zeitlichen Umfang nach als begrenzt ansieht. Die Rechtskraftwirkung des Zahlungsanspruches erstreckt sich nur auf die 4 eingeklagten Monate Juli bis Oktober 2016. Ein Feststellungsurteil hat deshalb den Vorteil, dass in zukünftigen Prozessen für die Zeit ab November 2016 nur noch über die Höhe des zu ersetzenden Schadens, jedoch unter Einschluss etwaig von der Beklagten einzuwendenden Mitverschuldens zu entscheiden ist.

5. Höhe der Zahlungsansprüche. Die geltend gemachten Zahlungsansprüche können nur als Nettomiete verfolgt werden (Lindner-Figura/Oprée/Stellmann/*Oprée* Kap. 15 Rn. 179; BGH NZM 1998, 192; BGH NJW 1987, 1690).

6. Antrag auf Erteilung einer vollstreckbaren Ausfertigung des Urteils nebst Zustel-lungsbescheinigung. Die Erteilung der vollstreckbaren Ausfertigung des Urteils erfolgt nicht von Amts wegen, sondern nur auf Antrag (Zöller/*Stöber* § 724 Rn. 8). Der Antrag dient dazu, die Zwangsvollstreckung zu beschleunigen. Mit der von Amts wegen vor-genommenen Zustellung des Titels sind zudem die Voraussetzungen für eine Zwangs-vollstreckung in der Regel erfüllt.

7. Ansprüche aus Rahmenvereinbarungen. Von einer Rahmenvereinbarung spricht man in Abgrenzung zum Mietvorvertrag, wenn diese zwar eine auf Dauer angelegte Geschäfts-verbindung eröffnet und dabei bestimmte Einzelheiten künftig abzuschließender Verträge festlegt, der Rahmenvertrag jedoch grundsätzlich mangels Festlegung der wesentlichen Elemente eines Einzelvertrages nicht den Abschluss eines endgültigen Vertrages zulässt (*Neuhaus*, Handbuch der Geschäftsraummiete, 4. Aufl. 2011, Rn. 237; Lindner-Figura/ Oprée/Stellmann/*Stellmann* Kap. 3 Rn. 6; BGH WM 2007, 303 zum Handelskauf; BGH NJW-RR 1992, 978). Wegen der fehlenden Bestimmtheit einzelner Vertragselemente stellt die Rahmenvereinbarung ein Minus gegenüber dem Vorvertrag dar. Dieser berechtigt die Vorvertragsparteien zum Abschluss des Hauptvertrages, da die wesentlichen Punkte des Mietvertrages, nämlich Vertragsparteien, Mietobjekt, Vertragsdauer und Miete festliegen. Eine Rahmenvereinbarung begründet deshalb keine Erfüllungs-, sondern Schadensersatz-pflichten (BGH aaO.; *Henrich*, Vorvertrag, Optionsvertrag, Vorrechtsvertrag, 1965, S. 117). Auf der anderen Seite ist der Rahmenvertrag gegenüber der (unverbindlichen) Absichtserklärung abzugrenzen. Entscheidend ist der Umfang der abgegebenen Verpflich-tungserklärungen. Diese bedürfen im Einzelfalle der Auslegung (MAH MietR/*Bellinghau-sen* § 46 Rn. 16 ff). Im Klagebeispiel hatte sich die Mieterin verpflichtet, ein bestimmtes Hallenvolumen über den Bestand hinaus ab einem bestimmten Zeitpunkt und zu bestimm-ten Konditionen anzumieten, wobei der Vermieterin die Auswahl des Mietgegenstandes verblieb. Damit waren alle essentialia negotii zukünftig abzuschließender Mietverträge mit Ausnahme des Mietgegenstandes festgelegt.

Der Begriff des Rahmenvertrages taucht auch bei Abschluss einer Vielzahl von einzelnen Mietverträgen auf, die allesamt auf einen übergeordneten Rahmenvertrag Bezug nehmen, in denen die Bedingungen festgeschrieben sind, unter denen der Ver-mieter Flächen an Gewerberaummieter vermietet (Beispiel bei *Neuhaus*, Handbuch der Geschäftsraummiete, 4. Aufl. 2011, Rn. 237: Vermieter vermietet Flächen an Gewerbe-raummieter, die im Vorraum von Warenhäusern Geschäfte betreiben). Ob es sich hier allerdings um Rahmenverträge im Rechtssinne handelt, ist jeweils durch Auslegung (BGH WM 2007, 303) zu ermitteln. Möglicherweise enthält der Rahmen nur AGB, die für alle Einzelverträge gelten sollen. Möglicherweise handelt es sich auch schon um vollständige lediglich noch ergänzungsbedürftige Mietverträge, aus denen sich Erfül-lungsansprüche ableiten lassen. Neuhaus weist daher zu Recht auf die unterschiedlichen Rechtsfolgen aus Rahmenvertrag einerseits und Einzelvertrag andererseits hin mit der Folge, dass Ansprüche entweder aus dem einen oder dem anderen Vertragswerk oder aus beiden zu verfolgen sind und ggf. auch beide Verträge gekündigt werden müssen.

8. Schriftformerfordernis. Der Verweis der Beklagten auf §§ 550, 578 Abs. 1, Abs. 2 S. 1 BGB wird ihr nicht helfen. Sie kann sich nicht darauf berufen, dass es zum Abschluss des die Mietdauer festlegenden Vertrages nicht gekommen ist. Die Schadens-ersatzpflicht erstreckt sich auf die Kompensation dessen, was die Klägerin im Falle der Einhaltung des Rahmenvertrages erhalten hätte. Dann wären zwei Mietverträge über die Hallen 8 und 9 bis zum 31.12.2020 abgeschlossen worden, aus denen die Klägerin insgesamt monatlich 2.500,– EUR netto weitere Miete erlangt hätte. Denkbar wäre auch, als Schadensersatz den Betrag zu verlangen, der sich aus der Kündigung der Verträge mit den Vormietern dieser Hallen für den Fall ihrer Fortsetzung ergibt. Allerdings ist anzunehmen, dass diese Miete im Zweifel niedriger als das von der

Klägerin geltend gemachte Erfüllungsinteresse lag. Denn ansonsten wäre das hinter der Abmachung stehende wirtschaftliche Interesse der Klägerin nicht verständlich. Problematisch ist allerdings, ob der Rahmenvertrag seinerseits den Anforderungen der §§ 550, 578 Abs. 1, Abs. 2 S. 1 BGB entsprechen muss. Hier dürfte dasselbe gelten, was bereits zum Mietvorvertrag ausgeführt wurde (→ Form. A. I. 1 Anm. 7). Danach ist der Rahmenvertrag formfrei, auch wenn er auf den Abschluss längerfristiger Gewerberaummietverträge gerichtet ist. Würde man es anders sehen, wäre die Einhaltung der Form im Beispielsfalle zweifelhaft. Die bloße Bezugnahme auf die Konditionen der bereits bestehenden Mietverträge könnte dann nicht ausreichend sein, wenn man gemäß § 126 BGB fordert, dass zwischen der Abmachung und diesen Verträgen eine feste Verbindung hergestellt werden müsste. Andererseits hat der Bundesgerichtshof bei Verlängerungen, Änderungen oder Ergänzungen bestehender Verträge am Grundsatz der Einheitlichkeit der Urkunde nicht festgehalten, sondern es ausreichen lassen, wenn die Nachtragsurkunden auf den ursprünglichen Vertrag Bezug nehmen und zum Ausdruck bringen, dass es unter Einbeziehung der Nachträge bei den früheren Vereinbarungen bleiben solle (BGH NJW 2003, 1248; NJW-RR 1992, 654; NJW 1992, 2283). Ob eine Rahmenvereinbarung als Ergänzung bereits abgeschlossener Verträge anzusehen ist, wird nicht ohne weiteres zu beantworten sein. Immerhin hat der BGH in seiner Entscheidung NJW 1992, 2283 eine Ergänzung des Vertragswerks angenommen, obwohl die Mieträume ausgetauscht wurden. Dem steht eine Vereinbarung darüber, weitere Räumlichkeiten zu – verglichen mit den bisherigen Mietverhältnissen – identischen Konditionen anzumieten, nicht fern. Die jüngste Rechtsprechung des BGH hat die Auflockerung des Schriftformgebots weiter bestätigt (BGH NZM 2013, 269; BGH NZM 2010, 704; NJW 2003, 1248; NZM 2001, 43; 2000, 907; 2000, 354; NJW 1999, 3257; 1999, 2591; 1999, 2517; 1999, 1104; 1998, 58 f.), so dass diese Tendenz eher dafür spricht, dass die Rahmenvereinbarung nicht dem Formgebot später daraus abzuleitender Mietverträge genügen muss. Unabhängig von der Schriftformfrage ist unklar, unter welchen Voraussetzungen ein Rahmenvertrag seinerseits kündbar ist, um die sich daraus ergebenden Verpflichtungen zu beenden. Häufig sind Rahmenverträge wie der Beispielsfall auch ohne Befristung oder Kündigungsvereinbarungen geschlossen. Rechtsprechung gibt es hierzu nicht. Bei Dauerschuldverhältnissen wird, wenn Vorschriften über ein ordentliches Kündigungsrecht fehlen, häufig auf die §§ 624, 723 BGB analog verwiesen (Palandt/*Grüneberg* § 314 Rn. 13).

9. **Rahmenvereinbarungen im Leasingrecht.** Zu Rahmenvereinbarungen im Leasingrecht s. BGH NJW-RR 1987, 305; BGH NJW-RR 1986, 1110.

10. Die gesetzliche Regelung in § 305 Abs. 3 BGB lässt die verbindliche Festlegung von Formularklauseln für die noch abzuschließenden Einzelverträge in einer Rahmenvereinbarung zu. Voraussetzung ist, dass die Einbeziehungserfordernisse des § 305 Abs. 2 BGB gewahrt sind.

III. Klagen aufgrund eines Vormietrechts

1. Klage auf Auskunft über den Eintritt des Vormietfalls, auf schriftliche Niederlegung und Feststellung

An das

Landgericht[1] . . . . .

Klage

der Firma . . . . .

– Klägerin –

Prozessbevollmächtigte: . . . . .

gegen

1. Herrn . . . . .
2. Herrn . . . . .

– Beklagte –

Prozessbevollmächtigte: . . . . .

wegen Auskunft, schriftlicher Niederlegung eines Mietvertrages und Feststellung auf Grund eines ausgeübten Vormietrechts

Streitwert: 30.523,50 EUR[2]

Wir bitten um Anberaumung eines Termins zur mündlichen Verhandlung, in dem wir beantragen werden:[3, 8]

1. die Beklagten werden gesamtschuldnerisch verurteilt, der Klägerin Auskunft über den Inhalt des mit der . . . . .-GmbH über die Erdgeschossräume im Hause . . . . . in . . . . . geschlossenen Mietvertrages durch Vorlage einer Vertragskopie zu erteilen,
2. die Beklagten werden gesamtschuldnerisch verurteilt, den mit der . . . . .-GmbH geschlossenen Mietvertrag zu Händen der Klägerin unterschriftsreif mit der Maßgabe schriftlich niederzulegen, dass sich dieser auf das bislang von der Klägerin im Erdgeschoss rechts des Hauses . . . . . in . . . . . angemietete Ladenlokal erstreckt und dafür ab 1.1.2016 der Teil der mit der . . . . .-GmbH vereinbarten Gesamtmiete zu entrichten ist, der anteilig auf die zuvor benannten Mieträumlichkeiten entfällt,
3. festzustellen, dass zwischen den Parteien unter Berücksichtigung der Maßgaben des Klageantrages zu Ziff. 2 durch die Ausübung des Vormietrechts der Klägerin mit Schreiben vom 15.3.2015 ein mit dem Inhalt des zwischen den Beklagten und der . . . . .-GmbH abgeschlossenen Mietvertrages identischer Vertrag über das Ladenlokal im Erdgeschoss rechts des Hauses . . . . . in . . . . . ab 1.1.2016 zustande gekommen ist,
4. für den Fall des Vorliegens der Voraussetzungen Versäumnisurteil ohne mündliche Verhandlung gemäß § 331 Abs. 3 ZPO zu erlassen,
5. der Klägerin eine vollstreckbare Ausfertigung des Urteils nebst Zustellungsbescheinigung (§ 169 ZPO) zu erteilen.[4]

Begründung:

Die Klägerin hat von den Beklagten, die eine ungeteilte Erbengemeinschaft bilden, mit anliegend in Kopie beigefügtem Vertrag das Ladenlokal rechts im Erdgeschoss des Hauses . . . . . in . . . . . zum Zwecke des Betriebes eines Kaffeegeschäftes gemietet. Gemäß § 3 des Vertrages begann das Mietverhältnis am 1.1.2006 und endet nach Ablauf von 10 Jahren am 31.12.2015. Ferner heißt es in § 3:

„Das Mietverhältnis verlängert sich jeweils um 1 Jahr, falls es nicht mit 6-monatiger Frist zum nächstfolgenden Quartalsende mittels eingeschriebenen Briefes gekündigt wird. Die Kündigung ist erstmals am 30.6.2015 zum 31.12.2015 zulässig. Zudem wird der Mieterin mit sofortiger Wirkung ein Vormietrecht eingeräumt."

Ende 2014 nahmen die Parteien Verhandlungen mit dem Ziel auf, den Mietvertrag über den 31.12.2015 hinaus einmalig um 5 Jahre zu verlängern. Diese Verhandlungen scheiterten gemäß anliegend in Kopie beigefügtem Schreiben der Beklagten vom 3.3.2015. Sie teilten zur Überraschung der Klägerin mit, dass sie die Mieträume inzwischen anderweitig vermietet hätten, und zwar würden die beiden im Erdgeschoss des Hauses . . . . . befindlichen Ladenlokale durch Beseitigung der Trennmauern zusammengelegt. Neue Mieterin sei die . . . . .-GmbH, die derzeit das linke Erdgeschosslokal angemietet habe. Eine Ausübung des Vormietrechts gemäß § 3 des Vertrages komme für die Klägerin nicht in Betracht. Gemäß § 467 S. 2 BGB analog habe sie das Vormietrecht nur in Bezug auf die gesamte Erdgeschossfläche ausüben können. Sie habe jedoch bei den Verhandlungen zu erkennen gegeben, dass ihr nur an der weiteren Überlassung des wesentlich kleineren rechten Erdgeschossobjekts gelegen sei. Indessen könnten die bisherigen beiden Teilflächen nicht ohne Nachteil für die Beklagten vermietet werden. Denn die . . . . .-GmbH sei bereit, für das gesamte Erdgeschoss von nunmehr 150 m^2 + 75 m^2 = 225 m^2 eine Gesamtmiete von 15,– EUR netto/m^2, also 3.375,– EUR monatlich, zu zahlen, währenddessen bislang die Miete für die beiden getrennten Ladenlokale lediglich sowohl für die . . . . .-GmbH als auch für die Klägerin 12,50 EUR/m^2 betragen habe. Eine Miete von 15,– EUR/m^2 sei daher bei einer getrennten Vermietung der Flächen nicht erzielbar. Bei einer Trennung der Flächen würden die Beklagten zudem den Nachteil erleiden, dass ihnen die Erfüllung des bereits abgeschlossenen Mietvertrages mit der . . . . .-GmbH – zumindest teilweise – unmöglich würde. Sie wären dann Schadensersatzansprüchen der . . . . .-GmbH ausgesetzt. Das weitere Verlangen der Klägerin nach einem Eintritt in den Mietvertrag bezogen auf die von ihr innegehaltene Fläche sei treuwidrig. Denn sie habe die Möglichkeit gehabt, das Vormietrecht bezogen auf die gesamte Fläche auszuüben, und sodann den Teil, welcher nicht von ihr innegehalten werde, an einen Dritten unter zu vermieten. Dies habe sie nicht gewollt.

Die Klägerin widersprach diesem Schreiben mit anliegend in Kopie beigefügtem Schreiben vom 15.3.2015. Sie erklärte, dass sie ihr Vormietrecht bezüglich der bislang bestehenden und von ihr genutzten Mieteinheit ausübe. Sie sei ab 1.1.2016 bereit, einen Teil der Gesamtmiete zu entrichten, der anteilig auf die Mietfläche entfalle, die Gegenstand des Vormietrechtes sei. Sie verlangte von den Beklagten die Überlassung einer Kopie des mit der . . . . .-GmbH geschlossenen Mietvertrages über das gesamte Erdgeschoss. Außerdem verlangte sie, dass die Beklagten mit der Klägerin in Erfüllung ihres Vormietrechts einen schriftlichen Mietvertrag über die bisherigen Flächen abschließen sollten, der ebenfalls 15,– EUR × 75 m^2 = 1.125,– EUR zzgl. Mehrwertsteuer zugrunde legte, im Übrigen aber mit dem Mietvertrag identisch sein sollte, der mit der . . . . .-GmbH zustande gekommen war. Die Beklagten kündigten jedoch mit anliegend in Kopie beigefügtem Schreiben vom 23.3.2015 das Mietverhältnis zum 31.12.2015 und drohten an, für den Fall der nicht rechtzeitigen Räumung Klage zu erheben. Den mit Schreiben vom 15.3.2015 geltend gemachten Ansprüchen hielten sie entgegen, dass das Vormietrecht der Klägerin untergegangen sei.

Der Klägerin steht der Anspruch auf Auskunft über den Inhalt des mit der . . . . .-GmbH geschlossenen Mietvertrages gemäß § 469 Abs. 1 S. 1 BGB analog zu.[5] Denn zwischen den Parteien ist gemäß § 3 des bestehenden Mietvertrages ein Vormietrecht vereinbart worden. Nach dessen Inhalt ist die Klägerin berechtigt, durch einseitige Erklärung gegenüber den Beklagten von diesen zu verlangen, dass sie den mit der . . . . .-GmbH bereits abgeschlossenen Mietvertrag unter Beachtung der für das Ladenlokal im Erdgeschoss rechts des Hauses . . . . . verbundenen Modifikationen auch mit ihr abschließen. Das Zustandekommen eines derartigen Mietvertrages mit der . . . . .-GmbH haben die Beklagten mit ihrem Schreiben vom 3.3.2015 eingeräumt. Die Frist zur Ausübung des Vormietrechts ist mangels Mitteilung über den Inhalt des mit dem Dritten geschlossenen Mietvertrages gemäß § 469 Abs. 2 S. 1 BGB analog noch nicht angelaufen, wäre im Übrigen durch dessen Ausübung mit Schreiben vom 15.3.2015 gewahrt.

Das Vormietrecht ist auch nicht etwa deshalb erloschen, weil die Klägerin nicht bereit ist, in den Vertrag mit der . . . . .-GmbH über die gesamte Erdgeschossfläche einzutreten. Die Voraussetzungen des § 467 S. 2 BGB analog liegen nach dem eigenen Vorbringen der Beklagten nicht vor. Grundsätzlich gilt § 467 S. 1 BGB analog. Danach schließt die Vermietung des Vormietgegenstandes mit weiteren Mietgegenständen zu einer Gesamtmiete das Vormietrecht nicht aus. Vielmehr hat der Vormietberechtigte nur einen verhältnismäßigen Teil des Gesamtpreises zu entrichten. Allerdings macht § 467 S. 2 BGB analog eine Einschränkung dahin, dass der Verpflichtete verlangen kann, das Vormietrecht auf alle Sachen zu erstrecken, die nicht ohne Nachteile für ihn getrennt werden können. Eine Trennung bestand auf Grund der baulichen Aufteilung der Erdgeschossfläche in zwei einzelne Ladenlokale bereits zu dem Zeitpunkt, als das Vormietrecht der Klägerin vertraglich eingeräumt wurde. Die Beklagten haben von einer denkbaren Zusammenlegung beider Erdgeschosslokale selbst abgesehen, indem sie nur an der der Klägerin vermieteten Teilfläche ein Vormietrecht bestellt haben. Auch können sich die Beklagten nicht auf einen sich aus der Zusammenlegung ergebenden Vorteil der Miete berufen. Die diesbezügliche Behauptung wird mangels bislang erteilter Auskunft bestritten. Treuwidrig handeln allenfalls die Beklagten, wenn sie mit der . . . . .-GmbH einen Mietvertrag über eine Fläche abschließen, die unter Einschluss des dem Vormietrecht unterliegenden Teils dreimal so groß ist wie die bisherige Mietfläche. Es wird im Übrigen bestritten, dass bei Beachtung des Vormietrechts die Restfläche gar nicht oder nur äußerst schwierig zu den jetzigen mit der . . . . .-GmbH zustande gekommenen Konditionen vermietbar gewesen wäre. Die Beklagten haben diesbezügliche Vermietungsbemühungen bislang nicht vorgetragen.

Die Klägerin hat außerdem wegen §§ 550, 578 Abs. 1, Abs. 2 S. 1 BGB einen Anspruch auf schriftliche Niederlegung des durch die Ausübung des Vormietrechts zustande gekommenen Mietvertrages. Zwar ist umstritten, ob ein mit dem Vormietberechtigten zustande gekommener Mietvertrag nach dem Schutzzweck der §§ 550, 578 Abs. 1, Abs. 2 S. 1 BGB noch der Schriftform bedarf. Nach herrschender Auffassung ist aber auch der mit dem Inhalt des Mietvertrages zwischen dem Verpflichteten und dem Dritten zustande gekommene Mietvertrag formbedürftig, da nur auf diese Weise der Vormietberechtigte bezüglich der vereinbarten Vertragsdauer gegenüber Grundstückserwerbern nachhaltig gesichert ist. Der Anspruch auf schriftliche Niederlegung ergibt sich deshalb gemäß § 464 Abs. 2 BGB analog. Die Klägerin ist berechtigt, den Vertragsinhalt in der Weise zu modifizieren, dass der noch niederzulegende Vertrag sich auf die Teilfläche des Ladenlokals im Erdgeschoss rechts und die sich darauf erstreckende anteilige Miete bezogen auf die mit der . . . . .-GmbH vereinbarte Gesamtmiete beschränkt.

Die Klägerin ist schließlich berechtigt, Feststellung dahin zu begehren, dass durch die Ausübung des Vormietrechts mit Schreiben vom 15.3.2015 im Verhältnis der Parteien dieses Rechtsstreits ein mit dem Inhalt des zwischen der . . . . .-GmbH und den Beklagten abgeschlossenen Mietvertrages identischer Vertrag zustande gekommen ist.[6] Denn dieser Vertragsschluss berechtigt die Klägerin auch ab 1.1.2016 weiterhin zum Besitz der Mieträume. Dieses Besitzrecht ist erforderlich, um Herausgabeansprüchen der Beklagten gemäß §§ 546, 578 Abs. 1, Abs. 2 S. 1, 985 BGB entgegentreten zu können.[7]

Den vorläufigen Streitwert geben wir gemäß §§ 3, 5 ZPO i.V.m. § 48 GKG mit 1.606,50 EUR für den Auskunftsanspruch, 16.065,– EUR (15,– EUR × 75 m² × 12 zzgl. 19 % Mehrwertsteuer) für den Anspruch auf schriftliche Niederlegung und mit 12.852,– EUR (16.065,– EUR × 80 %) für die Feststellung an.[2]

Rechtsanwalt

Anmerkungen

1. **Zuständigkeit.** Ausschließlich örtlich zuständig ist gemäß § 29a Abs. 1 ZPO das Gericht der belegenen Sache. § 29a ZPO gilt auch für Miet- und Pachtverhältnisse über Räume, soweit es sich nicht um Wohnraum handelt, dagegen nicht für Miet- und Pachtverhältnisse über unbebaute Grundstücke (*Sternel*, Mietrecht Aktuell, 4. Aufl. 2009, XIV Rn. 1, 24). § 29a ZPO würde auch gelten, wenn das Vormietrecht nicht aus einem bereits bestehenden Mietvertrag abgeleitet wird, sondern isoliert vertraglich vereinbart wurde. Denn bereits die aus dem Vormietrecht resultierende Auskunftspflicht des Vermieters über den zustande gekommenen Mietvertrag mit dem Dritten führt zur Anwendung des § 29a ZPO (BLAH/*Hartmann* § 29a Rn. 11 für das analoge Problem des Vorkaufsrechts des inzwischen außer Kraft getretenen § 2b WoBindG; BayObLG WuM 1992, 352; s. jetzt aber § 577 Abs. 2 BGB; aA Thomas/Putzo § 29a Rn. 5; Saenger/*Bendtsen*, ZPO, 6. Aufl. 2015, § 29a Rn. 6. Nach deren Auffassung umfasst der Wortlaut nicht Ansprüche auf Abschluss eines Miet- oder Pachtvertrages aus Vorvertrag, Vormiete oder Begründungsoption). Vorzuziehen ist die erstgenannte Auffassung, da der Gesetzgeber bei der Neufassung des § 29a ZPO durch Gesetz vom 11.1.1993 (BGBl. I S. 50) in den Gesetzesmaterialien (BR-Drs. 314/91 v. 5.7.1991 S. 67) zum Ausdruck gebracht hat, dass der Gerichtsstand der Belegenheit der Räume auch bei Anbahnung und Abwicklung eines Miet- oder Pachtverhältnisses eingreifen solle (Zöller/*Vollkommer* § 29a Rn. 8, 9, 13 unter Verweis auf BR-Drs. 314/91 v. 5.7.1991 S. 67; BLAH/*Hartmann* § 29a Rn. 11 „Vorvertrag“; AG Berlin-Schöneberg ZMR 2000, 31) Ansprüche aus einem Vormietrecht resultieren ebenfalls aus der Anbahnung eines Hauptmietvertrages, sind also ähnlich wie Ansprüche aus § 311 Abs. 2 BGB vom Normzweck erfasst. Sachlich zuständig ist das Landgericht, gemäß §§ 23 Nr. 1, 71 Abs. 1 GVG ist der Streitwert maßgeblich.

2. **Streitwert.** Für die Auskunftsklage gilt § 3 ZPO (s. BLAH/*Hartmann* Anh. § 3 Rn. 24 „Auskunft“). Für den Anspruch auf schriftliche Niederlegung des durch die Ausübung des Vormietrechts zustande gekommenen Mietvertrages ist ebenfalls § 3 ZPO maßgeblich. Der Anspruch auf schriftliche Niederlegung eines bereits mit einem Dritten zustande gekommenen Mietvertrages ist mit dem Anspruch des Berechtigten auf Abschluss eines Mietvertrages vergleichbar. Hier wird üblicherweise eine Jahresmiete angesetzt (vgl. BLAH/*Hartmann* Anh. § 3 Rn. 76 „Klage auf den Abschluss eines Mietvertrages“; LG Dortmund WuM 1991, 358). Der Wert der Auskunftsklage ist mit einem Bruchteil der Hauptsacheklage zu bemessen, wobei es darauf ankommt, welche Bedeutung die Auskunft für die Konkretisierung des Hauptanspruches hat. Es bietet sich eine Quote von 10 % an, weil die Auskunft für das Zustandekommen des Mietvertrages auf Grund des bestehenden Vormietrechts keine besondere Bedeutung hat und im Übrigen die Konditionen des Mietvertrages mit dem Dritten in seinen wesentlichen Bestandteilen (Mietgegenstand und Miete) nahezu bekannt sind. Es fehlt lediglich die Auskunft über die

Mietdauer (zur Bewertung des Auskunftsanspruches s. BLAH/*Hartmann* Anh. § 3 Rn. 24; Thomas/*Putzo* § 3 Rn. 21). Für die Feststellungsklage ist der Streitwert ebenfalls § 3 ZPO zu entnehmen. § 8 ZPO ist nicht einschlägig, da die Feststellung das Zustandekommen eines Mietvertrages, nicht aber das Bestehen oder die Dauer berührt. Es ist deshalb für das Feststellungsbegehren eine Jahresmiete in Ansatz zu bringen. Davon sind 80 % zugrunde zu legen. Die Einzelstreitwerte belaufen sich daher auf 1.606,50 EUR (Auskunft), 16.065,– EUR (schriftliche Niederlegung; 15,– EUR × 75 × 12 zzgl. 19 % Mehrwertsteuer) und 12.852,– EUR (Feststellung). Der Feststellungsantrag hat selbständige Bedeutung im Sinne des § 5 ZPO (Hartmann Anh. I § 48 GKG Rn. 55 „Häufung einer Feststellungs- und einer Leistungsklage"). Es liegt eine objektive Klagehäufung im Sinne des § 260 ZPO vor, wobei sich die Verschiedenheit daraus ergibt, dass mit der Leistungsklage die Einhaltung der Schriftform und mit der Feststellungsklage die verbindliche Klärung des Zustandekommens des aus dem Vormietrecht abgeleiteten Mietvertrages verlangt wird. Gemäß § 5 ZPO sind die Werte für Auskunfts- und Hauptsacheklage zusammenzurechnen, wenn es sich um eine Stufenklage handelt (BLAH/ *Hartmann* § 5 Rn. 8 „Stufenklage"). Der Zuständigkeitsstreitwert beläuft sich daher auf 1.606,50 EUR + 16.065,– EUR + 12.852,– EUR = 30.523,50 EUR. Für den Gebührenstreitwert sind gemäß § 48 GKG wiederum die §§ 3 bis 9 ZPO maßgeblich. § 41 GKG ist nicht anwendbar, wenn um das Zustandekommen des Mietvertrages gestritten wird (*Hartmann* § 41 Rn. 18 „Vertragsabschluss"). § 44 GKG ist ebenfalls nicht einschlägig, weil diese Vorschrift nur den Fall der Stufenklage mit anschließendem Herausgabeanspruch erfasst. Die Berechnung der Jahresmiete erfolgt zzgl. Mehrwertsteuer. Es handelt sich nämlich um einen Bestandteil des Nettogrundentgelts im Sinne des § 41 Abs. 1 S. 2 GKG (*Hartmann* GKG § 41 Rn. 20, s. auch für die Berechnung des Streitwerts bei der Räumungsklage Rn. 25; OLG Düsseldorf JurBüro 2006, 428).

3. Antragstellung. Für die Auskunftsklage ist es zur Wahrung der Bestimmtheitsanforderungen aus § 253 Abs. 2 Nr. 2 ZPO notwendig, den Auskunftsgegenstand und die Auskunftsquelle genauer zu bezeichnen. Im Übrigen kann die Klägerin im Wege der Stufenklage vorgehen (§ 254 ZPO). Solange ihr der Mietvertrag mit einem Dritten nicht bekannt ist, ist sie nicht in der Lage, den Anspruch auf schriftliche Niederlegung dieses Vertrages durch die Beklagten präzise zu formulieren. Es fehlt beispielsweise für eine Vollstreckung dieses Anspruches das Vertragsdatum des mit dem Dritten abgeschlossenen Mietvertrages. Die Feststellungsklage ist kein Bestandteil der Stufenklage.

4. Antrag auf Erteilung einer vollstreckbaren Ausfertigung des Urteils nebst Zustellungsbescheinigung. Die Erteilung der vollstreckbaren Ausfertigung des Urteils erfolgt nicht von Amts wegen, sondern nur auf Antrag (Zöller/*Stöber* § 724 Rn. 8). Der Antrag dient dazu, die Zwangsvollstreckung zu beschleunigen. Mit der von Amts wegen vorgenommenen Zustellung des Titels sind zudem die Voraussetzungen für eine Zwangsvollstreckung in der Regel erfüllt.

5. Vormietrecht. Ein Vormietrecht kann durch freie Vereinbarung zwischen dem Berechtigten und Verpflichteten begründet werden. Dem Berechtigten wird durch das Vormietrecht die Befugnis eingeräumt, durch gestaltende Erklärung an den Verpflichteten mit diesem einen Mietvertrag zu denjenigen Bedingungen zu begründen, die dieser in einem bereits zustande gekommenen Mietvertrag mit einem Dritten festgelegt hat (*Neuhaus*, Handbuch der Geschäftsraummiete, 4. Aufl. 2011, Rn. 238 ff; Schmidt-Futterer/ *Blank* Vor § 535 Rn. 122; Lindner-Figura/Oprée/Stellmann/*Stellmann* Kap. 3 Rn. 43 ff.; so auch BGH NJW 2002, 3016, 3019). Der Berechtigte tritt also nicht in den mit einem Dritten abgeschlossenen Mietvertrag ein (*Leo*/*Kappus* NZM 2013, 665: Es komme neben dem Vertrag mit dem Dritten ein weiterer inhaltsgleicher Mietvertrag mit dem Vormietberechtigten zustande). Es wäre deshalb nicht zulässig, den Verpflichteten auf Eintritt des

Berechtigten in den mit einem Dritten abgeschlossenen Mietvertrag zu verklagen. Das Vormietrecht selbst bedarf keiner Schriftform (so Schmidt-Futterer/*Blank* vor § 535 Rn. 122 unter Verweis auf § 464 Abs. 1 S. 2 BGB; Lindner-Figura/Oprée/Stellmann/*Stellmann* Kap. 3 Rn. 56; Schriftform bejahend MüKoBGB/*Häublein* § 535 Rn. 21; *Kania* ZMR 1976, 1), ist jedoch zweckmäßigerweise zumindest aus Beweisgründen schriftlich zu vereinbaren. Nach Auffassung von Bub/Treier/*Drettmann* II Rn. 333 ff. besteht darauf sowohl seitens des Vormieters als auch seitens des Vormietberechtigten als auch seitens des Vermieters ein Rechtsanspruch. Inhaltlich muss feststehen, welche Parteien Berechtigte und Verpflichtete des Vormietrechts sind, auf welchen Mietgegenstand sich das Vormietrecht beziehen soll und ggf. wie es auszuüben ist. Alle anderen Einzelheiten ergeben sich aus dem Mietvertrag mit dem Dritten, auf den sich das Vormietrecht erstreckt (Bub/Treier/*Drettmann* II Rn. 296 ff. gibt noch weitere Hinweise für die Vertragsgestaltung eines Vormietvertrages). Für die sich aus dem Vormietrecht ergebenden Rechtsbeziehungen sind die Vorschriften über das Vorkaufsrecht (§§ 463 ff. BGB) analog anwendbar (allg. Meinung; so auch ausdrücklich BGH NJW 2002, 3016, 3019). Der Vormietfall tritt gemäß § 463 BGB analog ein, sobald der Verpflichtete mit einem Dritten einen Mietvertrag über das Grundstück oder die Räume geschlossen hat, für die dem Berechtigten das Vormietrecht zusteht. Durch einseitige an den Verpflichteten gerichtete Willenserklärung wird das Vormietrecht ausgeübt (*Neuhaus*, Handbuch der Geschäftsraummiete, 4. Aufl. 2011, Rn. 238). Dabei ist nach Mitteilung des Vertragsschlusses gegenüber dem Berechtigten von diesem bei Grundstücken und Räumen eine zweimonatige Frist gemäß § 469 Abs. 2 BGB analog zu wahren. Die Frist kann individualvertraglich verlängert oder verkürzt werden. Das Vormietrecht kann aber auch schon dann ausgeübt werden, wenn eine Unterrichtung durch den Verpflichteten noch nicht erfolgt ist oder wie im Klagefall abgelehnt wird. Der Berechtigte hat dann den Anspruch auf Auskunft über den Inhalt des mit dem Dritten geschlossenen Mietvertrages gemäß § 469 Abs. 1 BGB analog (BGH NJW 2002, 3016, 3019). Das Vormietrecht kommt auch zum Entstehen, wenn der Mietvertrag mit dem Dritten eine Vermietung von Gegenständen beinhaltet, die zwar den Vormietgegenstand einschließen, insgesamt jedoch darüber hinausgehen (§ 467 S. 1 BGB analog). Der Vormietberechtigte ist also nicht verpflichtet, das Vormietrecht auf den gesamten mit dem Dritten geschlossenen Vertrag zu erstrecken. Vielmehr beschränkt sich der mit dem Verpflichteten abzuschließende Mietvertrag auf den Gegenstand des Vormietrechts und den Teil der Gesamtmiete, der anteilig auf diese Mietfläche entfällt (BGH ZMR 1958, 153; RGZ 123, 265, 269). Das Vormietrecht geht nur dann unter, wenn die Voraussetzungen des § 467 S. 2 BGB analog vorliegen, weil der Verpflichtete das Vormietrecht auf die Gesamtmietsache erstrecken kann und der Berechtigte dazu nicht bereit ist. § 467 S. 2 BGB analog gibt dem Verpflichteten eine Einrede unter der Voraussetzung, dass die Gesamtmietsache nicht ohne Nachteil für ihn getrennt werden kann. Er verstößt jedoch gegen Treu und Glauben, wenn er sich auf diese Einrede beruft, obwohl eine wirtschaftliche Einheit der mehreren Mietgegenstände schon bei Begründung des Vormietrechts bestand (so bislang für das Vorkaufsrecht Palandt/*Weidenkaff* § 467 Rn. 4; OLG Celle NJW-RR 2012, 1162, str.). Der Anspruch auf schriftliche Niederlegung des Mietvertrages wird aus §§ 550, 578 Abs. 1, Abs. 2 S. 1 BGB i. V. m. § 464 Abs. 2 BGB analog abgeleitet. Allerdings ist streitig, ob es für den sich aus dem Vormietrecht ergebenden Mietvertrag wegen des Schutzzwecks des §§ 550, 578 Abs. 1, Abs. 2 S. 1 BGB einer schriftlichen Niederlegung zwischen den Vertragsparteien bedarf (kein Schriftformerfordernis: Staudinger/*Sonnenschein* § 581 Rn. 135; Schriftformerfordernis: Bub/Treier/*Drettmann* II Rn. 311). Den Anspruch auf schriftliche Niederlegung zur Wahrung der Schriftform der §§ 550, 578 Abs. 1, Abs. 2 S. 1 BGB wird man bejahen müssen, da der Berechtigte die Möglichkeit haben muss, gegenüber einem späteren Grundstückserwerber, der in den auf dem Vormietrecht basierenden Mietvertrag gemäß §§ 566, 578 Abs. 1, Abs. 2 S. 1 BGB eintritt, seine Rechte und Pflichten nachzuweisen.

Diese Schriftformfrage darf nicht verwechselt werden mit derjenigen, ob die Vormietvereinbarung selbst der Schriftform der §§ 550, 578 Abs. 1, Abs. 2 S. 1 BGB bedarf, was ebenfalls streitig ist (siehe oben). Eine etwa erforderliche Schriftform ist im Klagebeispiel gewahrt.

6. Feststellungsklage. Das besondere Feststellungsinteresse für eine Klage gemäß § 256 Abs. 1 ZPO ergibt sich daraus, dass die Beklagten der Klägerin durch die Androhung einer Räumungsklage das Recht zum Besitz über den 1.1.2016 hinaus streitig machen. Hat die Ausübung des Vormietrechts zur Begründung eines neuen Mietverhältnisses über das bisherige Mietobjekt mit den Bedingungen des Vertrages geführt, der zwischen Verpflichteten und Dritten zustande gekommen ist, dann besteht ein Recht zum Besitz. Die Feststellungsklage ist deshalb begründet.

Der Feststellungsantrag darf nicht darauf gerichtet werden, dass der Berechtigte durch Ausübung des Vormietrechts in den mit dem Dritten abgeschlossenen Mietvertrag wirksam eingetreten ist.

7. Besitzrecht. Das Vormietrecht kann sich auch auf Flächen erstrecken, die Gegenstand eines schon bestehenden Mietvertrages zwischen dem Vormietberechtigten und dem Vermieter sind. Wird dieses Mietverhältnis beendet beispielsweise durch Kündigung oder Zeitablauf, kann der Mieter und Vormietberechtigte durch Ausübung des Vormietrechts bezüglich des mit einem Dritten geschlossenen Nachmietvertrages die Pflicht zur Rückgabe der Mietsache aus dem beendeten Mietverhältnisses abwehren. Denn das ausgeübte Vormietrecht gewährt ihm nunmehr aus dem neu zustande gekommenen Mietvertrag mit dem Vermieter ein Recht zum Besitz.

8. Vollstreckung. Der Auskunftsanspruch ist gemäß § 888 ZPO zu vollstrecken, dasselbe gilt für den Anspruch auf schriftliche Niederlegung des durch die Ausübung des Vormietrechts zustande gekommenen Mietvertrages.

2. Klage des Dritten gegen den Verpflichteten auf Schadensersatz nach Ausübung des Vormietrechts

An das

Landgericht[1] . . . . .

Klage

der Firma . . . . .

– Klägerin –

Prozessbevollmächtigte: . . . . .

gegen

1. Herrn . . . . .
2. Herrn . . . . .

– Beklagte –

Prozessbevollmächtigte: . . . . .

wegen Feststellung einer Schadensersatzpflicht

Streitwert: 54.000,– EUR[2]

Wir bitten um Anberaumung eines Termins zur mündlichen Verhandlung, in dem wir beantragen werden:

1. festzustellen,[3] dass die Beklagten gesamtschuldnerisch verpflichtet sind, der Klägerin jeden Schaden zu ersetzen, der sich daraus ergibt, dass sie der . . . . .-GmbH, vertreten durch den Geschäftsführer . . . . , ... in . . . . . ein Vormietrecht über das Ladenlokal im Erdgeschoss rechts des Hauses . . . . . in . . . . . ab 1.1.2016 eingeräumt haben,

2. für den Fall des Vorliegens der Voraussetzungen Versäumnisurteil ohne mündliche Verhandlung gemäß § 331 Abs. 3 ZPO zu erlassen,

Begründung:

Die Klägerin hatte mit den Beklagten am 30.11.2005 anliegend in Kopie beigefügten Mietvertrag über die Erdgeschossräume links im Hause . . . . . in . . . . . zur Größe von 150 m² für 10 Jahre beginnend mit dem 1.1.2006 geschlossen. Die Klägerin betreibt darin eine Parfümerie. In § 3 war eine Verlängerungsklausel enthalten. Danach verlängerte sich das Mietverhältnis jeweils um 1 Jahr, falls es nicht mit 6-monatiger Frist zum nächstfolgenden Quartalsende mittels eingeschriebenen Briefs gekündigt wurde. Die Kündigung war erstmals am 30.6.2015 zum 31.12.2015 zulässig. Das 75 m² große Ladenlokal im Erdgeschoss rechts war von der . . . . .-GmbH angemietet, die dort ein Kaffeegeschäft betrieb. Im Hinblick auf das nahende Vertragsende verhandelte die Klägerin mit den Beklagten seit Ende 2010 über die Fortsetzung des Mietvertrages über den 31.12.2015 hinaus. Zeitgleich verhandelten die Beklagten mit der . . . . .-GmbH. Da die Klägerin aus Expansionsgründen das Erdgeschoss insgesamt benötigte, bot sie den Beklagten statt der bisherigen Miete von 12,50 EUR/m² eine Erhöhung auf 15,– EUR/m² wertgesichert für den Abschluss eines neuen Vertrages auf 10 Jahre mit weiterer 5-jähriger Option an. Über das Ergebnis der Verhandlungen der Beklagten mit der . . . . .-GmbH wurde die Klägerin nicht unterrichtet. Am 15.2.2015 schloss sie mit den Beklagten anliegend in Kopie beigefügten Mietvertrag ab 1.1.2016, der die gesamte Erdgeschossfläche zur Nutzung für 15,– EUR/m² zzgl. Mehrwertsteuer umfasste. In der Anlage zu diesem Vertrag wurden Umbaumaßnahmen geregelt. Danach sollte die Trennung zwischen beiden Ladenlokalen beseitigt und die Erdgeschossfläche zu einem Geschäftsraum vereinigt werden. Im Juni 2015 erfuhr die Klägerin von der . . . . .-GmbH, dass diese nicht bereit sei, Ende 2015 das von ihr angemietete Ladenlokal im Erdgeschoss rechts zu räumen. Sie berief sich auf ein der Klägerin bis dahin nicht bekanntes Vormietrecht aus dem zwischen ihr und den Beklagten abgeschlossenen Mietvertrag. Mit anliegend in Kopie beigefügtem Schreiben vom 12.6.2015 verlangte die Klägerin von den Beklagten Aufklärung über die Rechtsposition der . . . . .-GmbH. Die Beklagten teilten mit anliegend in Kopie beigefügtem Schreiben vom 18.6.2015 mit, dass der Vertrag zwar ein Vormietrecht der . . . . .-GmbH enthalte, dieses jedoch untergegangen sei, da die . . . . .-GmbH nicht auf ihr Angebot eingegangen sei, die gesamte Erdgeschossfläche anzumieten. Deshalb könnten sie sich gegenüber der . . . . .-GmbH auf § 467 S. 2 BGB analog berufen. Für sie stelle nämlich die weitere Trennung der Mieträume im Hinblick auf den mit der Klägerin zustande gekommenen Mietvertrag einen erheblichen finanziellen Nachteil dar. Wie die Klägerin jedoch weiter erfuhr, hatte die . . . . .-GmbH inzwischen die Beklagten auf Auskunft über den Inhalt des mit der Klägerin über die Erdgeschossräume im Hause . . . . . in . . . . . geschlossenen Mietvertrages und auf schriftliche Niederlegung eines Mietvertrages über die Erdgeschossräume rechts mit der Maßgabe verklagt, dass dieser hinsichtlich der Konditionen mit dem zwischen den Parteien geschlossenen Mietvertrag vom 15.2.2015 identisch zu sein habe. Das Landgericht hat inzwischen mit Urteil vom . . . . . (Datum) den Klageanträgen entsprochen und diese Entscheidung auf ein zwischen der . . . . .-GmbH und den Beklagten wirksam vereinbartes Vormietrecht gestützt. Wir bitten um Beiziehung der Akten

3 O 123/15 LG . . . . .

Nach Klageerhebung hatte die Klägerin die Beklagten mit anliegend in Kopie beigefügtem Schreiben vom 22.8.2015 unter Fristsetzung bis zum 10.9.2015 aufgefordert, abschließend mitzuteilen, ob sie ihr ab 1.1.2016 wie vertraglich vereinbart die gesamte Erdgeschossfläche mietweise zur Verfügung stellen könnten. Als die Beklagten darauf im Hinblick auf das schwebende Verfahren ausweichend antworteten, kündigte die Klägerin mit anliegend in Kopie beigefügtem Schreiben vom 20.9.2015 den Mietvertrag vom 15.2.2015 und berief sich ferner darauf, von den Beklagten Schadensersatz zu verlangen. Sie warf ihnen vor, bei den Vertragsverhandlungen das der . . . . .-GmbH zustehende Vormietrecht über die Erdgeschossräume rechts im Hause . . . . . in . . . . . verschwiegen zu haben. Als die Klägerin in der Nähe zu ihren bisherigen Geschäftsräumen geeignete Mietflächen gefunden hatte, zog sie Ende November 2015 aus. Der neue Mietvertrag über 240 m² Mietfläche im Hause . . . . . läuft über 10 Jahre. Die Miete beträgt allerdings 17,50 EUR/m². Wir überreichen die Ablichtung des Mietvertrages vom 28.10.2015.

Die Klägerin ist berechtigt, von den Beklagten wegen eines Rechtsmangels der Mietsache Schadensersatz zu verlangen (§§ 536 Abs. 3, 536 a Abs. 1 BGB).[4] Die Gesamtmietsache wurde nämlich nach Abschluss des Mietvertrages vom 15.2.2015 rechtsmangelhaft, da die Ausübung des Vormietrechts durch die . . . . .-GmbH der Klägerin die Nutzung der gesamten Erdgeschossfläche unmöglich machte. Die Doppelvermietung war mit der wirksamen Ausübung des Vormietrechts eingetreten, da dieses den Mietvertrag zwischen der . . . . .-GmbH und den Beklagten bereits zustandebrachte. Gestützt auf diesen Mietvertrag hat die . . . . .-GmbH den Gebrauch der Mietsache über den 1.1.2016 hinaus fortgesetzt. Gemäß § 536 Abs. 3 BGB reicht es aus, wenn der Klägerin der vertragsgemäße Gebrauch zum Teil entzogen wird. Zudem war die Klägerin gemäß § 543 Abs. 2 S. 1 Nr. 1, Abs. 3, Abs. 4 S. 2 BGB zur Kündigung des Mietvertrages berechtigt, als die Beklagten nicht in der Lage waren, trotz Fristsetzung Abhilfe zu schaffen. Die Beklagten haben außerdem gröblich ihre sich aus § 242 BGB ergebenden Informationspflichten verletzt, wenn sie der Klägerin gegenüber bei den Vertragsverhandlungen das Vormietrecht der . . . . .-GmbH verschwiegen. Wäre sie darüber informiert worden, hätte sie die Vertragsverhandlungen entweder von vornherein abgebrochen oder mit der . . . . .-GmbH abgeklärt, ob diese von ihrem Vormietrecht Gebrauch zu machen beabsichtigte. Für diesen Fall hätte sie noch im Frühjahr 2015 die Möglichkeit gehabt, Räume im Hause . . . . . in . . . . . anzumieten. Diese hätten ebenfalls 15,– EUR/m² gekostet.

Beweis: Vorlage der Korrespondenz vom . . . . . (Datum) in Kopie;
       Zeugnis . . . . .

Sie zog es jedoch vor, im Hause der Beklagten zu verbleiben, da die Umbaukosten die Umzugskosten nicht überstiegen hätten. Die Klägerin ist bislang außerstande, eine Leistungsklage zu erheben, da sie kurz nach dem Umzug noch nicht in der Lage ist, den Gesamtschaden zu beziffern. Andererseits leugnen die Beklagten ihre Schadensersatzpflicht. Auf das anliegend in Kopie beigefügte Schreiben der Prozessbevollmächtigten der Klägerin vom 15.1.2016, ihre Schadensersatzpflicht dem Grunde nach anzuerkennen, haben die Beklagten geantwortet, sie gingen davon aus, das Vormietrecht der . . . . . in einem Berufungsverfahren zu Fall bringen zu können. Tatsächlich haben sie jedoch inzwischen die fristwahrend eingelegte Berufung gegen das Urteil des Landgerichts . . . . . zurückgenommen.

Beweis: Beiziehung der Akten des Verfahrens 3 O 123/15 LG . . . . .

Ein Verfahren auf Erlass einer einstweiligen Verfügung auf Überlassung der Mietsache verspreche keine Aussicht auf Erfolg.[5]

Wir geben den Streitwert vorläufig mit 54.000,– EUR an. Dem liegt der Mehraufwand von 2,50 EUR × 225 m^2 × 120 Monate × 80 % zu Grunde.

Rechtsanwalt

Anmerkungen

1. Zuständigkeit. Ausschließlich örtlich zuständig ist gemäß § 29a Abs. 1 ZPO das Gericht der belegenen Sache. § 29a ZPO gilt auch für Miet- und Pachtverhältnisse über Räume, soweit es sich nicht um Wohnraum handelt, dagegen nicht für Miet- und Pachtverhältnisse über unbebaute Grundstücke (*Sternel*, Mietrecht Aktuell, 4. Aufl. 2009, XIV Rn. 1, 24). Da der Streitwert 5.000,– EUR überschreitet, ist gemäß §§ 23 Nr. 1, 71 Abs. 1 GVG das Landgericht zuständig.

2. Streitwert. Der Streitwert für den Feststellungsantrag ist § 3 ZPO zu entnehmen. Da die Höhe des Zukunftsschadens unbestimmt ist, ist das Interesse der Klägerin zu schätzen. Insgesamt zeichnet sich ab, dass der Mehraufwand durch die Anmietung eines anderweitigen Objekts für 10 Jahre 2,50 EUR × 225 m^2 × 120 Monate = 67.500,– EUR netto betragen wird. Die Mehrwertsteuer spielt wegen der Vorsteuerabzugsberechtigung der Klägerin für die Schadensberechnung keine Rolle. Es liegt daher nahe, diesen Betrag zur Bewertung des Schadensersatzanspruches zugrunde zu legen und davon 80 % zu nehmen. Bei der behauptenden Feststellungsklage wird für gewöhnlich ein etwas geringerer Wert als derjenige eines vergleichbaren Leistungsanspruchs, und zwar 80 % angesetzt (BLAH/ *Hartmann* Anh. § 3 „Feststellungsklage" Rn. 53; BGH NJW-RR 2012, 1107).

3. Zulässigkeit der Feststellungsklage. Eine vorrangige Leistungsklage kommt nicht in Betracht, solange der Schaden noch in der Entstehung begriffen ist und von der Klägerin nicht abschließend beziffert werden kann. Ferner kann davon ausgegangen werden, dass sowohl der gekündigte als auch der anderweitig abgeschlossene Mietvertrag Wertsicherungsklauseln enthalten, so dass eine Bezifferung des Schadens erst im Laufe der Zeit möglich wird. Das besondere Feststellungsinteresse im Sinne des § 256 Abs. 1 ZPO ergibt sich zudem daraus, dass die Beklagten eine Schadensersatzpflicht bereits dem Grunde nach ablehnen, da sie vorprozessual die Wirksamkeit des Vormietrechts der . . . . .-GmbH in Abrede gestellt haben. Der zwischen den Beklagten und der . . . . .-GmbH geführte Rechtsstreit über die aus dem Vormietrecht sich ergebenden Ansprüche hat keine Rechtskraftwirkung zugunsten oder zulasten der Klägerin.

4. Begründetheit der Feststellungsklage. Anspruchsgrundlagen auf Leistung von Schadensersatz sind denkbar aus dem Gesichtspunkt der Unmöglichkeit (sowohl anfänglicher Leistungsbefreiung gemäß § 311a BGB als auch nachträglicher Leistungsbefreiung gemäß §§ 280, 283 BGB), wegen einer Sachmängelhaftung (§ 536a BGB), wegen der Verletzung von Aufklärungspflichten (§§ 241 Abs. 2, 311 Abs. 2, Abs. 3 BGB i. V. m. §§ 280, 282, 242 BGB) oder wegen einer Rechtsmängelhaftung (§§ 536 Abs. 3, 536 a Abs. 1 BGB). Letztgenannte Anspruchsgrundlagen verdrängen alle anderen. § 536 Abs. 3 BGB findet auf den Fall der sog. Doppelvermietung Anwendung (Palandt/*Weidenkaff* § 536 Rn. 30; Lindner-Figura/Oprée/Stellmann/*Stellmann* Kap. 3 Rn. 59; BGH NJW 2006, 2323; zu den Ansprüchen bei Doppelvermietung → Form. B. III. 1, → Form. B. III. 4). Eine Doppelvermietung liegt vor, wenn der Vermieter die schon einem anderen Mieter überlassene Sache nochmals vermietet und diese von dem rechtmäßig besitzenden Mieter nicht herausgegeben wird (Bub/ Treier/*Emmerich* II Rn. 494 ff.; BGH NJW 2006, 2323). Dies könnte hier deshalb fraglich sein, weil zum Zeitpunkt des Abschlusses des Mietvertrages zwischen den Parteien des Rechtsstreits am 15.2.2015 eine anderweitige Vermietung an die . . . . .-GmbH noch gar nicht vorlag. Auch hatten die Beklagten nach Ausübung des Vormietrechts durch die . . . . .-GmbH keinen Mietvertrag geschlossen. Allerdings reicht es aus, wenn die . . . . .-GmbH eine Rechtsposition innehatte, die es ihr ermöglichte, einen Mietvertrag zustande zu bringen, der sich teilweise auch auf die der Klägerin vertraglich überlassene Mietsache erstreckte. Denn die Beklagten hatten sich wie in einem Mietvertrag einseitig gegenüber der . . . . .-GmbH bereits gebunden (so für den Vorvertrag Palandt/*Weidenkaff* § 536 Rn. 30. Die dort zitierte Entscheidung LG Köln NJW-RR 1992, 77 behandelt indessen den umgekehrten Fall. Dort wird nach anderweitiger Vermietung der Schadensersatzanspruch aus einem Vorvertrag abgeleitet.). Liegen die Voraussetzungen des § 536 Abs. 3 BGB vor, ist § 536 a Abs. 1 BGB entsprechend, also als Rechtsgrundverweisung anzuwenden (MüKoBGB/*Häublein* § 536 Rn. 25). Der Vermieter muss demzufolge die Doppelvermietung zu vertreten haben (Arg. aus § 536a Abs. 1 BGB). Die weiteren Anspruchsgrundlagen, insbesondere aus Unmöglichkeit und aus § 536a Abs. 1 BGB unmittelbar treten zurück (BGH NJW 1996, 714 für den Fall der nachträglich eingetretenen Unmöglichkeit durch Nichtvereinbarkeit einer Vermietung von Teileigentum mit der Gemeinschaftsordnung). Da kein Wegfall der Hauptleistungspflicht durch Unvermögen des Vermieters eingetreten ist, hat der Mieter nach wie vor den Erfüllungsanspruch (Schmidt-Futterer/*Eisenschmid* § 536 Rn. 260, 262; KG NZM 2008, 889). Der Vermieter kann sich auch nicht durch Kündigung von seiner Leistungsverpflichtung lösen. Vielmehr ist der Mieter wegen des bestehenden Rechtsmangels berechtigt, unter den Voraussetzungen des § 543 Abs. 2 S. 1 Nr. 1, Abs. 3, Abs. 4 S. 2 BGB fristlos zu kündigen (Lindner-Figura/Oprée/Stellmann/*Stellmann* Kap. 3 Rn. 59; OLG Düsseldorf NZM 1999, 24). Der Schadensersatzanspruch wird dadurch nicht ausgeschlossen. Der Mieter läuft deshalb auch nicht Gefahr, dass er beispielsweise bei vorrangiger Kündigung und späterer Geltendmachung des Schadensersatzanspruches vom Vermieter darauf verwiesen wird, er habe statt Schadensersatz den Rücktritt gewählt. Gemäß § 325 BGB wird beim gegenseitigen Vertrag der Schadensersatzanspruch durch Ausübung des Rücktrittsrechts nicht ausgeschlossen. Bub/Treier/*Emmerich* II Rn. 500 bejahen Schadensersatzansprüche des Dritten gegenüber dem Vermieter und dem aus dem Vormietrecht Verpflichteten. Dem Vermieter wird zur Vermeidung von Schadensersatzpflichten empfohlen, im Mietvertrag mit dem Dritten ein Rücktrittsrecht zu vereinbaren.

5. **Vorherige einstweilige Verfügung.** In Rechtsprechung und Literatur ist umstritten, ob im Falle einer Doppelvermietung der Anspruch auf Überlassung der Mietsache nicht durch einstweilige Verfügung gesichert werden kann (→ Form. D. V. 11, → Form. D. V. 12). Dies wird von der überwiegenden obergerichtlichen Rechtsprechung unter Hinweis auf die Privatautonomie des Vermieters mit weiteren Stimmen der Literatur verneint (s. hierzu OLG Celle ZMR 2009, 113 f.; OLG Koblenz ZMR 2008, 50; KG NZM 2007, 518; OLG Hamm NJW-RR 2004, 521; OLG Schleswig MDR 2000, 1428; OLG Brandenburg MDR 1998, 98; OLG Frankfurt a. M. NJW-RR 1997, 77; aA OLG Düsseldorf NJW-RR 1991, 137; *Kohler* NZM 2008, 545). Dem wird entgegengehalten, dass das Entscheidungsrecht des Vermieters, welchen Vertrag er erfüllen wolle, nichts am Anspruch des Mieters auf Übergabe ändere (MüKoBGB/*Häublein* § 536 Rn. 25 Fn. 113). Es dürfte sich im Hinblick auf die eingefahrene Rechtsprechung kaum lohnen, vor der Überlassung der Mietsache den Zutritt durch einstweilige Verfügung zu sichern zu versuchen. Für den Beispielsfall kam eine einstweilige Verfügung wegen der Erweiterung der Vertragsfläche durch den Mietvertrag vom 15.2.2015 in Betracht. Mithin wird das Schadensersatzbegehren der Klägerin nach h. M. nicht durch § 254 Abs. 2 BGB wegen des Bestehens einer Schadensabwendungsmöglichkeit beeinträchtigt.

IV. Klagen aufgrund eines Anmietrechts (einer Vorhand)

1. Klage auf Abgabe eines Angebots zum Abschluss eines Mietvertrages

An das

Landgericht[1] . . . . .

Klage

der . . . . .-GmbH, ...

– Klägerin –

Prozessbevollmächtigte: . . . . .

gegen

Herrn . . . . .

– Beklagter –

Prozessbevollmächtigte: . . . . .

wegen Auskunft und Abgabe eines Angebots zum Abschluss eines Mietvertrages.

Streitwert: vorläufig 42.840,– EUR.[2]

Wir bitten um Anberaumung eines Termins zur mündlichen Verhandlung, in dem wir beantragen werden,[3, 6]

1. der Beklagte wird verurteilt, der Klägerin Auskunft zu erteilen über die wesentlichen Vertragsbestandteile eines mit Dritten beabsichtigten Mietvertrages über das Gebäude . . . . . in . . . . ., verzeichnet im Grundbuch von . . . . ., Flur . . . . ., Flurstück . . . . ., insbesondere den Vertragsgegenstand, die Höhe der Miete zzgl. Nebenkostenvorauszahlungen zzgl. Mehrwertsteuer und die Laufzeit durch Vorlage vorhandener Mietvertragsentwürfe und des Exposés der vom Beklagten beauftragten Maklerfirma . . . . .,
2. der Beklagte wird nach Erteilung der Auskunft verurteilt, der Klägerin ein Angebot auf Abschluss eines Mietvertrages über das Gebäude . . . . . in . . . . . verzeichnet im Grundbuch von . . . . ., Flur . . . . ., Flurstück . . . . ., zu unterbreiten, dem die sich aus der Auskunft ergebenden Vertragsdaten zugrunde liegen,
3. hilfsweise zu 1. und 2. den Beklagten zu verurteilen, der Klägerin folgendes Vertragsangebot zu unterbreiten:
   a) Vermietung des Gebäudes . . . . ., bestehend aus dem Erdgeschoss sowie 2 Obergeschossen zur Größe von 300 m^2,
   b) zu einer Miete von 8,– EUR/m^2 Kaltmiete zzgl. 2,– EUR/m^2 Nebenkostenvorauszahlungen zzgl. der jeweils gültigen gesetzlichen Mehrwertsteuer,
   c) unter Zugrundelegung einer Mietdauer von 10 Jahren fest, beginnend mit dem 1. des auf die Fertigstellung des Gebäudes . . . . . in . . . . . folgenden Monats mit einer 5-jährigen Option für die Klägerin, zu deren Ausübung die schriftliche Erklärung gegenüber dem Beklagten spätestens 12 Monate vor Ablauf der Mietzeit erforderlich ist,

4. für den Fall des Vorliegens der Voraussetzungen Versäumnisurteil ohne mündliche Verhandlung gemäß § 331 Abs. 3 ZPO zu erlassen,
5. dem Kläger eine vollstreckbare Ausfertigung des Urteils nebst Zustellungsbescheinigung (§ 169 ZPO) zu erteilen.[4]

Begründung:

Die Klägerin betreibt ein gewerbliches Nachhilfeinstitut. Sie ist in zahlreichen deutschen Städten mit Niederlassungen vertreten. In . . . . . mietete sie vom Beklagten mit anliegend in Kopie beigefügtem Mietvertrag vom 31.10.2013 das gesamte Gebäude . . . . . Dabei handelt es sich um einen 3-stöckigen Neubau, bestehend aus Erdgeschoss und 2 Obergeschossen zur Größe von 300 m². Auf die Beschreibung des Mietgegenstandes in § 1 des Vertrages wird Bezug genommen. Die Klägerin bezog das Gebäude nach dessen Fertigstellung am 1.1.2015 und nahm den Nachhilfebetrieb auf.

Der Beklagte ist zugleich Eigentümer des Nachbargrundstückes . . . . ., welches von der Größe und vom Zuschnitt her mit dem Mietgrundstück identisch ist. Im Jahre 2015 erfuhr die Klägerin gesprächsweise, dass dieser beabsichtigte, auf dem Nachbargrundstück spiegelbildlich nach den vorhandenen Plänen ein vergleichbares Bürohaus an das vorhandene anzusetzen.

Beweis: Zeugnis . . . . .

Der Zeuge . . . . . leitet das Institut der Klägerin in . . . . . Daraufhin schrieb die Klägerin dem Beklagten mit anliegend in Kopie beigefügtem Schreiben vom 25.5.2015, dass sie auch an der Anmietung des gesamten Gebäudes . . . . . interessiert sei, da sie schon nach einjährigem Betrieb ihres Nachhilfeinstituts in den angemieteten Räumen „aus allen Nähten platze" und deshalb in einer Größenordnung von weiteren 300 m² Ergänzungsbedarf habe. Man stelle sich für das Nachbargebäude identische Konditionen wie für das Haus . . . . . entsprechend dem bereits abgeschlossenen Mietvertrage vor. Der Beklagte entgegnete darauf mit anliegend in Kopie beigefügtem Schreiben vom 10.6.2015, dass er nach Fertigstellung des Gebäudes . . . . ., die für Ende 2016 geplant sei, dieses der Klägerin zu Mietzwecken anbieten wolle. Er werde sich dann zu gegebener Zeit melden.

Der Beklagte begann im Herbst 2015 mit der Errichtung des Gebäudes . . . . . Mit einer Fertigstellung wird spätestens zum 31.12.2016 zu rechnen sein. Wie die Klägerin durch Zeitungsannoncen in der örtlichen Presse von . . . . . nunmehr erfahren hat, lässt der Beklagte die Vermietung des Gebäudes über die Maklerfirma . . . . . betreiben, die seit dem 1.9.2016 „300 m² Büroraum in reizvoller Lage von . . . . ." anbietet.

Beweis: Kopie der Zeitungsanzeigen der . . . . . vom 1. 9. und 8.9.2016

Die Klägerin ließ daraufhin nach entsprechender Unterrichtung durch ihren Niederlassungsleiter . . . . . mit anliegend in Kopie beigefügtem anwaltlichen Schreiben vom 15.9.2016 bei dem Beklagten anfragen, warum er beabsichtige, das im Bau befindliche Gebäude an Dritte zu vermieten, anstatt entsprechend der im Schreiben vom 10.6.2015 eingegangenen Verpflichtung das Vermietungsangebot an die Klägerin zu richten. Daraufhin entgegnete der Beklagte zunächst nichts, nach nochmaliger Erinnerung und dem Androhen einer Klage ließ der Beklagte jedoch über seine jetzigen Prozessbevollmächtigten mit anliegend in Kopie beigefügtem Schreiben vom 5.10.2016 wissen, dass er sich keineswegs verpflichtet fühle, einen Mietvertrag mit der Klägerin über das Gebäude . . . . . zu schließen, da ein bindender Vorvertrag oder ein Vormietrecht der Klägerin nicht bestehe, zumal beides aus der Sicht der gegnerischen Kollegen der Schriftform bedürfe. Außerdem wolle der Beklagte mit der Klägerin keine weiteren Verträge abschließen, da sich diese bei der Abrechnung der Nebenkosten im zweiten Halbjahr 2015 für das Jahr 2014 und auch in diesem Jahr für 2015 äußerst „kleinkariert" gezeigt und einzelne Positionen gekürzt habe. An einer Ausdehnung der mietrechtlichen Beziehungen sei ihm deshalb nicht mehr gelegen.

Der Klägerin steht indessen aus einem zwischen den Parteien vereinbarten Anmietrecht zunächst ein Auskunftsanspruch[3] darüber zu, zu welchen Konditionen der Beklagte die Räumlichkeiten des im Errichtungsstadium befindlichen Gebäudes mietweise anbietet. Gegenstand eines Anmietrechts ist nämlich der Anspruch eines Berechtigten, von dem Verpflichteten die Abgabe eines Angebots zum Abschluss eines Mietvertrages zu verlangen.[5] Um dieses Angebot konkretisieren zu können, ist die Klägerin darauf angewiesen, die Vorstellungen des Beklagten über die Konditionen für das Nachbarobjekt in Erfahrung zu bringen. Die Konditionen ergeben sich entweder aus bereits mit Interessenten gefertigten Vertragsentwürfen oder aber aus einem von dem Maklerbüro . . . . . gefertigten Exposé, auf welches wegen weiterer Einzelheiten die Zeitungsannoncen verweisen. Der Versuch der Klägerin, ein derartiges Exposé von der Firma . . . . . zu erhalten, wurde vom Beklagten unterlaufen. Dieser hatte die . . . . . sofort nach Eingang des ersten Anwaltsschreibens der Klägerin angewiesen, dieser bzw. ihren Bevollmächtigten keinerlei Auskünfte zu erteilen.

Beweis: Zeugnis . . . . .

Die Klägerin ist deshalb gezwungen, im Wege der Stufenklage vorzugehen. Erst nach Auskunftserteilung sieht sie sich in der Lage, ein Vertragsangebot des Beklagten so zu konkretisieren, dass es annahmefähig ist.

Der Anspruch auf Abgabe eines Angebots zum Abschluss eines Mietvertrages ergibt sich dem Grunde nach aus dem Schriftverkehr der Parteien vom 25. 5./10.6.2015.

Nur hilfsweise für den Fall, dass das erkennende Gericht dieses Vorgehen der Klägerin für unzulässig oder unbegründet halten sollte, strebt sie mit ihrem Hilfsantrag die Abgabe eines Angebots des Beklagten zum Abschluss eines Mietvertrages unter Zugrundelegung der Konditionen an, die Gegenstand ihres Mietvertrages über das Gebäude . . . . . sind. In § 1 dieses Vertrages ist geregelt, dass Mietgegenstand das gesamte Gebäude, bestehend aus dem Erdgeschoss und den beiden Obergeschossen zur Größe von 300 m² ist. In § 2 ist eine Miete von 8,– EUR/m² Kaltmiete zzgl. 2,– EUR/m² Nebenkostenvorauszahlungen zzgl. die jeweils geltende Mehrwertsteuer vereinbart. Gemäß § 3 des Vertrages beträgt die Laufzeit 10 Jahre fest, beginnend mit dem 1. des auf die Fertigstellung des Gebäudes . . . . . folgenden Monats. Fertiggestellt ist das Gebäude gemäß § 3 Abs. 2 des Vertrages mit der Fertigstellungsanzeige des Architekten des Beklagten gegenüber dem Bauamt der Stadt . . . . . Außerdem ist der Klägerin gemäß § 3 Abs. 3 des Mietvertrages ein einmaliges Optionsrecht für 5 Jahre eingeräumt. Dieses ist spätestens 12 Monate vor Ablauf der Mietzeit durch schriftliche Anzeige gegenüber dem Vermieter auszuüben. Wegen der Identität zwischen den beiden Mietgrundstücken . . . . . und . . . . . ist es angemessen, dass der Klägerin ein mit dem abgeschlossenen Vertrage vergleichbares Angebot unterbreitet wird.

Der vorläufigen Streitwertberechnung haben wir bezüglich der Klage auf Abgabe eines Vermietungsangebots eine Jahresmiete unter Rückgriff auf das bestehende Mietverhältnis mangels anderweitiger Anknüpfungspunkte zugrundegelegt. Diese beträgt entsprechend den Berechnungsgrundlagen in § 41 Abs. 1 S. 2 GKG (Nettogrundentgelt) 8,– EUR × 300 m² = 2.400,– EUR + derzeit 19 % Mehrwertsteuer in Höhe von 456,– EUR, insgesamt 2.856,– EUR × 12 = 34.272,– EUR. Für den Auskunftsanspruch haben wir 25 % des Hauptanspruchs angesetzt, da die Klägerin nur über die Auskunft die Vermietungsvorstellungen des Beklagten in Erfahrung bringen kann. Dies sind 8.568,– EUR. Insgesamt ergibt sich deshalb ein Streitwert von 42.840,– EUR.[2] Wir haben in entsprechender Höhe Gerichtskosten eingezahlt.

Rechtsanwalt

Anmerkungen

1. Zuständigkeit. Ausschließlich örtlich zuständig ist gemäß § 29a Abs. 1 ZPO das Gericht der belegenen Sache. § 29a ZPO gilt auch für Miet- und Pachtverhältnisse über Räume, soweit es sich nicht um Wohnraum handelt, dagegen nicht für Miet- und Pachtverhältnisse über unbebaute Grundstücke (*Sternel*, Mietrecht Aktuell, 4. Aufl. 2009, XIV Rn. 1, 24). Da es hier um den Abschluss eines zukünftigen Mietvertrages über ein bebautes Grundstück geht, kommt es nicht darauf an, ob die Mietsache bereits fertiggestellt ist. Ferner sind Streitigkeiten über das Bestehen des Mietvertrages auch Streitigkeiten über dessen Zustandekommen (Zöller/*Vollkommer* § 29a Rn. 8; aA BLAH/*Hartmann* § 29a Rn. 10. Sie verlangen das Vorliegen eines Mietverhältnisses; Thomas/*Putzo* § 29a Rn. 5; Saenger/*Bendtsen*, ZPO, 6. Aufl. 2015, § 29a Rn. 6 ohne nähere Begründung). Da der Streitwert 5.000,– EUR überschreitet, ist gemäß §§ 23 Nr. 1, 71 Abs. 1 GVG das Landgericht zuständig.

2. Streitwert. Für die Auskunfts- und Klage auf Abgabe einer Willenserklärung gilt § 3 ZPO (s. BLAH/*Hartmann* Anh. § 3 Rn. 24 „Auskunft" und Anh. § 3 Rn. 76 „Klage auf den Abschluss eines Mietvertrages"; LG Dortmund WuM 1991, 358). Der Wert für den Hauptsacheanspruch ist danach mit einer Jahresmiete zu bemessen, der Wert der Auskunftsklage mit einem Bruchteil dessen, wobei es hier darauf ankommt, welche Bedeutung die Auskunft für die Konkretisierung des Hauptsacheanspruches hat. Da sich durch die Auskunft die Klägerin erst in die Lage versetzt sieht, überhaupt ein Anmietungsangebot zu formulieren, dürfte der Wert der Auskunft nicht lediglich ergänzender, sondern mitbestimmender Natur sein, so dass ein Ansatz von 25 % des Hauptsacheanspruches angemessen erscheint. Ein höherer Bruchteil würde nicht hinreichend berücksichtigen, dass sich die Klägerin an ihren eigenen Mietbedingungen für das Nachbargebäude orientieren kann. Gemäß § 5 ZPO sind die Werte für Auskunfts- und Hauptklage zusammenzurechnen (BLAH/*Hartmann* § 5 Rn. 8 „Stufenklage"). Für den Gebührenstreitwert sind gemäß § 48 GKG wiederum die §§ 3 bis 9 ZPO maßgeblich. § 41 GKG ist nicht anwendbar, wenn es sich um einen erst noch auf Grund der Klage vorgesehenen Mietvertragsabschluss handelt (Hartmann § 41 Rn. 18). Ebenso wenig ist § 44 GKG einschlägig, weil diese Vorschrift nur den Fall der Stufenklage mit anschließendem Herausgabeanspruch erfasst. Der Wert für Haupt- und Hilfsantrag ist erst dann gemäß § 45 Abs. 1 Satz 2 GKG zusammenzurechnen, wenn eine Entscheidung über den Hilfsantrag ergeht.

3. Antragstellung. Für die Auskunftsklage ist es zur Wahrung der Bestimmtheitsanforderungen aus § 253 Abs. 2 Nr. 2 ZPO erforderlich, den Auskunftsgegenstand und die Auskunftsquelle genauer zu bezeichnen. Da Ziel der Auskunft die Formulierung eines Anmietrechts des Berechtigten ist, hat sich die Auskunft auf die Vertragsbedingungen zu erstrecken, unter denen der Verpflichtete bereit ist, dem Berechtigten die Mietsache anzubieten (Bub/Treier/*Drettmann* II Rn 359; Lindner-Figura/Oprée/Stellmann/*Stellmann* Kap. 3 Rn. 74). Soweit zur Begründung eines Anmietrechts darauf abgestellt wird, dass der Vermieter frei darin sei, ob, wann und zu welchen Bedingungen er vermieten wolle, enthebt das den Berechtigten bei Klageerhebung nicht der Verpflichtung, ein Anmietrecht mit einem vollstreckungsfähigen Inhalt auszustatten. Zu diesem Zweck kann der Berechtigte beanspruchen, vom Vermieter die Angebote in Erfahrung zu bringen, die er anderen gegenüber (in Verletzung des Anmietrechts des Berechtigten) bereits unterbreitet hat (Bub/Treier/*Drettmann* II Rn. 354). Es würde daher nicht ausreichen, dem Verpflichteten aufzuerlegen, dem Berechtigten ein angemessenes Angebot zu machen. Eine Bestimmung des Anmietrechts über eine Auskunft kollidiert auch nicht mit dem an sich unbestimmten Inhalt des künftigen Vermieterangebots. Denn als Forderung muss das Anmietrecht im Klagewege prozessual durchsetzbar sein. Gewinnt es seine Bedeutung erst dadurch, dass im Falle seiner

Verletzung nur Schadensersatzansprüche bestehen, würde es hinsichtlich seiner Durchsetzbarkeit weitgehend leerlaufen. Schwierig wird es, wenn Anknüpfungspunkte wie zum Beispiel die Vermietungsabsicht gegenüber Dritten oder die Konditionen eines bereits bestehenden Mietverhältnisses, auf die zur Begründung des Hilfsantrages in diesem Falle zurückgegriffen werden konnte, nicht vorhanden sind. In einem derartigen Falle wird eine Leistungsklage, etwa in der Gestalt einer Stufenklage schwerlich zu erheben sein. In Betracht käme dann aber noch eine Feststellungsklage, mit der verlangt wird, dass der Verpflichtete aus dem Anmietrecht dem Berechtigten vorrangig ein Vermietungsangebot zu unterbreiten hat, sobald er eine Vermietung vorzunehmen beabsichtigt.

4. Antrag auf Erteilung einer vollstreckbaren Ausfertigung des Urteils nebst Zustellungsbescheinigung. Die Erteilung der vollstreckbaren Ausfertigung des Urteils erfolgt nicht von Amts wegen, sondern nur auf Antrag (Zöller/*Stöber* § 724 Rn. 8). Der Antrag dient dazu, die Zwangsvollstreckung zu beschleunigen. Mit der von Amts wegen vorgenommenen Zustellung des Titels sind zudem die Voraussetzungen für eine Zwangsvollstreckung in der Regel erfüllt.

5. Anmietrecht. Die Anspruchsgrundlage ergibt sich aus der Vereinbarung eines gesetzlich nicht geregelten Anmietrechts, mithin aus einem vertraglichen Anspruch gemäß § 241 BGB. Seinem Inhalt nach gewährt das Anmietrecht im eigentlichen Sinne, auch Vorhand genannt, dem Anmietberechtigten die vertraglich eingeräumte Befugnis, dass der Verpflichtete ein Mietobjekt dem Berechtigten zuvor zur Miete anbieten muss, bevor er es an einen anderen vermietet (s. Palandt/*Weidenkaff* Einf. vor § 535 Rn. 10; Schmidt-Futterer/*Blank* vor § 535 BGB Rn. 126; Bub/Treier/*Drettmann* II. Rn. 349, 352; MüKoBGB/*Häublein* § 535 Rn. 23). Von Anmietrecht im weiteren Sinne spricht man bei weitergehenden rechtlichen Gestaltungen wie etwa dem bedingten Hauptvertragsabschluss, dem Vorvertrag, dem bindenden Angebot oder der Option. Die Begrifflichkeit stammt jeweils aus der Rechtsprechung zu dem artverwandten, praktisch jedoch wesentlich bedeutsameren Ankaufsrecht (BGHZ 47, 391 ff.). Von einem Vorvertrag unterscheidet sich das Anmietrecht in der Weise, dass zum Zeitpunkt seiner Vereinbarung Einzelheiten des künftig noch abzuschließenden Mietverhältnisses nicht feststehen, weil wie im Klagebeispiel geschildert bislang lediglich Bauabsichten bestehen und sich deshalb der Vermieter scheut, Mietgegenstand, Miete und Mietdauer eines künftig erst abzuschließenden Mietverhältnisses festzulegen. Vom Vormietrecht ist das Anmietrecht dadurch abzugrenzen, dass das Vormietrecht erst zum Tragen kommt, wenn der Abschluss eines Mietvertrages mit einem Dritten bereits vorliegt. Gerade dies soll die Ausübung des Anmietrechts verhindern. Zweifelhaft ist, ob es als Erfüllungsanspruch dem Vermieter gegenüber durchsetzbar ist, da sein Kennzeichen die grundsätzliche Freiheit des Vermieters ist, das Angebot auf Abschluss eines zukünftigen Mietvertrages gegenüber dem Berechtigten mit Inhalt zu füllen (→ Anm. 3). Nur wenn der zukünftige Leistungsinhalt bereits feststeht, lässt sich ein Anmietrecht im Wege der Erfüllungsklage realisieren. Zur Schlüssigkeit der Klage gehören ferner Angaben dazu, unter welchen Bedingungen das Anmietrecht zur Entstehung kommen sollte. Das Klagebeispiel geht davon aus, dass Voraussetzung für die Anmietung die Fertigstellung des zweiten Bürogebäudes ist, die bei Klageerhebung kurz bevorsteht. Da ein Anmietrecht formlos vereinbart werden kann (ebenso wie ein Vormietvertrag; allgemeine Meinung), ist die Einhaltung der Schriftform entbehrlich (aA Lindner-Figura/Oprée/Stellmann/*Stellmann* Kap. 3 Rn. 76 f.: Soll ein Mietvertrag, der den Formvorschriften des § 550 BGB unterliegt, länger als ein Jahr fest laufen, haben beide Parteien einen schuldrechtlichen Nebenanspruch auf schriftliche Dokumentation des Anmietrechts). Da es sich um einen Vertrag handelt, sind Angebot und Annahme erforderlich. Räumt der Verpflichtete dem Berechtigten ein Anmietrecht ein, tut dieser deshalb gut daran, dieses schriftlich zu bestätigen. Im Klagefall wird man auf Grund des dem Schreiben des Beklagten vorangegangenen Schreibens der Klägerin entnehmen können, dass hier die Voraussetzungen des § 151 BGB vorgelegen

Deppen

haben, da eine ausdrückliche Erklärung nach der Verkehrssitte gegenüber dem Beklagten nicht zu erwarten war.

6. **Vollstreckung.** Der Auskunftsanspruch ist gemäß § 888 ZPO als nicht vertretbare Handlung zu vollstrecken, gerade wenn sich der Schuldner zur Erfüllung dessen der Mitwirkung eines Dritten (hier des Maklerbüros) bedienen muss (BLAH/*Hartmann* § 887 Rn. 21 „Auskunft, Einsicht, Rechnungslegung", Rn. 38 „Vermieter"; BGH WuM 2009, 143; OLG Hamm WuM 1996, 568). Die Vollstreckung des ausfüllungsbedürftigen Hauptanspruches in Stufe 2 erfolgt gemäß § 894 ZPO mit Rechtskraft des Urteils. Erst danach ist der Berechtigte in der Lage, das Vertragsangebot anzunehmen, was unter Berücksichtigung des § 147 BGB alsbald geschehen muss (so BGHZ 98, 130 für den Mietvorvertrag). Mit Annahme des Antrages ist der Mietvertrag erst zustande gekommen. Beträgt die Mietdauer mehr als 1 Jahr, ergeben sich Schriftformprobleme aus §§ 550, 578 Abs. 1, Abs. 2 S. 1 BGB. Wie diese zu lösen sind, ist schon für den Mietvorvertrag erläutert worden. Insofern darf auf die Anmerkungen zu → Form. A. I. 1 Anm. 10 verwiesen werden.

2. Klage auf Schadensersatz wegen der Verletzung eines Anmietrechts

An das

Landgericht[1] . . . . .

Klage

der . . . . .

– Klägerin –

Prozessbevollmächtigte: . . . . .

gegen

Herrn . . . . .

– Beklagter –

Prozessbevollmächtigte: . . . . .

wegen Schadensersatz und Feststellung

Streitwert: vorläufig 29.520,– EUR.[2]

Wir bitten um Anberaumung eines Termins zur mündlichen Verhandlung, in dem wir beantragen werden,

1. der Beklagte wird verurteilt, an die Klägerin 3.600,– EUR nebst Zinsen in Höhe von 5 Prozentpunkten über dem Basiszinssatz von je 300,– EUR seit dem 3. eines jeden Monats, beginnend mit Januar 2017 und endend mit Dezember 2017 zu zahlen,[3]
2. festzustellen, dass der Beklagte verpflichtet ist, der Klägerin jeglichen Schaden für die Zeit ab 1.1.2018 zu ersetzen, der sich daraus ergibt, dass er das Gebäude . . . . . in . . . . ., verzeichnet im Grundbuch von . . . . ., Flur . . . . ., Flurstück . . . . ., unter Verletzung des Anmietrechts der Klägerin vom 25. 5./10.6.2015 anderweitig vermietet hat,[4]
3. für den Fall des Vorliegens der Voraussetzungen Versäumnisurteil ohne mündliche Verhandlung gemäß § 331 Abs. 3 ZPO zu erlassen,
4. der Klägerin eine vollstreckbare Ausfertigung des Urteils nebst Zustellungsbescheinigung (§ 169 ZPO) zu erteilen.[5]

Begründung:

Die Klägerin betreibt ein gewerbliches Nachhilfeinstitut. Sie ist in zahlreichen deutschen Städten mit Niederlassungen vertreten. In ..... mietete sie vom Beklagten mit anliegend in Kopie beigefügtem Mietvertrag vom 31.10.2013 das gesamte Gebäude ..... Dabei handelt es sich um einen 3-stöckigen Neubau, bestehend aus Erdgeschoss und 2 Obergeschossen zur Größe von 300 m^2. Auf die Beschreibung des Mietgegenstandes in § 1 des Vertrages wird Bezug genommen. Die Klägerin bezog das Gebäude nach dessen Fertigstellung am 1.1.2015 und nahm den Nachhilfebetrieb auf.

Der Beklagte ist zugleich Eigentümer des Nachbargrundstückes ....., welches von der Größe und vom Zuschnitt her mit dem Mietgrundstück identisch ist. Im Jahre 2015 erfuhr die Klägerin gesprächsweise, dass dieser beabsichtigte, auf dem Nachbargrundstück spiegelbildlich nach den vorhandenen Plänen ein vergleichbares Bürohaus an das vorhandene anzusetzen.

Beweis: Zeugnis .....

Der Zeuge ..... leitet das Institut der Klägerin in ..... Daraufhin schrieb die Klägerin dem Beklagten mit anliegend in Kopie beigefügtem Schreiben vom 25.5.2015, dass sie auch an der Anmietung des gesamten Gebäudes ..... interessiert sei, da sie schon nach einjährigem Betrieb ihres Nachhilfeinstituts in den angemieteten Räumen „aus allen Nähten platze" und deshalb in einer Größenordnung von weiteren 300 m^2 Ergänzungsbedarf habe. Man stelle sich für das Nachbargrundstück identische Konditionen wie für das Haus ..... entsprechend dem bereits abgeschlossenen Mietvertrage vor. Der Beklagte entgegnete darauf mit anliegend in Kopie beigefügtem Schreiben vom 10.6.2015, dass er nach Fertigstellung des Gebäudes ....., die für Ende 2016 geplant sei, dieses der Klägerin zu Mietzwecken anbieten wolle. Er werde sich dann zu gegebener Zeit melden. Der Beklagte begann im Herbst 2015 mit der Errichtung des Gebäudes ..... Zum 31.12.2016 war es zeitgerecht fertiggestellt. Mit anliegend in Kopie beigefügtem Schreiben vom 15.9.2016 fragte die Klägerin nach entsprechender Unterrichtung durch ihren Niederlassungsleiter ..... an, wann der beabsichtigte Mietvertrag geschlossen werden könne. Daraufhin erhielt sie zunächst keine Nachricht. Nach nochmaliger Erinnerung ließ der Beklagte jedoch über seine jetzigen Prozessbevollmächtigten mit anliegend in Kopie beigefügtem Schreiben vom 5.10.2016 mitteilen, dass er das in Kürze fertiggestellte Gebäude anderweitig an einen Steuerberater vermietet habe. Er fühle sich keineswegs verpflichtet, einen Mietvertrag mit der Klägerin über das Gebäude ..... zu schließen, da ein bindender Vorvertrag oder ein Vormietrecht der Klägerin nicht bestehe, zumal beides aus der Sicht der gegnerischen Kollegen der Schriftform bedürfe. Außerdem wolle der Beklagte mit der Klägerin keine weiteren Verträge abschließen, da sich diese bei der Abrechnung der Nebenkosten im zweiten Halbjahr 2015 für das Jahr 2014 und auch in diesem Jahr für 2015 äußerst „kleinkariert" gezeigt und einzelne Positionen gekürzt habe. An einer Ausdehnung der mietrechtlichen Beziehungen sei ihm deshalb nicht mehr gelegen.

Die Klägerin hatte dem Beklagten zunächst mit anliegend in Kopie beigefügtem Schreiben vom 2.11.2016 eine Klage auf Abgabe eines Angebotes zwecks Abschluss eines Mietvertrages über das Gebäude ..... angedroht. Als ihr jedoch vom Beklagten eine Ablichtung des Mietvertrages mit dem Steuerberater ..... vom 1.9.2016 übersandt worden war und dieser auf Anfrage bestätigte, dass der Mietvertrag zur Durchführung gelangen werde, mietete die Klägerin in 300 m Entfernung vom Grundstück ..... Räumlichkeiten zur Erweiterung ihres Nachhilfeinstituts im Umfang von 350 m^2 an. Wir überreichen eine Ablichtung des Mietvertrages vom 30.11.2016. Mietbeginn war gemäß § 2 des Vertrages der 1.1.2017. Die Miete betrug netto monatlich 3.850,– EUR, was bei einer Größe von 350 m^2 einer Durchschnittsmiete von 11,– EUR/m^2 entspricht.

Ergänzend Beweis: Zeugnis . . . . .

Die Klägerin hat deshalb bei nahezu identischer Qualität eine Miete von 1,– EUR mehr pro Quadratmeter zu entrichten, was bei den von dem Beklagten angebotenen 300 m^2 einem Mehrbetrag von 300,– EUR im Monat netto entspricht. Der Schaden beläuft sich daher auf jährlich 3.600,– EUR.[6]

Für die Zeit ab 1.1.2018 stellt die Klägerin den Feststellungsantrag, dem Beklagten den zukünftigen Schaden aufzuerlegen. Da der zwischen der Klägerin und dem Beklagten abgeschlossene Mietvertrag über das Grundstück . . . . . über 10 Jahre mit einer Option von 5 Jahren läuft, darüber hinaus der mit dem Steuerberater . . . . . abgeschlossene Mietvertrag ebenfalls einen 10-Jahres-Zeitraum beinhaltet, gehen wir davon aus, dass der Beklagte auch mit der Klägerin einen 10-Jahres-Vertrag abgeschlossen hätte. Dies hätte auch die Möglichkeit der Vereinbarung einer Wertsicherungsklausel erst ermöglicht bzw. erleichtert.

Der Klägerin steht aus dem zwischen den Parteien vereinbarten Anmietrecht vom 25.5./10.6.2015 ein Anspruch auf Abgabe eines Angebots zum Abschluss eines Mietvertrages zu.[7] Diese Verpflichtung hat der Beklagte durch anderweitige Vermietung verletzt. Die Klägerin ist deshalb berechtigt, die sich aus der Beschaffung anderweitigen Mietraums ergebende Mehrbelastung als Schadensersatz gegenüber dem Beklagten geltend zu machen.

Zur Berechnung des Streitwerts haben wir neben dem Leistungsantrag in Höhe von 3.600,– EUR die Mehrbelastung für weitere 9 Jahre mit 9 × 3.600,– EUR = 32.400,– EUR errechnet. Davon haben wir 80 % = 25.920 – EUR in Ansatz gebracht. Die Summe ergibt den Streitwert von 29.520,– EUR. Wir haben in entsprechender Höhe Gerichtskosten eingezahlt.

Rechtsanwalt

Anmerkungen

1. Zuständigkeit. → Form. A. IV. 1 Anm. 1.

2. Streitwert. Zur Ermittlung des Streitwerts siehe sowohl bezüglich des Zahlungsantrages als auch bezüglich der Berechnung des Feststellungsantrages → Form. A. II. 1 Anm. 2.

3. Zinsanspruch. Gemäß § 288 Abs. 1 BGB sind 5 Prozentpunkte über dem Basiszinssatz der Europäischen Zentralbank geschuldet. Liegt ein gewerblicher Mietvertrag zwischen Personen vor, die nicht Verbraucher sind (§ 288 Abs. 2 BGB) beträgt für Ansprüche auf Zahlung von Miete der Zinssatz 9 Prozentpunkte über dem Basiszinssatz (BGH NJW 2010, 1872). Dies gilt allerdings nicht für Schadensersatzansprüche, weil es sich um keine Entgeltforderung im Sinne des § 288 Abs. 2 BGB handelt. Zu weiteren Einzelheiten → Form. A. II. 1 Anm. 3.

4. Zulässigkeit der Feststellungsklage. Eine Klage auf zukünftige Leistung (§ 257 ZPO) oder wegen Besorgnis der Nichterfüllung (§ 259 ZPO) kommt unabhängig vom Vorliegen der Voraussetzungen dieser Vorschriften schon deshalb nicht in Betracht, weil eine Bezifferung des Zukunftsschadens nicht möglich ist. Das besondere Feststellungsinteresse im Sinne des § 256 Abs. 1 ZPO ist daraus abzuleiten, dass der Beklagte eine Schadensersatzpflicht bereits dem Grunde nach ablehnt, da er eine vertragliche Bindung verneint. Die Rechtskraftwirkung des Zahlungsanspruchs erstreckt sich nur auf das Jahr 2017. Ein Feststellungsurteil hat deshalb den Vorteil, dass in zukünftigen Prozessen für die Zeit ab

1.1.2018 nur noch über die Höhe des zu ersetzenden Schadens, jedoch unter Einschluss etwaig von dem Beklagten eingewendeten Mitverschuldens zu entscheiden ist.

Das Feststellungsinteresse für eine Klage auf Feststellung der Restforderung wird bejaht, wenn die Schadenshöhe erst teilweise feststeht, der zukünftige Schaden jedoch noch nicht (BLAH/*Hartmann* § 256 Rn. 83).

5. **Antrag auf Erteilung einer vollstreckbaren Ausfertigung des Urteils nebst Zustellungsbescheinigung.** Die Erteilung der vollstreckbaren Ausfertigung des Urteils erfolgt nicht von Amts wegen, sondern nur auf Antrag (Zöller/*Stöber* § 724 Rn. 8). Der Antrag dient dazu, die Zwangsvollstreckung zu beschleunigen. Mit der von Amts wegen vorgenommenen Zustellung des Titels sind zudem die Voraussetzungen für eine Zwangsvollstreckung in der Regel erfüllt.

6. **Schadenshöhe.** Die geltend gemachten Zahlungsansprüche können nur als Nettoschaden verfolgt werden (BGH NZM 1998, 192 für Schadensersatzansprüche des Vermieters gegen den Mieter. Umgekehrt gilt jedoch nichts anderes, wenn der Mieter vorsteuerabzugsberechtigt ist.). Der Höhe nach kann als Schaden nur dasjenige ersetzt verlangt werden, was im Falle vertragsgerechten Verhaltens des Beklagten geschuldet gewesen wäre. Das wären 300 m^2 Mietfläche für 10 Jahre gewesen. Mietet der Berechtigte also eine größere Ersatzfläche an, kann die Schadensberechnung nur auf den aus dem Anmietrecht geschuldeten Umfang gestützt werden.

Zur Darlegung der Schadensentstehung reicht es aus, wenn man auf die Vergleichbarkeit der angemieteten Räume (etwa identische Lage und Güte) verweist. Etwaige Einwendungen, die dahin gehen, dass vergleichbarer Büromietraum auch zu günstigeren Konditionen zu erhalten gewesen wäre, begründen den Einwand des Mitverschuldens (§ 254 BGB). Sie sind deshalb vom Schuldner darzulegen und zu vertiefen.

7. **Ansprüche aus dem Anmietrecht.** Siehe zu Ansprüchen aus einem Anmietrecht → Form. A. IV. 1 Anm. 5. Zu ergänzen ist, dass bei anderweitiger Vermietung des vom Anmietrecht erfassten Vertragsgegenstandes nicht wie beim Vormietrecht ein Erfüllungsanspruch erst entsteht, sondern dieser spätestens durch die anderweitige Vermietung unmöglich wird. Die Verletzung des Anmietrechts, die darin besteht, dass der Verpflichtete dem Berechtigten kein Angebot auf Abschluss eines Mietvertrages unterbreitet, löst jedoch Schadensersatzpflichten aus (Schmidt-Futterer/*Blank* Vor § 535 Rn. 126 unter Verweis auf Rn. 115, 122; MüKoBGB/*Häublein* § 535 Rn. 23; einschränkend Bub/Treier/*Drettmann* II Rn. 355; *Derleder/Pellegrino* NZM 1998, 550, 554: Ersatzfähig sei nur das negative Interesse). Da ein Anmietrecht formlos vereinbart werden kann (ebenso wie ein **Vormietvertrag**; allgemeine Meinung; vgl. Palandt/*Weidenkaff* Vor BGB § 535 Rn. 10; Bub/Treier/*Drettmann* II Rn. 357), ist Schriftform entbehrlich.

V. Klagen aufgrund einer Mietoption

1. Klage des Mieters aus einer Begründungsoption auf Überlassung der Mietsache

An das

Landgericht[1] . . . . .

Klage

des Herrn . . . . .

– Kläger –

Prozessbevollmächtigte: . . . . .

gegen

die . . . . .

– Beklagte –

Prozessbevollmächtigte: . . . . .

wegen Überlassung einer Mietsache

Streitwert: 8.400,– EUR[2]

Wir bitten um Anberaumung eines Termins zur mündlichen Verhandlung, in dem wir beantragen werden,[3, 6]

1. die Beklagte wird verurteilt, dem Kläger den Pavillon an der Bootsanlegestelle des Kurparkteiches in . . . . ., verzeichnet im Grundbuch von . . . . ., Flur . . . . ., Flurstück . . . . ., ab 1.1.2016 bis 31.12.2018 mit sämtlichen dazugehörigen Schlüsseln zum Gebrauch zu überlassen,
2. für den Fall des Vorliegens der Voraussetzungen Versäumnisurteil ohne mündliche Verhandlung gemäß § 331 Abs. 3 ZPO zu erlassen,
3. dem Kläger eine vollstreckbare Ausfertigung des Urteils nebst Zustellungsbescheinigung (§ 169 ZPO) zu erteilen.[4]

Begründung:

Der Kläger ist gemäß anliegend in Kopie beigefügtem Mietvertrag vom . . . . . Mieter des Restaurants „Am Kurparkteich" in . . . . . Gemäß § 2 ist der auf 10 Jahre abgeschlossene Mietvertrag bis zum 31.12.2018 befristet. Gemäß § 2 Abs. 2 enthält der Vertrag jedoch eine Verlängerungsklausel und eine Optionsklausel, wonach der Kläger berechtigt ist, das Vertragsverhältnis insgesamt um weitere 5 Jahre zu verlängern.

In etwa 80 m Entfernung von dem Restaurant „Am Kurparkteich" wird von dem . . . . . an der Bootsanlegestelle des Teiches ein Pavillon betrieben. Er bietet in diesem Pavillon Würstchen, Eis und Erfrischungsgetränke an. Beide Verträge hat noch die Stadt . . . . . mit den jeweiligen Mietern abgeschlossen. Sie ist die Rechtsvorgängerin der Beklagten. Vor vielen Jahren wurden Restaurant und Pavillon jeweils von demselben Mieter betrieben. Weil der Pavillon jedoch mehr und mehr verfiel, wollte der Kläger damals nur das

Restaurant nutzen. Der Pavillon stand lange Zeit leer. Inzwischen hat die Stadt . . . . . den Pavillon wieder instandgesetzt und dem . . . . . für 2 Jahre bis zum 31.12.2015 vermietet.

Auf Dauer war der Kläger wegen der Inbetriebsetzung des Pavillons und der damit für ihn verbundenen Konkurrenzsituation daran interessiert, diesen ebenfalls nutzen zu dürfen. Es kam daher nach 2 Gesprächen mit dem Liegenschaftsamt der Stadt . . . . . am 10.10.2014 zu folgender Vereinbarung:

„1.   Die Stadt . . . . . verpflichtet sich, nach Ablauf des Mietvertrages mit Herrn . . . . . am 31.12.2015 den Pavillon Herrn . . . . . zu Mietzwecken bis zum 31.12.2018 zu überlassen. Herr . . . . . verpflichtet sich, von seinem Recht auf Begründung eines Mietvertrages über den Pavillon bis zum 30.6.2015 spätestens durch eingeschriebenen Brief gegenüber der Stadt . . . . . Gebrauch zu machen.

2.   Die Miete beträgt 700,– EUR monatlich. Die Nebenkostenvorauszahlung beläuft sich auf 125,– EUR pro Monat.

3.   Im Übrigen gelten die Vorschriften des zwischen Herrn . . . . . und der Stadt . . . . . geschlossenen Mietvertrages über das Restaurant „Am Kurparkteich" entsprechend.

. . . . ., den . . . . .

(Unterschriften)"

Gemäß anliegend in Kopie beigefügtem Einschreiben mit Rückschein vom 22.6.2015, bei der Stadt . . . . . am 28.6.2015 eingegangen, übte der Kläger sein Recht gemäß Ziff. 1 des Vertrages vom 10.10.2014 aus. Auf Grund schon früher eingeleiteter Privatisierungsbestrebungen wurde am 30.10.2015 die Beklagte als neue Eigentümerin des städtischen Erholungsgebietes Kurpark in das Grundbuch eingetragen.

Beweis: unbeglaubigte Ablichtung des Grundbuchauszuges vom . . . . .

Als der Kläger die Beklagte Anfang November 2015 darauf ansprach, wann mit der Übergabe des Pavillons auf Grund des Vertrages vom 10.10.2014 gerechnet werden könne, zeigte sich die Beklagte überrascht. Mit anliegend in Kopie beigefügtem Schreiben vom 20.11.2015 erklärte sie, diesen Vertrag von der Stadt . . . . . überhaupt nicht erhalten zu haben. Sie beabsichtigte deshalb, den Mietvertrag mit dem . . . . . um weitere 5 Jahre zu verlängern. Dieser biete auch eine Kaltmiete von 875,– EUR pro Monat. Sie fühle sich an die Optionsvereinbarung zwischen dem Kläger und der Stadt . . . . . nicht gebunden, da sie gemäß §§ 566, 578 Abs. 1, Abs. 2 S. 1 BGB nur in das bestehende Mietverhältnis eingetreten sei. Dieses erstrecke sich lediglich auf das Restaurant „Am Kurparkteich".

Die Beklagte ist verpflichtet, dem Kläger den Gebrauch der Mietsache gemäß § 535 Abs. 1 S. 1 BGB zu gewähren. Bei dem Vertrag vom 10.10.2014 handelt es sich um eine Begründungsoption.[5] Darin hat sich die Stadt . . . . . einseitig gebunden, dem Kläger den Pavillon ab 1.1.2016 zu Mietzwecken zu überlassen, wenn der Kläger innerhalb der gesetzten Frist bis zum 30.6.2015 durch eingeschriebenen Brief von seinem Optionsrecht Gebrauch macht. Dies ist rechtzeitig geschehen. Damit ist zwischen der Rechtsvorgängerin der Beklagten und dem Kläger ein Mietvertrag über den Pavillon zu einer monatlichen Miete von 700,– EUR + 125,– EUR Nebenkostenvorauszahlung bis zum 31.12.2018 zustande gekommen. Auch über die weiteren Konditionen dieses Mietvertrages ist eine Einigung herbeigeführt worden. So gilt beispielsweise die in § 2 des Mietvertrages über das Restaurant „Am Kurparkteich" getroffene Verlängerungs- und Optionsabrede für den Pavillon entsprechend. Zudem ist in § 4 des Mietvertrages geregelt, wie die Nebenkosten zwischen den Parteien abzurechnen sind. Weitergehender Vereinbarungen bedurfte es deshalb nicht. Die Beklagte beruft sich zu Unrecht darauf, dass der durch die Optionsausübung zustande gekommene Mietvertrag über den Pavillon nicht auf sie übergegangen sei. Tritt der Optionsfall vor dem Erwerb des Mietgrundstücks durch den Rechtsnachfolger ein und übt der Berechtigte die Option rechtzeitig aus, wird die Beklagte beim Vorliegen der übrigen Voraussetzungen der §§ 566, 578 Abs. 1, Abs. 2 S. 1 BGB Rechtsnachfolgerin. Aus diesem Grunde hat der Kläger seinerzeit darauf gedrungen, dass die Optionsvereinbarung schriftlich zustande kommt.

Wir geben den Streitwert gemäß § 41 Abs. 1 S. 1 GKG analog mit 12 × 700,- EUR = 8.400,- EUR an.

Rechtsanwalt

Anmerkungen

1. **Zuständigkeit.** Da der Streitwert 5.000,- EUR überschreitet, ist gemäß §§ 23 Nr. 1, 71 Abs. 1 GVG das Landgericht zuständig. Ausschließlich örtlich zuständig ist gemäß § 29a Abs. 1 ZPO das Gericht der belegenen Sache. § 29a ZPO gilt auch für Miet- und Pachtverhältnisse über Räume, soweit es sich nicht um Wohnraum handelt, dagegen nicht für Miet- und Pachtverhältnisse über unbebaute Grundstücke (*Sternel*, Mietrecht Aktuell, 4. Aufl. 2009, XIV Rn. 1, 24). Dies gilt ebenso für Begründungsoptionen, da § 29a ZPO auch Streitigkeiten über das Zustandekommen eines Mietvertrages erfasst (Zöller/*Vollkommer* § 29a Rn. 8; aA BLAH/*Hartmann* § 29a Rn. 10. Sie verlangen das Vorliegen eines Mietverhältnisses; Thomas/*Putzo* § 29a Rn. 5; Saenger/*Bendtsen* § 29a Rn. 6 ohne nähere Begründung).

2. **Streitwert.** Für den Zuständigkeitsstreitwert ist nicht § 8 ZPO, sondern § 3 ZPO maßgeblich. § 8 ZPO erfasst nur den Streit über das Bestehen oder über die Dauer eines Miet- oder Pachtverhältnisses, nicht aber den Streit wegen eines Zahlungsanspruchs oder wegen des Anspruchs auf Überlassung des Gebrauchs der Mietsache durch den Mieter (BLAH/*Hartmann* § 8 Rn. 2). Anhaltspunkt für das freie Ermessen ist § 41 Abs. 1 GKG. Nach dieser Vorschrift ist auch der Anspruch des Mieters auf Gebrauchsüberlassung zu bewerten (BLAH/*Hartmann* Anh. § 3 Rn. 78; OLG Brandenburg IMR 2007, 1140; aA OLG Celle MDR 1989, 272; maßgeblich sei § 16 Abs. 2 GKG a. F. = jetzt § 41 Abs. 2 GKG. Abs. 2 befasst sich jedoch mit der Beendigung eines Miet- oder Pachtverhältnisses und dem daraus abgeleiteten Räumungsanspruch.). § 41 Abs. 1 GKG ist indessen schon auf die Klage auf Abschluss eines Mietvertrages analog angewandt worden (LG Dortmund WuM 1991, 358; s. auch Bub/Treier/*Fischer* IX Rn. 388). Gemäß § 41 Abs. 1 GKG analog ist der Gebührenstreitwert ebenso zu bemessen. Entscheidend ist daher die Höhe der Jahresnettomiete einschließlich Mehrwertsteuer (§ 41 Abs. 1 S. 2 GKG analog).

3. **Antragstellung.** Die Gebrauchsüberlassungsklage ist im Miet- und Pachtrecht äußerst selten. Sie wird in den Monografien, die sich mit dem Mietprozessrecht befassen, überhaupt nicht behandelt (*Beierlein*, Der Mietprozess). → Form. B. III. 1. Eines Zug-um-Zug-Antrages bedarf es nicht, da der Vermieter mit der Überlassung des Mietgebrauchs vorleistungspflichtig ist. In den Antrag sind das zu überlassene Mietobjekt mit möglichst genauer Beschreibung, der Übergabezeitpunkt, der regelmäßig mit dem Mietbeginn zusammenfällt, die Mietzeit und die Schlüsselüberlassung aufzunehmen (zum Inhalt der Gebrauchsüberlassungspflicht des Vermieters gemäß § 535 Abs. 1 S. 1 BGB s. Lindner-Figura/Oprée/Stellmann/*Hübner/Grießbach/Fuerst* Kap. 14 Rn. 50 ff.). Läge eine Doppelvermietung vor, würde es sich empfehlen, die Erfüllungsklage gemäß §§ 281 Abs. 1 S. 1 BGB, 255, 259 ZPO mit einer Fristsetzung für einen bestimmten Zeitraum nach Rechtskraft der Entscheidung zu verbinden, bis zu dem der Vermieter seine Leistungsverpflichtung zu erfüllen habe. Alsdann ist nämlich für den Fall der Nichterfüllung davon auszugehen, dass dem Vermieter die Gebrauchsüberlassung unmöglich geworden ist. Der Mieter ist ohne weiteren Nachweis berechtigt, Schadensersatz zu verlangen. Diese Schadensersatzklage kann er mit der Erfüllungsklage verbinden.

4. Antrag auf Erteilung einer vollstreckbaren Ausfertigung des Urteils nebst Zustellungsbescheinigung. Die Erteilung der vollstreckbaren Ausfertigung des Urteils erfolgt nicht von Amts wegen, sondern nur auf Antrag (Zöller/*Stöber* § 724 Rn. 8). Der Antrag dient dazu, die Zwangsvollstreckung zu beschleunigen. Mit der von Amts wegen vorgenommenen Zustellung des Titels sind zudem die Voraussetzungen für eine Zwangsvollstreckung in der Regel erfüllt.

5. Begründungsoption. Eine Begründungsoption gibt einer Vertragspartei das Recht, durch ihre Ausübung einen künftigen in seinen Einzelheiten bereits festgelegten Miet- oder Pachtvertrag einseitig zustande zu bringen. Der Optionsvertrag enthält nämlich bereits die Verpflichtungserklärung des anderen Teils, die alle wesentlichen Bestandteile des Vertragsschlusses umfassen muss (MüKoBGB/*Häublein* § 535 Rn. 24 ff.; Schmidt-Futterer/*Blank* Vor § 535 Rn. 123; Bub/Treier/*Drettmann* II Rn. 419 ff.; Palandt/*Weidenkaff* Einf. Vor § 535 Rn. 7). Anders als beim Vorvertrag werden keine gegenseitigen Ansprüche auf Abschluss eines Mietvertrages, sondern nur einseitige Verpflichtungen, auf der anderen Seite jedoch freibleibende Rechte begründet. Das Anmietrecht unterscheidet sich von der Begründungsoption dadurch, dass beim Anmietrecht die Vertragskonditionen inhaltlich noch gar nicht festliegen. Vielmehr begründet das Anmietrecht, auch Vorhand genannt, dem Anmietberechtigten die vertraglich eingeräumte Befugnis, dass der Verpflichtete ein Mietobjekt dem Berechtigten zuvor zur Miete anbieten muss, bevor er es an einen anderen vermietet; → Form. A. IV. 1 Anm. 5. Bei einem Anmietrecht steht nur das Mietobjekt fest. Alles andere muss ausgehandelt werden.

Streitig ist, ob eine Begründungsoption der Schriftform der §§ 550, 578 Abs. 1, Abs. 2 S. 1 BGB bedarf. Während dies teilweise verneint wird (Bub/Treier/*Drettmann* II Rn. 424), hält die h. M. die Schriftform bei einem Optionsrecht, welches eine Begründungsoption für einen mehrjährigen Grundstücks-/Raummiet- oder Pachtvertrag beinhaltet, für erforderlich (MüKoBGB/*Häublein* § 535 Rn. 26; Schmidt-Futterer/*Blank* Vor § 535 Rn. 123; Palandt/*Weidenkaff* Vor § 535 Rn. 7; Erman/*Lützenkirchen* Vor § 535 Rn. 63). Der neue Mietvertrag kommt durch die Ausübung der Option zustande. Diese selbst ist formlos zulässig, wird jedoch in der Regel aus Gründen der Rechtssicherheit häufig ebenfalls der Schriftform unterworfen. Kommt es vor einem Rechtsübergang auf einen Dritten durch Optionsabrede zuzüglich Optionsausübung zu einem neuen Mietvertrag, sind die Voraussetzungen der §§ 566, 578 Abs. 1, Abs. 2 S. 1 BGB erfüllt. Aus diesem Grunde ist auch die Einhaltung der Schriftform gemäß §§ 550, 578 Abs. 1, Abs. 2 S. 1 BGB für die Optionsabrede zu verlangen (aA Bub/Treier/*Drettmann* II Rn. 426: Der Grundstückserwerber werde durch die Optionsvereinbarung nicht ohne weiteres gebunden. Deswegen sei dem Berechtigten aus der Begründungsoption geraten, den Eigentümer und künftigen Vermieter zu verpflichten, seinen Rechtsnachfolgern im Eigentum die Rechte und Pflichten aus der Optionsabrede aufzuerlegen und diese zugleich zu verpflichten, in gleicher Weise künftige Rechtsnachfolger zu binden.).

6. Vollstreckung: Die Zwangsvollstreckung aus einem Überlassungstitel hat gemäß § 885 Abs. 1. 2. Alt. ZPO zu erfolgen. Der Gerichtsvollzieher vollstreckt gegen den Vermieter, der aber zugleich Gewahrsamsinhaber der Mietsache sein muss. Hat er diese Dritten überlassen, die ein eigenes Besitzrecht auf Grund eines mit dem Vermieter abgeschlossenen Mietvertrages haben, reicht der Vollstreckungstitel gegen den Vermieter nicht aus (BLAH/*Hartmann* § 885 Rn. 5, 9 f.). Der Mieter wird dann in der Regel auf Schadensersatz zu verweisen sein, es sei denn, es besteht die Möglichkeit, Überlassung etwa im Falle des § 826 BGB auch von dem Dritten zu verlangen. Dazu bedarf es eines eigenen Titels.

2. Klage des Mieters, die Zwangsvollstreckung gem. § 767 ZPO für unzulässig zu erklären

An das

Landgericht[1, 6] . . . . .

Klage

des Herrn . . . . .

– Kläger –

Prozessbevollmächtigte: . . . . .

gegen

Herrn . . . . .

– Beklagter –

Prozessbevollmächtigte: . . . . .

wegen Vollstreckungsabwehr und Titelherausgabe

Wir bitten um Anberaumung eines Termins zur mündlichen Verhandlung, in dem wir beantragen werden,

1. die Zwangsvollstreckung aus dem Urteil des Landgerichts . . . . . vom . . . . . (Verkündungsdatum) – Aktenzeichen – für unzulässig zu erklären,[2, 3, 4]
2. den Beklagten zu verurteilen, an den Kläger die vollstreckbare Ausfertigung des vorgenannten Urteils herauszugeben,[2]
3. für den Fall des Vorliegens der Voraussetzungen Versäumnisurteil ohne mündliche Verhandlung gemäß § 331 Abs. 3 ZPO zu erlassen,
4. dem Kläger eine vollstreckbare Ausfertigung des Urteils nebst Zustellungsbescheinigung (§ 169 ZPO) zu erteilen.[7]

Begründung:[5]

Der Kläger ist Mieter, der Beklagte Vermieter eines mit einer Lagerhalle bebauten Grundstücks. § 2 des anliegend in Kopie überreichten Mietvertrages sieht eine Laufzeit bis zum 31.12.2014 vor. In § 2 ist dem Kläger ferner eingeräumt, durch einseitige, spätestens 12 Monate vor Ablauf des Vertrages abzugebende Erklärung die Dauer des Mietvertrages um 10 Jahre – bis zum 31.12.2024 – zu verlängern. Anfang 2012 erhob der Beklagte gegen den Kläger Klage auf sofortige Räumung, hilfsweise auf Räumung zum 31.12.2014. Durch rechtskräftiges Urteil vom . . . . . (Datum) gab das Berufungsgericht dem Hilfsbegehren statt. Zur Begründung führte es u.a. aus, das dem Kläger in § 2 des Mietvertrages eingeräumte Optionsrecht stehe der Verurteilung zur künftigen Räumung nicht entgegen. Andererseits nehme eine solche Verurteilung dem Kläger auch nicht die Befugnis, die Option später auszuüben. Wegen der sich hieraus ergebenden Änderungen stehe dem Kläger der Weg des § 767 ZPO offen. Wir beantragen die Beiziehung der Akten des Verfahrens LG . . . . . – Aktenzeichen –/OLG . . . . . – Aktenzeichen –.

Mit anliegend in Kopie beigefügtem Einschreiben vom 20.12.2013, dem Beklagten zugegangen am 22.12.2013,

Beweis: Ablichtung des Rückscheins

übte der Kläger die Option aus und forderte die Beklagte auf, ihm die vollstreckbare Ausfertigung des Räumungsurteils herauszugeben und die Vertragsverlängerung zu bestätigen. Der Beklagte lehnte diese Forderung mit anliegend in Kopie beigefügtem Anwaltsbrief vom . . . . . (Datum) ab.

Der Kläger ist berechtigt, gemäß § 767 ZPO die Unzulässigkeit der Zwangsvollstreckung herbeizuführen. Die Klage ist jetzt schon zulässig, obwohl das Vollstreckungsrecht dem Beklagten erst in der Zukunft erwächst. Entscheidend ist, dass er einen vollstreckbaren Titel in Händen hat und die Zwangsvollstreckung daraus jedenfalls nicht beendet ist. Auch hindert die materielle Rechtskraft des im Vorprozess nach § 257 ZPO ergangenen Urteils den Kläger nicht, sich mit der Klage auf die Gestaltungsfolge seiner Optionserklärung zu berufen. Gemäß § 322 Abs. 1 ZPO sind Urteile nur insoweit der Rechtskraft fähig, als über den durch die Klage oder Widerklage erhobenen Anspruch entschieden ist. Die Rechtskraft wird hiernach auf den unmittelbaren Streitgegenstand des Urteils, d. h. auf die Rechtsfolge beschränkt, die auf Grund eines bestimmten Sachverhalts am Schluss der mündlichen Verhandlung den Gegenstand der Entscheidung bildet (BGHZ 94, 29, 32 f.; BGHZ 85, 367, 374).

Nicht in Rechtskraft erwächst daher die Feststellung der zugrundeliegenden präjudiziellen Rechtsverhältnisse oder die Beantwortung sonstiger Vorfragen, aus denen der Richter den Schluss auf das Bestehen oder Nichtbestehen der von der Klagepartei beanspruchten Rechtsfolge zieht (BGH NJW 1983, 2032).

Rechtskräftig geworden ist somit lediglich die im Urteil des Vorprozesses ausgesprochene Rechtsfolge, dass dem Beklagten im Zeitpunkt der letzten mündlichen Verhandlung der damals geltend gemachte, auf den künftigen Ablauf der vertraglich vereinbarten Mietzeit gestützte Räumungsanspruch zustand. Das Optionsrecht des Klägers ist von der Rechtskraft des Urteils des Vorprozesses nicht berührt.

Die in § 2 des Mietvertrages vereinbarte Option ist eine Einwendung im Sinne des § 767 Abs. 1 ZPO. Darunter fallen alle Einwendungen, die den durch den Titel festgestellten sachlich-rechtlichen Anspruch selbst betreffen. Festgestellt wurde durch das Urteil des Vorprozesses ein künftiger Räumungsanspruch des Beklagten, der sich, weil der Kläger von seinem Optionsrecht noch keinen Gebrauch gemacht hatte, nach der damaligen Rechtslage mit dem Ablauf der vereinbarten Vertragszeit – dem 31.12.2014 – als begründet erwies. Die spätere Ausübung der dem Kläger in § 2 des Mietvertrages eingeräumten Option war geeignet, diesen künftigen Räumungsanspruch zum Erlöschen zu bringen. Eine Option, die dem Mieter die Befugnis gewährt, durch einseitige Erklärung das bestehende Mietverhältnis um eine bestimmte Zeit zu verlängern, ist ein vertraglich eingeräumtes Gestaltungsrecht, dessen Ausübung unmittelbar auf das bestehende Mietverhältnis in dem Sinne einwirkt, dass die Laufzeit des Vertrages mit der Abgabe der Optionserklärung ohne weiteres um die Optionszeit erweitert wird und damit ein Räumungsanspruch des Vermieters entfällt, der ohne Ausübung der Option bei Ablauf der zunächst vereinbarten Vertragsdauer bestanden hätte.

Auch die Voraussetzungen des § 767 Abs. 2 ZPO sind erfüllt. Zwar bestand das Optionsrecht schon vor Schluss der mündlichen Verhandlung des Vorprozesses. Es kommt jedoch nicht darauf an, wann das Optionsrecht entstanden war, sondern wann es ausgeübt worden ist (Bub/Treier/*Drettmann* II Rn. 463; Wolf/Eckert/Ball/*Ball* Rn. 869). Zweck der Option ist gerade die Vergünstigung für den Mieter, mit der Ausübung bis zu dem im Vertrage vereinbarten Zeitpunkt warten zu können. Würde man dies anders sehen, könnte der Vermieter durch die Klage auf künftige Räumung gemäß § 257 ZPO den Mieter in seiner Entschlussfreiheit beeinträchtigen. § 767 Abs. 2 ZPO will auch nur solche gegen den festgestellten prozessualen Anspruch gerichteten Einwendungen und Einreden verwehren, die sich auf Tatsachen stützen, welche schon zurzeit der letzten Tatsachenverhandlung vorgelegen haben. Dagegen sind Einwendungen zulässig und damit prozessual zu berücksichtigen, soweit die Gründe, auf denen sie beruhen, sich erst nach dem vorgenannten maßgeblichen Zeitpunkt ergeben haben. Dies ist die rechtsgestaltende Optionserklärung des Klägers. Zwar ist außer Streit, dass für gesetzliche Gestaltungsrechte, beispielsweise für die Aufrechnung und für die Anfechtung der Zeitpunkt des Entstehens und die Befugnis zu ihrer Ausübung maßgeblich sind. Beides kann also nicht mehr nach der letzten mündlichen Tatsachenverhandlung des Vorprozesses geltend gemacht werden (BGHZ 24, 97, 98; BGHZ 34, 379; BGHZ 42, 37, 39 ff.; BGHZ 94, 35).

Der Unterschied zur Option liegt jedoch darin, dass die Freiheit des Berechtigten, den Zeitpunkt der Abgabe der Gestaltungserklärung zu wählen, lediglich eine Nebenfolge, nicht aber der Zweck des Gestaltungsrechtes ist, da es gerade im Wesen eines dem Mieter gewährten Optionsrechts liegt, ihm die Entscheidungsfreiheit zu belassen, ob und ggf. wann er die Option ausübt. Im gewerblichen Mietverhältnis hängt die Ausübung einer Option wesentlich von der oft schwer überschaubaren Entwicklung der wirtschaftlichen Verhältnisse ab. Dem Optionsberechtigten ist daher nicht anzusinnen, von seiner Gestaltungsbefugnis immer schon dann Gebrauch zu machen, wenn er dadurch in einem gegen ihn geführten Prozess die Rechtslage zu seinen Gunsten beeinflussen könnte.

Da durch die Ausübung des Optionsrechts die Rechte aus dem Titel erloschen sind, ist der Kläger ferner berechtigt, vom Beklagten die Rückgabe des Titels gemäß § 371 BGB analog zu verlangen (BGHZ 127, 148; BGH NJW 1994, 3225).

Mit der Vollstreckungsgegenklage ist dem Kläger allein nicht gedient. Die analoge Anwendung des § 371 BGB geht über die Wirkung des § 767 ZPO hinaus, weil sie den Beklagten der Möglichkeit beraubt, die Zwangsvollstreckung zu betreiben, während das der Vollstreckungsgegenklage stattgebende Urteil nur über § 775 Nr. 1 ZPO zur Einstellung der Zwangsvollstreckung führt. Entsprechende Nachweise muss der Kläger aufbewahren und dem Vollstreckungsorgan vorlegen, falls der Titelgläubiger gleichwohl vollstreckt. Dies ist für ihn mit gewissen Unbequemlichkeiten und Unsicherheiten verbunden (BGH NJW 1994, 3225 mwN).

Rechtsanwalt

Anmerkungen

1. Zuständigkeit. Gemäß § 767 Abs. 1 ZPO ist zuständig das Prozessgericht des ersten Rechtszuges. Örtlich und sachlich zuständig ist damit das Gericht, das seine im Vorprozess erworbene Sachkunde ausnutzen kann. Gemäß § 802 ZPO handelt es sich unabhängig vom Streitwert um eine ausschließliche Zuständigkeit (BLAH/*Hartmann* § 767 Rn. 42; Zöller/*Herget* § 767 Rn. 10). Obwohl der Titel vom Oberlandesgericht erst im Berufungsverfahren geschaffen wurde, richtet sich die Vollstreckungsgegenklage an das Prozessgericht I. Instanz.

2. Klagehäufung. Die objektive Klageverbindung der Vollstreckungsgegenklage mit dem Herausgabeanspruch ist gemäß § 260 ZPO zulässig (OLG Köln NJW 1986, 1350). Nur wenn die Zwangsvollstreckung aus dem Titel nach den Umständen auf Dauer ausgeschlossen ist, etwa weil der Gläubiger unstreitig befriedigt ist (BGH NJW 1994, 1161) oder die Klage nach § 767 ZPO bereits rechtskräftig zugunsten des Schuldners entschieden ist (BGH NJW 2009, 1671), kann der Schuldner Klage auf Herausgabe des Titels erheben (BGH NJW 2009, 1671).

3. Antragstellung. Die Vollstreckungsgegenklage ist darauf zu richten, dass die Zwangsvollstreckung ganz oder teilweise oder einer bestimmten Person gegenüber für unzulässig oder nur gegen eine Gegenleistung für zulässig erklärt werde (Zöller/*Herget* § 767 Rn 1). Kläger ist der Vollstreckungsschuldner, also die Person, gegen die aus dem Titel die Vollstreckung betrieben werden kann, Beklagter der Vollstreckungsgläubiger. War der Gläubiger im Vorprozess anwaltlich vertreten, ist die Klage gemäß § 172 ZPO dem Prozessbevollmächtigten des Vorprozesses zuzustellen. Seine Vollmacht besteht gemäß § 81 Abs. 1 ZPO fort (BLAH/*Hartmann* § 767 Rn. 41).

4. Vorläufiger Rechtsschutz. Gemäß § 769 ZPO kann das Prozessgericht nach Erhebung der Vollstreckungsgegenklage auf Antrag des Schuldners die Zwangsvollstreckung einstweilen einstellen bzw. nach näherer Maßgabe des § 769 Abs. 1 ZPO beschränken. Das wäre etwa dann der Fall, wenn durch eine wesentlich knappere als die Jahresfrist im Beispielsfall die Räumungsvollstreckung aus dem Urteil des Vorprozesses drohen würde, bevor über die Vollstreckungsgegenklage und die Titelherausgabeklage eine vollstreckbare Entscheidung vorliegt (§ 775 Nr. 1 ZPO). Wird vorläufiger Rechtsschutz versagt, ist dagegen selbst bei greifbarer Gesetzwidrigkeit abweichend von der früheren Rechtsprechung die sofortige Beschwerde nicht mehr statthaft (BLAH/*Hartmann* § 769 Rn. 13 ff.; Thomas/*Putzo* § 769 Rn. 18; Zöller/*Herget* § 769 Rn. 13 mwN; BGH MDR 2005, 927). Kommt die Vollstreckungsgegenklage zu spät, wird also die Vollstreckung durchgeführt, kommt nur noch eine Änderung des Klageantrages gemäß § 264 Nr. 3 ZPO in eine Schadensersatz- oder Bereicherungsklage in Frage (BGH ZZP 101 (1988), 449 m. Anm.; OLG Frankfurt FamRZ 1981, 978). Das Rechtsschutzbedürfnis für eine Vollstreckungsgegenklage ist dann erloschen.

5. Optionsrecht als Einwendung im Sinne des § 767 Abs. 2 ZPO. Im Vollstreckungsgegenklageprozess liegt die Darlegungs- und Beweislast für die Einräumung und die rechtzeitige Ausübung des Optionsrechts beim Kläger. Er muss gemäß § 767 Abs. 2 ZPO auch den Nachweis führen, dass die Ausübung des Optionsrechts nach Schluss der letzten mündlichen Tatsachenverhandlung des Vorprozesses erfolgte (Bub/Treier/*Drettmann* II Rn. 462 f.). Die Sonderfunktion des Optionsrechts gegenüber anderen Gestaltungsrechten, die schon zum Zeitpunkt ihres Entstehens, also ggf. im Vorprozess ausgeübt werden müssen, hebt BGHZ 94, 29, 33 f. hervor. Neben der Option wird die zeitliche Wahlfreiheit auch für das vertragliche Rücktrittsrecht (§ 346 BGB) und die ordentliche Kündigung bejaht (Zöller/*Vollkommer* Vor § 322 Rn. 67).

6. Streitwert. Der Streitwert spielt für die Zuständigkeit wegen des ausschließlichen Gerichtsstandes nur eine untergeordnete Rolle, hat jedoch nach wie vor Bedeutung für die Gebührenberechnung. Maßgeblich ist der Umfang der Ausschließung der Zwangsvollstreckung, hier also die Abwehr der Räumungsvollstreckung, so dass gemäß § 41 Abs. 2 GKG die für die Dauer eines Jahres zu entrichtende Miete zu ermitteln ist (BLAH/*Hartmann* Anh. § 3 Rn. 133; Schneider/*Herget*, Streitwert-Kommentar für den Zivilprozess, Rn. 6077; BGH WuM 2008, 296). Für den Antrag auf Herausgabe des Titels ist gemäß § 3 ZPO der Wert nach freiem Ermessen zu bestimmen. Maßgeblich ist das Interesse des Klägers an dem Besitz des Titels, das bei Vorliegen eines die Zwangsvollstreckung aus dem Titel gemäß § 767 ZPO für unzulässig erklärenden Urteils darauf gerichtet ist, einen Missbrauch des Titels durch den Gläubiger zu verhindern, und unter Umständen nicht zusätzlich wertmäßig ins Gewicht fällt (BGH NJW 2004, 2904). Die Vorinstanz hatte die Missbrauchsgefahr verneint, weil nach der Feststellung der Unzulässigkeit der Zwangsvollstreckung nichts zu befürchten sei. Das Urteil könne nach § 767 ZPO dem dennoch vollstreckenden Gläubiger ohne weiteres entgegen gehalten werden. Das Begehren auf Herausgabe des Titels sei nur ein Annex, der keine selbständige Beschwer begründe. Es bedarf daher in der Regel auch keiner Zusammenrechnung gemäß § 5 ZPO (so auch BLAH/*Hartmann* § 5

Rn. 10 für den ähnlichen Fall des Anspruchs auf die Feststellung der Unzulässigkeit der Zwangsvollstreckung und den Anspruch auf die Aushändigung einer löschungsfähigen Quittung; aA OLG Düsseldorf MDR 2000, 543). Im Zweifelsfalle sollte gemäß § 63 Abs. 1 GKG ein Antrag auf Streitwertfestsetzung gestellt werden.

7. Vollstreckung. Das Urteil, mit dem die Zwangsvollstreckung für unzulässig erklärt wird, ist nach Maßgabe der §§ 708 bis 714 ZPO für vorläufig vollstreckbar zu erklären. Dies betrifft nicht nur die Kosten, sondern auch die Möglichkeit für den Kläger, schon vor Erlangung der Rechtskraft des Urteils die Zwangsvollstreckung gemäß § 775 Nr. 1 ZPO abzuwenden (Thomas/*Putzo* § 767 Rn. 30). Aus diesem Grunde sollte der Antrag auf Erteilung einer vollstreckbaren Ausfertigung des Urteils nebst Zustellungsbescheinigung beantragt werden. Die Erteilung der vollstreckbaren Ausfertigung des Urteils erfolgt nicht von Amts wegen, sondern nur auf Antrag (Zöller/*Stöber* § 724 Rn. 8). Der Antrag dient dazu, die Zwangsvollstreckung zu beschleunigen. Mit der von Amts wegen vorgenommenen Zustellung des Titels sind zudem die Voraussetzungen für eine Zwangsvollstreckung in der Regel erfüllt. Mit der vorläufigen Vollstreckbarkeit, spätestens aber mit dem Eintritt der Rechtskraft des der Klage stattgebenden Urteils wird die Zwangsvollstreckung aus dem Titel unzulässig. Der Kläger muss allerdings dafür sorgen, dass das Vollstreckungsorgan von dem Urteil Kenntnis erhält, da bis dahin die Vollstreckung rechtmäßig ist. Dies ist für die Räumungsvollstreckung der Gerichtsvollzieher (§§ 883 ff. ZPO). Dieser ist gemäß § 883 ZPO auch Vollstreckungsorgan für die Durchsetzung des Titelherausgabeanspruchs.

VI. Klagen aus gesetzlichen Anspruchsgrundlagen nach gescheiterten Vertragsverhandlungen oder nach Abschluss eines Mietvorvertrages

1. Klage auf Rückgabe der Mietsache und auf Nutzungsentschädigung

An das

Landgericht[1] . . . . .

Klage

des Herrn . . . . .

– Kläger –

Prozessbevollmächtigte: . . . . .

gegen

die . . . . .-GmbH, ...

– Beklagte –

Prozessbevollmächtigte: . . . . .

wegen Herausgabe und Nutzungsentschädigung

Streitwert: 205.000,– EUR[2]

Wir bitten um Anberaumung eines Termins zur mündlichen Verhandlung, in dem wir beantragen werden,[3]

1. die Beklagte wird verurteilt, das Fabrikgebäude auf dem Grundstück . . . . . in . . . . ., verzeichnet im Grundbuch von . . . . ., Flur . . . . ., Flurstück . . . . ., zu räumen und geräumt an den Kläger herauszugeben,
2. die Beklagte wird verurteilt, an den Kläger 5.000,– EUR nebst Zinsen in Höhe von 9 Prozentpunkten über dem Basiszinssatz seit dem . . . . . (Datum) zu zahlen,[4]
3. für den Fall des Vorliegens der Voraussetzungen Versäumnisurteil ohne mündliche Verhandlung gemäß § 331 Abs. 3 ZPO zu erlassen,
4. dem Kläger eine vollstreckbare Ausfertigung des Urteils nebst Zustellungsbescheinigung (§ 169 ZPO) zu erteilen.[5]

Begründung:

Der Kläger ist Eigentümer des Grundstücks . . . . . in . . . . ., verzeichnet im Grundbuch von . . . . ., Flur . . . . ., Flurstück . . . . .

Beweis: Ablichtung des beigefügten Grundbuchauzuges des Amtsgerichts . . . . .

Auf diesem Grundstück befindet sich ein leeres Fabrikgebäude, welches der Kläger insgesamt zu vermieten beabsichtigt. Die Beklagte zeigte Interesse, weil sie für ihre Herstellung von Farben und Lacken eine Produktionshalle suchte. Nach 2 Besichtigungen durch deren Betriebsleiter und Prokuristen hielt sie das Gebäude für geeignet, stellte aber fest, dass erhebliche Umbauarbeiten erforderlich seien und außerdem eine Nutzungsänderungsgenehmigung beim Bauordnungsamt von . . . . . herbeigeführt werden müsse. Den Parteien war unklar, ob die Stadt . . . . . eine derartige Nutzungsänderungsgenehmigung erteilen würde. Da der Kläger mit Bauanträgen dieser Art, keine Erfahrung hatte, kamen die Parteien überein, dass die Beklagte zunächst bis auf weiteres das Fabrikgebäude beziehen sollte, um abzuklären, welche Arbeiten erforderlich sein würden.

> Beweis: Ablichtung des Telefaxschreibens des Klägers an die Beklagte vom . . . . . (Datum)

Einen Mietvertrag schlossen die Parteien noch nicht. Vielmehr war vorgesehen, dass dieser Vertrag über 20 Jahre mit einer Jahresmiete von insgesamt 40.000,– EUR zzgl. Mehrwertsteuer noch abgeschlossen werden sollte. Zu diesem Zweck wurde der Unterzeichner vom Kläger mit anliegend in Kopie beigefügtem Schreiben beauftragt, einen Mietvertragsentwurf zu erstellen. Der Kläger wollte zunächst noch geschäftlich in die Vereinigten Staaten reisen.

Auf Grund dieser Abreden bezog die Beklagte das Fabrikgebäude und nutzte es zu Lagerzwecken.

> Beweis: Ablichtung des Schreibens der Beklagten vom . . . . . (Datum); Ortsbesichtigung

Ferner beauftragte sie den Architekten . . . . . mit der Erstellung der Bauanträge.

Der Kläger kehrte 3 Monate nach dem Bezug der Räume durch die Beklagte aus den USA zurück. Zu diesem Zeitpunkt war der Bauantrag bereits eingereicht. Den Mietvertragsentwurf übersandte der Kläger dem Prokuristen der Beklagten. Dieser ließ in einem Telefonat vom . . . . . (Datum) durchblicken, dass die Beklagte Schwierigkeiten mit dem staatlichen Umweltamt habe. Dieses halte das Fabrikgebäude nicht für geeignet, da es in einem Gewerbegebiet liege. Wegen der von der Produktion ausgehenden Immissionen müsse eine derartige Betriebsstätte in einem Sondergebiet liegen. Es gebe aber noch keinen ablehnenden Bescheid. Der Architekt . . . . . hoffe, die Betriebs- und Nutzungsänderungsgenehmigung dennoch zu erhalten. Der Kläger hat mit anliegend in Kopie beigefügtem Schreiben . . . . . (Datum) von der Beklagten verlangt, dass sie sich bis zum . . . . . (Datum) entscheiden müsse. Er könne nicht monatelang zusehen, was sich aus dem Antragsverfahren ergebe. Entweder unterschreibe die Beklagte den Mietvertrag oder sie müsse nach Ablauf der in dem Schreiben gesetzten Frist das Fabrikgebäude räumen. Die gesetzte Frist bis zum . . . . . (Datum) lief fruchtlos ab. Daraufhin verlangte der Unterzeichner mit anliegend in Kopie beigefügtem Schreiben vom . . . . . (Datum) Räumung und Zahlung einer angemessenen Nutzungsentschädigung. Kurze Zeit später hat die Beklagte einen Betrag von 5.000,– EUR gezahlt. Geräumt hat sie bis heute nicht.

Der Kläger hat Anspruch auf Räumung des Fabrikgebäudes gemäß § 985 BGB.[6] Zwar erfolgte die Überlassung mit Einverständnis des Klägers, aber nur vorübergehend. Es war beabsichtigt, nach seiner Rückkehr aus den Vereinigten Staaten einen Mietvertrag abzuschließen. Die Beklagte verweigert weitere Verhandlungen. Nach Ablauf der vom Kläger gesetzten Frist steht der Beklagten deshalb kein Besitzrecht mehr an dem Gebäude zu. Außerdem kann der Kläger Nutzungsentschädigung[7] für die zurückliegende Zeit gemäß § 812 Abs. 1 S. 2 2. Alt. BGB i. V. m. § 818 Abs. 2 BGB verlangen. Für die Zeit nach Ablauf der Frist beruft sich der Kläger auf die §§ 987, 990 Abs. 1 S. 2 BGB, hilfsweise auf § 812 Abs. 1 S. 2 2. Alt. BGB. Zu ersetzen sind die tatsächlich gezogenen Nutzungen (§ 100 BGB). Da die Nutzung zu Lagerzwecken erfolgte, ist ein angemessener Nutzungswert für Lagerraum in Ansatz zu bringen. Dieser beträgt in . . . . . durchschnittlich 4,– EUR/m². Da im Fabrikgebäude die Hallenfläche 500 m² groß ist, ergibt sich daraus ein monatlicher

Betrag von 2.000,– EUR. Inzwischen sind 5 Monate abgelaufen, so dass der Kläger insgesamt 10.000,– EUR beanspruchen kann.

Beweis: Sachverständigengutachten

Die von der Beklagten gezahlten 5.000,– EUR sind bei weitem zu wenig. Es bleibt vorbehalten, die Klage für die Zukunft um die weiteren gezogenen Nutzungen zu erweitern. Nach Rechtshängigkeit ist § 987 Abs. 1 BGB unmittelbar anwendbar. Der Zinsanspruch ergibt sich aus § 288 Abs. 2 BGB.

Zur Streitwertbemessung weisen wir darauf hin, dass für die Herausgabe einer Sache dessen Wert maßgeblich ist (§§ 3, 6 ZPO). Der Zeitwert des Fabrikgebäudes wird mit 200.000,– EUR angegeben.

Rechtsanwalt

Anmerkungen

1. Zuständigkeit. Zweifelhaft ist, ob für die örtliche Zuständigkeit der ausschließliche Gerichtsstand des § 29a ZPO gilt, da die Herausgabe nicht auf einen Anspruch aus einem Mietverhältnis über Räume gestützt werden kann. Zum Teil wird die Auffassung vertreten, dass § 29a Abs. 1 ZPO jede Streitigkeit erfasst, auch eine Herausgabe auf Grund von § 985 BGB, unabhängig davon, ob ein Mietverhältnis bzw. gerade ein solches zwischen den Parteien bestand (BLAH/*Hartmann* § 29a Rn. 8 „Räumung"; OLG Düsseldorf WuM 2007, 712). Nach anderer Auffassung gilt die ausschließliche örtliche Zuständigkeit des § 29a ZPO nicht, wenn eine Herausgabeklage ohne mietrechtliche Beziehung zwischen den Parteien nur auf § 985 BGB gestützt wird (Zöller/*Vollkommer* § 29a Rn. 13). Danach ist der allgemeine Gerichtsstand des § 17 ZPO maßgeblich. Die GmbH muss an ihrem Sitz verklagt werden. Sachlich zuständig ist das Landgericht. Gemäß §§ 23 Nr. 1, 71 Abs. 1 GVG kommt es auf den Streitwert an.

Sollte ein Mietvorvertrag bestehen, der gekündigt wurde, ist die Anwendung des § 29a ZPO ebenfalls streitig (→ Form. A. I. 1 Anm. 1).

2. Streitwert. Der Zuständigkeitsstreitwert ergibt sich aus §§ 3, 6 ZPO für den Herausgabeantrag. Maßgeblich ist der Wert der herauszugebenden Sache (BLAH/*Hartmann* Anh. § 3 Rn. 68 „Herausgabe"; § 6 Rn. 4 „Verkehrswert"). Bei Geschäftsraum hat das LG München WuM 1995, 197 auf die 17-fache Jahresmiete abgestellt, um den Verkehrswert zu bestimmen. Dem ist gemäß § 5 ZPO der Wert der bezifferten Zahlungsklage mit 5.000,– EUR hinzuzurechnen. Ist also noch kein Mietverhältnis zustande gekommen, ist weder § 9 ZPO noch § 41 Abs. 2 GKG für das Räumungsbegehren einschlägig. Auch § 41 Abs. 2 S. 2 GKG findet keine Anwendung. Die Räumung aus einem anderen Rechtsgrund erfasst zwar das Räumungsverlangen auf Grund des Eigentums, aber nur dann, wenn der Gegner das Bestehen eines Nutzungsverhältnisses einwendet (*Hartmann* § 41 GKG Rn. 29: anwendbar sei § 6 ZPO; BGHZ 48, 177). Denn nur in einem solchen Fall muss das Gericht auch über die Frage der Beendigung des Nutzungsverhältnisses entscheiden, falls es bestanden hat (Schneider/*Herget*, Streitwert-Kommentar für den Zivilprozess, Rn. 3504, 3559 f.; OLG Karlsruhe MDR 2004, 906; OLG Hamburg WuM 1995, 197).

Falls ein Mietvorvertrag besteht, dürfte § 41 Abs. 2 GKG auf das Räumungsbegehren nicht anwendbar sein, da die Herausgabeansprüche nicht auf § 546 BGB, sondern bei Eigentum entweder auf § 985 BGB, ansonsten auf §§ 861, 862 BGB bzw. auf § 812 Abs. 1 S. 1 BGB gestützt werden müssen (→ Form. A. I. 2 Anm. 5).

3. Klagehäufung. Die Klagehäufung besteht aus Räumungs- und Zahlungsklage. Sie könnte taktisch unklug sein, wenn der Herausgabekläger zu einem schnellen Räumungstitel gelangen will, ein früher Termin zur mündlichen Verhandlung jedoch in die Sommerferien fallen würde. Gemäß § 227 Abs. 3 Nr. 2 ZPO werden zwar Termine, die in die Zeit vom 1. 7. bis 31. 8. eines Jahres gelegt worden sind, in Mieträumungsstreitigkeiten nicht verlegt. Entsprechend der früheren Rechtsprechung zu den gleich lautenden Vorschriften über die Gerichtsferien (ehemals §§ 199 ff. GVG) liegt eine mietrechtliche Räumungsstreitigkeit aber nicht vor, wenn Räumung und Zahlung kumulativ verlangt werden. In einem solchen Falle würde es sich trotz der Kostennachteile empfehlen, zwei getrennte Klagen zu erheben.

Beruht der Herausgabeanspruch wie hier ausschließlich auf § 985 BGB, ist § 227 Abs. 3 ZPO ohnehin nicht einschlägig (aA BLAH/*Hartmann* § 227 Rn. 40).

Ferner könnte die Klage auf Zahlung von Nutzungsentschädigung die Entscheidung über den Räumungsanspruch verzögern, wenn über den Wert der gezogenen Nutzung beispielsweise Beweis zu erheben wäre und das Gericht nicht bereit ist, ein Teilurteil gemäß § 301 ZPO zu erlassen.

4. Zinsanspruch. Da im Beispielsfall an der Überlassung der Mietsache ein Kaufmann und ein Handelsunternehmen beteiligt sind, gilt gemäß § 288 Abs. 2 BGB ein Zinssatz für die Nutzungsentschädigung in Höhe von 9 Prozentpunkten über dem Basiszinssatz (BGH NJW 2010, 1872). Der Basiszinssatz beträgt gemäß § 247 Abs. 1 S. 1 BGB seit dem 1.7.2014 -0,73 %, der Verzugszins damit 8,27 %. Er verändert sich halbjährlich gemäß § 247 Abs. 1 S. 2 BGB und kann den jeweiligen Änderungsanzeigen im Bundesanzeiger entnommen werden (Palandt/*Grüneberg* § 247 Rn. 1 ff.).

5. Antrag auf Erteilung einer vollstreckbaren Ausfertigung des Urteils nebst Zustellungsbescheinigung. Die Erteilung der vollstreckbaren Ausfertigung des Urteils erfolgt nicht von Amts wegen, sondern nur auf Antrag (Zöller/*Stöber* § 724 Rn. 8). Der Antrag dient dazu, die Zwangsvollstreckung zu beschleunigen. Mit der von Amts wegen vorgenommenen Zustellung des Titels sind zudem die Voraussetzungen für eine Zwangsvollstreckung in der Regel erfüllt.

6. Räumungsanspruch. Der Räumungsanspruch besteht gemäß § 985 BGB. Ein Rückgabeanspruch gemäß § 546 BGB kommt wegen des Scheiterns eines Mietvertrages nicht in Betracht. Das vorübergehend ein Besitzrecht begründende Nutzungsverhältnis konnte der Kläger jederzeit durch Erklärung beenden, nachdem sich die Beklagte geweigert hatte, einen Mietvertrag zu unterzeichnen.

Im Falle des Bestehens eines Mietvorvertrages s. für den Räumungsanspruch → Form. A. I. 2 Anm. 5.

7. Nutzungsentschädigung. Ohne Abschluss eines Mietvertrages kommen für die Nutzung eines ins Auge gefassten Mietobjekts nur gesetzliche Ansprüche in Betracht. Das als gesetzliches Schuldverhältnis ausgebildete Eigentümer-Besitzer-Verhältnis (§§ 987 ff. BGB) ist indessen solange nicht einschlägig, als die Nutzung fremden Eigentums von einer Gestattung des Eigentümers gedeckt ist, der vor Abschluss des beabsichtigten Vertrages der potentiellen Vertragspartei den Besitz an der vorgesehenen Mietsache überlässt. Die gezogenen Nutzungen können deshalb nur gemäß §§ 812 Abs. 1 S. 2 2. Alt., 818 Abs. 2 BGB herausverlangt werden. Gegenstand der Herausgabe sind die ersparten Mieten für die tatsächlich gezogene Nutzung, so dass die angestrebte Miete nur Anhaltspunkt für die Bemessung des Wertersatzes sein kann. Früher war streitig, ob Ansprüche aus §§ 987, 990 Abs. 1 S. 2, 100 BGB entstehen, sobald das Gestattungsrecht des zukünftigen Mieters erloschen ist. Teilweise hielt das Schrifttum auf den nachträglich nicht berechtigten Fremdbesitzer die §§ 987 ff. BGB nicht für anwendbar (*Roth* JuS 1997, 518, 522). Es gelte nur Vertragsrecht und Bereicherungs- bzw. Deliktsrecht, weil das Eigentümer-Besitzer-Verhältnis von einem unrechtmäßigen Besitz bei seinem Erwerbe ausgehe und es über Verweisungsvorschriften wie zum Beispiel § 292 BGB vor oder nach Rechtshängigkeit ohnehin vielfach anwendbar sei (zum Streitstand s. ausführlich Palandt/*Bassenge* Vor § 987 Rn. 8 ff.). Nach anderer Meinung sind sowohl die §§ 987 ff. BGB als auch die Vorschriften über die ungerechtfertigte Bereicherung und das Deliktsrecht nebeneinander anwendbar, wenn einzelne Vorschriften den Eigentümer stärker begünstigen, wie zum Beispiel die Vorschrift des § 987 Abs. 2 BGB für unterlassene Nutzungen (Palandt/*Bassenge* Vor § 987 Rn. 10; MüKoBGB/*Baldus* Vor § 987 Rn. 9 *Kindl* JA 1996, 115, 118). Die Rechtsprechung ist uneinheitlich. Sie wendet teilweise nur §§ 987 ff. BGB an (BGH NJW 1995, 2627). Ältere Rechtsprechung bevorzugt das Bereicherungsrecht (BGHZ 54, 34; 44, 241). Zum Teil geht die Rechtsprechung jedoch auch von einer Anspruchskonkurrenz beider Anspruchsnormen aus (so inzwischen BGH NJW 2008, 221; BGH NJW 1968, 197; OLG Rostock OLG-NL 1997, 146). Für das Klagebeispiel erübrigt sich eine Entscheidung über die einzelnen Rechtsauffassungen, da sämtliche Anspruchsnormen zur Nutzungsentschädigung führen. Anders wäre es, wenn dem zukünftigen Mieter die Schlüssel zum Mietobjekt bereits überlassen würden, dieser aber nicht einzieht. Hier kämen bereicherungsrechtliche Ansprüche nicht in Betracht, ggf. jedoch Nutzungsentschädigungsansprüche über § 987 Abs. 2 BGB.

Folgt man der Lehre, dass §§ 987 ff. BGB anzuwenden sind, wenn während der Zeit der Nutzung das Besitzrechtsverhältnis endet, gilt jedenfalls ab Rechtshängigkeit für weiter gezogene Nutzungen § 987 BGB unmittelbar.

Bei Bestehen eines Mietvorvertrages könnte die Nutzungsentschädigung auf § 280 Abs. 1 BGB gestützt werden (→ Form. A. I. 2 Anm. 4).

2. Klage auf Verwendungsersatz nach gescheiterten Vertragsverhandlungen

An das

Landgericht[1] . . . . .

Klage

der . . . . .-GmbH, ...

– Klägerin –

Prozessbevollmächtigte: . . . . .

gegen

den Herrn . . . . .

– Beklagter –

Prozessbevollmächtigter: . . . . .

wegen Verwendungsersatz

Streitwert: 25.000,– EUR

Wir bitten um Anberaumung eines Termins zur mündlichen Verhandlung, in dem wir beantragen werden,

1. der Beklagte wird verurteilt, an die Klägerin 25.000,– EUR nebst Zinsen in Höhe von 9 Prozentpunkten über dem Basiszinssatz seit dem . . . . . (Datum) zu zahlen,[2]

2. für den Fall des Vorliegens der Voraussetzungen Versäumnisurteil ohne mündliche Verhandlung gemäß § 331 Abs. 3 ZPO zu erlassen,

3. dem Kläger eine vollstreckbare Ausfertigung des Urteils nebst Zustellungsbescheinigung (§ 169 ZPO) zu erteilen.[3]

Begründung:

Der Beklagte ist Eigentümer des Grundstücks . . . . . in . . . . ., verzeichnet im Grundbuch von . . . . ., Flur . . . . ., Flurstück . . . . .

Beweis: Ablichtung des beigefügten Grundbuchauszuges des Amtsgerichts . . . . .

Auf diesem Grundstück befindet sich ein leeres Fabrikgebäude, welches der Beklagte insgesamt zu vermieten beabsichtigte. Die Klägerin zeigte Interesse, weil sie für ihre Herstellung von Farben und Lacken eine Produktionshalle suchte. Nach 2 Besichtigungen durch deren Betriebsleiter und Prokuristen hielt sie das Gebäude für geeignet, stellte aber fest, dass erhebliche Umbauarbeiten erforderlich seien und außerdem eine Nutzungsänderungsgenehmigung beim Bauordnungsamt von . . . . . herbeigeführt werden müsse. Den Parteien war unklar, ob die Stadt . . . . . eine derartige Nutzungsänderungsgenehmigung erteilen würde. Da der Beklagte mit Bauanträgen dieser Art, keine Erfahrung hatte, kamen die Parteien überein, dass die Klägerin zunächst bis auf weiteres das Fabrikgebäude beziehen sollte, um abzuklären, welche Arbeiten erforderlich sein würden.

Beweis: Ablichtung des Telefaxschreibens des Beklagten an die Klägerin vom . . . . . (Datum)

Einen Mietvertrag schlossen die Parteien noch nicht. Vielmehr war vorgesehen, dass dieser Vertrag mit einer Jahresmiete von insgesamt 40.000,– EUR zzgl. Mehrwertsteuer noch abgeschlossen werden sollte. Zu diesem Zweck wurde der Prozessbevollmächtigte des Beklagten von diesem beauftragt, einen Mietvertragsentwurf zu erstellen. Er selbst wollte zunächst noch geschäftlich in die Vereinigten Staaten reisen.

Auf Grund dieser Abreden bezog die Klägerin das Fabrikgebäude und nutzte es zu Lagerzwecken.

Beweis: Ablichtung des Schreibens der Klägerin vom . . . . . (Datum)

Ferner beauftragte sie den Architekten . . . . . mit der Erstellung der Bauanträge. Im Vorgriff auf den beabsichtigten Mietvertrag ließ die Klägerin das schadhafte Dach des Fabrikgebäudes sanieren. Wie sich den beigefügten Fotos entnehmen lässt, war das ca. 30 Jahre alte Flachdach an insgesamt 35 Stellen schadhaft. An diesen Stellen regnete es in das Fabrikgebäude hinein. Die Klägerin ließ deshalb den Dachdeckermeister . . . . . prüfen, ob die Schäden repariert werden könnten. Dieser führte am . . . . . (Datum) mit dem Betriebsleiter der Klägerin eine Dachbegehung durch. Bei dieser Gelegenheit fertigte der Zeuge . . . . . anliegend beigefügte Skizze, auf denen die Schadstellen verzeichnet sind. Alsdann stellte er fest, dass eine Teilsanierung nicht von langer Dauer sein würde. Er empfahl, das Dach mit einer Gesamtquadratmeterfläche von 300 m^2 gänzlich aufzunehmen und völlig neu einzudecken.

Beweis: wie zuvor

Angesichts der Vielzahl der auf dem Dach vorhandenen Schäden handelte es sich hier auch um die einzig vernünftige und notwendige Maßnahme der Dachsanierung.

Beweis: Sachverständigengutachten

Die Arbeiten wurden alsdann zügig vom Betrieb des

Zeugen . . . . .

während der geschäftlichen Abwesenheit des Beklagten ausgeführt. Der Zeuge . . . . . stellte nach Abnahme der Arbeiten diese mit anliegend in Kopie beigefügtem Schreiben vom . . . . . (Datum) in Höhe von 25.000,– EUR in Rechnung.

Der Beklagte kehrte 3 Monate nach dem Bezug der Räume durch die Klägerin aus den USA zurück. Zu diesem Zeitpunkt war der Bauantrag bereits eingereicht. Er übersandte der Klägerin zu Händen des Prokuristen auch den Mietvertragsentwurf. Dieser ließ in einem Telefonat vom . . . . . (Datum) durchblicken, dass die Klägerin Schwierigkeiten mit dem staatlichen Umweltamt habe. Dieses halte das Fabrikgebäude nicht für geeignet, da es in einem Gewerbegebiet liege. Wegen der von der Produktion ausgehenden Immissionen müsse eine derartige Betriebsstätte in einem Sondergebiet liegen. Es gebe aber noch keinen ablehnenden Bescheid. Der Architekt . . . . . hoffe, die Betriebs- und Nutzungsänderungsgenehmigung dennoch erhalten zu können. Tatsächlich erfüllte sich diese Erwartung nicht. Die Klägerin erhielt mit anliegend in Kopie beigefügtem Schreiben der Stadt . . . . . vom . . . . . (Datum) einen ablehnenden Bescheid. Nach rechtlicher Beratung durch einen Fachanwalt für Verwaltungsrecht sah sie davon ab, diesen Bescheid im Wege der Verpflichtungsklage anzugreifen. Vielmehr zog sie zum . . . . . (Datum) aus dem Fabrikgebäude aus. Mit Schreiben vom . . . . . (Datum) forderte sie den Beklagten auf, die Aufwendungen für die Reparatur des Flachdaches in Höhe von 25.000,– EUR zu ersetzen.

Der Beklagte lehnte eine Ersatzpflicht mit anliegend in Kopie beigefügtem Schreiben seines Prozessbevollmächtigten vom . . . . . (Datum) ab. Er begründete dies damit, dass er der Klägerin zwar die Nutzung der Fabrikhalle gestattet habe, jedoch mit einer Eindeckung des Daches nicht einverstanden gewesen sei. Es treffe zu, dass sich das Dach nicht mehr in allerbestem Zustand befunden habe. Es hätte jedoch ausgereicht, wenn dieses in nächster Zeit vernünftig „geflickt" worden wäre. Die Klägerin hätte diesbezüglich seine Zustimmung einholen müssen. Sie habe vorschnell gehandelt. Die mit der Dacheindeckung evtl. verknüpften Vorteile seien ihm, dem Beklagten, aufgedrängt worden. Außerdem beanstandete er die Höhe der Dachdeckerrechnung. Auf Grund eines Angebotes des Dachdeckers . . . . . ergebe sich, dass dieser dieselben Arbeiten 10 % preiswerter ausgeführt hätte.

Der Klägerin steht indessen ein Verwendungsersatzanspruch gemäß § 994 Abs. 1 BGB zu.[4] Für die Anwendung der Vorschrift ist es unerheblich, dass die Verwendungen zu einem Zeitpunkt gemacht wurden, als die Klägerin zum Besitz des Fabrikgebäudes berechtigt war. Denn für die Anwendung der §§ 987 ff. BGB kommt es nach der Rechtsprechung des Bundesgerichtshofs nur darauf an, dass das Besitzrecht später weggefallen ist und jedenfalls bei der Geltendmachung des Verwendungsersatzanspruches nicht mehr besteht. Ansonsten stünde sich der berechtigte Besitzer schlechter als der unberechtigte (BGH NJW 1996, 921).

Das Besitzrecht der Klägerin war entfallen, als feststand, dass sie zur Unterzeichnung des beabsichtigten Mietvertrages wegen der endgültigen Versagung der Betriebs- und Nutzungsänderungsgenehmigung nicht mehr bereit sei. Denn die Überlassung des Fabrikgebäudes erfolgte lediglich im Vorgriff auf den Abschluss des beabsichtigten Mietvertrages, dessen Zustandekommen wiederum von der endgültigen Nutzbarkeit des Gebäudes abhängig war. Die Sanierung des Flachdaches war eine Maßnahme, die der Wiederherstellung der zukünftigen Mietsache diente. Diese Maßnahme war auch notwendig, da zur Erhaltung oder ordnungsgemäßen Bewirtschaftung der Fabrikhalle ein dichtes Dach unerlässlich ist. Die Dacheindeckung diente nicht nur speziellen Zwecken und Interessen der Klägerin (BGH NJW 1996, 921).

Der vormalige beklagenswerte Zustand des Daches wird durch die vorgelegten Bilder und die überreichte Skizze mit den Schadstellen dokumentiert. Im Übrigen wird der sachverständige Zeuge . . . . .

bestätigen, dass eine völlige Neueindeckung des Daches unvermeidbar war. Es ist zudem bekannt, dass Flachdächer, die in den 60-er und 70-er Jahren üblich waren, eine Lebensdauer von höchstens 25 bis 30 Jahren erreichen.

Beweis: Sachverständigengutachten

Wie der Beklagte die Wertverbesserung empfindet, kann dahingestellt bleiben. Insbesondere kann er sich nicht darauf berufen, dass ihm diese aufgedrängt worden sei. Bereicherungsrecht ist zwischen den Parteien wegen des Vorrangs des Eigentümer-Besitzer-Verhältnisses nicht anwendbar. Steht fest, dass eine notwendige Verwendung gutgläubig erbracht worden ist, besteht der Anspruch auf Ausgleich des vom Besitzer aufgebrachten Vermögensopfers gegen den Eigentümer. Letztlich sind auch die Einwendungen gegen die Höhe der Forderung ohne Belang. Es wird bestritten, dass der Zeuge . . . . . bereit gewesen wäre, die Dacheindeckung zu einem geringeren Preis durchzuführen. Selbst wenn das der Fall ist, kann dies der Klägerin nicht zum Vorwurf gereichen. Sie war dem Beklagten gegenüber nicht verpflichtet, eine Ausschreibung vorzunehmen, um den preisgünstigsten Anbieter auszuwählen. Vielmehr konnte sie einen Dachdecker ihres Vertrauens beauftragen, der für gute handwerksgerechte Arbeit bekannt ist. Die getätigten Aufwendungen bewegen sich jedenfalls im Rahmen des Angemessenen.

Beweis: Sachverständigengutachten

Der Zinsanspruch ergibt sich aus § 288 Abs. 2 BGB. Weder die Klägerin noch der Beklagte sind Verbraucher.

Rechtsanwalt

Anmerkungen

1. Zuständigkeit. Es gilt sinngemäß dasselbe → Form. A. VI. 1 Anm. 1. Wird Verwendungsersatz geltend gemacht, ohne dass dem eine mietrechtliche Beziehung zugrunde liegt, ist der ausschließliche Gerichtsstand des § 29a ZPO nicht anwendbar. Vielmehr ist der allgemeine Gerichtsstand des § 13 ZPO (Wohnsitz bei natürlichen Personen) oder des § 17 ZPO (Sitz einer juristischen Person) maßgeblich. Der Beklagte muss also an seinem Wohnsitz verklagt werden. Sachlich zuständig ist das Landgericht. Gemäß §§ 23 Nr. 1, 71 Abs. 1 GVG kommt es auf den Streitwert an, der 5.000,– EUR übersteigt.

Sollte ein Mietvorvertrag bestehen, der gekündigt wurde, ist die Anwendung des § 29a ZPO ebenfalls streitig (→ Form. A. I. 1 Anm. 1).

2. Zinsanspruch. Fraglich könnte sein, ob der Zinsanspruch aus § 288 Abs. 2 BGB besteht. Dies setzt voraus, dass der Verwendungsersatzanspruch eine Entgeltforderung ist. Dies wird in Fällen bejaht, in denen der Zahlungsanspruch ein Äquivalent für die erbrachte Leistung darstellt (Palandt/*Grüneberg* § 286 Rn. 27). → Form. A. VI. 1 Anm. 4.

3. Antrag auf Erteilung einer vollstreckbaren Ausfertigung des Urteils nebst Zustellungsbescheinigung. Die Erteilung der vollstreckbaren Ausfertigung des Urteils erfolgt nicht von Amts wegen, sondern nur auf Antrag (Zöller/*Stöber* § 724 Rn. 8). Der Antrag dient dazu, die Zwangsvollstreckung zu beschleunigen. Mit der von Amts wegen vorgenommenen Zustellung des Titels sind zudem die Voraussetzungen für eine Zwangsvollstreckung in der Regel erfüllt.

4. Verwendungsersatz. Die §§ 994 bis 1003 BGB sind nur dann anwendbar, wenn ein Mietvertrag nicht zustande gekommen oder die Vertragszeit zum Zeitpunkt der Verwendungen bereits abgelaufen ist (BGH WM 1967, 1250; WM 1967, 750). Ein Eigentümer-Besitzer-Verhältnis gemäß § 994 BGB besteht auch dann, wenn die Verwendungen zu einem Zeitpunkt gemacht wurden, als der Besitzer noch zum Besitz berechtigt war. Für den Vindikationsanspruch kommt es darauf an, dass die Besitzberechtigung zum Zeitpunkt seiner Geltendmachung weggefallen ist (BGH NJW 1996, 921 unter Hinweis auf seine gefestigte Rechtsprechung). Eine bloße Gestattung, die die Klägerin durch Auszug wieder aufgibt, reicht aus. Eine notwendige Verwendung liegt vor, wenn es sich um Maßnahmen handelt, die zur Erhaltung oder ordnungsgemäßen Bewirtschaftung einer Sache objektiv erforderlich sind, die also der Besitzer dem Eigentümer – der sie sonst hätte machen müssen – erspart hat und die nicht nur den Sonderzwecken des Besitzers dienen (BGH NJW 1996, 921; BGH NJW-RR 1996, 336; BGH NJW 1975, 1553). Da nach der Rechtsprechung die §§ 994 ff. BGB die erschöpfende Sonderregelung eines gesetzlichen Schuldverhältnisses darstellen (Palandt/*Bassenge* Vor § 994 Rn. 2; BGH NJW 1996, 52), sind Bereicherungsansprüche auszuschließen (anders z.T. die Literatur Palandt/*Bassenge* Vor § 994 Rn. 3 unter Verweis auf BGH NJW 2013, 3364: Auf den bei Verwendungsvornahme berechtigten Fremdbesitzer seien die §§ 994 bis 1003 BGB nicht anwendbar, vielmehr gelte das ggf. ergänzend auszulegende Recht des Besitzrechtsverhältnisses und hilfsweise §§ 677 ff., 812 ff. BGB. Die zitierte BGH-Entscheidung hat sich indessen mit der Konkurrenz zwischen Ansprüchen aus Eigentümer-Besitzer-Verhältnis und sonstigen gesetzlichen Ansprüchen nicht befasst. Vielmehr lag dem Fall ein Pachtverhältnis zugrunde, das von der nur mündlichen Zusage, über die Pachtflächen einen Erbbaurechtsvertrag schließen zu wollen, überlagert war. Für diesen Fall erklärte der BGH, der Verwender müsse sich nicht nur mit seinen Rechten aus dem Pachtverhältnis bescheiden, sondern könne aus enttäuschtem Vertrauen wegen des Nichtzustandekommens des Erbbaurechtsvertrages auch bereicherungsrechtliche Ansprüche haben. Ein Eigentümer-Besitzer-Verhältnis hatte zu keinem Zeitpunkt vorgelegen). Der Einwand der aufgedrängten Bereicherung kommt daher kaum zum Tragen. Ersatzansprüche wegen aufgedrängter Verwendungen des zukünftigen Mieters kann der Vermieter in entsprechender Anwendung des § 1001 S. 2 BGB abwehren (BGH NJW 1957, 460). Ist der Mieter bezüglich seines Besitzrechts bösgläubig oder macht er die Verwendungen nach Eintritt der Rechtshängigkeit, kann er Verwendungsersatz nur unter den Voraussetzungen der Vorschriften über die Geschäftsführung ohne Auftrag verlangen (§ 994 Abs. 2 BGB). In der Regel werden Ersatzansprüche an dem andersartigen Interesse oder dem wirklichen oder mutmaßlichen Willen des Eigentümers zum Zeitpunkt der Verwendung scheitern. Der Höhe nach erstreckt sich der Verwendungsersatzanspruch auf all dasjenige, was der Verwendende nach seinem verständigen Ermessen auf Grund sorgfältiger Prüfung bei Berücksichtigung aller Umstände über die Notwendigkeit der Verwendungen entschieden hat. Maßgeblich ist dabei das Interesse des Eigentümers, die Angemessenheit der Verwendung und das vernünftige Verhältnis zur Bedeutung des Geschäfts und zum angestrebten Erfolg. Insoweit sind dieselben Erwägungen maßgeblich, die gemäß § 670 BGB für den Auslagenersatz gelten. Da es sich nicht um Schadensersatz handelt, ist beispielsweise § 254 BGB nicht anwendbar. Der Einwand des Beklagten, die Klägerin habe das Dach zu teuer eingedeckt, ist deshalb bei Differenzen von 10 % bedeutungslos. Nach der Rechtsprechung (BGH NJW 1996, 921) ist von dem Verwendungsersatz auch die eigene Arbeitskraft des Verwendenden umfasst. Es kann daher dahinstehen, ob die Klägerin ein Fremdunternehmen beauftragte oder das Dach selbst neu deckte (weil es sich beispielsweise um ein Dachdeckerunternehmen handelt). Solange das vorgesehene Mietobjekt noch nicht zurückgegeben ist, kann der Besitzer wegen seiner Verwendungen das Zurückbehaltungsrecht des § 1000 BGB geltend machen.

Im Falle des Vorliegens eines Mietvorvertrages stellt sich die Frage, ob § 536a Abs. 2 BGB unmittelbar oder entsprechend anwendbar ist. Die Vorschrift ermöglicht den Ersatz der erforderlichen Aufwendungen. Bei sonstigen Aufwendungen ist an die Anwendung der Vorschrift des § 539 Abs. 1 BGB zu denken. § 536a BGB ist erst ab Überlassung der Mietsache anwendbar (§ 536a Abs. 1 BGB). Kommt es vor Abschluss eines Mietvertrages in der Erwartung des baldigen Abschlusses eines Vertrages zur Überlassung der Mietsache, ist streitig, welche Rechtsnormen anzuwenden sind. Häufig wird von der Situation eines vorläufigen Mietvertrages ausgegangen, der auch ein Vorvertrag sein kann (zum sog. Überbrückungsvertrag s. *Sternel*, Mietrecht Aktuell, 4. Aufl. 2009, I. Rn. 155; *Emmerich* NZM 1998, 49). Dies würde den Zugriff auf § 536a Abs. 2 BGB zumindest analog eröffnen. Selbst ohne Mietvorvertrag könnte man dann auf diese Vorschrift zugreifen, ohne dass es eines Rückgriffs auf §§ 994 ff. BGB bedarf. So verneint *Emmerich* konsequenterweise die Anwendung des gesetzlichen Schuldverhältnisses der §§ 994 ff. BGB für diesen Fall mit der grundsätzlichen Auffassung, diese Vorschriften würden nur für den Eigenbesitzer, nicht aber für den Fremdbesitzer gelten (*Emmerich* NZM 1998, 49). Dasselbe würde für sonstige Aufwendungen im Sinne des § 539 Abs. 1 BGB gelten, der auf die Vorschriften über die Geschäftsführung ohne Auftrag verweist. Bei sonstigen Aufwendungen gehen die Rechtsfolgen des § 539 Abs. 1 BGB einerseits und des § 996 BGB (nützliche Verwendung) andererseits auseinander. § 539 Abs. 1 BGB ist Rechtsgrundverweisung, so dass auch die Voraussetzungen einer berechtigten Geschäftsführung ohne Auftrag vorliegen müssen. Hier scheitert es meistens am mutmaßlichen Willen des Geschäftsherrn. § 996 BGB lässt den Ersatz auch nützlicher Verwendungen vor Bösgläubigkeit des Besitzers und vor Rechtshängigkeit zu. Wendet man § 996 BGB auf berechtigten Fremdbesitz an, könnte man bei nützlichen Verwendungen jedoch erwarten, dass sich der Besitzer mit dem Eigentümer vorher abstimmt. Sollte daher im Beispielsfalle unklar bleiben, ob die Dachdeckerarbeiten notwendig waren, könnte es darauf ankommen, ob der Beklagte vor Ausführung der Arbeiten erreichbar war. Daraus folgt, dass die Interessen des zukünftigen Vermieters bei Anwendung der mietrechtlichen Normen in stärkerem Maße als bei Zugrundelegung der §§ 994 ff. BGB geschützt sind.

VII. Klagen aus Verschulden bei Vertragsschluss

1. Klage des Mietinteressenten auf Schadensersatz wegen der Verletzung von Verkehrssicherungspflichten

An das

Amtsgericht[1] . . . . .

Klage

des Herrn . . . . .

– Kläger –

Prozessbevollmächtigte: . . . . .

gegen

die . . . . .-AG, ...

– Beklagte –

Prozessbevollmächtigte: . . . . .

wegen Schadensersatzes

Streitwert: 1.000,– EUR

Wir bitten um Anberaumung eines Termins zur mündlichen Verhandlung, in dem wir beantragen werden:

1. die Beklagte zu verurteilen, an den Kläger 1.000,– EUR nebst Zinsen in Höhe von 5 Prozentpunkten über dem Basiszinssatz seit dem . . . . . (Datum) zu zahlen,
2. für den Fall des Vorliegens der Voraussetzungen Versäumnisurteil ohne mündliche Verhandlung gemäß § 331 Abs. 3 ZPO zu erlassen,
3. dem Kläger eine vollstreckbare Ausfertigung des Urteils nebst Zustellungsbescheinigung (§ 169 ZPO) zu erteilen.[2]

Begründung:

Der Kläger ist Eigentümer und Halter des Fahrzeugs . . . . ., polizeiliches Kennzeichen . . . . .

Beweis: Vorlage des Kaufvertrages vom . . . . . (Datum) in Kopie;
Vorlage einer Ablichtung des Fahrzeugbriefes;
Zeugnis . . . . .

Am . . . . . (Datum) beabsichtigte der Kläger, in das Parkhaus der Beklagten in der . . . . .-Straße von . . . . . einzufahren. Der Kläger hatte ferner vor, in dem danebenliegenden Warenhaus der Beklagten einzukaufen.

Beweis: Zeugnis . . . . .

Üblicherweise befindet sich im Einfahrtbereich eine Schranke. Diese öffnet sich, wenn man zuvor per Knopfdruck aus einem Automaten eine Magnetkarte gezogen hat. Die Magnetkarte wird benötigt, damit zum einen nach dem Parkvorgang an einem Kassenautomaten bezahlt werden kann und zum anderen das Öffnen einer weiteren Schranke im Bereich der Ausfahrt gewährleistet ist.

Beweis: Ortsbesichtigung;
        Sachverständigengutachten

An jenem . . . . . (Datum), einem Samstagvormittag, herrschte im Einfahrtbereich des Parkhauses großer Andrang. Wegen der günstigen Parktarife staute sich der Verkehr bis auf die Straße zurück. Der für das Parkhaus zuständige Aufseher hatte deshalb die Schranke im Einfahrtbereich hochgestellt und verteilte die Magnetkarten zur Beschleunigung des Einfahrvorganges per Hand. Dabei stand er von der . . . . .-Straße aus gesehen hinter der Schranke. Als sich der Kläger mit dem Heck seines Fahrzeugs in der wartenden Schlange auf der Höhe der Einfahrtschranke befand, schloß sich diese unvermittelt. Dabei fügte sie dem Kofferraumdeckel des Fahrzeugs eine scharfkantige Beule und Lackabsplitterungen zu.

Beweis: Zeugnis . . . . .,
        beigefügte Fotos

Der vom Kläger sofort hinzugeholte Aufseher, Herr . . . . ., bestätigte ihm, dass die Beschädigung des Kofferraumdeckels durch das Schließen der Schranke in seinem Beisein eingetreten ist.

Beweis: Ablichtung der anliegend in Kopie beigefügten Bestätigung;
        Zeugnis . . . . .;

Der Kläger sah davon ab, das Parkhaus der Beklagten zu benutzen. In Absprache mit der Beklagten ließ er den Schadensbeseitigungsaufwand durch den Kfz.-Sachverständigen . . . . . schätzen. Dieser belief sich gemäß anliegend beigefügtem Gutachten vom . . . . . (Datum) auf 1.000,– EUR einschließlich der Schätzkosten. Eine von der Beklagten ebenfalls in Absprache mit den Prozessbevollmächtigten des Klägers durchgeführte Untersuchung der Schranke ergab, dass sich diese auf Grund eines elektromagnetischen Impulses geschlossen hatte. Üblicherweise schließt sich die Schranke, wenn ein Fahrzeug durchgefahren ist. Dieser Schließimpuls war an sich ausgeschaltet. Wodurch er wieder aktiviert wurde, hat der Sachverständige nicht herausfinden können.

Beweis: Vorlage des Gutachtens durch die Beklagte gemäß § 421 ZPO

Die Beklagte verweigert jeglichen Schadensersatz mit der Begründung, dass sie kein Verschulden treffe. Außerdem habe der Kläger den Schaden selbst zu vertreten. Er habe sein Fahrzeug nicht unter die Schranke stellen dürfen. Schließlich hat die Beklagte die Verjährungseinrede aus § 548 BGB erhoben.

Die Beklagte haftet für den eingetretenen Schaden jedoch zumindest gemäß §§ 241 Abs. 2, 311 Abs. 2 BGB wegen der Verletzung von Verkehrssicherungspflichten.[3] Die vom Kläger beabsichtigte Nutzung des Parkhauses ist als Anbahnung eines Mietverhältnisses zu werten. Zum Abschluss des Vertrages war es nicht gekommen, da der Kläger noch keine Magnetkarte gezogen hatte. Indessen treffen die Beklagte auch vor der Nutzung des Parkhauses Verkehrssicherungspflichten. So hat sie dafür Sorge zu tragen, dass die außer Betrieb genommene Einfahrtschranke sich nicht plötzlich selbständig macht und wartende Fahrzeuge beschädigt. Ein Eigenverschulden des Klägers liegt nicht vor. Ersichtlich war die Schranke außer Funktion. Zuvor waren bereits mehrere Fahrzeuge durchgefahren, ohne dass etwas passiert war. Für den Kläger bestanden daher nicht die geringsten Anhaltspunkte dafür, dass sein Fahrzeug unter der Schranke zu Schaden kommen würde. Die

Unaufklärbarkeit der Ursache der Impulsauslösung geht zu Lasten der Beklagten. Gemäß § 280 Abs. 1 S. 2 BGB wird ihr Verschulden vermutet. Auch ist die Verjährungseinrede unbegründet. Ansprüche eines potentiellen Mieters aus der Anbahnung eines Vertrages unterliegen der kurzen Verjährung nur dann, wenn sie ihrer Art nach unter § 548 BGB fallen können. Dies ist bei der Verletzung von Verkehrssicherungspflichten nicht der Fall.

Die Beklagte ist mit anliegend in Kopie beigefügtem Schreiben der Prozessbevollmächtigten des Klägers vom . . . . . (Datum) aufgefordert worden, bis zum . . . . . (Datum) Schadensersatz zu leisten. Seitdem befindet sie sich in Verzug.

Rechtsanwalt

Anmerkungen

1. Zuständigkeit. Bei Ansprüchen aus einem vorvertraglichen Schuldverhältnis ist nach wie vor streitig, ob der besondere Gerichtsstand des § 29a ZPO analog in Betracht kommt. Eine unmittelbare Anwendung scheidet aus, da ein Miet- oder Pachtvertrag noch nicht zustande gekommen ist. Das LG Kiel hat in einem Beschluss vom 18.8.1988 (NJW 1989, 841) den Sach- und Streitstand dargestellt und eine analoge Anwendung mit der Begründung abgelehnt, dass eine planwidrige Gesetzeslücke nicht vorliege und auch die Interessenlage bei Klagen aus c. i. c. keine entsprechende Anwendung des damals noch einschlägigen § 29 Abs. 1 ZPO biete. Vertragsverhandlungen seien selten auf einen bestimmten Ort beschränkt, so dass der allgemeine Gerichtsstand maßgeblich sei (so auch heute noch: Thomas/*Putzo* § 29a Rn. 5; BLAH/*Hartmann* § 29a Rn. 10 „Verschulden bei Vertragsverhandlungen"; LG Frankenthal NJW-RR 1997, 335). Der herrschenden Meinung dürfte dies allerdings nicht entsprochen haben (Zöller/*Vollkommer* § 29a Rn. 6, 8, 9, 13; Saenger/*Bendtsen*, ZPO, 6. Aufl. 2015, § 29a Rn. 6). Verwiesen wird auf die quasivertragliche Haftung sowie das vertragsähnliche Vertrauensverhältnis, das sich aus den geführten Verhandlungen ergibt. Nach dem Willen des Gesetzgebers soll der Gerichtsstand der Belegenheit der Räume auch bei der Anbahnung und Abwicklung eines Miet- oder Pachtverhältnisses eingreifen (BR-Drs. 314/91 v. 5.7.1991 S. 67).

Sachlich zuständig ist das Amtsgericht. Gemäß §§ 23 Nr. 1, 71 Abs. 1 GVG kommt es auf den Streitwert an, der hier 5.000,– EUR nicht übersteigt.

2. Antrag auf Erteilung einer vollstreckbaren Ausfertigung des Urteils nebst Zustellungsbescheinigung. Die Erteilung der vollstreckbaren Ausfertigung des Urteils erfolgt nicht von Amts wegen, sondern nur auf Antrag (Zöller/*Stöber* § 724 Rn. 8). Der Antrag dient dazu, die Zwangsvollstreckung zu beschleunigen. Mit der von Amts wegen vorgenommenen Zustellung des Titels sind zudem die Voraussetzungen für eine Zwangsvollstreckung in der Regel erfüllt.

3. Anbahnungsverhältnis. Die Benutzung eines Parkplatzes oder Parkhauses ist ohne besondere Übernahme von Obhutspflichten Miete (Bub/Treier/*Drettmann* I Rn. 74). Ein Mietvertrag war noch nicht geschlossen worden, da es zur Übergabe der das Nutzungsrecht begründenden Magnetkarte nicht gekommen war. Allerdings kann schon von einem Anbahnungsverhältnis gesprochen werden.

Mithin kommen nur Ansprüche aus § 823 Abs. 1 BGB (Eigentumsverletzung) und aus culpa in contrahendo wegen der Verletzung von Verkehrssicherungspflichten in Betracht. Hier traf die Beklagte auf Grund der von ihr eröffneten Gefahr (Hochstellen der Schranke) eine besondere Obhutspflicht für diese Schranke passierende Kraftfahrzeuge. Entweder hätte der für das Parkhaus zuständige Aufseher der Beklagten die Magnetkarten vor der Schranke ausgeben müssen, so dass Fahrzeuge sofort hätten durchfahren können und sich nur kurzzeitig unter der Schranke aufgehalten hätten. Oder aber es wäre sicherzustellen gewesen, dass sich die Schranke nicht selbständig macht (zu vertraglichen Verkehrssicherungspflichten bei der Anbahnung von Mietverträgen Bub/Treier/*Drettmann* II Rn. 370; MüKoBGB/*Emmerich* § 311 Rn. 60 ff.; Lindner-Figura/Oprée/Stellmann/*Stellmann* Kap. 4 Rn. 8 ff.; *Franke* ZMR 2000, 733 (737); AG Garmisch-Partenkirchen VersR 1971, 652). Die Anspruchsgrundlage ergibt sich aus §§ 241 Abs. 2, 311 Abs. 2, Abs. 3 BGB. Die Unaufklärbarkeit des Grundes für die Auslösung des Schließimpulses geht zu Lasten der Beklagten. Gemäß § 280 Abs. 1 S. 2 BGB wird ihr Verschulden vermutet. Sie hat sich also zu entlasten. Ein Eigenverschulden des Klägers (§ 254 BGB) wird man verneinen müssen im Hinblick darauf, dass der Aufseher der Beklagten die Schranke ersichtlich außer Funktion gesetzt hatte. Allerdings werden Ansprüche des Klägers aus § 823 Abs. 1 BGB scheitern, da ihm dort der Verschuldensbeweis des § 276 BGB aufgebürdet ist.

Der Schadensersatzanspruch aus culpa in contrahendo geht bei der Verletzung von Verkehrssicherungspflichten auf den Ersatz des Integritätsinteresses (§ 280 Abs. 1 S. 1 BGB).

Die kurze Verjährung ist bei Schadensersatzansprüchen aus culpa in contrahendo zwar denkbar, jedoch nur für solche, für die der Vertragspartner bei Abschluss eines Mietvertrages ebenfalls unter den Voraussetzungen der kurzen Verjährung haften würde (so BGH NJW 2006, 1963 für Ansprüche aus c. i. c. wegen grundlosen Abbruchs der Vertragsverhandlungen, die für den Fall des Zustandekommens des Vertrages der kurzen Verjährung des § 548 BGB unterlägen hätten). Wäre es zum Abschluss eines Mietvertrages gekommen, wäre die Beschädigung etwa bei der Ausfahrt passiert, bestünden Schadensersatzansprüche des Mieters aus § 536a BGB oder aus positiver Vertragsverletzung gemäß §§ 241 Abs. 2, 280 Abs. 1 BGB. Diese Ansprüche verjähren gemäß § 195 BGB in 3 Jahren.

Eine Freizeichnung des Parkhausbetreibers von der Verkehrssicherungspflicht durch Klauseln wie „Benutzung des Parkhauses auf eigene Gefahr", scheitert an § 309 Nr. 7 lit. a BGB (BGH NJW 1986, 2757; MüKoBGB/*Emmerich* § 311 Rn. 60).

2. Klage auf Schadensersatz wegen Abbruchs von Vertragsverhandlungen

An das

Landgericht[1] . . . . .

Klage

der Firma . . . . .

– Klägerin –

Prozessbevollmächtigte: . . . . .

gegen

das Land . . . . .

– Beklagter –

Prozessbevollmächtigte: . . . . .

wegen Schadensersatzes[5, 6]

Streitwert: 22.500,– EUR

Wir bitten um Anberaumung eines Termins zur mündlichen Verhandlung, in dem wir beantragen werden:

1. den Beklagten zu verurteilen, an die Klägerin 22.500,– EUR nebst Zinsen in Höhe von 5 Prozentpunkten über dem Basiszinssatz seit dem . . . . . (Datum) zu zahlen,
2. für den Fall des Vorliegens der Voraussetzungen Versäumnisurteil ohne mündliche Verhandlung gemäß § 331 Abs. 3 ZPO zu erlassen,
3. der Klägerin eine vollstreckbare Ausfertigung des Urteils nebst Zustellungsbescheinigung (§ 169 ZPO) zu erteilen.[2]

Begründung:

Die Klägerin ist Eigentümerin des Grundstücks eingetragen im Grundbuch von . . . . . Blatt . . . . ., Flur . . . . ., Flurstück . . . . .

Beweis: Ablichtung des Grundbuchauszuges

Auf diesem Gelände plante sie die Errichtung eines Gewerbezentrums. Sie ließ durch die Unternehmensberatung des Zeugen . . . . . ein entsprechendes Verwertungskonzept erstellen, das u. a. neben gewerblichen Objekten auch den Bau einer Polizeiwache vorsah.

Beweis: Zeugnis . . . . .

Aus dem Verwertungskonzept überreichen wir Ablichtungen der Seiten 36 bis 38, die sich auf den hier maßgeblichen Polizeiwachenbau beziehen.

Die Klägerin trat über den Zeugen . . . . . erstmalig mit Schreiben vom . . . . . (Datum) an die Bezirksregierung, später an das Innenministerium des Beklagten heran, um Verhandlungen über die Errichtung einer Polizeiwache zu führen. In der Folgezeit intensivierten sich die Gespräche, die aufseiten der Klägerin wechselnd von ihrem Komplementär und/oder dem Zeugen . . . . . geführt wurden. Über diese Gespräche resultieren Aktenvermerke des Zeugen . . . . .

Im übrigen Beweis: Zeugnis . . . . .

Auf Grund des von den Vertretern des Beklagten geäußerten Interesses beauftragte die Klägerin den Architekten . . . . . mit den Planungen des Polizeigebäudes. Die Vorplanung wurde ebenfalls mehrfach besprochen. Mit Schreiben vom . . . . . (Datum) erklärten die Vertreter der Bezirksregierung gegenüber dem Architekten . . . . ., dass auf Grund des übersandten Materials die Planung des Polizeigebäudes fortgesetzt werden könne und wegen bauplanungsrechtlicher Bedenken eine Bauvoranfrage bei der Stadt . . . . . gestellt werden solle. Im Rahmen eines weiteren Gesprächs am . . . . . (Datum) erklärte der Vertreter . . . . . der Bezirksregierung, er gehe davon aus, dass das Land den Mietvertrag akzeptiere, wenn dieser über 15 Jahre mit 2-maliger Option für je 5 Jahre laufe und ein monatlicher Nettomietzins für Nebenflächen von . . . . . EUR je m^2 und für Nutzflächen von . . . . . EUR je m^2 festgelegt werde.

Beweis: Zeugnis . . . . .

Daraufhin übersandte der Zeuge . . . . . der Bezirksregierung unter dem . . . . . (Datum) den anliegend in Ablichtung beigefügten Mietvertragsentwurf. Dieser Entwurf berücksichtigte als Vertragsgegenstand die bisherige Planung und die Vorstellungen des Beklagten zur Mietdauer und zur Höhe des Miete.

Beweis: Zeugnis . . . . .

Nachdem auch die Bauvoranfrage von der Stadt . . . . . positiv beschieden war,

Beweis: Ablichtung des Bauvorbescheids vom . . . . . (Datum), erklärte sich das Innenministerium des Beklagten mit Erlass vom . . . . . (Datum), der dem Zeugen . . . . . am . . . . . (Datum) zur Kenntnis übermittelt wurde, gegenüber der Bezirksregierung mit dem vorgelegten Mietvertrag einverstanden und forderte diese auf, mit der Klägerin noch weitere Verhandlungen über das sogenannte „technische Raumprogramm" wegen zahlreicher Neuerungen in verabschiedeten Verwaltungsvorschriften zu führen. Die Klägerin bot ein Gespräch mit dem

Zeugen . . . . .

im Beisein des Architekten . . . . . für den . . . . . (Datum) gegenüber den Vertretern der Bezirksregierung mit anliegend in Kopie beigefügtem Faxschreiben vom . . . . . (Datum) an. Diese ließen nach geraumer Zeit mit anliegend in Kopie beigefügtem Schreiben mitteilen, das Innenministerium habe es sich inzwischen anders überlegt, der Standort für die Polizeiwache in . . . . . komme nicht mehr in Betracht. Man könne kostengünstiger in . . . . . etwas anmieten. Man danke für das entgegengebrachte Interesse.

Den Abbruch der Vertragsverhandlungen durch den Beklagten nahm die Klägerin zum Anlass, über die Bezirksregierung mit anliegend in Kopie beigefügtem Anwaltsschreiben vom . . . . . (Datum) diesem Schadensersatzansprüche aus enttäuschtem Vertrauen entgegenzuhalten.[3] Sie ließ die Kosten des Zeugen . . . . . und des Architekten . . . . . abrechnen.[4] Aus anliegend in Kopie beigefügter Rechnung des Zeugen . . . . . ergibt sich ein Aufwand von . . . . . Stunden. Mit dem Zeugen hatte die Klägerin anliegend in Kopie beigefügten Beratervertrag abgeschlossen, der die Abrechnung nach Stundensätzen in Höhe von . . . . . EUR pro Stunde zzgl. Mehrwertsteuer und Nebenkosten beinhaltet. Der Zeuge . . . . . hat die von ihm abgerechneten Stunden für die Planung der Polizeiwache erbracht.

Beweis: Zeugnis . . . . .

Der von ihm getätigte Stundenaufwand ist angesichts des angefallenen Verhandlungsvolumens ebenso angemessen wie der von ihm in Rechnung gestellte Stundensatz.

Beweis: Sachverständigengutachten

Die Klägerin leitet daraus einen Schaden in Höhe von 10.000,– EUR ab. Ferner macht sie die Kosten der Vorplanung durch den Architekten . . . . . geltend. Dieser hatte gemäß beigefügter Rechnung die Vorplanung für die Erstellung der Bauvoranfrage gefertigt und die Verhandlungen mit der Klägerin geführt. Mit ihm war anliegend in Kopie beigefügter Architektenvertrag vom . . . . . (Datum) unter Zugrundelegung der HOAI zustande gekommen. Der Zeuge . . . . . hat sämtliche abgerechneten Arbeiten einschließlich der Nebenleistungen erbracht.

Beweis: Zeugnis . . . . .

Auch seine Abrechnung in Höhe von 10.000,– EUR netto plus gesetzlicher Mehrwertsteuer ist angemessen.

Beweis: Sachverständigengutachten

Hinzu kommen die Gebühren für das Bauvoranfrageverfahren in Höhe von 2.500,– EUR gemäß anliegend in Kopie beigefügtem Gebührenbescheid vom . . . . . (Datum).

Die Klägerin hat gemäß anliegend in Kopie beigefügten Kontoauszügen vom . . . . . (Datum) der . . . . .-Bank sämtliche Rechnungen bezahlt.

Der Beklagte geriet infolge seines anliegend in Kopie beigefügten Ablehnungsschreibens vom . . . . . (Datum) in Verzug. In diesem Schreiben macht er geltend, dass eine endgültige

Einigung nicht herbeigeführt worden sei. Der Mietvertrag habe auch noch schriftlich geschlossen werden müssen. Das letzte Wort habe ohnehin das Innenministerium gehabt. Die Klägerin könne die Planung für die Errichtung des Gebäudes anderweitig verwerten. Außerdem sei ein Teil der Kosten schon entstanden, bevor die Verhandlungen aufgenommen worden seien. Indessen verkennt der Beklagte, dass zwischen den Parteien bereits intensive Vertragsverhandlungen geführt worden sind, die zumindest mündlich zu einer Einigung über die wesentlichen Bestandteile des Mietvertrages geführt haben. Durch die Billigung des von der Klägerin erstellten Mietvertragsentwurfes seitens des Innenministeriums hat der Beklagte auch den Eindruck erweckt, dass der Abschluss des Mietvertrages sicher erfolgen werde. Sein Wunsch, über das technische Raumprogramm noch ergänzende Verhandlungen zu führen, hat die Klägerin ohne Vorbehalte akzeptiert. Es handelt sich um Ergänzungen, die ausschließlich aus der Sphäre des Beklagten stammen. Er hat dann ohne triftigen Grund die Verhandlungen schuldhaft abgebrochen. Er hätte die Klägerin darüber in Kenntnis setzen müssen, dass er alternativ eine Anmietung an einem anderen Standort plante. In diesem Falle hätte die Klägerin vom Beklagten eine endgültige Entscheidung verlangt, bevor sie ihrerseits Planungskosten auf ihrer Seite hätte entstehen lassen. Auch die Einwendungen zur Höhe sind nicht begründet. Die Pläne des Architekten . . . . . sind auf Grund der speziellen Anforderungen an die Errichtung einer Polizeiwache nicht anderweitig verwertbar (wird näher ausgeführt).

Beweis: Zeugnis . . . . .;
        Sachverständigengutachten

Auch die abgerechneten Kosten des Zeugen . . . . . beinhalten nur die zeitlichen Aufwendungen, die sich auf die Verhandlungen mit dem Beklagten erstrecken. Für seine Vorbereitungsleistungen, insbesondere die Erstellung des Verwertungskonzepts hat der Zeuge . . . . . der Klägerin gegenüber anderweitig abgerechnet.

Beweis: Zeugnis . . . . .;
        Ablichtungen der Teilrechnungen I bis III vom . . . . . (Datum)

Der Zinsanspruch ergibt sich aus § 288 Abs. 1 BGB.

Rechtsanwalt

Anmerkungen

1. **Zuständigkeit.** Zur örtlichen und sachlichen Zuständigkeit → Form. A. VII. 1 Anm. 1.

2. **Antrag auf Erteilung einer vollstreckbaren Ausfertigung des Urteils nebst Zustellungsbescheinigung.** Die Erteilung der vollstreckbaren Ausfertigung des Urteils erfolgt nicht von Amts wegen, sondern nur auf Antrag (Zöller/*Stöber* § 724 Rn. 8). Der Antrag dient dazu, die Zwangsvollstreckung zu beschleunigen. Mit der von Amts wegen vorgenommenen Zustellung des Titels sind zudem die Voraussetzungen für eine Zwangsvollstreckung in der Regel erfüllt.

3. **Schadensersatz aus culpa in contrahendo.** Ein Anspruch aus culpa in contrahendo auf Schadensersatz gemäß §§ 241 Abs. 2, 311 Abs. 2 BGB wegen des Abbruchs von Vertragsverhandlungen setzt voraus, dass eine Einigung über die wesentlichen Vertragspunkte erfolgt ist, ohne dass diese indessen bereits bindend sind. Darüber hinaus muss die eine Verhandlungspartei gegenüber der anderen durch ihr Verhalten den Eindruck erweckt haben, dass es zu dem beabsichtigten Vertragsschluss sicher kommen werde und sie dazu auch ernstlich bereit sei, dann aber ohne oder ohne triftigen Grund den Vertragsabschluss ablehnt (Palandt/*Grüneberg* § 311 Rn. 32; Bub/Treier/*Drettmann* II Rn. 388; *Neuhaus*, Handbuch der Geschäftsraummiete, 4. Aufl. 2011, Rn. 247; ; Lindner-Figura/Oprée/Stellmann/*Stellmann* Kap. 4 Rn. 28 f.; BGH NJW 2006, 1963; BGH NJW 1996, 1884 f.; BGH MDR 1989, 732; OLG Düsseldorf IMR 2010, 280; speziell zur Haftung von öffentlich-rechtlichen Körperschaften BGH NJW-RR 2001, 1524; BGHZ 71, 395 ff.; ausführlich dazu MüKoBGB/*Emmerich* § 311 Rn. 160 ff.). Ob die Anforderungen an eine Haftung wegen enttäuschten Vertrauens begründet sind, bedarf der Auslegung unter Berücksichtigung aller Einzelumstände, wobei eine zurückhaltende Betrachtungsweise geboten ist (Palandt/*Grüneberg* § 311 Rn. 32; Bub/Treier/*Drettmann* II Rn. 388; *Neuhaus*, Handbuch der Geschäftsraummiete, 4. Aufl. 2011, Rn. 247; OLG Düsseldorf IMR 2010, 280). Das Hauptproblem besteht sicherlich darin, den Einzelfall zu fixieren. Einerseits ist nicht jeder grundlose Abbruch von Vertragsverhandlungen haftungsbegründend. Andererseits muss auch nicht jedes Detail ausgehandelt sein, um den anderen der Treuwidrigkeit zu bezichtigen (sehr ausführlich MüKoBGB/*Emmerich* § 311 Rn. 160 ff.). Das Schriftformerfordernis gemäß §§ 550, 578 Abs. 1, Abs. 2 S. 1 BGB ist ebenfalls nicht haftungsausschließend, sofern der Vertragsschluss als solcher nicht in Frage steht (BGH WM 1974, 508). Dem Zustandekommen des Vertrages dürfen keine Hinderungsgründe von Gewicht entgegenstehen. In der Klageschrift wird ausgeführt, dass es noch der Klärung technischer Fragen bedurfte. Sofern sich diese nicht auf die Einigung über die Essentialia in dem Mietvertragsentwurf auswirkten, wird man das vom Beklagten als sicher hingestellte Zustandekommen des Mietvertrages nicht anzweifeln können. Allerdings könnte sich ein triftiger Grund ergeben, wenn diese technischen Fragen beispielsweise zu erheblichen Änderungen der bisherigen Planung und damit auch zu einer völlig neuen Berechnung der Miete geführt hätten. Ein triftiger Grund wird immer dann angenommen, wenn besondere Umstände die Fortsetzung der Verhandlungen als unzumutbar erscheinen lassen oder aber Gründe vorliegen, die schon bei abgeschlossenem Vertrage zu Rücktritt oder Kündigung berechtigen würden. Im Beispielsfall ist die vom Beklagten geäußerte anderweitige Standortsuche kein triftiger Grund, weil er darüber von vornherein hätte aufklären müssen (MüKoBGB/*Emmerich* § 311 Rn. 166). Der Beklagte hätte beispielsweise die Planungskosten für die Bauvoranfrage der Klägerin nicht aufbürden dürfen, wenn er die Standortentscheidung noch nicht getroffen hatte.

4. **Verschulden.** Ob die Haftung aus c. i. c. wegen des Abbruchs von Vertragsverhandlungen gemäß § 276 BGB Verschulden voraussetzt, ist umstritten. Zum Teil wird dieses unter Hinweis auf § 122 BGB analog verneint (BGH WM 1974, 508; BGH WM 1969, 595). Überwiegend wird das Verschuldenserfordernis gemäß § 276 BGB jedoch bejaht (MüKoBGB/*Emmerich* § 311 Rn. 167; *Neuhaus*, Handbuch der Geschäftsraummiete, 4. Aufl. 2011, Rn. 247; BGH NJW 2006, 1963; BGH NJW 1979, 915). Ein Verschuldensvortrag ist auf Gläubigerseite wegen der Verschuldensvermutung des § 280 Abs. 1 S. 2 BGB nicht erforderlich. Gemeint ist auch nur, dass dem Schuldner die Begründung des qualifizierten Vertrauenstatbestandes ebenso wie der Abbruch der Verhandlungen ohne triftigen Grund zurechenbar sein muss (MüKoBGB/*Emmerich* § 311 Rn. 167).

5. **Zum ersatzfähigen Schaden** → Form. A. VII. 1 Anm. 3. Ersatzfähig ist das negative Interesse. Betroffen sind auch nur diejenigen Aufwendungen, die dadurch veranlasst wurden, dass der Schuldner den Vertragsabschluss als sicher hingestellt hat (MüKoBGB/*Emmerich* § 311 Rn. 163; BGH NJW 1997, 2813; OLG Dresden ZIP 2001, 604, 605).

6. **Verjährung.** Folgen aus dem Abbruch der Vertragsverhandlungen Schadensersatzansprüche, die sich aus nutzlosen Aufwendungen für getätigte Umbaumaßnahmen ergeben, gilt die kurze Verjährung des § 548 BGB. Mithin tritt die Verjährung bereits sechs Monate nach Abbruch der Verhandlungen ein (BGH NJW 2006, 1963, 1964 f.). Dabei kommt es nicht darauf an, ob der Berechtigte bereits zu diesem Zeitpunkt den Schaden beziffern kann. Ihm wird die Möglichkeit einer Feststellungsklage eingeräumt (BGH NJW 2006, 1963, 1964 f.).

3. Klage auf Schadensersatz wegen unrichtiger zum Vertragsabschluss führender Angaben

An das

Landgericht[1] . . . . .

Klage

des Herrn . . . . .

– Kläger –

Prozessbevollmächtigte: . . . . .

gegen

Herrn . . . . .

– Beklagter –

Prozessbevollmächtigte: . . . . .

wegen Schadensersatzes und Feststellung[2]

vorläufiger Streitwert: 45.000,– EUR

Wir bitten um Anberaumung eines Termins zur mündlichen Verhandlung, in dem wir beantragen werden:[3]

1. den Beklagten zu verurteilen, an den Kläger 25.000,– EUR nebst Zinsen in Höhe von 5 Prozentpunkten über dem Basiszinssatz seit dem . . . . . (Datum) zu zahlen,
2. festzustellen, dass der Beklagte verpflichtet ist, dem Kläger jeglichen Schaden zu ersetzen, der sich daraus ergibt, dass der Beklagte dem Kläger vor Abschluss des Mietvertrages vom 5.3.2016 wissentlich unwahre Angaben über die Bruttoumsätze des Lokals „. . . . .“ in . . . . . für die Jahre 2012 bis 2014 gemacht hat,
3. für den Fall des Vorliegens der Voraussetzungen Versäumnisurteil ohne mündliche Verhandlung gemäß § 331 Abs. 3 ZPO zu erlassen,
4. dem Kläger eine vollstreckbare Ausfertigung des Urteils nebst Zustellungsbescheinigung (§ 169 ZPO) zu erteilen.[4]

Begründung:

Der Beklagte ist Eigentümer des Hauses . . . . . in . . . . . Im Erdgeschoss des Hauses befindet sich die Cocktail-Bar „. . . . .“.

Der Kläger, der als Schreiner ein Montageunternehmen betrieb, strebte eine neue Existenz als Gastwirt an. Der Beklagte war Inhaber der Bar „. . . . .“ Er bot die Räumlichkeiten in 2 anliegend in Kopie beigefügten Zeitungsanzeigen vom . . . . . (Datum) für 10 Jahre zur Anpachtung an. Der Kläger setzte sich mit dem Beklagten am . . . . . (Datum) fernmündlich in Verbindung. Tags darauf kam es in der Cocktail-Bar „. . . . .“ zu einem ersten Informationsgespräch. Der Kläger wollte im Hinblick auf den vom Beklagten verlangten Pachtzins von insgesamt 2.500,– EUR zzgl. Mehrwertsteuer zzgl. Nebenkosten in Höhe von pauschal 500,– EUR pro Monat wissen, welchen Umsatz das Objekt erzielte. Der Beklagte versprach ihm, eine entsprechende Bescheinigung seines Steuerberaters vorzulegen.

Beweis: eidliche Parteivernehmung des Beklagten

In der darauf folgenden Woche sah sich der Kläger den Betrieb in der Bar abends und in den Nachtstunden an. Insbesondere an den Wochenenden stellte er lebhaften Besuch fest. Er war von der Cocktailkarte beeindruckt. Die Cocktails mixte eine Brasilianerin.

Beweis: Ablichtung der Getränkekarte;
   Zeugnis . . . . .

Der Kläger meinte, das Angebot auf der Speisekarte erweitern und mit dem Getränkeangebot besser abstimmen zu können, um den Umsatz zu beleben.

Beweis: Zeugnis . . . . .

Frau . . . . . ist die Lebensgefährtin des Klägers, mit der er seine Planung besprochen hatte und die ihm bei der Führung der Cocktail-Bar insbesondere in der Küche behilflich sein wollte.

Nach etwa einer Woche legte der Beklagte dem Kläger ein Schreiben seines Steuerberaters . . . . . vor, in dem es heißt:

„Ich beziehe mich auf die mit Ihnen am . . . . . (Datum) geführte fernmündliche Unterredung und teile Ihnen wunschgemäß folgende Umsatzzahlen für das Lokal „. . . . .“ mit.

Seit Eröffnung dieses Bistros, dem 11.7.2012, hat es bis zum 15.7.2013 einen Bruttoumsatz von 250.000,– EUR (i.W.: Zweihundertfünfzigtausend EUR) erwirtschaftet. Vom 16.7.2013 bis zum 15.7.2014 wurde ein Bruttoumsatz in Höhe von 240.000,– EUR (i.W.: Zweihundertvierzigtausend EUR) erzielt. Anmerkend zu den vorstehenden Zahlen sei gesagt, dass im zweiten Wirtschaftsjahr die Umsätze leicht rückläufig waren, bedingt durch das „Sommerloch“ 2014. Nach den vorliegenden Umsatzzahlen der Monate August, September und Oktober 2014 ist mit einem Jahresumsatz für 2014/2015 für das Lokal von ca. 270.000,– EUR zu rechnen.“

Beweis: Ablichtung des Schreibens des Steuerberaters . . . . . vom . . . . . (Datum)

Daraufhin schloss der Kläger mit dem Beklagten den anliegend in Kopie beigefügten Pachtvertrag vom 5.3.2016 über einen Zeitraum von 10 Jahren. In dessen § 2 ist ein Pachtzins in Höhe von 2.500,– EUR zzgl. 19 % Mehrwertsteuer zzgl. Nebenkostenpauschale in Höhe von 500,– EUR vereinbart. In § 10 heißt es:

„Der Pächter erwirbt vom Verpächter die Kücheneinrichtung zum Zeitwert von 25.000,– EUR. Der Kaufpreis ist zahlbar in 2 Raten, und zwar in Höhe von 12.500,– EUR bis zum 30.4.2016, und in Höhe von weiteren 12.500,– EUR bis zum 31.5.2016. Für den Fall des Verzuges ist der offene Kaufpreisrest von da an mit 9 % zu verzinsen.“

Beweis: Ablichtung des Pachtvertrages vom 5.3.2016

Der Kläger übernahm die Cocktail-Bar „. . . . .“ am . . . . . (Datum). Die Kücheneinrichtung hatte er erworben, weil er diese auf Grund seiner beruflichen Erfahrung als Schreiner selbst umbauen und ergänzen wollte.

Beweis: Zeugnis . . . . .

Im Sommer und Herbst 2016 stellte der Kläger fest, dass der Umsatz in der Bar weit hinter den sich aus dem Schreiben vom . . . . . (Datum) ergebenden Erwartungen zurückblieb. Er lag durchschnittlich bei etwa 12.500,– bis 15.000,– EUR im Monat, was der Kläger zunächst auf das im Schreiben angegebene „Sommerloch" schob. Auch im Herbst 2016 stiegen die Umsätze jedoch nur unerheblich auf max. 17.500,– EUR im Monat. Wir überreichen hierzu Ablichtungen der betriebswirtschaftlichen Auswertungen des Steuerberaters des Klägers für die Betriebsmonate April bis Oktober 2016.

Im November 2016 erhielt der Kläger ein Schreiben von der Staatsanwaltschaft in . . . . . mit der Bitte, als Zeuge zu erscheinen.

Am . . . . . (Datum) wurde er zu den Umständen der Übernahme der Gaststätte vernommen. Er wies insbesondere darauf hin, dass er bislang nur finanzielle Verluste erlitten habe und sich überlegen müsse, die Gaststätte zu schließen. Auf näheres Befragen des Staatsanwalts erfuhr der Kläger, dass gegen den Beklagten strafrechtlich auf Grund mehrerer Anzeigen Dritter wegen Betruges und Untreue ermittelt wurde. Im Zuge dieser Ermittlungen war auch der Steuerberater des Beklagten . . . . . vernommen worden, der am . . . . . (Datum) eingeräumt hatte, dass seine aus Anlass der Verpachtung der Cocktail-Bar „. . . . ." erstellte Bescheinigung vom . . . . . (Datum) über die Umsatzzahlen etwas mehr als 10 % überhöht gewesen sei.

Beweis: Beiziehung der Akten . . . . . Js . . . . ./2016 StA . . . . .;

      Ablichtung der Aussage des Zeugen . . . . . vom . . . . . (Datum);

      Zeugnis des Steuerberaters . . . . .

Der Kläger schaltete sofort seine Prozessbevollmächtigten ein, die mit anliegend in Kopie beigefügtem Einschreiben/Rückschein vom . . . . . (Datum) gegenüber dem Beklagten die Kündigung des Pachtvertrages wegen arglistiger Täuschung und Betruges bei den Vertragsverhandlungen erklärten. Er räumte die Bar am . . . . . (Datum). Seitdem ist sie geschlossen. Der Beklagte soll sich inzwischen wegen der anderweitig gegen ihn erhobenen Vorwürfe in U-Haft befinden.

Der Kläger verlangt vom Beklagten aus culpa in contrahendo gemäß §§ 241 Abs. 2, 311 Abs. 2 BGB, hilfsweise aus § 823 Abs. 2 BGB i.V.m. § 263 StGB Rückzahlung des von ihm am . . . . . (Datum) und am . . . . . (Datum) gezahlten Kaufpreises in Höhe von insgesamt 25.000,– EUR für die Kücheneinrichtung.[5]

Beweis: Ablichtung der Überweisungsbelege in Höhe von je 12.500,– EUR vom . . . . .

      (Datum);

Hätte der Kläger gewusst, dass die Bescheinigung des Steuerberaters . . . . . vom . . . . . (Datum) um mehr als 10 % höhere Umsatzzahlen enthielt, hätte er vom Abschluss des Pachtvertrages abgesehen. Die Bescheinigung des Steuerberaters . . . . . war für ihn von entscheidender Bedeutung. Er hatte sie seinem eigenen Steuerberater zur Überprüfung der Wirtschaftlichkeit des Lokals gegeben. Dieser hatte ihm nach Erhalt der Bescheinigung erklärt, dass die dort genannten Umsatzzahlen das Minimum seien, was er brauchen werde, um das Lokal gewinnbringend führen zu können. Daher zählte „jeder Tausender", so dass er dann, wenn der Umsatz tatsächlich 10 bis 12 % geringer als in der Bescheinigung angegeben gewesen wäre, von seinem Entschluss Abstand genommen hätte.

Beweis: Zeugnis des Steuerberaters des Klägers . . . . .

Mithin war die Pflichtverletzung des Beklagten für den Abschluss des Pachtvertrages kausal. Im Rahmen eines Anspruchs aus culpa in contrahendo ist es Sache des Beklagten, die Behauptung des Klägers zu widerlegen, er hätte bei der Angabe richtiger Umsatzzahlen vom Vertragsschluss Abstand genommen. Unerheblich ist auch, dass das Zahlenwerk in den abgeschlossenen Pachtvertrag keinen Eingang gefunden hat. Erklärungen, die den Vertragsschluss herbeiführen, die demnach entscheidungsursächlich sind, sind nicht notwendig Bestandteil des abzuschließenden Vertrages, weil sie gerade dazu dienen, den späteren Vertragsschluss insbesondere psychologisch vorzubereiten, das heißt, den Interessenten zum Vertragsschluss zu veranlassen. Da die Bescheinigung des Steuerberaters . . . . . keine Zusicherung über die zu erzielenden Umsätze enthält und auch nicht enthalten sollte, ist es sogar folgerichtig, dass der Inhalt der Bescheinigung des Steuerberaters keinen Eingang in den Vertragstext des Pachtvertrages gefunden hat. Auch die Tatsache, dass der Kläger keine eigenen Rentabilitätsberechnungen angestellt hat, aus denen er hätte entnehmen können, welche Umsätze angesichts der Kostenbelastung notwendig gewesen wären, um seinen Erwartungen zu entsprechen, kann die Vermutung nicht antasten, dass der Kläger bei Kenntnis der Tatsache, dass die Buchungszahlen in der Bescheinigung vom . . . . . (Datum) überhöht waren, den Vertrag nicht geschlossen hätte. Dass der Kläger eine solche Untersuchung unterlassen hat, zeigt vielmehr, dass er in besonderem Maße auf die Richtigkeit der Steuerberaterbescheinigung des Zeugen . . . . . vertraut hat, zumal er sie dazu benutzte, sie seinem eigenen Steuerberater zur Abschätzung des auf ihn zukommenden Risikos vorzulegen. Dementsprechend belegte die fehlende weitergehende Rentabilitätsprüfung sogar, dass der Bescheinigung vom . . . . . (Datum) eine besondere Bedeutung zukam, so dass der Kläger im Vertrauen auf deren Richtigkeit weitergehende Maßnahmen unterließ. Schließlich kann auch der Umstand, dass sich der Kläger durch Besuche in der Cocktail-Bar vor Abschluss des Pachtvertrages selbst ein Bild über die Umsätze verschafft hat, nicht die Vermutung widerlegen, dass die Bescheinigung vom . . . . . (Datum) für den Abschluss des Pachtvertrages ursächlich war. Mag es auch zutreffend sein, dass der Kläger seine Umsatz- und Gewinnerwartung maßgeblich an den bei seinen Besuchen gewonnenen Erkenntnissen orientiert hat, musste gleichwohl für ihn deutlich sein, dass die so erzielten Eindrücke ihm keine verlässliche Grundlage verschafften, um beurteilen zu können, wie hoch die in dem Lokal erwirtschafteten Umsätze waren. Diese lassen sich zuverlässig nur durch Buchungsunterlagen ermitteln, so dass es sogar nahe liegend ist, dass die Besuche nur dazu dienten, einen zusätzlichen Überblick über die Geschäftslage zu erhalten. Im Übrigen hat der Kläger im Nachhinein von der Zeugin . . . . . in Erfahrung gebracht, dass der Beklagte speziell an den Tagen, an denen der Kläger sich angesagt hatte, zahlreiche seiner Bekannten eingeladen hatte, um das Lokal „zu bevölkern". Auf diese Weise sollte dem Kläger gegenüber vorgespiegelt werden, dass es „gut laufe". Da die Kücheneinrichtung mit der Pachtsache zurückgegeben wurde, entfällt eine gesonderte Rückgabe.

Der Feststellungsantrag rechtfertigt sich daraus, dass derzeit der Gesamtschaden noch nicht überschaubar ist. Der Kläger hat zwar seinem Personal gekündigt, konnte dies jedoch nur innerhalb der gesetzlich zulässigen Fristen tun, so dass sich daraus noch offene Lohnansprüche ergeben haben, deren Höhe allerdings teilweise ungewiss ist. Die Zeugin . . . . . hat der Kündigung aus betriebsbedingten Gründen widersprochen und Kündigungsschutzklage vor dem Arbeitsgericht . . . . . erhoben. Wir überreichen eine Ablichtung des Kündigungsschreibens vom . . . . . (Datum) und der Kündigungsschutzklage der Zeugin . . . . . vom . . . . . (Datum).

Auf die Klageschrift haben wir für den Kläger noch nicht erwidert. Ein Gütetermin ist im arbeitsgerichtlichen Verfahren noch nicht anberaumt.

Beweis: Beiziehung der Akten – Aktenzeichen – ArbG . . . . .

Der Kläger hatte zudem den Kaufpreis für die Kücheneinrichtung mit anliegend in Kopie beigefügtem Darlehn der . . . . .-Brauerei finanziert. Auch der Darlehnsvertrag wurde durch uns mit anliegend in Kopie beigefügtem Schreiben vom . . . . . (Datum) gekündigt. Auf Grund der besonderen Umstände der Auflösung des Pachtvertrages hat sich die . . . . .-Brauerei damit einverstanden erklärt, zunächst bis zur Beendigung des erstinstanzlichen Verfahrens den Darlehnsrückzahlungsanspruch zu stunden. Nichtsdestoweniger sind die Zinsen in Höhe von . . . . . % zu entrichten. Die Gesamtlaufzeit des Darlehns und die Höhe der zu zahlenden Zinsen sind damit noch nicht absehbar. Eine Bezifferung des Schadens ist derzeit nicht möglich.

Beweis: Ablichtung des Darlehnsvertrages vom . . . . . (Datum);
        Ablichtung des Kündigungsschreibens der Brauerei . . . . . vom . . . . . (Datum);
        Ablichtung des Bestätigungsschreibens der . . . . .-Brauerei vom . . . . . (Datum)
        über das getroffene Stillhalteabkommen

Schließlich wird der Kläger auch den entgangenen Gewinn ermitteln lassen. Dies ist erst nach Ablauf des Jahres 2016 durch die vom Steuerberater . . . . . zu erstellende Gewinn- und Verlustrechnung möglich.

Wir geben den Streitwert für den Feststellungsantrag mit 20 000,– EUR an. Die Schätzung der oben genannten Schadenspositionen (weiterzuzahlende Gehälter, weitere Darlehnszinsen und Verluste aus der Führung des Betriebes) ergeben mindestens 25.000,– EUR.

Beweis: Ablichtung einer Berechnung durch den Steuerberater . . . . . vom . . . . . (Datum)

Für den Feststellungsantrag sind 80 % dieser Summe in Ansatz zu bringen.

                                                  Rechtsanwalt

Anmerkungen

1. **Zuständigkeit und Streitwert.** Örtlich ausschließlich zuständig ist gemäß § 29a Abs. 1 ZPO das Gericht der belegenen Sache. Dies gilt auch für Ansprüche aus c.i.c. (→ Form. A. VII. 1 Anm. 1). Gemäß §§ 23 Nr. 1, 71 Abs. 1 GVG ist das Landgericht sachlich zuständig, da der Streitwert 5.000,– EUR überschreitet. § 5 ZPO zufolge sind mehrere in einer Klage geltend gemachte Ansprüche zusammenzurechnen. Der Streitwert für die Leistungsklage beträgt entsprechend der Bezifferung 25.000,– EUR. Für den Zuständigkeitsstreitwert der Feststellungsklage ist § 3 ZPO in Verbindung mit § 48 GKG maßgeblich (BLAH/*Hartmann* Anh. § 3 Rn. 53 „Feststellungsklage"; *Hartmann* Anh. I § 48 GKG Rn. 53 „Feststellungsklage"). Bei der positiven Feststellungsklage ist ein etwas geringerer Wert als derjenige des Leistungsanspruchs, nämlich üblicherweise 80 %, anzusetzen. Die Feststellung des ziffernmäßig unbestimmten Anspruchs hat durch Schätzung nach dem Klägerinteresse zu erfolgen. Es empfiehlt sich daher, in der Klageschrift Angaben zu dem zu erwartenden Zukunftsschaden zu machen.

2. **Feststellungsinteresse.** Das Feststellungsinteresse gemäß § 256 Abs. 1 ZPO ergibt sich für den Kläger daraus, dass der Beklagte sich zu seiner Schadensersatzpflicht verschweigt. Soweit gesetzliche Ansprüche geltend gemacht werden, ist gemäß § 199 Abs. 3 BGB eine 10-jährige Verjährungsfrist ab Entstehung des Anspruchs und ohne Rücksicht darauf eine Verjährung von 30 Jahren ab Begehung der Handlung oder der Pflichtverletzung zu Grunde zu legen. Dies würde ein Feststellungsinteresse aus Verjährungsgründen kaum rechtfertigen. Allerdings könnte dieses deshalb bestehen, weil sich diese Frist nach Auffassung des 7. Zivilsenats des OLG Hamm sogar verkürzen kann. Die

Entscheidung OLG Hamm NJW-RR 1995, 205 geht gegen BGH NJW 1962, 1196, 1198 davon aus, dass nach Ablauf der Jahresfrist des § 124 BGB ein Anspruch auf Befreiung von den Vertragspflichten wegen einer Täuschung bei Vertragsschluss aus culpa in contrahendo nicht mehr in Betracht kommt. Diese Auffassung dürfte aber inzwischen überholt sein, da der Bundesgerichtshof in ständiger Rechtsprechung einen Anspruch aus c. i. c., dem eine arglistige Täuschung zu Grunde liegt, auch noch nach Ablauf der Anfechtungsfrist bejaht (Palandt/*Ellenberger* § 124 Rn. 1; BGH NJW 2006, 1955; BGH NJW-RR 2002, 308, 309 f.).

Für Ansprüche aus c. i. c. gilt jedoch die Regelverjährung gemäß §§ 195, 199 Abs. 1 BGB (Palandt/*Grüneberg* § 311 Rn. 59; MüKoBGB/*Emmerich* § 311 Rn. 200 ff.). Dies müsste zur Begründung eines Feststellungsinteresses nach wie vor reichen, sofern der Schaden endgültig nicht beziffert werden kann. Allerdings müssen künftige Schadensfolgen möglich sein; bei Verletzung einer Norm zum Schutze des Vermögens muss der Kläger eine Vermögensgefährdung, das heißt die Wahrscheinlichkeit eines auf die Verletzungshandlung zurückzuführenden Schadens substantiiert dartun (BGH NJW 2006, 830, 832).

3. Antrag auf Erteilung einer vollstreckbaren Ausfertigung des Urteils nebst Zustellungsbescheinigung. Die Erteilung der vollstreckbaren Ausfertigung des Urteils erfolgt nicht von Amts wegen, sondern nur auf Antrag (Zöller/*Stöber* § 724 Rn. 8). Der Antrag dient dazu, die Zwangsvollstreckung zu beschleunigen. Mit der von Amts wegen vorgenommenen Zustellung des Titels sind zudem die Voraussetzungen für eine Zwangsvollstreckung in der Regel erfüllt.

4. Schadensersatz. Es empfiehlt sich, den Schadensersatzanspruch in erster Linie auf culpa in contrahendo und erst in zweiter Linie auf deliktische Ansprüche zu stützen. Bei einem Schadensersatzanspruch wegen Verschuldens bei Vertragsschluss durch Angabe falscher Umsatzzahlen muss nach der Rechtsprechung des Bundesgerichtshofs der Schädiger die Behauptung des Geschädigten widerlegen, er hätte bei zutreffender Angabe vom Vertragsschluss Abstand genommen (BGHZ 124, 151, 159 ff.; BGH WM 1988, 124, 125; BGH NJW 1985, 1769, 1771). Das erleichtert vor allem den Nachweis der Kausalität zwischen der Aufklärungspflichtverletzung und den vom Geschädigten getroffenen Vermögensverfügungen bzw. dem daraus entstandenen Schaden. Der Schädiger wird darauf verwiesen, eine innere Tatsache des Geschädigten zu beweisen, die auf einem hypothetischen Verlauf beruht. Dies wird ihm sehr schwer fallen. Er kann allenfalls Indizien vortragen.

Der vom Kläger erhobene Vorwurf ist in die Fallgruppe der Verletzung von Aufklärungspflichten einzuordnen (MüKoBGB/*Emmerich* § 311 Rn. 64 ff.; Bub/Treier/*Drettmann* II Rn. 371 ff.). Ansprüche aus Verschulden bei Vertragsschluss konkurrieren mit deliktischen Ansprüchen und dem Anfechtungs- oder dem Kündigungsrecht (Palandt/*Grüneberg* § 311 Rn 40; Bub/Treier/*Drettmann* II Rn. 381; *Neuhaus*, Handbuch der Geschäftsraummiete, 4. Aufl. 2011, Rn. 249: Ansprüche aus c.i.c. werden unabhängig von der Überlassung des Objekts nicht verdrängt.; BGH NJW 1979, 1983; BGH WM 1976, 1330).

5. Vertrauensinteresse. Der Kläger kann Ersatz des Vertrauensinteresses verlangen (§ 284 BGB). Danach kann er Ersatz der Aufwendungen verlangen, die er im Vertrauen auf den Erhalt der Leistung gemacht hat und billigerweise machen durfte. Er ist so zu stellen, wie er ohne das schuldhafte Verhalten des anderen Teils stehen würde, wobei er der Höhe nach nicht auf das Erfüllungsinteresse beschränkt ist (MüKoBGB/*Emmerich* § 311 Rn. 186; Bub/Treier/*Drettmann* II Rn. 403; BGH NZM 2013, 147, 148; BGH NJW 1997, 2813). Der nutzlos aufgewendete Kaufpreis gemäß § 10 des Pachtvertrages ist ein typischer Vertrauensschaden. Dies gilt auch für den damit zusammenhängenden Finanzierungsschaden aus dem Brauereidarlehen und die Lohnzahlungsverpflichtung, da den gemäß § 613a BGB übernommenen Arbeitskräften nur unter Einhaltung der gesetzlichen Fristen gekündigt werden konnte. Problematisch ist, ob neben dem negativen Interesse auch das Erfüllungsinteresse aus c. i. c. ersatzfähig ist. Zu denken ist hier an den entgangenen Gewinn aus der Betriebstätigkeit. Ein Erfüllungsinteresse kann jedoch nur zuerkannt werden, wenn feststeht, dass unter Hinwegdenken der Pflichtverletzung der Vertrag wenn auch ggf. mit für den Geschädigten günstigeren Konditionen zustande gekommen wäre (MüKoBGB/*Emmerich* § 311 Rn. 186; Palandt/*Grüneberg* § 311 Rn. 56; Bub/Treier/*Drettmann* II Rn 407; BGH NJW 2012, 2427; BGH NJW 2006, 3139). Dies lässt sich dem vorgetragenen Sachverhalt der Klage nicht entnehmen, da sich der Kläger darauf beruft, dass er bei Aufklärung über die wahren Umsatzdaten den Vertrag auf keinen Fall unterschrieben hätte.

Allerdings kommt der Ersatz des entgangenen Gewinns gemäß § 823 Abs. 2 BGB iVm § 263 StGB in Frage. Vertrauensschaden wäre aber ein Betriebsverlust, den der Geschädigte beispielsweise durch Kreditaufnahme abzudecken hätte. Ersatzfähig sind ebenfalls Mehraufwendungen, die durch das Vertrauen auf das Zustandekommen des Vertrages verursacht wurden (BGH NJW 1997, 2813). In Betracht kommt zum Beispiel Ersatz für den Kauf weiterer Einrichtungsgegenstände, die nur in dem angepachteten Lokal Verwendung finden konnten.

4. Klage auf Schadensersatz nach den Grundsätzen der Eigenhaftung von Vertragsgehilfen wegen der Verletzung von Aufklärungspflichten

An das

Landgericht[1] . . . . .

Klage

des . . . . .

– Kläger –

Prozessbevollmächtigte: . . . . .

gegen

1. den . . . . .
2. den . . . . .

– Beklagte[2] –

Prozessbevollmächtigte: . . . . .

wegen Schadensersatzes

Streitwert: 35.000,– EUR

Wir bitten um Anberaumung eines Termins zur mündlichen Verhandlung, in dem wir beantragen werden:

1. die Beklagten werden gesamtschuldnerisch verurteilt, an den Kläger 35.000,– EUR nebst Zinsen in Höhe von 5 Prozentpunkten über dem Basiszinssatz seit dem . . . . . (Datum) zu zahlen,
2. für den Fall des Vorliegens der Voraussetzungen Versäumnisurteil ohne mündliche Verhandlung gemäß § 331 Abs. 3 ZPO zu erlassen,
3. dem Kläger eine vollstreckbare Ausfertigung des Urteils nebst Zustellungsbescheinigung (§ 169 ZPO) zu erteilen.[3]

Begründung:

Der Kläger ist Gastwirt. Der Beklagte zu 1) ist Eigentümer des mit einem Wohn- und Geschäftshaus bebauten Grundstücks . . . . . in . . . . . Im Erdgeschoss dieses Hauses befindet sich ein Restaurant, das lediglich in den Abendstunden geöffnet hat. Der Beklagte zu 2) betreibt den Getränkehandel „. . . . .". Er ist mit dem Beklagten zu 1) befreundet. Der Beklagte zu 1) hält sich überwiegend im Ausland auf. Er hat deshalb dem Beklagten zu 2) die Verwaltung seines Hauses . . . . . übertragen. Dieser bot per Inserat ca. 70 m^2 im I. Obergeschoss des Hauses . . . . . zum Betriebe eines Tagesbistros/Cafés zur Anmietung an. Der Kläger besichtigte im Beisein seines Bruders und seiner Ehefrau die Räumlichkeiten, in denen offenbar bislang ein Versicherungsbüro betrieben worden war. Entsprechende Werbeaufdrucke befanden sich jedenfalls noch auf den Fensterscheiben.

Beweis: Ablichtung der Annonce . . . . .;
 Zeugnis . . . . .

Da der Kläger für den Betrieb des Bistros/Cafés eine Küche benötigte, fragte er an, ob an der Giebelseite die Errichtung eines Abluftrohres möglich sei. Dies bejahte der Beklagte zu 2).

Beweis: wie zuvor

Es kam deshalb zum Abschluss des anliegend in Kopie beigefügten Mietvertrages vom . . . . . (Datum) zum Betriebe eines Tagesbistros/Cafés. An dem Vertrag waren der Kläger als Mieter, der Beklagte zu 1) als Vermieter und der Beklagte zu 2) als Vertreter des Beklagten zu 1) beteiligt. Im Vertrag lautet die Überschrift: „Mietvertrag für gewerbliche Räume". Unter § 2 des Vertrages mit der Überschrift „Mietzeit und Kündigung" ist handschriftlich durch die Ehefrau des Klägers eingetragen:

„Sollte der Mieter aus bauordnungsrechtlichen Gründen die Räume nicht weiter nutzen dürfen, kann er mit 3-monatiger Frist kündigen."

Im Übrigen weist der Vertrag eine 10-jährige Vertragszeit mit einer Option von weiteren 5 Jahren für den Kläger auf. Unter § 14 mit der Überschrift „Bauliche Änderungen durch den Mieter" ist zunächst maschinenschriftlich der Zusatz enthalten:

„Sind zum Ausbau eines Bistros/Cafés gestattet."

Weiterhin ist handschriftlich von der Zeugin . . . . . hinzugefügt:

„Insbesondere eine Abluftöffnung an der Giebelseite."

§ 18 des Vertrages enthält eine Getränkebezugsverpflichtung zugunsten des Beklagten zu 2) mit Vertragsstraferegelung und Widerrufsbelehrung gemäß anliegend in Kopie beigefügter Urkunde vom selben Tage.

Der Kläger richtete die Räume für seine Bedürfnisse ein und nahm den Betrieb des Tagesbistros/Cafés am . . . . . (Datum) auf.

Beweis: Ablichtung der Eröffnungsanzeige vom . . . . . (Datum);
 Zeugnis . . . . .

Etwa 1 Jahr später erließ die Stadt . . . . . unter dem . . . . . (Datum) gegenüber dem Kläger eine Ordnungsverfügung auf Räumung des Bistros/Cafés, die sie damit begründete, dass es sich nicht um Gewerberaum, sondern um Wohnraum handele. Die Nutzung der Räume verstoße gegen das Verbot der Zweckentfremdung von Wohnraum gemäß § 21 Abs. 3 Wohnraumförderungsgesetz NRW.

Beweis: Ablichtung der Ordnungsverfügung vom . . . . . (Datum)

Der Kläger erhob dagegen verwaltungsgerichtliche Klage. Die Verhandlungen des Unterzeichners mit der Stadt . . . . . blieben erfolglos. Die Klage vor dem Verwaltungsgericht wurde als unbegründet abgewiesen. Nach nochmaliger Beratung durch den Unterzeichner sah der Kläger von einem Antrag auf Zulassung der Berufung beim Oberverwaltungsgericht ab.

Beweis: Ablichtung der Klageschrift vom . . . . . (Datum)
        Ablichtung des Urteils des VG . . . . . vom . . . . . (Datum)
        Beiziehung der Akten des Verfahrens . . . . . (Aktenzeichen)

Vielmehr kündigte er das Mietverhältnis fristlos wegen Entziehung des vertragsgemäßen Gebrauchs der Mietsache mit Schreiben vom . . . . . (Datum) vorsorglich gegenüber beiden Beklagten. Außerdem verlangte der Kläger wegen des von ihm geplanten Auszugs aus den Räumen Schadensersatz für von ihm getätigte Investitionen in das Lokal und die Umzugskosten. Er berief sich darauf, dass er von den Beklagten arglistig getäuscht worden sei, da er über die bloße Nutzungsmöglichkeit der Räume zum Wohnen habe aufgeklärt werden müssen. Er habe keinen Argwohn geschöpft, weil auch die frühere Nutzung gewerblicher Natur gewesen sei.

Beweis: Ablichtung des Schreibens vom . . . . . (Datum)

Eine Fristsetzung gemäß § 543 Abs. 3 BGB erübrigte sich im Hinblick darauf, dass auch die Beklagten eine Nutzungsänderungsgenehmigung nicht hätten herbeiführen können und der Kläger nach erfolglosem Klageverfahren an der weiteren Nutzung der Räume kein Interesse mehr hat (§ 543 Abs. 3 Nr. 1 und Nr. 2 BGB).

Der Beklagte zu 1) haftet wegen eines Anfangsmangels gemäß § 536a Abs. 1 1. Alt. BGB auf Schadensersatz wegen Nichterfüllung.[4] Die Mietsache war von vornherein wegen ihrer öffentlich-rechtlichen Gebrauchsbeschränkung mangelhaft. Der Beklagte zu 1) hatte das Risiko einer Nutzungsbeschränkung, die in der Art, Lage und Beschaffenheit der Mietsache und nicht in den persönlichen Umständen des Mieters ihre Ursache hat, zu tragen, wobei es auf sein Verschulden nicht ankommt. Der Beklagte zu 2) wird aus dem Gesichtspunkt der Eigenhaftung des Verhandlungsgehilfen in Anspruch genommen, da er am Vertragsschluss ein unmittelbares eigenes wirtschaftliches Interesse hatte.[5] Dieses Interesse ergibt sich daraus, dass er infolge des Mietvertragsabschlusses ein eigenes Recht auf ausschließliche Getränkelieferung an den Kläger nach seiner Preisliste erwarb.

Soweit die Beklagten vorprozessual eingewendet haben, dem Kläger sei bei Abschluss des Vertrages mitgeteilt worden, dass es sich um Wohnraum und nicht um Gewerberaum handele und im Hinblick darauf die handschriftliche Passage in § 2 des Mietvertrages aufgenommen worden sei, wird dies bestritten.[6] Vielmehr haben die Parteien diese Zusätze nur wegen der Errichtung des Abluftrohres vereinbart. Der Kläger hatte den Beklagten zu 2) gefragt, ob eine Baugenehmigung dafür erforderlich sei. Nur für diesen Fall sollte das Sonderkündigungsrecht geregelt werden.

Beweis: Zeugnis . . . . .

Demgegenüber beruhte das Nutzungshindernis nicht auf bauordnungsrechtlichen Gründen, sondern auf wohnungswirtschaftlichen Gesichtspunkten.

Der Kläger hat folgenden Schaden erlitten: Zunächst hat er die Räume mit einer Theke, Bistro-Tischen und Hockern ausgestattet, ferner hat er eine Küche und das Abluftrohr installieren lassen. Wir überreichen hierzu Ablichtungen der Einkaufsrechnungen und der Überweisungsbelege. Die Kosten beliefen sich auf insgesamt 60.000,– EUR. Die Beklagten haben die Übernahme des Großinventars abgelehnt, weil sie dafür ebenfalls keine

Verwendungsmöglichkeit gesehen haben. Der Kläger ist mit der Transportfirma . . . . . aus den Räumen ausgezogen und hat sein Inventar in deren Halle 3 Monate lang gelagert. Gemäß anliegend in Kopie beigefügter Rechnung der Firma . . . . . vom . . . . . (Datum) hat er dafür 5.000,– EUR aufgewendet.

Beweis: Ablichtung der Quittung vom . . . . . (Datum)

Innerhalb dieser 3 Monate ist es dem Kläger gelungen, das Großinventar für 30.000,– EUR zu veräußern.

Beweis: Ablichtung des Kaufvertrages vom . . . . . (Datum)

Das Kleininventar konnte der Kläger einsetzen, da er inzwischen einen anderweitigen gastronomischen Betrieb eröffnet hat. Mit weiterem anliegend in Kopie beigefügten vorprozessualen Schreiben vom . . . . . (Datum) hat der Unterzeichner beide Beklagte unter Fristsetzung zum . . . . . (Datum) aufgefordert, den Betrag von 35.000,– EUR zu zahlen. Darauf erfolgte keinerlei Reaktion. Der Zinsanspruch ergibt sich aus § 288 Abs. 1 S. 2 BGB.

Rechtsanwalt

Anmerkungen

1. **Zuständigkeit.** Ausschließlich örtlich zuständig ist gemäß § 29a Abs. 1 ZPO das Gericht der belegenen Sache. § 29a ZPO gilt auch für Miet- und Pachtverhältnisse über Räume, soweit es sich nicht um Wohnraum handelt, dagegen nicht für Miet- und Pachtverhältnisse über unbebaute Grundstücke (*Sternel*, Mietrecht Aktuell, 4. Aufl. 2009, XIV Rn. 1, 24). Da der Streitwert 5.000,– EUR überschreitet, ist gemäß §§ 23 Nr. 1, 71 Abs. 1 GVG das Landgericht zuständig.

Zur Zuständigkeit bei Ansprüchen aus c.i.c. → Form. A. VII. 1 Anm. 1.

2. **Streitgenossenschaft** (subjektive Klagehäufung). Gemäß § 60 ZPO können mehrere Personen als Streitgenossen gemeinschaftlich verklagt werden, wenn gleichartige und auf einem im Wesentlichen gleichartigen tatsächlichen und rechtlichen Grunde beruhende Ansprüche oder Verpflichtungen den Gegenstand des Rechtsstreits bilden. Besondere Anforderungen stellt die Vorschrift nicht. Zwischen den Ansprüchen muss lediglich ein innerer Sachzusammenhang bestehen. Keinesfalls ist es erforderlich, dass es sich um identische Anspruchsgrundlagen handelt. So sind Streitgenossen beide Beklagte, obwohl der Beklagte zu 1) Schadensersatz aus Vertrag, der Beklagte zu 2) denselben Schadensersatz aus den Grundsätzen der culpa in contrahendo leisten soll. Indessen liegen die Voraussetzungen des § 59 ZPO („derselbe tatsächliche Grund") nicht vor.

In prozesstaktischer Hinsicht drängt es sich auf, den Beklagten zu 2) im selben Prozess wie den Beklagten zu 1) in Anspruch zu nehmen. Er fällt damit als Zeuge für den Inhalt der vorvertraglichen Gespräche aus. Der Antrag auf Parteivernehmung des Beklagten zu 2) gemäß § 448 ZPO ist von Seiten jedes Beklagten unzulässig. Zwar wird in solchen Fällen häufig die Entscheidung des Europäischen Gerichtshofs für Menschenrechte vom 27.10.1993 (NJW 1995, 1413) zitiert, die aus Art. 6 Abs. 1 EMRK ableitet, dass das Prinzip der Waffengleichheit im Zivilprozess verletzt sein kann, wenn es der beweispflichtigen Partei verwehrt wird, sich selbst als Zeugen für den Ablauf eines Gesprächs benennen zu können, an dem nur sie und ein Vertreter der Gegenseite beteiligt waren. Im vorliegenden Falle ist beweispflichtig jedoch der Kläger, soweit es um die ergänzende Auslegung des vom Wortlaut her etwas unklaren Mietvertrages geht. Der EGM hatte seine Erwägungen auch nur auf den Fall des 2-Personen-Gesprächs beschränkt, in dem die eine Seite mehr oder weniger deshalb zufällig ihren Vertreter als Zeugen benennen konnte, die andere jedoch nicht. Sind jedoch die Parteien und Zeugen zugegen, kommt als Erkenntnisquelle die Anhörung beider Parteien gemäß § 141 ZPO in Betracht. Bleibt danach das Vorbringen beider Parteien weiterhin streitig, ist zunächst der Kläger beweisführungspflichtig. Es kommt darauf an, ob die von ihm benannten Zeugen in der Lage sind, sein Vorbringen überzeugend zu bestätigen (BVerfG NJW 2008, 2170; BGH NJW 2010, 3292, 3293). Der Beklagte zu 1) kann sich nicht auf die Vernehmung des Beklagten zu 2) als Partei gemäß § 445 Abs. 1 ZPO berufen, da nach dieser Vorschrift nur die Parteivernehmung des Beweisgegners zulässig ist, was auf Streitgenossen untereinander nicht zutrifft. § 449 ZPO bezieht sich nur auf den Fall, dass die Parteivernehmung mehrerer streitgenössischer Gegner beantragt ist.

Die Rechtsprechung des EGM hat das Bundesverfassungsgericht bestätigt (BVerfG NJW 2001, 2531). Das Bundesverfassungsgericht hat auch für den Gegenbeweis die Heranziehung der §§ 141, 448 ZPO dann für geboten gehalten, wenn sich der in Anspruch genommene gegen schon erhobene Beweise zum Inhalt eines 4-Augen-Gesprächs nur gegenbeweislich mit der eigenen Parteianhörung oder Parteivernehmung wehren kann (Zöller/*Greger* § 448 Rn. 4a; *Greger* MDR 2014, 313 ff.; BVerfG NJW 2008, 2170; 2001, 2531; BGH NJW 2010, 3292, 3293).

Vor Klageerhebung sollte der Rechtsberater jedoch über das gesteigerte Kostenrisiko (beide Beklagte können oder müssten sich sogar im Hinblick auf die Regressmöglichkeiten des Beklagten zu 1) gegen den Beklagten zu 2) von unterschiedlichen Anwälten vertreten lassen) aufklären. Außerdem ist der Ausschluss des Beklagten zu 2) als Zeuge im Rechtsstreit nicht garantiert. Ließe sich seine Eigenhaftung nicht überzeugend begründen oder beweisen, könnte das erstinstanzliche Gericht die Klage gegen ihn durch Teilurteil abweisen. In einem etwaigen Berufungsverfahren gegen das Schlussurteil käme er dann als Zeuge erstmalig in Betracht, wenn das Teilurteil nicht angefochten würde. Andererseits würde die gesamtschuldnerische Haftung beider Beklagter den Zugriff auf zwei verschiedene Vermögensmassen ermöglichen, in die vollstreckt werden kann.

3. Antrag auf Erteilung einer vollstreckbaren Ausfertigung des Urteils nebst Zustellungsbescheinigung. Die Erteilung der vollstreckbaren Ausfertigung des Urteils erfolgt nicht von Amts wegen, sondern nur auf Antrag (Zöller/*Stöber* § 724 Rn. 8). Der Antrag dient dazu, die Zwangsvollstreckung zu beschleunigen. Mit der von Amts wegen vorgenommenen Zustellung des Titels sind zudem die Voraussetzungen für eine Zwangsvollstreckung in der Regel erfüllt.

4. Anspruch gegen den Beklagten zu 1) **auf Schadensersatz.** Die Haftung des Beklagten zu 1) ergibt sich aus §§ 536 Abs. 1, 536a Abs. 1 1. Alt. BGB. Öffentlich-rechtliche Gebrauchsbeschränkungen und Hindernisse stellen einen Sachmangel dar, wenn sie auf der Beschaffenheit und Lage der Mietsache beruhen. Der Vermieter hat grundsätzlich die an die Beschaffenheit und Lage der Mietsache anknüpfenden örtlichen Genehmigungen zur vertraglichen Nutzung beizubringen oder herbeizuführen. Der Vermieter trägt auch grundsätzlich das Risiko einer Nutzungsbeschränkung, die in der Art, Lage und Beschaffenheit der Mietsache und nicht in den persönlichen Umständen des Mieters ihre Ursache hat (*Neuhaus*, Handbuch der Geschäftsraummiete, 4. Aufl. 2011, Rn. 2459; Lindner-Figura/Oprée/Stellmann/*Hübner/Griesbach/Fuerst* Kap. 14 Rn. 273 ff.; BGH IMR 2008, 81; BGH NJW 1992, 3226, 3227; OLG Düsseldorf NZM 2003, 556). Entscheidend wird es daher darauf ankommen, ob die Gewährleistungsrechte des Klägers durch den Inhalt des Mietvertrages beschränkt worden sind. Das wird letztlich die in diesem Rechtsstreit durchzuführende Beweisaufnahme über den Inhalt der Vorgespräche ergeben, die zu den maschinen- und handschriftlichen Zusätzen im Mietvertrag geführt haben.

5. Sachwalterhaftung. Die Eigenhaftung Dritter ist in § 311 Abs. 3 BGB gesetzlich geregelt. Nach wie vor gelten jedoch Sonderkriterien.

Nach den von der Rechtsprechung entwickelten Grundsätzen kommt eine Eigenhaftung des Verhandlungsgehilfen dann in Betracht, wenn er am Abschluss des Vertrages ein unmittelbares eigenes wirtschaftliches Interesse hat oder wenn er ein besonderes persönliches Vertrauen in Anspruch genommen und hierdurch die Vertragsverhandlungen beeinflusst hat. An das Vorliegen dieser Voraussetzungen sind strenge Anforderungen zu stellen (MüKoBGB/*Emmerich* § 311 Rn. 172 ff., insbesondere Rn. 178 ff.; Palandt/*Grüneberg* § 311 Rn. 63 ff.; BGH NJW-RR 2006, 993, 994; BGH NJW-RR 1992, 605; 1991, 1242, 1313). Ein unmittelbares wirtschaftliches Interesse besteht, wenn bei einer wirtschaftlichen Betrachtungsweise der Vertreter gleichsam tätig wird, als wenn es seine eigene Sache ist, wobei er als Quasi-Vertragspartner demnach als wirtschaftlicher Herr des Geschäfts oder als eigentlich wirtschaftlicher Interessenträger anzusehen sein muss (Palandt/*Grüneberg* § 311 Rn. 61; BGH NJW-RR 2002, 1309; BGH NJW-RR 1992, 605 f.). Ein bloßes mittelbares Interesse, etwa die Aussicht auf eine Provision oder ein Entgelt genügt nicht, ebenso nicht das allgemeine Interesse des Geschäftsführers oder eine Mithaftung des Vertreters für die Schulden des Vertretenen. Im Hinblick auf die vertraglich mitgeregelte Getränkebezugsverpflichtung des Mieters, die als Vertrag zugunsten des Beklagten zu 2) wirkt (BGHZ 54, 147), wird man in diesem Falle ausnahmsweise ein unmittelbares eigenes wirtschaftliches Interesse des Beklagten zu 2) bejahen können. Seine vom Beklagten zu 1) abgeleitete Verwalterstellung reicht dazu nicht aus. Ein die Eigenhaftung begründender oder mitbegründender Umstand kann die berufliche Stellung des Verhandelnden, seine Funktion oder seine Stellung als Sachwalter sein. Wie der Bundesgerichtshof in seiner Entscheidung vom 29.1.1991 (NJW-RR 1992, 605) ausdrücklich festgehalten hat, ist Voraussetzung, dass der Vertreter dem anderen Teil eine zusätzliche gerade von ihm persönlich ausgehende Gewähr für die Seriosität und die Erfüllung des Geschäftes oder für die Richtigkeit und Vollständigkeit der Erklärung, die für den Willensentschluss des anderen Teils bedeutsam gewesen ist, übernommen hat. Diese Voraussetzung wird man im Beispielsfall nicht feststellen können.

6. **Verletzung von Aufklärungspflichten.** Schadensersatzansprüche aus Sachwalterhaftung ergeben sich gemäß §§ 241 Abs. 2, 311 Abs. 2 und Abs. 3 BGB. Da zwischen dem Kläger und dem Beklagten zu 2) keine vertraglichen Beziehungen bestehen, hängt dessen Haftung davon ab, ob ihm eine schuldhafte Verletzung seiner Aufklärungspflicht vorzuhalten ist. Generell war der Bundesgerichtshof früher mit der Annahme von Aufklärungspflichten bei Vertragsverhandlungen zwischen zukünftigen Mietparteien zurückhaltend (BGH NJW 1987, 909; 1982, 376; BGH WuM 1981, 1224; Bub/Treier/*Drettmann* II Rn. 399 ff.). Zu beachten ist allerdings die Entscheidung BGH NZM 2000, 492. Hier verlangt der Bundesgerichtshof, dass der Vermieter den Mieter grundsätzlich über diejenigen Umstände und Rechtsverhältnisse mit Bezug auf die Mietsache aufklärt, die für ihn erkennbar von besonderer Bedeutung für die Entschließung des Mieters sind (so auch Palandt/*Grüneberg* § 311 Rn. 50). Im konkreten Fall ging es um die Offenbarung der Vermietungssituation in einem Einkaufszentrum (jetzt ausdehnend BGH NJW 2006, 2618; BGH NZM 2004, 619). Der zukünftige Mieter hat danach die ihm zur Verfügung stehenden Informationsquellen auszuschöpfen und dem Vermieter Fragen zu stellen. Aufklärungspflichten bestehen indessen, wenn besondere Umstände für den Vertragsabschluss von Bedeutung werden, die nur einer Partei bekannt sind oder bekannt sein müssten, und von denen anzunehmen ist, dass sie die Entscheidung der anderen Partei zum Vertragsabschluss maßgeblich mitbeeinflusst haben (MüKoBGB/Emmerich § 311 Rn. 90; Bub/Treier/*Drettmann* II Rn. 371; BGH NZM 2013, 425, 426; BGH NZM 2010, 786 f.). Besonderer Umstand war, dass die Räume nur nach Erteilung einer Nutzungsänderungsgenehmigung zum Betriebe eines Tagesbistros/Cafés wegen der früheren Wohnraumnutzung geeignet gewesen wären. Da für den Beklagten zu 2) erkennbar war, dass damit das Interesse des Klägers stand oder fiel, hätte er darüber aufklären müssen. Bekannt waren ihm die tatsächlichen Verhältnisse, zumal die Beklagtenseite selbst behauptet, der Aufklärungspflicht entsprochen zu haben. Gemäß § 276 BGB ist anders als bei § 536a Abs. 1 1. Alt. BGB für die vorvertragliche Haftung Verschulden des Beklagten zu 2) erforderlich. Angesichts seiner Vorkenntnisse ist zumindest ein Fahrlässigkeitsvorwurf zu machen. Fehlendes Verschulden hat gemäß § 280 Abs. 1 S. 2 BGB der Beklagte zu 2) zu beweisen. Die Streitfrage, ob sich die Haftung aus c.i.c. an den Gewährleistungsregeln des Mietrechts (§§ 536 ff. BGB) zu orientieren hat oder ausschließlich an §§ 241 Abs. 2, 311 Abs. 2, Abs. 3 BGB zu messen ist (dazu MüKoBGB/*Emmerich* § 311 Rn. 90) kann im vorliegenden Fall dahinstehen. Wie die berechtigte Inanspruchnahme des Beklagten zu 1) zeigt, bestehen insoweit keine Diskrepanzen.

B. Klagen aus dem begründeten und noch nicht beendeten Mietvertrag

I. Klagen beider Seiten

1. Klage auf Feststellung der Nichtigkeit des Mietvertrages und auf Schadensersatz nach Anfechtung wegen falscher Selbstauskunft

An das

Amtsgericht/Landgericht[2] . . . . .

Klage[1]

In Sachen

des . . . . .

– Kläger –

Prozessbevollmächtigte: . . . . .

gegen

die . . . . . GmbH . . . . .

– Beklagte Ziffer 1 –

und

den . . . . .

– Beklagte Ziffer 2 –

wegen Feststellung und Schadensersatzes

erheben wir hiermit namens und in anwaltlich versicherter Vollmacht des Klägers

Klage,

entrichten aus einem vorläufigen Streitwert in Höhe von . . . . . EUR[3] Vorschuss auf die Gerichtskosten durch beigefügten Verrechnungsscheck in Höhe von . . . . . EUR, bitten um Zustellung der Klageschrift an die Beklagten und um Anberaumung eines baldigen frühen ersten Termins zur mündlichen Verhandlung, in dem wir die

Anträge

stellen/verlesen[4] werden, wie folgt zu erkennen:

1. Es wird festgestellt, dass der zwischen den Parteien abgeschlossene Mietvertrag über . . . . . vom . . . . . von Anfang an nichtig ist und zwischen den Parteien kein Mietverhältnis besteht.

2. Die Beklagten werden als Gesamtschuldner verurteilt, an den Kläger . . . . . EUR nebst . . . . . Prozentpunkten über dem jeweiligen Basiszinssatz hieraus p. a. seit dem . . . . . zu bezahlen.
3. Die Beklagten tragen die Kosten des Rechtsstreits als Gesamtschuldner.
4. Das Urteil ist, notfalls gegen Sicherheitsleistung, vorläufig vollstreckbar. Dem Kläger wird nachgelassen, Sicherheitsleistung auch durch unwiderrufliche selbstschuldnerische Bürgschaft eines im Bereich der EU zugelassenen Bank- oder Kreditinstituts zu erbringen, ebenfalls – vorsorglich – zwecks Abwendung der Zwangsvollstreckung.

Sollte das Gericht das schriftliche Vorverfahren beschließen, wird bereits jetzt

Antrag

auf Erlass eines Versäumnisurteils (§ 331 Abs. 3 ZPO)

gestellt.

Begründung:

Mit der vorliegenden Klage begehrt der Kläger als Vermieter[5] die Feststellung, dass ein zwischen den Parteien abgeschlossener Gewerberaummietvertrag wegen Täuschungsanfechtung von Anfang an nichtig ist und verlangt darüber hinaus Schadensersatz.

Im Einzelnen:

1. Der Kläger hat mit beiden Beklagten – der Beklagte Ziffer 2 ist zugleich Geschäftsführer der Beklagten Ziffer 1 – am . . . . . einen Gewerberaummietvertrag über . . . . . zum Betrieb eines . . . . . abgeschlossen. Mietbeginn sollte der . . . . . sein.

Beweis: Vorerwähnter Mietvertrag, gemäß § 133 Abs. 1 S. 2 ZPO einfach beigefügt in Ablichtung als Anlage K 1.

Vor Vertragsschluss hat der Beklagte Ziffer 2 im eigenen Namen als Mitmieter wie auch als Geschäftsführer der Beklagten Ziffer 1 ein Selbstauskunftsformular ausgefüllt und unterzeichnet, das ausdrücklich zur Grundlage des Gewerberaummietvertrages gemacht wurde (vgl. dessen § . . . . .).

Beweis: 1. Wie vor;
2. Vorerwähnte Selbstauskunft vom . . . . ., gemäß § 133 Abs. 1 S. 2 ZPO einfach beigefügt in Ablichtung als Anlage K 2.

Dort war u. a. zulässigerweise die Frage enthalten, ob über das Vermögen beider Beklagten in den letzten 3 Jahren die Eröffnung eines Insolvenzverfahrens beantragt oder ein Insolvenzverfahren eröffnet worden war und/oder ob bereits die eidesstattliche Versicherung abgegeben wurde.[6] Beides haben die Beklagten verneint.

Beweis: wie vor, Anlage K 2.

Daraufhin hat sich der Kläger entschlossen, mit beiden Beklagten den als Anlage K 1 vorgelegten Mietvertrag abzuschließen.
Nunmehr, noch vor dem vereinbarten Mietbeginn,[7] hat sich herausgestellt, dass der Beklagte Ziffer 2, auch als Geschäftsführer der Beklagten Ziffer 1, vor etwa 1 Jahr die eidesstattliche Versicherung abgegeben hat,[8] die noch nicht im Register gelöscht ist, so dass davon auszugehen ist, dass die Beklagten ihren Zahlungsverpflichtungen gegenüber dem Kläger aus dem Mietverhältnis nicht nachkommen können. Bezeichnenderweise haben die Beklagten bislang auch keinerlei Zahlungen geleistet und auch die vereinbarte Mietsicherheit (vgl. § . . . . . des als Anlage K 1 vorgelegten Gewerberaum-

mietvertrages) nicht erbracht und dies, obwohl zwischenzeitlich das Mietverhältnis rein zeitlich schon begonnen hat. Allerdings ist der Kläger nicht verpflichtet gewesen, den Beklagten die Mietsache zu übergeben, da in § . . . . . des als Anlage K 1 vorgelegten Gewerberaummietvertrages zulässigerweise geregelt ist, dass hierfür die Zahlung der ersten Monatsgesamtmiete und die Erbringung der vereinbarten Mietsicherheit Voraussetzung ist.[9]

Der Kläger hat angesichts dessen den mit den Beklagten abgeschlossenen Gewerberaummietvertrag (Anlage K 1) unter dem . . . . . wegen arglistiger Täuschung nach § 123 BGB angefochten.[10]

Beweis: Vorerwähntes Anfechtungsschreiben (Einschreiben/Rückschein) nebst Rückschein, gemäß § 133 Abs. 1 S. 2 ZPO einfach beigefügt in Ablichtung als Anlage K 3.

Dennoch verlangen die Beklagten ultimativ die Überlassung der Mietsache und drohen erhebliche Schadensersatzansprüche gegenüber dem Kläger an.

Beweis: Schreiben der Beklagten an den Kläger vom . . . . . und . . . . ., gemäß § 133 Abs. 1 S. 2 ZPO einfach beigefügt in Ablichtung als Anlagen K 4 und K 5.

Allein schon hieraus ergibt sich das rechtliche Interesse des Klägers an der mit Klageantrag Ziffer 1 begehrten Feststellung,[11] die auf Grund der rechtswirksamen Anfechtung auch begründet ist.

2. Der Kläger hat, wie mit den Beklagten ausdrücklich vereinbart, erheblich in den Umbau der Mietsache investiert. Folgende Investitionen sind speziell und ausschließlich für die Beklagten erbracht worden und können vom Kläger in keiner Weise anderweitig verwendet werden, sondern müssen wieder unter Wiederherstellung des vormaligen Zustands rückgängig gemacht werden:
   . . . . .

   Beweis: . . . . .

   Mit der Vornahme und dem Rückbau waren bzw. sind folgende Kosten verbunden:
   . . . . .

   Beweis: . . . . .

   Diese Beträge waren bzw. sind notwendig wie auch üblich und angemessen.

   Beweis: Einholung eines Sachverständigengutachtens.

   Diese Kosten kann der Kläger daher im Wege des Schadensersatzes von den Beklagten als Gesamtschuldner ersetzt verlangen.[12]

3. Die Beklagten wurden mit Schreiben des Klägers vom . . . . . zum Ausgleich dieser Beträge bis spätestens . . . . . aufgefordert. Hierauf erfolgte keinerlei Reaktion.

   Beweis: Vorerwähntes Schreiben des Klägers, gemäß § 133 Abs. 1 S. 2 ZPO einfach beigefügt in Ablichtung als Anlage K 6.

   Die Beklagten befinden sich daher seit dem . . . . . in Verzug.
   Geltend gemacht werden die gesetzlichen Verzugszinsen gem. §§ 288, 247 BGB, die folglich ebenfalls begründet sind.[13]

4. Auf der Grundlage dieser Ausführungen sind die Beklagten wie beantragt zu verurteilen.

Rechtsanwalt

Anmerkungen

1. Im Mietrecht denkbar wäre die unverzügliche (§ 121 BGB) Anfechtung wegen
Inhalts- oder Erklärungsirrtums (nicht aber Motiv- oder Kalkulationsirrtums) nach § 119
BGB mit der Folge des § 122 BGB, dass der Anfechtende den auf den Erfüllungsschaden
begrenzten Vertrauensschaden ersetzen muss, sofern der Anfechtungsgegner den Anfechtungsgrund weder kannte noch kennen musste (vgl. hierzu ausführlich statt vieler Bub/
Treier/*Bub* II Rn. 2138 ff. m. w. N.) oder die hier in Rede stehende Täuschungsanfechtung
(bzw. Anfechtung wegen widerrechtlicher Drohung) nach § 123 BGB unter Beachtung
der Frist des § 124 BGB.

2. Bei der Gewerberaummiete ist die übliche streitwertabhängige Zuständigkeitsregelung der §§ 23 Nr. 1, 71 Abs. 1 GVG zu beachten. Bei Wohnraummietverhältnissen
ergibt sich die ausschließliche sachliche Zuständigkeit des Amtsgerichts aus § 23 Nr. 2 a
GVG.
Örtlich ausschließlich zuständig ist das Gericht, in dessen Bezirk die Mietsache liegt
(vgl. § 29a ZPO).

3. Bei Feststellungsklagen über das (Nicht-)Bestehen eines Mietverhältnisses bemisst
sich der Gebührenstreitwert gemäß § 41 GKG nach dem auf die streitige Zeit entfallenden, höchstens aber der einjährigen Miete (ohne Abzug für die bloße Feststellungswirkung: OLG Düsseldorf JurBüro 1988, 227; vgl. auch BGH NZM 1999, 21; zur
Berechnung der streitigen Zeit vgl. BGH NJW-RR 1992, 1359; LG Baden-Baden WuM
1991, 34). Zum Mietzinsbegriff des § 41 GKG – Grundmiete mit oder ohne (verbrauchsunabhängige) Nebenkosten – vgl. nur Hannemann/Wiek/Emmert/*Emmert* § 2 Rn. 513 ff.
mwN.
Hinzuzurechnen ist dann noch der eingeklagte Schadensersatzbetrag nach Klagantrag
Ziffer 2.
Für den Zuständigkeits- oder Rechtsmittelstreitwert gilt § 8 ZPO (BGH NJW-RR
2006, 1004; vgl. auch BGH NJW-Spezial 2005, 5).

4. In Anwaltsprozessen werden die Sachanträge grundsätzlich verlesen (§ 297 ZPO).
Dies gilt in amtsgerichtlichen Verfahren nur, soweit ausnahmsweise dessen schriftliche
Vorbereitung nach § 129 Abs. 2 ZPO aufgegeben wurde (vgl. auch § 496 ZPO). Andern-
falls genügt es, die Anträge zu stellen.

5. Es wäre selbstverständlich auch umgekehrt denkbar, dass der Mieter die Anfechtung erklärt und Schadensersatz verlangt. Daher wird im Rahmen der nachstehenden
Anmerkungen, soweit erforderlich, auch diese Alternative mit berücksichtigt.

6. Zulässig – auch im Wohnraummietrecht – sind unter Berücksichtigung des Rechts
auf informelle Selbstbestimmung, des Verbots von Eingriffen in die Intim- und Privat-
sphäre nach Art. 2 GG und des Diskriminierungsverbots nach Art. 3 GG (BVerfG WuM
1991, 464) folgende Fragen nach:
• der Abgabe der eidesstattlichen Versicherung (LG Wiesbaden Urt. v. 29.4.2004 – 2
  S 112/03, BeckRS 2004, 30943966), jedenfalls innerhalb der letzten etwa 5 Jahre;
• dem Grund für die Beendigung des letzten Mietverhältnisses (AG Zittau Urt. v.
  27.11.2005 – 5 C 36/05, BeckRS 2005, 19484 aber hochstreitig);

- der Durchführung eines Insolvenzverfahrens über das Vermögen des Mieters (AG Hamburg ZMR 2003, 744), jedenfalls innerhalb der letzten etwa 5 Jahre;
- dem Bestehen eines Arbeitsverhältnisses und dem Arbeitgeber (LG Köln WuM 1984, 297; LG München I GE 2009, 1317; AG Bonn WuM 1992, 597; AG Gelsenkirchen-Buer WuM 1984, 299; aA AG Rendsburg WuM 1990, 507);
- der Bonität (LG München I GE 2009, 1317) oder den Einkommens- und Vermögensverhältnissen (AG Bonn WuM 1992, 597; allerdings keine ungefragte Offenbarungspflicht: LG Ravensburg WuM 1984, 297; AG Stuttgart-Bad Cannstatt WuM 1986, 331, außer der Mieter kann die Miete nur mit Hilfe des Sozialamtes aufbringen: AG Frankfurt/Main NJW-RR 1988, 784);
- dem Familienstand (LG Landau WuM 1986, 133; vgl. zu „alleinstehend" LG Kiel WuM 1990, 62);
- besonderen Lebensgewohnheiten, die Einfluss auf die Durchführung des Mietverhältnisses haben, z.B. ob der Mieter Raucher ist (außer lediglich gelegentliches Rauchen: LG Stuttgart NJW-RR 1992, 1360 streitig) oder nach Haustieren, um die vom BGH geforderte Interessenabwägung im Einzelfall vornehmen zu können: NJW 2013, 1526 = NZM 2013, 378.

Unzulässig sind Fragen nach:
- früheren anderen Vermietern (AG Rendsburg WuM 1990, 507; außer früheren Mietverhältnissen mit demselben Vermieter: LG Braunschweig WuM 1984, 297; AG Kerpen WuM 1990, 62);
- strafrechtlichen Ermittlungsverfahren (AG Hamburg WuM 1992, 598) oder Vorstrafen (AG Rendsburg WuM 1990, 507);
- intimen Verhältnissen des Mieters (AG Nürnberg WuM 1984, 295) oder Schwangerschaft;
- Nationalität (*Weichert* WuM 1993, 723, 724);
- Religionszugehörigkeit (LG Köln WuM 1986, 81), ebenso Zugehörigkeit zu einer Partei (*Weichert* WuM 1993, 723, 724) oder dem Mieterverein.

Zusätzlich müssen allerdings auch noch **datenschutzrechtliche Aspekte** beachtet werden:

Da der Mietinteressent die erbetenen Auskünfte erteilen muss, um in die nähere Auswahl zu gelangen, fehlt es mangels Handlungsalternative an der in § 4a Abs. 1 S. 1 BDSG vorausgesetzten Freiwilligkeit, dass von einer Einwilligung nicht ausgegangen werden kann. § 4 Abs. 1 BDSG erfordert daher eine ausdrückliche gesetzliche Erlaubnis oder Anordnung, die vorliegend in § 28 Abs. 1 S. 1 Nr. 1 BDSG liegt: Danach ist eine Datenerhebung und -verarbeitung für eigene Geschäftszwecke zulässig, wenn dies für ein rechtsgeschäftliches oder rechtsgeschäftsähnliches Schuldverhältnis mit den Betroffenen erforderlich ist, denen grundsätzlich gem. § 34 Abs. 1 S. 1 BDSG ein Auskunftsrecht zusteht.

Die Zulässigkeit der Datenerhebung hängt daher davon ab, ob noch ein vorvertragliches Anbahnungsverhältnis vorliegt oder ob es schon um einen bevorstehenden konkreten Mietvertragsabschluss geht. Die Erhebung von erst für den Vertragsabschluss notwendigen Daten bereits zur Besichtigung („auf Vorrat") ist unzulässig (vgl. dazu sowie zum Folgenden: www.ldi.nrw.de/Datenschutz/Datenschutzrecht/Wirtschaft/Mieterfragebogen).

Im Zusammenhang mit einem bloßen Besichtigungstermin dürfen folgende Angaben erfragt werden:
- Identifikations- und Erreichbarkeitsdaten (Name; Telefonnummer; E-Mail-Adresse, sofern als freiwillige Angabe gekennzeichnet);
- Vorliegen eines Wohnberechtigungsscheins, sofern für die angebotene Wohnung erforderlich);
- Anzahl der einziehenden Personen, Erwachsene/Kinder;

- Vorhandensein von Haustieren.
- Angaben über die gewünschte Wohnung (Art, Größe und Ausstattung) und Miethöhe nur, wenn der Mietinteressierte weitere Mietangebote wünscht.

Steht ein Mietvertragsabschluss unmittelbar bevor gilt datenschutzrechtlich folgendes:

- Familienstand: Frage für Vertragsschluss ohne Bedeutung, daher unzulässig;
- Alter einziehender Kinder zulässig;
- Angaben zu den im Haushalt lebenden Personen (zB Einkommensverhältnisse) nur, soweit diese selbst Mietvertragspartei werden sollen;
- Staatsangehörigkeit: zulässig nur im Fall des § 19 Abs. 3 AGG;
- Name und Kontaktdaten aktueller oder früherer Vermieterinnen oder Vermieter unzulässig, das personenbezogene Daten nur bei den betroffenen Personen eingeholt werden dürfen (§ 4 Abs. 2 S. 1 BDSG);
- Grund des Wechsels unzulässig;
- Vorlage vom Ausweispapieren zulässig, aber keine Kopien;
- Frage nach Beruf und Arbeitgeber (aber nicht nach dessen Kontaktdaten – vgl. § 4 Abs. 2 S. 1 BDSG) zulässig, mangels Aussagekraft „in einer mobilen Wirtschaftsgesellschaft" aber nicht nach der Dauer des Beschäftigungsverhältnisses;
- Auskunftsverlangen über Einkommensverhältnisse und den monatlich nach Abzug der regelmäßigen Belastungen zur Begleichung der Mietkosten zur Verfügung stehende Betrag zulässig (zu den Schulden siehe sogleich unter SCHUFA- und sonstige Auskünfte); Nachweise (Lohn- oder Gehaltsabrechnung, Kontoauszug, Einkommenssteuerbescheid) unter Schwärzung nicht benötigter Informationen aber erst nach Auswahl direkt vor der Unterschrift unter den Mietvertrag;
- Erkundigung nach Eintrag im amtsgerichtlichen Schuldnerverzeichnis (z.B. eidesstattliche Versicherung), nach Räumungstitel oder einstweiliger Verfügung in Mietsachen oder nach Privatinsolvenz ist zulässig;
- Hängt der konkrete Mietvertragsabschluss nur noch vom positiven Ergebnis einer Bonitätsprüfung ab, dürfen Auskünfte über in öffentlichen Schuldner- oder Insolvenzverzeichnissen enthaltene Daten verlangt werden sowie sonstige Angaben zu negativem Zahlungsverhalten, bei denen die dem Eintrag zu Grunde liegenden Forderungen noch offen sind oder – sofern sie sich zwischenzeitlich erledigt haben – die Erledigung nicht länger als ein Jahr zurückliegt und eine Bagatellgrenze von 1.500,00 EUR überschritten wird. Die Übermittlung von Bewertungen aus einer statistischen Analyse (Scorewerte) ist unzulässig, sofern andere als die zulässigerweise beauskunfteten Daten Grundlage dafür sind (vgl. hierzu den Beschluss „Bonitätsauskünfte über Mietinteressenten nur eingeschränkt zulässig" der Aufsichtsbehörden für den Datenschutz im nicht-öffentlichen Bereich vom 22.10.2009). Die Vorgabe, von Mietinteressenten eine Selbstauskunft zu verlangen, ist unzulässig, da dort weitergehende Angaben als die soeben dargestellten mitgeteilt werden würden; auch das Verlangen nach einer Einwilligung in die Einholung einer Bonitätsauskunft ist unwirksam.

Auch ungefragt bestehen **Aufklärungspflichten** über diejenigen Umstände, die den Vertragszweck gefährden oder sogar vereiteln können und daher für den Vertragsentschluss der anderen Partei von offensichtlich entscheidender Bedeutung sind (BGH WPM 1988, 1449), wobei es aber bei dem Grundsatz bleibt, dass jeder Vertragspartner in erster Linie seine eigenen Interessen zu wahren hat. Weiter bestehen Offenbarungspflichten über diejenigen Umstände, auf die der Vertragspartner erkennbar besonderen Wert legt (BGH NJW 1971, 1799), sofern hierüber nach der Verkehrsauffassung redlicherweise Aufklärung verlangt werden kann (BGH NJW-RR 1991, 440; NJW 1989, 764). Andernfalls kann ein derartiges Unterlassen ebenfalls ein Anfechtungsrecht wegen arglistiger Täuschung begründen, wobei auch nach der Behauptung der anderen Seite, den Umstand offenbart zu haben, der Anfechtende dafür beweispflichtig bleibt, dass dies nicht geschehen ist (OLG Köln WuM 1992, 262).

So ist der **Mieter** gehalten, Umstände zu offenbaren, auf Grund derer die Erfüllung wesentlicher Vertragspflichten gefährdet sein könnte (BGH WPM 1976, 111; vgl. insbes. auch Thor Steinar I und II: BGH, NJW 2010, 3362 und BGH NZM 2010, 788), insbesondere wirtschaftliche Schwierigkeiten, etwa dann, wenn der vereinbarte Mietzins 75 % seines Einkommens ausmacht (AG Frankfurt/M. NJW-RR 1988, 784; aA LG Ravensburg WuM 1984, 297) oder er die Miete nicht ordnungsgemäß bezahlen kann (AG Gießen ZMR 2001, 894 f.) → Anm. 8. Zu Angaben über seine beschränkte Geschäftsfähigkeit ist er dagegen nicht verpflichtet, sofern diese die Wirksamkeit des Mietvertrages nicht beeinträchtigt (BVerfG WuM 1991, 464), ebenso wenig über Mitbewohner, von denen keine erheblichen Belästigungen ausgehen (LG Köln WuM 1986, 81).

Der **Vermieter** muss umgekehrt auf schwerwiegende Mängel der Mietsache oder drohende künftige Verschlechterungen hinweisen (BGH NJW 1993, 1324), z.B. auf die fehlende behördliche Genehmigung der vertraglich vereinbarten Nutzung der Mietsache (BGH WPM 1988, 1449; LG Bamberg WuM 1985, 254) oder jahrelange Lärmbelästigungen durch den Nachbarn (BGH NJW 1991, 1673 beim Verkauf), nicht aber über die Ausübung der Prostitution in anderen Wohnungen des Gebäudes (LG Kassel WuM 1989, 620; LG Köln WuM 1986, 31 in einem Hochhaus). Über die Anordnung der Zwangsverwaltung bzw. die Einleitung des Zwangsversteigerungsverfahrens muss aufgeklärt werden (OLG Hamm NJW-RR 1988, 784). Ebenso über die Eigentümerstellung des Vermieters (BGH ZMR 1960, 10) oder darüber, dass für den Vertragsabschluss (BGH DWW 1968, 301) oder bauliche Veränderungen (BGH ZMR 1963, 104) die Zustimmung Dritter erforderlich ist. Eine arglistige Täuschung des Mieters kann auch in der übertrieben günstig dargestellten Ertragslage des Geschäftes liegen (OLG Düsseldorf ZMR 1988, 462) oder in der Behauptung ins Blaue hinein, der Vormieter habe sein Geschäft aufgegeben, während dieser den Geschäftsbetrieb in einer, den neuen Mieter beeinträchtigenden Nähe fortführt (BGH NJW-RR 1992, 780).

7. Vor Überlassung der Mieträume war die Anfechtung immer schon uneingeschränkt zulässig (LG Köln WuM 1984, 297; LG Trier MDR 1970, 342; Bub/Treier/*Bub* II Rn. 2205 ff.), nach Überlassung der Mietsache war die Frage streitig (nach überwiegender Auffassung sollten die Kündigungs- und Gewährleistungsvorschriften im Rahmen ihres Anwendungsbereichs vorrangig sein (BGH WPM 1971, 528; OLG Düsseldorf ZMR 1970, 137; AG Gelsenkirchen-Buer WuM 1984, 299; aA BGH WPM 1973, 238; KG GE 2002, 52; *Fischer* NZM 2005, 567; *Emmerich* NZM 1998, 692; vom BGH zunächst offen gelassen: NJW 1998, 531). Zwischenzeitlich hat der BGH (NJW 2009, 1266) aber entschieden, dass die Anfechtung wegen arglistiger Täuschung auch bei vollzogenen Mietverträgen rückwirkend möglich ist. Denn Anfechtung wegen arglistiger Täuschung einerseits und Gewährleistungs- sowie Kündigungsrechte andererseits regelten unterschiedliche Sachverhalte und dienten unterschiedlichen Schutzzwecken. § 123 BGB schütze die rechtsgeschäftliche Entschließungsfreiheit, während es in §§ 536 ff. BGB um den Ausgleich von Leistungsstörungen gehe. Besondere Schwierigkeiten bei der Rückabwicklung ergäben sich nicht. Auch im Falle von nichtigen Verträgen (§§ 105, 134, 138 BGB) müsse eine bereicherungsrechtliche Rückabwicklung erfolgen und sei unstreitig möglich.

8. Die Abgabe der eidesstattlichen Versicherung kurz vor Mietvertragsabschluss (LG München II WuM 1987, 379) oder auch die Eröffnung eines Insolvenzverfahrens über das Vermögen des Mieters oder die Ablehnung der Eröffnung mangels Masse (Bub/Treier/*Bub* II Rn. 2164) sollen den Mieter sogar ungefragt zur Offenbarung verpflichten (iÜ → Anm. 6).

9. Vgl. OLG Celle NJW-RR 1998, 586; OLG Düsseldorf NJW-RR 1995, 1100.

10. Denkbar wäre auch eine auf § 543 Abs. 1 BGB gestützte fristlose Kündigung wegen unrichtiger Selbstauskunft (AG München JurBüro 1986, 245; näher Schmidt-Futterer/*Blank* § 543 Rn. 200 ff., insbes. 204 mwN).

In beiden Fällen gilt: Auf unzulässige Fragen darf der Mieter auch unrichtig antworten, ohne dass der Vermieter zur Anfechtung berechtigt wäre (AG Hamburg WuM 1992, 598; Bub/Treier/*Bub* II Rn. 2165). Bewusst unrichtige Antworten auf zulässige Fragen begründen dagegen ein Anfechtungsrecht wegen arglistiger Täuschung, wenn der Mietvertrag andernfalls nicht abgeschlossen worden wäre (LG Köln WuM 1984, 297; AG Hamburg ZMR 2003, 744, auch gegenüber 2 Mietern, wenn nur einer unrichtige Angaben gemacht hat; *Fischer* NZM 2005, 567; a.A. nicht mehr nach Bezug der Mietsache: LG Wiesbaden Urt. v. 29.4.2004 – 2 S 112/03). Zulässig wäre auch eine fristlose Kündigung (AG Zittau Urt. v. 27.11.2005 – 5 C 36/05). Gleiches gilt umgekehrt für den Mieter (BGH NJW-RR 1992, 780).

Dabei genügt die bewusste Inkaufnahme, dass eine ins Blaue hinein aufgestellte Behauptung falsch ist (BGH NJW-RR 1992, 780; NJW-RR 1986, 700) oder dass der Vertragspartner den Mietvertrag ohne Täuschung nicht oder zu anderen Bedingungen abgeschlossen hätte (BGH NJW 1974, 1505). Unbeachtlich ist, ob der Getäuschte den Irrtum hätte vermeiden können (BGH NJW 1997, 1845), etwa der Kläger sich schon früher bei der Schuldnerkartei hätte erkundigen können, ob auf Seiten des potentiellen Mieters bereits die eidesstattliche Versicherung abgegeben worden war.

Bei einer Mehrheit von Vermietern oder Mietern ist die Anfechtung von allen Vertragspartnern gegenüber allen zu erklären (BGH NJW 1986, 1036; BayObLG WuM 1983, 107; LG Berlin ZMR 1992, 450; vgl. auch BGH NJW 1998, 531 bei Anfechtung einer Vertragsübernahme, welche Kenntnis oder fahrlässige Unkenntnis des bisherigen Mieters der Täuschung durch den neuen Mieter voraussetzt und gegenüber allen Beteiligten zu erklären ist).

Die Anfechtung nach § 123 BGB muss – auch mit ggf. nachgeschobenen Gründen – binnen Jahresfrist ab Kenntnis des Berechtigten von der Täuschung bzw. ab Beendigung der Zwangslage nach § 124 BGB erfolgen (BGH NJW-RR 1993, 948; NJW 1966, 39; OLG Hamm NJW-RR 1987, 1170), wobei den Anfechtungsgegner die Beweislast für den Fristablauf trifft (BGH NJW 1992, 2348). Nach Ablauf der Jahresfrist kommt eine Rückabwicklung allenfalls nach c. i. c., §§ 311 Abs. 2 und 3, 280 Abs. 1 S. 1 BGB, in Betracht (BGH NJW 1962, 1198; NJW 1979, 1983; 1984, 2815; aA OLG Hamm NJW-RR 1995, 205), sofern der Anfechtungsberechtigte den Mietvertrag nicht nach § 144 BGB bestätigt hat (strenge Anforderungen: vgl. BGH NJW 1995, 2290; NJW-RR 1992, 780; NJW 1990, 1106; NJW 1983, 109; NJW 1971, 1795). Fehlt es an einer Beeinträchtigung des Getäuschten zum Zeitpunkt der Anfechtungserklärung, etwa weil die fehlende Genehmigung zwischenzeitlich erteilt wurde, kann die Anfechtung gegen § 242 BGB verstoßen (BGH NJW-RR 1993, 948; WPM 1983, 1055; BGH NJW 2000, 2894).

Zur Anfechtung wegen Drohung vgl. iÜ nur Bub/Treier/*Bub* II Rn. 2186 ff.

Eine zu Unrecht erklärte Anfechtung stellt eine zum Schadensersatz berechtigende Erfüllungsverweigerung dar (BGH NJW 1987, 432) und kann auch eine Kündigung nach § 543 Abs. 1 BGB rechtfertigen (BGH ZMR 1987, 51; BGH NJW 1994, 387 noch zu § 554a BGB aF).

11. Bei einer Anfechtung **vor** Überlassung der Mietsache an den Mieter ist der Mietvertrag nach § 142 BGB von Anfang an nichtig (LG Köln WuM 1984, 297; LG Mannheim MDR 1974, 673). **Nach** Überlassung wird der Mietvertrag wirkt die Anfechtung nach BGH (NJW 2009, 1266) gem. § 142 Abs. 1 BGB auf den Zeitpunkt des Vertragsschlusses zurück (vgl. auch OLG Köln WuM 1992, 262; KG MDR 1967, 404; *Emmerich* NZM 1998, 692, 695; a.A. erst mit Zugang der Anfechtungserklärung beendet ex nunc OLG Düsseldorf ZMR 1970, 137; LG Essen WuM 1984, 299; LG und

AG Hamburg NZM 1998, 233; LG Mannheim ZMR 1990, 303; LG Trier MDR 1990, 342).

12. Täuschung und Drohung begründen i.d.R. zugleich eine Haftung aus §§ 311 Abs. 2 und 3, 280 Abs. 1 S. 1 BGB, früher c.i.c. (sogar bei fahrlässiger Täuschung). Dabei gilt das bisherige Recht für vor dem 1.1.2002 entstandene Schuldverhältnisse (maßgeblich ist grundsätzlich der Zugang der Annahmeerklärung, *Hess* NJW 2002, 253, 255) und die neue Rechtslage auf Grund der Schuldrechtsreform für alle nach dem 31.12.2001 entstandenen Schuldverhältnisse (vgl. Art. 229 § 5 S. 1 EGBGB). Bei vor dem 1.1.2002 in diesem Sinne entstandenen Dauerschuldverhältnissen, also für den hier in Rede stehenden Mietvertrag, galt das bisherige Recht sogar noch bis zum 31.12.2002 weiter (Art. 229 § 5 S. 2 EGBGB).

Der Getäuschte (bzw. Bedrohte) kann nach § 249 BGB als Schadensersatz (Naturalrestitution) die Rückgängigmachung des Mietvertrages verlangen sowie Ersatz des Vertrauensschadens, mithin des negativen Interesses (jedenfalls über c.i.c. – §§ 311 Abs. 2 und 3, 280 Abs. 1 S. 1 BGB – vgl. nur Palandt/*Ellenberger* § 123 Rn. 27). Der Getäuschte kann also verlangen, so gestellt zu werden, wie wenn es nicht zum Vertragsschluss (bzw. schon zu den Vertragsverhandlungen) gekommen wäre, wie er also ohne das schuldhafte Verhalten des anderen Teils stehen würde (BGH NJW 1981, 1673). Diese Folge ergibt sich auch aus unerlaubter Handlung gemäß § 823 Abs. 2 BGB iVm § 263 StGB bzw. § 826 BGB (OLG Köln NJW-RR 1994, 1066). Das Erfüllungsinteresse kann der Getäuschte (Bedrohte) nur dann verlangen, wenn er nachweist, dass der Mietvertrag ohne die Täuschung (Drohung) zu günstigeren Bedingungen abgeschlossen worden wäre (BGH DB 1969, 877).

Der Ersatz des negativen Schadens, also des Vertrauensinteresses, ist maximal auf den positiven Schaden, mithin das Erfüllungsinteresse, begrenzt. Dabei kann sich der schuldhaft handelnde Vertragspartner dann nicht mit Erfolg darauf berufen, dass der geschädigte Verhandlungspartner den nunmehr als Schaden geltend gemachten Verlust bei Durchführung dieses Vertrages ohnehin erlitten hätte, wenn er arglistig gehandelt hat (BGH NJW 2002, 208; NZM 2001, 1145; NJW 1997, 617 und 2813; Fortführung von NJW 1980, 777, 780). In einem derartigen Fall verdrängen auch die mietrechtlichen Gewährleistungsregeln, die grundsätzlich erst nach Übergabe der Mietsache anwendbar sind (BGH NJW 1993, 446), ausnahmsweise nicht die Schadensersatzansprüche aus §§ 311 Abs. 2 und 3, 280 Abs. 1 S. 1 BGB, vormals c.i.c. Dies nur dann, wenn der Vermieter fahrlässig gehandelt hat. Für die Praxis bedeutet dies, dass sich der arglistig handelnde Mietvertragspartner – wie im Kaufrecht – neben den Gewährleistungsansprüchen auch Forderungen auf Aufwendungsersatz der anderen Vertragsseite aus §§ 311 Abs. 2 und 3, 280 Abs. 1 S. 1 bzw. 284 BGB, früher c.i.c., aussetzt, selbst wenn die Aufwendungen sich bei Vertragsdurchführung nicht amortisiert hätten und der Vertrauensschaden, also das negative Interesse, sogar größer ist, als das Erfüllungsinteresse. Nachdem nach Inkrafttreten der Schuldrechtsreform jetzt der Verkäufer für jede schuldhafte Pflichtverletzung haftet (vgl. nur *Westermann* NJW 2002, 241, 247), stellt sich die Frage, ob auch im Mietrecht die Frage die Haftung aus bisheriger c.i.c., also nunmehr aus §§ 311 Abs. 2 und 3, 280 Abs. 1 S. 1 BGB, generell neben die besonderen Gewährleistungsregelungen der §§ 536 ff. BGB tritt (nein, wie bisher: Palandt/*Grüneberg* § 311 Rn. 18 „im Grundsatz"; für eine Änderung, also für ein Nebeneinander wie im Kaufrecht: MüKoBGB/*Emmerich* § 311 Rn. 138 ff., insbes. 145 ff.; *ders.* NZM 2002, 362, 363). Dabei ist ergänzend anzumerken, dass § 284 BGB anders als bisher (BGH NJW 1997, 2813 im Vergleich zu NJW 1987, 831) nicht mehr die sog. Rentabilitätsvermutung voraussetzt (BT-Drs. 14/6040, S. 142 ff.), sondern lediglich noch, dass der Leistungszweck nicht auch ohne die Pflichtverletzung des Schuldners nicht erreicht worden wäre (§ 284 aE BGB).

Vorliegend wurde der Abschluss des Mietvertrages pflichtwidrig durch verschwiegene bzw. zu offenbarende oder durch unzureichende Angaben veranlasst. Der Kläger hätte daher zwar im Grundsatz am Mietvertrag festhalten und verlangen können, so gestellt zu werden, wie er stehen würde, wenn ihm die verschwiegenen oder zu offenbarenden Umstände bei Abschluss des Mietvertrages bekannt gewesen wären oder die den Vertragsschluss veranlassenden unrichtigen Angaben zutreffend gewesen wären (vgl. BGH NJW 1989, 1793). Hier macht dies aber keinen Sinn. Der Kläger hat deshalb die Alternative gewählt, den Vertrag aufzuheben (nicht über c.i.c., sondern über die Täuschungsanfechtung) und Ersatz seiner Aufwendungen zu verlangen (vgl. BGH NJW 1987, 639; NJW 1994, 663), die gerade im Hinblick auf den Mietvertragsabschluss mit den Beklagten gemacht worden waren.

Der Schadensersatzanspruch aus unerlaubter Handlung, insbes. nach § 823 Abs. 2 BGB iVm § 263 StGB, hätte im Übrigen für den Kläger auch eine Durchgriffshaftung gegen den Beklagten Ziffer 2 begründet, falls dieser nicht – wie vorliegend – Mitmieter wäre, sondern den Mietvertrag allein als Geschäftsführer der insolventen Beklagten Ziffer 1 unterschrieben hätte.

13. Ohne Nachweis beträgt der Verzugszinssatz 5 Prozentpunkte, wenn an dem Rechtsgeschäft kein Verbraucher iSv § 13 BGB beteiligt ist 9 Prozentpunkte über dem Basiszinssatz gem. § 247 BGB jährlich, sofern es sich um eine Entgeltforderung handelt (§ 288 Abs. 1 bzw. 2 BGB; zum Übergangsrecht vgl. Art. 229 § 34 EGBGB). Selbstverständlich bleibt es dem Gläubiger nach wie vor unbenommen, einen konkret nachzuweisenden höheren Schaden ersetzt zu verlangen (§ 288 Abs. 4 BGB).

2. Klage auf Feststellung der Nichtigkeit des Mietvertrages und auf Wertersatz nach Anfechtung wegen Aufklärungspflichtverletzung

An das

Amtsgericht/Landgericht[2] . . . . .

Klage[1]

In Sachen

des . . . . .

– Kläger –

Prozessbevollmächtigte: . . . . .

gegen

die . . . . . GmbH . . . . .

– Beklagte –

wegen Feststellung und Wertersatzes

erheben wir hiermit namens und in anwaltlich versicherter Vollmacht des Klägers

Klage,

entrichten aus einem vorläufigen Streitwert in Höhe von . . . . . EUR[3] Vorschuss auf die Gerichtskosten durch beigefügten Verrechnungsscheck in Höhe von . . . . . EUR, bitten um Zustellung der Klageschrift an die Beklagte und um Anberaumung eines baldigen frühen ersten Termins zur mündlichen Verhandlung, in dem wir die

Anträge

stellen/verlesen[4] werden, wie folgt zu erkennen:

1. Es wird festgestellt, dass der zwischen den Parteien abgeschlossene Mietvertrag über . . . . . vom . . . . . von Anfang an nichtig ist und zwischen den Parteien kein Mietverhältnis besteht.
2. Die Beklagte wird verurteilt, an den Kläger . . . . . EUR nebst . . . . . Prozentpunkten über dem jeweiligen Basiszinssatz hieraus p. a. seit dem . . . . . zu bezahlen.
3. Die Beklagte wird weiter verurteilt, an den Kläger vorgerichtliche Anwaltskosten in Höhe von . . . . . EUR nebst . . . . . Prozentpunkten über dem jeweiligen Basiszinssatz hieraus p. a. seit dem . . . . . zu bezahlen.
4. Die Beklagte trägt die Kosten des Rechtsstreits.
5. Das Urteil ist, notfalls gegen Sicherheitsleistung, vorläufig vollstreckbar. Dem Kläger wird nachgelassen, Sicherheitsleistung auch durch unwiderrufliche selbstschuldnerische Bürgschaft eines im Bereich der EU zugelassenen Bank- oder Kreditinstituts zu erbringen, ebenfalls – vorsorglich – zwecks Abwendung der Zwangsvollstreckung.

Sollte das Gericht das schriftliche Vorverfahren beschließen, wird bereits jetzt

Antrag

auf Erlass eines Versäumnisurteils (§ 331 Abs. 3 ZPO)

gestellt.

Begründung:

Mit der vorliegenden Klage begehrt der Kläger als Vermieter[5] die Feststellung, dass ein zwischen den Parteien abgeschlossener Gewerberaummietvertrag wegen Täuschungsanfechtung von Anfang an nichtig ist und verlangt darüber hinaus Wertersatz sowie Erstattung seiner vorgerichtlichen Anwaltskosten.

Im Einzelnen:

1. Der Kläger hat mit der Beklagten – am . . . . . einen Gewerberaummietvertrag über . . . . . zum Betrieb eines Einzelhandels mit Textilien, Schuhen und Accessoires, auch im Outdoor-Bereich, ohne weitere Markenangaben, abgeschlossen. Mietbeginn war der . . . . . ; zunächst war für die ersten Jahre eine günstige Miete vereinbart, die aber im Laufe der Mietzeit – wie in einer Staffelmietvereinbarung festgelegt – steigen sollte.

Beweis: Vorerwähnter Mietvertrag, gemäß § 133 Abs. 1 S. 2 ZPO einfach beigefügt in Ablichtung als Anlage K 1.

Von Anfang an verkaufte die Beklagte nahezu ausschließlich Waren der Marke „Thor Steinar", die in der Öffentlichkeit in einen ausschließlichen Bezug zur rechtsradikalen Szene gesetzt wird und deren Tragen etwa im Deutschen Bundestag oder in einigen Fußballstadien verboten ist. Diese Marke wird von der . . . . . GmbH hergestellt, deren damaliger Geschäftsführer auch der Geschäftsführer der Beklagten war. Auf deren Internetseite (www . . . . .) wird die öffentliche Auseinandersetzung mit der Marke „Thor Steinar" dargestellt.[6] Diese Marke ist gerade jüngst im Zusammenhang mit dem Sicherheitsdienst von Amazon und dessen Verhalten wieder in die Schlagzeilen geraten, was als gerichtsbekannt vorausgesetzt wird. Andernfalls bitten wir um richterlichen Hinweis (§ 139 ZPO).

2. Der Kläger hatte zunächst keinerlei Kenntnis von dem Verkauf der Marke „Thor Steinar". Erstmals einige Wochen nach Eröffnung wurde er auf Störungen der Nachbarn, Passanten u. a. durch (angebliche?) Kunden der Beklagten aufmerksam gemacht.

Beweis: Zeugnis . . . . .

Mehrere Versuche des Klägers, zunächst selbst und sodann unter Inanspruchnahme anwaltlicher Hilfe, die Beklagte zum Verzicht auf den Verkauf dieses Warensortiments zu bewegen, schlugen fehl (der Schrift- und Mailverkehr kann im Bestreitensfall jederzeit vorgelegt werden). Als es dann wiederholt zu Demonstrationen und einmal sogar zu einem Farbbeutelanschlag auf das Ladengeschäft kam,

Beweis: Beiziehung der Ermittlungsakten . . . . .

hat der Kläger mit Anwaltsschreiben vom . . . . . die Anfechtung des mit der Beklagten abgeschlossenen Mietvertrages (Anlage K 1) wegen arglistiger Täuschung erklärt und hilfsweise fristlos, gestützt auf § 543 Abs. 1 BGB, gekündigt.

Beweis: Vorerwähntes Anwaltsschreiben (Einschreiben/Rückschein) nebst Rückschein, gemäß § 133 Abs. 1 S. 2 ZPO einfach beigefügt in Ablichtung als Anlage K 2.

Die Beklagte hat der Anfechtung wie auch der Kündigung widersprochen; sie hält beide Erklärungen für unwirksam. Sie beachte uneingeschränkt den vertraglich vereinbarten Nutzungszweck, zu einer Aufklärung über ihr Warensortiment sei sie nicht verpflichtet gewesen und für etwaiges Fehlverhalten Dritter könne sie nicht verantwortlich gemacht werden.

Beide Parteien wollen eine kostenintensive Räumungsvollstreckung vermeiden und haben sich daher darauf geeinigt, dass die Beklagte die Mietsache räumt und in vertragsgemäßem Zustand mit sämtlichen Schlüsseln an den Kläger herausgibt, sobald ein Gericht bereits in I. Instanz die Beendigung des Geschäftsraummietverhältnis zwischen den Parteien feststellt. Zugleich sollen in diesem Prozess auch die Abwicklungsfolgen im Falle einer vom Gericht für rechtswirksam gehaltenen Anfechtung verbindlich zwischen den Parteien geklärt werden.

Beweis: Prozessvereinbarung zwischen den Parteien vom . . . . . , gemäß § 133 Abs. 1 S. 2 ZPO einfach beigefügt in Ablichtung als Anlage K 3.

3. Die Beklagte wäre – schon im vorvertraglichen Verhandlungsstadium (§ 241 Abs. 2 BGB) – verpflichtet gewesen, den Kläger auch ungefragt über ihr ausschließliches Warensortiment aufzuklären. Sie hat stattdessen den Kläger über diesen, für sie erkennbar wesentlichen Umstand absichtlich im Unklaren gelassen. Der Kläger hätte mit der Beklagten den als Anlage K 1 vorgelegten Mietvertrag niemals abgeschlossen. Er hätte sich nicht dem Ruch rechtsradikalen Gedankenguts und als Folge einer entsprechenden Gefährdung seiner Person und seines Eigentums ausgesetzt.[7] Die auf § 123 BGB gestützte, zeitnah[8] nach Kenntnis der Umstände durch den Kläger ausgesprochene Anfechtung[7] (Anlage K 2) ist daher ebenso rechtswirksam wie die hilfsweise ausgesprochene fristlose Kündigung.[9]
Klagantrag Ziff. 1 ist damit begründet. Er ist auch zulässig. Aufgrund der zwischen den Parteien getroffenen vorgerichtlichen Absprachen (Anlage K 3) gibt es keine „bessere Rechtsschutzmöglichkeit". Zwar wäre dem Kläger auch die Erhebung einer Räumungs- und Herausgabeklage möglich und zumutbar. Aufgrund der besonderen Absprachen in der beigefügten Prozessvereinbarung werden die streitgegenständlichen Fragen in einem Prozess – sogar in einer Instanz – mit der Folge einer endgültigen

Streitbeilegung geklärt, so dass das erforderliche besondere Interesse für das geltend gemachte Feststellungsbegehren i.s.v. § 256 ZPO ausnahmsweise gegeben ist.[10]

4. Mit der erfolgreichen Anfechtung ist das Mietverhältnis zwischen den Parteien gem. § 142 Abs. 1 BGB von Anfang an nichtig.[11]

Der Kläger ist daher nicht darauf beschränkt, sich mit der vertraglich vereinbarten günstigen Miete – neben dem Ausgleich der ortsüblichen Zahlungen auf die Nebenkosten – zu begnügen. Er kann von der Beklagten vielmehr den höheren ortsüblichen Mietwert, also die ortsübliche Vergleichsmiete zzgl. Umsatzsteuer gem. § 818 Abs. 2 BGB beanspruchen.[12]

a) Die ortsübliche Miete für das an die Beklagte vermietete Ladengeschäft nebst Lager mit einer Fläche von . . . . . qm (. . . . . hier nun eine möglichst genaue Beschreibung u.a. des Alters, Zustands, der <auch energetischen> Beschaffenheit, Ausstattung und Lage der Mietsache, orientiert an § 558 Abs. 2 BGB als Anknüpfungstatsachen für einen Sachverständigen . . . . .) betrug zum Zeitpunkt des Abschlusses des als Anlage K 1 vorgelegten Mietvertrages . . . . . EUR netto pro Monat.

Beweis: 1. Auflistung von detaillierten Vergleichsobjekten unter Angabe der jeweiligen Vergleichsmiete, beigefügt als Anlage K 4;
2. Hilfsweise: Einholung eines Sachverständigengutachtens.

Hinzu kommt noch die Umsatzsteuer in Höhe von zur Zeit . . . . . %. Der Kläger hatte ausweislich des als Anlage K 1 vorgelegten Mietvertrages auf die Umsatzsteuer optiert, die Beklagte hat im Mietobjekt umsatzsteuerpflichtige Umsätze getätigt (§§ 9, 4 Nr. 12 UStG). Bei dem hier geltend gemachten Wertersatz handelt es sich nicht um Schadensersatz, sondern es liegt eine steuerbare Unternehmerleistung i.s.v. § 1 Abs. 1 Nr. 1 UStG vor.[13]

Schließlich hat die Beklagte auch noch die ortsüblichen Nebenkosten zu übernehmen. Der Kläger hat diese seit Beginn des Mietverhältnisses im Einzelnen detailliert entsprechend einer Nebenkostenabrechnung mit . . . . . EUR monatlich, inkl. Umsatzsteuer (vgl. soeben unter b), ermittelt.[14]

Beweis: Aufstellung des Klägers vom . . . . ., gemäß § 133 Abs. 1 S. 2 ZPO einfach beigefügt in Ablichtung als Anlage K 5.

Diese Beträge sind ortsüblich.

Beweis: Einholung eines Sachverständigengutachtens.

Addiert ergeben diese Wertersatzpositionen . . . . . EUR, die mit Klagantrag Ziff. 2 geltend gemachte Summe, der damit ebenfalls begründet ist.

5. Die Beklagte wurde mit Schreiben des Klägers vom . . . . . zum Ausgleich dieser Beträge bis spätestens . . . . . aufgefordert. Hierauf erfolgte keinerlei Reaktion.

Beweis: Vorerwähntes Schreiben des Klägers, gemäß § 133 Abs. 1 S. 2 ZPO einfach beigefügt in Ablichtung als Anlage K 6.

Die Beklagte befindet sich daher seit dem . . . . . in Verzug.
Geltend gemacht werden die gesetzlichen Verzugszinsen gem. §§ 288, 247 BGB, die folglich ebenfalls begründet sind.[15]

6. Die Prozessbevollmächtigten des Klägers haben vorgerichtlich nicht nur die Anfechtung und hilfsweise die fristlose Kündigung gegenüber der Beklagten erklärt (Anlage

K 2), sondern die Beklagte nach Verzugseintritt (vgl. soeben unter 5) auch noch zur Zahlung des geschuldeten Wertersatzes aufgefordert.

Beweis: Anwaltsschreiben vom . . . . ., gemäß § 133 Abs. 1 S. 2 ZPO einfach beigefügt in Ablichtung als Anlage K 7.

Dies rechtfertigt auf der Basis des og Streitwertes für dieses Klagverfahren die mit Klagantrag Ziff. 3 geltend gemachten außergerichtlichen Anwaltsgebühren aus Schadensersatz- und Verzugsgesichtspunkten.[16] Die eingeklagten Verzugszinsen stützen sich auch insoweit auf §§ 288, 247 BGB.[15]

7. Auf der Grundlage dieser Ausführungen ist die Beklagte wie beantragt zu verurteilen.

Rechtsanwalt

Anmerkungen

1. Im Mietrecht denkbar wäre die unverzügliche (§ 121 BGB) Anfechtung wegen Inhalts- oder Erklärungsirrtums (nicht aber Motiv- oder Kalkulationsirrtums) nach § 119 BGB mit der Folge des § 122 BGB, dass der Anfechtende den auf den Erfüllungsschaden begrenzten Vertrauensschaden ersetzen muss, sofern der Anfechtungsgegner den Anfechtungsgrund weder kannte noch kennen musste (vgl. hierzu ausführlich statt vieler Bub/Treier/*Bub* II Rn. 2138 ff. mwN) oder die hier in Rede stehende Täuschungsanfechtung (bzw. Anfechtung wegen widerrechtlicher Drohung) nach § 123 BGB unter Beachtung der Frist des § 124 BGB.

2. Bei der Gewerberaummiete ist die übliche streitwertabhängige Zuständigkeitsregelung der §§ 23 Nr. 1, 71 Abs. 1 GVG zu beachten. Bei Wohnraummietverhältnissen ergibt sich die ausschließliche sachliche Zuständigkeit des Amtsgerichts aus § 23 Nr. 2 a GVG.

Örtlich ausschließlich zuständig ist das Gericht, in dessen Bezirk die Mietsache liegt (vgl. § 29a ZPO).

3. Bei Feststellungsklagen über das (Nicht-)Bestehen eines Mietverhältnisses bemisst sich der Gebührenstreitwert gemäß § 41 GKG nach dem auf die streitige Zeit entfallenden, höchstens aber der einjährigen Miete (ohne Abzug für die bloße Feststellungswirkung: OLG Düsseldorf JurBüro 1988, 227; vgl. auch BGH NZM 1999, 21; zur Berechnung der streitigen Zeit vgl. BGH NJW-RR 1992, 1359; LG Baden-Baden WuM 1991, 34). Zum Mietzinsbegriff des § 41 GKG – Grundmiete mit oder ohne (verbrauchsunabhängige) Nebenkosten – vgl. nur Hannemann/Wiek/Emmert/*Emmert* § 2 Rn. 513 ff. mwN.

Hinzuzurechnen ist dann noch der eingeklagte Wertersatzbetrag nach Klagantrag Ziffer 2.

Für den Zuständigkeits- oder Rechtsmittelstreitwert gilt § 8 ZPO (BGH NJW-RR 2006, 1004; vgl. auch BGH NJW-Spezial 2005, 5).

4. In Anwaltsprozessen werden die Sachanträge grundsätzlich verlesen (§ 297 ZPO). Dies gilt in amtsgerichtlichen Verfahren nur, soweit ausnahmsweise dessen schriftliche Vorbereitung nach § 129 Abs. 2 ZPO aufgegeben wurde (vgl. auch § 496 ZPO). Andernfalls genügt es, die Anträge zu stellen.

5. Es wäre selbstverständlich auch umgekehrt denkbar, dass der Mieter die Anfechtung erklärt und Schadensersatz verlangt. Daher wird im Rahmen der nachstehenden Anmerkungen, soweit erforderlich, auch diese Alternative mit berücksichtigt.

6. Orientiert am Sachverhalt von BGH NZM 2010, 788.

7. Bei Vertragsverhandlungen besteht keine allgemeine Rechtspflicht, den anderen Teil über alle Einzelheiten und Umstände aufzuklären, die dessen Willensentschließung beeinflussen könnten (BGH NJW 2001, 3331, 3332 und NJW 1983, 2493, 2494). Vielmehr ist grundsätzlich jeder Verhandlungspartner sein rechtsgeschäftliches Handeln selbst verantwortlich und muss sich deshalb die für die eigene Willensentscheidung notwendigen Informationen auf eigene Kosten und eigenes Risiko selbst beschaffen (BGH NJW 1989, 763, 764 mwN).

Allerdings besteht auch ohne Nachfrage dann eine Rechtspflicht zur Aufklärung bei Vertragsverhandlungen, wenn der eine Vertragspartner nach Treu und Glauben unter Berücksichtigung der Verkehrsanschauung redlicherweise die Mitteilung von Tatsachen erwarten durfte, die für die Willensbildung der anderen Vertragspartei offensichtlich von ausschlaggebender Bedeutung sind (BGH NJW-RR 2008, 258; NZM 2007, 144; NJW 2006, 2618, 2619; NJW 2004, 2674; NJW 2001, 3331; NJW 2000, 1714, 1718). Dies gilt insbesondere für Tatsachen, die den Vertragszweck vereiteln oder erheblich gefährden (BGH NJW-RR 1991, 439 und NJW 1990, 975), etwa dann, wenn diese geeignet sind, dem Vertragspartner erheblichen wirtschaftlichen Schaden zuzufügen. Im Hinblick auf die Gefahr für den Vermieter, der den Verkauf der in Rede stehenden Waren ermöglicht, in den Ruf zu gelangen, rechtsradikales Gedankengut vertreten und darüber hinaus wegen der Gefahr von Protesten mit Beschädigung seines Eigentums und auch von Problemen mit anderen Mietern, liegen hier diese Voraussetzungen vor. Deshalb war der beabsichtigte Verkauf von Waren dieser Marke für den Vermieter von erheblicher Bedeutung, so dass er redlicherweise Aufklärung erwarten konnte. Ohne Hinweis auf die Marke war der Vermieter nicht der Lage, zu erkennen, dass die Mieterin in den Mieträumen Waren verkaufen wollte, die nahezu ausschließlich rechtsradikalen Kreisen zugeordnet werden. Der Vermieter hatte auch keine Veranlassung dies anzunehmen. Der Verkauf derartiger Waren stellt einen außergewöhnlichen Umstand dar, mit dem der Vermieter nicht rechnen musste. Dagegen musste sich der Mieterin, der diese Umstände selbst bestens bekannt waren, aufdrängen, dass sich der Vermieter im Irrtum befand und dass das beabsichtigte Warensortiment für seine Entscheidung, den Mietvertrag abzuschließen, von erheblicher Bedeutung war. Die Mieterin hat in Kenntnis all dieser Umstände zumindest billigend in Kauf genommen, dass der Mietvertrag nicht mit ihr abgeschlossen worden wäre, wenn der Vermieter vor Vertragsschluss Kenntnis vom beabsichtigten Verkauf von Waren der Marke „Thor Steinar" gehabt hätte (so BGH NZM 2010, 788 und NJW 2010, 3362). Anders aber dann, wenn im Vorfeld des Mietvertragsabschlusses die Marke „Thor Steinar" angegeben wurde, wenn auch „versteckt" unter anderen angegebenen Marken des angestrebten Sortiments (LG Nürnberg NZM 2009, 584). Zur Abgrenzung vgl. auch OLG Köln NZM 2011, 76: Aufklärungspflicht verneint im Fall einer Drogenersatztherapie bei Vermietung einer „Praxis für Psychiatrie und Psychotherapie" an einen entsprechenden Facharzt in einem Bahnhofsgebäude mit ca. 100 Patienten für die Substitutionsbehandlung täglich gegenüber ca. 150 Patienten mit anderen Erkrankungen am Tag.

Zu weiteren Aufklärungspflichten auch des Mieters → Form. B. I. 1 Anm. 6 mwN (vgl. auch Schmidt-Futterer/*Blank* § 543 Rn. 200 ff. und Vor § 535 Rn. 8).

8. Die Anfechtung muss binnen Jahresfrist ab Entdeckung der Täuschung durch den Anfechtenden erfolgen (§ 124 BGB).

9. Die Verletzung von Aufklärungspflichten berechtigt ebenfalls zur außerordentlichen unbefristeten Kündigung (BGH NJW 2000, 1714, 1718; OLG München ZMR 2001, 708; vgl. statt vieler Schmidt-Futterer/*Blank* § 543 Rn. 206 f. mwN).

10. Grundsätzlich führt die Möglichkeit der Erhebung einer Leistungsklage zwar zum Wegfall des rechtlichen Interesses nach § 256 ZPO. Anders aber ausnahmsweise dann, wenn Möglichkeit einer – prozesswirtschaftlich sinnvollen – endgültigen Streitbeilegung durch die Feststellungsklage besteht (vgl. hierzu BGH, BGHR ZPO § 256 Abs. 1 – Feststellungsinteresse 4 – und BGH, NJW 1994, 343; vgl. auch einen weiteren Fall des Vorliegens des Interesses auf Feststellung des Fortbestehens eines Mietverhältnisses zu unveränderten Bedingungen im Verhältnis zu einer möglichen Mietzahlungsklage mit Zwischenfeststellungsantrag: BGH NJW-RR 2002, 1377). Diese Vorgaben sind hier im Muster mit der vorgerichtlichen Prozessvereinbarung erfüllt.

11. Auch nach Überlassung der Mietsache an den Mieter: BGH NJW 2009, 1266; → Form. B. I. 1 Anm. 7 mwN.

12. Herauszugeben ist gemäß § 812 Abs. 1 S. 1 Alt. 1 BGB das durch die Leistung des Vermieters Erlangte. Dies ist vorliegend die vom Vermieter gewährte Gebrauchsüberlassung der Mietsache. Da die Herausgabe dieser Gebrauchsüberlassung nicht möglich ist, hat die Mieterin als gutgläubige Bereicherungsschuldnerin deren Wert nach § 818 Abs. 2 BGB zu ersetzen, dessen Höhe sich nach dem objektiven Verkehrswert des rechtsgrundlos Erlangten, also vorliegend nach der Miete, die auf dem örtlichen Markt für vergleichbare Objekte erzielt wird, richtet (BGH NJW 2009, 1266 Tz. 49; NJW 2006, 2847; NJW-RR 1998, 803; NJW 1996, 3409). Ein Anspruch auf Herausgabe eines durch die Untervermietung eventuell erzielten Mehrerlöses besteht allerdings nicht (BGH NJW 2009, 1266 Tz. 50; anders nur nach Rechtshängigkeit des Rückgabeanspruchs gegenüber dem Hauptmieter gem. §§ 546 Abs. 1, 292 Abs. 2, 987 Abs. 1, 99 Abs. 3 BGB: BGH NJW-RR 2009, 1522; nicht aber bei bestehendem Hauptmietvertrag auch bei unberechtigter Untervermietung: BGH NJW 1996, 838).

13. Der Vermieter kann auch die auf den Wertersatz entfallende Mehrwertsteuer in Ansatz bringen. Der Wertersatzanspruch gemäß § 818 Abs. 2 BGB tritt im Rahmen der Abwicklung eines gegenseitigen Leistungsverhältnisses an die Stelle der vereinbarten Vergütung, steht also mit der Leistung des Steuerpflichtigen in Wechselbeziehung und bildet einen Leistungsaustausch ab. Daher ist er umsatzsteuerpflichtig iSv § 1 Abs. 1 Nr. 1 UStG (BGH NJW 2009, 1266 Tz. 56 f.; NJW 2008, 1523; NZM 1998, 192, 194 f.).

14. Die im Rahmen des Wertersatzes nach § 818 Abs. 2 BGB zu ersetzende ortsübliche Miete beinhaltet weiter sowohl verbrauchsunabhängige, als auch verbrauchsabhängige Nebenkosten, die in dem Umfang, in dem sie als ortsüblich als Teil der Miete vereinbart werden, zu berücksichtigen sind (BGH NJW 2009, 1266 Tz. 53 f.). Dies hat der Vermieter konkret darzulegen (ggf. ist ein Sachverständigengutachten einzuholen), auch der Höhe nach, wobei für letzteres Nebenkostenabrechnungen genügen können (BGH NJW 2009, 1266 Tz. 55).

15. Ohne Nachweis beträgt der Verzugszinssatz 5 Prozentpunkte, wenn an dem Rechtsgeschäft kein Verbraucher iSv § 13 BGB beteiligt ist 9 Prozentpunkte über dem Basiszinssatz gem. § 247 BGB jährlich, sofern es sich um eine Entgeltforderung handelt (§ 288 Abs. 1 bzw. 2 BGB; zum Übergangsrecht vgl. Art. 229 § 34 EGBGB). Selbstverständlich bleibt es dem Gläubiger nach wie vor unbenommen, einen konkret nachzuweisenden höheren Schaden ersetzt zu verlangen (§ 288 Abs. 4 BGB).

16. Vgl. ergänzend § 15a RVG. Zum Streitwert → Anm. 3.

3. Klage auf Feststellung der Nichtigkeit des Mietvertrages und auf Schadensersatz bzw. Aufwendungsersatz wegen anfänglicher Unmöglichkeit

An das

Amtsgericht/Landgericht[1] . . . . .

Klage

In Sachen

des . . . . .

– Kläger –

Prozessbevollmächtigte: . . . . .

gegen

den . . . . .

– Beklagter –

wegen Feststellung und Schadens- bzw. Aufwendungsersatzes

erheben wir hiermit namens und in anwaltlich versicherter Vollmacht des Klägers

Klage,

entrichten aus einem vorläufigen Streitwert in Höhe von . . . . . EUR[2] Vorschuss auf die Gerichtskosten durch beigefügten Verrechnungsscheck in Höhe von . . . . . EUR, bitten um Zustellung der Klageschrift an den Beklagten und um Anberaumung eines baldigen frühen ersten Termins zur mündlichen Verhandlung, in dem wir die

Anträge

stellen/verlesen[3] werden, wie folgt zu erkennen:

1. Es wird festgestellt, dass dem Beklagten kein Anspruch auf Mietzahlung aus dem Mietvertrag zwischen den Parteien über . . . . . vom . . . . . gegenüber dem Kläger zusteht.
2. Der Beklagte wird verurteilt, an den Kläger . . . . . EUR nebst . . . . . Prozentpunkten über dem jeweiligen Basiszinssatz hieraus p. a. seit dem . . . . . zu bezahlen.
3. Der Beklagte trägt die Kosten des Rechtsstreits.
4. Das Urteil ist, notfalls gegen Sicherheitsleistung, vorläufig vollstreckbar. Dem Kläger wird nachgelassen, Sicherheitsleistung auch durch unwiderrufliche selbstschuldnerische Bürgschaft eines im Bereich der EU zugelassenen Bank- oder Kreditinstituts zu erbringen, ebenfalls – vorsorglich – zwecks Abwendung der Zwangsvollstreckung.

Sollte das Gericht das schriftliche Vorverfahren beschließen, wird bereits jetzt

Antrag

auf Erlass eines Versäumnisurteils (§ 331 Abs. 3 ZPO)

gestellt.

Begründung:

Mit der vorliegenden Klage begehrt der Kläger als Mieter[4] Schadensersatz bzw. Aufwendungsersatz wegen anfänglicher Unmöglichkeit im Rahmen eines zwischen den Parteien abgeschlossenen Gewerberaummietvertrages gem. § 311a Abs. 2 BGB.

Im Einzelnen:

1. Der Kläger hat vom Beklagten mit Gewerberaummietvertrag vom . . . . . folgende Räumlichkeiten . . . . . zum Betrieb eines . . . . . angemietet.

   Beweis: Vorerwähnter Mietvertrag, gemäß § 133 Abs. 1 S. 2 ZPO einfach beigefügt in Ablichtung als Anlage K 1.

   Bereits etwa eine Woche vor Vertragsabschluss war das Mietobjekt durch Brandstiftung völlig zerstört worden. Nach den eigenen Angaben des Beklagten ist dieser wirtschaftlich nicht in der Lage, das Mietobjekt wieder zu errichten, das gegen Feuer nicht versichert war, nachdem Schadensersatz von dem mittellosen Brandstifter nicht mit Erfolg verlangt werden kann.[5] Sollte dies wider Erwarten im Verlaufe des Rechtsstreits streitig werden, bleibt entsprechender Beweisantritt ausdrücklich vorbehalten. Obwohl dem Kläger folglich zu keinem Zeitpunkt der Mietgebrauch vom Beklagten überlassen worden war, fordert dieser vom Kläger unverständlicherweise die Zahlung der vereinbarten Miete mit der Begründung, er, der Beklagte, habe den Brand nicht zu vertreten und der Kläger könne sich mit Regressansprüchen an den „wahren Schuldigen", den Brandstifter, wenden.

   Beweis: Schreiben des Beklagten an den Kläger vom . . . . . und vom . . . . ., gemäß § 133 Abs. 1 S. 2 ZPO einfach beigefügt in Ablichtung als Anlagen K 2 und K 3.

   Der Kläger hat daher ein berechtigtes Interesse an der beantragten Feststellung, nachdem dem Beklagten angesichts dieser Sachlage kein Mietzahlungsanspruch gegenüber dem Kläger zusteht.[6]

2. Der Kläger hat im Vertrauen auf die Gültigkeit des Mietvertrages die nachstehenden Aufwendungen gemacht, die er nicht anderweitig verwenden kann:
   . . . . .

   Beweis: . . . . .

   Damit waren folgende Kosten verbunden:
   . . . . .

   Beweis: . . . . .

   Diese Beträge sind üblich und angemessen.

   Beweis: Einholung eines Sachverständigengutachtens.

   Diese Kosten kann der Kläger im Wege des Schadens- bzw. Aufwendungsersatzes vom Beklagten ersetzt verlangen. Es wäre Sache des Beklagten gewesen, sich vor Abschluss des Mietvertrages mit dem Kläger darüber zu vergewissern, dass er dem Kläger das Mietobjekt in einem zum vertragsgemäßen Gebrauch uneingeschränkt geeigneten Zustand überlassen kann (§ 535 Abs. 1 S. 2 BGB).[7]

3. Der Beklagte wurde mit Schreiben des Klägers vom . . . . . zum Ausgleich dieser Beträge bis spätestens . . . . . aufgefordert. Hierauf erfolgte keinerlei Reaktion.

Beweis: Vorerwähntes Schreiben des Klägers, gemäß § 133 Abs. 1 S. 2 ZPO einfach
beigefügt in Ablichtung als Anlage K 4.

Der Beklagte befindet sich daher seit dem . . . . . in Verzug.
Geltend gemacht werden die gesetzlichen Verzugszinsen gem. §§ 288, 247 BGB, die
folglich ebenfalls begründet sind.[8]

4. Auf der Grundlage dieser Ausführungen ist der Beklagte wie beantragt zu verurteilen.

Rechtsanwalt

Anmerkungen

1. Bei der Gewerberaummiete ist die übliche streitwertabhängige Zuständigkeitsregelung der §§ 23 Nr. 1, 71 Abs. 1 GVG zu beachten. Bei Wohnraummietverhältnissen
ergibt sich die ausschließliche sachliche Zuständigkeit des Amtsgerichts aus § 23 Nr. 2 a
GVG.
Örtlich ausschließlich zuständig ist das Gericht, in dessen Bezirk die Mietsache liegt
(vgl. § 29a ZPO).

2. Dieses negative Feststellungsbegehren unterfällt allenfalls bezogen auf den Gebührenstreitwert der Sonderregelung des § 41 GKG (vgl. zu dieser Vorschrift ausführlich
Hannemann/Wiek/Emmert/*Emmert* § 2 Rn. 513 ff. mwN). Als einschlägig wurde viel-
mehr § 9 ZPO angesehen, so dass der $3^1/_2$-fache Jahresbetrag der streitigen monatlichen
Gesamtmiete (also × 42) maßgeblich war, sofern nicht die Laufzeit des Mietvertrages
geringer ist (vgl. BGH NJW 1966, 779; OLG Düsseldorf Rpfleger 1973, 145; OLG
Karlsruhe WuM 1979, 155). Nach neuerer Rechtsprechung ist auch an § 8 ZPO zu
denken – maximal das 25-fache der Jahresmiete (vgl. auch BGH NJW-Spezial 2005, 53;
BGH NJW-RR 2006, 1004). Da die „leugnende Feststellungsklage" die Möglichkeit der
Leistungsklage durch den Beklagten ausschließen soll, sie also gewissermaßen das „Spie-
gelbild" der Leistungsklage darstellt, verbietet sich der bei positiven Feststellungsklagen
übliche Abzug von 20 % (BGH NJW 1997, 680; OLG Frankfurt/Main NJW-RR 2000,
587).
Hinzuzurechnen ist dann noch der eingeklagte Schadensersatzbetrag nach Klagantrag
Ziffer 2.

3. In Anwaltsprozessen werden die Sachanträge grundsätzlich verlesen (§ 297 ZPO).
Dies gilt in amtsgerichtlichen Verfahren nur, soweit ausnahmsweise dessen schriftliche
Vorbereitung nach § 129 Abs. 2 ZPO aufgegeben wurde (vgl. auch § 496 ZPO). Andern-
falls genügt es, die Anträge zu stellen.

4. Es wäre selbstverständlich auch umgekehrt denkbar, dass der Vermieter die entsprechende Feststellung begehrt und Schadens- bzw. Aufwendungsersatz verlangt. Dies
etwa dann, wenn der Mieter neben oder statt der Miete unvertretbare, also höchstpersönliche Dienst- oder Arbeitsleistungen schuldet (vgl. § 613 BGB), wie z.B. Pflegetätig-
keiten, Mietinkasso, „höhere" Hausmeisterdienste (also nicht lediglich einfache Tätigkeiten wie Reinigungs- oder Gartenpflegearbeiten, bei denen es allein auf den Erfolg
ankommt und die folglich auch von einem Dritten erbracht werden können – *Sternel* II
Rn. 505), und diese etwa wegen körperlicher Gebrechen von Anfang an nicht erbringen
konnte (str., da keine höchstpersönliche Leistungspflicht vgl. nur Bub/Treier/*v. Martius/
Ehlert/Schüller* III Rn. 2726 ff.; Bub/Treier/*Kraemer/Paschke* III Rn. 2636.). Der Mietvertrag ist dann im Zweifel – § 139 BGB – insgesamt nichtig. War dem Mieter bei

Vertragsschluss bekannt (bzw. hätte er es wissen müssen), dass die von ihm geschuldete Leistung unmöglich war, haftet er nach § 311a Abs. 2 BGB (hierzu näher sogleich).

5. Existiert das Mietobjekt bei Vertragsschluss nicht oder nicht mehr bzw. ist es so beschädigt, dass dies wirtschaftlich einer vollständigen Zerstörung gleichzusetzen ist, insbes. weil dem Vermieter (auch mangels Versicherungsleistung) die Wiederherstellungskosten nicht zugemutet werden können (vgl. BGH WM 1977, 400), greifen die Regeln über die anfängliche objektive Unmöglichkeit ein. Der Vertrag bleibt wirksam (§ 311a Abs. 1 BGB). Damit ist aber noch nichts gesagt über die sich daraus ergebenden Folgen auf die Primärleistungspflicht des Schuldners bzw. die Gegenleistungsverpflichtung des Gläubigers (→ Anm. 6) sowie über die Frage etwaiger, hieraus resultierender Sekundäransprüche auf Schadens- bzw. Aufwendungsersatz (hierzu eingehender → Anm. 7).

6. Die mit § 311a Abs. 1 BGB erfolgte Einbindung der anfänglichen objektiven Unmöglichkeit in das neue Regelungskonzept der Unmöglichkeit, bei dem alle bei Vertragsschluss bereits vorliegenden Leistungshindernisse (also auch das anfängliche Unvermögen – → Form. B. I. 4) vor allem durch die Anordnung der Wirksamkeit des Vertrages jetzt gleich behandelt werden, sagt allerdings noch nichts über das Schicksal der primären (Gegen-)Leistungspflicht aus. Insoweit bleibt es zunächst dabei, dass von vornherein eine Primärleistungspflicht des Schuldners, hier des beklagten Vermieters auf Gebrauchsüberlassung, nicht entsteht, in den Fällen des § 275 Abs. 1 BGB denknotwendigerweise überhaupt nicht entstehen kann (vgl. *Canaris* JZ 2001, 499, 506). Der Schuldner braucht daher gem. § 275 Abs. 1 bis 3 BGB nicht zu leisten (§ 311a Abs. 1 BGB). Daraus folgt weiter, dass dann auch der Anspruch auf die Gegenleistung, hier also auf Mietzahlung durch den Kläger, entfällt (§ 326 Abs. 1 S. 1 BGB). Der wirksame Mietvertrag bildet lediglich die Grundlage für einen etwaigen Surrogationsanspruch gem. § 285 BGB und vor allem für die Ersatzansprüche nach § 311a Abs. 2 BGB (→ Anm. 7).

7. Der Kläger, hier also der Mieter, kann Schadensersatz statt der Leistung (mithin Ersatz des positiven Interesses) oder nach seiner Wahl den Ersatz fehlgeschlagener Aufwendungen gem. § 284 BGB verlangen (§ 311a Abs. 2 S. 1 BGB). Dies gilt nur dann nicht, wenn der vorliegend beklagte Vermieter darlegt und ggf. beweist, dass er die objektive Unmöglichkeit nicht kannte und seine Unkenntnis auch nicht gem. § 276 BGB zu vertreten hat (§ 311a Abs. 2 S. 2 BGB, vgl. Schmidt-Futterer/*Eisenschmid* § 536 Rn. 487 für den Fall der Übernahme der Mietsache als im wesentlichen vertragsgemäß). Von dieser Verschuldenshaftung weicht dagegen bei anfänglichen Rechts- oder Sachmängeln nach wie vor die Garantiehaftung des Vermieters gem. § 536a Abs. 1 BGB ab.

Dieser sekundäre Schadensersatzanspruch des Gläubigers in § 311a Abs. 2 BGB knüpft dabei nicht an den Umstand an, auf dem das Leistungshindernis beruht, sondern stellt entsprechend § 306 BGB aF darauf ab, ob der Schuldner das Leistungshindernis kannte oder kennen musste. Es kommt also nicht darauf an, ob der Schuldner das Leistungshindernis zu vertreten hat, sondern allein darauf, ob er die Unkenntnis von diesem Leistungshindernis vertreten muss. Damit handelt es sich bei § 311a Abs. 2 BGB um eine eigenständige Anspruchsgrundlage und nicht lediglich um einen Unterfall des zentralen allgemeinen Pflichtverletzungstatbestandes in § 280 Abs. 1 BGB (welche Norm maßgeblich ist, kann im Regelfall offen bleiben: Palandt/*Grüneberg* § 311a Rn. 2; BT-Drs. 14/6040 S. 166). Insoweit gelten die vorstehenden Ausführungen zum Vertretenmüssen des Beklagten nach der bisherigen Rechtslage uneingeschränkt auch nach der Schuldrechtsreform.

Der Anspruch des Gläubigers auf das positive Interesse kann für diesen allerdings etwa dann ungünstig sein, wenn der Vertrag für ihn ein Verlustgeschäft war. In diesem Fall hat er die Möglichkeit, gem. § 311a Abs. 2 BGB alternativ nach seiner Wahl statt des

Schadensersatzes statt der Leistung auch Ersatz seiner Aufwendungen gem. § 284 BGB verlangen. Auf diese Weise kann er zumindest einen Teil des negativen Interesses liquidieren (*Canaris* JZ 2001, 499, 507). Der Entlastungsbeweis in § 311a Abs. 2 S. 2 BGB gilt allerdings auch hier.

Gelingt dem Schuldner dieser Entlastungsbeweis, bestehen nach dem Wortlaut des § 311a Abs. 2 BGB keinerlei Ansprüche des Gläubigers. Allerdings wird erwogen, in diesem Fall § 122 BGB analog anzuwenden, weil es sich bei der Verpflichtung zur Erbringung einer objektiv unmöglichen Leistung regelmäßig um eine Irrtumslage handelt, die mit der Situation nach § 119 Abs. 2 BGB zumindest vergleichbar ist. Der Schuldner soll also von seiner Leistungspflicht nicht ersatzlos frei werden, sondern immerhin zum Ersatz des Vertrauensschadens verpflichtet sein (*Canaris* JZ 2001, 499, 507 f.; zust. die Regierungsbegründung BT-Drs. 14/6040 S. 166; aA Palandt/*Grüneberg* § 311a Rn. 15; MüKoBGB/*Ernst* § 311a Rn. 41).

8. Ohne Nachweis beträgt der Verzugszinssatz 5 Prozentpunkte, wenn an dem Rechtsgeschäft kein Verbraucher iSv § 13 BGB beteiligt ist 9 Prozentpunkte über dem Basiszinssatz gem. § 247 BGB jährlich bei Entgeltforderungen (§ 288 Abs. 1 bzw. 2 BGB; zum Übergangsrecht vgl. Art. 229 § 34 EGBGB). Selbstverständlich bleibt es dem Gläubiger nach wie vor unbenommen, einen konkret nachzuweisenden höheren Schaden ersetzt zu verlangen (§ 288 Abs. 4 BGB).

4. Klage auf Schadensersatz wegen anfänglichen Unvermögens

An das

Amtsgericht/Landgericht[1] . . . . .

Klage

In Sachen

des . . . . .

– Kläger –

Prozessbevollmächtigte: . . . . .

gegen

den . . . . .

– Beklagter –

wegen Schadensersatzes und Feststellung

erheben wir hiermit namens und in anwaltlich versicherter Vollmacht des Klägers

Klage,

entrichten aus einem vorläufigen Streitwert in Höhe von . . . . . EUR[2] Vorschuss auf die Gerichtskosten durch beigefügten Verrechnungsscheck in Höhe von . . . . . EUR, bitten um Zustellung der Klageschrift an den Beklagten und um Anberaumung eines baldigen frühen ersten Termins zur mündlichen Verhandlung, in dem wir die

Anträge

stellen/verlesen[3] werden, wie folgt zu erkennen:

1. Der Beklagte wird verurteilt, an den Kläger . . . . . EUR nebst . . . . . Prozentpunkten über dem jeweiligen Basiszinssatz hieraus p. a. seit dem . . . . . zu bezahlen.
2. Es wird festgestellt, dass der Beklagte verpflichtet ist, dem Kläger die Differenz zur höheren Miete für die Ersatzräume . . . . . für die Zeit vom . . . . . bis . . . . . zu ersetzen.
3. Der Beklagte trägt die Kosten des Rechtsstreits.
4. Das Urteil ist, notfalls gegen Sicherheitsleistung, vorläufig vollstreckbar. Dem Kläger wird nachgelassen, Sicherheitsleistung auch durch unwiderrufliche selbstschuldnerische Bürgschaft eines im Bereich der EU zugelassenen Bank- oder Kreditinstituts zu erbringen, ebenfalls – vorsorglich – zwecks Abwendung der Zwangsvollstreckung.

Sollte das Gericht das schriftliche Vorverfahren beschließen, wird bereits jetzt

Antrag

auf Erlass eines Versäumnisurteils (§ 331 Abs. 3 ZPO)

gestellt.

Begründung:

Mit der vorliegenden Klage begehrt der Kläger als Mieter[4] Schadensersatz wegen anfänglichen Unvermögens auf Vermieterseite.

Im Einzelnen:

1. Der Kläger hat vom Beklagten mit Gewerberaummietvertrag vom . . . . . folgende Räumlichkeiten . . . . . zum Betrieb eines . . . . . fest für mindestens 5 Jahre angemietet.

> Beweis: Vorerwähnter Mietvertrag, gemäß § 133 Abs. 1 S. 2 ZPO einfach beigefügt in Ablichtung als Anlage K 1.

Zum Zeitpunkt der vertraglich vereinbarten Übergabe des Mietobjekts am . . . . . (vgl. § . . . . . des als Anlage K 1 vorgelegten Mietvertrages) hatten die Vormieter entgegen ihrer Verpflichtung noch nicht geräumt, sondern nutzten die Mietsache wie bisher weiter.[5] Der Beklagte hat zwar – allerdings mit unnötiger zeitlicher Verzögerung, zumal die Vormieter bereits vor Abschluss des Mietvertrages mit dem Kläger (Anlage K 1) diesem mitgeteilt hatten, mangels neuen Mietobjektes nicht ausziehen zu können[6] – zwischenzeitlich Räumungsklage gegen die Vormieter erhoben. Deren rechtskräftiger Abschluss und vor allem der Zeitpunkt einer, wohl unumgänglich zwangsweisen Räumung war und ist aber noch nicht absehbar. Dies steht bislang außer Streit. Beweisantritt bleibt daher lediglich vorsorglich vorbehalten.
Nachdem folglich binnen angemessener Frist eine Überlassung der Mieträume an den Kläger nicht erwartet werden kann, war es diesem nicht mehr zumutbar, noch länger zuzuwarten. Mit der Anmietung der Mietsache vom Beklagten sollte ein dringender Erweiterungsbedarf des Betriebs des Klägers befriedigt werden. Da dem Kläger glücklicherweise geeignete Alternativräume zudem noch in der Nähe – wenn auch von einem Makler – angeboten worden waren, hat er mit Schreiben vom . . . . . das Gewerberaummietverhältnis mit dem Beklagten fristlos gekündigt.[7]

> Beweis: Vorerwähntes Kündigungsschreiben (Einschreiben/Rückschein), gemäß § 133 Abs. 1 Satz 2 ZPO einfach beigefügt in Ablichtung nebst Rückschein als Anlage K 2.

2. Der Kläger musste für die Anmietung der Ersatzräume eine Maklerprovision[8] in Höhe von . . . . . EUR bezahlen.

> Beweis: Maklerrechnung vom . . . . ., beigefügt in Ablichtung als Anlage K 3.

Weiter muss er für das völlig vergleichbare Ersatzobjekt eine um . . . . . EUR monatlich höhere Grundmiete bezahlen.[9]

Beweis: Mietvertrag vom . . . . ., gemäß § 133 Abs. 1 S. 2 ZPO einfach beigefügt in Ablichtung als Anlage K 4.

Für die Vergleichbarkeit der Mieträume (. . . . . hier vorsorglich als Anknüpfungspunkte für den Sachverständigen entsprechende Vergleichsmerkmale konkret aufführen, so zB Lage, Größe, Ausstattung u.a . . . . . .) bieten wir vorsorglich Beweis an durch
                 Einholung eines Sachverständigengutachtens.

Für die vergangenen . . . . . Monate sind daher insoweit an Mehrkosten entstanden EUR . . . . .
Diese Kosten kann der Kläger im Wege des Schadensersatzes vom Beklagten ersetzt verlangen.[10] In der Summe ergibt dies den mit Klageantrag Ziffer 1 geltend gemachten Betrag.

3. Der Beklagte wurde mit Schreiben des Klägers vom . . . . . zum Ausgleich dieser Beträge bis spätestens . . . . . aufgefordert. Hierauf erfolgte keinerlei Reaktion.

Beweis: Vorerwähntes Schreiben des Klägers, gemäß § 133 Abs. 1 S. 2 ZPO einfach beigefügt in Ablichtung als Anlage K 4.

Der Beklagte befindet sich daher seit dem . . . . . in Verzug.
Geltend gemacht werden die gesetzlichen Verzugszinsen gem. §§ 288, 247 BGB, die folglich ebenfalls begründet sind.[11]

4. Mindestens für die restliche befristete Laufzeit[12] des – gekündigten – Gewerberaummietvertrages mit dem Beklagten ist der Kläger weiter berechtigt, jeweils zu den Fälligkeitsterminen die vorstehend beweisbewehrt dargelegte Mietdifferenz pro Monat vom Beklagten erstattet zu verlangen. Dabei sind auch etwaige zulässige Mieterhöhungen zu Lasten des Beklagten mit zu berücksichtigen. Eine entsprechende schriftliche und rechtsverbindliche Erklärung hat der Kläger vergeblich vom Beklagten mit dem als Anlage K 4 beigefügten Schreiben verlangt.
Hieraus ergibt sich das Feststellungsinteresse des Klägers und damit die Begründetheit von Klageantrag Ziffer 2, wobei der Kläger davon ausgeht, dass der Beklagte schon auf Grund des Feststellungsurteils seinen Zahlungsverpflichtungen nachkommen wird.[13]
5. Auf der Grundlage dieser Ausführungen ist der Beklagte wie beantragt zu verurteilen.

                                   Rechtsanwalt

Anmerkungen

1. Bei der Gewerberaummiete ist die übliche streitwertabhängige Zuständigkeitsregelung der §§ 23 Nr. 1, 71 Abs. 1 GVG zu beachten. Bei Wohnraummietverhältnissen ergibt sich die ausschließliche sachliche Zuständigkeit des Amtsgerichts aus § 23 Nr. 2 a GVG.
Örtlich ausschließlich zuständig ist das Gericht, in dessen Bezirk die Mietsache liegt (vgl. § 29a ZPO)

2. Bei dem Schadensersatzbegehren ist allein der eingeklagte Ersatzbetrag maßgeblich. Für die geltend gemachte Feststellung ist die voraussichtliche Mietdifferenz bis zum frühesten Beendigungszeitpunkt des Mietvertrages durch den Ersatzpflichtigen (BGH

WuM 1972, 57) anzusetzen, abzüglich eines Abschlages in Höhe von 20 % (BGH NJW-RR 1988, 689; BGH NJW-RR 1999, 362; JurBüro 1975, 1598). Der BGH hat noch zu § 9 ZPO aF entschieden, jedenfalls bei befristeten Verträgen sei auf die Miete für die restliche Vertragslaufzeit, maximal auf den 25fachen Jahresbetrag, abzustellen (NJW 1966, 779; dort offengelassen, was bei unbefristeten Verträgen gelten soll, bei denen § 3 ZPO Anwendung findet – BGH NJW 1958, 1967; vgl. auch BLAH/*Hartmann* Anh. § 3 Rn. 80, der § 41 Abs. 5 GKG analog anwenden will, mwN zur abweichenden Rspr.), ebenso OLG Düsseldorf (Rpfleger 1973, 145). OLG Karlsruhe (WuM 1979, 155) will bei Verträgen unter 12 Jahren die Differenz für die gesamte Restlaufzeit, bei einer darüber liegenden Vertragslaufzeit nur die Hälfte hiervon ansetzen, jeweils mit einem Abschlag von 20 % für die bloße Feststellungswirkung.

3. In Anwaltsprozessen werden die Sachanträge grundsätzlich verlesen (§ 297 ZPO). Dies gilt in amtsgerichtlichen Verfahren nur, soweit ausnahmsweise dessen schriftliche Vorbereitung nach § 129 Abs. 2 ZPO aufgegeben wurde (vgl. auch § 496 ZPO). Andernfalls genügt es, die Anträge zu stellen.

4. Es wäre selbstverständlich auch umgekehrt denkbar, dass der Vermieter entsprechend vom Mieter Schadensersatz verlangt. Dies etwa dann, wenn der Mieter bereits bei Mietvertragsabschluss vermögenslos ist und weder selbst noch über Dritte die Miete oder auch eine Mietsicherheit aufbringen kann. Ein weiteres Beispiel wäre, wenn neben oder statt der Miete vereinbarte Dienst- oder Werkleistungen vom Mieter nicht erbracht werden können, also etwa Renovierungspflichten oder auch eine Betriebspflicht (vgl. nur Bub/Treier/*v. Martius/Ehlert/Schüller* III Rn. 2758 ff.). Der Mietvertrag bleibt in diesen Fällen der sog. subjektiven Unmöglichkeit wirksam. Seit der Schuldrechtsreform gilt dann eine reine Verschuldenshaftung gem. § 311a Abs. 2 BGB, auch für den Fall der anfänglichen subjektiven Unmöglichkeit. Die wechselseitigen primären Leistungspflichten sind demgegenüber erloschen (§§ 275, 326 Abs. 1 BGB). Aus der früheren Garantiehaftung jedenfalls der hM ist damit eine Haftung für zu vertretende Unkenntnis des Leistungshindernisses (nicht aber für eine Vertretenmüssen des Leistungshindernisses selbst, → Form. B. I. 3 Anm. 7) geworden.

Dabei gilt das bisherige Recht vor der Schuldrechtsreform für vor dem 1.1.2002 entstandene Schuldverhältnisse (maßgeblich ist grundsätzlich der Zugang der Annahmeerklärung, *Hess* NJW 2002, 253, 255) und die neue Rechtslage für alle nach dem 31.12.2001 entstandenen Schuldverhältnisse (vgl. Art. 229 § 5 S. 1 EGBGB). Bei vor dem 1.1.2002 in diesem Sinne entstandenen Dauerschuldverhältnissen, also für den hier in Rede stehenden Mietvertrag, galt das bisherige Recht bis zum 31.12.2002 weiter (Art. 229 § 5 S. 2 EGBGB).

5. Hierin liegt ein schon bei Vertragsschluss vorhandenes tatsächliches Leistungshindernis auf Vermieterseite, die zur (rechtzeitigen) Überlassung der Mietsache an den Mieter nicht in der Lage ist, wohl aber ein Dritter, hier die Vormieter. Es handelt sich folglich nicht um einen Rechtsmangel iSv § 536 Abs. 3 BGB (OLG Frankfurt a. M. NZM 1999, 966; BGH NJW 1983, 446). Vielmehr haftet der Vermieter nach allgemeinen schuldrechtlichen Grundsätzen wegen anfänglicher Unmöglichkeit dem Mieter gegenüber, sofern er das Leistungshindernis bei Vertragsschluss kannte bzw. seine Unkenntnis zu vertreten hat (Schmidt-Futterer/*Eisenschmid* § 536 Rn. 284, 534 ff. und § 536a Rn. 25 ff.).

Bei der Miete von Räumen kann grundsätzlich die Leistung nicht mehr nachgeholt werden, so dass (Teil-)Unmöglichkeit vorliegt und kein Verzug (→ Form. B. I. 7) Bei anfänglichem Unvermögen erlischt die primäre Leistungspflicht des Schuldners nach § 275 Abs. 1 bis 3 BGB (vgl. § 311a Abs. 1 BGB) und damit auch die Gegenleistungspflicht des Gläubigers gem. § 326 Abs. 1 BGB, ohne dass dies weiterer Voraussetzungen bedarf. Auf der Ebene der Sekundärrechte stehen dem Gläubiger aber Schadensersatz- oder alternativ Aufwendungsersatzansprüche nach § 284 BGB gem. § 311a Abs. 2 BGB zu (→ Form. B. I. 3 Anm. 7).

6. Seit der Schuldrechtsreform gilt eine reine Verschuldenshaftung in § 311a Abs. 2 S. 1 BGB, sofern der Schuldner, hier also der beklagte Vermieter, nicht beweisen kann, dass er das Leistungshindernis bei Vertragsschluss nicht kannte und diese Unkenntnis auch nicht zu vertreten hat (§ 311a Abs. 2 S. 2 BGB). Anders als etwa bei der sog. Doppelvermietung (also ebenfalls einem Fall anfänglichen Unvermögens in Bezug auf den zeitlich 2. Mietvertragsabschluss; zur Doppelvermietung vgl. BGH NZM 2006, 538 = NJW 2006, 2323; BGH NZM 2006, 99; OLG Koblenz NZM 2008, 248) könnte es dem Vermieter allerdings im Fall des nicht räumenden Vormieters gelingen, den Entlastungsbeweis zu führen, nachdem es nicht auf die Kenntnis von der Vorvermietung, sondern von der nicht rechtzeitigen Räumung durch den Vormieter ankommt (die nach dem hier in Rede stehenden Sachverhalt auf Grund der Ankündigung des Vormieters vor Abschluss des Mietvertrages zwischen den Parteien, nicht auszuziehen, unzweifelhaft gegeben ist). Ob man dieses, im Einzelfall als unbillig empfundene Ergebnis dadurch korrigieren kann, dass man hier einen Fall der nachträglichen Unmöglichkeit (→ Form. B. I. 6) annimmt (Anknüpfungspunkt soll die Verletzung der Räumungspflicht durch den Vormieter, die denknotwendigerweise nicht bereits zum Abschluss des Mietvertrages mit dem Folgemieter vorgelegen haben könne, sein), so dass das Verschulden des Vormieters dem Vermieter über § 278 BGB zugerechnet wird und seine Schadensersatzpflicht dann aus den §§ 280 Abs. 1 und 3, 283 BGB folgt (so *Gruber* WuM 2002, 252, 254), erscheint fraglich.

Gelingt dem Schuldner der Entlastungsbeweis, trifft § 311a BGB keinerlei Regelung über die dann dem Gläubiger zustehenden Ansprüche. Im Schrifttum wird für diesen Fall § 122 BGB analog angewandt, da sich der Schuldner im Hinblick auf die Frage seiner Leistungsfähigkeit bei einem anfänglichen Leistungshindernis in einer vergleichbaren Irrtumslage befunden haben soll. Der Schuldner soll also von seiner Leistungspflicht nicht ersatzlos frei werden, sondern immerhin zum Ersatz des Vertrauensschadens verpflichtet sein (*Canaris* JZ 2001, 499, 507 f.; zustimmend die Regierungsbegründung BT-Drs. 14/6040 S. 166; aA Palandt/*Grüneberg* § 311a Rn. 15; MüKoBGB/*Ernst* § 311a Rn. 41). Dadurch wird ein gerechter Interessenausgleich geschaffen.

7. Der andere Vertragsteil, hier der klagende Mieter, kann entweder bei lediglich verspäteter Leistungserbringung, mithin vorliegend der Überlassung der Mietsache, neben der Erfüllung den bis dahin entstandenen Schaden ersetzt verlangen. Der Ersatz des Verzögerungsschadens ist neben dem Schadensersatzanspruch wegen Nichterfüllung möglich (vgl. §§ 280 Abs. 2, 286 BGB). Er kann aber auch, wie hier, nach § 543 Abs. 2 S. 1 Nr. 1 BGB fristlos kündigen. Grundsätzlich ist hierfür zwar eine vorherige Nachfristsetzung erforderlich. Diese ist aber dann entbehrlich, wenn die Vertragserfüllung auf Grund der nicht rechtzeitigen Gebrauchsüberlassung für den Mieter ohne Interesse ist (§ 543 Abs. 3 S. 2 BGB) oder wenn eine Gebrauchsüberlassung binnen angemessener Frist nicht (mehr) zu erwarten steht (BGH WM 1967, 515). So liegt es hier. Nach der Kündigung kann der Mieter Schadensersatz statt der Leistung so lange verlangen, wie der andere Teil an den Mietvertrag gebunden gewesen wäre (BGH WM 1975, 897). Eine Pflicht zur Kündigung, etwa aus § 254 BGB, besteht nicht (allerdings eine Anrechnungsverpflichtung etwaiger Einkünfte aus einer anderweitigen Verwertung der Mietsache – vgl. BGH NJW-RR 1995, 715). Will hingegen der andere Vertragsteil kündigen, muss er dies nach § 254 Abs. 2 BGB alsbald tun und sich auch unverzüglich um die Anmietung von Ersatzräumen bemühen.

Eine Haftungsfreizeichnung im Mietvertrag ändert an dieser Rechtslage nichts, da ein etwa vertraglich vereinbarter Haftungsausschluss für den Fall der verspäteten Übergabe der Mietsache das anfängliche Unvermögen nicht erfasst (vgl. iÜ OLG München NJW-RR 1989, 1499).

8. Vgl. BGH NJW-RR 1995, 715; zu ersetzen wären auch die Kosten für Anzeigen, entgangener Gewinn (§ 252 BGB – BGH NJW 1996, 46) oder die entgangene Nutzung selbst (BGH NJW 1988, 251; LG Köln WuM 1992, 14).

9. Die Mietdifferenz stellt ebenfalls eine ersatzfähige Schadensposition dar, soweit das Ersatzobjekt nicht höherwertig ist und allein hieraus die höhere Miete resultiert (LG Lübeck WuM 1992, 605).

10. Neben Mehrkosten oder entgangenen Einnahmen (→ Anm. 8, 9) sowie dem reinen Verzögerungsschaden (BGH NJW 1975, 1740) gehören auch vergebliche Aufwendungen zum Nichterfüllungsschaden bzw. zum Schadensersatz statt der Leistung, zB Investitionen, Werbung zur Geschäftseröffnung (BGH NJW 1988, 2664). Nach § 284 BGB, auf den § 311a Abs. 2 S. 1 BGB verweist, steht dem Gläubiger stets die Möglichkeit zu, Ersatz seiner Aufwendungen zu verlangen unabhängig davon, ob sie auf Grund einer vermuteten Rentabilität des Vertrages als Teil des entgangenen materiellen Ertrags des Geschäfts qualifiziert werden können (BT-Drs. 14/6040 S. 142 f.; vgl. auch *Canaris* JZ 2001, 499, 516). Der Gläubiger, der mit dem Geschäft keine wirtschaftlichen, sondern ideelle oder konsumtive Zwecke verfolgt, kann folglich jetzt auch Aufwendungsersatz verlangen. Anders nur dann, wenn der Zweck der Leistung auch ohne die Pflichtverletzung des Schuldners nicht erreicht worden wäre (§ 284 aE BGB).

11. Ohne Nachweis beträgt der Verzugszinssatz 5 Prozentpunkte, wenn an dem Rechtsgeschäft kein Verbraucher iSv § 13 BGB beteiligt ist 9 Prozentpunkte über dem Basiszinssatz gem. § 247 BGB jährlich bei Entgeltforderungen(§ 288 Abs. 1 bzw. 2 BGB, zum Übergangsrecht vgl. Art. 229 § 34 EGBGB). Selbstverständlich bleibt es dem Gläubiger nach wie vor unbenommen, einen konkret nachzuweisenden höheren Schaden ersetzt zu verlangen (§ 288 Abs. 4 BGB).

12. Vgl. BGH WuM 1992, 57.

13. Alternativ besteht auch die Möglichkeit einer Klage auf künftige Leistung nach § 259 ZPO. Hierfür ist aber Voraussetzung, dass die Besorgnis besteht, der Schuldner werde seiner Leistungspflicht zu den jeweiligen Fälligkeitsterminen nicht nachkommen (vgl. BGH NZM 2011, 882). Ein derartiger Umstand dürfte im bloßen Fehlen jeglicher Reaktion grundsätzlich nicht gesehen werden können.

5. Klage auf Feststellung der Leistungsfreiheit bei unverschuldetem nachträglichen Untergang der Mietsache

An das

Amtsgericht/Landgericht[1] . . . . .

Klage

In Sachen

des . . . . .

– Kläger –

Prozessbevollmächtigte: . . . . .

gegen

den . . . . .

– Beklagter –

wegen Feststellung

erheben wir hiermit namens und in anwaltlich versicherter Vollmacht des Klägers

Klage,

entrichten aus einem vorläufigen Streitwert in Höhe von . . . . . EUR[2] Vorschuss auf die Gerichtskosten durch beigefügten Verrechnungsscheck in Höhe von . . . . . EUR, bitten um Zustellung der Klageschrift an den Beklagten und um Anberaumung eines baldigen frühen ersten Termins zur mündlichen Verhandlung, in dem wir die

Anträge

stellen/verlesen[3] werden, wie folgt zu erkennen:

1. Es wird festgestellt, dass der Kläger von seinen Leistungsverpflichtungen aus dem Mietvertrag mit dem Beklagten vom . . . . . über . . . . . befreit ist und zwischen den Parteien kein Mietverhältnis mehr über . . . . . besteht.
2. Der Beklagte trägt die Kosten des Rechtsstreits.
3. Das Urteil ist, notfalls gegen Sicherheitsleistung, vorläufig vollstreckbar. Dem Kläger wird nachgelassen, Sicherheitsleistung auch durch unwiderrufliche selbstschuldnerische Bürgschaft eines im Bereich der EU zugelassenen Bank- oder Kreditinstituts zu erbringen, ebenfalls – vorsorglich – zwecks Abwendung der Zwangsvollstreckung.

Sollte das Gericht das schriftliche Vorverfahren beschließen, wird bereits jetzt

Antrag

auf Erlass eines Versäumnisurteils (§ 331 Abs. 3 ZPO)

gestellt.

Begründung:

Mit der vorliegenden Klage begehrt der Kläger als Vermieter[4] Feststellung seiner Leistungsfreiheit sowie des Erlöschens des mit dem Beklagten zunächst bestehenden Mietverhältnisses wegen unverschuldeten nachträglichen Untergangs der Mietsache.

Im Einzelnen:

1. Der Kläger hat an den Beklagten mit Mietvertrag vom . . . . . folgende Räumlichkeiten . . . . . vermietet.

   Beweis: Vorerwähnter Mietvertrag, gemäß § 133 Abs. 1 S. 2 ZPO einfach beigefügt in Ablichtung als Anlage K 1.

   Das Mietobjekt liegt an einer abschüssigen, gerade auch vom Fernverkehr viel befahrenen Straße. Am . . . . . versagten bei einem, trotz großer Warnschilder offensichtlich mit überhöhter Geschwindigkeit fahrenden Sattelzug die Bremsen und der Lkw rammte das an den Beklagten vermietete Anwesen derart unglücklich, dass das Mietobjekt vollständig abgerissen werden muss.[5]

   Beweis: 1. Lichtbildmappe, gemäß § 133 Abs. 1 S. 2 ZPO einfach beigefügt als Anlage K 2;
   2. Hilfsweise: Einholung eines Sachverständigengutachtens.

Dies alles ist dem Beklagten bekannt.

2. Der Beklagte hat vorgerichtlich wiederholt die Auffassung vertreten, der Kläger sei zum Wiederaufbau des Mietobjektes verpflichtet, zumal ihm (dem Kläger) die Versicherungsleistung der Haftpflichtversicherung des schadensverursachenden Sattelzuges zugeflossen sei.[6] Der Beklagte hat den Kläger unter Fristsetzung mehrfach zur Wiederherstellung der Mietsache aufgefordert und andernfalls erhebliche Ersatzansprüche angedroht.

Beweis: Lediglich beispielhaft vorgelegte Schreiben des Beklagten an den Kläger vom . . . . ., vom . . . . . und vom . . . . ., gemäß § 133 Abs. 1 S. 2 ZPO einfach beigefügt in Ablichtung als Anlagen K 3, K 4 und K 5.

Hieraus ergibt sich für den Kläger das erforderliche Feststellungsinteresse. Allein ein Urteil erscheint geeignet, den Beklagten dazu zu bewegen, den Kläger nicht mehr mit ungerechtfertigten Forderungen zu überziehen.

3. Auf der Grundlage dieser Ausführungen ist der Beklagte wie beantragt zu verurteilen.

Rechtsanwalt

Anmerkungen

1. Bei der Gewerberaummiete ist die übliche streitwertabhängige Zuständigkeitsregelung der §§ 23 Nr. 1, 71 Abs. 1 GVG zu beachten. Bei Wohnraummietverhältnissen ergibt sich die ausschließliche sachliche Zuständigkeit des Amtsgerichts aus § 23 Nr. 2 a GVG.

Örtlich ausschließlich zuständig ist das Gericht, in dessen Bezirk die Mietsache liegt (vgl. § 29a ZPO).

2. Bei Feststellungsklagen über das (Nicht-)Bestehen eines Mietverhältnisses bemisst sich der Gebührenstreitwert gemäß § 41 GKG nach dem auf die streitige Zeit entfallenden, höchstens aber die einjährige Miete (ohne Abzug für die bloße Feststellungswirkung: OLG Düsseldorf JurBüro 1988, 227; vgl. auch BGH NZM 1999, 21; zur Berechnung der streitigen Zeit vgl. BGH NJW-RR 1992, 1359; LG Baden-Baden WuM 1991, 34). Zum Mietzinsbegriff des § 41 GKG – Grundmiete mit oder ohne (verbrauchsunabhängige) Nebenkosten – vgl. nur Hannemann/Wiek/Emmert/*Emmert* § 2 Rn. 513 ff. mwN.

Für den Zuständigkeits- oder Rechtsmittelstreitwert gilt § 8 ZPO (vgl. auch BGH NJW-Spezial 2005, 53; BGH NJW-RR 2006, 1004).

Die auch noch begehrte Feststellung der Leistungsfreiheit hier des Vermieters dürfte sich nicht streitwerterhöhend auswirken. Würde es sich isoliert um ein derartiges Feststellungsbegehren handeln, erscheint es sachgerecht, in entsprechender Anwendung des § 41 Abs. 1 GKG ebenfalls den „Wert" der Vermieterleistung als mit maximal einer Jahresmiete als Streitwert zu beziffern.

3. In Anwaltsprozessen werden die Sachanträge grundsätzlich verlesen (§ 297 ZPO). Dies gilt in amtsgerichtlichen Verfahren nur, soweit ausnahmsweise dessen schriftliche Vorbereitung nach § 129 Abs. 2 ZPO aufgegeben wurde (vgl. auch § 496 ZPO). Andernfalls genügt es, die Anträge zu stellen.

4. Auch der Mieter könnte umgekehrt entsprechende Feststellung verlangen, etwa dann, wenn der Vermieter von ihm weiterhin die Zahlung der vereinbarten Miete verlangen sollte zB mit der – nicht nachweisbaren – Begründung, der Mieter habe den Untergang des Mietobjektes zu vertreten.

5. Ist die Mietsache ganz oder teilweise untergegangen (abgesehen von dem hier in Rede stehenden Fall des Einsturzes zB durch Brand, Explosion, Verseuchung), gelten die allgemeinen Vorschriften über die Unmöglichkeit (BGH NJW 1992, 1036; NJW-RR 1991, 204) und nicht die ansonsten vorrangigen Sonderregelungen über die Gewährleistung nach den §§ 536 ff. BGB, bei denen es allein um die Folgen von Sach- oder Rechtsmängeln geht (Schmidt-Futterer/*Eisenschmid* § 536 Rn. 550). Dabei spielt es keine Rolle, ob dem Mieter die Mietsache bereits überlassen war oder nicht.

Hat keine der Parteien den Untergang der Mietsache zu vertreten bzw. kann dies der anderen Seite nicht nachgewiesen werden (andernfalls → Form. B. I. 6), wird der Vermieter nach gem. § 275 BGB von seiner Leistungspflicht, der Mieter nach § 326 Abs. 1 BGB von seiner Gegenleistungsverpflichtung auf Mietzahlung frei (BGH NJW 1992, 1036; NJW-RR 1991, 204). Umstritten ist, welche Auswirkungen dies ansonsten auf den Mietvertrag hat: Nach überwiegender Auffassung erlischt das Mietverhältnis, ohne dass es einer Kündigung bedarf (LG Karlsruhe NZM 2005, 221). Nach anderer Meinung kann (und muss) der Mieter das Mietverhältnis nach § 543 Abs. 2 S. 1 Nr. 1 BGB kündigen, allerdings ohne vorherige Nachfristsetzung (der BGH ZMR 2004, 248, NJW-RR 1987, 906 und NJW 1976, 1315, dürfte dieser Auffassung zuneigen).

Die §§ 536 ff. BGB greifen dagegen ein, wenn die Mietsache lediglich beschädigt wurde (zB Abriss eines Balkons: LG Berlin WuM 1991, 538; zur schwierigen Abgrenzung im Einzelfall vgl. ausführlich Schmidt-Futterer/*Eisenschmid* § 536 Rn. 555 ff.).

Dabei gilt das bisherige Recht bis zur Schuldrechtsreform für vor dem 1.1.2002 entstandene Schuldverhältnisse (maßgeblich ist grundsätzlich der Zugang der Annahmeerklärung, *Hess* NJW 2002, 253, 255) und die neue Rechtslage für alle nach dem 31.12.2001 entstandenen Schuldverhältnisse (vgl. Art. 229 § 5 S. 1 EGBGB). Bei vor dem 1.1.2002 in diesem Sinne entstandenen Dauerschuldverhältnissen, also für den hier in Rede stehenden Mietvertrag, galt das bisherige Recht bis zum 31.12.2002 weiter (Art. 229 § 5 S. 2 EGBGB).

6. Bei Anwendung von § 275 BGB alte wie auch neue Fassung entfällt die Gebrauchsüberlassungspflicht des Vermieters und damit auch seine Pflicht zur Wiederherstellung der Mietsache (BGH NJW 1992, 1036; NJW 1976, 1506; NJW 1974, 1551). Seit der Schuldrechtsreform stehen dem Mieter unter den Voraussetzungen des §§ 280, 283 BGB ein Anspruch auf Schadensersatz statt der Leistung bzw. nach §§ 326 Abs. 5, 323 BGB ein Rücktrittsrecht zu, wobei die Erklärung des Rücktritts das Schadensersatzverlangen nicht ausschließt (§ 325 BGB).

Der Vermieter muss in derartigen Fällen auch eine etwaige Versicherungsleistung nicht zum Wiederaufbau verwenden, die vom Mieter auch nicht gem. § 285 BGB herausverlangt werden kann, da es sich um ein Surrogat für den Substanzverlust und nicht für die entfallene Nutzung der Mietsache handelt (BGH NJW 1992, 1036; NJW 1976, 1506; anders ggf. bei Leistung einer Betriebsunterbrechungsversicherung des Vermieters).

Der Vermieter ist somit frei, wie er das Grundstück künftig nutzen will (BGH NJW 1976, 1506) und muss selbst nach Wiederaufbau der Mietsache über § 535 Abs. 1 S. 2 BGB, mit dem Mieter keinen neuen Mietvertrag abschließen (OLG Hamm WuM 1981, 259).

6. Klage auf Schadensersatz infolge nachträglicher Unmöglichkeit

An das

Amtsgericht/Landgericht[1] . . . . .

Klage

In Sachen

des . . . . .

– Kläger –

Prozessbevollmächtigte: . . . . .

gegen

den . . . . .

– Beklagter –

wegen Schadensersatzes und Feststellung

erheben wir hiermit namens und in anwaltlich versicherter Vollmacht des Klägers

Klage,

entrichten aus einem vorläufigen Streitwert in Höhe von . . . . . EUR[2] Vorschuss auf die Gerichtskosten durch beigefügten Verrechnungsscheck in Höhe von . . . . . EUR, bitten um Zustellung der Klageschrift an den Beklagten und um Anberaumung eines baldigen frühen ersten Termins zur mündlichen Verhandlung, in dem wir die

Anträge

stellen/verlesen[3] werden, wie folgt zu erkennen:

1. Der Beklagte wird verurteilt, an den Kläger . . . . . EUR nebst . . . . . Prozentpunkten über dem jeweiligen Basiszinssatz hieraus p. a. seit dem . . . . . zu bezahlen.
2. Es wird festgestellt, dass der Beklagte verpflichtet ist, dem Kläger die Differenz zur höheren Miete für die Ersatzräume . . . . . für die Zeit vom . . . . . bis . . . . . zu ersetzen.
3. Der Beklagte trägt die Kosten des Rechtsstreits.
4. Das Urteil ist, notfalls gegen Sicherheitsleistung, vorläufig vollstreckbar. Dem Kläger wird nachgelassen, Sicherheitsleistung auch durch unwiderrufliche selbstschuldnerische Bürgschaft eines im Bereich der EU zugelassenen Bank- oder Kreditinstituts zu erbringen, ebenfalls – vorsorglich – zwecks Abwendung der Zwangsvollstreckung.

Sollte das Gericht das schriftliche Vorverfahren beschließen, wird bereits jetzt

Antrag

auf Erlass eines Versäumnisurteils (§ 331 Abs. 3 ZPO)

gestellt.

Begründung:

Mit der vorliegenden Klage begehrt der Kläger als Mieter[4] vom beklagten Vermieter Schadensersatz statt der Leistung auf Grund vom Beklagten verschuldeter nachträglicher Unmöglichkeit.

Im Einzelnen:

1. Der Kläger hat vom Beklagten mit Mietvertrag vom . . . . . folgende Räumlichkeiten . . . . . mit einer festen Vertragslaufzeit von 10 Jahren ab dem . . . . . angemietet.

Beweis: Vorerwähnter Mietvertrag, gemäß § 133 Abs. 1 S. 2 ZPO einfach beigefügt in Ablichtung als Anlage K 1.

Das Mietobjekt wurde zwangsversteigert; am . . . . . erhielt . . . . . den Zuschlag.

Beweis: Zuschlagsbeschluss des . . . . . vom . . . . ., gemäß § 133 Abs. 1 S. 2 ZPO einfach beigefügt in Ablichtung als Anlage K 2.

Der Ersteher hat von seinem Sonderkündigungsrecht nach § 57a ZVG Gebrauch gemacht und das auf ihn nach §§ 566, 578 Abs. 1 BGB übergegangene Mietverhältnis mit dem Kläger unter Einhaltung der gesetzlichen Frist nach §§ 573d Abs. 1 und 2, 580 a Abs. 4 BGB zum ersten zulässigen Termin, dem . . . . ., wirksam gekündigt.[5]

Beweis: Kündigungsschreiben vom . . . . ., gemäß § 133 Abs. 1 S. 2 ZPO einfach beigefügt in Ablichtung als Anlage K 3.

2. Der Kläger musste das Mietobjekt, in das er im Vertrauen auf die lange Vertragslaufzeit – wie mit dem Beklagten ausdrücklich vereinbart (vgl. § . . . . . des als Anlage K 1 vorgelegten Mietvertrages) – aufwändig investiert hatte, räumen und unter nicht unerheblichen zusätzlichen Kosten Ersatzräume anmieten, für die er zudem noch eine höhere Miete entrichten muss. Hierfür ist der Beklagte dem Kläger ersatzpflichtig.

a) Der Kläger hatte bei Mietbeginn folgende Investitionen[6] vereinbarungsgemäß in die Mietsache getätigt:
. . . . .
Dies war bislang unstreitig. Sollte der Beklagte wider Erwarten diese ihm bestens bekannten Investitionen im Verlauf dieses Rechtsstreits in Abrede stellen, bleibt ergänzender Beweisantritt vorbehalten.
An Kosten sind hierfür insgesamt angefallen . . . . . EUR

Beweis: Zusammenstellung unter Vorlage sämtlicher Rechnungen, beigefügt als Anlagenkonvolut K 4.

Die daraus ersichtlichen Beträge sind üblich und angemessen.

Beweis: Einholung eines Sachverständigengutachtens.

Diese Investitionen hat der Kläger noch nicht abgenutzt. Zieht man als Vorgabe den Gedanken aus der – ersatzlos gestrichenen – Regelung in § 57c Abs. 2 ZVG aF, die lediglich für Investitionen zur Schaffung und Instandsetzung des Mietobjektes, nicht aber für die hier in Rede stehenden Investitionen des Klägers, galt, entsprechend heran, wäre ein Kostenbetrag in Höhe einer Jahresmiete durch eine Mietdauer von 4 Jahren getilgt.[7] Bislang sind seit Mietbeginn aber lediglich . . . . . Jahre vergangen, so dass angesichts der vorbezifferten Gesamtinvestitionskosten in Höhe von . . . . . Jahresmieten noch ein Betrag in Höhe von . . . . . EUR zu erstatten ist. Hilfsweise berufen wir uns zum Beweis für die Angemessenheit dieses Betrages auf die
Einholung eines Sachverständigengutachtens.

b) Der Kläger musste für die Anmietung der Ersatzräume mehrfach Anzeigen schalten und eine Maklerprovision[8] in Höhe von . . . . . EUR bezahlen.

Beweis: 1. 12 Anzeigenrechnungen, beigefügt in Ablichtung als Anlagenkonvolut K 5;
2. Maklerrechnung vom . . . . ., beigefügt in Ablichtung als Anlage K 6.

An Umzugskosten sind entstanden . . . . . EUR.

Beweis: Rechnung des Speditionsunternehmens vom . . . . ., beigefügt in Ablichtung als Anlage K 7.

c) Weiter muss der Kläger für das völlig vergleichbare Ersatzobjekt eine um . . . . . EUR monatlich höhere Grundmiete bezahlen.[9]

Beweis: Mietvertrag vom . . . . ., gemäß § 133 Abs. 1 S. 2 ZPO einfach beigefügt in Ablichtung als Anlage K 8.

Für die Vergleichbarkeit der Mieträume (. . . . . hier vorsorglich als Anknüpfungspunkte für den Sachverständigen entsprechende Vergleichsmerkmale konkret aufführen, so zB Lage, Größe, Ausstattung u.a . . . . . .) bieten wir vorsorglich Beweis an durch
Einholung eines Sachverständigengutachtens.
Für die vergangenen . . . . . Monate sind daher insoweit an Mehrkosten entstanden . . . . . EUR.

d) Diese Kosten unter a bis c kann der Kläger im Wege des Schadensersatzes vom Beklagten ersetzt verlangen. In der Summe ergibt dies den mit Klageantrag Ziffer 1 geltend gemachten Betrag.

3. Der Beklagte wurde mit Schreiben des Klägers vom . . . . . zum Ausgleich dieser Beträge bis spätestens . . . . . aufgefordert. Hierauf erfolgte keinerlei Reaktion.

Beweis: Vorerwähntes Schreiben des Klägers, gemäß § 133 Abs. 1 S. 2 ZPO einfach beigefügt in Ablichtung als Anlage K 9.

Der Beklagte befindet sich daher seit dem . . . . . in Verzug.
Geltend gemacht werden die gesetzlichen Verzugszinsen gem. §§ 288, 247 BGB, die folglich ebenfalls begründet sind.[10]

4. Mindestens für die restliche befristete Laufzeit[11] des – gekündigten – Gewerberaummietvertrages mit dem Beklagten ist der Kläger weiter berechtigt, jeweils zu den Fälligkeitsterminen die vorstehend beweisbewehrt dargelegte Mietdifferenz pro Monat vom Beklagten erstattet zu verlangen. Dabei sind auch etwaige zulässige Mieterhöhungen zu Lasten des Beklagten mit zu berücksichtigen. Eine entsprechende schriftliche und rechtsverbindliche Erklärung hat der Kläger vergeblich vom Beklagten mit dem als Anlage K 9 beigefügten Schreiben verlangt.
Hieraus ergibt sich das Feststellungsinteresse des Klägers und damit die Begründetheit von Klageantrag Ziffer 2, wobei der Kläger davon ausgeht, dass der Beklagte schon auf Grund des Feststellungsurteils seinen Zahlungsverpflichtungen nachkommen wird.[12]

5. Auf der Grundlage dieser Ausführungen ist der Beklagte wie beantragt zu verurteilen.

Rechtsanwalt

Anmerkungen

1. Bei der Gewerberaummiete ist die übliche streitwertabhängige Zuständigkeitsregelung der §§ 23 Nr. 1, 71 Abs. 1 GVG zu beachten. Bei Wohnraummietverhältnissen ergibt sich die ausschließliche sachliche Zuständigkeit des Amtsgerichts aus § 23 Nr. 2 a GVG.

Örtlich ausschließlich zuständig ist das Gericht, in dessen Bezirk die Mietsache liegt (vgl. § 29a ZPO).

2. Bei dem Schadensersatzbegehren ist allein der eingeklagte Ersatzbetrag maßgeblich. Für die geltend gemachte Feststellung ist die voraussichtliche Mietdifferenz bis zum frühesten Beendigungszeitpunkt des Mietvertrages durch den Ersatzpflichtigen (BGH WuM 1972, 57) anzusetzen, abzüglich eines Abschlages in Höhe von 20 % (BGH NJW-RR 1988, 689; JurBüro 1975, 1598). Der BGH hat noch zu § 9 ZPO aF entschieden, jedenfalls bei befristeten Verträgen sei auf die Miete für die restliche Vertragslaufzeit, maximal auf den 25-fachen Jahresbetrag, abzustellen (NJW 1966, 779; dort offen gelassen, was bei unbefristeten Verträgen gelten soll, bei denen § 3 ZPO Anwendung findet – BGH NJW 1958, 1967; vgl. auch BLAH/*Hartmann* Anh. § 3 Rn. 80, der § 41 Abs. 5 GKG analog anwenden will, mwN zur abweichenden Rspr.), ebenso OLG Düsseldorf (Rpfleger 1973, 145). OLG Karlsruhe (WuM 1979, 155) will bei Verträgen unter 12 Jahren die Differenz für die gesamte Restlaufzeit, bei einer Vertragslaufzeit von mehr als 12 Jahren nur die Hälfte hiervon ansetzen, jeweils mit einem Abschlag von 20 % für die bloße Feststellungswirkung.

3. In Anwaltsprozessen werden die Sachanträge grundsätzlich verlesen (§ 297 ZPO). Dies gilt in amtsgerichtlichen Verfahren nur, soweit ausnahmsweise dessen schriftliche Vorbereitung nach § 129 Abs. 2 ZPO aufgegeben wurde (vgl. auch § 496 ZPO). Andernfalls genügt es, die Anträge zu stellen.

4. Der Vermieter kann auch umgekehrt vom Mieter wegen von diesem verschuldeter nachträglicher Unmöglichkeit aus Vertrag wie auch Delikt Schadensersatz verlangen (etwa wenn Arbeitnehmer des Mieters den Untergang des Mietobjekts zu vertreten haben, vgl. BGH NJW 1965, 1709; OLG Düsseldorf NJW-RR 1997, 1097). Daneben kann der Vermieter für die vereinbarte Vertragszeit die Miete gem. § 326 Abs. 2 BGB (unter Anrechnung ersparter Aufwendungen bzw. anderweitigen Erwerbs) beanspruchen und wird selbst gem. § 275 BGB von seiner Leistungspflicht frei (vgl. BGH NJW 1992, 683 und 1036; NJW-RR 1991, 267; NJW 1976, 1506). Dem Mieter steht weder aus § 535 Abs. 1 S. 2 BGB ein Wiederherstellungsanspruch noch das Kündigungsrecht aus § 543 Abs. 2 S. 1 Nr. 1 BGB zu (BGH NJW 1992, 1036).

Dabei gilt das bisherige Recht bis zur Schuldrechtsreform für vor dem 1.1.2002 entstandene Schuldverhältnisse (maßgeblich ist grundsätzlich der Zugang der Annahmeerklärung, *Hess* NJW 2002, 253, 255) und die neue Rechtslage für alle nach dem 31.12.2001 entstandenen Schuldverhältnisse (vgl. Art. 229 § 5 S. 1 EGBGB). Bei vor dem 1.1.2002 in diesem Sinne entstandenen Dauerschuldverhältnissen, also für den hier in Rede stehenden Mietvertrag, galt das bisherige Recht bis zum 31.12.2002 weiter (Art. 229 § 5 S. 2 EGBGB).

War die Zerstörung der Mietsache durch den Annahmeverzug des Mieters bedingt (→ Form. B. II. 1), etwa bei einem Brand der leer stehenden Mieträume, treten gem. § 323 Abs. 6 iVm § 326 Abs. 2 BGB die gleichen Rechtsfolgen ein, sofern der Vermieter selbst nach § 300 Abs. 1 BGB nicht mindestens grob fahrlässig gehandelt hat (Bub/Treier/*Kraemer/Ehlert* III Rn. 2824; außer es tritt während des Annahmeverzugs Unmöglichkeit ein: BGH NJW-RR 1991, 267). § 324 Abs. 2 BGB aF bzw. jetzt § 323 Abs. 6 iVm § 326

Abs. 2 BGB tritt weiter an die Stelle von § 536 Abs. 1 BGB und dies auch dann, wenn der Mangel ohne Annahmeverzug des Gläubigers nicht eingetreten wäre (BGH NJW-RR 1991, 267).

Haben beide Seiten die nachträgliche Unmöglichkeit zu vertreten, sind die §§ 323 ff. BGB aF bzw. jetzt § 326 BGB nicht anwendbar, sondern es ist ein Schadensausgleich nach § 254 BGB vorzunehmen (BGH WuM 1981, 259).

5. Der ursprüngliche Vermieter haftet auch nach einer Kündigung des Erstehers (ebenso wie etwa bei einer Kündigung des Erwerbers gemäß § 111 InsO nach Veräußerung der Mietsache durch den Insolvenzverwalter) weiter dafür, dass dem Mieter die Sache für die vereinbarte Zeit überlassen wird (§§ 280, 281 und 283 BGB – Staudinger/ *Emmerich* Vor § 536 Rn. 11). Darin liegt, wie z. B. auch bei vom Vermieter verschuldeter Zerstörung des Mietobjektes nach Vertragsschluss, eine vom Vermieter zu vertretende nachträgliche Unmöglichkeit, unabhängig davon, ob die Mietsache dem Mieter bereits überlassen ist oder nicht (Bub/Treier/*Kraemer/Ehlert* III Rn. 2823). In einem derartigen Fall gilt §§ 326 Abs. 5 (Rücktritt), 280, 281 (Schadensersatz) BGB (vgl. auch OLG Koblenz ZMR 1993, 68 – Versperren der Miträume durch den vom Vermieter beauftragten Gerichtsvollzieher; bei Teilunmöglichkeit gilt § 325 Abs. 1 S. 2 BGB aF bzw. jetzt §§ 323 Abs. 5, 281 Abs. 1 S. 2 BGB), so dass der Mieter Schadensersatz wegen Nichterfüllung bzw. nach der neuen Terminologie auf Grund der Schuldrechtsreform Schadensersatz statt der Leistung verlangen oder vom Vertrag zurücktreten bzw. – nach Überlassung des Mietobjekts – fristlos nach § 543 Abs. 2 S. 1 Nr. 1 BGB kündigen kann (BGH NJW 1974, 1551; NJW 1969, 37; LG Frankfurt/Main NJW 1976, 572; LG Hamburg WuM 1977, 256).

Ein Verpflichtung des Vermieters zum Wiederaufbau der untergegangenen Mietsache besteht auch im Fall des § 325 BGB aF bzw. jetzt §§ 323 Abs. 1 und 5, 280, 281 BGB nicht (BGH WM 1977, 400; NJW 1976, 1506; NJW 1974, 1551).

6. Neben Mehrkosten oder entgangenen Einnahmen (→ Anm. 8, 9) sowie dem reinen Verzögerungsschaden (BGH NJW 1975, 1740) gehören auch vergebliche Aufwendungen zum Nichterfüllungsschaden bzw. zum Schadensersatz statt der Leistung, z. B. Investitionen, Werbung zur Geschäftseröffnung (BGH NJW 1988, 2664) unter Beachtung der sog. Rentabilitätsvermutung. Hiernach wird – widerlegbar – angenommen, dass die getätigten Aufwendungen erwirtschaftet worden wären (vgl. im Einzelnen unter ausführlichen Hinweisen auf die Rechtsprechung Bub/Treier/*Kraemer* III Rn. 2857 sowie BGH NZM 2000, 496 m. w. N.). Nach § 284 BGB steht dem Gläubiger stets die Möglichkeit zu, Ersatz seiner Aufwendungen zu verlangen unabhängig davon, ob sie auf Grund einer vermuteten Rentabilität des Vertrages als Teil des entgangenen materiellen Ertrags des Geschäfts qualifiziert werden können (BT-Drs. 14/6040, S. 142 f.; vgl. auch *Canaris* JZ 2001, 499, 516). Der Gläubiger, der mit dem Geschäft keine wirtschaftlichen, sondern ideelle oder konsumtive Zwecke verfolgt, kann folglich jetzt auch Aufwendungsersatz verlangen. Anders nur dann, wenn der Zweck der Leistung auch ohne die Pflichtverletzung des Schuldners nicht erreicht worden wäre (§ 284 aE BGB).

7. Das Sonderkündigungsrecht des Erstehers nach § 57a ZVG entfiel nach dem früheren § 57c ZVG aF, wenn sich der Mieter an der Schaffung bzw. der Instandsetzung der Miträume finanziell beteiligt hatte, wobei zwischen der Bauförderung und der Mieterleistung ein Zusammenhang bestehen musste (BGH NJW 1967, 555). Hieran fehlte es, wenn der Mieter finanzielle Leistungen erbracht hat, obwohl die Mietsache schon fertiggestellt war (OLG Hamm ZMR 1987, 465 bei einer Mietvorauszahlung; zur Frage der Tilgung iSv § 57c Abs. 2 und 3 ZVG aF vgl. BGH WM 1983, 1364). § 57c (und d) ZVG ist – als „Relikt des Wiederaufbaus" nach dem Krieg – durch das 2. Justizmodernisierungsgesetz vom 22.12.2006 (BGBl. I S. 3416) mit Wirkung zum 1.2.2007 ersatzlos aufgehoben worden. Finanzielle Aufwendungen des Mieters für die Erhaltung und Verbesserung der Mietsache, die dieser im – vom Vermieter ausgelösten – geschützten Vertrauen auf eine längere Mietzeit getätigt hat, ohne hierzu vertraglich verpflichtet zu sein, können also „nur" noch mietrechtlich zu einem Anspruch des Mieters auf Vertragsfortsetzung führen, bis diese Aufwendungen „abgewohnt" sind oder deren Restwert dem Mieter erstattet wurde. Im Wohnraummietrecht – bei Zusage einer langen Mietzeit, selbst wenn die Voraussetzungen des § 575 BGB nicht vorliegen – folgt dies aus § 574 BGB (vgl. nur Schmidt-Futterer/*Blank* § 574 Rn. 53 mwN), im Gewerberaummietrecht aus § 242 BGB. Zur Bemessung der „Abwohnzeit" kann auf die Wertentscheidungen des § 57c ZVG aF zurückgegriffen werden, die wiederum auf denjenigen des „Gesetzes zur Änderung des Zweiten Wohnungsbaugesetzes, anderer wohnungsbaurechtlicher Vorschriften und über die Rückerstattung von Baukostenzuschüssen" vom 21.7.1961 (BGBl. I S. 1041; vgl. auch § 19 Abs. 2 des „Ersten Bundesmietengesetzes" vom 27.7.1955 – BGBl. I S. 458) beruhen – ein Betrag in Höhe einer Jahresmiete gilt danach in 4 Jahren als abgewohnt (Schmidt-Futterer/*Blank* § 574 Rn. 53 mwN).

8. Vgl. BGH NJW-RR 1995, 715; zu ersetzen wäre auch entgangener Gewinn (§ 252 BGB – BGH NJW 1996, 46) oder die entgangene Nutzung selbst (BGH NJW 1988, 251; LG Köln WuM 1992, 14).

9. Die Mietdifferenz stellt ebenfalls eine ersatzfähige Schadensposition dar, soweit das Ersatzobjekt nicht höherwertig ist und allein hieraus die höhere Miete resultiert (LG Lübeck WuM 1992, 605).

10. Ohne Nachweis beträgt der Verzugszinssatz 5 Prozentpunkte, wenn an dem Rechtsgeschäft kein Verbraucher i. S. v. § 13 BGB beteiligt ist 9 Prozentpunkte über dem Basiszinssatz gem. § 247 BGB jährlich bei Entgeltforderungen (§ 288 Abs. 1 bzw. 2 BGB, zum Übergangsrecht vgl. Art. 229 § 34 EGBGB). Selbstverständlich bleibt es dem Gläubiger nach wie vor unbenommen, einen konkret nachzuweisenden höheren Schaden ersetzt zu verlangen (§ 288 Abs. 4 BGB).

11. Vgl. BGH WuM 1992, 57.

12. Alternativ besteht auch die Möglichkeit einer Klage auf künftige Leistung nach § 259 ZPO. Hierfür ist aber Voraussetzung, dass die Besorgnis besteht, der Schuldner werde seiner Leistungspflicht zu den jeweiligen Fälligkeitsterminen nicht nachkommen. Ein derartiger Umstand dürfte im bloßen Fehlen jeglicher Reaktion grundsätzlich nicht gesehen werden können (vgl. BGH NZM 2011, 882).

7. Klage auf Schadensersatz wegen Verzuges

An das

Amtsgericht/Landgericht[1] . . . . .

Klage

In Sachen

des . . . . .

– Kläger –

Prozessbevollmächtigte: . . . . .

gegen

den . . . . .

– Beklagter –

wegen Schadensersatzes

erheben wir hiermit namens und in anwaltlich versicherter Vollmacht des Klägers

Klage,

entrichten aus einem vorläufigen Streitwert in Höhe von . . . . . EUR[2] Vorschuss auf die Gerichtskosten durch beigefügten Verrechnungsscheck in Höhe von . . . . . EUR, bitten um Zustellung der Klageschrift an den Beklagten und um Anberaumung eines baldigen frühen ersten Termins zur mündlichen Verhandlung, in dem wir die

Anträge

stellen/verlesen[3] werden, wie folgt zu erkennen:

1. Der Beklagte wird verurteilt, an den Kläger . . . . . EUR nebst . . . . . Prozentpunkten über dem jeweiligen Basiszinssatz hieraus p. a. seit dem . . . . . zu bezahlen.
2. Der Beklagte trägt die Kosten des Rechtsstreits.
3. Das Urteil ist, notfalls gegen Sicherheitsleistung, vorläufig vollstreckbar. Dem Kläger wird nachgelassen, Sicherheitsleistung auch durch unwiderrufliche selbstschuldnerische Bürgschaft eines im Bereich der EU zugelassenen Bank- oder Kreditinstituts zu erbringen, ebenfalls – vorsorglich – zwecks Abwendung der Zwangsvollstreckung.

Sollte das Gericht das schriftliche Vorverfahren beschließen, wird bereits jetzt

Antrag

auf Erlass eines Versäumnisurteils (§ 331 Abs. 3 ZPO)

gestellt.

Begründung:

Mit der vorliegenden Klage begehrt der Kläger als Mieter[4] vom beklagten Vermieter Schadensersatz statt der Leistung auf Grund vom Beklagten verschuldeten Verzuges.[5]

Im Einzelnen:

1. Der Kläger hat vom Beklagten mit Mietvertrag vom . . . . . folgende Räumlichkeiten . . . . . fest für 10 Jahre ab dem . . . . . angemietet.

Beweis: Vorerwähnter Mietvertrag, gemäß § 133 Abs. 1 S. 2 ZPO einfach beigefügt in Ablichtung als Anlage K 1.

In diesem Mietvertrag ist unter § . . . . . ausdrücklich vereinbart, dass der Beklagte das Mietobjekt in dem dort genannten Umfang auf eigene Kosten erweitert und um- bzw. ausbaut, damit es überhaupt vom Kläger vertragsgemäß genutzt werden kann. Obwohl die Übergabe der fertiggestellten Räume bereits 3 Monate später vereinbart war, hat der Beklagte noch nicht einmal mit den erforderlichen Bauarbeiten begonnen. Dies mit der Begründung, die hierfür erforderliche Baugenehmigung liege – unverständlicherweise – immer noch nicht vor.

Beweis: Schreiben des Beklagten vom . . . . ., gemäß § 133 Abs. 1 S. 2 ZPO einfach beigefügt in Ablichtung als Anlage K 2.

Der Kläger hat den Beklagten mehrfach unter Fristsetzung aufgefordert, sich konkret und verbindlich dazu zu äußern, ob der vereinbarte Übergabetermin eingehalten werden kann – vergeblich.

Beweis: Schreiben des Klägers vom . . . ., vom . . . . . und vom . . . ., gemäß § 133 Abs. 1 S. 2 ZPO einfach beigefügt in Ablichtung als Anlagen K 3, K 4 und K 5.

Der Beklagte war nicht einmal zu einer definitiven Aussage zu bewegen, als ihm der Kläger mit Anwaltsschreiben vom . . . . . eine Nachfrist (mit Ablehnungsandrohung) gesetzt hat.[6]

Beweis: Schreiben des Prozessbevollmächtigten des Klägers (Einschreiben/Rückschein) vom . . . . ., gemäß § 133 Abs. 1 S. 2 ZPO einfach beigefügt nebst aufkopiertem Rückschein in Ablichtung als Anlage K 6.

Damit war es angesichts der dann noch verbleibenden Zeit von nur etwa 8 Wochen so gut wie ausgeschlossen, dass das Mietobjekt noch rechtzeitig bzw. unter noch hinnehmbarer geringfügiger Verzögerung fertiggestellt werden kann.

Beweis: Einholung eines Sachverständigengutachtens.

Der Kläger sah sich daher gezwungen, den Mietvertrag mit dem Beklagten fristlos zu kündigen und Schadensersatz aus Verzugsgesichtspunkten zu verlangen.[7]

Beweis: Schreiben des Prozessbevollmächtigten des Klägers (Einschreiben/Rückschein) vom . . . . ., gemäß § 133 Abs. 1 S. 2 ZPO einfach beigefügt nebst aufkopiertem Rückschein in Ablichtung als Anlage K 7.

Nachdem der Beklagte hierauf nicht reagierte, war nunmehr die Inanspruchnahme gerichtlicher Hilfe unumgänglich.

2. Dem Kläger ist es gelungen, ohne größeren Aufwand eine geeignetes Ersatzobjekt anzumieten, allerdings erst 1 Monat später als der mit dem Beklagten vereinbarte Mietbeginn.

Beweis: Mietvertrag vom . . . . ., beigefügt in Ablichtung als Anlage K 8.

Die Ersatzpflicht des Beklagten beschränkt sich daher auf den reinen Verzögerungsschaden wie folgt:
a) Dem Kläger sind, nachdem sich der Beklagte bereits in Verzug befunden hat (vgl. Anlagen K 3 bis K 5), für die Nachfristsetzung (mit Ablehnungsandrohung[6]) (Anlage K 6) sowie die fristlose Kündigung (Anlage K 7) an Anwaltskosten[8] netto[9] entstanden . . . . . EUR.

Beweis: Kostennote der Prozessbevollmächtigten des Klägers vom . . . . ., beigefügt in Ablichtung als Anlage K 9.

Diese Beträge werden nicht auf die Gebühren dieses, auf die Geltendmachung des Verzugsschadens beschränkten Rechtsstreits angerechnet.
b) Der Kläger hatte einen fest und unverschiebbar vereinbarten Auftrag angenommen, den er gleich im ersten Monat nach Bezug der vom Beklagten angemieteten Räume ausführen wollte.

Beweis: Auftrag vom . . . . ., aus dem sich auch der Fixgeschäftscharakter ergibt, beigefügt in Ablichtung als Anlage K 10.

Dieser Auftrag konnte nach dem erst 1 Monat später erfolgten Bezug des Ersatzobjektes nicht mehr nachgeholt werden, so dass dem Kläger – abzüglich der ersparten Miete für einen Monat – folgender Gewinn entgangen[10] ist:
. . . . . <Hier hat nun eine konkrete Kalkulation und Berechnung nebst Nachweisen zu erfolgen.> . . . . .
c) Die Summe aus a) und b) ergibt den Klagebetrag.

3. Der Beklagte wurde mit Anwaltsschreiben des Klägers vom . . . . . zum Ausgleich dieser Beträge bis spätestens . . . . . aufgefordert. Hierauf erfolgte keinerlei Reaktion.

Beweis: Vorerwähntes Anwaltsschreiben, gemäß § 133 Abs. 1 S. 2 ZPO einfach beigefügt in Ablichtung als Anlage K 11.

Der Beklagte befindet sich daher seit dem . . . . . in Verzug.
Geltend gemacht werden die gesetzlichen Verzugszinsen gem. §§ 288, 247 BGB, die folglich ebenfalls begründet sind.[11]

4. Auf der Grundlage dieser Ausführungen ist der Beklagte wie beantragt zu verurteilen.

Rechtsanwalt

Anmerkungen

1. Bei der Gewerberaummiete ist die übliche streitwertabhängige Zuständigkeitsregelung der §§ 23 Nr. 1, 71 Abs. 1 GVG zu beachten. Bei Wohnraummietverhältnissen ist gemäß § 23 Nr. 2 a GVG das Amtsgericht ausschließlich sachlich zuständig.
Örtlich ausschließlich zuständig ist das Gericht, in dessen Bezirk die Mietsache liegt (vgl. § 29a ZPO).

2. Bei der Schadensersatzklage ist allein der eingeklagte Ersatzbetrag für den Streitwert maßgeblich.

3. In Anwaltsprozessen werden die Sachanträge grundsätzlich verlesen (§ 297 ZPO). Dies gilt in amtsgerichtlichen Verfahren nur, soweit ausnahmsweise dessen schriftliche Vorbereitung nach § 129 Abs. 2 ZPO aufgegeben wurde (vgl. auch § 496 ZPO). Andernfalls genügt es, die Anträge zu stellen.

4. Ebenso wäre es denkbar, dass umgekehrt der Vermieter vom Mieter wegen Verzuges Schadensersatz verlangt. Allerdings ist insoweit eine Anwendung von §§ 323 Abs. 1, 281, 280 BGB in der Praxis noch seltener als im Fall des Vermieterverzuges. Zahlungsverzug des Mieters, grundsätzlich erst nach Übergabe der Mietsache denkbar, führt zur Anwendung der §§ 543 Abs. 2 S. 1 Nr. 3 oder 543 Abs. 1 BGB (vgl. bei der Wohnraummiete ergänzend § 569 Abs. 2 BGB), so dass §§ 323 Abs. 1, 281, 280 BGB ausgeschlossen sind (BGH NJW 1969, 37; OLG Hamm WuM 1984, 94). Bei Verzug mit anderen Leistungspflichten des Mieters steht dem Vermieter ein Loslösungsrecht vom Wohnraummietvertrag nur unter den engen Voraussetzungen des § 573 Abs. 2 Nr. 1 BGB zu (Bub/Treier/v. *Martius/Ehlert/Schüller* III Rn. 2746), sofern nicht der auch für die Gewerberaummiete geltende § 543 BGB eingreift. Selbstverständlich verbleibt dem Vermieter der Anspruch auf Ersatz des Verzögerungsschadens nach §§ 280 Abs. 2, 286 BGB (vgl. nur Bub/Treier/v. *Martius/Ehlert/Schüller* III Rn. 2755, 2757 mit ausf. Nachw. zu den einzelnen Ersatzpositionen).

Seit der Schuldrechtsreform gilt §§ 280 Abs. 1 und 3, 281 BGB für den Schadensersatz statt der Leistung und § 323 Abs. 1 BGB für den Rücktritt, so dass es „nur noch" des ergebnislosen Ablaufs eine angemessenen Frist, aber keiner Nachfristsetzung mit Ablehnungsandrohung mehr bedarf.

Dabei gilt das bisherige Recht bis zur Schuldrechtsreform für vor dem 1.1.2002 entstandene Schuldverhältnisse (maßgeblich ist grundsätzlich der Zugang der Annahmeerklärung, *Hess* NJW 2002, 253, 255) und die neue Rechtslage für alle nach dem 31.12.2001 entstandenen Schuldverhältnisse (vgl. Art. 229 § 5 S. 1 EGBGB). Bei vor dem 1.1.2002 in diesem Sinne entstandenen Dauerschuldverhältnissen, also für den hier in Rede stehenden Mietvertrag, galt das bisherige Recht bis zum 31.12.2002 weiter (Art. 229 § 5 S. 2 EGBGB).

5. Aufgrund des gerade bei der Raummiete bestehenden Fixschuldcharakters der Gebrauchsüberlassungspflicht des Vermieters, die für vergangene Zeitabschnitte grundsätzlich nicht nachgeholt werden kann (→ Form. B. I. 4 Anm. 5), führt die Verzögerung der Überlassung der Mietsache in der Regel nicht zum Verzug, sondern zur Teilunmöglichkeit bzw. sogar zur Unmöglichkeit der Vertragserfüllung insgesamt und damit zur Anwendung von §§ 323 Abs. 1 (Rücktritt), 280, 281 (Schadensersatz) BGB.

Nur ausnahmsweise ist (abgesehen etwa von der kurzfristigen Vermietung beweglicher Sachen – BGH NJW-RR 1988, 1396) Verzug denkbar, wenn ein langfristiger Mietvertrag erst mit der tatsächlichen Übergabe der Räume beginnen soll (OLG Düsseldorf MDR 1990, 725; LG Berlin GE 1993, 918; LG Köln WuM 1980, 100), wobei dem nicht entgegensteht, wenn der Mieter mangels Alternative in die noch nicht bezugsfertigen Räume eingezogen ist (OLG Köln WuM 1967, 184). Verzug wurde ebenfalls bei Nachholung der Leistung innerhalb des Erfüllungszeitraums angenommen (Verzögerung der Übergabe um weniger als 1 Jahr bei 15-jähriger Vertragslaufzeit – BGH NJW 1992, 3226).

6. Die Nachfristsetzung mit Ablehnungsandrohung ist nicht mehr erforderlich. Es bedarf gem. §§ 323 Abs. 1 (Rücktritt), 280, 281 (Schadensersatz) BGB allein noch des ergebnislosen Verstreichens einer angemessenen Frist. Der Gläubiger verliert seinen Erfüllungsanspruch durch den ergebnislosen Fristablauf noch nicht, sondern erst dann, wenn er danach tatsächlich Schadensersatz statt der Leistung – etwa durch Klageerhebung aber auch durch eine eindeutige außerprozessuale Erklärung, die über bloße allgemeine Ankündigungen und Drohungen hinausgeht (BT-Drs. 14/6040 S. 141) – verlangt. Erst dann ist der Anspruch auf die Primärleistung ausgeschlossen (§ 281 Abs. 4 BGB) und der Schuldner kann bis zu diesem Zeitpunkt noch erfüllen mit der Folge, dass der dem Grunde nach bereits entstandene Schadenersatzanspruch entfällt (BT-Drs. 14/6040 S. 185 zur vergleichbaren Situation beim Rücktritt).

7. Eine entsprechende Anwendung des §§ 323 Abs. 1 (Rücktritt), 280, 281 (Schadensersatz) BGB wird angenommen, wenn der Vermieter den Mieter bereits vor Fälligkeit der Überlassung der Mietsache in völliger Ungewissheit darüber lässt, ob er rechtzeitig erfüllen kann (BGH NJW 1983, 989), weil ernsthafte Zweifel hieran, etwa wegen baurechtlicher Hindernisse, bestehen (OLG Hamm NJW-RR 1996, 1098), die der Vermieter nicht glaubwürdig ausräumt (BGH NJW 1970, 1182).

Der Mieter soll auch nach §§ 323 Abs. 4 (Rücktritt), 280, 281 (Schadensersatz) BGB vorgehen können, wenn sich der Vermieter noch vor Übergabe des Mietobjekts weigert, jetzt schon erkannte Mängel zu beseitigen (Bub/Treier/*v. Martius/Ehlert/Kraemer* III Rn. 3445 unter Hinweis auf BGH NJW-RR 2008, 1052; a.A. BGH NJW 1978, 103, wonach dem Mieter in derartigen Fällen ein Schadensersatzanspruch nach pVV zusteht – → Form. B. I. 8). Nach Überlassung der Mietsache wird §§ 323 Abs. 1 (Rücktritt), 280, 281 (Schadensersatz) BGB in der Regel durch § 536a BGB verdrängt (Bub/Treier/*v. Martius/Ehlert/Kraemer* III Rn. 3449; vgl. auch OLG Hamm NJW 1984, 1044).

Finden danach die Verzugsregeln Anwendung, kann der Mieter gem. §§ 280, 281 BGB Schadensersatz statt der Leistung beanspruchen, nach § 323 Abs. 1 BGB zurücktreten oder nach § 326 BGB vorgehen. Er kann aber auch – wie hier – den Mietvertrag fristlos nach §§ 543 Abs. 2 S. 1 Nr. 1, Abs. 1 BGB kündigen (MüKoBGB/*Bieber* § 543 Rn. 17 ff.) und den Verzögerungsschaden nach §§ 280 Abs. 2, 286 BGB ersetzt verlangen (Bub/Treier/*v. Martius/Ehlert/Kraemer* III Rn. 3446). Selbstverständlich könnte der Mieter auch am Vertrag festhalten, weiterhin Erfüllung und im Übrigen den Verzugsschaden ersetzt verlangen sowie seine Gegenleistung nach § 320 BGB verweigern (OLG Düsseldorf ZMR 1983, 376; OLG Saarbrücken NZM 2006, 180) oder gemäß § 273 BGB zurückhalten (Bub/Treier/*v. Martius/Ehlert/Kraemer* III Rn. 3447).

8. Zu ersetzen sind neben Mahnkosten und Zinsen Rechtsanwaltskosten für eine nach Verzugseintritt ausgesprochene Kündigung (OLG Köln NJW-RR 1987, 593) oder auch Mahnung (OLG Köln VersR 1975, 1106).

Kosten eines Inkassobüros können nur ersetzt verlangt werden, wenn sie nicht zusätzlich zu Anwaltsgebühren anfallen (OLG Düsseldorf DB 1987, 1990) und dann nur auf deren Höhe begrenzt (OLG Köln DWW 1972, 286), sofern die Inanspruchnahme gerichtlicher Hilfe oder die Einschaltung eines Rechtsanwalts nicht absehbar war (OLG Karlsruhe NJW-RR 1987, 15).

9. Nur bei Vorsteuerabzugsberechtigung (BGH NJW 1972, 1460); andernfalls ist die Mehrwertsteuer zu erstatten (OLG Hamm ZMR 1980, 375; OLG Hamm NJW 1987, 445).

10. Auch der entgangene Gewinn iSv § 252 BGB ist im Rahmen des § 286 BGB zu ersetzen (BGH DB 1956, 110).

11. Ohne Nachweis beträgt der Verzugszinssatz 5 Prozentpunkte, wenn an dem Rechtsgeschäft kein Verbraucher iSv § 13 BGB beteiligt ist 9 Prozentpunkte über dem Basiszinssatz gem. § 247 BGB jährlich bei Entgeltforderungen (§ 288 Abs. 1 bzw. 2 BGB, zum Übergangsrecht vgl. Art. 229 § 34 EGBGB). Selbstverständlich bleibt es dem Gläubiger nach wie vor unbenommen, einen konkret nachzuweisenden höheren Schaden ersetzt zu verlangen (§ 288 Abs. 4 BGB).

8. Klage auf Schadensersatz wegen Verletzung von Nebenpflichten

An das

Amtsgericht/Landgericht[1] . . . . .

Klage

In Sachen

des . . . . .

– Kläger –

Prozessbevollmächtigte: . . . . .

gegen

den . . . . .

– Beklagter –

wegen Schadensersatzes

erheben wir hiermit namens und in anwaltlich versicherter Vollmacht des Klägers

Klage,

entrichten aus einem vorläufigen Streitwert in Höhe von . . . . . EUR[2] Vorschuss auf die Gerichtskosten durch beigefügten Verrechnungsscheck in Höhe von EUR . . . . ., bitten um Zustellung der Klageschrift an den Beklagten und um Anberaumung eines baldigen frühen ersten Termins zur mündlichen Verhandlung, in dem wir die

Anträge

stellen/verlesen[3] werden, wie folgt zu erkennen:

1. Der Beklagte wird verurteilt, an den Kläger . . . . . EUR nebst . . . . . Prozentpunkten über dem jeweiligen Basiszinssatz hieraus p. a. seit dem . . . . . zu bezahlen.
2. Der Beklagte trägt die Kosten des Rechtsstreits.
3. Das Urteil ist, notfalls gegen Sicherheitsleistung, vorläufig vollstreckbar. Dem Kläger wird nachgelassen, Sicherheitsleistung auch durch unwiderrufliche selbstschuldnerische Bürgschaft eines im Bereich der EU zugelassenen Bank- oder Kreditinstituts zu erbringen, ebenfalls – vorsorglich – zwecks Abwendung der Zwangsvollstreckung.

Sollte das Gericht das schriftliche Vorverfahren beschließen, wird bereits jetzt

Antrag

auf Erlass eines Versäumnisurteils (§ 331 Abs. 3 ZPO)

gestellt.

Begründung:

Mit der vorliegenden Klage begehrt der Kläger als Vermieter[4] vom beklagten Mieter Schadensersatz wegen Verletzung von Nebenpflichten.[5]

Im Einzelnen:

1. Zwischen den Parteien besteht ein Wohnraummietverhältnis über . . . . . gemäß Mietvertrag vom . . . . .

    Beweis: Vorerwähnter Mietvertrag, gemäß § 133 Abs. 1 S. 2 ZPO einfach beigefügt in Ablichtung als Anlage K 1.

    Obwohl dort unter § . . . . . ausdrücklich geregelt ist, dass der Beklagte bei Frostgefahr, vor allem im Fall längerer Abwesenheit, die Heizkörper in der von ihm gemieteten Wohnung so in Betrieb zu halten hat, dass die Leitungen nicht einfrieren, hatte er während seines Urlaubs über die Jahreswende von . . . . . bis . . . . . die Thermostatventile sämtlicher Heizkörper in der Wohnung unverständlicherweise völlig zugedreht. Dadurch kam es zu einem Wasserrohrbruch mit erheblichen Wasserschäden auch in den unterhalb der an den Beklagten vermieteten Wohnung gelegenen Räumlichkeiten.[6]

    Beweis: . . . . .

    Hätte der Beklagte die Thermostatventile entsprechend seiner Verpflichtung eingestellt, wäre der Schaden nicht entstanden.

    Beweis: Einholung eines Sachverständigengutachtens.

Hannemann   119

Der Beklagte hat daher sämtliche hieraus entstandenen Schäden zu ersetzen.[7]

2. Diese, dem Kläger entstandenen Schäden setzen sich wie folgt zusammen:
..... <Hier hat eine konkrete Schadensauflistung nebst Nachweisen zu erfolgen, ggf. unter Abzug etwaiger Versicherungsleistungen.> .....

3. Der Beklagte wurde mit Anwaltsschreiben des Klägers vom ..... zum Ausgleich dieser Beträge bis spätestens ..... aufgefordert. Hierauf erfolgte keinerlei Reaktion.

Beweis: Vorerwähntes Anwaltsschreiben, gemäß § 133 Abs. 1 S. 2 ZPO einfach beigefügt in Ablichtung als Anlage K ......

Der Beklagte befindet sich daher seit dem ..... in Verzug.
Geltend gemacht werden die gesetzlichen Verzugszinsen gem. §§ 288, 247 BGB, die folglich ebenfalls begründet sind.[8]

4. Auf der Grundlage dieser Ausführungen ist der Beklagte wie beantragt zu verurteilen.

Rechtsanwalt

Anmerkungen

1. Bei Wohnraummietverhältnissen ist gemäß § 23 Nr. 2 a GVG das Amtsgericht ausschließlich sachlich zuständig. Bei der Gewerberaummiete ist die übliche streitwertabhängige Zuständigkeitsregelung nach §§ 23 Nr. 1, 71 Abs. 1 GVG zu beachten.
Örtlich ausschließlich zuständig ist das Gericht, in dessen Bezirk die Mietsache liegt (vgl. § 29a ZPO).

2. Bei der Schadensersatzklage ist allein der eingeklagte Ersatzbetrag für den Streitwert maßgeblich.

3. In Anwaltsprozessen werden die Sachanträge grundsätzlich verlesen (§ 297 ZPO). Dies gilt in amtsgerichtlichen Verfahren nur, soweit ausnahmsweise dessen schriftliche Vorbereitung nach § 129 Abs. 2 ZPO aufgegeben wurde (vgl. auch § 496 ZPO). Andernfalls genügt es, die Anträge zu stellen.

4. Umgekehrt können auch dem Mieter gegenüber dem Vermieter Schadensersatzansprüche wegen der schuldhaften Verletzung von Nebenpflichten zustehen. So z.B. bei Weigerung des Vermieters, die Mietsache dem Mieter in vertragsgemäßem Zustand zu überlassen (BGH NJW 1978, 103), oder bei unberechtigter Loslösung des Vermieters vom Mietvertrag (etwa vorgetäuschter Eigenbedarf – OLG Karlsruhe NJW 1982, 54; vgl. BGH NJW 2006, 220 unterbliebener Hinweis auf den Wegfall des Kündigungsgrundes – BayObLG NJW 1987, 1654; unberechtigte Vertragsanfechtung – BGH NJW 1987, 432; Rücktritt – BGH NJW 1987, 831; fehlerhafte Beurteilung der Wirksamkeit einer Kündigung – BGH NJW 1984, 1028; vgl. hierzu aber auch OLG Hamm NJW 1984, 1044).
Nach altem Recht unterfielen diese Fälle der sog. positiven Vertrags- oder Forderungsverletzung (pVV), die durch die Schuldrechtsreform kodifiziert wurde in den § 280 Abs. 1 S. 1 ggf. i.V.m. §§ 281, 282, 324 BGB. Dabei gilt das bisherige Recht bis zur Schuldrechtsreform für vor dem 1.1.2002 entstandene Schuldverhältnisse (maßgeblich ist grundsätzlich der Zugang der Annahmeerklärung, *Hess* NJW 2002, 253, 255) und die neue Rechtslage für alle nach dem 31.12.2001 entstandenen Schuldverhältnisse (vgl. Art. 229 § 5 S. 1 EGBGB). Bei vor dem 1.1.2002 in diesem Sinne entstandenen Dauerschuldverhältnissen, also für den hier in Rede stehenden Mietvertrag, galt das bisherige Recht bis zum 31.12.2002 weiter (Art. 229 § 5 S. 2 EGBGB).

Nach Überlassung der Mietsache werden die pVV bzw. jetzt die § 280 Abs. 1 S. 1 ggf. iVm §§ 281, 282, 324 BGB in der Regel durch die §§ 536 ff. BGB verdrängt. Eine Vermieterhaftung verbleibt danach nur in den Fällen, in denen die Pflichtverletzung des Vermieters nicht zu einem Sach- oder Rechtsmangel führt (z. B. Hochwasserschaden mangels Beaufsichtigung – OLG Frankfurt/Main WuM 1984, 78; BGH VersR 1976, 1084 – Aufklärungspflichtverletzung; erhebliche Zweifel an der Leistungstreue des Vermieters – BGH NJW 1978, 260; Schmidt-Futterer/*Eisenschmid* § 536a Rn. 3).

5. Unter positive Vertragsverletzung bzw. jetzt unter die § 280 Abs. 1 S. 1 ggf. iVm §§ 281, 282, 324 BGB fallen alle Pflichtverletzungen im Rahmen eines bestehenden Mietverhältnisses, die weder Unmöglichkeit noch Verzug auslösen (BGH NJW 1978, 260).

Auf Mieterseite ist der Hauptanwendungsfall die Verletzung von Nebenpflichten iSd § 241 Abs. 2 BGB (Bub/Treier/*Kraemer/von der Osten* III Rn. 2297), insbesondere Obhuts- und Sorgfaltspflichten (Bub/Treier/*Kraemer/von der Osten* III Rn. 2329 ff.; *Sternel* II Rn. 643 jew. mit ausführlichen Rechtsprechungsnachweisen) sowie die Pflicht zur Rückgabe des Mietobjektes in vertragsgemäßem Zustand (Bub/Treier/*Scheuer/Emmerich* V Rn. 8, 43).

6. Vgl. BGH WuM 1972, 35; WuM 1969, 72.

7. Der Umfang der Ersatzpflicht des Mieters ist nicht nur auf die Schäden in den Mieträumen beschränkt, sondern erfasst auch Schäden an den sonstigen Teilen des Gebäudes oder an den eingebrachten Sachen des Vermieters bzw. dessen Personenschaden (Schmerzensgeld nach bisherigem Recht aber nur, sofern daneben auch eine unerlaubte Handlung vorliegt – vgl. nur Bub/Treier/*Kraemer/von der Osten* III Rn. 2365; durch das am 1.8.2002 in Kraft getretene 2. Schadensrechtsänderungsgesetz wird im neuen § 253 Abs. 2 BGB anstelle des entfallenden § 847 BGB aF Schmerzensgeld auch in Fällen der Gefährdungs- und der Vertragshaftung gewährt, vgl. nur *Wagner* NJW 2002, 2049, 2053 ff.).

Eine Haftung gegenüber Mitmietern besteht allein aus §§ 823 ff. BGB (BGH NJW 1969, 41; OLG Celle VersR 1984, 1075).

Die **Beweislast** wird nach Sphären verteilt: Zunächst muss der Vermieter beweisen, dass die Schadensursache ausschließlich aus dem Herrschafts- und Verantwortungs- bzw. Obhutsbereich des Mieters stammt; sodann hat der Mieter zu beweisen, dass ihn kein Verschulden trifft (BGH NJW 2006, 1061; NJW 1994, 2019; NJW 1992, 1036; OLG Karlsruhe NJW 1985, 142; im Einzelnen Bub/Treier/*Kraemer/von der Osten* III Rn. 2378 ff. mwN).

8. Ohne Nachweis beträgt der Verzugszinssatz 5 Prozentpunkte, wenn an dem Rechtsgeschäft kein Verbraucher iSv § 13 BGB beteiligt ist 9 Prozentpunkte über dem Basiszinssatz gem. § 247 BGB jährlich bei Entgeltforderungen (§ 288 Abs. 1 bzw. 2 BGB, zum Übergangsrecht vgl. Art. 229 § 34 EGBGB). Selbstverständlich bleibt es dem Gläubiger nach wie vor unbenommen, einen konkret nachzuweisenden höheren Schaden ersetzt zu verlangen (§ 288 Abs. 4 BGB).

II. Klagen des Vermieters

Klagen auf Erfüllung des Vertrages

1. Klage auf Erfüllung einer vereinbarten Abnahmepflicht und auf Schadensersatz

An das

Amtsgericht/Landgericht[1] . . . . .

Klage

In Sachen

des . . . . .

– Kläger –

Prozessbevollmächtigte: . . . . .

gegen

den . . . . .

– Beklagter –

wegen vertretbarer Handlung,[2] Schadensersatzes und Feststellung

erheben wir hiermit namens und in anwaltlich versicherter Vollmacht des Klägers

Klage,

entrichten aus einem vorläufigen Streitwert in Höhe von . . . . . EUR[3] Vorschuss auf die Gerichtskosten durch beigefügten Verrechnungsscheck in Höhe von . . . . . EUR, bitten um Zustellung der Klageschrift an den Beklagten und um Anberaumung eines baldigen frühen ersten Termins zur mündlichen Verhandlung, in dem wir die

Anträge

stellen/verlesen[4] werden, wie folgt zu erkennen:

1. Der Beklagte wird verurteilt, das Mietobjekt . . . . . (kurze Beschreibung: zB Ladengeschäft, Halle, 3-Zimmer-Wohnung) . . . . ., bestehend aus . . . . . (zB Aufzählung der Räume, Anlagen, Zubehör) . . . . . im . . . . . (Stockwerk) . . . . . in der . . . . . (Straße) . . . . . in . . . . . (Ort) . . . . . mit folgenden Schlüsseln . . . . . zu übernehmen.[5]
2. Der Beklagte wird weiter verurteilt, an den Kläger EUR . . . . . nebst . . . . . Prozentpunkten über dem jeweiligen Basiszinssatz hieraus p. a. seit dem . . . . . zu bezahlen.
3. Es wird festgestellt, dass der Beklagte verpflichtet ist, dem Kläger sämtliche weitere Schäden aus der nicht fristgerechten Erfüllung seiner Abnahmeverpflichtung im Hinblick auf das in Klageantrag Ziffer 1 genannte Mietobjekt zu ersetzen.
4. Der Beklagte trägt die Kosten des Rechtsstreits.
5. Das Urteil ist, notfalls gegen Sicherheitsleistung, vorläufig vollstreckbar. Dem Kläger wird nachgelassen, Sicherheitsleistung auch durch unwiderrufliche selbstschuldneri-

sche Bürgschaft eines im Bereich der EU zugelassenen Bank- oder Kreditinstituts zu erbringen, ebenfalls – vorsorglich – zwecks Abwendung der Zwangsvollstreckung.

Sollte das Gericht das schriftliche Vorverfahren beschließen, wird bereits jetzt

Antrag

auf Erlass eines Versäumnisurteils (§ 331 Abs. 3 ZPO)

gestellt.

Begründung:

Mit der vorliegenden Klage verlangt der Kläger vom Beklagten die Erfüllung einer diesem obliegenden Abnahmepflicht sowie Ersatz des ihm aus der nicht fristgerechten Erfüllung dieser Verpflichtung entstandenen bzw. – im Wege der Feststellung – noch entstehenden Schadens.

Im Einzelnen:

1. Der Kläger hat an den Beklagten mit Mietvertrag vom . . . . . die in Klageantrag Ziffer 1 näher bezeichnete Mietsache vermietet.

   Beweis: Vorerwähnter Mietvertrag, gemäß § 133 Abs. 1 S. 2 ZPO einfach beigefügt in Ablichtung als Anlage K 1.

   In dessen § . . . . . ist als Mietbeginn der . . . . . vereinbart und gleichzeitig ausdrücklich festgelegt, dass der Beklagte verpflichtet ist, das Mietobjekt zu diesem Zeitpunkt abzunehmen.[6] Dieser Verpflichtung ist der Beklagte nicht nachgekommen. Mit Schreiben vom . . . . . hat der Kläger den Beklagten unter Fristsetzung aufgefordert, seine Abnahmepflicht zu erfüllen[7] – vergeblich.

   Beweis: Vorerwähntes Schreiben des Klägers, gemäß § 133 Abs. 1 S. 2 ZPO einfach beigefügt in Ablichtung als Anlage K 2.

   Daher war nunmehr die Inanspruchnahme gerichtlicher Hilfe unumgänglich. Hieraus rechtfertigt sich Klageantrag Ziffer 1.

2. Daneben stehen dem Kläger noch folgende Zahlungsansprüche gegenüber dem Beklagten zu:
   a) Der Beklagte hat an den Kläger bislang keine Mietzahlungen geleistet. Der Kläger kann daher vom Beklagten die vereinbarte Miete in Höhe von . . . . . EUR ab dem vereinbarten Mietbeginn zum . . . . . (vgl. § . . . . . des als Anlage K 1 vorgelegten Mietvertrages) auf Grund der mietvertraglichen Vorfälligkeitsklausel in § . . . . . (Anlage K 1) bzw. §§ 556b Abs. 1, 579 Abs. 2 BGB[8] bis zur Miete für . . . . . beanspruchen,[9] mithin für . . . . . Monate . . . . . EUR.
   b) Weiter sind dem Kläger an Mehraufwendungen für die vergebliche Anreise zum vereinbarten Übergabetermin beim Mietobjekt am . . . . . insgesamt entstanden . . . . . EUR, zusammengesetzt aus Fahrtkosten für insgesamt . . . . . km von . . . . . bis . . . . . und zurück, also . . . . . EUR, sowie Übernachtungskosten in Höhe von . . . . . EUR.

   Beweis: . . . . .

   Diese Beträge hat der Beklagte dem Kläger zu erstatten.[10]
   c) Mangels ordnungsgemäßer Beheizung der Mietsache war am . . . . ., also nach dem vereinbarten Abnahmetermin, ein Wasserrohrbruch zu beklagen an der eingefrore-

nen . . . . .-leitung im . . . . .-zimmer, dessen Beseitigung insgesamt . . . . . EUR an Kosten ausgelöst hat.

Beweis: Rechnung . . . . .

Hätte der Beklagte die Mietsache vor diesem Schadensfall entsprechend seiner Verpflichtung übernommen und seine Obhutspflicht zum ausreichenden Beheizen der Räume erfüllt, wäre der Wasserrohrbruch nicht eingetreten.

Beweis: 1. Sachverständiges Zeugnis . . . . .;
             2. Hilfsweise: Einholung eines Sachverständigengutachtens.

Daher ist der Beklagte verpflichtet, dem Kläger auch diese Schadensbeseitigungskosten zu ersetzen.[11]

d) Die Addition der Beträge unter a bis c ergibt den mit Klageantrag Ziffer 2 geltend gemachten Betrag, dessen Begründetheit sich aus den vorstehenden Ausführungen ergibt.

e) Der Beklagte wurde mit Schreiben des Klägers vom . . . . . zum Ausgleich dieser Beträge bis spätestens . . . . . aufgefordert. Hierauf erfolgte keinerlei Reaktion.

Beweis: Vorerwähntes Schreiben des Klägers, gemäß § 133 Abs. 1 S. 2 ZPO einfach beigefügt in Ablichtung als Anlage K.

Der Beklagte befindet sich daher seit dem . . . . . in Verzug.
Geltend gemacht werden die gesetzlichen Verzugszinsen gem. §§ 288, 247 BGB, die folglich ebenfalls begründet sind.[12]

3. Klageantrag Ziffer 2 betrifft die bislang bezifferbaren Zahlungsansprüche des Klägers gegenüber dem Beklagten. Darüber hinaus hat der Kläger aber auch noch ein rechtlich geschütztes Interesse iSv § 256 ZPO daran, feststellen zu lassen, dass der Beklagte auch noch verpflichtet ist, etwaige weiter entstehende Schäden oder Aufwendungen bis zur Erfüllung seiner Abnahmeverpflichtung zu ersetzen, die derzeit noch nicht beziffert werden können.[13]
Dies rechtfertigt Klageantrag Ziffer 3.

4. Auf der Grundlage dieser Ausführungen ist der Beklagte wie beantragt zu verurteilen.

Rechtsanwalt

Anmerkungen

1. Bei Wohnraummietverhältnissen ergibt sich die ausschließliche sachliche Zuständigkeit des Amtsgerichts aus § 23 Nr. 2 a GVG; bei der Gewerberaummiete ist die übliche streitwertabhängige Zuständigkeitsregelung der §§ 23 Nr. 1, 71 Abs. 1 GVG zu beachten.

Auch wenn hier das Bestehen eines Mietverhältnisses außer Streit steht, ist nach meiner Auffassung zur Gebührenstreitwertberechnung auf § 41 GKG (ggf. analog) zurückzugreifen, ebenso wie im umgekehrten Fall, wenn der Mieter vom Vermieter die Überlassung der Mietsache verlangt (noch zur Vorgängervorschrift des § 16 GKG aF: OLG Celle MDR 1989, 272; LG Halle WuM 1994, 351).

Für den Zuständigkeits- oder Rechtsmittelstreitwert dürfte § 8 ZPO, ggf. analog, gelten (BGH NJW-RR 2006, 1004; vgl. auch BGH NJW-Spezial 2005, 53).

Örtlich ausschließlich zuständig ist das Gericht, in dessen Bezirk die Mietsache liegt (vgl. § 29a ZPO).

2. Bei der Abnahmepflicht handelt es sich nach allgemeiner Meinung um eine vertretbare Handlung iSv § 887 ZPO (so im Kaufrecht: OLG Köln MDR 1975, 586; vgl. auch *Schneider* MDR 1975, 280).

3. Bei Anwendung von § 41 GKG, ggf. analog (→ Anm. 1), ist für die Bezifferung des Streitwertes der geltend gemachten Abnahmeverpflichtung der auf die streitige Zeit entfallende, höchstens aber die einjährige Miete maßgebend (§ 41 Abs. 1, Abs. 2 S. 1 GKG). Zum Mietzinsbegriff des § 41 GKG – Grundmiete mit oder ohne (verbrauchsunabhängige) Nebenkosten – vgl. nur Hannemann/Wiek/Emmert/*Emmert* Handbuch des Mietrechts, § 2 Rn. 513 ff. mwN.

Hinzuzurechnen ist dann noch der eingeklagte Ersatzbetrag und für die begehrte Feststellung der zu erwartende Betrag an künftigen Aufwendungen und Schäden unter Abschlag von mindestens 20 % gegenüber dem Wert einer entsprechenden Leistungsklage, auch wenn ggf. damit gerechnet werden kann, dass der Beklagte schon auf Grund der Feststellung zahlt (vgl. nur BGH NJW-RR 1988, 689; JurBüro 1975, 1598; NJW 1965, 2298).

4. In Anwaltsprozessen werden die Sachanträge grundsätzlich verlesen (§ 297 ZPO). Dies gilt in amtsgerichtlichen Verfahren nur, soweit ausnahmsweise dessen schriftliche Vorbereitung nach § 129 Abs. 2 ZPO aufgegeben wurde (vgl. auch § 496 ZPO). Andernfalls genügt es, die Anträge zu stellen.

5. Der Antrag ist zur Gewährleistung der Vollstreckbarkeit so exakt wie möglich zu fassen. Zulässig wäre auch, den Mieter statt zur Übernahme zur Abnahme zu verpflichten, („. . . . . abzunehmen"). Da es im Mietrecht aber keine gesetzliche Abnahmepflicht des Mieters gibt (→ Anm. 6) und die Abnahme letztlich ein Rechtsbegriff ist, erscheint der Begriff „Übernahmepflicht", korrespondierend mit der Überlassungspflicht des Vermieters (§ 535 Abs. 1 S. 2 BGB), geeigneter.

6. Das Gesetz sieht zwar in § 535 Abs. 1 S. 2 BGB eine Gebrauchsüberlassungspflicht des Vermieters vor, aber keine damit korrespondierende Abnahmepflicht des Mieters wie etwa im Kaufrecht nach § 433 Abs. 2 BGB oder im Werkvertragsrecht gemäß § 640 BGB (Bub/Treier/*Kraemer/von der Osten* III Rn. 2306; Staudinger/*Emmerich* §§ 535 Rn. 91). Der Wohnraum- wie auch Gewerberaummieter ist folglich nach der gesetzlichen Regelung berechtigt, nicht aber verpflichtet, die Mietsache zum vereinbarten Beginn des Mietverhältnisses in Besitz – oder auch in Gebrauch (zur Betriebspflicht → Form. B. II. 2) – zu nehmen (vgl. BGH NJW 1979, 2351).

Der Mieter gerät also bei Nicht-Übernahme der Mietsache nach der gesetzlichen Rechtslage allenfalls in Gläubigerverzug nach den §§ 293 ff. BGB, sofern der Vermieter ihm die Überlassung des Mietobjektes ordnungs- und vertragsgemäß im Grundsatz tatsächlich angeboten hat (§ 294 BGB; vgl. BGH NJW-RR 1991, 267; AG Hamburg NZM 1998, 477). Hat der Mieter bereits vorab deutlich gemacht, dass er die Mietsache nicht zum vereinbarten Mietbeginn übernehmen wird, genügt nach § 295 BGB auch ein wörtliches Angebot, wobei der Vermieter bei weiterer ernsthafter und endgültiger Erfüllungsverweigerung nach früherem Recht aus pVV (neben dem selbstverständlich fortbestehenden Anspruch auf Vertragserfüllung) Schadensersatz wegen Nichterfüllung verlangen oder vom Mietvertrag zurücktreten konnte (der BGH wendete § 326 BGB aF entsprechend an – WM 1968, 1202) bzw. jetzt nach der Schuldrechtsreform Schadensersatz statt der Leistung gem. § 280 Abs. 1 S. 1 BGB ggf. iVm §§ 281, 282 BGB verlangen oder gem. § 324 BGB zurücktreten kann (Bub/Treier/*Kraemer/von der Osten* III Rn. 2309 ff.). Aufgrund des in der Regel kalendermäßig bestimmten Mietbeginns bedarf es bei Vorliegen der Voraussetzungen des § 296 BGB nicht einmal eines wörtlichen Angebots, um Annahmeverzug, der in allen diesen Fällen nicht von einem Verschulden des Mieters abhängt, auszulösen (BGH NJW-RR 1991, 267).

Dabei gilt das bisherige Recht bis zur Schuldrechtsreform für vor dem 1.1.2002 entstandene Schuldverhältnisse (maßgeblich ist grundsätzlich der Zugang der Annahmeerklärung, *Hess* NJW 2002, 253, 255) und die neue Rechtslage für alle nach dem 31.12.2001 entstandenen Schuldverhältnisse (vgl. Art. 229 § 5 S. 1 EGBGB). Bei vor dem 1.1.2002 in diesem Sinne entstandenen Dauerschuldverhältnissen, also für den hier in Rede stehenden Mietvertrag, galt das bisherige Recht bis zum 31.12.2002 weiter (Art. 229 § 5 S. 2 EGBGB).

Eine derartige Abnahmepflicht kann aber sowohl bei der Wohnraum- als auch bei der Geschäftsraummiete vereinbart werden (so schon RGZ 138, 192, 202), wobei im Gewerberaummietrecht die Vereinbarung einer Gebrauchs- oder Betriebspflicht (→ Form. B. II. 2) in der Regel die Abnahmepflicht des Mieters mit umfasst (Bub/Treier/ *Kraemer/von der Osten* III Rn. 2306). Aus der allgemeinen Obhutspflicht des Mieters (vgl. nur *Sternel* II Rn. 277 ff.) ergibt sich allerdings keine Abnahmepflicht, da die Obhutspflicht erst mit der Überlassung der Mietsache beginnt und folglich den Mietbesitz voraussetzt (Staudinger/*Emmerich* §§ 535 Rn. 93), eine Besitzpflicht also nicht begründen kann (Bub/Treier/*Kraemer/von der Osten* III Rn. 2306 aE; LG Mannheim WuM 1982, 298; vgl. auch AG Mönchengladbach-Rheydt ZMR 1981, 210, wonach die besondere Obhutspflicht bei der Anmietung eines Einfamilienhauses auch eine Abnahme- und Gebrauchspflicht auslösen soll). Erst bei schuldhafter Verletzung der vertraglich statuierten Abnahmepflicht gerät der Mieter nach § 286 BGB in Schuldnerverzug.

7. Zwar knüpft die vereinbarte Abnahmepflicht in der Regel an den kalendermäßig bestimmten Mietbeginn an, so dass Schuldnerverzug des Mieters auch ohne Mahnung nach § 284 Abs. 2 S. 1 BGB a. F. bzw. jetzt § 286 Abs. 2 Nr. 1 BGB eintritt. Dennoch empfiehlt es sich vorsorglich, den Mieter entsprechend § 541 BGB erst abzumahnen bzw. vor einer außerordentlichen Kündigung eine Abhilfefrist zu setzen (Bub/Treier/*Kraemer/ von der Osten* III Rn. 2307).

8. Auf ein am 1.9.2001 bestehendes Mietverhältnis ist noch § 551 BGB aF anzuwenden (Art. 229 § 3 Abs. 1 Nr. 7 EGBGB) mit der Folge, dass es für eine Fälligkeit der Miete monatlich im Voraus einer mietvertraglichen Vorauszahlungsklausel bedarf. Bei nach dem 31.8.2001 entstandenen Mietverhältnissen gilt dieselbe Rechtslage bereits kraft Gesetzes in § 556b Abs. 1 BGB, auf den bei der Geschäftsraummiete § 579 Abs. 2 BGB verweist.

9. Erst recht bei vertraglich vereinbarter Abnahmeverpflichtung des Mieters wie vorliegend aus dem Gesichtspunkt des Schuldnerverzuges, aber auch beim bloßen Annahmeverzug bleibt der Mieter zur Zahlung der Miete verpflichtet. Dabei kann dahinstehen, ob sich dies aus § 323 Abs. 6 BGB ergibt, wenn während des Gläubigerverzuges die Gebrauchsüberlassung für den entsprechenden Zeitraum teilweise unmöglich wird, ohne dass dies der Vermieter zu vertreten hat (BGH NJW-RR 1991, 267), oder ob § 326 Abs. 2 BGB einschlägig ist, wenn der Mieter die auf Grund des Fixgeschäftscharakters der Miete (vgl. Staudinger/*Emmerich* § 537 Rn. 4) eintretende Teilunmöglichkeit infolge der Nichtabnahme zu vertreten hat (OLG Düsseldorf ZMR 1992, 536; vgl. auch BGH WM 1988, 1451). Hierbei genügt es nach dem Rechtsgedanken des § 537 BGB, wenn der Mieter aus in seiner Risikosphäre liegenden Gründen an der Abnahme gehindert ist (BGH NJW-RR 1991, 267; OLG Düsseldorf ZMR 1992, 536). Dann gilt aber im Übrigen auch § 537 Abs. 1 S. 2 (entspricht ohnehin § 324 Abs. 1 S. 2 BGB aF bzw. jetzt § 323 Abs. 2 S. 2 BGB) und § 537 Abs. 2 BGB (Bub/Treier/*Kraemer/von der Osten* III Rn. 2310). Die Beweislast für das Vorliegen der Voraussetzungen in § 324 BGB aF bzw. §§ 326 Abs. 2, 323 Abs. 6 BGB obliegt dem Vermieter (BGH NJW 1992, 683; BGH NZM 2005, 100).

10. Anspruchsgrundlage hierfür ist § 304 BGB, so dass eine vereinbarte Abnahmepflicht des Mieters hierfür nicht erforderlich ist. Danach kann der Vermieter die objektiv erforderlichen Mehraufwendungen, die durch den Gläubigerverzug des Mieters ausgelöst wurden, erstattet verlangen, auch zB Kosten für die zwischenzeitliche Beaufsichtigung der Mietsache (Bub/Treier/*Kraemer/von der Osten* III Rn. 2308). Den sonstigen Zeit- und Arbeitsaufwand erhält der Vermieter aber nur ersetzt, wenn die entsprechende Tätigkeit zu seinen beruflichen Geschäften gehört, oder wenn ihm dadurch konkret zu belegende anderweitige Verdienste entgangen sind (BGH NJW-RR 2007, 88; BGH NJW 1977, 1446).

11. Der Annahmeverzug des Mieters allein begründet keine Schadensersatzverpflichtung wegen Beschädigung der Mietsache während dieses Verzugszeitraumes. Allenfalls die Haftung des Vermieters ist nach § 300 Abs. 1 BGB auf Vorsatz und grobe Fahrlässigkeit beschränkt. Den Mieter trifft auch während seines Gläubigerverzuges keine Obhutspflicht, die nach wie vor allein dem Vermieter obliegt (Bub/Treier/*Kraemer/von der Osten* III Rn. 2312).

Anders beim Schuldnerverzug des Mieters bei vereinbarter Abnahmepflicht wie hier, die im Übrigen den Anspruch aus § 324 Abs. 2 BGB (→ Anm. 9) nicht verdrängt. Die pflichtwidrige Nichtabnahme führt in diesem Fall zugleich dazu, dass der Mieter sich pflichtwidrig die Erfüllung seiner Obhutspflicht unmöglich macht, wobei allerdings der Vermieter dennoch auf Grund der bei ihm verbliebenen Sachherrschaft zur Erfüllung nahe liegender Sicherungsmaßnahmen (etwa gegen Einbruch, Diebstahl oder auch, wie vorliegend, gegen das Einfrieren von Leitungen) verpflichtet bleibt, so dass ggf. eine Schadenquotelung nach § 254 Abs. 1 BGB vorzunehmen ist (Bub/Treier/*Kraemer/von der Osten* III Rn. 2315).

12. Ohne Nachweis beträgt der Verzugszinssatz 5 Prozentpunkte, wenn an dem Rechtsgeschäft kein Verbraucher iSv § 13 BGB beteiligt ist 9 Prozentpunkte über dem Basiszinssatz gem. § 247 BGB jährlich bei Entgeltforderungen (§ 288 Abs. 1 bzw. 2 BGB, zum Übergangsrecht vgl. Art. 229 § 34 EGBGB). Selbstverständlich bleibt es dem Gläubiger nach wie vor unbenommen, einen konkret nachzuweisenden höheren Schaden ersetzt zu verlangen (§ 288 Abs. 4 BGB).

13. Denkbar wäre hinsichtlich des Mietausfalls (→ Anm. 9) auch eine Klage auf künftige Leistung bei Vorliegen der Voraussetzungen des § 259 ZPO. Diese sind bei Mietzinsansprüchen in der Regel dann erfüllt, wenn der Mieter über längere Zeit die Miete erst nach dem vertraglich vereinbarten Fälligkeitstermin leistet (BGH NZM 2011, 882).

Als Streitwert, der sich nach § 3 ZPO nach dem voraussichtlichen Fortbestand des Anspruchs richtet (OLG Frankfurt/Main MDR 1980, 761; aA OLG Stuttgart NJW-RR 1997, 1303, das § 9 ZPO anwendet), soll im Fall des § 259 ZPO bei befristeten Mietverhältnissen die Miete etwa der Hälfte der Restlaufzeit zugrundezulegen sein (OLG Karlsruhe WuM 1979, 155), bei unbefristeten Mietverhältnissen ist die Miete für 3 Jahre denkbar (vgl. zu § 5 WiStG – LG Hamburg WuM 1987, 61).

2. Klage auf Erfüllung einer vereinbarten Betriebspflicht und auf Schadensersatz

An das

Amtsgericht/Landgericht[1]. . . . .

Klage

In Sachen

des . . . . .

– Kläger –

Prozessbevollmächtigte: . . . . .

gegen

den . . . . .

– Beklagter –

wegen unvertretbarer Handlung,[2] Schadensersatzes und Feststellung

erheben wir hiermit namens und in anwaltlich versicherter Vollmacht des Klägers

Klage,

entrichten aus einem vorläufigen Streitwert in Höhe von . . . . . EUR[3] Vorschuss auf die Gerichtskosten durch beigefügten Verrechnungsscheck in Höhe von . . . . . EUR, bitten um Zustellung der Klageschrift an den Beklagten und um Anberaumung eines baldigen frühen ersten Termins zur mündlichen Verhandlung, in dem wir die

Anträge

stellen/verlesen[4] werden, wie folgt zu erkennen:

1. Der Beklagte wird verurteilt, sein . . . . .-geschäft im Mietobjekt . . . . . (kurze Beschreibung: z.B. Ladengeschäft für . . . . ., Gaststätte) . . . . . in der . . . . . (Straße) . . . . . in . . . . . (Ort) . . . . . von montags bis freitags in der Zeit von . . . . . bis . . . . . Uhr und samstags von . . . . . bis . . . . . Uhr geöffnet zu halten und zu betreiben.[5]
2. Der Beklagte wird weiter verurteilt, an den Kläger . . . . . EUR nebst . . . . . Prozentpunkten über dem jeweiligen Basiszinssatz hieraus p. a. seit dem . . . . . zu bezahlen.
3. Es wird festgestellt, dass der Beklagte verpflichtet ist, dem Kläger sämtliche weitere Schäden aus der Nichterfüllung seiner Betriebspflicht zu ersetzen.
4. Der Beklagte trägt die Kosten des Rechtsstreits.
5. Das Urteil ist, notfalls gegen Sicherheitsleistung, vorläufig vollstreckbar. Dem Kläger wird nachgelassen, Sicherheitsleistung auch durch unwiderrufliche selbstschuldnerische Bürgschaft eines im Bereich der EU zugelassenen Bank- oder Kreditinstituts zu erbringen, ebenfalls – vorsorglich – zwecks Abwendung der Zwangsvollstreckung.

Sollte das Gericht das schriftliche Vorverfahren beschließen, wird bereits jetzt

Antrag

auf Erlass eines Versäumnisurteils (§ 331 Abs. 3 ZPO)

gestellt.

Begründung:

Mit der vorliegenden Klage verlangt der Kläger vom Beklagten die Erfüllung einer diesem obliegenden Betriebspflicht sowie Ersatz des ihm aus der Nichterfüllung dieser Verpflichtung entstandenen bzw. – im Wege der Feststellung – des noch entstehenden Schadens.

Im Einzelnen:

1. Der Kläger hat an den Beklagten mit Mietvertrag vom . . . . . die in Klageantrag Ziffer 1 näher bezeichnete Mietsache zum Betrieb eines Ladengeschäftes für . . . . . vermietet.

   Beweis: Vorerwähnter Mietvertrag, gemäß § 133 Abs. 1 S. 2 ZPO einfach beigefügt in Ablichtung als Anlage K 1.

In dessen § . . . . . ist neben diesem Nutzungszweck ausdrücklich vereinbart, dass der Beklagte verpflichtet ist, dieses Ladengeschäft in den Mieträumen zu den ortsüblichen Zeiten gemäß Klageantrag Ziffer 1 unter Beachtung der Vorgaben des Ladenschlussgesetzes, selbstverständlich mit Ausnahme krankheitsbedingter Schließungen oder üblicher Betriebsferien, geöffnet zu halten und tatsächlich zu betreiben.[6]

Dieser Verpflichtung ist der Beklagte nicht nachgekommen. Allein innerhalb der letzten 2 Monate war das Geschäft des Beklagten nur sporadisch geöffnet, teilweise sogar ganze Tage geschlossen: . . . . . (hier hat nun gewissermaßen eine tagebuchartige Auflistung der Zeiträume zu erfolgen, in denen der Beklagte seiner Betriebspflicht nicht nachgekommen ist) . . . . .

Beweis: Zeugnis . . . . .

Mit Schreiben vom . . . . . hat der Kläger den Beklagten unter Fristsetzung aufgefordert, seine Betriebspflicht zu erfüllen[7] – vergeblich.

Beweis: Vorerwähntes Schreiben des Klägers, gemäß § 133 Abs. 1 S. 2 ZPO einfach
　　　　beigefügt in Ablichtung als Anlage K 2.

Daher war nunmehr die Inanspruchnahme gerichtlicher Hilfe unumgänglich.
Hieraus rechtfertigt sich Klageantrag Ziffer 1.

2. Der an den Beklagten vermietete Laden gehört zu einem Einkaufszentrum, das im Eigentum des Klägers steht. Das Nichtbetreiben des zudem noch an exponierter Stelle im Hauptzugangsbereich des Einkaufscenters gelegenen Ladengeschäftes des Beklagten hat sich bereits negativ auf den Geschäftserfolg des ganzen Zentrums wie auch auf dessen Image ausgewirkt und dazu geführt, dass zumindest in einem konkreten Fall ein unmittelbar benachbartes Ladengeschäft vom Kläger nicht vermietet werden konnte.

Der nachstehend als Zeuge benannte Mietinteressent . . . . . wäre bereit gewesen, den neben der an den Beklagten vermieteten Einheit befindlichen Laden zum Betrieb eines . . . . .-geschäftes für eine monatliche Grundmiete von . . . . . EUR ab dem . . . . . für die Dauer von . . . . . Jahren fest anzumieten unter weiterer anteiliger Übernahme der Nebenkosten wie folgt . . . . .

Beweis: Zeugnis . . . . .

Die Anmietung des Ladens, der von seinem Sortiment her genau eine noch vorhandene Angebotslücke des Einkaufszentrums geschlossen hätte, unterblieb ausschließlich wegen des Nichtbetriebs des Ladengeschäftes des Beklagten und der deshalb vom Zeugen zu Recht befürchteten Umsatzeinbußen.

Beweis: wie vor.

Aus diesen Gründen muss der Kläger nicht nur auf der uneingeschränkten Erfüllung der Betriebspflicht des Beklagten bestehen, sondern kann vom Beklagten auch noch den Ersatz dieses Mietausfalls verlangen,[8] beziffert wie folgt: . . . . .

Beweis: . . . . .

Der Beklagte wurde mit Schreiben des Klägers vom . . . . . zum Ausgleich dieses Betrages bis spätestens . . . . . aufgefordert. Hierauf erfolgte keinerlei Reaktion.

Beweis: Vorerwähntes Schreiben des Klägers, gemäß § 133 Abs. 1 S. 2 ZPO einfach
　　　　beigefügt in Ablichtung als Anlage K . . . . .

Der Beklagte befindet sich daher seit dem . . . . . in Verzug.

Geltend gemacht werden die gesetzlichen Verzugszinsen gem. §§ 288, 247 BGB, die folglich ebenfalls begründet sind.[9]

Damit ist auch Klageantrag Ziffer 2 begründet.

3. Klageantrag Ziffer 2 betrifft die bislang bezifferbaren Ersatzansprüche des Klägers gegenüber dem Beklagten. Darüber hinaus hat der Kläger aber auch noch ein rechtlich geschütztes Interesse i.S.v. § 256 ZPO daran, feststellen zu lassen, dass der Beklagte auch noch verpflichtet ist, etwaige weiter entstehende Schäden wegen Nichterfüllung seiner Betriebspflicht zu ersetzen, die derzeit noch nicht beziffert werden können. Dies rechtfertigt Klageantrag Ziffer 3.

4. Auf der Grundlage dieser Ausführungen ist der Beklagte wie beantragt zu verurteilen.

Rechtsanwalt[10]

Anmerkungen

1. Bei Wohnraummietverhältnissen dürfte eine Betriebs- bzw. besser Gebrauchspflicht kaum wirksam – außer individuell – vereinbart werden können (iÜ → Anm. 6). Daher ergibt sich die sachliche Zuständigkeit streitwertabhängig nach §§ 23 Nr. 1, 71 Abs. 1 GVG.

Örtlich ausschließlich zuständig ist das Gericht, in dessen Bezirk die Mietsache liegt (vgl. § 29a ZPO).

2. Bei der Betriebspflicht handelt es sich nach überwiegender Auffassung um eine unvertretbare Handlung iSv § 888 ZPO (OLG Celle NJW-RR 1996, 585; *Sternel* II Rn. 276). Nach anderer Auffassung soll es sich um eine Unterlassungspflicht iSv § 541 BGB handeln, die nach § 890 ZPO zu vollstrecken ist (OLG Düsseldorf NJW-RR 1997, 648; OLG Hamburg Beschl. v. 19.2.1986 – 4 U 18/86, zitiert nach *Sternel* II Rn. 276, Fn. 14). Eine dritte Meinung hält die Betriebspflicht als nicht ausschließlich vom Willen des Schuldners, also des Mieters, abhängig, da z.B. Arbeits- und Lieferantenverträge abzuschließen sind ua, so dass auch eine Vollstreckung nach § 888 ZPO ausscheidet und der Vermieter allein auf Ersatzansprüche nach § 893 ZPO verwiesen ist (OLG Hamm NJW 1973, 1135; OLG Naumburg NJW-RR 1998, 873 = NZM 1998, 575). Letzteres wird nicht allgemein gelten können, sondern muss im konkreten Einzelfall geprüft werden (vgl. auch *Jendrek* NZM 2000, 526, 530). Schließlich wird auch vertreten, dass weder § 887 ZPO noch § 888 ZPO gilt: Schmidt-Futterer/*Eisenschmid* § 535 Rn. 266.

3. Für die Bezifferung des Streitwertes ist das Interesse des Vermieters an der Erfüllung der Betriebspflicht maßgeblich, mithin auch ohne konkret eingetretenen Schaden etwa die Gefahr, dass die Vermietung benachbarter Einheiten zumindest erschwert, wenn nicht gar unmöglich gemacht wird. Dabei wird sich der Streitwert idR auf eine Jahresmiete belaufen (KG ZMR 2006, 611).

Hinzuzurechnen ist dann noch der eingeklagte Ersatzbetrag und für die begehrte Feststellung der zu erwartende Betrag an künftigen Aufwendungen und Schäden unter Abschlag von mindestens 20 % gegenüber dem Wert einer entsprechenden Leistungsklage, auch wenn ggf. damit gerechnet werden kann, dass der Beklagte schon auf Grund der Feststellung zahlt (vgl. nur BGH NJW-RR 1988, 689; JurBüro 1975, 1598; NJW 1965, 2298).

4. In Anwaltsprozessen werden die Sachanträge grundsätzlich verlesen (§ 297 ZPO). Dies gilt in amtsgerichtlichen Verfahren nur, soweit ausnahmsweise dessen schriftliche

Vorbereitung nach § 129 Abs. 2 ZPO aufgegeben wurde (vgl. auch § 496 ZPO). Andernfalls genügt es, die Anträge zu stellen.

5. Der Antrag ist zur Gewährleistung der Vollstreckbarkeit so exakt wie möglich zu fassen. Hierfür ist es aber nicht erforderlich, die einzelnen Maßnahmen anzugeben, die der Mieter zur Wiederaufnahme des Betriebes zu treffen hat, was angesichts der beim Mieter verbleibenden unternehmerischen Entscheidungsfreiheit auch nicht möglich und zulässig wäre (*Sternel* II Rn. 276 unter Hinweis auf abweichende Urteile des LG Hamburg v. 29.1.1986 – 21 O 21/86 und v. 27.2.1986 – 65 O 12/86).

6. Das Gesetz sieht ebenso wenig wie eine Abnahmepflicht (→ Form. B. II. 1) auch keine Gebrauchs- oder Betriebspflicht des Mieters vor (BGH WM 1983, 531; NJW 1979, 2351; AG Hamburg NZM 1998, 477; Schmidt-Futterer/*Eisenschmid* § 535 Rn. 253 ff.; Bub/Treier/*Kraemer/von der Osten* III Rn. 237; Staudinger/*Emmerich* § 535 Rn. 91 f.; *Sternel* II Rn. 273). Der Mieter kann also dadurch, dass er sein Geschäft nicht betreibt, allenfalls in Gläubiger- bzw. Annahmeverzug, nicht aber in Schuldnerverzug geraten, muss aber selbstverständlich die Miete bezahlen (§ 537 BGB). Er kann daher sein Geschäft jederzeit einstellen (BGH NJW 1993, 2792; NJW 1979, 2351; OLG Celle ZMR 1973, 109; LG Arnsberg ZMR 1980, 132; LG Lübeck NJW-RR 1993, 78).
Eine Betriebspflicht kann aber ausdrücklich – auch formularvertraglich (BGH NJW-RR 1992, 1032; vgl. die Klauselformulierungen bei *Sternel* II Rn. 274) – vereinbart werden oder sich auch aus den Umständen ergeben (OLG Köln, NZM 2002, 345; Schmidt-Futterer/*Eisenschmid* § 535 Rn. 256 ff.; Schmidt-Futterer/*Langenberg* § 537 Rn. 9; Bub/Treier/*Kraemer/von der Osten* III Rn. 2321 ff., 2323; Staudinger/*Emmerich* § 535 Rn. 92; *Sternel* II Rn. 273). An die Transparenz sind, insbes. bei Verweis auf (gesetzliche) Ladenschlusszeiten hohe Anforderungen zustellen (BGH Urt. v. 16.5.2007 – XII ZR 13/05; BGH Beschl. v. 29.11.2006 – XII ZR 121/04, bezogen auf die Frage statische oder dynamische Verweisung). Allein die Vereinbarung einer Umsatzmiete genügt nicht (BGH NJW 1979, 2351; OLG Düsseldorf ZMR 1994, 402). Auch die Angabe eines bestimmten Nutzungszwecks reicht hierfür grundsätzlich nicht aus (so zB Gaststätte, außer sie ist komplett vom Verpächter ausgestattet – OLG Düsseldorf ZMR 1994, 402, oder Läden in Einkaufszentren – LG Lübeck NJW-RR 1993, 78; aA LG Augsburg ZMR 1973, 111; LG Hannover ZMR 1993, 280). Zur Abgrenzung gegenüber einer Offenhaltungspflicht vgl. OLG Dresden Beschl. v. 15.7.2015 – 5 U 597/15 – BeckRS 2015, 15062.
Eine derart vereinbarte Betriebspflicht hat der Mieter grundsätzlich auch dann zu erfüllen, wenn das Betreiben des Geschäfts unrentabel ist. Die wirtschaftliche Rentabilität fällt i. d. R. allein in die Risikosphäre des Mieters, selbst wenn es sich um ein „Fachmarktkonzept" (OLG Naumburg NZM 1998, 373) handelt und der Vermieter dessen Funktionsfähigkeit auch zu seinem Risiko gemacht hat (BGH NZM 2000, 492; ZMR 1995, 295; NJW 1978, 2390; vgl. auch OLG Celle NJW 1978, 2510; aA OLG Koblenz NJW-RR 1989, 400). Erst dann, wenn der Vermieter im Einzelfall – etwa auf Grund einer Garantieerklärung – ausnahmsweise das unternehmerische Risiko übernommen hat, greifen die Grundsätze des Wegfalls der Geschäftsgrundlage – vgl. jetzt § 313 BGB – ein (instruktiv: BGH NZM 2000, 492). Nur ausnahmsweise kann die Berufung des Vermieters auf eine vereinbarte Betriebspflicht gegen Treu und Glauben nach § 242 BGB verstoßen, zB wenn eine Konkurrenzschutzklausel fehlt. Die Betriebspflicht kann weiter wegen Unvermögens entfallen, wenn der Mieter – unabhängig von der Einleitung eines Insolvenzverfahrens – zahlungsunfähig ist (OLG Karlsruhe Urt. v. 8.11.2006 – 9 U 58/06).
Bei der Wohnraummiete soll sich ausnahmsweise aus der Eigenart des Objektes eine Gebrauchspflicht ergeben (so bei Anmietung eines Einfamilienhauses – AG Mönchengladbach-Rheydt ZMR 1981, 210). Das längere Leerstehenlassen einer dem WoBindG

unterliegenden Sozialwohnung soll den Vermieter zur fristlosen Kündigung berechtigen (LG Frankfurt/Main WuM 1974, 55; WuM 1972, 189; vgl. auch LG Berlin ZMR 1987, 468; OLG Stuttgart NJW-RR 1991, 1226; aA LG Köln WuM 1991, 589).

Durch die Vereinbarung einer Betriebspflicht ist es nicht ausgeschlossen, Betriebsferien zu machen bzw. entsprechend der Verkehrssitte, etwa bei Gaststätten, einen wöchentlichen Ruhetag einzulegen. Die Klausel: „Das Geschäftslokal ist im Rahmen der gesetzlichen Bestimmungen über die Ladenschlusszeiten an allen Verkaufstagen zu den vom Vermieter festgelegten Öffnungszeiten offenzuhalten. Aus der bloßen Duldung abweichender Öffnungszeiten durch den Vermieter kann der Mieter keine Rechte herleiten. Zeitweise Schließungen (wie Mittagspause, Ruhetage, Betriebsferien) sind nicht zulässig, ausgenommen sind Inventuren oder Betriebsversammlungen." ist zulässig. Ebenso wie „Mittagspause, Ruhetage und Betriebsferien" nur als Beispiele für eine – vom Mieter gewillkürte, aber objektiv nicht unerlässliche und deshalb – unzulässige Geschäftsschließung genannt werden, sind umgekehrt „Inventur und Betriebsversammlungen" ersichtlich nur beispielhaft für eine – nach dem Betriebsablauf notwendige und deshalb – zulässige Ausnahme von der Offenhaltungspflicht erwähnt. Andere – notwendige – Schließungen, wie sie etwa durch dem Mieter obliegende Schönheitsreparaturen oder Instandhaltungsmaßnahmen erforderlich werden könnten, werden durch diese Beispiele nicht ausgeschlossen (BGH NJW-RR 2010, 1017; zu Stilllegung von Ein- und Ausgängen vgl. KG Urt. v. 30.3.2015 – 8 U 43/14 – BeckRS 2015, 09949).

7. In jedem Fall sollte der Mieter entspr. § 541 BGB erst abgemahnt werden (Bub/Treier/*Kraemer/von der Osten* III Rn. 2327).

8. Der Verstoß gegen eine vereinbarte Betriebspflicht stellte ursprünglich eine positive Vertragsverletzung dar, die dem Vermieter neben Erfüllungsansprüchen auch Schadensersatzansprüche gab (OLG Düsseldorf ZMR 1994, 402; *Sternel* II Rn. 276). Nach der Schuldrechtsreform gilt dies auch über §§ 280 Abs. 1 S. 1, 281, 282 BGB (Bub/Treier/*Kraemer/von der Osten* III Rn. 2328). Dabei gilt das bisherige Recht für vor dem 1.1.2002 entstandene Schuldverhältnisse (maßgeblich ist grundsätzlich der Zugang der Annahmeerklärung, *Hess* NJW 2002, 253, 255) und die neue Rechtslage auf Grund der Schuldrechtsreform für alle nach dem 31.12.2001 entstandenen Schuldverhältnisse (vgl. Art. 229 § 5 S. 1 EGBGB). Bei vor dem 1.1.2002 in diesem Sinne entstandenen Dauerschuldverhältnissen, also für den hier in Rede stehenden Mietvertrag, gilt das bisherige Recht sogar noch bis zum 31.12.2002 weiter (Art. 229 § 5 S. 2 EGBGB).

Daneben steht dem Vermieter in gravierenden Fällen ein Recht zur fristlosen Kündigung nach § 543 Abs. 1 BGB zu (BGH NJW-RR 1992, 1032; OLG Düsseldorf NJWE-MietR 1997, 177; Bub/Treier/*Kraemer/von der Osten* III Rn. 2328; Staudinger/*Emmerich* §§ 535 Rn. 91; *Sternel* II Rn. 276).

Der Mietzahlungsanspruch des Vermieters bleibt nach § 537 BGB unberührt.

9. Ohne Nachweis beträgt der Verzugszinssatz 5 Prozentpunkte, wenn an dem Rechtsgeschäft kein Verbraucher iSv § 13 BGB beteiligt ist 9 Prozentpunkte über dem Basiszinssatz gem. § 247 BGB jährlich bei Entgeltforderungen (§ 288 Abs. 1 bzw. 2 BGB, zum Übergangsrecht vgl. Art. 229 § 34 EGBGB). Selbstverständlich bleibt es dem Gläubiger nach wie vor unbenommen, einen konkret nachzuweisenden höheren Schaden ersetzt zu verlangen (§ 288 Abs. 4 BGB).

Insolvenz

10. Ist mietvertraglich eine Betriebspflicht vereinbart, ist streitig, welche Auswirkungen es hat, wenn ihr der **Insolvenzverwalter** des Mieters nicht nachkommt. Einerseits soll der Insolvenzverwalter einen unrentablen Betrieb nicht nur wegen der Betriebspflicht weiterführen müssen. Mangels Verschulden soll kein Schadenersatzanspruch bestehen (*Wolf/Eckert/Ball* Rn. 1579). Andererseits wäre ein solcher Schadenersatzanspruch, wenn er bestünde, ohnehin nur eine Insolvenzforderung.

Schon unabhängig von der Einleitung eines Insolvenzverfahrens soll ein Einzelhändler, der gegenüber dem Vermieter eine Betriebspflicht übernommen hat, von der Betriebspflicht frei werden, wenn er beweisen kann, dass er zahlungsunfähig ist (OLG Karlsruhe MDR 2007, 577).

Mietsicherheit

3. Klage auf Zahlung der Kaution

An das

Amtsgericht . . . . .[1]

Klage

des . . . . .

– Kläger –

Prozessbevollmächtigter: Rechtsanwalt . . . . .[2]

gegen

. . . . .

– Beklagter –

wegen: Forderung

Streitwert: . . . . .[3]

Namens und in Vollmacht des Klägers werde ich

beantragen,

den Beklagten zu verurteilen, an den Kläger . . . . . EUR nebst . . . . .% Zinsen[4] seit dem . . . . .[5] zu zahlen.[6]

Sollte das Gericht das schriftliche Vorverfahren anordnen, wird bereits jetzt für den Fall des Vorliegens der Voraussetzungen

Antrag

auf Erlass eines Versäumnisurteils gestellt.

Begründung:

Der Kläger ist Vermieter,[7] der Beklagte Mieter der Wohnung . . . . . str . . . . . in . . . . .

Beweis: Mietvertrag vom . . . . ., Kopie Anlage 1

Ausweislich § . . . . . des Mietvertrags beträgt die vom Beklagten zu leistende Kaution . . . . . EUR.[8]

Der Beklagte hat den Kautionsbetrag jedoch bis heute nicht gezahlt.[9]

Vielmehr hat der Beklagte dem Kläger mit Schreiben vom . . . . . mitgeteilt, dass er die Kaution bis zur Beseitigung angeblicher Mängel der Wohnung zurückbehalte.

Beweis: Schreiben vom . . . . ., Kopie Anlage 2

Vorsorglich wird das Vorhandensein von Mängeln bereits jetzt bestritten. Es kommt jedoch letztlich im vorliegenden Rechtsstreit nicht darauf an, da wegen Mängeln der Mietsache kein Zurückbehaltungsrecht an der Kaution besteht. Dies würde dem Sicherungszweck der Kaution widersprechen.[10]

Rechtsanwalt[11]

Anmerkungen

1. Örtliche Zuständigkeit:
Für Streitigkeiten in Miet- und Pachtsachen über Räume – also sowohl Wohn- als auch Gewerberäume – ist gem. § 29a Abs. 1 ZPO das Gericht ausschließlich zuständig, in dessen Bezirk sich die Räume befinden.
Eine Ausnahme gilt gem. § 29a Abs. 2 ZPO nur für Wohnräume der in § 549 Abs. 2 Nr. 1 bis 3 BGB genannten Art.
Sachliche Zuständigkeit:
Für Streitigkeiten über „Ansprüche aus einem Mietverhältnis über Wohnraum oder über den Bestand eines solchen Mietverhältnisses" ist gem. § 23 Nr. 2 a GVG ausschließlich das Amtsgericht zuständig. Für andere Mietstreitigkeiten bestimmt sich die sachliche Zuständigkeit nach der allgemeinen Streitwertgrenze von 5.000,– EUR, § 23 Nr. 1 GVG.

2. Es gelten die allgemeinen Voraussetzungen für den Anwaltszwang, abhängig von der sachlichen Zuständigkeit. Dh, bei Streitigkeiten aus Wohnraummietverhältnissen besteht auch über 5.000,– EUR Streitwert kein Anwaltszwang, da diese Streitigkeiten in die ausschließliche Zuständigkeit des Amtsgerichts fallen, → Anm. 1.

3. Entspricht der Höhe des nicht gezahlten Kautionsbetrags.

4. Für Wohnraum gilt: Verzugszinsen kann der Vermieter hier nicht verlangen (LG Köln WuM 1987, 257, 258). § 551 BGB geht insoweit vor. Zinsen können daher wegen § 551 Abs. 3 S. 1 BGB regelmäßig nur in Höhe des Zinssatzes für Spareinlagen mit dreimonatiger Kündigungsfrist (LG Nürnberg-Fürth ZMR 1991, 479) oder im Falle der Vereinbarung einer anderweitigen Anlage nach § 551 Abs. 3 S. 2 BGB in Höhe der Zinsen der vereinbarten Anlageform begehrt werden. Der Vermieter muss im Falle der Verurteilung des Mieters diese Zinsen auch zusammen mit der Kaution anlegen, § 551 Abs. 3 S. 3 und 4 BGB.
Nach Ansicht des OLG Düsseldorf (DWW 2000, 122, 123) kann der Vermieter zwar bei Klagen auf Zahlung der Kaution keine Verzugszinsen verlangen, jedoch ab Rechtshängigkeit die Prozesszinsen aus § 291 BGB, weil die Rechtshängigkeit selbstständiger Rechtsgrund für die Verpflichtung des Schuldners einer Geldschuld zur Zahlung von Prozesszinsen sei. Mit der Begründung eines „selbstständigen Rechtsgrunds" könnte man jedoch auch einen Anspruch auf Verzugszinsen aus § 288 BGB bejahen; die Differenzierung überzeugt nicht. Aufgrund der Sonderregelung in § 551 BGB wird man vielmehr dazu kommen müssen, dass die dort für die Zinsen getroffene Regelung auch der in § 291 BGB genannten Verzinsungsregelung vorgeht.
Für andere, insbesondere gewerbliche Mietverhältnisse gilt: Wenn im Mietvertrag die Unverzinslichkeit der Kaution vereinbart wurde, stehen die mit der Kaution erwirtschafteten Zinsen dem Vermieter zu. Streitig ist, wem bei gewerblichen Mietverhältnissen

die Kautionszinsen zustehen, wenn der Mietvertrag zu dieser Frage keine Bestimmung trifft, → Form. C. III. 5 Anm. 13.

5. Die Fälligkeit richtet sich bei Wohnraummietverhältnissen nach § 551 Abs. 2 BGB, → Anm. 7.

Wenn im gewerblichen Mietvertrag ein bestimmter Termin für die Fälligkeit der Kautionszahlung vereinbart ist, kommt der Mieter gem. § 286 Abs. 2 Nr. 1 BGB bei Fristüberschreitung automatisch in Verzug.

6. Die vielfach im Anschluss an den Zahlungsantrag anzutreffenden Anträge, dem Beklagten die Kosten des Rechtsstreits aufzuerlegen und das Urteil für vorläufig vollstreckbar zu erklären, sind unnütze Schreibarbeit, da das Gericht hierüber von Amts wegen entscheidet (§§ 308 Abs. 2, 708 ff. ZPO).

7. Der Anspruch auf Zahlung der Kaution kann auch vom Grundstückserwerber geltend gemacht werden, wenn der Mieter die vereinbarte Kaution (noch) nicht an den Veräußerer geleistet hat. Zwar stehen nach § 566 BGB die vor Eigentumsübergang entstandenen und fällig gewordenen Ansprüche des Vermieters dem Veräußerer, die späteren dem Erwerber zu. Diese zeitliche Zäsur gilt für einen schon vor Eigentumsübertragung entstandenen und fälligen Anspruch auf Leistung der Kaution aber nicht, denn Zweck dieses Anspruchs ist die Sicherung aller Ansprüche des Vermieters während der gesamten Dauer des Mietvertrags (BGH NZM 2012, 681).

Streitig sind dabei Zeitpunkt und Umfang des Übergangs des Anspruchs auf Leistung der Kaution auf den Erwerber, dh ob dem Veräußerer auch nach Eigentumsübergang der Anspruch trotz § 566 BGB noch solange zusteht, bis alle seine Forderungen aus dem Mietvertrag befriedigt sind und der Erwerber erst anschließend und auch nur in Höhe des dann noch verbleibenden Restanspruchs eintritt (Palandt/*Weidenkaff* § 566 Rn. 17), oder ob der Anspruch mit dem Eigentumsübergang in der zu diesem Zeitpunkt bestehenden Höhe auf den Erwerber übergeht und dem Veräußerer wegen eines danach entstehenden Befriedigungsrechts kein eigener Anspruch auf Leistung der Kaution mehr zusteht (*Kraemer* NZM 2001, 737, 742).

8. Nur für Wohnraummietverhältnisse gilt:

a) Gem. § 551 Abs. 1 BGB darf eine Kaution nur bis zum Dreifachen der auf einen Monat entfallenden Miete vereinbart werden. Gerechnet wird auf die reine Grundmiete (Kaltmiete) „ohne die als Pauschale oder als Vorauszahlung ausgewiesenen Betriebskosten". Dh, dass eine Kaution auch in Höhe einer oder zwei Warmmiete(n) (Grundmiete **plus** Betriebskosten) zulässig ist, solange zwei Warmmieten weniger sind als die im Gesetz genannte Grenze von drei Grundmieten. Bei Mietverträgen, die eine Inklusivmiete beinhalten, also eine Miete, die die Betriebskosten enthält, ohne dass diese als Pauschale oder Vorauszahlung gesondert berechnet sind, wird man aus der gesetzlichen Formulierung, dass „ausgewiesene" Betriebskostenpauschalen oder Betriebskostenvorauszahlungen bei der Berechnung der dreifachen Monatsmiete unberücksichtigt bleiben, folgern müssen, dass bei Inklusivmieten die Vereinbarung der dreifachen Inklusivmiete als Kautionsbetrag zulässig ist. Zum Fall der Vereinbarung einer höheren als der nach § 551 Abs. 1 BGB maximal zulässigen Kaution → Form. B. III. 42 Anm. 6.

Zulässig ist auch eine Mischung von Sicherheiten, wenn diese insgesamt nicht mehr als drei Monatsmieten betragen. Beispiel: Barkaution in Höhe einer Monatsmiete und Bürgschaft eines Dritten in Höhe weiterer zwei Monatsmieten. Zur Frage einer vereinbarten Übersicherung durch die Mischung von Sicherheiten und einer freiwillig von einem Dritten angebotenen Bürgschaft → Form. B. III. 42 Anm. 6. Die betragsmäßige Begrenzung des § 551 Abs. 1 BGB gilt allerdings nur bei einer Mischung von mietrechtlichen Sicherheiten. Dies ist zB nicht der Fall, wenn ein Mieter zur Erlangung einer Genossenschaftswohnung eine Kaution leistet und einen Genossenschaftsanteil zeichnet. Auch wenn der Genossenschaftsanteil faktisch als (weitere) Sicherheit dienen können mag, ist zwischen genossenschaftlichen und mietrechtlichen Verpflichtungen zu trennen (AG Kiel NZM 2012, 610; LG Regensburg NZM 2010, 360; aA AG Saarbrücken WuM 2007, 506).

Maßgeblich für die Berechnung der nach § 551 Abs. 1 BGB maximal möglichen Kaution ist die Höhe der Miete im Zeitpunkt der Vereinbarung der Kaution. Bei späteren Mieterhöhungen darf der Vermieter keine anteilige Erhöhung der Kaution verlangen. Auch eine Mietminderung nach § 536 Abs. 1 BGB bleibt für die Berechnung der zulässigen Höhe der Kaution außer Betracht; Berechnungsgrundlage bleibt die vereinbarte Miete. Nach BGH NZM 2005, 699 ist unter Miete im Sinne des § 551 Abs. 1 BGB jedoch die aufgrund des Mangels geminderte Miete dann zu verstehen, wenn im Zeitpunkt der Vereinbarung über die Mietsicherheit ein unbehebbarer Mangel vorgelegen hat.

b) Gem. § 551 Abs. 2 BGB ist der Mieter zu drei gleichen monatlichen Teilzahlungen berechtigt. Zur Kritik an dieser praxisfernen Regelung vgl. *Mersson*, Vermieterleitfaden, Rn. A 88. Auf das Recht zur Teilzahlung braucht der Vermieter den Mieter aber nicht hinzuweisen (LG Dortmund WuM 2003, 498).

Der erste Fälligkeitstermin ist gem. § 551 Abs. 2 S. 2 BGB der Beginn des Mietverhältnisses (nicht: Zeitpunkt des Vertragsabschlusses). Das ist der vertraglich vereinbarte Beginn der Wohnberechtigung des Mieters (LG Mannheim ZMR 1990, 18) unabhängig davon, ob er zu diesem Zeitpunkt tatsächlich einzieht oder später. § 551 Abs. 2 S. 1 BGB schreibt für die weiteren Teilzahlungen einen Monatsrhythmus vor, wobei sie nach § 551 Abs. 2 S. 3 BGB zusammen mit den auf die erste Fälligkeit unmittelbar folgenden Mietzahlungen fällig werden. Trotzdem ist eine vertragliche Regelung, die längere Fristen und spätere Fälligkeiten vorsieht, als eine dem Mieter günstige Abweichung von der gesetzlichen Regelung als zulässig anzusehen; kürzere Fristen dürfen gem. § 551 Abs. 4 BGB nicht vereinbart werden. Der Mieter kann die Zahlung der Kaution von der vorherigen Benennung eines insolvenzfesten Kautionskontos abhängig machen (BGH NZM 2011, 28).

Der Vermieter kann auf die volle Kaution erst nach Verstreichen des dritten Fälligkeitstermins klagen. Vorher kann er nur $^1/_3$ oder $^2/_3$ einklagen. Auch wenn die vertraglich geschuldete Kaution nicht die gesetzlich zulässigen drei Monatsmieten, sondern z. B. nur eine Monatsmiete beträgt, ändert sich daran nichts. D. h., der Mieter kann dann diese eine Monatsmiete in drei gleichen monatlichen Teilzahlungen leisten, der Vermieter kann auch diesen geringeren Betrag nur nach Verstreichen des dritten Fälligkeitstermins voll einfordern.

Nach BGH ist eine Kautionsabrede, die die Zahlung der gesamten Kaution schon bei Abschluss des Mietvertrags (BGH NJW 2004, 3045 = NZM 2004, 613; NZM 2004, 217; NZM 2003, 754 = ZMR 2003, 729; WuM 2004, 269) oder bei Einzug (BGH NZM 2011, 28) vorsieht, aber nicht insgesamt unwirksam, sondern nur bzgl. der Fälligkeit der Kaution. Das heißt, der Mieter behält trotz der entgegenstehenden vertraglichen Bestimmung das Recht, die Kaution in drei gleichen monatlichen Teilbeträgen zu zahlen. Die Verpflichtung zur Kautionszahlung bleibt bestehen. Dementsprechend berühren auch andere „falsche" Fälligkeitstermine oder auch die Vereinbarung der Übergabe eines Sparbuchs mit sogleich der vollen Kautionssumme (LG Berlin GE 2007, 1633) die Wirksamkeit der Kautionsvereinbarung als solche nicht.

Für andere als Geld-(Bar-)kautionen gibt es keine gesetzliche Fälligkeitsregelung. Insoweit gilt die Vertragsfreiheit.

c) Zur Kautionsanlagepflicht des Vermieters und zu anderen Anlageformen als Spareinlagen mit dreimonatiger Kündigungsfrist → Form. B. III. 39 Anm. 6.

d) Im Gewerberaummietrecht sind Höhe und Fälligkeit der Kaution frei vereinbar und allenfalls durch die Grenze der Sittenwidrigkeit nach § 138 Abs. 1 BGB, für die es auch auf den Sicherungszweck ankommt, beschränkt (OLG Düsseldorf GE 2009, 1014 mit Anm. *Bieber* GE 2009, 1014 (5 Monatsmieten); OLG Frankfurt OLGR 2005, 195 (6 Monatsmieten); OLG Brandenburg ZMR 2006, 853 (7 Monatsmieten); BGH NZM 2013, 29 (Bestimmung der Fälligkeit durch Mietvertragsklausel).

9. Die Verjährung des Anspruchs auf Zahlung der Kaution beginnt gem. § 199 Abs. 1 BGB mit dem Schluss des Jahres seiner Entstehung (dh in dem der Kautionsrückzahlungs-anspruch fällig geworden ist) und Kenntnis der anspruchsbegründenden Umstände und der Person des Schuldners. Bei einem Mietvertrag lässt sich der danach maßgebliche 31.12. und der Schuldner (Vermieter) regelmäßig problemlos bestimmen. Der Anspruch unterliegt der dreijährigen Verjährungsfrist des § 195 BGB (BGH NZM 2013, 29; KG NZM 2008, 743; LG Darmstadt NZM 2007, 801; LG Duisburg NZM 2006, 774).

10. LG Berlin GE 2007, 1633; OLG Düsseldorf ZMR 1998, 159; LG Nürnberg-Fürth NJW-RR 1992, 335. Wegen des Zwecks der Sicherheitsleistung, mögliche Ansprüche des Vermieters gegen den Mieter aus dem Mietverhältnis abzusichern, ist auch eine Aufrech-nung des Mieters gegen den Kautionsanspruch ausgeschlossen (BGH NJW 1972, 625; OLG Düsseldorf ZMR 1998, 159; LG Kiel NZM 2013, 231). Der Mieter darf nach seiner Kündigung des Mietvertrags den Vermieter auch nicht bzgl. der restlichen Miet-zahlungen auf die Kaution verweisen. Der Sicherungszweck der –ungeschmälerten!-Kaution besteht bis zum Ende des Mietvertrags und auch noch darüber hinaus (LG Berlin GE 2012, 487 und GE 2011, 268).

Insolvenz

11. Der Anspruch des Vermieters auf Zahlung einer Kaution lässt sich erst durch-setzen, wenn der Vermieter dem Mieter vorab ein insolvenzfestes Konto, auf das er zu zahlen hat, benannt hat (BGH NJW 2011, 59–61). Ist der Vermieter insolvent, steht dem Mieter jedenfalls gegen vor Insolvenzeröffnung fällig gewordene Mieten ein Zurück-behaltungsrecht wegen der vertragswidrig nicht insolvenzfest angelegten Barkaution nicht zu (BGH WM 2013, 138–140).

Bis zur Eröffnung des Insolvenzverfahrens besteht der Anspruch des Vermieters gegen den Mieter auf Zahlung einer vereinbarten Kaution. Ist das Insolvenzverfahren gegen einen Mieter eröffnet und hat er die vereinbarte Kaution noch nicht geleistet, ist der Anspruch nach herrschender Auffassung ein Insolvenzanspruch, § 108 Abs. 3 InsO. Er ist nicht aus der Masse zu bedienen (Uhlenbruck/*Wegener* § 108 Rn. 32; *Flatow* NZM 2011, 617 mwN; *Wolf/Eckert/Ball* Rn. 1580): Die Abrede, dass der Mieter eine Kaution zu erbringen hat, ist im Mietvertrag enthalten. Damit ist die Forderung bereits vor der Eröffnung des Insolvenzverfahrens begründet. Im eröffneten Insolvenzverfahren kann sie daher nicht mehr eingeklagt, sondern muss zur Tabelle angemeldet werden.

Handelt es sich bei dem insolventen Mieter um eine natürliche Person und erlangt diese Restschuldbefreiung, wird die Forderung auf Zahlung der Kaution eine unvollkommene Verbindlichkeit nach § 301 Abs. 3 InsO. Solche Verbindlichkeiten sind erfüllbar, können aber nicht mehr eingeklagt werden. Die Wirkung der Restschuldbefreiung tritt auch gegenüber Gläubigern ein, die ihre Forderungen nicht zur Tabelle angemeldet haben. Ausgenommen sind lediglich Forderungen gegen den Schuldner aus einer durch ihn vorsätzlich begangenen unerlaubten Handlung, Geldstrafen oder ähnliche Verbindlich-keiten, § 302 InsO.

Die Restschuldbefreiung beschränkt nur die Rechte gegenüber dem Insolvenzschuld-ner, nicht aber gegenüber etwaigen Mitschuldnern oder Bürgen, § 301 Abs. 2 InsO. Wer als Bürge eines Insolvenzschuldners in Anspruch genommen wird, sich vor der Insolvenz vom Bürgschaftsnehmer eine Sicherheit hat abtreten lassen, kann nach Eröffnung der

Insolvenz an dieser Sicherheit ein Recht auf abgesonderte Befriedigung haben (OLG Frankfurt am Main, Urt. v. 15.5.2012 – 5 U 114/11, BGH NJW-RR 2008, 1007, 1008).

Dass es sich bei dem Anspruch des Vermieters auf Zahlung der Kaution um eine Insolvenzforderung handelt, wird gerade auch für Wohnraummietverhältnisse in Zweifel gezogen (*Flatow* NZM 2011, 617, 618). Dort kann der Insolvenzverwalter die Enthaftungserklärung nach § 109 Abs. 1 S. 2 InsO abgeben, → Form. F. I. 1 Anm. 7. Würde man der herrschenden Auffassung folgen und wäre die Forderung auf Zahlung einer Kaution eine Insolvenzforderung, würde das Mietverhältnis nach Abgabe der Erklärung nach § 109 Abs. 1 S. 2 InsO fortgesetzt, für den Vermieter allerdings ungesichert, also ohne Kaution. Aufgrund seiner Anmeldung zur Tabelle könnte er allenfalls eine Quote bekommen, die er behalten dürfte. *Flatow* meint daher, bei der Forderung auf Zahlung der Sicherheitsleistung handele sich weder um eine Insolvenz-, noch um eine Masseforderung. Sie sei nicht auf Befriedigung, sondern Sicherung gerichtet. Habe der Vermieter bis zur Eröffnung des Insolvenzverfahrens die Kaution nicht erhalten, sei er ein ungesicherter Gläubiger (*Flatow* NZM 2011, 617, 618). Gegebenenfalls könne die fehlende Kaution aus einem Wohnraummietverhältnis des insolventen Mieters, womöglich aber erst nach Aufhebung seines Insolvenzverfahrens, eingeklagt werden (*Flatow* NZM 2011, 617, 618). Auch anderweitig wird in der Literatur ein Anspruch auf Auffüllung der Kaution gegen den Mieter bejaht (*Heinze* ZInsO 2010, 1073 (1077)).

Gleiches wie für das Wohnraummietverhältnis des Mieters muss letztlich für einen insolventen Mieter gelten, der selbstständig tätig ist und dessen Treuhänder/Insolvenzverwalter die Erklärung nach § 35 Abs. 2 InsO abgegeben hat. Hier kann der Vermieter zwar das Mietverhältnis womöglich leichter kündigen, um das Risiko, ein ungesichertes Mietverhältnis fortzusetzen, zu vermeiden. Sowohl beim Wohnraummietverhältnis als auch beim Gewerberaummietverhältnis eines selbstständig tätigen Schuldners muss aber die Kündigung wegen der fehlenden Kaution ausgeschlossen sein, da ansonsten § 112 InsO umgangen würde (Uhlenbruck/*Wegener* § 112 Rn. 10 mwN).

Höchstrichterliche Entscheidungen zu dieser Problematik liegen noch nicht vor.

4. Klage auf Wiederauffüllung der Kaution

An das

Landgericht . . . . .[1]

Klage

des . . . . .

– Kläger –

Prozessbevollmächtigter: Rechtsanwalt . . . . .[2]

gegen

. . . . .

– Beklagter –

wegen: Forderung

Streitwert: . . . . .[3]

Namens und in Vollmacht des Klägers werde ich

beantragen,

> den Beklagten zu verurteilen, an den Kläger . . . . . EUR[4] nebst . . . . .% Zinsen[5] seit dem . . . . .[6] zu zahlen.[7]

Sollte das Gericht das schriftliche Vorverfahren anordnen, wird bereits jetzt für den Fall des Vorliegens der Voraussetzungen

Antrag

auf Erlass eines Versäumnisurteils gestellt.

Einer Entscheidung der Sache durch den Einzelrichter wird zugestimmt.[8]

Begründung:

Der Kläger ist Vermieter, der Beklagte Mieter der Büroräume . . . . . str . . . . . . in . . . . ., ... Obergeschoss. Der Beklagte betreibt dort ein Ingenieurbüro für Anlagenplanungen.

Beweis: Mietvertrag vom . . . . ., Kopie Anlage 1

Ausweislich § . . . . . des Mietvertrags beträgt die vom Beklagten zu leistende Kaution . . . . . EUR.[9]

Der Beklagte hat den Kautionsbetrag auch zunächst am . . . . . vollständig gezahlt.[10]

Allerdings hat der Kläger am . . . . . einen Betrag von . . . . . EUR aus der Kaution zur Befriedigung eines mit der Kaution gesicherten Anspruchs aus dem Mietverhältnis[11] entnommen.[12]

Am . . . . . haben Mitarbeiter des Beklagten einen großen Zeichentisch von einem Lieferfahrzeug abgeladen und durch das Treppenhaus in die Büroräume getragen. Beim Passieren der Eingangstür hat sich der Tisch verkantet und ist den Mitarbeitern des Beklagten abgerutscht. Daraufhin hat ein Metallfuss des Tisches die Glasscheibe der Eingangstür zertrümmert.

Beweis: Zeugnis des . . . . .

Der Kläger hat den Beklagten mit Schreiben vom . . . . . unter Fristsetzung zum . . . . . zur Schadensbeseitigung aufgefordert.

Beweis: Schreiben vom . . . . ., Kopie Anlage 2

Der Beklagte hat hierauf jedoch nicht reagiert.

Der Kläger hat dem Beklagten daraufhin nochmals eine Frist zum . . . . . gesetzt, verbunden mit der Ankündigung, dass der Kläger nach fruchtlosem Ablauf der Frist den Schaden auf Kosten des Beklagten beseitigen lassen würde.

Beweis: Schreiben vom . . . . ., Kopie Anlage 3

Auch hierauf ist keinerlei Reaktion des Beklagten erfolgt.

Der Kläger hat daraufhin am . . . . . den Schaden durch die von ihm beauftragte Firma . . . . . beheben lassen. Dafür hat der Kläger . . . . . EUR gezahlt.

Beweis: Rechnung der Fa . . . . . vom . . . . ., Kopie Anlage 4

Die Bezahlung durch den Kläger erfolgte am . . . . .

Beweis: Kontoauszug des Klägers vom . . . . ., Kopie Anlage 5

Am selben Tag hat der Kläger zur Befriedigung seines Schadensersatzanspruchs gegen den Beklagten diesen Betrag aus der Kaution entnommen. Der Beklagte ist gem. § 240 BGB verpflichtet, die Kaution bis zu dem in § . . . . . des Mietvertrags genannten Betrag wieder aufzufüllen.

Der Kläger hat den Beklagten mit Schreiben vom . . . . . unter Fristsetzung zum . . . . . zur Wiederauffüllung der Kaution um den entnommenen Betrag aufgefordert.[13]

Beweis: Schreiben des Klägers vom . . . . ., Kopie Anlage 6

Auch hierauf hat der Beklagte nicht reagiert.[14]

Rechtsanwalt[15]

Anmerkungen

1. → Form. B. II. 3 Anm. 1.

2. → Form. B. II. 3 Anm. 2.

3. Entspricht der Höhe des Wiederauffüllungsbetrags.

4. Die Klage ist auf Wiederauffüllung der Kaution in einem Betrag gerichtet. Nach *Wiek* WuM 2005, 685, 686 soll dem Wohnraummieter auch bei einer Verpflichtung zur Wiederauffüllung das Teilzahlungsrecht des § 551 Abs. 2 BGB zustehen. Diese Ansicht ist allerdings abzulehnen, da dieses Recht nur bei erstmaliger Kautionszahlung gegenüber dem vertragstreuen Mieter unter Mieterschutzgesichtspunkten gerechtfertigt erscheint. Dem berechtigten Anspruch des Vermieters auf Wiederauffüllung der Kaution ist dagegen notwendigerweise ein vertragswidriges Verhalten des Mieters vorausgegangen. Im Übrigen war die Kaution bereits – ggf. in drei Raten – eingezahlt. Die Wiederauffüllung des vollständig vorhanden gewesenen Betrags ist gegenüber der erstmaligen Einzahlung mit ihrem gesetzlich verankerten ratierlichen „Anspareffekt" ein aliud.

5. → Form. B. II. 3 Anm. 4.

6. Entsprechend den Ausführungen zu → Form. B. II. 3 Anm. 4 wird man bei der Wiederauffüllung einer Kaution jedenfalls bei Wohnraummietverhältnissen als Zinssatz den Zinssatz von Spareinlagen mit gesetzlicher Kündigungsfrist und als Verzinsungsbeginn den Tag der Entnahme des wiederaufzufüllenden Betrags vom Kautionskonto durch den Vermieter anzunehmen haben. Die Begründung für einen dahingehenden Zinsantrag dürfte aus § 551 Abs. 3 BGB iVm § 240 BGB zu entnehmen sein, da nur bei einem solchen Zinsantrag das in § 551 BGB vorgegebene Ergebnis, dh Anlage des gesamten Kautionsbetrags, Verzinsung des gesamten Kautionsbetrags und Anwachsen des Kautionsbetrags um die Zinsen, (wieder-)hergestellt werden kann. Dass in diesem Fall dann die zugunsten des Mieters bestehende Bestimmung des § 551 Abs. 3 BGB dem *Vermieter* zur Begründung einer Klage gegen den Mieter dient, dürfte demgegenüber unbeachtlich sein. Denn der Vermieter kann seiner aus § 551 Abs. 3 BGB folgenden Verpflichtung im Falle einer Wiederauffüllung der Kaution nur nachkommen, wenn auch bezüglich des Zinsbetrags unter dem Strich ein Ergebnis erreicht wird, wie es ohne die Entnahme, also bei unangetasteter Kaution, durch § 551 Abs. 3 BGB erreicht worden wäre.

Bei Gewerberäumen gelten die o. g. Überlegungen sinngemäß, **wenn** man auch hier von einer Verzinsungspflicht ausgeht, also in jedem Fall dann, wenn eine Verzinsungspflicht vertraglich vereinbart ist, dagegen nicht, wenn sie vertraglich explizit ausgeschlossen ist; streitig für den Fall, dass der Mietvertrag hierzu keine Regelung trifft (Verzinsungspflicht bejahend BGH NJW 1994, 3287; OLG Düsseldorf DWW 2000, 122, 123; → Form. C. III. 5 Anm. 13). Besteht keine Verzinsungspflicht, wären die eingeklagten Zinsen entgangener Gewinn des Vermieters (→ Form. C. II. 30 Anm. 4 b). Fraglich ist dann, ob diese Zinsen ab dem Zeitpunkt der Entnahme des jetzt eingeklagten Kautionsteilbetrags durch den Vermieter, ab durch die Mahnung zur Wiederauffüllung ausgelösten Verzugsbeginn, oder ab Rechtshängigkeit begehrt werden können. Konsequenterweise müsste man dem Vermieter auch hier einen Zinsanspruch ab Entnahme zubilligen.

7. → Form. B. II. 3 Anm. 6.

8. Gem. § 253 Abs. 3 ZPO soll die Klageschrift eine Äußerung zu der Frage enthalten, ob einer Entscheidung der Sache durch den Einzelrichter Gründe entgegenstehen. § 277 Abs. 1 S. 2 ZPO enthält eine entsprechende Soll-Vorschrift für die Klageerwiderung. Es empfiehlt sich aber, diese Erklärung bei an das Landgericht gerichteten Klagen zur Vermeidung einer entsprechenden formularmäßigen Anfrage durch das Gericht stets gleich mit in die Klageschrift aufzunehmen.

9. Zur Höhe des Kautionsbetrags → Form. B. II. 3 Anm. 8.

10. Bei einem Wohnraummietverhältnis sollte sich hier noch Vortrag dazu anschließen, dass der Kläger seiner Verpflichtung zur Anlage der Kaution aus § 551 Abs. 3 BGB genügt hat.

11. Einer Befriedigung anderer Ansprüche steht regelmäßig die Zweckbestimmung der Kaution (Kautionsabrede) entgegen.

12. Der Vermieter hat bei aus dem Mietverhältnis entstandenen Schulden des Mieters grundsätzlich das Recht, sich aus der Kaution zu befriedigen. Er muss damit nicht bis zur Beendigung des Mietverhältnisses warten. Der Vermieter hat dann gegen den Mieter einen Anspruch auf Wiederauffüllen der Kaution. Dies gilt aber nur, wenn die Schulden unstreitig sind – etwa unstreitige oder gar bereits rechtskräftig festgestellte Mietrückstände (LG Berlin NZM 2015, 249). Wegen eines streitigen Betrags – etwa wenn Grund und/oder Höhe einer Mietminderung zwischen den Parteien im Streit sind- darf der Vermieter dagegen nicht kurzerhand in Höhe des Minderungsbetrags auf die Kaution zugreifen (BGH NZM 2014, 551). Demgemäß ist auch eine Mietvertragsklausel „Der Vermieter kann sich wegen seiner fälligen Ansprüche bereits während des Mietverhältnisses aus der Kaution befriedigen. Der Mieter ist in diesem Fall verpflichtet, die Kautionssumme wieder auf den ursprünglichen Betrag zu erhöhen." ungültig (BGH NZM 2014, 551).
Der Entscheidung des BGH lag ein Sachverhalt zugrunde, in dem die Parteien um die Berechtigung einer Mietminderung aktiv stritten. Im vorliegenden Beispielsfall ist das anders: der Mieter reagiert in keiner Weise auf die vom Vermieter geltend gemachte Schadensersatzforderung. Man wird als mietvertragliche Nebenpflicht vom Mieter fordern können, dass er sich zur (Nicht)berechtigung vom Vermieter geltend gemachter Forderungen äußert. Kommt er dem nicht nach, ist die Forderung –wie auch im prozessualen Sinne wenn nicht bestritten, dann- als unstreitig anzusehen; mit der Folge, dass der Vermieter auf die Kaution zugreifen und Wiederauffüllung verlangen kann.
Die Entscheidung des BGH betraf zudem ein Zugreifen des Vermieters auf die Kaution im laufenden Mietverhältnis. Der BGH hat ausdrücklich offengelassen, „ob der Vermieter berechtigt ist, die Kaution nach Vertragsende auch wegen einer streitigen Forderung zu verwerten" (BGH NZM 2014, 551).

13. Auch der umgekehrte Fall ist denkbar: wenn der Vermieter zu Unrecht Beträge aus dem Kautionsguthaben entnimmt, kann der Mieter ein Interesse daran haben, dass **der Vermieter** die Kaution wieder auffüllt. → Form. B. III. 41.

14. Der Anspruch auf Wiederauffüllung der Kaution entsteht (erst) mit der Inanspruchnahme (Entnahme) der Kaution (KG NZM 2009, 743). Er unterliegt der Regelverjährung nach §§ 199, 195 BGB.

Insolvenz

15. Sofern sich der Vermieter vor Insolvenzeröffnung während des laufenden Mietverhältnisses wegen rechtskräftig titulierter, unstreitiger oder offensichtlich begründeter Ansprüche aus der Kaution befriedigt hat, ist der Mieter gegenüber der Masse verpflichtet, die Kaution wieder aufzufüllen (Uhlenbruck/*Wegener* § 108 InsO Rn. 24). Dies gehört zu seinen vertraglichen Pflichten.

Sollte der Mieter **insolvent** werden, dürfte es sich bei dem Anspruch auf Auffüllung der Sicherheitsleistung um eine Insolvenzforderung handeln, § 108 Abs. 3 InsO. Sie beruht letztlich auf der vertraglichen Vereinbarung, dass eine Sicherheit zu leisten ist und ist damit regelmäßig vor Eröffnung des Verfahrens begründet. – Dass er erst später, nämlich nachdem der Vermieter die Kaution in Anspruch genommen hat, fällig wird, ändert hieran nichts.

5. Rückschaffungsklage aufgrund Vermieterpfandrechts

An das

Amtsgericht . . . . . [1]

Klage

des . . . . .

– Kläger –

Prozessbevollmächtigter: Rechtsanwalt . . . . . [2]

gegen

. . . . .

– Beklagter –

wegen: Rückschaffung von Sachen

Streitwert: . . . . . [3]

Namens und in Vollmacht des Klägers erhebe ich Klage und werde

beantragen,

> den Beklagten zu verurteilen, die HiFi-Anlage . . . . . (genaue Bezeichnung), den Fernseher . . . . . (genaue Bezeichnung) und den Videorecorder . . . . . (genaue Bezeichnung) in die Mietwohnung des Mieters Herrn . . . . . im Hause . . . . . in . . . . . zurückzuschaffen.[4]

Sollte das Gericht das schriftliche Vorverfahren anordnen, wird bereits jetzt für den Fall des Vorliegens der Voraussetzungen

Antrag

auf Erlass eines Versäumnisurteils gestellt.

Begründung:

Der Kläger ist Vermieter, Herr . . . . . ist Mieter der Wohnung . . . . . in . . . . .

Beweis: Mietvertrag vom . . . . ., Kopie Anlage 1

Die im Klageantrag bezeichneten Sachen stehen im Eigentum des Mieters und befanden sich in der oben genannten Wohnung des Mieters. Sie unterliegen dem Vermieterpfand-recht.[5]

Am . . . . . hat der Mieter die Sachen zusammen mit dem Beklagten in die Wohnung des Beklagten gebracht. Der Kläger wusste nichts davon.[6] Der Kläger hat hiervon durch eine Mitteilung der Nachbarin des Beklagten, Frau . . . . ., am . . . . . Kenntnis erlangt.[7]

Beweis: Zeugnis Frau . . . . .

Der Mieter bewohnt die Wohnung noch.[8] Er schuldet dem Kläger . . . . . EUR als Mietrückstand für die Monate . . . . .[9]

Der Kläger begehrt vom Beklagten gem. § 562b Abs. 2 BGB die Zurückschaffung der Sachen in die Wohnung des Mieters.[10]

Der Beklagte wurde mit Schreiben des Klägers vom . . . . . zur Zurückschaffung aufgefordert.

Beweis: Schreiben vom . . . . ., Kopie Anlage 2

Der Beklagte hat dies jedoch mit Schreiben vom . . . . . abgelehnt. Er behauptet, die Sachen vom Mieter gekauft und zu Eigentum erworben zu haben.[11]

Beweis: Schreiben vom . . . . ., Kopie Anlage 3

Dieser – voraussichtliche – Vortrag wird bereits jetzt bestritten. Im Übrigen kommt ein gutgläubiger lastenfreier Erwerb des Eigentums durch den Beklagten nicht in Betracht, da er die Sachen zusammen mit dem Mieter aus dessen Wohnung abtransportiert hat. Diese Umstände sprechen – mindestens – für eine grobfahrlässige Unkenntnis des Beklagten.[12]

Rechtsanwalt

Anmerkungen

1. → Form. B. II. 3 Anm. 1.

2. → Form. B. II. 3 Anm. 2.

3. Der Streitwert entspricht dem Wert der zurückzuschaffenden Sachen.

4. § 562b Abs. 2 S. 1 BGB formuliert „. . . . . die Herausgabe zum Zwecke der Zurückschaffung auf das Grundstück . . . . .". Begehrt werden kann insoweit, dass der Beklagte die Sachen selbst zurückschafft, vgl. die Antragsformulierung.

Zum Zurückschaffungsanspruch im einstweiligen Rechtsschutz → Form. D. V. 5 Anm. 10.

5. Zu den Voraussetzungen für ein Vermieterpfandrecht siehe die Anmerkungen zu → Form. C. II. 29.

6. → Form. C. II. 29 Anm. 10.

7. → Form. C. II. 29 Anm. 11.

8. Dies ist Voraussetzung für den Zurückschaffungsanspruch. Wäre der Mieter ausgezogen, könnte der Vermieter Herausgabe an sich selber verlangen, → Form. C. II. 29 Anm. 13.

9. → Form. C. II. 29 Anm. 12.

10. → Form. C. II. 29 Anm. 13.

11. → Form. C. II. 29 Anm. 14.

12. → Form. C. II. 29 Anm. 15.

6. Auskunftsklage aufgrund Vermieterpfandrechts

An das

Landgericht . . . . .[1]

Klage

des . . . . .

– Kläger –

Prozessbevollmächtigter: Rechtsanwalt . . . . .[2]

gegen

. . . . .

– Beklagter –

wegen: Auskunftserteilung

Streitwert: . . . . .[3]

Namens und in Vollmacht des Klägers erhebe ich Klage und werde

beantragen,

> den Beklagten zu verurteilen, dem Kläger Auskunft über diejenigen Sachen zu erteilen, die der Beklagte aus der Halle . . . . . in der . . . . .-straße in . . . . . mitgenommen oder auf sonstige Weise erhalten[4] hat.

Sollte das Gericht das schriftliche Vorverfahren anordnen, wird bereits jetzt für den Fall des Vorliegens der Voraussetzungen

Antrag

auf Erlass eines Versäumnisurteils gestellt.

Einer Entscheidung der Sache durch den Einzelrichter wird zugestimmt.[5]

Begründung:

Der Kläger ist Vermieter, Herr . . . . . ist Mieter der Halle in der . . . . .-straße in . . . . . Herr . . . . . betreibt unter der auf seinen Namen lautenden Einzelfirma in der Halle die Herstellung von Schrauben.

Beweis: Mietvertrag vom . . . . ., Kopie Anlage 1

Der Mieter zahlt seit etwa einem Jahr die Miete nur noch schleppend bzw. erst nach Mahnungen. Dem Kläger ist durch eine Mitteilung des Stromversorgungsunternehmens bekannt geworden, dass auch dort bereits Rückstände bestehen. Der Kläger befürchtet, dass der Mieter in Zahlungsschwierigkeiten ist oder gerät, die auch die Mietzahlungen gefährden.

Das vom Mieter in die Halle eingebrachte Inventar unterliegt dem Vermieterpfandrecht.[6] Dazu gehören insbesondere auch die Maschinen.

Die Ehefrau des Klägers hat am . . . . . beobachtet, wie der Beklagte in Begleitung weiterer Personen mit einem Lkw vor der o.g. Produktionshalle vorgefahren ist. Anschließend wurde der Lkw mit Büromöbeln und Maschinen beladen. Als die Ehefrau des Klägers hinzutrat und darauf aufmerksam machte, dass der Kläger damit nicht einverstanden sei,[7] wurde sie vom Beklagten damit abgefertigt, dass sie das nichts anginge. Der Lkw verließ sodann das Grundstück.

Beweis: Zeugnis Frau . . . . ., zu laden über den Kläger

Auf diese Art wurde zumindest ein Teil der Sachen, die dem Vermieterpfandrecht unterliegen, vom Beklagten mitgenommen. Der Kläger weiß nicht, ob der Beklagte auch auf anderem Wege bereits vorher oder nachher weitere Sachen aus der Halle erhalten hat. Auf Nachfrage haben ihm allerdings Nachbarn berichtet, dass der Lkw des Beklagten mehrmals vor der Halle gestanden habe.

Beweis: Zeugnis Frau . . . . .
Zeugnis Herr . . . . .

Der Kläger geht daher davon aus, dass ggf. mehrmals ohne sein Wissen[8] seinem Vermieterpfandrecht unterliegende Gegenstände vom Beklagten oder von Dritten auf Veranlassung des Beklagten aus der Halle entfernt wurden.

Der Mieter des Klägers hat auf eine entsprechende Anfrage des Klägers vom . . . . . diesem mit Antwort vom . . . . . lediglich mitgeteilt, Einzelheiten seines Geschäftsgebarens müsse er nicht preisgeben.

Beweis: Schreiben vom . . . . ., Kopie Anlage 2
Schreiben vom . . . . ., Kopie Anlage 3

Der Kläger hat den Beklagten mit Schreiben vom . . . . . unter Fristsetzung zum . . . . . aufgefordert, Auskunft darüber zu erteilen,[9] welche Sachen er aus der Halle mitgenommen oder auf sonstige Weise erhalten hat; und diese Sachen wieder in die Halle zurückzuschaffen.

Beweis: Schreiben des Klägers vom . . . . ., Kopie Anlage 4

Eine Reaktion des Beklagten ist nicht erfolgt.

Der Kläger benötigt die Auskunft, um gegen den Beklagten ggf. Klage auf Zurückschaffung gem. § 562b Abs. 2 BGB erheben zu können.[10]

Rechtsanwalt

Anmerkungen

1. → Form. B. II. 3 Anm. 1.

2. → Form. B. II. 3 Anm. 2.

3. Der Streitwert hängt vom Interesse an der Auskunftserteilung ab. Regelmäßig ist dies nur ein Bruchteil desjenigen Anspruchs, dessen Geltendmachung die Auskunft erleichtern soll (vgl. im Einzelnen BLAH/*Hartmann* Anh. zu § 3 Rn. 24). Für die begehrte Auskunft dürften vorliegend 10 bis 25 % des geschätzten Wertes der weggeschafften Sachen anzunehmen sein.

4. Die Formulierung des Auskunftsanspruchs muss vermeiden, dass ein spitzfindiger Beklagter Schlupflöcher findet: „Mitgenommen" umfasst nicht solche Sachen, die der Mieter oder ein Dritter ihm überbracht hat. „Erhalten" ist eine weite Formulierung, die alle denkbaren Fälle erfassen müsste.

5. Gem. § 253 Abs. 3 ZPO soll die Klageschrift eine Äußerung zu der Frage enthalten, ob einer Entscheidung der Sache durch den Einzelrichter Gründe entgegenstehen. § 277 Abs. 1 S. 2 ZPO enthält eine entsprechende Soll-Vorschrift für die Klageerwiderung. Es empfiehlt sich aber, diese Erklärung bei an das Landgericht gerichteten Klagen zur Vermeidung einer entsprechenden formularmäßigen Anfrage durch das Gericht stets gleich mit in die Klageschrift aufzunehmen.

6. Zu den Voraussetzungen für ein Vermieterpfandrecht siehe die Anmerkungen zu → Form. C. II. 29.

7. → Form. C. II. 29 Anm. 10.

8. → Form. C. II. 29 Anm. 10.

9. Zunächst einmal ist gem. § 260 BGB der Mieter selbst, der in die Mieträume eingebrachte Sachen ohne Wissen oder gegen den Willen des Vermieters aus diesen entfernt, dem Vermieter gegenüber zur Auskunft über die weggeschafften Sachen verpflichtet (OLG Rostock MDR 2004, 1109). Dieser Auskunftsanspruch kann vom Vermieter auch im Wege der einstweiligen Verfügung geltend gemacht werden (OLG Rostock MDR 2004, 1109). Gem. § 242 BGB besteht auch ein Auskunftsanspruch gegen den Dritten, welche Sachen er aus den Mieträumen entfernt hat. Der Dritte kann sich nicht darauf berufen, dass der Vermieter den Auskunftsanspruch zunächst gegen den Mieter geltend machen müsse (schon weil dadurch die Monatsfrist des § 562b Abs. 2 S. 2 BGB ablaufen würde, vgl. LG Mannheim DWW 1977, 43). Zum Auskunftsanspruch des Vermieters über die seinem Vermieterpfandrecht unterliegenden Sachen gegen den Insolvenzverwalter vgl. BGH NZM 2004, 224 = NJW-RR 2004, 772 und OLG Dresden NZM 2012, 84.

10. → Form. C. II. 29 Anm. 13.

7. Klage auf vorzugsweise Befriedigung aufgrund Vermieterpfandrechts

An das

Amtsgericht . . . . .[1]

Klage

des . . . . .

– Kläger –

Prozessbevollmächtigter: Rechtsanwalt . . . . .[2]

gegen

. . . . .

– Beklagter –

wegen: vorzugsweiser Befriedigung

Streitwert: . . . . .[3]

Namens und in Vollmacht des Klägers erhebe ich Klage und werde

beantragen:

> festzustellen, dass der Kläger aus dem vom Gerichtsvollzieher . . . . . (Name) erzielten Erlös der Pfandverwertung bzgl. der HiFi-Anlage . . . . . (genaue Bezeichnung), des Fernsehers . . . . . (genaue Bezeichnung) und des Videorecorders . . . . . (genaue Bezeichnung) wegen einer Forderung des Klägers gegen Herrn . . . . . in Höhe von . . . . . EUR nebst Zinsen in Höhe von 5 Prozentpunkten über dem Basiszinssatz vom . . . . . bis zum Tag der Auszahlung vor dem Beklagten zu befriedigen ist.

Sollte das Gericht das schriftliche Vorverfahren anordnen, wird bereits jetzt für den Fall des Vorliegens der Voraussetzungen

Antrag

auf Erlass eines Versäumnisurteils gestellt.

Zuvor beantrage ich zu beschließen,

> dass aus dem im Klageantrag genannten Erlös ein Betrag in Höhe von . . . . . EUR bis zur Entscheidung in der Hauptsache zu hinterlegen ist.[4]

Begründung:

Der Kläger ist Vermieter, Herr . . . . . ist Mieter der Wohnung . . . . . in . . . . . Als Miete sind in § . . . . . des Mietvertrags . . . . . EUR (. . . . . EUR Grundmiete plus . . . . . EUR Betriebskostenvorauszahlung) vereinbart.

Beweis: Mietvertrag vom . . . . ., Kopie Anlage 1

Derzeit besteht ein Mietrückstand in Höhe von 3 Monatsmieten, und zwar für die Monate . . . . . Damit schuldet Herr . . . . . dem Kläger insgesamt . . . . . EUR.[5]

Die im Klageantrag bezeichneten Sachen stehen im Eigentum des Mieters und befanden sich, belastet mit dem Vermieterpfandrecht[6] des Klägers, in der oben genannten Wohnung des Mieters.

Am . . . . . hat der Gerichtsvollzieher diese Sachen für den Beklagten[7] gepfändet und sogleich mitgenommen.[8]

Beweis: Pfändungsprotokoll vom . . . . ., Kopie Anlage 2

Das Vermieterpfandrecht des Klägers wurde bereits mit der Einbringung der Sachen in die Mieträume begründet.[9] Es ist daher älter als das Pfändungspfandrecht des Beklagten und geht diesem mithin vor.[10]

Die in der Wohnung verbliebenen Sachen haben nur noch Gerümpelwert.[11]

Der Beklagte wurde mit Schreiben des Klägers vom . . . . . auf diesen Sachverhalt hingewiesen. Er wurde darin aufgefordert, bis zum . . . . . zu erklären, dass er im Falle einer Pfandverwertung der vorzugsweisen Befriedigung des Klägers bzgl. des vorgenannten Betrags zustimmen werde.[12]

Beweis: Schreiben vom . . . . ., Kopie Anlage 3

Der Beklagte hat dies jedoch mit Schreiben vom . . . . . abgelehnt.

Beweis: Schreiben vom . . . . ., Kopie Anlage 4

Die Verwertung der Sachen ist noch nicht erfolgt.[13]

Rechtsanwalt[14]

Anmerkungen

1. Zuständigkeit: siehe § 805 Abs. 2 ZPO.

2. Es gelten die allgemeinen Voraussetzungen für den Anwaltszwang, abhängig von der sachlichen Zuständigkeit.

3. Entspr. § 23 Abs. 2 KostO. Es gilt der Wert der niedrigeren Forderung ohne Zinsen und Kosten oder der geringere Wert des Pfandstücks (Baumbach/*Hartmann* § 805 Rn. 13).

4. § 805 Abs. 4 ZPO.

5. Der Anspruch des Vermieters muss zum Zeitpunkt der Geltendmachung des Vermieterpfandrechts entstanden sein. Ausnahme: Zukünftige Mietansprüche für das laufende und das folgende Mietjahr (nicht: Kalenderjahr) sind auch erfasst, § 562 Abs. 2 BGB. Zur Frage, wann im Sinne des § 562 Abs. 2 BGB die **Geltendmachung** eines Vermieterpfandrechts für eine **künftige** Entschädigungsforderung vorliegt, vgl. BGH NJW 1972, 721.
Das Vermieterpfandrecht sichert alle Forderungen aus dem Mietverhältnis, also neben der Miete zB auch Betriebskosten- oder Schadensersatzforderungen sowie die Nutzungsentschädigung gem. § 546a BGB (*Katzenstein/Hüftle* MDR 2005, 1027). Die Abgrenzung ist nicht immer einfach. Ein Brauereidarlehen gehört z.B. nicht mehr dazu.

6. Zu den Voraussetzungen des Vermieterpfandrechts siehe die Anm. zu → Form. C. II. 29.

7. Selbstverständlich kann der Vermieter die seinem Vermieterpfandrecht unterliegenden Sachen wegen einer eigenen Forderung auch pfänden. Das Vermieter- und das Pfändungspfandrecht bestehen dann nebeneinander. Die Pfändung bietet sich zB an, wenn dem Vermieterpfandrecht die zeitliche Beschränkung des § 562d BGB entgegenstünde.

8. Nach § 805 Abs. 1 S. 1 1. Halbs. ZPO kann der Vermieter auf Grund seines besitz*losen* Pfandrechts der Fortschaffung der Sache nicht widersprechen, wenn der Gerichtsvollzieher sie für einen Dritten pfändet. Der Vermieter kann dann aber gem. § 805 Abs. 1 S. 1 2. Halbs. ZPO vorzugsweise Befriedigung aus dem Erlös der Pfandverwertung verlangen.

Für die Klage gem. § 805 ZPO gilt die Monatsfrist des § 562b Abs. 2 BGB nicht (MüKoBGB/*Artz* § 562b Rn. 9).

9. → Form. C. II. 29 Anm. 6. Gem. §§ 1257, 1209, 562 BGB entsteht das Pfandrecht bereits mit der Einbringung der Sachen, unabhängig davon, wann die Forderung des Vermieters entstanden ist oder entsteht.

10. Zum Rangverhältnis von Pfandrechten siehe §§ 1208 ff. BGB. Zu beachten ist beim Vermieterpfandrecht außerdem § 562d BGB, wonach Mietforderungen für eine frühere Zeit als das letzte Jahr vor der Pfändung gegenüber dem Pfändungspfandrecht nicht geltend gemacht werden können. Für andere als Mietforderungen, zB Schadensersatzforderungen, gilt diese Einschränkung nicht.

11. Dieser Satz kann auch zunächst weggelassen werden. Er zielt auf eine erwartete Klageerwiderung dahingehend, dass der Kläger durch die in der Wohnung verbliebenen Sachen noch ausreichend gesichert sei. Denn auch der Gläubiger des Pfändungspfandrechts kann sich gegenüber dem Vermieter darauf berufen, dass die in der Wohnung verbliebenen Sachen eine ausreichende Sicherheit darstellen (BGH NJW 1958, 1282 (1283)).

12. Eine solche vorprozessuale Darlegung und Aufforderung sollte schon im Hinblick auf § 93 ZPO erfolgen. Wenn sich der Beklagte daraufhin nicht äußert oder ablehnt, dürfte von einer Veranlassung zur Klageerhebung auszugehen sein.

13. Die Klage nach § 805 ZPO muss vor dem Ende der Zwangsvollstreckung erhoben werden. Nach Verwertung und Auskehrung des Erlöses an den Pfändungsgläubiger bleibt dem Vermieter nur noch die Geltendmachung eines Anspruchs aus ungerechtfertigter Bereicherung oder – evtl. – unerlaubter Handlung (BLAH/*Hartmann* § 805 Rn. 9).

Insolvenz

14. Zur Klage gegen den **Insolvenzverwalter** auf Auszahlung des Erlöses aus der Verwertung von Gegenständen, die dem Vermieterpfandrecht unterliegen → Form. F. I. 4.

Miete

8. Klage auf Zahlung von rückständiger Miete (Wohnraum), Klageerwiderung, Klageerweiterung und Erledigterklärung

An das . . . . .

Amtsgericht Berlin-Mitte[1]

Klage

In Sachen der

Vermieterin[2]. . . . .

– Klägerin –

Prozessbevollmächtigter:[3] Rechtsanwalt

gegen

die Mieter[4]. . . . .

– Beklagte –

wegen Mietzahlung von 2.370,– EUR

erhebe ich Klage[5] und beantrage,[6]

die Beklagten als Gesamtschuldner zu verurteilen,

an die Klägerin 2.370,– EUR nebst Zinsen in Höhe von fünf Prozentpunkten über dem Basiszinssatz von 550,– EUR seit dem 4.8.2015, von 70,– EUR seit dem 4.8.2015

und von je 875,– EUR seit dem 6. 10. und 4.11.2015 zu zahlen[7] sowie

7,50 EUR vorgerichtliche Kosten.

Von der Anberaumung einer Güteverhandlung bitte ich nach § 278 Abs. 2 S. 1 ZPO abzusehen, da diese aussichtslos erscheint.

Für den Fall der Säumnis im schriftlichen Vorverfahren beantrage ich schon jetzt Erlass eines schriftlichen Versäumnisurteils.

Begründung:

Die Beklagten sind Mieter einer 4-Zimmer-Wohnung im Hause X-Straße Nr. 13, 3. OG links in Berlin-Tiergarten auf Grund des schriftlichen Mietvertrages mit dem Voreigentümer vom 12.5.2006.

Beweis: Mietvertrag vom 12.5.2006

Die Klägerin hat das Hausgrundstück im Jahre 2007 erworben und mit den Beklagten im Zusammenhang mit einer umfassenden Modernisierung eine Vereinbarung getroffen, wonach statt der bisherigen Bruttomiete eine Nettomiete von monatlich 700,– EUR zuzüglich 100,– EUR Betriebskostenvorschuss und 75,– EUR Heizkostenvorschuss zu zahlen ist.

Beweis: Vereinbarung vom 8.9.2007

Die Beklagten sind seit August 2015 mit ihren Mietzahlungen in Rückstand. Sie haben am 10.8.2015 lediglich 400,– EUR ohne Leistungsbestimmung gezahlt. Die Klägerin verrechnet diesen Betrag zunächst auf die Betriebskosten- und Heizkostenvorschüsse, sodass noch 550,– EUR der Nettomiete offen sind. Für September 2015 haben die Beklagten unter Berufung auf ein angebliches Minderungsrecht von 10 % zu Unrecht 70,– EUR einbehalten und lediglich 805,– EUR gezahlt. Für Oktober und November 2015 ist keine Mietzahlung eingegangen. Mit der Klage werden daher folgende Rückstände geltend gemacht:

August 2015	550,– EUR
September 2015	70,– EUR
Oktober 2015	875,– EUR
November 2015	875,– EUR
zusammen	2.370,– EUR.

Die Zinsforderung ergibt sich aus § 4 des Mietvertrages, wonach die Miete spätestens am dritten Werktag eines Monats im Voraus zu zahlen ist. Die Klägerin hat die Beklagten am 19.8., 15.9. und 13.10.2015 vergeblich gemahnt, wofür Mahnkosten von 7,50 EUR geltend gemacht werden.

Rechtsanwalt

Klageerwiderung des Mieters (Minderung, Zurückbehaltungsrecht)

In Sachen

X ./. Y

melde ich mich als Prozessbevollmächtigter der Beklagten. Der Zahlungsanspruch wird in Höhe von 840,– EUR unter Protest gegen die Kostenlast anerkannt, jedoch nur Zug um Zug gegen fachgerechte Beseitigung der Wasserschäden im Wohnzimmer der Beklagten an der Decke und der Außenwand. Im Übrigen beantrage ich Abweisung der Klage.

Begründung:

Die Beklagten machen ein Minderungs- und Zurückbehaltungsrecht[8] geltend. Am 12.6.2015 entstand ein erheblicher Wasserschaden in der Wohnung. Die Wohnzimmerdecke wurde auf einer Fläche von ca. 8 qm durchfeuchtet, so dass der Putz sich an mehreren Stellen löste. Betroffen war auch die Außenwand mit einer Fläche von ca. 5 qm, wo sich die Tapete bahnenweise löste. Trotz unverzüglicher Mängelanzeige vom 13.6.2015 haben die Kläger nicht reagiert.

Beweis: Schreiben vom 13.6.2015
       Augenschein
       Sachverständigengutachten

Spätestens seit Mitte Juli 2015 hätten die Schäden nach Austrocknen der Decke und Wand behoben werden können. Die Beklagten machen ein Minderungsrecht von 10 % der Miete geltend und darüber hinaus ein Zurückbehaltungsrecht in Höhe des Dreifachen des monatlichen Minderungsbetrages. Bei einer Minderung um 87,50 EUR und einem Zurückbehaltungsrecht von 262,50 EUR sind damit für August 2015 noch 200,– EUR offen und für Oktober und November je 525,– EUR. Die Beklagten haben den Gesamtbetrag von 1.250,– EUR am 16.12.2015 überwiesen und damit noch vor Zustellung der Klage.

Rechtsanwalt

Klageerweiterung und Erledigungserklärung nach Teilzahlung

In Sachen

X ./. Y

erkläre ich den Rechtsstreit in Höhe von 1.250,– EUR (nebst anteiligen Zinsen) in der Hauptsache für erledigt. Ich beantrage nunmehr

die Beklagten als Gesamtschuldner zu verurteilen,

an die Klägerin 1.120,– EUR nebst Zinsen in Höhe von fünf Prozentpunkten über dem Basiszinssatz von 350,– EUR seit dem 7.8., von 70,– EUR seit dem 6.9. und von je 350,– EUR seit dem 4. 10. und 6.11.2015 zu zahlen.

Da nunmehr auch die Mieten für Dezember 2015 und Januar 2016 offen sind, beantrage ich im Wege der Klageerweiterung,

die Beklagten als Gesamtschuldner zu verurteilen,

an die Klägerin weitere 1.750,– EUR nebst Zinsen in Höhe von fünf Prozentpunkten über dem Basiszinssatz von je 875,– EUR seit dem 5.12.2015 und dem 5.1.2016 zu zahlen.

Begründung:

Ein Minderungs- und Zurückbehaltungsrecht steht den Beklagten wegen des Wasserschadens nicht zu. Die Hausverwaltung der Klägerin hat am 29.7.2015 den Schaden besichtigt und dabei festgestellt, dass lediglich die Wohnzimmerdecke mit einer Fläche von etwa 20 × 30 cm betroffen ist, es sich also nur um eine geringfügige optische Beeinträchtigung handelt. Darüber hinaus sind die Beklagten am 20.7. und 8.8.2015 angeschrieben worden mit der Bitte um Mitteilung eines Termins, an dem der von den Klägern beauftragte Maler die Renovierungsarbeiten durchführen könnte.

Kopie der Schreiben vom 20.7. und 8.8.2015 anbei.

Die Beklagten haben darauf nicht reagiert.

Der Betrag von 1.250,– EUR ist bei den Klägern erst am 28.12.2015 eingegangen (Gutschrift) und damit nach Zustellung der Klageschrift. Erst zu diesem Zeitpunkt trat Erfüllung ein und damit Erledigung der Hauptsache.[9] Im Übrigen wird auf die Regelung in § 2 des Mietvertrages verwiesen, wonach es für die Rechtzeitigkeit der Leistung nicht auf die Absendung, sondern auf die Ankunft des Geldes ankommt. Die Beklagten haben daher nach § 91a ZPO die anteiligen Kosten zu tragen. Ich stelle selbst zu.

Rechtsanwalt[10]

Anmerkungen

1. Die örtliche Zuständigkeit richtet sich nach § 29a ZPO (Lage der Wohnung). Für die Zahlungsklage aus einem Wohnraummietverhältnis ist nach § 23 Nr. 2 a GVG das Amtsgericht ausschließlich zuständig, unabhängig von der Höhe des Streitwertes. Ob es sich um ein Wohnraummietverhältnis handelt, ergibt sich aus dem Vertragszweck; sollen die Räume (zum Teil) nicht zum Wohnen (des Mieters!) bestimmt sein, kommt es darauf an, wo das Schwergewicht liegt (Überwiegenstheorie). Ist also etwa eine Garage mitvermietet, gilt auch für die Garagenmiete materiell und prozessual Wohnraummietrecht. Anders ist es nur, wenn die Garage Gegenstand eines separaten Mietvertrages ist.

2. Wer Vermieter ist und damit aktivlegitimiert, ergibt sich nicht immer aus dem Mietvertrag. Bei einer Veräußerung (§ 566 BGB) ist zu beachten, dass erst mit Eintragung im Grundbuch der Erwerber Vermieter wird. Auch ein vereinbarter früherer Übergang der Nutzungen und Lasten ändert daran nichts (BGH XII ZR 34/02 NJW 2003, 2987). Nötig wäre vielmehr eine ausdrückliche Abtretung der Mietansprüche an den Käufer, wobei zu beachten ist, dass eine Abtretungserklärung allein nicht ausreicht, sondern diese vom Käufer angenommen werden muss (§ 398 BGB). Schwierigkeiten ergeben sich auch in der Praxis immer wieder, wenn eine BGB-Gesellschaft Vermieter ist. Meist wird es sich um eine Außengesellschaft handeln, die rechts-und parteifähig ist (BGH II ZR 331/00 NJW 2001, 1056). Nur ihr stehen Rechte aus dem Mietvertrag zu (Aktivlegitimation), so dass die Gesellschafter nicht klagebefugt sind. Anders wäre es nur, wenn die GbR die Einzelgesellschaft zur Klageerhebung ermächtigt hätte (BGH II ZR 21/87 NJW 1988, 1585).

3. Damit wird klargestellt, dass der Rechtsanwalt Prozessbevollmächtigter der Vermieterin ist. Wird – wie vielfach üblich – noch einer Hausverwaltung im Rubrum aufgeführt, gilt § 88 Abs. 2 ZPO nur für die Anwaltsvollmacht. Viele Gerichte verlangen deshalb die (Original-) Hausverwaltervollmacht, die zu den Akten einzureichen ist. Ein unnötig komplizierter Weg.

4. Zur Passivlegitimation gehört es, dass die Mieter im Rubrum des Vertrages erwähnt sind und ihn auch unterzeichnet haben. Hat nur der Ehemann den Vertrag unterschrieben, ist umstritten, ob die Ehefrau auch Mieterin geworden ist. Da von mehreren Gesamtschuldnern auch einzelne Schuldner verklagt werden können, sollte im Zweifel im Kosteninteresse von einer Zahlungsklage abgesehen werden, etwa wenn ein Mitmieter schon seit Jahren mit Kenntnis der Hausverwaltung die Wohnung endgültig verlassen hat. Bei einer Räumungsklage oder einer Klage auf Zustimmung zur Mieterhöhung gilt umgekehrt, dass alle in Betracht kommenden Mieter, auch wenn die Mietereigenschaft zweifelhaft ist, verklagt werden sollten.

5. Die Klage oder Anspruchsbegründung nach vorangegangenem gerichtlichen Mahnverfahren entspricht § 253 ZPO. Zwar ist nach überwiegender Auffassung auch eine Klage im Urkundenprozess möglich, auch bei einem Wohnraummietverhältnis, sofern keine anfänglichen Mängel bestanden (BGH VIII ZR 112/06 NJW 2007, 1061) oder der Mieter die Wohnung vorbehaltlos abgenommen hat und der Vermieter dies, etwa durch ein Wohnungsübergabe Protokoll, durch Urkunden belegen kann (BGH VIII ZR 200/08 NJW 2009, 3099). In der Regel ist jedoch ein Titel beim Amtsgericht im ordentlichen Verfahren schnell zu erwirken, so dass ein Vorbehaltsurteil (§ 599 ZPO) auch angesichts der Schadensersatzpflicht (§ 600 Abs. 2 ZPO) wenig Sinn macht. Die Voraussetzungen für eine Klage auf zukünftige Leistung (§ 259 ZPO) liegen meist nicht vor, so dass nur rückständige Mieten eingeklagt werden können. Bei einer Klage auf Nutzungsentschädigung wegen unterlassener Räumung (§ 546a BGB) können auch zukünftige Ansprüche (bis zur Räumung) eingeklagt werden (BGH VIII ZR 146/10 NJW 2011, 2886). Umstritten ist, ob als Streitwert dafür eine Jahresmiete (so die wohl hM (vgl. OLG Stuttgart – 5 U 158/10- MDR 2011, 513; umfangreiche Rechtsprechungsübersicht bei AG Bad Segeberg Urt. v. 29.8.2013 – 17 C 262/12, NJOZ 2013, 1932) oder ein anderer Betrag (etwa die Miete für sechs Monate oder auch mehr als zwölf Monate) anzusetzen ist (§§ 3, 9 ZPO).

6. Die noch weitgehend übliche Formulierung „werde ich beantragen" beruht darauf, dass früher Prozesshandlungen nur in der mündlichen Verhandlung vorgenommen werden konnten. Das gilt nach Einführung des Versäumnisurteils im schriftlichen Vorverfahren (§ 331 Abs. 3 ZPO) nicht mehr. Auch die übliche Bitte um Terminsanberaumung sollte entfallen wegen der Möglichkeit des schriftlichen Vorverfahrens. Bei einem vereinfachten Verfahren (§ 495a ZPO) wird darüber hinaus die – unnötige – Anfrage des Gerichts provoziert, ob in jedem Fall Termin anberaumt werden soll.

7. Zinsen können von den ehemaligen Teilbeträgen nach § 286 Abs. 2 BGB verlangt werden. Bei Mietrückständen die einen größeren Zeitraum umfassen, kann der Zahlungsantrag dann leicht übersichtlich werden; viele Gerichte lassen die Verzinsung von der Gesamtsumme ab einem bestimmten Zeitpunkt (Mittelwert) zu, auch wenn dies mathematisch nicht exakt ist. Hier weiter der Termin der Erfüllung in der Zukunft liegt, desto größer ist die Ungenauigkeit zu Ungunsten des Vermieters. Ist die Miete am dritten Werktag eines jeden Monats fällig (§ 556b BGB), muss dieser kalendermäßig ermittelt werden. Ein Sonnabend gilt bei § 556b BGB nicht als Werktag (BGH VIII ZR 129/09 NJW 2010, 2879). Kosten für Mahnschreiben (nach Verzugseintritt) in Höhe von 2,50 EUR sind noch angemessen (AG Brandenburg NJW 2007, 2268); die formularmäßige Vereinbarung von höheren Beträgen ist im Zweifel unwirksam.

8. Das Zurückbehaltungsrecht nach § 320 BGB kann neben der Minderung geltend gemacht werden, entweder in Höhe des 3–5 fachen Minderungsbetrages oder der Instandsetzungskosten. Der BGH verlangt aber darüber hinaus eine zeitliche und summenmäßige Begrenzung nach § 242 BGB, da sonst erhebliche Beträge einbehalten werden könnten (BGH Beschl. v. 27.10.2015 – VIII ZR 288/14, BeckRS 2016, 00482; VIII ZR 19/14 NJW 2015,1387). Wie das in der Praxis gehandhabt werden soll, ist noch ungeklärt.

9. Die Beurteilung von Rechtzeitigkeitsklauseln ist umstritten; nach älterer Auffassung soll die Heilung des Verzugs schon mit Bewirken der Leistungshandlung (Überweisungsauftrag an Bank des Mieters) eintreten (OLG Düsseldorf NJW-RR 1998,780). Übersehen wird dabei, dass die Heilung des Verzugs Erfüllung voraussetzt, die erst mit Gutschrift auf dem Konto des Gläubigers eintritt (EuGH NJW 1908,1935). Eine richtlinienkonforme Auslegung des § 270 BGB führt daher dazu, dass bei allen Mietverhältnissen (auch über Wohnraum) Erfüllung erst mit Gutschrift eintritt (noch str.), so dass die Klausel überflüssig ist. Auch nach der Gegenmeinung ist aber die Vereinbarung einer Rechtzeitigkeitsklausel wohl (auch das ist umstritten; vgl. Schmidt-Futterer/*Blank* BGB § 569 Rn. 39) wirksam, auch bei Wohnraummietverhältnissen (Bamberger/Roth/*Ehlert* BGB § 543 Rn. 27).

Zwangsverwaltung

10. Zur Klage des Zwangsverwalters gegen den Mieter auf Zahlung von Mieten, die der Beschlagnahme unterliegen, → Form. E. I. 1.

9. Zahlungsklage in Gebieten mit angespannten Wohnungsmärkten (Neubau)

An das

Amtsgericht[1]

Klage

des . . . . .

– Kläger –

Prozessbevollmächtigter:[2] . . . . .

gegen

die Eheleute[3] . . . . .

– Beklagte –

wegen: Mietzahlung

Streitwert:[4] . . . . .

Namens und mit Vollmacht des Klägers erhebe ich Klage gegen die Beklagten und werde beantragen:

1. Die Beklagten werden als Gesamtschuldner verurteilt, an den Kläger . . . . . EUR nebst Zinsen[5] in Höhe von 5 Prozentpunkten über dem Basiszinssatz aus . . . . . EUR seit dem . . . . ., aus weiteren . . . . . EUR seit dem . . . . . und aus weiteren . . . . . EUR seit dem . . . . . zu zahlen.
2. Die Beklagten tragen die Kosten des Rechtsstreits.[6]
3. Das Urteil ist vorläufig vollstreckbar.[7]

Ich beantrage ferner,

1. soweit das Gericht das Verfahren nach § 495a ZPO[8] betreiben will, die Durchführung einer mündlichen Verhandlung;
2. soweit das Gericht ein schriftliches Vorverfahren anordnet und der/die Beklagte(n) seine/ihre Verteidigungsbereitschaft nicht rechtzeitig anzeigen sollten, den Erlass eines Versäumnisurteils.

Weiterhin teile ich mit, dass

1. ein außergerichtlicher Einigungsversuch bisher nicht stattgefunden hat[9]
2. ein solcher Versuch erscheint derzeit auch nicht aussichtslos.[10]

Begründung

Die Beklagten haben vom Kläger mit Mietvertrag vom[11] . . . . . eine Wohnung im Hause . . . . . gemietet.

Beweis: in der Anlage überreichte Kopie des Mietvertrages

Als Grundmiete wurde ein Betrag von . . . . . EUR zuzüglich Betriebs- und Heizkosten-vorauszahlungen vereinbart. Die Miete war gem. § 556b Abs. 1 BGB bis zum 3. Werktag fällig. Die Wohnung hat eine Wohnfläche von . . . . . . qm. Sie hat folgende Ausstattung:[12] . . . . .

Die Beklagten haben in den Monaten . . . . . jeweils . . . . . EUR weniger an Grundmiete gezahlt. Für die . . . . . . Monate schulden sie deshalb noch . . . . . EUR.

Die Beklagten haben sich vorprozessual darauf berufen, dass die vereinbarte Miethöhe gem. § 556g Abs. 1 BGB insoweit unwirksam sei, als sie mehr als . . . . . EUR zahlen müssen.

Es ist richtig, dass die Gemeinde . . . . . in die Verordnung der Landesregierung zu § 556 Abs. 2 BGB mit Wirkung ab . . . . . 2015 aufgenommen wurde. Unabhängig von der Tatsache, dass die vereinbarte Miete nicht mehr als 10 % oberhalb der ortsüblichen Vergleichsmiete für die angemietete Wohnung liegt,

Beweis: Sachverständigengutachten

ist die Wohnung vom Anwendungsbereich der sog. „Mietpreisbremse" gem. § 556f BGB ausgenommen.[13] Es handelt sich um eine sog. „Neubauwohnung" iSd Gesetzes.

Alternativ:

1. *Das Gebäude ist entsprechend § 16 Abs. 1 Nr. 1 WoFG neu errichtet worden. Bei den Beklagten handelt es sich um die ersten Mieter. Die Wohnung ist bis zum 1.10.2014 weder vermietet gewesen noch anderweitig genutzt worden.*

   Beweis: a) Zeugnis der
   b) Zeugnis des Architekten . . . . .
   c) Auskunft des Bauamtes der Stadt . . . . .

2. *Die Wohnung ist neu errichtet worden. Es handelt sich um einen nachträglichen Dachgeschossausbau. Hierdurch wurde entsprechend § 16 Abs. 1 Ziff. 3 WoFG das Gebäude erweitert. Dies geschah mit einem erheblichen Bauaufwand.[14] Insgesamt hat der Ausbau des Dachgeschosses . . . . . EUR gekostet.*

   Beweis: a) anliegende Kostenabrechnung
   b) Zeugnis des Architekten . . . . .

   Die neu geschaffene Wohnung hat eine Wohnfläche von . . . . . qm.

   Beweis: a) Sachverständigengutachten
   b) Zeugnis des Architekten . . . . .
   c) anliegende Pläne

   Bei einem Neubau kostet heute durchschnittlich ein Quadratmeter Wohnfläche in der Gemeinde 2.000 EUR ohne Grundstück.

   Beweis: a) Sachverständigengutachten
   b) Zeugnis des Architekten . . . . .

   Die Wohnung ist bis zum 1.10.2014 weder vermietet gewesen noch anderweitig genutzt worden.

   Beweis: a) Zeugnis der
   b)Zeugnis des Architekten . . . . .
   c) Auskunft des Bauamtes der Stadt . . . . .

3. *Es handelt sich um eine sog. Loftwohnung. Die Wohnung gab es bis Oktober 2014 so gar nicht. Sie wurde in einem verfallenen Gebäude neu errichtet. Die vormals dort vorhandene Wohnung war als Wohnraum auf Dauer nicht mehr nutzbar. Dies ist gem.*

§ 16 Abs. 2 WoFG der Fall, wenn ein zu seiner Nutzung erforderlicher Gebäudeteil zerstört ist oder wenn sich der Raum oder der Gebäudeteil in einem Zustand befindet, der aus bauordnungsrechtlichen Gründen eine dauernde, der Zweckbestimmung entsprechende Nutzung nicht gestattet; dabei ist es unerheblich, ob der Raum oder der Gebäudeteil tatsächlich genutzt wird. Diese Voraussetzungen waren hier gegeben. [Beschreibung alter Zustand]

Beweis: a) Zeugnis der . . . . .
         b)Zeugnis des Architekten . . . . .
         c) Auskunft des Bauamtes der Stadt . . . . .
         d) anliegende Fotodokumentation

Dies geschah mit einem erheblichen Bauaufwand.[15] Insgesamt hat der Ausbau des Dachgeschosses . . . . . EUR gekostet.

Beweis: a) anliegende Kostenabrechnung
         b) Zeugnis des Architekten . . . . .

Die neu geschaffene Wohnung hat eine Wohnfläche von . . . . . qm.

Beweis: a) Sachverständigengutachten
         b) Zeugnis des Architekten . . . . .
         c) anliegende Pläne

Bei einem Neubau kostet heute durchschnittlich ein Quadratmeter Wohnfläche in der Gemeinde 2.000 EUR ohne Grundstück.

Beweis: a) Sachverständigengutachten
         b) Zeugnis des Architekten . . . . .

Die Wohnung ist bis zum 1.10.2014 weder vermietet gewesen noch anderweitig genutzt worden.

Beweis: a) Zeugnis der
         b)Zeugnis des Architekten . . . . .
         c) Auskunft des Bauamtes der Stadt . . . . .

Da es sich somit um einen Neubau handelt, ist die Vereinbarung der Miete nicht teilweise unwirksam. Die Mieter müssen das zahlen, was vereinbart ist.

Sollte das Gericht noch weiteren Sachvortrag zur Höhe der ortsüblichen Vergleichsmiete, zum Zustand der Wohnung vor und nach dem Umbau oder zum Bauaufwand für erforderlich halten wird ebenso um einen gerichtlichen Hinweis gebeten, wie für den Fall, dass das Gericht andere Umstände, die von hier aus übersehen wurden, für entscheidungsrelevant hält.

Rechtsanwalt

Anmerkungen

1. Die **sachliche Zuständigkeit** für Wohnraummietsachen ergibt sich aus § 23 Ziff. 2 a) GVG. Danach sind die Amtsgerichte ohne Rücksicht auf den Wert des Streitgegenstandes ausschließlich zuständig für Streitigkeiten über Ansprüche aus einem Mietverhältnis über

Wohnraum. Hierzu zählen auch die Rückforderungsansprüche wegen vermeintlich überzahlter Miete. Die **örtliche Zuständigkeit** ergibt sich aus § 29a ZPO, wonach jeweils das Amtsgericht, in dessen Bezirk sich die gemietete Wohnung befindet, zuständig ist. Auch dies ist eine ausschließliche Zuständigkeit, so dass eine Zuständigkeit eines anderen Gerichts weder durch rügelose Einlassung gem. § 39 ZPO noch durch eine Gerichtsstandsvereinbarung gem. § 40 ZPO begründet werden kann (OLG Frankfurt MDR 1979, 851; LG München ZMR 1987, 271). Eine Verweisung unter Verstoß gegen diese bindenden Zuständigkeitsregelungen ist unbeachtlich (LG München ZMR 1987, 271; BLAH/*Hartmann* § 29a Rn. 13). Ob die allgemeine Zivilabteilung oder die Mietabteilung zuständig ist, ist eine Frage der internen Geschäftsverteilung des Gerichts. Die Klage muss nur an das Amtsgericht, nicht an die zuständige Abteilung adressiert sein.

2. Für das erstinstanzliche Verfahren besteht kein Anwaltszwang.

3. Die Mieter sind bezüglich des Anspruchs auf Zahlung der Miete **Gesamtschuldner**. Sie können also gemeinsam als Gesamtschuldner in Anspruch genommen werden. Möglich ist aber auch die Inanspruchnahme nur eines Mieters.

4. Bei der bezifferten Leistungsklage richtet sich der Streitwert nach dem Zahlungsantrag.

5. Die Fälligkeit der Miete richtet sich danach, wann der Mietvertrag abgeschlossen wurde. Für Mietverträge, die nach dem 1.9.2001 abgeschlossen wurden, richtet sich die Fälligkeit nach § 556b Abs. 1 BGB. Die Miete ist am 3. Werktag fällig. Für Mietverträge, die am 1.9.2001 bereits bestanden gilt nach der Überleitungsvorschrift des Art. 229 § 3 Abs. 1 Ziff. 7 EGBGB § 551 BGB aF weiter. Danach ist die Miete am Ende der Mietzeit zu entrichten.

Üblich und zulässig waren aber Vorauszahlungsklauseln, in denen die Fälligkeit ebenfalls zum 3. Werktag vereinbart wurde. Unwirksam sind grundsätzlich solche Klauseln dann, wenn im Mietvertrag außerdem ein Aufrechnungsverbot vereinbart war (BGH NJW 1995, 254; NJW 2009, 1491), es sei denn die Klausel schränkt das Minderungsrecht nicht wesentlich ein (BGH WuM, 152), zB auch durch eine bloße Anzeigepflicht (BGH NZM 2012, 22).

Die Fälligkeit tritt mit Beginn des 3. Werktags ein, nicht erst mit dessen Ablauf (BGH NJW 2010, 2208). Der Samstag zählt als Werktag weder bei Mietverträgen, die nach dem 1.9.2001 abgeschlossen wurden (BGH NJW 2010, 2879) noch bei zu diesem Zeitpunkt schon bestehenden Verträgen (BGH NJW 2010, 2882) mit.

6. Ein **Kostenantrag** ist nicht zwingend erforderlich, da das Gericht von Amts wegen über die Kosten zu entscheiden hat. Bei einer Verurteilung mehrerer Vermieter als Gesamtschuldner auf Zahlung ist es nicht erforderlich, im Kostenausspruch die gesamtschuldnerische Haftung für die Kosten auszusprechen, § 100 Abs. 4 ZPO.

7. Das Urteil ist sowohl hinsichtlich der Hauptsache wie auch bezüglich der Kosten für vorläufig vollstreckbar zu erklären. Es handelt sich auch bei einem Rückforderungsanspruch wegen vermeintlich überzahlter Miete um ein Leistungsurteil in einem Mietrechtsstreit. In diesem Fall richtet sich die vorläufige Vollstreckbarkeit nach § 708 Ziff. 7 ZPO. Nur in den Fällen eines Versäumnis- oder Anerkenntnisurteils regelt sich die vorläufige Vollstreckbarkeit nach § 708 Ziff. 1 oder Ziff. 2 ZPO. Grundsätzlich hat das Gericht gem. § 711 ZPO eine Abwendungsbefugnis für den vorläufig zur Zahlung verurteilten auszusprechen. Dies soll jedoch gem. § 713 ZPO entfallen, wenn gegen das Urteil *unzweifelhaft* kein Rechtsmittel möglich ist.

8. Bis zu einem Streitwert von 600 EUR kann das Gericht gem. § 495a ZPO das Verfahren nach billigem Ermessen gestalten. Es muss in diesem Fall nur dann eine mündliche Verhandlung durchführen, wenn eine Partei dies ausdrücklich beantragt hat.

Ferner kann das Urteil bei dieser Verfahrensweise gem. § 313a Abs. 1 S. 1 ZPO ohne Tatbestand abgefasst werden und die Entscheidungsgründe können ins Protokoll diktiert werden. Der Streitwert, nach dem sich entscheidet, ob diese Verfahrensweise zulässig ist oder nicht, ist nicht der Gebührenstreitwert, sondern der Zuständigkeitsstreit- oder Rechtsmittelstreitwert. Dies ergibt sich daraus, dass diese Verfahrensart auf die Verfahren beschränkt ist, bei denen das Amtsgericht abschließend entscheidet. In Verfahren, in denen das Landgericht zweitinstanzlich mit der Sache befasst werden kann, muss eine überprüfbare Entscheidung mit Tatbestand und Entscheidungsgründen vorliegen. Zur Wertberechnung dienen hier ausschließlich die allgemeinen Wertvorschriften der §§ 3 und 9 ZPO. Ggf. kann gegen ein entsprechendes Urteil eine Rügeschrift gem. § 321a ZPO wegen Verletzung des Anspruchs auf rechtliches Gehör eingerichtet werden.

9. Gem. § 15a EGZPO und den verschiedenen landesgesetzlichen Ausführungsgesetzen ist zum Teil eine **vorgerichtliche Schlichtung** bei Streitwerten bis 600 bis 750 EUR je nach Bundesland erforderlich, es sei denn ein Mahnverfahren ist vorgeschaltet.

10. Gem. § 278 ZPO geht der mündlichen Verhandlung zum Zwecke der gütlichen Beilegung des Rechtsstreits eine **Güteverhandlung** voraus. Dies gilt dann nicht, wenn eine Güteverhandlung erkennbar aussichtslos ist.

11. Wenn es um die Einhaltung der höchst zulässigen Wiedervermietungsmiete nach den §§ 556d ff. BGB geht, muss der Mietvertrag nach dem Termin des Inkrafttretens der jeweiligen Landesverordnung zu § 556d Abs. 2 BGB liegen, Art. 229 § 35 Abs. 1 EGBGB. Es kommt nicht auf den Mietvertragsbeginn sondern auf den Vertragsschluss an.

12. Diese Angaben sind sinnvoll, wenn hilfsweise auch auf die ortsübliche Vergleichsmiete abgestellt werden soll. Dann sollte entsprechend den Vorgaben des örtlichen Mietspiegels zu den einzelnen Einordnungsmerkmalen vorgetragen werden.

13. Nach § 556d Abs. 1 gilt die Beschränkung der Wiedervermietungsmiete nur dann, wenn ein Mietvertrag abgeschlossen wird. Nicht beschränkt sind alle Vereinbarungen über Mieterhöhungen im Bestand sowie alle Formen der Mietvertragsverlängerung, -erneuerung, und des schlichten Parteiwechsels.

14. Ein wesentlicher Bauaufwand wird angenommen, wenn dieser ca. 1/3 des für eine Neubauwohnung erforderlichen Aufwandes erreicht (BGH WuM 2010, 679; BVerwGE 38, 286 [289]). Bei durchschnittlichen Neubaukosten von heute ca. 2.000 EUR/m^2 ohne Grundstück entspricht dies ca. 700 EUR/m^2 Aufwand der betrieben werden muss.

15. Ein wesentlicher Bauaufwand wird angenommen, wenn dieser ca. 1/3 des für eine Neubauwohnung erforderlichen Aufwandes erreicht (BGH WuM 2010, 679; BVerwGE 38, 286 [289]). Bei durchschnittlichen Neubaukosten von heute ca. 2.000 EUR/m^2 ohne Grundstück entspricht dies ca. 700 EUR/m^2 Aufwand der betrieben werden muss.

10. Zahlungsklage in Gebieten mit angespannten Wohnungsmärkten (umfassend modernisierte Wohnung)

An das

Amtsgericht[1]

Klage

des . . . . .

– Kläger –

Prozessbevollmächtigter:[2]. . . . .

gegen

die Eheleute[3]. . . . .

– Beklagte –

wegen: Mietzahlung

Streitwert: . . . . .[4]

Namens und mit Vollmacht des Klägers erhebe ich Klage gegen die Beklagten und werde beantragen:

1. Die Beklagten werden als Gesamtschuldner verurteilt, an den Kläger . . . . . EUR nebst Zinsen[5] in Höhe von 5 Prozentpunkten über dem Basiszinssatz aus . . . . . EUR seit dem . . . . . 201 . . . . ., aus weiteren . . . . . EUR seit dem . . . . . 2001 . . . . . und aus weiteren . . . . . EUR seit dem 201 . . . . . zu zahlen.
2. Die Beklagten tragen die Kosten des Rechtsstreits.[6]
3. Das Urteil ist vorläufig vollstreckbar.[7]

Ich beantrage ferner,

1. soweit das Gericht das Verfahren nach § 495a ZPO[8] betreiben will, die Durchführung einer mündlichen Verhandlung;
2. soweit das Gericht ein schriftliches Vorverfahren anordnet und der/die Beklagte(n) seine/ihre Verteidigungsbereitschaft nicht rechtzeitig anzeigen sollten, den Erlass eines Versäumnisurteils.

Ferner teile ich mit, dass

1. ein außergerichtlicher Einigungsversuch bisher nicht stattgefunden hat[9]
2. ein solcher Versuch erscheint zurzeit auch nicht aussichtslos.[10]

Begründung

Die Beklagten haben vom Kläger mit Mietvertrag vom[11]. . . . . eine Wohnung im Hause . . . . . gemietet.

Beweis: in der Anlage überreichte Kopie des Mietvertrages

Als Grundmiete wurde ein Betrag von . . . . . EUR zuzüglich Betriebs- und Heizkostenvorauszahlungen vereinbart. Die Miete war gem. § 556b Abs. 1 BGB bis zum 3. Werktag fällig. Die Wohnung hat eine Wohnfläche von . . . . . qm. Sie hat folgende Ausstattung:[12]. . . . . .

Die Beklagten haben in den Monaten . . . . . jeweils . . . . . EUR weniger an Grundmiete gezahlt. Für die . . . . . Monate schulden sie deshalb noch . . . . . EUR.

Die Beklagten haben sich vorprozessual darauf berufen, dass die vereinbarte Miethöhe gem. § 556g Abs. 1 BGB insoweit unwirksam sei, als sie mehr als . . . . . EUR zahlen müssen.

Es ist richtig, dass die Gemeinde . . . . . in die Verordnung der Landesregierung zu § 556 Abs. 2 BGB mit Wirkung ab . . . . . 2015 aufgenommen wurde. Unabhängig von der Tatsache, dass die vereinbarte Miete nicht mehr als 10 % oberhalb der ortsüblichen Vergleichsmiete für die angemietete Wohnung liegt,

Beweis: Sachverständigengutachten

ist bei der Vermietung an die Beklagen vom Anwendungsbereich der sog. „Mietpreisbremse" gem. § 556f BGB ausgenommen.[13] Bei der Vermietung an die Beklagten handelt es sich um die erste Vermietung nach einer umfassenden Modernisierung.[14]

Die Kläger haben die Wohnung bevor sie an die Beklagten vermietet wurde umfassend modernisiert. Sie haben folgende Arbeiten durchführen lassen:

. . . . .

Diese Arbeiten gingen über das normale Maß einer Modernisierung weit hinaus und haben den Umfang erreicht, der einem Neubau gleichzustellen ist. Hierzu zählen insbesondere die Sanitäreinrichtungen, die Heizung, die Fenster, die Fußboden, die Elektroinstallationen und der energetische Zustand der Wohnung.

Dies geschah mit einem erheblichen Bauaufwand.[15] Insgesamt hat die Modernisierung . . . . . EUR gekostet.

Nach einer umfassenden Modernisierung
     a) anliegende Kostenabrechnung
     b) Zeugnis des Architekten . . . . .

Die neu geschaffene Wohnung hat eine Wohnfläche von . . . . . qm.

Beweis: a) Sachverständigengutachten
       b) Zeugnis des Architekten . . . . .
       c) anliegende Pläne

Bei einem Neubau kostet heute durchschnittlich ein Quadratmeter Wohnfläche in der Gemeinde 2000,– EUR ohne Grundstück.

Beweis: a) Sachverständigengutachten
       b) Zeugnis des Architekten . . . . .

Durch diesen Aufwand wurde ein Zustand erreicht, der einer Neubauwohnung in etwa entspricht.

Beweis: a) richterliche Inaugenscheinnahme
       b) Sachverständigengutachten
       b) Zeugnis des Architekten . . . . .

Anders als die Beklagten meinen wird vorliegend deshalb die Wiedervermietungsmiete gem. § 556f S. 2 BGB nicht beschränkt. Die Mieter müssen das zahlen, was vereinbart ist.

Sollte das Gericht noch weiteren Sachvortrag zur Höhe der ortsüblichen Vergleichsmiete, zum Zustand der Wohnung vor und nach der Modernisierung oder zum Bauaufwand für erforderlich halten wird ebenso um einen gerichtlichen Hinweis gebeten, wie für den Fall, dass das Gericht andere Umstände, die von hier aus übersehen wurden, für entscheidungsrelevant hält.

Rechtsanwalt

Anmerkungen

1. Die **sachliche Zuständigkeit** für Wohnraummietsachen ergibt sich aus § 23 Ziff. 2 a) GVG. Danach sind die Amtsgerichte ohne Rücksicht auf den Wert des Streitgegenstandes ausschließlich zuständig für Streitigkeiten über Ansprüche aus einem Mietverhältnis über Wohnraum. Hierzu zählen auch die Rückforderungsansprüche wegen vermeintlich überzahlter Miete. Die **örtliche Zuständigkeit** ergibt sich aus § 29a ZPO, wonach jeweils das Amtsgericht, in dessen Bezirk sich die gemietete Wohnung befindet, zuständig ist. Auch dies ist eine ausschließliche Zuständigkeit, so dass eine Zuständigkeit eines anderen Gerichts weder durch rügelose Einlassung gem. § 39 ZPO noch durch eine Gerichtsstandsvereinbarung gem. § 40 ZPO begründet werden kann (OLG Frankfurt MDR 1979, 851; LG München ZMR 1987, 271). Eine Verweisung unter Verstoß gegen diese bindenden Zuständigkeitsregelungen ist unbeachtlich (LG München ZMR 1987, 271; BLAH/*Hartmann* ZPO § 29a Rn. 13). Ob die allgemeine Zivilabteilung oder die Mietabteilung zuständig ist, ist eine Frage der internen Geschäftsverteilung des Gerichts. Die Klage muss nur an das Amtsgericht, nicht an die zuständige Abteilung adressiert sein.

2. Für das erstinstanzliche Verfahren besteht kein Anwaltszwang.

3. Die Mieter sind bezüglich des Anspruchs auf Zahlung der Miete **Gesamtschuldner**. Sie können also gemeinsam als Gesamtschuldner in Anspruch genommen werden. Möglich ist aber auch die Inanspruchnahme nur eines Mieters.

4. Bei der bezifferten Leistungsklage richtet sich der Streitwert nach dem Zahlungsantrag.

5. Die Fälligkeit der Miete richtet sich danach, wann der Mietvertrag abgeschlossen wurde. Für Mietverträge, die nach dem 1.9.2001 abgeschlossen wurden, richtet sich die Fälligkeit nach § 556b Abs. 1 BGB. Die Miete ist am 3. Werktag fällig. Für Mietverträge, die am 1.9.2001 bereits bestanden gilt nach der Überleitungsvorschrift des Art. 229 § 3 Abs. 1 Ziff. 7 EGBGB § 551 BGB aF weiter. Danach ist die Miete am Ende der Mietzeit zu entrichten. Üblich und zulässig waren aber Vorauszahlungsklauseln, in denen die Fälligkeit ebenfalls zum 3. Werktag vereinbart wurde. Unwirksam sind grundsätzlich solche Klauseln dann, wenn im Mietvertrag außerdem ein Aufrechnungsverbot vereinbart war (BGH NJW 1995, 254; NJW 2009, 1491), es sei denn die Klausel schränkt das Minderungsrecht nicht wesentlich ein (BGH WuM 2008, 152), zB auch durch eine bloße Anzeigepflicht (BGH NZM 2012, 22).
Die Fälligkeit tritt mit Beginn des 3. Werktags ein, nicht erst mit dessen Ablauf (BGH NJW 2010, 2208). Der Samstag zählt als Werktag weder bei Mietverträgen, die nach dem 1.9.2001 abgeschlossen wurden (BGH NJW 2010, 2879) noch bei zu diesem Zeitpunkt schon bestehenden Verträgen (BGH NJW 2010, 2882) mit.

6. Ein **Kostenantrag** ist nicht zwingend erforderlich, da das Gericht von Amts wegen über die Kosten zu entscheiden hat. Bei einer Verurteilung mehrerer Vermieter als Gesamtschuldner auf Zahlung ist es nicht erforderlich, im Kostenausspruch die gesamtschuldnerische Haftung für die Kosten auszusprechen, § 100 Abs. 4 ZPO.

7. Das Urteil ist sowohl hinsichtlich der Hauptsache wie auch bezüglich der Kosten für vorläufig vollstreckbar zu erklären. Es handelt sich auch bei einem Rückforderungsanspruch wegen vermeintlich überzahlter Miete um ein Leistungsurteil in einem Mietrechtsstreit. In diesem Fall richtet sich die vorläufige Vollstreckbarkeit nach § 708 Ziff. 7 ZPO. Nur in den Fällen eines Versäumnis- oder Anerkenntnisurteils regelt sich die vorläufige Vollstreckbarkeit nach § 708 Ziff. 1 oder Ziff. 2 ZPO. Grundsätzlich hat das Gericht gem. § 711 ZPO eine Abwendungsbefugnis für den vorläufig zur Zahlung verurteilten auszusprechen. Dies soll jedoch gem. § 713 ZPO entfallen, wenn gegen das Urteil *unzweifelhaft* kein Rechtsmittel möglich ist.

8. Bis zu einem Streitwert von 600 EUR kann das Gericht gem. § 495a ZPO das Verfahren nach billigem Ermessen gestalten. Es muss in diesem Fall nur dann eine mündliche Verhandlung durchführen, wenn eine Partei dies ausdrücklich beantragt hat. Ferner kann das Urteil bei dieser Verfahrensweise gem. § 313a Abs. 1 S. 1 ZPO ohne Tatbestand abgefasst werden und die Entscheidungsgründe können ins Protokoll diktiert werden. Der Streitwert, nach dem sich entscheidet, ob diese Verfahrensweise zulässig ist oder nicht, ist nicht der Gebührenstreitwert, sondern der Zuständigkeitsstreit- oder Rechtsmittelstreitwert. Dies ergibt sich daraus, dass diese Verfahrensart auf die Verfahren beschränkt ist, bei denen das Amtsgericht abschließend entscheidet. In Verfahren, in denen das Landgericht zweitinstanzlich mit der Sache befasst werden kann, muss eine überprüfbare Entscheidung mit Tatbestand und Entscheidungsgründen vorliegen. Zur Wertberechnung dienen hier ausschließlich die allgemeinen Wertvorschriften der §§ 3 und 9 ZPO. Ggf. kann gegen ein entsprechendes Urteil eine Rügeschrift gem. § 321a ZPO wegen Verletzung des Anspruchs auf rechtliches Gehör eingerichtet werden.

9. Gem. § 15a EGZPO und den verschiedenen landesgesetzlichen Ausführungsgesetzen ist zum Teil eine **vorgerichtliche Schlichtung** bei Streitwerten bis 600,– bis 750,– EUR je nach Bundesland erforderlich, es sei denn ein Mahnverfahren ist vorgeschaltet.

10. Gem. § 278 ZPO geht der mündlichen Verhandlung zum Zwecke der gütlichen Beilegung des Rechtsstreits eine **Güteverhandlung** voraus. Dies gilt dann nicht, wenn eine Güteverhandlung erkennbar aussichtslos ist.

11. Wenn es um die Einhaltung der höchst zulässigen Wiedervermietungsmiete nach den §§ 556d ff. BGB geht, muss der Mietvertrag nach dem Termin des Inkrafttretens der jeweiligen Landesverordnung zu § 556d Abs. 2 BGB liegen, Art. 229 § 35 Abs. 1 EGBGB. Es kommt nicht auf den Mietvertragsbeginn sondern auf den Vertragsschluss an.

12. Diese Angaben sind sinnvoll, wenn hilfsweise auch auf die ortsübliche Vergleichsmiete abgestellt werden soll. Dann sollte entsprechend den Vorgaben des örtlichen Mietspiegels zu den einzelnen Einordnungsmerkmalen vorgetragen werden.

13. Nach § 556d Abs. 1 gilt die Beschränkung der Wiedervermietungsmiete nur dann, wenn ein Mietvertrag abgeschlossen wird. Nicht beschränkt sind alle Vereinbarungen über Mieterhöhungen im Bestand sowie alle Formen der Mietvertragsverlängerung, -erneuerung, und des schlichten Parteiwechsels.

14. Nach einer umfassenden Modernisierung iSd § 556f S. 2 BGB gelten die § 556d und § 556e Abs. 2 BGB für die anschließende Vermietung nicht. Der **Zeitpunkt** der Modernisierung ist dabei in mehrfacher Hinsicht **unerheblich**.
(a) Er kann vor dem 1.10.2014 liegen;
(b) er kann nach diesem Termin liegen;
(c) er kann vor oder nach Inkrafttreten einer entsprechenden Landesverordnung liegen;
(d) strittig ist, ob auch Modernisierungen während des Bestandes eines Vormietverhältnisses darunter fallen (dafür: *Börstinghaus* NJW 2015, 1553 [1554]; aA *Schüller* AnwZert MietR 18/2015 Anm. 1);
(e) es kann sich auch erst eine Phase der **Selbstnutzung** durch den Vermieter anschließen. Das Gesetz verlangt ausschließlich, dass es sich um die „erste Vermietung nach umfassender Modernisierung" handelt. Anders als bei Satz 1 ist die Selbstnutzung hier nicht als Ausschlussgrund genannt.

15. Ein wesentlicher Bauaufwand wird angenommen, wenn dieser ca. 1/3 des für eine Neubauwohnung erforderlichen Aufwandes erreicht (BGH WuM 2010, 679; BVerwGE 38, 286 [289]). Bei durchschnittlichen Neubaukosten von heute ca. 2.000,– EUR/m^2 ohne Grundstück entspricht dies ca. 700,– EUR/m^2 Aufwand der betrieben werden muss. Noch nicht geklärt ist, ob diese Grenze durch eine einzige Baumaßnahme erreicht werden muss oder ob auch mehrere Teilmodernisierungen addiert werden dürfen.

11. Zahlungsklage in Gemeinde, die in VO gem. § 556d Abs. 2 BGB aufgenommen wurde, wenn Voraussetzungen bestritten werden

An das

Amtsgericht[1] . . . . .

Klage

des . . . . .

– Kläger –

Prozessbevollmächtigter: Rechtsanwalt . . . . .

gegen

den . . . . .

– Beklagter –

wegen Mietzahlung.

Namens und in Vollmacht des Klägers erhebe ich Klage und beantrage,

den Beklagten zu verurteilen, an den Kläger . . . . . EUR nebst Zinsen in Höhe von 5 Prozentpunkten über dem Basiszinssatz seit Rechtshängigkeit zu zahlen.

Sofern das Gericht das schriftliche Vorverfahren anordnet, wird für den Fall der Fristversäumnis beantragt,

den Beklagten durch Versäumnisurteil ohne mündliche Verhandlung zu verurteilen.

Begründung:

Der Kläger begehrt von dem Beklagten, seinem Mieter, die Zahlung von Miete, die der Beklagte mit Hinweis auf einen angeblichen Verstoß gegen § 556d BGB einbehält.

A. Sachverhalt

Der Kläger vermietete an den Beklagten ab dem . . . . . die im Jahr 1986 errichtete Dachgeschosswohnung auf dem Grundstück . . . . . Die Miete beträgt . . . . . EUR nettokalt, als Betriebskostenvorschuss sind . . . . . EUR vereinbart. Die Wohnung besteht aus acht Zimmern, Küche, drei Bädern, einer Dachterrasse und hat eine Größe von 280 m².

Beweis: Mietvertrag, Anlage K 1.

Das Gebiet, in der die gegenständliche Wohnung liegt, ist durch Verordnung der Landesregierung vom . . . . . als ein Gebiet im Sinne des § 556d Abs. 2 BGB ausgewiesen. Nach Auffassung der Landesregierung soll die Wohnung also in einem Gebiet mit einem angespannten Wohnungsmarkt liegen mit der Folge, dass nach § 556d Abs. 1 BGB die Miete zu Beginn des Mietverhältnisses die ortsübliche Vergleichsmiete (§ 558 Abs. 2) höchstens um 10 Prozent übersteigen darf.

Der Kläger bestreitet, dass bei Erlass der Verordnung die Voraussetzungen vorlagen, unter denen die Landesregierung nach § 556d Abs. 2 BGB ermächtigt ist, den an den Beklagten vermieteten Wohnraum mit der in der Norm geregelten Mietpreisbremse zu belegen. Denn bei der Wohnung des Beklagten handelt es sich um eine Großwohnung von über 200 m² mit einem besonderen Ausstattungsmerkmal (Dachterrasse). In diesem Marktsegment ist in der Gemeinde die Versorgung der Bevölkerung mit Wohnraum nicht gefährdet.

Beweis: Sachverständigengutachten.

Eine solche Gefährdung hat auch das vom Verordnungsgeber zur Begründung der Verordnung herangezogene Datenmaterial nicht ergeben. Aus diesem folgt vielmehr, dass eine Wohnungsknappheit nur in den Marktsegmenten der kleinen und mittelgroßen Wohnungen besteht. Konkret wird dort ausgeführt . . . . .[2]

Am . . . . . rügte der Beklagte, die monatliche Nettomiete liege 20 % über der ortsüblichen Miete für vergleichbaren Wohnraum. Dafür ordnete er die Wohnung in den Mietspiegel der Gemeinde ein, der in der Tat das Ergebnis des Beklagten stützt.

Beweis: Schreiben des Beklagten, Anlage K 2.

Seit dem Monat . . . . . zahlt er die Miete nicht mehr in voller Höhe, sondern nur noch . . . . . monatlich, was der ortsüblichen Vergleichsmiete zzgl. 10 % entspricht. Die Differenz zur vereinbarten Miete für die Monate . . . . . bis . . . . . sind Gegenstand der Klageforderung.

B. Rechtslage

Der Klageanspruch ist aus § 535 Abs. 2. 1 BGB gerechtfertigt. Denn die Mietpreisvereinbarung der Parteien ist nicht nach § 556d Abs. 1 BGB teilweise unwirksam. Dies ergibt sich daraus, dass die Verordnung, welche die vermietete Wohnung mit der Mietkappungsgrenze nach § 556d Abs. 1 BGB belegt, unwirksam ist.[2]

Rechtsverordnungen nach § 556d Abs. 2 BGB unterliegen der Prüfungs- und Verwerfungskompetenz der Zivilgerichte (BGH NJW 2016, 476). Zwar steht dem Verordnungsgeber ein Beurteilungsspielraum zu, der allerdings durch das verfassungsrechtliche Übermaßverbot beschränkt ist. Unwirksam ist daher eine Verordnung nach § 556d Abs. 2 BGB, die Wohnungen mit einer Mietkappungsgrenze belegt, bei denen keine Versorgungsknappheit im Sinne der Norm besteht. Dies gilt einerseits für die in § 556d Abs. 2 BGB ausdrücklich genannte territoriale Beschränkung auf die Gebiete in der Gemeinde, in denen eine solche Versorgungsknappheit festgestellt ist. Andererseits ist die Rechtsverordnung auch gegenständlich auf die Marktsegmente zu beschränken, in denen Wohnungen derart nachgefragt werden, dass eine angemessene Wohnversorgung gefährdet ist. Ein solche einschränkende Auslegung von § 556d Abs. 2 BGB ist verfassungsrechtlich geboten, weil die Norm anderenfalls zu einem für die Erreichung des Normziels nicht erforderlichen Eingriff in die Rechte des Vermieters berechtigen würde (*Lehmann-Richter* WuM 2015, 204). Wie oben unter Beweisantritt ausgeführt, besteht im Marktsegment der hier gegenständlichen Wohnung keine Gefahr einer Unterversorgung der Bevölkerung. Die Verordnung vom . . . . . ist aus diesem Grund unwirksam und die zwischen den Parteien vereinbarte Miete daher nicht nach § 556d Abs. 1 BGB gekappt.

Beglaubigte Abschrift anbei.

Rechtsanwalt

Anmerkungen

1. Die **Zuständigkeit** des Amtsgerichts am Belegenheitsort der Wohnung folgt aus § 29a ZPO, § 23 Nr. 2 a GVG.

2. Gebietsverordnungen nach § 556d Abs. 2 BGB unterliegen zwar der Prüfungs- und Verwerfungskompetenz der Zivilgerichte (BGH NJW 2016, 476). Wegen des dem Verordnungsgebers zustehenden Beurteilungsspielraums (BGH NJW 2016, 476) ist die Rechtsverordnung aber nur ausnahmsweise unwirksam, nämlich dann, wenn die Zwecks Erlasses der Verordnung ermittelten Tatsachen erkennbar unzureichend sind oder eine Mietpreisbremsenverordnung nicht rechtfertigen (näher *Lehmann-Richter* WuM 2015, 204). Das Formular knüpft hier an eine in der Literatur vertretene Ansicht an, wonach der Zweck von § 556d BGB es erfordert, die Gebietsverordnung auf solche Wohnungen zu beschränken, die am Markt in nicht ausreichendem Umfang vorhanden sind (*Blank* WuM 2014, 641 (645); *Herlitz* ZMR 2014, 262 (264); *Lehmann-Richter* WuM 2015, 204). Ob sich die Rechtsprechung diesem Ansatz anschließen wird, ist offen, weshalb Klagen wie die hier vorliegende mit erheblichen Unsicherheiten verbunden sind.

12. Klage auf Mietzahlung gegen Mieter, der wegen unwirtschaftlicher Heizung mindert

An das

Amtsgericht[1]

Klage

des . . . . .

– Kläger –

Prozessbevollmächtigter:[2] . . . .

gegen

die Eheleute[3] . . . . .

– Beklagter –

wegen: Mietzahlung

Streitwert: . . . . .[4]

Namens und mit Vollmacht des Klägers erhebe ich Klage gegen die Beklagten und werde beantragen:

1. Die Beklagten werden als Gesamtschuldner verurteilt, an den Kläger . . . . . EUR nebst Zinsen[5] in Höhe von 5 Prozentpunkten über dem Basiszinssatz aus . . . . . EUR seit dem . . . . . 201 . . . . . ., aus weiteren . . . . . EUR seit dem . . . . . 2001 . . . . . und aus weiteren . . . . . EUR seit dem . . . . . . 20 . . . . . zu zahlen.
2. Die Beklagten tragen die Kosten des Rechtsstreits.[6]
3. Das Urteil ist vorläufig vollstreckbar.[7]

Ich beantrage ferner,

1. soweit das Gericht das Verfahren nach § 495a ZPO[8] betreiben will, die Durchführung einer mündlichen Verhandlung;
2. soweit das Gericht ein schriftliches Vorverfahren anordnet und der/die Beklagte(n) seine/ihre Verteidigungsbereitschaft nicht rechtzeitig anzeigen sollten, den Erlass eines Versäumnisurteils.

Ferner teile ich mit, dass

1. ein außergerichtlicher Einigungsversuch bisher nicht stattgefunden hat[9]
2. ein solcher Versuch erscheint zurzeit auch nicht aussichtslos.[10]

Begründung

Die Beklagten haben vom Kläger mit Mietvertrag vom . . . . . eine Wohnung im Hause . . . . . gemietet.

Beweis: in der Anlage überreichte Kopie des Mietvertrages

Als Grundmiete wurde ein Betrag von . . . . . EUR zuzüglich Betriebs- und Heizkostenvorauszahlungen von . . . . . EUR vereinbart. Die Miete war gem. § 556b Abs. 1 BGB bis zum 3. Werktag fällig.

Die Beklagten haben in den Monaten statt der geschuldeten . . . . . EUR nur jeweils . . . . . EUR gezahlt Für die . . . . . Monate schulden sie deshalb noch . . . . . EUR.

Die Beklagten haben sich vorprozessual auf eine Minderung der Miete berufen. Mit Schreiben vom . . . . . . 20 . . . . . haben sie mitgeteilt, dass die Wohnung zwar ausreichend warm werde aber die Beheizung insgesamt äußerst unwirtschaftlich erfolge. Dazu haben sie sich auf diverse Vergleichs- und Durchschnittswerte berufen.

Entgegen der Auffassung der Beklagten ist eine Minderung der Miete nicht eingetreten. Die Wohnung ist nicht mangelhaft iSd § 536 Abs. 1 BGB. Selbst nach eigener Einlassung der Beklagten wird die Wohnung ausreichend warm.

Zunächst wird bestritten, dass die Heizung unwirtschaftlich arbeitet. Unabhängig von der rechtlichen Einordnung eines Verstoßes gegen das Wirtschaftlichkeitsgebots trägt immer der Mieter die Darlegungs- und Beweislast hierfür.[11]

Unabhängig von der Feststellung, wo die Grenzen zwischen einer wirtschaftlichen und einer unwirtschaftlichen Heizung verlaufen, ist festzustellen, dass selbst dann, wenn die Heizung tatsächlich unwirtschaftlich arbeiten würde, dies keinen zur Minderung der Miete führenden Mangel darstellt.

Dass eine dem vertragsgemäßen Zustand der Mietsache entsprechende Heizungs- und Belüftungsanlage hohe Energiekosten verursacht, ist bei der Beurteilung, ob ein Mangel der Mietsache vorliegt, nicht von Bedeutung, wenn die Anlage dem bei der Errichtung des Gebäudes maßgeblichen technischen Standard entspricht und fehlerfrei arbeitet (BGH NZM 2014, 136). Jede andere Betrachtungsweise würde im Mietrecht zu einem Anspruch auf Modernisierung führen. Das sieht das geltende Recht aber gerade nicht vor. Aus dem Wirtschaftlichkeitsgebot lässt sich ein Anspruch des Mieters auf Modernisierung einer vorhandenen und den vertraglichen Vereinbarungen entsprechenden Heizungsanlage nicht ableiten, selbst wenn diese alt ist, solange sie die Wärmeversorgung der Wohnung noch sicherstellt Heizungsanlage (BGH NJW 2008, 142 [für Wohnraummietvertrag]; NZM 2014, 136 [für Gewerberaummietvertrag]). Dabei ist es unerheblich, ob die Heizungsanlage ggf. die Grenzwerte der maßgeblichen EnEV einhält oder nicht.

Eine Minderung der Miete ist deshalb nicht eingetreten. Die Beklagten schulden die vereinbarte Miete in voller Höhe.

Sollte das Gericht noch weiteren Sachvortrag für entscheidungsrelevant halten, wird um einen gerichtlichen Hinweis gebeten, damit eventuell weiter vorgetragen werden kann.

Rechtsanwalt

Anmerkungen

1. Die sachliche Zuständigkeit für Wohnraummietsachen ergibt sich aus § 23 Ziff. 2 a) GVG. Danach sind die Amtsgerichte ohne Rücksicht auf den Wert des Streitgegenstandes ausschließlich zuständig für Streitigkeiten über Ansprüche aus einem Mietverhältnis über Wohnraum. Hierzu zählen auch die Rückforderungsansprüche wegen vermeintlich über-zahlter Miete. Die **örtliche Zuständigkeit** ergibt sich aus § 29a ZPO, wonach jeweils das Amtsgericht, in dessen Bezirk sich die gemietete Wohnung befindet, zuständig ist. Auch dies ist eine ausschließliche Zuständigkeit, so dass eine Zuständigkeit eines anderen Gerichts weder durch rügelose Einlassung gem. § 39 ZPO noch durch eine Gerichts-standsvereinbarung gem. § 40 ZPO begründet werden kann (OLG Frankfurt MDR 1979, 851; LG München ZMR 1987, 271). Eine Verweisung unter Verstoß gegen diese bindenden Zuständigkeitsregelungen ist unbeachtlich (LG München ZMR 1987, 271; BLAH/*Hartmann* § 29a Rn. 13). Ob die allgemeine Zivilabteilung oder die Mietabteilung zuständig ist, ist eine Frage der internen Geschäftsverteilung des Gerichts. Die Klage muss nur an das Amtsgericht, nicht an die zuständige Abteilung adressiert sein.

2. Für das erstinstanzliche Verfahren besteht kein Anwaltszwang.

3. Die Mieter sind bezüglich des Anspruchs auf Zahlung der Miete **Gesamtschuldner**. Sie können also gemeinsam als Gesamtschuldner in Anspruch genommen werden. Möglich ist aber auch die Inanspruchnahme nur eines Mieters.

4. Bei der bezifferten Leistungsklage richtet sich der Streitwert nach dem Zahlungs-antrag.

5. Die Fälligkeit der Miete richtet sich danach, wann der Mietvertrag abgeschlossen wurde. Für Mietverträge, die nach dem 1.9.2001 abgeschlossen wurden, richtet sich die Fälligkeit nach § 556b Abs. 1 BGB. Die Miete ist am 3. Werktag fällig. Für Mietverträge, die am 1.9.2001 bereits bestanden gilt nach der Überleitungsvorschrift des Art. 229 § 3 Abs. 1 Ziff. 7 EGBGB § 551 BGB aF weiter. Danach ist die Miete am Ende der Mietzeit zu entrichten. Üblich und zulässig waren aber Vorauszahlungsklauseln, in denen die Fälligkeit ebenfalls zum 3. Werktag vereinbart wurde. Unwirksam sind grundsätzlich solche Klauseln dann, wenn im Mietvertrag außerdem ein Aufrechnungsverbot verein-bart war (BGH NJW 1995, 254; NJW 2009, 1491), es sei denn die Klausel schränkt das Minderungsrecht nicht wesentlich ein (BGH WuM 2008, 152), zB auch durch eine bloße Anzeigepflicht (BGH NZM 2012, 22).
Die Fälligkeit tritt mit Beginn des 3. Werktags ein, nicht erst mit dessen Ablauf (BGH NJW 2010, 2208). Der Samstag zählt als Werktag weder bei Mietverträgen, die nach dem 1.9.2001 abgeschlossen wurden (BGH NJW 2010, 2879) noch bei zu diesem Zeitpunkt schon bestehenden Verträgen (BGH NJW 2010, 2882) mit.

6. Ein **Kostenantrag** ist nicht zwingend erforderlich, da das Gericht von Amts wegen über die Kosten zu entscheiden hat. Bei einer Verurteilung mehrerer Vermieter als Gesamtschuldner auf Zahlung ist es nicht erforderlich, im Kostenausspruch die gesamt-schuldnerische Haftung für die Kosten auszusprechen, § 100 Abs. 4 ZPO.

7. Das Urteil ist sowohl hinsichtlich der Hauptsache wie auch bezüglich der Kosten für vorläufig vollstreckbar zu erklären. Es handelt sich auch bei einem Rückforderungsanspruch wegen vermeintlich überzahlter Miete um ein Leistungsurteil in einem Mietrechtsstreit. In diesem Fall richtet sich die vorläufige Vollstreckbarkeit nach § 708 Ziff. 7 ZPO. Nur in den Fällen eines Versäumnis- oder Anerkenntnisurteils regelt sich die vorläufige Vollstreckbarkeit nach § 708 Ziff. 1 oder Ziff. 2 ZPO. Grundsätzlich hat das Gericht gem. § 711 ZPO eine Abwendungsbefugnis für den vorläufig zur Zahlung verurteilten auszusprechen. Dies soll jedoch gem. § 713 ZPO entfallen, wenn gegen das Urteil *unzweifelhaft* kein Rechtsmittel möglich ist.

8. Bis zu einem Streitwert von 600 EUR kann das Gericht gem. § 495a ZPO das Verfahren nach billigem Ermessen gestalten. Es muss in diesem Fall nur dann eine mündliche Verhandlung durchführen, wenn eine Partei dies ausdrücklich beantragt hat. Ferner kann das Urteil bei dieser Verfahrensweise gem. § 313a Abs. 1 Satz 1 ZPO ohne Tatbestand abgefasst werden und die Entscheidungsgründe können ins Protokoll diktiert werden. Der Streitwert, nach dem sich entscheidet, ob diese Verfahrensweise zulässig ist oder nicht, ist nicht der Gebührenstreitwert, sondern der Zuständigkeitsstreit- oder Rechtsmittelstreitwert. Dies ergibt sich daraus, dass diese Verfahrensart auf die Verfahren beschränkt ist, bei denen das Amtsgericht abschließend entscheidet. In Verfahren, in denen das Landgericht zweitinstanzlich mit der Sache befasst werden kann, muss eine überprüfbare Entscheidung mit Tatbestand und Entscheidungsgründen vorliegen. Zur Wertberechnung dienen hier ausschließlich die allgemeinen Wertvorschriften der §§ 3 und 9 ZPO. Ggf. kann gegen ein entsprechendes Urteil eine Rügeschrift gem. § 321a ZPO wegen Verletzung des Anspruchs auf rechtliches Gehör eingerichtet werden.

9. Gem. § 15a EGZPO und den verschiedenen landesgesetzlichen Ausführungsgesetzen ist zum Teil eine **vorgerichtliche Schlichtung** bei Streitwerten bis 600,– bis 750,– EUR je nach Bundesland erforderlich, es sei denn ein Mahnverfahren ist vorgeschaltet.

10. Gem. § 278 ZPO geht der mündlichen Verhandlung zum Zwecke der gütlichen Beilegung des Rechtsstreits eine **Güteverhandlung** voraus. Dies gilt dann nicht, wenn eine Güteverhandlung erkennbar aussichtslos ist.

11. Für die Einhaltung des Wirtschaftlichkeitsgebots im Betriebskostenrecht hat der BGH dies bereits so für die Wohnraummiete (BGH NJW 2008, 440; NJW 2011, 3028) und die Gewerberaummiete (BGH NJW 2015, 855) entschieden. Für das Gewährleistungsrecht ergibt sich dies daraus, dass der Mieter für die Darlegung des Mangels generell darlegungs- und beweispflichtig ist, während der Vermieter die Ausschlusstatbestände darlegen und beweisen muss.

13. Zahlungsklage auf rückständige Wohnraummiete im Urkundenprozess

An das Amtsgericht . . . . .[1]
Az.: . . . . .

In Sachen

Kläger/in./.Beklagte/r[2]

begründe ich für die Klägerin den Anspruch im Urkundenprozess[3] und beantrage,[4] den Beklagten zu verurteilen, an die Klägerin . . . . . EUR nebst Zinsen iHv 5 Prozentpunkten über dem Basiszinssatz seit Rechtshängigkeit[5] zu zahlen.

Ich beantrage Erlass eines Versäumnisurteils im schriftlichen Vorverfahren.[6]

Begründung:

Die Klägerin hat dem Beklagten durch schriftlichen Mietvertrag vom 10.5.2011 eine Dreizimmerwohnung im Hause Lindenstraße 5, zweites Obergeschoss links vermietet. Die vereinbarte Nettokaltmiete betrug 700 EUR zuzüglich Vorschuss für (kalte) Betriebskosten von 90 EUR und Heizkostenvorschuss von 110 EUR.

Beweis: Mietvertrag vom 10.5.2011 in Kopie anbei[7]

Mit Mieterhöhungsverlangen vom 10.1.2015 hat die Klägerin Zustimmung zur Erhöhung der Nettokaltmiete um 40 EUR verlangt und sich dabei auf Vergleichswohnungen bezogen. Der Beklagte hat eine förmliche Zustimmung nicht erklärt,[8] jedoch die erhöhte Miete von insgesamt 940 EUR von April bis August 2015 jeweils vorbehaltlos gezahlt.

Beweis: Mieterhöhungsverlangen vom 10.1.2015 und Kontoauszüge mit den Gutschriften für April bis August in Kopie anbei.[9]

Die Mieten für September, Oktober und November 2015 sind bei der Klägerin nicht eingegangen. Der Beklagte hat sich auf ein angebliches Mietminderungsrecht wegen Feuchtigkeitsschäden berufen und mit einem Rückzahlungsanspruch aufgerechnet. Die Wohnung ist jedoch mangelfrei übergeben; etwaige Schimmel-und Stockflecken wären vom Beklagten zu vertreten, der nie lüftet und aus falscher Sparsamkeit kaum heizt, worüber sich schon andere Mieter beschwert haben.

Beweis: Schreiben des Beklagten vom 24.11.2015[10]
        Übergabeprotokoll vom 10.5.2011

jeweils in Kopie anbei.

Der Beklagte ist daher antragsgemäß zu verurteilen.

Rechtsanwalt

Anmerkungen

1. Auch bei der Wohnraummiete ist eine Zahlungsklage im Urkundenprozess möglich, wie der Bundesgerichtshof in mehreren Entscheidungen (BGH VIII ZR 111/09 GE 2011, 53) klargestellt hat. Die Vorschrift des § 536 BGB (automatische Mietminderung bei Vorliegen eines Mangels) steht dem nicht entgegen; das gilt auch für anfängliche Mängel, wenn der Mieter die Mietsache vorbehaltlos angenommen hat und dies durch Urkunden (Übergabeprotokoll oder Kontoauszüge über Zahlungen) belegt werden kann (BGH VIII ZR 200/08 NJW 2009, 3099). Auch die Zahlung aus einer Betriebskostenabrechnung kann im Urkundenprozess geltend gemacht werden (BGH VIII ZR 41/14 NJW 2015, 475). Der Sinn des Verfahrens, das nicht unbedingt schneller als ein normaler Prozess ist, besteht darin, möglichst schnell einen Vollstreckungstitel zu erlangen. Dies sollte allerdings nur für zweifelsfreie Ansprüche beantragt werden, wenn der Schuldner zahlungsunwillig (oder demnächst zahlungsunfähig) ist, da das erhebliche Schadensersatzrisiko zu berücksichtigen ist, wenn ein Vorbehaltsurteil später aufgehoben wird (§§ 302 Abs. 4, 600 Abs. 2 ZPO).

2. Es handelt sich um eine Anspruchsbegründung nach Widerspruch gegen einen Urkundenmahnbescheid (§ 703 a ZPO); die Anspruchsbegründung entspricht den Anforderungen an eine Klageschrift (§ 253 ZPO). Ein vollständiges Rubrum ist entbehrlich.

3. Zur Klarstellung empfiehlt sich die Angabe, dass weiterhin im Urkundenprozess geklagt wird (§ 593 ZPO), also nicht der – jederzeit mögliche – Übergang zum ordentlichen Verfahren beabsichtigt ist.

4. Ein förmlicher Antrag ist empfehlenswert, da viele Gerichte einen „Antrag aus dem Mahnbescheid" nicht für zulässig halten.

5. Zur Vereinfachung werden Zinsen nur ab Rechtshängigkeit verlangt und nicht jeweils ab Verzug, weil schon zweifelhaft ist, ob die spätere Zwangsvollstreckung für die Hauptforderung erfolgreich sein wird.

6. Der Widerspruch gegen den Mahnbescheid ersetzt nicht die Anzeige der Verteidigungsabsicht im schriftlichen Vorverfahren (str.), so dass ein Antrag auf Erlass eines Versäumnisurteils empfehlenswert ist. Ein Versäumnisurteil nach § 276 ZPO kann auch im Urkundenprozess ergehen (OLG Karlsruhe ZEV 2011, 324).

7. Die Vorlage in Kopie reicht aus (§ 593 Abs. 2 ZPO).

8. Der Beklagte hat damit eine vertragliche Nebenpflicht verletzt, denn der Vermieter hat einen Anspruch darauf, dass der Mieter sich äußert, ob er einem Zustimmungsverlangen nachkommen will(vgl. LG Berlin ZMR 2007, 196 str.).

9. Die durch Urkunden nachzuweisende Zustimmung des Mieters ergibt sich hier aus den Kontoauszügen mit der wiederholten vorbehaltlosen Mietzahlung (vgl. BGH VIII ZR 200/08 NJW 2009, 3099).

10. Auf Mängel und damit Einwendungen der Gegenseite schon in der Anspruchsbegründung einzugehen, ist zwar nicht zwingend, aber empfehlenswert, weil damit die Klägerin nicht nur ihre Verpflichtung zum wahrheitsgemäßen und vollständigen Vortrag erfüllt (vgl. *Blank* NZM 2000,1085), sondern auch zur Beschleunigung des Verfahrens beiträgt.

14. Zahlungsklage des Vermieters von Geschäftsraum im Urkundenprozess

An das

Landgericht Leipzig

Klage

In Sachen des Vermieters . . . . .

– Kläger –

Prozessbevollmächtigte: Rechtsanwälte Schön und Partner

gegen die

Kauffrau . . . . .

Inhaberin der Drogerie „Grüne Sonne"

– Beklagte –

wegen Zahlung[1]

erhebe ich Klage im Urkundenprozess[3, 4] mit dem Antrag,

die Beklagte zu verurteilen,

an den Kläger 10.000,– EUR und jeweils weitere 1.500,– EUR monatlich am 1.7., 1.8., 1.9., 1.10., 1.11. und 1.12.2015[5] zu zahlen nebst Zinsen in Höhe von fünf Prozentpunkten über dem Basiszinssatz[6] von

750,– EUR seit dem 5.2.2015[7]

750,– EUR seit dem 5.3.2015

je 1.500,– EUR seit dem 4.4., 6.5. und 5.6.2015,

von 9.000,– EUR seit Rechtshängigkeit[8]

und von 4.000,– EUR seit dem 4.2.2015.[9]

Ich stelle den Antrag nach § 331 Abs. 3 ZPO

Streitwert: 19.000,– EUR.

Begründung

Die Beklagte mietete am 1.2.2015 Geschäftsräume[2] im Hause des Klägers in der Ringstraße 4 zum Betriebe einer Drogerie. Die vereinbarte Miete betrug 1.400,– EUR zuzüglich 100,– EUR Betriebskostenvorschuss. Bei Vertragsabschluss war eine Kaution von 4.000,– EUR zu zahlen.

Beweis: Kopie des Mietvertrages vom 1.2.2015[10]

Das Mietverhältnis erwies sich von Anfang an als unerfreulich. Die Beklagte zahlte unter Berufung auf die Straßenbauarbeiten, die jedoch bei Vertragsschluss schon begonnen hatten,[11] für Februar und März 2011 nur die Hälfte der vereinbarten Miete, da die Kunden ausblieben. Danach stellte sie jegliche Zahlung ein.

Offen sind demnach die Mieten für

Februar 2015	750,– EUR
März 2015	750,– EUR
April bis Juni 2015	je 1.500,– EUR,
zusammen also	6.000,– EUR.

Mit Schreiben vom 3.6.2015 erklärte der Kläger die außerordentliche fristlose Kündigung aus wichtigem Grund gemäß § 543 BGB; die Beklagte erwiderte mit Schreiben vom 10.6.2015, sie würde „um ihr Lebenswerk kämpfen".

Beweis: Anliegende Schreiben vom 3.6. und 10.6.2015

Mit gesonderter Klage vom heutigen Tage (28.6.2015) habe ich daher von der Beklagten Räumung und Herausgabe verlangt. Es besteht die Besorgnis, dass die Beklagte nicht freiwillig zahlen und räumen wird, so dass auch die zukünftige Nutzungsentschädigung für Juli bis Dezember 2015 in Höhe von insgesamt 9.000,– EUR eingeklagt wird.[12]

Ferner verlangt der Kläger die Zahlung der Kaution[13] von 4.000,– EUR. Wegen der Umbauarbeiten der Beklagten besteht ein Schadensersatzanspruch des Klägers aus Verletzung der Rückbaupflicht;[14] dazu kommen die erheblichen Mietrückstände.[15] Der

Gesamtrückstand beträgt somit 10.000,– EUR und die zukünftigen Ansprüche 9.000,– EUR.

Der Zinsanspruch folgt aus §§ 286, 288, 291 BGB.

Rechtsanwalt

Anmerkungen

1. Es kann nach § 592 ZPO nur auf Geld (oder Leistung anderer vertretbarer Sachen) geklagt werden, so dass beispielsweise auch aus einer schriftlichen Räumungsverpflichtung nicht im Urkundenprozess geklagt werden kann.

2. Nach überwiegender Auffassung ist jedenfalls bei Geschäftsraum der Urkundenprozess zulässig (BGH XII ZR 321/97 NJW 1999, 1408). Das gilt grundsätzlich auch für Ansprüche auf Mietzahlung bei Wohnraummietverträgen (BGH VIII ZR 111/09 GE 2011,53). Aus praktischen Erwägungen (der Terminsstand ist bei den Amtsgerichten in der Regel nicht sehr lang) empfiehlt es sich daher, bei Wohnraummietverhältnissen nicht im Urkundenprozess zu klagen. Die nach § 596 ZPO mögliche Erklärung, vom Urkundenprozess Abstand zu nehmen, führt zu einer Verzögerung des Rechtsstreits.

3. Im Urkundenprozess erhält der Kläger wegen der eingeschränkten Verteidigungsmöglichkeiten des Beklagten (§§ 595, 598 ZPO) schneller einen Vollstreckungstitel (§ 599 ZPO), der allerdings unter dem Vorbehalt der Aufhebung im Nachverfahren steht (§ 600 ZPO) mit entsprechender Schadensersatzpflicht des Klägers, der aus dem Vorbehaltsurteil vollstreckt hat (§ 302 Abs. 4 ZPO).

4. Ausdrückliche Erklärung nach § 593 ZPO erforderlich; besondere Hervorhebung (Fettdruck, Unterstreichung) empfehlenswert.

5. Klage auf zukünftige Leistung nach § 259 ZPO (OLG Dresden WuM 2000, 138). Ist bei Erlass des Urteils die Leistungszeit schon verstrichen, erfolgt die Verurteilung ohne Änderung des Klageantrags (OLG Dresden WuM 2000, 138; LG Berlin 63 S 118/11 BeckRS 2011, 26617). Die Fälligkeit der Mietforderung ergibt sich aus §§ 579 Abs. 2, 556 b BGB („zu Beginn"); die Schonfrist von drei Werktagen betrifft nur die Frage, wann Verzug eintritt.

6. § 288 BGB. Der Antrag geht nicht auf Zahlung von „5 % über dem Basiszinssatz", sondern auf Zahlung von fünf Prozentpunkten über dem Basiszinssatz.

7. Die Miete ist spätestens am dritten Werktag im Voraus zu zahlen (§§ 579, 556 b BGB); einer Mahnung bedarf es für den Verzug nicht (§ 286 Abs. 2 Nr. 1 BGB). Ein Sonnabend ist bei der Berechnung der Werktage mitzuzählen, wenn er nicht letzter Tag der Frist ist (§ 193 BGB); dann tritt Verzug am darauf folgenden Montag um 24.00 Uhr ein (BGH VIII ZR 291/09 NJW 2010, 2882).

8. Bei einer Klage auf zukünftige Leistung können keine Verzugszinsen verlangt werden, so dass hier Prozesszinsen geltend gemacht werden (§ 291 BGB).

9. Die Kaution war bei Vertragsschluss zu zahlen (§ 286 Abs. 2 Nr. 1 BGB).

10. Originale oder beglaubigte Kopien müssen nicht beigefügt werden (§ 593 Abs. 2 ZPO); wer ganz sicher gehen will, beglaubigt die Abschrift trotzdem und bietet die Vorlage des Originals im Termin an.

11. Deswegen keine Gewährleistungsansprüche (§ 536b BGB: OLG Dresden Urt. v. 14.10.2008 – 5 U 1030/08, IMR 2000, 123); zu dem Problem der Zugangsbeschränkungen vgl. auch KG 8 U 194/06 (NJW-RR 2008,1042). Hier ist immer auch an einen nachbarrechtlichen Ausgleichsanspruch(§ 906 BGB) gegen den Bauherren zu denken (OLG Bremen MDR 2013,1218).

12. Auch für eine Klage auf zukünftige Leistung nach § 259 ZPO ist der Urkundenprozess statthaft (OLG Düsseldorf I-10 U 115/05 Urt. v. 28.9.2006 – juris –). Die Voraussetzungen des § 592 ZPO (Klagebegründung nur durch Urkunden) sind hier erfüllt, da für den Anspruch aus § 546 BGB nur das Mietverhältnis und die Kündigung darzulegen sind. Es ist Sache des Mieters, zu beweisen, dass er die Räume zurückgegeben hat (KG MDR 2014, 952). Die Prozessvoraussetzungen bedürfen an sich keines Urkundenbeweises; vorsichtshalber hat der Kläger trotzdem das Schreiben der Beklagten vom 10.6.2015 beigefügt.

13. Bei der Kautionsklage muss der Vermieter lediglich die Nichterfüllung des vertraglichen Zahlungsanspruchs dartun, ohne dass es auf Einzelheiten der zu sichernden Forderung ankommt. Auch nach Kündigung ist eine Kautionsklage weiterhin möglich; hier muss allerdings der Vermieter substantiiert dartun, dass noch zu sichernde Ansprüche bestehen (OLG Düsseldorf, I-10 U 130/05, GE 2006, 911).

14. §§ 280, 281, 546 BGB (BGHZ 104, 285; BGHZ 127, 156).

15. Ob die Darlegung der Schadensersatzansprüche substantiiert genug ist, um die Kautionsklage nach Kündigung zu rechtfertigen, kann bezweifelt werden (OLG Düsseldorf ZMR 2000, 211). Die Mietrückstände reichen aber allemal.

15. Stufenklage auf Zahlung von rückständiger Miete (Geschäftsraum)

An das

Landgericht Augsburg

Klage

In Sachen

der Vermieter . . . . .

– Kläger –

Prozessbevollmächtigter: Rechtsanwalt . . . . .

gegen

den Zahnarzt . . . . .

– Beklagter –

wegen Mietzahlung[1] und Auskunft[2]

Streitwert für die Klageanträge zu 2. und 3.: 3.000,– EUR

erhebe ich Klage und beantrage,

den Beklagten zu verurteilen,

1. an die Kläger 9.000,– EUR nebst Zinsen in Höhe von fünf Prozentpunkten über dem Basiszinssatz seit dem 20.7.2015 (Mittelwert) zu zahlen;
2. Auskunft[3] über die Umsätze der Praxis (Bruttoeinnahmen einschließlich Steuern)[4] für den Zeitraum vom 1.6.2015 bis zum 31.8.2015 zu erteilen und die Richtigkeit notfalls an Eides statt zu versichern;
3. den sich aus der Auskunft zu 2. ergebenden Betrag von 5 % des Umsatzes abzüglich 3.000,– EUR monatlich an die Kläger zu zahlen nebst Zinsen in Höhe von fünf Prozentpunkten über dem Basiszinssatz ab Rechtshängigkeit.[5]

Für den Fall der Säumnis im schriftlichen Vorverfahren beantrage ich schon jetzt Erlass eines schriftlichen Versäumnisurteils.[6]

Begründung:

Die Kläger haben mit Mietvertrag vom . . . . . dem Beklagten die Räume im Haus . . . . . zum Betrieb einer Zahnarztpraxis und im Übrigen als Wohnraum vermietet.

Beweis: Mietvertrag vom . . . . .

Der Schwerpunkt des Vertragsverhältnisses liegt auf der Erwerbstätigkeit des Mieters, so dass Wohnraummietrecht nicht anwendbar ist.[7] Ein Verstoß gegen das Zweckentfremdungsverbot[8] liegt nicht vor; mit Bescheid vom . . . . . hat die Gemeinde . . . . . die Nutzung als Zahnarztpraxis genehmigt. Eine Ausgleichszahlung[9] wurde nicht festgesetzt. Nach § 2 des Mietvertrages hat der Beklagte eine Umsatzmiete von 5 %, mindestens aber 3.000,– EUR monatlich zu zahlen. Davon entfallen auf die Wohnraumnutzung 1.000,– EUR; je 250,– EUR sind als Vorschuss für Heizkosten und kalte Betriebskosten im Sinne der BetrKostV zu zahlen. Der Beklagte ist trotz Mahnung vom . . . . . seiner Verpflichtung zur Vorlage der monatlichen Umsätze nicht nachgekommen (§ 259 BGB) und hat darüber hinaus ab Juni 2015 jegliche Mietzahlung eingestellt. Er schuldet daher nicht nur die Mindestmiete von je 3.000 EUR für Juni – August 2015, sondern auch Auskunft über die Monatsumsätze.

Für den Fall, dass der Beklagte einwenden sollte, er führe die Praxis nicht weiter, so dass die Umsätze auf Null reduziert seien, wird schon jetzt eine Berechnung des Klageantrags zu 3. aus den bisherigen Durchschnittsumsätzen des letzten Jahres angekündigt (vgl. BGH NJW 1979, 2352).

Den Streitwert für die Klageanträge zu 2. und 3. gebe ich mit insgesamt[10] 3.000,– EUR an (Schätzung anhand der bisherigen Umsätze). Das Landgericht Berlin ist nach §§ 5, 29 a ZPO sachlich und örtlich zuständig. Kostenvorschuss in Höhe von . . . . . EUR als Verrechnungsscheck anbei.

Rechtsanwalt

Anmerkungen

1. Zu den Formalien s. die Anmerkungen zur Mietzahlungsklage bei Wohnraum → Form. B. II. 8.

2. Nach allgemeiner Auffassung ist die Stufenklage (§ 254 ZPO) zulässig, wenn sich der Zahlungsanspruch erst aus der Auskunft ergibt (Bub/Treier/*v. Brunn* III A 86). Zu beachten ist aber immer das Kostenrisiko für den Kläger, das sich daraus ergibt, dass nach überwiegender Auffassung die Zahlungsklage abzuweisen ist (keine Erledigung nach § 91a ZPO möglich), wenn nach der Auskunft ein Zahlungsanspruch nicht besteht (BGH III ZR 98/93 NJW 1994, 2895). Eine einseitige Erledigungserklärung soll in diesem Fall nicht zulässig sein (vgl. BeckOK ZPO/*Jaspersen*/*Wache* § 92 Rn. 23). Bei einer übereinstimmenden Erledigungserklärung ist die Rechtslage umstritten.

3. Wie die Auskunft im Einzelnen zu erteilen ist, sollte nur in Ausnahmefällen schon in Klageantrag erwähnt werden, etwa wenn Einzelheiten dazu im Mietvertrag geregelt sind (vgl. BGH VIII ZR 118/78 NJW 1979, 2351). In der Regel liegt eine unvertretbare Handlung iSd § 888 ZPO vor, so dass der Schuldner durch Zwangsgeld zur Auskunftserteilung anzuhalten ist. Der Anspruch auf eidesstattliche Versicherung setzt voraus, dass die Auskunft in formaler Hinsicht zutreffend erteilt ist und gleichwohl der Verdacht besteht, dass die Auskunft unvollständig oder unrichtig ist (OLG Naumburg FamRZ 2007, 1813). Wird über den Antrag auf eidesstattliche Versicherung – wie häufig (vgl. BeckOK ZPO/*Jaspersen*/*Wache* § 92 Rn. 23.1) nicht streitig entschieden, sondern für erledigt erklärt, soll dafür kein eigener Gebührenstreitwert – auch hinsichtlich der Kostenentscheidung zu berücksichtigen sein (OLG Saarbrücken BeckRS 2012, 12907 – str.).

4. Maßgeblich ist die Vereinbarung im Mietvertrag. Im Zweifel gehören zum Umsatz die Bruttoeinnahmen einschließlich aller Steuern (Bub/Treier/*v. Brunn* III A 89). Ob die Vereinbarung einer Umsatzmiete im Formularvertrag als überraschende Klausel nach § 305c BGB unwirksam wäre, ist umstritten(Schmidt-Futterer/Eisenschmid Rn. 269 zu § 535 BGB). Bei Mietverträgen mit einem Unternehmer (auch der Zahnarzt fällt unter § 14 BGB) sind allerdings vielfach Umsatzmieten üblich (*Hubatsch* NZM 2015, 74), so dass kaum von einer überraschenden Klausel gesprochen werden kann(so auch OLG Brandenburg 3 U 171/10 BeckRS 2011, 21310). Auch eine unangemessene Benachteiligung des Mieters ist nicht anzunehmen (OLG Brandeburg GE 2011, 751).

5. Auch der unbezifferte Zahlungsanspruch ist schon mit Zustellung der Stufenklage rechtshängig geworden (BGH XII ARZ 36/94 NJW-RR 1995, 513). Ein späterer Hilfsantrag auf Zahlung für den gleichen Zeitraum stellt keine Klageänderung dar (BGH IX ZR 267/13 GE 2015, 724).

6. Die früher üblichen Anträge auf Erlass eines schriftlichen Anerkenntnisurteils und auf Sicherheitsleistung durch Bankbürgschaft sind seit dem 1.1.2002 überflüssig, da ein Anerkenntnisurteil von Amts wegen zu erlassen ist (§ 303 ZPO) und die Sicherheit auch durch Bankbürgschaft geleistet werden kann (§ 108 ZPO).

7. BGH VIII ZR 60/85 NJW-RR 1986, 877; OLG Düsseldorf Beschl. v. 3.5.2011 – BeckRS 2011, 25215; 24 U 150/10, KG GE 1995, 1205. Nach der Entscheidung des BGH vom 9.7.2014 (VIII ZR 376/13 NJW 2014, 2864) kommt es allerdings nicht mehr nur darauf an, dass der Mieter in den Räumen sein Einkommen erzielt, so dass schon deshalb Geschäftsraummietrecht anwendbar ist. Vielmehr ist auch dann zu prüfen, wo nach der Gesamtschau aller Umstände der Schwerpunkt liegt. Solche Umstände sind die Überschrift des Vertrages, die Vereinbarung einzelner Regelungen, die nur für Wohnraum gelten(vgl. Kammergericht 8 U 192/14 BeckRS 2015, 16900), das Verhältnis der Miet- und Flächenanteile. Immer bleibt es dabei, dass für das **ganze** Mietverhältnis **entweder** Wohnraummietrecht **oder** Geschäftsraummietrecht anwendbar ist. Lässt sich ein Überwiegen der gewerblichen Nutzung nicht feststellen, ist Wohnraummietrecht anwendbar(BGH NJW 2014, 2864).

8. Vgl. BVerwG NJW 1995, 542. In vielen Bundesländern gilt (wieder) ein Zweckentfremdungsverbot, so etwa in Berlin, Hamburg, (besonders festgestellten Gemeinden in) Baden-Württemberg, Mecklenburg-Vorpommern, Nordrhein-Westfalen und Bayern. Bei einem Verstoß gegen ein Zweckentfremdungsverbot ist der Mietvertrag zwar wirksam (BGH XII ZR 1/92 NJW 1994, 320); ordnet die Behörde jedoch die Wiederzuführung zu Wohnzwecken an, kommen Minderungs- und Schadensersatzansprüche des Mieters in Betracht (KG GE 1991, 1195; *Schultz/Bujewski-Crawford*, Das Verbot der Zweckentfremdung von Wohnraum in Berlin und Brandenburg, 1997, Rn. 227).

9. Zur Zulässigkeit BVerfG NJW 1975, 730. Im Formularmietvertrag kann vereinbart werden, dass der Mieter die Ausgleichsabgabe an die Behörde zu zahlen hat (KG GE 1996, 413).

10. Der Streitwert einer Stufenklage richtet sich auch dann nach dem höheren Wert des Leistungsantrags, wenn dieser unbeziffert geblieben ist, weil sich die Hauptsache nach Auskunftserteilung erledigt hat („steckengebliebene" Stufenklage OLG Karlsruhe NZF am 2015, 1162).

Betriebskosten

16. Klage auf Zahlung abgerechneter Betriebskosten nach Ablauf der Einwendungsfrist

An das

Amtsgericht . . . . .[1]

Klage

des Herrn Valentin V

– Kläger –

Prozessbevollmächtigter: Rechtsanwalt[2]

gegen

Frau Marita M

– Beklagte –

wegen: Forderung

Streitwert: . . . . .[3]

Es wird um Anberaumung eines möglichst zeitnahen Verhandlungstermins gebeten, in dem beantragt wird:

1. Die Beklagte wird verurteilt, an den Kläger . . . . . EUR nebst Zinsen hieraus in Höhe von 5 Prozentpunkten über dem jeweiligen Basiszinssatz seit . . . . . zu zahlen.[4]
2. Die Beklagte trägt die Kosten des Rechtsstreits.
3. Sollte das Gericht das schriftliche Vorverfahren anordnen, wird bereits jetzt für den Fall des Vorliegens der jeweiligen Voraussetzungen Antrag auf Erlass eines Versäumnis- oder Anerkenntnisurteils gestellt.

Begründung:

Der Kläger ist Vermieter, die Beklagte Mieterin der Wohnung . . . . . str . . . . . in . . . . . . Maßgebend sind die Bestimmungen des Mietvertrages vom 1.1.2010.

Beweis: Mietvertrag vom 1.1.2010 in Kopie als Anlage K1

Nach § . . . . . des Mietvertrages hat die Beklagte für alle Betriebskostenpositionen gemäß § 2 Ziffer 1 bis 17 BetrKV[5] eine monatliche Vorauszahlung in Höhe von . . . . . EUR zu zahlen. Der Kläger hat demgemäß jährlich für das vorangegangene Jahr[6] eine Betriebs-kostenabrechnung zu erteilen.[7] Sich hieraus ergebende Nachforderungen hat die Beklagte gemäß der vorgenannten Bestimmung des Mietvertrages nachzuzahlen.

Beweis: Mietvertrag vom . . . . ., bereits vorgelegt als Anlage K1

Gemäß Betriebskostenabrechnung vom . . . . . schuldet die Beklagte für das vergangene Jahr . . . . . einen Nachzahlungsbetrag iHv . . . . . EUR.

Beweis: Betriebskostenabrechnung vom . . . . ., in Kopie als Anlage K2

Die Betriebskostenabrechnung wurde am . . . . .[8] durch den Zeugen . . . . . in den Briefkasten des Beklagten eingeworfen.[9]

Beweis: Zeugnis . . . . .

Rechtzeitige[10] Einwendungen gegen diese Abrechnung hat die Beklagte nicht erhoben.[11] Die vorliegende Betriebskostenabrechnung ist weder unter formellen noch materiellen Gesichtspunkten zu beanstanden. Dem entspricht, dass die Beklagte keinerlei Reaktionen gezeigt hat.

Gleichwohl hat die Beklagte den errechneten Betriebskostensaldo nicht ausgeglichen.

Der Kläger hat versucht, außergerichtlich die Beklagte zur Zahlung des geforderten Betrages zu veranlassen. Auf sein vorgerichtliches Schreiben vom . . . . . wird verwiesen.

Beweis: Schreiben des Klägers vom . . . . . . in Kopie

Auch durch das vorbezeichnete Schreiben hat sich die Beklagte nicht zur Zahlung des geforderten Betrages verstehen können. Der Kläger hat daher den Unterzeichner mit der Wahrnehmung seiner Interessen beauftragt.

Der Beklagten ist mit Anwaltsschreiben vom . . . . . zum . . . . . eine letzte Frist zur Zahlung der Betriebskostennachforderung gesetzt worden.[12]

Beweis: Schreiben vom . . . . ., in Kopie als Anlage K3

Auch dieser letzte außergerichtliche Versuch einer gütlichen Einigung ist erfolglos geblieben. Die Beklagte hat es nicht einmal für notwendig erachtet, auf das letztgenannte Schreiben schriftlich oder mündlich zu antworten. Daher musste der Klageweg beschritten werden.

Rechtsanwalt[13]

Anmerkungen

1. a) **Örtliche Zuständigkeit:** Der ausschließliche Gerichtsstand bei Miet- oder Pacht-sachen basiert auf § 29a Abs. 1 ZPO. Die Streitigkeiten über Ansprüche aus Miet- oder Pachtverhältnissen über Räume oder über das Bestehen solcher Verhältnisse beziehen sich auf Wohn- wie auch Gewerberäume. Zuständig ist das Gericht, in dessen Bezirk sich die betreffenden Räume befinden. Angeknüpft wird an die Belegenheit der Räume, um aus Zweckmäßigkeitsgründen eine Konzentration der gerichtlichen Zuständigkeit zu gewährleisten.

Anderes gilt im Hinblick auf den Ausnahmetatbestand des § 29a Abs. 2 ZPO: Betroffen sind Wohnraum, der zum vorübergehenden Gebrauch vermietet ist, § 549 Abs. 2 Ziffer 1

Gies

BGB, möblierter Wohnraum iSd § 549 Abs. 2 Ziffer 2 BGB, und Wohnraum, der von einer juristischen Person des öffentlichen Rechts oder einem anerkannten Träger der Wohlfahrtspflege angemietet worden ist, § 549 Abs. 2 Ziffer 3 BGB. Hier ist eine Prorogation möglich.

b) **Sachliche Zuständigkeit:** Ohne Rücksicht auf den Streitwert sind die Amtsgerichte ausschließlich zuständig für Streitigkeiten über Ansprüche aus einem Mietverhältnis über Wohnraum oder über den Bestand eines solchen Mietverhältnisses, § 23 Ziffer 2 Buchstabe a GVG. Nicht erfasst ist die Gewerberaummiete; für diese gilt die Streitwertgrenze des § 23 Ziffer 1 GVG, so dass erstinstanzlich bei entsprechender Streitwerthöhe auch das Landgericht sachlich zuständig sein kann.

2. Vor dem Amtsgericht braucht sich eine Partei nicht von einem Rechtsanwalt vertreten zu lassen. Hier gilt § 79 ZPO unabhängig davon, ob die Streitgrenze des § 23 Ziffer 1 GVG in Höhe von 5.000 Euro überschritten wird; anders allerdings im Berufungsverfahren vor den Landgerichten, § 78 Abs. 1 ZPO.

3. Die Streitwertbemessung basiert auf § 3 ZPO und richtet sich hier nach der Höhe der eingeklagten Zahlungsforderung.

4. Anträge zur Vollstreckbarkeit des Urteils und zur Kostenentscheidung sind überflüssig, da über diese Positionen von Amts wegen zu befinden ist.

5. a) Was unter Betriebskosten verstanden werden muss, ist im Gesetz definiert. **Betriebskosten** sind die Kosten, die dem Eigentümer oder Erbbauberechtigten durch das Eigentum oder das Erbbaurecht am Grundstück oder durch den bestimmungsmäßigen Gebrauch des Gebäudes, der Nebengebäude, Anlagen, Einrichtungen und des Grundstücks laufend entstehen, § 556 Abs. 1 S. 2 BGB. Für die Aufstellung der Betriebskosten gilt die Betriebskostenverordnung (BetrKV) vom 25.11.2003 (BGBl. I S. 2346, 2347)

Zu den Betriebskosten gehören **nicht:**
– die Kosten der zur Verwaltung des Gebäudes erforderlichen Arbeitskräfte und Einrichtungen,
– die Kosten der Aufsicht,
– der Wert der vom Vermieter persönlich geleisteten Verwaltungsarbeit,
– die Kosten für die gesetzlichen oder freiwilligen Prüfungen des Jahresabschlusses,
– die Kosten für die Geschäftsführung (Verwaltungskosten) und
– die Kosten, die während der Nutzungsdauer zur Erhaltung des bestimmungsmäßigen Gebrauchs aufgewendet werden müssen, um die durch Abnutzung, Alterung oder Witterungs einwirkung entstehenden baulichen oder sonstigen Mängel ordnungsgemäß zu beseitigen (Instandhaltungs- und Instandsetzungskosten), § 1 Abs. 2 BetrKV.

Zu den Betriebskosten gehören die laufenden öffentlichen Lasten des Grundstücks, § 2 Nr. 1 BetrKV, also die Grundsteuer. Hinzukommen die Kosten der Wasserversorgung, § 2 Nr. 2 BetrKV, die Kosten der Entwässerung, § 2 Nr. 3 BetrKV, die Kosten der Straßenreinigung und Müllbeseitigung, § 2 Nr. 8 BetrKV, die Kosten des Betriebs des Personen- oder Lastenaufzugs, § 2 Nr. 7 BetrKV, die Kosten der Gartenpflege, § 2 Nr. 10 BetrKV, die Kosten der Gebäudereinigung und Ungezieferbekämpfung, § 2 Nr. 9 BetrKV, die Kosten der Beleuchtung, § 2 Nr. 11 BetrKV, die Kosten der Sach- und Haftpflichtversicherung, § 2 Nr. 13 BetrKV, die Kosten des Hauswarts, § 2 Nr. 14 BetrKV, die Kosten des Betriebs der Gemeinschaftsantennenanlage oder des Betriebs der mit einem Breitbandnetz verbundenen Verteilanlage, § 2 Nr. 15 BetrKV, die Kosten des Betriebs der Einrichtungen für die Wäschepflege, § 2 Nr. 16 BetrKV, die Kosten des Schornsteinreinigung, § 2 Nr. 12 BetrKV und die sonstigen Kosten des § 2 Nr. 17 BetrKV.

§ 2 Nr. 17 BetrKV: Dazu gehören Betriebskosten im Sinne des § 1 BetrKV, die von den Nummern 1 bis 16 nicht erfasst sind. Eine pauschale Bezeichnung „sonstige Betriebskosten" im Mietvertrag reicht nicht aus, um eine Übertragung dieser Kosten auf den

Mieter herbeizuführen. Gerade mit Rücksicht auf § 535 Abs. 1 S. 3 BGB bedarf es einer substantiierten Aufzählung der sonstigen Kosten, um eine Einbeziehung in den Mietvertrag sicherzustellen. Der Sache nach handelt es sich bei § 2 Nr. 17 BetrKV um einen Auffangtatbestand für solche Betriebskosten, die nicht ausdrücklich geregelt sind. Auszugrenzen sind auch hier Verwaltungs-, Instandhaltungs- und Instandsetzungskosten (MAH MietR/*Gies* § 24 Rn. 144).

Anerkannt sind Kosten der Dachrinnenreinigung (BGH WuM 2004 417; Schmidt-Futterer/*Langenberg* § 556 Rn. 217), Kosten für Wartung von Feuerlöschern (LG Berlin NZM 2003, 65), Kosten für Miete und Wartung von Rauchmeldern (LG Magdeburg NJW 2012, 544; Schmidt-Futterer/*Langenberg* § 556 Rn. 215), Wartungskosten für eine Lüftungsanlage und Kosten für die Brandschutzwartung (LG Köln WuM 1997, 230), Kosten für den Betrieb von Müllschluckern (Schmidt-Futterer/*Langenberg* § 556 Rn. 228), TÜV-Gebühren für Überprüfung und Wartung von Blitzschutzanlagen (AG Bremervörde WuM 1987, 198), Kosten für die Überprüfung und Wartung von Rauchmeldern und Sprinkleranlage (LG Berlin NZM 2000, 27), Klimaanlagen, Rückstausicherungen (LG Braunschweig ZMR 1984, 243; *Pfeifer* ZMR 1993, 353 (355)), Gemeinschaftseinrichtungen wie Sauna oder Kinderspielplatz (LG Osnabrück WuM 1995, 434; Bub/Treier/*v. Brunn/Emmerich* III. A. Rn. 190), Wiederkehrende Kosten, die dem Vermieter zur Prüfung der Betriebssicherheit einer technischen Anlage zB Elektroanlage entstehen, sind Betriebskosten, die bei entsprechender ausdrücklicher Vereinbarung der Mietvertragsparteien als „sonstige Betriebskosten" auf den Mieter umgelegt werden können (BGH NZM 2007, 282).

Nicht anerkannt sind Wartungskosten der Klingel- und Gegensprechanlage (AG Hamburg WuM 1988, 308), die Kosten einer Wach- und Schließgesellschaft, wenn dies ausschließlich den Eigentümerinteressen dient, den Mietern nur als Nebeneffekt zu Gute kommt (OLG Düsseldorf DWW 1991, 283; str. vgl. Schmidt-Futterer/*Langenberg* § 556 Rn. 213), die Kosten für Fußmatten im Treppenhausflur eines Mehrfamilienhauses (MAH MietR/*Gies* § 24 Rn. 146), Leasingkosten für einen Flüssiggastank oder einen Gastank (LG Bonn WuM 1989, 398), ferner Kosten für eine Wartung von Fenstern (MAH MietR/*Gies* § 24 Rn. 146) oder die Wartung und vorbeugende Reinigung von Abflussrohren (Schmidt/Futterer/Langenberg § 556 Rn. 211). Nicht anerkannt ist darüber hinaus auch die Umlage der Kosten für eine Maschinenversicherung für den Heizungskessel, da es sich der Sache nach um eine Reparaturversicherung handelt (AG Hamburg WuM 2004, 202). Bei der Beurteilung, ob die Bestellung eines Wachdienstes zu umlagefähigen Betriebskosten führen könnte, sollte sehr differenziert vorgegangen werden; namentlich sollte auf die Besonderheiten des Einzelfalles abgestellt werden: dient der Wachdienst in erster Linie den Interessen des Eigentümers oder Vermieters, etwa weil sich der Eigentümer ausschließlich gegen Zerstörungen oder Beschädigungen seines Eigentums schützen will, kommt eine Umlagefähigkeit der damit verbundenen Kosten auf die Mieter nicht in Betracht. Ist demgegenüber der Wachdienst eingeschaltet, um unerwünschte Dritte vom Objekt fernzuhalten, die Mieter, Lieferanten oder Besucher belästigen, kann der Hauptgrund für die Beschäftigung eines Wachdienstes darin gesehen werden, Mieterinteressen zu schützen, etwa bei besonders exklusiven Wohnanlagen. Je nach dem, wo der Hauptgrund für eine Heranziehung von Wachdiensten liegt, sind die hierdurch entstandenen Aufwendungen als Betriebskosten ersatzfähig oder vom Vermieter selbst zu tragen. Sind hingegen beide Aspekte, nämlich Schutz des Eigentums wie auch Schutz der Mieterinteressen gleichrangig, erscheint es sachgerecht, eine **Quotelung** der angefallenen Betriebskosten für einen Wachdienst vorzunehmen, dies naturgemäß im Wege einer Schätzung (Schmidt/Futterer/*Langenberg* § 556 Rn. 213; MAH MietR/*Gies* § 24 Rn 146).

Anerkannt werden sollten die Gebühren, die nach dem Urheberrechtsgesetz zu Gunsten von Verwertungsgesellschaften zu Lasten des Vermieters anfallen nach Installation eine

Antennenanlage oder eine Kabelkopfstation (Langenberg, Betriebskostenrecht, A 173; *Wall* WuM 2004, 10, 13; MAH MietR/*Gies* § 24 Rn. 147). § 2 Nr. 17 BetrKV nimmt die Funktion eines Auffangtatbestandes wahr, so dass es sachgerecht ist, eine Umlagefähig-keit dieser Kosten zu befürworten, da es sich nämlich um Betriebskosten handelt, die erst auf Grund neuerer Entwicklungen entstanden sind und demgemäß vom Verordnungs-geber nicht berücksichtigt werden konnten (zutreffend *Wall* WuM 2004,10, 13; Schmidt-Futterer/*Langenberg* § 556 Rn. 244).

Zu den Betriebskosten gehören ferner die **Heizkosten**, die einer besonderen Regelung nach den Vorgaben der Verordnung über die verbrauchsabhängige Abrechnung der Heiz-und Warmwasserkosten unterliegen (Verordnung über Heizkostenabrechnung – HeizKV in der Fassung vom 6.10.2009 BGBl. I S. 3250).

b) Für eine **Überwälzung der Betriebskosten** auf den Mieter ist eine ausdrückliche und eindeutige Vereinbarung notwendig (BGH NZM 2012, 608; OLG Frankfurt NZM 2000, 757; Wetekamp, Mietsachen, Kap. 6 Rn. 1). Der Mieter muss klar feststellen können, mit welchen Betriebskosten er zu rechnen hat. Die Klausel „Mieter trägt die üblichen Nebenkosten" ist zu unbestimmt; entsprechendes gilt für die Formulierung, derzufolge der Mieter „sämtliche Nebenkosten" zu tragen hat. Enthält der Mietvertrag eine beispielhafte Aufzählung, die mit dem Zusatz „ua, etc." versehen ist, können die im Mietvertrag nicht aufgeführten Betriebskosten nicht auf den Mieter umgelegt werden, nur diejenigen, die beispielhaft aufgezählt worden sind (AG Düsseldorf WuM 1985, 366; MAH MietR/*Gies* § 24 Rn. 4).

Eine Aufzählung einzelner Betriebskostenpositionen im Mietvertrag wirkt abschließend (LG Frankfurt WuM 1986, 33).

Angesichts § 556 Abs. 1 BGB reichte eine Bezugnahme auf die nicht dem Mietvertrag beigefügte Anlage 3 zu § 27 der 2. BVO für eine formularvertragliche Einbeziehung in den Mietvertrag aus (OLG Frankfurt NZM 2000, 757). Nach Inkrafttreten der Betriebs-kostenverordnung ab 1.1.2004 ist eine Bezugnahme auf die Betriebskosten im Sinne des § 2 BetrKV ausreichend, um eine Umlagefähigkeit der Betriebskosten sicher zu stellen. Auf die Besonderheiten im Hinblick auf § 2 Nr. 17 BetrKV ist hingewiesen worden (s. oben).

c) Ist im Mietvertrag auf die Betriebskostenverordnung Bezug genommen worden, werden auch neu eingeführte Betriebskosten, die bisher noch keine Berücksichtigung gefunden hatten, umlagefähig. Dies gilt z.B. für eine Sach- und Haftpflichtversicherung, die bisher noch nicht bestand, nunmehr aber für das Gebäude abgeschlossen worden ist (BGH NZM 2006, 896). Entsprechendes gilt für die Kosten eines Hausmeisters, den der Vermieter während eines bestehenden Mietverhältnisses für das Mietobjekt erstmals einstellt (MAH MietR/*Gies* § 24 Rn. 5).

6. § 556 Abs. 3 S. 1 BGB schreibt eine **jährliche Abrechnung** vor. Das wird regelmäßig – muss aber nicht – das Kalenderjahr sein. Der Sache nach handelt es sich um eine Höchstfrist (MAH MietR/*Gies* § 24 Rn. 192). Kürzere Abrechnungsperioden können vereinbart werden, längere sind wegen § 556 Abs. 4 BGB unwirksam.

Aus Gründen der Praktikabilität sind Abweichungen möglich; namentlich ist eine Umstellung auf das Kalenderjahr aus triftigen Gründen zulässig. Dabei darf indessen der Abrechnungszeitraum in der Übergangsphase nur unerheblich überschritten werden (AG Köln WuM 1997, 232; MAH MietR/*Gies* § 24 Rn. 192). Kosten, die nicht jährlich sondern im Abstand mehrerer Jahre anfallen (**aperiodische Betriebskosten**), können im Jahre ihres Anfalls angesetzt oder auf mehrere folgende Jahre verteilt werden. Dies gilt zB für Baumpflegearbeiten oder den Austausch von geeichten Wärmezählern (AG Koblenz DWW 1996, 252; MAH MietR/*Gies* § 24 Rn. 192).

7. Bei preisfreiem Wohnraum bestehen besondere Formvorschriften über eine Betriebs-kostenabrechnung nicht. Da jedoch die Abrechnung eine geordnete Zusammenstellung aller Betriebskostengruppen, der Gesamtkosten, der Anteile der auf die einzelnen Mieter entfallenden Kosten und die Vorauszahlungen enthalten muss, wird regelmäßig eine schriftliche Abrechnung zu verlangen sein. Eine eigenhändige Unterschrift ist nicht erforderlich (*Schmid*, Handbuch der Mietnebenkosten, S. 204; MAH MietR/*Gies* § 24 Rn. 155).

Sollte sich ein Betriebskostensaldo zugunsten des Vermieters ergeben, wird regelmäßig mit der Abrechnung eine Leistungsaufforderung an den Mieter verbunden sein, den fälligen Betriebskostensaldo auszugleichen. Wenn auch insoweit Schriftform gesetzlich nicht vorgesehen ist, wird der Vermieter diese Leistungsaufforderung zweckmäßigerweise schriftlich vornehmen, damit in einem eventuell nachfolgenden Rechtsstreit die Voraussetzungen etwa eines Verzuges des Mieters dargelegt werden können. Die schriftliche Erklärung sollte mit einer Unterschriftsleistung abgeschlossen werden.

Auch bei der Abrechnung über die Betriebskosten ist der Grundsatz der **Einheitlichkeit der Urkunde** zu beachten. Nach der Rechtsprechung des Bundesgerichtshofs zur gesetzlichen Schriftform ist die erforderliche Einheit der Urkunde dann gewahrt, wenn die Zusammengehörigkeit einer aus mehreren Blättern bestehenden Urkunde entweder durch körperliche Verbindung oder sonst in geeigneter Weise erkennbar gemacht worden ist (BGH WuM 2004, 666 (667)). Letzteres kann durch fortlaufende Seitenzahlen, fortlaufende Nummerierung der einzelnen Bestimmungen, einheitliche grafische Gestaltung, inhaltlichen Zusammenhang des Textes oder vergleichbare Merkmale geschehen, sofern sich hieraus zweifelsfrei die Zusammengehörigkeit der einzelnen Blätter ergibt. Besteht die Urkunde aus einem Hauptteil und Anlagen, müssen die Anlagen in der Haupturkunde so genau bezeichnet werden, dass eine zweifelsfreie Zuordnung möglich ist; in einer derartigen Fall ist eine Unterzeichnung der beigefügten Anlagen nicht erforderlich (BGH NJW 2003, 1248).

Im Hinblick auf die **inhaltlichen Anforderungen** gelten nach wie vor die Grundsätze aus der Entscheidung des Bundesgerichtshofs vom 23.11.1981 (BGH NJW 1982, 573; auch BGH NZM 2003, 196). Danach muss die Abrechnung § 259 BGB entsprechen und nachprüfbar sein; der Mieter muss sie namentlich nachvollziehen können. Aus diesem Grund muss die Abrechnung klar, übersichtlich und verständlich sein. Auch bei größeren Mietobjekten müssen dazu die Gesamtkosten, der Verteilerschlüssel, die Berechung des Anteils der einzelnen Mieter und die Vorauszahlungen angegeben werden. Der Mieter muss ferner die Möglichkeit haben, die Abrechnung nachprüfen zu können. Hinzu tritt die Forderung, dass die Abrechnung vertragsgerecht ist (*Milger* NJW 2009, 625). Abzustellen ist dabei auf das durchschnittliche Verständnisvermögen eines juristisch und betriebswirtschaftlich nicht geschulten Mieters, der sich aber in zumutbarem Rahmen bemühen muss, die Abrechnung zu verstehen und sich die notwendigen Kenntnisse zuzulegen. Dazu gehört die Anschaffung eines Taschenrechners (LG Köln WuM 1985, 371) ebenso wie die Einholung fachmännischen Rates (MAH MietR/*Gies* § 24 Rn. 167).

8. Nach § 556 Abs. 3 S. 1 BGB ist über die Vorauszahlungen für Betriebskosten jährlich abzurechnen. Diese Abrechnung ist dem Mieter spätestens bis zum Ablauf des zwölften Monats nach Ende des Abrechnungszeitraums mitzuteilen, § 556 Abs. 3 S. 2 BGB. Im Anschluss an seine Rechtsprechung aus 2010 (BGH NJW 2011, 1867), derzufolge der Zugang einer den formellen Anforderungen nicht genügende Betriebskostenabrechnung die Einwendungsfrist des § 556 Abs. 3 S. 5 BGB nicht in Gang setzt, dürfen an Betriebskostenabrechnungen in formeller Hinsicht keine hohen Anforderungen gestellt werden. Eine Abrechnung der Betriebskosten auf der Basis der zwischen den Parteien vereinbarten Vorauszahlungen (Soll – Vorschüsse) anstatt der tatsächlich vom Mieter geleisteten Vorauszahlungen (Ist – Vorschüsse) ist formell wirksam. Ob die vorgenommenen Abzüge der Höhe nach zutreffend sind, betrifft die inhaltliche Richtigkeit der Abrechnung (BGH NJW 2009, 3575).

Grundsätzlich muss der **Verteilerschlüssel** erläutert werden. Nicht genügt, dass der Vermieter lediglich einen bestimmten Bruchteil oder Prozentsatz angibt; er hat vielmehr offen zu legen, wie der die jeweiligen Quoten ermittelt hat (OLG Nürnberg WuM 1995, 308). Überzogene Anforderungen dürfen nicht gestellt werden: Ergibt sich der Verteilerschlüssel aus dem Mietvertrag oder kann die Berechnung unter Einsatz der vier Grundrechenarten nachvollzogen werden, ist eine weitere Erläuterung entbehrlich.

Eine formelle Ordnungsgemäßheit einer Betriebskostenabrechnung setzt eine Erläuterung von Kostensteigerungen gegenüber dem Vorjahr nicht voraus. Der Mieter ist insoweit auf die Einsichtnahme in die Belege zu verweisen, aus der sich die Kostensteigerungen ergeben (BGH NJW 2010, 1198).

Eine formell ordnungsgemäße Betriebskostenabrechnung setzt voraus, dass dem Mieter auch dann die Gesamtkosten einer berechneten Kostenart mitgeteilt werden, wenn einzelne Kostenteile nicht umlegbar sind; dem Mieter muss ersichtlich sein, ob und in welcher Höhe nicht umlagefähige Kosten vorab abgesetzt worden sind (BGH NJW 2007, 1059 = NZM 2007, 244). Fehlt es an einer derartigen Offenlegung, liegt ein formeller Mangel vor, der zur Unwirksamkeit der Abrechnung führt. Zieht sich der Fehler durchgängig durch die gesamte Betriebskostenabrechnung, ist sie insgesamt formell nicht ordnungsgemäß. Soweit ein gebotener Vorwegabzug nur im Hinblick auf einzelne Betriebskostenpositionen unterblieben ist, bleibt die Abrechnung im Übrigen beanstandungsfrei, wenn die Einzelpositionen herausgerechnet werden können (MAH MietR/*Gies* § 24 Rn. 174).

Die **Ausschlussfrist für Nachforderungen** des Vermieters beginnt mit dem Ende des Abrechnungszeitraums. Nach § 187 Abs. 1 BGB ist damit der erste Tag gemeint, der dem letzten Tag der Abrechnungsperiode folgt. Fristende ist der Ablauf des zwölften Monats nach dem Ende des Abrechnungszeitraums. Nach dem Sinn und Zweck der Vorschrift, einen Streit über lang zurückliegende Zeiträume zu vermeiden, ist das Vorliegen einer formell ordnungsgemäßen Abrechnung erforderlich, aber auch ausreichend, wobei es auf die materielle Richtigkeit der Abrechnung nicht ankommt (Gies NZM 2002, 514 (515); MAH MietR/*Gies* § 24 Rn. 202; *Langenberg* NZM 2001, 783 (785)).

Nach Fristablauf kann der Vermieter eine Nachzahlung nur verlangen, wenn er die verspätete Geltendmachung nicht zu vertreten hat. Für seine Erfüllungshilfen haftet der Vermieter nach § 276 BGB. In einem nachfolgenden Rechtsstreit hat der Vermieter darzulegen, dass er eine Fristversäumung nicht zu vertreten hat. Dazu bedarf es uU eines umfangreichen Sachvortrags (vgl. MAH MietR/*Gies* § 24 Rn. 203).

Hat der Vermieter einen nachfolgenden Rechtsstreit mit der Begründung verloren, eine formell ordnungsgemäße Abrechnung liege nicht vor, muss eine unverzügliche Geltendmachung einer ev. Nachforderung erfolgen, um dem Vermieter Gelegenheit zu geben, den gerichtlichen Hinweisen in Urteilsform nachkommen zu können. Der Bundesgerichtshof hält eine Frist von 3 Monaten nach Wegfall des Hindernisses für eine ordnungsgemäße Erhebung einer Nachforderung für sachgerecht (BGH NJW 2006, 3350).

9. Der Vermieter ist darlegungs- und beweisbelastet für den Zugang und die Rechtzeitigkeit des Zugangs der Betriebskostenabrechnung. Sachgerecht ist nicht nur, einen Boten mit der Überbringung der Betriebskostenabrechnung an den Mieter zu betrauen, sondern den Boten auch mit der Eintütung der Abrechnung zu befassen, damit sich der Mieter nicht auf die möglicherweise unwahre Behauptung zurückziehen kann, in dem Umschlag sei nicht die Betriebskostenabrechnung sondern irgend ein anderes Dokument enthalten gewesen.

Versäumnisse von Hilfspersonen muss sich der Vermieter wie eigenes Verschulden zurechnen lassen, § 278 BGB.

Im Hinblick auf den **Zugang** einer Betriebskostenabrechnung gelten die allgemeinen Regeln, wobei streitig ist, ob die Regeln über den Zugang einer Willenserklärung entsprechend oder überhaupt nicht angewendet werden können. Nach Auffassung des AG Köln (NJW 2005, 2930) sind die Regeln über den Zugang einer Willenerklärung entsprechend anzuwenden, somit auch § 130 BGB. Rechtzeitig im Sinne des § 556 Abs. 3 BGB geht dem Mieter die Betriebskostenabrechnung zu, wenn unter normalen Umständen damit gerechnet werden darf, dass diese noch vor Fristablauf zur Kenntnis genommen werden kann.

Demgegenüber hält das AG Hamburg-St. Georg (NJW 2006, 162) die Regeln über Willenserklärungen weder direkt noch analog für anwendbar mit der Begründung, bei einer Betriebskostenabrechnung handele es sich um eine Wissenserklärung. Abzustellen ist aber darauf, wann der Mieter noch mit einer entsprechenden Mitteilung rechnen durfte. Damit scheidet ein rechtzeitiger Zugang der Betriebskostenabrechnung an einem Sylvesternachmittag aus. Wird ein Schriftstück erst am 31.12., nachmittags, in den Briefkasten eines Bürobetriebs geworfen, in dem branchenüblich Sylvester nachmittags – auch wenn dieser Tag auf einen Werktag fällt – nicht mehr gearbeitet wird, so geht es erst am nächsten Werktag zu (BGH NJW 2008, 843 für eine Willenserklärung).

10. § 556 Abs. 3 BGB gilt auch für die **Einwendungen des Mieters** gegen die Betriebskostenabrechnung oder einzelne Positionen daraus. Die Einwendungen des Mieters müssen demgemäß spätestens bis zum Ablauf des zwölften Monats nach Zugang einer formell ordnungsgemäßen Betriebskostenabrechnung erhoben werden. Nach diesem Zeitraum können Einwendungen nur noch erhoben werden, wenn die verspätete Geltendmachung nicht zu vertreten ist. Dazu gehört auch der Einwand, an einer vertraglichen Grundlage für einzelnen Betriebskostenpositionen fehle es (BGH NJW 2008, 283).

Der Vermieter braucht nicht bis zum Ablauf der Einwendungsfrist mit seiner Klage auf Zahlung eines errechneten Saldos abzuwarten, hat aber in diesem Fall deutlich zu machen, dass der Mieter bisher Einwendungen nicht erhoben hat. Nach Fristablauf braucht er sich nur noch auf den Zeitablauf zu berufen.

11. Der Saldo aus einer Betriebskostenabrechnung wird nicht fällig, solange der Vermieter nicht die verlangte vollständige **Einsicht in die Originalbelege** der Abrechnung gewährt hat (OLG Düsseldorf NZM 2001, 48; AG Aachen MDR 1994, 271; AG Brühl WuM 1992, 201). Zwar gehört die Vorlage von Belegen nicht zur formellen Ordnungsgemäßheit der Abrechnung; jedoch steht dem Mieter ein Zurückbehaltungsrecht nach § 273 BGB zu, solange der Vermieter entgegen dem verlautbarten Willen des Mieters keine Belegeinsicht gestattet (MAH MietR/*Gies* § 24 Rn. 181). Der Anspruch des Mieters richtet sich auf eine Einsicht in die Originalbelege; mit bloßen Kopien braucht sich der Mieter regelmäßig nicht zufrieden zu geben (Schmidt-Futterer/*Langenberg* § 556 Rn. 480).

Der Vermieter ist auch gehalten, neben den Originalbelegen auch Verträge vorzulegen, aus denen sich seine Berechnungen ergeben. Dies gilt namentlich für **Wartungsverträge**, in denen sich Reparaturkostenanteile verbergen können, oder **Hausmeisterverträge**, in denen Verwaltungskosten enthalten sein können. Auch muss der Mieter prüfen können, ob bei einer Wirtschaftseinheit eine zutreffende Zuordnung erfolgt ist.

Ein Bestreiten des Kostenansatzes durch den Mieter im Rechtsstreit ist nur dann zu berücksichtigen, wenn der Mieter zuvor die Berechnungsunterlagen eingesehen hat; von dieser Möglichkeit muss der Mieter Gebrauch machen, soll sein Bestreiten nicht als unsubstantiiert und damit als rechtlich unerheblich bewertet werden (OLG Düsseldorf DWW 2000, 193, 194; MAH MietR/*Gies* § 24 Rn. 190).

Die Belege sind vorbehaltlich einer vertraglichen Regelung im Mietvertrag grundsätzlich am Sitz des Vermieters vorzulegen, § 269 BGB (LG Frankfurt/M NZM 2000, 27; AG Hannover WuM 1997, 275; MAH MietR/*Gies* § 24 Rn. 186). Liegt der Sitz der Verwaltung nicht am Ort der Mietwohnung, kann der Mieter die Übersendung von Ablichtungen der Unterlagen gegen Kostenerstattung verlangen (MAH MietR/*Gies* § 24

Rn. 186). Der Mieter kann das Einsichtsrecht auch durch Dritte ausüben lassen (Schmidt/Futterer/Langenberg § 556 Rn. 383; MAH MietR/*Gies* § 24 Rn. 186). Bewährt hat sich, die Unterlagen durch einen fachkundigen Rechtsanwalt einzusehen. Der Rechtsanwalt sollte allerdings mit seinem Mandanten zuvor die Honorarfrage abgeklärt haben, erweist sich doch der zeitliche Aufwand erheblich, während die Streitwerte in diesem Zusammenhang relativ gering sind.

Kommt der Vermieter dem Ansinnen des Mieters auf Überlassung von Belegkopien nach, kann er seinen Sonderaufwand mit 0,25 EUR bis 0,50 EUR pro Kopie berechnen (MAH MietR/*Gies* § 24 Rn. 185).

12. Der Antrag auf Zinsersatz basiert auf § 286 BGB und setzt **Verzug des Schuldners** voraus. Eine besondere Frist zur Überlegung und Prüfung wird dem Mieter nicht zugebilligt; die Fälligkeit setzt nicht voraus, dass nach Erteilung der Abrechnung eine angemessene Frist zur Überprüfung verstrichen sei. Gemäß § 271 BGB könne der Gläubiger die Leistung sofort verlangen, wenn eine Zeit für die Leistung nicht bestimmt oder aus den Umständen zu entnehmen sei. Der Anspruch wird daher grundsätzlich mit einer formell ordnungsgemäßen Betriebskostenabrechnung fällig (BGH NJW 2005, 1499; NZM 2006, 1419, 1421; MAH MietR/*Gies* § 24 Rn. 185).

Insolvenz

13. Zur Abrechnungspflicht hinsichtlich der Betriebskosten → Form. B. III. 45 Anm. 4 **Mieterinsolvenz:** Geht es um das Wohnraummietverhältnis des **Insolvenzschuldners** und resultiert aus der Betriebskostenabrechnung ein Guthaben des Mieters, steht dies vor Wirksamwerden der Enthaftungserklärung nach § 109 Abs. 1 S. 2 InsO der Masse und damit dem Insolvenzverwalter zu. Daraus ergibt sich die Problematik, dass Insolvenzschuldner womöglich Nachteile erleiden, wenn sie ALG II beziehen. Nach § 22 Abs. 3 SGB II mindern Rückzahlungen und Guthaben, die den Kosten für Unterkunft und Heizung zuzurechnen sind, Aufwendungen des Jobcenters. Es kann dem Insolvenzschuldner also passieren, dass das Guthaben durch den Insolvenzverwalter vereinnahmt wird, der Jobcenter dem Mieter das Guthaben jedoch im Folgemonat von seiner Leistung abzieht. Lösen lässt sich die Problematik entweder über einen sozialhilferechtlichen Ansatz, wonach das Jobcenter den Abzug nur dann vornehmen darf, wenn er tatsächlich dem Insolvenzschuldner zugute kommt oder über einen vollstreckungsrechtlichen Ansatz, wonach das Betriebskostenguthaben unpfändbar ist und nicht zur Masse gezogen werden darf (*Flatow* NZM 2011, 611 mwN). Gegen den Abzug, den das Jobcenter macht, müsste sich der Mieter durch eine Klage vor den Sozialgerichten wehren. Akzeptiert er den Abzug und möchte er sich auf die Unpfändbarkeit berufen, also dem vollstreckungsrechtlichen Ansatz verfolgen, ist der Rechtsweg zum Insolvenzgericht einzuschlagen, § 36 Abs. 4 InsO (*Flatow* NZM 2011, 611).

Welche Qualität ein Nachzahlungsanspruch, der sich zulasten des Mieters aus einer Betriebskostenabrechnung ergibt, hat, auf welche Weise und gegen wen er geltend zu machen ist, bestimmt sich nicht danach, wann der Saldo fällig wurde, sondern danach, aus welchem Abrechnungszeitraum er resultiert. Maßgebend sind die §§ 55 Abs. 1 S. 2 und 108 Abs. 3 InsO. Eine Nachforderung aus einen Abrechnungszeitraum vor Insolvenzeröffnung bleibt auch dann eine Insolvenzforderung, wenn der Vermieter erst nach der Insolvenzeröffnung oder nach dem Wirksamwerden der Enthaftungserklärung des Insolvenzverwalters gemäß § 109 Abs. 1 S. 2 InsO abgerechnet hat (BGH ZInsO 2011, 968–970). Sie ist zur Tabelle anzumelden, § 38 InsO. Fällt die Eröffnung des Insolvenzverfahrens in einen Abrechnungszeitraum, muss der Insolvenzverwalter, um eine korrekte Betriebskostenabrechnung erstellen zu können, eine Zwischenablesung vornehmen. Erforderlichenfalls muss der Vermieter die bis zur Eröffnung angefallenen Kosten schätzen und eine zu erwartende Nachzahlung zur Tabelle anmelden, § 45 S. 1 InsO. Salden aus Zeitabschnitten nach Eröffnung des Insolvenzverfahrens gehen zulasten der Masse bzw. als neue Verbindlichkeiten zulasten des Insolvenzschuldners:

Nachzahlungsbeträge, die sich auf Zeiträume nach Insolvenzeröffnung beziehen, sind bis zur Wirksamkeit der Enthaftungserklärung nach § 109 Abs. 1 S. 2 InsO bzw. der Erklärung nach § 35 Abs. 2 InsO Masseverbindlichkeiten, für die der Insolvenzschuldner neben der Masse haftet. Salden aus Abrechnungszeiträumen, die nach Wirksamwerden der genannten Erklärungen stammen, sind gegenüber dem Mieter geltend zu machen.

Für den selbstständig tätigen Insolvenzschuldner, dessen Insolvenzverwalter die Erklärung nach § 35 Abs. 2 InsO abgegeben hat, kann letztlich nichts anderes gelten.

Vermieterinsolvenz: Nachzahlungen aus Betriebskostenabrechnungen hat der Mieter an den Insolvenzverwalter zu leisten, sofern nicht § 566 Abs. 3 BGB entgegensteht. Es spielt keine Rolle, ob der Saldo aus einem Mietgebrauch vor oder nach Insolvenzeröffnung resultiert.

Ergibt sich ein Guthaben des Mieters, so ist der Rückforderungsanspruch des Mieters eine Insolvenzforderung im Sinne des § 108 Abs. 3 InsO (Uhlenbruck/*Wegener* § 108 Rn. 23 mwN). Zahlung aus der Masse kann der Mieter daher nicht verlangen. Nach vormals geltender Rechtsprechung hatte der Mieter die Möglichkeit, seinen Rückforderungsanspruch gegen den Mietzahlungsanspruch der Masse aufzurechnen, § 95 Abs. 1 InsO (BGH ZInsO 2007, 290). Diese Möglichkeit dürfte er nun nicht mehr haben. Der 9. Senat des BGH hat seine Rechtsprechung geändert. Er steht nun auf dem Standpunkt, wenn ein Insolvenzverwalter ein Schuldverhältnis fortführe, dürfe ein Gläubiger ihm daraus zustehende Insolvenzforderungen nicht gegen Entgeltforderungen der Masse aufrechnen (BGH vom 20.10.2011 – IX ZR 10/11, ZInsO 2012, 2229).

Resultiert das Guthaben aus nach der Insolvenzeröffnung geleisteten Vorauszahlungen, kann der Mieter Auszahlung als Masseverbindlichkeit verlangen (*Franken/Dahl* S. 190 Rn. 190), allerdings mit dem Risiko, dass Masselosigkeit eintritt und gegebenenfalls die Vollstreckungsverbote des §§ 90 und 120 InsO bestehen.

17. Klage auf Zahlung abgerechneter Betriebskosten bei Wirtschaftseinheiten

An das

Amtsgericht . . . . .[1]

Klage

des Herrn . . . . .

– Kläger –

Prozessbevollmächtigter: Rechtsanwalt Dr. G aus K[2]

gegen

Frau M . . . . .

– Beklagte –

wegen Zahlungsforderung

Streitwert: 2.233,44 EUR[3]

Um Anberaumung eines möglichst nahen Verhandlungstermins wird gebeten, in dem beantragt wird:

1. die Beklagte wird verurteilt, an den Kläger 2.233,44 EUR nebst Zinsen in Höhe von 5 Prozentpunkten über dem Basiszinssatz seit dem . . . . . zu zahlen.

2. Die Kosten des Rechtsstreits trägt die Beklagte.[4]

Sollte das Gericht das schriftliche Vorverfahren anordnen, wird bereits jetzt für den Fall des Vorliegens der jeweiligen Voraussetzungen Antrag auf Erlass eines

Versäumnisurteils

gestellt.

Begründung:

Der Kläger ist Vermieter, die Beklagte Mieterin einer Wohnung in dem Großkomplex Burgunderstraße 1 – 3, Germanenstraße 54 – 58. Maßgebend sind die Bestimmungen des Mietvertrages vom 1.1.2008.

Beweis: Vorlage des Mietvertrages vom 1.1.2008 in Kopie.

Die beiden Gebäude sind aneinandergebaut und stellen geometrisch einen rechten Winkel dar. Im Mietvertrag ist die durch die Beklagte angemietete Wohnung mit der Ziffer 304 bezeichnet.

Nach § 3 des Mietvertrages sind die Betriebskosten nach dem Katalog der Ziffer 2 BetrKV in vollem Umfang umlegbar. Die Nettomiete beläuft sich auf . . . . . EUR pro Monat; die monatlich zu leistenden Vorauszahlungen auf die Heiz- und Betriebskosten betragen . . . . . EUR . Die seitens der Beklagten angemietete Wohnung verfügt über . . . . . Quadratmeter.

Beweis: wie vor

Mit der Klage wird der Überschuss zu Gunsten des Klägers aus der Betriebskosten-abrechnung für das Jahr 2014 geltend gemacht. Die Abrechnung bezieht sich auf Heiz- und Betriebskosten für den Zeitraum vom 1.1. bis 31.12.2014.

Beweis: Betriebskostenabrechnung 2014 in Kopie[5]

Die Betriebskostenabrechnung ist der Beklagten am 31.8.2015 zugegangen.[6]

Die Beklagte hat sich auf den Standpunkt gestellt, einige Betriebskostenpositionen seien fehlerhaft ermittelt worden, weil nicht nach der kleinstmöglichen Einheit abgerechnet worden sei. Die von ihr angemietete Wohnung befinde sich im 2. Obergeschoss des Hauses Burgunderstraße, so dass die Kosten für Müllabfuhr, Straßenreinigung und Kanalbenutzung des Gebäudekomplexes an der Germanenstraße nicht in die Gesamt-kosten hätten aufgenommen werden dürfen. Entsprechend verhalte es sich mit den Kosten der Gartenpflege.[7]

Beweis: Vorlage des Schreibens der Beklagten vom 10.9.2015 in Kopie

Die Beklagte lässt dabei allerdings außer acht, dass seitens der Verwaltungsbehörde der Stadt . . . . . ein gemeinsamer Bescheid über die Gebühren für Müllentsorgung, Straßen-reinigung und Kanalbenutzung erstellt worden ist, der sich auf den Gesamtkomplex Burgunderstraße 1 – 3 und Germanenstraße 54 – 58 bezieht.

Beweis: Vorlage des Gebührenbescheids der Stadt . . . . . vom . . . . . in Kopie

Auch im Hinblick auf die Gartenpflege hat der Kläger dafür Sorge getragen, dass die gemeinsame Gartenfläche durch einen Gartenbaubetrieb jährlich gepflegt wird, der eine Gesamtrechnung für die jährliche Gartenpflege erstellt, ohne zwischen den Gebäudeteilen – etwa nach Maßgabe der Parzellierung – zu unterscheiden. In der Vergangenheit hat sich die Gartenpflege durch eine einzige Fachfirma als sachgerecht erwiesen und namentlich dadurch die anfallenden Kosten reduziert. Letztlich ist durch diese Maßnahme die Gesamtheit der Mieter begünstigt worden.

Die Beklagte ist letztmalig durch diesseitiges Schreiben vom 1.11.2015 gemahnt worden, den Betriebskostensaldo auszugleichen.[8] Da Zahlung nicht erfolgt ist, war Klage geboten.

Rechtsanwalt

Anmerkungen

1. → Form. B. II. 16 Anm. 1.

2. → Form. B. II. 16 Anm. 2.

3. Der Streitwert entspricht der Höhe des geforderten Nachzahlungsbetrages.

4. Die vielfach im Anschluss an die Sachanträge zu findenden Anträge zur Kostenentscheidung oder zur Frage der – vorläufigen – Vollstreckbarkeit sind unnötig, da das Gericht von Amts wegen über diese Fragen zu entscheiden hat, ohne dass es eines Antrags bedarf. Allerdings haben sich diese Anträge eingebürgert; außerdem schaden sie niemanden.

5. Zur jährlichen Abrechnung → Form. B. II. 16 Anm. 6.

6. Zur Zugangsproblematik und dem Nachweis des Zugangs → Form. B. II. 16 Anm. 9.

7. Der Kern der vorprozessual geäußerten Einlassung der Beklagten wird hier wiederholt, um die zentralen Fragen des Rechtsstreits herauszuarbeiten. Grundsätzlich ist nach der kleinstmöglichen Einheit abzurechnen (LG Köln WuM 1989, 82, 83; AG Köln WuM 1997, 232; MAH MietR/*Gies* § 24 Rn. 254). Soll die Betriebskostenabrechnung auf der Grundlage einer **Wirtschaftseinheit** erfolgen, muss dies in dem zu Grunde liegenden Mietvertrag vereinbart sein. Eine derartige Abrechnungsmethode ist sowohl im preisfreien Wohnungsmietrecht wie auch bei preisgebundenen Wohnungen möglich. Dazu muss im Mietvertrag deutlich zum Ausdruck kommen, dass sich die angemietete Wohnung in einer Wirtschafteinheit befindet. Eine Wirtschaftseinheit liegt vor, wenn die Gebäude in unmittelbaren örtlichen Zusammenhang stehen und zwischen den einzelnen Gebäuden keine wesentlichen Unterschiede bestehen, der Wohnwert im Wesentlichen identisch ist, sie einer gleichwertigen Nutzung dienen und einheitlich verwaltet werden (BGH NJW 2005, 3135; LG Hamburg WuM 2004, 498; Palandt/*Weidenkaff* § 535 Rn. 89; *Blank/Börstinghaus* § 556a Rn. 6; MAH MietR/*Gies* § 24 Rn. 254). Eine Abrechnung auf der Basis größerer Wirtschaftseinheiten ist nur dann gerechtfertigt, wenn dem Vermieter eine Einzelabrechnung entweder überhaupt nicht möglich wäre oder aber diese Einzelabrechnung unter Berücksichtigung der gegenseitigen mietvertraglichen Verpflichtungen als treuwidrig angesehen werden müsste (BGH NJW 2005, 3135; LG Köln WuM 1989, 82, 83; MAH MietR/*Gies* § 24 Rn. 254). Allerdings setzt dies voraus, dass zwischen den Mietvertragsparteien entsprechende Vereinbarungen getroffen worden sind, zumindest der Mietvertrag einer derartigen Abrechnung nicht entgegen steht (LG Köln NZM 2001, 617).

Eine derartige vertragliche Vereinbarung kann angenommen werden, wenn der Mieter die Wohnung vor Anmietung in dem entsprechenden Wohnkomplex besichtigt hat und sich aus der Objektbeschreibung im Eingang des Mietvertrages eine Bezifferung der Wohnung und der Bezeichnung des Stockwerks ergibt, dass sich das Mietobjekt in einem größeren Gesamtkomplex befindet; in diesem Fall muss sich der Mieter redlicherweise darauf einlassen, dass bestimmte Betriebskosten nach größeren Einheiten abgerechnet werden. Im vorliegenden Fall befindet sich nach den Angaben im Mietvertrag die Wohnung in der dritten Etage, auf der mindestens drei weitere Wohnungen liegen. Diese Angaben dürften regelmäßig ausreichen, um eine Wirtschaftseinheit annehmen zu können. Aber aus Gründen der Sicherheit sollte bei der Vereinbarung des Abrechnungsschlüssels die Abrechnungsmethode nach Maßgabe einer Wirtschaftseinheit deutlich und ausdrücklich vereinbart werden.

Eine Abrechnung nach Wirtschaftseinheiten ist **für jede Betriebskostenart gesondert** zu prüfen. Wird zB eine Liegenschaft bestehend aus mehreren Einzelhäusern durch eine Gemeinschaftsheizung versorgt, so ist für eine Abrechnung für jedes einzelne Haus nicht möglich. In derartigen Fällen können sämtliche Einheiten der Liegenschaft zu einer Verwaltungseinheit zusammengefasst werden (BGH NJW 2005, 3135 (3137)). Ist dagegen eine gebäudebezogene Abrechnung verbrauchsabhängiger Betriebskosten wie zB Müllabfuhrkosten möglich und entspricht eine Berechnung der Gebühren den tatsächlichen Verhältnissen, ist der Vermieter zu einer Gesamtabrechnung im Rahmen einer Wirtschaftseinheit nicht berechtigt (MAH MietR/*Gies* § 24 Rn. 256). Der vorliegende Fall ist allerdings so gebildet, dass gerade eine gebäudebezogene Abrechnung der Müllabfuhrgebühren, der Kanalbenutzung und der Straßenreinigung nicht möglich ist, so dass hier eine Abrechnung der vorgenannten Kosten auf der Basis einer Wirtschaftseinheit zulässig ist. Von entscheidender Bedeutung ist hier der Bescheid der Behörde, der sich auf den Gesamtkomplex bezieht und eine gebäudebezogene Abrechnung gerade vermeidet.

Um sachgerechte Ergebnisse zu erzielen, sind in Einzelfällen **separate Abrechnungsstränge** zu bilden. Die Kosten eines Aufzuges können nicht auf Mieter einer Wirtschaftseinheit umgelegt werden, in deren Häusern sich ein Fahrstuhl nicht befindet (AG Köln WuM 1982, 195). Das Gleiche gilt, wenn bestimmte Kosten nur in einzelnen Einheiten anfallen, wenn etwa Gartenpflegearbeiten in einem Teilkomplex von den Mietern erledigt werden, in anderen Teilkomplexen die Arbeiten jedoch von der Verwaltung an externe Firmen vergeben werden müssen (AG Mülheim/Ruhr WuM 1998, 39; MAH MietR/*Gies* § 24 Rn. 256). Anders der vorliegende Fall: hier bestehen im Hinblick auf die Gartenpflege des gesamten Komplexes keine Unterschiede, so dass eine Abrechnung entsprechender Gartenpflegekosten auf der Basis einer Wirtschaftseinheit nichts entgegensteht.

8. Zur Inverzugsetzung → Form. B. II. 16 Anm. 12.

18. Klage auf Zahlung abgerechneter Betriebskosten im Urkundsverfahren

An das

Amtsgericht . . . . .[1]

Klage im Urkundenprozess[2]

des . . . Burgunderstr. 100, K,

– Kläger –

Prozessbevollmächtigter : Rechtsanwalt Dr. G aus K –

gegen

Frau Heike M, Alemannenweg 39, B,

– Beklagte –

wegen Zahlungsforderung[3]

Streitwert 215,99 Euro

wird um möglichst nahen Verhandlungstermin gebeten, in dem beantragt werden wird:

1. die Beklagte wird verurteilt, an den Kläger 215,99 EUR nebst Zinsen in Höhe von 5 Prozentpunkten über dem Basiszinssatz seit dem . . . . . zu zahlen.[4]
2. Die Beklagte trägt die Kosten des Rechtsstreits.[5]
3. Das Urteil ist vorläufig vollstreckbar.[6]
4. Sollten die Voraussetzungen vorliegen, wird bereits jetzt der Erlass eines

Versäumnisurteils

beantragt.[7]

Begründung

Der Kläger ist Vermieter, die Beklagte Mieterin einer 2-Zimmer – Wohnung über 50 Quadratmeter auf dem Alemannenweg 39 in B. Maßgebend sind die Bestimmungen des Mietvertrages vom 1.1.2010.

Beweis: Vorlage des Mietvertrages vom 1.1.2010[8]

Aus § 4 des Mietvertrages ergibt sich, dass die Beklagte die Betriebskosten nach dem Verhältnis der Gesamtwohnfläche zur Wohnfläche der Mietsache anteilig zu tragen hat. Die Gesamtwohnfläche der Mietwohnungen beläuft sich auf 240 Quadratmeter.

Mit der Betriebskostenabrechnung für das Jahr 2013, die die Beklagte mit einem von der Hausverwaltung unterzeichneten Begleitbrief vom 1.6.2014 am 3.6.2014 erhielt, macht der Kläger einen Betriebskostensaldo in Höhe von 215,99 EUR geltend, den die Beklagte nicht ausgeglichen hat.

Beweis: Vorlage der Betriebskostenabrechnung vom 1.6.2014 und des Anschreibens der Hausverwaltung vom 1.6.2014

Die Beklagte hat sich bis heute zu der Betriebskostenabrechnung vom 1.6.2014 nicht geäußert, obwohl sie der Kläger mit Schreiben vom 1.7.2014 unter Fristsetzung bis zum 1.8.2014 zur Zahlung aufgefordert hat.

Beweis: Vorlage des Schreibens des Klägers vom 1.7.2014

Da Zahlung bisher nicht erfolgt ist, ist nunmehr Klage geboten.

Der Vollständigkeit wegen weist der Kläger darauf hin, dass die Beklagte nach Ablauf der gesetzten Zahlungsfrist schriftlich erklärt hat, die Betriebskostenabrechnung sei inhaltlich unrichtig, die Größe der Wohnung fehlerhaft bezeichnet und das Verhältnis der Mietwohnung zur gesamten Wohnfläche unrichtig berechnet worden.[9]

Beweis: Schreiben der Beklagten vom 6.8.2014

Der Kläger ist diesen Einwendungen mit Antwortschreiben vom 12.8.2014 entgegengetreten.

Beweis: Schreiben des Klägers vom 12.8.2014

Der Sache nach handelt es sich um Sachvortrag der Beklagten ins Blaue hinein; eine konkrete alternative Berechnung – auch laienhafter Art – hat die Beklagte nicht vorgenommen. Anhaltspunkte für eine inhaltliche Unrichtigkeit der Betriebskostenabrechnung hat die Beklagte nicht sichtbar gemacht. Dem entspricht, dass der Kläger die Einwendungen der Beklagten zurückgewiesen hat.

Beweis: Schreiben des Klägers vom 12.8.2014

Da der Kläger sämtliche anspruchsbegründenden Voraussetzungen durch Urkunden belegt hat, ist Klage im Urkundsprozess erhoben worden.

Rechtsanwalt

Anmerkungen

1. Zur örtlichen und sachlichen Zuständigkeit der Amtsgerichte → Form. B. II. 16 Anm. 1

2. § 592 S. 1 ZPO eröffnet den Urkundsprozess unterschiedslos für alle Ansprüche, die eine Zahlung von Geldsummen zum Gegenstand haben (BGH NJW 2015, 475). Zweck des Urkundsverfahrens ist es, dem Kläger zu ermöglichen, schneller als in einem ordentlichen Verfahren zu einem vollstreckbaren Titel zu gelangen, ohne zudem Sicherheit leisten zu müssen, § 708 Nr. 4 ZPO. Die Beschleunigung des Rechtsstreits wird durch den Ausschluss der Widerklage erreicht, § 595 ZPO, sowie durch die Beschränkung der Beweismittel auf präsente Urkunden und Parteivernehmung (zu taktischen Überlegungen zur Mietprozessführung und mit Blick auf den Urkundenprozess *Streyl* NZM 2014, 1, 8 f. und *Börstinghaus* NZM 2014, 217 (230)).

Hat sich der Beklagte gegen die Zahlungsforderung verteidigt und dem geltend gemachten Anspruch widersprochen, ist ihm in allen Fällen, in denen er verurteilt wird, die Ausführung seiner Rechte vorzubehalten (Vorbehaltsurteil), § 599 Abs. 1 ZPO. Ist dem Beklagten die Ausführung seiner Rechte vorbehalten worden, bleibt der Rechtsstreit im ordentlichen Verfahren anhängig, § 600 Abs. 1 ZPO.

Die Klageschrift muss die **Erklärung** enthalten, dass **im Urkundsprozess** geklagt wird, § 593 Abs. 1 ZPO. Damit wird verdeutlicht, dass der Kläger die Beschwernisse im Hinblick auf seine Beweisführung auf sich nimmt und die beklagte Partei von vornherein weiß, dass die Verteidigung nur mit eingeschränkten Mitteln möglich ist.

3. Die Höhe der Zahlungsforderung bildet hier die Basis für die Streitwertbemessung, § 3 ZPO.

4. Zahlungsansprüche aus Wohnraummietverhältnissen können im Wege eines Urkundsprozesses geltend gemacht werden. Der Bundesgerichtshof hat sich insoweit eindeutig festgelegt (NJW 2005, 2701 = NZM 2005, 661; NJW 2007, 1061 = NZM 2007, 161; NJW 2009, 3099 = NZM 2009, 734). Keine Veranlassung besteht, **Betriebskostennachforderungen** vom Urkundsprozess auszuschließen, wenn die übrigen Zulässigkeitsvoraussetzungen für ein Urkundsverfahren gegeben sind (BGH NJW 2015, 475 (476) unter Hinweis auf die überwiegende Meinung im Schrifttum zB Bub/Treier/*Fischer* IX Rn. 117; *Schmid* MDR 2013, 1266 und *Milger* MDR 2015, 256 (259)).

5. Das Vorbehaltsurteil enthält eine Kostenentscheidung nach allgemeinen Regeln; diese Kostenentscheidung steht aber unter dem Vorbehalt einer anderweitigen Entscheidung im Nachverfahren.

6. Das Vorbehaltsurteil ist nach § 599 Abs. 3 ZPO für Rechtsmittel und Zwangsvollstreckung als Endurteil anzusehen. Der Anordnung einer besonderen Sicherheitsleistung bedarf es nicht, § 708 Nr. 4 ZPO; ein Antrag des Klägers ist nicht erforderlich; die Entscheidung erfolgt von Amts wegen.

Wird dem Beklagten die Ausführung seiner Rechte vorbehalten, bleibt der Rechtsstreit im ordentlichen Verfahren anhängig, § 600 Abs. 1 ZPO. Ergibt sich in diesem Verfahren, dass der Anspruch des Klägers unbegründet ist, ist das frühere Urteil aufzuheben, der Kläger mit dem Anspruch abzuweisen und über die Kosten anderweit zu entscheiden, §§ 600 Abs. 2, 302 Abs. 4 S. 2 ZPO. Der Kläger ist zum Ersatz des Schadens verpflichtet, der dem Beklagten durch die Vollstreckung des Vorbehaltsurteils oder durch eine zur Abwendung der Vollstreckung gemachte Leistung entstanden ist. Der Beklagte kann den Anspruch auf Schadensersatz in dem anhängigen Rechtsstreit geltend machen; wird der Anspruch geltend gemacht, so ist er als zur Zeit der Zahlung oder Leistung rechtshängig geworden anzusehen, §§ 600 Abs. 2, 302 Abs. 4 S. 4 ZPO.

Erscheint in dem Nachverfahren eine Partei nicht, sind die Vorschriften über das Versäumnisurteil entsprechend anzuwenden, § 600 Abs. 3 ZPO.

7. Hinsichtlich der Säumnis der beklagten Partei gelten die allgemeinen Regeln. Ist ein Widerspruch der beklagten Partei unterblieben und ist sie im Termin säumig, kann auf Antrag des Klägers ein Versäumnisurteil erlassen werden, allerdings ohne einen Vorbehalt aufzunehmen.

Ist allerdings der Urkundenprozess unstatthaft, ist insbesondere ein dem Kläger obliegender Beweis nicht mit den im Urkundenprozess zulässigen Beweismitteln angetreten oder mit solchen Beweismitteln nicht vollständig geführt, so wird die Klage als in der gewählten Prozessart unstatthaft abgewiesen, selbst wenn in dem Termin zur mündlichen Verhandlung der Beklagte nicht erschienen ist oder der Klage nur auf Grund von Einwendungen widersprochen hat, die rechtlich unbegründet oder im Urkundenprozess unstatthaft sind, § 597 Abs. 2 ZPO.

8. Urkunden sind die allein zulässigen Beweismittel für alle anspruchsbegründenden Tatsachen. Als Urkunden iSd § 592 ZPO kommen nur Schriftstücke in Betracht unabhängig davon, ob sie öffentlich, privat, unterschreiben, nicht unterschrieben, gedruckt, maschinen- oder handgeschrieben sind oder es sich um Ablichtungen oder Telekopien und Ausdrücke elektronischer Dateien handelt. Auch für eine Begründung von Nebenforderungen etwa auf der Basis eines Verzuges ist ein Urkundsbeweis erforderlich.

Die Statthaftigkeit des Urkundsprozesses setzt nicht voraus, dass unstreitige Anspruchsvoraussetzungen mit Urkunden bewiesen werden. Vielmehr bedürfen unstreitige, zugestandene oder offenkundige Tatsachen, abgesehen von dem Fall einer Säumnis der beklagten Partei, § 597 Abs. 2 ZPO, keines Beweises und somit auch keiner Urkundenvorlage (BGH NJW 2015, 475 (476)).

Im vorliegenden Fall hat der Kläger den Mietvertrag vorgelegt, aus dem sich die Verpflichtung der Beklagten zur Zahlung abgerechneter Betriebskosten ergibt, und ferner die Betriebskostenabrechnung selbst mit einem Zugangsnachweis der Hausverwaltung. Eine Vorlage weiterer Urkunden, etwa zur Wohnflächenberechnung, war entbehrlich. Sollte die Beklagte die Wohnflächenberechnung des Klägers bestreiten, wobei insoweit die Beschränkungen der Beweismittel zu beachten wären, §§ 592 S. 1, 595 Abs. 2 ZPO, müsste in die Prüfung eingetreten werden, ob das Bestreiten substantiiert ist.

Nach allgemeinen Grundsätzen hat der Vermieter, der einen Saldo aus abgerechneten Betriebskosten geltend macht, die Darlegungs- und Beweislast für die von ihm gewählten Flächenansätze. Wenn er bestimmte Flächenansätze vorträgt, genügt er regelmäßig den Anforderungen an einen substantiierten Sachvortrag. Der sodann erklärungsbelastete Mieter hat auf die Behauptungen des Vermieters grundsätzlich ebenfalls substantiiert zu erwidern, soll sein Sachvortrag im Sinne des § 138 Abs. 3 ZPO nicht als unbeachtlich zurückgewiesen werden. Der Mieter muss erläutern, von welchen tatsächlichen Umständen er ausgeht, und darf sich nicht mit bloßem Bestreiten bei substantiiertem Vorbringen des Vermieters begnügen (BGH NJW 2008, 1801; 2015 475 (476)).

9. a) Hier hat die Beklagte die Größe ihrer Wohnung bestritten, ferner die Gesamtfläche der Wohneinheiten und gerügt, das Verhältnis der Größe ihrer Mietwohnung zur Gesamtfläche des Objektes sei fehlerhaft berechnet worden.

Die Verpflichtung zu einem substantiierten Gegenvortrag setzt voraus, dass ein derartiges Vorbringen der erklärungsbelasteten Partei möglich und zumutbar ist. Dies ist regelmäßig dann der Fall, wenn sich die behaupteten Umstände in ihrem Wahrnehmungsbereich verwirklicht haben (BGH NJW 2010, 1357; NJW 2015, 475 (476)).

Unter diesen Umständen genügt ein einfaches Bestreiten der Wohnfläche nicht, weil die Beklagte unter Darlegung von Einzelheiten hätte darlegen müssen, dass die vom Vermieter benutzten Flächenangaben unrichtig sind. Einerseits war die Grundfläche der Mietwohnung im Mietvertrag angegeben; andererseits hätte die Beklagte die Wohnung selbst vermessen können, um sodann den so ermittelten Wert vortragen zu können. Der Mieter braucht sich in diesem Zusammenhang nicht bestimmter – möglicherweise komplizierter – Berechnungsmethoden zu bedienen. Um die vom Vermieter vorgetragenen Quadratmeterzahlen zu bestreiten, hätte es genügt, das Ergebnis einer laienhaften im Rahmen ihrer Möglichkeiten liegenden Vermessung vorzutragen.

Auch die Gesamtfläche des Mietobjekts muss substantiiert bestritten werden. Aber zu den äußerlich wahrnehmbaren Gegebenheiten wie Gebäudezuschnitt, Anzahl der Wohnungen oder Anzahl der Etagen, aus denen sich Ansatzpunkte für Zweifel an der behaupteten Gesamtwohnfläche hätten ergeben können, haben sich Angaben nicht finden lassen. Demgemäß war dieser Sachvortrag der Beklagten unsubstantiiert, so dass über die Vorschrift des § 138 Abs. 3 ZPO der Sachvortrag des Klägers als unstreitig zu bewerten war.

Genau so verhält es sich bei dem pauschalen Bestreiten der Flächenangaben. Nicht deutlich wird, dass das Verhältnis der Fläche der Mietwohnung zur Gesamtfläche für die Beklagte günstiger ist, denn das Bestreiten lässt nicht erkennen, ob die von ihr gemietete Wohnung wesentlich kleiner oder die Gesamtwohnfläche größer sein soll, als vom Kläger vorgetragen.

b) Einwendungen auf der Beklagtenseite sind, wenn der dem Beklagten obliegende Beweis nicht mit den im Urkundsprozess zulässigen Beweismitteln angetreten oder mit solchen Beweismitteln nicht vollständig geführt ist, als im Urkundsprozess unstatthaft zurückzuweisen, § 598 ZPO.

19. Klage auf Zahlung abgerechneter Betriebskosten bei nicht geeichtem Wasserzähler

An das

Amtsgericht in . . . . .[1]

Klage

des Herrn V . . . . .

– Kläger –

Prozessbevollmächtigter: Rechtsanwalt Dr. G Aus K[2]

gegen

Frau M . . . . .

– Beklagte –

wegen Zahlungsforderung

Streitwert: 1.234,55 EUR[3]

Um Anberaumung eines möglichst nahen Verhandlungstermins wird gebeten, in dem beantragt wird:

1. die Beklagte wird verurteilt, an den Kläger 1.234,55 EUR nebst 5 Prozentpunkten über dem Basiszinssatz seit dem . . . . . zu zahlen.
2. Die Beklagte trägt die Kosten des Rechtsstreits.

Sollte das Gericht das schriftliche Vorverfahren anordnen, wird bereits jetzt für den Fall des Vorliegens der jeweiligen Voraussetzungen Antrag auf Erlass eines

Versäumnisurteils

gestellt.

Begründung:

Der Kläger ist Vermieter, die Beklagte Mieterin einer Wohnung in der Burgunderstraße 28 in K. Maßgebend sind die Bestimmungen des Mietvertrages vom 1.1.2010. Demgemäß beläuft sich die monatlich zu zahlende Nettomiete auf 600,– EUR; auf die Heiz- und Betriebskosten zahlt die Beklagte zur Zeit Vorauszahlungen in Höhe von insgesamt 150,– EUR.

Beweis: Vorlage des Mietvertrages vom 1.1.2010 in Kopie

Mit der Klage verlangt der Kläger den Überschuss aus der Betriebskostenabrechnung für das Jahr 2013, der 1.234,55 EUR beträgt. Die Abrechnung bezieht sich auf den Zeitraum vom 1.1. bis 31.12.2013, entspricht den Vorgaben des § 259 BGB, enthält eine Aufstellung der Gesamtkosten, den Anteil der auf die Beklagten entfallenden Betriebskosten, den nach dem Mietvertrag vereinbarten Verteilerschlüssel und die seitens der Beklagten im Abrechnungszeitraum geleisteten Vorauszahlungen.[4]

Beweis: Vorlage der Betriebskostenabrechnung vom 30.7.2014 in Kopie

Diese Abrechnung über die Heiz- und Betriebskosten ist der Beklagten am 1.8.2014 zugegangen, was diese bisher nicht in Abrede gestellt hat.[5]

Die Beklagte verweigert den Ausgleich des Betriebskostensaldos mit der Begründung, der Wasserzähler habe den Verbrauch des Wassers im Abrechnungszeitraum nicht fehlerfrei ermittelt. Zudem sei der Wasserzähler nicht geeicht.

Beweis: Vorlage des Schreibens der Beklagten vom . . . . . in Kopie

Unabhängig davon, dass die Kritik an einer Betriebskostenposition nicht Anlass sein kann, den Ausgleich des gesamten Betriebskostensaldos zu verweigern, bestreitet der Kläger mit Nachdruck, dass die Wasserkosten nicht dem tatsächlichen Verbrauch entsprechen. Der Verbrauch an Wasser ist im Abrechnungszeitraum durch die seitens des Klägers angebrachten Wasserzähler ermittelt worden. Richtig am Vorbringen der Beklagten ist lediglich, dass die Frist für die Eichung der Wasserzähler überschritten war. Daraus ist aber nicht der Schluss zu ziehen, die erfassten Verbrauchswerte seien unrichtig. Vielmehr stellt sich der Sachverhalt so dar, dass die für den Abrechnungszeitraum ermittelten Verbrauchswerte exakt den Werten entsprechen, die im Vorjahr für den Wasserverbrauch durch die Beklagten ermittelt worden sind und die seitens der Beklagten nicht beanstandet worden sind.[6]

Beweis: Vorlage der Betriebskostenabrechnung für das Jahr 2012 in Kopie
         Vorlage der Ablesequittung für 2012 in Kopie

Der Kläger muss einräumen, die Frist für eine Nacheichung der Wasserzähler versäumt zu haben. Damit ist er allerdings nicht ausgeschlossen, die Wasserkosten auf der Basis des gemessenen Verbrauchs gegen die Beklagte geltend zu machen. Für den Kläger verbleibt die Möglichkeit, auf andere Art und Weise das Gericht davon zu überzeugen, dass die ermittelten Verbrauchswerte den tatsächlichen Wasserverbrauch der Beklagten widerspiegeln. Die Frist zur Nacheichung des Wasserzählers zur Mietwohnung der Beklagten mag zwar abgelaufen gewesen sein. Gleichwohl ist der Verbrauch an Frischwasser zutreffend ermittelt worden.[7]

Beweis: Einholung eines Sachverständigengutachtens
         Prüfbericht der staatlich anerkannten Prüfstelle für Messgeräte für Wasser . . . . .

Die Beklagte ist mit Schreiben vom 15.10.2014 aufgefordert worden, bis zum . . . . . den Betriebskostensaldo auszugleichen. Zahlung ist nicht erfolgt, so dass Klage geboten war.[8]

Rechtsanwalt

Anmerkungen

1. → Form. B. II. 16 Anm. 1

2. → Form. B. II. 16 Anm. 2

3. Der Streitwert entspricht der Höhe der Klageforderung und basiert auf § 3 ZPO.

4. Die Betriebskostenabrechnung muss den Vorgaben des § 259 BGB entsprechen und nachprüfbar sein; der Mieter muss sie namentlich nachvollziehen können. Aus diesem Grunde muss die Abrechnung klar, übersichtlich und verständlich sein. Auch bei größeren Mietobjekten müssen dazu die Gesamtkosten, der Verteilerschlüssel, die Berechnung des Anteils der einzelnen Mieter und die Vorauszahlungen angegeben werden. Der Mieter muss ferner die Möglichkeit haben, die Abrechnung nachzuprüfen (BGH NJW 1982, 573; NZM 2003, 196). Hinzu tritt die Forderung, dass die Abrechnung vertragsgerecht ist (MAH MietR/*Gies* § 24 Rn. 166).

5. Zur Zugangsproblematik → Form. B. II. 16 Anm. 10

6. Der Fall ist dem Sachverhalt aus dem Urteil des Bundesgerichtshofs vom 17.11.2010 entnommen (BGH NJW 2011, 598 = MDR 2011, 92). Im dortigen Fall war ein nicht (mehr) geeichter Wasserzähler verwendet worden. Der BGH lehnte die Auffassung ab, die sich auf § 25 Abs. 1 Nr. 1 a EichG (Neufassung vom 23.3.1992, BGBl. I 711) stützt, demzufolge im geschäftlichen Verkehr nicht (mehr) geeichte Messgeräte nicht mehr verwendet werden dürfen und demgemäß die ermittelten Werte zur Verwendung im Rechtsstreit ungeeignet seien. Der Bundesgerichtshof folgt der Ansicht, der Zweck des Verbotes bestehe darin, ein richtiges Messen zu gewährleisten. Dieser Zweck werde auch dann erfüllt, wenn sich feststellen lasse, dass die von einem Messgerät angezeigten Verbrauchswerte zutreffend seien, auch wenn das Gerät im Zeitpunkt seiner Ablesung nicht (mehr) geeicht sei.

Sei eine nach § 556a Abs. 1 Satz 2 BGB zulässige Betriebskostenabrechnung auf der Basis eines erfassten Verbrauchs vereinbart, komme es für die inhaltliche Richtigkeit der Betriebskostenabrechnung allein darauf an, ob der tatsächliche Verbrauch zutreffend erfasst worden sei. Ob dies der Fall sei, habe das Gericht im Sinne des § 286 ZPO in freier Beweiswürdigung festzustellen. Dabei sei ohne Belang, auf welchem Wege die im Ergebnis zutreffenden Verbrauchswerte vom Vermieter ermittelt worden seien. Beruhen die in eine Betriebskostenabrechnung eingestellten Werte auf der Ablesung eines geeichten Messgerätes, spreche eine tatsächliche Vermutung dafür, dass diese Werte den tatsächlichen Verbrauch richtig wiedergeben. Dem Mieter stehe aber offen, diese Vermutung durch das Führen eines Gegenbeweises zu entkräften. Den von einem nicht (mehr) geeichten Gerät abgelesenen Werten komme die Vermutung ihrer Richtigkeit dagegen nicht zu. In diesem Falle müsse der Vermieter die Richtigkeit der abgelesenen Werte im Rechtsstreit zur Überzeugung des Gerichtes nachweisen.

Im Einzelfall kann sich der Vermieter geeigneter Grundlagen in Form der Vorlage von unbeanstandeten Verbrauchswerten aus der Vergangenheit bedienen, um dem Gericht eine Schätzung der Verbrauchswerte nach § 287 ZPO zu ermöglichen. Der Bundesgerichtshof weist auf diese Vergleichswerte ausdrücklich hin.

Ob diese Auffassung des Bundesgerichtshofs in seiner Entscheidung vom 17.11.2010 (NJW 2011, 598) noch nach Inkrafttreten des Mess- und Eichgesetzes (MessEG, BGBl. I 2013, 2722) noch aufrechterhalten werden kann, bleibt für die Zukunft abzuwarten. Im Bereich des Miet- und Wohnungseigentumsrechts führt die Verwendung von nicht geeichten Wasserzählern außerhalb des § 38 MessEG zumindest zu bußgeldbewehrten Anzeigepflichten. Aber angesichts des Grundgedankens, dem Vermieter auch auf andere Weise den tatsächlichen Verbrauch von Wasser im Rechtsstreit zu ermöglichen, kann an der bisherigen Rechtsprechung festgehalten werden.

7. Im Urteil des BGH vom 17.11.2010 (NJW 2011, 598 = MDR 2011,92) war aber ein noch stärkeres Beweismittel zu Gunsten des Vermieters herangezogen worden, nämlich der amtliche Prüfbericht der staatlich anerkannten Prüfstelle für Messgeräte für Wasser. Dass die Prüfstelle bei ihrer Beurteilung darauf abgestellt habe, dass die Verkehrsfehlergrenzen eingehalten worden seien, nicht dagegen die engeren Eichfehlergrenzen, sei nicht zu beanstanden. Diese Vorgehensweise der Prüfstelle habe den Prüfvorgaben entsprochen; denn nach dem auf der Rückseite des Prüfberichts abgedruckten „Beiblatt zum Prüfschein über eine Befundprüfung" seien bei der Beurteilung der Richtigkeit die Verkehrsfehlergrenzen anzuwenden. Sind demgemäß die Fristen für eine Eichung oder Nacheichung abgelaufen, empfiehlt sich ein Rückgriff auf vergleichbare Zeitabschnitte aus der Vergangenheit, soweit insoweit keine Beanstandungen vorgelegen haben; daneben sollte der Prüfbericht stehen, der im BGH – Fall für ein Obsiegen des Vermieters gesorgt hat.

8. Zur Inverzugsetzung → Form. B. III. 16

20. Klage auf Zahlung abgerechneter Betriebskosten – Mieter beruft sich auf Verstoß gegen Wirtschaftlichkeitsgrundsatz (Wohnraum)

An das

Amtsgericht . . . . .[1]

Klage

des Herrn Robert V . . . . ., Burgunderstr. 39 in K.,

– Kläger –

Prozessbevollmächtigter: Rechtsanwalt Dr. G aus K. –

gegen

Frau Magdalene M, Alemannenstr. 5 in K.,

– Beklagte –

wegen Zahlungsforderung[2]

Streitwert: 634,55 EUR

Um Anberaumung eines möglichst nahen Verhandlungstermins wird gebeten, in dem beantragt werden wird:

1. Die Beklagte wird verurteilt, an den Kläger 634,55 EUR nebst 5 Prozentpunkten über dem Basiszinssatz seit dem . . . . . zu zahlen.
2. Die Beklagte trägt die Kosten des Rechtsstreits.

Sollte das Gericht das schriftliche Vorverfahren anordnen, wird bereits jetzt für den Fall des Vorliegens der jeweiligen Voraussetzungen Antrag auf Erlass eines

Versäumnisurteils

gestellt.

Begründung

Der Kläger ist Vermieter, die Beklagte Mieterin einer Wohnung in der Alemannenstraße 5 in K. Maßgebend sind die Bestimmungen des Mietvertrages vom 1.1.2010.

Beweis: Mietvertrag vom 1.10.2010 in Kopie

In dem Gebäudekomplex befinden sich 5 weitere Wohneinheiten. Die monatlich zu zahlende Grundmiete beläuft sich für die Beklagte auf 800 EUR; hinzukommen Vorauszahlungen auf die Betriebs- und Heizkosten in Höhe von 160 EUR, zusammen mithin 960 EUR.

Gemäß § 4 des Mietvertrages beziehen sich die Vorauszahlungen auf alle Betriebskostenpositionen nach § 2 Ziffern 1 bis 17 der BetrKV.

Der Kläger hat in den Jahren 2010 (anteilig) 2011 und 2012 Betriebskostenabrechnungen an die Beklagte übersandt, die die Beklagte ohne Widerspruch akzeptiert hat; der jeweilige Saldo zugunsten des Klägers ist ausgeglichen worden, wobei allerdings zu berücksichtigen war, dass die jeweiligen Beträge äußerst moderat waren (unter jeweils 70 EUR).

Der Kläger hat auch für das Abrechnungsjahr 2013, das dem Kalenderjahr entspricht, eine Betriebskosten- und Heizkostenabrechnung erstellen lassen. Entsprechend den Vorgaben im Mietvertrag hat der Kläger als Abrechnungsschlüssel die Quadratmeterzahl der angemieteten Wohnung im Verhältnis zu der Gesamtfläche des Hauses gewählt, was die Beklagte in der Vergangenheit nicht beanstandet hat.

Der Kläger hat die Abrechnung über die Heiz- und Betriebskosten für das Jahr 2013 unter dem Datum des 1.5.2014 erstellt und der Beklagten übermittelt. Die Abrechnung schließt mit einem Saldo zugunsten des Klägers in Höhe von 634,55 EUR ab.

Mit Schreiben vom 1.6.2014 hat die Beklagte bemängelt, dass die Heizkosten überzogen hoch seien, weil das Heizöl seitens des Klägers überteuert eingekauft worden sei; der Kläger habe nicht nur zu einem ungünstigen Zeitpunkt das Heizöl geordert, nämlich zu Beginn der Heizperiode, statt einen günstigeren Zeitraum im Sommer des Vorjahres auszunutzen, als das Heizöl wesentlich preiswerter hätte eingekauft werden können. Zu Beginn der Heizperiode habe sich der Preis für einen Liter leichtes Heizöl auf 0,80 EUR zuzüglich Mehrwertsteuer belaufen, während im Sommer ein Preis von 0,55 EUR sich am Markt habe erzielen lassen.

Hätte demgemäß der Kläger einen günstigeren Zeitpunkt gewählt, um das Heizöl zu ordern, wäre die Nachforderung aus der Betriebskostenabrechnung für das Jahr 2013 nicht so hoch wie seitens des Klägers gefordert.[3]

Beweis: Vorlage des Schreibens der Beklagten vom 1.6.2014

Die Beklagte hat sich erdreistet, auch noch auf einen Betriebskostenspiegel des DMB hinzuweisen, aus dem sich ergebe, dass der Kläger pflichtwidrig zu einem überzogenen Preis und zu einem extrem ungünstigen Zeitpunkt das leichte Heizöl bestellt habe.

Beweis: Vorlage des Schreibens der Beklagten vom 1.6.2014

Damit aber nicht genug: Die Beklagte hat zudem bemängelt, auch die Kosten für die Reinigungskraft, die sich mit der Reinigung und Pflege der allgemein genutzten Räume und des Treppenhauses beschäftigt, seien erheblich überzogen. Wie sich aus der Abrechnung aber auch aus einer Prüfung der zugrunde liegenden Unterlagen ergebe, zahle der Kläger an die Reinigungskraft den Mindestlohn zuzüglich einer Zulage, deren Berechtigung sich nicht erschließe. Demgemäß könne allenfalls der gesetzliche Mindestlohn der Betriebskostenabrechnung zugrunde gelegt werden, so dass im Ergebnis zugunsten des Klägers kein Saldo entstanden sei.

Der Kläger weist das vorprozessuale Vorbringen der Beklagten bezüglich der Heizöllieferung und der Entlohnung der Reinigungskraft zurück. In seinem Antwortschreiben vom 1.7.2014 hat er hinsichtlich der Heizöllieferung darauf verwiesen, der Heizöllieferant, der den Kläger bereits seit 20 Jahren beliefert habe, habe sich in der Vergangenheit stets als zuverlässig erwiesen. Namentlich habe er auch stets im Falle von Engpässen sich konziliant gezeigt und den Kläger selbst an Wochenenden oder Feiertagen beliefert. Angesicht der Zuverlässigkeit des Lieferanten brauche der Kläger einen Wechsel des Lieferanten nicht vorzunehmen.

Auch hinsichtlich der Reinigungskraft möchte der Kläger an der bewährten Kraft festhalten. Die Reinigungskraft habe sich als äußerst zuverlässig erwiesen, zumal sie sich auch nicht gescheut habe, bei besonderen Verschmutzungen auch außerhalb ihrer ordentlichen Arbeitszeit ohne weitere Dotierung auf Geheiß des Klägers tätig zu werden. Der Beklagten wie auch den übrigen Mitmietern sei es daher erspart geblieben, bei besonderen Verschmutzungen – etwa im Winter durch mit Schuhen in das Treppenhaus herein getragenen Schnee und Streugut – bis zu nächsten ordentlichen Arbeitszeit der Reinigungskraft auf eine Beseitigung des Schmutzes warten zu müssen. Im Übrigen wolle er an der Reinigungskraft festhalten, die seit mehr als 10 Jahren ihren Dienst zuverlässig erledigt habe.

Ein Betriebskostenspiegel lasse einen Bezug zum Mietobjekt, zur Wohnung der Beklagten, und auch zu dem gesamten Gebäude, in dem sich die Mietwohnung der Beklagten befindet, vermissen.

Beweis: Schreiben des Klägers vom 1.7.2014

Der Kläger hat die Beklagte unter Fristsetzung zum ..... zum Ausgleich des Saldos aus der Betriebskostenabrechnung vom 1.5.2014 aufgefordert. Zahlung ist nicht erfolgt, so dass nunmehr Klage zu erheben war.[4]

Rechtsanwalt

Anmerkungen

1. Zur Zuständigkeit des Gerichts → Form. B. II. 16 Anm. 1.

2. Der Streitwert bemisst sich nach der Höhe der Klageforderung und basiert auf § 3 ZPO.

3. Die beklagte Mieterin beruft sich in ihrem vorprozessualen Schreiben auf einen Verstoß des Vermieters gegen das Wirtschaftlichkeitsgebot.

a) Der **Grundsatz der Wirtschaftlichkeit** bezeichnet die vertragliche Nebenpflicht des Vermieters, bei Maßnahmen und Entscheidungen, die Einfluss haben auf die Höhe der – nach entsprechenden Vereinbarungen – vom Mieter zu tragenden Betriebskosten, auf ein angemessenes Kosten- Nutzenverhältnis Rücksicht zu nehmen. Eine Verletzung dieser Verpflichtung des Vermieters kann zu einem Schadensersatzanspruch des Mieters führen, der sich auf dessen Freihaltung von den unnötigen Kosten richtet (BGH NJW 2008, 440; 2010, 3647 (3648); 2011, 3028; 2015, 855). Das Wirtschaftlichkeitsgebot leitet sich im Wohnungsmietrecht aus §§ 556 Abs. 3 S. 1, 560 Abs. 5 BGB ab und für die Gewerberaummiete aus den Grundsätzen von Treu und Glauben, § 242 BGB (BGH NJW 2010, 3647 (3648)).

b) Den **Vermieter** trifft die **Darlegungs- und Beweislast** dafür, dass die umgelegten Kosten angefallen und von der vertraglichen Vereinbarung erfasst sind (BGH NJW 2015, 855; 2011, 3028 (3029); *Drasdo* NJW Spezial 2015, 226).

Demgegenüber folgt aus der Einordnung des Wirtschaftlichkeitsgebots als vertragliche Nebenpflicht, deren Verletzung einen Schadensersatzanspruch nach § 280 Abs. 1 in Verbindung mit § 241 Abs. 2 BGB auslöst, dass die Darlegungs- und Beweislast insoweit bei dem **Mieter** besteht (BGH NJW 2015, 855; 2011, 3018 (3029)).

Einigkeit besteht in der höchstrichterlichen Rechtsprechung, dass den Vermieter insoweit eine sekundäre Darlegungslast nicht trifft, da sich der Mieter alle erforderlichen Kenntnisse über Art, Umfang und Kosten durch eine Einsichtnahme in die der Betriebskostenabrechnung zugrunde liegenden Belege verschaffen kann (BGH NJW 2011, 3028 (3029); 2015, 855).

c) Im Hinblick auf die Darlegungs- und Beweislast des Mieters für eine Verletzung des Wirtschaftlichkeitsgebots durch den Vermieter gelten die allgemeinen zivilprozessualen Grundsätze, denen zufolge ein Sachvortrag, der seitens des Gegners bestritten worden ist, nur dann prozessual beachtlich ist (§ 138 Abs. 3 ZPO), wenn er **substantiiert** ist, dh ausreichend durch Tatsachen untermauert worden ist (OLG Köln MDR 1970, 1017 und 1992, 79).

Bei der Würdigung des Vorbringens des beklagten Mieters zur fehlenden Angemessenheit oder Erforderlichkeit der abgerechneten Kosten dürfen die Anforderungen an die dem Mieter obliegende Darstellung nicht überspannt werden. Insbesondere dürfen die Anforderungen an die Darlegung nicht so weit gehen, dass sie das Gericht von der Richtigkeit der behaupteten Tatsache bereits überzeugen müssen (vgl. *Milger* NZM 2012, 657). Für die Darlegung einer Nebenpflichtverletzung durch den Vermieter reicht es nicht aus, wenn der Mieter die Angemessenheit und Üblichkeit der Kosten nur bestreitet oder lediglich pauschal behauptet, dass die betreffenden Leistungen zu überhöhten Preisen beschafft worden seien. Für die Darlegung einer Pflichtverletzung seitens des Vermieters ist von dem Sachvortrag des Mieters zu fordern, dass gleichwertige Leistungen nach den örtlichen Gegebenheiten zu einem deutlich geringeren Preis zu beschaffen gewesen wären. Nur dann kann der Vermieter, dem bei der Auswahl seiner Vertragspartner ein **Ermessensspielraum** zuzugestehen ist, eine Pflichtverletzung vorgeworfen werden (BGH NJW 2015, 855 (856)).

d) Der Hinweis der Beklagten, dass die vom Kläger für die Heizkosten in Ansatz gebrachten Beschaffungskosten die vom Deutschen Mieterbund e. V. herausgegebenen „Betriebskostenspiegel für Deutschland" hierfür ausgewiesenen Kosten für eine Wohnung vergleichbarere Größe erheblich übersteigen, ist nicht geeignet, eine Nebenpflichtverletzung des Klägers darzutun. Derartige überregional auf empirischer Basis ermittelte Zusammenstellungen von Betriebskostenansätzen tragen nämlich den vielfältigen, je nach Region oder Umgebung unterschiedlichen Bedingungen des Wohnungsmarktes sowie den unterschiedlichen tatsächlichen Gegebenheiten des jeweiligen Anwesens und dem unterschiedlichen menschlichen Verhalten nicht hinreichend Rechnung, so dass aus dem dort ausgewiesenen Durchschnittswerten für den Einzelfall kein unwirtschaftliches Verhalten hergeleitet werden kann (vgl. dazu BGH NJW 2010, 3363; 2011, 3028 (3029)).

Anders verhält es sich im Hinblick auf die Zeitpunkte des Einkaufs von Brennstoff. Hier ist nämlich nicht ersichtlich, dass ein Einkauf bei einem bislang zuverlässigen Lieferanten auch zu einem günstigeren Zeitpunkt hätte vorgenommen werden können. Zwar besteht zugunsten des Vermieters ein gewisses Ermessen, so dass Zuverlässigkeit und stetige Erreichbarkeit des Lieferanten von Bedeutung sein können. Nicht erklärbar ist aber, dass hier zu ungünstigen Zeitpunkten eingekauft worden ist. Insoweit treten die Gesichtspunkte von Bonität und Zuverlässigkeit des Lieferanten (dazu BGH NJW 2010, 3647), auf die sich das Ermessen des Vermieters naturgemäß erstreckt, hier in den Hintergrund.

Im Hinblick auf die Reinigungskraft hat der Kläger von seinem Ermessen in nachvollziehbarer Weise Gebrauch gemacht. Gezahlt wird der gesetzliche Mindestlohn, so dass dieser Umstand keine Beanstandung finden kann. Die Zulagen sind allerdings problematisch. Sie stellen sich als Entschädigung dar für überobligatorische Bereitschaft, für den Kläger in besonderen Situationen tätig zu werden, um das Objekt auch an Sonn- und Feiertagen in ordnungsgemäßen Zustand zu erhalten. Zudem hat sich die Reinigungskraft in den letzten 10 Jahren als zuverlässig erwiesen. Insoweit dürfte sich ein nennenswerter Unterschied zu den vom Kläger in Ansatz gebrachten Kosten nicht ergeben.

4. Zur Inverzugssetzung → Form. B. II. 16 Anm. 12.

21. Klage auf Zahlung abgerechneter Betriebskosten – Mieter beruft sich auf Verstoß gegen Wirtschaftlichkeitsgrundsatz (Gewerberaum)

An das

Landgericht . . . . .[1]

Klage

des Herrn . . . . .

– Kläger –

Prozessbevollmächtigter: Rechtsanwalt . . . . .

gegen

Herrn . . . . .

– Beklagter –

wegen Schadensersatzes nach Abrechnung nicht geschuldeter Betriebskosten (Verstoß gegen das Wirtschaftlichkeitsgebot)[2]

vorläufiger Streitwert: . . . . . EUR[3]

Namens und in Vollmacht des Klägers erhebe ich Klage mit dem Antrag,

1. den Beklagten kostenpflichtig zu verurteilen, an den Kläger . . . . . EUR nebst Zinsen in Höhe von 5 Prozentpunkten über dem jeweiligen Basiszinssatz nach § 247 BGB seit Rechtshängigkeit zu zahlen.
2. im Falle der Anordnung des schriftlichen Vorverfahrens bei Vorliegen der Voraussetzungen Versäumnisurteil gemäß § 331 Abs. 3 ZPO zu erlassen.

Begründung:

Mit schriftlichem Mietvertrag vom . . . . . vermietete der Beklagte an den Kläger für die Dauer von 10 Jahren, beginnend mit dem . . . . ., die im Erdgeschoss gelegenen Räume des Gewerbeobjekts . . . . ., ...-straße . . . . . in . . . . . zum Betrieb eines Ladenlokals.

§ . . . . . des Mietvertrages regelt die Betriebskostenumlage wie folgt:

. . . . .

(2) Neben der Grundmiete hat der Mieter sämtliche für das Mietobjekt anfallenden Betriebskosten im Sinne von § 2 BetrKV zuzüglich der jeweils geltenden gesetzlichen USt. zu tragen.

(3) Auf die Betriebskosten hat der Mieter zusammen mit den Mietzahlungen monatliche

Vorauszahlungen in Höhe von . . . . . EUR

zuzüglich der jeweils geltenden gesetzlichen USt. von zur Zeit . . . . . %,

also insgesamt . . . . . EUR

zu leisten.

In § . . . . . heißt es weiter wie folgt:

Zusätzlich zu den Betriebskosten im Sinne von § 2 BetrKV trägt der Mieter noch folgende Betriebskosten zuzüglich der jeweils geltenden gesetzlichen USt:

. . . . .

- die Kosten für folgende Versicherungen:[4]
  - der Schwamm- und Hausbockversicherung,
  - der Versicherung für Schäden durch Rückstau von Abwasser,
  - der Versicherung für Vandalismus-Schäden,
  - der Glasversicherung,
  - der Versicherung für Schäden an elektrischen und elektronischen Anlagen (insbesondere von Fernmeldeanlagen, Alarmanlagen und Brandschutzvorrichtungen),
  - der Versicherung gegen Mietausfall,
  - der Versicherung gegen Schlüsselverlust.

§ . . . . . des Mietvertrags regelt sodann Folgendes:

(1) Über die Betriebskosten und die vom Mieter nach geleisteten Betriebskostenvorauszahlungen hat der Vermieter jährlich abzurechnen. Die Betriebskostenabrechnung erfolgt jeweils per 31. Mai des betreffenden Jahres. Die Abrechnung ist dem Mieter spätestens bis zum Ablauf des zwölften Monats nach Ablauf des jeweiligen Abrechnungszeitraums mitzuteilen.

(2) Die Umlage der Betriebskosten ist wie folgt vorzunehmen:

a) Heizungs- und Warmwasserkosten werden zu 60 % nach dem gemessenen Verbrauch und zu 40 % nach dem Verhältnis der Nutzflächen verteilt.

b) Die übrigen Betriebs- und Nebenkosten werden nach dem Verhältnis der Nutzflächen umgelegt.

Beweis: anliegende Kopie des Mietvertrags

Über die Betriebskosten für das Jahr . . . . . hat der Beklagte mit Schreiben vom . . . . . abgerechnet.

Beweis: anliegende Kopie des Schreibens vom . . . . .

Den sich aus der Betriebskostenabrechnung ergebenden Nachzahlungsbetrag in Höhe von . . . . . EUR hat der Kläger am . . . . . an den Beklagten gezahlt.

Als der Kläger kurze Zeit später mit einem Versicherungsvertreter über eigene Versicherungsangelegenheiten verhandelte, kamen auch die von Vermieterseite abgeschlossenen Versicherungen zur Sprache. Hierbei erfuhr der Kläger, dass die abgerechneten Versicherungskosten weit übersetzt sind. In der Betriebskostenabrechnung des Beklagten sind die nach dem Mietvertrag umlegbaren Versicherungskosten als Kosten für einen „Sondervertrag-Komplett" bei der . . . . .-Versicherung aufgeführt. Die abgerechneten Versicherungskosten belaufen sich auf insgesamt . . . . . EUR und für den Kläger anteilig (bezogen auf die angemietete Nutzfläche) auf . . . . . EUR. Diese Kosten gehen weit über die marktüblichen Versicherungskosten hinaus.

Der Kläger hat den selbständigen Versicherungsmakler . . . . . mit der Erstellung einer Expertise beauftragt, um die marktüblichen Kosten für die nach § 2 Abs. 1 Nr. 13 BetrKV und die nach dem Mietvertrag zusätzlich umlegbaren Versicherungskosten zu ermitteln.[5]

Die unter dem . . . . . vorgelegte Expertise gelangt anhand einer detaillierten Auswertung einschlägiger Versicherungsangebote zu dem Ergebnis, dass der Beklagte mit der Versicherungsgesellschaft einen gänzlich übertuerten Spezialvertrag abgeschlossen hat.

Sämtliche versicherten Risiken können mit marktgängigen Versicherungsverträgen abgedeckt werden, und zwar mit einem Kostenaufwand, der durchschnittlich nur 40 % der tatsächlich abgerechneten Kosten ausmacht.

Beweis: anliegende Kopie der Expertise vom . . . . .,
   Sachverständigengutachten

Der Kläger hat den Beklagten unter Vorlage der Expertise um Erläuterung der hohen Versicherungskosten gebeten. Der Beklagte hat geantwortet, er sei berechtigt, mit der Versicherung seines Vertrauens einen einheitlichen Vertrag abzuschließen. Er sei dagegen nicht gehalten, sich zwecks Einsparung unwesentlicher Beträge auf dem gesamten Versicherungsmarkt umzusehen und „tausend" unterschiedliche Versicherungsverträge abzuschließen.

Tatsächlich beinhaltet die Umlegung der abgerechneten Versicherungskosten einen Verstoß gegen das Wirtschaftlichkeitsgebot.[6] Gegen die Umlegung überhöhter oder nicht erforderlicher Kosten ist der Kläger als Mieter durch das allgemeine Wirtschaftlichkeitsgebot geschützt. Nach Treu und Glauben besteht für den Beklagten als Vermieter die vertragliche Nebenpflicht, den Kläger nur mit Nebenkosten zu belasten, die erforderlich und angemessen sind.

Der Abschluss eines marktunüblichen Versicherungsvertrags mit Kosten, die das 1½-fache der marktüblichen Kosten ausmachen, ist nicht erforderlich und angemessen.

Dem Beklagten wird auch nicht etwa angesonnen, eine Vielzahl von Versicherungsverträgen bei verschiedenen Versicherungsgesellschaften abzuschließen. Wie die vorgelegte Expertise zeigt, werden auf dem Versicherungsmarkt kostengünstigere Versicherungspakete angeboten, welche die hier einschlägigen Risiken ganz oder weitgehend abdecken. Risikoerweiterungen sind mit marktgängigen Tarifzuschlägen unschwer zu bewerkstelligen, ohne dass es besonderer Spezialverträge zu unüblichen Bedingungen und überhöhten Preisen bedarf.

Beweis: anliegende Kopie der Expertise vom . . . . .,
   Sachverständigengutachten

Der Beklagte ist daher verpflichtet, dem Kläger die nicht erforderlichen Betriebskosten zu ersetzen. Aus prozessualer Vorsorge beschränkt sich der Kläger insoweit auf die Freistellung von 50 % der auf ihn nach der Abrechnung entfallenden Versicherungskosten. Das sind . . . . . EUR. Damit wird etwaigen Preisspannen ebenso Rechnung getragen wie dem Spielraum, den der Beklagte bei der Bewirtschaftung des Mietobjekts hat.[7]

Der Kläger hat den Beklagten mit Schreiben vom . . . . . unter Fristsetzung bis zum . . . . . aufgefordert, den Klagebetrag zu zahlen.

Beweis: anliegende Fotokopie des Schreibens vom . . . . .

Damit befand sich der Beklagte ab dem folgenden Tage in Verzug, so dass der Zahlungsanspruch von da an zu verzinsen ist.

                                                              Rechtsanwalt

Anmerkungen

1. Zur Zuständigkeit → Form. C. II. 25 Anm. 1 in entsprechender Lesart. Ob das Landgericht anzurufen ist, wird streitwertbezogen zu ermitteln sein.

2. Gegen die **Umlegung überhöhter oder nicht erforderlicher Kosten** ist der Mieter durch das allgemeine **Wirtschaftlichkeitsgebot** geschützt. Dieses umschreibt die auf Treu und Glauben beruhende vertragliche Nebenpflicht des Vermieters, den Mieter nur mit Nebenkosten zu belasten, die erforderlich und angemessen sind (vgl. BGH Urt. v. 17.12.2014 – XII ZR 170/13, NZM 2015, 132, Anm. *Borzutzki-Pasing* jurisPR-MietR 4/2015 Anm. 3; v. 28.11.2007 – VIII ZR 243/06, NJW 2008, 440).

Für die **Wohnraummiete** ist diese Verpflichtung in § 556 Abs. 3 S. 1 Hs. 2 BGB niedergelegt. Sie gilt gemäß § 242 BGB auch für die **Geschäftsraummiete**. Auch der Vermieter von Geschäftsräumen darf nach § 242 BGB nur solche Kosten auf den Mieter umlegen, die dem Wirtschaftlichkeitsgebot genügen (vgl. BGH Urt. v. 13.10.2010 – XII ZR 129/09, NJW 2010, 3647).

Veranlasst der Vermieter den Anfall überhöhter Kosten, so verletzt er die aus dem Wirtschaftlichkeitsgebot folgende vertragliche Nebenpflicht und ist insoweit zur Freihaltung des Mieters verpflichtet (vgl. BGH Urt. v. 17.12.2014 – XII ZR 170/13, NZM 2015, 132; v. 4.5.2011 – XII ZR 112/09, GuT 2011, 48; v. 3.8.2011 – XII ZR 205/09, NJW 2012, 54).

Hat der Mieter unter Verstoß gegen das Wirtschaftlichkeitsgebot überhöhte Betriebskosten bereits gezahlt, steht ihm ein Schadensersatzanspruch nach § 280 Abs. 1 iVm § 241 Abs. 2 BGB zu (BGH Urt. v. 17.12.2014 – XII ZR 170/13, NZM 2015, 132). Ein solcher Anspruch ist Gegenstand des Formulars.

3. Der Gegenstandswert bemisst sich nach dem Wert des Zahlungsantrags.

4. Die Umlage von **Versicherungskosten** ist im Rahmen von § 2 Abs. 1 Nr. 13 BetrKV vorgesehen, soweit dort die Kosten „der Versicherung des Gebäudes gegen Feuer-, Sturm-, Wasser sowie sonstige Elementarschäden, der Glasversicherung, der Haftpflichtversicherung für das Gebäude, den Öltank und den Aufzug" angesprochen sind. Diese Kosten sind auch bei der Gewerberaummiete umlagefähig, wozu anerkanntermaßen die bloße Verweisung auf die BetrKV ausreicht.

Schon die in der Verordnung enthaltene Formulierung „namentlich" verdeutlicht, dass auch Unterarten der benannten Sachversicherung umlagefähig sein können. Dies gilt insbesondere für Versicherungen, die Risiken für die technische Ausstattung abdecken sollen.

Die bloße Übertragung von „**Kosten für Versicherungen**" ist jedoch unwirksam, weil die Klausel inhaltlich unklar ist und dem Mieter keine Anhaltspunkte dafür bietet, im Rahmen seiner wirtschaftlichen Kalkulation Art und Höhe der möglicherweise auf ihn zukommenden Versicherungskosten abschätzen zu können (vgl. BGH Urt. v. 26.9.2012 – XII ZR 112/10, NZM 2013, 85). Der BGH hat aus diesem Grunde auch andere Klauseln, welche bei der Geschäftsraummiete eine Übertragung der Kosten für „**übliche Versicherungen**" zum Gegenstand hatten, im Hinblick auf einen Verstoß gegen das Transparenzgebot für unwirksam gehalten (vgl. BGH Urt. v. 6.4.2005 – XII ZR 158/01, NZM 2005, 863).

5. Den Vermieter trifft nur die **Darlegungs- und Beweislast** dafür, dass die umgelegten Kosten angefallen und von der vertraglichen Vereinbarung abgedeckt sind (vgl. BGH Urt. v. 17.12.2014 – XII ZR 170/13, NZM 2015, 132). Davon wird für den Beispielsfall ausgegangen.

Behauptet der Gewerberaummieter gegen den Ansatz von Betriebskosten in der Nebenkostenabrechnung einen Verstoß des Vermieters gegen das Wirtschaftlichkeitsgebot, trifft
ihn insoweit die Darlegungs- und Beweislast. Das folgt aus der Einordnung des Wirtschaftlichkeitsgebots als vertragliche Nebenpflicht, deren Verletzung einen Schadensersatzanspruch nach § 280 Abs. 1 iVm § 241 Abs. 2 BGB auslöst (vgl. BGH Urt. v.
17.12.2014 – XII ZR 170/13, NZM 2015, 132; v. 6.7.2011 – VIII ZR 340/10, NJW
2011, 3028).

Grundsätzlich trägt der Vermieter insoweit auch **keine sekundäre Darlegungslast**, die
ihn zur näheren Darlegung der für die Wirtschaftlichkeit erheblichen Tatsachen, etwa
eines Preisvergleichs, verpflichten würde (vgl. BGH Urt. v. 17.12.2014 – XII ZR 170/13,
NZM 2015, 132, Anm. *Borzutzki-Pasing* jurisPR-MietR 4/2015 Anm. 3; v. 6.7.2011 –
VIII ZR 340/10, NJW 2011, 3028).

Prozessual bedarf es daher schon auf der Schlüssigkeitsebene des Vortrags konkreter
Tatsachen, die einen Verstoß gegen das Wirtschaftlichkeitsgebot belegen (→ Anm. 6).
Das wird oft die **vorprozessuale Einholung eines (Privat-)Sachverständigengutachtens**
oder entsprechender Erhebungen erforderlich machen.

Im Beispielsfall würde es also im Zweifel nicht genügen, sich auf (einzelne oder wenige)
billigere Alternativangebote anderer Versicherungsgesellschaften zu stützen, wenn daraus
keine hinreichenden Schlüsse auf die herrschenden Marktgegebenheiten zu ziehen sind.

6. Es besteht noch weitreichende Unsicherheiten bei der Beantwortung der Frage, ob
und unter welchen Voraussetzungen der gewerbliche Mieter sich bei vermeintlich überhöhten Betriebskosten auf das Wirtschaftlichkeitsgebot berufen und eine Freistellung
verlangen kann.

Trügerisch wäre jedenfalls die Annahme, der Mieter könne sich darauf beschränken,
den Rahmen des Ortsüblichen nur im Groben abzuschätzen (vgl. aber BGH Urt. v.
3.8.2011 – XII ZR 205/09, NZM 2012, 24, Anm. *Emmert* jurisPR-MietR 3/2012
Anm. 4).

Um einen Verstoß gegen das Wirtschaftlichkeitsgebot schlüssig darzulegen, reicht allein
eine summarische Schätzung keinesfalls aus. Der Mieter muss nach der Rechtsprechung
(namentlich auch zur Angemessenheit von Verwalterkosten) grds. Umstände vortragen
und unter Beweis stellen, die den vielfältigen, je nach Region bzw. Kommune unterschiedlichen Bedingungen des Vermietungsmarkts sowie den unterschiedlichen tatsächlichen Gegebenheiten des jeweils in Rede stehenden Anwesens hinreichend Rechnung
tragen (vgl. BGH Urt. v. 11.08.2010 – VIII ZR 45/10, NZM 2010, 784, Anm. *Börstinghaus* jurisPR-BGHZivilR 22/2010 Anm. 3; BGH Urt. v. 6.7.2011 – VIII ZR 340/10,
NZM 2011, 705, Anm. *Schach* jurisPR-MietR 19/2011 Anm. 1).

Es genügt für die Darlegung einer Nebenpflichtverletzung also nicht, wenn der Mieter
die Angemessenheit und Üblichkeit der Kosten nur bestreitet oder nur lediglich pauschal
behauptet, dass die betreffenden Leistungen zu überhöhten Preisen beschafft worden
seien (vgl. OLG Düsseldorf Urt. v. 21.5.2015 – I-10 U 29/15, BeckRS 2015, 17291;
Ludley NZM 2011, 417). Auch aus dem allgemeinen Hinweis des Mieters auf zu hohe
Kosten und Schwankungen der Kosten in verschiedenen Abrechnungsperioden ergibt sich
kein Verstoß gegen das Gebot der Wirtschaftlichkeit (BGH Urt. v. 31.10.2007 – VIII ZR
261/06, NZM 2008, 35).

Für den ihm obliegenden Preisvergleich hat sich der Mieter vielmehr zunächst durch
Einsichtnahme in die Abrechnungsunterlagen Kenntnis von den zugrunde liegenden
Leistungen zu verschaffen und auf dieser Basis darzulegen, dass gleichwertige Leistungen
nach den örtlichen Gegebenheiten auch unter Berücksichtigung des dem Vermieter
zustehenden Ermessensspielraums zu einem deutlich geringeren Preis zu beschaffen
gewesen wären.

Hierzu reicht der bloße Hinweis auf Betriebskostenspiegel oder sonstige überörtliche Erhebungen schon deshalb nicht aus, weil sie die dem Vermieter verfügbaren örtlichen Gegebenheiten nicht abzubilden vermögen (vgl. OLG Düsseldorf Urt. v. 21.5.2015 – I-10 U 29/15, juris; *Streyl* NZM 2013, 97). Der Mieter muss vielmehr konkret vortragen, dass der Vermieter im Abrechnungszeitraum bei ihm zumutbaren Bemühungen andere Anbieter hätte beauftragen können, die die gleichen Leistungen zu günstigeren Preisen durchzuführen bereit gewesen wären (vgl. OLG Düsseldorf Urt. v. 21.5.2015 – I-10 U 29/15, juris; OLG Stuttgart Urt. v. 15.02.07 – 13 U 145/06, FD-VersR 2007, 216944; *Neuhaus* NZM 2011, 65).

Für den Beispielsfall wird davon ausgegangen, dass der überregional strukturierte und allgemein zugängliche Versicherungsmarkt eher als bei anderen Kostenarten Vergleichsmaterial liefert, mit dem sich eine Kostenüberschreitung hinreichend sicher belegen lässt.

7. Auch bei der Bemessung des Ersatzanspruchs ist Vorsicht geboten. Die Feststellung eines schlechthin angemessenen und nicht überschreitbaren Kostenrahmens wird im Regelfall auszuscheiden haben.

Bei der Prüfung, ab wann ein Verstoß gegen das Wirtschaftlichkeitsgebot vorliegt, kommt es auf die Sicht eines ordentlichen Kaufmanns bzw. „vernünftigen" Vermieters an (vgl. BGH Urt. v. 13.10.2010 – XII ZR 129/09, NZM 2010, 864).

Der Vermieter ist also nicht verpflichtet, ausnahmslos die kostengünstigste Lösung zu wählen. In seinen Bewirtschaftungsgrundsätzen hat er ebenso einen Spielraum wie bei der Wahl des Anbieters (*Hinz* WuM 2013, 443 mwN). Im Rahmen marktüblicher Preisspannen muss er nicht jedem Cent hinterherrennen.

Prozessual sicher ist daher allenfalls eine Schadensbemessung, die den sich hieraus ergebenden Unwägbarkeiten durch einen **Sicherheitsabschlag** Rechnung trägt.

22. Klage auf Zahlung abgerechneter Betriebskosten im öffentlich geförderten Wohnungsbau

An das

Amtsgericht in . . . . .[1]

Klage

des Herrn Robert V . . . . .

– Kläger –

Prozessbevollmächtigter: Rechtsanwalt Dr. G aus K[2]

gegen

Frau Marita M . . . . .

– Beklagte –

wegen Zahlungsforderung

Streitwert: 174,52 EUR

Um Anberaumung eines möglichst nahen Verhandlungstermins wird gebeten, in dem beantragt wird:

1. Die Beklagte wird verurteilt, an den Kläger 174,52 EUR nebst Zinsen in Höhe von 5 Prozentpunkten über dem Basiszinssatz seit dem . . . . . zu zahlen.
2. Die Kosten des Rechtsstreits trägt die Beklagte.

Sollte das Gericht ein schriftliches Vorverfahren anordnen, wird bereits jetzt für den Fall des Vorliegens der jeweiligen Voraussetzungen Antrag auf Erlass eines

Versäumnisurteils

gestellt.

Ferner wird beantragt, soweit das Gericht das Verfahren nach § 495a ZPO betreiben will, eine mündliche Verhandlung anzuberaumen.

Ergänzend wird darauf hingewiesen, dass ein außergerichtlicher Einigungsversuch bisher nicht stattgefunden hat. Ein derartiger Versuch erscheint zur Zeit nicht als aussichtslos.[3]

Begründung

Der Kläger ist Vermieter, die Beklagte Mieterin einer Wohnung in der Burgunderstraße 45 in K; maßgebend sind die Bestimmungen des Mietvertrages vom 1.1.2010.

Beweis: Vorlage des Mietvertrages vom 1.1.2010 in Kopie

Die Wohnung ist mit öffentlichen Mitteln gefördert.[4]

Mit der Klage wird der Saldo aus der Betriebskostenabrechnung für das Jahr 2013 geltend gemacht, der sich ausweislich der Abrechnung vom 1.10.2014 auf insgesamt 174,52 EUR beläuft.

Beweis: Vorlage der Betriebskostenabrechnung vom 1.10.2014 in Kopie

Die Abrechnung ist der Beklagten am 2.10.2014 zugegangen.[5]

Die Beklagte hat sich auf den Standpunkt gestellt, ihr sei diese Abrechnung über die Betriebskosten nicht verständlich; sie vermisse eine Erläuterung der einzelnen Betriebskostenpositionen.[6]

Die Abrechnung entspricht indessen den Vorgaben des § 259 BGB, weist die Gesamtkosten des Mietobjekts auf, ferner den Anteil der auf die Beklagten entfallenden Kosten sowie den Verteilerschlüssel und die Vorauszahlungen.[7]

Der Beklagten ist angeboten worden, die Belege einzusehen; von dieser Möglichkeit hat sie indessen keinen Gebrauch gemacht.[8]

Die Beklagte ist letztmalig aufgefordert worden, den Saldo bis zum . . . . . auszugleichen. Da Zahlung nicht erfolgt ist, war Klage geboten.[9]

Rechtsanwalt

Anmerkungen

1. Zur Zuständigkeit → Form. B. II. 16 Anm. 1.

2. Zur Vertretung im Rechtsstreit → Form. B. II. 16 Anm. 2.

3. a) Bis zu einem Streitwert von 600.– Euro kann das Amtsgericht nach § 495a ZPO das Verfahren nach billigem Ermessen gestalten. Eine mündliche Verhandlung ist nur dann anzuberaumen, wenn eine Partei dies ausdrücklich beantragt. Das Urteil braucht einen Tatbestand nicht zu enthalten, § 313a ZPO; die Urteilsgründe können in das Protokoll diktiert werden.

b) Der übrige Hinweis bezieht sich auf § 15a EGZPO.

4. Die neue Förderung hat die bisherige Förderung nach den Vorschriften des II. WohnBauG mit Wirkung vom 1.1.2002 abgelöst. Im Gegensatz zum II. WohnBauG enthält das WoFG (Gesetz über die soziale Wohnraumförderung – **Wohnraumförderungsgesetz v. 13.9.2001 – BGBl. I S. 2376**) nur noch Rahmenbedingungen und überlässt es den Bundesländern, zu welchen Bedingungen Fördergelder vergeben werden. Damit kann jedes Bundesland unterschiedliche Schwerpunkte setzen. Grundlegende Bestimmungen des WoFG:

- Mietwohnungen, Genossenschaftswohnungen und selbst genutztes Wohneigentum kann gefördert werden, § 1 Abs. 1 WoFG;
- Zielgruppe sind Haushalte, die sich am Wohnungsmarkt nicht angemessen mit Wohnraum versorgen können. Die Förderung unterstützt Haushalte mit geringem Einkommen, Familien und Haushalte mit Kindern, Alleinerziehende, Schwangere, ältere Menschen, behinderte Menschen, Wohnungslose und sonstige hilfsbedürftige Personen, § 1 Abs. 2 Zi. 1 WoFG;
- Schaffung und Erhaltung preiswerten Wohnraums, § 6 WoFG;
- Ermächtigung zur Bestimmung höchstzulässiger Mieten zur Erreichbarkeit tragbarer Wohnkosten, §§ 6, 7 WoFG;
- Bestimmung von Einkommensgrenzen und Wohnungsgrößen, §§ 9, 10 WoFG;
- Vereinbarung von Belegungs- und Mietbindungen, §§ 25 – 33 WoFG,
- Ahndung von Fehlförderungen, §§ 34 – 37 WoFG;
- Förderung mit Wohnungsfürsorgemitteln, § 45 WoFG.

5. Für Abrechnungen nach § 20 NMVO gilt seit 1984 die Jahresfrist zur Abrechnung über die Betriebskosten, § 20 Abs. 3 Satz 2 NMVO. Allerdings besteht keine Ausschlussfrist im öffentlich geförderten Wohnraummietrecht für Einwendungen des Mieters, wie dies für den preisfreien Wohnraum in § 556 Abs. 3 Satz 5 BGB vorgesehen ist. Der Mieter hat Anspruch auf Auskunft über die Ermittlung und Zusammensetzung der zulässigen Miete, ferner Anspruch auf Einsicht in die Wirtschaftlichkeitsberechnung und sonstige Unterlagen, die eine Berechnung der Miete ermöglichen, § 29 Abs. 1 NMVO. An Stelle der Einsicht in die Berechnungsunterlagen kann der Mieter Ablichtungen davon verlangen gegen Erstattung der Auslagen. Liegt der zuletzt zulässigen Miete eine Genehmigung der Bewilligungsstelle zugrunde, kann der Mieter auch die Vorlage der Genehmigung oder einer Ablichtung davon verlangen, § 29 Abs. 2 NMVO.

Über die Betriebskosten ist innerhalb eines Jahres nach Ablauf der Abrechnungsperiode in Schriftform abzurechnen, §§ 20 Abs. 4 Satz 1 NMVO, 4 Abs. 7 und 8 NMVO und § 10 WoBindG. Maßgebend für die Einhaltung der Frist ist der Zugang beim Mieter (BGH WuM 2004, 666; NZM 2009, 274; Bub/Treier/*v. Brunn/Emmerich* III A Rn. 234).

6. Gemäß § 20 Abs. 1 Satz 3 NMVO hat der Vermieter Betriebskosten, die er umlegen will, nach Art und Höhe bei Überlassung der Wohnung bekannt zu geben. Sind die Betriebskosten im Mietvertrag im Einzelnen angegeben und ist lediglich eine Vorauszahlung hierfür vereinbart, ist diese Regelung wirksam (vgl. MAH MietR/*Bister* § 25 Rn. 134). Der Mieter hat das Recht, die einzelnen Anteile an den verschiedenen Betriebskostenpositionen zu erfragen. Dazu genügt es für den Vermieter, ihm die letzte Betriebskostenabrechnung für seine Wohnung vorzulegen. Auf die Betriebskosten kann der Vermieter ein Umlagenausfallwagnis aufschlagen, § 25a NMVO, das aber 2 vom Hundert der im Abrechnungszeitraum auf den Wohnraum entfallenden Betriebskosten nicht überschreiten darf, § 25a Satz 2 NMVO.

7. Bezüglich des Umlegungsmaßstabs gilt, dass die Betriebskosten zwingend nach der Wohnfläche umzulegen sind, vorbehaltlich, die §§ 20 ff. NMVO sehen eine andere Art der Kostenverteilung vor. Vom Grundsatz her gilt also zunächst § 556 BGB.

Die Kosten der Wasserversorgung und Entwässerung können nach § 21 NMVO nach einem anderen Maßstab verteilt werden, etwa nach der Anzahl der im Haus lebenden Personen. Wird der Wasserverbrauch, der mit der üblichen Benutzung der Wohnungen zusammenhängt, für alle Wohnungen eines Gebäudes durch Wasserzähler erfasst, hat der Vermieter die auf die Wohnungen entfallenden Kosten nach dem erfassten unterschiedlichen Wasserverbrauch der Wohnparteien umzulegen, § 21 Abs. 2 Satz 3 NMVO.

Die Kosten der Versorgung mit Wärme und Warmwasser sind gemäß § 22 Abs. 1 NMVO zwingend nach den Vorgaben der Heizkostenverordnung umzulegen. Werden für Wohnungen, die vor dem 1.1.1981 bezugsfertig geworden sind, bei verbundenen Anlagen die Kosten für die Versorgung mit Wärme und Warmwasser am 30.4.1984 unaufgeteilt umgelegt, bleibt dies weiterhin zulässig, § 22 Abs. 3 NMVO.

Die Kosten der Müllbeseitigung sind nach einem Maßstab umzulegen, der der unterschiedlichen Müllverursachung durch die Wohnparteien Rechnung trägt, oder nach dem Verhältnis der Wohnflächen, § 22a Abs. 2 NMVO. Demgemäß ist eine Aufteilung nach Personenzahlen denkbar; auch können bestimmte Müllgefäße einzelnen Mietern zugeordnet werden (vgl. MAH MietR/*Bister* § 25 Anm. 137).

Die Kosten einer zentralen Brennstoffversorgungsanlage dürfen nach § 23 Abs. 2 NMVO allein nach dem Brennstoffverbrauch umgelegt werden.

Die Kosten des Betriebs eines maschinellen Aufzuges dürfen gemäß § 24 Abs. 2 NMVO nach dem Verhältnis der Wohnflächen umgelegt werden, sofern nicht im Einvernehmen mit allen Mietern ein anderer Umlegungsmaßstab vereinbart ist. Nach § 24 Abs. 2 Satz 2 NMVO kann der Wohnraum im Erdgeschoss von einer Umlegung der Kosten für den Aufzug ausgenommen werden.

Die Kosten des Betriebs der mit einem Breitbandkabelnetz verbundenen privaten Verteilanlage und der Gemeinschafts – Antennenanlage dürfen nach § 24a Abs. 2 Satz 1 NMVO nach dem Verhältnis der Wohnflächen umgelegt werden, sofern nicht im Einvernehmen mit allen Mietern ein anderer Umlegungsmaßstab vereinbart ist. Die laufenden monatlichen Grundgebühren für Breitbandkabelanschlüsse dürfen nur zu gleichen Teilen auf die Wohnungen umgelegt werden, die mit Zustimmung des Nutzungsberechtigten angeschlossen worden sind, § 24a Abs. 2 Satz 2 NMVO.

Die Kosten des Betriebs und der Instandhaltung der Einrichtungen für Wäschepflege dürfen nur auf die Benutzer der Einrichtung umgelegt werden, § 25 Abs. 2 Satz 1 NMVO. Dabei muss der Umlegungsmaßstab dem Gebrauch der Einrichtung Rechnung tragen, § 25 Abs. 2 Satz 2 NMVO. Praktisch geregelt wird dies durch den Einsatz von Münzen. Die Erlöse sind zu verrechnen mit den Kosten der Waschanlage, also Strom, Wasser und Instandhaltung. Das Ergebnis der Verrechnung ist unabhängig davon, ob ein Verlust oder Gewinn erwirtschaftet worden ist, in die Betriebskostenabrechnung aufzunehmen und nach Wohnfläche umzulegen (vgl. MAH MietR/*Bister* § 25 Rn. 139).

Ein Beispiel für eine Betriebskostenabrechnung bei öffentlich gefördertem Wohnraum findet sich in BeckFormB MietR/*Bister* Form. C. X. 10, S. 568 ff.

Eine Betriebskostenabrechnung im öffentlich geförderten Wohnungsbau mag kompliziert sein; sie enthebt aber den Mieter nicht einer Verpflichtung, sich um ein Verständnis dieser Abrechnung zu bemühen. Bei der Auseinandersetzung mit der Betriebskostenabrechnung mag er sich des Hilfsmittels in Form eines Taschenrechners bedienen (LG Köln WuM 1985, 371).

8. Die Auskunftsverpflichtung des Vermieters ist in § 29 NMVO niedergelegt. Der Vermieter hat dem Mieter auf Verlangen Auskunft über die Ermittlung und Zusammensetzung der zulässigen Miete zu geben und Einsicht in die Wirtschaftlichkeitsberechnung und sonstige Unterlagen zu gewähren, die eine Berechnung der (Kosten-) Miete ermöglichen, § 29 Abs. 1 NMVO. An Stelle der Einsicht in die Berechnungsunterlagen kann der Mieter Ablichtungen davon gegen Erstattung der Auslagen verlangen, § 29 Abs. 2 Satz 1

NMVO. Der Vermieter kann seinen Sonderaufwand mit 0,25 EUR bis 0,50 EUR pro Kopie berechnen (MAH MietR/*Gies* § 24 Rn. 185 mwN). Liegt der zuletzt zulässigen Miete eine Genehmigung der Bewilligungsstelle zugrunde, so kann der Mieter auch die Vorlage der Genehmigung oder eine Ablichtung davon verlangen, § 29 Abs. 2 Satz 2 NMVO.

9. Zur Inverzugsetzung → Form. B. II. 16 Anm. 12.

23. Klage auf Zahlung abgerechneter Betriebskosten bei vermieteter Eigentumswohnung

An das

Amtsgericht in . . . . .[1]

Klage

des Herrn Robert V . . . . .

– Kläger –

Prozessbevollmächtigter: Rechtsanwalt Dr. G aus K[2]

gegen

Frau Marita M . . . . .

– Beklagte –

wegen Zahlungsforderung

Streitwert: 1.2344,55 EUR

Um Anberaumung eines möglichst nahen Verhandlungstermins wird gebeten, in dem beantragt wird:

1. Die Beklagte wird verurteilt, an den Kläger 1.2344,55 EUR nebst Zinsen in Höhe von 5 Prozentpunkten über dem Basiszinssatz seit dem . . . . . zu zahlen.
2. Die Kosten des Rechtsstreits trägt die Beklagte.

Sollte das Gericht ein schriftliches Vorverfahren anordnen, wird bereits jetzt für den Fall des Vorliegens der jeweiligen Voraussetzungen Antrag auf Erlass eines

Versäumnisurteils

gestellt.

Begründung

Der Kläger ist Vermieter, die Beklagte Mieterin einer dem Kläger gehörenden Eigentumswohnung in der Burgunderstraße 46 in K.; maßgebend sind die Bestimmungen des Mietvertrages vom 1.1.2008. Danach beläuft sich die Nettomiete auf 600,– EUR. Hinzu kommen Vorauszahlungen auf die Heiz- und Betriebskosten in Höhe von monatlich 160,–EUR. Da die Beklagte zusätzlich einen Garagenplatz angemietet hat zu einem monatlichen Mietzins in Höhe von 90,– EUR, beträgt die Bruttomiete insgesamt 850,– EUR.

Beweis: Vorlage des Mietvertrages vom 1.1.2008 in Kopie

Gemäß § 3 dieses Mietvertrages sind alle Heiz- und Betriebskosten auf die Beklagte umlegbar, die in § 2 Ziffer 2 bis 17 BetrKV aufgelistet sind.[3]

Beweis: wie vor

Mit der Klage macht der Kläger den Betriebskostensaldo aus der Abrechnung über die umlegbaren Nebenkosten aus dem Abrechnungsjahr 2010 in Höhe von 1.2344,55 EUR geltend, die die Beklagte bisher nicht gezahlt hat.

Der Kläger hat die einzelnen Betriebskostenpositionen der Abrechnung des Wohnungsverwalters der Eigentümergemeinschaft vom 30.4.2010 entnommen, was zwanglos möglich ist, weil das an die Beklagte vermietete Eigentum des Klägers genau dem Eigentumsanteil des Klägers hinsichtlich der Eigentümergemeinschaft entspricht.

Nicht in die Abrechnung für die Beklagte sind aufgenommen worden die Kosten für Beiratsversicherung, der Beiratsvergütung, Reparaturkosten, Verwaltervergütung, Bankgebühren und die Zuführungen zur Instandhaltungsrücklage.[4] Lediglich die Positionen aus § 2 Ziffer 2 bis 17 BetrKV sind berücksichtigt worden. Hinzu gesetzt worden ist über die Verwalterabrechnung hinausgehend die Position „Grundsteuer".[5]

Die Abrechnung des Klägers über die umlegbaren Heiz- und Betriebskosten enthält für jede Position die Gesamtkosten der Anlage, den Anteil der auf die Beklagten entfallenden Nebenkosten, einen Hinweis auf den Verteilerschlüssel, ferner die Vorauszahlungen der Beklagten für das ganze Abrechnungsjahr. Die Abrechnung ist für die Beklagte nachprüfbar und führt nach einer Gegenüberstellung mit den Vorauszahlungen der Beklagten zu einem Betriebskostensaldo in Höhe der Klageforderung.[6]

Der Beklagten ist Gelegenheit gegeben worden, die Belege beim Verwalter einsehen zu können.

Beweis: Schreiben des Klägers vom 1.10.2011

Von dieser Möglichkeit hat die Beklagte keinen Gebrauch gemacht.[7]

Die Betriebskostenabrechnung ist der Beklagten am 31.5.2011 zugegangen; die Betriebskostenabrechnung ist im Beisein eines Zeugen in den Briefkasten eingelegt worden, der mit der Namensaufschrift der Beklagten in der Burgunderstraße 46 versehen ist.[8]

Beweis: Zeugnis des . . . . .

Die Beklagte ist mit Schreiben des Klägers vom . . . . . zum Ausgleichs des Betriebskostensaldos gemäß Zuschrift vom 31.5.2011 unter Fristsetzung bis zum . . . . . aufgefordert worden.[9] Zahlung ist bis heute nicht erfolgt, so dass Klage geboten war.

Rechtsanwalt

Anmerkungen

1. Auch für den Fall einer zu Wohnzwecken vermieteten Eigentumswohnung richtet sich die örtliche Zuständigkeit nach § 29a Abs. 1 ZPO; das Gericht ist ausschließlich zuständig, in dessen Bezirk sich die Räume befinden.

Sachlich zuständig ist über § 23 Nr. 2 a GVG das Amtsgericht ohne Rücksicht auf den Wert des Streitgegenstandes.

2. Zur anwaltlichen Vertretung → Form. B. II. 16 Anm. 2

3. Der Wohnungsvermieter als Eigentümer der Eigentumswohnung kann im Verhältnis zu seinem Mieter nur die Betriebskosten umlegen, die im Katalog des § 2 Ziffer 2 bis 17 BetrKV aufgelistet und im Mietvertrag als umlegbar vereinbart sind. Auf den Wohnungsmieter nicht umlegbar sind die Kosten für Verwaltung, Kontoführung, Reparaturen und die Zuführungen zur Instandhaltungsrücklage. Entspricht – wie im vorliegenden Fall – der Anteil des Vermieters in Form der Miteigentumsanteile am Sondereigentum der vermieteten Fläche, können die Werte aus der Abrechnung des WEG-Verwalters übernommen werden. Stimmen vermietete Fläche und Miteigentumsanteile nicht überein, muss über Prozentsätze der zutreffende Wert für die Mieterabrechnung ermittelt werden.

4. Hier sind im Einzelnen die Positionen aufgeführt, für die in einer Betriebskostenabrechnung dem Wohnungsmieter gegenüber gerade kein Raum ist. Aus Gründen der Klarheit sind sie hier erwähnt.

5. Die **Grundsteuer** fehlt in der Abrechnung des WEG – Verwalters. Für jede Wohnung wird die Grundsteuer konkret festgesetzt. Der Grundsteuerbescheid richtet sich an den Eigentümer der Wohnung und stammt von der zuständigen Verwaltungsbehörde. Die Festsetzung der Grundsteuer erfolgt auf der Basis des vom Finanzamt erteilten Grundsteuermessbescheids. In diesem Grundsteuermessbescheid legt die Finanzverwaltung ua fest, wer Steuerschuldner ist, wann die Steuerpflicht beginnt und wie hoch der für die Höhe der Grundsteuer maßgebliche Grundsteuermessbetrag ist. Die Grundsteuer ist im Katalog der Betriebskosten in § 2 Ziffer 1 BetrKV aufgelistet und kann daher bei entsprechender vertraglicher Vereinbarung in vollem Umfang auf den Wohnungsmieter umgelegt werden.

6. Hier ist eine Zusammenfassung der Voraussetzungen erfolgt, die die Rechtsprechung in Form des Urteils des Bundesgerichtshofs vom 23.11.1981 (BGH NJW 1982, 573, vgl. auch BGH NZM 2003, 196 und NJW 2015, 51) gefordert hat. Welche Erläuterungen für eine Betriebskostenabrechnung notwendig sind, ist Frage des Einzelfalls. Die Abrechnung muss dem durchschnittlichen Verständnisvermögen eines juristisch und betriebswirtschaftlich nicht geschulten Mieters entsprechen. Sie muss gedanklich und rechnerisch ohne allzu große Schwierigkeiten nachvollziehbar sein (BGH NJW 2010, 493; 2015, 51). Ein Muster für eine Betriebskostenabrechnung für eine vermietete Eigentumswohnung findet sich bei MAH Hannemann/Wiegner/*Gies* § 24 Rn. 180.

7. Hat die Mieterin Zweifel an der Richtigkeit der in die Abrechnung aufgenommenen Werte, besteht für sie die Möglichkeit, die der Abrechnung zu Grunde gelegten Belege einzusehen. Z.B. hat der Wohnungseigentümer Reparaturkosten eines Aufzuges zu tragen, der Mieter dagegen nicht. Demgemäß ist dem Mieter ein umfassendes Einsichtsrecht in die Belege zuzugestehen, die in den Räumen des Verwalters vorzulegen sind. Der Vermieter kann sich auch die Abrechnungsunterlagen beim WEG – Verwalter besorgen und diese – gegen Kostenerstattung – dem Mieter überlassen. Im Übrigen kann aber auch der Vermieter seinen Mieter ermächtigen, die Originalunterlagen beim Verwalter der Wohnungseigentümergemeinschaft einzusehen (BayObLG NZM 2000, 873; MAH MietR/*Gies* § 24 Rn. 188).

Ein Bestreiten des Kostenansatzes durch den Mieter ist im Rechtsstreit nur dann zu berücksichtigen, wenn er zuvor die Berechnungsunterlagen eingesehen hat. Von dieser Möglichkeit muss der Mieter Gebrauch machen, soll sein Bestreiten nicht als unsubstantiiert und damit als rechtlich unerheblich bewertet werden (OLG Düsseldorf DWW 2000, 193, 194; MAH MietR/*Gies* § 24 Rn. 190).

8. Zur Zugangsproblematik → Form. B. II. 16 Anm. 9

9. Zur Problematik der Inverzugsetzung → Form. B. II. 16 Anm. 10

24. Klage auf Zahlung nicht geleisteter Vorauszahlungen nach Ablauf der Abrechnungsfrist

An das

Amtsgericht in . . . . .[1]

Klage

des Herrn Robert V . . . . .

– Kläger –

Prozessbevollmächtigter: Rechtsanwalt Dr. G aus K[2]

gegen

Frau Marita M . . . . .

– Beklagte –

wegen Zahlungsforderung

Streitwert: 910,– EUR

Um Anberaumung eines möglichst nahen Verhandlungstermins wird gebeten, in dem beantragt wird:

1. Die Beklagte wird verurteilt, an den Kläger 910,– EUR nebst 5 Prozentpunkten über dem Basiszinssatz aus 130,– EUR ab 3.6.2009, aus 260,– EUR ab 3.7.2009, aus 390,– EUR ab 3.8.2009, aus 520,– EUR ab 3.9.2009, aus 650,– EUR ab 3.10.2009, aus 780,– EUR ab 3.11.2009 und aus 910,– EUR an 3.12.2009 zu zahlen.
2. Die Kosten des Rechtsstreits trägt die Beklagte.

Sollte das Gericht ein schriftliches Vorverfahren anordnen, wird bei Vorliegen der weiteren Voraussetzungen bereits jetzt Antrag auf Erlass eines

Versäumnisurteils

gestellt.

Begründung

Der Kläger ist Vermieter, die Beklagte ist Mieterin einer Wohnung in der Burgunderstraße in K.; maßgebend sind die Bestimmungen des Mietvertrages vom 1.1.2010.

Beweis: Vorlage des Mietvertrages vom 1.1.2010 in Kopie

Nach § 3 des vorbezeichneten Mietvertrages ist die Beklagte verpflichtet, eine monatliche Nettomiete von 500,– EUR zu zahlen. § 3 Abs. 2 des Mietvertrages enthält die Verpflichtung der Mieterin, auf die jährlich abzurechnenden Betriebskosten eine monatliche Vorauszahlung in Höhe von 130,– EUR zu leisten, fällig am 3. Werktag eines jeden Monats, Zugang beim Gläubiger.

Beweis: wie vor.

Mit der Klage werden die Vorauszahlungen geltend gemacht, die die Beklagte im Zeitraum vom Juni bis Dezember 2013 nicht geleistet hat.

Die Beklagte hat sich in der Vorkorrespondenz darauf berufen, der Kläger habe über die Betriebskosten aus dem Jahre 2012 nicht abgerechnet, so dass sie zu einer Leistung der Vorauszahlung nicht verpflichtet gewesen sei.

Beweis: Vorlage des Schreibens der Beklagten vom 1.10.2014

Mit diesem Argument kann die Beklagte aber nicht gehört werden, weil das Mietverhältnis zwischen den Parteien zum 31.3.2015 beendet worden ist. Die Beklagte hat die Wohnung an den Kläger herausgegeben.[3] Die Kaution hat der Kläger auf Schadensersatzansprüche gegen die Beklagte verrechnet wegen schlecht ausgeführter Schönheitsreparaturen, zu deren Vornahme die Beklagte wirksam durch Individualabrede verpflichtet war. Der Kläger hat allerdings nunmehr nach Ablauf der Frist des § 556 Abs. 3 Satz 2 BGB über die Betriebskosten des Jahres 2013 abgerechnet; zu Lasten der Beklagten ergibt sich ein Saldo in Höhe von 290,– EUR.[4]

Beweis: anliegende Betriebskostenabrechnung vom 1.3.2015

Die Abrechnung ist unter keinem formellen Gesichtspunkt zu beanstanden. Sie enthält die Gesamtkosten, den Verteilerschlüssel, den Anteil der auf die Mieterin entfallenden Kosten sowie die zu berücksichtigenden Vorauszahlungen.

Die Beklagte ist mit Schreiben vom 1.9.2015 zur Zahlung des Betrages von 910,– EUR nebst Zinsen aufgefordert worden.[5]

Beweis: Vorlage des Schreibens des Klägers vom 1.9.2015 in Kopie

Da Zahlung nicht erfolgt ist, war Klage geboten.

Rechtsanwalt

Anmerkungen

1. Zur örtlichen Zuständigkeit → Form. B. II. 16 Anm. 1.

2. Zur anwaltlichen Vertretung → Form. B. II. 16 Anm. 2.

3. Die Beklagte beruft sich auf ein Zurückbehaltungsrecht; der Kläger hat innerhalb der Frist des § 556 Abs. 3 BGB nicht abgerechnet, so dass der Mieterin während der Dauer des Mietvertrages ein Zurückbehaltungsrecht an den fälligen Vorauszahlungen hätte zustehen können (vgl. BGH NJW 2006, 2552; Palandt/*Weidenkaff* § 556 Rn. 11). Das Mietverhältnis ist aber zwischenzeitlich beendet, so dass nunmehr für die Geltendmachung eines Zurückbehaltungsrechts kein Raum mehr bleibt. Hinzu kommt, dass während des Jahres 2013 der Kläger noch nicht zur Abrechnung verpflichtet war. Über 2013 hatte der Kläger bis zum 31.12.2014 abzurechnen.

4. Eine erst **nach Ablauf der Jahresfrist** nach § 556 Abs. 3 Satz 2 BGB erteilte Betriebskostenabrechnung, die allen formellen Anforderungen gerecht wird, vermag zu Gunsten des Vermieters eine Nachforderung nicht zu begründen. Nachforderungen sind allerdings nur dann begrifflich gegeben, wenn der Vermieter nach Ablauf der zwölfmonatigen Abrechnungsfrist einen Betrag verlangt, der eine bereits erteilte Abrechnung oder, wenn er eine rechtzeitige Abrechnung nicht erstellt hat, die Summe der Vorauszahlungen des Mieters übersteigt (BGH NJW 2005, 1499; NJW 2008, 142, 143). Entsprechendes gilt für den Fall, dass der Mieter geschuldete Vorauszahlungen nicht erbracht hat. Betriebskosten bis zum Betrag der geschuldeten Vorauszahlungen kann der Vermieter daher auf

Grund einer nach Ablauf der Abrechnungsfrist erteilten Abrechnung geltend machen (Schmidt-Futterer/*Langenberg* § 556 Rn. 475). Dem Vermieter steht also ein Anspruch auf Ausgleich in voller Höhe der Vorauszahlungen zu. Die Betriebskostenabrechnung ist demgemäß auch noch nach Überschreitung der Ausschlussfrist für den Vermieter von Bedeutung, insbesondere wenn er sich eines Überschusses zu seinen Gunsten sicher sein kann. In diesem Fall bleibt ihm wenigstens der Anspruch auf die nicht geleisteten Vorauszahlungen. Anders wäre der Fall zu beurteilen, wenn sich aus einer Betriebskostenabrechnung ergäbe, dass die Summe der Vorauszahlungen den endgültigen Saldo unterschreitet.

5. Im vorliegenden Fall bedarf es einer besonderen Inverzugsetzung der Beklagten nicht. Eine besondere Mahnung ist nicht erforderlich, wenn für die Leistung eine Zeit nach dem Kalender bestimmt ist, § 286 Abs. 2 Ziffer 1 BGB. Hier war für die Miete und damit auch für die Vorauszahlungen auf die Betriebskosten bestimmt, dass die Zahlung spätestens am 3. Werktag beim Vermieter eingehen musste.

25. Klage auf Zahlung abgerechneter Heizkosten

An das

Amtsgericht in . . . . .[1]

Klage

des Herrn Robert V . . . . .

– Klägers –

Prozessbevollmächtigter: Rechtsanwalt Dr. G aus K[2]

gegen

Frau Marita M . . . . .

– Beklagte –

wegen Zahlungsforderung

Streitwert: 63,85 EUR

Um Anberaumung eines möglichst nahen Verhandlungstermins wird gebeten, in dem beantragt wird:

1. Die Beklagte wird verurteilt, an den Kläger 63,85 EUR nebst Zinsen in Höhe von 5 Prozentpunkten über dem Basiszinssatz seit dem . . . . . zu zahlen.
2. Die Beklagte trägt die Kosten des Rechtsstreits.

Sollte das Gericht ein schriftliches Vorverfahren anordnen, wird bereits jetzt für den Fall des Vorliegens der weiteren Voraussetzungen Erlass eines

Versäumnisurteils

beantragt.

Ferner wird beantragt, soweit das Gericht das Verfahren nach § 495a ZPO betreiben will, eine mündliche Verhandlung anzuberaumen.

Ergänzend wird mitgeteilt, dass ein außergerichtlicher Einigungsversuch bisher nicht stattgefunden hat. Ein derartiger Versuch erscheint zur Zeit nicht als aussichtslos.[3]

Begründung

Der Kläger ist Vermieter, die Beklagte Mieterin einer Wohnung in einem Mehrfamilienhaus in der Hugo – Haelschner – Straße 5 in B; maßgebend sind die Bestimmungen des Mietvertrages vom 1.1.2010. Danach hat die Beklagte eine Nettomiete in Höhe von 500,– EUR zu zahlen zuzüglich einer Vorauszahlung auf die Heizkosten in Höhe von 20,– EUR pro Monat und auf die übrigen Betriebskosten eine Pauschale von 80,– EUR, mithin insgesamt 650,– EUR Gesamtmiete.[4]

Beweis: Vorlage des Mietvertrages vom 1.1.2010 in Kopie

Mit der Klage wird der Überschuss zu Gunsten des Klägers aus der Heizkostenabrechnung für das Jahr 2013 geltend gemacht, der sich auf 180,54 EUR beläuft. Die Abrechnung ist der Beklagten am 30.9.2014 zugegangen. Zahlung ist nicht geleistet worden.

Der Abrechnungszeitraum erstreckt sich vom 1.1.2013 bis 31.12.2013.[5] Die Abrechnung selbst ist am 1.3.2014 erstellt worden.

Beweis: Vorlage der Abrechnung vom 1.3.2014 in Kopie

Die Gesamtbrennstoffkosten für die Heizung belaufen sich auf 4.028 cbm Erdgas, was einen Gesamtbetrag in Höhe von 4.760, 23 EUR ausmacht.[6]

Beweis: Vorlage der Abrechnung vom 1.3.2014 in Kopie

Hinzu treten die Kosten für Wartung/Schornsteinfeger über 255,20 EUR und 101,79 EUR sowie die Immissionsmessung über 391,69 EUR, was zu einem weiteren Betrag von insgesamt 748,68 EUR geführt hat. Damit belaufen sich die Gesamtkosten auf insgesamt 5.508,91 EUR.

Beweis: wie vor

Diese Kosten werden verteilt nach 30 Prozent Grundkosten und 70 Prozent Verbrauchskosten, mithin 1.652,68 EUR bzw. 3.856,24 EUR.[7]

Beweis: wie vor

30 Prozent der Grundkosten führen angesichts einer beheizbaren Wohnfläche von 354,90 m² zu einem Betrag von 4,6567 pro Einheit multipliziert mit den abgelesenen Einheiten über 29,50 Einheiten zu einem Zwischenwert von 137,37 EUR; hinsichtlich der Verbrauchskosten von 3.856,24 EUR unter Berücksichtigung von 428,50 ermittelten Einheiten ergibt sich ein Betrag von 8,999 EUR pro Einheit, was zu Verbrauchskosten über 166,48 EUR führt. Damit betragen die Gesamtheizungskosten der angemieteten Wohnung insgesamt im Abrechnungszeitraum 303,85 EUR. Gegenübergestellt werden die Vorauszahlungen auf die Heizkosten über 12 × 20,– EUR, mithin 240,– EUR, so dass sich zu Gunsten des Klägers ein Überschuss von 63,85 EUR ergibt, die Klageforderung. Eine Ablesung der Werte ist durch die Fa . . . . . . am . . . . . erfolgt.[8]

Beweis: Vorlage des Ableseprotokolls der Fa . . . . . . in Kopie

Die Abrechnung vom 1.3.2014 ist formell und materiell nicht zu beanstanden.[9]

Die Beklagte ist mit Schreiben vom 1.4.2014 aufgefordert worden, den Saldo auszugleichen.[10] Gleichzeitig ist angeboten worden, ihr die Belege zur Einsichtnahme bereit zu stellen. Einsicht in die Belege hat die Beklagte nicht genommen. Gleichwohl ist eine Zahlung nicht erfolgt, so dass Klage geboten war.

Rechtsanwalt

Anmerkungen

1. Zur örtlichen Zuständigkeit → Form. B. II. 16 Anm. 1.

2. Zur Frage anwaltlicher Vertretung → Form. B. II. 16 Anm. 2.

3. a) Bei einem Streitwert bis zu 600.– Euro kann das Gericht das Verfahren nach § 495a ZPO nach billigen Ermessen gestalten. Eine mündliche Verhandlung braucht nur dann anberaumt werden, wenn eine Partei dies ausdrücklich beantragt. Die Urteilsgründe können in das Protokoll diktiert werden. Das Urteil muss einen Tatbestand nicht enthalten.

b) Der weitere Hinweis bezieht sich auf § 15a EGZPO.

4. Die Mietwohnung liegt in einem Mehrfamilienhaus. Das vorliegende Beispiel ist mit leichten Modifikationen dem Muster für Einzelabrechnung der Heizkosten aus Münchener Anwaltshandbuch Hannemann/Wiegner/Gies § 24 Rn. 346 entnommen. Demgemäß sind angesichts des Mehrfamilienhauses die Bestimmungen der Heizkostenverordnung mit Wirkung ab 1.1.2009 zwingend anzuwenden. In § 2 HeizKV ist der Vorrang der Bestimmungen der Heizkostenverordnung vor rechtsgeschäftlichen Regelungen der Vertragsparteien niedergelegt. Außer bei Gebäuden mit nicht mehr als zwei Wohnungen, von denen eine der Vermieter selbst bewohnt, gehen die Vorschriften der HeizKV rechtsgeschäftlichen Bestimmungen vor. Zweck der Norm bildet das öffentliche Interesse an der Einsparung von Energie gegenüber privatautonom gestalteten Kostenverteilungen (Schmidt-Futterer/*Lammel* HeizKV § 2 Rn. 1).

Demgegenüber sind die Vertragsparteien im Hinblick auf die Verteilung der übrigen Betriebskosten nicht gebunden; dem entspricht, dass im vorliegenden Fall für die übrigen Betriebskostenpositionen eine Pauschale vereinbart ist.

5. Das vorliegende Abrechnungsjahr entspricht dem Kalenderjahr. Wird mit Heizöl geheizt, bestehen insoweit keine Bedenken. Bei Befeuerung mit Gas sollte das Abrechnungsjahr identisch sein mit dem Abrechnungsjahr der Heizrechnung, da ansonsten eine verbrauchsabhängige Heizkostenabrechnung nur so erfolgen kann, dass die Kosten aus zwei Jahresabrechnungen zu übernehmen sind. Nimmt der Gaslieferant allerdings zum Jahreswechsel keine Trennung vor, verbleibt die Möglichkeit, den Gasverbrauch zum Jahreswechsel persönlich abzulesen und vom Gaslieferanten eine Abrechnung für den Abschnitt des vergangenen Jahres erstellen zu lassen.

6. Nach § 7 Abs. 2 HeizKV gehören zu den Kosten des Betriebs der zentralen Heizungsanlage einschließlich der Abgasanlage die Kosten der verbrauchten Brennstoffe und ihrer Lieferung, die Kosten des Betriebsstroms, die Kosten der Bedienung, Überwachung und Pflege der Anlage, der regelmäßigen Prüfung ihrer Betriebsbereitschaft und Betriebssicherheit einschließlich der Einstellung durch einen Fachmann, (HeizKV 2009 „Fachkraft") der Reinigung der Anlage und des Betriebsraums, die Kosten der Messungen nach dem Bundesimmissions – Schutzgesetz, die Kosten der Anmietung oder anderer Arten der Gebrauchsüberlassung einer Ausstattung zur Verbrauchserfassung sowie die Kosten der Verwendung einer Ausstattung zur Verbrauchserfassung einschließlich der Kosten der Eichung sowie der Kosten der Berechnung,

Aufteilung und Verbrauchsanalyse. Die Verbrauchsanalyse sollte insbesondere die Entwicklung der Kosten für die Heizwärme- und Warmwasserversorgung der vergangenen drei Jahre wiedergeben.

Nach § 8 Abs. 2 HeizKV gehören zu den Kosten des Betriebs der zentralen Wasserversorgungsanlage die Kosten der Wasserversorgung, soweit sie nicht gesondert abgerechnet werden, und die Kosten der Wassererwärmung entsprechend § 7 Abs. 2 HeizKV. Zu den Kosten der Wasserversorgung gehören die Kosten des Wasserverbrauchs, die Grundgebühren und die Zählermiete, die Kosten der Verwendung von Zwischenzählern, die Kosten des Betriebs einer hauseigenen Wasserversorgungsanlage und einer Wasseraufbereitungsanlage einschließlich der Aufbereitungsstoffe.

7. Nach § 7 Abs. 1 HeizKV sind 50 bis 70 Prozent der Kosten verbrauchsabhängig abzurechnen (vgl. dazu BGH NJW 2015, 406, 407). Gemäß § 10 Abs. 1 HeizKV kann ein höherer Verbrauchskostenanteil vereinbart werden, um einen Anreiz zu schaffen, Heizenergie einzusparen. Ist ein Verhältnis zwischen Grundkosten und verbrauchsabhängigen Kosten nicht vertraglich vereinbart, kann der Vermieter dieses bestimmen; Maßstab bilden insoweit die §§ 315, 316 BGB (vgl. dazu BGH NZM 2004, 254).

8. Der vertragstreue Mieter ist nicht verpflichtet, eine Heizkostenabrechnung hinzunehmen, die in wesentlichen Teilen auf Schätzungen der verbrauchten Wärmeeinheiten beruht. Der Vermieter hat gegenüber seinem Mieter einen Anspruch auf Gewährung von Zutritt zu den Mieträumen, um die Wärmemessgeräte an den Heizkörpern ablesen oder ablesen zu lassen. Macht der Mieter an ihm bekannt gegebenen Terminen seine Wohnung nicht zugänglich, ist es Aufgabe des Vermieters, diesen Mieter durch andere geeignete Maßnahmen zur Duldung einer Ablesung der Wärmemessgeräte anzuhalten (LG Köln WuM 1985, 294). Insoweit bietet sich der Erlass einer einstweiligen Verfügung zur Durchsetzung des Betretungsrechts an (Vorschlag zur entsprechenden Formulierung Hannemann/Wiegner/*Gies* § 24 Rn. 332). Durch die neue technische Entwicklung zur Messung der verbrauchten Energie auch von außerhalb der Mietwohnung tritt diese Möglichkeit allerdings in den Hintergrund.

9. Die Heizkostenabrechnung muss formell und inhaltlich den Anforderungen einer Betriebskostenabrechnung entsprechen (BGH NJW 2015, 406). Sie muss den Anforderungen des § 259 BGB gerecht werden, eine geordnete Zusammenstellung der Einnahmen und Ausgaben enthalten, die Angabe des Gesamtverbrauchs und des Verteilerschlüssels und die Einzelverteilung auf die Nutzer nach diesem Schlüssel (Schmidt-Futterer/*Lammel* § 6 HeizKV Rn. 10). Die Abrechnung muss für einen nicht geschulten Mieter aus sich selbst heraus nachvollziehbar und verständlich sein. Vom Mieter kann gefordert werden, dass er sich mit der Abrechnung auseinandersetzt und sich eines Hilfsmittels in Form eines Taschenrechners bedient (LG Köln WuM 1985, 371). Von der Gesamtsumme sind die Vorauszahlungen auf die Heizkosten in Abzug zu bringen. Dies ist rechnerisch uneingeschränkt möglich, wenn die Vorauszahlungen auf die Heizkosten – wie hier – im Mietvertrag gesondert ausgewiesen sind. Sind demgegenüber Vorauszahlungen auf alle Heiz- und Betriebskosten vereinbart, stellen sich die Heizkosten als Teil einer Gesamtabrechnung dar.

Die Abrechnungsfrist beläuft sich bei preisgebundenem Wohnraum nach § 20 Abs. 3 Satz 4 NMVO und für preisfreien Wohnraum nach § 556 Abs. 3 Satz 2 BGB auf zwölf Monate nach Ende der Abrechnungsperiode. Der Sache nach handelt es sich um eine Ausschlussfrist. Wird die Frist versäumt, ist der Vermieter mit Nachforderungen grundsätzlich ausgeschlossen.

Nach Zugang einer formell und materiell nicht zu beanstandenden Heizkostenabrechnung wird die Nachforderung sofort fällig; eine besondere Frist zur Überprüfung hat der

Bundesgerichtshof verworfen (vgl. BGH NJW 2006, 1419, 1421). Nach § 271 BGB kann der Gläubiger die Leistung sofort verlangen.

10. Zur Inverzugsetzung vgl. → Form. B. II. 16 Anm. 12

26. Klage auf Zahlung abgerechneter Heizkosten nach Einführung von Wärmecontracting (§ 556c BGB)

An das

Amtsgericht . . . . .[1]

Klage

der Frau Gudrun V . . . . . .

– Klägerin –

Prozessbevollmächtigter: Rechtsanwalt Dr. G aus K

gegen

Herrn Manfred M . . . . .

– Beklagten –

Prozessbevollmächtigter: Rechtsanwalt P aus K –

erhebe ich namens und im Auftrag der Klägerin Klage gegen den Beklagten und werde beantragen,

1. den Beklagten kostenpflichtig zu verurteilen, an die Klägerin 45,– EUR nebst Zinsen in Höhe von 5 Prozentpunkten über dem Basiszinssatz seit dem . . . . . zu zahlen.
2. im Falle der Anordnung des schriftlichen Vorverfahrens bei Vorliegen der Voraussetzungen

Versäumnisurteil

gemäß § 331 Abs. 3 ZPO zu erlassen.

Begründung

Die Klägerin ist Vermieterin, der Beklagte Mieter einer Wohnung in K.; die Wohnung befindet sich in der dritten Etage eines Mehrfamilienhauses in einer ruhigen Lage im Stadtteil L; maßgebend sind die Bestimmungen des Mietvertrages vom 1.1.2010.

Beweis: Vorlage des Mietvertrages vom 1.1.2010 in Kopie[2]

Gemäß § 5 dieses Mietvertrages ist der Beklagte verpflichtet, sämtliche anteiligen Heiz- und Betriebskosten nach dem Katalog des § 2 BetrKV zu zahlen. Die monatlich zu leistenden Vorauszahlungen beliefen sich im Jahre 2010 auf 350,– EUR, die der Beklagte anstandslos geleistet hat.

Auch die sich auf Grund der Betriebskostenabrechnung vom 5.5.2011 ergebende Nachzahlungsforderung der Klägerin hat der Beklagte ausgeglichen. Entsprechend verhält es sich mit der Nachforderung aus dem Jahre 2012.

Gegenstand der Klage ist die Nachforderung aus der Betriebskostenabrechnung für das Jahr 2013, die mit einem Betrag von 45,– EUR zu Gunsten der Klägerin abschließt und die dem Beklagten noch am 5.5.2014 übermittelt worden ist. Der Beklagte hat sich geweigert, diesen geforderten Betrag zu zahlen, so dass Klage geboten war.

Der Beklagte begründet seine Zahlungsverweigerung damit, die Betriebskostenabrechnung entspreche nicht den vertraglichen Vereinbarungen aus dem Mietvertrag vom 1.1.2010. Dies beziehe sich namentlich auf die Heizkosten, die im Gegensatz zu früheren Jahren auf den Angaben eines gewerblichen Wärmelieferanten basierten.[3]

Beweis: Schreiben des Beklagten vom 5.6.2014 in Kopie

Die Heizkostenabrechnung ist aber unter keinem rechtlichen oder tatsächlichen Gesichtspunkt zu beanstanden. Sie enthält die Angaben über den Verbrauch des Beklagten während der Abrechnungsperiode auf der Basis der Ermittlungen des Contractors. Demgegenüber stehen die Vorauszahlungen, die der Beklagte in der Abrechnungsperiode geleistet hat. Somit ergibt sich die Höhe der Klagesumme von 45,– EUR, mit der die Abrechnung zu Lasten des Beklagten abschließt.

Beweis: Vorlage der Heizkostenabrechnung in Kopie

Dem Beklagten ist zuzugeben, dass sich die Klägerin Anfang 2013 in der Verpflichtung sah, die Heizungsanlage zu modernisieren, die bereits seit mehr als zwanzig Jahren das Mehrfamilienhaus mit Wärme versorgt hat. Bei den entsprechenden Untersuchungen der Ölheizungsanlage und auch angesichts einer Analyse der zu erwartenden Aufwendungen hat sich die Klägerin dazu entschlossen, einen gewerblichen Wärmelieferanten mit der Versorgung des Hauses zu betrauen, weil sie sich selbst als finanziell überfordert einschätzte, die erforderlichen Aufwendungen allein zu schultern.

Die Klägerin hat sodann das Angebot vier verschiedener Wärmelieferanten eingeholt, um sich über den zu erwartenden Wärmelieferpreis zu informieren, ferner über die seitens der Wärmelieferanten zu erbringenden Leistungen und über die voraussichtlichen energetischen Auswirkungen der geplanten Maßnahmen im Sinne des § 556c Abs. 1 Nr. 1 BGB.[4] Auch ist ein Kostenvergleich vorgenommen worden im Hinblick auf die bisherige Versorgung im Verhältnis zu den Kosten, die für eine zukünftige Versorgung entstehen werden. Auch hat sich die Klägerin über die zukünftig zu erwartende Preisentwicklung und eine eventuelle Änderung sachkundig gemacht, ferner über die angebotene Laufzeit eines derartigen Vertrages.[5]

Die Klägerin hat den Beklagten mit Schreiben vom 1.7.2013 über die vorstehenden Einzelheiten informiert und die Umstellung auf Wärmecontracting im Sinne des § 556c Abs. 2 BGB angekündigt.

Beweis: Ankündigungsschreiben der Klägerin vom 1.7.2013 in Kopie[6]

Angesichts der wirtschaftlichen Entwicklungen hat die Klägerin zu Recht den Weg des § 556c BGB beschritten. Der Mieter hat die Betriebskosten für Wärme zu tragen. Die Klägerin als Vermieterin hat die Versorgung von der bisherigen Eigenversorgung auf die eigenständig gewerbliche Lieferung durch einen Wärmelieferanten umgestellt, so dass der Beklagte die Kosten der Wärmelieferung als Betriebskosten zu tragen hat, denn die Wärme wird mit verbesserter Effizienz aus einer vom Wärmelieferanten errichteten neuen Anlage geliefert und die Kosten der Wärmelieferung übersteigen die Betriebskosten für die bisherige Eigenversorgung mit Wärme nicht.

Nachdem die Klägerin das aus ihrer Sicht günstigste Angebot eines Wärmelieferanten angenommen hat, ist durch den Wärmelieferanten eine neue Heizungsanlage in das Mehrfamilienhaus eingebaut worden, die eine weitaus höhere Effizienz aufweist als die alte auf Ölverbrennung basierende Heizungsanlage.

Beweis: Sachverständigengutachten

Der Beklagte hat zum Schreiben der Klägerin vom 1.7.2013 Stellung genommen und einen Verstoß gegen das Gebot der Wirtschaftlichkeit gerügt. Ferner hat der Beklagte darauf verwiesen, der Vermieter habe nicht die dem Contractor von dessen Vorlieferanten ausgestellten Rechnungen vorgelegt.

Beweis: Schreiben des Beklagten vom 15.7.2013 in Kopie[7]

In Wirklichkeit liegt indessen ein Verstoß gegen das Gebot der Wirtschaftlichkeit nicht vor. Die Klägerin hat sich auf dem Markt der Wärmelieferanten ausgiebig informiert und das aus ihrer Sicht günstigste Angebot ausgewählt. Die Umstellungserklärung vom 1.7.2013 ist demgemäß in vollem Umfang wirksam, so dass der Klägerin der mit der Klage geltend gemachte Nachzahlungsanspruch auf der Basis der Betriebskostenabrechnung vom 5.5.2014 zusteht.

Die Klägerin hat den Beklagten nach Überstellung der vorstehend näher bezeichneten Betriebskostenabrechnung mit Schreiben vom 1.8.2014 gemahnt, so dass ab . . . . . sich der Beklagte im Verzug befindet und demgemäß Zinsen im Sinne der §§ 286, 288 BGB schuldet.[8]

Rechtsanwalt

Anmerkungen

1. Gemäß § 23 Nr. 2 a GVG sind die Amtsgericht ausschließlich für Streitigkeiten über Ansprüche aus einem Wohnungsmietverhältnis zuständig. Die ausschließliche örtliche Zuständigkeit folgt aus § 29a Abs. 1 GVG. Örtlich zuständig ist das Amtsgericht der belegenen Sache.

2. Der Mietvertrag über die Wohnung in K stammt aus einer Zeit vor Inkrafttreten der Mietrechtsreform gemäß Gesetzesbeschluss vom 13.12.2012. Dem entspricht, dass die Betriebskosten vereinbart sind auf der Basis der Betriebskostenverordnung vom 25.11.2003 (BGBl. I S.2347). Für ältere Verträge gilt die Aufstellung der Betriebskosten in Form der Anlage 3 zu § 27 Abs. 1 der Zweiten Berechnungsverordnung vom 12.10.1990 (BGBl. I S.2178). In beiden Fällen ist die Umstellung auf Kosten eines gewerblichen Wärmelieferanten unproblematisch (vgl. zB BGH Urt. v. 27.6.2007 – VIII ZR 202/06 – NZM 2007, 769 und MDR 2007, 1416). Ältere Mietverträge über Wohnraum weisen indessen keine rechtliche Grundlage für eine Umstellung auf Wärmecontracting auf. Der Zweifel macht sich daran fest, dass im Wärmelieferungspreis des Contractors Bestandteile enthalten sind, die nicht als umlegbare Betriebskosten innerhalb von Wohnungsmietverträgen angesehen werden können, z.B. Kosten der Instandhaltung, Reparaturrücklage, Verwaltungskostenanteile, Abschreibungen und Gewinnanteile des Contractors neben den Kosten für die eigentliche Wärmeversorgung (vgl. dazu *Horst* MDR 2013, 189 (193)).

3. Der Hinweis des Beklagten stützt sich darauf, dass die vorgelegte Betriebskostenabrechnung nicht vertragsgemäß ist. Die Abrechnung muss eine geordnete Zusammenstellung aller Betriebskostengruppen, der Gesamtkosten, der Anteile der auf die einzelnen

Mieter entfallenden Kosten und die Vorauszahlungen enthalten. Hinzu kommt, dass die Abrechnung den vertraglichen Grundlagen entsprechen muss. Im vorliegenden Fall nimmt die Klägerin nicht für sich in Anspruch, dass ihre Abrechnung dem ursprünglichen Vertragswerk entspricht. Denn sie beruft sich gerade auf eine Umstellung des Vertrages auf Wärmecontracting.

4. Auf der Basis des § 556c Abs. 3 BGB wird die Bundesregierung ermächtigt, durch eine Rechtsverordnung Vorschriften für Wärmelieferungsverträge zu erlassen, die bei einer Umstellung nach § 556c Abs. 1 BGB geschlossen werden, sowie für die Anforderungen nach § 556c Abs. 1 und 2 BGB. Hierbei sind die Belange von Vermietern, Mietern und Wärmelieferanten angemessen zu berücksichtigen.

Das Angebot des Wärmelieferanten an den Vermieter muss den Wärmelieferungspreis enthalten, bestehend aus Grundpreis in EUR pro Monat und Jahr, ferner den Arbeitspreis in EUR pro Kilowattstunde, jeweils als Netto- und Bruttobeträge, dazu die vom Wärmelieferanten zu erbringenden Leistungen, Angaben zu den voraussichtlichen energetischen Auswirkungen der Maßnahmen nach § 556c Abs. 1 Nr. 1 oder Satz 2 BGB, einen Kostenvergleich und die ihm zugrunde liegenden Annahmen und Berechnungsmethoden, gegebenenfalls Regelungen zu einer Preisänderung, ferner gegebenenfalls die vom Vermieter vorzuhaltenden Leistungen und die von ihm für Leistungen des Wärmelieferanten zu entrichtenden Entgelte, die vom Grund- und Arbeitspreis nicht abgegolten sind, sowie die Laufzeit des Vertrages.

Bei einem Kostenvergleich nach § 556c Abs. 1 Satz 1 Nr. 2 BGB sind für das Mietgebäude gegenüberzustellen die Betriebskosten der bisherigen Versorgung mit Wärme und Warmwasser und die Kosten der Wärmelieferung für die Wärmemenge, die den bisherigen Betriebskosten zugrunde liegt.

Die Betriebskosten der bisherigen Versorgung mit Wärme oder Warmwasser sind auf der Grundlage des Energieverbrauchs der letzten drei Abrechnungszeiträume zu ermitteln, die vor der Umstellungsankündigung abgerechnet worden sind. Liegt der Energieverbrauch nicht vor, ist er auf Grund des Energiegehalts der eingesetzten Brennstoffmengen zu bestimmen. Auf dieser Grundlage ist der bisherige durchschnittliche Energieverbrauch in einem Abrechnungszeitraum zu errechnen. Für diesen bisherigen durchschnittlichen Energieverbrauch in einem Abrechnungszeitraum sind die Betriebskosten auf Grundlage der durchschnittlichen Preise des letzten Abrechnungszeitraums zu bestimmen.

Die Kosten der Wärmelieferung für die Wärmemenge, die den bisherigen Betriebskosten zu Grunde liegt, sind wie folgt zu ermitteln:

Aus dem durchschnittlichen Energieverbrauch – s. vorstehender Absatz – ist durch Multiplikation mit dem Jahresnutzungsgrad der bisherigen Heizungs- und Warmwasseranlage die hieraus bislang durchschnittlich jährlich erzielte Wärmemenge zu ermitteln. Sofern der Jahresnutzungsgrad nicht anhand gemessener Wärmemengen berechenbar ist, kann er durch Messung oder anhand anerkannter Pauschalwerte bestimmt werden. Für die so ermittelte bisherige durchschnittliche jährliche Wärmemenge sind die Wärmelieferungskosten zu ermitteln, indem der Angebotspreis des Wärmelieferanten mit der von ihm verwendeten Preisanpassungsklausel auf den letzten Abrechnungszeitraum indexiert wird.

5. Nach den Darlegungen in der Klageschrift hat die Klägerin den Weg des § 556c BGB beschritten. Nach dem ursprünglichen Mietvertrag hatte der Beklagte die Betriebskosten für Wärme zu tragen. Der Vermieter hat beabsichtigt, die Versorgung mit Wärme von der Eigenversorgung durch den Vermieter selbst auf die eigenständig gewerbliche Lieferung durch einen Wärmelieferanten umzustellen. Dieses Vorhaben kann allerdings nur Erfolg haben, wenn die Wärme mit verbesserter Effizienz entweder aus einer vom Wärmelieferanten errichteten neuen Anlage oder aus einem Wärmenetz geliefert wird, § 556c Abs. 1 Nr. 1

BGB, und die Kosten der Wärmelieferung die Betriebskosten für die bisherige Eigenversorgung mit Wärme und Warmwasser nicht übersteigen, § 556c Abs. 1 Nr. 2 BGB.

Beträgt der Jahresnutzungsgrad der bestehenden Anlage vor der Umstellung mindestens 80 Prozent, kann sich der Wärmelieferant anstelle der Maßnahmen von § 556c Abs. 1 Nr. 1 BGB auf die Verbesserung der Betriebsführung der Anlage beschränken.

6. a) Gemäß § 556c Abs. 2 BGB hat der Vermieter die Umstellung spätestens drei Monate zuvor in Textform anzukündigen (Umstellungsankündigung). Sie muss Angaben enthalten zur Art der künftigen Wärmelieferung, zu den voraussichtlichen energetischen Auswirkungen der Maßnahmen nach § 556c Abs. 1 Nr. 1 oder Satz 2 BGB; dabei soll der Vermieter den Mieter in der Umstellungsankündigung auf die Form und Frist des Härteeinwands nach § 555d Abs. 3 Satz 1 BGB hinweisen, § 555c Abs. 2 BGB entsprechend. Ferner soll ein Kostenvergleich nach § 556c Abs. 1 Nr. 2 BGB und der Zeitpunkt der geplanten Umstellung mitgeteilt werden. Darüber hinaus muss in der Umstellungsankündigung ein Hinweis enthalten sein über die im Wärmelieferungsvertrag vereinbarten Preise und die Regelungen über Preisänderungen.

Wenn der Vermieter dem Mieter die Umstellung nicht nach den Vorgaben der Verordnung der Bundesregierung auf der Basis des § 556c Abs. 3 BGB ankündigt, hat der Mieter das Recht, den auf ihn entfallenden Anteil der Betriebskosten für die Versorgung mit Wärme oder Warmwasser oder der Wärmelieferungskosten ab dem Zeitpunkt, zu dem die Ankündigung hätte erfolgen müssen, um 15 Prozent zu kürzen.

b) Zu den jährlichen, den Grundsätzen des § 259 BGB entsprechenden Abrechnung über die Vorauszahlungen auf die Heiz- und Betriebskosten, zu denen der Vermieter verpflichtet ist, gehört auch, dass der Vermieter dem Mieter die Überprüfung der Abrechnung ermöglicht. Hiervon umfasst ist die Einsichtnahme in die Abrechnungsunterlagen, darunter auch die Verträge des Vermieters mit Dritten, soweit deren Heranziehung zur sachgerechten Überprüfung der Abrechnung und zur Vorbereitung eventueller Einwendungen gegen die Betriebskostenabrechnung gemäß § 556 Abs. 3 S. 5 und 6 BGB erforderlich ist (BGH NJW 2006, 1419; NJW 2013 (3234); WuM 2012, 276). In einen Wärmelieferungsvertrag besteht ein Einsichtsrecht des Mieters (BGH WuM 2012, 276; NJW 2013, 3234).

Der Vermieter, der einen Wärmelieferungsvertrag mit einem Contractor geschlossen hat, ist aber nicht zur Vorlage der dem Contractor von dessen Vorlieferanten ausgestellten Rechnungen verpflichtet. In den Fällen einer Versorgung mit Heizenergie durch einen Wärmecontractor gilt nichts anderes als bei einem unmittelbaren Energiebezug durch den Vermieter ohne Einschaltung eines Contractor – Unternehmens. Auch in diesen Fällen haben die Mieter einer Wohnung gegen den Vermieter keinen Anspruch auf Auskunft darüber, zu welchem Preis und zu welchen Bedingungen der Heizöllieferant das Heizöl seinerseits von seinen Vorlieferanten bezieht. Ebenso wenig steht einem Mieter ein Anspruch auf Auskunft über Vereinbarungen zu, die der Wärmecontractor mit seinen Vorlieferanten geschlossen hat (BGH NJW 2013, 3234 (3235)).

Will der Mieter die Einhaltung des Wirtschaftlichkeitsgebots aus § 556 Abs. 3 S. 1 BGB prüfen, kann er die ihm in Rechnung gestellten Kosten mit den Preisen anderer Wärmelieferanten vergleichen (BGH NJW 2013, 3224 (3235)).

7. Nach der Auffassung des Mieters sind die Voraussetzungen des § 556c BGB nicht gegeben. Werden die Voraussetzungen dieser Vorschrift nicht erfüllt, kann der Vermieter allein die fiktiv zu berechnenden bisherigen Betriebskosten für die Versorgung mit Wärme und/oder Warmwasser vom Mieter verlangen, mithin die Brennstoffkosten und die Wartungskosten, vgl. §§ 7, 8 HeizKV (*Horst* MDR 2013, 189 (193)). Wie diese Kosten zu ermitteln sind, wird in der Verordnung nicht geregelt.

8. Zur Inverzugsetzung → Form. B. II. 16 Anm. 12

27. Vollstreckungsgegenklage gegen Rückzahlungsklage bzgl. Betriebskostenvorauszahlungen nach erteilter Abrechnung

An das

Amtsgericht in . . . . .[1]

Klage

des Herrn Robert V . . . . .

– Kläger –

Prozessbevollmächtigter: Rechtsanwalt Dr. G aus K[2]

gegen

Frau Marita M . . . . .

– Beklagte –

wegen Zahlungsforderung

Streitwert: 1.200,– EUR

Um Anberaumung eines möglichst nahen Verhandlungstermins wird gebeten, in dem beantragt wird:

1. Die Zwangsvollstreckung aus dem am . . . . . verkündeten Urteil des Amtsgerichts . . . . . (Aktenzeichen) wird in Höhe eines Teilbetrages von 876,54 EUR nebst Zinsen . . . . . für unzulässig erklärt.

2. Die Kosten des Rechtsstreits trägt die Beklagte.

Sollte das Gericht ein schriftliches Vorverfahren anordnen, wird bereits jetzt für den Fall des Vorliegens der weiteren Voraussetzungen der Erlass eines

Versäumnisurteils

beantragt.

Begründung

Die Beklagte war Mieterin, der Kläger Vermieter einer Wohnung in K; maßgebend waren die Bestimmungen des Mietvertrages vom 1.1.2005; nach § 3 dieses Mietvertrages hatte die Beklagte eine Nettomiete in Höhe von 500,– EUR zu zahlen; hinzu traten 100,– EUR als Vorauszahlung auf die Betriebs- und Heizkosten.[3]

Beweis: Vorlage des Mietvertrages vom 1.1.2005 in Kopie

Das Mietverhältnis ist seit dem 31.12.2008 beendet; die Beklagte hat die Mietwohnung an den Kläger zurückgegeben.

Dem Kläger war es zunächst nicht gelungen, über die Heiz- und Betriebskosten des Jahres 2008 abzurechnen. Die Beklagte hat den Kläger mehrfach aufgefordert, die nach § 556 BGB vorzunehmende Betriebskostenabrechnung zu erstellen. Diesem Ansinnen konnte der Kläger zunächst nicht entsprechen (wird ausgeführt).

Die Beklagte hat daher dem Kläger im Rechtsstreit vor dem Amtsgericht in . . . . . im Verfahren . . . . . auf Rückzahlung der Heiz- und Betriebskosten für das Jahr 2008 in

Anspruch genommen und ein obsiegendes Urteil erreicht, das am . . . . . verkündet worden ist. Darin ist der Kläger verurteilt worden, an die Beklagte die Vorauszahlungen auf die Heiz- und Betriebskosten des Jahres 2008 in Höhe von 1.200,– EUR nebst Zinsen zurückzuzahlen. Dieses Urteil ist zwischenzeitlich rechtskräftig.[4] Die Beklagte hat mit Schreiben vom . . . . . angekündigt, aus dem vorbezeichneten Urteil des Amtsgerichts . . . . . vollstrecken zu wollen, nachdem der Kläger freiwillig dem Urteilsausspruch nicht nachgekommen ist.

Beweis: Vorlage des außergerichtlichen Schreibens der Beklagten vom . . . . . in Kopie

Nach Rechtskraft dieses Urteils und nach Fristablauf gemäß § 556 Abs. 3 Satz 2 BGB hat der Kläger über die Heiz- und Betriebskosten des Jahres 2008 abgerechnet. Diese Abrechnung ist der Beklagten am . . . . . zugegangen. Diese Abrechnung des Klägers endet mit einem Betrag in Höhe von 876,54 EUR, der sich auf die gesamten Heiz- und Betriebskosten für das Jahr 2008 bezieht.[5]

Beweis: Vorlage der Heiz- und Betriebskostenabrechnung vom . . . . . in Kopie

Der Beklagten ist Gelegenheit gegeben worden, die der Abrechnung zu Grunde liegenden Unterlagen einzusehen; von dieser Möglichkeit hat die Beklagte keinen Gebrauch gemacht. Sie hat vielmehr darauf bestanden, nunmehr aus dem rechtskräftigen Urteil des Amtsgerichts in K . . . . . vollstrecken zu wollen. Durch die nachträgliche Abrechnung über die Heiz- und Betriebskosten für das Jahr 2008 steht aber fest, dass die Zwangsvollstreckung in Höhe eines Teilbetrages unzulässig ist, der sich auf 876,54 EUR beläuft. Dem entspricht, dass die Beklagte gegen die Abrechnung des Klägers vom . . . . . keine Einwendungen erhoben hat.[6]

Nach der Abrechnung durch den Kläger ist dieser verpflichtet, den Differenzbetrag in Höhe von 323,46 EUR an die Beklagte auszukehren. Der Kläger hat dies der Beklagten mit Schreiben vom . . . . . mitgeteilt.

Beweis: Vorlage des Schreibens vom . . . . . in Kopie

Eine Reaktion der Beklagten ist darauf nicht erfolgt; im Gegenteil hält die Beklagte an ihrem Titel fest und droht weiterhin mit einer Zwangsvollstreckung. Klage war daher geboten, um die Beklagte daran zu hindern, gegen den Kläger in vollem Umfang aus dem rechtskräftigen Titel gemäß Urteil des Amtsgerichts . . . . . vom . . . . . vorzugehen.

Rechtsanwalt

Anmerkungen

1. Der Kläger bedient sich hier des Mittels einer Vollstreckungsgegenklage nach § 767 ZPO. Sachlich und örtlich zuständig ist das Gericht des Vorprozesses (BGH NJW 1981, 346 (347); Zöller/*Herget* § 767 Rn. 10 mwN). Prozessgericht ist das Gericht des Verfahrens, in dem der Vollstreckungstitel geschaffen worden ist (BGH NJW 1980, 188 (189)). Demgemäß ist hier das Amtsgericht zuständig, das über den Anspruch der Beklagten auf Rückzahlung der Vorauszahlungen entschieden hat.

2. Zur anwaltlichen Vertretung → Form. B. II. 16 Anm. 2.

3. Die Beklagte hat in einem Vorprozess die Titulierung eines Rückzahlungsanspruchs erreicht, der sich auf die gesamten Heiz- und Betriebskosten des Jahres 2008 bezieht. Da der Kläger zunächst nicht abgerechnet hatte und ihm auch während der gesetzlich festgelegten Abrechnungsfrist des § 556 Abs. 3 BGB keine Abrechnung gelungen ist, ist die Verurteilung des Klägers zur Rückzahlung der Vorauszahlungen nicht zu beanstanden. Der Beklagten stand nicht die Möglichkeit offen, etwa über ein Zurückbehaltungsrecht den Kläger zur Erstellung einer Betriebskostenabrechnung zwingen zu können, da das Mietverhältnis zum Ende des Jahres 2008 beendet war. Die Geltendmachung eines Zurückbehaltungsrechts setzt gerade ein fortbestehendes Mietverhältnis voraus. Bei einem beendeten Mietverhältnis kann sich der Mieter entschließen, eine Klage auf Abrechnung mit anschließender Zwangsvollstreckung zu erheben (vgl. dazu BGH NJW 2005, 1499 (1501)). Wenn er allerdings diesen relativ umständlichen Weg vermeiden will, muss er eine Klage auf Rückzahlung der gesamten Vorauszahlungen erheben, wobei der Bundesgerichtshof entscheidend darauf abstellt, Gründe bestünden nicht, den Vermieter von seiner gesetzlich festgelegten Verpflichtung zur jährlichen Abrechnung freizustellen (BGH MDR 2005, 678).

Die Auffassung, dass dem Mieter nur ein Rückzahlungsanspruch zusteht, als die Vorauszahlungen nach einer von ihm vorzunehmenden Schätzung den Betrag der mindestens angefallenen Betriebskosten übersteigen, ist vom Bundesgerichtshof zurückgewiesen worden (vgl. BGH NJW 2005, 1499 (1501)). Mit der gesetzlich vorgeschriebenen Abrechnung macht der Vermieter gegenüber seinem Mieter den Anspruch auf Bezahlung der vertraglich übernommenen Betriebskosten geltend, wobei er entsprechende Tatsachen im Rechtsstreit vorzutragen hat. Demgemäß kann es nicht Aufgabe des Mieters sein, entsprechende Tatsachen in den Rechtsstreit einzuführen.

4. Der Vorprozess ist zu Gunsten der Beklagten, hier der Mieterin, rechtskräftig abgeschlossen worden. Gleichwohl hatte sich der Vermieter nicht dazu durchringen können, im Rückzahlungsrechtsstreit eine Abrechnung zu präsentieren. Damit stellt sich für den Vermieter die Problematik, dass er sich nunmehr einem rechtskräftigen Titel ausgesetzt sieht, aus dem die Mieterin die Zwangsvollstreckung betreiben kann. Der Vermieter kann mit seiner Abrechnung nicht gänzlich ausgeschlossen werden. Diese Rechtsfolge wäre unhaltbar, nicht zuletzt deshalb, weil Heiz- und Betriebskosten im letzten Jahr des Mietverhältnisses tatsächlich – wenn auch in unbekannter Höhe – angefallen sind. Bei einer derartigen Sachverhaltskonstellation kann der Vermieter nicht auf Dauer mit einer Abrechnung und damit Geltendmachung seiner Forderung auf Ausgleich der Heiz- und Betriebskosten ausgeschlossen sein. Der Bundesgerichtshof (BGH NJW 2005, 1499) löst diesen Fall dadurch, dass die Klage des Mieters im Rückzahlungsrechtsstreit als „zurzeit begründet" beschieden wird, so dass es dem Vermieter offen steht, auch zu einem späteren Zeitpunkt abzurechnen. Die Rückzahlungsklage verschafft dem Mieter nur einen vorläufigen Rückzahlungsanspruch, der sich allein auf die fehlende Fälligkeit der korrespondierenden Gegenforderung des Vermieters, nämlich dessen Betriebskostenerstattungsanspruchs gründet. Führt der Vermieter die Fälligkeit seines Erstattungsanspruchs durch ordnungsgemäße Abrechnung im Sinne des § 259 BGB nach rechtskräftiger Beendigung des Vorprozesses herbei, steht die Rechtskraft des einer Klage des Mieters stattgebenden Urteils der Klage des Vermieters auf Zahlung der Betriebskosten bzw. des sich aus der Abrechnung ergebenden Saldos nicht entgegen (BGH NJW 2005, 1499 (1502); fortgeführt in BGH NJW 2011, 143 (144)).

Macht der Mieter den Anspruch gegen den Vermieter auf Rückzahlung geleisteter Vorschüsse auf Betriebskosten, über die der Vermieter nicht innerhalb der Frist des § 556 Abs. 3 Satz 2 BGB abgerechnet hat, im Wege einer Aufrechnung geltend, so entfällt die Wirkung der Aufrechnung ex nunc, soweit der Vermieter nachträglich eine wirksame Betriebskostenabrechnung erteilt und der Mieter danach Betriebskosten schuldet (BGH MDR 2010, 1373).

5. Bei der Abrechnung des Klägers ist allerdings die **Ausschlussfrist** des § 556 Abs. 3 Satz 3 BGB zu beachten. Damit entfällt das Recht des Vermieters, Nachforderungen aus der verspäteten Abrechnung zu verlangen. Davon **unberührt** bleibt allerdings der Ausgleich in Höhe der ausweislich der Abrechnung **verbrauchten Vorauszahlungen**, die der Vermieter mit Erfolg verlangen kann. Um Nachforderungen handelt es sich begrifflich nur, wenn der Vermieter nach Ablauf der zwölfmonatigen Abrechnungsfrist einen Betrag verlangt, der eine bereits erteilte Abrechnung oder, falls er eine rechtzeitige Abrechnung nicht erstellt hat, die Summe der Vorauszahlungen des Mieters übersteigt (vgl. BGH NJW 2005, 1499 (1503)). Im vorliegenden Fall besteht demgemäß nur ein Anspruch auf Zahlung der abgerechneten Betriebskosten in Höhe von 876,54 EUR. Der Anspruch des Vermieters ist gedeckt durch die Summe der Vorauszahlungen, hier 1.200,– EUR.

6. Entscheidend ist, dass der Geltendmachung aus dem Abrechnungssaldo nicht die Vorschrift des § 767 Abs. 2 ZPO entgegensteht. Die Einwendungen des Schuldners im Sinne der vorbezeichneten Vorschrift sind nur zulässig, als die Gründe, auf denen sie beruhen, erst nach dem Schluss der mündlichen Verhandlung, in der Einwendungen spätestens hätten geltend gemacht werden können, entstanden sind. Für den Fall einer Aufrechnung gilt im Hinblick auf § 767 Abs. 2 ZPO die Besonderheit, dass nicht auf den Zeitpunkt der Aufrechnungserklärung abzustellen ist, sondern auf den Zeitpunkt, in dem sich die Forderungen aufrechenbar gegenüber standen (BGH NJW 1994, 2769 (2770); 1988, 2542; MDR 2014, 1112 (1113); Zöller/*Herget* § 767 Rn. 12). Ob der Aufrechnungseinwand im Vorprozess aus Unkenntnis seines Bestehens oder aus prozessualen Gründen – etwa § 530 Abs. 2 ZPO unberücksichtigt geblieben ist, spielt für die Beantwortung dieser Frage keine Rolle. Für die wegen Unkenntnis der Aufrechnungslage versäumte Aufrechnung hat der Bundesgerichtshof diese Problematik mehrfach entschieden (BGH NJW 1961, 1067; 1968, 885). Gleiches gilt, wenn die Aufrechung aus prozessualen Gründen nach ihrer Erklärung wegen § 530 Abs. 2 ZPO zurückgewiesen worden ist (BGH NJW 1994, 2769 (2770)).

Im vorliegenden Fall bestand allerdings zur Zeit des Vorprozesses und auch nicht bei Schluss der mündlichen Verhandlung überhaupt eine Aufrechungslage; denn dem Vermieter stand keine fällige Forderung zur Seite. Denn es fehlte an einer Abrechnung, ohne die der Vermieter eine fällige Forderung auf den Abrechnungssaldo nicht erwerben konnte. Damit ist der Vermieter im Wege der Vollstreckungsgegenklage nicht gehindert, sich auf die nachträglich erstellte Betriebskostenabrechnung zu berufen. Die Präklusionswirkung des § 767 Abs. 2 ZPO steht daher dem Erfolg einer Vollstreckungsgegenklage nicht entgegen.

28. Klage auf Anhebung der Betriebskostenvorauszahlungen (aufgrund einzeln berechneter Kostenerhöhungen)

An das

Amtsgericht . . . . .²

Klage

des . . . . .

– Kläger –

Prozessbevollmächtigter: Rechtsanwalt . . . . .³

gegen

. . . . .

– Beklagter –

wegen: Forderung

Streitwert: . . . . .[4]

Namens und in Vollmacht des Klägers werde ich

beantragen,

> den Beklagten zu verurteilen, an den Kläger . . . . . EUR nebst Zinsen in Höhe von 5 Prozentpunkten über dem Basiszinssatz seit dem . . . . .[5] zu zahlen.[6, 7]

Sollte das Gericht das schriftliche Vorverfahren anordnen, wird bereits jetzt für den Fall des Vorliegens der Voraussetzungen

Antrag

auf Erlass eines Versäumnisurteils gestellt.

Begründung:

Der Kläger ist Mieter, der Beklagte Vermieter der Wohnung . . . . . str . . . . . . in . . . . .

Beweis: Mietvertrag vom . . . . ., Kopie Anlage 1

Ausweislich § . . . . . des Mietvertrags hat der Beklagte für die Betriebskostenpositionen:[8] . . . . .[9] eine monatliche Vorauszahlung[10] von . . . . . EUR zu zahlen.[1] Gem. der genannten Bestimmung ist der Kläger bei Betriebskostensteigerungen zu einer Erhöhung des vom Beklagten zu leistenden Vorauszahlungsbetrags berechtigt.[11]

Beweis: [12] Mietvertrag vom . . . . ., Kopie Anlage 1

Wie sich aus dem Grundsteuer- und Gebührenbescheid für . . . . . ergibt, ist gegenüber dem Vorjahr bei der Grundsteuer eine Steigerung von . . . . . EUR und bei der Straßenreinigung eine Steigerung von . . . . . EUR eingetreten.

Beweis: Grundsteuer- und Gebührenbescheid für . . . . ., Kopie Anlage 2
　　　　 Grundsteuer- und Gebührenbescheid für . . . . .,[13] Kopie Anlage 3

Wie gerichtsbekannt sein dürfte, hat sich die Versicherungssteuer ab dem 1 . . . . . . um . . . . . % erhöht. Außerdem ist es zu dem genannten Datum zu einer fünfprozentigen Summenanpassung in der Gebäudeversicherung gekommen. Dies führt zu einem jährlichen Mehrbetrag von . . . . . EUR.

Beweis: Rechnung der . . . . .-Versicherung vom . . . . ., Kopie Anlage 4
　　　　 Rechnung der . . . . .-Versicherung vom . . . . .,[14] Kopie Anlage 5

Insgesamt ergibt sich damit ein Mehrbetrag von . . . . . EUR, der auch nicht durch Verminderungen bei anderen Kostenpositionen ausgeglichen wird,[15] und der daher durch die Betriebskostenvorauszahlungen aller Mieter zusätzlich abgedeckt werden muss.

In § . . . . . des Mietvertrags ist eine Umlage der Betriebskosten nach Quadratmetern Wohnfläche vereinbart.[16] Nach diesem Schlüssel entfallen auf die Wohnung des Beklagten . . . . . % der Betriebskosten.

Beweis: Mietvertrag vom . . . . ., Kopie Anlage 1

Damit entfällt auf die Wohnung des Beklagten ein Mehrbetrag von . . . . . EUR pro Jahr bzw . . . . . . EUR[17] pro Monat.

Der Beklagte ist mit Schreiben des Klägers vom . . . . . unter Darlegung der Erhöhungsgründe und der Berechnung[18] zur Zahlung dieses Erhöhungsbetrags ab dem . . . . .[19] aufgefordert worden.

Beweis: Schreiben vom . . . . . , Kopie Anlage 6

Der Beklagte überweist aber unverändert lediglich die ursprüngliche Betriebskostenvorauszahlung. Auch auf ein nochmaliges Schreiben des Klägers vom . . . . . hat er die Vorauszahlung nicht angehoben.[20]

Der Kläger macht daher mit der vorliegenden Klage den Betrag der Erhöhung der Vorauszahlung für die Monate geltend.

Rechtsanwalt

Anmerkungen

1. Bei dieser Klage wird von dem regelmäßig anzutreffenden Fall ausgegangen, dass im Mietvertrag gem. §§ 556 Abs. 2, 560 Abs. 4 BGB eine Betriebskosten**vorauszahlung** vereinbart ist, über die **abzurechnen** ist und zusätzlich eine Möglichkeit der Erhöhung dieser Vorauszahlung. Das Formular ist mit geringen Anpassungen aber auch im Falle einer Betriebskostenpauschale nach §§ 556 Abs. 2, 560 Abs. 1 BGB einsetzbar. Siehe im Einzelnen zu diesen Alternativen → Anm. 10.

2. → Form. B. II. 3 Anm. 1.

3. → Form. B. II. 3 Anm. 2.

4. Der Streitwert entspricht dem Erhöhungsbetrag, der nicht gezahlt wurde, → Anm. 21.

5. Wenn nichts anderes vereinbart ist, sind die Betriebskostenvorauszahlungen im Zweifel zusammen mit der Grundmiete fällig. In den meisten Mietverträgen ist dies bis zum 3. **Werktag** eines Monats. Dies entspricht für nach dem 1.9.2001 abgeschlossene Mietverträge auch dem § 556b Abs. 1 BGB. Das heißt, Verzug und Verzinsungspflicht gem. §§ 286 Abs. 2 Nr. 1, 288 BGB beginnen nicht immer mit dem 4. des Monats.

6. → Form. B. II. 3 Anm. 6.

7. Klageart ist die Leistungsklage (Zahlungsklage). Während eine Erhöhung der Grundmiete gem. § 558 Abs. 1 BGB (Mieterhöhung bis zur ortsüblichen Vergleichsmiete) der Zustimmung des Mieters bedarf, kann der Vermieter die Erhöhung der Betriebskostenvorauszahlung gem. § 560 Abs. 4 BGB durch einseitige Erklärung in Textform (§ 126b BGB) vornehmen. Daher bedarf es bei der Erhöhung der Grundmiete einer auf Zustimmung des Mieters gerichteten Klage, bei der Erhöhung der Betriebskostenvorauszahlung einer Zahlungsklage bzgl. des nicht gezahlten Erhöhungsbetrags.

8. a) Die Betriebskosten (Nebenkosten) waren bis zum 31.12.2003 in der Anlage 3 zu § 27 II. BV aufgelistet und definiert. Soweit in älteren Mietverträgen auf diese Bestimmung noch Bezug genommen wird, dürfte sich an der Rechtslage nichts geändert haben, da § 27 II. BV dann als vertragliche Vereinbarung weitergilt. Ab dem 1.1.2004 ist § 2

BetrKV an die Stelle der Anlage 3 zu § 27 II. BV getreten, wobei es sich aber im Wesentlichen nur um sprachliche Überarbeitungen gehandelt hat.

Nach BGH (NZM 2016, 235) ist es unschädlich, wenn bei einem Vertragsabschluss unter Geltung der Betriebskostenverordnung noch die Vorgängerbestimmung – die II. BV – in Bezug genommen wird.

Die Betriebskosten können auf den Mieter – auch formularmäßige – mit der schlichten Vereinbarung übertragen werden, dass dieser „die Betriebskosten" zu tragen hat. Auch ohne Beifügung des Betriebskostenkatalogs oder ausdrückliche Bezugnahme auf § 556 Abs. 1 Satz 2 BGB und die Betriebskostenverordnung ist damit die Umlage der in § 556 Abs. 1 Satz 2 BGB definierten und in der Betriebskostenverordnung erläuterten Betriebskosten vereinbart (BGH NZM 2016, 235). Angesichts dieser Rechtsprechung ist es dem Vermieter anzuraten, sich auch auf eben diese Formulierung zu beschränken. Gibt er dagegen einzelne Betriebskostenpositionen im Vertrag an, könnte dies dahingehend ausgelegt werden, dass andere Betriebskostenpositionen **nicht** umgelegt werden sollen.

Die Auffassung des BGH erscheint bedenklich, da der Mieter im Vertragstext selber, oder, wenn man jedenfalls einen Verweis auf Anlagen als ausreichend ansehen will, mangels Erfordernis des Beifügung dieser Anlagen auch nicht ansatzweise sieht, was **inhaltlich** an Kostenpositionen auf ihn zukommt. Der BGH (NZM 2004, 418 und NZM 2016, 235) schränkt die og. Ansicht zumindest dahingehend ein, dass die Position „sonstige Betriebskosten" nicht aufgrund dieses allgemeinen Verweises vom Mieter zu tragen ist. Insofern sei es erforderlich, die „sonstigen Betriebskosten" im Einzelnen zu benennen.

b) § 2 BetrKV zählt die umlagefähigen Betriebskosten abschließend auf. Nur diese Betriebskosten können gem. § 556 Abs. 1 BGB auf den Mieter umgelegt werden. Andere als die in § 2 BetrKV genannten Kosten sind auch dann keine Betriebskosten, wenn sie im Vertrag als solche definiert werden. Das heißt zB, dass Verwaltungskosten keine Betriebskosten sind. Alle nicht in § 2 BetrKV genannten Kosten sind in der Grundmiete enthalten. Eine entgegenstehende Vereinbarung wäre gem. § 556 Abs. 4 BGB unwirksam. § 2 BetrKV trifft allerdings keine Bestimmung darüber, wer die abrechenbaren Leistungen zu erbringen hat; insbesondere nicht dahingehend, dass die Leistungserbringung nur durch Dritte erfolgen darf, um sie abrechnen zu können. So ist die Abrechnung der mit eigenen Arbeitskräften des Vermieters erbrachten Gartenpflege- und Hausmeisterdienste nach den fiktiven Kosten eines Drittunternehmers (ohne Umsatzsteuer) zulässig. Voraussetzung ist, dass die Kostenansätze realistisch sind (BGH NZM 2013, 120). Das gilt auch für den privaten Vermieter, der seine eigene Arbeitskraft einsetzt (BGH NZM 2013, 120).

9. Enthält der Vertrag eine abschließende Aufzählung der umlagefähigen Betriebskosten, so können andere Betriebskosten nur dann mitumgelegt bzw. abgerechnet werden, wenn der Mieter insoweit einer Vertragsänderung zustimmt (LG Frankfurt/M. WuM 1986, 93). Das heißt aber nicht, dass bzgl. der abschließenden Aufzählung allzu sehr am Wortlaut zu kleben wäre. Ist in älteren Mietverträgen zB von der Umlage der Kosten einer „Gemeinschaftsantenne" die Rede, sind nach allgemeinen Auslegungsregeln auch die Kosten eines in späteren Jahren entsprechend des technischen Fortschritts erfolgten Anschlusses an das Breitbandkabelnetz (BGH NZM 2007, 769) oder an eine Haussatellitenanlage erfasst.

Das grundsätzliche Erfordernis der Mieterzustimmung für die Umlage über eine abschließende Aufzählung im Mietvertrag hinausgehender Betriebskostenpositionen gilt jedenfalls bei Betriebskostenarten, die bereits bei Vertragsschluss vorhanden waren und nach dem damaligen Willen der Parteien in der „Grund"miete enthalten sein sollten. Problematisch ist der Fall, dass Betriebskosten *neu* geschaffen werden, zB wenn eine Gemeinde eine neue Gebühr einführt, in ein Haus ein Aufzug eingebaut wird (vgl. dazu

BGH GE 2004, 229; *Gather* DWW 2000, 299, 302 f) oder Rauchwarnmelder installiert werden, die einer jährlichen Funktionsprüfung und Wartung bedürfen (bejahend LG Magdeburg NZM 2012, 305; AG Lübeck NZM 2008, 929; verneinend AG Bielefeld NZM 2011, 775). Eine Formularklausel, wonach der Vermieter berechtigt ist, neu entstandene Betriebskostenarten aus dem Katalog des § 2 BetrKV unter Beachtung der Vorschriften des § 560 Abs. 2 BGB ebenfalls umzulegen, dürfte zulässig sein. Die Einschränkungen (Katalog des § 2 BetrKV, Beachtung des § 560 Abs. 2 BGB) im Text der Klausel sind deswegen erforderlich, weil gem. § 556 Abs. 1 S. 3 BGB andere als die in § 2 BetrKV genannten Kosten nicht umgelegt werden dürfen und § 560 Abs. 2 BGB für die rückwirkende Umlegung eine zeitliche Beschränkung enthält. Klauseln ohne diese Einschränkungen verstoßen daher gegen zwingende gesetzliche Regelungen (BGH DWW 1993, 74, 75). Problematisch ist außerdem, ob eine den vorgenannten Anforderungen entsprechende Klausel ausreicht, wenn sie lediglich von Betriebskostenerhöhungen spricht, die Neuschaffung von Betriebskosten aber nicht explizit erwähnt. Sprachlich führt zwar jede Neuschaffung von Betriebskosten zu einer Erhöhung der Betriebskosten insgesamt, aus Gründen der Klarheit und zur Vorsicht sollte jedoch der Fall – auch – der Neuschaffung von Betriebskosten explizit bezeichnet werden. Für ein Klauselmuster vgl. *Blank* NZM 2007, 233.

Nach Ansicht des BGH (NZM 2006, 896 mAnm *Blank* NZM 2007, 233) können auch solche nachträglich – „neu" – entstandenen Betriebskosten umgelegt werden, die erst **durch Handeln des Vermieters** entstehen, wenn im Mietvertrag diese Kosten als umlagefähige Betriebskosten bezeichnet sind und dem Vermieter das Recht eingeräumt ist, auch neu entstehende Betriebskosten auf die Mieter umzulegen. Im vom BGH entschiedenen Fall waren die Kosten einer Sach- und Haftpflichtversicherung zwar im Mietvertrag als umlagefähig genannt, tatsächlich aber wurde diese Versicherung vom Vermieter erst Jahre später abgeschlossen. Schließlich ist im Einzelfall zu prüfen, ob durch widerspruchslose Zahlung des Mieters (Vorauszahlungen, Abrechnungen) auf die neu entstandene Betriebskostenposition deren Umlagefähigkeit konkludent vereinbart worden ist (BGH GE 2004, 229). Wenn ein Mieter zB **mehrere Jahre** unwidersprochen auf eine nach dem Mietvertrag nicht geschuldete Betriebskostenposition zahlt, kann das als stillschweigende Zustimmung zur dahingehenden Änderung des Mietvertrags angesehen werden (BGH NZM 2004, 418).

Andererseits ist im Regelfall davon auszugehen, „dass eine (stillschweigende) Änderung der mietvertraglichen Umlagevereinbarung nicht schon dadurch zu Stande kommt, dass der Vermieter Betriebskosten abrechnet, zu deren Umlage er nach dem Mietvertrag nicht berechtigt ist, und der Mieter eine darauf beruhende Nachzahlung begleicht. Denn aus Sicht des Mieters ist der Übersendung einer Betriebskostenabrechnung, die vom Mietvertrag abweicht, nicht ohne Weiteres, sondern nur bei Vorliegen besonderer Umstände ein Angebot des Vermieters zu entnehmen, eine Änderung des Mietvertrags herbeiführen zu wollen" (BGH NZM 2014, 748). Solche Umstände können zB vorliegen, wenn der Vermieter eine Änderung der abgerechneten Betriebskostenpositionen vor Übersendung der Abrechnung mitgeteilt hat. In diesem Fall kann in der Änderungsankündigung und der nachfolgen Übersendung einer entsprechenden Abrechnung „aus der maßgeblichen Sicht des objektiven Empfängers" (Mieters) ein Angebot zur Änderung der Betriebskostenumlagevereinbarung liegen, das der Mieter durch Begleichung der Abrechnungsnachforderung und der Zahlung der daraufhin angepassten Vorauszahlungen annehmen kann (BGH NZM 2014, 748).

Schließlich kann im Einzelfall auch eine ergänzende Vertragsauslegung zu einer Änderung (Erweiterung) der umlagefähigen Positionen führen, etwa wenn bei Abschluss des Mietvertrags der Mieter bestimmte Betriebskosten noch selbst getragen hat (im entschiedenen Fall die Müllgebühren durch eigene Behälter), diese dann später durch organisatorische Änderungen (Bereitstellung größerer Müllgefäße durch die Wohnungseigentümergemeinschaft) auf den Vermieter übergegangen sind (BGH NZM 2014, 748).

10. § 560 BGB enthält zwei inhaltlich voneinander **unabhängige** Regelungen:
- Die Absätze 1 bis 3 betreffen Mietverträge, in denen neben der Kaltmiete im Mietvertrag eine Betriebskostenpauschale vereinbart ist.
- Der Absatz 4 betrifft Mietverträge, in denen neben der Kaltmiete eine Betriebskostenvorauszahlung vereinbart ist.
- Nicht geregelt ist die Erhöhung von Betriebskosten bei Inklusiv- oder Teilinklusivmieten, d.h. bei Mieten, bei denen neben der Kaltmiete weder eine Betriebskostenpauschale noch eine Betriebskostenvorauszahlung vereinbart wurde oder sich die vereinbarte Pauschale oder Vorauszahlung nicht auf alle Betriebskostenarten bezieht.

a) **Betriebskostenerhöhung und –ermäßigung bei vertraglich vereinbarter Betriebskostenvorauszahlung.** Der häufigste Fall vertraglicher Gestaltung der Bezahlung von Betriebskosten entspricht dem § 560 Abs. 4 BGB. Dabei hat der Mieter (monatliche) Vorauszahlungen zu erbringen, über die (jährlich) abgerechnet wird.

aa) Aus § 560 Abs. 4 BGB selbst lässt sich kein Recht zur Forderung von Vorauszahlungen herleiten. § 560 Abs. 4 BGB setzt vielmehr eine entsprechende vertragliche Abrede voraus und regelt dann Einzelheiten, von denen wegen § 560 Abs. 6 BGB nicht zum Nachteil des Mieters abgewichen werden darf. Vorauszahlungen können also nur dann verlangt werden, wenn dies vereinbart ist.

Sind Vorauszahlungen vereinbart worden, braucht die Möglichkeit einer Erhöhung der Vorauszahlungen nicht ausdrücklich vertraglich vereinbart zu werden, etwa in Form eines Erhöhungsvorbehalts, denn dieses Recht ergibt sich unmittelbar aus § 560 Abs. 4 BGB.

Etwas anderes gilt nur dann, wenn eine Vertragsauslegung ergibt, dass eine Erhöhung der laufenden Vorauszahlungen **ausgeschlossen** sein sollte.

War von den Parteien die Vereinbarung einer Betriebskostenvorauszahlung gewollt, und ist diese Vereinbarung unwirksam, ist ggf. nach §§ 133, 140 BGB zu ermitteln, was die Parteien bei Kenntnis der Nichtigkeit vereinbart hätten. Die (gewollte) Betriebskostenvorauszahlung zeichnet sich durch die Möglichkeit der Anpassung der Zahlung des Mieters an die tatsächlich entstehenden Betriebskosten aus, ebenso trägt sie dem sich verändernden Umfang der verbrauchsabhängigen Betriebskosten Rechnung. Dagegen trägt bei der Betriebskostenpauschale der Vermieter das Kalkulationsrisiko, da eine Änderung der Pauschale nur dann zulässig ist, wenn die Parteien darüber eine besondere Vereinbarung getroffen haben. Das spricht –selbst bei einer fehlenden Anpassungsvereinbarung im Mietvertrag- für eine Umdeutung der unwirksamen Vereinbarung über eine Vorauszahlung in eine Bruttokaltmiete, da diese dem Parteiwillen am ehesten entgegenkommt, da auch sie eine Anpassung des Betriebskostenanteils der Miete ermöglicht (AG Berlin-Schöneberg BeckRS 2009, 10148; aA LG Berlin MM 2007, 111, wonach der Vermieter den als Vorschuss ausgewiesenen Betrag bei fehlender Anpassungsvereinbarung (§ 560 Abs. 1 BGB) als unselbständigen Teil einer Bruttokaltmiete, der für die Zukunft nicht mehr abänderbar ist, behält).

bb) Die Erhöhung ist gem § 560 Abs. 4 BGB nach jeder Abrechnung möglich, wobei die Abrechnung sowohl formell wirksam als auch inhaltlich richtig sein muss (BGH VIII ZR 245/11 (BeckRS 2012, 11552) und BGH NZM 2012, 455, unter Aufgabe der bisherigen Rechtsprechung – BGH NZM 2010, 895; BGH NZM 2008, 121 –, wonach für das Recht des Vermieters auf Anpassung der Vorauszahlung es nur auf die formelle Wirksamkeit der Abrechnung ankommen sollte). Nach dem Gesetzeswortlaut wird die Anpassung durch „**Erklärung** in Textform" (§ 126b BGB) auf eine angemessene Höhe „vorgenommen". Es bedarf also keiner Zustimmung des Mieters.

Die Anpassung ist gegenüber dem Mieter zu erklären. Anders als beim Ausgleich der Abrechnungsforderung selber genügt bei einer Mietermehrheit für eine Anpassung nach § 560 Abs. 4 BGB die Abrechnung nur gegenüber einem Mieter nicht. Wegen der Einheitlichkeit des Mietverhältnisses, zu der auch die von allen Mietern geschuldete Bruttomiete gehört, deren Bestandteil wiederum die Betriebskosten sind, kann auch die Anpassung der Betriebskosten nur einheitlich gegenüber allen Mietern erklärt werden. Voraussetzung der Anpassung ist aber eine – deswegen an alle Mieter – gerichtete Abrechnung (so auch *Streyl* NZM 2011, 377 (391)).

Nach § 560 Abs. 4 BGB darf auch der Mieter nach einer Abrechnung durch Erklärung in Textform eine Anpassung auf eine „angemessene Höhe" vornehmen, ohne dass es einer Zustimmung des Vermieters bedürfte. Das gilt auch dann, wenn der Mieter inhaltliche Fehler der Betriebskostenabrechnung beanstandet und das seiner Meinung nach zutreffende Abrechnungsergebnis selbst errechnet (BGH NZM 2013, 357).

Da beide Vertragspartner dadurch die Möglichkeit haben, durch einseitige Erklärung in Textform die Höhe der Betriebskosten nach jeder Abrechnung neu festzusetzen, wird es hier möglicherweise zu Streit kommen. Denkbar ist sogar, dass auf Grund unterschiedlicher Interpretation der Abrechnung und zukünftiger Entwicklung der Betriebskosten widerstreitende Erklärungen abgegeben werden.

cc) Nach dem Wortlaut des § 569 Abs. 4 ist für die Anpassung der Vorauszahlung nur die Erklärung gegenüber dem Vertragspartner, aber keine **Begründung** erforderlich. Allerdings „versteht [es] sich von selbst, dass der Vermieter oder der Mieter eine von ihm beanspruchte Anpassung der Vorauszahlungen zumindest nachträglich der anderen Vertragspartei gegenüber rechtfertigen muss, wenn der andere Teil die Angemessenheit bestreitet. Beschränkt sich die Anpassung darauf, dass die Vorauszahlungen lediglich rechnerisch an den Jahresbetrag der letzten Betriebskostenabrechnung angepasst werden, so wird ein Hinweis auf das Abrechnungsergebnis genügen. Weicht die beanspruchte Anpassung davon erheblich ab, so sind die dafür maßgeblichen Umstände nachvollziehbar darzulegen. Zu hohe Anforderungen sind an eine solche Begründung aber auch in diesem Fall nicht zu stellen. Denn es geht um eine Prognose über die Höhe der im laufenden Jahr zu erwartenden Betriebskosten. Eine solche Prognose kann naturgemäß nur eine gewisse Wahrscheinlichkeit, aber keine Gewissheit für sich beanspruchen. Die zu erwartende Höhe der Betriebskosten des laufenden Jahres muss nicht bewiesen, sondern nur plausibel gemacht werden" (BGH NZM 2011, 880 (881)).

dd) § 560 Abs. 4 BGB ist so zu lesen ist, dass eine Anpassung der Betriebskostenvorauszahlung „nur" nach einer Abrechnung möglich ist (BGH NZM 2011, 880; *Both* NZM 2009, 896 (899)). Es trifft zwar zu, dass sich sachliche Notwendigkeiten für eine Anpassung der Vorauszahlungen – etwa erhebliche Kostensteigerungen bei einzelnen Abrechnungspositionen – in der Praxis völlig unabhängig von der von den Vertragsparteien gewählten Abrechnungsperiode und dem von verschiedensten, zum Teil vom Vermieter unbeeinflussbaren Faktoren (etwa Ablesezeitpunkte und Rechnungsstellung der Versorgungsträger) abhängigen Datum der Jahresbetriebskostenabrechnung ergeben können. Dies ist aber angesichts eines bei mehrfachen Anpassungen zwischen zwei Abrechnungen ggf. entstehenden „Anpassungsmarathons", der Mieter und Vermieter gleichermaßen belasten würde, hinzunehmen. Das bedeutet, dass der Vermieter (und der Mieter) zwischen zwei Abrechnungen nur einmal ein Anpassung vornehmen kann.

Eine Frist dafür gibt es aber nicht. „Nach" einer Abrechnung heißt nicht sofort nach oder zusammen mit der Abrechnung, auch wenn diese im Regelfall den Anlass für die Anpassung geben wird (so auch *Both* NZM 2009, 896, 898). Der Vermieter kann daher nach einer Abrechnung die weitere Kostenentwicklung abwarten und dann bis zur nächsten Abrechnung – aber nur **einmal** – die Vorauszahlungen erhöhen (MüKoBGB/*Schmid* § 560 Rn. 30; *Schmid* ZMR 2001, 761 (765)).

Es ist nicht erforderlich, dass die zur Anpassung berechtigende Abrechnung innerhalb der Jahresfrist des § 556 Abs. 3 S. 2 BGB erfolgt ist. Das Gesetz sieht über den Nachforderungsausschluss des § 556 Abs. 3 S. 3 BGB für den verspätet abgerechneten Zeitraum hinaus keine Sanktion für die verspätete Abrechnung vor, so dass eine Anpassung der Vorauszahlungen gemäß § 560 Abs. 4 BGB auch noch nach verspäteter Abrechnung möglich ist (BGH NZM 2010, 736 = NJW 2011, 735; aA LG Berlin NZM 2004, 339). Die Anpassung aufgrund einer erteilten Abrechnung ist auch dann möglich, wenn bereits die nächste Abrechnungsperiode abrechnungsreif, aber noch nicht abgerechnet ist. Eine Einschränkung des Anpassungsrechts dahin, dass es nur auf Grund der letzt**möglichen** Abrechnung vorgenommen werden kann, lässt sich dem Gesetz nicht entnehmen (BGH NZM 2011, 544), Die Anpassung der Vorauszahlungen muss immer an die letzte **tatsächlich erfolgte** Betriebskostenabrechnung erfolgen; nicht an eine beliebige davor (BGH NZM 2010, 895; BGH NZM 2010, 736 = NJW 2011, 735).

ee) Die Anpassung hat gem. § 560 Abs. 4 BGB auf eine „angemessene Höhe" der Vorauszahlung zu erfolgen. Mit der Anpassung der Vorauszahlungen nach einer Abrechnung soll erreicht werden, dass die vom Mieter zu leistenden Abschläge den tatsächlichen Kosten möglichst nahe kommen, so dass weder der Mieter dem Vermieter – durch zu hohe Vorauszahlungen – ein zinsloses Darlehen gewährt noch der Vermieter – angesichts zu niedriger Vorauszahlungen – die Nebenkosten teilweise vorfinanzieren muss (BGH NZM 2011, 544). Deshalb ist das Ergebnis der erteilten Abrechnung nicht die einzig mögliche Begründung für eine Anpassung der Vorauszahlungen. So kann bei der Anpassung auch die Berücksichtigung anderer – bereits eingetretener oder noch eintretender – Umstände erfolgen, von denen die im laufenden Jahr entstehenden Kosten voraussichtlich beeinflusst werden. Lassen solche Umstände Vorauszahlungen in anderer Höhe als angemessen erscheinen, als unter Zugrundelegung der Abrechnung des Vorjahres zu erwarten wäre, so können sowohl der Mieter als auch der Vermieter eine entsprechende Anpassung vornehmen (BGH NZM 2011, 880). Insbesondere Kostensteigerungen im Bereich der Betriebskosten sind deshalb, wenn mit ihrem Eintritt **konkret** zu rechnen ist, in die Beurteilung der Angemessenheit von Vorauszahlungen einzubeziehen (BGH NZM 2011, 880). Nach Ansicht des BGH darf allerdings **nur** auf konkret zu erwartende Preissteigerungen abgestellt werden; für einen allgemeinen Teuerungszuschlag – etwa von 10 % – sei daneben oder stattdessen kein Raum (BGH NZM 2011, 880). Ein solcher pauschaler Zuschlag hat indes den Charme größerer Praktikabilität und dürfte angesichts der stetig nach oben zeigenden Kostenentwicklung bei den Nebenkosten den Mieter auch wirtschaftlich nicht unangemessen benachteiligen. Im Übrigen ist zu bedenken, dass durch die Berechnung einer (nur) am Abrechnungsergebnis orientierten Anpassung der Vermieter de facto noch nicht einmal und nie zu einer Gesamtvorauszahlung gelangt, die auch nur den Abrechnungssaldo des Vorjahres erreichen würde (vgl. dazu sogleich ee)). Auch hier kann ein pauschaler Aufschlag zumindest teilweise Abhilfe verschaffen (so auch *Bub* NZM 2011, 644, 648). Ein prozentualer „Teuerungsaufschlag" dürfte – entgegen BGH – jedenfalls dann zu bejahen sein, wenn er sich an den Erfahrungswerten der Betriebskostensteigerungen der vergangenen Jahre orientiert oder wenn er sich im Rahmen der allgemeinen Teuerungsrate hält.

Im Ergebnis kann die „angemessene Höhe" der neuen Betriebskostenvorauszahlung grundsätzlich auf zweierlei Weise begründet werden:

Die einfachste ist, man teilt den Jahresüberschuss oder (angesichts der ständig steigenden Betriebskosten wahrscheinlicher) Jahresfehlbetrag durch zwölf und subtrahiert bzw. addiert das Ergebnis zu der bisherigen Betriebskostenvorauszahlung (→ Form. B. II. 28). Bei dieser Variante hinkt der Vermieter der Betriebskostensteigerung allerdings immer ein Jahr hinterher, da er nur die Steigerung des abgelaufenen Jahres (Fehlbetrag) auf die Zukunft umlegt, das bei Erstellung der Abrechnung bereits angelaufene Jahr aber so nicht erfassen kann.

Mühsamer ist es, auf Grund einzeln angekündigter Kostenerhöhungen von z.B. Versorgungsunternehmen, Versicherungen usw. bzgl. einzelner Betriebskostenpositionen die voraussichtliche Kostensteigerung zu berechnen, wie im vorliegenden Formular geschehen. Bei einem Abrechnungssaldo „Null" oder einem anderen jedenfalls für eine Anpassung (nur) auf Grund der Abrechnung nicht lohnenden Betrag ist diese Art der Anpassung der einzig mögliche Weg. Zu beachten ist allerdings, dass eine Anpassung in diesem Fall nur dann möglich ist, wenn und soweit die Steigerung einzelner Betriebskosten nicht durch eine Verminderung anderer Betriebskosten kompensiert wird.

Denkbar ist schließlich auch eine Kombination der beiden Varianten; also eine Anpassung um ein Zwölftel des Abrechnungssaldos verbunden mit der konkreten Berechnung weiterer Anpassungsbeträge aufgrund der bereits bekannten Steigerung oder Verminderung bei einzelnen Betriebskostenpositionen (BGH NZM 2011, 880).

ff) Streitig ist, wie man den Erhöhungsbetrag berechnet: Nach einer Meinung kann der gesamte voraussichtliche Fehlbetrag auf die verbleibenden Monate der Abrechnungsperiode aufgeteilt werden (*Blümmel* GE 2000, 1235), nach anderer Ansicht darf der Jahresfehlbetrag nur auf zwölf Monate umgerechnet und der Mieter nur mit den so geringeren Vorauszahlungen für die restlichen Monate der Abrechnungsperiode belastet werden (*Bub* NZM 2011, 644 (648); *Both* NZM 2009, 896 (899); *Langenberg* NZM 2001, 783 (793); wohl auch BGH NZM 2011, 880). Da (nur) die letzte Alternative keinen Bedenken begegnen kann, ist sie vorzuziehen. Darüber hinaus wird vermieden, dass wegen der für die letzten Monate der laufenden Abrechnungsperiode überproportional erhöhten Vorauszahlungen mit Beginn der nächsten Abrechnungsperiode (wegen der dann wieder auf 12 Monate zu berechnenden Vorauszahlungen) automatisch eine zu hohe und damit nicht mehr „angemessene" Vorauszahlung iSd § 556 Abs. 2 S. 2 BGB vorliegen würde.

gg) Unstreitig ist zumindest, dass die Anpassung der Vorauszahlungen nur für die Zukunft erfolgen darf (BGH NZM 2011, 544; *Both* NZM 2009, 896 (899); *Bub* NZM 2011, 644 (646)).

b) **Betriebskostenerhöhung oder -ermäßigung bei vertraglich vereinbarter Betriebskostenpauschale.** Nach den soeben genannten Verträgen dürfte die nächstgrößere Gruppe diejenige sein, in der bzgl. der Betriebskosten explizit eine Pauschale vereinbart worden ist. Diese Verträge unterfallen § 560 Abs. 1 bis 3 BGB. Nicht gemeint sind dort also solche Verträge, in denen ohne Aufspaltung in Kaltmiete und Betriebskostenpauschale eine einheitliche „Warmmiete" vereinbart ist.

§ 560 Abs. 1 BGB bestimmt zunächst, dass der Vermieter zu einer Erhöhung der Betriebskostenpauschale nur dann und nur insoweit berechtigt ist, wie dies im Mietvertrag vereinbart ist. Das heißt, die Möglichkeit einer Erhöhung der Betriebskostenpauschale muss im Mietvertrag ausdrücklich vorbehalten sein.

Die Erhöhungserklärung muss der Vermieter in Textform (§ 126b BGB) abgeben, außerdem muss er den Grund für die Umlage bezeichnen und erläutern. Sodann schuldet der Mieter gem. § 560 Abs. 2 BGB den auf ihn entfallenden Teil der Umlage (= die Betriebskostenerhöhung) mit Beginn des auf die Erklärung folgenden übernächsten Monats. Soweit die Erklärung darauf beruht, dass sich Betriebskosten rückwirkend erhöht haben, wirkt sie auf den Zeitpunkt der Erhöhung, höchstens jedoch auf den Beginn des der Erklärung vorausgehenden Kalenderjahres zurück, sofern der Vermieter die Erklärung innerhalb von drei Monaten nach Kenntnis von der Erhöhung abgibt. Die Dreimonatsfrist beginnt also erst mit positiver Kenntnis des Vermieters, die z.B. durch den Erhalt eines Gebührenbescheides erlangt. Es ist unschädlich und setzt die Frist nicht in Gang, wenn der Vermieter, zB durch entsprechende Ankündigungen in der Tagespresse, auch noch so fest mit der Erhöhung rechnen konnte bzw. musste.

Bei einer Betriebskosten**ermäßigung** ist eine Betriebskostenpauschale vom Zeitpunkt der Ermäßigung an entsprechend herabzusetzen (§ 560 Abs. 3 S. 1 BGB). Die Ermäßigung ist dem Mieter unverzüglich mitzuteilen (§ 560 Abs. 3 S. 2 BGB). § 560 Abs. 3 BGB gilt nicht für bei Vertragsschluss von vornherein zu hoch angesetzte Pauschalen, da es dem Mieter im Rahmen der Vertragsautonomie frei stand, den Vertrag zu unterschreiben oder nicht (BGH NZM 2012, 20). In diesem Fall besteht auch kein Auskunftsanspruch über die von der Pauschale erfassten tatsächlichen Kosten, da der Vermieter grundsätzlich nicht verpflichtet ist, seine anfängliche Kalkulation einer Betriebskostenpauschale offenzulegen (BGH NZM 2012, 20).

Nach Sinn und Zweck einer vereinbarten Pauschale ist der Vermieter grundsätzlich nicht zur Abrechnung verpflichtet. Die Pauschale bietet dem Vermieter eine Entlastung von dem ansonsten jährlich anfallenden Aufwand einer Betriebskostenabrechnung. Dem widerspräche eine permanente, ohne weiteres bestehende Auskunftspflicht des Vermieters über die von der Pauschale erfassten tatsächlichen Kosten. Ein dahingehender Auskunftsanspruch steht dem Mieter daher nur dann zu, wenn sich **konkrete Anhaltspunkte** dafür ergeben, dass sich die von der Pauschale erfassten Kosten **insgesamt** ermäßigt haben, also wenn Ermäßigungen einzelner Betriebskosten nicht durch Erhöhungen in anderen Bereichen ausgeglichen werden (BGH NZM 2012, 20). Der Mieter genügt seiner Darlegungslast nicht durch die Bezugnahme auf einen regionalen oder überregionalen Betriebskostenspiegel; vielmehr muss er die behauptete Ermäßigung für die konkrete, von ihm gemietete Wohnung darstellen (BGH NZM 2012, 20).

c) **Betriebskostenerhöhung bei Inklusiv- und Teilinklusivmieten.** Damit (mit § 560 BGB) sind einige problematische Fälle der Betriebskostenerhöhungen vom Gesetz nicht ausdrücklich geregelt.

aa) Inklusivmieten. Dies betrifft zum einen diejenigen Mietverträge, in denen überhaupt keine Differenzierung nach Kaltmiete und Betriebskosten erfolgt ist (Warmmiete, Bruttomiete, Inklusivmiete oder auch Pauschalmiete, obwohl dieser Begriff den Mieten vorbehalten bleiben sollte, die die Betriebskosten nicht beinhalten, sondern in einer Pauschale neben der Grundmiete ausweisen).

Bei diesen Mieten ist fraglich, ob im Rahmen einer Mieterhöhung nach § 558 BGB nur deren Nettomietanteil (Kaltmietanteil, Grundmietanteil) oder auch der Betriebskostenanteil erhöht werden kann. Für eine Erhöhungsmöglichkeit nur des Nettomietanteils könnte sprechen, dass der Vermieter, der solche Mietverträge abschließt, das Risiko steigender Betriebskosten übernimmt. Zweifelhaft ist auch, ob sich der Mieter bei Unterschrift unter einen solchen „all inclusive" Mietvertrag Gedanken über die (doch) bestehende Möglichkeit einer Erhöhung des Betriebskostenanteils der Inklusivmiete macht.

Dennoch kann aus der Vereinbarung einer Inklusivmiete nicht geschlossen werden, dass die in der einheitlichen Miete enthaltenen Betriebskosten bei einer Mieterhöhung ausgeschlossen und letztlich aus dem Vermögen des Vermieters bestritten werden sollen (OLG Stuttgart NJW 1983, 2329). Da vor allem bei langdauernden Mietverhältnissen durch den steigenden Betriebskostenanteil der Nettomietanteil ständig geringer wird, ist abzusehen, dass der Mieter eines Tages zur Nettomiete „Null" wohnt. Davon kann aber ein vernünftiger Mieter bei Abschluss des Vertrags nicht ausgehen (LG Frankfurt/M. WuM 1985, 315; LG Karlsruhe DWW 1988, 146). Die Erhöhung einer Inklusivmiete kann daher auf eine rechnerisch angepasste Nettomiete und gleichzeitig auf einen in der Inklusivmiete enthaltenen, erhöhten Betriebskostenanteil gestützt werden (AG Hamburg ZMR 2005, 54).

Der Problematik geht man von vornherein aus dem Weg, wenn man – wie der BGH (NZM 2006, 101; zur Kritik vgl. WoBauR/*Mersson* § 558 Anm. 25.4) – schlicht einen **Rechenweg** wählt, bei dem die **jeweils aktuell auf die Wohnung entfallenden Betriebskosten im Rahmen einer Mieterhöhung nach § 558 voll berücksichtigt** werden. Um dabei für eine auf einen Mietspiegel gestützte Erhöhung eine Vergleichbarkeit der Nettowerte des Mietspiegels zu der Inklusivmiete herzustellen, muss eine Umrechnung erfolgen. Die Vergleichbarkeit kann dadurch hergestellt werden, dass ein Zuschlag in Höhe der derzeit auf die Wohnung entfallenden Betriebskosten zu der im Mietspiegel ausgewiesenen ortsüblichen Nettokaltmiete hinzugerechnet wird, sofern die Betriebskosten den Rahmen des Üblichen nicht überschreiten (BGH NZM 2006, 101; OlG Stuttgart NJW 1983, 2329; LG Düsseldorf ZMR 1985). Dazu muss zunächst der Betriebskostenanteil aus der vereinbarten Bruttomiete herausgerechnet werden. Der sodann verbleibende Nettomietanteil ist bis zur ortsüblichen (Netto-) Vergleichsmiete gemäß Mietspiegel zu erhöhen, und im letzten Schritt ist zu der neuen (erhöhten) Nettomiete der eingangs errechnete Betriebskostenanteil in unveränderter Höhe wieder hinzuzuaddieren.

Herauszurechnen und dann wieder hinzuzuaddieren ist nicht ein statistischer Durchschnittswert für Betriebskosten, und zwar selbst dann nicht, wenn dessen Angaben aus einem Mietspiegel entnommen worden sind (BGH NZM 2006, 864, NJW-RR 2006, 1599; BGH NZM 2006, 101), sondern der tatsächlich auf die Wohnung entfallende Anteil der in der Miete enthaltenen Betriebskosten (BGH NZM 2006, 101). Dieser ist „anhand der zuletzt auf die Wohnung entfallenden Betriebskosten" zu ermitteln (BGH NZM 2008 124, NJW 2008, 848) und ergibt sich aus der Betriebskostenabrechnung für den dem Mieterhöhungsverlangen vorangegangenen Abrechnungszeitraum, soweit diese bereits vorliegt (BGH NZM 2007, 594). Es muss also nicht immer die Betriebskostenabrechnung für das letzte Wirtschaftsjahr vor der Mieterhöhungserklärung sein, wenn diese Abrechnung – wie regelmäßig etwa bei einer Mieterhöhungserklärung im Januar – noch nicht erstellt worden ist; ein Erfordernis, dass der Vermieter abwarten müsse, bis die Betriebskosten des dem Jahr der Abgabe der Mieterhöhungserklärung vorangegangenen Jahres berechnet sind, ergibt sich aus dem Gesetz nicht (AG Schöneberg GE 2008, 1400).

Es bleibt dem Vermieter aber unbenommen, den Betriebskostenanteil auch in anderer Weise als durch Vorlage einer Betriebskostenabrechnung darzulegen (LG Berlin GE 2010, 983), zB durch eine **aktuelle Aufstellung** (LG Berlin, GE 2006, 723). Der Betriebskostenanteil kann auch einer Rechnung entnommen werden, die nur einen Teil der Gesamtwirtschaftseinheit betrifft. Er kann anhand von Rechnungen dargelegt werden, oder ggf. auch anhand der Betriebskostenabrechnung für eine andere Wohnung im gleichen Haus (LG Berlin GE 2010, 983), auch noch im Verlauf des Rechtsstreits (LG Berlin GE 2010, 983).

bb) Teilinklusivmieten. Auf die vorstehend beschriebene Weise kann im Rahmen einer Mieterhöhung nach § 558 auch der Betriebskostenanteil einer Teilinklusivmiete erhöht werden (also diejenigen Betriebskosten, die in der Miete enthalten sind).

Für den nicht in der Teilinklusivmiete enthaltenen Betriebskostenanteil gilt:

Ist hierfür eine Vorauszahlung vereinbart, ist insoweit § 560 Abs. 4 BGB anzuwenden.

Sind diese Betriebskosten nach dem Mietvertrag in einer Pauschale **mit** Erhöhungsvorbehalt vereinbart, kann eine Erhöhung nach § 560 Abs. 1 S. 1 BGB vorgenommen werden.

Sind diese Betriebskosten nach dem Mietvertrag in einer Pauschale **ohne** Erhöhungsvorbehalt vereinbart, ist eine Erhöhung nicht möglich.

cc) Altverträge. Zu beachten ist schließlich noch, dass gem. Art. 229 § 3 Abs. 4 EGBGB auf ein am 1.9.2001 bereits bestehendes Mietverhältnis, bei dem die Betriebskosten ganz oder teilweise in der Miete enthalten sind, wegen Erhöhungen der Betriebskosten § 560 Abs. 1, 2, 5 und 6 BGB entsprechend anzuwenden sind, soweit im Mietvertrag vereinbart ist, dass der Mieter Erhöhungen der Betriebskosten zu tragen hat; bei Ermäßigungen der Betriebskosten gilt § 560 Abs. 3 BGB entsprechend.

d) **Betriebskostenerhöhung bei preisgebundenem Wohnraum.** Für die Erhöhung von Betriebskosten im preisgebundenen Wohnraum ist § 20 Abs. 4 NMV zu beachten.

11. Eine entsprechende Vertragsklausel gibt lediglich die in § 560 Abs. 4 BGB enthaltene Regelung wieder.

12. Die Beweislast für die Vereinbarung von abzurechnenden Vorauszahlungen trägt der Vermieter (AG Rheine WuM 1980, 42).

13. Vorjahr.

14. Vorjahr.

15. Ein Erhöhungsverlangen ist allerdings nur begründet, wenn bzw. insoweit die Erhöhung einzelner Betriebskostenarten nicht durch eine Verringerung anderer Betriebskostenarten aufgefangen wird (BGH NZM 2012, 20, zur Betriebskostenpauschale).

16. a) Die meisten gebräuchlichen Schlüssel sind zulässig. Denkbare Abrechnungsschlüssel: nach Quadratmetern Wohnfläche, nach Zimmern, nach Köpfen (selbst wenn die Gesamtpersonenzahl mit einem Bruchteil angegeben wird (BGH NZM 2010, 859), aber nicht, wenn die Kopfzahl nicht konkret durch Feststellung der tatsächlichen Wohnungsbelegung, sondern nach den Daten des amtlichen Einwohnermelderegisters ermittelt wird (BGH NZM 2008, 242), nach Wohneinheiten (BGH NZM 2007, 769 „Kabelfernsehen"), nach Miteigentumsanteilen (BGH NZM 2009, 78); oder Mischschlüssel: pro Person ein Punkt, pro Zimmer (ohne Diele, Flure und Abstellkammern) ein Punkt, pro Badezimmer ein Punkt; oder die verbrauchsabhängigen Betriebskosten (Wasser, Abwasser, Müllabfuhr, Allgemeinstrom) nach Köpfen, die (eher) sachbezogenen Betriebskosten (Grundsteuer, Versicherung, Straßenreinigung, Schornsteinfegergebühren) nach Quadratmetern. Auch das „direkte Durchreichen" durch Einstellung von wohnungsbezogenen Rechnungen in die Jahresbetriebskostenabrechnung ist zulässig. Insoweit bedarf es überhaupt keines Abrechnungsschlüssels; zB von der Gemeinde wohnungsbezogen erhobene Grundsteuer (BGH NZM 2012, 96), Wartungskosten oder Kosten der Emissionsmessung des Schornsteinfegers für die in der jeweiligen Wohnung angebrachte Gastherme.

b) Den absolut gerechten Schlüssel gibt es nicht. Nur wenn ein Abrechnungsschlüssel willkürlich und überhaupt nicht nachvollziehbar oder sachgerecht ist, ist er ungültig. Die Darlegungs- und Beweislast für die Unbilligkeit des Abrechnungsschlüssels trägt der Mieter (LG Düsseldorf DWW 1990, 240).

Eine Ausnahme von der Vertragsfreiheit zur Vereinbarung des Umlageschlüssels stellen die in der Heizkostenverordnung enthaltenen Regelungen bzgl. der Umlage von Heiz- und Warmwasserkosten dar.

c) Wenn im Mietvertrag **keine** Vereinbarung über den Abrechnungsschlüssel getroffen worden ist, sind die Betriebskosten gem. § 556a Abs. 1 S. 1 BGB nach dem Anteil der Wohnfläche, also nach Quadratmetern umzulegen, wobei dies in der Abrechnung auch durch Bruchteils- oder Prozentangaben erfolgen kann (BGH WuM 2012, 98). Wichtig ist, dass Betriebskosten, die von einem **erfassten** Verbrauch oder einer **erfassten** Verursachung durch die Mieter abhängen, gem. § 556a Abs. 1 S. 2 BGB im Falle einer **fehlenden** Vereinbarung eines Abrechnungsmaßstabes nach einem Maßstab umgelegt werden müssen, der dem unterschiedlichen Verbrauch oder der unterschiedlichen Verursachung Rechnung trägt.

d) Eine Änderung des Abrechnungsschlüssels bedarf der Zustimmung aller Mieter. Ausnahme: Nach § 556a Abs. 2 BGB kann der Vermieter auch im Falle einer anderslautenden vertraglichen Vereinbarung durch Erklärung in Textform (§ 126b BGB), die nicht der Zustimmung des Mieters bedarf, bestimmen, dass die Betriebskosten zukünftig abweichend von der getroffenen Vereinbarung ganz oder teilweise nach einem Maßstab umgelegt werden, der dem erfassten unterschiedlichen Verbrauch oder der erfassten unterschiedlichen Verursachung Rechnung trägt. Die Erklärung kann für künftige Abrechnungszeiträume abgegeben werden und ist nur vor Beginn eines Abrechnungszeitraums zulässig. Sind die Kosten bislang in der Miete enthalten, so ist diese entsprechend herabzusetzen. Ziel dieser Regelung ist es, dem Mieter einen Anreiz zur Energieeinsparung, Wassereinsparung, Müllvermeidung usw. zu bieten. § 556a Abs. 2 BGB ist zwar erst durch das am 1.9.2001 in Kraft getretene Mietrechtsreformgesetz in das BGB eingefügt worden, aber auch auf vor diesem Datum begründete Mietverhältnisse anwendbar (BGH NZM 2012, 152).

§ 556a Abs. 2 BGB ist eine „kann"-Bestimmung. Das heißt, dass der Vermieter bei Vorhandensein eines anderslautenden vertraglichen Abrechnungsmaßstabes es bei diesem belassen darf, auch wenn Einrichtungen zur getrennten Verbrauchserfassung im Haus vorhanden sind (aA *Langenberg* NZM 2001, 783, 790). Er muss dann nicht zu einer verbrauchsabhängigen Abrechnung übergehen, allerdings ist dies aus Gründen einer besseren Akzeptanz der Abrechnung durch die Mieter (und aus Gründen der Ökologie) ratsam. Keinesfalls kann aus § 556a Abs. 2 BGB eine Verpflichtung des Vermieters hergeleitet werden, solche wohnungsbezogenen Abrechnungseinrichtungen, zB separate Wasserzähler, zu installieren.

§ 556a Abs. 2 BGB gilt auch für solche Betriebskostenkomponenten, die in Pauschalen oder in einer Inklusiv- oder Teilinklusivmiete enthalten sind. Die Pauschale, die Inklusiv- oder Teilinklusivmiete ist dann entsprechend um die ausgegliederte Betriebskostenposition herabzusetzen, die Betriebskostenposition wird dann in Zukunft nach dem jeweiligen Verbrauch abgerechnet.

Nur noch im Wege der Vereinbarung besteht die bis zum 30.8.2001 gem. dem vormaligen § 4 Abs. 5 S. 2 MHG noch als einseitiges Bestimmungsrecht des Vermieters ausgestaltete Möglichkeit, dass der Mieter bei Vorhandensein entsprechender Messeinrichtungen direkt z.B. mit dem Versorgungsunternehmen einen Vertrag abschließt. Solche Direktverträge dürften auch im Interesse des Vermieters sein, da er die entsprechende Betriebskostenposition nicht mehr abrechnen muss und auch insoweit nicht das Inkassorisiko zu tragen braucht. Für das Versorgungsunternehmen ist es aber in der Regel günstiger und weniger verwaltungsintensiv, nur einen und zudem in der Regel finanziell sicheren Vertragspartner zu haben – eben den Vermieter. Daran werden entsprechende Vereinbarungen in der Praxis vermutlich zumeist scheitern.

17. Streitig ist, ob der Erhöhungsbetrag, z.B. durch eine Prozentangabe, nur bestimmbar sein muss, oder ob ein bestimmter Betrag angegeben werden muss. Nach *Sternel* (III Rn. 819) ist weiterhin erforderlich, dass die bisherige und die neue Betriebskostenbelastung einander vollständig gegenübergestellt werden, damit der Mieter prüfen kann, ob nicht die Steigerung einer Betriebskostenart möglicherweise durch eine Verminderung bei einer anderen Betriebskostenart kompensiert wird; → Anm. 13.

18. Das ist mehr, als § 560 Abs. 4 BGB bei einer Erhöhung von Betriebskosten**vorauszahlungen** verlangt. Danach kann jede Partei durch eine Erklärung in Textform eine Anpassung auf eine angemessene Höhe vornehmen, → Anm. 10 a). Es empfiehlt sich jedoch – schon aus Gründen der Streitvermeidung – diese Erklärung auch zu begründen, damit für den Mieter nachvollziehbar wird, dass auch tatsächlich nur auf eine „angemessene" Höhe angepasst worden ist. Bei einer Betriebskosten**pauschale** ist die Erhöhungserklärung gem. § 560 Abs. 1 S. 2 BGB dagegen in jedem Fall nur wirksam, wenn in ihr der Grund für die Umlage bezeichnet und erläutert wird.

19. Nach dem Wortlaut des § 560 Abs. 4 BGB ist der Erhöhungsbetrag genau genommen mit dem Zugang der Erklärung geschuldet. Sinnvollerweise sollte der Betrag allerdings ab der auf die Erhöhungserklärung folgenden nächsten Mietfälligkeit begehrt werden. Bei einer Erhöhung aus § 569 Abs. 1 BGB (Betriebskosten**pauschale**) schuldet der Mieter gem. § 560 Abs. 2 BGB den auf ihn entfallenden Teil der Umlage mit Beginn des auf die Erhöhungserklärung folgenden übernächsten Monats. Soweit die Erklärung darauf beruht, dass sich die Betriebskosten rückwirkend erhöht haben, wirkt sie auf den Zeitpunkt der Erhöhung der Betriebskosten, höchstens jedoch auf den Beginn des der Erklärung vorausgehenden Kalenderjahres zurück, sofern der Vermieter die Erklärung innerhalb von drei Monaten nach Kenntnis von der Erhöhung abgibt.

20. Ein solches Erinnerungsschreiben dient lediglich der Prozessvermeidung. Es ist nicht Wirksamkeitsvoraussetzung.

29. Klage auf Anhebung der Betriebskostenvorauszahlungen (Nachzahlungsbetrag geteilt durch 12)

An das

Amtsgericht . . . . .

Klage

des . . . . .

– Kläger –

Prozessbevollmächtigter: Rechtsanwalt . . . . .

gegen

. . . . .

– Beklagter –

wegen: Forderung

Streitwert: . . . . .

Namens und in Vollmacht des Klägers werde ich

beantragen,

> den Beklagten zu verurteilen, an den Kläger . . . . . EUR nebst Zinsen in Höhe von 5 Prozentpunkten über dem Basiszinssatz seit dem . . . . . zu zahlen.

Sollte das Gericht das schriftliche Vorverfahren anordnen, wird bereits jetzt für den Fall des Vorliegens der Voraussetzungen

Antrag

auf Erlass eines Versäumnisurteils gestellt.

Begründung:

Der Kläger ist Vermieter, der Beklagte Mieter der Wohnung . . . . . str . . . . . . in . . . . .

Beweis: Mietvertrag vom . . . . ., Kopie Anlage 1

Ausweislich § . . . . . des Mietvertrags hat der Beklagte für die Betriebskostenpositionen: . . . . . eine monatliche Vorauszahlung von . . . . . EUR zu zahlen.[1] Über diese Vorauszahlung wird im Folgejahr abgerechnet, wobei als Abrechnungsschlüssel . . . . . vereinbart ist. Außerdem ist der Kläger gem. der genannten Bestimmung bei Betriebskostensteigerungen zu einer Erhöhung des vom Beklagten zu leistenden Vorauszahlungsbetrags berechtigt.[2]

Beweis: Mietvertrag vom . . . . ., Kopie Anlage 1

Ausweislich der Betriebskostenabrechnung für das Jahr . . . . . sind auf die Wohnung des Beklagten anteilige Betriebskosten in Höhe von . . . . . EUR entfallen, denen jedoch nur . . . . . EUR an Vorauszahlungen gegenüberstanden. Daraus ergibt sich ein Nachzahlungsbetrag von . . . . . EUR.

Beweis: Betriebskostenabrechnung vom . . . . ., Kopie Anlage 2

Der Beklagte hat gegen diese Abrechnung keine Einwände[3],[4] erhoben[5] und die Nachzahlung beglichen.[6]

Mit Schreiben vom . . . . . hat der Kläger den Beklagten aufgefordert, seine Betriebskostenvorauszahlung ab dem . . . . . um ein Zwölftel dieses Betrags (= . . . . . EUR) zu erhöhen.[7]

Beweis: Schreiben vom . . . . ., Kopie Anlage 3

Der Beklagte überweist aber unverändert lediglich die ursprüngliche Betriebskostenvorauszahlung. Auch auf ein nochmaliges Schreiben des Klägers vom . . . . . hat er die Vorauszahlung nicht angehoben.

Der Kläger macht daher mit der vorliegenden Klage den Betrag der Erhöhung der Vorauszahlung – zunächst nur für den Monat . . . . . – geltend.

Rechtsanwalt

Anmerkungen

1. Siehe die Anmerkungen zu → Form. B. II. 28.

2. Notwendig ist eine solche vertragliche Vereinbarung nicht, da nur die Vorauszahlungspflicht des Mieters vertraglich vereinbart sein muss, und sich (nur) bei entsprechender Vereinbarung das Recht zur Erhöhung (Anpassung) unmittelbar aus § 560 Abs. 4 BGB ergibt, → Form. B. II. 28 Anm. 10.

3. Auch für den Mieter gilt gem. § 556 Abs. 3 S. 5 u. 6 BGB eine zwölfmonatige Ausschlussfrist. Er muss dem Vermieter Einwendungen gegen die Abrechnung spätestens bis zum Ablauf des zwölften Monats nach Zugang einer **formell** ordnungsgemäßen (BGH NZM 2011, 401) Abrechnung mitteilen. Danach kann er Einwendungen nur noch geltend machen, wenn er die verspätete Geltendmachung nicht zu vertreten hat. Die Ausschlussfrist beginnt bei formeller Unwirksamkeit der Abrechnung unabhängig davon nicht zu laufen, ob die Abrechnung inhaltlich (unter dem Strich) richtig oder falsch ist (BGH NZM 2011, 401).

4. Zu den innerhalb der Ausschlussfrist (→ Anm. 3) vom Mieter geltend zu machenden Einwendungen gehört auch der Einwand, dass es für einzelne, nach § 556 Abs. 1 BGB grundsätzlich umlagefähige Betriebskosten an einer vertraglichen Vereinbarung über deren Umlage fehlt (BGH ZMR 2008, 81 = NJW 2008, 283) oder dass der Vermieter Betriebskosten, die nach der mietvertraglichen Vereinbarung durch eine Teilinklusivmiete (BGH NZM 2008, 361) oder eine Pauschale (BGH NZM 2011, 240 = NJW 2011, 842; BGH NZM 2011, 627) abgegolten sein sollten, abredewidrig konkret abgerechnet hat. Wenn fortdauernder Streit über die Ansetzbarkeit eines Abrechnungspostens besteht, muss der Mieter seine Einwendungen nach jeder Jahresabrechnung innerhalb der Ausschlussfrist von neuem erheben (BGH NZM 2010, 470).
Regelmäßig problematisch sind Einwendungen, die sich auf eine angebliche Verletzung des Wirtschaftlichkeitsgebots beziehen. Der Vermieter muss bei der Betriebskostenabrechnung (d.h. genau genommen bereits bei der Entstehung der Kosten) gem. § 556 Abs. 3 S. 1 BGB das Prinzip der Wirtschaftlichkeit beachten; d.h. er ist im Interesse der Mieter zur Sparsamkeit verpflichtet und darf nur solche Kosten in Ansatz bringen, die sich aus einer ordentlichen Bewirtschaftung des Grundstücks und Gebäudes ergeben. Maßgeblich ist der Standpunkt eines „vernünftigen Wohnungsvermieters". Eine Verletzung der vertraglichen Nebenpflicht, bei Maßnahmen und Entscheidungen, die Einfluss

auf die Höhe der vom Mieter zu tragenden Nebenkosten haben, auf ein angemessenes Kosten-Nutzen-Verhältnis Rücksicht zu nehmen, kann zu einem Schadensersatzanspruch des Mieters führen, der sich auf Freihaltung von den unnötigen Kosten richtet (BGH NZM 2008, 78). Der Vermieter ist aber nicht verpflichtet, vor der Vergabe von Leistungen – etwa der Flurreinigung – verschiedene Angebote einzuholen und dann den jeweils preiswertesten Anbieter zu wählen. Dem Vermieter steht ein Entscheidungsspielraum zu. Er darf neben dem Preis auch andere für eine ordnungsgemäße Bewirtschaftung relevante Kriterien, wie z.B. die Zuverlässigkeit des Vertragspartners, mit in seine Entscheidungsfindung einbeziehen (BGH NZM 2010, 864 = NJW 2010, 3647; LG Hannover WuM 2003, 450). Auch steht es in seinem Ermessen, ob er mit den Reinigungsarbeiten eine Privatperson, etwa einen von ihm beschäftigen Hausmeister oder eine professionelle Firma beauftragt. Eine schuldhafte Pflichtverletzung des Vermieters liegt allerdings vor, wenn er erkennen kann, dass die Kosten der von ihm beauftragten Person oder Firma unverhältnismäßig hoch sind (LG Hannover WuM 2003, 450). Aus dem vom Vermieter zu beachtenden Grundsatz der Wirtschaftlichkeit lässt sich keine Verpflichtung zur Modernisierung einer vorhandenen alten, die Wärmeversorgung der Wohnung jedoch sicherstellenden Heizungsanlage herleiten (BGH NZM 2008, 35 = NJW 2008, 142); ebensowenig eine Verpflichtung zur Umstellung der bei Vertragsschluss vorhandenen auf eine andere Beheizungsart (BGH NZM 2007, 563). Außerdem folgen aus der beiderseitigen Vertragsförderungspflicht auch zum Erreichen einer wirtschaftlichen Betriebskostenbelastung ggf. Mitwirkungshandlungen des Mieters, so zB der gebotene Hinweis auf Überkapazitäten (Lehrabfuhren) bei den Müllbehältern, wenn der Vermieter nicht selbst im Objekt wohnt und auch kein Hausmeister bestellt ist (AG Köln WuM 2012, 57).

Die Darlegungs- und Beweislast für eine behauptete Verletzung des Wirtschaftlichkeitsgebots trifft den Mieter (BGH NZM 2011, 705, LG Berlin NZM 2013, 121). Die bloße Behauptung des Abweichens der in der Abrechnung in Ansatz gebrachten Kosten von einem Betriebskostenspiegel reicht dafür nicht aus (BGH NZM 2011, 705; BGH NZM 2010, 784 = NJW 2010, 3363).

Im Gegensatz zum bei jeder Abrechnungsposition zu beachtenden Wirtschaftlichkeitsgebot gibt es **betragsmäßige** Obergrenzen nicht. Der Mieter hat die Betriebskosten in der jeweils angefallenen Höhe zu tragen (BGH NZM 2013, 84 – Gasthermenwartungskosten).

5. Will der Mieter Einwände erheben, darf er sich nach Erhalt einer schlüssigen Abrechnung nicht darauf beschränken, pauschal deren Richtigkeit zu bestreiten. Er muss im Einzelnen darlegen, welche Position, welchen Rechenweg usw. er angreifen will. In einem Abrechnungsprozess ist das Bestreiten des Kostenansatzes durch den Mieter außerdem nur dann zu berücksichtigen, wenn der Mieter vorher die Berechnungsunterlagen eingesehen hat. Hat der Mieter von dieser Möglichkeit keinen Gebrauch gemacht, so ist sein Bestreiten unsubstantiiert und damit unerheblich (OLG Düsseldorf NZM 2010, 866; OLG Düsseldorf DWW 2000, 193, 195; AG Bremen WuM 2005, 129; AG Oldenburg ZMR 2004, 828). Entsprechendes gilt für in der Abrechnung enthaltene Zählerstände: Ein einfaches Bestreiten reicht nur dann aus, wenn der Mieter die Werte selber nicht ablesen und daher auch nicht mit den in der Abrechnung enthaltenen Werten abgleichen kann. In den Fällen, in denen der Mieter jedoch die Ablesewerte des Abrechnungszeitraums selber kontrollieren kann, muss er konkret vortragen, welche Werte seiner Ansicht nach in die Abrechnung hätten eingestellt werden müssen (LG Berlin NZM 2011, 583). Der Mieter hat aber keinen Anspruch darauf, dass der Vermieter ihm die Selbstablesung von Messwerten ermöglicht (AG Kehl NZM 2012, 833). Der Mieter in diesem Fall hinreichend dadurch geschützt, dass der Vermieter die Darlegungs- und Beweislast für die Richtigkeit der Messwerte trägt. Verweigert der Vermieter den Zugang zu den Messeinrichtungen zudem ohne vernünftigen Grund, kann dies ggf. bei der Beweiswürdigung berücksichtigt werden (AG Kehl NZM 2012, 833).

Will der Mieter die in der Abrechnung angesetzten Kosten eines Hauswarts mit der Behauptung bestreiten, diese enthielten auch Instandsetzungstätigkeiten, muss er diesen Vortrag ggf. auch auf Grund einer Einsichtnahme in den Hauswartvertrag und die insoweit erteilten Abrechnungen substantiieren (BGH NZM 2012, 96).

Der Mieter hat das Recht, die Abrechnungsunterlagen beim Vermieter einzusehen. Das Recht zur Belegeinsicht besteht auch noch nach Ablauf der Einwendungsfrist des Mieters gem. § 556 Abs. 3 S. 5 u. 6. BGB (LG Leipzig BeckRS 2010, 8608), verjährt jedoch gem. § 195 BGB drei Jahre nach Erhalt der Abrechnung (*Wolters* NZM 2010, 841, 844).

Im Falle der Einschaltung eines Zwischenlieferanten für Fernwärme erstreckt sich das Recht des Mieters auch auf Einsicht in die Liefervereinbarungen zwischen Vermieter und Fernwärmelieferant (BGH WuM 2012, 276), wie überhaupt in Verträge des Vermieters mit Dritten, soweit deren Heranziehung zur sachgerechten Überprüfung der Betriebskostenabrechnung und zur Vorbereitung etwaiger Einwendungen gegen die Betriebskostenabrechnung erforderlich ist (BGH NZM 2013, 755). Der Vermieter, der einen Wärmelieferungsvertrag mit einem Contractor abgeschlossen hat, ist aber nicht zur Vorlage der dem Contractor von dessen Vorlieferanten ausgestellter Rechnung verpflichtet. Auch beim unmittelbaren Energiebezug durch den Vermieter hat der Mieter keinen Anspruch auf Auskunft darüber, zu welchem Preis und zu welchen Konditionen beispielsweise der Heizöllieferant das Heizöl seinerseits von seinem Vorlieferanten bezieht (BGH NZM 2013, 755).

Hat ein Mieter eine Wohnung in einer Wohnungseigentumsanlage gemietet, bezieht sich das Recht zur Belegeinsicht nicht auf die Beschlüsse der Eigentümergemeinschaft (BGH NZM 2012, 96).

Die Belegeinsicht kann der Mieter notfalls einklagen oder durch ein Zurückbehaltungsrecht gem. § 273 BGB an den laufenden Betriebskostenvorauszahlungen (BGH NZM 2010, 857) oder der sich aus der Abrechnung ergebenden Nachforderung (AG Dortmund NZM 2012, 24) erzwingen. Im letzteren Fall kommt auch eine Zug-um-Zug-Verurteilung des Mieters zur Zahlung des Abrechnungssaldos nach § 274 BGB nicht in Betracht, da der Mieter sonst vor der ihm zuzubilligenden Überprüfung der Ergebnisse der Einsichtnahme in die Abrechnungsunterlagen (→ Anm. 15) zur Zahlung verpflichtet wäre (AG Dortmund NZM 2012, 24; im Ergebnis ebenso OLG Düsseldorf NZM 2001, 48).

Vorlageort für die der Betriebskostenabrechnung zugrundeliegenden Belege ist gem. § 269 Abs. 1 BGB der Wohnsitz des Vermieters; dort muss der Mieter sich also hinbegeben (AG Jena DWW 2000, 336; aA LG Freiburg NZM 2012: Belegeinsicht am Ort der Mietwohnung jedenfalls dann, wenn Vermieter (Rechtsnachfolger) nach Vertragsschluss seinen Sitz in einen weit entfernten Ort verlegt). Der Vermieter genügt dem Anspruch des Mieters auf **Einsichtnahme**, wenn er ihm eine Aktenordnung mit den Belegen vorlegt. Es kommt nicht darauf an, dass der Mieter sich in diesem Belegordner zurechtfindet (LG Berlin NZM 2007, 285; aA AG München NZM 2010, 81, wonach der Vermieter bei der Belegeinsicht in angemessener Weise für Rückfragen zur Verfügung stehen müsse). Dafür darf sich der Mieter bei der Einsichtnahme fachkundiger Hilfe bedienen (BGH NZM 2006, 340; LG Berlin NZM 2007, 285). Verweigert der Vermieter dem vom Mieter hinzugezogenen fachkundigen Dritten die Einsicht, hat er den Anspruch des Mieters auf Einsichtnahme nicht erfüllt.

Ein Recht zur Mitnahme der **Originalunterlagen** hat der Mieter nicht.

Nach Ansicht des AG München (NZM 2010, 81) hat der Mieter anlässlich der Belegeinsicht das Recht, die Belege **abzufotografieren**, mit einem Handscanner **einzuscannen** oder zu kopieren, da dies nicht mehr als die dem technischen Fortschritt Rechnung tragende Form der Anfertigung von handschriftlichen Notizen oder Abschriften sei.

Der Mieter hat grundsätzlich auch kein Recht, **Kopien** zu fordern. Vielmehr kann der Vermieter ein berechtigtes Interesse daran haben, den Mieter auf die Einsichtnahme in die

Rechnungsbelege zu verweisen, um den durch die Anfertigung von Fotokopien entstehenden zusätzlichen Aufwand zu vermeiden und dem Mieter mögliche Unklarheiten im Gespräch sofort zu erläutern (BGH NZM 2006, 340; BGH NZM 2006, 926). Einen Anspruch auf Übersendung von Kopien hat der Mieter nur dann, wenn dem Mieter z.B. wegen weiter Entfernung zum Vermieter eine Einsichtnahme bei diesem nicht zuzumuten ist (BGH NZM 2010, 857; BGH NZM 2010, 576; BGH NZM 2006, 340; BGH NZM 2006, 926). Unzumutbarkeit liegt aber nicht vor, wenn der Mieter sich bei der Prüfung der Betriebskostenabrechnung der Hilfe eines Dritten versichert (Mieterverein) und dieser zur Belegeinsicht beim Vermieter nicht bereit ist (AG Bremen WuM 2005, 129; aA BGH NZM 2010, 576. Die Ansicht des BGH ist abzulehnen, denn der Mieter, der sich zur Prüfung der Nebenkostenabrechnung eines Erfüllungsgehilfen bedient, darf nicht besser gestellt werden als derjenige, der die Prüfung selbst vornimmt). Fraglich ist, ob Unzumutbarkeit vorliegt, wenn der vom Mieter beauftragte Dritte (Mieterverein, Rechtsanwalt) – wie üblich – nur im Falle der Zahlung eines Honorars bereit ist, die Belegeinsicht beim Vermieter vorzunehmen (in BGH NZM 2010, 576 ausdrücklich offengelassen). Auch hier muss aber gelten, dass sich der Mieter die Unzumutbarkeit nicht selbst dadurch schaffen darf, dass er sich für die Wahrnehmung eines ihm zustehenden Rechts eines (zu bezahlenden) Erfüllungsgehilfen bedient.

Der Mieter kann Kopien auch nur fordern, wenn er die Kosten übernimmt, wobei die Gerichte dem Vermieter hier Beträge zischen 0,05 und 0,50 EUR pro Kopie zubilligen (LG Berlin NZM 2014, 514: 0,25 EUR; AG Mainz WuM 2006, 619: 0,25 EUR; AG Pankow/Weißensee NZM 2002, 655: 0,05 EUR; AG Hamburg-Wandsbek WuM 2001, 362: 0,25 EUR; AG Bremen WuM 2005, 129 und AG Neuruppin WuM 2000, 437: 0,50 EUR; AG Oldenburg WuM 1993, 412: 0,50 EUR plus Portoerstattung für die Übersendung). Der Vermieter ist nicht verpflichtet, dem Mieter vorab die durch Kopien und Versendung anfallenden Kosten mitzuteilen (AG Itzehoe NZM 2012, 860).

6. Jedenfalls seit der gesetzlichen Einführung der ausschlussbewehrten Abrechnungs- und Einwendungsfristen gemäß § 556 Abs. 3 S. 2,3 und S. 5, 6 BGB durch das Mietrechtsreformgesetz vom 19. Juni 2001 begründen weder die vorbehaltlose Zahlung einer Betriebskostennachforderung noch die vorbehaltlose Erstattung eines Abrechnungsguthabens für sich genommen die Annahme eines deklaratorischen Schuldanerkenntnisses, das einer späteren Nach- oder Rückforderung während des Laufs der genannten Fristen entgegenstünde (BGH NZM 2011, 242 = NJW 2011, 843).

7. Die vorliegende Klage unterscheidet sich von → Form. B. II. 28 in der Begründung für das Erhöhungsverlangen. Zu der hier gegebenen Begründung (Nachzahlungsbetrag geteilt durch 12) sowie zur Frage eines prozentualen Teuerungsaufschlags → Form. B. II. 28 Anm. 10.

Klagen wegen Instandsetzung und Modernisierung

30. Klage auf Duldung von Erhaltungsmaßnahmen

An das

Amtsgericht . . . . .

– Abt. für Mietsachen –

Klage[1]

des . . . . .

– Kläger –

Prozessbevollmächtigter: Rechtsanwalt . . . . .

gegen

den . . . . .

– Beklagter –

wegen Duldung

vorläufiger Streitwert: . . . . .[2]

Namens und in Vollmacht des Klägers erhebe ich Klage und werde beantragen:

1. Der Beklagte wird verurteilt, folgende durch den Kläger durchzuführende Erhaltungsmaßnahmen in der angemieteten Wohnung . . . . . zu dulden:[3]
Ausbesserung der Feuchtigkeitsschäden im Schlafzimmer und Wohnzimmer, jeweils an Decke und nördlicher Zimmerwand durch Beseitigung des beschädigten Putzes und Wandanstrichs, Ausbesserung und Neuanbringung des Putzes und Neuanstrich der bezeichneten Wände
2. Der Beklagte trägt die Kosten des Rechtsstreits.
3. Das Urteil ist vorläufig vollstreckbar.

Begründung:

Zwischen den Parteien besteht ein Mietverhältnis über eine Wohnung in . . . . .

Beweis: Mietvertrag vom . . . . .

Nach Dachausbesserungsarbeiten drang durch die Decke der streitgegenständlichen Wohnung Feuchtigkeit ein und durchfeuchtete jeweils die Decke und die Nordwand von Wohnzimmer und Schlafzimmer der im obersten Stockwerk des Anwesens befindlichen Wohnung. Auf Grund der Durchfeuchtung blätterte die Farbe an mehreren Stellen der Decke und der Wände ab, weiter lösten sich einige Putzstücke aus der Wand.

Beweis: Zeuge . . . . .

Nach Besichtigung der Schäden[4] im Beisein von Kläger und Beklagtem kündigte der Kläger durch Schreiben vom . . . . . dem Beklagten die notwendige Erhaltungsmaßnahme an.[5]

Beweis: Schreiben vom . . . . . in beglaubigter Kopie

Der Beklagte äußerte sich auf das Schreiben nicht.

Die vom Kläger vorgesehenen Arbeiten stellen Erhaltungsmaßnahmen nach § 555a Abs. 1 BGB dar, zu deren Duldung der Beklagte verpflichtet ist.[6]

Die Maßnahme ist dem Beklagten auch zumutbar. Die Arbeiten sind im Anschluss an das Vorliegen der Duldung nach Ankündigung zu den üblichen Arbeitszeiten geplant.[7]

Nachdem die Duldung durch den Beklagten nicht erklärt worden ist, war Klage geboten.[8]

. . . . .

Rechtsanwalt

Wetekamp

Anmerkungen

1. Den Anspruch auf Duldung von Erhaltungsmaßnahmen muss der Vermieter durch Klage auf Abgabe einer Willenserklärung durchsetzen. Die örtliche Zuständigkeit richtet sich bei Wohnraummietverhältnissen nach § 29a ZPO, dh zuständig ist das Gericht, in dessen Bezirk die Wohnung gelegen ist. Die sachliche Zuständigkeit richtet sich nach § 23 Nr. 2 a GVG, es besteht insoweit die ausschließliche Zuständigkeit des Amtsgerichts.

2. Wie beim Erfüllungsanspruch des Mieters auf Instandhaltung der Mieträume bemisst sich der Streitwert nicht nach den Kosten der Mängelbeseitigung, sondern nach der mutmaßlichen monatlichen Minderungsquote nach § 536 BGB. Beim Erfüllungsanspruch des Mieters auf Instandhaltung oder Instandsetzung berechnete das Landgericht Stendal (WuM 1994, 70), den Streitwert nach der monatlichen Minderungsquote auf drei Jahre berechnet, bei der Klage auf Duldung einer Erhaltungsmaßnahme berechnet das Landgericht Hamburg (DWW 1992, 25) den Streitwert nach dem zwölffachen Betrag einer monatlichen Minderung auf Grund der Mängel.

3. Neben dem Anspruch auf Duldung der Erhaltungsmaßnahme kommt im Gegensatz zum Anspruch auf Duldung einer Modernisierungsmaßnahme auch der Anspruch auf Erlass einer einstweiligen Verfügung in Betracht, wenn eine akute Gefahr für die Mietsache droht (vgl. *Zöller* § 940 Rn. 8). Hinsichtlich einer Modernisierungsmaßnahme fehlt es in der Regel an der Dringlichkeit der Regelung durch einstweilige Verfügung, da hier der Vermieter es selbst in der Hand hat, den Beginn der Maßnahmen zu bestimmen. Allerdings kommt auch bei Erhaltungsmaßnahmen das Verfahren der einstweiligen Verfügung nur bei unaufschiebbaren Maßnahmen in Betracht, wobei hier, im Gegensatz zum Anspruch auf Duldung einer Erhaltungsmaßnahme im Allgemeinen, auch die Frage eine Rolle spielt, ob der Vermieter die Notwendigkeit der Erhaltungsmaßnahme zu vertreten hat.

4. Die Notwendigkeit einer Besichtigung der Mieträume um die Notwendigkeit von Erhaltungsmaßnahmen zu prüfen gehört ggf. zum Duldungsanspruch des Vermieters. Besichtigungen der Mietwohnung finden, wie auch die Erhaltungsmaßnahme insgesamt, ihre Grenze in der Zumutbarkeit für den Mieter. Das bedeutet, dass der Mieter Besichtigungen der Mieträume zur Unzeit, also Abends, Nachts oder am Wochenende genauso wenig dulden muss, wie Durchführung von Erhaltungsarbeiten zu diesen Zeiten. Weiter müssen Besichtigungen rechtzeitig angekündigt werden, wobei bei dringendem Anlass auch eine kurzfristige Ankündigung möglich ist (AG Schöneberg Berlin GE 1990, 379: 24 Stunden vorher).

5. Nach § 555a Abs 2 BGB muss der Duldungsklage hinsichtlich der Durchführung von Erhaltungsmaßnahmen eine rechtzeitige Ankündigung vorausgehen. Diese kann nur bei Geringfügigkeit der Maßnahme oder besonderer Dringlichkeit entfallen. Sichergestellt muss sein, dass den Mieter die Ankündigung erreicht, Es muss dem Mieter Zeit bleiben, das Vorhandensein der Duldungspflicht und die Art der Maßnahme zu prüfen und ggf. Rechtsrat einzuholen.

6. Erhaltungsmaßnahmen sind Maßnahmen, die zur Erhaltung des ursprünglichen Zustandes der Mieträume, also zur Instandhaltung oder der Instandsetzung der Mietsache erforderlich sind. In Betracht kommt zB die Beseitigung von Brandschäden, die Reparatur von Feuchtigkeitsschäden oder Schönheitsreparaturen, soweit sie der Vermieter vornimmt (vgl. *Wetekamp*, Mietsachen, 4. Aufl. 2007, Kap. 7 Rn. 1). Keine Erhaltungsmaßnahmen liegen vor, wenn eine Umgestaltung der Mieträume geplant ist (LG Berlin GE 1988, 145). Treffen Erhaltungs- und Modernisierungsmaßnahmen nach

§ 555b BGB zusammen, so kommt es auf das Schwergewicht der Maßnahme an. Im Zweifel richtet sich die Duldungspflicht nach §§ 555d ff. BGB, da diese Vorschriften den besseren Mieterschutz beinhalten. Die Notwendigkeit der Durchführung der Erhaltungsmaßnahmen muss zwar gegeben sein, jedoch genügt es, wenn der Erhaltungsbedarf absehbar ist. Hierbei muss jedoch die Entstehung von Schäden zumindest unmittelbar absehbar sein (LG Berlin GE 1988, 145) und die Maßnahme erforderlich sein.

Als Ausnahme gilt, dass nach BGH WuM 2004, 527 der Mieter einer nicht modernisierten Altbauwohnung einen Mindeststandard erwarten kann, der ein zeitgemäßes Wohnen ermöglicht und den Einsatz der für die Haushaltsführung allgemein üblichen elektrischen Geräte erlaubt (hier: Wasch- und Geschirrspülmaschine und weitere Stromverbraucher).

Andererseits soll der Vermieter nicht verpflichtet sein, die Wohnung allgemein an die gestiegenen Wohnbedürfnisse anzupassen (LG Berlin GE 2003, 1612: DIN 4109 für Trittschall bei Verlegung eines Laminatbodens).

7. Die Duldungspflicht des Mieters bei der Durchführung von Erhaltungsmaßnahmen ist grundsätzlich, im Gegensatz zur Duldungspflicht bei Modernisierungsmaßnahmen nach § 555b BGB, nicht begrenzt. Grundsätzlich kommt es auf das Ausmaß der durch die Maßnahme bedingten Beeinträchtigung nicht an (LG Mannheim WuM 1987, 273). Zwar steht die Duldungspflicht unter Einschränkung der Zumutbarkeit, doch beschränkt sich die Zumutbarkeit in der Regel darauf, dass Arbeiten in der Mietwohnung zur Unzeit (vgl. oben) nicht zulässig sind. Im Übrigen ist ein weiter Maßstab anzulegen, der Mieter kann auch zur vorübergehenden Räumung seiner Wohnung verpflichtet werden (vgl. BVerfG NJW 1992, 1378 für einen Modernisierungsfall). Alle sonstigen Einwirkungen wie Lärm, Schmutz, Erschütterungen, Zugangsbeschränkungen usw. sind in der Regel, soweit es sich um Erhaltungsmaßnahmen handelt, zumutbar. Zum Ausgleich steht dem Mieter ein Aufwendungsersatzanspruch nach § 555a Abs. 3 BGB zu.

Bei den Aufwendungen kann es sich um folgendes handeln:
- Kosten für die vorübergehende Auslagerung von Möbeln des Mieters
- Entfernung von Einrichtungen, mit denen der Mieter die Mieträume versehen hat
- Reinigung der Räume
- Hotelkosten (vgl. *Wetekamp*, Mietsachen, 4. Aufl. Kap. 7 Rn. 9).

Aufwendungen sind nur in angemessenem Umfang zu ersetzen, dh Sach- und Arbeitsleistungen des Mieters müssen angemessen sein. Maßstab ist nicht die sonstige Lebensführung des Mieters, sondern ein angemessenes Verhältnis zu der Erhaltungsmaßnahme und den durch sie bedingten Beeinträchtigungen. Dies bedeutet, dass der Mieter zB bei geringfügigen Störungen nicht Aufwendungsersatz für einen Hotelaufenthalt verlangen kann. Was den Vorschuss betrifft, den der Vermieter dem Mieter nach dem Gesetz auf Verlangen zu leisten hat, ist es Sache des Mieters, etwaige Aufwendungen nach Art, Umfang und Höhe aufzuschlüsseln. Ist dies geschehen, kann der Mieter die Duldung der Maßnahme verweigern, so lange der Vorschuss nicht geleistet ist.

8. Gegen ein Urteil des Amtsgerichts ist die Berufung zum übergeordneten Landgericht gem. § 511 ZPO statthaft. Die Berufungssumme nach § 511 Abs. 2 Nr. 1 ZPO von 600 EUR muss erreicht sein oder das Gericht des ersten Rechtszugs muss die Berufung im Urteil nach § 511 Abs. 2 Nr. 2 ZPO zugelassen haben. Die Vollstreckbarkeit des Urteils richtet sich nach § 888 ZPO, da es sich bei der Duldungserklärung um eine unvertretbare Handlung handelt.

31. Klage auf Duldung von Modernisierungsmaßnahmen (Badeinbau und Anschluss an Fernwärme)

An das

Amtsgericht[1] . . . . .

Klage

des . . . . .

– Kläger –

Prozessbevollmächtigter: Rechtsanwalt . . . . .

gegen

den . . . . .

– Beklagter –

wegen Duldung[2] der Modernisierung von Wohnraum.

Vorläufiger Gebührenstreitwert: . . . . .

Namens und in Vollmacht des Klägers erhebe ich Klage und beantrage,[3]

den Beklagten zu verurteilen,

I. die Ausführung folgender Maßnahmen in der in der Anlage K2 eingezeichneten Wohnung (. . . . .) bestehend aus (. . . . .) Zimmern zu dulden:

1. Anschluss der Wohnung an das Fernwärmenetz durch
   a) Demontage und Entsorgung der bestehenden Nachtspeichergeräte;
   b) Installation von Heizkörpern an den im Grundriss der Anlage K2 mit rot eingezeichneten Stellen
      • Zimmer 1 (Heizkörper H1, Größe: 1005 mm breit, 600 mm hoch und 33 mm tief, Lage: mittig unter dem Fenster),
      • Zimmer 2 (Heizkörper H2, Größe: 1600 mm breit, 600 mm hoch und 22 mm tief, Lage: mittig unter dem Fenster),
      • Küche (Heizkörper H3, Größe: 605 mm breit, 605 mm hoch und 22 mm tief, Lage: mittig unter dem Fenster),
      • neues Bad (Handtuchheizkörper H4, Größe: 500 mm breit und 1700 mm hoch, Lage: gegenüber dem neuen Waschbecken);
   c) Verlegung von Steigleitungen für die Heizung aus dem Keller durch den Fußboden bis auf eine Höhe der Scheuerleisten wie in der Anlage K 2 durch die Bezeichnungen S1 bis S4 ersichtlich sowie Anschluss der Heizkörper an diese Steigleitungen durch 15 mm starke Kupferheizwasserzuleitungen entlang den Scheuerleisten;
2. Einbau eines Badezimmers in den bisherigen WC-Raum am Ende des Flures, wie in der Anlage K2 durch den mit „Bad" bezeichneten Raum ersichtlich, durch
   a) Installation eines Waschbeckens im neuen Badezimmer (Breite: 55 cm, Tiefe: 50 cm, mit moderner Mischbatterie) an der von der Tür aus gesehen rechten Wand;
   b) Installation einer Duschtasse nebst Schiebetür aus Plexiglas (Breite: 120 cm, Tiefe: 80 cm) unmittelbar an der Außenmauer des WC-Raumes;
   c) Anbringung von Fliesen am Boden und an den Wände bis zu einer Höhe von 2,00 m;
   d) Demontage des vorhandenen WC und Einbau eines neuen Tiefspülklosetts wandhängend nebst Unterputzspülkastens an identischer Stelle;

II. zwecks Ausführung der unter I. beschriebenen Maßnahmen den vom Kläger beauftragten Handwerkern Zutritt zu der unter I. beschriebenen Wohnung zu gewähren.

Außerdem beantrage ich, dem Beklagten für den Fall der Zuwiderhandlung gegen die unter I) und/oder II) aufgeführten Duldungspflichten die Verurteilung zu einem Ordnungsgeld bis zu 250.000,00 EUR oder ersatzweise Ordnungshaft bis zu 6 Monaten anzudrohen.[4]

Es wird beantragt, die Anlage K2 zum Bestandteil des Urteils zu machen, um dem vollstreckungsrechtlichen Bestimmtheitsgebot zu genügen.[3]

Bei Vorliegen der gesetzlichen Voraussetzungen beantrage ich den Erlass eines Versäumnisurteils im schriftlichen Vorverfahren.

Begründung:

Der Kläger begehrt von dem Beklagten, seinem Mieter, die Duldung von Modernisierungsmaßnahmen.

A. Sachverhalt

Der Kläger vermietete an den Beklagten ab dem . . . . . die im Klageantrag beschriebene Wohnung. Die Miete beträgt derzeit insgesamt . . . . . EUR.

Beweis: Mietvertrag, Anlage K 1.

Ein Grundriss der Wohnung, auf den auch im Klageantrag Bezug genommen wird, ist als Anlage K 2 beigefügt.

Der Kläger beabsichtigt, ab dem . . . . . für die Dauer von voraussichtlich . . . . . folgende Arbeiten in der Mietwohnung auszuführen:

Die Wohnung wird derzeit durch Elektroheizungen beheizt. Diese Nachtspeichergeräte sollen demontiert und die Wohnung soll an das Fernwärmenetz angeschlossen werden. Dafür ist die Durchführung neuer Steigeleitungen durch die Wohnung und die Installation neuer Heizkörper erforderlich. Zudem sollen die sanitären Einrichtungen an den heutigen Lebensstandard angepasst werden. Dafür soll der vorhandene WC-Raum durch Umbau zu einem Badezimmer modernisiert werden. Das neue Bad erhält neue sanitäre Objekte sowie neue Wand- und Bodenfliesen.

Mit Schreiben vom . . . . . kündigte der Kläger die im Klageantrag beschriebenen Modernisierungsmaßnahmen an.

Beweis: Modernisierungsankündigung, Anlage K 3.

Die Ankündigung wurde den Beklagten am . . . . . per Boten zugestellt. In der Ankündigung wurde um Zustimmung bis zum . . . . . gebeten. Diese Zustimmung erfolgte nicht.[5]

B. Rechtslage

Der Klageanspruch ist aus § 555d Abs. 1 BGB gerechtfertigt. Bei den vom Kläger angekündigten Arbeiten handelt es sich um Modernisierungsmaßnahmen, welche der Beklagte nach dieser Vorschrift zu dulden hat. Der Kläger hat die Maßnahmen gemäß § 555c Abs. 1 BGB unter konkreter Beschreibung nach Art und voraussichtlichem Umfang, Dauer und Beginn der Maßnahme sowie der zu erwartenden Mieterhöhung nebst Betriebskosten ordnungsgemäß angekündigt. Zu den Maßnahmen im Einzelnen:

I. Anschluss an Fernwärme[6]

Der Wechsel der Beheizungsart von den elektronisch betriebenen Nachtspeicheröfen zur Fernwärme ist eine Modernisierungsmaßnahme nach § 555b Nr. 1 BGB. Denn durch den Wechsel wird in Zukunft Endenergie nachhaltig eingespart. Die bisherige Heizung führt zu einem Endenergieverbrauch der Wohnung von . . . . .kWh/(m² * a), während nach der Heizungsumstellung der Endenergieverbrauch nur noch bei . . . . .kWh/(m² * a) liegen wird.

Beweis: Sachverständigengutachten.

Daneben handelt es sich aber auch um eine duldungspflichtige Maßnahme nach § 555b Nr. 2 BGB. Denn die Fernwärme wird von der Firma . . . . . AG zur Verfügung gestellt. Diese Firma produziert Fernwärme nach dem Kraft-Wärme-Kopplungsprinzip. Die Ersparnis an Primärenergie ist darauf zurückzuführen, dass das Fernwärmenetz überwiegend aus Anlagen der Kraft-Wärme-Kopplung gespeist wird. Hieraus ergibt sich ein durchschnittlicher Primärenergiefaktor von 0,7, der bei der derzeitigen Elektroheizung hingegen bei 2,6 liegt.

Beweis: Sachverständigengutachten.

II. Badumbau

In der Wohnung ist derzeit nur ein WC, aber keine Dusche oder Badewanne vorhanden. Der Einbau einer Duschtasse nebst erstmaliger Verfliesung ist eine wohnwertverbessernde Maßnahme (etwa LG Marburg WuM 2011, 256). Gleiches gilt für den Austausch des Podest-WC gegen ein wandhängendes WC, weil dies die Reinigung des Bades erleichtert (LG Berlin, GE 2008, 61).

Zum Gebührenstreitwert:[7] Die zu erwartende Mieterhöhung wegen der hier eingeklagten Maßnahmen beläuft sich auf . . . . .EUR/Monat, der Streitwert beträgt das Zwölffache dieses Betrags (§ 41 Abs. 5 GKG).

Beglaubigte Abschrift anbei.

Rechtsanwalt

Anmerkungen

1. **Zuständig** ist bei Wohnraummietverhältnissen ausschließlich das Amtsgericht in dessen Bezirk sich die Wohnung befindet ohne Rücksicht auf den Wert des Streitgegenstandes nach § 23 Nr. 2a GVG, § 29a ZPO. Bei Geschäftsräumen bestimmt sich die örtliche Zuständigkeit ebenfalls nach § 29a ZPO. Die sachliche Zuständigkeit ist aber streitwertabhängig (§§ 23 Nr. 1, 71 Abs. 1 GVG). Der Zuständigkeitsstreitwert richtet sich in diesen Fällen nicht nach dem nur für die Kosten maßgeblichen GKG, sondern nach § 9 ZPO, falls die Maßnahme zu einer Mieterhöhung berechtigt. Maßgeblich ist dann der 3,5 fache Jahresbetrag des voraussichtlichen Modernisierungszuschlages (vgl. LG Berlin GE 2011, 57; Musielak/Voit/*Heinrich* § 9 Rn. 3). Fehlt eine Mieterhöhungsmöglichkeit, weil sie nicht vereinbart ist, ist das Klägerinteresse nach § 3 ZPO zu schätzen, wobei auf den Gedanken aus § 9 ZPO zurück gegriffen werden kann (→ Form. B. II. 32 Anm. 7).

2. **Anspruchsgrundlage** für die Duldung von Modernisierungsmaßnahmen ist § 555d Abs. 1 BGB, der über § 578 Abs. 2 S. 1 BGB auch für die Geschäftsraumvermietung gilt.

Die Fälligkeit des Duldungsanspruchs richtet sich nach § 555c Abs. 1 BGB: Der Vermieter kann die Duldung des Mieters nicht sofort, sondern erst nach Ankündigung und Ablauf der Wartefrist verlangen (OLG München WuM 1991, 481; *Lehmann-Richter* NZM 2011, 572, 573). Die Wartefrist beträgt taggenau drei Monate. Vor Einreichung der Klage muss der Anwalt daher penibel prüfen, ob die **Modernisierungsankündigung** des Vermieters den gesetzlichen Anforderungen entspricht. § 555c Abs. 1 BGB verlangt die Mitteilung von Art sowie voraussichtlichem Umfang und Beginn, voraussichtliche Dauer sowie die zu erwartende Mieterhöhung nebst den durch die Modernisierung ausgelösten Betriebskosten. Nach § 555c Abs. 1 Nr. 1 BGB reicht es aus, wenn die Maßnahmen „in wesentlichen Zügen" beschrieben werden. Dies deckt sich mit der Rechtsprechung des BGH (NJW 2012, 63), der bereits vor dem MietRÄndG die häufig überzogenen Anforderungen der Instanzgerichte an die **formellen Anforderungen** der Modernisierungsankündigung deutlich **zurückgeschraubt** hatte. Deshalb genügt es, dass der erstrebte Duldungserfolg sowie der Umfang der zu duldenden Arbeiten in seinen wesentlichen Umrissen und Schritten umschrieben wird. Es ist nicht erforderlich, dass jede Einzelheit der konkreten Maßnahme (zB Durchmesser der Heizrohre und Heizkörper, genauer Verlauf im Fußbodenbereich) genannt werden. Ebenfalls nicht erforderlich ist, für die einzelnen Etappen der Arbeiten genaue Bauzeiten oder hinsichtlich der Innenmaßnahmen eine genauere Zeiteingrenzung und Zeitspanne mitzuteilen (BGH NJW 2012, 63). Der Antrag im Muster ist insoweit überobligatorisch genau.

3. Um dem **vollstreckungsrechtlichen Bestimmtheitsgebot** zu genügen, müssen die Maßnahmen so genau wie möglich umschrieben werden; hier kann sich der Verweis im **Antrag** auf einen Wohnungsgrundriss anbieten. Aus Anwaltssicht ist darauf zu achten, dass dieser Bestandteil des vollstreckbaren Titels wird (BGH NJW 2006, 695). Der Vermieteranwalt sollte sich bei der Formulierung seines Antrags folgende Kontrollfrage stellen: Sein Antrag ist im Zweifel hinreichend bestimmt, wenn ein Dritter, der die Wohnung nicht kennt, den Antrag als ausreichende „Regieanweisung" zur Durchführung der Bauarbeiten verwenden kann. Es ist nicht empfehlenswert, in den Antrag die Bauzeiten aufzunehmen. Denn wenn das Gericht diese „mittenoriert" und sich die Arbeiten verzögern, ist der tenorierte Duldungsanspruch wegen Zeitablaufs wertlos. Die **Bauzeiten** sind auch nicht zwingender Bestandteil des Klageantrags, weil § 555d Abs. 1 BGB den Anspruch nicht zeitlich beschränkt.

4. Die **Vollstreckung** mietrechtlicher Duldungstitel im Zusammenhang mit Baumaßnahmen erfolgt nach **§ 890 ZPO** (BGH WuM 2007, 209; *Lehmann-Richter* WuM 2010, 729). Soweit die Duldung ein Handeln des Mieters voraussetzt – insbesondere das Öffnen der Wohnungstür – kann der Vermieter außer durch Ordnungsmittel nach § 890 ZPO gemäß § 892 ZPO den Gerichtsvollzieher zur gewaltsamen Türöffnung hinzuziehen (BGH NJW 2006, 3352). Einer gesonderten Titulierung der Pflicht zur Zutrittsgewährung, um Baumaßnahmen im Inneren der Mietsache zu ermöglichen, bedarf es nach der Rechtsprechung des BGH (NJW 2006) nicht; in der Duldungsverurteilung ist die Pflicht, Zutritt zu gewähren, enthalten (näher *Lehmann-Richter* WuM 2010, 729). Ob dies aber auch dann gilt, wenn nicht der Kläger, sondern Dritte die Baumaßnahmen in der Wohnung ausführen sollen, ist offen. Deshalb empfiehlt es sich, die Pflicht, Beauftragten des Vermieters **Zutritt zu gewähren**, gesondert tenorieren zu lassen (vgl. AG Pinneberg IMR 2012, 367). Der Verurteilung zum Ordnungsmittel muss eine Androhung vorangehen, die bereits im Duldungstitel erfolgen kann, § 890 Abs. 2 ZPO.

5. Die **Duldungspflicht** wird bei ordnungsgemäßer Ankündigung nach Ablauf der **Wartefrist** von drei Monaten fällig. Der Vermieter kann allerdings bereits vorher Klage einreichen, wenn er den Mieter in der Ankündigung gebeten hat, sich zur Duldungsbereitschaft zu erklären und der Mieter sich nicht äußert (LG Berlin GE 1997, 621). In der Praxis kann auf diese Weise wertvolle Wartezeit bei Gericht gespart werden.

6. Der **Wechsel der Heizung** kann als energiesparende (§ 555b Nr. 1 und 2 BGB) oder gebrauchswertverbessernde Maßnahme (§ 555b Nr. 4 BGB) duldungspflichtig sein. Unstreitig handelt es sich etwa beim Anschluss einer mit Brennöfen (insbesondere Kohleöfen) beheizten Wohnung an eine Gasetagen- oder Zentralheizung um eine Modernisierungsmaßnahme, was allerdings nicht mit einer Energieeinsparung, sondern – wegen der einfacheren Bedienung – mit einer Gebrauchswertverbesserung begründet wird (etwa LG Berlin GE 2003, 488). Eine duldungspflichtige energiesparenden Maßnahme liegt vor, wenn entweder Endenergie (§ 555b Nr. 1 BGB) oder Primärenergie (§ 555b Nr. 2 BGB) eingespart wird. Sub specie Duldungspflicht ist es daher unerheblich, ob die eine oder die andere Energieart eingespart wird. Allerdings löst nur die Einsparung von Endenergie das Mieterhöhungsrecht nach § 559 Abs. 1 BGB aus. **Endenergie** iSd § 555b Nr. 1 BGB ist die Menge an Energie, die der Anlagentechnik zur Verfügung stehen muss, um die für den Mieter erforderliche Nutzenergie sowie die Verluste der Anlagentechnik bei der Übergabe, der Verteilung, der Speicherung und der Erzeugung im Gebäude zu decken. Die zur Versorgung eines Gebäudes benötigte Endenergie wird an der „Schnittstelle" Gebäudehülle gemessen und dort in Form von Heizöl, Erdgas, Braunkohlenbriketts, Holzpellets, Strom, Fernwärme etc. übergeben (BR-Drs. 313/12, S. 23). Beim Heizungswechsel wird Endenergie gespart, wenn die Nutzenergie mit größerer Effizienz zur Verfügung gestellt wird (BR-Drs. 313/12, S. 23). Der Begriff der **Primärenergie** berücksichtigt im Unterschied zur Endenergie nicht nur die an der Gebäudegrenze übergebene Energiemenge, sondern zusätzlich auch diejenige Energiemenge, die durch vorgelagerte Prozesse außerhalb des Gebäudes zur Gewinnung, Umwandlung und Verteilung benötigt wird. Damit ist Primärenergie Endenergie zuzüglich dieses vorgelagerten Aufwandes. Dieser zusätzliche Aufwand wird durch den Primärenergiefaktor ausgedrückt, der aus dem Verhältnis von Primärenergie und Endenergie ermittelt wird (BR-Drs. 313/12, S. 23). Ob beim Wechsel der Beheizungsart **Endenergie** oder **Primärenergie gespart** wird, muss im Einzelfall ermittelt werden (vgl. LG Hamburg CuR 2006, 110; LG Berlin GE 2005, 1193). Bei § 555b Nr. 2 BGB ist der sog. Primärenergiefaktor maßgebend, der die Energieträger nach dem Maß ihrer Nachhaltigkeit gewichtet. Bei auch mit KWK-Anlagen erzeugter **Fernwärme** ist die Ersparnis an Primärenergie darauf zurückzuführen, dass solche Anlagen einen durchschnittlichen Primärenergiefaktor von (nur) 0,7 aufweisen. Der Faktor einer Gasetagenheizung liegt hingegen bei 1,1. Im einzelnen weisen Energieträger gemäß der DIN V 18599-1: 2007-02 folgende Primärenergiefaktoren auf, die für Berechnungen nach der EnEV heranzuziehen sind (vgl. § 3 Abs. 2 iVm Anlage 1 Nr. 2.1.1. EnEV): Erneuerbare Energien 0,0; Wärme aus Heizwerken (erneuerbare Brennstoffe) 0,1; Holz 0,2; Wärme aus Kraft-Wärme-Koppelung 0,7; Heizöl, Erdgas, Flüssiggas, Steinkohle 1,1; Braunkohle 1,2; Wärme aus Heizwerken (fossile Brennstoffe) 1,3; Strom 2,7 (bei Berechnungen nach EnEV: 2, 6, s. Anlage 1 Nr. 2.1.1. EnEV).

7. Der **Streitwert** beträgt nach § 41 Abs. 5 GKG das Zwölffache der zu erwartenden Mieterhöhung. Für die Ermittlung des Beschwerdewerts für die Berufung nach § 511 Abs. 2 Nr. 1 ZPO gilt hingegen nicht § 41 Abs. 5 GKG, sondern § 9 ZPO. Maßgeblich ist also der 3,5 fache Jahresbetrag des voraussichtlichen Modernisierungszuschlages (LG Berlin GE 2011, 57; vgl. auch BGH NJW 2000, 3142; Musielak/Voit/*Heinrich* § 9 Rn. 3).

32. Klage auf Duldung von Modernisierungsmaßnahmen (energetische Fassadensanierung)

An das

Amtsgericht[1] . . . . .

Klage

des . . . . .

– Kläger –

Prozessbevollmächtigter: Rechtsanwalt . . . . .

gegen

den . . . . .

– Beklagter –

wegen Duldung[2] der Modernisierung von Wohnraum.

Vorläufiger Gebührenstreitwert: . . . . .

Namens und in Vollmacht des Klägers erhebe ich Klage und beantrage,[3]

den Beklagten zu verurteilen,

I. die Ausführung folgender Maßnahmen in der Wohnung (. . . . .) bestehend aus (. . . . .) Zimmern sowie am Gebäude (. . . . .) zu dulden:

1. Einrüstung des Gebäudes, Entfernung des Fassadenputzes, Aufbringen eines Wärmedämmputzes sowie eines Wärmedämmverbundsystems an der Fassade sowie Austausch der Regenfallrohre und Verblechungen an der Fassade;

2. Austausch der vorhandenen Wohnungsfenster gegen Isolierglasfenster sowie Austausch der Fensterbleche;

II. zwecks Ausführung der unter I. beschriebenen Maßnahmen den vom Kläger beauftragten Handwerkern Zutritt zu der unter I. beschriebenen Wohnung zu gewähren.

Außerdem beantrage ich, dem Beklagten für den Fall der Zuwiderhandlung gegen die unter I) und/oder II) aufgeführten Duldungspflichten die Verurteilung zu einem Ordnungsgeld bis zu 250.000,00 EUR oder ersatzweise Ordnungshaft bis zu 6 Monaten anzudrohen.[4]

Bei Vorliegen der gesetzlichen Voraussetzungen beantrage ich den Erlass eines Versäumnisurteils im schriftlichen Vorverfahren.

Begründung:

Der Kläger begehrt von dem Beklagten, seinem Mieter, die Duldung von Modernisierungsmaßnahmen.

A. Sachverhalt

Der Kläger vermietete an den Beklagten ab dem . . . . . die im Klageantrag beschriebene Wohnung. Die Miete beträgt derzeit insgesamt . . . . . EUR.

Beweis: Mietvertrag, Anlage K1.

Der Kläger beabsichtigt, die Fassade des Gebäudes energetisch zu ertüchtigen. Dazu sollen auf die Fassade ein Wärmedämmsystem aufgebracht und die vorhandenen alten Holzfenster gegen moderne Isolierglasfenster ausgetauscht werden.

Mit Schreiben vom . . . . . kündigte der Kläger die im Klageantrag beschriebenen Baumaßnahmen an.

Beweis: Ankündigung, Anlage K2.

Die Ankündigung wurde dem Beklagten am . . . . . per Boten zugestellt. In der Ankündigung wurde um Zustimmung bis zum . . . . . gebeten. Diese Zustimmung erfolgte nicht.[5]

B. Rechtslage

Der Klageanspruch ist aus § 555a Abs. 1 BGB sowie aus § 555c Abs. 1 BGB begründet. Bei den vom Kläger angekündigten Arbeiten handelt es sich nämlich teilweise um Erhaltungsmaßnahmen, teilweise um Modernisierungsmaßnahmen, welche der Beklagte nach diesen Vorschriften zu dulden hat. Der Kläger hat die Maßnahmen unter konkreter Beschreibung nach Art und Umfang, Dauer und Beginn der Maßnahme sowie der zu erwartenden Mieterhöhung ordnungsgemäß angekündigt und damit die Duldungspflicht ausgelöst. Im Einzelnen:

1. Fassadensanierung

Die im Klageantrag zu 1)[6] beschriebenen Maßnahmen betreffen zunächst die Fassadensanierung. Die Fassade ist in einem sanierungsbedürftigen Zustand. Der Putz ist an vielen Stellen schadhaft, es befinden sich Löcher in der Fassade, der Anstrich ist verwittert; gleiches gilt für die Regenfallrohre und Verblechungen.

Beweis: Augenschein.

Die begehrte Duldung der Einrüstung des Gebäudes, der Entfernung des Fassadenputzes, des Austauschs der Regenfallrohre und Verblechungen sind daher duldungspflichtige Erhaltungsmaßnahmen nach § 555a Abs. 1 BGB.

2. Energetische Ertüchtigung[7]

Bei der Anbringung des Wärmedämmsystems handelt es sich um eine duldungspflichtige Modernisierungsmaßnahme nach § 555b Nr. 1 BGB, weil dadurch Heizenergie in Form von Endenergie eingespart wird. Der derzeitige U-Wert von 1,2 W/m²K, wird auf einen künftigen U-Wert von 0,27 W/m²K verbessert werden. Es wird in der Wohnanlage zu einer voraussichtlichen Energieeinsparung von 525.000 kWh/Jahr kommen.

Beweis: Sachverständigengutachten.

Letztlich kann diese Frage hier aber sogar offen bleiben. Denn die Fassadensanierung – auch durch Wärmedämmung – wäre jedenfalls eine duldungspflichtige Instandsetzung. Der Mieter kann dem Vermieter nämlich nicht untersagen, im Rahmen einer nötigen Instandsetzung eine Wärmedämmung aufzubringen. Die Frage der Modernisierung wäre dann im Verfahren über den Modernisierungszuschlag zur Miete zu klären.

Auch durch den Austausch der Fenster wird Endenergie iSd § 555b Nr. 1 BGB eingespart. Denn die neuen Fenster sind im Vergleich zu den bisherigen wärmedämmend (Verbesserung des U-Wertes von derzeit 2,7 W/m²K auf 1,3 W/m²K). Es handelt sich folglich um eine Modernisierungsmaßnahme (vgl. BGH ZMR 2008, 519), worauf in der Ankündigung[8] (Anlage K2) hingewiesen wurde.

Beweis: Sachverständigengutachten.

Zum Gebührenstreitwert:[9] Die zu erwartende Mieterhöhung wegen der hier eingeklagten Maßnahmen beläuft sich auf . . . . . EUR/Monat, der Gebührenstreitwert beträgt das Zwölffache dieses Betrags (§ 41 Abs. 5 GKG).

Beglaubigte Abschrift anbei.

Rechtsanwalt

Anmerkungen

1. Zur Zuständigkeit → Form. B. II. 31 Anm. 1.

2. Zur Anspruchsgrundlage für die Duldung → Form. B. II. 31 Anm. 2.

3. Zur Formulierung des Antrags → Form. B. II. 31 Anm. 3.

4. Zur Vollstreckung des Urteils → Form. B. II. 31 Anm. 4.

5. Zur Möglichkeit der Klageeinreichung vor Ablauf der Wartefrist → Form. B. II. 31 Anm. 5.

6. Modernisierungen im Inneren der Wohnung kann der Vermieter **ohne Duldungstitel** nicht ausführen, da er keinen Zugriff auf die Räume hat. Anders ist dies bei **Außenarbeiten**; hier kann der Vermieter faktisch auch ohne Duldungsverfahren modernisieren. Ihm droht bei einer dadurch verursachten Störung des Mietgebrauchs (Lärm, Schmutz, Verschattungen) aber eine auf § 862 Abs. 1 BGB gestützte einstweilige Verfügung des Mieters gerichtet auf Baustopp (vgl. OLG München WuM 1991, 481; LG Berlin WuM 2013, 225). Inwieweit der Vermieter den Erlass einer solchen gerichtlichen Verfügung mit dem Argument verhindern kann, der Mieter sei zur Duldung verpflichtet, ist noch ungeklärt. Überzeugend ist es, dass der Vermieter keine **verbotene Eigenmacht** ausübt, wenn er bei bestehender Duldungspflicht Baumaßnahmen im Außenbereich ausführt, weil die Interessen des Mieters seine Verurteilung zur Duldung nicht gebieten. Die Duldungsnormen sind insoweit (nicht aber für Maßnahmen im Inneren der Wohnung) gesetzliche Gestattungsnormen iSd § 858 Abs. 1 BGB (*Lehmann-Richter* NZM 2011, 572, 574; aA etwa LG Berlin WuM 2012, 554). Der sicherste Weg ist es, auch hinsichtlich der Maßnahmen im Außenbereich einen rechtskräftigen Duldungstitel zu erwirken, da dieser nach § 864 Abs. 2 BGB Besitzschutzansprüche in jedem Fall ausschließt.

7. Bei der energetischen Ertüchtigung des Gebäudes wird das Mietrecht des BGB durch öffentliches Recht, vor allem die **Energieeinsparverordnung** (EnEV) beeinflusst. § 9 EnEV enthält Vorschriften für Maßnahmen an den Außenbauteilen, also insb. Fassaden, Fenstern und Dächern. Danach sind Änderungen, die mehr als **10 % der Außenbauteile** betreffen, so auszuführen, dass bestimmte Wärmedurchgangskoeffizienten der betroffenen Außenbauteile nicht überschritten werden. Da den Vermieter diese Auflage nur trifft, wenn er von sich aus Maßnahmen an der Gebäudehülle ergreift, spricht man von bedingten Nachrüstpflichten. Eine unbedingte Nachrüstpflicht folgt hingegen aus § 10 EnEV. Diese Norm schreibt in Abs. 1 dem Vermieter zum einen vor, bestimmte Heizanlagen nachzurüsten. Außerdem müssen gemäß § 10 Abs. 2 EnEV ungedämmte, zugängliche Wärmeverteilungs- und Warmwasserleitungen außerhalb von Wohnräumen gedämmt werden. Gleiches gilt nach § 10 Abs. 3 EnEV für nicht begehbare, aber zugäng-

liche oberste Geschossdecken beheizter Räume und für begehbare oberste Geschossdecken. Wie sich diese Rechtslage auf die Duldungspflicht des Mieters auswirkt, ist
umstritten (→ Anm. 8). Die **energetische Verbesserung** der Gebäudehülle, etwa Wärme-
dämmmaßnahmen an der Fassade des Gebäudes und der obersten Geschossdecke, sind
eine energiesparende Maßnahme im Sinne des **§ 555b Nr. 1 BGB** (vgl. BGH ZMR 2008,
519). Unter § 555b Nr. 1 BGB fallen auch in der EnEV nicht genannte energetische
Maßnahmen, etwa die Dämmung der Kellerdecke.

8. Welche Anforderungen an die **Ankündigung der Maßnahme** zwecks Auslösung der
Duldungspflicht zu stellen sind, hängt davon ab, ob man § 555a BGB als Anspruchs-
grundlage ansieht. Die Frage ist für energetische Maßnahmen nach der EnEV umstritten.
Das **Meinungsspektrum** in der Literatur (zur Rechtslage vor dem MietRÄndG 2013, im
Folgenden ins neue Recht „übersetzt") ist **breit gefächert** und wenig übersichtlich; **Recht-
sprechung fehlt** (Darstellung bei *Lehmann-Richter* MietRB 2010, 340). Die Pflicht zur
Duldung von Dämmmaßnahmen im Gebäude (§ 10 EnEV) wird teilweise (*Blank* WuM
2008, 311/314; *Flatow* NZM 2008, 785/794) aus § 555d Abs. 1 BGB iVm § 555b Nr. 6
BGB abgeleitet, während andere Stimmen (*Artz* WuM 2008, 259/262) sich für § 555a
Abs. 1 BGB aussprechen. Die bedingte Pflicht zur Beachtung der Normen der EnEV bei
Maßnahmen an der Fassade (§ 9 EnEV) wird teilweise stets als Modernisierung nach
§ 555b Nr. 1 BGB eingestuft (*Artz* WuM 2008, 259/263; *Kinne* ZMR 2001, 397/398).
Andere Autoren (*Eisenschmid* WuM 2009, 624/627f) differenzieren danach, ob Instandsetzungsbedarf (dann § 555a Abs. 1 BGB) besteht oder nicht (dann § 555d Abs. 1 BGB).
Der Streit ist von Bedeutung, wenn die Ankündigung nicht den Voraussetzungen des
§ 555c Abs. 1 BGB entspricht sowie bei der Mieterhöhung nach § 559 BGB. Der Vermieteranwalt sollte den **sichersten Weg** gehen und § 555d Abs. 1 BGB als Duldungs-
grundlage ansehen, der die strengeren Anforderungen (§ 555c Abs. 1 BGB) an die
Ankündigung der Maßnahme stellt. Im Rahmen der energetischen Sanierung ist von
besonderer Bedeutung, welche Angaben zu den neuen Bauteilen (Fassadendämmung,
Fenster) gemacht werden müssen. Die Frage ist noch nicht höchstrichterlich entschieden;
bei der Modernisierungsmieterhöhung ist nach Ansicht des BGH eine **Wärmebedarfs-
berechung entbehrlich** (BGH NZM 2002, 519). Nach Ansicht des BGH ist es hier
ausreichend, wenn der Vermieter die durchgeführte bauliche Maßnahme so genau
beschreibt, dass der Mieter unter Zuhilfenahme einer sachkundigen Person beurteilen
kann, ob es sich um eine energiesparende Maßnahme handelt (BGH NZM 2002, 519).
Diese Entscheidung ist auf § 555c Abs. 1 BGB BGB übertragbar. Die dort geforderte
Mitteilung der „Art der Maßnahme in wesentlichen Zügen" verlangt ihrem Wortlaut
nach nicht mehr als die in § 559b BGB über den Verweis auf § 559 BGB statuierte
Erläuterung. Die **Modernisierungsankündigung** setzt daher nur voraus, dass der **energiesparende Charakter** der Maßnahme für den Mieter **deutlich** wird. Einer Wärmebedarfsberechnung bedarf es dafür nicht; es ist aber nicht ausreichend, wenn der Vermieter
lediglich behauptet, die Maßnahme führe zu einer Energieeinsparung. Der Mieter muss
vielmehr den energiesparenden Charakter aufgrund der Angaben des Vermieters unter
Zuhilfenahme einer sachkundigen Person nachprüfen können. Die Instanzrechtsprechung
verlangt dafür die Nennung des **Wärmedurchgangskoeffizienten** der Bauteile, etwa der
Fenster oder der Fassade (KG ZMR 2006, 612; LG Berlin MM 2008, 370). Zwingend
sind solche Angaben indes nicht, falls dem Mieter die energiesparende Maßnahme auch
auf andere Weise offengelegt werden kann. § 555c Abs. 2 BGB erlaubt dem Vermieter in
diesem Zusammenhang, bei der Ankündigung hinsichtlich der energetischen Qualität von
Bauteilen auf allgemein anerkannte Pauschalwerte Bezug zu nehmen.

9. Die **Gebührenstreitwert** beträgt nach § 41 Abs. 5 GKG das Zwölffache der zu
erwartenden Mieterhöhung. Für die Ermittlung des **Beschwerdewerts** für die Berufung
nach § 511 Abs. 2 Nr. 1 ZPO gilt hingegen nicht § 41 Abs. 5 GKG, sondern § 9 ZPO.

Maßgeblich ist also der 3,5 fache Jahresbetrag des voraussichtlichen Modernisierungs-zuschlages (LG Berlin GE 2011, 57; vgl. auch BGH NJW 2000, 3142; Musielak/Voit/ *Heinrich* § 9 Rn. 3). Zum Streitwert in Geschäftsraummietsachen → Form. B. II. 31 Anm. 1.

33. Klage auf Duldung einer Maßnahme zur Einsparung von Primärenergie ohne Bezug auf die Mietsache § 555b Ziff. 2 BGB

An das

Amtsgericht[1] . . . . .

Klage

des . . . . .

– Kläger –

Prozessbevollmächtigter: Rechtsanwalt . . . . .

gegen

den . . . . .

– Beklagter –

wegen Duldung einer Baumaßnahme zur Einsparung von Primärenergie.

Vorläufiger Gebührenstreitwert: . . . . .

Namens und in Vollmacht des Klägers erhebe ich Klage und beantrage,[1]

1. den Beklagten zu verurteilen, die Installation einer Photovoltaik-Anlage auf dem Grundstück (. . . . .) in Form folgender Maßnahmen zu dulden: Einrüstung des Gebäudes, Befestigung der Solarkollektoren auf dem gesamten Dach des Gebäudes, Installation eines neuen Kabelkanals im Treppenhaus links neben dem bereits vor-handenen Kabelkanal;
2. dem Beklagten für den Fall der Zuwiderhandlung gegen die unter 1) aufgeführten Duldungspflichten die Verurteilung zu einem Ordnungsgeld bis zu 250.000,00 EUR oder ersatzweise Ordnungshaft bis zu 6 Monaten anzudrohen.[1]

Bei Vorliegen der gesetzlichen Voraussetzungen beantrage ich den Erlass eines Versäum-nisurteils im schriftlichen Vorverfahren.

Begründung:

Der Kläger begehrt von dem Beklagten, seinem Mieter, die Duldung von Modernisie-rungsmaßnahmen.

A. Sachverhalt

Der Kläger vermietete an den Beklagten ab dem . . . . . die Dachgeschosswohnung im Gebäude auf dem Grundstück . . . . . Die Miete beträgt derzeit insgesamt . . . . . EUR.

Beweis: Mietvertrag, Anlage K 1.

Der Kläger beabsichtigt, ab dem . . . . . für die Dauer von voraussichtlich . . . . . die im Klageantrag zu 1) beschriebenen Maßnahmen auszuführen. Diese Maßnahmen kündigte der Kläger am . . . . . dem Beklagten am . . . . . an.[1]

Beweis: Modernisierungsankündigung, Anlage K 2.

Die Ankündigung wurde den Beklagten am . . . . . per Boten zugestellt. In der Ankündigung wurde um Zustimmung bis zum . . . . . gebeten.[1] Diese Zustimmung erfolgte nicht. Vielmehr erklärte der Beklagte, er werde die Installation der Photovoltaik-Anlage nicht dulden, weil er nicht direkt unter einer solchen Anlage wohnen wolle. Denn von dieser Anlage würden gesundheitsgefährdende Strahlen ausgehen.

Beweis: Schreiben des Klägers vom . . . . ., Anlage K 3.

B. Rechtslage

Der Klageanspruch ist aus § 555d Abs. 1 BGB gerechtfertigt. Denn bei den vom Kläger angekündigten Arbeiten handelt es sich um Modernisierungsmaßnahmen iSd § 555b Nr. 2 BGB.[2] Der Kläger hat die Maßnahmen gemäß § 555c Abs. 1 BGB unter konkreter Beschreibung nach Art und voraussichtlichem Umfang, Dauer und Beginn der Maßnahme ordnungsgemäß angekündigt.

Die Installation einer Photovoltaik-Anlage auf dem Grundstück ist eine Modernisierungsmaßnahme nach § 555b Nr. 2 BGB. Denn die Anlage wird in Zukunft aus Sonnenenergie Strom erzeugen und in das allgemeine Stromnetz einspeisen. Hierdurch wird nicht erneuerbare Primärenergie eingespart, weil im Umfang der vom Kläger erzeugten Energie die Verwendung von fossilen Brennstoffen zur Stromerzeugung entbehrlich wird (vgl. BR-Drs. 313/12, S. 25).

Der vom Beklagten vorgetragene Einwand ist unbegründet. Von Photovoltaik-Anlagen gehen keine Gesundheitsgefahren aus.

Beweis unter Bestreiten der Beweislast: Sachverständigengutachten.

Zum Gebührenstreitwert:[3] § 41 Abs. 5 GKG ist nicht einschlägig, weil die Maßnahme nicht mit einer Mieterhöhungsmöglichkeit verbunden ist, vgl. § 559 Abs. 1 BGB. Der Gebührenstreitwert bemisst sich deshalb gemäß § 53 Abs. 1 Nr. 1 GKG nach § 3 ZPO. Entscheidend ist das wirtschaftliche Interesse des Klägers an der Ausführung der Maßnahme (vgl. etwa BGH NJW 1994, 735). Die Installationskosten betragen 10.000 EUR, der Kläger rechnet mit einer Rendite von 3 %, also 3.000 EUR im Jahr. In Anlehnung an § 9 ZPO beträgt der Gebührenstreitwert 9.900 EUR.

Beglaubigte Abschrift anbei.

Rechtsanwalt

Anmerkungen

1. Zu der **Zuständigkeit**, der Formulierung des **Antrags**, der **Vollstreckung** des Urteils, den Anforderungen an die Ankündigung der Maßnahme sowie der Möglichkeit der Klageeinreichung vor Ablauf der Wartefrist → Form. B. II. 31 Anm. 1–5.

2. Nach § 555b Nr. 2 BGB ist eine bauliche Veränderung, durch die nicht erneuerbare Primärenergie nachhaltig eingespart wird ohne dass es in Bezug auf die Mietsache zur Einsparung von Endenergie kommt, eine duldungspflichtige **Modernisierungsmaßnahme**.

Ob dies der Fall ist, ist vom Vermieter darzulegen und zu beweisen. Derartige Maßnahmen sind allerdings wenig praxisrelevant, weil dem Vermieter nach Ausführung der Maßnahme kein Recht zusteht, die Modernisierungskosten auf den Mieter umzulegen, vgl. § 559 Abs. 1 BGB. Dieser Umstand verringert einerseits die Motivation des Vermieters, ausschließlich primärenergiesparende Maßnahmen auszuführen, aber auch die Motivation des Mieters, sich den baulichen Veränderungen zu widersetzen.

3. Da im GKG eine besondere Berechungsvorschrift fehlt, richtet sich der **Gebühren-streitwert** nach § 3 ZPO (vgl. § 53 Abs. 1 Nr. 1 GKG). Der Richter hat den Gebühren-streitwert nach billigem Ermessen festzulegen, wobei das wirtschaftliche Interesse des Klägers maßgeblich ist (vgl. BGH NJW 1995, 664). Es erscheint unangemessen, hier den Wert der gesamten Installationskosten anzusetzen, weshalb im Muster eine Analogie zu § 9 ZPO vorgeschlagen wird (vgl. BGH ZMR 2005, 535). Diese Wertfestsetzung bestimmt in Geschäftsraummietsachen auch die Zuständigkeit.

34. Klage wegen unterlassener Instandhaltungsmaßnahmen mit Hilfsaufrechnung und Hilfswiderklage (Geschäftsraum)

An das

Landgericht Magdeburg[1]

Klage

In Sachen des Vermieters Max Müller . . . . .

– Kläger –

Prozessbevollmächtigter: Rechtsanwalt . . . . .

gegen

die Mieterin X-Trans-GmbH, Magdeburg-Olvenstedt, Majakowskiring Nr. 10, vertreten durch den Geschäftsführer, Alfons Maier, ebenda,

– Beklagte –

Prozessbevollmächtigte:[2] Rechtsanwältin . . . . .

wegen Vorschusszahlung von 16.000,– EUR

erhebe ich Klage und beantrage,

die Beklagte kostenpflichtig[3] zu verurteilen, an den Kläger 16.000,– EUR nebst Zinsen in Höhe von 5 Prozentpunkten über dem Basiszinssatz seit dem 8.7.2015 zu zahlen.

Für den Fall einer dem Kläger obliegenden Sicherheitsleistung[4] beantrage ich,

die Sicherheitsleistung durch schriftliche, unwiderrufliche, unbedingte und unbefristete Bürgschaft der Entrium Direct Bankers AG Nürnberg erbringen zu dürfen.

Für den Fall der Säumnis im schriftlichen Vorverfahren beantrage ich den Erlass eines schriftlichen Versäumnisurteils.

Begründung:

Die Beklagte ist seit Anfang Dezember 2005 Mieterin von Geschäftsräumen auf dem Grundstück des Klägers Magdeburg-Olvenstedt, Majakowskiring Nr. 10 EG, bestehend aus vier Büroräumen und zwei Nebenräumen (WC und Küche) mit einer Gesamtfläche von 219 qm.[5]

Beweis: Mietvertrag vom 3.12.2005

Neben den laufenden Schönheitsreparaturen[6] hat die Beklagte nach § 5 des Mietvertrages auch u. a. die Instandhaltung einschließlich Reparatur[7] der Rollläden übernommen.

Die Beklagte ist ihrer Verpflichtung zur Durchführung der laufenden Schönheitsreparaturen nicht nachgekommen, obwohl diese in allen Räumen inzwischen überfällig sind. Wand- und Deckenanstriche sind in allen Räumen vergraut;[8] die fünf Fenster sind von innen und außen[9] zu streichen, da an zahlreichen Stellen die Farbe abgeplatzt und im Übrigen auch rissig und vergilbt ist. Drei Rollläden sind nach einem Einbruchsversuch in die Geschäftsräume im Jahre 2010 defekt.

Die erforderlichen Kosten für Schönheitsreparaturen betragen etwa 10.000 EUR brutto;[10] für die Reparatur der Rollläden werden 6.000,– EUR brutto veranschlagt.

Beweis: Gutachten des Sachverständigen Zemlinski im selbstständigen Beweisverfahren des AG Magdeburg[11] 5 H 1/15 vom 3.6.2015

Die Beklagte ist bereits mit Schreiben vom 18.12.2014 zur Durchführung der Arbeiten aufgefordert worden, nachdem sich die Notwendigkeit hierfür anlässlich einer Besichtigung durch den Kläger ergeben hat.

Beweis: Schreiben vom 18.12.2014

Mit Schreiben vom 17.6.2015 hat der Kläger unter Bezugnahme auf das Sachverständigengutachten Vorschuss[12] verlangt und dies mit Schreiben vom 6.7.2015[13] wiederholt.

Beweis: Schreiben vom 17.6. und 6.7.2015

Der Kläger beabsichtigt nunmehr, die Arbeiten selbst in Auftrag zu geben.

Rechtsanwalt

Hilfswiderklage

An das Landgericht Magdeburg

In Sachen Müller ./. X-Trans

Az. 12.0.276/15[14]

bestelle ich mich zur Prozessbevollmächtigten der Beklagten.

Ich werde beantragen,

> die Klage abzuweisen.

Hilfsweise erhebe ich Widerklage mit dem Antrag,

> den Kläger zu verurteilen, an die Beklagte 16.000,– EUR nebst Zinsen in Höhe von 8 Prozentpunkten über dem Basiszinssatz seit Rechtshängigkeit zu zahlen.

Begründung:

Die Beklagte ist zu Schönheitsreparaturen und sonstigen dem Vermieter nach § 535 BGB obliegenden Erhaltungsarbeiten nicht verpflichtet. Die Formularklausel in § 5 des Mietvertrages verstößt gegen § 307 BGB, der auch im kaufmännischen Verkehr anwendbar ist. Die

Beklagte hat danach, ohne eine Gegenleistung zu erhalten, eine umfassende Verpflichtung zu Instandhaltungs- und Instandsetzungsarbeiten übernommen, die Sache des Vermieters sind.[15] Das ist auch bei einem Geschäftsraummieter unzulässig, wie der BGH festgestellt hat (ZMR 2005, 844). Insbesondere ist eine Haftung des Mieters für Zufallsschäden mit den wesentlichen Grundgedanken der gesetzlichen Regelung in §§ 535 ff. BGB nicht zu vereinbaren (BGH NJW 1992, 1761). Wegen der einheitlichen Instandhaltungsregelung im Vertrag entfällt auch die Renovierungspflicht der Beklagten.[16] Dazu kommt, dass die Räume bei Vertragsbeginn renovierungsbedürftig waren. Die formularmäßige Verpflichtung zu Schönheitsreparaturen ist deshalb unwirksam, wie der BGH mehrfach entschieden hat.[17]

Für den Fall, dass das Gericht dieser Auffassung nicht folgen sollte, rechnet die Beklagte mit einem Rückzahlungsanspruch aus ungerechtfertigter Bereicherung auf.[18] Die zuletzt im Dezember 2012 vereinbarte Miete von 59,– EUR/m² netto ist sittenwidrig überhöht nach § 138 Abs. 1 BGB.[19] Die ortsübliche Miete für vergleichbare Geschäftsräume betrug Anfang 2012 28,90 EUR/m².

Beweis: Sachverständigengutachten

Wie die Beklagte inzwischen durch Einholung von Maklerauskünften erfahren hat, ist auch in der Folgezeit die ortsübliche Miete nicht spürbar gestiegen.

Beweis: Schreiben der Maklerbüros X und Y vom . . . . .

Schon aus dieser Überschreitung um mehr als das Doppelte folgt die Vermutung einer verwerflichen Gesinnung[20] im Sinne des § 138 Abs. 1 BGB (BGH NJW 1995, 1022). Darüber hinaus ergibt sich die Sittenwidrigkeit aus einer Gesamtwürdigung des Vertrages[21] mit den die Vermieterseite einseitig begünstigenden Regelungen (vgl. BGHZ 104, 105). Hervorzuheben sind die umfassende Instandhaltungspflicht des Mieters (§ 5), das Mieterhöhungsrecht nach Modernisierung (§ 6), die Erweiterung der Kündigungsmöglichkeiten für den Vermieter schon bei leichtem Vertragsverstoß (§ 7) und das Verbot jeglicher Aufrechnung des Mieters mit Gegenansprüchen (§ 8). Die Beklagte verlangt eine rückwirkende Vertragsanpassung,[22] wobei dem Kläger nicht unterstellt werden soll, er hätte in Kenntnis der Sittenwidrigkeit seiner Vertragsgestaltung eine überhöhte Miete verlangt.[23] Unter Berücksichtigung auch des mutmaßlichen Willens der Klägers ist nach Treu und Glauben der monatliche Mietzins auf 40,– EUR/m² zu reduzieren, was einer Miete von 8.760,– EUR monatlich netto entspricht. Die Beklagte hat monatlich 4.161,– EUR zuviel gezahlt, wie sich aus folgender Berechnung ergibt: 219 m² × 59,– EUR

12.921,– EUR	
219 m² × 40,– EUR	8.760,– EUR
	4.161,– EUR

Die Beklagte rechnet mit einem Rückzahlungsanspruch für Januar 2013[24] bis Juli 2013 gegen die Vorschussforderung des Klägers auf und zwar zunächst gegen die Vorschussforderung wegen unterlassener Schönheitsreparaturen. Falls das Gericht einen geringeren Rückzahlungsanspruch pro Monat für angemessen hält, wird mit weiteren Rückzahlungsansprüchen für August 2013 bis jetzt hilfsweise aufgerechnet, wobei jeweils zunächst die Aufrechnung mit der ältesten Forderung erklärt wird.[25]

Für den Fall der Unzulässigkeit der Aufrechnung erhebe ich Widerklage mit dem Antrag,

den Kläger zu verurteilen, an die Beklagte 16.000,– EUR nebst Zinsen in Höhe von 8 Prozentpunkten über dem Basiszinssatz seit Rechtshängigkeit der Widerklage zu zahlen.

Die Begründung für die hilfsweise erklärte Aufrechnung gilt entsprechend, so dass zunächst Rückzahlungsansprüche in Höhe von monatlich 4.161,– EUR für Januar 2013 bis anteilig Juli 2013 eingeklagt werden; hilfsweise wird die Widerklage auch auf den Rückzahlungsanspruch für die folgenden Monate gestützt.

Ich stelle zu.[26]

Rechtsanwältin

Anmerkungen

1. Örtliche Zuständigkeit: § 29a ZPO; sachliche §§ 23 Nr. 1, 71 Abs. 1 GVG.

2. Die Bestellung als Prozessbevollmächtigter nach § 176 ZPO muss gegenüber dem Gericht erklärt werden, da die Klage nicht im Parteibetrieb zugestellt werden darf. Wenn schon im vorprozessualen Schriftverkehr die Rechtsanwältin ihren Kollegen gebeten hatte, sie im Rubrum aufzuführen, wird das Gericht die Klage der Beklagten persönlich zustellen und eine einfache Abschrift der voraussichtlichen Prozessbevollmächtigten formlos übersenden.

3. Nach § 308 Abs. 2 ZPO an sich überflüssig. Auch die in der Praxis üblichen Stempel für ein Anerkenntnis- oder Versäumnisurteil nach § 313b Abs. 2 ZPO enthalten einen Kostenausspruch, der also im Klageantrag nicht enthalten sein muss. Manche Gerichte sehen aber hierin schon den für den Fall der Klagerücknahme notwendigen Antrag auf Erlass eines Kostenbeschlusses nach § 269 Abs. 3 ZPO.

4. § 709 ZPO. Nach § 108 ZPO ist an sich die Sicherheitsleistung durch Bankbürgschaft auch ohne gerichtliche Bestimmung zulässig. Wenn der Antragsteller jedoch nur „seine" Bank beauftragen will und es zweifelhaft sein kann, ob sie unter § 108 ZPO fällt, empfiehlt sich ein Antrag auf gerichtliche Bestimmung. In der Praxis verbreitete „Vollstreckungsschutzanträge" sind weitgehend gegenstandslos. In den Fällen der § 710 ZPO (keine Sicherheitsleistung für Gläubiger) und des § 712 ZPO (unbedingte Abwendungsbefugnis für Schuldner) müssen die besonderen Voraussetzungen dargelegt und glaubhaft gemacht werden (§ 714 Abs. 2 ZPO).

5. Die genaue Angabe der Lage, Zahl der Räume und Fläche ist empfehlenswert, da nur dann das Gericht die erforderlichen Instandhaltungsarbeiten (wo? in welchem Umfang?) nachvollziehen kann. Für eine Räumungsklage wären die Angaben unverzichtbar, da anderenfalls der Räumungstitel möglicherweise nicht vollstreckungsfähig wäre. Schon bei Abschluss des Mietvertrages ist daher darauf zu achten, das Mietobjekt möglichst genau zu bezeichnen.

6. Im Zweifel gilt auch bei Geschäftsraummietverträgen die Definition des § 28 Abs. 4 II. BV.

7. Die Begriffe „Instandhaltung" und „Instandsetzung" sind nicht eindeutig(vgl. BGH XII ZR 189/09 NJW 2011, 3151, wo Instandhaltung und Instandsetzung „in einem Atemzug" erwähnt werden). Zwar wird unter „Instandsetzung" üblicherweise Reparatur verstanden, während „Instandhaltung" vorbeugende Wartung im weitesten Sinne sein soll. Nach § 28 Abs. 1 II. BV ist Instandhaltung jedoch Mangelbeseitigung; auch aus den Begriffen „Schönheitsreparaturen" (für Instandhaltungsmaßnahmen) und „kleinere Instandhaltungen" entsprechend § 28 Abs. 3 II. BV (für die Behebung kleinerer Schäden, also Reparaturen) folgt, dass die Begriffe mehrdeutig sind. Im Mietvertrag ist daher, wenn von der gesetzlichen Regelung des § 535 BGB (Erhaltungspflicht des Vermieters) abgewichen werden soll, möglichst genau aufzuzählen, welche Arbeiten dem Mieter obliegen. Entsprechendes gilt für die Klageschrift.

8. Eine substantiierte Mahnung ist für den Verzug des Mieters erforderlich. Wenn dies vorprozessual nicht zweifelsfrei erfolgt ist, kann eine Nachholung im Rechtsstreit helfen. Das Wort „Mahnung" ist nicht nötig; ebenso wie nach der Rechtsprechung des BGH schon die Räumungsklage eine konkludente Kündigung enthalten kann (BGH XII ZR 60/95 NJW-RR 1997, 203), lässt sich auch die verzugsbegründende Mahnung mit der Klageschrift nachholen.

9. Hier ist also ausdrücklich im Mietvertrag der übliche Umfang der Schönheitsreparaturen erweitert worden, was bei Geschäftsraum zulässig sein dürfte.

10. Es handelt sich nicht um einen Schadensersatzanspruch, so dass die Frage der Berechtigung des Gläubigers zum Vorsteuerabzug sich nicht stellt.

11. Der Kläger hatte also im selbstständigen Beweisverfahren einen Verfahrenswert unter 5.000,– EUR angegeben, da sonst das Landgericht sachlich zuständig gewesen wäre (§ 486 Abs. 2 ZPO). Wenn die Beklagte (frühere Antragsgegnerin) auf Grund eines ihr günstigen Beweisergebnisses Klage erhoben hätte vor dem Amtsgericht, dürfte sich der Beklagte (früherer Antragsteller) auch dann nicht auf fehlende sachliche Zuständigkeit berufen, wenn der Streitwert 5.000,– EUR überschreitet (§ 486 Abs. 2 S. 2 ZPO). Für die Klage des früheren Antragstellers gilt das nicht (OLG Frankfurt/Main NJW-RR 1998, 1610).

12. Während des Mietverhältnisses hat der Vermieter nur Anspruch auf Durchführung der vom Mieter vertraglichen übernommenen Schönheitsreparaturen, bei Verzug auch auf Vorschuss, nicht jedoch auf Schadensersatz (BGH NJW 1990, 2376). Für Instandsetzungsarbeiten nach § 536a Abs. 2 BGB hat der Mieter einen Vorschussanspruch gegen den Vermieter (KG NJW-RR 1988, 1039); entsprechendes gilt auch für den Vermieter, wenn der Mieter die Instandhaltung übernommen hat. Der Vermieter kann auch auf eine Kaution zurückgreifen (LG Berlin GE 2003, 1161) und dann mit der Kautionsklage deren Wiederauffüllung verlangen(OLG Düsseldorf GE 2006, 911).

13. Damit geriet die Mieterin in Verzug mit der Verpflichtung zur Vorschussleistung.

14. Ein volles Rubrum ist nicht nötig, auch nicht für die Widerklage. Es reichen die Angaben nach § 253 Abs. 2 Nr. 2 ZPO (vgl. § 261 Abs. 2 ZPO).

15. Das ist allerdings durchaus zweifelhaft. Die gewöhnlichen Erhaltungspflichten – auch Reparaturen, Instandsetzungen, Instandhaltungen und Erneuerungen – dürfen auf den(Geschäftsraum-) Mieter übertragen werden (BGH XII ZR 158/01 NZM 2005, 863), soweit es sich um Schäden handelt, die dem Mietgebrauch oder der Risikosphäre des Mieters zuzurechnen sind(vgl. BGH XII ZR 112/10 NZM 2013, 85).

16. Ob das Gericht eine einheitliche Klausel wegen Verstoßes gegen §§ 305 ff. BGB insgesamt für unwirksam hält (Verbot der geltungserhaltenden Reduktion) oder sie für teilbar ansieht und den Rest bestehen lässt (blue-pencil-test), ist kaum vorhersehbar. Dazu kommt, dass mehrere räumlich und sachlich getrennte Vertragsklauseln auch zusammen betrachtet werden können mit der Folge der Unwirksamkeit (BGH 127, 245 zur Vorfälligkeit und Aufrechnungseinschränkung).

17. Der Bundesgerichtshof hat in Abkehr von seiner bisherigen Rechtsprechung die formularmäßige Verpflichtung des (Wohnraum-)Mieters zu Schönheitsreparaturen dann für unwirksam gehalten, wenn die Räume bei Vertragsbeginn renovierungsbedürftig waren(VIII ZR 185/14 Urteil vom 18.3.2015 NJW 2015, 374), was der Mieter zu beweisen hat (aA *Graf v.Westphalen* NZM 2016, 17). Ob der XII. Senat das (wie bisher meist) auch für Geschäftsräume übernehmen wird, ist derzeit noch offen. Allerdings hat er noch in der Entscheidung vom 12.3.2014 (XII ZR 108/13 NZM 2014, 306) eine Klausel für wirksam erachtet, wonach der Mieter neben der bedarfsabhängigen Vornahme von Schönheitsreparaturen verpflichtet wird, die Räume bei Vertragsende in einem „bezugsfertigen Zustand" zurückzugeben.

18. Sehr zweifelhaft. Gegen den Vorschussanspruch des Mieters kann der Vermieter nicht aufrechnen (LG Kleve WuM 1989, 14); dazu kommen hier vertragliche Aufrechnungsausschlüsse, wenn auch deren Wirksamkeit nicht feststeht.

19. In ständiger Rechtsprechung legt der BGH den „Maßstab des Doppelten" an, also eine Überschreitung um 100 %, um ein auffälliges Missverhältnis im Sinne der Sittenwidrigkeit nach § 138 Abs. 1 BGB zu bejahen (BGH XII ZR 352/00 NJW 2004, 3553). Es müssen aber besondere Umstände hinzutreten, insbesondere muss der Verstoß für den Vermieter erkennbar sein, um auf eine verwerfliche Gesinnung zu schließen (BGH XII ZR 134/06 NJW 2008,3210).

20. Die von der Anwältin zitierte Entscheidung des BGH (VIII ZR 92/94, NJW 1995, 1022) ist zu einem Leasingvertrag ergangen. Jedenfalls wenn der Vertragspartner Kaufmann oder Freiberuflicher ist, sind weitere Ausführungen im Schriftsatz erforderlich.

21. BGH XII ZR 265/02 NJW 2004, 930. Alle Umstände des Einzelfalles sind zu berücksichtigen, insbesondere auch die Gesamtheit der vertraglichen Regelungen sowie die Umstände des Vertragsschlusses („Vertragsdiktat" oder freies Aushandeln).

22. Hier bewegt sich die Beklagte auf dünnem Eis, denn grundsätzlich ist die Rechtsfolge des § 138 Abs. 1 BGB die Nichtigkeit des Vertrages. Eine Aufrechterhaltung zu angemessener Miete wie bei Mietwucher nach § 291 StGB (Wohnraummiete) scheidet in der Regel aus (BGH XII ZR 256/03 NJW-RR 2006,16). Im Einzelfall kommt aber auch eine Aufrechterhaltung des Vertrages zu verringerter Miete in Betracht, wenn dies dem mutmaßlichen Parteiwillen entspricht; auch können die Grundsätze der ergänzenden Vertragsauslegung herangezogen werden. Dies insbesondere dann, wenn das Mietverhältnis in Kenntnis des Gesetzesverstoßes über längere Zeit fortgesetzt wird (s. auch BVerfG GE 1996, 184 zum faktischen Mietverhältnis). Zweifelhaft ist auch, ob eine rückwirkende Vertragsanpassung verlangt werden kann. Jedenfalls bei Wegfall der Geschäftsgrundlagenach § 313 BGB ist die Anpassung auf die noch nicht erbrachten Leistungen zu beschränken (BGHZ 58, 363; anders aber bei Unzumutbarkeit: BGHZ 74, 373 V ZR 89/77). Die Prozesstaktik der Beklagten, die offenbar an einer Fortsetzung des Mietverhältnisses interessiert ist, zielt auf einen umfassenden Vergleich ab.

23. Grobe Fahrlässigkeit (sich der Erkenntnis verschließen) reicht; Vorsatz ist nicht erforderlich (BGHZ 80, 160 zum Kreditvertrag).Wegen der Rechtsprechung, die für Mietverträge Erkennbarkeit der Sittenwidrigkeit fordert (→ Anm. 19) sind die Ausführungen im Schriftsatz ungeschickt.

24. Die Rückzahlungsansprüche verjähren nach § 195 BGB in drei Jahren. Auf fehlende Kenntnis der Rechtsfolgen (vgl. § 199 Abs. 1 Nr. 2 BGB) kann sich die Beklagte grundsätzlich nicht berufen.

25. Substantiierte Darlegung ist nötig, womit wogegen aufgerechnet wird, wenn es sich – wie hier – um mehrere Ansprüche handelt.

26. § 198 ZPO; die Zustellung durch das Gericht ist nicht erforderlich, ebenso wenig wie die Einzahlung eines Kostenvorschusses.

Klagen auf Anpassung der Miete

35. Klage auf Zustimmung zur Erhöhung einer Nettomiete gemäß § 558 BGB (Begründungsmittel: einfacher Mietspiegel)

An das

Amtsgericht[1]. . . . .

Klage

des[2]. . . . .

– Kläger –

Prozessbevollmächtigter:[3]. . . . .

gegen

Herrn/Frau[4]. . . . .

– Beklagter –

wegen: Zustimmung zu einem Mieterhöhungsverlangen gem. § 558 BGB

Streitwert: . . . . .[5]

Namens und mit Vollmacht des Klägers erhebe ich Klage gegen den Beklagten und werde beantragen:[6]

1. Der Beklagte wird verurteilt, der Erhöhung der Nettomiete[7] für die Wohnung . . . . . str . . . . . . in . . . . . Etage . . . . . von bisher monatlich . . . . . EUR auf . . . . . EUR[8] mit Wirkung ab 1 . . . . . 201 . . . . .[9] zuzustimmen.
2. Der Beklagte trägt die Kosten des Rechtsstreits.
3. Das Urteil ist hinsichtlich der Kostenentscheidung vorläufig vollstreckbar.[10]

Ich beantrage ferner,

1. soweit das Gericht das Verfahren nach § 495a ZPO[11] betreiben will, die Durchführung einer mündlichen Verhandlung;
2. soweit das Gericht ein schriftliches Vorverfahren anordnet und der/die Beklagte(n) seine/ihre Verteidigungsbereitschaft nicht rechtzeitig anzeigen, den Erlass eines Versäumnisurteils.

Ferner teile ich mit, dass

1. ein außergerichtlicher Einigungsversuch bisher nicht stattgefunden hat[12]
2. ein solcher Versuch erscheint zurzeit auch nicht aussichtslos.[13]

Begründung:

Der Kläger hat dem Beklagten mit Mietvertrag vom . . . . . die im Rubrum näher bezeichnete Wohnung[14] auf unbestimmte Zeit[15] vermietet. Für die Wohnung gelten keine Preisbindungsvorschriften,[16] sie ist auch sonst nicht vom Anwendungsbereich der §§ 558 ff. BGB ausgenommen.[17] Die Parteien habe keine Staffelmiete und keine Indexmiete vereinbart.[18]

Beweis: in der Anlage überreichte Kopie des Mietvertrages

Die Miete beträgt seit dem . . . . . 20 . . . . .,[19] also seit mehr als einem Jahr, ... EUR.[20]

Mit Schreiben[21] vom . . . . . 20 . . . . ., dem Beklagten zugegangen am . . . . . 20 . . . . .,[22] verlangte der Kläger von den Beklagten die Zustimmung zu einer Mieterhöhung auf . . . . . EUR mit Wirkung ab . . . . . 20 . . . . .[23]

Beweis: In der Anlage überreichte Kopie des Erhöhungsverlangens[24]

Der Kläger hat dieses Mieterhöhungsverlangen mit dem Mietspiegel[25] für die Gemeinde . . . . . Stand . . . . . begründet.[26] Er hat die Wohnung dabei wie folgt eingruppiert:

Baualtersklasse: . . . . .

Lageklasse: . . . . .

Ausstattungsklasse: . . . . .

Der in Bezug genommene Mietspiegel weist für diesen Wohnraum eine Mietenspanne[27] von . . . . . bis . . . . . EUR/m^2 aus. Der Kläger verlangt eine Zustimmung zu einer Erhöhung auf . . . . . EUR/m^2.

Diese Miete übersteigt nicht die üblichen Entgelte, die für Wohnraum vergleichbarer Art, Größe, Ausstattung, Beschaffenheit und Lage gezahlt werden.[28]

Beweis:[29] a) Mietspiegel der Gemeinde . . . . . Stand . . . . .
         b) Sachverständigengutachten

Der/Die Beklagte hat innerhalb der Überlegungsfrist[30] weder ausdrücklich noch durch konkludentes Verhalten[31] seine/ihre Zustimmung zur Mieterhöhung erteilt. Klage war deshalb innerhalb der Klagefrist[32] geboten.

Dem Kläger steht der geltend gemachte Anspruch auch zu. Die Miete war zum Zeitpunkt des Wirksamwerdens der Mieterhöhung 15 Monate und zum Zeitpunkt des Zugangs der Erhöhungserklärung 1 Jahr unverändert, die verlangte Miete übersteigt die ortsübliche Vergleichsmiete nicht und durch die Mieterhöhung wird die Kappungsgrenze eingehalten. Für die Gemeinde gibt es keine Rechtsverordnung gem. § 558 Abs. 3 BGB.[33]

Hinsichtlich der einzelnen Wohnwertmerkmale gilt für die Vertragswohnung Folgendes:

1. Größe:
   Die von dem Beklagten angemietete Wohnung besteht aus $3^1/_2$ Zimmern und hat eine Wohnfläche von . . . . . m^2.[34]
2. Beschaffenheit:[35]
   Das Haus wurde . . . . . erbaut. Im Jahre[36] . . . . . wurde eine umfassende Modernisierung durchgeführt. Dabei wurden folgende Arbeiten durchgeführt: . . . . .

   Beweis: a) Sachverständigengutachten
            b) richterliche Inaugenscheinnahme
            c) Zeugnis des . . . . .

3. Ausstattungsklasse:[37]
   Es liegen folgende Ausstattungsmerkmale, die der Mietspiegel ausdrücklich aufführt, vor: . . . . .

   Beweis: a) richterliche Inaugenscheinnahme
            b) Zeugnis des/der . . . . .
            c) Sachverständigengutachten

Ferner liegen folgende weitere Ausstattungsmerkmale vor: . . . . .

Beweis: a) richterliche Inaugenscheinnahme
        b) Zeugnis des/der . . . . .
        c) Sachverständigengutachten

4. Lageklasse:[38]
Die Wohnung liegt im 3. Obergeschoss. Sie ist nach Süden ausgerichtet.
Die Wohnung liegt im Stadtteil . . . . . In der Nähe befinden sich folgende Versorgungs-
und Infrastruktureinrichtungen . . . . . Die Einkaufsmöglichkeiten stellen sich für den
täglichen Bedarf und für den übrigen Einkauf wie folgt dar: . . . . .
Die Straße, an der die Wohnung liegt, ist eine ruhige Stichstraße ohne Verkehrslärm.
Die Bebauung ist teilweise aufgelockert. Neben einigen dreigeschossigen Häusern gibt
es auch Reihenhäuser. Die nächste U-Bahn-Station ist nur wenige Gehminuten entfernt.

Beweis: a) Sachverständigengutachten
        b) richterliche Inaugenscheinnahme
        c) Zeugnis der/des . . . . .

Da dem Beklagten das Mieterhöhungsverlangen am . . . . . 20 . . . . . zugegangen ist,
steht dem Kläger ein Anspruch auf Zustimmung zu einer Anhebung der Miete ab dem
. . . . . 20 . . . . . zu.
3 Jahre vor diesem Zeitpunkt betrug die Miete bereits . . . . .

Beweis: a) Vorlage des Mietvertrages
        b) Zeugnis des/der . . . . .

In den letzten drei Jahren[39] hat eine Mieterhöhung nach einer Modernisierungsmaß-
nahme stattgefunden und zwar nach Modernisierung des Badezimmers im Jahre 20
. . . . . Auf Grund dieser Maßnahme hat der Kläger die Miete gem. § 559 BGB um
. . . . . EUR mit Wirkung ab . . . . . 20 . . . . . erhöht. Der Beklagte hat den
Erhöhungsbetrag seither gezahlt.[40]
Die Kontrollrechnung stellt sich wie folgt dar:

Miete drei Jahre vor Wirkungszeitpunkt der jetzigen Erhöhung: . . . . .

zzgl. 20 %   . . . . .

zzgl. Mieterhöhung gem. § 559 BGB   . . . . .

Summe   . . . . .

Durch die jetzt begehrte Anhebung wird deshalb die Kappungsgrenze nicht berührt.[41]

Rechtsanwalt[41]

Anmerkungen

1. Die sachliche **Zuständigkeit für Wohnraummietsachen** ergibt sich aus § 23 Ziff. 2 a)
GVG. Danach sind die Amtsgerichte ohne Rücksicht auf den Wert des Streitgegenstandes
ausschließlich zuständig für Streitigkeiten über Ansprüche aus einem Mietverhältnis über
Wohnraum. Hierzu zählen die Klagen gem. § 558 BGB zwingend, da die Vorschrift gem.
§ 549 BGB nur auf Wohnraummietverhältnisse Anwendung findet. Die örtliche Zuständigkeit ergibt sich aus § 29a ZPO, wonach jeweils das Amtsgericht, in dessen Bezirk sich

die gemietete Wohnung befindet, zuständig ist. Auch dies ist eine ausschließliche Zuständigkeit, so dass eine Zuständigkeit eines anderen Gerichts weder durch rügelose Einlassung gem. § 39 ZPO noch durch eine Gerichtsstandsvereinbarung gem. § 40 ZPO begründet werden kann (OLG Frankfurt MDR 1979, 851; LG München ZMR 1987, 271). Eine Verweisung unter Verstoß gegen diese bindenden Zuständigkeitsregelungen ist unbeachtlich (LG München ZMR 1987, 271; BLAH/*Hartmann* § 29a Rn. 13). Ob die allgemeine Zivilabteilung oder die Mietabteilung zuständig ist, ist eine Frage der internen Geschäftsverteilung des Gerichts. Die Klage muss nur an das Amtsgericht, nicht an die zuständige Abteilung adressiert sein.

2. Die Klage muss von allen **Vermietern** erhoben werden. Entscheidend ist die Vermietereigenschaft zum Zeitpunkt der Rechtshängigkeit. Hat eine Rechtsnachfolge auf Seiten des Vermieters stattgefunden, dann tritt der Erwerber auch in die Rechte aus dem Mieterhöhungsverlangen ein, so dass der Kläger nicht identisch sein muss mit dem Absender des Mieterhöhungsverlangens. Tritt in einem laufenden Zustimmungsverfahren der Erwerber an Stelle des Veräußerers als Kläger auf, dann handelt es sich um einen Parteiwechsel und nicht um eine Parteiberichtigung (KG NJWE-MietR 1997, 170). Entscheidend für die Frage wer klagen muss ist die Vermieterstellung zum Zeitpunkt der Zustellung der Klage (Mietprozess/*Kinne* S. 106). Auch ein Hausverwalter kann im Wege der Prozessstandschaft keine Zustimmungsklage erheben (dazu *Blank* GE 1998, 1189). Ist Vermieter eine Personenmehrheit, muss die Klage von allen Vermietern erhoben werden. Dies gilt auch bei Eheleuten als Vermieter. Auch in diesem Fall, muss die Klage auf Zustimmung zur Mieterhöhung von beiden Ehepartnern erhoben werden. Bei einer Personenmehrheit als Vermieter liegt ein Fall der notwendigen Streitgenossenschaft auf Klägerseite vor (LG Marburg NZM 2003, 394).

3. Für das erstinstanzliche Verfahren besteht kein Anwaltszwang.

4. Die Klage muss gegen die **Mieter** gerichtet werden, die zum Zeitpunkt der Rechtshängigkeit Mieter sind (OLG Koblenz RE NJW 1984, 244). Es kann aber im Einzelfall rechtsmissbräuchlich sein, wenn sich der allein in der Wohnung verbliebene Mieter auf die Unzulässigkeit der nur gegen ihn erhobenen Klage beruft, wenn der ebenfalls mietende Ehegatte vor einiger Zeit aus der Wohnung ausgezogen ist und der Vermieter ihn einseitig – und deshalb unwirksam – aus dem Mietvertrag entlassen hat (BGH NJW 2004, 1797 = NZM 2004, 419 = MietPrax-AK § 558a BGB Nr. 5 mAnm *Börstinghaus*). Umstritten ist, ob sie auch dann gegen alle Mieter gerichtet werden muss, wenn einzelne Mieter der Mieterhöhung bereits außergerichtlich zugestimmt haben (dafür: AG Wiesbaden WuM 1992, 135; dagegen LG Kiel ZMR 1989, 429). Die nur gegen einen oder einen Teil von mehreren Mietern desselben Mietverhältnisses erhobene Klage des Vermieters ist grundsätzlich unzulässig. Dies gilt auch in den Fällen, in denen die Mietvertragsparteien vereinbart haben, dass die Mieter zur Vornahme und Entgegennahme von Erklärungen als gegenseitig bevollmächtigt gelten (KG RE NJW-RR 1986, 439). Hat zwischen Vermietung und Rechtshängigkeit gem. §§ 563, 563a oder § 564 BGB eine Rechtsnachfolge auf Mieterseite stattgefunden, dann ist die Klage gegen diese Rechtsnachfolger zu richten.

5. Da die **Angabe der Streitwertes** an dieser Stelle nur der Gebührenberechnung dienen muss, da das Amtsgericht unabhängig vom Streitwert ausschließlich zuständig ist, soll hier der Gebührenstreitwert angegeben werden. Gem. § 16 Abs. 5 GKG ist höchstens der Jahresbetrag der zusätzlich geforderten Miete maßgeblich. Dies gilt auch, wenn der Kläger eine Teilzustimmung des Mieters nicht beachtet hat. Der Gebührenstreitwert ist dann kleiner als der Jahresdifferenzbetrag, wenn das Mietverhältnis, zB bei einer Befristung oder bereits ausgesprochenen Kündigung, kein ganzes Jahr mehr fortbesteht. Auf die bei anderen mietrechtlichen Verfahren sich immer wieder stellende Frage, ob dabei von der Grundmiete, der Inklusivmiete oder einer Zwischenform auszugehen ist, kommt es an dieser Stelle nicht an, da bei der Streitwertberechnung gem. § 16 Abs. 5 GKG bei Mieterhöhungen der Differenzbetrag zwischen alter und neuer Miete unabhängig von der Mietstruktur maßgeblich ist.

6. Es handelt sich um eine **Klage auf Abgabe eine Willenserklärung.** Unzulässig sind folgende Klageanträge:

a) Bezifferte Zahlungsanträge.

b) Ebenso unzulässig ist die Klagehäufung von Zustimmungsklage und Zahlungsklage (AG Augsburg WuM 1998, 670; LG Braunschweig ZMR 1973, 154; Soergel/*Heintzmann* § 558b Rn. 11; *Sternel* III 730; aA BGH NZM 2005, 582 = MietPrax-AK § 558b BGB Nr. 1 mAnm *Börstinghaus;* LG Duisburg NZM 1998, 764 mit abl. Anm. *Eckert/Rau* ZMR 1999, 334; offengelassen in MüKoBGB/*Artz* § 558b Rn. 13) oder auch die Stufenklage. Ein Zahlungsanspruch besteht bis zur rechtskräftigen Verurteilung zur Zustimmung hinsichtlich des Erhöhungsbetrages nicht. Allein die Tatsache, dass der Mieter die Zustimmung zur verlangten Mieterhöhung nicht erteilt hat, rechtfertigt gem. § 259 ZPO noch nicht die Besorgnis, dass der Mieter sich der rechtzeitigen Leistung entziehen wird. Die Voraussetzungen des § 258 ZPO sind ebenfalls nicht gegeben. Etwas anderes kann allenfalls dann gelten, wenn das Zustimmungsurteil rechtskräftig wird und nur der mit der Zahlungsklage unterlegene Vermieter Berufung eingelegt hat (so der Sachverhalt in BGH NZM 2005, 582 = MietPrax-AK § 558b BGB Nr. 1 mAnm *Börstinghaus*). In diesem Fall ist die Forderung während des Verfahrens fällig geworden. Wenn der Mieter die Forderung unverzüglich anerkennt, hat der Vermieter gem. § 93 ZPO die Kosten des Verfahrens zu tragen. Da die Klage auch nicht auf Rechnungslegung usw. iSd § 254 ZPO gerichtet ist, scheidet auch die Stufenklage aus (aA LG Duisburg NZM 1998, 764).

c) Ein unbezifferter Zustimmungsanspruch ist ebenfalls unzulässig. Auch wenn die Feststellung der ortsüblichen Vergleichsmiete im Einzelfall durchaus schwierig ist und zahlreiche Wertungsfragen zu entscheiden sind, geht der Gesetzgeber letztendlich davon aus, dass es sich um eine empirisch feststellbare Größe handelt, die frei von allen Billigkeitserwägungen zu treffen ist.

d) Unzulässig ist auch ein Zahlungsantrag, der nicht die Zustimmung zu einer Erhöhung der für die Wohnung zu zahlenden Miete, sondern der Quadratmetermiete zum Gegenstand hat (AG Dortmund WuM 2006, 157).

e) Unzulässig sind alle Formen von Feststellungsklagen. Eine Feststellungsklage, wonach festgestellt werden soll, dass der Mieter die Zustimmung schulde, ist wegen des Vorrangs der Leistungsklage unzulässig. Auch die zur Begründung einer Mieterhöhung erforderliche Feststellung eines Ausstattungsmerkmals der Wohnung ist eine tatsächliche Vorfrage des zukünftigen Mieterhöhungsverlangens und damit einer gesonderten Feststellungsklage nicht zugänglich (AG Münster WuM 1980, 236).

7. Der Vermieter hat keinen Anspruch auf Änderung der Mietstruktur. Deshalb muss der Antrag so formuliert sein, dass die Mietstruktur erkennbar ist oder sich aus der Formulierung ergibt, dass keine Änderung diesbezüglich eintritt.

Beispiel:
Es wird beantragt, den Beklagten zu verurteilen, einer Mieterhöhung der monatlichen Miete für die von ihm innegehaltene Wohnung auf . . . . . EUR zuzüglich Betriebskosten- und Heizkostenvorauszahlung wie bisher mit Wirkung ab . . . . . 20 . . . . . zuzustimmen.

8. Der Anspruch des Vermieters gem. § 558 BGB ist auf „Zustimmung zu einer Erhöhung" gerichtet, also auf Abgabe einer Willenserklärung. Aus der Zustimmung und demgemäß aus dem Tenor des Urteils muss sich also ergeben, welche Miete der Mieter nach Wirksamwerden der Mieterhöhung nach § 558 BGB schuldet. Dabei bezieht sich die geschuldete Zustimmungserklärung des Mieters auf den Betrag der künftig zu zahlenden Miete und nicht allein auf den geforderten Erhöhungsbetrag (KG RE NZM 1998, 68). Deshalb muss auch der Klageantrag auf Zustimmung zur künftig zu zahlenden neuen Miete gerichtet sein. Es ist deshalb nicht zwingend erforderlich, dass im Klageantrag und demnach auch im Urteilstenor neben der neuen erhöhten Miete auch die Angabe der bisherigen Miete und sogar des Erhöhungsbetrages erfolgt. Mindestens sind deshalb folgende Angaben erforderlich:

1. Angabe zur Identifizierbarkeit des betroffenen Mietverhältnisses
2. Neue Miethöhe
3. Wirkungszeitpunkt ab wann diese erhöhte Miete zu zahlen ist.

Soweit der Mieter vorprozessual teilweise der Mieterhöhung zugestimmt hat, muss sich dies aus dem Antrag und demnach auch aus dem Hauptsachetenor ergeben.

9. Aus dem Klageantrag muss sich grds. der **Wirkungszeitpunkt** ergeben, zu dem auf Grund der Zustimmungserklärung die Miete sich erhöht. Wird der Mieter nämlich zur Zustimmung verurteilt, dann richtet sich der Wirkungszeitpunkt für die Mieterhöhung nach dem Tenor der Entscheidung. Aus dem Tenor muss sich ergeben, ab wann die erhöhte Miete zu zahlen ist. Und dieser wird vom Antrag des Vermieters bestimmt. Eine Verurteilung zu einem früheren Termin als den des § 558b Abs. 1 BGB ist nicht möglich, da insofern kein durchsetzbarer Anspruch des Vermieters besteht. Hat der Vermieter beantragt, den Mieter zur Abgabe der Zustimmungserklärung zu einem späteren als den gesetzlichen Termin zu verurteilen, kann das Gericht den Mieter nicht zu einer Zustimmung zu dem früheren Termin des § 558b Abs. 1 BGB verurteilen. Dem steht § 308 ZPO entgegen. Das Gericht ist nicht befugt, der Partei mehr zuzusprechen, als sie beantragt hat. Fehlen später Angaben zum Termin im Urteil muss das Zustimmungsurteil ausgelegt werden (BGH NZM 2012, 112). In der Regel wird die Zustimmung zum gesetzlichen Termin gem. § 558b BGB erfolgen.

10. Kostenantrag und Antrag zur vorläufigen Vollstreckbarkeit sind nicht erforderlich. Das Urteil ist in der Hauptsache nicht für vorläufig vollstreckbar zu erklären. Es handelt sich um ein Leistungsurteil auf Abgabe einer Willenserklärung. Diese Urteile werden gem. § 894 Abs. 1 ZPO dadurch vollstreckt, dass die Willenerklärung mit Rechtskraft des Urteils als abgegeben gilt. Eine vorläufige Vollstreckung ist deshalb nicht möglich. Das Urteil ist aber hinsichtlich der Kostenentscheidung für vorläufig vollstreckbar zu erklären. Die vorläufige Vollstreckbarkeit richtet sich im Regelfall nach § 708 Ziff. 7 ZPO. Nur in den Fällen eines Versäumnis- oder Anerkenntnisurteils regelt sich die vorläufige Vollstreckbarkeit nach § 708 Ziff. 1 oder Ziff. 2 ZPO. Richtet sich die vorläufige Vollstreckbarkeit nach § 708 Ziff. 7 ZPO so hat das Gericht grundsätzlich gem. § 711 ZPO eine Abwendungsbefugnis für den vorläufig zur Zahlung der Kosten Verurteilten auszusprechen. Gem. § 711 S. 2 ZPO kann die Abwendungsbefugnis in einem bestimmten (prozentualen) Verhältnis zur Höhe des aus der Entscheidung zu vollstreckenden Betrages festgesetzt werden. Die Anordnung einer Abwendungsbefugnis soll jedoch gem. § 713 ZPO entfallen, wenn gegen das Urteil **unzweifelhaft** kein Rechtsmittel möglich ist. Dies hängt zum einen davon ab, wie hoch die Beschwer der Parteien ist, also zu welcher Zustimmung der Mieter verurteilt wurde oder in welcher Höhe die Klage des Mieters ganz oder teilweise abgewiesen wurde, und zum anderen auch davon, nach welcher Vorschrift man den Rechtsmittelstreitwert einer Mieterhöhungsklage berechnet. Verurteilungen zur Zustimmung zu einer Mieterhöhung von monatlich weniger als 14,29 EUR sind nach keiner Auffassung berufungsfähig. Das Gleiche gilt für eine Klageabweisung in dieser Höhe. Für alle Beträge darüber steht aber nicht unzweifelhaft fest, dass kein Rechtsmittel möglich ist, da nach der Rechtsprechung des BVerfG (NJW 1996, 1531) und des BGH (WuM 2007, 32 = MietPrax-AK § 9 ZPO Nr. 8; NZM 2004, 617 =

MietPrax-AK § 9 ZPO Nr. 2 mAnm *Börstinghaus*; BGH NJW 2000, 3142) der Rechtsmittelstreitwert entsprechend § 9 ZPO nach dem $3^{1}/_{2}$-fachen Jahresdifferenzbetrag zu errechnen ist. Ob im Einzelfall ein Landgericht sich daran nicht hält ist unbeachtlich, da § 713 ZPO ausdrücklich verlangt, dass das Rechtsmittel unzweifelhaft nicht möglich ist.

11. Bis zu einem Streitwert von 600,– EUR kann das Gericht gem. § 495a ZPO das Verfahren nach billigem Ermessen gestalten. Es muss in diesem Fall nur dann eine mündliche Verhandlung durchführen, wenn eine Partei dies ausdrücklich beantragt hat. Ferner kann das Urteil bei dieser Verfahrensweise gem. § 313a Abs. 1 Satz 1 ZPO ohne Tatbestand abgefasst werden und die Entscheidungsgründe können ins Protokoll diktiert werden. Der Streitwert, nach dem sich entscheidet, ob diese Verfahrensweise zulässig ist oder nicht, ist nicht der Gebührenstreitwert, sondern der Zuständigkeitsstreit- oder Rechtsmittelstreitwert. Dies ergibt sich daraus, dass diese Verfahrensart auf die Verfahren beschränkt ist, bei denen das Amtsgericht abschließend entscheidet. In Verfahren, in denen das Landgericht zweitinstanzlich mit der Sache befasst werden kann, muss eine überprüfbare Entscheidung mit Tatbestand und Entscheidungsgründen vorliegen. Zur Wertberechnung dienen hier ausschließlich die allgemeinen Wertvorschriften der §§ 3 und 9 ZPO. Auch für die Streitwertberechnung im Rahmen des § 495a ZPO ist die Vorschrift des § 9 ZPO entsprechend anwendbar, da es sich letztendlich auch bei der Zustimmungsklage um eine Klage handelt, die zu einer wiederkehrenden Leistungsverpflichtung führt. Maßgeblich ist deshalb der 42-fache Monatsdifferenzbetrag (BVerfG NJW 1996, 1531; BGH WuM 2007, 32; NZM 2004, 617; NJW 2000, 3142). Ggf. kann gegen ein entsprechendes Urteil eine Rügeschrift gem. § 321a ZPO wegen Verletzung des Anspruchs auf rechtliches Gehör eingerichtet werden.

12. Gem. § 15a EGZPO und den verschiedenen landesgesetzlichen Ausführungsgesetzen ist eine vorgerichtliche Schlichtung unabhängig vom Streitwert dann nicht erforderlich, wenn durch die Klageerhebung eine Frist gewahrt werden soll. Dies ist wegen der Klagefrist in § 558b Abs. 2 S. 2 BGB bei der Zustimmungsklage der Fall.

13. Gem. § 278 ZPO geht der mündlichen Verhandlung zum Zwecke der gütlichen Beilegung des Rechtsstreits eine **Güteverhandlung** voraus. Dies gilt dann nicht, wenn eine Güteverhandlung erkennbar aussichtslos ist. Dies dürfte bei einer Zustimmungsklage gem. § 558 BGB zB dann der Fall sein, wenn der Mieter vorprozessual schon jede Zustimmung abgelehnt hat. Dies ist aber nicht zwingend. Hat der Mieter auf ein Erhöhungsverlangen geschwiegen, dann ist alleine daraus auf die Aussichtslosigkeit des Einigungsversuchs nicht zu schließen.

14. Die §§ 558–558e BGB sind grundsätzlich nur anwendbar auf „Mietverhältnisse über Wohnraum". Dies ergibt sich aus der das Kapital einleitenden Vorschrift des § 549 Abs. 1 BGB. Es muss also ein Mietvertrag vorliegen, dessen Gegenstand die Überlassung von Wohnraum ist. Wohnraummiete liegt vor, wenn Räumlichkeiten auf Grund eines Vertrages entgeltlich zum Zwecke des privaten Aufenthalts des Mieters oder Angehöriger überlassen werden. Wichtig ist nach der Rechtsprechung vor allem, dass die Räumlichkeiten vom Mieter selbst oder/und seinen Angehörigen genutzt werden. Nur wenn diese Zweckbestimmung gegeben ist, handelt es sich um einen Wohnraummietvertrag (OLG Düsseldorf ZMR 1995, 203). Selbst wenn die Räumlichkeiten letztendlich zu Wohnzwecken genutzt werden sollen, liegt kein Wohnraummietvertrag vor, wenn der Mieter sie anderen zu Wohnzwecken zur Verfügung stellt.

15. Gem. § 557 Abs. 3 BGB sind Mieterhöhungen gem. § 558 BGB ausgeschlossen, wenn die Parteien eine Mieterhöhung durch **Vereinbarung** ausgeschlossen haben oder wenn sich ein solcher Ausschluss aus den Umständen ergibt. Eine solche Vereinbarung kann sich z.B. aus der Vereinbarung einer zu kleinen Wohnfläche im Mietvertrag ergeben

(BGH NZM 2007, 594 = NJW 2007, 2626 = MietPrax-AK § 558 BGB Nr. 14 mAnm *Börstinghaus; ders.* NJW 2007, 2627) Ebenfalls kann eine Beschränkung in der miet-vertraglichen Vereinbarung zu sehen sein, wonach es sich um preisgebundenen Woh-nungsbau handeln soll. Zwar können die Mieterhöhungsmöglichkeiten des preisgebun-denen Wohnungsbaus im preisfreien Wohnungsbau nicht vereinbart werden (BGH NZM 2007, 183 = MietPrax-AK § 557 BGB Nr. 7), jedoch wird der Höhe nach der Zustim-mungsanspruch auf die Kostenmiete „gedeckelt" (BGH NZM 2004, 378 = MietPrax-AK § 557 BGB Nr. 2).

16. Auch wenn das BGB keinen ausdrücklichen **Ausschlusstatbestand** für preisgebun-dene Mietverhältnisse enthält, steht dem Vermieter in diesen Fällen kein Anspruch auf Zustimmung zur Mieterhöhung bis zur ortsüblichen Vergleichsmiete zu. Die vormaligen Vorschriften des WoBindG sowie der NMV und der II. BV sind Spezialvorschriften, die den Regelungen des BGB diesbezüglich vorgehen. Erfasst werden von diesen Spezialge-setzen Sozialwohnungen, die mit öffentlichen Mitteln im ersten und zweiten Förderweg gefördert wurden, und bei mit Wohnungsfürsorgemitteln und mit Aufwendungsbeihilfen geförderten Neubauwohnungen. Bei Wohnraum mit vereinbarter Förderung nach dem Wohnungsbauförderungsgesetz ist eine Mieterhöhung nach §§ 558 ff. BGB möglich, es muss aber der Höchstbetrag aus dem Förderbescheid beachtet werden.

17. Gem. § 549 Abs. 2 Ziff. 1 BGB steht dem Vermieter gem. § 558 BGB kein Anspruch auf Zustimmung zu einer Mieterhöhung bis zur ortsüblichen Vergleichsmiete zu bei Wohnraum, der nur zu vorübergehendem Gebrauch vermietet ist, Wohnraum, der Teil der vom Vermieter bewohnten Wohnung ist und vom Vermieter überwiegend mit Möbeln ausgestattet wurde, wenn nicht der Mieter mit Familie oder anderen Haushalts-angehörigen dort wohnt, und schließlich für Wohnraum in Jugend- und Studentenwohn-heimen.

18. Gem. § 557a Abs. 2 S. 2 BGB und § 557b Abs. 2 S. 1 BGB steht dem Vermieter kein Anspruch auf Zustimmung zu einer Mieterhöhung gem. § 558 BGB zu, wenn die Mietvertragsparteien bereits bei Abschluss des Mietvertrages oder zu einem späteren Zeitpunkt Vereinbarungen über die zukünftige Mietanpassung getroffen haben. Dies gilt aber nur, wenn die Vereinbarungen auch wirksam sind. Im Regelfall ist in einer formell unwirksamen Staffelmietvereinbarung nicht gleichzeitig eine Beschränkung der Mieterhö-hungsmöglichkeiten gemäß § 558 BGB enthalten (LG Berlin GE 2002, 54; NZM 1998, 859; GE 1996, 471; GE 1993, 95; GE 1986, 501; GE 1984, 923; aA LG Frankfurt WuM 1998, 603; LG Berlin WuM 1992, 198).

19. Das Gesetz enthält jetzt in § 558 Abs. 1 BGB eine doppelte Frist. Dem Vermieter steht gegenüber dem Mieter nur dann ein Anspruch auf Zustimmung zu einer Miet-erhöhung zu, wenn **die Miete in dem Zeitpunkt, zu dem die Erhöhung eintreten soll, seit fünfzehn Monaten unverändert ist. Das Mieterhöhungsverlangen kann frühestens ein Jahr nach der letzten Mieterhöhung geltend gemacht werden.** Die 15-Monatsfrist ist die Summe aus der Jahressperrfrist und der Überlegungsfrist. Auch sie wird nur durch Mieterhöhungen ausgelöst, auch wenn im Gesetzestext davon die Rede ist, dass die Miete *unverändert geblieben* sein muss. Problematisch kann die 15-Monatsfrist bei Mietverhält-nissen sein, die nicht am 1. eines Monats begannen und bei denen der Fälligkeitszeitpunkt für die jeweilige Miete nicht am ersten eines Monats liegt.

20. Für den Beginn der **Jahressperrfrist** des § 558 Abs. 1 S. 2 BGB ist der Zeitpunkt maßgebend, zu dem die bisherige Miete erstmals zu zahlen war (BayObLG RE v. 30.6.1989 NJW-RR 1989, 1172). Die Frist ist vom Zugang des Mieterhöhungsverlan-gens an rückwärts zu berechnen (OLG Oldenburg RE WuM 1982, 105). Auf das Datum der Abgabe des Erhöhungsverlangens oder den Wirksamkeitszeitpunkt der Mieterhöhung (AG Friedberg WuM 1992, 694) kommt es deshalb nicht an. Die Frist berechnet sich nach den § 188 Abs. 2 und 3, 187 Abs. 1 und 2, 193 BGB. Dabei ist grundsätzlich auf die Mieter abzustellen, die zum Zeitpunkt des Zeitpunkts des Zugangs des Erhöhungsverlangens Vertragspartner sind. All diesen Personen gegenüber muss die Miete ein Jahr unverändert geblieben sein. Bei jedem Mieterwechsel beginnt deshalb die Frist mit Eintritt des neuen Mieters in den Mietvertrag grundsätzlich neu (LG Berlin GE 1997, 185; AG Frankfurt WuM 1982, 77; *Lammel* Wohnraummiete § 558 BGB Rn. 23). Die Wartefrist wird nach dem eindeutigen Gesetzeswortlaut nicht ausgelöst durch Erhöhungen der Miete, die sich aus den §§ 559 bis 560 BGB ergeben haben. Dabei ist es unerheblich, ob eine oder mehrere dieser einseitigen Mieterhöhungen in den vergangenen 12 Monaten vom Vermieter durchgeführt wurden. Diese Mieterhöhungen lösen auch nicht die 15-Monatsfrist aus.

Unerheblich sind alle Formen der Mieterabsetzung. Sie lösen die Sperrfrist nicht aus. Dies ergibt sich auch schon aus dem Wortlaut der Vorschrift. Zwar spricht dieser zunächst nur von Veränderungen der Miete, bei der Ausnahme spricht er aber nur von Erhöhungen, die ausgenommen sind. Zumindest ergibt sich dies aber aus dem Sinn und Zweck und dem Schutzzweck des § 558 Abs. 1 S. 2 BGB (Bub/Treier/*Schultz* III. A 334; *Stellwaag* DWW 1990, 71; *Sternel* III 612).

Ein vor Ablauf der Jahressperrfrist gestelltes Mieterhöhungsverlangen ist unwirksam (BGH RE NJW 1993, 2109). Die Klage ist als unzulässig abzuweisen.

21. Der Zustimmungsanspruch des Vermieters gegenüber dem Mieter setzt in formeller Hinsicht voraus, dass der Vermieter seinen Anspruch in einem ordnungsgemäßen Erhöhungsverlangen gem. § 558a BGB geltend gemacht hat. § 558a Abs. 1 BGB verlangt vom Vermieter die Geltendmachung in Textform und mit einer Begründung des Anspruchs. Ein solches **Mieterhöhungsverlangen hat eine Doppelbedeutung:** Zunächst lässt das ordnungsgemäße Erhöhungsverlangen den Anspruch auf Zustimmung erst entstehen. Neben dieser materiellrechtlichen Wirkung des Erhöhungsverlangens hat es aber auch eine prozessuale Wirkung. Ohne ordnungsgemäßes Mieterhöhungsverlangen beginnt die Überlegungsfrist nicht zu laufen, erst der fruchtlose Ablauf der Überlegungsfrist setzt die Klagefrist in Gang und nur eine innerhalb der Klagefrist erhobene Zustimmungsklage ist zulässig. Letztendlich ist das Mieterhöhungsverlangen somit mittelbar eine besondere Sachentscheidungsvoraussetzung des Zustimmungsverfahrens (BGH NZM 2006, 652 = MietPrax-AK § 558a BGB Nr. 9 mAnm *Börstinghaus;* NZM 2004, 581 = MietPrax-AK § 558a BGB Nr. 6 mAnm *Börstinghaus;* BayObLG NZM 2000, 488 [489]; AG Dortmund NZM 1999, 415; MüKoBGB/*Artz* § 558b Rn. 11; *Hinz* NZM 2002, 633; *Sternel* PiG 10, 126 [139]; *Emmerich* PiG 13, 51 [55]). Das mit einer Begründung versehene Erhöhungsverlangen des Vermieters gem. § 558a BGB ist eine einseitige empfangsbedürftige Willenserklärung, nämlich ein Antrag iSd § 145 BGB, der auf den Abschluss eines Änderungsvertrages gem. § 311 BGB gerichtet ist (BayObLG RE NJW-RR 1989, 1172).

Das Mieterhöhungsverlangen muss in **Textform** dem Mieter zugegangen sein. Kennzeichen der **Textform** ist die Fixierung einer Mitteilung oder Erklärung in lesbaren Schriftzeichen unter Verzicht auf eine eigenhändige Unterschrift. Die neue Textform verlangt drei Voraussetzungen:

1. Es müssen lesbare Schriftzeichen in einer Urkunde oder in einer anderen zur dauerhaften Wiedergabe geeigneten Weise verwendet werden.
2. Es muss der Erklärende angegeben werden.
3. Der Abschluss der Erklärung muss erkennbar sein und zwar durch Nachbildung einer Namensunterschrift oder anders.
   Danach können theoretisch folgende Formen die Textformvoraussetzungen erfüllen:
   • Alle Schriftstücke, die bisher bereits das Schriftformerfordernis des § 126 BGB erfüllen;

- Telefax;
- E-Mail.

Problematisch ist die Verwendung der Textform bei Mietverträgen mit einer **Laufzeit von mehr als einem Jahr.** Diese müssen gem. § 550 BGB in „schriftlicher Form" geschlossen werden. Deshalb steht in diesem Fall dem Vermieter ein Anspruch Abgabe der Zustimmungserklärung in Schriftform zu.

Mit dem Mieterhöhungsverlangen muss der Vermieter vom Mieter die Zustimmung zu einer Mieterhöhung begehren (LG Gießen NJW-RR 1995, 462; LG Karlsruhe WuM 1991, 48). Der Vermieter muss den Mieter deshalb ausdrücklich zur Abgabe einer Zustimmungserklärung auffordern (AG Wesel WuM 1993, 358; AG Mülheim WuM 1990, 156; AG Schöneberg GE 1988, 1001).

22. Das Mieterhöhungsverlangen ist eine **empfangsbedürftige Willenserklärung.** Gem. § 130 BGB wird deshalb das Mieterhöhungsverlangen erst mit Zugang wirksam. Zugang bedeutet, dass die Erklärung so in den Machtbereich des Empfängers gelangt sein muss, dass nach normalem Lauf der Dinge mit der Kenntnisnahme gerechnet werden kann. Die Vorschrift gilt unabhängig von der Formerleichterung durch Einführung der Textform. Das Einwerfen des Mieterhöhungsverlangens in den Briefkasten bewirkt den Zugang der Erklärung, sobald nach der Verkehrsanschauung mit der nächsten Leerung des Briefkastens zu rechnen ist. Bis wie viel Uhr ein Mieter seinen Briefkasten kontrollieren muss, ist in der Rechtsprechung umstritten:

- Bei einem Einwurf bis 13.45 Uhr soll der Zugang noch am gleichen Tag erfolgt sein (LG Berlin WuM 2006, 220).
- Das OLG Hamm (NJW-RR 1995, 1187) spricht davon, dass eine Erklärung, die am **späten Nachmittag** in den Briefkasten geworfen wird, erst am nächsten Tag zugegangen ist.
- Bei einem Einwurf bis 18.00 Uhr soll grundsätzlich noch am gleichen Tag ein Zugang erfolgt sein, nur Silvester müsse der Mieter um diese Zeit nicht mehr mit dem Zugang rechtserheblicher Erklärungen rechnen (AG Ribnitz-Damgarten WuM 2007, 18).
- Nach BayVerfGH (NJW 1993, 518 [519]; auch LG München II WuM 1993, 331) ist die Rechtsprechung, die einen Einwurf um 18.05 Uhr noch als am gleichen Tag als zugegangen betrachtet, nicht willkürlich.
- Das AG Schöneberg (WuM 1991, 131) hat zu alten „Bundespost-Zeiten" bei einem Einwurf nach 17.00 Uhr einen Zugang erst am nächsten Werktag angenommen.
- Noch strenger war das LG Berlin (GE 2002, 193; nach LG Berlin WuM 2006, 220 ist aber ein Einwurf um 13.45 Uhr noch rechtzeitig). Danach muss eine Privatperson nach 16.00 Uhr nicht mehr in Briefkasten schauen, da üblicherweise die Post, aber auch private Zustelldienste, bis zu diesem Termin ihre Auslieferungen vorgenommen hätten.

Dies gilt entsprechend für die Übermittlung mittels Telefax oder E-Mail. Mieterhöhungserklärungen des Vermieters gelten dem Mieter auch dann als zugegangen, wenn sie an die im Vertrag angegebene Anschrift gerichtet sind, der Mieter aber inzwischen seinen Wohnsitz an einem unbekannten Ort begründet hat (AG Tiergarten GE 1992, 391). Kann ein Einschreibebrief wegen Abwesenheit des Empfängers nicht zugestellt werden, liegt Zugang nur bei einem Einwurf-Einschreiben vor. Bei einem Übergabe-Einschreiben muss der Mieter die Übergabe selbst quittieren. Wird er nicht angetroffen, wird eine Benachrichtigungskarte in den Briefkaten geworfen. In diesem Fall ist durch den Einwurf des Benachrichtigungsscheins das Schreiben noch nicht zugegangen (dazu *Dübbers* NJW 1997, 2503 [2504]). Der Zugang kann allenfalls wegen Zugangsvereitelung fingiert werden.

23. Nach § 558b Abs. 1 BGB schuldet der Mieter nach einer Zustimmung zu einem Mieterhöhungsverlangen die erhöhte Miete von **Beginn des dritten Kalendermonats,** der dem Zugang des Mieterhöhungsverlangens folgt, an. Nach der gesetzlichen Regelung tritt die Wirkung des Mieterhöhungsverlangens also unmittelbar nach Ablauf der Überlegungsfrist ein. Der Vermieter muss im Mieterhöhungsverlangen nicht zwingend ein Datum nennen, zu dem die Mieterhöhung wirken soll (OLG Koblenz RE NJW 1983, 1861), da diese Angaben nicht zu den Wirksamkeitsvoraussetzungen eines Mieterhöhungsverlangens gehören. Fehlt ein Datum, dann gilt der gesetzliche Wirkungszeitpunkt.

24. Ein Muster für ein solches Erhöhungsverlangen finden Sie im BeckForm B MietR/ *Flintrop* Form. C. IV. 1.

25. Der Gesetzgeber hat in § 558c Abs. 1 BGB eine **gesetzliche Legaldefinition** aufgenommen, was eine Mietspiegel ist. Es handelt sich um eine Übersicht über die ortsüblichen Vergleichsmieten, die erstellt wurde von der Gemeinde oder von den Interessenvertretern der Vermieter und Mieter gemeinsam oder von Interessenvertretern der Vermieter oder Mieter allein und vom jeweils anderen Verband anerkannt wurde oder von einem Dritten und von beiden Verbänden anerkannt wurde. An dieser Stelle ist es unerheblich, ob der Mietspiegel ein qualifizierter Mietspiegel iSd § 558d BGB ist oder nicht. Ist er qualifiziert, dann muss der Vermieter sogar zwingend auf den Mietspiegel im Erhöhungsverlangen hinweisen, § 558a Abs. 3 BGB.

Alle Mietpreisübersichten oder Mietwerttabellen, die nicht diese Voraussetzungen erfüllen, sind keine Mietspiegel iSd Gesetzes (zur Mietspiegelerstellung: *Börstinghaus/ Clar*, Mietspiegel, 2. Aufl. 2013) und können zur Begründung eines Erhöhungsverlangens nicht benutzt werden. Die Benutzung eines solchen Mietspiegels macht das Erhöhungsverlangen formell unwirksam. Ein solches mangelhaftes Mieterhöhungsverlangen kann aber gem. § 558b Abs. 3 BGB im Zustimmungsprozess geheilt werden und zwar entweder durch Nachholung eines ganz neuen Mieterhöhungsverlangens oder durch Mängelbehebung bzgl. des ersten Verlangens.

Ein formell wirksames Mieterhöhungsverlangen ist gegeben, wenn der Vermieter unter zutreffender Einordnung der Wohnung des Mieters in die entsprechende Kategorie des Mietspiegels die dort vorgesehene Mietspanne richtig nennt und die erhöhte Miete angibt. Nach Ansicht des BGH (NJW 2008, 573 = MietPrax-AK § 558 BGB Nr. 12) soll sogar ein Mieterhöhungsverlangen wirksam sein, in dem der Vermieter nur die numerische Bezeichnung des Mietspiegelfeldes angegeben hat („H 7"). Liegt die verlangte Miete oberhalb der im Mietspiegel ausgewiesenen Mietspanne, so ist das Erhöhungsverlangen insoweit unbegründet, als es über den im Mietspiegel ausgewiesenen Höchstbetrag hinausgeht (BGH NJW 2004, 1379 = MietPrax-AK § 558a BGB Nr. 3).

26. Gemäß des § 558a Abs. 1 BGB muss das Erhöhungsverlangen vom Vermieter **begründet** werden. Der Gesetzgeber hat vier Begründungsmöglichkeiten exemplarisch aufgezählt, nämlich die Bezugnahme auf einen Mietspiegel oder die Auskunft aus einer Mietdatenbank, ein Sachverständigengutachten oder auf mindestens drei Vergleichswohnungen. Diese Aufzählung ist nicht abschließend (BVerfG NJW 1980, 1617). Der Vermieter muss grundsätzlich den Mietspiegel dem Mieterhöhungserlangen nicht beifügen, wenn der Mietspiegel, mit dem das Erhöhungsverlangen begründet wurde, öffentlich zugänglich ist (BGH NJW 2008, 573 = MietPrax-AK § 558a BGB Nr. 12; LG Wiesbaden WuM 2007, 512; 2007, 706; LG Dresden WuM 2007, 707; LG Berlin Urt. v. 24.4.2003 – 67 S 362/02 – n. v.; LG Berlin MM 2001, 151; WuM 1990, 519; GE 1991, 521; LG Nürnberg-Fürth WuM 1988, 279; AG Dresden WuM 2007, 706; AG Wiesbaden WuM 2007, 325; AG Münster Urt. v. 28.2.2007 – 38 C 1040/06, BeckRS 2007, 15006 mAnm *Wüstefeld* WuM 2007, 674; aA AG Charlottenburg GE 1992, 1103). Dabei ist es ausreichend, wenn der Mietspiegel kostenlos von den Interessenverbänden oder der Gemeinde abgegeben wird. Der Mietspiegel muss aber immer dann beigefügt werden, wenn er nicht allgemein zugänglich ist, zB von den Verbänden nur an Mitglieder ausgegeben wird (AG Wetter NJWE-MietR 1997, 246 bestätigt durch LG Hagen NJWE-MietR 1997, 246; *Müglich/Börstinghaus* NZM 1998, 353). Problematisch sind die Fälle, in denen der Mietspiegel nur verkauft wird. Nach der Rechtsprechung des BGH muss der Mietspiegel auch dann dem Erhöhungsverlangen nicht beigefügt werden, wenn er für ein Schutzgebühr von wenigen EUR verkauft wird (BGH NJW 2010, 225 = MietPrax-AK § 558a BGB Nr. 18; BGH NZM 2009, 429 = MietPrax-AK § 558a BGB Nr. 17; BGH WuM 2010, 693 = MietPrax-AK, § 558a BGB Nr. 22). Nach Ansicht des BGH (BGH NZM 2009, 395 = MietPrax-AK § 558a BGB Nr. 15 mAnm *Börstinghaus*) soll es auch ausreichen, dass der Vermieter dem Mieter anbietet, den Mietspiegel in seinem Büro **einzusehen.**

27. Mietspiegel werden heute mit wenigen Ausnahmen nach der Tabellenmethode erstellt, bzw. die Werte werden in Tabellenform dargestellt. Die Tabellenmethode stellt die Daten als Mietspannen nach den einzelnen Wohnwertmerkmalen in Rasterfeldern zusammen. Der Vermieter kann dann mittels eines solchen Mietspiegels ein Zustimmungsverlangen bis zum **Oberwert der Spanne** begründen, § 558a Abs. 4 BGB. Dies besagt aber nichts darüber, ob das Erhöhungsverlangen bis zu diesem Wert auch begründet ist. Demgegenüber erfolgt bei Mietspiegeln, die mittels der Regressionsmethode erstellt wurden eine Verknüpfung zwischen den Daten aller Rasterfelder. Regressionsmietspiegel ermöglichen es deshalb, im Grunde für jede Art von Wohnung die Miete centgenau zu ermitteln.

28. Behauptet der Vermieter, die von ihm verlangte Miete überschreite nicht ortsübliche Vergleichsmiete so ist dies eine konkrete Tatsachenbehauptung (zur Frage ob der Begriff der ortsüblichen Vergleichsmiete ein Rechts- oder Tatsachenbegriff ist: *Hinkelmann,* Die ortsübliche Miete, 1998) die auch ausreichend substantiiert ist (BVerfG NJW-RR 1993, 1485). Bestreitet der Mieter die Höhe der ortsüblichen Vergleichsmiete nicht oder gilt der Vortrag des Klägers wegen der Säumnis des Beklagten gem. § 331 Abs. 1 ZPO als zugestanden, dann ist die Höhe der ortsüblichen Vergleichsmiete unstreitig und das Gericht hat sich jeder Beweiserhebung zu enthalten. Tritt der Vermieter Beweis für seine Behauptung durch Einholung eines Sachverständigengutachtens ein, so handelt es sich auch nicht um einen unzulässigen Ausforschungsbeweis (BVerfG NJW-RR 1993, 1485; LG Wuppertal WuM 1985, 325 aA *Sternel* Mietrecht, 3. Aufl., III 209). Gibt es einen qualifizierten Mietspiegel in der Gemeinde wird im gerichtlichen Verfahren widerleglich vermutet, dass seine Werte richtig sind (zum qualifizierten Mietspiegel BGH WuM 2013, 110 = MietPrax-AK, § 558d Nr. 1 mAnm *Börstinghaus*; *Beuermann* GE 2013, 150; *Blümmel* GE 2013, 151; *Börstinghaus* LMK 2/2013 Anm. 3; *Börstinghaus* jurisPR-BGHZivilR 4/2013 Anm. 4; zur Beweislast in diesem Fall *Börstinghaus* NZM 2002, 273).

29. Die Tatsachenfeststellung durch das Gericht ist von der Begründung des Erhöhungsverlangens zu unterscheiden. Im Zustimmungsprozess gelten die **allgemeinen Beweisregeln der ZPO.** Die Begründungsmittel des § 558a Abs. 2 BGB sind kein Beweismittel im Prozess. Das Gericht kann sich deshalb aller in der ZPO vorgesehenen Beweismittel zur Ermittlung der ortsüblichen Vergleichsmiete bedienen. Das Gericht kann ohne Antrag gem. § 144 ZPO die Inaugenscheinnahme und das Sachverständigengutachten von Amts wegen anordnen, die übrigen Beweismittel setzen einen entsprechenden Beweisantritt der beweisbelasteten Partei voraus. Lediglich für den Fall, dass es in der Gemeinde einen qualifizierten Mietspiegel gibt, gibt es im Zustimmungsprozess eine gesetzliche Vermutung gem. § 558d Abs. 3 BGB, dafür dass die ortsübliche Vergleichsmiete genauso hoch ist, wie im qualifizierten Mietspiegel angegeben.

Auch einfache Mietspiegel können im Prozess als Indiz für die Höhe der ortsüblichen Vergleichsmiete Verwendung finden (BGH NJW 2010, 2946; NZM 2013, 138; NZM 2013, 612; LG Nürnberg-Fürth WuM 2015, 675). Einfache Mietspiegel können gem. § 287 ZPO bei der Ermittlung der Höhe herangezogen werden (*Langenberg* WuM 2001,

523, [525]). Ob das Gericht dies tut, hängt wesentlich von der Qualität des betreffenden Mietspiegels ab (dazu *Börstinghaus/Clar*, Mietspiegel, 2. Aufl. 2013). Ausgehandelte Mietspiegel scheiden dabei regelmäßig aus, bei Mietspiegeln, die auf einer Datenerhebung beruhen ohne die strengen Anforderungen des § 558d BGB zu erfüllen, kommt es darauf an, ob diese und die anschließende Datenauswertung methodisch dem Gericht genügen (LG München WuM 1996, 709). Deshalb können auch eigentlich qualifizierte Mietspiegel vom Gericht als einfache Mietspiegel herangezogen werden und mit Ihnen gem. § 287 ZPO die Höhe der ortsüblichen Vergleichsmiete ermittelt werden (AG Charlottenburg, WuM 2015, 500 mAnm *Börstinghaus* jurisPR-MietR 14/2015 Anm. 1; Urt. v. 17.3.2015 – 233 C 520/14 mAnm *Herlitz* jurisPR-MietR 13/2015 Anm. 3; AG Lichtenberg GE 2015, 794) Eine Liste der von dem Gerichten in der Vergangenheit anerkannten und angewandten Mietspiegel befindet sich bei Schmidt-Futterer/*Börstinghaus* BGB § 558b Rn. 119).

30. Der Zugang des wirksamen Mieterhöhungsverlangens setzt die **Überlegungsfrist** des § 558b Abs. 2 BGB in Lauf. Danach kann der Mieter bis zum Ablauf des zweiten Kalendermonats zustimmen, der dem Zugang des Erhöhungsverlangens folgt. Für die Berechnung der Frist gelten mangels abweichender Regelung die Vorschriften der §§ 187 ff. BGB. Die Überlegungsfrist beginnt mit dem Zugang des Mieterhöhungsverlangens. Sie endet grundsätzlich um 24.00 Uhr des letzten Tages des übernächsten Monats. Die Überlegungsfrist beträgt deshalb immer mindestens 2 Monate und maximal 3 Monate minus einen Tag. Die Frist endet grundsätzlich am Ende eines Kalendermonats. Etwas anderes gilt nur dann, wenn der letzte Tag des Monats, in dem die Zustimmungsfrist abläuft, auf einen Samstag, einen Sonntag oder einen am Erklärungsort, also dem Wohn- oder Geschäftssitz des Vermieters, staatlich anerkannten Feiertag fällt, § 193 BGB. In diesem Fall endet die Zustimmungsfrist erst mit Ablauf des nächsten Werktages. Bedeutung hat dies für den Beginn der anschließenden Klagefrist nicht jedoch auf den Wirkungszeitpunkt für die Mieterhöhung. Eine Verlängerung der Überlegungsfrist durch Parteivereinbarung ist nicht möglich (LG München WuM 1994, 383 [384]; AG Charlottenburg MM 2000, 47; AG Köln WuM 1997, 51; AG Aachen WuM 1992, 629; AG Hamburg WuM 1988, 129).

31. Die Zustimmung des Mieters kann auch durch **schlüssiges Verhalten** erfolgen. Eine solche konkludente Willenserklärung setzt voraus, dass der Vermieter aus einem bestimmten Verhalten nur den Schluss ziehen kann, der Mieter wolle damit die verlangte Zustimmungserklärung abgeben. Ob das Verhalten als konkludente Willenserklärung zu verstehen ist, ist durch Auslegung zu ermitteln. Die stärkste Form des konkludenten Verhaltens in diesem Zusammenhang ist die **Zahlung**. Hat der Vermieter den Mieter ausdrücklich aufgefordert, einer Mieterhöhung zuzustimmen und zahlt der Mieter dann, ohne zuvor sein Einverständnis ausdrücklich erklärt zu haben, die erhöhte Miete, dann darf ein Vermieter bereits eine einzige Zahlung als Zustimmung verstehen (LG Trier WuM 1994, 217; LG Kiel WuM 1993, 198; LG Berlin WuM 1989, 308; LG Braunschweig WuM 1986, 142; AG Frankfurt ZMR 1989, 180; AG Frankfurt DWW 1987, 263). Dies gilt auch, wenn der Mieter den Dauerauftrag entsprechend anpasst (LG Berlin WuM 1987, 266). Zum Teil werden auch zwei Zahlungen erst als Zustimmung angesehen (LG Leipzig NZM 2002, 20) oder mehrere Zahlungen (BGH NJW 1998, 445).

32. Die **Klagefrist** schließt sich unmittelbar an das Ende der Überlegungsfrist an. Die Klagefrist beträgt drei volle Monate. Sie beginnt nach Ablauf der Überlegungsfrist. Da die Überlegungsfrist in der Regel am Ende des Monats endet, beginnt die Klagefrist am ersten Tag des nächsten Monats und endet am letzten Tag des übernächsten Monats. Da auf den Lauf der Überlegungsfrist die Vorschrift des § 193 BGB Anwendung findet, kann diese im Einzelfall auch erst zu Beginn des nächsten Monats enden. Das bedeutet zwingend, dass die Klagefrist nicht am Monatsersten beginnt, sondern später. Da die Klagefrist immer volle drei Monate beträgt, endet sie in diesem Fall gem. §§ 187 Abs. 2, 188 Abs. 2 ZPO einen Tag vor dem Tag, der durch seine Zahl dem Anfangstag der Frist entspricht (*Beuermann* GE 1995, 848 [849]).

Die Klagefrist wird grundsätzlich nur durch **Zustellung der Klage** innerhalb der Frist gewahrt. Ausnahmsweise kann die Klagefrist aber bereits durch Klageeinreichung unterbrochen werden. Auch auf die Klagefrist des § 558b Abs. 2 S. 2 BGB ist die Vorschrift des § 167 ZPO anwendbar. Danach tritt die Wirkung der Klagezustellung bereits mit Klageeinreichung bei Gericht ein, wenn die Zustellung **demnächst** erfolgt. Voraussetzung hierfür ist, dass der Vermieter von sich aus alles unternommen hat, damit die Klage ordnungsgemäß zugestellt werden kann. Es muss also innerhalb der Klagefrist eine zulässige Klage beim zuständigen Gericht eingegangen sein. Die Klage kann auch per Telefax erhoben werden (AG Dortmund NJW-RR 1995, 971). Dem Vermieter ist es gestattet, die Klage auch erst am letzten Tag der Klagefrist bei Gericht einzureichen. Er trägt dann aber das volle Risiko, dass eine demnächstige Zustellung erfolgen kann (LG Mannheim ZMR 1977, 285). Der Vermieter muss in diesem Fall den Gerichtskostenvorschuss nicht mit Klageeinreichung einzahlen. Er darf die Gerichtskostenrechnung abwarten, muss dann aber binnen 14 Tagen den Vorschuss einzahlen (LG Berlin GE 2002, 733). Die Klagefrist unterliegt nicht der Disposition der Parteien. Also selbst wenn der Vermieter ggf. dem Mieter eine längere Überlegungsfrist eingeräumt hat, ist die Klagefrist nach dem gesetzlichen Normallauf der Überlegungsfrist zu bestimmen (LG München WuM 1994, 384; LG Kiel WuM 1994, 547; AG Hamburg WuM 1993, 619; AG Köln WuM 1997, 51; AG Aachen WuM 1992, 629; AG Hamburg WuM 1988, 129). Die Klagefrist des § 558b BGB stellt eine Ausschlussfrist dar, gegen deren Versäumnis keine Wiedereinsetzung in den vorigen Stand möglich ist (LG Berlin GE 1996, 1549).

33. Die Kappungsgrenze beträgt grds. 20 %. Seit 1. Mai 2013 hat der Bundesgesetzgeber jedoch den Ländern gestattet durch Rechtsverordnung Gemeinden oder Gemeindeteile festzulegen, in denen die Kappungsgrenze nur 15 % beträgt. Voraussetzung hier ist, dass die ausreichende Versorgung der Bevölkerung mit Mietwohnungen zu angemessenen Bedingungen in einer Gemeinde oder einem Teil einer Gemeinde besonders gefährdet ist. Die Voraussetzungen entsprechen insofern der Ermächtigungsgrundlage des § 577a Abs. 2 BGB. Danach können die Landesregierungen die Kündigungssperrfrist innerhalb derer in Eigentumswohnungen umgewandelte Mietwohnungen vom Erwerber nicht gekündigt werden dürfen von drei auf bis zehn Jahre verlängern. Die Zivilgerichte müssen die Aufnahme einer Gemeinde in eine Verordnung gem. § 558 Abs. 3 BGB kontrollieren (BGH NZM 2016, 82 = MietPrax–AK, § 558 BGB Nr. 35 mAnm *Börstinghaus*; *Blank* WuM 2016, 161). Strittig ist, ob hier der Sachverhalt von Amts wegen zu ermitteln ist oder Parteivortrag erforderlich ist (*Zehelein* NZM 2015, 761).

34. Das Wohnwertmerkmal „**Größe**" wird vor allem die Quadratmeterzahl einer Wohnung, aber durchaus auch die Zimmeranzahl bestimmt. Über die Wohnungsgröße werden nämlich ganz unterschiedliche Wohnungsmärkte voneinander abgegrenzt. Wie die Quadratmeterzahl genau zu ermitteln ist, ist durchaus im Einzelfall strittig. Der allgemeine Sprachgebrauch verbindet mit dem Begriff „Wohnfläche" keine bestimmte Berechnungsart (BGH NJW-RR 1997, 2874; NJW 1996, 2874 [2875]; NJW 1991, 912 [913]; NJW-RR 1991, 1120 [1121]; BayObLG NJW 1996, 2106; *Börstinghaus*, Flächenabweichungen in der Wohnraummiete, 2012). Bei Mietverträgen, die bis zum 31.12.2003 abgeschlossen wurden ist die Fläche nach den § 42 bis 44 der II. BerechnungsVO zu ermitteln. Für Mietverträge, die ab 1.1.2004 abgeschlossen wurden gelten die Vorschriften der WohnflächenVO. Diese Vorschriften gelten unmittelbar nur für den öffentlich geförderten Wohnungsbau. Aber auch im preisfreien Wohnungsbau können die Gerichte sie zur Wohnflächenermittlung benutzen, soweit die Parteien nichts Abweichendes vereinbart haben oder andere Vorschriften (zB DIN 283) ortsüblich sind (BGH NZM 2004, 454 = NJW 2004, 2230 = MietPrax-AK § 536 BGB Nr. 2; NZM 2007, 595 = NJW 2007, 2624 = MietPrax-AK § 536 BGB Nr. 18). Unabhängig von Flächenangaben im Mietvertrag gilt immer die objektiv richtige Wohnungsgröße, egal wie groß die Abweichung in die eine oder andere Richtung ist (BGH NZM 2016, 42 = MietPrax-AK § 558 BGB Nr. 36 mAnm *Börstinghaus; ders.,* Flächenabweichungen in der Wohnraummiete, 2012).

35. Mit dem Wohnwertmerkmal „Beschaffenheit" ist der Zuschnitt der Wohnung einschließlich der mitvermieteten Hausteile sowie Art und Gestaltung der Umgebung gemeint sowie die Bauweise und auch der Instandhaltungsgrad. Nach der Klarstellung durch das Mietrechtsänderungsgesetz 2013 soll auch der energetische Zustand eines Hauses berücksichtigt werden. Teilweise wird auch die Lage der Wohnung im Haus als eine Frage Beschaffenheit der Wohnung verstanden. Nicht behebbare Mängel sind bei der Beschaffenheit negativ zu berücksichtigen (LG Saarbrücken WuM 1989, 578 für Gaststättenlärm). Demgegenüber haben behebbare Mängel bei der Mieterhöhung für die Bemessung der Miete keine Bedeutung (OLG Stuttgart RE NJW 1981, 2365 (zu § 5 WiStrG); LG Braunschweig WuM 1989, 578; LG Hamburg WuM 1991, 593; AG Kassel WuM 1992, 137; OLG Düsseldorf WuM 1994, 324 (325); AG Waldbroel WuM 1997, 562).

36. Insbesondere das **Baualter** wird von der Praxis als Anknüpfungstatsache für die Beurteilung der Beschaffenheit verstanden. Das Baualter beeinflusst durchaus den Mietpreis. Dabei ist das Baualter selbst kein Wohnwertmerkmal iSd § 558 Abs. 2 BGB. Über das Baualter soll und wird aber auf verhältnismäßig einfache Weise, wenn auch sehr grob, die Bauweise und der Baustandard abgefragt. Entscheidend ist der Zeitpunkt der Errichtung, also der Zeitpunkt, der den Baustandard bestimmt hat, nach dem das Gebäude errichtet worden ist (so LG Berlin GE 1997, 48), nicht der Einzugstermin oder Fertigstellungstermin gem. § 14 Abs. 4 WoBindG.

37. Unter dem Wohnwertmerkmal „Ausstattung" wird alles verstanden, was der Vermieter dem Mieter zur ständigen Benutzung zur Verfügung gestellt hat und für das der Mieter keine besondere Vergütung zu zahlen hat. Auf Kosten des Mieters vorgenommene Wohnwertverbesserungen bleiben unberücksichtigt. Dies ist insbesondere der Fall, wenn der Mieter die Wohnung mit Einrichtungen versehen hat oder Ein- oder Umbauten vorgenommen hat (BayObLG RE WuM 1981, 208; AG Hamburg NJWE-MietR 1996, 268; LG Baden-Baden WuM 1993, 358; LG Hamburg WuM 1990, 441; LG Köln WuM 1985, 334; AG Ahlen WuM 1985, 334). Ein Vermieterwechsel ändert daran nichts (LG Köln WuM 1985, 326).

38. Bei der **Lage** innerhalb der Gemeinde wird differenziert nach der Makrolage und der Mikrolage. Unter Makrolage wird die Lage innerhalb der Gemeinde verstanden. Makrolage bedeutet damit die Qualifikation einer ganzen Gegend, also zB eines Stadtteils als gute, oder schlechte Lage. Diese Ortslage wird bestimmt durch die Baudichte, den baulichen Zustand des Ortsteils, Frei- und Grünflächen, landschaftlichen Charakter, Beeinträchtigungen durch Lärm, Staub, Geruch, Verkehrsanbindung und die vorhandenen Infrastruktureinrichtungen. Vertreten wird ferner, dass auch die Ballung einzelner Gesellschaftsschichten und die Häufigkeit und Schwere von Straftaten in der Gegend eine Rolle spielen sollen. Was eine gute oder schlechte Lage innerhalb einer Gemeinde ist, ist durchaus umstritten und hängt zum Teil von subjektiven Bewertungen ab. Man muss sich aber vor Augen führen, dass es nicht um die Beurteilung der gesamten Gemeinde gehen muss. Bei der Ermittlung der ortsüblichen Vergleichsmiete geht es ausschließlich um den Mietwohnungsmarkt. Wenn es also in einer Gemeinde begehrte Einfamilienhauswohngebiete gibt, in denen aber nur Eigentümer wohnen und keine Mieter, dann ist diese Lage nicht der Maßstab für die sonstigen Lagen. Es kann nur um die Differenzierung zwischen den verschiedenen Mietwohnungsstandorten gehen. Neben der Makrolage wird häufig auch auf die Mikrolage zurückgegriffen, also untersucht, welche Lagevor- und nachteile in unmittelbarer Nähe sich befinden. Bei der Einordnung der Wohnlage in einen Mietspiegel handelt es sich um eine vom Tatsachengericht vorzunehmende Wertungsfrage (BGH Beschl. v. 15.3.2016 – VIII ZR 87/15).

39. Auf die Kappungsgrenze werden keine Mieterhöhungen nach § 559 BGB angerechnet. Die Frist berechnet sich ebenso wie die für die Kappungsgrenze, also Mieterhöhungen, die bis zu drei Jahre vor dem Wirkungszeitpunkt der jetzigen Mieterhöhung wirksam wurden, werden auf die Kappungsgrenze nicht angerechnet. Erfasst werden zunächst alle einseitigen Mieterhöhungen, die der Vermieter nach den materiellen und formellen Voraussetzungen der §§ 559, 559 a und 559 b BGB vorgenommen hat. Ebenfalls nicht auf die Kappungsgrenze angerechnet werden aber nach der Rechtsprechung des BGH auch alle **einvernehmlichen Modernisierungsmieterhöhungen.** Darunter werden Mieterhöhungen verstanden, die in der Form einer Mietabänderungsvereinbarung gem. § 557 Abs. 1 BGB vereinbart werden, inhaltlich aber eine Modernisierungsmieterhöhung gem. § 559 BGB darstellen (BGH NZM 2004, 456 = NJW 2004, 2088 = MietPrax-AK § 558 BGB Nr. 4; NZM 2007, 727 = NJW 2007, 3122 = MietPrax-AK § 558 BGB Nr. 16).

40. Die **Kappungsgrenze** erfordert eine Kontrollrechnung. Sie gibt keinen Anspruch auf Zustimmung zu einer Mieterhöhung sondern sie beschränkt den Anspruch. Für ihre Berechnung muss ein Vergleich zwischen der verlangten neuen Miete und einer in der Vergangenheit gezahlten Miete durchgeführt werden. Entscheidend ist dabei die Miete, die drei Jahre vor dem Wirksamwerden des Erhöhungsverlangens geschuldet wurde; auf die drei Jahre vor Zugang des Erhöhungsverlangens geschuldete Miete kommt es nicht an (OLG Celle RE NJW-RR 1996, 331; LG Frankfurt ZMR 1997, 474; LG Hannover WuM 1990, 517; LG München II ZMR 1986, 57; LG Hamburg WuM 1984, 111). Die Miete, die verlangt wird, darf nicht mehr als 20 % (bzw. 15 % in Gemeinden, die durch Rechtsverordnung der Landesregierung bestimmt wurden) über der Miete von vor drei Jahren liegen. Hat das Mietverhältnis zum Zeitpunkt des Wirksamwerdens der Mieterhöhung noch keine drei Jahre bestanden, dann ist die niedrigste Miete während des Bestandes des Mietvertrages maßgeblich, also in der Regel die Miete zu Beginn des Mietverhältnisses (OLG Hamburg RE NJW-RR 1996, 908 aE; LG Karlsruhe ZMR 1990, 222; *Sternel,* Mietrecht, 3. Aufl., III 627).

Bei einer Teilinklusivmiete muss zur Berechnung der Kappungsgrenze kein fiktiver Betriebskostenanteil herausgerechnet werden (BGH NJW 2004, 1380 = MietPrax-AK § 558 BGB Nr. 1).

41. Ist Klägerin eine juristische Person, zB eine GmbH, eine Aktiengesellschaft, eine Genossenschaft oder ein eingetragener Verein, muss die Zustimmungsklage von dem vertretungsberechtigten Organ stammen. Insofern sind die gesellschaftsrechtlichen Vorschriften maßgeblich. So muss die Klage auf Zustimmung zur Mieterhöhung, die eine AktG als Vermieterin erhebt, von einem Vorstandsmitglied der Aktiengesellschaft unterzeichnet sein (AG Coesfeld WuM 1993, 468), wenn kein Anwalt als Prozessvertreter tätig ist.

36. Klage auf Zustimmung zur Erhöhung einer Nettomiete gemäß § 558 BGB (Begründungsmittel: qualifizierter Mietspiegel)

An das

Amtsgericht[1].....

Klage

des[2].....

– Kläger –

Prozessbevollmächtigter:[3].....

gegen

Herrn/Frau[4].....

– Beklagte –

wegen: Zustimmung zu einem Mieterhöhungsverlangen gem. § 558 BGB

Streitwert: .....[5]

Namens und mit Vollmacht des Klägers erhebe ich Klage gegen den Beklagten und werde beantragen:[6]

1. Der Beklagte wird verurteilt, der Erhöhung der Nettomiete[7] für die Wohnung ..... str ..... in ..... Etage ..... von bisher monatlich ..... EUR auf ..... EUR[8] mit Wirkung ab 1 ..... 20 .....[9] zuzustimmen.
2. Der Beklagte trägt die Kosten des Rechtsstreits.
3. Das Urteil ist hinsichtlich der Kostenentscheidung vorläufig vollstreckbar.[10]

Ich beantrage ferner,

1. soweit das Gericht das Verfahren nach § 495a ZPO[11] betreiben will, die Durchführung einer mündlichen Verhandlung;
2. soweit das Gericht ein schriftliches Vorverfahren anordnet und der/die Beklagte(n) seine/ihre Verteidigungsbereitschaft nicht rechtzeitig anzeigen sollten, den Erlass eines Versäumnisurteils.

Ferner teile ich mit, dass

1. ein außergerichtlicher Einigungsversuch bisher nicht stattgefunden hat[12]
2. ein solcher Versuch erscheint zurzeit auch nicht aussichtslos.[13]

Begründung:

Der Kläger hat dem Beklagten mit Mietvertrag vom ..... die im Rubrum näher bezeichnete Wohnung[14] auf unbestimmte Zeit[15] vermietet. Für die Wohnung gelten keine Preisbindungsvorschriften,[16] sie ist auch sonst nicht vom Anwendungsbereich der §§ 558 ff. BGB ausgenommen.[17] Die Parteien habe keine Staffelmiete und keine Indexmiete vereinbart.[18]

Beweis: in der Anlage überreichte Kopie des Mietvertrages

Die Miete beträgt seit dem ..... 20 .....,[19] also seit mehr als einem Jahr, ... EUR.[20]

Mit Schreiben[21] vom . . . . . 20 . . . . ., dem Beklagten zugegangen am . . . . . 20 . . . . .,[22] verlangte der Kläger von den Beklagten die Zustimmung zu einer Mieterhöhung auf . . . . . EUR mit Wirkung ab . . . . . 20 . . . . .[23]

Beweis: In der Anlage überreichte Kopie des Erhöhungsverlangens[24]

Der Kläger hat dieses Mieterhöhungsverlangen mit dem qualifizierten Mietspiegel[25] für die Gemeinde . . . . . Stand . . . . . begründet.[26] Er hat die Wohnung dabei wie folgt eingruppiert:

Baualtersklasse: . . . . .

Lageklasse: . . . . .

Ausstattungsklasse: . . . . .

Der in Bezug genommene Mietspiegel weist für diesen Wohnraum eine Mietspanne[27] von . . . . . bis . . . . . EUR/m^2 aus. Der Kläger verlangt eine Zustimmung zu einer Erhöhung auf . . . . . EUR/m^2.

Diese Miete übersteigt nicht die üblichen Entgelte, die für Wohnraum vergleichbarer Art, Größe, Ausstattung, Beschaffenheit und Lage gezahlt werden.[28]

Beweis:[29] a) Mietspiegel der Gemeinde . . . . . Stand . . . . .
            b) Sachverständigengutachten

Der Mietspiegel der Gemeinde . . . . . Stand 1 . . . . . 200 . . . . . ist qualifiziert iSd § 558d BGB. Er ist nach den anerkannten wissenschaftlichen Grundsätzen erstellt worden. Er beruht auf einer Primärdatenerhebung, die nach den Grundsätzen der Repräsentativität durchgeführt wurde.

Beweis: 1. Anliegende Mietspiegeldokumentation
        2. Auskunft des Amtes für Wohnungswesen der Gemeinde
        3. Zeugnis des Herrn/Frau . . . . . zu laden über das Amt für Wohnungswesen der Gemeinde
        4. Sachverständigengutachten

Der Mietspiegel ist auch von der Gemeinde[30] anerkannt worden.

Beweis: anliegende Kopie des Amtsblattes der Gemeinde . . . . . vom . . . . . 20 . . . . . .

Es spricht eine rechtliche und tatsächliche Vermutung[31] dafür, dass die vom Kläger verlangte Miete, die innerhalb der Spanne des qualifizierten Mietspiegels liegt, die zu zahlende ortsübliche Vergleichsmiete darstellt.

Der/Die Beklagte hat innerhalb der Überlegungsfrist[32] weder ausdrücklich noch durch konkludentes Verhalten[33] seine/ihre Zustimmung zur Mieterhöhung erteilt. Klage war deshalb innerhalb der Klagefrist[34] geboten.

Dem Kläger steht der geltend gemachte Anspruch auch zu. Die Miete ist 15 Monate unverändert geblieben, die verlangte Miete übersteigt die üblichen Entgelte nicht und durch die Mieterhöhung wird die Kappungsgrenze eingehalten. Für die Gemeinde gibt es keine Rechtsverordnung gem. § 558 Abs. 3 BGB.[35]

Hinsichtlich der einzelnen Wohnwertmerkmale gilt für die Vertragswohnung Folgendes:

1. Größe:
Die von dem Beklagten angemietete Wohnung besteht aus $3^{1}/_{2}$ Zimmern und hat eine Wohnfläche von . . . . . m².[36]

2. Beschaffenheit:[37]
Das Haus wurde . . . . . erbaut. Im Jahre[38] . . . . . wurde eine umfassende Modernisierung durchgeführt. Dabei wurden folgende Arbeiten durchgeführt: . . . . .

Beweis: a) Sachverständigengutachten
      b) richterliche Inaugenscheinnahme
      c) Zeugnis des . . . . .

3. Ausstattungsklasse:[39]
Es liegen folgende Ausstattungsmerkmale, die der Mietspiegel ausdrücklich aufführt, vor: . . . . .

Beweis: a) richterliche Inaugenscheinnahme
      b) Zeugnis des/der . . . . .
      c) Sachverständigengutachten

Ferner liegen folgende weitere Ausstattungsmerkmale vor: . . . . .

Beweis: a) richterliche Inaugenscheinnahme
      b) Zeugnis des/der . . . . .
      c) Sachverständigengutachten

4. Lageklasse:[40]
Die Wohnung liegt im 3. Obergeschoss. Sie ist nach Süden ausgerichtet.
Die Wohnung liegt im Stadtteil . . . . . In der Nähe befinden sich folgende Versorgungs- und Infrastruktureinrichtungen . . . . . Die Einkaufsmöglichkeiten stellen sich für den täglichen Bedarf und für den übrigen Einkauf wie folgt dar: . . . . .
Die Straße, an der die Wohnung liegt, ist eine ruhige Stichstraße ohne Verkehrslärm. Die Bebauung ist teilweise aufgelockert. Neben einigen dreigeschossigen Häusern gibt es auch Reihenhäuser. Die nächste U-Bahn-Station ist nur wenige Gehminuten entfernt.

Beweis: a) Sachverständigengutachten
      b) richterliche Inaugenscheinnahme
      c) Zeugnis der/des . . . . .

Da dem Beklagten das Mieterhöhungsverlangen am . . . . . 20 . . . . . zugegangen ist, steht dem Kläger ein Anspruch auf Zustimmung zu einer Anhebung der Miete ab dem . . . . . 20 . . . . . zu.
3 Jahre vor diesem Zeitpunkt betrug die Miete bereits . . . . . EUR

Beweis: a) Vorlage des Mietvertrages
      b) Zeugnis des/der . . . . .

In den letzten drei Jahren hat eine Mieterhöhung nach einer Modernisierungsmaßnahme[41] stattgefunden und zwar nach Modernisierung des Badezimmers im Jahre 200 . . . . . Auf Grund dieser Maßnahme hat der Kläger die Miete gem. § 559 BGB um . . . . . mit Wirkung ab . . . . . 20 . . . . . erhöht. Der Beklagte hat den Erhöhungsbetrag gezahlt seither gezahlt.
Die Kontrollrechnung stellt sich wie folgt dar:

Miete drei Jahre vor Wirkungszeitpunkt der jetzigen Erhöhung:	. . . . . EUR
zzgl. 20 %	. . . . . EUR
zzgl. Mieterhöhung gem. § 559 BGB	. . . . . EUR
Summe	. . . . . EUR

Durch die jetzt begehrte Anhebung wird deshalb die Kappungsgrenze nicht berührt.[42]

Rechtsanwalt[43]

Anmerkungen

1. Die **sachliche Zuständigkeit** für Wohnraummietsachen ergibt sich aus § 23 Ziff. 2 a) GVG. Danach sind die Amtsgerichte ohne Rücksicht auf den Wert des Streitgegenstandes ausschließlich zuständig für Streitigkeiten über Ansprüche aus einem Mietverhältnis über Wohnraum. Hierzu zählen die Klagen gem. § 558 BGB zwingend, da die Vorschrift gem. § 549 BGB nur auf Wohnraummietverhältnisse Anwendung findet. Die örtliche Zuständigkeit ergibt sich aus § 29a ZPO, wonach jeweils das Amtsgericht, in dessen Bezirk sich die gemietete Wohnung befindet, zuständig ist. Auch dies ist eine ausschließliche Zuständigkeit, so dass eine Zuständigkeit eines anderen Gerichts weder durch rügelose Einlassung gem. § 39 ZPO noch durch eine Gerichtsstandsvereinbarung gem. § 40 ZPO begründet werden kann (OLG Frankfurt MDR 1979, 851; LG München ZMR 1987, 271). Eine Verweisung unter Verstoß gegen diese bindenden Zuständigkeitsregelungen ist unbeachtlich (LG München ZMR 1987, 271; BLAH/*Hartmann* § 29a Rn. 13). Ob die allgemeine Zivilabteilung oder die Mietabteilung zuständig ist, ist eine Frage der internen Geschäftsverteilung des Gerichts. Die Klage muss nur an das Amtsgericht, nicht an die zuständige Abteilung adressiert sein.

2. Die Klage muss von allen **Vermietern** erhoben werden. Entscheidend ist die Vermietereigenschaft zum Zeitpunkt der Rechtshängigkeit. Hat eine Rechtsnachfolge auf Seiten des Vermieters stattgefunden, dann tritt der Erwerber auch in die Rechte aus dem Mieterhöhungsverlangen ein, so dass der Kläger nicht identisch sein muss mit dem Absender des Mieterhöhungsverlangens. Tritt in einem laufenden Zustimmungsverfahren der Erwerber an Stelle des Veräußerers als Kläger auf, dann handelt es sich um einen Parteiwechsel und nicht um eine Parteiberichtigung (KG NJWE-MietR 1997, 170). Entscheidend für die Frage wer klagen muss ist die Vermieterstellung zum Zeitpunkt der Zustellung der Klage (Mietprozess/*Kinne* S. 106). Auch ein Hausverwalter kann im Wege der Prozessstandschaft keine Zustimmungsklage erheben (dazu *Blank* GE 1998, 1189). Ist Vermieter eine Personenmehrheit, muss die Klage von allen Vermietern erhoben werden. Dies gilt auch bei Eheleuten als Vermieter. Auch in diesem Fall muss die Klage auf Zustimmung zur Mieterhöhung von beiden Ehepartnern erhoben werden. Bei einer Personenmehrheit als Vermieter liegt ein Fall der notwendigen Streitgenossenschaft auf Klägerseite vor (LG Marburg NZM 2003, 394).

3. Für das erstinstanzliche Verfahren besteht kein Anwaltszwang.

4. Die Klage muss gegen die **Mieter** gerichtet werden, die zum Zeitpunkt der Rechtshängigkeit Mieter sind (OLG Koblenz RE NJW 1984, 244). Es kann aber im Einzelfall rechtsmissbräuchlich sein, wenn sich der allein in der Wohnung verbliebene Mieter auf die Unzulässigkeit der nur gegen ihn erhobenen Klage beruft, wenn der ebenfalls mietende Ehegatte vor einiger Zeit aus der Wohnung ausgezogen ist und der Vermieter ihn einseitig – und deshalb unwirksam – aus dem Mietvertrag entlassen hat (BGH NJW

2004, 1797 = NZM 2004, 419 = MietPrax-AK § 558a BGB Nr. 5 mAnm *Börstinghaus*). Umstritten ist, ob sie auch dann gegen alle Mieter gerichtet werden muss, wenn einzelne Mieter der Mieterhöhung bereits außergerichtlich zugestimmt haben (dafür: AG Wiesbaden WuM 1992, 135; dagegen LG Kiel ZMR 1989, 429). Die nur gegen einen oder einen Teil von mehreren Mietern desselben Mietverhältnisses erhobene Klage des Vermieters ist grundsätzlich unzulässig. Dies gilt auch in den Fällen, in denen die Mietvertragsparteien vereinbart haben, dass die Mieter zur Vornahme und Entgegennahme von Erklärungen als gegenseitig bevollmächtigt gelten (KG RE NJW-RR 1986, 439). Hat zwischen Vermietung und Rechtshängigkeit gem. §§ 563, 563 a oder § 564 BGB eine Rechtsnachfolge auf Mieterseite stattgefunden, dann ist die Klage gegen diese Rechtsnachfolger zu richten.

5. Da die **Angabe der Streitwertes** an dieser Stelle nur der Gebührenberechnung dienen muss, da das Amtsgericht unabhängig vom Streitwert ausschließlich zuständig ist, soll hier der Gebührenstreitwert angegeben werden. Gem. § 16 Abs. 5 GKG ist höchstens der Jahresbetrag der zusätzlich geforderten Miete maßgeblich. Dies gilt auch, wenn der Kläger eine Teilzustimmung des Mieters nicht beachtet hat. Der Gebührenstreitwert ist dann kleiner als der Jahresdifferenzbetrag, wenn das Mietverhältnis, zB bei einer Befristung oder bereits ausgesprochenen Kündigung, kein ganzes Jahr mehr fortbesteht. Auf die bei anderen mietrechtlichen Verfahren sich immer wieder stellende Frage, ob dabei von der Grundmiete, der Inklusivmiete oder einer Zwischenform auszugehen ist, kommt es an dieser Stelle nicht an, da bei der Streitwertberechnung gem. § 16 Abs. 5 GKG bei Mieterhöhungen der Differenzbetrag zwischen alter und neuer Miete unabhängig von der Mietstruktur maßgeblich ist.

6. Es handelt sich um eine **Klage auf Abgabe eine Willenserklärung.** Unzulässig sind folgende Klageanträge:
a) Bezifferte Zahlungsanträge.
b) Ebenso unzulässig ist die Klagehäufung von Zustimmungsklage und Zahlungsklage (AG Augsburg WuM 1998, 670; LG Braunschweig ZMR 1973, 154; Soergel/*Heintzmann* § 558b Rn. 11; *Sternel* III 730; aA BGH NZM 2005, 582 = MietPrax-AK § 558b BGB Nr. 1 mAnm *Börstinghaus;* LG Duisburg NZM 1998, 764 mit abl. Anm. *Eckert/Rau* ZMR 1999, 334; offengelassen von MüKoBGB/*Artz* § 558b Rn. 13) oder auch die Stufenklage. Ein Zahlungsanspruch besteht bis zur rechtskräftigen Verurteilung zur Zustimmung hinsichtlich des Erhöhungsbetrages nicht. Allein die Tatsache, dass der Mieter die Zustimmung zur verlangten Mieterhöhung nicht erteilt hat, rechtfertigt gem. § 259 ZPO noch nicht die Besorgnis, dass der Mieter sich der rechtzeitigen Leistung entziehen wird. Die Voraussetzungen des § 258 ZPO sind ebenfalls nicht gegeben. Etwas anderes kann allenfalls dann gelten, wenn das Zustimmungsurteil rechtskräftig wird und nur der mit der Zahlungsklage unterlegene Vermieter Berufung eingelegt hat (So der Sachverhalt in BGH NZM 2005, 582 = MietPrax-AK § 558b BGB Nr. 1 mAnm *Börstinghaus*). In diesem Fall ist die Forderung während des Verfahrens fällig geworden. Wenn der Mieter die Forderung unverzüglich anerkennt, hat der Vermieter gem. § 93 ZPO die Kosten des Verfahrens zu tragen. Da die Klage auch nicht auf Rechnungslegung usw. iSd § 254 ZPO gerichtet ist, scheidet auch die Stufenklage aus (aA LG Duisburg NZM 1998, 764).
c) Ein unbezifferter Zustimmungsanspruch ist ebenfalls unzulässig. Auch wenn die Feststellung der ortsüblichen Vergleichsmiete im Einzelfall durchaus schwierig ist und zahlreiche Wertungsfragen zu entscheiden sind, geht der Gesetzgeber letztendlich davon aus, dass es sich um eine empirisch feststellbare Größe handelt, die frei von allen Billigkeitserwägungen zu treffen ist.

d) Unzulässig ist auch ein Zahlungsantrag, der nicht die Zustimmung zu einer Erhöhung der für die Wohnung zu zahlenden Miete, sondern der Quadratmetermiete zum Gegenstand hat (AG Dortmund WuM 2006, 157).

e) Unzulässig sind alle Formen von Feststellungsklagen. Eine Feststellungsklage, wonach festgestellt werden soll, dass der Mieter die Zustimmung schulde, ist wegen des Vorrangs der Leistungsklage unzulässig. Auch die zur Begründung einer Mieterhöhung erforderliche Feststellung eines Ausstattungsmerkmals der Wohnung ist eine tatsächliche Vorfrage des zukünftigen Mieterhöhungsverlangens und damit einer gesonderten Feststellungsklage nicht zugänglich (AG Münster WuM 1980, 236).

7. Der Vermieter hat keinen Anspruch auf Änderung der Mietstruktur. Deshalb muss der Antrag so formuliert sein, dass die Mietstruktur erkennbar ist oder sich aus der Formulierung ergibt, dass keine Änderung diesbezüglich eintritt.

Beispiel:
Es wird beantragt, den Beklagten zu verurteilen, einer Mieterhöhung der monatlichen Miete für die von ihm innegehaltene Wohnung auf . . . . . EUR zuzüglich Betriebskosten- und Heizkostenvorauszahlung wie bisher mit Wirkung ab . . . . . 20 . . . . . zuzustimmen.

8. Der Anspruch des Vermieters gem. § 558 BGB ist auf „Zustimmung zu einer Erhöhung" gerichtet, also auf Abgabe einer Willenserklärung. Aus der Zustimmung und demgemäß aus dem Tenor des Urteils muss sich also ergeben, welche Miete der Mieter nach Wirksamwerden der Mieterhöhung nach § 558 BGB schuldet. Dabei bezieht sich die geschuldete Zustimmungserklärung des Mieters auf den Betrag der künftig zu zahlenden Miete und nicht allein auf den geforderten Erhöhungsbetrag (KG RE NZM 1998, 68). Deshalb muss auch der Klageantrag auf Zustimmung zur künftig zu zahlenden neuen Miete gerichtet sein. Es ist deshalb nicht zwingend erforderlich, dass im Klageantrag und demnach auch im Urteilstenor neben der neuen erhöhten Miete auch die Angabe der bisherigen Miete und sogar des Erhöhungsbetrages erfolgt. Mindestens sind deshalb folgende Angaben erforderlich:
1. Angabe zur Identifizierbarkeit des betroffenen Mietverhältnisses
2. Neue Miethöhe
3. Wirkungszeitpunkt ab wann diese erhöhte Miete zu zahlen ist.
Soweit der Mieter vorprozessual teilweise der Mieterhöhung zugestimmt hat, muss sich dies aus dem Antrag und demnach auch aus dem Hauptsachetenor ergeben.

9. Aus dem Klageantrag muss sich der **Wirkungszeitpunkt** ergeben, zu dem auf Grund der Zustimmungserklärung die Miete sich erhöht. Wird der Mieter nämlich zur Zustimmung verurteilt, dann richtet sich der Wirkungszeitpunkt für die Mieterhöhung nach dem Tenor der Entscheidung. Aus dem Tenor muss sich ergeben, ab wann die erhöhte Miete zu zahlen ist. Und dieser wird vom Antrag des Vermieters bestimmt. Eine Verurteilung zu einem früheren Termin als den des § 558b Abs. 1 BGB ist nicht möglich, da insofern kein durchsetzbarer Anspruch des Vermieters besteht. Hat der Vermieter beantragt, den Mieter zur Abgabe der Zustimmungserklärung zu einem späteren als den gesetzlichen Termin zu verurteilen, kann das Gericht den Mieter nicht zu einer Zustimmung zu dem früheren Termin des § 558b Abs. 1 BGB verurteilen. Dem steht § 308 ZPO entgegen. Das Gericht ist nicht befugt, der Partei mehr zuzusprechen, als sie beantragt hat.

10. Kostenantrag und Antrag zur vorläufigen Vollstreckbarkeit sind nicht erforderlich. Das Urteil ist in der Hauptsache nicht für vorläufig vollstreckbar zu erklären. Es handelt sich um ein Leistungsurteil auf Abgabe einer Willenserklärung. Diese Urteile werden gem. § 894 Abs. 1 ZPO dadurch vollstreckt, dass die Willenserklärung mit Rechtskraft des Urteils als abgegeben gilt. Eine vorläufige Vollstreckung ist deshalb nicht möglich. Das Urteil ist aber hinsichtlich der Kostenentscheidung für vorläufig vollstreckbar zu erklären. Die vorläufige Vollstreckbarkeit richtet sich im Regelfall nach § 708 Ziff. 7 ZPO. Nur in den Fällen eines Versäumnis- oder Anerkenntnisurteils regelt sich die vorläufige Vollstreckbarkeit nach § 708 Ziff. 1 oder Ziff. 2 ZPO. Richtet sich die vorläufige Vollstreckbarkeit nach § 708 Ziff. 7 ZPO so hat das Gericht grundsätzlich gem. § 711 ZPO eine Abwendungsbefugnis für den vorläufig zur Zahlung der Kosten Verurteilten auszusprechen. Gem. § 711 S. 2 ZPO kann die Abwendungsbefugnis in einem bestimmten (prozentualen) Verhältnis zur Höhe des aus der Entscheidung zu vollstreckenden Betrages festgesetzt werden. Die Anordnung einer Abwendungsbefugnis soll jedoch gem. § 713 ZPO entfallen, wenn gegen das Urteil **unzweifelhaft** kein Rechtsmittel möglich ist. Dies hängt zum einen davon ab, wie hoch die Beschwer der Parteien ist, also zu welcher Zustimmung der Mieter verurteilt wurde oder in welcher Höhe die Klage des Mieters ganz oder teilweise abgewiesen wurde, und zum anderen auch davon, nach welcher Vorschrift man den Rechtsmittelstreitwert einer Mieterhöhungsklage berechnet. Verurteilungen zur Zustimmung zu einer Mieterhöhung von monatlich weniger als 14,29 EUR sind nach keiner Auffassung berufungsfähig. Das Gleiche gilt für eine Klageabweisung in dieser Höhe. Für alle Beträge darüber steht aber nicht unzweifelhaft fest, dass kein Rechtsmittel möglich ist, da nach der Rechtsprechung des BVerfG (NJW 1996, 1531) und des BGH (WuM 2007, 32 = MietPrax-AK § 9 ZPO Nr. 8; NZM 2004, 617 = MietPrax-AK § 9 ZPO Nr. 2 mAnm *Börstinghaus*; BGH NJW 2000, 3142) der Rechtsmittelstreitwert entsprechend § 9 ZPO nach dem $3^{1}/_{2}$-fachen Jahresdifferenzbetrag zu errechnen ist. Ob im Einzelfall ein Landgericht sich daran nicht hält ist unbeachtlich, da § 713 ZPO ausdrücklich verlangt, dass das Rechtsmittel unzweifelhaft nicht möglich ist.

11. Bis zu einem Streitwert von 600,– EUR kann das Gericht gem. § 495a ZPO das Verfahren nach billigem Ermessen gestalten. Es muss in diesem Fall nur dann eine mündliche Verhandlung durchführen, wenn eine Partei dies ausdrücklich beantragt hat. Ferner kann das Urteil bei dieser Verfahrensweise gem. § 313a Abs. 1 S. 1 ZPO ohne Tatbestand abgefasst werden und die Entscheidungsgründe können ins Protokoll diktiert werden. Der Streitwert, nach dem sich entscheidet, ob diese Verfahrensweise zulässig ist oder nicht, ist nicht der Gebührenstreitwert, sondern der Zuständigkeitsstreit- oder Rechtsmittelstreitwert. Dies ergibt sich daraus, dass diese Verfahrensart auf die Verfahren beschränkt ist, bei denen das Amtsgericht abschließend entscheidet. In Verfahren, in denen das Landgericht zweitinstanzlich mit der Sache befasst werden kann, muss eine überprüfbare Entscheidung mit Tatbestand und Entscheidungsgründen vorliegen. Zur Wertberechnung dienen hier ausschließlich die allgemeinen Wertvorschriften der §§ 3 und 9 ZPO. Auch für die Streitwertberechnung im Rahmen des § 495a ist die Vorschrift des § 9 ZPO entsprechend anwendbar, da es sich letztendlich auch bei der Zustimmungsklage um eine Klage handelt, die zu einer wiederkehrenden Leistungsverpflichtung führt. Maßgeblich ist deshalb der 42-fache Monatsdifferenzbetrag (BVerfG NJW 1996, 1531; BGH WuM 2007, 32; NZM 2004, 617; NJW 2000, 3142). Ggf. kann gegen ein entsprechendes Urteil eine Rügeschrift gem. § 321a ZPO wegen Verletzung des Anspruchs auf rechtliches Gehör eingereicht werden.

12. Gem. § 15a EGZPO und den verschiedenen landesgesetzlichen Ausführungsgesetzen ist eine vorgerichtliche Schlichtung unabhängig vom Streitwert dann nicht erforderlich, wenn durch die Klageerhebung eine Frist gewahrt werden soll. Dies ist wegen der Klagefrist in § 558b Abs. 2 S. 2 BGB bei der Zustimmungsklage der Fall.

13. Gem. § 278 ZPO geht der mündlichen Verhandlung zum Zwecke der gütlichen Beilegung des Rechtsstreits eine **Güteverhandlung** voraus. Dies gilt dann nicht, wenn eine Güteverhandlung erkennbar aussichtslos ist. Dies dürfte bei einer Zustimmungsklage gem. § 558 BGB zB dann der Fall sein, wenn der Mieter vorprozessual schon jede

Zustimmung abgelehnt hat. Dies ist aber nicht zwingend. Hat der Mieter auf ein Erhöhungsverlangen geschwiegen, dann ist alleine daraus auf die Aussichtslosigkeit des Einigungsversuchs nicht zu schließen.

14. Die §§ 558–558 e BGB sind grundsätzlich nur anwendbar auf „Mietverhältnisse über Wohnraum". Dies ergibt sich aus der das Kapital einleitenden Vorschrift des § 549 Abs. 1 BGB. Es muss also ein Mietvertrag vorliegen, dessen Gegenstand die Überlassung von Wohnraum ist. Wohnraummiete liegt vor, wenn Räumlichkeiten auf Grund eines Vertrages entgeltlich zum Zwecke des privaten Aufenthalts des Mieters oder Angehöriger überlassen werden. Wichtig ist nach der Rechtsprechung vor allem, dass die Räumlichkeiten vom Mieter selbst oder/und seinen Angehörigen genutzt werden. Nur wenn diese Zweckbestimmung gegeben ist, handelt es sich um einen Wohnraummietvertrag (OLG Düsseldorf ZMR 1995, 203). Selbst wenn die Räumlichkeiten letztendlich zu Wohnzwecken genutzt werden sollen, liegt kein Wohnraummietvertrag vor, wenn der Mieter sie anderen zu Wohnzwecken zur Verfügung stellt.

15. Gem. § 557 Abs. 3 BGB sind Mieterhöhungen gem. § 558 BGB ausgeschlossen, wenn die Parteien eine Mieterhöhung durch **Vereinbarung** ausgeschlossen haben oder wenn sich ein solcher Ausschluss aus den Umständen ergibt. Eine solche Vereinbarung kann sich z. B. aus der Vereinbarung einer zu kleinen Wohnfläche im Mietvertrag ergeben (BGH NZM 2007, 594 = NJW 2007, 2626 = MietPrax-AK § 558 BGB Nr. 14 mAnm *Börstinghaus; ders.* NJW 2007, 2627). Ebenfalls kann eine Beschränkung in der mietvertraglichen Vereinbarung zu sehen sein, wonach es sich um preisgebundenen Wohnungsbau handeln soll. Zwar können die Mieterhöhungsmöglichkeiten des preisgebundenen Wohnungsbaus im preisfreien Wohnungsbau nicht vereinbart werden (BGH NZM 2007, 183 = MietPrax-AK § 557 BGB Nr. 7), jedoch wird der Höhe nach der Zustimmungsanspruch auf die Kostenmiete „gedeckelt" (BGH NZM 2004, 378 = MietPrax-AK § 557 BGB Nr. 2).

16. Auch wenn das BGB keinen ausdrücklichen **Ausschlusstatbestand** für preisgebundene Mietverhältnisse enthält, steht dem Vermieter in diesen Fällen kein Anspruch auf Zustimmung zur Mieterhöhung bis zur ortsüblichen Vergleichsmiete zu. Die vormaligen Vorschriften des WoBindG sowie der NMV und der II. BV sind Spezialvorschriften, die den Regelungen des BGB diesbezüglich vorgehen. Erfasst werden von diesen Spezialgesetzen Sozialwohnungen, die mit öffentlichen Mitteln im ersten und zweiten Förderweg gefördert wurden, und bei mit Wohnungsfürsorgemitteln und mit Aufwendungsbeihilfen geförderten Neubauwohnungen. Bei Wohnraum mit vereinbarter Förderung nach dem Wohnungsbauförderungsgesetz ist eine Mieterhöhung nach §§ 558 ff. BGB möglich, es muss aber der Höchstbetrag aus dem Förderbescheid beachtet werden.

17. Gem. § 549 Abs. 2 Ziff. 1 BGB steht dem Vermieter gem. § 558 BGB kein Anspruch auf Zustimmung zu einer Mieterhöhung bis zur ortsüblichen Vergleichsmiete zu bei Wohnraum, der nur zu vorübergehendem Gebrauch vermietet ist, Wohnraum, der Teil der vom Vermieter bewohnten Wohnung ist und vom Vermieter überwiegend mit Möbeln ausgestattet wurde, wenn nicht der Mieter mit Familie oder anderen Haushaltsangehörigen dort wohnt, und schließlich für Wohnraum in Jugend- und Studentenwohnheimen.

18. Gem. § 557a Abs. 2 S. 2 BGB und § 557b Abs. 2 S. 1 BGB steht dem Vermieter kein Anspruch auf Zustimmung zu einer Mieterhöhung gem. § 558 BGB zu, wenn die Mietvertragsparteien bereits bei Abschluss des Mietvertrages oder zu einem späteren Zeitpunkt Vereinbarungen über die zukünftige Mietanpassung getroffen haben. Dies gilt aber nur, wenn die Vereinbarungen auch wirksam sind. Im Regelfall ist in einer formell unwirksamen Staffelmietvereinbarung nicht gleichzeitig eine Beschränkung der Mieterhöhungsmöglichkeiten gemäß § 558 BGB enthalten (LG Berlin GE 2002, 54; NZM 1998,

859; GE 1996, 471; GE 1993, 95; GE 1986, 501; GE 1984, 923; aA LG Frankfurt WuM 1998, 603; LG Berlin WuM 1992, 198).

19. Das Gesetz enthält jetzt in § 558 Abs. 1 BGB eine doppelte Frist. Dem Vermieter steht gegenüber dem Mieter nur dann ein Anspruch auf Zustimmung zu einer Mieterhöhung zu, wenn **die Miete in dem Zeitpunkt, zu dem die Erhöhung eintreten soll, seit fünfzehn Monaten unverändert ist. Das Mieterhöhungsverlangen kann frühestens ein Jahr nach der letzten Mieterhöhung geltend gemacht werden.** Die 15-Monatsfrist ist die Summe aus der Jahressperrfrist und der Überlegungsfrist. Auch sie wird nur durch Mieterhöhungen ausgelöst, auch wenn im Gesetzestext davon die Rede ist, dass die Miete **unverändert geblieben** sein muss. Problematisch kann die 15-Monatsfrist bei Mietverhältnissen sein, die nicht am 1. eines Monats begannen und bei denen der Fälligkeitszeitpunkt für die jeweilige Miete nicht am ersten eines Monats liegt.

20. Für den Beginn der **Jahressperrfrist** des § 558 Abs. 1 S. 2 BGB ist der Zeitpunkt maßgebend, zu dem die bisherige Miete erstmals zu zahlen war (BayObLG RE NJW-RR 1989, 1172). Die Frist ist vom Zugang des Mieterhöhungsverlangens an rückwärts zu berechnen (OLG Oldenburg RE WuM 1982, 105). Auf das Datum der Abgabe des Erhöhungsverlangens oder den Wirksamkeitszeitpunkt der Mieterhöhung (AG Friedberg WuM 1992, 694) kommt es deshalb nicht an. Die Frist berechnet sich nach den § 188 Abs. 2 und 3, 187 Abs. 1 und 2, 193 BGB. Dabei ist grundsätzlich auf die Mieter abzustellen, die zum Zeitpunkt des Zeitpunkts des Zugangs des Erhöhungsverlangens Vertragspartner sind. All diesen Personen gegenüber muss die Miete ein Jahr unverändert geblieben sein. Bei jedem Mieterwechsel beginnt deshalb die Frist mit Eintritt des neuen Mieters in den Mietvertrag grundsätzlich neu (LG Berlin GE 1997, 185; AG Frankfurt WuM 1982, 77; *Lammel* Wohnraummiete § 558 BGB Rn. 23). Die Wartefrist wird nach dem eindeutigen Gesetzeswortlaut nicht ausgelöst durch Erhöhungen der Miete, die sich aus den §§ 559 bis 560 BGB ergeben haben. Dabei ist es unerheblich, ob eine oder mehrere dieser einseitigen Mieterhöhungen in den vergangenen 12 Monaten vom Vermieter durchgeführt wurden. Diese Mieterhöhungen lösen auch nicht die 15-Monatsfrist aus.

Unerheblich sind alle Formen der Mietherabsetzung. Sie lösen die Sperrfrist nicht aus. Dies ergibt sich auch schon aus dem Wortlaut der Vorschrift. Zwar spricht dieser zunächst nur von Veränderungen der Miete, bei der Ausnahme spricht er aber nur von Erhöhungen, die ausgenommen sind. Zumindest ergibt sich dies aber aus dem Sinn und Zweck und dem Schutzzweck des § 558 Abs. 1 S. 2 BGB (Bub/Treier/*Schultz* III. A 334; *Stellwaag* DWW 1990, 71; *Sternel* III 612).

Ein vor Ablauf der Jahressperrfrist gestelltes Mieterhöhungsverlangen ist unwirksam (BGH RE NJW 1993, 2109).

21. Der Zustimmungsanspruch des Vermieters gegenüber dem Mieter setzt in formeller Hinsicht voraus, dass der Vermieter seinen Anspruch in einem ordnungsgemäßen Erhöhungsverlangen gem. § 558a BGB geltend gemacht hat. § 558a Abs. 1 BGB verlangt vom Vermieter die Geldendmachung in Textform und mit einer Begründung des Anspruchs. Ein solches Mieterhöhungsverlangen hat eine Doppelbedeutung: Zunächst lässt das ordnungsgemäße Erhöhungsverlangen den Anspruch auf Zustimmung erst entstehen. Neben dieser materiellrechtlichen Wirkung des Erhöhungsverlangens hat es aber auch eine prozessuale Wirkung. Ohne ordnungsgemäßes Mieterhöhungsverlangen beginnt die Überlegungsfrist nicht zu laufen, erst der fruchtlose Ablauf der Überlegungsfrist setzt die Klagefrist in Gang und nur eine innerhalb der Klagefrist erhobene Zustimmungsklage ist zulässig. Letztendlich ist das Mieterhöhungsverlangen somit mittelbar eine besondere Sachentscheidungsvoraussetzung des Zustimmungsverfahrens (BGH NZM 2006, 652 = MietPrax-AK § 558a BGB Nr. 9 mAnm *Börstinghaus*; NZM 2004, 581 = MietPrax-AK § 558a BGB Nr. 6 mAnm *Börstinghaus*;

BayObLG NZM 2000, 488 [489]; AG Dortmund NZM 1999, 415; MüKoBGB/*Artz*
§ 558b Rn. 11; *Hinz* NZM 2002, 633; *Sternel* PiG 10, 126 [139]; *Emmerich* PiG 13, 51
[55]). Das mit einer Begründung versehene Erhöhungsverlangen des Vermieters gem.
§ 558a BGB ist eine einseitige empfangsbedürftige Willenserklärung, nämlich ein Antrag iSd § 145 BGB, der auf den Abschluss eines Änderungsvertrages gem. § 311 BGB
gerichtet ist (BayObLG RE NJW-RR 1989, 1172).

Das Mieterhöhungsverlangen muss in **Textform** dem Mieter zugegangen sein. Kennzeichen der Textform ist die Fixierung einer Mitteilung oder Erklärung in lesbaren
Schriftzeichen unter Verzicht auf eine eigenhändige Unterschrift. Die neue Textform
verlangt drei Voraussetzungen:
1. Es müssen lesbare Schriftzeichen in einer Urkunde oder in einer anderen zur dauerhaften Wiedergabe geeigneten Weise verwendet werden.
2. Es muss der Erklärende angegeben werden.
3. Der Abschluss der Erklärung muss erkennbar sein und zwar durch Nachbildung einer
   Namensunterschrift oder anders.

Danach können theoretisch folgende Formen die Textformvoraussetzungen erfüllen:
- Alle Schriftstücke, die bisher bereits das Schriftformerfordernis des § 126 BGB
  erfüllen;
- Alle Schriftstücke, die bisher von § 8 MHG privilegiert wurden, also die bis auf die
  Eigenhändigkeit der Unterschrift, das Schriftformerfordernis erfüllen;
- Telefax;
- E-Mail.

Problematisch ist die Verwendung der Textform bei Mietverträgen mit einer Laufzeit
von mehr als einem Jahr. Diese müssen gem. § 550 BGB in „schriftlicher Form" geschlossen werden. Deshalb steht in diesem Fall dem Vermieter ein Anspruch auf Abgabe der
Zustimmungserklärung in Schriftform zu.

Mit dem Mieterhöhungsverlangen muss der Vermieter vom Mieter die Zustimmung zu
einer Mieterhöhung begehren (LG Gießen NJW-RR 1995, 462; LG Karlsruhe WuM
1991, 48). Der Vermieter muss den Mieter deshalb ausdrücklich zur Abgabe einer
Zustimmungserklärung auffordern (AG Wesel WuM 1993, 358; AG Mülheim WuM
1990, 156; AG Schöneberg GE 1988, 1001).

22. Das Mieterhöhungsverlangen ist eine **empfangsbedürftige Willenserklärung**. Gem.
§ 130 BGB wird deshalb das Mieterhöhungsverlangen erst mit Zugang wirksam. Zugang
bedeutet, dass die Erklärung so in den Machtbereich des Empfängers gelangt sein muss,
dass nach normalem Lauf der Dinge mit der Kenntnisnahme gerechnet werden kann. Die
Vorschrift gilt unabhängig von der Formerleichterung durch Einführung der Textform.
Das Einwerfen des Mieterhöhungsverlangens in den Briefkasten bewirkt den Zugang der
Erklärung, sobald nach der Verkehrsanschauung mit der nächsten Leerung des Brief-
kastens zu rechnen ist. Bis wie viel Uhr ein Mieter seinen Briefkasten kontrollieren muss,
ist in der Rechtsprechung umstritten:
- Bei einem Einwurf bis 13.45 Uhr soll der Zugang noch am gleichen Tag erfolgt sein
  (LG Berlin WuM 2006, 220).
- Das OLG Hamm (NJW-RR 1995, 1187) spricht davon, dass eine Erklärung, die am
  späten Nachmittag in den Briefkasten geworfen wird, erst am nächsten Tag zugegangen ist.
- Bei einem Einwurf bis 18.00 Uhr soll grundsätzlich noch am gleichen Tag ein Zugang
  erfolgt sein, nur Silvester müsse der Mieter um diese Zeit nicht mehr mit dem Zugang
  rechtserheblicher Erklärungen rechnen (AG Ribnitz-Damgarten WuM 2007, 18).
- Nach BayVerfGH (NJW 1993, 518 [519]; auch LG München II WuM 1993, 331) ist
  die Rechtsprechung, die einen Einwurf um 18.05 Uhr noch als am gleichen Tag als
  zugegangen betrachtet, nicht willkürlich.

- Das AG Schöneberg (WuM 1991, 131) hat zu alten „Bundespost-Zeiten" bei einem Einwurf nach 17.00 Uhr einen Zugang erst am nächsten Werktag angenommen.
- Noch strenger war das LG Berlin (GE 2002, 193; nach LG Berlin WuM 2006, 220 ist aber ein Einwurf um 13.45 Uhr noch rechtzeitig). Danach muss eine Privatperson nach 16.00 Uhr nicht mehr in Briefkasten schauen, da üblicherweise die Post, aber auch private Zustelldienste, bis zu diesem Termin ihre Auslieferungen vorgenommen hätten.

Dies gilt entsprechend für die Übermittlung mittels Telefax oder e-mail. Mieterhöhungserklärungen des Vermieters gelten dem Mieter auch dann als zugegangen, wenn sie an die im Vertrag angegebene Anschrift gerichtet sind, der Mieter aber inzwischen seinen Wohnsitz an einem unbekannten Ort begründet hat (AG Tiergarten GE 1992, 391). Kann ein Einschreibebrief wegen Abwesenheit des Empfängers nicht zugestellt werden, liegt Zugang nur bei einem Einwurf-Einschreiben vor. Bei einem Übergabe-Einschreiben muss der Mieter die Übergabe selbst quittieren. Wird er nicht angetroffen, wird eine Benachrichtigungskarte in den Briefkaten geworfen. In diesem Fall ist durch den Einwurf des Benachrichtigungsscheins das Schreiben noch nicht zugegangen (dazu *Dübbers* NJW 1997, 2503 [2504]). Der Zugang kann allenfalls wegen Zugangsvereitelung fingiert werden.

23. Nach § 558b Abs. 1 BGB schuldet der Mieter nach einer Zustimmung zu einem Mieterhöhungsverlangen die erhöhte Miete von **Beginn des dritten Kalendermonats**, der dem Zugang des Mieterhöhungsverlangens folgt, an. Nach der gesetzlichen Regelung tritt die Wirkung des Mieterhöhungsverlangens also unmittelbar nach Ablauf der Überlegungsfrist ein. Der Vermieter muss im Mieterhöhungsverlangen nicht zwingend ein Datum nennen, zu dem die Mieterhöhung wirken soll (OLG Koblenz RE NJW 1983, 1861), da diese Angaben nicht zu den Wirksamkeitsvoraussetzungen eines Mieterhöhungsverlangens gehören. Fehlt ein Datum, dann gilt der gesetzliche Wirkungszeitpunkt.

24. Ein Muster für ein solches Erhöhungsverlangen finden Sie unter BeckFormB MietR/*Flintrop* Form. C. IV. 2

25. Der Gesetzgeber hat in § 558c Abs. 1 BGB eine **gesetzliche Legaldefinition** aufgenommen, was eine Mietspiegel ist. Es handelt sich um eine Übersicht über die ortsüblichen Vergleichsmieten, die erstellt wurde von der Gemeinde oder von den Interessenvertretern der Vermieter und Mieter gemeinsam oder von Interessenvertretern der Vermieter oder Mieter allein und vom jeweils anderen Verband anerkannt wurde oder von einem Dritten und von beiden Verbänden anerkannt wurde. An dieser Stelle ist es unerheblich, ob der Mietspiegel ein qualifizierter Mietspiegel iSd § 558d BGB ist oder nicht. Ist er qualifiziert, dann muss der Vermieter sogar zwingend auf den Mietspiegel im Erhöhungsverlangen hinweisen, § 558a Abs. 3 BGB.

Alle Mietpreisübersichten oder Mietwerttabellen, die nicht diese Voraussetzungen erfüllen, sind keine Mietspiegel iSd Gesetzes (zur Mietspiegelerstellung: *Börstinghaus/Clar*, Mietspiegel, 2. Aufl. 2013) und können zur Begründung eines Erhöhungsverlangens nicht benutzt werden. Die Benutzung eines solchen Mietspiegels macht das Erhöhungsverlangen formell unwirksam. Ein solches mangelhaftes Mieterhöhungsverlangen kann aber gem. § 558b Abs. 3 BGB im Zustimmungsprozess geheilt werden und zwar entweder durch Nachholung eines ganz neuen Mieterhöhungsverlangens oder durch Mängelbehebung bzgl. des ersten Verlangens.

Ein formell wirksames Mieterhöhungsverlangen ist gegeben, wenn der Vermieter unter zutreffender Einordnung der Wohnung des Mieters in die entsprechende Kategorie des Mietspiegels die dort vorgesehene Mietspanne richtig nennt und die erhöhte Miete angibt. Nach Ansicht des BGH (NJW 2008, 573 = MietPrax-AK § 558 BGB Nr. 12) soll sogar ein Mieterhöhungsverlangen wirksam sein, in dem der Vermieter nur die nummerische Bezeichnung („H 7") des Mietspiegelfeldes angegeben hat. Liegt die verlangte

Miete oberhalb der im Mietspiegel ausgewiesenen Mietspanne, so ist das Erhöhungs-verlangen insoweit unbegründet, als es über den im Mietspiegel ausgewiesenen Höchst-betrag hinausgeht (BGH NJW 2004, 1379 = MietPrax-AK § 558a BGB Nr. 3).

26. Gemäß des § 558a Abs. 1 BGB muss das Erhöhungsverlangen vom Vermieter *begründet* werden. Der Gesetzgeber hat vier Begründungsmöglichkeiten exemplarisch aufgezählt, nämlich die Bezugnahme auf einen Mietspiegel oder die Auskunft aus einer Mietdatenbank, ein Sachverständigengutachten oder auf mindestens drei Vergleichswoh-nungen. Diese Aufzählung ist nicht abschließend (BVerfG NJW 1980, 1617). Der Vermieter muss grundsätzlich den Mietspiegel dem Mieterhöhungserlangen nicht beifü-gen, wenn der Mietspiegel, mit dem das Erhöhungsverlangen begründet wurde, öffentlich zugänglich ist (BGH NJW 2008, 573 = MietPrax-AK § 558 BGB Nr. 12; LG Wiesbaden WuM 2007, 512; 2007, 706; LG Dresden WuM 2007, 707; LG Berlin Urt. v. 24.4.2003 – 67 S 362/02 – n. v.; LG Berlin MM 2001, 151; WuM 1990, 519; GE 1991, 521; LG Nürnberg-Fürth WuM 1988, 279; AG Dresden WuM 2007, 706; AG Wiesbaden WuM 2007, 325; AG Münster Urt. v. 28.2.2007 – 38 C 1040/06, BeckRS 2007, 15006 mAnm *Wüstefeld* WuM 2007, 674; aA AG Charlottenburg GE 1992, 1103). Dabei ist es ausreichend, wenn der Mietspiegel kostenlos von den Interessenverbänden oder der Gemeinde abgegeben wird. Der Mietspiegel muss aber immer dann beigefügt werden, wenn er nicht allgemein zugänglich ist, zB von den Verbänden nur an Mitglieder ausgegeben wird (AG Wetter NJWE-MietR 1997, 246 bestätigt durch LG Hagen NJWE-MietR 1997, 246; *Müglich/Börstinghaus* NZM 1998, 353). Nach der Recht-sprechung des BGH muss der Mietspiegel auch dann dem Erhöhungsverlangen nicht beigefügt werden, wenn er für eine Schutzgebühr von wenigen EUR verkauft wird (BGH NJW 2010, 225; NZM 2003, 429; WuM 2010, 693). Es soll auch ausreichen, wenn der Vermieter dem Mieter anbietet, den Mietspiegel in seinem Büro einzusehen (BGH NZM 2009, 395).

27. Mietspiegel werden heute mit wenigen Ausnahmen nach der Tabellenmethode erstellt, bzw. die Werte werden in Tabellenform dargestellt. Die Tabellenmethode stellt die Daten als Mietspannen nach den einzelnen Wohnwertmerkmalen in Rasterfeldern zusammen. Der Vermieter kann dann mittels eines solchen Mietspiegels ein Zustim-mungsverlangen bis zum **Oberwert der Spanne** begründen, § 558a Abs. 4 BGB. Dies besagt aber nichts darüber, ob das Erhöhungsverlangen bis zu diesem Wert auch begründet ist. Demgegenüber erfolgt bei Mietspiegeln, die mittels der Regressions-methode erstellt wurden eine Verknüpfung zwischen den Daten aller Rasterfelder. Regressionsmietspiegel ermöglichen es deshalb, im Grunde für jede Art von Wohnung die Miete centgenau zu ermitteln.

28. Behauptet der Vermieter, die von ihm verlangte Miete überschreite nicht die ortsübliche Vergleichsmiete so ist dies eine konkrete Tatsachenbehauptung (zur Frage ob der Begriff der ortsüblichen Vergleichsmiete ein Rechts- oder Tatsachenbegriff ist: *Hinkelmann,* Die ortsübliche Miete, 1998) die auch ausreichend substantiiert ist (BVerfG NJW-RR 1993, 1485). Bestreitet der Mieter die Höhe der ortsüblichen Vergleichsmiete nicht oder gilt der Vortrag des Klägers wegen der Säumnis des Beklagten gem. § 331 Abs. 1 ZPO als zugestanden, dann ist die Höhe der ortsüblichen Vergleichsmiete unstrei-tig und das Gericht hat sich jeder Beweiserhebung zu enthalten. Tritt der Vermieter Beweis für seine Behauptung durch Einholung eines Sachverständigengutachtens an, so handelt es sich auch nicht um einen unzulässigen Ausforschungsbeweis (BVerfG NJW-RR 1993, 1485; LG Wuppertal WuM 1985, 325).

29. Die Tatsachenfeststellung durch das Gericht ist von der Begründung des Erhö-hungsverlangens zu unterscheiden. Im Zustimmungsprozess gelten **die allgemeinen Be-weisregeln der ZPO.** Das Gericht kann sich deshalb aller in der ZPO vorgesehenen

Beweismittel zur Ermittlung der ortsüblichen Vergleichsmiete bedienen. Das Gericht kann ohne Antrag gem. § 144 ZPO die Inaugenscheinnahme und das Sachverständigengutachten von Amts wegen anordnen, die übrigen Beweismittel setzen einen entsprechenden Beweisantritt der beweisbelasteten Partei voraus. Lediglich für den Fall, dass es in der Gemeinde einen qualifizierten Mietspiegel gibt, gibt es im Zustimmungsprozess eine gesetzliche Vermutung gem. § 558d Abs. 3 BGB, dafür dass die ortsübliche Vergleichsmiete genauso hoch ist, wie im qualifizierten Mietspiegel angegeben.

30. Der qualifizierte Mietspiegel muss entweder von der Gemeinde oder den Interessenvertretern anerkannt werden. Letzteres dürfte eher selten sein, da die Erstellung eines qualifizierten Mietspiegels sehr teuer ist und diese Gelder wohl ausschließlich von der Gemeinde aufgebracht werden. Möglich ist aber, dass ein von der Gemeinde erstellter Mietspiegel von beiden Interessenverbänden anerkannt wird. Ob die Gemeinde ihn dann auch anerkennt ist unerheblich. Bei der Anerkennung durch die Gemeinde ist fraglich, ob ein Ratsbeschluss erforderlich ist. Nach den verschiedenen Gemeindeordnungen ist der (Ober-)Bürgermeister bzw (Ober-)Stadtdirektor nur für die laufenden Geschäfte der Verwaltung zuständig. Ob die in längeren Abständen erforderliche Anerkennung eines Mietspiegels hierzu zählt ist sehr fraglich, zumal es sich um eine Entscheidung für die Gemeinde von erheblicher Bedeutung handelt (für Ratsbeschluss: AG Dortmund WuM 2003, 35; *Rips* WuM 2002, 415 [418]; *Lammel*, Wohnraummietrecht, 3. Aufl., § 558d Rn. 20; *Mersson* ZMR 2002, 806).

31. Gem. § 558 Abs. 3 BGB wird bei einem ordnungsgemäß erstellten und fortgeschriebenen Mietspiegel vermutet, dass er die ortsübliche Vergleichsmiete richtig wiedergibt. Voraussetzung hierfür ist, dass der Mietspiegel die Tatbestandsmerkmale des § 558c Abs. 1 BGB und des § 558d Abs. 1 BGB erfüllt. Dies muss im Streitfall von den Zivilgerichten überprüft werden (BGH WuM 2013, 110). Allein die Bezeichnung als qualifizierter Mietspiegel genügt nicht aus; denn dies beweist noch nicht, dass die Voraussetzungen des § 558d Abs. 1 BGB auch tatsächlich erfüllt sind, insbesondere der Mietspiegel nach anerkannten wissenschaftlichen Grundsätzen erstellt worden ist. Das muss derjenige beweisen, der sich auf die Vermutungswirkung beruft. Erforderlich ist aber in diesem Fall, dass zunächst derjenige, gegen den die Vermutungswirkung streitet, Zweifel an den Vermutungsgrundlagen darlegen muss. Das ist bei einem qualifizierten Mietspiegel die Einhaltung der anerkannten wissenschaftlichen Grundsätze. Dazu bedarf es eines substantiierten Vortrags. Einfaches Bestreiten mit Nichtwissen reicht in der Regel nicht. Die Partei muss sich kundig machen. Dazu ist in der Regel eine Auseinandersetzung mit einer zugänglichen Mietspiegeldokumentation erforderlich. Wenn ein solcher erheblicher Sachvortrag vorliegt dann obliegt es der Partei, die sich auf die Vermutungswirkung beruft, zu beweisen, dass die anerkannten wissenschaftlichen Grundsätze der Mietspiegelerstellung auch eingehalten wurden. Sind die Voraussetzungen des § 558d Abs. 1 BGB bewiesen, kann die Gegenseite in einem zweiten Schritt die Vermutung gem. § 292 ZPO widerlegen. Er muss also die Höhe der ortsüblichen Vergleichsmiete beweisen. Während für das erste Gutachten der Vermieter (wenn er mehr Miete als nach dem qualifizierten Mietspiegel gerechtfertigt verlangt) beweispflichtig ist, ist der Mieter für die das zweite Gutachten vorschusspflichtig. Die Vermutung bezieht sich aber nur darauf, dass die ortsübliche Vergleichsmiete innerhalb der Spanne liegt (BGH NJW 2005, 2074 = MietPrax-AK § 558 BGB Nr. 12 mAnm *Börstinghaus;* LG Berlin GE 2004, 483; LG Dortmund WuM 2005, 723; AG Dortmund WuM 2005, 254; WuM 2004, 718 [719]). Wird zusätzlich ein Mittelwert angegeben, dann hat dies für die Vermutungswirkung keine Bedeutung (AG Brandenburg WuM 2007, 268). Die Einordnung innerhalb der Spanne ist eine normative Bewertung, die der Mietspiegel gerade nicht vornehmen kann, da er ja eine abstrakte generelle Datenbasis ist, in die eben jede Wohnung eingeordnet werden muss wie bisher auch schon. Letztendlich wird also nur vermutet, dass die ortsübliche Vergleichsmiete für die konkrete Vertragswohnung nicht höher als der Oberwert der Spanne und nicht niedriger als der Unterwert der Spanne ist. Es ist Aufgabe des Tatrichters die konkrete ortsübliche Vergleichsmiete innerhalb der Spanne des qualifizierten Mietspiegels zu ermitteln. Hierbei handelt es sich um eine **Schätzung gem. § 287 Abs. 2 ZPO** (BGH NJW 2005, 2074 = MietPrax-AK § 558 BGB Nr. 12 mAnm *Börstinghaus*). Die Einholung eines Sachverständigengutachtens hat dabei möglichst zu unterbleiben, da dies in der Regel wegen der Kosten in keinem Verhältnis zu dem geringen Differenzbetrag steht, um den es geht (BGH NJW 2005, 2074). Gibt es in der Gemeinde neben dem qualifizierten Mietspiegel eine Orientierungshilfe zur Spanneneinordnung, kann das Gericht zur Spanneneinordnung darauf zurückgreifen, dass selbst diese Orientierungshilfe als Ergebnis eines an Interessen orientierten Verhandlungsergebnisses ohne empirische Daten herausgegeben wurde (BGH NJW 2005, 2074) In Gemeinden ohne Orientierungshilfe muss das Gericht auf andere Art und Weise seine Schätzung gem. § 287 Abs. 2 ZPO zur Spanneneinordnung begründen (LG Dortmund NZM 2006, 134; AG Brandenburg WuM 2007, 268; AG Dortmund NZM 2005, 258).

32. Der Zugang des wirksamen Mieterhöhungsverlangens setzt **die Überlegungsfrist** des § 558b Abs. 2 BGB in Lauf. Danach kann der Mieter bis zum Ablauf des zweiten Kalendermonats zustimmen, der dem Zugang des Erhöhungsverlangens folgt. Für die Berechnung der Frist gelten mangels abweichender Regelung die Vorschriften der §§ 187 ff. BGB. Die Überlegungsfrist beginnt mit dem Zugang des Mieterhöhungsverlangens. Sie endet grundsätzlich um 24.00 Uhr des letzten Tages des übernächsten Monats. Die Überlegungsfrist beträgt deshalb immer mindestens 2 Monate und maximal 3 Monate minus einen Tag. Die Frist endet grundsätzlich am Ende eines Kalendermonats. Etwas anderes gilt nur dann, wenn der letzte Tag des Monats, in dem die Zustimmungsfrist abläuft, auf einen Samstag, einen Sonntag oder einen am Erklärungsort, also dem Wohn- oder Geschäftssitz des Vermieters, staatlich anerkannten Feiertag fällt, § 193 BGB. In diesem Fall endet die Zustimmungsfrist erst mit Ablauf des nächsten Werktages. Bedeutung hat dies für den Beginn der anschließenden Klagefrist nicht jedoch auf den Wirkungszeitpunkt für die Mieterhöhung. Eine Verlängerung der Überlegungsfrist durch Parteivereinbarung ist nicht möglich (LG München WuM 1994, 383 [384]; AG Charlottenburg MM 2000, 47; AG Köln WuM 1997, 51; AG Aachen WuM 1992, 629; AG Hamburg WuM 1988, 129).

33. Die Zustimmung des Mieters kann auch durch **schlüssiges Verhalten** erfolgen. Eine solche konkludente Willenserklärung setzt voraus, dass der Vermieter aus einem bestimmten Verhalten nur den Schluss ziehen kann, der Mieter wolle damit die verlangte Zustimmungserklärung abgeben. Ob das Verhalten als konkludente Willenserklärung zu verstehen ist, ist durch Auslegung zu ermitteln. Die stärkste Form des konkludenten Verhaltens in diesem Zusammenhang ist die **Zahlung**. Hat der Vermieter den Mieter ausdrücklich aufgefordert, einer Mieterhöhung zuzustimmen und zahlt der Mieter dann, ohne zuvor sein Einverständnis ausdrücklich erklärt zu haben, die erhöhte Miete, dann darf ein Vermieter bereits eine einzige Zahlung als Zustimmung verstehen (LG Trier WuM 1994, 217; LG Kiel WuM 1993, 198; LG Berlin WuM 1989, 308; LG Braunschweig WuM 1986, 142; AG Frankfurt ZMR 1989, 180; AG Frankfurt DWW 1987, 263). Dies gilt auch, wenn der Mieter den Dauerauftrag entsprechend anpasst (LG Berlin WuM 1987, 266). Zum Teil werden auch zwei Zahlungen erst als Zustimmung angesehen (LG Leipzig NZM 2002, 20) oder mehrere Zahlungen (BGH NJW 1998, 445).

34. Die **Klagefrist** schließt sich unmittelbar an das Ende der Überlegungsfrist an. Die Klagefrist beträgt drei volle Monate. Sie beginnt nach Ablauf der Überlegungsfrist. Da die Überlegungsfrist in der Regel am Ende des Monats endet, beginnt die Klagefrist am ersten Tag des nächsten Monats und endet am letzten Tag des nächsten Monats. Da auf den

Lauf der Überlegungsfrist die Vorschrift des § 193 BGB Anwendung findet, kann diese im Einzelfall auch erst zu Beginn des nächsten Monats enden. Das bedeutet zwingend, dass die Klagefrist nicht am Monatsersten beginnt, sondern später. Da die Klagefrist immer volle drei Monate beträgt, endet sie in diesem Fall gem. §§ 187 Abs. 2, 188 Abs. 2 ZPO einen Tag vor dem Tag, der durch seine Zahl dem Anfangstag der Frist entspricht (*Beuermann* GE 1995, 848 [849]).

Die **Klagefrist** wird grundsätzlich nur durch Zustellung der Klage innerhalb der Frist gewahrt. Ausnahmsweise kann die Klagefrist aber bereits durch Klageeinreichung unterbrochen werden. Auch auf die Klagefrist des § 558b Abs. 2 S. 2 BGB ist die Vorschrift des § 167 ZPO anwendbar. Danach tritt die Wirkung der Klagezustellung bereits mit Klageeinreichung bei Gericht ein, wenn die Zustellung **demnächst** erfolgt. Voraussetzung hierfür ist, dass der Vermieter von sich aus alles unternommen hat, damit die Klage ordnungsgemäß zugestellt werden kann. Es muss also innerhalb der Klagefrist eine zulässige Klage beim zuständigen Gericht eingegangen sein. Die Klage kann auch per Telefax erhoben werden (AG Dortmund NJW-RR 1995, 971). Dem Vermieter ist es gestattet, die Klage auch erst am letzten Tag der Klagefrist bei Gericht einzureichen. Er trägt dann aber das volle Risiko, dass eine demnächstige Zustellung erfolgen kann (LG Mannheim ZMR 1977, 285). Die Klagefrist unterliegt nicht der Disposition der Parteien. Also selbst wenn der Vermieter ggf. dem Mieter eine längere Überlegungsfrist eingeräumt hat, ist die Klagefrist nach dem gesetzlichen Normallauf der Überlegungsfrist zu bestimmen (LG München WuM 1994, 384; LG Kiel WuM 1994, 547; AG Hamburg WuM 1993, 619; AG Köln WuM 1997, 51; AG Aachen WuM 1992, 629; AG Hamburg WuM 1988, 129). Die Klagefrist des § 558b BGB stellt eine Ausschlussfrist dar, gegen deren Versäumnis keine Wiedereinsetzung in den vorigen Stand möglich ist (LG Berlin GE 1996, 1549).

35. Die Kappungsgrenze beträgt grds. 20 %. Seit 1. Mai 2013 hat der Bundesgesetzgeber jedoch den Ländern gestattet durch Rechtsverordnung Gemeinden oder Gemeindeteile festzulegen, in denen die Kappungsgrenze nur 15 % beträgt. Voraussetzung hier ist, dass die ausreichende Versorgung der Bevölkerung mit Mietwohnungen zu angemessenen Bedingungen in einer Gemeinde oder einem Teil einer Gemeinde besonders gefährdet ist. Die Voraussetzungen entsprechen insofern der Ermächtigungsgrundlage des § 577a Abs. 2 BGB. Danach können die Landesregierungen die Kündigungssperrfrist innerhalb derer in Eigentumswohnungen umgewandelte Mietwohnungen vom Erwerber nicht gekündigt werden dürfen von drei auf bis zehn Jahre verlängern. Die Zivilgerichte müssen die Aufnahme einer Gemeinde in eine Verordnung gem. § 558 Abs. 3 BGB kontrollieren (BGH NZM 2016, 82). Strittig ist, ob hier Amtsermittlung gilt oder Parteivortrag erforderlich ist (*Zehlein* NZM 2015, 761).

36. Das Wohnwertmerkmal „Größe" wird vor allem die Quadratmeterzahl einer Wohnung, aber durchaus auch die Zimmeranzahl bestimmt. Über die Wohnungsgröße werden nämlich ganz unterschiedliche Wohnungsmärkte voneinander abgegrenzt. Wie die Quadratmeterzahl genau zu ermitteln ist, ist durchaus im Einzelfall strittig. Der allgemeine Sprachgebrauch verbindet mit dem Begriff „Wohnfläche" keine bestimmte Berechnungsart (BGH NJW-RR 1997, 2874; NJW 1996, 2874 [2875]; NJW 1991, 912 [913]; NJW-RR 1991, 1120 [1121]; BayObLG NJW 1996, 2106). Der Gesetzgeber hatte für den Bereich des sozialen Wohnungsbaus die Berechnungsvorschriften der § 42 bis § 44 der II. BerechnungsVO geschaffen, die bis zum Erlass landesgesetzlicher Wohnflächenverordnungen wohl übergangsmäßig weitergelten. Die zwischenzeitlich in Kraft getretene bundesrechtliche Wohnflächenverordnung ist zum 1.1.2007 wieder aufgehoben worden. Diese Vorschriften gelten unmittelbar nur für den öffentlich geförderten Wohnungsbau. Aber auch im preisfreien Wohnungsbau können die Gerichte sie zur Wohnflächenermittlung benutzen, soweit die Parteien nichts Abweichendes vereinbart haben oder andere Vorschriften (z. B. DIN 283) ortsüblich sind (BGH NZM 2004, 454 = NJW 2004, 2230 = MietPrax-AK § 536 BGB Nr. 2; NZM 2007, 595 = NJW 2007, 2624 = MietPrax-AK § 536 BGB Nr. 18). Vereinbarungen im Mietvertrag über die Wohnungsgröße sind bedeutungslos. Maßgeblich ist immer die objektiv richtige Wohnungsgröße (BGH NZM 2016, 42).

37. Mit dem Wohnwertmerkmal „**Beschaffenheit**" ist der Zuschnitt der Wohnung einschließlich der mitvermieteten Hausteile sowie Art und Gestaltung der Umgebung gemeint sowie die Bauweise und auch der Instandhaltungsgrad. Nach der Begründung des Mietrechtsreformgesetzes (abgedruckt bei *Börstinghaus/Eisenschmid* Arbeitskommentar Neues Mietrecht) soll auch der energetische Zustand eines Hauses berücksichtigt werden. Teilweise wird auch die Lage der Wohnung im Haus als eine Frage Beschaffenheit der Wohnung verstanden. Nicht behebbare Mängel sind bei der Beschaffenheit negativ zu berücksichtigen (LG Saarbrücken WuM 1989, 578 für Gaststättenlärm). Demgegenüber haben behebbare Mängel bei der Mieterhöhung für die Bemessung der Miete keine Bedeutung (OLG Stuttgart RE NJW 1981, 2365 [zu § 5 WiStrG]; LG Braunschweig WuM 1989, 578; LG Hamburg WuM 1991, 593; AG Kassel WuM 1992, 137; OLG Düsseldorf WuM 1994, 324 [325]; AG Waldbroel WuM 1997, 562).

38. Insbesondere das **Baualter** wird von der Praxis als Anknüpfungstatsache für die Beurteilung der Beschaffenheit verstanden. Das Baualter beeinflusst durchaus den Mietpreis. Dabei ist das Baualter selbst kein Wohnwertmerkmal iSd § 558 Abs. 2 BGB. Über das Baualter soll und wird aber auf verhältnismäßig einfache Weise, wenn auch sehr grob, die Bauweise und der Baustandard abgefragt. Entscheidend ist der Zeitpunkt der Errichtung, also der Zeitpunkt, der den Baustandard bestimmt hat, nach dem das Gebäude errichtet worden ist (so LG Berlin GE 1997, 48), nicht der Einzugstermin oder Fertigstellungstermin gem. § 14 Abs. 4 WoBindG.

39. Unter dem Wohnwertmerkmal „**Ausstattung**" wird alles verstanden, was der Vermieter dem Mieter zur ständigen Benutzung zur Verfügung gestellt hat und für das der Mieter keine besondere Vergütung zu zahlen hat. Auf Kosten des Mieters vorgenommene Wohnwertverbesserungen bleiben unberücksichtigt. Dies ist insbesondere der Fall, wenn der Mieter die Wohnung mit Einrichtungen versehen hat oder Ein- oder Umbauten vorgenommen hat (BayObLG RE WuM 1981, 208; AG Hamburg NJWE-MietR 1996, 268; LG Baden-Baden WuM 1993, 358; LG Hamburg WuM 1990, 441; LG Köln WuM 1985, 334; AG Ahlen WuM 1985, 334). Ein Vermieterwechsel ändert daran nichts (LG Köln WuM 1985, 326).

40. Bei der **Lage** innerhalb der Gemeinde wird differenziert nach der Makrolage und der Mikrolage. Unter Makrolage wird die Lage innerhalb der Gemeinde verstanden. Makrolage bedeutet damit die Qualifikation einer ganzen Gegend, also zB eines Stadtteils als gute, oder schlechte Lage. Diese Ortslage wird bestimmt durch die Baudichte, den baulichen Zustand des Ortsteils, Frei- und Grünflächen, landschaftlichen Charakter, Beeinträchtigungen durch Lärm, Staub, Geruch, Verkehrsanbindung und die vorhandenen Infrastruktureinrichtungen. Vertreten wird ferner, dass auch die Ballung einzelner Gesellschaftsschichten und die Häufigkeit und Schwere von Straftaten in der Gegend eine Rolle spielen sollen. Was eine gute oder schlechte Lage innerhalb einer Gemeinde ist, ist durchaus umstritten und hängt zum Teil von subjektiven Bewertungen ab. Man muss sich aber vor Augen führen, dass es nicht um die Beurteilung der gesamten Gemeinde gehen muss. Bei der Ermittlung der ortsüblichen Vergleichsmiete geht es ausschließlich um den Mietwohnungsmarkt. Wenn es also in einer Gemeinde begehrte Einfamilienhauswohngebiete gibt, in denen aber nur Eigentümer wohnen und keine Mieter, dann ist diese Lage nicht der Maßstab für die sonstigen Lagen. Es kann nur um die Differenzierung zwischen den verschiedenen Mietwohnungsstandorten gehen. Neben der Makrolage wird häufig auch auf die Mikrolage zurückgegriffen, also untersucht, welche Lagevor- und nachteile in unmittelbarer Nähe sich befinden. Bei der Einordnung der Wohnlage in einen Mietspiegel handelt es sich um eine vom Tatsachengericht vorzunehmende Wertungsfrage (BGH Beschl. v. 15.3.2016 – VIII ZR 87/15).

41. Auf die Kappungsgrenze werden keine Mieterhöhungen nach § 559 BGB angerechnet. Damit sind zunächst alle einseitigen Mieterhöhungen gemeint, die der Vermieter nach den materiellen und formellen Voraussetzungen der §§ 559, 559 a und 559 b BGB vorgenommen hat. Ebenfalls nicht auf die Kappungsgrenze angerechnet werden aber nach der Rechtsprechung des BGH auch alle **einvernehmlichen Modernisierungsmieterhöhungen.** Darunter werden Mieterhöhungen verstanden, die in der Form einer Mietabänderungsvereinbarung gem. § 557 Abs. 1 BGB vereinbart werden, inhaltlich aber eine Modernisierungsmieterhöhung gem. § 559 BGB darstellen (BGH NZM 2004, 456 = NJW 2004, 2088 = MietPrax-AK § 558 BGB Nr. 4; NZM 2007, 727 = NJW 2007, 3122 = MietPrax-AK § 558 BGB Nr. 16).

42. Die **Kappungsgrenze** erfordert eine Kontrollrechnung. Sie gibt keinen Anspruch auf Zustimmung zu einer Mieterhöhung sondern sie beschränkt den Anspruch. Für ihre Berechnung muss ein Vergleich zwischen der verlangten neuen Miete und einer in der Vergangenheit gezahlten Miete durchgeführt werden. Entscheidend ist dabei die Miete, die drei Jahre vor dem Wirksamwerden des Erhöhungsverlangens geschuldet wurde; auf die drei Jahre vor Zugang des Erhöhungsverlangens geschuldete Miete kommt es nicht an (OLG Celle RE NJW-RR 1996, 331; LG Frankfurt ZMR 1997, 474; LG Hannover WuM 1990, 517; LG München II ZMR 1986, 57; LG Hamburg WuM 1984, 111; Bub/Treier/*Schultz* III. A 344). Die Miete, die verlangt wird, darf nicht mehr als 20 % (bzw. 15 %) über der Miete von vor drei Jahren liegen. Hat das Mietverhältnis zum Zeitpunkt des Wirksamwerdens der Mieterhöhung noch keine drei Jahre bestanden, dann ist die niedrigste Miete während des Bestandes des Mietvertrages maßgeblich, also in der Regel die Miete zu Beginn des Mietverhältnisses (OLG Hamburg RE NJW-RR 1996, 908 aE; LG Karlsruhe ZMR 1990, 222; *Sternel* III 627).

Bei einer Teilinklusivmiete muss zur Berechnung der Kappungsgrenze kein fiktiver Betriebskostenanteil herausgerechnet werden (BGH NJW 2004, 1380 = MietPrax-AK § 558 BGB Nr. 1).

43. Ist Klägerin eine juristische Person, z.B. eine GmbH, eine Aktiengesellschaft, eine Genossenschaft oder ein eingetragener Verein, muss die Zustimmungsklage von dem vertretungsberechtigten Organ stammen. Insofern sind die gesellschaftsrechtlichen Vorschriften maßgeblich. So muss die Klage auf Zustimmung zur Mieterhöhung, die eine AktG als Vermieterin erhebt, von einem Vorstandsmitglied der Aktiengesellschaft unterzeichnet sein (AG Coesfeld WuM 1993, 468).

37. Klage auf Zustimmung zur Erhöhung einer Nettomiete gemäß § 558 BGB (Begründungsmittel: Sachverständigengutachten gegen qualifizierten Mietspiegel)

An das

Amtsgericht[1].....

Klage

des[2].....

– Kläger –

Prozessbevollmächtigter:[3].....

gegen

Herrn/Frau[4].....

– Beklagte –

wegen: Zustimmung zu einem Mieterhöhungsverlangen gem. § 558 BGB

Streitwert:.....[5]

Namens und mit Vollmacht des Klägers erhebe ich Klage gegen den Beklagten und werde beantragen:[6]

1. Der Beklagte wird verurteilt, der Erhöhung der Nettomiete[7] für die Wohnung ..... str ..... in ..... Etage ..... von bisher monatlich ..... EUR auf ..... EUR[8] mit Wirkung ab 1 ..... 20 .....[9] zuzustimmen.
2. Der Beklagte trägt die Kosten des Rechtsstreits.
3. Das Urteil ist hinsichtlich der Kostenentscheidung vorläufig vollstreckbar.[10]

Ich beantrage ferner,

1. soweit das Gericht das Verfahren nach § 495a ZPO[11] betreiben will, die Durchführung einer mündlichen Verhandlung;
2. soweit das Gericht ein schriftliches Vorverfahren anordnet und der/die Beklagte(n) seine/ihre Verteidigungsbereitschaft nicht rechtzeitig anzeigen sollten, den Erlass eines Versäumnisurteils.

Ferner teile ich mit, dass

1. ein außergerichtlicher Einigungsversuch bisher nicht stattgefunden hat[12]
2. ein solcher Versuch erscheint zurzeit auch nicht aussichtslos.[13]

Begründung:

Der Kläger hat dem Beklagten mit unbefristetem[14] Mietvertrag vom ..... die im Rubrum näher bezeichnete Wohnung[15] vermietet. Für die Wohnung gelten keine Preisbindungsvorschriften,[16] sie ist auch sonst nicht vom Anwendungsbereich der §§ 558 ff. BGB ausgenommen.[17] Die Parteien habe keine Staffelmiete und keine Mietanpassungsvereinbarung vereinbart.[18]

Beweis: In der Anlage überreichte Kopie des Mietvertrages

Die Miete beträgt seit dem ..... 20 ..... EUR.[19]

Mit Schreiben[20] vom . . . . . 20 . . . . ., den Beklagten zugegangen am . . . . . 20 . . . . .,[21] verlangte der Kläger von den Beklagten die Zustimmung zu einer Mieterhöhung auf . . . . . EUR mit Wirkung ab . . . . . 20 . . . . .[22]

Beweis: In der Anlage überreichte Kopie des Erhöhungsverlangens

Der Kläger hat dieses Mieterhöhungsverlangen mit einem vorgerichtlichen Sachverständigengutachten des öffentlichen bestellten und vereidigten Sachverständigen . . . . . begründet.[23] Das Gutachten war dem Erhöhungsverlangen beigefügt.[24]

Beweis: In der Anlage beigefügte Kopie des Gutachtens

Die Beklagten berufen sich darauf, dass das Mieterhöhungsverlangen unwirksam sei, da der Kläger im Erhöhungsverlangen nicht auf die Werte des Mietspiegels für die Gemeinde . . . . . hingewiesen habe.[25] Sie sind der Auffassung, dieser Mietspiegel sei ein qualifizierter Mietspiegel.

Dieser Auffassung wird widersprochen. Der Mietspiegel der Gemeinde . . . . . Stand . . . . . ist kein qualifizierter Mietspiegel im Sinne des § 558d BGB.[26]

Ggf. alternativ:

1. *Der Mietspiegel ist veraltet und deshalb nur noch als einfacher Mietspiegel anzusehen. Gem. § 558a Abs. 3 BGB muss der Vermieter nur auf solche Mietspiegel hinweisen, bei denen die Voraussetzungen des § 558d Abs. 2 BGB eingehalten wurden. Danach ist der Mietspiegel alle zwei Jahre der Marktentwicklung anzupassen. Die Frist beginnt jeweils mit dem Stichtag, zu dem die Daten erhoben worden sind und nicht mit dem Datum der Veröffentlichung des Mietspiegels. Ein qualifizierter Mietspiegel soll aktuell sein. Die Aktualität richtet sich aber ausschließlich nach dem Abstand zur Datenerhebung und nicht zum Veröffentlichungsdatum. Nur das entspricht dem Sinn und Zweck des Gesetzes. Da die Datenerhebung die dem Mietspiegel der Gemeinde . . . . . Stand . . . . . zu Grunde lag zum Stichtag 1 . . . . . 20 . . . . . . erfolgte, lief die Zweijahresfrist vorliegend am 31 . . . . . 20 . . . . . . ab. Das Mieterhöhungsverlangen wurde erst danach an den Mieter gerichtet.*

2. *Bei der Mietspiegelerstellung wurden die anerkannten wissenschaftlichen Grundsätze der Mietspiegelerstellung nicht eingehalten. Dafür spricht bereits eine Vermutung deshalb, weil die Gemeinde die Mietspiegelerstellung nicht dokumentiert hat, zumindest die Dokumentation nicht öffentlich zugänglich ist.*
   - *Im Übrigen hat die Gemeinde keine Primärdatenerhebung durchgeführt, es wurden vorhandene Daten ausgewertet.*
   - *Zwar hat eine Primärdatenerhebung hinsichtlich der Mieten stattgefunden jedoch beruht die Einteilung der Lageklassen[27] auf keiner wissenschaftlichen Datenerhebung sondern willkürlich. Die Festlegung der Lageklassen erfolgte vor Jahrzehnten und wurde nicht verändert. Wenn Veränderungen erfolgten, dann auf Eingabe einzelner Hauseigentümer ohne wissenschaftliche Untersuchung. Auch die Anknüpfung an die Bodenrichtwertkarte entspricht nicht den anerkannten wissenschaftlichen Grundsätzen der Mietspiegelerstellung.*
   - *Die Datenerhebung erfolgte nicht nach den Grundsätzen der Repräsentativität. Es hatten nicht alle Wohnungen die gleiche Chance in die Stichprobe zu kommen, da die Gemeinde keine Stichprobe aus der Gebäudestatistik gezogen hat sondern ausschließlich auf die Daten des Gutachterausschusses zurückgegriffen hat.*
   - *Im Fragebogen wurden die Vermieter nicht ausreichend darüber aufgeklärt, dass alle Mieten, die an Höchstbeträge gebunden sind, nicht angegeben werden dürfen bzw. dass hierauf besonders hingewiesen werden muss. So sind auch Mieten des*

dritten Förderweges in die Daten mit eingeflossen, was gem. § 558 Abs. 2 S. 2 BGB unzulässig ist. Das Gleiche gilt für Mieten, die auf Grund von Förderverträgen an Höchstbeträge gebunden sind.

- *Die Feldbesetzung in den einzelnen Feldern ist viel zu gering. Nach den anerkannten wissenschaftlichen Grundsätzen sind 30 Datensätze pro Feld erforderlich, um eine einigermaßen zuverlässige Aussage über die Miethöhe machen zu können. Dem Mietspiegelfeld, in das die Wohnung des Beklagten fällt liegen aber weit weniger Datensätze zu Grunde. Zumindest bei diesem Feld handelt es sich dann nicht um einen qualifizierten Mietspiegel.*

- *Der Mietspiegel ist nicht von der Gemeinde anerkannt worden. Zwar ist im Gemeindeblatt eine entsprechende Veröffentlichung des Amtes für Wohnungswesen erfolgt, diese ist aber nicht ausreichend, da zuständig hierfür ausschließlich der Rat ist. Es handelt sich nicht um ein Geschäft der laufenden Verwaltung iSd der Gemeindeordnung. Dagegen spricht schon die Tatsache, dass zwischen den einzelnen Mietspiegelerstellungen Zeiträume von zwei Jahren und mehr liegen. Außerdem hat ein Mietspiegel erhebliche Bedeutung für das Mietpreisniveau in der Gemeinde und gehört deshalb nicht zu den einfachen Verwaltungsgeschäften.*

Beweis: Einholung eines Sachverständigengutachtens über die Frage, was die anerkannten wissenschaftlichen Grundsätze der Mietspiegelerstellung sind und ob diese im konkreten Fall eingehalten sind.

Rein vorsorglich wird hiermit gem. § 558b Abs. 3 BGB noch der Hinweis auf den Mietspiegel für den Beklagten nachgeholt:[28]

Der Beklagte wird hiermit darauf hingewiesen, dass es in der Gemeinde . . . . . unter Umständen einen qualifizierten Mietspiegel gibt. Die vom Beklagten innegehaltene Wohnung ist in das Mietspiegelfeld . . . . . einzuordnen, da . . . . . Das Mietspiegelfeld weist eine Spanne von . . . . . bis . . . . . aus. Die verlangte Miete liegt oberhalb der Spanne, da nach Ansicht des Klägers der Mietspiegel die ortsübliche Vergleichsmiete für die konkrete Wohnung nicht zutreffend wiedergibt. Bei der Wohnung liegen folgende Besonderheiten vor . . . . .

Der Kläger verlangt eine Zustimmung zu einer Erhöhung auf . . . . . EUR/m².

Diese Miete übersteigt nicht die ortsübliche Vergleichsmiete, die für Wohnraum vergleichbarer Art, Größe, Ausstattung, Beschaffenheit und Lage gezahlt werden.

Die von den Beklagten angemietete Wohnung weist folgende Wohnwertmerkmale auf:

Sie ist . . . . . m² groß, liegt im . . . . . OG eines im Jahre 19 . . . . . errichteten Hauses. Die Wohnung wird von einer Gaszentralheizung beheizt. Sie liegt an einer wenig befahrenen Straße im Stadtteil . . . . . Versorgungs- und Infrastruktureinrichtungen sind im Umkreis von 500 m vorhanden.

Beweis: Sachverständigengutachten

Gegen den Kläger streitet auch nicht die Vermutung des § 558d Abs. 3 BGB.[29] Zum einen handelt es sich aus den oben dargestellten Gründen bei dem Mietspiegel der Gemeinde . . . . . Stand . . . . . zumindest für die Wohnung des Beklagten nicht um einen qualifizierten Mietspiegel im Sinne des Gesetzes und zum anderen kann der Kläger diese Vermutung durch oben angebotenes Sachverständigengutachten widerlegen. Der Wert im Mietspiegel ist nämlich falsch, weil das Mischungsverhältnis zwischen Bestands- und Neuvertragsmieten willkürlich verändert wurde ohne Rücksicht auf das tatsächliche

Vorkommen am Markt. Damit liegt dem Mietspiegel keine repräsentative Stichprobe zugrunde. Außerdem wurden willkürlich am oberen Rand Mieten herausgestrichen, weil es sich um mietpreiswidrige Mieten handeln soll. Hierfür gibt es keinerlei wissenschaftliche Untersuchungen.

Beweis:
1. Mietspiegeldokumentation Seite . . . . .
2. Sachverständigengutachten

Es ist Aufgabe der Mieter die Vermutungsgrundlagen, also die Qualifikation des Mietspiegels, darzulegen und zu beweisen. Der Vermieter muss nach der Rechtsprechung des BGH nur „Zweifel säen". Diese ergeben sich aus dem oben Gesagten und zusätzlich . . . . .

Die Beklagten haben innerhalb der Überlegungsfrist weder ausdrücklich noch durch konkludentes Verhalten ihre Zustimmung zur Mieterhöhung erteilt. Klage war deshalb innerhalb der Klagefrist geboten.

Dem Kläger steht der geltend gemachte Anspruch auch zu. Die Miete ist mehr als 15 Monate unverändert geblieben, die verlangte Miete übersteigt die üblichen Entgelte nicht und durch die Mieterhöhung wird die Kappungsgrenze eingehalten.

Die Beklagten haben sich vorprozessual auf Mängel in der Wohnung berufen. Dieser Einwand ist unerheblich, da behebbare Mängel weder bei der Beurteilung der Beschaffenheit[30] der Wohnung zu berücksichtigen sind noch dem Mieter ein Zurückbehaltungsrecht[31] gegenüber dem Zustimmungsanspruch geben.

Da den Beklagten das Mieterhöhungsverlangen am . . . . . 20 . . . . . zugegangen ist, steht dem Kläger ein Anspruch auf Zustimmung zu einer Anhebung der Miete ab dem . . . . . 20 . . . . . zu.

3 Jahre vor diesem Zeitpunkt betrug die Miete bereits . . . . . EUR. Seither ist die Miete vom Kläger einmal nach einer Modernisierungsmaßnahme gem. § 559 BGB um . . . . . EUR erhöht worden. Durch die jetzige Mieterhöhung wird die Kappungsgrenze nicht berührt.[32] Für die Gemeinde gibt es keine Rechtsverordnung gem. § 558 Abs. 3 BGB.[33]

Rechtsanwalt

Anmerkungen

1. Die sachliche Zuständigkeit für Wohnraummietsachen ergibt sich aus § 23 Ziff. 2 a) GVG. Danach sind die Amtsgerichte ohne Rücksicht auf den Wert des Streitgegenstandes ausschließlich zuständig für Streitigkeiten über Ansprüche aus einem Mietverhältnis über Wohnraum. Hierzu zählen die Klagen gem. § 558 BGB zwingend, da die Vorschrift gem. § 549 BGB nur auf Wohnraummietverhältnisse Anwendung findet. Die örtliche Zuständigkeit ergibt sich aus § 29a ZPO, wonach jeweils das Amtsgericht, in dessen Bezirk sich die gemietete Wohnung befindet, zuständig ist. Auch dies ist eine ausschließliche Zuständigkeit, so dass eine Zuständigkeit eines anderen Gerichts weder durch rügelose Einlassung gem. § 39 ZPO noch durch eine Gerichtsstandsvereinbarung gem. § 40 ZPO begründet werden kann (OLG Frankfurt MDR 1979, 851; LG München ZMR 1987, 271). Eine Verweisung unter Verstoß gegen diese bindenden Zuständigkeitsregelungen ist unbeachtlich (LG München ZMR 1987, 271; BLAH/*Hartmann* § 29a Rn. 13). Ob die allgemeine Zivilabteilung oder die Mietabteilung zuständig ist, ist eine Frage der internen

Geschäftsverteilung des Gerichts. Die Klage muss nur an das Amtsgericht, nicht an die zuständige Abteilung adressiert sein.

2. Die Klage muss von allen **Vermietern** erhoben werden. Entscheidend ist die Vermietereigenschaft zum Zeitpunkt der Rechtshängigkeit. Hat eine Rechtsnachfolge auf Seiten des Vermieters stattgefunden, dann tritt der Erwerber auch in die Rechte aus dem Mieterhöhungsverlangen ein, so dass der Kläger nicht identisch sein muss mit dem Absender des Mieterhöhungsverlangens. Tritt in einem laufenden Zustimmungsverfahren der Erwerber an Stelle des Veräußerers als Kläger auf, dann handelt es sich um einen Parteiwechsel und nicht um eine Parteiberichtigung (KG NJWE-MietR 1997, 170). Entscheidend für die Frage wer klagen muss ist die Vermieterstellung zum Zeitpunkt der Zustellung der Klage. Auch ein Hausverwalter kann im Wege der Prozessstandschaft keine Zustimmungsklage erheben (dazu *Blank* GE 1998, 1189). Ist Vermieter eine Personenmehrheit, muss die Klage von allen Vermietern erhoben werden. Dies gilt auch bei Eheleuten als Vermieter. Auch in diesem Fall muss die Klage auf Zustimmung zur Mieterhöhung von beiden Ehepartnern erhoben werden. Bei einer Personenmehrheit als Vermieter liegt ein Fall der notwendigen Streitgenossenschaft auf Klägerseite vor (LG Marburg NZM 2003, 394).

3. Für das erstinstanzliche Verfahren besteht kein Anwaltszwang.

4. Die Klage muss gegen die **Mieter** gerichtet werden, die zum Zeitpunkt der Rechtshängigkeit Mieter sind (OLG Koblenz RE NJW 1984, 244). Es kann aber im Einzelfall rechtsmissbräuchlich sein, wenn sich der allein in der Wohnung verbliebene Mieter auf die Unzulässigkeit der nur gegen ihn erhobenen Klage beruft, wenn der ebenfalls mietende Ehegatte vor einiger Zeit aus der Wohnung ausgezogen ist und der Vermieter ihn einseitig – und deshalb unwirksam – aus dem Mietvertrag entlassen hat (BGH NJW 2004, 1797 = NZM 2004, 419 = MietPrax-AK § 558a BGB Nr. 5 mAnm *Börstinghaus*). Umstritten ist, ob sie auch dann gegen alle Mieter gerichtet werden muss, wenn einzelne Mieter der Mieterhöhung bereits außergerichtlich zugestimmt haben (dafür: AG Wiesbaden WuM 1992, 135; Kinne/Schach/Bieber/*Kinne* S. 109; dagegen LG Kiel ZMR 1989, 429). Die nur gegen einen oder einen Teil von mehreren Mietern desselben Mietverhältnisses erhobene Klage des Vermieters ist grundsätzlich unzulässig. Dies gilt auch in den Fällen, in denen die Mietvertragsparteien vereinbart haben, dass die Mieter zur Vornahme und Entgegennahme von Erklärungen als gegenseitig bevollmächtigt gelten (KG RE NJW-RR 1986, 439). Hat zwischen Vermietung und Rechtshängigkeit gem. §§ 563, 563a oder § 564 BGB eine Rechtsnachfolge auf Mieterseite stattgefunden, dann ist die Klage gegen diese Rechtsnachfolger zu richten.

5. Da die **Angabe der Streitwertes** an dieser Stelle nur der Gebührenberechnung dienen muss, da das Amtsgericht unabhängig vom Streitwert ausschließlich zuständig ist, soll hier der Gebührenstreitwert angegeben werden. Gem. § 16 Abs. 5 GKG ist höchstens der Jahresbetrag der zusätzlich geforderten Miete maßgeblich. Dies gilt auch, wenn der Kläger eine Teilzustimmung des Mieters nicht beachtet hat. Der Gebührenstreitwert ist dann kleiner als der Jahresdifferenzbetrag, wenn das Mietverhältnis, zB bei einer Befristung oder bereits ausgesprochenen Kündigung, kein ganzes Jahr mehr fortbesteht. Auf die bei anderen mietrechtlichen Verfahren sich immer wieder stellende Frage, ob dabei von der Grundmiete, der Inklusivmiete oder einer Zwischenform auszugehen ist, kommt es an dieser Stelle nicht an, da bei der Streitwertberechnung gem. § 16 Abs. 5 GKG bei Mieterhöhungen der Differenzbetrag zwischen alter und neuer Miete unabhängig von der Mietstruktur maßgeblich ist.

6. Es handelt sich um eine **Klage auf Abgabe eine Willenserklärung.** Unzulässig sind folgende Klageanträge:

a) Bezifferte Zahlungsanträge.

b) Ebenso unzulässig ist die Klagehäufung von Zustimmungsklage und Zahlungsklage (AG Augsburg WuM 1998, 670; LG Braunschweig ZMR 1973, 154; Soergel/*Heintzmann* § 558b Rn. 11; *Sternel* III 730; aA BGH NZM 2005, 582 = MietPrax-AK § 558b BGB Nr. 1 mAnm. *Börstinghaus;* LG Duisburg NZM 1998, 764 mit abl. Anm. *Eckert/Rau* ZMR 1999, 334; offengelassen von MüKoBGB/*Artz* § 558b Rn. 13) oder auch die Stufenklage. Ein Zahlungsanspruch besteht bis zur rechtskräftigen Verurteilung zur Zustimmung hinsichtlich des Erhöhungsbetrages nicht. Allein die Tatsache, dass der Mieter die Zustimmung zur verlangten Mieterhöhung nicht erteilt hat, rechtfertigt gem. § 259 ZPO noch nicht die Besorgnis, dass der Mieter sich der rechtzeitigen Leistung entziehen wird. Die Voraussetzungen des § 258 ZPO sind ebenfalls nicht gegeben. Etwas anderes kann allenfalls dann gelten, wenn das Zustimmungsurteil rechtskräftig wird und nur der mit der Zahlungsklage unterlegene Vermieter Berufung eingelegt hat (So der Sachverhalt in BGH NZM 2005, 582 = MietPrax-AK § 558b BGB Nr. 1 mAnm *Börstinghaus*.). In diesem Fall ist die Forderung während des Verfahrens fällig geworden. Wenn der Mieter die Forderung unverzüglich anerkennt, hat der Vermieter gem. § 93 ZPO die Kosten des Verfahrens zu tragen. Da die Klage auch nicht auf Rechnungslegung usw. iSd § 254 ZPO gerichtet ist, scheidet auch die Stufenklage aus (aA LG Duisburg NZM 1998, 764).

c) Ein unbezifferter Zustimmungsanspruch ist ebenfalls unzulässig. Auch wenn die Feststellung der ortsüblichen Vergleichsmiete im Einzelfall durchaus schwierig ist und zahlreiche Wertungsfragen zu entscheiden sind, geht der Gesetzgeber letztendlich davon aus, dass es sich um eine empirisch feststellbare Größe handelt, die frei von allen Billigkeitserwägungen zu treffen ist.

d) Unzulässig ist auch ein Zahlungsantrag, der nicht die Zustimmung zu einer Erhöhung der für die Wohnung zu zahlenden Miete, sondern der Quadratmetermiete zum Gegenstand hat (AG Dortmund WuM 2006, 157).

e) Unzulässig sind alle Formen von Feststellungsklagen. Eine Feststellungsklage, wonach festgestellt werden soll, dass der Mieter die Zustimmung schulde, ist wegen des Vorrangs der Leistungsklage unzulässig. Auch die zur Begründung einer Mieterhöhung erforderliche Feststellung eines Ausstattungsmerkmals der Wohnung ist eine tatsächliche Vorfrage des zukünftigen Mieterhöhungsverlangens und damit einer gesonderten Feststellungsklage nicht zugänglich (AG Münster WuM 1980, 236).

7. Der Vermieter hat keinen Anspruch auf Änderung der Mietstruktur. Deshalb muss der Antrag so formuliert sein, dass die Mietstruktur erkennbar ist oder sich aus der Formulierung ergibt, dass keine Änderung diesbezüglich eintritt.

> Beispiel:
> Es wird beantragt, den Beklagten zu verurteilen, einer Mieterhöhung der monatlichen Miete für die von ihm innegehaltene Wohnung auf . . . . . EUR zuzüglich Betriebskosten- und Heizkostenvorauszahlung wie bisher mit Wirkung ab . . . . . 200 . . . . . zuzustimmen.

8. Der Anspruch des Vermieters gem. § 558 BGB ist auf „Zustimmung zu einer Erhöhung" gerichtet, also auf Abgabe einer Willenserklärung. Aus der Zustimmung und demgemäß aus dem Tenor des Urteils muss sich also ergeben, welche Miete der Mieter nach Wirksamwerden der Mieterhöhung nach § 558 BGB schuldet. Dabei bezieht sich die geschuldete Zustimmungserklärung des Mieters auf den Betrag der künftig zu zahlenden Miete und nicht allein auf den geforderten Erhöhungsbetrag (KG RE NZM 1998, 68). Deshalb muss auch der Klageantrag auf Zustimmung zur künftig zu zahlenden neuen Miete gerichtet sein. Es ist deshalb nicht zwingend erforderlich, dass im Klageantrag und demnach auch im Urteilstenor neben der neuen erhöhten Miete auch die Angabe der bisherigen Miete und sogar des Erhöhungsbetrages erfolgt. Mindestens sind deshalb folgende Angaben erforderlich:

1. Angabe zur Identifizierbarkeit des betroffenen Mietverhältnisses
2. Neue Miethöhe
3. Wirkungszeitpunkt ab wann diese erhöhte Miete zu zahlen ist.

Soweit der Mieter vorprozessual teilweise der Mieterhöhung zugestimmt hat, muss sich dies aus dem Antrag und demnach auch aus dem Hauptsachetenor ergeben.

9. Aus dem Klageantrag muss sich der **Wirkungszeitpunkt** ergeben, zu dem auf Grund der Zustimmungserklärung die Miete sich erhöht. Wird der Mieter nämlich zur Zustimmung verurteilt, dann richtet sich der Wirkungszeitpunkt für die Mieterhöhung nach dem Tenor der Entscheidung. Aus dem Tenor muss sich ergeben, ab wann die erhöhte Miete zu zahlen ist. Und dieser wird vom Antrag des Vermieters bestimmt. Eine Verurteilung zu einem früheren Termin als den des § 558b Abs. 1 BGB ist nicht möglich, da insofern kein durchsetzbarer Anspruch des Vermieters besteht. Hat der Vermieter beantragt, den Mieter zur Abgabe der Zustimmungserklärung zu einem späteren als den gesetzlichen Termin zu verurteilen, kann das Gericht den Mieter nicht zu einer Zustimmung zu dem früheren Termin des § 558b Abs. 1 BGB verurteilen. Dem steht § 308 ZPO entgegen. Das Gericht ist nicht befugt, der Partei mehr zuzusprechen, als sie beantragt hat.

10. Kostenantrag und Antrag zur vorläufigen Vollstreckbarkeit sind nicht erforderlich. Das Urteil ist in der Hauptsache nicht für vorläufig vollstreckbar zu erklären. Es handelt sich um ein Leistungsurteil auf Abgabe einer Willenserklärung. Diese Urteile werden gem. § 894 Abs. 1 ZPO dadurch vollstreckt, dass die Willenserklärung mit Rechtskraft des Urteils als abgegeben gilt. Eine vorläufige Vollstreckung ist deshalb nicht möglich. Das Urteil ist aber hinsichtlich der Kostenentscheidung für vorläufig vollstreckbar zu erklären. Die vorläufige Vollstreckbarkeit richtet sich im Regelfall nach § 708 Ziff. 7 ZPO. Nur in den Fällen eines Versäumnis- oder Anerkenntnisurteils regelt sich die vorläufige Vollstreckbarkeit nach § 708 Ziff. 1 oder Ziff. 2 ZPO. Richtet sich die vorläufige Vollstreckbarkeit nach § 708 Ziff. 7 ZPO so hat das Gericht grundsätzlich gem. § 711 ZPO eine Abwendungsbefugnis für den vorläufig zur Zahlung der Kosten Verurteilten auszusprechen. Gem. § 711 S. 2 ZPO kann die Abwendungsbefugnis in einem bestimmten (prozentualen) Verhältnis zur Höhe des aus der Entscheidung zu vollstreckenden Betrages festgesetzt werden. Die Anordnung einer Abwendungsbefugnis soll jedoch gem. § 713 ZPO entfallen, wenn gegen das Urteil **unzweifelhaft** kein Rechtsmittel möglich ist. Dies hängt zum einen davon ab, wie hoch die Beschwer der Parteien ist, also zu welcher Zustimmung der Mieter verurteilt wurde oder in welcher Höhe die Klage des Mieters ganz oder teilweise abgewiesen wurde, und zum anderen auch davon, nach welcher Vorschrift man den Rechtsmittelstreitwert einer Mieterhöhungsklage berechnet. Verurteilungen zur Zustimmung zu einer Mieterhöhung von monatlich weniger als 14,29 EUR sind nach keiner Auffassung berufungsfähig. Das Gleiche gilt für eine Klageabweisung in dieser Höhe. Für alle Beträge darüber steht aber nicht unzweifelhaft fest, dass kein Rechtsmittel möglich ist, da nach der Rechtsprechung des BVerfG (NJW 1996, 1531) und des BGH (WuM 2007, 32 = MietPrax-AK § 9 ZPO Nr. 8; NZM 2004, 617 = MietPrax-AK § 9 ZPO Nr. 2 mAnm *Börstinghaus*; BGH NJW 2000, 3142) der Rechtsmittelstreitwert entsprechend § 9 ZPO nach dem $3^{1}/_{2}$-fachen Jahresdifferenzbetrag zu errechnen ist. Ob im Einzelfall ein Landgericht sich daran nicht hält ist unbeachtlich, da § 713 ZPO ausdrücklich verlangt, dass das Rechtsmittel unzweifelhaft nicht möglich ist.

11. Bis zu einem Streitwert von 600,– EUR kann das Gericht gem. § 495a ZPO das Verfahren nach billigem Ermessen gestalten. Es muss in diesem Fall nur dann eine mündliche Verhandlung durchführen, wenn eine Partei dies ausdrücklich beantragt hat. Ferner kann das Urteil bei dieser Verfahrensweise gem. § 313a Abs. 1 S. 1 ZPO ohne Tatbestand abgefasst werden und die Entscheidungsgründe können ins Protokoll diktiert werden. Der Streitwert, nach dem sich entscheidet, ob diese Verfahrensweise zulässig ist oder nicht, ist nicht der Gebührenstreitwert, sondern der Zuständigkeitsstreit- oder Rechtsmittelstreitwert. Dies ergibt sich daraus, dass diese Verfahrensart auf die Verfahren beschränkt ist, bei denen das Amtsgericht abschließend entscheidet. In Verfahren, in denen das Landgericht zweitinstanzlich mit der Sache befasst werden kann, muss eine überprüfbare Entscheidung mit Tatbestand und Entscheidungsgründen vorliegen. Zur Wertberechnung dienen hier ausschließlich die allgemeinen Wertvorschriften der §§ 3 und 9 ZPO. Auch für die Streitwertberechnung im Rahmen des § 495a ist die Vorschrift des § 9 ZPO entsprechend anwendbar, da es sich letztendlich auch bei der Zustimmungsklage um eine Klage handelt, die zu einer wiederkehrenden Leistungsverpflichtung führt. Maßgeblich ist deshalb der 42-fache Monatsdifferenzbetrag (BVerfG NJW 1996, 1531; BGH WuM 2007, 32; NZM 2004, 617; NJW 2000, 3142). Ggf. kann gegen ein entsprechendes Urteil eine Rügeschrift gem. § 321a ZPO wegen Verletzung des Anspruchs auf rechtliches Gehör eingereicht werden.

12. Gem. § 15a EGZPO und den verschiedenen landesgesetzlichen Ausführungsgesetzen ist eine vorgerichtliche Schlichtung unabhängig vom Streitwert dann nicht erforderlich, wenn durch die Klageerhebung eine Frist gewahrt werden soll. Dies ist wegen der Klagefrist in § 558b Abs. 2 S. 2 BGB bei der Zustimmungsklage der Fall.

13. Gem. § 278 ZPO geht der mündlichen Verhandlung zum Zwecke der gütlichen Beilegung des Rechtsstreits eine **Güteverhandlung** voraus. Dies gilt dann nicht, wenn eine Güteverhandlung erkennbar aussichtslos ist. Dies dürfte bei einer Zustimmungsklage gem. § 558 BGB zB dann der Fall sein, wenn der Mieter vorprozessual schon jede Zustimmung abgelehnt hat. Dies ist aber nicht zwingend. Hat der Mieter auf ein Erhöhungsverlangen geschwiegen, dann ist alleine daraus auf die Aussichtslosigkeit des Einigungsversuchs nicht zu schließen.

14. Die §§ 558–558 e BGB sind grundsätzlich nur anwendbar auf „Mietverhältnisse über Wohnraum". Dies ergibt sich aus der das Kapital einleitenden Vorschrift des § 549 Abs. 1 BGB. Es muss also ein Mietvertrag vorliegen, dessen Gegenstand die Überlassung von Wohnraum ist. Wohnraummiete liegt vor, wenn Räumlichkeiten auf Grund eines Vertrages entgeltlich zum Zwecke des privaten Aufenthalts des Mieters oder Angehöriger überlassen werden. Wichtig ist nach der Rechtsprechung vor allem, dass die Räumlichkeiten vom Mieter selbst oder/und seinen Angehörigen genutzt werden. Nur wenn diese Zweckbestimmung gegeben ist, handelt es sich um einen Wohnraummietvertrag (OLG Düsseldorf ZMR 1995, 203). Selbst wenn die Räumlichkeiten letztendlich zu Wohnzwecken genutzt werden sollen, liegt kein Wohnraummietvertrag vor, wenn der Mieter sie anderen zu Wohnzwecken zur Verfügung stellt.

15. Gem. § 557 Abs. 3 BGB sind Mieterhöhungen gem. § 558 BGB ausgeschlossen, wenn die Parteien eine Mieterhöhung durch **Vereinbarung** ausgeschlossen haben oder wenn sich ein solcher Ausschluss aus den Umständen ergibt. Eine solche Vereinbarung kann sich zB aus der Vereinbarung einer zu kleinen Wohnfläche im Mietvertrag ergeben (BGH NZM 2007, 594 = NJW 2007, 262 = MietPrax-AK § 558 BGB Nr. 14 mAnm *Börstinghaus; ders.* NJW 2007, 2626). Ebenfalls kann eine Beschränkung in der mietvertraglichen Vereinbarung zu sehen sein, wonach es sich um preisgebundenen Wohnungsbau handeln soll. Zwar können die Mieterhöhungsmöglichkeiten des preisgebundenen Wohnungsbaus im preisfreien Wohnungsbau nicht vereinbart werden (BGH NZM 2007, 183 = MietPrax-AK § 557 BGB Nr. 7), jedoch wird der Höhe nach der Zustimmungsanspruch auf die Kostenmiete „gedeckelt" (BGH NZM 2004, 378 = MietPrax-AK § 557 BGB Nr. 2).

16. Auch wenn das BGB keinen ausdrücklichen **Ausschlusstatbestand** für preisgebundene Mietverhältnisse enthält, steht dem Vermieter in diesen Fällen kein Anspruch auf Zustimmung zur Mieterhöhung bis zur ortsüblichen Vergleichsmiete zu. Die vormaligen Vorschriften des WoBindG sowie der NMV und der II. BV sind Spezialvorschriften, die den Regelungen des BGB diesbezüglich vorgehen. Erfasst werden von diesen Spezialgesetzen Sozialwohnungen, die mit öffentlichen Mitteln im ersten und zweiten Förderweg gefördert wurden, und bei mit Wohnungsfürsorgemitteln und mit Aufwendungsbeihilfen geförderten Neubauwohnungen. Bei Wohnraum mit vereinbarter Förderung nach dem Wohnungsbauförderungsgesetz ist eine Mieterhöhung nach §§ 558 ff. BGB möglich, es muss aber der Höchstbetrag aus dem Förderbescheid beachtet werden.

17. Gem. § 549 Abs. 2 Ziff. 1 BGB steht dem Vermieter gem. § 558 BGB kein Anspruch auf Zustimmung zu einer Mieterhöhung bis zur ortsüblichen Vergleichsmiete zu bei Wohnraum, der nur zu vorübergehendem Gebrauch vermietet ist, Wohnraum, der Teil der vom Vermieter bewohnten Wohnung ist und vom Vermieter überwiegend mit Möbeln ausgestattet wurde, wenn nicht der Mieter mit Familie oder anderen Haushaltsangehörigen dort wohnt, und schließlich für Wohnraum in Jugend- und Studentenwohnheimen.

18. Gem. § 557a Abs. 2 S. 2 BGB und § 557b Abs. 2 S. 1 BGB steht dem Vermieter kein Anspruch auf Zustimmung zu einer Mieterhöhung gem. § 558 BGB zu, wenn die Mietvertragsparteien bereits bei Abschluss des Mietvertrages oder zu einem späteren Zeitpunkt Vereinbarungen über die zukünftige Mietanpassung getroffen haben. Dies gilt aber nur, wenn die Vereinbarungen auch wirksam sind. Im Regelfall ist in einer formell unwirksamen Staffelmietvereinbarung nicht gleichzeitig eine Beschränkung der Mieterhöhungsmöglichkeiten gemäß § 558 BGB enthalten (LG Berlin GE 2002, 54; NZM 1998, 859; GE 1996, 471; GE 1993, 95; GE 1986, 501; GE 1984, 923; aA LG Frankfurt WuM 1998, 603; LG Berlin WuM 1992, 198).

19. Wegen der Fristberechnung → Form. B. II. 29 Anm. 19, 20.

20. Der Zustimmungsanspruch des Vermieters gegenüber dem Mieter setzt **in formeller Hinsicht** voraus, dass der Vermieter seinen Anspruch in einem ordnungsgemäßen Erhöhungsverlangen gem. § 558a BGB geltend gemacht hat. § 558a Abs. 1 BGB verlangt vom Vermieter die Geldendmachung in Textform und Begründung des Anspruchs. Ein solches Mieterhöhungsverlangen hat eine Doppelbedeutung: Zunächst lässt das ordnungsgemäße Erhöhungsverlangen den Anspruch auf Zustimmung erst entstehen. Neben dieser materiellrechtlichen Wirkung des Erhöhungsverlangens hat es aber auch eine prozessuale Wirkung. Ohne ordnungsgemäßes Mieterhöhungsverlangen beginnt die Überlegungsfrist nicht zu laufen, erst der fruchtlose Ablauf der Überlegungsfrist setzt die Klagefrist in Gang und nur eine innerhalb der Klagefrist erhobene Zustimmungsklage ist zulässig. Letztendlich ist das Mieterhöhungsverlangen somit mittelbar eine besondere Sachentscheidungsvoraussetzung des Zustimmungsverfahrens (BGH NZM 2006, 652 = MietPrax-AK § 558a BGB Nr. 9 mAnm *Börstinghaus*; NZM 2004, 581 = MietPrax-AK § 558a BGB Nr. 6 mAnm *Börstinghaus*; BayObLG NZM 2000, 488 [489]; AG Dortmund NZM 1999, 415; MüKoBGB/*Artz* § 558b Rn. 11; *Hinz* NZM 2002, 633; *Sternel* PiG 10, 126 [139]; *Emmerich* PiG 13, 51 [55]). Das mit einer Begründung versehene Erhöhungsverlangen des Vermieters gem. § 558a BGB ist eine einseitige empfangsbedürftige Willenserklärung, nämlich ein Antrag iSd § 145 BGB, der auf den Abschluss eines Änderungsvertrages gem. § 311 BGB gerichtet ist (BayObLG RE NJW-RR 1989, 1172).

Das Mieterhöhungsverlangen muss in **Textform** dem Mieter zugegangen sein. Kennzeichen der Textform ist die Fixierung einer Mitteilung oder Erklärung in lesbaren Schriftzeichen unter Verzicht auf eine eigenhändige Unterschrift. Die neue Textform verlangt drei Voraussetzungen:

1. Es müssen lesbare Schriftzeichen in einer Urkunde in einer anderen zur dauerhaften Wiedergabe geeigneten Weise verwendet werden.
2. Es muss der Erklärende angegeben werden.
3. Der Abschluss der Erklärung muss erkennbar sein und zwar durch Nachbildung einer Namensunterschrift oder anders.

Danach können theoretisch folgende Formen die Textformvoraussetzungen erfüllen:
- Alle Schriftstücke, die bisher bereits das Schriftformerfordernis des § 126 BGB erfüllen;
- Telefax;
- E-Mail.

Problematisch ist die Verwendung der Textform bei Mietverträgen mit einer Laufzeit von mehr als einem Jahr. Deshalb steht in diesem Fall dem Vermieter ein Anspruch auf Abgabe der Zustimmungserklärung in Schriftform zu.

21. Das Mieterhöhungsverlangen ist eine **empfangsbedürftige Willenserklärung**. Gem. § 130 BGB wird deshalb das Mieterhöhungsverlangen erst mit Zugang wirksam. Zugang bedeutet, dass die Erklärung so in den Machtbereich des Empfängers gelangt sein muss, dass nach normalem Lauf der Dinge mit der Kenntnisnahme gerechnet werden kann. Die Vorschrift gilt unabhängig von der Formerleichterung durch Einführung der Textform. Das Einwerfen des Mieterhöhungsverlangens in den Briefkasten bewirkt den Zugang der Erklärung, sobald nach der Verkehrsanschauung mit der nächsten Leerung des Briefkastens zu rechnen ist. Bis wie viel Uhr ein Mieter seinen Briefkasten kontrollieren muss, ist in der Rechtsprechung umstritten:
- Bei einem Einwurf bis 13.45 Uhr soll der Zugang noch am gleichen Tag erfolgt sein (LG Berlin WuM 2006, 220).
- Das OLG Hamm (NJW-RR 1995, 1187) spricht davon, dass eine Erklärung, die am **späten Nachmittag** in den Briefkasten geworfen wird, erst am nächsten Tag zugegangen ist.
- Bei einem Einwurf bis 18.00 Uhr soll grundsätzlich noch am gleichen Tag ein Zugang erfolgt sein, nur Silvester müsse der Mieter um diese Zeit nicht mehr mit dem Zugang rechtserheblicher Erklärungen rechnen (AG Ribnitz-Damgarten WuM 2007, 18).
- Nach BayVerfGH (NJW 1993, 518 [519]; auch LG München II WuM 1993, 331) ist die Rechtsprechung, die einen Einwurf um 18.05 Uhr noch als am gleichen Tag als zugegangen betrachtet, nicht willkürlich.
- Das AG Schöneberg (WuM 1991, 131) hat zu alten „Bundespost-Zeiten" bei einem Einwurf nach 17.00 Uhr einen Zugang erst am nächsten Werktag angenommen.
- Noch strenger war das LG Berlin (GE 2002, 193; nach LG Berlin WuM 2006, 220 ist aber ein Einwurf um 13.45 Uhr noch rechtzeitig). Danach muss eine Privatperson nach 16.00 Uhr nicht mehr in Briefkasten schauen, da üblicherweise die Post, aber auch private Zustelldienste, bis zu diesem Termin ihre Auslieferungen vorgenommen hätten. Dies gilt entsprechend für die Übermittlung mittels Telefax oder E-Mail. Mieterhöhungserklärungen des Vermieters gelten dem Mieter auch dann als zugegangen, wenn sie an die im Vertrag angegebene Anschrift gerichtet sind, der Mieter aber inzwischen seinen Wohnsitz an einem unbekannten Ort begründet hat (AG Tiergarten GE 1992, 391). Kann ein Einschreibebrief wegen Abwesenheit des Empfängers nicht zugestellt werden, liegt Zugang nur bei einem Einwurf-Einschreiben vor. Bei einem Übergabe-Einschreiben muss der Mieter die Übergabe selbst quittieren. Wird er nicht angetroffen, wird eine Benachrichtigungskarte in den Briefkaten geworfen. In diesem Fall ist durch den Einwurf des Benachrichtigungsscheins das Schreiben noch nicht zugegangen (dazu *Dübbers* NJW 1997, 2503 [2504]). Der Zugang kann allenfalls wegen Zugangsvereitelung fingiert werden.

22. Nach § 558b Abs. 1 BGB schuldet der Mieter nach einer Zustimmung zu einem Mieterhöhungsverlangen die erhöhte Miete von **Beginn des dritten Kalendermonats,** der dem Zugang des Mieterhöhungsverlangens folgt, an. Nach der gesetzlichen Regelung tritt die Wirkung des Mieterhöhungsverlangens also unmittelbar nach Ablauf der Überlegungsfrist ein. Der Vermieter muss im Mieterhöhungsverlangen nicht zwingend ein Datum nennen, zu dem die Mieterhöhung wirken soll (OLG Koblenz RE NJW 1983, 1861), da diese Angaben nicht zu den Wirksamkeitsvoraussetzungen eines Mieterhöhungsverlangens gehören. Fehlt ein Datum, dann gilt der gesetzliche Wirkungszeitpunkt.

23. Das Gesetz zählt in § 558a Abs. 2 Ziff. 3 BGB als Begründungsmöglichkeit für ein Mieterhöhungsverlangen die Bezugnahme auf ein mit Gründen versehenes Gutachten eines öffentlich bestellten und vereidigten Sachverständigen auf. Es handelt sich um ein Parteigutachten (BayObLG RE NJW-RR 1987, 1302; OLG Karlsruhe RE NJW 1983, 1863), das der Gutachter auf Grund eines mit dem Vermieter oder dessen Vertreter abgeschlossenen Gutachterauftrages erstellt hat. Daraus ergibt sich bereits der wesentliche Unterschied zum gerichtlichen Sachverständigengutachten, an das ganz andere Maßstäbe angelegt werden müssen. Das vorprozessuale Gutachten soll dem Mieter nur die Informationen liefern, die er benötigt, um die Berechtigung des Anspruchs des Vermieters zu überprüfen. Deshalb dürfen in formeller Hinsicht von Verfassungswegen nicht zu strenge Anforderungen an die Begründung des Erhöhungsverlangens durch Sachverständigengutachten gestellt werden, so dass hierdurch der gesetzliche Anspruch des Vermieters auf die Vergleichsmiete zu Fall gebracht würde.

Der Sachverständige muss zwingend **öffentlich bestellt und vereidigt** sein. Der Sachverständige muss nicht ausdrücklich für die Mietzinsbewertung bestellt sein. Auch ein Sachverständiger, der für Grundstücks- und Gebäudeschätzungen öffentlich bestellt oder vereidigt ist, verfügt über die notwendige Sachkunde, um beim Mieter keine begründeten Zweifel an seiner Eignung für die Mietpreisbewertung aufkommen zu lassen (BGH RE NJW 1982, 1701).

§ 558a Abs. 2 Ziff. 3 BGB verlangt, dass das Gutachten mit Gründen versehen ist. Begründung bedeutet sowohl vom Wortlaut wie auch vom Sinn und Zweck der Vorschrift, dass der Sachverständige in zumindest für den Mieter nachvollziehbarer Weise mitteilen muss, wie er zu seiner Wertfeststellung gelangt ist (BVerfG WuM 1986, 239). Das heißt nicht, dass er sämtliche Einzelfeststellungen aufführen muss. Nachvollziehbar ist das Gutachten für den Mieter dann, wenn ihm durch die Ausführungen des Sachverständigen der Eindruck vermittelt wird, die Schlussfolgerungen des Gutachters auf das vergleichbare Mietgefüge seien verständlich und nahe liegend (OLG Frankfurt RE NJW 1981, 2820). Es ist für die Wirksamkeit des Mieterhöhungsverlangens nicht erforderlich, dass der Sachverständige sich in seinem Gutachten, in dem er sich auf ihm bekannte Vergleichswohnungen bezieht, einzelne vergleichbare Wohnungen konkret benennt.

24. Der Vermieter muss dem Mieterhöhungsverlangen grundsätzlich das schriftliche Sachverständigengutachten in vollem Wortlaut beifügen (OLG Braunschweig RE WuM 1982, 272; LG Berlin WuM 1987, 265). Weder genügt es, im Mieterhöhungsverlangen auf das Ergebnis des Gutachtens zu verweisen, selbst wenn dem Mieter die Einsichtnahme angeboten wird (LG Bamberg WuM 1976, 167; LG Duisburg ZMR 1973, 216; AG Bad Homburg WuM 1983, 113; AG Köln WuM 1980, 201), noch, dass der Mieter nach Erhalt des Mieterhöhungsverlangens bei einem Beauftragten des Vermieters von dem Inhalt des Gutachtens Kenntnis nimmt (OLG Braunschweig RE WuM 1982, 272). Es reicht durchaus, wenn dem Mieter nur eine Fotokopie des Gutachtens zur Verfügung gestellt wird (LG Berlin WuM 1985, 317). Die Übersendung des Gutachtens ist dann nicht erforderlich, wenn der Mieter das konkrete Gutachten, auf das sich der Vermieter zur Begründung bezieht, bereits vorliegen hat, zB auf Grund eines vorangegangenen Verfahrens (LG München II WuM 1983, 147; aA LG Berlin WuM 1987, 265). Das

Risiko, dass dies noch der Fall ist, trägt aber der Vermieter, so dass dann, wenn der Mieter bestreitet, das Gutachten noch zu haben, der Vermieter die Darlegungs- und Beweislast dafür hat, dass der Mieter doch noch im Besitz des Gutachtens ist. Es reicht nicht aus, wenn das Gutachten, das dem Mieterhöhungsverlangen nicht beigefügt war, sich beim Prozessbevollmächtigten des Mieters befindet (AG Schöneberg NJW-RR 1997, 139). Die fehlende Beifügung des Sachverständigengutachtens kann aber gem. § 558b Abs. 3 BGB nachgeholt werden.

25. Gem. § 558a Abs. 3 BGB muss der Vermieter in einem Mieterhöhungsverlangen auch dann auf die Werte eines **qualifizierten Mietspiegels** hinweisen, wenn er ein anderes Begründungsmittel, also wie hier ein vorprozessuales Sachverständigengutachten, benutzt.

26. Fraglich ist wer die **Darlegungs- und Beweislast** hat, wenn die Qualifizierung eines Mietspiegels strittig ist. Da das Mieterhöhungsverlangen besondere Sachentscheidungs- voraussetzung für den Zustimmungsprozess ist, gehört ein ordnungsgemäßes Erhöhungs- verlangen zur Zulässigkeit der Klage. Für die Zulässigkeit der Klage ist der Vermieter darlegungs- und beweispflichtig (BGH NJW 2013, 775).

27. In vielen Gemeinden, in denen es qualifizierte Mietspiegel gibt, wird die Einteilung der Lageklassen nicht wissenschaftlich begleitet (dazu *Promann*, Die Berücksichtigung des Wohnwertmerkmals Lage in den Mietspiegeln der deutschen Großstädte, 2012). Die Erstellung einer Lagekarte, die den anerkannten wissenschaftlichen Grundsätzen ent- spricht ist teuer und erfolgt allenfalls in sehr langen zeitlichen Abständen.

28. Gem. § 558b Abs. 3 BGB ist sowohl die **vollständige Nachholung** in Form eines neuen Mieterhöhungsverlangens möglich wie auch nur die Behebung eines einzelnen Fehlers. Beide Alternativen setzen eine neue Zustimmungsfrist nach § 558b Abs. 2 BGB in Gang. Dies bedeutet auch, dass der Wirkungszeitpunkt entsprechend später eintritt. Dies ist ein Minus zum bisher gestellten Klageantrag und kann vom Gericht durch eine Klageabweisung **im Übrigen** im Urteilstenor berücksichtigt werden. Vorsorglich kann auch ein neuer Klageantrag zumindest als Hilfsantrag formuliert werden. Wenn der Beklagte der Mieterhöhung zu dem späteren Zeitpunkt zustimmt, hat sich der Rechts- streit erledigt und das Gericht muss gem. § 91a ZPO bei entsprechenden Erledigungs- erklärungen nur noch über die Kosten entscheiden.

29. Gem. § 558 Abs. 3 BGB wird bei einem ordnungsgemäß erstellten und fort- geschriebenen Mietspiegel vermutet, dass er die ortsübliche Vergleichsmiete richtig wiedergibt. Voraussetzung hierfür ist, dass der Mietspiegel die Tatbestandsmerkmale des § 558c Abs. 1 BGB und des § 558d Abs. 1 BGB erfüllt. Dies muss im Streitfall von den Zivilgerichten überprüft werden (BGH NJW 2013, 775). Allein die Bezeichnung als qualifizierter Mietspiegel genügt nicht aus; denn dies beweist noch nicht, dass die Voraussetzungen des § 558d Abs. 1 BGB auch tatsächlich erfüllt sind, insbesondere der Mietspiegel nach anerkannten wissenschaftlichen Grundsätzen erstellt worden ist. Will der Vermieter eine höhere Miete als sich aus dem qualifizierten Mietspiegel ergibt, muss der Mieter beweisen, dass die anerkannten wissenschaftlichen Grundsätze eingehalten wurden. Erforderlich ist aber in diesem Fall, dass der Vermieter Zweifel an den Ver- mutungsgrundlagen darlegen muss. Das ist bei einem qualifizierten Mietspiegel die Einhaltung der anerkannten wissenschaftlichen Grundsätze. Dazu bedarf es eines sub- stantiierten Vortrags. Einfaches Bestreiten mit Nichtwissen reicht in der Regel nicht. Der Vermieter muss sich kundig machen. Dazu ist in der Regel eine Auseinandersetzung mit einer zugänglichen Mietspiegeldokumentation erforderlich. Erst dann setzt die Darle- gungs- und Beweislast des Mieters ein. Sind die Voraussetzungen des § 558d Abs. 1 BGB beweisen kann der Vermieter immer noch die Vermutungswirkung gem. § 292 ZPO widerlegen. Er muss also die Höhe der ortsüblichen Vergleichsmiete beweisen mittel Sachverständigengutachten beweisen und beim Gericht die volle Überzeugung gegen die Vermutungswirkung herbeiführen. Die Vermutung bezieht sich aber nur darauf, dass die ortsübliche Vergleichsmiete innerhalb der Spanne liegt (BGH NJW 2005, 2074 = Miet-Prax-AK § 558 BGB Nr. 12 mAnm *Börstinghaus*; LG Berlin GE 2004, 483; LG Dortmund WuM 2005, 723; AG Dortmund WuM 2005, 254; WuM 2004, 718 [719]). Wird zusätzlich ein Mittelwert angegeben, dann hat dies für die Vermutungswirkung keine Bedeutung (AG Brandenburg WuM 2007, 268). Die Einordnung innerhalb der Spanne ist eine normative Bewertung, die der Mietspiegel gerade nicht vornehmen kann, da er ja eine abstrakte generelle Datenbasis ist, in die eben jede Wohnung eingeordnet werden muss wie bisher auch schon. Letztendlich wird also nur vermutet, dass die ortsübliche Vergleichsmiete für die konkrete Vertragswohnung nicht höher als der Oberwert der Spanne und nicht niedriger als der Unterwert der Spanne ist. Es ist Aufgabe des Tatrichters die konkrete ortsübliche Vergleichsmiete innerhalb der Spanne des qualifizierten Mietspiegels zu ermitteln. Hierbei handelt es sich um eine **Schätzung gem. § 287 Abs. 2 ZPO** (BGH NJW 2005, 2074 = MietPrax-AK § 558 BGB Nr. 12 mAnm *Börstinghaus*). Die Einholung eines Sachverständigengutachtens hat dabei möglichst zu unterbleiben, da dies in der Regel wegen der Kosten in keinem Verhältnis zu dem geringen Differenzbetrag steht, um den es geht (BGH NJW 2005, 2074 = MietPrax-AK § 558 BGB Nr. 12 mAnm *Börstinghaus*). Gibt es in der Gemeinde neben dem qualifizierten Mietspiegel eine Orientierungshilfe zur Spanneneinordnung, kann das Gericht zur Spanneneinordnung darauf zurückgreifen, dass selbst diese Orientierungshilfe als Ergebnis eines an Interessen orientierten Verhandlungsergebnisses ohne empirische Daten herausgegeben wurde (BGH NJW 2005, 2074). In Gemeinden ohne Orientierungshilfe muss das Gericht auf andere Art und Weise seine Schätzung gem. § 287 Abs. 2 ZPO zur Spanneneinordnung begründen (LG Dortmund NZM 2006, 134; AG Brandenburg WuM 2007, 268; AG Dortmund NZM 2005, 258).

30. **Nicht behebbare Mängel** sind bei der Beschaffenheit negativ zu berücksichtigen (LG Saarbrücken WuM 1989, 578 für Gaststättenlärm). Demgegenüber haben behebbare Mängel bei der Mieterhöhung für die Bemessung der Miete keine Bedeutung (OLG Stuttgart RE NJW 1981, 2365 (zu § 5 WiStrG); LG Braunschweig WuM 1989, 578; LG Hamburg WuM 1991, 593; AG Kassel WuM 1992, 137; OLG Düsseldorf WuM 1994, 324, 325; AG Waldbroel WuM 1997, 562).

31. Dem Mieter stehen gegenüber dem Zustimmungsanspruch des Vermieters **keine Zurückbehaltungsrechte** gem. § 273 BGB zu (OLG Frankfurt RE NZM 1999, 795). Die Gewährung eines Zurückbehaltungsrechts soll dazu dienen, auf den Forderungsinhaber einzuwirken, damit dieser Ansprüche des Schuldners erfüllt, da ihm ansonsten Rechtsnachteile erwachsen. Wirkt sich aber wie im Fall des § 558 BGB, das Zurückbehaltungsrecht überhaupt nicht nachteilig auf den Forderungsinhaber aus, dann besteht kein Bedürfnis für die Gewährung eines Zurückbehaltungsrechts. Das Zustimmungsverfahren soll erst zukünftige Ansprüche auf eine höhere Miete schaffen, gegen die dann ein Zurückbehaltungsrecht ausgeübt werden kann. Deshalb besteht auf Grund der Natur des Zustimmungsanspruchs kein Zurückbehaltungsrecht (LG Hamburg WuM 1991, 593; LG Konstanz WuM 1991, 279; LG Berlin MM 1991, 330; WuM 1985, 331; AG Charlottenburg GE 1994, 1319; AG Kassel WuM 1992, 137; AG Kempen ZMR 1992, 453; AG Hamburg-Altona (314) WuM 1991, 279; *Mutter* ZHMR 1992, 185). Die Anwendung des § 320 BGB auf den Zustimmungsanspruch scheitert daran, dass die Zustimmungsverpflichtung keine Hauptleistung im Gegenseitigkeitsverhältnis ist (AG Kassel WuM 1992, 137).

32. Die Berechnung der Kappungsgrenze ist eine Kontrollrechnung. Dazu muss auf die Miete drei Jahre vor Wirksamwerden der jetzt neu verlangten Miete 20 % aufgeschlagen werden, um die neue maximal mögliche zulässige Miete zu ermitteln. Ferner sind alle Mieterhöhungen nach den §§ 559, 560 BGB die innerhalb dieses Dreijahreszeitraums erfolgt sind, hinzuzurechnen.

33. Die Kappungsgrenze beträgt grds. 20 %. Seit 1.5.2013 hat der Bundesgesetzgeber jedoch den Ländern gestattet durch Rechtsverordnung Gemeinden oder Gemeindeteile festzulegen, in denen die Kappungsgrenze nur 15 % beträgt. Voraussetzung hier ist, dass die ausreichende Versorgung der Bevölkerung mit Mietwohnungen zu angemessenen Bedingungen in einer Gemeinde oder einem Teil einer Gemeinde besonders gefährdet ist. Die Voraussetzungen entsprechen insofern der Ermächtigungsgrundlage des § 577a Abs. 2 BGB. Danach können die Landesregierungen die Kündigungssperrfrist innerhalb derer in Eigentumswohnungen umgewandelte Mietwohnungen vom Erwerber nicht gekündigt werden dürfen von drei auf bis zehn Jahre verlängern. Zur Kontrolle solcher Verordnungen durch die Zivilgerichte → Form. B. II. 35 Anm. 32.

38. Klage auf Zustimmung zur Erhöhung einer Teilinklusivmiete gemäß § 558 BGB (Begründungsmittel: Vergleichswohnungen ohne qualifizierten Mietspiegel in der Gemeinde)

An das

Amtsgericht[1] . . . . .

Klage

des[2] . . . . .

– Kläger –

Prozessbevollmächtigter:[3] . . . . .

gegen

Herrn/Frau[4] . . . . .

– Beklagte –

wegen: Zustimmung zu einem Mieterhöhungsverlangen gem. § 558 BGB

Streitwert: . . . . .[5]

Namens und mit Vollmacht des Klägers erhebe ich Klage gegen den Beklagten und werde beantragen:[6]

1. Der Beklagte wird verurteilt, der Erhöhung der Nettomiete[7] für die Wohnung . . . . . str . . . . . in . . . . . Etage . . . . . von bisher monatlich . . . . . EUR auf . . . . . EUR[8] mit Wirkung ab 1 . . . . . 20 . . . . .[9] zuzustimmen.
2. Der Beklagte trägt die Kosten des Rechtsstreits.
3. Das Urteil ist hinsichtlich der Kostenentscheidung vorläufig vollstreckbar.[10]

Ich beantrage ferner,

1. soweit das Gericht das Verfahren nach § 495a ZPO[11] betreiben will, die Durchführung einer mündlichen Verhandlung;

2. soweit das Gericht ein schriftliches Vorverfahren anordnet und der/die Beklagte(n) seine/ihre Verteidigungsbereitschaft nicht rechtzeitig anzeigen sollten, den Erlass eines Versäumnisurteils.

Ferner teile ich mit, dass

1. ein außergerichtlicher Einigungsversuch bisher nicht stattgefunden hat[12]
2. ein solcher Versuch erscheint zurzeit auch nicht aussichtslos.[13]

Begründung:

Der Kläger hat dem Beklagten mit unbefristetem[14] Mietvertrag vom . . . . . die im Rubrum näher bezeichnete Wohnung[15] vermietet. Für die Wohnung gelten keine Preisbindungsvorschriften,[16] sie ist auch sonst nicht vom Anwendungsbereich der §§ 558 ff. BGB ausgenommen.[17] Die Parteien habe keine Staffelmiete und keine Mietanpassungsvereinbarung vereinbart.[18]

Beweis: In der Anlage überreichte Kopie des Mietvertrages

Die Miete beträgt seit dem . . . . . 20 . . . . . EUR. Nach einer Modernisierungsmaßnahme hat der Kläger die Miete mit Schreiben vom . . . . . 20 . . . . . auf . . . . . EUR erhöht.[19] Neben der Grund- oder Nettomiete haben die Beklagten Vorauszahlungen für folgende Betriebskosten zu zahlen:

• Wassergeld
• Entwässerung
• Heizung
• Straßenreinigung
• Flurlicht
• Müllabfuhr

Mit Schreiben[20] vom . . . . . 20 . . . . ., den Beklagten zugegangen am . . . . . 20 . . . . .,[21] verlangte der Unterzeichner namens und im Auftrag des Klägers von den Beklagten die Zustimmung zu einer Mieterhöhung auf . . . . . EUR mit Wirkung ab . . . . . 20 . . . . .[22] Dem Schreiben war eine vom Kläger unterzeichnete Originalvollmacht beigefügt.[23] In der Gemeinde . . . . . gibt es keinen qualifizierten Mietspiegel.[24]

Beweis: In der Anlage überreichte Kopie des Erhöhungsverlangens[25]

Der Kläger hat dieses Mieterhöhungsverlangen mit 3 Vergleichwohnungen[26] begründet. Dabei hat er die folgende drei preisfreien Wohnungen[27] mit Anschrift[28] angegeben:

1. ABC Straße 3, 3. OG rechts $3^1/_2$ Raum Wohnung Baujahr 1950, Zentralheizung 70 m² 350,– EUR netto zzgl. aller Betriebskosten (5,– EUR/m²)[29]
2. ABC Straße 4, 2. OG links 90 m² $3^1/_2$ Raum Whg. Baujahr 1962, Gasetagenheizung 440,– EUR netto zzgl. aller Betriebskosten (4,89 EUR/m²)
3. ABC Straße 5 2. OG. $3^1/_2$ Raum Whg. 75 m² Baujahr 1960 Zentralheizung 395,– EUR zzgl. aller Betriebskosten (5,27 EUR/m²).

Alle drei Wohnungen sind mit der von den Beklagten angemieteten Wohnung vergleichbar.[30] Die Wohnungen sind im Erhöhungsverlangen hinreichend identifizierbar beschrieben. Die niedrigste Quadratmetermiete[31] der drei Wohnungen beträgt 4,89 EUR/m² netto.

Der Kläger verlangt eine Zustimmung zu einer Erhöhung auf

5,14 EUR/m².

Diese Miete übersteigt nicht die ortsübliche Vergleichsmiete, die für Wohnraum vergleichbarer Art, Größe, Ausstattung, Beschaffenheit und Lage gezahlt werden. Dabei ist zu berücksichtigen, dass die Mieter der drei Vergleichswohnungen für alle in § 2 BetrKVO aufgeführten Betriebskosten Vorauszahlungen nach den mietvertraglichen Vereinbarungen zu zahlen haben, über die jährlich abgerechnet wird.[32] Die Beklagten zahlen aber eine Teilinklusivmiete, da sie für folgende im Hause tatsächlich anfallenden Betriebskosten keine Vorauszahlungen zu zahlen verpflichtet sind:

- Grundsteuer
- Haftpflichtversicherung
- Gebäudeversicherung

Von daher ist zu der ortsüblichen Nettovergleichsmiete ein Zuschlag hinzuzurechnen.[33] Zum Zeitpunkt der Abgabe des Mieterhöhungsverlangens musste der Kläger für diese Kostenpositionen folgende Beträge aufwenden:

Grundsteuer	409,03 EUR
Haftpflichtversicherung	460,16 EUR
Gebäudeversicherung	613,55 EUR

Beweis: In der Anlage überreichte Kopien der jeweiligen Bescheide bzw. Versicherungsscheine

Da das Gebäude eine Gesamtwohnfläche von 500 m² hat

Beweis: Sachverständigengutachten

entfällt monatlich auf jeden m² Wohnfläche ein Betriebskostenanteil von 0,25 EUR. Dieser Betrag ist zu der ortsüblichen Nettovergleichsmiete hinzuzurechnen, was der Kläger in seinem Erhöhungsverlangen auch getan hat. Dem Kläger steht somit ein Anspruch auf Zustimmung zu einer Teilinklusivmiete von 5,14 EUR zu.

Die Beklagten haben innerhalb der Überlegungsfrist weder ausdrücklich noch durch konkludentes Verhalten ihre Zustimmung zur Mieterhöhung erteilt. Klage war deshalb innerhalb der Klagefrist geboten.

Dem Kläger steht der geltend gemachte Anspruch auch zu. Die Miete ist mehr als 15 Monate unverändert geblieben, die verlangte Miete übersteigt die üblichen Entgelte nicht und durch die Mieterhöhung wird die Kappungsgrenze eingehalten.

Die von den Beklagten angemietete Wohnung weist folgende Wohnwertmerkmale auf:

Sie ist . . . . . m² groß, liegt im . . . . . OG eines im Jahre 19 . . . . . errichteten Hauses. Die Wohnung wird von einer Gaszentralheizung beheizt. Sie liegt an einer wenig befahrenen Straße im Stadtteil . . . . . Versorgungs- und Infrastruktureinrichtungen sind im Umkreis von 500 m vorhanden.

Die Beklagten haben sich vorprozessual auf Mängel in der Wohnung berufen. Dieser Einwand ist unerheblich, da behebbare Mängel weder bei der Beurteilung der Beschaffenheit[34] der Wohnung zu berücksichtigen sind noch dem Mieter ein Zurückbehaltungsrecht[35] gegenüber dem Zustimmungsanspruch geben.

Da den Beklagten das Mieterhöhungsverlangen am . . . . . 20 . . . . . zugegangen ist, steht dem Kläger ein Anspruch auf Zustimmung zu einer Anhebung der Miete ab dem . . . . . 20 . . . . . zu.

3 Jahre vor diesem Zeitpunkt betrug die Miete bereits . . . . . EUR. Seither ist die Miete vom Kläger einmal nach einer Modernisierungsmaßnahme gem. § 559 BGB um . . . . . EUR erhöht worden. Durch die jetzige Mieterhöhung wird die Kappungsgrenze nicht berührt.[36] Für die Gemeinde gibt es keine Rechtsverordnung gem. § 558 Abs. 3 BGB.[37]

Rechtsanwalt

Anmerkungen

1. Die sachliche **Zuständigkeit für Wohnraummietsachen** ergibt sich aus § 23 Ziff. 2 a) GVG. Danach sind die Amtsgerichte ohne Rücksicht auf den Wert des Streitgegenstandes ausschließlich zuständig für Streitigkeiten über Ansprüche aus einem Mietverhältnis über Wohnraum. Hierzu zählen die Klagen gem. § 558 BGB zwingend, da die Vorschrift gem. § 549 BGB nur auf Wohnraummietverhältnisse Anwendung findet. Die örtliche Zuständigkeit ergibt sich aus § 29a ZPO, wonach jeweils das Amtsgericht, in dessen Bezirk sich die gemietete Wohnung befindet, zuständig ist. Auch dies ist eine ausschließliche Zuständigkeit, so dass eine Zuständigkeit eines anderen Gerichts weder durch rügelose Einlassung gem. § 39 ZPO noch durch eine Gerichtsstandsvereinbarung gem. § 40 ZPO begründet werden kann (OLG Frankfurt MDR 1979, 851; LG München ZMR 1987, 271). Eine Verweisung unter Verstoß gegen diese bindenden Zuständigkeitsregelungen ist unbeachtlich (LG München ZMR 1987, 271; BLAH/*Hartmann* § 29a Rn. 13). Ob die allgemeine Zivilabteilung oder die Mietabteilung zuständig ist, ist eine Frage der internen Geschäftsverteilung des Gerichts. Die Klage muss nur an das Amtsgericht, nicht an die zuständige Abteilung adressiert sein.

2. Die Klage muss von allen **Vermietern** erhoben werden. Entscheidend ist die Vermietereigenschaft zum Zeitpunkt der Rechtshängigkeit. Hat eine Rechtsnachfolge auf Seiten des Vermieters stattgefunden, dann tritt der Erwerber auch in die Rechte aus dem Mieterhöhungsverlangen ein, so dass der Kläger nicht identisch sein muss mit dem Absender des Mieterhöhungsverlangens. Tritt in einem laufenden Zustimmungsverfahren der Erwerber an Stelle des Veräußerers als Kläger auf, dann handelt es sich um einen Parteiwechsel und nicht um eine Parteiberichtigung (KG NJWE-MietR 1997, 170). Entscheidend für die Frage wer klagen muss ist die Vermieterstellung zum Zeitpunkt der Zustellung der Klage. Auch ein Hausverwalter kann im Wege der Prozessstandschaft keine Zustimmungsklage erheben (dazu *Blank* GE 1998, 1189). Ist Vermieter eine Personenmehrheit, muss die Klage von allen Vermietern erhoben werden. Dies gilt auch bei Eheleuten als Vermieter. Auch in diesem Fall, muss die Klage auf Zustimmung zur Mieterhöhung von beiden Ehepartnern erhoben werden. Bei einer Per- sonenmehrheit als Vermieter liegt ein Fall der notwendigen Streitgenossenschaft auf Klägerseite vor (LG Marburg NZM 2003, 394).

3. Für das erstinstanzliche Verfahren besteht kein Anwaltszwang.

4. Die Klage muss gegen die **Mieter** gerichtet werden, die zum Zeitpunkt der Rechtshängigkeit Mieter sind (OLG Koblenz RE v. 13.10.1983 – NJW 1984, 244). Es kann aber im Einzelfall rechtsmissbräuchlich sein, wenn sich der allein in der Wohnung verbliebene Mieter auf die Unzulässigkeit der nur gegen ihn erhobenen Klage beruft, wenn der ebenfalls mietende Ehegatte vor einiger Zeit aus der Wohnung ausgezogen ist und der Vermieter ihn einseitig – und deshalb unwirksam – aus dem Mietvertrag entlassen hat (BGH NJW 2004, 1797 = NZM 2004, 419 = MietPrax-AK § 558a BGB Nr. 5 mAnm *Börstinghaus*). Umstritten ist, ob sie auch dann gegen alle Mieter gerichtet werden muss, wenn einzelne Mieter der Mieterhöhung bereits außergerichtlich zugestimmt haben (dafür AG Wiesbaden WuM 1992, 135; dagegen LG Kiel ZMR 1989,

429). Die nur gegen einen oder einen Teil von mehreren Mietern desselben Mietverhältnisses erhobene Klage des Vermieters ist grundsätzlich unzulässig. Dies gilt auch in den Fällen, in denen die Mietvertragsparteien vereinbart haben, dass die Mieter zur Vornahme und Entgegennahme von Erklärungen als gegenseitig bevollmächtigt gelten (KG RE NJW-RR 1986, 439). Hat zwischen Vermietung und Rechtshängigkeit gem. §§ 563, 563 a oder § 564 BGB eine Rechtsnachfolge auf Mieterseite stattgefunden, dann ist die Klage gegen diese Rechtsnachfolger zu richten.

5. Da die **Angabe der Streitwertes** an dieser Stelle nur der Gebührenberechnung dienen muss, da das Amtsgericht unabhängig vom Streitwert ausschließlich zuständig ist, soll hier der Gebührenstreitwert angegeben werden. Gem. § 16 Abs. 5 GKG ist höchstens der Jahresbetrag der zusätzlich geforderten Miete maßgeblich. Dies gilt auch, wenn der Kläger eine Teilzustimmung des Mieters nicht beachtet hat. Der Gebührenstreitwert ist dann kleiner als der Jahresdifferenzbetrag, wenn das Mietverhältnis, zB bei einer Befristung oder bereits ausgesprochenen Kündigung, kein ganzes Jahr mehr fortbesteht. Auf die bei anderen mietrechtlichen Verfahren sich immer wieder stellende Frage, ob dabei von der Grundmiete, der Inklusivmiete oder einer Zwischenform auszugehen ist, kommt es an dieser Stelle nicht an, da bei der Streitwertberechnung gem. § 16 Abs. 5 GKG bei Mieterhöhungen der Differenzbetrag zwischen alter und neuer Miete unabhängig von der Mietstruktur maßgeblich ist.

6. Es handelt sich um eine **Klage auf Abgabe eine Willenserklärung.** Unzulässig sind folgende Klageanträge:
a) Bezifferte Zahlungsanträge.
b) Ebenso unzulässig ist die Klagehäufung von Zustimmungsklage und Zahlungsklage (AG Augsburg WuM 1998, 670; LG Braunschweig ZMR 1973, 154; Soergel/*Heintzmann* § 558b Rn. 11; *Sternel* III 730; aA BGH NZM 2005, 582 = MietPrax-AK § 558b BGB Nr. 1 mAnm *Börstinghaus;* LG Duisburg NZM 1998, 764 mit abl. Anm. *Eckert/Rau* ZMR 1999, 334; offengelassen in MüKoBGB/*Artz* § 558b Rn. 13) oder auch die Stufenklage. Ein Zahlungsanspruch besteht bis zur rechtskräftigen Verurteilung zur Zustimmung hinsichtlich des Erhöhungsbetrages nicht. Allein die Tatsache, dass der Mieter die Zustimmung zur verlangten Mieterhöhung nicht erteilt hat, rechtfertigt gem. § 259 ZPO noch nicht die Besorgnis, dass der Mieter sich der rechtzeitigen Leistung entziehen wird. Die Voraussetzungen des § 258 ZPO sind ebenfalls nicht gegeben. Etwas anderes kann allenfalls dann gelten, wenn das Zustimmungsurteil rechtskräftig wird und nur der mit der Zahlungsklage unterlegene Vermieter Berufung eingelegt hat (so der Sachverhalt in BGH NZM 2005, 582 = MietPrax-AK § 558b BGB Nr. 1 mAnm *Börstinghaus*). In diesem Fall ist die Forderung während des Verfahrens fällig geworden. Wenn der Mieter die Forderung unverzüglich anerkennt, hat der Vermieter gem. § 93 ZPO die Kosten des Verfahrens zu tragen. Da die Klage auch nicht auf Rechnungslegung usw. iSd § 254 ZPO gerichtet ist, scheidet auch die Stufenklage aus (aA LG Duisburg NZM 1998, 764).
c) Ein unbezifferter Zustimmungsanspruch ist ebenfalls unzulässig. Auch wenn die Feststellung der ortsüblichen Vergleichsmiete im Einzelfall durchaus schwierig ist und zahlreiche Wertungsfragen zu entscheiden sind, geht der Gesetzgeber letztendlich davon aus, dass es sich um eine empirisch feststellbare Größe handelt, die frei von allen Billigkeitserwägungen zu treffen ist.
d) Unzulässig ist auch ein Zahlungsantrag, der nicht die Zustimmung zu einer Erhöhung der für die Wohnung zu zahlenden Miete, sondern der Quadratmetermiete zum Gegenstand hat (AG Dortmund WuM 2006, 157).
e) Unzulässig sind alle Formen von Feststellungsklagen. Eine Feststellungsklage, wonach festgestellt werden soll, dass der Mieter die Zustimmung schulde, ist wegen des Vorrangs der Leistungsklage unzulässig. Auch die zur Begründung einer Mieterhö-

hung erforderliche Feststellung eines Ausstattungsmerkmals der Wohnung ist eine tatsächliche Vorfrage des zukünftigen Mieterhöhungsverlangens und damit einer gesonderten Feststellungsklage nicht zugänglich (AG Münster WuM 1980, 236).

7. Der Vermieter hat keinen Anspruch auf Änderung der Mietstruktur. Deshalb muss der Antrag so formuliert sein, dass die Mietstruktur erkennbar ist oder sich aus der Formulierung ergibt, dass keine Änderung diesbezüglich eintritt.

Beispiel:
Es wird beantragt, den Beklagten zu verurteilen, einer Mieterhöhung der monatlichen Miete für die von ihm innegehaltene Wohnung auf . . . . . EUR zuzüglich Betriebskosten- und Heizkostenvorauszahlung wie bisher mit Wirkung ab . . . . . 200 . . . . . zuzustimmen.

8. Der Anspruch des Vermieters gem. § 558 BGB ist auf „Zustimmung zu einer Erhöhung" gerichtet, also auf Abgabe einer Willenserklärung. Aus der Zustimmung und demgemäß aus dem Tenor des Urteils muss sich also ergeben, welche Miete der Mieter nach Wirksamwerden der Mieterhöhung nach § 558 BGB schuldet. Dabei bezieht sich die geschuldete Zustimmungserklärung des Mieters auf den Betrag der künftig zu zahlenden Miete und nicht allein auf den geforderten Erhöhungsbetrag (KG RE NZM 1998, 68). Deshalb muss auch der Klageantrag auf Zustimmung zur künftig zu zahlenden neuen Miete gerichtet sein. Es ist deshalb nicht zwingend erforderlich, dass im Klageantrag und demnach auch im Urteilstenor neben der neuen erhöhten Miete auch die Angabe der bisherigen Miete und sogar des Erhöhungsbetrages erfolgt. Mindestens sind deshalb folgende Angaben erforderlich:
1. Angabe zur Identifizierbarkeit des betroffenen Mietverhältnisses
2. Neue Miethöhe
3. Wirkungszeitpunkt ab wann diese erhöhte Miete zu zahlen ist.
Soweit der Mieter vorprozessual teilweise der Mieterhöhung zugestimmt hat, muss sich dies aus dem Antrag und demnach auch aus dem Hauptsachetenor ergeben.

9. Aus dem Klageantrag muss sich der **Wirkungszeitpunkt** ergeben, zu dem auf Grund der Zustimmungserklärung die Miete sich erhöht. Wird der Mieter nämlich zur Zustimmung verurteilt, dann richtet sich der Wirkungszeitpunkt für die Mieterhöhung nach dem Tenor der Entscheidung. Aus dem Tenor muss sich ergeben, ab wann die erhöhte Miete zu zahlen ist. Und dieser wird vom Antrag des Vermieters bestimmt. Eine Verurteilung zu einem früheren Termin als den des § 558b Abs. 1 BGB ist nicht möglich, da insofern kein durchsetzbarer Anspruch des Vermieters besteht. Hat der Vermieter beantragt, den Mieter zur Abgabe der Zustimmungserklärung zu einem späteren als den gesetzlichen Termin zu verurteilen, kann das Gericht den Mieter nicht zu einer Zustimmung zu dem früheren Termin des § 558b Abs. 1 BGB verurteilen. Dem steht § 308 ZPO entgegen. Das Gericht ist nicht befugt, der Partei mehr zuzusprechen, als sie beantragt hat.

10. Kostenantrag und Antrag zur vorläufigen Vollstreckbarkeit sind nicht erforderlich. Das Urteil ist in der Hauptsache nicht für vorläufig vollstreckbar zu erklären. Es handelt sich um ein Leistungsurteil auf Abgabe einer Willenserklärung. Diese Urteile werden gem. § 894 Abs. 1 ZPO dadurch vollstreckt, dass die Willenserklärung mit Rechtskraft des Urteils als abgegeben gilt. Eine vorläufige Vollstreckung ist deshalb nicht möglich. Das Urteil ist aber hinsichtlich der Kostenentscheidung für vorläufig vollstreckbar zu erklären. Die vorläufige Vollstreckbarkeit richtet sich im Regelfall nach § 708 Ziff. 7 ZPO. Nur in den Fällen eines Versäumnis- oder Anerkenntnisurteils regelt sich die vorläufige Vollstreckbarkeit nach § 708 Ziff. 1 oder Ziff. 2 ZPO. Richtet sich die vorläufige Vollstreckbarkeit nach § 708 Ziff. 7 ZPO so hat das Gericht grundsätzlich gem. § 711 ZPO eine Abwendungsbefugnis für den vorläufig zur Zahlung der Kosten Verurteilten auszusprechen. Gem. § 711 S. 2 ZPO kann die Abwendungsbefugnis in einem bestimmten (prozentualen) Verhältnis zur Höhe des aus der Entscheidung zu vollstreckenden Betrages festgesetzt werden. Die Anordnung einer Abwendungsbefugnis soll jedoch gem. § 713 ZPO entfallen, wenn gegen das Urteil unzweifelhaft kein Rechtsmittel möglich ist. Dies hängt zum einen davon ab, wie hoch die Beschwer der Parteien ist, also zu welcher Zustimmung der Mieter verurteilt wurde oder in welcher Höhe die Klage des Mieters ganz oder teilweise abgewiesen wurde, und zum anderen auch davon, nach welcher Vorschrift man den Rechtsmittelstreitwert einer Mieterhöhungsklage berechnet. Verurteilungen zur Zustimmung zu einer Mieterhöhung von monatlich weniger als 14,29 EUR sind nach keiner Auffassung berufungsfähig. Das Gleiche gilt für eine Klageabweisung in dieser Höhe. Für alle Beträge darüber steht aber nicht unzweifelhaft fest, dass kein Rechtsmittel möglich ist, da nach der Rechtsprechung des BVerfG (NJW 1996, 1531) und des BGH (WuM 2007, 32 = MietPrax-AK § 9 ZPO Nr. 8; NZM 2004, 617 = MietPrax-AK § 9 ZPO Nr. 2 mAnm *Börstinghaus*; BGH NJW 2000, 3142) der Rechtsmittelstreitwert entsprechend § 9 ZPO nach dem $3^{1}/_{2}$-fachen Jahresdifferenzbetrag zu errechnen ist. Ob im Einzelfall ein Landgericht sich daran nicht hält ist unbeachtlich, da § 713 ZPO ausdrücklich verlangt, dass das Rechtsmittel unzweifelhaft nicht möglich ist.

11. Bis zu einem Streitwert von 600,– EUR kann das Gericht gem. § 495a ZPO das Verfahren nach billigem Ermessen gestalten. Es muss in diesem Fall nur dann eine mündliche Verhandlung durchführen, wenn eine Partei dies ausdrücklich beantragt hat. Ferner kann das Urteil bei dieser Verfahrensweise gem. § 313a Abs. 1 S. 1 ZPO ohne Tatbestand abgefasst werden und die Entscheidungsgründe können ins Protokoll diktiert werden. Der Streitwert, nach dem sich entscheidet, ob diese Verfahrensweise zulässig ist oder nicht, ist nicht der Gebührenstreitwert, sondern der Zuständigkeitsstreit- oder Rechtsmittelstreitwert. Dies ergibt sich daraus, dass diese Verfahrensart auf die Verfahren beschränkt ist, bei denen das Amtsgericht abschließend entscheidet. In Verfahren, in denen das Landgericht zweitinstanzlich mit der Sache befasst werden kann, muss eine überprüfbare Entscheidung mit Tatbestand und Entscheidungsgründen vorliegen. Zur Wertberechnung dienen hier ausschließlich die allgemeinen Wertvorschriften der §§ 3 und 9 ZPO. Auch für die Streitwertberechnung im Rahmen des § 495a ist die Vorschrift des § 9 ZPO entsprechend anwendbar, da es sich letztendlich auch bei der Zustimmungsklage um eine Klage handelt, die zu einer wiederkehrenden Leistungsverpflichtung führt. Maßgeblich ist deshalb der 42-fache Monatsdifferenzbetrag (BVerfG NJW 1996, 1531; BGH WuM 2007, 32; NZM 2004, 617; NJW 2000, 3142). Ggf. kann gegen ein entsprechendes Urteil eine Rügeschrift gem. § 321a ZPO wegen Verletzung des Anspruchs auf rechtliches Gehör eingereicht werden.

12. Gem. § 15a EGZPO und den verschiedenen landesgesetzlichen Ausführungsgesetzen ist eine vorgerichtliche Schlichtung unabhängig vom Streitwert dann nicht erforderlich, wenn durch die Klageerhebung eine Frist gewahrt werden soll. Dies ist wegen der Klagefrist in § 558b Abs. 2 S. 2 BGB bei der Zustimmungsklage der Fall.

13. Gem. § 278 ZPO geht der mündlichen Verhandlung zum Zwecke der gütlichen Beilegung des Rechtsstreits eine **Güteverhandlung** voraus. Dies gilt dann nicht, wenn eine Güteverhandlung erkennbar aussichtslos ist. Dies dürfte bei einer Zustimmungsklage gem. § 558 BGB zB dann der Fall sein, wenn der Mieter vorprozessual schon jede Zustimmung abgelehnt hat. Dies ist aber nicht zwingend. Hat der Mieter auf ein Erhöhungsverlangen geschwiegen, dann ist alleine daraus auf die Aussichtslosigkeit des Einigungsversuchs nicht zu schließen.

14. Die §§ 558–558 e BGB sind grundsätzlich nur anwendbar auf „Mietverhältnisse über Wohnraum". Dies ergibt sich aus der das Kapital einleitenden Vorschrift des § 549 Abs. 1 BGB. Es muss also ein Mietvertrag vorliegen, dessen Gegenstand die Überlassung von Wohnraum ist. Wohnraummiete liegt vor, wenn Räumlichkeiten auf Grund eines Vertrages entgeltlich zum Zwecke des privaten Aufenthalts des Mieters oder Angehöriger überlassen werden. Wichtig ist nach der Rechtsprechung vor allem, dass die Räumlichkeiten vom Mieter selbst oder/und seinen Angehörigen genutzt werden. Nur wenn diese Zweckbestimmung gegeben ist, handelt es sich um einen Wohnraummietvertrag (OLG Düsseldorf ZMR 1995, 203). Selbst wenn die Räumlichkeiten letztendlich zu Wohnzwecken genutzt werden sollen, liegt kein Wohnraummietvertrag vor, wenn der Mieter sie anderen zu Wohnzwecken zur Verfügung stellt.

15. Gem. § 557 Abs. 3 BGB sind Mieterhöhungen gem. § 558 BGB ausgeschlossen, wenn die Parteien eine Mieterhöhung durch **Vereinbarung** ausgeschlossen haben oder wenn sich ein solcher Ausschluss aus den Umständen ergibt. Eine solche Vereinbarung kann sich z.B. aus der Vereinbarung einer zu kleinen Wohnfläche im Mietvertrag ergeben (BGH NZM 2007, 594 = NJW 2007, 262 = MietPrax-AK § 558 BGB Nr. 14 mAnm *Börstinghaus*; *ders.* NJW 2007, 2626). Ebenfalls kann eine Beschränkung in der mietvertraglichen Vereinbarung zu sehen sein, wonach es sich um preisgebundenen Wohnungsbau handeln soll. Zwar können die Mieterhöhungsmöglichkeiten des preisgebundenen Wohnungsbaus im preisfreien Wohnungsbau nicht vereinbart werden (BGH NZM 2007, 183 = MietPrax-AK § 557 BGB Nr. 7), jedoch wird der Höhe nach der Zustimmungsanspruch auf die Kostenmiete „gedeckelt" (BGH NZM 2004, 378 = MietPrax-AK § 557 BGB Nr. 2).

16. Auch wenn das BGB keinen ausdrücklichen **Ausschlusstatbestand** für preisgebundene Mietverhältnisse enthält, steht dem Vermieter in diesen Fällen kein Anspruch auf Zustimmung zur Mieterhöhung bis zur ortsüblichen Vergleichsmiete zu. Die vormaligen Vorschriften des WoBindG sowie der NMV und der II. BV sind Spezialvorschriften, die den Regelungen des BGB diesbezüglich vorgehen. Erfasst werden von diesen Spezialgesetzen Sozialwohnungen, die mit öffentlichen Mitteln im ersten und zweiten Förderweg gefördert wurden, und bei mit Wohnungsfürsorgemitteln und mit Aufwendungsbeihilfen geförderten Neubauwohnungen. Bei Wohnraum mit vereinbarter Förderung nach dem Wohnungsbauförderungsgesetz ist eine Mieterhöhung nach §§ 558 ff. BGB möglich, es muss aber der Höchstbetrag aus dem Förderbescheid beachtet werden.

17. Gem. § 549 Abs. 2 Ziff. 1 BGB steht dem Vermieter gem. § 558 BGB kein Anspruch auf Zustimmung zu einer Mieterhöhung bis zur ortsüblichen Vergleichsmiete zu bei Wohnraum, der nur zu vorübergehendem Gebrauch vermietet ist, Wohnraum, der Teil der vom Vermieter bewohnten Wohnung ist und vom Vermieter überwiegend mit Möbeln ausgestattet wurde, wenn nicht der Mieter mit Familie oder anderen Haushaltsangehörigen dort wohnt, und schließlich für Wohnraum in Jugend- und Studentenwohnheimen.

18. Gem. § 557a Abs. 2 S. 2 BGB und § 557b Abs. 2 S. 1 BGB steht dem Vermieter kein Anspruch auf Zustimmung zu einer Mieterhöhung gem. § 558 BGB zu, wenn die Mietvertragsparteien bereits bei Abschluss des Mietvertrages oder zu einem späteren Zeitpunkt Vereinbarungen über die zukünftige Mietanpassung getroffen haben. Dies gilt aber nur, wenn die Vereinbarungen auch wirksam sind. Im Regelfall ist in einer formell unwirksamen Staffelmietvereinbarung nicht gleichzeitig eine Beschränkung der Mieterhöhungsmöglichkeiten gemäß § 558 BGB enthalten (LG Berlin GE 2002, 54; NZM 1998, 859; GE 1996, 471; GE 1993, 95; GE 1986, 501; GE 1984, 923; aA LG Frankfurt WuM 1998, 603; LG Berlin WuM 1992, 198).

19. Die Angaben sind wegen der Einhaltung der Jahressperrfrist gem. § 558 Abs. 1 BGB erforderlich. Die Wartefrist wird aber nach dem eindeutigen Gesetzeswortlaut nicht ausgelöst durch Erhöhungen der Miete, die sich aus den §§ 559, 560 BGB ergeben haben.

Dabei ist es unerheblich, ob eine oder mehrere dieser einseitigen Mieterhöhungen in den vergangenen 12 Monaten vom Vermieter durchgeführt wurden.

Das Gesetz enthält jetzt in § 558 Abs. 1 BGB eine doppelte Frist. Dem Vermieter steht gegenüber dem Mieter nur dann ein Anspruch auf Zustimmung zu einer Mieterhöhung zu, wenn **die Miete in dem Zeitpunkt, zu dem die Erhöhung eintreten soll, seit fünfzehn Monaten unverändert ist. Das Mieterhöhungsverlangen kann frühestens ein Jahr nach der letzten Mieterhöhung geltend gemacht werden.** Die 15-Monatsfrist ist die Summe aus der Jahressperrfrist und der Überlegungsfrist. Auch sie wird nur durch Mieterhöhungen ausgelöst, auch wenn im Gesetzestext davon die Rede ist, dass die Miete *unverändert geblieben* sein muss. Problematisch kann die 15-Monatsfrist bei Mietverhältnissen sein, die nicht am 1. Eines Monats begannen und bei denen der Fälligkeitszeitpunkt für die jeweilige Miete nicht am ersten eines Monats liegt.

Für den **Beginn der Jahressperrfrist** des § 558 Abs. 1 S. 2 BGB ist der Zeitpunkt maßgebend, zu dem die bisherige Miete erstmals zu zahlen war (BayObLG RE NJW-RR 1989, 1172). Die Frist ist vom Zugang des Mieterhöhungsverlangens an rückwärts zu berechnen (OLG Oldenburg RE WuM 1982, 105). Auf das Datum der Abgabe des Erhöhungsverlangens oder den Wirksamkeitszeitpunkt der Mieterhöhung (AG Friedberg WuM 1992, 694) kommt es deshalb nicht an. Die Frist berechnet sich nach den §§ 188 Abs. 2 und 3, 187 Abs. 1 und 2, 193 BGB. Dabei ist grundsätzlich auf die Mieter abzustellen, die zum Zeitpunkt des Zeitpunkts des Zugangs des Erhöhungsverlangens Vertragspartner sind. All diesen Personen gegenüber muss die Miete ein Jahr unverändert geblieben sein. Bei jedem Mieterwechsel beginnt deshalb die Frist mit Eintritt des neuen Mieters in den Mietvertrag grundsätzlich neu (LG Berlin GE 1997, 185; AG Frankfurt WuM 1982, 77; *Lammel* BGB § 558 Rn. 23).

Unerheblich sind alle Formen der Mieterabsetzung. Sie lösen die Sperrfrist nicht aus. Dies ergibt sich auch schon aus dem Wortlaut der Vorschrift. Zwar spricht dieser zunächst nur von Veränderungen der Miete, bei der Ausnahme spricht er aber nur von Erhöhungen, die ausgenommen sind. Zumindest ergibt sich dies aber aus dem Sinn und Zweck und dem Schutzzweck des § 558 Abs. 1 S. 2 BGB (*Stellwaag* DWW 1990, 71; *Sternel* III 612).

Ein vor Ablauf der Jahressperrfrist gestelltes Mieterhöhungsverlangen ist unwirksam (BGH RE NJW 1993, 2109).

20. Der Zustimmungsanspruch des Vermieters gegenüber dem Mieter setzt **in formeller Hinsicht** voraus, dass der Vermieter seinen Anspruch in einem ordnungsgemäßen Erhöhungsverlangen gem. § 558a BGB geltend gemacht hat. § 558a Abs. 1 BGB verlangt vom Vermieter die Geltendmachung in Textform und Begründung des Anspruchs. Ein solches Mieterhöhungsverlangen hat eine Doppelbedeutung: Zunächst lässt das ordnungsgemäße Erhöhungsverlangen den Anspruch auf Zustimmung erst entstehen. Neben dieser materiellrechtlichen Wirkung des Erhöhungsverlangens hat es aber auch eine prozessuale Wirkung. Ohne ordnungsgemäßes Mieterhöhungsverlangen beginnt die Überlegungsfrist nicht zu laufen, erst der fruchtlose Ablauf der Überlegungsfrist setzt die Klagefrist in Gang und nur eine innerhalb der Klagefrist erhobene Zustimmungsklage ist zulässig. Letztendlich ist das Mieterhöhungsverlangen somit mittelbar eine besondere Sachentscheidungsvoraussetzung des Zustimmungsverfahrens (BGH NZM 2006, 652 = MietPrax-AK § 558a BGB Nr. 9 mAnm *Börstinghaus*; NZM 2004, 581 = MietPrax-AK § 558a BGB Nr. 6 mAnm *Börstinghaus*; BayObLG NZM 2000, 488 [489]; AG Dortmund NZM 1999, 415; MüKoBGB/*Artz* § 558b Rn. 11; *Hinz* NZM 2002, 633; *Sternel* PiG 10, 126 [139]; *Emmerich* PiG 13, 51 [55]). Das mit einer Begründung versehene Erhöhungsverlangen des Vermieters gem. § 558a BGB ist eine einseitige empfangsbedürftige Willenserklärung, nämlich ein Antrag iSd § 145 BGB, der auf den Abschluss eines Änderungsvertrages gem. § 311 BGB gerichtet ist (BayObLG RE NJW-RR 1989, 1172).

Das Mieterhöhungsverlangen muss in **Textform** dem Mieter zugegangen sein. Kennzeichen der Textform ist die Fixierung einer Mitteilung oder Erklärung in lesbaren Schriftzeichen unter Verzicht auf eine eigenhändige Unterschrift. Die neue Textform verlangt drei Voraussetzungen:

1. Es müssen lesbare Schriftzeichen in einer Urkunde in einer anderen zur dauerhaften Wiedergabe geeigneten Weise verwendet werden.
2. Es muss der Erklärende angegeben werden.
3. Der Abschluss der Erklärung muss erkennbar sein und zwar durch Nachbildung einer Namensunterschrift oder anders.

Danach können theoretisch folgende Formen die Textformvoraussetzungen erfüllen:

- Alle Schriftstücke, die bisher bereits das Schriftformerfordernis des § 126 BGB erfüllen;
- Telefax;
- E-Mail.

Problematisch ist die Verwendung der Textform bei Mietverträgen mit einer Laufzeit von mehr als einem Jahr. Diese müssen gem. § 550 BGB in „schriftlicher Form" geschlossen werden. Deshalb steht in diesem Fall dem Vermieter ein Anspruch auf Abgabe der Zustimmungserklärung in Schriftform zu.

Mit dem Mieterhöhungsverlangen muss der Vermieter vom Mieter die Zustimmung zu einer Mieterhöhung begehren (LG Gießen NJW-RR 1995, 462; LG Karlsruhe WuM 1991, 48). Der Vermieter muss den Mieter deshalb ausdrücklich zur Abgabe einer Zustimmungserklärung auffordern (AG Wesel WuM 1993, 358; AG Mülheim WuM 1990, 156; AG Schöneberg GE 1988, 1001).

21. Das Mieterhöhungsverlangen ist **eine empfangsbedürftige Willenserklärung**. Gem. § 130 BGB wird deshalb das Mieterhöhungsverlangen erst mit Zugang wirksam. Zugang bedeutet, dass die Erklärung so in den Machtbereich des Empfängers gelangt sein muss, dass nach normalem Lauf der Dinge mit der Kenntnisnahme gerechnet werden kann. Die Vorschrift gilt unabhängig von der Formerleichterung durch Einführung der Textform. Das Einwerfen des Mieterhöhungsverlangens in den Briefkasten bewirkt den Zugang der Erklärung, sobald nach der Verkehrsanschauung mit der nächsten Leerung des Briefkastens zu rechnen ist. Bis wie viel Uhr ein Mieter seinen Briefkasten kontrollieren muss, ist in der Rechtsprechung umstritten:

- Bei einem Einwurf bis 13.45 Uhr soll der Zugang noch am gleichen Tag erfolgt sein (LG Berlin WuM 2006, 220).
- Das OLG Hamm (NJW-RR 1995, 1187) spricht davon, dass eine Erklärung, die am **späten Nachmittag** in den Briefkasten geworfen wird, erst am nächsten Tag zugegangen ist.
- Bei einem Einwurf bis 18.00 Uhr soll grundsätzlich noch am gleichen Tag ein Zugang erfolgt sein, nur Silvester müsse der Mieter um diese Zeit nicht mehr dem Zugang rechtserheblicher Erklärungen rechnen (AG Ribnitz-Damgarten WuM 2007, 18).
- Nach BayVerfGH (NJW 1993, 518 [519]; auch LG München II WuM 1993, 331) ist die Rechtsprechung, die einen Einwurf um 18.05 Uhr noch als am gleichen Tag als zugegangen betrachtet, nicht willkürlich.
- Das AG Schöneberg (WuM 1991, 131) hat zu alten „Bundespost-Zeiten" bei einem Einwurf nach 17.00 Uhr einen Zugang erst am nächsten Werktag angenommen.
- Noch strenger war das LG Berlin (GE 2002, 193; nach LG Berlin WuM 2006, 220 ist aber ein Einwurf um 13.45 Uhr noch rechtzeitig). Danach muss eine Privatperson nach 16.00 Uhr nicht mehr in Briefkasten schauen, da üblicherweise die Post, aber auch private Zustelldienste, bis zu diesem Termin ihre Auslieferungen vorgenommen hätten.

Dies gilt entsprechend für die Übermittlung mittels Telefax oder E-Mail. Mieterhöhungserklärungen des Vermieters gelten dem Mieter auch dann als zugegangen, wenn sie an die im Vertrag angegebene Anschrift gerichtet sind, der Mieter aber inzwischen seinen Wohnsitz an einem unbekannten Ort begründet hat (AG Tiergarten GE 1992, 391). Kann ein Einschreibebrief wegen Abwesenheit des Empfängers nicht zugestellt werden, liegt Zugang nur bei einem Einwurf-Einschreiben vor. Bei einem Übergabe-Einschreiben muss der Mieter die Übergabe selbst quittieren. Wird er nicht angetroffen, wird eine Benachrichtigungskarte in den Briefkaten geworfen. In diesem Fall ist durch den Einwurf des Benachrichtigungsscheins das Schreiben noch nicht zugegangen (dazu *Dübbers* NJW 1997, 2503 [2504]). Der Zugang kann allenfalls wegen Zugangsvereitelung fingiert werden.

22. Nach § 558b Abs. 1 BGB schuldet der Mieter nach einer Zustimmung zu einem Mieterhöhungsverlangen die erhöhte Miete von **Beginn des dritten Kalendermonats,** der dem Zugang des Mieterhöhungsverlangens folgt, an. Nach der gesetzlichen Regelung tritt die Wirkung des Mieterhöhungsverlangens also unmittelbar nach Ablauf der Überlegungsfrist ein. Der Vermieter muss im Mieterhöhungsverlangen nicht zwingend ein Datum nennen muss, zu dem die Mieterhöhung wirken soll (OLG Koblenz RE NJW 1983, 1861), da diese Angaben nicht zu den Wirksamkeitsvoraussetzungen eines Mieterhöhungsverlangens gehören. Fehlt ein Datum, dann gilt der gesetzliche Wirkungszeitpunkt.

23. Zulässig ist auch im Mieterhöhungsverfahren eine **offene Stellvertretung.** Der Vertreter gibt eine eigene Willenserklärung ab. Er muss das Erhöhungsverlangen abgeben. Dies kann aber ebenfalls in Textform geschehen. Aus der Erklärung des Vertreters muss sich ergeben, in wessen Namen sie abgegeben wurde, § 164 BGB. Die Vertretungsmacht kann sich aus einer Innen- oder aus einer Außenvollmacht ergeben. Eine Außenvollmacht liegt zB vor, wenn bereits im Mietvertrag der Vermieter durch einen Verwalter vertreten wird und die Vertretungsmacht sich aus dem Vertrag ergibt. Bei einer Innenvollmacht hat der Vertreter die Vertretungsmacht durch Vorlage einer Vollmacht dem Mieter gegenüber offen zulegen. Unterbleibt dies, hat das aber gem. § 174 BGB nur dann Folgen, wenn der Mieter das Erhöhungsverlangen wegen fehlender Vollmacht unverzüglich zurückgewiesen hat. § 174 BGB ist auch auf Mieterhöhungsverlangen anwendbar (OLG Hamm RE NJW 1982, 2076). Der Nachweis der Vertretungsmacht kann nur durch Vorlage der Urkunde selbst geführt werden. Die Vollmachtsurkunde muss das Wort „Mieterhöhung" nicht enthalten, sofern es sich um eine umfassende Vollmacht handelt (LG München NJW-RR 1987, 1164). Die Erteilung einer Prozessvollmacht beinhaltet nicht ohne weiteres die Bevollmächtigung zur Vornahme von einseitigen empfangsbedürftigen Willenserklärungen (AG Neuss NJW-RR 1994, 1036).

24. Gem. § 558a Abs. 3 BGB muss der Vermieter in einem Mieterhöhungsverlangen auch dann auf die Werte eines qualifizierten Mietspiegels hinweisen, wenn er ein anderes Begründungsmittel, also wie hier drei Vergleichswohnungen, benutzt.

25. Ein Formular für ein solches Erhöhungsverlangen finden Sie unter BeckFormB MietR/*Flintrop* Form C. IV 6.

26. Der Vermieter muss mindestens **drei Vergleichswohnungen** benennen, wobei es ihm auch gestattet ist, hierzu Wohnungen aus dem eigenen Bestand zu verwenden. Bei der Zahl von 3 Wohnungen handelt es sich um die Mindestanforderung. Auf der anderen Seite ist jedoch der Vermieter berechtigt, auf mehr als diese drei Vergleichswohnungen zur Begründung des Mieterhöhungsverlangens hinzuweisen (BGH NZM 2012, 415). Es handelt sich bei diesem Wert von drei Wohnungen nicht um die Höchstzahl an Wohnungen (BayObLG RE NJW-RR 1992, 455). Wenn der Vermieter in seinem Erhöhungsverlangen über die in § 558a Abs. 2 Nr. 4 BGB geforderten drei Vergleichswohnungen hinaus weitere Wohnungen benennt, deren Miete niedriger als die verlangte Miete ist, so ist das Erhöhungsverlangen weder insgesamt noch teilweise unwirksam. Ob der Umstand, dass die Miete einer der benannten Wohnungen unterhalb der verlangten Miete liegt, an der Ortsüblichkeit der verlangten Miete zweifeln lässt, ist eine Frage der materiellen Begründetheit, nicht der Wirksamkeit des Erhöhungsverlangens (BGH NZM 2012, 415). Die vom Vermieter benannten Vergleichswohnungen müssen grundsätzlich dem örtlichen Wohnungsmarkt angehören (AG Bayreuth WuM 1993, 454; AG Augsburg WuM 1990, 221; LG München II WuM 1982, 131). Unter örtlichem Wohnungsmarkt ist das Gebiet der politischen Gemeinde gemeint. Die Wohnungen müssen mit der Vertragswohnung vergleichbar sein, nicht identisch. Es ist deshalb nicht erforderlich, dass die Vergleichswohnungen mit der Bezugswohnung in den wesentlichen Wohnwertmerkmalen übereinstimmen.

27. Für die Vergleichswohnungen muss eine **Miete im preisfreien Wohnungsbau** vereinbart sein. Wohnungen, für die eine Kostenmiete gezahlt wird, können nicht als Vergleichswohnungen herangezogen werden. Dies widerspricht dem Sinn und Zweck des Begründungserfordernisses. Dadurch, dass der Vermieter mehrere Vergleichswohnungen benennt, soll dem Mieter signalisiert werden, dass die für diese Wohnungen gezahlte Miete im System des preisfreien Wohnungsbaus erzielbar ist.

28. Der Vermieter muss im Erhöhungsverlangen die Vergleichswohnungen so genau bezeichnen, dass der Mieter die Wohnungen ohne weitere Nachforschungen aufsuchen kann. Hierzu gehört zunächst einmal die exakte postalische Anschrift, also Ort, Straße und Hausnummer (BVerfGE 49, 244 [250]; 53, 352 [359 f.]; *Koch* PiG 10, 115 [117]). Ist unter der Anschrift nur eine Wohnung zu finden, zB beim Einfamilienhaus oder weil die einzelnen Wohnungen jeweils eigene Eingänge mit eigener Hausnummer (zB 1 a, 1 b usw.) besitzen, so reichen diese Angaben völlig aus. Anders ist es, wenn unter der postalischen Anschrift mehrere Wohnungen zu finden sind. Dann muss der Vermieter weitere Angaben machen, die eine eindeutige Identifizierbarkeit der Wohnung erlauben. Interne Unterscheidungsmerkmale des Vermieters, zB Wohnungsnummern (AG Köln WuM 1994, 546; AG Bad Homburg WuM 1989, 305) reichen hier nicht aus, es sei denn sie sind nach außen hin dokumentiert, zB an Hand eines Wohnungsplanes im Treppenhaus oder durch Nummern an den Türen oder dem Klingelbrett. Befindet sich nur eine einzige Wohnung in jedem Geschoss, dann genügt neben der postalischen Anschrift die Angabe des Geschosses, in der sich die Wohnung befindet (LG Hannover WuM 1978, 9). Die Angabe des Namens des Wohnungsmieters der Vergleichswohnung ist nicht zwingend erforderlich (BGH RE 1982, 2867; LG Berlin WuM 1985, 306; aA wohl BVerfG NJW-RR 1993, 1485; NJW 1989, 969; LG Berlin GE 1993, 49; ZMR 1992, 62). Wenn die Vergleichswohnungen in einem Mieterhöhungsverlangen jedoch nicht unverwechselbar beschrieben sind, sondern vielmehr mindestens zwei Wohnungen in einem Wohnhaus in Betracht kommen, reichen diese Angaben nicht aus. Ist eine Wohnung nicht auffindbar, dann gilt sie als nicht benannt (LG Kaiserslautern ZMR 1986, 363; AG Karlsruhe WuM 1990, 222). Deshalb reicht in diesem Fall noch nicht einmal die Angabe des Vermieters, selbst wenn dessen Anschrift mit angegeben wird, weil hierdurch die Wohnung, auf die es allein ankommt, nicht aufgefunden werden kann. Dem Mieter ist nach dem Gesetzeswortlaut nicht zuzumuten, über den Vermieter der Vergleichswohnung erst deren Lage zu ermitteln. Immer dann, wenn also unter der Lagebezeichnung mehr als eine Wohnung aufzufinden ist, muss der Vermieter auch den Namen des Mieters der Vergleichswohnung mit angeben (LG Kaiserslautern ZMR 1986, 363).

29. Zur Herstellung der Vergleichbarkeit ist die **Kenntnis der Quadratmetermiete** von entscheidender Bedeutung. Die absolute Miethöhe zweier Wohnungen wäre nur dann aussagekräftig, wenn die Wohnungen exakt gleich groß sind. Da dies aber nur ganz ausnahmsweise der Fall ist, kann der Vergleich nur über die Quadratmetermiete erfolgen. Der Vermieter muss deshalb in der Regel die Quadratmetermiete, die in der Vergleichswohnung gezahlt wird, angeben (BVerfGE 49, 244 [250]; 53, 352 [359 f.]; BVerfG NJW-

RR 1993, 1485; LG Berlin GE 1993, 49; LG Berlin ZMR 1992, 62; Bub/Treier/*Schultz* III. A 435). Die Höhe der für die Wohnung gezahlten Betriebskosten müssen nicht angegeben werden (BVerfG WuM 1982, 146), obwohl der Mieter hieran durchaus ein Interesse haben kann, da über die Höhe der Heizkosten zB auf die Wärmedämmung geschlossen werden kann.

30. Bei der **prozessualen Durchsetzung** des Zustimmungsanspruchs muss danach unterschieden werden, ob es um die Feststellung der Wirksamkeit des Erhöhungsverlangens geht oder um die Zulässigkeit der Zustimmungsklage. Nur ein formell wirksames Mieterhöhungsverlangen löst die Überlegungsfrist aus, was wiederum eine besondere Sachentscheidungsvoraussetzung für die Zustimmungsklage ist. Dies setzt bei der Begründung mit Vergleichswohnungen zum einen voraus, dass die Angaben im Mieterhöhungsverlangen ausreichend und wahr sind. Außerdem setzt ein wirksames Mieterhöhungsverlangen voraus, dass mindestens drei Vergleichswohnungen unter Berücksichtigung einer **Gesamtschau der Wohnwertmerkmale** mit der Vertragswohnung vergleichbar sind. An die „Vergleichbarkeit" der zur Begründung eines Mieterhöhungsverlangens genannten Wohnungen zu stellenden Anforderungen ist ein großzügiger Maßstab anzulegen. Eine Übereinstimmung oder gar „Identität" in allen wesentlichen Wohnwertmerkmalen ist nicht erforderlich (BGH NZM 2014, 747). Die bestehende Vergleichbarkeit wird vom Vermieter durch Angabe dieser Wohnungen gerade behauptet und zwar selbst bei fehlendem ausdrücklichem Sachvortrag zumindest konkludent. Bestreitet der Mieter im Zustimmungsverfahren die Vergleichbarkeit, so muss über die Frage der Vergleichbarkeit Beweis erhoben werden. Einfaches Bestreiten genügt hier aber nicht, da den Mieter eine Informationspflicht trifft. Er muss sich erkundigen, ob die Vergleichswohnungen vergleichbar sind. Die Beweislast trägt, da ein wirksames Mieterhöhungsverlangen Zulässigkeitsvoraussetzungen für die Zustimmungsklage ist, der Vermieter (AG Karlsruhe WuM 1990, 222). Soweit es um die Feststellung der ortsüblichen Vergleichsmiete geht, sind die mindestens drei Wohnungen, die der Vermieter im Mieterhöhungsverlangen angegeben hat, kein Beweismittel. Es muss klar unterschieden werden zwischen der Begründung des Mieterhöhungsverlangens und der Feststellung der ortsüblichen Vergleichsmiete. Letztere muss das Gericht unter Ausschöpfung aller zivilprozessual zulässigen Beweismittel ermitteln. Eine Beschränkung auf die vom Vermieter im Erhöhungsverlangen gewählten Begründungsmittel findet nicht statt (LG Essen WuM 1991, 120; LG Hamburg WuM 1990, 31).

31. Das Mieterhöhungsverlangen ist wirksam bis zur dritthöchsten Vergleichsmiete. Gibt er weitere Mieten an, die niedriger als die verlangte Miete sind, rechtfertigt dies keine andere Beurteilung und macht das Erhöhungsverlangen weder insgesamt noch teilweise unwirksam (BGH NZM 2012, 415).

32. Die **Mietstruktur**, also die Frage, inwieweit der Mieter neben der vereinbarten Miete noch Vorauszahlungen oder Pauschalen auf bestimmte Betriebskostenarten zu zahlen hat, ist kein gesetzlich vorgesehenes Vergleichskriterium oder Wohnwertmerkmal. Die Wirksamkeit des Mieterhöhungsverlangens nach § 558a BGB hängt deshalb nicht davon ab, dass im Falle einer Inklusiv-, Pauschal- oder Gesamtmiete oder einer Teilpauschalmiete der Vermieter den als Grund- oder Nettomiete von allen Nebenkosten bereinigten Mietanteil rechnerisch ermittelt und sein auf § 558 BGB gestütztes Erhöhungsverlangen auf den so errechneten Netto-Mietanteil ausrichtet und begrenzt.

33. Soll auf der **Grundlage von Nettovergleichsmieten** eine Inklusiv- oder Teilinklusivmiete bis zur ortsüblichen Vergleichsmiete erhöht werden, so kann das Entgelt im Sinne des § 558 Abs. 1 BGB in der Weise festgestellt werden, dass zu den Nettowerten ein Zuschlag in Höhe der tatsächlichen auf die Wohnung entfallenden Betriebskosten, soweit sie den Rahmen des Üblichen nicht überschreiten, hinzugerechnet wird. Durch diese Berechnung wird erst die Vergleichbarkeit hergestellt, so dass es sich nicht um einen unzulässigen Zuschlag handelt (OLG Stuttgart RE NJW 1983, 2329; OLG Hamm RE NJW-RR 1993, 398; KG RE NZM 1998, 68; LG Mannheim WuM 1991, 594; LG Stade WuM 1988, 279; LG Karlsruhe DWW 1988, 146; LG Karlsruhe WuM 1985, 328; AG Dortmund DWW 1989, 367). Der Zuschlag zu den Werten des Netto-Mietspiegels ist der Art zu berechnen, dass die konkreten auf die Wohnung entfallenden Betriebskosten (BGH WuM 2007, 707 = MietPrax-AK § 558a BGB Nr. 11; NZM 2007, 594 = MietPrax-AK § 558 BGB Nr. 14; NZM 2006, 101 = MietPrax-AK § 558a BGB Nr. 8; NZM 2006, 864 = MietPrax-AK § 558a BGB Nr. 10) ermittelt werden soweit sie nicht Betriebskostenarten betreffen, für die der Mieter gesonderte Vorauszahlungen oder eine Pauschale zahlt. Bei der Ermittlung des Zuschlags werden die maßgeblichen Kosten pro Jahr auf den m^2/Monat umgerechnet und dieser Wert dann zu den m^2-Mieten des Mietspiegels hinzugerechnet. Maßgeblich sind die Betriebskosten zum Zeitpunkt der Abgabe des Mieterhöhungsverlangens, nicht die zum Zeitpunkt der letzten Mieterhöhung oder zum Wirkungszeitpunkt der Mieterhöhung oder gar zum Abschluss des Mietvertrages. Da die Betriebskosten zu einem bestimmten Stichtag, nämlich dem zum Zeitpunkt der Abgabe des Mieterhöhungsverlangens von Bedeutung sind, kommt es auch nicht darauf an, ob die Betriebskosten gestiegen sind. Es findet bei dieser Art der Berechnung anders als bei der Mieterhöhung nach § 560 BGB kein Vergleich zwischen zwei Stichtagen statt.

34. **Nicht behebbare Mängel** sind bei der Beschaffenheit negativ zu berücksichtigen (LG Saarbrücken WuM 1989, 578 für Gaststättenlärm). Demgegenüber haben **behebbare Mängel** bei der Mieterhöhung für die Bemessung der Miete keine Bedeutung (OLG Stuttgart RE NJW 1981, 2365 (zu § 5 WiStrG); LG Braunschweig WuM 1989, 578; LG Hamburg WuM 1991, 593; AG Kassel WuM 1992, 137; OLG Düsseldorf WuM 1994, 324, 325; AG Waldbroel WuM 1997, 562).

35. Dem Mieter stehen gegenüber dem Zustimmungsanspruch des Vermieters **keine Zurückbehaltungsrechte** gem. § 273 BGB zu (OLG Frankfurt RE NZM 1999, 795). Die Gewährung eines Zurückbehaltungsrechts soll dazu dienen, auf den Forderungsinhaber einzuwirken, damit dieser Ansprüche des Schuldners erfüllt, da ihm ansonsten Rechtsnachteile erwachsen. Wirkt sich aber wie im Fall des § 558 BGB, das Zurückbehaltungsrecht überhaupt nicht nachteilig auf den Forderungsinhaber aus, dann besteht kein Bedürfnis für die Gewährung eines Zurückbehaltungsrechts. Das Zustimmungsverfahren soll erst zukünftige Ansprüche auf eine höhere Miete schaffen, gegen die dann ein Zurückbehaltungsrecht ausgeübt werden kann. Deshalb besteht auf Grund der Natur des Zustimmungsanspruchs kein Zurückbehaltungsrecht (LG Hamburg WuM 1991, 593; LG Konstanz WuM 1991, 279; LG Berlin MM 1991, 330; WuM 1985, 331; AG Charlottenburg GE 1994, 1319; AG Kassel WuM 1992, 137; AG Kempen ZMR 1992, 453; AG Hamburg-Altona (314) WuM 1991, 279; *Mutter* ZHMR 1992, 185). Die Anwendung des § 320 BGB auf den Zustimmungsanspruch scheitert daran, dass die Zustimmungsverpflichtung keine Hauptleistung im Gegenseitigkeitsverhältnis ist (AG Kassel WuM 1992, 137).

36. Die Berechnung der Kappungsgrenze ist eine Kontrollrechnung. Dazu muss auf die Miete drei Jahre vor Wirksamwerden der jetzt neu verlangten Miete 20 % aufgeschlagen werden, um die neue maximal mögliche zulässige Miete zu ermitteln. Ferner sind alle Mieterhöhungen nach den §§ 559, 560 BGB die innerhalb dieses Dreijahreszeitraums erfolgt sind, hinzuzurechnen.

37. Die Kappungsgrenze beträgt grds. 20 %. Seit 1.5.2013 hat der Bundesgesetzgeber jedoch den Ländern gestattet durch Rechtsverordnung Gemeinden oder Gemeindeteile festzulegen, in denen die Kappungsgrenze nur 15 % beträgt. Voraussetzung hier ist, dass die ausreichende Versorgung der Bevölkerung mit Mietwohnungen zu angemessenen

Bedingungen in einer Gemeinde oder einem Teil einer Gemeinde besonders gefährdet ist. Die Voraussetzungen entsprechen insofern der Ermächtigungsgrundlage des § 577a Abs. 2 BGB. Danach können die Landesregierungen die Kündigungssperrfrist innerhalb derer in Eigentumswohnungen umgewandelte Mietwohnungen vom Erwerber nicht gekündigt werden dürfen von drei auf bis zehn Jahre verlängern. Zur Kontrolle solcher Verordnungen durch die Zivilgerichte → Form. B. II. 35 Anm. 32.

39. Klage auf Auskunft bezüglich Fehlbelegungsabgabe bzw. Ausgleichszahlungen gemäß §§ 34 bis 37 des Wohnraumförderungsgesetzes gemäß § 558 Abs. 4 BGB

An das

Amtsgericht[1]. . . . .

Klage

des[2]. . . . .

– Kläger –

Prozessbevollmächtigter:[3]. . . . .

gegen

Herrn/Frau[4]. . . . .

– Beklagte –

wegen: Auskunft auf Grund eines Wohnraummietvertrages

Streitwert: . . . . .[5]

Namens und mit Vollmacht des Klägers erhebe ich Klage gegen den Beklagten und werde beantragen:[6]

1. Die Beklagten werden gesamtschuldnerisch verurteilt, dem Kläger Auskunft[7] darüber zu erteilen,
   a) ob sie verpflichtet[8] sind, für die Wohnung . . . . . str . . . . . . in . . . . . Etage . . . . . im Monat . . . . . 200 . . . . . nach den Vorschriften des AFWoG eine Fehlbelegungs- abgabe oder nach den §§ 34 bis 37 des Wohnraumförderungsgesetzes eine Aus- gleichzahlung zu zahlen und
   b) wie hoch die geschuldete Fehlbelegungsabgabe bzw. Ausgleichzahlung war.[9]
2. Die Beklagten tragen die Kosten des Rechtsstreits.[10]
3. Das Urteil ist vorläufig vollstreckbar.[11]

Ich beantrage ferner,

1. soweit das Gericht das Verfahren nach § 495a ZPO[12] betreiben will, die Durch- führung einer mündlichen Verhandlung;
2. soweit das Gericht ein schriftliches Vorverfahren anordnet und der/die Beklagte(n) seine/ihre Verteidigungsbereitschaft nicht rechtzeitig anzeigen sollten, den Erlass eines Versäumnisurteils.

Ferner teile ich mit, dass

1. ein außergerichtlicher Einigungsversuch bisher nicht stattgefunden hat[13]

2. ein solcher Versuch erscheint zurzeit auch nicht aussichtslos.[14]

Begründung:

Der Kläger hat den Beklagten mit Mietvertrag vom . . . . . die im Rubrum näher bezeichnete Wohnung[15] auf unbestimmte Zeit vermietet. Die Wohnung ist unter Verwendung von öffentlichen Fördermitteln finanziert worden. Für sie galten und gelten deshalb die Vorschriften des WoBindG (*alternativ:* des Wohnraumförderungsgesetzes). Die Beklagten schulden deshalb nur die preisrechtlich zulässige Kostenmiete.

Beweis: In der Anlage überreichte Kopie des Mietvertrages

Für die Wohnung endet Ende des laufenden Jahres die Eigenschaft „öffentlich gefördert" da die Darlehensmittel planmäßig nach den Tilgungsbedingungen zurückgezahlt wurden. Die Wohnung gilt demnach ab 1. 1. 201 . . . . . nicht mehr als öffentlich gefördert.[16]

Beweis: anliegende Bestätigung gem. § 18 WoBindG[17]

Die augenblicklich geschuldete Kostenmiete beläuft sich auf . . . . ./m². Ab kommendem Jahr kann der Kläger von den Beklagten die Zustimmung zu einer Mieterhöhung bis zur ortsüblichen Vergleichsmiete verlangen. Diese beträgt für das Gemeindegebiet nach dem gültigen Mietspiegel zurzeit ca . . . . . . EUR/m².

Beweis: Vorlage des Mietspiegels

Da eine Mieterhöhung unter Umständen durch die Kappungsgrenze gem. § 558 Abs. 3 BGB begrenzt werden könnte, hat der Kläger die Beklagten mit Schreiben vom . . . . .[18] aufgefordert Auskunft über die Höhe der von ihnen an die Gemeinde gezahlte Fehlbelegungsabgabe nach den Vorschriften des AFWoG (*alternativ:* Ausgleichszahlung nach den §§ 34–37 Wohnungsbaureformgesetz) zu erteilen.

Beweis: in der Anlage überreichte Kopie des Schreibens vom . . . . .

Die Beklagten haben dem Kläger in der Vergangenheit mehrfach Formulare übersandt, in denen der Kläger Angaben zur Miethöhe und zur Wohnung zwecks Vorlage bei der Gemeinde machen musste. Da die Beklagten beide berufstätig sind, kann der Kläger nur vermuten, dass ihr Einkommen die zulässigen Einkommensgrenzen des sozialen Wohnungsbaus inzwischen überschreitet und dass die Formulare zur Festsetzung der Fehlbelegungsabgabe vorgelegt werden mussten.

Dem Kläger steht deshalb ein Anspruch auf Erteilung der verlangten Auskunft gem. § 558 Abs. 4 BGB zu. Die Beklagten haben innerhalb der Monatsfrist[19] keine Auskunft erteilt und auf das Schreiben gar nicht reagiert.

Rechtsanwalt[20]

Anmerkungen

1. Die sachliche Zuständigkeit für Wohnraummietsachen ergibt sich aus § 23 Ziff. 2 a) GVG. Danach sind die Amtsgerichte ohne Rücksicht auf den Wert des Streitgegenstandes ausschließlich zuständig für Streitigkeiten über Ansprüche aus einem Mietverhältnis über Wohnraum. Hierzu zählt auch die Auskunftsklagen gem. § 558 BGB zwingend, da die Vorschrift gem. § 549 BGB nur auf Wohnraummietverhältnisse Anwendung findet. Die örtliche Zuständigkeit ergibt sich aus § 29a ZPO, wonach jeweils das Amtsgericht, in dessen Bezirk sich die gemietete Wohnung befindet, zuständig ist. Auch dies ist eine ausschließliche Zuständigkeit, so dass eine Zuständigkeit eines anderen Gerichts weder durch rügelose Einlassung gem. § 39 ZPO noch durch eine Gerichtsstandsvereinbarung gem. § 40 ZPO begründet werden kann (OLG Frankfurt MDR 1979, 851; LG München ZMR 1987, 271). Eine Verweisung unter Verstoß gegen diese bindenden Zuständigkeitsregelungen ist unbeachtlich (LG München ZMR 1987, 271; BLAH/*Hartmann* § 29a Rn. 13). Ob die allgemeine Zivilabteilung oder die Mietabteilung zuständig ist, ist eine Frage der internen Geschäftsverteilung des Gerichts. Die Klage muss nur an das Amtsgericht, nicht an die zuständige Abteilung adressiert sein.

2. Die Klage muss von allen Vermietern erhoben werden. Auch in diesem Fall, muss die Klage von beiden Ehepartnern erhoben werden. Bei einer Personenmehrheit als Vermieter liegt ein Fall der **notwendigen Streitgenossenschaft** auf Klägerseite vor. Entscheidend ist die Vermietereigenschaft zum Zeitpunkt der Rechtshängigkeit.

3. Für das erstinstanzliche Verfahren besteht kein Anwaltszwang.

4. Die Auskunftsklage kann gegen alle Mieter gerichtet werden. Die Auskunft ist erteilt, wenn ein Mieter die erforderlichen Angaben macht. Insofern sind die Mieter Gesamtschuldner. Die Auskunft ist eine **Wissenserklärung** und keine Willenserklärung, die unteilbar wäre und nur gemeinsam abgegeben werden kann.

5. Da die Angabe des **Streitwertes** an dieser Stelle nur der Gebührenberechnung dienen muss, da das Amtsgericht unabhängig vom Streitwert ausschließlich zuständig ist, sollte hier der Gebührenstreitwert angegeben werden. Der Streitwert der Auskunftsklage beträgt ein Bruchteil des Interesses an der Rechtsfolge. Hier geht es um eine Mieterhöhung, für die § 16 Abs. 5 GKG bereits eine Beschränkung auf den Jahresdifferenzbetrag angeordnet hat. Da eine Mieterhöhung auch ohne die Auskunft bis zu 20 % möglich wäre, wenn die ortsübliche Vergleichsmiete entsprechend hoch ist, besteht das Interesse des Vermieters nur hinsichtlich des Differenzbetrages zwischen einer Erhöhung von 20 % bis zur ortsüblichen Vergleichsmiete. Der Streitwert errechnet sich deshalb aus der Höhe der ortsüblichen Vergleichsmiete abzüglich der um 20 % erhöhten Mieten von 3 Jahren. Da es sich nicht um die Zahlungsklage sondern um eine Vorstufe handelt, ist dieser Monatsdifferenzbetrag nur für ca. 6 Monate in Ansatz zu bringen.

6. Die Auskunftsklage kann nicht mit einer Zustimmungsklage gemäß § 558b BGB verbunden werden. Hierfür könnte zwar ein gewisses Beschleunigungsinteresse sprechen, da bei einem Mieter, der schon die Auskunft nicht erteilt, befürchtet werden könnte, dass er auch die Zustimmung zur Mieterhöhung nicht erteilt (so *Beuermann* GE 1994, 1076). Diese Argumentation übersieht aber, dass das Mieterhöhungsverfahren ein formales Verfahren ist. Zulässigkeitsvoraussetzung für eine Zustimmungsklage ist ein formal gültiges Mieterhöhungsverlangen. Gerade dies vorgeschaltete Mieterhöhungsverlangen soll eine außergerichtliche Streitschlichtung fördern.

7. Die Auskunft ist eine Wissenserklärung (MüKoBGB/*Keller* § 260 Rn. 51). Sie ist grundsätzlich schriftlich zu erteilen (Palandt/*Heinrichs* § 260 Rn. 20; MüKoBGB/*Keller* § 260 Rn. 51 mwN; aA *Blank* WuM 1993, 506).

8. Der Mieter muss dem Vermieter die Höhe der zuletzt zu entrichtenden **Fehlbelegungsabgabe** bzw. Ausgleichszahlungen, d.h. derjenigen, die zum Zeitpunkt des Zugangs des Auskunftsverlangens zu zahlen war, mitteilen. Dabei kommt es nicht darauf an, was der Mieter tatsächlich gezahlt hat, sondern auf den Betrag, zu dessen Zahlung er gesetzlich verpflichtet ist. Problematisch kann dies in den Fällen sein, in denen der Mieter zunächst auf Grund eines angefochtenen Bescheids eine höhere Ausgleichszahlung erbringen muss, da sein Rechtsbehelf keine aufschiebende Wirkung hat, und später eine niedrigere Zahlungsverpflichtung im Rechtsbehelfsverfahren festgestellt wird. Hier muss der Mieter zunächst die tatsächlich gezahlte und zu diesem Zeitpunkt ja auch geschuldete höhere Abgabe angeben, und zwar ggf. mit einem entsprechenden Hinweis auf das Rechtsbehelfsverfahren. Der Vermieter kann die Zustimmung zu einer Mieterhöhung zu verlangen, die von der ursprünglich gezahlten höheren Abgabe bei der Berechnung der Kappungsgrenze ausgeht. Der Mieter kann seine Zustimmung unter der auflösenden Bedingung erteilen, dass die Fehlbelegungsabgabe in dieser Höhe bestandskräftig wird (hierzu *Börstinghaus*, Miethöhe-Handbuch, 2009, Kap. 5 Rn. 177).

9. Nach § 558 Abs. 4 BGB steht dem Vermieter nur ein Auskunftsanspruch gegenüber dem Mieter zu. Dem Vermieter steht kein **Anspruch auf Vorlage von Belegen**, insbesondere einer Kopie des Bescheides über die Fehlbelegungsabgabe zu. Auskunft und Belegvorlage sind gesetzlich zwei verschiedene Dinge. Soweit das Gesetz eine Verpflichtung zur Vorlage von Belegen anordnet, ist dies jeweils speziell neben der Auskunftspflicht angeordnet worden, zB in den §§ 666, 1605 Abs. 1 S. 2 BGB. Auch beim allgemeinen Auskunftsanspruch, der aus § 242 BGB hergeleitet wird, besteht keine Verpflichtung zur Vorlage von Belegen. Hinzu kommt hier noch, dass sich aus dem Bescheid über die Verpflichtung zur Zahlung einer Fehlbelegungsabgabe auch noch andere Angaben, wie zum Beispiel die Höhe des anrechenbaren Einkommens sowie die Anzahl der berücksichtigten Haushaltsangehörigen, ermitteln lassen. Auf diese Informationen hat der Vermieter keinen Anspruch.

10. Es ist nicht erforderlich, im Kostenausspruch die gesamtschuldnerische Haftung für die Kosten auszusprechen, § 100 Abs. 4 ZPO.

11. Das Urteil ist auch in der Hauptsache für vorläufig vollstreckbar zu erklären. Es handelt sich um ein Leistungsurteil auf Abgabe einer Wissenserklärung. Das Urteil ist gemäß § 708 Ziff. 7 ZPO ohne Sicherheitsleistung für vorläufig vollstreckbar zu erklären. Eine Abwendungsbefugnis gem. § 711 ZPO scheidet gem. § 713 ZPO aus, da der Rechtsmittelstreitwert regelmäßig nicht erreicht werden wird.

12. Bis zu einem Streitwert von 600,– EUR kann das Gericht gem. § 495a ZPO das Verfahren nach billigem Ermessen gestalten. Es muss in diesem Fall nur dann eine mündliche Verhandlung durchführen, wenn eine Partei dies ausdrücklich beantragt hat. Ferner kann das Urteil bei dieser Verfahrensweise gem. § 313a Abs. 1 S. 1 ZPO ohne Tatbestand abgefasst werden und die Entscheidungsgründe können ins Protokoll diktiert werden. Der Streitwert, nach dem sich entscheidet, ob diese Verfahrensweise zulässig ist oder nicht, ist nicht der Gebührenstreitwert, sondern der Zuständigkeitsstreit- oder Rechtsmittelstreitwert. Dies ergibt sich daraus, dass diese Verfahrensart auf die Verfahren beschränkt ist, bei denen das Amtsgericht abschließend entscheidet. In Verfahren, in denen das Landgericht zweitinstanzlich mit der Sache befasst werden kann, muss eine überprüfbare Entscheidung mit Tatbestand und Entscheidungsgründen vorliegen. Zur Wertberechnung dienen hier ausschließlich die allgemeinen Wertvorschriften der §§ 3 und 9 ZPO. Auch für die Streitwertberechnung im Rahmen des § 495a ist die Vorschrift des § 9 ZPO entsprechend anwendbar, da es sich letztendlich auch bei der Auskunftsklage um eine Klage handelt, die zu einer wiederkehrenden Leistungsverpflichtung führt. Maßgeblich ist deshalb der 42-fache zusätzliche Erhöhungsbetrag (→ Anm. 5; BVerfG NJW 1996, 1531). Ggf. kann gegen ein entsprechendes Urteil eine Rügeschrift gem. § 321a ZPO wegen Verletzung des Anspruchs auf rechtliches Gehör eingereicht werden.

13. Gem. § 15a EGZPO und den verschiedenen landesgesetzlichen Ausführungsgesetzen ist eine vorgerichtliche Schlichtung erforderlich.

14. Gem. § 278 ZPO geht der mündlichen Verhandlung zum Zwecke der gütlichen Beilegung des Rechtsstreits eine **Güteverhandlung** voraus. Dies gilt dann nicht, wenn eine Güteverhandlung erkennbar aussichtslos ist.

15. § 558 BGB ist gemäß § 549 BGB grundsätzlich nur anwendbar auf „**Mietverhältnisse über Wohnraum**". Es muss also ein Mietvertrag vorliegen, dessen Gegenstand die Überlassung von Wohnraum ist. Wohnraummiete liegt vor, wenn Räumlichkeiten auf Grund eines Vertrages entgeltlich zum Zwecke des privaten Aufenthalts des Mieters oder Angehöriger überlassen werden. Zu den näheren Einzelheiten → Form. B. II. 18 Anm. 14.

16. Die **Preisbindung** endet grundsätzlich mit Ablauf des Jahres, in dem die öffentlichen Mittel vollständig zurückgezahlt wurden, § 15 WoBindG. Werden die Mittel freiwillig vorzeitig zurückgezahlt, so endet die Preisbindung nunmehr grundsätzlich mit Ablauf des 10. Jahres nach dem Kalenderjahr, in dem die Mittel zurückgezahlt wurden, § 16 Wo-BindG, es sei denn die Bindung wäre planmäßig früher entfallen; dann gilt dieser frühere Termin (OLG Düsseldorf WuM 1994, 614). Die Frist ist in der Vergangenheit mehrfach geändert worden. Bei einer Minimalförderung von nicht mehr als 3000,– DM oder bei einer Wohnung, die zum Zeitpunkt der Rückzahlung nicht vermietet war (OVG Münster NJW-RR 1986, 377) oder deren Mieter die fortlaufende Wohnberechtigung nicht mehr nachweisen kann (*Beuermann*, Miete und Mieterhöhung bei preisfreiem Wohnraum, 2. Aufl., § 10 Rn. 40) entfällt die Nachwirkungsfrist ganz, es sei denn, es handelt sich um eine Gemeinde für die durch LandesVO festgestellt ist, dass dort ein erhöhter Wohnbedarf besteht. Nach § 16 Abs. 3 S. 1 Nr. 2 WoBindG gilt eine Wohnung, bei der die als Darlehen bewilligten öffentlichen Mittel vorzeitig zurückgezahlt worden sind, längstens bis zur Beendigung des Mietverhältnisses als öffentlich gefördert, wenn sie im Zeitpunkt der Rückzahlung vermietet war; weitere Voraussetzungen sind dafür nicht erforderlich, insbesondere bedarf es nicht der Durchführung des sog. „Aufforderungsverfahrens" gem. § 16 Abs. 3 WoBindG (OVG Münster NJW-RR 1986, 377), wonach der derzeitige Mieter seine Wohnberechtigung nachzuweisen hat. Bei einer Zwangsversteigerung des Grundstücks gelten gem. § 17 WoBindG die Wohnungen, für die öffentliche Mittel als Darlehen bewilligt worden sind, bis zum Ablauf des dritten Kalenderjahres nach dem Kalenderjahr, in dem der Zuschlag erteilt worden ist, als öffentlich gefördert, sofern die wegen der öffentlichen Mittel begründeten Grundpfandrechte mit dem Zuschlag erlöschen.

17. Gem. § 18 WoBinG hat die zuständige Verwaltungsstelle dem Verfügungsberechtigten schriftlich zu bestätigen, von welchem Zeitpunkt an die Wohnung nicht mehr als öffentlich gefördert gilt. Die Bestätigung ist in tatsächlicher und rechtlicher Hinsicht verbindlich.

18. Der **Auskunftsanspruch** kann frühestens 4 Monate vor Wegfall der öffentlichen Bindung geltend gemacht werden, § 558 Abs. 4 S. 2 BGB.

19. Die Auskunft ist vom Mieter binnen **Monatsfrist** nach Zugang des Auskunftsverlangens zu erteilen, § 558 Abs. 4 S. 2 BGB. Der Vermieter kann den Mieter erst nach Ablauf der einmonatigen Auskunftsfrist, also drei Monate vor Ablauf der Sozialbindung auf Auskunft verklagen. Eine frühere Klage kann allenfalls dann in Betracht kommen, wenn der Mieter bereits vorher seine generelle Auskunftpflicht verneint. Der Auskunftsanspruch ist erfüllt und eine Klage unbegründet, wenn der Mieter die Auskunft erteilt hat. Dabei kann der Inhalt einer Auskunft auch darin bestehen, dass der Schuldner einen auskunftpflichtigen Tatbestand verneint (Palandt/*Heinrichs* § 261 Rn. 20), also mitteilt, keine Fehlbelegungsabgabe zu zahlen. Hat der Vermieter lediglich Zweifel an der Richtigkeit der Auskunft, ist eine Auskunftsklage unbegründet. In Betracht kommt in diesem Fall allenfalls ein Anspruch auf Abgabe der eidesstattlichen Versicherung entsprechend §§ 260 Abs. 2 iVm 261 BGB. Soweit § 259 Abs. 3 BGB in Fällen geringer Bedeutung diesen

Anspruch ausschließt, dürfte dies wegen der uU weit in die Zukunft reichenden Folgen einer Mieterhöhung nicht einschlägig sein.

20. Ist Klägerin eine juristische Person, zB eine GmbH, eine Aktiengesellschaft, eine Genossenschaft oder ein eingetragener Verein, muss die Zustimmungsklage von dem vertretungsberechtigten Organ stammen. Insofern sind die gesellschaftsrechtlichen Vorschriften maßgeblich. So muss die Klage auf Zustimmung zur Mieterhöhung, die eine AktG als Vermieter erhebt, von einem Vorstandsmitglied der Aktiengesellschaft unterzeichnet sein (AG Coesfeld WuM 1993, 468).

40. Klage auf Schadensersatz wegen fehlender oder verspäteter Auskunft bezüglich Fehlbelegungsabgabe bzw. Ausgleichszahlungen gemäß §§ 34 bis 37 des Wohnraumförderungsgesetzes gemäß § 558 Abs. 4 BGB

An das

Amtsgericht[1] . . . . .

Klage

des[2] . . . . .

– Kläger –

Prozessbevollmächtigter:[3] . . . . .

gegen

Herrn/Frau[4]

– Beklagte –

wegen: Schadensersatz aus einem Wohnraummietvertrag

Streitwert: . . . . .[5]

Namens und mit Vollmacht des Klägers erhebe ich Klage gegen den Beklagten und werde beantragen:[6]

1. Die Beklagten werden verurteilt, über die bereits erfolgte Erhöhung der Nettomiete ab 1 . . . . . 20 . . . . . auf . . . . . EUR hinaus einer weiteren Erhöhung der Nettomiete für die Wohnung . . . . . str . . . . . . in . . . . . Etage . . . . . auf . . . . . EUR[7] ab 1 . . . . . . 20 . . . . . zuzustimmen.
2. *Hilfsweise:*[8]
   1. Die Beklagten werden als Gesamtschuldner verurteilt, an den Kläger . . . . . nebst Zinsen in Höhe von 5 Prozentpunkten über dem Basiszinssatz aus jeweils . . . . . EUR seit dem 5 . . . . . . 20 . . . . ., 5 . . . . . . 20 . . . . ., 5 . . . . . 20 . . . . . zu zahlen.
   2. Die Beklagten werden als Gesamtschuldner weiter verurteilt, jeweils am 5. eines Monats beginnend mit dem 5 . . . . . . 20 . . . . . am den Kläger . . . . . nebst Zinsen in Höhe von 5 Prozentpunkten über dem Basiszinssatz jeweils seit diesen Tagen zu zahlen.
   Äußerst hilfsweise:
   Es wird festgestellt, dass die Beklagten als Gesamtschuldner verpflichtet sind, dem Kläger sämtlichen Schaden, der aus der nicht fristgerecht erteilten Auskunft über

die Zahlung einer Fehlbelegungsabgabe für die Wohnung . . . . . -str . . . . . . in . . . . .
Etage . . . . . ab . . . . . entsteht, zu ersetzen.[9]

3. Die Beklagten tragen die Kosten des Rechtsstreits.[9]

4. Das Urteil ist vorläufig vollstreckbar.[10]

Ich beantrage ferner,

1. soweit das Gericht das Verfahren nach § 495a ZPO[11] betreiben will, die Durchführung einer mündlichen Verhandlung;

2. soweit das Gericht ein schriftliches Vorverfahren anordnet und der/die Beklagte(n) seine/ihre Verteidigungsbereitschaft nicht rechtzeitig anzeigen sollten, den Erlass eines Versäumnisurteils;

3. für den Fall, dass das Gericht die Klage abweisen sollte, die Berufung zuzulassen.

Ferner teile ich mit, dass

1. ein außergerichtlicher Einigungsversuch bisher nicht stattgefunden hat[12]

2. ein solcher Versuch erscheint zurzeit auch nicht aussichtslos.[13]

Begründung:

Der Kläger hat den Beklagten mit Mietvertrag vom . . . . . die im Rubrum näher bezeichnete . . . . . m^2 große Wohnung auf unbestimmte Zeit vermietet. Die Wohnung ist unter Verwendung von öffentlichen Fördermitteln finanziert worden. Für sie galten deshalb bis zum 31. 12. des letzten Jahres die Vorschriften des WoBindG. Die Beklagte schuldete deshalb bis Ende letzten Jahres nur die preisrechtlich zulässige Kostenmiete.

Beweis: in der Anlage überreichte Kopie des Mietvertrages

Für die Wohnung endete Ende des letzten Jahres die Eigenschaft „öffentlich gefördert" da die Darlehensmittel in der Vergangenheit vorzeitig zurückgezahlt worden sind und die Nachwirkungsfrist am 31.12. ausgelaufen ist. Die Wohnung gilt demnach seit dem 1. Januar dieses Jahres nicht mehr als öffentlich gefördert.[14]

Beweis: anliegende Bestätigung gem. § 18 WoBindG[15]

Mit Schreiben vom . . . . .[16] hat der Kläger die Beklagten aufgefordert, Auskunft darüber zu erteilen, ob sie eine Fehlbelegungsabgabe nach den Vorschriften des AFWoG (*alternativ*: Ausgleichszahlung nach den §§ 34–37 Wohnungsbaureformgesetz) für die Wohnung an die Gemeinde zu zahlen haben und wenn ja, wie hoch dieser Betrag monatlich ist.

Beweis: in der Anlage überreichte Kopie des Schreibens vom . . . . .

Nachdem die Beklagten haben innerhalb der Monatsfrist[17] keine Auskunft erteilt hatten, hat der Kläger vor dem erkennenden Gericht Auskunftsklage[18] erhoben.

Beweis: Beiziehung der Akten des AG . . . . . zum Az . . . . . . C . . . . ./. . . . .

Um den Anspruch auf Mieterhöhung zum 1. 1. dieses Jahres wenigstens teilweise zu realisieren hat der Kläger den Beklagten im Oktober des vergangenen Jahres ein Mieterhöhungsverlangen nach § 558a BGB zukommen lassen.

Beweis: In der Anlage überreichte Kopie des Schreibens vom . . . . . 10. 20 . . . . .

In diesem Schreiben verlangte der Kläger von den Beklagten die Zustimmung zu einer Mieterhöhung auf . . . . . mit Wirkung ab 1. 1. 20 . . . . .[19]

Der Kläger hat dieses Mieterhöhungsverlangen mit dem (qualifizierten) Mietspiegel[20] für die Gemeinde . . . . . Stadt . . . . . begründet. Er hat die Wohnung dabei wie folgt eingruppiert:

Baualtersklasse: . . . . .

Lagerklasse: . . . . .

Ausstattungsklasse: . . . . .

Der in Bezug genommene Mietspiegel weist für diesen Wohnraum eine Mietzinsspanne von . . . . . EUR bis . . . . . EUR/pro m^2 aus. Die ortsübliche Miete beträgt . . . . . EUR/m^2, also für Wohnung insgesamt . . . . . EUR.

Die Miete übersteigt nicht die ortsübliche Vergleichsmiete.

Beweis: 1. Mietspiegel der Gemeinde
   2. Sachverständigengutachten

Wegen der Einzelheiten der Wohnungsausstattung und der weiteren Wohnwertmerkmale wird auf den Inhalt des Erhöhungsverlangens Bezug genommen. Sollte das Gericht dies für nicht ausreichend erachten, wird gem. § 139 Abs. 1 ZPO um einen entsprechenden Hinweis gebeten.

Der Kläger verlangte aber wegen der Kappungsgrenze[21] nur eine Zustimmung zu einer Erhöhung auf . . . . . EUR, das entspricht . . . . . EUR/m^2.

Die Kostenmiete drei Jahre vor Wirksamwerden des Mieterhöhungsverlangens, also am 1. Januar 20 . . . . . betrug für die Wohnung . . . . . EUR.[22] Unter Berücksichtigung der 20-prozentigen Kappungsgrenze schuldeten die Beklagten deshalb nur die Zustimmung zu der zunächst verlangten Mieterhöhung. Die Beklagten haben dieser Mieterhöhung konkludent zugestimmt, indem sie ab 1. Januar ständig die erhöhte Miete zahlten.

Beweis: Vorlage der Überweisungsbelege für Januar bis Mai diesen Jahres

Durch Versäumnisurteil des erkennenden Gerichts vom . . . . . wurden die Beklagten antragsgemäß zur Auskunftserteilung verurteilt.

Beweis: Beiziehung der Akten des AG . . . . . zum Az . . . . . . C . . . . ./. . . . .

Die Beklagten haben daraufhin am . . . . . dem Kläger schriftlich mitgeteilt, dass sie auf Grund des Bescheides der Gemeinde . . . . . bis Ende des letzten Jahres monatlich eine Fehlbelegungsabgabe von 2,50 EUR/m^2 zu zahlen hatten.

Beweis: In der Anlage überreichte Kopie des Schreibens der Beklagten vom . . . . .

Durch diese verspätete Auskunft ist dem Kläger ein Schaden entstanden, da er bei Kenntnis der Höhe der Fehlbelegungsabgabe von den Beklagten die Zustimmung zu einer Mieterhöhung bis zur ortsüblichen Vergleichsmiete hätte verlangen können.[23] Die bis 31. 12. 20 . . . . . geschuldete Kostenmiete betrug . . . . . EUR/m^2, die ortsübliche Vergleichsmiete am 1. 1. 20 . . . . . betrug . . . . . EUR/m^2, so dass der Erhöhungsanspruch gem. § 558 Abs. 4 BGB nicht durch die Kappungsgrenze beschränkt wurde.

Eine rückwirkende Mieterhöhung scheidet jedoch auf Grund der zwingenden Vorschriften der §§ 558 ff. BGB aus, eine neue Mieterhöhung für die Zukunft ist wegen der noch nicht abgelaufenen Jahressperrfrist nach § 558 Abs. 1 Satz 2 BGB unzulässig.

Die Beklagten schulden dem Kläger aber wegen der zunächst nicht und dann verspätet erteilten Auskunft Schadensersatz. Sie haben den Kläger so zu stellen, wie er gestanden hätte, wenn er die Information über die Höhe der Fehlbelegungsabgabe innerhalb eines Monats nach Zugang des Auskunftsverlangens bekommen hätte. In diesem Fall hätte er in dem Erhöhungsverlangen bereits die Zustimmung zu einer Mieterhöhung in Höhe von insgesamt . . . . . EUR statt nur . . . . . EUR verlangt. Monatlich ist dem Kläger dadurch ein Schaden von . . . . . EUR entstanden.[24]

Schadensersatz ist grundsätzlich in Form der Naturalrestitution zu leisten. Der Vermieter ist so zu stellen, als ob er die Zustimmung zu einer Vertragsänderung in der Form und zu dem Zeitpunkt erhalten hätte, wie sie ihm rechtlich auch zustand. Dies ist dann der Fall, wenn die Mieter rückwirkend eine Willenserklärung dahingehend abgeben, dass sie einer weiteren Vertragsänderung ab Ende der Preisbindung zustimmen.[25] Hierbei handelt es sich nicht um einen Anspruch auf Zustimmung nach § 558 BGB, sondern um einen Schadensersatzanspruch.[26] Mit Abgabe einer solchen Zustimmung zu einer rückwirkenden Mieterhöhung bzw. mit der rechtskräftigen Verurteilung hierzu ist der Vermieter dann ein für alle Mal so gestellt, als wenn er nach ordentlicher Auskunft durch den Mieter die Miete zum ersten möglichen Zeitpunkt unter Berücksichtigung der Auskunft erhöht hätte. Nur durch eine solche Naturalrestitution ist gewährleistet, dass für alle Zeiten in der Zukunft der Zustand hergestellt wird, der bei pflichtgemäßem Verhalten des Mieters geherrscht hätte, insbesondere tritt keine Schadenserhöhung wegen der Beachtung der Kappungsgrenzen in der Zukunft und wegen der Einhaltung der Jahressperrfristen ein.

Die Beklagten sind mit Schreiben vom . . . . . aufgefordert worden, einer entsprechenden Mietabänderungsvereinbarung zuzustimmen.

Beweis: In der Anlage überreichte Kopie des Schreibens vom . . . . . 20 . . . . .

Sie haben weder ausdrücklich zugestimmt noch Zahlung geleistet. Deshalb war diese Klage erforderlich.

Nur für den Fall, dass das Gericht einen Schadensersatzanspruch auf Naturalrestitution verneint, wird der bisher entstandene Schaden im Hilfsantrag beziffert. Ferner sind die Beklagten auch verpflichtet, die Mietdifferenz in der Zukunft als Schadensersatz zu leisten. Da sie ihre Verpflichtung zur Zahlung der ohne Einhaltung der Kappungsgrenze erhöhten Miete bestreiten, war auch eine Klage auf zukünftige Leistung zulässig.[27]

Nur für den Fall, dass das Gericht diese Klage auf zukünftige Leistung für unzulässig hält, wird äußerst hilfsweise der Feststellungsantrag bezüglich allen zukünftigen Schadens gestellt. Dieser Schaden kann letztendlich nur jeweils rückwirkend beziffert werden, da seine Höhe von der weiteren Entwicklung der ortsüblichen Vergleichsmiete abhängt. Nur wenn sie bekannt ist, kann auch festgestellt werden, ob weitere Mieterhöhungen wegen der Kappungsgrenze begrenzt werden.

Für den Fall, dass das Gericht die Klage aus Rechtsgründen abweist, wird ausdrücklich die Zulassung der Berufung gem. § 511 Abs. 4 ZPO beantragt, da die hier zu entscheidenden Fragen grundsätzliche Bedeutung haben und zur Fortbildung des Rechts vom Obergericht entschieden werden sollten.[29]

Rechtsanwalt[28]

Anmerkungen

1. Die **sachliche Zuständigkeit** für Wohnraummietsachen ergibt sich aus § 23 Ziff. 2 a) GVG. Danach sind die Amtsgerichte ohne Rücksicht auf den Wert des Streitgegenstandes ausschließlich zuständig für Streitigkeiten über Ansprüche aus einem Mietverhältnis über Wohnraum. Hierzu zählt auch die Schadensersatzklage gem. § 558 BGB zwingend, der die Vorschrift gem. § 549 BGB nur auf Wohnraummietverhältnisse Anwendung findet. Die örtliche Zuständigkeit ergibt sich aus § 29a ZPO, wonach jeweils das Amtsgericht, in dessen Bezirk sich die gemietete Wohnung befindet, zuständig ist. Auch dies ist eine ausschließliche Zuständigkeit, so dass eine Zuständigkeit eines anderen Gerichts weder durch rügelose Einlassung gem. § 39 ZPO noch durch eine Gerichtsstandsvereinbarung gem. § 40 ZPO begründet werden kann (OLG Frankfurt MDR 1979, 851; LG München ZMR 1987, 271). Eine Verweisung unter Verstoß gegen diese bindenden Zuständigkeitsregelungen ist unbeachtlich (LG München ZMR 1987, 271; BLAH/*Hartmann* § 29a Rn. 13). Ob die allgemeine Zivilabteilung oder die Mietabteilung zuständig ist, ist eine Frage der internen Geschäftsverteilung des Gerichts. Die Klage muss nur an das Amtsgericht, nicht an die zuständige Abteilung adressiert sein.

2. Die Klage muss von allen Vermietern erhoben werden. Dies gilt auch bei Eheleuten als Vermieter. Auch in diesem Fall, muss die Klage von beiden Ehepartnern erhoben werden. Bei einer Personenmehrheit als Vermieter liegt ein Fall der notwendigen Streitgenossenschaft auf Klägerseite vor. Entscheidend ist die Vermietereigenschaft zum Zeitpunkt der Rechtshängigkeit.

3. Für das erstinstanzliche Verfahren besteht kein Anwaltszwang.

4. Wenn, wie hier vorgeschlagen, **Schadensersatz in Form der Naturalrestitution** geltend gemacht wird, muss die Klage gegen alle Mieter gerichtet werden, die zum Zeitpunkt des schädigenden Ereignisses Mieter waren, also einen Monat nach Zugang des Auskunftsverlangens. Dies ergibt sich daraus, dass der Anspruch auf Abgabe einer einheitlichen Willenserklärung aller Mieter auf Abschluss einer Mietabänderungsvereinbarung gerichtet ist. Diese Erklärung können nur alle Mieter gemeinsam abgeben. Die Klage ist bei einer Personenmehrheit gegen alle Mieter zu richten. Dies folgt aus der gesamthänderischen Bindung der Mieter, die eine einheitliche Entscheidung erfordert. Die nur gegen einen oder einen Teil von mehreren Mietern desselben Mietverhältnisses erhobene Klage des Vermieters ist grundsätzlich unzulässig. Dies gilt auch in den Fällen, in denen die Mietvertragsparteien vereinbart haben, dass die Mieter zur Vornahme und Entgegennahme von Erklärungen als gegenseitig bevollmächtigt gelten. Es handelt sich um einen Fall der **notwendigen Streitgenossenschaft** gem. § 62 Abs. 1 Alt. 2 ZPO. Beide Mieter müssen zusammen die Erklärung abgeben und deshalb müssen auch beide verklagt werden.

Wird ein bezifferter Schadensersatzanspruch geltend gemacht, dann besteht auf Seiten der Mieter Gesamtschuldnerschaft. In diesem Fall kann die Klage auch nur gegen einen Mieter erhoben werden.

5. Da die Angabe des **Streitwertes** an dieser Stelle nur der Gebührenberechnung dienen muss, da das Amtsgericht unabhängig vom Streitwert ausschließlich zuständig ist, sollte hier der Gebührenstreitwert angegeben werden. Der Streitwert der Klage auf Schadensersatz in Form des Abschlusses einer Mietabänderungsvereinbarung ist entsprechend § 16 Abs. 5 GKG mit dem einjährigen Jahresdifferenzbetrag in Ansatz zu bringen. Der

Hilfsantrag ist für die Berechnung des Streitwertes erst dann von Bedeutung, wenn das Gericht über ihn entschieden hat, also regelmäßig dann, wenn der Hauptantrag abgewiesen wurde. In diesem Fall werden gem. § 19 Abs. 1 Satz 2 GKG die Streitwerte von Haupt- und Hilfsantrag zusammenaddiert.

6. Die Klage auf Abgabe der Zustimmungserklärung kann ggf. im Wege der **Stufenklage** auch mit der Zahlungsklage hinsichtlich der rückständigen Miete verbunden werden. Der Zahlungsanspruch besteht im Übrigen für die Vergangenheit bereits als Schadensersatzanspruch und nach Abgabe der Zustimmungserklärung zusätzlich als vertraglicher Mietanspruch.

7. Der Anspruch des Vermieters ist im Fall der Naturalrestitution auf Zustimmung zum Abschluss einer Mietabänderungsvereinbarung gem. § 557 Abs. 1 BGB gerichtet. Aus dem Tenor des Urteils muss sich ergeben, auf welche Miete sich die Parteien geeinigt haben und ab wann diese zu zahlen ist. Möglich ist dabei eine Einigung über die insgesamt neu geschuldete Miete oder auch nur eine Einigung auf den Erhöhungsbetrag.

8. Über den **Hilfsantrag** darf das Gericht erst entscheiden, wenn es den Hauptantrag abgewiesen hat (oder wenn der Hauptantrag zurückgenommen wurde), wenn also der Eventualfall eingetreten ist (BGH NJW-RR 1989, 650).

9. Ein **Kostenantrag** ist nicht zwingend erforderlich, da das Gericht von Amts wegen über die Kosten zu entscheiden hat. Werden mehrere Personen auf Zustimmung in Anspruch genommen ist es erforderlich, in der Kostenentscheidung auszusprechen, dass die Beklagten die Kosten als Gesamtschuldner zu tragen haben. Die Beklagten schulden die Zustimmung nämlich nicht als Gesamtschuldner, so dass § 100 Abs. 4 ZPO nicht einschlägig ist. Deshalb müssten die Beklagten gem. § 100 Abs. 1 ZPO ohne den Zusatz in der Kostenentscheidung die Kosten nach Kopfteilen tragen, also bei zwei Beklagten jeder zur Hälfte. Für die Kostenquote des Gerichts ist das teilweise Obsiegen einer Partei aus dem Gebührenstreitwert, nicht aus dem Zuständigkeitsstreitwert zu errechnen (LG München WuM 1994, 337). Bei einer Verurteilung im Zahlungsverfahren entsprechend den Hilfsanträgen als Gesamtschuldner ist es nicht erforderlich, im Kostenausspruch die gesamtschuldnerische Haftung für die Kosten auszusprechen, § 100 Abs. 4 ZPO.

10. Das Urteil ist in der Hauptsache nicht für **vorläufig vollstreckbar** zu erklären. Es handelt sich um ein Leistungsurteil auf Abgabe einer Willenserklärung. Diese Urteile werden gem. § 894 Abs. 1 ZPO dadurch vollstreckt, dass die Willenerklärung mit Rechtskraft des Urteils als abgegeben gilt. Eine vorläufige Vollstreckung ist deshalb nicht möglich. Das Urteil ist aber hinsichtlich der Kostenentscheidung für vorläufig vollstreckbar zu erklären. Wird nach den Hilfsanträgen zugesprochen ist das Urteil auch in der Hauptsache für vorläufig vollstreckbar zu erklären. Es handelt sich um ein Leistungsurteil. In diesem Fall richtet sich die vorläufige Vollstreckbarkeit nach § 708 Ziff. 7 ZPO. Nur in den Fällen eines Versäumnis- oder Anerkenntnisurteils regelt sich die vorläufige Vollstreckbarkeit nach § 708 Ziff. 1 oder Ziff. 2 ZPO. Richtet sich die vorläufige Vollstreckbarkeit nach § 708 Ziff. 7 ZPO, so hat das Gericht grundsätzlich gem. § 711 ZPO eine Abwendungsbefugnis für den vorläufig zur Zahlung Verurteilten auszusprechen. Dies soll doch gem. § 713 ZPO entfallen, wenn gegen das Urteil **unzweifelhaft** kein Rechtsmittel möglich ist.

11. Bis zu einem Streitwert von 600 EUR kann das Gericht gem. § 495a ZPO das Verfahren nach **billigem Ermessen** gestalten. Es muss in diesem Fall nur dann eine mündliche Verhandlung durchführen, wenn eine Partei dies ausdrücklich beantragt hat. Ferner kann das Urteil bei dieser Verfahrensweise gem. § 313a Abs. 1 S. 1 ZPO ohne

Tatbestand abgefasst werden und die Entscheidungsgründe können ins Protokoll diktiert werden. Der Streitwert, nach dem sich entscheidet, ob diese Verfahrensweise zulässig ist oder nicht, ist nicht der Gebührenstreitwert, sondern der Zuständigkeitsstreit- oder Rechtsmittelstreitwert. Dies ergibt sich daraus, dass diese Verfahrensart auf die Verfahren beschränkt ist, bei denen das Amtsgericht abschließend entscheidet. In Verfahren, in denen das Landgericht zweitinstanzlich mit der Sache befasst werden kann, muss eine überprüfbare Entscheidung mit Tatbestand und Entscheidungsgründen vorliegen. Zur Wertberechnung dienen hier ausschließlich die allgemeinen Wertvorschriften der §§ 3 und 9 ZPO. Auch für die Streitwertberechnung im Rahmen des § 495a ist die Vorschrift des § 9 ZPO entsprechend anwendbar, da es sich letztendlich auch bei dieser Zustimmungsklage als Schadensersatzklage um eine Klage handelt, die zu einer wiederkehrenden Leistungsverpflichtung führt. Maßgeblich ist deshalb der 42-fache Monatsdifferenzbetrag (BVerfG NJW 1996, 1531). Ggf. kann gegen ein entsprechendes Urteil eine Rügeschrift gem. § 321a ZPO wegen Verletzung des Anspruchs auf rechtliches Gehör eingerichtet werden.

12. Gem. § 15a EGZPO und den verschiedenen landesgesetzlichen Ausführungsgesetzen ist eine **vorgerichtliche Schlichtung** in einigen Bundesländern streitwertabhängig noch immer vorgeschrieben.

13. Gem. § 278 ZPO geht der mündlichen Verhandlung zum Zwecke der gütlichen Beilegung des Rechtsstreits eine **Güteverhandlung** voraus. Dies gilt dann nicht, wenn eine Güteverhandlung erkennbar aussichtslos ist. Dies dürfte bei einer Schadensersatzklage in Form der Zustimmungsklage gem. § 557 Abs. 1 BGB zB dann der Fall sein, wenn der Mieter vorprozessual schon jede Zustimmung abgelehnt hat. Dies ist aber nicht zwingend. Hat der Mieter auf ein entsprechendes Schadensersatzverlangen geschwiegen, dann ist alleine daraus auf die Aussichtslosigkeit des Einigungsversuchs nicht zu schließen.

14. Die **Preisbindung** endet grundsätzlich mit Ablauf des Jahres, in dem die öffentlichen Mittel vollständig zurückgezahlt wurden, § 15 WoBindG. Werden die Mittel freiwillig vorzeitig zurückgezahlt, so endet die Preisbindung nunmehr grundsätzlich mit Ablauf des 10. Jahres nach dem Kalenderjahr, in dem die Mittel zurückgezahlt wurden, § 16 WoBindG, es sei denn die Bindung wäre planmäßig früher entfallen; dann gilt dieser frühere Termin (OLG Düsseldorf WuM 1994, 614). Die Frist ist in der Vergangenheit mehrfach geändert worden. Bei einer Minimalförderung von nicht mehr als 3.000,– DM oder bei einer Wohnung, die zum Zeitpunkt der Rückzahlung nicht vermietet war (OVG Münster NJW-RR 1986, 377) oder deren Mieter die fortlaufende Wohnberechtigung nicht mehr nachweisen kann (*Beuermann*, Miete und Mieterhöhung bei preisfreiem Wohnraum, 2. Aufl., § 10 Rn. 40) entfällt die Nachwirkungsfrist ganz, es sei denn, es handelt sich um eine Gemeinde für die durch LandesVO festgestellt ist, dass dort ein erhöhter Wohnbedarf besteht. Nach § 16 Abs. 3 S. 1 Nr. 2 WoBindG gilt eine Wohnung, bei der die als Darlehen bewilligten öffentlichen Mittel vorzeitig zurückgezahlt worden sind, längstens bis zur Beendigung des Mietverhältnisses als öffentlich gefördert, wenn sie im Zeitpunkt der Rückzahlung vermietet war; weitere Voraussetzungen sind dafür nicht erforderlich, insbesondere bedarf es nicht der Durchführung des sog „Aufforderungsverfahrens" gem. § 16 Abs. 3 WoBindG (OVG Münster NJW-RR 1986, 377), wonach der derzeitige Mieter seine Wohnberechtigung nachzuweisen hat. Bei einer Zwangsversteigerung des Grundstücks gelten gem. § 17 WoBindG die Wohnungen, für die öffentliche Mittel als Darlehen bewilligt worden sind, bis zum Ablauf des dritten Kalenderjahres nach dem Kalenderjahr, in dem der Zuschlag erteilt worden ist, als öffentlich gefördert, sofern die wegen der öffentlichen Mittel begründeten Grundpfandrechte mit dem Zuschlag erlöschen.

15. Gem. § 18 WoBindG hat die zuständige Verwaltungsstelle dem Verfügungsberechtigten schriftlich zu bestätigen, von welchem Zeitpunkt an die Wohnung nicht mehr als öffentlich gefördert gilt. Die Bestätigung ist in tatsächlicher und rechtlicher Hinsicht verbindlich.

16. Der **Auskunftsanspruch** kann frühestens 4 Monate vor Wegfall der öffentlichen Bindung geltend gemacht werden, § 558 Abs. 4 BGB.

17. Die **Auskunft** ist vom Mieter binnen Monatsfrist nach Zugang des Auskunftsverlangens zu erteilen, § 558 Abs. 4 BGB. Der Vermieter kann den Mieter erst nach Ablauf der einmonatigen Auskunftsfrist, also drei Monate vor Ablauf der Sozialbindung auf Auskunft verklagen. Eine frühere Klage kann allenfalls dann in Betracht kommen, wenn der Mieter bereits vorher seine generelle Auskunftspflicht verneint. Der Auskunftsanspruch ist erfüllt und eine Klage unbegründet, wenn der Mieter die Auskunft erteilt hat. Dabei kann der Inhalt einer Auskunft auch darin bestehen, dass der Schuldner einen auskunftspflichtigen Tatbestand verneint (Palandt/*Heinrichs* § 261 Rn. 20), also mitteilt, keine Fehlbelegungsabgabe zu zahlen. Hat der Vermieter lediglich Zweifel an der Richtigkeit der Auskunft, ist eine Auskunftsklage unbegründet. In Betracht kommt in diesem Fall allenfalls ein Anspruch auf Abgabe der eidesstattlichen Versicherung entsprechend §§ 260 Abs. 2 iVm 271 BGB. Soweit § 259 Abs. 3 BGB in Fällen geringer Bedeutung diesen Anspruch ausschließt, dürfte dies wegen der uU weit in die Zukunft reichende Folgen einer Mieterhöhung nicht einschlägig sein.

18. Ein Muster einer solchen Auskunftsklage befindet sich unter → Form. B. II. 32.

19. Werden für eine Wohnung die Vorschriften über die Mieterhöhung bei preisfreien Wohnraum gem. §§ 557–561 BGB anwendbar, weil die Preisbindung entfallen ist (dazu ua *Beuermann* GE 1994, 364), so ist von diesem Zeitpunkt an die Miete nach den Vorschriften des BGB zu erhöhen. Der Vermieter kann also die ehemalige Kostenmiete erhöhen, wenn sie unter der ortsüblichen Vergleichsmiete liegt. Eine Änderung der Mietstruktur ist aber einseitig durch den Vermieter ausgeschlossen. Will der Vermieter die ehemalige Kostenmiete erhöhen, muss er dem Mieter ein der Vorschrift des § 558a BGB entsprechendes Mieterhöhungsverlangen zukommen lassen. Ein solches Erhöhungsverlangen darf der Vermieter bereits während der noch **bestehenden Preisbindung** aussprechen, damit es dann unmittelbar im Anschluss daran wirkt (OLG Hamm RE NJW 1981, 234 mAnm *Köhler*; KG RE NJW 1982, 2077; OLG Hamm WuM 1994, 455; LG Köln NJWE-MietR 1997, 267; LG Hamburg WuM 1997, 562; LG Berlin WuM 1996, 417; *Lützenkirchen* WuM 1995, 574).

20. Zum Mietspiegel → Form. B. II. 29 Anm. 24.

21. Die **Kappungsgrenze** gilt auch beim Übergang vom preisgebundenen zum preisfreien Wohnungsbau (BVerfG NJW 1986, 1669; BVerfG WuM 1991, 575; BayObLG RE NJW 1984, 742; OLG Hamm NJW-RR 1990, 1233 (neg. RE); OLG Stuttgart NJW-RR 1989, 1357 (neg. RE); LG Hamburg WuM 1996, 277; LG Berlin NJW-RR 1996, 1415; LG Kiel DWW 1992, 86; WuM 1985, 65; AG Tempelhof-Kreuzberg GE 1996, 59; AG Schöneberg GE 1995, 117; GE 1989, 1059; AG Charlottenburg MM 1991, 267; WuM 1984, 31; AG Osnabrück WuM 1984, 31; WuM 1984, 29; AG Hamburg-Blankenese WuM 1983, 344; AG Hamburg-Altona WuM 1984, 30; AG Augsburg WuM 1983, 324; AG Hannover WuM 1983, 298; *Sternel* III 627). Nach Ende der Preisbindung kann der Vermieter die Miete nur noch unter den Voraussetzungen des § 558 BGB erhöhen. Das bedeutet, dass die verlangte Miete die drei Jahre vor Zugang des

Mieterhöhungsverlangens geschuldete ehemalige Kostenmiete um nicht mehr als 20 % bzw. 15 % überschreiten darf. Bereits der Wortlaut der Vorschrift macht keinerlei Ausnahmen hinsichtlich des erfassten Wohnungsbestandes. Auch eine systematische Auslegung spricht für die Anwendung der Kappungsgrenze auch auf die erste Mieterhöhung nach Ende der Preisbindung. § 558 Abs. 4 BGB enthält nämlich für diesen Fall eine Sonderregelung, die in bestimmten Ausnahmefällen eine Anwendung der Kappungsgrenze ganz oder teilweise ausschließt. Diese Sonderregelung macht nur Sinn, wenn die Kappungsgrenze auf solchen Wohnungsbestand grundsätzlich anwendbar ist. Dabei ist es unerheblich, ob die Preisbindung durch Zeitablauf oder auf Grund vorzeitiger Rückzahlung der Fördermittel erloschen ist (LG München I WuM 1985, 27).

22. Für die **Berechnung der Kappungsgrenze** gelten auch nach Ende der Preisbindung keine Besonderheiten. Die Kappungsgrenze berechnet sich auch in diesem Fall nach der drei Jahre vor Wirksamwerden der aktuellen Mieterhöhung geschuldeten Kostenmiete (LG Hamburg WuM 1996, 277; LG Köln WuM 1996, 276; LG Berlin NJW-RR 1996, 1415; AG Schöneberg GE 1989, 1059; AG Köln WuM 1985, 330) und nicht nach der zuletzt gezahlten Kostenmiete (so aber LG München WuM 1989, 634; AG Hamburg-Blankenese WuM 1993, 344). Dies ist auch verfassungsgemäß (BVerfG WuM 1991, 575). Dabei sind keine Betriebskostenanteile herauszurechnen, da die bisherige Kostenmiete in der Mietstruktur zum Zeitpunkt des Endes der Preisbindung die Miete im preisfreien Wohnungsbau darstellt und dort gerade keine Herausrechnung des Betriebskostenanteils erfolgt. Die während des Dreijahreszeitraums durchgeführte Erhöhung der Kostenmiete werden auf die Kappungsgrenze angerechnet (AG Schöneberg GE 1995, 117). Dies gilt vor allem für Mieterhöhungen wegen **gestiegener Instandsetzungs- und Verwaltungskostenpauschalen** (AG Tempelhof-Kreuzberg GE 1996, 59; LG Bonn WuM 1995, 113; aA LG München I WuM 1989, 634). Nicht angerechnet werden auf die Kappungsgrenze aber Mieterhöhungen während der Preisbindung, die den Mieterhöhungen der §§ 559–560 BGB entsprechen. Erhöhungen der Kostenmiete wegen gestiegener Betriebskosten und vor allem Mieterhöhungen wegen durchgeführter Modernisierungen sind auf die Kappungsgrenze nicht anzuwenden. Angerechnet werden Mieterhöhungen wegen Kapitalkostensteigerungen (BGH NJW-RR 2004, 945 = MietPrax-AK § 558 BGB Nr. 3).

23. Gem. § 558 Abs. 4 BGB ist die Kappungsgrenze nach Ende der Preisbindung dann nicht anzuwenden, wenn eine Verpflichtung des Mieters zur Ausgleichszahlung nach den Vorschriften über den Abbau der Fehlsubventionierung im Wohnungswesen wegen des Wegfalls der öffentlichen Bindung erloschen ist, soweit die Erhöhung den Betrag der zuletzt zu entrichtenden Ausgleichszahlung nicht übersteigt. Durch diese gesetzliche Regelung wollte der Gesetzgeber erreichen, dass die Belastung des Mieters mit Wohnkosten nach Ende der Mietpreisbindung wegen der Kappungsgrenze nicht sinkt, obwohl eine Miete in Höhe der ortsüblichen Vergleichsmiete für den Mieter wirtschaftlich keine größere Belastung bedeutet als er vorher für Miete und Fehlbelegungsabgabe aufzuwenden hatte (*Börstinghaus* WuM 1994, 417). Die Vorschrift ist nicht auf die erste Mieterhöhung nach Mietpreisbindungsende beschränkt, sondern gilt solange, bis die gezahlte Miete die ehemalige Kostenmiete zzgl. Fehlbelegungsabgabe erreicht hat (AG Köln WuM 1996, 480). Die Vorschrift hat also nur Bedeutung bei Mieterhöhungen, die zu Mietsteigerungen von mehr als 20 % in drei Jahren führen. Sie lässt die Kappungsgrenze auch nicht völlig entfallen, sondern nur „insoweit" die Mieterhöhung die zuletzt entrichtete Ausgleichszahlung nicht übersteigt. Sie führt also zunächst zu einer zeitlichen Beschränkung, als dass nur auf die jetzt verlangte Zustimmung zu einer Mieterhöhung geschaut wird. Wenn diese Mieterhöhung die zuletzt gezahlte Ausgleichsabgabe nicht übersteigt, ist sie unter dem Gesichtspunkt der Kappungsgrenze begründet. Dabei ist unerheblich, ob im Dreijahreszeitraum weitere Mieterhöhungen stattgefunden haben, die auf die Kappungsgrenze angerechnet werden oder nicht. Der Dreijahreszeitraum ist dann wieder von Bedeutung, wenn die verlangte Erhöhung die zuletzt gezahlte Ausgleichsabgabe übersteigt. In diesem Fall ist entscheidend, ob die Miete in drei Jahren um mehr als 30 % steigen würde oder nicht. Übersteigt sie die 20 % Grenze nicht, dann ist das Mieterhöhungsverlangen unter dem Gesichtspunkt der Kappungsgrenze begründet, übersteigt sie diese Grenze, dann ist das Erhöhungsverlangen bis zur Höhe der zuletzt gezahlten Ausgleichsabgabe begründet, im Übrigen wird es gekappt.

Durch das Wohnungsbaureformgesetz wurde ab 1.1.2002 der Anwendungsbereich der Vorschrift auch auf Ausgleichszahlungen nach den §§ 34–37 Wohnungsbaureformgesetz ausgeweitet.

24. Es ist umstritten, ob ein Vermieter in den Fällen, in denen der Mieter das Auskunftsverlangen nicht beantwortet hat, berechtigt ist, davon auszugehen, dass der Mieter den **Höchstbetrages** nach dem AFWoG als Fehlbelegungsabgabe zahlt (dafür LG Köln MDR 1998, 1282; *Schilling/Meyer* ZMR 1994, 497; dagegen Schmidt-Futterer/*Börstinghaus*, BGB § 558 Rn. 193). Gegen die Zugrundelegung des Höchstbetrages spricht, dass der Vermieter im Mieterhöhungsverfahren die Tatsachen darlegen und ggf. beweisen muss, die ihm gegen den Mieter einen Anspruch auf Zustimmung zu einer Mieterhöhung geben. Hierzu zählt ua die Einhaltung der Kappungsgrenze. Wenn der Vermieter die Auffassung vertritt, dass die Kappungsgrenze wegen des Ausnahmetatbestandes des § 558 Abs. 4 BGB nicht eingehalten werden muss, dann muss der Vermieter diese Voraussetzungen auch darlegen und beweisen. Auch wenn der Mieter diese Information hat, führt das nicht zu einer Umkehrung der Beweislast. Behauptungen ins Blaue hinein führen zu einem unzulässigen Ausforschungsbeweis. Auch aus Rechtsschutzgesichtspunkten muss der Vermieter nicht geschützt werden. Der Gesetzgeber hat ihm einen Auskunftsanspruch zugesprochen, bei dessen Ausnutzung ihm keine Rechtsnachteile entstehen. Auf die Frage, ob in diesen Fällen ein Bestreiten mit Nichtwissen zulässig ist, obwohl es sich um Tatsachen handelt, die im eigenen Wahrnehmungsbereich liegen (§ 138 Abs. 4 ZPO), kommt es deshalb gar nicht an, da man relationstechnisch bei fehlender Schlüssigkeit überhaupt nicht zur Erheblichkeitsprüfung kommt.

25. Es handelt sich um einen Anspruch aus §§ 241 Abs. 2, 280 BGB. Zum Teil wird auch ein Anspruch aus Verzug bejaht (*Blank* WuM 1993, 506) oder ein Schadensersatzanspruch ohne Angabe einer genauen Anspruchsgrundlage für gegeben erachtet (*Schilling*, Neues Mietrecht, S. 141; *Bub* NJW 1993, 2898).

26. Der Antrag muss auf Abgabe einer bestimmten Willenserklärung gerichtet sein. Dem Antrag stehen auch die Verfahrensvorschriften der §§ 558 ff. BGB nicht entgegen, da Mietabänderungsvereinbarungen nach der Vorschrift des § 557 BGB rechtlich zulässig sind. Zwar hat diese Auffassung zur Folge, dass der Vermieter zweimal klagen muss, nämlich zunächst auf Zustimmung und dann auf Zahlung, diese Situation entspricht aber der bei einer „normalen" Mieterhöhungsklage.

27. Klagen auf zukünftige Leistungen sind nach der ZPO nur eingeschränkt möglich. Gemäß § 257 ZPO ist eine solche Klage bei einer Geldforderung nur dann zulässig, wenn sie nicht von einer Gegenforderung abhängig ist. Da § 258 ZPO die Vorschrift des § 257 ZPO nur ergänzt, setzt auch § 258 ZPO voraus, dass der Anspruch von keiner Gegenleistung abhängig ist (BLAH/*Hartmann* § 258 Rn. 3). Da der Mietanspruch von der Gebrauchsüberlassung der Räume abhängig ist, scheiden Klagen auf zukünftige Leistungen nach den §§ 257, 258 ZPO aus (BGH MDR 1996, 1232).

In Betracht kommt jedoch eine Klage auf zukünftige Leistung gem. § 259 ZPO. Beim Mietanspruch des Vermieters handelt es sich um einen Anspruch auf eine wiederkehrende Leistung. Soweit § 259 ZPO verlangt, dass nach den Umständen die Besorgnis gerechtfertigt, dass der Mieter sich der rechtzeitigen Leistung entziehen werden, ist diese Voraussetzung gegeben, wenn der Mieter auch für die Zukunft die Verpflichtung zur Zahlung des Differenzbetrages bestreitet. Es genügt nämlich, dass der Mieter den Anspruch des Vermieters ernstlich bestreitet (BGH MDR 1996, 1232; BGHZ 5, 342 [344]; RGZ 132, 338, 240; Zöller/*Greger* ZPO § 259 Rn. 1, 3 mwN; LG Hamburg WuM 1979, 170 für Mieterhöhung gem. § 559 BGB). Auch der Gesichtspunkt der Prozessökonomie spricht für die Zulässigkeit einer solchen Klage, da die Ansprüche auf rückständige Miete wie auf zukünftige Miete aus dem gleichen Sachverhalt hergeleitet werden und in einem besonders engen Zusammenhang stehen.

28. Ist Klägerin eine juristische Person, zB eine GmbH, eine Aktiengesellschaft, eine Genossenschaft oder ein eingetragener Verein, muss die Zustimmungsklage von dem vertretungsberechtigten Organ stammen. Insofern sind die gesellschaftsrechtlichen Vorschriften maßgeblich. So muss die Klage auf Zustimmung zur Mieterhöhung, die eine AktG als Vermieter erhebt, von einem Vorstandsmitglied der Aktiengesellschaft unterzeichnet sein (AG Coesfeld WuM 1993, 468).

29. Grundsätzlich ist ein Antrag auf Zulassung der Berufung nicht erforderlich. Das AG hat die Berufung von **Amts wegen** zuzulassen, wenn die Voraussetzungen des § 511 Abs. 2, 4 ZPO gegeben sind (*Hinz* WuM 2002, 3 und 355; *Ball* NZM 2002, 409; *Schläger* ZMR 2002, 401). Lehnt das AG die Zulassung der Berufung ab, so kann die beschwerte Partei keine Nichtzulassungsbeschwerde hiergegen einlegen. Möglich ist allenfalls das Rügeverfahren nach § 321a ZPO.

Die Berufung ist zuzulassen, wenn die Rechtssache **grundsätzliche Bedeutung** hat oder die **Fortbildung des Rechts** oder die **Sicherung einer einheitlichen Rechtsprechung** die Entscheidung des Berufungsgerichts erfordert.

41. Klage auf Schadensersatz wegen Verzuges mit der Zustimmungserklärung zum Mieterhöhungsverlangen

An das

Amtsgericht[1]. . . . .

Klage

des[2]. . . . .

– Kläger –

Prozessbevollmächtigter:[3]. . . . .

gegen

Herrn/Frau[4]

– Beklagte –

wegen: Schadensersatz aus einem Wohnraummietvertrag

Streitwert: . . . . .

Namens und mit Vollmacht des Klägers erhebe ich Klage gegen den Beklagten und werde beantragen:

1. Die Beklagten werden als Gesamtschuldner verurteilt, an die Kläger . . . . . EUR nebst Zinsen in Höhe von 5 Prozentpunkten über dem Basiszinssatz seit dem . . . . . zu zahlen
2. Die Beklagten tragen die Kosten des Rechtsstreits.
3. Das Urteil ist vorläufig vollstreckbar.

Ich beantrage ferner,

1. soweit das Gericht das Verfahren nach § 495a ZPO[5] betreiben will, die Durchführung einer mündlichen Verhandlung;
2. soweit das Gericht ein schriftliches Vorverfahren anordnet und der/die Beklagte(n) seine/ihre Verteidigungsbereitschaft nicht rechtzeitig anzeigen sollten, den Erlass eines Versäumnisurteils;
3. für den Fall, dass das Gericht die Klage abweisen sollte, die Berufung zuzulassen.

Ferner teile ich mit, dass

1. ein außergerichtlicher Einigungsversuch bisher nicht stattgefunden hat[6]
2. ein solcher Versuch erscheint zurzeit auch nicht aussichtslos.[7]

Begründung:

Der Kläger hat den Beklagten mit Mietvertrag vom . . . . . die im Rubrum näher bezeichnete . . . . . m^2 große Wohnung auf unbestimmte Zeit vermietet. Die Wohnung unterliegt keiner Preisbindung.

Beweis: in der Anlage überreichte Kopie des Mietvertrages

Mit Schreiben vom . . . . . 20 . . hat der Kläger von den beklagten die Zustimmung zu einer Mieterhöhung von bisher . . . . . EUR auf . . . . . EUR ab . . . . . 20 . . . . . verlangt. Die Beklagten haben außergerichtlich nicht zugestimmt. Der Kläger hat daraufhin Zustimmungsklage vor dem Amtsgericht . . . . . erhoben.

Beweis: Beiziehung der Akte . . . . . C . . . . ./.. des Amtsgerichts . . . . .

Die Beklagten sind durch Urteil vom . . . . . 20 . . . . . zur Zustimmung zu einer Mieterhöhung rückwirkend ab . . . . . 20 . . . . . auf . . . . . EUR verurteilt worden. Das Urteil ist seit . . . . . rechtskräftig.[8]

Beweis: Beiziehung der Akte . . . . . C . . . . ./.. des Amtsgerichts . . . . .

Die Beklagten haben die erhöhte Miete für die Monate . . . . . bis . . . . . am . . . . . 20 . . . . . nachgezahlt.

Sie schulden dem Kläger aber noch den Verzugsschaden, der dem Kläger durch die verspätetet Zustimmung und die verspätete Zahlung entstanden ist.[9] Der Mieter ist mit Ablauf der Überlegungsfrist mit der Zustimmungserklärung in Verzug.[10] Die Überlegungsfrist stellt nach herrschender Meinung eine Fälligkeitsregelung dar.[11] Da die Fälligkeit nach dem Kalender bestimmt ist, kommt der Mieter mit Ablauf der Überlegungsfrist in Verzug.

Der Mieter hat die Nichtleistung auch zu vertreten. Dabei kann dahinstehen, ob hier sogar gem. § 276 Abs. 1 BGB eine Garantiehaftung des Mieters besteht, zumindest hat er sich allenfalls in einem unerheblichen Rechtsirrtum befunden. An das Vorliegen eines unverschuldeten Rechtsirrtums sind strenge Maßstäbe anzulegen. Der Mieter muss die

Rechtslage sorgfältig prüfen, soweit erforderlich Rechtsrat einholen und die höchstrichterliche Rechtsprechung sorgfältig beachten (BGH WuM 2012, 323). Allein sein Bestreiten der Höhe der ortsüblichen Vergleichsmiete führt nicht dazu, dass er die Nichtleistung nicht zu vertreten hat.

Da es sich jedoch nicht um Verzug mit einer Geldforderung handelt, kann der Kläger keine Verzugszinsen gem. § 288 BGB in Höhe von 5 Prozentpunkten über dem Basiszinssatz verlangen.[12] Das schließt aber eine konkrete Schadensberechnung gem. § 286 BGB nicht aus.

Dem Kläger ist durch die verspätete Zustimmung folgender Schaden[12, 13] entstanden:

Der Mieter schuldete, wie das Amtsgericht entschieden hat, die Zustimmung ab . . . . . 20 . . . . . Der Erhöhungsbetrag betrug . . . . . EUR. Die Zustimmung erfolgte gem. § 894 ZPO mit Rechtskraft des Urteils am . . . . . 20 . . . . .

Der Kläger nimmt einen Kontokorrentkredit bei der Sparkasse . . . . . in Anspruch. Er zahlte hierfür in der streitgegenständlichen Zeit Zinsen von . . . . . %. Bei rechtzeitiger Zustimmung hätte sich die Miete entsprechend monatlich erhöht so dass die Kontokorrentforderung monatlich um diesen Betrag niedriger gewesen wäre. Das ergibt folgende Abrechnung:

Monatlicher Erhöhungsbetrag	Zinsbeginn	Rechtskraft des Zustimmungsurteils	Betrag in EUR
EUR	4 . . . . . 20	. . . . . 20	EUR
EUR	4 . . . . . 20	. . . . . 20	EUR
EUR	4 20	. . . . . 20	EUR
Summe:			

Diesen Betrag schulden die Beklagten als Verzugsschaden.

Mit Schreiben[14] vom . . . . . sind die Beklagten zur Zahlung des Betrages aufgefordert worden. Am . . . . . erfolgte eine Mahnung.

Rechtsanwalt

Anmerkungen

1. Die **sachliche Zuständigkeit** für Wohnraummietsachen ergibt sich aus § 23 Ziff. 2 a) GVG. Danach sind die Amtsgerichte ohne Rücksicht auf den Wert des Streitgegenstandes ausschließlich zuständig für Streitigkeiten über Ansprüche aus einem Mietverhältnis über Wohnraum. Hierzu zählt auch die Schadensersatzklage gem. § 558 BGB zwingend, der die Vorschrift gem. § 549 BGB nur auf Wohnraummietverhältnisse Anwendung findet. Die **örtliche Zuständigkeit** ergibt sich aus § 29a ZPO, wonach jeweils das Amtsgericht, in dessen Bezirk sich die gemietete Wohnung befindet, zuständig ist. Auch dies ist eine ausschließliche Zuständigkeit, so dass eine Zuständigkeit eines anderen Gerichts weder durch rügelose Einlassung gem. § 39 ZPO noch durch eine Gerichtsstandsvereinbarung gem. § 40 ZPO begründet werden kann (OLG Frankfurt MDR 1979, 851; LG München ZMR 1987, 271). Eine Verweisung unter Verstoß gegen diese bindenden Zuständigkeitsregelungen ist unbeachtlich (LG München ZMR 1987, 271; BLAH/*Hartmann* § 29a Rn. 13). Ob die allgemeine Zivilabteilung oder die Mietabteilung zuständig ist, ist eine

Frage der internen Geschäftsverteilung des Gerichts. Die Klage muss nur an das Amtsgericht, nicht an die zuständige Abteilung adressiert sein.

2. Die Klage muss von allen Vermietern erhoben werden. Dies gilt auch bei Eheleuten als Vermieter. Auch in diesem Fall, muss die Klage von beiden Ehepartnern erhoben werden. Bei einer Personenmehrheit als Vermieter liegt ein Fall der notwendigen Streitgenossenschaft auf Klägerseite vor. Entscheidend ist die Vermietereigenschaft zum Zeitpunkt der Rechtshängigkeit.

3. Für das erstinstanzliche Verfahren besteht kein Anwaltszwang.

4. Wenn **Schadensersatz** geltend gemacht wird, muss die Klage nicht zwingend gegen alle Mieter gerichtet werden. Hinsichtlich des Schadensersatzanspruchs besteht Gesamtschuldnerschaft.

5. Bis zu einem Streitwert von 600,– EUR kann das Gericht gem. § 495a ZPO das Verfahren nach **billigem Ermessen** gestalten. Es muss in diesem Fall nur dann eine mündliche Verhandlung durchführen, wenn eine Partei dies ausdrücklich beantragt hat. Ferner kann das Urteil bei dieser Verfahrensweise gem. § 313a Abs. 1 S. 1 ZPO ohne Tatbestand abgefasst werden und die Entscheidungsgründe können ins Protokoll diktiert werden. Der Streitwert, nach dem sich entscheidet, ob diese Verfahrensweise zulässig ist oder nicht, ist nicht der Gebührenstreitwert, sondern der Zuständigkeitsstreit- oder Rechtsmittelstreitwert. Dies ergibt sich daraus, dass diese Verfahrensart auf die Verfahren beschränkt ist, bei denen das Amtsgericht abschließend entscheidet. In Verfahren, in denen das Landgericht zweitinstanzlich mit der Sache befasst werden kann, muss eine überprüfbare Entscheidung mit Tatbestand und Entscheidungsgründen vorliegen. Zur Wertberechnung dienen hier ausschließlich die allgemeinen Wertvorschriften der §§ 3 und 9 ZPO. Auch für die Streitwertberechnung im Rahmen des § 495a ist die Vorschrift des § 9 ZPO entsprechend anwendbar, da es sich letztendlich auch bei dieser Zustimmungsklage als Schadensersatzklage um eine Klage handelt, die zu einer wiederkehrenden Leistungsverpflichtung führt. Maßgeblich ist deshalb der 42-fache Monatsdifferenzbetrag (BVerfG NJW 1996, 1531). Ggf. kann gegen ein entsprechendes Urteil eine Rügeschrift gem. § 321a ZPO wegen Verletzung des Anspruchs auf rechtliches Gehör eingerichtet werden.

6. Gem. § 15a EGZPO und den verschiedenen landesgesetzlichen Ausführungsgesetzen ist eine **vorgerichtliche Schlichtung** in einigen Bundesländern streitwertabhängig noch immer vorgeschrieben.

7. Gem. § 278 ZPO geht der mündlichen Verhandlung zum Zwecke der gütlichen Beilegung des Rechtsstreits eine **Güteverhandlung** voraus. Dies gilt dann nicht, wenn eine Güteverhandlung erkennbar aussichtslos ist. Dies dürfte bei einer Schadensersatzklage in Form der Zustimmungsklage gem. § 557 Abs. 1 BGB zB dann der Fall sein, wenn der Mieter vorprozessual schon jede Zustimmung abgelehnt hat. Dies ist aber nicht zwingend. Hat der Mieter auf ein entsprechendes Schadensersatzverlangen geschwiegen, dann ist alleine daraus auf die Aussichtslosigkeit des Einigungsversuchs nicht zu schließen.

8. Rechtskraft tritt ein, wenn das Urteil mit einem ordentlichen Rechtsmittel nicht mehr angefochten werden kann. Bei einem streitigen Urteil berufungsfähigen Urteil tritt die Rechtskraft mit Ablauf der Berufungsfrist von einem Monat ein, bei nichtberufungsfähigen Urteilen mit Ablauf der Rügefrist des § 321a Abs. 2 ZPO. Bei einem 1. Versäumnisurteil tritt die Rechtskraft mit Ablauf der zweiwöchigen Einspruchsfrist und bei einem 2. Versäumnisurteil mit Ablauf der Berufungsfrist ein.

9. Der Mieter schuldet die Zustimmung unter den Voraussetzungen der §§ 558, 558a BGB. Wenn diese Voraussetzungen gegeben sind, besteht für den Vermieter ein durchsetzbarer Anspruch auf Abgabe der Zustimmungserklärung. Dieser Anspruch wird mit Zugang beim Mieter erfüllbar. Hier überlagert das Mietrecht die allgemeinen Vorschriften, § 271 BGB. Dem Mieter steht gem. § 558b Abs. 2 BGB eine Überlegungsfrist von mindestens zwei und maximal fast drei Monaten zur Verfügung. Neben der prozessualen Bedeutung der Frist als Sachentscheidungsvoraussetzung für eine anschließende Zustimmungsklage enthält § 558b Abs. 2 BGB aber eine Fälligkeitsregelung. Der Anspruch auf Zustimmung ist erst nach Ablauf der Überlegungsfrist fällig und kann eingeklagt werden.

10. Soweit Verzug voraussetzt, dass der Schuldner die Nichtleistung zu vertreten hat, wird dieses Verschulden gem. § 286 Abs. 4 BGB vermutet. Der Mieter kann diese gegen ihn sprechende Vermutung widerlegen. Dabei kommt es auf die Umstände des Einzelfalls an. Erster Anknüpfungspunkt ist dabei die Qualität des Mieterhöhungsverlangens. Begründet der Vermieter das Erhöhungsverlangen mit einem qualifizierten Mietspiegel und verlangt auch nur den Median, muss der Mieter schon sehr gute Gründe darlegen, warum seiner Meinung nach entweder der Mietspiegel nicht qualifiziert ist oder ein unter dem Median liegender Wert die Einzelvergleichsmiete darstellt. Ein Rechtsirrtum ist in den seltensten Fällen anzunehmen. Insbesondere der in der Praxis häufige Hinweis auf Mängel der Mietwohnung ist nicht ausreichend, weil diese für die Ermittlung der ortsüblichen Vergleichsmiete unerheblich sind, zumindest wenn sie behebbar sind. Anders kann es aussehen, wenn der Vermieter ohne jede weitere Begründung die Zustimmung zu einer Miete verlangt, die über dem Median des maßgeblichen Mietspiegelfeldes liegt. Bei objektiv berechtigten Zweifeln des Mieters an der Berechtigung der Mieterhöhung kann das Verschulden entfallen. Dabei kommt es neben der Höhe der behaupteten ortsüblichen Vergleichsmiete auch auf die behauptete Wohnungsgröße an, da der Mieter nur einer neuen Miete für die Wohnung zustimmen muss, die der richtigen Wohnungsgröße multipliziert mit der ortsüblichen Vergleichsmiete pro Quadratmeter entspricht. Der Mieter kann sich jedoch nicht darauf berufen, dass er als Laie gar nicht wisse, wie hoch die ortsübliche Vergleichsmiete für die Wohnung sei. Insofern muss er sich beraten lassen (*Lehmann-Richter* NZM 2006, 849 [850]). Ein eventuelles Verschulden seines Beraters wird ihm zugerechnet.

11. Der Mieter kommt mit Ablauf der Überlegungsfrist ohne weiteres in Verzug. Gem. § 286 Abs. 2 Nr. 2 BGB tritt Verzug ohne Mahnung ein, wenn der Leistung ein Ereignis vorauszugehen hat und eine angemessene Zeit für die Leistung in der Weise bestimmt ist, dass sie sich von dem Ereignis an nach dem Kalender berechnen lässt. So ist es bei der Zustimmung des Mieters zum Mieterhöhungsverlangen. § 558b Abs. 2 BGB enthält nach ganz überwiegender Meinung eine Fälligkeitsregelung für den Zustimmungsanspruch. Diese Fälligkeit ist nach dem Kalender bestimmt („Ablauf des zweiten Kalendermonats nach Zugang"). § 286 Abs. 2 Nr. 2 BGB ist nicht nur auf vertragliche, sondern auch auf gesetzliche Bestimmungen der Leistungszeit anwendbar (*Lehmann-Richter* NZM 2006, 849 [850] mwN in den Fn. 10–12).

12. Auch wenn die Mieterhöhung bei einer Verurteilung zur Zustimmung rückwirkend zum Termin gem. § 558b Abs. 1 BGB in Kraft tritt, schuldet der Mieter die Beträge auch für die Vergangenheit erst mit Rechtskraft des die Zustimmung ersetzenden Urteils (§ 894 ZPO). Deshalb stehen dem Vermieter keine Verzugszinsen in Höhe von 5 Prozentpunkten über dem Basiszinssatz auf die monatlichen Erhöhungsbeträge zu (BGH WuM 2005, 396 = MietPrax-AK § 558 BGB Nr. 12 mAnm *Börstinghaus*). Der Mieter ist nicht mit einer „Geldschuld" in Verzug (§ 288 Abs. 1 BGB). Er ist allenfalls mit der Abgabe der Willenserklärung in Verzug (*Börstinghaus* WuM 2012, 207; *Lehmann-Richter* NZM 2006, 849). Deshalb bleibt nur die Möglichkeit der konkreten Schadensberechnung.

13. Neben einem Zinsschaden können ggf. auch Anwaltskosten als Schadensposition in Betracht kommen (AG Köln WuM 2012, 207 mAnm *Börstinghaus*). Hat der Anwalt bereits das Erhöhungsverlangen formuliert stellt die Mahnung keine neue Angelegenheit dar und löst keine neue Gebühr aus. Hat der Vermieter das Erhöhungsverlangen selbst formuliert und beauftragt den Anwalt erst nach Ablauf der Überlegungsfrist mit der Mahnung und ggf. Klage, dann handelt es sich um eine neue Angelegenheit. Für die Mahnung erhält der Anwalt wiederum eine Geschäftsgebühr, die allerdings vom Gebührensatz geringer ausfallen dürfte als die Gebühr für das Mieterhöhungsverlangen. Der Mieter hat die Kosten für die Mahnung zu tragen. Die Geschäftsgebühr ist hälftig auf die in einem nachfolgenden gerichtlichen Verfahren entstehenden Gebühren anzurechnen. Davon zu unterscheiden ist die Frage der Kostenerstattung. Obsiegt der Vermieter, kann er grundsätzlich die volle 1,3 Verfahrensgebühr erstattet verlangen. Etwas anderes gilt nur dann, wenn das Gericht ihm die Geschäftsgebühr für die außergerichtliche Vertretung im Tenor zugesprochen hat. In diesem Fall ist die titulierte Geschäftsgebühr gem. § 15a Abs. 2 RVG hälftig anzurechnen.

14. Ein Muster für ein solches Schreiben finden Sie unter BeckFormB MietR/*Flintrop* Form. C. IV. 11.

42. Zahlungsklage nach Mieterhöhung wegen baulicher Maßnahmen gemäß § 559 BGB (ggf. unter Abzug ersparter Instandsetzungskosten)

An das

Amtsgericht[1] . . . . .

– Abt. für Mietsachen –

Klage

des . . . . .

– Kläger –

Prozessbevollmächtigter: Rechtsanwalt . . . . .

gegen

den . . . . .

– Beklagter –

wegen Forderung

vorläufiger Streitwert: . . . . .[2]

Namens und in Vollmacht des Klägers erhebe ich Klage und beantrage:

1. Der Beklagte wird verurteilt, an den Kläger . . . . . EUR nebst Zinsen iHv 5 Prozentpunkten über dem jeweiligen Basiszinssatz seit . . . . . zu bezahlen.[3]
2. Der Beklagte trägt die Kosten des Rechtsstreits.
3. Das Urteil ist vorläufig vollstreckbar.

Sollte das Gericht das schriftliche Vorverfahren beschließen, stelle ich bereits jetzt Antrag auf Erlass eines Versäumnisurteils; sollte der Beklagte den Anspruch anerkennen, beantrage ich Anerkenntnisurteil.

Begründung:

Der Kläger ist Vermieter, der Beklagte Mieter einer Wohnung in . . . . .

Der Beklagte mietete die Wohnung mit Mietvertrag vom . . . . . an.

Beweis: Mietvertrag in beglaubigter Kopie.

Nachdem der Beklagte die Duldungserklärung nach § 555d Abs. 1 BGB abgegeben hatte, führte der Kläger auch die vom Beklagten bewohnte Wohnung betreffende Modernisierungsmaßnahmen in Form eines Austauschs der vorhandenen Kastenfenster durch Wärme- und Schallschutzfenster durch.[4]

Obwohl der Kläger die auf die Wohnung des Beklagten entfallenden Modernisierungskosten durch ordnungsgemäße Mieterhöhungserklärung nach § 559b Abs. 1 BGB geltend machte,[5]

Beweis: Schreiben vom . . . . .

erfolgte keinerlei Zahlung durch den Beklagten.[6]

Klage war daher geboten.[7]

Rechtsanwalt

1. Sachlich zuständig für die Klage ist das Amtsgericht. Es handelt sich um eine ausschließliche Zuständigkeit ohne Rücksicht auf den Wert des Streitgegenstandes, § 23 Nr. 2a GVG, da die Mieterhöhung nach § 559 BGB einen Anspruch aus einem Mietverhältnis über Wohnraum darstellt. Weiter ist nach § 29a ZPO örtlich ausschließlich zuständig das Gericht, in dessen Bezirk sich die Räume befinden.

2. Der Streitwert der Klage auf Zahlung einer Mieterhöhung nach § 559 BGB bemisst sich nach dem einjährigen Mieterhöhungsbetrag soweit Feststellung begehrt wird, sonst nach dem Zahlungsantrag (LG Hagen WuM 1985, 130).

3. Im Gegensatz zu der Zustimmungserklärung bei einer Mieterhöhung nach § 558 BGB (Erhöhung der Grundmiete) handelt es sich bei der Klage auf Zahlung einer Mieterhöhung nach § 559 BGB um eine Zahlungsklage.
Für eine Feststellungsklage dürfte das Feststellungsinteresse nach § 256 ZPO fehlen (*Thomas/Putzo* § 256 Rn. 18), da Klage auf die fällige Leistung möglich und zumutbar ist.
Nach § 288 Abs. 1 Satz 2 BGB beträgt der Verzugszinssatz für das Jahr 5 Prozentpunkte über dem Basiszinssatz nach § 247 BGB.

4. Voraussetzung der Mieterhöhung nach § 559 BGB ist die Durchführung einer Modernisierungsmaßnahme, also die Durchführung baulicher Maßnahmen nach § 559 Abs. 1 BGB. Es muss sich um Maßnahmen nach § 555b Nr. 1, 3, 4, 5 oder 6 BGB handeln. Hierbei kann es sich um Maßnahmen handeln, durch die nachhaltig Endenergie eingespart wird (energetische Modernisierung), zB durch den Einbau von Wärmeschutzfenstern oder durch eine Umstellung von Nachtstromspeicherheizung auf Zentralheizung oder durch die Wärmedämmung einer Fassade, eines Hausdaches oder einer Kellerdecke (vgl. LG Paderborn WuM 1993, 360), der Wasserverbrauch nachhaltig reduziert wird, der Gebrauchswert der Mietwohnung nachhaltig erhöht wird, so durch Verbesserung der Belichtung, der Belüftung, des Schallschutzes, der sanitären Einrichtungen oder zB der Einbau eines Aufzugs. Weiter kann es sich um eine Maßnahme handeln, die eine Verbesserung der allgemeinen Wohnverhältnisse auf Dauer bewirkt, zB Anlage oder Ausbau von privaten Spielplätzen, Grünanlagen oder die Anlage einer Hofbefestigung. In Betracht kommen weiter Maßnahmen, die auf Grund von Umständen durchgeführt werden, die der Vermieter nicht zu vertreten hat und die keine Erhaltungsmaßnahmen darstellen oder durch die neuer Wohnraum geschaffen wird. Die Einsparung von Endenergie genügt nach dem Mietrechtsänderungsgesetz 2013 als energetische Modernisierung, die auch zu einer Mieterhöhung führen kann. Der BGH (Urt. v. 14.9.2008 – VIII ZR 275/07, WuM 2008, 667) hat allerdings für den Fall des Anschlusses der Mieträume an das Fernwärmenetz mit Kraft-Wärme-Kopplung bereits die Einsparung fossiler Energie als Modernisierungsmaßnahme anerkannt. Hier handelt es sich um die Einsparung nicht erneuerbarer Primärenergie nach § 555b Nr. 2 BGB, was ebenso wie allgemein klimaschützende Maßnahmen nicht zu einer Mieterhöhung nach § 559 BGB führen kann, zB wenn der Vermieter eine Photovoltaikanlage anbringen lässt, um den erzeugten Strom zu verkaufen.

Hinsichtlich der Begriffe, die verwendet werden, gilt, dass Primärenergie die Ausgangsenergie ist, die erzeugt wird, zB Förderung von Erdöl und Endenergie der Energieverbrauch in der Mietwohnung selbst. Die Energieeinsparung muss in allen Fällen nachhaltig sein, dh es muss ein dauerhafter Spareffekt vorliegen.

Für Maßnahmen zur Einsparung von Energie oder Wasser ist eine Verbesserung des Wohnwerts nicht erforderlich. Nach § 559 Abs. 1 BGB kann die Erhöhung der jährlichen Miete höchstens 11 % der für die Wohnung aufgewendeten Kosten betragen, nach durchgeführter Mieterhöhung nach §§ 559 bis 559 b BGB wird der Modernisierungszuschlag Teil der Miete (LG Hamburg WuM 1989, 82). Die so sich ergebende neue Miete wird nicht – wie bei § 558 BGB – durch die ortsübliche Vergleichsmiete, sondern nur durch § 5 WiStG begrenzt (OLG Karlsruhe RE WuM 1983, 314). Eine weitere Begrenzung findet durch die Wucherbestimmung des § 291 StGB statt.

Erhöht der Vermieter nach Durchführung von Modernisierungsmaßnahmen die Miete zugleich nach § 558 BGB und nach § 559 BGB, so muss bei der Mieterhöhung nach § 558 BGB die Modernisierung bei der Bewertung der Wohnung außer Betracht bleiben (OLG Hamm RE ZMR 1983, 102). Nicht steht dem entgegen, bei einer zunächst erfolgten Mieterhöhung nach § 559 BGB und einer später erfolgten Mieterhöhung nach § 558 BGB die erfolgte Modernisierung der Wohnung nochmals zu berücksichtigen (LG Berlin GE 1999, 252).

5. Voraussetzung der Zahlungsklage ist die Mieterhöhungserklärung nach § 559b Abs. 1 BGB. Diese muss nach § 559b Abs. 1 Satz 1 BGB in Textform entsprechend § 126b BGB erfolgen. Herkömmliche Schriftform ist jedoch nach wie vor möglich (vgl. Nies NZM 2001, 1071) und zwar einerseits nicht vor Beendigung der Modernisierungsmaßnahme, andererseits nicht längere Zeit nach ihrer Beendigung zu einem Zeitpunkt, zu dem der Mieter darauf vertrauen konnte, dass eine Mieterhöhung nicht mehr geltend gemacht würde (AG Gießen WuM 1981, 11: Verwirkung des Erhöhungsrechts nach 4 Jahren).

In der Erhöhungserklärung nach § 559b Abs. 1 BGB müssen entstandene Kosten berechnet und erläutert werden. Dies bedeutet, dass aufzuführen ist:
- der Gesamtaufwand,
- der auf die Wohnung entfallende Teilbetrag,
- der angewandte Verteilungsschlüssel,
- die einzelnen Rechnungspositionen,
- Abzug von Instandsetzungskosten.

In der Mieterhöhungserklärung müssen die einzelnen Kosten nachvollziehbar dargelegt werden, dies gilt auch für Instandsetzungsanteile (LG Görlitz WuM 1999, 44). Der Abzug von Kosten, die für solche Erhaltungsmaßnahmen erforderlich gewesen wären, ist nunmehr in § 559 Abs. 2 BGB in der Fassung des Mietrechtsänderungsgesetzes 2013 gesetzlich geregelt. Unter Instandsetzungskosten versteht man Kosten, die durch die Behebung von vorhandenen Mängeln, die infolge von Abnutzung oder Alterung eingetreten sind, entstehen, Kosten für Schönheitsreparaturen und Kosten für die Ersetzung von Anlagen, die den geltenden Vorschriften nicht mehr entsprechen (zB Ersetzung einer Gastherme, die den Abgasvorschriften nicht mehr entspricht, AG Münster WuM 1985, 365).

Bei Instandsetzungskosten in unmittelbarem Zusammenhang mit der Modernisierungsmaßnahme muss eine Aufteilung zwischen Instandsetzungskosten und Modernisierungskosten stattfinden. Tatsächlich ersparte Instandsetzungskosten sind bei der Modernisierungsmieterhöhung in Form eines angemessenen Abzugs zu berücksichtigen (KG GE 2006, 714 für den Fall der Wärmedämmung einer Fassade bei vorhandenen Putzabplatzungen). Die Höhe des Abzugs ist nach § 559 Abs. 2 BGB durch Schätzung zu ermitteln. Es genügt, wenn die ersparten fälligen Instandsetzungskosten in Form einer Quote der Gesamtkosten angegeben werden (BGH Urt. v. 17.12.2014 – VIII ZR 88/13, WuM 2015, 283).

Dies betrifft allerdings nur fällige Instandsetzungskosten, nicht Instandsetzungskosten, die zukünftig angefallen wären oder sonstige Vorteile des Vermieters (Rechtsentscheid des OLG Celle NJW 1981, 1625; Rechtsentscheid des OLG Hamm WuM 1981, 129; Rechtsentscheid des OLG Hamburg WuM 1983, 13). Andererseits müssen auch fiktive Instandsetzungskosten nachvollziehbar ausgegliedert werden (LG Berlin GE 2003, 123).

Zu erläutern sind die durchgeführten Maßnahmen in ihren Einzelheiten und alle Rechnungsbeträge (LG Neubrandenburg WuM 1999, 550). Insbesondere bei Maßnahmen zur Einsparung von Endenergie ist darzulegen, inwieweit der Verbrauch an Energie nach Durchführung der Maßnahme gegenüber dem Zustand vor Durchführung der Maßnahme verringert worden ist. Allerdings kann der Vermieter nach § 559b Abs. 1 iVm § 555c Abs. 2 BGB auf allgemein anerkannte Pauschalwerte Bezug nehmen.

Anerkannte Pauschalwerte sollen der „Bekanntmachung der Regeln zur Datenaufnahme und Datenverwendung im Wohngebäudebestand" des Bundesministeriums für Verkehr, Bau und Stadtentwicklung vom 26.7.2001 entnommen werden können. Hier sind Wärmedurchgangskoeffizienten für bestimmte Bauteile enthalten. Ob damit die Frage der voraussichtlichen Energieeinsparung für den Mieter transparent wird, ist zweifelhaft. Hier hat der BGH (NZM 2002, 519) die Vorgabe gemacht, dass ein Vortrag von Tatsachen genüge, aus denen sich überschlägig die nachhaltige Energieeinsparung ergibt. Dies dürfte durch den Vermieter ohne weiteres zu leisten sein (vgl. auch BGH Urt. v. 25.1.2006, VIII ZR 47/05, WuM 2006, 157) wo bei einer Maßnahme der Energieeinsparung, die im Austausch von Isolierglasfenstern besteht der k-Wert der neuen Fenster dem der alten Fenster gegenüber gestellt werden muss.

Nach BGH NZM 2002, 519 und WuM 2004, 154 ist eine sogenannte „Wärmebedarfsberechnung" nicht erforderlich, sondern es genügt der Vortrag von Tatsachen, aus denen sich überschlägig die nachhaltige Einsparung von Endenergie ergibt (vgl. auch LG Berlin GE 2003, 123: für den Fall der Verstärkung der Elektroleitungen). Hier genügt die Gegenüberstellung der Leistungsmerkmale der alten und der neuen Anlage.

Die Beifügung von Belegen oder Rechnungen ist nicht erforderlich, der Vermieter darf den Mieter jedoch nicht ausschließlich auf die Möglichkeit der Belegeinsicht verweisen. Verweigert der Vermieter die Belegeinsicht, ist die Mieterhöhung nicht fällig und die entsprechende Zahlungsklage unbegründet.

Möglich ist die Mieterhöhung nach § 559 BGB auch dann, wenn der Mieter zwar nicht ausdrücklich die Duldungserklärung nach § 555d Abs. 1 BGB abgegeben hat, aber die Durchführung der Maßnahme tatsächlich geduldet hat (OLG Stuttgart RE WuM 1991, 332). Dies gilt auch dann, wenn der Vermieter seiner Ankündigungspflicht nach § 555c BGB hinsichtlich der zu erwartenden Mieterhöhung nicht nachgekommen ist. Hier wird jedoch die Mieterhöhung nach § 559 BGB erst 6 Monate später fällig, § 559b Abs. 2 S. 2 Nr. 1 BGB. Dies gilt auch, wenn die tatsächliche Mieterhöhung die angekündigte um mehr als 10 Prozent übersteigt, § 559b Abs. 2 Satz 2 Nr. 2 BGB.

Wird die zu erwartende Mieterhöhung zu spät, also kürzer als drei Monate vor Beginn der Maßnahme nach § 555c Abs. 1 BGB mitgeteilt, gilt keine Einschränkung des Mieterhöhungsrechts des Vermieters (BGH NZM 2007, 882).

In jedem Fall dürfte die Mieterhöhung nach § 559 BGB auch bei faktischer Duldung der Maßnahme durch den Mieter ausgeschlossen sein, wenn der Mieter materiell- rechtlich zur Duldung nicht verpflichtet gewesen wäre, da es sich nicht um eine Modernisierungsmaßnahme gehandelt hat, es sei denn, dieser Umstand war dem Mieter bekannt.

Eine Nachbesserung einer unzureichenden Mieterhöhungserklärung ist im Prozess im Gegensatz zu der Regelung nach § 558b Abs. 3 BGB nicht möglich. Die Erklärung ist nichtig, kann aber jederzeit neu abgegeben werden (BGH WuM 2006, 157).

6. Die Mieterhöhung ist nach § 559b Abs. 2 S. 1 BGB vom Beginn des auf den Zugang der Erklärung folgenden dritten Monats an fällig, falls nicht nach § 559b Abs. 2 S. 2 BGB eine Verschiebung des Fälligkeitszeitpunkts in Betracht kommt. Die Fälligkeit tritt nach Zugang der wirksamen Erhöhungserklärung ohne das Erfordernis einer weiteren Mahnung ein.

Leistet der Mieter die Mieterhöhung nach § 559 BGB unter dem Vorbehalt der Wirksamkeit der Erhöhungserklärung, so besteht ein Rechtsschutzbedürfnis des Vermieters zur Erhebung der Zahlungsklage, da bei unwirksamer Mieterhöhungserklärung der Vermieter zur Herausgabe des Erlangten verpflichtet ist und der Vermieter mit einer entsprechenden Klage des Mieters zu rechnen hat (LG Köln WuM 1985, 341 und LG Berlin GE 1996, 470).

7. Der Vermieter muss alle Voraussetzungen seines Mieterhöhungsrechts beweisen, ggf. auch das Nichtvorliegen von Erhaltungsaufwand (LG Braunschweig WuM 1990, 158). In den Modernisierungskosten enthaltene Instandsetzungskosten kann der Vermieter, soweit eine Bezifferung nicht möglich ist, ggf. in einer Quote angeben (LG Stralsund WuM 1997, 271).

43. Zahlungsklage nach Mieterhöhung wegen einer energetischen Modernisierung gemäß § 559 BGB

An das

Amtsgericht[1] . . . . .

– Abt. für Mietsachen –

Klage

des . . . . .

– Kläger –

Prozessbevollmächtigter: Rechtsanwalt . . . . .

gegen

den . . . . .

– Beklagter –

wegen Forderung

vorläufiger Streitwert: . . . . .[2]

Namens und in Vollmacht des Klägers erhebe ich Klage und beantrage:

1. Der Beklagte wird verurteilt, an den Kläger . . . . . EUR nebst Zinsen iHv 5 Prozentpunkten über dem jeweiligen Basiszinssatz seit . . . . . zu bezahlen.[3]
2. Der Beklagte trägt die Kosten des Rechtsstreits.
3. Das Urteil ist vorläufig vollstreckbar.

Sollte das Gericht das schriftliche Vorverfahren beschließen, stelle ich bereits jetzt Antrag auf Erlass eines Versäumnisurteils; sollte der Beklagte den Anspruch anerkennen, beantrage ich Anerkenntnisurteil.

Begründung:

Der Kläger ist Vermieter, der Beklagte Mieter einer Wohnung in . . . . .

Der Beklagte mietete die Wohnung mit Mietvertrag vom . . . . . an.

Beweis: Mietvertrag in beglaubigter Kopie.

Nachdem der Beklagte die Duldungserklärung nach § 555d Abs. 1 BGB abgegeben hatte, führte der Kläger eine auch die vom Beklagten bewohnte Wohnung betreffende energetische Modernisierungsmaßnahme in Form der Dämmung der Gebäudehülle durch.[4]

Obwohl der Kläger die auf die Wohnung des Beklagten entfallenden Modernisierungskosten durch ordnungsgemäße Mieterhöhungserklärung nach § 559b Abs. 1 BGB geltend machte,[5]

Beweis: Schreiben vom . . . . .

erfolgte keinerlei Zahlung durch den Beklagten.[6]

Klage war daher geboten.[7]

Rechtsanwalt

1. Sachlich zuständig für die Klage ist das Amtsgericht. Es handelt sich um eine ausschließliche Zuständigkeit ohne Rücksicht auf den Wert des Streitgegenstandes, § 23 Nr. 2a GVG, da die Mieterhöhung nach § 559 BGB einen Anspruch aus einem Mietverhältnis über Wohnraum darstellt. Weiter ist nach § 29a ZPO örtlich ausschließlich zuständig das Gericht, in dessen Bezirk sich die Räume befinden.

2. Der Streitwert der Klage auf Zahlung einer Mieterhöhung nach § 559 BGB bemisst sich nach dem einjährigen Mieterhöhungsbetrag soweit Feststellung begehrt wird, sonst nach dem Zahlungsantrag (LG Hagen WuM 1985, 130).

3. Im Gegensatz zu der Zustimmungserklärung bei einer Mieterhöhung nach § 558 BGB (Erhöhung der Grundmiete) handelt es sich bei der Klage auf Zahlung einer Mieterhöhung nach § 559 BGB um eine Zahlungsklage.
Für eine Feststellungsklage dürfte das Feststellungsinteresse nach § 256 ZPO fehlen (*Thomas/Putzo* § 256 Rn. 18), da Klage auf die fällige Leistung möglich und zumutbar ist.
Nach § 288 Abs. 1 Satz 2 BGB beträgt der Verzugszinssatz für das Jahr 5 Prozentpunkte über dem Basiszinssatz nach § 247 BGB.

4. Voraussetzung der Mieterhöhung nach § 559 BGB ist die Durchführung einer Modernisierungsmaßnahme, also die Durchführung baulicher Maßnahmen nach § 559

Abs. 1 BGB. Es muss sich um Maßnahmen nach § 555b Nr. 1, 3, 4, 5 oder 6 BGB handeln. Hierbei kann es sich um Maßnahmen handeln, durch die nachhaltig Endenergie eingespart wird (energetische Modernisierung), zB wie hier durch die Dämmung der Gebäudehülle.

Die Einsparung von Endenergie genügt nach dem Mietrechtsänderungsgesetz 2013 als energetische Modernisierung, die auch zu einer Mieterhöhung führen kann. Der BGH (Urt. v. 14.9.2008 – VIII ZR 275/07, WuM 2008, 667) hat für den Fall des Anschlusses der Mieträume an das Fernwärmenetz mit Kraft-Wärme-Kopplung bereits die Einsparung fossiler Energie als Modernisierungsmaßnahme anerkannt. Hier handelt es sich um die Einsparung nicht erneuerbarer Primärenergie nach § 555b Nr. 2 BGB, was ebenso wie allgemein klimaschützende Maßnahmen nicht zu einer Mieterhöhung nach § 559 BGB führen kann, z.B. wenn der Vermieter eine Photovoltaikanlage anbringen lässt, um den erzeugten Strom zu verkaufen.

Hinsichtlich der Begriffe, die verwendet werden, gilt, dass **Primärenergie** die Ausgangsenergie ist, die erzeugt wird, zB Förderung von Erdöl und **Endenergie** der Energieverbrauch in der Mietwohnung selbst. Die Dämmung der Gebäudehülle stellt daher einen Fall der Einsparung von Endenergie dar. Die Energieeinsparung muss in allen Fällen nachhaltig sein, d.h. es muss ein dauerhafter Spareffekt vorliegen.

Für Maßnahmen zur Einsparung von Energie oder Wasser ist eine Verbesserung des Wohnwerts nicht erforderlich. Nach § 559 Abs. 1 BGB kann die Erhöhung der jährlichen Miete höchstens 11 % der für die Wohnung aufgewendeten Kosten betragen, nach durchgeführter Mieterhöhung nach §§ 559 bis 559 b BGB wird der Modernisierungszuschlag Teil der Miete (LG Hamburg WuM 1989, 82). Die so sich ergebende neue Miete wird nicht – wie bei § 558 BGB – durch die ortsübliche Vergleichsmiete, sondern nur durch § 5 WiStG begrenzt (OLG Karlsruhe RE WuM 1983, 314). Eine weitere Begrenzung findet durch die Wucherbestimmung des § 291 StGB statt.

Erhöht der Vermieter nach Durchführung von Modernisierungsmaßnahmen die Miete zugleich nach § 558 BGB und nach § 559 BGB, so muss bei der Mieterhöhung nach § 558 BGB die Modernisierung bei der Bewertung der Wohnung außer Betracht bleiben (OLG Hamm RE ZMR 1983, 102). Nicht steht dem entgegen, bei einer zunächst erfolgten Mieterhöhung nach § 559 BGB und einer später erfolgten Mieterhöhung nach § 558 BGB die erfolgte Modernisierung der Wohnung nochmals zu berücksichtigen (LG Berlin GE 1999, 252).

5. Voraussetzung der Zahlungsklage ist die Mieterhöhungserklärung nach § 559b Abs. 1 BGB. Diese muss nach § 559b Abs. 1 Satz 1 BGB in Textform entsprechend § 126b BGB erfolgen. Herkömmliche Schriftform ist jedoch nach wie vor möglich (vgl. *Nies* NZM 2001, 1071) und zwar einerseits nicht vor Beendigung der Modernisierungsmaßnahme, andererseits nicht längere Zeit nach ihrer Beendigung zu einem Zeitpunkt, zu dem der Mieter darauf vertrauen konnte, dass eine Mieterhöhung nicht mehr geltend gemacht würde (AG Gießen WuM 1981, 11: Verwirkung des Erhöhungsrechts nach 4 Jahren).

In der Erhöhungserklärung nach § 559b Abs. 1 BGB müssen entstandene Kosten berechnet und erläutert werden. Dies bedeutet, dass aufzuführen ist:
• der Gesamtaufwand,
• der auf die Wohnung entfallende Teilbetrag,
• der angewandte Verteilungsschlüssel,
• die einzelnen Rechnungspositionen,
• Abzug von Instandsetzungskosten.

In der Mieterhöhungserklärung müssen die einzelnen Kosten nachvollziehbar dargelegt werden, dies gilt auch für Instandsetzungsanteile (LG Görlitz WuM 1999, 44). Der Abzug von Kosten, die für solche Erhaltungsmaßnahmen erforderlich gewesen wären, ist nunmehr in § 559 Abs. 2 BGB in der Fassung des Mietrechtsänderungsgesetzes 2013 gesetzlich geregelt. Unter Instandsetzungskosten versteht man Kosten, die durch die Behebung von vorhandenen Mängeln, die infolge von Abnutzung oder Alterung eingetreten sind, entstehen, Kosten für Schönheitsreparaturen und Kosten für die Ersetzung von Anlagen, die den geltenden Vorschriften nicht mehr entsprechen (zB Ersetzung einer Gastherme, die den Abgasvorschriften nicht mehr entspricht, AG Münster WuM 1985, 365).

Hier kann es sich um die im Zuge der Anbringung der Fassadendämmung erfolgende Ausbesserung des schadhaften Putzes handeln.

Bei Instandsetzungskosten in unmittelbarem Zusammenhang mit der Modernisierungsmaßnahme muss eine Aufteilung zwischen Instandsetzungskosten und Modernisierungskosten stattfinden. Tatsächlich ersparte Instandsetzungskosten sind bei der Modernisierungsmieterhöhung in Form eines angemessenen Abzugs zu berücksichtigen (KG GE 2006, 714 für den Fall der Wärmedämmung einer Fassade bei vorhandenen Putzabplatzungen). Die Höhe des Abzugs ist nach § 559 Abs. 2 BGB durch Schätzung zu ermitteln.

Dies betrifft allerdings nur fällige Instandsetzungskosten, nicht Instandsetzungskosten, die zukünftig angefallen wären oder sonstige Vorteile des Vermieters (Rechtsentscheid des OLG Celle NJW 1981, 1625; Rechtsentscheid des OLG Hamm WuM 1981, 129; Rechtsentscheid des OLG Hamburg WuM 1983, 13). Andererseits müssen auch fiktive Instandsetzungskosten nachvollziehbar ausgegliedert werden (LG Berlin GE 2003, 123).

Zu erläutern sind die durchgeführten Maßnahmen in ihren Einzelheiten und alle Rechnungsbeträge (LG Neubrandenburg WuM 1999, 550). Insbesondere bei Maßnahmen zur Einsparung von Endenergie ist darzulegen, inwieweit der Verbrauch an Energie nach Durchführung der Maßnahme gegenüber dem Zustand vor Durchführung der Maßnahme verringert worden ist. Allerdings kann der Vermieter nach § 559b Abs. 1 iVm § 555c Abs. 2 BGB auf **allgemein anerkannte Pauschalwerte** Bezug nehmen.

Anerkannte Pauschalwerte sollen der „Bekanntmachung der Regeln zur Datenaufnahme und Datenverwendung im Wohngebäudebestand" des Bundesministeriums für Verkehr, Bau und Stadtentwicklung vom 26.7.2001 entnommen werden können. Hier sind Wärmedurchgangskoeffizienten für bestimmte Bauteile enthalten. Ob damit die Frage der voraussichtlichen Energieeinsparung für den Mieter transparent wird, ist zweifelhaft. Hier hat der BGH (NZM 2002, 519) die Vorgabe gemacht, dass ein Vortrag von Tatsachen genüge, aus denen sich überschlägig die nachhaltige Energieeinsparung ergibt. Dies dürfte durch den Vermieter ohne weiteres zu leisten sein (vgl. auch BGH Urt. v. 25.01.2006, VIII ZR 47/05, WuM 2006, 157) wo bei einer Maßnahme der Energieeinsparung, die im Austausch von Isolierglasfenstern besteht der k-Wert der neuen Fenster dem der alten Fenster gegenüber gestellt werden muss.

Nach BGH NZM 2002, 519 und WuM 2004, 154 ist eine sogenannte „Wärmebedarfsberechnung" nicht erforderlich, sondern es genügt der Vortrag von Tatsachen, aus denen sich überschlägig die nachhaltige Einsparung von Endenergie ergibt (vgl. auch LG Berlin GE 2003, 123: für den Fall der Verstärkung der Elektroleitungen). Hier genügt die Gegenüberstellung der Leistungsmerkmale der alten und der neuen Anlage.

Die Beifügung von Belegen oder Rechnungen ist nicht erforderlich, der Vermieter darf den Mieter jedoch nicht ausschließlich auf die Möglichkeit der Belegeinsicht verweisen. Verweigert der Vermieter die Belegeinsicht, ist die Mieterhöhung nicht fällig und die entsprechende Zahlungsklage unbegründet.

Möglich ist die Mieterhöhung nach § 559 BGB auch dann, wenn der Mieter zwar nicht ausdrücklich die Duldungserklärung nach § 555d Abs. 1 BGB abgegeben hat, aber die Durchführung der Maßnahme tatsächlich geduldet hat (OLG Stuttgart RE WuM 1991, 332). Dies gilt auch dann, wenn der Vermieter seiner Ankündigungspflicht nach § 555c BGB hinsichtlich der zu erwartenden Mieterhöhung nicht nachgekommen ist. Hier wird jedoch die Mieterhöhung nach § 559 BGB erst 6 Monate später fällig, § 559b Abs. 2 S. 2

Nr. 1 BGB. Dies gilt auch, wenn die tatsächliche Mieterhöhung die angekündigte um mehr als 10 Prozent übersteigt, § 559b Abs. 2 Satz 2 Nr. 2 BGB.

Wird die zu erwartende Mieterhöhung zu spät, also kürzer als drei Monate vor Beginn der Maßnahme nach § 555c Abs. 1 BGB mitgeteilt, gilt keine Einschränkung des Mieterhöhungsrechts des Vermieters (BGH NZM 2007, 882).

In jedem Fall dürfte die Mieterhöhung nach § 559 BGB auch bei faktischer Duldung der Maßnahme durch den Mieter ausgeschlossen sein, wenn der Mieter materiellrechtlich zur Duldung nicht verpflichtet gewesen wäre, da es sich nicht um eine Modernisierungsmaßnahme gehandelt hat, es sei denn, dieser Umstand war dem Mieter bekannt.

Eine Nachbesserung einer unzureichenden Mieterhöhungserklärung ist im Prozess im Gegensatz zu der Regelung nach § 558b Abs. 3 BGB nicht möglich. Die Erklärung ist nichtig, kann aber jederzeit neu abgegeben werden (BGH WuM 2006, 157).

6. Die Mieterhöhung ist nach § 559b Abs. 2 S. 1 BGB vom Beginn des auf den Zugang der Erklärung folgenden dritten Monats an fällig, falls nicht nach § 559b Abs. 2 S. 2 BGB eine Verschiebung des Fälligkeitszeitpunkts in Betracht kommt. Die Fälligkeit tritt nach Zugang der wirksamen Erhöhungserklärung ohne das Erfordernis einer weiteren Mahnung ein.

Leistet der Mieter die Mieterhöhung nach § 559 BGB unter dem Vorbehalt der Wirksamkeit der Erhöhungserklärung, so besteht ein Rechtsschutzbedürfnis des Vermieters zur Erhebung der Zahlungsklage, da bei unwirksamer Mieterhöhungserklärung der Vermieter zur Herausgabe des Erlangten verpflichtet ist und der Vermieter mit einer entsprechenden Klage des Mieters zu rechnen hat (LG Köln WuM 1985, 341 und LG Berlin GE 1996, 470).

7. Der Vermieter muss alle Voraussetzungen seines Mieterhöhungsrechts beweisen, ggf. auch das Nichtvorliegen von Erhaltungsaufwand (LG Braunschweig WuM 1990, 158). In den Modernisierungskosten enthaltene Instandsetzungskosten kann der Vermieter, soweit eine Bezifferung nicht möglich ist, ggf. in einer Quote angeben (LG Stralsund WuM 1997, 271).

44. Zahlungsklage nach Mieterhöhung aufgrund einer Staffelmietvereinbarung gemäß § 557a BGB (Wohnraum)

An das

Amtsgericht[1]

Klage[2]

des . . . . .

– Kläger –

Prozessbevollmächtigter: . . . . .

gegen

Herrn/Frau

– Beklagte –

wegen: Zahlung rückständiger Miete aus Wohnraummietvertrag

Streitwert: . . . . .

Namens und mit Vollmacht des Klägers erhebe ich Klage gegen die Beklagten und werde beantragen:

1. Die Beklagten werden als Gesamtschuldner verurteilt, an die Kläger . . . . . EUR nebst Zinsen in Höhe von 5 Prozentpunkten über dem Basiszinssatz aus jeweils . . . . . seit dem 4 . . . . . 20 . . . . ., 4 . . . . . . 20 . . . . ., 20 . . . . .[3] zu zahlen.
2. Die Beklagten tragen die Kosten des Rechtsstreits.[4]
3. Das Urteil ist vorläufig vollstreckbar.[5]

Ich beantrage ferner,

1. soweit das Gericht das Verfahren nach § 495a ZPO[6] betreiben will, die Durchführung einer mündlichen Verhandlung;
2. soweit das Gericht ein schriftliches Vorverfahren anordnet und der/die Beklagte(n) seine/ihre Verteidigungsbereitschaft nicht rechtzeitig anzeigen sollten, den Erlass eines Versäumnisurteils.

Ferner teile ich mit, dass

1. ein außergerichtlicher Einigungsversuch bisher nicht stattgefunden hat[7]
2. ein solcher Versuch erscheint zurzeit auch nicht aussichtslos.[8]

Begründung:

Der Kläger hat den Beklagten mit Mietvertrag vom . . . . . die im Rubrum näher bezeichnete Wohnung vermietet.[9]

Als Miete wurde ein Betrag von . . . . . EUR zzgl. Betriebskosten ab 1 . . . . . . 20 . . . . . vereinbart.

Beweis: In der Anlage überreiche Kopie des Mietvertrages

Die Parteien haben ferner im Mietvertrag schriftlich[10] eine Staffelmietvereinbarung[11] getroffen, die folgenden Inhalt hat:

„Die Miete beträgt 500,– EUR. Sie erhöht sich jeweils zu folgenden Terminen auf folgende Beträge:

ab 1.1.2013[12]	auf 520,– EUR[13]
ab 1.1.2014[14]	auf 540,– EUR
ab 1.1.2015	auf 560,– EUR
ab 1.1.2016[15]	auf 580,– EUR"[16]

Die Beklagten zahlen auch seit dem letzten Erhöhungsstichtag nur die alte Miete weiter, obwohl die Miete sich ohne weiteres entsprechend erhöht hat. Der Abgabe einer Erhöhungserklärung durch den Kläger bedurfte es deshalb gar nicht mehr.[17]

Mit der vorliegenden Klage werden die Restmietansprüche für die Monate . . . . . bis . . . . . eingeklagt.

Die Beklagten schulden den Basiszinssatz gem. § 247 BGB, da sie sich mit der Zahlung der Miete in Verzug befinden. Es ist vereinbart, dass die Miete am dritten Werktag fällig ist.

Beweis: Vorlage des Mietvertrages

Rechtsanwalt

Anmerkungen

1. Die sachliche Zuständigkeit für Wohnraummietsachen ergibt sich aus § 23 Ziff. 2 a) GVG. Danach sind die Amtsgerichte ohne Rücksicht auf den Wert des Streitgegenstandes ausschließlich zuständig für Streitigkeiten über Ansprüche aus einem Mietverhältnis über Wohnraum. Hierzu zählen auch alle Zahlungsklagen aus einem Wohnraummietvertrag. Die örtliche Zuständigkeit ergibt sich aus § 29a ZPO, wonach jeweils das Amtsgericht, in dessen Bezirk sich die gemietete Wohnung befindet, zuständig ist. Auch dies ist eine ausschließliche Zuständigkeit, so dass eine Zuständigkeit eines anderen Gerichts weder durch rügelose Einlassung gem. § 39 ZPO noch durch eine Gerichtsstandsvereinbarung gem. § 40 ZPO begründet werden kann (OLG Frankfurt MDR 1979, 851; LG München ZMR 1987, 271). Eine Verweisung unter Verstoß gegen diese bindenden Zuständigkeitsregelungen ist unbeachtlich (LG München ZMR 1987, 271; BLAH/*Hartmann* § 29a Rn. 13). Ob die allgemeine Zivilabteilung oder die Mietabteilung zuständig ist, ist eine Frage der internen Geschäftsverteilung des Gerichts. Die Klage muss nur an das Amtsgericht, nicht an die zuständige Abteilung adressiert sein.

2. Zum Rubrum → Form. B. II. 28.

3. Nach § 556b BGB ist die Miete kraft Gesetzes am dritten Werktag mangels abweichender Vereinbarung fällig. Die Vorschrift gilt aber gem. der Übergangsregelung in Art. 229 § 3 Abs. 1 Ziff. 7 EGBGB nicht für Mietverhältnisse, die am 1.9.2001 bereits bestanden. In diesem Fall gilt § 551 BGB aF weiter, wonach die Miete am Ende des Monats fällig wurde. Es war aber zulässig, auch formularmäßig, abweichende Vereinbarungen zu treffen, die auch über den 1.9.2001 ihre Wirksamkeit behalten haben. Lediglich in den Fällen, in denen die Vorauszahlungsklausel mit einem Aufrechnungsverbot im Mietvertrag kombiniert war, ist die Vorauszahlungsklausel unwirksam (BGH NJW 1995, 254 mAnm *Börstinghaus* MDR 1995, 241; *Blank* WuM 1995, 567). Daran hat sich durch die Neuregelung der Fälligkeit in § 556b BGB auch nichts geändert.

4. Ein **Kostenantrag** ist nicht zwingend erforderlich, da das Gericht von Amts wegen über die Kosten zu entscheiden hat. Bei einer Verurteilung mehrerer Mieter als Gesamtschuldner auf Zahlung ist es nicht erforderlich, im Kostenausspruch die gesamtschuldnerische Haftung für die Kosten auszusprechen, § 100 Abs. 4 ZPO.

5. Das Urteil ist sowohl hinsichtlich der Hauptsache wie auch bezüglich der Kosten für **vorläufig vollstreckbar** zu erklären. Es handelt sich um ein Leistungsurteil in einem Mietrechtsstreit. In diesem Fall richtet sich die vorläufige Vollstreckbarkeit nach § 708 Ziff. 7 ZPO. Nur in den Fällen eines Versäumnis- oder Anerkenntnisurteils regelt sich die vorläufige Vollstreckbarkeit nach § 708 Ziff. 1 oder Ziff. 2 ZPO. Grundsätzlich hat das Gericht gem. § 711 ZPO eine Abwendungsbefugnis für den vorläufig zur Zahlung Verurteilten auszusprechen. Diese ist in einem Verhältnis zur zu vollstreckenden Forderung auszudrücken.

6. Bis zu einem Streitwert von 600,– EUR kann das Gericht gem. § 495a ZPO das Verfahren nach billigem Ermessen gestalten. Es muss in diesem Fall nur dann eine mündliche Verhandlung durchführen, wenn eine Partei dies ausdrücklich beantragt hat. Ferner kann das Urteil bei dieser Verfahrensweise gem. § 313a Abs. 1 S. 1 ZPO ohne Tatbestand abgefasst werden und die Entscheidungsgründe können ins Protokoll diktiert werden. Ggf. kann gegen ein entsprechendes Urteil eine Rügeschrift gem. § 321a ZPO wegen Verletzung des Anspruchs auf rechtliches Gehör eingerichtet werden.

7. Gem. § 15a EGZPO und den verschiedenen landesgesetzlichen Ausführungsgesetzen ist eine **vorgerichtliche Schlichtung** bei Streitwerten bis 600–750,– EUR je nach Bundesland teilweise erforderlich. Die Streitschlichtung ist aber bei einem vorgeschaltetem Mahnverfahren überflüssig.

8. Gem. § 278 ZPO geht der mündlichen Verhandlung zum Zwecke der gütlichen Beilegung des Rechtsstreits eine **Güteverhandlung** voraus. Dies gilt dann nicht, wenn eine Güteverhandlung erkennbar aussichtslos ist.

9. Grundsätzlich ist eine Staffelmiete sowohl im preisfreien, wie auch im preisgebundenen Wohnungsbau zulässig. Im preisgebundenen Wohnungsbau müssen jedoch die besonderen Beschränkungen des WoBindG beachtet werden. Deshalb gilt hier Folgendes:
a) Die höchste vereinbarte Staffel bleibt unter der zulässigen Kostenmiete zum Zeitpunkt der Vereinbarungen der Staffelmiete: Eine solche Vereinbarung steht in keinerlei Widerspruch zu den Vorschriften und den Zwecken des WoBindG, das die Kostenmiete nur als Höchst-, nicht zugleich als Mindestbetrag der Miete festlegt.
b) **Die Parteien vereinbaren eine Staffelmiete, deren** höchste Staffel die zum Zeitpunkt der Vereinbarung zulässige Kostenmiete übersteigt: Eine solche Vereinbarung ist unwirksam (LG Berlin GE 2007, 719). Die bloße Möglichkeit, dass im Lauf der Zeit auch die Kostenmiete sich erhöhen wird, hat dabei unbeachtet zu bleiben.
c) Die Parteien vereinbaren eine **Staffelmiete, die erst nach Ablauf der Preisbindung gelten soll:** Ob dies zulässig ist war strittig (sie dazu Schmidt-Futterer/*Börstinghaus*, Mietrecht, 9. Aufl., § 557a BGB Rn. 16). Nach Ansicht des BGH (NZM 2004, 135 = MietPrax-AK § 557a BGB Nr. 2 mAnm *Börstinghaus*) soll eine solche Vereinbarung aber grundsätzlich rechtlich möglich sein.

10. Die **Vereinbarung einer Staffelmiete** muss nach dem ausdrücklichen Wortlaut des § 557a Abs. 1 BGB schriftlich erfolgen. Für die Schriftform gilt § 126 BGB. Der Schutzzweck der Norm besteht vor allem darin, die Mietvertragsparteien vor unüberlegten langfristigen Festlegungen zu schützen (Warnfunktion). Daneben dient die Schriftform auch der Beweissicherung insbesondere auch bei Eigentümerwechseln und dem damit gem. § 566 BGB verbundenen Vertragsübergang. Eine Staffelmietvereinbarung kann durch AGB erfolgen. Dies bezieht sich aber nur auf die Fristen und sonstigen Regelungen, nicht auf die Miete, da es sich bei der Vereinbarung des Preises um eine Individualvereinbarung handelt. Die mündliche Vereinbarung einer Staffelmiete ist genauso wenig möglich wie die Vereinbarung durch konkludentes Verhalten, zB vorbehaltlose Zahlung von Erhöhungsbeträgen. Solche Vereinbarungen sind gem. § 125 BGB nichtig. Die Parteien können auf diese Form nicht verzichten. Die Nichtigkeit bezieht sich entsprechend dem oben dargestellten Schutzzweck der Norm aber nur auf die Staffelmietvereinbarung und nicht auf den gesamten Mietvertrag.

11. Ein Muster finden Sie auch unter BeckFormB MietR/*Wetekamp* Form. A. III. 4.

12. Der Zeitpunkt der Erhöhung muss nach dem Wortlaut des Gesetzes bestimmt sein. Es muss also für jeden Erhöhungsbetrag oder den erhöhten Gesamtbetrag genau angegeben werden, ab wann er zu zahlen ist. Dabei genügt es aber, wenn die Zeiträume errechnet werden können. Dies ergibt sich aus dem Sinn und Zweck der Regelung, wonach für die Mietvertragsparteien die Mietentwicklung kalkulierbar sein soll. Möglich wäre es deshalb auch folgende Formulierung: **Die Miete beträgt ab 1.1.2013 600,– EUR. Sie erhöht sich nach jeweils 12 Monaten um 30,– EUR.**

13. Nach dem Wortlaut des Gesetzes muss in der Staffelmietvereinbarung die jeweilige Miete oder **die jeweilige Erhöhung** betragsmäßig ausgewiesen sein. Die jeweilige Miete ist betragsmäßig ausgeworfen, wenn im Mietvertrag die insgesamt zu zahlende Miete ab einem bestimmten Zeitpunkt in der Zukunft angegeben ist. Soweit es sich um eine Netto-

oder Teilinklusivmiete handelt, reicht es aus, wenn die jeweilige Netto- oder Teilinklusivmiete angegeben wird, ohne dass auch andere Positionen wie Betriebskostenvorschuss oder Garagenmiete angegeben werden müssen. Bei Inklusivmieten muss die jeweilige Inklusivmiete angegeben werden. Die betragsmäßige Erhöhung muss in bestimmten EUR-Beträgen angegeben werden. Die EUR-Beträge müssen für die gesamte Laufzeit der Staffelmietvereinbarung nicht identisch sein. Nach dem eindeutigen Wortlaut der Vorschrift muss die **Miete** selbst oder der Erhöhungsbetrag angegeben werden. Miete ist der insgesamt für die Gebrauchsüberlassung zu zahlende Betrag. Nicht ausreichend ist deshalb die Angabe der jeweiligen Quadratmetermieten (LG Görlitz WuM 1997, 682 [684]). Die Steigerungen müssen bei Abschluss der Staffelmietvereinbarung betragsmäßig feststehen. Deshalb darf die Erhöhung weder der späteren Vereinbarung der Parteien noch der Bestimmung einer Partei oder eines Dritten überlassen werden. Auch die Bezugnahme auf später noch zu ermittelnde Werte, wie zB die jeweilige ortsübliche Vergleichsmiete oder die Miete für eine bestimmte Vergleichswohnung ist unzulässig. Deshalb ist auch die Vereinbarung von prozentualen Steigerungsbeträgen unzulässig (OLG Braunschweig RE NJW-RR 1986, 91; OLG Karlsruhe NJW-RR 1990, 155; LG Berlin WuM 1992, 198; LG Bonn WuM 1992, 199) unabhängig davon, ob sich die Prozentsätze auf die Vertragsmiete beziehen oder auf Zu- oder Abschläge zur ortsüblichen Vergleichsmiete.

14. Die Miete muss zwischen den einzelnen Erhöhungsterminen jeweils ein Jahr unverändert bleiben. Ist nur einer der vereinbarten Zeiträume kürzer als ein Jahr, dann ist die gesamte Staffelmietvereinbarung unwirksam (LG Berlin GE 2002, 54; GE 1995, 369; MM 1990, 40; LG Nürnberg-Fürth WuM 1997, 438; AG Bergheim WuM 1998, 36; AG Essen ZMR 1997, 425; AG Büdingen WuM 1996, 344; AG Bergisch Gladbach WuM 1991, 700; *Sternel*, Mietrecht, 3. Aufl., III 432); dies gilt selbst dann wenn die Frist auch nur um einen Tag unterschritten wird (AG Büdingen WuM 1996, 344).

15. Eine Staffelmietvereinbarung ist zeitlich nicht mehr beschränkt. Anders als nachdem bis 2001 geltenden Recht kann sie jetzt auch für Zeiträume von mehr als 10 Jahren abgeschlossen werden. Selbst die Grenze von § 544 BGB von dreißig Jahren gilt nicht.

16. Seit 1. Juni 2015 ist § 557a BGB um Abs. 4 erweitert. Das bedeutet, dass in Gemeinden, die in eine Verordnung gem. § 556d Abs. 2 BGB („Mietpreisbremsenverordnung") aufgenommen wurde, auch Staffelmieten der Beschränkung des § 556d Abs. 1 BGB unterfallen.
Wurde die Staffelmietvereinbarung vor Inkrafttreten der örtlich maßgeblichen Verordnung abgeschlossen, so gilt diese Begrenzung gem. Art. 229 § 35 Abs. 1 EGBGB selbst dann nicht, wenn spätere Staffeln erst nach Inkrafttreten der Verordnung wirksam werden. Da Staffelmietvereinbarungen gem. § 557a BGB zeitlich ohne Beschränkung möglich sind, kann ein solcher Mietvertrag uU nie in den Geltungsbereich dieses Unterkapitels fallen. Wurde die Staffelmietvereinbarung während der Laufzeit einer örtlich einschlägigen Verordnung abgeschlossen, so findet die Beschränkung der Wiedervermietungsmiete gem. Art. 229 § 35 Abs. 2 EGBGB keine Anwendung mehr auf Staffeln, deren erste Miete zu einem Zeitpunkt fällig wird, in dem die Mietwohnung nicht mehr in den Anwendungsbereich der Verordnung fällt, etwa weil sie außer Kraft getreten oder abgeändert worden ist.
Ist § 557a Abs. 4 BGB zeitlich und örtlich auf die Staffelmietvereinbarung anwendbar, so ist sowohl die Ausgangsmiete wie auch jede einzelne Staffelerhöhung auf ihre Zulässigkeit gem. § 556d Abs. 1 BGB zu überprüfen. Die Miete darf also maximal 10 % über der ortsüblichen Vergleichsmiete liegen. Ausnahmen gelten bei Neubauwohnungen, § 556f S. 1 BGB, bei umfassend modernisierten Wohnungen, § 556f S. 2 BGB, sowie bei in den letzten 3 Jahren modernisierten Wohnung, § 556e Abs. 2 BGB. War die Wohnung vorher bereits zu einer höheren als gem. § 556d Abs. 1 zulässigen Miete rechtmäßig vermietet,

darf diese Vormiete auch weiter vereinbart werden. Diese Miete darf dann aber mittel Staffelmiete nur erhöht werden, wenn die ortsübliche Vergleichsmiete plus 10 % höher ist. Bei fallender ortsüblicher Vergleichsmiete darf die vorherige Staffel weiter als Vormiete verlangt werden.

Auch für Staffelmietvereinbarungen gilt grundsätzlich § 5 WiStG. Wenn die Miete also mehr als 20 % über der ortsüblichen Vergleichsmiete liegt und der Vermieter ein geringes Angebot von Wohnraum ausgenutzt hat, dann ist die 20 Prozentgrenze übersteigende Mietvereinbarung teilunwirksam. Ist eine einzelne Staffelmietvereinbarung insofern teilweise nichtig, führt dies jedoch nicht zum Wegfall der folgenden Staffelbeträge. Deren Wirksamkeit ist selbständig im Hinblick auf die ortsübliche Vergleichsmiete im Zeitpunkt des jeweils bestimmten Anfangstermins zu beurteilen (OLG Hamburg RE WuM 2000, 111 = NZM 2000, 232). Auch ein nachträgliches Absinken der ortsüblichen Vergleichsmiete führt nicht zur Unwirksamkeit einer späteren Mietstaffel, wenn die vereinbarte Miete zu einem früheren Zeitpunkt der Höhe nach zulässig war (KG RE NZM 2001, 283).

17. Zum vereinbarten Zeitpunkt erfolgt automatisch die vereinbarte Erhöhung der Miete. Es ist weder die Ausübung eines Gestaltungsrechtes durch eine Mietvertragspartei erforderlich noch eine sonstige Willenserklärung oder faktische Handlung. Ist die Fälligkeit der Miete wirksam nach dem Kalender bestimmt, dann kommt der Mieter mit den nicht geleisteten Mieten in Verzug ohne dass es einer weiteren Mahnung bedarf (*Langenberg* PiG 53, 59 [69]). Bei Mietverträgen, die ab dem 1.9.2001 abgeschlossen wurden ergibt sich die Fälligkeit mangels abweichender Vereinbarung aus § 556b BGB.

45. Zahlungsklage nach Mieterhöhung aufgrund einer Indexmietvereinbarung gemäß § 557b BGB (Wohnraum)

An das

Amtsgericht[1]. . . . .

Klage[2]

des . . . . .

– Kläger –

Prozessbevollmächtigter: . . . . .

gegen

Herrn/Frau . . . . .

– Beklagte –

wegen: Zahlungsanspruch aus Wohnraummietvertrag

Streitwert: . . . . .

Namens und mit Vollmacht des Klägers erhebe ich Klage gegen die Beklagten und werde beantragen:

1. Die Beklagten werden als Gesamtschuldner verurteilt, an den Kläger . . . . . EUR nebst Zinsen in Höhe von 5 Prozentpunkten über dem Basiszinssatz aus jeweils . . . . . seit dem 4 . . . . . . 20 . . . . ., 4 . . . . . . 20 . . . . ., 4 . . . . . . 20 . . . . .[3] zu zahlen.
2. Die Beklagten tragen die Kosten des Rechtsstreits.[4]
3. Das Urteil ist vorläufig vollstreckbar.[5]

Ich beantrage ferner,

1. soweit das Gericht das Verfahren nach § 495a ZPO[6] betreiben will, die Durchführung einer mündlichen Verhandlung;
2. soweit das Gericht ein schriftliches Vorverfahren anordnet und der/die Beklagte(n) seine/ihre Verteidigungsbereitschaft nicht rechtzeitig anzeigen sollten, den Erlass eines Versäumnisurteils.

Ferner teile ich mit, dass

1. ein außergerichtlicher Einigungsversuch bisher nicht stattgefunden hat[7]
2. ein solcher Versuch erscheint zurzeit auch nicht aussichtslos.[8]

Begründung:

Der Kläger hat den Beklagten mit Mietvertrag vom . . . . . die im Rubrum näher bezeichnete Wohnung vermietet.

Als Miete wurde ein Betrag von . . . . . EUR zzgl. Betriebskosten ab 1 . . . . . . 20 . . . . . vereinbart.

Beweis: In der Anlage überreichte Kopie des Mietvertrages

Die Parteien haben ferner im Mietvertrag schriftlich[9] eine Indexmietvereinbarung[10] getroffen, die folgenden Inhalt[11] hat:

> Steigt oder fällt der vom Statistischen Bundesamt festgestellte Lebenshaltungskostenindex aller privaten Haushalte (Basis 2005[12] = 100 – ganz Deutschland) gegenüber der jeweils letzten Mietvereinbarung um mehr als 5 Prozent, so ist jede Vertragspartei berechtigt die Miete durch empfangsbedürftige Erklärung in dem gleichen prozentualen Verhältnis anzupassen. Die geänderte Miete ist vom Beginn des auf die Erhöhung folgenden übernächsten Monats zu zahlen. Die Miete muss aber mindestens ein Jahr unverändert bleiben.

Zum Zeitpunkt des Mietvertragsbeginns betrug der Lebenshaltungskostenindex für alle privaten Haushalte in Deutschland mit Basis 2005 = 100

119,7.

Beweis: 1. Auskunft des statistischen Bundesamtes
2. In der Anlage überreichte Kopie aus der NJW über die Entwicklung des Lebenshaltungskostenindex

Im Monat . . . . . betrugt der Lebenshaltungskostenindex für alle privaten Haushalte in Deutschland mit Basis 2005 = 100

126,2.

Beweis: 1. Auskunft des statistischen Bundesamtes
2. In der Anlage überreichte Kopie aus der NJW über die Entwicklung des Lebenshaltungskostenindex

Dies entspricht einer Steigerung um 6,5 Prozentpunkte oder 5,43 %.

Mit Schreiben[13] vom . . . . . hat der Kläger den Beklagten gegenüber die Miete auf Grund dieser Indexmietvereinbarung erhöht.

Beweis: In der Anlage überreichte Kopie des Schreibens vom . . . . .

In diesem Schreiben hat der Kläger auch die Änderung des Lebenshaltungskostenindex im Einzelnen mitgeteilt und die Auswirkungen auf die Höhe der Miete berechnet.[14]

Die Miete ist seit Abschluss des Mietvertrages,[16] also seit mehr als einem Jahr unverändert.[15] Unter Berücksichtigung einer Erhöhung um 5,43 % beträgt sie ab . . . . . EUR zzgl. Betriebskostenvorauszahlung.

Die Beklagten haben weiterhin die ursprüngliche Miete gezahlt.

Mit der vorliegenden Klage werden die Restmietzinsansprüche für die Monate . . . . . bis . . . . . eingeklagt.

Die Beklagten schulden den Basiszinssatz gem. § 247 BGB, da sie sich mit der Zahlung der Miete in Verzug befinden. Es ist vereinbart, dass die Miete am dritten Werktag fällig ist.

Rechtsanwalt

Anmerkungen

1. Die sachliche Zuständigkeit für Wohnraummietsachen ergibt sich aus § 23 Ziff. 2 a) GVG. Danach sind die Amtsgerichte ohne Rücksicht auf den Wert des Streitgegenstandes ausschließlich zuständig für Streitigkeiten über Ansprüche aus einem Mietverhältnis über Wohnraum. Hierzu zählen auch alle Zahlungsklagen aus einem Wohnraummietvertrag. Die örtliche Zuständigkeit ergibt sich aus § 29a ZPO, wonach jeweils das Amtsgericht, in dessen Bezirk sich die gemietete Wohnung befindet, zuständig ist. Auch dies ist eine ausschließliche Zuständigkeit, so dass eine Zuständigkeit eines anderen Gerichts weder durch rügelose Einlassung gem. § 39 ZPO noch durch eine Gerichtsstandsvereinbarung gem. § 40 ZPO begründet werden kann (OLG Frankfurt MDR 1979, 851; LG München ZMR 1987, 271). Eine Verweisung unter Verstoß gegen diese bindenden Zuständigkeitsregelungen ist unbeachtlich (LG München ZMR 1987, 271; BLAH/*Hartmann* § 29a Rn. 13). Ob die allgemeine Zivilabteilung oder die Mietabteilung zuständig ist, ist eine Frage der internen Geschäftsverteilung des Gerichts. Die Klage muss nur an das Amtsgericht, nicht an die zuständige Abteilung adressiert sein.

2. Zum Rubrum → Form. B. II. 28.

3. Nach § 556b BGB ist die Miete kraft Gesetzes am dritten Werktag mangels abweichender Vereinbarung fällig. Die Vorschrift gilt aber gem. der Übergangsregelung in Art. 229 § 3 Abs. 1 Ziff. 7 EGBGB nicht für Mietverhältnisse, die am 1.9.2001 bereits bestanden. In diesem Fall gilt § 551 BGB aF weiter, wonach die Miete am Ende des Monats fällig wurde. Es war aber zulässig, auch formularmäßig, abweichende Vereinbarungen zu treffen, die auch über den 1.9.2001 ihre Wirksamkeit behalten haben. Lediglich in den Fällen, in denen die Vorauszahlungsklausel mit einem Aufrechnungsverbot im Mietvertrag kombiniert war, ist die Vorauszahlungsklausel unwirksam (BGH NJW 1995, 254 mAnm *Börstinghaus* MDR 1995, 241; *Blank* WuM 1995, 567). Daran hat sich durch die Neuregelung der Fälligkeit in § 556b BGB auch nichts geändert.

4. Ein **Kostenantrag** ist nicht zwingend erforderlich, da das Gericht von Amts wegen über die Kosten zu entscheiden hat. Bei einer Verurteilung mehrerer Mieter als Gesamtschuldner auf Zahlung ist es nicht erforderlich, im Kostenausspruch die gesamtschuldnerische Haftung für die Kosten auszusprechen, § 100 Abs. 4 ZPO.

5. Das Urteil ist sowohl hinsichtlich der Hauptsache wie auch bezüglich der Kosten für **vorläufig vollstreckbar** zu erklären. Es handelt sich um ein Leistungsurteil in einem

Mietrechtsstreit. In diesem Fall richtet sich die vorläufige Vollstreckbarkeit nach § 708 Ziff. 7 ZPO. Nur in den Fällen eines Versäumnis- oder Anerkenntnisurteils regelt sich die vorläufige Vollstreckbarkeit nach § 708 Ziff. 1 oder Ziff. 2 ZPO. Grundsätzlich hat das Gericht gem. § 711 ZPO eine Abwendungsbefugnis für den vorläufig zur Zahlung Verurteilten auszusprechen. Diese ist in einem Verhältnis zur zu vollstreckenden Forderung auszudrücken.

6. Bis zu einem **Streitwert** von 600,– EUR kann das Gericht gem. § 495a ZPO das Verfahren nach billigem Ermessen gestalten. Es muss in diesem Fall nur dann eine mündliche Verhandlung durchführen, wenn eine Partei dies ausdrücklich beantragt hat. Ferner kann das Urteil bei dieser Verfahrensweise gem. § 313a Abs. 1 S. 1 ZPO ohne Tatbestand abgefasst werden und die Entscheidungsgründe können ins Protokoll diktiert werden. Der Streitwert, nach dem sich entscheidet, ob diese Verfahrensweise zulässig ist oder nicht, ist nicht der Gebührenstreitwert, sondern der Zuständigkeitsstreit- oder Rechtsmittelstreitwert. Dies ergibt sich daraus, dass diese Verfahrensart auf die Verfahren beschränkt ist, bei denen das Amtsgericht abschließend entscheidet. In Verfahren, in denen das Landgericht zweitinstanzlich mit der Sache befasst werden kann, muss eine überprüfbare Entscheidung mit Tatbestand und Entscheidungsgründen vorliegen. Zur Wertberechnung dienen hier ausschließlich die allgemeinen Wertvorschriften der §§ 3 und 9 ZPO. Auch für die Streitwertberechnung im Rahmen des § 495a ZPO ist die Vorschrift des § 9 ZPO entsprechend anwendbar. Ggf. kann gegen ein entsprechendes Urteil eine Rügeschrift gem. § 321a ZPO wegen Verletzung des Anspruchs auf rechtliches Gehör eingereicht werden.

7. Gem. § 15a EGZPO und den verschiedenen landesgesetzlichen Ausführungsgesetzen ist in einigen Bundesländern eine vorgerichtliche Schlichtung bei Streitwerten zwischen 600–750,– EUR je nach Bundesland teilweise vorgeschrieben. Dies gilt nicht bei vorgeschaltetem Mahnverfahren.

8. Gem. § 278 ZPO geht der mündlichen Verhandlung zum Zwecke der gütlichen Beilegung des Rechtsstreits eine **Güteverhandlung** voraus. Dies gilt dann nicht, wenn eine Güteverhandlung erkennbar aussichtslos ist.

9. Eine Indexmietvereinbarung muss nach dem ausdrücklichen Wortlaut des § 557b BGB schriftlich getroffen werden. Für die Schriftform gilt § 126 BGB. Die mündliche Vereinbarung einer Indexklausel ist genauso wenig möglich wie die Vereinbarung durch konkludentes Verhalten, zB vorbehaltlose Zahlung von Erhöhungsbeträgen. Solche Vereinbarungen sind gem. § 125 BGB nichtig. Die Parteien können auf diese Form nicht verzichten.

10. Die Bestimmung für Indexklauseln in Wohnraummietverträgen befindet sich in § 557b BGB. Ein Muster finden Sie hier BeckFormB MietR/*Wetekamp* Form. A. III. 5. Für andere Mietverträge, insbesondere Gewerberaummietverträge gilt das **Gesetz über das Verbot der Verwendung von Preisklauseln bei der Bestimmung von Geldschulden** (Preisklauselgesetz, BGBl. 2007 S. 2246). Nach dessen § 3 Abs. 1 Ziff. 1 d sind dort Indexklauseln möglich, wenn der Vertrag für mindestens 10 Jahre geschlossen wurde.

Nach § 557b Abs. 1 BGB können die Vertragsparteien schriftlich vereinbaren, dass die Miete durch den vom Statistischen Bundesamt ermittelten Preisindex für die Lebenshaltung aller privaten Haushalte in Deutschland bestimmt wird. Zulässig ist nur dieser eine Index, so dass alle regionalen Indices aber auch andere Bezugsgrößen ausscheiden. Seit 1.9.2001 können Indexvereinbarungen bei allen Wohnraummietverträgen vereinbart werden. Es ist insbesondere nicht mehr erforderlich, dass es sich um einen Zeitmietvertrag über 10 Jahre handelte oder der Mieter zumindest ein entsprechendes Optionsrecht hatte.

11. Abzugrenzen von der Indexmiete sind folgende andere Arten von Erhöhungsvereinbarungen:

Spannungsklauseln
Hierbei handelt es sich um Klauseln, die die Miete in Abhängigkeit setzen von der Entwicklung vergleichbarer Verträge. Solche Klauseln würden im Wesentlichen auf die vertragliche Vereinbarung von Änderungsmaßstäben hinauslaufen, die inhaltlich dem Vergleichsmietenprinzip entsprechen. Dies würde eine Umgehung der gesetzlichen Formvorschriften des § 558a BGB darstellen.

Leistungsvorbehalte
Hier kann nicht eine Partei durch einseitige Erklärung den Mietzins ändern, sondern es besteht lediglich ein Anspruch auf Neuverhandlungen bzw. ein Dritter ist befugt, den Mietzins neu zu bestimmen. Solche Klauseln sind im Vergleich zu echten Gleitklauseln schwerer umsetzbar und kaum praktikabel.

Kostenelementeklauseln
Bei deren Zulassung befürchtete der Gesetzgeber, dass die Rechtsprechung auch im Bereich frei finanzierter Mietwohnungen die Weitergabe steigender Verwaltungs- und Instandsetzungskosten zulassen könnte. Dies wäre mit dem Prinzip einer am Markt erzielbaren Miete nicht vereinbar.

Solche Klauseln sind in Wohnraummietverträgen **unzulässig**. In Gewerberaummietverträgen sind solche Klauseln gem. § 1 Abs. 2 PreisKlG zulässig.

12. Bei der Vereinbarung einer Indexklausel muss neben dem maßgeblichen Index noch vereinbart werden, auf welches Basisjahr der Index berechnet werden soll. Die Entwicklung des Lebenshaltungskostenindex wird nämlich vom Statistischen Bundesamt in einem Punktwert bezogen auf ein bestimmtes Basisjahr angegeben. Dadurch kann bezogen auf das jeweilige Basisjahr sofort abgelesen werden, um wie viel Prozentpunkte der Lebenshaltungskostenindex zu diesem Basiswert sich verändert hat. Diese Indizes für die Lebenshaltung werden monatlich amtlich veröffentlicht. Die Veröffentlichung erfolgt etwa am zehnten Tag des Folgemonats; die entsprechenden Zahlen können auch einem Anrufbeantworter des Statistischen Bundesamts oder der Fachpresse entnommen werden. Sie werden auch im Internet veröffentlicht. Der Verbraucherpreisindex wird in fünfjährigem Abstand einer turnusmäßigen Überarbeitung unterzogen. Dies geschieht in zwei Schritten: Zunächst wird der „Warenkorb" festgelegt, welcher sämtliche Waren und Dienstleistungen enthält, die für die Konsumwelt in Deutschland relevant sind. Dieser Warenkorb wird laufend aktualisiert. Im nächsten Schritt werden die Güter des Warenkorbs in rund 700 Güterarten eingeteilt. Für die Berechnung der gesamten Teuerungsrate wird die durchschnittliche Preisentwicklung für eine Güterart jeweils mit dem Ausgabenanteil gewichtet, den die privaten Haushalte im Durchschnitt für diese Güterart ausgeben. Das Ergebnis ist ein gewichteter Mittelwert für die Preisentwicklung in Deutschland. Die Gewichtungsinformationen sind im so genannten Wägungsschema enthalten. Im Gegensatz zum Warenkorb wird das Wägungsschema für den Verbraucherpreisindex nur alle fünf Jahre aktualisiert. Somit ist der auf dem neuen Basisjahr beruhende Index anders zusammengesetzt als der vorherige und ein unmittelbarer Vergleich der Indizes, die auf unterschiedlichen Basisjahren beruhen, nicht möglich. Bereits publizierte Indexwerte früherer Basisjahre werden ab Januar des neuen Basisjahres unter Verwendung des aktualisierten Wägungsschemas neu berechnet. Die nachfolgend veröffentlichten Lebenshaltungskostenindizes spiegeln daher nicht nur eine reine Preissteigerung, sondern auch die geänderten Verbrauchsgewohnheiten. Bis zur Veröffentlichung der Werte des neuen Basisjahres werden die Werte des alten Jahres behelfsmäßig ermittelt und veröffentlicht. Diese Werte werden aber mit Veröffentlichung der Werte des neuen Basisjahres unwirksam.

13. Anders als bei der Staffelmiete tritt die Mieterhöhung bei einer Indexmiete nicht automatisch ein, sondern muss geltend gemacht werden. Eine automatische Erhöhung hätte zur Folge gehabt, dass der Mieter verpflichtet gewesen wäre, selbst die Entwicklung des gewählten Indexes zu verfolgen. § 557b Abs. 3 BGB bestimmt daher, dass der Vermieter die entsprechende Erhöhung des Mietzinses durch Erklärung in Textform gegenüber dem Mieter geltend zu machen hat.

Kennzeichen der Textform ist die Fixierung einer Mitteilung oder Erklärung in lesbaren Schriftzeichen unter Verzicht auf eine eigenhändige Unterschrift. Die neue Textform verlangt drei Voraussetzungen:

1. Es müssen lesbare Schriftzeichen verwendet werden und zwar in einer Urkunde in einer anderen zur dauerhaften Wiedergabe von Schriftzeichen geeigneten Weise.
2. Es muss der Erklärende angegeben werden
3. Der Abschluss der Erklärung muss erkennbar sein. Dies kann durch Nachbildung einer Namensunterschrift oder auch auf andere Art und Weise geschehen.

Danach können theoretisch folgende Formen die Textformvoraussetzung erfüllen:
- Alle Schriftstücke, die bisher bereits das Schriftformerfordernis des § 126 BGB erfüllen;
- Alle Schriftstücke, die zwar in einer Urkunde enthalten sind aber keine eigenhändige Unterschrift aufweisen. Das sind
  - Schreiben mit eingescannter Unterschrift
  - Schreiben mit getippter Namensunterschrift
  - Telefaxschreiben unabhängig davon ob das Original eine eigenhändige Unterschrift aufweist oder nicht
- E-Mail

Problematisch ist die Verwendung der Textform für die Erklärung bei Mietverträgen mit einer Laufzeit von mehr als einem Jahr. Diese müssen gem. § 550 BGB in „schriftlicher Form" geschlossen werden.

14. In dem Erhöhungsschreiben sind die eingetretene Änderung des Preisindexes sowie die jeweilige Miete oder die Erhöhung in einem Geldbetrag anzugeben. Der Vermieter muss also die Höhe des heutigen Indexwertes und des Indexwertes zum Zeitpunkt des Vertragsschlusses bzw. der letzten Erhöhung angeben. Nur so kann der Mieter auch nachvollziehen und überprüfen, ob die vereinbarte prozentuale Steigerung tatsächlich eingetreten ist. Die erhöhte Miete ist vom Beginn des auf die Erklärung folgenden übernächsten Monats an zu zahlen.

15. Zwischen zwei Mietanpassungen ist ein Mindestabstand von einem Jahr einzuhalten. Es handelt sich aber um den absoluten Mindestabstand. Jeder Vermieter kann selbst darüber bestimmen, zu welchem Zeitpunkt er die Anpassung verlangt.

16. Seit dem 1. Juni 2015 ist § 557b BGB um Abs. 4 erweitert. Das bedeutet, dass in Gemeinden, die in eine Verordnung gem. § 556d Abs. 2 BGB („Mietpreisbremsenverordnung") aufgenommen wurde, auch Indexmieten der Beschränkung des § 556d Abs. 1 BGB unterfallen.

Wurde die Indexmiete vor Inkrafttreten der örtlich maßgeblichen Verordnung abgeschlossen, so gilt diese Begrenzung gem. Art. 229 § 35 Abs. 1 EGBGB nicht.

Ist § 557b Abs. 4 BGB zeitlich und örtlich auf die Indexmietvereinbarung anwendbar, so ist nur die Ausgangsmiete auf ihre Zulässigkeit gem. § 556d Abs. 1 BGB zu überprüfen. Die Miete darf also maximal 10 % über der ortsüblichen Vergleichsmiete liegen. Ausnahmen gelten bei Neubauwohnungen, § 556f S. 1 BGB, bei umfassend modernisierten Wohnungen, § 556f S. 2 BGB, sowie bei in den letzten 3 Jahren modernisierten Wohnung, § 556e Abs. 2 BGB. War die Wohnung vorher bereits zu einer höheren als gem. § 556d Abs. 1 zulässigen Miete rechtmäßig vermietet, darf diese Vormiete auch weiter vereinbart werden. Die späteren Erhöhungen aufgrund der Indexklausel werden nicht mehr auf Ihre Zulässigkeit gem. § 556d Abs. 1 BGB überprüft.

46. Klage auf Zahlung erhöhter Miete (preisgebundener Wohnraum)

An das

Amtgericht Berlin-Schöneberg[1]

Klage[2]

In Sachen der Vermieterin . . . . .

– Klägerin –

Prozessbevollmächtigter: Rechtsanwalt . . . . .

gegen

die Mieter . . . . .

– Beklagte –

wegen Mietzahlung von 417,82 EUR

erhebe ich Klage und beantrage,

die Beklagten als Gesamtschuldner zu verurteilen, der Klägerin 417,82 EUR nebst Zinsen in Höhe von fünf Prozentpunkten über dem Basiszinssatz seit Rechtshängigkeit[3] zu zahlen.

Es wird gebeten, im vereinfachten Verfahren nach § 495a ZPO zu entscheiden.

Ich beantrage ferner[4] den Erlass eines Versäumnisurteils nach § 331 Abs. 3 ZPO.

Begründung:

Die Beklagten sind Mieter einer Wohnung im Hause x-Str. 12 in Berlin-Schöneberg auf Grund des schriftlichen Mietvertrages vom . . . . . Mitvermietet ist ein Pkw-Abstellplatz.

Beweis: Mietvertrag vom . . . . .

Es handelt sich um preisgebundenen Wohnraum im Sinne des § 1 WoBindG; die Wohnung gilt weiterhin als öffentlich gefördert im Sinne der §§ 13 ff. WoBindG.

Beweis: Notfalls vorzulegende Bestätigung der IBB[5]

Mit Schreiben vom 11.10.2015[6] erhöhte die Hausverwaltung der Klägerin die Miete unter Bezugnahme auf die geänderten Instandhaltungskostenpauschalen gemäß § 28 II. BV um 8,36 EUR monatlich. Darin enthalten war die anteilige Erhöhung des Mietausfallwagnisses nach § 29 II. BV. Der Berechnung und Erläuterung der Erhöhung der laufenden Aufwendungen war eine Zusatzberechnung zur Wirtschaftlichkeitsberechnung beigefügt;[7] eine vollständige Wirtschaftlichkeitsberechnung ist den Beklagten bei Mietvertragsabschluss ausgehändigt worden.[8]

Beweis: Mieterhöhung vom 11.10.2015 nebst Auszug aus der Wirtschaftlichkeitsberechnung

Wegen der in § 4 Abs. 3 des Mietvertrages vereinbarten Mietpreisgleitklausel[9] sind die Beklagten verpflichtet, die erhöhte Miete rückwirkend zum 1.1.2015 zu zahlen. Das Schreiben vom 11.10.2015 enthält eine entsprechende rückwirkende Mieterhöhung[10] mit der Aufforderung, eine Nachzahlung für die Zeit vom 1.1.2015 bis zum 31.10.2015 in Höhe von monatlich 8,36 EUR zu leisten. Die Beklagten sind dem nicht nachgekommen.

Bis einschließlich Dezember 2015 ergibt sich damit ein Mietsoll von insgesamt 100,32 EUR.

Mit dem Schreiben vom 11.10.2015 hat die Klägerin weiter die Miete um monatlich 42,50 EUR erhöht, da der Mietvertrag eine unwirksame Regelung über Schönheitsreparaturen enthält. Die Verpflichtung zur Endrenovierung führt nach der Rechtsprechung des BGH dazu, dass Schönheitsreparaturen vom Vermieter auszuführen sind. Die Beklagten haben eine Nachtragsvereinbarung mit einer neuen Renovierungsklausel abgelehnt. In diesem Fall erhöht sich allerdings die Kostenmiete, wie der BGH nunmehr klargestellt hat.[11] Die Klägerin macht den Erhöhungsbetrag für Dezember 2015 geltend.

Ferner hat die Hausverwaltung mit dem Schreiben vom 6.12.2014 die Miete für den Pkw-Stellplatz von bisher 25,– EUR monatlich auf 50,– EUR zum 1.2.2015 erhöht und zur Erläuterung das Schreiben der Investitionsbank Berlin vom 5.8.2014 beigefügt.[12] Daraus ergibt sich, dass die tatsächlichen Kosten (laufende Aufwendungen) für den Stellplatz mehr als 100,– EUR monatlich betragen.

Beweis: Schreiben der IBB vom 5.8.2014, Sachverständigengutachten

Da die Beklagten auch insoweit nur die bisherige Miete von 25,– EUR unverändert weiter gezahlt haben, ergibt sich für Februar 2015 bis einschließlich Dezember 2015 ein Rückstand von 275,– EUR. Die Beklagten sind erfolglos mit Schreiben vom 5.12.2015[13] gemahnt worden, so dass nunmehr Klage geboten ist.

Rechtsanwalt

Anmerkungen

1. Die örtliche Zuständigkeit richtet sich nach § 29a ZPO, so dass das Amtsgericht zuständig ist, in dessen Bezirk sich die Räume befinden. In Berlin gibt es zehn Amtsgerichte (für Zivilsachen), deren Zuständigkeiten sich nicht immer mit den Bezirksgrenzen decken. Das sind die Amtsgerichte Charlottenburg, Köpenick, Lichtenberg, Mitte, Neukölln, Pankow-Weißensee, Schöneberg, Spandau, Tempelhof-Kreuzberg und Wedding. Für die Zuständigkeit kommt es oft auf die Hausnummer in einer bestimmten Straße an. Der auswärtige Prozessbevollmächtigte (für einen Berliner Rechtsanwalt ohnehin eine Selbstverständlichkeit), der öfter ein Mandat in Berlin wahrzunehmen hat, sollte sich daher einen Straßenführer mit Zuständigkeitsverzeichnis anschaffen, um zeitraubende Verzögerungen zu vermeiden. Nicht immer gibt das angerufene unzuständige Gericht einen Hinweis darauf, an welches Gericht verwiesen werden sollte.

Das zuständige Amtsgericht kann im Internet bundesweit über die Anschrift „justiz adressen.nrw.de" abgerufen werden.

2. Zu den Formalitäten wie Aktiv- und Passivlegitimation → Form. B. II. 4 Anm. 1–6. Gerade Klagen dieser Art sind oft nicht berufungsfähig (Streitwert nicht über 600,– EUR), so dass es in manchen Fällen sinnvoll sein kann, zusätzlich auf Feststellung (§ 256 ZPO) der Wirksamkeit einer Mieterhöhung nach § 10 WoBindG zu klagen. Am Feststellungsinteresse bestehen dann keine Zweifel, wenn der Mieter die Wirksamkeit der Mieterhöhung bestritten hat. Eine Feststellungsklage ist nicht nur hinsichtlich des Bestandes des Mietverhältnisses zulässig, sondern auch zur Klärung einzelner Verpflichtungen daraus (BGH VII ZR 318/84 NJW-RR 1986, 1027 für Werkvertrag). Eine Klage auf zukünftige Leistung nach § 259 ZPO führt nicht zum selben Erfolg, da die Wirksamkeit einer Mieterhöhung hier nur Vorfrage wäre. Auch bei einem Streitwert/Beschwer von unter 600,– EUR muss ein erstinstanzliches Urteil nicht immer hingenommen werden:

a) Das Amtsgericht hat auf Antrag oder von Amts wegen die Berufung zugelassen (§ 511 Abs. 2 Nr. 2 ZPO). Das wird vor allem in den Fällen in Betracht kommen, in denen das AG von einem nunmehr nicht mehr bindenden Rechtsentscheid oder der obergerichtlichen Rechtsprechung abweichen will. Zwar war auch bis zum 31.12.2001 das AG nicht an einen Rechtsentscheid gebunden (das galt nur für das Landgericht); bei Abweichung war jedoch immer Berufung möglich (§ 511a ZPO aF).

b) Bei Verletzung des Anspruchs auf rechtliches Gehör kann innerhalb einer Notfrist von zwei Wochen Fortsetzung des Prozesses beim Amtsgericht verlangt werden (§ 321a ZPO).

c) Die Verfassungsbeschwerde beim Landesverfassungsgericht und/oder BVerfG ist stets zu prüfen, denn die umfangreiche Rechtsprechung des BVerfG in Mietsachen zeigt, dass eine Anrufung keineswegs aussichtslos ist.

3. Es empfiehlt sich nicht, bei kleinen Streitwerten den Zinszeitpunkt jeweils ab monatlicher Fälligkeit zu berechnen. Der Aufwand sollte in einem angemessenen Verhältnis zum Ertrag stehen. Viele Gerichte lassen einen Antrag auf Verzinsung eines Mittelwerts zu.

4. Zur Vorsicht können diese Anträge aufgenommen werden, auch wenn im vereinfachten Verfahren das Gericht von Amts wegen ein schriftliches Versäumnisurteil erlassen darf.

5. IdR. wird die Preisbindung unstreitig bleiben, so dass die Bestätigung der zuständigen Stelle nach § 18 WoBindG auch nachgereicht werden kann. Wenn allerdings schon vorprozessual darüber Streit besteht, empfiehlt es sich, eine solche Bestätigung schon vorher einzuholen und mit der Klage einzureichen.

6. Bei mehreren Mietern muss eine Mieterhöhung wie jede andere vertragsändernde Erklärung an alle Mieter gerichtet sein. Eine formularmäßige Klausel, wonach die Mieter sich gegenseitig zur Entgegennahme von Mieterhöhungen (und Kündigungen) bevollmächtigen, ist jedoch wirksam (BGH VIII ARZ 1/97 NJW 1997, 3437). Umstritten ist dagegen nach wie vor die Frage, ob formularmäßig vereinbart werden darf, dass die nur an einen Mieter gerichtete Erklärung auch für den anderen wirken soll (Wirksamkeitserstreckung; vgl. KG GE 204,753).Die Mieterhöhung folgt hier aus der Preisindexklausel nach § 28 Abs. 5 a II. BV. Danach erhöhen sich die Pauschalen um den Prozentsatz, um den sich der Verbraucherpreisindex verändert hat.

7. Die Mieterhöhung nach § 10 WoBindG ist nur wirksam, wenn sie berechnet und erläutert ist. Nach § 4 Abs. 7 NMV müssen die Gründe angegeben werden, nach denen sich die laufenden Aufwendungen erhöht haben und die auf diese Aufwendungen jeweils entfallenden Beträge. Dazu muss die Wirtschaftlichkeitsberechnung oder ein Auszug daraus beigefügt sein (§ 10 Abs. 1 S. 3 WoBindG); die bloße Beifügung der Wirtschaftlichkeitsberechnung reicht nicht zur Berechnung und Erläuterung. Hat der Mieter schon bei Vertragsabschluss oder später eine Wirtschaftlichkeitsberechnung erhalten, reicht für spätere Mieterhöhungen eine Zusatzberechnung zur Wirtschaftlichkeitsberechnung. Nur die Erhöhung selbst ist zu erläutern, nicht die Bildung der erhöhten Einzelmiete insgesamt (BGH VIII ZR 32/13 NZM 2014,71). Insbesondere muss also nicht in jeder einzelnen Mieterhöhung der Wohnwert der Wohnung nach § 8a Abs. 5 WoBindG erläutert werden (BGH aaO).

Die Mieterhöhung bedarf nur dann nicht der eigenhändigen Unterschrift des Vermieters oder Hausverwalters, wenn sie mit Hilfe automatischer Einrichtungen gefertigt wurde (§ 10 Abs. 1 WoBindG). Dabei sollte darauf geachtet werden, dass nicht die

Berechnung als (nicht unterzeichnete) Anlage beigefügt ist, da dann Zweifel an der Einhaltung der Schriftform bestehen (verneinend LG Berlin, GE 1995, 1419). Die Erhöhungserklärung sollte also, um die Schriftform zu wahren, entweder vollständig mit Hilfe der elektronischen Datenverarbeitung gefertigt sein und mit einem entsprechenden Hinweis auf den Aussteller abschließen oder auf dem letzten Blatt eigenhändig unterschrieben sein. Bei den einzelnen Blättern reicht eine Bezugnahme und fortlaufende Paginierung; eine feste Verbindung ist nicht nötig (BGH VIII ZR 341/03 GE 2004, 1388). Die Erleichterung des MRRefG, wonach eine Mieterhöhung auch in Textform erklärt werden kann, gilt für preisgebundenen Wohnraum nicht. Nach § 10 WoBindG ist auch in Zukunft Schriftform vorgeschrieben.

Die bloße Verwendung eines Computers reicht nicht zur Wahrung der Form, ebenso wenig wie die Verwendung von Programmen wie excel, wenn die automatische Einrichtung nur Textbausteine liefert, die „von Hand" geändert werden (LG Berlin GE 1999, 1127; ähnlich LG Schwerin NZM 1999,615). Unschädlich ist es aber, wenn der Vermieter vor der maschinellen Bearbeitung die Einzeldaten des Mieters wie Name und Wohnungsgröße eingibt(BGH VIII ZR 341/03 GE 2004,1383). Jedenfalls muss nur der Name des Erklärenden maschinell angegeben werden(meist eine juristische Person) und nicht der Name der natürlichen Person (zB Mitarbeiter der Hausverwaltung), die die Erklärung abgefasst oder veranlasst hat (BGH VIIII ZR 321/09 NJW 2010, 2945).

8. Es empfiehlt sich, das bei Vertragsschluss vom Mieter quittieren zu lassen; eine solche Empfangsquittung enthält keine unwirksame Formularklausel nach § 309 Nr. 12 b BGB, wenn sie vom Vertragstext deutlich abgesetzt ist.

9. Formulierungsbeispiel etwa:

„Die jeweils gesetzlich zulässige Miete gilt als vertraglich vereinbart"

(BGH VIII ZR 10/03 NJW 2004, 1598). Eine Gleitklausel, wonach Mieterhöhungen vom Zeitpunkt ihres Eintritts an vereinbart sein sollen, wäre dagegen unwirksam (LG Berlin MM 1998, 256). Ebenso unwirksam ist folgende Klausel: „Gilt die Kostenmiete des öffentlich geförderten Wohnungsbaues, so ist der Vermieter befugt, bei Änderung der Kostenmiete diese ab Zulässigkeit vom Mieter auch rückwirkend zu verlangen, ohne dass es des Verfahrens nach § 10 WoBindG bedarf" (BGH VIII ZR 233/08 GE 2009, 712). Formfehler in einer Mieterhöhung sind unbeachtlich, wenn ein materieller Mieterhöhungsgrund bestand und der Mieter die überzahlten Beträge zurückverlangt (BGH VIII ZR 103/80 NJW 1982, 1587). Nur für die Zukunft bleibt eine solche formell mangelhafte Erhöhungserklärung unwirksam.

10. Auch die Gleitklausel des § 4 Abs. 8 NMV ersetzt nicht die Mieterhöhungserklärung (keine Automatik).

11. Bei einer unwirksamen Schönheitsreparaturklausel kann der Vermieter von preisgebundenem Wohnraum eine Erhöhung der Kostenmiete verlangen (BGH VIII ZR 177/09 NJW 2010, 1590). Für preisfreien Wohnraum soll allerdings in diesem Fall keine Mieterhöhung möglich sein, obwohl die ortsübliche Vergleichsmiete und die Mietspiegelwerte davon ausgehen, dass der Mieter die Schönheitsreparaturen trägt (BGH VIII ZR 181/07 NJW 2008, 2840). Die Vermieterin hat hier keine rückwirkende Erhöhung verlangt, wohl auch, weil zunächst Verhandlungen mit den Mietern über eine Vertragsergänzung vorausgegangen waren.

12. Nach § 27 NMV kann der Vermieter eine angemessene Vergütung neben der Einzelmiete verlangen. Da ein mit dem Wohnraummietvertrag abgeschlossener Vertrag über eine Garage oder einen Stellplatz nicht gesondert gekündigt werden kann, ist schon nach verfassungsrechtlichen Grundsätzen (Art. 14 GG) auch eine Erhöhungsmöglichkeit für eine mitvermietete Garage geboten. Die Erhöhungserklärung richtet sich nach §§ 10 WoBindG, 8 a NMV (LG Berlin GE 2004, 625).

13. Der Mieter kommt nach einer Mieterhöhung ohne Mahnung mit dem Erhöhungsbetrag nicht in Verzug. Die Mahnungen müssen nicht beigefügt, aber konkret mit Datum benannt werden; nicht ausreichend wäre etwa die Formulierung:

> „Die Beklagten wurden mehrfach erfolglos gemahnt".

47. Zahlungsklage aus Indexklausel (Gewerberaum)

An das

Landgericht . . . . .[1]

Klage

des Herrn . . . . .

– Kläger –

Prozessbevollmächtigter: Rechtsanwalt . . . . .

gegen

Herrn . . . . .

– Beklagter –

wegen Mieterhöhung

vorläufiger Streitwert: . . . . . EUR[2]

Namens und in Vollmacht des Klägers erhebe ich Klage mit dem Antrag,

den Beklagten zu verurteilen, an den Kläger

1. . . . . . EUR nebst Zinsen in Höhe von 9 Prozentpunkten über dem jeweiligen Basiszinssatz nach § 247 BGB[3] von . . . . . EUR seit dem 28.2 . . . . . . und von jeweils . . . . EUR seit dem 6.3 . . . . ., 6.4 . . . . ., 6.5 . . . . ., 6.6 . . . . ., 6.7 . . . . ., 6.8 . . . . ., 6.9 . . . . ., 6. 10 . . . . ., 6.11 . . . . ., 6.12 . . . . ., 6.1 . . . . ., 6.2 . . . . ., 6.3 . . . . ., 6.4 . . . . . und 6.5 . . . . . zu zahlen,
2. ab Juni . . . . . monatlich,[4] jeweils bis zum 5. eines Monats, über den Betrag von . . . . . EUR hinaus[5] (bislang geschuldeter Bruttomietzins) weitere . . . . . EUR zuzüglich der jeweils geltenden gesetzlichen Umsatzsteuer[6] zu zahlen,
3. im Falle der Anordnung des schriftlichen Vorverfahrens bei Vorliegen der Voraussetzungen Versäumnisurteil gemäß § 331 Abs. 3 ZPO zu erlassen.

Begründung:

Mit schriftlichem Mietvertrag vom . . . . . vermietete der Kläger an den Beklagten ein dreigeschossiges Bürogebäude mit Lagerhalle und Hofraum in . . . . ., ...-straße . . . . . für die Dauer von 15 Jahren.

Die Miete betrug nach § . . . . . des Vertrages monatlich . . . . . EUR zzgl. der jeweils geltenden gesetzlichen Umsatzsteuer.

Der Mietvertrag regelt in § 6 die Voraussetzungen für eine Mietpreisanpassung wie folgt:

(1) „Ändert sich der vom Statistischen Bundesamt ermittelte Preisindex für die Lebenshaltung aller privaten Haushalte (Basis 2000 = 100) gegenüber dem Indexstand bei Vertragsbeginn oder bei der letzten Mietpreisanpassung um mehr als 10 Punkte nach oben oder unten, ändert sich auch der bis dahin geltende Mietpreis in entsprechendem Verhältnis mit Wirkung ab dem auf die Änderung folgenden Monat, ohne dass es hierzu besonderer Erklärungen auch nur einer Vertragspartei oder sonst einer Vertragsabänderung bedarf. Der prozentuale Umfang der Mietanpassung ist nach der Formel

$$\frac{\text{Indexstand neu}}{\text{Indexstand alt}} \times 100 - 100 = \text{Mietänderung in Prozentwert}$$

umzurechnen.

(2) An die Stelle des bezeichneten Lebenshaltungskostenindex tritt die ihm am nächsten kommende Erhebung, falls der Index in seiner bisherigen Form nicht fortgeführt werden sollte.

(3) Bei Vorliegen einer von den Vertragsparteien fälschlich für wirksam gehaltenen Klausel oder bei nachträglichem Auftreten von Hindernissen für die weitere Anwendung der Wertsicherungsklausel kann der Vermieter vom Mieter die Zustimmung zu einer Regelung verlangen, die als zulässige Preisanpassungsregelung den durch diesen Vertrag festgelegten Bestimmungen am nächsten kommt."[7]

Beweis: anliegende Kopie des Mietvertrages

Bei Vertragsbeginn belief sich der maßgebliche Preisindex auf . . . . . Punkte. Der Indexstand hat sich zum . . . . . auf . . . . . Punkte erhöht. Nach Abs. 1 der vorstehenden Indexklausel schuldet der Beklagte daher ab dem . . . . . eine um . . . . . EUR zzgl. anteiliger MwSt. erhöhte Miete.

Dies wurde dem Beklagten mit Schreiben vom . . . . . mitgeteilt. Er wurde unter Fristsetzung bis zum . . . . . aufgefordert, die erhöhte Miete für die bereits betroffenen Monate . . . . . nach zu entrichten und die künftigen Mietzahlungen der eingetretenen Mieterhöhung anzupassen.[8]

Beweis: anliegende Kopie des Schreibens vom . . . . .

Der Beklagte hat jedoch die Zahlung des Erhöhungsbetrags mit Schreiben vom . . . . . unter Hinweis auf angebliche Mängel des Mietobjekts verweigert und angekündigt, bis zur Beseitigung der geltend gemachten Mängel auch künftig nur die reduzierte Miete zu zahlen.

In der Folgezeit hat der Kläger die Mängelrügen des Beklagten überprüft. Es zeigte sich, dass diese zu Unrecht erhoben wurden. Damit ist der Beklagte aufgrund des erfolglosen Fristablaufs hinsichtlich der bereits fälligen Erhöhungsbeträge für die Monate . . . . . bis . . . . . in Verzug geraten.

Zu den angeblichen Mängeln ist bereits jetzt darauf hinzuweisen, dass der Beklagte die Miete vor Eintritt der Mieterhöhung stets ohne Vorbehalt und in voller Höhe gezahlt hatte. Im Übrigen ist es Sache des Beklagten, die angeblichen Mängel darzulegen und zu beweisen. Eine Stellungnahme wird erfolgen, falls der Beklagte sich auch im Rechtsstreit auf die angeblichen Mängel berufen sollte.[9]

Mit dem Klageantrag zu 1) werden die bis zur Klageerhebung rückständigen Erhöhungsbeträge geltend gemacht.

Gegenstand des Antrags zu 2) sind die zukünftig fällig werdenden Erhöhungsbeträge. Nach den dargelegten Umständen ist anzunehmen, dass der Beklagte sich der rechtzeitigen Leistung entziehen wird (§ 259 ZPO), denn er hat die Zahlung des Erhöhungsbetrags ohne triftigen Grund verweigert und außerdem angekündigt, den vollen Mietzins auch künftig nicht entrichten zu wollen.[10]

Rechtsanwalt

Anmerkungen

1. Bei Ansprüchen aus einem Mietverhältnis über Wohnraum ist die ausschließliche Zuständigkeit des Amtsgerichts gemäß § 23 Nr. 2 a GVG zu beachten. Für die örtliche Zuständigkeit bei der Raummiete und -pacht gilt im Weiteren – vorbehaltlich der Ausnahme nach § 29a Abs. 2 ZPO – die ausschließliche Zuständigkeit des § 29a Abs. 1 ZPO, wobei sich die Zuständigkeit des Landgerichts – vom Streitwert abhängig – aus §§ 23 Nr. 1, 71 Abs. 1 GVG ergibt.

2. Der **Gebührenstreitwert** richtet sich nach § 9 S. 1 ZPO und beläuft sich daher auf den vom Vermieter erstrebten dreieinhalbfachen Jahresmehrbetrag. § 9 ZPO regelt allerdings in erster Linie den Zuständigkeits- und Rechtsmittelstreitwert (vgl. BGH Beschl. v. 28.11.2006 – VIII ZB 9/06, ZMR 2007, 107) und gilt für den Gebührenstreitwert nur insoweit, als die Sonderregelungen des GKG nicht einschlägig sind. § 41 Abs. 1 GKG ist jedoch als Anknüpfungsnorm nur anwendbar, wenn das Bestehen oder die Dauer eines Miet-, Pacht- oder ähnlichen Nutzungsverhältnisses streitig ist. Der Anwendungsbereich von § 41 Abs. 1 GKG ist für bloße Streitigkeiten über den Vertragsinhalt – und damit auch über die Höhe der geschuldeten Miete – nicht eröffnet, wenn dieser Streit den rechtlichen Bestand des Mietvertrages nicht berührt (allg. Meinung: vgl. BGH Beschl. v. 21.9.2005 – XII ZR 256/03, NZM 2005, 944). § 41 Abs. 2 GKG setzt als Streitgegenstand einen Räumungsanspruch voraus und ist deswegen ebenfalls nicht einschlägig (vgl. zum Meinungsstand OLG Karlsruhe Beschl. v. 20.9.2013 – 10 W 18/13, MDR 2014, 247 mwN). Da der Gesetzgeber zwischenzeitliche Änderungen des GKG nicht zum Anlass genommen hat, den einjährigen Erhöhungsbetrag auch für die Gewerberaummiete als verbindlich zu behandeln, dürfte eine analoge Anwendung des § 41 Abs. 5 GKG auszuscheiden habe (aA zum alten Recht *Schneider* MDR 1991, 545). Bei einer Mietanpassung handelt es sich auch nicht um wiederkehrende Leistungen im Sinne von § 42 GKG.

Der dreieinhalbfache Jahresmehrbetrag ist auf den Mehrbetrag für die Restlaufzeit des Vertrages (zusätzlich etwaiger Rückstände aus der Vergangenheit) zu reduzieren, wenn es sich um ein Mietverhältnis von bestimmter Dauer handelt und die Restmietzeit weniger als dreieinhalb Jahre beträgt (vgl. BGH Beschl. v. 28.11.2006 – VIII ZB 9/06, ZMR 2007, 107).

Wenn statt der Klage auf künftige Leistung die **Feststellung** einer erhöhten Miete beantragt wird, kommt ein Wertabzug von 20 % in Betracht (vgl. KG Berlin Beschl. v. 16.7.2009 – 22 W 76/08, WuM 2010, 250).

3. Im unternehmerischen Bereich (der Gewerberaummiete) bestimmt sich die **Zinshöhe** grundsätzlich nach § 288 Abs. 2 BGB, denn bei Rechtsgeschäften, an denen ein Verbraucher nicht beteiligt ist, gilt gegenüber § 288 Abs. 1 BGB ein erhöhter gesetzlicher Zinssatz von nunmehr 9 Prozentpunkten über dem jeweiligen Basiszinssatz für Entgeltforderungen. Um eine solche Forderung handelt es sich auch hier.

4. In den Antrag zu 1) sind die bereits rückständigen Beträge, in den Antrag zu 2) die künftig fällig werdenden Erhöhungsbeträge aufzunehmen.

5. Bei **Besorgnis der Nichterfüllung** (§ 259 ZPO) kann unmittelbar auf **künftige Leistung** geklagt werden (vgl. BGH Beschl. v. 20.11.2002 – VIII ZB 66/02, NJW 2003, 1395 → Anm. 10). Dagegen scheidet eine Mietzinsklage nach §§ 257, 258 ZPO aus, weil eine Klage auf künftige, nach Erlass des Urteils fällig werdende wiederkehrende Leistungen nur dann zulässig ist, wenn ihre Geltendmachung nicht von einer Gegenleistung abhängig ist. Diese Voraussetzung ist bei einer Klage auf Miet- oder Pachtzahlung nicht erfüllt, weil solche Ansprüche von einer Gegenleistung (Überlassung und Erhaltung der Mietsache) abhängig sind (vgl. BGH Beschl. v. 20.11.2002 – VIII ZB 66/02, NJW 2003, 1395).

Die Besorgnis der Nichterfüllung im Sinne von § 259 ZPO ist dann gerechtfertigt, wenn der Mieter auch für die Zukunft seine Pflicht zur Zahlung einer erhöhten Miete ernsthaft bestreitet. Das generelle Bestreiten des Anspruchs indiziert dabei die begründete Erwartung, dass der Mieter seinen Zahlungspflichten nicht nachkommen wird (vgl. OLG Brandenburg Urt. v. 6.1.2015 – 6 U 134/13, Grundeigentum 2015, 590). Der BGH (Beschl. v. 20.11.2002 – VIII ZB 66/02, NJW 2003, 1395) geht auch im Falle bereits eingetretener Zahlungsunfähigkeit des Mieters von der Klagebefugnis nach § 259 ZPO aus.

Die Klage auf zukünftige Leistung hat den Vorteil, dass der Vermieter nicht auf eine **Feststellungsklage** angewiesen ist, sondern seinen künftigen Zahlungsanspruch unmittelbar titulieren lassen kann. Ein Feststellungsurteil hat demgegenüber keinen vollstreckungsfähigen Inhalt. Gegen einen titulierten Zahlungsanspruch kann sich der Schuldner (Mieter) grds. nur im Rahmen einer Vollstreckungsgegenklage nach § 767 ZPO wenden.

Im Regelfall kann nicht die gesamte demnächst geschuldete Miete zum Gegenstand des Klageantrags auf zukünftige Leistung gemacht werden, wenn in Höhe des bisherigen Mietzinsanspruchs die Besorgnis der Nichterfüllung nicht besteht und der Mieter die fortentrichtete Altmiete mit der Kostenfolge aus § 93 ZPO anerkennen könnte. Allerdings muss der klagende Vermieter deutlich machen, dass er weitere Zahlungen über die schon bislang und auch künftig freiwillig gezahlten Beträge hinaus begehrt, um den Streitgegenstand hinreichend zu bestimmen und Schwierigkeiten bei der nachfolgenden Vollstreckung vorzubeugen. Solche Schwierigkeiten können sich ergeben, wenn das Urteil nur den Erhöhungsbetrag (ggf. nur teilweise) zuspricht und der Gerichtsvollzieher auf den Erfüllungseinwand des Mieters, der ihm die Zahlung der meist den Erhöhungsbetrag übersteigenden Altmiete nachweist, nicht hinreichend sicher feststellen kann, ob noch eine zu vollstreckende Restschuld besteht. Daher führt das Formular die bislang geschuldete Miete zur Konkretisierung der Gesamtmietforderung auf. Etwaige Nebenkostenvorauszahlungen könnten zur Klarstellung ebenfalls aufgezeigt werden.

6. Das Vertragsformular geht von der **Umsatzsteuerpflichtigkeit** der vom Mieter zu leistenden Zahlungen aus. Dies versteht sich aber nur als Hinweis darauf, den jeweiligen Mietvertrag auf die Einforderbarkeit der Umsatzsteuer hin zu überprüfen. Bei der Gewerberaummiete ist die Umsatzsteuerpflicht keineswegs festgeschrieben. Ihre vertragliche Berücksichtigung kann aber beiden Vertragsparteien wirtschaftliche Vorteile bringen (zur USt. → Form. B. II. 51 Anm. 4; zu Vereinbarungen über eine sog. Umsatzsteueroption vgl. im Einzelnen BeckFormB MietR/*Borzutzki-Pasing* → Form. A. VII. 4).

Der Antrag ist mit dem im Formular vorgesehenen Hinweis auf die jeweils geltende Umsatzsteuer für zukünftige Leistungen hinreichend bestimmt, da der aktuelle Umsatzsteuer vom Vollstreckungsorgan ohne weiteres ermittelt werden kann. Möglichen Änderungen der gesetzlichen Umsatzsteuer ist damit von vornherein Rechnung getragen.

7. Das Formular enthält eine **Preisindexklausel** als Wertsicherungsklausel. Der **Preisindex für die Lebenshaltung** bezieht sich in der weitesten Ausgestaltung auf alle privaten Haushalte der Bundesrepublik Deutschland. Daneben wurden bis zum 1.1.2003 getrennte Preisindizes für das frühere Bundesgebiet und die neuen Bundesländer einschließlich Berlin-Ost sowie für spezielle Haushaltstypen ausgewiesen. Da diese speziellen Haushaltstypen die Zusammensetzung der privaten Haushalte in der Bundesrepublik Deutschland hinsichtlich ihrer sozialen und ökonomischen Merkmale nicht mehr repräsentativ abbildeten, hat das Statistische Bundesamt deren Veröffentlichung ab dem bezeichneten Zeitpunkt eingestellt. Im September 2007 haben sich die rechtlichen Rahmenbedingungen für die Vereinbarkeit von Wertsicherungsklauseln durch Aufhebung der Preisklauselverordnung und Neueinführung des **Preisklauselgesetzes** erneut geändert.

Haben die Parteien eines Gewerberaummietvertrags vereinbart, dass bei einer bestimmten Veränderung eines nicht mehr fortgeführten alten Index auch die Miete zu ändern ist, entsteht durch den Wegfall dieses Index eine Regelungslücke, die im Wege der ergänzenden Vertragsauslegung geschlossen werden muss (vgl. BGH Urt. v. 4.3.2009 – XII ZR 141/07, NZM 2009, 398). Es entspricht dann dem Interesse der Vertragsparteien, für die automatische Anpassung der Miethöhe ab der Einstellung der Fortschreibung des Altindex auf den allgemeinen **Verbraucherpreisindex** abzustellen (vgl. BGH Urt. v. 4.3.2009 – XII ZR 141/07, NZM 2009, 398; zur Umrechnung und zur Durchsetzung der Vertragsänderung vgl. *Lützenkirchen* OLGR Köln 2001, K 41 ff.). Im Folgenden ist der BGH zu einer recht komplizierten Handhabung der zeitlichen Anpassungsmodalitäten gelangt. Er hat aufgrund sehr spezieller Differenzberechnungen angenommen, dass jedenfalls dann, wenn der der Anpassung zugrunde liegende Zeitraum ab dem 1.1.2000 beginnt, es dem Interesse der Vertragsparteien entspreche, für die automatische Anpassung der Miethöhe auf den allgemeinen Verbraucherpreisindex bereits ab dem Basisjahr 2000 abzustellen (vgl. Urt. v. 7.11.2012 – XII ZR 41/11 – nebst krit. Anm. *Borzutzki-Pasing* jurisPR-MietR 4/2013 Anm. 3).

Grundsätzlich ändert sich der Mietzins automatisch mit den Indexänderungen, wenn die Parteien nichts anderes vereinbaren. Die Parteien können aber auch eine Mietzinsanpassung regeln, die nur in bestimmten zeitlichen Abständen (etwa alle 12 Monate) wirksam wird (zur Verwirkung von nicht geltend gemachten Mietzinsnachforderungen bei Wertsicherungsklauseln → Anm. 8).

Das **Preisklauselgesetz** (PrKG) in der Fassung von Art. 2 des Zweiten Gesetzes zum Abbau bürokratischer Hemmnisse, das zum 13.9.2007 in Kraft getreten ist, hat den **Genehmigungszwang** für Indexklauseln insgesamt **aufgehoben**. Nach § 4 Abs. 1 der bis dahin geltenden Preisklauselverordnung (PrKV) bestand gegenüber § 3 WährG ohnehin nur noch ein beschränkter Genehmigungszwang. Nunmehr gilt nur noch ein allgemeines Klauselverbot für eine Preisbestimmung durch den Wert solcher Güter oder Leistungen, die mit den vereinbarten Leistungen nicht vergleichbar sind. Ausnahmen von diesem Verbot gelten nach §§ 2 bis 4 PrKG, wobei es für Mietverträge maßgeblich auf folgende Kriterien ankommt:

Es muss sich um einen **langfristigen Vertrag** im Sinne von § 3 PrKG handeln, und zwar entweder mit einer von vornherein vereinbarten Vertragsdauer von mindestens 10 Jahren (§ 3 Abs. 1 Nr. 1 d PrKG) oder mit einem für die Dauer von mindestens 10 Jahren vereinbarten Kündigungsverzicht des Gläubigers/Vermieters bzw. mit dem zugunsten des Schuldners/Mieters vereinbarten Recht, die Vertragsdauer (namentlich durch Optionsausübung) auf mindestens 10 Jahre zu verlängern (§ 3 Abs. 1 Nr. 1 e PrKG). Mit vorstehender Maßgabe sind Preisklauseln gemäß § 3 Abs. 1 PrKG zulässig, wenn die Preisanpassung aufgrund der Änderung des Preisindexes des Statistischen Bundesamt für die Gesamtlebenshaltung oder eines von der Europäischen Gemeinschaft ermittelten Verbraucherpreisindexes erfolgt.

Die **Unwirksamkeit einer Preisklausel** tritt nach § 8 PrKG mit dem Zeitpunkt des rechtskräftig festgestellten Verstoßes gegen das PrKG ein, wenn nicht eine frühere Unwirksamkeit (vertraglich) vereinbart ist. Dabei handelt es sich um eine dogmatisch kaum einzuordnende und eher systemwidrige gesetzliche Regelung, soweit in § 8 S. 2

PrKG ausdrücklich festgelegt ist, dass die Rechtswirkungen einer Klausel bis zum Zeitpunkt der Unwirksamkeit unberührt bleiben. Ein Gesetzesverstoß bewirkt danach nicht per se die Unwirksamkeit, sondern erst das rechtskräftige gerichtliche Erkenntnis über die Unwirksamkeit. Bereicherungsrechtliche Rückforderungsansprüche für einen Zeitraum vor Eintritt der Unwirksamkeit nach § 8 PrKG können deshalb nicht aus einem Verstoß gegen das Preisklauselgesetz hergeleitet werden (vgl. BGH Urt. v. 14.5.2014 – VIII ZR 114/13 –, BGHZ 201, 230 = NZM 2014, 876; jurisPK-BGB/Toussaint, 6. Aufl., § 8 PrKG Rn. 13; Reul, MittBayNot 2007, 445).

Eine unwirksame – weil nicht genehmigte bzw. nicht genehmigungsfähige – Klausel führt im Regelfall zur Anpassung des Vertrags im Wege der ergänzenden Vertragsauslegung (vgl. BGH Urt. v. 4.3.2009 – XII ZR 141/07, NZM 2009, 398 mwN). Ist eine solche Anpassung nicht möglich, kommt ein Anspruch des Vermieters auf Zustimmung zu einer nicht genehmigungsbedürftigen Wertsicherungsklausel in Betracht. Ein Anspruch auf Zustimmung zu einer Ersetzungsbestimmung darf aber nicht das Äquivalenzverhältnis erschüttern. Das OLG München (Urt. v. 19.11.2010 – 27 U 624/10 – GuT 2011, 46) hat daher angenommen, dass bei einer rechtskräftig für unwirksam erklärten Klausel („Mieterhöhung alle vier Jahre, wenn Index 4 % übersteigt") kein Anspruch darauf besteht, dass der Mieter folgender Klausel zustimmt: „Erhöht oder ermäßigt sich der Verbraucherindex um 4 %, so erhöht oder ermäßigt sich der Mietzins entsprechend und ab dem Monat, in dem die Veränderung des Verbraucherindexes 4 % erreicht, frühestens aber nach jeweils vier Jahren".

8. In den Fällen, in denen eine Vertragspartei, üblicherweise der Vermieter, es übernommen hat, dem jeweiligen Vertragspartner den geänderten Mietzins nach Ablauf einer vertraglich festgelegten Frist oder zu bestimmten Stichtagen mitzuteilen, bedarf es der rechnerischen Ermittlung des neuen Mietzinses und seiner Bekanntgabe gegenüber dem anderen Vertragsteil. Die Parteien können hierzu vereinbaren, dass die Mitteilung der Mieterhöhung, die in Abhängigkeit vom Bezugsindex grundsätzlich automatisch eintreten kann, sich gegenüber dem Mieter fälligkeitsbegründend auswirkt (zu Anpassungserklärungen vgl. auch *Fritz* Rn. 111). Die Mitteilung der geänderten Miete hat dann gegenüber der bloßen Aufforderung, nunmehr die neue Miete – ggf. rückwirkend – zu zahlen, rechtsgestaltende Wirkung.

Die hier zugrunde liegende Klausel führt zu einer automatisch eintretenden Mietanpassung. Das Aufforderungsschreiben des Vermieters hat dann hinsichtlich der Miethöhe keinen rechtsgestaltenden Charakter sondern bewirkt in erster Linie die Unterrichtung und In-Verzug-Setzung des Mieters.

Wenn der Mietvertrag keine rechtsgestaltende Anpassungserklärung des Vermieters vorsieht, kann der Mieter – insbesondere wenn schon mehrere Indexerhöhungen eingetreten sind – berechtigt sein, gegenüber einer Nachforderung den Einwand der **Verwirkung** (§ 242 BGB) zu erheben. Wenn die Vertragsparteien Mietpreisänderungen schlicht unbeachtet gelassen (vergessen) haben, reicht dies noch nicht zur Verwirkung aus (vgl. OLG Brandenburg Urt. v. 4.6.2008 – 3 U 113/07; OLG Rostock Urt. v. 2.6.2006 – 3 U 113/05, GuT 2006, 226; KG Berlin, Urt. v. 2.6.2003, 12 U 320/01 – WuM 2004, 348). Zu fordern ist vielmehr das sog. Umstandsmoment, aufgrund dessen der Mieter darauf vertrauen darf, der Vermieter wolle keine Mietanpassung geltend machen (vgl. OLG Rostock Urt. v. 2.6.2006 – 3 U 113/05, GuT 2006, 226; OLG Celle Urt. v. 9.5.2001 – 2 U 236/00, GuT 2002, 41).

Über die **Umrechnung einer Indexänderung in eine Mietänderung** herrscht in der Praxis oft Unklarheit. Ein grundlegender Irrtum besteht darin, die Differenz der Indexpunkte zwischen zwei Stichtagen mit dem Prozentsatz gleich zu setzen, um den sich der Mietpreis verändern soll. Klauseln, die bei einer Änderung von zB 5 Indexpunkten eine Mietänderung um 5 % bewirken sollen, sind generell unwirksam, weil sie die Relation der zu vergleichenden Indexstände zum Basisjahr nicht beachten und damit den sich aus dem Index ergebenden Bezugsrahmen nicht wahren. Es bedarf nach der im Vertrag angegebenen Rechenformel der Ermittlung, welcher prozentualen Veränderung die Punktedifferenz entspricht.

– Beispiel –

$$\frac{125 \text{ (Punkte neu)}}{115 \text{ (Punkte alt)}} \times 100 - 100 = \text{Erhöhung um 8,7 \%}$$

9. Beruft sich der Mieter gegenüber einer Mieterhöhung erstmalig auf ihm schon vorher bekannte, aber bis dahin unbeanstandet gebliebene **Mängel,** ist für den Vermieter Vorsicht geboten:

Der Mieter, der in Kenntnis vorhandener Mängel die Miete für längere Zeit vorbehaltlos zahlt, konnte des Minderungsrechts nach altem Recht auch für die Zukunft verlustig gehen, weil die Rechtsprechung **§ 539 BGB aF analog** angewendet hat (vgl. BGH Urt. v. 31.5.2000 – XII ZR 41/98, NJW 2000, 2663). Nach neuem Recht ist das (seit BGH Urt. v. 16.7.2003 – VIII ZR 274/02, BGHZ 155, 380 = NJW 2003, 2601) für die Wohnraum- und Gewerberaummiete nicht mehr der Fall. Hat ein Mieter, dessen Mietvertrag vor dem Inkrafttreten des Mietrechtsreformgesetzes am 1.9.2001 geschlossen worden ist, in entsprechender Anwendung des § 539 BGB aF sein Recht zur Minderung der Miete verloren, weil er den Mangel längere Zeit nicht gerügt und die Miete ungekürzt und vorbehaltlos weiter gezahlt hat, so verbleibt es zwar hinsichtlich der bis zum 1.9.2001 fällig gewordenen Mieten bei diesem Rechtsverlust. Die Bestimmungen des Mietrechtsreformgesetzes und der hierzu ergangenen Übergangsvorschriften führen insoweit nicht zu einem Wiederaufleben des Minderungsrechts.

Für die nach dem Inkrafttreten des Mietrechtsreformgesetzes fällig werdenden Mieten scheidet jedoch eine analoge Anwendung des § 536b BGB, der an die Stelle des § 539 BGB aF getreten ist, aus. Insoweit beurteilt sich die Frage, ob und in welchem Umfang ein Mieter wegen eines Mangels der Wohnung die Miete mindern kann, ausschließlich nach § 536c BGB. Dies gilt auch für Mietverträge, die vor dem 1.9.2001 abgeschlossen worden sind. Soweit hiernach das Minderungsrecht des Mieters nach dem 1.9.2001 nicht entsprechend der bisherigen Rechtsprechung zur analogen Anwendung des § 539 BGB aF erloschen ist, bleibt jedoch zu prüfen, ob der Mieter dieses Recht unter den strengeren Voraussetzungen der **Verwirkung** (§ 242 BGB) oder des stillschweigenden **Verzichts** verloren hat (vgl. BGH Urt. v. 16.7.2003 – VIII ZR 274/02, BGHZ 155, 380 = NJW 2003, 2601; ebenso für die Gewerberaummiete: BGH Urt. v. 19.10.2005 – XII ZR 224/03, NZM 2006, 58).

Vor diesem Hintergrund dürfte weiterhin anzunehmen sein, dass gegenüber der erhöhten Mietforderung die Minderungsrechte fortbestehen, soweit nicht schon Verzicht oder Verwirkung eingetreten sind oder es sich um eine Forderung handelt, die vor dem 1.9.2001 fällig geworden ist und bezüglich derer ein Minderungsausschluss entsprechend § 539 BGB a. F. anzunehmen ist. Der Minderungsbetrag ermittelt sich auch nicht nur bezogen auf den eingeklagten Mieterhöhungsbetrag, sondern anteilig auf die gesamte geschuldete (Brutto-)Miete einschließlich aller Nebenkosten (vgl. grundlegend BGH Urt. v. 6.4.2005 – XII ZR 225/03, BGHZ 163, 1 = NJW 2005, 1713). Deshalb wird es im Zweifel unumgänglich sein, auf die sachliche Berechtigung prozessual geltend gemachter Mängelrügen einzugehen.

10. Zu den Voraussetzungen für eine **Klage auf zukünftige Leistung** vgl. → Anm. 5. § 259 ZPO trägt dem Schutzbedürfnis des Gläubigers Rechnung. Die §§ 257 bis 259 ZPO sollen die Effektivität des Rechtsschutzes fördern. Die Zulassung der Klage nach § 259 ZPO entspricht zudem dem Bedürfnis nach einer wirtschaftlichen Prozessführung, weil die Ansprüche auf rückständige Miete sowie auf die zukünftige Nutzungsentschädigung aus demselben Sachverhalt hergeleitet werden und in einem besonders engen Zusammenhang stehen (vgl. BGH NZM 2003, 231). Bei Nichtanwendung des § 259 ZPO würde es in vergleichbaren Fällen regelmäßig zu Folgeprozessen mit erhöhtem Kostenanfall kommen. Eine Klage des Vermieters auf zukünftige Leistung hält der BGH gemäß § 259 ZPO generell dann für zulässig, wenn der Mieter bereits einen Rückstand an Miete und Mietnebenkosten in einer die Bruttomiete mehrfach übersteigenden Höhe hat auflaufen lassen (vgl. BGH Urt. v. 4.5.2011 – VIII ZR 146/10, NJW 2011, 2886).

Die Klage auf künftige Leistung kann aber nicht für erst künftig entstehende Ansprüche erhoben werden (vgl. OLG Dresden Urt. v. 24.9.1998 – 21 U 1565/98, NZM 1999, 173 mwN; zur Möglichkeit einer Feststellungsklage vgl. BGH Urt. v. 19.11.2014 – VIII ZR 79/14, NJW 2015, 873). Notwendig ist vielmehr, dass Ansprüche auf künftige Leistungen ihre Grundlage in einem Rechtsverhältnis finden, dessen rechtsgestaltende Umstände (hier: die Indexänderung) bereits eingetreten sind (vgl. OLG Dresden Urt. v. 24.9.1998 – 21 U 1565/98, NZM 1999, 173 m. w. N.).

48. Klage auf erhöhte Miete aufgrund Leistungsvorbehalts nach Schiedsgutachten (Gewerberaum)

An das

Landgericht . . . . .[1]

Klage

des Herrn . . . . .

– Kläger –

Prozessbevollmächtigter: Rechtsanwalt . . . . .

gegen

die Fa . . . . . . GmbH, vertreten durch ihren Geschäftsführer . . . . .

– Beklagte –

wegen Mieterhöhung

vorläufiger Streitwert: . . . . . EUR[2]

Namens und in Vollmacht des Klägers erhebe ich Klage mit dem Antrag,

1. die Beklagte zu verurteilen, an den Kläger . . . . . EUR nebst Zinsen in Höhe von 9 Prozentpunkten über dem jeweiligen Basiszinssatz nach § 247 BGB von jeweils . . . . . EUR seit dem 6. 2 . . . . . ., 6. 3 . . . . . ., 6. 4 . . . . . . und 6. 5 . . . . . . zu zahlen,[3]
2. im Falle der Anordnung des schriftlichen Vorverfahrens bei Vorliegen der Voraussetzungen Versäumnisurteil gemäß § 331 Abs. 3 ZPO zu erlassen.

Begründung:

Mit schriftlichem Mietvertrag vom . . . . . vermietete der Kläger an die Beklagte für die Dauer von 10 Jahren, beginnend mit dem . . . . . eine Lagerhalle nebst Garage sowie diverse Büroräume in . . . . ., ...-straße . . . . . zu einer monatlichen Miete von zunächst . . . . . EUR zzgl. der jeweils geltenden gesetzlichen Umsatzsteuer, fällig jeweils zum 5.

eines Monats. Der Vertrag enthält in § . . . . . eine Wertsicherungsklausel, die wie folgt lautet:

„(1) Die nach diesem Vertrag zu zahlende Grundmiete kann im Abstand von jeweils . . . . . Jahren (erstmals . . . . . Jahre nach Mietbeginn) auf ihre Angemessenheit hin überprüft und neu festgesetzt werden. Die Parteien sind sich darüber einig, dass für die Bestimmung des Mietpreises insbesondere die orts- und marktüblichen Preisgegebenheiten für vergleichbare Gewerbemietobjekte, die allgemeinen wirtschaftlichen Rahmenbedingungen, insbesondere die Geldwert- und Zinsentwicklung, und die spezifischen Lage- und Ausstattungsmerkmale der mit diesem Vertrag angemieteten Mieträume maßgeblich sein sollen.

(2) Die Neufestsetzung der Miete erfolgt durch einen öffentlich bestellten und vereidigten Sachverständigen für Bau- und Mietbewertungen als Schiedsgutachter, der vom ortsansässigen Haus- und Grundbesitzerverein zu benennen ist.[4]

(3) Ob zu den jeweiligen Festsetzungsterminen ein Schiedsgutachter tätig werden soll, unterliegt der Entscheidung des Vermieters. Die Beauftragung hat spätestens . . . . . Monate nach Ablauf des jeweils vorangegangenen Festschreibungszeitraums zu erfolgen. Der Schiedsgutachter ist unter Vorlage des Mietvertrags sowie unter Hinweis auf die nach dem Willen der Vertragsparteien maßgeblichen Mietpreiskriterien zur Erstellung eines schriftlichen Schiedsgutachtens aufzufordern, mit dem die Miethöhe zum Beginn des neuen Festschreibungszeitraums festzusetzen ist.[5]

(4) Der neu festgesetzte Mietzins zzgl. der jeweils geltenden gesetzlichen Umsatzsteuer ist vom Mieter ab Vorlage des Schiedsgutachtens zu den vertraglichen Zahlungsterminen zu entrichten und gilt auch rückwirkend – und insoweit mit sofortiger Fälligkeit – für die bereits abgelaufenen Monate innerhalb des neuen Festschreibungszeitraums, für den die Neufestsetzung erfolgt.[6]

(5) Unterbleibt eine fristgerechte Beauftragung des Schiedsgutachters, so hat dies für den nachfolgenden Festschreibungszeitraum zur Folge, dass die bis dahin geltende Miete weiter zu entrichten ist. Das auch mehrmalige Unterbleiben einer Neufestsetzung lässt das Recht des Vermieters, von dem vertraglichen Leistungsvorbehalt zu späterer Zeit nach Maßgabe dieses Vertrags wieder Gebrauch zu machen, unberührt.

(6) Die Kosten des Schiedsgutachtens tragen die Vertragsparteien je zur Hälfte."

Beweis: anliegende Kopie des Mietvertrages

Der Kläger hat nach Ablauf der ersten Mietfestschreibung keinen Gebrauch von der Möglichkeit gemacht, ein Schiedsgutachten einholen zu lassen, weil die Marktsituation keine erhebliche Preisanhebung erwarten ließ. Die vertragliche Miete blieb daher nach dem Vertrag für weitere . . . . . Jahre unverändert.

Nach Ablauf dieses Festschreibungszeitraums hat der Kläger die Beklagte mit Schreiben vom . . . . . davon unterrichtet, dass er den Haus- und Grundbesitzerverein mit der Benennung eines Schiedsgutachters für die Neufestsetzung der Miete gebeten habe. Der Haus- und Grundbesitzerverein benannte dem Kläger mit Schreiben vom . . . . . den Sachverständigen . . . . . als Schiedsgutachter, was der Beklagten mit Schreiben vom . . . . . mitgeteilt wurde.

Beweis: anliegende Kopie der Schreiben vom . . . . . und vom . . . . .

Der Kläger bat den Sachverständigen um die Erstellung eines entsprechenden Gutachtens, das der Sachverständige unter dem . . . . . vorlegte. In diesem Gutachten setzte der Sachverständige für den im Vertrag vorgesehenen Stichtag (1. 2 . . . . . .) eine neue monatliche Miete in Höhe von . . . . . EUR netto fest.[7]

Beweis: anliegende Ausfertigung des Gutachtens

Das Gutachten wurde der Beklagten per Einschreiben mit Rückschein am . . . . . übermittelt.

Beweis: anliegende Kopie des Rückscheins

Die Beklagte weigert sich jedoch, die in diesem Gutachten festgestellte Miete zu zahlen. Sie hat geltend gemacht, der Sachverständige sei befangen, weil er vom Haus- und Grundbesitzerverein benannt worden sei. Dies rechtfertige die Besorgnis einer einseitigen, vermieterfreundlichen Gutachtenserstellung. Außerdem habe der Sachverständige bei der Begutachtung unberücksichtigt gelassen, dass die Ausstattung der Mieträume seit der Überlassung bei Mietbeginn bereits einige Alterungserscheinungen aufweise.[8]

Diese Einwendungen der Beklagten sind unbeachtlich, denn sie stellen die Verwertbarkeit des Gutachtens und die Richtigkeit der damit bewirkten Leistungsbestimmung nicht in Frage. Die Benennung des Sachverständigen entspricht den vertraglichen Bestimmungen. Die Beklagte hat auch keine konkreten Gründe dafür angegeben, dass der Sachverständige voreingenommen sein könnte und dass seine Leistungsbestimmung etwa hierauf beruht. Der Sachverständige hat sein Gutachten nach eingehender Untersuchung der Mieträume und aller für die Mietpreisbildung maßgeblichen Umstände erstellt und deren Zustand angemessen berücksichtigt. Anhaltspunkte dafür, dass die Begutachtung offenbar unrichtig und die hierauf beruhende Leistungsbestimmung unbillig sein könnten, liegen insgesamt nicht vor.

Mit der Klage wird ab dem Monat Februar . . . . . eine Mietdifferenz von jeweils . . . . . EUR + USt. = ... EUR, für . . . . . Monate also insgesamt . . . . . EUR geltend gemacht.

Hilfsweise wird der Klageanspruch mit der Mietdifferenz für die folgenden, noch nicht rechtshängigen Mietzahlungsansprüche bis zum Zeitpunkt der mündlichen Verhandlung in der zeitlichen Reihenfolge der einzelnen Monate aufgefüllt.[9]

Rechtsanwalt

Anmerkungen

1. Zur sachlichen und örtlichen Zuständigkeit → Form. B. II. 47 Anm. 1.

2. Wegen der Berechnung des Streitwerts → Form. B. II. 47 Anm. 2.

3. Hinsichtlich der Möglichkeit, nicht nur rückständige Miete einzuklagen, sondern den streitigen Erhöhungsbetrag nach § 259 ZPO auch für die Zukunft geltend zu machen, → Form. B. II. 47 Anm. 5, → Form. B. II. 47 Anm. 10.
Zum Zinsanspruch → Form. B. II. 47 Anm. 3. Auch hier handelt es sich beim angepassten Mietzins um eine Entgeltforderung im unternehmerischen Bereich, für die der erhöhte Zinssatz aus § 288 Abs. 2 BGB gilt.

4. Die Vereinbarung, dass ein **Schiedsgutachter** bestimmte Tatsachen untersuchen und eine Leistungsbestimmung treffen soll, ist vom **Schiedsvertrag** zu unterscheiden (vgl. dazu *Lembcke* ZGS 2009, 548), der eine prozesshindernde Einrede begründen kann (§ 1032 Abs. 1 ZPO). Mit einem Schiedsvertrag wird an die Stelle des staatlichen Gerichts ein Schiedsgericht zur endgültigen Entscheidung über zivilrechtliche Ansprüche gesetzt (§ 1029 Abs. 1 ZPO).
Demgegenüber liegt ein Schiedsgutachtenvertrag vor, wenn ein Dritter, namentlich ein Sachverständiger, zur Festlegung bestimmter und sachlich begrenzter Tatsachen oder

Leistungspflichten berufen sein soll (vgl. Musielak/*Voit* ZPO § 1029 Rn. 17). Im Zweifel ist eine Schiedsgutachterabrede und keine Schiedsrichterklausel anzunehmen, das nach hM nicht den Vorschriften des Schiedsverfahrensrechts untersteht (vgl. Musielak/*Voit* ZPO § 1029 Rn. 17 mwN). So hat der Grundsatz rechtlichen Gehörs für die Erstattung eines Schiedsgutachtens keine Bedeutung, wenn die vertraglichen Regelungen nicht ausdrücklich eine Verfahrensbeteiligung unter Gewährung rechtlichen Gehörs vorsehen (vgl. LArbG Sachsen Urt. v. 23.4.2010 – 3 Sa 467/09, juris). Allerdings dürfte der Gutachter in der Sache gehalten sein, sich mit ihm bekanntem Parteivorbringen auseinanderzusetzen, um Einwänden gegen sein Gutachten vorzubeugen (→ Anm. 8).

Wenngleich aus einem Schiedsgutachtenvertrag kein Prozesshindernis im Sinne von § 1032 Abs. 1 ZPO folgt, ist das Prozessgericht gehindert, anstelle der von einem Schiedsgutachter zu treffenden Feststellungen eine eigene Sachverhaltsermittlung (ggf. nochmals) vorzunehmen und sich über das dem Gutachter eingeräumte Ermessen hinwegzusetzen. Das Gericht ist beweismäßig an ein Schiedsgutachten gebunden. Wird eine Klage erhoben, ohne zuvor das vertraglich vorgesehene Schiedsgutachten eingeholt zu haben, so ist die Klage bei beweiserheblichen Tatsachen als zur Zeit unbegründet abzuweisen, weil das Prozessgericht keinen Beweis über Tatsachen erheben darf, deren Feststellung dem Schiedsgutachter übertragen ist (vgl. BGH Urt. v. 5.11.2015 – III ZR 41/15, NSW BGB § 317, BGH-intern; Urt. v. 4.7.2013 – III ZR 52/12, NJW RR 2014, 492). Hieraus ergibt sich weiter, dass auch das Ergebnis eines selbständigen Beweisverfahrens etwa zu der streitigen Frage, ob Mängel der Mietsache vorliegen, vom Gericht nicht zu beachten ist, wenn eine Schiedsgutachterabrede besteht (vgl. OLG Bremen Beschl. v. 30.3.2009 – 1 W 10/09, OLGR Bremen 2009, 391; *von Bernuth* ZIP 1998, 2081). Das soll allerdings nicht gelten, wenn wenn eine Partei im Wege des selbstständigen Beweisverfahrens die offenbare Unrichtigkeit des Schiedsgutachtens festgestellt wissen möchte (vgl. OLG Bremen Beschl. v. 30.3.2009 – 1 W 10/09, OLGR Bremen 2009, 391 → Anm. 7).

Wenn eine Neufestsetzung oder Anpassung der Miete durch die Parteien oder Dritte vorgesehen ist, die im Rahmen einer Ermessensentscheidung (§§ 315, 316 BGB) Billigkeitserwägungen Raum lässt, handelt es sich gemäß § 1 Abs. 2 Nr. 1 PrKG (in der Fassung des Zweiten Gesetzes zum Abbau bürokratischer Hemmnisse vom 13.9.2007) um einen zulässigen Leistungsvorbehalt. Die Änderung bzw. Anpassung der Miete erfolgt beim Leistungsvorbehalt entweder durch vertragliche (Zusatz-)Abreden der Vertragsparteien oder durch die Ausübung eines Bestimmungsrechts (§ 315 BGB), sei es durch eine Vertragspartei (meist durch den Vermieter), sei es durch einen Dritten (§ 317 BGB), typischerweise durch einen Schiedsgutachter.

Beim Schiedsgutachten erfolgt die Leistungsbestimmung innerhalb eines bestimmten **Spielraums**, und zwar auch dann, wenn der Maßstab für die Preisanpassung – in zulässiger Weise – von vornherein festgelegt, dh das gutachterliche Ermessen in gewissem Umfang beschränkt wird. Das Bestimmungsrecht ist dann innerhalb des vorgegebenen Spielraums regelmäßig nach **billigem Ermessen** im Sinne von §§ 315f. BGB auszuüben (vgl. BGH Urt. v. 9.5.2012 – XII ZR 79/10, NJW 2012, 2178). Im Rahmen einer Schiedsgutachtervereinbarung steht es den Parteien frei, durch die Vorgabe bestimmter Kriterien – etwa mit der Maßgabe, dass nur bestimmte Fragen geklärt werden sollen – das Ermessen des Schiedsgutachters zu begrenzen (vgl. BGH Urt. v. 27.1.1971 – VIII ZR 151/69, BGHZ 55, 248; Urt. v. 12.1.2001 – V ZR 372/99, BGHZ 146, 280; Urt. v. 3.11.1995 – V ZR 182/94, NJW 1996, 453). Das Bestimmungsrecht des Sachverständigen oder einer Vertragspartei kann im Rahmen der Ermessensausübung (§§ 315f. BGB) nur mit und nicht entgegen der Bewegungsrichtung einer vertraglich als maßgeblich geltenden Bezugsgröße bestimmt werden (vgl. OLG Celle Urt. v. 5.4.2001 – 2 U 196/00, NJW-RR 2001, 1017).

Teilweise wird zwischen **Schiedsgutachten im engeren und weiteren Sinne** unterschieden. Bei Schiedsgutachten im engeren Sinne soll der Schiedsgutachter ohne eigenen

Ermessensspielraum nur Tatsachen oder Tatbestandsmerkmale verbindlich feststellen, die für die Leistungspflicht relevant sind. Dies soll zur Folge haben, dass die Verbindlichkeit eines solchen Gutachens sich nicht nach den Kategorien „billig" oder „unbillig", sondern „richtig" oder „falsch" beurteilen soll (vgl. BGH Urt. v. 18.5.1983 – VIII ZR 83/82, NJW 1983, 1854; OLG Stuttgart Urt. v. 20.12.2011 – 6 U 107/11, BeckRS 2012, 00039). Diese Unterscheidung wird bei der Mietpreisbestimmung durch einen Schiedsgutachter aber nur selten relevant werden, denn die Mietparteien sind idR daran interessiert, zu einer verbindlichen und abschließenden Mietpreisbestimmung zu gelangen, die typischerweise die Betätigung gutachterlichen Ermessens voraussetzt. Wenn dem Schiedsgutachter auch nur teilweise ein eigener Beurteilungsspielraum eröffnet ist, wird sich das Gutachten im Zweifel nicht mehr allein nach den Kriterien „richtig" oder „falsch" beurteilen lassen.

Wenn dagegen Veränderungen der Bezugsgröße (zB bestimmter Preisentwicklungen) den Mietpreis automatisch regulieren sollen, liegt kein Leistungsvorbehalt vor, sondern eine Wertgleitklausel, die den Bestimmungen des Preisklauselgesetzes unterliegt (im Einzelnen → Form. B. II. 47 Anm. 7).

Anstelle der Gutachterbenennung durch einen Dritten (im Beispielsfall durch einen Vermieterverband) kann auch eine gemeinsame Benennung durch die Vertragsparteien und nur hilfsweise – bei fehlender Einigung – eine Benennung durch andere (zB auch der IHK oder eines Fachverbands) vertraglich geregelt werden.

5. Wenn der Vertrag keine **Befristung** für die Einholung des Schiedsgutachtens vorsieht, birgt dies die Gefahr, dass die Vertragsparteien sich in kostenträchtigen Auseinandersetzungen verlieren und keine Rechtssicherheit über die Mietpreisentwicklung erhalten. Auch starre Fristen, nach denen Mietanpassungen in bestimmten Zeitabständen erfolgen müssen, können nachteilig sein, denn sie führen oft (zB bei ersichtlich stagnierenden Marktgegebenheiten) zu unergiebigen und unnötig kostenträchtigen Neubegutachtungen.

6. Für eine Mietanpassung ist von erheblicher Bedeutung, ab wann die geänderte Miete gelten soll. Das Formular hat Regelungen zum Gegenstand, die einen bestimmten Stichtag als maßgeblich vorsehen. In der Praxis finden sich auch Vereinbarungen, nach denen der Schiedsgutachter zu bestimmen hat, ab wann die geänderte Miete gelten soll. Enthält der Mietvertrag keine Bestimmung über den Zeitpunkt des Wirksamwerdens einer Änderung, so ist der Zeitpunkt maßgeblich, zu dem der Vermieter den Mieter berechtigterweise zur Zustimmung einer Mieterhöhung bzw. zur Leistung der geänderten Miete aufgefordert hat. Der vom Schiedsgutachter festgesetzte Mietzins gilt dann von dem Zeitpunkt an, in dem das Änderungsverlangen der Gegenseite zugegangen ist (vgl. BGH Urt. v. 12.10.1977 – VIII ZR 84/76, NJW 1978, 154).

7. Nach der Rechtsprechung ist ein Schiedsgutachten für die Parteien und auch für das angerufene Gericht grundsätzlich verbindlich, weil die Leistungsbestimmung dem Gutachter und gerade nicht dem Gericht vorbehalten sein soll. Entsprechend § 319 Abs. 1 BGB entfällt diese Bindung nur dann, wenn das **Gutachten offenbar unrichtig** ist. **Verzichten die Vertragsparteien jedoch auf eine Begründung** der schiedsgutachterlichen Beurteilung, kann dies uU dahin auszulegen sein, dass deren Nachvollziehbarkeit selbst dann nicht hinterfragt werden soll, wenn das Ergebnis in der Sache offenbar unrichtig ist (OLG Köln Beschl. v. 29.10.2013 – 18 U 1/13, juris).

„Offenbare Unrichtigkeit" ist dann anzunehmen, wenn sich die Unrichtigkeit oder Lückenhaftigkeit einem sachkundigen und unbefangenen Beobachter – wenn auch möglicherweise erst nach gründlicher Prüfung – aufdrängt (vgl. BGH Urt. v. 27.6.2001 – VIII ZR 235/00, NJW 2001, 3775; Urt. v. 25.1.1979 – X ZR 40/77, NJW 1979, 1885; Urt. v. 9.6.1983 – IX ZR 41/82, NJW 1983, 2244; Urt. v. 21.4.1993 – XII ZR 126/91,

NJW-RR 1993, 1034; → Anm. 8). Ob eine offenbare Unrichtigkeit vorliegt, ist nach dem Sachverhalt zu beurteilen, den die Parteien dem Schiedsgutachter unterbreitet haben (vgl. BGH Urt. v. 21.4.1993 – XII ZR 126/91, NJW-RR 1993, 1034).

Ein Gutachten kann in vorstehendem Sinne aus mehreren – sich oft überschneidenden – Gründen unbrauchbar sein:

* grob lückenhafte Erfassung und Darstellung der zu verwertenden Anknüpfungstatsachen und Erkenntnisquellen (vgl. BGH Urt. v. 16.11.1987 – II ZR 111/87, NJW-RR 1988, 506),
* sich aufdrängende Fehlerhaftigkeit oder Einseitigkeit (vgl. BGH Urt. v 2.2.1977 – VIII ZR 155/75, NJW 1977, 801),
* fehlende Nachvollziehbarkeit und Nachprüfbarkeit (vgl. BGH Urt. v. 5.12.1979 – VIII ZR 155/78, WM 1980, 108),
* fachliche Unergiebigkeit.

Durch ein offenbar unrichtiges Schiedsgutachten kann sich der Sachverständige nach werkvertraglichen Grundsätzen schadensersatzpflichtig machen (vgl. BGH Urt. v. 17.1.2013 – III ZR 11/12, juris). Sein Vergütungsanspruch kann dann entfallen (vgl. LG Kiel Urt. v. 12.11.2012 – 7 S 53/12, IBRRS 2012, 4690).

8. Mit allgemeiner **Gutachtenskritik** ist eine Vertragspartei grundsätzlich ausgeschlossen. Es bedarf vielmehr der Angabe von Gründen, welche die Verwertbarkeit des Schiedsgutachtens insgesamt in Frage stellen. Streiten sich die Parteien, ob ein Schiedsgutachten entsprechend § 319 Abs. 1 BGB offenbar unrichtig ist, so können sie sich auf das Ergebnis eines parallel eingeholten selbständigen Beweisverfahrens stützen, mit dem etwa das Bestehen einer Mängelsituation aufgeklärt worden ist (vgl. OLG Bremen Beschl. v. 30.3.2009 – 1 W 10/09 – OLGR Bremen 2009, 391; OLG Koblenz Beschl. v. 15.7.1998 – 5 W 464/98, OLGReport Koblenz 1999, 163 = MDR 1999, 502; zur Problematik einer anstelle des Schiedsgutachtens durchgeführten Beweissicherung → Anm. 4).

Maßstab für die Anfechtbarkeit eines Schiedsgutachtens ist aber der solchen Klauseln immanente Zweck, eine verbindliche Bestimmung herbeizuführen und gerichtliche Schritte möglichst zu vermeiden. Deshalb reichen nicht Lücken in der Darstellung oder anderweitige beliebige Ansätze für eine Gutachtenskritik aus, um die Verbindlichkeit des Gutachtens in Frage zu stellen (Kritikpunkte wird es bei jedem Gutachten zumindest aus der Sicht einer Vertragspartei geben). Soweit der Gutachter die Aufgabenstellung richtig erfasst, die maßgeblichen Bewertungsfaktoren herangezogen und in einer akzeptablen Toleranzgrenze gewichtet und das Untersuchungsergebnis nachvollziehbar dargestellt und begründet hat, entfaltet die hiermit erfolgte Leistungsbestimmung vertragliche Geltung (vgl. BGH Urt. v. 26.4.1991 – V ZR 61/90, NJW 1991, 2761).

Schwierigkeiten können sich bei der Überprüfung von Gutachten ergeben, wenn Sachverständige **Vergleichsdaten** nicht offen legen, weil sie sich zur Geheimhaltung von Informationen über fremde Vertragsverhältnisse gehalten sehen (vgl. *Isenmann* DWW 1995, 68). Es wird jedenfalls eine so weit gehende Konkretisierung zu fordern sein, dass vergleichsweise verwertete Beschaffenheitsmerkmale überprüft werden können (vgl. *Fritz* Rn. 117 mwN).

In der Auswahl der Vergleichskriterien ist der Schiedsgutachter im Rahmen sachverständigen Ermessens frei, soweit ihn nicht der Mietvertrag zur Berücksichtigung bestimmter Bemessungskriterien zwingt. Die Benennung solcher Kriterien im Vertrag bewirkt die Verpflichtung des Sachverständigen, diese in die Mietkalkulation einfließen zu lassen. Sie bewirkt damit eine (Ermessens-)Bindung des Schiedsgutachters (und ggf. des Gerichts), solche Umstände kalkulatorisch zu berücksichtigen. Die Vertragsanpassung kann auch davon abhängig gemacht werden, dass die Relation zwischen der anfänglichen Miethöhe und den allgemeinen Marktgegebenheiten – etwa im Sinne besonderer Preisgünstigkeit oder Preisintensität – gewahrt bleiben soll.

Ein Schiedsgutachter darf die Miete aber nicht rein theoretisch ermitteln (vgl. BGH Urt. v. 2.2.1977 – VIII ZR 155/75, NJW 1977, 801), sondern muss die tatsächlichen Marktgegebenheiten berücksichtigen. In diesem Rahmen kann die Angemessenheit der Miete zB auch anhand einschlägiger Preisspiegel und Marktberichte ermittelt werden.

Wenn ein Schiedsgutachten offenbar unrichtig ist, führt dies zur Unverbindlichkeit der getroffenen Leistungsbestimmung. Diese Bestimmung erfolgt dann entsprechend § 319 Abs. 1 S. 2 BGB durch Urteil (vgl. OLG Stuttgart Urt. v. 20.12.2011 – 6 U 107/11, BeckRS 2012, 00039). Die Klage eines Vermieters kann dann sogleich auf diejenige Leistung gerichtet werden, die der Vermieter aufgrund einer von ihm für richtig befundenen Leistungsbestimmung für geschuldet hält (vgl. BGH Urt. v. 7.4.2000 – V ZR 36/99, NJW 2000, 2986; OLG Stuttgart Urt. v. 20.12.2011 – 6 U 107/11, BeckRS 2012, 00039).

9. Das Formular beschränkt sich auf die prozessuale Geltendmachung der bereits rückständigen Mieten (zur Klage auf zukünftige Leistung → Form. B. II. 47). Zur Reduzierung des Kosten- und Prozessrisikos kann es ratsam sein, die Klage auf die bei Klageerhebung bereits offenen Beträge zu beschränken und die für die Folgemonate fällig werdenden Beträge nur hilfsweise zur Auffüllung der Klageforderung zu verwenden. Dies gilt namentlich dann, wenn der Gegner nicht gänzlich aussichtslose Einwendungen zur Höhe der neuen Miete vorgebracht hat oder berechtigte Einbehalte geltend machen kann. Unwägbarkeiten können sich ferner ergeben, wenn die Leistungsbestimmung nicht durch Gutachten sondern durch eine Vertragspartei erfolgt und nicht sicher voraussehbar ist, ob das Gericht diese Bestimmung für billig und angemessen halten wird. Eine Klage auf zukünftige Leistung kann sich auch dann verbieten, wenn der Mieter die erhöhte Miete voraussichtlich zahlen wird oder erklärtermaßen zahlen will, nachdem das Gericht über die Berechtigung der Mieterhöhung entschieden hat.

49. Stufenklage auf Auskunft und erhöhte Miete aufgrund einer Umsatzklausel (Gewerberaum)

An das

Landgericht . . . . .[1]

Klage

des Herrn . . . . .

– Kläger –

Prozessbevollmächtigter: Rechtsanwalt . . . . .

gegen

Herrn . . . . .

– Beklagter –

wegen Auskunft und Mietzahlung

vorläufiger Streitwert: . . . . . EUR[2]

Namens und in Vollmacht des Klägers erhebe ich (Stufen-)Klage mit dem Antrag,

den Beklagten zu verurteilen,

1. dem Kläger
    a) Auskunft zu erteilen über die in der Gaststätte „. . . . .“ in der . . . . .-Straße . . . . .
       in . . . . . seit . . . . . monatlich erzielten Netto-Bierumsätze,[3]
    b) die erteilten Auskünfte zu belegen durch Vorlage von Kassenbüchern, Bilanzen und
       Umsatzsteuererklärungen für den in Ziff. 1 a) bezeichneten Zeitraum,[4]
2. erforderlichenfalls die Richtigkeit und Vollständigkeit der Auskünfte gemäß Ziffer 1)
   eidesstattlich zu versichern,[5]
3. die sich aus der Auskunft zu Ziffer 1) ergebende zusätzliche Miete in dem noch zu
   beziffernden Umfang an den Kläger zu zahlen,[6]
4. im Falle der Anordnung des schriftlichen Vorverfahrens bei Vorliegen der gesetzlichen
   Voraussetzungen Versäumnisurteil gemäß § 331 Abs. 3 ZPO zu erlassen.

Begründung:

Mit schriftlichem Mietvertrag vom . . . . . vermietete der Kläger dem Beklagten für die
Dauer von 5 Jahren, beginnend mit dem . . . . ., die im Klageantrag bezeichneten
Räumlichkeiten zum Betrieb einer Gaststätte.

§ . . . . . des Mietvertrages regelt die Miethöhe wie folgt:

„(1) Der Mieter hat folgende Mietzahlungen zu leisten:

• eine monatliche Basisgrundmiete in Höhe von

. . . . . EUR,

• den in Ziff. 2 ff. geregelten monatlichen Umsatzzuschlag,[7]

• die für Basismiete und Umsatzzuschlag zu ermittelnde gesetzliche Umsatzsteuer in der
  jeweils geltenden Höhe, zur Zeit in Höhe von . . . . .%.

(2) Der zusätzlich zur Basismiete zu entrichtende Umsatzzuschlag beträgt . . . . .% des
zu ermittelnden Netto-Umsatzes von sämtlichen Bierprodukten,[8] den der Mieter in
dem betreffenden Kalendermonat für den im Mietobjekt geführten Gaststättenbetrieb
erzielt. Dieser Zuschlag entfällt für diejenigen Monate, in denen der Nettogesamt-
umsatz für alle Bierprodukte den Betrag von . . . . . nicht übersteigt.[9] Die getätigten
Umsätze hat der Mieter im Rahmen einer sorgfältigen, prüffähigen kaufmännischen
Buchführung zu erfassen.
(3) Der vom Mieter zu zahlende Umsatzzuschlag ist monatlich nachträglich zu
ermitteln, und zwar anhand eines vom Mieter zum jeweiligen Monatsende zu erstellenden und dem Vermieter bis zum . . . . . Werktag des Folgemonats zu übersendenden
Auszugs aus seiner elektronischen Buchführung, die vollständigen Aufschluss über die
für den Umsatzzuschlag maßgeblichen Bierumsätze gibt. Der Mieter hat dem Vermieter auf Verlangen Auskunft über alle Geschäftsmodalitäten zu erteilen, die für die
Bestimmung des Umsatzzuschlags erheblich sein können, und dies durch aussagefä-
hige Unterlagen (insbesondere Kassenbücher, Bilanzen und Umsatzsteuererklärungen)
zu belegen. Der Vermieter ist berechtigt, mindestens einmal pro Kalenderjahr die
Richtigkeit der ihm erteilten Auskünfte durch Einsichtnahme in die Geschäftsunterlagen des Mieters zu überprüfen bzw. durch eine von ihm beauftragte, fachlich qualifizierte Person überprüfen zu lassen.
(4) Die Basismiete für den laufenden Monat und der für den Vormonat ermittelte
Umsatzzuschlag sind monatlich bis zum . . . . . eines jeden Monats kostenfrei auf das
Konto des Vermieters . . . . . zu entrichten.“

Beweis: anliegende Kopie des Mietvertrages

Der Beklagte hat seit Beginn des Mietverhältnisses lediglich die vereinbarte Basismiete entrichtet. Er weigert sich jedoch, den vertraglichen Umsatzzuschlag zu zahlen und vollständige Auskünfte über die von ihm getätigten Bierumsätze zu erteilen.

Der Beklagte hat sich bislang ohne hinreichenden Nachweis darauf berufen, ein Umsatzzuschlag sei nicht angefallen, weil der Bierumsatz in sämtlichen Monaten seit Mietbeginn jeweils unter der in Ziff. 2 geregelten Umsatzschwelle von . . . . . EUR gelegen habe. Hierzu hat der Beklagte lediglich mehrere Lieferscheine der X-Brauerei vorgelegt, aus denen sich der von ihm behauptete Minderumsatz ergeben soll. Kassenbücher, Bilanzen und Umsatzsteuererklärungen hat der Beklagte nicht vorgelegt und dem Kläger auch die erbetene Einsichtnahme in solche Geschäftsunterlagen verweigert.[10]

Der Kläger hat Grund zu der Annahme, dass der Beklagte tatsächlich laufend Bierumsätze erzielt, die zum Anfall des vertraglichen Umsatzzuschlags führen. Bei dem Mietobjekt handelt es sich um eine bindungsfreie Gaststätte im Brauhausstil, die ihr eigentümliches Gepräge wesentlich durch den Bierumsatz erhält. Dies ist auch der Grund, weshalb der Umsatz von Bier als Leitprodukt im Mietvertrag als maßgeblich für die Berechnung des Umsatzzuschlags zugrunde gelegt wurde. Die vom Beklagten vorgelegten Lieferscheine entsprechen nicht den vertraglichen Auskunftspflichten. Die Lieferscheine geben die getätigten Umsätze auch nicht vollständig wieder, denn hieraus ergeben sich durchschnittlich nur zwei monatliche Anlieferungen.[11]

Beweis: anliegende Fotokopien der Lieferscheine vom . . . . .

Dem Kläger ist jedoch von benachbarten Anwohnern mitgeteilt worden, dass die X-Brauerei den Beklagten mindestens einmal wöchentlich beliefert.

Beweis: Zeugnis . . . . .

Außerdem erhält der Beklagte zusätzliche Bierlieferungen durch den Bierverlag der Firma . . . . . Dies betrifft den Bezug von bayerischem Weizen- und Starkbier, das der Beklagte ständig neben den Produkten der X-Brauerei vertreibt.

Beweis: Zeugnis des Geschäftsführers . . . . .

Über weiter gehende Kenntnisse über die Bierumsätze verfügt der Kläger nicht, weshalb ihm nach dem zugrunde liegenden Vertrag ein Auskunftsanspruch zusteht, den er im Wege der Stufenklage zusammen mit dem Leistungsanspruch geltend macht.

Der Beklagte ist darüber hinaus vertraglich verpflichtet, dem Kläger nicht nur die gewünschte Auskunft zu erteilen, sondern auch die im Klageantrag zu 1 b) genannten Belege vorzulegen.

Zu einer Bezifferung seines erhöhten Zahlungsanspruchs nach Beginn und Höhe ist der Kläger erst nach vollständig erteilter Auskunft bzw. nach einer etwa erforderlichen eidesstattlichen Versicherung ihrer Richtigkeit und Vollständigkeit in der Lage.

Rechtsanwalt

Anmerkungen

1. Die sachliche Zuständigkeit ergibt sich für die **Stufenklage** nach wohl hM über § 5 ZPO aus einer Wertaddition von Vorbereitungs- und Leistungsansprüchen (vgl. OLG Stuttgart Beschl. v. 20.11.2006 – 19 W 62/06, juris; OLG Brandenburg Beschl. v.

15.11.2001 – 1 AR 44/01, MDR 2002, 536 mwN; Zöller/*Herget* ZPO § 3 Rn. 16 „Stufenklage"; zum Gebührenstreitwert → Anm. 2). Dem wird mit gewichtigen Gründen entgegen gehalten, dass sich das für die Wertfestsetzung maßgebliche Interesse allein nach dem Leistungsanspruch bestimmt, dem die Vorbereitungsansprüche untergeordnet sind. Danach soll allein der Wert für den Leistungsanspruch ausschlaggebend sein (vgl. Musielak/*Heinrich* § 5 Rn. 9; MüKoZPO/*Wöstmann* § 5 Rn. 22; Stein/Jonas/*Roth* § 5 Rn. 20).

Der Vorbereitungsanspruch wird bei der Wertaddition grundsätzlich mit einem Bruchteil (etwa $1/4$ der begehrten Leistung) schätzweise veranschlagt (vgl. Zöller/*Herget* § 3 Rn. 16; *Thomas/Putzo* § 3 Rn. 141).

Fraglich ist, für welchen Zeitraum in diesem Rahmen die erhöhte Miete für Auskunfts- und Leistungsanspruch zu berechnen ist, wenn sich die Miethöhe – wie es für die Umsatzmiete typisch ist – wiederholt und ggf. auch kurzfristig ändert. Bei einer Klage auf erhöhten Mietzins gilt für die Gewerberaummiete grundsätzlich § 9 ZPO, wonach der $3^{1}/_{2}$-fache Jahreserhöhungsbetrag maßgeblich ist (im Einzelnen → Form. B. II. 47 Anm. 2). Da bei der Stufenklage ohnehin nur ein Schätzwert zugrunde gelegt werden kann und der Kläger sich durch seine Klage eines (erhöhten) Leistungsanspruchs berühmt, wird diesseits befürwortet, es durchgängig bei der Anwendung des § 9 ZPO zu belassen, wenn sich aus dem Vermietervortrag ergibt, dass ständig umsatzabhängige Mietzuschläge angefallen sein sollen. Eine Begrenzung auf den Zeitraum bestimmter streitgegenständlicher Mieten käme dagegen in Betracht, wenn es nur punktuell (monatsweise) zu umsatzbedingt erhöhten Mieten gekommen sein soll.

2. Für den **Gebührenstreitwert** der Stufenklage (zum Zuständigkeitsstreitwert → Anm. 1) ist grundsätzlich nur der höchste (Leistungs-)Anspruch maßgebend (§ 44 GKG). Eine Addition der Werte findet also nicht statt. Die Anwaltsgebühren fallen gemäß Vorbemerkung 3 Abs. 2 und 3 VV RVG an, dies jedoch für alle Stufen nur einmal. Maßgeblich ist dabei der jeweils höchste Gegenstandswert für die Tätigkeit, die den Gebührentatbestand verwirklicht (vgl. Musielak/*Foerste* § 254 Rn. 9).

Bei vorzeitiger Beendigung der Angelegenheit wird daraus z. T. gefolgert, dass einzelne Gebühren nur nach dem Vorbereitungsanspruch zu bemessen sein sollen. Dies gilt namentlich bei der sog. steckengebliebenen Stufenklage (vgl. OLG Dresden Beschl. v. 21.2.1997 – 7 W 107/97 – OLGR Dresden 1997, 239). Den (Schätz-)Wert des nicht mehr zur Bezifferung gelangenden Leistungsanspruchs berücksichtigen dagegen die meisten Gerichte auch für diesen Fall (vgl. OLG Koblenz Beschl. v. 2.4.2015 – 10 W 171/15, NJW-RR 2015, 832; OLG Schleswig Beschl. v. 25.1.2013 – 4 WF 151/12, MDR 2014, 1345; vgl. ferner die Nachweise bei Zöller/*Herget* § 3 Rn. 16 „Stufenklage"). Der Wert des Vorbereitungsanspruchs ist jedenfalls für die Rechtsmittelbeschwer maßgeblich, wenn ein Teilurteil über den Auskunftsanspruch ergangen ist (vgl. BGH Beschl. v. 15.2.2000 – X ZR 127/99, NJW 2000, 1724).

Wird eine Stufenklage wegen Fehlens einer materiell-rechtlichen Grundlage für die mit ihr verfolgten Leistungsansprüche insgesamt abgewiesen, ist ebenfalls nicht der Wert der Auskunft, sondern der Wert des Leistungsanspruchs selbst maßgeblich (vgl. BGH Beschl. v. 4.2.2015 – III ZR 62/14, BeckRS 2015, 03149; BGH Beschl. v. 12.3.1992 – I ZR 296/91, MDR 1992, 1091.

3. Mit einer **Stufenklage** im Sinne von § 254 ZPO können im Wege der objektiven Klagehäufung mehrere Klagen miteinander verbunden werden, um das hinter der Klage stehende Leistungsinteresse durchzusetzen. Die Stufenklage gibt dem Anspruchsinhaber die prozessökonomische Möglichkeit, in mehreren Schritten zunächst die Voraussetzungen für den Leistungsanspruch zu schaffen, wenn dessen sofortige Durchsetzung nicht möglich ist, weil die für die Anspruchsbemessung maßgeblichen Umstände noch nicht bekannt sind, der Anspruchsgegner jedoch verpflichtet ist, den Anspruchsinhaber über die für die Bemessung maßgeblichen Tatsachen aufzuklären.

Die Chronologie einer Stufenklage hat daher zunächst die Auskunftserteilung bzw. Rechnungslegung zum Gegenstand, deren Richtigkeit in der zweiten Stufe ggf. durch Abgabe einer eidesstattlichen Versicherung bekräftigt wird, um sodann in der dritten Stufe zum bezifferten Leistungsantrag zu gelangen. Der Leistungsantrag muss zwar gestellt werden, um rechtshängig zu werden; er ist jedoch abschließend erst dann zu beziffern, wenn Auskunft erteilt wurde (vgl. Zöller/*Greger* § 254 Rn. 1 f., zugleich zur Möglichkeit teilweiser Bezifferung des Leistungsantrags). Die Stufenklage schafft daher gegenüber § 253 Abs. 2 Nr. 2 ZPO erweiterte Klagemöglichkeiten.

Im Wege der Stufenklage kann (im ersten Schritt) jedes Informationsrecht geltend gemacht werden, gleichviel ob es auf einem Vertrag oder auf gesetzlichen Auskunfts- oder Rechenschaftspflichten beruht (zu den rechtlichen Grundlagen von Informationsrechten vgl. Musielak/Voit/*Foerste* § 254 Rn. 2). Eine zentrale Vorschrift über die Informationspflichten bei einer mit Einnahmen oder Ausgaben verbundenen Verwaltung ergibt sich aus § 259 BGB. Auskunftspflichten können sich aber auch aus § 242 BGB ergeben, wenn der zugrunde liegende Vertrag hierzu keine ausdrücklichen Vereinbarungen enthält, eine der Vertragsparteien jedoch zur Durchsetzung ihrer Ansprüche auf die Erteilung von Informationen angewiesen ist (vgl. Palandt/*Heinrichs* § 261 Rn. 8 ff. mwN; → Anm. 4, → Anm. 10, → Anm. 11).

Die Verurteilung zur Auskunft wird gemäß § 888 ZPO vollstreckt. Bei erkennbar lückenhafter Auskunft kann deren Ergänzung verlangt werden.

4. Ob der Mieter zum Nachweis seiner Umsätze **Belege** vorlegen muss, richtet sich in erster Linie nach den Regelungen im Mietvertrag. Im Beispielsfall regelt der Vertrag die Vorlage bestimmter Unterlagen. Eine Verpflichtung zur Vorlage von Belegen sieht das Gesetz ansonsten in den Vorschriften über Auskunft und Rechnungslegung (§§ 259, 260 BGB) nur für die Rechnungslegung (§ 259 Abs. 1 BGB: „. . . . . soweit Belege erteilt zu werden pflegen . . . . .“) vor, nicht dagegen für die Auskunft (§ 260 Abs. 1 BGB). Nach der Rechtsprechung des BGH ist jedoch anerkannt, dass sich ausnahmsweise auch dann ein Anspruch auf Vorlage von Belegen ergeben kann, wenn der Gläubiger hierauf angewiesen ist und dem Schuldner diese zusätzliche Verpflichtung zugemutet werden kann (vgl. BGH Urt. v. 21.2.2002 – I ZR 140/99, NJW-RR 2002, 1119; Urt. v. 31.3.1971 – VIII ZR 198/69, juris). Das KG (Urt. v. 21.11.2011 – 8 U 77/11, juris, nebst Anm. *Ingendoh* jurisPR-MietR 3/2010 Anm. 4) hat zutreffend angenommen, dass der Mieter bei Vereinbarung einer Umsatzmiete auch ohne konkrete vertragliche Vereinbarung verpflichtet ist, dem Vermieter die zur Feststellung notwendigen Auskünfte zu erteilen und ihm Einsicht in die Geschäftsbücher zu gewähren. Dem Vermieter steht danach ein immanentes (konkludent vereinbartes) **Recht zur Kontrolle der von dem Mieter angegebenen Umsatzzahlen** zu, ohne das die Vereinbarung einer Umsatzmiete praktisch kaum umsetzbar wäre.

Um prozessualen Risiken vorzubeugen, sollte indessen bei der Vertragsgestaltung wesentlich darauf geachtet werden, die Pflicht zur Vorlage von Belegen möglichst konkret zu fassen. Der dem Formular zugrunde liegende Vertrag regelt (in Abs. 3) ausdrücklich die Pflicht des Mieters, die maßgeblichen Umsätze durch geeignete Unterlagen nachzuweisen und Belege in Gestalt von Kassenbüchern, Bilanzen und Umsatzsteuererklärungen vorzulegen. Die Pflicht zur Vorlage solcher Unterlagen ist von der Rechtsprechung auch im Falle vereinbarter Buchführungspflicht angenommen worden (vgl. OLG Düsseldorf Urt. v. 8.2.1990 – 10 U 112/89, NJW-RR 1990, 1098). Die Mietparteien können noch weiter gehende Rechenschaftspflichten vereinbaren, etwa in Gestalt eines vertraglichen Anspruchs auf eine Bestätigung vorzulegender betriebswirtschaftlicher Auswertungen durch einen Buchprüfer oder Steuerberater (vgl. OLG Brandenburg Urt. v. 13.6.2007 – 3 U 181/06, ZMR 2007, 778).

5. Bei einer Stufenklage (§ 254 ZPO) bilden die Ansprüche auf Auskunft, ggf. auf eidesstattliche Versicherung sowie auf Zahlung des sich aus der Auskunft ergebenden Betrages prozessual selbständige Teile des Rechtsstreits, über die durch Teilurteil(e) und Schlussurteil zu entscheiden ist (vgl. BGH Beschl. v. 16.9.2015 – V ZR 8/15, juris; BGH Urt. v. 28.11.2011 – VIII ZR 37/01, NJW 2002, 1042). Die Verurteilung zur Abgabe der **eidesstattlichen Versicherung** zielt darauf ab, die Richtigkeit der erteilten Auskünfte zu gewährleisten. Auch insoweit erfolgt die Vollstreckung nach § 888 ZPO (vgl. § 889 Abs. 2 ZPO).

Maßgebend ist für die Pflicht zur Abgabe der eidesstattlichen Versicherung allein, ob Grund zu der Annahme besteht, der Verpflichtete habe die geschuldete Auskunft nicht mit der erforderlichen Sorgfalt erteilt. Dieser Verdacht kann begründet sein, auch wenn inhaltliche Mängel des Verzeichnisses nicht feststehen (vgl. BGH, Urt. v. 1.12.1983 – IX ZR 41/83 – NJW 1984, 484; Urt. v. 20.10.1955 – II ZR 41/54 – WM 1956, 31). Andererseits begründet allein die Feststellung, das Verzeichnis sei in einzelnen Punkten unvollständig oder unrichtig, nicht schon ohne Weiteres die Annahme mangelnder Sorgfalt. Der in solchen Fällen zunächst gegebene Verdachtsgrund ist entkräftet, wenn den Umständen nach anzunehmen ist, dass die mangelhafte Auskunft auf unverschuldeter Unkenntnis oder auf einem entschuldbaren Irrtum des Auskunftspflichtigen beruht (vgl. BGH Urt. v. 1.12.1983 – IX ZR 41/83, NJW 1984, 484). Dann kommt nur ein Anspruch auf ergänzende Auskunft in Betracht. Die auf einen inhaltlichen Mangel des Vermögensverzeichnisses gegründete Verurteilung zur Abgabe der eidesstattlichen Versicherung setzt deshalb neben der Unvollständigkeit oder Unrichtigkeit des Verzeichnisses die Feststellung voraus, dass sich die Unvollständigkeit oder Unrichtigkeit bei gehöriger Sorgfalt hätte vermeiden lassen (vgl. BGH Urt. v. 1.12.1983 – IX ZR 41/83, NJW 1984, 484 mwN).

6. Bei der Erhebung der Stufenklage ist zunächst **keine Bezifferung des Zahlungsantrags** erforderlich. Nach Erledigung des Auskunftsanspruchs muss der Kläger jedoch entscheiden, ob er die Abgabe einer eidesstattlichen Versicherung verlangen will (→ Anm. 5). Wenn er diese Stufe übergehen will, so beinhaltet dies keine Teilrücknahme der Klage. Es kann sogleich auf den bezifferten Leistungsantrag übergegangen werden (vgl. BGH VU vom 15.11.2000 – IV ZR 274/99, NJW 2001, 833).

Wenn sich aufgrund der vorbereitenden Stufen herausstellt, dass Zahlung nicht verlangt werden kann, ist der Leistungsantrag als anfänglich unbegründet zu behandeln (vgl. BGH Urt. v. 5.5.1994 – III ZR 98/93, NJW 1994, 2895). Die Stufenklage eignet sich daher schon aus Kostengründen nicht als bloßer Test für ganz ungewisse Ansprüche. Wenn der Leistungsanspruch nicht besteht, liegt insbesondere keine Erledigung im Sinne von § 91a ZPO vor (vgl. BGH Urt. v. 5.5.1994 – III ZR 98/93, NJW 1994, 2895).

Teilweise wird angenommen, dass auch eine auf die erste bzw. die ersten beiden Stufen beschränkte Klageerhebung möglich sei (vgl. KG Urt. v. 12.7.1996 – 18 UF 2577/96, FamRZ 1997, 503). Hiergegen lassen sich indessen Bedenken anmelden, weil das Rechtsschutzinteresse für isolierte Auskunftsansprüche fraglich sein kann (zur „unnützen" Klage vgl. BGH Urt. v. 4.6.2014 – VIII ZR 4/13, ZMR 2014, 709; vgl. auch Zöller/ *Greger* § 254 Rn. 1 f. mwN). Jedenfalls hemmt eine solchermaßen beschränkte Klage nicht die Verjährung (§ 204 Abs. 1 Nr. 1 BGB) für den Zahlungsanspruch (zur früheren Verjährungsunterbrechung vgl. OLG Celle Urt. v. 3.3.1995 – 15 UF 222/94, NJW-RR 1995, 1411), während der Leistungsanspruch bei der alle Stufen umfassenden Klage sogleich (mit Hemmungswirkung) rechtshängig wird (vgl. BGH Beschl. v. 18.1.1995 – XII ARZ 36/94, NJW-RR 1995, 513).

Wenn der Leistungsanspruch schon bei Klageerhebung teilweise beziffert wird, etwa weil ein Teil des Zahlungsanspruchs bereits feststeht, und im Übrigen unbeziffert bleibt, handelt es sich um eine Teilklage mit einem unbedingten Leistungsanspruch, die kumulativ mit einer (Teil-)Stufenklage in Bezug auf den nicht bezifferten Leistungsanspruch verbunden ist (vgl. Zöller/*Greger* § 254 Rn. 3).

7. Eine Umsatzmiete kann für Gewerberäume auch formularvertraglich wirksam vereinbart werden (vgl. OLG Brandenburg Beschl. v. 7.2.2011 – 3 U 171/10, BeckRS 2011, 16476 und Hinweisbeschl. v. 7.2.2011 – 3 U 171/10, BeckRS 2011, 16476; *Fritz* Rn. 234 a; *Neuhaus* GuT 2005, 200).

Wenn die Vertragsparteien allein eine **Umsatzmiete** ohne einen vom Umsatz unabhängigen Basis- oder Mindestmietzins vereinbaren, bestimmt sich die Miethöhe ausschließlich nach dem vertraglich festzulegenden Anteil, in dessen Umfang der Vermieter umsatzbezogen am Geschäftserfolg des Mieters partizipieren soll. In eine so direkte Abhängigkeit von den Geschäftsrisiken und Erfolgsaussichten des Mieters wird sich der Vermieter aber allenfalls im Rahmen geschäftlicher Beziehungen begeben, die eher als Gesellschaftsverhältnis auszugestalten wären.

Ohne besondere gesellschaftsvertragliche Vereinbarungen begründet aber allein die Verabredung einer Umsatzmiete trotz ihrer partiarischen Eigenheiten noch keine Gesellschaft bürgerlichen Rechts (vgl. BGH Urt. v. 28.10.1987 – VIII ZR 383/86, NJW-RR 1988, 417).

Das Formular verhält sich zu einer Umsatzmiete unter Vereinbarung eines Mindestmietzinses als sog. **Basismiete** (vgl. hierzu auch Nies/Gies/*Borzutzki-Pasing* Beck'sches Formularbuch Mietrecht, 5. Aufl., → Form. A. VII. 2 Anm. 1; vgl. ferner das Beispiel einer Umsatzmietklausel bei *Lindner-Figura* NZM 1999, 492).

Eine umsatzbezogene Miete kann ausnahmsweise auch auf einen tatsächlich nicht erzielten Umsatz gestützt werden, wenn der Mieter entgegen dem Vertrag keine Umsätze mehr tätigt. Dann kommt es darauf an, welchen Umsatz er bei Weiternutzung der Mieträume (schätzweise) erzielt hätte (vgl. BGH Urt. v. 4.4.1979 – VIII ZR 118/78, NJW 1979, 2351). Dies setzt aber voraus, dass der Mieter vertraglich zum Betrieb eines bestimmten Gewerbes in der Mietsache verpflichtet ist. Eine solche **Betriebspflicht erfordert** nach der Rechtsprechung grundsätzlich **ausdrückliche Vereinbarungen**. Die Rechtsprechung ist mit der Annahme einer – immanenten – Betriebspflicht für den zur Umsatzmiete herangezogenen Mieter sehr zurückhaltend. Das selbst offenkundige Interesse des Vermieters an einer durch die nachhaltige Nutzung der Mietsache gewährleisteten Umsatzerzielung soll nach ganz hM in Rechtsprechung und Literatur nicht ausreichen, um eine Betriebspflicht, und sei es auch nur im Wege der – ergänzenden – Vertragsauslegung, zugrunde zu legen (vgl. *Stobbe/Tachetzy* NZM 2002, 557; *Jendrek* NZM 2000, 526; *Michalski* ZMR 1996, 527). Diese restriktive Behandlung erscheint nach diesseitiger Auffassung dann als fraglich, wenn der Zusammenhang des Mietvertrags die Annahme einer **konkludenten Vereinbarung der Betriebspflicht** nahelegt (vgl. OLG Köln Urt. v. 28.7.2000, NZM 2002, 345, m. abl. Anm. von *Wiek* NZM 2002, 327; zum Meinungsstand vgl. auch *Engel* MDR 2012, 1268).

8. Welche Umsätze den Maßstab für den Umsatzzuschlag bilden sollen (zur Heranziehung sämtlicher Umsätze aus Warenverkäufen, Werk- und Dienstleistungen und sonstiger Einnahmen vgl. das Beispiel bei *Lindner-Figura* NZM 1999, 492), ist grundsätzlich vertraglich festzulegen. Zur Vermeidung ausufernder Mitteilungspflichten des Mieters und aufwändiger Kontrollen seitens des Vermieters kann für die Mietberechnung ein besonders signifikantes Umsatzsegment als Bezugsgröße ausgewählt werden. Es wird oft nahe liegen, sich am Verkauf eines oder mehrerer **Leitprodukte** zu orientieren, wenn die dafür maßgeblichen Daten ohne weiteres verfügbar sind (zu einer vom Bierabsatz abhängigen Pachtentschädigung vgl. BGH Urt. v. 6.12.1989 – VIII ZR 310/88, BGHZ 109, 314 = NJW 1990, 567). Die Umsätze für andere Warengruppen können ein falsches Bild von der Geschäftslage vermitteln, insbesondere wenn sie zwar umsatzträchtig, aber eher gewinnneutral oder sogar gewinnschädlich sind. Der dem Formular zugrunde liegende Vertrag orientiert sich an den Bierumsätzen als dem für eine Gaststätte wesentlichen Leitprodukt.

Ob der Umsatzzuschlag sich nach den **Nettoumsätzen** bestimmt oder nach den **Bruttoumsätzen** einschließlich aller Steuern richtet, hängt in erster Linie von den vertraglichen Vorgaben ab. Ein rechtliches Hindernis, eine der beiden Alternativen oder Zwischenformen davon zugrunde zu legen, wird diesseits nicht gesehen. Allerdings ist zu berücksichtigen, dass eine Bemessung nach dem Bruttoumsatz gegenüber einer solchen nach dem Nettoumsatz (bei gleichbleibendem Anrechnungssatz) eine zusätzliche Belastung des Mieters bewirkt, bei welcher der einzurechnende Umsatzsteueranteil keinen unmittelbaren Bezug zum Geschäftserfolg des Mieters aufweist.

9. Anstelle einer Beteiligung des Vermieters an sämtlichen einschlägigen Umsätzen kann auch vereinbart werden, dass der Vermieter erst ab einer bestimmten Umsatzgröße zu beteiligen ist. Das kann sich insbesondere dann empfehlen, wenn dem Mieter für die Anfangsphase eine gewisse Mieterleichterung zugebilligt werden soll oder wenn sich ein größeres Mietobjekt (zB Einkaufszentrum, Ladenpassage) noch in der Anlaufphase befindet und erst für spätere Zeiten mit einer Umsatzsteigerung gerechnet wird.

10. Wenn der Mieter eine **unzureichende Auskunft** erteilt, stellt sich die Frage, ob der Auskunftsanspruch gleichwohl erfüllt ist und deshalb eine nochmalige Auskunftserteilung nicht mehr prozessual verlangt werden kann. Wenn Auskunft schon erteilt ist, bleibt ggf. nur noch der Anspruch auf eidesstattliche Versicherung (→ Anm. 5). Hat der Mieter jedoch Auskunft in einer bestimmten vertraglich festgelegten Form zu erteilen und Belege vorzulegen (→ Anm. 4), muss sich der Vermieter grundsätzlich nicht mit einer rudimentären Auskunft zufrieden geben, sondern kann die vertraglich geschuldeten Informationen verlangen, wenn er hieran (noch) ein schutzwürdiges Interesse hat (zum Umfang der Auskunftsansprüche vgl. OLG Brandenburg Teilurt. v. 13.6.2007 – 3 U 181/06, ZMR 2007, 778; zu den prozessualen Darlegungspflichten → Anm. 11). Dasselbe gilt (erst recht), wenn der Vermieter Anspruch auf Rechenschaftslegung im Sinne von § 259 BGB hat.

11. Die prozessualen Darlegungspflichten des Klägers einer Stufenklage umfassen auch die Darlegung der **tatsächlichen Ungewissheit** über den Umfang seiner Rechte, denn die erstrebte **Auskunft muss zur Anspruchsdurchsetzung erforderlich sein** (vgl. nur BGH Urt. v. 6.2.2007 – X ZR 117/04, NJW 2007, 1806). Der Kläger hat ferner aufzuzeigen, dass ein Leistungsanspruch dem Grunde nach besteht (vgl. BGH Urt. v. 17.5.1994 – X ZR 82/92 –, BGHZ 126, 109 = NJW 1995, 387). Deshalb sind die Umstände vorzutragen, die das Bedürfnis nach Auskunftserteilung erhärten und für den Anfall des vertraglichen Umsatzzuschlags sprechen.

50. Klage auf angepasste Miete wegen erhöhter Umsatzsteuer (Gewerberaum)

An das

Amtsgericht . . . . .[1]

Klage

des Herrn . . . . .

– Kläger –

Prozessbevollmächtigter: Rechtsanwalt . . . . .

gegen

Frau . . . . .

– Beklagte –

wegen Änderung der Miete infolge Umsatzsteuererhöhung

vorläufiger Streitwert: . . . . . EUR[2]

Namens und in Vollmacht des Klägers erhebe ich Klage mit dem Antrag,

1. an den Kläger . . . . . EUR nebst Zinsen in Höhe von 9 Prozentpunkten über dem jeweiligen Basiszinssatz nach § 247 BGB seit dem . . . . . zu zahlen.
2. die Beklagte zu verurteilen, an den Kläger ab dem Monat . . . . . hinsichtlich des künftig monatlich zu entrichtenden Mietzinses über den Betrag von monatlich . . . . . EUR hinaus monatlich jeweils bis zum 5. eines Monats weitere . . . . . EUR und hinsichtlich der monatlich zu entrichtenden Betriebskostenvorauszahlungen über den Betrag von monatlich . . . . . EUR hinaus monatlich jeweils bis zum 5. eines Monats weitere . . . . . EUR zu zahlen,[3]
3. im Falle der Anordnung des schriftlichen Vorverfahrens bei Vorliegen der Voraussetzungen Versäumnisurteil gemäß § 331 Abs. 3 ZPO zu erlassen.

Begründung:

Mit schriftlichem Mietvertrag vom . . . . . vermietete der Kläger der Beklagten für die Dauer von 10 Jahren, beginnend mit dem . . . . ., die im Erdgeschoss gelegenen Räume des Hauses . . . . ., ...-straße . . . . . in . . . . . zum Betrieb eines Ladenlokals.

§ . . . . . des Mietvertrages lautet wie folgt:

„Der monatliche Mietzins beträgt . . . . . EUR einschließlich USt.[4]"

In § . . . . . heißt es zu den Nebenkostenvorauszahlungen:

„Auf die Betriebskosten hat der Mieter zusammen mit den Mietzahlungen monatliche Vorauszahlungen in Höhe von . . . . . EUR einschließlich USt. zu zahlen.

Beweis: anliegende Fotokopie des Mietvertrages

Diese Bestimmungen beruhten nach dem bei Abschluss des Mietvertrages geltenden Umsatzsteuersatz von 16 % auf der Annahme einer Nettomiete von . . . . . EUR und einer monatlichen Betriebskostenvorauszahlung von netto . . . . . EUR. Zum 1.1.2007 ist die gesetzliche Umsatzsteuer auf 19 % angestiegen.

Noch vor Inkrafttreten der Umsatzsteuererhöhung hat der Kläger die Beklagte mit Schreiben vom . . . . . aufgefordert, die Miete und die monatlich zu entrichtenden Nebenkostenvorauszahlungen ab dem Monat Januar mit dem erhöhten Steuersatz zu zahlen.[5]

Die Beklagte zahlt jedoch weiterhin nur die im Mietvertrag ausgewiesene Miete. Sie ist der Auffassung, dass die vereinbarte Miete in jedem Falle die gesetzliche Umsatzsteuer einschließe.

Dem Kläger steht jedoch gemäß § 29 Abs. 1 S. 1, Abs. 2 UStG ein Anspruch auf Anpassung der Miete zu.[6]

Angemessen im Sinne dieser Bestimmung ist ein vollständiger Ausgleich in der Weise, dass die Umsatzsteuererhöhung in voller Höhe auf die Nettomiete und die Betriebskostenvorauszahlungen aufgeschlagen wird.

Da die Beklagte diesen Anspruch leugnet, besteht die Besorgnis, dass sie auch künftig nicht die geschuldete höhere Bruttomiete zahlen wird. Diese wird deshalb gemäß § 259 ZPO im Klagewege geltend gemacht.

Rechtsanwalt

Anmerkungen

1. § 29 S. 1 UStG sieht für Änderungen des Steuersatzes bei steuerpflichtigen Umsätzen vor, dass der eine Vertragsteil von dem anderen einen angemessenen Ausgleich der umsatzsteuerlichen Mehr- oder Minderbelastung verlangen kann. Für den Ausgleichsanspruch aus § 29 UStG → Anm. 5, 6) ist ausschließlich der Zivilrechtsweg eröffnet, obwohl der Anspruch in einem Steuergesetz verankert ist; denn die Norm regelt einen privatrechtlichen Anspruch auf Vertragsänderung (vgl. Reiß/Kraeusel/Langer/*Reiß*, UStG, § 29 UStG, Rn. 3).

Die sachliche Zuständigkeit richtet sich nach allgemeinen Grundsätzen (§§ 23, 71 GVG).

2. Als Gegenstandswert gilt auch hier der dreieinhalbfache Jahresbetrag des mit der Klage geltend gemachten Erhöhungsbetrages (§ 9 ZPO), wenn die Restlaufzeit des Vertrages nicht kürzer ist → Form. B. II. 47 Anm. 2).

3. Der Antrag zu 1) verhält sich zu den bereits rückständigen USt.-Beträgen auf den Mietzins und die Betriebskostenvorauszahlungen. Der Antrag sieht die Verzinsung der rückständigen Umsatzsteuer-Forderungen vor, denn nach § 288 Abs. 1 BGB ist jede Geldschuld zu verzinsen. Im Verzugsfall erfasst die Zinspflicht auch den in der Mietforderung enthaltenen Umsatzsteueranteil (vgl. BeckOK BGB/*Lorenz* § 288 Rn. 2; *Delcker* NJW 86, 2936).

Zur Zinshöhe im unternehmerischen Bereich, soweit es sich um Entgeltforderungen handelt, → Form. B. II. 47 Anm. 3.

Der Antrag zu 2) zielt auf die Verurteilung zur künftigen Leistung der erhöhten Umsatzsteuer ab (zu den Voraussetzungen für eine **Klage auf zukünftige Leistung** nach § 259 ZPO vgl. → Form. B. II. 41 Anm. 5, 10).

4. Der Begriff **Mehrwertsteuer** beinhaltet eine rechtlich eher untechnische Umschreibung für die **Umsatzsteuer** im Sinne des UStG.

Es entspricht einem weit verbreiteten Irrtum, dass bei der Gewerberaummiete die **Umsatzsteuerpflicht** gleichsam indiziert wäre. Die Vermietung und Verpachtung von Grundstücken ist gemäß § 4 Nr. 12 a UStG (mit den Ausnahmen aus § 4 Nr. 12 S. 2 UStG) grundsätzlich umsatzsteuerfrei.

Wenn der Vermieter auf die Befreiung von der Umsatzsteuerpflicht unter den Voraussetzungen des § 4 Nr. 12 a UStG verzichtet und gemäß § 9 Abs. 2 UStG zur Umsatzsteuer optiert, unterliegen die Mietforderungen der Umsatzsteuer (vgl. *Schmid* NZM 1999, 292; *Herrlein*, Umsatzsteuer und Miete, Vortrag auf dem Deutschen Mietgerichtstag 2013, www.mietgerichtstag.de; ders. ZMR 1996, 306; ders. NZM 2005, 648). Nach der neuen finanzgerichtlichen Rechtsprechung sind die **Option und deren Rücknahme nur noch so lange möglich**, wie für die entsprechende Umsatzsteuerjahresfestsetzung noch keine **formelle Bestandskraft** eingetreten ist, während zuvor auf die materielle Bestandskraft abgestellt worden war (vgl. BFH Urt. v. 19.12.2013 – V R 6/12, BFHE 245, 71, nebst Anm. *Prätzler* jurisPR-SteuerR 37/2014 Anm. 1).

Die Option des Vermieters zur Umsatzsteuer gewinnt ihre wirtschaftliche Bedeutung dadurch, dass sie ihm den Vorsteuerabzug insbesondere auch für die Kosten der Bauerrichtung eines zu vermietenden Objekts eröffnet. Vom Vorsteuerabzug ist jedoch gemäß § 15 Abs. 2 Nr. 1 UStG die Steuer für Lieferungen und für die sonstigen Leistungen ausgeschlossen, die der Unternehmer zur Ausführung steuerfreier Umsätze verwendet. **Von der Steuer befreit ist nach § 4 Nr. 12 Satz 1 a UStG ua die Vermietung von Grundstücken.** Die Steuerfreiheit erstreckt sich dabei auch auf die Vermietung einzelner Räume (vgl. BFH Urt. v. 17.12.2014 – XI R 16/11, BFH/NV 2015, 636; Urt. v. 8.10.1991 – V R 95/89, BFHE 166, 191 = BStBl II 1992, 209; v. 21.4.1993 – XI R 55/90, BFHE 172, 141). Deshalb bedarf es der sog. Option zur Umsatzsteuer, d. h. des **Verzichts auf die Steuerbefreiung (§ 9 Abs. 2 UStG).**

Bei neu errichteten Objekten (Beginn der Errichtung nach dem 10.11.1993, vgl. § 27 Abs. 2 UStG) darf der Mieter bzw. sein Untermieter gemäß § 9 Abs. 2 UStG auf dem Grundstück ausschließlich umsatzsteuerpflichtige Umsätze tätigen (vgl. *Herrlein*, Umsatzsteuer und Miete, Vortrag auf dem Deutschen Mietgerichtstag 2013, www.mietgerichtstag.de; *Herrlein* NZM 2005, 648). Der Verzicht ist also gemäß § 9 Abs. 2 Satz 1 UStG „nur zulässig, soweit der Leistungsempfänger das Grundstück ausschließlich für Umsätze verwendet oder zu verwenden beabsichtigt, die den Vorsteuerabzug nicht ausschließen" Für den Vermieter besteht die Möglichkeit einer sog. **Teiloption,** nach der sich der Verzicht auf einen „abgrenzbaren Teil" beschränkt, wobei der BFH von einer „Aufteilung nach räumlichen Gesichtspunkten (nicht dagegen eine bloße quotale Aufteilung) für möglich" hält (BFH Beschl. v. 25.1.2013 – V B 95/12, juris; BFH Urt. v. 26.6.1996 – XI R 43/90, BFHE 181, 191 = BStBl II 1997, 98).

Die **Finanzbehörden dulden umsatzsteuerfreie Umsätze** nur **bis zu einer Bagatellgrenze** (vgl. *Herrlein*, Umsatzsteuer und Miete, Vortrag auf dem Deutschen Mietgerichtstag 2013, www.mietgerichtstag.de; ders. NZM 2005, 648). Hierzu hat das Finanzministerium des Bundes vorgegeben (vgl. Abschn. 9.2 Abs. 3 UStAE), dass eine geringfügige Verwendung angenommen werden kann, „wenn im Falle der steuerpflichtigen Vermietung die auf den Mietzins für das Grundstück bzw. für den Grundstücksteil entfallende Umsatzsteuer im Besteuerungszeitraum (Kalenderjahr, § 16 Abs. 1 Satz 2 UStG) **höchstens zu 5 %** vom Vorsteuerabzug ausgeschlossen wäre (Bagatellgrenze; zum Ausschluss des Vorsteuerabzugs bei teilweiser Nutzung zu Wohnzwecken vgl. BFH Urt. v. 18.2.2016 – V R 23/15, BFHE)".

Wenn der Vermieter zur Umsatzsteuer optiert, ohne mit dem Mieter die Pflicht zur zusätzlichen Entrichtung der anteiligen Steuer verabredet zu haben, gilt die – alte – Miete als Bruttomiete, aus der die anteilige Steuer herauszurechnen und abzuführen ist (vgl. *Herrlein* NZM 2005, 648 mwN; Staudinger/*Sonnenschein/Veit* § 581 Rn. 199). Ohne vertragliche Vereinbarung ist der Mieter nicht zur zusätzlichen Entrichtung von Umsatzsteuer auf die bisherige Miete verpflichtet. Der dem Formular zugrunde liegende Fall regelt eine solche Bruttomiete inklusive Umsatzsteuer. Der Vertrag weist einen Bruttobetrag als Mietzins aus, dies jedoch unter ausdrücklichem Hinweis, dass der Mieter die anteilige Umsatzsteuer als Mietbestandteil zu entrichten hat. Wenngleich solche Formulierungen einen Ausgleich über § 29 UStG ermöglichen, sollten sie bei der Vertragsgestaltung vermieden werden, denn wenn der Mietvertrag von vornherein ausdrücklich klarstellt, dass die Nettomiete zzgl. der jeweils geltenden gesetzlichen MwSt. zu entrichten ist, bedarf es keiner Anpassung über § 29 UStG.

Die gesonderte Berechnung und Einforderung von Umsatzsteuer als mietvertraglich geschuldeter Leistung ist selbst unter Kaufleuten jedenfalls nur dann gerechtfertigt, wenn der Vertrag die Entrichtung der Umsatzsteuer ausdrücklich regelt. Die Umsatzsteuer ist, wenn sich aus den vertraglichen Abreden nichts anderes ergibt, bei sämtlichen Vertragstypen grundsätzlich im vertraglich ausgewiesenen (Miet-)Preis enthalten (vgl. BGH Urt. v. 24.2.1988 – VIII ZR 64/87, BGHZ 103, 284 = NJW 1988, 2042).

Wenn der Vermieter berechtigterweise Zahlung von Ust verlangt, kann der Mieter **Rechnungen** (über die ursprüngliche Miete) **mit gesondertem Umsatzsteuerausweis** verlangen und seinerseits den Vorsteuerabzug geltend machen. Die in einer Rechnung ausgewiesene Umsatzsteuer ist untrennbarer Bestandteil der zivilrechtlich geschuldeten Leistung (vgl. BGH Urt. v. 27.1.2015 – KZR 90/13, DB 2015, 972; zum Rechnungsnachweis mittels Vorlage des Mietvertrags vgl. *Herrlein,* Umsatzsteuer und Miete, Vortrag auf dem Deutschen Mietgerichtstag 2013, www.mietgerichtstag.de). Besteht ein Anspruch auf Erteilung einer Rechnung nach § 14 UStG, kann der Leistungsempfänger das von ihm geschuldete Entgelt grundsätzlich nach § 273 Abs. 1 BGB zurückhalten, bis der Leistende ihm die Rechnung erteilt (vgl. BGH Urt. v. 26.6.2014 – VII ZR 247/13, NJW-RR 2014, 1520; BGH Urt. v. 27.10.2011 – I ZR 125/10, GRUR 2012, 711). **Ist ernstlich zweifelhaft, ob die Leistung der Umsatzsteuer unterliegt,** kann der Leistungsempfänger die Erteilung einer Rechnung nach § 14 UStG mit gesondert ausgewiesener Steuer nur verlangen, wenn die zuständige Finanzbehörde den Vorgang bestandskräftig der Umsatzsteuer unterworfen hat (vgl. BGH Urt. v. 26.6.2014 – VII ZR 247/13, NJW-RR 2014, 1520).

Vereinnahmte Umsatzsteuer muss der Vermieter in jedem Fall an das Finanzamt abführen. Er macht sich dem Mieter gegenüber schadensersatzpflichtig, wenn er die Mehrwertsteuer nicht an das Finanzamt abführt und der Mieter dadurch den Vorsteuerabzug verliert (vgl. OLG Hamm Urt. v. 3.9.2003 – 30 U 80/03, NZM 2003, 945).

Im Fall der Umsatzsteueroption gilt die Umsatzsteuerpflicht zunächst für die Grundmiete als Nutzungsentgelt im engeren Sinne, aber **auch für die Betriebskosten,** und zwar – im Wege der ergänzenden Vertragsauslegung – selbst dann, wenn der Mietvertrag die Umsatzsteuerpflicht in Bezug auf die Betriebskosten nicht nochmals ausdrücklich aufgreift. Betriebskosten unterliegen umsatzsteuerlich den Grundsätzen zur Hauptleistung (vgl. BFH Urt. v. 9.12.1993 – V R 38/91, BFHE 173, 454 = BStBl II 1994, 585; *Herrlein,* Umsatzsteuer und Miete, Vortrag auf dem Deutschen Mietgerichtstag 2013, www.mietgerichtstag.de). Soweit die Annahme einer Pflicht zur Entrichtung von Umsatzsteuer auf die Betriebskosten teilweise von ausdrücklichen Absprachen hierüber abhängig gemacht worden ist (vgl. OLG Düsseldorf, Urt. v. 22.4.1993 – 10 U 193/92, WuM 1993, 411), trägt dies nicht dem Gleichbehandlungsprinzip bei Neben- und Hauptleistung Rechnung. Dieser Grundsatz rechtfertigt im Zweifel eine Vertragsauslegung dahin, dass die Vertragsparteien Haupt- und Nebenleistung auch zivilrechtlich als steuerpflichtig behandeln wollten, selbst wenn dies nur für die Hauptleistung ausdrücklich niedergelegt ist. Ferner erstreckt sich die Umsatzsteuerpflicht auch auf eine vom Mieter nach §§ 546a, 987 BGB zu leistende Nutzungsentschädigung, denn es handelt sich um ein steuerpflichtiges Entgelt im Rahmen eines Leistungsaustauschs (vgl. BGH Urt. v. 22.10.1997 – XII ZR 142/95, NJW-RR 1998, 803).

5. § 29 UStG ermöglicht es dem Vermieter, vom Mieter einen **Ausgleich der steuerlichen Mehrbelastung** zu verlangen. Der Ausgleichsanspruch soll den Eintritt einer Bereicherung auf Seiten des leistenden Unternehmers verhindern und dient damit der Wiederherstellung des vertraglichen Äquivalenzverhältnisses (vgl. OLG München Urt. v. 6.10.2011 – 23 U 2140/11, BeckRS 2011, 23883). Das setzt jedoch voraus, dass der Mieter nach dem zugrunde liegenden Vertrag überhaupt zur Zahlung der Umsatzsteuer herangezogen wurde. Der Ausgleichsanspruch gemäß § 29 Abs. 1 S. 1 UStG kann nach § 29 Abs. 1 S. 2 UStG ausgeschlossen sein, wenn die Parteien einen „Bruttofestpreis" vereinbart haben. Zu solchen Regelungen, bei denen trotz bestehender Umsatzsteuerpflicht nur eine (Brutto-)Gesamtmiete – ohne Erwähnung der Umsatzsteuer – vereinbart worden ist, → Anm. 4.

Ein Ausgleich ist gemäß § 29 Abs. 1 S. 1 UStG dann nicht möglich, wenn der Vertrag weniger als vier Monate vor der Gesetzesänderung abgeschlossen wurde, weil dann das Tatbestandselement der Langfristigkeit noch nicht verwirklicht ist und die Vertragsparteien im Regelfall schon positive Klarheit über die anstehende Steueränderung hatten (bzw. haben konnten) und den Mietpreis entsprechend kalkulieren konnten.

Ausgeschlossen ist der Ausgleich ferner in den Fällen, in denen die Parteien ausdrücklich oder stillschweigend etwas anderes vereinbart haben (§ 29 Abs. 1 S. 2 UStG). Klassischer Fall hierfür ist die Vereinbarung eines **Festpreises** (vgl. BGH Urt. v. 15.2.1973 – VII ZR 65/71, WM 1973, 516; OLG München Urt. v. 6.10.2011 – 23 U 2140/11, BeckRS 2011, 23883). Enthält der Mietvertrag keine Anpassungsklausel („zzgl. der jeweils geltenden gesetzlichen Umsatzsteuer"), so ist grundsätzlich eine **einseitige Erklärung** des Vermieters erforderlich, um die auf § 29 UStG gestützte Erhöhung des für die Zukunft zu zahlenden Mehrwertsteuerbetrages geltend zu machen. Dies kann auch noch mit der Klageschrift erfolgen; allerdings kann der Mieter dann ein sofortiges Anerkenntnis im Sinne des § 93 ZPO mit einer dem Vermieter nachteiligen Kostenfolge abgeben.

6. Es besteht Einigkeit darüber, dass ein „angemessener Ausgleich" im Sinne § 29 UStG bedeutet, dass die steuerliche Mehrbelastung in voller Höhe auszugleichen ist, da keiner durch die Änderung der umsatzsteuerrechtlichen Belastung besser oder schlechter gestellt sein soll (vgl. OLG Köln Urt. v. 1.3.2002 – 19 U 182/01, OLGR 2002, 221 mwN).

51. Klage auf angepasste Miete bei fehlender vertraglicher Wertsicherung (Gewerberaum)

An das

Landgericht . . . . .[1]

Klage

des Herrn . . . . .

– Kläger –

Prozessbevollmächtigter: Rechtsanwalt . . . . .

gegen

Herrn . . . . .

– Beklagter –

wegen Mietanpassung

vorläufiger Streitwert: . . . . . EUR[2]

Namens und in Vollmacht des Klägers erhebe ich Klage mit dem Antrag,[3]

den Beklagten zu verurteilen, an den Kläger

1. . . . . . EUR[4] nebst Zinsen in Höhe von 9 Prozentpunkten über dem jeweiligen Basiszinssatz nach § 247 BGB von jeweils . . . . . EUR seit dem 6.3 . . . . ., 6.4 . . . . . . zu zahlen,
2. ab dem Monat . . . . . monatlich, jeweils bis zum 5. eines Monats, über den Betrag von . . . . . EUR (bisher geschuldete Bruttomiete) hinaus weitere . . . . . EUR zuzüglich der jeweils gültigen gesetzlichen Mehrwertsteuer zu zahlen,
3. im Falle der Anordnung des schriftlichen Vorverfahrens bei Vorliegen der Voraussetzungen Versäumnisurteil gemäß § 331 Abs. 3 ZPO zu erlassen.

Begründung:

Der Kläger ist Eigentümer des Grundstücks . . . . . in . . . . . Auf dem Grundstück befindet sich ein historisches Fachwerkgebäude mit angegliederter Werkstatt, in dem bereits der Vater der Parteien einen Handwerksbetrieb führte.

Bei seinem Tod im Jahre 2000 wurde er von den Parteien zu gleichen Anteilen beerbt. Diese setzten die Erbengemeinschaft in der Weise auseinander, dass dem Beklagten, der in dem Betrieb mitgearbeitet hatte, der väterliche Betrieb übertragen wurde, während der Kläger das alleinige Grundstückseigentum erhielt.

Zugleich vermietete der Kläger mit schriftlichem Vertrag vom . . . . . den Grundbesitz für die Dauer von 20 Jahren an den Beklagten.

Der Mietzins ist gemäß § . . . . . des Mietvertrags mit monatlich . . . . . EUR vereinbart.

Beweis: anliegende Kopie des Mietvertrags vom . . . . .

Mit dieser Form der Auseinandersetzung bezweckten die Parteien, sowohl dem Beklagten durch die Einkünfte aus dem Betrieb als auch dem Kläger durch die Einkünfte aus der Vermietung eine angemessene und dauerhafte Versorgung zu sichern.

Beweis: Zeugnis der Ehefrau des Klägers . . . . .

Während dies auf Seiten des Beklagten bis heute der Fall ist, ist der Versorgungszweck auf Grund der zwischenzeitlich eingetretenen Entwicklung beim Kläger gescheitert.

Dies liegt zunächst daran, dass nicht nur der Lebenshaltungskostenindex seit Vertragsbeginn nahezu auf das Doppelte gestiegen ist und dass die marktübliche Miete für vergleichbare Objekte sogar mindestens um das Doppelte gestiegen ist.

Beweis: Sachverständigengutachten

Außerdem ist der Kläger zu ganz erheblichen unvorhergesehenen Aufwendungen verpflichtet, die er als Eigentümer zur Erhaltung der bedrohten Bausubstanz vornehmen muss. Das Gebäude ist seit dem . . . . . als erhaltenswertes Baudenkmal in die Denkmalliste aufgenommen worden. Der Kläger wurde durch Bescheide der zuständigen Denkmalbehörde in großem Umfang zur Vornahme von denkmalgerechten Erhaltungs- und Sanierungsmaßnahmen herangezogen.

Beweis: anliegende Bescheide der Denkmalbehörde vom . . . . .

Dem Kläger sind hierdurch alleine in den letzten . . . . . Jahren folgende Kosten entstanden: . . . . .

Der Kläger war nicht in der Lage, diese zusätzlichen Kosten aus eigenen Mitteln zu bestreiten. Zur Finanzierung musste er daher folgende Darlehen aufnehmen: . . . . .

Der Zins- und Tilgungsdienst für diese banküblichen Darlehen beträgt monatlich . . . . .

Beweis: Vorlage der Kreditverträge und Zeugnis der Bankmitarbeiter . . . . .

Damit sind die wesentlichen Grundlagen des Mietvertrags in Wegfall geraten. Eine wirtschaftliche Nutzung und Verwertung des vermieteten Grundstücks ist dem Kläger nicht mehr möglich, weil den Belastungen keine auskömmlichen Mieteinnahmen mehr gegenüber stehen. Es bedarf daher notwendig einer Mietpreisanpassung.

Der Kläger hat den Beklagten aufgefordert, mit Wirkung ab dem . . . . . eine auf . . . . . EUR erhöhte Miete zu zahlen. Der Beklagte verweigert jedoch die Aufnahme von Verhandlungen über eine Mietanhebung und beruft sich darauf, dass in dem Mietvertrag keine Wertsicherungsklausel enthalten sei.[5]

Er lässt dabei außer Betracht, dass wegen des mit dem Mietvertrag im Rahmen der Erbauseinandersetzung verfolgten Zwecks, beiden Parteien eine dauernde Einkunftsquelle zu sichern, das unveränderte Festhalten am Vertrag unbillig ist. Dass die Parteien keinen Ausgleich für steigende Miet- und Lebenshaltungskosten vereinbart haben, steht der vom Kläger begehrten Anpassung nicht entgegen. Das Risiko allgemeiner Kostensteigerungen hat der Kläger mangels vertraglicher Wertsicherungsbestimmungen zwar zu tragen. Es ist dem Kläger aber nicht zuzumuten, dem Beklagten das Mietobjekt weiterhin unter nicht vorherzusehenden Umständen zur Verfügung zu stellen, die jede zumutbare Opfergrenze überschreiten. Dies rechtfertigt wegen Wegfalls der Geschäftsgrundlage ausnahmsweise eine Mietpreisanpassung.

Hinsichtlich des Ausmaßes der gebotenen Mietpreisanpassung erscheint es als geboten und angemessen, dass der Beklagte jedenfalls im Umfange der besonderen Aufwendungen, die durch die Auflagen der Denkmalbehörde veranlasst waren, einen Ausgleich leistet.

Hierfür sprechen zusätzlich folgende Gesichtspunkte:[6]

1. Der Beklagte erwirtschaftet mit seinem Betrieb durchschnittlich ein Jahreseinkommen von etwa . . . . ., so dass die geforderte Mieterhöhung die Rentabilität des Betriebes in keiner Weise gefährdet.

Beweis: Vorlage der Einkommensteuerbescheide für . . . . ., Parteivernehmung des Beklagten

2. . . . . .

Der vom Kläger vorgeschlagenen Auflösung des Mietvertrages mit dem Ziel, das Objekt anderweitig zu verwerten, hat der Beklagte sich ebenso widersetzt wie jeglicher Anpassung des bestehenden Vertrags.

Der Beklagte wird daher auf Zustimmung zu einer Mieterhöhung auf . . . . . EUR in Anspruch genommen. Der Erhöhungsbetrag von . . . . . entspricht den monatlichen Mehraufwendungen, die der Kläger im Rahmen der Darlehensfinanzierung aufzubringen hat.

Vorsorglich sei klargestellt, dass der Kläger damit keine Erhaltungs- und Instandhaltungskosten auf den Beklagten abwälzt, die ohnehin aufzuwenden gewesen wären. Das Objekt ist vom Kläger stets in vertragsgerechtem Zustand erhalten worden. Ein Reparaturstau hat nie bestanden. Mängel sind vom Beklagten nie geltend gemacht worden. Die Mehrkosten beruhen allein auf den besonderen denkmalrechtlichen Auflagen.[7]

Mit dem Antrag zu 1) werden die seit dem . . . . . rückständigen Erhöhungsbeträge geltend gemacht.[8]

Gegenstand des Antrags zu 2) sind die zukünftig fällig werdenden Erhöhungsbeträge. Nach den dargelegten Umständen ist anzunehmen, dass der Beklagte sich der rechtzeitigen Leistung entziehen wird (§ 259 ZPO), denn er hat die Zahlung des Erhöhungsbetrags ohne triftigen Grund verweigert und angekündigt, den vollen Mietzins auch künftig nicht entrichten zu wollen.

Rechtsanwalt

Anmerkungen

1. Zur sachlichen und örtlichen Zuständigkeit → Form. B. II. 47 Anm. 1.

2. Als Streitwert gilt auch hier der dreieinhalbfache Jahresbetrag des mit der Klage geltend gemachten Erhöhungsbetrages, § 9 ZPO, sofern nicht eine kürzere Restlaufzeit des Vertrages vorliegt (→ Form. B. II. 47 Anm. 2).

3. Wegen der Antragsfassung und der Zinsen → Form. B. II. 47 Anm. 3
Der Antrag zu 2) zielt auf die Verurteilung zur künftigen Leistung der erhöhten Miete ab (zu den Voraussetzungen für eine **Klage auf zukünftige Leistung** nach § 259 ZPO → Form. B. II. 47 Anm. 5, 10).

4. Der Antrag zu 1) hat die schon in der Vergangenheit aufgelaufenen Rückstände des erhöhten Mietzinses zum Gegenstand.
Wenn der zugrunde liegende Mietvertrag keine Mietanpassung vorsieht, ist der vertraglich festgelegte Mietzins bei der Gewerberaummiete grundsätzlich für die gesamte Mietzeit verbindlich. Eine Mietpreisanpassung kommt dann nur in Ausnahmefällen in Betracht (zu den engen Voraussetzungen vgl. etwa BGH Urt. v. 27.3.1981 – V ZR 19/80, NJW 1981, 1668).
Eine Mietanpassung kann über folgende zwei Argumentationslinien möglich sein:
Der Weg über eine **ergänzende Vertragsauslegung** setzt eine planwidrige Regelungslücke im Vertrag voraus. Diese ist dadurch gekennzeichnet, dass die Parteien mit der getroffenen Regelung ein bestimmtes Ziel erreichen wollten, dies aber wegen der Lückenhaftigkeit des Vereinbarten nicht gelungen ist (vgl. BGH Urt. v. 23.5.2014 – V ZR 208/12, NJW 2014, 3439; Urt. v. 12.10.2012 – V ZR 222/11, NJW-RR 2013, 494). Eine solche Regelungslücke liegt auch vor, wenn die Parteien einen Punkt übersehen oder bewusst offen gelassen haben, weil sie ihn im Zeitpunkt des Vertragsschlusses für nicht regelungsbedürftig hielten, und wenn sich diese Annahme nachträglich als unzutreffend herausstellt (vgl. BGH Urt. v. 14.6.2006 – VIII ZR 128/05, NZM 2006, 693).
Im gegebenen Zusammenhang müsste eine Regelungslücke dahingehend durch Vertragsauslegung geschlossen werden, dass die Parteien, wenn sie den späteren Eintritt bestimmter Umstände bedacht hätten, eine Mieterhöhung für zulässig erachtet hätten. Da die Festlegung der vertraglichen Mietzahlungspflicht als einer Hauptleistungspflicht zumeist im Zentrum der mietvertraglichen Abreden steht und sich das Erfordernis einer etwaigen Preisanpassung im Regelfall geradezu aufdrängt, wird die Annahme einer Mietanpassung im Wege ergänzender Vertragsauslegung nur höchst selten möglich sein.
Eine andere Möglichkeit der Mietpreisanpassung kann sich unter Anwendung der Grundsätze zur **Störung** bzw. zum **Wegfall der Geschäftsgrundlage** ergeben, § 313 BGB. Geschäftsgrundlage sind die bei Vertragsschluss bestehenden gemeinsamen Vorstellungen beider Parteien oder die dem Geschäftsgegner erkennbaren und von ihm nicht beanstandeten Vorstellungen der einen Vertragspartei von dem Vorhandensein oder dem künftigen Eintritt gewisser Umstände, sofern der Geschäftswille der Parteien auf dieser Vorstellung aufbaut. **Vorhersehbare Umstände,** die im Vertrag durch eine ihnen Rechnung tragende Anpassungsklausel hätten berücksichtigt werden können, **schließen einen Anpassungsanspruch nach § 313 Abs. 1 BGB grundsätzlich aus,** weil in der Regel davon auszugehen ist, dass die Parteien das Risiko ihres Eintritts übernommen haben (vgl. BGH Urt. v. 23.5.2014 – V ZR 208/12, NJW 2014, 3439).
Die dem Formular zugrunde liegende Fallgestaltung eröffnet am ehesten eine Mietanpassung über den Wegfall der Geschäftsgrundlage. Die Anwendung der Grundsätze zum Wegfall der Geschäftsgrundlage kommt allerdings nach ständiger Rechtsprechung nur dann in Betracht, wenn es sich um eine so **einschneidende Äquivalenzstörung**

handelt, dass ein Festhalten an der ursprünglichen Regelung zu einem untragbaren, mit Recht und Gerechtigkeit schlechthin nicht mehr zu vereinbarenden Ergebnis führen würde und das Festhalten an der ursprünglichen vertraglichen Regelung für die betreffende Partei deshalb unzumutbar wäre (vgl. BGH Urt. v. 22.12.2004 – VIII ZR 41/04, NZM 2005, 144; BGH Urt. v. 23.5.2014 – V ZR 208/12, NJW 2014, 3439).

Die Störung oder der Wegfall der Geschäftsgrundlage können, wenn sich der Vertragspartner einer Vertragsanpassung widersetzt, auch ein **Rücktritts- oder Kündigungsrecht** der anderen Vertragspartei begründen, das sich aus § 323 BGB ableiten lässt. Gemäß § 280 BGB kann auch ein **Schadensersatzanspruch** gegeben sein (vgl. Palandt/*Grüneberg* § 313 Rn. 41 m.w.N.). Das Recht zur außerordentlichen Aufkündigung des gesamten Vertragsverhältnisses ist jedoch gemäß § 313 Abs. 3 BGB gegenüber der Vertragsanpassung subsidiär. Das Recht zur Kündigung bzw. zum Rücktritt greift nur dann durch, wenn eine Anpassung des Vertrags nicht möglich oder zumutbar ist (vgl. Palandt/*Grüneberg* § 313 Rn. 42).

5. Wann die Grundsätze zur Störung und zum Wegfall der Geschäftsgrundlage eingreifen können, entzieht sich weitgehend einer generalisierenden Beurteilung. Ausgangspunkt ist stets das Postulat der Vertragstreue (pacta sunt servanda). Abzuwägen ist zwischen dem Bestands- und Erfüllungsinteresse der einen und dem Anpassungs- und ggf. auch Beendigungsinteresse der anderen Vertragspartei (vgl. Palandt/*Grüneberg* § 313 Rn. 1).

Dabei sind den Parteien eines Mietvertrags typische **Risikosphären** zuzuordnen. Der Mieter trägt grundsätzlich das **Verwendungsrisiko,** zu dem insbesondere auch die Unwägbarkeiten gehören, die sich aus seiner gewerblichen Betätigung im Mietobjekt ergeben (vgl. BGH Urt. v. 13.7.2011 – XII ZR 189/09, NZM 2011, 727; OLG Düsseldorf Beschl. v. 28.7.2011 – I-24 U 35/11, DWW 2011, 373; LG Baden-Baden Urt. v. 29.12.2010 – 1 O 85/10; Palandt/*Grüneberg* § 313 Rn. 36 m.w.N.). Der Vermieter trägt das **Verwertungsrisiko** (Vermietungsrisiko, vgl. dazu Palandt/*Grüneberg* § 313 Rn. 36). Wenn der Vermieter sich auf einen Festpreis einlässt, trägt er grds. das hieraus mündende Preisbindungsrisiko (vgl. BGH Urt. v. 23.1.2013 – VIII ZR 47/12, EnWZ 2013, 310).

Ein eingetretener **Kaufkraftschwund** und eine damit einhergehende allgemeine Steigerung der Mieten berühren in der Regel die Geschäftsgrundlage eines Mietvertrages nicht, so dass ein allein darauf gestütztes Mieterhöhungsverlangen nicht begründet ist (vgl. BGH Urt. v. 22.12.2004 – VIII ZR 41/04, NZM 2005, 144).

Eine Ausdehnung der wohnraummietrechtlichen Anpassungsvorschriften auf die gewerbliche Miete kommt schon aus rechtssystematischen Gründen nicht in Betracht (vgl. BGH Urt. v. 27.10.2004 – XII ZR 175/02, NZM 2005, 63).

Die **lange Restlaufzeit eines Vertrages** reicht ebenfalls für sich nicht aus, um eine Preisanpassung zu rechtfertigen. Sie ist aber ein Umstand, der für die Frage einer Anpassung (mit) von Bedeutung sein kann, um eine Anpassung zu begründen (vgl. BGH Urt. v. 27.10.2004 – XII ZR 175/02, NZM 2005, 63).

Der dem Formular zugrunde liegende Fall zeichnet sich dadurch aus, dass sich die bei Vertragsschluss übereinstimmend zugrunde gelegten Vorstellungen über den Vertragszweck nicht verwirklicht haben. Wenn eine Mietpartei aus Gründen, die außerhalb der üblichen Risikosphäre liegen, einseitig benachteiligt und in ihren berechtigten Erwartungen nachhaltig enttäuscht wird, kann dies eine Vertragsanpassung rechtfertigen.

Vor der prozessualen Durchsetzung einer Vertragsanpassung muss sich der Anspruchsinhaber zunächst um eine Vertragsänderung bemühen. Es muss also grundsätzlich in Verhandlungen hierüber eingetreten werden (vgl. Palandt/*Grüneberg* § 313 Rn. 41). Nach dem Wortlaut des § 313 Abs. 1 BGB („kann Anpassung des Vertrags verlangt werden") ist die früher herrschende Annahme, dass die Anpassung kraft Gesetzes eintrete, überholt. Wenn die Verhandlungen zu keinem Ergebnis führen, kann sogleich Leistungsklage auf Zahlung des erhöhten Mietzinses erhoben werden (BGH Urt. v.

30.9.2011 – V ZR 17/11 –, BGHZ 191, 139 = NJW 2012, 373). Die eine Anpassung erstrebende Partei macht also eine von ihr formulierte Änderung des Vertrages zum Gegenstand der Klage (vgl. BGH Urt. v. 12.5.2006 – V ZR 97/05, NJW 2006, 2843; BGH Urt. v. 30.9.2011 – V ZR 17/11, BGHZ 191, 139 = NJW 2012, 373).

Eine Vertragsanpassung im mietrechtlichen Umfeld ist nach den Grundsätzen zur Störung bzw. zum Wegfall der Geschäftsgrundlage zB bejaht worden, wenn der Erbbauzins infolge **Wegfalls der Anschlussförderung im Land Berlin** das Äquivalenzverhältnis gefährdet (vgl. KG Urt. v. 23.8.2011 – 4 U 152/08, WuM 2011, 709). Auch die im Zeitpunkt des Vertragsschlusses **baurechtlich zulässige Ausnutzung eines Erbbaugrundstücks** ist für das Äquivalenzverhältnis von Leistung und Gegenleistung eines Erbbaurechtsvertrages regelmäßig ein wesentlicher Umstand, der zur Geschäftsgrundlage erstarken kann (vgl. BGH Urt. v. 23.5.2014 – V ZR 208/12, NJW 2014, 3439).

Bei Geschäftsraummietverhältnissen kann der Vermieter auch eine Änderung des für die Betriebskosten vereinbarten **Verteilungsschlüssels** nach den zur Störung der Geschäftsgrundlage geltenden Grundsätzen beanspruchen (vgl. OLG Düsseldorf, Urt. v. 28.10.2010 – I-24 U 28/10 – ZMR 2011, 795).

Eine Vertragsanpassung hat der BGH ferner nach jahrelangen **unwirksamen Mieterhöhungen** wegen der Annahme einer Mietpreisbindung für gerechtfertigt gehalten (vgl. BGH Urt. v. 7.7.2010 – VIII ZR 279/09, ZMR 2010, 944).

Zur Mietanpassung bei der **Staffelmiete** und **drohender Existenzgefährdung** vgl. BGH Urt. v. 8.5.2002 – XII ZR 8/00, NJW 2002, 2384; Urt. v. 27.10.2004 – XII ZR 175/02, NJW-RR 2005, 236. Bei Vereinbarung einer Staffelmiete reicht es aber nicht aus, dass sich der Vermieter bei Begründung des Mietverhältnisses lediglich verkalkuliert hat und die tatsächliche Mietpreisentwicklung die vertraglichen Erhöhungsschritte hinter sich lässt. Es besteht regelmäßig die nicht fernliegende Möglichkeit, dass der vereinbarte Mietzins im Laufe der Zeit erheblich von der Entwicklung des marktüblichen Mietzinses abdriftet. Dieses typische Vertragsrisiko trägt grundsätzlich die jeweils benachteiligte Vertragspartei. Der Mieter bleibt daher in der Regel auch bei einem gravierenden Absinken des allgemeinen Mietniveaus an die vertraglich vereinbarten Staffelerhöhungen gebunden, es sei denn, die Parteien haben eine abweichende Regelung getroffen (vgl. BGH Urt. v. 27.10.2004 – XII ZR 175/02, NZM 2005, 63).

Das Kammergericht (Urt. v. 5.11.2012 – 8 U 171/11, NJW 2013, 478) hat eine Preisanpassung auch dann abgelehnt, wenn sich infolge der Finanzkrise die Bankkonditionen für zu stellende Sicherheiten verändert haben (zu anderen Leistungserschwerungen auf Vermieterseite vgl. OLG Dresden Urt. v. 16.8.2012 – 5 U 1350/11, MDR 2013, 85).

In **größeren Mietobjekten (Einkaufszentren)** kann sich eine Mietpreisproblematik daraus ergeben, dass die **Attraktivität** des Objekts sinkt oder hinter den Erwartungen zurück bleibt. Nach der Rechtsprechung des Bundesgerichtshofes (vgl. Urteile v. 3.3.2010 – XII ZR 131/08, NZM 2010, 361, v. 16.2.2000 – XII ZR 279/97, NJW 2000, 1714; v. 19.7.2000 – XII ZR 252/98, juris) fällt es jedoch in den Verantwortungsbereich des Mieters von Gewerberaum, als Unternehmer die Erfolgsaussichten eines Geschäfts in der von ihm gewählten Lage abzuschätzen. Das umfasst bei der Anmietung eines Ladenlokals in einem erst noch zu errichtenden Einkaufszentrum neben der Chance, in einem später florierenden Zentrum erhöhte Gewinne zu erzielen, auch das Risiko eines Scheiterns des Gesamtobjekts mit entsprechenden negativen Folgen für das gemietete Einzelgeschäft. Auch die **Erwartung eines bestimmten Gewinns** aus einem Ladenlokal ist grundsätzlich Teil des Verwendungsrisikos des betroffenen Mieters und nicht Geschäftsgrundlage des Mietvertrags (vgl. OLG Brandenburg Urt. v. 14.1.2009 – 3 U 75/08, juris).

Die Anwendbarkeit der Grundsätze über den Wegfall der Geschäftsgrundlage bei **Änderung der vorgesehenen Mieterstruktur** hat der BGH verneint, soweit dem lediglich gemeinsame Vorstellungen der Parteien zugrunde liegen, die das Verwendungsrisiko des Mieters nicht tangieren (vgl. BGH, Urt. v. 17.3.2010 – XII ZR 108/08, NZM 2010, 364).

Borzutzki-Pasing

6. Zur prozessualen Durchsetzung eines Anspruchs auf Vertragsanpassung sind sämtliche Gesichtspunkte, welche die Unbilligkeit einer unveränderten Vertragsfortsetzung begründen, umfassend vorzutragen. Bei der Anwendung von § 313 BGB, dessen Rechtsgedanke vor der gesetzlichen Neufassung aus § 242 BGB abgeleitet wurde, müssen alle Umstände des konkreten Falles gegeneinander abgewogen werden. In eine solche Abwägung können auch Erfahrungssätze einfließen. Es muss deutlich werden, dass es sich um einen besonders gelagerten Einzelfall handelt, der eine Ausnahme vom Grundsatz „pacta sunt servanda" rechtfertigt. Für alle Umstände, die den Wegfall der Geschäftsgrundlage begründen sollen, ist die **klagende Partei darlegungs- und beweispflichtig** (vgl. BGH Urt. v. 8.11.2002 – V ZR 398/01, NJW 2003, 510). Wenn jedoch die Tatsachen, die eine Störung der Geschäftsgrundlage bewirken, feststehen, muss die beklagte Partei die Voraussetzungen dartun und nachweisen, die zum Fortbestehen der alten Rechtslage führen sollen (vgl. BGH Urt. v. 15.3.1995 – XII ZR 257/93, NJW 1995, 1892).

7. Das Formular legt eine Vertragsanpassung in der Weise zugrunde, dass vom Mieter ein Ausgleich derjenigen außergewöhnlichen Belastungen verlangt wird, die dem Vermieter infolge der denkmalgerechten Sanierung entstanden sind. Wenn sich diese Aufwendungen nicht von den ohnehin anfallenden Erhaltungs- und Instandsetzungsmaßnahmen trennen lassen, wäre daran zu denken, nur einen Teil dieser Mehraufwendungen geltend zu machen.

8. Die Klage ist unmittelbar auf Leistung desjenigen Zahlungsbetrags zu richten, der sich aus der Vertragsanpassung ergibt, nicht auf Zustimmung zu der verlangten Vertragsanpassung (→ Anm. 5 vgl. dazu ferner OLG Düsseldorf Urt. v. 28.10.2010 – I-24 U 28/10, ZMR 2011, 795; Palandt/*Grüneberg* § 313 Rn. 41).

Klage im Zusammenhang mit vertragsgemäßen Gebrauch der Mietsache

52. Stufenklage auf Auskunft und Unterlassung der Untervermietung hilfsweise auf Beendigung des Untermietvertrages

An das

Amtsgericht/Landgericht[1] . . . . .

Klage

In Sachen

des . . . . .

– Kläger –

Prozessbevollmächtigte: . . . . .

gegen

den . . . . .

– Beklagter –

wegen Auskunft und Unterlassung, hilfsweise unvertretbarer Handlung

erheben wir hiermit namens und in anwaltlich versicherter Vollmacht des Klägers

Klage,

entrichten aus einem vorläufigen Streitwert in Höhe von . . . . . EUR[2] Vorschuss auf die Gerichtskosten durch beigefügten Verrechnungsscheck in Höhe von . . . . . EUR, bitten um Zustellung der Klageschrift an den Beklagten und um Anberaumung eines baldigen frühen ersten Termins zur mündlichen Verhandlung, in dem wir die

Anträge

stellen/verlesen[3] werden, wie folgt zu erkennen:

1. Der Beklagte wird verurteilt, dem Kläger Auskunft über Vorname und Name aller derjenigen Personen zu erteilen, die der Beklagte in das an ihn vom Kläger mit Mietvertrag vom . . . . . vermietete Mietobjekt . . . . . (kurze Beschreibung: zB 3-Zimmer-Wohnung), im . . . . . (Stockwerk) . . . . . in der . . . . . (Straße) . . . . . in . . . . . (Ort) . . . . . aufgenommen hat.
2. Der Beklagte wird weiter bei Vermeidung der gerichtlichen Festsetzung eines Ordnungsgeldes, ersatz- oder wahlweise Ordnungshaft, verurteilt, künftig die Untervermietung der in Klageantrag Ziffer 1 bezeichneten Räume an die in seiner Auskunft gemäß Klageantrag Ziffer 1 genannten Personen zu unterlassen.
3. Hilfsweise zu Klageantrag Ziffer 2: Der Beklagte wird weiter verurteilt, den/die mit den in seiner Auskunft gemäß Klageantrag Ziffer 1 genannten Personen bestehenden Untermietvertrag/-verträge zu beenden.
4. Der Beklagte trägt die Kosten des Rechtsstreits.
5. Das Urteil ist, notfalls gegen Sicherheitsleistung, vorläufig vollstreckbar. Dem Kläger wird nachgelassen, Sicherheitsleistung auch durch unwiderrufliche selbstschuldnerische Bürgschaft eines im Bereich der EU zugelassenen Bank- oder Kreditinstituts zu erbringen, ebenfalls – vorsorglich – zwecks Abwendung der Zwangsvollstreckung.

Sollte das Gericht das schriftliche Vorverfahren beschließen, wird bereits jetzt

Antrag

auf Erlass eines Versäumnisurteils (§ 331 Abs. 3 ZPO) gestellt.

Begründung:

Mit der vorliegenden Klage verlangt der Kläger als Vermieter vom Beklagten als Mieter im Wege der Stufenklage Auskunft über Namen und Vornamen der vom Beklagten in die Mietsache aufgenommenen Untermieter und Unterlassung der künftigen Untervermietung an diese Personen bzw. hilfsweise Beendigung des bzw. der unerlaubterweise geschlossenen Untermietvertrages bzw. -verträge.

Im Einzelnen:

1. Der Kläger hat an den Beklagten mit Mietvertrag vom . . . . . die in Klageantrag Ziffer 1 näher bezeichnete 3-Zimmer-Wohnung vermietet.

   Beweis: Vorerwähnter Mietvertrag, gemäß § 133 Abs. 1 S. 2 ZPO einfach beigefügt in Ablichtung als Anlage K 1.

   Wie der Kläger in Erfahrung bringen musste, hat der Beklagte, der die etwa 55 qm große Wohnung mit seiner Ehefrau und 2 eigenen Kindern bewohnt, mindestens 2 weitere Erwachsene und 3 weitere Kinder aufgenommen. Hierauf vor etwa 4 Monaten angesprochen hat der Beklagte zunächst behauptet, es handle sich um seine Verwandten aus seiner Heimat in . . . . ., die sich bei ihm lediglich zu Besuch aufhalten würden.

   Beweis: Zeugnis . . . . .

   Nachdem sich dieser „Besuch" offensichtlich fast 3 Monate in der Mietwohnung aufgehalten hat, wurde der Beklagte vom Kläger unter dem . . . . . schriftlich aufgefordert, diesen „Besuch" baldmöglichst, spätestens aber binnen 10 Tagen, mithin bis zum . . . . ., zu beenden.[4] Dabei wurde der Beklagte zugleich darauf hingewiesen, dass durch die erhebliche Personenzahl in der nicht sehr großen Wohnung eine Überbelegung und damit eine unerlaubte Untervermietung vorliegt.[5]

Beweis: Vorerwähntes Schreiben des Klägers an den Beklagten, gemäß § 133 Abs. 1 S. 2 ZPO einfach beigefügt in Ablichtung als Anlage K 2.

Es erfolgte keine Reaktion. Mit Schreiben vom . . . . . hat der Kläger den Beklagten erneut unter Hinweis auf die Überbelegung der Mieträume und die gerade in letzter Zeit zu beklagenden Lärmbelästigungen, auch nachts, durch seine Untermieter aufgefordert, die Untervermietung unverzüglich zu unterlassen bzw. den bestehenden Untermietvertrag/die bestehenden Untermietverhältnisse zu beenden und dem Kläger Vornamen und Namen aller in die Mietwohnung neben der Ehefrau des Beklagten und seinen eigenen Kindern aufgenommenen Personen zu benennen.[6]

Beweis: Vorerwähnte Abmahnung des Klägers an den Beklagten, gemäß § 133 Abs. 1 S. 2 ZPO einfach beigefügt in Ablichtung als Anlage K 3.

Der Beklagte sah sich nach wie vor nicht veranlasst zu reagieren. Der untragbare Zustand dauert an. Daher war nunmehr die Inanspruchnahme gerichtlicher Hilfe unumgänglich.

2. Bereits die Überbelegung der Mieträume durch die Untermieter des Beklagten stellt einen vertragswidrigen Gebrauch der Mietsache dar, ohne dass noch die weiter zu beklagenden Lärmbelästigungen hinzukommen müssten. Dem Kläger stehen daher jedenfalls nach der als Anlage K 3 vorgelegten Abmahnung gemäß § 541 BGB Ansprüche auf Unterlassung der vom Beklagten vorgenommenen Untervermietung zu. Dabei ist der Kläger gehalten, konkret die Person der Untermieter, denen der Beklagte unerlaubterweise die Wohnung überlassen hat, zu bezeichnen, auch um die Vollstreckungsfähigkeit seines Begehrens herzustellen.[7] Da der Beklagte aber entgegen seiner Verpflichtung Namen und Vornamen der von ihm als Untermieter aufgenommenen Personen trotz Aufforderung nicht benannt hat, ist der Kläger berechtigt, seinem hier geltend gemachten Unterlassungsverlangen im Wege der Stufenklage nach § 254 ZPO ein Auskunftsbegehren vorzuschalten.
Damit sind die Klageanträge Ziffern 1 und 2 begründet.

3. Für den Fall, dass der Beklagte den Untermietvertrag oder die Untermietverträge (es entzieht sich der Kenntnis des Klägers, ob es sich insoweit um ein oder mehrere Untermietverhältnisse handelt, daher sein alternatives Begehren) unerlaubterweise bereits abgeschlossen haben sollte, wird hilfsweise in Klageantrag Ziffer 3 aus den vorstehend beweisbewehrt dargelegten Gründen beantragt, den Beklagten zu deren Beendigung zu verpflichten.

4. Auf der Grundlage dieser Ausführungen ist der Beklagte wie beantragt zu verurteilen.

Rechtsanwalt

Anmerkungen

1. Bei Wohnraummietverhältnissen ergibt sich die ausschließliche sachliche Zuständigkeit des Amtsgerichts aus § 23 Nr. 2 a GVG; bei der Gewerberaummiete ist die übliche streitwertabhängige Zuständigkeitsregelung der §§ 23 Nr. 1, 71 Abs. 1 GVG zu beachten.
Örtlich ausschließlich zuständig ist das Gericht, in dessen Bezirk die Mietsache liegt (vgl. § 29a ZPO).

2. Sind Untermietverhältnisse in Streit, setzt die Rechtsprechung als Streitwert entweder den Untermietzuschlag nach § 26 Abs. 3 NMV an: 3-facher Jahresbetrag: LG Hamburg MDR 1992, 577, oder 1-facher Jahresbetrag: LG Bad Kreuznach WuM 1989, 433, oder den Jahresbetrag der Untermiete nach § 41 GKG (= § 16 GKG aF) analog: LG Berlin (ZK 63) WuM 1998, 690, bzw. den Jahresbetrag der Mietzinsentlastung, den der Mieter durch die Untervermietung erzielen will: LG Kiel WuM 1995, 320. Das Auskunftsbegehren ist nach § 3 ZPO mit etwa $^1/_4$ bis $^1/_5$ des Hauptsachewertes in Ansatz zu bringen (Zöller/*Herget* § 3 Rn. 16 „Auskunft" mwN).

Treffen Vorbereitungs- und Leistungsansprüche wie hier im Wege der Stufenklage nach § 254 ZPO zusammen, führt dies beim Zuständigkeitsstreitwert nach § 5 ZPO zu einer Addition, aber nicht beim Gebührenstreitwert. Maßgebend ist insoweit nach § 44 GKG allein der Streitwert der höchsten Leistungsstufe.

Der Wert der Beschwer wird im Übrigen meist unter 600,– EUR (§ 511 Abs. 2 Nr. 1 ZPO) liegen (LG Berlin [ZK 67] WuM 1996, 158; [ZK 63], GE 1995, 425; LG Hamburg WuM 1992, 264).

3. In Anwaltsprozessen werden die Sachanträge grundsätzlich verlesen (§ 297 ZPO). Dies gilt in amtsgerichtlichen Verfahren nur, soweit ausnahmsweise dessen schriftliche Vorbereitung nach § 129 Abs. 2 ZPO aufgegeben wurde (vgl. auch § 496 ZPO). Andernfalls genügt es, die Anträge zu stellen.

4. Das Recht des Mieters, Besucher aufzunehmen, erstreckt sich in der Regel auf einen Zeitraum von 6 Wochen. Nach Ablauf von 3 Monaten ist von einer Aufnahme auf Dauer auszugehen (Bub/Treier/*Kraemer/von der Osten* III Rn. 2498).

5. Der Anspruch des Wohnraummieters nach § 553 BGB findet seine Grenzen in einem wichtigen Grund in der Person des potentiellen Untermieters, sonstigen Unzumutbarkeitsgründen und in der Überbelegung des Wohnraums. Wann Überbelegung in diesem Sinne vorliegt ist umstritten. Eindeutig ist, dass nicht von einer Überbelegung gesprochen werden kann, wenn genau so viele Räume mit mindestens 12 qm wie erwachsene Personen oder je 2 Kinder bis zu 13 Jahren vorhanden sind. Ansonsten ist die Rechtsprechung uneinheitlich (vgl. die umfassenden Nachweise bei Schmidt-Futterer/*Blank* § 540 Rn. 28; zur Frage der Kündbarkeit des Wohnraummietverhältnisses wegen Überbelegung siehe Schmidt-Futterer/*Blank* § 543 Rn. 212 „Überbelegung" und § 573 Rn. 200, 246 jew. mwN). Bei dem hier in Rede stehenden Sachverhalt wird Überbelegung bejaht (vgl. BVerfG GE 1993, 1205; OLG Hamm NJW 1983, 48; OLG Karlsruhe NJW 1987, 1952; LG Mönchengladbach NJW-RR 1991, 1113; aA LG Berlin WuM 1987, 221 bei 7 Personen in 63 qm). Dabei genügt für eine Vertragspflichtverletzung durch den Mieter grundsätzlich allein die Untervermietung ohne vorherige Einholung der Erlaubnis des Vermieters auch dann, wenn der Mieter einen Anspruch auf Erlaubniserteilung hat. Ob ein derartiger Vertragsverstoß des Mieters allerdings ein die ordentliche Kündigung des Mietverhältnisses rechtfertigendes Gewicht hat, ist unter Würdigung der Umstände des Einzelfalls zu beurteilen. Hat der Mieter eine Erlaubnis zur Untervermietung vom Vermieter rechtzeitig erbeten, so ist eine auf die fehlende Erlaubnis gestützte Kündigung rechtsmissbräuchlich, wenn der Vermieter seinerseits zur Erteilung der Erlaubnis verpflichtet war und ihm somit selbst eine Vertragsverletzung zur Last fällt (BGH NZM 2011, 275; vgl. auch BGH BeckRS 2012, 06807).

Zum Auskunftsanspruch des Vermieters bei einem Untervermietungswunsch des Gewerberaummieters vgl. BGH NZM 2007, 127 = NJW 2007, 288.

6. Eine – auch formlos, sofern beweisbar – rechtswirksame vergebliche Abmahnung ist Tatbestandsvoraussetzung nach § 541 BGB (der im Wohnraummietrecht § 1004 BGB verdrängt: BGH NZM 2007, 481 = NJW 2007, 2180); andernfalls wäre eine Unterlassungsklage unbegründet (Schmidt-Futterer/*Blank* § 541 Rn. 11). Es genügt daher nicht, in der Erhebung der Unterlassungsklage selbst eine Abmahnung zu sehen. Abmahnberechtigt ist allein der Vermieter oder dessen Bevollmächtigter (§ 174 BGB beachten; vgl. OLG Celle WuM 1982, 206). Die Abmahnung ist gegenüber dem Mieter, auch bei Fehlverhalten Dritter (z.B. Familienangehöriger, Untermieter), auszusprechen (Schmidt-Futterer/ *Blank* § 541 Rn. 7). Sie muss inhaltlich so konkret sein, dass dem Mieter klar ist, welches Fehlverhalten der Vermieter beanstandet und künftig abgestellt wissen will (Schmidt-Futterer/*Blank* § 541 Rn. 5). Eine vorherige Abmahnung ist nur dann entbehrlich, wenn sich der Mieter von vornherein ernsthaft und endgültig weigert oder nicht in der Lage ist, sein vertragswidriges Verhalten abzustellen, die Abmahnung also eine bloße Förmelei darstellen würde (BGH WM 1975, 365; WM 1968, 252).

7. Eine Klage auf generelle Unterlassung der Untervermietung ist gegenüber einem Wohnraummieter unzulässig, nachdem dieser unter den Voraussetzungen des § 553 BGB einen entsprechenden Anspruch haben könnte. Für das insoweit geforderte Interesse genügen grundsätzlich bereits einleuchtende persönliche oder wirtschaftliche Gründe (BGH WuM 1985, 7; LG Hamburg WuM 1983, 261; LG Landau WuM 1989, 510).

53. Klage auf Abschaffung eines Tieres und Unterlassung unerlaubter Tierhaltung

An das

Amtsgericht/Landgericht[1] . . . . .

Klage

In Sachen

des . . . . .

– Kläger –

Prozessbevollmächtigte: . . . . .

gegen

den . . . . .

– Beklagter –

wegen Handlung[2] und Unterlassung

erheben wir hiermit namens und in anwaltlich versicherter Vollmacht des Klägers

Klage,

entrichten aus einem vorläufigen Streitwert in Höhe von . . . . . EUR[3] Vorschuss auf die Gerichtskosten durch beigefügten Verrechnungsscheck in Höhe von . . . . . EUR, bitten um Zustellung der Klageschrift an den Beklagten und Anberaumung eines baldigen frühen ersten Termins zur mündlichen Verhandlung, in dem wir die

Anträge

stellen/verlesen[4] werden, wie folgt zu erkennen:

1. Der Beklagte wird verurteilt, den von ihm in der vom Kläger mit Mietvertrag vom . . . . . gemieteten Wohnung im . . . . . (Stockwerk) . . . . . in der . . . . . (Straße) . . . . . in . . . . .

(Ort) . . . . . gehaltenen Hund der Rasse . . . . ., Farbe . . . . ., Größe/Gewicht geschätzt . . . . . abzuschaffen.

2. Der Beklagte wird weiter bei Vermeidung der gerichtlichen Festsetzung eines Ordnungsgeldes, ersatz- oder wahlweise Ordnungshaft, verurteilt, es künftig zu unterlassen, einen Hund der in Klageantrag Ziffer 1 genannten oder einer vergleichbar gefährlichen Rasse in den dort näher bezeichneten Räumen zu halten.[5]

3. Der Beklagte trägt die Kosten des Rechtsstreits.

4. Das Urteil ist, notfalls gegen Sicherheitsleistung, vorläufig vollstreckbar. Dem Kläger wird nachgelassen, Sicherheitsleistung auch durch unwiderrufliche selbstschuldnerische Bürgschaft eines im Bereich der EU zugelassenen Bank- oder Kreditinstituts zu erbringen, ebenfalls – vorsorglich – zwecks Abwendung der Zwangsvollstreckung.

Sollte das Gericht das schriftliche Vorverfahren beschließen, wird bereits jetzt

Antrag

auf Erlass eines Versäumnisurteils (§ 331 Abs. 3 ZPO)

gestellt.

Begründung:

Mit der vorliegenden Klage verlangt der Kläger als Vermieter vom Beklagten als Mieter die Abschaffung eines unerlaubt gehaltenen Hundes sowie Unterlassung künftiger Hundehaltung.

Im Einzelnen:

1. Der Kläger hat an den Beklagten mit Mietvertrag vom . . . . . die in Klageantrag Ziffer 1 näher bezeichnete . . . . . Zimmer-Wohnung vermietet.

> Beweis: Vorerwähnter Mietvertrag, gemäß § 133 Abs. 1 S. 2 ZPO einfach beigefügt in Ablichtung als Anlage K 1.

Gemäß § . . . . . dieses Mietvertrages ist das Halten von Hunden generell unzulässig.[6]

Alternativ:
In § . . . . . dieses Mietvertrages ist geregelt, dass das Halten von Hunden der Erlaubnis des Vermieters bedarf.[7]

Alternativ:
Dieser Mietvertrag enthält keine Regelung über die Tierhaltung.[8]

Die nachbenannten Zeugen, Mieter der auf dem selben Stockwerk gelegenen, unmittelbar benachbarten Wohnung, haben festgestellt, dass der Beklagte den in Klageantrag Ziffer 1 näher bezeichneten Hund der Rasse . . . . . in der von ihm gemieteten Wohnung hält, ohne dass der Kläger in irgendeiner Form hierüber informiert worden wäre.

> Beweis: Zeugnis . . . . .

Bei diesem Hundetyp handelt es sich um einen sogenannten Kampfhund, einer als gefährlich geltende Gattung bzw. Rasse.[9]

> Beweis: 1. Auskunft des Amtes für öffentliche Ordnung der Stadt . . . . . vom . . . . ., beigefügt in Ablichtung als Anlage K 2;
>
> 2. Hilfsweise: Einholung eines Sachverständigengutachtens.

Der Kläger hat den Beklagten daraufhin mit Schreiben vom . . . . . aufgefordert, den Hund wieder abzuschaffen und zugleich schriftlich und rechtsverbindlich zu erklären, dass er auch in Zukunft keinen Hund einer gefährlichen Gattung oder Rasse in der Mietwohnung mehr halten wird.[10]

Beweis: Vorerwähntes Abmahnschreiben, beigefügt gemäß § 133 Abs. 1 S. 2 ZPO einfach in Ablichtung als Anlage K 3.

Der Beklagte hat hierauf nicht reagiert. Er hat weder die geforderte Unterlassungserklärung abgegeben, noch den Hund abgeschafft, sondern diesen weiter in der vom Kläger gemieteten Wohnung gehalten. Der Beklagte wurde mit seinem Hund beobachtet, wie er die Mietwohnung an folgenden Tagen zu den in der ersten Spalte angegebenen Uhrzeiten jeweils mit dem streitgegenständlichen Hund verlassen und zu den in der zweiten Spalte angegebenen Uhrzeiten mit dem Tier wieder in die Wohnung zurückgekehrt ist:

. . . . .

Beweis: Zeugnis . . . . .

Daher war nunmehr die Inanspruchnahme gerichtlicher Hilfe unumgänglich.

2. Die Haltung derartiger Hunde gehört nach allgemeiner Meinung nicht zum vertragsgemäßen Gebrauch der Mietsache und ist daher vom Beklagten zu unterlassen, nachdem die Voraussetzungen des § 541 BGB, wie beweisbewehrt vorgetragen, gegeben sind. Dabei genügt im vorliegenden Fall die abstrakte Gefährlichkeit des streitgegenständlichen Tieres, ohne dass es konkreter Vorfälle bedarf. Der Kläger geht davon aus, dass diese abstrakte Gefährlichkeit auf Grund der vielfältigen Presseberichte über Kampfhunde gerade in jüngster Zeit gerichtsbekannt sind. Andernfalls wird um richterlichen Hinweis gebeten (§ 139 ZPO).

Nach alledem ist der Beklagte zunächst verpflichtet, das gehaltene Tier abzuschaffen. Hierauf stützt sich Klageantrag Ziffer 1.

Nachdem sich der Beklagte aber darüber hinaus nicht bereitfinden konnte, sich auch künftig selbst nach Abschaffung des Tieres – und sei es im Wege der Zwangsvollstreckung – zu verpflichten, keinen Kampfhund mehr zu halten, also seine mietvertraglichen Verpflichtungen zu erfüllen, besteht Wiederholungsgefahr. Hieraus rechtfertigt sich das Unterlassungsbegehren gemäß Klageantrag Ziffer 2. Es ist für den Kläger nicht zumutbar, gegen den Beklagten jeweils gesondert gerichtliche Hilfe in Anspruch nehmen zu müssen, wenn dieser nach Entfernung seines jetzt gehaltenen Hundes erneut einen Hund einer gefährlichen Gattung oder Rasse anschafft.

3. Auf der Grundlage dieser Darlegungen ist der Beklagte wie beantragt zu verurteilen.

Rechtsanwalt

Anmerkungen

1. Bei Wohnraummietverhältnissen ergibt sich die ausschließliche sachliche Zuständigkeit des Amtsgerichts aus § 23 Nr. 2 a GVG; bei der Gewerberaummiete ist die übliche streitwertabhängige Zuständigkeitsregelung der §§ 23 Nr. 1, 71 Abs. 1 GVG zu beachten. Örtlich ausschließlich zuständig ist das Gericht, in dessen Bezirk die Mietsache liegt (vgl. § 29a ZPO).

2. Als vertretbare Handlung ist ein Urteil auf Entfernung eines Hundes nach § 887 ZPO zu vollstrecken. Ist diese Vollstreckung aber nicht durchführbar, etwa weil der

Mieter den Zutritt zur Wohnung verwehrt, kann auch nach § 888 ZPO vollstreckt werden (LG Hamburg WuM 1989, 445).

3. Die Streitwerte schwanken je nach Tier zwischen 300,– EUR und 1.000,– EUR (vgl. die Rechtsprechungsübersicht in Hannemann/Wiek/Emmert, Streitwerttabellen auf CD-ROM unter dem Stichwort „Tierhaltung" zum Gebührenstreitwert wie auch zu den entsprechenden Rechtsmittelstreitwerten, die zwischen 180,– EUR und 3.000,– EUR – OLG Köln WuM 1988, 123 – schwanken; vgl. auch LG Braunschweig WuM 1996, 291: damals 2.000,– DM, und LG Hamburg WuM 1996, 532: damals 3.000,– DM).

4. In Anwaltsprozessen werden die Sachanträge grundsätzlich verlesen (§ 297 ZPO). Dies gilt in amtsgerichtlichen Verfahren nur, soweit ausnahmsweise dessen schriftliche Vorbereitung nach § 129 Abs. 2 ZPO aufgegeben wurde (vgl. auch § 496 ZPO). Andernfalls genügt es, die Anträge zu stellen.

5. Der Antrag orientiert sich an § 890 ZPO. Die erforderliche Androhung des Ordnungsmittels nach Abs. 2 sollte zweckmäßigerweise gleich in den Antrag aufgenommen werden, damit sie schon in der gerichtlichen Entscheidung enthalten ist (zulässig: vgl. nur Zöller/*Stöber* § 890 Rn. 12 ff.). Andernfalls bedarf es eines gesonderten Beschlusses nach Anhörung des Schuldners.

6. Individualvertraglich wäre einer derartige Regelung also das generelle Verbot jeglicher Tierhaltung, zulässig (OLG Hamburg ZMR 1963, 40; LG Lüneburg WuM 1995, 704). Formularvertraglich war nach früherer Ansicht eine derartige Klausel wirksam, wenn sie Kleintiere, von denen keine Außenwirkung ausgeht, vom Verbot ausnimmt (BGH NZM 2008, 78 = NJW 2008, 218; BGH NJW 1993, 1061). Nach jetzt hM muss eine derartige Verbotsklausel, um nicht gegen § 307 BGB zu verstoßen, Raum für eine umfassende Interessenabwägung im Einzelfall lassen (BGH NJW 2013, 1526 = NZM 2013, 378; vgl. schon BGH NZM 2008, 78 = NJW 2008, 218; so schon früher zB Blindenhund oder Angewiesensein auf ein Tier aus gesundheitlichen Gründen: *Blank* NZM 1998, 5, 8; LG Berlin GE 1993, 1273; AG Köln NJW-RR 1995, 1416;).

7. Ein derartiges Verbot mit Erlaubnisvorbehalt war nach früherer Rechtsprechung wirksam, wenn Kleintiere ausgenommen sind (BGH NZM 2008, 78 = NJW 2008, 218; LG Berlin GE 1993, 1273; AG Hamburg-Bergedorf NJW-RR 1991, 1413) und keine schriftliche Erlaubnis verlangt wird (sonst war die Klausel insgesamt unwirksam: LG Berlin GE 1993, 1273; LG Düsseldorf WuM 1993, 604; LG Freiburg WuM 1997, 175; LG Mannheim ZMR 1992, 545; aA nur teilweise unwirksam: OLG Frankfurt/M. WuM 1992, 57; AG Köln WuM 1997, 109). Der BGH hat nunmehr klargestellt, dass eine Formularklausel, die die Haftungen von (größeren) Tieren in der Mietwohnung von einer Zustimmung des Vermieters nach „freiem Ermessen" abhängig macht, unwirksam ist (BGH NZM 2013, 265, 380). Die frühere Rechtsprechung, wonach der Vermieter die Erlaubnis nach freiem Ermessen bei einer derartigen Klausel versagen kann (OLG Hamm RE NJW 1981, 1626), ist überholt. Der Vermieter hat sein „billiges", also gerichtlich voll überprüfbares Ermessen im Rahmen einer Interessenabwägung unter Beachtung der betroffenen Interessen im Einzelfall sachgerecht auszuüben (Schmidt-Futterer/*Eisenschmid* § 535 Rn. 551; *Sternel* II Rn. 145). So jetzt auch der BGH NJW 2013, 1526 = NZM 2013, 378, der eine umfassende Abwägung der im Einzelfall konkret betroffenen Belange und Interessen der Mietvertragsparteien, der anderen Hausbewohner und der Nachbarn verlangt.

8. Nach der somit maßgeblichen gesetzlichen Regelung gehören Kleintiere ohne Außenwirkung in jedem Fall zum vertragsgemäßen Mietgebrauch auch ohne Erlaubnis. Bei Hunden und Katzen soll dies nach einer Auffassung ebenfalls gelten (AG Bremen NJW-RR 2007, 959; LG Hildesheim WuM 1989, 9; AG Dortmund WuM 1989, 495;

AG Friedberg/Hessen WuM 1993, 398; AG Köln NJWE-MietR 1997, 244; *Sternel* II Rn. 144 und 163 f.). Nach soeben dargestellten jetzt überwiegender Auffassung bedarf es auch in dieser Fallvariante einer umfassenden Interessenabwägung im Einzelfall (BGH NJW 2013, 1566 = NZM 2013, 378; vgl. schon BGH NZM 2008, 78 = NJW 2008, 218). Selbst wenn ein Tier danach vertragsgemäß gehalten wird, kann der Vermieter dennoch bei durch das Tier verursachten Schäden den Mieter wegen Obhutspflichtverletzung gem. § 280 Abs. 1 BGB ersatzpflichtig machen (LG Koblenz NZM 2014, 608).

9. Kampfhunde geben dem Mieter aber unter keinem rechtlichen Gesichtspunkt einen Anspruch auf Erlaubnis (LG Gießen NJW-RR 1995, 12; LG Krefeld WuM 1996, 533; LG München WuM 1993, 699; AG Bergisch Gladbach WuM 1991, 341), ebenso wie sonstige gefährliche Tiere (Schmidt-Futterer/*Eisenschmid* § 535 Rn. 554 mwN). Sogar bei grundsätzlich erlaubter Tierhaltung könnte in diesen Fällen die Erlaubnis widerrufen werden, bei einer Erlaubnis bezogen auf ein bestimmtes Tier zumindest bei konkreten Beeinträchtigungen (vgl. Schmidt-Futterer/*Eisenschmid* § 535 Rn. 565 f. mwN).

10. Eine – auch formlos, sofern beweisbar – rechtswirksame vergebliche Abmahnung ist Tatbestandsvoraussetzung nach § 541 BGB (der im Wohnraummietrecht § 1004 BGB verdrängt: BGH NZM 2007, 481 = NJW 2007, 2180); andernfalls wäre eine Unterlassungsklage unbegründet (Schmidt-Futterer/*Blank* § 541 Rn. 11). Es genügt daher nicht, in der Erhebung der Unterlassungsklage selbst eine Abmahnung zu sehen. Abmahnberechtigt ist allein der Vermieter oder dessen Bevollmächtigter (§ 174 BGB beachten; vgl. OLG Celle WuM 1982, 206). Die Abmahnung ist gegenüber dem Mieter, auch bei Fehlverhalten Dritter (zB Familienangehöriger, Untermieter), auszusprechen (Schmidt-Futterer/*Blank* § 541 Rn. 7). Sie muss inhaltlich so konkret sein, dass dem Mieter klar ist, welches Fehlverhalten der Vermieter beanstandet und künftig abgestellt wissen will (Schmidt-Futterer/*Blank* § 541 Rn. 5). Eine vorherige Abmahnung ist nur dann entbehrlich, wenn sich der Mieter von vornherein ernsthaft und endgültig weigert oder nicht in der Lage ist, sein vertragswidriges Verhalten abzustellen, die Abmahnung also eine bloße Förmelei darstellen würde (BGH WM 1975, 365; WM 1968, 252).

54. Klage auf Unterlassung baulicher Veränderungen der Mietsache

An das

Amtsgericht/Landgericht[1] . . . . .

Klage

In Sachen

des . . . . .

– Kläger –

Prozessbevollmächtigte: . . . . .

gegen

den . . . . .

– Beklagter –

wegen Unterlassung

erheben wir hiermit namens und in anwaltlich versicherter Vollmacht des Klägers

Klage,

entrichten aus einem vorläufigen Streitwert in Höhe von . . . . . EUR[2] Vorschuss auf die Gerichtskosten durch beigefügten Verrechnungsscheck in Höhe von . . . . . EUR bitten um Zustellung der Klageschrift an den Beklagten und Anberaumung eines baldigen frühen ersten Termins zur mündlichen Verhandlung, in dem wir die

Anträge

stellen/verlesen[3] werden, wie folgt zu erkennen:

1. Der Beklagte wird bei Vermeidung der gerichtlichen Festsetzung eines Ordnungsgeldes, ersatz- oder wahlweise Ordnungshaft, verurteilt, den Durchbruch der Wand vom Flur zu dem zum Hof gelegenen Zimmer und das Verlegen einer gesonderten Wasser- und Abwasserleitung in dieses Zimmer in der von ihm gemieteten . . . . .-Zimmer-Wohnung im . . . . . (Stockwerk) . . . . . in die . . . . . (Straße) . . . . . in . . . . . (Ort) . . . . . zu unterlassen.[4]
2. Der Beklagte trägt die Kosten des Rechtsstreits.
3. Das Urteil ist, notfalls gegen Sicherheitsleistung, vorläufig vollstreckbar. Dem Kläger wird nachgelassen, Sicherheitsleistung auch durch unwiderrufliche selbstschuldnerische Bürgschaft eines im Bereich der EU zugelassenen Bank- oder Kreditinstituts zu erbringen, ebenfalls – vorsorglich – zwecks Abwendung der Zwangsvollstreckung.

Sollte das Gericht das schriftliche Vorverfahren beschließen, wird bereits jetzt

Antrag

auf Erlass eines Versäumnisurteils (§ 331 Abs. 3 ZPO) gestellt.

Begründung:

Mit der vorliegenden Klage verlangt der Kläger als Vermieter vom Beklagten als Mieter die Unterlassung baulicher Veränderungen der Mietsache.

Im Einzelnen:

1. Der Kläger hat an den Beklagten die in Klageantrag Ziffer 1 näher bezeichnete Mietsache mit Mietvertrag vom . . . . . vermietet.

   Beweis: Vorerwähnter Mietvertrag, gemäß § 133 Abs. 1 S. 2 ZPO einfach beigefügt in Ablichtung als Anlage K 1.

   Der Beklagte hat sich mit Schreiben vom . . . . . an den Kläger gewandt und mitgeteilt, dass er nach Auszug seines Sohnes dessen bisheriges Kinderzimmer für Gäste herrichten möchte. Dieses Kinderzimmer, zum Hof hin gelegen, ist ein „gefangener" Raum und nur über das davor liegende Zimmer erreichbar. Der Beklagte hat angekündigt, die Türöffnung zum davor liegenden Zimmer nicht zuzumauern, sondern von beiden Seiten lediglich mit Schränken zuzustellen, auf eigene Kosten aber stattdessen einen Türdurchbruch vom Gang fachgerecht herzustellen und zugleich auch ein Waschbecken mit entsprechender Wasserzu- und -ableitung in dieses neu geschaffene „Gästezimmer" ebenfalls durch eine Fachfirma auf eigene Kosten verlegen zu lassen.

   Beweis: Vorerwähntes Schreiben, gemäß § 133 Abs. 1 S. 2 ZPO einfach beigefügt in Ablichtung als Anlage K 2.

   Der Kläger hat diesen baulichen Veränderungen sofort mit Schreiben vom . . . . . widersprochen und den Beklagten aufgefordert, zu erklären, dass er von seiner Umbauabsicht Abstand nimmt.[5]

Beweis: Vorerwähntes Abmahnschreiben des Klägers an den Beklagten, gemäß § 133 Abs. 1 S. 2 ZPO einfach beigefügt in Ablichtung als Anlage K 3.

In seinem Antwortschreiben hat der Beklagte ausgeführt, er könne ein Recht des Klägers als Vermieter nicht erkennen, ihm die geplanten, aus seiner Sicht den Wert der Mietsache erhöhenden baulichen Veränderungen, die er auf eigene Kosten durch eine Fachfirma ausführen lassen wolle, zu verbieten. Er halte daher an seiner Absicht unverändert fest.

Beweis: Vorerwähntes Antwortschreiben vom . . . . ., gemäß § 133 Abs. 1 S. 2 ZPO einfach beigefügt in Ablichtung als Anlage K 4.

Daher war nunmehr die Inanspruchnahme gerichtlicher Hilfe unumgänglich.

2. Bei den vom Beklagten geplanten baulichen Veränderungen handelt es sich um erhebliche Eingriffe in die Bausubstanz, die auch nach Beendigung des Mietverhältnisses nicht ohne weiteres wieder rückgängig gemacht werden können. Sie sind daher dem Beklagten als Mieter ohne Genehmigung des Klägers als Vermieter nicht gestattet, sondern stellen einen über § 538 BGB hinausgehenden vertragswidrigen Gebrauch der Mietsache dar, an dem der Beklagte offensichtlich trotz des als Abmahnung zu beurteilenden Schreibens des Klägers vom . . . . ., vorgelegt als Anlage K 3, festzuhalten gedenkt.[6] Das geltend gemachte Unterlassungsbegehren rechtfertigt sich daher aus § 541 BGB.

3. Auf der Grundlage dieser Ausführungen ist der Beklagte wie beantragt zu verurteilen.

Rechtsanwalt

Anmerkungen

1. Bei Wohnraummietverhältnissen ergibt sich die ausschließliche sachliche Zuständigkeit des Amtsgerichts aus § 23 Nr. 2 a GVG; bei der Gewerberaummiete ist die übliche streitwertabhängige Zuständigkeitsregelung der §§ 23 Nr. 1, 71 Abs. 1 GVG zu beachten.

Örtlich ausschließlich zuständig ist das Gericht, in dessen Bezirk die Mietsache liegt (vgl. § 29a ZPO).

2. Der Streitwert wird sich nach den Kosten zu bemessen haben, die für die Rückgängigmachung der baulichen Veränderungen, deren Unterlassung begehrt wird, und die Wiederherstellung des vormaligen Zustands anfallen.

3. In Anwaltsprozessen werden die Sachanträge grundsätzlich verlesen (§ 297 ZPO). Dies gilt in amtsgerichtlichen Verfahren nur, soweit ausnahmsweise dessen schriftliche Vorbereitung nach § 129 Abs. 2 ZPO aufgegeben wurde (vgl. auch § 496 ZPO). Andernfalls genügt es, die Anträge zu stellen.

4. Der Antrag orientiert sich an § 890 ZPO. Die erforderliche Androhung des Ordnungsmittels nach Abs. 2 sollte zweckmäßigerweise gleich in den Antrag aufgenommen werden, damit sie schon in der gerichtlichen Entscheidung enthalten ist (zulässig: vgl. nur Zöller/*Stöber* § 890 Rn. 12 ff.). Andernfalls bedarf es eines gesonderten Beschlusses nach Anhörung des Schuldners.

5. Eine – auch formlos, sofern beweisbar – rechtswirksame vergebliche Abmahnung ist Tatbestandsvoraussetzung nach § 541 BGB (der im Wohnraummietrecht § 1004 BGB verdrängt: BGH NZM 2007, 481 = NJW 2007, 2180); andernfalls wäre eine Unterlassungsklage unbegründet (Schmidt-Futterer/*Blank* § 541 Rn. 11). Es genügt daher nicht, in der Erhebung der Unterlassungsklage selbst eine Abmahnung zu sehen. Abmahnberechtigt ist allein der Vermieter oder dessen Bevollmächtigter (§ 174 BGB beachten; vgl. OLG Celle WuM 1982, 206). Die Abmahnung ist gegenüber dem Mieter, auch bei Fehlverhalten Dritter (z.B. Familienangehöriger, Untermieter), auszusprechen (Schmidt-Futterer/ *Blank* § 541 Rn. 7). Sie muss inhaltlich so konkret sein, dass dem Mieter klar ist, welches Fehlverhalten der Vermieter beanstandet und künftig abgestellt wissen will (Schmidt-Futterer/*Blank* § 541 Rn. 5). Eine vorherige Abmahnung ist nur dann entbehrlich, wenn sich der Mieter von vornherein ernsthaft und endgültig weigert oder nicht in der Lage ist, sein vertragswidriges Verhalten abzustellen, die Abmahnung also eine bloße Förmelei darstellen würde (BGH WM 1975, 365; WM 1968, 252).

6. Grundsätzlich ist der Mieter ohne Genehmigung des Vermieters nur zu geringfügigen Eingriffen in die Bausubstanz der Mietsache berechtigt, die spätestens bei Vertragsende ohne weiteres wieder rückgängig gemacht werden können, zB Bildernägel, Dübel, Raumteiler, Bodenleisten, Einbauküche (*Sternel* II Rn. 211 ff.; vgl. zB zu Dübeln Schmidt-Futterer/*Eisenschmid* § 535 Rn. 317 ff.). Mauerdurchbrüche oder die Installation einer zusätzlichen Wasserleitung sind danach unzulässig (LG Gießen NJW-RR 1994, 1102; dagegen soll der Ausbau von Innentüren nebst Zargen zulässig sein: LG Berlin WuM 1996, 138). Gleiches gilt für Eingriffe baulicher Art, die das Mietobjekt endgültig verändern, nachteilige Folgen für die Mietsache befürchten lassen, den äußeren Eindruck verändern oder zur Störungen Dritter führen (*Sternel* II Rn. 216; zum Sonderfall Parabolantennen vgl. Schmidt-Futterer/*Eisenschmid* § 535 Rn. 468 ff. mwN).

55. Klage auf Unterlassung gewerblicher Nutzung der Mieträume

An das

Amtsgericht/Landgericht[1] . . . . .

Klage

In Sachen

des . . . . .

– Kläger –

Prozessbevollmächtigte:

gegen

den . . . . .

– Beklagter –

wegen Unterlassung

erheben wir hiermit namens und in anwaltlich versicherter Vollmacht des Klägers

Klage,

entrichten aus einem vorläufigen Streitwert in Höhe von . . . . . EUR[2] Vorschuss auf die Gerichtskosten durch beigefügten Verrechnungsscheck in Höhe von . . . . . EUR, bitten um Zustellung der Klageschrift an den Beklagten und Anberaumung eines baldigen frühen ersten Termins zur mündlichen Verhandlung, in dem wir die

Anträge

stellen/verlesen[3] werden, wie folgt zu erkennen:

1. Der Beklagte wird bei Vermeidung der gerichtlichen Festsetzung eines Ordnungsgeldes, ersatz- oder wahlweise Ordnungshaft, verurteilt, die Nutzung der von ihm
gemieteten 5-Zimmer-Wohnung im . . . . . (Stockwerk) . . . . . in der . . . . . (Straße)
. . . . . in . . . . . (Ort) . . . . . als Anwaltskanzlei zu unterlassen.[4]
2. Der Beklagte trägt die Kosten des Rechtsstreits.
3. Das Urteil ist, notfalls gegen Sicherheitsleistung, vorläufig vollstreckbar. Dem Kläger
wird nachgelassen, Sicherheitsleistung auch durch unwiderrufliche selbstschuldnerische Bürgschaft eines im Bereich der EU zugelassenen Bank- oder Kreditinstituts zu
erbringen, ebenfalls – vorsorglich – zwecks Abwendung der Zwangsvollstreckung.

Sollte das Gericht das schriftliche Vorverfahren beschließen, wird bereits jetzt

Antrag

auf Erlass eines Versäumnisurteils (§ 331 Abs. 3 ZPO) gestellt.

Begründung:

Mit der vorliegenden Klage verlangt der Kläger als Vermieter vom Beklagten als Mieter
die Unterlassung der vertragswidrigen Nutzung von Wohnräumen zum Betrieb einer
Anwaltskanzlei.

Im Einzelnen:

1. Der Kläger hat an den Beklagten die in Klageantrag Ziffer 1 näher bezeichnete 5-
Zimmer-Wohnung mit Wohnraummietvertrag vom . . . . . ausdrücklich zu Wohnzwecken vermietet.

> Beweis: Vorerwähnter Wohnraummietvertrag gemäß § 133 Abs. 1 S. 2 ZPO einfach
> beigefügt in Ablichtung als Anlage K 1.

Wie sich aus dem Rubrum dieses Mietvertrages ergibt, war der Beklagte damals noch
Student; er studierte Rechtswissenschaft. Seine Ausbildung hat der Beklagte beendet
und wurde als Rechtsanwalt zugelassen. Offensichtlich mangels Alternative und unter
dem „Kostendruck" der aus der Presse bekannten „Anwaltsschwemme" hat sich der
Beklagte entschlossen, seine Anwaltskanzlei in 3 Räumen der vom Kläger gemieteten
5-Zimmer-Wohnung zu eröffnen. Die übrigen beiden Räume bewohnt er zusammen
mit seiner Lebensgefährtin, die ihm offensichtlich als Sekretärin bzw. Rechtsanwalts-
fachangestellte auch in der Kanzlei dient, wovon sich der nachbenannte Zeuge bei
einem unangemeldeten Besuch als potentieller Mandant selbst überzeugen konnte.

> Beweis: Zeugnis . . . . .

Dieser, im Nachbaranwesen wohnende, pensionierte Zeuge hat weiter über einen
Zeitraum von etwa 3 Wochen fast täglich beobachtet, wie viele Personen die Anwalts-
kanzlei des Beklagten aufsuchen: Dies waren am Schnitt fünf bis zwölf verschiedene
Personen täglich.

> Beweis: wie vor.

Der Beklagte weist auf die von ihm in den Mieträumen betriebene Anwaltskanzlei
durch ein entsprechendes Schild hin, das er neben der Haustür des Anwesens angebracht hat.

> Beweis: 2 Lichtbilder, gemäß § 133 Abs. 1 S. 2 ZPO einfach beigefügt im Original als
> Anlagenkonvolut K 2.

Weiter wirbt der Beklagte unter derselben Anschrift in Telefon- und Branchenfernsprechbüchern.

Beweis: Auszüge aus den derzeit aktuellen Telefon- und Branchenfernsprechbüchern, gemäß § 133 Abs. 1 S. 2 ZPO einfach beigefügt in Ablichtung als Anlagenkonvolut K 3.

2. Der Kläger hat den Beklagten nach Feststellung dieser Tatsachen mit Schreiben vom . . . . . förmlich abgemahnt und ihn aufgefordert, unverzüglich die teilweise Nutzung der Mieträume zum Betrieb einer Anwaltskanzlei zu unterlassen.[5]

Beweis: Vorerwähntes Abmahnschreiben, gemäß § 133 Abs. 1 S. 2 ZPO einfach beigefügt in Ablichtung als Anlage K 4.

Dieses Schreiben hat der Kläger im Beisein des nachbenannten Zeugen in den Briefkasten des Beklagten am . . . . . um . . . . . Uhr geworfen.

Beweis: Zeugnis . . . . .

Obwohl zwischenzeitlich etwa 3 Wochen vergangen sind, der Beklagte also ohne weiteres die Möglichkeit gehabt hätte, den Betrieb seiner Anwaltskanzlei einzustellen und zum Beispiel das angebrachte Schild (im Übrigen auch an der Klingel)

Beweis: 1 Lichtbild aus der Totalen und 1 Lichtbild mit dem Detail des Klingelschildes, gemäß § 133 Abs. 1 S. 2 ZPO einfach beigefügt im Original als Anlagenkonvolut K 5

zu entfernen, erfolgte keinerlei Reaktion.
Daher war nunmehr die Inanspruchnahme gerichtlicher Hilfe unumgänglich.

3. Das Unterlassungsbegehren nach der vergeblichen Abmahnung rechtfertigt sich aus § 541 BGB.
Mit der Nutzung der Wohnung jedenfalls zum überwiegenden Teil zum Betrieb einer Anwaltspraxis mit Außenwirkung, die Laufkundschaft anzieht und in der Angestellte beschäftigt werden, überschreitet die Grenzen des zulässigen und ausdrücklich vertraglich vereinbarten Wohngebrauchs und stellt daher eine vertragswidrige Nutzung dar, dessen Unterlassung der Kläger vom Beklagten verlangen kann.[6]

4. Auf der Grundlage dieser Ausführungen ist der Beklagte wie beantragt zu verurteilen.

Rechtsanwalt

Anmerkungen

1. Bei Wohnraummietverhältnissen ergibt sich die ausschließliche sachliche Zuständigkeit des Amtsgerichts aus § 23 Nr. 2 a GVG. Örtlich ausschließlich zuständig ist das Gericht, in dessen Bezirk die Mietsache liegt (vgl. § 29a ZPO).

2. Denkbar wäre eine Orientierung am Jahresbetrag der Differenzmiete bei entsprechender gewerblicher Nutzung oder am Jahresbetrag einer möglichen Minderung anderer Mieter im selben Anwesen.

3. In Anwaltsprozessen werden die Sachanträge grundsätzlich verlesen (§ 297 ZPO). Dies gilt in amtsgerichtlichen Verfahren nur, soweit ausnahmsweise dessen schriftliche

Hannemann

Vorbereitung nach § 129 Abs. 2 ZPO aufgegeben wurde (vgl. auch § 496 ZPO). Andernfalls genügt es, die Anträge zu stellen.

4. Der Antrag orientiert sich an § 890 ZPO. Die erforderliche Androhung des Ordnungsmittels nach Abs. 2 sollte zweckmäßigerweise gleich in den Antrag aufgenommen werden, damit sie schon in der gerichtlichen Entscheidung enthalten ist (zulässig: vgl. nur Zöller/*Stöber* § 890 Rn. 12 ff.). Andernfalls bedarf es eines gesonderten Beschlusses nach Anhörung des Schuldners.

5. Eine – auch formlos, sofern beweisbar – rechtswirksame vergebliche Abmahnung ist Tatbestandsvoraussetzung nach § 541 BGB (der im Wohnraummietrecht § 1004 BGB verdrängt: BGH NZM 2007, 481 = NJW 2007, 2180); andernfalls wäre eine Unterlassungsklage unbegründet (Schmidt-Futterer/*Blank* § 541 Rn. 11). Es genügt daher nicht, in der Erhebung der Unterlassungsklage selbst eine Abmahnung zu sehen. Abmahnberechtigt ist allein der Vermieter oder dessen Bevollmächtigter (§ 174 BGB beachten; vgl. OLG Celle WuM 1982, 206). Die Abmahnung ist gegenüber dem Mieter, auch bei Fehlverhalten Dritter (z. B. Familienangehöriger, Untermieter), auszusprechen (Schmidt-Futterer/*Blank* § 541 Rn. 7). Sie muss inhaltlich so konkret sein, dass dem Mieter klar ist, welches Fehlverhalten der Vermieter beanstandet und künftig abgestellt wissen will (Schmidt-Futterer/*Blank* § 541 Rn. 5). Eine vorherige Abmahnung ist nur dann entbehrlich, wenn sich der Mieter von vornherein ernsthaft und endgültig weigert oder nicht in der Lage ist, sein vertragswidriges Verhalten abzustellen, die Abmahnung also eine bloße Förmelei darstellen würde (BGH WM 1975, 365; WM 1968, 252).

6. Eine untergeordnete berufliche Nutzung ohne Außenwirkung ist auch dem Wohnraummieter erlaubt, selbst ohne Zustimmung des Vermieters vom Mietgebrauch umfasst (Stichwort: Arbeitszimmer, insbes. mit PC) und rechtfertigt auch keine höhere Miete (Schmidt-Futterer/*Eisenschmid* § 535 Rn. 307 ff.; *Sternel* II Rn. 156). So etwa gelegentliche Büro- oder Buchhaltungsarbeiten oder schriftstellerische bzw. wissenschaftliche Tätigkeiten (LG Frankfurt/M. WuM 1996, 532; LG Hamburg WuM 1992, 241; LG Stuttgart WuM 1992, 250; Schmidt-Futterer/*Eisenschmid* aaO). Gleiches gilt für nicht störende Arbeiten als Näherin oder Sekretärin (LG Berlin WuM 1974, 258), als gelegentlicher Hellseher (LG Hamburg WuM 1985, 263), für Nachhilfe – auch in Musik (AG Freiburg WuM 1991, 686) – oder als Tagesmutter mit der Betreuung von 3 Kindern (AG Hamburg WuM 1989, 625, nicht aber bei 5 Kindern: LG Berlin WuM 1993, 39; vgl. auch BGH NZM 2012, 687).

Die Grenze zur vertragswidrigen Nutzung wird aber dann überschritten, wenn die gewerbliche Tätigkeit Außenwirkung entfaltet (z. B. Laufkundschaft, Lieferantenverkehr, Mitarbeiter). So etwa bei einem Ingenieurbüro (LG Schwerin WuM 1996, 214), einer Physiotherapiepraxis (LG Stuttgart WuM 1997, 215) oder einer Taxizentrale (AG Hannover WuM 1991, 577). Diese gewerbliche Mitbenutzung bedarf der Erlaubnis des Vermieters und kann von einem Mietzuschlag abhängig gemacht werden (BayObLG RE NJW-RR 1986, 892). Allerdings kann der Vermieter nach Treu und Glauben verpflichtet sein, die Erlaubnis zur teilgewerblichen Nutzung zu erteilen, wenn die Außenwirkung diejenige einer zulässigen Wohnungsnutzung nicht überschreitet (BGH NJW 2009, 3157; vgl. auch BGH NZM 2011, 151 und BGH NJW 2013, 1806 = NZM 2013, 456 sowie verschärfend aber unklar, ob damit diese früheren Entscheidungen überholt sind: BGH NJW-RR 2013, 1478 = NZM 2013, 786).

Bei der hier in Rede stehenden Anwaltskanzlei kann der Übergang fließend sein: wissenschaftliche Tätigkeit (zB Veröffentlichungen, Gutachten) ohne oder kaum mit Mandanten kann noch zulässig sein, allerdings nicht mehr die in diesem Fall geschilderten Verhältnisse bei der dargelegten Außenwirkung (vgl. BayObLG RE NJW-RR 1986, 892).

56. Klage auf Unterlassung vertragswidriger Nutzung von Gewerberäumen

An das

Amtsgericht/Landgericht[1] . . . . .

Klage

In Sachen

des . . . . .

– Kläger –

Prozessbevollmächtigte:

gegen

den . . . . .

– Beklagter –

wegen Unterlassung

erheben wir hiermit namens und in anwaltlich versicherter Vollmacht des Klägers

Klage,

entrichten aus einem vorläufigen Streitwert in Höhe von . . . . . EUR[2] Vorschuss auf die Gerichtskosten durch beigefügten Verrechnungsscheck in Höhe von . . . . . EUR, bitten um Zustellung der Klageschrift an den Beklagten und Anberaumung eines baldigen frühen ersten Termins zur mündlichen Verhandlung, in dem wir die

Anträge

stellen/verlesen[3] werden, wie folgt zu erkennen:

1. Der Beklagte wird bei Vermeidung der gerichtlichen Festsetzung eines Ordnungs-geldes, ersatz- oder wahlweise Ordnungshaft, verurteilt, die Nutzung des von ihm gemieteten Ladenlokals im Erdgeschoss des Anwesens . . . . . (Straße) . . . . . in . . . . . (Ort) . . . . . zum Betrieb eines Steh- und Sitzimbisses mit Straßenverkauf zu unterlassen.[4]
2. Der Beklagte trägt die Kosten des Rechtsstreits.
3. Das Urteil ist, notfalls gegen Sicherheitsleistung, vorläufig vollstreckbar. Dem Kläger wird nachgelassen, Sicherheitsleistung auch durch unwiderrufliche selbstschuldneri-sche Bürgschaft eines im Bereich der EU zugelassenen Bank- oder Kreditinstituts zu erbringen, ebenfalls – vorsorglich – zwecks Abwendung der Zwangsvollstreckung.

Sollte das Gericht das schriftliche Vorverfahren beschließen, wird bereits jetzt

Antrag

auf Erlass eines Versäumnisurteils (§ 331 Abs. 3 ZPO) gestellt.

Begründung:

Mit der vorliegenden Klage verlangt der Kläger als Vermieter vom Beklagten als Mieter die Unterlassung des vertragswidrigen Gebrauchs der gemieteten Gewerberäume.

Im Einzelnen:

1. Der Beklagte hat vom Kläger die in Klageantrag Ziffer 1 näher bezeichnete Mietsache zum Betrieb eines Ladenlokals mit Mietvertrag vom . . . . . gemietet.

   Beweis: Vorerwähnter Mietvertrag, gemäß § 133 Abs. 1 S. 2 ZPO einfach beigefügt in Ablichtung als Anlage K 1.

   In § . . . . . dieses Mietvertrages ist als Miet- bzw. Nutzungszweck ausdrücklich festgehalten: „Ladenlokal zum Verkauf asiatischer Spezialitäten".
   Wie der Kläger nun in jüngster Zeit feststellen musste, hat der Beklagte offensichtlich den Begriff „Lokal" missverstanden und das Ladengeschäft umgebaut zu einem Steh- und Sitzimbiss für Gäste mit Straßenverkauf verschiedenartiger asiatischer Gerichte und auch nichtalkoholischer sowie alkoholischer Getränke aller Art.

   Beweis: 1. Lichtbildmappe, gemäß § 133 Abs. 1 S. 2 ZPO einfach beigefügt in Ablichtung als Anlagenkonvolut K 2;
   2. Zeugnis . . . . .

   Der Beklagte hat eine große Küche mit Abluftanlage in das Ladengeschäft eingebaut und leitet die Abluft über einen eigenmächtig vorgenommenen Mauerdurchbruch in den Innenhof mit erheblichen Geruchsbelästigungen.

   Beweis: wie vor.

   Auch ausweislich des angebrachten Schildes ist der Restaurantbetrieb während sieben Tagen der Woche täglich von 10.30 Uhr bis 23.00 Uhr geöffnet.

   Beweis: wie vor.

2. Der Kläger hat den Beklagten mit Einschreiben/Rückschein vom . . . . . ausdrücklich wegen dieser vertragswidrigen Nutzung abgemahnt und ihn aufgefordert, den Restaurant- bzw. Imbissbetrieb einschließlich Straßenverkauf unverzüglich einzustellen.[5]

   Beweis: Vorerwähntes Abmahnschreiben nebst Rückschein, einfach beigefügt in Ablichtung gemäß § 133 Abs. 1 S. 2 ZPO als Anlage K 3.

   Hierauf erfolgte keine Reaktion. Der Beklagte hat insbesondere den Betrieb seines Imbisses nebst Straßenverkauf unverändert fortgeführt. Dafür war nunmehr die Inanspruchnahme gerichtlicher Hilfe unumgänglich.

3. Auf der Grundlage dieses beweisbewehrten Sachverhaltes ist festzuhalten, dass der Beklagte eigenmächtig den ausdrücklich vertraglich vereinbarten Verwendungs- bzw. Nutzungszweck geändert hat und damit die gemieteten Gewerberäume vertragswidrig nutzt. Die Räume waren als Ladenlokal vermietet und werden nunmehr als Restaurationsbetrieb, nämlich als Steh- und Sitzimbiss nebst Straßenverkauf, genutzt. Dies ist für den Kläger schon aus folgenden Gründen nicht zumutbar:
   • Die Ladenschlusszeiten werden nicht eingehalten.
   • Mit dem Imbissbetrieb bis in die Nacht hinein und auch an den Wochenenden ist eine erheblichere Außenwirkung verbunden durch Gäste, an- und abfahrende Fahrzeuge, Geruchs- und Geräuschbelästigungen, uvm.
   • Die Auswirkungen auf das Mietobjekt selbst und die eigenmächtig vorgenommenen baulichen Veränderungen können zum Teil – wenn überhaupt – nur mit einem erheblichen Kostenaufwand wieder rückgängig gemacht werden.

Dem Kläger steht daher nach der erfolgten vergeblichen Abmahnung der geltend gemachte Unterlassungsanspruch nach § 541 BGB zu.[6]

4. Der Beklagte ist auf der Grundlage dieser Ausführungen wie beantragt zu verurteilen.

Rechtsanwalt[7]

Anmerkungen

1. Bei der Gewerberaummiete ist die übliche streitwertabhängige Zuständigkeitsregelung der §§ 23 Nr. 1, 71 Abs. 1 GVG zu beachten. Örtlich ausschließlich zuständig ist das Gericht, in dessen Bezirk die Mietsache liegt (vgl. § 29a ZPO).

2. Der Streitwert hat sich am Ausmaß der Beeinträchtigungen des Vermieters durch die Nutzungsänderung zu orientieren, deren Unterlassung begehrt wird. Denkbar wäre der Jahresbetrag der zulässigen Minderung anderer Mieter desselben Anwesens und/oder die Kosten für eine Wiederherstellung des vormaligen Zustands.

3. In Anwaltsprozessen werden die Sachanträge grundsätzlich verlesen (§ 297 ZPO). Dies gilt in amtsgerichtlichen Verfahren nur, soweit ausnahmsweise dessen schriftliche Vorbereitung nach § 129 Abs. 2 ZPO aufgegeben wurde (vgl. auch § 496 ZPO). Andernfalls genügt es, die Anträge zu stellen.

4. Der Antrag orientiert sich an § 890 ZPO. Die erforderliche Androhung des Ordnungsmittels nach Abs. 2 sollte zweckmäßigerweise gleich in den Antrag aufgenommen werden, damit sie schon in der gerichtlichen Entscheidung enthalten ist (zulässig: vgl. nur Zöller/*Stöber* § 890 Rn. 12 ff.). Andernfalls bedarf es eines gesonderten Beschlusses nach Anhörung des Schuldners.

5. Eine – auch formlos, sofern beweisbar – rechtswirksame vergebliche Abmahnung ist Tatbestandsvoraussetzung nach § 541 BGB (der im Wohnraummietrecht § 1004 BGB verdrängt: BGH NZM 2007, 481 = NJW 2007, 2180); andernfalls wäre eine Unterlassungsklage unbegründet (Schmidt-Futterer/*Blank* § 541 Rn. 11). Es genügt daher nicht, in der Erhebung der Unterlassungsklage selbst eine Abmahnung zu sehen. Abmahnberechtigt ist allein der Vermieter oder dessen Bevollmächtigter (§ 174 BGB beachten; vgl. OLG Celle WuM 1982, 206). Die Abmahnung ist gegenüber dem Mieter, auch bei Fehlverhalten Dritter (z.B. Familienangehöriger, Untermieter), auszusprechen (Schmidt-Futterer/*Blank* § 541 Rn. 7). Sie muss inhaltlich so konkret sein, dass dem Mieter klar ist, welches Fehlverhalten der Vermieter beanstandet und künftig abgestellt wissen will (Schmidt-Futterer/*Blank* § 541 Rn. 5). Eine vorherige Abmahnung ist nur dann entbehrlich, wenn sich der Mieter von vornherein ernsthaft und endgültig weigert oder nicht in der Lage ist, sein vertragswidriges Verhalten abzustellen, die Abmahnung also eine bloße Förmelei darstellen würde (BGH WM 1975, 365; WM 1968, 252).

6. Die Vereinbarung eines bestimmten Betriebs- bzw. Nutzungszwecks ist gerade bei der Gewerberaummiete sowohl für die Abgrenzung vertragsgemäßer Gebrauch – vertragswidrige Nutzung von entscheidender Bedeutung als auch z.B. für die Bestimmung der Soll-Beschaffenheit der Mietsache im Rahmen der Gewährleistungsansprüche des Mieters. Allgemein gilt, dass eine völlige Umwandlung des vereinbarten Geschäftszwecks unzulässig ist, insbes. wenn damit erhebliche Veränderungen der Mietsache bzw. eine Änderung in der Außenwirkung verbunden ist. Abgesehen von der Unzulässigkeit der Nutzung von Geschäftsräumen zu Wohnzwecken (OLG Düsseldorf ZMR 1987, 423; OLG Koblenz NJW-RR 1986, 1343; vgl. aber auch OLG Köln WuM 1996, 270) sind u.a. folgende Fallgestaltungen vertragswidriger Nutzungen von der Rechtsprechung entschieden worden:

- Gastwirtschaft/Café in Bar oder Nachtcafé mit Tanz (BGH NJW 1957, 1833),
- Kfz-Werkstatt in Supermarkt (BGH NJW 1985, 2527),
- Eisdiele und Café in Bierlokal (OLG München WuM 1992, 326),
- Metzgerei in Imbiss bzw. Bekleidungsgeschäft (LG Nürnberg/Fürth WuM 1991, 344),
- Büro in Asylbewerberunterkunft (OLG Düsseldorf ZMR 1991, 176).

Der hier in Rede stehende Fall betrifft aus den dargelegten Gründen ebenfalls eine vertragswidrige (Um-)Nutzung (vgl. OLG Düsseldorf NJW-RR 1993, 587), deren Unterlassung der Vermieter mit Erfolg beanspruchen kann.

Die kaum mehr überschaubare Einzelfallrechtsprechung ist sehr gut zusammengefasst von Lindner-Figura/Oprée/Stellmann/*Wolf* Kap. 13 Rn. 53 ff. mwN.

Zwangsverwaltung

7. Anlässlich der Inbesitznahme soll der **Zwangsverwalter** feststellen, in welchem Zustand sich die Mietsache befindet. Hierüber muss er dem Gericht berichten, § 3 Abs. 1 ZwVwV. Er kann verpflichtet sein – entsprechende Vertragsverletzungen des Mieters unterstellt – die hier in Rede stehenden Ansprüche geltend zu machen, da er verpflichtet ist, das Grundstück „zu erhalten" (§ 152 Abs. 1 ZVG).

Er kann deshalb Zutritt zu den Mieträumen verlangen, gegenüber dem Schuldner als Besitzer auch durchsetzen, gegenüber einem Mieter, der bei Anordnung der Zwangsverwaltung bereits Besitz hat allerdings lediglich im Umfang der durch das Mietverhältnis vertraglich oder gesetzlich begründeten Ansprüche, § 152 Abs. 2 ZVG.

Sofern also nicht ein dringender Fall sofortigen Zutritt erfordert, kann der Mieter darauf bestehen, dass die mietvertraglich vereinbarten Regelungen zum Zutritt durch den Zwangsverwalter eingehalten werden. Auch ohne ausdrückliche mietvertragliche Regelungen kann der Mieter auf eine rechtzeitige Ankündigung bestehen.

Nicht dulden muss ein Mieter Besichtigungen durch Interessenten, die das Objekt ersteigern wollen.

57. Klage auf Unterlassung von Verstößen gegen die Hausordnung

An das

Amtsgericht/Landgericht[1] . . . . .

Klage

In Sachen

des . . . . .

– Kläger –

Prozessbevollmächtigte:

gegen

den . . . . .

– Beklagter –

wegen Unterlassung

erheben wir hiermit namens und in anwaltlich versicherter Vollmacht des Klägers

Klage,

entrichten aus einem vorläufigen Streitwert in Höhe von . . . . . EUR[2] Vorschuss auf die Gerichtskosten durch beigefügten Verrechnungsscheck in Höhe von . . . . . EUR, bitten um Zustellung der Klageschrift an den Beklagten und Anberaumung eines baldigen frühen ersten Termins zur mündlichen Verhandlung, in dem wir die

Anträge

stellen/verlesen[3] werden, wie folgt zu erkennen:

1. Der Beklagte wird bei Vermeidung der gerichtlichen Festsetzung eines Ordnungsgeldes, ersatz- oder wahlweise Ordnungshaft, verurteilt, in der vom Kläger gemieteten 3-Zimmer-Wohnung im . . . . . Stockwerk in der . . . . . (Straße) . . . . . in . . . . . (Ort) . . . . . das Musizieren mit Tuba und/oder Schlagzeug mit oder ohne Gesangsübungen über einen Zeitraum von eineinhalb Stunden pro Werktag zwischen 8.00 und 13.00 Uhr sowie zwischen 15.00 und 20.00 Uhr hinaus zu unterlassen.[4]
2. Der Beklagte trägt die Kosten des Rechtsstreits.
3. Das Urteil ist, notfalls gegen Sicherheitsleistung, vorläufig vollstreckbar. Dem Kläger wird nachgelassen, Sicherheitsleistung auch durch unwiderrufliche selbstschuldnerische Bürgschaft eines im Bereich der EU zugelassenen Bank- oder Kreditinstituts zu erbringen, ebenfalls – vorsorglich – zwecks Abwendung der Zwangsvollstreckung.

Sollte das Gericht das schriftliche Vorverfahren beschließen, wird bereits jetzt

Antrag

auf Erlass eines Versäumnisurteils (§ 331 Abs. 3 ZPO)

gestellt.

Begründung:

Mit der vorliegenden Klage verlangt der Kläger als Vermieter vom Beklagten als Mieter die Unterlassung von Verstößen gegen die Hausordnung – hier Lärmbelästigungen.

Im Einzelnen:

1. Der Kläger hat an den Beklagten die in Klageantrag Ziffer 1 näher bezeichnete Wohnung mit Mietvertrag vom . . . . . vermietet.

Beweis: Vorerwähnter Mietvertrag, gemäß § 133 Abs. 1 S. 2 ZPO einfach beigefügt in Ablichtung als Anlage K 1.

In der diesem Mietvertrag beigefügten Hausordnung, auf die in § . . . . . des Mietvertrages (Anlage K 1) verwiesen wird, sind ausdrücklich Ruhezeiten von 20.00 bis 8.00 Uhr und von 13.00 bis 15.00 Uhr geregelt, die der Beklagte leider nicht einhält.[5] Der Beklagte übt vielmehr stundenlang ohne Beachtung der Ruhezeiten täglich – auch am Wochenende – mit sehr geräuschintensiven Instrumenten in der Mietwohnung: einer Tuba und/oder einem Schlagzeug. Dabei hält er es auch für richtig, diese Geräuschemissionen zusätzlich noch mit Gesangsübungen zu unterlegen, der sich seine Lebensgefährtin – die nicht Partei des Mietvertrages ist – oft anschließt. Die so produzierte Kakophonie ist unerträglich.
Die Mitbewohner des Anwesens, die sich im Hinblick darauf beim Kläger als Vermieter mehrfach und wiederholt beschwert und sogar Mietminderungen angekündigt haben, wurden vom Kläger gebeten, über einen Zeitraum von 4 Wochen hinweg tagebuchartige Aufzeichnungen zu führen, die das Datum, Beginn und Ende des „Musizierens" und – soweit möglich – die Art der verwendeten Instrumente und der

hörbaren Sangeskünste, aufführen.[6] Insgesamt vier verschiedene Mietparteien haben sich dieser Mühe unterzogen.

Beweis: 1. Tagebuchartige Aufzeichnungen der Mietparteien . . . . . vom . . . . . beigefügt in Ablichtung als Anlagenkonvolut K 2;

2. Zeugnis . . . . .

Zur Vermeidung unnötiger Wiederholungen nehmen wir Bezug auf diese tagebuchartigen Aufzeichnungen und machen diese zum Vorbringen des Klägers hier in der Klagebegründung. Sollte das Gericht an dieser pauschalen Bezugnahme Bedenken haben, wird um richterlichen Hinweis gebeten (§ 139 ZPO).

2. Der Kläger hat den Beklagten per Einschreiben/Rückschein vom . . . . . aufgefordert, diese Musik- und Gesangsübungen auf maximal eineinhalb Stunden unter Beachtung der Ruhezeiten nach Maßgabe der Hausordnung einzuschränken.[7]

Beweis: Vorerwähntes Abmahnschreiben nebst Rückschein, gemäß § 133 Abs. 1 S. 2 ZPO einfach beigefügt in Ablichtung als Anlage K 3.

Der Beklagte ließ sich hiervon nicht beeindrucken und hat sein Verhalten unverändert fortgesetzt. Daher war nunmehr die Inanspruchnahme gerichtlicher Hilfe unumgänglich.

3. Der Beklagte ist im Rahmen des ihm obliegenden vertragsgemäßen Gebrauchs der Mietsache zu Wohnzwecken verpflichtet, seine Musikdarbietungen mit den von ihm bevorzugten geräuschintensiven Instrumenten in Verbindung mit der Ausübung der Gesangseinlagen im Duett auf maximal eineinhalb Stunden unter Beachtung der Ruhezeiten zu beschränken.[8] Andernfalls begeht er eine vertragswidrige Nutzung und ist zu deren Unterlassung gemäß § 541 BGB jedenfalls nach vergeblicher Abmahnung – wie vorliegend – verpflichtet.
Diese Verpflichtung ergibt sich im Übrigen ungeachtet der hier in Rede stehenden Hausordnung, welche die Ruhezeiten definiert, auch aus der örtlichen Polizeisatzung, die vergleichbare Ruhezeiten festlegt.

Beweis: Vorerwähnte Lärmschutzverordnung der Stadt/Gemeinde . . . . . vom . . . . . beigefügt in Ablichtung als Anlage K 4.

4. Auf der Grundlage dieser Darlegungen ist der Beklagte wie beantragt zu verurteilen.

Rechtsanwalt

Anmerkungen

1. Bei Wohnraummietverhältnissen ergibt sich die ausschließliche sachliche Zuständigkeit des Amtsgerichts aus § 23 Nr. 2 a GVG; bei der Gewerberaummiete ist die übliche streitwertabhängige Zuständigkeitsregelung der §§ 23 Nr. 1, 71 Abs. 1 GVG zu beachten.
Örtlich ausschließlich zuständig ist das Gericht, in dessen Bezirk die Mietsache liegt (vgl. § 29a ZPO).

2. Nachdem es auf das Interesse des Vermieters an der begehrten Unterlassung ankommt, scheint es angemessen, den Jahresbetrag einer zulässigen Minderung anderer Mieter desselben Anwesens in Ansatz zu bringen.

3. In Anwaltsprozessen werden die Sachanträge grundsätzlich verlesen (§ 297 ZPO). Dies gilt in amtsgerichtlichen Verfahren nur, soweit ausnahmsweise dessen schriftliche Vorbereitung nach § 129 Abs. 2 ZPO aufgegeben wurde (vgl. auch § 496 ZPO). Andernfalls genügt es, die Anträge zu stellen.

4. Der Antrag orientiert sich an § 890 ZPO. Die erforderliche Androhung des Ordnungsmittels nach Abs. 2 sollte zweckmäßigerweise gleich in den Antrag aufgenommen werden, damit sie schon in der gerichtlichen Entscheidung enthalten ist (zulässig: vgl. nur Zöller/*Stöber* § 890 Rn. 12 ff.). Andernfalls bedarf es eines gesonderten Beschlusses nach Anhörung des Schuldners.

5. Enthält eine Hausordnung zusätzliche, im Mietvertragstext selbst nicht vereinbarte – zulässige (wozu die Verpflichtung, die Haustür während bestimmter Zeiten abzuschließen nicht <mehr> gehört: vgl. nur Schmidt-Futterer/*Eisenschmid* § 535 Rn. 382 ff.) – Pflichtenüberbürdungen auf den Mieter, bedarf es ihrer ausdrücklichen Einbeziehung in den Mietvertrag (vgl. nur Schmidt-Futterer/*Eisenschmid* § 535 Rn. 378 f.; *Sternel* I Rn. 417 ff.). Die bloße Bezugnahme auf eine beigefügte Hausordnung oder eine einseitig von Vermieterseite – etwa durch Aushang im Hausflur – aufgestellte Hausordnung darf nur Ordnungsbestimmungen enthalten (Schmidt-Futterer/*Eisenschmid* § 535 Rn. 378 f.; *Sternel* I Rn. 417 ff.), aber keine Pflichten zu Lasten des Mieters (Verstoß gegen § 305 Abs. 2 BGB: BGH NJW 1991, 1750; Verstoß gegen § 307 BGB: LG München ZMR 1998, 295). Im Übrigen kann einer Hausordnung auch die Wirkung eines Vertrages zugunsten Dritter zukommen, so dass andere Mieter unter Berufung auf dort festgelegte Ruhezeiten Unterlassung beanspruchen können oder aber z.B. Musikausübung hinnehmen müssen, die sich an die in der Hausordnung festgelegten Zeiten hält (OLG München WuM 1992, 238).

6. Derartige tagebuchartige Aufzeichnungen oder Protokolle sind nach Auffassung des BGH für eine Mängelanzeige nicht erforderlich. Vielmehr genügt grundsätzlich eine Beschreibung der Art der Beeinträchtigung (etwa: Partygeräusche, Musik, Lärm durch Putzkolonnen ua) und die „ungefähre" Angabe der Tageszeiten, Wiederholungsfrequenz und Zeitdauer der Beeinträchtigungen (BGH NJW 2012, 1647; vgl. auch BGH NJW 2012, 382). Für die erforderliche Substantiierung bei der hier in Rede stehenden Unterlassungsklage ist dieser Aufwand aber dennoch auch vor dem Hintergrund der allein dem Kläger obliegenden Darlegungs- und Beweislast sinnvoll und hilfreich.

7. Eine – auch formlos, sofern beweisbar – rechtswirksame vergebliche Abmahnung ist Tatbestandsvoraussetzung nach § 541 BGB (der im Wohnraummietrecht § 1004 BGB verdrängt: BGH NZM 2007, 481 = NJW 2007, 2180); andernfalls wäre eine Unterlassungsklage unbegründet (Schmidt-Futterer/*Blank* § 541 Rn. 11). Es genügt daher nicht, in der Erhebung der Unterlassungsklage selbst eine Abmahnung zu sehen. Abmahnberechtigt ist allein der Vermieter oder dessen Bevollmächtigter (§ 174 BGB beachten; vgl. OLG Celle WuM 1982, 206). Die Abmahnung ist gegenüber dem Mieter, auch bei Fehlverhalten Dritter (z.B. Familienangehöriger, Untermieter), auszusprechen (Schmidt-Futterer/*Blank* § 541 Rn. 7). Sie muss inhaltlich so konkret sein, dass dem Mieter klar ist, welches Fehlverhalten der Vermieter beanstandet und künftig abgestellt wissen will (Schmidt-Futterer/*Blank* § 541 Rn. 5). Eine vorherige Abmahnung ist nur dann entbehrlich, wenn sich der Mieter von vornherein ernsthaft und endgültig weigert oder nicht in der Lage ist, sein vertragswidriges Verhalten abzustellen, die Abmahnung also eine bloße Förmelei darstellen würde (BGH WM 1975, 365; WM 1968, 252).

8. Musikausübung darf zwar nicht generell untersagt werden (vgl. OLG Hamm NJW 1981, 465), kann aber rechtswirksam unter Beachtung des Gleichheitsgrundsatzes (LG Freiburg WuM 1993, 120) sowie der Ruhezeiten auf $1^{1}/_{2}$ bis 2 Stunden täglich beschränkt werden (OLG Karlsruhe NJW-RR 1989, 1179; LG Düsseldorf DWW 1990, 87; LG Kleve DWW 1992, 26). Bei geräuschintensiven Instrumenten oder der Hausmusik in Gruppen kann sogar eine noch weitergehende zeitliche Reduzierung zulässig sein (Musikausübung durch mehrere Mieter desselben Hauses: OLG Frankfurt/M. WuM 1984, 303; Schlagzeug auf 45 Min. im Sommer und 90 Min. im Winter pro Tag: LG Nürnberg/Fürth WuM 1992, 253). Bei Vermietung an einen Berufsmusiker sollen hinsichtlich des Übens in den Mieträumen Ausnahmen stillschweigend vereinbart sein (LG Flensburg DWW 1993, 102). Ausführlich Schmidt-Futterer/*Eisenschmid* § 535 Rn. 461 ff. mwN.

Jede darüber hinausgehende Musikausübung, wie in dem hier in Rede stehenden Fall, kann daher mit Erfolg untersagt werden. Vgl. in diesen Zusammenhang auch BGH NJW 2013, 1806 = NZM 2013, 456.

58. Klage auf Beseitigung einer Parabolantenne

Vorbemerkung: Zur Klage des Mieters auf Gestattung des Anbringen → Form. B. III. 38

An das

Amtsgericht[1] . . . . .

Klage

des . . . . .

– Kläger –

Prozessbevollmächtigter: Rechtsanwalt . . . . .

gegen

den . . . . .

– Beklagter –

wegen Beseitigung einer Parabolantenne.

Streitwert: 1.000 EUR[2]

Namens und in Vollmacht des Klägers erhebe ich Klage und beantrage,

den Beklagten zu verurteilen, die an der Straßenseite der Fassade des Gebäudes . . . . . . am Küchenfenster der Wohnung im Erdgeschoss links montierte Parabolantenne zu entfernen.

Sofern das Gericht das schriftliche Vorverfahren anordnet, wird für den Fall der Fristversäumnis beantragt,

den Beklagten durch Versäumnisurteil ohne mündliche Verhandlung zu verurteilen.

Begründung:

A. Sachverhalt

Der Kläger vermietete an den Beklagten ab dem . . . . . die Erdgeschosswohnung auf dem Grundstück . . . . .., das im Eigentum des Klägers steht.

Beweis: Mietvertrag, Anlage K 1.

Der Beklagte hat vor dem Küchenfenster seiner Wohnung eine Parabolantenne angebracht, indem er diese durch Schrauben fest mit der Fassade verankert hat,

Beweis: Foto der Fassade, in Fotokopie als Anlage K2 beigefügt; Augenschein.

Eine Zustimmung des Klägers besitzt der Beklagte nicht. Die Wohnanlage verfügt über einen Breitbandkabelanschluss, über den eine Vielzahl von ausländischen Fernseh- und Rundfunkprogrammen empfangen werden können. Der Beklagte ist polnischer Staatsangehöriger und kann bei Anschaffung eines Decoders für 500 EUR über den Kabelanschluss drei polnische Sender empfangen. Auch über das Internet besteht Zugang zu polnischen Medien, nämlich . . . . .

Der Kläger hat den Beklagten am . . . . . fruchtlos zur Beseitigung der Antenne aufgefordert.

B. Rechtslage

Der Klageanspruch folgt sowohl aus 541 BGB als auch aus § 1004 BGB.[3]

Die ohne Genehmigung angebrachte Parabolantenne stellt einerseits eine Vertragsverletzung dar, andererseits beeinträchtigt sie das Eigentum des Klägers, weil in das das äußere Erscheinungsbild der Fassade, aber auch in die Substanz des Eigentums (Schrauben) eingegriffen wird.

Der Kläger ist zur Duldung der Parabolantenne nicht verpflichtet. Zwar kann ein ausländischer Mieter unter bestimmten Umständen wegen seines Rechts auf Informationsfreiheit berechtigt sein, eine Parabolantenne an der Fassade des Mietshauses anzubringen. Diese Voraussetzungen sind hier aber nicht erfüllt. Denn der Beklagte kann sich sowohl über das Breitbandkabelnetz als auch über das Internet ausreichend informieren. Nach der Rechtsprechung des BGH ist es ausländischen Bürgern nämlich zumutbar werden, sich auf diese Weise Zugang zu Programmen in ihrer Sprache zu verschaffen, solange dies nicht mit unerträglichen Kosten verbunden ist (BGH NZM 2013, 647).

Zum Streitwert: Dieser richtet sich nach dem Klägerinteresse. Hier ist die Beeinträchtigung seines Eigentums maßgeblich (BGH NJW 2006, 2639); diese Beeinträchtigung schätzt der Kläger auf 1.000 EUR.

Beglaubigte und einfache Abschrift anbei.

Rechtsanwalt

Anmerkungen

1. Die **Zuständigkeit** des Amtsgerichts am Belegenheitsort der Wohnung folgt aus § 29a ZPO, § 23 Nr. 2 a GVG.

2. Der **Streitwert** bestimmt sich nicht nach den Beseitigungskosten, sondern nach dem Wertverlust, den das Eigentum des Klägers durch die Antenne erleidet, wobei der BGH bei unauffällig auf dem Balkon platzierten, nicht mit dem Gebäude verbundenen Antennen die Festsetzung auf 300 EUR gebilligt hat (BGH NJW 2006, 2639). Ist die Antenne hingegen von außen gut sichtbar an der Fassade angebracht, ist ein höherer, nach § 3 ZPO zu schätzender Wert angemessen (*Lehmann-Richter* ZWE 2010, 389).

3. Ob die Beseitigung von Parabolantennen verlangt werden kann, ist eine Frage des Einzelfalls, bei der das grundgesetzlich geschützte Recht des Nutzers der Antenne auf **Informationsfreiheit** (Art. 5 GG) gegen das Eigentumsrecht des Vermieters (Art. 14 GG)

abzuwägen ist. Ein Verbot der Parabolantenne hängt davon ab, ob der Mieter in zumutbarer Weise auf andere Informationsquellen verwiesen werden kann (etwa: Kabelfernsehen). Sind die anderen Informationsquellen kostenpflichtig, so ist es nicht zu beanstanden, wenn die Abwägung zu Lasten des Mieters ausfällt, sofern die Zusatzkosten nicht so hoch sind, dass sie nutzungswillige Interessenten typischerweise davon abhalten, das Programmpaket zu beziehen (BVerfG NZM 2005, 252).

59. Klage aufgrund von Besichtigungsrechten

An das

Amtsgericht Dresden[2]

Klage[1]

In Sachen des Vermieters . . . . .

– Kläger –

Prozessbevollmächtigter: Rechtsanwalt . . . . .

gegen

die Mieter . . . . .

– Beklagte –

wegen Zutrittsgewährung

Streitwert 1.050,– EUR (drei Monatsmieten)[3]

erhebe ich Klage und beantrage

die Beklagten als Gesamtschuldner[4] zu verurteilen, Zutritt zu ihrer Wohnung durch den Kläger oder seinen Bevollmächtigten zu dulden.[5] Widrigenfalls kann Ordnungsgeld, ersatzweise Ordnungshaft[6] festgesetzt oder der Gerichtsvollzieher zur Beseitigung des Widerstandes hinzugezogen werden.[7]

Der Antrag nach § 331 Abs. 3 ZPO wird gestellt.

Begründung:

Die Beklagten sind Mieter einer 4-Raum-Wohnung[8] im Hause Radeberger Str. 23 in Dresden auf Grund des schriftlichen Mietvertrages vom 6.1.2006. Nach dem Mietvertrag haben die Beklagten ua Schönheitsreparaturen auszuführen.[9]

Beweis: Mietvertrag vom 6.1.2006

Trotz mehrfacher Aufforderungen, letztmals mit Schreiben vom 6.5.2014

Beweis: Schreiben vom 6.5.2014

haben die Beklagten nicht angegeben, ob und welche Renovierungsarbeiten sie seit dem Einzug ausgeführt haben. Wenn auch die Wohnung bei Beginn des Mietverhältnisses frisch renoviert war,[10] sind die üblichen Renovierungsfristen[11] inzwischen längst verstrichen. Mit Schreiben vom 8.6.2014 und 16.6.2014

Beweis: Schreiben vom 8. 6. und 18.6.2014

hat der Kläger vergeblich um Vereinbarung eines Besichtigungstermins gebeten, um den malermäßigen Zustand der Räume zu überprüfen. Eine Besichtigung ist auch deshalb erforderlich, weil die Wohnungsnachbarn der Beklagten sich mehrfach über Geruchsbelästigungen aus der Wohnung beschwert haben, die möglicherweise auf eine ungenehmigte Tierhaltung in erheblichem Ausmaß zurückzuführen sind. Auch wurde eine Mietminderung angedroht.

Beweis: Schreiben der Mieterin Evelyn Krause vom 9.3.2014, die auch als Zeugin benannt wird.

Ich bitte um alsbaldige Zustellung der Klageschrift; Verrechnungsscheck über . . . . . EUR anbei.

Rechtsanwalt[12]

Anmerkungen

1. Eine einstweilige Verfügung kommt nur ausnahmsweise in Betracht, etwa bei dringenden Instandsetzungsarbeiten (LG Berlin GE 1997, 245; LG Duisburg NZM 2006, 897; LG Berlin Urt. v. 23.7.2010 – S 11/10, BeckRS 2010,19227). Die Feststellung des Zustands der Wohnung ist immer dann nötig, wenn der Vermieter die Ausführung bestimmter Arbeiten verlangt. Bei Schönheitsreparaturen kommt es darauf an, ob die Räume tatsächlich renovierungsbedürftig sind; die üblichen Fristen (→ Anm. 11) sind nur ein Anhaltspunkt. Zutritt kann aber auch verlangt werden bei sonstigen berechtigten Interessen, etwa für Kaufinteressenten. Die Besichtigung darf nicht allzu oft (mehr als einmal pro Woche) und nicht zur Unzeit (Wochenende, während der Arbeitszeit des berufstätigen Mieters, Urlaub) stattfinden. Ohne besonderen Anlass kann höchstens einmal pro Jahr besichtigt werden; entgegenstehende Formularklauseln („jederzeit") sind unwirksam. Verweigert der Mieter den Zutritt, kann das ein Kündigungsgrund jedenfalls dann sein, wenn der Vermieter ein Duldungsurteil erstritten hatte. Eine Zwangsvollstreckung nach § 890 ZPO muss der Kündigung nicht unbedingt vorausgehen (BGH Beschl. v. 5.10.2010, VIII ZR 221/09, GE 2011, 198).

2. §§ 29a ZPO, 23 Nr. 2 a GVG. Für Geschäftsräume wäre bei einem Streitwert von mehr als 5.000,– EUR das Landgericht sachlich zuständig.

3. Nach freiem Ermessen zu schätzen (§ 3 ZPO; Schmidt-Futter/*Eisenschmidt* BGB § 535 Rn. 222). Nach § 16 GKG ist für die Räumung der Betrag einer Jahresmiete zugrunde zu legen. Für die Besichtigung ist der Streitwert deutlich niedriger anzusetzen; angemessen kann auch eine Monatsmiete sein. Maßgeblich ist das wirtschaftliche Interesse des Vermieters, also der Besichtigungszweck.

4. Wie im Räumungsprozess sind mehrere Mieter Gesamtschuldner (BGH VIII ARZ 4/95 NJW 1996, 515) mit der Folge, dass jeder Mitmieter auf den anderen einwirken muss, die Verpflichtung gegenüber dem Gläubiger zu erfüllen.

5. Zutritt kann zwar nur nach rechtzeitiger Ankündigung verlangt werden; es ist jedoch nicht nötig, eine solche Ankündigung auch noch in den Klageantrag mit aufzunehmen. Der Mieter, der sich mit seiner Nebenpflicht auf Zutrittsgewährung in Verzug befindet, hat grundsätzlich sofort zu erfüllen. Auch bei einer Modernisierungsmaßnahme muss der Vermieter die strengen Ankündigungsformalitäten des § 554 BGB nicht erneut im Prozess einhalten, wenn der Mieter mit seiner Duldungspflicht in Verzug ist (LG Berlin GE 1994, 455). Wer das Zutrittsrecht haben soll, muss sich aus dem Titel ergeben. Namensnennung ist nicht erforderlich; es reicht Bestimmbarkeit. Wenn irgend möglich, sollte der Vermieter nicht allein die Besichtigung durchführen, damit später ein Zeuge zur Verfügung steht. Unabdingbar ist die Aufnahme eines Besichtigungsprotokolls, das möglichst dem Mieter zur Unterschrift vorzulegen ist.

6. § 890 ZPO (s. BGH VIII ZR 221/09). Einige Gerichte halten für die Zwangsvollstreckung aus einem Urteil auf Zutrittsgewährung (was nichts anderes als Duldung des Zutritts bedeutet) nur die Festsetzung eines Zwangsgeldes nach § 888 ZPO für zulässig (KG MDR 2007, 617; OLG Zweibrücken ZMR 2004, 268). Da ein Zwangsgeld nicht angedroht werden muss, empfiehlt es sich, zweigleisig zu fahren und bei der Zwangsvollstreckung Festsetzung von Ordnungsgeld, hilfsweise Zwangsgeld zu beantragen. *Lützenkirchen* (NJW 2007, 2152) schlägt demgegenüber folgenden Klageantrag vor:

„den Beklagten zu verurteilen, dem Kläger und einem von ihm beauftragten Handwerker nach vorheriger schriftlicher Ankündigung eines Termins an einem Werktag zwischen 10 und 13 Uhr oder 15 und 18 Uhr Zutritt zu der Wohnung im zweiten Obergeschoss des Hauses . . . . . zu gewähren, und zwar durch Öffnen der Wohnungseingangstür sowie sämtlicher Zimmertüren", weil damit eine Vollstreckung nach § 887 ZPO (vertretbare Handlung) möglich wäre.

Ob die Gerichte dem folgen würden, ist zweifelhaft (vgl. *Schlüter* NZM 2006, 681 Anm. 31).

7. Der umständliche Weg nach § 890 ZPO kann nach § 892 ZPO abgekürzt werden (vgl. AG Hamburg NZM 2010, 667 mit folgendem Tenor:

„Im Fall der Weigerung kann die Ast. zur Beseitigung des Widerstands gem. § 892 ZPO einen Gerichtsvollzieher hinzuziehen. Dem Gerichtsvollzieher wird gestattet, ggf. die Wohnung öffnen zu lassen").

Eine ausdrückliche Ermächtigung für den Gläubiger im Titel ist an sich nicht erforderlich, aber sinnvoll, um spätere Zweifel zu vermeiden. Der Gläubiger kann nach § 892 ZPO ohne Einschaltung des Gerichts (vgl. BGH I ZB 126/05 NJW 2006, 3352) den Gerichtsvollzieher mit der Wohnungsöffnung beauftragen.

8. In den neuen Ländern weitgehend übliche Formulierung statt „Vierzimmerwohnung". Auch hier werden Nebenräume wie Küche Bad, Speisekammer nicht mit gezählt.

9. Auch während des Mietverhältnisses hat der Mieter die erforderlichen Schönheitsreparaturen auszuführen, wenn er die Vertragspflicht dazu übernommen hat (BGH VIII ZR 207/89 NJW 1990, 2376). Wirksam ist diese formularmäßige Verpflichtung aber nur dann, wenn die Wohnung bei Vertragsbeginn nicht renovierungsbedürftig war oder der Vermieter einen angemessenen Ausgleich gewährt hat (BGH VIII ZR 185/14 NJW 2015,1594). Der Vermieter hat während der Vertragszeit allerdings keinen Anspruch auf Schadensersatz nach §§ 280, 281 BGB, sondern nur auf Leistung durch den Mieter oder – bei Selbstvornahme durch den Vermieter – auf Vorschuss, über den abzurechnen ist.

10. War die Wohnung bei Beginn des Mietverhältnisses renovierungsbedürftig und hatte der Mieter sich zur Anfangsrenovierung verpflichtet, wäre die Überbürdung der Schönheitsreparaturen wegen Verstoßes gegen § 307 BGB insgesamt unwirksam (BGH VIII ARZ 5/92 NJW 1993, 532).

11. In Küchen, Bädern und Duschen alle drei Jahre, in Wohn- und Schlafräumen, Fluren, Dielen und Toiletten alle fünf Jahre und in anderen Nebenräumen alle sieben Jahre (nach anderer Ansicht sind diese Fristen veraltet und müssen erheblich verlängert werden: Schmidt/Futterer-Langenberg Rn. 225 zu § 538 BGB). Diese Fristen dürfen allerdings nicht als starre Fristen unabhängig vom tatsächlichen Zustand vereinbart worden sein, da anderenfalls die Verpflichtung des Mieters zur Durchführung von Schönheitsreparaturen unwirksam ist (BGH VIII ZR 361/03 NJW 2004, 2586).

Zwangsverwaltung

12. Anlässlich der Inbesitznahme soll der **Zwangsverwalter** feststellen, in welchem Zustand sich die Mietsache befindet. Hierüber muss er dem Gericht berichten, § 3 I ZwVwV. Er kann deshalb Zutritt zu den Mieträumen verlangen.

Dass der Mieter sofort Zutritt zu gewähren hat, ist nicht geregelt. Er kann daher, sofern nicht ein dringender Fall sofortigen Zutritt erfordert, darauf bestehen, dass die mietvertraglich vereinbarten Regelungen zum Zutritt durch den Zwangsverwalter eingehalten werden. Denn der Zwangsverwalter ist an den Mietvertrag gebunden, wenn der Mieter das Objekt im Zeitpunkt der Beschlagnahme bereits im Besitz hatte, § 152 II ZVG. Der Zwangsverwalter ist nur an den Mietvertrag gebunden, wenn der Mieter vom Zwangsverwaltungsschuldner, Nießbraucher oder Eigenbesitzer angemietet hat. Alle anderen Fälle erfasst § 152 II ZVG nicht. Auch ohne mietvertragliche Regelungen kann der Mieter auf eine rechtzeitige Ankündigung bestehen.

Nicht dulden muss ein Mieter Besichtigungen des Zwangsverwalters oder gar von Interessenten, die das Objekt kaufen oder ersteigern wollen, die dazu dienen sollen, das Objekt zu verwerten (s. *Wedekind/Wedekind* Zwangsverwaltung, 2. Aufl. 2016, Rn. 51 ff.)

Schönheitsreparaturen

60. Klage auf Durchführung von Schönheitsreparaturen

An das

Amtsgericht Bad Doberan[2]

Klage

In Sachen des Vermieters . . . . .

– Kläger –

Prozessbevollmächtigter: Rechtsanwalt: . . . . .

gegen

die Mieter . . . . .

– Beklagte –

wegen Durchführung von Schönheitsreparaturen[1]

Streitwert: 6.000,– EUR[3]

erhebe ich Klage und beantrage,

> die Beklagten als Gesamtschuldner zu verurteilen, folgende Schönheitsreparaturen in ihrer Wohnung[4] fachgerecht[5] auszuführen: Streichen der Decken im Flur, Wohnzimmer, Schlafzimmer, Kinderzimmer, Bad und in der Küche; Streichen sämtlicher Fenster von innen; Tapezieren der Wände im Wohnzimmer und Schlafzimmer.[6]

Ich beantrage Einleitung des schriftlichen Vorverfahrens und Erlass eines schriftlichen Versäumnisurteils.

Begründung:

Die Beklagten sind Mieter einer Vierzimmerwohnung im Hause Seestr. 7 in Bad Doberan auf Grund eines Mietvertrages vom 2.6.1989[7] mit der Verwalterin. Die staatliche Verwaltung für das Grundstück wurde gemäß § 11 Abs. 1 VermG durch Bescheid des Amtes zur Regelung offener Vermögensfragen vom 24.11.1992 aufgehoben. Der Kläger ist nach § 17 VermG in das Mietverhältnis eingetreten;[8] durch Ergänzungsvereinbarung vom 7.1.1993 haben die Parteien ihre gegenseitigen Beziehungen neu geregelt. Danach haben u. a. die Beklagten auch die laufenden Schönheitsreparaturen[9] zu tragen, wobei eine Endrenovierung[10] zu Lasten des Klägers gehen soll.

Beweis: Vertrag vom 7.1.1993

Die Beklagten sind ihrer Verpflichtung zur Durchführung der laufenden Schönheitsreparaturen jedoch nicht nachgekommen, wie der Kläger anlässlich eines Ortstermins vom 2.9.2014 durch das AG Bad Doberan in einem Mieterhöhungsverfahren nach § 558 BGB (3 C 26/13) feststellen musste.[11]

Die Decken der im Klageantrag genannten Räume sind vergraut, in den Ixeln[12] beinahe schwarz und offensichtlich seit langen Jahren nicht gestrichen.[13] Bei allen Fenstern ist der Farbanstrich rissig und vergilbt. Die Tapeten im Wohnzimmer sind ausgeblichen und verfleckt; im Schlafzimmer haben die Beklagten vor einiger Zeit laienhaft Raufasertapeten angebracht, jedoch ohne die alten Tapeten zu entfernen. Die Bahnen sind nicht auf Stoß geklebt; die Tapete ist wellig und auch nicht deckend gestrichen.[14]

Beweis: Zeugnis der Hausbesorgerin Lucie Wittkowski, Seestr. 7
Augenscheinseinnahme,[15] hilfsweise Sachverständigengutachten

Mit Schreiben vom 13.9.2014 wurden die Beklagten zur Durchführung der erforderlichen Arbeiten aufgefordert, was sie jedoch mit Schreiben vom 17.10.2014 ablehnten.[16]

Beweis: Schreiben vom 13. 9. und 17.10.2014

Nach dem vorläufigen Kostenvoranschlag der Fa. Borstel sind die Kosten auf etwa 6.000,– EUR zu schätzen; eine genauere Angabe ist erst nach einem Aufmaß möglich.

Beweis: Kostenvoranschlag vom 3.2.2015

Der Kläger beabsichtigt, das Haus zu veräußern und hat 2014 umfangreiche Instandsetzungsmaßnahmen durchgeführt, was letztlich auch den Wohnwert für die Beklagten erhöht hat. Diese sind jedoch ihrer Instandhaltungspflicht nicht nachgekommen, so dass Klage geboten ist.

Rechtsanwalt

Anmerkungen

1. Schönheitsreparaturprozesse gehören zu den „Dauerbrennern" der Mietrechtspraxis, auch wenn inzwischen zahlreiche Einzelfragen durch den BGH entschieden worden sind. Es lassen sich drei große Problemkreise unterscheiden: Was gehört zu Schönheitsreparaturen (a)? Ist die Verpflichtung auf den Mieter übertragen worden (b)? Ist die vertragliche Abwälzung wirksam (c)?

a) Eine gesetzliche Definition findet sich (nur) in § 28 Abs. 4 II. BV. Danach umfassen Schönheitsreparaturen nur das Tapezieren, Anstreichen oder Kalken der Wände und

Decken, das Streichen der Fußböden, Heizkörper einschließlich Heizrohre, der Innentüren sowie der Fenster und Außentüren von innen: Diese (veraltete) Definition, die ohnehin nur für preisgebundenen Neubau gedacht war, wird mangels anderweitiger Regelung im BGB nach einhelliger Meinung für jede Art von Wohnraum (aber auch für Geschäftsraum) angewendet. Sie geht zurück auf § 7 der Preußischen VO vom 17.4.1924 (PreußArch I S. 522). Die Kosten hierfür sind ein Teil der Instandhaltungskosten (s. Überschrift des § 28 II. BV), wobei die Instandhaltungspflicht mit der Pflicht des Vermieters nach § 535 Abs. 1 S. 2 BGB, die Mietsache in einem zum vertragsgemäßen Gebrauch geeigneten Zustande zu erhalten; ganz oder weitgehend identisch ist. Auch die Begriffe Instandhaltung und/oder Instandsetzung sind im BGB nicht geregelt. Wenn von „Dekorationspflicht" (im Hamburger Sprachgebrauch üblich) oder von „malermäßiger Instandhaltung" (in der ehemaligen DDR nach § 104 ZGB) gesprochen wird, sind damit Schönheitsreparaturen gemeint (LG Berlin GE 1997, 807). Grundsätzlich hat danach der Vermieter die Schönheitsreparaturen durchzuführen (§ 535 BGB). Ist diese Pflicht dem Mieter auferlegt, hat er nur die in § 28 Abs. 4 II. BV aufgezählten Arbeiten auszuführen. Weder das Abziehen von Parkett (BGH VIII ZR 48/09 NJW 2010, 674) noch die Erneuerung der mitvermieteten Auslegware gehören zur Schönheitsreparaturen (OLG Hamm ZMR 1991, 219); auch nicht bei Geschäftsraum (OLG Stuttgart NJW-RR 1995, 1101; aA OLG Düsseldorf NJW-RR 1989, 663). Die Reinigung der Auslegware zählt jedenfalls bei Geschäftsraum zu den Schönheitsreparaturen und tritt an Stelle des nicht mehr zeitgemäßen Streichens der Fußböden (BGH XII ZR 15/07 NJW 2009, 510). Wird der Bereich der Schönheitsreparaturen erweitert, ist das eine unangemessene Benachteiligung des Mieters im Sinne des § 307 BGB, so dass die ganze Klausel unwirksam ist (BGH VIII ZR 210/08 NJW 2009,1408 – Streichen der Außenfenster –). Eine (konkludente) Einschränkung des Kreises der Schönheitsreparaturen ist möglich, so dass etwa bei Vermietung einer Wohnung mit Auslegware ein Streichen der Dielen nicht geschuldet wird (LG Berlin GE 1996, 1183). Soweit der Mieter die Schönheitsreparaturen tragen soll, ist damit nur die Beseitigung von seinen eigenen Gebrauchsspuren gemeint, so dass nach außergewöhnlichen Ereignissen (Wasserschäden, Instandsetzungs- oder Modernisierungsarbeiten des Vermieters) die Renovierungspflicht immer beim Vermieter liegt (vgl. BGH VIII ZR 88/86 ZMR 1987, 257 für den Fall eines Brandes).

b) Ohne vertragliche Vereinbarung hat der Mieter nicht zu renovieren, auch wenn in der Praxis die Abwälzung auf ihn weitgehend üblich ist (LG Berlin GE 1991, 47); es gibt auch keine stillschweigende Übernahme durch jahrzehntelange Übung (LG Berlin MDR 1984, 316; a. A. OLG Frankfurt/Main MDR 1981, 498). Wird daher nur ein mündlicher Mietvertrag abgeschlossen oder dieser gar nur durch schlüssiges Verhalten (etwa durch wiederholte Mietzahlungen) begründet (BVerfG GE 1996, 184), ist die Abwälzung der Verpflichtung zu Schönheitsreparaturen auf den Mieter zumindest nicht nachweisbar. Die vertragliche Regelung muss eindeutig sein und darf keine bloße Freizeichnung des Vermieters enthalten, wobei die Klausel „Schönheitsreparaturen werden vom Mieter getragen" eine Abwälzung auf den Mieter bedeutet (BGH VIII ARZ 1/84 NJW 1985,480).

c) Eine umfangreiche Rechtsprechung zum Wohnraummietrecht behandelt die Frage, wann eine Abwälzung durch Formularmietvertrag gegen § 307 BGB verstößt mit der Folge, dass über § 535 BGB der Vermieter wieder instandhaltungspflichtig ist. Die Rechtsprechung zur Wohnraummiete des VIII. Senats des BGH wird weitgehend vom XII. Senat auch für Geschäftsraummiete übernommen. Wirksam ist die Abwälzung auf den Mieter nur dann, wenn dieser lediglich seine eigenen Gebrauchsspuren beseitigen soll, er also seine Renovierungskosten „abwohnen" kann. Die Verpflichtung zur Erstrenovierung bei Beginn des Mietverhältnisses liegt immer beim Vermieter (OLG Hamburg WuM 1991, 523); so dass der Mieter nicht zu laufenden Schönheitsreparaturen verpflichtet ist, wenn ihm eine renovierungsbedürftige Wohnung übergeben wurde und er keinen Anspruch gegen den Vermieter auf angemessenen Ausgleich hatte (BGH VIII ZR 185/14 NJW 2015,1594). Auch wenn der Mieter die **Verpflichtung** zur Erstrenovierung übernommen hatte, ist die ganze Renovierungsklausel unwirksam (Verbot der geltungserhaltenden Reduktion). In jedem Falle beginnen die üblichen Renovierungsfristen erst mit Beginn des Mietverhältnisses zu laufen (BGH VIII ARZ 9/86 NJW 1987, 2575; BGH VIII ARZ 1/88 NJW 1988, 2790). Da dem Mieter der Einbezug vorvertraglichen Renovierungsaufwands nicht auferlegt werden kann (BGH VIII ARZ 5/92 NJW 1993, 532), ist etwa nach einer Mietdauer von $3^1/_2$ Jahren nur die Renovierung von Nassräumen geschuldet (LG Berlin GE 1988, 199).

Fristenpläne sind nur ein Anhaltspunkt; wenn sie vertraglich als bindend festgelegt werden (starre Fristen), so dass der Mieter unabhängig vom Zustand der Räume nach Ablauf der Frist immer renovieren muss, ist die ganze Klausel unwirksam mit der Folge, dass die Schönheitsreparaturen vom Vermieter zu übernehmen sind (BGH VIII ZR 361/03 NJW 2004, 2586). Unwirksam ist auch die Vereinbarung eines Fristenplans, wonach der Mieter „unabhängig vom Grad der Schadhaftigkeit" renovieren muss (LG Berlin GE 1989, 681). Ein starrer Fristenplan liegt dann nicht vor, wenn es im Mietvertrag heißt, dass „in der Regel" oder „im Allgemeinen" die Arbeiten innerhalb der Fristen auszuführen sind (BGH VIII ZR 239/03 NJW 2004, 2087). Kein starrer Fristenplan soll auch dann vorliegen, wenn es im Vertrag heißt, dass die Arbeiten „spätestens" nach Ablauf der Frist auszuführen sind, aber zugleich eine Verpflichtung des Vermieters zur Fristverlängerung bei entsprechendem Zustand vorgesehen ist (BGH VIII ZR 378/03 NJW 2005, 425; zweifelhaft, denn es dürfte ein Verstoß gegen das Transparenzgebot vorliegen). Nach dem Urteil des BGH vom 18.3.2015 (NJW 2015,1594) ist aber wohl auch die Vereinbarung einer flexible Frist unwirksam (vgl. *Graf v. Westphalen* NZM 2016,11).

Eine Quotenhaftungsklausel (Abgeltungsklausel), wonach der Mieter bei Beendigung des Mietverhältnisses für noch nicht fällige Schönheitsreparaturen einen bestimmten Prozentsatz der Renovierungskosten zu zahlen hat, ist ebenfalls unwirksam, wenn sie sich auf einen starren Fristenplan stützt (BGH VIII ZR 247/05 GE 2007, 716). Auch eine Abgeltungsklausel mit „weicher" Frist ist unwirksam, weil der Mieter nicht erkennen kann, wie die Abgeltungsquote zu berechnen ist (Verstoß gegen das Transparenzgebot: BGH VIII ZR 95/07 GE 2008, 665) und sie vom Mieter eine mehrfach hypothetische Betrachtung über seine zukünftige Kostenlast verlangt, so dass generell solche Klauseln unwirksam sind (BGH VIII ZR 242/13 NJW 2015,1871). Die Übernahme der Schönheitsreparaturen durch den Mieter bleibt (sofern der BGH seine Rechtsprechung nicht ändert) im Übrigen aber wirksam (BGH VIII ZR 73/08 GE 2009, 192).

Die Verpflichtung zur Endrenovierung in jedem Fall, unabhängig vom Zustand, ist unwirksam (BGH VIII ZR 316/06 NJW 2007, 3776). Auf die Möglichkeit für den Vermieter, die Räume weiterzuvermieten, kommt es nicht an, sondern darauf, ob es sich um die Beseitigung von Gebrauchsspuren des Mieters handelt oder ob es darüber hinausgegangen wird. Die Verpflichtung des Mieters, beim Auszug alle vom Mieter angebrachten Tapeten zu entfernen, ist deshalb ebenfalls eine unwirksame Endrenovierungsklausel, weil sie dem Mieter eine höhere Instandhaltungsverpflichtung auferlegt (BGH VIII ZR 109/05 GE 2006, 841). Aus diesem Grunde sind auch Farbwahlklauseln unwirksam, wonach der Mieter nicht „von der bisherigen Ausführungsart" abweichen dürfe (BGH VIII ZR 199/06 NJW 2007, 1743; nach Auffassung des Kammergerichts – NJW 2011, 1084 – gilt das auch für Geschäftsräume) oder wenn er bei Mietende immer weiß zu streichen hat (BGH VIII ZR 198/10 NJW 2011, 514).

Wenn dem Mieter über den üblichen. Umfang hinaus Pflichten auferlegt werden, ist im Zweifel die ganze Klausel unwirksam (Summierungseffekt: BGH VIII ZR 308/02 NJW 2003, 2234; VIII ZR 124/05 NJW 2006, 2915). Das gilt auch für die Kombination von Formularklauseln und Individualvereinbarungen; auch hier wird geprüft, ob insgesamt eine unbillige Benachteiligung des Mieters vorliegt (BGH VIII ZR 163/05 NJW 2006,

2116). Andererseits gilt das Verbot der geltungserhaltenden Reduktion dann nicht, wenn die Regelung bei Unwirksamkeit bestimmter Klauselteile noch einen Sinn behält (blue-pencil-Test). Die Rechtsprechung hatte das früher angenommen bei der unwirksamen Fachhandwerkerklausel (OLG Stuttgart WuM 1993, 528), die also die Verpflichtung zur Übernahme von Schönheitsreparaturen im Übrigen bestehen bleiben lässt. Die derzeitige Rechtsprechung des BGH ist demgegenüber sehr restriktiv und nimmt im Zweifel, auch nach dem Prinzip der kundenfeindlichsten Auslegung, eine Unwirksamkeit an (vgl. BGH VIII ZR 294/09 NJW 2010, 2877 zur Klausel „ausführen zu lassen").

Für Individualklauseln gilt an sich die Rechtsprechung zur Inhaltskontrolle nach § 307 BGB nicht (vgl. BGH VIII ZR 71/08 NZM 2009, 233 für Vereinbarung der Endrenovierung im Übergabeprotokoll). Das hat allerdings vielfach nur Auswirkungen auf Geschäftsraummietverträge, da es nach § 310 Abs. 3 BGB bei Wohnraummietverträgen kaum Individualvereinbarungen gibt. Der Wohnraummieter ist Verbraucher im Sinne des § 13 BGB; der Vermieter ist meist Unternehmer nach § 14 BGB (OLG Düsseldorf NJW-RR 2005, 13; str.). Nach Auffassung des BGH (XI ZR 63/01 NJW 2002, 368; eine ausdrückliche Entscheidung des VIII. Senats fehlt noch) kommt es auf Umfang, Komplexität und Anzahl der abgeschlossenen Mietverträge an (vgl. auch LG Köln WuM 2009, 730 – 7 Wohnungen –; AG Hannover NZM 2010, 197 – mehrere Wohnungen –; aA LG Waldshut-Tiengen ZMR 2009, 730 – 8 Wohnungen nicht ausreichend –). Das Kammergericht (GE 2016, 57) hat einen Kieferorthopäden, dem fünf Häuser mit jeweils ca. 20 Wohnungen gehören, als Verbraucher angesehen, weil die sich darauf beziehenden Geschäfte nur der Verwaltung des eigenen Vermögens dienten. Bei einem Unternehmer genügt auch eine einmalige Verwendung einer vertraglichen Vereinbarung, um sie als AGB anzusehen. Eine Ausnahme gilt nur für den Fall, dass der Mieter die Vereinbarung mit ausgehandelt hatte (vgl. dazu LG Berlin GE 2015, 657).

2. Handelt es sich um ein Geschäftsraummietverhältnis, ist bei einem Streitwert von über 5.000,– EUR das Landgericht zuständig, in dessen Bezirk sich die Räume befinden.

3. Der Wert der vom Mieter geschuldeten Leistung kann sich aus einem Kostenvoranschlag oder aus einem im selbstständigen Beweisverfahren nach §§ 485 ff. ZPO erstellten Gutachten ergeben. Ob ein selbstständiges Beweisverfahren einzuleiten ist, ist jedoch sorgfältig zu prüfen. Für die Gutachterkosten ist der Vermieter zunächst vorschusspflichtig; ob die Kosten dann nach gewonnenem Prozess erstattungsfähig sind (§ 91 ZPO), hängt davon ab, ob die Hinzuziehung eines Sachverständigen nötig war. Sind die Räume unstreitig renovierungsbedürftig, können daran Zweifel bestehen. Ein selbstständiges Beweisverfahren empfiehlt sich daher eher bei einer Klage auf Schadensersatz nach Beendigung des Mietverhältnisses, insbesondere um die Schadenshöhe festzustellen.

4. Einzelheiten zur Wohnung ergeben sich aus dem Rubrum; nur in Zweifelsfällen, etwa wenn mehrere Wohnungen gemietet sind, ist auch im Antrag die genaue Lage der Wohnung anzugeben.

5. Das Wort „fachgerecht" ist eigentlich überflüssig, denn der Mieter schuldet Arbeiten mittlerer Art und Güte (LG Kassel WuM 1989, 135), wobei es ihm überlassen bleibt, ob er die Arbeiten selbst ausführt oder dies einer Fachfirma überträgt. Entgegenstehende Klauseln, die immer die Beauftragung einer Fachfirma verlangen, sind unwirksam (OLG Stuttgart ZMR 1992, 336). Die Vereinbarung im Mietvertrag, die Arbeiten müssten „fachgerecht" ausgeführt werden, ist (selbstverständlich) wirksam (LG Berlin GE 1996, 1377). Darüber hinausgehende Angaben, wie der Mieter die Arbeiten auszuführen habe (Farbe, Art der Tapete usw.) sind weder erforderlich (LG Berlin GE 1991, 403) noch überhaupt zulässig, da der Mieter einen Gestaltungsspielraum hat, solange er keinen Pfusch abliefert. Die Vereinbarung einer bestimmten Ausführungsart, etwa Türen und Fenster nur weiß zu streichen, ist unwirksam, so dass der Mieter die Ausführungsart frei bestimmen kann (BGH VIII ZR 50/09 NJW-RR 2010,666). Zulässig wäre die Vereinbarung im Mietvertrag, dass bei Rückgabe (nicht während der Mietdauer) der Mieter in neutralen, hellen Farben zu streichen hat (BGH VIII ZR 224/07 NJW 2008, 2499; anders aber für die Verpflichtung „Rückgabe in weiß" (BGH VIII ZR 198/10 GE 2011, 263). Will der Vermieter also eine bestimmte Art der Renovierung erzielen, wird er nicht auf Durchführung von Schönheitsreparaturen klagen, sondern nach Inverzugsetzung des Mieters einen Vorschuss einklagen, um die Arbeiten dann selbst ausführen zu lassen.

6. Die Zwangsvollstreckung richtet sich nach § 887 ZPO; damit das Urteil vollstreckungsfähig ist, muss im Tenor angegeben sein, welche Arbeiten im Einzelnen auszuführen sind. Die vollstreckbare Ausfertigung nebst Klauseln und Zustellungsnachweis ist dem Prozessgericht des ersten Rechtszugs einzureichen mit dem Antrag, die Arbeiten auf Kosten des Schuldners vornehmen zu lassen. Gleichzeitig kann nach § 887 Abs. 2 ZPO ein Vorschuss verlangt werden. Mit dem Beschluss nach § 887 ZPO kann der Gläubiger auch das Zutrittsrecht zur Wohnung mit Hilfe des Gerichtsvollziehers erzwingen (§ 892 ZPO; vgl. OLG Köln NJW-RR 1988, 832). Das Gericht kann auch weitere Einzelheiten im Beschluss nach § 887 ZPO regeln (OLG Hamm NJW 1985, 275).

7. DDR-Mietverträge sind auch nach dem 3.10.1990 mit dem ursprünglichen Inhalt weiter wirksam, sofern nicht gegen zwingendes (West-)Recht verstoßen wird. Nach § 104 Abs. 1 ZGB oblag dem Mieter die Pflicht zur malermäßigen Instandhaltung während der Mietzeit; wurde diese Regelung im Vertrag wiederholt, ist sie weiterhin gültig mit dem Inhalt, den sie in der Rechtspraxis der DDR hatte. Danach schuldete der Mieter bei laufendem Mietverhältnis nur nötigste Arbeiten (KG WuM 1995, 702), also nur bei drohender Substanzgefährdung oder „massiv hygienewidrigen Zuständen" (*Beyer*, Mietrecht A–Z, 1989, „Malerarbeiten in der Mietzeit"). Bei solchen Altverträgen, die keine Vereinbarung über Schönheitsreparaturen enthalten, ist umstritten, ob nach dem 3.10.1990 die gesetzliche Regelung eingreift (§ 536 BGB: Vermieter trägt Schönheitsreparaturen) oder ob im Wege der ergänzenden Vertragsauslegung die in West-Mietverträgen übliche Renovierungspflicht des Mieters auch hier gilt.

8. Der Eigentümer tritt auch dann in das Mietverhältnis ein, wenn der Verwalter bei Abschluss des Mietvertrages die Vertretung nicht offengelegt hatte (LG Berlin MM 1997, 887; BGH XII ZR 288/95 GE 1997, 1390).

9. Ohne die Ergänzungsvereinbarung wären die Mieter nicht zu laufenden Schönheitsreparaturen verpflichtet, wenn der Mietvertrag einen Hinweis auf § 104 ZGB enthielt (→ Anm. 7). Nach dem Urteil des BGH (VIII ZR 207/89 NJW 1990, 2376) ist bei laufendem Mietverhältnis ein Schadensersatzanspruch des Vermieters nach §§ 280, 281 BGB wegen nicht durchgeführter Schönheitsreparaturen ausgeschlossen. Er kann jedoch die Durchführung von Schönheitsreparaturen verlangen und einen Vorschuss zur Selbstvornahme geltend machen (BGH VIII ZR 192/04 NJW 2005, 1862).

10. Vgl. OLG Karlsruhe WuM 1992, 349. Eine solche Vereinbarung empfiehlt sich immer dann, wenn zweifelhaft sein kann, ob die Verpflichtung zu Schönheitsreparaturen nicht insgesamt nach § 307 BGB deshalb unwirksam ist, weil der Mieter auch die Anfangsrenovierung zu übernehmen hatte. Ob die Änderung der Rechtsordnung in der DDR am 3.10.1990 mit einer Erweiterung der Mieterpflichten in diesem Sinne dem Abschluss des Mietvertrages gleichgestellt werden kann, ist bisher ungeklärt.

11. Die Fälligkeit (Notwendigkeit) von Schönheitsreparaturen kann nicht allein mit einem Fristenplan begründet werden. Dieser ist nur ein Indiz mit der Folge, dass der Mieter nach Ablauf der Fristen die Darlegungs- und Beweislast dafür trägt, dass Arbeiten nicht erforderlich sind. Maßgeblich ist stets der tatsächliche Zustand der Räume.

12. Fachausdruck des Malerhandwerks zur Beschreibung der Ecken zwischen Wand und Decke.

13. Ob eine Zustandsbeschreibung der Räume erforderlich ist, um den Mieter in Verzug zu setzen, ist umstritten (bejahend LG Berlin GE 1986, 807; verneinend LG Berlin GE 1986, 389). Wenn sie in der Mahnung nicht enthalten ist, dürfte jedenfalls eine Zustandsbeschreibung im Prozess ausreichend sein (LG Berlin GE 1986, 805).

14. Hier ist der Anspruch auf Schadensbeseitigung aus § 281 BGB begründet. Die Abgrenzung zwischen dem Erfüllungsanspruch (Durchführung von Schönheitsreparaturen) und dem Schadensersatzanspruch (wegen unfachmännischer Renovierung) ist im Einzelnen schwierig, ist aber für die Frage der Verjährung nach § 548 BGB unerheblich. Auch für den Schadensersatzanspruch nach § 281 BGB, der erst nach Ablauf einer gesetzten Frist entsteht, beginnt die Verjährungsfrist von sechs Monaten mit Rückgabe der Räume durch den Mieter (BGH NJW 2005, 739).

15. Das beste und kostengünstigste Beweismittel. Mancher Richter scheut allerdings den Weg aus dem Gerichtssaal, so dass auch andere Beweismittel angegeben werden sollten.

16. Die Beklagten sind also in Verzug und müssten auch bei einem sofortigen Anerkenntnis die Kosten des Rechtsstreits tragen.

61. Klage aufgrund von Kostenerstattungsklauseln

An das

Amtsgericht Bad Liebenwerda[2]

Az. 3 C 24/15

In Sachen . . . . ./. . . . .[3] beantrage ich,

> den Vollstreckungsbescheid des AG Bad Liebenwerda
> vom 22.12.2014 aufrechtzuerhalten.[4]

Ich bitte, im vereinfachten Verfahren nach § 495a ZPO zu entscheiden.[5]

Begründung:

Der Beklagte ist Mieter einer 3-Zimmer-Wohnung im Hause des Klägers in der Torstraße 2 Bad Liebenwerda auf Grund des schriftlichen Mietvertrages vom 28.12.2011. Er hat dort in § 6 u.a. die Kosten für kleinere Instandhaltungen im Sinne des § 28 II. BV übernommen.[1]

Beweis: Mietvertrag vom 28.12.2011

Am 18.6.20013 zeigte der Beklagte telefonisch einen Defekt an der Toilettenspülung an. Der vom Kläger beauftragte Installateur tauschte den Schwimmer aus und berechnete hierfür 73,20 EUR brutto.

Beweis: Rechnung vom 22.6.2013

Die vom Kläger bezahlte Rechnung wurde dem Beklagten mit Schreiben vom 29.6.2013 übersandt mit der Bitte um Erstattung. Der Beklagte kam dem jedoch nicht nach; auch eine Mahnung vom 17.7.2013 blieb erfolglos.

Beweis: Schreiben vom 27.6. und 17.7.2013[6]

Der Beklagte ist deshalb zur Zahlung von 73,20 EUR nebst 7 % Zinsen (Bankkredit des Klägers)[7] seit dem 18.7.2013 verpflichtet.

Rechtsanwalt

Anmerkungen

1. Bei Wohnraum darf formularmäßig die Instandhaltungspflicht des Vermieters (§ 535 BGB) nur sehr eingeschränkt auf den Mieter abgewälzt werden. Für kleinere Instandhaltungen sieht zwar das Gesetz (§ 28 II. BV) die Möglichkeit der Kostenübernahme durch den Mieter vor. Nötig ist aber eine summenmäßige Begrenzung der Belastung für den Mieter (im Einzelfall etwa 75,– EUR bis 100,– EUR; vgl. AG Braunschweig GE 2005, 677). Übersteigt der Rechnungsbetrag diese Kostengrenze, muss der Vermieter den Gesamtbetrag übernehmen und darf nicht etwa eine Kostenbeteiligung des Mieters verlangen. Gleichzeitig ist eine Begrenzung der jährlichen Belastung bei mehreren Kleinreparaturen erforderlich, etwa 6 % der Jahresbruttokaltmiete (BGH VIII ZR 129/91 NJW 1992, 1759) oder 500,– EUR insgesamt (*Beyer* NZM 2011, 697). Diese Begrenzungen müssen schon in der Formularklausel erhalten sein. Eine Verpflichtung des Mieters, die Arbeiten selbst vorzunehmen oder in Auftrag zu geben, ist immer unwirksam. Immer muss es sich um kleinere Schäden an Installationsgegenständen handeln, auf die der Mieter unmittelbaren Zugriff hat (vgl. BGH NJW 1992, 1759; BGH VIII ZR 91/88 NJW 1989, 2247). Das alles soll nach Meinung des BGH auch für Betriebskosten wie die Wartung von Gasthermen gelten (BGH VIII ZR 38/90 NJW 1991, 1750), so dass auch hier der Mieter die Wartung nicht selbst durchführen muss. Eine eindeutige obergerichtliche Rechtsprechung, wann solche Klauseln **zulässig** sind, gibt es aber nicht, da alle Entscheidungen nur die Unwirksamkeit feststellen, so dass in jedem Rechtsstreit das Risiko einzukalkulieren ist, dass das Gericht die Formularklausel „kippt" (vgl. etwa AG Köln 210 C 324/10 Urt. v. 27.1.2011 BeckRS 2011, 02724; AG Brandenburg GE 2008, 483). Hier ist besonders zu prüfen, ob eine auf diesen Anspruch beschränkte Klage wirtschaftlich sinnvoll ist. In einem ansonsten konfliktfreien Vertragsverhältnis wird es sich auch aus psychologischen Gründen oft empfehlen, derartige Bagatellforderungen nicht einzutreiben.

2. Der Kläger hat zunächst das gerichtliche Mahnverfahren eingeleitet, weil er die Bagatellforderung so schnell durchzusetzen hoffte. Nach Widerspruch (gegen den Mahnbescheid) oder Einspruch (gegen den Vollstreckungsbescheid) wird die Sache an das im Mahnbescheid angegebene Gericht abgegeben; dieses fordert nach § 697 Abs. 1 ZPO den Antragsteller auf, seinen Anspruch in einer der Klageschrift entsprechenden Form zu begründen.

3. Die Angabe des Rubrums ist nicht nötig (das ergibt sich schon aus dem Mahnbescheid). Empfehlenswert ist immer ein Sachantrag (Zahlung von 63,35 EUR und nicht „Antrag aus dem Mahnbescheid" – str. –); die Begründung entspricht der einer Klageschrift.

4. § 343 ZPO. Wenn der Einspruch nicht rechtzeitig ist, kann er ohne mündliche Verhandlung durch Beschluss als unzulässig verworfen werden (§ 341 Abs. 2 ZPO). Erscheint im Termin der Einsprechende nicht, ergeht ein Zweites Versäumnisurteil mit ebenfalls dem Tenor der Verwerfung als unzulässig (§ 345 ZPO). Im schriftlichen Klageantrag brauchen diese Möglichkeiten nicht erwähnt zu werden.

5. Gerade auf solche Bagatellfälle ist § 495a ZPO zugeschnitten. Ein Antrag nach § 331 Abs. 3 ZPO erübrigt sich, da ein schriftliches Versäumnisurteil nach Einspruch gegen einen Vollstreckungsbescheid unzulässig ist (§ 700 Abs. 4 S. 2 ZPO). Ein schriftliches Anerkenntnisurteil (§ 307 Abs. 2 ZPO) spielt keine Rolle; der Beklagte, der den Anspruch jetzt doch „anerkennen" will, wird den Einspruch zurücknehmen.

6. Damit tritt Verzug ein.

7. Ausreichender Vortrag für die Schlüssigkeit. Soweit der Zinsschaden höher als der gesetzliche Zinssatz des § 288 BGB ist, folgt er aus §§ 280, 286 BGB.

Schadensersatz und Aufwendungsersatz

62. Klage auf Schadensersatz wegen Beschädigung der Mietsache

An das

Amtsgericht Wernigerode[1]

Klage

In Sachen der ungeteilten Erbengemeinschaft Bendorf[2]

1. . . . . .
2. . . . . .
3. . . . . .

alle wohnhaft

– Kläger –

Prozessbevollmächtigter: Rechtsanwalt . . . . .

gegen

Martina Müller . . . . .

– Beklagte –

wegen Schadensersatz aus einem Wohnraummietverhältnis

erhebe ich Klage und beantrage,

die Beklagte zu verurteilen, den Klägern[3] 2.027,50 EUR nebst Zinsen in Höhe von fünf Prozentpunkten über dem Basiszinssatz[4] seit Rechtshängigkeit zu zahlen.

Der Antrag nach § 331 Abs. 3 ZPO wird gestellt.

Begründung:

Die Beklagte ist Mieterin einer Zweizimmerwohnung im Hause Birkenstr. 3 auf Grund des schriftlichen Mietvertrages vom 3.3.2008.

Beweis: Mietvertrag vom 3.3.2008

Die Kläger sind in ungeteilter Erbengemeinschaft Rechtsnachfolger der am 23.12.2009 verstorbenen Vermieterin Else Bendorf.

Beweis (im Bestreitensfalle):[5] Vorlage des Erbscheins

Die Kläger machen Schadensersatz aus Pflichtverletzung (§ 280 BGB) und Sachbeschädigung (§ 823 Abs. 1 BGB) geltend.[6] Am 7.6.2014 verursachte[7] die Beklagte einen Wasserschaden dadurch, dass sie die in der Küche aufgestellte Waschmaschine in Betrieb nahm und anschließend vor dem Fernsehapparat einschlief. Sie bemerkte deshalb nicht, dass der Schlauch der Waschmaschine platzte und durch den nicht isolierten Fußboden größer Wassermengen in die darunter liegende Wohnung der Mieter Wenzel gelangte.[8] Diese konnten erst nach längerem Klingeln an der Wohnungstür der Beklagten sie dazu veranlassen, die Wasserzufuhr zu stoppen.

Beweis: Zeugnis der Mieter Hans und Ilse Wenzel

Auf die Mängelanzeige[9] der Mieter Wenzel vom 8.6.2014 forderte die Hausverwaltung der Kläger mit Schreiben vom 15.6.2014 die Beklagte auf, nach dem Austrocknen von Decken und Wänden die durch den Wasserschaden notwendig gewordenen Schönheitsreparaturen in der Wohnung der Mieter Wenzel auszuführen. Betroffen waren die Decken und die Wände in der Küche sowie im Flur.

Beweis: Zeugnis der Mieter Wenzel, bereits benannt Schreiben vom 8. 6. und 15.6.2014

Die Beklagte ließ das Schreiben vom 15.6.2014 unbeantwortet und führte keine Renovierungsarbeiten aus. Mit Schreiben vom 16.6.2014 zeigten die Mieter Wenzel gegenüber der Hausverwaltung an, dass sie bis zur Beseitigung des Wasserschadens die Miete monatlich um 50,– EUR mindern würden.

Beweis: Schreiben vom 16.6.2014

Das entspricht einem Minderungssatz von 10 % der Miete[10] und wurde von der Hausverwaltung akzeptiert, die daraufhin bis Ende Juli 2014 die notwendigen Malerarbeiten zum Gesamtpreis von 1.610,– EUR brutto[11] ausführen ließ.

Beweis: Rechnung der Fa. Quast & Pinsel vom 31.7.2014

Die Kläger verlangen ferner Schadensersatz für die Reparatur der Wohnungseingangstür der Beklagten. Am 2.8.2014 hatte die Beklagte, wie schon öfter in der Vergangenheit, eine lautstarke Auseinandersetzung mit ihrem Lebensgefährten Wolfgang Paul, der daraufhin die gemeinsame Wohnung verließ und erst spät abends alkoholisiert zurückkam und vergeblich versuchte, die von innen versperrte Wohnungstür zu öffnen. Beim Versuch, die Tür einzutreten, beschädigte er sie erheblich.[12]

Beweis: Mieter Wenzel, bereits benannt

Die Reparaturkosten betragen nach dem Kostenvoranschlag der Fa. Maus GmbH 210,– EUR zuzüglich MWSt.

Beweis: Kostenvoranschlag vom 18.9.2014[13]

Die Beklagte hat ferner den Hausbriefkasten dadurch beschädigt, indem sie ihn gewaltsam öffnete, weil sie ihren Schlüssel vergessen hatte. Das wird unstreitig bleiben, denn die Beklagte hat gegenüber dem Kläger zu 1) bestätigt, dass sie in der Vergangenheit öfter auf diese Art ihre Post aus dem Hausbriefkasten entnahm. Die Reparatur des verbogenen, zT im Metall eingerissenen Briefkastens erfordert 120,– EUR netto.

Beweis: Kostenvoranschlag vom 4.11.2014

Die Kläger machen damit folgende Ansprüche geltend:

1. Malerarbeiten		1.610,– EUR
2. Mietausfall wegen Minderung		
anteilig für Juni 2014	37,50 EUR[14]	
und Juli 2014	50,– EUR =	87,50 EUR
3. Wohnungstür		210,– EUR
4. Hausbriefkasten		120,– EUR
		2.027,50 EUR

Auf eine Zahlungsaufforderung vom 7.12.2014 reagierte die Beklagte nicht, so dass Klage geboten ist.

Rechtsanwalt

Anmerkungen

1. Zuständigkeit nach §§ 29a ZPO, 23 Nr. 2 a GVG.

2. Die Erbengemeinschaft selbst ist nicht parteifähig; die Angabe empfiehlt sich jedoch, da in vielen Geschäftsverteilungsplänen der Amtsgerichte die Zuständigkeit sich nach dem Namen des Vermieters richtet, bei einer ungeteilten Erbengemeinschaft nach dem Namen des Erblassers. Ist im Mietvertrag nur die Erbengemeinschaft angegeben, wäre die Schriftform nicht gewahrt, so dass ein langfristiger (Geschäftsraum-)Mietvertrag nach § 550 BGB gekündigt werden könnte(BGH XII ZR 187/00 NJW 2002, 3389).
Notwendig ist ferner die Angabe der Anschriften der Kläger; es reicht also nicht der Zusatz „vertreten durch die Hausverwaltung X" nebst Anschrift der Hausverwaltung (§ 253 ZPO BGH IVb ZR 4/87 NJW 1988, 2114; OLG Hamm MDR 2005, 1247).

3. Die Kläger sind keine Gesamtgläubiger nach § 428 BGB, sondern Gesamthands-gläubiger nach § 2039 BGB. Gesamtgläubigerschaft, dass also einer von mehreren Berechtigten die volle Leistung (nur) an sich verlangen kann, kommt im Mietrecht praktisch nie vor; auch die Rückzahlung einer von Ehegatten geleisteten Kaution kann nicht einer allein verlangen (vgl. Bamberger-Roth Beck-OK Stand 1.11.2011 Rn. 155 ff. zu § 535 BGB).

4. Der Zusatz „. . . . . über dem jeweiligen Basiszinssatz . . . . ." ist überflüssig, weil selbstverständlich.

5. In der Regel wird der Mieter die Rechtsnachfolge nicht bestreiten, dies jedenfalls dann nicht, wenn der Erbfall schon längere Zeit zurückliegt und die Vermieterstellung der Erben nicht bezweifelt wurde.

6. Die Ansprüche sind nicht deckungsgleich. Ein Anspruch aus Pflichtverletzung (§ 280 BGB) besteht nur gegen den Mieter, während der Anspruch aus Sachbeschädigung sich auch gegen Dritte richtet. Für die eingetretene Tür müsste etwa der Lebensgefährte nach § 823 BGB aufkommen; wenn er inzwischen ausgezogen ist, könnte eine Klage gegen ihn auch an seinem jetzigen Wohnsitz erhoben werden, da die ausschließliche Zuständigkeit des § 29a ZPO nicht eingreift. Auch bei der Aktivlegitimation ergeben sich Unterschiede, da den Anspruch aus Pflichtverletzung immer (nur) der Vermieter geltend machen kann, während es für § 823 BGB auf die sachenrechtliche Eigentümerstellung ankommt. Hat also nur ein Miterbe im eigenen Namen (ohne Kenntnis der anderen) vermietet, können Ansprüche aus Sachbeschädigung trotzdem die anderen Miterben als Eigentümer geltend machen.

7. Bei jeder Beschädigung der Mietsache spielt die Frage der Beweislast eine große Rolle. Die Rechtsprechung wendet den Gedanken des § 280 Abs. 1 S. 2 BGB an. Danach hat der Vermieter grundsätzlich zu beweisen, dass bei Beginn des Mietverhältnisses die Mietsache in einem vertragsgerechten Zustand war. Bei einer späteren Verschlechterung (Schadenseintritt während der Mietzeit) hat der Vermieter zunächst darzulegen und zu beweisen, dass die Schadensursache allein im Einflussbereich des Mieters liegt (OLG Karlsruhe NJW 1985, 141; BGH VIII ZR 28/04 NJW-RR 2005, 381). Der Nachweis des Vermieters, dass eine Schadensursache aus seinem eigenen Pflichtenkreis ausscheidet, reicht nicht aus. Zusätzlich muss der Vermieter auch die Möglichkeit einer Schadensverursachung durch Dritte, für die der Mieter nicht einzustehen hat, ausschließen (LG Baden-Baden MDR 2007, 1014). Für einen Anspruch aus Pflichtverletzung muss also ein vertragswidriger Gebrauch vom Vermieter nachgewiesen werden (OLG Saarbrücken NJW-RR 1988, 652); für sonstige Schäden, etwa Feuchtigkeitsschäden, muss zunächst der Vermieter darlegen und beweisen, dass ein Baumangel nicht vorliegt. Der bloße räumliche Bezug, dass der Mangel in der Wohnung aufgetreten ist, reicht nicht. Erst wenn danach feststeht, dass die Schadensursache im Bereich des Mieters liegt, hat dieser sich zu entlasten, also darzulegen und zu beweisen, dass die Grenzen des vertragsgemäßen Gebrauchs nicht überschritten wurden.

8. Darin liegt die für Pflichtverletzung nötige Fahrlässigkeit nach § 276 BGB (vgl. LG München NJW-RR 1995, 860). Wenn eine Wasch- oder Geschirrspülmaschine in Betrieb genommen wird, muss sie vom Mieter nicht ununterbrochen, aber regelmäßig kontrolliert werden; dies jedenfalls dann, wenn besondere technische Schutzvorrichtungen fehlen („Aqua-Stopp", Fußbodenisolierung mit Ablaufmöglichkeit [Fußbodenentwässerung] vgl. LG Köln NJW 1977, 810; OLG Düsseldorf NJW 1975, 171; OLG Hamm GE 1984, 1123; OLG Karlsruhe NJW-RR 1987, 861).
Eine Haftung des Mieters scheidet allerdings aus, wenn der Vermieter eine Gebäudeversicherung abgeschlossen und der Mieter die Versicherungsprämie anteilig als Betriebskosten zu zahlen hat (BGH VIII ZR 28/04 NZM 2005, 100). In einem solchen Fall ist der Vermieter verpflichtet, zunächst die Versicherung in Anspruch zu nehmen und nicht den Mieter. Wenn nur leichte Fahrlässigkeit des Mieters vorliegt, hat die Versicherung konkludent auf einen Regress gegen den Mieter nach § 67 VVG aF (jetzt:§ 86 VVG) verzichtet (BGH IV ZR 298/99 NJW 2001, 1353) und kann den Mieter nur bei Vorsatz oder grober Fahrlässigkeit in Anspruch nehmen. Ob diese Rechtsprechung des BGH auch für den Fall der Bruttomiete gilt, wo also Betriebskosten und damit auch Kosten der Gebäudeversicherung in der Miete enthalten sind, ist bisher vom VIII. Senat des BGH noch nicht entschieden(in diesem Sinne aber der IV. Senat – BGH IV ZR 116/05 NJW 2006,3711 und IV ZR 273/05 NZM 2006,945) . Der Rechtsanwalt der Mieterin wird daher hier, wo einen Bruttomiete vereinbart war, diese Fragen problematisieren. Wenn ein Fall des konkludenten Regressverzichts anzunehmen ist, scheiden nicht nur Schadensersatzansprüche des Vermieters aus, sondern der Mieter kann selbst Instandsetzung verlangen (BGH VIII ZR 191/13 NZM 2015,245). Bis dahin ist er selber zur Mietminderung wegen Mängeln in seiner Wohnung berechtigt(BGH aaO; aA – ohne Begründung – LG Berlin GE 2015,1462). Auch eine Haftung für die Vermögensnachteile des Vermieters durch berechtigte Mietminderung von anderen Mietern scheidet aus.
Demgegenüber wird der Rechtsanwalt der Kläger betonen, dass jedenfalls hier grobe Fahrlässigkeit anzunehmen ist(LG Osnabrück RuS 2013,178; OLG Bremen 3 U 53/11 NJW-RR 2012,996). Ob der Mieter eine Haftpflichtversicherung hat, ist jedenfalls unerheblich (BGH VIII ZR 67/06 NJW-RR 2007, 684). Der Gebäudeversicherer hat

allerdings einen Ausgleichsanspruch gegen den Haftpflichtversicherer (BGH IV ZR 129/09 NJW-RR 2010, 691).

9. Auch wenn der Mieter die Schönheitsreparaturen übernommen hat, ist er nicht verpflichtet, von ihm nicht verursachte Wasserschäden zu beseitigen. Hier greift wieder die Instandhaltungspflicht des Vermieters nach § 535 BGB ein. Ein Anspruch der Mieter Wenzel gegen die Beklagte nach § 823 Abs. 1 BGB scheidet aus, da die Mieter Wenzel nicht Eigentümer (der durchfeuchteten Decke) sind und ihr Besitzrecht, genauer: das Recht zur Ausübung des Besitzrechts, ebenfalls nicht beeinträchtigt ist (ähnlich AG Halle/Saale Urt. v. 25.6.2013 – 5 C 3141/12 –juris–).

10. Die Minderung ist von der Gesamtmiete zu berechnen (BGH XII ZR 225/03 GE 2005, 666; BGH VIII ZR 347/04 NJW 2005, 2773), also einschließlich der Heizkosten.

11. Zum Schadensersatzanspruch gehört auch die Mehrwertsteuer. Ob der geschädigte Mieter einen Anspruch auf Renovierung unabhängig davon hat, wann er selbst letztmals renoviert hatte, ist umstritten. Für den Erfüllungsanspruch gilt an sich der Abzug „neu für alt" aus dem Schadensersatzrecht nicht; möglich wäre allenfalls eine entsprechende Anwendung nach Treu und Glauben (so LG Berlin NJW-RR 1997, 265; aA LG Berlin MM 1986, 401; LG Berlin GE 1987, 39; LG Berlin – dieselbe Kammer(!) – WuM 1987, 147). Ob die Kläger einen Anspruch auf Kostenbeteiligung (eine Anspruchsgrundlage ist zweifelhaft) gegen die Mieter Wenzel gehabt hätten, wenn die Räume nach einiger Zeit sowieso hätten renoviert werden müssen und aus diesem Grunde ein voller Schadensersatzanspruch gegen die Beklagte nicht besteht, wäre allenfalls auf entsprechenden Einwand der Beklagten zu berücksichtigen.

12. Die Beklagte haftet zwar nicht nach § 831 BGB für das Verhalten ihres Mitbewohners, denn dieser ist nicht ihr weisungsgebundener Gehilfe. Die Haftung ergibt sich aber aus § 278 BGB für die Pflichtverletzung, denn der Mieter hat für das Verhalten Dritter einzustehen, die auf seine Veranlassung mit der Mietsache in Berührung kommen (OLG Frankfurt/Main NJW-RR 1992, 396, 402; BGH VIII ZR 38/90 NJW 1991, 1750, 1752).

13. Der Schadensersatzanspruch nach § 249 BGB besteht in Höhe der erforderlichen Reparaturkosten, ohne dass die Reparatur ausgeführt werden müsste. Mehrwertsteuer kann dann allerdings nicht eingeklagt werden (§ 249 Abs. 2 S. 2 BGB). Ein Abzug „neu für alt" kommt nur für Verschleißteile in Betracht. Für Tischlerarbeiten an der Tür entfällt daher ein solcher Abzug. Anders ist es bei Malerarbeiten, die in bestimmten Abständen erforderlich sind. Hier haben die Kläger die malermäßige Instandsetzung der Tür nach der Reparatur durch den Tischler nicht eingeklagt, offenbar weil diese Arbeiten schon vorher fällig waren. Der Anstrich der Wohnungstür von außen obliegt immer dem Vermieter. Den Innenanstrich kann der Vermieter auch noch später, etwa nach Beendigung des Mietverhältnisses, verlangen.

14. Wenn ein Mangel nicht den vollen Monat hindurch bestand, ist die Minderung tageweise zu berechnen.

63. Klage auf Abrechnung gezahlter Vorschüsse nach § 536a Abs. 2 BGB mit Antrag zur Zwangsvollstreckung

An das

Amtsgericht Neuruppin[2]

Klage

In Sachen des Vermieters . . . . .

– Klägers –

Prozessbevollmächtigter: Rechtsanwalt . . . . .

gegen

den Mieter . . . . .

– Beklagter –

wegen Abrechnung über Vorschuss[1]

Streitwert (vorläufig) 2.000,– EUR[3]

erhebe ich Klage und beantrage,[4]

> den Beklagten zu verurteilen, dem Kläger eine ordnungsgemäße Abrechnung über die Verwendung des am 19.8.2014 gezahlten Vorschusses von 8.000,– EUR zu erteilen.[5]

Für den Fall der Säumnis im schriftlichen Vorverfahren beantrage ich schon jetzt Erlass eines schriftlichen Versäumnisurteils.[6]

Begründung:

Der Beklagte ist Mieter einer 3-Zimmerwohnung im Hause Ernst-Thälmann-Str. 2 in Neuruppin auf Grund des schriftlichen Mietvertrages vom 20.11.2011.

Beweis: Mietvertrag vom 20.11.2011

Der Kläger hat das Hausgrundstück am 16.12.2012 erworben.

Beweis: Grundbuchauszug

Der Beklagte hat seit längerem Instandsetzung von vier Fenstern im Wohn- und Schlafzimmer verlangt, wobei nach Auffassung der Voreigentümerin die Schäden allerdings auf falschem Wohnverhalten des Beklagten beruhten (mangelnde Lüftung). Das AG Neuruppin hat sich dem nicht angeschlossen, sondern den Kläger durch Urteil vom 12.4.2014 zur Zahlung eines Vorschusses für die Reparatur in Höhe von 8.000,– EUR verurteilt.[7] Um Beiziehung der Akte 3 C 638/13 des AG Neuruppin wird gebeten.

Der Kläger hat am 19.8.2014 auf das Konto des Beklagten den verlangten Vorschuss eingezahlt.

Beweis: Überweisungsbeleg vom 19.8.2014

Der Beklagte hat jedoch die bestimmungsgemäße Verwendung bisher nicht nachgewiesen. Die Aufforderung vom 24.9. und die Mahnung vom 15.10.2014 blieben unbeantwortet, so dass nunmehr Klage geboten ist.

Rechtsanwalt

Antrag zur Zwangsvollstreckung

An das Amtsgericht Neuruppin[8]

In Sachen des Vermieters . . . . .

– Gläubiger –

Verfahrensbevollmächtigter: Rechtsanwalt . . . . .

gegen

den Mieter . . . . .

– Schuldner –

Verfahrensbevollmächtigter: Rechtsanwalt[9] . . . . .

Verfahrenswert: 1.000,– EUR

beantrage ich,

gegen den Schuldner wegen Nichterfüllung der Abrechnungspflicht aus dem Urteil des AG Neuruppin vom . . . . .
ein Zwangsgeld von bis zu 25.000,– EUR, ersatzweise Zwangshaft[10] festzusetzen.

Begründung:

Der Schuldner ist durch rechtskräftiges Urteil des AG Neuruppin in vom . . . . . zur Erteilung einer Abrechnung über die Verwendung des am 19.8.2014 gezahlten Vorschusses von 8.000,– EUR verurteilt worden.

Beweis: anliegende vollstreckbare Ausfertigung des Urteils vom . . . . .[11]

Er ist dieser Verpflichtung nicht nachgekommen, so dass er nunmehr durch Zwangsmittel dazu anzuhalten ist.

Rechtsanwalt

Anmerkungen

1. Nach dem Rechtsentscheid des Kammergerichts (NJW-RR 1988, 1039) hat der Mieter nicht nur den Instandsetzungsanspruch nach § 535 BGB, den er im Wege der Leistungsklage geltend machen und nach § 887 ZPO vollstrecken kann, sondern über das Selbstbeseitigungsrecht nach § 536a Abs. 2 BGB mit dem Anspruch auf Aufwendungsersatz auch einen letztlich aus § 242 BGB herzuleitenden Anspruch auf Vorschuss gegen den Vermieter. (So auch der BGH VIII ZR 271/07 NJW 2008,2432). Der Anspruch besteht grundsätzlich auch für den Mieter von Geschäftsraum. Nur bei unverhältnismäßig hohen Kosten, wenn die Opfergrenze für den Vermieter überschritten ist, entfällt der Mangelbeseitigungsanspruch des Mieters (BGH VIII ZR 131/09 NJW 2010,2050).

2. Ausschließliche Zuständigkeit unabhängig von der Höhe des Vorschusses oder dem Abrechnungsinteresse des Vermieters nach §§ 29a ZPO, 23 Nr. 2 a GVG. Bei Geschäftsraum kommt auch eine Zuständigkeit des Landgerichts in Frage, wenn der nach § 3 ZPO zu schätzende Streitwert über 5.000,– EUR liegt.

3. Maßgeblich ist das wirtschaftliche Interesse des Vermieters an der Erteilung der Abrechnung. Es wird hier mit ca. $^1/_4$ des Vorschussbetrages geschätzt; wenn der Kläger davon ausgeht, dass der Vorschuss zum großen Teil zurückzuzahlen ist, kommt auch ein höherer Streitwert in Betracht.

4. Möglich wäre ein Stufenklage nach § 254 ZPO auf Abrechnung, gegebenenfalls auf eidesstattliche Versicherung auf Vollständigkeit und Richtigkeit der Abrechnung nach § 259 BGB in Verbindung mit § 889 ZPO und auf Zahlung des sich nach der Auskunft ergebenden Betrages. Wegen der Kostenrisiken der Stufenklage → Form. B. II. 7 Anm. 2. Nur in Ausnahmefällen, in denen es sich um einen erheblichen Vorschussbetrag handelt, den nach begründeter Einschätzung des Vermieters der Mieter überwiegend zurückzuzahlen haben wird, macht eine Stufenklage Sinn. Hier kann es auch angezeigt sein, (nur) auf Auskunft und Abgabe der eidesstattlichen Versicherung zu klagen (vgl. OLG Köln NJW-RR 1998, 126). In jedem Fall muss der Vermieter die Verjährungsfrist von drei Jahren (§§ 195, 198 BGB) für den Anspruch auf Abrechnung und Rückzahlung beachten; § 548 BGB (Verjährungsbeginn erst mit Rückgabe der Mietsache) gilt nicht (OLG Celle Beschl. v. 28.1.2010 – 2 U 134/09, IBRRS 2010, 0697).

5. Im Regelfall muss die Art der Abrechnung im Klageantrag nicht aufgeführt sein. Es versteht sich ohnehin von selbst, dass die bestimmungsgemäße Verwendung wahrheitsgemäß, vollständig und mit Belegen (§ 259 BGB) nachzuweisen ist. Nur wenn eine besondere Verwendung, etwa die Beauftragung einer speziellen Fachfirma, geschuldet wird oder wenn Zweifel möglich sind, wofür der Vorschuss gezahlt wurde, wäre etwa zu ergänzen:

> „Über die Verwendung des am 19.8.2010 gezahlten Vorschusses von 8.000,– EUR zur Instandsetzung der vier Fenster im Wohn- und Schlafzimmer in der Wohnung des Beklagten".

Bei einer unterlassenen oder fehlerhaften Abrechnung kann auch eine sofortige Leistungsklage auf Rückzahlung in Betracht kommen (vgl. BGH VIII ZR 57/04 NJW 2005, 1499 zur Rückzahlung von Betriebskostenvorschüssen); etwa wenn der Kläger vorträgt, der Vorschuss sei überhaupt nicht oder bestimmungswidrig verwandt worden. Der Mieter hat die Mangelbeseitigung und die Abrechnung in angemessener Frist zu veranlassen, wobei als Regelfrist ein Jahr anzunehmen ist (OLG Celle Beschl. v. 28.1.2010 – 2 U 134/09, IBRRS 2010, 0697). Der Vorschussempfänger trägt für die ordnungsgemäße Verwendung die Darlegungs- und Beweislast. Der mühsame Weg der Abrechnungsklage mit Zwangsvollstreckung kann dann vermieden werden.
Wenn der Mieter den Vorschuss nicht bestimmungsgemäß verwandt hat, ist er nicht nur zur Rückzahlung verpflichtet, sondern es entfällt auch sein Recht zur Mietminderung (OLG Koblenz Urt. v. 5.6.2013, 5 U 1349/12 – BeckRS 2015, 09064).

6. → Form. B. II. 7 Anm. 1–6.

7. Nach § 566 BGB haftet auch der Erwerber auf Vorschuss zur Beseitigung von schon vor dem Erwerb bestehenden Mängeln (LG Berlin NJW-RR 1990, 23). Vom Zeitpunkt der Veräußerung (Eintragung im Grundbuch) an ist nur noch der Erwerber zur Mangelbeseitigung verpflichtet (BGH VIII ZR 284/05 NZM 2006,696).

8. Ausschließlich zuständig (§ 802 ZPO) ist das Prozessgericht des ersten Rechtszuges (§ 888 ZPO).

9. Die Prozessvollmacht für den Rechtsstreit wirkt auch in der Zwangsvollstreckung fort (§ 81 ZPO). Da das Gericht den Antrag dem Schuldner zustellen muss, dient es der

Verfahrensbeschleunigung, wenn der Zustellungsbevollmächtigte (§ 176 ZPO) des Schuldners schon im Antrag erwähnt wird. Von einer Zustellung von Anwalt zu Anwalt (§ 195 ZPO) sollte abgesehen werden.

10. Bei der Abrechnung geht es um eine unvertretbare Handlung im Sinne des § 888 ZPO (BGH I ZB 94/05 NJW 2006, 2706 zur Betriebskostenabrechnung). Wenn der Gläubiger Zweifel an der Richtigkeit oder Vollständigkeit der Abrechnung hat, bleibt ihm nur der Weg der eidesstattlichen Versicherung (vgl. OLG Köln NJW-RR 1998, 126), die wiederum mit Zwangsgeld nach § 889 ZPO zu erzwingen ist. Ein umständlicher Weg, der nur selten wirtschaftlich sinnvoll ist. Die Höhe des Zwangsgeldes oder der Ersatzzwangshaft sollte im Antrag nicht erwähnt sein, da das Gericht ohnehin im gesetzlichen Rahmen nach freiem Ermessen entscheidet. Eine konkrete Angabe durch den Antragsteller kann sich dann nur zu seinen Ungunsten auswirken mit der Folge, dass ein an sich vom Gericht für angemessen erachtetes höheres Zwangsgeld ausscheidet (arg. § 308 ZPO).

11. Wie bei jeder Zwangsvollstreckungsmaßnahme müssen dem Vollstreckungsorgan, das hier das Prozessgericht ist, Titel, Klausel und Zustellung nachgewiesen werden. Der schlichte Umstand, dass das Originalurteil sich in der Prozessakte befindet, reicht nicht aus.

Konkurrenzschutz

64. Klage auf Unterlassung des Abschlusses eines die Konkurrenzschutzpflichten des Vermieters gegenüber anderen Mietern berührenden Untermietvertrages und Klage auf Untersagung oder Beseitigung eines Konkurrenzbetriebes zum Schutze eines Altmieters

An das

Landgericht[1] . . . . .

Klage[2]

der . . . . .-GmbH

– Klägerin –

Prozessbevollmächtigte: . . . . .

gegen

die . . . . .-GmbH

– Beklagte –

Prozessbevollmächtigte: . . . . .

wegen Unterlassung, hilfsweise Beseitigung

vorläufiger Streitwert: 50.000,– EUR[3]

Wir bitten um Anberaumung eines Termins zur mündlichen Verhandlung, in dem wir beantragen werden:[4]

1. die Beklagte zu verurteilen, bei Vermeidung eines Ordnungsgeldes bis zu 250.000,– EUR oder Ordnungshaft bis zu 6 Monaten[6] es zu unterlassen, mit der Firma . . . .GmbH über die im Einkaufszentrum „. . . . .“ in . . . . . im I. OG befindliche Teilfläche von 220 m² B 6 einen Untermietvertrag unter Einschluss des

Mietzwecks: Anbieten und Verkauf von Sportschuhen sowie Sportbekleidung zu schließen,

2. hilfsweise, die Beklagte zu verurteilen, auf die . . . . .-GmbH für den Fall des Abschlusses eines derartigen Untermietvertrages in der Weise einzuwirken, dass sie die in Ziff. 1 genannten Räumlichkeiten nicht bezieht oder eine Verkaufstätigkeit nicht aufnimmt,

3. für den Fall des Vorliegens der Voraussetzungen Versäumnisurteil ohne mündliche Verhandlung gemäß § 331 Abs. 3 ZPO zu erlassen,

4. dem Kläger eine vollstreckbare Ausfertigung des Urteils nebst Zustellungsbescheinigung (§ 169 ZPO) zu erteilen.[7]

Begründung:

Die Klägerin ist Eigentümerin des mit dem Einkaufszentrum „. . . . .“ in . . . . . bebauten Grundstückskomplexes an der . . . . .-Straße. Der Zeuge . . . . . mietete von der Klägerin mit anliegend in Kopie beigefügtem schriftlichen Mietvertrag vom . . . . . (Datum) im Erdgeschoss dieses Einkaufszentrums ein Ladenlokal mit einer Fläche von ca. 92 m² zum Betrieb eines Sportgeschäftes mit der Bezeichnung „Laufladen Endspurt“. In § 1 des überreichten Mietvertrages ist unter Nr. 1 ausgeführt:

„Der Vermieter vermietet dem Mieter die hier aufgeführte Fläche in der . . . . .-Galerie zum Betriebe eines Sportgeschäftes mit der folgenden Sortimentsstruktur: Sportschuhe und Sportbekleidung.“

In § 20 des Mietvertrages wurde folgende Sondervereinbarung getroffen:

„Der Vermieter verpflichtet sich, in der . . . . .-Galerie kein Fachgeschäft mit der gleichen Sortimentsstruktur einzurichten.“

Mit anliegend in Kopie beigefügtem schriftlichen Mietvertrag vom . . . . . (Datum) vermietete die Klägerin im I. OG desselben Einkaufszentrums ein Ladenlokal mit einer Fläche von ca. 220 m² (Teilfläche B 6 gemäß dem als Anlage dem Mietvertrag beigefügten Lageplan) an die Beklagte. In § 1 des Mietvertrages ist u.a. ausgeführt:

„Der Vermieter vermietet dem Mieter die hier aufgeführte Fläche in der . . . . .-Galerie zum Betrieb eines Sportfachgeschäftes, mit der folgenden Sortimentsstruktur: Tennis, Golf- und Reitsport.“

Wegen etwaiger Überschneidungen hatte die Klägerin vor Abschluss dieses Mietvertrages mit dem Zeugen . . . . . abgestimmt, dass dieser dagegen keine wettbewerbsrechtlichen Bedenken erheben würde. In § 8 des vorbezeichneten Mietvertrages ist der Beklagten die Untervermietung generell gestattet, unterliegt jedoch der Anzeigepflicht gegenüber der Klägerin.

Die Beklagte trägt sich seit Anfang . . . . . mit dem Gedanken, ihren Geschäftsbetrieb in den angemieteten Räumlichkeiten aufzugeben und diese stattdessen an die . . . . .-GmbH in . . . . . unter zu vermieten. Die . . . . .-GmbH ist eine Tochtergesellschaft der Beklagten. Sie betreibt ebenfalls Sportfachgeschäfte, jedoch mit einer anderen Sortimentsstruktur, die man als Vollsortiment, Ausrüstung für den Breitensport, Teamsport, Sportartikel und Bekleidung bezeichnen kann.

Beweis: Ablichtung des Handelsregisterauszuges HRB . . . . .

Mit anliegend in Kopie beigefügtem Schreiben vom . . . . . (Datum) hat die Beklagte angekündigt, die Räumlichkeiten an die . . . . .-GmbH ab . . . . . (Datum) unter zu vermieten, da sich ihr Geschäftsbetrieb in der „. . . . .-Galerie“ nicht wie erwartet entwickelt habe und deshalb anzunehmen sei, dass die breiter angelegte Sortimentspalette

ihrer Tochtergesellschaft vielversprechender sei. Eine Konkurrenz mit dem im Erdgeschoss befindlichen Geschäftsbetrieb sei nicht zu erwarten, da dieser nur ein Spezial-
geschäft für Sportschuhe aus dem Laufsportbereich, vornehmlich für professionelle
Leichtathleten, Basketball- und Volleyballspieler betreibe. Sportschuhe würden jedoch
von der . . . . .-GmbH nur untergeordnet ohne große Auswahlmöglichkeiten nebenher
geführt.

Die Klägerin hat der Untervermietung an die . . . . .-GmbH mit anliegend in Kopie
beigefügtem Schreiben vom . . . . . (Datum) energisch widersprochen und darauf
hingewiesen, dass es sehr wohl zu einer Konkurrenzsituation mit dem Erdgeschoss-
geschäft „Laufladen Endspurt" komme. Der Schuhverkauf beschränke sich keineswegs
auf bestimmte Sportarten sowie auf den Bedarf für Spitzensportler. Vielmehr würden sich
in Zukunft die Sortimentsstrukturen überdecken, zumal der Mieter . . . . . auch Sport-
kleidung vertreibe. Außerdem sei nicht zu erwarten, dass das Sportschuhangebot
der . . . . .-GmbH sich in geringen Auswahlmöglichkeiten bewegen würde, da gerade
beim Breitensport der geeignete Schuh ebenfalls entscheidend sei. Die Beklagte hat darauf
mit anliegend in Kopie beigefügtem Telefaxschreiben vom . . . . . (Datum) entgegnet, dass
es einer Zustimmung der Untervermietung an die . . . . .-GmbH nicht bedürfe, da gemäß
§ 8 des Vertrages nur eine Anzeigepflicht bestehe.

Es ist deshalb zu befürchten, dass sie in Kürze mit der . . . . .-GmbH den beabsichtigten
Untermietvertrag schließt und diese alsdann in die von der Beklagten noch zu räumenden
Teilflächen B 6 der „. . . . .-Galerie" einzieht sowie den Geschäftsbetrieb aufnimmt.

Die Beklagte ist gemäß § 1 des Mietvertrages i. V. m. §§ 535, 541, 543 Abs. 2 S. 1 Nr. 2
BGB verpflichtet, von der Mietsache nur den vertragsgemäßen Gebrauch zu machen.[5]
Dagegen würde sie verstoßen, wenn sie die Räume an die . . . . .-GmbH mit der von dieser
vorgesehenen Sortimentsstruktur untervermietet. Denn das Sortiment der . . . . .-GmbH
geht über das vertraglich vereinbarte hinaus. Insbesondere die Einschränkung des Sorti-
ments in § 1 des Mietvertrages auf den Golf-, Tennis- und Reitsport zur Vermeidung
einer Konkurrenzsituation zu dem im Erdgeschoss der „. . . . .-Galerie" betriebenen
Sportfachgeschäft . . . . . schließt eine Änderung dieses speziellen Hauptsortiments aus.
Das Sortiment der . . . . .-GmbH überschneidet sich abstrakt mit demjenigen des
Konkurrenzbetriebes im Erdgeschoss. Die Klägerin kann die Aufgabe der Planungen der
Beklagten mit der Unterlassungsklage verlangen, auch wenn ein vertragswidriger Gebrauch der Mietsache gemäß § 541 BGB noch nicht vorliegt bzw. ein Schaden im Sinne
einer positiven Vertragsverletzung nicht eingetreten ist. Der Klägerin steht ein Anspruch
auf Einhaltung einer vertraglichen Nebenpflicht gegen die Beklagte als Erfüllungsanspruch zu. Der Hilfsantrag wird für den Fall gestellt, dass inzwischen ein Untermietvertrag zwischen der Beklagten und der . . . . .-GmbH bereits abgeschlossen sein sollte.

Der Erfüllungsanspruch der Klägerin wandelt sich dann in einen Anspruch auf Tätigwerden der Beklagten um, den Einzug der . . . . .-GmbH in die Mieträume zur Aufnahme des
Untermietverhältnisses einschließlich der Aufnahme der Verkaufstätigkeit zu unterbinden. Ebenso, wie ein Mieter von seinem Vermieter in Erfüllung des § 535 Abs. 1 BGB
verlangen kann, dass dieser die konkurrierende Tätigkeit des anderen Mitmieters unterbindet, kann der Vermieter von seinem (Haupt)Mieter beanspruchen, dass dieser in
derselben Weise gegenüber seinem Untermieter tätig wird. Trotz § 275 Abs. 2 BGB liegt
ein Fall der Unmöglichkeit nicht vor. Die Bemühungen des (Haupt)Mieters und Unter-
vermieters, den Untermieter durch Zahlung einer Abfindung oder durch Beschaffung
einer Ersatzmietsache zum Auszug zu bewegen, sind nicht von vorneherein aussichtslos.
Hier kommt insbesondere hinzu, dass Hauptgesellschafterin der . . . . .-GmbH die
Beklagte selbst ist, so dass sie ohne weiteres in der Lage ist, einen bereits abgeschlossenen
Mietvertrag wieder zur Aufhebung zu bringen.

Beweis: Vorlage des Gesellschaftsvertrages der . . . . .-GmbH durch die Beklagte gemäß § 421 ZPO

Wir bitten um möglichst umgehende Terminsanberaumung, damit das Begehren der Klägerin von der Beklagten nicht durch Schaffung vollendeter Tatsachen unterlaufen wird.

Rechtsanwalt

Anmerkungen

1. Zuständigkeit. Ausschließlich örtlich zuständig ist gemäß § 29a Abs. 1 ZPO das Gericht der belegenen Sache. § 29a ZPO gilt auch für Miet- und Pachtverhältnisse über Räume, soweit es sich nicht um Wohnraum handelt, dagegen nicht für Miet- und Pachtverhältnisse über unbebaute Grundstücke (*Sternel*, Mietrecht Aktuell, 4. Aufl. 2009, XIV Rn. 1, 24). Da der Streitwert 5.000,– EUR überschreitet, ist gemäß §§ 23 Nr. 1, 71 Abs. 1 GVG das Landgericht zuständig.

2. Klage oder einstweilige Verfügung. In Fällen, in denen die Gefahr besteht, dass durch Abschluss wettbewerbswidriger Mietverträge eine Konkurrenzsituation erst geschaffen wird, liegt es nahe, dass der Vermieter zur Erfüllung seiner eigenen ihm gegenüber den betroffenen Mietern obliegenden Konkurrenzschutzpflicht aus § 535 BGB im Wege der einstweiligen Verfügung vorgeht, um vollendete Tatsachen zu verhindern (*Neuhaus*, Handbuch der Geschäftsraummiete, 4. Aufl. 2011, Rn. 1397 allerdings zugunsten des Mieters; *Hinz* NZM 2005, 841; *Jendrek* NZM 2000, 1116; *Jendrek/Ricker* NZM 2000, 229). Nicht in allen Fällen besteht jedoch ein Verfügungsgrund. Außerdem kann das einstweilige Verfügungsverfahren dann von Nachteil sein, wenn der Antragsteller nicht in der Lage ist, sämtliche anspruchsbegründenden Tatsachen ohne förmliche Beweisaufnahme hinreichend glaubhaft zu machen. So käme er mit dem im Klagebeispiel gestellten Vorlegungsantrag gemäß § 421 ZPO nicht weiter, da ein derartiger Antrag als Mittel der Glaubhaftmachung im Sinne des § 294 ZPO unzulässig ist. Es handelt sich nicht um ein Mittel zur sofortigen Beweisaufnahme (BLAH/*Hartmann* § 294 Rn. 9 f.). Problematisch könnte beispielsweise auch die Glaubhaftmachung der Konkurrenzsituation werden, wenn die hierzu vom Antragsteller zu stellenden Zeugen nicht bereit sind, zu einem Termin zur mündlichen Verhandlung zu erscheinen, oder aber die Konkurrenzsituation als solche nur mit Hilfe eines Sachverständigengutachtens bewiesen werden kann. Andererseits ist die Unterlassungsklage ein stumpfes Schwert, da sich unter der Berücksichtigung der Laufzeit eines erstinstanzlichen Verfahrens ein Unterlassungsanspruch nur dann durchsetzen lässt, wenn der Prozessgegner ebenfalls daran interessiert ist, ein vertragswidriges Handeln zu vermeiden, also einen richterlichen Spruch zu akzeptieren. Ansonsten käme durch Zeitablauf allenfalls noch der Hilfsantrag zum Tragen.

3. Streitwert. Für die Unterlassungsklage wegen vertragswidrigen Gebrauchs der Mietsache ist der Zuständigkeitsstreitwert aus § 3 ZPO zu bestimmen (BLAH/*Hartmann* Anh. § 3 Rn. 122; BGH MDR 2007, 202). Der Gebührenstreitwert ergibt sich nicht aus § 41 GKG, sondern ebenfalls aus § 3 ZPO. Das Ermessen ist an den voraussichtlichen wirtschaftlichen Nachteilen auszurichten, die die Mieterin infolge der Durchsetzung des Unterlassungsanspruchs hinnehmen muss. Bei der Klage des Vermieters kann das Interesse auch an den Kosten einer zu erwartenden Konkurrenzschutzklage des Altmieters zu messen sein (*Grüter*, Streitwerte und Anwaltsgebühren im Mietrecht, 2. Aufl. 2011, § 2 Rn. 220). Hierzu können die Grundsätze des gewerblichen Rechtsschutzes analog heran-

Deppen

zuziehen sein. Bei größeren Geschäftsbetrieben dürften die Streitwerte im Hauptsacheverfahren schnell 50.000,– EUR erreichen.

4. Antragstellung. In dem Antrag auf Unterlassung sollte wegen § 890 Abs. 2 ZPO die
Androhung der Ordnungsmittel bereits erfolgen (*Hinz* NZM 2005, 841, 854). Anderen-
falls ist sie auf Grund eines zusätzlichen Antrags des Gläubigers in einem weiteren
Beschluss auszusprechen (BGH NJW 1993, 1077).

5. Unterlassungs- hilfsweise Beseitigungsanspruch. Die Vermieterin macht einen An-
spruch auf Einhaltung der Pflicht des Mieters zum vertragsgemäßen Gebrauch geltend.
Dass die Mieterin diese Pflicht einzuhalten hat, lässt sich den §§ 541, 543 Abs. 2 S. 1
Nr. 2 BGB entnehmen (*Neuhaus*, Handbuch der Geschäftsraummiete, 4. Aufl. 2011,
Rn. 1389). Es ist zweifelhaft, ob für einen derartigen Anspruch § 541 BGB die richtige
Anspruchsgrundlage ist, da die Befürchtung der Klägerin, dass die Beklagte einen wettbewerbswidrigen Untermietvertrag mit der . . . . .-GmbH abschließen könnte, noch
keinen vertragswidrigen Gebrauch der Mietsache darstellt, sondern allenfalls eine Absicht
dessen begründet. Gleichwohl muss der Vermieter auch schon vor der Verwirklichung
dieser Absicht in der Lage sein, vertragswidriges Handeln des Mieters zu unterbinden
(BGH NJW 1985, 2527). Der Umfang der Nutzung ist den konkreten Vereinbarungen
des Mietvertrages zu entnehmen. Wenn der Vermieter den Mieter auf Einhaltung des
vertragsgemäßen Gebrauchs in Anspruch nimmt, macht er deshalb einen Erfüllungsanspruch geltend, der mit demjenigen des Mieters gegen den Vermieter auf Erfüllung
der Konkurrenzschutzpflicht gemäß § 535 BGB korrespondiert (Bub/Treier/*Kraemer*/
Ehlert III B Rn. 3003; KG NZM 2009, 621). Letztlich ist auch der Anspruch aus § 541
BGB ein Erfüllungsanspruch (Palandt/*Weidenkaff* § 541 Rn. 1).

Für die Feststellung der Vertragswidrigkeit ist nicht Voraussetzung, dass die Unter-
vermietung im Verhältnis zum Geschäftsbetrieb des Konkurrenzschutz beanspruchenden
Mieters einen unzulässigen Wettbewerb bedeuten würde. Auch wenn man sich diesen
Konkurrenzbetrieb hinwegdenkt, liegt ein vertragswidriger Gebrauch vor, da sich der
Vermieter durch seine Vertragsgestaltung gegen eine unzulässige Ausweitung des Miet-
zwecks abgesichert hatte.

Der hilfsweise gestellte Antrag berücksichtigt den Umstand, dass eine Untervermietung
bereits erfolgt ist, die Überlassung der Mietsache auf den Untermieter jedoch noch
aussteht. In solchen Fällen wird die Haupteinwendung des beklagten Mieters gegen den
Beseitigungsanspruch in der Regel dahin gehen, dass er aus Rechtsgründen nicht mehr in
der Lage sei, die Konkurrenz des Wettbewerbers zu unterbinden, da dieser sich auf einen
rechtswirksamen Mietvertrag berufen könne. Das Rechtsschutzbedürfnis für eine Erfüllungsklage wurde jedoch nach früherem Recht wegen § 283 BGB a. F. vor der Schuld-
rechtsmodernisierung bejaht (BGH WuM 1985, 1175; BGH MDR 1975, 133; BGH
NJW 1974, 2317). Für das ab 1.1.2002 geltende Recht wird die Unmöglichkeitsfrage
problematisiert. Zwar liegt eine objektive Unmöglichkeit nicht vor. Der (Haupt)Mieter
könnte der Vermieterin jedoch eine rechtliche Unmöglichkeit gemäß § 275 Abs. 2 i. V. m.
§ 313 Abs. 1 BGB entgegenhalten (siehe hierzu im Verhältnis Mieter/Vermieter: Anspruch
des Mieters auf Beseitigung einer vertragswidrigen Konkurrenz BGH NJW 2013, 44;
NZM 2003, 476, 478: Unmöglichkeit liege vor, wenn der Vermieter nachweist, dass er
die Wettbewerbssituation auch im Verhandlungswege mittels finanzieller Zugeständnisse
gegenüber dem Konkurrenten nicht oder nur mit grob unverhältnismäßigem Aufwand
beseitigen könne; hierzu auch: MAH MietR/*Lehr* § 55 Rn. 189). Allerdings wird man
differenzieren müssen. Liegt ein Mietvertrag über unbestimmte Zeit vor, so kann der
(Haupt)Mieter kündigen. Desgleichen kann dem (Haupt)Mieter abverlangt werden, von
einer Verlängerungsklausel keinen Gebrauch zu machen. Ferner kann er Bemühungen
entfalten, den Mieter durch Zahlung einer Abfindung oder durch Beschaffung einer
Ersatzmietsache zum Auszug zu bewegen. Ist wie hier die Beklagte ein die Untermieterin

beherrschendes Unternehmen, kommt zusätzlich die rechtliche Möglichkeit der Einflussnahme auf die Willensbildung des Tochterunternehmens in Betracht.

Zur vergleichbaren Situation des Anspruchs des Mieters gegen den Vermieter auf Beseitigung oder Verhinderung der Konkurrenzsituation → Form. B. III. 31 Anm. 6. Pocht der konkurrierende Untermieter auf seine Rechte aus dem Vertrag, gehen Unterlassungs- oder Beseitigungsansprüche des Vermieters gegen den (Haupt)Mieter ins Leere (BGH NJW 2003, 2158; OLG Dresden NZM 2010, 818; KG NZM 2008, 889). Der durch die Konkurrenz gestörte Mieter kann seine vertraglichen Rechte auf Schadensersatz gegen den Vermieter geltend machen, notfalls kündigen.

6. Vollstreckung. Die Vollstreckung des Unterlassungsanspruchs richtet sich nach § 890 ZPO. Zur Höhe des zu verhängenden Ordnungsgeldes bzw. zum Umfang der denkbaren Ordnungshaft (vgl. BLAH/*Hartmann* § 890 Rn. 17 f.). Das Gebot, darauf einzuwirken, dass der konkurrierende Untermieter seinen Geschäftsbetrieb gar nicht erst aufnimmt, ist nach § 888 ZPO zu beurteilen. Dasselbe gilt für das Verlangen, dafür Sorge zu tragen, dass der konkurrierende Mieter seine gewerbliche Tätigkeit aus Konkurrenzschutzgründen zugunsten eines anderen Mieters wieder einstellt. Anders als im Falle des § 890 ZPO darf bei einer Vollstreckung gemäß § 888 ZPO der Antrag nicht auf Androhung von Zwangsgeld oder Zwangshaft gemäß § 888 Abs. 1 S. 1 ZPO erstreckt werden, da die Vollstreckung einen Antrag zur Einleitung der Zwangsvollstreckung voraussetzt (BLAH/*Hartmann* § 888 Rn. 9; es erfolgt auch keine Androhung, sondern sogleich die Festsetzung des Zwangsmittels aaO. Rn. 12).

7. Antrag auf Erteilung einer vollstreckbaren Ausfertigung des Urteils nebst Zustellungsbescheinigung. Die Erteilung der vollstreckbaren Ausfertigung des Urteils erfolgt nicht von Amts wegen, sondern nur auf Antrag (Zöller/*Stöber* § 724 Rn. 8). Der Antrag dient dazu, die Zwangsvollstreckung zu beschleunigen. Mit der von Amts wegen vorgenommenen Zustellung des Titels sind zudem die Voraussetzungen für eine Zwangsvollstreckung in der Regel erfüllt.

65. Klage gegen den Neumieter aus § 541 BGB auf Unterlassung vertragswidrigen Gebrauchs (unerlaubte Konkurrenz im Verhältnis zum Altmieter oder zum Vermieter)

An das

Landgericht[1] . . . . .

Klage

der Frau . . . . .

– Klägerin –

Prozessbevollmächtigte: . . . . .

gegen

Herrn . . . . .

– Beklagter –

Prozessbevollmächtigte: . . . . .

wegen Unterlassung

vorläufiger Streitwert: 15.000,– EUR[2]

Wir bitten um Anberaumung eines Termins zur mündlichen Verhandlung, in dem wir beantragen werden:[3, 6]

1. den Beklagten zu verurteilen, bei Vermeidung eines Ordnungsgeldes bis zu 250.000,– EUR oder Ordnungshaft bis zu 6 Monaten den Betrieb einer Steh-Pizzeria in dem von ihm angemieteten Geschäftslokal, Erdgeschoss rechts, im Hause . . . . . in . . . . . zu unterlassen,
2. für den Fall des Vorliegens der Voraussetzungen Versäumnisurteil ohne mündliche Verhandlung gemäß § 331 Abs. 3 ZPO zu erlassen,
3. der Klägerin eine vollstreckbare Ausfertigung des Urteils nebst Zustellungsbescheinigung (§ 169 ZPO) zu erteilen.[7]

Begründung:

Die Klägerin ist Eigentümerin des Hauses . . . . . in . . . . . Mit Vertrag vom . . . . . (Datum) vermietete sie an den Zeugen . . . . . das linke der beiden im Erdgeschoss befindlichen Ladenlokale zum Betriebe eines Gyrosstandes.

Beweis: Ablichtung des Mietvertrages vom . . . . . (Datum);
　　　　Zeugnis . . . . .

Das rechte Ladenlokal im Erdgeschoss vermietete sie mit Vertrag vom . . . . . (Datum) an den Beklagten. Der Mietzweck ist im Vertrage nicht angegeben. Die Parteien waren sich jedoch darüber einig, dass der Beklagte italienische Feinkost, insbesondere handgemachte Nudeln und Weine verkaufen sollte.

Beweis: Ablichtung des Mietvertrages vom . . . . . (Datum);
　　　　Zeugnis . . . . .

Der Beklagte eröffnete sein Ladengeschäft auch mit dieser Zielrichtung. Seitdem die Ladenöffnungszeiten nicht mehr begrenzt sind, hat der Beklagte seinen Verkauf völlig umgestellt. Er öffnet das Geschäft erst mittags und betreibt etwa bis 18.30 Uhr den Feinkostladen. Ab spätem Nachmittag bis 1.00 Uhr nachts hat der Beklagte jedoch inzwischen eine Konzession zum Betrieb einer Steh-Pizzeria erhalten. Er verkauft seine Ware über eine Theke zur Straße und hat inzwischen auch einen Telefon-Pizza-Service eingerichtet.

Beweis: Ablichtung der Anzeige „Antonios Pizza-Paradies" in der . . . . .-Zeitung;
　　　　Zeugnis . . . . .

Wir überreichen ferner 3 Fotos, die die Erdgeschossfassade und die jeweiligen Mietlokale des Beklagten sowie des Zeugen . . . . . abbilden. Das Haus . . . . . befindet sich am Rande des Amüsierviertels von . . . . .-Stadt. Insbesondere an den Wochenendabenden lassen sich preiswerte Imbissspeisen gut absetzen. Dem Beklagten ist diese rege Nachfrage anscheinend aufgefallen. Während sein Feinkostgeschäft etwas Anlaufschwierigkeiten hatte, will er jetzt auf zwei Beinen stehen und mit seinem Pizza-Service ein zusätzliches Angebot schaffen.

Der Zeuge . . . . . ist mit dieser Geschäftsentwicklung nachvollziehbarerweise nicht einverstanden. Mit Schreiben vom . . . . . (Datum), welches wir anliegend in Kopie überreichen, beschwerte er sich über die „massive Konkurrenz des Beklagten" und forderte die Klägerin auf, durch geeignete Maßnahmen gegenüber dem Beklagten dafür Sorge zu tragen, dass dieser seinen Pizza-Betrieb wieder einstellt. Die Klägerin forderte den Beklagten dazu mit anliegend in Kopie beigefügtem Anwaltsschreiben vom . . . . .

(Datum) unter Fristsetzung bis zum . . . . .(Datum)[5] ihrerseits ebenfalls auf. Der Beklagte ließ dazu mitteilen, der zwischen den Parteien abgeschlossene Mietvertrag enthalte keine Einschränkungen bezüglich der vertraglichen Nutzung. Die Abrede, dass das Ladenlokal zum Betriebe eines Feinkostgeschäftes gemietet worden sei, wurde bestritten. Im Übrigen läge auch keine Konkurrenz vor. Er verkaufe Pizzen, der Zeuge . . . . . eine griechische Spezialität. Schließlich handele es sich bei seinem Pizzaverkauf um ein Nebengeschäft, mit dem er sich ein Zubrot verdiene, um gewisse Anfangsverluste aus der Eröffnung des Feinkostladens zu kompensieren.

Der Unterlassungsanspruch der Klägerin ergibt sich aus § 541 BGB.[4] Der Beklagte verstößt gegen den mit der Klägerin abgeschlossenen Mietvertrag, wenn er eigenmächtig den Vertragszweck von einem Feinkostladen auch in eine Steh-Pizzeria mit Straßenverkauf und Bestell-Service ändert. Der Betrieb einer Steh-Pizzeria mit Speisen zum sofortigen Verzehr ist vom Mietzweck Feinkostgeschäft nicht gedeckt. Der Beklagte bedurfte zur Ausdehnung seiner Tätigkeit einer gesonderten gewerberechtlichen nämlich gaststättenrechtlichen Erlaubnis.

Beweis: Einholung einer Auskunft des Ordnungsamtes . . . . .

Die Behauptung, über den Betriebszweck sei nicht gesprochen worden, ist unrichtig. Die Klägerin hatte vor Abschluss des Mietvertrages ausdrücklich darauf hingewiesen, dass sie im Hinblick auf ihre Schutzpflichten gegenüber dem Zeugen . . . . . keinen Konkurrenzbetrieb wünsche. Der Beklagte hatte die Klägerin beschwichtigt und erklärt, er stelle sich vor, sein Warenangebot an ein gehobenes Publikum zu richten. Etwas verächtlich meinte er, dass eine Pizza ein „Armeleute-Essen" sei. Weil der Mietvertrag zu diesem Zeitpunkt bereits ausgefüllt war und der Beklagte so überzeugend auftrat, sah die Klägerin keine Veranlassung, nachträglich noch Eintragungen zum konkreten Vertragszweck zu verlangen. Das Vertragsgespräch stellen wir durch den Sohn der Klägerin,

den Zeugen . . . . . ,

unter Beweis.

Finanzielle Sorgen haben den Beklagten offenbar anderen Sinnes werden lassen. Trotz Abmahnung mit dem bereits oben erwähnten Schreiben vom . . . . . (Datum) setzt er seine Verkaufstätigkeit unbeirrt fort. Eine Konkurrenzsituation liegt vor. Beide Warenangebote sind dem sog. „fast-food"-Bereich zuzuordnen. Auch wenn es eingefleischte Pizza- oder Gyros-Freunde geben sollte, hat jeder nur einmal Hunger. Wenn er sich daher für eine Pizza entscheidet, geht der Zeuge . . . . ., der sonst an denselben potenziellen Kunden seine Gyros verkauft hätte, leer aus. Ebenso wenig kann sich der Beklagte darauf berufen, es handele sich um ein Zubrot. Die geänderten Ladenöffnungszeiten, also die gesamte Umstellung des Betriebes auf die Abendstunden und das Wochenende lassen nur den Schluss darauf zu, dass der Pizzaverkauf eine erhebliche Einnahmequelle des Beklagten darstellt. Dafür spricht auch die von ihm eingerichtete Theke, die von ihm erworbene Stehimbiss-Einrichtung (s. Fotos) und der Telefonpizza-Service mit zwei Kleinwagen. Letztere tragen, wie auf den bereits überreichten Fotos zu sehen ist, ebenfalls den Aufdruck „Antonios Pizza-Paradies". Wir überreichen darüber hinaus eine Ablichtung der Speisekarte. Der Beklagte bietet insgesamt 15 verschiedene Pizzen, vier Salate, diverse alkoholfreie und alkoholische Getränke sowie Weine der unteren Preiskategorie an. Das gesamte Getränkeangebot ist nahezu identisch mit demjenigen des Gyros-Standes des Zeugen . . . . . Auch dessen Speisekarte wird anliegend in Kopie vorgelegt. Im Übrigen berufen wir uns auch insoweit auf

den Zeugen . . . . .

Deppen   449 sowie

Sachverständigengutachten.

Der Umsatz des Zeugen ist auf Grund der vom Beklagten ausgeübten Konkurrenz um 35 % eingebrochen. Zum Beweise überreichen wir die betriebswirtschaftlichen Auswertungen des Steuerberaters des Zeugen für die Monate . . . . . einerseits und die letzten 3 Monate andererseits. Dies lässt nur den Schluss darauf zu, dass dieser Umsatz nunmehr vom Beklagten erzielt wird.

Rechtsanwalt

Anmerkungen

1. Zuständigkeit. → Form. B. II. 64 Anm. 1.

2. Streitwert. → Form. B. II. 64 Anm. 3.

3. Antragstellung. → Form. B. II. 64 Anm. 4.

4. **Unterlassung gemäß § 541 BGB.** Der Unterlassungsanspruch kann nur aus § 541 BGB begründet werden. Voraussetzung ist das Andauern der Beeinträchtigung. Stellt der Mieter auf Abmahnung des Vermieters das vertragswidrige konkurrierende Verhalten ein, kommt eine vorbeugende Unterlassungsklage gemäß § 259 ZPO wegen fehlenden Rechtsschutzbedürfnisses kaum in Betracht. Eine vorbeugende Unterlassungsklage gemäß § 1004 BGB scheitert daran, dass kein eigentumsgleiches gemäß § 823 Abs. 1 BGB geschütztes absolutes Recht verletzt ist. Eine vom vertraglich festgelegten Gebrauch abweichende Benutzung der Mietsache braucht der Vermieter nicht hinzunehmen (*Neuhaus*, Handbuch der Geschäftsraummiete, 4. Aufl. 2011, Rn. 1389; BGH NJW 1985, 2527; OLG Hamm NJW 1992, 916; OLG Düsseldorf ZMR 1987, 423). Auch wenn der Beklagte sein Feinkostgeschäft aufrechterhält, stellt der zusätzliche Betrieb einer Steh-Pizzeria eine vom vertraglich festgelegten Gebrauch abweichende Benutzung der Mietsache dar, da insoweit nicht nur die gewerberechtliche Erlaubnis für ein Lebensmittelgeschäft, sondern darüber hinaus eine Gaststättengenehmigung erforderlich ist (§ 1 Abs. 1 Nr. 2 GaststättenG). Für den Anspruch aus § 541 BGB kommt es nicht darauf an, ob der Vermieter anderen Mietern gegenüber zum Konkurrenzschutz verpflichtet ist. Ausreichend ist, dass sich der auf Unterlassung in Anspruch genommene Mieter vertragswidrig verhält. Die Frage, ob eine Konkurrenzsituation besteht, braucht daher in diesem Fall nicht beantwortet zu werden (s. zu Konkurrenzsituationen im Gastronomiebereich MAH MietR/*Lehr* § 55 Rn. 119; *Neuhaus*, Handbuch der Geschäftsraummiete, 4 Aufl. 2011, Rn. 1442; OLG Hamm NJW-RR 1997, 459). Das Unterlassungsbegehren könnte deshalb auch dann geltend gemacht werden, wenn weitere Mieter in ihrer wirtschaftlichen Betätigungsfreiheit überhaupt nicht betroffen wären sondern zum Beispiel die Klägerin als Vermieterin dem Beklagten wegen etwaiger Geruchs- oder Lärmbelästigungen die Änderung des Vertragszwecks untersagen könnte. Zweifelhaft ist, ob der Beklagte ohne konkrete Abrede über den Mietzweck einer Rücksichtspflicht spiegelbildlich zu einer vertragsimmanenten Konkurrenzschutzpflicht des Mieters unterliegt. Selbst wenn man eine solche Rücksichtspflicht bejahen würde, würde dies aber nur eine Konkurrenz zum Mitmieter mit beiderseitigen Hauptartikeln ausschließen.

5. **Abmahnung.** Die Abmahnung mit Fristsetzung ist unabdingbare Voraussetzung eines Anspruchs aus § 541 BGB. Als geschäftsähnliche Willensäußerung muss sie dem Mieter zugehen (BGH NJW 2008, 1303). Für die Abmahnung gilt § 174 BGB bei Vertreterhandeln, insbesondere bei anwaltlicher Tätigkeit. Es empfiehlt sich daher der

Aufforderung zur Einstellung des vertragswidrigen Handelns eine Originalvollmacht beizufügen. Die Erforderlichkeit einer Abmahnung als Voraussetzung für die Durchsetzung eines Unterlassungsanspruchs kann individualvertraglich, aber nicht formularvertraglich (§ 309 Nr. 4 BGB) wirksam abbedungen werden (MüKoBGB/*Bieber* § 541 Rn. 18; Schmidt-Futterer/*Blank* § 541 Rn. 9).

6. Vollstreckung. Die Vollstreckung richtet sich nach § 890 Abs. 1 ZPO. Zur Höhe des zu verhängenden Ordnungsgeldes bzw. zum Umfang der denkbaren Ordnungshaft (vgl. BLAH/*Hartmann* § 890 Rn. 17 f.). Im Übrigen → Form. B. II. 64 Anm. 6.

7. Antrag auf Erteilung einer vollstreckbaren Ausfertigung des Urteils nebst Zustellungsbescheinigung. Die Erteilung der vollstreckbaren Ausfertigung des Urteils erfolgt nicht von Amts wegen, sondern nur auf Antrag (Zöller/*Stöber* § 724 Rn. 8). Der Antrag dient dazu, die Zwangsvollstreckung zu beschleunigen. Mit der von Amts wegen vorgenommenen Zustellung des Titels sind zudem die Voraussetzungen für eine Zwangsvollstreckung in der Regel erfüllt.

66. Klage auf Feststellung, dass der Vermieter zum Abschluss eines Mietvertrages mit einem dritten potenziellen Bewerber berechtigt ist, ohne gegen Konkurrenzschutzpflichten zu verstoßen

An das

Landgericht[1] . . . . .

Klage

der Firma . . . . .

– Klägerin –

Prozessbevollmächtigte: . . . . .

gegen

die Firma . . . . .

– Beklagte –

Prozessbevollmächtigte: . . . . .

wegen Feststellung

vorläufiger Streitwert: 71.400,– EUR[2]

Wir bitten um Anberaumung eines Termins zur mündlichen Verhandlung, in dem wir beantragen werden:

1. es wird festgestellt,[3, 7] dass die Klägerin auf Grund des mit der Beklagten am . . . . . (Datum) geschlossenen Mietvertrages, insbesondere auf Grund der Wettbewerbsklausel in § 18 des vorbezeichneten Mietvertrages, nicht daran gehindert ist, ihr gehörende weitere Teilflächen des Einkaufszentrums . . . . . an Dritte zu vermieten, die in den weiteren Teilflächen Nichtlebensmittel, insbesondere Tiernahrungsmittel und Zubehör in Form eines Fachmarktes zum Verkauf anbieten und verkaufen, sowie im Falle der Vermietung an Dritte und des Anbietens zum Verkauf und des Verkaufens von Nichtlebensmitteln durch Dritte, insbesondere Tiernahrungsmittel und Zubehör in Form eines Fachmarktes nicht gegen ihre Pflichten aus dem Mietvertrag verstößt,

2. für den Fall des Vorliegens der Voraussetzungen Versäumnisurteil ohne mündliche Verhandlung gemäß § 331 Abs. 3 ZPO zu erlassen,

Begründung:

Die Klägerin vermietete der Beklagten mit Vertrag vom . . . . . (Datum) eine Teilfläche des in ihrem Eigentum stehenden Einkaufszentrums . . . . . in . . . . . zum Betrieb eines Lebensmittel-SB-Marktes auf die Dauer von 15 Jahren mit Verlängerungsoption. Die monatliche Miete für die Verkaufsfläche von ca. 800 m² beträgt 10.000,– EUR zzgl. gesetzlicher Mehrwertsteuer. Wir überreichen anliegend eine Kopie des schriftlichen Mietvertrages.

Unter § 18 des Vertrages heißt es:[4]

„Der Vermieter verpflichtet sich, im Umkreis von 10 km kein konkurrierendes Projekt zu betreiben bzw. zu vermieten. Bei Zuwiderhandlung ist der Vermieter verpflichtet, an den Mieter eine Vertragsstrafe von 2 Jahresmieten zu zahlen."

Mit anliegend in Kopie beigefügtem Schreiben vom . . . . . (Datum) informierte die Klägerin die Beklagte über ihre Absicht, Räumlichkeiten, die unmittelbar neben dem Lebensmittel-SB-Markt gelegen sind, an die Firma . . . . .-GmbH zu vermieten. Es handelt sich um eine Fachmarktkette, die den Verkauf von Tiernahrung und -zubehör unter dem Markennamen . . . . . betreibt.

Mit anliegend in Kopie beigefügtem Schreiben vom . . . . . (Datum) widersprach die Beklagte der Vermietung und kündigte an, sie werde gegebenenfalls die Zahlung der vereinbarten Vertragsstrafe verlangen. Sie selbst biete in ihrem sogenannten „non-food-Bereich" Tiernahrungs- und Tierpflegemittel an. Im Einzelnen beruft sie sich auf einen Flächenaufteilungsplan und eine der Klägerin vorgelegte Sortimentsliste. Aus dieser Liste, die wir ebenfalls in Kopie überreichen, ergibt sich, dass die Beklagte ihr Angebot nahezu ausschließlich auf Tiernahrung beschränkt, Zubehör und Tierpflegemittel jedoch völlig in den Hintergrund treten. Hinsichtlich der Tiernahrung ist das Angebot nicht breit gefächert, sondern beschränkt sich auf die für die unterschiedlichen Haustierarten gängigen Marktführer. Aus dem anliegend in Kopie beigefügten Flächenaufteilungsplan geht hervor, dass das streitige Sortiment bei insgesamt 60 Regalreihen gerade eine Regalreihe ausfüllt. Der mit Tiernahrung und Zubehör erzielte Umsatz erreicht nicht annähernd 1 % des erzielten Gesamtumsatzes.

Beweis: Buchsachverständigengutachten;
       Vorlage der Bilanz sowie der Gewinn- und Verlustrechnung des Vorjahres durch
       die Beklagte;
       Zeugnis des . . . . .

Die Feststellungsklage der Klägerin ist gemäß § 256 Abs. 1 ZPO zulässig.[3] Die Klägerin hat ein rechtliches Interesse an der Feststellung, dass sie Teilflächen des Einkaufszentrums an eine Fachmarktkette für Tiernahrungs- und Tierpflegemittel vermieten darf. Die Beklagte macht ihr dieses Recht streitig und droht mit einer Vertragsstrafe. Damit gefährdet eine tatsächliche Unsicherheit das Rechtsverhältnis der Parteien aus dem Mietvertrag.

Die Feststellungsklage ist auch begründet. Nach dem vorliegenden Sachverhalt ist davon auszugehen, dass die Klägerin mit der von ihr beabsichtigten Weitervermietung an die Firma . . . . .-GmbH als Fachmarktkette nicht gegen ihre Pflicht aus dem Mietvertrag verstößt, unzumutbare Konkurrenz gegenüber der Beklagten zu verhindern.

Gemäß § 535 Abs. 1 BGB ist der Vermieter zwar verpflichtet, von dem Mieter unzumutbare Konkurrenz in unmittelbarer Nachbarschaft zur Gewährung des ungestörten vertragsgemäßen Mietgebrauchs fernzuhalten. Dieser vertragsimmanente Konkurrenzschutz[5, 6] erstreckt sich jedoch nicht auf jegliche vom Mieter angebotenen Artikel, sondern nur auf den Kern seines Sortiments, die sogenannten Hauptartikel. Wettbewerb in Nebenartikeln ist dem Mieter gemäß § 242 BGB zuzumuten, sofern vertraglich nicht besonders eine Ausweitung des Konkurrenzschutzes auf Nebenartikel erfolgt ist.

Entgegen der Auffassung der Beklagten nimmt § 18 des Mietvertrages keine Ausweitung des Konkurrenzschutzes auf Nebenartikel vor. Konkurrenzschutzklauseln sind im Hinblick auf die grundrechtliche Wettbewerbs- und Berufsfreiheit ohnehin zurückhaltend auszulegen. In Einkaufszentren kann der Wettbewerb bei Nebenartikeln geschäftsbelebend wirken, so dass bei objektiver Betrachtungsweise nicht einmal ein Schutzinteresse des Mieters unterstellt werden kann. Die für die Ausdehnung des vertragsimmanenten Konkurrenzschutzes erforderliche Vereinbarung darf keine Zweifel über die Reichweite aufkommen lassen (vgl. *Neuhaus*, Handbuch der Geschäftsraummiete, 4. Aufl. 2011, Rn. 1412; BGH WuM 1981, 1224).

Der Wortlaut des § 18 gibt keinen umfassenden Konkurrenzschutz auch für Nebenartikel her. Die Formulierung „konkurrierendes Projekt" ist zu allgemein. Die Klausel erfasst den räumlichen Geltungsbereich. Die vereinbarte Vertragsstrafe lässt auf den Umfang des Wettbewerbsverbotes keine Rückschlüsse zu.

Ebenso wenig kann ein Verstoß gegen den vertragsimmanenten Konkurrenzschutz angenommen werden. Die obigen Ausführungen ergeben, dass die von der Beklagten angebotenen Tiernahrungs- und -pflegemittel nur Nebenartikel ihres Warenangebots sind. Durch die an die Firma . . . . .-GmbH beabsichtigte Vermietung tritt keine Überschneidung bei Hauptartikeln ein. Ohnedies ist eine Unterscheidung zwischen Haupt- und Nebenartikeln bei Supermärkten oder SB-Warenhäusern nur schwer möglich, da sie sich gerade durch die Vielzahl der Sortimente auszeichnen. Hauptartikel können daher allenfalls Warengruppen sein, die hinsichtlich Vielfalt, Auswahl, Geschlossenheit und Übersichtlichkeit dem Angebot eines Fachgeschäftes entsprechen (BGH MDR 1986, 46; OLG Hamm NZM 1998, 511).

Diese Voraussetzungen liegen beim Angebot der Beklagten nicht vor. Dieses beschränkt sich nahezu ausschließlich auf Nahrung für Haustiere wie Katzen, Hunde, Nager und Vögel. Das Sortiment umfasst beispielsweise nicht Käfige oder Aquarien. Die Sortimentsliste enthält auch keine Artikel für Fische oder Pferde. Eine Fachberatung ist in dem Geschäft nicht vorhanden. Die Präsentation ist gegenüber dem sonstigen Sortiment der Beklagten nicht besonders hervorgehoben und nimmt nur eine relativ geringe Auslagenfläche ein. Die Umsatzhöhe spricht ebenfalls gegen die Annahme eines Hauptartikels.

Wir bitten um baldige Terminsanberaumung, da die Firma . . . . .-GmbH sich nur zeitlich befristet dazu bereit gefunden hat, wegen der Klärung der Streitfrage zwischen den Parteien abzuwarten.

Rechtsanwalt

Anmerkungen

1. Zuständigkeit. Ausschließlich örtlich zuständig ist gemäß § 29a Abs. 1 ZPO das Gericht der belegenen Sache. § 29a ZPO gilt auch für Miet- und Pachtverhältnisse über Räume, soweit es sich nicht um Wohnraum handelt, dagegen nicht für Miet- und Pachtverhältnisse über unbebaute Grundstücke (*Sternel*, Mietrecht Aktuell, 4. Aufl. 2009, XIV Rn. 1, 24). Dies gilt auch für eine negative Feststellungsklage (Zöller/*Greger* § 256 Rn. 20). Sachlich zuständig ist das Landgericht. Da der Streitwert 5.000,– EUR überschreitet, ist gemäß §§ 23 Nr. 1, 71 Abs. 1 GVG das Landgericht zuständig. Die Berechnung des Streitwertes für negative Feststellungsklagen ist zum einen nach dem Zuständigkeitsstreitwert, zum anderen nach dem Gebührenstreitwert zu ermitteln. Für den Zuständigkeitsstreitwert ist § 3 ZPO in Verbindung mit § 48 GKG maßgeblich (BLAH/*Hartmann* Anh. § 3 Rn. 54 „Verneinende Feststellungsklage"; Thomas/*Putzo* Rn. 65 „Feststellungsklage"; *Hartmann* Anh. nach § 48 GKG Rn. 54 „Verneinende Feststellungsklage"). Für den Gebührenstreitwert ist § 48 GKG unmittelbar einschlägig.

2. Streitwert. Der Wert der negativen Feststellungsklage ist nach dem vollen Wert des geleugneten Anspruchs zu bestimmen (BLAH/*Hartmann* Anh. § 3 Rn. 54 „Verneinende Feststellungsklage"; BGH FamRZ 2007, 464). Für die Wertbemessung gemäß § 3 ZPO ist der Ansatz von 50 % eines Jahresnettomietwertes 12 × 5.000,– EUR = 60.000,– EUR plus gesetzliche Mehrwertsteuer in Höhe von 19 % = 11.400,– EUR, insgesamt 71.400,– EUR, angemessen. Streitig ist der Umfang der Gebrauchsgewährungspflicht des Vermieters gemäß § 535 Abs. 1 BGB in einem für ein Geschäftsraummietverhältnis maßgeblichen Punkt.

3. Feststellungsinteresse. Das Feststellungsinteresse gemäß § 256 Abs. 1 ZPO ergibt sich daraus, dass die Beklagte vorprozessual der Klägerin das Recht zur anderweitigen Vermietung bestreitet und mit der in § 18 des Mietvertrages geregelten Vertragsstrafe droht. Die damit verknüpfte gegenwärtige Gefahr der Unsicherheit über die Rechtsposition der Klägerin im Falle anderweitiger Vermietung begründet deren rechtliches Interesse (BGH NJW 1992, 437 mwN).

4. Darlegungslast für den Wettbewerbsverstoß im negativen Feststellungsverfahren. Die Darlegungslast für die Frage, ob ein Wettbewerbsverstoß durch anderweitige Vermietung vorliegt, trägt die Beklagte. Für die Entscheidung über die negative Feststellungsklage kommt es nämlich darauf an, ob der Beklagten gegen die Klägerin ein Unterlassungsanspruch und bei Zuwiderhandlung ein Anspruch auf Vertragsstrafe gemäß § 18 des Mietvertrages zusteht (Zöller/*Greger* § 256 Rn. 18). Das aus § 535 Abs. 1 BGB bzw. hier § 18 des Mietvertrages folgende Begehren ist ein Erfüllungsanspruch. Die Voraussetzungen hat die Beklagte als Mieterin schlüssig darzutun.

5. Ausdrücklicher und vertragsimmanenter Wettbewerbsschutz. Die Sachproblematik des Falles erstreckt sich auf den Umfang des dem Mieter vom Vermieter zu gewährenden Wettbewerbsschutzes. Dabei ist zunächst zu prüfen, ob sich der Mieter lediglich auf den sich aus der Erfüllung jedes Geschäftsraummietvertrages ergebenden vertragsimmanenten Wettbewerbsschutz oder aber darüber hinaus auf weitergehenden vertraglich vereinbarten Konkurrenzschutz berufen kann. Der vertragsimmanente Konkurrenzschutz verpflichtet den Vermieter auch ohne ausdrückliche vertragliche Bestimmung zur Gewährung des ungestörten vertragsgemäßen Gebrauchs, so dass in anderen Räumen desselben Hauses und auf einem angrenzenden Grundstück, sofern es dem Vermieter gehört, keine Konkurrenten – weder der Vermieter selbst noch andere Mieter – zugelassen sind (Bub/Treier/*Kraemer*/*Ehlert* III B Rn. 2887; Wolf/Eckert/Ball/*Ball* Rn. 709). Darüber hinaus ermöglicht die Privatautonomie zusätzliche Vereinbarungen über dem Mieter zustehenden Konkurrenzschutz, die den vertragsimmanenten Konkurrenzschutz ausdehnen, ihn ersetzen oder einschränken (zur Funktion des vertraglich besonders vereinbarten Konkurrenzschutzes im Verhältnis zum vertragsimmanenten Konkurrenzschutz: s. Bub/Treier/*Kraemer*/*Ehlert* III B Rn. 3012; BGH IMR 2010, 279; BGH WuM 1985, 1175; NJW 1979, 1404; KG IMR 2010, 427; OLG Düsseldorf IMR 2010, 141; OLG Naumburg IMR 2010, 99; KG IMR 2007, 124; OLG Köln NZM 1998, 512; OLG Düsseldorf ZMR 1992, 445; OLG Hamburg WuM 1987, 145). Eine zutreffende Auslegung der Wettbewerbsklausel in § 18 des Mietvertrages gemäß §§ 133, 157 BGB führt dazu, dass eine Spezifikation in räumlicher Hinsicht („im Umkreis von 10 km") erfolgt ist. Eine Sachspezifikation, zum Beispiel die Erstreckung auf ein bestimmtes Warenangebot (BGH WuM 1981, 1224) ist nicht ersichtlich. Vielmehr verlangt der BGH WuM 1981, 1224 bei einem Einkaufszentrum mit vielfältigem Waren- und Geschäftsangebot, dass nach dem Grundsatz, wonach Konkurrenz das Geschäft belebe, für die Gewährung von Konkurrenzschutz Zurückhaltung geboten sei. Generell erstreckt sich der vertragsimmanente Konkurrenzschutz auf Hauptartikel, nicht auf Nebenartikel (Bub/Treier/*Kraemer/Ehlert* III B Rn. 2894; *Neuhaus*, Handbuch der Geschäftsraummiete, 4. Aufl. 2011, Rn. 1349 ff.; *Joachim* BB 1986 Beilage 6, 1 ff.; BGH NJW-RR 1986, 9; OLG Düsseldorf IMR 2010, 141; OLG Hamm NZM 1998, 511).

Das Hauptsortiment ist dasjenige, was dem Geschäft sein „Gepräge" gibt (*Neuhaus*, Handbuch der Geschäftsraummiete, 4. Aufl. 2011, Rn. 1355; *Joachim* BB 1986 Beilage 6 S. 13). Nebenartikel runden das Warenangebot ab. In der Regel besteht eine Sachnähe zum Hauptsortiment wie zum Beispiel bei Kaffee in der Bäckerei und bei Strümpfen im Schuhgeschäft. Problematisch ist die Abgrenzung für den Lebensmittel-SB-Markt, der längst nicht mehr seinen Schwerpunkt im food-Bereich hat, sondern ein vielfältiges Angebot gerade auch im non-food-Bereich unterbreitet. Dies gilt in doppelter Hinsicht, und zwar einmal aus der Sicht von Supermärkten oder SB-Warenhäusern, die Konkurrenzschutz gegenüber Fachmärkten beanspruchen, sowie aus der Sicht von Fachmärkten, die sich gegen die Ansiedlung eines Supermarktes oder SB-Warenhauses wehren wollen. Hier hilft nur eine individuelle Betrachtungsweise. Für die Behandlung als Hauptartikel sprechen Vielfalt, Auswahl, Geschlossenheit und Übersichtlichkeit des Angebots, fachmarktähnliche Präsentation, Fachberatung, Werbung, identische Verbrauchergruppen und der Detailumsatz (wobei die Rentabilität der einzelnen Warengruppen nicht besonders ins Gewicht fällt; Bub/Treier/*Kraemer/Ehlert* III B Rn. 2894; *Neuhaus*, Handbuch der Geschäftsraummiete, 4. Aufl. 2011, Rn. 1355; *Leo/Ghassemi-Tabar* NZM 2009, 337, 339; BGH WuM 1985, 1175; WuM 1968, 699). Die Beklagte wird demnach sehr substanziiert dazu vortragen müssen, warum ihr Tiernahrungs- und -pflegemittelangebot kein Nebensortiment ist. Trifft das Klagevorbringen im Wesentlichen zu, wird die Beklagte sich einer Verurteilung kaum entziehen können.

6. Besonderheiten der Unternehmenspacht. Bei der Unternehmenspacht besteht keine vertragsimmanente Pflicht des Pächters, während der Vertragszeit kein anderes gleichartiges Unternehmen zu betreiben (OLG Koblenz ZMR 1993, 72). Um Konkurrenzsituationen von vornherein auszuschließen, empfiehlt es sich daher, im Unternehmenspachtvertrag Konkurrenzklauseln zu vereinbaren, die beiden Parteien Sicherheit für ihr zukünftiges Verhalten geben. Das Nichtbestehen von Erfüllungspflichten würde allerdings Schadensersatzansprüche nicht ausschließen, wenn der Pächter beispielsweise die Pachtsache durch Konkurrenztätigkeit verschlechtert hat.

7. Rechtskraftwirkung der negativen Feststellung. Die klagezusprechende Urteilsfeststellung ermöglicht der Klägerin, sanktionsfrei an einen Fachmarkt für Tiernahrungsmittel und -zubehör zu vermieten. Die Beklagte hat dann keinerlei Unterlassungs-, Beseitigungs- Minderungs- oder Schadensersatzansprüche bzw. Kündigungsrechte. Die Feststellung ist allgemeiner Natur, erstreckt sich also nicht nur auf die beabsichtigte konkrete Vermietung. Sie schließt auch nach erfolgter Vermietung die Inanspruchnahme der Klägerin durch die Beklagte aus § 18 einschließlich der dortigen Wettbewerbsklausel aus. Darauf gestützten Leistungsklagen des Mieters steht die Rechtskrafteinrede entgegen. Die Rechtskraft schließt jegliche Einwendung aus, die sich gegen das festgestellte Nichtbestehen eines Anspruchs richtet. Wird die leugnende Feststellungsklage abgewiesen, so kommt es für das Bestehen des geleugneten Rechtsverhältnisses auf die Entscheidungsgründe an. Richtet sich die Klage aber gegen einen bestimmten Anspruch, hat das abweisende Urteil auch Rechtskraftwirkung für das Bestehen des Anspruchs (BLAH/ *Hartmann* § 322 Rn. 41 f.; BGH NJW 1995, 1757). Vollstreckbar ist nur der Kostenausspruch, wenngleich das Feststellungsurteil gemäß §§ 704 ff. ZPO für vorläufig vollstreckbar erklärt wird (BLAH/*Hartmann* § 256 Rn. 51; Zöller/*Greger* § 256 Rn. 1).

III. Klagen des Mieters

Mietgebrauch

1. Klage auf erstmalige Einräumung des Mietbesitzes (Primäre mietvertragliche Erfüllungsklage)

An das

Amtsgericht . . . . .

– Abteilung für Mietsachen –

Klage[1]

1. der Frau Marita M,

2. des Herrn Karl M,

– Kläger –

Prozessbevollmächtigter: Rechtsanwalt . . . . .

gegen

1. der Frau Valentina V . . . .
2. des Herrn Martin V . . . . . .

– Beklagte –

wegen: 1.   Wiederherstellung der Bezugsfertigkeit von Mieträumen und des alleinigen unmittelbaren Besitzes an diesen

2.   hilfsweise: Feststellung des (Fort-)Bestehens eines Mietverhältnis und einer daraus folgenden Schadensersatzpflicht

Gegenstandswert, vorläufig: 6.000,– EUR[2]

Namens und im Auftrag der Kläger beantrage ich,

1. die Beklagten als Gesamtschuldner zu verurteilen, die im 4. OG des Hauses M-Str. 210 gelegenen Räume, bestehend aus 3 Zimmern nebst einer Diele und 1 Balkon im Vorderhaus, sowie einer weiteren Diele, 1 Abstellraum, sowie 2 Zimmern und 1 Bad im Hinterhaus in einen bezugsfertigen Zustand zu versetzen[3] und den Klägern den alleinigen unmittelbaren Besitz daran zu verschaffen; hilfsweise:
2. die Beklagten als Gesamtschuldner zu verurteilen, die drei im 4. OG des Vorderhauses M-Str. 210 gelegenen Räume zzgl. 1 Diele und 1 Balkon in einen bezugsfertigen Zustand zu versetzen[4] und den Klägern den alleinigen unmittelbaren Besitz daran zu verschaffen
3. den Beklagten zur Herausgabe gemäß den Anträgen zu 1 und 2 eine Frist von 4 Wochen nach Zustellung des Urteils zu setzen, nach deren Ablauf die Kläger die Leistung ablehnen; (ferner) festzustellen, dass die Beklagten nach Fristablauf verpflichtet sind, den Klägern als Gesamtschuldnern jeglichen Schaden zu ersetzen, der ihnen aus der Nichterfüllung der Verpflichtung zu Ziff. 1 und 2 entsteht.[5]
äußerst hilfsweise:

4. festzustellen, dass zwischen den Parteien ein Mietverhältnis betreffend die Räumlichkeiten gemäß Antrag zu 1 besteht bzw. 2 fortbesteht und die Beklagten den Klägern hieraus als Gesamtschuldner zum Schadensersatz verpflichtet sind.[6]

Sollte das Gericht das schriftliche Vorverfahren beschließen, wird bereits jetzt darüber hinaus

Antrag

auf Erlass eines

Versäumnisurteils

gestellt.

Begründung:

Die Kläger haben von den Beklagten durch Vertrag vom 25.9.2006 die im Hilfsantrag (Antrag zu 2) bezeichneten Räume zuzüglich zweier darüber liegender Mansarden gemietet.

Beweis: Vorlage des Mietvertrages vom 25.9.2006
   ggf.: Beziehung der Akten AG . . . . . (Verfahren auf Erlass einer einstweiligen Verfügung)

Die Kläger haben im Juni 2009 auf Grund einer mit dem Verwalter der Beklagten, Herrn RA X. getroffenen Absprache die beiden Mansarden vollständig und die übrigen Räume bis auf einige Gegenstände, u.a. mehrere große Zimmerpflanzen, geräumt und dem Verwalter sowie dem mit der Durchführung von Modernisierungsarbeiten beauftragten Architekten Y sowie verschiedenen Handwerkern den Zutritt zu den Mieträumen gewährt.

Der auf Grund notarieller Urkunde des Notars Z. in K – UR – Nr. 255/00 – zum Verwalter der Beklagten bestellte Rechtsanwalt X hatte mit Schreiben vom 3.11.2008 Modernisierungsmaßnahmen in den Wohnungen des Hauses M-Str. 210 gegenüber den Klägern angekündigt, wobei die beiden Mansardenräume entfallen und dafür die Räume des Hinterhauses, die eine separate Wohnung darstellten, der Wohnung der Kläger hinzugeschlagen werden sollten. Die Bauarbeiten sollten von Juni bis Oktober 2009 stattfinden.

Beweis: Vorlage des Schreibens vom 3.11.2008 in Kopie

Die Kläger haben die geforderte Unterschrift nicht geleistet, weil Unklarheit bezüglich der von den Beklagten beanspruchten Mitwirkung bei der Modernisierung bestand. Sie waren jedoch mit der Maßnahme als solcher einverstanden und auch bereit, den auf Grund der Modernisierungsrichtlinien der Stadt K. ermittelten Mietzins nach Fertigstellung zu entrichten.

Sie haben ihr Einverständnis mehrfach mündlich erklärt und durch schlüssiges Verhalten gegenüber dem Verwalter, RA X., sowie gegenüber dem mit der Planung und Bauleitung beauftragten Architekten Y kundgetan. Sie haben dann im Einvernehmen mit dem Verwalter und dem bauleitenden Architekten die weitgehende Räumung der Wohnung im Juni 2009 durchgeführt und für die Klägerin zu 1) ein Appartement angemietet, damit sie ihre im Juli 2008 in K. angetretene Tätigkeit als Angestellte ordnungsgemäß wahrnehmen konnte. Der Kläger zog sich in das elterliche Haus in B. zurück. Beides geschah für den auf 3 Monate gemäß Schreiben RA X. vom 3.11.2008 und Architekt Y vom

25.4.2009 festgelegten Zeitraum der Modernisierung, der letztlich bis allenfalls Oktober 2009 dauern sollte.[7]

Mit Schreiben vom 17.9.2009 bezogen sich die Beklagten dann auf ihre „bisherige Planung" und erklärten sich mit der von den Klägern vorgeschlagenen Unterputzverlegung der Elektroleitungen einverstanden. Gleichzeitig wurde der Entwurf eines Mietvertrages für die Zeit nach der Modernisierung vorgelegt mit der Bitte um Unterzeichnung und Rückgabe.

Beweis: Vorlage des Schreibens des RA X. vom 17.9.2009 in Kopie

Die Parteien waren bereits auf Grund mündlich getroffener Absprache sowie des beiderseitigen konkludenten Handelns[8] übereingekommen, dass die im Schreiben des Verwalters vom 3.11.2008 beschriebene Modernisierung mit der Neuaufteilung der Wohnfläche durchgeführt werde und die Kläger für die vorausgesagte Dauer der Modernisierungsarbeiten die Wohnung weitgehend – wie geschehen – räumen und für diesen Zeitraum Mietzins nicht entrichten würden.[9]

Der vorgelegte Mietvertragsentwurf wies bezüglich des Mietbeginns, der Betriebskostenvereinbarung sowie bezüglich verschiedener die Kläger als Mieter einseitig belastender Klauseln eine so große Abweichung von dem bisherigen Vertrag auf, dass die Kläger mit Schreiben vom 24.9.2009 zunächst die Unterschrift unter den Entwurf verweigerten, bis dieser in rechtlicher Hinsicht überprüft sei; gleichzeitig stellten sie klar, dass sie wegen der von den Beklagten vorgeschlagenen, sie benachteiligenden Vereinbarung über das Verlegen der Steigleitungen auf ihren Wunsch zur Verlegung unter Putz verzichteten.

Beweis: Vorlage des Schreibens vom 24.9.2009 in Kopie

Mit Schreiben des Verwalters vom 28.9.2009 drängten die Beklagten noch einmal auf den Abschluss des vorgelegten Vertragsentwurfs, damit Klarheit bezüglich der Modernisierung und des Zeitpunkts für den Beginn des Mietverhältnisses bestehe.

Beweis: Vorlage des Schreibens des RA X. vom 28.9.2009 in Kopie

Die Kläger konnten sich zu Recht wegen der dargelegten Besonderheiten des Vertragsentwurfs nicht bereit finden, diesen alsbald zu unterzeichnen.[10]

Am 15.10.2009 mussten sie dann aus dem Mund des bauleitenden Architekten erfahren, dass die Arbeiten in der Wohnung im 4. OG vorerst eingestellt worden seien.

Dies erklärte der Architekt dem überraschten Kläger zu 1 am 15.10.2009 am Telefon.

Beweis: Zeugnis des Herrn Architekten Y., b. b.

Die Kläger forderten daraufhin mit Schreiben vom 15.10.2009 den Verwalter auf, die Arbeiten in der Wohnung zum Abschluss zu bringen und dies schriftlich zu bestätigen; gleichzeitig stellten sie noch einmal klar, dass sie durchaus die Vereinbarung eines neuen Mietvertrages dem Grunde nach akzeptierten.

Beweis: Vorlage des Schreibens vom 15.10.2009 in Kopie

Der beauftragte Verwalter, RA X., reagierte hierauf mit einem Anruf vom 8.11.2009, in welchem er Verhandlungen über den Mietvertragsentwurf mit Ausnahme der von den Beklagten vorgeschlagenen Betriebskostenpauschale in Aussicht stellte.

Daraufhin wurde den Beklagten mit Schreiben des Unterzeichners vom 19.11.2009 Frist bis zum 26.11.2009 gesetzt, zu erklären, welche Modernisierungsarbeiten wann zum Abschluss gebracht würden.

Der beauftragte Verwalter sicherte in einem Telefonat vom 26.11.2009 dem Unterzeichner zu, bis zum Ende der 48. Woche eine schriftliche Erklärung abzugeben und äußerte bezüglich des Bestrebens der Kläger, alsbald zu annehmbaren Konditionen in die Wohnung einzuziehen, wörtlich: „Ich habe noch jeden Mieter herausgekriegt".

Entsprechend dieser Ankündigung teilte er mit Schreiben vom 29.11.2009 plötzlich mit, es bestehe weder ein Mietverhältnis noch eine Vereinbarung über die Durchführung der Modernisierung; der Auszug der Kläger und das Nichtzahlen der Miete stellten eine Handlungsweise dar, die an die Kündigung gemäß § 554 Abs. 3 BGB erinnere.[11]

Beweis: Vorlage des Schreibens des RA X. vom 29.11.2009 in Kopie

Mit diesem Schreiben haben die Beklagten endgültig bestätigt, was schon zuvor zu vermuten war, dass sie nämlich die Kläger entweder aus der Wohnung drängen oder ihnen nicht zumutbare Vertragsbedingungen als Voraussetzung für den Einzug in die modernisierten Räume diktieren wollten.

Mit Schreiben des Unterzeichners vom 10.12.2009 stellten die Kläger klar, dass die Vereinbarung einer Betriebskostenpauschale ohne Abrechnung aller in der Anlage 3 zu § 27 der II. BVO aufgeführten Positionen für sie nicht in Betracht komme, dass andererseits bei nicht in allernächster Zeit zustandegekommener Vereinbarung angesichts der unhaltbaren Verlautbarungen zum Bestand des Mietverhältnisses eine Feststellungsklage drohe.

Beweis: Vorlage dieses Schreibens in Kopie

Hierauf erfolgte die Mitteilung mit Schreiben vom 17.12.2009, dass an der Vereinbarung einer Pauschale unter Einschluss aller Positionen festgehalten werde und allenfalls am 28.12.2009 eine Besprechung stattfinden könne.

Gleichzeitig teilte RA X. beiläufig mit, dass die Wohnung verschlossen und die Grünpflanzen der Kläger in eine Wohnung im Nachbarhaus geschafft worden seien.

Beweis: Vorlage des Schreibens des RA X. vom 17.12.2009; ggf.: Beiziehung der Akten des einstweiligen Verfügungsverfahrens

Am Samstag, den 29.12.2007 erschien der Kläger zu 1 im Hause M-Str. 210, um – wie seit Juni regelmäßig im Abstand von wenigen Tagen geschehen – die Wohnung aufzusuchen, um die dort stehengebliebenen Pflanzen zu gießen, die Behandlung der zurückgebliebenen Gegenstände und den Fortgang der Arbeiten zu begutachten. Er stellte zu seiner großen Überraschung fest, dass ein Schließzylinder in das Schloss der Wohnungseingangstür eingebaut worden war, so dass er die Wohnung nicht betreten konnte.[12]

Wegen des Besitzentzuges an zumindest den drei Räumen des Vorderhauses sowie der Pflanzen haben die Kläger am 31.12.2009 den Antrag auf Erlass einer einstweiligen Verfügung gestellt; es handelt sich um das Verfahren . . . . . In jenem Verfahren wird die vorläufige Einräumung des Mitbesitzes (unmittelbarer Mitbesitz) an den Räumen des Vorderhauses begehrt, während mit dem Antrag zu 1 dieses Klageverfahrens die endgültige Einräumung des alleinigen unmittelbaren Besitzes an der Wohnung nach Wiederherstellung zumindest der Bezugsfertigkeit verlangt wird. Den Klägern steht der Alleinbesitz als unmittelbaren Besitzern auf Grund des bestehenden Mietverhältnisses gegenüber den Beklagten als Vermietern und Eigentümern zu, die lediglich mittelbaren Besitz haben.

Das bestehende Mietverhältnis ergibt sich aus dem alten Mietvertrag von 2006 sowie den geführten Besprechungen über die Änderung der Wohnfläche, die Durchführung der Modernisierungsarbeiten gemäß Schreiben des Verwalters vom 3.11.2008 und der in der Folge geführten Korrespondenz.

Der Umstand, dass noch keine endgültige Klärung bezüglich aller Einzelheiten gefunden wurde, hindert das Bestehen eines Mietverhältnisses nicht.[13] Alle wesentlichen Bestandteile des Vertragsschlusses wie Größe der Wohnung und Höhe der Miete sowie der Beginn des Mietverhältnisses sind, wenn auch nicht endgültig bestimmt, so doch hinreichend bestimmbar.

Der Wohnungszuschnitt ist festgelegt; daraus lässt sich nach DIN 283 Blatt 2 (a.F.) festlegen, welche Grundfläche exakt zugrundezulegen ist. Anhand der seitens der Stadt auf 5,50 EUR/m^2 festgelegten Miete lässt sich auch der maßgebliche Mietzins berechnen wie auch im Schreiben des Verwalters vom 3.11.2008 bereits geschehen. Zum Beginn des Mietverhältnisses gilt nach Auffassung der Kläger, dass bezüglich der Räume im Vorderhaus bisher durchgehend ein Mietverhältnis besteht. Bezüglich der weiteren Räume besteht ein solches seit dem faktischen Auszug der Kläger aus der alten Wohnung, da spätestens hierdurch die Vereinbarung zur Durchführung der Maßnahme gemäß Schreiben vom 3.11.2008 konkretisiert wurde.

Für den Fall, dass das Gericht diese Auffassung nicht teilen sollte, wird den Klägern aber zumindest der Besitz an der „Rest"wohnung, d.h. den Räumen im Vorderhaus einzuräumen sein; äußerst hilfsweise wird wegen der durch die diesbezüglichen Äußerungen des Verwalters der Beklagten eingetretenen Rechtsunsicherheit im Hinblick auf die vertraglichen Rechte der Kläger festzustellen sein, dass ein Mietvertrag zumindest noch über die Räume des Vorderhauses besteht und die Beklagten insoweit also keinesfalls in ihrer Disposition frei sind. Es ist den Klägern nicht zuzumuten, noch weiter darauf zu warten, dass die Beklagten freiwillig wieder Wohnraum zur Verfügung stellen, wobei sie offenkundig nach dem oben Dargelegten darauf spekulieren, die Beendigung der Modernisierung hinauszuzögern, um entweder Vorteile bei den Vertragsverhandlungen zu erzielen oder sogar die Wohnung freizubekommen, um sie anderweitig mit einseitig diktierten Vertragsbedingungen zu vermieten.

Die Kläger sind weiter zu Verhandlungen bereit; eine diesbezügliche Kontaktaufnahme wird auch erneut durch den Unterzeichner Anfang Januar erfolgen.[14] Wegen der starrsinnigen und eigenmächtigen Vorgehensweise der Beklagten und ihres Verwalters war jedoch eine Anrufung[15] des Gerichts unumgänglich.

Rechtsanwalt[16, 17]

Anmerkungen

1. Ein dem ausgewählten im Wesentlichen gleichgelagerter Fall lag der Entscheidung LG Köln WuM 1990, 65 zugrunde. Mit gleichen Rechtsfragen hatte sich auch der BGH zu befassen (NJW 2003, 2158, 2160) .

Im Wohnraumbereich sind Streitigkeiten um die Vertragserfüllung und damit in aller Regel zugleich Fälle einer Doppelvermietung außer bei irrtümlich vergessenen Zusagen (Fall AG Freiburg WuM 1993, 117) vor allem dann praktisch, wenn überraschend ein Mieter gefunden wird, der mehr gefällt, sowie bei nach Vertragsschluss aufgekommenen Differenzen, die von Vermietern gelegentlich sogar zum Anlass genommen werden, sich eigenmächtig wieder in den Besitz der Räume zu setzen, u. U. sie eigenmächtig sogar zu räumen, um sie anschließend weiterzuvermieten und an Dritte zu überlassen (Fall LG Berlin WuM 1995, 123 = GE 1995, 111). Dieselben Ausgangssituationen dürften so auch im gewerblichen Bereich typisch sein (so bei der Vermietung eines angeblich reservierten Messeplatzes; vgl. auch BGH NJW 1980, 777 zu einem Fall fristloser Kündigung vor Geschäftseröffnung und anschließender Neuvermietung).

In sämtlichen dieser Fälle stellt sich zunächst die Frage, ob nicht erst einmal im Wege der **einstweiligen Verfügung** versucht werden soll, die Besitzüberlassung an den Dritten zu verhindern (→ Form. D. V. 8 – → Form. D. V. 11 sowie *Kluth/Grün* NZM 2002, 473 ff.).

Praktisch ratsam ist jedenfalls ein mehrgleisiges Vorgehen deshalb, weil die Zulässigkeit einer einstweiligen Verfügung zunehmend bezweifelt wird:
– erstens aus prinzipiellem Grund: Das OLG Frankfurt hat in einer vieldiskutierten Entscheidung überhaupt verneint, dass dem Vermieter im Wege einstweiliger Verfügung vorgeschrieben werden kann, an welchen Gläubiger er zu leisten hat (NJW-RR 1997, 77 = ZMR 1997, 22 m. krit. Anm. *Wichert* ZMR 1997, 16 ff.) Es müsse dem Vermieter im Sinne einer ihm zukommenden Privatautonomie überlassen bleiben, an wen er erfüllen wolle und wem er folglich Schadensersatz leisten müsse. Dem ist die neuere Rechtsprechung jetzt überwiegend gefolgt (OLG Hamm NZM 2004, 192; OLG Brandenburg MDR 1998, 98; OLG Schleswig MDR 2000, 1428; KG NZM 2007, 518; ähnlich LG München WuM 1991, 577; zustimmend z. B. Palandt/*Weidenkaff* § 536 Rn. 30; a. A. dagegen noch OLG Hamm NJW-RR 1990, 1236; OLG Düsseldorf NJW-RR 1991, 137: e. V. vor der Überlassung an Dritten grds. zulässig; ebenso Kinne/Schach/Bieber/*Kinne* II Rn. 188 u. *Wichert* ZMR 1997, 16 ff.; Beierlein/*Zimmermann*, Kap. 11 Rn. 17 ff., 20; Schmidt-Futterer/*Eisenschmid* § 536 Rn. 287; *Scholl* WuM 1998, 584 Fn. 3; *Derleder/Pellegrino* NZM 1998, 550, 557; *Kluth/Grün* NZM 2002, 477; Nies/Gies B I 1 Rn. 4).
– zweitens wegen des grundsätzlichen Verbots der Vorwegnahme der Hauptsache. **Für den Fall, dass keine verbotene Eigenmacht vorliegt,** hat der Kartellsenat des OLG Düsseldorf zur Zulässigkeit einer Regelungsverfügung nach § 940 ZPO beispielsweise ausgeführt (NJW-RR 1996, 123, 124):

> „. . . . . es genügt für sich allein nicht der drohende Wegfall der Erfüllbarkeit des originären Leistungsanspruchs. Vielmehr muss der Ast im Einzelfall darlegen und beweisen, dass er dringend auf die sofortige Erfüllung seines Leistungsanspruchs angewiesen ist und sonst so erhebliche wirtschaftliche Nachteile erleiden würde, dass ihm ein Zuwarten oder eine Verweisung auf die spätere Geltendmachung von Schadensersatzansprüchen nach Wegfall des ursprünglichen Erfüllungsanspruchs nicht zumutbar ist" . . . . . (vgl. auch *Jendrek* IV 2.1. Anm 9).

Diese Voraussetzungen werden in aller Regel verneint bzw. nicht ausreichend dargetan und glaubhaft gemacht (vgl. OLG Düsseldorf NJW-RR 1991, 137; LG Köln WuM 1995, 155, 158; *Schach* GE 1994, 132).

Demgegenüber hält OLG Hamm NJW-RR 1990, 1236 bei drohender Vermietung an einen Konkurrenten entgegen einer dies untersagenden Konkurrenzschutzklausel nicht die konkrete Darlegung sonst zu erwartender schwerer Nachteile für den Geschäftsbetrieb für erforderlich. Für den Verfügungsgrund soll ausreichen, dass ohne den Erlass der einstweiligen Verfügung vollendete Tatsachen zu Lasten des Antragstellers geschaffen würden. OLG Düsseldorf NJW-RR 1991, 138 führt speziell zum Fall bevorstehender Überlassung an den Dritten nach Doppelvermietung aus: „Der gemäß § 935 ZPO erforderliche Verfügungsgrund lag bei Erlass der einstweiligen Verfügung auf der Hand: der Antragsgegner hatte die mit der Antragstellerin vereinbarte Besitzüberlassung durch den Abschluss des Mietvertrags mit der Zeugin P . . . . . ernsthaft gefährdet." Vgl. auch *Kluth/Grün* NZM 2002, 477.

Dementsprechend werden auch die Kosten des in der Sache nicht selten (soweit kein Fall verbotener Eigenmacht vorliegt) erfolglosen einstweiligen Verfügungsverfahrens häufig nicht als ersatzfähig angesehen (vgl. dazu LG Köln WuM 1995, 155; aber auch die Besprechung und Erläuterung unter → Form. B. III. 4 Anm. 10, 11).

Ein **Übergang vom vorläufigen Verfahren in den Hauptsacheprozess** ist nach hM schließlich nicht zulässig (Thomas/Putzo/*Reichold* § 920 Rn. 3; Zöller/*Vollkommer* § 920 Rn. 14; MüKoZPO/*Heinze* § 920 Rn. 2; Stein/Jonas/*Grunsky* I 3 zu § 920; ebenso: OLG Karlsruhe OLGZ 77, 484 = Justiz 1977, 98; OLG Hamm OLGZ 71, 180 = NJW 1971, 387; OLG München OLGR 94, 178; aA BLAH/*Hartmann* § 920 Rn. 9, Grdz § 916 Rn. 5 mit unzutreffender Wiedergabe des Streitstands (zulässige Klageänderung), ebenso: OLG Braunschweig MDR 1971, 1017; OLG Frankfurt FamRZ 1989, 296 ff.; *Teplitzky* DRiZ 1982, 41).

Allerdings kann der Antrag auf Erlass einer einstweiligen Verfügung nach hM unabhängig von der Zustimmung des Gegners noch in der mündlichen Verhandlung zurückgenommen werden (vgl. statt aller BLAH/*Hartmann* § 920 Rn. 18 mwN).

Entscheidender Zeitpunkt, zu dem diese Frage schon bedacht werden sollte, ist im Regelfall bereits derjenige, in dem das Gericht mitteilt, dass eine Entscheidung nicht ohne mündliche Verhandlung ergehen soll, „Termin hierzu wird nur auf Antrag bestimmt". Hierdurch gibt ein erfahrenes Gericht im Regelfall kund, dass es in Kenntnis der für den Antragsteller gegebenen Eilbedürftigkeit Bedenken gegen die Annahme eines ausreichenden Verfügungsgrunds aus den o.g. Gründen hat.

Die mündliche Verhandlung kann dann häufig nur noch der frühzeitigen Auslotung von etwaigen Einigungsmöglichkeiten dienen.

2. Haupt- und Hilfsantrag unterliegen hier der gleichen Wertberechnung.

a) Verlangt der Mieter vom Vermieter die Überlassung der Sache, greift für den **Gebührenstreitwert** die Sonderbestimmung des § 41 Abs. 2 GKG ein (OLG Celle MDR 1989, 272) und zwar nach überwiegender Meinung auch dann, wenn der Bestand des Mietverhältnisses unstreitig ist (vgl. Zöller/*Herget* § 3 Stichwort Mietstreitigkeiten). Denn es handelt sich um den spiegelbildlichen Fall zum Räumungsverlangen des Vermieters. Für eine abweichende Bewertung ist kein Raum, zumal es sich um eine soziale Schutzvorschrift handelt, die ihrem Grundgedanken nach Anwendung auf alle Sachverhalte verlangt, bei denen eine Berechtigung im Streit steht, die für das Verhältnis von Vermieter und Mieter typisch ist (vgl. BGH NJW 1967, 2263; OLG Köln JMBl NW 1997, 167). § 41 Abs. 2 S. 1 GKG gilt demgemäß hier.

Für den **Zuständigkeitsstreitwert**, auf den es allein bei Streitigkeiten aus einem Gewerbemietverhältnis praktisch ankommen kann (sonst ist nach § 23 Nr. 2a GVG immer das AG zuständig), ist § 8 ZPO heranzuziehen (Zöller/*Herget* § 3 Stichwort Mietstreitigkeiten; *Gies* NZM 2002, 886 mwN). Insoweit gilt von der Interessenlage her Entsprechendes für die Anwendung dieser Sonderregelung.

Der Berechnung zugrundegelegt ist hier die im Mietvertragsentwurf ausgewiesene **Nettomiete** gemäß der nunmehr überwiegenden Praxis zum Räumungsstreitwert, wonach die Nebenkosten grundsätzlich außer Betracht zu bleiben haben (vgl. z.B. BGH NZM 2007, 396, 397; *Gies* NZM 2003, 886, 887).

b) Der Hilfsantrag der sich auf die ursprünglich vermietete (kleinere) Wohnung bezieht, ist in jedem Fall kostenmäßig neutral, weil beim Zusammentreffen von Haupt- und Hilfsanspruch nur der Wert des höheren Anspruchs maßgebend ist (vgl. § 45 Abs. 1 S. 3 GKG).

c) Bezüglich des Antrags zu 3, der in seinem ersten Teil in § 255 ZPO geregelt ist, ist anerkannt, dass ebenfalls keine Zusammenrechnung zu erfolgen hat nach den §§ 5 ZPO, 45 GKG (BLAH/*Hartmann* § 5 Rn. 10; Zöller/*Greger* § 255 Rn. 2), da er den Schadensersatzanspruch lediglich vorbereiten soll. Entsprechendes gilt – wegen des Gesichtspunkts der wirtschaftlichen Identität der Streitgegenstände – auch für den verbundenen Schadensersatzanspruch selbst, der hier in der Form des bedingten Feststellungsanspruchs zum Grund geltend gemacht ist. Streitig ist nämlich allein, ob für den Gebührenstreitwert der etwa höhere Wert des Zweitanspruchs maßgebend sein kann (für eine entsprechende Anwendung von § 45 Abs. 1 S. 3 GKG (§ 19 Abs. 4 GKG a. F.): LG Köln MDR 1984, 501; MüKo/*Lüke* § 255 Rn. 16; dagegen: Zöller/*Herget* § 3 Rn. 16 „Schadensersatz", § 5 Rn. 8; BLAH/*Hartmann* Anh. § 3 Rn. 71; *Schneider* MDR 1984, 853, 854), was beim Feststellungsanspruch zum Grund nicht in Betracht kommt.

d) Schließlich ist auch der Hilfsfeststellungsantrag zu 4) im Hauptantrag als Minus enthalten (d. h. entspricht einer Zwischenfeststellungsklage, die wertmäßig neutral ist, vgl. statt aller *Thomas/Putzo* § 3 Rn. 65, 189) bzw. ist wirtschaftlich auf Gleichwertiges gerichtet (die in erster Linie ggfs. festzustellende Schadensersatzpflicht bezieht sich auf eine etwaige Weiterüberlassung, sofern sie dem Erfüllungsanspruch entgegenstehen sollte (→ Anm. 14).

3. Die gewählte Formulierung des auf Überlassung der umgestalteten, d. h. teilweise neu hergestellten Wohnung bezogenen Antrags ist so nicht vollstreckungsfähig, was den Begriff der Bezugsfertigkeit angeht. Die Herstellung ist aber messbar im Erfolg der Herausgabe selbst. Daher führt die im Wege der Tenorierung vorzunehmende Beschränkung auf den Herausgabeantrag als bloße Klarstellung nicht zu einem streitwertmäßigen Unterliegen (so in vergleichbarem Fall ausdrücklich auch das LG Köln im Urteil vom 30.11.1989 – 1 S 296/89 – insoweit nicht abgedruckt in WuM 1990, 65).

Die Vollstreckung erfolgt also zunächst allein nach § 885 ZPO (zum Anspruchsinhalt vgl. Palandt/*Putzo* § 535 Rn. 35) und nur dann auch nach § 888 ZPO, wenn die Herausgabevollstreckung scheitert (vgl. hierzu LG Berlin WuM 1995, 123 = GE 1995, 111; Kinne/Schach/Bieber/*Bieber* § 535 Rn. 75; Beierlein/*Zimmermann* 7. Kap. Rn. 99).

4. → Anm. 3. Alleinige Abweichung: der parallele Hilfsantrag bezieht sich auf die ursprünglich vermietete Wohnung.

Zum Streitwert → Anm. 2.

5. Die **Verbindung von Herausgabeanspruch und Antrag auf Fristsetzung ist nach § 255 ZPO** zugelassen und dient der Vorbereitung des Schadensersatzanspruchs gerade für den Fall, dass die zwischenzeitliche Vollstreckung aus einem Titel gemäß den Anträgen zu 1) oder 2) nicht zum Erfolg führt. Denn erfasst ist nicht nur der Fall der §§ 280 Abs. 1, 280 Abs. 2 iVm § 286 Abs. 1 BGB, denenzufolge das Übergehen zum Schadensersatz den Erfüllungsanspruch nachträglich ausschließt (§ 281 Abs. 4 BGB), sondern insbesondere der Fall des § 543 Abs. 2 Nr. 1 BGB. Die Bestimmung dient also gerade auch zur Ausübung des Kündigungsrechts des Mieters wegen Nichtgewährung des Gebrauchs (Stein/Jonas/*Schumann* § 255 Rn. 5).

Nach ganz allgemeiner Meinung schließt § 255 ZPO nicht aus, mit der Klage auf Erfüllung der Hauptschuld und Fristsetzung auch die Klage auf Entschädigung zu erheben. Die Zulässigkeit bestimmt sich allerdings nach den §§ 259, 260 ZPO, da § 255 ZPO anders als § 510 b ZPO (→ Form. B. III. 5) den **Schadensersatzanspruch** nicht selbstständig regelt (Stein/Jonas/*Schumann* § 255 Rn. 5, § 260 Rn. 25; Zöller/*Greger* § 255 Rn. 2; MüKoZPO/*Lüke* § 255 Rn. 16). Dh, dass sich aus dem Verhalten oder aus Erklärungen des Schuldners die Besorgnis ergeben muss, dass er nicht leisten will (Stein/Jonas/*Schumann* § 259 Rn. 21 mwN). Letzteres ist hier nicht fraglich nach den zu 10 mitgeteilten Äußerungen im Hinblick auf den Herausgabeanspruch (Allerdings bezieht sich die nach § 259 ZPO erforderliche Besorgnis auf die Erfüllung des Schadensersatzanspruchs nach erfolgter Verurteilung und Fristsetzung: siehe z.B. OLG Köln OLGR 1997, 248 u. OLGZ 1976, 477, 478. Hier ist aber genügend die aus den Äußerungen sprechende Besorgnis, dass der Gegner bereits die Verurteilung zur Herausgabe nicht hinnehmen und anfechten wird: das ist der normale Verlauf, wie er sich auch im Fall LG Köln WuM 1990, 65 ergeben hat. Hiervon abgesehen ist zu bedenken, dass sich mit der Stellung des zusätzlichen Feststellungsantrags wegen der Identität des wirtschaftlichen Interesses wohl kaum ein zusätzliches Kostenrisiko ergeben kann; → Anm. 1 c). Fraglich ist hier allein die Bezifferung, da überhaupt erst zur Klärung ansteht, ob es zum Schaden kommt, d. h. die Erfüllung scheitert (eingehend zu den ersatzfähigen Positionen im Einzelnen → Form. B. III. 4 Anm. 4). In dieser Situation, wo der gesamte Verlauf noch nicht abgeschlossen ist, ist natürlich die Feststellungsklage zum Grund zulässig (vgl. auch BLAH/*Hartmann* § 259 Rn. 3).

6. Das Nachstellen eines solchen (positiven = behauptenden) Hilfsfeststellungsantrags von vornherein ist mit Rücksicht auf die zu erwartenden rechtlichen und tatsächlichen Probleme (→ Anm. 15.) unumgänglich in der Sache. Abgesehen davon, dass sich mit ihm normalerweise kein zusätzliches Kostenrisiko verbindet (→ Anm. 1 b), reduziert sich das Verlustrisiko erheblich, da eine positive Entscheidung nach dem Hilfsfeststellungsantrag einen erheblichen Teil des wirtschaftlichen Interesses abdeckt, welches die Kläger verfolgen (bis zu 80 %). Hinzukommt, dass allein seine Geltendmachung noch zusätzlich zur Übersichtlichkeit und klareren Grenzziehung im Prozessverlauf beiträgt: zu alledem muss sich der Gegner auch ausdrücklich erklären.

7.-9. **Die für die Schlüssigkeit maßgeblichen Tatsachen** sind hier zusammengetragen (vgl. auch LG Köln WuM 1990, 65 und das zu 12 Mitgeteilte). Das tatsächliche Praktizieren der nur mündlich erzielten Vereinbarung spricht dafür, dass sich die Parteien trotz der noch offenen Punkte ohne Wahrung der Schriftform vertraglich binden wollten. Denn § 154 Abs. 1 BGB ist unanwendbar, wenn die Parteien im beiderseitigen Einvernehmen mit der Durchführung des unvollständigen Vertrags begonnen haben (vgl. statt aller Palandt/*Ellenberger* § 154 Rn. 2 mwN). Auch greift § 154 Abs. 2 BGB nicht ein, wenn die Parteien den nur mündlich geschlossenen Vertrag einvernehmlich durchführen (BGH NJW 2000, 354, 357; Palandt/*Ellenberger* § 154 Rn. 5). Einem konkludenten Neuabschluss eines Mietverhältnisses nach fristloser Mieterkündigung durch monatelange beiderseitige Erfüllung steht nicht ohne weiteres eine Mietvertragsklausel entgegen, wonach für die Erneuerung und Fortsetzung des Mietverhältnisses eine schriftliche Vereinbarung gefordert ist (OLG Düsseldorf NZM 2001, 1125).

10. In der Tat kommt oft vor, dass im Verlauf einer nicht im Einzelnen festgeschriebenen bzw. vorab ausgehandelten Vereinbarung versucht wird, günstigere Regelungen durchzudrücken. Zugunsten des Gegners sprechen dann zunächst einmal die Zweifelsregelungen des § 154 BGB (siehe dazu das Vorstehende).

11. Mitgeteilt ist hier bereits die Argumentation des Gegners, die im Folgenden den gesamten Prozess in seinen Schriftsätzen bestimmen dürfte (siehe auch den folgenden Absatz, der die Strategie des Gegners wiedergibt).

12. Der eigenmächtige Besitzentzug führt in der Praxis unabhängig von dem allgemein geltenden Verbot der Vorwegnahme der Hauptsache in aller Regel zum sofortigen Erlass einer auf Herausgabe lautenden einstweiligen Verfügung, d. h. ohne Anhörung des Gegners und ohne Anberaumung einer mündlichen Verhandlung (vgl. statt aller *BLAH* § 938 Rn. 16 „verbotene Eigenmacht" sowie § 940 Rn. 38 „Rückgabe" jeweils mwN). Gesetzlichen Niederschlag gefunden hat diese Praxis in § 940 a ZPO. Im vorliegenden Fall kann auf diese Weise aber allein der Mitbesitz zurückverlangt werden, nicht der Alleinbesitz, dessen sich die Kläger freiwillig entäußert haben (eingehend hierzu LG Köln WuM 1995, 155, 158). Zur Anwendbarkeit auf den mittelbaren Besitzer siehe Köln OLGR 1998, 211 = WuM 1998, 602 mwN: Voraussetzung, dass er den Besitz fehlerhaft erworben und dann nach § 868 BGB auf den jetzigen unmittelbaren Besitzer übertragen hat.

13. Der Mindestumfang einer mietvertraglichen Einigung ist, dass die beiderseitigen Leistungen bestimmt oder zumindest eindeutig bestimmbar sind (BGH WuM 1990, 140; vgl. auch Palandt/*Grüneberg* § 241 Rn. 3; Bub/Treier/*Drettmann* II Rn. 255 ff. mwN). Dies setzt insbesondere auch die Bestimmtheit oder Bestimmbarkeit des Mietgegenstands voraus, was bei erst zu erstellenden Räumlichkeiten individualisierbare Angaben der Größenverhältnisse, Anzahl der Räume und der Lage erfordert (eingehend hierzu Bub/Treier/*Drettmann* II Rn. 258 mwN). Auch insoweit waren hier Ausführungen veranlasst zur Begründung der Schlüssigkeit.

14. Die Mitteilung, dass weiterhin Kontakt zum Gegner aufrechterhalten bleibt, ist nicht nur sinnvoll, um beim Gericht Verständnis für die Situation der Kläger zu erwecken. Ermöglicht ist hierdurch auch noch eine Einigung in letzter Minute, die dem Gegner Gesichtswahrung erlaubt und den Klägern den erstrebten Erfolg verschafft, nämlich den Besitz an der Wohnung.

15. Kommt eine Einigung nicht zustande, kommt es naturgemäß häufig zur **Doppelvermietung, bei der beide Verträge wirksam sind** (vgl. BGHZ 85, 267, 271 = NJW 1983, 446, 447; Bub/Treier/*Emmerich* II Rn. 494). Damit stellt sich im weiteren Prozess aber die Frage, ob **nach Überlassung an den Dritten im Wege der Klageänderung (§§ 263, 264 ZPO)** auf einen **Schadensersatzanspruch umzustellen ist** (Gesichtspunkt der Unmöglichkeit der Anspruchserfüllung bzw. Rechtsschutzbedürfnis für die Weiterverfolgung des Erfüllungsanspruchs), sofern nicht über bloßes Mutmaßen hinausgehend positiv nachgewiesen werden kann, dass Vermieter und Dritter arglistig zusammenwirken.

Diese Frage ist streitig. LG Köln WuM 1990, 65; LG Berlin WuM 1995, 123 = GE 1995, 111 einerseits: idR Wahlrecht zwischen Leistungs- und Schadensersatzanspruch; ebenso: Bub/Treier/*Emmerich* II Rn. 501; *Emmerich/Sonnenschein* § 536 Rn. 27; sowie Staudinger/*Emmerich* § 541 Rn. 18; *Schach* GE 1994, 132, 133; Kinne/Schach/Bieber/ *Schach* § 536 Rn. 21; *Sternel*, Mietrecht aktuell, 4. Aufl. 2009, Rn. 438; BeckFormB MietR/*Gies* Form. B. I. 1 Anm. 2; *Scholl* WuM 1998, 584; *Kluth/Grün* NZM 2002, 478; aA; kein Erfüllungsanspruch mehr im Regelfall wegen Unmöglichkeit, nur noch Schadensersatzanspruch: BGH LM § 541 BGB Nr. 3 = NJW 1961, 917; BGH LM Nr. 4 = ZMR 1962, 175 = MDR 1962, 398; OLG Köln OLGR 1998, 212 = WuM 1998, 602 m. krit. Anm. *Scholl*; OLG Düsseldorf NZM 1999, 24; LG Berlin ZMR 1988, 178 = GE 1987, 241 sowie GE 1991, 359; AG Freiburg WuM 1993, 117 andererseits; ebenso zumindest im Grundsatz: Palandt/*Weidenkaff* § 536 Rn. 30; Fischer-Dieskau/Pergande/ Schwender/*Franke*, WohnungsbauR V (Mietrecht), § 541 Anm. 6; *Emmerich/Sonnenschein*, 7. Aufl., § 541 Rn. 6). Sie stellt sich freilich nur, wenn die Besitzüberlassung an den Dritten unstreitig ist (**Auch dann ist die Unmöglichkeit freilich nicht zwingend, vgl. dazu nunmehr BGH NJW 2003, 2158, 2160.**). Denn ist streitig, ob Unmöglichkeit vorliegt, kann der Vermieter nach allgemeiner Auffassung unmittelbar zur Herausgabe verurteilt werden, eine Beweisaufnahme hierzu findet nicht statt. Der Mieter darf sich vielmehr durch einen Vollstreckungsversuch selbst überzeugen, ob die Erfüllung nicht doch möglich ist (**BGH NJW 2003, 2161; 1974, 1552, 1554; OLG Düsseldorf NJW-RR 1991, 137, 138; vgl. auch Palandt/*Grüneberg* § 275 Rn. 25 mwN). Vgl. auch § 311a Abs. 2 BGB n. F.

In BGH LM § 541 Nr. 4 (= ZMR 1962, 175 = MDR 1962, 398) ist für den Fall, dass die Weiterüberlassung feststeht, demgegenüber ausgeführt:

„Liegt eine Doppelverpachtung (oder Doppelvermietung) vor, so sind nach herrschender Auffassung zwar dem Verpächter gegenüber beide Verträge gültig, so dass an sich beide Pächter (Mieter) die Einräumung des Besitzes vom Verpächter (Vermieter) verlangen können (§§ 535, 581 BGB). Demjenigen, der sich im rechtmäßigen Besitz des Pachtgegenstands befindet, stehen jedoch alle Schutzmittel aus diesem Besitz zur Verfügung und er kann von seinem Verpächter den ordentlichen Schutz gegenüber Dritten, auch dem anderen Pächter gegenüber verlangen. Der nicht

besitzende Mieter oder Pächter ist daher, mindestens in der Regel, auf einen Schadensersatzanspruch gegen seinen Verpächter (Vermieter) beschränkt . . . . . Bei jeder Doppelverpachtung
muss nach alledem, wenn auf Einräumung des Pachtbesitzes geklagt wird, solange der andere
Pächter im rechtmäßigen Besitz der Pachtsache ist, geprüft werden, ob der Kläger ein schutzwürdiges Interesse daran hat, eine solche Verurteilung gegen den nicht unmittelbar besitzenden
Verpächter zu erreichen; . . . . . der Kläger muss sein schutzwürdiges Interesse deshalb auch dartun.
Ein solches kann vorliegen, wenn der Kläger an einer Schadensersatzleistung allein kein Interesse
hat, z. B. weil er mit der Möglichkeit rechnen kann, dass der Beklagte ihm den Pachtbesitz bei einer
Verurteilung dann doch noch einräumen wird. Das würde zB der Fall sein, wenn er sich dem
besitzenden Pächter gegenüber eine Kündigungsmöglichkeit für den Fall seiner entsprechenden
Verurteilung im Prozess vorbehalten hat oder wenn er den Pachtvertrag mit diesem Pächter jeweils
nur kurzfristig verlängert hat, um sich die Möglichkeit, bei einer entsprechenden Verurteilung zur
Besitzeinräumung dieser nachzukommen, freizuhalten."

Im Urteil des LG Köln vom 30.11.1989 (WuM 1990, 65) heißt es diesbezüglich:

„So ist es etwa denkbar, dass die Beklagten die neuen Mieter durch Zahlung einer Abstandssumme
dazu bewegen, das Mietverhältnis einvernehmlich aufzuheben. Dies erscheint bereits deshalb nahe
liegend, weil die neuen Mieter sich im Mietvertrag v. 29.3.1989 ohnehin verpflichtet haben, im Fall
einer rechtskräftigen Verurteilung der Beklagten den Klägern den unmittelbaren Besitz an den
Räumlichkeiten zu überlassen, wenngleich unter der Voraussetzung eines mit den Klägern abzuschließenden Untermietverhältnisses."

In diesem Sinne hat auch der BGH nunmehr in einer neueren Entscheidung aus dem
Jahre 2003 beanstandet, freilich ohne ausdrücklich auf die frühere gegenteilige Grund-
satzentscheidung aus dem Jahre 1962 einzugehen, dass die Vorinstanzen keine Feststellungen zu der Frage getroffen haben, ob es den Beklagten möglich ist, das Leistungshindernis durch Vereinbarungen mit der neuen Eigentümerin und deren Mietern zu
beheben. „Jedenfalls solange das nicht auszuschließen ist, folgt daraus, dass der Mieter
die Einräumung des Besitzes nach wie vor verlangen kann und sich nicht darauf verweisen lassen muss, Schadensersatz wegen Nichterfüllung zu verlangen. Wie auch im Fall
der Doppelvermietung erlangt ein möglicherweise gegebenes Unvermögen dann erst in
der Zwangsvollstreckung Bedeutung (NJW 2003, 2160, 2161)".
Hiernach ist das allgemeine Rechtsschutzbedürfnis dort auch auf Grund besonderer
Umstände gegeben gewesen, wie im Fall BGH WuM 1982, 1235, wo der Ehefrau des
Beklagten weiter überlassen war, dh einer seinen Wünschen naturgemäß offener stehenden Person. Der Meinungsstreit betrifft demgegenüber die Frage, ob es für das Rechtsschutzbedürfnis nicht ausreicht, dass allgemein nicht auszuschließen ist, dass das Mietverhältnis mit dem besitzenden Mieter vorzeitig endet, dieser aus welchen Gründen auch
immer auszieht (bejahend nunmehr BGH NJW 2003, 2158, 2160; vgl. auch Palandt/
Weidenkaff § 536 Rn. 30, der BGH LM § 541 Nr. 4 hierdurch für überholt ansieht). Mit
anderen Worten, ob nicht auch hier dem Kläger überlassen bleiben soll, ob er im Wege
der Herausgabevollstreckung unmittelbar zum Zuge kommt. Zum Umfang des Schadensersatzanspruchs siehe *Kluth/Grün* NZM 2002, 473, 479: zu verweisen ist auf §§ 536a,
536 Abs. 1 und 3 BGB. Als Schadensersatzanspruch mag geltend gemacht werden:
Anzeige- und Maklerkosten für eine neue Suche, eine höhere Miete bei einem gleichwertigen Objekt, Neudruck von Briefpapier und Werbematerial und nicht zuletzt entgangener Gewinn.
Für die in der Praxis häufigen Fälle, in denen der Dritte mit dem Vermieter wirtschaftlich und personell eng verbunden ist (→ Form. B. III. 4 Anm. 9, 10) ist das
Rechtsschutzbedürfnis schon damit zu begründen, dass in Betracht kommt, dass der
Dritte im Fall dem Vermieter drohenden Nachteilen (zu denen auch eine Schadensersatzpflicht zählt) dem Klagebegehren letztlich doch nachkommt (vgl. BGH WuM 1982,
1234).

Zwangsverwaltung und Insolvenz

16. Hat der Mieter einen wirksamen Mietvertrag geschlossen, hat er ausnahmsweise gleichwohl keinen Anspruch gegen den **Zwangsverwalter** auf Einräumung des Mietbesitzes, wenn die Zwangsverwaltung über das Objekt nach Abschluss des Mietvertrages und bevor er die Mietsache in Besitz genommen hat, angeordnet wurde. Denn der Zwangsverwalter ist nur an solche Mietverträge gebunden, die erstens mit dem Zwangsverwaltungsschuldner, dem Nießbraucher oder dem Eigenbesitzer geschlossen sind und bei denen zweitens der Mieter vor der Beschlagnahme Besitz am Mietobjekt erlangt hat, § 152 Abs. 2 ZVG. Hat der Mieter vor der Beschlagnahme noch keinen Besitz erlangt, muss der Zwangsverwalter den Vertrag nicht erfüllen. Er kann dies allerdings tun, wenn es ihm wirtschaftlich sinnvoll erscheint (*Depré/Mayer* Rn. 171).

Dafür, dass der Zwangsverwalter an den Mietvertrag gebunden ist, soll es genügen, wenn der künftige Mieter tatsächlich zur Besitzergreifung in der Lage war, wenn er zB schon die Schlüssel (zur Renovierung vor dem Einzug) erhalten hat. Eine rein formale Übergabe in einem Protokoll soll nicht ausreichend sein, da die Besitzergreifung tatsächlich erfolgen muss (*Depré/Mayer* Rn. 171).

17. Wird ein Vermieter insolvent, bestehen Miet- und Pachtverträge, die er geschlossen hat und die in Vollzug gesetzt worden sind, mit Wirkung für die Insolvenzmasse fort, § 108 Abs. 1 S. 1. InsO. Wurde dem Mieter der Besitz einer Mietsache noch nicht überlassen, kann er nach Insolvenzeröffnung vom **Insolvenzverwalter** Einräumung des Besitzes verlangen. Dies gilt ausnahmsweise nicht, wenn das Mietobjekt im Zeitpunkt der Eröffnung des Insolvenzverfahrens noch nicht erstellt war (BGH NZM 2007, 883 – 886): Wäre der Insolvenzverwalter in einem solchen Fall an den Vertrag gebunden, müsste er das Gebäude, also die Mietsache, errichten lassen. Die Masse wäre hierdurch erheblich belastet und der Mieter gegenüber anderen Gläubigern bevorzugt. Nach einer Auffassung soll dem Insolvenzverwalter in diesem Fall kein Wahlrecht nach § 103 InsO zustehen (*Franken/Dahl* S. 143 Rn. 179; *Wolf/Eckert/Ball* Rn. 1515). Der BGH hat sich jedoch der gegenteiligen Auffassung angeschlossen und ein Wahlrecht des Insolvenzverwalters bejaht.

Ist die Mietsache bereits überlassen oder entscheidet sich der Insolvenzverwalter, obwohl die Mietsache noch nicht überlassen ist, das Mietverhältnis gegen sich gelten zu lassen, ist er statt des Insolvenzschuldners der Ansprechpartner des Mieters hinsichtlich der Vermieterpflichten. Er ist an den Mietvertrag gebunden, § 108 Abs. 1 InsO, und muss alle Pflichten aus dem Mietverhältnis erfüllen, beispielsweise die Mietsache in Stand halten, etwaige Mängel beseitigen, etc. § 535 Abs. 1 S. 2 BGB (BGH NZM 2003, 472).

Zur Klage der weiteren Mitmieter eines insolventen Mieters gegen den Vermieter auf erstmalige Einräumung des Mietbesitzes → Form. F. III.

2. Klage auf Wiedereinräumung des entzogenen Mietbesitzes (Primär: Besitzschutz)

An das

Amtsgericht . . . . .

– Abteilung für Mietsachen –

Klage[1]

1. Frau Maria M
2. Herrn Karl Heinz M

– Kläger –

Prozessbevollmächtigter: Rechtsanwalt . . . . . in . . . . .

gegen

1. Frau Valentina V
2. Herrn Josef V

– Beklagte –

wegen Wiedereinräumung eines Speichers

geschätzter Streitwert: 1.500,– EUR[2]

Ich bestelle mich zum Verfahrensbevollmächtigten der Kläger und beantrage, die Beklagten als Gesamtschuldner zu verurteilen, den Klägern auf dem Dachboden des Hauses F-Str. 406 in K. einen Speicher aus Holzlatten, der eine Breite von 2 m und eine Länge von 5 m aufweist und unmittelbar links neben dem Aufgang zum Dachboden in Richtung F-Straße gelegen ist, wieder herzustellen[3] und den Klägern den Besitz daran wieder einzuräumen.

Sollte das Gericht das schriftliche Vorverfahren beschließen, wird bereits jetzt darüber hinaus Antrag auf Erlass eines

Versäumnisurteils

gestellt.

Begründung:

Die Kläger haben die im Hause F-Str. 406 im EG rechts gelegene Wohnung von einer Rechtsvorgängerin der Beklagten gemietet. Maßgebend sind die Bestimmungen des Mietvertrages vom 22.10.2006.

Beweis: Vorlage des Mietvertrages vom 22.10.2006 in Kopie

Im Oktober 2008 veräußerte Frau W., die in dem Mietvertrag als Vermieterin aufgeführt ist, die Wohnung an eine R./B. OHG.

Beweis: Auszug aus dem Grundbuch von E. Blatt 4476 in Kopie

Die R./B. OHG veräußerte das Haus F-Str. 406, in dem die Wohnung der Kläger gelegen ist, im Februar 2009 an die Beklagten. Sie wurden am 17.8.2009 im Grundbuch eingetragen.

Beweis: wie vor

Aus den vorstehenden Ausführungen folgt, dass die Beklagten Vermieter der Kläger seit August 2009 sind.

Bei Beginn des Mietverhältnisses im Dezember 2006 wies der damalige Hausmeister, Herr K., den Klägern einen Speicher auf dem Dachboden des Hauses F-Str. 406 zu,[4] und zwar bestand der Speicher aus Holzlatten und hatte eine Breite von ca. 2 m und eine

Länge von ca. 5 m. Der Speicher war unmittelbar links neben dem Aufgang zum Dachboden in Richtung F-Str. hin gelegen.

Beweis: Zeugnis des Herrn K......

Die Kläger haben bis in der letzten Septemberwoche 2010 den Speicher nutzen können. In dem Speicher, dessen Tür durch ein Schloss besonders gesichert war, hatten sie eine Reihe von Haushaltsgegenständen gelagert. Es handelte sich im Einzelnen um folgende Haushaltsdinge:......

Hinzuweisen ist noch darauf, dass der Speicher zwar im Mietvertrag vom 22.10.2006 nicht aufgeführt ist.[5] Der Speicher gehörte jedoch zum Mietobjekt, da er bei Beginn des Mietverhältnisses von dem damaligen Hausmeister, Herrn K., den Klägern zugewiesen worden war.

Beweis: Zeugnis des Herrn K., b. b.

Hervorzuheben ist ferner, dass zu jeder Wohnung des Hauses F-Str. 406 ein Speicher auf dem Dachboden gehörte.[6]

Beweis: wie vor

So ist der zu den Wohnungen gehörende Speicher in einem Mietvertrag der Eheleute T., Mitmieter der Kläger, mit der Vorvermieterin, Frau W., ausdrücklich aufgeführt; ferner im Mietvertrag der Eheleute E. und H..[7]

Beweis: Vorlage des Mietvertrages vom 30.10.2004 zwischen Eheleuten T. und Frau W., des Mietvertrages vom 2.3.2003 zwischen Eheleuten E. und Frau W. und des Mietvertrages v. 4.8.2005 zwischen Eheleuten H. und Frau W.

Die Häuser F-Str. 406, in dem die Kläger wohnen, und F-Str. 408, in dem die Eheleute T., E. und H. wohnen, stellen ein Doppelhaus dar. Die Häuser gehörten Frau W. vor der Veräußerung an die R./B. OHG. Der Grund dafür, dass zu jeder der 8 Wohnungen in den Häusern F-Str. 406 und 408 ein Speicher gehörte, bestand darin, dass es sich bei den Wohnungen um Bundeswehrbedienstetenwohnungen handelte. Da die Bundeswehrbediensteten mehrfach mit Versetzungen rechnen mussten, benötigten sie Raum zum Unterstellen von Haushaltsgegenständen.[8] Aus diesem Grund war den Wohnungen jeweils ein Speicher zugeordnet, wie er in dem Mietvertrag der Eheleute T., E. und H. auch ausdrücklich aufgeführt ist.

Mit Schreiben vom 10.8.2010 schrieb die Grund und Haus Gesellschaft für Anlagenvermittlung und Verwaltung GmbH die Kläger an und teilte ihnen mit, dass der Speicher auf dem Dachboden geräumt werden solle.

Beweis: Vorlage des Schreibens vom 10.8.2010 in Kopie

In diesem Zusammenhang ist darauf hinzuweisen, dass die Firma Grund und Haus die Hausverwaltung für die Beklagten ausübt.

Der Unterzeichner erwiderte mit Schreiben vom 27.8.2010 auf das Schreiben der Firma Grund und Haus und schrieb den Geschäftsführer, Herrn Manfred R., direkt an.

Beweis: Vorlage des vorzitierten Schreibens in Kopie

Der Unterzeichner wies Herrn R. in dem Schreiben vom 27.8.2010 ausdrücklich darauf hin, dass der Speicher Gegenstand des Mietverhältnisses ist und die Kläger nicht bereit sind, den Speicher zu räumen.

Zwischenzeitlich hatten die Kläger ein weiteres Schreiben der Firma Grund und Haus vom 24.8.2010 erhalten, in dem die Firma mitgeteilt hatte, dass sie am 30.8.2010 alle noch auf dem Dachboden befindlichen Gegenstände entsorgen werde.

Beweis: Vorlage es vorzitierten Schreibens in Fotokopie

Am 29.9.2010 stellte der Kläger zu 1 fest, dass sein Speicher mit sämtlichen in dem Speicher aufbewahrten Gegenständen nicht mehr vorhanden war. Offensichtlich war die Tür des Speichers, die mit einem besonderen Schloss gesichert war, aufgebrochen worden.

Die Beklagten hatten im September 2010 damit begonnen, den Dachboden auszubauen. Die Kläger vermuten, dass der Speicher deshalb abgebrochen und beseitigt worden ist, weil der Speicher einem Ausbau des Dachbodens zu Wohnungen im Wege stand. Hierbei sind offensichtlich die den Klägern gehörenden Gegenstände entwendet worden.

Den Beklagten steht nicht das Recht[9] zu, im Wege der verbotenen Eigenmacht und mit Gewalt den Speicher, der den Klägern bei Beginn des Mietverhältnisses durch den damaligen Hausmeister, Herrn K., zugewiesen worden ist, zu beseitigen. Es ist nicht nachvollziehbar, dass die Beklagten bzw. die Hausverwalterfirma sich über die Rechte der Kläger hinweggesetzt haben. Dies gilt umso mehr, als der Unterzeichnende den Geschäftsführer der Firma Grund und Haus, Herrn Manfred R., ausdrücklich mit Schreiben vom 27.8.2010 angeschrieben und ihm mitgeteilt hat, er werde die notwendigen gerichtlichen und strafrechtlichen Schritte in die Wege leiten, falls im Wege verbotener Eigenmacht der Speicher der Kläger beseitigt werden sollte.

Beweis: bereits vorgelegtes vorzitiertes Schreiben vom 27.8.2010 an die Firma Grund und Haus.

Den Klägern steht der geltend gemachte Rückgabeanspruch aus Mietvertrag und insbesondere § 861 BGB zu. Im Verfahren . . . . . ist deshalb am 23.10.2010 eine einstweilige Verfügung ergangen,[10] gegen die die Beklagten mit Schriftsatz vom 12.11.2010 Widerspruch eingelegt haben, Ersatzraum im Keller anboten und zugleich beantragten, den Klägern Frist zur Klageerhebung in der Hauptsache zu setzen, da sie eine Überlassung außerhalb einer bestehenden Rechtspflicht annehmen.[11] Am 14.11.2010 hat das Gericht den Klägern Frist zur Klageerhebung bis 30.11.2010 gesetzt und gleichzeitig Termin zur mündlichen Verhandlung auf den 14.1.2011 anberaumt.[12]

Beweis: Beiziehung der Akten . . . . .

Die vorliegende Klage kommt der Fristsetzung nach.

Rechtsanwalt

Anmerkungen

1. Klagen auf Wiedereinräumung entzogenen Mietbesitzes kommen praktisch nur vor, wenn das einstweilige Verfügungsverfahren, zu dem es im Regelfall immer kommt, nicht zu einer endgültigen Befriedung geführt hat, dh der Vermieter den Mieter zur Klageerhebung zwingt.

Praktisch notwendig ist dieses Vorgehen für den Vermieter, wenn er materielle Einwendungen erheben will, hier, dass ein mietvertraglich verfestigtes Recht zum Besitz nicht besteht. Denn im einstweiligen Verfügungsverfahren bleibt diese Frage ungeklärt. Hier kann es nur um die formelle Frage der Besitzentziehung ohne Willen des Mieters (§ 858 BGB) gehen, da materielle Einwendungen nach § 863 BGB nur zur Begründung der Behauptung geltend gemacht werden können, dass die Entziehung oder Störung des Besitzes nicht verbotene Eigenmacht sei und eine Widerklage, mit der negativ das Nichtbestehen eines Rechts zum Besitz geltend gemacht werden könnte, in dieser Verfahrensart unstatthaft ist (vgl. BLAH/*Hartmann* Anh. § 253 Rn. 8 mwN).

Im Hauptsacheverfahren ist dagegen die Widerklage unproblematisch möglich (vgl. Palandt/*Bassenge* § 863 Rn. 3 mwN). Greift sie mit der Feststellung durch, dass ein Recht zum Besitz dem Kläger nicht zusteht, ist nach der Rechtsprechung des BGH die an sich – aus dem gleichen Gründen wie im einstweiligen Verfügungsverfahren – begründete Besitzschutzklage entsprechend § 864 Abs. 2 BGB abzuweisen zur Vermeidung widersprechender Entscheidungen, und zwar unabhängig von der Rechtskraft der Entscheidung über die Widerklage (BGH NJW 1979, 1358).

Meist geht es um entzogene Speicherräume, die vom Vermieter eingezogen worden sind zwecks Errichtung einer weiteren Wohnung im Dachgeschoss (wie hier). Gelegentlich sind aber auch Kellerräume Verfahrensgegenstand, wenn daran Eigenbedarf angemeldet wird oder die Kellerräume neu verteilt werden sollen zugunsten eines anderen (meist gewerblichen) Mieters bzw. Gartenteile, auf die sich nur im Rahmen des § 573b Abs. 1 Nr. 1 u. 2 BGB ein Teilkündigungsrecht bezieht (vgl. dazu z.B. den Fall LG Berlin GE 1997, 859 = NZM 1998, 328 → Anm. 10).

2. Der **Gebührenstreitwert** bemisst sich auch hier nach § 41 Abs. 2 GKG (→ Form. B. III. 1 Anm. 1) bezogen auf den auf den Speicher entfallenden Mietzinsanteil (hier: 125,– EUR = 10 % des Grundmietzinses). Zu der Frage, ob der Netto- oder der Bruttomietzins maßgebend ist, → Form. B. III. 7 Anm. 9, 10.

3. Der **Antrag** ist über die bloße Besitzverschaffung hinausgehend gefasst wie im Fall → Form. B. III. 1 (→ Anm. 2). Eine auf Wiederherstellung des Holzverschlags hiernach vorgenommene Tenorierung dürfte hier auf Grund der gemachten Detailangaben allerdings ausreichend vollstreckungsfähig sein im Sinne einer Ersatzvornahme nach § 887 ZPO. Die Besitzeinräumung ist dem Antrag nach jedoch wohl nicht selbstständig vollstreckbar. D.h. die Besitzeinweisung in einem bestimmten Teil des Dachbodens dürfte nicht möglich sein, wenn der Speicher nicht wieder eingerichtet ist. Dementsprechend müsste im Fall des Scheiterns der Herausgabevollstreckung nach § 885 ZPO auch hier nach § 888 ZPO zu vollstrecken sein.

4.-8. Die **Frage, ob** hier bei zutreffender Deutung der jeweiligen Interessenlagen tatsächlich von einer **Mitvermietung** ausgegangen werden kann, ist sehr problematisch. Allgemein wird beim Fehlen ausdrücklicher Absprachen von einer jederzeit widerruflichen Gestattung ausgegangen (vgl. hierzu statt aller LG Saarbrücken NJWE-MietR 1997, 5, 6), jedenfalls, sofern nur eine besondere Tätigkeit in einem an sich nicht dafür vorgesehene Raum ausgeübt wird. Ist wie hier die Nutzung als Abstellraum verkehrstypisch, besteht die Tendenz, nach mehr als sechsmonatiger widerspruchsloser Nutzung von einer stillschweigenden Erstreckung des Mietgebrauchs auszugehen (vgl. *Sternel* I Rn. 213, II Rn. 180 mwN; *Wetekamp*, Kommentar zum BGB-Mietrecht 1998, Kap. 1 Rn. 182; siehe aber auch Kinne/Schach/Bieber/*Schach* § 535 Rn. 25 ff., der in erster Linie die Erwähnung im schriftlichen Mietvertrag für maßgeblich hält). Der Schluss auf einen solchen Willen aus dem Verhalten der Parteien erscheint hier zusätzlich gerechtfertigt durch die zu 6 und 7 mitgeteilten besonderen Umstände, nach denen die Nichtaufführung im Mietvertrag versehentlich unterblieben sein könnte.

9. Die **maßgebende Anspruchsgrundlage** ist hier sowohl § 861 BGB als auch der Mietvertrag (§ 535 Abs. 1 S. 2 BGB), da vermieterseits die materielle Berechtigung in Abrede gestellt wird (zum rechtlichen Zusammenhang beider Gesichtspunkte siehe die in der Vorbemerkung gegebene Erläuterung).

10. Im **einstweiligen Verfügungsverfahren** spielt die **materielle Seite keine Rolle.** Ist dort der rein formal festzustellende Tatbestand einer Besitzentziehung ohne Willen des Mieters zu bejahen, kommt es zwangsläufig zum Erlass der Verfügung, und zwar in aller Regel bereits ohne mündliche Verhandlung, da im Fall verbotener Eigenmacht sich anerkanntermaßen das Verbot einer Vorwegnahme der Hauptsache nicht stellt (vgl. statt aller OLG Hamm ZMR 1991, 384).

11. Mit der nach § 926 iVm § 936 ZPO erzwungenen **Überleitung ins Hauptsache-verfahren** kann der **Vermieter** nun – im Wege der Widerklage – die materielle Besitzbe-rechtigung zum Prozessgegenstand machen (→ Anm. 1). Der Antrag lautet zweckmäßi-gerweise in Anlehnung an § 864 Abs. 2 BGB: „festzustellen, dass dem Beklagten ein Recht an der Sache zusteht, vermöge dessen er die Herstellung eines seiner Handlungsweise entsprechenden Besitzstandes verlangen könnte." Mit diesem Begehren hat der Vermieter vorliegend keine guten Aussichten auf Erfolg, soweit er nur die Mitvermietung leugnet (→ Anm. 3–7). Hingegen greift die Widerklage sicher durch, wenn er rechtzeitig und formwirksam im Sinne des § 573b BGB eine Teilkündigung ausgesprochen hat und die dafür maßgeblichen Voraussetzungen tatsächlich vorliegen. Die ursprünglich bis Mai 1995 befristete Regelung des § 564b Abs. 2 BGB aF, der § 573b BGB entspricht, ist seit März 1996 Dauerrecht seit der Neufassung durch G. vom 21.2.1996 (BGBl. I S. 222). Vgl. zur grundsätzlichen Unzulässigkeit der Teilkündigung im Übrigen OLG Karlsruhe RE NJW 1983, 1499 = WuM 1983, 166 sowie – einen Ausnahmefall betreffend – WuM 1997, 202 m. krit. Anm. *Wiek* WuM 1997, 654; vgl. im Übrigen Schmidt-Futterer/*Blank* § 542 Rn. 85; *Emmerich/Sonnenschein* § 542 Rn. 32, Bub/Treier/Grapentin IV 22, Beck-FormB MietR/*Wetekamp* Form. A. II. 9 Anm. 3.

Hier kommt das Vorliegen der Voraussetzungen des § 573b Abs. 1 Nr. 1 BGB ernsthaft in Betracht, teilen doch die Kläger selbst mit, dass der Dachboden zu Wohnungen insgesamt ausgebaut werden soll (siehe das zu 8. Mitgeteilte). Hingegen ist eine vor-gerichtliche Kündigung nicht feststellbar. Eine Ausdeutung des Räumungsverlangens im Schreiben vom 10.8.2010 als Teilkündigung erscheint nicht möglich, weil dort gerade geleugnet ist, dass überhaupt eine mietvertragliche Überlassung vorliegt (vgl. zum Erklä-rungsinhalt einer Kündigungserklärung allgemein *Emmerich/Sonnenschein* § 542 Rn. 22 mwN, Bub/Treier/*Grapentin* IV 16).

Entsprechendes gilt für den Schriftsatz vom 12.11.2010, mit dem Widerspruch gegen die einstweilige Verfügung eingelegt und Fristsetzung zur Klageerhebung zur Hauptsache beantragt wurde (→ Anm. 10).

12. Zweckmäßigerweise wird zur Verhandlung über die Rechtmäßigkeit der einst-weiligen Verfügung auch die Hauptsacheklage hinzugezogen und erörtert. Kann nicht ernstlich das Recht zur Teilkündigung bezweifelt werden (kein Bedarf allein für den Eigentümer selbst, vgl. dazu Kinne/Schach/Bieber/*Bieber* Anm. zu § 573b mwN; *Wete-kamp*, Kommentar zum BGB-Mietrecht, 1998, Kap. 8 Rn. 328; Schmidt-Futterer/*Blank* § 573b Rn. 1 ff.), dürfte eine vergleichsweise Einigung über den angebotenen Ersatzwohn-raum anzustreben und durchzusetzen sein (vgl. aber LG Berlin GE 1997, 859 = NZM 1998, 328, wonach an die Begründung im Kündigungsschreiben im Hinblick auf § 564b Abs. 3 BGB aF (der § 573 Abs. 3 BGB entspricht) selbst bestimmte Anforderungen zu stellen waren, nämlich Angaben über die konkret bestehende Bauabsicht und die Zu-lässigkeit des Bauvorhabens; siehe auch AG Hamburg WuM 1998, 348, wo sich der Mieter ebenfalls erfolgreich einer auch nach § 564 b Abs. 2 Nr. 4 BGB aF (= § 573b

Abs. 1 Nr. 1 u. 2 BGB) grundsätzlich zulässigen Teilkündigung widersetzt hat. Zweck-mäßigerweise sollte in derartigen Fällen immer das persönliche Erscheinen der Parteien angeordnet werden; dabei sollte auch über die Erfolgsaussichten der Rechtsverfolgung deutlich gesprochen werden.

3. Klage auf Schadensersatz wegen zeitweiliger Nichtgewährung des vertragsgemäßen Gebrauchs

An das

Amtsgericht . . . . .

– Abteilung für Mietsache –

Klage[1]

der . . . . .

– Klägerin –

Prozessbevollmächtigter: Rechtsanwalt . . . . .

gegen

Firma DPI Dynamic-Partner-Immobilien GmbH, vertreten durch die Geschäftsfüh-rer . . . . .

– Beklagte –

wegen Schadensersatz wegen zeitweiliger Nichtgewährung des vertragsgemäßen Ge-brauchs

Gegenstandswert: 1.521,33 EUR

Namens und in Vollmacht der Klägerin erhebe ich Klage mit dem Antrag,

> die Beklagte zu verurteilen, an die Klägerin 1.521,33 EUR zu zahlen nebst 5 % Zinsen über dem Basiszinssatz seit dem 24.12.2011.

Sollte das Gericht das schriftliche Vorverfahren beschließen, wird bereits jetzt darüber hinaus Antrag auf Erlass eines

Versäumnisurteils

gestellt.

Begründung:

Die Klägerin unterzeichnete Mitte des Jahres 2011 bei der Beklagten einen Einheitsmiet-vertrag für eine Wohnung im Hause B-Str. 119–121 in K.

Beweis: Vorlage des Einheitsmietvertrages[2] vom 19.6.2011 in Kopie

Vor Unterzeichnung des Mietvertrages wollte die Klägerin wissen, wann sie die noch nicht fertiggestellte Wohnung spätestens beziehen kann, da sie den Mietvertrag für die von ihr zu diesem Zeitpunkt bewohnte Wohnung D-Str. 506 unter Einhaltung der Kündigungsfrist kündigen musste.[3]

Beweis: Zeugnis des Herrn E., ..., der die Klägerin bei den Vertragsverhandlungen begleitet und sich auf Veranlassung der Beklagten auch für die Verpflichtungen der Klägerin aus dem Mietverhältnis selbstschuldnerisch verbürgt hat.

Die Beklagte, hier: der für sie die Verhandlungen führende Zeuge P., versicherte der Klägerin, dass der Ausbau zügig vorangehe und der Bezug der Wohnung kurzfristig möglich sei, allerspätestens jedoch bis 1.10.2011, woraufhin die Klägerin erklärte, dass sie den zurzeit bestehenden Mietvertrag mit Wirkung zum 30.9.2011 kündigen werde und nun die angemietete Wohnung im Objekt B-Str. 119–121 sobald wie möglich beziehen werde, wobei sie es in Kauf nahm, ggfs. für 1 Monat zwei Mieten zu zahlen.[4]

Beweis: Zeugnis des Herrn P., zu laden über die Beklagte des Herrn E., b. b.

Da der Zeuge P. der Klägerin versicherte, dass der 1.10.2011 der allerspäteste Bezugstermin sei, kündigte die Klägerin den Mietvertrag für ihre Wohnung in der D-Str. 506 zum 30.9.2011.[5]

Beweis: Kündigungsschreiben vom 19.6.2011 in
        Kopie
        Zeugnis der Frau A., ...

Wochen- und monatelang hörte die Klägerin von der Beklagten nichts und beauftragte die Fa. K. & Co. GmbH mit der Spedition ihrer Möbel zum 30.9.2011 von der Wohnung D-Str. zu der neu angemieteten Wohnung B-Str. 119–121.

Beweis: Zeugnis der Herren B. und D., zu laden
        über die Firma K. & Co GmbH, ...
        des Herrn E., b. b.

Anfang September 2011 wurde die Klägerin von der Firma K. & Co GmbH davon unterrichtet, dass ein Umzug zum vorgesehenen Zeitpunkt nicht möglich sei, da weder die Wohnung fertig gestellt noch die Möglichkeit der Anfahrt durch den Möbelwagen bestehe, wie Mitarbeiter der Fa. Keller bei der Ortsbesichtigung festgestellt hatten, als sie sich erkundigen wollten, welche Anfahrtsmöglichkeiten für die Möbelwagen bestehen.[6]

Beweis: wie vor

Die Klägerin setzte sich unmittelbar mit der Beklagten fernmündlich in Verbindung und ihr wurde auf nachdrückliches Befragen von dem Zeugen P. erklärt, dass Schwierigkeiten mit den Handwerkern bestünden und die Wohnung frühestens zum 1.11.2011 bezogen werden könne.

Die Klägerin versuchte zunächst, eine entsprechende Verlängerung des noch bestehenden Mietvertragsverhältnisses zu erreichen, was jedoch daran scheiterte, dass bereits zum 1.10.2011 durch die Eigentümerin, die Zeugin A., weitervermietet worden war.

Beweis: Zeugnis der Frau A., b. b.

Sie erklärte der Klägerin unmissverständlich, dass sie auf der fristgemäßen Räumung bestehen müsse, da sie andernfalls Gefahr laufe, selbst schadensersatzpflichtig[7] zu werden, und sie kündigte an, sofort Räumungsklage zu erheben, sollte die Klägerin nicht pünktlich zum 30.9.2011 die Wohnung in einem ordnungsgemäßen, renovierten Zustand übergeben haben.[8]

Beweis: wie vor

Die Klägerin setzte sich daraufhin mit ihrem Prozessbevollmächtigten in Verbindung, der mit Schreiben vom 10.9.2011 die Beklagte unter Fristsetzung bis zum 17.9.2011 aufforderte, ihre Ersatzpflicht dem Grunde nach anzuerkennen und sich zumindest für die Kosten stark zu sagen, die aus der Anmietung einer anderweitigen Unterkunft und der damit verbundenen Einlagerung der Möbel entstanden.[9]

Beweis: Vorlage des Schreibens vom 10.9.2011 in Kopie

Auf das Schreiben des Unterzeichners vom 10.9.2011 reagierte die Beklagte nicht, so dass ihr mit Schreiben vom 24.9.2011 angekündigt wurde, dass die Möbel der Klägerin eingelagert und die Mehrkosten einer anderweitigen Unterkunft der Beklagten in Rechnung gestellt werden würden.

Beweis: Vorlage des Schreibens vom 24.9.2011 in Kopie

Am 24.9.2011 setzte der Geschäftsführer der Beklagten, Herr S., sich fernmündlich mit dem Unterzeichner in Verbindung und erklärte wörtlich, dass der Vorgang für die Beklagte bedauerlich, aber nicht zu ändern sei, wobei er anerkannte, dass die Beklagte dem Grunde nach schadensersatzpflichtig sei, da der zugesicherte Einzugstermin zum 1.10.2011 nicht eingehalten werden konnte.[10]

Beweis: Zeugnis des Unterzeichners

In diesem Telefonat bot die Beklagte zugleich an, sich für den Zeitraum bis zur Bezugsfertigkeit der Wohnung um eine Unterkunft der Klägerin zu bemühen, da die Beklagte offenbar fürchtete, dass die angekündigten Hotelkosten ins Unermessliche steigen würden, wobei zugleich akzeptiert wurde, dass die anfallenden Kosten für die Einlagerung der Möbel ebenfalls zu übernehmen seien.

Beweis: wie vor

Der Unterzeichner, dem zuvor durch die Klägerin mitgeteilt worden war, dass unter Umständen die Möglichkeit bestehe, für einen vorübergehenden Zeitraum bei dem Zeugen E. ein Zimmer zu beziehen, versicherte der Beklagten, dass die Klägerin sich soweit wie möglich schadensmindernd verhalten werde und aller Voraussicht nach von der Möglichkeit Gebrauch machen werde, die Möbel bei der Spedition Keller einzulagern und das Angebot des Zeugen E. anzunehmen, so dass nicht zusätzliche Unterbringungskosten anfielen.

Beweis: wie vor

Mit dieser sich abzeichnenden[11] Lösung war die Beklagte sehr einverstanden und bat zugleich, nach Vorlage der Rechnung für die Einlagerung der Möbel diese hereinzureichen, damit ein Schadensausgleich erfolgen könne.

Beweis: wie vor und Vorlage des Bestätigungsschreibens des Prozessbevollmächtigten der Klägerin vom 26.9.2011 in Kopie

Mit Schreiben vom 31.10.2011 wurde der Beklagten die Rechnung für den Transport der Möbel von der Wohnung D-Str. zum Lager der Fa. Keller & Co GmbH mit der Bitte um Ausgleichung mitgeteilt und zu dem Erstaunen der Klägerin und auch des Unterzeichners weigerte sich die Beklagte mit Schreiben vom 5.11.2011,[12] irgendwelche Kosten zu übernehmen.

Beweis: Vorlage der vorzitierten Schreiben in Kopie

Mit Schreiben vom 12.11.2011[13] forderte der Unterzeichner die Beklagte auf, den Zahlungsausgleich zur Vermeidung einer prozessualen Auseinandersetzung vorzunehmen und die weitergehenden Ersatzansprüche anzuerkennen.

Beweis: Vorlage des Schreibens vom 12.11.2011 in Kopie

Mit Schreiben vom 19.11.2011[14] widersprach die Beklagte den Ausführungen im Schreiben vom 12.11.2011 und teilte mit, dass der Umzug bis allerspätestens 30.11.2011 erfolgen könne.

Beweis: Vorlage des Schreibens der Beklagten vom 19.11.2011 in Kopie

Nach erfolgtem Umzug teilte die Firma K. & Co GmbH mit Schreiben vom 17.12.2011 die gesamten Transportkosten mit und wies auf Wunsch der Klägerin zusätzlich diejenigen Kosten aus, die bei einem Umzug direkt in die neue Wohnung entstanden wären, so dass aus der Differenz die Mehrkosten sich errechnen lassen, die nun im Klageweg geltend gemacht werden.

Beweis: Vorlage des Schreibens der Fa. Keller & Co GmbH vom 17.12.2011 in Kopie

Die Beklagte wurde mit Schreiben vom 19.12.2011 nochmals aufgefordert, den entstandenen Schaden auszugleichen; eine Reaktion erfolgte jedoch nicht.

Beweis: Vorlage des Schreibens vom 19.12.2011 in Kopie

Die Klägerin hat durch das vertragswidrige Verhalten der Beklagten einen wesentlich größeren Schaden erlitten als denjenigen, der mit der Klage geltend gemacht wird. Sie hat es letztlich nur der Hilfsbereitschaft des Zeugen E. zu verdanken, dass sie die Möglichkeit hatte, für den hier in Rede stehenden Zeitraum aufgenommen zu werden, ohne dessen Hilfe höhere Unterbringungskosten unvermeidlich entstanden wären.

Beweis: Zeugnis des Herrn E., b. b.

Da die Beklagte nicht freiwillig zahlt und nach den Regeln des Einheitsmietvertrages eine Aufrechnung nur möglich ist mit Forderungen, die unbestritten oder rechtskräftig festgestellt sind,[15] ist Klage geboten. Auf § 9 des Einheitsmietvertrages wird verwiesen, der in Kopie zu den Akten gereicht worden ist.

Vorsorglich wird darauf hingewiesen, dass im vorliegenden Mietvertrag der Vertragsbeginn vereinbart ist mit: „Nach Fertigstellung 1.10.2011".[16] Irgendeine Einschränkung hinsichtlich des hiernach fest vereinbarten Anfangszeitpunkts ist hieraus nach Auffassung des Unterzeichners nicht zu entnehmen, so dass auch ungeachtet der getroffenen Sonderabsprachen eine Haftung der Beklagten aus Verzug (§§ 280 ff., 286 BGB)[17] gegeben sein dürfte.

Rechtsanwalt

Anmerkungen

1. Übergabeverzögerungen, die durch Verschiebungen in der Bauzeit bedingt sind, und Übergabeverzögerungen, die durch Verzögerungen beim Auszug des Vormieters bedingt sind (aus welchem Grund auch immer), bilden die in der Praxis problematischsten Fälle eines anfänglich gestörten Mietverhältnisses. Auf beides wird hier in den → Anm. 6, 15 näher eingegangen (→ Form. B. III. 5).

Im Fall der **baubedingten Störungen** ist – unabhängig von der näheren Einordnung der Pflichtverletzung und unabhängig von der Frage, welches Schuldrecht anzuwenden ist – primär entscheidend die Frage, ob überhaupt **ein bestimmter Vertragsbeginn** im Vertrag aufgenommen ist **oder** jedenfalls **eine Befristung der Bauzeit** (vgl. zu Letzterem BGH WuM 1970, 791, 792) und ob **die unbedingte Verpflichtung zur Schaffung des zu vermietenden Gebäudes** begründet worden ist. Dazu führt der BGH wörtlich aus: „Im Allgemeinen wird bei Verträgen des hier vorliegenden Inhalts der künftige Mieter mangels eines entgegenstehenden Vorbehalts seines Vertragspartners davon ausgehen dürfen, dass alle etwaigen baurechtlichen Hindernisse vom Gegner, dem künftigen Vermieter, in dessen Risikobereich sie fallen, beseitigt sind oder doch beseitigt werden, so dass die Durchführbarkeit des Vertrages nicht an der Versagung einer etwa notwendigen behördlichen Genehmigung scheitert. Für eine derartige **Garantie** könnte hier der eigene Vortrag der Beklagten sprechen, sie hätten bei den Vertragsverhandlungen zum Ausdruck gebracht, die Klägerin brauche sich um die baurechtlichen Fragen nicht zu kümmern, das sei ihre, der Beklagten, Sache. Sollte es an einer Garantie des bezeichneten Inhalts fehlen, so könnte die Beklagten ein Verschulden an der Unmöglichkeit oder Verzögerung der Durchführung des Bauvorhabens dann treffen, wenn sie die Vermietung des erst noch zu errichtenden Gebäudes in Kenntnis oder fahrlässiger Unkenntnis der Zweifelhaftigkeit der baurechtlichen Zulässigkeit des Projekts zugesagt hatten. Im Rahmen der §§ 275, 285, 325, 326 BGB muss auch eine nicht unmittelbar verschuldete Unmöglichkeit oder Verzögerung der Leistung als vom Schuldner zu vertreten angesehen werden, wenn er bei Vertragsschluss bei gehöriger Überlegung mit einem solchen Ausgang rechnen musste; denn damit hat er, von Ausnahmefällen abgesehen, diese Gefahr auf sich genommen und kann sich deshalb schon nach Treu und Glauben seinem Vertragsgegner gegenüber nicht auf Unvermögen oder unverschuldete Leistungsverzögerung berufen (Senatsurteil vom 12.1.1960 = MDR 1960, 304 = BB 1960, 303 = Betrieb 1960, 261 mit Nachweisen – ebenso BGH WuM 1999, 324).

In NJW 1992, 3226, 3228 = WuM 1992, 687, 689 (zur Behandlung von Verzögerungen der Übergabe infolge eines gegen das Bauvorhaben eingelegten Nachbarwiderspruchs) nimmt der BGH hierauf wie folgt Bezug:

„In Einzelfällen kommt zwar bei Leistungsverzögerungen der vorliegenden Art ein Schadensersatzanspruch ohne Nachweis eines Verschuldens in Betracht, wenn der Vermieter eines noch zu erstellenden Gebäudes eine **Garantie für die Einhaltung eines bestimmten Fertigstellungs- und Übergabetermins** übernommen hat. Das muss sich aber aus den Vereinbarungen ergeben (vgl. BGH WuM 1970, 791, 792). Ohne entsprechende ausdrückliche Regelung kann auch bei Fixierung eines Fertigstellungstermins nicht von einer generellen Garantiehaftung des Vermieters für die rechtzeitige Überlassung der Mietsache ausgegangen werden (vgl. dazu Schmidt-Futterer/*Eisenschmid* § 536 Rn. 530 ff.).

Hinzu kommt, dass das Hindernis, welches einer rechtzeitigen Überlassung der Mietsache entgegenstand, im vorliegenden Fall erst nach Vertragsschluss aufgetreten ist. Auch aus diesem Grund käme eine Haftung der Beklagten ohne Verschulden hier nicht in Betracht (vgl. Schmidt-Futterer/*Eisenschmid* § 536 Rn. 536 ff.).“

Nach der Schuldrechtsreform bildet § 280 Abs. 2 in Verbindung mit § 286 Abs. 2 BGB die Anspruchsgrundlage. Die Frage der Bestimmtheit der Leistungszeit ist hier wesentlich für die Frage, ob ohne Mahnung nach § 286 Abs. 2 Nr. 1 BGB Verzug eingetreten ist und somit unmittelbar Schadensersatz verlangt werden kann zum 1.10.2011. Die weiteren früher bedeutsamen Probleme der Unterscheidung zwischen Verzug und Unmöglichkeit stellen sich bei der hier vorliegenden Verzögerung nicht mehr (siehe aber *Emmerich/Sonnenschein* § 535 Rn. 8 zur Abgrenzung von Unmöglichkeit und Verzug, auch Schmidt-Futterer/*Eisenschmid* § 536, Rn. 530 ff., Bub/Treier/*v. Martius/Ehlert/Kraemer* III B Rn. 3443).

2. Das Wichtigste ist nach dem Vorstehenden die **vertragliche Regelung des Vertragsbeginns.** Sie ist hier erst am Ende wiedergegeben, könnte aber auch gleich zu Anfang herausgestellt werden. Zur Ausdeutung → Anm. 16.

3.-4. Die Mitteilung der **Umstände, die zu dem konkreten Vertragsabschluss geführt haben,** gehört zur anwaltlichen Vorsorge. Auf sie könnte es für die Deutung der Vereinbarungen entscheidend ankommen. Zum Verständnis sind sie jedenfalls erforderlich.

5. Hiermit ist der Ursachenzusammenhang zwischen vertraglicher Regelung und dem Verhalten der Klägerin mitgeteilt.

6. Zu diesem frühen Zeitpunkt also war der Klägerin bekannt, dass sie nicht – wie vorgesehen – zum 1.10.2011 einziehen könnte. Sie hätte daher bei hinreichend sachkundiger Beratung bereits jetzt Fristen setzen und eine Kündigung androhen können (vgl. insoweit auch OLG Hamm WuM 1996, 466: „Ist im Hinblick auf baurechtliche Hindernisse zweifelhaft, ob und ggf. wann die vermieteten Räume hergestellt werden können, so ist § 326 BGB in der Weise analog anzuwenden, dass der Mieter schon vor dem vereinfachten Übergabezeitpunkt unter Ablehnungsandrohung eine angemessene Frist setzen kann, innerhalb der der Vermieter klären muss, ob die Vertragsdurchführung überhaupt noch und ggf. wann möglich ist." Dies dürfte entsprechend auch für sonstige Leistungshindernisse zu gelten haben (BGH NJW 2003, 1600; *Wolf/Eckert/Ball* Rn. 366/ 7, Bub/Treier/*v. Martius/Ehlert/Kraemer* III B 3444). Zum neuen Schuldrecht ergibt sich die Berechtigung zur vorgängigen Fristsetzung aus der Regelung des § 323 Abs. 4 BGB. Ein Kündigungsrecht nach § 323 BGB bzw. 543 BGB ohne Nachfristsetzung stand ihr aber wohl nicht zu. Dies hätte einen Interessenwegfall in objektiver Hinsicht allein wegen des Zeitablaufs vorausgesetzt (→ Form. B. III. 5 Anm. 3, 4).

7. Die **eigene Schadensersatzpflicht des Vermieters,** wenn die Wohnung vom Vormieter nicht geräumt wird, wurde in der Vergangenheit nicht einhellig beurteilt. Der BGH neigte unter dem alten Schuldrecht zu einer verschuldensunabhängigen Risikohaftung aus § 325 BGB a.F. (BGHZ 85, 267 = NJW 1983, 446: anfängliches subjektives Unvermögen; ebenso: OLG Düsseldorf ZMR 1999, 19). Zu einem entsprechenden Ergebnis gelangt *Sternel,* der § 538 BGB a.F. (= § 536a BGB nF) als vorrangige Sonderregelung auch vor Übergabe für einschlägig hielt und grundsätzlich einen anfänglichen (rechtlichen) Mangel i.S. der Bestimmung annahm (*Sternel* II 566; siehe dazu BGH WuM 1997, 617 = ZMR 1997, 565 sowie WuM 1999, 324: Regeln zur Haftung für Sachmängel grundsätzlich nur anwendbar, wenn die Mietsache dem Mieter übergeben ist; anders nur im Fall der Rechtsmängelhaftung, → Form. B. III. 4 Anm. 1). Demgegenüber legte das OLG München für einen vergleichbaren Fall nachträgliches Unvermögen zugrunde (ZMR 1996, 605), wenn – wie hier – der bisherige Mieter sich nach dem neuen Vertragsabschluss des Vermieters zum Bleiben entschließt (ähnlich OLG Frankfurt WuM 2000, 116, das einen nachträglichen Mangel iSd § 538 BGB annimmt). Eingehend u. kritisch zum Gesamtthema *Simon* WuM 2000, 575 ff. Die Problematik ist der Sache nach durch das SchuldrechtsmodernisierungsG nicht ausgeräumt. Zwar haftet der Schuldner nicht auf Schadensersatz wegen Pflichtverletzung, wenn er die Pflichtverletzung nicht zu vertreten hat, § 280 Abs. 1 S. 2 BGB nF; indes regelt § 276 BGB die Verantwortlichkeit auf Verschulden beschränkt nur für den Fall, dass eine strengere Haftung nicht aus dem sonstigen Inhalt des Schuldverhältnisses, insbesondere aus der Übernahme einer Garantie oder eines Beschaffungsrisikos zu entnehmen ist. Gerade das ist zweifelhaft. Zudem geht § 536a BGB den allgemeinen Bestimmungen vor (*Emmerich* NZM 2002, 363 mwN). Begrifflich liegt ein Rechtsmangel im Sinne des § 536 Abs. 3 BGB vor (vgl. dazu auch *Emmerich/Sonnenschein* § 535 Rn. 9; *v. Westphalen* NZM 2002, 371).

In der Sache spricht viel dafür, den Vermieter grundsätzlich das Risiko tragen zu lassen, dass er zur Erfüllung des Vertrages in der Lage ist. Die Tatsache, dass der

Vormieter noch in der Wohnung war, als der neue Vertrag geschlossen wurde, ist der natürlichste Anknüpfungspunkt für die Annahme eines von Anfang an bestehenden und ihm bekannten Risikos. Wenn das OLG München die daraus sich ergebende Folge für unbillig hält, wenn der Vormieter bei Abschluss des neuen Hauptmietvertrages anwesend war und „unzweideutig zu erkennen gegeben hat, dass er mit der Aufhebung seines Mietvertrages einverstanden ist und er nach Abschluss des neuen Mietvertrages die Mieträume an den neuen Mieter herausgeben wird", begründete dies zwar eine verständliche Erwartung, darf aber nicht das in der Person des Vormieters liegende Verlässlichkeitsrisiko auf den neuen Mieter verlagern, der zu diesem in keinen vertraglichen Beziehungen steht (vgl. auch *Simon* WuM 2000, 575 ff. und *Emmerich/Sonnenschein* § 535 Rn. 9).

8. In der Klageerwiderung wird hier ansetzend natürlich in Zweifel gezogen werden, dass die Klägerin überhaupt räumungspflichtig war. Ihr dürfte entgegengehalten werden, dass sie auf eine angemessene Räumungsfrist hätte dringen können. Bei der gegebenen Sachlage (Möglichkeit der Zwischenunterbringung) war die Klägerin zur Räumung in der Lage und hätte fehlendes Verschulden gegenüber einem Schadensersatzanspruch des Vermieters aus Verzug (§ 286 BGB) wohl kaum einwenden können. Ansonsten stellt sich die Frage der **Anwendbarkeit des § 278 BGB bezogen auf das Leistungsunvermögen des neuen Vermieters** (vgl. dazu Palandt/*Grüneberg* § 278 Rn. 16 mwN). Auch wäre eine evtl. Räumungsklage nach der Regelung des § 93b ZPO mit potentiellen Kostennachteilen für sie verbunden gewesen in jedem Fall. Durch die von ihr selbst ausgesprochene Kündigung hatte sie ihrer früheren Vermieterin gegenüber doch ein gewisses Risiko übernommen, was nicht nur bei der Abwägung der gegenseitigen Interessen bei der Frage nach der Bewilligung einer Räumungsfrist, sondern auch bei der Kostenverteilung nicht unerheblich ins Gewicht fallen dürfte.

9. Das Dringen auf eine ausdrückliche Vereinbarung ist natürlich sinnvoll, da eine Sonderabsprache einen Streit um den Zusatz: „bei Fertigstellung" (→ Anm. 16) obsolet machte. Wegen dieses natürlichen Vorrangs ist auch der weitere Verlauf insoweit mitgeteilt.

10. Hier ist die Sondervereinbarung als sogar erzielt wiedergegeben.

11. Die Formulierung so durch den Prozessbevollmächtigten selbst, der sich als Zeuge benannt hat, spricht gegen die Richtigkeit seiner eigenen Darstellung, Einigkeit sei bereits erzielt worden.

12.-14. Die Mitteilung der nachfolgenden Korrespondenz schon in der Klageschrift selbst empfiehlt sich, da sich ihr wichtige Indizien entnehmen lassen können, die die Schlüssigkeit der Klage bzw. ihre Überzeugungskräftigkeit betreffen.

15. § 9 des angezogenen Einheitsmietvertrages lautet:
„Der Mieter kann gegenüber Miete und Nebenkosten nur mit einer Gegenforderung aufrechnen, wenn er dies mindestens einen Monat vor Fälligkeit dem Vermieter schriftlich angekündigt hat. Die Aufrechnung ist nur statthaft mit unbestrittenen oder rechtskräftig festgestellten Forderung des Mieters oder Ersatzforderungen wegen Mängeln der Mietsache (§ 538 BGB), soweit dem Vermieter in letzterem Falle grobe Fahrlässigkeit oder Vorsatz vorzuwerfen ist."
Diese Regelung ist heute, wo die Vorfälligkeit die gesetzliche Regel ist (§ 556b BGB), unbedenklich. Namentlich kann die Aufrechnung an die Voraussetzung geknüpft werden, dass sie dem Vermieter innerhalb einer bestimmten Frist anzukündigen ist (BGH WuM 1988, 159; Schmidt-Futterer/*Langenberg* § 556b Rn. 33 mwN). Auch ist die Begrenzung der Haftung auf einfache Fahrlässigkeit heute nach § 307 BGB zulässig (Schmidt-Futterer/

Langenberg § 538 Rn. 12). Denn § 309 Nr. 7 BGB untersagt sie nur betreffend die Verletzung von Leben, Körper und Gesundheit.

16. Um die Bedeutung dieser Regelung wurde in mehreren Prozessen gestritten. Die Beklagte legte den Zusatz: „bei Fertigstellung" als Einschränkung im Sinne einer ca-Regelung aus. Diese Auffassung hat sich in Köln nicht durchgesetzt. Im grundlegenden Beschluss des LG Köln vom 13.11.1993 (1 T 452/92) heißt es wörtlich: „Nach dem Inhalt des Mietvertrages . . . . . war die Beklagte verpflichtet, die Mietsache zum 1.10. bereitzustellen. Zu diesem Zeitpunkt sollte der Mietvertrag gemäß § 2 beginnen. Soweit der Vertrag die Formulierung nach Fertigstellung" enthält, ist dem eine Entpflichtung, die Mietsache zu dem bezeichneten Zeitpunkt bereitzustellen, nicht zu entnehmen. Ein hinreichend klarer Vorbehalt, die Mietwohnung auch zu einem späteren Zeitpunkt übergeben zu können, lässt sich dem insbesondere auch nicht im Wege der Auslegung entnehmen. Einer entsprechenden Annahme stünde dem datumsmäßig genau konkretisierten Mietbeginn entgegen." (Zur Abgrenzung von Fälligkeitsregelung – wie regelmäßig gewollt – und – ausnahmsweise – Vereinbarung einer aufschiebenden Bedingung gemäß § 158 BGB siehe nunmehr auch BGH NJW-RR 1998, 801 ff.; zur zweckmäßigen Vertragsgestaltung wg. der Probleme siehe *Holthausen-Dux* NZM 1999, 1034).

17. Zur rechtlich letztlich zutreffenden **Anspruchsgrundlage** → Anm. 1, insbesondere letzter Absatz: § 280 Abs. 1, Abs. 2 iVm § 286 Abs. 2 BGB.

4. Klage auf Schadensersatz wegen Nichtgewährung des Mietgebrauchs (zB Doppelvermietung und Überlassung an den Dritten)

An das

Amtsgericht . . . . .

– Abteilung für Mietsachen –

Klage[1]

des . . . . .

– Kläger –

Prozessbevollmächtigte: RAe . . . . .

gegen

die Firma . . . . . Gesellschaft für Baubetreuung und Grundstücksgeschäfte mbH, vertreten durch den Geschäftsführer . . . . .

– Beklagte –

wegen Schadensersatz nach Nichtgewährung des Mietgebrauchs

Namens und in Vollmacht des Klägers erhebe ich Klage und beantrage:

1. die Beklagte zu verurteilen, an den Kläger als Teilbetrag 3.600,– EUR nebst 5 % Zinsen über dem Basiszinssatz seit Rechtshängigkeit zu zahlen,[2]
2. die Beklagte zu verurteilen, an den Kläger einen weiteren Betrag von 1.472,75 EUR nebst 5 % Zinsen über dem Basiszinssatz seit Rechtshängigkeit zu zahlen,[3]

3. festzustellen, dass die Beklagte verpflichtet ist, dem Kläger jeglichen Schaden zu ersetzen, der diesem dadurch entsteht, dass die Beklagte dem Kläger die Wohnung M-Straße 210, 2. OG, rechts, bestehend aus drei Zimmern, Küche, Diele, Bad, nicht zur Verfügung gestellt hat.[4]

Sollte das Gericht das schriftliche Vorverfahren beschließen, wird bereits jetzt darüber hinaus Antrag auf Erlass eines

Versäumnisurteils

gestellt.

Begründung:

Der Kläger war ursprünglich Mieter der Beklagten hinsichtlich einer Wohnung im Hause M-Straße in K.; maßgeblich sind die Bestimmungen des Mietvertrages vom 5.9.2003.

Beweis: in Anlage K 1 beigefügter Mietvertrag vom 5.9.2003 in Kopie

Diese Wohnung wollte die Beklagte im Jahre 2007 umfangreich renovieren und umbauen, weshalb die Parteien unter dem 20.10.2007 eine Vereinbarung schlossen, dass der Kläger mit seiner Familie für die Dauer der Arbeiten in die nunmehr bewohnte Übergangswohnung im Hause P-Straße in K. umziehen sollte.

In dem Vertrag vom 20.10.2007 heißt es wörtlich:

„Für die Dauer der Umbau- und Renovierungsarbeiten im Hause M-Straße stellt die Vermieterin dem Mieter . . . . . die Wohnung Nr. 1 im EG (ca. 50,70 qm Wfl.) im Hause P.-Straße zur Verfügung. Die Arbeiten werden voraussichtlich zum 30.9.2008 abgeschlossen sein. Die Miete für die Ersatzwohnung im Hause P-Straße wird mit 400,– EUR zzgl. Nebenkosten (insgesamt: 550,– EUR) vereinbart. Nach Fertigstellung der Wohnung in der M-Straße wird die Miete für diese Wohnung 500,– EUR betragen zzgl. der bislang vertraglich vereinbarten Nebenkostenvorauszahlungen (insgesamt: 650,– EUR)."

Beweis: in Anlage K 2 beigefügter Vertrag vom 20.10.2007.

Mit der Klage macht der Kläger diejenigen Schadensersatzansprüche[5] geltend, die ihm aus der Nichteinhaltung der Vereinbarung vom 20.10.2007 entstanden sind. Neben dem Feststellungsantrag zu Ziff. 3 wird mit Ziff. 1 für 1 Jahr der dem Kläger entgangene Mietwert der renovierten Wohnung geltend gemacht; mit dem Antrag zu Ziff. 2 der Schaden, der dem Kläger entstanden ist, weil er durch das vertragsbrüchige und betrügerische Verhalten der Beklagten gezwungen war, den Versuch zu machen, durch einstweilige Verfügung die Wohnung in der M-Straße zu sichern.

Das genannte einstweilige Verfügungsverfahren war beim Amtsgericht K. unter dem AZ . . . . . anhängig. Es wird schon jetzt angeregt, das Verfahren beizuziehen. Darüber hinaus war in diesem Zusammenhang mindestens eine Strafanzeige gegen Herrn M. von der Beklagten anhängig, das bei der StA unter dem AZ 22 Js . . . . ./07 geführt wurde. Das Verfahren gegen Herrn M. ist zwischenzeitlich leider nach § 153 StPO eingestellt worden. Bezug genommen ist in der Einstellungsverfügung der StA vom 31.10.2008 u. a. auf angebliche Beweisschwierigkeiten speziell seine Verantwortlichkeit betreffend.

Die geltend gemachten Schadensersatzansprüche ergeben sich zum einen aus dem Vertrag vom 20.10.2007 und dessen Nichterfüllung.[6] Zum anderen kann der Kläger seinen gesamten Vermögensschaden auch unter dem Gesichtspunkt des Betruges (§ 823 Abs. 2 BGB iVm § 263 StGB) ersetzt verlangen. Denn dem Kläger ist die Wohnung in der M-Straße in vollem Bewusstsein und vorsätzlich vorenthalten worden. Die ersten Kaufverträge mit der Treuhandfirma wurden bereits unter dem 30.10.2006 geschlossen. Bereits im Dezember 2006 schloss die Treuhandfirma mit der Fa. VVI einen Vertrag über die gewerbliche Zwischenvermietung. Trotzdem schloss die Beklagte sodann noch den vorgelegten Vertrag vom 20.10.2007, also 11 Monate, nachdem sie bereits die mietvertragliche Übergabe des Hauses anderweit zugesichert hat und 10 Monate, nachdem sie wusste, dass nicht eine Firma aus ihrer Unternehmensgruppe die Zwischenvermietung durchführen würde, sondern die Fa. VVI. Tatsächlich sind von Seiten der Beklagten auch zu keinem Zeitpunkt irgendwelche Schritte unternommen worden, um gegenüber der FA. VVI eine Reservierung für den Kläger durchzusetzen.

Beweis: Vernehmung der Geschäftsführer der Fa. VVI als Zeugen.

Während die Beklagte nichts zur Sicherung des Mietvertrages mit dem Kläger unternahm, wiegte sie diesen zugleich immer noch in Sicherheit. So erhielt etwa der Kläger unter dem 25.2.2008 das als

– Anlage K 3 –

überreichte Schreiben einer Firma „C", die mit der Beklagten wirtschaftlich verbunden ist, in dem noch einmal ausdrücklich der Rückzug in die M-Straße zugesichert worden ist. Vollends zum bösen Spiel geriet die ganze Angelegenheit dann, als es Anfang Mai 2008 um den Rückzug des Klägers in die Wohnung M-Straße gehen sollte.

Die Tochter des Klägers, Frau S. G., seinerzeit in unserem Büro als Anwaltsgehilfin beschäftigt, telefonierte am 30.4.2008 mit der Beklagten, um sich nach dem Stand der Renovierungsarbeiten in der M-Straße zu erkundigen. Ihr wurde mitgeteilt, dafür sei die FA. VVI zuständig. Frau G. bat daraufhin die ebenfalls bei uns im Büro tätige Arbeitskraft Frau Birgit N., bei der Fa. VVI anzurufen. Diese verwies Frau N. dann allerdings an eine Maklerfirma. Als Frau G. dort anrief, wurde ihr mitgeteilt, es sei nichts bekannt, dass in der M-Straße eine Wohnung für die Familie G. reserviert sei.

Beweis: Zeugnis der Frau S. G., zu laden über den Kläger; der Frau Birgit N., ...

Am 2.5.2008 telefonierte der Unterzeichner sodann mit Herrn M. von der Beklagten. Herr M. erklärte, es handele sich alles um ein bedauerliches Missverständnis, natürlich werde er persönlich sich bei der Fa. VVI sowie der Maklerfirma dafür verwenden. Er gehe davon aus, dass die Maklerfirma etwas sauer sei, da die Wohnung an die Familie G. sowie zwei weitere Wohnungen im Haus natürlich provisionsfrei vermittelt werden müssten.

Beweis: Zeugnis des Unterzeichners

Auf Grund dieser relativ beruhigenden Mitteilung des Herrn M. von der Beklagten wurde der Inhalt des Gespräches durch den Unterzeichner mit Schreiben vom 8.5.2008 noch einmal bestätigt und entsprechende Schreiben an die FA. VVI und W. übersandt. Erst als auf Grund dieses Schreibens die Maklerfirma eindeutig erklärte, sie habe keinerlei vertragliche Kontakte mit der Beklagten und könne deshalb auch nichts für den Kläger tun, wurde Antrag auf Erlass einer einstweiligen Verfügung gestellt, die zunächst sowohl gegenüber der Beklagten wie gegenüber der Fa. VVI erging und darauf abzielte, den Besitz an der Wohnung M-Straße zu sichern.[7] Interessanterweise verteidigte die Beklagte sich im dortigen Verfahren – nachdem Herr M. dem Unterzeichner noch am 2.5.2008 die Überlassung der Wohnung an den Kläger zusicherte – mit der Behauptung, sie habe mit alledem nichts zu tun und keinerlei Einfluss auf die Vergabe der Wohnungen. Dies wurde nunmehr auch wieder von Herrn M. an Eides Statt versichert. Das Amtsgericht hob die einstweilige Verfügung auf, soweit sie sich gegen die Beklagte richtete, und bestätigte diese mit anderem Inhalt gegenüber der Fa. VVI.

– Anlage K 4 –

Auf die Berufung der Fa. VVI hin und nach Erledigungserklärung des Klägers wurden sodann diesem die gesamten Kosten des Rechtsstreits durch Beschluss des Landgerichts K. auferlegt, weil nach der (vorübergehenden) Räumung der Kläger jeglichen Besitz an der Wohnung M-Straße verloren habe (auch den mittelbaren) – aus der Vereinbarung vom 20.10.2007 folge kein Fremdbesitzerwillen, sondern nur ein schuldrechtlicher Anspruch auf Wiedereinräumung des Besitzes, und schuldrechtliche Beziehungen zur Fa. VVI hätten von Seiten des Klägers nicht bestanden.[8]

– Anlage K 5 –

Aus dem genannten Verfahren ergibt sich, dass bereits unter dem 20.5.2008 die Fa. VVI die gesamte Wohnung an einen Mieter Bauer vermietet hatte.

Beweis: Beiziehung der genannten Akte des AG K . . . . .

Auch daran wird deutlich, dass Herr M. gegenüber dem Unterzeichner am 2.5.2008 ins Blaue hinein Versprechungen abgegeben hatte, die verhindern sollten, dass rechtzeitig gerichtliche Hilfe in Anspruch genommen werden konnte.

1. Mit dem Betrag in Höhe von 3.600,– EUR macht der Kläger zunächst einmal den Schaden für ein Jahr (Juni 2008 bis Mai 2009) geltend, der ihm durch die Nichterfüllung des Mietvertrages entstanden ist. Ausweislich der dem Gericht vorliegenden Vereinbarung sollte der Kläger bei einer angenommenen Miete von 900,– EUR (inklusive) 650,– EUR selbst bezahlen. Der Restbetrag sollte von einer Fa. Z (Voreigentümerin der Beklagten) an den Kläger bezahlt werden. Tatsächlich wurde die Wohnung später zu einem Mietpreis von 950,– EUR exklusive Betriebskosten vermietet. Dieses stellte zum damaligen Zeitpunkt auch den Marktwert für eine so renovierte und modernisierte Wohnung in guter ruhiger Stadtmittenlage dar.

Beweis: Sachverständigengutachten

Wenn der Kläger demgegenüber 650,– EUR (dabei sogar inkl. Betriebskosten) zahlen sollte, bedeutet dies, dass er einen Gewinn von monatlich EUR 300,– mindestens gemacht hätte. Dieser entgangene Gewinn wird für 1 Jahr geltend gemacht.[9] Es handelt sich nicht um die umstrittene Frage, ob es für die Benutzung von Wohnungen ein abstraktes Nutzungsentgelt geben kann, sondern tatsächlich darum, dass dem Kläger seine Bereitschaft zu einem zeitweiligen Auszug durch finanzielles Entgegenkommen, d.h. einen finanziellen Gewinn, abgekauft werden sollte. Dieser Gewinn entspricht der Differenz zwischen dem Marktwert der Wohnung einerseits und dem Betrag, den der Kläger andererseits tatsächlich für die entsprechende Wohnung hätte zahlen müssen.

2. Bezüglich der weiteren Forderungen geht es um die Kosten, die der Kläger hatte, weil er in dem bereits zitierten einstweiligen Verfügungsverfahren versucht hat, die Wohnung in der M-Straße für sich zu sichern. Haftungsgrundlage ist auch hier sowohl der Vertrag wie §§ 823, 826 BGB. In allen diesen Fällen geht es ausschließlich um die Frage, ob die Beklagte, die dem Kläger zum Schadensersatz verpflichtet ist, als Teil dieses Schadens auch den verlorenen Prozess zu ersetzen hat. Entscheidend ist dabei nicht die Frage der prozessualen Kostenentscheidung, sondern die Frage, ob ein solcher verlorener Prozess adäquat kausal durch das Verhalten der Beklagten herbeigeführt worden ist.[10]

Es ist anerkannt, dass derjenige, der eine Gefahrenlage herbeiführt, für die dadurch entstehenden Kosten zu haften hat. Das gilt auch für das Provozieren von Rechtsstreitigkeiten. Nachdem die Beklagte den Kläger um seine Wohnung geprellt hatte, gleichzeitig aber noch wenige Tage vor Erlass der einstweiligen Verfügung durch Herrn M. gegenüber dem Unterzeichner vortragen ließ, dass natürlich die Räume zur Verfügung standen, musste aufseiten des Klägers der Eindruck entstehen, dass die Beklagte ohne weiteres in der Lage ist, den Besitz an den Räumlichkeiten zu verschaffen. Davon ging auch der Antrag auf Erlass einer einstweiligen Verfügung aus, wie im Übrigen auch das zumindest teilweise erfolgreiche Urteil 1. Instanz. Auch daran wird deutlich, dass es durchaus im Bereich der denkbaren Rechtsverfolgung[11] war und von Seiten der Beklagten vorhersehbar, dass der Kläger versuchen würde, mittels eines einstweiligen Verfügungsverfahrens um seine Wohnung zu kämpfen. Damit liegt die haftungsausfüllende Kausalität für die Kosten des einstweiligen Verfügungsverfahrens vor. Die haftungsbegründende Kausalität ergibt sich aus der Tatsache, dass die Beklagte entgegen dem geschlossenen Mietvertrag dem Kläger die Wohnung nicht zur Verfügung gestellt hat.

Die Höhe des Prozessschadens errechnet sich wie folgt:

(Gerichtskosten, erstattete außergerichtliche Kosten, eigene Anwaltskosten) . . . . .

Rechtsanwalt

Anmerkungen

1. Klagen auf Schadensersatz wegen Nichtgewährung des Mietgebrauchs – in aller Regel wegen vertragswidriger anderweitiger Vermietung und Überlassung – kommen praktisch nur vor dem Hintergrund solchermaßen handfester Entmietungsstrategien vor (→ Form. B. III. 1). Sie sind aber auch in allen übrigen Doppelvermietungsfällen denkbar (→ Form. B. III. 1 Anm. 1). Beispielhaft sei nur an die Fälle einer versehentlich doppelt vermieteten Ferienwohnung oder eines versehentlich doppelt vermieteten Ferienhauses verwiesen. Die vorliegende Klage ist einem Originalfall nachgebildet, der in WuM 1995, 155 veröffentlicht ist.

Rechtlich bedeutsam ist hier zunächst die Frage nach der Anspruchsgrundlage.

Nach dem neuen allgemeinen Schuldrecht folgt der Schadensersatzanspruch, ohne dass es im weiteren auf die Unterscheidung Verzug/Unmöglichkeit mehr ankommt, aus § 280 Abs. 1, Abs. 2 iVm § 286 Abs. 2 bezüglich des reinen Verzögerungsschadens und aus § 280 Abs. 3 iVm § 281 u. § 311a Abs. 2 BGB bezüglich des gesamten Nichterfüllungsschadens (Schadensersatz „statt der Leistung"). § 285 BGB (§ 281 BGB a. F.) ist nicht anwendbar, die anderweitig erzielte Miete kann vom Vermieter nicht als Surrogat herausverlangt werden (BGH NZM 2006, 538).

Der BGH wendete auch im vorliegenden Zusammenhang schon § 538 BGB aF an, dh unterwarf schon unter dem alten Mietrecht die Doppelvermietung der speziellen **Rechtsmängelhaftung nach § 541 BGB a. F.** (LM BGB § 541 Nr. 3 = NJW 1961, 917; WuM 191, 545 = ZMR 1991, 418; NJW 1996, 714), und zwar unabhängig davon, ob der vertragsgemäße Gebrauch überhaupt jemals gewährt worden ist (ebenso: LG Köln NJW-RR 1992, 77 = WuM 1992, 14; demgegenüber soll die mietvertragliche Sachmängelhaftung grundsätzlich erst ab der Übergabe gelten, vgl. BGH WuM 1997, 617, 618 = ZMR 1997, 565 u. NZM 1999, 124, mwN). Denn der Fall, dass der Rechtsmangel die Gebrauchsüberlassung bzw. die Nutzung der Sache von vornherein verhindere, stehe dem in § 541 BGB a. F. geregelten Fall des Entzuges gleich. Und für die Anwendung des § 541 BGB aF reichte jede Beeinträchtigung des Mieters im Gebrauch aus, die auf das Recht eines Dritten an der Sache (auch schuldrechtlicher Art) zurückging (BGHZ 63,

132, 138). **Für das neue Mietrecht konnte konsequenterweise nichts anderes gelten.** Denn der Gesetzgeber hat insoweit nur redaktionelle Änderungen vorgenommen. An die Stelle des § 541 BGB aF ist § 536 Abs. 3 BGB getreten, der wiederum von Entziehung des vertragsgemäßen Gebrauchs spricht und auf die Absätze 1 und 2 und mithin den Schadensersatzanspruch nach § 536a BGB verweist. Demgemäß ist weiterhin davon auszugehen, dass die Regelungen des allgemeinen Schuldrechts durch die mietvertragliche Gewährleistungsregelung für Rechtsmängel verdrängt wird (**so auch ausdrücklich nunmehr BGH NJW 2006, 2323 = NZM 2006, 536**; vgl. auch Palandt/*Weidenkaff* § 536 Rn. 30 und § 536a Rn. 2; Schmidt-Futterer/*Eisenschmid* § 536 Rn. 260 u. 267; Kinne/ Schach/Bieber/*Bieber* § 536 Rn. 18; *Emmerich* NZM 2002, 364). Im Übrigen führte die Anwendung des neugeschaffenen § 311a Abs. 2 BGB letztendlich wohl zu gleichen Ergebnissen (Palandt/*Weidenkaff* BGB § 536a Rn. 3).

Da es sich bei § 536 Abs. 3 BGB um eine Rechtsgrundverweisung handelt, kann der Mieter vom Vermieter Schadensersatz allerdings ohne Verschulden nur verlangen, wenn es sich um anfängliche Rechtsmängel handelt (BGH zum entsprechenden Fall des § 541 BGB aF). Bei nach Vertragsschluss begründeten Rechtsmängeln greift aber immerhin die Verschuldensvermutung der §§ 280 Abs. 1 S. 2, 286 Abs. 4 BGB (= §§ 282, 285 BGB aF) ein, soweit die Ursache aus dem Gefahren- und Verantwortungskreis des Vermieters stammt (BGH NJW 1964, 33).

§ 536a BGB gilt schließlich auch, wenn lediglich ein Vorvertrag geschlossen sein sollte (LG Köln NJW-RR 1992, 77 = WuM 1992, 14; Palandt/*Weidenkaff* § 536 Rn. 30). Zum Umfang des vertraglichen Schadensersatzes nach § 536a BGB näher *Emmerich* NZM 2002, 364 u. *v. Westphalen* NZM 2002, 372; umfassend nunmehr, dh einschließlich des sog. Mangelfolgeschadens. Zum Anspruch aus § 823 Abs. 2 BGB iVm § 263 StGB siehe BGH WuM 2002, 269 ff.

2.-3. Die Aufspaltung des an sich gebotenen einheitlichen Zahlungsantrags in die zugrundeliegenden Einzelforderungen ist so unbedenklich, da die Gesamtforderung sich unschwer errechnen lässt. Sie ist sogar sinnvoll, nämlich trägt zur Übersichtlichkeit bei, da so von vornherein die unterschiedlichen Klagepositionen deutlich werden, um die gestritten werden soll.

4. Für die Feststellungsklage haben in dem Originalfall, dem die vorliegende Klage nachgebildet ist, AG und LG als Mindeststreitwert 80 % des dreifachen Jahresbetrags des mit dem Klageantrag zu 1 geltendgemachten Nichterfüllungsschadens zugrundegelegt (vgl. zu dem 20 %-Abschlag bei der Feststellungsklage zB BLAH/*Hartmann* Anh. 3 Rn. 53 „Feststellungsklage" mwN; Zöller/*Herget* § 3 „Feststellungsklage"; vgl. zu der 3- Jahresregel bei zeitlich unbestimmter Mietdauer LG Hamburg WuM 1989, 430; LG Berlin WuM 1989, 440). Mit Rücksicht auf die 1993 erfolgte Neufassung des § 9 ZPO dürfte nunmehr allerdings der $3^1/_2$-fache Jahresbetrag anzusetzen sein auch für die Gebühren (*Gies* NZM 2003, 886). Denn insoweit weist § 42 GKG eine Lücke auf, d.h. erfasst den Fall nicht (vgl. hierzu BLAH/*Hartmann* § 9 Rn. 1 aE, 2).

Zahlungs- und Feststellungsklage sind hier zusammenzuziehen, da die Feststellung selbstständige Bedeutung hat, § 5 ZPO.

5. Im Allgemeinen werden als **Nichterfüllungsschaden** in derartigen Fällen lediglich die Kosten für die Suche nach einer anderen Wohnung, der Aufwand für den Umzug sowie die höhere Miete für die neue Wohnung geltend gemacht (vgl. etwa *Emmerich/Sonnenschein* § 536a Rn. 12 mwN; Schmidt-Futterer/*Eisenschmid* § 536a Rn. 85 ff., 88; → Form. B. III. 5 Anm. 7, 8). Da aber auch in der Vorenthaltung einer vertraglich vorgesehenen Nutzungsmöglichkeit ein Vermögensschaden liegt (vgl. BGH NJW 1988, 251 ff.), kann das Nichterfüllungsinteresse auch in dem entgangenen Gewinn liegen, dh dem Unterschiedsbetrag zwischen Vorzugsmiete und Marktmiete für das sanierte Objekt (vgl. LG Köln NJW-RR 1992, 77 = WuM 1992, 14 u. WuM 1995, 155, 157). Denn der Mieter muss nicht gleich- oder höherwertigen Ersatz in Anspruch nehmen, er darf sich auch mit einer weniger komfortablen und billigeren Wohnung begnügen, ohne dass dies einen Verzicht auf seine vertraglichen Rechte darstellt. Begrenzt wird der Schadensersatzanspruch zeitlich nur durch den Zeitpunkt, zu dem der Vermieter selbst frühestens den Vertrag hätte ordentlich kündigen können (vgl. dazu BGH DWW 1995, 279, 280 = ZMR 1995, 480; *Emmerich-Sonnenschein* § 536a Rn. 12).

6. Zur vertraglichen **Anspruchsgrundlage** (nach der höchstrichterlichen Rspr. § 536a BGB) siehe die eingehende Erläuterung in der Vorbemerkung. Hier ist wohl ein Fall nachträglich aufgetretenen Rechtsmangels anzunehmen, da erst nachträglich die Wohnung anderweitig vermietet und überlassen worden ist (vgl. auch LG Köln WuM 1995, 151, 152). Verschulden der Beklagten ist indes zu vermuten gemäß den §§ 282, 285 BGB aF (= § 280 Abs. 1 S. 2 BGB nF). Zum Anspruch aus § 823 Abs. 2 BGB iVm § 263 BGB siehe BGH WuM 2002, 269.

Im Ausgangsfall hat die Beklagte ihre Verantwortlichkeit bestritten erstens im Hinblick auf die vorhandene und gestellte (minderwertige) Ersatzwohnung, auf die sich das Mietverhältnis nunmehr erstreckt (ergänzende Vertragsauslegung, vgl. LG Köln WuM 1995, 151) und zweitens die vorgenommene Veräußerung, wozu sie meinte, entsprechend § 566 BGB aus ihrer Verpflichtung entlassen worden zu sein. Beide Argumente greifen nicht. Dass im Wege ergänzender Vertragsauslegung den Mietern Rechte wenigstens an der Ersatzwohnung zuzusprechen sind, ändert nichts an dem verbleibenden Nichterfüllungsschaden. Aus der Vereinbarung vom 20.10.2007 blieb die Beklagte auch in jedem Fall mitverpflichtet (vgl. LG Köln WuM 1995, 152) unbeschadet vom Vorliegen der Voraussetzungen des § 566 BGB (§ 571 a.F.), hatte also bei der Veräußerung natürlich für deren Einhaltung Sorge zu tragen.

7.-8. Im Originalfall war der Mieter vor dem Hintergrund unbekannter Besitzverhältnisse gleich gegen vier Verfügungsbeklagte auf Herausgabe der Wohnung vorgegangen. Gegen die Beklagte musste er unterliegen, da sie nicht mehr Besitzerin war. Gegen die Erwerberin hat das LG einen Verfügungsgrund verneint, da es an einer besitzrechtlichen Beziehung fehle (§ 856 Abs. 2 BGB sei nicht anwendbar, wenn der Mieter den unmittelbaren Besitz an der Wohnung auf Grund Vereinbarung freiwillig – wenn auch nur vorübergehend – aufgegeben habe zugunsten eines Dritten, dh übertragen. Zutreffend: Anders als im Fall von → Form. B. III. 1 hat der Kläger hier in der Tat nicht einmal Mitbesitz behalten in Form der Wohnungsschlüssel) und auch vertragliche Bindungen bestanden nicht. § 566 BGB griff nicht, da nicht von der Beklagten erworben war. Unter diesen Umständen blieb offen, ob das besondere Interesse dargetan war, das hier zu einer unmittelbaren Leistungsverfügung berechtigt hätte (vgl. OLG Düsseldorf NJW-RR 1992, 123, 124; → Form. B. III. 1 Anm. 1). Ersatz für die hiernach vergeblich aufgewendeten Rechtsverfolgungskosten hat das LG ebenfalls nicht zugebilligt. Zwar dürfe der Geschädigte bei komplexeren rechtlichen Schadensersatzfragen auch die Kosten auf den Schädiger abwälzen, die er für seine Rechtsverfolgung aufwendete. Die Ersatzpflicht sei jedoch auf die Aufwendungen beschränkt die ein wirtschaftlich denkender Mensch bei vorausschauender Betrachtung für notwendig halten dürfe. Hier sei der **Antrag auf Erlass einer einstweiligen Verfügung** bei objektiver Betrachtung von vornherein nicht aussichtsreich gewesen aus Rechtsgründen (LG Köln WuM 1995, 158).

In diesem Zusammenhang wäre zu erörtern, dass die einstweilige Verfügung vom AG nach eingehender Prüfung gegen die Zwischenvermieterin und Erwerberin erlassen worden ist unter Berufung auf § 856 Abs. 2 BGB (nur vorübergehende Verhinderung in der Ausübung des Besitzes), dh es zu einem – allerdings zu spät kommenden – Vollstreckungsversuch tatsächlich gekommen ist. Praktisch hätte der Kläger also durchaus Erfolg haben können. Dies könnte rechtfertigen, von einem aussichtsreichen Vorgehen von

Anfang an auszugehen. Damit wären jedenfalls die darauf entfallenden Rechtsverfolgungskosten ersatzfähig. Da er die Besitzverhältnisse auch nicht näher durchschauen konnte, könnte man dann auch die Inanspruchnahme der weiteren Personen, die mit der Weiterüberlassung zu tun hatten, als verständliche Maßnahme der Schadensabwendung ansehen (ausführlich → Anm. 10, 11).

9. Im Weiteren bestreiten könnte die Beklagte, dass die tatsächlich erzielte Miete die **Marktmiete** war. Dem hat das LG im Ausgangsfall entgegengehalten, dass es sich hiernach um einen Mietwert gehandelt hat, der nachhaltig zu verwirklichen gewesen sei. Dass er nicht verkehrsüblich gewesen sei, sei von der Beklagten vor diesem Hintergrund substantiiert zu bestreiten gewesen. Entsprechendes gelte für die Beanstandung, bei der Ermittlung der Mietwertdifferenz sei keine Bereinigung von Kosten- und Gewinnanteilen erfolgt. Zwar sei es richtig, dass die Gewinnspanne des Vermieters und die bei privater Nutzung nicht anfallenden Kosten ggf. abzusetzen seien (vgl. dazu BGHZ 98, 212). Eine entsprechende Schadensminderung sei jedoch von der Beklagten substantiiert darzutun und zu beweisen gewesen. Dem Kläger als Mieter sei eine Veranschlagung von Kosten und Gewinn nicht möglich (LG Köln WuM 1995, 157).

10.-11. → Anm. 7, 8. Im Ausgangsfall hat das AG die **Rechtsverfolgungskosten** sämtlich zuerkannt. Es heißt dort: „Es liegt im Rahmen allgemeiner Erfahrung, dass derjenige, dessen Wiedereinsetzung in seine bisherige Wohnung vereitelt zu werden droht, im Wege der einstweiligen Verfügung versucht, die endgültige Vergabe der Wohnung an einen Dritten zu verhindern. Bei einer solchen Fallgestaltung kann daher nicht zweifelhaft sein, dass die aufgewandten Prozesskosten innerhalb des Schutzzwecks liegen, dem die verletzten Pflichten dienen (BGHZ 30, 154; VersR 1984, 848 mwN). Es kann sich daher nur die Frage stellen, ob und wann, ggf. in welchem Umfang der Kläger wegen eines mitwirkenden Verschuldens . . . . . den Schaden selbst tragen muss. Hier hilft ihm hinsichtlich der Inanspruchnahme der Zwischenvermieterin der Grundsatz, dass der Geschädigte nicht schlauer sein braucht als der mit seiner Sache befasste Amtsträger (BGHZ 15, 305). Vorliegend hat das Gericht 1. Instanz ausweislich seines Urteils vom 5.4.1989 gegen die Zwischenvermieterin einen aus Besitzrecht sich herleitenden Unterlassungsanspruch angenommen. Da seine Auffassung angesichts der ausdrücklichen gesetzlichen Regelung in § 856 Abs. 2 BGB auch rechtlich einen ausreichenden Anknüpfungspunkt hatte, muss insoweit das einstweilige Verfügungsverfahren als hinreichend aussichtsreich angesehen werden, auch wenn das LG letztlich dieser Auffassung nicht gefolgt ist, ... Als nicht von vornherein aussichtslos war auch anzusehen, dass der Kläger im Wege der einstweiligen Verfügung gleichzeitig noch gegen die Beklagte vorgegangen ist. Denn sie war zu diesem Zeitpunkt noch im Grundbuch als Eigentümerin eingetragen. Der Kläger handelte insoweit nicht schuldhaft, wenn er noch von einer fortbestehenden Einwirkungsmöglichkeit der Beklagten ausging . . . . . Dies gilt um so mehr, als Herr M. seinem Prozessbevollmächtigten in einem Telefonat noch erklärt hatte, dass natürlich die modernisierte Wohnung für den Kläger bereitgehalten werde und er sich persönlich bei der Zwischenvermieterin sowie bei der Maklerfirma dafür verwenden werde.“
Diese Ausführungen sind hier dahingehend zu ergänzen, dass für einen vertraglichen **Unterlassungsanspruch unabhängig vom Vorliegen verbotener Eigenmacht** namhafte Gerichte einen Verfügungsgrund angenommen haben in ähnlichen Fallgestaltungen: OLG Hamm NJW-RR 1990, 1236 u. OLG Düsseldorf NJW-RR 1991, 138; eingehend dargestellt in → Form. B. III. 1 Anm. 1. Das bedeutet, dass das Vorgehen gegen die Beklagte gut vertretbar war. Gegenüber der rechtlich selbstständigen Zwischenvermieterin, die aus dem Ausgangsmietvertrag nicht verpflichtet ist, ist freilich außerhalb der §§ 862, 856 Abs. 2 BGB kein Verfügungsanspruch ersichtlich; dies gilt namentlich für ein arglistiges Zusammenwirken im Sinne des § 826 BGB, für das die Tatsachengrundlage durch den Kläger nicht hinreichend dargetan werden konnte. Wenn man mit dem LG

Gies   487

Köln die Annahme eines Verfügungsanspruchs aus dem Gesichtspunkt des Besitzschutzes für nicht gegeben hält, kann bei einer solchen (geschickten?) **Aufspaltung der Handelnden und Verantwortlichen im Außenverhältnis** das Vorgehen gegen die sonstigen Beteiligten (der hier stattgefundenen „Rundumschlag") also nicht gerechtfertigt werden; auf den diesbezüglichen Kosten bleibt der Kläger notwendig sitzen, mag er sich auch„über den Tisch gezogen fühlen".

5. Klage auf Schadensersatz wegen verspäteter Besitzeinräumung

An das

Amtsgericht . . . . .

– Abteilung für Mietsachen –

Klage[1]

der Frau Klara M . . . . .

– Klägerin –

Prozessbevollmächtigter: Rechtsanwalt . . . . .

gegen

die Firma V Immobilien GmbH, vertreten durch die Geschäftsführer

– Beklagte –

wegen Schadensersatz nach verspäteter Besitzeinräumung

Namens und in Vollmacht der Klägerin erhebe ich Klage und beantrage,

die Beklagte zu verurteilen, an die Klägerin 3.780,– EUR zu zahlen nebst 12,5 % Zinsen seit Rechtshängigkeit.

Sollte das Gericht das schriftliche Vorverfahren beschließen, wird bereits jetzt darüber hinaus

Antrag auf Erlass eines

Versäumnisurteils

gestellt.

Begründung:

Die Klägerin schloss mit der Beklagten, die als gewerbliche Zwischenvermieterin auftritt, am 19.6.2007 einen Mietvertrag über die Wohnung Nr. 28 in der B-Straße in K. Der Mietvertrag sollte mit dem 1.10.2007 beginnen.

Ausdrücklich heißt es in § 2 (Mietdauer):

„Der Mietvertrag beginnt am: nach Fertigstellung 1.10.2007".[2]

Beweis: in Anlage 1 beigefügter Mietvertrag vom 19.6.2007 in Kopie

Mit Schreiben vom 5.9.2007 teilte die Beklagte der Klägerin mit, dass mit einer Fertigstellung der Wohnung nicht vor dem 1.11.2007 zu rechnen sei.

Beweis: Vorlage des Schreibens der Firma . . . . . vom 5.9.2007 in Kopie – Anlage 2 –

Die Klägerin hatte fest mit dem Einzug zum 1.10.2007 gerechnet. Sie musste, da sie zu diesem Zeitpunkt nicht einziehen konnte, zwischenzeitlich bei einer Freundin unterkommen. Zum 1.11.2007 war die Wohnung jedoch noch immer nicht beziehbar. Die Klägerin beauftragte daraufhin den Unterzeichner mit der Wahrnehmung ihrer Interessen. Mit Schreiben vom 13.11.2007 setzte der Unterzeichnende im Namen und in Vollmacht der Klägerin der Beklagten eine Frist zur Fertigstellung der Mieträume bis zum 30.11.2007.[3]

Beweis: Vorlage des Schreibens des Unterzeichnenden vom 13.11.2007 in Kopie
– Anlage 3 –

Da die Beklagte nicht reagierte, schrieb der Unterzeichnete die Beklagte erneut an. Mit Schreiben vom 28.11.2007 teilte die Beklagte dem Unterzeichner per Telefax mit, dass voraussichtlich ein Bezug der Wohnung am 5.12.2007 erfolgen könne.

Beweis: Vorlage des Schreibens der Beklagten vom 28.11.2007 in Kopie – Anlage 4 –

Der Unterzeichnende versuchte daraufhin, die Beklagte telefonisch zu erreichen und ihr mitzuteilen, dass die Klägerin auf Grund der Nichteinhaltung der Fristen nunmehr vom Vertrage zurücktreten würde.[4] Die Beklagte war jedoch telefonisch nicht zu erreichen. Mit Schreiben vom 10.12.2007 teilte der Unterzeichnende der Beklagten den Rücktritt vom Mietvertrag schriftlich mit.[5]

Beweis: Vorlage des Schreibens vom 10.12.2007 in Kopie – Anlage 5 –

Zu diesem Zeitpunkt war die Wohnung noch immer nicht fertig und ein Einzug nicht absehbar.[6] Wie groß die Unsicherheit für die Klägerin war, ergibt sich auch daraus, dass die Nachmieterin, Frau K., erst Mitte Januar 2008 einziehen konnte, nachdem sie den Mietvertrag zum 1.1.2008 unter dem 10.12.2007 geschlossen hatte.

Beweis: Zeugnis der Frau K., B-Straße, ...

In der Folgezeit wurden zwischen dem Mitarbeiter der Beklagten, Herrn B., und dem Unterzeichner mehrere Gespräche geführt, bei denen es darum ging, in der Angelegenheit zu einer Lösung zu kommen. Die Klägerin hatte sich nämlich für die Küche von einer Spezialfirma eine genau auf diese Küche zugeschnittene Einbauküche anfertigen lassen. Diese stand nunmehr abholbereit und einbaufertig im Lager der Firma. Der Preis der Küche betrug 5.000,– EUR. Da in dieser Küche einige Elektrogeräte enthalten waren, konnte durch Herausnahme einer Spülmaschine eine Reduzierung des Kaufpreises auf 3.500,– EUR erreicht werden. Die anstatt der Klägerin in die Wohnung einziehende Frau K. erklärte sich auf Vermittlung des Mitarbeiters der Beklagten, Herrn B., bereit, die speziell angefertigte Küche zu übernehmen. Sie war jedoch nicht bereit, den vollen Preis von 3.500,– EUR zu akzeptieren, sondern zahlte nur 2.500,– EUR. Um den Schaden zu begrenzen, verkaufte dann die Klägerin die Küche an Frau K. zu diesem Preis.[7]

Beweis: Zeugnis der Frau K., b. b.

Der Unterzeichnende bemühte sich nunmehr für die Klägerin den Differenzbetrag von 1.000,– EUR von der Beklagten zu erhalten. Dabei wäre die Klägerin bereit gewesen, auch in großem Umfang der Beklagten entgegenzukommen. Neben dem schon erwähnten Betrag von 1.000,– EUR beanspruchte die Klägerin nämlich noch den Betrag von 2.780,– EUR. Hierbei handelt es sich um eine Maklerprovision,[8] die die Klägerin an eine

Fa. R. Immobilienservice für die Vermittlung der Wohnung gezahlt hat. Da die Beklagte die Wohnung jedoch nicht rechtzeitig zur Verfügung stellen konnte, ist die Beklagte nach Auffassung des Unterzeichners auch dazu verpflichtet, im Rahmen des Schadensersatzes der Klägerin den Betrag zu erstatten, den diese an die Fa. R. Immobilienservice gezahlt hat.

                                                                     Rechtsanwalt

Anmerkungen

1. → Form. B. III. 3 Anm. 1. Die Besonderheit ist hier, dass die bauzeitbedingte Verzögerung vom Mieter zum Anlass genommen wurde, sich vom Vertrag zu lösen und Schadensersatz wegen Nichterfüllung des Vertrages insgesamt zu verlangen.

2. Das Wesentliche ist auch hier der Inhalt der vertraglichen Regelung, welche einen bestimmten Beginnzeitpunkt angibt, wenngleich mit einer nicht näher präzisierten und damit unschädlichen Beischreibung „nach Fertigstellung 1.10.2007" (eingehend zur Auslegung → Form. B. III. 3 Anm. 16).

3. Zur **Rechtsgrundlage der Fristsetzung** wird heute praktisch nur noch die Auffassung vertreten, dass hier vorrangig § 543 Abs. 2 Nr. 1 BGB direkt anzuwenden ist (für die Anwendung der entsprechenden Regelung in § 542 BGB aF: BGH WM 1975, 897 unter N IV 4; *Sternel* II 506; *Kinne/Schach* § 543 Rn. 22; Palandt/*Weidenkaff* § 543 Rn. 9; Schmidt-Futterer/*Blank* § 543 Rn. 9; *Emmerich/Sonnenschein* § 543 Rn. 14, 16; LG Köln Beschl. v. 13.1.1993 – 1 T 452/92; aA *Emmerich/Sonnenschein,* 7. Aufl., Vor § 537 Rn. 9, § 326 bzw. § 542 Rn. 3: Wahlrecht zwischen § 326 u. 542 BGB aF; LG Berlin NJW-RR 1988, 203 u. GE 1993, 990).
Für die Anwendung von § 543 Abs. 2 Nr. 1 BGB spricht, dass hier speziell auch der Fall geregelt ist, dass der vertragsgemäße Gebrauch nicht oder nicht rechtzeitig gewährt wird. Erfasst ist hiernach auch der Fall der Übergabeverzögerung (insoweit zutr. *Emmerich/Sonnenschein* § 542 Rn. 3). Für die Heranziehung der §§ 286, 311 a BGB spricht der Grundsatz, dass nach ständiger Rechtsprechung des BGH die Regeln des Mietrechts zur Haftung für Sachmängel (anders als die Regeln zur Haftung für Rechtsmängel; → Form. B. III. 4 Anm. 1) nur anwendbar sein sollen, wenn die Mietsache dem Mieter übergeben worden ist, während es für die Zeit vor der Übergabe grundsätzlich bei den allgemeinen Regeln des Schuldrechts über Leistungsstörungen verbleiben soll (vgl. BGH WuM 1997, 617, 618 = ZMR 1997, 565 mwN; ebenso BGH NZM 1999, 124): die Kündigung aus wichtigem Grunde nach § 543 BGB ist auch vor Beginn des Mietverhältnisses (Gebrauchsüberlassung) möglich (Palandt/*Weidenkaff* § 543 Rn. 9 unter Hinweis auf BGH NJW – RR 2007, 884; OLG Düsseldorf NJW – RR 1995, 1100 und OLG München NJWE – MietR 1996, 127).
Der Schadensersatzanspruch folgt in jedem Fall aus den allgemeinen Vorschriften (siehe dazu unten zu 7 und 8).
Im Regelfall dürfte man sowohl bei Anwendung von § 543 als auch §§ 286, 311 a BGB allerdings zu gleichen Ergebnissen gelangen, da die Vorschriften ähnlich gefasst sind.

4. Von streitentscheidender Bedeutung ist natürlich die Frage, ob die gesetzte **Frist angemessen** war. Zwar bedarf es der Bestimmung einer Frist nicht, wenn die Erfüllung des Vertrages infolge des die Kündigung rechtfertigenden Umstands für den Mieter kein Interesse hat. Denn dann ist die sofortige Kündigung aus besonderen Gründen unter Abwägung der beiderseitigen Interessen wohl berechtigt iSd § 543 Abs. 3 S. 2 Nr. 3 BGB. Davon kann aber im gegebenen Fall nicht ausgegangen werden. Denn der Klägerin war bekannt, dass die Mietsache erst zu errichten war. Gewisse Übergabeverzögerungen konnten sich daher für sie nicht als gänzlich ungewöhnlich darstellen und konnten grundsätzlich auch in bestimmtem Umfang von ihr ertragen werden, wie der Verlauf zeigt, wonach sie – zunächst jedenfalls – bei einer Freundin unterkommen konnte (vgl. insoweit auch Kinne/Schach/Bieber/*Bieber* § 543 Rn. 28 mwN). Die mit dem Schreiben vom 13.11.2007 gesetzte Frist zum 30.11.2007 war vorliegend als angemessen anzusehen vor dem Hintergrund, dass der vertragliche Einzugstermin mehr als einen Monat zurücklag (so ausdrücklich AG und LG im zugrundeliegenden Ausgangsfall).

Allerdings wäre eine nur geringfügige Fristüberschreitung (zum 5.12.2007) von der Klägerin hinzunehmen gewesen, eine Kündigung unter diesen Umständen rechtsmissbräuchlich (vgl. Palandt/*Grüneberg* § 242 Rn. 53 mwN).

5. Zur **Rechtsgrundlage des Rücktritts** (§§ 543 bzw. 311 a Abs. 4 iVm § 281 Abs. 5 BGB → Anm. 3).

6. Auch diese Mitteilung ist schlüssigkeitserheblich. Nach heute ganz hM ist eine Kündigung zwar theoretisch möglich, wenn der Mieter erst nach Fristablauf, aber noch vor der Kündigungserklärung **Abhilfe** schafft (vgl. *Emmerich/Sonnenschein* § 543 Rn. 50; Schmidt-Futterer/*Blank* § 543 Rn. 38; OLG Düsseldorf MDR 1988, 866; NJW-RR 1995, 351; a. A. *Sternel* IV Rn. 467 mwN). Das Problem verschiebt sich dann aber in die Frage der Angemessenheit der Frist bzw. der Geringfügigkeit der Überschreitung (→ Anm. 4). Letzten Endes kommt es dann doch darauf an, ob das Abhilfeangebot im Schreiben vom 28.11.2007 stichhaltig war. Beweispflichtig für die Abhilfe ist nach § 543 Abs. 4 BGB der Vermieter.

7.-8. Die **Rechtsgrundlage des Schadensersatzanspruchs** statt der Leistung bilden die §§ 280 Abs. 1, Abs. 3, 281 BGB, da § 536a BGB vom Wortlaut her nicht einschlägig ist (Die Nichtgewährung des Gebrauchs ist kein Mangel, § 536 Abs. 3 BGB stellt ihm aber nur die Entziehung des vertragsgemäßen Gebrauchs gleich, im Übrigen → Anm. 2). **Als Schaden ersatzfähig** sind: nutzlos gewordene Aufwendungen (wie hier nutzlos gewordene Küche und Maklerprovision) (vgl. Palandt/*Weidenkaff* § 543 Rn. 63); hinsichtlich der Maklerkosten gilt allerdings seit 1.6.2015, dass der Wohnungsvermittler vom Wohnungssuchenden für die Vermittlung oder den Nachweis der Gelegenheit zum Abschluss von Mietverträgen über Wohnräume kein Entgelt fordern darf, sich versprechen lassen oder annehmen darf, es sei denn, der Wohnungsvermittler holt ausschließlich wegen des Vermittlungsvertrages mit dem Wohnungssuchenden vom Vermieter oder von einem anderen Berechtigten des Auftrag ein, die Wohnung anzubieten, §§ 2 Abs. 1 a, 6 WoVermittG; darüber hinaus sind erstattungsfähig, da nach § 281 BGB zugleich das positive Interesse ersetzt verlangt werden kann: **Umzugskosten** und etwa **höherer Mietzins** für die Ersatzwohnung (vgl. zum Ganzen *Emmerich/Sonnenschein* § 536a Rn. 11 ff.). Letzteres begrenzt auf die Dauer der Vertragszeit bzw. dem Zeitpunkt, zu dem der Vermieter erstmals ordentlich kündigen konnte (vgl. BGH DWW 1995, 279, 280 = ZMR 1995, 480).

Mietpreisbremse

6. Auskunftsklage gem. § 556g Abs. 3 BGB

An das

Amtsgericht[1]

Klage

des[2]. . . . .

– Kläger –

Prozessbevollmächtigter:[3]. . . . .

gegen

die Eheleute[4]. . . . .

– Beklagte –

wegen: Auskunft über die zulässige Wiedervermietungsmiete[5]

Streitwert: bis 500,00 EUR

Namens und mit Vollmacht des Klägers erhebe ich Klage gegen die Beklagten und werde beantragen:

1. Die Beklagten werden als Gesamtschuldner verurteilt, dem Kläger Auskunft[6] in Textform[7] zu erteilen über folgende die Wohnung im Hause . . . . . . str . . . . . . in . . . . . . betreffende Frage:
   a) In welchem Jahr ist das Gebäude bezugsfertig geworden?
   b) Liegen hinsichtlich der vom Kläger angemieteten Wohnung Ausstattungsmerkmale oder Beschaffenheiten vor, die bei der Einordnung der Wohnung in den Mietspiegel[8] der Stadt . . . . . . Jahrgang . . . . . . von Bedeutung sind, insbesondere
      aa) hat ein Heizungseinbau nach . . . . . . stattgefunden
      bb) welchen U-Wert haben die Fenster
2. Zu welcher Grundmiete wurde die Wohnung zuletzt vor dem . . . . . . 20 . . . . . . vermietet?
3. War der räumliche Umfang des Vormietvertrages identisch mit dem Inhalt des Mietvertrages mit dem Kläger? Wenn nein, worin unterschied sich der Vertrag?
4. Wann hat die letzte Mieterhöhung im Vormietverhältnis stattgefunden?
5. Wann endete rechtlich das Vormietverhältnis?
6. Welche Modernisierungsarbeiten wurden im Zeitraum . . . . . . bis . . . . . . im Einzelnem durchgeführt?[9]
7. Welcher Aufwand musste hierfür genau aufgebracht werden?
8. War die Wohnung bis einschließlich 1.10.2014 schon einmal vermietet oder wurde sie bis zu diesem Termin selbst genutzt?
9. Die Beklagten tragen die Kosten des Rechtsstreits.[10]
10. Das Urteil ist vorläufig vollstreckbar.[11]

Ich beantrage ferner,

1. soweit das Gericht das Verfahren nach § 495a ZPO[12] betreiben will, die Durchführung einer mündlichen Verhandlung;

2. soweit das Gericht ein schriftliches Vorverfahren anordnet und der/die Beklagte(n) seine/ihre Verteidigungsbereitschaft nicht rechtzeitig anzeigen sollten, den Erlass eines Versäumnisurteils.

Ferner teile ich mit, dass

1. ein außergerichtlicher Einigungsversuch bisher nicht stattgefunden hat[13]
2. ein solcher Versuch erscheint zurzeit auch nicht aussichtslos.[14]

Begründung

Die Beklagten haben dem Kläger mit Mietvertrag vom . . . . . eine Wohnung im Hause . . . . . vermietet.

Beweis: in der Anlage überrichte Kopie des Mietvertrages

Als Grundmiete wurde ein Betrag von . . . . . EUR zuzüglich Betriebs- und Heizkostenvorauszahlungen vereinbart. Mietvertragsbeginn war der . . . . . . 201 . . . . . .

Beweis: In der Anlage überreiche Kopie des Mietvertrages

Die Wohnung hat eine Wohnungsgröße von . . . . . . qm.

Beweis: a) in der Anlage überreiche Kopie des Mietvertrages
       b) Sachverständigengutachten

Die Landesregierung hat durch Rechtsverordnung bestimmt, dass in der Gemeinde, in der die Wohnung belegen ist, ein angespannter Wohnungsmarkt herrscht und deshalb die Begrenzung der Wiedervermietungsmiete gem. §§ 556d ff. BGB in dieser Gemeinde gilt.

Die Gemeinde wurde mit Wirkung ab . . . . . . 2015 in diese Verordnung aufgenommen. Die Verordnung hat eine Laufzeit von . . . . . . Jahren und gilt bis . . . . . .

Da der Mietvertrag somit nach Einführung der Begrenzung der Wiedervermietungsmiete für die Gemeinde abgeschlossen wurde, ist die Höhe der Miete auf maximal 110 % der ortsüblichen Vergleichsmiete begrenzt, es sei denn, es liegt einer der vier Ausnahmen in den §§ 556e und 556f BGB vor. Soweit eine höhere Miete vereinbart wurde, ist die Vereinbarung insofern gem. § 556g Abs. 1 BGB teilunwirksam.

Der Kläger geht davon aus, die vereinbarte Miete höher als die zulässige Wiedervermietungsmiete ist. Der Kläger verlangt mit der vorliegenden Klage Auskunft über die Tatsachen, die zur Bestimmung der zulässigen Wiedervermietungsmiete erforderlich sind.

Der Kläger hat mit Schreiben[15] vom . . . . . . die Beklagten um Auskunft über folgende Tatsachen gebeten:

• . . . . . .
• . . . . . .
• . . . . . .

Die Beklagten haben bisher die begehrte Auskunft nicht erteilt, obwohl der Kläger gem. § 556g Abs. 3 BGB darauf einen Anspruch hat.[16]

Beweis: in der Anlage überreichte Kopie des Schreibens vom . . . . . .

Der Kläger mit Schreiben vom . . . . . . noch einmal an Erteilung der Auskunft erinnert.

Beweis: in der Anlage überreichte Kopie des Schreibens vom . . . . . .

Auch das Schreiben blieb ohne Reaktion, Klage ist deshalb geboten. Der Kläger ist zur Bestimmung der zulässigen maximalen Wiedervermietungsmiete auf die Informationen angewiesen. Sie sind weder allgemein zugänglich noch für die Beklagten schwer zu ermitteln.

Rechtsanwalt

Anmerkungen

1. Die **sachliche Zuständigkeit** für Wohnraummietsachen ergibt sich aus § 23 Ziff. 2 a) GVG. Danach sind die Amtsgerichte ohne Rücksicht auf den Wert des Streitgegenstandes ausschließlich zuständig für Streitigkeiten über Ansprüche aus einem Mietverhältnis über Wohnraum. Hierzu zählen auch die Rückforderungsansprüche wegen vermeintlich überzahlter Miete. Die **örtliche Zuständigkeit** ergibt sich aus § 29a ZPO, wonach jeweils das Amtsgericht, in dessen Bezirk sich die gemietete Wohnung befindet, zuständig ist. Auch dies ist eine ausschließliche Zuständigkeit, so dass eine Zuständigkeit eines anderen Gerichts weder durch rügelose Einlassung gem. § 39 ZPO noch durch eine Gerichtsstandsvereinbarung gem. § 40 ZPO begründet werden kann (OLG Frankfurt MDR 1979, 851; LG München ZMR 1987, 271). Eine Verweisung unter Verstoß gegen diese bindenden Zuständigkeitsregelungen ist unbeachtlich (LG München ZMR 1987, 271; BLAH/*Hartmann* § 29a Rn. 13). Ob die allgemeine Zivilabteilung oder die Mietabteilung zuständig ist, ist eine Frage der internen Geschäftsverteilung des Gerichts. Die Klage muss nur an das Amtsgericht, nicht an die zuständige Abteilung adressiert sein.

2. Die Mieter sind hinsichtlich des Rückforderungsanspruchs **Gesamtgläubiger.** Der Vermieter kann an jeden der Gesamtgläubiger mit befreiender Wirkung leisten, § 428 BGB. Die Mieter sind dann untereinander gem. § 430 BGB zum Ausgleich verpflichtet.

3. Für das erstinstanzliche Verfahren besteht unabhängig vom Streitwert kein Anwaltszwang.

4. Die Vermieter sind bezüglich des Rückzahlungsanspruchs Gesamtschuldner. Sie können also gemeinsam als Gesamtschuldner in Anspruch genommen werden. Möglich ist aber auch die Inanspruchnahme nur eines Vermieters.

5. Nach § 556g Abs. 3 BGB ist der Vermieter auf Verlangen des Mieters verpflichtet, diesem Auskunft über diejenigen Tatsachen zu erteilen, die für die Zulässigkeit der vereinbarten Miete nach den Vorschriften dieses Unterkapitels maßgeblich sind, soweit diese Tatsachen nicht allgemein zugänglich sind und der Vermieter hierüber unschwer Auskunft geben kann. Dieser Auskunftsanspruch soll den Mieter in die Lage versetzen, die Erfolgsaussichten einer Rückforderungsklage und die Risiken einer teilweisen Zahlungseinstellung zu überprüfen.

6. Der Auskunftsanspruch wird in mehrfacher Hinsicht beschränkt:
- Der Anspruch bezieht sich nur auf Tatsachen, nicht auf Bewertungen oder Rechtsansichten.
- Diese Tatsachen müssen sich auf die Zulässigkeit der Miete nach den Vorschriften der §§ 556d – 556f BGB beziehen. Auch wenn der Mieter grundsätzlich nur die Voraussetzungen des § 556d Abs. 1 darlegen und beweisen muss, so steht ihm trotzdem auch ein Anspruch auf Auskunft hinsichtlich der Ausnahmevorschriften der §§ 556e, 556f BGB zu. Auch diese Vorschriften beschäftigen sich mit der Zulässigkeit der Miete. Da fast alle Mietspiegel die Beschaffenheit über die Hilfstatsache des Baualters versuchen zu ermitteln, kann der Mieter vom Vermieter das Baualter erfragen. Soweit die Mietspiegeleinordnung von dem Zeitpunkt bestimmter Modernisierungsarbeiten oder

der Qualität einer Heizungsanlage abhängt, bezieht sich der Auskunftsanspruch auch auf diese Daten. In Gemeinden ohne Mietspiegel reicht es aus, wenn der Vermieter mitteilt, von welcher ortsüblichen Vergleichsmiete er ausgeht.

- Die Tatsache darf nicht allgemein zugänglich sein. Kein Auskunftsanspruch darüber hinaus für Tatsachen, die im eigenen Wahrnehmungsbereich des Mieters liegen. Dazu zählt auch die Wohnungsgröße. Der Mieter kann zumindest die maßgeblichen Grundmaße ermitteln, welche Berechnungsvorschrift maßgeblich ist, ist reine Rechtsanwendung. Ob irgendwelche Angaben ggf. durch Einsicht in Bauakten o. ä. ermittelbar sind, ist unerheblich. Ob Ansprüche nach dem Gesetz zur Regelung des Zugangs zu Informationen (IFG) des Bundes oder des jeweiligen Bundeslandes besteht, ist dabei unerheblich. Solche Ansprüche sind nicht allgemein zugänglich im Sinne der Vorschrift. Dass sie dem Mieter unter Umständen zugänglich sind aber Dritten nicht, reicht für das Vorliegen des Ausschlusstatbestandes nicht aus.

Der Vermieter muss die Auskunft „unschwer" erteilen können. „Unschwer" ist eine Auskunft immer dann zu erteilen, wenn die mit der Vorbereitung und Erteilung der Auskunft verbundenen Belastungen für den Schuldner entweder nicht ins Gewicht fallen oder aber, obwohl sie beträchtlich sind, dem Schuldner in Anbetracht der Darlegungs- und Beweisnot des Gläubigers und der Bedeutung zumutbar sind.

7. Die Auskunft ist eine reine Wissenserklärung. Der Auskunftsanspruch ist erfüllt, wenn der Vermieter die Auskunft erteilt hat. Vorgeschrieben ist dafür gem. § 556g Abs. 4 BGB die Textform. Hat der Mieter lediglich Zweifel an der Richtigkeit der Auskunft, ist eine Auskunftsklage unbegründet. Dem Mieter steht **kein Anspruch auf Vorlage von Belegen**, insbesondere einer Kopie des Vormietvertrages, egal ob geschwärzt oder nicht, zu.

8. In zahlreichen Mietspiegeln wird die Beschaffenheit des Gebäudes nicht nur nach dem Baualter erfasst sondern auch nach der Art und dem Zeitpunkt bestimmter Modernisierungsmaßnahmen. Auch hier muss der Mieter ggf. die Qualität der Maßnahme und das Datum wissen. Um was es genau geht ergibt sich aus dem jeweils maßgeblichen Mietspiegel, der zum Zeitpunkt des Mietvertragsbeginns galt.

9. Soweit der Mieter Auskunft über Modernisierungsmaßnahmen verlangt, weil der Vermieter die gem. § 556d Abs. 1 BGB zulässige Miete gem. § 556e Abs. 2 BGB überschreiten will, muss die Auskunft den Anforderungen des § 559b Abs. 1 S. 2, 3 BGB entsprechend. In der Auskunft muss die Erhöhung auf Grund der entstandenen Kosten berechnet und entsprechend den Voraussetzungen der §§ 559 und 559a BGB erläutert werden. Zulässig ist es, hinsichtlich der energetischen Qualität von Bauteilen auf allgemein anerkannte Pauschalwerte Bezug zu nehmen. Die Auskunft muss deshalb eine **nachvollziehbare Berechnung** des Erhöhungsbetrages und eine **hinreichende Erläuterung** des angegebenen Verteilungsschlüssels sowie **nachvollziehbare** Angaben zu den abgesetzten Kostenanteilen für Instandsetzung enthalten. Ferner müssen in der Erklärung auch die **Kürzungsbeträge** gem. § 559a BGB auf Grund von Fördermitteln oder gleichgestellten Mitteln angegeben werden. Die Auskunft muss so ausgestaltet sein, dass eine **überschlägige Überprüfung** des Zuschlags gem. § 556e Abs. 2 BGB dem Mieter ohne besondere Kenntnisse auf dem Gebiet der Rechnungsprüfung und ohne Einsicht in die Belege möglich ist. Dies erfordert, dass die tatsächlichen Grundlagen der Berechnung, also eine spezifizierte Berechnung mit für den Mieter überprüfbarer Erläuterung der Positionen, angegeben werden. Der Vermieter muss neben der Berechnung auch **erläutern**, worin die Modernisierung zu sehen war. **Sinn und Zweck** dieser Verpflichtung bestehen darin, dem Mieter die Informationen zu geben, die er benötigt, um qualifiziert überprüfen zu können, ob der Anspruch berechtigt ist. Dazu gehört im Rahmen des § 556e Abs. 2 BGB zunächst einmal das Datum der Beendigung der Modernisierungsmaßnahme. Es darf nicht länger als 3 Jahre vor Mietvertragsbeginn liegen. Der Mieter soll durch die

Erläuterung die Tatsachen erfahren, die die Tatbestandsmerkmale des § 559 BGB aus-
füllen. Hierzu bedarf es der Konkretisierung aller Modernisierungszwecke. Der Anteil der
Kosten, der für Instandsetzungen aufgewandt wurden kann als **Quote von den Gesamtkosten** angegeben werden.

10. Ein **Kostenantrag** ist nicht zwingend erforderlich, da das Gericht von Amts wegen
über die Kosten zu entscheiden hat. Bei einer Verurteilung mehrerer Vermieter als
Gesamtschuldner auf Zahlung ist es nicht erforderlich, im Kostenausspruch die gesamtschuldnerische Haftung für die Kosten auszusprechen, § 100 Abs. 4 ZPO.

11. Das Urteil ist sowohl hinsichtlich der Hauptsache wie auch bezüglich der Kosten
für vorläufig vollstreckbar zu erklären. Es handelt sich auch bei einem Rückforderungsanspruch wegen vermeintlich überzahlter Miete um ein Leistungsurteil in einem Mietrechtsstreit. In diesem Fall richtet sich die vorläufige Vollstreckbarkeit nach § 708 Ziff. 7
ZPO. Nur in den Fällen eines Versäumnis- oder Anerkenntnisurteils regelt sich die
vorläufige Vollstreckbarkeit nach § 708 Ziff. 1 oder Ziff. 2 ZPO. Grundsätzlich hat das
Gericht gem. § 711 ZPO eine Abwendungsbefugnis für den vorläufig zur Zahlung
verurteilten auszusprechen. Dies soll jedoch gem. § 713 ZPO entfallen, wenn gegen das
Urteil *unzweifelhaft* kein Rechtsmittel möglich ist.

12. Bis zu einem Streitwert von 600,– EUR kann das Gericht gem. § 495a ZPO das
Verfahren nach billigem Ermessen gestalten. Es muss in diesem Fall nur dann eine
mündliche Verhandlung durchführen, wenn eine Partei dies ausdrücklich beantragt hat.
Ferner kann das Urteil bei dieser Verfahrensweise gem. § 313a Abs. 1 S. 1 ZPO ohne
Tatbestand abgefasst werden und die Entscheidungsgründe können ins Protokoll diktiert
werden. Der Streitwert, nach dem sich entscheidet, ob diese Verfahrensweise zulässig ist
oder nicht, ist nicht der Gebührenstreitwert, sondern der Zuständigkeitsstreit- oder
Rechtsmittelstreitwert. Dies ergibt sich daraus, dass diese Verfahrensart auf die Verfahren
beschränkt ist, bei denen das Amtsgericht abschließend entscheidet. In Verfahren, in
denen das Landgericht zweitinstanzlich mit der Sache befasst werden kann, muss eine
überprüfbare Entscheidung mit Tatbestand und Entscheidungsgründen vorliegen. Zur
Wertberechnung dienen hier ausschließlich die allgemeinen Wertvorschriften der §§ 3
und 9 ZPO. Ggf. kann gegen ein entsprechendes Urteil eine Rügeschrift gem. § 321a ZPO
wegen Verletzung des Anspruchs auf rechtliches Gehör eingerichtet werden.

13. Gem. § 15a EGZPO und den verschiedenen landesgesetzlichen Ausführungsgesetzen **ist eine vorgerichtliche Schlichtung** bei Streitwerten bis 600,– bis 750,– EUR je nach
Bundesland zum Teil erforderlich, es sei denn ein Mahnverfahren ist vorgeschaltet.

14. Gem. § 278 ZPO geht der mündlichen Verhandlung zum Zwecke der gütlichen
Beilegung des Rechtsstreits eine Güteverhandlung voraus. Dies gilt dann nicht, wenn eine
Güteverhandlung erkennbar aussichtslos ist.

15. Ein Muster für ein solches Auskunftsverlangen finden Sie unter BeckFormB
MietR/*Wetekamp* Form. A. III. 32.

16. Eine Frist für die Erteilung der Auskunft ist gesetzlich nicht vorgesehen. Dem
Vermieter ist eine angemessene Frist zuzubilligen. Die Länge der Frist hängt von den
Umständen des Einzelfalls ab. Einfache Fragen, wie zB nach dem Baualter eines Hauses
oder der Vormiete, können schneller beantwortet werden als Fragen nach einer Modernisierungsmaßnahme. Da der Mieter die Auskunft nicht zwingend zu Beginn des Mietverhältnisses verlangen muss, kann es sich dabei um lange in der Vergangenheit liegende
Umstände handeln, die der Vermieter selbst erst umfangreich ermitteln muss. Hier
können noch Zeiträume von mehreren Wochen angemessen sein. Das gilt insbesondere
dann, wenn schon lange weggelegte Unterlagen herausgesucht werden müssen.

7. Rückzahlungsklage wegen Überschreitung der zulässigen Wiedervermietungsmiete – Grundfall

An das

Amtsgericht[1]

Klage

des[2] . . . . .

– Kläger –

Prozessbevollmächtigter:[3] . . . . .

gegen

die Eheleute[4] . . . . .

– Beklagte –

wegen: Rückzahlung überzahlter Miete bei Wohnraummietvertrag

Streitwert: . . . . .[5]

Namens und mit Vollmacht des Klägers erhebe ich Klage gegen die Beklagten und werde beantragen:

1. Die Beklagten werden als Gesamtschuldner verurteilt, an den Kläger . . . . . EUR nebst Zinsen in Höhe von 5 Prozentpunkten über dem Basiszinssatz aus . . . . . EUR seit dem . . . . . 20 . . . . ., zu zahlen.
2. Es wird festgestellt, dass die Kläger nicht verpflichtet sind mehr als . . . . . EUR Miete zzgl. einer Betriebskostenvorauszahlung von zZ . . . . . . EUR monatlich für die Wohnung . . . . . str . . . . . . in . . . . . stadt zu zahlen.
3. Die Beklagten tragen die Kosten des Rechtsstreits.[6]
4. Das Urteil ist vorläufig vollstreckbar.[7]

Ich beantrage ferner,

1. soweit das Gericht das Verfahren nach § 495a ZPO[8] betreiben will, die Durchführung einer mündlichen Verhandlung;
2. soweit das Gericht ein schriftliches Vorverfahren anordnet und der/die Beklagte(n) seine/ihre Verteidigungsbereitschaft nicht rechtzeitig anzeigen sollten, den Erlass eines Versäumnisurteils.

Ferner teile ich mit, dass

1. ein außergerichtlicher Einigungsversuch bisher nicht stattgefunden hat[9]
2. ein solcher Versuch erscheint zurzeit auch nicht aussichtslos.[10]

Begründung

Die Beklagten haben dem Kläger mit Mietvertrag vom . . . . . eine Wohnung im Hause . . . . . vermietet.

Beweis: in der Anlage überreichte Kopie des Mietvertrages

Als Grundmiete wurde ein Betrag von . . . . . EUR zuzüglich Betriebs- und Heizkostenvorauszahlungen vereinbart. Mietvertragsbeginn war der . . . . . . 20 . . . . . .

Beweis: In der Anlage überreiche Kopie des Mietvertrages

Die Wohnung hat eine Wohnungsgröße von . . . . . . qm.

Beweis: a) in der Anlage überreiche Kopie des Mietvertrages
        b) Sachverständigengutachten

Der Kläger verlangt mit der vorliegenden Klage die Rückzahlung überzahlter Miete gem. § 556g Abs. 1 iVm § 812 BGB.[11]

Die Landesregierung hat durch Rechtsverordnung bestimmt, dass in der Gemeinde, in der die Wohnung belegen ist, ein angespannter Wohnungsmarkt herrscht und deshalb die Begrenzung der Wiedervermietungsmiete gem. §§ 556d ff. BGB in dieser Gemeinde gilt.

Die Gemeinde wurde mit Wirkung ab . . . . . . 2015 in diese Verordnung aufgenommen. Die Verordnung hat eine Laufzeit von . . . . . . Jahren und gilt bis . . . . . .

Da der Mietvertrag somit nach Einführung der Begrenzung der Wiedervermietungsmiete für die Gemeinde abgeschlossen wurde, ist die Höhe der Miete auf maximal 110 % der ortsüblichen Vergleichsmiete begrenzt. Soweit eine höhere Miete vereinbart wurde, ist die Vereinbarung insofern gem. § 556g Abs. 1 BGB teilunwirksam.

Vorliegend liegt in Höhe von . . . . . . EUR/monatlich eine solche Teilunwirksamkeit vor. Die maximal zulässige Wiedervermietungsmiete beträgt für die Wohnung . . . . . . EUR.

Das ergibt sich aus folgender Berechnung:

I. Variante (qualifizierter Mietspiegel):

Für die Gemeinde . . . . . . gibt es einen qualifizierten Mietspiegel. Dieser Mietspiegel ist nach den anerkannten wissenschaftlichen Grundsätzen erstellt worden.

Beweis: a) Mietspiegeldokumentation der Gemeinde
        b) NN (Vernehmung der Mitarbeiter, die den Mietspiegel erstellt haben)
        c) Sachverständigengutachten

Es wird deshalb gem. § 558d BGB vermutet, dass die dort ausgewiesenen Werte die ortsübliche Vergleichsmiete richtig wiedergeben.

Zum Zeitpunkt des Mietvertragsbeginns galt der Mietspiegel 201 . . . . . .

Die gemietete Wohnung ist dabei wie folgt einzugruppieren:

Baualtersklasse: . . . . .

Lageklasse: . . . . .

Ausstattungsklasse: . . . . .

Der in Bezug genommene Mietspiegel weist für diesen Wohnraum eine Mietspanne[12] von . . . . . bis . . . . . EUR/m². aus. Die maßgebliche Einzelvergleichsmiete beträgt hier . . . . . . EUR/m².[13] Dabei spricht für die entsprechende Einordnung der konkreten Vertragswohnung in den qualifizierten Mietspiegel Folgendes: . . . . . .

Bei einer tatsächlichen[14] Wohnungsgröße von . . . . . . m² ergibt dies eine ortsübliche Vergleichsmiete für die Wohnung für den Mietvertragsbeginn[15] von . . . . . . EUR; zzgl des gem. § 556g Abs. 1 BGB maximal zulässigen Zuschlags bei der Wiedervermietungs-

*miete von 10 % betrug zum Zeitpunkt des Vertragsschlusses die maximal zulässige
Wiedervermietungsmiete . . . . . .EUR.*

II. Variante (einfacher Mietspiegel):

*Für die Gemeinde . . . . . . gibt es keinen qualifizierten Mietspiegel, jedoch gibt es einen
einfachen Mietspiegel. Dieser erfüllt alle Voraussetzungen die an einen Mietspiegel gem.
§ 558c BGB zu stellen sind. Der Mietspiegel wurde anhand einer Datenerhebung
erstellt. Diese erfüllt zwar nicht die strengen Anforderungen, die an eine repräsentative
Datenerhebung zu stellen sind, genügt aber als Datengrundlage. Insbesondere ist der
Mietspiegel nicht schlicht ausgehandelt worden.*

Beweis: a) in der Anlage überreichte Kopie des Mietspiegels
b) Vernehmung der den Mietspiegel erstellenden Personen
c) Sachverständigengutachten

*Auch solche einfachen Mietspiegel können als Indiz[16] für die Höhe der ortsüblichen
Vergleichsmiete Verwendung finden.[17] Dies gilt auch bei der Ermittlung der zulässigen
Wiedervermietungsmiete.*

Zum Zeitpunkt des Mietvertragsbeginns galt der Mietspiegel 201 . . . . . .

Die gemietete Wohnung ist dabei wie folgt einzugruppieren:

Baualtersklasse: . . . . .

Lageklasse: . . . . .

Ausstattungsklasse: . . . . .

*Der in Bezug genommene Mietspiegel weist für diesen Wohnraum eine Mietspiegel-
spanne[12] von . . . . . bis . . . . . EUR/m² aus. Die maßgebliche Einzelvergleichsmiete
beträgt hier . . . . . . EUR/m².[18]*

Beweis: a) Mietspiegel der Gemeinde . . . . . Stand . . . . .
b) Sachverständigengutachten

*Dabei spricht für die entsprechende Einordnung der konkreten Vertragswohnung in den
Mietspiegel Folgendes: . . . . . .*

*Bei einer tatsächlichen[19] Wohnungsgröße von . . . . . . m² ergibt dies eine ortsübliche
Vergleichsmiete für die Wohnung für den Mietvertragsbeginns[20] von . . . . . . EUR; zzgl.
des gem. § 556g Abs. 1 BGB maximal zulässigen Zuschlags bei der Wiedervermietungsmiete von 10 % betrug zum Zeitpunkt des Vertragsschlusses die maximal zulässige
Wiedervermietungsmiete . . . . . .EUR.*

III. Variante (kein Mietspiegel)

*Für die Gemeinde . . . . . . Gibt es keinen Mietspiegel. Das bedeutet aber nicht, dass die
Begrenzung der Wiedervermietungsmiete gem. § 556d iVm § 556g BGB hier nicht gilt.
Lediglich die Ermittlung der ortsüblichen Vergleichsmiete ist schwieriger.*

*Der Kläger hat sich die Mühe gemacht, durch Erkundigungen zu ermitteln, wie hoch die
ortsübliche Vergleichsmiete in der Gemeinde ist. Er hat auf diversen online Angebotsseiten vergleichbare Wohnungen ermittelt. So wurde hier angeboten:*

1.

. . . . . .

2.

. . . . . .

3.

. . . . . .

Die Wohnungen sind mit der vom Kläger angemieteten Wohnung vergleichbar. Selbst wenn man berücksichtigt,

- *dass die Angebotsmiete nicht immer erzielt werden kann und teilweise die vereinbarte Miete niedriger ist*
- *die ortsübliche Vergleichsmiete nicht die Marktmiete ist sondern aus den Mieten der letzten vier Jahre gebildet werden muss und zwar sowohl aus Neuvertragsmieten wie auch erhöhten Bestandsmieten*
- *die angebotenen Wohnungen teilweise einen besseren Standard aufweisen*

geht der Kläger hier davon aus, dass die ortsübliche Vergleichsmiete in der Gemeinde für vergleichbaren Wohnraum zum Zeitpunkt des Mietvertragsabschlusses . . . . . . EUR/ m² beträgt..

Beweis: Sachverständigengutachten

Bei einer tatsächlichen[19] Wohnungsgröße von . . . . . . m² ergibt dies eine ortsübliche Vergleichsmiete für die Wohnung für den Mietvertragsbeginns[20] von . . . . . . EUR; zzgl. des gem. § 556g Abs. 1 BGB maximal zulässigen Zuschlags bei der Wiedervermietungsmiete von 10 % betrug zum Zeitpunkt des Vertragsschlusses die maximal zulässige Wiedervermietungsmiete . . . . . .EUR.

IV. Variante (Tatsächliche Fläche kleiner)

Der Kläger geht davon aus, dass die von den Beklagten verlangte Miete pro m² richtig ist. Dabei geht der Kläger von der im Mietvertrag vereinbarten Wohnfläche von . . . . . . m² aus. Das ergibt eine von den Beklagten verlangte Miete von . . . . . . EUR/m².

Die ortsübliche Vergleichsmiete für die vom Kläger angemietete Wohnung betrug zum Zeitpunkt des Mietvertragsbeginns[20] . . . . . . EUR/m².

Beweis: a) anliegender (qualifizierter) Mietspiegel
        b) Sachverständigengutachten

Zzgl. 10 % beträgt die maximale Wiedervermietungsmiete . . . . . . EUR/m².

Das dürfte zwischen den Parteien unstreitig sein.

Anders als die Beklagten es im Mietvertrag angegeben haben, beträgt die maßgebliche Wohnfläche aber nur . . . . . . m². Dabei ist es unerheblich, ob die Flächenabweichung mehr oder weniger als 10 % zur vereinbarten Fläche beträgt. Vertragliche Vereinbarungen über die Wohnungsgröße sind unerheblich. Im Rückforderungsprozess kommt es genauso wie im Mieterhöhungsverfahren allein auf die tatsächliche Wohnungsgröße an.[21]

Beweis: a) In der Anlage überreichte Flächenberechnung des Architekten . . . . .
*   b) Sachverständigengutachten*

Die maximale Miete für die Wohnung betrug damit zum Zeitpunkt des Mietvertragsbeginns

. . . . . . m^2 x . . . . . . EUR/m^2 = ... EUR

Der Kläger hat mit Schreiben[22] vom . . . . . .201. . . . . . die Höhe der vereinbarten Miete gerügt.

Beweis: In der Anlage überreichte Kopie des Schreibens vom . . . . . .

Das Schreiben ist den Beklagten am . . . . . . zugegangen.

Deshalb schulden den Beklagte die Rückzahlung der Differenz zwischen der maximal zulässigen Wiedervermietungsmiete und der vereinbarten Miete von . . . . . . EUR monatlich ab dem 1. . . . . . 201. . . . . .

Die Beklagten sind mit Schreiben[23] vom . . . . . 20 . . . . . zur Rückzahlung des Betrages aufgefordert worden. Das haben sie abgelehnt, so dass sie seither in Verzug sind und Klage erforderlich wurde.

Da die Beklagten weiter der Auffassung sind, dass der Kläger die vereinbarte Miete schuldet, besteht auch für den Feststellungsantrag ein Rechtsschutzbedürfnis. Der Kläger muss sonst befürchten, dass ihm bei Minderzahlung von den Beklagten außerordentlich fristlos oder ordentlich gekündigt wird.

Rechtsanwalt

Anmerkungen

1. Die sachliche Zuständigkeit für Wohnraummietsachen ergibt sich aus § 23 Ziff. 2 a) GVG. Danach sind die Amtsgerichte ohne Rücksicht auf den Wert des Streitgegenstandes ausschließlich zuständig für Streitigkeiten über Ansprüche aus einem Mietverhältnis über Wohnraum. Hierzu zählen auch die Rückforderungsansprüche wegen vermeintlich überzahlter Miete. Die örtliche Zuständigkeit ergibt sich aus § 29a ZPO, wonach jeweils das Amtsgericht, in dessen Bezirk sich die gemietete Wohnung befindet, zuständig ist. Auch dies ist eine ausschließliche Zuständigkeit, so dass eine Zuständigkeit eines anderen Gerichts weder durch rügelose Einlassung gem. § 39 ZPO noch durch eine Gerichtsstandsvereinbarung gem. § 40 ZPO begründet werden kann (OLG Frankfurt MDR 1979, 851; LG München ZMR 1987, 271). Eine Verweisung unter Verstoß gegen diese bindenden Zuständigkeitsregelungen ist unbeachtlich (LG München ZMR 1987, 271; BLAH/*Hartmann* § 29a Rn. 13). Ob die allgemeine Zivilabteilung oder die Mietabteilung zuständig ist, ist eine Frage der internen Geschäftsverteilung des Gerichts. Die Klage muss nur an das Amtsgericht, nicht an die zuständige Abteilung adressiert sein.

2. Die Mieter sind hinsichtlich des Rückforderungsanspruchs **Gesamtgläubiger.** Der Vermieter kann an jeden der Gesamtgläubiger mit befreiender Wirkung leisten, § 428 BGB. Die Mieter sind dann untereinander gem. § 430 BGB zum Ausgleich verpflichtet.

3. Für das erstinstanzliche Verfahren besteht unabhängig vom Streitwert kein Anwaltszwang.

4. Die Vermieter sind bezüglich des Rückzahlungsanspruchs Gesamtschuldner. Sie können also gemeinsam als Gesamtschuldner in Anspruch genommen werden. Möglich ist aber auch die Inanspruchnahme nur eines Vermieters.

5. Bei der bezifferten Leistungsklage richtet sich der Streitwert nach dem Zahlungsantrag. Für die Feststellung der Höhe der Miete ist auf die Differenz zwischen der vereinbarten und der vermeintlich nur geschuldeten Miete abzustellen. Dieser Betrag ist mit 42 zu multiplizieren und davon ein Abschlag von ca. 20–30 % wegen der Feststellungsklage zu machen.

6. Ein **Kostenantrag** ist nicht zwingend erforderlich, da das Gericht von Amts wegen über die Kosten zu entscheiden hat. Bei einer Verurteilung mehrerer Vermieter als Gesamtschuldner auf Zahlung ist es nicht erforderlich, im Kostenausspruch die gesamtschuldnerische Haftung für die Kosten auszusprechen, § 100 Abs. 4 ZPO.

7. Das Urteil ist sowohl hinsichtlich der Hauptsache wie auch bezüglich der Kosten für vorläufig vollstreckbar zu erklären. Es handelt sich auch bei einem Rückforderungsanspruch wegen vermeintlich überzahlter Miete um ein Leistungsurteil in einem Mietrechtsstreit. In diesem Fall richtet sich die vorläufige Vollstreckbarkeit nach § 708 Ziff. 7 ZPO. Nur in den Fällen eines Versäumnis- oder Anerkenntnisurteils regelt sich die vorläufige Vollstreckbarkeit nach § 708 Ziff. 1 oder Ziff. 2 ZPO. Grundsätzlich hat das Gericht gem. § 711 ZPO eine Abwendungsbefugnis für den vorläufig zur Zahlung verurteilten auszusprechen. Dies soll jedoch gem. § 713 ZPO entfallen, wenn gegen das Urteil *unzweifelhaft* kein Rechtsmittel möglich ist.

8. Bis zu einem Streitwert von 600,– EUR kann das Gericht gem. § 495a ZPO das Verfahren nach billigem Ermessen gestalten. Es muss in diesem Fall nur dann eine mündliche Verhandlung durchführen, wenn eine Partei dies ausdrücklich beantragt hat. Ferner kann das Urteil bei dieser Verfahrensweise gem. § 313a Abs. 1 S. 1 ZPO ohne Tatbestand abgefasst werden und die Entscheidungsgründe können ins Protokoll diktiert werden. Der Streitwert, nach dem sich entscheidet, ob diese Verfahrensweise zulässig ist oder nicht, ist nicht der Gebührenstreitwert, sondern der Zuständigkeitsstreit- oder Rechtsmittelstreitwert. Dies ergibt sich daraus, dass diese Verfahrensart auf die Verfahren beschränkt ist, bei denen das Amtsgericht abschließend entscheidet. In Verfahren, in denen das Landgericht zweitinstanzlich mit der Sache befasst werden kann, muss eine überprüfbare Entscheidung mit Tatbestand und Entscheidungsgründen vorliegen. Zur Wertberechnung dienen hier ausschließlich die allgemeinen Wertvorschriften der §§ 3 und 9 ZPO. Ggf. kann gegen ein entsprechendes Urteil eine Rügeschrift gem. § 321a ZPO wegen Verletzung des Anspruchs auf rechtliches Gehör eingerichtet werden.

9. Gem. § 15a EGZPO und den verschiedenen landesgesetzlichen Ausführungsgesetzen **ist eine vorgerichtliche Schlichtung** bei Streitwerten bis 600,– bis 750,– EUR je nach Bundesland zum Teil erforderlich, es sei denn ein Mahnverfahren ist vorgeschaltet.

10. Gem. § 278 ZPO geht der mündlichen Verhandlung zum Zwecke der gütlichen Beilegung des Rechtsstreits eine Güteverhandlung voraus. Dies gilt dann nicht, wenn eine **Güteverhandlung** erkennbar aussichtslos ist.

11. Nach § 556g Abs. 1 S. 3 BGB steht dem Mieter ein bereicherungsrechtlicher Rückzahlungsanspruch gegen den Vermieter zu. Mehrere Mieter sind **Gesamthandsgläubiger**. Bei einem Mieterwechsel kommt es darauf an, ob eine Novation stattgefunden hat oder ein Parteiwechsel. Mehrere Vermieter sind **Gesamtschuldner** nach § 421 BGB. Bei einem Eigentumsübergang gem. § 566 BGB gilt das **Fälligkeitsprinzip**. Rückzahlungsansprüche, die zwischen Rüge und Eigentumsumschreibung fällig wurden, bestehen gegenüber dem Veräußerer, für die danach fällig werdenden Ansprüche hat der Erwerber einzustehen. Bei § 556g Abs. 1 S. 3 handelt es sich um eine **Rechtsfolgenverweisung** und nicht um eine Rechtsgrundverweisung auf das Bereicherungsrecht. Es handelt sich einen vertraglichen Anspruch eigener Art dessen Voraussetzungen sich alle aus den §§ 556g Abs. 1 und 2 sowie 556d Abs. 1 BGB ergeben. Nach der amtlichen Überschrift des § 556g BGB enthält die Vorschrift die „Rechtsfolgen" und benennt die Tatbestandsvoraussetzungen. Dass in § 556g Abs. 1 S. 4 BGB auf die §§ 814, 817 verwiesen wird, ändert daran nichts, da es sich dabei nicht um anspruchsbegründende Tatbestandsvoraussetzungen, sondern Einwendungen gegen den bereicherungsrechtlichen Anspruch handelt.

12. Mietspiegel werden heute mit wenigen Ausnahmen nach der Tabellenmethode erstellt, bzw. die Werte werden in Tabellenform dargestellt. Die Tabellenmethode stellt die Daten als Mietspannen nach den einzelnen Wohnwertmerkmalen in Rasterfeldern zusammen. Im Zustimmungsverlangen darf der Vermieter bis zum **Oberwert der Spanne** gehen, § 558a Abs. 4 BGB. Aber auch in diesem Verfahren besagt dies aber nichts darüber, ob das Erhöhungsverlangen bis zu diesem Wert auch begründet ist. In der Praxis wird in gerichtlichen Verfahren ohne weitere Angaben zu besonderen Vor- oder Nachteilen der Wohnung vom Median ausgegangen. Demgegenüber erfolgt bei Mietspiegeln, die mittels der Regressionsmethode erstellt wurden eine Verknüpfung zwischen den Daten aller Rasterfelder. Regressionsmietspiegel ermöglichen es deshalb, im Grunde für jede Art von Wohnung die Miete centgenau zu ermitteln.

13. Vermutet wird auch bei Existenz eines qualifizierten Mietspiegels im Übrigen aber nur, dass die ortsübliche Vergleichsmiete innerhalb der Spanne liegt. Die Einordnung innerhalb der Spanne ist eine normative Bewertung, die der Mietspiegel gerade nicht vornehmen kann, da er eine abstrakte generelle Datenbasis darstellt, in die eben jede Wohnung eingeordnet werden muss. Letztendlich wird also nur vermutet, dass die ortsübliche Vergleichsmiete für die konkrete Vertragswohnung nicht höher als der Oberwert der Spanne und nicht niedriger als der Unterwert der Spanne ist. Spätestens im Prozess ist es Aufgabe des Tatrichters die konkrete Bandbreite der allein maßgeblichen Einzelvergleichsmiete innerhalb der Spanne des qualifizierten Mietspiegels zu ermitteln. Dies geschieht mittels einer Schätzung gem. § 287 Abs. 2 ZPO. Grundsätzlich ist auch im Rahmen eines Rückforderungsprozesses gem. § 556g Abs. 1 BGB die Einzelvergleichsmiete maßgeblich und nicht der Mietspiegelfeldoberwert. Da aber anders im Zustimmungsprozess, wo der Vermieter einen Anspruch geltend macht, der Mieter sich von einer geschlossenen Vereinbarung lösen will und sich auf die Teilunwirksamkeit beruft, muss er darlegen und beweisen, wie hoch die ortsübliche Vergleichsmiete ist. Deshalb kommt es im Prozess allein auf den Sachvortrag des Mieters an. Ohne entsprechenden Sachvortrag kann nur vom Mietspiegeloberwert ausgegangen werden.

14. Vertragliche Vereinbarungen über die Wohnungsgröße sind unerheblich. Im Rückforderungsprozess kommt es genauso wie im Mieterhöhungsverfahren allein auf die tatsächliche Wohnungsgröße an (BGH Urt. v. 18.11.2015 – VIII ZR 266/14, NJW 2016, 239). Deshalb können ggf auch kumulativ noch die Textbausteine aus der 4. Variante erforderlich sein.

15. Die maximale Wiedervermietungsmiete ist immer für den Termin des Mietvertragsbeginns festzustellen. Wenn zu diesem Zeitpunkt die vereinbarte Miete über der maximal zulässigen Miete gem. § 556d – f BGB lag, dann ist der überschießende Teil der Mietpreisabrede unwirksam. Soweit die Rechtsprechung bei einem Verstoß gegen § 5 WiStG eine sogenannte dynamische Nichtigkeit angenommen hat, wonach der unwirksame Teil der Mietpreisabrede bei steigenden Mieten immer kleiner wird, gilt das hier nicht. Hier gilt eine **statische Nichtigkeit**. Die Rechtsprechung zur dynamischen Nichtigkeit beruht auf der besonderen Rechtsfolge des § 134 BGB, wonach nur verboten ist, was nicht erlaubt ist. Gem. § 556g Abs. 1 BGB ist die Mietpreisabrede teilunwirksam ohne spätere Heilungsmöglichkeit bei steigenden Mieten.

16. Der Indizienbeweis ist ein indirekter Beweis. Es wird aus tatbestandsfremden (Hilfs-)Tatsachen der Schluss auf das Vorliegen der Haupttatsache gezogen. Nach der Rechtsprechung des BGH (NJW 1970, 946) ist der Indizienbeweis dann geführt, wenn andere Schlüsse aus den Indiztatsachen ernstlich nicht in Betracht kommen. Die Darlegungs- und Beweislast für das Vorliegen der Hilfstatsache richtet sich danach, wer den Hauptbeweis zu erbringen hat. Das ist in Verfahren, in denen sich der Mieter auf die Unwirksamkeit der Mietpreisabrede beruft, immer der Mieter, unabhängig davon, ob er vermeintlich überzahlte Miete zurückverlangt oder sich gegenüber dem Zahlungsanspruch des Vermieters unter Berufung auf § 556g Abs. 1 BGB verteidigt. Der Mieter muss also darlegen und beweisen, dass auch der einfache Mietspiegel die ortsübliche Vergleichsmiete richtig wiedergibt. Nach der Rechtsprechung des BGH (BGH NJW 2010, 2946; NZM 2013, 138; NZM 2013, 612) zu einfachen Mietspiegeln im Zustimmungsprozess wird aber zu verlangen sein, dass der Vermieter in den Rückforderungsprozessen substantiierte Einwände gegen den einfachen Mietspiegel erhebt. Die Anforderungen daran sind nach der Rechtsprechung sogar sehr hoch.

17. Das ist inzwischen ganz herrschende Meinung (BGH NJW 2010, 2946; NZM 2013, 138; NZM 2013, 612; LG Nürnberg-Fürth WuM 2015, 675; *Langenberg* WuM 2001, 523 [525]). Ob das Gericht dies tut, hängt wesentlich von der Qualität des betreffenden Mietspiegels ab (dazu *Börstinghaus/Clar*, Mietspiegel, 2. Aufl., 2013). Ausgehandelte Mietspiegel scheiden dabei regelmäßig aus, bei Mietspiegeln, die auf einer Datenerhebung beruhen ohne die strengen Anforderungen des § 558d BGB zu erfüllen, kommt es darauf an, ob diese und die anschließende Datenauswertung methodisch dem Gericht genügen (LG München WuM 1996, 709). Deshalb können auch eigentlich qualifizierte Mietspiegel vom Gericht als einfache Mietspiegel herangezogen werden und mit Ihnen gem. § 287 ZPO die Höhe der ortsüblichen Vergleichsmiete ermittelt werden (AG Charlottenburg, WuM 2015, 500 mAnm *Börstinghaus* jurisPR-MietR 14/2015 Anm. 1; Urt. v. 17.3.2015 – 233 C 520/14 mAnm *Herlitz* jurisPR-MietR 13/2015 Anm. 3; AG Lichtenberg, GE 2015, 794).

18. Vermutet wird auch bei Existenz eines qualifizierten Mietspiegels im Übrigen aber nur, dass die ortsübliche Vergleichsmiete innerhalb der Spanne liegt. Die Einordnung innerhalb der Spanne ist eine normative Bewertung, die der Mietspiegel gerade nicht vornehmen kann, da er eine abstrakte generelle Datenbasis darstellt, in die eben jede Wohnung eingeordnet werden muss. Letztendlich wird also nur vermutet, dass die ortsübliche Vergleichsmiete für die konkrete Vertragswohnung nicht höher als der Oberwert der Spanne und nicht niedriger als der Unterwert der Spanne ist. Spätestens im Prozess ist es Aufgabe des Tatrichters die konkrete Bandbreite der allein maßgeblichen Einzelvergleichsmiete innerhalb der Spanne des qualifizierten Mietspiegels zu ermitteln. Dies geschieht mittels einer Schätzung gem. § 287 Abs. 2 ZPO. Grundsätzlich ist auch im Rahmen eines Rückforderungsprozesses gem. § 556g Abs. 1 BGB die Einzelvergleichsmiete maßgeblich und nicht der Mietspiegelfeldoberwert. Da aber anders im Zustimmungsprozess, wo der Vermieter einen Anspruch geltend macht, der Mieter sich von einer geschlossenen Vereinbarung lösen will und sich auf die Teilunwirksamkeit beruft, muss er darlegen und beweisen, wie hoch die ortsübliche Vergleichsmiete ist. Deshalb kommt es im Prozess allein auf den Sachvortrag des Mieters an. Ohne entsprechenden Sachvortrag kann nur vom Mietspiegeloberwert ausgegangen werden.

19. Vertragliche Vereinbarungen über die Wohnungsgröße sind unerheblich. Im Rückforderungsprozess kommt es genauso wie im Mieterhöhungsverfahren allein auf die tatsächliche Wohnungsgröße an (BGH Urt. v. 18.11.2015 – VIII ZR 266/14, NJW 2016, 239). Deshalb können ggf. auch kumulativ noch die Textbausteine aus der 3. Variante erforderlich sein.

20. Die maximale Wiedervermietungsmiete ist immer für den Termin des Mietvertragsbeginns festzustellen. Wenn zu diesem Zeitpunkt die vereinbarte Miete über der maximal zulässigen Miete gem. § 556d ff. BGB lag, dann ist der überschießende Teil der Mietpreisabrede unwirksam. Soweit die Rechtsprechung bei einem Verstoß gegen § 5 WiStG eine sogenannte dynamische Nichtigkeit angenommen hat, wonach der unwirksame Teil der Mietpreisabrede bei steigenden Mieten immer kleiner wird, gilt das hier nicht. Hier gilt eine **statische Nichtigkeit**. Die Rechtsprechung zur dynamischen Nichtigkeit beruht auf der besonderen Rechtsfolge des § 134 BGB, wonach nur verboten ist, was nicht erlaubt ist. Gem. § 556g Abs. 1 BGB ist die Mietpreisabrede teilunwirksam ohne spätere Heilungsmöglichkeit bei steigenden Mieten.

21. BGH Urt. v. 18.11.2015 – VIII ZR 266/14, NJW 2016, 239.

22. Ein Muster für eine solche Rüge finden Sie unter BeckFormB MietR/*Flintrop* Form. C. VII. 1

23. Ein Muster für ein solches Schreiben finden Sie unter BeckFormB MietR/*Wetekamp* Form. A. III. 37.

8. Rückzahlungsklage wegen Überschreitung der zulässigen Wiedervermietungsmiete – Vormiete Minderung

An das

Amtsgericht[1]

Klage

des[2] . . . . .

– Kläger –

Prozessbevollmächtigter:[3] . . . . .

gegen

die Eheleute[4] . . . . .

– Beklagte –

wegen: Rückzahlung überzahlter Miete bei Wohnraummietvertrag

Streitwert: . . . . .[5]

Namens und mit Vollmacht des Klägers erhebe ich Klage gegen die Beklagten und werde beantragen:

1. Die Beklagten werden als Gesamtschuldner verurteilt, an den Kläger . . . . . EUR nebst Zinsen in Höhe von 5 Prozentpunkten über dem Basiszinssatz aus . . . . . EUR seit dem . . . . . 20 . . . . ., zu zahlen.

2. Es wird festgestellt, dass die Kläger nicht verpflichtet sind mehr als . . . . . EUR Miete zzgl. einer Betriebskostenvorauszahlung von zzt. . . . . . . EUR monatlich für die Wohnung . . . . . str . . . . . . in . . . . .stadt zu zahlen.
3. Die Beklagten tragen die Kosten des Rechtsstreits.[6]
4. Das Urteil ist vorläufig vollstreckbar.[7]

Ich beantrage ferner,

1. soweit das Gericht das Verfahren nach § 495a ZPO[8] betreiben will, die Durchführung einer mündlichen Verhandlung;
2. soweit das Gericht ein schriftliches Vorverfahren anordnet und der/die Beklagte(n) seine/ihre Verteidigungsbereitschaft nicht rechtzeitig anzeigen sollten, den Erlass eines Versäumnisurteils.

Ferner teile ich mit, dass

1. ein außergerichtlicher Einigungsversuch bisher nicht stattgefunden hat[9]
2. ein solcher Versuch erscheint zurzeit auch nicht aussichtslos.[10]

Begründung

Die Beklagten haben dem Kläger mit Mietvertrag vom . . . . . eine Wohnung im Hause . . . . . vermietet.

Beweis: in der Anlage überreichte Kopie des Mietvertrages

Als Grundmiete wurde ein Betrag von . . . . . EUR zuzüglich Betriebs- und Heizkostenvorauszahlungen vereinbart. Mietvertragsbeginn war der . . . . . . 201 . . . . . .

Beweis: In der Anlage überreiche Kopie des Mietvertrages

Die Wohnung hat eine Wohnungsgröße von . . . . . . qm.

Beweis: a) in der Anlage überreiche Kopie des Mietvertrages
       b) Sachverständigengutachten

Der Kläger verlangt mit der vorliegenden Klage die Rückzahlung überzahlter Miete gem. § 556g Abs. 1 iVm § 812 BGB.[11]

Die Landesregierung hat durch Rechtsverordnung bestimmt, dass in der Gemeinde, in der die Wohnung belegen ist, ein angespannter Wohnungsmarkt herrscht und deshalb die Begrenzung der Wiedervermietungsmiete gem. §§ 556d ff. BGB in dieser Gemeinde gilt.

Die Gemeinde wurde mit Wirkung ab . . . . . . 2015 in diese Verordnung aufgenommen. Die Verordnung hat eine Laufzeit von . . . . . Jahren und gilt bis . . . . . . 20 . . . . . .

Da der Mietvertragsbeginn somit nach Einführung der Begrenzung der Wiedervermietungsmiete für die Gemeinde liegt, ist die Höhe der Miete grundsätzlich auf maximal 110 % der ortsüblichen Vergleichsmiete begrenzt, es sei denn es liegt eine der Ausnahmen der §§ 556e, 556 f BGB vor. Soweit eine höhere Miete vereinbart wurde, ist die Vereinbarung insofern gem. § 556g Abs. 1 BGB teilunwirksam.

Der Kläger hat die Beklagten mit Schreiben vom . . . . . . 20 . . . . . . um Auskunft hinsichtlich die Höhe der vereinbarten Miete rechtfertigenden Umstände gebeten, insbesondere zur Frage

               Börstinghaus

a) der Einordnung in den (qualifizierten) Mietspiegel und insofern insbesondere des maßgeblichen Baualters
b) die Höhe der Vormiete
c) eventuell in den letzten drei Jahren durchgeführte Modernisierungsmaßnahmen

Beweis: in der Anlage überreiche Kopie des Schreibens vom . . . . .

Die Beklagten haben mit Schreiben vom . . . . . . 20 . . . . . . geantwortet. Danach ist die Wohnung in den Mietspiegel für die Gemeinde . . . . . Stand . . . . . wie folgt einzuordnen:[12]

Baualtersklasse: . . . . .

Lageklasse: . . . . .

Ausstattungsklasse: . . . . .

Der in Bezug genommene (qualifizierte) Mietspiegel weist für diesen Wohnraum eine Mietspanne[13] von . . . . . bis . . . . . EUR/m² aus. Die maßgebliche Einzelvergleichsmiete beträgt hier . . . . . . EUR/m².[14] Dabei spricht für die entsprechende Einordnung der konkreten Vertragswohnung in den (qualifizierten) Mietspiegel Folgendes: . . . . . .

Die Beklagten haben ferner mitgeteilt, dass die Wohnung bis zum . . . . . . 20.. zu einer Grundmiete von . . . . . EUR vermietet gewesen sei. Deshalb lehnen sie die Rückzahlung von anteiliger Miete ab, weil sie der Auffassung sind, dass sie berechtigt seien, diese Miete als Vormiete gem. § 556e Abs. 1 BGB weiter verlangen zu dürfen.

Diese Auffassung wird vom Kläger nicht geteilt.

Vorliegend liegt keine Vormiete iSd Gesetzes vor.

Zunächst wird bestritten, dass die Wohnung wirklich zu der von den Beklagten angegebenen Miete vermietet worden war und der Mieter diese Miete auch tatsächlich schuldete. Allein die Vorlage einer – geschwärzten – Kopie des Mietvertrages reicht zum Nachweis nicht aus.

Aber selbst wenn den Beklagten der Beweis gelingen sollte, dass der Vormieter eine Miete in der angegebenen Höhe schuldete, handelt es sich nicht um eine Vormiete gem. § 556e Abs. 1 BGB. Der Mietgegenstand ist nämlich nicht identisch. Dabei kommt es sowohl auf die rechtliche wie sachliche Identität an.

Im Vormietvertrag war eine Wohnungsgröße von . . . . . m² angeben. Damit lag im Vormietverhältnis eine Flächenabweichung von mehr als 10 % vor, so dass die im Mietvertrag vereinbarte Miete entsprechend anteilig gemindert war. Dabei ist es unerheblich, ob der Vormiete nur die geminderte Miete oder die vereinbarte Miete gezahlt hat. Es kommt nur darauf an, was der Vormiete schuldete.

Soweit die Beklagten sich vorprozessual darauf berufen haben, dass nach § 556e Abs. 1 Satz 2 BGB Mietminderungen bei der Ermittlung der maßgeblichen Vormiete unberücksichtigt bleiben, betrifft dies nicht die vorliegende Fallgestaltung.[15] Die Beklagten haben in tatsächlicher Hinsicht den im Vormietverhältnis bestehenden Mangel nicht beseitigt. Sie haben lediglich die geschuldete Sollbeschaffenheit durch Angabe der vermeintlich richtigen Wohnungsgröße im Mietvertrag angepasst. In diesem Fall liegt für ein Mietobjekt mit der verminderten Wohnungsgröße gar keine Vormiete iSd Gesetzes vor.[16] In diesen Fällen gibt es für die eingeschränkte Vermieterleistung gar keine Vormiete. Die Wohnung wird erstmals in diesem Zustand mangelfrei vermietet. Der Vermieter darf deshalb auch nicht die geminderte Vormiete gem. § 556e Abs. 1 BGB verlangen. Es gilt als Grenze nur § 556d Abs. 1 BGB, also 110 % der ortsüblichen Vergleichsmiete.

Bei einer tatsächlichen[17] Wohnungsgröße von . . . . . m² beträgt die ortsübliche Vergleichsmiete für die Wohung für den Zeitpunkt des Mietvertragsbeginns[18]. . . . . EUR; zzgl. des gem. § 556g Abs. 1 BGB maximal zulässigen Zuschlags bei der Wiedervermietungsmiete von 10 % betrug zum Zeitpunkt des Vertragsbeginns die maximal zulässige Wiedervermietungsmiete . . . . . EUR.

Vorliegend liegt in Höhe von . . . . . EUR/monatlich eine solche Teilunwirksamkeit vor. Die maximal zulässige Wiedervermietungsmiete beträgt für die Wohnung . . . . . EUR.

Der Kläger hat mit Schreiben vom . . . . . 201 . . . . . . die Höhe der vereinbarten Miete gerügt.

Beweis: In der Anlage überreichte Kopie des Schreibens vom . . . . .

Das Schreiben ist den Beklagten am . . . . . zugegangen.

Deshalb schulden den Beklagte die Rückzahlung der Differenz zwischen der maximal zulässigen Wiedervermietungsmiete und der vereinbarten Miete von . . . . . EUR monatlich ab dem 1. . . . . . . 201 . . . .

Die Beklagten sind mit Schreiben vom . . . . . 20 . . . . . zur Rückzahlung des Betrages aufgefordert worden. Das haben sie abgelehnt, so dass sie seither in Verzug sind und Klage erforderlich wurde.

Da die Beklagten weiter der Auffassung sind, dass der Kläger die vereinbarte Miete schuldet, besteht auch für den Feststellungsantrag ein Rechtsschutzbedürfnis. Der Kläger muss sonst befürchten, dass ihm bei Minderzahlung von den Beklagten außerordentlich fristlos oder ordentlich gekündigt wird.

Rechtsanwalt

Anmerkungen

1. Die sachliche Zuständigkeit für Wohnraummietsachen ergibt sich aus § 23 Ziff. 2 a) GVG. Danach sind die Amtsgerichte ohne Rücksicht auf den Wert des Streitgegenstandes ausschließlich zuständig für Streitigkeiten über Ansprüche aus einem Mietverhältnis über Wohnraum. Hierzu zählen auch die Rückforderungsansprüche wegen vermeintlich überzahlter Miete. Die **örtliche Zuständigkeit** ergibt sich aus § 29a ZPO, wonach jeweils das Amtsgericht, in dessen Bezirk sich die gemietete Wohnung befindet, zuständig ist. Auch dies ist eine ausschließliche Zuständigkeit, so dass eine Zuständigkeit eines anderen Gerichts weder durch rügelose Einlassung gem. § 39 ZPO noch durch eine Gerichtsstandsvereinbarung gem. § 40 ZPO begründet werden kann (OLG Frankfurt MDR 1979, 851; LG München ZMR 1987, 271). Eine Verweisung unter Verstoß gegen diese bindenden Zuständigkeitsregelungen ist unbeachtlich (LG München ZMR 1987, 271; BLAH/*Hartmann* § 29a Rn. 13). Ob die allgemeine Zivilabteilung oder die Mietabteilung zuständig ist, ist eine Frage der internen Geschäftsverteilung des Gerichts. Die Klage muss nur an das Amtsgericht, nicht an die zuständige Abteilung adressiert sein.

2. Die Mieter sind hinsichtlich des Rückforderungsanspruchs **Gesamtgläubiger**. Der Vermieter kann an jeden der Gesamtgläubiger mit befreiender Wirkung leisten, § 428 BGB. Die Mieter sind dann untereinander gem. § 430 BGB zum Ausgleich verpflichtet.

3. Für das erstinstanzliche Verfahren besteht unabhängig vom Streitwert kein Anwaltszwang.

4. Die Vermieter sind bezüglich des Rückzahlungsanspruchs Gesamtschuldner. Sie können also gemeinsam als Gesamtschuldner in Anspruch genommen werden. Möglich ist aber auch die Inanspruchnahme nur eines Vermieters.

5. Bei der bezifferten Leistungsklage richtet sich der Streitwert nach dem Zahlungsantrag. Für die Feststellung der Höhe der Miete ist auf die Differenz zwischen der vereinbarten und der vermeintlich nur geschuldeten Miete abzustellen. Dieser Betrag ist mit 42 zu multiplizieren und davon ein Abschlag von ca. 20 – 30 % wegen der Feststellungsklage zu machen.

6. Ein **Kostenantrag** ist nicht zwingend erforderlich, da das Gericht von Amts wegen über die Kosten zu entscheiden hat. Bei einer Verurteilung mehrerer Vermieter als Gesamtschuldner auf Zahlung ist es nicht erforderlich, im Kostenausspruch die gesamtschuldnerische Haftung für die Kosten auszusprechen, § 100 Abs. 4 ZPO.

7. Das Urteil ist sowohl hinsichtlich der Hauptsache wie auch bezüglich der Kosten für vorläufig vollstreckbar zu erklären. Es handelt sich auch bei einem Rückforderungsanspruch wegen vermeintlich überzahlter Miete um ein Leistungsurteil in einem Mietrechtsstreit. In diesem Fall richtet sich die vorläufige Vollstreckbarkeit nach § 708 Ziff. 7 ZPO. Nur in den Fällen eines Versäumnis- oder Anerkenntnisurteils regelt sich die vorläufige Vollstreckbarkeit nach § 708 Ziff. 1 oder Ziff. 2 ZPO. Grundsätzlich hat das Gericht gem. § 711 ZPO eine Abwendungsbefugnis für den vorläufig zur Zahlung verurteilten auszusprechen. Dies soll jedoch gem. § 713 ZPO entfallen, wenn gegen das Urteil *unzweifelhaft* kein Rechtsmittel möglich ist.

8. Bis zu einem Streitwert von 600,– EUR kann das Gericht gem. § 495a ZPO das Verfahren nach billigem Ermessen gestalten. Es muss in diesem Fall nur dann eine mündliche Verhandlung durchführen, wenn eine Partei dies ausdrücklich beantragt hat. Ferner kann das Urteil bei dieser Verfahrensweise gem. § 313a Abs. 1 S. 1 ZPO ohne Tatbestand abgefasst werden und die Entscheidungsgründe können ins Protokoll diktiert werden. Der Streitwert, nach dem sich entscheidet, ob diese Verfahrensweise zulässig ist oder nicht, ist nicht der Gebührenstreitwert, sondern der Zuständigkeitsstreit- oder Rechtsmittelstreitwert. Dies ergibt sich daraus, dass diese Verfahrensart auf die Verfahren beschränkt ist, bei denen das Amtsgericht abschließend entscheidet. In Verfahren, in denen das Landgericht zweitinstanzlich mit der Sache befasst werden kann, muss eine überprüfbare Entscheidung mit Tatbestand und Entscheidungsgründen vorliegen. Zur Wertberechnung dienen hier ausschließlich die allgemeinen Wertvorschriften der §§ 3 und 9 ZPO. Ggf. kann gegen ein entsprechendes Urteil eine Rügeschrift gem. § 321a ZPO wegen Verletzung des Anspruchs auf rechtliches Gehör eingerichtet werden.

9. Gem. § 15a EGZPO und den verschiedenen landesgesetzlichen Ausführungsgesetzen **ist eine vorgerichtliche Schlichtung** bei Streitwerten bis 600,– bis 750,– EUR je nach Bundesland zum Teil erforderlich, es sei denn ein Mahnverfahren ist vorgeschaltet.

10. Gem. § 278 ZPO geht der mündlichen Verhandlung zum Zwecke der gütlichen Beilegung des Rechtsstreits eine Güteverhandlung voraus. Dies gilt dann nicht, wenn eine **Güteverhandlung** erkennbar aussichtslos ist.

11. Nach § 556g Abs. 1 S. 3 BGB steht dem Mieter ein bereicherungsrechtlicher Rückzahlungsanspruch gegen den Vermieter zu. Mehrere Mieter sind **Gesamthandsgläubiger**. Bei einem Mieterwechsel kommt es darauf an, ob eine Novation stattgefunden hat oder ein Parteiwechsel. Mehrere Vermieter sind **Gesamtschuldner** nach § 421 BGB. Bei einem Eigentumsübergang gem. § 566 BGB gilt das **Fälligkeitsprinzip**. Rückzahlungsansprüche, die zwischen Rüge und Eigentumsumschreibung fällig wurden, bestehen gegenüber dem Veräußerer, für die danach fällig werdenden Ansprüche hat der Erwerber einzustehen. Bei § 556g Abs. 1 S. 3 handelt es sich um eine **Rechtsfolgenverweisung** und nicht um eine Rechtsgrundverweisung auf das Bereicherungsrecht. Es handelt sich einen vertraglichen Anspruch eigener Art dessen Voraussetzungen sich alle aus den §§ 556g Abs. 1 und 2 sowie 556 d Abs. 1 BGB ergeben. Nach der amtlichen Überschrift des § 556g BGB enthält die Vorschrift die „Rechtsfolgen" und benennt die Tatbestandsvoraussetzungen. Dass in § 556g Abs. 1 S. 4 BGB auf die §§ 814, 817 verwiesen wird, ändert daran nichts, da es sich dabei nicht um anspruchsbegründende Tatbestandsvoraussetzungen, sondern Einwendungen gegen den bereicherungsrechtlichen Anspruch handelt.

12. Zu den weiteren Alternativen, dass es in der Gemeinde keinen Mietspiegel gibt siehe → Form. B. III. 7.

13. Mietspiegel werden heute mit wenigen Ausnahmen nach der Tabellenmethode erstellt, bzw. die Werte werden in Tabellenform dargestellt. Die Tabellenmethode stellt die Daten als Mietspannen nach den einzelnen Wohnwertmerkmalen in Rasterfeldern zusammen. Im Zustimmungsverlangen darf der Vermieter bis zum **Oberwert der Spanne** gehen, § 558a Abs. 4 BGB. Aber auch in diesem Verfahren besagt dies aber nichts darüber, ob das Erhöhungsverlangen bis zu diesem Wert auch begründet ist. In der Praxis wird in gerichtlichen Verfahren ohne weitere Angaben zu besonderen Vor- oder Nachteilen der Wohnung vom Median ausgegangen. Demgegenüber erfolgt bei Mietspiegeln, die mittels der Regressionsmethode erstellt wurden eine Verknüpfung zwischen den Daten aller Rasterfelder. Regressionsmietspiegel ermöglichen es deshalb, im Grunde für jede Art von Wohnung die Miete centgenau zu ermitteln.

14. Vermutet wird auch bei Existenz eines qualifizierten Mietspiegels im Übrigen aber nur, dass die ortsübliche Vergleichsmiete innerhalb der Spanne liegt. Die Einordnung innerhalb der Spanne ist eine normative Bewertung, die der Mietspiegel gerade nicht vornehmen kann, da er eine abstrakte generelle Datenbasis darstellt, in die eben jede Wohnung eingeordnet werden muss. Letztendlich wird also nur vermutet, dass die ortsübliche Vergleichsmiete für die konkrete Vertragswohnung nicht höher als der Oberwert der Spanne und nicht niedriger als der Unterwert der Spanne ist. Spätestens im Prozess ist es Aufgabe des Tatrichters die konkrete Bandbreite der allein maßgeblichen Einzelvergleichsmiete innerhalb der Spanne des qualifizierten Mietspiegels zu ermitteln. Dies geschieht mittels einer Schätzung gem. § 287 Abs. 2 ZPO. Grundsätzlich ist auch im Rahmen eines Rückforderungsprozesses gem. § 556g Abs. 1 BGB die Einzelvergleichsmiete maßgeblich und nicht der Mietspiegelfeldoberwert. Da aber anders im Zustimmungsprozess, wo der Vermieter einen Anspruch geltend macht, der Mieter sich von einer geschlossenen Vereinbarung lösen will und sich auf die Teilunwirksamkeit beruft, muss er darlegen und beweisen, wie hoch die ortsübliche Vergleichsmiete ist. Deshalb kommt es im Prozess allein auf den Sachvortrag des Mieters an. Ohne entsprechenden Sachvortrag kann nur vom Mietspiegeloberwert ausgegangen werden.

15. Lag im Vormietverhältnis ein zur Minderung berechtigender Mangel vor, so war die vereinbarte Miete gem. § 536 Abs. 1 S. 2 BGB angemessen gemindert. Wird der **Mangel** vor der Weitervermietung **beseitigt**, so ist die ungeminderte Vormiete gem. § 556e Abs. 1 S. 2 1. Alt. maßgeblich. Erfolgt die **Weitervermietung ohne dass der Mangel beseitigt wurde**, so ist nach S. 2 die ungeminderte vereinbarte Miete als Vormiete anzusetzen. Die **Wiedervermietungsmiete** ist aber **selbst** wiederum gem. § 536 Abs. 1 S. 2 BGB solange angemessen **gemindert**, bis der Mangel beseitigt wird. Das gilt unabhängig davon, ob es sich um einen behebbaren oder nicht behebbaren Mangel handelt, also auch bei Flächenabweichungen, wenn im Nachmietvertrag wiederum die falsche Fläche aufgenommen wurde. **Kannte der Nachmieter den Mangel** bei Vertragsschluss, so mindert sich die Miete gem. § 536b Abs. 1 S. 1 BGB nicht. Bei grob fahrlässiger Unkenntnis mindert sich die Miete nur dann, wenn der Vermieter den Mangel arglistig verschwiegen hat. Ebenso ist eine Minderung ausgeschlossen, wenn der Mieter die Mietsache annimmt, ohne sich die Gewährleistungsrechte bei Übergabe vorzubehalten. Unberührt davon bleiben eventuelle **Erfüllungsansprüche des Mieters auf Mangelbeseitigung**. Auch in diesen Fällen ist der Mieter nicht rechtlos gestellt. Durch Ausübung des Zurückbehaltungsrechts und Geltendmachung von Schadensersatzansprüchen kann er letztendlich erreichen, dass er die Wohnung in vertragsgemäßem Zustand nutzen kann. Deshalb ist auch beim Ausschluss der Minderung entsprechend Abs. 1 S. 2 Alt. 1 die Minderung bei der Vormiete nicht zu berücksichtigen.

16. Hat der Vermieter den Mangel nicht beseitigt, aber den schlechteren Zustand der Mietsache im zulässigen Rahmen als vertragsgemäß vereinbart, also bei einer Flächenabweichung von mehr als 10 % im neuen Mietvertrag die richtige oder zumindest nur eine kleiner als 10-prozentige Abweichung vereinbart, oder bei einer Wohnung, die den Mindeststandard nicht erreichte, wirksam einen schlechteren Zustand vereinbart, so ist die Mietsache, obwohl sich tatsächlich nichts verändert hat, nunmehr rechtlich mangelfrei. Dies liegt am subjektiven Mangelbegriff. Die Parteien bestimmen die Soll-Beschaffenheit. Daran ist die Ist-Beschaffenheit zu messen. Das ist kein Problem der Minderung und der Berechnung der Vormiete bei Mietminderung sondern eine Frage, der Vergleichbarkeit des Vormiet- mit dem Wiedervermietungsverhältnisses (Schmidt-Futterer/*Börstinghaus*, Mietrecht, 12. Auflage, § 556e Rn. 18). Der Vermieter stellt dem Mieter jetzt nach dem Inhalt des Mietverhältnisses ein Weniger zur Verfügung. Es fehlt also an der Äquivalenz zwischen beiden Mietverhältnissen (*Abramenko* MietRB 2015, 276).

17. Vertragliche Vereinbarungen über die Wohnungsgröße sind unerheblich. Im Rückforderungsprozess kommt es genauso wie im Mieterhöhungsverfahren allein auf die tatsächliche Wohnungsgröße an (BGH Urt. v. 18.11.2015 – VIII ZR 266/14, NJW 2016, 239). Deshalb können ggf. auch kumulativ noch die Textbausteine aus → Form. B. III. 7 4. Variante erforderlich sein.

18. Die maximale Wiedervermietungsmiete ist immer für den Termin des Mietvertragsbeginns festzustellen. Wenn zu diesem Zeitpunkt die vereinbarte Miete über der maximal zulässigen Miete gem. § 556d – f BGB lag, dann ist der überschießende Teil der Mietpreisabrede unwirksam. Soweit die Rechtsprechung bei einem Verstoß gegen § 5 WiStG eine sogenannte dynamische Nichtigkeit angenommen hat, wonach der unwirksame Teil der Mietpreisabrede bei steigenden Mieten immer kleiner wird, gilt das hier nicht. Hier gilt eine **statische Nichtigkeit**. Die Rechtsprechung zur dynamischen Nichtigkeit beruht auf der besonderen Rechtsfolge des § 134 BGB, wonach nur verboten ist, was nicht erlaubt ist. Gem. § 556g Abs. 1 BGB ist die Mietpreisabrede teilunwirksam ohne spätere Heilungsmöglichkeit bei steigenden Mieten.

9. Rückzahlungsklage wegen Überschreitung der zulässigen Wiedervermietungsmiete – Vormiete Mieterhöhung

An das

Amtsgericht[1]

Klage

des[2]. . . . .

– Kläger –

Prozessbevollmächtigter:[3]. . . . .

gegen

die Eheleute[4]. . . . .

– Beklagte –

wegen: Rückzahlung überzahlter Miete bei Wohnraummietvertrag

Streitwert: . . . . .[5]

Namens und mit Vollmacht des Klägers erhebe ich Klage gegen die Beklagten und werde beantragen:

1. Die Beklagten werden als Gesamtschuldner verurteilt, an den Kläger . . . . . EUR nebst Zinsen in Höhe von 5 Prozentpunkten über dem Basiszinssatz aus . . . . . EUR seit dem . . . . . 20 . . . . ., zu zahlen.
2. Es wird festgestellt, dass die Kläger nicht verpflichtet sind mehr als . . . . . EUR Miete zzgl. einer Betriebskostenvorauszahlung von zzt. . . . . . . EUR monatlich für die Wohnung . . . . . str . . . . . . in . . . . . stadt zu zahlen.
3. Die Beklagten tragen die Kosten des Rechtsstreits.[6]
4. Das Urteil ist vorläufig vollstreckbar.[7]

Ich beantrage ferner,

1. soweit das Gericht das Verfahren nach § 495a ZPO[8] betreiben will, die Durchführung einer mündlichen Verhandlung;
2. soweit das Gericht ein schriftliches Vorverfahren anordnet und der/die Beklagte(n) seine/ihre Verteidigungsbereitschaft nicht rechtzeitig anzeigen sollten, den Erlass eines Versäumnisurteils.

Ferner teile ich mit, dass

1. ein außergerichtlicher Einigungsversuch bisher nicht stattgefunden hat[9]
2. ein solcher Versuch erscheint zurzeit auch nicht aussichtslos.[10]

Begründung

Die Beklagten haben dem Kläger mit Mietvertrag vom . . . . . eine Wohnung im Hause . . . . . vermietet.

Beweis: in der Anlage überreichte Kopie des Mietvertrages

Als Grundmiete wurde ein Betrag von . . . . . EUR zuzüglich Betriebs- und Heizkostenvorauszahlungen vereinbart. Mietvertragsbeginn war der . . . . . . 20 . . . . . .

Beweis: In der Anlage überreiche Kopie des Mietvertrages

Die Wohnung hat eine Wohnungsgröße von . . . . . . qm.

Beweis: a) in der Anlage überreiche Kopie des Mietvertrages
        b) Sachverständigengutachten

Der Kläger verlangt mit der vorliegenden Klage die Rückzahlung überzahlter Miete gem. § 556g Abs. 1 iVm § 812 BGB.[11]

Die Landesregierung hat durch Rechtsverordnung bestimmt, dass in der Gemeinde, in der die Wohnung belegen ist, ein angespannter Wohnungsmarkt herrscht und deshalb die Begrenzung der Wiedervermietungsmiete gem. §§ 556d ff. BGB in dieser Gemeinde gilt.

Die Gemeinde wurde mit Wirkung ab . . . . . . 20 . . . . . . in diese Verordnung aufgenommen. Die Verordnung hat eine Laufzeit von . . . . . . Jahren und gilt bis . . . . . . 20 . . . . . .

Da der Mietvertragsbeginn somit nach Einführung der Begrenzung der Wiedervermietungsmiete für die Gemeinde liegt, ist die Höhe der Miete grundsätzlich auf maximal 110 % der ortsüblichen Vergleichsmiete begrenzt, es sei denn es liegt eine der Ausnahmen der §§ 556e, 556 f BGB vor. Soweit eine höhere Miete vereinbart wurde, ist die Vereinbarung insofern gem. § 556g Abs. 1 BGB teilunwirksam.

Der Kläger hat die Beklagten mit Schreiben vom . . . . . . 20 . . . . . . um Auskunft hinsichtlich die Höhe der vereinbarten Miete rechtfertigenden Umstände gebeten, insbesondere zur Frage

a) der Einordnung in den (qualifizierten) Mietspiegel und insofern insbesondere des maßgeblichen Baualters
b) die Höhe der Vormiete und den Zeitpunkt der letzten Mieterhöhung
c) eventuell in den letzten drei Jahren durchgeführte Modernisierungsmaßnahmen

Beweis: in der Anlage überreiche Kopie des Schreibens vom . . . . . .

Die Beklagten haben mit Schreiben vom . . . . . . 20 . . . . . . geantwortet.

Beweis: in der Anlage überreiche Kopie des Schreibens vom . . . . . .

Danach ist die Wohnung in den Mietspiegel für die Gemeinde . . . . . . Stand . . . . . . wie folgt einzuordnen:[12]

Baualtersklasse: . . . . .

Lageklasse: . . . . .

Ausstattungsklasse: . . . . .

Der in Bezug genommene (qualifizierte) Mietspiegel weist für diesen Wohnraum eine Mietspanne[13] von . . . . . bis . . . . . EUR/m^2 aus. Die maßgebliche Einzelvergleichsmiete beträgt hier . . . . . . EUR/m^2.[14] Dabei spricht für die entsprechende Einordnung der konkreten Vertragswohnung in den (qualifizierten) Mietspiegel Folgendes: . . . . . .

Die Beklagten haben ferner mitgeteilt, dass die Wohnung bis zum . . . . . 20 . . . . . . zu einer Grundmiete von . . . . . . EUR vermietet gewesen sei. Deshalb lehnen sie die Rückzahlung von anteiliger Miete ab, weil sie der Auffassung sind, dass sie berechtigt seien, diese Miete als Vormiete gem. § 556e Abs. 1 BGB weiter verlangen zu dürfen.

Dieser Auffassung wird vom Kläger nicht geteilt.

Vorliegend liegt keine Vormiete iSd Gesetzes vor.

Zunächst wird bestritten, dass die Wohnung wirklich zu der von den Beklagten angegebenen Miete vermietet worden war und der Mieter diese Miete auch tatsächlich schuldete. Allein die Vorlage einer – geschwärzten – Kopie des Mietvertrages reicht zum Nachweis nicht aus.

Aber selbst wenn den Beklagten der Beweis gelingen sollte, dass der Vormieter eine Miete in der angegebenen Höhe schuldete, handelt es sich nicht um eine Vormiete gem. § 556e Abs. 1 BGB.

Der Vormietvertrag wurde nach den überreichten (geschwärzten) Unterlagen mit dem Vormieter zum . . . . . . 20 . . . . . . begründet. Damals betrug die geschuldete Miete . . . . . . EUR.

Beweis: in der Anlage überreiche Kopie des Mietvertrages vom . . . . . .

Die Beklagten behaupten, die Miete habe bei Beendigung des Vormietverhältnisses . . . . . . EUR betragen. Unabhängig, dass dies weiterhin bestritten bleibt und die Beklagten den diesbezüglichen Beweis zu erbringen haben, ist die Miete auch deshalb keine Vormiete iSd Gesetzes, weil die letzte Mieterhöhung innerhalb des letzten Jahres vor rechtlicher Beendigung des Mietverhältnisses vereinbart wurde.[15] Entscheidend ist für die Berechnung der Jahresfrist die rechtliche Beendigung des Mietverhältnisses und nicht die Räumung der Wohnung.

Da es sich bei § 556e Abs. 1 BGB um einen Ausnahmetatbestand von § 556d Abs. 1 BGB handelt sind die Beklagten darlegungs- und beweispflichtig für den Zeitpunkt der Beendigung des Mietverhältnisses. Sie mögen die Kündigung vorlegen.

Ob der Vormieter sich außergerichtlich mit der Mieterhöhung einverstanden erklärt hat oder im Vergleichswege im Zustimmungsprozess zugestimmt hat ist ebenso unerheblich wie die Frage, ob er zur Zustimmung verurteilt wurde.[16]

Es liegt deshalb keine oberhalb der Grenze des § 556d Abs. 1 BGB liegende Vormiete vor.

Bei einer tatsächlichen[17] Wohnungsgröße von . . . . . . m² beträgt die ortsübliche Vergleichsmiete für die Wohnung für den Zeitpunkt des Mietvertragsbeginns[18] . . . . . . EUR; zzgl. des gem. § 556g Abs. 1 BGB maximal zulässigen Zuschlags bei der Wiedervermietungsmiete von 10 % betrug zum Zeitpunkt des Vertragsbeginns die maximal zulässige Wiedervermietungsmiete . . . . . . EUR.

Vorliegend liegt in Höhe von . . . . . . EUR/monatlich eine solche Teilunwirksamkeit vor. Die maximal zulässige Wiedervermietungsmiete beträgt für die Wohnung . . . . . . EUR.

Der Kläger hat mit Schreiben vom . . . . . .20 . . . . . . die Höhe der vereinbarten Miete gerügt.

Beweis: In der Anlage überreiche Kopie des Schreibens vom . . . . . .

Das Schreiben ist den Beklagten am . . . . . . zugegangen.

Deshalb schulden den Beklagte die Rückzahlung der Differenz zwischen der maximal zulässigen Wiedervermietungsmiete und der vereinbarten Miete von . . . . . . EUR monatlich ab dem . . . . . . 20 . . . . . .

Die Beklagten sind mit Schreiben vom . . . . . 20 . . . . . zur Rückzahlung des Betrages aufgefordert worden. Das haben sie abgelehnt, so dass sie seither in Verzug sind und Klage erforderlich wurde.

Da die Beklagten weiter der Auffassung sind, dass der Kläger die vereinbarte Miete schuldet, besteht auch für den Feststellungsantrag ein Rechtsschutzbedürfnis. Der Kläger muss sonst befürchten, dass ihm bei Minderzahlung von den Beklagten außerordentlich fristlos oder ordentlich gekündigt wird.

Rechtsanwalt

Anmerkungen

1. Die **sachliche Zuständigkeit** für Wohnraummietsachen ergibt sich aus § 23 Ziff. 2 a) GVG. Danach sind die Amtsgerichte ohne Rücksicht auf den Wert des Streitgegenstandes ausschließlich zuständig für Streitigkeiten über Ansprüche aus einem Mietverhältnis über Wohnraum. Hierzu zählen auch die Rückforderungsansprüche wegen vermeintlich überzahlter Miete. Die **örtliche Zuständigkeit** ergibt sich aus § 29a ZPO, wonach jeweils das Amtsgericht, in dessen Bezirk sich die gemietete Wohnung befindet, zuständig ist. Auch dies ist eine ausschließliche Zuständigkeit, so dass eine Zuständigkeit eines anderen Gerichts weder durch rügelose Einlassung gem. § 39 ZPO noch durch eine Gerichtsstandsvereinbarung gem. § 40 ZPO begründet werden kann (OLG Frankfurt MDR 1979, 851; LG München ZMR 1987, 271). Eine Verweisung unter Verstoß gegen diese bindenden Zuständigkeitsregelungen ist unbeachtlich (LG München ZMR 1987, 271; BLAH/*Hartmann* § 29a Rn. 13). Ob die allgemeine Zivilabteilung oder die Mietabteilung zuständig ist, ist eine Frage der internen Geschäftsverteilung des Gerichts. Die Klage muss nur an das Amtsgericht, nicht an die zuständige Abteilung adressiert sein.

2. Die Mieter sind hinsichtlich des Rückforderungsanspruchs **Gesamtgläubiger**. Der Vermieter kann an jeden der Gesamtgläubiger mit befreiender Wirkung leisten, § 428 BGB. Die Mieter sind dann untereinander gem. § 430 BGB zum Ausgleich verpflichtet.

3. Für das erstinstanzliche Verfahren besteht unabhängig vom Streitwert kein Anwaltszwang.

4. Die Vermieter sind bezüglich des Rückzahlungsanspruchs Gesamtschuldner. Sie können also gemeinsam als Gesamtschuldner in Anspruch genommen werden. Möglich ist aber auch die Inanspruchnahme nur eines Vermieters.

5. Bei der bezifferten Leistungsklage richtet sich der Streitwert nach dem Zahlungsantrag. Für die Feststellung der Höhe der Miete ist auf die Differenz zwischen der vereinbarten und der vermeintlich nur geschuldeten Miete abzustellen. Dieser Betrag ist mit 42 zu multiplizieren und davon ein Abschlag von ca. 20–30 % wegen der Feststellungsklage zu machen.

6. Ein **Kostenantrag** ist nicht zwingend erforderlich, da das Gericht von Amts wegen über die Kosten zu entscheiden hat. Bei einer Verurteilung mehrerer Vermieter als Gesamtschuldner auf Zahlung ist es nicht erforderlich, im Kostenausspruch die gesamtschuldnerische Haftung für die Kosten auszusprechen, § 100 Abs. 4 ZPO.

7. Das Urteil ist sowohl hinsichtlich der Hauptsache wie auch bezüglich der Kosten für vorläufig vollstreckbar zu erklären. Es handelt sich auch bei einem Rückforderungsanspruch wegen vermeintlich überzahlter Miete um ein Leistungsurteil in einem Mietrechtsstreit. In diesem Fall richtet sich die vorläufige Vollstreckbarkeit nach § 708 Ziff. 7 ZPO. Nur in den Fällen eines Versäumnis- oder Anerkenntnisurteils regelt sich die vorläufige Vollstreckbarkeit nach § 708 Ziff. 1 oder Ziff. 2 ZPO. Grundsätzlich hat das Gericht gem. § 711 ZPO eine Abwendungsbefugnis für den vorläufig zur Zahlung verurteilten auszusprechen. Dies soll jedoch gem. § 713 ZPO entfallen, wenn gegen das Urteil *unzweifelhaft* kein Rechtsmittel möglich ist.

8. Bis zu einem Streitwert von 600,– EUR kann das Gericht gem. § 495a ZPO das Verfahren nach billigem Ermessen gestalten. Es muss in diesem Fall nur dann eine mündliche Verhandlung durchführen, wenn eine Partei dies ausdrücklich beantragt hat. Ferner kann das Urteil bei dieser Verfahrensweise gem. § 313a Abs. 1 S. 1 ZPO ohne Tatbestand abgefasst werden und die Entscheidungsgründe können ins Protokoll diktiert werden. Der Streitwert, nach dem sich entscheidet, ob diese Verfahrensweise zulässig ist oder nicht, ist nicht der Gebührenstreitwert, sondern der Zuständigkeitsstreit- oder Rechtsmittelstreitwert. Dies ergibt sich daraus, dass diese Verfahrensart auf die Verfahren beschränkt ist, bei denen das Amtsgericht abschließend entscheidet. In Verfahren, in denen das Landgericht zweitinstanzlich mit der Sache befasst werden kann, muss eine überprüfbare Entscheidung mit Tatbestand und Entscheidungsgründen vorliegen. Zur Wertberechnung dienen hier ausschließlich die allgemeinen Wertvorschriften der §§ 3 und 9 ZPO. Ggf. kann gegen ein entsprechendes Urteil eine Rügeschrift gem. § 321a ZPO wegen Verletzung des Anspruchs auf rechtliches Gehör eingerichtet werden.

9. Gem. § 15a EGZPO und den verschiedenen landesgesetzlichen Ausführungsgesetzen **ist eine vorgerichtliche Schlichtung** bei Streitwerten bis 600,– bis 750,– EUR je nach Bundesland zum Teil erforderlich, es sei denn ein Mahnverfahren ist vorgeschaltet.

10. Gem. § 278 ZPO geht der mündlichen Verhandlung zum Zwecke der gütlichen Beilegung des Rechtsstreits eine Güteverhandlung voraus. Dies gilt dann nicht, wenn eine **Güteverhandlung** erkennbar aussichtslos ist.

11. Nach § 556g Abs. 1 S. 3 BGB steht dem Mieter ein bereicherungsrechtlicher Rückzahlungsanspruch gegen den Vermieter zu. Mehrere Mieter sind **Gesamthandsgläubiger**. Bei einem Mieterwechsel kommt es darauf an, ob eine Novation stattgefunden hat oder ein Parteiwechsel. Mehrere Vermieter sind **Gesamtschuldner** nach § 421 BGB. Bei einem Eigentumsübergang gem. § 566 BGB gilt das **Fälligkeitsprinzip**. Rückzahlungsansprüche, die zwischen Rüge und Eigentumsumschreibung fällig wurden, bestehen gegenüber dem Veräußerer, für die danach fällig werdenden Ansprüche hat der Erwerber einzustehen. Bei § 556g Abs. 1 S. 3 handelt es sich um eine **Rechtsfolgenverweisung** und nicht um eine Rechtsgrundverweisung auf das Bereicherungsrecht. Es handelt sich einen vertraglichen Anspruch eigener Art dessen Voraussetzungen sich alle aus den §§ 556g Abs. 1 und 2 sowie 556d Abs. 1 BGB ergeben. Nach der amtlichen Überschrift des § 556g BGB enthält die Vorschrift die „Rechtsfolgen" und benennt die Tatbestandsvoraussetzungen. Dass in § 556g Abs. 1 S. 4 BGB auf die §§ 814, 817 verwiesen wird, ändert daran nichts, da es sich dabei nicht um anspruchsbegründende Tatbestandsvoraussetzungen, sondern Einwendungen gegen den bereicherungsrechtlichen Anspruch handelt.

12. Zu den weiteren Alternativen, dass es in der Gemeinde keinen Mietspiegel gibt siehe → Form. B. III. 7.

13. Mietspiegel werden heute mit wenigen Ausnahmen nach der Tabellenmethode erstellt, bzw. die Werte werden in Tabellenform dargestellt. Die Tabellenmethode stellt die Daten als Mietspannen nach den einzelnen Wohnwertmerkmalen in Rasterfeldern zusammen. Im Zustimmungsverlangen darf der Vermieter bis zum **Oberwert der Spanne** gehen, § 558a Abs. 4 BGB. Aber auch in diesem Verfahren besagt dies aber nichts darüber, ob das Erhöhungsverlangen bis zu diesem Wert auch begründet ist. In der Praxis wird in gerichtlichen Verfahren ohne weitere Angaben zu besonderen Vor- oder Nachteilen der Wohnung vom Median ausgegangen. Demgegenüber erfolgt bei Mietspiegeln, die mittels der Regressionsmethode erstellt wurden eine Verknüpfung zwischen den Daten aller Rasterfelder. Regressionsmietspiegel ermöglichen es deshalb, im Grunde für jede Art von Wohnung die Miete centgenau zu ermitteln.

14. Vermutet wird auch bei Existenz eines qualifizierten Mietspiegels im Übrigen aber nur, dass die ortsübliche Vergleichsmiete innerhalb der Spanne liegt. Die Einordnung innerhalb der Spanne ist eine normative Bewertung, die der Mietspiegel gerade nicht vornehmen kann, da er eine abstrakte generelle Datenbasis darstellt, in die eben jede Wohnung eingeordnet werden muss. Letztendlich wird also nur vermutet, dass die ortsübliche Vergleichsmiete für die konkrete Vertragswohnung nicht höher als der Oberwert der Spanne und nicht niedriger als der Unterwert der Spanne ist. Spätestens im Prozess ist es Aufgabe des Tatrichters die konkrete Bandbreite der allein maßgeblichen Einzelvergleichsmiete innerhalb der Spanne des qualifizierten Mietspiegels zu ermitteln. Dies geschieht mittels einer Schätzung gem. § 287 Abs. 2 ZPO. Grundsätzlich ist auch im Rahmen eines Rückforderungsprozesses gem. § 556g Abs. 1 BGB die Einzelvergleichsmiete maßgeblich und nicht der Mietspiegelfeldoberwert. Da aber anders im Zustimmungsprozess, wo der Vermieter einen Anspruch geltend macht, der Mieter sich von einer geschlossenen Vereinbarung lösen will und sich auf die Teilunwirksamkeit beruft, muss er darlegen und beweisen, wie hoch die ortsübliche Vergleichsmiete ist. Deshalb kommt es im Prozess allein auf den Sachvortrag des Mieters an. Ohne entsprechenden Sachvortrag kann nur vom Mietspiegeloberwert ausgegangen werden.

15. Die letzte vom Mieter geschuldete Vormiete ist dann nicht in voller Höhe als Obergrenze für eine Wiedervermietungsmiete maßgeblich, soweit sie auf einer Mieterhöhung beruht, die mit dem Vormieter innerhalb des letzten Jahres vor Beendigung des Mietverhältnisses vereinbart worden sind, § 556e Abs. 1 S. 2 Alt. 2 BGB. Anders als die Gesetzesbegründung als Grund für diese Regelung angibt, ist ein kollusives Verhalten von Vor- und Vermieter nicht erforderlich. Nicht erfasst werden die Preisvereinbarungen, die bei Abschluss eines neuen Mietvertrages im letzten Jahr vor Begründung des ersten Mietverhältnisses vor Inkrafttreten der Begrenzung der Wiedervermietungsmiete getroffen wurden. In diesem Fall liegt keine Mieterhöhung vor. Wird der Wohnraum nur kurz vermietet, und anschließend weitervermietet, handelt es sich bei der **Kurzzeitmiete** um eine Vormiete iSd § 556e Abs. 1 BGB. Dies gilt allenfalls dann nicht, wenn es sich um ein **Scheingeschäft** gem. § 117 BGB handelt.

16. Das Urteil des Gerichts ersetzt mit Rechtskraft gem. § 894 ZPO nur die Zustimmung des Mieters. Es bleibt aber ein Änderungsvertrag. Auch Rechtskraftgesichtspunkte spielen keine Rolle. Das Urteil entwickelt Rechtskraftwirkung nur zwischen den Parteien. Mehr ist auch nicht erforderlich und nicht möglich. Das Urteil führt nur dazu, dass die Vormiete aufgrund der gerichtlich ersetzenden Zustimmung des Mieters zum Erhöhungsverlangen des Vermieters vertraglich erhöht wurde. Das Gericht selbst gestaltet den Mietvertrag nicht um. Eine teleologische Reduktion der Vorschrift scheidet deshalb aus.

17. Vertragliche Vereinbarungen über die Wohnungsgröße sind unerheblich. Im Rückforderungsprozess kommt es genauso wie im Mieterhöhungsverfahren allein auf die tatsächliche Wohnungsgröße an (BGH Urt. v. 18.11.2015 – VIII ZR 266/14, NJW 2016, 239). Deshalb können ggf. auch kumulativ noch die Textbausteine aus → Form. B III. 7 4. Variante erforderlich sein.

18. Die maximale Wiedervermietungsmiete ist immer für den Termin des Mietvertragsbeginns festzustellen. Wenn zu diesem Zeitpunkt die vereinbarte Miete über der maximal zulässigen Miete gem. § 556d – f BGB lag, dann ist der überschießende Teil der Mietpreisabrede unwirksam. Soweit die Rechtsprechung bei einem Verstoß gegen § 5 WiStG eine sogenannte dynamische Nichtigkeit angenommen hat, wonach der unwirksame Teil der Mietpreisabrede bei steigenden Mieten immer kleiner wird, gilt das hier nicht. Hier gilt eine **statische Nichtigkeit.** Die Rechtsprechung zur dynamischen Nichtigkeit beruht auf der besonderen Rechtsfolge des § 134 BGB, wonach nur verboten ist, was nicht erlaubt ist. Gem. § 556g Abs. 1 BGB ist die Mietpreisabrede teilunwirksam ohne spätere Heilungsmöglichkeit bei steigenden Mieten.

Mietzahlung

10. Klage des Mieters auf Rückgängigmachung einer Mieterhöhungsvereinbarung (Haustürgeschäft)

An das

Amtsgericht[1] . . . . . .

in

Klage

der Frau . . . . . .   – Klägerin –

Prozessbevollmächtigte: . . . . . .

gegen

Herrn . . . . . .   – Beklagter –

Prozessbevollmächtigte: . . . . . .

wegen Feststellung

vorläufiger Streitwert: 1.200,– EUR[2]

Namens und in Auftrage der Klägerin erheben wir Klage gegen den Beklagten. Wir bitten um Anberaumung eines Termins zur mündlichen Verhandlung, in dem wir beantragen werden:

I. Es wird festgestellt,[3] dass die Klägerin nicht verpflichtet ist, den sich aus der Mieterhöhungsvereinbarung vom . . . . . . (Datum) ergebenden Mieterhöhungsbetrag in Höhe von monatlich 100,00 EUR seit dem . . . . . . (Datum) zu zahlen.

II. Die Kosten des Rechtsstreits werden dem Beklagten auferlegt.

Für den Unterliegensfalle erbitten wir zugunsten der Klägerin um

Vollstreckungsschutz

mit der Maßgabe, eine etwaige Sicherheit auch durch Gestellung einer Bürgschaft einer Europäischen Großbank bzw. Europäischen Sparkasse erbringen zu dürfen.

Ferner regen wir die Anordnung des schriftlichen Vorverfahrens an. Für den Fall der Fristversäumung oder des Anerkenntnisses beantragen wir bereits jetzt den Erlass eines Versäumnisurteils oder Anerkenntnisurteils im schriftlichen Vorverfahren.

Begründung:

Die 72-jährige Klägerin ist gemäß anliegend in Kopie beigefügtem Wohnungsmietvertrag vom . . . . . . (Datum) Mieterin der Wohnung im II. Obergeschoss rechts des Hauses . . . . . .-Straße in . . . . . . Im Jahre . . . . . . erwarb der Beklagte das Wohnhaus. Er wurde am . . . . . . (Datum) als Eigentümer in das Grundbuch eingetragen. Die Wohnungsverwaltung übertrug er der . . . . . . – GmbH, die sich als Haus- und Wohnungsmaklerin betätigt sowie mit der Verwaltung von Grundbesitz befasst ist. Vor der Veräußerung entrichtete die Klägerin an den Voreigentümer einen monatlichen Mietzins in Höhe von 300,– EUR für die ca. 80 m² große Wohnung zzgl. Betriebskostenvorauszahlungen in Höhe von 125,– EUR je Monat. Wir überreichen die anliegend in Kopie beigefügte letzte Mieterhöhungsforderung vom . . . . . . (Datum), die die Klägerin seinerzeit akzeptiert hatte.

Am . . . . . . (Datum) suchte die Klägerin nach vorheriger telefonischer Abrede die Büroräume der . . . . . .-GmbH auf. Der Makler . . . . . . als Vertreter der . . . . . .– GmbH konfrontierte sie mit einem Mieterhöhungsverlangen, wonach sie ab dem . . . . . . (Datum) statt der bisher geforderten 300,– EUR 400,– EUR im Monat zzgl. monatlicher Betriebskostenvorauszahlung leisten sollte. Dieses Erhöhungsverlangen rechtfertigte er für den Beklagten damit, dass sich die Erhöhung als Mittelwert des für die Wohnung maßgeblichen Mietspiegels darstellte, die übrigen Hausbewohner der Mieterhöhung in vergleichbarer Höhe bereits zugestimmt hätten und die Klägerin für den Fall der Ablehnung damit rechnen müsse, dass der Beklagten die Zulässigkeit der Mieterhöhung durch eine Klage klären lasse. Bei diesem Gespräch anwesend war auch die Freundin der Klägerin Frau . . . . . .

Beweis: Zeugnis der Frau . . . . . .

Die Klägerin fühlte sich überfahren und sah sich einer unausweichlichen Situation gegenüber. Sie ist Hausfrau und seit dem . . . . . . (Datum) verwitwet. Während der Ehe ging sie keiner Berufstätigkeit nach.

Beweis: Zeugnis des Sohnes Herrn . . . . . .

Sie sah sich insbesondere durch die Androhung einer Mieterhöhungsklage eingeschüchtert. Sie unterzeichnete deshalb die vom . . . . . . bereits vorbereitete Mieterhöhungsvereinbarung. Danach hatte sie ab dem . . . . . . (Datum) monatlich insgesamt eine Kaltmiete von 400,– EUR zzgl. Betriebskostenvorauszahlung in Höhe von 125,– EUR, insgesamt 525,– EUR zu entrichten. Nach ihrer Unterschrift erfuhr sie, dass die Mieter . . . . . . und . . . . . . eine Mieterhöhung abgelehnt hatten und sich der Mieter . . . . . . auf eine Mieterhöhung von 375,– EUR pro Monat für von der Größe und dem Zuschnitt her mit der Wohnung der Klägerin vergleichbare Räume geeinigt hatte.

Beweis: Zeugnis des Herrn . . . . . .

Der Unterzeichner forderte mit Schreiben vom . . . . . . die . . . . . .-GmbH auf, ihre Mieterhöhung vom . . . . . . (Datum) gegenüber der Klägerin rückgängig zu machen und widerrief ihr Einverständnis mit der Mieterhöhung. Dies wies die . . . . . . – GmbH in ihrem Schreiben vom . . . . . . zurück. Sie erklärte, dass sie im Rahmen des Betrages von weiteren 100,– EUR einen Verhandlungsspielraum habe und bereit gewesen sei, sich auch mit der Klägerin auf 375,– EUR zu einigen. Diese habe sich aber auf 400,– EUR eingelassen. Außerdem habe sie keinen unangemessenen Druck ausgeübt. Der Beklagte habe sie lediglich darauf hingewiesen, dass gegen diejenigen Mieter, die die beabsichtigte Erhöhung ablehnen würden, ein Mieterhöhungsverfahren eingeleitet werden könne. Im Übrigen hätten neben der Klägerin auch 4 weitere Mieter im Hause . . . . . . die Maximalforderung des Beklagten akzeptiert.

Die Klägerin hat einen Anspruch auf Rückgängigmachung der Mieterhöhungsvereinbarung vom . . . . . . (Datum) aus Verschulden bei Vertragsschluss (§§ 241 Abs. 2, 311 Abs. 2, Abs. 3 BGB).[4] Die Mieterhöhungsvereinbarung ist nur dadurch zustande gekommen, dass der Makler . . . . . . seine fachliche Überlegenheit ausgenutzt hat, um die Klägerin glauben zu machen, sie habe keine andere Wahl, als der Mieterhöhung zuzustimmen. Die Klägerin war mit ihren 72 Jahren an Erfahrung und Argumentationskraft ihrem Gesprächspartner deutlich unterlegen. Da sie vor dem Erscheinen im Büro der . . . . . . GmbH nicht genau wusste, worum es ging, hatte sie keine Gelegenheit, die Richtigkeit seines Vorbringens zuvor zu überprüfen. Sie konnte sich weder durch Einsichtnahme in den Mietspiegel an der ortsüblichen Vergleichsmiete orientieren noch sich mit den anderen Mietern abstimmen. Pflichtwidrig war es zudem, dass der Makler . . . . . . seine Maximalforderung von 400,– EUR auch dann nicht auf 375,– EUR reduzierte, als er bemerkte, dass die Klägerin nicht dagegenhielt, weil sie seinen Angaben glaubte. Das Verhalten des . . . . . . bzw. der . . . . . . – GmbH muss sich der Beklagte gemäß § 278 BGB zurechnen lassen, weil er gegen die mietvertragliche Nebenpflicht zum rücksichtsvollen Verhalten und Umgang verstoßen hat.

Die Klägerin ist so zu stellen, als wenn die Vereinbarung nicht zustande gekommen wäre (§§ 280 Abs. 1, 249 BGB). Der Beklagte kann sich nicht darauf berufen, dass die Klägerin zumindest einem redlichen Verlangen hätte zustimmen müssen. Hypothetische Entwicklungen haben bei der Schadensbeurteilung außer Betracht zu bleiben.

Die . . . . . . – GmbH hat die Klägerin mit anliegend in Kopie beigefügtem Schreiben vom . . . . . . aufgefordert, zur Vermeidung einer Klage den Mieterhöhungsbetrag seit dem . . . . . . unter Fristsetzung bis zum . . . . . . zu zahlen. Die Klägerin hat deshalb Anspruch darauf, das Nichtbestehen dieser Zahlungsverpflichtung endgültig[5] feststellen zu lassen.

Rechtsanwalt

Anmerkungen

1. Zuständigkeit. Gemäß § 23 Nr. 2 a GVG sind die Amtsgerichte ausschließlich für Streitigen über Ansprüche aus einem Mietverhältnis über Wohnraum zuständig. Die ausschließliche örtliche Zuständigkeit ergibt sich aus § 29a Abs. 1 ZPO. Örtlich zuständig ist also das Amtsgericht der belegenen Sache.

2. Streitwert. Der Zuständigkeitsstreitwert ist aus § 3 ZPO abzuleiten, nicht aus § 9 ZPO, da für ein Mieterhöhungsverlangen höchstens der Jahreswert des Erhöhungsbetrages gemäß § 41 Abs. 5 GKG gilt. Diese Vorschrift sollte bei einer negativen Feststellungsklage auf Abwehr der Mieterhöhung zumindest analog angewendet werden (s. dazu generell BLAH/*Hartmann* Anh. § 3 Rdn. 79, wegen der ausschließlichen Zuständigkeit der Amtsgerichte für Wohnungsmietsachen spielt der Zuständigkeitswert keine praktische Rolle). Für den Gebührenstreitwert gilt § 41 Abs. 5 GKG unmittelbar, auch für die Feststellungsklage (Zöller/*Herget* § 3 Rn. 16 "Mietstreitigkeiten"). Die analoge Anwendung der Vorschrift auf Gewerberaum wird mittlerweile allgemein für zulässig erachtet (Zöller/*Herget*, aaO mwN). Für die negative Feststellungsklage ist der volle Streitwert anzusetzen.

3. Zulässigkeit der Feststellungsklage. Das Feststellungsinteresse gemäß § 256 Abs. 1 ZPO ergibt sich daraus, dass sich der Beklagte eines Mieterhöhungsanspruches aus der unterschriebenen Vereinbarung berühmt (Zöller/*Greger* § 256 Rn. 14a). Da nicht auszuschließen ist, dass der Vermieter Zahlungsklagen beim zuständigen Amtsgericht erhebt, die den Beschwerdewert von 600,– EUR gemäß § 511 Abs. 2 Nr. 1 ZPO nicht übersteigen, bliebe dem Mieter ohne die negative Feststellungsklage die Überprüfungsmöglichkeit durch ein zweitinstanzliches Gericht verwehrt. Es bestünde allerdings auch die Möglichkeit, den Beschwerdewert in einem Zahlungsprozess durch eine Widerklage gemäß §§ 33, 256 Abs. 2 ZPO berufungsfähig zu gestalten.

4. Rückgängigmachung der Mieterhöhungsvereinbarung. Der Anspruch auf Rückgängigmachung einer Mieterhöhungsvereinbarung wird entweder aus Verschulden bei Vertragsschluss gemäß §§ 241 Abs. 2, 311 Abs. 2, Abs. 3 BGB (*Sternel*, Mietrecht Aktuell, 4. Aufl., IV Rn. 14; Erman/*Lützenkirchen* Vor § 535 Rn. 82; LG Hamburg MDR 1978, 493) oder aus positiver Vertragsverletzung gemäß §§ 241 Abs. 2, 280 Abs. 1 BGB (so AG Leverkusen WuM 1993, 186; AG Hamburg WuM 189,187) abgeleitet. Liegen ferner die Voraussetzungen des Haustürgeschäftes gemäß § 312 BGB vor, ist bei Belehrung gemäß § 335 Abs. 1 BGB das Widerrufsrecht innerhalb von zwei Wochen auszuüben, bei fehlender oder unwirksamer Belehrung galt früher eine 6-Monats-Frist (§ 355 Abs. 3 BGB). Diese Frist verstieß jedoch gegen geltendes EG-Recht. Deshalb hat der Europäische Gerichtshof in seinem Urteil vom 30.12.2011 (EuGH NJW 2002, 281) auf Grund eines Vorlagebeschlusses des BGH entschieden, dass das auf ein Jahr nach Vertragsabschluss befristete Widerrufsrecht gemäß § 7 Abs. 2 Verbraucherkreditgesetz gegen Richtlinie 85/577/ETG des Rates vom 20.12.1985 betreffend den Verbraucherschutz verstoße. Diese Entscheidung erstreckt sich nicht nur auf das Verbraucherkreditgesetz, sondern ausdrücklich auch auf das Haustürgeschäft. Dies hat der Gesetzgeber zum Anlass genommen, § 355 Abs. 3 BGB dahin zu ändern, dass das Widerrufsrecht von 6 Monaten dann nicht erlischt, wenn der Verbraucher nicht ordnungsgemäß über sein Widerrufsrecht belehrt worden ist. Diese Rechtslage gilt für die nach dem 13.06.2014 abgeschlossenen Verträge (Palandt/*Grüneberg* Vorbem. § 355 Rn. 6). Für ältere Verträge ist § 355 aF: jedoch richtlinienkonform dahin auszulegen, dass er für Haustürgeschäfte nicht gilt (BGH NJW-RR 2005, 180, 182; BGH NJW 2002, 1881). Haustürgeschäfte können auch nach Ablauf der der 6-Monats-Frist widerrufen werden.

Damit bleibt der Rückgriff auf Ansprüche aus Verschulden bei Vertragsschluss oder positive Vertragsverletzung gering. Der Anwendungsbereich beschränkt sich auf die Fälle, in denen ein Haustürgeschäft nicht vorgelegen hat. Die Kriterien für ein pflichtwidriges Handeln des Vermieters sind:

- intellektuelle und fachliche Überlegenheit des Vermieter oder seines Vertreters gegenüber dem Mieter
- fehlende Überprüfungs- und Überlegungsmöglichkeiten des Mieters
- Behauptung, auch mit den anderen Mietern seien bereits Erhöhungsvereinbarungen zustande gekommen
- Androhung eines Mieterhöhungsverfahrens oder einer Klage
- fehlende Bereitschaft des Vermieters, von sich aus zu einem angemessenen Angebot zurückzukehren, wenn der Mieter dem Erhöhungsverlangen keinen Widerstand entgegensetzt
  Sämtliche dieser Kriterien müssen zwar nicht kumulativ, jedoch kombiniert vorliegen, um die Unterschrift unter einer Mieterhöhungsvereinbarung rückständig zu machen.

5. Rechtskraft der Feststellungsklage. Die Rechtskraft der Entscheidung schließt Leistungsklage des Vermieters aus der Mieterhöhungsvereinbarung aus. Vollstreckbar ist nur der Kostenausspruch, auch wenn das Feststellungsurteil gemäß §§ 704 ff. ZPO für vorläufig vollstreckbar erklärt wird (Zöller/*Greger* § 256 Rn. 1).

11. Klage auf Rückzahlung von Mietzahlungen nach Widerruf des Mietvertragsabschlusses ohne Besichtigung

An das

Amtsgericht[1]

Klage

des[2]. . . . .

– Kläger –

Prozessbevollmächtigter:[3]. . . . .

gegen

die Eheleute[4]. . . . .

– Beklagte –

wegen: Rückzahlung gezahlter Miete nach Widerruf

Streitwert: . . . . .[5]

Namens und mit Vollmacht des Klägers erhebe ich Klage gegen die Beklagten und werde beantragen:

1. Die Beklagten werden als Gesamtschuldner verurteilt, an den Kläger . . . . . EUR nebst Zinsen in Höhe von 5 Prozentpunkten über dem Basiszinssatz aus . . . . . EUR seit dem . . . . . 20 . . . . . . zu zahlen.
2. Die Beklagten tragen die Kosten des Rechtsstreits.[6]
3. Das Urteil ist vorläufig vollstreckbar.[7]

Ich beantrage ferner,

1. soweit das Gericht das Verfahren nach § 495a ZPO[8] betreiben will, die Durchführung einer mündlichen Verhandlung;
2. soweit das Gericht ein schriftliches Vorverfahren anordnet und der/die Beklagte(n) seine/ihre Verteidigungsbereitschaft nicht rechtzeitig anzeigen sollten, den Erlass eines Versäumnisurteils.

Ferner teile ich mit, dass

1. ein außergerichtlicher Einigungsversuch bisher nicht stattgefunden hat[9]
2. ein solcher Versuch erscheint zurzeit auch nicht aussichtslos.[10]

Begründung

Die Beklagten sind ein größerer Privatvermieter,[11] die zahlreiche Wohnungen regelmäßig vermieten. Sie unterhalten hierfür ein eigenes Vermietungsbüro und bieten die Wohnungen professionell im Internet an.

Sie haben dem Kläger mit Mietvertrag vom . . . . . eine Wohnung im Hause . . . . . vermietet.

Beweis: in der Anlage überreichte Kopie des Mietvertrages

Zu diesem Mietvertragsschluss ist es in der Weise gekommen, dass die Beklagten ihre Wohnung im Internet angeboten haben.[12]

Beweis: in der Anlage überreichte Kopie des Screenshots

Der Kläger hat daraufhin mit den Beklagten per Mail Kontakt aufgenommen. Er benötigte Wohnung, weil er für einige Monate ein Praktikum in der Gemeinde, in der die Wohnung der Beklagten liegt, absolvieren musste.

Die Beklagten haben dem Kläger daraufhin den Mietvertragsentwurf als Mail-Anhang geschickt.

Beweis: in der Anlage überreichte Kopie der E-Mail

Eine Widerrufsbelehrung war der Mail und/oder dem Mietvertrag nicht beigefügt.

Der Kläger den Mietvertrag unterzeichnet und per Post an die Beklagten zurückgeschickt.

Der Kläger hat die Wohnung von Juni bis September genutzt und für die vier Monate die vereinbarte Miete zzgl. Betriebs- und Heizkostenvorauszahlung in Höhe von insgesamt . . . . . . EUR gezahlt.

Beweis: in der Anlage überreichte Kopie der Zahlungsbelege

Der Kläger hat ferner vereinbarungsgemäß eine Mietsicherheit von . . . . . . EUR geleistet.

Beweis: a) in der Anlage überreichte Kopie des Mietvertrages
        b) in der Anlage überreichte Kopie der Quittung/Überweisungsbelegs

Der Kläger hat mit Schreiben vom . . . . . . 20 . . . . seine auf Abschluss des Mietvertrages gerichtete Willenserklärung gegenüber den Beklagten widerrufen.[13]

Damit erfolgten die Zahlungen des Klägers rechtsgrundlos. Die Beklagten haben die Zahlungen gem. § 357 Abs. 1 BGB zurückzuzahlen. Das haben sie nicht getan.

Den Beklagten steht auch kein Anspruch auf Nutzungsentschädigung zu. Sie haben den Kläger nicht gem. § 357 Abs. 8 BGB entsprechend Artikel 246 a § 1 Abs. 2 S. 1 Nr. 1 und 3 EGBGB ordnungsgemäß über die Verpflichtung zur Zahlung von Nutzungsentschädigung bei Inanspruchnahme der Leistung vor Ablauf der Widerrufsfrist belehrt.

Die Beklagten sind mit Schreiben vom . . . . . 20 . . . . . nochmals zur Rückzahlung des Betrages aufgefordert worden. Das haben sie abgelehnt, so dass Klage erforderlich wurde.

Rechtsanwalt

Anmerkungen

1. Die sachliche Zuständigkeit für Wohnraummietsachen ergibt sich aus § 23 Ziff. 2 a) GVG. Danach sind die Amtsgerichte ohne Rücksicht auf den Wert des Streitgegenstandes ausschließlich zuständig für Streitigkeiten über Ansprüche aus einem Mietverhältnis über

Wohnraum. Hierzu zählen auch die Rückforderungsansprüche wegen vermeintlich überzahlter Miete. Die **örtliche Zuständigkeit** ergibt sich aus § 29a ZPO, wonach jeweils das
Amtsgericht, in dessen Bezirk sich die gemietete Wohnung befindet, zuständig ist. Auch
dies ist eine ausschließliche Zuständigkeit, so dass eine Zuständigkeit eines anderen
Gerichts weder durch rügelose Einlassung gem. § 39 ZPO noch durch eine Gerichtsstandsvereinbarung gem. § 40 ZPO begründet werden kann (OLG Frankfurt MDR 1979,
851; LG München ZMR 1987, 271). Eine Verweisung unter Verstoß gegen diese
bindenden Zuständigkeitsregelungen ist unbeachtlich (LG München ZMR 1987, 271;
BLAH/*Hartmann* § 29a Rn. 13). Ob die allgemeine Zivilabteilung oder die Mietabteilung
zuständig ist, ist eine Frage der internen Geschäftsverteilung des Gerichts. Die Klage muss
nur an das Amtsgericht, nicht an die zuständige Abteilung adressiert sein.

2. Die Mieter sind hinsichtlich des Rückforderungsanspruchs **Gesamtgläubiger.** Der
Vermieter kann an jeden der Gesamtgläubiger mit befreiender Wirkung leisten, § 428
BGB. Die Mieter sind dann untereinander gem. § 430 BGB zum Ausgleich verpflichtet.

3. Für das erstinstanzliche Verfahren besteht kein Anwaltszwang.

4. Die Vermieter sind bezüglich des Rückzahlungsanspruchs **Gesamtschuldner.** Sie
können also gemeinsam als Gesamtschuldner in Anspruch genommen werden. Möglich
ist aber auch die Inanspruchnahme nur eines Vermieters.

5. Bei der bezifferten Leistungsklage richtet sich der Streitwert nach dem Zahlungsantrag.

6. Ein **Kostenantrag** ist nicht zwingend erforderlich, da das Gericht von Amts wegen
über die Kosten zu entscheiden hat. Bei einer Verurteilung mehrerer Vermieter als
Gesamtschuldner auf Zahlung ist es nicht erforderlich, im Kostenausspruch die gesamtschuldnerische Haftung für die Kosten auszusprechen, § 100 Abs. 4 ZPO.

7. Das Urteil ist sowohl hinsichtlich der Hauptsache wie auch bezüglich der Kosten für
vorläufig vollstreckbar zu erklären. Es handelt sich auch bei einem Rückforderungsanspruch wegen vermeintlich überzahlter Miete um ein Leistungsurteil in einem Mietrechtsstreit. In diesem Fall richtet sich die vorläufige Vollstreckbarkeit nach § 708 Ziff. 7
ZPO. Nur in den Fällen eines Versäumnis- oder Anerkenntnisurteils regelt sich die
vorläufige Vollstreckbarkeit nach § 708 Ziff. 1 oder Ziff. 2 ZPO. Grundsätzlich hat das
Gericht gem. § 711 ZPO eine Abwendungsbefugnis für den vorläufig zur Zahlung
verurteilten auszusprechen. Dies soll jedoch gem. § 713 ZPO entfallen, wenn gegen das
Urteil *unzweifelhaft* kein Rechtsmittel möglich ist.

8. Bis zu einem Streitwert von 600,– EUR kann das Gericht gem. § 495a ZPO das
Verfahren nach billigem Ermessen gestalten. Es muss in diesem Fall nur dann eine
mündliche Verhandlung durchführen, wenn eine Partei dies ausdrücklich beantragt hat.
Ferner kann das Urteil bei dieser Verfahrensweise gem. § 313a Abs. 1 S. 1 ZPO ohne
Tatbestand abgefasst werden und die Entscheidungsgründe können ins Protokoll diktiert
werden. Der Streitwert, nach dem sich entscheidet, ob diese Verfahrensweise zulässig ist
oder nicht, ist nicht der Gebührenstreitwert, sondern der Zuständigkeitsstreit- oder
Rechtsmittelstreitwert. Dies ergibt sich daraus, dass diese Verfahrensart auf die Verfahren
beschränkt ist, bei denen das Amtsgericht abschließend entscheidet. In Verfahren, in
denen das Landgericht zweitinstanzlich mit der Sache befasst werden kann, muss eine
überprüfbare Entscheidung mit Tatbestand und Entscheidungsgründen vorliegen. Zur
Wertberechnung dienen hier ausschließlich die allgemeinen Wertvorschriften der §§ 3
und 9 ZPO. Ggf. kann gegen ein entsprechendes Urteil eine Rügeschrift gem. § 321a ZPO
wegen Verletzung des Anspruchs auf rechtliches Gehör eingerichtet werden.

9. Gem. § 15a EGZPO und den verschiedenen landesgesetzlichen Ausführungsgesetzen ist eine **vorgerichtliche Schlichtung** bei Streitwerten bis 600,– bis 750,– EUR je nach Bundesland zum Teil erforderlich, es sei denn ein Mahnverfahren ist vorgeschaltet.

10. Gem. § 278 ZPO geht der mündlichen Verhandlung zum Zwecke der gütlichen Beilegung des Rechtsstreits eine **Güteverhandlung** voraus. Dies gilt dann nicht, wenn eine Güteverhandlung erkennbar aussichtslos ist.

11. Das Widerrufsrecht nach den §§ 355 iVm 312 BGB setzt voraus, dass es sich um einen Verbrauchervertrag iSd § 310 Abs. 3 BGB handelt. Das setzt einen Vertrag zwischen einem Unternehmer und einem Verbraucher vor. Strittig ist immer wieder die Frage, wann ein Vermieter Unternehmer iSd § 14 BGB ist. Danach ist Unternehmer eine natürliche oder juristische Person oder eine rechtsfähige Personengesellschaft, die bei Abschluss eines Rechtsgeschäfts in Ausübung ihrer gewerblichen oder selbständigen beruflichen Tätigkeit handelt. Abzugrenzen ist dies von der privaten Vermögensverwaltung. Es gibt immer wieder Versuche, die Unternehmereigenschaft von der Anzahl der Wohnungen, die vermietet werden, abhängig zu machen. Darauf – alleine – kommt es aber nicht an. Entscheiden ist, dass der Vermieter eine gewisse Organisation wie Büro etc. vorhält.

12. Nach § 312c Abs. 2 BGB sind Fernkommunikationsmittel alle Kommunikationsmittel, die zur Anbahnung oder zum Abschluss eines Vertrags eingesetzt werden können, ohne dass die Vertragsparteien gleichzeitig körperlich anwesend sind, wie Briefe, Kataloge, Telefonanrufe, Telekopien, E-Mails, über den Mobilfunkdienst versendete Nachrichten (SMS) sowie Rundfunk und Telemedien.

13. Gem. § 312 Abs. 4 BGB sind die Widerrufsvorschriften auf den Mietvertragsabschluss nur dann nicht anzuwenden, wenn dem Vertragsschluss eine Besichtigung vorausging.

12. Klage auf Rückzahlung überzahlter Miete aufgrund einer Mietpreisüberhöhung bei preisfreiem Wohnraum

An das

Amtsgericht[1]

Klage

des[2] . . . . .

– Kläger –

Prozessbevollmächtigter:[3] . . . . .

gegen

die Eheleute[4] . . . . .

– Beklagte –

wegen: Rückzahlung überzahlter Miete bei Wohnraummietvertrag

Streitwert: . . . . .[5]

Namens und mit Vollmacht des Klägers erhebe ich Klage gegen die Beklagten und werde beantragen:

1. Die Beklagten werden als Gesamtschuldner verurteilt, an den Kläger . . . . . EUR nebst Zinsen in Höhe von 5 Prozentpunkten über dem Basiszinssatz aus . . . . . EUR seit dem . . . . . 20 . . . . ., aus weiteren . . . . . EUR seit dem . . . . . 20 . . . . . und aus weiteren . . . . . EUR seit dem 20 . . . . . zu zahlen.
2. Es wird festgestellt, dass die Kläger nicht verpflichtet sind mehr als . . . . . EUR Miete zzgl. einer Betriebskostenvorauszahlung von zzt. . . . . EUR monatlich für die Wohnung . . . . .str . . . . . . in . . . . . stadt zu zahlen.
3. Die Beklagten tragen die Kosten des Rechtsstreits.[6]
4. Das Urteil ist vorläufig vollstreckbar.[7]

Ich beantrage ferner,

1. soweit das Gericht das Verfahren nach § 495a ZPO[8] betreiben will, die Durchführung einer mündlichen Verhandlung;
2. soweit das Gericht ein schriftliches Vorverfahren anordnet und der/die Beklagte(n) seine/ihre Verteidigungsbereitschaft nicht rechtzeitig anzeigen sollten, den Erlass eines Versäumnisurteils.

Ferner teile ich mit, dass

1. ein außergerichtlicher Einigungsversuch bisher nicht stattgefunden hat[9]
2. ein solcher Versuch erscheint zurzeit auch nicht aussichtslos.[10]

Begründung

Die Beklagten haben dem Kläger mit Mietvertrag vom . . . . . Räumlichkeiten[11] zum Wohnen vermietet. Für die Wohnung gelten keine Preisbindungsvorschriften.[12]

Beweis: in der Anlage überreichte Kopie des Mietvertrages

Als Miete wurde im Jahre . . . . . ein Betrag von . . . . . EUR zuzüglich sämtlicher Betriebskosten nach der Betriebskostenverordnung und zuzüglich Heizkosten vereinbart. Dies entspricht bei einer Wohnungsgröße von . . . . . m^2 einem Quadratmeterpreis von . . . . . EUR/m^2.

Beweis: In der Anlage überreiche Kopie des Mietvertrages

Diese Vereinbarung über die Miete ist teilweise[13] gem. § 134 BGB unwirksam, da sie eine Mietpreisüberhöhung gem. § 5 WiStG darstellt.

Die ortsübliche Vergleichsmiete für die von den Klägern angemietete Wohnung betrug zum Zeitpunkt des Vertragsschlusses . . . . . EUR/m^2.[14]

Beweis: 1. Mietspiegel[15] der Gemeinde . . . . . Stand . . . . .
      2. Sachverständigengutachten

Die Wohnung ist dabei wie folgt in den Mietspiegel einzugruppieren:

Baualtersklasse: . . . . .

Lageklasse: . . . . .

Ausstattungsklasse: . . . . .

Der in Bezug genommene Mietspiegel weist für diesen Wohnraum eine Mietspanne von . . . . . EUR bis . . . . . EUR pro m^2 aus. Für den Rückforderungsprozess gehen die Kläger vom Oberwert der Spanne aus.[16] Weitere Zuschläge[17] sind aber für die Wohnung nicht zu machen. Zuzüglich des 20 %tigen Wesentlichkeitszuschlags gem. § 5 Abs. 1 WiStG ergibt dies eine maximal zulässige Miete pro Quadratmeter von . . . . . EUR/m^2; bei einer Wohnungsgröße von . . . . . m^2 ergibt dies eine maximal zulässige Miete von . . . . . EUR, also monatlich . . . . . EUR weniger, als im Mietvertrag vereinbart.

Zum . . . . . wurde für die Gemeinde . . . . . ein neuer Mietspiegel veröffentlicht.[18] Dieser weist für die streitgegenständliche Wohnung eine Mietspanne von . . . . . EUR/m^2 bis . . . . . EUR/m^2 aus. Unter Berücksichtigung eines 20-prozentigen Zuschlags zum Oberwert beläuft sich die höchstzulässige Miete seither auf . . . . . EUR/m^2. Ab . . . . . 20 . . . . . beträgt somit die Überzahlung noch . . . . . EUR.

Beweis für die Höhe der ortsüblichen Miete seit . . . . .
    1. Mietspiegel vom . . . . .
    2. Sachverständigengutachten

Die Vereinbarung über die Miethöhe ist auch unter Ausnutzung eines geringen Angebots[19] an Wohnraum zustande gekommen.

Im Jahre 20 . . . . . herrschte in . . . . . für Wohnungen der von den Klägern angemieteten Art noch keine ausgeglichene Marktlage. Diese wirkte sich bei der Anmietung der Vertragswohnung zu Lasten der Kläger negativ aus.[20]

Die Kläger haben damals aus folgenden Gründen eine Wohnung gesucht:[21]

. . . . .

Bei der Wohnungssuche haben sie zum einen selbst in den örtlichen Zeitungen und Anzeigenblättern sowie im Internet recherchiert. Außerdem haben sie einen Makler beauftragt.

Beweis: Zeugnis des Maklers xy

Insgesamt haben sie damals an . . . . . Wohnungsbesichtigungen teilgenommen. Dabei handelte es sich ua um folgende Wohnungen:

    1 . . . . ..
    2 . . . . ..
    3 . . . . ..

Bei diesen Besichtigungen waren teilweise mehr als 15 Mietinteressenten gleichzeitig in der Wohnung.

Die Kläger waren dringend auf eine Wohnung angewiesen, weil . . . . . Die Wohnungssuche hat sich insgesamt über . . . . . Monate hingezogen.

Deshalb haben sie letztendlich den Mietvertrag abgeschlossen.

Mit der vorliegenden Klage verlangen die Kläger vom Beklagten die Rückzahlung der Überzahlung für die letzten 3 vollen Jahre und das laufende Jahr.[22]

der Klageanspruch berechnet sich wie folgt:

Von [Monat/Jahr] bis [Monat/Jahr] = [Anzahl] Monate

mtl. Überzahlung von . . . . . EUR insgesamt   . . . . . EUR

Von [Monat/Jahr] bis [Monat/Jahr] = [Anzahl] Monate

mtl. Überzahlung von . . . . . EUR insgesamt   . . . . . EUR

Von [Monat/Jahr] bis [Monat/Jahr] = [Anzahl] Monate

mtl. Überzahlung von . . . . . EUR insgesamt   . . . . . EUR

Summe: . . . . . EUR

Die Beklagten sind mit Schreiben vom . . . . ., ihnen zugegangen am . . . . ., aufgefordert, den geltend gemachten Betrag zurückzuzahlen. Sie wurden ferner aufgefordert mitzuteilen, welche laufenden Aufwendungen sie für die Wohnung des Klägers haben. Eine Auskunft erfolgte nicht. Mit Schreiben vom . . . . . wurden sie nochmals gemahnt.

Beweis: In der Anlage überreichte Kopie der Schreiben

Rechtsanwalt

Anmerkungen

1. Die sachliche **Zuständigkeit** für Wohnraummietsachen ergibt sich aus § 23 Nr. 2 a) GVG. Danach sind die Amtsgerichte ohne Rücksicht auf den Wert des Streitgegenstandes ausschließlich zuständig für Streitigkeiten über Ansprüche aus einem Mietverhältnis über Wohnraum. Hierzu zählen auch die Rückforderungsansprüche wegen vermeintlich überzahlter Miete. Die **örtliche Zuständigkeit** ergibt sich aus § 29a ZPO, wonach jeweils das Amtsgericht, in dessen Bezirk sich die gemietete Wohnung befindet, zuständig ist. Auch dies ist eine ausschließliche Zuständigkeit, so dass eine Zuständigkeit eines anderen Gerichts weder durch rügelose Einlassung gem. § 39 ZPO noch durch eine Gerichtsstandsvereinbarung gem. § 40 ZPO begründet werden kann (OLG Frankfurt MDR 1979, 851; LG München ZMR 1987, 271). Eine Verweisung unter Verstoß gegen diese bindenden Zuständigkeitsregelungen ist unbeachtlich (LG München ZMR 1987, 271; BLAH/*Hartmann* § 29a Rn. 13). Ob die allgemeine Zivilabteilung oder die Mietabteilung zuständig ist, ist eine Frage der internen Geschäftsverteilung des Gerichts. Die Klage muss nur an das Amtsgericht, nicht an die zuständige Abteilung adressiert sein.

2. Die Mieter sind hinsichtlich des Rückforderungsanspruchs **Gesamtgläubiger.** Der Vermieter kann an jeden der Gesamtgläubiger mit befreiender Wirkung leisten, § 428 BGB. Die Mieter sind dann untereinander gem. § 430 BGB zum Ausgleich verpflichtet.

3. Für das erstinstanzliche Verfahren besteht kein Anwaltszwang.

4. Die Vermieter sind bezüglich des Rückzahlungsanspruchs **Gesamtschuldner.** Sie können also gemeinsam als Gesamtschuldner in Anspruch genommen werden. Möglich ist aber auch die Inanspruchnahme nur eines Vermieters.

5. Bei der bezifferten Leistungsklage richtet sich der Streitwert nach dem Zahlungsantrag. Für den Feststellungsantrag bezüglich Zahlung der zukünftig fällig werdenden Miete ist der Jahresbetrag in Ansatz zu bringen, es sei denn das Mietverhältnis besteht mit Sicherheit kürzer.

6. Ein **Kostenantrag** ist nicht zwingend erforderlich, da das Gericht von Amts wegen über die Kosten zu entscheiden hat. Bei einer Verurteilung mehrerer Vermieter als Gesamtschuldner auf Zahlung ist es nicht erforderlich, im Kostenausspruch die gesamtschuldnerische Haftung für die Kosten auszusprechen, § 100 Abs. 4 ZPO.

7. Das Urteil ist sowohl hinsichtlich der Hauptsache wie auch bezüglich der Kosten für vorläufig vollstreckbar zu erklären. Es handelt sich auch bei einem Rückforderungsanspruch wegen vermeintlich überzahlter Miete um ein Leistungsurteil in einem Mietrechtsstreit. In diesem Fall richtet sich die vorläufige Vollstreckbarkeit nach § 708 Nr. 7 ZPO. Nur in den Fällen eines Versäumnis- oder Anerkenntnisurteils regelt sich die vorläufige Vollstreckbarkeit nach § 708 Nr. 1 oder Nr. 2 ZPO. Grundsätzlich hat das Gericht gem. § 711 ZPO eine Abwendungsbefugnis für den vorläufig zur Zahlung verurteilten auszusprechen. Dies soll jedoch gem. § 713 ZPO entfallen, wenn gegen das Urteil *unzweifelhaft* kein Rechtsmittel möglich ist.

8. Bis zu einem Streitwert von 600 EUR kann das Gericht gem. § 495a ZPO das Verfahren nach billigem Ermessen gestalten. Es muss in diesem Fall nur dann eine mündliche Verhandlung durchführen, wenn eine Partei dies ausdrücklich beantragt hat. Ferner kann das Urteil bei dieser Verfahrensweise gem. § 313a Abs. 1 S. 1 ZPO ohne Tatbestand abgefasst werden und die Entscheidungsgründe können ins Protokoll diktiert werden. Der Streitwert, nach dem sich entscheidet, ob diese Verfahrensweise zulässig ist oder nicht, ist nicht der Gebührenstreitwert, sondern der Zuständigkeitsstreit- oder Rechtsmittelstreitwert. Dies ergibt sich daraus, dass diese Verfahrensart auf die Verfahren beschränkt ist, bei denen das Amtsgericht abschließend entscheidet. In Verfahren, in denen das Landgericht zweitinstanzlich mit der Sache befasst werden kann, muss eine überprüfbare Entscheidung mit Tatbestand und Entscheidungsgründen vorliegen. Zur Wertberechnung dienen hier ausschließlich die allgemeinen Wertvorschriften der §§ 3 und 9 ZPO. Ggf. kann gegen ein entsprechendes Urteil eine Rügeschrift gem. § 321a ZPO wegen Verletzung des Anspruchs auf rechtliches Gehör eingerichtet werden.

9. Gem. § 15a EGZPO und den verschiedenen landesgesetzlichen Ausführungsgesetzen ist eine **vorgerichtliche Schlichtung** bei Streitwerten bis 600,– bis 750,– EUR je nach Bundesland zum Teil erforderlich, es sei denn ein Mahnverfahren ist vorgeschaltet.

10. Gem. § 278 ZPO geht der mündlichen Verhandlung zum Zwecke der gütlichen Beilegung des Rechtsstreits eine **Güteverhandlung** voraus. Dies gilt dann nicht, wenn eine Güteverhandlung erkennbar aussichtslos ist.

11. Im Mietrecht kennt man den Begriff des Wohnraums. § 5 WiStG gebraucht demgegenüber den Begriff der **„Räume zum Wohnen"**. Dieser Begriff ist anerkanntermaßen weiter als der mietrechtliche Wohnungsbegriff. Das bedeutet, dass zunächst einmal alles, was unter den Wohnraumbegriff des Mietrechts fällt auch unter § 5 WiStG zu subsumieren ist, dass aber darüber hinaus noch weitere Fälle erfasst werden. Wohnraummiete liegt vor, wenn Räumlichkeiten auf Grund eines Vertrags entgeltlich zum Zwecke des privaten Aufenthalts des Mieters oder Angehöriger überlassen werden. Unter den Begriff „Räume zum Wohnen" im Sinne des § 5 Abs. 1 WiStG fallen zusätzlich auch solche „Raumgebilde" *(Bohnert,* Ordnungswidrige Mietpreisüberhöhung, 2. Aufl. 1996, S. 28), die zwar niemals den Begriff des Wohnraums erfüllen würden, aber faktisch zum Wohnen vermietet und genutzt werden. Hierzu zählen z.B. Garagen, Hühnerställe, Keller, Heuschober, Nebenräume, Schäferkarren, Schiffskajüten, ausgeschlachtete und aufgebockte Pkw Karosserie, Geräteschuppen, Büroräume, Scheunen, Bunker, Holzremisen, Speicher, Wohnwagen, Wohnzelte. Mindesterfordernis ist, dass der „Raum zum Wohnen" mehrseitig umschlossen sein muss. Die Vermietung einer Wiese an Camper oder Landfahrer fällt deshalb selbst dann nicht unter den Tatbestand, wenn die Wiese umzäunt ist. Es genügt aber auch die Mitbenutzung von Räumen. Unerheblich ist ferner, ob die Räumlichkeiten für breite Schichten der Bevölkerung in Betracht kommen oder nicht, so dass auch repräsentative Villen oder Einfamilienhäuser unter den Anwendungsbereich des § 5 WiStG fallen. Es kommt dabei weder auf die Ausstattung der Räume noch auf ihre Gesundheitsverträglichkeit an. Entscheidend ist nur die Zweckbestimmung.

12. Für den preisgebundenen Wohnungsbau ist die Entgeltüberhöhung gem. § 26 WoBindG die entsprechende Anspruchsgrundlage.

Börstinghaus 529

13. Folge eines Verstoßes gegen § 5 WiStG ist, dass an die Stelle des vereinbarten überhöhten Mietzinses die maximal noch zulässige Miete tritt. Ein Verstoß gegen § 5 WiStG hat deshalb nicht die Nichtigkeit des gesamten Mietvertrages zur Folge sondern nur die Teilnichtigkeit des Teils, der die zulässigen Grenzen überschreitet (BGH NJW 1984, 722). Was das Gesetz nicht verbietet, ist rechtmäßig und kann daher auch nicht nach § 134 BGB nichtig sein. Diese Auslegung des Gesetzes ist nach einem Beschluss des BVerfG auch verfassungsrechtlich nicht zu beanstanden (BVerfG NJW 1994, 943).

14. Umstritten ist, ob das **selbständige Beweisverfahren** zur Vorbereitung einer Rückforderungsklage wegen Mietpreisüberhöhung zulässig ist: (dagegen LG Berlin NJW-RR 1997, 585; LG Freiburg WuM 1997, 337; LG Köln NJWE-MietR 1996, 268 mit krit. Anm. *Scholl* WuM 1997, 307; LG Köln Beschl. v. 22.9.1997 – 1 T 370/07; aA LG Köln WuM 1995, 490; zumindest wenn Umbau bevorsteht: LG Mainz WuM 1997, 631). Bei der Feststellung der ortsüblichen Vergleichsmiete geht es nicht um die Feststellung des Wertes der Wohnung (LG Berlin NJW-RR 1997, 585). Unerheblich ist dabei, ob man unter Wert der Sache iSd § 485 ZPO nur den Verkehrswert oder auch den Ertragswert (so *Scholl* WuM 1997, 307) versteht, die ortsübliche Vergleichsmiete hat mit beiden Werten nichts zu tun, obwohl sie natürlich den Ertragswert beeinflusst. Die ortsübliche Vergleichsmiete ist ein Rechtsbegriff, der, vereinfacht ausgedrückt, bestimmt wird durch alle zu einem bestimmten Stichtag in einer Gemeinde gezahlten Mieten, soweit diese Mieten innerhalb der letzten vier Jahre neu vereinbart oder verändert wurden. Für die Ermittlung der ortsüblichen Vergleichsmiete kommt es insoweit auf den Zustand der Wohnung an, um festzustellen welche Wohnungen als Vergleichsmaßstab herangezogen werden müssen, der Wert der ortsüblichen Vergleichsmiete wird aber durch die für die anderen Wohnungen gezahlten Wohnungen bestimmt (LG Braunschweig WuM 1996, 291). Dies gilt auch für den Begriff der üblichen Entgelte in § 5 WiStG (LG Freiburg WuM 1997, 327).

15. Gibt es in der Gemeinde einen **Mietspiegel,** kann das Gericht auch mittels dieses Mietspiegels die Überschreitung der üblichen Entgelte in der Gemeinde feststellen. Dabei ist der Mietspiegel kein förmliches Beweismittel nach den Vorschriften der ZPO (KG RE NJW-RR 1992, 80). Formal ist es dabei zunächst unerheblich ob es sich um einen qualifizierten Mitspiegel gem. § 558d BGB handelt oder um einen einfachen Mietspiegel gem. § 558c BGB. Die Vermutungswirkung gem. § 558d Abs. 3 BGB gilt nach dem ausdrücklichen Wortlaut und der systematischen Stellung der Vorschrift nur für das Zustimmungsverfahren nach §§ 558 ff. BGB. Da es aber um den gleichen Begriff geht, nämlich der ortsüblichen Vergleichsmiete, werden die Gerichte wie bisher auch schon, qualitativ hochwertige Mietspiegel wie z.B. die qualifizierten Mietspiegel mit einem hohen Beweiswert ausstatten auch wenn eine Vermutungswirkung wohl formal nicht in Betracht kommt. Gegen die Verwendung von Mietspiegeln im Prozess bestanden schon nach altem Recht keine verfassungsrechtlichen Bedenken (BVerfG NJW 1992, 1377; BVerfG WuM 1991, 523). Die Verwendung von Mietspiegeln im gerichtlichen Erkenntnisverfahren liegt auch im Interesse des Vermieters. Sie garantiert nicht nur eine rasche Entscheidung, sie erleichtert dem Vermieter vielmehr zugleich in ganz erheblichem Maße die ihm obliegende prozessuale Darlegungslast. Ihr Vorzug besteht aber vor allem darin, dass ordnungsgemäß aufgestellte Mietspiegel in der Regel auf einer erheblich breiteren Tatsachenbasis ruhen, als sie ein gerichtlich bestellter Sachverständiger mit einem Kosten- und Zeitaufwand ermitteln könnte, der zum Streitwert des gerichtlichen Verfahrens in einem angemessenen Verhältnis stünde. Die Entscheidung, ob im konkreten Einzelfall ein Mietspiegel vom Gericht zur Ermittlung der ortsüblichen Vergleichsmiete herangezogen wird hängt vor allem von der Qualität des Mietspiegels ab. Nur ordnungsgemäß erstellte Mietspiegel (dazu *Börstinghaus/Clar,* Mietspiegel, 2. Aufl. 2013) können zur Ermittlung der ortsüblichen Vergleichsmiete herangezogen werden. Dabei bezieht sich ordnungs gemäß nicht nur auf die Formalien des Aufstellungsverfahrens sondern vor allem auf Frage, ob die Werte „richtig" sind. Der Tatrichter muss im Rahmen der ihm obliegenden freien Beweiswürdigung feststellen und bewerten, ob das Zahlenmaterial hinsichtlich der Datengewinnung und -auswertung vollständig ermittelt und dargestellt wurde. Zweifel an der gerichtlichen Verwertbarkeit von Mietspiegel können sich auch aus der benutzten Auswertungsmethode ergeben.

16. Im Zustimmungsprozess ist strittig, ob ohne weitere Angaben der Mittelwert der Spanne (LG Berlin MM 1995, 67; LG Wiesbaden WuM 1992, 256), der untere Spannenwert (AG Köln WuM 1996, 421) oder der obere Spannenwert (LG Berlin GE 1995, 495; LG Lübeck WuM 1989, 306) maßgeblich ist. Für das Mieterhöhungsverlangen hat der Gesetzgeber in § 558a BGB ausdrücklich eine Regelung getroffen. Danach genügt es, wenn die verlangte Miete innerhalb der entsprechenden Mietspiegelspanne liegt. Für den Rückforderungsprozess neigen die Gerichte dazu vom oberen Spannenwert auszugehen (LG Berlin GE 1998, 1341; LG Dortmund WuM 1998, 489; AG Dortmund WuM 1997, 440; AG Tiergarten MM 1989, Nr. 7/8 S. 23).

17. Solche Zuschläge können sich zum einem unmittelbar aus dem Mietspiegel ergeben und zum anderen deshalb gerechtfertigt sein, weil im konkreten Mietverhältnis anders als bei den für den Mietspiegel ausgewerteten Wohnungen noch weitere Vermieterleistungen zu berücksichtigen sind. Dies kann z.B. eine Möblierung oder Teilmöblierung der Wohnung sein. Möglich ist auch ein Zuschlag für teilgewerbliche Nutzung, für die Untervermietungserlaubnis oder dafür, dass der Vermieter die Schönheitsreparaturen nicht auf den Mieter abgewälzt hat. Schließlich kann ein Zuschlag auch dann erforderlich sein, wenn es sich um einen Nettomietspiegel handelt, im konkreten Mietverhältnis aber auch (Teil-)Inklusivmiete vereinbart wurde.

18. Bei einer **Mietpreisüberhöhung** müssen auch Veränderungen der ortsüblichen Miete berücksichtigt werden (OLG Hamm NJW 1983, 1622; OLG Frankfurt WuM 1985, 139; KG WuM 1995, 384, mit krit. Anm. *Buchmann* WuM 1995, 427; im Ergebnis ebenso BGH WuM 2007, 440 = MietPrax-AK § 557 BGB Nr. 8). Daraus folgt, dass der nichtige Teil einer Mietzinsvereinbarung für die Zukunft also noch Wirkungen hat, wenn auch nur eingeschränkt. In der Praxis ist aber nach wie vor strittig, wie die Steigerung der ortsüblichen Vergleichsmiete zu ermitteln ist und in welchen Abständen diese vorzunehmen ist. Während das LG Hamburg (WuM 1997, 209) auch im Rückforderungsprozess die ortsübliche Miete nur an Hand des jeweils gültigen Mietspiegels feststellen will und während der Gültigkeitsdauer eines solchen Mietspiegels keine Steigerung vornehmen will, will das LG Berlin (GE 1996, 925; LG Berlin GE 1996, 1110) von einer linearen Entwicklung zwischen den Erhebungsstichtagen der einzelnen Mietspiegel ausgehen. Das würde bedeuten, dass für einen Rückzahlungsprozess jeweils die Werte des letzten Mietspiegels vor dem ersten Monat des Rückforderungszeitraums von den entsprechenden Werten des zeitlich nächsten Mietspiegels abgezogen werden müssen. Dieser Differenzwert ist durch die Anzahl der Monate, die zwischen beiden Mietspiegelstichtagen lagen zu dividieren. Der so errechnete Betrag ist für jeden Monat den Werten des älteren Mietspiegels hinzuzurechnen. Diese Monatswerte sind dann noch gem. § 5 WiStrG um 20 % zu erhöhen. Sollten über den strittigen Zeitraum mehrere Mietspiegel veröffentlicht worden sein, kann nicht über einen Mietspiegel hinweg gerechnet werden, sondern es muss die obige Rechenoperation für jeden Zeitabschnitt erneut durchgeführt werden. Man muss sich nämlich immer vergegenwärtigen, dass diese Rechenmethode allenfalls ein grobes Hilfsmittel ist. Eine lineare Mietentwicklung ist zwar möglich, aber durchaus nicht zwingend und auch nicht wahrscheinlich.

19. Ein Verstoß gegen § 5 WiStG setzt nicht nur die Überschreitung der ortsüblichen Vergleichsmiete um mehr als 20 % voraus, das Gesetz verlangt zusätzlich auch noch, dass dies unter **Ausnutzung eines geringen Angebots** an vergleichbaren Räumen erfolgt. Dies wurde früher angenommen, wenn das örtliche Angebot die vorhandene Nachfrage nicht wenigstens spürbar übersteigt. Der BGH scheint dies aber enger zu sehen, da seiner Meinung nach ein geringes Angebot nur anzunehmen ist, wenn es die Nachfrage nicht erreicht (BGH NJW 2005, 2156 = MietPrax-AK § 5 WiStG Nr. 2) Zur Ermittlung der Teilmärkte wird sowohl in subjektiver wie auch in objektiver Hinsicht differenziert:

Wohnungsteilmärkte	
objektive Kriterien	subjektive Kriterien
1 Zimmerwohnungen	kinderreiche Familien
2 Zimmerwohnungen	Studenten
möblierte Wohnungen	Ausländer
Dachgeschosswohnungen	Wohngemeinschaften
einfach ausgestattete Wohnungen	Alleinerziehende
Luxuswohnungen	

Dabei muss beachtet werden, dass die subjektiven Kriterien bei der Ermittlung der ortsüblichen Vergleichsmiete nicht berücksichtigt werden dürfen. Dort sind nur die fünf objektiven Wohnwertmerkmale maßgeblich. Für die Frage aber, ob der Vermieter ein geringes Angebot ausgenutzt hat, ist auch auf Teilmärkte nach subjektiven Kriterien abzustellen. Deshalb kann selbst bei einer insgesamt ausgeglichenen Versorgungslage ein geringes Angebot iSd § 5 WiStG vorhanden sein (*Mock* Mietwucher S. 57). Zum Teil wird die Differenzierung nach Teilmärkte auch abgelehnt (*Hentschel* MM 1998, 305).

Nach Ansicht des BGH (NJW 2005, 2156 = MietPrax-AK § 5 WiStG Nr. 2) ist zur Feststellung des Tatbestandsmerkmals „Ausnutzung eines geringen Angebots" auf **das gesamte Gebiet der Gemeinde** und nicht lediglich auf den Stadtteil abzustellen, in dem sich die Mietwohnung befindet. Das Tatbestandsmerkmal des „geringen Angebots" ist deshalb nicht erfüllt, wenn der Wohnungsmarkt für vergleichbare Wohnungen nur in dem betreffenden Stadtteil angespannt, im übrigen Stadtgebiet aber entspannt ist.

20. Das Tatbestandsmerkmal der „Ausnutzung eines geringen Angebots" (§ 5 Abs. 2 WiStG) ist nur erfüllt, wenn die Mangellage auf dem Wohnungsmarkt für die Vereinbarung der Miete **im Einzelfall ursächlich** war. Dazu hat der Mieter darzulegen und gegebenenfalls zu beweisen, welche Bemühungen bei der Wohnungssuche er bisher unternommen hat, weshalb diese erfolglos geblieben sind und dass er mangels einer Ausweichmöglichkeit nunmehr auf den Abschluss des für ihn ungünstigen Mietvertrages angewiesen war (BGH NJW 2004, 1740 = MietPrax-AK § 5 WiStG Nr. 1). Das geringe Angebot kann deshalb weder als gerichtsbekannt vorausgesetzt werden noch aus Indizien gefolgert werden.

21. Erforderlich ist eine detailreiche substantiierte Schilderung der damaligen Wohnungssuche. Kriterien können sein die eigenen ursprünglichen Vorstellungen und dann realisierte Umsetzung, die Dauer der Suche, die einzelnen Wohnungsbesichtigungen, die Zahl der Angebote oÄ.

22. Grundsätzlich verjähren Rückzahlungsansprüche gemäß § 812 BGB in 3 Jahren ab Kenntnis vom Anspruch und Gegner. Erforderlich ist aber nur Tatsachenkenntnis, keine Rechtskenntnis. Die Verjährungsfrist beginnt jedoch gem. § 199 BGB erst mit dem Ende des Jahres in dem die entsprechende Zahlung geleistet wurde.

Gewährleistung

13. Klage auf Mängelbeseitigung

An das

Amtsgericht . . . . .

– Abteilung für Mietsachen –

Klage[1]

der Eheleute Karl und Sofie M . . . . .

– Kläger –

Prozessbevollmächtigte: Rechtsanwälte . . . . .

gegen

die Aufbaugemeinschaft K.-N., Gesellschaft des Bürgerlichen Rechts, bestehend aus den Mitgliedern . . . . .,

diese wiederum vertreten durch die BB Baubetreuung GmbH, vertreten durch den Geschäftsführer . . . . .

– Beklagte[2] –

wegen Instandsetzungsverpflichtung aus Wohnraummietvertrag

vorläufiger Streitwert: 1.200,– EUR[3]

Namens und im Auftrag der Kläger erheben wir Klage und beantragen,

I. die Beklagte zu verurteilen, folgende Instandsetzungsarbeiten in der Mietwohnung der Kläger im Erdgeschoss links des Hauses O-Straße 260, K., vorzunehmen:[4]

1. Im Esszimmer ist die blinde Isolierglasscheibe zu entfernen und eine neue Isolierglasscheibe inklusive Reinigen der Glasfalze und der neuen Versiegelung im Außenbereich einzubauen, ferner sind die Glasleisten von innen einzusetzen und die umlaufenden Dichtungen des zweiflügeligen Fensters gegen nicht schrumpfendes Material auszutauschen.

2. Im Wohnzimmer ist die Balkontür-Kastenkonstruktion mit einem Flügel dahingehend zu erneuern, dass die alte Tür einschließlich Rahmenkonstruktion entfernt, eine neue Balkontür-Kastenkonstruktion mit fester Verglasung aus Fichte/Tanne inklusive einer zweifachen Grundierung für einen geschlossenen porigen Anstrich eingebaut wird und die Anschlüsse einschließlich innerer Verleistung abgedichtet sowie die Rollladenkästen erneuert werden.

3. Im Kinderzimmer sind die umlaufenden Gummidichtungen beider einflügeligen, isolierverglasten Fenster auszutauschen und gegen Gummidichtungen aus nicht schrumpfendem Material zu ersetzen.

4. Im Schlafzimmer ist die umlaufende Gummidichtung bei dem zweiflügeligen Fenster durch eine Gummidichtung aus nicht schrumpfendem Material zu ersetzen.

5. Der Anstrich des Holzfensters im Schlafzimmer ist von außen deckend auszubessern, indem der alte Fensteranstrich gereinigt und aufgeraut, die offenen Eckverbindungen

und Risse mit Spachtelmasse verschlossen, die gespachtelten Stellen vorgestrichen und auf den alten Ölfarbanstrich bzw. die gespachtelten Stellen dazwischen ein Endanstrich aufgebracht wird.

II. festzustellen,[5] dass die Kläger zur Minderung des Mietzinses wegen der vorbezeichneten Mängel in Höhe von 100,– EUR pro Monat = 20 % des Grundmietzinses berechtigt sind.

III. der Beklagten zur Erfüllung der Pflicht zu I. eine Frist von 4 Wochen nach Zustellung des Urteils zu setzen, nach deren Ablauf die Kläger die Leistung ablehnen. Insoweit wird die Beklagte verurteilt, nach fruchtlosem Fristablauf 4.550,– EUR nebst 5 % Zinsen über dem Basiszinssatz seit Fristablauf an die Kläger zu zahlen.

Sollte das Gericht das schriftliche Vorverfahren beschließen, wird bereits jetzt darüber hinaus

Antrag auf Erlass eines

Versäumnisurteils

gestellt.

Begründung:

Die Kläger sind Mieter, die Beklagte Eigentümerin und Vermieterin der im Klageantrag näher bezeichneten Wohnung in der O-Straße in K.; maßgebend sind die Bestimmungen des Mietvertrages vom 4.1.2008.

Beweis: Vorlage des Mietvertrages vom 4.1.2008.

Das Mietobjekt wies und weist noch heute eine Reihe von Mängeln auf. Insbesondere waren die Fenster in den verschiedenen Räumen undicht, wodurch Wind und zum Teil auch Wasser in die Wohnräume der Kläger eindringt.

Diese Mängel waren Gegenstand eines selbstständigen Beweisverfahrens, auf das vollinhaltlich Bezug genommen wird.[6]

Beweis: Beiziehung der Beweissicherungsakte . . . . . H . . . . ./08 AG K.

Im Einzelnen handelt es sich um folgende Mängel:

Im Esszimmer ist eine Fensterscheibe des zweiflügeligen Fensters blind und undicht, so dass bei starkem Regen Wasser eindringt.

Im Wohnzimmer ist die Balkontürkonstruktion undicht und die Rahmen sind so verzogen, dass sie mit schreinermäßiger Überarbeitung nicht repariert werden können. Die komplette Balkontürkonstruktion ist auszutauschen.

Bei den Fenstern im Kinderzimmer ist die umlaufende Gummidichtung zwar vollständig vorhanden, wegen Ermüdung des Materials jedoch auszutauschen.

Die umlaufende Gummidichtung des zweiflügeligen Fensters im Schlafzimmer ist nicht vollständig. Die Fensterrahmen sind von außen malermäßig zu überarbeiten.

Beweis: wie vor

Der Sachverständige Dipl.-Ing. S. hat im Beweissicherungsgutachten festgestellt, dass diese Baumängel bauseits und damit von der Beklagten zu vertreten sind.[7]

Beweis: wie zuvor

In der Vergangenheit wurde die Beklagte mehrfach aufgefordert, diese Mängel zu beseitigen. Auf verschiedene anwaltliche Schreiben erfolgte keine Reaktion, so dass zunächst das gerichtliche Beweissicherungsverfahren vorgeschaltet worden ist. Nach dessen Durchführung wurde die Beklagte bzw. die Verwalterin abermals durch die Prozessbevollmächtigten der Kläger aufgefordert, die im Klageantrag näher bezeichneten Instandsetzungsarbeiten vorzunehmen. Es wurde hierfür eine Frist bis zum 31.5.2008 gesetzt, die jedoch – wiederum ohne jede Reaktion – verstrich.

Beweis: Vorlage des Schreibens vom 22.5.2008

Klage ist daher geboten.

Rechtsanwalt[8, 9]

Anmerkungen

1. Mängelbeseitigungsklagen (ebenso wie Aufwendungsersatz- und Vorschussklagen kommen ab und an – trotz des nahezu regelmäßig vorgeschalteten Beweissicherungsverfahrens – vor, weil das Gutachten aus der Sicht des Gegners nicht die gewünschte Klarheit herbeigeführt hat oder dieser schlicht unwillig ist. Gerade in Spekulationsobjekten (wie auch allgemein bei belasteten Mietverhältnissen) ist das Unterlassen notwendiger Instandsetzungen ein beliebtes Mittel, Mieter aus dem Haus herauszutreiben. Hier reichen die regelmäßigen Druckmittel (Mietminderung und Zurückbehaltung in Höhe des 3–5-fachen des Minderungsbetrages: LG Berlin GE 1993, 266; LG Hamburg MDR 1984, 494; AG München WuM 1987, 216; Palandt/Weidenkaff § 536 Rn. 6; Bieber NZM 2006, 683; – bzw. der Mängelbeseitigungskosten: LG Berlin GE 2000, 1688; LG Saarbrücken NZM 1999, 757 und LG Bonn WuM 1991, 262 = ZMR 1991, 300 in Übertragung der zum Werkvertragsrecht ergangenen Rechtsprechung, z.B. BGH NJW 1982, 2494; ebenso *Emmerich/Sonnenschein* § 536 Rn. 35 u. *Börstinghaus* Rn. 88, jew. mwN; der BGH hat die Streitfrage bislang nicht entschieden und jedenfalls für das Gewerberaummietrecht im Einzelfall die dreifache Höhe der Herstellungskosten nicht beanstandet, vgl. NZM 2003, 437) naturgemäß nicht aus, um die Instandsetzung herbeizuführen.

In diesem Zusammenhang ist darauf hinzuweisen, dass die Vorfälligkeitsregelung in § 556b BGB keine materielle Vorleistungspflicht des Mieters iSd § 320 BGB begründet, eingehend hierzu: *Eisenschmid* WuM 2001, 218 u. *Gellwitzki* WuM 2001, 381; siehe aber auch Palandt/*Weidenkaff* § 556b Rn. 4 mwN. Die gegenteilige Auffassung von *Langenberg* (WuM 2001, 525 und Schmidt-Futterer/*Langenberg* § 556b Rn. 11) ist nachvollziehbar, aber mit der Intention des Gesetzgebers unvereinbar, wie auch schon aus § 556b Abs. 2 BGB folgt, wo das vorausgesetzte Zurückbehaltungsrecht ausdrücklich erwähnt ist. Vgl. auch *Sternel* WuM 2002, 247 ff., Schmidt-Futterer/*Langenberg* § 556b Rn. 11, *Emmerich/Sonnenschein* § 536 Rn. 34 und Bub/Treier/*Kraemer/Ehlert* III B Rn. 3282.

Entsprechendes gilt aus reinen Kostengründen häufig bei gesundheitsgefährdenden Einrichtungen (vgl. Bub/Treier/*Kraemer/Ehlert* III B Rn. 3148 ff.), wie asbesthaltigen Nachtstromspeicheröfen, deren Austausch naturgemäß kostspielig ist (vgl. hierzu den Fall LG Berlin WuM 1999, 35; Bub/Treier/*Kraemer/Ehlert* III B Rn. 3153) oder auch bei Feuchtigkeitsschäden (Bub/Treier/*Kraemer/Ehlert* III B Rn. 3161), deren Behebung, sofern sie baulich bedingt sind, naturgemäß sehr aufwändig und teuer ist und auch die – aus gleichem Grunde schwierige – Regressfrage gegenüber dem vom Vermieter eingesetzten Bauunternehmer aufwerfen kann.

Im zugrundeliegenden Original-Fall war am Ergebnis des Gutachtens nun wirklich nicht zu rütteln; unmittelbar nach Zustellung der Klage erfolgte Anerkenntnis.

2. Zur Rechtsfähigkeit der (Außen-)GbR siehe BGH NZM 2001, 299 und Bub/Treier/Fischer IX Rn. 136; diese Grundsätze gelten allerdings nicht für die Wohnungseigentümergemeinschaft als gesetzlich gesondert geregelte Bruchteilsgemeinschaft, vgl. BayObLG NZM 2001, 956. Auch ist die GbR nicht zwingend zu verklagen. Es besteht keine Pflicht, diese und nicht die einzelnen Gesellschafter zu verklagen (BGH NZM 2007, 565). Die Mehrvertretungsgebühr des § 7 RVG kann vom Gegner freilich in der Regel nicht erstattet verlangt werden, weil eine Pflicht der erstattungsberechtigten Partei besteht, die Kosten so gering wie nur möglich zu halten (BGH NZM 2002, 794; KG NZM 2006, 468). Zur Möglichkeit der Rubrumsberichtigung im GbR-Prozess, der in Unkenntnis der neuen Rechtsprechung zur Rechtsfähigkeit der GbR angestrengt wurde, siehe BGH NZM 2003, 235 und NZM 2005, 943 sowie OLG Düsseldorf NZM 2006, 182. Zur über das Gründungsstadium hinausgehenden Mithaftung von Gründungsgesellschaftern einer GmbH siehe OLG Brandenburg NZM 2003, 154. Zu § 6 BRAGO (= § 7 RVG) siehe BGH NZM 2005, 941 betr. GbR und OLG Schleswig NZM 2004, 240 betr. WEG-Gemeinschaft. Zur Gebührenerhöhung bei Vertretung mehrerer Mieter, Vermieter und Wohnungseigentümer nach dem RVG siehe auch *N. Schneider* NZM 2006, 361 ff. u. NZM 2007, 721 ff.

3. Gesetzlich geregelt ist nunmehr in § 41 Abs. 5 GKG die Bemessung des Gebührenstreitwerts für die Mängelbeseitigungsklage dahingehend, dass der einjährige Minderungsbetrag zugrunde zu legen ist (vgl. Bub/Treier/Fischer IX Rn. 401; Gies NZM 2003, 886, 889). Der bisherige Streit, ob nicht die Kosten der Mängelbeseitigung oder wie für den Rechtsmittelstreitwert der Wert der dreieinhalbjährigen Minderung in Ansatz zu bringen ist, ist hiermit eindeutig entschieden. Für den Beschwerde- und Rechtsmittelwert gilt dagegen nach § 9 ZPO der 3,5-fache Jahresbetrag (BGH NZM 2003, 152; 2004, 295). Durch den Feststellungsantrag könnte es vorliegend allerdings zu einer Wertaddition im Sinne des § 39 Abs. 1 GKG kommen, da die Feststellung selbständige Bedeutung hat. Sie überschreitet aber nicht den Wert der einjährigen Minderung, da binnen dieses Zeitraums mit einer Mängelbeseitigung gewöhnlich gerechnet werden kann. Dagegen hat das LG München II (WuM 2001, 616) angenommen, dass der Feststellungsantrag zur künftige Minderung bis zur Mängelbeseitigung mit dem Streitwert der Mängelbeseitigungsklage wirtschaftlich identisch sein soll, was zum Eingreifen des § 45 Abs. 1 S. 3 GKG führen müsste (vgl. auch LG Berlin MDR 2015, 1208).

4. Der **Klageantrag der Leistungsklage** muss die Leistung so genau bezeichnen, dass der Beklagte sein Risiko erkennen und sich demgemäß erschöpfend verteidigen kann (BGH MDR 1993, 632) und dass er für das entsprechende Urteil die Grenzen der Rechtskraft eindeutig erkennen lässt und für die Zwangsvollstreckung klar ist (BGH NJW 1984, 2347; BAG NJW 1985, 646; Zöller/*Greger* § 253 Rn. 13: vgl. auch BLAH/*Hartmann* § 253 Rn. 49 mwN; Bub/Treier/Fischer IX Rn. 77). Bei der Mängelbeseitigungsklage, deren Vollstreckung nach § 887 ZPO erfolgt, bedeutet dies, dass sowohl der Mangel als auch seine Beseitigung (der angestrebte Erfolg, vgl. Kinne/Schach/Bieber/*Bieber* § 536 Rn. 2) hinreichend genau bezeichnet werden müssen. Letzteres erfordert die Bezeichnung des Ergebnisses in einer Weise, dass dem Augenschein nach – und sei es unter Hinzuziehung eines Sachverständigen – festgestellt werden kann, ob die geforderte Leistung ausgeführt, d.h. erfüllt ist.

Diesen Anforderungen genügt der vorgestellte Antrag, der sich detailliert an die Feststellungen des Sachverständigen anpasst. Nicht selten findet sich aber z.B. folgender Tenor:

„in der vom Kl. angemieteten Wohnung . . . . . folgende Mängel zu beseitigen:

- Feuchtigkeitsbildung und Beschlagen der doppelverglasten Fensterscheiben im Fensterzwischenraum an den zur Straße gelegenen einflügeligen Fenstern und an der Fensteranlage, die zur Parkseite gelegen ist, das zweite, dritte und fünfte Fenster von links gesehen
- Feuchtigkeitserscheinungen und Schimmelbildung im Wohnzimmer, im Dachgeschoss, und zwar um die Fensterbereiche herum und in der Abstellkammer im Dachgeschoss an der Wandschräge
- Feuchtigkeitsfleck im Badezimmer
- fehlende Betriebsbereitschaft des Kühlschranks in der Einbauküche . . . . .“

Diese Art der Antragstellung empfiehlt sich, wenn nicht feststeht, wie der Mangel zu beheben ist, es also dem Schuldner überlassen ist, in eigener Regie zu bestimmen, wie dem Mangel abzuhelfen ist (vgl. Bub/Treier/Fischer IX Rn. 77 unter Hinweis auf BGH NJW 1978, 1584). Dementsprechend hätten hier im Antrag die Mängel grundsätzlich auch lediglich so bezeichnet werden können, wie im seinerzeitigen Beweissicherungsantrag.

5. Sachgerecht ist, den Leistungsantrag mit einem **Feststellungsantrag zur Höhe der Minderung** zu kombinieren, sofern die erforderliche Feststellung – insoweit ohne Kostenrisiko, da im selbstständigen Beweisverfahren die Minderungshöhe grundsätzlich unbestimmt erfragt werden kann – nicht bereits im Beweissicherungsgutachten getroffen wurde (→ Form. D. III. 2. 1 Anm. 4). Ein solches Vorgehen führt dazu, dass alle Streitpunkte um den Mangel geklärt werden, beugt also weiteren Rechtsstreiten vor (zu sonst noch möglichen und sinnvollen Klageanträgen zur Mietminderung siehe *Börstinghaus* NZM 1998, 656; *Gies* NZM 2003, 545,549). Siehe im Übrigen zu → Form. B. III. 12 Anm. 9, 10.

Die **Anträge nach § 510 b ZPO** nehmen hier die Zwangsvollstreckung nach § 887 ZPO (vgl. dazu OLG Dresden WuM 2002, 34) vorweg. Solches ist denkbar, wenn die Höhe der erforderlichen Aufwendungen im selbstständigen Beweisverfahren bereits geklärt ist, wie vorliegend (→ Form. D. III. 2. Anm. 1). Nach § 888a ZPO hat ein solches Vorgehen freilich zur Folge, dass keine Vollstreckung möglich ist bezüglich des Erfüllungsanspruchs. Der materielle Entschädigungsanspruch folgt hier aus § 536a Abs. 2 BGB, ggf. in Form des Vorschussanspruchs (→ Form. B. III. 12, 13. Da § 510 b ZPO den auf die Vollstreckung bezogenen Antrag als Zwischenantrag behandelt, bewirkt er keine Anspruchshäufung nach § 260 ZPO und schon deshalb keine Zusammenrechnung der Streitwerte nach §§ 39 GKG, 5 ZPO (vgl. statt aller BLAH/*Hartmann* § 510 b Rn. 4). Zum Fall des § 255 ZPO → Anm. 1, → Anm. 4, und → Form. B. III. 1.; § 510 b ZPO bei Urteilen auf Vornahme einer Handlung gilt nur im Verfahren vor den Amtsgerichten.

6. Die **Vorschaltung eines** selbstständigen Beweisverfahrens ist sachgerecht, §§ 485 ff. ZPO. Gelegentlich wird aber auch Bezug genommen auf die Auskunft eines hinzugezogenen Handwerkers und neben dessen Zeugnis Beweis angeboten durch Einholung eines Sachverständigengutachtens. In diesem Fall hat es der Beklagte in der Hand, sein Risiko abzuschätzen. Denn bestreitet er den Mangel, hat im Prozess regelmäßig eine Beweisaufnahme durch die Einholung eines Sachverständigengutachtens zu erfolgen, da nur ausnahmsweise der hinzugezogene Handwerker oder Privatgutachter selbst als hinreichend sachverständig oder objektiv anzuerkennen ist.

Vor Klageerhebung sollte genau überlegt werden, ob nicht zunächst ein selbstständiges Beweisverfahren oder gar die Einholung einer Auskunft zB des Gesundheitsamts ausreicht, um die Streitpunkte zu klären. Mag es auch Uneinsichtigkeit oder gar Böswilligkeit sein, die die Beklagten immer wieder veranlasst hat, Aussagen von Handwerkern oder gar Ergebnisse richterlichen Augenscheins vehement zu bestreiten, hat doch das Sachverständigengutachten in der Praxis eine sehr hohe Überzeugungskraft für alle Beteiligten (vgl. Bub/Treier/Fischer IX Rn. 211).

7. Rechtsgrundlage des Mängelbeseitigungsanspruchs ist § 535 Abs. 1 S. 2 BGB, wonach der Vermieter die vermietete Sache dem Mieter in einem zu dem vertragsgemäßen Gebrauch geeigneter Zustand zu überlassen und sie während der Mietzins in diesem Zustand zu erhalten hat.

a) Ist hiernach maßgebend in erster Linie die **Tauglichkeit zu dem vertraglich vereinbarten Zweck** erweisen sich häufig einige **Nachteile als selbstverständlich vertragsgemäß mit in Kauf** genommen, d. h. stillschweigend vorausgesetzt: die Lärmbelästigung durch den vor dem Haus verlaufenden Verkehr, die Wohngeräusche anderer Mieter beim Mehrfamilienhaus (BayObLG RE NJW 1987, 1950 = WuM 1987, 112), bauzeitenentsprechende Einschränkungen der Schall- und Wärmedämmung (LG Lüneburg WuM 1987, 214), die häufig dürftige Bauqualität im Gebiet der ehemaligen DDR (KreisG Döblin WuM 1992, 535).

Nicht dagegen ist vertragsgemäß in Kauf genommen: Neubaufeuchte bei der Anmietung einer Neubauwohnung (LG Hamburg WuM 1976, 205; vgl. auch AG Steinfurt WuM 1996, 759 zur Kenntnis i. S. d. § 536b BGB), Trittschall bei der Anmietung einer Altbauwohnung, über der sich Büroräume befinden (LG Karlsruhe DWW 1987, 234) und beinhaltet insbesondere nicht die Anmietung eines älteren Hauses zu geringem Mietzins den Verzicht, die Wohnung im Rahmen des üblichen Wohngebrauchs nutzen zu können, insbesondere auf die Beseitigung baukonstruktiv verursachter Feuchtigkeitsschäden (LG Nürnberg-Fürth WuM 1985, 20; vgl. aber zum Problem stillschweigenden Ausschlusses der Minderung wegen zugrundegelegten unterdurchschnittlichen Zustands Fischer-Dieskau/Pergande/Schwender/*Franke* WohnungsbauR V (Mietrecht) § 537 Anm. 5 mwN).

Umgekehrt stellt jede nachhaltige (§ 906 Abs. 1 BGB ist anwendbar: vgl. LG München WuM 1987, 121 – anders als dessen Absatz 2, wonach wesentliche Beeinträchtigungen vom Eigentümer auch dann zu dulden sind, wenn sie von einer ortsüblichen Nutzung des angrenzenden Grundstücks ausgehen, beispielsweise Bauarbeiten: siehe dazu BayObLG RE NJW 1987, 1950 = WuM 1987, 112) Verschlechterung der vertraglichen Ausgangssituation einen berücksichtigungsfähigen Mangel dar. Darüber, ob die Wohnung in den beanstandeten Teilen im Wesentlichen denselben Zustand aufweist wie bei der Anmietung, wird häufig gestritten und ist ab und auch Beweis zu erheben durch Zeugenvernehmungen, nämlich wenn entsprechende Sustantiierung erfolgt.

Auch ist für sich allein nicht erheblich, ob die **bei Errichtung maßgebenden Vorschriften** eingehalten wurden (OLG Celle WuM 1985, 10; eingehend zum maßgebenden Bewertungszeitpunkt insoweit: BayObLG RE WuM 1999, 568, vgl. auch Schmidt-Futterer/*Eisenschmid* § 536 Rn. 19 u. 30 mwN).

Infolge des **Vorrangs der vertraglichen Vereinbarungen** können auch objektive Beschaffenheitsmängel vertragsgemäß sein. So zB bei ausdrücklicher Regelung („dem Mieter ist bekannt, dass im Erdgeschoss eine Diskothek betrieben wird mit Nachtbetrieb") oder wenn der Mieter von Anfang an bekannte Mängel nicht rügt und den Mietzins vorbehaltlos zahlt (der BGH schließt daraus uU sogar auf eine **Billigung**: WuM 1997, 489, 490 mwN vgl. auch *Sternel* II 46 Fn. 5, II 532 mwN). Von einer solchen Billigung ist erst recht auszugehen, wenn feststeht bzw. anzunehmen ist, dass der Mieter die Wohnung bewusst mit einem bereits vorhandenen Defekt übernommen hat. Hier ist freilich eine fließende Grenze zur bloßen **Verwirkung nach** § 536b u. c u. § 242 BGB. Abzugrenzen ist nämlich Einverständnis mit dem Mangel vom bloßen Untätigbleiben, dh Nachlässigkeit. Außerdem gilt der Grundsatz, dass der Erfüllungsanspruch durch die Gewährleistungsbestimmungen der §§ 536 ff. (BGH NJW 1982, 2242), namentlich § 536c (§ 539 aF) BGB (BGH NJW 1982, 874) nicht ausgeschlossen wird, nach der neueren höchstrichterlichen Rechtsprechung nur eingeschränkt. Im Rahmen der nach § 320 Abs. 2 BGB unter Heranziehung der Grundsätze von Treu und Glauben vorzunehmenden Abwägung sollen auch die Rechtsgedanken des § 536b

u. c (§ 539 aF) BGB heranziehbar sein: BGH NJW 1989, 3222, 3224; BayObLG NZM 1999, 661). Indes verlangt der BGH bei einer solchen Wertung „große Zurückhaltung" (WuM 1997, 489, 490 mwN)

Grundsätzlich ist er nunmehr der Auffassung, dass der Mieter den Erfüllungsanspruch aus § 535 Abs. 1 S. 2 BGB auch dann noch geltend machen kann, wenn die Minderung nach § 556b BGB ausgeschlossen ist; alles andere berühre die Frage, ob die Mietvertragsparteien stillschweigend einen bestimmten Zustand der Mietsache als vertragsgemäß vereinbart haben (NZM 2007, 484, 485).

Zu der Frage der entsprechenden Anwendbarkeit von § 536b BGB für nachträglich auftretende Mängel vgl. Palandt/*Weidenkaff* § 536b Rn. 8 mwN. Der zeitweiligen Tendenz der Instanz-Rechtsprechung, an den bisherigen Rechtsgrundsätzen auch entgegen der Intention des Gesetzgebers festzuhalten (vgl. dazu *Eisenschmid* WuM 2001, 215) ist namentlich der BGH ausdrücklich entgegengetreten (NZM 2003, 679 ff.).

b) Im Zusammenhang mit der Frage der Billigung als vertragsgemäß sei auf die **eingeschränkte Wirksamkeit von AGB-Klauseln** hingewiesen, die lauten: „vermietet wie besehen" oder „Der Mieter erklärt ausdrücklich, dass sich die Wohnung im gebrauchsfähigen Zustand befindet und erkennbare Schäden an Einrichtungsgegenständen nicht festzustellen sind" oder „Der Mieter erkennt für den Zeitpunkt der Überlassung der Räume den ordnungs- und vertragsgemäßen Zustand an und dass ihm Minderungsansprüche wegen etwaiger Mängel im Zeitpunkt der Übergabe nicht zustehen" oder „Der Mieter bekennt, dass die Mietsache und die Zubehörstücke ordnungsmäßig und brauchbar übergeben worden sind". Sie sind schon wegen § 309 Nr. 12 BGB (vormals: § 11 Nr. 15 AGBG: Verbot von Beweislastklauseln) meist ungültig, anerkanntermaßen selbst wenn der Mieter im Einzelfall Gelegenheit hatte, die Wohnung vor Vertragsschluss zu besichtigen (LG Osnabrück WuM 1986, 93; LG Hamburg HmbGE 1972, 461; *Sternel* I 378).

Namentlich können **Haftungsausschlusswirkungen, wie** sie **beim Gebrauchtwagenkauf** nach Besichtigung und Probefahrt eingreifen, in Form der Unterstellung einer Billigung bei der Überlassung einer gebrauchten Wohnung nur eintreten, wenn die möglichen Beanstandungen offensichtlich oder ausdrücklich beredet worden sind.

Wohl können die bei einzelnen Gesellschaften üblichen **Übernahmeprotokolle** bezüglich einzeln aufgeführter Mängel – soweit nur sichtbar – den vertraglichen Ausgangszustand markieren und Gewährleistungsrechte des Mieters, auch in Form des Mängelbeseitigungsanspruchs, von vornherein ausschließen (vgl. dazu OLG Köln WuM 1995, 35).

c) **Weitere Ausschlüsse des Mängelbeseitigungsrechts von Gesetzes wegen.** Da der Erfüllungsanspruch nicht durch die Gewährleistungsbestimmungen der §§ 536 ff. BGB ausgeschlossen ist (BGH NJW 1982, 2242), ist der Erfüllungsanspruch an sich auch dann gegeben, wenn das Minderungs- und das Kündigungsrecht wegen Unerheblichkeit des Mangels nach §§ 536 Abs. 1 S. 3, 543 Abs. 2 Nr. 1 BGB ausgeschlossen sind (*Sternel* II 523; MüKoBGB/*Voelskow* § 537 Rn. 8; Schmidt-Futterer/*Eisenschmid* § 536 Rn. 52). Auch wenn § 543 Abs. 2 Nr. 1 BGB keinen Verweis auf § 536 Abs. 1 S. 3 BGB enthält, ist mit dem Wegfall der ausdrücklichen Regelung in § 543 Abs. 2 BGB aF keine sachliche Änderung verbunden, da bei unerheblichen Schäden die Fortsetzung des Mietverhältnisses selbstverständlich zumutbar im Sinne des § 543 Abs. 1 BGB ist. Jedoch entfällt die Instandsetzungspflicht nach Treu und Glauben (§ 242 BGB) **bei geringfügigen Schäden,** wie zB bloßen Haarrissen im Deckenputz bzw. mangels Wesentlichkeit in entsprechender Anwendung des § 906 Abs. 1 BGB (LG München WuM 1987, 121; weitere Beispiele bei Schmidt/Futterer/Eisenschmid § 536 Rn. 62 – 64). Entsprechendes gilt, wenn der Vermieter den Mangel nur mit erheblichen Mitteln beseitigen, der Mieter die Folgen aber **mit geringem Aufwand beheben** könnte (LG Hamburg WuM 1985, 21: leichtes Abrücken der Möbel von den Wänden zur Behebung von Feuchtigkeitsschäden; LG Berlin DWW

1987, 130: Ablaufen lassen von Wasser zur Verminderung des Bleigehalts – wenn dann die Grenzwerte unterschritten sind. Zum Einwand des Mitverschuldens nach § 254 BGB bei einfach vom Mieter selbst zu behebenden Mängeln siehe OLG Düsseldorf WuM 2003, 386; hiernach kann die Geltendmachung des Mängelbeseitigungsanspruchs treuwidrig sein im Sinne des § 242 BGB.

Außerdem gilt die Instandsetzungspflicht des Vermieters nach der Rechtsprechung des BGH nur bis zu „**Opfergrenze**", dh derjenigen Grenze, jenseits derer das Leistungsverweigerungsrecht nach § 275 Abs. 2 BGB eintritt. Sie ist jedenfalls bei wirtschaftlichem Totalschaden überschritten (Herstellungskosten übersteigen Zeitwert: BGH WuM 1990, 546). Sie kommt aber auch sonst in Betracht, wenn ein krasses Missverhältnis entsteht zwischen Reparaturaufwand und Nutzen der Reparatur für den Mieter sowie dem Wert des Mietobjekts und den daraus zu erzielenden Einnahmen (OLG Karlsruhe WuM 1995, 308; Instandsetzung kommt Neuherstellung gleich; OLG Hamburg WuM 2001, 542: Sanierungskostenvorschuss übersteigt das 12-fache des Jahresmietzinses; vgl. auch OLG Hamburg NZM 2002, 344 und Schmidt-Futterer/*Eisenschmid* § 536, Rn. 558 mwN). Bei einem für die Wiederherstellung eines Balkons aufzuwendenden Betrag von 50.000,– DM soll sie noch nicht erreicht sein, wenn er sich in den nächsten 10 oder 20 Jahren nicht amortisiert (eingehend dazu LG Hamburg WuM 1997, 433).

In keinem Fall kann sich der Vermieter auf einen **Mangel an flüssigen Zahlungsmitteln** berufen, wie sich nach dem Wegfall von § 279 BGB a. F. aus § 275 Abs. 2 BGB im Umkehrschluss ergibt (vgl. auch Palandt/*Grüneberg* § 276 Rn. 30). Insoweit hat schon das Reichsgericht entschieden, dass sich der Vermieter auch nicht darauf berufen kann, die für die Instandsetzung erforderlichen Aufwendungen würden **nicht durch die Erträge,** die die Vermietung von Wohnraum einbringt, **gedeckt** (RGZ 115, 277). Die Rechtsprechung der Instanzgerichte steht dementsprechend auf dem Standpunkt, dass die dem teilweise zuwiderlaufende, auf § 242 BGB gestützte Auffassung des BGH (NJW 1957, 826; 1959, 2300) ausschließlich auf Zerstörungen durch Kriegsereignisse und ähnlich unvorhersehbare Katastrophen beschränkt zu verstehen ist (LG Hamburg NJW 1976, 1320; LG Berlin WuM 1978, 230) bzw. heute kaum praktisch werdende Extremfälle, bei denen Schwierigkeiten bei der Baumaterialbeschaffung und überhöhte Preise für solche Materialien ein unbedingtes Festhalten des Vermieters an der Erhaltungspflicht mit dem Grundsatz von Treu und Glauben ausnahmsweise unvereinbar erscheinen lassen in Abweichung von der allgemeinen Risikoverteilung (Palandt/*Grüneberg* § 276 Rn. 32).

Für die hier praktischen **Fälle der Fahrstuhlerneuerung und Asbestsanierung** ergibt sich hiernach, dass die Instandsetzungspflicht im Allgemeinen uneingeschränkt ist aus den vom LG Hamburg in WuM 1997, 433 näher dargelegten Gründen. Nur für die **Sanierung von DDR-Bauten von Grund auf** dürfte sich gelegentlich noch das Problem der Opfergrenze stellen sowie die **Beseitigung sonstiger industrieller Altlasten** in der Umgebung des Mietobjekts.

Weiterhin kann die Geltendmachung des Mängelbeseitigungsanspruchs zumindest arglistig sein, **wenn der Mieter die Beschädigung schuldhaft herbeigeführt hat** und deshalb dem Vermieter schadensersatzpflichtig ist (*Sternel* II 47; für kompletten Ausschluss des Anspruchs in diesem Fall: *Emmerich/Sonnenschein* Vor § 537 Rn. 6; MüKoBGB/*Häublein* § 535 Rn. 106; Schmidt-Futterer/*Eisenschmid* § 536 Rn. 627). Dies ist häufig Thema im Zusammenhang mit **Feuchtigkeitsschäden**, bei denen entsprechend §§ 280 Abs. 1 S. 2, 323 Abs. 4 BGB das Minderungsrecht entfällt (*Sternel* II 558 sowie WoBauR/*Franke* § 537 Anm. 4 mwN). Die Beweislast für diese Tatsache trägt der Vermieter, wobei er nach dem RE des OLG Karlsruhe vom 9.8.1994 lediglich darzutun und zu beweisen hat, dass nur eine Schadensursache aus dem Bereich der unmittelbaren Einflussnahme, Herrschaft und Obhut des Mieters in Betracht kommt. Alsdann trifft den Mieter seinerseits die Beweislast, dass der Mangel nicht von ihm verursacht und verschuldet ist (NJW 1985, 142 = WuM 1984, 267; ebenso: BGH NJW 1994, 2019 u. NZM 1998, 117; Baumgärtel/Laumen/

Prütting/*Nies* § 536 Rn. 7). Verlangt wird vom Vermieter hier hinsichtlich des ihn treffenden Risikobereichs ein Negativbeweis, zB im Fall von Feuchtigkeitsschäden, dass bauliche Ursachen nicht vorhanden sind (LG Mannheim ZMR 1989, 424; LG Freiburg WuM 1989, 559; Baumgärtel/Laumen/Prütting/*Nies* § 536 Rn. 8).

Speziell beim Aufwendungsersatzanspruch aus Anlass von Feuchtigkeitsschäden stellt sich schließlich häufig die Frage, ob der Vermieter nach **Vorteilsausgleichsgesichtspunkten** einwenden kann, dass fällige, dem Mieter obliegende Schönheitsreparaturen im Wege eines Neu-für-Alt-Abzuges zu berücksichtigen sind. Dies wird überwiegend verneint mit Rücksicht auf die Vorrangigkeit der Instandsetzungspflicht (LG Berlin WuM 1987, 20; AG Bad Bramstedt WuM 1987, 18) vereinzelt aber doch angenommen (LG Berlin NJW-RR 1997, 265). Auswirkungen auf die unmittelbare Instandsetzungspflicht des Vermieters, dh den Erfüllungsanspruch, ergeben sich allerdings wegen der erwähnten Vorleistungspflicht nicht.

d) Schließlich besteht keine Gewährleistungspflicht, **soweit die Instandsetzungspflicht wirksam auf den Mieter überwälzt worden ist,** was einzelvertraglich kein Problem ist. Auch formularvertraglich ist dies möglich selbst bei Wohnraum im Fall der Schönheitsreparaturen wegen der Üblichkeit (BGH RE NJW 1985, 480, 481) sowie bei Kleinreparaturen, wenn eine Obergrenze für die einzelnen Reparaturen und eine Höchstgrenze für die Gesamtbelastung des Mieters in jedem Jahr vorgesehen ist (BGH NJW 1989, 2247 = WuM 1989, 367; 1992, 1759 = WuM 1992, 355; eingehend hierzu Kinne/Schach/Bieber/*Bieber* § 536 Rn. 8). Bei der Gewerbemiete ist die Überwälzung der Einstandspflicht für die durch den vertragsgemäßen Gebrauch bedingten Abnutzungen ebenso möglich, aber über den Bereich der Schönheitsreparaturen hinaus ebenfalls nur bei Begrenzung der Kostenüberbürdung (OLG Dresden NJW-RR 1997, 395; *Wolf/ Eckert* Rn. 139 mwN).

e) **Typische Mangellagen.** Die bei weitem wichtigsten Fehler sind bei der Grundstücksmiete die sog. **Baumängel,** wobei es unerheblich ist, ob der Fehler den vermieteten Räumen selbst oder bloß mitvermieteten Räumen wie Treppen, Fluren, Böden, Kellern oder Zugängen anhaftet. Alle diese Räume oder Gebäudeteile müssen sich in einem Zustand befinden, der Gefahren für die Gesundheit (§ 544 BGB) ausschließt (vgl. *Emmerich/Sonnenschein* § 536 Rn. 2; BGH BB 1966, 286). Ein Mangel liegt daher vor, wenn die Räume durch Ungeziefer verseucht sind (OLG Schleswig SchlHAnz 1979, 159; Schmidt-Futterer/*Eisenschmid* § 536 Rn. 280), wenn das Dach durchlässig oder morsch ist, wenn die Tragfähigkeit der Decken zu gering ist oder wenn die Fundamente des Hauses zu schwach sind (BGH LM Nr. 11 zu § 537, Nr. 6 zu § 538, Nr. 6 zu § 538), wenn giftige Dämpfe aus der Wand austreten wie Formaldehyd (AG Köln WuM 1987, 120; LG Frankfurt WuM 1989, 284; Schmidt-Futterer/*Eisenschmid* § 536 Rn. 186), wenn das Trinkwasser zu bleihaltig ist (OLG Köln ZMR 1992, 155; LG Hamburg NJW 1991, 1898; Schmidt-Futterer/*Eisenschmid* § 536 Rn. 179), wenn die PER-Belastung der Raumluft die einschlägigen Grenzwerte überschreitet (LG Hannover WuM 1990, 337; LG Hamburg WuM 1990, 66), wenn von elektromagnetischen Wellen z.B. bei Starkstromleitungen Gefahren zu besorgen sind (*Käs* DWW 1992, 204; *Eisenschmid* WuM 1997, 21), asbesthaltige Nachtspeicherheizung (LG Berlin WuM 1996, 761 u. 1999, 35; LG Hannover WuM 1997, 434; Schmidt-Futterer/*Eisenschmid* § 536 Rn. 174), umweltschädlich einzustufende Holzanstriche (LG Tübingen WuM 1997, 41). Weitere Baumängel sind Feuchtigkeitsschäden sowie Flecken- und Schimmelbildung (Schmidt-Futterer/*Eisenschmid* § 536 Rn. 226), eine übermäßige Hellhörigkeit der Räume infolge mangelhafter Isolierung (LG Hamburg ZMR 1971, 134; LG Berlin GE 1985, 257; Schmidt/Futterer/Eisenschmid § 536 Rn. 266), die ungenügende Wärmedämmung (BGH ZMR 1962, 83), eine durch technische Mängel unwirtschaftliche Heizungsanlage (OLG Düsseldorf WuM 1984, 54; Schmidt-Futterer/*Eisenschmid* § 536 Rn. 233), undichte Fenster (LG Berlin WuM 1982, 184), Mängel der Installation (BGH LM Nr. 20 zu

§ 537), das Fehlen von Rückstausicherungen in hochwassergefährdeten Gebieten (BGH LM Nr. 47 zu § 535 BGB = NJW 1971, 424; Schmidt-Futterer/*Eisenschmid* § 536 Rn. 166), die Funktionsfähigkeit etwa erforderlicher Rückstausicherungen (BGH LM Nr. 33 zu § 538 BGB = MDR 1968, 42). Bei all diesen Baumängeln, soweit Gesundheitsgefahren im Vordergrund stehen, hilft häufig bereits die Einholung eines ca. 50,– EUR teuren Gutachtens beim Gesundheitsamt. Ansonsten empfiehlt sich die Einholung eines Beweissicherungsgutachtens. Im Allgemeinen ist hiernach der Streit frühzeitig entschieden oder reduziert.

Die zweithäufigsten Mängel stellen **Beeinträchtigungen durch Lärm** dar, was sowohl ein Substantiierungs- (Listenführung Tag für Tag mit Angabe der einzelnen Beginn- und Endzeiten im Regelfall erforderlich; eingehend hierzu Kinne/Schach/Bieber/*Bieber* § 536 Rn. 8 und Baumgärtel/Laumen/Prütting/*Nies* § 536 Rn. 9) und Beweisproblem, aber auch ein Bewertungsproblem mit sich bringt.

Im Hinblick auf **Kinderlärm** gelten Besonderheiten: Geräuscheinwirkungen, die von Kindertageseinrichtungen, Kinderspielplätzen und ähnlichen Einrichtungen wie beispielsweise Ballspielplätzen durch Kinder hervorgerufen werden, sind im Regelfall keine schädliche Umwelteinrichtung, § 22 Abs. 1 a BImSchG. Bei der Beurteilung der Geräuscheinwirkungen dürfen Immissionsgrenz- und –richtwerte nicht herangezogen werden. Dazu § 3 Abs. 4 LImSchG NW: Von Kindern ausgehende Geräusche sind notwendige Ausdrucksform kindlicher Entfaltung, die in der Regel als sozialadäquat zumutbar sind.

f) Kein Mietmangel bei unwesentlichen und ortsüblichen Veränderungen

Nachträglich erhöhte Geräuschimmissionen, die von einem Nachbargrundstück ausgehen, begründen bei Fehlen anderslautender Beschaffenheitsvereinbarungen grundsätzlich keinen gemäß § 536 Abs. 1 BGB zur Mietminderung berechtigenden Mangel der Mietwohnung, wenn auch der Vermieter die Immissionen ohne eigene Abwehr- oder Entschädigungsmöglichkeit nach § 906 BGB als unwesentlich oder ortsüblich hinnehmen muss (BGH NJW 2015, 2177 = MDR 2015, 819; Blank MDR 2015, 1114). Damit ist der Rechtsentscheid des BayObLG vom 4.2.1987 – REMiet 2/86, MDR 1987, 498 überholt.

g) Zu den typischen Einwendungen des Vermieters im Prozess. Das Verteidigungsvorbringen des Vermieters im Prozess erfolgt aus allen zu 7 a–e dargestellten rechtlichen Gesichtspunkten. Am häufigsten wird behauptet, dass sich die Wohnung in dem Zustand wie bei Anmietung befinde, dass sich die Beanstandungen bei der Miethöhe als ungerechtfertigt darstellten, dass die Mängel unerheblich oder vom Mieter zu vertreten seien. Auch wird gelegentlich auf die Opfergrenze, die erreicht sei, verwiesen sowie Bezug genommen auf vertragliche Ausschlussklauseln.

Darlegungs- und beweispflichtig für die Gewährung des vertragsgemäßen Gebrauchs ist der Vermieter (Schmidt-Futterer/*Eisenschmid* § 535 Rn. 487; Baumgärtel/Laumen/Prütting/*Nies* § 535 Rn. 18). Dementsprechend hat er zu beweisen, dass der beanstandete Zustand bereits bei Vertragsbeginn vorgelegen hat. Nach der Übergabe trägt der Mieter allerdings für den Mangel selbst die Beweislast (BGH WuM 1986, 58; Schmidt-Futterer/*Eisenschmid* § 536 Rn. 488; WoBauR/*Franke* § 537 Anm. 26 m. w. N.; Baumgärtel/Laumen/Prütting/*Nies* § 536 Rn. 3), wohingegen dem Vermieter der Beweis obliegt, dass der Mieter den Mangel selbst verschuldet, d. h. zu vertreten hat. Ist während der Mietzeit ein Schaden entstanden, dessen Ursache allein im Obhutsbereich des Mieters liegt, d. h. in den von ihm allein genutzten oder bewohnten Räumen, wird die Darlegungs- und Beweislast des Vermieters auf den mangelfreien Zustand der Sache bei Übergabe beschränkt; im Wege der Umkehr der konkreten Beweisführungslast obliegt es dem Mieter, sich zu entlasten (BGH NJW 2002, 3234, 3235), etwa dass die Beschädigung allein auf vertragsgemäßes Verhalten zurückzuführen sei (Palandt/*Weidenkaff* § 538 Rn. 4) oder von ihm nicht zu vertreten sei (BGH NJW 2002, 3234, 3235; Baumgärtel/Laumen/Prütting/*Nies* § 536 Rn. 6). Entsprechendes gilt zur angeblichen Unerheblichkeit, die einen Ausnahmetatbestand darstellt (vgl. BGH LM Nr. 22 zu § 537 BGB aF; OLG Celle ZMR 1985, 10, 12; *Emmerich/Sonnenschein* § 536 Rn. 18 mwN). Für den Fall der Minderung gilt nichts anderes. Namentlich braucht der Mieter das Maß der Gebrauchsbeeinträchtigung nicht vorzutragen, dieses hat das Gericht ggf. unter Hinzuziehung eines Sachverständigen festzustellen (BGH WuM 1991, 544 = NJW-RR 1991, 779 u. WuM 1997, 488 = NJWE-MietR 1997, 206; NJW 2002, 3234, 3235). Dabei kann sich das Gericht im Einzelfall der Vorschrift des § 287 ZPO bedienen.

Zwangsverwaltung und Insolvenz

8. Der **Zwangsverwalter** ist zur Mängelbeseitigung verpflichtet, unabhängig davon, ob ein Mangel vor oder nach Anordnung der Zwangsverwaltung entstanden ist (wie auch in der Vermieterinsolvenz: BGH NZM 2003, 472; wie auch der Grundstückserwerber: BGH NZM 2006, 696).

Der Mieter kann, muss den Zwangsverwalter aber nicht auf Mängel aufmerksam machen, die bereits vor der Anordnung der Zwangsverwaltung bestanden haben und die er schon dem Vermieter angezeigt hat. Hat der Mieter die Mängel seinem Vermieter, dem Zwangsverwaltungsschuldner angezeigt, resultieren daraus die Rechte auf Beseitigung, Mietminderung, Zurückbehaltung etc. Diese Rechte gehen durch die Anordnung der Zwangsverwaltung nicht unter. Der Mieter kann sich dem Zwangsverwalter gegenüber auf sie berufen (BGH NJW 2005, 1187). Er sollte aber sicher sein, nachweisen zu können, dass er die Mängel dem Vermieter angezeigt hat. Riskant ist es, sich darauf zu verlassen, in einem möglichen Rechtsstreit den Beweis durch eine Zeugenaussage des Vermieters führen zu können. Denn der Vermieter ist häufig nicht mehr auffindbar oder nicht kooperationsbereit.

Dass die Mängel angezeigt wurden, sollte sich daher ratsamer Weise über das Zeugnis des Vermieter hinaus durch weitere Beweismittel nachweisen lassen. Ist dies nicht der Fall, sollte der Mangel vorsorglich nochmals gegenüber dem Zwangsverwalter angezeigt werden. Beseitigt der Zwangsverwalter Mängel der Mietsache nicht, stehen dem Mieter die Gewährleistungsansprüche uneingeschränkt zu.

In der Praxis kommt es vor, dass sich Gläubiger gegen die Beseitigung von Mängeln aussprechen, wenn die Mängel nicht zu gravierend und substantiell sind. Damit wollen die Gläubiger vermeiden, für die Beseitigung der Mängel Vorschüsse leisten zu müssen. Stattdessen nehmen sie lieber Miet- oder Pachtminderungen hin.

Der **Zwangsverwalter** ist nicht zwingend verpflichtet, von sich aus und sofort jeden Mangel zu beseitigen. Er kann sich diesbezüglich mit den Gläubigern abstimmen *Haarmeyer/Wutzke/Förster/Hintzen* Kap. 3 Rn. 11). Sind die Mängel aus der Sicht des Zwangsverwalters geringfügig oder ist absehbar, dass die Zwangsverwaltung bald aufgehoben wird, stellt er die Beseitigung – womöglich zugunsten aus seiner Sicht vorrangiger Maßnahmen – zurück. In diesem Fall ist der Mieter gut beraten, nicht darauf zu vertrauen, die Mängel würden doch noch beseitigt, sondern gradlinig seine Ansprüche zu verfolgen.

Den Zwangsverwalter wegen der unterlassenen Mängelbeseitigung zu verklagen, ist wie jede Klage, die gegen einen Zwangsverwalter erhoben wird, mit dem Risiko belastet, dass die Zwangsverwaltung kurzfristig aufgehoben wird. Damit kann die Prozessführungsbefugnis des Zwangsverwalters entfallen. Zur Prozessführungsbefugnis des Zwangsverwalters → Form. E. I. 1 Anm. 2.

Beseitigt der Zwangsverwalter Mängel nicht, kann ergänzend das Gericht informiert und gebeten werden, den Zwangsverwalter anzuweisen, seinen Pflichten aus dem Mietvertrag nachzukommen.

9. Ist die Mietsache mangelhaft, hat der Mieter einen Anspruch gegen den **Insolvenzverwalter** seines Vermieters auf Behebung des Mangels. Der Insolvenzverwalter ist zur Erhaltung der Mietsache verpflichtet, § 535 Abs. 1 S. 2 BGB (BGH NZM 2003, 472). Für den Anspruch auf Mängelbeseitigung kommt es nicht darauf an, ob der Mangel vor oder nach Eröffnung des Insolvenzverfahrens entstanden ist (BGH in ZIP 2003, 854). Das Recht des Mieters auf Mängelbeseitigung besteht, da er mit seinen Mietzahlungen die Masse speist und deshalb auch die hierfür geschuldete Gegenleistung verlangen kann. Der Insolvenzverwalter kann sich nicht durch Freigabe des Objektes von dieser Pflicht befreien. Ohne Zustimmung des Mieters ist dies nicht möglich (Uhlenbruck/*Wegener* § 108 Rn 19 mwN).

14. Klage auf Mängelbeseitigung im Falle auftretenden Schimmels

An das

Amtsgericht in . . . . .[1]

– Abteilung Mietsachen –

Klage

der Frau Astrid M . . . . .

Klägerin,

Prozessbevollmächtigter: Rechtsanwalt Dr. G aus K

gegen

Herrn . . . . .

Beklagten,

wegen Gewährleistung aus Mietverhältnis

erhebe ich namens meiner Mandantin Klage und beantrage:

1. der Beklagte wird verurteilt, den Schimmel in der Wohnung der Klägerin, Außenwand zur Straße . . . . . sowohl in der Küche wie im Wohnzimmer zu beseitigen und durch geeignete Maßnahmen bauseits sicher zu stellen, dass weiterer Schimmel nicht mehr entstehen kann;
2. der Beklagte wird ferner verurteilt, nach Abschluss der bauseitigen Maßnahmen zu Ziffer 1) einen fachgerechten malermäßigen Anstrich vorzunehmen bzw. vornehmen zu lassen; dazu ist eine handelsübliche Dispersionsfarbe zu verwenden.[2]
3. Es wird festgestellt, dass die Klägerin ab Dezember 2010 berechtigt ist, die Bruttomiete um 15 Prozentpunkte und ab Januar 2011 um 25 Prozentpunkte zu mindern.[3]
4. Die Kosten des Rechtsstreits trägt der Beklagte.
5. Das Urteil ist vorläufig vollstreckbar.

Vorläufiger Streitwert: 4.000,– EUR[4]

Sollte das Gericht ein schriftliches Vorverfahren beschließen, wird bereits jetzt der Erlass eines

Versäumnisurteils

beantragt.

Begründung:

Die Klägerin ist Mieterin einer Wohnung des Beklagten in der Straße . . . . . in K. Maßgebend sind die Bestimmungen des Mietvertrages vom 1.1.2010, die von den Prozessparteien unterzeichnet worden sind.

Beweis: Vorlage des Mietvertrages vom 1.1.2010 in Kopie

Im Dezember 2010 hat die Klägerin Feuchtigkeit in der Küche und im Wohnzimmer festgestellt, jeweils an der Außenwand zur Straße . . . . . hin. Da die Klägerin ihr Heiz- und Lüftungsverhalten nicht geändert hatte, war zunächst nicht zu erklären, auf welche Ursache die Feuchtigkeitsbildung zurückzuführen war. Mit Schreiben vom 15.12.2010 hat die Klägerin dem Beklagten gegenüber die aufgetretene Feuchtigkeit angezeigt und um Abhilfe gebeten.[5]

Beweis: Vorlage des Schreibens der Klägerin vom 15.12.2010 in Kopie

Das Schreiben blieb unbeantwortet.

Die Feuchtigkeit in Küche und Wohnzimmer breitete sich aus und erstreckt sich derzeit auf jeweils zwei Quadratmeter in den vorbezeichneten Räumen, jeweils auf der Außenwand zur Straße . . . . . hin.

Beweis: Vorlage von Fotos der beiden Außenwände

Die Klägerin hat den Beklagten mit weiterem Schreiben vom 30.12.2010 über die sich weiter verbreitende Feuchtigkeit unterrichtet und ihrem Schreiben Fotos der Schadstellen beigefügt.

Beweis: Vorlage des Schreibens der Klägerin vom 30.12.2010 in Kopie[6]
Vorlage der Fotos wie vor

Auch dieses Schreiben ließ der Beklagte unbeantwortet.

Am 20.1.2011 stellte die Klägerin fest, dass sich an den bislang feuchten Stellen der Außenwände Schimmel gebildet hatte. Auch diesen Umstand teilte die Klägerin dem Beklagten schriftlich mit.

Beweis: Vorlage des Schreibens vom 20.1.2011 in Kopie.

Der Beklagte beantwortete diese Mitteilung über die Verschlimmerung des Zustandes der Wohnräume mit dem üblichen Vermieterhinweis, Feuchtigkeit und Schimmelbildung seien auf fehlerhaftes Heiz- und Lüftungsverhalten der Klägerin zurückzuführen. Der Beklagte lehnte die Vornahme handwerklicher Arbeiten ab mit der Begründung, ein Baumangel liege nicht vor.

Beweis: Vorlage des Schreibens des Beklagten vom 30.1.2011 in Kopie[6]

Die Klägerin forderte den Beklagten mit weiterem Schreiben vom 10.2.2011 auf, den Schimmel und die Feuchtigkeit in den Außenwänden der Küche und des Wohnzimmers zur Straßenseite hin durch geeignete Maßnahmen zu beseitigen bzw. beseitigen zu lassen und setzte dem Beklagten eine letzte Frist zur Abhilfe bis zum 28.2.2011.

Beweis: Vorlage des Schreibens der Klägerin vom 10.2.2011 in Kopie

Da der Beklagten keinerlei Anstalten gezeigt hat, Feuchtigkeit und Schimmel zu beseitigen, war nunmehr Klage geboten.

Feuchtigkeit und Schimmel stellen einen Mangel des Mietobjekts dar, wobei seitens der Klägerin mit Nachdruck darauf hingewiesen wird, dass Feuchtigkeit und namentlich Schimmelbildung gesundheitliche Schäden auslösen können, dies insbesondere bei den beiden minderjährigen Kindern der Klägerin, die mit ihr in der Wohnung leben.

Beweis: medizinisches Sachverständigengutachten

Die Klägerin ist der festen Überzeugung, dass Feuchtigkeit und Schimmelbildung auf einen bauseitigen Mangel zurückzuführen sind und keinesfalls der Klägerin angelastet werden kann, die ihr Heiz- und Lüftungsverhalten nicht geändert hat. In der Außenwand zur Straße . . . . . befindet sich eine Kältebrücke, so dass auch unter verstärktem Heiz- und Lüftungsaufwand der Schaden nicht beseitigt werden kann.

Beweis: Einholung eines Sachverständigengutachtens[7]

Der Sachverständige wird feststellen, dass sich oberhalb der jeweiligen Fenster eine Kältebrücke befindet, auf die die Feuchtigkeit und die Schimmelbildung zurückzuführen sind und keinesfalls auf das seitens des Beklagten behauptete fehlerhafte Heiz- und Lüftungsverhalten der Klägerin.

Beweis: wie vor.

Die Klägerin behält sich vor, den Feststellungsantrag zu erweitern, da nämlich die Schimmelbildung und damit die Gesundheitsgefährdung der Bewohner der Mietwohnung des Beklagten fortschreitet. Angesichts dieser Entwicklung wird um zügige Bearbeitung gebeten.

Rechtsanwalt

Anmerkungen

1. Sachlich zuständig ist das Amtsgericht; der Sache nach handelt es sich um eine ausschließliche Zuständigkeit ohne Rücksicht auf die Höhe des Streitwertes, § 23 Nr. 2 a GVG.

Örtlich zuständig ist das Amtsgericht, in dessen Bezirk sich die Mieträume befinden.

2. Die Klageanträge sind relativ allgemein gefasst und auf den angestrebten Erfolg gerichtet; Sache des Beklagten als Vermieter ist es, den aus seiner Sicht geeigneten Weg zu finden, den erstrebten Erfolg herbeizuführen. Gibt es mehrere Wege, den seitens der Klägerin angestrebten Erfolg herbeizuführen, obliegt die Auswahl der geeigneten Arbeiten dem Schuldner, hier dem Beklagten. Aufgabe der Klägerin als Mieterin ist es gerade nicht, dem Beklagten in seiner Eigenschaft als Vermieter Vorgaben zu machen.

3. Das Feststellungsinteresse nach § 256 ZPO ergibt sich daraus, dass die Mieterin sich der Gefahr einer fristlosen Kündigung des Mietverhältnisses ausgesetzt sieht, wenn ein Betrag erreicht ist, der die Grenze des § 543 BGB erreicht oder überschreitet. In einem seitens des Vermieters angestrengten Zahlungsrechtsstreit oder einem Räumungsprozess könnte sich die Mieterin auf das Feststellungsurteil berufen, das die Berechtigung zur Mietminderung manifestiert.

4. Der Streitwert für eine Klage auf Instandsetzung der Mieträume bemisst sich nach § 41 Abs. 5 GKG. Maßgebend ist demgemäß der Jahresbetrag einer angemessenen Mietminderung durch die Mieterin (vgl. BGH NZM 2003, 152; LG Berlin NZM 2002, 212).

5. Eine Anzeige des Mangels und eine Leistungsaufforderung sind unbedingt erforderlich, um dem Vermieter, der im Regelfall keinen Zugang zu den vermieteten Räumen hat, die notwendigen Informationen zu verschaffen.

Wegen eines Mangels der Wohnung, von dem der Vermieter keine Kenntnis hat, kann z.B. der Mieter ein Zurückbehaltungsrecht erst an der Miete geltend machen, die fällig werden, nachdem der Mieter dem Vermieter den Mangel angezeigt hat (BGH NZM 2011, 197; MDR 2011, 92).

Feuchte und Schimmel stellen einen Mangel dar (LG Konstanz NZM 2013,506 zur Schimmelbildung in einem Niedrigenergiehaus). Hinzu tritt der Umstand, dass Schimmel aus heutiger Sicht eine Gesundheitsgefährdung darstellt, die ein Mieter nicht hinzunehmen braucht. Eine Beseitigung dieses Mangels schuldet der Vermieter nach § 535 Abs. 1 Satz 2 BGB. Die Mieterin verfolgt hier als Klägerin ihren Herstellungsanspruch. Anders wäre dies allerdings dann, wenn die Mieterin den Mangel zu vertreten hätte (BGH NJW 2008, 2432). Der Herstellungsanspruch nach § 535 Abs. 1 Satz 2 BGB besteht unabhängig davon, ob die Mieterin daneben noch ein Recht zur Minderung nach § 536 BGB zusteht oder einen Schadensersatzanspruch geltend machen könnte (BGH NJW 2008, 2432).

Sollte seitens des Beklagten eine Gesundheitsgefährdung durch die Schimmelbildung in substantiierter Form bestritten werden, bedarf es der Einholung eines medizinischen Sachverständigengutachtens, wenn nicht das Gericht als gerichtsbekannt die Gesundheitsgefährdung bewerten wollte, § 291 ZPO.

6. Hier ist der in der Praxis gängige Hinweis des Vermieters wiedergegeben, dem Mieter sei die Entstehung des Mangels anzulasten, indem er weder ausreichend geheizt noch angemessen gelüftet habe. Damit besteht Streit über die Ursache des Mangels, der nach Darstellung des Vermieters allein auf Verhalten des Mieters zurückzuführen ist.

Dem Mieter ist für den Fall, dass das Mietverhältnis über mehrere Jahre besteht, anzuraten, auf entsprechende Heizkostenabrechnungen vergangener Jahre und Heizperioden zurückzugreifen, um den Hinweisen des Vermieters entgegen zu treten, er habe etwa sein Heiz- und Lüftungsverhalten geändert, um Kosteneinsparungen zu erreichen.

7. Da die Ursache der Feuchte und der Schimmelbildung zwischen den Prozessparteien streitig ist, bedarf es der Einholung eines bauphysikalischen Sachverständigengutachtens, um die Ursache des Mangels feststellen zu können. Bei der Erstellung dieses Gutachtens könnten bereits seitens des Sachverständigen die Heizkostenabrechnungen der vergangenen Jahre mitberücksichtigt werden, hat das Mietverhältnis sich über mehrere Jahre erstreckt. Entscheidend sind indessen die Untersuchungen an Ort und Stelle, hier an und gegebenenfalls in der Wand der Küche und des Wohnzimmers der Mietwohnung. In erster Linie wird der Sachverständige den Wärmedurchgangswiderstand der Wand prüfen und namentlich nach Baumängeln in Form von Kältebrücken suchen. Diese Gutachten sind erfahrungsgemäß aufwendig und daher überaus teuer; gegebenenfalls sind sie mit Öffnen der Wände verbunden, wenn sich durch Messungen außerhalb der fraglichen Wände abschließende Ergebnisse nicht erzielen lassen.

Treten in den gemieteten Räumen Feuchtigkeitsflecken und Schimmelpilze auf und ist deren Ursache streitig, richtet sich die Darlegungs- und Beweislast nach Gefahrenkreisen (Baumgärtel/Laumen/Prütting/*Nies* § 536 Rn. 7). Ursache kann ein baulicher Mangel in Form von Putzschäden an der Fassade, mangelhafte Isolierung, undichtes Dach oder eine

Kälte – Wärmebrücke sein, jedoch auch ein Fehlverhalten des Mieters in Form unzureichender Beheizung und Belüftung. Der Vermieter muss zunächst dartun und gegebenenfalls beweisen, dass die Schadensursache nicht in seinem Einfluss- und Verantwortungsbereich liegt und ein Baumangel ausscheidet. ZB muss er den Beweis erbringen, dass von außen in das Mauerwerk keine aufsteigende Feuchtigkeit eindringt, dass keine Feuchtigkeit durch ein undichtes Dach in das Mauerwerk gelangt ist oder kein wärmetechnischer Mangel vorliegt (nach den DIN-Normen zum Zeitpunkt der Errichtung des Gebäudes). Ist dieser Nachweis gelungen, steht fest, dass der Mangel in Form der Feuchtigkeit und der Schimmelbildung aus dem Gefahrenbereich des Mieters stammt, der sodann dartun und beweisen muss, dass er den Mangel nicht zu vertreten hat. Gelingt ihm dies nicht, kann er sich auf einen Mangel nicht berufen (vgl. Baumgärtel/Laumen/Prütting/*Nies* § 536 Rn. 7 mwN aus der Rechtsprechung).

Stellt der Sachverständige im Ergebnis fest, dass ein Baumangel vorliegt, etwa eine Kältebrücke vorhanden ist, greift der Herstellungsanspruch nach § 535 Abs. 1 Satz 2 BGB in vollem Umfang durch. Anders ist der Fall zu entscheiden, stellt der Sachverständige keinen Baumangel fest; wenn bauseits kein Mangel vorliegt, kann der Mangel allein aus der Sphäre des Mieters kommen. Dem Sachverständigen sollte allerdings auch die Frage vorgelegt werden, ob nicht gegebenenfalls ein Zusammenwirken etwaiger Baumängel mit dem Mieterverhalten zu den Feuchtigkeitsschäden und der Schimmelbildung geführt hat.

Der Anspruch des Mieters auf Mängelbeseitigung ist während der Mietzeit unverjährbar (BGH MDR 2010, 562). Die Überlassungsverpflichtung des Vermieters erschöpft sich nicht in einer einmaligen Handlung, sondern geht dahin, die Mietsache während der gesamten Dauer in einem gebrauchsfähigen mangelfreien Zustand zu erhalten. Bereits begrifflich kann eine derartige Verpflichtung nicht verjähren, denn sie entsteht während eines laufenden Mietverhältnisses gleichsam stets von neuem (BGH MDR 2010, 562).

15. Klage auf Mängelbeseitigung bei dauerhaftem Heizungsausfall

An das

Amtsgericht . . . . .

– Abteilung für Mietsachen –[1]

Klage

der Frau Astrid M . . . . .

Klägerin,

Prozessbevollmächtigter: Rechtsanwalt Dr. G.

gegen

Herrn Alfred V . . . . . .

Beklagten,

wegen Instandsetzung der Heizung

Vorläufiger Streitwert: 3.500,– EUR[2]

Namens und in Vollmacht der Klägerin erhebe ich Klage und beantrage:

1. der Beklagte wird verurteilt, die Heizungsanlage in dem Mehrfamilienhaus . . . . ., in dem sich die seitens der Klägerin angemietete Wohnung im 3. OG befindet, so herzurichten, dass in der Heizperiode vom 1.10.2011 bis 30.4.2012 in den Räumen von 6 bis 23 Uhr eine Temperatur von 20°, in Bad und Toilette von 21° erreicht werden kann und in der Zeit von 23 Uhr bis 6 Uhr morgens in allen Räumen eine Temperatur von 18° unterhalten werden kann.[3]

2. Es wird festgestellt, dass die Klägerin berechtigt ist, in der Zeit ab Oktober 2010 bis zur Herrichtung der Heizungsanlage auf der Basis des Temperaturniveaus Ziffer 1 in den Monaten der Heizperiode die Bruttomiete um 25 Prozent zu mindern.

3. Der Beklagte trägt die Kosten des Rechtsstreits.

4. Das Urteil ist vorläufig vollstreckbar.

Sollte das Gericht ein schriftliches Vorverfahren anordnen, stelle ich bereits jetzt den Antrag auf Erlass eines

Versäumnisurteils.

Begründung

Die Klägerin ist Mieterin einer Wohnung des Beklagten im 3. Obergeschoss des Mehrfamilienhauses . . . . . In K.; maßgebend sind die Bestimmungen des Mietvertrages vom 1.1.2010.

Beweis: Vorlage des Mietvertrages vom 1.1.2010 in Kopie

Aus dem Mietvertrag ergibt sich die Verpflichtung des Beklagten, eine zentrale Heizungsanlage im vorbezeichneten Mehrfamilienhaus zu unterhalten. Dem entspricht, dass die Klägerin monatliche Vorauszahlungen auf die Heizkosten in Höhe von 150,– EUR zu leisten hat.

Beweis: wie vor

Die Klägerin ist ihrer Zahlungsverpflichtung stets pünktlich gerecht geworden. Zahlungsrückstände bestehen nicht.

Wie Mitmieter berichtet haben, hat die Heizungsanlage in der Vergangenheit nur mangelhaft gearbeitet, teilweise sei sie gänzlich ausgefallen. In der letzten Heizperiode habe sie niemals eine Leistung erbracht, dass in den Mietwohnungen die Temperaturen erreicht worden wären, die Gegenstand des Antrags zu Ziffer 1) dieser Klage sind.

Beweis: Zeugnis des A . . . . . Z . . . . . Anschrift,
          der B . . . . . Z . . . . . Anschrift

Die Klägerin hat nach ihrem Einzug am 1.1.2010 feststellen müssen, dass die Berichte der Mitmieter über die Heizleistungen in der Vergangenheit zutreffend sind; namentlich musste sie erleben, dass auch in der Folgezeit nach ihrem Einzug die Heizleistungen mangelhaft waren.[4]

Beweis: wie vor

An manchen Tagen ist die Heizung gänzlich ausgefallen, so dass die Mieter im Kalten saßen.

Beweis: wie vor

Die Klägerin ist nicht gewillt, diesen Zustand auf Dauer hinzunehmen. Demgemäß hat sie den Beklagten in seiner Eigenschaft als Vermieter angeschrieben, die mangelhafte Heizleistung beschrieben und den teilweisen Totalausfall beklagt. Gleichzeitig hat sie Abhilfe gefordert und die Heizleistung angemahnt, deren Daten Gegenstand des Antrags zu Ziffer 1) dieser Klage darstellen.

Beweis: Vorlage des Schreibens der Klägerin vom 1.2.2011 in Kopie[5]

Der Beklagte hat auf dieses Schreiben nicht reagiert, so dass die Klägerin den Unterzeichner mit der Wahrnehmung ihrer Rechte beauftragt hat.

Mit Anwaltsschreiben vom 28.2.2011 ist der Beklagte an die Erledigung der Zuschrift vom 1.2.2011 erinnert worden. Daraufhin hat sich der Beklagte telefonisch an den Unterzeichner gewendet und angekündigt, er werde im Laufe des Monats März 2011 Reparaturarbeiten an der Heizungsanlage ausführen lassen.

Nunmehr aber ist die Heizperiode beendet; gleichwohl sind die Arbeiten bisher nicht ausgeführt, so dass zu befürchten steht, dass auch in der nächsten Heizperiode ab Herbst 2011 sich die gleichen Fehler der Heizungsanlage wiederholen. Da der Beklagte in einem Gespräch mit dem Zeugen A geäußert hat, derzeit mangels flüssiger Mittel außerstande zu sein, Reparaturarbeiten ausführen zu lassen,

Beweis: Zeugnis des A

ist Klage geboten.

Rechtsanwalt

Anmerkungen

1. Sachlich zuständig ist das Amtsgericht als ausschließliche Zuständigkeit ohne Rücksicht auf die Höhe des Streitwerts, § 23 Nr. 2 a GVG.
Örtlich zuständig ist das Amtsgericht, in dessen Bezirk sich die Mieträume befinden.

2. Der Streitwert für die Geltendmachung des Erfüllungsanspruchs seitens des Mieters bemisst sich auf den Jahresbetrag eines möglichen Minderungssatzes (BGH NZM 2003, 152; Bub/Treier/*Fischer* IX Rn. 401; *Gies* NZM 2003, 886, 889).

3. Auch hier sind die Klageanträge relativ allgemein gefasst. Der Klägerin obliegt nicht die Verpflichtung, dem Beklagten Vorgaben zu machen, auf welche Weise er den angestrebten Erfolg, nämlich eine intakte Heizungsanlage, durch Handwerkerarbeiten erreichen soll. Demgemäß beschränkt sich die Klägerin darauf, allein die Zielprojektion zu beschreiben, da eine Instandsetzung der Heizung auf verschiedenen Wegen möglich erscheint. Auf welche Art und Weise dieses Ziel erreicht wird, steht im Ermessen des Vermieters (vgl. OLG München MDR 1987, 945).

4. Die Mieterin macht einen Erfüllungsanspruch geltend, der seine Basis in § 535 Abs. 1 Satz 2 BGB findet. Eine mangelhaft arbeitende Heizungsanlage stellt sich als Fehler der Mietsache dar und löst den Erfüllungsanspruch des Mieters aus. Unberührt von diesem Erfüllungsanspruch bleiben Schadensersatzansprüche oder denkbare Mietminderungen.

Im vorliegenden Fall richtet sich der Erfüllungsanspruch der Mieterin auf eine Instandsetzung der Heizungsanlage. Aus der Vergangenheit war erkennbar, dass die Heizungsanlage entweder überhaupt nicht funktionierte oder aber die erforderlichen Raumtemperaturen sich nicht erreichen ließen.

Welche Temperaturen durch die Heizungsanlage in den Wohnräumen erzielt werden sollen, kann im Mietvertrag vereinbart werden. Sind diese Temperaturen sodann auf Grund eines Fehlers der Anlage nicht erreichbar, liegt ein Tatbestand vor, der den Erfüllungsanspruch auslösen kann.

Regelmäßig finden sich im Mietvertrag allerdings keine genauen Vereinbarungen zur Höhe der Raumtemperaturen. Ist in einem Wohnungsmietvertrag nicht geregelt, mit welcher Temperatur der Vermieter seine Pflicht zur Beheizung nachkommt, ist in der vom 1.10. bis 30.4. dauernden Heizperiode von 6 bis 23 Uhr in den Räumen eine Temperatur von 20°, in Bad und Toilette von 21° und in der Zeit von 23 bis 6 Uhr in allen Räumen eine Temperatur von 18° zu unterhalten. Ist dagegen das Bad ohne Heizung vermietet worden, besteht weder ein Anspruch auf eine bestimmte Temperaturregelung noch ein Anspruch auf Einbau einer Heizung. Warmwasser ist, wenn vertraglich keine Temperatur geregelt ist, mit 40° ohne zeitlichen Vorlauf zu liefern (KG NZM 2002, 917; LG Berlin NZM 1999, 1039; Palandt/*Weidenkaff* § 535 Rn. 64; Schmidt-Futterer/ *Eisenschmid* § 535 Rn. 594; MAH MietR/*Gies* § 24 Rn. 303).

Der Vermieter ist berechtigt, während der Nachtzeit die Heizung herunter zu schalten. Begründet wird dieses Recht mit dem Interesse der Mieter an einer Einsparung von Heizenergie und damit einer Kostenersparnis. Allerdings muss auch in diesem Zeitraum eine Mindesttemperatur von 18° erreichbar sein (LG Berlin GE 1998, 905; MAH MietR/ Gies § 24 Rn. 303; Kinne GE 2000, 1394,1395 – 15°; Schmidt-Futterer/*Eisenschmid* § 535 Rn. 395 – 16°).

Unwirksam ist eine formularmäßige Vereinbarung, derzufolge der Vermieter lediglich verpflichtet ist, die Wohnräume in der Zeit von 9 bis 22 Uhr zu beheizen (Schmidt-Futterer/*Eisenschmid* § 535 Rn. 396). Außerdem ist die formularmäßige Vereinbarung einer generellen Mindesttemperatur von lediglich 18° unzulässig. Die Vereinbarung einer bestimmten Temperatur für die vom Mieter „hauptsächlich genutzten Räume" ist deshalb unwirksam, weil der Begriff „hauptsächlich genutzte Räume" nicht hinreichend bestimmbar ist (BGH NJW 1991, 1750, 1753).

Wenn ungewöhnlich hohe Heizkosten auf einem Fehler der Heizungsanlage beruhen, kann ein Mangel der Mietsache vorliegen. Ob ein Fehler der Heizungsanlage zu beklagen ist, beurteilt sich nach dem Stand der Technik zur Zeit des Einbaus der Heizungsanlage. Der Vermieter ist in der Regel nicht verpflichtet, die Anlage ständig auf dem neuesten Stand zu halten. Er schuldet allerdings einen Mindeststandard, den der Mieter bei Vertragsschluss erwarten durfte (KG MDR 2008, 966; Schmidt-Futterer/*Eisenschmid* § 535 Rn. 389).

Hohe Energiekosten stellen für sich allein keinen Mangel der Mietsache dar, wenn die Heizungsanlage dem bei der Errichtung des Gebäudes maßgeblichen technischen Standard entspricht und an sich fehlerfrei ist, auch wenn sie hohe Kosten verursacht (BGH NJW 2014, 685). Unwirtschaftliche Kosten können allerdings bei der Betriebskostenabrechnung Bedeutung erlangen (*Fritz* NJW 2015, 1064, 1067).

5. Eine Leistungsaufforderung an den Vermieter ist unbedingt erforderlich. Sinnvollerweise sollte der Mieter den Vertragspartner in Verzug setzen, um die damit verbundenen Kostenvorteile in Anspruch nehmen zu können. Ergänzend wird auf → Form. B. III. 14 Anm. 5 verwiesen.

Für eine Berufung gegen das Urteil des Amtsgerichts in Wohnungsmietsachen ist die Zivilkammer des jeweils übergeordneten Landgerichts zuständig, § 72 Abs. 1 GVG.

Die Zwangsvollstreckung gegen den Vermieter erfolgt über § 887 ZPO. Der Sache nach handelt es sich bei der Verpflichtung zur Beheizung um eine vertretbare Handlung. Dass es möglicherweise mehrere Wege gibt, den angestrebten Erfolg zu erreichen, steht der Annahme einer vertretbaren Handlung nicht entgegen (vgl. dazu OLG Köln MDR 1995, 95; OLG Düsseldorf MDR 1998, 734; Zöller/*Stöber* § 887 Rn. 2 mwN).

16. Klage auf Schadensersatz wegen eines Sachmangels (mit Alternativen: anfänglicher Mangel, verschuldeter verspäteter Mangel, mit Mangelbeseitigung in Verzug)

An das

Amtsgericht Prenzlau

In Sachen des Mieters . . . . .

– Kläger –

Prozessbevollmächtigte: Rechtsanwältin . . . . .

gegen

die Vermieterin . . . . .

– Beklagte –

wegen Schadensersatz

erhebe ich Klage und beantrage,

> die Beklagte zu verurteilen, an den Kläger 2.997,99 EUR nebst Zinsen in Höhe von fünf Prozentpunkten über dem Basiszinssatz seit dem 6.4.2015 zu zahlen.

Der Antrag nach § 331 Abs. 3 ZPO wird gestellt.

Begründung:

Der Kläger ist Mieter einer 3-Zimmerwohnung im Hause Mariengasse 6 in Prenzlau auf Grund des schriftlichen Mietvertrages vom 15.9.2009 mit der Beklagten.

Beweis: Mietvertrag vom 15.9.2009

Er macht Schadensersatz wegen eines Wasserschadens vom 8.2.2015 geltend.[1] An diesem Tage kam es zu einem Rohrbruch in der Kaltwasserleitung, die oberhalb der Wohnung des Klägers im Dachboden verläuft und mangelhaft isoliert ist, so dass sie während des strengen Frostwetters einfrieren konnte.[2] Als der Kläger und seine Ehefrau abends von einem Kurzbesuch in die Wohnung zurückkehrten, stellten sie fest, dass das Wohnzimmer überschwemmt war und das Wasser auch schon in die darunterliegende Wohnung eingedrungen war. Das Hauptventil war erst nach längerem Suchen von einem Mieter gefunden und geschlossen worden.

Beweis: Zeugnis des Mieters Emil Krause, zu laden unter der Anschrift des Klägers

Irreparabel beschädigt wurde die Polstergarnitur, die der Kläger vor ca. 6 Jahren zum Preise von 4.500,– EUR gekauft hatte, nämlich eine Couch und zwei Sessel.

Beweis: Zeugnis der Ehefrau des Klägers . . . . .[3]

Die Beklagte hat für den Schaden nach § 536a Abs. 1 S. 1 erste Alternative BGB einzustehen, da schon bei Abschluss des Mietvertrages die Rohre mangelhaft isoliert waren.[4]

Der Kläger lässt sich einen Abzug „neu für alt" entgegenhalten, wobei von einer Lebensdauer der Polstergarnitur von 15 Jahren auszugehen ist. Daraus ergibt sich ein Abzug von 300,– EUR pro Jahr, für sechs Jahre also 1.800,– EUR. Das Gericht möge insoweit den Schaden nach § 287 ZPO schätzen; hilfsweise

Beweis: Sachverständigengutachten.

Der Kläger verlangt weiter Ersatz für die Anschaffung eines neuen Haartrockners(Föhns) zum Preis von 27,99 EUR. Am 6.1.2015 hat die Ehefrau des Klägers im Badezimmer den Föhn in die Steckdose gesteckt und eingeschaltet. Es kam zu einem Kurzschluss, wobei der Föhn verschmorte.

Beweis: Zeugnis der Ehefrau des Klägers . . . . .

Die Ursache war eine (möglicherweise vom Vormieter)unsachgemäß verlegte Steckdose, worauf der Kläger die Beklagte schon in einem Gespräch am 31.10.2014 hingewiesen hatte. Dem Kläger waren knisternde Geräusche in der Steckdose aufgefallen. Die Beklagte meinte allerdings, das habe nichts zu bedeuten; es handele sich um einen Altbau und die Beauftragung eines Elektrikers sei zu teuer.[5]

Zu dem Schadensersatzanspruch von 4.500,– EUR ./. 1.800,– EUR = 2.700,– EUR und von weiteren 27,99 EUR kommen noch Ansprüche aus Pflichtverletzung.[6]

Durch den Rohrbruch wurden nicht nur Wände und Decke des Wohnzimmers in Mitleidenschaft gezogen, so dass Schönheitsreparaturen erforderlich waren, sondern auch des Schlafzimmers.[7] Der von der Beklagten beauftragte Maler erklärte dem Kläger, die Auslegware im Schlafzimmer müsse nicht entfernt werden. Die vom Maler ausgelegte Folie riss jedoch an mehreren Stellen ein, so dass Dispersionsfarbe auf die Auslegware tropfte.[8]

Beweis: Zeugnis der Nachbarin . . . . .

Eine Reinigung der Auslegware ist unmöglich, so dass Neuanschaffung erforderlich ist. Der Kläger hat vor einem Jahr den Teppichboden für 300,– EUR gekauft.

Beweis: Kassenzettel vom 25.1.2014

Bei einer geschätzten Lebensdauer von 10 Jahren ist somit ein Abzug „neu für alt" von 30,– EUR vorzunehmen, so dass der Kläger 270,– EUR Schadensersatz verlangt.

Beweis: Schätzung nach § 287 ZPO, notfalls Sachverständigengutachten

Eine Mahnung vom 5.4.2015 blieb erfolglos, so dass nunmehr Klage geboten ist.[9]

Rechtsanwalt

Anmerkungen

1. Wenn – wie hier – Schadensersatzansprüche gegen den Vermieter nach § 536a BGB geltend gemacht werden, ist stets zu prüfen, ob die Haftung im Mietvertrag formularmäßig wirksam ausgeschlossen wurde. Der Vermieter kann seine Haftung für grobe Fahrlässigkeit und Vorsatz hinsichtlich seiner Person und seiner Erfüllungsgehilfen (BayObLG ZMR 1985, 92) nicht abbedingen. Nach dem Rechtsentscheid des BGH vom 24.10.2001 (VIII ARZ 1/01 NJW 2002, 673) gilt das auch für leichte Fahrlässigkeit, da für Kardinalpflichten der Vermieter immer einzustehen hat. Die verschuldensunabhängige Garantiehaftung nach § 536a Abs. 1 BGB kann dagegen abbedungen werden (BGH XII ZR 46/90 NJW-RR 1991, 74).

2. Der Vermieter trägt die Beweislast dafür, dass die Schadensursache aus dem alleinigen Einflussbereich des Mieters stammt (OLG Karlsruhe NJW 1985, 142).

3. Besser wäre eine Rechnungskopie, die aber oft nach so langer Zeit nicht mehr auffindbar ist.

4. Wenn der Mangel schon bei Abschluss des Mietvertrages bestand, kommt es auf eine Kenntnis des Vermieters oder ein Verschulden nicht an. Um einen anfänglichen Mangel eines Bauteils handelt es sich dann, wenn der Schaden später nicht durch Alterung oder Verschleiß eintritt, sondern das Bauteil (hier: Fenster) für den Zweck ungeeignet und damit unzuverlässig war (BGH XII ZR 189/08 NJW 2010, 3152). Liegt kein anfänglicher Mangel vor, ist ein Schadensersatzanspruch gegen den Vermieter nur dann möglich, wenn ihn an dem Rohrbruch ein Verschulden trifft oder er mit der Mangelbeseitigung in Verzug war, etwa weil der Mieter schon vorher eine kleinere Undichtigkeit angezeigt hatte (vgl. BGH VIII ZR 222/06 NZM 2008, 279 zum Fall der eigenmächtigen Mietmangelbeseitigung). Ein Verschulden kann auch dann vorliegen, wenn an einem Strang immer wieder Schäden auftreten, die der Vermieter jeweils nur stückweise reparieren lässt, obwohl ein Austausch des ganzen Rohres sachgerecht (§ 276 BGB) gewesen wäre. Der Vermieter ist jedoch nicht verpflichtet, sämtliche Rohrleitungen regelmäßig zu überprüfen, so dass in der Regel ein Schadensersatzanspruch des Mieters mangels Verschulden entfällt. Anders ist es aber bei Minderungs- und Instandsetzungsansprüchen (§§ 536, 536 a BGB) des Mieters, die eben kein Verschulden voraussetzen.

5. Kommt der Vermieter mit der Beseitigung eines Mangels in Verzug, haftet er ebenfalls auf Schadensersatz. Er ist zwar nicht verpflichtet, die Elektroanlage in der Wohnung regelmäßig zu überprüfen (BGH VIII ZR 321/07 NJW 2009, 143), muss aber Schadensanzeigen des Mieters nachgehen. Grundsätzlich reicht die bloße Mängelanzeige nicht für den Verzug; hier hatte die Vermieterin aber die Reparatur ernsthaft und endgültig verweigert (§ 286 Abs. 2 Nr. 3 BGB). Der Mieter hat allerdings im Streitfall die Mängelanzeige zu beweisen; die Entscheidung des BGH (VIII ZR 74/12 NJW 2013, 1299), wonach der Vermieter das Unterlassen der Anzeigepflicht zu beweisen hat, betrifft nur (eigene) Schadensersatzansprüche des Vermieters nach § 536c BGB. Ein Mitverschulden des Klägers (§ 254 BGB) scheidet aus; er muss nicht klüger sein als sein Vermieter.

6. Für die fahrlässige Beschädigung des Eigentums des Mieters hat der Vermieter auch nach §§ 823 Abs. 1, 831 BGB einzustehen.

7. Auch wenn die Verpflichtung zu Schönheitsreparaturen auf den Mieter übertragen wurde, hat nach § 535 BGB der Vermieter die Malerarbeiten nach einem Wasserschaden zu übernehmen.

8. Die Beklagte haftet nach § 278 BGB für das Verschulden des Malers.

9. Der Anspruch verjährt in 3 Jahren.

17. Klage auf Mängelbeseitigung bei vom Mieter verursachten aber versicherten Schäden (Regressverzicht)

An das

Amtsgericht Dresden

Klage

In Sachen der Mieter[1]

1) Yvonne Rettschlag   – Klägerin –

2) Manfred Rettschlag   – Kläger –

wohnhaft in der Ahornstraße 22

01097 Dresden Neustadt

Prozessbevollmächtigter: Rechtsanwalt Dr. Cornelius Siebenschön

                            Alaunplatz 4 01099 Dresden Neustadt

gegen den Vermieter

Lothar Vogel   – Beklagter –

Dresdner Straße 132

01705 Freital

wegen Instandsetzung und Mietminderung

vorläufiger Streitwert 19.008 EUR + 2.112 EUR + 3.000 EUR = 24.120 EUR[2]

erhebe ich Klage und beantrage,

1. Feststellung, dass die Kläger zu einer monatlichen Minderung der Bruttokaltmiete um 60 % berechtigt sind;[3]

2. den Beklagten zu verurteilen, an die Kläger 2.112 EUR[4] und als Vorschuss[5] weitere 3.000 EUR, jeweils zuzüglich Zinsen in Höhe von 5 Prozentpunkten über dem Basiszinssatz seit Rechtshängigkeit zu zahlen.

Der Antrag nach § 331 Abs. 3 ZPO wird gestellt.

Eine Mediation oder ein anderes Verfahren der Konfliktbeilegung hat angesichts des Verhaltens des Beklagten keine Aussicht auf Erfolg.[6]

Begründung

Die Kläger sind Mieter einer 5-Raumwohnung in der Ahornstraße 24 auf Grund des schriftlichen Mietvertrages mit dem Beklagten vom 20.10.2008.

Mietvertrag vom 20.10.2008 in Kopie anbei

Die Nettokaltmiete betrug nach der letzten Mieterhöhung 750 EUR zuzüglich einem Betriebskostenvorschuss von 130 EUR und einem Heizkostenvorschuss von 120 EUR. Anfang Oktober 2015 kam es zu einem Brandschaden, als die 12-jährige Tochter der Mieter in der Küche Öl in einem Topf erhitzte, um Toffees zu frittieren.[7]Bei einem überraschenden Besuch ihrer Freundin verließ sie die Küche und vergaß, den Herd auszuschalten. Das Öl entzündete sich und erst die Feuerwehr konnte die Flammen löschen. In der Küche entstand erheblicher Brandschaden; Schäden durch eingebrannten Ruß, Verschmorungen, Löschwasser gab es auch im Wohnzimmer, Schlafzimmer und Kinderzimmer.

Beweis: Zeugnis der Nachbarin Gertraud Geilke, Ahornstraße 22

Eine Beseitigung der Schäden wurde vom Beklagten ebenso abgelehnt wie eine Mietminderung, da eine schuldhafte Pflichtverletzung vorliege; für ihre Tochter hätten die Mieter nach § 278 BGB einzustehen.

Beweis: Mängelanzeige vom 15.10.2015
Schreiben des Beklagten vom 20.10. und 24.10.2015

Die Rechtsauffassung des Beklagten ist unzutreffend, da er eine Gebäudeversicherung abgeschlossen hat, deren Prämie von den Klägern anteilig als Betriebskosten gezahlt werden.[8] Der Beklagte ist daher gehalten, sich an die Versicherung zu wenden und darf die Kläger nicht auf ihre Haftpflichtversicherung verweisen,[9] da der Brandschaden nicht grob fahrlässig verursacht wurde.[10] Das entspricht der ständigen Rechtsprechung des Bundesgerichtshofs.

Die Kläger verlangen Instandsetzung und haben dazu ein Kostenangebot eingeholt, das für Putz- und Malerarbeiten von einem vorläufigen Betrag von 3000 EUR ausgeht.

Beweis: Angebot Malermeister Kurtz vom 2.11.2015 in Kopie anbei

Die Kläger machen diesen Betrag für die Schadensbeseitigung geltend und verlangen dazu Feststellung der Berechtigung zur Mietminderung bis zur Schadensbeseitigung. Für die unter Vorbehalt gezahlten vollen Mieten für November 2015 bis Februar 2016 verlangen sie Rückzahlung. Es handelt sich um eine erhebliche Beeinträchtigung des Wohnwerts, so dass eine Minderung von 60 % der Bruttokaltmiete,[11] also monatlich 528 EUR berechtigt ist.[12] Für 4 Monate ergibt sich somit ein Rückzahlungsanspruch von 2112 EUR.

Der Beklagte ist vergeblich zur Instandsetzung und Rückzahlung der überzahlten Mieten aufgefordert worden.

Rechtsanwalt

Anmerkungen

1. Nach §§ 130, 253 ZPO soll der Beruf der Partei angegeben werden; die Praxis verzichtet meist darauf.

2. Der Streitwert für die Feststellung der Minderung wird hier nach § 48 GKG berechnet(das 36-fache des Minderungsbetrages (so LG Dortmund MDR 2015, 1208; OLG Frankfurt/Main NJW-RR 2015,517). Nach anderer Ansicht soll § 41 Abs. 5 GKG (Jahresbetrag der Minderung) maßgeblich sein (so LG Dresden Beschl. v. 15.8.2014 – 4 T 513/14, LSK 2015, 400825; LG Berlin GE 2015,1098). Dazu kommen die Minderungsbeträge für November 2015 – Februar 2016 und die Kosten der Instandsetzung.

3. Die Angabe der Daten zur Wohnung ist ebenso entbehrlich wie die Angabe der Höhe der Miete; dies folgt aus der Klageschrift. Die Feststellung gilt für die Zukunft, also ab Rechtshängigkeit. Für die Vergangenheit ist eine Leistungsklage zu empfehlen, um eine Abweisung wegen Unzulässigkeit zu vermeiden (AG Lichtenberg GE 2012,68; großzügiger aber OLG Saarbrücken ZMR 2014,280). Das Feststellungsinteresse nach § 256 ZPO folgt aus dem beharrlichen Bestreiten des Beklagten in der Vergangenheit (vgl. BGH VIII ZR 142/84 ZMR 1985,403). Zur (zweifelhaften) Berechnung der Minderung → Anm. 11.

4. Das ist die Minderung für November 2015 – Februar 2016

5. Über den Vorschuss zur Mängelbeseitigung ist abzurechnen; es empfiehlt sich, das schon im Klageantrag klarzustellen.

6. Die nach § 253 Abs.III Nr. 1 ZPO nicht unbedingt notwendige Angabe dient dazu, Verzögerungen durch einen Mediationsvorschlag des Gerichts nach § 278a ZPO zu vermeiden.

7. Das ist der vom BGH VIII ZR 191/13 mit Urteil vom 19.11.2014 (NJW 2015, 699) entschiedene Fall.

8. Zur Rechtslage (→ Form. B. II. 62) BGH IV ZR 298/99 (NJW 2001, 1353). Der konkludente Regressverzicht greift auch dann ein, wenn eine Bruttokaltmiete vereinbart ist, da auch dann der Vermieter die Versicherungskosten einkalkuliert hat und sie – wenn auch ohne jährliche Abrechnung – vom Mieter zu tragen sind: BGH IV ZR 116/05 (NJW 2006, 3711) und IV ZR 273/05 (NZM 2006, 945).

9. So BGH VIII ZR 191/13 (NJW 2015, 699) für den Regelfall. Ausnahmsweise kann der Vermieter den Mieter als Schadensverursacher (statt seiner Versicherung) in Anspruch nehmen, wenn er ein besonderes Interesse an einem Schadensausgleich durch den Mieter hat und beweist (BGH VIII ZR 28/04 NJW-RR 2005, 381). Das soll bei einer zu erwartenden langwierigen gerichtlichen Auseinandersetzung mit dem Versicherer bei ungesicherte Erfolgsaussicht gegeben sein, wobei eine eigene Obliegenheitsverletzung des Vermieters unberücksichtigt bleibt. Auch eine erhebliche Erhöhung der Versicherungsprämie wegen des Schadensfalles soll als Ausnahme gelten, was allerdings schon im Rechtsstreit auf Schadensbeseitigung vom Vermieter vorzutragen ist (BGH NJW 2015, 699). Ein denkbarer Schadensersatzanspruch gegen den Mieter auf Zahlung der Differenz zwischen der erhöhten und der bisherigen Prämien erfordert erheblichen Verwaltungsaufwand (Prölss ZMR 2005, 242); ebenso ist zweifelhaft, ob der Vermieter berechtigt ist, die Prämienerhöhung als Betriebskosten auf alle Mieter umzulegen. All das wird in der Klage nicht erörtert bleibt einer Replik des Beklagten vorbehalten. Im Rechtsgespräch mit dem Mandanten vor Klageerhebung wird der Rechtsanwalt freilich auch diese Probleme ansprechen.

10. Zur Abgrenzung der groben zur leichten Fahrlässigkeit → Form. B. II. 62. Der BGH (NJW 2015,699) hat hier jedenfalls leichte Fahrlässigkeit angenommen.

11. Die Minderung wird hier(wie im BGH-Fall vom damaligen Kläger) von der Bruttokaltmiete berechnet und damit unzutreffend. Seit der Entscheidung des Bundesgerichtshofs vom 20.7.2005 (VIII ZR 347/04 NJW 2005, 2773) steht fest, dass die Minderung von der Gesamtmiete einschließlich aller „Nebenkosten" zu berechnen ist und damit von der Warmmiete. Zwar wird noch immer die Auffassung vertreten, Berechnungsgrundlage sei die Bruttokaltmiete (etwa von Juris PK/Münch Rn. 209 zu § 536 BGB). Der XII. Senat des BGH, dem sich der VIII. Senat angeschlossen hat, zählt in seiner grundlegenden Entscheidung vom 6.4.2005 (XII ZR 225/03 GE 2005,666) jedoch drei Lösungsmöglichkeiten auf: Berechnung von der Gesamtmiete, von der Nettomiete oder von der Bruttokaltmiete und hält ausdrücklich die erste Variante (Gesamtmiete) für zutreffend. Deshalb hat etwa das LG Berlin (GE 2006, 1235) die Minderung von der Bruttowarmmiete berechnet. Das OLG Dresden hatte allerdings gemeint, der Anteil für Heizkosten können nur dann gemindert werden, wenn auch Mängel in der Beheizung vorliegen (ZMR 2008,531).

12. Die Minderungsquote von 60 % ist sehr hoch und ist vom Berufungsgericht in dem BGH-Fall auch auf 15 % verringert worden. Da der Mieter mit einem erheblichen Kündigungsrisiko rechnen muss, wenn er zu viel Miete einbehält, empfiehlt es sich immer, den vollen Betrag unter Vorbehalt zu zahlen und – wie hier – auf Feststellung der Berechtigung und auf Rückzahlung zu klagen.

18. Klage auf Aufwendungsersatz gemäß § 536a Abs. 2 BGB

An das

Amtsgericht . . . . .

– Abteilung für Mietsachen –

Klage[1]

der Eheleute . . . . .

– Kläger –

Prozessbevollmächtigte: Rechtsanwälte . . . . .

gegen

die Firma Bodenwert GmbH . . . . ., vertreten durch die Geschäftsführer, ebenda, ...

– Beklagte –

wegen: Feststellung und Zahlung

Namens und im Auftrag der Kläger beantragen wir,

1. festzustellen,[2] dass die Kläger berechtigt waren, den Mietzins für die von ihnen angemietete Wohnung im Hause I-Stock 56, 1. OG links, K., seit 2/08 bis 10/08 um 20 % und seit 11/08 bis 5.12.2008 um 5 % zu mindern.
2. die Beklagte zu verurteilen, an die Kläger 1.625,– EUR zu zahlen nebst 5 % Zinsen über dem Basiszinssatz ab Rechtshängigkeit.

Sollte das Gericht das schriftliche Vorverfahren beschließen, wird bereits jetzt darüber hinaus

Antrag

auf Erlass eines

Versäumnisurteils

gestellt.

Begründung:

Die Kläger mieteten gemäß dem als Anlage N1 beigefügten Wohnungsmietvertrag von der Beklagten die im Antrag näher bezeichnete Wohnung mit Wirkung vom 1.7.2007 zu einem monatlichen Gesamtmietzins von 605,80 EUR an. Es handelte sich um eine Neubauwohnung,[3] also um einen Erstbezug.

Mit Beginn der kälteren Jahreszeit stellten die Kläger im Wohnzimmer, in der Küche, im Badezimmer und im Kinderzimmer zunächst feuchte Flecken fest, auf denen sich dann Stockflecken und später Schimmelpilze ansiedelten. Hinzukam, dass in der Zeit von Oktober 2007 bis etwa 20.12.2007 die gesamte Heizung im Haus nur unzureichend arbeitete,[4] da die Raumtemperatur insbesondere in den Nachtstunden nicht höher als 8 bis 10° war, obwohl die Heizventile voll aufgedreht waren.

Beweis: Zeugnis der Frau B.,
          des Herrn M.,
          der Frau S., alle wohnhaft . . . . .

Durch die unzureichende Leistung der Heizungsanlage und durch offensichtlich noch vorhandene Baurestfeuchtigkeit im Mauerwerk vergrößerten sich die Schimmelflecken. Die Beklagten wurden deshalb mit dem als Anlage N2 beigefügten Schreiben vom 3.1.2008 aufgefordert, den fraglichen Mangel zu beseitigen. Gleichzeitig kündigten die Kläger an, dass im Falle der Nichtbeseitigung der beschriebenen Mängel der Mietzins mit Wirkung vom 1.2.2008 gemindert werde, und zwar um 20 %.

Die Kläger waren nicht nur deshalb darauf bedacht, dass die Mängel so rasch wie möglich beseitigt wurden, weil die Schimmelpilze unansehlich waren, sondern auch deshalb, weil ausweislich des als Anlage N 3 beigefügten ärztlichen Attestes von Frau Dr. L. die Kleinkinder der Kläger bereits gesundheitliche Schäden erlitten hatten.[5]

Zu erwähnen ist noch, dass es in den anderen Wohnungen in demselben Haus ebenfalls zu Feuchtigkeitserscheinungen gekommen ist, wobei die Schimmelpilzkulturen erheblich größer waren als in der Wohnung der Kläger.[6]

Beweis: wie vor

Nachdem die Kläger, wie angekündigt, den Mietzins gemindert hatten, reagierte die Beklagte nach wie vor nicht. Allenfalls leugnete sie das Vorhandensein der Feuchtigkeit und schob diese auf fehlerhaftes Heiz- und Lüftungsverhalten der Kläger, was jedoch unzutreffend war.

Die Kläger sahen sich schließlich gezwungen, ein selbstständiges Beweisverfahren einzuleiten, und zwar vor dem erkennenden Gericht unter dem AZ . . . . . H . . . . ./08.[7]

Das Sachverständigengutachten vom 24.10.2008 bestätigt das Vorhandensein von Stockflecken, und zwar im Wohnzimmer in der oberen Wandecke, in der Küche unterhalb der Fensterbank im Brüstungsbereich, im Badezimmer im Deckenrandbereich sowie im Bereich der Fensterlaibungen sowie im Kinderzimmer in der linken Wandecke. Zur Ursache der Stockfleckenbildung wies der Sachverständige darauf hin, „dass entweder mangelnde Beheizung ursächlich sein muss oder Baurestfeuchte. Beides kann ich zurzeit nicht mehr nachprüfen".[8]

Beweis: das in Anlage N 4 beigefügte Gutachten;
          Beiziehung der Akten . . . . . H . . . . ./08

Nach Kenntnis des Gutachtens widersprach die Beklagte der weiteren Mietminderung und vertrat die Auffassung, dass sie – die Beklagte – die Feuchtigkeit bzw. Stockfleckenbildung nicht zu vertreten habe. Dies ergebe sich aus dem Gutachten. Gleichzeitig ließ die Beklagte den Klägern mit Beschluss vom 5.1.2009 in dem obigen Beweisverfahren eine

Frist gemäß § 494a ZPO setzen, binnen der Hauptklage[9] erhoben werden muss. Dies geschieht hiermit.

Zu erwähnen ist noch, dass zum Zeitpunkt der Besichtigung durch den Sachverständigen im September 2008 durch die vorangegangenen Sommermonate, in denen eine ausgesprochen lang anhaltende hohe Temperatur herrschte, die Stockfleckenbildung zurückgegangen war. Zwischenzeitlich herrschten jedoch niedrige Außentemperaturen, was sofort zur Folge hatte, dass etwa die Stockfleckenbildung um das Fenster im Badezimmer sich rapide vergrößerte und die gesamte Außenwand im Badezimmer komplett mit einem schwarzen Schimmelpilz behaftet war.

An dieser Stelle sei nochmals erwähnt, dass die Kleinkinder der Kläger unter einer Dauerreizung der Bronchialwege litten, was sicherlich auch auf die feuchte Wohnung und die vorhandenen Schimmelpilze zurückzuführen ist.

Die Kläger sind daher der Auffassung, dass die Mietzinsminderung um 20 % für die Zeit 2/08 bis 10/08 der Höhe nach gerechtfertigt ist, insbesondere im Hinblick auf die erwähnte Gesundheitsbeeinträchtigung der beiden Kleinkinder. Nachdem durch die warmen Sommermonate bedingt die Stockfleckenbildung zurückgegangen war, wurde der Mietzins mit Wirkung von 11/08 bis 6.12.2008 um 5 %[10] gemindert, wobei dieser Betrag sicherlich die unterste Grenze ist, nachdem aus den Stockflecken etwa im Badezimmer wieder Schimmelpilzkulturen geworden waren.

Da die Beklagte die Kläger zur Erhebung der Hauptklage zwingt, sind die Kläger gehalten, im Wege einer Feststellungsklage ihre Berechtigung zur Durchführung einer Mietzinsminderung feststellen zu lassen.

In dem oben erwähnten Gutachten des Sachverständigen B. wird der Aufwand zur Beseitigung der Stockfleckenbildung in den Räumlichkeiten der Wohnung der Kläger auf 1.250,– EUR zzgl. MWSt., also insgesamt auf 1.450,– EUR geschätzt.

Die spätere Beauftragung des Malermeisters D. führte zu einem letztendlichen Rechnungsbetrag von 1.625,– EUR.

Beweis: als Anlage N 5 beigefügte Rechnung vom 6.12.2008

Die Kläger verlangen diesen Betrag ersetzt als verauslagte notwendige Maler- und Anstreicherarbeiten zur Beseitigung der Stockfleckenbildung.[11]

Der abgerechnete Betrag ist angemessen und ortsüblich.

Beweis: (notfalls): Sachverständigengutachten[12]

Mit dem in Anlage N 5 beigefügten Schreiben vom 11.11.2008 ist die Beklagte unter Fristsetzung bis zum 30.11.2008[13] vergeblich aufgefordert worden, die im Interesse der Gesundheit der Kläger und insbesondere ihrer Kinder dringend erforderliche Beseitigung der Feuchtigkeitsschäden vorzunehmen.

Rechtsanwalt[14]

Anmerkungen

1. Siehe zunächst → Form. B. III. 1 Anm. 1.

Allgemein ist die Klage auf Aufwendungsersatz recht selten. Meist rechnet der Mieter den Anspruch gegen die Miete für die Folgemonate auf, was bei Wohnraum wegen § 556b Abs. 2 BGB unproblematisch möglich ist. Bei Gewerberaum ist zwar die Aufrechnung regelmäßig insgesamt ausgeschlossen im Rahmen des § 309 Nr. 3 (vormals: § 11 Nr. 3 AGBG). Sie wird auch dort gleichwohl häufig vorgenommen mit der Folge freilich, dass bei fehlender Entscheidungsreife der Gegenforderung auf dieselbe im Mietzinsprozess häufig nicht eingegangen wird (Nur bei Entscheidungsreife tritt bei bestrittenen Gegenforderungen das Aufrechnungsverbot zurück: BGH WuM 1978, 620; st. Rspr.). Oder aber der Mieter klagt auf Vorschuss. Dies ist dann der Fall, wenn er sich seiner Sache nicht 100 %ig sicher ist oder aber zumindest nicht willens, die notwendige Vorfinanzierung zu übernehmen.

Die **Aufwendungsersatzklage** gemäß § 536a Abs. 2 BGB betrifft demgegenüber Fälle, in denen 1. der Mieter nicht länger bereit ist, auf die Behebung der Mängel zu warten, 2. auch nicht gewillt ist, sich wegen des Streits um die Instandsetzung als säumiger Zahler in Anspruch nehmen zu lassen und 3. willens und in der Lage ist, selbst in Vorlage zu treten.

2. Typisch ist auch hier die **Kombination mit einer Feststellungsklage zur Minderungsberechtigung** für die Vergangenheit, soweit nicht bereits im selbstständigen Beweisverfahren sachverständigerseits die erforderlichen Feststellungen getroffen worden sind (→ Form. D. III. 2. 1 Anm. 4). Das erforderliche Feststellungsinteresse iSd § 256 ZPO ist schlechthin nicht zu verneinen, wenn der Vermieter seine Einstandspflicht für die Mängel bestreitet. Denn unter diesen Umständen könnten die Kläger nicht nur mit einer entsprechenden Zahlungsklage, sondern sogar mit einer fristlosen Kündigung nach §§ 543, 569 BGB zu rechnen haben. Dem vorzugreifen und auch den Umfang des Minderungsrechts gerichtlich klären zu lassen, ist naturgemäß ein berechtigtes Anliegen.

3. Hier stellt sich die Problematik der **Neubaufeuchte** . Für den Vermieter bedeutet dies ein echtes **Beweisproblem**, da er zu beweisen hat, dass nur eine Schadensursache aus dem Bereich der unmittelbaren Einflussnahme, Herrschaft und Obhut des Mieters in Betracht kommt (BGH MDR 2010, 1109; OLG Karlsruhe RE NJW 1985, 142 = WuM 1984, 267; BGH NJW 1994, 2019 u. NZM 1998, 117; Schmidt-Futterer/*Eisenschmid* § 536 Rn. 501), was im Fall von Feuchtigkeitsschäden den Nachweis verlangt, dass bauliche Ursachen ausscheiden (LG Mannheim ZMR 1989, 424; LG Freiburg WuM 1989, 559; vgl. auch Schmidt-Futterer/*Eisenschmid* § 536 Rn. 501 mwN).

4. **Zusätzliche Beweisführungsprobleme** ergeben sich für den Vermieter, wenn das Nichtfunktionieren der Heizungsanlage eingewandt wird. Denn auch Mängel der Beheizung können Feuchtigkeitsschäden (mit-)verursachen. Dass sie nicht bestanden, hat der Vermieter nach dem Vorstehenden gleichfalls zu beweisen, was ein nicht unerhebliches Prozessrisiko in sich trägt: nicht selten weiß der Vermieter selbst hierzu nichts Genaues. In dem Originalfall, dem das Muster nachgebildet ist, hat die Zeugenvernehmung nicht nur den Beweis nicht erbracht. Im Gegenteil bestätigte sich, dass die Heizung von Oktober bis Weihnachten mehrfach ganz ausfiel und es auch sonst in den Wohnungen zu kalt war. Wie der Vermieter zu der Behauptung kam, die Heizanlage habe im Wesentlichen ordnungsgemäß funktioniert, erschien erklärlich nur dadurch, dass er nicht überzeugt war von der Richtigkeit der Angaben seiner Mieter und die Beweislage umgekehrt sah.

5. Gerade bei Feuchtigkeitsschäden besteht wegen der gesundheitlichen Problematik häufig ein dringendes Interesse an alsbaldiger Behebung. Ist der vorhandene Zustand im Rahmen eines selbstständigen Beweisverfahrens geklärt, wie hier, kann guten Gewissens geraten werden, nach Fristsetzung die Schäden unmittelbar beseitigen zu lassen. Die Prozessrisiken bei der Verfolgung lediglich eines Vorschussanspruchs – wie im Regelfall – sind die Gleichen und die Beweiserhebung im Prozess kann sich leicht über ein halbes Jahr hinziehen.

6. Die Lage bei den anderen Mietern ist zwar nicht unmittelbar entscheidend, ergibt aber häufig ein aussagekräftiges Indiz für das Vorhandensein baukonstruktiver Mängel bzw. unzureichendes Heiz- und Lüftungsverhaltens eines einzelnen Mieters.

7. Klarheit über die Ursachen von Feuchtigkeitserscheinungen lässt sich allerdings im Regelfall erst durch einen Sachverständigen gewinnen. Ein **selbstständiges Beweisverfahren** bildet den Weg, um den Beteiligten die Klarheit zu verschaffen, ohne dass Festlegungen erfolgt sind wie im Rahmen eines Rechtsstreits, die den einen oder anderen Teil von seiner einmal eingenommenen Position nur schwer abrücken lassen. Normalerweise wird durch ein selbstständiges Beweisverfahren auch das Klima zwischen den Beteiligten nicht erheblich belastet.

8. Sowohl die Restbaufeuchte als auch Störungen der Beheizung stellen bauliche Mängel dar, für die grundsätzlich der Vermieter einzustehen hat (→ Anm. 2, 3). Ein anderes ist die Frage der **Mangelkenntnis iSd § 536b BGB.** Kennt der Mieter den Mangel bei Abschluss des Vertrages, stehen ihm sowohl die Rechte aus § 536 BGB als auch aus § 536a BGB nicht zu (eingehend zu diesem Problem im Fall der Neubaufeuchte: Kenntnis annehmend, da Neubau LG Hamburg WuM 1976, 205; AG Steinfurt WuM 1996, 759; Kenntnis verneinend: LG Lübeck WuM 1988, 358; *Emmerich/Sonnenschein* § 536b Rn. 4). Richtigerweise ist zu fordern, dass Kenntnis des konkreten Mangels und seiner Ursachen vorliegt (Schmidt-Futterer/*Eisenschmid* § 536b Rn. 7 ff. mwN). Dementsprechend ist der Vermieter dafür beweispflichtig, dass er den Mieter über die besonderen Gefahren des Auftretens von Neubaufeuchtigkeit aufgeklärt und über die erforderlichen Maßnahmen zur Vermeidung unterrichtet hat, Schmidt-Futterer/*Eisenschmid* § 536 Rn. 498 ff. mwN). Zur Hinweispflicht nach dem Einbau isolierverglaster Fenster siehe LG München NZM 2007, 642 sowie Schmidt-Futterer/*Eisenschmid* § 536 Rn. 502.

9. Im Originalfall behauptete die Vermieterin, bauliche Mängel seien nicht vorhanden gewesen, die Feuchtigkeit habe ausschließlich auf unzureichender Belüftung und Beheizung beruht. Das Gutachten aus dem Beweissicherungsverfahren bestätigte zwar, dass bauliche Mängel zum Zeitpunkt des Ortstermins nicht vorhanden waren. Die anschließende Zeugenvernehmung im Hauptprozess ließ aber Restbaufeuchte und Beheizbarkeitsmängel sogar als die wahrscheinliche Ursache vermuten, zumal zum Zeitpunkt der letzten mündlichen Verhandlung (17.12. des folgenden Jahres und damit mehr als ein Jahr nach der von den Klägern selbst veranlassten Renovierung und zwei Jahre nach dem erstmaligen Auftreten der Schäden) sich keine Feuchtigkeitserscheinungen mehr gezeigt hatten.

10. **Die Minderung** wird meist höher gegriffen, in dem Muster zugrundeliegenden Originalfall z.B. mit 30 und 15 %. Allgemein sind aber nur etwa 20 % gerechtfertigt, wenn ein Schimmel sich tatsächlich schon gebildet hat. Im Prozess wurden dann insgesamt nur 5 % zuerkannt, da lediglich die Stockfleckenbildung bewiesen werden konnte. Streitig ist auch, ob der Brutto- oder der Nettomietzins maßgebend ist (für Bruttomietzins BGH NZM 2005, 455 = MDR 2005, 979: „Dabei ist unerheblich, ob die Nebenkosten als Pauschale oder Vorauszahlung geschuldet werden"; vgl auch schon LG Köln WuM 1997, 45; OLG Hamm NJWE-MietR 1996, 80, 82; Palandt/*Weidenkaff* § 536 Rn. 33; zum Streitstand und den Auswirkungen eingehend Schmidt-Futterer/*Eisenschmid* § 536 Rn. 370 ff. Speziell zu den Auswirkungen auf die Betriebskostenabrechnung siehe auch: Schmidt-Futterer/*Eisenschmid* § 536 Rn. 374 ff; *Schmitz* NZM 2005, 858 u. *Bieber* NZM 2006, 683 ff. mwN).

11. Zu den Aufwendungen gehören in erster Linie die Kosten für Handwerkerleistungen und die Materialkosten. Darüber hinaus gehören dazu die eigenen Arbeitsleistungen und die Arbeitsleistungen freiwilliger Helfer (BGH NJW 1996, 921; Schmidt/

Futterer/Eisenschmid § 536a Rn. 140), soweit sie ohne das schädigende Ereignis nicht erbracht worden wären, ferner Belastungen und Schulden (*Gather* DWW 1997, 169,184; Schmidt-Futterer/*Eisenschmid* § 536a Rn. 79 ff.). Häufig wird bei Renovierungskosten vom Vermieter auch der Einwand vorgebracht, dass jedenfalls fällige, dem Mieter obliegende Schönheitsreparaturen im Wege eines **Neu-für-Alt-Abzuges** zu berücksichtigen seien. Dies wurde von der Rechtsprechung in der Vergangenheit regelmäßig abgelehnt (LG Berlin WuM 1987, 147; AG Bad Bramstedt WuM 1987, 18; vgl. auch Schmidt-Futterer/*Eisenschmid* § 536a Rn. 140 mwN), weil sich der Einwand gegenüber dem Erfüllungsanspruch des Mieters nicht durchsetzen vermag (eingehend → Form. B. III. 13 Anm. 7). Zuletzt vertrat allerdings das LG Berlin den gegenteiligen Standpunkt (NJW-RR 1997, 265), freilich ohne auf die sich ergebende Wertungsdivergenz einzugehen.

Der Mieter hat allerdings keinen Anspruch auf Kostenvorschuss für Maßnahmen, die zur nachhaltigen Mangelbeseitigung ungeeignet sind (BGH MDR 2010, 798). Die Ersatzpflicht des Vermieters beschränkt sich auf Aufwendungen, die der Mieter bei Anwendung der im Verkehr erforderlichen Sorgfalt für angemessen halten darf. Darunter fallen nur Kosten, die nach vernünftiger wirtschaftlicher Betrachtungsweise nötig und zweckmäßig sind (vgl. Schmidt-Futterer/*Eisenschmid* § 536a Rn. 106 ff.).

12. Bei einer solch geringfügigen Preisdifferenz erscheint statthaft, nach § 287 ZPO zu überprüfen, ob die letztendliche Abrechnung sich im Rahmen des vom Sachverständigen für notwendig erachteten Aufwands hält. Eine Unsicherheit von +/– 10 % mag man als selbstverständlich unterstellen können auch bei einer von einem Sachverständigen getroffenen Prognoseentscheidung.

13. § 536a Abs. 1 BGB bezieht sich auf den Fall, dass bei Vertragsschluss ein Mangel des Mietobjekts vorhanden ist (gesetzliche Garantie des Vermieters). Diese Norm gibt dem Mieter keinen Anspruch auf Ersatz der Aufwendungen, die der Mieter zur Schadensbeseitigung erbracht hat, wenn die Voraussetzungen des § 536a Abs. 2 BGB nicht vorliegen (BGH NJW 2008, 1216; Palandt/*Weidenkaff* § 536a Rn. 9).

§ 536a Abs. 1 BGB regelt ferner den Fall, dass dem Vermieter nach Vertragsschluss ein Verschulden trifft. Für Alle Voraussetzungen der Anspruchsnorm trägt der Mieter die Darlegungs- und Beweislast (BGH NJW 2008, 1216; Palandt/*Weidenkaff* § 536a Rn. 11). Stammt die Ursache des Mangels aus dem Herrschafts- und Einflussbereich des Vermieters, muss sich der Vermieter hinsichtlich des Verschuldens entlasten (BGH NJW 2006,1061 zum Fall des Fogging; Palandt/*Weidenkaff* § 536a Rn. 11).

Der Schadensersatzanspruch des § 536a BGB setzt im Übrigen Verzug des Vermieters mit der Schadensbeseitigung voraus.

Die **Mitteilung der verzugsbegründenden Mahnung** ist grundsätzlich Schlüssigkeitserfordernis für den Aufwendungsersatzanspruch nach § 536a Abs. 2 BGB.

Die Mahnung muss den Anforderungen des § 286 Abs. 1 BGB genügen. Unter den Voraussetzungen des § 286 Abs. 2 BGB ist eine Mahnung ausnahmsweise entbehrlich, dh der Schuldner gerät ohne Mahnung in Verzug, wenn für die Leistung eine Zeit nach dem Kalender bestimmt ist, § 286 Abs. 2 Ziffer 1 BGB, wenn der Leistung ein Ereignis vorauszugehen hat und eine angemessene Zeit für die Leistung in der Weise bestimmt ist, dass sie sich von dem Ereignis an mit dem Kalender berechnen lässt, „286 Abs. 2 Ziffer 2 BGB, wenn der Schuldner die Leistung ernsthaft und endgültig verweigert, § 286 Abs. 2 Ziffer 3 BGB, oder wenn aus besonderen Gründen unter Abwägung der beiderseitigen Interessen der sofortige Eintritt des Verzuges gerechtfertigt ist, § 286 Abs. 2 Ziffer 4 BGB (vgl. Schmidt-Futterer/*Eisenschmid* § 536a Rn. 117 ff.).

Nur ganz ausnahmsweise kann Aufwendungsersatz nach § 536a Abs. 2 Ziffer 2 BGB auch ohne vorausgegangene Mahnung verlangt werden, nämlich bei unaufschiebbaren Notreparaturen (Schmidt-Futterer/*Eisenschmid* § 536a Rn. 122).

Beseitigt des Wohnraummieter einen von ihm behaupteten Mangel der Mietsache selbst, ohne den Vermieter zuvor in Verzug gesetzt zu haben und liegt auch keine Notmaßnahme im Sinne des § 536a Abs. 2 Ziffer 2 BGB vor, ist ein Rückgriff auf § 539 Abs. 1 BGB in Verbindung mit den Vorschriften über die Geschäftsführung ohne Auftrag nicht gestattet (BGH NJW 2008, 1216, 1217; Palandt/*Weidenkaff* § 536a Rn. 17; Blank/Börstinghaus § 539 Rn. 11; Derleder NZM 2002, 676). Der BGH lehnt ausdrücklich die gegenteilige Auffassung ab (NJW 2008, 1216 1217). Zur Begründung wird ausgeführt, dass dem Rückgriff über § 539 BGB auf die Vorschriften der Geschäftsführung ohne Auftrag der Gesetzeszweck entgegenstünde. Die Verteidigungsmöglichkeiten des Vermieters würden sich verschlechtern, werde er durch die Maßnahmen des Mieters vor vollendete Tatsachen gestellt.

Abzugrenzen ist die **Mahnung von der bloßen Mängelanzeige** nach § 536c BGB. Praktisch wird beides allerdings zusammenfallen und vom Laien auch gemeint sein (*Sternel* II 575; siehe aber auch AG Neuß WuM 1989, 565; bloße Hinweise auf vorhandene Mängel sollen nicht ausreichen). Für eine hinreichend bestimmte dringliche Leistungsaufforderung müssen die Mängel naturgemäß auch hinreichend klar bezeichnet sein (Schmidt-Futterer/*Eisenschmid* § 536a Rn. 112; *Sternel* aktuell Rn. 422 mwN). Eine **Fristsetzung** ist neben der Mängelanzeige und Mahnung zwar nicht gesetzlich vorgeschrieben, empfiehlt sich aber aus Praktikabilitätsgründen (vgl. Kinne/Schach/Bieber/Bieber § 536a Rn. 9; Schmidt-Futterer/Eisenschmid § 536a Rn. 113). Für eine spätere Kündigung wegen Gesundheitsgefahr zB ist sie wohl notwendige Voraussetzung (vgl. Schmidt-Futterer/*Blank* § 569 Rn. 13 mwN)

Schwierig ist die Lage, wenn der Mieter nach der Mahnung gegenüber dem Vermieter den Reparaturauftrag erteilt, sich dann aber herausstellt (wie so oft), dass eine Erneuerung geboten ist. Hier wird wie beim neu auftretenden Mangel teilweise eine neue Mahnung für erforderlich gehalten (LG Hamburg WuM 1988, 87; LG Gießen ZMR 1995, S. IV Nr. 20; aA LG Itzehoe WuM 1988, 87 u. *Sternel,* Mietrecht aktuell, in 4. Aufl. 2009, Rn. 423).

Zur Konkurrenz von Ansprüchen gegen den Vermieter und den Handwerker bei erneut auftretenden Mängeln siehe *Feuerlein* WuM 1998, 74.

Den **Beweis für die Mängelbehebung** trägt der Vermieter (§ 543 Abs. 4 S. 2 BGB analog: vgl. OLG Hamm NJW-RR 1995, 525 zur entsprechenden Bestimmung in § 542 Abs. 3 BGB a. F.).

Hervorzuheben ist schließlich, dass der Anspruch auf Aufwendungsersatz ebenso wie der Schadensersatzanspruch wegen Verzuges auf Grund § 309 Nr. 7 b, 8 a BGB (vormals: § 11 Nr. 7 u. 8 AGBG) nach überwiegender Auffassung **formularvertraglich** schlechthin nicht ausgeschlossen oder beschränkt werden kann (LG Frankfurt WuM 1984, 214; *Loewe/v. Westphalen/Trinkner* „Miet-AGB" Rn. 42/120; vgl. auch *Sternel* II 691; WoBauR/*Franke* § 538 Anm. 10.3; Kinne/Schach/*Bieber* § 536a Rn. 2; Schmidt-Futterer/*Eisenschmid* § 536a Rn. 178 mwN). Eingeschränkt werden kann allein die verschuldensunabhängige Haftung für anfängliche Mängel sowie die Haftung für einfache Fahrlässigkeit, siehe dazu Kinne/Schach/*Bieber* § 536a Rn. 2 sowie Schmidt-Futterer/*Eisenschmid* § 536a. Rn. 173 ff. mwN; Letztere aber jedenfalls nicht für Schadensersatzansprüche wegen Sachschäden, die durch Mängel der Mietsache bedingt sind, (vgl. BGH NJW 2002, 673 = NZM 2002, 116). Der Ausschluss der auf einfache Fahrlässigkeit beruhenden Haftung des Vermieters von Wohnraum für Schäden des Mieters, die durch Mangel der Mietsache begründet worden sind, stellt dann eine unangemessene Benachteiligung des Mieters dar, wenn von dem Ausschluss Schäden an eingebrachten Sachen des Mieters umfasst sind, gegen die sich der Mieter üblicherweise nicht versichern kann. Die Instandhaltungspflicht des Vermieters wird dadurch unangemessen zum Nachteil des Mieters eingeschränkt (Schmidt-Futterer/*Eisenschmid* § 536a Rn. 181).

Insolvenz

14. Aufwendungsersatzansprüche eines Mieters, die vor Verfahrenseröffnung entstanden sind, kann der Mieter nur als **Insolvenzgläubiger** geltend machen, wenn deren Wert der Masse noch zugutekommt. Ein Mieter, der nach Verfahrenseröffnung unter den Voraussetzungen des § 536a BGB einen Mangel beseitigt, kann von der Masse Ersatz seiner Aufwendungen verlangen. Dies gilt auch, wenn der Mangel vor der Verfahrenseröffnung aufgetreten ist. Der Ersatz sonstiger Verwendungen nach den Regelungen der Geschäftsführung ohne Auftrag, § 539 Abs. 1 BGB, wird regelmäßig ausscheiden. Die Geschäftsführung durch einen Mieter liegt nur selten im Interesse der Masse, die nicht zusätzlich belastet werden soll (*Wolf/Eckert/Ball* Rn. 1530).

19. Klage auf Vorschuss für Mangelbeseitigungsaufwand

An das

Amtsgericht Berlin-Mitte[2]

Klage

In Sachen der Mieter[3]

1. . . . . .
2. . . . . .

– Kläger –

Prozessbevollmächtigte: Rechtsanwältin . . . . .

gegen

den Vermieter . . . . .

– Beklagter –

wegen Vorschusszahlung[1]

erhebe ich Klage und beantrage,

den Beklagten zu verurteilen, an die Kläger 8.750,– EUR nebst Zinsen in Höhe von fünf Prozentpunkten über dem Basiszinssatz seit Rechtshängigkeit zu zahlen.[4]

Ferner wird Erlass eines schriftlichen Versäumnisurteils beantragt.

Begründung:

Die Kläger sind Mieter im Hause Husemannstr. 8 in Berlin Prenzlauer Berg auf Grund des Mietvertrages vom 6.8.2010 mit der damaligen Hauseigentümerin.

Beweis: Mietvertrag vom 6.8.2010

Diese hat im Jahre 2013 das Haus veräußert; der Erwerber hat nach Erteilung der Abgeschlossenheitsbescheinigung die Umwandlung in Wohnungseigentum veranlasst. Der Beklagte ist seit 2014 Eigentümer der Wohnung der Kläger,[5] die von ihrem Vorkaufsrecht[6] keinen Gebrauch gemacht haben. Sämtliche Kastendoppelfenster der Wohnung weisen erhebliche Mängel auf, nämlich[7] die zwei Fenster im Wohnzimmer und je ein Fenster im

Schlafzimmer, Kinderzimmer, Arbeitszimmer und in der Küche. Die Wasserschenkel sind verrottet, der Farbanstrich ist nicht nur außen abgeplatzt, sondern auch auf der Innenseite. Die Fenster sind über das altbauübliche Maß hinaus undicht; ein Blatt Papier kann bei geschlossenem Fenster mühelos zwischen Fensterflügel und Rahmen bewegt werden.[8] Insbesondere an der Westseite (Wohnzimmer, Schlafzimmer) dringt nach Regenfällen regelmäßig Wasser ein, das die Kläger notdürftig mit zusammengerollten Handtüchern auffangen.

Beweis: Augenschein[9]
       Sachverständigengutachten

Die Kläger haben die Mängel schon gegenüber der Voreigentümerin[10] gerügt,

Beweis: Schreiben vom 9.11.2012 und 4.1.2013

woraufhin diese zwar einen Tischler vorbeischickte, der sich die Fenster ansah und danach nicht wieder blicken ließ. Der Erwerber des Hauses kündigte zunächst umfangreiche Modernisierungs- und Instandsetzungsarbeiten an;

Beweis: Schreiben vom 5.4.2014

die Fenster der Kläger bleiben jedoch in ihrem ursprünglichen Zustand. Der Beklagte hat sich auf das Schreiben der Kläger vom 10.1.2015 zunächst hinhaltend geäußert

Beweis: Schreiben vom 10.1.2015 und Antwort vom 8.2.2015

und hat in der Folgezeit in zahlreichen Telefongesprächen[11] mit den Klägern, deren Geduld nunmehr erschöpft war, sich darauf berufen, dass die Eigentümergemeinschaft demnächst die Modernisierung in Angriff nehmen werde; es würden überall Isolierglasfenster eingebaut. Nach ständiger Rechtsprechung des LG Berlin[12] ist ein Austausch von Kastendoppelfenstern durch Isolierglasfenster jedoch keine Modernisierung, so dass die Kläger sich nicht weiter hinhalten lassen. Die Kläger haben nach Rücksprache mit dem Mieterverein dies dem Beklagten auch mitgeteilt.

Beweis: Schreiben vom 7.5.2016

Neuerdings meint der Beklagte, er könne die Instandsetzung nicht allein veranlassen, da es sich um einen Eingriff in Gemeinschaftseigentum[13] handele. Der Beklagte kann damit jedoch nicht gehört werden, da er auf sämtlichen Eigentümerversammlungen der letzten Jahre keinen Beschluss der Gemeinschaft darüber herbeigeführt hat.[14]

Beweis: Zeugnis der Verwalterin

Die Kläger werden nunmehr die Reparatur selbst veranlassen und machen ihren Vorschussanspruch geltend (KG NJW-RR 1988, 1039). Die tischlermäßige Instandsetzung wird etwa 8.130,– EUR kosten.

Beweis: Voranschlag der Fa. Spanholz vom 25.8.2015

Für den Außenanstrich[15] werden 620,– EUR brutto veranschlagt.

Beweis: Kostenangebot vom 16.9.2015

Eine Vorschussanforderung der Kläger mit Schreiben vom 18.9.2015 ließ der Beklagte unbeantwortet.

Rechtsanwältin

Anmerkungen

1. Nach § 536a Abs. 2 BGB hat der Mieter eine Anspruch auf Selbstbeseitigung und Ersatz der erforderlichen Aufwendungen, wenn der Vermieter in Verzug mit der Mangelbeseitigung ist. Ähnlich wie im Werkvertragsrecht hat der Mieter auch einen Vorschussanspruch (KG NJW-RR 1988, 1039). Selbstvornahme und Vorschussanspruch sind allerdings in der Praxis eher die Ausnahme, weil sie für den Mieter mit erheblichen Nachteilen verbunden sind. Der Vermieter ist nach § 535 BGB zur Instandhaltung verpflichtet (Aufrechterhaltung oder Wiederherstellung des vertragsgerechten Zustandes), was der Mieter auch notfalls einklagen kann. Dabei ist nur erforderlich, dass der Mieter den Mangel nachweist, gegebenenfalls auch, dass ihn an dessen Entstehung kein Verschulden trifft. Die Ursache des Mangels muss dann der Vermieter (auf seine Kosten) ermitteln wie auch die richtige Methode zur Schadensbeseitigung. Dies kann (und darf) der Mieter dem Vermieter nicht vorschreiben. In vielen Fällen liegt allerdings gerade hier das Problem, etwa bei unzureichender Beheizung. Der Mieter darf sich hier auf den Vortrag beschränken, dass zu bestimmten Zeiten die vertraglich geschuldeten Innentemperaturen nicht erreicht werden. Ursachenermittlung und Fehlerbeseitigung sind dann Sache des Vermieters. Wenn hier der Mieter auch in diesem Bereich tätig werden wollte, müsste er das Risiko übernehmen, eine falsche Maßnahme durchzuführen, für die er vom Vermieter keine Erstattung verlangen könnte. Dazu kommt das Risiko, dass der Mieter eine grundsätzlich richtige, im Ergebnis aber zu teure Methode wählt. Ob hier immer mit dem Rechtsentscheid des KG (aaO) argumentiert werden kann, der Vermieter könne das ja durch Selbsteintritt verhindern, ist zweifelhaft, denn schließlich besteht der Anspruch nach § 536a Abs. 2 BGB nur für „erforderliche" Aufwendungen.

2. Unabhängig vom Streitwert ist das Amtsgericht sachlich zuständig, wenn es sich – wie hier – um Wohnraummiete handelt. Bei Geschäftsraum oder einem Mietverhältnis, bei dem das Schwergewicht auf der Nutzung nicht zu Wohnzwecken liegt (Arzt- oder Rechtsanwaltspraxis in einer Wohnung) wäre das LG Berlin zuständig.

3. Der Anspruch steht beiden Mietern zu, die im Zweifel eine BGB-Gesellschaft sind. Bei mehreren Mietern sollten daher möglichst alle als Kläger auftreten, zumal auch eine Abtretung zweifelhaft ist (arg. § 719 BGB).

4. Die Mieter sind in angemessener Frist zur Abrechnung über den Vorschuss verpflichtet (§§ 259 ff. BGB). Kommen sie dem nicht nach, kann der Vermieter auf Auskunft und Rechnungslegung klagen; wenn er einen Rückzahlungsanspruch vermutet, auch Stufenklage nach § 254 ZPO erheben. Ob er gleich auf Rückzahlung klagen kann mit der Begründung, der Vorschuss sei nicht bestimmungsgemäß verwendet worden, ist höchstrichterlich noch nicht entschieden.

5. Für die Passivlegitimation des Beklagten (Vermietereigenschaft) gilt grundsätzlich § 566 BGB. Im Falle der Umwandlung zu Eigentumswohnungen und Veräußerung wird der Erwerber der Wohnung alleiniger Vermieter (BGH GE 1999, 770).

6. § 577 BGB.

7. Eine substantiierte Angabe ist erforderlich, wo (auch in welchen Räumen) die Mängel bestehen.

8. Worin die Mängel bestehen, muss ebenfalls substantiiert geschildert werden. Die Angabe, die Fenster seien undicht, reicht nicht aus. Vielmehr muss möglichst plastisch der Ist-Zustand dargelegt werden.

9. Das billigste und beste Beweismittel.

10. Dass der Mangel schon vor der Veräußerung bestand, spielt für die Haftung des Beklagten nach § 566 BGB in Verbindung mit §§ 535 ff. BGB keine Rolle. Ansprüche auf Schadens- oder Aufwendungsersatz hat der Mieter aber nur gegen denjenigen, der zur Zeit der Entstehung des Anspruchs Vermieter war (BGH VIII ZR 246/86 NJW 1988, 705; VIII ZR 22/04 NZM 2005, 253).

11. Die Klage enthält keine Angabe dazu, ob die Mieter wegen der Mängel gemindert haben oder ob sie Miete unter Vorbehalt zahlten. Nach ständiger Rechtsprechung des BGH verliert nach dem 31.8.2001 (Mietrechtsreform) der Mieter auch durch eine vorbehaltlose Mietzahlung über einen längeren Zeitraum nicht sein Minderungsrecht (VIII ZR 274/02 NJW 2003, 2601; XII ZR 24/02 NJW 2005, 1503). In Betracht kommt nur die Verwirkung des Rückforderungsrechts des Mieters nach § 242 BGB, die jedenfalls nicht schon nach sechs Monaten eintritt. Der Berechtigte muss über einen längeren Zeitraum (Zeitmoment) den Eindruck erweckt haben (Umstandsmoment), dass er seine Rechte nicht wahrnehmen wolle.

12. Vgl. etwa LG Berlin GE 1993, 427; GE 2007, 653. Anders ist es nur, wenn dadurch die allgemeinen Wohnverhältnisse verbessert werden (Schallschutz) und Heizenergie eingespart wird (BGH VIII ZR 156/03 GE 2004, 231). Seit der Entscheidung des LG Berlin GE 2011, 338, wonach der Einbau von Isolierglasfenstern immer eine Modernisierungsmaßnahme sei, da es auf das Ausmaß der Energieeinsparung nicht ankomme, ist diese ältere Rechtsprechung überholt (vgl. LG Berlin GE 2015,1162; GE 2014,1138). Die Kläger berufen sich auf die ältere Rechtsprechung (so auch noch Schmidt-Futterer/*Eisenschmid* BGB § 555b Rn. 35). Die Instandsetzungsklage wäre daher wenig aussichtsreich, wenn der Vermieter eine Modernisierungsmaßnahme (Einbau von Isolierglasfenstern) formwirksam angekündigt hätte, da es treuwidrig ist, wegen derselben Sache eine Modernisierung nicht zu dulden, aber Instandsetzung zu verlangen (vgl. auch BGH XII ZR 65/14 NJW 2015, 2419).

13. Die Außenfenster einschließlich der Innenseite zählen zum Gemeinschaftseigentum (BayObLG NJW-RR 1996, 140); die Instandsetzung kann nach § 21 Abs. 5 Nr. 2 WEG verlangt werden.

14. Auch den Vermieter einer Eigentumswohnung trifft die uneingeschränkte Instandhaltungspflicht des § 536 BGB (KG NJW-RR 1990, 1166). Wie er diese Pflicht erfüllt und ob dazu eine Mitwirkung der Eigentumsgemeinschaft erforderlich ist, was den Einwand des schuldlosen Unvermögens für den Eigentümer begründen könnte, ist allein in der Zwangsvollstreckung zu prüfen, nicht jedoch im Erkenntnisverfahren. Es darf aber nicht übersehen werden, dass hier die Kläger Vorschuss für einen Eingriff in das Gemeinschaftseigentum verlangen, so dass ein Verzug des Vermieters auch dahingehend vorliegen sollte, dass er keinen entsprechenden Eigentümerbeschluss herbeigeführt hat.

15. Die Kläger könnten auch den Innenanstrich verlangen, selbst wenn sie zu Schönheitsreparaturen vertraglich verpflichtet sind. Offenbar scheuen sie hier den Einwand „Abzug neu für alt" (Einzelheiten umstritten).

20. Klage auf Feststellung der Minderungsberechtigung wegen eines Sachmangels

An das

Amtsgericht Leipzig[2]

Klage

In Sachen

des Mieters . . . . .

– Kläger –

Prozessbevollmächtigter: Rechtsanwalt . . . . .

gegen

den Vermieter . . . . .

– Beklagter –

wegen Feststellung der Minderungsberechtigung[1]

Streitwert: 1.656,60 EUR[3]

erhebe ich Klage und beantrage,

festzustellen,[4] dass der Kläger berechtigt ist, die Bruttowarmmiete[5] ab 1.3.2015[6] um 25 %[7] zu mindern.[8]

Ich beantrage den Erlass eines schriftlichen Versäumnisurteils.

Begründung:

Der Kläger ist Mieter einer 3-Zimmer-Wohnung im Hause Goethestraße 6 in Leipzig. Die Wohnung wurde seit 1944 von den Eltern des Klägers genutzt; der schriftliche Mietvertrag ist in den Kriegswirren abhanden gekommen. Nach dem Tod der Eltern des Klägers bei einem Verkehrsunfall im Jahre 1987 hat der Kläger das Mietverhältnis im Einvernehmen mit der Voreigentümerin übernommen;[9] eine schriftliche Vereinbarung dazu gibt es nicht.

Der Beklagte hat das Haus im Jahre 2011 erworben und umfassend instandgesetzt und modernisiert. Im Jahre 2011 wurde auch das Dachgeschoss ausgebaut, ferner wurde ein Fahrstuhl eingebaut. Seit der letzten Mieterhöhung des Beklagten nach Abschluss der Modernisierungsmaßnahmen beträgt die Miete monatlich 650,– EUR netto zuzüglich 140,– EUR Vorschuss für kalte Betriebskosten und 150,– EUR Heizkostenvorschuss, zusammen also 940,– EUR.

Beweis: Mieterhöhung vom 4.2.2013

Die Wohnung weist folgende Mängel auf:

a) Seit 2013 ist auf der gegenüberliegenden Straßenseite eine Diskothek eingerichtet, die jeweils am Wochenende (Freitags bis Sonntags) bis weit nach Mitternacht in Betrieb ist.[10] Der Lärm dringt auch nach außen und ist in der Wohnung des Klägers trotz geschlossener Fenster deutlich zu hören.

Mängelanzeigen an die Voreigentümerin vom 15.5. und 10.6.2013 wie auch Anzeigen bei der Polizei wegen ruhestörenden Lärms bleiben erfolglos. Die Lärmbelästigung dauert nach wie vor an.[11]

Beweis: Schreiben vom 15.5. und 10.6.2013
       Zeugnis der Mitmieter . . . . .
       Goethestr. 6

b) Anlässlich des Dachgeschossausbaus hat der Beklagte einen Fahrstuhl an der Hofseite vor das Treppenhaus errichten lassen, der sich damit in unmittelbarer Nachbarschaft zum Schlafzimmer des Klägers befindet. Insbesondere nachts sind die Fahrstuhlgeräusche stark störend, da offenbar auf eine ausreichende Schallisolierung verzichtet wurde. Für die Häufigkeit der Fahrstuhlbenutzung verweise ich auf anliegende Aufzeichnungen des Klägers für Dezember 2014.[12]

Insbesondere in den frühen Morgenstunden ab 5 Uhr wird der Aufzug regelmäßig in Betrieb genommen, was für den Kläger, der als freiberuflicher Journalist tätig ist, besonders störend wirkt.

Beweis: Anliegende Liste
       Zeugnis der Ehefrau des Klägers . . . . .
       zu laden über den Kläger

Die Mängel wurden kurz nach Inbetriebnahme des Fahrstuhls im Januar 2013 dem Beklagten angezeigt,[13] seitdem zahlt der Kläger die Miete nur unter Vorbehalt.

Beweis: Mängelanzeige vom 21.1.2013
       Schriftliche Mitteilung des Vorbehalts vom 25.2.2013[14]

c) bei den Modernisierungsmaßnahmen hat der Beklagte die Außenwände auch von innen mit Dämmplatten verkleiden lassen. Betroffen sind davon Wohn- und Schlafzimmer des Klägers; die Räume sind damit um ca. 7 cm kleiner geworden.

Beweis: Anliegende Fotos mit hochgeklapptem Teppichboden Wohnungsgrundriss
       vorsorglich: Sachverständigengutachten

Die Wohnfläche hat sich um ca. 0,50 qm verringert;[15] der Kläger kann seitdem einen maßgefertigten Schreibtisch im Wohnzimmer nicht mehr aufstellen.

Der Kläger macht Mietminderung geltend für die Mängel zu a) und b) in Höhe von je 10 % der Miete[16] einschließlich der Betriebskostenvorschüsse und für c) in Höhe von 5 % und damit in Höhe von 235,– EUR monatlich. Auf ein entsprechendes Schreiben vom 11.3.2014 hat der Beklagte ein Entgegenkommen kategorisch abgelehnt und hat nunmehr mit Schreiben vom 23.11.2014 fristlose Kündigung des Mietverhältnisses angedroht.

Beweis: Schreiben vom 11.3. und 23.11.2014

Der Kläger begehrt deshalb gerichtliche Feststellung der Minderungsberechtigung, wobei als Streitwert der Jahresbetrag der vom Kläger errechneten Minderung zugrundezulegen ist.[17]

Rechtsanwalt

Anmerkungen

1. Derartige Klagen haben in der Praxis bisher nur eine untergeordnete Bedeutung. Dies schon deshalb, weil das Minderungsrecht von allen Rechten des Mieters nach §§ 535 ff. BGB das am wenigsten effektive ist. Will der Mieter, ohne selbst Klage erheben zu müssen, den Vermieter zur Mangelbeseitigung anhalten, ist das Zurückbehaltungsrecht nach § 320 BGB erheblich wirkungsvoller(s. aber den Hinweis auf die neue BGH-Rechtsprechung!). Nach überwiegender Auffassung kann auch bei Ausschluss des Minderungsrechts nach § 536b BGB der Mieter den Erfüllungsanspruch geltend machen (BGH XII ZR 139/05 NJW-RR 2007,1021); das Zurückbehaltungsrecht setzt lediglich eine Mangelanzeige voraus (BGH VIII ZR 330/09 NZM 2001, 197) und erfasst grundsätzlich die gesamte Miete (BGH XII ZR 167/01 NZM 2003, 437). Das wird in der Praxis oft als unangemessen angesehen, die ein Zurückbehaltungsrecht in Höhe des 3–5-fachen des monatlichen Minderungsbetrages (vgl. LG Berlin GE 1995, 821) oder in Höhe des 3–5-fachen der Mangelbeseitigungskosten (OLG Naumburg NZM 2001, 100) annimmt. Allerdings will der BGH neuerdings eine Einschränkung nach § 242 BGB vornehmen, die aus der Natur des Mietverhältnisses als Dauerschuldverhältnis abgeleitet wird. Ein Zurückbehaltungsrecht kann nicht ohne Begrenzung nach Zeit und Höhe geltend gemacht werden (BGH Beschl. v. 27.10.2015 – VIII ZR 288/14, BeckRS 2016, 00482; BGH Urt. v. 17.6.2015 – VIII ZR 19/14, WuM 2015,1473). Das soll vom "Tatrichter" aufgrund einer Gesamtwürdigung der Umstände des Einzelfalls entschieden werden, so dass für den Mieter das Risiko groß ist, in Zahlungsverzug zu geraten (Folge: fristlose oder fristgerechte Kündigung).

Dazu kommt, dass die Höhe der Minderung meist überschätzt wird; Listen, Tabellen und Rechtsprechungsübersichten bieten nur einen ersten Anhaltspunkt, da die Rechtsprechung nicht einheitlich ist. So kann etwa ein Urteil, das bei Feuchtigkeitsschäden im Schlafzimmer eine Minderung von 15 % annimmt, eine Kürzung der Gesamtmiete bedeuten, ebenso gut aber auch nur eine Kürzung der anteiligen Miete für das Schlafzimmer. Beide Berechnungsmethoden sind in der Praxis verbreitet; die Unterschiede werden bei bloßer Lektüre der Urteilsleitsätze nicht immer deutlich. Schließlich ist bei einer Feststellungsklage zu bedenken, dass die Minderungsberechtigung auch für die Zukunft (zumindest zwischen Klageeinreichung und letzter mündlicher Verhandlung) festgestellt wird, und der Mieter auch insoweit darlegungs- und -beweispflichtig ist. Bei einer Vielzahl von Beeinträchtigungen wie etwa der mangelhaften Beheizung kann ein Mangel iSd § 536 BGB jedoch praktisch nur für die Vergangenheit dargelegt werden. Maßgeblich ist nämlich nicht der technische Zustand der Heizungsanlage, sondern die Soll-Temperatur in bestimmten Räumen zu bestimmten Zeiten, etwa im Wohnzimmer 21 Grad von 7.00–23.00 Uhr. Diese richtet sich jedoch nicht nur nach der Heizleistung, sondern auch nach der Außentemperatur, die der Mieter nicht prophezeien kann. Bei einem strengen Winter ist der Minderungssatz höher als bei einem milden. Liegt der Minderungszeitraum nur in der Vergangenheit, etwa bei abgeschlossenen Baumaßnahmen des Vermieters, empfiehlt es sich eher, zur Vermeidung einer Kündigung den streitigen Betrag unter Vorbehalt zu zahlen und alsbald Leistungsklage auf Rückzahlung zu erheben. Eine Feststellungsklage dürfte hier nach § 256 ZPO unzulässig sein. Damit bleiben für die Feststellungsklage die Fälle, bei denen es sich um dauernde Mängel handelt, die der Vermieter nicht beseitigen kann oder wo zumindest eine Beseitigung unzumutbar ist (Umwelteinflüsse, Lärm, bauliche Veränderungen). Hier scheidet auch ein Zurückbehaltungsrecht meist nach § 242 BGB aus.

2. Bei Wohnraum ausschließliche Zuständigkeit des Amtsgerichts nach § 23 Nr. 2 a GVG; nach § 29a ZPO ist für die örtliche Zuständigkeit die Lage der Mieträume maßgeblich.

3. Der Streitwert richtet sich nach § 3 ZPO, ist also vom Gericht nach freiem Ermessen festzusetzen. Demgemäß schwankt die Rechtsprechung, wobei nicht immer genügend zwischen dem Zuständigkeitsstreitwert, dem Gebührenstreitwert und dem Beschwerdewert (Rechtsmittelstreitwert) unterschieden wird. Diese sind zwar meist identisch, nicht jedoch in jedem Fall. So ist der Gebührenstreitwert für eine Mieterhöhungsklage nach § 558b BGB das 12-fache des Erhöhungsbetrages (§ 41 GKG), während der Beschwerdewert von den Gerichten unterschiedlich festgesetzt wird. Der Kläger hat hier für den Gebührenstreitwert in Anlehnung an § 41 GKG den Jahresbetrag der Minderung angenommen (so auch KG NZM 2011,92), wobei ein Abschlag für die Feststellungsklage nicht vorgenommen wurde. Letztlich handelt es sich hier um eine verkappte negative Feststellungsklage, denn der Vermieter verlangt Zahlung der vollen Miete. Nach überwiegender Meinung ist bei der negativen Feststellungsklage vom vollen Wert auszugehen (vgl. BGH V ZR 4/70 NJW 1970, 2025). In einer älteren Entscheidung nimmt der BGH den 3 ½- fachen Jahresbetrag der Minderung als Streitwert an (BGH VIII ZR 342/03 GE 2003, 983); so auch das LG Berlin (GE 2010, 1541).

4. Das Feststellungsinteresse nach § 256 ZPO folgt daraus, dass der Beklagte sich des Anspruchs auf volle Mietzahlung berühmt und Kündigung angedroht hat.

5. Die Minderung ist von der Bruttowarmmiete zu berechnen (BGH VIII ZR 347/04 NJW 2005, 2773).

6. Wegen der Rechtskraftwirkung des Urteils muss klar sein, welche Monate betroffen sind.

7. Denkbar wäre auch eine Minderung um einen bestimmten Betrag, etwa 100,– EUR monatlich. Damit wäre allerdings nicht berücksichtigt, dass die Minderung nach einer Mieterhöhung betragsmäßig höher ausfallen muss, was den Mieter in diesen Fällen zu einer Abänderungsklage zwingen würde, anders als bei der Feststellung der Minderung um einen bestimmten Prozentsatz.

8. Die häufig anzutreffenden Zusätze wie etwa die Angabe der Wohnung mit genauer Lage und Zahl der Zimmer ist in der Regel überflüssig. Die Tragweite der gerichtlichen Entscheidung ergibt sich nicht nur aus dem Tenor; nur in Ausnahmefällen, etwa wenn der Mieter zwei Wohnungen im selben Haus gemietet hat, empfiehlt sich eine Konkretisierung auch im Klageantrag.

9. Nach § 564 BGB.

10. Für die Minderung nach § 536 BGB kommt es nicht darauf an, ob der Vermieter den Mangel zu vertreten hat. Auch Umwelteinflüsse wie Lärm können einen Mangel im Sinne des § 536 BGB darstellen (vgl. LG Kassel NJW-RR 1989, 1292). Es muss sich dabei aber stets um einen Fehler handeln, der die Tauglichkeit zum vertragsmäßigen Gebrauch mindert (Mangel), denn nicht jeder Fehler berechtigt zur Minderung (OLG Dresden NJW-RR 1998, 512). Maßgeblich ist vielmehr die Abweichung vom vertraglich geschuldeten Sollzustand. Das ist im Zweifel der Zustand bei Vertragsbeginn, wobei eine absehbare Entwicklung (Bebauung im Innenstadtbereich; Vergrößerung eines Gewerbebetriebes) vertragsgerecht ist und keinen Mietmangel darstellt (vgl. LG Heidelberg WuM 2010, 148). Wer also eine Wohnung in Nachbarschaft des Flughafens mietet, kann sich nicht über Fluglärm beschweren. Anders bei nachträglicher und unvorhersehbarer Entwicklung (ruhige Nebenstraße wird zur Durchgangsstraße). Der BGH ist allerdings zurückhaltend bei der Annahme einer konkludenten Beschaffenheitsvereinbarung dahin, dass der jetzige Zustand beibehalten wird. Nötig ist neben der Vorstellung des Mieters auch eine zustimmende Reaktion des Vermieters (BGH VIII ZR 197/14 NJW 2015, 2177).

Wie in jedem Falle der Minderung ist der Mieter gehalten, die Mängel substantiiert zu schildern. Nötig ist also die Angabe, wann an welchen Tagen welche Beeinträchtigung bestand. Angaben wie „oft", „häufig", „beinahe täglich" reichen also nicht aus. Der Kläger trägt hier vor, dass „jeweils am Wochenende", also jedes Wochenende die Lärmbelästigungen auftreten; wenn das Gericht die Angabe „bis weit nach Mitternacht" für unsubstantiiert hält, müsste es einen entsprechenden Hinweis geben. Die Darlegung eines konkreten Sachmangels reicht aber aus; das Maß der Gebrauchsbeeinträchtigung oder gar den Minderungsbetrag muss der Mieter nicht angeben (BGH VIII ZR 125/11 WuM 2011, 700).

11. Hat der Vermieter sich nach der Mängelanzeige um Beseitigung bemüht, verlangen viele Gerichte eine erneute Mängelanzeige, wenn diese Bemühungen erfolglos waren.

12. Bei einer fortdauernden Beeinträchtigung wäre es eine unzumutbare Anforderung an die Substantiierungspflicht des Mieters, wenn für jeden Tag und jeden Monat über einen längeren Zeitraum Aufzeichnungen verlangt werden, deren Richtigkeit schließlich auch noch bewiesen werden muss. Es genügt vielmehr, wenn der Mieter beispielhaft einen bestimmten Zeitraum herausgreift und dazu unter Beweisantritt vorträgt, dass dies auch für andere Zeiträume unverändert gilt.

13. Wegen § 536c BGB grundsätzlich nötig.

14. Zwar ist ein Vorbehalt bei der Mietzahlung nicht mehr erforderlich, um das Minderungsrecht für den Mieter zu erhalten. Die frühere Rechtsprechung ließ bei einer vorbehaltlosen Zahlung über sechs Monate das Minderungsrecht für Vergangenheit, Gegenwart und Zukunft erlöschen. Der Einwand der Verwirkung (§ 242 BGB) ist allerdings nach wie vor möglich.

15. Nach inzwischen ständiger Rechtsprechung des BGH liegt ein zur Minderung berechtigender Mangel dann vor, wenn die im Vertrag angegebene Wohnfläche um mehr als 10 % unterschritten wird , es sei denn, der Mietvertrag enthält die ausdrückliche Einschränkung, die Flächenangabe diene nicht zur Festlegung des Mietgegenstands (Beschaffenheitsvereinbarung) (BGH VIII ZR 306/09 NJW 2011, 220). Das gilt auch für die Miete von Geschäftsräume (BGH XII ZR 254/01 NJW 2005, 2152). Bei einer Abweichung von weniger als 10 % entfiele damit ein Minderungsrecht. Anders kann es allerdings sein, wenn unabhängig von den Größenangaben im Mietvertrag die Wohnfläche durch Baumaßnahmen des Vermieters verkleinert wird.

16. Letztlich ist die Festsetzung des Minderungssatzes eine Frage des richterlichen Ermessens (ähnlich wie beim Schmerzensgeld), wenn es auch nicht um einen Schadensersatz im Sinne des § 287 ZPO geht. Gleichwohl wendet die Praxis meist § 92 Abs. 2 ZPO nicht an, wonach auch bei einer Teilabweisung der Klage dem Beklagten in solchen Fällen die gesamten Kosten auferlegt werden können, wenn der begehrte Minderungssatz sich in vertretbaren Grenzen hielt. Ausführungen zu § 92 Abs. 2 ZPO wären immer dann sinnvoll, wenn der Kläger befürchten muss, dass das Gericht einen geringeren Minderungssatz als beantragt annimmt. Psychologisch ungeschickt wäre es freilich, dies schon in der Klageschrift zu tun, da hiermit der Kläger selbst Zweifel an seinem Rechtsstandpunkt erkennen ließe.

17. Zum Streitwert → Anm. 3. Ob, insbesondere bei einer Teilabweisung, die Beschwersumme des § 511a ZPO erreicht ist, hängt allein von der Festsetzung durch das

Berufungsgericht ab. Die Zwangsvollstreckung ist, wie bei jedem Feststellungsurteil, nur wegen der Kosten möglich. Wenn sich die tatsächlichen Verhältnisse ändern (Mangel vergrößert sich oder fällt weg), ist die Rechtslage zweifelhaft. Die Voraussetzungen einer Abänderungsklage (§ 323 ZPO) oder einer Vollstreckungsgegenklage (§ 767 ZPO) liegen nicht vor. Die Rechtskraft des Feststellungsurteils erfasst jedoch nicht solche Umstände, die erst nach Schluss der letzten mündlichen Verhandlung eingetreten sind, so dass hier eine neue Klage zulässig wäre (vgl. BGH VII ZR 111/87 NJW-RR 1988, 1045).

21. Klage auf Rückzahlung infolge Minderung zu viel gezahlter Miete (Gewerberaum)

An das

Amtsgericht Chemnitz

Klage

In Sachen

der Mieterin

Glücksreisen GbR,[2] bestehend aus den Gesellschaftern[3]

. . . . .

. . . . .

– Klägerin –

Prozessbevollmächtigter: Rechtsanwalt . . . . .

gegen

die Vermieterin . . . . .

– Beklagte –

wegen Zahlung von 4.050,– EUR[1]

erhebe ich Klage und beantrage,

die Beklagte zu verurteilen, an die Klägerin 4.050,– EUR nebst Zinsen in Höhe von acht Prozentpunkten über dem Basiszinssatz seit Rechtshängigkeit zu zahlen.

Ich beantrage den Erlass eines schriftlichen Versäumnisurteils.

Begründung:

Die Klägerin war Mieterin von Geschäftsräumen[4] im Hause Schlossbergstraße 8 in Chemnitz auf Grund des schriftlichen Mietvertrages mit der Beklagten vom 20.3.2014. Vertragsgegenstand war der Betrieb eines Reisebüros; eine monatliche Miete von 750,– EUR zuzüglich 100,– EUR Betriebskostenvorschuss (kalt) war vereinbart. Die Räume sind mit einer Gasetagenheizung ausgestattet.

Beweis: Mietvertrag vom 20.3.2010

Das Mietverhältnis ist inzwischen einvernehmlich zum 30.9.2015 beendet worden. Schon kurz nach Vertragsbeginn stellten die Kläger fest, dass die mit großen Glasfenstern ausgestatteten Räume sich bei Sonneneinstrahlung stark aufheizen. Auf eine entsprechende Anzeige vom 28.4.2014 teilte die Beklagte am 2.5.2014 mit, die Anbringung von Innenjalousien oder einer Lüftungsanlage sei den Klägern freigestellt.

Beweis: Schreiben vom 28.4. und 2.5.2014

Ein Schreiben der Klägerin vom 13.5.2014, in dem diese darauf hinweist, dass nach einem ihr inzwischen bekannt gewordenen, vom Vormieter eingeholten Gutachten des Sachverständigen X . . . . ., die Anbringung von Jalousien in den Sommermonaten nicht ausreicht, blieb unbeantwortet. Die Klägerin war in der Folgezeit in der vertraglichen Nutzung der Räume stark eingeschränkt. Insbesondere in den Sommermonaten konnte der Geschäftsbetrieb nur in den Morgen- und frühen Abendstunden aufrechterhalten werden. Die Innentemperaturen am Tage überstiegen deutlich 26 Grad, weswegen nach arbeitsrechtlichen Grundsätzen die Klägerin den Bürobetrieb z.T. einstellen musste. Gegenüber ihren Angestellten ist die Klägerin verpflichtet, die Anforderungen der Arbeitsstättenverordnung[5] einzuhalten, da sie andernfalls mit Maßnahmen der Gewerbeaufsicht hätte rechnen müssen.

Für die Beeinträchtigungen im Einzelnen verweise ich auf die Temperaturaufstellungen für Mai 2014–September 2014 und Mai 2015- September 2015.[6]

Beweis: anliegende Aufstellungen

und beziehe mich zum

Beweis auf Zeugnis der Mitarbeiter X . . . . .
              Y . . . . .
              hilfsweise für das Bestehen des Mangels[7]
              auf Sachverständigengutachten.

Die Klägerin verlangt Minderung der Miete wie folgt:[8]

5/14	300,– EUR
6/14	400,– EUR
7/14	500,– EUR
8/14	500,– EUR
9/14	350,– EUR
5/15	250,– EUR
6/15	450,– EUR
7/15	500,– EUR
8/15	500,– EUR
9/15	300,– EUR
	4.050,– EUR

Sie hat die Mietzahlungen seit Mai 2014 unter Vorbehalt[9] geleistet und hat den Vorbehalt auch in einer erneuten Mängelbeseitigungsaufforderung vom 15.4.2015 wiederholt.

Beweis: Schreiben vom 28.4.2014
        und vom 15.4.2015

Die Beklagte hat den Forderungen der Klägerin widersprochen, so dass nunmehr Klage geboten ist.

Rechtsanwalt

Anmerkungen

1. (Rück-)Zahlungsklagen des Mieters von Wohnraum kommen in der Praxis nicht oft vor, denn das Minderungsrecht des Mieters von Wohnraum darf nicht ausgeschlossen oder eingeschränkt werden (§ 536 Abs. 4 BGB). Dazu gehören auch Klauseln, die eine Aufrechnung des Mieters mit einem Gegenanspruch aus ungerechtfertigter Bereicherung wegen überzahlter Mieten ausschließen (BGH VIII ARZ 3/94 NJW 1995, 254). Der Mieter von Wohnraum, der die Miete im Voraus zahlt, hat daher immer die Möglichkeit, durch Aufrechnung seine Minderungsansprüche durchzusetzen. Auf eine Zahlungsklage ist er nicht angewiesen, falls es sich nicht um ein beendetes Mietverhältnis handelt. Allerdings wird wegen der strengen Rechtsprechung des Bundesgerichtshofs, der auch bei leichter Fahrlässigkeit des Mieters (Irrtum über die Höhe der Minderungsberechtigung) einen Kündigungsgrund für den Vermieter bejaht (BGH VIII ZR 138/11 NJW 2012, 2882), der vorsichtige Rechtsberater auch dem Wohnraummieter empfehlen, zunächst die Miete in voller Höhe unter Vorbehalt zu zahlen und dann später auf Rückzahlung zu klagen.

Anders ist es dagegen bei der Miete von Geschäftsraum, da hier das Aufrechnungsrecht des Mieters über § 556b BGB hinaus weitgehend ausgeschlossen werden kann. Eine Grenze findet sich nur in § 309 Nr. 3 BGB (vgl. BGH XII ZR 54/05 NJW 2007, 684). Der Mieter kann verpflichtet werden, zunächst die volle Miete zu zahlen und die Überzahlungen mit einer Bereicherungsklage geltend zu machen (BGH XII ZR 62/06 NJW 2008, 2497).

2. Die BGB-Gesellschaft, die am Rechtsverkehr teilnimmt (Außengesellschaft), ist rechts- und parteifähig (BGH II ZR 331/00 NJW 2001, 1056). Das trifft in der Regel für die vermietende GbR zu wie auch für die Mieterin von Geschäftsräumen (anders aber bei der Mehrheit von Wohnraummietern). Klägerin ist also die GbR, nicht die Gesellschafter. Auch der Sitz der Gesellschaft ist anzugeben nach §§ 253, 130 ZPO.

3. Anzugeben ist der geschäftsführende (vertretungsberechtigte) Gesellschafter. Fehlt eine dahingehende Vereinbarung, sind alle Gesellschafter aufzuführen.

4. Das Minderungsrecht kann weitgehend ausgeschlossen werden, da § 536 Abs. 4 BGB nur eine Vereinbarung zuungunsten des Wohnraummieters verbietet (→ Anm. 1). Der Mietvertrag muss aber ausdrücklich dem Mieter die Möglichkeit einräumen, die überzahlte Miete im Wege der Bereicherungsklage zurückzufordern. Fehlt eine solche Formularregelung, ist der Ausschluss des Minderungsrechts insgesamt unwirksam, was auch für vom Vermieter nicht zu vertretende Mängel gilt (BGH XII ZR 62/06 NJW 2008, 2497).

5. Ein Mangel liegt immer dann vor, wenn die Tauglichkeit zum vertragsmäßigen Gebrauch eingeschränkt ist. Was dazu gehört, ergibt sich aus den ausdrücklichen oder stillschweigenden Vereinbarungen der Parteien. Wenn Räume zum Zwecke der Ausübung eines bestimmten Gewerbes gemietet worden sind, müssen die Räume diesem Vertragszweck auch entsprechen, also dafür geeignet sein. Der Vermieter kann sich dann nicht darauf berufen, die Veränderungen (Anbringung von Innenjalousien oder Einbau einer Klimaanlage) seien Sache des Mieters (vgl. OLG Hamm GE 1996, 186). Richtlinien oder technische Vorschriften, die der Mieter zum Betriebe seines Gewerbes einhalten muss, wirken also auch in das Mietverhältnis hinein und bestimmen den Soll-Zustand. Der Vermieter ist daher verpflichtet, dem Mieter solche Räume zu überlassen, die den Arbeitsstättenrichtlinien entsprechen und eine Gesundheitsgefährdung der Arbeitnehmer des Mieters ausschließen (OLG Hamm GE 1996, 186), die elektrische Anlage in den Mieträumen regelmäßig zu kontrollieren (OLG Saarbrücken NJW 1993, 3077) und regelmäßige Dichtungskontrollen des Heizöltanks vorzunehmen (OLG Celle GE 1996, 675). Im privaten Wohnbereich hat der Bundesgerichtshof allerdings eine solche Überprüfungspflicht des Vermieters zur regelmäßigen Generalspekulation der Elektroleitungen verneint, weil der Vermieter darauf vertrauen darf, dass ein etwaiger Mangel ihm vom Wohnraummieter angezeigt werden wird (BGH VIII ZR 321/07 NJW 2009, 143).

Der Mieter hat auch dann einen Anspruch auf Einbau eines Sonnenschutzes, wenn er bei Übernahme der Mietsache anerkannt hat, dass die Räume in einem zum vertragsgemäßen Gebrauch geeignetem Zustand sind (OLG Köln NJW-RR 1993, 466). Nach Auffassung des OLG Frankfurt/Main (NZM 2007, 330) richtet sich allerdings die Beurteilung, ob ein Mangel vorliegt, ausschließlich nach den vertraglichen Vereinbarungen und dem baulichen Zustand, nicht jedoch nach der Arbeitsstättenverordnung. Wenn der Vermieter durch eine Gebäudesanierung (Wärmedämmung, Isolierglasfenster) selbst die Ursache dafür gesetzt hat, dass sich die Mieträume danach übermäßig aufheizen, muss er in diesem Mangel der Mietsache auch dann abhelfen, wenn die aufzuwendenden Kosten unverhältnismäßig hoch sind (keine Berufung auf Überschreitung der Opfergrenze): OLG Naumburg NZBau 2011, 104.

6. Nötig sind Angaben über die Innentemperaturen zu einem bestimmten Zeitpunkt an bestimmten Tagen. Da eine fortlaufende Protokollierung (etwa stündlich) unzumutbar wäre, reichen die Angaben in größeren Intervallen aus. Tägliche Messungen sind allerdings unverzichtbar, es sei denn, die Kläger tragen vor, dass im Vergleich zum Vortrag die Wetterlage und damit auch die Innentemperatur unverändert geblieben ist. Hilfreich können dabei auch Auskünfte eines meteorologischen Instituts sein.

7. Auf einen Baumangel kommt es im Grunde nicht an, da für § 536 BGB nur der Ist-Zustand maßgeblich ist, der vom Soll-Zustand abweicht. Der Vermieter kann dann nur noch einwenden, dass der Mieter diese Abweichung zu vertreten (oder zumindest nicht angezeigt) hat.

8. Bei einer Zahlungsklage muss der Minderungsbetrag ausgerechnet werden. Die unterschiedlichen Sätze ergeben sich aus den unterschiedlichen Temperaturen mit unterschiedlichem Ausmaß der Beeinträchtigung. Wenn ein Mangel sich nur periodisch auf die Gebrauchstauglichkeit auswirkt, ist die Miete (selbstverständlich, aber der Bundesgerichtshof musste das noch ausdrücklich feststellen: BGH XII ZR 132/09 NJW 2011,515) nur in diesem Zeitraum kraft Gesetzes herabgesetzt. Zuverlässige Prognosen über den Ausgang des Rechtsstreits sind hier kaum zu machen, da auch die Gerichte in ihrer Bewertung eines Mangels stark differieren. Es gehört damit zu den Hauptpunkten des Mandantengesprächs, schon frühzeitig auf diese Unsicherheit hinzuweisen.

9. Ohne Vorbehalt riskiert der Mieter, dass er wegen § 814 Überzahlungen die Miete nicht zurückverlangen kann (Leistung in Kenntnis der Nichtschuld; vgl. KG MDR 2013, 396). Dabei verlangen manche auch eine Wiederholung des Vorbehalts, was hier geschehen ist.

22. Klage auf Rückzahlung infolge Überzahlung einer über 10 % liegenden Flächenabweichung

An das

Amtsgericht[1]

Klage

des[2]. . . . .

– Kläger –

Prozessbevollmächtigter:[3]. . . . .

gegen

die Eheleute[4]. . . . .

– Beklagte –

wegen: Rückzahlung überzahlter Miete bei Wohnraummietvertrag

Streitwert: . . . . .[5]

Namens und mit Vollmacht des Klägers erhebe ich Klage gegen die Beklagten und werde beantragen:

1. Die Beklagten werden als Gesamtschuldner verurteilt, an den Kläger . . . . . EUR nebst Zinsen in Höhe von 5 Prozentpunkten über dem Basiszinssatz aus . . . . . EUR seit dem . . . . . 20 . . . . ., aus weiteren . . . . . EUR seit dem . . . . . 20 . . . . . und aus weiteren . . . . . EUR seit dem 20 . . . . . zu zahlen.
2. Es wird festgestellt, dass die Kläger nicht verpflichtet sind mehr als . . . . . EUR Miete zzgl. einer Betriebskostenvorauszahlung von z. Zt . . . . . . EUR monatlich für die Wohnung . . . . .str . . . . . . in . . . . . stadt zu zahlen.
3. Die Beklagten tragen die Kosten des Rechtsstreits.[6]
4. Das Urteil ist vorläufig vollstreckbar.[7]

Ich beantrage ferner,

1. soweit das Gericht das Verfahren nach § 495a ZPO[8] betreiben will, die Durchführung einer mündlichen Verhandlung;
2. soweit das Gericht ein schriftliches Vorverfahren anordnet und der/die Beklagte(n) seine/ihre Verteidigungsbereitschaft nicht rechtzeitig anzeigen sollten, den Erlass eines Versäumnisurteils.

Ferner teile ich mit, dass

1. ein außergerichtlicher Einigungsversuch bisher nicht stattgefunden hat[9]
2. ein solcher Versuch erscheint zurzeit auch nicht aussichtslos.[10]

Begründung

Die Beklagten haben dem Kläger mit Mietvertrag vom . . . . . eine Wohnung im Hause . . . . . vermietet.

Beweis: in der Anlage überreichte Kopie des Mietvertrages

Als Grundmiete wurde im Jahre . . . . . ein Betrag von . . . . . EUR vereinbart. Darüber hinaus hat der Kläger sämtliche Betriebskosten nach der Betriebskostenverordnung und die Heizkosten anteilig zu zahlen. Hierfür wurden Vorauszahlungen von . . . . . EUR vereinbart.

Als Mietgegenstand ist eine Wohnung mit . . . . . Zimmern, Küche, Diele Bad und Balkon mit einer Wohnfläche von . . . . . qm angegeben.[11]

Beweis: In der Anlage überreiche Kopie des Mietvertrages

Die Wohnung ist aber tatsächlich nur . . . . . qm groß.

Beweis: In der Anlage überreichte Flächenberechnung des Architekten . . . . .

Dabei hat der Architekt schon die Balkonfläche mit 50 % der Fläche in Ansatz gebracht.[12] Die Parteien haben weder ausdrücklich noch konkludent eine Vereinbarung über die Ermittlung der Wohnfläche getroffen. Es gibt auch keine entsprechende Ortssitte für die Ermittlung der Wohnfläche. Da der Mietvertrag vor dem 1.1.2004 geschlossen wurde, ist die Wohnfläche deshalb nach den §§ 42–44 der II. BerechnungsVO zu ermitteln.[13]

Es liegt deshalb eine Flächenabweichung von mehr 10 % nämlich . . . . . % vor.[14]

Die Bruttomiete[15] mindert sich deshalb im gleichen Verhältnis.[16] Der Kläger hatte deshalb statt der im Mietvertrag angegebenen und von ihm auch gezahlten . . . . . EUR nur . . . . . EUR zahlen müssen. Es liegt somit eine Überzahlung von monatlich . . . . . EUR vor.

Für den Zeitraum von . . . . . 20 . . . . . bis . . . . . 20 . . . . . (. . . . . Monate)[17] hat der Kläger deshalb insgesamt . . . . . EUR zuviel gezahlt, die mit der vorliegenden Klage zurückverlangt werden.

Die Beklagten sind mit Schreiben[18] vom . . . . . 201 . . . . . . zur Rückzahlung des Betrages aufgefordert worden. Das haben sie abgelehnt, so dass Klage erforderlich wurde.

Rechtsanwalt

Anmerkungen

1. Die **sachliche Zuständigkeit** für Wohnraummietsachen ergibt sich aus § 23 Ziff. 2 a) GVG. Danach sind die Amtsgerichte ohne Rücksicht auf den Wert des Streitgegenstandes ausschließlich zuständig für Streitigkeiten über Ansprüche aus einem Mietverhältnis über Wohnraum. Hierzu zählen auch die Rückforderungsansprüche wegen vermeintlich überzahlter Miete. Die **örtliche Zuständigkeit** ergibt sich aus § 29a ZPO, wonach jeweils das Amtsgericht, in dessen Bezirk sich die gemietete Wohnung befindet, zuständig ist. Auch dies ist eine ausschließliche Zuständigkeit, so dass eine Zuständigkeit eines anderen Gerichts weder durch rügelose Einlassung gem. § 39 ZPO noch durch eine Gerichtsstandsvereinbarung gem. § 40 ZPO begründet werden kann (OLG Frankfurt MDR 1979, 851; LG München ZMR 1987, 271). Eine Verweisung unter Verstoß gegen diese bindenden Zuständigkeitsregelungen ist unbeachtlich (LG München ZMR 1987, 271; BLAH/*Hartmann* § 29a Rn. 13). Ob die allgemeine Zivilabteilung oder die Mietabteilung zuständig ist, ist eine Frage der internen Geschäftsverteilung des Gerichts. Die Klage muss nur an das Amtsgericht, nicht an die zuständige Abteilung adressiert sein.

2. Die Mieter sind hinsichtlich des Rückforderungsanspruchs **Gesamtgläubiger.** Der Vermieter kann an jeden der Gesamtgläubiger mit befreiender Wirkung leisten, § 428 BGB. Die Mieter sind dann untereinander gem. § 430 BGB zum Ausgleich verpflichtet.

3. Für das erstinstanzliche Verfahren besteht kein Anwaltszwang.

4. Die Vermieter sind bezüglich des Rückzahlungsanspruchs **Gesamtschuldner.** Sie können also gemeinsam als Gesamtschuldner in Anspruch genommen werden. Möglich ist aber auch die Inanspruchnahme nur eines Vermieters.

5. Bei der bezifferten Leistungsklage richtet sich der Streitwert nach dem Zahlungsantrag.

6. Ein **Kostenantrag** ist nicht zwingend erforderlich, da das Gericht von Amts wegen über die Kosten zu entscheiden hat. Bei einer Verurteilung mehrerer Vermieter als Gesamtschuldner auf Zahlung ist es nicht erforderlich, im Kostenausspruch die gesamtschuldnerische Haftung für die Kosten auszusprechen, § 100 Abs. 4 ZPO.

7. Das Urteil ist sowohl hinsichtlich der Hauptsache wie auch bezüglich der Kosten für vorläufig vollstreckbar zu erklären. Es handelt sich auch bei einem Rückforderungsanspruch wegen vermeintlich überzahlter Miete um ein Leistungsurteil in einem Mietrechtsstreit. In diesem Fall richtet sich die vorläufige Vollstreckbarkeit nach § 708 Ziff. 7 ZPO. Nur in den Fällen eines Versäumnis- oder Anerkenntnisurteils regelt sich die vorläufige Vollstreckbarkeit nach § 708 Ziff. 1 oder Ziff. 2 ZPO. Grundsätzlich hat das Gericht gem. § 711 ZPO eine Abwendungsbefugnis für den vorläufig zur Zahlung verurteilten auszusprechen. Dies soll jedoch gem. § 713 ZPO entfallen, wenn gegen das Urteil *unzweifelhaft* kein Rechtsmittel möglich ist.

8. Bis zu einem Streitwert von 600 EUR kann das Gericht gem. § 495a ZPO das Verfahren nach billigem Ermessen gestalten. Es muss in diesem Fall nur dann eine mündliche Verhandlung durchführen, wenn eine Partei dies ausdrücklich beantragt hat. Ferner kann das Urteil bei dieser Verfahrensweise gem. § 313a Abs. 1 S. 1 ZPO ohne Tatbestand abgefasst werden und die Entscheidungsgründe können ins Protokoll diktiert werden. Der Streitwert, nach dem sich entscheidet, ob diese Verfahrensweise zulässig ist oder nicht, ist nicht der Gebührenstreitwert, sondern der Zuständigkeitsstreit- oder Rechtsmittelstreitwert. Dies ergibt sich daraus, dass diese Verfahrensart auf die Verfahren beschränkt ist, bei denen das Amtsgericht abschließend entscheidet. In Verfahren, in denen das Landgericht zweitinstanzlich mit der Sache befasst werden kann, muss eine überprüfbare Entscheidung mit Tatbestand und Entscheidungsgründen vorliegen. Zur Wertberechnung dienen hier ausschließlich die allgemeinen Wertvorschriften der §§ 3 und 9 ZPO. Ggf. kann gegen ein entsprechendes Urteil eine Rügeschrift gem. § 321a ZPO wegen Verletzung des Anspruchs auf rechtliches Gehör eingerichtet werden.

9. Gem. § 15a EGZPO und den verschiedenen landesgesetzlichen Ausführungsgesetzen ist eine **vorgerichtliche Schlichtung** bei Streitwerten bis 600,– bis 750,– EUR je nach Bundesland zum Teil erforderlich, es sei denn ein Mahnverfahren ist vorgeschaltet.

10. Gem. § 278 ZPO geht der mündlichen Verhandlung zum Zwecke der gütlichen Beilegung des Rechtsstreits eine **Güteverhandlung** voraus. Dies gilt dann nicht, wenn eine Güteverhandlung erkennbar aussichtslos ist.

11. Nach der Rechtsprechung des BGH (BGH NZM 2004, 454 = NJW 2004, 2230 = MietPrax-AK § 536 BGB Nr. 2 mAnm *Eisenschmid*; BGH NJW 2004, 1947 = NZM 2004, 453 = MietPrax-AK § 536 BGB Nr. 3 mAnm *Eisenschmid*; BGH NZM 2004, 456 = MietPrax-AK § 536 BGB Nr. 4 mAnm *Eisenschmid*) bedeutet die Angabe einer Wohnfläche in einem Mietvertrag eine Beschaffenheitsvereinbarung. Im Einzelfall strittig ist die

Frage, ob eine Beschaffenheitsvereinbarung auch dann vorliegen kann, wenn der Vermieter vorvertraglich Angaben zur Wohnfläche gemacht hat, zB in Anzeigen, im Internet oder in Maklerexposes, diese Angaben dann aber im Mietvertrag nicht wiederholt hat. Zumindest in den Fällen, in denen im Mietvertrag gar keine Flächenangabe abgefragt wurde und deshalb die entsprechende Stelle nicht durchgestrichen worden ist, hat der BGH (BGH NJW 2010, 2648 = MietPrax-AK, § 536 BGB Nr. 33 mAnm *Eisenschmid*) eine konkludente Beschaffenheitsvereinbarung angenommen (dazu ausführlich: *Börstinghaus*, Flächenabweichungen in der Wohnraummiete, Rn. 266 ff.).

12. Nach § 44 Abs. 2 II. BV findet eine Anrechnung der Grundfläche von Balkonen, Loggien, Dachgärten oder gedeckten Freisitzen „bis zur Hälfte" statt. Strittig war in der Vergangenheit die Frage, welche Quote im Einzelfall in Ansatz zu bringen ist. Der Wortlaut der Vorschrift gibt keine feste Quote vor. Er gibt nur die obere Grenze, nämlich 50 % vor. Dies erklärt sich historisch. Es gab früher in der Bundesrepublik zwei Fördersysteme, nämlich den steuerbegünstigten und den öffentlich geförderten Wohnungsbau. Beide Systeme hatten unterschiedliche Vorgaben hinsichtlich der Wohnungsgröße. Um hier in Grenzfällen dem Bauherren eine gewisse „Stellschraube" an die Hand geben zu können, wurde ihm ein Wahlrecht eingeräumt. Es ist allein der Vermieter, der bestimmen darf, mit welcher Quote die Balkonfläche anzurechnen ist (BGH NZM 2009, 477 = NJW 2009, 2295 = MietPrax-AK § 536 BGB Nr. 23 mAnm *Eisenschmid*; *Börstinghaus*, Flächenabweichungen in der Wohnraummiete, Rn. 314 ff).

Das gilt aber nicht für Mietverträge, die nach dem 31.12.2003 abgeschlossen wurden. Hier gilt § 4 WoFlV. Dieser sieht eine Regelanrechnung von 25 % vor. Soweit zusätzlich noch eine Obergrenze von bis zu 50 % eingeführt wurde, ist dies im Gesetzgebungsverfahren auf Wunsch einiger Bundesländer geschehen, um auf Ausnahmefälle reagieren zu können. Anders als unter Geltung des § 44 Abs. 2 II. BV hat nunmehr auch der Vermieter im preisgebundenen Wohnungsbau kein Wahlrecht mehr. Die Anrechnung ergibt sich aus der Förderzusage gem. § 13 WoFG. Das bedeutet dann aber auch, dass für Mietverträge im preisfreien Wohnungsbau, die ab 1. Januar 2004 abgeschlossen wurden, immer eine Anrechnung der Freiflächen von 25 % zu erfolgen hat. Das entspricht der Rechtslage bei Anwendung der DIN 283.

13. Es gibt im preisfreien Wohnungsbau keine zwingende Norm, aus der sich die Ermittlung der Wohnfläche ergibt. Nach der Rechtsprechung des BGH (NZM 2009, 477 = NJW 2009, 2295 = MietPrax-AK § 536 BGB Nr. 23 mAnm *Eisenschmid*) sind zunächst ausdrückliche oder konkludente Vereinbarungen der Vertragsparteien über das anzuwendende Regelwerk maßgeblich. Wenn hierzu keine Feststellungen getroffen werden können, ist eine eventuelle Ortssitte maßgeblich. Erst wenn auch diese nicht ermittelt werden kann, ist auch im preisfreien Wohnungsbau die Fläche nach den zum Zeitpunkt des Vertragsschlusses geltenden Vorschriften für den preisgebundenen Wohnungsbau zu ermitteln. Das bedeutet, dass bei Mietverträgen, die vor Inkrafttreten der WohnFlächenVO (1.1.2004) abgeschlossen wurden, noch immer die Flächenberechnung nach den §§ 42 – 44 II. BerechnungsVO zu erfolgen hat (BGH NZM 2010, 313 = MietPrax-AK § 536 BGB Nr. 32 mAnm *Eisenschmid*; auch schon BGH NZM 2010, 36 = NJW 2010, 292 = MietPrax-AK § 536 BGB Nr. 29 mAnm *Eisenschmid*; AG Schöneberg GE 2010, 919).

14. Nach der Rechtsprechung des BGH (BGH NZM 2004, 454 = NJW 2004, 2230 = MietPrax-AK § 536 BGB Nr. 2 mAnm *Eisenschmid*; BGH NJW 2004, 1947 = NZM 2004, 453 = MietPrax-AK § 536 BGB Nr. 3 mAnm *Eisenschmid*; BGH NZM 2004, 456 = MietPrax-AK § 536 BGB Nr. 4 mAnm *Eisenschmid*) spricht eine unwiderlegliche Vermutung für eine Gebrauchsbeeinträchtigung, wenn die Flächenabweichung mehr als

10 % beträgt. Die 10 % Grenze bezieht sich auf die vereinbarte Fläche. Die tatsächliche Fläche muss also mehr als 10 % kleiner als die vereinbarte Fläche sein.

15. Die Minderungsquote ist auf die Bruttomiete anzurechnen (BGH, NJW 2010, 2648 = NZM 2010, 614 = MietPrax-AK § 536 BGB Nr. 33 mAnm *Eisenschmid*; *Streyl* NZM 2010, 606; BGH, NJW 2011, 1282 = MietPrax-AK § 536 BGB Nr. 38 mAnm *Eisenschmid*; BGH, NZM 2005, 455 = NJW 2005, 1713 = MietPrax-AK § 536 BGB Nr. 8 mAnm *Eisenschmid*). Zu den Problemen bei der Betriebskostenabrechnung siehe *Börstinghaus*, Flächenabweichungen in der Wohnraummiete, Rn. 428 ff).

16. Nach der Rechtsprechung des VIII. Zivilsenats (zB BGH NJW 2011, 1282 = MietPrax-AK, § 536 BGB Nr. 38 mAnm *Eisenschmid*) mindert sich die Miete im gleichen Verhältnis wie die Flächenabweichung besteht. Der XII. Zivilsenat (BGH NJW 2012, 3173 = MietPrax-AK, § 536 BGB Nr. 43 mAnm *Eisenschmid*) differenziert aber bei Flächenabweichungen, die sich vor allem aus Minderflächen bei Nebenflächen ergeben.

17. Noch nicht abschließend geklärt ist die Verjährungsfrage. Grundsätzlich gilt hier die dreijährige Regelverjährungsfrist des § 195 BGB. Gem. § 199 BGB beginnt die Verjährungsfrist am Ende des Jahres, in dem der Mieter Kenntnis von den den Anspruch begründenden Tatsachen hat. Dazu gehört nur die Tatsachenkenntnis und keine Rechtskenntnis. Welche das bei einer Flächenabweichung sind, ist strittig. Zum einen wird auf die bloße Möglichkeit der Kenntnis von den Kantenlänge aller Räume abgestellt (AG Bonn MietRB 2012, 225; *Börstinghaus*, Flächenabweichungen in der Wohnraummiete, Rn. 491; BGH, NZM 2015, 44 (zur Frage, ob Mieter die Fläche mit Nichtwissen bestreiten darf). Andere verlangen genaue Kenntnis der Wohnungsgröße (LG München I NZM 2014, 433; LG Krefeld NJW 2013, 401; *Eisenschmid* MietPrax-AK § 536 BGB Nr. 39; *Jacoby* info M 2011, 367).

18. Ein Muster für ein solches Schreiben finden Sie unter BeckFormB MietR/*Gies* Form. B. I. 9.

23. Klage auf Rückzahlung infolge Überzahlung einer unter 10 % liegenden Flächenabweichung

An das

Amtsgericht[2]

Klage[1]

des[3] . . . . .

– Kläger –

Prozessbevollmächtigter:[4] . . . . .

gegen

die Eheleute[5] . . . . .

– Beklagte –

wegen: Rückzahlung überzahlter Miete bei Wohnraummietvertrag

Streitwert: . . . . .[6]

Namens und mit Vollmacht des Klägers erhebe ich Klage gegen die Beklagten und werde beantragen:

1. Die Beklagten werden als Gesamtschuldner verurteilt, an den Kläger . . . . . EUR nebst Zinsen in Höhe von 5 Prozentpunkten über dem Basiszinssatz aus . . . . . EUR seit dem . . . . . 20 . . . . ., aus weiteren . . . . . EUR seit dem . . . . . 20 . . . . . und aus weiteren . . . . . EUR seit dem 20 . . . . . zu zahlen.
2. Es wird festgestellt, dass die Kläger nicht verpflichtet sind mehr als . . . . . EUR Miete zzgl. einer Betriebskostenvorauszahlung von zzt. . . . . EUR monatlich für die Wohnung . . . . . str . . . . . . in . . . .stadt zu zahlen.
3. Die Beklagten tragen die Kosten des Rechtsstreits.[7]
4. Das Urteil ist vorläufig vollstreckbar.[8]

Ich beantrage ferner,

1. soweit das Gericht das Verfahren nach § 495a ZPO[9] betreiben will, die Durchführung einer mündlichen Verhandlung;
2. soweit das Gericht ein schriftliches Vorverfahren anordnet und der/die Beklagte(n) seine/ihre Verteidigungsbereitschaft nicht rechtzeitig anzeigen sollten, den Erlass eines Versäumnisurteils.

Ferner teile ich mit, dass

1. ein außergerichtlicher Einigungsversuch bisher nicht stattgefunden hat[10]
2. ein solcher Versuch erscheint zurzeit auch nicht aussichtslos.[11]

Begründung

Die Beklagten haben dem Kläger mit Mietvertrag vom . . . . . eine Wohnung im Hause . . . . . vermietet.

Beweis: in der Anlage überreichte Kopie des Mietvertrages

Als Grundmiete wurde im Jahre . . . . . ein Betrag von . . . . . EUR vereinbart.[12] Darüber hinaus hat der Kläger sämtliche Betriebskosten nach der Betriebskostenverordnung und die Heizkosten anteilig zu zahlen. Hierfür wurden Vorauszahlungen von . . . . . EUR vereinbart.

Als Mietgegenstand ist eine Wohnung mit . . . . . Zimmern, Küche, Diele Bad und Balkon mit einer Wohnfläche von . . . . . qm angegeben.[13]

Beweis: In der Anlage überreiche Kopie des Mietvertrages

Die Wohnung ist aber tatsächlich nur . . . . . qm groß.

Beweis: In der Anlage überreichte Flächenberechnung des Architekten . . . . .

Dabei hat der Architekt schon die Balkonfläche mit 50 % der Fläche in Ansatz gebracht.[14] Die Parteien haben weder ausdrücklich noch konkludent eine Vereinbarung über die Ermittlung der Wohnfläche getroffen. Es gibt auch keine entsprechende Ortssitte für die Ermittlung der Wohnfläche. Da der Mietvertrag vor dem 1.1.2004 geschlossen wurde ist die Wohnfläche deshalb nach den §§ 42 – 44 der II. BerechnungsVO zu ermitteln.[15]

Es liegt deshalb eine Flächenabweichung von unter 10 % nämlich . . . . . % vor.

Nach der Rechtsprechung des BGH wird bei Flächenabweichungen über 10 % unwiderleglich vermutet,[16] dass eine Gebrauchsbeeinträchtigung vorliegt, die gem. § 536 Abs. 1 BGB zu einer Minderung der Miete führt. Bisher abschließend nicht geklärt ist die Frage, ob bei Flächenabweichungen bis 10 % auf Grund besonderer Umstände die Mietsache ebenfalls mangelhaft sein kann.[17]

Die Rechtsprechung des BGH bedeutet nur, dass es bei Flächenabweichungen über 10 % keiner weiteren Darlegung zu der hierdurch verursachten Gebrauchsbeeinträchtigung bedarf.[18]

Solche besonderen Umstände,[19] die zu einer Gebrauchsbeeinträchtigung für den Kläger auch bei Abweichung führen, liegen hier vor:

ggf. alternativ oder auch kumulativ:

1. Die Flächenabweichung von . . . . . % liegt nur ganz knapp unter der Wesentlichkeitsgrenze des BGH von 10,1 %.[20]

2. Der Kläger hat vor Abschluss mehrfach nach der exakten Wohnungsgröße gefragt, da sie für seine Anmietentscheidung von besonderer Bedeutung war.

3. Die Beklagten haben immer mit der im Vergleich zu anderen dem Kläger angebotenen Wohnungen mit der niedrigeren Quadratmetermiete argumentiert. Zu dieser niedrigern Quadratmetermiete kommt man aber nur, wenn man den die falsche zu große Wohnfläche in Ansatz bringt. Bei Verwendung der richtigen tatsächlichen Fläche ist die Quadratmeter miete sogar teurer als die der Alternativwohnungen.

4. Der Kläger hat die Beklagten darauf hingewiesen, dass er bestimmte Möbel in der Wohnung aufstellen will/muss und außerdem noch Lagerflächen für Bücher/Material pp benötigt. Auf Grund der fehlenden Fläche ist die Unterbringung dieser Dinge in der Wohnung gar nicht möglich. Der Kläger hat einen zusätzlichen Lagerraum angemietet, der der Fläche nach ungefähr so groß ist, wie die fehlende Wohnfläche.

Die Bruttomiete mindert sich deshalb im gleichen Verhältnis.[21] Der Kläger hatte deshalb statt der im Mietvertrag angegebenen und von ihm auch gezahlten . . . . . EUR nur . . . . . EUR[22] zahlen müssen. Es liegt somit eine Überzahlung von monatlich . . . . . EUR vor.

Für den Zeitraum von . . . . . 20 . . . . . bis . . . . . 20 . . . . . (. . . . . Monate)[23] hat der Kläger deshalb insgesamt . . . . . EUR zuviel gezahlt, die mit der vorliegenden Klage zurückverlangt werden.

Die Beklagten sind mit Schreiben vom . . . . . 201 . . . . . zur Rückzahlung des Betrages aufgefordert worden. Das haben sie abgelehnt, so dass Klage erforderlich wurde.

Rechtsanwalt

Anmerkungen

1. Diese Klage betrifft eine Rechtfrage, die höchstrichterlich bisher nicht geklärt ist und in der Literatur und Instanzrechtsprechung unterschiedlich beantwortet wird. Es wird empfohlen, den Mandanten ausführlich über die Risiken zu belehren.

2. Die **sachliche Zuständigkeit** für Wohnraummietsachen ergibt sich aus § 23 Ziff. 2 a) GVG. Danach sind die Amtsgerichte ohne Rücksicht auf den Wert des Streitgegenstandes ausschließlich zuständig für Streitigkeiten über Ansprüche aus einem Mietverhältnis über Wohnraum. Hierzu zählen auch die Rückforderungsansprüche wegen vermeintlich überzahlter Miete. Die **örtliche Zuständigkeit** ergibt sich aus § 29a ZPO, wonach jeweils das Amtsgericht, in dessen Bezirk sich die gemietete Wohnung befindet, zuständig ist. Auch dies ist eine ausschließliche Zuständigkeit, so dass eine Zuständigkeit eines anderen

Gerichts weder durch rügelose Einlassung gem. § 39 ZPO noch durch eine Gerichtsstandsvereinbarung gem. § 40 ZPO begründet werden kann (OLG Frankfurt MDR 1979, 851; LG München ZMR 1987, 271). Eine Verweisung unter Verstoß gegen diese bindenden Zuständigkeitsregelungen ist unbeachtlich (LG München ZMR 1987, 271; BLAH/*Hartmann* § 29a Rn. 13). Ob die allgemeine Zivilabteilung oder die Mietabteilung zuständig ist, ist eine Frage der internen Geschäftsverteilung des Gerichts. Die Klage muss nur an das Amtsgericht, nicht an die zuständige Abteilung adressiert sein.

3. Die Mieter sind hinsichtlich des Rückforderungsanspruchs **Gesamtgläubiger.** Der Vermieter kann an jeden der Gesamtgläubiger mit befreiender Wirkung leisten, § 428 BGB. Die Mieter sind dann untereinander gem. § 430 BGB zum Ausgleich verpflichtet.

4. Für das erstinstanzliche Verfahren besteht kein Anwaltszwang.

5. Die Vermieter sind bezüglich des Rückzahlungsanspruchs **Gesamtschuldner.** Sie können also gemeinsam als Gesamtschuldner in Anspruch genommen werden. Möglich ist aber auch die Inanspruchnahme nur eines Vermieters.

6. Bei der bezifferten Leistungsklage richtet sich der Streitwert nach dem Zahlungsantrag.

7. Ein **Kostenantrag** ist nicht zwingend erforderlich, da das Gericht von Amts wegen über die Kosten zu entscheiden hat. Bei einer Verurteilung mehrerer Vermieter als Gesamtschuldner auf Zahlung ist es nicht erforderlich, im Kostenausspruch die gesamtschuldnerische Haftung für die Kosten auszusprechen, § 100 Abs. 4 ZPO.

8. Das Urteil ist sowohl hinsichtlich der Hauptsache wie auch bezüglich der Kosten für vorläufig vollstreckbar zu erklären. Es handelt sich auch bei einem Rückforderungsanspruch wegen vermeintlich überzahlter Miete um ein Leistungsurteil in einem Mietrechtsstreit. In diesem Fall richtet sich die vorläufige Vollstreckbarkeit nach § 708 Ziff. 7 ZPO. Nur in den Fällen eines Versäumnis- oder Anerkenntnisurteils regelt sich die vorläufige Vollstreckbarkeit nach § 708 Ziff. 1 oder Ziff. 2 ZPO. Grundsätzlich hat das Gericht gem. § 711 ZPO eine Abwendungsbefugnis für den vorläufig zur Zahlung verurteilten auszusprechen. Dies soll jedoch gem. § 713 ZPO entfallen, wenn gegen das Urteil *unzweifelhaft* kein Rechtsmittel möglich ist.

9. Bis zu einem Streitwert von 600,– EUR kann das Gericht gem. § 495a ZPO das Verfahren nach billigem Ermessen gestalten. Es muss in diesem Fall nur dann eine mündliche Verhandlung durchführen, wenn eine Partei dies ausdrücklich beantragt hat. Ferner kann das Urteil bei dieser Verfahrensweise gem. § 313a Abs. 1 S. 1 ZPO ohne Tatbestand abgefasst werden und die Entscheidungsgründe können ins Protokoll diktiert werden. Der Streitwert, nach dem sich entscheidet, ob diese Verfahrensweise zulässig ist oder nicht, ist nicht der Gebührenstreitwert, sondern der Zuständigkeitsstreit- oder Rechtsmittelstreitwert. Dies ergibt sich daraus, dass diese Verfahrensart auf die Verfahren beschränkt ist, bei denen das Amtsgericht abschließend entscheidet. In Verfahren, in denen das Landgericht zweitinstanzlich mit der Sache befasst werden kann, muss eine überprüfbare Entscheidung mit Tatbestand und Entscheidungsgründen vorliegen. Zur Wertberechnung dienen hier ausschließlich die allgemeinen Wertvorschriften der §§ 3 und 9 ZPO. Ggf. kann gegen ein entsprechendes Urteil eine Rügeschrift gem. § 321a ZPO wegen Verletzung des Anspruchs auf rechtliches Gehör eingerichtet werden.

10. Gem. § 15a EGZPO und den verschiedenen landesgesetzlichen Ausführungsgesetzen ist eine **vorgerichtliche Schlichtung** bei Streitwerten bis 600,– bis 750,– EUR je nach Bundesland zum Teil erforderlich, es sei denn ein Mahnverfahren ist vorgeschaltet.

11. Gem. § 278 ZPO geht der mündlichen Verhandlung zum Zwecke der gütlichen Beilegung des Rechtsstreits eine **Güteverhandlung** voraus. Dies gilt dann nicht, wenn eine Güteverhandlung erkennbar aussichtslos ist.

12. Wenn die Parteien eine echte Quadratmetermiete vereinbart haben, dann liegt eine Überzahlung bei jeder Flächenunterschreitung vor (OLG Dresden NZM 2015, 697; KG GE 2001, 622; OLG Düsseldorf GE 2012, 616; *Kraemer* NZM 1999, 156, 161).

13. Nach der Rechtsprechung des BGH (BGH NZM 2004, 454 = NJW 2004, 2230 = MietPrax-AK § 536 BGB Nr. 2 mAnm *Eisenschmid*; BGH NJW 2004, 1947 = NZM 2004, 453 = MietPrax-AK § 536 BGB Nr. 3 mAnm *Eisenschmid*; BGH NZM 2004, 456 = MietPrax-AK § 536 BGB Nr. 4 mAnm *Eisenschmid*) bedeutet die Angabe einer Wohnfläche in einem Mietvertrag eine Beschaffenheitsvereinbarung. Im Einzelfall strittig ist die Frage, ob eine Beschaffenheitsvereinbarung auch dann vorliegen kann, wenn der Vermieter vorvertraglich Angaben zur Wohnfläche gemacht hat, zB in Anzeigen, im Internet oder in Maklerexposes, diese dann aber im Mietvertrag nicht wiederholt hat. Zumindest in den Fällen, in denen im Mietvertrag gar keine Flächenangabe abgefragt wurde und deshalb die entsprechende Stelle durchgestrichen worden ist, hat der BGH (BGH NJW 2010, 2648 = MietPrax-AK § 536 BGB Nr. 33 mAnm *Eisenschmid*) eine konkludente Beschaffenheitsvereinbarung angenommen (dazu ausführlich: *Börstinghaus*, Flächenabweichungen in der Wohnraummiete, Rn. 266 ff.).

14. Nach § 44 Abs. 2 II. BV findet eine Anrechnung der Grundfläche von Balkonen, Loggien, Dachgärten oder gedeckten Freisitzen „bis zur Hälfte" statt. Strittig war in der Vergangenheit die Frage, welche Quote im Einzelfall in Ansatz zu bringen ist. Der Wortlaut der Vorschrift gibt keine feste Quote vor. Er gibt nur die obere Grenze, nämlich 50 % vor. Dies erklärt sich historisch. Es gab früher in der Bundesrepublik zwei Fördersysteme, nämlich den steuerbegünstigten und den öffentlich geförderten Wohnungsbau. Beide Systeme hatten unterschiedliche Vorgaben hinsichtlich der Wohnungsgröße. Um hier in Grenzfällen dem Bauherren eine gewisse „Stellschraube" an die Hand geben zu können, wurde ihm ein Wahlrecht eingeräumt. Es ist allein der Vermieter, der bestimmen darf, mit welcher Quote die Balkonfläche anzurechnen ist (BGH NZM 2009, 477 = NJW 2009, 2295 = MietPrax-AK § 536 BGB Nr. 23 mAnm *Eisenschmid*; *Börstinghaus*, Flächenabweichungen in der Wohnraummiete, Rn. 314 ff.).

Das gilt aber nicht für Mietverträge, die nach dem 31.12.2003 abgeschlossen wurden. Hier gilt § 4 WoFlV. Dieser sieht eine Regelanrechnung von 25 % vor. Soweit zusätzlich noch eine Obergrenze von bis zu 50 % eingeführt wurde, ist dies im Gesetzgebungsverfahren auf Wunsch einiger Bundesländer geschehen, um auf Ausnahmefälle reagieren zu können. Anders als unter Geltung des § 44 Abs. 2 II. BV hat nunmehr auch der Vermieter im preisgebundenen Wohnungsbau kein Wahlrecht mehr. Die Anrechnung ergibt sich aus der Förderzusage gem. § 13 WoFG. Das bedeutet dann aber auch, dass für Mietverträge im preisfreien Wohnungsbau, die ab 1.1.2004 abgeschlossen wurden, immer eine Anrechnung der Freiflächen von 25 % zu erfolgen hat. Das entspricht der Rechtslage bei Anwendung der DIN 283.

15. Es gibt im preisfreien Wohnungsbau keine zwingende Norm, aus der sich die Ermittlung der Wohnfläche ergibt. Nach der Rechtsprechung des BGH (BGH NZM 2009, 477 = NJW 2009, 2295 = MietPrax-AK § 536 BGB Nr. 23 mAnm *Eisenschmid*) sind zunächst ausdrückliche oder konkludente Vereinbarungen der Vertragsparteien über das anzuwendende Regelwerk maßgeblich. Wenn hierzu keine Feststellungen getroffen werden können, ist eine eventuelle Ortssitte maßgeblich. Erst wenn auch diese nicht ermittelt werden kann, ist auch im preisfreien Wohnungsbau die Fläche nach den zum Zeitpunkt des Vertragsschlusses geltenden Vorschriften für den preisgebundenen Wohnungsbau zu ermitteln. Das bedeutet, dass bei Mietverträgen, die vor Inkrafttreten der WohnFlächenVO

(1.1.2004) abgeschlossen wurden, noch immer die Flächenberechnung nach den §§ 42 – 44 II. BerechnungsVO zu erfolgen hat (BGH NZM 2010, 313 = MietPrax-AK § 536 BGB Nr. 32 mAnm *Eisenschmid*; auch schon BGH NZM 2010, 36 = NJW 2010, 292 = MietPrax-AK § 536 BGB Nr. 29 mAnm *Eisenschmid*; AG Schöneberg GE 2010, 919).

16. Die Grenze von 10 % ist starr, so dass selbst bei geringfügigen Unterschreitungen die tatsächliche unwiderlegliche Vermutung nicht eingreift. Das ist nun einmal bei solchen Grenzen der Fall. Entweder sie werden überschritten oder nicht (AG Dortmund ZMR 2014, 369).

17. Der VIII. Senat hat bisher nur entschieden, dass eine nachteilige Abweichung der tatsächlichen von der vereinbarten Fläche einen Mangel darstelle, wenn diese Abweichung eine bestimmte Größenordnung erreiche. Das bedeutet aber nur, dass ohne Darlegung konkreter Beeinträchtigungen eine bloße Flächenabweichung bis zur Erheblichkeitsschwelle für sich alleine genommen noch keine Gebrauchsbeeinträchtigung darstellt. In diesem Fall müssen weitere Umstände hinzutreten, aus denen sich dann im Einzelfall eine konkrete Gebrauchsbeeinträchtigung ergeben (*Börstinghaus*, Flächenabweichungen in der Wohnraummiete, Rn. 335, 385; *Wieck* WuM 2004, 487 [488]; *Lammel* Wohnraummietrecht § 536 BGB Rn. 64; *Eisenschmid/Wall* Betriebskostenkommentar Rn. 4050a; *Sternel*, Mietrecht aktuell, 4. Aufl. 2009, Rn. VIII 121; *Hoffmann* MietRB 2010, 281 [284]).
Der aus Gründen der Praktikabilität und Rechtssicherheit eingeführte Schwellenwert ändert nur die Darlegungs- und Beweislast. Dadurch, dass der BGH ab einem bestimmten Wert eine –unwiderlegliche– tatsächliche Vermutung für eine Gebrauchsbeeinträchtigung annimmt, ist der Mieter der Darlegung konkreter Beeinträchtigungen enthoben. Der BGH (BGH NJW 2004, 1947 = NZM 2004, 453 = MietPrax-AK § 536 BGB Nr. 3 mAnm *Eisenschmid*) formuliert selbst: „Bei einem erheblichen Flächenmangel spricht bereits eine tatsächliche Vermutung für eine Beeinträchtigung der Gebrauchstauglichkeit, die der Mieter nicht gesondert belegen muss." Da bei unerheblichen Gebrauchsbeeinträchtigungen die Minderung gem. § 536 Abs. 1 S. 3 BGB kraft Gesetzes ausgeschlossen ist, kommt hier auch keine tatsächliche Vermutung für das Vorliegen eines Mangels in Betracht. Die Formulierung kann deshalb nur bedeuten, dass es nicht erhebliche Flächenabweichungen geben kann, die prinzipiell einen Mangel darstellen können, ohne dass dafür eine tatsächliche Vermutung streitet (Staudinger/*Emmerich* § 536 BGB Rn. 39b; *Wieck* WuM 2004, 487, 488; *Schul/Wichert* ZMR 2004, 497). Hier bleibt es bei der gesetzlichen Verteilung der Darlegungs- und Beweislast.

18. Der Mieter muss die konkrete Gebrauchsbeeinträchtigung darlegen und im Prozess bei entsprechendem Bestreiten auch beweisen. Solche konkreten Gebrauchsbeeinträchtigungen können beispielhaft dann in Betracht kommen, wenn für den Mieter bei seiner Anmietentscheidung und für den Vermieter erkennbar das Vorhandensein einer bestimmte Stell- oder Nutzfläche entscheidend war. Erforderlich dürfte dafür sein, dass der Mieter die Fehlflächen zeitnahe zum Mietbeginn rügt, da anderenfalls der Nachweis der Gebrauchsbeeinträchtigung schwer fallen dürfte. Nach einer Mietzeit von mehr als drei Monaten dürfte der Nachweis kaum noch gelingen. Der BGH hat eine solche Fallgestaltung bisher nicht entschieden. Für die Gewerberaummiete hat das KG (NZM 2005, 865) in einem solchen Fall aber bereits einen Mangel angenommen.

19. Das ist neben der Beantwortung der Rechtsfrage, ob eine Minderung bei Flächenabweichungen unter 10 % überhaupt möglich ist, die zentrale Frage. Nur wenn eine konkrete nicht unerhebliche Gebrauchsbeeinträchtigung vorgetragen und ggf. bewiesen wird, kann diese Klage Aussicht auf Erfolg haben.

20. Die Grenze von 10 % ist starr, so dass selbst bei geringfügigen Unterschreitungen die tatsächliche unwiderlegliche Vermutung nicht eingreift. Das ist nun einmal bei solchen Grenzen der Fall. Entweder sie werden überschritten oder nicht (AG Dortmund ZMR 2014, 369).

21. Nach der Rechtsprechung des VIII. Zivilsenats (zB BGH NJW 2011, 1282 = MietPrax-AK § 536 BGB Nr. 38 mAnm *Eisenschmid*) mindert sich die Miete im gleichen Verhältnis wie die Flächenabweichung besteht. Der XII. Zivilsenat (BGH NJW 2012, 3173 = MietPrax-AK § 536 BGB Nr. 43 mAnm *Eisenschmid*) differenziert aber bei Flächenabweichungen, die sich vor allem aus Minderflächen bei Nebenflächen ergeben.

22. Die Minderungsquote ist auf die Bruttomiete anzurechnen (BGH NJW 2010, 2648 = NZM 2010, 614 = MietPrax-AK § 536 BGB Nr. 33 mAnm *Eisenschmid*; *Streyl* NZM 2010, 606; BGH NJW 2011, 1282 = MietPrax-AK § 536 BGB Nr. 38 mAnm *Eisenschmid*; BGH NZM 2005, 455 = NJW 2005, 1713 = MietPrax-AK § 536 BGB Nr. 8 mAnm *Eisenschmid*). Zu den Problemen bei der Betriebskostenabrechnung siehe *Börstinghaus*, Flächenabweichungen in der Wohnraummiete, Rn. 428 ff.).

23. Noch nicht abschließend geklärt ist die Verjährungsfrage. Grundsätzlich gilt hier die dreijährige Regelverjährungsfrist des § 195 BGB. Gem. § 199 BGB beginnt die Verjährungsfrist am Ende des Jahres, in dem der Mieter Kenntnis von den, den Anspruch begründenden Tatsachen hat. Dazu gehört nur die Tatsachenkenntnis und keine Rechtskenntnis. Welche das bei einer Flächenabweichung sind, ist strittig. Zum einen wird auf die bloße Möglichkeit der Kenntnis von den Kantenlänge aller Räume abgestellt (AG Bonn MietRB 2012, 225; *Börstinghaus*, Flächenabweichungen in der Wohnraummiete, Rn. 491; BGH NZM 2015, 44 (zur Frage, ob Mieter die Fläche mit Nichtwissen bestreiten darf)). Andere verlangen genaue Kenntnis der Wohnungsgröße (LG München I NZM 2014, 433; LG Krefeld NJW 2013, 401; *Eisenschmid* MietPrax-AK § 536 BGB Nr. 39; *Jacoby* info M 2011, 367).

24. Klage auf Rückzahlung infolge Überzahlung wegen Nicht-Einhaltung des Mindeststandards

An das

Amtsgericht[1]

Klage

des[2] . . . . .

– Kläger –

Prozessbevollmächtigter:[3] . . . . .

gegen

die Eheleute[4] . . . .

– Beklagte –

wegen: Rückzahlung überzahlter Miete bei Wohnraummietvertrag

Streitwert: . . . . .[5]

Namens und mit Vollmacht des Klägers erhebe ich Klage gegen die Beklagten und werde beantragen:

1. Die Beklagten werden als Gesamtschuldner verurteilt, an den Kläger . . . . . EUR nebst Zinsen in Höhe von 5 Prozentpunkten über dem Basiszinssatz aus . . . . . EUR seit dem . . . . . 20 . . . . ., aus weiteren . . . . . EUR seit dem . . . . . 20 . . . . . und aus weiteren . . . . . EUR seit dem 20 . . . . . zu zahlen.
2. Es wird festgestellt, dass die Kläger nicht verpflichtet sind mehr als . . . . . EUR Miete zzgl. einer Betriebskostenvorauszahlung von zzt. . . . . EUR monatlich für die Wohnung . . . . . str . . . . . . in . . . .stadt zu zahlen.
3. Die Beklagten tragen die Kosten des Rechtsstreits.[6]
4. Das Urteil ist vorläufig vollstreckbar.[7]

Ich beantrage ferner,

1. soweit das Gericht das Verfahren nach § 495a ZPO[8] betreiben will, die Durchführung einer mündlichen Verhandlung;
2. soweit das Gericht ein schriftliches Vorverfahren anordnet und der/die Beklagte(n) seine/ihre Verteidigungsbereitschaft nicht rechtzeitig anzeigen sollten, den Erlass eines Versäumnisurteils.

Ferner teile ich mit, dass

1. ein außergerichtlicher Einigungsversuch bisher nicht stattgefunden hat[9]
2. ein solcher Versuch erscheint zurzeit auch nicht aussichtslos.[10]

Begründung

Die Beklagten haben dem Kläger mit Mietvertrag vom . . . . . eine Wohnung im Hause . . . . . vermietet. Bei dem Gebäude handelt es sich um ein älteres Gebäude, das ca. im Jahre 1925 errichtet wurde. In der Folgezeit haben einige Modernisierungsarbeiten stattgefunden

Beweis: in der Anlage überreichte Kopie des Mietvertrages

Als Grundmiete wurde im Jahre . . . . . ein Betrag von . . . . . EUR vereinbart. Darüber hinaus hat der Kläger sämtliche Betriebskosten nach der Betriebskostenverordnung und die Heizkosten anteilig zu zahlen. Hierfür wurden Vorauszahlungen von . . . . . EUR vereinbart.

Beweis: In der Anlage überreiche ich Kopie des Mietvertrages

Die Elektroinstallation in der Wohnung entspricht nicht dem Mindeststandard, den ein Mieter bei Anmietung einer Wohnung im Jahre 20 . . . . . erwarten darf.[11] So ist die Wohnung unzureichend elektrisch abgesichert. Der Betrieb von Haushaltsgeräte ist nur sehr eingeschränkt möglich. Wenn eines der größeren Haushaltsgeräte, wie Waschmaschine oder Geschirrspüler, betrieben werden, ist der Betrieb anderer Elektrogeräte, wie zB Kaffeemaschine oder Staubsauger, im Hause nicht möglich.[12]

Beweis: 1. richterliche Inaugenscheinnahme

2. Sachverständigengutachten

3. Zeugnis . . . . .

Das Badezimmer verfügt auch über keine Steckdose um dort kleinere Elektrogeräte wie Fön oder Rasierer zu betreiben.

Beweis: 1. richterliche Inaugenscheinnahme

          2. Sachverständigengutachten

          3. Zeugnis . . . . .

Damit erfüllt die Wohnung nicht den Mindeststandard, der unabhängig vom Baualter des Gebäudes oder einer Modernisierung der Wohnung allgemein erwartet werden kann. Vorliegend sind auch keine abweichenden Vereinbarungen getroffen worden.[13]

In einem solchen Fall kann der Mieter einer nicht modernisierten Altbauwohnung einen Mindeststandard erwarten, der ein zeitgemäßes Wohnen ermöglicht und den Einsatz der für die Haushaltsführung allgemein üblichen elektrischen Geräte erlaubt.

Der Kläger hat den Beklagten diesen Mangel bereits mit Schreiben vom . . . . . 20 . . . . . angezeigt und Mangelbeseitigung verlangt.

Beweis: In der Anlage überreichte Kopie des Schreibens

In dem Schreiben hat er angekündigt, die Miete um . . . . . % zu mindern. Er hat die Miete von diesem Zeitpunkt an unter dem Vorbehalt der Rückforderung gezahlt.[14]

Die Bruttomiete[15] mindert sich deshalb gem. § 536 Abs. 1 BGB angemessen.[16]

Diese angemessenen Minderung ist mit . . . . .% zu bemessen. Dabei ist zu berücksichtigen, dass in der Wohnung eine 4 köpfige Familie wohnt. Alle zwei Tage muss gewaschen werden. Der Geschirrspüler läuft ebenfalls alle 2 Tage. Bei Waschvorgänge dauern jeweils 1,5 Stunden. Während dieser Zeit können der Kläger und die übrigen Haushaltsangehörigen die Wohnung nicht nach ihren Vorstellungen nutzen. Sie müssen ihr Nutzungsverhalten anpassen. Das ist kein vertragsgemäßer gebrauch der Mietsache.

Der Kläger hatte deshalb statt der im Mietvertrag angegebenen und von ihm auch gezahlten . . . . . EUR nur . . . . . EUR zahlen müssen. Es liegt somit eine Überzahlung von monatlich . . . . . EUR vor. Insofern erfolgte die Zahlung unter Vorbehalt.

Für den Zeitraum von . . . . . 20 . . . . . bis . . . . . 20 . . . . . (. . . . . Monate)[17] hat der Kläger deshalb insgesamt . . . . . EUR zuviel gezahlt, die mit der vorliegenden Klage zurückverlangt werden.

Die Beklagten sind mit Schreiben vom . . . . . 20 . . . . . zur Rückzahlung des Betrages aufgefordert worden. Das haben sie abgelehnt, so dass Klage erforderlich wurde.

                                                     Rechtsanwalt

Anmerkungen

1. Die **sachliche Zuständigkeit** für Wohnraummietsachen ergibt sich aus § 23 Ziff. 2 a) GVG. Danach sind die Amtsgerichte ohne Rücksicht auf den Wert des Streitgegenstandes ausschließlich zuständig für Streitigkeiten über Ansprüche aus einem Mietverhältnis über Wohnraum. Hierzu zählen auch die Rückforderungsansprüche wegen vermeintlich überzahlter Miete. Die **örtliche Zuständigkeit** ergibt sich aus § 29a ZPO, wonach jeweils das Amtsgericht, in dessen Bezirk sich die gemietete Wohnung befindet, zuständig ist. Auch dies ist eine ausschließliche Zuständigkeit, so dass eine Zuständigkeit eines anderen Gerichts weder durch rügelose Einlassung gem. § 39 ZPO noch durch eine Gerichtsstandsvereinbarung gem. § 40 ZPO begründet werden kann (OLG Frankfurt MDR 1979, 851; LG München ZMR 1987, 271). Eine Verweisung unter Verstoß gegen diese bindenden Zuständigkeitsregelungen ist unbeachtlich (LG München ZMR 1987, 271;

BLAH/*Hartmann* § 29a Rn. 13). Ob die allgemeine Zivilabteilung oder die Mietabteilung zuständig ist, ist eine Frage der internen Geschäftsverteilung des Gerichts. Die Klage muss nur an das Amtsgericht, nicht an die zuständige Abteilung adressiert sein.

2. Die Mieter sind hinsichtlich des Rückforderungsanspruchs **Gesamtgläubiger**. Der Vermieter kann an jeden der Gesamtgläubiger mit befreiender Wirkung leisten, § 428 BGB. Die Mieter sind dann untereinander gem. § 430 BGB zum Ausgleich verpflichtet.

3. Für das erstinstanzliche Verfahren besteht kein Anwaltszwang.

4. Die Vermieter sind bezüglich des Rückzahlungsanspruchs **Gesamtschuldner**. Sie können also gemeinsam als Gesamtschuldner in Anspruch genommen werden. Möglich ist aber auch die Inanspruchnahme nur eines Vermieters.

5. Bei der bezifferten Leistungsklage richtet sich der Streitwert nach dem Zahlungsantrag.

6. Ein **Kostenantrag** ist nicht zwingend erforderlich, da das Gericht von Amts wegen über die Kosten zu entscheiden hat. Bei einer Verurteilung mehrerer Vermieter als Gesamtschuldner auf Zahlung ist es nicht erforderlich, im Kostenausspruch die gesamtschuldnerische Haftung für die Kosten auszusprechen, § 100 Abs. 4 ZPO.

7. Das Urteil ist sowohl hinsichtlich der Hauptsache wie auch bezüglich der Kosten für vorläufig vollstreckbar zu erklären. Es handelt sich auch bei einem Rückforderungsanspruch wegen vermeintlich überzahlter Miete um ein Leistungsurteil in einem Mietrechtsstreit. In diesem Fall richtet sich die vorläufige Vollstreckbarkeit nach § 708 Ziff. 7 ZPO. Nur in den Fällen eines Versäumnis- oder Anerkenntnisurteils regelt sich die vorläufige Vollstreckbarkeit nach § 708 Ziff. 1 oder Ziff. 2 ZPO. Grundsätzlich hat das Gericht gem. § 711 ZPO eine Abwendungsbefugnis für den vorläufig zur Zahlung verurteilten auszusprechen. Dies soll jedoch gem. § 713 ZPO entfallen, wenn gegen das Urteil *unzweifelhaft* kein Rechtsmittel möglich ist.

8. Bis zu einem Streitwert von 600,– EUR kann das Gericht gem. § 495a ZPO das Verfahren nach billigem Ermessen gestalten. Es muss in diesem Fall nur dann eine mündliche Verhandlung durchführen, wenn eine Partei dies ausdrücklich beantragt hat. Ferner kann das Urteil bei dieser Verfahrensweise gem. § 313a Abs. 1 S. 1 ZPO ohne Tatbestand abgefasst werden und die Entscheidungsgründe können ins Protokoll diktiert werden. Der Streitwert, nach dem sich entscheidet, ob diese Verfahrensweise zulässig ist oder nicht, ist nicht der Gebührenstreitwert, sondern der Zuständigkeitsstreit- oder Rechtsmittelstreitwert. Dies ergibt sich daraus, dass diese Verfahrensart auf die Verfahren beschränkt ist, bei denen das Amtsgericht abschließend entscheidet. In Verfahren, in denen das Landgericht zweitinstanzlich mit der Sache befasst werden kann, muss eine überprüfbare Entscheidung mit Tatbestand und Entscheidungsgründen vorliegen. Zur Wertberechnung dienen hier ausschließlich die allgemeinen Wertvorschriften der §§ 3 und 9 ZPO. Ggf. kann gegen ein entsprechendes Urteil eine Rügeschrift gem. § 321a ZPO wegen Verletzung des Anspruchs auf rechtliches Gehör eingerichtet werden.

9. Gem. § 15a EGZPO und den verschiedenen landesgesetzlichen Ausführungsgesetzen ist eine **vorgerichtliche Schlichtung** bei Streitwerten bis 600,– bis 750,– EUR je nach Bundesland zum Teil erforderlich, es sei denn ein Mahnverfahren ist vorgeschaltet.

10. Gem. § 278 ZPO geht der mündlichen Verhandlung zum Zwecke der gütlichen Beilegung des Rechtsstreits eine **Güteverhandlung** voraus. Dies gilt dann nicht, wenn eine Güteverhandlung erkennbar aussichtslos ist.

11. Der Mieter hat nach st. Rspr. des BGH (BGH NZM 2010, 356 = MietPrax-AK § 536 BGB Nr. 31 mAnm *Eisenschmid*; BGH NJW 2004, 3174 = MietPrax-AK § 535 BGB Nr. 7 mAnm *Eisenschmid*) grundsätzlich einen Anspruch auf eine Elektrizitätsversorgung, die zumindest den Betrieb eines größeren Haushaltsgeräts wie einer Waschmaschine und gleichzeitig weiterer haushaltsüblicher Geräte wie zum Beispiel eines Staubsaugers ermöglicht. Auf eine unterhalb dieses Mindeststandards liegende Beschaffenheit kann der Mieter nur bei eindeutiger Vereinbarung verwiesen werden.

12. Der zum vertragsgemäßen Gebrauch geeignete Zustand der Wohnung, der mangels konkreter vertraglicher Vereinbarungen nach der Verkehrsanschauung zu bestimmen ist, muss auch bei der Anmietung einer unrenovierten Wohnung in einem Altbau einem Mindeststandard genügen, der ein zeitgemäßes Wohnen ermöglicht und alle mit der Haushaltsführung üblicherweise verbundenen Tätigkeiten unter Einsatz technischer Hilfsmittel erlaubt (BGH NJW 2004, 3174 = MietPrax-AK § 535 BGB Nr. 7 mAnm *Eisenschmid*)

13. Ein unter dem Mindeststandard liegender Zustand der Wohnung kann dann vertragsgemäß sein, wenn er eindeutig vereinbart ist und der Mieter sich mit ihm einverstanden erklärt hat (BGH NJW 2004, 3174 = MietPrax-AK § 535 BGB Nr. 7 mAnm *Eisenschmid*). Eine Formularklausel, nach der der Mieter in der Wohnung Haushaltsmaschinen nur im Rahmen der Kapazität der vorhandenen Installationen aufstellen darf, stellt keine solche wirksame Vereinbarung eines Mindeststandards dar (BGH NZM 2010, 356 = MietPrax-AK § 536 BGB Nr. 31 mAnm *Eisenschmid*).

14. In strittigen Minderungsfällen sollte die Miete unter Vorbehalt gezahlt werden, da nach der Rechtsprechung des BGH ein Tatsachen- oder Rechtsirrtum den Mieter nicht entschuldigt, so dass bei einem Zahlungsverzug in der entsprechenden Höhe eine fristlose Kündigung gem. § 543 Abs. 2 Ziff. 3 BGB möglich ist (BGH NJW 2012, 2882 = MietPrax-AK § 543 BGB Nr. 26 mAnm *Börstinghaus*).

15. Die Minderungsquote ist auf die Bruttomiete anzurechnen (BGH NJW 2010, 2648 = NZM 2010, 614 = MietPrax-AK § 536 BGB Nr. 33 mAnm *Eisenschmid*; *Streyl* NZM 2010, 606; BGH NJW 2011, 1282 = MietPrax-AK § 536 BGB Nr. 38 mAnm *Eisenschmid*; BGH NZM 2005, 455 = NJW 2005, 1713 = MietPrax-AK § 536 BGB Nr. 8 mAnm *Eisenschmid*).

16. Für die Berechnung der Mietminderung ist ein umfassender Sachvortrag zu den vom Mangel ausgehenden Gebrauchsbeeinträchtigungen erforderlich. Kleine Beeinträchtigungen berechtigen gem. § 536 Abs. 1 S. 3 BGB nicht zur Minderung. In der Regel sind deshalb Minderungsquoten von unter 3 – 5 % nicht möglich. In diesen Fällen bleibt aber der Mangelbeseitigungsanspruch bestehen. Es muss dann Klage auf Erfüllung, also Mangelbeseitigung, erhoben werden. Diese kann ggf. auch mit der vorliegenden Klage verbunden werden.

17. Der Rückzahlungsanspruch verjährt gem. § 195 BGB in drei Jahren, wobei die Verjährungsfrist am Ende des Jahres, in dem der Mieter Kenntnis von den, den Anspruch begründenden Tatsachen hat, beginnt. Dazu gehört nur reine Tatsachenkenntnis und keine Rechtskenntnis. Der Mieter kennt im vorliegenden Fall den Zustand mehr oder weniger vom ersten Tag. Alles andere ist Rechtskenntnis, die für den Verjährungsbeginn unerheblich ist.

25. Klage auf Unterlassung von Störungen durch Mitmieter, Dritte oder die Umwelt

An das

Amtsgericht/Landgericht[1] . . . . .

Klage

In Sachen

des . . . . .

– Kläger –

Prozessbevollmächtigte:

gegen

den . . . . .

– Beklagter –

wegen Unterlassung

erheben wir hiermit namens und in anwaltlich versicherter Vollmacht des Klägers

Klage,

entrichten aus einem vorläufigen Streitwert in Höhe von . . . . . EUR[2] Vorschuss auf die Gerichtskosten durch beigefügten Verrechnungsscheck in Höhe von . . . . . EUR, bitten um Zustellung der Klageschrift an den Beklagten und Anberaumung eines baldigen frühen ersten Termins zur mündlichen Verhandlung, in dem wir die

Anträge

stellen/verlesen[3] werden, wie folgt zu erkennen:

1. Der Beklagte wird bei Vermeidung der gerichtlichen Festsetzung eines Ordnungsgeldes, ersatz- oder wahlweise Ordnungshaft, für jeden Fall der Zuwiderhandlung unter Ausschluss des Fortsetzungszusammenhangs verurteilt, es zu unterlassen, die Decke zwischen der von ihm gemieteten Wohnung und der Wohnung des Klägers in der . . . . . (Straße) . . . . . in . . . . . (Ort) . . . . . so in Schwingungen zu versetzen, dass die Decken und Wände der Wohnung des Klägers vibrieren und ein Knall- bzw. Schlaggeräusch entsteht, dessen messbare Spitzenwerte 60 Dezibel übersteigen.[4]
2. Der Beklagte trägt die Kosten des Rechtsstreits.
3. Das Urteil ist, notfalls gegen Sicherheitsleistung, vorläufig vollstreckbar. Dem Kläger wird nachgelassen, Sicherheitsleistung auch durch unwiderrufliche selbstschuldnerische Bürgschaft eines im Bereich der EU zugelassenen Bank- oder Kreditinstituts zu erbringen, ebenfalls – vorsorglich – zwecks Abwendung der Zwangsvollstreckung.

Sollte das Gericht das schriftliche Vorverfahren beschließen, wird bereits jetzt

Antrag

auf Erlass eines Versäumnisurteils (§ 331 Abs. 3 ZPO)

gestellt.

Hannemann 593

Begründung:

Mit der vorliegenden Klage verlangt der Kläger als Mieter vom Beklagten als Mitmieter des selben Anwesens die Unterlassung von Lärmbelästigungen.

Im Einzelnen:

1. Beide Parteien wohnen im selben, in Klageantrag Ziffer 1 näher bezeichneten Hausanwesen zur Miete. Die vom Beklagten genutzte Mietwohnung liegt unmittelbar über derjenigen des Klägers. Der Beklagte belästigt den Kläger seit längerer Zeit durch erheblichen, ruhestörenden Lärm ohne erkennbaren Grund und offensichtlich in feindseliger Absicht.

Der Beklagte hält es für richtig, mehrmals täglich und auch des Nachts mit Türen zu schlagen, fest aufzustampfen und insbesondere einen schweren Gegenstand heftig auf den Fußboden seiner Wohnung zu schlagen, wobei jeweils kurz hintereinander etwa 30 bis 40 derartige Schläge ausgeführt werden. Der Kläger hat neutrale Zeugen gebeten, sich bei ihm im Gästezimmer über einen Zeitraum von etwa 14 Tagen einzuquartieren, um über diese erheblichen Belästigungen Zeugnis ablegen zu können. Parallel hierzu wurden vom Kläger unter Mitwirkung der Zeugen tagebuchartige Aufzeichnungen geführt, in denen der Tag, die Uhrzeit, die Art und Weise der Lärmbelästigung und deren Auswirkungen sowie die Spitzenwerte der Lautstärke aufgeführt sind.[5]

Im Einzelnen handelt es sich um folgende Vorfälle:

. . . . . (hier erfolgt nun eine konkrete Auflistung dieser in den tagebuchartigen Aufzeichnungen aufgeführten Daten) . . . . .

Beweis: 1. Vorerwähnte tagebuchartige Aufzeichnungen über den Zeitraum vom . . . . . bis . . . . ., beigefügt in Ablichtung als Anlagenkonvolut K 1;
2. Zeugnis . . . . .

Die Zeugen können aus eigener Anschauung über diese Vorkommnisse berichten und haben daher auch die tagebuchartigen Aufzeichnungen zum Nachweis ihrer Vollständigkeit und Richtigkeit selbst unterschrieben.

2. Bereits nach den ersten entsprechenden Vorfällen hat der Kläger den Beklagten zunächst mündlich und dann zum wiederholten Male schriftlich abgemahnt und aufgefordert, dieses unverständliche Fehlverhalten per sofort zu unterlassen.

Beweis: Abmahnschreiben des Klägers an den Beklagten vom . . . . ., vom . . . . ., vom . . . . . und vom . . . . ., gemäß § 133 Abs. 1 S. 2 ZPO einfach beigefügt in Ablichtung als Anlagen K 2, K 3, K 4 und K 5.

Die Schreiben wurden jeweils im Beisein des nachbenannten Zeugen am Tag ihres Datums in den Briefkasten des Beklagten eingeworfen.

Beweis: Zeugnis . . . . .

Die Abmahnungen zeitigten keinerlei Erfolg – im Gegenteil. Dem Kläger erscheint es, als würde der Beklagte durch die Aufforderungen, sein Fehlverhalten einzustellen, regelrecht angestachelt. Der Kläger hat sich in seiner Not auch an den gemeinsamen Vermieter gewandt, der aber unverständlicherweise keinerlei Tätigkeiten entfaltet.[6] Auch Strafanzeigen bei der Polizei haben lediglich dazu geführt, dass das öffentliche Interesse verneint und der Kläger auf den Privatklageweg verwiesen wurde. Daher war nunmehr die Inanspruchnahme gerichtlicher Hilfe unumgänglich.

3. Angesichts dieses erheblichen Fehlverhaltens des Beklagten steht dem Kläge Unterlassungsanspruch nach den §§ 862 Abs. 1, 858 Abs. 1, 1004 Abs. 1 BG] Der Beklagte ist daher wie beantragt zu verurteilen.

Rechtsanwalt

Anmerkungen

1. Vorliegend geht es nicht um mietrechtliche Ansprüche, sondern um Unterlassungs-ansprüche zwischen Mietern oder Mietern gegenüber Dritten nach den §§ 862 Abs. 1, 858 Abs. 1, 1004 Abs. 1 BGB (der jedenfalls im Wohnraummietrecht von § 541 BGB verdrängt wird: BGH NZM 2007, 481 = NJW 2007, 2180). Es gilt daher die übliche streitwertabhängige Zuständigkeitsregelung der §§ 23 Nr. 1, 71 Abs. 1 GVG zu beachten.

Örtlich ausschließlich zuständig ist das Gericht, in dessen Bezirk die Mietsache liegt (vgl. § 29a ZPO).

2. Als Streitwert für Zuständigkeit, Gebühren und Rechtsmittel (Beschwer) kann eine Jahresmiete angesetzt werden (OLG Saarbrücken WuM 1995, 269, 270).

3. In Anwaltsprozessen werden die Sachanträge grundsätzlich verlesen (§ 297 ZPO). Dies gilt in amtsgerichtlichen Verfahren nur, soweit ausnahmsweise dessen schriftliche Vorbereitung nach § 129 Abs. 2 ZPO aufgegeben wurde (vgl. auch § 496 ZPO). Andern-falls genügt es, die Anträge zu stellen.

4. Der Antrag orientiert sich an § 890 ZPO. Die erforderliche Androhung des Ord-nungsmittels nach Abs. 2 sollte zweckmäßigerweise gleich in den Antrag aufgenommen werden, damit sie schon in der gerichtlichen Entscheidung enthalten ist (zulässig: vgl. nur Zöller/*Stöber* § 890 Rn. 12 ff.). Andernfalls bedarf es eines gesonderten Beschlusses nach Anhörung des Schuldners.

Bereits im Klageantrag müssen Art und Weise der Belästigung, ihre Auswirkungen und die Spitzenwerte der Lautstärke angegeben werden (OLG Saarbrücken WuM 1995, 269).

5. Der Fall ist dem Sachverhalt des OLG Saarbrücken (WuM 1995, 269, 270) nachgebildet, das die begehrten Unterlassung nach Konkretisierung der Anträge dem Grunde für begründet hielt, den Rechtsstreit zur Entscheidung aber zurückverwiesen hat, wo er vergleichsweise erledigt werden konnte.

Die erwähnten tagebuchartigen Aufzeichnungen oder Protokolle sind nach Auffassung des BGH für eine Mängelanzeige nicht erforderlich. Vielmehr genügt grundsätzlich eine Beschreibung der Art der Beeinträchtigung (etwa: Partygeräusche, Musik, Lärm durch Putzkolonnen u.a.) und die „ungefähre" Angabe der Tageszeiten, Wiederholungsfre-quenz und Zeitdauer der Beeinträchtigungen (BGH NJW 2012, 1647; vgl. auch BGH NJW 2012, 382). Für die erforderliche Substantiierung bei der hier in Rede stehenden Unterlassungsklage ist dieser Aufwand aber dennoch auch vor dem Hintergrund der allein dem Kläger obliegenden Darlegungs- und Beweislast sinnvoll und hilfreich.

Zu Störungen aufgrund Rauchens auf dem Balkon zwischen Mietern s. BGH NJW 2015, 2023 = NZM 2015, 448.

6. Der Kläger kann sich wegen Störungen durch andere Mieter, Dritte oder die Umwelt auch an den Vermieter wenden und Ansprüche auf Beseitigung der damit verbundenen Beeinträchtigungen (§ 535 Abs. 1 S. 2 BGB), auf Zurückbehaltung (§§ 320, 273 BGB) und auf Minderung (§ 536 BGB) geltend machen, die nicht von einem Verschulden des Vermieters abhängen (vgl. nur BGH NJW 1977, 1285; NJW 1975, 645; LG Berlin MM 2006, 147). Der Mieter kann sogar die Miete mindern, wenn der Vermieter selbst als Eigentümer die Beeinträchtigungen dulden muss bzw. überhaupt nicht in der Lage ist, Abhilfe zu schaffen, etwa bei Baulärm in der Nachbarschaft oder sonstigen Umwelteinflüssen (BayObLG RE NJW 1987, 1950; OLG Celle WuM 1985, 9; beachte aber BGH NJW 2013, 680 = NZM 2013, 184).

26. Klage auf Unterlassung des Einzugs der ungeminderten Miete

An das

Amtsgericht/Landgericht[1]. . . . .

Klage

In Sachen

des . . . . .

– Kläger –

Prozessbevollmächtigte:

gegen

den . . . . .

– Beklagter –

wegen Unterlassung

erheben wir hiermit namens und in anwaltlich versicherter Vollmacht des Klägers

Klage,

entrichten aus einem vorläufigen Streitwert in Höhe von . . . . . EUR[2] Vorschuss auf die Gerichtskosten durch beigefügten Verrechnungsscheck in Höhe von . . . . . EUR, bitten um Zustellung der Klageschrift an den Beklagten und Anberaumung eines baldigen frühen ersten Termins zur mündlichen Verhandlung, in dem wir die

Anträge

stellen/verlesen[3] werden, wie folgt zu erkennen:

1. Der Beklagte wird bei Vermeidung der gerichtlichen Festsetzung eines Ordnungsgeldes, ersatz- oder wahlweise Ordnungshaft, für jeden Fall der Zuwiderhandlung unter Ausschluss des Fortsetzungszusammenhangs verurteilt, den Einzug der Miete in Höhe von insgesamt . . . . . EUR pro Monat für die vom Beklagten gemietete 3-Zimmer-Wohnung im . . . . . (Stockwerk) . . . . . in der . . . . . (Straße) . . . . . in . . . . . (Ort) . . . . . zu unterlassen.[4]
2. Der Beklagte trägt die Kosten des Rechtsstreits.
3. Das Urteil ist, notfalls gegen Sicherheitsleistung, vorläufig vollstreckbar. Dem Kläger wird nachgelassen, Sicherheitsleistung auch durch unwiderrufliche selbstschuldnerische Bürgschaft eines im Bereich der EU zugelassenen Bank- oder Kreditinstituts zu erbringen, ebenfalls – vorsorglich – zwecks Abwendung der Zwangsvollstreckung.

Sollte das Gericht das schriftliche Vorverfahren beschließen, wird bereits jetzt

Antrag

auf Erlass eines Versäumnisurteils (§ 331 Abs. 3 ZPO)

gestellt.

Begründung:

Mit der vorliegenden Klage begehrt der Kläger als Mieter vom Beklagten als Vermieter die Unterlassung der weiteren Verwendung einer – vom Kläger widerrufenen – Einzugsermächtigung.

Im Einzelnen:

1. In § . . . . . des zwischen den Parteien am . . . . . abgeschlossenen Mietvertrages hat der Kläger dem Beklagten eine Einzugsermächtigung im Hinblick auf die vereinbarte monatliche Gesamtmiete erteilt.[5]

   Beweis: Vorerwähnter Mietvertrag, gemäß § 133 Abs. 1 S. 2 ZPO einfach beigefügt in Ablichtung als Anlage K 1.

   Am . . . . . hat der Kläger folgende Mängel in der Mietsache festgestellt: . . . . . (konkrete Beschreibung der aufgetretenen Mängel und ihrer Auswirkungen) . . . . . Mit Schreiben vom . . . . . wurde der Beklagte hiervon in Kenntnis gesetzt und um baldige Abhilfe gebeten. Die Fortentrichtung der Miete wurde unter ausdrücklichen Vorbehalt gestellt.

   Beweis: Vorerwähntes Schreiben an den Beklagten, gemäß § 133 Abs. 1 S. 2 ZPO einfach beigefügt in Ablichtung als Anlage K 2.

   Der Beklagte hat hierauf reagiert und Mangelbeseitigung zugesagt.

   Beweis: Schreiben des Beklagten an den Kläger vom . . . . ., gemäß § 133 Abs. 1 S. 2 ZPO einfach beigefügt in Ablichtung als Anlage K 3.

   Trotz mehrfacher Erinnerungen von Seiten des Klägers geschah aber nichts. Der Kläger hat daher mit Schreiben vom . . . . . angekündigt, die Miete um . . . . .% seit dem Monat . . . . ., ab dem die Mängel angezeigt worden waren (vgl. Anlage K 2), zu mindern.

   Beweis: Schreiben des Klägers an den Beklagten vom . . . . ., gemäß § 133 Ab. 1 S. 2 ZPO einfach beigefügt in Ablichtung als Anlage K 4.

   Darin wurde gleichzeitig die erteilte Einzugsermächtigung widerrufen.

   Beweis: wie vor.

   Dennoch hat der Beklagte weiterhin die ungeminderte Miete eingezogen. Nachdem eine entsprechende Unterlassungsaufforderung keinen Erfolg zeitigte,

   Beweis: Schreiben des Klägers an den Beklagten vom . . . . ., gemäß § 133 Abs. 1 S. 2 ZPO einfach beigefügt in Ablichtung als Anlage K 5

   war nunmehr die Inanspruchnahme gerichtlicher Hilfe unumgänglich.

2. Die geschilderten, im Übrigen außer Streit stehenden Mängel berechtigen den Kläger zur vorgenommenen Mietminderung, die auch der Höhe nach angemessen ist.
   Beweis vorsorglich: Einholung eines Sachverständigengutachtens.
   Der Kläger war weiter berechtigt, auch ohne ausdrückliche entsprechende Vereinbarung in § . . . . . des als Anlage K 1 vorgelegten Mietvertrages, die Einzugsermächtigung zu widerrufen.[5] Nachdem der Beklagte von dieser dennoch in Höhe

der ungeminderten Miete Gebrauch macht, steht dem Kläger die begehrte Unterlassung des Einzugs zu.[6]

3. Auf der Grundlage dieser Ausführungen ist der Beklagte wie beantragt zu verurteilen.

Rechtsanwalt

Anmerkungen

1. Bei Wohnraummietverhältnissen ergibt sich die ausschließliche sachliche Zuständigkeit des Amtsgerichts aus § 23 Nr. 2 a GVG; bei der Gewerberaummiete ist die übliche streitwertabhängige Zuständigkeitsregelung der §§ 23 Nr. 1, 71 Abs. 1 GVG zu beachten.

Örtlich ausschließlich zuständig ist das Gericht, in dessen Bezirk die Mietsache liegt (vgl. § 29a ZPO).

2. Der Streitwert ist nach den zu Unrecht eingezogenen Minderungsbeträgen zu beziffern zuzüglich maximal eines Jahresbetrages der Minderung für die Zukunftswirkung des Unterlassungsbegehrens.

3. In Anwaltsprozessen werden die Sachanträge grundsätzlich verlesen (§ 297 ZPO). Dies gilt in amtsgerichtlichen Verfahren nur, soweit ausnahmsweise dessen schriftliche Vorbereitung nach § 129 Abs. 2 ZPO aufgegeben wurde (vgl. auch § 496 ZPO). Andernfalls genügt es, die Anträge zu stellen.

4. Der Antrag orientiert sich an § 890 ZPO. Die erforderliche Androhung des Ordnungsmittels nach Abs. 2 sollte zweckmäßigerweise gleich in den Antrag aufgenommen werden, damit sie schon in der gerichtlichen Entscheidung enthalten ist (zulässig: vgl. nur Zöller/*Stöber* § 890 Rn. 12 ff.). Andernfalls bedarf es eines gesonderten Beschlusses nach Anhörung des Schuldners.

5. Die bargeldlose Zahlung der Miete, einschließlich der Nebenkosten stellt sowohl bei der Wohnraum- als auch im Bereich der Geschäftsraummiete die Regel dar. Dabei ist zwischen dem Abbuchungsverfahren einerseits und dem Lastschriftverfahren andererseits zu unterscheiden: Im sog. **Abbuchungsverfahren** erteilt der Schuldner seiner Bank die generelle Weisung, Lastschriften eines namentlich bezeichneten Gläubigers zu Lasten seines Girokontos einzulösen. Die Bank ist folglich auf Grund der ihr erteilten Weisung des Zahlungspflichtigen gehalten, die von Seiten des Zahlungsempfängers vorgelegte Lastschrift einzulösen; ein Widerspruch des Zahlungspflichtigen ist dabei ohne Bedeutung und berechtigt die Bank weder zu einer Rückbelastung noch wird sie zu einer Stornierung der Buchung verpflichtet (vgl. § 675x Abs. 3 BGB; BGH NJW 2010, 3510, Tz. 18 ff. betr. SEPA-Lastschriftverfahren). Dagegen räumt der Zahlungspflichtige beim sog. **Einzugsermächtigungsverfahren (Lastschriftverfahren)** dem Zahlungsempfänger die Befugnis ein, die zu leistenden Zahlungen selbst mittels Lastschrift bei seiner, des Zahlungspflichtigen Bank von dessen Girokonto abzubuchen; eine unmittelbare Weisung des Schuldners an seine Bank fehlt. Daher ist die Bank bis zur Genehmigung des Schuldners/ihres Kunden gehalten, grundsätzlich dessen Widerspruch gegen die Lastschrift (früher binnen 6 Wochen, jetzt 8 Wochen: § 675x Abs. 4 BGB, außer bei unautorisierter Lastschrift 13 Monate) zu beachten und ohne Prüfung der materiellen Rechtslage eine Rückbuchung sowie eine Stornierung der Belastungsbuchung zu veranlassen (BGH NJW 1985, 2326). Zum neuen SEPA-Lastschriftverfahren aufgrund der am 30.3.2012 in Kraft getretenen Verordnung (EU) Nr. 260/2012[6] des europäischen Parlaments und des Rates vom 14.3.2012 zur Festlegung der technischen Vorschriften und der Geschäftsanforderungen für Überweisungen und Lastschriften in EUR und zur Änderung der Verordnung (EG) Nr. 924/2009[5] – vgl. auch die SEPA-Rahmenbedingungen für die

Lastschriften Stand: 18. September 2012 – siehe näher: Horst NZM 2011, 337 ff.; Werner BKR 2012, 221 ff. und 2010, 9 ff.

An der Wirksamkeit einer formularmäßigen Verpflichtung des Mieters, dem Vermieter eine Einzugsermächtigung im Hinblick auf Miete und Nebenkostenvorauszahlungen zu bezahlen, also am sog. Lastschriftverfahren teilzunehmen, bestehen im Grundsatz keine Bedenken (BGH NJW 1996, 988; LG Köln WuM 1990, 380; aA *Gutmann* WuM 1989, 164). Wegen der Rückrufmöglichkeit wird der Mieter nicht unangemessen benachteiligt, so dass aber ein formularmäßiger Verzicht auf diese Rückrufmöglichkeit im Lastschriftverfahren unwirksam ist (BGH NJW 1984, 2816). Problematisch ist allerdings, wenn größere, der Höhe nach noch nicht festgelegte Beträge zu ebenfalls nicht von vornherein feststehenden Zeitpunkten eingezogen werden können, z.B. bei Nachzahlungen aus Betriebskostenabrechnungen. Die Einzugsermächtigung sollte sich daher vorsorglich ausdrücklich hierauf beziehen und ebenso auf Nebenkostenvorauszahlungen (AG Mainz WuM 1997, 548). Dadurch wird dem Überraschungseffekt des § 305 c Abs. 1 BGB vorgebeugt. Ggf. sollte für die Abbuchung größerer Beträge eine ausdrücklich geregelte Ankündigungsfrist vorgesehen werden, und zwar mindestens 5 Werktage zwischen Rechnungszugang und Einzug (BGH NZM 2003, 367 = NJW 2003, 1237, Verbandsklage, AGB eines Mobilfunkanbieters). Grundsätzlich ist der Bankkunde gegenüber der Bank im Übrigen nicht verpflichtet, auf seinem Konto eine so hohe Deckung vorzuhalten, dass allfällige Lastschriften eingezogen werden können. Deshalb hat sich die Schuldnerbank bei fehlender Kontodeckung nicht an den Schuldner, sondern an die Gläubigerbank zu wenden, die ihre Kosten dann dem Gläubiger anlasten darf. Der Gläubiger kann die Kosten dem Schuldner weiterreichen, wenn er die Lastschrift berechtigterweise eingereicht hat (BGH NJW 2005, 1645; Anschl. an BGH NJW 1998, 309).

Bei berechtigtem misslungenem Einzugsversuch dürfen dem Lastschriftschuldner vom Lastschrifteinreicher nur die tatsächlichen Kosten einer Rücklastschrift berechnet werden, mithin in der Regel die zwischen den beteiligten Banken berechneten Gebühren (nach Lastschriftabkommen maximal drei EUR) sowie die Gebühren, die die Bank dem Zahlungsempfänger (= Lastschrifteinreicher) berechnet, nicht aber der Arbeitsaufwand beim Zahlungsempfänger (BGH NJW 2009, 3570). Für die Benachrichtigung, dass eine Lastschrift vom Konto des Kunden (= Zahlungspflichtiger = Lastschriftschuldner) nicht eingelöst werden konnte, dürfen keine Gebühren erhoben werden (BGH NJW 2012, 2571).

Die erteilte Einzugsermächtigung ist immer widerruflich. Eine unwiderrufliche Erteilung via Formularklausel führt zur Unwirksamkeit (AG Hamburg WuM 1996, 400). Allerdings ist es nicht erforderlich, den Mieter hierüber zu belehren (vgl. entsprechend zur Widerruflichkeit bei der Vollmachtsklausel BGH NJW 1997, 3437 = NZM 1998, 22).

Unwirksam ist hingegen die formularvertragliche Verpflichtung zur Erteilung eines Abbuchungsauftrags bzw. zur Teilnahme am Abbuchungsverfahren wegen der fehlenden Rückrufmöglichkeit durch Widerspruch. Hierin liegt ein Verstoß gegen § 307 BGB, auch im kaufmännischen/unternehmensbezogenen Geschäftsverkehr (OLG Brandenburg NZM 2004, 905; LG Köln WuM 1990, 380, AG Freiburg WuM 1987, 50; vgl. auch OLG Koblenz NJW-RR 1994, 689). Außerhalb des Anwendungsbereichs des § 310 Abs. 1 BGB dürfte im Übrigen auch noch ein Verstoß gegen § 309 Nr. 2 BGB vorliegen, da dem Vermieter durch das Abbuchungsverfahren die Möglichkeit eingeräumt wird, seine Mietforderung unabhängig von etwaigen Leistungsverweigerungsrechten des Mieters zu realisieren.

6. Dies sogar auch im Wege der einstweiligen Verfügung (LG Berlin GE 1986, 805). Trotz der Möglichkeit der Rückbuchung durch Widerruf besteht immer die Gefahr, dass eine Buchung übersehen wird.

27. Klage auf übliche Sicherung der Mieträume (Gewerbe)

An das

Amtsgericht/Landgericht[1] . . . . .

Klage

In Sachen

des . . . . .

– Kläger –

Prozessbevollmächtigte:

gegen

den . . . . .

– Beklagter –

wegen vertretbarer Handlung

erheben wir hiermit namens und in anwaltlich versicherter Vollmacht des Klägers

Klage,

entrichten aus einem vorläufigen Streitwert in Höhe von . . . . . EUR[2] Vorschuss auf die Gerichtskosten durch beigefügten Verrechnungsscheck in Höhe von . . . . . EUR, bitten um Zustellung der Klageschrift an den Beklagten und Anberaumung eines baldigen frühen ersten Termins zur mündlichen Verhandlung, in dem wir die

Anträge

stellen/verlesen[3] werden, wie folgt zu erkennen:

1. Der Beklagte wird verurteilt, in die Hauseingangstür des Anwesens in der . . . . . (Straße) . . . . . in . . . . . (Ort) . . . . . einen funktionsfähigen Schließzylinder und in die vom Kläger gemietete Wohnung im III. OG des selben Anwesens eine Wohnungs-abschlusstür durchschnittlicher Normqualität fachgerecht einzubauen bzw. einbauen zu lassen.[4]
2. Der Beklagte trägt die Kosten des Rechtsstreits.
3. Das Urteil ist, notfalls gegen Sicherheitsleistung, vorläufig vollstreckbar. Dem Kläger wird nachgelassen, Sicherheitsleistung auch durch unwiderrufliche selbstschuldnerische Bürgschaft eines im Bereich der EU zugelassenen Bank- oder Kreditinstituts zu erbringen, ebenfalls – vorsorglich – zwecks Abwendung der Zwangsvollstreckung.

Sollte das Gericht das schriftliche Vorverfahren beschließen, wird bereits jetzt

Antrag

auf Erlass eines Versäumnisurteils (§ 331 Abs. 3 ZPO)

gestellt.

Begründung:

Mit der vorliegenden Klage verlangt der Kläger als Mieter vom Beklagten als Vermieter auf der Grundlage von dessen Gebrauchsgewährverpflichtung das Ergreifen von Vorkehrungen dagegen, dass Unbefugte das Mietgebäude betreten können.

Im Einzelnen:

1. Der Kläger hat vom Beklagten die in Klageantrag Ziffer 1 näher bezeichnete Wohnung mit Mietvertrag vom . . . . . gemietet.

> Beweis: Vorerwähnter Mietvertrag, gemäß § 133 Abs. 1 S. 2 ZPO einfach beigefügt in Ablichtung als Anlage K 1.

Die Wohnung weist als Eingangstür lediglich eine einfache Zimmertür aus Holz auf ohne einen bei Wohnungsabschlusstüren üblichen Schließmechanismus. Unbefugte können daher problemlos in die Mietwohnung eindringen. Dies insbesondere auch deshalb, da bereits seit Monaten das Schloss der Hauseingangstür defekt ist.

> Beweis: 1. Lichtbilder über die Wohnungsabschlusstür und das defekte Schloss der Hauseingangstür, beigefügt im Original gemäß § 133 Abs. 1 S. 2 ZPO einfach als Anlagenkonvolut K 2;
> 2. Zeugnis folgender Mitbewohner des Anwesens: . . . . .

Der Beklagte wurde vom Kläger mehrfach zunächst mündlich und dann auch mit Schreiben vom . . . . . und vom . . . . . aufgefordert, die gemietete Wohnung – wie bei Mietvertragsabschluss auch mündlich zugesagt – mit einer üblichen Wohnungsabschlusstür zu versehen und auch den defekten Schließzylinder an der Hauseingangstür auszutauschen, um den üblichen Schutz gegen Einbruch bzw. unbefugtes Eindringen zu gewährleisten.

> Beweis: Vorerwähnte Schreiben, gemäß § 133 Abs. 1 S. 2 ZPO einfach beigefügt in Ablichtung als Anlagen K 3 und K 4.

Der Beklagte hat nicht reagiert. Daher war nunmehr die Inanspruchnahme gerichtlicher Hilfe unumgänglich, zumal sich in der Vergangenheit bereits mehrfach ungebetene Besucher im Treppenhaus aufgehalten haben und zwar am . . . . . um . . . . . sowie am . . . . . um . . . . .

> Beweis: Zeugnis . . . . .

2. Das Begehren des Klägers findet seine Rechtsgrundlage in § 535 Abs. 1 S. 1 und 2 BGB. Die dort statuierte Gebrauchsgewährungspflicht des Vermieters, das Mietobjekt nicht nur in einem zum vertragsgemäßen Gebrauch uneingeschränkt geeigneten Zustand bei Mietbeginn zu übergeben, sondern die Mietsache während der gesamten Mietzeit in einem derartigen Zustand zu erhalten, umfasst auch die Verpflichtung, Störungen zu unterlassen bzw. abzuwehren und die üblichen Sicherungsmaßnahmen zu ergreifen, damit Unbefugte das Mietgebäude nicht betreten können.[5]

3. Nach alledem ist der Beklagte daher wie beantragt zu verurteilen.

Rechtsanwalt

Anmerkungen

1. Bei Wohnraummietverhältnissen ergibt sich die ausschließliche sachliche Zuständigkeit des Amtsgerichts aus § 23 Nr. 2 a GVG; bei der Gewerberaummiete ist die übliche streitwertabhängige Zuständigkeitsregelung der §§ 23 Nr. 1, 71 Abs. 1 GVG zu beachten.

Örtlich ausschließlich zuständig ist das Gericht, in dessen Bezirk die Mietsache liegt (vgl. § 29a ZPO).

2. Als Streitwert sind die zur Erfüllung der begehrten Handlung anfallenden Kosten anzusetzen.

3. In Anwaltsprozessen werden die Sachanträge grundsätzlich verlesen (§ 297 ZPO). Dies gilt in amtsgerichtlichen Verfahren nur, soweit ausnahmsweise dessen schriftliche Vorbereitung nach § 129 Abs. 2 ZPO aufgegeben wurde (vgl. auch § 496 ZPO). Andernfalls genügt es, die Anträge zu stellen.

4. Die Zwangsvollstreckung erfolgt nach § 887 ZPO. Der klagende Mieter ist vom Amtsgericht auf Antrag zu ermächtigen, auf Kosten des beklagten Vermieters die begehrten Sicherungsmaßnahmen ausführen zu lassen.

5. Die Pflicht des Vermieters zur Gebrauchsgewährung umfasst auch Maßnahmen zur Abwehr von Störungen durch die Mietsache selbst, andere Mieter, Dritte oder die Umwelt (vgl. nur *Sternel* II Rn. 103) sowie sonstige Schutzpflichten (Schmidt-Futterer/ *Eisenschmid* § 535 Rn. 102; *Blank* WuM 2004, 243, 244). Der Vermieter muss dafür sorgen, dass Unbefugte das Gebäude nicht betreten können (LG Berlin ZMR 1987, 334; LG Göttingen WuM 1990, 75; LG München I ZMR 1988, 434). Er hat den üblichen Schutz gegen Einbruch zu gewährleisten, also übliche normgerechte Hauseingangstüren und Wohnungsabschlusstüren (*Sternel* II Rn. 104), zumindest mit Schnappschloss (AG Hamburg WuM 1994, 676), im Allgemeinen aber keine Sicherheitsschlösser (AG Hagen DWW 1987, 263) – inwieweit Letzteres heute noch gilt, erscheint fraglich. Sicherheitsschlösser gehören jedenfalls heute zum üblichen Standard. Im Übrigen stellen bauliche Maßnahmen zur Verbesserung „der Sicherheit vor Diebstahl und Gewalt" den Gebrauchswert der Mietsache erhöhende bauliche Veränderungen i.S.v. § 555b Nr. 5 BGB dar (vgl. § 4 Abs. 1 S. 1 Nr. 8 ModEnG, das – obwohl seit 1.1.2002 aufgehoben – immer noch zu Auslegung herangezogen werden kann: BGH NJW 2008, 3620 = NZM 2008, 883 Tz. 23 zur Vorgängervorschrift § 554 Abs. 2 BGB aF).

Zur Rechtslage bei der Gewerberaummiete vgl. BGH NZM 2006, 626 = NJW-RR 2006, 1157; vgl. auch OLG Dresden Urt. v. 11.12.2007 – S 4 1526/07 – IBRRS 64756.

28. Klage auf Schadensersatz wegen Verletzung der Pflicht zur Überprüfung elektrischer Anlagen

An das

Landgericht in . . . . .[1]

Klage

der . . . . . – GmbH . . . . .

– Klägerin –

Prozessbevollmächtigter: Rechtsanwalt Dr. G aus K

gegen

1. Frau . . . . . ,
2. Herrn . . . . . ,

– Beklagte –

wegen Schadensersatzes

Hannemann/Gies

Streitwert: 10.000,– EUR

erhebe ich namens und in Vollmacht der Klägerin Klage und bitte um möglichst frühen Termin zur mündlichen Verhandelung, in dem ich beantragen werde:

1. Die Beklagten werden als Gesamtschuldner verurteilt, an die Klägerin 10.000,– EUR nebst Zinsen in Höhe von 5 Prozentpunkten über dem Basiszinssatz seit dem . . . . . zu zahlen.

2. Den Beklagten werden die Kosten des Rechtsstreits als Gesamtschuldner auferlegt.

3. Für den Fall des Vorliegens der Voraussetzungen wird

Versäumnisurteil

ohne mündliche Verhandlung gemäß § 331 Abs. 3 ZPO erlassen.

4. Für jeden Fall der Sicherheitsleistung wird der Klägerin nachgelassen, Sicherheit auch durch Beibringung einer unbedingten, unbefristeten und selbstschuldnerischen Bürgschaft einer deutschen Großbank, Sparkasse oder Genossenschaftsbank zu leisten.

Begründung:

Die Klägerin hat von den Beklagten eine Büroetage im Umfang von 150 m² im Hause . . . . . in K angemietet.

Beweis: anliegender Mietvertrag vom 1.1.2010 in Kopie

Ferner wird in der Anlage eine Ablichtung des Geschossplans übermittelt.

Die Mieträume sind in diesem Plan rot umrandet. Der links vom Eingang gelegene gelbumrandete Raum ist seit dem 1.2.2010 von der Klägerin an dem Zeugen A gemäß Vertrag vom gleichen Tage untervermietet.

Beweis: Untermietvertrag vom 1.2.2010 in Kopie.

Die Untermieterlaubnis haben die Beklagten mit Schreiben vom 31.1.2010 erteilt.

Beweis: Schreiben der Beklagten vom 31.1.2010 in Kopie

Am 31.7.2010 kam es in den frühen Abendstunden in den Mieträumen zu einem Brand. Glücklicherweise bemerkte der Hausmeister auf einem seiner Routinegänge einen Brandgeruch, ohne allerdings seine Herkunft lokalisieren zu können. Die sofort telefonisch alarmierte Feuerwehr traf nach 15 Minuten am Brandort ein. Zu diesem Zeitpunkt standen die Räume, die ausweislich des vorgelegten Lageplans zur Straßenseite hin gelegen sind, bereits in Flammen. Insbesondere über den vorhandenen Teppichboden hatte sich das Feuer fortgefressen.

Beweis: Ablichtung des Einsatzberichtes der Feuerwehr vom 31.7.2010 in Kopie
Zeugnis des Brandmeisters B . . . . .

Zudem gelangte das Feuer in den vom Untermieter A angemieteten Raum.

Beweis: wie vor

Nach 20minütigem Einsatz konnte das Feuer gelöscht werden. Der Klägerin sind durch den Brand und den Einsatz des Löschwassers folgende Schäden entstanden (wird im Einzelnen ausgeführt).

Gies   603

Die Höhe des Schadens der Klägerin beläuft sich auf 7.500,– EUR (wird im Einzelnen ausgeführt).

In dem untervermieteten Raum ist eine Computeranlage beschädigt worden. Die Rechnung der Fa . . . . . . Y verhält sich über einen Betrag von 2.500,– EUR; ferner ist daraus ersichtlich, welche Teile repariert worden sind. Die Reparatur war notwendig; die in Ansatz gebrachten Preise sind angemessen.

Beweis: Zeugnis . . . . .
    Sachverständigengutachten

Der Zeuge A hat seinen Schadensersatzanspruch an die Klägerin abgetreten.

Beweis: anliegender Abtretungsvertrag vom 1.8.2010 und die Annahme der Abtretung
    durch die Klägerin in Kopie

In Höhe eines Teilbetrages wird demgemäß ein Schadensersatzanspruch aus fremdem Recht geltend gemacht.

Die Beklagten sind gesamtschuldnerisch verpflichtet, der Klägerin den Gesamtschaden von 10.000,– EUR gemäß § 536a Abs. 1 2. Alt. BGB sowie aus § 823 Abs. 1 BGB zu ersetzen. Die Beklagten haben nämlich ihre Instandhaltungspflichten aus § 535 Abs. 1 BGB verletzt. Diese umfassen auch die Verpflichtung, die zu einer Mietsache gehörenden elektrischen Anlagen in angemessenen Zeiträumen zu überprüfen.[2]

Eine Prüfungspflicht ergibt sich aus den Bestimmungen des Verbandes Deutscher Elektrotechniker (VDE), hier insbesondere aus der VDE – Bestimmung DIN 0105. Diese DIN – Norm verweist im Hinblick auf die Prüffristen u. a. auf die Unfallverhütungsvorschriften der Unfallversicherungsträger (vgl. dort Teil I Abschnitt 5.3 Anm. 2). Gemäß der hiernach einschlägigen VGB 4 „Elektrische Anlagen und Betriebsmittel" sind elektrische Anlagen und ortsfeste elektrische Betriebsmittel mindestens alle 4 Jahre, Fehlerstrom- und Fehlerspannungs- Schutzeinrichtungen mindestens alle 6 Monate zu prüfen.

Wie nämlich der Brandsachverständige . . . . . in seinem Gutachten zur Klärung der Brandursache festgestellt hat, ist das Feuer durch einen Kabelbrand in der elektrischen Anlage der Hauselektrik entstanden, wobei mehrere Ursachen in Betracht kommen.

Jedenfalls sei der vorhandene FI – Schutzschalter, der zwar funktionstüchtig sei, nicht ausgelöst worden, weil ein zu großer Widerstand zwischen Potentialausgleichsschiene und Erde bestanden habe. Dies war darauf zurückzuführen, dass entweder eine Potentialausgleichsleitung nicht vorhanden war oder eine Unterbrechung der Potentialausgleichsleitung oder aber erhöhte Übergangswiderstände durch lockere Klemmen, Korrosionen oder dergleichen ursächlich waren.

Beweis: sachverständiges Zeugnis des . . . . .
    ergänzendes Sachverständigengutachten

In jedem Falle haben die Beklagten für das Schadensereignis einzustehen. Nach turnusmäßigen o.e. Sicherheitsvorschriften erforderlichen Überprüfungen wäre die Schadensursache aufgedeckt und hätte beseitigt werden können.[3]

Beweis: sachverständiges Zeugnis . . . . .
    Sachverständigengutachten

Soweit die Beklagten selbst über das erforderliche Fachwissen nicht verfügen, hätten sie sich eines Sachverständigen bedienen müssen. Die Einhaltung der Sicherheitsvorschriften obliegt den Beklagten in ihrer Eigenschaft als Vermieter von Gewerberäumen. Die vorgeschriebenen Untersuchungen haben zu keinem Zeitpunkt stattgefunden.

Beweis: Zeugnis des . . . . .

Im vorliegenden Fall hätte umso mehr Veranlassung bestanden, den FI-Schutzschalter zu untersuchen, da nämlich bereits in der Zeit, als der Vormieter die Büroetage gemietet hatte, mehrfach die Elektroanlage ausgefallen war, ohne dass die Ursache dafür ermittelt worden war.

Beweis: Zeugnis des Vormieters V . . . . .

Die Klägerin ist auch berechtigt, den Schaden ihres Untermieters A . . . . . geltend zu machen.[4]

Zwar besteht seitens der Beklagten gegenüber dem Untermieter der Klägerin keine unmittelbare Haftung. Der Untermieter ist aber in den Schutzbereich des Gewerbemietvertrages der Parteien einbezogen. Dem steht nicht die grundsätzlich umstrittene Auffassung des Bundesgerichtshofs entgegen, einem Untermieter stünden eigene vertragliche Schadensersatzansprüche gemäß § 536a BGB gegen den Hauptmieter zu. Denn im vorliegenden Fall ist der Untermieter durch einen nachträglichen Mangel im Sinne des § 536a Abs. 1 2. Alt. BGB geschädigt worden, den allein die Beklagten zu vertreten haben und nicht die Klägerin. Bei derartigen Konstellationen stellt sich die Schutzbedürftigkeit des Untermieters nicht anders dar als in allen sonstigen Fällen, in denen Dritte bestimmungsgemäß mit dem Leistungsgegenstand, dh mit der Mietsache, in Berührung kommen.

Im Übrigen sind die Beklagten der Klägerin und ihrem Untermieter gemäß § 823 Abs. 1 BGB aus dem Gesichtspunkt einer Verletzung der Verkehrssicherungspflicht schadensersatzpflichtig. Insofern kann auf die vorstehenden Ausführungen verwiesen werden. Die Abtretungsvereinbarung vom 1.8.2010 mit dem Untermieter erfasst ausdrücklich auch alle deliktischen Ansprüche.

Die hinter den Beklagten stehende Feuerversicherung hat sich bislang geweigert, einen Schadensausgleich zu leisten. Sie erkennt die Feststellungen des Sachverständigen . . . . . nicht an. Die Klägerin hat ihre Ansprüche gegen die Feuerversicherung mit Anwaltsschreiben vom . . . . . mit Fristsetzung zum . . . . . außergerichtlich geltend gemacht.

Beweis: Anwaltsschreiben vom . . . . . in Kopie

Die Feuerversicherung hat ein Sachverständigenverfahren nach § 10 AFB nicht eingeleitet und mit Antwortschreiben vom . . . . . die berechtigten Ansprüche der Klägerin abgelehnt.

Beweis: Vorlage des Antwortschreibens der Versicherung vom . . . . . in Kopie

Die Beklagten befinden sich seitdem in Verzug. Klage war daher geboten.

Rechtsanwalt

Anmerkungen

1. Zuständigkeit. Ausschließlich örtlich zuständig ist gemäß § 29a Abs. 1 ZPO das Gericht der belegenen Sache. § 29a ZPO gilt auch für Miet- und Pachtverhältnisse über Räume, soweit es sich nicht um Wohnraum handelt, dagegen nicht für Miet- und

Pachtverhältnisse über unbebaute Grundstücke (Zöller/*Vollkommer* § 29a Rn. 5). Angesichts des Streitwerts ist nach § 23 Nr. 1, 71 Abs. 1 GVG ist sachlich das Landgericht in erster Instanz zuständig. Für den Fall, dass für die Klage aus abgetretenem Recht der Gerichtsstand des Tatorts nach § 32 ZPO in Betracht kommen könnte, ergeben sich keine Besonderheiten, weil Tatort und Mieträume identisch sind.

2. Prüfpflichten als Bestandteil von Instandhaltungspflichten.

Bei Verletzung einer Verkehrssicherungspflicht durch den Vermieter kommt zu Gunsten des Mieters ein Schadensersatzanspruch auf der Basis der §§ 280, 281, 535 Abs. 1 Satz 2 BGB in Betracht.

Das Bestehen von Prüfpflichten als besondere Ausprägung der gemäß § 535 Abs. 1 Satz 2 BGB bestehenden Instandhaltungspflicht des Vermieters wird allgemein bejaht (vgl. zB Schmidt-Futterer/*Eisenschmid* § 535 Rn. 146; Palandt/*Weidenkaff* § 535 Rn. 60). Unklar ist der Umfang bestehender Prüfpflichten. In der Rechtsprechung der Instanzgerichte wird eine solche allgemeine Verpflichtung unter Berufung auf Unfallverhütungsvorschriften der Berufsgenossenschaften bzw. auf die Bestimmungen des Verbandes der Elektrotechniker (DIN VDE 0105) teilweise uneingeschränkt bejaht (zB OLG Saarbrücken NJW 1993, 3077 – Vermietung einer Büroetage; OLG Celle NJW – RR 1996, 521 – Vermietung eines Schnellimbiss). Der BGH hatte zunächst die Auffassung vertreten, dass der Vermieter nicht verpflichtet sei, Wasserleitungen auszugraben, um sie auf ihren Unterhaltszustand hin zu untersuchen (BGH NJW – RR 1993, 521), und ferner die Meinung geäußert (BGH WuM 1969, 1011; NJW 2009, 143 (144)), der Vermieter sei nicht verpflichtet, ohne besonderen Anlass eine regelmäßige Generalinspektion der Elektroleitungen und Elektrogeräte in den Wohnungen seiner Mieter vorzunehmen. Begründet wird diese Ansicht mit der nahe liegenden Erwägung, die Sorgfaltspflichten des Vermieters würden überspannt, wollte ihm zugemutet werden, die in Wohn- und Geschäftsräumen der Mieter angebrachten Installationen regelmäßigen Kontrollen zu unterziehen, nachdem sich in der Zeit der ersten Ingebrauchnahme keine Unregelmäßigkeiten gezeigt hätten, die auf schlechte Isolation oder schlechtes Material schließen ließen (BGH NJW 2009, 143 (144); MDR 2009, 75). Hinzu kommt, dass der Vermieter regelmäßig keinen Zugang zu dem Mietobjekt hat, das sich in der Obhut des Mieters befindet.

Demgegenüber hat das Oberlandesgericht Stuttgart im Falle einer Wohnungsmiete (MDR 1973, 588 (589)) betont, dass eine ordnungsgemäße Unterhaltung eines Wohngebäudes erfordere, dass der Eigentümer als der dafür Verantwortliche sich selbst oder unter Zuhilfenahme einer sachkundigen und zuverlässigen Person sich um den Zustand des Gebäudes kümmere. Von einem gewissenhaften, seiner Sorgfaltspflichten sich bewussten Hauseigentümer müsse verlangt werden, dass er sich von Zeit zu Zeit von dem ordnungsgemäßen Zustand der Gasleitungen in seinem Hause vergewissere. In welchen Zeitabständen diese Prüfung zu erfolgen habe, ließ das Oberlandesgericht Stuttgart offen.

In welchen **wiederkehrenden Zeitabständen** Überprüfungen vorzunehmen sind, hängt von den Umständen des Einzelfalles ab (BGH VersR 1966, 81; OLG Stuttgart NJW 1993, 3077). Bei technischen Anlagen sind die anerkannten Regeln der Technik maßgebend, wie sie in den einschlägigen technischen Vorschriften enthalten sind. Das Oberlandesgericht Saarbrücken (NJW 1993, 3077) folgert daraus, dass als einschlägig die VDE – Bestimmung DIN 0105 anzusehen sei mit der Folge, dass elektrische Anlagen und ortsfeste elektrische Betriebsmittel mindestens alle 4 Jahre, Fehlerstrom- und Fehlerspannungsschutzeinrichtungen mindestens alle 6 Monate zu prüfen seien.

Nach der Entscheidung des Bundesgerichtshofs vom 15.10.2008 (NJW 2009, 143 (144)) dürfte für die Wohnungsmiete feststehen, dass regelmäßige Überprüfungen nur dann stattzufinden haben, wenn begründeter Anlass besteht (so auch MAH Hannemann/ Wiegner/*Lehr* § 54 Rn. 123 unter Hinweis auf BGH NZM 2008, 927). Die Verkehrssicherungspflicht umfasst diejenigen Maßnahmen, die ein umsichtiger und verständiger, in vernünftigen Grenzen vorsichtiger Mensch für notwendig und ausreichend erachtet, um andere vor Schäden zu bewahren. Erforderlich sei daher, dass sich vorausschauend für ein sachkundiges Urteil die nahe liegende Gefahr ergibt, dass Rechtsgüter anderer verletzt werden können (BGH NJW-RR 2003, 1459; NJW 2004, 1449 (1450); NJW 2009, 143 (144)). Eine solche nahe liegende Gefahr ist bei ordnungsgemäß installierten Leitungen und Anlagen nicht ohne weiteres zu bejahen. Daher müssen **Anhaltspunkte für einen Fehler** gegeben sein, die eine Sachprüfung der Anlage erforderlich machen. Der Bundesgerichtshof hat als Beispiele genannt: wiederholtes Auslösen der Sicherung, Mängel oder Ausfall des elektrischen Geräts und ähnliche Umstände (BGH NJW 2009, 143 (144)). Die Bewertung des Bundesgerichtshofs für den Fall der Wohnungsmiete lässt sich zwanglos auf die Gewerberaummiete übertragen. Die Überprüfungspflicht trifft private wie gewerbliche Vermieter in gleicher Weise (vgl. dazu auch OLG Saarbrücken NJW 1993, 3077). Auch insoweit dürfte aber eine Prüfpflicht nur dann gegeben sein, wenn begründeter Anlass besteht, einen Defekt anzunehmen. Dem Eigentümer oder Vermieter obliegt im Rahmen seiner Verkehrssicherungspflicht keine regelmäßige Generalinspektion der Elektroleitungen und Elektrogeräte der Mieter.

Im vorliegenden Fall war bereits während des früheren Mietverhältnisses mehrfach die Anlage ausgefallen, so dass begründeter Anlass bestanden hat, die Elektroanlage und den FI-Schalter einer Prüfung zu unterziehen. Dem entspricht, dass das OLG Frankfurt eine Prüfpflicht für sanitäre Einrichtungen auf Mängel ohne konkreten Anlass verneint hat (ZMR 2003, 674).

Zur Erfüllung der Prüfpflicht muss sich der Vermieter, sollte er nicht selbst über die notwendige Fachkunde verfügen, eines Sachverständigen bedienen (BGH NJW 2009, 143, 144; OLG Saarbrücken NJW 1993, 3077).

3. **Darlegungs- und Beweislast für Kausalität.** Der Mieter kann sich auf die Vermutung stützen, dass einer Einhaltung der Prüfpflichten dazu geführt hätte, dass der Anlagendefekt rechtzeitig erkannt worden wäre und im Falle der Beseitigung das Schadensereignis vermieden worden wäre. Die gegenteilige Behauptung, dass anlässlich einer Untersuchung der Schadensursachen der Defekt nicht erkannt worden wäre, also das Schadensereignis trotz der Untersuchung eingetreten wäre, hat der Vermieter zu beweisen. Demgegenüber hat der Mieter zu beweisen, dass konkrete Anhaltspunkte für einen Defekt der elektrischen Anlage vorgelegen haben. Die zu Gunsten des Mieters streitende Vermutung ist widerleglich. Hinzu tritt der Umstand, dass die maßgebliche Schadensursache aus dem Herrschafts- und Einflussbereich des Vermieters stammt (vgl. dazu OLG Saarbrücken NJW 1993, 3077 (3078)).

4. **Schadensersatzansprüche Dritter.** Die Verletzung einer Prüfpflicht kann auch der im Schutzbereich des Vertrages stehende Dritte zur Durchsetzung eigener Schadensersatzansprüche geltend machen. Anerkannt ist, dass auch dritte, an einem Vertrag nicht unmittelbar beteiligte Personen in den Schutzbereich eines Vertrages einbezogen werden können. Ihnen gegenüber ist der Schuldner zwar nicht zur Leistung, wohl aber eventuell zum Schadensersatz verpflichtet. Zu den Verträgen mit Schutzwirkung für Dritte gehört auch der Mietvertrag (BGH NJW 2010, 3152 (3153); Palandt/*Grüneberg* § 535 Rn. 61). Ob ein Untermieter in den Schutzbereich des Hauptmietvertrages einbezogen ist, ist streitig (verneinend BGH WuM 1979, 307; NJW 1978, 883; Palandt/*Grüneberg* § 328 Rn. 28; Schmidt-Futterer/*Eisenschmid* § 536a Rn. 78; aA Blank/*Börstinghaus* § 536a Rn. 27). Allerdings wird die Argumentation des Bundesgerichtshofs, der Untermieter habe eigene vertragliche Ansprüche gegen den Hauptmieter/Untervermieter, darum bestehe für eine Einbeziehung des Untermieters in den Schutzbereich des Hauptmietvertrages kein Bedürfnis, von dem vorliegenden Klagebeispiel in Frage gestellt. Liegt ein Verschulden für den eingetretenen Schaden beim Vermieter, scheidet eine Verschuldenshaftung des Hauptmieters/Untervermieters aus. Der Untermieter hat in diesem Fall allein deliktische Schadensersatzansprüche gegen den Hauptvermieter. Schwer nachvollziehbar ist aber, dass der berechtigte Untermieter weniger schutzbedürftig ist als ein weiter entfernt stehender Dritter, der mit dem Leistungsgegenstand in Berührung kommt. Darum sollte die Rechtsfigur des Vertrages mit Schutzwirkung zu Gunsten Dritter auch auf den berechtigten Untermieter anwendbar sein (so *Blank/Börstinghaus* § 536a Rn. 27). Dem Untermieter steht zudem gegen den Hauptvermieter im vorliegenden Fall ein Anspruch aus § 823 Abs. 1 BGB in Form einer möglichen Eigentumsverletzung zu.

29. Klage des Mieters und eines Dritten auf Schadensersatz wegen unterlassener Vorsorgemaßnahmen gegen drohende Wohnungseinbrüche

An das

Amtsgericht . . . . .[1]

Klage

1. der Frau Marita M . . . . .,
2. des Herrn Josef M . . . . .

– Kläger –

Prozessbevollmächtigter: Rechtsanwalt Dr. G aus K

gegen

die . . . . . GmbH . . . . .

– Beklagte –

wegen Schadensersatz

Streitwert: 2.500,– EUR[2]

Um Anberaumung eines Termins der mündlichen Verhandlung wird gebeten, in dem beantragt werden wird:

1. die Beklagte wird verurteilt, an die Klägerin zu 1) 1.500,– EUR nebst Zinsen in Höhe von 5 Prozentpunkten über dem Basiszinssatz seit dem . . . . . (Datum) und an den Kläger zu 2) 1.000,– EUR nebst Zinsen in Höhe von 5 Prozentpunkten über dem Basiszinssatz seit . . . . . (Datum) zu zahlen,[3]

2. der Beklagten die Kosten des Rechtsstreits aufzuerlegen,

3. für den Fall des Vorliegens der Voraussetzungen

Versäumnisurteil

ohne mündliche Verhandlung gemäß § 331 Abs. 3 ZPO zu erlassen,

4. für den Fall der Sicherheitsleistung den Klägern nachzulassen, Sicherheit auch durch die Beibringung einer unbedingten, unbefristeten und selbstschuldnerischen Bürgschaft einer deutschen Großbank, Sparkasse oder Genossenschaftsbank zu leisten.

Begründung

Die Klägerin zu 1) ist Mieterin einer 3-Zimmerwohnung im Hause . . . . . in K. Maßgebend sind die Bestimmungen des Mietvertrages vom . . . . . .

Beweis: anliegender Mietvertrag vom . . . . . in Kopie

In § 21 Ziffer 2 dieses Vertrages ist vereinbart:

„Der Mieter ist ohne ausdrückliche schriftliche Erlaubnis des Vermieters weder zu einer Untervermietung der Mieträume noch zu einer sonstigen Gebrauchsüberlassung an Dritte, abgesehen von besuchsweise sich aufhaltenden Personen, berechtigt . . . . .“

Etwa ein halbes Jahr nach Mietbeginn zog der Kläger zu 2) in die von der Klägerin zu 1) angemietete Wohnung; beide Kläger leben dort in einer eheähnlichen Lebensgemeinschaft zusammen. Eine schriftliche Erlaubnis wurde zwar nicht eingeholt. Der Hauswart der Beklagten, der im selben Haus . . . . . wohnt, hat davon jedoch Kenntnis erhalten, da sowohl an Klingel und Briefkasten der Name eingetragen wurde und der Kläger zu 2) mit ihm über die Mietsache diverse Gespräche geführt hat, aus denen sich ergibt, dass er selbst ebenfalls in der Wohnung lebt. Inzwischen ist ein Zeitraum von mehr als 3 Jahren verstrichen, ohne dass sich die Beklagte auf das Fehlen einer schriftlichen Erlaubnis berufen hätte.

Beweis: Zeugnis des Hauswarts . . . . .

Am 10.1.2010 wurde in die Wohnung der Klägerin zu 1) eingebrochen. Entwendet wurde Schmuck der Klägerin zu 1), nämlich eine Perlenkette und zwei Ringe. Ferner wurde eine im Eigentum des Klägers zu 2) stehende Kompaktanlage der Marke . . . . . gestohlen. Die Kläger bemerkten den Diebstahl, als sie nachmittags von ihrer Arbeit in ihre Wohnung zurückkehrten. Auf die Diebstahlsanzeige bei der Polizei wird verwiesen.

Beweis: anliegende Diebstahlsanzeige in Kopie

Um Beiziehung des staatsanwaltschaftlichen Ermittlungsverfahrens unter dem Aktenzeichen

. . . . . Js (UJs) . . . . . /StA . . . . .

wird gebeten.

Die Ermittlungen der Polizei haben ergeben, dass Diebe mit Hilfe eines Nachschlüssels in die Wohnung gelangten, indem sie nämlich einen Originalschlüssel benutzten, der durch das Abfeilen der Führungsnuten so manipuliert wurde, dass er wie eine Art Generalschlüssel zu mehreren Haustürschlössern der Zentralschließanlage passte. Der Polizei war bekannt, dass schon zwei Monate vorher in der ca. 30 Wohneinheiten umfassenden Anlage ein Einbruchsversuch mit Hilfe eines Nachschlüssels erfolgt war. Von der Sicherstellung dieses Nachschlüssels hatte der Hauswart . . . . . Kenntnis.

Beweis: Zeugnis . . . . .
Beiziehung der Ermittlungsakten

Infolge dieses Einbruchsversuchs war es zwischen dem Hauswart und dem Hersteller der Schließanlage zu einer Korrespondenz gekommen. In einem Schreiben vom . . . . .

hatte die Herstellerfirma dem Zeugen . . . . . mitgeteilt, dass ähnliche Straftaten mit manipulierten Originalschlüsseln bereits früher einmal in der Wohnanlage stattgefunden haben. Die Schließanlage sei bei diesen Gelegenheiten jedenfalls auf diese Art und Weise überwunden worden.

Beweis: Zeugnis . . . . .
            Beiziehung der Ermittlungsakten

Das Schreiben findet sich als Kopie in den Ermittlungsakten.

Unerheblich ist, dass ein Nachschlüssel bei dem oben erwähnten Einbruchsversuch gefunden wurde. Dies schließt nämlich die Möglichkeit einer Existenz weiterer Nachschlüssel nicht aus.

Eine Hausratsversicherung haben die Kläger nicht abgeschlossen, so dass Versicherungsleistungen nicht geflossen sind. Zum Nachweis des Schadens für die Klägerin zu 1) werden Ablichtungen der Rechnungen über den Kauf der Perlenkette und der beiden Ringe vorgelegt. Die Kette war 2 Jahre alt, die Ringe waren 3 Jahre alt. Der Neupreis belief sich auf 2.250,– EUR. Unter Vorlage der Rechnungen hat die Klägerin zu 1) das in Kopie beigefügte Zertifikat ihres Juweliers erstellen lassen.

Im übrigen wird auf das sachverständige Zeugnis des Juweliers . . . . .,

ferner auf ein Sachverständigengutachten verwiesen.

Die dem Kläger zu 2) entwendete Kompaktanlage hatte dieser gemäß anliegender Kopie beigefügten Rechnung einschließlich Quittung zum Preis von 2.000,– EUR zwei Jahre zuvor erworben. Derartige Anlagen haben eine Lebensdauer von mindestens 8 bis 10 Jahren.

Beweis: Sachverständigengutachten

Ein Abzug Neu für Alt in Höhe von 50 Prozent ist daher mehr als angemessen.

Beweis: Sachverständigengutachten

Die Beklagte weigert sich, den eingetretenen Schaden zu ersetzen. Sie macht geltend, sie sei nicht verpflichtet gewesen, irgendwelche Schutzmaßnahmen zu ergreifen.

Beweis: Schreiben der Beklagten vom . . . . . in Kopie

Sie habe auch keine Informationspflichten gehabt, da eine mögliche Verunsicherung ihrer Mieter allenfalls zu Kündigungen geführt hätte. Der Kläger zu 2) habe schon allein deshalb keine Ansprüche, weil sie seinen Einzug in die Wohnung der Klägerin zu 1) nicht schriftlich genehmigt habe.

Die Beklagte ist jedoch verpflichtet, den durch den Einbruchsdiebstahl den Klägern entstandenen Schaden zu ersetzen. Sie hat gegenüber den Klägern die aus § 535 Abs. 1 BGB abgeleitete Verkehrssicherungspflicht, potentielle Diebe von der Mietsache fern zu halten.[4] Kam es wie hier schon einige Zeit vor dem Einbruch in die Wohnung der Klägerin zu einem anderweitigen Einbruchsversuch, bei dem ein Nachschlüssel sicher gestellt worden war, und hatte die Beklagte darüber hinaus in Person des Hauswarts Kenntnis davon erlangt, dass bei früheren weiteren Straftaten mit manipulierten Originalschlüsseln gearbeitet worden war, hätte die Beklagte entweder die Schließanlage komplett austauschen oder aber zumindest die Mieter auf das durch die bisherigen Erkenntnisse gesteigerte Einbruchsrisiko deutlich hinweisen müssen. Das ist unterblieben. Der Einwand, dies hätte zu einer Beunruhigung der Mieter geführt, lässt die Informationspflicht nicht entfallen. Die Mieter waren in gesteigerter Weise gefährdet, so dass deren Interessen eindeutig der Vorrang vor den wirtschaftlichen Interessen der Beklagten zukam.

Wäre die von den Beklagten geschuldete Aufklärung erfolgt, hätte die Klägerin ein Zusatzschloss einbauen lassen, das sie nur mit einem in ihrem Besitz befindlichen Schlüssel hätte öffnen können. Allein mit Hilfe eines Nachschlüssels wäre ein Eindringen in die Wohnung nicht möglich gewesen. Die Kenntnisse des Hauswarts muss sich die Beklagte gemäß § 278 BGB zurechnen lassen.

Ebenso wenig kann sich die Beklagte mit Erfolg darauf berufen, dass der Kläger zu 2) keine schriftliche Nutzungserlaubnis gehabt habe. Dem Kläger zu 2) gegenüber haftet die Beklagte auf der Grundlage des Rechtsinstituts eines Vertrages mit Schutzwirkung zu Gunsten Dritter in Verbindung mit § 21 Ziffer 2 Satz 1 des Mietvertrages.[5]

Denn der Kläger zu 2) ist als nicht – ehelicher Lebensgefährte der Klägerin zu 1) in den Schutzbereich des von ihr abgeschlossenen Mietvertrages einbezogen. Erfüllt ist der Tatbestand der Gebrauchsüberlassung an Dritte. Die Klägerin zu 1) hat durch die Aufnahme des Namens am Klingelbrett und an dem Briefkasten der Beklagten gegenüber angezeigt, dass sie ihren Lebensgefährten auf Dauer in ihre Wohnung aufgenommen hat. Der Hauswart . . . . . hat durch die Gespräche mit dem Kläger zu 2) erfahren, dass dieser in die Wohnung eingezogen ist.

Beweis: Zeugnis . . . . .

Dieses Wissen muss sich die Beklagte gemäß § 166 Abs. 1 BGB zurechnen lassen. Wenn sie alsdann mehr als 3 Jahre die Klägerin zu 1) nicht auffordert, eine schriftliche Erlaubnis einzuholen, ist dieses Verhalten als stillschweigende Duldung in der Weise anzusehen, dass auf die Schriftlichkeit der Erlaubnis verzichtet werde. Eine gegenteilige Bewertung wäre mit den Grundsätzen von Treu und Glauben nicht vereinbar. Zudem hat die Beklagte nicht mitgeteilt, aus welchen Erwägungen heraus sie eine Erlaubnis hätte verweigern dürfen. Die Wohnung ist für die Aufnahme einer zweiten Person der Größe nach geeignet. Hinzu kommt, dass bei der Abrechnung der Betriebskosten die Aufnahme des Lebensgefährten in die Mietwohnung berücksichtigt worden ist.

Beweis: Vorlage der Betriebskostenabrechnungen der 2 letzten Jahre in Kopie

Die Beklagte ist mit Schreiben vom . . . . . mit Wirkung vom . . . . . in Verzug gesetzt worden. Da Zahlung nicht erfolgt ist, war Klage geboten.[6]

Rechtsanwalt

Anmerkungen

1. Zuständigkeit. Gemäß § 23 Nr. 2 a GVG sind die Amtsgerichte ausschließlich für Streitigkeiten über Ansprüche aus einem Mietverhältnis über Wohnraum zuständig. Die ausschließliche örtliche Zuständigkeit ergibt sich aus § 29 Abs. 1 ZPO; örtlich zuständig ist demgemäß das Amtsgericht der belegenen Sache.

2. Für den Zahlungsantrag gilt der Zuständigkeitsstreitwert des § 3 ZPO. Bei Geldforderungen ist der Betrag der Klageforderung maßgebend. Dies gilt auch für den Gebührenstreitwert (vgl. *Gies* NZM 2003, 886). Bei Klagehäufungen sind mehrere Ansprüche gemäß § 5 ZPO zusammenzurechnen. Der Zuständigkeitsstreitwert beläuft sich mithin auf 2.500,– EUR. Für den Gebührenstreitwert ist bei bezifferten Leistungsanträgen auf die §§ 3 – 9 ZPO abzustellen, § 48 Abs. 1 GKG.

3. Subjektive Klagehäufung. Die eigenständigen Schadensersatzansprüche beider Kläger können in einer Klage verbunden werden, wenn gemäß § 59 ZPO entweder hinsichtlich des Streitgegenstandes Rechtsgemeinschaft besteht oder aber aus demselben tatsächlichen oder rechtlichen Grund eine Berechtigung abgeleitet wird. Die 1. Alternative der vorbezeichneten Vorschrift entfällt, da jeder Kläger einen eigenen Schadensersatzanspruch geltend macht. Anders wäre zu entscheiden, wenn zB die Kompaktanlage im Miteigentum der Kläger gestanden hätte. In diesem Falle läge eine Bruchteilsgemeinschaft vor. Im vorliegenden Fall werden Ansprüche aus demselben tatsächlichen und rechtlichen Grund erhoben. Beide Kläger stützen sich auf dieselbe Pflichtverletzung der Vermieterin. Darüber hinaus sind die Voraussetzungen des § 60 ZPO im Sinne einer einfachen Streitgenossenschaft gegeben; Gleichartige und auf einem im Wesentlichen gleichartigen tatsächlichen und rechtlichen Grund basierende Ansprüche werden verfolgt (vgl. dazu BGH NJW 1992, 981 (982)). § 60 ZPO ist weit auszulegen (Zöller/*Vollkommer* § 60 Rn. 4). Ein Fall objektiver Klagehäufung ist indessen nicht gegeben, da mehrere Ansprüche verschiedener Kläger verfolgt werden.

4. Verkehrssicherungspflichten und Schutzpflichten. Als Anspruchsgrundlage für die Klägerin zu 1) kommt § 280 BGB in Verbindung mit § 535 Abs. 1 Satz 2 BGB in Betracht. Die Vermieterin trifft in erster Linie die Verpflichtung, die Wohnung durch ein geeignetes Türschloss vor dem Eindringen unbefugter Dritter zu schützen. Als Rechtsgrundlage ist demgemäß die Instandhaltungs- und Instandsetzungsverpflichtung des Vermieters auf der Basis des § 535 Abs. 1 Satz 2 BGB heranzuziehen (BGH NJW 1957, 826; MDR 1991, 238; OLG Hamburg NJW – RR 1988, 1481; Palandt/*Weidenkaff* § 535 Rn. 59; Schmidt-Futterer/*Eisenschmid* § 535 Rn. 99; MAH Hannemann/Wiegner/*Over* § 19 Rn. 51). Grundsätzlich wird der Einbau einer zentralen Schließanlage diesen Anforderungen gerecht. Erhält die Vermieterin jedoch Kenntnis davon, dass diese Schließanlage schon mehrfach durch Nachschlüssel überwunden worden ist, hat sie entweder die Verpflichtung, die Schließanlage auszutauschen oder aber zumindest ihre Mieter vorbeugend über die bisher stattgefundenen Einbrüche zu informieren und zu warnen bzw. ihnen weitergehende Schutzmaßnahmen nahe zu legen (BGH NJW 1957, 826; OLG Hamburg NJW-RR 1988, 1481; Schmidt/Futterer/Eisenschmid § 535 Rn. 102). Das Eigeninteresse der Vermieterin, Verunsicherungen ihrer Mieter zu verhindern, hat gegenüber dem Informationsinteresse der Mieter zurückzutreten. Denn die Gefahrenabwehr hat gegenüber den wirtschaftlichen Interessen Vorrang. Ein Mitverschulden der Mieterin kann nicht daraus hergeleitet werden, dass ihr vorgehalten wird, sie hätte selbst bei Kenntnis über die voraufgegangenen Diebstähle keine zusätzlichen Sicherheitsvorkehrungen getroffen. Jedenfalls lässt sich mit dem Vorbringen, was bei vertragsgemäßem Verhalten der Vermieterin geschehen wäre, ein Mitverschulden der Mieterin nicht konstruieren. Sollte die Vermieterin keine eigenen Kenntnisse von früheren Einbruchsversuchen haben, muss sie sich diejenige ihres Hauswarts als ihres Erfüllungsgehilfen über § 278 BGB als eigenes Verschulden zurechnen lassen (Palandt/*Grüneberg* § 278 Rn. 18 unter Hinweis auf RG Z 103,143).

Gemäß § 280 Abs. 1 Satz 2 BGB hat der Vermieter sein Verschulden auszuräumen; ihm obliegt die dahingehende Beweislast (Palandt/*Grüneberg* § 280 Rn. 34).

5. Ansprüche des Klägers zu 2) als Dritter. Eine Haftung des Beklagten als Vermieterin für Schäden des Lebensgefährten der Mieterin ist vertraglich nur auf der Grundlage des Rechtsinstituts eines **Vertrages mit Schutzwirkung zu Gunsten Dritter** möglich. Vom Grundsatz her erscheint zweifelhaft, ob der in der Wohnung mitwohnende Lebensgefährte in den Schutzbereich des Mietvertrages des anderen einbezogen ist bejahend OLG Hamburg NJW-RR 1988, 1481, 1482; *Blank/Börstinghaus* § 535 Rn. 156; Palandt/*Grüneberg* § 328 Rn. 28; aA OLG Hamm FamRZ 1977, 320). Nach dem Gesetz über die Eingetragene Lebenspartnerschaft, dort § 11 LPartG, gelten die Lebenspartner als

Familienangehörige des anderen Lebenspartners. Daraus ist die Folgerung abzuleiten, dass eine Überlassung des Gebrauchs an der Mietwohnung ohne eine Erlaubnis des Vermieters zulässig ist. Denn er ist kein Dritter im Sinne des § 540 BGB. Angesichts dieser Rechtsentwicklung erscheint eine Gleichstellung der nichtehelichen Partnerschaft mit der Lebenspartnerschaft nach den Vorgaben des Lebenspartnerschaftsgesetzes zwingend geboten.

Problematisch könnte im vorliegenden Fall die Erkennbarkeit der Schutzpflicht des Gläubigers für den Lebensgefährten der Mieterin sein und ferner, dass die Drittbezogenheit der Leistung nicht gegeben wäre (vgl. dazu Schmidt-Futterer/*Eisenschmid* § 535 Rn. 198). In den Genuss des Vertrages mit Schutzwirkung zu Gunsten Dritter kommen nur solche Personen, die mit der Leistung des Vermieters und des Mieters selbst in Berührung kommen (Leistungsnähe) und denen der Mieter Schutz und Fürsorge zu gewähren hat (Einbeziehungsinteresse) (dazu Schmidt-Futterer/*Eisenschmid* § 535 Rn. 198 unter Bezugnahme auf BGH NJW 1995, 1739 und NJW 1983, 2935). Der Drittschutz ist insbesondere im Hinblick auf die vertragliche Regelung des § 21 Nr. 2 des Mietvertrages nicht zweifelsfrei, da die Vermieterin ihrerseits eine Einbeziehung in die Schutzwirkungen des Vertrages von einer schriftlichen Erlaubnis abhängig machen wollte. Nach Ansicht des OLG Hamburg (NJW-RR 1988, 1481) reicht die stillschweigende Erlaubnis auf Grund langfristiger Duldung der ihr bekannten Dauernutzung durch den Lebenspartner aus, so dass eine Berufung auf den Formmangel mit den Grundsätzen von Treu und Glauben nicht vereinbar wäre. Zudem kommt es darauf an, ob und gegebenenfalls welche beachtlichen Gründe die Vermieterin für eine Verweigerung der Erlaubnis geltend machen kann. Liegen derartige Gründe nicht vor, ist das Fehlen einer schriftlichen Erlaubnis irrelevant.

6. Zur Inverzugsetzung → Form. B. III. 16 Anm. 12.

Konkurrenzschutz

30. Klage auf Unterlassung des Abschlusses eines Mietvertrages mit einem Konkurrenten und auf Zahlung einer ausbedungenen Vertragsstrafe wegen der Verletzung von Konkurrenzschutzpflichten

An das

Landgericht[1] . . . . .

Klage[2]

des . . . . .

– Kläger –

Prozessbevollmächtigte: . . . . .

gegen

den . . . . .

– Beklagter –

Prozessbevollmächtigte: . . . . .

wegen mietvertraglichen Konkurrenzschutzes

Streitwert: 50.000,– EUR[3]

Wir bitten um Anberaumung eines Termins zur mündlichen Verhandlung, in dem wir beantragen werden:[4, 8]

1. den Beklagten unter Androhung eines Ordnungsgeldes bis zu 250.000,– EUR und/oder Ordnungshaft bis zu 6 Monaten für den Fall der Zuwiderhandlung zu verurteilen, die Vermietung von Räumlichkeiten im Hause ..... in ..... an einen Facharzt für Orthopädie zu unterlassen,
2. hilfsweise den Beklagten zu verurteilen, an den Kläger 50.000,– EUR nebst Zinsen in Höhe von 5 Prozentpunkten über dem Basiszinssatz seit dem ..... (Datum) zu zahlen,
3. für den Fall des Vorliegens der Voraussetzungen Versäumnisurteil ohne mündliche Verhandlung gemäß § 331 Abs. 3 ZPO zu erlassen,
4. dem Kläger eine vollstreckbare Ausfertigung des Urteils nebst Zustellungsbescheinigung (§ 169 ZPO) zu erteilen.[5]

Begründung:

Mit Vertrag vom ..... mietete der Kläger von dem Beklagten in dessen Hause ..... in ..... Räumlichkeiten zum Betrieb einer Arztpraxis als Facharzt für Innere Medizin, Rheumatologie und Physikalische Therapie.

Beweis: Ablichtung des Mietvertrages vom .....

In § 12 Abs. 2 dieses Vertrages heißt es:

„Der Vermieter verpflichtet sich, während der Dauer des Vertrages keine im Hause ..... in ..... gelegene Räume zum Betriebe einer Arztpraxis weiterzuvermieten, deren Inhaber eine Konkurrenz für den Mieter darstellt. Bei Zuwiderhandlung zahlt der Vermieter dem Mieter eine Konventionalstrafe von 50.000,– EUR. Der Mieter erhält das Recht, bei Nichteinhaltung dieser Verpflichtung fristlos zu kündigen, mit dem Vorbehalt, dass die Kündigung schriftlich mindestens einen Monat nach positiver Kenntnis des Mieters oder dessen Rechtsnachfolgers von dem Verstoß zugehen muss. Ein Wissen der genannten Umstände reicht nicht aus, um diese Frist in Lauf zu setzen.“

Der Beklagte betreibt im Erdgeschoss des Hauses eine Apotheke. In weiteren Geschossen des Objekts befinden sich eine chirurgische Praxis, ein Lungenfacharzt, ein Allgemeinmediziner und ein Hals-Nasen-Ohren-Arzt. Außerdem sind Räumlichkeiten an einen Heilpraktiker und eine Geschäfts- und Kommunikationsstelle für Schlaganfallbehinderte vermietet. Der Beklagte betreibt das Haus unter dem Namen „Medi-Center“.

Beweis: Ortsbesichtigung;

beigefügte Fotos

Auf einem der Fotos ist die Anlage mit den Praxisschildern abgelichtet.

Als der Kläger nach Abschluss des Mietvertrages einzog, waren weitere Räumlichkeiten im I. OG bereits fertiggestellt, jedoch noch nicht vermietet. Dem Kläger war bei Abschluss seines Mietvertrages bekannt, dass der Beklagte auch diese Räume in Zukunft an einen Arzt vermieten wollte.

Nach Bezug der Praxisräume durch den Kläger suchte der Beklagte diesen mehrfach auf. Er stellte ihm Berufskollegen vor, die an der Anmietung der noch freien Praxisräume im I. OG interessiert waren. Am ..... erfuhr der Kläger vom Beklagten, dass dieser beabsichtigte, die freien Räume an einen Orthopäden zu vermieten. Am ..... kam es zu einem Gespräch in den Praxisräumen des Klägers, an dem neben den Parteien der

Orthopäde Dr . . . . . .und der Praxiseinrichter . . . . . teilnahmen. Der Beklagte wollte vom Kläger die Zustimmung zu einer Vermietung der freistehenden Räumlichkeiten an den Orthopäden Dr . . . . . . erlangen. Der Kläger war jedoch wegen der für ihn eintretenden Konkurrenzsituation über das Begehren des Beklagten so entsetzt, dass er schon kurze Zeit nach dem Eintreffen des Beklagten mit den Herren . . . . . und . . . . . das Gespräch abbrach.

Beweis: Zeugnis . . . . .

Der Kläger hat nunmehr erfahren, dass der Beklagte das Ergebnis dieses Gesprächs anders interpretiert und von einer Zustimmung des Klägers ausgeht. Der Kläger hat jedoch deutlich gemacht, dass ein Orthopäde insbesondere auf dem Gebiete der Rheumatologie tätig ist. Schon vor Abschluss des Mietvertrages hatte der Kläger mit dem Beklagten vereinbart, dass sich in den freistehenden Praxisräumen des I. OG kein weiterer Internist, kein Radiologe, kein Orthopäde und kein Allgemeinmediziner mehr ansiedeln dürfe.

Beweis: Zeugnis . . . . .

Diese Vereinbarung hatte sich im Mietvertrag als Konkurrenzschutzklausel niedergeschlagen. Außerdem war zur weiteren Absicherung der Rechte des Klägers eine Vertragsstrafe ausbedungen worden.

Der Kläger muss auf Grund des Verlaufs und der vom Beklagten geäußerten Absichten befürchten, dass dieser trotz der vom Kläger zum Ausdruck gebrachten Weigerung eine Vermietung der freistehenden Räumlichkeiten in Kürze an den Orthopäden Dr . . . . . . vornehmen wird.

Der Unterlassungsanspruch ergibt sich aus § 535 Abs. 1 BGB.[6] Dem Beklagten ist es untersagt, Räumlichkeiten im Hause . . . . . an Ärzte zu vermieten, deren Fachrichtung mit derjenigen des Klägers identisch ist oder sich wesentlich überschneidet. Eine Überschneidung der Fachgebiete bestätigt die anliegende Auskunft der Ärztekammer sowie die ebenfalls anliegende Weiterbildungsanordnung der nordrhein-westfälischen Ärzte für das Jahr . . . . . Es kommt nur darauf an, dass eine abstrakte Überschneidung besteht. Danach gibt es den Teilbereich „Rheumatologie" als sog. Schwerpunktbezeichnung sowohl für den Internisten als auch für den Orthopäden. Eine Abgrenzung ist nur insoweit möglich, als die entzündliche Rheumatologie Sache des Internisten, die degenerative Rheumatologie Sache des Orthopäden ist. Insbesondere operative Maßnahmen wie zum Beispiel Gelenkersatz fallen in das Fachgebiet des Orthopäden. Da dies jedoch Aufgabe spezieller Kliniken ist, kann sich der niedergelassene Orthopäde mangels eines vorhandenen Tätigkeitsfeldes nicht allein auf die degenerative Rheumatologie beschränken. Niedergelassene Ärzte erweitern ihre Tätigkeitsfelder nach und nach, so dass substanzielle Überschneidungen unvermeidbar sind. Besonders zahlreiche Überschneidungen gibt es im Bereich der physikalischen Therapie. Ein Beispiel ist das Aufbringen einer Kühlpackung auf erkrankte Gelenke.

Beweis: Sachverständigengutachten

Der Kläger hat über seine Prozessbevollmächtigten den Beklagten mit anliegend in Kopie beigefügtem Schreiben auffordern lassen, von einer Vermietung der Räumlichkeiten an den Orthopäden Dr . . . . . . abzusehen. Darauf hat sich der Beklagte nicht mehr gemeldet.

Sollte sich der Beklagte gegen seine Inanspruchnahme mit dem Einwand zur Wehr setzen, der Mietvertrag mit dem Orthopäden Dr . . . . . . sei bereits abgeschlossen, hat der Kläger Anspruch auf Zahlung der Vertragsstrafe in Höhe von 50.000,– EUR.[7] Der Abschluss des Mietvertrages stellt bereits eine Zuwiderhandlung im Sinne von § 12 Abs. 2 des Mietvertrages dar. Eine Einwilligung hat der Kläger nie erklärt. Auch treffen die Andeutungen des Beklagten nicht zu, die vertragsstrafebewehrte Konkurrenzsituation erstrecke sich nur auf eine Vermietung an andere Internisten. Dieser Einwand ist indessen unerheblich im Hinblick auf die Auslegung der Konkurrenzschutzklausel durch das zwischen den Parteien im Beisein der Ehefrau des Klägers geführte Vorgespräch und auf Grund der oben näher begründeten Überschneidung der Fachgebiete beider Ärzte.

Wir bitten um umgehende Terminsanberaumung. Den Streitwert für den Unterlassungsantrag geben wir mit 50.000,– EUR an, da der Kläger für den Fall des Bezugs der Räume durch den Orthopäden Dr . . . . . . erhebliche Umsatzeinbrüche erleiden wird. Wie sich aus anliegend in Kopie beigefügten Berechnungen seines Steuerberaters ergibt, erzielt der Kläger ca. $^1/_3$ seiner Umsätze auf dem Gebiete der Rheumatologie. Dies waren in den letzten sechs Monaten . . . . . EUR.

Rechtsanwalt

Anmerkungen

1. Zuständigkeit. Ausschließlich örtlich zuständig ist gemäß § 29a Abs. 1 ZPO das Gericht der belegenen Sache. § 29a ZPO gilt auch für Miet- und Pachtverhältnisse über Räume, soweit es sich nicht um Wohnraum handelt, dagegen nicht für Miet- und Pachtverhältnisse über unbebaute Grundstücke (*Sternel*, Mietrecht Aktuell, 4. Aufl. 2009, XIV Rn. 1, 24). Da der Streitwert 5.000,– EUR überschreitet, ist gemäß §§ 23 Nr. 1, 71 Abs. 1 GVG das Landgericht zuständig.

2. Klage oder einstweilige Verfügung. Vor Klageerhebung ist abzuwägen, ob wegen des Eilbedürfnisses effektiver Rechtsschutz im Wege der einstweiligen Verfügung erlangt werden kann (→ Form. D. V. 14 in einer etwas modifizierten Fallgestaltung). Die Verhinderung eines Vertragsabschlusses zwischen dem Vermieter und dem potenziellen Konkurrenten ist ein Wettlauf mit der Zeit. Die Erhebung einer Hauptsacheklage macht jedoch dann Sinn, wenn der Vermieter noch schwankend ist und deshalb das Eilbedürfnis fehlt. Außerdem kann der Mieter seinem Begehren nur in einem Klageverfahren über den Hilfsantrag auf Zahlung der Vertragsstrafe im Wege der Eventualklagehäufung Nachdruck verleihen. Im einstweiligen Verfügungsverfahren würde es dazu ebenfalls am Verfügungsgrund fehlen. Schließlich könnte im einstweiligen Verfügungsverfahren kein Sachverständigenbeweis erhoben werden, wenn es darauf ankäme, die abstrakte Überschneidung zwischen den Tätigkeitsbereichen eines Orthopäden und eines Rheumatologen zu klären.

3. Streitwert. Der Zuständigkeitsstreitwert ergibt sich aus § 3 ZPO; § 41 GKG kommt nicht zur Anwendung (BLAH/*Hartmann* Anh. § 3 Rn. 122; BGH MDR 2007, 202; aA BGH NJW 2006, 3060: Maßgeblich sei § 9 ZPO). Für den Gebührenstreitwert ist auf § 41 GKG in Verbindung mit § 45 Abs. 1 S. 2 GKG abzustellen. Der Unterlassungsantrag, der dem Vermieter verbietet, einen Mietvertrag mit einem Konkurrenten abzuschließen, hängt in seiner Bewertung von den voraussichtlichen wirtschaftlichen Nachteilen wie etwa einer Umsatzschmälerung durch Aufnahme der wettbewerbswidrigen Tätigkeit ab. Hierzu können die Grundsätze des gewerblichen Rechtsschutzes analog heranzuziehen sein. Es liegt daher nahe, am Ende der Klageschrift Ausführungen zum Streitwert zu machen. Die Werte für Haupt- und Hilfsantrag sind nicht etwa zusammenzurechnen. Dies ist nur dann gemäß § 45 Abs. 1 S. 2 GKG geboten, soweit eine Entscheidung über den Hilfsantrag ergeht.

4. Antragstellung. Die vorbeugende Unterlassungsklage ist nur bei drohender Zuwiderhandlung zulässig, da sie auf Erfüllung gerichtet ist (Schmidt-Futterer/*Eisenschmid* § 535 Rn. 599; Bub/Treier/*Kraemer*/*Ehlert* III B Rn. 3003; BGH NJW-RR 1999, 9).

Die Eventualklagehäufung ist gemäß § 260 ZPO zulässig (BLAH/*Hartmann* § 260 Rn. 8; BGHZ 132, 397). Über den Hilfsantrag hat das Gericht dann zu entscheiden, wenn das Hauptbegehren unzulässig oder unbegründet ist.

Der Abschluss eines Mietvertrages kann nur verhindert werden, wenn er noch in der Schwebe ist. Stellt sich im Zuge des Rechtsstreits heraus, dass der Mietvertrag bereits zustande gekommen ist, kann der Kläger je nachdem, wann das geschehen ist, seine Klage nur zurücknehmen – und bei Klageanlass bis Rechtshängigkeit Kostenantrag gemäß § 269 Abs. 3 S. 3, Abs. 4 ZPO stellen – oder eine Erledigungserklärung abgeben. Der Abschluss eines Mietvertrages vor Einreichung der Klage oder aber zwischen Anhängigkeit und Zustellung der Klage ist kein erledigendes Ereignis, da noch keine Rechtshängigkeit eingetreten ist. Das Prozessrechtsverhältnis kommt erst mit der Zustellung der Klage zustande (h.M.: BLAH/*Hartmann* § 91a Rn. 26 ff., § 269 Rn. 38; BGH MDR 2005, 825; BGHZ 83, 16). Erfolgte der Abschluss des Mietvertrages vor Klageeinreichung, kommt eine für den Kläger günstige Kostenentscheidung nur dann in Betracht, wenn ihm das erledigende Ereignis nicht bekannt sein musste (Zöller/*Greger* § 269 Rn. 18c; OLG München OLG-Report 2004, 218). Vor Einführung des neuen § 269 Abs. 3 ZPO konnte der Kläger die Klage nur mit der für ihn nachteiligen Kostenfolge des § 269 ZPO zurücknehmen. BGHZ 83, 16 gestattete ihm, im Wege der Klageänderung (§§ 263f. ZPO) den Kostenschaden gemäß §§ 280 Abs. 2, 286 BGB nunmehr als Verzugsschaden geltend zu machen, wenn er sich bereits beziffern ließ. Die Problematik hat sich durch die Neuregelung in § 269 Abs. 3 S. 3 ZPO ab 1.1.2002 und auf Grund der weiteren Änderung durch das 1. Justizmodernisierungsgesetz vom 24.8.2004 entschärft. Nunmehr ist das Gericht im Falle der Klagerücknahme in der Lage, eine Kostenentscheidung unter Berücksichtigung des bisherigen Sach- und Streitstandes nach billigem Ermessen zu treffen, wenn der Anlass zur Einreichung der Klage vor Rechtshängigkeit weggefallen ist und die Klage daraufhin zurückgenommen wird. Auf eine Unverzüglichkeit kommt es nach der letzten Gesetzesfassung nicht mehr an. Es ist daher auch eine Kostenentscheidung gemäß § 269 Abs. 3 S. 3, Abs. 4 ZPO möglich. Bei einseitiger Erledigungserklärung des Klägers wird diese vor Rechtshängigkeit als Klagerücknahme zu behandeln sein. Gleichwohl hat dies unter den Voraussetzungen des § 269 Abs. 3 S. 3 ZPO die Konsequenz, dass der Kläger keinen Kostenschaden mehr erleidet. Wahlweise billigt BGH NJW 2006, 775 die Umstellung der Klage auf Erstattung der durch die Klageerhebung entstandenen Kosten zu, für die der BGH nach wie vor ein Rechtsschutzbedürfnis sieht. Ggf. muss bei fehlender Möglichkeit der Bezifferung der Kosten ein Feststellungsantrag gestellt werden (Zöller/*Greger* § 269 Rn. 18e; BGH NJW 2013, 220). Tritt der Wegfall des Klageanlasses nach Rechtshängigkeit ein, ist der Rechtsstreit entweder übereinstimmend oder einseitig für erledigt zu erklären. Die Kostenfolgen ergeben sich sodann aus § 91a ZPO bzw. im Falle der Feststellungsklage des Klägers auf Erledigung und Kostentragung durch den Gegner aus § 91 ZPO.

5. Antrag auf Erteilung einer vollstreckbaren Ausfertigung des Urteils nebst Zustellungsbescheinigung. Die Erteilung der vollstreckbaren Ausfertigung des Urteils erfolgt nicht von Amts wegen, sondern nur auf Antrag (Zöller/*Stöber* § 724 Rn. 8). Der Antrag dient dazu, die Zwangsvollstreckung zu beschleunigen. Mit der von Amts wegen vorgenommenen Zustellung des Titels sind zudem die Voraussetzungen für eine Zwangsvollstreckung in der Regel erfüllt.

6. Anspruch auf Untersagung des Mietvertragsabschlusses. Der Anspruch auf Untersagung des Abschlusses eines Mietvertrages mit dem Konkurrenten ergibt sich aus § 535 Abs. 1 BGB. Für Freiberufler wie Ärzte, Rechtsanwälte, Steuerberater, Architekten usw.

ist seit langem anerkannt, dass diese ebenso Konkurrenzschutz wie Gewerbetreibende genießen (Bub/Treier/*Kraemer/Ehlert* III B Rn. 2899; *Neuhaus*, Handbuch der Geschäftsraummiete, 4 Aufl. 2011, Rn. 1465; Lindner-Figura/Oprée/Stellmann/*Hübner/Griesbach/Fuerst* Kap. 14 Rn. 146 ff.; BGH NJW 2013, 44; NJW 1978, 585). Fraglich ist, ob dieser Konkurrenzschutz auch dann gilt, wenn Freiberufler verschiedener Fachrichtungen im selben Objekt tätig sind, wie das beispielsweise in einem „Ärztehaus" der Fall ist (verneinend: Schmidt-Futterer/*Eisenschmid* § 535 Rn. 608; Bub/Treier/*Kraemer/Ehlert* III B Rn. 2899 ; BGHZ 70, 79; OLG Hamburg NJW-RR 1987, 403; bejahend: OLG Hamm 30 U 90/94 – n. v.). Da im Fallbeispiel eine ausdrückliche Wettbewerbsabrede getroffen war, zu deren Auslegung die Vorgespräche ergänzend heranzuziehen sind (*Jendrek* NZM 2000, 1116; BGH ZMR 1985, 374; OLG Hamm NJW-RR 1991, 1483), bedarf es hierzu keiner Entscheidung. Zur Klärung der Konkurrenzsituation wird es der Einholung eines Sachverständigengutachtens bedürfen. Die Überschneidung der Tätigkeitsbereiche eines auf dem Gebiete der Rheumatologie tätigen Internisten und eines Orthopäden liegt jedoch nahe.

7. Anspruch auf Zahlung einer Vertragsstrafe. Der Anspruch auf Zahlung der Vertragsstrafe ergibt sich aus § 12 Abs. 2 des Mietvertrages i. V. m. § 339 BGB. Die Strafe ist mit jeder Zuwiderhandlung gegen die Konkurrenzschutzpflicht verwirkt. Die Geltendmachung einer Vertragsstrafe schließt weiteren Schadensersatz aus § 536a BGB nicht aus (§ 340 Abs. 2 BGB). Da es sich jedoch um eine pauschalierte Schadensersatzregelung handelt, die es dem Gläubiger ersparen soll, den Schadensnachweis zu führen (BGHZ 105, 27; 85, 312), ist die Vertragsstrafe auf den Gesamtschaden anzurechnen. Gemäß § 307 Abs. 2 Nr. 1 BGB ist eine Vertragsstraferegelung unwirksam, wenn ihre Höhe in keinem angemessenen Verhältnis zur Schwere des mit ihr geahndeten Verstoßes steht (Bub/Treier/*Bub* II Rn. 1662; BGH NZM 2003, 476, 479; BGH Betr. 1990, 1223 zu dem gleich lautenden § 9 Abs. 2 Nr. 1 AGB-Gesetz). § 343 BGB, nämlich die Möglichkeit der Herabsetzung gilt bei formularmäßigen Vertragsstrafen nicht (Bub/Treier/*Bub* II Rn. 1662; BGHZ 85, 314). Vertragsstrafen in mietvertraglichen Wettbewerbsabreden in 6-stelliger Höhe sind keine Seltenheit, da die Auswirkungen des vertragswidrigen Verhaltens des Vermieters insbesondere bei langfristigen Mietverträgen gravierend sein können. Das dem Mieter in derartigen Fällen ebenfalls zustehende Kündigungsrecht gemäß § 543 Abs. 2 S. 1 Nr. 1 BGB werden viele Mieter schon wegen hoher Räumungskosten nicht ausüben. Bei hochtechnisierten Arztpraxen sind Räumungskosten von 150.000,– bis 200.000,– EUR an der Tagesordnung. Eine Zuwiderhandlung im Sinne des § 12 Abs. 2 liegt schon im Abschluss des Mietvertrages zwischen Vermieter und Konkurrenten. Zwar hat der Mieter noch die Möglichkeit, auch nach Abschluss des Mietvertrages weitergehende Erfüllungsansprüche auf Rückgängigmachung des Vertrages mit dem Dritten, etwa im Wege der Kündigung, gegen den Vermieter geltend zu machen.

Auch kann vom Vermieter verlangt werden, auf den Dritten in der Weise einzuwirken, dass dieser sein Konkurrenzunternehmen nicht aufnimmt oder wieder einstellt (Bub/Treier/*Kraemer/Ehlert* III B Rn. 3003; *Neuhaus*, Handbuch der Geschäftsraummiete, 4. Aufl. 2011, Rn. 1402 ff.; Lindner-Figura/Oprée/Stellmann/*Hübner/Griesbach/Fuerst* Kap. 14 Rn. 177 ff.).

Allerdings stehen zeitlich nachgelagerte vertiefende Verstöße des Vermieters gegen seine Konkurrenzschutzpflicht im Fortsetzungszusammenhang und sind deshalb nur eine Handlung im Rechtssinne. Andererseits verliert der Mieter die weiteren Erfüllungsansprüche, wenn er sich auf den Vertragsstrafeanspruch beruft (§ 340 Abs. 1 BGB). Er muss sich daher schon darüber im Klaren sein, dass er mit seinem Hilfsantrag sich weitere Erfüllungsansprüche abschneidet, die er evtl. im Wege der Klageänderung oder Neuklage geltend machen könnte. Ein Fall der Zuwiderhandlung ist aber jede Neuvermietung an einen Dritten.

Im Wohnraummietrecht sind Vertragsstrafen gemäß § 555 BGB unzulässig. Der Höhe nach unterliegen Vertragsstrafen im gewerblichen Mietrecht nur einer Wirksamkeitskontrolle aus §§ 138, 307 BGB. Die Vertragsstrafe muss danach lediglich in einem angemessenen Verhältnis zur Schwere des geahndeten Verstoßes (durch Nichtgewährung des Mietgebrauchs) stehen (MüKoBGB/*Gottwald* Vor § 339 Rn. 17).

Zum Verhältnis zwischen Ordnungsgeld nach § 890 ZPO und Vertragsstrafe s. MüKo/*Gottwald* Vor § 339 Rn. 53 ff.; BGH NJW 1998, 1138, 1139. Beides ist nebeneinander möglich.

8. Vollstreckung. Die Vollstreckung richtet sich nach § 890 ZPO. Zur Höhe des zu verhängenden Ordnungsgeldes bzw. zum Umfang der denkbaren Ordnungshaft (vgl. BLAH/*Hartmann* § 890 Rn. 17 f.). Die Androhung des Ordnungsmittels gemäß § 890 Abs. 2 ZPO ist anders als im einstweiligen Verfügungsverfahren nicht notwendig, jedoch sinnvoll.

31. Klage auf Beseitigung oder Verhinderung der Konkurrenzsituation

An das

Landgericht[1] . . . . .

Klage

des . . . . .

– Kläger –

Prozessbevollmächtigte: . . . . .

gegen

1. Frau . . . . .,
2. Herrn . . . . .,

– Beklagte –

Prozessbevollmächtigte: . . . . .

wegen Konkurrenzschutzes

Streitwert: 50.000,– EUR[2]

Wir bitten um Anberaumung eines Termins zur mündlichen Verhandlung, in dem wir beantragen werden:[3]

1. die Beklagten gesamtschuldnerisch zu verurteilen, auf die Mieterin . . . . . GmbH des neben den Geschäftsräumen des Klägers befindlichen Geschäfts in der Weise einzuwirken, dass sie den Verkauf von Damenoberbekleidung unterlässt,
2. für den Fall des Vorliegens der Voraussetzungen Versäumnisurteil ohne mündliche Verhandlung gemäß § 331 Abs. 3 ZPO zu erlassen,
3. dem Kläger eine vollstreckbare Ausfertigung des Urteils nebst Zustellungsbescheinigung (§ 169 ZPO) zu erteilen.[4]

Begründung:

Der Kläger ist Inhaber des Damenoberbekleidungsgeschäftes „ . . . . .". Die Beklagten bilden eine Erbengemeinschaft. Zum ungeteilten Nachlass gehört das mit einem Ge-

schäftshaus bebaute Grundstück . . . . . Die Parteien haben anliegend in Kopie beigefügten Mietvertrag vom . . . . . über die Erdgeschossräume in diesem Hause geschlossen.

§ 1 des Vertrages enthält die Regelung, dass die Räumlichkeiten zum Betrieb eines
„Textilgeschäftes mit Damenmoden" vermietet werden.

In § 20 des Vertrages heißt es:

> „Konkurrenzschutz
> Konkurrenzschutz für den Mieter wird in folgendem Umfange vereinbart: Im Hause
> darf kein weiteres Fachgeschäft laut Beschreibung § 1, 1. betrieben werden."

Im Erdgeschoss des Hauses . . . . . befindet sich noch ein weiteres Ladenlokal. Bis zum . . . . .
wurde dort ein Fachgeschäft für Herrenoberbekleidung betrieben.

Beweis: Zeugnis . . . . .;
          beigefügte Fotos als Augenscheinsobjekt

Der Kläger erfuhr über die Hausverwaltung der Beklagten, dass diese beabsichtigten, den
Mietvertrag mit dem Inhaber des Herrenoberbekleidungsgeschäftes vorzeitig zu lösen,
um die Räume an die Filialkette . . . . . zu vermieten.

Beweis: Zeugnis . . . . .

Die Firma . . . . . GmbH in . . . . . vertreibt Damenoberbekleidung, Textilien, Tapeten,
Lampen, Kissen, Fliesen und ähnliche Accessoires.

Beweis: Ortsbesichtigung;
          Einholung eines Handelsregisterauszuges der . . . . . GmbH beim Amtsgericht
          . . . . .

In der Folgezeit verhandelten die Parteien darüber, ob und in welcher Höhe der Kläger
durch Zahlung eines Betrages auf die Konkurrenzschutzklausel aus dem Mietvertrag
verzichten würde.

Beweis: Zeugnis . . . . .

Am . . . . . erhielt der Kläger nach Scheitern dieser Verhandlungen Kenntnis von dem
am . . . . . abgeschlossenen Mietvertrag der Beklagten mit der Firma . . . . . GmbH.

Beweis: Zeugnis . . . . .

Daraufhin beantragte der Kläger eine einstweilige Verfügung,[5] mit der den Beklagten
untersagt wurde, die neben den Mieträumen des Klägers im Hause . . . . . gelegenen
Räume der Firma . . . . . GmbH mit Sitz in . . . . . zum Verkauf von Damenoberbekleidung
zu überlassen.

Beweis: Beiziehung der Akten . . . . .

Ferner wurde den Beklagten für jeden Tag der Nutzungsüberlassung an die genannte
Firma ein Ordnungsgeld von 2.500,– EUR angedroht.

Beweis: wie zuvor

Im Berufungsverfahren

  Aktenzeichen . . . . .

gegen das die einstweilige Verfügung bestätigende landgerichtliche Urteil wurde diese mit der Begründung aufgehoben, dass mit ihr ein Unterlassen, also ein passives Verhalten verlangt werde. Mit weiterer Passivität der Beklagten sei jedoch im Eilverfahren nichts mehr zu erreichen, da das wesentliche, nämlich der Vertragsabschluss und der inzwischen auch vollzogene Einzug der Konkurrentin schon vor der Stellung des Antrags auf Erlass einer einstweiligen Verfügung erfolgt seien. Eine Umstellung auf Beseitigungsansprüche, die nach wie vor denkbar seien, käme im einstweiligen Verfügungsverfahren nicht in Betracht, da dies bereits auf eine Erfüllung hinauslaufe.

Deswegen erhebt der Kläger nunmehr Klage zur Hauptsache, mit der er gemäß § 535 Abs. 1 BGB die Beseitigung der eingetretenen Konkurrenzsituation begehrt.[6] Die Klage ist begründet. Im Wesentlichen wenden die Beklagten ein, dass eine Konkurrenzsituation deshalb nicht vorliege, weil dem spezifisch hochwertigen Angebot des Klägers ein Filialgeschäft der Firma . . . . . GmbH mit Damenmoden nur in eingeschränktem Umfang gegenüberstehe. Es handele sich um eine bestimmte Stilrichtung mit vorwiegend floralen Mustern, die auch andere Waren, wie Mobiliar, Möbelzubehör und Accessoires beherrschen würden. Entscheidend ist jedoch, dass das Angebot der Firma . . . . . GmbH sich etwa zur Hälfte auf Damenoberbekleidung erstreckt. Außerdem sind die Beklagten der Auffassung, ihnen sei ein Einwirken auf die Firma . . . . . GmbH inzwischen unmöglich[7] geworden, da diese vertraglich abgesichert sei und vor ihrem Einzug Umbauinvestitionen in Höhe von 400.000,– EUR getätigt habe. Die Beklagten sind indessen durch Nachverhandeln in der Lage, die Konkurrenz auf dem Gebiet der Damenoberbekleidung zu verbieten. Die Beklagten haben dies noch nicht einmal versucht. Schließlich meinen sie, der Beseitigungsanspruch des Klägers sei verwirkt, weil der Kläger nach Abbruch der Verhandlungen zunächst nichts unternommen und mehrere Wochen abgewartet habe, bis er das einstweilige Verfügungsverfahren in Gang gesetzt habe. Der Kläger hat nach dem Scheitern der Verhandlungen zwar eine gütliche Lösung nicht ausgeschlossen, hingegen immer deutlich gemacht, dass er nicht bereit sei, auf die sich aus §§ 1, 20 des Mietvertrages ergebenden Rechte zu verzichten.

Wir bitten um vorläufige Festsetzung des Streitwerts, den wir mit 50.000,– EUR[2] angeben.

Rechtsanwalt

Anmerkungen

1. Zuständigkeit. Ausschließlich örtlich zuständig ist gemäß § 29a Abs. 1 ZPO das Gericht der belegenen Sache. § 29a ZPO gilt auch für Miet- und Pachtverhältnisse über Räume, soweit es sich nicht um Wohnraum handelt, dagegen nicht für Miet- und Pachtverhältnisse über unbebaute Grundstücke (*Sternel*, Mietrecht Aktuell, 4. Aufl. 2009, XIV Rn. 1, 24). Da der Streitwert 5.000,– EUR überschreitet, ist gemäß §§ 23 Nr. 1, 71 Abs. 1 GVG das Landgericht zuständig.

2. Streitwert. Bei einer Klage auf Vornahme einer Handlung zur Erfüllung der Konkurrenzschutzpflichten aus dem Mietvertrag richtet sich der Zuständigkeitsstreitwert nach dem Interesse des Klägers an der Vornahme der Handlung unter Berücksichtigung der Kosten für die Vornahme (*Zöller/Herget* § 3 Rn. 16 „Vornahme von Handlungen"; aA: BLAH/*Hartmann* Anh. § 3 Rn. 136 „Vornahme einer Handlung": Bei der Klage ist § 3 ZPO anwendbar, also das (volle) Interesse des Klägers ohne die erforderlichen Kosten, begrenzt durch den etwa erwarteten Hauptanspruch; BGH NJW-RR 1996, 460). Auf den Gebührenstreitwert wird für die Gebrauchsüberlassungsklage des Mieters § 41 GKG analog angewandt (*Zöller/Herget* § 3 Rn. 16 „Mietstreitigkeiten"; OLG Düsseldorf

NZM 2006, 198 will das Erfüllungsinteresse durch die Höhe der Minderung und des Schadensersatzes bestimmen). Die Höhe des Streitwerts ist danach Ermessenssache, dürfte wegen der wirtschaftlichen Bedeutung der Wettbewerbsklage für einen Einzelhändler jedoch nie unter 15.000,– EUR bis 25.000,– EUR, in Einzelfällen nicht unter 50.000,– EUR liegen.

3. Antragstellung. Bei der Antragstellung ist auf die Bestimmtheit des Klageantrages zu achten. Dieser muss vollstreckungsfähig sein. Das Gebot, dafür zu sorgen, dass der konkurrierende Mieter seine gewerbliche Tätigkeit aus Konkurrenzschutzgründen zugunsten eines anderen Mieters einstellt, ist nach § 888 ZPO zu beurteilen (BGH NJW-RR 1996, 460). Anders als im Falle des § 890 ZPO kann bei einer Vollstreckung gemäß § 888 ZPO der Klageantrag nicht auf Androhung von Zwangsgeld oder Zwangshaft gemäß § 888 Abs. 1 Satz 1 ZPO erstreckt werden, da die Androhung bereits Beginn der Zwangsvollstreckung ist (BLAH/*Hartmann* § 888 Rn. 8 ff.). Ferner ist bei einem Beseitigungsanspruch jedenfalls bei vertragsimmanentem Konkurrenzschutz nur der Verkauf eines Sortiments von Hauptartikeln angreifbar. Für die Einstellung des Verkaufs von Nebenartikeln gibt es keinen Konkurrenzschutz (Lindner-Figura/Oprée/Stellmann/*Hübner*/*Griesbach*/*Fuerst* Kap. 14, Rn. 179). Hier liegt die Überschneidung bei bestehender Konkurrenzschutzklausel im Vertrieb von Damenoberbekleidung.

4. Antrag auf Erteilung einer vollstreckbaren Ausfertigung des Urteils nebst Zustellungsbescheinigung. Die Erteilung der vollstreckbaren Ausfertigung des Urteils erfolgt nicht von Amts wegen, sondern nur auf Antrag (Zöller/*Stöber* § 724 Rn. 8). Der Antrag dient dazu, die Zwangsvollstreckung zu beschleunigen. Mit der von Amts wegen vorgenommenen Zustellung des Titels sind zudem die Voraussetzungen für eine Zwangsvollstreckung in der Regel erfüllt.

5. Klage oder einstweilige Verfügung. Konkurrenzschutz wird häufig zunächst im Wege der einstweiligen Verfügung verfolgt, um eine Konkurrenzsituation von vornherein abzuwenden (→ Form. D. V. 14 – 16).
Im einstweiligen Verfügungsverfahren ist effektiver Rechtsschutz jedoch nur eingeschränkt möglich. Der vom Kläger dort gestellte Unterlassungsantrag scheiterte daran, dass zum Zeitpunkt der Antragstellung die Räume dem Wettbewerber bereits vermietet waren. Danach kommt nur noch ein positives Tun des Vermieters in Betracht, also ein Einwirken dahin, dass das Konkurrenzunternehmen entweder nicht aufgenommen oder wieder eingestellt wird. Problematisch ist, ob ein dahingehender Verfügungsgrund besteht, da möglicherweise die einstweilige Verfügung die Hauptsache vorwegnimmt. Ferner wäre es prozessual unzulässig gewesen, nach dem erstinstanzlichen Verfahren in der Berufungsinstanz klageerweiternd einen Antrag auf Vornahme einer Handlung zu stellen, weil das Berufungsgericht als Rechtsmittelgericht funktionell nicht zuständig gewesen wäre. Gemäß §§ 937, 943 ZPO sind Hauptsachen, die noch nicht in der Berufungsinstanz anhängig sind, beim Gericht des ersten Rechtszuges anzubringen, in Dringlichkeitsfällen ist das Amtsgericht der belegenen Sache gemäß § 942 ZPO zuständig. Gemäß § 937 Abs. 1 ZPO hat das Hauptsachegericht die einstweilige Verfügung zu erlassen. Obwohl deshalb im Beispielsfall der Kläger zunächst richtig reagierte und sich mit einer einstweiligen Verfügung wehrte, ging er mit seinen Verfügungsanträgen unsachgemäß vor. Das führte zu der von ihm erhobenen Hauptsacheklage.

6. Anspruch auf Beseitigung der Konkurrenzsituation. Der Konkurrenzschutzanspruch als Beseitigungsanspruch ergibt sich aus der Gebrauchsüberlassungspflicht des Vermieters gemäß § 535 Abs. 1 BGB in Verbindung mit § 20 der Wettbewerbsklausel (Lindner-Figura/Oprée/Stellmann/*Hübner*/*Griesbach*/*Fuerst* Kap. 14 Rn. 117, 179). Materiell-rechtlich ist der Verstoß eindeutig. Der Wettbewerb erstreckt sich auf das Hauptsortiment des Mieters. Unerheblich ist, ob qualitative oder quantitative Unterschiede im

Hauptsortiment bestehen. Nach Abschluss eines Mietvertrages besteht zunächst die Möglichkeit, dass der Mieter auf den Vermieter in der Weise einwirkt, dass er die Konkurrenzsituation unterbindet, also von dem Wettbewerber verlangt, dass dieser in die Mieträume gar nicht erst einzieht. Ist wie im Beispielsfall der Einzug vollzogen, ist der Anspruch darauf zu richten, den Vermieter zu verurteilen, auf den Wettbewerber einzuwirken, dass dieser den Konkurrenzbetrieb unterlässt (OLG Frankfurt IMR 2012, 154) oder wieder einstellt (*Neuhaus*, Handbuch der Geschäftsraummiete, 4. Aufl. 2011, Rn. 1404). Ein Anspruch besteht allerdings auch nur im Umfang des ausgeübten Wettbewerbs. So wäre es zu weit gegangen, die Einstellung des gesamten Geschäftsbetriebes des Wettbewerbers zu verlangen, auch soweit dieser über den Verkauf von Damenoberbekleidung hinausgeht. Denn insoweit besteht keine Konkurrenzsituation.

Ist das zweite Mietverhältnis entweder auf unbestimmte Zeit eingegangen oder aber wegen bestehender Formfehler gemäß §§ 550, 578 Abs. 1, Abs. 2 S. 1 BGB eine ordentliche Kündigung möglich, kann der Anspruch auch dahin gehen, dass der Vermieter den Zweitvertrag kündigt.

7. Einwendungen gegen die Beseitigungspflicht des Vermieters. Haupteinwendung des Vermieters gegen den Beseitigungsanspruch ist in der Regel, dass er aus Rechtsgründen nicht in der Lage sei, die Konkurrenz des Wettbewerbers zu unterbinden, da dieser sich auf einen rechtswirksamen Mietvertrag berufen könne. Das Rechtsschutzbedürfnis für eine Erfüllungsklage wird jedoch trotz § 275 Abs. 2 in Verbindung mit § 313 Abs. 1 BGB zu bejahen sein (→ Form. B. II. 64 Anm. 5) Objektive Unmöglichkeit liegt nicht vor. Die Bemühungen des Vermieters, den Wettbewerber durch Zahlung einer Abfindung oder durch Beschaffung einer Ersatzmietsache zum Auszug zu bewegen, sind nicht von vornherein aussichtslos (*Neuhaus*, Handbuch der Geschäftsraummiete, 4. Aufl. 2011, Rn. 1378; *Sternel*, Mietrecht Aktuell, 4. Aufl. 2009, VII Rn. 268; BGH WuM 1985, 1175; BGH MDR 1975, 133; BGH NJW 1974, 2317; OLG Hamm NJW-RR 1990, 1236). Zu denken ist auch an eine einvernehmliche Vertragsaufhebung, eine freiwillige Besitzaufgabe durch den Konkurrenzmieter oder eine sonstige Beendigung des vollzogenen Mietverhältnisses in absehbarer Zeit (AG Lichtenberg NZM 2003, 714). Sind allerdings alle Möglichkeiten ausgeschöpft und steht fest, dass der Vermieter den Neumieter nicht dazu bewegen kann, die Konkurrenztätigkeit aufzugeben, dürfte rechtliche Unmöglichkeit gemäß § 275 Abs. 2 BGB vorliegen (*Neuhaus*, Handbuch der Geschäftsraummiete, 4 Aufl. 2011, Rn. 1378; BGH NZM 2003, 476; OLG Dresden NZM 2010, 818). Gegen den die Konkurrenzschutzpflichten verletzenden Vermieter kann der Altmieter nur seine vertraglichen Rechte auf Schadensersatz, Minderung und Zurückbehaltung geltend machen. Notfalls muss er kündigen.

32. Klage gegen den Neumieter auf Unterlassung von Wettbewerb

An das

Landgericht . . . . .

– Kammer für Handelssachen –[1]

Klage

des . . . . .

– Kläger –

Prozessbevollmächtigte: . . . . .

gegen

die Firma . . . . . GmbH, ...

– Beklagte –

Prozessbevollmächtigte: . . . . .

wegen wettbewerbswidrigen Vertragsbruches

vorläufiger Streitwert: 100.000,– EUR[2]

Wir bitten um Anberaumung eines Termins zur mündlichen Verhandlung, in dem wir beantragen werden:[3, 6]

1. die Beklagte wird verurteilt, bei Vermeidung eines Ordnungsgeldes bis zu 250.000,– EUR oder Ordnungshaft für ihren Geschäftsführer bis zu 6 Monaten das Anbieten und Verkaufen von Damenoberbekleidung in dem neben den Geschäftsräumen des Klägers im Hause . . . . . in . . . . . befindlichen Geschäftslokal zu unterlassen,

2. festzustellen, dass die Beklagte verpflichtet ist, dem Kläger jeden Schaden zu ersetzen, der infolge der Aufnahme ihres Geschäftsbetriebes neben den Geschäftsräumen des Klägers im Hause . . . . . in . . . . . durch den Verkauf von Damenoberbekleidung eingetreten ist und noch eintreten wird,

3. für den Fall des Vorliegens der Voraussetzungen Versäumnisurteil ohne mündliche Verhandlung gemäß § 331 Abs. 3 ZPO zu erlassen,

4. dem Kläger eine vollstreckbare Ausfertigung des Urteils nebst Zustellungsbescheinigung (§ 169 ZPO) zu erteilen.[4]

Begründung:

Der Kläger ist Inhaber des Damenoberbekleidungsgeschäftes „. . . . .“. Er hat von den Eheleuten . . . . . als Vermieter im Erdgeschoss des Hauses . . . . . Räumlichkeiten gemäß anliegend in Kopie beigefügtem Vertrag vom . . . . . angemietet.

§ 1 des Vertrages enthält die Regelung, dass die Räumlichkeiten zum Betriebe eines „Textilgeschäftes mit Damenmoden" vermietet werden.

In § 20 des Vertrages heißt es:

„Konkurrenzschutz für den Mieter wird in folgendem Umfange vereinbart: Im Hause darf kein weiteres Fachgeschäft laut Beschreibung § 1, 1. betrieben werden."

Im Erdgeschoss des Hauses . . . . . befindet sich noch ein weiteres Ladenlokal. Bis zum . . . . . wurde dort ein Fachgeschäft für Herrenoberbekleidung betrieben.

Beweis: Zeugnis . . . . .;
      beigefügte Fotos als Augenscheinsobjekt

Kurz zuvor erfuhr der Kläger über die Hausverwaltung der Eheleute . . . . ., dass diese beabsichtigten, den Mietvertrag mit dem Inhaber des Herrenoberbekleidungsgeschäfts vorzeitig zu lösen, um die Räume an die Beklagte zu vermieten.

Beweis: Zeugnis . . . . .

Die Beklagte unterhält die deutsche Niederlassung einer europaweit operierenden Filialkette. Sie vertreibt Damenoberbekleidung, Textilien, Tapeten, Lampen, Kissen, Fliesen und ähnliche Accessoires.

Beweis: Ortsbesichtigung;
      Einholung eines Handelsregisterauszuges der Beklagten
      beim Amtsgericht . . . . .

Seit Mitte Juli verhandelten der Geschäftsführer der Beklagten, der Hausverwalter . . . . .
als Vertreter der Vermieter . . . . . und der Kläger darüber, ob und in welcher Höhe der
Kläger durch Zahlung eines Betrages auf die Konkurrenzschutzklausel aus dem Mietvertrag vom . . . . . verzichten würde.

Beweis: Zeugnis . . . . .;
      eidliche Parteivernehmung des Geschäftsführers der Beklagten.

Der Geschäftsführer der Beklagten erhielt im Zuge dieser Verhandlungen eine Kopie des
zwischen dem Kläger und den Eheleuten . . . . . geschlossenen Mietvertrages. Nach
2 Verhandlungsrunden am . . . . . und . . . . . im Büro des Hausverwalters . . . . .
scheiterten diese, da der Kläger die angebotene Abfindungssumme von zuletzt
35.000,– EUR für bei weitem nicht ausreichend hielt, um die mit dem Konkurrenzbetrieb
verbundenen wirtschaftlichen Nachteile auf Dauer halbwegs zu kompensieren.

Am . . . . . erhielt der Kläger Kenntnis von dem parallel zu diesen Verhandlungen am . . . . .
abgeschlossenen Mietvertrag der Beklagten mit den Eheleuten . . . . .

Beweis: Zeugnis . . . . .

Daraufhin beantragte der Kläger eine einstweilige Verfügung, mit der den Eheleuten . . . . .
untersagt wurde, die neben den Mieträumen des Klägers im Hause . . . . . gelegenen
Räume der Beklagten zum Verkauf von Damenoberbekleidung zu überlassen.

Beweis: Beiziehung der Akten . . . . .

Nach bestätigendem Widerspruchsverfahren legten die Eheleute . . . . . Berufung ein. Im
Berufungsverfahren Aktenzeichen . . . . .

wurde die einstweilige Verfügung mit der Begründung aufgehoben, dass mit ihr ein
Unterlassen, also ein passives Verhalten verlangt werde. Mit weiterer Passivität der
Eheleute . . . . . sei jedoch im Eilverfahren nichts mehr zu erreichen, da das wesentliche,
nämlich der Vertragsabschluss und der inzwischen auch vollzogene Einzug der Beklagten
schon vor Stellung des Antrages auf Erlass einer einstweiligen Verfügung erfolgt seien.
Eine Umstellung auf Beseitigungsansprüche, die nach wie vor denkbar seien, komme im
einstweiligen Verfügungsverfahren nicht in Betracht, da dies bereits auf eine Erfüllung
hinauslaufe. Die vom Kläger zunächst gemäß § 535 Abs. 1 BGB erhobene Hauptsacheklage, mit der er Beseitigung der eingetretenen Konkurrenzsituation gegen die Eheleute . . . . . begehrt, ist inzwischen unterbrochen, da Frau . . . . . am . . . . . verstorben
ist und die Rechtsnachfolge noch nicht feststeht.

Die Beklagte hat den Geschäftsbetrieb nach halbwöchigem Umbau am . . . . . aufgenommen. Sie vertreibt dort überwiegend Damenoberbekleidung, darüber hinaus Textilien,
Tapeten, Lampen, Kissen, Fliesen, Möbel, Möbelzubehör und weitere Accessoires mit
floralen Mustern.

Beweis: Ablichtung der Eröffnungsanzeige in der . . . . .-Zeitung vom . . . . .;
      Zeugnis des Hausverwalters . . . . .;
      Ortsbesichtigung

Aus gesicherter Quelle hat der Kläger erfahren, dass die Beklagte den Eheleuten . . . . . einen Betrag von 50.000,– EUR für den Fall versprochen hat, dass sich diese über ihre vertraglichen Verpflichtungen gegenüber dem Kläger hinwegsetzen. Dem Kläger ist jedenfalls die Kopie eines Schreibens der Beklagten an die Eheleute . . . . . zugespielt worden, in dem es auf Seite 2 Mitte heißt:

„So wie es aussieht, werden wir Herrn . . . . . nicht davon überzeugen können, dass er die Eröffnung unseres Geschäfts im Hause . . . . . neben dem seinen hinnimmt. Für uns ist der Standort nach Markterhebungen jedoch außerordentlich wichtig, da wir in Ihrer Stadt an exponierter Stelle bislang noch nicht vertreten sind. Sie erhalten mit uns auch einen über viele Jahre solventen und attraktiven Mieter. Im Falle einer rechtlichen Auseinandersetzung mit Herrn . . . . ., die wir nach den Unterredungen mit ihm für wahrscheinlich halten, sagen wir jegliche Unterstützung auch finanzieller Art zu. Wir erlauben uns, in der Anlage einen V-Scheck in Höhe von 50.000,– EUR beizufügen, den wir einzulösen bitten. Der Scheck ist nicht unbedingt zweckgebunden. Wir bitten ferner, den von uns bereits unterzeichneten Mietvertrag gegenzuzeichnen und an uns zurückzusenden."

Beweis: Ablichtung der Kopie des Schreibens der Beklagten vom . . . . .

Sollte die Beklagte die Echtheit dieses Schreibens bestreiten, wird der Kläger ergänzenden Beweis antreten. Er macht Ansprüche auf Einstellung des Verkaufs von Damenoberbekleidung im Geschäftslokal der Beklagten gemäß § 826 BGB und §§ 1, 3, 8 UWG geltend.[5] Zwar kann ein Mieter Rechtsschutz gegen den Neumieter üblicherweise nur durch Einschaltung seines Vermieters verlangen, der seinerseits auf den Neumieter in der Weise einzuwirken hat, dass dieser wettbewerbswidriges Handeln unterlässt. In besonderen Fällen hat die Rechtsprechung jedoch ein unmittelbares Vorgehen des Mieters gegen den Neumieter bejaht, und zwar dann, wenn der Neumieter sich bewusst am Vertragsbruch des Vermieters beteiligt hat. Ein derartiger Fall liegt hier vor. Der Geschäftsführer der Beklagten wusste auf Grund der Verhandlungen um den Verzicht auf die Konkurrenzschutzklausel, dass die Vermieter gemäß §§ 1, 20 des mit dem Kläger bestehenden Mietvertrages Konkurrenzschutz im selben Hause vertraglich zu gewähren hatten und an kein anderes Geschäft im selben Hause vermieten durften, welches Damenoberbekleidung vertreibt. Die Beklagte wusste ferner, dass die Eheleute . . . . . sich nach dem Scheitern der Verhandlungen mit dem Kläger noch nicht darüber im Klaren waren, ob sie unter Hinwegsetzung über ihre Konkurrenzschutzpflichten an die Beklagte vermieten würden. Der Geschäftsführer der Beklagten hat sie deshalb mit der Zahlung eines Betrages von 50.000,– EUR geködert und sie auf diese Weise zum Vertragsbruch angestiftet. Das zeitliche Zusammenfallen zwischen dem Zugang des Schreibens und der Unterzeichnung des Mietvertrages durch die Vermieter . . . . . am . . . . . spricht Bände. Dieses Verhalten ist besonders sittenwidrig und wird von der Rechtsordnung nicht gebilligt (vgl. BGH NJW 1976, 2301).

Außerdem begehrt der Kläger die Feststellung der Schadensersatzpflicht der Beklagten. Das Feststellungsinteresse ergibt sich daraus, dass wie hier bei reinen Vermögensschäden ein auf die Verletzungshandlung zurückzuführender Schadenseintritt wahrscheinlich ist (BGH NJW 2006, 830, 832 f.) und zum jetzigen Zeitpunkt ein Schaden noch nicht beziffert werden kann.

Wir bitten um umgehende Anberaumung eines Termins zur mündlichen Verhandlung. Den Streitwert geben wir zunächst mit 100.000,– EUR an.[2]

Rechtsanwalt

Deppen

Anmerkungen

1. Zuständigkeit. Für Klagen aus unerlaubter Handlung ist gemäß § 32 ZPO das Gericht zuständig, in dessen Bezirk die Handlung begangen ist. Für Klagen auf Grund des UWG ist gemäß § 14 Abs. 1 UWG das Gericht zuständig, in dessen Bezirk der Beklagte seine gewerbliche Niederlassung oder in Ermangelung einer solchen seinen Wohnsitz hat. Konkurrieren Ansprüche aus unerlaubter Handlung mit denjenigen aus unlauterem Wettbewerb, gilt § 32 wahlweise neben § 14 UWG (BLAH/*Hartmann* § 32 Rn. 2; aA *Sack* NJW 1975, 1308: Nur § 14 UWG sei maßgeblich). In Frage kommt daher das für die Niederlassung der Beklagten zuständige Gericht als auch dasjenige, wo die Beklagte ihren Sitz hat. Denn die unerlaubte Handlung ist nicht am Niederlassungsort, sondern am Sitz der deutschen Niederlassung der Unternehmenskette durch Fertigung des Schreibens begangen worden. Sachlich zuständig ist gemäß §§ 23 Nr. 1, 71 Abs. 1 GVG wegen des Streitwertes das Landgericht. Soweit es auch über Ansprüche aus dem UWG entscheiden soll, ist funktionell gemäß § 13 Abs. 1 S. 2 UWG i. V. m. §§ 94, 95 Abs. 1 Nr. 5 GVG die Kammer für Handelssachen zuständig.

2. Streitwert. Der Zuständigkeitsstreitwert bemisst sich gemäß § 3 ZPO nach der Beeinträchtigung des Rechts des Klägers, insbesondere seiner voraussichtlichen Umsatzschmälerung, die durch die Fortsetzung wettbewerbswidrigen Handelns eintritt (BLAH/*Hartmann* Anh. § 3 Rn. 63, 121; OLG Brandenburg MDR 2010, 39; OLG Saarbrücken OLGR 2005, 952). Die Höhe des Streitwerts ist Ermessenssache, dürfte jedoch 50.000,– EUR erreichen, wenn wie hier zwischen einem Einzelkaufmann und einem Filialisten ein eklatanter Wettbewerbsverstoß festgestellt werden kann. Bei der Feststellungsklage ist maßgeblich der zu erwartende Schaden, zu dem sich der Kläger im Bedarfsfalle erklären müsste, davon 80 % (BGH NJW-RR 2009, 156). Er müsste deshalb bis zur ersten mündlichen Verhandlung schon einmal die Auswirkungen der Konkurrenzsituation auf seinen Gewinn überschlagen und hochrechnen. Präzise Angaben wird das Gericht in dieser Situation sicherlich nicht verlangen (BLAH/*Hartmann* Anh. § 3 „Feststellungsklage" Rn. 53). Für den Gebührenstreitwert ist § 48 GKG einschlägig (*Hartmann* Anh. I § 48 GKG Rn. 63, 121 „Unterlassung e) Gewerblicher Rechtsschutz"). Es gelten dieselben Kriterien wie zu § 3 ZPO, ebenso für die Feststellungsklage (*Hartmann* Anh. I § 48 GKG Rn. 53 f. „Feststellungsklage").

3. Antragstellung. Der Leistungsantrag geht primär auf Unterlassung, was von §§ 1, 3, 8 Abs. 1 UWG gedeckt ist. Ein Unterlassungsbegehren kann jedoch nicht zugleich als Naturalrestitution gemäß §§ 826, 249 BGB ausgelegt werden. Es wird auch nicht Herstellung eines früheren Zustands verlangt, da kein Anspruch darauf besteht, dass der Geschäftsbetrieb insgesamt eingestellt wird. Die Unterlassung kann sich nur auf das wettbewerbswidrige Handeln, also den Verkauf von Damenoberbekleidung, erstrecken. Der im Wege der objektiven Klagehäufung geltend gemachte Schadensersatzanspruch ergibt sich aus § 826 BGB und §§ 1, 3, 9 UWG. Die Beschränkung auf die Feststellungsklage ist zulässig (§ 256 Abs. 1 ZPO), weil gemäß §§ 195, 199 BGB die deliktischen Ansprüche innerhalb von 3 Jahren verjähren. Schadensersatzansprüche aus dem UWG verjähren indessen gemäß § 11 Abs. 3 UWG ohne Rücksicht auf die Kenntnis oder grob fahrlässige Unkenntnis in 10 Jahren von ihrer Entstehung, spätestens in 30 Jahren von der den Schaden auslösenden Handlung an. Demgegenüber verjährt der Unterlassungsanspruch gemäß §§ 1, 3, 8 Abs. 1 UWG bereits in sechs Monaten nach Anspruchsentstehung und wenn der Gläubiger von den den Anspruch begründenden Umständen und der Person des Schuldners Kenntnis erlangt oder ohne grobe Fahrlässigkeit erlangen müsste (§ 11 Abs. 2 UWG). Für Schadensersatzansprüche nach dem UWG kommt allerdings die BGH-Rechtsprechung hinzu, wonach für das Feststellungsinteresse die

Wahrscheinlichkeit eines auf die Verletzungshandlung zurückzuführenden Schadeneintritts notwendig aber auch ausreichend ist (BGH NJW 2006, 830, 832 f.). Weitere Voraussetzung ist natürlich, dass zum Zeitpunkt der Klageerhebung der Schadensersatzanspruch noch nicht anderweitig zu beziffern war. Kein besonderes Feststellungsinteresse kann gegen den Neumieter daraus abgeleitet werden, dass der Prozess gegen den Vermieter aus verfahrensrechtlichen Gründen unterbrochen ist. Denn dieses Verfahren hat auf die Verjährung von Ansprüchen gegen den Neumieter keinen Einfluss. Die Unterbrechung mag allenfalls Motiv für das Handeln des Klägers gewesen sein, auch gegen die konkurrierende Beklagte vorzugehen. Einen Vorrang, wonach die Ansprüche des Mieters gegen den Neumieter nur dann in Betracht kommen, wenn er gegenüber dem Vermieter nicht weiterkommt, gibt es ebenfalls nicht.

4. Antrag auf Erteilung einer vollstreckbaren Ausfertigung des Urteils nebst Zustellungsbescheinigung. Die Erteilung der vollstreckbaren Ausfertigung des Urteils erfolgt nicht von Amts wegen, sondern nur auf Antrag (Zöller/*Stöber* § 724 Rn. 8). Der Antrag dient dazu, die Zwangsvollstreckung zu beschleunigen. Mit der von Amts wegen vorgenommenen Zustellung des Titels sind zudem die Voraussetzungen für eine Zwangsvollstreckung in der Regel erfüllt.

5. Voraussetzungen für Ansprüche zwischen konkurrierenden Mietern. Die Rechtsprechung bejaht Unterlassungs- und Schadensersatzansprüche zwischen konkurrierenden Mietern nur in äußersten Ausnahmefällen (*Neuhaus*, Handbuch der Geschäftsraummiete, 4. Aufl. 2011, Rn. 1388; Wolf/Eckert/Ball/*Ball* Rn. 725; BGH NJW 1987, 3132; 1976, 2301). Nicht ausreichend ist der Verstoß des Neumieters gegen die Konkurrenzschutzklausel im Vertrage zwischen dem von der Konkurrenz betroffenen Mieter und dem Vermieter (Lindner-Figura/Oprée/Stellmann/*Hübner/Griesbach/Fuerst* Kap. 14 Rn. 130). Ein Vertragsbruch des Vermieters ist nämlich, auch wenn er zu Wettbewerbszwecken erfolgt, nicht ohne weiteres zugleich ein Wettbewerbsverstoß des Neumieters. Das gilt im Verhältnis der Vertragspartner zueinander und im Verhältnis zu Außenstehenden. Nur wenn besondere Unlauterkeitsmomente hinzutreten, kann im Einzelfall ein Vertragsbruch auch als Verstoß gegen §§ 1, 3 UWG zu werten sein (BGH NJW 1987, 3132). Ausreichend ist eine vorsätzliche Beteiligung am Vertragsbruch des Vermieters, wobei hier noch der Tatbestand der Schmiergeldzahlung als sittenwidrige Schädigung hinzukommt (Lindner-Figura/Oprée/Stellmann/*Hübner/Griesbach/Fuerst* Kap. 14 Rn. 130). In der Praxis wird es häufig schwierig sein, die Kenntnis des Neumieters bezüglich aller Umstände des bestehenden Altmietverhältnisses zu beweisen. Außerdem reicht dessen Kenntnis von der Vertragslage nicht aus. Vielmehr muss nachgewiesen werden, dass der Neumieter ursächlich für die Bereitschaft des Vermieters geworden ist, sich über die eigenen vertraglichen Pflichten hinwegzusetzen.

6. Vollstreckung. In der Antragstellung sollte wegen § 890 Abs. 2 ZPO die Androhung der Ordnungsmittel bereits erfolgen. Anderenfalls ist sie auf Grund eines zusätzlichen Antrags des Gläubigers in einem weiteren Beschluss auszusprechen (Zöller/*Stöber* § 890 Rn. 12a).

Die Vollstreckung richtet sich nach § 890 Abs. 1 ZPO. Zur Höhe des zu verhängenden Ordnungsgeldes bzw. zum Umfang der denkbaren Ordnungshaft (vgl. BLAH/*Hartmann* § 890 Rn. 17 f.). Das Ordnungsgeld muss fühlbar und empfindlich sein (OLG Celle MDR 2010, 1891).

Lässt sich der Wille des Schuldners durch Ordnungsmittel nicht beugen, kommen zusätzlich Schadensersatzklagen gemäß § 893 Abs. 2 ZPO in Betracht. Sachlich und örtlich zuständig ist immer das Gericht, bei dem die Unterlassungsklage anhängig war, so dass etwa der Streitwert keine Rolle spielt (Zöller/*Stöber* § 893 Rn. 1 ff.). Es handelt sich allerdings nicht um einen reinen prozessualen Anspruch. Vielmehr muss ein Schadensersatzanspruch nach materiellem Recht bestehen (BLAH/*Hartmann* § 893 Rn. 1;

OLG Celle NZM 2007, 839). § 893 ZPO rechtfertigt, im Erkenntnisverfahren auch dann den Erfüllungsanspruch titulieren zu lassen, wenn absehbar ist, dass eine Zwangsvollstreckung gemäß § 883 bis 892 ZPO nicht erfolgreich sein wird, zum Beispiel deshalb, weil die Zwangsvollstreckung wegen der finanziellen Situation des Schuldners ins Leere läuft (OLG Celle NZM 2007, 839; aA: LG Köln NZM 2005, 621).

33. Klage auf Schadensersatz wegen der Verletzung von Konkurrenzschutzpflichten und auf Feststellung der Verpflichtung zum Ersatz weiterer Schäden

An das

Landgericht[1] . . . . .

Klage

der Firma . . . . . GmbH . . . . .

– Klägerin –

Prozessbevollmächtigte: . . . . .

gegen

Herrn . . . . .

– Beklagter –

Prozessbevollmächtigte: . . . . .

wegen Schadensersatzes und auf Feststellung weiterer Schäden wegen der Verletzung von Konkurrenzschutzpflichten

Vorläufiger Streitwert: 77.500,– EUR[2]

Wir bitten um Anberaumung eines Termins zur mündlichen Verhandlung, in dem wir beantragen werden:[3]

1. den Beklagten zu verurteilen, an die Klägerin 37.500,– EUR nebst Zinsen in Höhe von 5 Prozentpunkten über dem Basiszinssatz seit dem . . . . . (Datum) zu zahlen,
2. festzustellen, dass die Klägerin berechtigt ist, vom Beklagten Ersatz für die Schäden zu verlangen, die die Klägerin dadurch erleidet, dass der Beklagte den Verkauf von Keramikfliesen durch die Firma . . . . .-GmbH auf dem Grundstück . . . . . in . . . . . nicht unterbindet,
3. für den Fall des Vorliegens der Voraussetzungen Versäumnisurteil ohne mündliche Verhandlung gemäß § 331 Abs. 3 ZPO zu erlassen,
4. der Klägerin eine vollstreckbare Ausfertigung des Urteils nebst Zustellungsbescheinigung (§ 169 ZPO) zu erteilen.[4]

Begründung:

Die Klägerin ist Inhaberin eines Groß- und Einzelhandels mit keramischen Fliesen. Sie mietete von dem Beklagten mit anliegend in Kopie beigefügtem Mietvertrag vom . . . . . 3200 m² Laden- und Lagerflächen an. Das Mietobjekt befindet sich in einem vom Beklagten in den Jahren . . . . . errichteten Einkaufszentrum mit rund 8000 m² Laden- und Lagerfläche zur Vermietung. Die Klägerin eröffnete ihren Geschäftsbetrieb am . . . . .

Bestandteil des Mietvertrages zwischen den Parteien sind auch die diesem beigehefteten Baupläne. Danach waren außer dem Fliesen-Groß- und Einzelhandel der Klägerin ein Baustoffe-Groß- und Einzelhandel mit Laden- und Lagerfläche von insgesamt 2800 m² sowie weitere Gewerbebetriebe vorgesehen.

§ 10 Abs. 2 des Mietvertrages lautet:

„Für das Objekt wird dem Mieter Konkurrenzschutz gewährt."

Vor Abfassung des Mietvertrages hatten sich die Parteien über den Umfang des Konkurrenzschutzes unterhalten. Der Prokurist der Klägerin,

    der Zeuge . . . . .

hatte am . . . . . gegenüber dem Beklagten in dessen Büro zum Ausdruck gebracht, dass die Klägerin keinerlei Konkurrenz im gesamten Einkaufszentrum hinzunehmen bereit sei, sei es nun von einem anderweitigen Fachgeschäft, einem Baustoffgeschäft oder einem Baumarkt. Dies hatte der Beklagte dem Prokuristen . . . . . ausdrücklich zugesichert.

Beweis: Zeugnis . . . . .

Daraus ist dann die Klausel gemäß § 10 Abs. 2 des Vertrages erwachsen. Ein Jahr später vermietete der Beklagte die im Bauplan als Baustoffe-Groß- und Einzelhandel ausgewiesene Fläche an die Firma . . . . .-GmbH, die dort einen Baumarkt eröffnete und unter anderem keramische Fliesen anbietet.

Beweis: Ortsbesichtigung;
    Zeugnis . . . . .

Sofort nach Eröffnung des Baumarktes forderte die Klägerin mit anliegend in Kopie beigefügtem Anwaltsschreiben den Beklagten auf, auf die Firma . . . . .-GmbH in der Weise einzuwirken, dass sie keine keramischen Fliesen anbietet oder verkauft. Der Beklagte wies diese Forderung gemäß anliegend in Kopie beigefügtem Schreiben vom . . . . . mit der Begründung zurück, es liege kein Konkurrenzfall vor, da § 10 Abs. 2 des Mietvertrages es dem Baumarkt . . . . .-GmbH nicht verbiete, Fliesen auch als Nebenartikel in geringem Umfang sowie ohne Auswahlmöglichkeit und Werbung zu vertreiben. Ein umfassender Konkurrenzschutz sei nicht zustande gekommen. Entsprechende Zusicherungen, die er im Beisein des Prokuristen . . . . . wie unter Beweis gestellt abgegeben hatte, leugnete er. Daraufhin nahm die Klägerin den Beklagten in dem Rechtsstreit Aktenzeichen . . . . . auf Unterbindung des wettbewerbswidrigen Verkaufs von Fliesen durch die . . . . .-GmbH auf deren Mietfläche in Anspruch. Nach Vernehmung des Prokuristen . . . . . wurde der Beklagte mit anliegend in Kopie beigefügtem Urteil des Landgerichts vom . . . . . dazu verurteilt, auf die . . . . .-GmbH in der Weise einzuwirken, dass diese in ihren vom Beklagten angemieteten Räumen das Anbieten und/oder Verkaufen von keramischen Fliesen unterlässt. Gegen dieses Urteil hat der Beklagte Berufung beim OLG . . . . . eingelegt. Dem Antrag auf Einstellung der Zwangsvollstreckung hat das OLG mit anliegend in Kopie beigefügtem Beschluss gegen Sicherheitsleistung entsprochen. Die Klägerin sieht sich deshalb derzeit außerstande, aus dem Urteil des Landgerichts vorläufig zu vollstrecken. Wir bitten insoweit um Beiziehung der Akten

    . . . . .

Mit der vorliegenden Klage macht die Klägerin ihren entgangenen Gewinn für die Zeit vom . . . . . bis zum . . . . . geltend.[5] Für das Rumpfjahr . . . . . und das erste Halbjahr . . . . . überreichen wir in der Anlage 2 gesonderte Gewinn- und Verlustrechnungen des Steuerberaters . . . . . Ferner überreichen wir in Ablichtung gesonderte Gewinn- und Verlustrechnungen für die Zeit vom . . . . . bis . . . . . sowie das Jahr . . . . . Die Auswertung dieser Gewinn- und Verlustrechnungen ergibt einen Rückgang der Erlöse aus dem Verkauf von keramischen Fliesen in Höhe von . . . . . EUR.

Beweis: sachverständiges Zeugnis des Steuerberaters . . . . .;
            Buchsachverständigengutachten

Dem sind die ersparten Betriebskosten gegenüberzustellen. Um diese zu ermitteln, sind aus den gesamten Betriebsausgaben der Klägerin für eine hypothetische Berechnung der Gewinnminderung die variablen Kosten von den festen Kosten zu trennen. Variable Kosten sind: (wird ausgeführt)

Im Übrigen handelt es sich um nichtvariable Kosten.

Beweis: sachverständiges Zeugnis des Steuerberaters . . . . .;
            Buchsachverständigengutachten

Nach Abzug der ersparten Aufwendungen ermittelt sich ein jährlicher Schaden von 25.000,– EUR.

Anspruchsgrundlage ist in erster Linie § 536a BGB, hilfsweise §§ 241 Abs. 2, 280 Abs. 1 BGB wegen positiver Vertragsverletzung.[6] Der Bundesgerichtshof hat das Bestehen eines Schadensersatzanspruches dem Grunde nach für den Fall bejaht, dass der Vermieter gegen den wettbewerbswidrig handelnden Neumieter nicht einschreitet (BGH ZMR 1985, 374).

Nunmehr bejaht der Bundesgerichtshof auch das Vorliegen eines Mangels der Mietsache bei Verletzung der in einem Gewerberaummietvertrag vereinbarten Konkurrenzschutzklausel durch den Vermieter (BGH NJW 2013, 44). Die Kommentarliteratur hat dies immer schon angenommen, so dass § 536a BGB der Vorrang einzuräumen ist (Schmidt-Futterer/*Eisenschmid* § 535 Rn. 590; Bub/Treier/*Kraemer/Ehlert* III B Rn. 3005; *Neuhaus*, Handbuch der Geschäftsraummiete, 4. Aufl. 2011, Rn. 1381 ff.; Lindner-Figura/Oprée/Stellmann/*Hübner/Griesbach/Fuerst* Kap. 14 Rn. 182; *Joachim* BB 1986, Beilage 6, 12).

Ferner begehrt die Klägerin die Feststellung des schadensersatzbegründenden Verhaltens des Beklagten. Sowohl die Rechtskraft des Parallelprozesses als auch des Klagebegehrens zu Ziff. 1 in dieser Sache reicht nicht aus, um den bis zur Beendigung des vertragswidrigen Zustands eintretenden Schaden dem Grunde nach festzulegen. Der Parallelrechtsstreit trifft nur eine Entscheidung über die Leistungsverpflichtung des Beklagten und lässt die Schadenersatzverpflichtung unberührt, die sich aus dem Verzug mit dieser Leistungsverpflichtung gemäß § 535 Abs. 1 BGB ergibt. Der Klageantrag zu Ziff. 1 hat nur Rechtskraftwirkung für den Zeitraum, für den er geltend gemacht wird. Im Hinblick auf die oben dargelegte Konkretisierung der mietvertraglichen Klausel kann kein Zweifel daran bestehen, dass der Beklagte verpflichtet ist, der Klägerin jegliche Konkurrenz auf dem räumlichen Gebiet des ca. 8000 m² großen Einkaufszentrums fernzuhalten, der das Angebot und den Verkauf von keramischen Fliesen beinhaltet. Zu verstehen ist die Klausel also in dem Sinne,[7] dass der Beklagte verpflichtet ist, während der Mietzeit Verkaufsflächen nicht an ein Unternehmen zu vermieten, das den Vertrieb von Waren zum Gegenstand hat, die von der Klägerin geführt werden. Außerdem bedarf es diesbezüglich der Feststellung, dass der Beklagte der Klägerin aus diesem Verhalten zum Schadensersatz verpflichtet ist. Offenbar setzt der Beklagte darauf, dass eine zutreffende Auslegung der mietvertraglichen Vereinbarung nur mit Hilfe der Vorgespräche möglich ist. Das Landgericht hat sich jedoch in dem Parallelprozess Aktenzeichen . . . . . von der Aussage des Prokuristen . . . . . überzeugen lassen. Die dortige Beweiswürdigung im überreichten Urteil ist in sich schlüssig und überzeugend. Die Klägerin hat diese Klage ua auch deshalb erhoben, um ihrer Schadensminderungspflicht zu genügen. Andere Einwirkungsmöglichkeiten etwa auf die . . . . .-GmbH hat sie nicht.

Der Beklagte ist mit anliegend in Kopie beigefügtem Schreiben vom . . . . . von der Klägerin zur Zahlung von Schadensersatz aufgefordert worden. Dies hat er im Hinblick auf den schwebenden Rechtsstreit abgelehnt.

Den Streitwert für die Feststellungsklage[2] geben wir mit 40.000,– EUR an. Dabei gehen wir davon aus, dass in der Zukunft noch um die von der Klägerin erlittenen Schäden für die Jahre . . . . . und . . . . . gestritten wird, die wir ebenfalls in Höhe von je 25.000,– EUR beziffern. 80 % davon sind 40.000,– EUR.

Rechtsanwalt

Anmerkungen

1. Zuständigkeit. Ausschließlich örtlich zuständig ist gemäß § 29a Abs. 1 ZPO das Gericht der belegenen Sache. § 29a ZPO gilt auch für Miet- und Pachtverhältnisse über Räume, soweit es sich nicht um Wohnraum handelt, dagegen nicht für Miet- und Pachtverhältnisse über unbebaute Grundstücke (*Sternel*, Mietrecht Aktuell, 4. Aufl. 2009, XIV Rn. 1, 24). Da der Streitwert 5.000,– EUR überschreitet, ist gemäß §§ 23 Nr. 1, 71 Abs. 1 GVG das Landgericht zuständig.

2. Streitwert. Für den Streitwert einer Zwischenfeststellungsklage gilt im Verhältnis zur behauptenden oder leugnenden Feststellungsklage nichts besonderes (BLAH/*Hartmann* § 256 Rn. 119; Anh. § 3 Rn. 53 Stichwort: „Feststellungsklage"). Maßgeblich ist also das weitere Interesse der Klägerin an der Durchsetzung von Schadensersatzansprüchen. Dieses Interesse ist unter Berücksichtigung einer zeitlich begrenzten Schadensersatzpflicht des Beklagten angemessen beurteilt, wenn noch für zwei weitere Jahre ein Schadensersatzanspruch in Höhe des bereits bezifferten Schadens in Ansatz gebracht wird und davon 80 % zugrundegelegt werden. Für den Gebührenstreitwert gilt gemäß § 48 GKG nichts anderes (*Hartmann* Anh. I § 48 GKG Rn. 53 „Feststellungsklage").

3. Antragstellung. Neben dem Leistungsantrag ist die Zwischenfeststellungsklage im Wege der objektiven Klagehäufung gemäß § 260 ZPO zulässig (vgl. BLAH/*Hartmann* § 256 Rn. 117 f.), wenn damit ein für die Leistungsklage und die Entscheidung bedingendes vorgreifliches Rechtsverhältnis geklärt werden soll (BGH MDR 2013, 544). Mit Hilfe der Zwischenfeststellungsklage soll die Rechtskraft der Entscheidung auf den Anspruchsgrund der Hauptsache erweitert werden (BLAH/*Hartmann* § 256 Rn. 108; BGH NJW 2011, 2196; BGH NZM 2005, 704). Daraus ergibt sich auch das Feststellungsinteresse, welches nicht gesondert zu prüfen ist. Das streitig gewordene Rechtsverhältnis folgt daraus, dass der Beklagte eine Verpflichtung zum Tätigwerden gegenüber der . . . . .-GmbH im Verhältnis zur Klägerin leugnet. Die Wettbewerbsklausel in § 10 Abs. 2 ist nicht eindeutig (s. dazu BGH ZMR 1985, 374). Nur mit Hilfe einer ergänzenden Beweisaufnahme über dasjenige, was sich die Parteien bei Abfassung der Klausel vorgestellt haben, kann die Reichweite der Klausel geklärt werden. Die Rechtskraft des im Beispielsfall angesprochenen Vorprozesses auf Beseitigung der wettbewerbswidrigen Situation durch den Vermieter erstreckt sich nur auf das Erfüllungsbegehren der Klägerin, nicht auf die Schadensersatzverpflichtung des Beklagten. Die Rechtskraft des Zahlungsantrages ist zeitlich begrenzt. Für Schadensersatzprozesse, die den anschließenden Zeitraum betreffen, bedarf es daher im Falle eines zusprechenden Urteils nur noch der Klärung der Schadenshöhe unabhängig vom Ausgang des Parallelprozesses.

4. Antrag auf Erteilung einer vollstreckbaren Ausfertigung des Urteils nebst Zustellungsbescheinigung. Die Erteilung der vollstreckbaren Ausfertigung des Urteils erfolgt nicht von Amts wegen, sondern nur auf Antrag (Zöller/*Stöber* § 724 Rn. 8). Der Antrag dient dazu, die Zwangsvollstreckung zu beschleunigen. Mit der von Amts wegen vorgenommenen Zustellung des Titels sind zudem die Voraussetzungen für eine Zwangsvollstreckung in der Regel erfüllt.

5. Schadensberechnung. Die Berechnung des entgangenen Gewinns gemäß §§ 252 BGB, 287 ZPO soll großzügig zugunsten des Geschädigten erfolgen (Bub/Treier/*Kraemer/Ehlert* III B Rn. 3006; Wolf/Eckert/Ball/*Ball* Rn. 728; *Joachim* BB 1986 Beilage 6, 12). Als entgangener Gewinn kommt in erster Linie der Umsatzrückgang abzüglich ersparter Betriebskosten in Betracht (Palandt/*Grüneberg* § 252 Rn. 14; BGH NJW 1997, 2943). Wenn möglich sind für die Schadensschätzung mehrere Jahre vor dem schädigenden Ereignis zugrunde zu legen (BGH NJW 2001, 1640). Zur Ermittlung der ersparten Betriebskosten sind die variablen von den nichtvariablen Ausgaben zu trennen. Als Schaden kommt ferner ein Verlust des „good will" in Frage (Bub/Treier/*Kraemer/Ehlert* III B Rn. 3006). Neben dem Schadensersatz kann der Mieter nach herrschender Auffassung auch Minderungs- und Zurückbehaltungsrechte gemäß § 320 BGB ausüben (Bub/Treier/ *Kraemer/Ehlert* III B. Rn. 3005 f.; *Neuhaus*, Handbuch der Geschäftsraummiete, 4. Aufl. 2011, Rn. 1379, 1381 ff.). Die Mietminderung bietet gegenüber Schadensersatzansprüchen des Mieters den Vorteil, dass es weder auf ein Verschulden des Vermieters noch auf den unter Umständen schwierigen Nachweis eines konkurrenzbedingt entgangenen Gewinns des Mieters ankommt (Bub/Treier/*Kraemer/Ehlert* III B Rn. 3005; BGH NJW 2013, 44). Wird Minderung und Schadensersatz geltend gemacht, ist allerdings darauf zu achten, dass eine Minderung der Miete bei der Berechnung des Schadens Berücksichtigung findet, damit der Geschädigte denselben Nachteil nicht zweimal ersetzt bekommt. So ist beispielsweise bei den nicht ersparten Betriebskosten die Position Miete mit dem Minderungsbetrag und nicht in vertraglich vereinbarter Höhe in Ansatz zu bringen. Das Zurückbehaltungsrecht hat indessen auf die Schadenshöhe keinen Einfluss, da es nur als Druckmittel dient, den Vermieter zu vertragsgemäßem Verhalten zu zwingen.

6. Ansprüche auf Schadensersatz. Einigkeit besteht darüber, dass die Verletzung der Erfüllungspflicht durch den Vermieter Schadensersatzansprüche des Altmieters auslöst. Bislang wurde nicht ganz einheitlich die Frage beurteilt, welches die Anspruchsgrundlage ist.
Der Bundesgerichtshof hatte sich dazu noch nicht eindeutig geäußert und in der Entscheidung BGH LM BGB § 537 Nr. 3 in dem Umstand, dass ein Konkurrenzunternehmen in demselben Gebäude betrieben wird, keinen Mangel der Mietsache gesehen. Nunmehr hat er in einem Urteil vom 10.10.2012 (NJW 2013, 44) klargestellt, dass die Verletzung der in einem Gewerberaummietvertrag vereinbarten Konkurrenzschutzklausel durch den Vermieter einen Mangel der Mietsache gemäß § 536 Abs. 1 BGB darstellt, wobei zwischen vertraglich vereinbartem und dem vertragsimmanenten Konkurrenzschutz nicht zu unterscheiden ist. Damit schwenkt er auf die aus dem subjektiven Fehlerbegriff abgeleiteten Erwägungen ein, dass Mängel nicht nur dem Mietobjekt anhaften, sondern sich auch aus Umständen ergeben können, die außerhalb des Objekts liegen (*Sternel*, Mietrecht Aktuell, 4. Aufl. 2009, VII Rn. 268, VIII Rn. 2) wie zum Beispiel Baulärm (s. Bub/Treier/*Kraemer/Ehlert* III B Rn. 3005; *Neuhaus*, Handbuch der Geschäftsraummiete, 4. Aufl. 2011, Rn. 1381 ff.; Lindner-Figura/Oprée/Stellmann/*Hübner/ Griesbach/Fuerst* Kap. 14 Rn. 182 f.; Wolf/Eckert/Ball/*Ball* Rn. 728; *Joachim* BB 1986, Beilage 6, 12; KG NZM 2007, 566; OLG Frankfurt a. M. NZM 2004, 706; OLG Düsseldorf ZMR 2000, 451; OLG Karlsruhe ZMR 1990, 214). Sie leiten also das Recht auf Minderung aus § 536 BGB und Schadensersatzansprüche aus § 536a BGB ab, während Wolf/Eckert/Ball/*Ball* Rn. 728 Ansprüche aus § 280 BGB wegen positiver Ver-

tragsverletzung bejahen. Der Vermieter haftet für eigenes Fehlverhalten infolge Gewährenlassens des Dritten. Der Neumieter ist nicht Erfüllungsgehilfe des Vermieters.

7. Auslegung der Konkurrenzschutzklausel. Zur Auslegung der Konkurrenzschutzklausel kommt es auf die allgemeinen Auslegungsgrundsätze an (*Neuhaus*, Handbuch der Geschäftsraummiete, 4. Aufl. 2011, Rn. 1346). Maßgeblich sind dabei nicht nur mündliche zusätzliche Vereinbarungen, sondern sämtliche Erklärungen der Vertragsparteien, aus denen sich Rückschlüsse auf die von ihnen übereinstimmend der vertraglichen Regelung beigemessene Bedeutung ziehen lassen (BGH ZMR 1985, 374).

Bedenken, den Klauselwortlaut ausreichen zu lassen, ergeben sich daraus, dass der Umfang des Konkurrenzschutzes gegenständlich nicht erläutert ist. Die Berufung auf vertragsimmanenten Konkurrenzschutz würde nicht weiterhelfen, da dieser dann nicht greift, wenn keramische Fliesen im Angebot der .....-GmbH einen Nebenartikel darstellen.

Klage im Zusammenhang mit dem vertragsgemäßen Gebrauch der Mietsache

34. Klage wegen unterlassener Fürsorgemaßnahmen zur Abwehr von Gefahren für Leib, Leben und Eigentum der berechtigten Benutzer

An das

Landgericht[1].....

Klage

der Firma M-GmbH .....

– Klägerin –

Prozessbevollmächtigte: .....

gegen

Frau Henriette V .....

– Beklagte –

Prozessbevollmächtigte: .....

wegen Schadensersatzes

Streitwert: 45.000,– EUR[2]

Um Anberaumung eines möglichst nahen Termins zur mündlichen Verhandlung wird gebeten, in dem beantragt wird:

1. die Beklagte zu verurteilen, an die Klägerin 45.000,– EUR nebst Zinsen in Höhe von 5 Prozentpunkten über dem Basiszinssatz seit ..... (Datum) zu zahlen,
2. der Beklagten die Kosten des Rechtsstreits aufzuerlegen,
3. für den Fall des Vorliegens der Voraussetzungen
4. Versäumnisurteil
   ohne mündliche Verhandlung gemäß § 331 Abs. 3 ZPO zu erlassen,
5. für jeden Fall der Sicherheitsleistung der Klägerin nachzulassen, Sicherheit auch durch die Beibringung einer unbedingten, unbefristeten und selbstschuldnerischen Bürgschaft einer deutschen Großbank, Sparkasse oder Genossenschaftsbank zu leisten.

Begründung:

Die Beklagte ist Eigentümerin eines zweistöckigen, unterkellerten gewerblichen Gebäudes. Mit anliegend in Kopie beigefügtem Mietvertrag vom . . . . . mietete die Klägerin die Erdgeschossräume zu Lagerzwecken an.

Beweis: Mietvertrag vom . . . . . In Kopie

Am 1.1.2010 ereignete sich ein Wasserschaden. Wegen des seit November 2009 anhaltenden strengen Frostes brach ein Löschwasserrohr, welches vom Keller durch die Erdgeschossräume in das Obergeschoss verläuft. Das Obergeschoss war zum Zeitpunkt des Schadensfalles seit längerer Zeit leer stehend und nicht beheizt. Ca. 1,5 m oberhalb des Obergeschossbodens trat deshalb aus einer infolge der Frosteinwirkung gebrochenen Stelle des dort frei verlegten, nicht isolierten und nur teilweise mit Sackleinen umwickelten Löschwasserrohrs Wasser aus, tropfte durch die Decke in die Lagerräume der Klägerin im Erdgeschoss und durchnässte, verformte und verschmutzte Stoffe, die die Klägerin zwecks Weiterverarbeitung von der Firma . . . . . erworben und dort eingelagert hatte.

Beweis: Zeugnis des Prokuristen P . . . . .

Im Anschluss an den Schadensfall war der Sachverständige S . . . . . von der Leitungswasserversicherung der Klägerin beauftragt worden, die Ursachen des Wasserrohrbruchs und die Höhe des Schadens festzustellen. Die Beschädigung der Stoffe beläuft sich gemäß seinem anliegend in Kopie beigefügten Gutachten vom . . . . . auf 40.000,– EUR netto. Die Versicherung hat der Klägerin den ihr entstandenen Schaden ersetzt. Wir überreichen hierzu Ablichtung des Regulierungsschreibens der Versicherungsgesellschaft vom . . . . .

Beweis: Vorlage des Schreibens der Versicherung vom . . . . . in Kopie

Hinzu kommen weitere 2.500,– EUR Gutachterkosten gemäß anliegend in Kopie beigefügter Rechnung des Zeugen . . . . . Diese Gebühren hat die Versicherungsgesellschaft dem Zeugen ebenfalls mit anliegend in Kopie beigefügtem Überweisungsbeleg unmittelbar ausgeglichen.

Beweis: Zeugnis des Prokuristen P . . . . .

Ferner sind angefallen 2.500,– EUR Bergungskosten, die sich daraus ergeben, dass im Beisein des Gutachters S . . . . . die in Ballen gelagerten Stoffe jeweils aufgerollt und auf ihre Beschädigung untersucht werden mussten. Soweit die Stoffe nicht beschädigt waren, wurden sie anderweitig gelagert. Die übrigen Stoffe wurden zu Beweiszwecken vorübergehend mit Zustimmung der Beklagten in die Kellerräume verbracht, bis das Gutachten des Sachverständigen S . . . . . erstellt war. Für diese Tätigkeit stellte die Klägerin die beiden Angestellten A 1 . . . . . und A 2 . . . . . ab, die in der Zeit vom . . . . . bis . . . . . ausschließlich mit diesen Arbeiten beschäftigt waren.

Beweis: Zeugnis der Angestellten A 1 und A2, zu laden über die Klägerin

Der darauf entfallende Anteil der Lohnansprüche der beiden Angestellten ergibt den Schaden in Höhe von 2.500,– EUR (wird ausgeführt).

Die Beklagte ist der Klägerin zum Ersatz des bei ihr eingetretenen Schadens wegen schuldhafter Verletzung ihrer vertraglichen Verkehrssicherungspflicht gemäß §§ 535 Abs. 1 S. 2, 280 Abs. 1 BGB verpflichtet.[3] Soweit durch die Ersatzleistungen der Versicherungsgesellschaft der Anspruch gemäß § 86 VVG auf diese übergegangen ist, hat sie gemäß anliegend in Kopie beigefügtem Vertrag vom . . . . . sämtliche Schadensersatzansprüche an die Klägerin zurückabgetreten. Die Klägerin hat diese Abtretung angenommen.

Beweis: Zeugnis Vorlage der Abtretungsvereinbarung vom . . . . . in Kopie

Die der Beklagten obliegende Verkehrssicherungspflicht beinhaltet, dass die Beklagte als Vermieterin innerhalb des Gebäudes sämtliche ihr zumutbaren Maßnahmen trifft, um Störungen des Gebrauchs der Mietsache, insbesondere Gefahren für das Eigentum der Klägerin zu verhindern oder abzuwenden (BGH WuM 1988, 1382).

Die Beklagte ist der Auffassung, dieser Schadensabwendungspflicht genügt zu haben, da sie den im Keller des Hauses befindlichen Sperrschieber der Wasserleitung geschlossen, dadurch den Wasserzufluss in die Leitung unterbunden habe und den Zustand des Sperrschiebers durch den Hausmeister alle 2 bis 3 Tage habe kontrollieren lassen.

Diese Behauptungen bestreitet die Klägerin mit Nichtwissen.

Die Beklagte vermutet, der Wasserzulauf könne dadurch wiederhergestellt worden sein, dass Dritte unbefugt den Sperrschieber evtl. kurz nach der Kontrolle durch den Hausmeister wieder geöffnet hätten. Damit kann die Beklagte aber nicht gehört werden. Sie hätte entweder in dem nicht benutzten und unbeheizten Obergeschoss die dort frei verlaufende, nicht isolierte Wasserleitung abisolieren oder das Obergeschoss so beheizen müssen, dass zumindest Temperaturen etwas oberhalb des Gefrierpunktes erreicht worden wären. Wenn die Beklagte dazu nicht in der Lage war, hätte sie die Gefahr des Eintritts eines Wasserrohrbruchs wegen andauernden Frostes dadurch verhindern müssen, dass sie für eine durchgehende Schließung des Sperrschiebers Sorge trug. Der Sperrschieber war nach der eigenen Argumentation der Beklagten gemäß anliegend in Kopie beigefügtem Schreiben vom . . . . . für jedermann und damit auch für Unberechtigte zugänglich. Tatsächlich haben die Ermittlungen des Prokuristen P . . . . . ergeben, dass am Tage vor dem Schadensereignis Bauarbeiter, die in den Kellerräumen Ausbesserungsarbeiten vorgenommen hatten, den Sperrschieber geöffnet hatten, um Wasser entnehmen zu können. Alsdann hatten sie versäumt, den Sperrschieber wieder zu verschließen.

Beweis: Zeugnis des Prokuristen P . . . . .

Die Beklagte hätte sicherstellen müssen, dass die Bauarbeiter durch den anwesenden Hausmeister überwacht wurden. Zumindest hätte der Hausmeister noch am selben Tage nach Abschluss der Tätigkeiten der Bauarbeiter in den Kellerräumen eine Überprüfung vornehmen müssen, um einen Missbrauch des Schiebers zu verhindern. Die von der Beklagten angegebenen 2 bis 3-tägigen Kontrollen reichten insofern nicht aus.

Die Beklagte wurde mit anliegend in Kopie beigefügtem Schreiben des Unterzeichners vom . . . . . zum Ersatz des entstandenen Schadens bis zum . . . . . aufgefordert. Mit Ablauf dieses Tages befindet sie sich daher in Verzug.[4] Zahlung ist nicht erfolgt. Klage war demgemäß geboten.

Rechtsanwalt

Anmerkungen

1. Zuständigkeit. Ausschließlich örtlich zuständig ist gemäß § 29a Abs. 1 ZPO das Gericht der belegenen Sache. § 29a Abs. 1 ZPO gilt auch für Miet- und Pachtverhältnisse über Räume, soweit es sich nicht um Wohnraum handelt, dagegen nicht für Miet- und

Pachtverhältnisse über unbebaute Grundstücke (Zöller/*Vollkommer* § 29a Rn. 5). Wegen des Streitwertes von mehr als 5.000,– EUR ist sachlich das **Landgericht** gemäß §§ 23 Nr. 1, 71 Abs. 1 GVG zuständig.

2. Streitwert. Für den Zahlungsantrag gilt der Zuständigkeitsstreitwert des § 8 ZPO. Bei Geldforderungen ist der Betrag der Klageforderung maßgeblich. Dies gilt auch für den Gebührenstreitwert (vgl. *Gies* NZM 2003, 886).

3. Verkehrssicherungspflicht. Die sich aus § 535 Abs. 1 S. 2 BGB ergebende Instandhaltungs- und Instandsetzungspflicht beinhaltet, dass ein Vermieter innerhalb eines Gebäudes dafür Sorge zu tragen hat, dass Gebrauchsstörungen der Mietsache, insbesondere Gefahren für Leib und Leben sowie das Eigentum des Mieters bzw. anderer berechtigter Benutzer verhindert oder abgewendet werden. Sache des Vermieters ist, technische Vorkehrungen gegen das Einfrieren von Wasserleitungen zu treffen (vgl. Schmidt-Futterer/*Eisenschmid* § 535 Rn. 278 unter Hinweis auf AG Ludwigshafen WuM 1981, 12). Aus diesem Grunde sind Versorgungsleitungen auch außerhalb der Mieträume, die jedoch im Einflussbereich des Vermieters liegen, so zu überwachen, dass wie hier bei Wasserleitungen keine Frostschäden eintreten (BGH WuM 1988, 1382; BGH ZMR 1957, 305; Schmidt-Futterer/*Eisenschmid* § 535 Rn. 278).

Anspruchsgrundlagen sind gemäß §§ 241 Abs. 2, 280 Abs. 1 BGB die positive Vertragsverletzung, ggf. auch die Verschuldenshaftung gemäß § 536a Abs. 1 BGB und zusätzlich die deliktische Haftung gemäß §§ 823 ff. BGB (vgl. in Schmidt-Futterer/*Eisenschmid* § 535 Rn. 278 unter Hinweis auf AG Potsdam WuM 1995, 699).

Den Mieter trifft die Darlegungs- und Beweislast für die Pflichtverletzung und den eingetretenen Schaden. Insoweit gelten die allgemeinen Beweislastregeln; die Darlegungs- und Beweislast für die Pflichtverletzung des Vermieters sowie für die Kausalität der Pflichtverletzung für den eingetretenen Schaden trägt grundsätzlich der Mieter (BGH ZIP 2000, 2257; NJW-RR 1990, 1422; NJW 2009, 142; Baumgärtel/Laumen/Prütting/ *Nies* § 535 Rn. 23). Steht jedoch fest, dass der Schaden aus der Sphäre des Vermieters stammt, hat sich dieser zu entlasten, dass weder ihn noch seinen Erfüllungsgehilfen, für den er über § 278 BGB ebenfalls einzustehen hat, ein Verschulden trifft (BGH NJW-RR 2005, 235, 381; NJW 1964, 35; Palandt/*Grüneberg* § 280 Rn. 37; Baumgärtel/Laumen/ Prütting/*Nies* § 535 Rn. 25). Der BGH lässt den Beweis des ersten Anscheins bei der Verletzung von Verkehrssicherungspflichten zu, wenn sich im Schadensfall gerade diejenige Gefahr verwirklicht hat, der durch die Auferlegung besonderer Verhaltenspflichten begegnet werden soll. Steht fest, dass die Schadensursache nur eine solche aus dem Obhuts- und Gefahrenbereich des Vermieters in Betracht kommt, muss dieser sich nicht nur hinsichtlich der subjektiven Seite sondern auch hinsichtlich der objektiven Pflichtwidrigkeit entlasten (BGH NJW 2009, 142 (143); 1994, 2019 (2020)).

Die Grenze der Beweislastumkehr, die nicht nur das Verschulden sondern auch die objektive Pflichtverletzung ergreift, ist danach zu bestimmen, in wessen Obhuts- und Gefahrenbereich die Schadensursache lag (BGH NJW 1994, 2019 (2010); Baumgärtel/ Laumen/Prütting/*Nies* § 535 Rn. 25). Da im vorliegenden Fall die Schadensursache allein im Einflussbereich der Beklagten in ihrer Eigenschaft als Vermieterin lag, die sich zudem ein eventuelles Verschulden ihres Hausmeisters über § 278 BGB zurechnen lassen muss, dürfte hier für eine Umkehr der Beweislast kein Raum sein.

4. Zinsschaden. Wird aus abgetretenem Recht geklagt, ist ein Zinsschaden nur dann schlüssig dargelegt, wenn er in der Person des Zedenten entstanden ist. Im Falle der Legalzession mit anschließender Rückabtretung des Anspruchs an den Zedenten entfällt diese Differenzierung für die Anspruchsberechtigung. Bedeutung hat sie aber nach wie vor für den Zeitpunkt des Verzugseintritts. Vor der Versicherungsleistung muss der Geschädigte mahnen. Für den Zeitraum zwischen Versicherungsleistung und Rückabtretung ist nur die Versicherungsgesellschaft aktivlegitimiert, § 86 Abs. 1 VVG, im Anschluss daran wiederum der Rückabtretungsempfänger. Anderenfalls würde die Mahnung mangels Forderungsberechtigung ins Leere gehen (vgl. Palandt/*Grüneberg* § 286 Rn. 9).

35. Klage eines Dritten wegen unterlassener Fürsorgemaßnahmen

An das

Landgericht[1] . . . .

Klage

der Einlager -GmbH . . . . .

– Klägerin –

Prozessbevollmächtigter: Rechtsanwalt Dr. G aus K

gegen

Frau Henriette V . . . . .

– Beklagte –

Prozessbevollmächtigte: . . . . .

wegen Schadensersatzes

Streitwert: 45.000,– EUR[2]

Um Anberaumung eines möglichst nahen Termins zur mündlichen Verhandlung wird gebeten, in dem beantragt wird:

1. die Beklagte zu verurteilen, an die Klägerin 45.000,– EUR nebst Zinsen in Höhe von 5 Prozentpunkten über dem Basiszinssatz seit . . . . . (Datum) zu zahlen,
2. der Beklagten die Kosten des Rechtsstreits aufzuerlegen,
3. für den Fall des Vorliegens der Voraussetzungen

Versäumnisurteil

ohne mündliche Verhandlung gemäß § 331 Abs. 3 ZPO zu erlassen,
4. für jeden Fall der Sicherheitsleistung der Klägerin nachzulassen, Sicherheit auch durch die Beibringung einer unbedingten, unbefristeten und selbstschuldnerischen Bürgschaft einer deutschen Großbank, Sparkasse oder Genossenschaftsbank zu leisten.

Begründung:

Die Beklagte ist Eigentümerin eines zweistöckigen, unterkellerten gewerblichen Gebäudes. Mit anliegend in Kopie beigefügtem Mietvertrag vom . . . . . mietete die X . . . . .-GmbH die Erdgeschossräume zu Lagerzwecken an.

Beweis: Vorlage des Mietevertrages zwischen der Beklagten und der X-GmbH vom . . . . . in Kopie

Die Klägerin macht Schadensersatzansprüche wegen Verletzung ihres Eigentums geltend.

Am 1.1.2010 ereignete sich ein Wasserschaden. Wegen des seit November 2009 anhaltenden strengen Frostes brach ein Löschwasserrohr, welches vom Keller durch die

Erdgeschossräume in das Obergeschoss verläuft. Das Obergeschoss war zum Zeitpunkt des Schadensfalles seit längerer Zeit leer stehend und nicht beheizt. Ca. 1,5 m oberhalb des Obergeschossbodens trat deshalb aus einer infolge der Frosteinwirkung gebrochenen Stelle des dort frei verlegten, nicht isolierten und nur teilweise mit Sackleinen umwickelten Löschwasserrohrs Wasser aus, tropfte durch die Decke in die Lagerräume der X-GmbH im Erdgeschoss und durchnässte, verformte und verschmutzte Stoffe, die die Klägerin zwecks Weiterverarbeitung an die Firma Y -GmbH geliefert hatte und von jener dort eingelagert waren. Die Y – GmbH sollte aus diesen Stoffen Herrenanzüge herstellen.

Beweis: Zeugnis des Prokuristen P . . . . .

Wir überreichen ferner in der Anlage Ablichtung des mit der Firma Y-GmbH geschlossenen Werklieferungsvertrages . . . . .

Im Anschluss an den Schadensfall war der Sachverständige S . . . . . von der Leitungswasserversicherung der Klägerin beauftragt worden, die Ursachen des Wasserrohrbruchs und die Höhe des Schadens festzustellen. Die Beschädigung der Stoffe beläuft sich gemäß seinem anliegend in Kopie beigefügten Gutachten vom . . . . . auf 40.000,– EUR netto. Die Versicherung hat der Klägerin den ihr entstandenen Schaden ersetzt. Wir überreichen hierzu Ablichtung des Regulierungsschreibens der Versicherungsgesellschaft vom . . . . .

Beweis: Vorlage des Schreibens der Leitungswasserversicherung vom . . . . . in Kopie

Hinzu kommen weitere 2.500,– EUR Gutachterkosten gemäß anliegend in Kopie beigefügter Rechnung des Zeugen . . . . . Diese Gebühren hat die Versicherungsgesellschaft dem Zeugen ebenfalls mit anliegend in Kopie beigefügtem Überweisungsbeleg unmittelbar ausgeglichen.

Beweis: Vorlage des Überweisungsbelegs vom . . . . . in Kopie

Ferner sind angefallen 2.500,– EUR Bergungskosten, die sich daraus ergeben, dass im Beisein des Gutachters . . . . . die in Ballen gelagerten Stoffe jeweils ausgerollt und auf ihre Beschädigung untersucht werden mussten. Soweit die Stoffe nicht beschädigt waren, wurden sie anderweitig gelagert. Die übrigen Stoffe wurden zu Beweiszwecken vorübergehend mit Zustimmung der Beklagten in die Kellerräume verbracht, bis das Gutachten des Sachverständigen . . . . . erstellt war. Für diese Tätigkeit stellte die X-GmbH die beiden Angestellten A 1 und A 2 ab, die in der Zeit vom . . . . . bis . . . . . ausschließlich mit diesen Arbeiten beschäftigt waren.

Beweis: Zeugnis der Angestellten A 1 und A 2 . . . . .

Den darauf entfallenden Anteil der Lohnansprüche der beiden Angestellten gegen die X-GmbH hat diese mit anliegend in Kopie beigefügtem Abrechnungsschreiben vom . . . . . ermittelt und der Klägerin in Höhe von 2.500,– EUR in Rechnung gestellt (wird im Einzelnen ausgeführt). Auch diesen Schaden hat die Versicherung der Klägerin ersetzt. Wir verweisen auf das oben bereits angesprochene Regulierungsschreiben vom . . . . .

Die Beklagte ist der Klägerin zum Ersatz des bei ihr eingetretenen Schadens wegen schuldhafter Verletzung ihrer vertraglichen Verkehrssicherungspflicht gemäß §§ 535 Abs. 1 S. 2, 280 Abs. 1, 328 BGB verpflichtet.[3] Soweit durch die Ersatzleistungen der Versicherungsgesellschaft der Anspruch gemäß § 86 VVG auf diese übergegangen ist, hat sie gemäß anliegend in Kopie beigefügtem Vertrag vom . . . . . sämtliche Schadensersatzansprüche an die Klägerin zurückabgetreten.

Beweis: Vorlage der Vertragsurkunde vom . . . . . in Kopie

Die der Beklagten obliegende Verkehrssicherungspflicht beinhaltet, dass sie als Vermieterin innerhalb des Gebäudes sämtliche ihr zumutbaren Maßnahmen trifft, um Störungen des Gebrauchs der Mietsache, insbesondere Gefahren für das Eigentum der Klägerin sowie der in den Schutzbereich des Mietvertrages einbezogenen Personen zu verhindern oder abzuwenden (BGH WuM 1988, 1382).

Die Beklagte vertritt die Auffassung, dieser Schadensabwendungspflicht genügt zu haben, da sie den im Keller des Hauses befindlichen Sperrschieber der Wasserleitung geschlossen, dadurch den Wasserzufluss in die Leitung unterbunden habe und den Zustand des Sperrschiebers durch den Hausmeister alle 2 bis 3 Tage habe kontrollieren lassen.

Diese Behauptungen bestreitet die Klägerin mit Nichtwissen.

Die Beklagte meint, der Wasserzulauf könne dadurch wiederhergestellt worden sein, dass Dritte unbefugt den Sperrschieber evtl. kurz nach der Kontrolle durch den Hausmeister wieder geöffnet hätten. Damit kann die Beklagte aber nicht mit Erfolg gehört werden. Sie hätte entweder in dem nicht benutzten und unbeheizten Obergeschoss die dort frei verlaufende, nicht isolierte Wasserleitung abisolieren oder das Obergeschoss so beheizen müssen, dass zumindest Temperaturen etwas oberhalb des Gefrierpunktes erreicht wurden. Wenn die Beklagte dazu nicht in der Lage war, hätte sie die Gefahr der Verwirklichung eines Wasserrohrbruchs wegen andauernden Frostes dadurch verhindern müssen, dass sie für eine durchgehende Schließung des Sperrschiebers Sorge trug. Der Sperrschieber war nach der eigenen Argumentation der Beklagten gemäß anliegend in Kopie beigefügtem Schreiben vom . . . . . für jedermann und damit auch für Unberechtigte zugänglich. Tatsächlich haben die Ermittlungen des Prokuristen . . . . . ergeben, dass am Tage vor dem Schadensereignis Bauarbeiter, die in den Kellerräumen Ausbesserungsarbeiten vorgenommen hatten, den Sperrschieber geöffnet hatten, um Wasser entnehmen zu können. Alsdann hatten sie versäumt, den Sperrschieber wieder zu verschließen.

Beweis: Zeugnis des Prokuristen P . . . . .

Die Beklagte hätte sicherstellen müssen, dass die Bauarbeiter durch den anwesenden Hausmeister überwacht wurden. Zumindest hätte der Hausmeister noch am selben Tage nach Abschluss der Tätigkeiten der Bauarbeiter in den Kellerräumen eine Überprüfung vornehmen müssen, um einen Missbrauch des Schiebers zu verhindern. Die von der Beklagten angegebenen 2 bis 3-tägigen Kontrollen reichen insofern nicht aus. Die Klägerin ist aus dem Gesichtspunkt des Vertrages mit Schutzwirkung zugunsten Dritter berechtigt, den an sie zurückabgetretenen Schadensersatzanspruch geltend zu machen. Zu ersetzen ist der Schaden, der ihr an den in ihrem Eigentum stehenden bei der Firma X-GmbH eingelagerten Stoffen entstanden ist.[4] Aus dem oben vorgelegten Werklieferungsvertrag ergibt sich, dass sie die Firma Y-.GmbH damit beauftragt hatte, die von ihr am . . . . .gelieferten Stoffe zu Herrenanzügen zu verarbeiten.

Beweis: Zeugnis des Prokuristen P . . . . .

Daraus geht hervor, dass sich die Stoffe bestimmungsgemäß in den Mieträumen der Firma X – GmbH befanden. Damit war die Klägerin in den Schutzbereich des Mietvertrages einbezogen (BGH WuM 1968, 438; BGHZ 71, 175, 178).

Die Beklagte wurde mit anliegend in Kopie beigefügtem Schreiben des Unterzeichners vom . . . . . zum Ersatz des entstandenen Schadens bis zum . . . . . aufgefordert. Zahlung ist nicht erfolgt. Die Beklagte befindet sich demgemäß in Verzug.[5] Klage war demgemäß geboten.

Rechtsanwalt

Gies

Anmerkungen

1. Zuständigkeit. → Form. B. III. 34 Anm. 1

2. Streitwert. → Form. B. III. 34 Anm. 2.

3. Verkehrssicherungspflicht. → Form. B. III. 34 Anm. 3.

4. Vertrag mit Schutzwirkung zugunsten Dritter. Die Klägerin als Stofflieferantin war in den Schutzbereich des Mietvertrages miteinbezogen und genoss im Rahmen dieses Vertrages denselben Schutz wie die Mieterin selbst. Das ergibt sich aus den Grundsätzen eines Vertrages mit Schutzwirkung zugunsten Dritter. Die Einbeziehung eines Dritten in die Schutzwirkung eines Vertrages setzt voraus, dass Sinn und Zweck des Vertrages und die erkennbaren Auswirkungen der vertragsgemäßen Leistung auf den Dritten seine Einbeziehung unter Berücksichtigung der Grundsätze von Treu und Glauben erfordern und eine Vertragspartei, für den Vertragsgegner erkennbar, redlicherweise damit rechnen kann, dass die ihr geschuldete Obhut und Fürsorge in gleichem Maße auch dem Dritten entgegengebracht wird (BGH NJW 1996, 2927; 2008, 2245 (2247); Schmidt-Futterer/*Eisenschmid* § 535 Rn. 198). Im Mietrecht ist der Vertrag mit Schutzwirkung zugunsten Dritter (vgl. BGH NJW 1998, 1948; 2006, 830 (835); NZM 1998, 243; Palandt/*Grüneberg* § 328 Rn. 28 ff.) von folgenden Voraussetzungen abhängig:

a) **Fehlen** einer **vertraglichen Verbindung** zwischen Drittem und Vermieter. Es kommen allenfalls deliktische Ansprüche in Betracht, die jedoch wegen der Gehilfenhaftung gemäß § 831 BGB mit Exkulpationsmöglichkeit sowie des Scheiterns bei reinen Vermögensschäden schwächer ausgestaltet sind (BGH NJW 2006, 830 (835); BGHZ 49, 353; BGH NJW 1959, 1676; Palandt/*Grüneberg* § 328 Rn. 13).

b) Der **Vermieter verletzt schuldhaft Leistungspflichten** wie zum Beispiel die Gewährleistungspflicht oder Verhaltenspflichten wie Verkehrssicherungs-, Fürsorge-, Obhuts- und Prüfpflichten. Im Falle der Haftung gemäß § 536a Abs. 1 1. Alt. BGB für einen Anfangsmangel der Mietsache kommt es allerdings auf ein Verschulden nicht an. Erfüllungsansprüche auf Überlassung der Mietsache hat der Dritte aber nicht (BGHZ 49, 350 (353)).

c) **Einbeziehung des Dritten** in den geschützten Personenkreis. Der Dritte muss nach dem Mietvertrag die Mietsache berechtigterweise bestimmungsgemäß in Anspruch nehmen dürfen (BGH MDR 1985, 400; ZMR 1985, 47; MDR 1977, 134). Ob dies der Fall ist, ist durch Auslegung des Mietvertrages zu ermitteln (BGH NJW 1984, 355 (356); Palandt/*Grüneberg* § 328 Rn. 14). Einer besonderen Rechtsbeziehung zwischen dem Mieter und dem Dritten mit personenrechtlichem Einschlag bedarf es zur Begründung einer Schutzwirkung nicht mehr (BGH NJW 1985 (489); 1983, 1054; 1976, 1844). Allerdings muss für den Vermieter erkennbar sein, dass die nach dem Inhalt bestimmungsgemäße Ausübung des Mietgebrauches durch den Dritten die gleiche Gefahr der Schädigung oder Schadenszufügung mit sich bringt wie für den Mieter selbst (BGHZ 61, 227; NJW 2008, 2245 (2247)).

Die Rechtsprechung hat **folgende Dritte** in den Kreis der **schutzbedürftigen Personen** einbezogen: Familienangehörige, Partner einer eheähnlichen Lebensgemeinschaft, Arbeitnehmer des Mieters wie zum Beispiel Personal, Hausangestellte, Aufwartefrau, bei juristischen Personen deren Organe oder Mitgesellschafter, bei Vereinen auch deren Mitglieder, Kunden und Lieferanten des Mieters bezüglich deren Vorbehalts- oder Sicherungseigentum an Sachen, sofern sie der Mieter befugt für seine Zwecke in den Mieträumen unterbringt und der Vermieter mit der Einbringung diesen Mietern nicht gehörenden Sachen rechnen konnte, auch die Einbringung von Sachen Dritter zum Zwecke der Verarbeitung, der berechtigte Fahrer eines Mietfahrzeuges, nicht aber beispielsweise Besucher, stundenweise tätige Babysitter, also Personen, die sich nur vorübergehend in den Mieträumen aufhalten. Ob Untermieter in den Schutzbereich des Vertrages zugunsten Dritter fallen, ist streitig, im einzelnen → Form. B. III. 29 Anm. 4. Der BGH verneint in ständiger Rechtsprechung Ansprüche des Untermieters gegen den Vermieter (BGH WM 1979, 307; BGH NJW 1978, 883; dem folgend Palandt/*Grüneberg* § 328 Rn. 28; Schmidt-Futterer/*Eisenschmid* § 536a Rn. 78; aA Blank/Börstinghaus § 536a Rn. 27; → Form. B. III. 29 Anm. 4). Dabei wird allerdings übersehen, dass nicht immer bei Verschulden des Vermieters der Untermieter einen Anspruch gegen seinen Untervermieter = Hauptmieter hat. Zudem setzt sich der BGH in Widerspruch zu seiner eigenen Rechtsprechung, in der er die Leistungsnähe aus einer familien-, arbeits- oder **mietvertraglichen** Beziehung abgeleitet hat (Palandt/*Grüneberg* § 328 Rn. 17; BGH NJW 1977, 2208, NJW 1968, 1931).

d) Rechtsfolge des Bestehens von Ansprüchen aus Verträgen mit Schutzwirkung zugunsten Dritter sind **vertragliche Schadensersatzansprüche** aus erlittenen Personen- und Vermögensschäden (BGH NJW 1977, 2073 (2074); Palandt/*Grüneberg* § 328 Rn. 19). Zu Ansprüchen aus Delikt besteht eine echte Konkurrenz. Haftungsausschlussklauseln des Vermieters oder aber das Mitverschulden des Mieters muss sich der Dritte nur bei Ansprüchen aus § 328 BGB analog, nicht bei Ansprüchen aus Delikt entgegenhalten lassen (BGH WuM 1986, 65; vgl. dazu auch Palandt/*Grüneberg* § 328 Rn. 20 mwN).

5. Zum **Zinsschaden** → Form. B. III. 34 Anm. 4 unter Hinweis auf Abtretung und Rückabtretung von Ansprüchen einer Schadensversicherung

36. Klage auf Lieferung von gesundheitlich unbedenklichem Wasser

An das

Amtsgericht[1] . . . . .

Klage

1. des Herrn Josef M . . . . .
2. der Frau Manuela M . . . . .

– Kläger –

Prozessbevollmächtigter: RA Dr. G aus K

gegen

Herrn Robert V

– Beklagter –

Prozessbevollmächtigte: . . . . .

wegen der Lieferung von gesundheitlich unbedenklichem Trinkwasser

Streitwert: vorläufig 1.080,– EUR[2]

Um Anberaumung eines Termins zur mündlichen Verhandlung wird gebeten, in dem beantragt wird:[3]

1. den Beklagten zu verurteilen, die zum Einfamilienhaus . . . . . in . . . . . gehörenden Trinkwasserleitungen in der Weise auszuwechseln, dass die Bleikonzentration im Frischwasser weniger als 0,025 mg/l beträgt,
2. dem Beklagten die Kosten des Rechtsstreits aufzuerlegen,
3. für den Fall des Vorliegens der Voraussetzungen

Versäumnisurteil

ohne mündliche Verhandlung gemäß § 331 Abs. 3 ZPO zu erlassen und
4. für jeden Fall der Sicherheitsleistung den Klägern nachzulassen, Sicherheit auch durch die Beibringung einer unbedingten, unbefristeten und selbstschuldnerischen Bürgschaft einer deutschen Großbank, Sparkasse oder Genossenschaftsbank zu leisten.

Begründung:

Die Kläger sind seit einem Jahr Mieter des im Jahre 1955 errichteten Einfamilienhauses . . . . . in . . . . . K. Maßgebend sind die Bestimmungen des Mietvertrages vom 1.1.2014.

Beweis: Mietvertrag vom 1.1.2014.

Die Trinkwasserleitungen des Hauses bestehen aus den damals üblichen Bleirohren.

Beweis: Zeugnis   . . . . .;
                        Sachverständigengutachten

Die Zeugin . . . . . ist selbstständige Umweltberaterin. Sie hat im Auftrage der Kläger die Trinkwasserleitungen untersucht.

Etwa 3 Monate nach Bezug des Hauses beklagte die Klägerin zu 2) Kopf- und Gliederschmerzen. Sie begab sich in die ärztliche Behandlung des

Zeugen . . . . .,

der zunächst keine klare Diagnose stellen konnte. Im Laufe der Zeit wurden die Schmerzen jedoch stärker, so dass der Zeuge in Erwägung zog, dass Umweltgifte dafür verantwortlich seien. Er empfahl der Klägerin zu 2), durch einen Umweltberater das von den Klägern vor einigen Monaten bezogene Haus untersuchen zu lassen.

Beweis: Zeugnis wie vor

Wir überreichen dazu auch Ablichtung einer ärztlichen Bescheinigung vom . . . . . des Zeugen, die den Krankheitsverlauf und die Empfehlung bestätigt.

Die von den Klägern beauftragte Zeugin . . . . . nahm ua Wasserproben von sämtlichen Wasseranschlüssen, zum Teil nach kurzzeitigem Laufenlassen des Wassers, zum Teil nach mehr als zweiminütiger Frischwasserspende. Diese Proben ließ sie vom Chemischen Untersuchungsamt der . . . . . untersuchen. Eine Ablichtung des Berichts der Umweltberaterin über die genommenen Wasserproben vom . . . . . sowie die Ablichtung des Untersuchungsberichts des eingeschalteten Amtes vom . . . . . wird überreicht.

Beweis: Ablichtung des Berichts des Umweltberaterin vom . . . . .
                        Ablichtung des Untersuchungsberichts vom . . . . .

Daraus ergaben sich Bleikonzentrationen im Frischwasser, die zwischen 0,2 und 0,3 mg/l schwankten.

Beweis: Zeugnis   . . . . .;
                        Auskunft des chemischen Untersuchungsamts der Stadt . . . . .;

Sachverständigengutachten

Der Zeuge . . . . . führte die Erkrankung der Klägerin zu 2) auf den Genuss des zu bleihaltigen Trinkwassers zurück. Die Klägerin zu 2) hatte nämlich Trinkwasser u. a. zur Zubereitung sämtlicher Mahlzeiten verwendet.

Beweis: Zeugnis . . . . .

Die Kläger haben einen Anspruch auf Austausch der Bleirohre.[4] Bei Trinkwasserwerten von 0,2 bis 0,3 mg Blei pro Liter sind die Leitungen mangelhaft.[5] Der Beklagte ist als Vermieter verpflichtet, den Klägern gesundheitlich unbedenkliches Trinkwasser zur Verfügung zu stellen. Jedenfalls darf die Qualität des von den Wasserwerken angelieferten Trinkwassers nicht durch die hauseigenen Leitungen verschlechtert werden. Bleirohre aus den 50er Jahren führen dazu, dass die Bleikonzentration im Trinkwasser ansteigt. Dies war selbst dann der Fall, als die Umweltberaterin das Wasser mehrere Minuten laufen ließ. Maßgeblich für die Beurteilung des zulässigen Bleigehalts im Trinkwasser ist die Trinkwasserverordnung vom 28.11.2011 (TrinkwVO – BGBl. I S. 2370 in der ab 14.12.2012 geltenden Fassung).

Im Trinkwasser dürfen Krankheitserreger nicht in Konzentrationen enthalten sein, die eine Schädigung der menschlichen Gesundheit besorgen lassen, § 5 Abs. 1 TrinkwVO. Im Trinkwasser dürfen chemische Stoffe nicht in Konzentrationen enthalten sein, die eine Schädigung der menschlichen Gesundheit besorgen lassen. § 6 Abs. 1 TrinkwVO. Im Trinkwasser dürfen die in Anlage 2 festgesetzten Grenzwerte für chemische Parameter nicht überschritten werden, § 6 Abs. 2 S. 1 TrinkwVO. Die laufende Nummer 4 der Anlage 2 Teil II ist ab dem 1.12.2013 anzuwenden; bis zum 30.11.2013 gilt der Grenzwert von 0,025 Milligramm pro Liter, § 6 Abs. 2 S. 2 TrinkwVO, ab dem 1.12.2013 ist der Grenzwert auf 0,01 abgesenkt (Ableitung aus der EU-Richtlinie 98/83/EG des Rates über die Qualität von Wasser für den menschlichen Gebrauch vom 3.11.1998, ABl. 330, 32).

Da durch die Messungen des Chemischen Untersuchungsamtes feststeht, dass dieser Grenzwert wesentlich überschritten ist, darüber hinaus die Erkrankung der Klägerin zu 2) auf den Bleigehalt des Wassers zurückgeführt wird, steht den Klägern ein Anspruch auf Austausch der Trinkwasserleitungen gemäß § 535 Abs. 1 S. 2 BGB zur Vermeidung von Gesundheitsgefährdungen zu.

Der Beklagte hat bislang mit anliegend in Kopie beigefügtem Schreiben jegliche Ersatzpflicht abgelehnt, da er die Auffassung vertritt, die Trinkwasserverordnung richte sich nicht an ihn als Vermieter. Er bestreitet, dass bleihaltiges Wasser Ursache der Erkrankung der Klägerin zu 2) ist. Außerdem macht er geltend, dass er den Klägern ggf. eher einen Mietnachlass von 15,– bis 20,– EUR im Monat gewähren wolle, damit sie in der Lage seien, sich diesbezüglich mit Mineralwasser zu versorgen, als die Kosten für eine Auswechslung der Bleirohre aufzuwenden.

Um Festsetzung des Streitwertes wird gebeten. Gemäß § 41 Abs. 5 S. 1 2. Alt. GKG ist bei Ansprüchen des Mieters auf Durchführung von Instandsetzungsmaßnahmen der Jahresbetrag einer angemessenen Mietminderung in Ansatz zu bringen. Die monatliche Miete beläuft sich zzgl. Nebenkostenvorauszahlungen auf 900,– EUR. Für die Nichtgenießbarkeit des Trinkwassers ist eine Minderung von 10 % anzusetzen. Der Streitwert beläuft sich daher auf 1.080,– EUR.[2, 5]

Rechtsanwalt

Anmerkungen

1. Zuständigkeit. Gemäß § 23 Nr. 2 a GVG sind die Amtsgerichte ausschließlich für Streitigkeiten über Ansprüche aus einem Mietverhältnis über Wohnraum zuständig. Die ausschließliche örtliche Zuständigkeit ergibt sich aus § 29a Abs. 1 ZPO. Örtlich zuständig ist also das Amtsgericht der belegenen Sache.

2. Streitwert. Gesetzlich geregelt ist nunmehr in § 41 Abs. 5 GKG die Bemessung des Gebührenstreitwerts für die Mängelbeseitigungsklage dahingehend, dass der einjährige Minderungsbetrag zugrunde zu legen ist (vgl. Bub/Treier/*Fischer* IX Rn. 401; *Gies* NZM 2003, 886 (889)). Der bisherige Streit, ob nicht die Kosten der Mängelbeseitigung oder wie für den Rechtsmittelstreitwert der Wert der dreieinhalbjährigen Minderung in Ansatz zu bringen ist, ist hiermit eindeutig entscheiden. Für den Beschwerde- und Rechtsmittelwert gilt dagegen nach § 9 ZPO der 3,5-fache Jahresbetrag (BGH NZM 2003, 152; 2004, 295).

Zur Angemessenheit einer Minderung → Anm. 5).

3. Antragstellung. Bei der Antragstellung ist auf die Bestimmtheit des Klageantrages zu achten. Dieser muss vollstreckungsfähig sein. Der Antrag auf Vornahme einer Handlung unterliegt der Vollstreckung gemäß § 887 Abs. 1 ZPO: Zur Bestimmtheit des Antrages reicht die Festlegung des Erfolges. Dem Schuldner obliegt, den geeigneten Weg zur Erzielung dieses Erfolgs auszuwählen. Ein Auswechseln der Trinkwasserrohre ist allerdings angesichts der festgestellten Konzentrationen unausweichlich. Bei geringeren Bleikonzentrationen im Trinkwasser wäre beispielsweise zu überlegen, ob eine Sanierung oder Teilsanierung in Betracht zu ziehen ist. Dabei sind Alter und Zustand der Trinkwasserrohre zu beachten. Allerdings kann es problematisch sein, eine Teilerneuerung des Leitungsnetzes durchzuführen, da besonders hohe Konzentrationen von Blei dann auftreten, wenn es mit Kupfer verbunden wird (Schmidt-Futterer/*Langenberg* § 556 Rn. 125).

4. Antrag auf Lieferung unbedenklichen Trinkwassers. Der Vermieter schuldet dem Mieter die Lieferung von Trinkwasser bei Wohnungen und gewerblichen Räumen (Palandt/*Weidenkaff* § 535 Rn. 63; *Blank/Börstinghaus* § 536 Rn. 52). Dies gilt natürlich nur, soweit der Mieter nicht verpflichtet ist, mit den Wasserwerken unmittelbar einen Liefervertrag zu schließen. Es besteht ferner die übereinstimmende Auffassung in Literatur und Rechtsprechung, dass der Vermieter gesundheitlich unbedenkliches Trinkwasser schuldet und deshalb zur Auswechselung von Trinkwasserrohren aus Blei verurteilt werden kann, die zu hohe Bleikonzentrationen verursachen (LG Hamburg NJW 1991, 1898; AG Berlin – Schöneberg NJW – RR 1991, 782; OLG Köln ZMR 1992, 155; LG Berlin GE 1996, 929; LG Hamburg WuM 1991, 161 f.; LG Frankfurt ZMR 1990, 17; Schmidt-Futterer/*Eisenschmid* § 536 Rn. 183). Unklar war bislang, welche Grenzwerte einen Erfüllungsanspruch begründen. Klarheit hat die **Trinkwasserverordnung** vom 28.11.2011 – TrinkwVO BGBl. I 2001 S. 2370 – geschaffen, wonach die EU-Richtlinie 98/83 mit Übergangsregelungen in nationales Recht umgesetzt wurde. Bis zum 30.11.2003 betrug der Grenzwert 0,04 mg/l. Danach beträgt der Grenzwert bis zum 30.11.2013 0,025 mg/l, ab dem 1.12.2012 nur noch 0,1 mg/l (Schmidt-Futterer/*Eisenschmid* § 536 Rn. 181.; Schmidt-Futterer/*Langenberg* § 556 Rn. 125).

Seit dem 1.11.2011 gilt die Novellierung der Trinkwasserverordnung, die für den Grundeigentümer und den Vermieter neue Verpflichtungen gebracht hat. Der Vermieter ist verpflichtet, gesundheitlich unbedenkliches Trinkwasser zur Verfügung zu stellen (BGH NJW 2015, 2111 (2112)). Die Qualität des Trinkwassers ist entscheidend von der Leistungsfähigkeit der Hausinstallationsanlage abhängig. Während in der Verordnung über Allgemeine Bedingungen für die Versorgung mit Wasser das Wasserversorgungsunternehmen lediglich bis zum Übergabepunkt verantwortlich ist, trifft den Hauseigentümer nach dem Wasserzähler die Verantwortung für die Qualität des Trinkwassers bis zur letzten Zapfstelle. Für den Grundstückseigentümer (oder den Verwalter) besteht als Betreiber einer Trinkwasseranlage die Verpflichtung zur Überwachung und Dokumentation der Betriebsparameter, zur Durchführung der Inspektionsmaßnahmen und deren Dokumentation sowie zur Durchführung erforderlicher Wartungsmaßnahmen und deren Dokumentation (BGH NJW 2015, 2111, 2112).

Die vorzitierte Rechtsprechung gilt analog für die Überschreitung von Grenzwerten in der Trinkwasserverordnung durch andere Schadstoffe wie zum Beispiel Nitrat, Eisen und Kupfer (Schmidt-Futterer/*Eisenschmid* § 536 Rn. 185). Da es sich um Instandsetzungsaufwand handelt, kann der Vermieter die Kosten nicht als Nebenkosten auf die Mieter umlegen (Schmidt-Futterer/*Langenberg* § 556 Rn. 125; *Lützenkirchen* AHM E Rn. 161 a „Bleirohre"; LG Berlin ZMR 2001, 277).

5. **Gewährleistungsansprüche.** Neben dem Erfüllungsanspruch kommen auch Gewährleistungsansprüche auf Minderung und wegen eines Anfangsmangels auf Schadensersatz ohne Verschulden in Betracht (*Lützenkirchen* AHM F Rn. 109 „Trinkwasser" Dort werden Entscheidungen zitiert, die bei Überschreitung der Grenzwerte für Blei, Eisen, Nickel und Nitrat Minderungsquoten zwischen 5 und 20 % in Ansatz bringen; vgl. auch *Blank/Börstinghaus* § 536 Rn. 52). Die Minderungsquote fällt regelmäßig relativ gering aus. 5 % Minderung für Geschäftsräume bei bedenklicher Wasserqualität (OLG Köln NJW 1992, 51). 5 % Minderung bei einem Erwachsenenhaushalt, 9 % für den Fall eines Haushalts mit Kindern (vgl. *Blank/Börstinghaus* § 536 Rn. 52). Vergleichbare Grundsätze gelten für den Fall, dass das Trinkwasser Nitrate enthält, die die Grenzwerte der Trinkwasserverordnung übersteigen oder sich das Trinkwasser bräunlich verfärbt. Entsprechendes gilt, wenn der Eisen- und Mangangehalt bestimmte Grenzwerte überschreitet. Weitergehende Rechte des Mieters bleiben unberührt. So kann der Mieter gemäß § 543 Abs. 2 S. 1 Nr. 1 BGB (*Lützenkirchen* AHM J Rn. 456 „Trinkwasser") oder gemäß § 569 Abs. 1 BGB fristlos kündigen, wenn die sonstigen Voraussetzungen dieser Normen gegeben sind.

Weitere Rechte der Mieter bleiben unberührt. Nach dem Urteil des BGH vom 6.5.2015 – VIII ZR 161/14 (NJW 2015, 2111) sind grundsätzlich neben dem Erfüllungsanspruch aus § 535 Abs. 1 BGB vertragliche und deliktische Ansprüche auf **Schadensersatz** und **Schmerzensgeld** denkbar, falls der Vermieter unter Verletzung seiner Verkehrssicherungspflicht durch Verwendung älterer Bleirohre Trinkwasser seinen Mietern zur Verfügung stellt, die den Anforderungen der TrinkwasserVO erheblich widersprechen. Die Entscheidung zeigt, dass dem Vermieter bezüglich der Kontrolle des Trinkwassers eine erhebliche und haftungsträchtige Verantwortung zugewiesen ist. Der Vermieter hat darauf zu achten, dass von der Mietsache keine Gefahren ausgehen. Die TrinkwasserVO gilt nicht nur für Warmwasseraufbereitungsanlagen (dazu Drasdo in NJW – Spezial 2015, 482). Regelmäßige Kontrolle des Trinkwasserversorgungssystems ist angezeigt.

37. Klage auf Anschluss an die allgemeine Stromversorgung

An das

Landgericht[1] . . . . .

Klage

der . . . . .-GmbH . . . . .

– Klägerin –

Prozessbevollmächtigter: Rechtsanwalt Dr. G aus K

gegen

Herrn . . . . .

– Beklagten –

Prozessbevollmächtigte: . . . . .

wegen Herstellung eines Stromhausanschlusses

Streitwert: 50.000,– EUR[2]

Um Anberaumung eines Termins zur mündlichen Verhandlung wird gebeten, in dem beantragt wird:[3]

1. den Beklagten zu verurteilen, auf dem Grundstück . . . . . in . . . . ., verzeichnet im Grundbuch von . . . . ., Flur . . . . ., Flurstück . . . . ., einen Stromhausanschluss der Stadtwerke . . . . . herzustellen und diesen mit den im zweiten und dritten Stockwerk des Hauses . . . . . befindlichen Mieträumen der Klägerin zu verbinden,
2. dem Beklagten die Kosten des Rechtsstreits aufzuerlegen,
3. für den Fall des Vorliegens der Voraussetzungen
Versäumnisurteil
ohne mündliche Verhandlung gemäß § 331 Abs. 3 ZPO zu erlassen,
4. für jeden Fall der Sicherheitsleistung der Klägerin nachzulassen, Sicherheit auch durch die Beibringung einer unbedingten, unbefristeten und selbstschuldnerischen Bürgschaft einer deutschen Großbank, Sparkasse oder Genossenschaftsbank zu leisten.

Begründung:

Die Klägerin mietete durch zwei schriftliche Verträge vom . . . . . vom Beklagten zwei Stockwerke in dessen Anwesen . . . . . in . . . . . zu Laborzwecken.

Beweis: Vorlage der Mietverträge vom . . . . . nebst Baubeschreibungen in Kopie

Mit Nachtrag vom . . . . . wurde zwischen den Parteien vereinbart, dass die am . . . . . beginnende Mietzeit 10 Jahre beträgt. Außerdem sollte die Stromversorgung der gemieteten Räume über eine kundeneigene 10-kW-Mittelspannungsanlage des Beklagten erfolgen, für die er Strom von den Stadtwerken . . . . . bezog. Auf S. 3 der zu den Mietverträgen gehörenden Baubeschreibungen heißt es jeweils unter Ziff. 4.2 zur Stromversorgung:

„Der Vermieter erbringt bis zur Übergabe folgende Leistungen: . . . . . Elektroanschlusskabel mit ca. X-kW-Anschlusswert zu den angemieteten Räumen; alle weiter erforderlichen Installationen sind Mietersache; . . . . .“

Beweis: Nachtrag vom . . . . . in Kopie
Baubeschreibungen wie vor

Schon vor Abschluss der Mietverträge hatte der Beklagte dem Geschäftsführer der Klägerin anlässlich einer Erörterung der Vertragsentwürfe am . . . . . in seinen Büroräumen erläutert, dass die Stromversorgung derzeit provisorisch über die auf dem Grundstück vorhandene Hochspannungsversorgung, nämlich die Baustromanlage erfolge, bis die Stadtwerke . . . . . genau entschieden hätten, was zur Versorgung der Mieter zu installieren sei.

Beweis: Zeugnis . . . . .

Aus diesem Grunde sei die vertragliche Regelung, wonach die Klägerin den Strom von der kundeneigenen Mittelspannungsanlage zu beziehen habe, nur für eine Übergangszeit wirksam. Nach Abschluss der Bauarbeiten müsse in Abstimmung mit den Stadtwerken eine andere Regelung getroffen werden.

Beweis: Zeugnis . . . . .

Die Klägerin bezog daraufhin in der Zeit vom . . . . . bis . . . . . Strom vom Beklagten, den dieser ihr mit einem Tarif berechnete, der über dem Kundentarif der Stadtwerke . . . . . lag. Da zwischenzeitlich die Bauarbeiten auf dem Grundstück abgeschlossen sind,

Beweis: Zeugnis   . . . . .;
                           Ortsbesichtigung

besteht keine Veranlassung mehr, an dieser ursprünglichen Regelung festzuhalten.

Die Klägerin hat Anspruch auf den Anschluss an die allgemeine Stromversorgung gemäß § 535 Abs. 1 BGB.[4] Die Pflicht zur Gebrauchsgewährung umfasst auch die Bereitstellung eines Hausanschlusses an das öffentliche Stromnetz. Der Beklagte kann sich keineswegs darauf zurückziehen, dass er im Vertrag eine anderslautende Regelung getroffen habe. Verträge sind gemäß § 157 BGB in der Weise auszulegen, wie Treu und Glauben es mit Rücksicht auf die Verkehrssitte erfordern. Für die Vertragsauslegung kommt es insbesondere darauf an, welche Bedeutung die Parteien den entsprechenden vertraglichen Passagen über die Stromversorgung durch die Baustromanlage beigemessen haben. Insoweit bestand zwischen ihnen Einigkeit, dass diese Versorgung nur vorübergehender Natur sein sollte, was im schriftlichen Vertrag leider nur unvollkommenen Niederschlag gefunden hat. Welche Auslegung eine vertragliche Vereinbarung zu erfahren hat, ist jedoch unter Berücksichtigung des vor Vertragsschluss Erörterten zu ermitteln. Es kann kein Zweifel daran bestehen, dass infolge der Absprache, es handele sich bei der bei Vertragsbeginn vorhandenen Stromversorgung um ein Provisorium, die Klägerin auf Dauer nicht an eine vermieterseitige Versorgung gebunden ist, da es an einer verpflichtenden Absprache fehlt. Die Klägerin kann sich vielmehr darauf berufen, dass sie gemäß § 6 Abs. 1 Energiewirtschaftsgesetz einen Anspruch darauf hat, dass sie als Mieterin von dem in dem Gebiet zuständigen Energieversorgungsunternehmen an deren Netz angeschlossen und versorgt wird. Auf dieses Anschlussrecht hat sie im Mietvertrag nicht verzichtet. Außerdem ist sie daran interessiert, keine Wettbewerbsnachteile zu erleiden, die durch höhere Strompreise auf Grund eines vermietereigenen Anschlusses entstehen. Der Mietvertrag beinhaltet kein Wort über die Abrechnung der Stromkosten, so dass nicht ersichtlich ist, dass die Klägerin bereit gewesen wäre, eine für sie wirtschaftlich ungünstigere Versorgung mit Strom auf Dauer zu akzeptieren. Eine private Stromversorgung eines Mieters durch den Vermieter entspricht auch nicht der marktüblichen Praxis oder Verkehrssitte. Die Befugnis, Strom zu liefern, steht abgesehen von Ausnahmefällen nicht Privatpersonen, sondern den Energieversorgungsunternehmen zu, die eine monopolartige Stellung besitzen. Sie stellen Strom nur für die eigenen Zwecke der Kunden her. Eine Weiterleitung an Dritte bedarf deren schriftlicher Zustimmung gemäß § 22 Abs. 1 der Verordnung über Allgemeine Bedingungen für die Elektrizitätsversorgung von Tarifkunden vom 21.6.1979 (AVBEltV – BGBl. I S. 684). Diese Rechtslage steht der Annahme entgegen, der Vermieter sei stets befugt, sich darauf zu beschränken, die Anschlussmöglichkeiten an das allgemeine Versorgungsnetz zu erstellen. Deshalb setzt die Befugnis des Vermieters, selbst

Strom zu liefern, eine über den Abschluss eines bloßen Mietvertrages hinausgehende Einigung der Parteien voraus, die die Stromlieferung zur Haupt- oder Nebenpflicht des Mietvertrages macht. Ohne eine derartige Einigung ist es Sache des Vermieters, die vermieteten Räume an das allgemeine Versorgungsnetz anzuschließen (BGH NJW-RR 1993, 1159 ff.).

Außerdem steht der Klägerin ein gleich lautender Anspruch als Schadensersatzanspruch gemäß §§ 536, 536 a Abs. 1 BGB zu. Der fehlende Stromanschluss an das allgemeine Versorgungsnetz ist zugleich ein Mietmangel jedenfalls nach Ablauf der Übergangszeit. Ein weiteres Abwarten der Klägerin ist nicht mehr zumutbar. Der Beklagte hat mit anliegend in Kopie beigefügtem Schreiben vom . . . . . seine Herstellungspflicht mit der Begründung abgelehnt, im Vertrage sei etwas anderes vereinbart. Er sei berechtigt, selbst zu entscheiden, auf welche Weise die Versorgung des Mieters mit der im Haus benötigten Energie sichergestellt werde. Sei er dazu aus eigener Kraft nicht in der Lage, genüge er seiner Gebrauchsüberlassungspflicht. Für den von der Klägerin begehrten Hausanschluss mit Verbindungsleitungen zum zweiten und dritten Stockwerk müsse er etwa einen Betrag von 80.000,– EUR aufwenden.

Beweis: Schreiben des Beklagten vom . . . . . In Kopie

Letzteres bestreitet die Klägerin mit Nichtwissen.

Sie geht jedoch ebenfalls davon aus, dass für das gesamte Objekt die Herstellung eines Stromhausanschlusses mit entsprechenden Verbindungen zu den von der Klägerin angemieteten Räumen mindestens einen Aufwand von 50.000,– EUR erzeugt.[2]

Rechtsanwalt

Anmerkungen

1. **Zuständigkeit.** Ausschließlich örtlich zuständig ist gemäß § 29a Abs. 1 ZPO das Gericht der belegenen Sache. § 29a ZPO gilt auch für Miet- und Pachtverhältnisse über Räume, soweit es sich nicht um Wohnraum handelt, dagegen nicht für Miet- und Pachtverhältnisse über unbebaute Grundstücke (Zöller/*Vollkommer* § 29a Rn. 5). Wegen des Streitwertes von mehr als 5.000,– EUR ist sachlich das Landgericht gemäß §§ 23 Nr. 1, 71 Abs. 1 GVG zuständig.

2. **Streitwert.** Bei einer Klage auf Vornahme einer Handlung zur Erfüllung der Gebrauchsüberlassungspflichten aus dem Mietvertrag richtet sich der Zuständigkeitsstreitwert nach dem Interesse des Klägers an der Vornahme der Handlung unter Berücksichtigung der Kosten für die Vornahme (Zöller/*Herget* § 3 Rn. 16 Stichwort: „Vornahme von Handlungen"; aA: BLAH/*Hartmann* Anh. § 3 Rn. 136 „Vornahme einer Handlung": Bei der Klage ist § 3 ZPO anwendbar, also das – volle Interesse – des Klägers ohne die erforderlichen Kosten). Auf den Gebührenstreitwert wird für die Gebrauchsüberlassungsklage des Mieters § 41 GKG analog angewandt (Zöller/*Herget* § 3 Rn. 16 „Mietstreitigkeiten"). Fraglich ist, ob nicht inzwischen § 41 Abs. 5 S. 1 2. Alt. GKG einschlägig ist, der für Mängelbeseitigungsmaßnahmen von dem Jahresbetrag einer angemessenen Mietminderung ausgeht (*Hartmann* § 41 GKG Rn. 37). Dies hängt davon ab, ob man die Erstausstattung der Mietsache mit einer Instandsetzung gleichsetzen kann. Es müssten sodann als Anhaltspunkt für eine Minderung die Mehrkosten ermittelt werden, die durch den fehlenden Anschluss an die öffentliche Stromversorgung entstehen. Dies ist sehr umständlich, da die unterschiedlichen Tarife miteinander verglichen werden müssen. Erst daraus könnte der Jahreswert einer Minderung abgeleitet werden. Anderenfalls sind die Kosten der Errichtung des Stromanschlusses für das Interesse der Klägerin zu Grunde zu legen. Die Klägerin hat diese Kosten mit 50.000,– EUR bewertet, so dass diese Angaben für den Streitwert maßgeblich sind.

3. Antragstellung und Vollstreckung. Bei der Antragstellung ist darauf zu achten, dass Gegenstand und Ort der Herstellungspflicht genau bezeichnet werden (ähnlich BGH NJW 1978, 1584 für Arbeiten an einem Grundstück). Die Vollstreckung richtet sich nach § 888 ZPO, da die Notwendigkeit der Mitwirkung des Energieversorgungsunternehmens besteht (BLAH/*Hartmann* § 887 Rn. 38 „Vermieter"; OLG Hamm WuM 1996, 568).

4. Anspruch auf **Anschluss an die öffentliche Stromversorgung.** Anspruchsgrundlagen für den Anschluss des Mieters an die öffentliche Stromversorgung durch den Vermieter sind entweder § 535 Abs. 1 S. 2 BGB oder §§ 536 Abs. 1, 536 a Abs. 1 BGB. Diese Ansprüche sind nur ausgeschlossen, wenn der Mietvertrag eine ausdrückliche anderslautende Absprache enthält (Schmidt-Futterer/*Eisenschmid* § 535 Rn. 540). Das bloße Vorhalten eines vermietereigenen Stromanschlusses etwa aus der Bauphase reicht dazu nicht aus (BGH NJW-RR 1993, 1159). Der Vermieter genügt daher seiner Gebrauchsüberlassungspflicht nicht, wenn er lediglich die Möglichkeit zum Strombezug schafft, die zu einer Versorgung der Mieträume mit Strom geeignet ist.

Der Vermieter ist verpflichtet, das Mietobjekt dem Mieter in einem zum vertragsgemäßen Gebrauch geeigneten Zustand zu überlassen (vgl. Schmidt-Futterer/*Eisenschmid* § 535 Rn. 228). Hierzu gehört auch, dass die Mieträume mit Strom versorgt werden können. Will demgemäß der Vermieter die Mieträume ohne eine derartige Energieversorgung an den Mieter überlassen, muss dies ausdrücklich vereinbart werden. Andernfalls hat der Mieter einen Anspruch darauf, dass die Wohnung an das allgemeine Stromnetz angeschlossen wird. Der Mieter muss sich ohne besondere Vereinbarung nicht auf das eigene Stromnetz des Vermieters verweisen lassen (BGH MDR 1993, 972 = NJW-RR 1993, 1159; Schmidt-Futterer/*Eisenschmid* § 535 Rn. 541); ob ein Mieter von **Gewerberaum** gegenüber dem Vermieter Anspruch darauf hat, dass die Mieträume an das allgemeine Versorgungsnetz angeschlossen werden oder ob er den Strom vom Vermieter zu beziehen hat, hängt vom Inhalt des Gewerbemietvertrages ab. Regelmäßig ist davon auszugehen, dass Strom nicht von Privatpersonen geliefert wird sondern von den Unternehmen der Energieversorger, die insoweit eine monopolartige Stellung besitzen (BGH MDR 1993, 972, 973 = NJW-RR 1993, 1159). Sie stellen die Elektrizität nur für die eigenen Zwecke ihrer Kunden zur Verfügung. Die Weiterleitung an Dritte bedürfe ihrer schriftlichen Zustimmung (§ 22 Abs. 1 der Verordnung über Allgemeine Bedingungen für die Elektrizitätsversorgung von Tarifkunden vom 21.6.1979 – AVBEltV – BGBl. I 684). Angesichts dieser Regelung kann nicht angenommen werden, der Vermieter von Gewerberaum sei stets befugt, nach seiner Wahl entweder den Strom zu liefern oder sich darauf zu beschränken, die Anschlussmöglichkeit an das allgemeine Stromnetz zu erstellen. Eine Befugnis bzw. eine Verpflichtung des Gewerbevermieters, selbst Strom zu liefern, setzt eine über den Abschluss eines Mietvertrages hinausgehende Einigung der Vertragsparteien voraus, die die Stromlieferung als Haupt- oder Nebenpflicht des Gewerbemietvertrages vereinbaren können. Ohne eine derartige zusätzliche Vereinbarung hat der Vermieter grundsätzlich dafür einzustehen, dass die vermieteten Räume über einen Stromanschluss an das allgemeine Versorgungsnetz verfügen. Diese Verpflichtung besteht auch für einen Gewerbevermieter, wenn sich aus dem Inhalt des Vertrages ergibt, dass der Mieter für seinen Gewerbebetrieb auf die Zuführung von Strom angewiesen ist. Fehlt in einem solchen Fall eine Anschlussmöglichkeit an das allgemeine Stromnetz, steht dem Mieter nicht nur der Erfüllungsanspruch nach § 535 Abs. 1 Satz 2 BGB zu, vielmehr kommt auch ein Mangel im Sinne des § 536 BGB in Betracht (so ausdrücklich BGH MDR 1993, 972 (973)).

Für **Wohnraum** hat der Bundesgerichtshof den Mindeststandart festgelegt (BGH NJW 2004, 3174 = MDR 2004, 1346). Der Mieter einer nicht modernisierten Altbauwohnung kann mangels anderweitiger vertraglicher Vereinbarung einen Mindeststandart erwarten, der ein zeitgemäßes Wohnen ermöglicht und den Einsatz der für die Haushaltsführung allgemein üblichen elektrischen Geräte erlaubt. Aus § 535 Abs. 1 Satz 2 BGB lässt sich der Anspruch ableiten, dass neben dem Betrieb eines Großverbrauchers wie Waschmaschine oder Geschirrspülmaschine ein gleichzeitiger anderweitiger Stromverbrauch in der Wohnung möglich ist, ferner die fachgerechte Installierung einer Steckdose im Badezimmer geschuldet wird. Auf eine unterhalb dieses Mindeststandarts liegende Beschaffenheit kann der Mieter nur bei eindeutiger Vereinbarung verwiesen werden. Dem genügt eine Formularklausel, derzufolge der Mieter in der Wohnung Haushaltsmaschinen nur im Rahmen der Kapazität der vorhandenen Installationen aufstellen darf, nicht (BGH MDR 2010, 562; AG Köln WuM 2001, 276; Bub/Treier/*Bub* II 1409).

38. Klage auf Duldung der Installation einer Parabolantenne

Vorbemerkung: Zur Klage des Vermieters auf Beseitigung einer Parabolantenne → Form. B. II. 58

An das

Amtsgericht[1] . . . . .

Klage

des . . . . .

– Kläger –

Prozessbevollmächtigter: Rechtsanwalt . . . . .

gegen

den . . . . .

– Beklagter –

wegen Duldung der Installation einer Parabolantenne.

Streitwert: 1.000 EUR[2]

Namens und in Vollmacht des Klägers erhebe ich Klage und beantrage,

den Beklagten zu verurteilen, die Installation einer Parabolantenne auf dem Balkon der Wohnung im Erdgeschoss links des Gebäudes auf dem Grundstück . . . . . in einer Höhe von 30 cm über dem Fußboden an der nördlichen Wandseite zu dulden.

Sofern das Gericht das schriftliche Vorverfahren anordnet, wird für den Fall der Fristversäumnis beantragt,

den Beklagten durch Versäumnisurteil ohne mündliche Verhandlung zu verurteilen.

Begründung:

A. Sachverhalt

Der Kläger mietete vom Beklagten ab dem . . . . . die Erdgeschosswohnung auf dem Grundstück . . . . ., das im Eigentum des Beklagten steht.

Beweis: Mietvertrag, Anlage K 1.

Der Kläger ist syrischer Staatsangehöriger. Das Gebäude verfügt über keinen Kabelanschluss.

Beweis: Pass des Klägers, in Fotokopie als Anlage K2 beigefügt; Augenschein.

Der Kläger hat den Beklagten am . . . . . fruchtlos zur Duldung der Installation einer Parabolantenne aufgefordert.

B. Rechtslage

Der Klageanspruch folgt aus 535 Abs. 1 BGB.[3] Denn ein ausländischer Mieter ist wegen seines Rechts auf Informationsfreiheit berechtigt, eine Parabolantenne an der Fassade des Mietshauses anzubringen, wenn er sich nicht auf andere zumutbare Art und Weise Zugang zu Programmen in seiner Heimatsprache verschaffen kann. An einer solchen Möglichkeit fehlt es hier, weil das Gebäude nicht über einen Kabelanschluss verfügt. Die Installation der Parabolantenne auf dem Balkon ist von außen kaum sichtbar und beeinträchtigt den Beklagten daher nur geringfügig.

Zum Streitwert: Dieser richtet sich nach dem Klägerinteresse, dass der Kläger auf 1.000 EUR schätzt (BGH ZMR 2007, 676).

Beglaubigte und einfache Abschrift anbei.

Rechtsanwalt

Anmerkungen

1. Die **Zuständigkeit** des Amtsgerichts am Belegenheitsort der Wohnung folgt aus § 29a ZPO, § 23 Nr. 2a GVG.

2. Der BGH (ZMR 2007, 676) hat den **Streitwert** in einem Verfahren, in dem ein Mieter einen Anspruch auf Installation einer Parabolantenne einklagte, ohne nähere Begründung auf 1000 EUR festgelegt; dem folgt das Muster. Richtigerweise bestimmt sich der Streitwert nach dem „Empfangsinteresse" des Mieters. Es bietet sich ein Rückgriff auf § 9 ZPO an, was dazu führt, dass der Streitwert dem Wert der einjährigen Nutzung der Parabolantenne entspricht, also der Kosten, die der Mieter in einem Jahr entrichten müsste, wenn er sein Informationsbedürfnis über Kabelfernsehen anstatt Parabolantenne befriedigen müsste (*Lehmann-Richter* ZWE 2010, 389).

3. Ob die Installation einer Parabolantenne verlangt werden kann, ist eine Frage des Einzelfalls, bei der das grundgesetzlich geschützte Recht des Nutzers der Antenne auf **Informationsfreiheit** (Art. 5 GG) gegen das Eigentumsrecht des Vermieters (Art. 14 GG) abzuwägen ist (BGH ZMR 2007, 676). Ein Verbot der Parabolantenne hängt davon ab, ob der Mieter in zumutbarer Weise auf andere Informationsquellen verwiesen werden kann (etwa: Kabelfernsehen). Sind die anderen Informationsquellen kostenpflichtig, so ist es nicht zu beanstanden, wenn die Abwägung zu Lasten des Mieters ausfällt, sofern die Zusatzkosten nicht so hoch sind, dass sie nutzungswillige Interessenten typischerweise davon abhalten, das Programmpaket zu beziehen (BVerfG NZM 2005, 252). Zu beachten ist, dass bei einem Anspruch des Mieters auf Installation der Vermieter das Recht hat, den Ort der Antenne festzulegen (BGH ZMR 2004, 438). Macht der Vermieter im Prozess von diesem Recht Gebrauch, ist der Klageantrag entsprechend umzustellen (§ 264 Nr. 3 ZPO).

Mietsicherheit

39. Klage auf Auskunft über die Anlage der Kaution

An das

Amtsgericht . . . . .[1]

Klage

des . . . . .

– Kläger –

Prozessbevollmächtigter: Rechtsanwalt . . . . .[2]

gegen

. . . . .

– Beklagter –

wegen: Auskunft[3]

Streitwert: . . . . .[4]

Namens und in Vollmacht des Klägers werde ich

beantragen,

> den Beklagten zu verurteilen, dem Kläger Auskunft über die Anlage (und zwar: Kreditinstitut, Anlageart, Anlagedatum, Vertragsnummer) der vom Kläger am . . . . . geleisteten Barkaution zu erteilen.

Sollte das Gericht das schriftliche Vorverfahren anordnen, wird bereits jetzt für den Fall des Vorliegens der Voraussetzungen

Antrag

auf Erlass eines Versäumnisurteils gestellt.

Begründung:

Der Kläger ist seit . . . . . Mieter, der Beklagte Vermieter der Wohnung . . . . .str . . . . . . in
. . . . .

Beweis: Mietvertrag vom . . . . ., Kopie Anlage 1

Ausweislich § . . . . . des Mietvertrags betrug die vom Kläger zu leistende Kaution
. . . . . EUR. Der Kläger hat den Kautionsbetrag am . . . . .[5] an den Beklagten gezahlt.

Beweis: Quittung des Beklagten vom . . . . ., Kopie Anlage 2/
       Einzahlungsbeleg des Klägers vom . . . . ., Kopie Anlage 2

Der Kläger hat mit Schreiben vom . . . . . unter Fristsetzung zum . . . . . vom Beklagten Auskunft verlangt, ob und inwieweit der Beklagte seiner Verpflichtung zur Anlage des Kautionsbetrags gem. § 551 Abs. 3 BGB nachgekommen ist.[6]

Der Beklagte hat die erbetene Auskunft jedoch nicht erteilt.

Rechtsanwalt[7, 8]

Anmerkungen

1. → Form. B. II. 3 Anm. 1.

2. → Form. B. II. 3 Anm. 2.

3. Die dem Gesetz entsprechende Anlage der Kaution ist vertragliche Nebenpflicht des Mietvertrags, die der Mieter mit der Auskunfts- und Leistungsklage → Form. B. III. 40 verfolgen kann (LG Köln NJW-RR 1991, 80). Der Mieter muss sich aber nicht auf diesen dornigen Weg begeben, sondern kann auch gem. § 273 BGB ein Zurückbehaltungsrecht an der laufenden Miete ausüben, bis der Vermieter ihm die gesetzeskonforme Anlage der Kaution nachweist (BGH NZM 2009, 815). Dies gilt auch über das Ende des Mietverhältnisses hinaus bis zur Rückgewähr der Kaution an den Mieter (BGH NZM 2015, 736). Das Zurückbehaltungsrecht erstreckt sich auch auf die Zinsen, die bei entsprechender Anlage gem. § 551 Abs. 3 S. 4 BGB die Kaution erhöht hätten (BGH NZM 2009, 815).

4. Der Streitwert hängt vom Interesse an der Auskunftserteilung ab. Regelmäßig ist dies nur ein Bruchteil desjenigen Anspruchs, dessen Geltendmachung die Auskunft erleichtern soll (vgl. im Einzelnen BLAH/*Hartmann* Anh. zu § 3 Rn. 24). Für die begehrte Auskunft über die Anlage einer Mietkaution (die eine eventuelle Klage auf gesetzmäßige Vornahme der Anlage vorbereiten kann) dürfte nicht nur das Interesse an eventuellen Kautionszinsen maßgeblich sein. Der Mieter hat ein Interesse daran, dass der Kläger die Kaution überhaupt, und insbesondere von seinem Vermögen getrennt, anlegt. Der Streitwert dürfte mit 25 % des Kautionsbetrags anzunehmen sein (so auch OLG Köln NZM 2010, 472).

5. Zum Recht des Mieters, die Kaution –auch bei abweichender Vereinbarung im Mietvertrag- in drei gleichen Teilbeträgen zu entrichten, → Form. B. II. 3 Anm. 8.

6. Der Vermieter muss gem. § 551 Abs. 3 BGB eine Barkaution von seinem Vermögen getrennt bei einem Kreditinstitut zu dem für Spareinlagen mit dreimonatiger Kündigungsfrist üblichen Zinssatz anlegen. Diese Pflicht trifft auch den Zwangsverwalter einer Mietwohnung, und zwar selbst dann, wenn er die Kaution vom Vermieter nicht erhalten hat (BGH NZM 2009, 481; BGH NZM 2005, 596; BGH NZM 2003, 849).

„Vom Vermögen des Vermieters getrennt" in § 551 Abs. 3 S. 3 BGB meint eine „insolvenzfeste" Anlage auf einem bereits bei Anlage offen ausgewiesenen Sonderkonto (Treuhandkonto, „Mietkautionskonto"), da die lediglich auf einem „normalen" Sparbuch angelegte Kaution des Mieters ansonsten dem banküblichen Pfandrecht des Kreditinstituts für Forderungen gegen den Vermieter als Kontoinhaber und ggf. dem Zugriff weiterer Gläubiger des Vermieters unterfallen würde (BGH NZM 2015, 736). Die Treuhandkonto-Anlage gewährleistet dagegen, dass der Mieter bei einer Einzelzwangsvollstreckung eines Dritten gegen den Vermieter Drittwiderspruchsklage gem. § 771 ZPO erheben kann, und dass die Kaution im Falle der Insolvenz des Vermieters zugunsten des Mieters ausgesondert werden kann.

Aus den vorgenannten Gründen hat der Mieter regelmäßig ein Interesse daran, dass die Anlage auch tatsächlich in der gesetzlich vorgeschriebenen Form erfolgt, also vom Vermögen des Vermieters getrennt. Daher kann der Mieter die Zahlung der Kaution von der vorherigen Benennung eines insolvenzfesten Kautionskontos abhängig machen (BGH NZM 2011, 28).

Bei der Anlage auf einem Sparbuch ist der Vermieter nicht verpflichtet, das Kreditinstitut zu ermitteln, das bei dreimonatiger Kündigungsfrist die höchsten Zinsen anbietet.

Vermieter und Mieter können auch eine andere, vom Vermögen des Vermieters getrennte Anlageform für die Barkaution vereinbaren. In diesem Fall tragen Vermieter und Mieter gleichermaßen das Risiko der Realisierung der erwarteten Erträge. Bei einer spekulativen Anlage, also zB in einem Aktienfonds, kann darüber hinaus auch der angelegte Kautionsbetrag selber verloren gehen. Der Vermieter verliert dann seine Sicherheit, ohne dass er gegen den Mieter einen Anspruch auf Wiederauffüllung des Kautionsbetrags hätte. Der Mieter verliert die von ihm zur Verfügung gestellte Kaution, ohne dass er gegen den Vermieter einen Kautionsrückzahlungsanspruch oder einen Anspruch auf eine Mindestverzinsung hätte, wie er bei Anlage der Kaution auf einem Sparbuch bestünde (siehe oben).

Zu den aus § 551 BGB folgenden Pflichten des Vermieters siehe ergänzend → Form. B. II. 3 Anm. 8.

Zwangsverwaltung und Insolvenz

7. Ist ein Mietverhältnis von der **Zwangsverwaltung** betroffen, kann der Mieter verlangen, dass ihm der Zwangsverwalter nachweist, dass eine durch den Mieter nachweislich geleistete Kaution noch vorhanden und ordnungsgemäß angelegt ist (BGH WuM 2005, 405 – 407; AG Ludwigsburg DGVZ 2009, 152). Denn der Zwangsverwalter ist an den Mietvertrag und damit auch an die Kautionsabrede gebunden (BGH NJW 2009, 1673 (1674)), → Form. E. I. 2 Anm. 3.

Findet der Zwangsverwalter die Kaution nicht, kann er den Gerichtsvollzieher mit dem die Zwangsverwaltung anordnenden Beschluss mit der Herausgabevollstreckung hinsichtlich der Kaution gegenüber dem Zwangsverwaltungsschuldner beauftragen (BGH WuM 2005, 405 – 407; AG Ludwigsburg DGVZ 2009, 152). Findet der Gerichtsvollzieher die Kaution beim Zwangsverwaltungsschuldner nicht, nimmt er dem Schuldner die eidesstattliche Versicherung über den Verbleib der Kaution ab (BGH NJW-RR 2005, 1032, 1033). Versichert der Schuldner an Eides statt, die Kaution sei nicht mehr vorhanden, weil er sie mit rückständigen Mietzahlungen verrechnet hat, ist er, weil Grundlage der Vollstreckung gegen ihn nur der Herausgabeanspruch ist, nicht verpflichtet, darüber Auskunft zu geben, mit welchen Mietforderungen er die Kaution verrechnet hat (BGH NZM 2008, 478 f.)

Den Anordnungsbeschluss hat der BGH nur als Grundlage für eine Herausgabevollstreckung zugelassen, nicht aber für die Pfändung eines Geldbetrages (BGH NJW-RR 2005, 1032, 1033; so auch krit. LG Tübingen Rpfleger 2004, 370). Wurde die Kaution in Geld geleistet, wird die Herausgabevollstreckung voraussichtlich ohnehin daran scheitern, dass das Geld nicht mehr gesondert vorhanden ist, sondern mit dem Geld des Vermieters vermischt oder aufgebraucht wurde.

Bevor das Risiko eines Rechtsstreits mit dem Zwangsverwalter in Kauf genommen wird, vgl. zu seiner Prozessführungsbefugnis → Form. E. I. 1 Anm. 2, sollte geprüft werden, ob der Mieter seinen Auskunftsanspruch durchsetzen kann, indem er die Miete zurückbehält.

Weiß der Mieter, dass sein Vermieter die Kaution nie ordnungsgemäß angelegt hat bzw. dass die Kaution während des laufenden Mietverhältnisses untergegangen ist, steht ihm kein Zurückbehaltungsrecht wegen eines Nachweises über die ordnungsgemäße Anlage zu. Denn der Mieter ist bereits informiert (*Wedekind* ZfIR 2009, 276). Weiß der Mieter allerdings nicht, ob die Kaution vorhanden ist, darf er die Miete zurückbehalten, um den Zwangsverwalter zu veranlassen, ihm Auskunft über die Anlage der Kaution zu erteilen.

8. Da der **Insolvenzverwalter** des insolventen Vermieters an das Mietverhältnis gebunden ist, § 108 InsO, hat er dem Mieter Auskunft darüber zu erteilen, ob die ursprünglich durch ihn geleistete Kaution noch auffindbar und wie sie angelegt ist. Kann er die durch den Mieter nachweislich geleistete Kaution nicht finden, kann er den Eröffnungsbeschluss als Titel verwenden, um die Herausgabevollstreckung gegen den Insolvenzschuldner zu betreiben (Uhlenbruck/*Wegener* § 108 Rn. 24). Das Insolvenzgericht ist in diesem Fall das zuständige Vollstreckungsgericht für die Herausgabevollstreckung (BGH ZInsO 2012, 969–970). Zur vergleichbaren Rechtslage im Falle der Zwangsverwaltung → Form. B. III. 39 Anm. 7.

40. Klage auf Anlage der Kaution

An das

Amtsgericht . . . . .[1]

Klage

des . . . . .

– Kläger –

Prozessbevollmächtigter: Rechtsanwalt . . . . .[2]

gegen

. . . . .

– Beklagter –

wegen: Vornahme einer Handlung

Streitwert: . . . . .[3]

Namens und in Vollmacht des Klägers werde ich

beantragen,

> den Beklagten zu verurteilen, die vom Kläger gezahlte Kaution in Höhe von . . . . . EUR nebst . . . . .% Zinsen[4] seit dem . . . . .[5] von seinem Vermögen getrennt[6] bei einem Kreditinstitut zu dem für Spareinlagen mit dreimonatiger Kündigungsfrist üblichen Zinssatz anzulegen.[7]

Sollte das Gericht das schriftliche Vorverfahren anordnen, wird bereits jetzt für den Fall des Vorliegens der Voraussetzungen

Antrag

auf Erlass eines Versäumnisurteils gestellt.

Begründung:

Der Kläger ist seit . . . . . Mieter, der Beklagte Vermieter der Wohnung . . . . .str . . . . . . in . . . . .

Beweis: Mietvertrag vom . . . . ., Kopie Anlage 1

Ausweislich § . . . . . des Mietvertrags betrug die vom Kläger zu leistende Kaution . . . . . EUR. Der Kläger hat den Kautionsbetrag am . . . . .[8] in bar an den Beklagten gezahlt.

Beweis: Quittung des Beklagten vom . . . . ., Kopie Anlage 2

Der Kläger ist seiner Verpflichtung gem. § 551 Abs. 3 BGB zur Anlage des Kautionsbetrags bis heute nicht nachgekommen.[9]

Rechtsanwalt,[10,11]

Anmerkungen

1. → Form. B. II. 3 Anm. 1.

2. → Form. B. II. 3 Anm. 2.

3. Entspricht dem gezahlten Kautionsbetrag (LG Essen MDR 2004, 207).

4. Hier ist der Zinssatz für Spareinlagen mit dreimonatiger Kündigungsfrist einzusetzen; → Form. B. III. 39 Anm. 6.

5. Hier ist der Tag der Kautionszahlung einzusetzen. Zum Recht des Mieters, die
Kaution in drei gleichen Teilbeträgen zu entrichten, → Form. B. II. 3 Anm. 8.

6. Die Klage kann –und sollte– explizit auf insolvenzfeste Anlage der vom Mieter
geleisteten Kaution gerichtet sein. Zur ausnahmsweisen Rechtsmissbräuchlichkeit vgl. LG
Berlin NZM 2013, 756 (Klage gegen den Erwerber trotz hoher titulierter Mietrückstände
gegenüber dem veräußernden Vermieter).

7. Die Zulässigkeit der vorliegenden Leistungsklage ist unproblematisch. Die dem
Gesetz entsprechende Anlage der Kaution ist vertragliche Nebenpflicht des Mietvertrags,
die der Mieter mit der Auskunfts- → Form. B. III. 39 und Leistungsklage verfolgen kann
(LG Köln NJW-RR 1991, 80), und zwar auch noch nach Beendigung des Mietverhältnisses bis zur Rückgewähr der Kaution (BGH NZM 2015, 736).
Der BGH hat aber auch eine Feststellungsklage des Mieters für zulässig angesehen, mit
der der Mieter die Feststellung begehrt, dass er befugt sei, gegenüber dem an Stelle des
insolventen Vermieters getretenen Zwangsverwalter bis zur Höhe der Kaution nebst
Zinsen ein Zurückbehaltungsrecht an der Miete geltend machen zu können, bis der
Zwangsverwalter ihm die Anlage auf einem Treuhandkonto zugunsten des Mieters
nachweist. In diesem Fall gilt der grundsätzliche Vorrang der Leistungsklage nicht, da
der Kläger keinen – nur mit der Leistungsklage erreichbaren – vollstreckungsfähigen Titel
benötigt, wenn er den Anspruch auf Anlage der Kaution im Wege eines Zurückbehaltungsrechts verfolgt (BGH NZM 2009, 815).

8. → Anm. 5.

9. → Form. B. III. 39 Anm. 6.

Zwangsverwaltung und Insolvenz

10. Findet der **Zwangsverwalter** die Kaution nicht und kann er sie auch nicht erfolgreich beim Schuldner vollstrecken, muss er sie auffüllen (BGH ZfIR 2009, 332–333). Nach
Auffassung des BGH ergibt sich der Anspruch auf Anlage der fehlenden Kaution während
des laufenden Mietverhältnisses aus § 152 Abs. 2 ZVG. Zwar werden dadurch die Erträge
zulasten der Gläubiger geschmälert. Dies sei aber wegen des Treuhand ähnlichen Verhältnisses zwischen dem Mieter und dem Vermieter im Hinblick auf die Gewährung der
Kaution gerechtfertigt und vom Gesetzgeber so gewollt. Diese Rechtsprechung wird in der
Litatur heftig kritisiert (*Haarmeyer/Wutzke/Förster/Hintzen* § 155 ZVG Rn. 10; *Wedekind*
ZfIR 2009, 272; *Depré* ZfIR 2006, 315; *Eckert*, „Mietvertragsdurchführung und -abwick-

lung mit dem Zwangsverwalter", im Archiv des Mietgerichtstags unter www.mietgerichtstag.de\mietgerichtstag_2008.php, dort 8.; *Keller* ZfIR 2006, 447).

Bevor der Anspruch klageweise durchgesetzt wird, sollte im Hinblick auf die Risiken, die mit einer Klage gegen einen Zwangsverwalter verbunden sind, → Form. E. I. 1 Anm. 2, geprüft werden, ob der Anspruch auf ordnungsgemäße (Wieder)Anlage der Kaution durch Zurückbehaltung laufender Mieten durchgesetzt werden kann. Nach Auffassung des VIII. Senates des BGH steht dem Mieter in diesem Fall ein Zurückbehaltungsrecht zu (BGH NJW 2009, 3505). Diese Auffassung wird in der Literatur kritisiert (*Wedekind/Wedekind*, Zwangsverwaltung, 2 Aufl. 2016, Rn. 1177).

Muss ein Zwangsverwalter während eines laufenden Mietverhältnisses Kautionen auffüllen oder nach einem beendeten Mietverhältnis eine Kaution herausgeben, die er nicht erhalten hat, entnimmt er die Mittel hierfür aus den Erträgen der Zwangsverwaltung. Gibt es keine oder nur unzureichende Erträge, muss er von den Gläubigern Vorschüsse hierfür anfordern, § 161 Abs. 3 ZVG. Leisten die Gläubiger die Vorschüsse nicht, kann die Zwangsverwaltung durch das Gericht aufgehoben werden, § 161 Abs. 3 ZVG. Auch wenn es sich bei § 161 Abs. 3 ZVG um eine Kann-Vorschrift handelt: Die Zwangsverwaltung wird regelmäßig eingestellt, werden die Vorschüsse nicht gezahlt.

Die Gläubiger werden die angeforderten Vorschüsse nicht zahlen und die Beendigung der Zwangsverwaltung in Kauf nehmen, wenn sie über die erforderlichen Mittel nicht verfügen oder wenn die Zwangsverwaltung wegen der zu leistenden Vorschüsse für sie unwirtschaftlich zu werden droht.

Bevor ein Mieter Ansprüche geltend macht, die sich möglicherweise nur über Vorschüsse der Gläubiger befriedigen lassen, empfiehlt es sich, ihn darüber zu informieren, dass er die Einstellung der Zwangsverwaltung riskiert. Die Zwangsverwaltung kann auch für den Mieter vorteilhaft sein, wenn das Objekt zuvor vernachlässigt war: Der Zwangsverwalter sorgt für die notwendige Instandhaltung. Er muss die Mietverträge, an die er gebunden ist, erfüllen und die laufenden Kosten der Immobilie bestreiten. Diese Vorteile könnten dem Mieter verloren gehen, wird die Zwangsverwaltung aufgehoben.

Beabsichtigt der Mieter, das zwangsverwaltete Objekt zu erwerben, sollte er seinen Anspruch auf ordnungsgemäße Anlage seiner vormals geleisteten Kaution während der Zwangsverwaltung durchsetzen (BGH WuM 2010, 518–520; AG Frankfurt/Main Urt. v. 3.8.2005 – 33 C 4284/04-28 (nicht veröffentlicht)). Denn ist die Kaution abhandengekommen und wird sie während der Zwangsverwaltung nicht wieder aufgefüllt, wird sie sich später kaum mehr beschaffen lassen: Der vormalige Vermieter ist meist nicht mehr auffindbar und voraussichtlich auch nicht solvent.

11. Ist die geleistete Kaution noch vorhanden, hat der Mieter gegen den **Insolvenzverwalter** einen Anspruch auf ordnungsgemäße insolvenzfeste Anlage. Ist die einmal geleistete Kaution nicht mehr auffindbar, hat der Mieter nur einen Schadenersatzanspruch, den er nur zur Tabelle anmelden kann.

41. Klage auf Wiederanlage der Kaution bei Entnahme durch Vermieter wegen bestrittener Forderung während bestehenden Mietverhältnisses

An das

Amtsgericht . . . . .[1]

Klage

des . . . . .

– Kläger –

Prozessbevollmächtigter: Rechtsanwalt . . . . .[2]

gegen

. . . . .

– Beklagter –

wegen: Vornahme einer Handlung

Streitwert: . . . . .[3]

Namens und in Vollmacht des Klägers werde ich

beantragen,

den Beklagten zu verurteilen, auf das Kautionskonto des Beklagten aus dem Mietvertrag vom . . . . . . über eine Wohnung in . . . . . . bei dem Kreditinstitut . . . . . . einen
Betrag in Höhe von . . . . . EUR nebst . . . . .% Zinsen[4] seit dem . . . . .[5] einzuzahlen.[6]

Sollte das Gericht das schriftliche Vorverfahren anordnen, wird bereits jetzt für den Fall
des Vorliegens der Voraussetzungen

Antrag

auf Erlass eines Versäumnisurteils gestellt.

Begründung:

Der Kläger ist Mieter, der Beklagte Vermieter der Wohnung . . . . .str . . . . . . in . . . . .

Beweis: Mietvertrag vom . . . . ., Kopie Anlage 1

Ausweislich § . . . . . des Mietvertrags betrug die vom Kläger zu leistende Kaution
. . . . . EUR. Der Kläger hat den Kautionsbetrag am . . . . . in bar an den Beklagten
gezahlt.[7]

Beweis: Quittung des Beklagten vom . . . . ., Kopie Anlage 2

Der Beklagte ist seiner Verpflichtung gem. § 551 Abs. 3 BGB zur Anlage des Kautionsbetrags zunächst nachgekommen und hat dem Kläger mit Schreiben vom . . . . . . auch
mitgeteilt, bei welchem Kreditinstitut und auf welchem Konto er die Kaution des Klägers
von seinem Vermögen getrennt –als Kautionskonto deklariert- angelegt hat.[8]

Sodann kam es ab . . . . . . zu einer Schimmelbildung an der Schlafzimmeraußenwand der
Mietwohnung. Die Parteien streiten darüber, ob deren Ursache in –vom Beklagten zu
verantworten- einer mangelnden Isolierung und eindringendem Regenwasser durch einen
von außen sichtbaren Riss der Außenwand oder in unzureichendem Heiz- und Lüftungsverhalten des Klägers zu finden ist.

Beweis: Schreiben des Klägers vom . . . . ., Kopie Anlage 3
        Schreiben des Beklagten vom . . . . ., Kopie Anlage 4

Da der Beklagte auf seinem Standpunkt beharrt, hat der Kläger –nach entsprechender
Androhung-

Beweis: Schreiben des Klägers vom . . . . ., Kopie Anlage 5

ab dem . . . . . . die Bruttomiete[9] um . . . . . .% = ... EUR gemindert.

Als „Antwort" hat der Beklagte –nicht etwa einen Handwerker mit der Sanierung der Außenwand beauftragt, sondern- mit Schreiben vom . . . . . . dem Kläger mitgeteilt, dass er sich in Höhe des Minderungsbetrags aus der Kaution befriedigt habe.

Beweis: Schreiben des Beklagten vom . . . . ., Kopie Anlage 6

Ein solcher Anspruch stand dem Beklagten jedoch nicht zu, da der Minderungsbetrag zwischen den Parteien im Streit ist. Daher hat der Kläger gem. §§ 280 Abs. 1, 551 BGB einen Anspruch auf Wiedereinzahlung des vom Beklagten entnommenen Betrags auf das Kautionskonto.[10]

Auf ein entsprechenden Aufforderungsschreiben des Klägers vom . . . . . .

Beweis: Schreiben des Klägers vom . . . . ., Kopie Anlage 7

hat der Beklagte jedoch unter dem . . . . . . mitgeteilt, dass er dazu nicht bereit sei.

Beweis: Schreiben des Beklagten vom . . . . ., Kopie Anlage 8

Rechtsanwalt'

Anmerkungen

1. → Form. B. II. 3 Anm. 1.

2. → Form. B. II. 3 Anm. 2.

3. Entspricht dem vom Vermieter dem Kautionskonto entnommenen Kautionsbetrag.

4. Hier ist der Zinssatz für Spareinlagen mit dreimonatiger Kündigungsfrist einzusetzen; → Form. B. III. 39 Anm. 6, → Form. B. II. 4 Anm. 6.

5. Hier ist der Tag der Entnahme des Kautions(teil)betrags durch den Vermieter einzusetzen, → Form. B. II. 4 Anm. 6.

6. Der Mieter ist im Beispielsfall zu diesem präzisen Antrag in der Lage, weil der Vermieter sich mit seiner Mitteilung über die Anlage der Kaution geradezu vorbildlich verhalten hat (vgl. Formulartext →Anm. 8). In der Praxis wird der Mieter allerdings –ggf. mit einer Auskunftsklage- die für seinen Antrag auf Wiederauffüllen des Kautionskontos erforderlichen Angaben erstreiten müssen. Ein Antrag, den Vermieter zu verurteilen, „auf das (nicht näher bezeichnete) Kautionskonto des Mieters einen Betrag von . . . . . . einzuzahlen" dürfte nicht vollstreckungsfähig sein.

7. Zum Recht des Mieters, die Kaution in drei gleichen Teilbeträgen zu entrichten, → Form. B. II. 3 Anm. 8.

8. Zur Verpflichtung des Vermieters zur Anlage der Kaution → Form. B. III. 39 Anm. 6.

9. Bemessungsgrundlage für die Mietminderung nach § 536 BGB ist die Bruttomiete (Miete einschließlich aller Betriebskosten). Dabei ist es auch unerheblich, ob die Betriebskosten als Pauschale oder Vorauszahlung geschuldet werden (BGH NZM 2005, 455).

10. BGH NZM 2014, 551 → Form. B. II. 4 Anm. 12.

42. Klage auf Rückzahlung eines Teils der Kaution wegen Vereinbarung einer 3 Monatsmieten übersteigenden Kaution

An das

Amtsgericht . . . . .[1]

Klage

des . . . . .

– Kläger –

Prozessbevollmächtigter: Rechtsanwalt . . . . .[2]

gegen

. . . . .

– Beklagter –

wegen: Forderung

Streitwert: . . . . .[3]

Namens und in Vollmacht des Klägers werde ich

beantragen,

> den Beklagten zu verurteilen, an den Kläger 480,– EUR nebst Zinsen in Höhe von 5 Prozentpunkten über dem Basiszinssatz seit dem . . . . . zu zahlen.[4]

Sollte das Gericht das schriftliche Vorverfahren anordnen, wird bereits jetzt für den Fall des Vorliegens der Voraussetzungen

Antrag

auf Erlass eines Versäumnisurteils gestellt.

Begründung:

Der Kläger ist seit . . . . . Mieter, der Beklagte Vermieter der Wohnung . . . . . str . . . . . . in . . . . . Die monatliche Miete setzt sich ausweislich § . . . . . des Mietvertrags zusammen aus einer Kaltmiete iHv 600,– EUR, einer Heizkostenvorauszahlung iHv 100,– EUR und einer Vorauszahlung auf weitere Betriebskosten iSd § 2 Betriebskostenverordnung iHv 60,– EUR, insgesamt also 760,– EUR.

Beweis: Mietvertrag vom . . . . ., Kopie Anlage 1

Ausweislich § . . . . . des Mietvertrags beträgt die vom Kläger zu leistende Kaution drei Bruttowarmmieten = 2280,– EUR. Der Kläger hat diesen Kautionsbetrag am . . . . . an den Beklagten gezahlt.[5]

Beweis: Quittung des Beklagten vom . . . . ., Kopie Anlage 2/
        Einzahlungsbeleg des Klägers vom . . . . ., Kopie Anlage 2

Sowohl bei Abschluss des Mietvertrags als auch bei Zahlung der Kaution war dem Kläger die Regelung des § 551 Abs. 1 BGB nicht bekannt, die die Höhe der Kaution auf drei

Nettokaltmieten begrenzt. Die höchstzulässige Kaution beträgt daher im vorliegenden Fall (3 × 600,– EUR =) 1800,– EUR.[6]

Nach entsprechender Kenntniserlangung[7] hat der Kläger den Beklagten mit Schreiben vom . . . . . aufgefordert, den die höchstzulässige Kaution übersteigenden Betrag iHv 480,– EUR an ihn, den Beklagten zurückzuzahlen.[8]

Beweis: Schreiben vom . . . . ., Kopie Anlage 3

Mit Antwortschreiben vom . . . . . hat der Beklagte die Rückzahlung abgelehnt. Der Beklagte hat sich auf Verjährung berufen, da seit dem Tag der Zahlung der Kaution bereits bis zum erstmaligen Schreiben des Klägers in dieser Sache drei Jahre und ein Monat vergangen seien.

Beweis: Schreiben vom . . . . ., Kopie Anlage 4

Dieser Zeitablauf wird zwar nicht bestritten; der Beklagte irrt aber bzgl. des Verjährungsbeginns. Die im vorliegenden Fall anwendbare dreijährige Verjährungsfrist des § 195 BGB beginnt gem. § 199 Abs. 1 BGB erst mit dem Schluss des Jahres, in dem der Anspruch entstanden ist und der Kläger von den, den Anspruch begründenden Umständen und der Person des Schuldners Kenntnis erlangt oder ohne grobe Fahrlässigkeit erlangen müsste.[9] Der frühestmögliche Zeitpunkt hierfür ist der Tag der Zahlung der Kaution,[10] dh der . . . . . Damit begann die Verjährungsfrist gem. § 199 Abs. 1 BGB erst mit dem Schluß des Jahres . . . . . und endet gem. § 195 BGB am . . . . . Die demnächst erfolgende Zustellung der vorliegenden Klage liegt auf jeden Fall noch innerhalb der vorgenannten Frist.[11]

Rechtsanwalt

Anmerkungen

1. → Form. B. II. 3 Anm. 1.

2. → Form. B. II. 3 Anm. 2.

3. Entspricht der Höhe des zurückzufordernden, im Klageantrag bezifferten Kautions(teil)betrags.

4. Für den Zinsantrag ist zu differenzieren: Vor Verzugseintritt können Zinsen aus § 288 Abs. 1 S. 2 BGB vom Mieter nicht verlangt werden. Auf der anderen Seite ist der Vermieter gem. § 551 Abs. 3 S. 1 BGB zur verzinslichen Anlage der Kaution verpflichtet, wobei die Zinsen nach § 551 Abs. 3 S. 4 BGB die Sicherheit erhöhen. Es wäre eine ungerechtfertigte Belohnung desjenigen Vermieters, der sich gesetzwidrig eine überhöhte Kaution zahlen lässt, bzgl. des Überhöhungsbetrags einen Zinsvorteil zu erlangen. Auch wenn der Überhöhungsbetrag wegen § 551 Abs. 3 BGB von vornherein keine Kaution iSd Gesetzes sein kann, sind die auf ihn entfallenden Zinsen daher zumindest entsprechend § 551 Abs. 3 BGB zu behandeln. Hierzu erscheinen zwei Lösungen gangbar:
a) Der Mieter klagt lediglich auf zinslose Rückzahlung des Überhöhungsbetrags. Obsiegt er, hebt der Vermieter den Überhöhungsbetrag vom Kautionssparbuch ab und zahlt ihn an den Mieter aus. Die bis zur Rückzahlung auf diesen Teilbetrag entfallenen Zinsen bleiben auf dem Sparbuch stehen und erhöhen die verbleibende, gesetzlich zulässige Kaution.
b) In zumindest entsprechender Anwendung des § 551 Abs. 3 S. 1 BGB billigt man dem Mieter einen Anspruch auf den Überzahlungsbetrag nebst Zinsen in Höhe des

üblichen Zinssatzes für Spareinlagen mit dreimonatiber Kündigungsfrist zu; und zwar bereits ab dem Tag der Zahlung des Überhöhungsbetrags, denn ab da hätte der Vermieter entsprechend § 551 Abs. 3 S. 1 BGB den Betrag zugunsten des Mieters auf einem Kautionskonto anlegen müssen. Hat der Vermieter das getan, hebt er den Überhöhungsbetrag nebst den darauf entfallenen Zinsen (also im Ergebnis 1 zu 1 den tenorierten Betrag) vom Kautionskonto ab und zahlt das an den Mieter aus. Hat der Vermieter seiner Anlagepflicht nicht genügt, muss er die Zinsen aus eigenem Vermögen als Schadensersatz wegen Verletzung einer mietvertraglichen Nebenpflicht (Anlage der „Kaution" zumindest analog § 551 Abs. 3 S. 1 BGB) zahlen.

Wenn man dem nicht folgt, bleibt immer noch ein Zinsanspruch unter Verzugsgesichtspunkten. Dieser beginnt dann zwar später –eben erst ab Verzugseintritt-, ist dafür aber nach § 288 Abs. 1 S. 2 BGB regelmäßig höher (fünf Prozentpunkte über dem Basiszinssatz). Bzgl. **dieser** Zinsen darf der Vermieter nicht auf das Kautionssparbuch zugreifen. Schließlich erscheint es auch vertretbar, den Erhöhungsbetrag **und** die darauf entfallenen Zinsen insgesamt als Hauptforderung einzuklagen (diesen Betrag darf der Vermieter bei Obsiegen des Mieters dann dem Kautionskonto entnehmen) und darauf ab Verzugseintritt Verzugszinsen zu berechnen (die der Vermieter selber tragen muss). Zur Begründung, auch hinsichtlich der Nichtanwendbarkeit des § 289 BGB (Zinseszinsverbot), → Form. C. III. 5 Anm. 15.

5. Zum Recht des Mieters, die Kaution –auch bei abweichender Vereinbarung im Mietvertrag- in drei gleichen Teilbeträgen zu entrichten, → Form. B. II. 3 Anm. 8.

6. Dies ist im vorliegenden Fall der vom Beklagten geschuldete Kautionsbetrag. Die vertragliche Vereinbarung ist nicht etwa wegen Überschreitens der in § 551 Abs. 1 BGB genannten maximalen Höhe von drei Nettokaltmieten (→ Form. B. II. 3 Anm. 8) **insgesamt** unwirksam mit der Folge, dass der Beklagte gar keine Kaution mehr stellen müsste. Nach BGH NZM 2004, 217 ist eine Kautionsvereinbarung vielmehr auch dann wirksam, wenn die in § 551 Abs. 1 BGB genannte maximale Kautionshöhe (geringfügig) überschritten wird. Im vom BGH entschiedenen Fall war im Mietvertrag eine Kaution von „drei Monatsmieten = 2.100,– DM" vereinbart, rechnerisch ergaben drei Monatsmieten aber nur 2.040,– DM. In einem solchen Fall sei anzunehmen, dass die Vertragsparteien eine gesetzeskonforme Regelung gewollt hätten, so dass der Mieter eine Kaution in Höhe der (richtig berechneten) drei Monatsmieten = 2.040,– DM schuldete.

Bei einer Mischung von Sicherheiten (etwa Barkaution und Bürgschaft eines Dritten; → Form. B. II. 3 Anm. 8) darf der Vermieter Doppelsicherungen, die in ihrer Addition über drei Nettokaltmieten hinausgehen, nicht verlangen (BGH NJW 1989, 1853). Auch dies berührt aber die darin rechnerisch enthaltene Vereinbarung einer Kaution in zulässiger Höhe nicht. Die Unwirksamkeit erstreckt sich nur auf die über diesen Betrag hinausgehende Übersicherung. Nach BGH NJW 2004, 3045 ist in einem Mietvertrag, in dem neben der maximal möglichen Barkaution von drei Monatsmieten die Beibringung einer Bankbürgschaft vereinbart wird, nur die Vereinbarung bzgl. der Bankbürgschaft unwirksam. Die Urteilsbegründung verallgemeinert, dass eine **Vereinbarung über die Sicherheitsleistung nur insoweit unwirksam ist, als sie das nach § 551 Abs. 1 BGB höchstzulässige Maß überschreitet.**

In dem Ausnahmefall einer „angebotenen" Bürgschaft ist sogar die Vereinbarung einer rechnerisch drei Monatsmieten übersteigenden Sicherheit möglich. Dies gilt, wenn der Bürge dem Vermieter unaufgefordert eine Bürgschaft gibt unter der Bedingung, dass ein Wohnraummietvertrag mit dem Mieter geschlossen werde und der Mieter dadurch nicht erkennbar belastet wird. Wird der Mietvertrag geschlossen, tritt die Bedingung ein und die Bürgschaft ist wirksam (BGHZ 111, 361). Zulässig sind danach zB Bürgschaften auch über drei Monatsmieten hinaus und auch neben einer vom Mieter geleisteten Barkaution in dem praktisch bedeutsamen Fall, in dem die Eltern des Mietinteressenten, etwa eines Studenten, dem Vermieter von sich aus eine Mietbürgschaft für den Fall anbieten, dass mit dem Mietinteressenten ein Mietvertrag geschlossen wird. Gleiches gilt auch für eine Sicherheit, die dem Vermieter zur Abwendung einer Kündigung wegen Zahlungsverzugs gewährt wird; sogar unabhängig davon, ob der Bürge diese Sicherheit unaufgefordert beigebracht oder der Vermieter eine zusätzliche Sicherheit verlangt hat (BGH NZM 2013, 756).

7. → Anm. 10.

8. In Höhe des Betrags, den die vereinbarte (und tatsächlich auch so gezahlte) die nach § 551 Abs. 1 BGB höchstzulässige Kaution überschreitet, steht dem Mieter ein Bereicherungsanspruch aus § 812 Abs. 1 S. 1 BGB zu.

9. BGH NZM 2011, 625

10. Für den Beginn der Verjährung kommt es nicht darauf an, wann der Mieter erfahren hat, dass die Vereinbarung einer drei Monatsmieten übersteigenden Kaution gesetzwidrig ist und bzgl. des übersteigenden Betrags ein Bereicherungsanspruch besteht. Bei einem Anspruch aus § 812 Abs. 1 S. 1 BGB „liegt die für den Verjährungsbeginn erforderliche Kenntnis des Gläubigers vor, wenn er von der Leistung und vom Fehlen des Rechtsgrunds weiß, dh von den Tatsachen, aus denen dessen Fehlen folgt. Eine zutreffende rechtliche Würdigung setzt § 199 Abs. 1 Nr. 2 BGB nicht voraus. Eine Ausnahme wird lediglich für die Fälle in Betracht gezogen, in denen es sich um eine unübersichtliche oder zweifelhafte Rechtslage handelt, so dass sie selbst ein rechtskundiger Dritter nicht zuverlässig einzuschätzen vermag." (BGH NZM 2011, 625, dazu auch *Börstinghaus* NJW 2011, 3545). Danach kommt de facto in Fällen der vorliegenden Art nur der Tag der Kautionszahlung in Betracht. Der Tag des Vertragsschlusses dagegen ist unmaßgeblich, denn zu diesem Zeitpunkt fehlt noch die Tatsache der Zahlung, ohne die der Rückforderungsanspruch nicht besteht.

Zur Fristberechnung vgl. den letzten Absatz des Formulartextes.

11. Im vom BGH NZM 2011, 625 entschiedenen Fall war die Verjährungsfrist dagegen abgelaufen. Die Abweisung des Bereicherungsanspruchs des Mieters lässt aber die Frage nach dem weiteren Schicksal des die nach § 551 Abs. 1 BGB maximal zulässige Kautionshöhe übersteigenden Betrags offen. Der Vermieter kann das Geld zunächst behalten, aber „Kaution" ist es nicht –sonst wäre der Anspruch des Mieters schon in der Sache –und nicht „nur" wegen Verjährung abgewiesen worden. Muss der Vermieter dann diesen überschießenden Betrag, der keine Kaution ist, trotzdem in zumindest entsprechender Anwendung des § 551 Abs. 3 BGB verzinslich und von seinem Vermögen getrennt anlegen? Das dürfte zu bejahen sein, da auch der überhöhte Betrag nach dem Parteiwillen –wenn auch letztlich nicht wirksam, aber immerhin- als Kaution vereinbart worden und daher zumindest mit Blick auf das wirtschaftliche Ergebnis auch so zu behandeln ist. Ansonsten käme der Vermieter, der sich hinsichtlich der Höhe der Kaution gesetzwidrig verhält, auch noch in den Genuss eines Zinsvorteils, wenn er den überschießenden Betrag selber und zu seinen Gunsten anlegen könnte.

Eine weitere Frage ist, was mit dem überschießenden Betrag am Ende des Mietverhältnisses geschieht. **Zurückgeben** muss der Vermieter ihn jetzt (BGH NZM 2011, 625). Aber darf er ihn auch wie eine Kaution verwerten? Wenn man die Behandlung des Betrags während des noch laufenden Mietverhältnisses wie eine Kaution fordert, etwa zugunsten des Mieters im Hinblick auf den Zinsertrag, erscheint es konsequent, diesen Betrag auch am Ende des Mietverhältnisses wie eine Kaution zu behandeln. Dann aber hätte der Vermieter, der einen zu hohen Kautionsbetrag verlangt, im Ergebnis genau das erreicht; also eine Übersicherung, der § 551 Abs. 1 BGB zugunsten des Mieters einen Riegel vorschieben will. Auch § 551 Abs. 4 BGB, wonach eine zum Nachteil des Mieter abweichende Vereinbarung unwirksam ist, wäre konterkariert, wenn der überschießende

Betrag am Ende des Mietverhältnisses „wie" eine Kaution vom Vermieter verwertet werden dürfte, denn die gesetzeswidrige Vereinbarung einer zu hohen Kaution wäre dann zumindest von ihrem wirtschaftlichen Ergebnis her wirksam. Ein Vermieter wäre dann sogar gut beraten, stets eine zu hohe Kaution zu fordern, denn das „Schlimmste", das ihm passieren kann, wäre, dass er (nur) innerhalb der Verjährungsfrist den überschießenden Betrag zurückzahlen muss; und je nach Kenntnis- und Bildungsstand des Mieters durchaus Chancen hätte, nach Ablauf der Verjährungsfrist eine Kaution zur Verfügung zu haben, die über § 551 Abs. 1 BGB hinaus ginge (so auch *Peters* NZM 2011, 803; LG Berlin GE 1996, 741, LG Bremen NJW-RR 1993, 19; aA *Dickersbach/ Lützenkirchen* WuM 2006, 595).

43. Klage auf Rückzahlung einer zu hohen Kaution wegen Verstoß gegen die Mietpreisbremse

An das

Amtsgericht[1]

Klage

des[2] . . . . .

– Kläger –

Prozessbevollmächtigter:[3] . . . .

gegen

die Eheleute[4] . . . . .

– Beklagte –

wegen: Rückzahlung überzahlter Miete bei Wohnraummietvertrag

Streitwert: . . . . .[5]

Namens und mit Vollmacht des Klägers erhebe ich Klage gegen die Beklagten und werde beantragen:

1. Die Beklagten werden als Gesamtschuldner verurteilt, an den Kläger . . . . . EUR nebst Zinsen in Höhe von 5 Prozentpunkten über dem Basiszinssatz aus . . . . . EUR seit dem . . . . . 20 . . . . . zu zahlen.
2. Die Beklagten tragen die Kosten des Rechtsstreits.[6]
3. Das Urteil ist vorläufig vollstreckbar.[7]

Ich beantrage ferner,

1. soweit das Gericht das Verfahren nach § 495a ZPO[8] betreiben will, die Durchführung einer mündlichen Verhandlung;
2. soweit das Gericht ein schriftliches Vorverfahren anordnet und der/die Beklagte(n) seine/ihre Verteidigungsbereitschaft nicht rechtzeitig anzeigen sollten, den Erlass eines Versäumnisurteils.

Ferner teile ich mit, dass

1. ein außergerichtlicher Einigungsversuch bisher nicht stattgefunden hat[9]
2. ein solcher Versuch erscheint zurzeit auch nicht aussichtslos.[10]

Begründung

Die Beklagten haben dem Kläger mit Mietvertrag vom . . . . . eine Wohnung im Hause . . . . . vermietet.

Beweis: in der Anlage überreichte Kopie des Mietvertrages

Der Kläger hat vereinbarungsgemäß eine Mietsicherheit von . . . . . EUR geleistet.

Beweis: a) in der Anlage überreichte Kopie des Mietvertrages
b) in der Anlage überreichte Kopie der Quittung/Überweisungsbelegs

Der Kläger verlangt mit der vorliegenden Klage ein Teil dieser Mietsicherheit wegen Verstoßes gegen § 556g Abs. 1 BGB zurück. Die Mietsicherheit übersteigt die gesetzlich zulässige Höhe von drei Monatskaltmieten.

Als Grundmiete wurde im Jahre . . . . . ein Betrag von . . . . . EUR zuzüglich Betriebs- und Heizkostenvorauszahlungen in Höhe von . . . . . EUR vereinbart.

Beweis: In der Anlage überreiche Kopie des Mietvertrages

Ferner wurde vereinbart, dass der Mieter eine Mietsicherheit von drei Monatskaltmieten, nämlich . . . . . EUR zu zahlen hat, was auch am . . . . . 20 . . . . . geschehen ist.

Die Landesregierung hat durch Rechtsverordnung bestimmt, dass in der Gemeinde, in der die Wohnung belegen ist, ein angespannter Wohnungsmarkt herrscht und deshalb die Begrenzung der Wiedervermietungsmiete gem. §§ 556d ff. BGB in dieser Gemeinde gilt.

Die Gemeinde wurde mit Wirkung ab . . . . . 2015 in diese Verordnung aufgenommen. Die Verordnung hat eine Laufzeit von . . . . . Jahren und gilt bis . . . . . .

Da der Mietvertrag somit nach Einführung der Begrenzung der Wiedervermietungsmiete für die Gemeinde abgeschlossen wurde, ist die Höhe der Miete auf maximal 110 % der ortsüblichen Vergleichsmiete begrenzt. Soweit eine höhere Miete vereinbart wurde, ist die Vereinbarung insofern gem. § 556g Abs. 1 BGB teilunwirksam. Dies gilt gem. § 551 Abs. 1 BGB dann auch für die maximal mögliche Mietsicherheit.

Die maximal zulässige Wiedervermietungsmiete beträgt für die Wohnung . . . . . EUR.

Das ergibt sich aus folgender Berechnung:

Alternativ:

I. Variante (qualifizierter Mietspiegel):

Für die Gemeinde . . . . . gibt es einen qualifizierten Mietspiegel. Dieser Mietspiegel ist nach den anerkannten wissenschaftlichen Grundsätzen erstellt worden.

Beweis: a) Mietspiegeldokumentation der Gemeinde
b) NN (Vernehmung der Mitarbeiter, die den Mietspiegel erstellt haben)
c) Sachverständigengutachten

Es wird deshalb gem. § 558d BGB vermutet, dass die dort ausgewiesenen Werte die ortsübliche Vergleichsmiete richtig wiedergeben.

Zum Zeitpunkt des Mietvertragsbeginns galt der Mietspiegel 201 . . . . . .

Die gemietete Wohnung ist dabei wie folgt einzugruppieren:

Baualtersklasse: . . . . .

Lageklasse: . . . . .

Ausstattungsklasse: . . . . .

Der in Bezug genommene Mietspiegel weist für diesen Wohnraum eine Mietspanne[11] von . . . . . bis . . . . . EUR/m² aus. Die maßgebliche Einzelvergleichsmiete beträgt hier . . . . . EUR/m².[12] Dabei spricht für die entsprechende Einordnung der konkreten Vertragswohnung in den qualifizierten Mietspiegel Folgendes: . . . . .

Bei einer tatsächlichen[13] Wohnungsgröße von . . . . . m² ergibt dies eine ortsübliche Vergleichsmiete für die Wohnung für den Mietvertragsbeginns[14] von . . . . . EUR; zzgl des gem. § 556g Abs. 1 BGB maximal zulässigen Zuschlags bei der Wiedervermietungsmiete von 10 % betrug zum Zeitpunkt des Vertragsschlusses die maximal zulässige Wiedervermietungsmiete . . . . . EUR.

II. Variante (einfacher Mietspiegel):

Für die Gemeinde . . . . . gibt es keinen qualifizierten Mietspiegel, jedoch gibt es einen einfachen Mietspiegel. Dieser erfüllt alle Voraussetzungen die an einen Mietspiegel gem. § 558c BGB zu stellen sind. Der Mietspiegel wurde anhand einer Datenerhebung erstellt. Diese erfüllt zwar nicht die strengen Anforderungen, die an eine repräsentative Datenerhebung zu stellen sind, genügt aber als Datengrundlage. Insbesondere ist der Mietspiegel nicht schlicht ausgehandelt worden.

Beweis: a) in der Anlage überreichte Kopie des Mietspiegels
b) Vernehmung der den Mietspiegel erstellenden Personen
c) Sachverständigengutachten

Auch solche einfachen Mietspiegel können als Indiz[15] für die Höhe der ortsüblichen Vergleichsmiete Verwendung finden.[16] Dies gilt auch bei der Ermittlung der zulässigen Wiedervermietungsmiete.

Zum Zeitpunkt des Mietvertragsbeginns galt der Mietspiegel 201 . . . . . .

Die gemietete Wohnung ist dabei wie folgt einzugruppieren:

Baualtersklasse: . . . . .

Lageklasse: . . . . .

Ausstattungsklasse: . . . . .

Der in Bezug genommene Mietspiegel weist für diesen Wohnraum eine Mietspiegelspanne[17] von . . . . . bis . . . . . EUR/m² aus. Die maßgebliche Einzelvergleichsmiete beträgt hier . . . . . EUR/m².[18]

Beweis: a) Mietspiegel der Gemeinde . . . . . Stand . . . . .
b) Sachverständigengutachten

Dabei spricht für die entsprechende Einordnung der konkreten Vertragswohnung in den Mietspiegel Folgendes: . . . . .

Bei einer tatsächlichen[19] *Wohnungsgröße von . . . . . m² ergibt dies eine ortsübliche Vergleichsmiete für die Wohnung für den Mietvertragsbeginns*[20] *von . . . . . EUR; zzgl. des gem. § 556g Abs. 1 BGB maximal zulässigen Zuschlags bei der Wiedervermietungsmiete von 10 % betrug zum Zeitpunkt des Vertragsschlusses die maximal zulässige Wiedervermietungsmiete . . . . . EUR.*

III. Variante (kein Mietspiegel)

Für die Gemeinde . . . . . Gibt es keinen Mietspiegel. Das bedeutet aber nicht, dass die Begrenzung der Wiedervermietungsmiete gem. § 556d iVm § 556g BGB hier nicht gilt. Lediglich die Ermittlung der ortsüblichen Vergleichsmiete ist schwieriger.

Der Kläger hat sich die Mühe gemacht, durch Erkundigungen zu ermitteln, wie hoch die ortsübliche Vergleichsmiete in der Gemeinde ist. Er in diversen online Angebotsseiten vergleichbare Wohnungen ermittelt. So wurde hier angeboten:

1.

. . . . .

2.

. . . . .

3.

. . . . .

Die Wohnungen sind mit der vom Kläger angemieteten Wohnung vergleichbar. Selbst wenn man berücksichtigt,

- *dass die Angebotsmiete nicht immer erzielt werden kann und teilweise die vereinbarte Miete niedriger ist*
- *die ortsübliche Vergleichsmiete nicht die Marktmiete ist sondern aus den Mieten der letzten vier Jahre gebildet werden muss und zwar sowohl aus Neuvertragsmieten wie auch erhöhten Bestandsmieten*
- *die angebotenen Wohnungen teilweise einen besseren Standard aufweisen*

geht der Kläger hier davon aus, dass die ortsübliche Vergleichsmiete in der Gemeinde für vergleichbaren Wohnraum zum Zeitpunkt des Mietvertragsabschlusses . . . . . EUR/ m² beträgt.

Beweis: Sachverständigengutachten

Bei einer tatsächlichen[19] *Wohnungsgröße von . . . . . m² ergibt dies eine ortsübliche Vergleichsmiete für die Wohnung für den Mietvertragsbeginns*[20] *von . . . . . EUR; zzgl. des gem. § 556g Abs. 1 BGB maximal zulässigen Zuschlags bei der Wiedervermietungsmiete von 10 % betrug zum Zeitpunkt des Vertragsschlusses die maximal zulässige Wiedervermietungsmiete . . . . .EUR.*

. . . . .

Der Kläger hat mit Schreiben[21] vom . . . . . . 20 . . . . . . die Höhe der vereinbarten Miete gerügt.[22]

Beweis: In der Anlage überreichte Kopie des Schreibens vom . . . . .

Die gem. § 551 Abs. 1 BGB zulässige Mietsicherheit beträgt somit lediglich . . . . . EUR.

Deshalb schulden den Beklagte die Rückzahlung der Differenz zwischen der maximal zulässigen Mietsicherheit und der vereinbarten und gezahlten Sicherheit von . . . . . EUR . Da die Miete hier dauerhaft herabgesetzt ist, darf auch die maximale Sicherheit den dreifachen geminderten Mietbetrag nicht überschreiten.[23]

Die Beklagten sind mit Schreiben[24] vom . . . . . 20 . . . . . zur Rückzahlung des Betrages aufgefordert worden. Das haben sie abgelehnt, so dass Klage erforderlich wurde.

Rechtsanwalt

Anmerkungen

1. Die **sachliche Zuständigkeit** für Wohnraummietsachen ergibt sich aus § 23 Ziff. 2 a) GVG. Danach sind die Amtsgerichte ohne Rücksicht auf den Wert des Streitgegenstandes ausschließlich zuständig für Streitigkeiten über Ansprüche aus einem Mietverhältnis über Wohnraum. Hierzu zählen auch die Rückforderungsansprüche wegen vermeintlich überzahlter Miete. Die **örtliche Zuständigkeit** ergibt sich aus § 29a ZPO, wonach jeweils das Amtsgericht, in dessen Bezirk sich die gemietete Wohnung befindet, zuständig ist. Auch dies ist eine ausschließliche Zuständigkeit, so dass eine Zuständigkeit eines anderen Gerichts weder durch rügelose Einlassung gem. § 39 ZPO noch durch eine Gerichtsstandsvereinbarung gem. § 40 ZPO begründet werden kann (OLG Frankfurt MDR 1979, 851; LG München ZMR 1987, 271). Eine Verweisung unter Verstoß gegen diese bindenden Zuständigkeitsregelungen ist unbeachtlich (LG München ZMR 1987, 271; BLAH/*Hartmann* § 29a Rn. 13). Ob die allgemeine Zivilabteilung oder die Mietabteilung zuständig ist, ist eine Frage der internen Geschäftsverteilung des Gerichts. Die Klage muss nur an das Amtsgericht, nicht an die zuständige Abteilung adressiert sein.

2. Die Mieter sind hinsichtlich des Rückforderungsanspruchs **Gesamtgläubiger**. Der Vermieter kann an jeden der Gesamtgläubiger mit befreiender Wirkung leisten, § 428 BGB. Die Mieter sind dann untereinander gem. § 430 BGB zum Ausgleich verpflichtet.

3. Für das erstinstanzliche Verfahren besteht kein Anwaltszwang.

4. Die Vermieter sind bezüglich des Rückzahlungsanspruchs **Gesamtschuldner**. Sie können also gemeinsam als Gesamtschuldner in Anspruch genommen werden. Möglich ist aber auch die Inanspruchnahme nur eines Vermieters.

5. Bei der bezifferten Leistungsklage richtet sich der Streitwert nach dem Zahlungsantrag.

6. Ein **Kostenantrag** ist nicht zwingend erforderlich, da das Gericht von Amts wegen über die Kosten zu entscheiden hat. Bei einer Verurteilung mehrerer Vermieter als Gesamtschuldner auf Zahlung ist es nicht erforderlich, im Kostenausspruch die gesamtschuldnerische Haftung für die Kosten auszusprechen, § 100 Abs. 4 ZPO.

7. Das Urteil ist sowohl hinsichtlich der Hauptsache wie auch bezüglich der Kosten für vorläufig vollstreckbar zu erklären. Es handelt sich auch bei einem Rückforderungsanspruch wegen vermeintlich überzahlter Miete um ein Leistungsurteil in einem Mietrechtsstreit. In diesem Fall richtet sich die vorläufige Vollstreckbarkeit nach § 708 Ziff. 7 ZPO. Nur in den Fällen eines Versäumnis- oder Anerkenntnisurteils regelt sich die vorläufige Vollstreckbarkeit nach § 708 Ziff. 1 oder Ziff. 2 ZPO. Grundsätzlich hat das Gericht gem. § 711 ZPO eine Abwendungsbefugnis für den vorläufig zur Zahlung verurteilten auszusprechen. Dies soll jedoch gem. § 713 ZPO entfallen, wenn gegen das Urteil *unzweifelhaft* kein Rechtsmittel möglich ist.

8. Bis zu einem Streitwert von 600,– EUR kann das Gericht gem. § 495a ZPO das Verfahren nach billigem Ermessen gestalten. Es muss in diesem Fall nur dann eine mündliche Verhandlung durchführen, wenn eine Partei dies ausdrücklich beantragt hat. Ferner kann das Urteil bei dieser Verfahrensweise gem. § 313a Abs. 1 S. 1 ZPO ohne Tatbestand abgefasst werden und die Entscheidungsgründe können ins Protokoll diktiert werden. Der Streitwert, nach dem sich entscheidet, ob diese Verfahrensweise zulässig ist oder nicht, ist nicht der Gebührenstreitwert, sondern der Zuständigkeitsstreit- oder Rechtsmittelstreitwert. Dies ergibt sich daraus, dass diese Verfahrensart auf die Verfahren beschränkt ist, bei denen das Amtsgericht abschließend entscheidet. In Verfahren, in denen das Landgericht zweitinstanzlich mit der Sache befasst werden kann, muss eine überprüfbare Entscheidung mit Tatbestand und Entscheidungsgründen vorliegen. Zur Wertberechnung dienen hier ausschließlich die allgemeinen Wertvorschriften der §§ 3 und 9 ZPO. Ggf. kann gegen ein entsprechendes Urteil eine Rügeschrift gem. § 321a ZPO wegen Verletzung des Anspruchs auf rechtliches Gehör eingerichtet werden.

9. Gem. § 15a EGZPO und den verschiedenen landesgesetzlichen Ausführungsgesetzen ist eine **vorgerichtliche Schlichtung** bei Streitwerten bis 600,– bis 750,– EUR je nach Bundesland zum Teil erforderlich, es sei denn ein Mahnverfahren ist vorgeschaltet.

10. Gem. § 278 ZPO geht der mündlichen Verhandlung zum Zwecke der gütlichen Beilegung des Rechtsstreits eine **Güteverhandlung** voraus. Dies gilt dann nicht, wenn eine Güteverhandlung erkennbar aussichtslos ist.

11. Mietspiegel werden heute mit wenigen Ausnahmen nach der Tabellenmethode erstellt, bzw. die Werte werden in Tabellenform dargestellt. Die Tabellenmethode stellt die Daten als Mietspannen nach den einzelnen Wohnwertmerkmalen in Rasterfeldern zusammen. Im Zustimmungsverlangen darf der Vermieter bis zum **Oberwert der Spanne** gehen, § 558a Abs. 4 BGB. Aber auch in diesem Verfahren besagt dies aber nichts darüber, ob das Erhöhungsverlangen bis zu diesem Wert auch begründet ist. In der Praxis wird in gerichtlichen Verfahren ohne weitere Angaben zu besonderen Vor- oder Nachteilen der Wohnung vom Median ausgegangen. Demgegenüber erfolgt bei Mietspiegeln, die mittels der Regressionsmethode erstellt wurden eine Verknüpfung zwischen den Daten aller Rasterfelder. Regressionsmietspiegel ermöglichen es deshalb, im Grunde für jede Art von Wohnung die Miete centgenau zu ermitteln.

12. Vermutet wird auch bei Existenz eines qualifizierten Mietspiegels im Übrigen aber nur, dass die ortsübliche Vergleichsmiete innerhalb der Spanne liegt. Die Einordnung innerhalb der Spanne ist eine normative Bewertung, die der Mietspiegel gerade nicht vornehmen kann, da er eine abstrakte generelle Datenbasis darstellt, in die eben jede Wohnung eingeordnet werden muss. Letztendlich wird also nur vermutet, dass die ortsübliche Vergleichsmiete für die konkrete Vertragswohnung nicht höher als der Oberwert der Spanne und nicht niedriger als der Unterwert der Spanne ist. Spätestens im Prozess ist es Aufgabe des Tatrichters die konkrete Bandbreite der allein maßgeblichen Einzelvergleichsmiete innerhalb der Spanne des qualifizierten Mietspiegels zu ermitteln. Dies geschieht mittels einer Schätzung gem. § 287 Abs. 2 ZPO. Grundsätzlich ist auch im Rahmen eines Rückforderungsprozesses gem. § 556g Abs. 1 BGB die Einzelvergleichsmiete maßgeblich und nicht der Mietspiegelfeldoberwert. Da aber hier anders als im Zustimmungsprozess, wo der Vermieter einen Anspruch geltend macht, der Mieter sich von einer geschlossenen Vereinbarung lösen will und sich auf die Teilunwirksamkeit beruft, muss er darlegen und beweisen, wie hoch die ortsübliche Vergleichsmiete ist.

Deshalb kommt es im Prozess allein auf den Sachvortrag des Mieters an. Ohne entsprechenden Sachvortrag kann nur vom Mietspiegeloberwert ausgegangen werden.

13. Vertragliche Vereinbarungen über die Wohnungsgröße sind unerheblich. Im Rückforderungsprozess kommt es genauso wie im Mieterhöhungsverfahren allein auf die tatsächliche Wohnungsgröße an (BGH Urt. v. 18.11.2015 – VIII ZR 266/14, NJW 2016, 239). Deshalb können ggf auch kumulativ noch die Textbausteine aus der 3. Variante erforderlich sein.

14. Die maximale Wiedervermietungsmiete ist immer für den Termin des Mietvertragsbeginns festzustellen. Wenn zu diesem Zeitpunkt die vereinbarte Miete über der maximal zulässigen Miete gem. § 556d – f BGB lag, dann ist der überschießende Teil der Mietpreisabrede unwirksam. Soweit die Rechtsprechung bei einem Verstoß gegen § 5 WiStG eine sogenannte dynamische Nichtigkeit angenommen hat, wonach der unwirksame Teil der Mietpreisabrede bei steigenden Mieten immer kleiner wird, gilt das hier nicht. Hier gilt eine **statische Nichtigkeit**. Die Rechtsprechung zur dynamischen Nichtigkeit beruht auf der besonderen Rechtsfolge des § 134 BGB, wonach nur verboten ist, was nicht erlaubt ist. Gem. § 556g Abs. 1 BGB ist die Mietpreisabrede teilunwirksam ohne spätere Heilungsmöglichkeit bei steigenden Mieten.

15. Der **Indizienbeweis** ist ein indirekter Beweis. Es wird aus tatbestandsfremden (Hilfs-)Tatsachen der Schluss auf das Vorliegen der Haupttatsache gezogen. Nach der Rechtsprechung des BGH (NJW 1970, 946) ist der Indizienbeweis dann geführt, wenn andere Schlüsse aus den Indiztatsachen ernstlich nicht in Betracht kommen. Die Darlegungs- und Beweislast für das Vorliegen der Hilfstatsache richtet sich danach, wer den Hauptbeweis zu erbringen hat. Das ist in Verfahren, in denen sich der Mieter auf die Unwirksamkeit der Mietpreisabrede beruft, immer der Mieter, unabhängig davon, ob er vermeintlich überzahlte Miete zurückverlangt oder sich gegenüber dem Zahlungsanspruch des Vermieters unter Berufung auf § 556g Abs. 1 BGB verteidigt. Der Mieter muss also darlegen und beweisen, dass auch der einfache Mietspiegel die ortsübliche Vergleichsmiete richtig wiedergibt. Nach der Rechtsprechung des BGH (NJW 2010, 2946; NZM 2013, 138; NZM 2013, 612) zu einfachen Mietspiegeln im Zustimmungsprozess wird aber zu verlangen sein, dass der Vermieter in den Rückforderungsprozessen substantiierte Einwände gegen den einfachen Mietspiegel erhebt. Die Anforderungen daran sind nach der Rechtsprechung sogar sehr hoch.

16. Das ist inzwischen ganz herrschende Meinung (BGH NJW 2010, 2946; NZM 2013, 138; NZM 2013, 612; LG Nürnberg-Fürth WuM 2015, 675; Langenberg WuM 2001, 523, 525). Ob das Gericht dies tut, hängt wesentlich von der Qualität des betreffenden Mietspiegels ab (dazu *Börstinghaus/Clar*, Mietspiegel, 2. Aufl., 2013). Ausgehandelte Mietspiegel scheiden dabei regelmäßig aus, bei Mietspiegeln, die auf einer Datenerhebung beruhen ohne die strengen Anforderungen des § 558d BGB zu erfüllen, kommt es darauf an, ob diese und die anschließende Datenauswertung methodisch dem Gericht genügen (LG München WuM 1996, 709). Deshalb können auch eigentlich qualifizierte Mietspiegel vom Gericht als einfache Mietspiegel herangezogen werden und mit Ihnen gem. § 287 ZPO die Höhe der ortsüblichen Vergleichsmiete ermittelt werden (AG Charlottenburg WuM 2015, 500 mAnm *Börstinghaus* jurisPR-MietR 14/2015 Anm. 1; Urt. v. 17.3.2015 – 233 C 520/14 mAnm *Herlitz* jurisPR-MietR 13/2015 Anm. 3; AG Lichtenberg GE 2015, 794).

17. Mietspiegel werden heute mit wenigen Ausnahmen nach der Tabellenmethode erstellt, bzw. die Werte werden in Tabellenform dargestellt. Die Tabellenmethode stellt die Daten als Mietspannen nach den einzelnen Wohnwertmerkmalen in Rasterfeldern zusammen. Im Zustimmungsverlangen darf der Vermieter bis zum **Oberwert der Spanne** gehen, § 558a Abs. 4 BGB. Aber auch in diesem Verfahren besagt dies aber nichts darüber, ob das Erhöhungsverlangen bis zu diesem Wert auch begründet ist. In der Praxis wird in gerichtlichen Verfahren ohne weitere Angaben zu besonderen Vor- oder Nachteilen der Wohnung vom Median ausgegangen. Demgegenüber erfolgt bei Mietspiegeln, die mittels der Regressionsmethode erstellt wurden eine Verknüpfung zwischen den Daten aller Rasterfelder. Regressionsmietspiegel ermöglichen es deshalb, im Grunde für jede Art von Wohnung die Miete centgenau zu ermitteln.

18. Vermutet wird auch bei Existenz eines qualifizierten Mietspiegels im Übrigen aber nur, dass die ortsübliche Vergleichsmiete innerhalb der Spanne liegt. Die Einordnung innerhalb der Spanne ist eine normative Bewertung, die der Mietspiegel gerade nicht vornehmen kann, da er eine abstrakte generelle Datenbasis darstellt, in die eben jede Wohnung eingeordnet werden muss. Letztendlich wird also nur vermutet, dass die ortsübliche Vergleichsmiete für die konkrete Vertragswohnung nicht höher als der Oberwert der Spanne und nicht niedriger als der Unterwert der Spanne ist. Spätestens im Prozess ist es Aufgabe des Tatrichters die konkrete Bandbreite der allein maßgeblichen Einzelvergleichsmiete innerhalb der Spanne des qualifizierten Mietspiegels zu ermitteln. Dies geschieht mittels einer Schätzung gem. § 287 Abs. 2 ZPO. Grundsätzlich ist auch im Rahmen eines Rückforderungsprozesses gem. § 556g Abs. 1 BGB die Einzelvergleichsmiete maßgeblich und nicht der Mietspiegelfeldoberwert. Da hier aber anders als im Zustimmungsprozess, wo der Vermieter einen Anspruch geltend macht, der Mieter sich von einer geschlossenen Vereinbarung lösen will und sich auf die Teilunwirksamkeit beruft, muss er darlegen und beweisen, wie hoch die ortsübliche Vergleichsmiete ist. Deshalb kommt es im Prozess allein auf den Sachvortrag des Mieters an. Ohne entsprechenden Sachvortrag kann nur vom Mietspiegeloberwert ausgegangen werden.

19. Vertragliche Vereinbarungen über die Wohnungsgröße sind unerheblich. Im Rückforderungsprozess kommt es genauso wie im Mieterhöhungsverfahren allein auf die tatsächliche Wohnungsgröße an (BGH Urt. v. 18.11.2015 – VIII ZR 266/14, NJW 2016, 239). Deshalb können ggf. auch kumulativ noch die Textbausteine aus der 3. Variante erforderlich sein.

20. Die maximale Wiedervermietungsmiete ist immer für den Termin des Mietvertragsbeginns festzustellen. Wenn zu diesem Zeitpunkt die vereinbarte Miete über der maximal zulässigen Miete gem. § 556d – f BGB lag, dann ist der überschießende Teil der Mietpreisabrede unwirksam. Soweit die Rechtsprechung bei einem Verstoß gegen § 5 WiStG eine sogenannte dynamische Nichtigkeit angenommen hat, wonach der unwirksame Teil der Mietpreisabrede bei steigenden Mieten immer kleiner wird, gilt das hier nicht. Hier gilt eine **statische Nichtigkeit**. Die Rechtsprechung zur dynamischen Nichtigkeit beruht auf der besonderen Rechtsfolge des § 134 BGB, wonach nur verboten ist, was nicht erlaubt ist. Gem. § 556g Abs. 1 BGB ist die Mietpreisabrede teilunwirksam ohne spätere Heilungsmöglichkeit bei steigenden Mieten.

21. Ein Muster einer solchen Rüge finden Sie unter BeckFormB MietR/*Flintrop* Form. C. VII. 1.

22. Für den Rückzahlungsanspruch wegen Überzahlung der Kaution ist eine Rüge nicht erforderlich. Die Mietzinsvereinbarung ist bereits gem. § 556g Abs. 1 BGB teilunwirksam. Die höchstzulässige Mietsicherheit errechnet sich gem. § 551 Abs. 1 BGB aus der zulässigen Miete.

23. Die Mietsicherheit darf nur das Dreifache der maximal zulässigen Miete betragen. Entschieden hat der BGH (NJW 2005, 2773 = NZM 2005, 699 = MietPrax-AK § 536 BGB Nr. 10 mAnm *Eisenschmid*; *Börstinghaus*, Flächenabweichungen in der Wohnraummiete, Rn. 933; *Schmid* MDR 2005, 971; *Wiek* WuM 2005, 575; *Bieber* MietRB 2005, 281 [282]; *Schmid* ZMR 2005, 836; *Schach* GE 2005, 1462; *Kinne* GE 2005, 1160; *Becker* GE 2005, 1335; *Bongard* GE 2005, 1338; Schmidt-Futterer/*Blank* BGB § 551 Rn. 58) dies ausdrücklich bisher nur für eine dauerhaft geminderte Miete wegen nicht behebbarer Mängel. Für mietpreiswidrige Mieten gilt aber nichts anderes.

24. Ein Muster für ein solches Schreiben (zu § 5 WiStG) finden Sie unter BeckFormB MietR/*Flintrop* Form. C. VII. 3.

44. Klage auf Rückzahlung einer zu hohen Kaution wegen Flächenabweichung

An das

Amtsgericht[1]

Klage

des[2] . . . . .

– Kläger –

Prozessbevollmächtigter:[3] . . . . .

gegen

die Eheleute[4] . . . . .

– Beklagte –

wegen: Rückzahlung überzahlter Miete bei Wohnraummietvertrag

Streitwert: . . . . .[5]

Namens und mit Vollmacht des Klägers erhebe ich Klage gegen die Beklagten und werde beantragen:

1. Die Beklagten werden als Gesamtschuldner verurteilt, an den Kläger . . . . . EUR nebst Zinsen in Höhe von 5 Prozentpunkten über dem Basiszinssatz aus . . . . . EUR seit dem . . . . . 20 . . . . . zu zahlen.
2. Die Beklagten tragen die Kosten des Rechtsstreits.[6]
3. Das Urteil ist vorläufig vollstreckbar.[7]

Ich beantrage ferner,

1. soweit das Gericht das Verfahren nach § 495a ZPO[8] betreiben will, die Durchführung einer mündlichen Verhandlung;
2. soweit das Gericht ein schriftliches Vorverfahren anordnet und der/die Beklagte(n) seine/ihre Verteidigungsbereitschaft nicht rechtzeitig anzeigen sollten, den Erlass eines Versäumnisurteils.

Ferner teile ich mit, dass

1. ein außergerichtlicher Einigungsversuch bisher nicht stattgefunden hat[9]
2. ein solcher Versuch erscheint zurzeit auch nicht aussichtslos.[10]

Begründung

Die Beklagten haben dem Kläger mit Mietvertrag vom . . . . . eine Wohnung im Hause . . . . . vermietet.

Beweis: in der Anlage überreichte Kopie des Mietvertrages

Der Kläger hat vereinbarungsgemäß eine Mietsicherheit von . . . . . EUR geleistet.

Beweis: a) in der Anlage überreichte Kopie des Mietvertrages

b) in der Anlage überreichte Kopie der Quittung/Überweisungsbelegs

Der Kläger verlangt mit der vorliegenden Klage ein Teil dieser Mietsicherheit wegen Verstoßes gegen § 551 Abs. 1 BGB zurück. Die Mietsicherheit übersteigt die gesetzlich zulässige Höhe von drei Monatskaltmieten.

Als Grundmiete wurde ein Betrag von . . . . . EUR zuzüglich Betriebs- und Heizkostenvorauszahlungen vereinbart. Mietvertragsbeginn war der . . . . . . 20 . . . . . .

Beweis: In der Anlage überreiche Kopie des Mietvertrages

Im Mietvertrag ist die Wohnung wie folgt beschrieben: 3 Zimmer, Küche, Diele, Bad und ein Kellerraum, ca. . . . . . m^2 groß.[11]

Die Wohnung ist entgegen diesen Angaben im Mietvertrag aber nur . . . . . qm groß.

Beweis: In der Anlage überreichte Flächenberechnung des Architekten . . . . .

Die Parteien haben weder ausdrücklich noch konkludent eine Vereinbarung über die Ermittlung der Wohnfläche getroffen. Es gibt auch keine entsprechende Ortssitte für die Ermittlung der Wohnfläche. Da der Mietvertrag vor dem 1.1.2004 geschlossen wurde ist die Wohnfläche deshalb nach den §§ 42 – 44 der II. BerechnungsVO zu ermitteln.[12]

Es liegt deshalb eine Flächenabweichung von mehr 10 % nämlich . . . . .% vor.[13]

Die Bruttomiete mindert sich deshalb im gleichen prozentualen Verhältnis.[14] Das bedeutet, dass auch die Grundmiete entsprechend gemindert ist. Der Kläger muss deshalb statt der im Mietvertrag angegebenen nur eine Grundmiete von . . . . . EUR[15] zahlen.

Gemäß § 551 Abs. 1 BGB darf die Mietsicherheit höchsten drei Monatskaltmieten betragen. Da die Miete hier wegen der mehr als 10 % geringeren Fläche dauerhaft gemindert ist, darf auch die maximale Sicherheit den dreifachen geminderten Mietbetrag nicht überschreiten.[16] Es liegt eine Überzahlung von . . . . . EUR vor.

Die Beklagten sind mit Schreiben vom . . . . . 20 . . . . . zur Rückzahlung des Betrages aufgefordert worden. Das haben sie abgelehnt, so dass Klage erforderlich wurde.

Rechtsanwalt

Anmerkungen

1. Die sachliche Zuständigkeit für Wohnraummietsachen ergibt sich aus § 23 Ziff. 2 a) GVG. Danach sind die Amtsgerichte ohne Rücksicht auf den Wert des Streitgegenstandes ausschließlich zuständig für Streitigkeiten über Ansprüche aus einem Mietverhältnis über Wohnraum. Hierzu zählen auch die Rückforderungsansprüche wegen vermeintlich über-zahlter Miete. Die **örtliche Zuständigkeit** ergibt sich aus § 29a ZPO, wonach jeweils das Amtsgericht, in dessen Bezirk sich die gemietete Wohnung befindet, zuständig ist. Auch dies ist eine ausschließliche Zuständigkeit, so dass eine Zuständigkeit eines anderen Gerichts weder durch rügelose Einlassung gem. § 39 ZPO noch durch eine Gerichts-standsvereinbarung gem. § 40 ZPO begründet werden kann (OLG Frankfurt MDR 1979, 851; LG München ZMR 1987, 271). Eine Verweisung unter Verstoß gegen diese bindenden Zuständigkeitsregelungen ist unbeachtlich (LG München ZMR 1987, 271; BLAH/*Hartmann* § 29a Rn. 13). Ob die allgemeine Zivilabteilung oder die Mietabteilung zuständig ist, ist eine Frage der internen Geschäftsverteilung des Gerichts. Die Klage muss nur an das Amtsgericht, nicht an die zuständige Abteilung adressiert sein.

2. Die Mieter sind hinsichtlich des Rückforderungsanspruchs **Gesamtgläubiger**. Der Vermieter kann an jeden der Gesamtgläubiger mit befreiender Wirkung leisten, § 428 BGB. Die Mieter sind dann untereinander gem. § 430 BGB zum Ausgleich verpflichtet.

3. Für das erstinstanzliche Verfahren besteht kein Anwaltszwang.

4. Die Vermieter sind bezüglich des Rückzahlungsanspruchs **Gesamtschuldner**. Sie können also gemeinsam als Gesamtschuldner in Anspruch genommen werden. Möglich ist aber auch die Inanspruchnahme nur eines Vermieters.

5. Bei der bezifferten Leistungsklage richtet sich der Streitwert nach dem Zahlungs-antrag.

6. Ein **Kostenantrag** ist nicht zwingend erforderlich, da das Gericht von Amts wegen über die Kosten zu entscheiden hat. Bei einer Verurteilung mehrerer Vermieter als Gesamtschuldner auf Zahlung ist es nicht erforderlich, im Kostenausspruch die gesamt-schuldnerische Haftung für die Kosten auszusprechen, § 100 Abs. 4 ZPO.

7. Das Urteil ist sowohl hinsichtlich der Hauptsache wie auch bezüglich der Kosten für vorläufig vollstreckbar zu erklären. Es handelt sich auch bei einem Rückforderungs-anspruch wegen vermeintlich überzahlter Miete um ein Leistungsurteil in einem Miet-rechtsstreit. In diesem Fall richtet sich die vorläufige Vollstreckbarkeit nach § 708 Ziff. 7 ZPO. Nur in den Fällen eines Versäumnis- oder Anerkenntnisurteils regelt sich die vorläufige Vollstreckbarkeit nach § 708 Ziff. 1 oder Ziff. 2 ZPO. Grundsätzlich hat das Gericht gem. § 711 ZPO eine Abwendungsbefugnis für den vorläufig zur Zahlung verurteilten auszusprechen. Dies soll jedoch gem. § 713 ZPO entfallen, wenn gegen das Urteil *unzweifelhaft* kein Rechtsmittel möglich ist.

8. Bis zu einem Streitwert von 600,– EUR kann das Gericht gem. § 495a ZPO das Verfahren nach billigem Ermessen gestalten. Es muss in diesem Fall nur dann eine mündliche Verhandlung durchführen, wenn eine Partei dies ausdrücklich beantragt hat. Ferner kann das Urteil bei dieser Verfahrensweise gem. § 313a Abs. 1 S. 1 ZPO ohne Tatbestand abgefasst werden und die Entscheidungsgründe können ins Protokoll diktiert werden. Der Streitwert, nach dem sich entscheidet, ob diese Verfahrensweise zulässig ist oder nicht, ist nicht der Gebührenstreitwert, sondern der Zuständigkeitsstreit- oder Rechtsmittelstreitwert. Dies ergibt sich daraus, dass diese Verfahrensart auf die Verfahren beschränkt ist, bei denen das Amtsgericht abschließend entscheidet. In Verfahren, in denen das Landgericht zweitinstanzlich mit der Sache befasst werden kann, muss eine überprüfbare Entscheidung mit Tatbestand und Entscheidungsgründen vorliegen. Zur Wertberechnung dienen hier ausschließlich die allgemeinen Wertvorschriften der §§ 3 und 9 ZPO. Ggf. kann gegen ein entsprechendes Urteil eine Rügeschrift gem. § 321a ZPO wegen Verletzung des Anspruchs auf rechtliches Gehör eingerichtet werden.

9. Gem. § 15a EGZPO und den verschiedenen landesgesetzlichen Ausführungsgesetzen ist eine **vorgerichtliche Schlichtung** bei Streitwerten bis 600,– bis 750,– EUR je nach Bundesland zum Teil erforderlich, es sei denn ein Mahnverfahren ist vorgeschaltet.

10. Gem. § 278 ZPO geht der mündlichen Verhandlung zum Zwecke der gütlichen Beilegung des Rechtsstreits eine **Güteverhandlung** voraus. Dies gilt dann nicht, wenn eine Güteverhandlung erkennbar aussichtslos ist.

11. Nach der Rechtsprechung des BGH (BGH NZM 2004, 454 = NJW 2004, 2230 = MietPrax-AK § 536 BGB Nr. 2 mAnm *Eisenschmid*; BGH NJW 2004, 1947 = NZM 2004, 453 = MietPrax-AK § 536 BGB Nr. 3 mAnm *Eisenschmid*; BGH NZM 2004, 456 = MietPrax-AK § 536 BGB Nr. 4 mAnm *Eisenschmid*) bedeutet die Angabe einer Wohnfläche in einem Mietvertrag eine Beschaffenheitsvereinbarung. Im Einzelfall strittig ist die Frage, ob eine Beschaffenheitsvereinbarung auch dann vorliegen kann, wenn der Vermieter vorvertraglich Angaben zur Wohnfläche gemacht hat, zB in Anzeigen, im Internet oder in Maklerexposes, diese Angaben dann aber im Mietvertrag nicht wiederholt hat. Zumindest in den Fällen, in denen im Mietvertrag gar keine Flächenangabe abgefragt wurde und deshalb die entsprechende Stelle durchgestrichen worden ist, hat der BGH (BGH NJW 2010, 2648 = MietPrax-AK, § 536 BGB Nr. 33 mAnm Eisenschmid) eine konkludente Beschaffenheitsvereinbarung angenommen (dazu ausführlich: *Börstinghaus*, Flächenabweichungen in der Wohnraummiete, Rn. 266 ff.).

12. Es gibt im preisfreien Wohnungsbau keine zwingende Norm, aus der sich die Ermittlung der Wohnfläche ergibt. Nach der Rechtsprechung des BGH (BGH NZM 2009, 477 = NJW 2009, 2295 = MietPrax-AK § 536 BGB Nr. 23 mAnm *Eisenschmid*) sind zunächst ausdrückliche oder konkludente Vereinbarungen der Vertragsparteien über das anzuwendende Regelwerk maßgeblich. Wenn hierzu keine Feststellungen getroffen werden können, ist eine eventuelle Ortssitte maßgeblich. Erst wenn auch diese nicht ermittelt werden kann, ist auch im preisfreien Wohnungsbau die Fläche nach den zum Zeitpunkt des Vertragsschlusses geltenden Vorschriften für den preisgebundenen Wohnungsbau zu ermitteln. Das bedeutet, dass bei Mietverträgen, die vor Inkrafttreten der WohnFlächenVO (1.1.2004) abgeschlossen wurden, noch immer die Flächenberechnung nach den §§ 42 – 44 II. BerechnungsVO zu erfolgen hat (BGH NZM 2010, 313 = MietPrax-AK § 536 BGB Nr. 32 mAnm *Eisenschmid*; auch schon BGH NZM 2010, 36 = NJW 2010, 292 = MietPrax-AK § 536 BGB Nr. 29 mAnm *Eisenschmid*; AG Schöneberg GE 2010, 919).

13. Nach der Rechtsprechung des BGH (NZM 2004, 454 = NJW 2004, 2230 = MietPrax-AK § 536 BGB Nr. 2 mAnm *Eisenschmid*; BGH NJW 2004, 1947 = NZM 2004, 453 = MietPrax-AK § 536 BGB Nr. 3 mAnm *Eisenschmid*; BGH NZM 2004, 456 = MietPrax-AK § 536 BGB Nr. 4 mAnm *Eisenschmid*) spricht eine unwiderlegliche Vermutung für eine Gebrauchsbeeinträchtigung, wenn die Flächenabweichung mehr als 10 % beträgt. Die 10 % Grenze bezieht sich auf die vereinbarte Fläche. Die tatsächliche Fläche muss also mehr als 10 % kleiner als die vereinbarte Fläche sein.

14. Nach der Rechtsprechung des VIII. Zivilsenats (zB BGH NJW 2011, 1282 = MietPrax-AK § 536 BGB Nr. 38 mAnm *Eisenschmid*) mindert sich die Miete im gleichen Verhältnis wie die Flächenabweichung besteht. Der XII. Zivilsenat (BGH NJW 2012, 3173 = MietPrax-AK § 536 BGB Nr. 43 mAnm *Eisenschmid*) differenziert aber bei Flächenabweichungen, die sich vor allem aus Minderflächen bei Nebenflächen ergeben.

15. Die Minderungsquote ist auf die Bruttomiete anzurechnen (BGH NJW 2010, 2648 = NZM 2010, 614 = MietPrax-AK § 536 BGB Nr. 33 mAnm *Eisenschmid*; *Streyl*

NZM 2010, 606; BGH NJW 2011, 1282 = MietPrax-AK § 536 BGB Nr. 38 mAnm *Eisenschmid*; BGH NZM 2005, 455 = NJW 2005, 1713 = MietPrax-AK § 536 BGB Nr. 8 mAnm *Eisenschmid*). Zu den Problemen bei der Betriebskostenabrechnung siehe *Börstinghaus*, Flächenabweichungen in der Wohnraummiete, Rn. 428 ff.

16. Mängel führen grundsätzlich nur für die Zeit ihres Bestehens zu einer Minderung der Miete. Deshalb sind sie grundsätzlich bei der Berechnung der maximalen Kaution auch nicht zu berücksichtigen (Schmidt-Futterer/*Blank* § 551 BGB Rn. 58). Das gilt aber nur für behebbare Mängel. Bei der Flächenabweichung handelt es sich um einen nicht behebbaren Mangel. In diesem Fall ist die Miete dauerhaft gemindert. Dann ist bei der Berechnung der Maximalkaution von der geminderten Miete auszugehen (BGH NJW 2005, 2773 = NZM 2005, 699 = MietPrax-AK § 536 BGB Nr. 10 mAnm *Eisenschmid*; *Börstinghaus*, Flächenabweichungen in der Wohnraummiete, Rn. 933; *Schmid* MDR 2005, 971; *Wiek* WuM 2005, 575; *Bieber* MietRB 2005, 281 (282); *Schmid* ZMR 2005, 836; *Schach* GE 2005, 1462; *Kinne* GE 2005, 1160; *Becker* GE 2005, 1335; *Bongard* GE 2005, 1338; Schmidt-Futterer/*Blank* BGB § 551 Rn. 58).

Betriebskosten

45. Klage auf Abrechnung von Betriebskosten

An das

Amtsgericht . . . . .[2]

Klage

des . . . . .

– Kläger –

Prozessbevollmächtigter: Rechtsanwalt . . . . .[3]

gegen

. . . . .

– Beklagter[4] –

wegen: Erteilung einer Abrechnung[1]

Streitwert: . . . . .[5]

Namens und in Vollmacht des Klägers werde ich

beantragen,

> den Beklagten zu verurteilen, dem Kläger bzgl. der Wohnung . . . . . für das Jahr . . . . . eine Betriebskostenabrechnung zu erteilen.[6]

Sollte das Gericht das schriftliche Vorverfahren anordnen, wird bereits jetzt für den Fall des Vorliegens der Voraussetzungen

Antrag

auf Erlass eines Versäumnisurteils gestellt.

Begründung:

Der Kläger ist Mieter, der Beklagte Vermieter der Wohnung . . . . . str . . . . . in . . . . .

Beweis: Mietvertrag vom . . . . ., Kopie Anlage 1

Der Kläger begehrt Erteilung der Betriebskostenabrechnung für das Jahr . . . . .

Ausweislich § . . . . . des Mietvertrags hat der Kläger für die Betriebskostenpositionen: . . . . . eine monatliche Vorauszahlung von . . . . . EUR zu zahlen.[7] Der Beklagte hat einmal im Jahr für das vorangegangene Jahr[8] eine Betriebskostenabrechnung zu erteilen. Dabei errechnete Betriebskostenguthaben hat der Beklagte gem. der vorgenannten Bestimmung des Mietvertrags dem Kläger zu erstatten.

Beweis: Mietvertrag vom . . . . ., Kopie Anlage 1

Wie gerichtsbekannt sein dürfte, hat die Stadt in der zweiten Jahreshälfte wegen falsch berechneter Abwasser- und Müllabfuhrgebühren die Grundsteuer- und Gebührenbescheide nach unten korrigiert und darüber hinaus auf die bereits geleisteten Zahlungen Erstattungen vorgenommen. Vor diesem Hintergrund erwartet der Kläger aus einer Betriebskostenabrechnung ein an ihn auszukehrendes Guthaben.[9]

Da der Beklagte von sich aus die Abrechnung nicht innerhalb der in § 556 Abs. 3 Satz 2 BGB genannten Frist[10] erstellt hat,[11] hat der Kläger den Beklagten mit Schreiben[12] vom . . . . . unter Fristsetzung zum . . . . . zur Erstellung[13] der Abrechnung aufgefordert.[14]

Beweis: Schreiben vom . . . . ., Kopie Anlage 2

Bis heute ist diese Abrechnung jedoch nicht erfolgt.

Rechtsanwalt[15, 16]

Anmerkungen

1. Der Mieter hat einen selbstständig einklagbaren Anspruch auf Erteilung einer Betriebskostenabrechnung (BGH NJW 1984, 2466 (2468)). Zur Frage eines Schadensersatzanspruchs des Mieters gegen den Vermieter, der sich mit der Erteilung von Betriebskostenabrechnungen in Verzug befindet ([Verzugs-]zinsschaden), vgl. AG Berlin-Mitte GE 2005, 805; *Schmid* GE 2005, 905).

2. → Form. B. II. 3 Anm. 1.

3. → Form. B. II. 3 Anm. 2.

4. Im Falle eines Vermieterwechsels (Eigentümerwechsels) während einer Abrechnungsperiode sind die Betriebskosten für abgeschlossene Abrechnungsperioden allein zwischen den bisherigen Mietvertragsparteien abzurechnen und etwaige Nachzahlungen oder Erstattungen nur zwischen diesen Parteien abzuwickeln. Hinsichtlich der laufenden Abrechnungsperiode, in die der Vermieterwechsel fällt, trifft die Abrechnungspflicht insgesamt den neuen Vermieter, nur ihm stehen Nachzahlungsansprüche gegen den Mieter zu, nur er hat Erstattungen auszugleichen. Untereinander sind Veräußerer und Erwerber zum Zusammenwirken verpflichtet. Eventuelle Mitwirkungspflichten des alten Vermieters bei der Erstellung der Abrechnung oder Ausgleichsansprüche bzgl. der Abrechnung für die laufende Abrechnungsperiode betreffen lediglich das Innenverhältnis zwischen altem und neuem Vermieter (BGH NZM 2001, 158; BGH NZM 2004, 188; BGH NZM 2007, 441).

5. Nach LG Landau (WuM 1990, 86) bemisst sich der Streitwert bei einer auf Erteilung einer Betriebskostenabrechnung gerichteten Klage nach dem erfahrungsgemäß denkbaren Rückzahlungsanspruch.

6. Es handelt sich um eine Klage auf Vornahme einer vertretbaren Handlung, die nach § 887 ZPO vollstreckt werden kann (LG Dortmund WuM 1986, 350).

7. → Form. B. II. 28 Anm. 8–10

8. § 556 Abs. 3 S. 1 BGB schreibt eine jährliche Abrechnung vor. Das wird regelmäßig – muss aber nicht – das Kalenderjahr sein.
Längere Abrechnungszeiträume sind wegen § 556 Abs. 4 BGB grundsätzlich unwirksam. Ausnahmen aus sachlichen Gründen sind denkbar, etwa im Fall eines Eigentumswechsels (AG Wetzlar WuM 2001, 30) oder einer einzelfallbezogenen Verständigung der Mietvertragsparteien über eine Verlängerung der jährlichen Abrechnungsperiode, die den Interessen beider Mietvertragsparteien dient, weil mit ihr eine Umstellung des Abrechnungszeitraums auf eine andere jährliche Abrechnungsperiode – etwa auf das Kalenderjahr – bezweckt wird (BGH NZM 2011, 624 = NJW 2011, 2878).
Kürzere Abrechnungsperioden können vereinbart werden. Zu beachten ist aber, dass auch die Vereinbarung kürzerer Abrechnungsfristen im Einzelfall zu einer im Sinne des § 556 Abs. 4 BGB nachteiligen Abweichung von § 556 Abs. 3 S. 1 BGB führen kann. Dies gilt vor allem für die **generelle** Vereinbarung kurzer Abrechnungsfristen, da dies dem Mieter das Nachvollziehen der Abrechnungen erschweren kann (vgl. mit Bsp. *Langenberg* NZM 2001, 783, 785). Gegen die Vereinbarung **einzelner** kurzer Abrechnungsfristen auf Grund sachlicher Notwendigkeiten bestehen dagegen keine Bedenken, zB wenn der Vermieter bei einem im Oktober fertiggestellten Haus mit dem Mieter für das erste „Jahr" eine Abrechnungsfrist von Oktober bis Dezember vereinbart, um so für die Zukunft eine reguläre Abrechnungsperiode vom 1.1. bis zum 31.12. zu ermöglichen (so auch *Langenberg* NZM 2001, 783 (785)).

9. Im Falle eines vom Mieter erwarteten Abrechnungsguthabens ist das Rechtsschutzbedürfnis für eine Klage ohne weiteres zu bejahen. Aber auch bei einem erwarteten Nachzahlungsbetrag kann der Mieter ein Interesse an der Erteilung einer Abrechnung haben, etwa um die Kostenentwicklung über die Jahre seiner Mietzeit kontinuierlich nachvollziehen zu können (so auch *Langenberg* NZM 2001, 783, 786).

10. a) Nach § 556 Abs. 3 S. 2 BGB ist die Abrechnung dem Mieter spätestens bis zum Ablauf des zwölften Monats nach Ende des Abrechnungszeitraums mitzuteilen, wobei es auf den rechtzeitigen Zugang der Abrechnung beim Mieter ankommt (BGH NZM 2009, 274). § 556 Abs. 3 S. 2 BGB ist eine Ausschlussfrist, auf die § 212 Abs. 1 Nr. 1 BGB nicht anwendbar ist (BGH NZM 2008, 477). Gem. § 556 Abs. 3 S. 3 BGB ist nach Ablauf dieser Ausschlussfrist die Geltendmachung einer Nachforderung durch den Vermieter ausgeschlossen, es sei denn, der Vermieter hat die verspätete Geltendmachung nicht zu vertreten. Der Vermieter kann sich auch die Nachberechnung (nur) einzelner, von ihm unverschuldet noch nicht berechenbarer Abrechnungspositionen in der Abrechnung vorbehalten und im Übrigen abrechnen (BGH NZM 2013, 84). Kein Verschulden liegt auch vor, wenn der Vermieter die Betriebskostenabrechnung nicht rechtzeitig zustellen kann, weil der Mieter bei Auszug eine falsche neue oder überhaupt keine neue Anschrift angegeben hat (AG Bad Neuenahr-Ahrweiler NZM 2008, 205).
Auch für Geschäftsräume hat der Vermieter über die Betriebskosten binnen angemessener Frist abzurechnen; auch hier endet die Frist in der Regel spätestens ein Jahr nach Ablauf des Abrechnungszeitraums, sofern die Parteien nichts anderes vereinbart haben

oder der Vermieter eine verspätete Abrechnung nicht zu vertreten hat. Auf die Geschäftsraummiete ist aber § 556 Abs. 3 S. 3 BGB weder direkt noch analog anwendbar (BGH
NZM 2010, 864; BGH NZM 2010, 240; OLG Düsseldorf NZM 2011, 884).

Streitig ist, ob § 556 Abs. 3 S. 3 BGB auch für Mietverträge gilt, in denen der Mieter die
Betriebskosten nach erfolgter Abrechnung zu tragen hat, ohne dass er darauf Voraus-
zahlungen leisten muss (bejahend *Schmid* NZM 2012, 855; verneinend LG München II
NZM 2012, 342).

Der Vermieter von Wohnraum, der die Jahresfrist des § 556 Abs. 3 S. 2 BGB für die
Abrechnung von Betriebskosten aus sachlichen Gründen zunächst unverschuldet nicht
einhalten kann, hat die verspätete Geltendmachung einer Nachforderung dennoch zu
vertreten, wenn er sich damit auch dann noch unnötig viel Zeit lässt, nachdem ihm die
notwendigen Unterlagen für die Abrechnung vorliegen. Im Regelfall ist er gehalten, die
Nachforderung innerhalb von drei Monaten nach Wegfall des Abrechnungshindernisses
zu erheben (BGH NZM 2006, 740; BGH NZM 2013, 84).

Ausreichend zur Wahrung der Jahresfrist ist eine formell ordnungsgemäße Abrechnung.
Dazu muss die Abrechnung zunächst verständlich sein. Abzustellen ist dabei auf das
Verständnisvermögen eines durchschnittlich gebildeten, juristisch und betriebswirtschaft-
lich nicht geschulten Mieters. Die Abrechnung muss gem. § 259 BGB – mindestens – eine
Zusammenstellung der Gesamtkosten sowie die Angabe und Erläuterung der zugrunde
gelegten Verteilerschlüssel enthalten und den Anteil des Mieters abzüglich der von ihm
geleisteten Vorauszahlungen berechnen (BGH NJW 1982, 573; BGH NZM 2005, 13;
BGH NZM 2008, 477; BGH NZM 2009, 78; BGH NZM 2012, 416; BGH NZM 2014,
902). Der Vermieter muss aber nicht jeden einzelnen Zwischenschritt (Rechenschritt) seiner
Abrechnung darlegen (BGH NZM 2014, 384 – für die Ermittlung der auf das Abrechnungsjahr entfallenden Beträge aus kalenderübergreifenden Rechnungen der Versorger).
Allgemein verständliche Verteilungsmaßstäbe bedürfen keiner Erläuterung (BGH NZM
2010, 784, „Flächenmaßstab"; BGH NZM 2009, 78, „Miteigentum"; LG Karlsruhe
NZM 2014, 388, „ME-Ant"; BGH NZM 2014, 902: „Personenmonate"). Eine Erläuterung des angewandten Verteilungsmaßstabs ist nur dann geboten, wenn dies zum Verständnis der Abrechnung erforderlich ist (BGH NZM 2011, 401). Der Umfang der vom
Vermieter bzgl. des Verteilungsschlüssels zu gebenden Erläuterung hängt auch davon ab,
inwieweit und wie verständlich die Verteilung der Betriebskosten bereits im Mietvertrag
erklärt worden ist. Jedenfalls ist es dem Mieter zumutbar, den Mietvertrag zur Hand zu
nehmen um zu prüfen, ob die ihm in Rechnung gestellten Betriebskosten nach den
vertraglichen Vereinbarungen abrechenbar sind (BGH NZM 2011, 627). Auch Erläuterungen des Vermieters zum Umlageschlüssel, die vor Ablauf der Abrechnungsfrist in
vorangegangenen Abrechnungen, auf Nachfrage des Mieters oder gar in einem bereits
geführten Rechtsstreit erfolgt sind, sind zu berücksichtigen (BGH NZM 2010, 784 =
NJW 2010, 3363). Der Vermieter „haftet" auch nicht für unverständliche bzw. kom-
plizierte gesetzliche Formulierungen; er schuldet hier in der Abrechnung keine dem Mieter
verständliche „Übersetzung". Dass die Ermittlung der Wärmekosten ohne Kenntnis der
Heizkostenverordnung kaum verständlich ist und deren Vorschriften dem durchschnittlichen, juristisch nicht vorgebildeten Mieter regelmäßig nicht bekannt sind, kann nicht dem
Vermieter angelastet werden. Der Vermieter hat eine Heizkostenabrechnung zu erstellen,
die den Anforderungen der Heizkostenverordnung entspricht. Eine Pflicht, diese Vorschriften mitzuteilen oder zu erläutern, trifft ihn hingegen nicht (BGH NZM 2012, 153).

Eine formell ordnungsgemäße Betriebskostenabrechnung erfordert außerdem die Mitteilung der Gesamtkosten einer berechneten Kostenart: d.h. der Vermieter muss bei der
jeweiligen Betriebskostenart den Gesamtbetrag angeben, den er auf die Wohnungsmieter
der gewählten Abrechnungseinheit umlegt. Dies gilt auch dann, wenn der Vermieter
diesen Gesamtbetrag vorab um nicht auf den Mieter umlagefähige Kostenanteile bereinigt
hat; einer Angabe und Erläuterung der dahin führenden Rechenschritte bedarf es nicht

(BGH NZM 2016, 192, unter Aufgabe der früheren Rechtsprechung, zuletzt in BGH NZM 2014, 384; BGH NZM 2014, 26).

Die Abgrenzung zwischen formeller und inhaltlicher Unrichtigkeit ist nicht immer einfach; so ist eine Abrechnung, die einen unverständlichen Verteilerschlüssel enthält, formell unwirksam (BGH NZM 2008, 477); nicht jedoch eine Abrechnung, bei der der Verteilerschlüssel von dem im Mietvertrag vereinbarten abweicht (BGH NZM 2005, 13 = NJW 2005, 219). Auch zu hoch oder zu niedrig angesetzte Vorauszahlungen oder der Ansatz der Soll- statt der Ist-Vorauszahlungen sind nur inhaltliche Fehler (BGH NZM 2011, 627; BGH NZM 2009, 906); ebenso die Nichtberücksichtigung vom Mieter geleisteter Vorauszahlungen (BGH WuM 2012, 98), gleichviel, ob überhaupt keine Angaben zu Vorauszahlungen enthalten oder diese genannt aber betragsmäßig mit „0" angesetzt sind (BGH NZM 2012, 416). Für die formelle Ordnungsgemäßheit einer Betriebskostenabrechnung ist es auch ohne Bedeutung, ob die dort für den jeweiligen Mieter angesetzten Kosten auf abgelesenen Messwerten oder einer Schätzung beruhen und ob eine eventuell vom Vermieter vorgenommene Schätzung den Anforderungen des § 9a HeizkostenVO entspricht (BGH NZM 2015, 129). Gründe, die bei der Abrechnung der Betriebskosten eines Mehrfamilienhauses zur formellen Unwirksamkeit führen (BGH NZM 2011, 401, Entscheidung zu einem unverständlichen Verteilerschlüssel) können bei der Betriebskostenabrechnung für eine Doppelhaushälfte anders zu beurteilen sein (BGH NZM 2011, 581). In einer Abrechnung enthaltene Änderungen gegenüber dem Vorjahr – etwa bei der Art der Berechnung des Personenanteils bei einem Verteilerschlüssel nach Köpfen – führen, soweit die neue Art der Berechnung rechnerisch nachvollziehbar ist, nicht bereits zur formellen Unwirksamkeit der Abrechnung; darin kann allenfalls ein inhaltlicher Fehler liegen (BGH NZM 2011, 546).

Eine Abrechnung ist hinsichtlich der in ihr abgerechneten Kosten auf jeden Fall formell ordnungsgemäß, wenn sämtliche angesetzten Kostenarten einzeln abgerechnet werden. Die Pflicht zur Spezifizierung der Kosten darf aber nicht überspannt werden (BGH NZM 2009, 906), so dass in gewissem Umfang auch eine Zusammenfassung einzelner Positionen möglich ist (BGH NZM 2009, 698: Kosten für Frisch- und Schmutzwasser als eine Summe jedenfalls dann, wenn die Umlage dieser Kosten einheitlich nach dem durch Zähler erfassten Frischwasserverbrauch vorgenommen wird; BGH NZM 2009, 906: Sach- und Haftpflichtversicherung in einer Betriebskostenposition „Versicherung"; vgl. ferner BGH NZM 2010, 858 zu Beispielen **nicht** statthafter Positionenzusammenfassungen). Zur -ggf. auch erst in einer Folgeabrechnung erfolgenden- Bildung von aus mehreren Gebäuden bestehenden „Abrechnungseinheiten" – regelmäßig im Zusammenhang mit einer gemeinsamen Heizungsanlage – vgl. BGH NZM 2012, 96; BGH NZM 2011, 546; BGH NZM 2010, 895; BGH NZM 2010, 781: zur Umlage von Betriebskosten bei Wohnungsleerstand BGH NZM 2013, 264; BGH NZM 2010, 855; BGH NZM 2006, 655; AG Zwickau NZM 2001, 467; *Schmid* NZM 2011, 235; zur Abrechnung nach dem „Leistungs"-, „Abfluss"- und „Fälligkeits"prinzip BGH NZM 2008, 277; BGH NZM 2008, 403; *Blank* NZM 2008, 745; *Milger* NZM 2008, 757; *Schmid* NZM 2008, 918.

Außerdem führen formelle Mängel, die nur einzelne Kostenpositionen betreffen, nicht zur Unwirksamkeit der gesamten Abrechnung, wenn diese Positionen unschwer aus der Abrechnung herausgerechnet werden können (BGH NZM 2011, 627; BGH NZM 2010, 858; BGH NZM 2010, 784). Entsprechendes gilt für inhaltliche Mängel (BGH NZM 2011, 627).

Inhaltliche Fehler einer rechtzeitig erteilten Abrechnung können vom Vermieter auch noch nach Jahresfrist korrigiert werden. Allerdings darf der Vermieter aufgrund der Korrektur dann nicht mehr fordern, als sich aus der formell ausreichenden, aber inhaltlich falschen Abrechnung ergeben hat, denn dieser Mehrbetrag wäre eine außerhalb der Jahresfrist des § 556 Abs. 3 BGB liegende Nachforderung (BGH NZM 2005, 13). Der Vermieter darf also nach Ablauf der in § 556 Abs. 3 S. 2 BGB genannten Frist bei einem

Nachforderungssaldo der (falschen) Abrechnung keine weitere Nachforderung stellen (BGH NZM 2005, 13), muss ein sich aus der (falschen) Abrechnung ergebendes Guthaben auszahlen (BGH NZM 2008, 204) und kann ein bereits ausgezahltes Abrechnungsguthaben nicht mehr zurückfordern (BGH NZM 2011, 478), auch nicht unter bereicherungsrechtlichen Grundsätzen aus § 812 Abs. 1 S. 1 BGB (BGH GE 2011, 1013).

Allerdings kann es dem Mieter im Einzelfall unter dem Gesichtspunkt von Treu und Glauben nach § 242 BGB verwehrt sein, sich auf den Ablauf der Abrechnungsfrist zu berufen; namentlich dann, wenn der dem Vermieter in der Abrechnung unterlaufene Fehler für den Mieter auf den ersten Blick erkennbar und offensichtlich ist und der Vermieter sein Versehen kurz nach Ablauf der Abrechnungsfrist korrigiert (BGH NZM 2011, 478).

Vom Mieter während der verspätet abgerechneten Abrechnungsperiode nicht gezahlte Vorauszahlungen kann der Vermieter jedoch auch im Falle einer nach § 556 Abs. 3 S. 2 BGB verspäteten Abrechnung – allerdings nur noch bis zur Höhe der insgesamt geschuldeten Vorauszahlungen – einfordern. Denn um Nachzahlungen im Sinne dieser Bestimmung handelt es sich nur, wenn der Vermieter nach Ablauf der zwölfmonatigen Abrechnungsfrist einen Betrag verlangt, der eine bereits erteilte Abrechnung oder, falls der Vermieter eine rechtzeitige Abrechnung nicht erstellt hat, die Summe der Vorauszahlungen des Mieters übersteigt. Dies gilt entsprechend, soweit der Mieter geschuldete Vorauszahlungen nicht entrichtet hat (BGH NZM 2008, 35 = NJW 2008, 142).

b) § 556 Abs. 3 S. 4 BGB bestimmt, dass der Vermieter zu Teilabrechnungen nicht verpflichtet ist. Das heißt z. B., dass er nicht für einen ausgezogenen Mieter eigens eine (Zwischen-)betriebskostenabrechnung erstellen muss, sondern ihn darauf verweisen kann, bis zur regulären Jahresbetriebskostenabrechnung zuzuwarten. Auch muss der Vermieter keine Teilabrechnung einzelner Betriebskosten vornehmen (wäre andererseits aber dazu berechtigt, BGH NZM 2013, 84, vgl. oben a), wenn erst einige Bescheide und Rechnungen innerhalb der Zwölfmonatsfrist vorliegen, aber andere noch nicht, zB weil ein Versorgungsunternehmen seine Abrechnung noch nicht erstellt hat. Auch das Überschreiten der Ausschlussfrist des § 556 Abs. 3 S. 3 BGB ist in diesem Fall unverschuldet. Allerdings sollte der Vermieter – schon zur Streitvermeidung – dem Mieter nach Art eines Zwischenbescheids zumindest mitteilen, warum sich die Erstellung der Betriebskostenabrechnung über die Zwölfmonatsfrist hinaus verzögert.

11. Vor Ablauf der in → Anm. 10 genannten Frist ist der Anspruch des Mieters auf Abrechnung nicht fällig.

12. Ein solches Schreiben ist zur Vermeidung der Kostenfolge des § 93 ZPO zu empfehlen. Der Vermieter könnte sonst ein sofortiges Anerkenntnis abgeben und Sachgründe vortragen – etwa Verzögerungen bei der Rechnungsstellung durch Versorgungsträger – auf Grund derer er bisher die Abrechnung nicht erstellen konnte. In diesem Fall wird man zwar prüfen müssen, ob der Vermieter evtl. – insbesondere bei sehr langen Verzögerungen – von sich aus in einer Art Zwischenbescheid dem Mieter die Tatsache und die Gründe der Verzögerung der Abrechnung hätte mitteilen müssen. Auf jeden Fall aber wird man von einer Veranlassung zur Klageerhebung ausgehen müssen, wenn ein Aufforderungsschreiben des Mieters vorausging und der Vermieter diese Sachgründe daraufhin nicht schon vorprozessual mitgeteilt hat.

13. Die Pflicht des Vermieters zur Erteilung einer Betriebskostenabrechnung besteht auch nach Verstreichen der Jahresfrist (→ Anm. 10) fort.

14. Rechnet der Vermieter nicht fristgemäß ab, kann der Mieter – wie im vorliegenden Fall – auf Rechnungslegung klagen. Der Mieter kann darüber hinaus zur Erlangung der

Abrechnung gem. § 273 BGB auch ein Zurückbehaltungsrecht bzgl. der laufenden, zukünftigen Betriebskostenvorauszahlungen ausüben (BGH NZM 2006, 533). Insoweit ist das Zurückbehaltungsrecht des Mieters aber auf den Betrag begrenzt, der den Vorauszahlungen der noch nicht abgerechneten Abrechnungsperiode entspricht (BGH NZM 2006, 533; *Langenberg* NZM 2001, 783, 786). Die Rückzahlung der geleisteten Abschlagszahlungen kann er dagegen nicht verlangen (BGH NZM 2006, 533). Außerdem kann der Mieter das Recht auf Erteilung prüffähiger Betriebskostenabrechnungen nicht dem Anspruch des Vermieters auf Zahlung in der Vergangenheit nicht entrichteter Betriebskostenvorauszahlungen entgegenhalten (OLG Düsseldorf DWW 2001, 210, 211).

Ist das Mietverhältnis dagegen **beendet**, kann der Mieter, weil ihm dann das Druckmittel eines Zurückbehaltungsrechts nicht mehr zur Verfügung steht, **ohne** zuvor auf Erteilung einer Abrechnung klagen zu müssen, sofort die vollständige Rückzahlung aller Vorauszahlungen der Abrechnungsperiode verlangen, über die der Vermieter nicht binnen der Frist des § 556 Abs. 3 BGB abgerechnet hat (BGH NZM 2005, 373 = NJW 2005, 1499). Der Vermieter kann sich in einem solchen Rückzahlungsprozess aber durch Erteilung der Abrechnung wehren. Auch kann der Vermieter zu einem späteren Zeitpunkt abrechnen und ggf. – falls er die vollständigen Vorauszahlungen wieder an den Mieter zurückgezahlt hat, und auch noch nach Rechtskraft eines dem Rückzahlungsanspruch stattgebenden Urteils – bis zum Eintritt der Verjährung (BGH NZM 2010, 858) dann vom Mieter den vollen Abrechnungsbetrag verlangen, allerdings begrenzt auf die Summe aller Vorauszahlungen der Abrechnungsperiode. Darüber hinaus würde es sich um eine Nachforderung handeln, auf die der Vermieter nach § 556 Abs. 3 S. 3 BGB keinen Anspruch mehr hat (BGH NZM 2005, 373; BGH NZM 2010, 783; BGH NZM 2010, 858).

Zwangsverwaltung und Insolvenz

15. Ist ein Mietverhältnis von **Zwangsverwaltung** betroffen, muss der Zwangsverwalter die Betriebskosten auch für solche Zeiträume abrechnen, die vor seiner Bestellung und der Anordnung der Zwangsverwaltung liegen, wenn die Abrechnung nicht erteilt, aber fällig ist, insbesondere, wenn Nachforderungen von der Beschlagnahme erfasst sind (BGH NJW-RR 2005, 962–964). Für den Anspruch des Mieters auf Abrechnung kommt es nicht darauf an, ob ein etwaiges Guthaben aus einer noch nicht erteilten Betriebskostenabrechnung in den Zeitraum der Beschlagnahme fällt. Der Mieter kann für alle noch nicht abgerechneten Zeiträume vom Zwangsverwalter Abrechnung verlangen (BGH NJW-RR 2005, 1029–1031), denn der Zwangsverwalter tritt in alle Pflichten des Vermieters aus dem Mietvertrag ein, → Form. E. I. 2 Anm. 3.

Der Zwangsverwalter hat bei Wohnraummietverhältnissen die Abrechnungsfrist zu beachten, § 556 Abs. 3 BGB. Für ihn gilt kein erleichterter Verschuldensmaßstab, wenn die Zwangsverwaltung beispielsweise erst kurz vor Ablauf der Abrechnungsfrist angeordnet wurde und/oder er Probleme hat, an die Unterlagen zu gelangen, die er für die Abrechnung benötigt (AG Dortmund WuM 2007, 697–698; AG Dortmund NZM 2010, 239).

Endet die Zwangsverwaltung durch Rücknahme oder auch, weil das Objekt versteigert, freihändig veräußert oder die Gläubiger befriedigt wurden, ist der Zwangsverwalter nicht mehr zur Abrechnung der Nebenkosten des laufenden Abrechnungszeitraums verpflichtet. Diese Verpflichtung trifft den dann zuständigen Vermieter und zwar auch, wenn der Zwangsverwalter die Vorauszahlungen eingezogen hat (*Drasdo* NJW 2005, 1549 (1552); *Stöber* § 152 Anm. 12.9).

16. Den **Insolvenzverwalter** trifft die Pflicht zur Abrechnung von Betriebskosten, wenn das Insolvenzverfahren eröffnet ist. Davor ist, sofern keine ausdrücklich anders lautende Befugnis des vorläufigen Insolvenzverwalters durch das Gericht gegeben ist, der Vermieter zur Erstellung der Betriebskostenabrechnung verpflichtet.

Ob ein Insolvenzverwalter im eröffneten Verfahren während eines noch laufenden Mietverhältnisses verpflichtet ist, die Nebenkosten für zurückliegende Zeiträume abzurechnen, ist streitig. Vertreten wird unter Hinweis auf § 108 Abs. 1 InsO, es ergäben sich durch die Vermieterinsolvenz keinerlei Besonderheiten (*Franken/Dahl* S. 146 Rn. 187). Der Insolvenzverwalter müsse daher auch für zurückliegende Abrechnungszeiträume eine Abrechnung erteilen.

Vertreten wird auch, die Verpflichtung des Insolvenzverwalters, über geleistete Betriebskostenvorauszahlungen abzurechnen, hänge vom Fälligkeitseintritt des Abrechnungsanspruchs ab (*Wolf/Eckert/Ball* Rn. 1522). Sei der Abrechnungsanspruch des Mieters vor Insolvenzeröffnung entstanden, spreche § 108 Abs. 3 InsO gegen eine Verpflichtung des Verwalters und der Masse. Die Abrechnung für zurückliegende Zeiten gehöre gleichwohl zur ordnungsgemäßen Verwaltung, wenn die Abrechnung zu einer Nachzahlung des Mieters führe, die zur Masse gezogen werden könne (*Wolf/Eckert/Ball* Rn. 1522). – Dies gilt also nur dort, wo die Ausschlussfrist des § 556 Abs. 3 BGB nicht gilt, also bei Gewerberaummietverhältnissen.

Für Wohnraummietverhältnisse wird vertreten, der Anspruch des Mieters auf Erteilung einer Abrechnung werde mit Abrechnungsreife, also mit Ablauf der Frist nach § 556 Abs. 3 S. 2 BGB fällig. Trete Abrechnungsreife nach Verfahrenseröffnung ein, habe der Insolvenzverwalter den Abrechnungsanspruch des Mieters als Masseverbindlichkeit zu erfüllen. Sei bei Wohnraummietverhältnissen die Abrechnungsfrist des § 556 Abs. 3 S. 2 BGB dagegen bereits vor Insolvenzeröffnung abgelaufen, treffe den Verwalter keine Abrechnungspflicht (*Uhlenbruck/Wegener* § 108 Rn. 22 mwN). Der Abrechnungsanspruch des Mieters sei dann lediglich eine Insolvenzforderung, § 108 Abs. 3 InsO. Sei der Insolvenzverwalter nicht abrechnungspflichtig, dürfe der Mieter die laufenden Betriebskostenvorauszahlungen für die Zeit nach Eröffnung nicht gemäß § 273 BGB zurückhalten, da die Einrede nach § 273 BGB nicht insolvenzfest sei (*Uhlenbruck/Wegener* § 108 Rn. 22 mwN).

Unstreitig muss ein Insolvenzverwalter die Betriebskostenabrechnung erteilen, wenn das Insolvenzverfahren während des laufenden Abrechnungszeitraums eröffnet wurde und nicht beendet ist. Der Insolvenzverwalter hat dann die Abrechnung für die Zeit bis zur Verfahrenseröffnung und für die Zeit danach getrennt vorzunehmen, weil etwaige Rückzahlungsansprüche des Mieters für die Zeit bis zur Eröffnung des Verfahrens Insolvenzforderungen sind, § 108 Abs. 3 InsO, für die Zeit danach dagegen Masseverbindlichkeiten (*Uhlenbruck/Wegener* § 108 Rn. 22 mwN).

46. Klage auf Rückzahlung der Vorauszahlungen wegen fehlender Abrechnung der Betriebskosten durch Vermieter

An das

Amtsgericht in . . . . .[1]

Klage

der Frau Marita M . . . . .

Klägerin,

Prozessbevollmächtigte: Rechtsanwältin S aus K[2]

gegen

Herrn Valentin V . . . . . .

Beklagten,

Prozessbevollmächtigter: Rechtsanwalt Dr. G aus K

wegen Zahlungsforderung

Streitwert: 1.200,– EUR

Um Anberaumung eines möglichst nahen Verhandlungstermins wird gebeten, in dem beantragt wird:

1. Der Beklagte wird verurteilt, an die Klägerin 1.200,– EUR nebst Zinsen in Höhe von 5 Prozentpunkten über dem Basiszinssatz seit dem . . . . . zu zahlen.
2. Der Beklagte trägt die Kosten des Rechtsstreits.

Sollte das Gericht ein schriftliches Vorverfahren anordnen, wird bereits jetzt bei Vorliegen der weiteren Voraussetzungen der Erlass eines

Versäumnisurteils

beantragt.

Ferner wird beantragt, für jeden Fall einer Sicherheitsleistung der Klägerin nachzulassen, Sicherheit auch durch Beibringung einer unbedingten, unbefristeten und selbstschuldnerischen Bürgschaft einer deutschen Großbank, Sparkasse oder Genossenschaftsbank leisten zu können.

Begründung

Die Klägerin war Mieterin einer Wohnung des Beklagten. Maßgebend waren die Bestimmungen des Mietvertrages vom 1.1.2010. Danach war die Klägerin verpflichtet, eine monatliche Grundmiete in Höhe von 500,– EUR zu leisten, zuzüglich einer Vorauszahlung auf die Heiz- und Betriebskosten von 100,– EUR, zusammen 600,– EUR.

Beweis: Vorlage des Mietvertrages vom 1.1.2010 in Kopie

Das Mietverhältnis ist seit dem 31.12.2014 beendet.[3]

Mit der Klage macht die Klägerin die Rückzahlung der Vorauszahlungen auf die Betriebskosten für das Jahr 2013 geltend, nachdem der Beklagte trotz Aufforderung eine Abrechnung über die Heiz- und Betriebskosten des Jahres 2013 nicht erstellt hat. In den Jahren zuvor hat der Beklagte der Klägerin jeweils Betriebskostenabrechnungen zukommen lassen, die sodann geringfügige Überschüsse zu Gunsten der Klägerin ausgewiesen haben. Für das Jahr 2013 ist bis heute eine entsprechende Abrechnung nicht vorgenommen worden. Da nunmehr mehr als zwei Jahre nach Ende des Mietverhältnisses ins Land gegangen sind, der Beklagte sich indessen nicht gerührt hat, muss die Klägerin gerichtliche Hilfe in Anspruch nehmen.

Die Klägerin hat den Beklagten letztmalig mit Schreiben vom . . . . . mit Fristsetzung bis zum . . . . . aufgefordert, die Vorauszahlungen auf die Heiz- und Betriebskosten des Jahres 2013 in Höhe von insgesamt 1.200,– EUR zu erstatten.[4] Da der Beklagte sich nicht geäußert hat, war Klage geboten.

Rechtsanwalt[5]

Anmerkungen

1. Zur örtlichen Zuständigkeit → Form. B. II. 16 Anm. 1.

2. Zur anwaltlichen Vertretung → Form. B. II. 16 Anm. 2.

3. Von entscheidender Bedeutung im vorliegenden Fall ist der Umstand, dass das **Mietverhältnis über Wohnraum** zwischen den Vertragsparteien **beendet** ist.
Der Bundesgerichtshof geht davon aus, dass der Anspruch auf Rückzahlung eines Überschusses aus a – conto – Zahlungen sich aus dem zu Grunde liegenden Vertrag ergebe, nicht etwa aus § 812 BGB. Aus der Vereinbarung einer Abschlagszahlung folge die vertragliche Verpflichtung des Auftragsnehmers, über seine Leistungen abzurechnen. Der Auftraggeber habe einen vertraglichen Anspruch auf Auszahlung eines Überschusses. Macht der Auftraggeber einen derartigen Anspruch geltend, so genügt er seiner Darlegungspflicht unter Hinweis auf die Abrechnung des Auftragnehmers und dem Vortrag, dass sich daraus ein Überschuss ergebe oder zumindest nach einer Korrektur ein solcher Überschuss ergeben müsse. Sache des Auftragnehmers sei es dann, dieser Berechnung entgegen zu treten und nachzuweisen, dass er berechtigt ist, die Abschlagszahlungen endgültig zu behalten. Soweit der Bundesgerichtshof für den Grundfall, der sich mit der Abrechnungsverpflichtung, der Darlegungslast und einer Abrechnung befasst (BGH WuM 2004, 679; NJW 2005, 1499).
Die Besonderheit des vorliegenden Falles besteht darin, dass ein Mietverhältnis über Wohnraum gegeben ist, das **Mietverhältnis beendet** ist und eine Abrechnung trotz entsprechender Verpflichtung nicht vorgenommen worden ist. Bei einer derartigen Sachverhaltskonstellation hat der Bundesgerichtshof entscheidenden Wert auf den Umstand gelegt, dass das Mietverhältnis beendet ist. Rechnet der Vermieter nicht fristgerecht über die Heiz- und Betriebskosten einer Abrechnungsperiode ab oder liegt keine formell ordnungsgemäße Abrechnung vor, kann der Mieter für den Fall, dass das Mietverhältnis beendet ist, sogleich die vollständige Rückzahlung der geleisteten Abschlagszahlungen verlangen, und ist nicht gehalten, zuerst auf Erteilung einer Abrechnung zu klagen. In einem solchen Fall hindert selbst die Rechtskraft eines der Klage des Mieters stattgebenden Urteils den Vermieter nicht daran, über die Heiz- und Betriebskosten nachträglich abzurechnen und eine eventuelle Restforderung einzuklagen (BGH NJW 2005, 1499).
Der Mieter braucht sich nicht darauf verweisen zu lassen, den ehemaligen Vermieter auf Erteilung einer Abrechnung zu verklagen. Dies ist bereits deshalb von erheblichem Vorteil, weil selbst bei einem für den Mieter obsiegenden Urteil Schwierigkeiten bei der Vollstreckung aus tatsächlichen Gründen entstehen können. Denn eine Heiz- und Betriebskostenabrechnung zu erstellen, ist mit erheblichem Aufwand und Schwierigkeiten

verbunden (vgl. dazu BGH NJW 2012, 3508 (3509)). Zudem hätte der Mieter die Kosten der Zwangsvollstreckung zu finanzieren, ohne zu wissen, ob diese Kosten beim Gegner beigetrieben werden können.

Ist dagegen das **Mietverhältnis nicht beendet** und hat der Vermieter nicht abgerechnet oder eine formell ordnungsgemäße Abrechnung erstellt, ist für eine vollständige Rückzahlung der geleisteten Abschlagszahlungen kein Raum. Bei **bestehendem Mietverhältnis** über Wohnraum ist der Mieter ausreichend geschützt, dass ihm bis zur ordnungsgemäßen Abrechnung gemäß § 273 Abs. 1 BGB ein **Zurückbehaltungsrecht** hinsichtlich der laufenden Betriebskostenvorauszahlungen zusteht (BGH NZM 2006 533; 2010, 895; Bub/Treier/*v. Brunn/Emmerich* III A 273). Dies reicht bei bestehendem Mietverhältnis als Druckmittel aus. Ist demgegenüber das Mietverhältnis beendet, fehlt ein derartiges Druckmittel, weil das Zurückbehaltungsrecht gerade ein bestehendes Rechtsverhältnis voraussetzt.

Eine **wichtige Einschränkung** des Rückforderungsanspruchs des Mieters nach beendetem Mietverhältnis hat der Bundesgerichtshof indessen am 26.9.2012 vorgenommen (BGH NJW 2012, 3508 = MDR 2012, 1334). Der Mieter kann bei Beendigung des Mietverhältnisses im Wege ergänzender Vertragsauslegung ein Anspruch auf Rückzahlung von Betriebskostenvorauszahlungen nur insoweit zugebilligt werden, als er während der Dauer des Mietverhältnisses nicht die Möglichkeit hatte, den Abrechnungsanspruch durch eine Geltendmachung eines Zurückbehaltungsrechts an den laufenden Vorauszahlungen durchzusetzen. Bestand während des Mietverhältnisses die Möglichkeit für die Geltendmachung eines Zurückbehaltungsrechts, hat sie allerdings der Mieter nicht genutzt, ist für eine Konstruktion einer Anspruchsgrundlage im Wege ergänzender Vertragsauslegung nachträglich kein Raum.

Ist bereits seitens des Mieters Klage auf Rückzahlung der Vorauszahlungen erhoben worden und rechnet der Vermieter während dieses Rechtsstreits ab, kann der Rechtsstreit durch den klagenden Mieter über § 91a ZPO für erledigt erklärt werden. Die Kosten des Rechtsstreits trägt regelmäßig der Vermieter, da nämlich die Klage auf Abrechnung oder die Klage auf Rückzahlung bei beendetem Mietverhältnis bis zum erledigenden Ereignis zulässig und begründet war (vgl. MAH MietR/*Gies* § 24 Rn. 231 mwN). Bei übereinstimmender Erledigungserklärung kann es billigem Ermessen im Sinne des § 91a Abs. 1 ZPO entsprechen, die Verfahrenskosten dem Mieter ganz oder anteilig aufzuerlegen, wenn der Vermieter die Abrechnungsfrist unverschuldet versäumt hat und er dem Mieter vor Erhebung der Klage die Hinderungsgründe mitgeteilt hat (vgl. *Geldmacher* DWW 1995, 105 (107)).

4. Zur Inverzugsetzung → Form. B. II. 16 Anm. 12.

Zwangsverwaltung

5. Rechnet der **Zwangsverwalter** die Betriebskostenvorauszahlungen während des laufenden Mietverhältnisses nicht ab, darf der Mieter die Betriebskostenvorauszahlungen zurückbehalten. Guthaben aus den Abrechnungen hat der Zwangsverwalter auszuzahlen, auch wenn ihm die Vorauszahlungen für die abzurechnenden Zeiträume nicht zugeflossen sind. Unter Umständen muss der Zwangsverwalter die Betriebskosten bis zu zwei Jahre rückwirkend abrechnen (BGH vom 3.5.2006 – VIII ZR 168/05, NZM 2006, 581).

Der Insolvenzverwalter hingegen ist zur Abrechnung nur verpflichtet, wenn das Mietverhältnis nach Verfahrenseröffnung andauert und die Abrechnungsperiode innerhalb des eröffneten Verfahrens endet. Hinsichtlich vor Insolvenzeröffnung abgelaufener Abrechnungsperioden trifft ihn – im Unterschied zum Zwangsverwalter, – keine Abrechnungspflicht.

47. Klage auf Feststellung, zur Zurückbehaltung der Betriebskostenvorauszahlungen wegen fehlender Abrechnung berechtigt zu sein

An das

Amtsgericht in . . . . .[1]

Klage

der Frau Marion M . . . . .

– Klägerin –

Prozessbevollmächtigter: Rechtsanwalt Dr. P aus K[2]

gegen

Herrn Viktor V . . . . .

– Beklagten –

Prozessbevollmächtigter: Rechtsanwalt Dr. G aus K

wegen Feststellung

Streitwert: 250,– EUR[3]

Um Anberaumung eines möglichst nahen Verhandlungstermins wird gebeten, in dem beantragt wird:

1. Es wird festgestellt, dass die Klägerin berechtigt ist, die Vorauszahlungen auf die Heiz- und Betriebskosten ab dem 1.1.2016 aus dem Mietverhältnis über die Wohnung im 3. OG des Hauses Burgunderstraße 23 in K bis zu einer Abrechnung des Beklagten über die Heiz- und Betriebskosten aus dem Jahre 2013 zurückzuhalten.
2. Der Beklagte trägt die Kosten des Rechtsstreits.

Sollte das Gericht ein schriftliches Vorverfahren anordnen, wird bereits jetzt bei Vorliegen der weiteren Voraussatzungen der Erlass eines

Versäumnisurteils

beantragt.

Begründung

Die Klägerin ist Mieterin, der Beklagte Vermieter einer Wohnung in der 3. Etage des Hauses Burgunderstraße 23 in K. Maßgebend sind die Bestimmungen des Mietvertrages vom 1.1.2010; danach hat die Klägerin eine monatliche Grundmiete von 500,– EUR zu zahlen zuzüglich einer Vorauszahlung auf die Heiz- und Betriebskosten über 100,– EUR.

Beweis: Vorlage des Mietvertrages vom 1.1.2010 in Kopie

Die Klägerin ist ihren Zahlungsverpflichtungen in der Vergangenheit in vollem Umfang nachgekommen. Der Beklagte hat nach Ablauf der Jahre 2011 und 2012 jeweils über die Heiz- und Betriebskosten abgerechnet, wobei zu Gunsten der Klägerin ein Saldo ermittelt worden ist, der zu nicht unbeträchtlichen Rückzahlungen an die Klägerin geführt hat.

Beweis: Vorlage der Heiz- und Betriebskostenabrechnungen für die Jahre 2011 und 2012 in Kopie

Der Beklagte hat über die Heiz- und Betriebskosten des Jahres 2013 bisher nicht abgerechnet.[4] Aufforderungen der Klägerin, eine Abrechnung für 2013 zu erstellen, hat der Beklagte ignoriert. Somit bleibt der Klägerin nur als Druckmittel, die laufenden Vorauszahlungen zurückzuhalten, um den Beklagten zu veranlassen, endlich die Heiz- und Betriebskostenabrechnung für das Jahr 2013 vorzulegen. Die Klägerin verspricht sich insoweit wie in den vergangenen Jahren einen Rückzahlungsanspruch.

Die Klägerin hat zuletzt mit Schreiben vom . . . . . den Beklagten um Erstellung einer Abrechnung ersucht. Dabei hat sie darauf hingewiesen, sie werde ab 1.1.1016 die Vorauszahlungen zurückhalten, bis eine ordnungsgemäße Heiz- und Betriebskostenabrechnung vorgelegt worden sei.

Beweis: Schreiben der Klägerin vom . . . . . in Kopie

Darauf hat der Beklagte lediglich schriftlich geantwortet, er behalte sich seine Rechte vor; ergänzend hat er darauf hingewiesen, er werde das Mietverhältnis fristlos gemäß §§ 543, 569 BGB kündigen, falls ein entsprechender Rückstand auf die monatlichen Mieten entstanden sei.[5]

Beweis: Antwortschreiben den Beklagten vom . . . . . in Kopie

Angesichts dieser Sachlage war die Klägerin gehalten, eine Feststellungsklage zu erheben, sie sei berechtigt, die laufenden Vorauszahlungen auf die Heiz- und Betriebskosten zurückzuhalten, bis der Beklagte eine ordnungsgemäße Abrechnung für das Jahr 2013 vorgelegt habe.

Die Klägerin ist selbstverständlich bereit, sofort nach Vorlage der Abrechnung für 2013 die zurückbehaltenen Vorauszahlungen nach zu entrichten.[6]

Rechtsanwalt

Anmerkungen

1. Zur örtlichen Zuständigkeit → Form. B. II. 16 Anm. 1

2. Zur anwaltlichen Vertretung → Form. B. II. 16 Anm. 2.

3. Die Höhe des Streitgegenstandes ist frei nach § 3 ZPO geschätzt worden. Wirtschaftliches Ziel der Klage ist die Herbeiführung einer konkreten Abrechnung über die Heiz- und Betriebskosten des Jahres 2013. Der Wert einer Klage auf Erstellung einer Betriebskostenabrechnung richtet sich nach der Höhe des Guthabens, das der Mieter als Ergebnis der Abrechnung vermutet. Hat der Mieter auf der Grundlage früherer Abrechnungen einen bestimmten Betrag geschätzt, beträgt für den Fall, er strebt eine Abrechnung an, der Streitwert in der Regel 25 Prozent bis 1/3 der Höhe der Vorauszahlungen. Sind keine Erfahrungswerte vorhanden, verbleibt allein eine Schätzung nach § 3 ZPO, die allerdings zu vergleichbaren Ergebnissen gelangt (MAH MietR/*Gies* § 24 Rn. 290 m.w.N.).
Im vorliegenden Fall geht es allerdings um die Geltendmachung eines Zurückbehaltungsrechts; insoweit kann an die Entscheidung des Bundesgerichtshofs vom 24.11.1994 (NJW 1995, 664) angeknüpft werden, dass sich der Wert nach dem Aufwand an Zeit und Kosten orientiert, die dem Verpflichteten entstehen. Da zudem wegen des Charakters des Feststellungsantrags grundsätzlich eine Reduzierung erforderlich wird (vgl. Zöller/ *Herget* § 3 Stichwort „Feststellungsklagen"), ist hier ein Wert von 250,– EUR im Wege freier Schätzung zu Grunde gelegt worden.

4. Der Beklagte ist verpflichtet, über die Vorauszahlungen auf die Heiz- und Betriebskosten abzurechnen, § 556 Abs. 3 Satz 1 BGB. Die Abrechnung ist dem Mieter spätestens bis zum Ablauf des zwölften Monats nach Ende des Abrechnungszeitraums mitzuteilen. Nach Ablauf dieser Frist ist grundsätzlich für den Vermieter kein Raum mehr für Nachforderungen. Hier ist der Fall so gebildet, dass die Abrechnungsfrist mit Ablauf des 31.12.2014 verstrichen war. Der Beklagte hätte die Frist nur gewahrt, hätte er eine zumindest formell ordnungsgemäße Abrechnung für 2013 vorgelegt.

Ein Zurückbehaltungsrecht nach § 273 BGB steht dem Mieter zu, wenn der Vermieter trotz Abrechnungsreife über die verstrichene Abrechnungsperiode nicht abrechnet (BGH NZM 2006, 533; NJW 2012, 3508, 3509). Das Zurückbehaltungsrecht bezieht sich auf die laufenden Betriebskostenvorauszahlungen. Im Rahmen eines laufenden Mietverhältnisses kann sich der Mieter durch eine Einbehaltung der weiter geschuldeten Abschlagszahlungen absichern oder Druck auf den Vermieter ausüben, damit dieser die geschuldete Abrechnung erteilt (BGH NJW 2005, 1499, 1501; 2012, 3508, 3509). Das Zurückbehaltungsrecht des § 273 BGB hat durchaus praktische Folgen, da die einbehaltenen Beträge schnell die Höhe eines in Betracht kommenden Erstattungsanspruchs aus der versäumten Abrechnung erreichen können; diese Folge tritt schneller ein als ein Anspruch auf Abrechnung über die Vorschüsse gerichtlich geltend gemacht werden kann (vgl. BGH NZM 2006, 533, 534).

5. Nach § 256 ZPO ist ein besonderes Feststellungsinteresse neben den allgemeinen Sachurteilsvoraussetzungen einschließlich des allgemeinen Rechtsschutzbedürfnisses an alsbaldiger Feststellung hinsichtlich des Rechtsverhältnisses notwendig (vgl. Zöller/Greger § 256 Rn. 7). Ein rechtliches Interesse an einer alsbaldigen Feststellung des Bestehens oder Nichtbestehens eines Rechtsverhältnisses ist gegeben, wenn dem Recht oder der Rechtslage des Klägers eine gegenwärtige Gefahr oder Unsicherheit droht und wenn das erstrebte Urteil geeignet ist, diese Gefahr zu beseitigen (BGH MDR 2010, 647; NJW – RR 2008, 1495). Diese Voraussetzungen liegen hier vor. Der Beklagte hat sich zu der Problematik rechtzeitiger Abrechnung nicht geäußert, aber in Aussicht gestellt, für den Fall der Geltendmachung eines Zurückbehaltungsrechts das Mietverhältnis fristlos zu kündigen, sobald die Voraussetzungen der §§ 543, 569 BGB vorliegen sollten. Angesichts dieser Sachlage ist im Rechtsverhältnis der Vertragsparteien von einer erheblichen Unsicherheit auszugehen, die durch ein Urteil im angestrebten Sinn beseitigt werden kann.

Sollte rechtskräftig festgestellt worden sein, dass die Klägerin zur Zurückhaltung der Vorauszahlungen bis zur formell ordnungsgemäßen Abrechnung berechtigt ist, würde dieses Urteil Verwertung finden für den Fall, dass der Beklagte nach Erreichen bzw. Überschreitung der Beträge aus §§ 543, 569 BGB eine fristlose Kündigung des Mietverhältnisses ausspricht und einen Räumungsrechtsstreit beginnt. Für diesen Fall wäre rechtskräftig festgestellt, dass die Klägerin bis zur Abrechnung durch den Beklagten zur Zurückhaltung der Vorauszahlungen berechtigt war.

6. Dieser Hinweis bezieht sich auf eine Selbstverständlichkeit. Die Klägerin kann die Vorauszahlungen zurückhalten. Materiell – rechtlich ist die Beklagte allerdings verpflichtet, nach Beseitigung des Hindernisses in Form einer unterbliebenen Abrechnung über die Heiz- und Betriebskosten einen eventuellen Saldo aus der dann tatsächlich vorgenommenen Abrechnung auszugleichen.

48. Klage auf Rückzahlung von Betriebskostenvorauszahlungen wegen Verstoßes gegen das Gebot der Wirtschaftlichkeit

An das Amtsgericht

in . . . . .[1]

Klage

der Frau Marita M . . . . .

– Klägerin –

Prozessbevollmächtigter: Rechtsanwalt Dr. G aus K –[2]

gegen

Herrn Valentin V. . . . . .

– Beklagter –

Prozessbevollmächtigte: Rechtsanwältin S. aus K –

wegen Forderung und Feststellung

Streitwert: 592 EUR[3]

Um Anberaumung eines möglichst nahen Verhandlungstermins wird gebeten, in dem beantragt wird:

1. Der Beklagte wird verurteilt, an die Klägerin 400.– EUR nebst Zinsen in Höhe von 5 Prozentpunkten über dem Basiszinssatz seit dem . . . . . zu zahlen.
2. Es wird festgestellt, dass die Klägerin nicht verpflichtet ist, mehr als 130.– EUR pro Monat auf die Betriebskostenvorauszahlungen ab 1.11.2016 für die Wohnung in der . . . . . Straße in K. zu zahlen.
3. Der Beklagte trägt die Kosten des Rechtsstreits.
4. Das Urteil ist vorläufig vollstreckbar.[4]
5. Sollte das Gericht ein schriftliches Vorverfahren anordnen, wird bereits jetzt bei Vorliegen der weiteren Voraussetzungen Erlass eines

Versäumnisurteils

beantragt.
6. Sollte das Gericht das Verfahren nach § 495a ZPO zu betreiben beabsichtigen, wird die Durchführung einer mündlichen Verhandlung beantragt.[5, 6]

Begründung

Die Klägerin ist Mieterin, der Beklagte Vermieter einer Wohnung in K . . . . ., ... Straße 23. Maßgebend sind die Bestimmungen des Mietvertrages vom 1.1.2010. Die Klägerin ist nach § 3 dieses Mietvertrages verpflichtet, eine monatliche Grundmiete in Höhe von 800 EUR zu zahlen zuzüglich Betriebskostenvorauszahlungen über 100 EUR, insgesamt 900 EUR.

Beweis: Vorlage des Mietvertrages vom 1.1.2010 in Kopie

Auf Wunsch des Beklagten sind die Betriebskostenorauszahlungen in den vergangenen Jahren stetig gestiegen, was der Beklagte mit den grundsätzlich gestiegenen Aufwendungen für die Bereitstellung von Heizenergie begründet hatte, aber auch mit den jährlich gestiegenen allgemeinen Lebenshaltungskosten. Seit dem 1.1.2016 belaufen sich die monatlichen Vorauszahlungen auf die Betriebskosten auf 180 EUR, so dass die Klägerin insgesamt 980 EUR ab 1.1.2016 geleistet hat.

Dies dürfte zwischen den Parteien unstreitig sein. Für den Fall des Bestreitens wird Vorlage der Kontoauszüge angeboten, aus denen sich die monatliche Mietzahlung über 980 EUR ergibt.

Zu den einzelnen Betriebskostenpositionen, die nach § 3 des Mietvertrages auf die Mieter umlegbar sind, gehören auch die Kosten eines Wachdienstes, den der Beklagte seit Jahren eingerichtet hat.

Beweis: Zeugnis des Hauswarts . . . . .

Die seitens der Klägerin angemietete Wohnung befindet sich in einer größeren Wohnanlage, die aus insgesamt 25 Wohneinheiten besteht. Da in den vergangenen Jahren verschiedentlich Wohnungseinbrüche und Einbruchsversuche stattgefunden hatten, war die Unterhaltung eines Wachdienstes sachgerecht, was von der Mehrheit der Mieter in der Wohnanlage ausdrücklich begrüßt worden ist. Durch den Wachdienst sollten ungebetene Gäste, Bettler und Hausierer, Drogensüchtige und andere unerwünschte Dritte von der Wohnanlage ferngehalten bzw. zum Verlassen der Wohnanlage veranlasst werden. Die Arbeit des Wachdienstes ist in der Vergangenheit zur Zufriedenheit der Mieter bewerkstelligt worden.

Beweis: Zeugnis des Mitmieters Y mit ladungsfähiger Anschrift

Angesichts dieser Sachlage hat die Klägerin die stetig steigenden Betriebskostenvorauszahlungen hingenommen, zumal der Einsatz des Wachdienstes dazu geführt hat, dass die Zahl der Einbrüche und Einbruchsversuche drastisch verringert worden ist.

Beweis: w. v.

Im Herbst 2016 erfuhr die Klägerin zu ihrem Erstaunen, dass der Beklagte veranlasst hatte, das Personal des Wachdienstes ab dem 1.1.2016 zu verdoppeln.[7]

Zur Begründung ließ der Beklagte auf einem Aushang in den Treppenhäusern darauf verweisen, um eine ordnungsgemäße Bewachung des Wohnanwesens sicher zu stellen, sei eine Aufstockung des Personals des Wachdienstes unumgänglich; die Gefährdungslage habe sich verschärft. Für den Wachdienst sei auch ein besonderes Büro auf dem Anwesen eingerichtet worden, damit Ansprechpartner rund um die Uhr bereitstehen könnten. Die Anzahl der Streifengänge durch die Ordnungskräfte sei verdoppelt worden: ab dem 1.1.2016 finden nunmehr täglich mehrere Streifengänge statt.

Beweis: w. v.

Mit der Verdoppelung des Wachpersonals, einer Vermehrung der Streifengänge und der Einrichtung eines besonderen Büros ist die Wohnsituation in der Wohnanlage allerdings nicht verbessert worden. Die Arbeit des Wachdienstes in einem Umfang, wie er in der Vergangenheit stattgefunden hat, war einwandfrei und von den Mietern als zufriedenstellend empfunden worden. Die Intensivierung des Aufwands für den Wachdienst ab 1.1.2016 war weder notwendig, noch entspricht sie dem Gebot der Wirtschaftlichkeit.[8]

Entsprechend dem Gebot der Wirtschaftlichkeit dürfen nur solche Kosten umgelegt werden, die bei gewissenhafter Abwägung aller Umstände und bei ordentlicher Geschäftsführung gerechtfertigt sind. Zwar mag dem Vermieter ein gewisser Ermessensspielraum zuzubilligen sein; im vorliegenden Fall ist aber das Ermessen des Vermieters bei weitem überschritten, so dass die Klägerin nicht mit den Kosten des überdimensionierten Wachdienstes überzogen werden kann. Der Beklagte hat die insoweit entstandenen Mehrkosten aus der von ihm erwirtschafteten Nettomiete zu bestreiten und kann sie nicht über die Betriebskosten seinen Mietern auferlegen. Die Intensivierung des Wachdienstes ist unter keinem Gesichtspunkt sachlich gerechtfertigt.

Die Klägerin macht einen Schadensersatzanspruch geltend, den sie auf § 280 Abs. 1 BGB stützt.[9]

Der Beklagte hat nämlich gegen das Gebot der Wirtschaftlichkeit verstoßen, so dass der Klägerin ab 1.1.2016 ein Schadensersatzanspruch zusteht. Die Klägerin hätte die hohen Betriebskostenvorauszahlungen niemals akzeptiert, nachdem für die Vergangenheit sowohl die Vertragsparteien wie auch die überwiegende Anzahl der Mitmieter mit der Sicherheitslage im Wohnanwesen zufrieden waren; für eine kostenintensive Überdimensionierung des Wachdienstes war kein Raum.

Die Klägerin hat die Unterlagen über die Betriebskosten, namentlich des Wachdienstes, bei dem Beklagten eingesehen. Durch die Intensivierung des Wachdienstes sind erhebliche Mehraufwendungen entstanden, die der Beklagte ab Januar 2016 mit . . . . . EUR berechnet hat. Umgerechnet auf die Wohneinheit der Klägerin bedeutet dies einen Mehraufwand von 240 EUR pro Jahr, mithin 20 EUR pro Monat.[10]

Da der Beklagte durch die Ausweitung des Wachdienstes gegen das Gebot der Wirtschaftlichkeit vorsätzlich verstoßen hat, hat die Klägerin einen Anspruch auf Rückzahlung der anteiligen Kosten für den Zeitraum vom 1.1 bis 31.10.2016, mithin auf 400.– EUR.

Der Beklagte ist mit Schreiben vom . . . . . aufgefordert worden, den vorbezeichneten Betrag bis zum . . . . . an die Klägerin zu zahlen. Da Zahlung nicht erfolgt ist, befindet sich der Beklagte seit dem . . . . . in Verzug.[11]

Für die Zukunft will die Klägerin festgestellt wissen, dass sie pro Monat ab dem 1.11.2016 nicht mehr als 160 EUR als Betriebskostenvorauszahlung zu leisten hat.[12]

Das Rechtsschutzinteresse für die Feststellungsklage, § 256 ZPO, ergibt sich daraus, dass sich die Klägerin in der Zukunft nicht einer Zahlungsklage des Beklagten schutzlos ausgesetzt sehen will. Das Feststellungsinteresse bezieht sich auch auf eine zu befürchtende Räumungsklage, sollte neben einer Reduzierung der Vorauszahlungen noch Minderungen der Miete wegen etwaiger Mängel des Mietobjekts hinzutreten. Die Klägerin behält sich insoweit sämtliche Rechte vor.

Rechtsanwalt

Anmerkungen

1. Zur sachlichen und örtlichen Zuständigkeit → Form. B. III. 44 Anm. 1.

2. Zur anwaltlichen Vertretung → Form. B. II. 16 Anm. 2.

3. Streitwert: Leistungsklage auf Zahlung von 400.– EUR verbunden mit einer Feststellungsklage. Der Streitwert der Zahlungsklage bemisst sich nach der Höhe der Zahlungsforderung, § 3 ZPO.

Für die Feststellungsklage ist der einjährige Betrag maßgebend abzüglich eines prozentualen Abschlags, herkömmlicherweise 20 Prozent. Eine Addition ergibt den Streitwert von 592 EUR.

4. Über die Kosten des Rechtsstreits wie auch die vorläufige Vollstreckbarkeit entscheidet das Gericht von Amts wegen, so dass ein ausdrücklicher schriftlicher Antrag überflüssig ist. Gleichwohl finden sich entsprechende Anträge in fast allen anwaltlichen Klageschriften.

5. Bei einem Streitwert bis zu 600 EUR kann das Gericht sein **Verfahren nach billigem Ermessen** bestimmen; auf besonderen Antrag hin ist allerdings eine mündliche Verhandlung anzuberaumen, § 495a ZPO.

Gemäß § 15a EGZPO ist in verschiedenen Bundesländern ein vorgerichtliches Schlichtungsverfahren vorgeschaltet, es sei denn, ein Mahnverfahren hat stattgefunden, zB § 13 ThürSchStG. Eine Erfolglosigkeitsbescheinigung wird ausgestellt.

6. Gemäß § 278 ZPO geht der mündlichen Verhandlung eine **Güteverhandlung** voraus zum Zweck einer gütlichen Beilegung des Rechtsstreits, es sei denn, es hat bereits ein Einigungsversuch vor einer außergerichtlichen Gütestelle stattgefunden oder die Güteverhandlung erscheint erkennbar aussichtslos, § 278 Abs. 2 S. 1 ZPO. Der Sach- und Streitstand ist mit den Parteien zu erörtern; gegebenenfalls sind die Parteien persönlich zu hören.

7. Bei Wohnraummietverhältnissen sind **Vorauszahlungen auf die Betriebskosten** nach §§ 556 Abs. 2 S. 2 BGB, 20 Abs. 3 S. 1 NMV nur **in angemessener Höhe** zulässig. Angemessen ist die Höhe, wenn die Summe der Vorauszahlungen zur Deckung der Kosten erforderlich ist. Bei der erstmaligen Festsetzung ist einem so ermittelten Betrag ein Sicherheitszuschlag hinzu zu rechnen, der allerdings 10 Prozent nicht übersteigen darf (Schmidt-Futterer/*Langenberg* § 556 Rn. 274; MAH MietR/*Gies* § 24 Rn. 35). Eine Vereinbarung überhöhter Vorauszahlungen ist unwirksam (Schmidt-Futterer/*Langenberg* § 556 Rn. 275; MAH MietR/*Gies* § 24 Rn. 35). Folge ist eine Teilunwirksamkeit der Vorauszahlungsabrede, dh der Mieter ist nur zur Zahlung einer angemessenen Vorauszahlung verpflichtet. Die rechtsgrundlos geleisteten überhöhten Vorauszahlungen sind demgemäß, soweit die Angemessenheit überschritten worden ist, über § 812 BGB kondizierbar.

Hinzukommt, dass dem Mieter naturgemäß der Weg über § 560 Abs. 4 BGB offen steht. Der Mieter kann nach einer Betriebskostenabrechnung durch Erklärung in Textform eine **Anpassung der Vorauszahlungen** auf eine angemessene Höhe vornehmen. Davon erfasst wird auch der Fall, dass der Mieter inhaltliche Mängel der ihm erteilten Betriebskostenabrechnung beanstandet und er seinerseits das zutreffende Abrechnungsergebnis errechnet; er ist nicht gehindert, eine Anpassung der Vorauszahlungen nach § 560 Abs. 4 BGB auf der Grundlage des neuen Abrechnungsergebnisses vorzunehmen (BGH NJW 2013, 1595 (1596)).

8. Das **Gebot der Wirtschaftlichkeit** findet seinen Ausdruck in § 20 Abs. 1 S. 2 NMV, § 24 Abs. 2 der 2. BVO. Danach darf der Vermieter nur solche Kosten umlegen, die „bei gewissenhafter Abwägung aller Umstände und bei ordentlicher Geschäftsführung gerechtfertigt sind." Maßgebend ist somit der Standpunkt eines „vernünftigen Wohnungsvermieters", der ein vertretbares Kosten – Nutzen – Verhältnis im Auge behält (BGH NJW 2008, 440). Konsequenterweise darf der Vermieter an den Mieter nur die Kosten weitergeben, die erforderlich sind zur Aufrechterhaltung des Betriebs der Wohnanlage. Der Vermieter genießt einen gewissen Ermessensspielraum, so dass er nicht stets den billigsten Anbieter von Sachleistungen zu engagieren braucht. Andere Gesichtspunkte wie Zuverlässigkeit und Qualität der Leistungen sind zu berücksichtigen. Sachlich nicht gerechtfertigte Mehrkosten muss der Vermieter aus der Grundmiete bestreiten (Schmidt-Futterer/*Langenberg* § 560 Rn. 75). Der wesentliche Anwendungsbereich des Wirtschaftlichkeitsgrundsatzes liegt in der Beschränkung der Kostenhöhe.

9. a) Der Vermieter darf dem Mieter nur betriebswirtschaftlich sinnvolle Betriebskostenarten bzw. Kostenanteile auferlegen, §§ 556 Abs. 3 S. 1, 560 Abs. 5 BGB. Für den Fall eines **Verstoßes gegen den Grundsatz der Wirtschaftlichkeit** ergibt sich zu Gunsten des Mieters ein Schadensersatzanspruch, der auf § 280 Abs. 1 BGB basiert (BGH NJW 2008, 440; Schmidt-Futterer/*Langenberg* § 560 Rn. 114; MAH MietR/*Gies* § 24 Rn. 164; Streyl NZM 2008, 24). Die Verpflichtung des Vermieters zum Schadensersatz richtet sich auf eine Freihaltung des Mieters von unnötigen Kostenanteilen (BGH NJW 2008, 440; 2011, 3028), § 249 BGB.

b) Für die Voraussetzungen eines Schadensersatzanspruchs trägt der Mieter die **Darlegungs- und Beweislast** (BGH NJW 2011, 3028). Der Bundesgerichtshof hatte bereits früher entscheiden (BGH NJW 2008, 440), dass es sich bei Beachtung des Wirtschaftlichkeitsgebots um eine vertragliche Nebenpflicht des Vermieters handelt; aus dieser Einordnung folge nach allgemeinen Grundsätzen, dass der Mieter, der wegen solcher Pflichtverletzung Ansprüche erhebe, die Darlegungs- und Beweislast für ein pflichtwidriges Verhalten des Vermieters trage. Den Vermieter treffe in der Regel keine sekundäre Darlegungslast für die tatsächlichen Grundlagen seines Betriebskostenansatzes. Zur Begründung führt der BGH aus (NJW 2011, 3028, 3029), die Grundsätze der sekundären Darlegungslast fänden nur dann Anwendung, wenn der an sich Darlegungsbelastete außerhalb des für seinen Anspruch erheblichen Geschehensablaufs stehe, der Gegner aber alle entscheidungserheblichen Tatsachen kenne und ihm nähere Angaben zumutbar seien. Bei der Höhe der Betriebskosten gehe es regelmäßig nicht um interne, für den Mieter nicht ersichtliche Kostenkonstellationen des Vermieters, sondern um objektive Gegebenheiten wie zB durch Bescheid festgesetzte öffentlich – rechtliche Gebühren und Abgaben oder die ortsübliche Entlohnung eines Hauswarts oder die Beschaffung von Brennstoff für die Heizungsanlage zu marktüblichen Preisen. Der Mieter habe die Pflicht, die maßgeblichen Belege beim Vermieter einzusehen. Erscheinen dem Mieter nach Belegeinsicht die Aufwendungen des Vermieters als zu hoch, sei es ihm unbenommen, diese Positionen im Hinblick auf einen Verstoß gegen den Grundsatz der Wirtschaftlichkeit einer weiteren Prüfung zu unterziehen, was für den Mieter möglich und zumutbar sei. Bleibe die Einsichtnahme in die Belege für den Mieter ohne greifbares Ergebnis, könne er einen Verstoß gegen das Gebot der Wirtschaftlichkeit auf andere Art und Weise prüfen lassen.

Diese Entscheidung des Bundesgerichtshofs hat lebhaften Widerspruch hervorgerufen (Artz PiG 92, 2012, S. 173; *Flatow* WuM 2012, 235; *Hinz* NZM 2012, 137; *Peters* NZM 2012, 145; Streyl NZM 2013, 97; Schmidt-Futterer/*Langenberg* § 560 Rn. 126; aA *Milger* NZM 2012, 657).

Zwecks Erfüllung der Voraussetzungen für einen substantiierten Sachvortrag hält der BGH den vom Deutschen Mieterbund e.V. herausgegebenen „Betriebskostenspiegel für Deutschland" für nicht geeignet, als Grundlage für einen Verstoß gegen das Gebot der Wirtschaftlichkeit herangezogen zu werden. Zur Begründung führt der BGH aus (NJW 2011, 3028, 3029), überregional auf empirischer Basis ermittelte Zusammenstellungen von Betriebskostenansätzen tragen den vielfältigen je nach Region und Kommune unterschiedlichen Bedingungen des Wohnungsmarktes und den unterschiedlichen tatsächlichen Gegebenheiten des jeweiligen konkreten Anwesens nicht hinreichend Rechnung. Im Einzelfall könne daraus ein Verstoß gegen das Gebot der Wirtschaftlichkeit nicht abgeleitet werden.

10. Problematisch ist eine Festlegung der **Höhe des Schadensersatzanspruchs.** Der Bundesgerichtshof (NJW 2011, 3028 (3029)) geht davon aus, dass dem Mieter nach

Belegeinsicht die notwendigen Tatsachen zur Verfügung stehen, substantiiert die Höhe der Vorauszahlungen auf die Betriebskosten und eventuelle unnötige Mehrkosten darzulegen. Insoweit gilt es die Jahreskosten der Betriebskostenpositionen zu ermitteln, einen Vergleich der Vorjahrskosten mit dem unnötigen Aufwand des Wachdienstes festzulegen und zu einem Monatsbetrag herunterzurechnen.

11. Das Feststellungsinteresse nach § 256 ZPO folgt daraus, dass sich der Mieter für den Fall einer Zahlungsklage des Vermieters im Hinblick auf die Vorauszahlungen auf ein ihm günstiges Urteil über die Mehrkosten stützen könnte. Sollten noch etwaige Mängel des Mietobjekts hinzutreten, die eine Minderung der Miete für die Zukunft rechtfertigen könnten, wäre die Verteidigungsposition des Mieters zumindest hinsichtlich der Senkung der Vorauszahlungen auf die Betriebskosten günstiger.

12. Zur Inverzugsetzung → Form. B. II. 16 Anm. 12.

49. Klage auf Belegeinsicht

An das

Amtsgericht in . . . . .[1]

Klage

der Frau Marita M . . . . .

– Klägerin –

Prozessbevollmächtigter: Rechtsanwalt Dr. B aus K[2]

gegen

Herrn Valentin V . . . . .

– Beklagten –

Prozessbevollmächtigter: Rechtsanwalt Dr. G aus K

wegen Einsichtnahme in Belege

Streitwert: 250,– EUR[3]

Um Anberaumung eines möglichst nahen Verhandlungstermins wird gebeten, in dem beantragt wird:

1. Der Beklagte wird verurteilt, der Klägerin am . . . . . in der Zeit von . . . . . bis . . . . . Zutritt zu den Büroräumen des Beklagten in . . . . . zu gestatten und ihr dort die Unterlagen über die im Jahre 2012 angefallenen Betriebskosten „Müllentsorgung, Straßenreinigung und Regenwasser" für die Wohnung . . . . . zur Einsichtnahme vorzulegen.
2. Der Beklagte trägt die Kosten des Rechtsstreits.
3. Sollte das Gericht das schriftliche Vorverfahren anordnen, wird bereits jetzt für den Fall des Vorliegens der weiteren Voraussetzungen der Erlass eines

Versäumnisurteils

beantragt.

Ferner wird beantragt,

soweit das Gericht das Verfahren nach § 495a ZPO betreiben will, eine mündliche Verhandlung anzuberaumen.[4]

Ergänzend wird darauf hingewiesen, dass ein außergerichtlicher Einigungsversuch bisher nicht stattgefunden hat. Ein derartiger Versuch erscheint zur Zeit auch nicht aussichtslos.[5]

Begründung

Die Klägerin ist Mieterin, der Beklagte Vermieter einer Wohnung in der Burgunderstraße 23 in K; maßgebend sind die Bestimmungen des Mietvertrages vom 1.1.2005. Danach hat die Klägerin eine monatliche Miete von 500,– EUR zu zahlen; hinzu kommen 100,– EUR in Form von Vorauszahlungen auf die Betriebskosten gemäß Katalog aus der Betriebskostenverordnung.

Beweis: Vorlage des Mietvertrages vom 1.1.2005 als Kopie

Der Beklagte hat für das Jahr 2014 die Betriebskostenabrechnung vorgelegt und von der Klägerin eine Nachforderung in Höhe von 155,– EUR verlangt.

Beweis: Vorlage des Schreibens des Beklagten vom 1.4.2015 in Kopie

Die Klägerin, die in der gleichen Stadt wie der Beklagte wohnt, der zudem hier ein Büro unterhält, über das er seine Mietangelegenheiten zu verwalten pflegt, hat den Beklagten gebeten, ihr die Möglichkeit einzuräumen, in seinem Büro die Unterlagen einzusehen, auf denen die Betriebskostenabrechnung für das Jahr 2014 beruht. Die Klägerin hat dabei ein besonderes Interesse an den Unterlagen für die Positionen „Müllentsorgung, Straßenreinigung und Regenwasser".[6] Insoweit ist nämlich eine erhebliche Kostensteigerung festzustellen, für die eine Erklärung nicht erkennbar ist. Aus der Betriebskostenabrechnung für das Jahr 2011 ergibt sich keine Erklärung; auch hat der Beklagte selbst die Erhöhung nicht erläutert. Daher hat die Klägerin ein besonderes Interesse daran, die Betriebskostenunterlagen gerade für diese Positionen einzusehen.

Die Klägerin wäre auch bereit gewesen, sich auf einen telefonischen Hinweis zum Büro des Beklagten zu begeben, um die Einsichtnahme in die Betriebskostenunterlagen bewerkstelligen zu können.

Beweis: Vorlage des Schreibens der Klägerin vom 1.5.2015

Indessen hat sich der Beklagte geweigert, der Klägerin die erbetenen Unterlagen zur Einsicht vorzulegen.

Beweis: Vorlage des Schreibens des Beklagten vom 15.5.2015 in Kopie

Die Klägerin hat bisher den geforderten Betrag von 155,– EUR an den Beklagten natürlich nicht überwiesen, sondern besteht auf ihrem Recht zur vorherigen Einsicht in die Belege.[7] Klage war demgemäß geboten.[8]

Rechtsanwalt

Anmerkungen

1. Zur örtlichen Zuständigkeit → Form. B. II. 16 Anm. 1.

2. Zur anwaltlichen Vertretung → Form. B. II. 16 Anm. 2.

3. Der Streitwert ist hier in freier Schätzung auf 250,– EUR festgesetzt worden. Maßgebend ist die Vorschrift des § 3 ZPO. Auf die Ausführungen → Form. B. III. 47 Anm. 3 kann verwiesen werden. Durch die Einsichtnahme will sich die Mieterin Gewissheit verschaffen über die Grundlagen der Betriebskostenabrechnungen. Der Sache nach handelt es sich um ein Nebenrecht aus dem Mietvertrag zwischen den Parteien, wobei dahingestellt bleiben kann, ob sich dieses Recht aus dem Mietvertrag selbst, § 259 BGB oder § 242 BGB ergibt.

4. Zum Verfahren nach § 495a ZPO vgl. → Form. B. III. 48 Anm. 5.

5. Zur Güteverhandlung nach § 278 ZPO → Form. B. III. 48 Anm. 6.

6. Die Klägerin als Mieterin verlangt die Vorlage bestimmter Belege, auf denen die Betriebskostenabrechnung beruht. Gemeint sind hier die Belege für Müllentsorgung, Straßenreinigung und Regenwasser. Der Vermieter hat die Originalbelege zu präsentieren. Im vorliegenden Fall befindet sich die Mietwohnung in der gleichen Stadt wie der gewöhnliche Aufenthalt des Vermieters, so dass die Mieterin gehalten ist, sich die Belege beim Vermieter oder in dessen Büro anzusehen (vgl. LG Frankfurt/M NZM 2000, 27; MAH Hannemann/Wiegner/Gies § 24 Rn. 186).

Anders liegt der Fall, befindet sich der Sitz des Vermieters nicht am Ort des Mietobjekts. Dann hat der Vermieter die Belege am Ort des Mietobjekts vorzulegen (LG Freiburg NZM 2012, 23; AG Pankow/Weißwasser WuM 2002, 233). Entsprechendes gilt für den Fall einer vermieteten Eigentumswohnung. Grundsätzlich sind die Belege im Verwalterbüro bereit zu halten. Befindet sich das Verwalterbüro an einem anderen Ort als das Wohnungseigentum, sind die Belege in der Eigentumsanlage selbst vorzulegen (MAH MietR/*Gies* § 24 Rn. 188).

Auch Verträge sind vorzulegen, wenn sich aus ihnen bestimmte Betriebskosten ergeben. Der Mieter muss etwa bei Vollwartungsverträgen zur Prüfung in der Lage sein, ob Reparaturkosten ausgegliedert sind; entsprechendes gilt für den Hausmeistervertrag, der etwa Verwaltungskosten beinhalten kann. Auch muss eine Nachprüfung ermöglicht werden, ob nicht etwa Kosten eines fremden Objektes in die Abrechnung eingeflossen sind.

Der Vermieter ist gehalten, die Belege geordnet vorzulegen. Bei größeren Objekten sind einzelne Betriebskostenpositionen zusammenzufassen, etwa in Form eines Aktenordners. Der Mieter kann indessen nicht allein auf die Ordner verwiesen werden; der Mieter muss in die Lage versetzt werden, ohne fremde Hilfe die Grundlagen für die Betriebskostenabrechnung überprüfen zu können (OLG Oldenburg ZMR 2008, 238; Schmidt-Futterer/*Langenberg* § 556 Rn. 492).

Dem Mieter ist es im Rahmen der Belegeinsicht zur Betriebskostenabrechnung des Vermieters gestattet, die Belege abzufotografieren; denn insoweit nutzt der Mieter – dem Anfertigen von Notizen vergleichbar – nur die heutzutage allgemein üblichen technischen Einrichtungen zur Vervielfältigung von Belegen, zu denen auch (Hand-)Scanner (nebst Laptop) und Kopierer gehören (vgl. AG München NJW 2010, 78).

7. Verweigert der Vermieter die Einsichtnahme in die Belege, steht dem Mieter ein Zurückbehaltungsrecht hinsichtlich der laufenden Vorauszahlungen auf die Betriebskosten zu, § 273 BGB (vgl. BGH NJW 2006, 1419, 1421; OLG Düsseldorf NZM 2001, 48; Palandt/*Weidenkaff* § 535 Rn. 97; Schmidt-Futterer/*Langenberg* § 556 Rn. 491).

Macht der Vermieter den Saldo aus der Betriebskostenabrechnung gerichtlich geltend, hat aber zuvor die Einsichtnahme in die Unterlagen verweigert, führt das Zurückbehaltungsrecht des Mieters nach § 274 BGB zu einer Zug-um-Zug Verurteilung, was allerdings im Ergebnis deshalb widersprüchlich ist, weil der Mieter praktisch zu einer Vorleistung genötigt würde nämlich zur Zahlung, ohne die Belege zuvor überprüfen zu können; bei einer Zuvielforderung des Vermieters wäre der Mieter gehalten, seinerseits in einem Aktivprozess gegen den Vermieter vorzugehen. Demgemäß erscheint es sachgerecht, in diesem Falle des vertragswidrigen Verhaltens des Vermieters entweder einen Schadensersatzanspruch des Mieters anzunehmen (so *Langenberg* K Rn. 31) oder aber die Korrektur über § 242 BGB vorzunehmen, da aus dem Sinn und Zweck des Schuldverhältnisses „sich ein anderes ergibt", § 273 Abs. 1 BGB.

8. Die Zwangsvollstreckung dürfte nach § 888 ZPO erfolgen, da die Vorlage der Belege ausschließlich vom Willen des Schuldners abhängt. Zuständig ist das Prozessgericht des ersten Rechtszuges ausschließlich, §§ 888, 802 ZPO. Das Prozessgericht entscheidet durch Beschluss.

50. Klage auf Überlassung von Belegkopien

An das

Amtsgericht in . . . . .[1]

Klage

der Frau Marianne M . . . . .

– Klägerin –

Prozessbevollmächtigter: Rechtsanwalt Dr. B aus K[2]

gegen

Herr Valentin V . . . . .

– Beklagten –

Prozessbevollmächtigter: Rechtsanwalt Dr. G aus K

wegen Vorlage von Belegkopien

Streitwert: 300,– EUR[3]

Um Anberaumung eines möglichst nahen Verhandlungstermins wird gebeten, in dem beantragt wird:

1. Der Beklagte wird verurteilt, der Klägerin Fotokopien aller Belege aus der Betriebskostenabrechnung für das Jahr 2011 bezüglich der Kostenposition „Straßenreinigung, Regenwasser und Müllentsorgung" für die Wohnung Burgunderstraße 23 in . . . . . vorzulegen.
2. Die Kosten des Rechtsstreits trägt der Beklagte.
   Sollte das Gericht ein schriftliches Vorverfahren anordnen, wird bereits jetzt bei Vorliegen der weiteren Voraussetzungen Erlass eines

Versäumnisurteils

beantragt.

Ferner wird beantragt,

soweit das Gericht das Verfahren nach § 495a ZPO betreiben will, eine mündliche Verhandlung anzuberaumen.[4]

Ergänzend wird darauf hingewiesen, dass ein außergerichtlicher Einigungsversuch bisher nicht stattgefunden hat. Ein derartiger Versuch erscheint zur Zeit nicht als aussichtslos.[5]

Begründung

Die Klägerin ist Mieterin, der Beklagte Vermieter einer Wohnung in der Burgunderstraße 23 in . . . . .; maßgebend sind die Bestimmungen des Mietvertrages vom 1.1.2007. Danach hat die Klägerin eine monatliche Kaltmiete in Höhe von 500,– EUR zu leisten zuzüglich 100,– EUR als Vorauszahlung auf die Betriebskosten nach dem Katalog der Betriebskostenverordnung.

Beweis: Vorlage des Mietvertrages vom 1.1.2007 in Kopie

Der Beklagte hat die Betriebskostenabrechnung für das Jahr 2014 vorgelegt und eine Nachforderung in Höhe von . . . . . gefordert.

Beweis: Vorlage der Betriebskostenabrechnung 2014 in Kopie

Bei Prüfung der Betriebskostenabrechnung ist aufgefallen, dass die Position „Straßenreinigung, Müllentsorgung und Regenwasser" im Verhältnis zum Vorjahr ganz erheblich gestiegen ist, ohne dass sich aus der Abrechnung selbst dafür eine Begründung finden ließe. Die Klägerin hat demgemäß eine Zahlung der Nachforderung zunächst zurückgestellt und auf einer Prüfung dieser Sachlage bestanden.[6]

Auch in der Vergangenheit hat der Beklagte Betriebskostenabrechnungen vorgelegt, die die Klägerin veranlasst haben, jeweils die Belege einzusehen, auf denen die Betriebskostenabrechnungen beruhten. Zu diesem Zweck hat sich die Klägerin in die Büroräume des Beklagten begeben, um dort die Einsichtnahme in die Belege durchzuführen. Am 10.5.2013 hatte die Klägerin zu der Betriebskostenabrechnung des Vorjahres Nachfragen, die zu klären sie an Ort und Stelle erhoffte. Bei dieser Gelegenheit wurde die Klägerin vom Beklagten übel beschimpft, der Unredlichkeit bezichtigt und schließlich unter Androhung körperlicher Gewalt des Büros verwiesen, ohne dass eine Klärung der anstehenden Fragen erfolgt wäre.[7]

Beweis: Zeugnis . . . . .

Die Klägerin möchte sich für die Zukunft derartige Auftritte ersparen; sie hält ein erneutes Aufsuchen der Büroräume des Beklagten für unzumutbar, so dass der Beklagte gehalten ist, der Klägerin die erbetenen Unterlagen in Kopie zur Verfügung zu stellen.

Der Klägerin ist bewusst, dass die Anfertigung von Kopien im erbetenen Umfang mit Aufwendungen verbunden ist, die sie zu erstatten hat. Die Klägerin hat demgemäß dem Beklagten mit Schreiben vom . . . . . angeboten, für jede Kopie einen Betrag von 0,15 EUR zu zahlen.[8]

Beweis: Vorlage des Schreibens der Klägern vom . . . . . in Kopie

Da die Klägerin nicht weis, welche Anzahl von Kopien der Position „Müllentsorgung, Straßenreinigung und Regenwasser" zuzuordnen ist, kann sie den erforderlichen Geldbetrag naturgemäß nicht bestimmen; dem entspricht, dass sie den Beklagten gebeten hat, ihr die Anzahl der Kopien zu benennen.[9]

Beweis: wie vor

Der Beklagte hat sich geweigert, für die Klägerin die erbetenen Kopien fertigen zu lassen.

Beweis: Schreiben des Beklagten vom . . . . . in Kopie

Der Beklagte befindet sich demgemäß in Verzug. Da sich der Beklagte weigert, dem nachvollziehbaren Wunsch der Klägerin nachzukommen, war Klage geboten.

Rechtsanwalt

Anmerkungen

1. Zur örtlichen Zuständigkeit → Form. B. II. 16 Anm. 1.

2. Zur anwaltlichen Beratung → Form. B. II. 16 Anm. 2.

3. Der Streitwert ist nach § 3 ZPO in freier Schätzung ermittelt worden. Dabei war zu berücksichtigen, dass mit der Anfertigung von Kopien ein büromäßiger Aufwand verbunden ist, der im Streitwert seinen Niederschlag finden sollte. Da sich die erbetenen Kopien lediglich auf die Kostenposition „Müllentsorgung, Straßenreinigung und Regenwasser" bezieht, ist die Anzahl der Kopien überschaubar, so dass im Zusammenwirken mit einem ev. Personaleinsatz zwecks Fertigung der Kopien ein Streitwert von 300,– EUR angemessen erscheint.

4. Zum Verfahren nach § 495a ZPO → Form. B. III. 48 Anm. 5.

5. Zur Güteverhandlung nach § 278 ZPO → Form. B. III. 48 Anm. 6.

6. Der Beklagte hat vertragsgemäß eine Betriebskostenabrechnung für das vergangene Abrechnungsjahr vorgelegt, die seitens der Klägerin geprüft werden soll. Der Mieterin steht ein **Zurückbehaltungsrecht nach § 273 BGB** zu, solange der Vermieter ihr keine Überprüfung der Abrechnung ermöglicht (BGH NJW 2006, 1419, 1421; OLG Düsseldorf NZM 2001, 48; Palandt/*Weidenkaff* § 535 Rn. 97; MAH MietR/*Gies* § 24 Rn. 181).

Das Prüfungsrecht richtet sich grundsätzlich nur auf eine Einsichtnahme in die fraglichen Belege. Diese Einsichtnahme bezieht sich auf alle Belege, die für die Erstellung der Betriebskostenabrechnung maßgeblich waren. Dazu gehören auch Verträge, wie etwa Vollwartungsverträge für Aufzüge, um eine Aussonderung von Reparaturkosten zu prüfen, oder Hausmeisterverträge, um eine Aussonderung von Verwaltungstätigkeit vornehmen zu können.

Die Belege sind vorbehaltlich einer anderen vertraglichen Regelung **am Sitz des Vermieters** vorzulegen (BGH NJW 2006, 1419, 1421; LG Frankfurt/M NZM 2000, 27; MAH MietR/*Gies* § 24 Rn. 186). Zur systematischen Begründung kann auf § 269 BGB verwiesen werden, demzufolge die Leistung an dem Ort zu erfolgen hat, an welchem der Schuldner seinen Wohnsitz hat. Schuldner der Leistung ist der Vermieter, der dem Mieter die Belege vorzulegen hat, um Einsicht zu gewähren. Der Mieter kann sich dritter Personen bedienen, um die Einsicht auszuüben (LG Hamburg WuM 1985, 400; Schmidt-Futterer/*Langenberg* § 556 Rn. 483; MAH MietR/*Gies* § 24 Rn. 186). Insbesondere kann er sich sachkundiger Unterstützung zur Einsichtnahme bedienen und auch an Ort und Stelle durch Nachfragen Sachverhalte klären lassen.

7. Gemäß § 259 Abs. 1 BGB hat der zur Rechenschaft Verpflichtete dem Berechtigten eine die geordnete Zusammenstellung der Einnahmen oder der Ausgaben enthaltene Rechnung mitzuteilen und Belege vorzulegen, soweit diese erteilt zu werden pflegen. Einen Anspruch des Mieters auf Überlassung von Fotokopien der Abrechnungsbelege sieht das Gesetz für den Bereich des preisfreien Wohnungsbaus nicht vor (BGH NJW 2006, 1419, 1421; Palandt/*Weidenkaff* § 535 Rn. 97).

Anderes gilt für preisgebundene Wohnraummietverhältnisse: Hier bestimmt § 29 Abs. 2 S. 1 NMVO, dass an Stelle der Einsicht in die Berechnungsunterlagen der Mieter Ablichtungen gegen Erstattung der Auslagen verlangen kann. Diese Vorschrift kann für den Bereich des preisfreien Wohnraums nicht analog angewendet werden (BGH NJW 2006, 1419, 1421; LG Köln NZM 2001, 617). Der Mieter ist also bei preisfreiem Wohnraum grundsätzlich auf die Einsichtnahme in die Belege zu verweisen.

Ein Anspruch des Mieters auf Übermittlung von Fotokopien von Rechnungsbelegen kommt nach Treu und Glauben ausnahmsweise dann in Betracht, wenn dem Mieter eine Einsichtnahme in die Abrechnungsunterlagen in den Räumen des Vermieters **nicht zugemutet** werden kann (BGH NJW 2006, 1419, 1421; LG Frankfurt/M NZM 2000, 27; LG Köln NZM 2001, 617). Als Zumutbarkeitskriterium wird z.B. eine räumliche Entfernung angenommen, wenn also der Ort, an dem die Einsichtnahme zu erfolgen hat, räumlich erheblich vom Wohnort des Mieters entfernt liegt. Ein **Zumutbarkeitskriterium** kann aber auch das Verhalten der Vertragsparteien in der Vergangenheit sein, wenn etwa auf Grund des Verhaltens des Vermieters bei der Einsichtnahme in die Belege der Mieter Sorge um seine Gesundheit haben müsste.

8. Ist der Vermieter ausnahmsweise verpflichtet, Fotokopien zu erstellen und dem Mieter zu überlassen, hat er selbstverständlich einen Anspruch auf Ersatz der damit verbundenen Kosten. Pro Kopie kann ein Betrag von 0,10 bis 0,25 EUR in Ansatz gebracht werden. Wegen der möglicherweise entstehenden Personalkosten kann eine Pauschalierung vorgenommen werden, wobei die Höhe der Pauschale streitig ist. Um dem berechtigten Interesse des Vermieters gerecht zu werden, kann von einem Durchschnittsbetrag von 0,30 bis zu 0,50 EUR pro Kopie ausgegangen werden, um einen ev. Personalbedarf des Vermieters angemessen abzudecken (AG Münster WuM 2007, 41; AG Köln WuM 2000, 332; MAH MietR/*Gies* § 24 Rn. 185).

9. Der Mieter ist verpflichtet, seine Aufforderung an den Vermieter, ihm Kopien von genau bezeichneten Unterlagen zu überlassen, mit dem Angebot auf Übernahme der damit verbundenen Kosten zu verbinden (BGH NJW 2006, 1419; OLG Düsseldorf DWW 2006, 378; Palandt – Weidenkaff § 535 Rn. 97). Der Vermieter ist sodann vorleistungspflichtig und darf die Überlassung der Kopien nicht bis zum Eingang der Auslagenerstattung zurückstellen (OLG Düsseldorf WuM 2001, 344).

Verweigert der Vermieter seine Mitwirkung bei der Herstellung der Kopien, verbleibt dem Mieter ein Zurückbehaltungsrecht nach § 273 BGB hinsichtlich einer ev. Nachforderung aus der Betriebskostenabrechnung.

Nimmt dagegen der Mieter das Angebot des Vermieters auf Überlassung der Kopien gegen ein angemessenes Entgelt nicht wahr, ist er zu behandeln, als habe er Einsicht in die Belege genommen; in diesem Fall kann der Mieter die Zahlung einer Betriebskostennachforderung nicht verweigern (vgl. MAH MietR/*Gies* § 24 Rn. 187).

Untervermietung

51. Klage auf Zustimmung zur Untervermietung (Wohnraum)

An das

Amtsgericht[1] . . . . .

Klage

des . . . . .

– Kläger –

Prozessbevollmächtigter: Rechtsanwalt . . . . .

gegen

den . . . . .

– Beklagter –

wegen Zustimmung zur Untervermietung.

Streitwert: 2.400 EUR[2]

Namens und in Vollmacht des Klägers erhebe ich Klage und beantrage,

den Beklagten zu verurteilen, dem Kläger vom . . . . . bis zum . . . . . die Überlassung des Gebrauchs eines Zimmers sowie des Mitgebrauchs an den Gemeinschaftsräumen in der Wohnung im Erdgeschoss links des Gebäudes auf dem Grundstück . . . . . an Herrn/Frau . . . . .[3] zu erlauben.

Sofern das Gericht das schriftliche Vorverfahren anordnet, wird für den Fall der Fristversäumnis beantragt,

den Beklagten durch Versäumnisurteil ohne mündliche Verhandlung zu verurteilen.

Begründung:

A. Sachverhalt

Der Kläger mietete vom Beklagten ab dem . . . . . die im Klageantrag bezeichnete Wohnung, die aus drei Zimmern, Küche, Bad und Flur besteht.

Beweis: Mietvertrag, Anlage K 1.

Der Kläger ist Doktor der Sozialwissenschaften. Er wird ab dem . . . . . eine für ein Jahr befristete Stelle als teaching assistant an der an der School of Nursing der Universität Ottawa antreten.

Beweis: Arbeitsvertrag, Anlage K 2.

Während dieser Zeit wird der Kläger die vom Beklagten gemietete Wohnung weiterhin nutzen, wenn er sich auf Heimatbesuch in Deutschland aufhält. Da er die Wohnung zu diesem Zweck aber nicht vollständig benötigt, sondern ihm ein Schlafzimmer ausreicht, möchte er ein Zimmer an Herrn/Frau . . . . . gegen eine Untermiete von 200 EUR/Monat untervermieten. Von diesem Wunsch hat er den Beklagten am . . . . . schriftlich in Kenntnis gesetzt und um Zustimmung gebeten. Dabei hat er auch eine Kopie des Personalausweises des künftigen Untermieters übersandt und um Genehmigung der Untervermietung gebeten, was der Beklagte am . . . . . verweigert hat

Beweis: Schreiben des Klägers und des Beklagten, Anlage K 3 und K 4.

B. Rechtslage

Der Klageanspruch folgt aus § 553 Abs. 1 BGB.[4] Der Kläger wird einen Teil der Wohnung zum eigenen Gebrauch behalten (BGH NJW 2014, 2717). Er hat auch ein berechtigtes Interesse an der Untervermietung, weil er sich nur vorübergehend im Ausland aufhalten und durch die Untervermietung von den Kosten der doppelten Haushaltsführung entlastet wird (BGH NJW 2014, 2717).

Zum Streitwert: Dieser richtet sich nach dem Klägerinteresse, das gemäß hM nach dem Jahresbetrag der Untermiete zu bestimmen ist (KG NZM 2006, 519).

Beglaubigte und einfache Abschrift anbei.

Rechtsanwalt

Anmerkungen

1. Die **Zuständigkeit** des Amtsgerichts am Belegenheitsort der Wohnung folgt aus § 29a ZPO, § 23 Nr. 2 a GVG.

2. Der **Streitwert** bestimmt sich nach dem „Untervermietungsinteresse" des Mieters. Dieses wird regelmäßig darin bestehen, Untermiete zu erhalten. Die wohl hM beziffert dieses Interesse gemäß § 3 ZPO in Anlehnung an § 41 Abs. 5 GKG nach dem Jahresbetrag der Untermiete (KG NZM 2006, 519; OLGR Celle 1999, 263; AG München ZMR 2014, 735; aA LG Berlin, Urteil vom 18. Dezember 2003 – 67 S 277/03, MM 2004, 46 [§ 9 ZPO analog]).

3. Der **Untermieter** muss namentlich benannt werden, weil sich aus § 553 BGB kein Anspruch des Mieters auf Erteilung einer generellen, nicht personenbezogenen Untermieterlaubnis ergibt (BGH GE 2012, 825).

4. Ob die **Erlaubnis** zur Gebrauchsüberlassung zu erteilen ist, richtet sich nach § 553 BGB und hängt von den Umständen des Einzelfalls ab. Voraussetzung ist, dass der Mieter einen Teil der Wohnung weiterhin selbst nutzt. Nach der Rechtsprechung des BGH ist es dafür ausreichend, wenn der Mieter den Gewahrsam an dem Wohnraum nicht vollständig aufgibt. Hierfür genügt es, wenn er ein Zimmer einer größeren Wohnung zurückbehält, um hierin Einrichtungsgegenstände zu lagern und/oder dieses gelegentlich zu Übernachtungszwecken (Urlaub, kurzzeitiger Aufenthalt) zu nutzen (BGH NJW 2014, 2717). Daneben verlangt § 553 BGB ein berechtigtes Interesse des Mieters an der Gebrauchsüberlassung; hier genügt nach Ansicht des BGH jedes Interesse von nicht ganz unerheblichem Gewicht, das mit der geltenden Rechtsordnung in Einklang steht (BGH NJW 2014, 2717).

52. Klage auf Zustimmung zur Untervermietung (Gewerberaum)

An das

Amtsgericht/Landgericht[1] . . . . .

Klage

des . . . . .

– Kläger –

Prozessbevollmächtigter: Rechtsanwalt . . . . .

gegen

den . . . . .

– Beklagter –

wegen Zustimmung zur Untervermietung.

Streitwert: 12.000 EUR[2]

Namens und in Vollmacht des Klägers erhebe ich Klage und beantrage,

den Beklagten zu verurteilen, dem Kläger die Überlassung von drei Räumen im Erdgeschoss des Gebäudes auf dem Grundstück . . . . ., die in der Anlage K 2 rot umrandet sind, an die Firma . . . . .[3] zu gestatten.

Sofern das Gericht das schriftliche Vorverfahren anordnet, wird für den Fall der Fristversäumnis beantragt,

den Beklagten durch Versäumnisurteil ohne mündliche Verhandlung zu verurteilen.

Begründung:

A. Sachverhalt

Der Kläger mietete vom Beklagten ab dem . . . . . die Gewerbeeinheit im Erdgeschoss des Gebäudes . . . . . mit einer Größe von insgesamt . . . . . m². Nach § 25 des Mietvertrags ist der Kläger zur Untervermietung berechtigt, der der Beklagten nur widersprechen darf, wenn in der Person des Untermieters ein wichtiger Grund hierfür vorliegt.

Beweis: Mietvertrag, Anlage K 1.

Mit Schreiben vom . . . . . hat der Kläger den Beklagten schriftlich in Kenntnis gesetzt, dass er die Untervermietung der im Klageantrag beschriebenen Fläche ab dem . . . . . an die Firma . . . . . zu einer Untermiete von 1.000 EUR beabsichtige. In diesem Schreiben hat er den Beklagten auch über den Gegenstand und derzeitigen Sitz der Firma . . . . . sowie über deren Geschäftsführer informiert. Der Beklagte hat die Zustimmung zur Untervermietung am . . . . . verweigert.

Beweis: Schreiben des Klägers und des Beklagten, Anlage K 3 und K 4.

B. Rechtslage

Der Klageanspruch folgt aus § 25 des Mietvertrags.[4] Denn dort haben die Parteien dem Kläger ein Recht zur Untervermietung eingeräumt. Gründe, die gegen eine Untervermietung an die Firma . . . . . sprechen könnten, sind nicht ersichtlich.

Zum Streitwert: Dieser richtet sich nach dem Klägerinteresse, das gemäß hM nach dem Jahresbetrag der Untermiete zu bestimmen ist (KG NZM 2006, 519).

Beglaubigte und einfache Abschrift anbei.

Rechtsanwalt

Anmerkungen

1. Die örtliche **Zuständigkeit** liegt ausschließlich beim Gericht des Belegenheitsorts der Mietsache; die sachliche Zuständigkeit ist streitwertabhängig, § 23 Nr. 1 GVG.

2. Der **Streitwert** bestimmt sich nach dem „Untervermietungsinteresse" des Mieters. Dieses wird regelmäßig darin bestehen, Untermiete zu erhalten. Die hM beziffert dieses Interesse gemäß § 3 ZPO in Anlehnung an § 41 Abs. 5 GKG nach dem Jahresbetrag der Untermiete (KG NZM 2006, 519; OLGR Celle 1999, 263; AG München ZMR 2014, 735).

3. Der Untermieter muss namentlich benannt werden (vgl. BGH Grundeigentum 2012, 825; KG NZM 2008, 287), falls der Anspruch des Mieters nicht ausnahmsweise auf eine allgemeine Untervermietungserlaubnis gerichtet ist.

4. Anders als in der Wohnraummiete (§ 553 BGB) ist der Anspruch des Geschäftsraummieters auf Erlaubnis der Gebrauchsüberlassung an Dritte nicht gesetzlich geregelt. Aus § 540 BGB folgt vielmehr, dass der Mieter keinen Anspruch auf Untervermietung hat, falls sich nicht aus dem Mietvertrag im konkreten Einzelfall etwas anderes ergibt. Praxisrelevant sind Klagen auf Gestattung der Untervermietung, wenn dem Mieter ein solcher Anspruch im Mietvertrag – wie im hiesigen Formular – ausdrücklich gewährt wird. Daneben kann in Ausnahmekonstellationen die Auslegung des Mietvertrags ein ungeschriebenes Recht zur Untervermietung ergeben, was angesichts des dargestellten gesetzlichen Leitbilds allerdings besonderer Umstände bedarf (siehe Schmidt-Futterer/ *Blank* § 540 Rn. 46 ff.).

53. Klage des alten Mieters auf Feststellung seines Ausscheidens aus dem Mietvertrag aufgrund Vertragsübernahme

An das

Landgericht[1]. . . . .

in . . . . .[2]

Klage

des Herrn . . . . .

– Klägers –

Prozessbevollmächtigte: Rechtsanwälte . . . . .

gegen

Herrn . . . . .

– Beklagter –

vorläufiger Streitwert 40.500,– EUR[3]

Namens und in Vollmacht des Klägers erheben wir Klage gegen den Beklagten. Für die mündliche Verhandlung kündigen wir folgende Anträge an:

I. Es wird festgestellt,[4] dass zwischen den Parteien über das im Erdgeschoss des Hauses X-Straße Nr. . . . . . in . . . . . gelegene Ladenlokal ab 1. 7. dieses Jahres mietvertraglichen Beziehungen nicht mehr bestehen.

II. Die Kosten des Rechtsstreits werden dem Beklagten auferlegt.

Für den Unterliegensfalle erbitten wir zugunsten der Klägerin um

Vollstreckungsschutz

mit der Maßgabe, eine etwaige Sicherheit auch durch Gestellung einer Bürgschaft einer Europäischen Großbank bzw. Europäischen Sparkasse erbringen zu dürfen.

Ferner regen wir die Anordnung des schriftlichen Vorverfahrens an. Für den Fall der Fristversäumung oder des Anerkenntnisses beantragen wir bereits jetzt den Erlass eines Versäumnisurteils oder Anerkenntnisurteils im schriftlichen Vorverfahren.

Begründung

Der Kläger mietete vom Beklagten mit schriftlichem Mietvertrag vom . . . . . sämtliche Erdgeschossräume des Hauses X-Straße Nr. in . . . . . zum Betriebe eines Einzelhandelsgeschäftes für Damenoberbekleidung. Die monatlich zu zahlende Miete beträgt derzeit 2.500,– EUR zuzüglich gesetzlicher Mehrwertsteuer und einer Betriebskostenvorauszahlung von 400,– EUR. Das Mietverhältnis begann vertragsgemäß am 1. 1. des vergangenen Jahres und ist befristet auf die Dauer von 10 Jahren.

Beweis: Vorlage des Mietvertrages vom . . . . . (Anlage K1)

Der Kläger hat das Ladenlokal Anfang vergangenen Jahres eröffnet, sich jedoch inzwischen aus gesundheitlichen Gründen aus dem Erwerbsleben zurückgezogen. Die Textil GmbH, die das seinerzeit vom Kläger angeschaffte Ladeninventar sowie die vorhandenen Warenbestände käuflich erworben hat, führt des Textilgeschäft ab 1. 7. dieses Jahres im eigenen Namen und für eigene Rechnung in den Mieträumen unverändert fort. Zuvor hatten sich der Kläger und die Textil GmbH schriftlich dahin geeinigt, dass die Textil GmbH mit Wirkung ab 1. 7. dieses Jahres anstelle des Klägers als Mieterin in den Mietvertrag der Parteien eintritt.[5]

Beweis: Vorlage der zwischen dem Kläger und der Textil GmbH unterzeichneten Übernahmevereinbarung vom . . . . . (Anlage K2)

Das für den Kläger bestimmte unterzeichnete Exemplar der Übernahmevereinbarung ist dem Beklagten zum Zwecke der Zustimmung vorgelegt worden. Der Beklagte hat noch vor dem 1. 7. dieses Jahres sein Einverständnis zur Vertragsübernahme erklärt und das ihm vorgelegte Exemplar der Vertragsübernahme in Anwesenheit des Geschäftsführers der Textil GmbH und des Klägers durch einen von ihm unterzeichneten Zustimmungsvermerk bekräftigt.[6]

Beweis: Zeugnis des Geschäftsführers Herrn . . . . ., zu laden über die Textil GmbH,

Leider hat der Kläger das für ihn bestimmte und vom Beklagten abgezeichnete Exemplar der Übernahmevereinbarung verlegt. Der Beklagte bestreitet, nachdem die Textil GmbH vorübergehend in Zahlungsschwierigkeiten geraten ist, sein Einverständnis, insbesondere eine schriftliche Zustimmung zur Übernahmevereinbarung und behauptet, er habe seinerzeit lediglich eine Untervermietung an die Textil GmbH erlaubt.[7]

Beweis: Zeugnis[8] der Ehefrau des Klägers Frau . . . . ., zu laden über den Kläger

Da der Beklagte dem Kläger androht, von ihm auch für die Zeit nach dem 1. 7. dieses Jahres Erfüllung der sich aus dem ursprünglich zwischen den Parteien abgeschlossenen Mietvertrag ergebenden Mieterpflichten zu verlangen, hat der Kläger ein schutzwürdiges Interesse an der begehrten Feststellung.[9]

Rechtsanwalt[10, 11]

Anmerkungen

1. Die sachliche Zuständigkeit bestimmt sich, wenn es sich – wie im vorliegenden Muster – um einen Mietvertrag über Gewerberäume handelt, nach §§ 23 Nr. 1, 71 GVG, also nach dem Wert des Streitgegenstandes. Maßgebend für den Zuständigkeitsstreitwert sind vorliegend die §§ 2, 8 ZPO. § 41 GKG, der in der Regel zu niedrigeren Streitwerten als § 8 ZPO führt, gilt demgegenüber für den Gebührenstreitwert (BGH NZM 2006, 378; Hartmann § 41 GKG Rn. 1, vgl. dazu auch Anm. 3). Hätte sich die Klage auf vermieteten Wohnraum bezogen, so wäre das Amtsgericht unabhängig vom Streitwert das sachlich zuständige Eingangsgericht, § 23 Nr. 2 a GVG.

2. Da die Parteien über das (Fort-)Bestehen eines Mietvertrages über Räume streiten, ist gemäß § 29a ZPO ausschließlich das Gericht örtlich zuständig, in dessen Bezirk sich die Räume befinden. Das gilt sowohl für Mietverträge über Gewerberaum als auch für solche über Wohnraum.

3. Für die Bestimmung des Gebührenstreitwertes ist § 41 GKG maßgebend (siehe auch Anm. 1). Umstritten ist, was unter Entgelt iSd § 41 GKG zu verstehen ist (vgl. zum Meinungsstand *Gies* NZM 2003, 886 ff. – noch zu § 16 GKG aF). Dabei ist zu beachten, dass die in diesem Zusammenhang verwandten Begriffe „Netto-" und „Bruttomiete" weder am Umsatzsteuerrecht ausgerichtet sind noch eine gesetzliche Grundlage erfährt. Gemeinhin formuliert das Gesetz nur den Begriff „Miete", ohne zwischen Grundmiete und Betriebskostenanteil zu differenzieren. Teilweise wird unter Entgelt i.S.d. § 41 GKG die Nettomiete = Grundmiete (also ausschließlich Nebenkosten) verstanden (so OLG Köln NZM 2001, 669 mwN; ZMR 1998, 697 u. WuM 1996, 288; LG Dortmund NZM 2001, 986; LG München II NZM 2000, 759; Bub/Treier/Fischer VIII Rn. 225; vgl. auch BGH NZM 1999, 794 zur Beschwer). Dabei kann nicht zweifelhaft sein, dass bei vom Mieter zu zahlender Mehrwertsteuer auch diese zum Entgelt iSd § 41 GKG gehört (KG NZM 2007, 518; 2000, 659; OLG Düsseldorf NZM 2005, 240).

Sollte jedoch die Zahlung einer Nebenkostenpauschale vereinbart sein, berechnet sich der Streitwert für den Räumungsantrag auf das vollständige Jahresmietentgelt einschließlich Nebenkostenpauschale (BGH Beschl. v. 30.10.2007 - VIII ZR 163/07, BeckRS 2007, 18294; OLG Düsseldorf NZM 2005, 240; OLG Koblenz vom 30.11.2012 - 2 W 636/12).

Bei positiven Feststellungsklage ist in der Regel ein prozentualer Abschlag von 20 % zu machen (Zöller/*Herget* § 3 Rn. 16 „Feststellungsklagen").

Zwar handelt es sich um eine Feststellungsklage. Jedoch ist bei der negativen Feststellungsklage im Gegensatz zur positiven Feststellungsklage ein prozentualer Abschlag vom vollen Streitwert nicht angezeigt (Zöller/*Herget* § 3 Rn. 16 „Feststellungsklagen").

4. Nach § 256 Abs. 1 ZPO kann auch die Feststellung des Nichtbestehens eines Rechtsverhältnisses, also auch die Feststellung der Beendigung von Vertragsbeziehungen verlangt werden (Zöller/*Vollkommer* Einl. Rn. 78). Nach § 256 ZPO kann nur ein gegenwärtiges Rechtsverhältnis zwischen den Parteien selbst Gegenstand einer Klage sein, insbesondere solche aus Vertrag (Zöller/*Greger* § 256 Rn. 4; BGH MDR 1982, 928 mwN), mithin auch Mietverhältnisse.

5. Durch eine Vertragsübernahme erfolgt eine Subjektsänderung dergestalt, dass ein Dritter durch Übertragung eines Schuldverhältnisses im Ganzen in die gesamte Rechts- und Pflichtenstellung eines Vertragspartners eintritt. Der bisherige Vertragspartner scheidet für die Zukunft aus dem Vertragsverhältnis aus, der Dritte tritt an dessen Stelle in das Vertragsverhältnis ein (Palandt/*Grüneberg* § 398 Rn. 41). Eine Vertragsübernahme ist auch bei Mietverträgen zulässig (BGH NJW 1978, 2504). Die Vertragsübernahme ist von der Aufnahme eines weiteren Vertragspartners sowie vom Schuldbeitritt eines Dritten zu unterscheiden; in diesen Fällen bleiben die bisherigen Vertragspartner weiterhin Parteien des Mietvertrages, scheiden also nicht aus dem Mietverhältnis aus.

6. Eine Vertragsübernahme, also der Wechsel einer Vertragspartei, kann nur unter Mitwirkung aller Beteiligten vollzogen werden (BGH NZM 2005, 584, 585 m.w.N.). Dies ist entweder durch dreiseitigen Vertrag im engeren Sinne oder durch Vereinbarung zwischen zwei Beteiligten unter Zustimmung des Dritten möglich (BGH NZM 2005, 584 (585); 2003, 476 u. NJW 1986, 918). Bei einer Vertragsübernahme durch dreiseitigen Vertrag genügt zur Wahrung der für langfristige Mietverträge über Grundstücke oder Räume in § 550 BGB vorgeschriebenen Schriftform, dass die drei Beteiligten ihre Absprache in derselben Urkunde niederlegen und ausdrücklich auf den Ursprungsmietvertrag Bezug nehmen, obwohl die eintretende Partei an dem Ursprungsmietvertrag nicht beteiligt war (BGH NZM 2005, 340 (341)). Erfolgt die Vertragsübernahme – wie im vorliegenden Muster behauptet – durch zweiseitigen Vertrag mit Zustimmung der dritten Partei hierzu, so unterliegt der zweiseitige Übernahmevertrag unzweifelhaft der Schriftform des § 550 BGB (BGH NJW 1998, 62). Nach der hM wird die Zustimmung der dritten Partei vom Schriftformerfordernis des § 550 BGB wegen § 182 Abs. 2 BGB nicht erfasst (BGH NZM 2005, 584 (585); NJW 2003, 2158; Palandt/*Weidenkaff* § 550 Rn. 4).

7. Für die Feststellungsklage des ausgeschiedenen Mieters ist die Schriftformproblematik jedoch irrelevant. Denn die Nichtbeachtung der Schriftform des § 550 BGB führt abweichend von §§ 125, 139 BGB nicht zur Nichtigkeit der Übernahmevereinbarung, sondern hat lediglich zur Folge, dass das Mietverhältnis mit dem neuen Mieter nicht über die ursprünglich vereinbarte lange Frist, sondern gemäß § 550 S. 1 BGB auf unbestimmte Zeit läuft.

8. Die Beweislast für eine wirksame Vertragsübernahme hat diejenige Partei, die sich darauf beruft, im Musterfall also der Kläger, da er sein Ausscheiden aus dem Mietvertrag festgestellt wissen will.

9. Zu den allgemeinen Sachurteilsvoraussetzungen tritt bei Feststellungsklagen das besondere Feststellungsinteresse als Prozessvoraussetzung hinzu. Das danach erforderliche schutzwürdige Interesse an der begehrten alsbaldigen Feststellung ist u.a. dann zu bejahen, wenn der Beklagte sich eines Rechts gegen den Kläger – sei es auch außerprozessual – berühmt und wenn das erstrebte Urteil infolge seiner Rechtskraft geeignet ist, diese gegenwärtige Gefahr zu beseitigen (BGH NJW 1986, 2507). Die Androhung des Vermieters, vom Mieter auch nach Vertragsübernahme durch den Dritten Vertragserfüllung zu verlangen, enthält eine solche Berühmung. Denn damit bringt der Vermieter zum Ausdruck, sich auch wegen der sich auf die Zeit nach Vertragsübernahme beziehenden Vermieteransprüche an den alten Mieter zu halten. Mit der erstrebten Feststellung, dass ab dem Übernahmezeitpunkt keine mietvertraglichen Beziehungen zwischen den Parteien mehr bestehen, wird die von der Vermieterberühmung ausgehende Gefahr der Unsicherheit beseitigt. Ab Rechtskraft der begehrten Feststellung würde das Fortbestehen mietvertraglicher Beziehungen zwischen den Parteien für die Zeit ab Übernahme rechtskräftig verneint (vgl. BGH NJW 1994, 657 (659)).

Das besondere Feststellungsinteresse entfällt, die Feststellungsklage wird unzulässig, wenn der Beklagte die Berühmung durch Verzicht oder sonst endgültig aufgibt (BGH NJW 1995, 2032, 2033).

10. Aus einem Urteil auf Grund einer Feststellungsklage kann ganz gleich, ob sie abgewiesen oder ihr stattgegeben wird, die Zwangsvollstreckung nur wegen der Kosten betrieben werden. Dafür gelten die §§ 803 ff. ZPO.

Schacht

11. Gegen erstinstanzliche Endurteile der Zivilgerichte findet die Berufung statt (§ 511 ZPO), soweit die urteilsbedingte Beschwer die Berufungssumme (derzeit über 600,– EUR) erreicht oder das Gericht des ersten Rechtszuges die Berufung zugelassen hat (§ 511 Abs. 2 ZPO). Die Berufungsschrift ist binnen einer Frist von einem Monat ab Urteilszustellung (§ 517 ZPO) beim Berufungsgericht (§ 519 ZPO) durch einen Rechtsanwalt einzureichen (§ 78 Abs. 1 ZPO). Berufungsgericht ist, soweit amtsgerichtliche Endurteile angegriffen werden, das übergeordnete Landgericht (§ 72 GVG; wegen der möglichen Ausnahmen siehe § 119 Abs. 1 Nr. 1 und Abs. 3 GVG), soweit sich das Rechtsmittel gegen erstinstanzliche Endurteile eines Landgerichts richtet, das übergeordnete Oberlandesgericht (§ 119 Abs. 1 Nr. 2 GVG).

Klagen im Zusammenhang mit Mietwechsel

54. Klage des neuen Mieters auf Feststellung seines Eintritts in den Mietvertrag aufgrund Vertragsübernahme

An das

Landgericht[1] . . . . .

in . . . . .[2]

Klage

der . . . . . GmbH, vertreten durch den Geschäftsführer   – Klägerin –

– Prozessbevollmächtigte: Rechtsanwälte

gegen

Herrn . . . . .   – Beklagter –

vorläufiger Streitwert 40.500,– EUR

Namens und in Vollmacht der Klägerin erheben wir Klage gegen den Beklagten. Für die mündliche Verhandlung kündigen wird folgende Anträge an:

I. Es wird festgestellt[3], dass die Klägerin mit Wirkung ab dem 01.07. dieses Jahres in den zwischen dem Beklagten und dem bisherigen Mieter . . . . . über das im Erdgeschoss des Hauses X-Straße Nr. in . . . . . gelegene Ladenlokal anstelle des bisherigen Mieters . . . . . als Mieterin eingetreten ist.

II. Die Kosten des Rechtsstreits werden dem Beklagten auferlegt.

Für den Unterliegensfalle erbitten wir zugunsten der Klägerin um

Vollstreckungsschutz

mit der Maßgabe, eine etwaige Sicherheit auch durch Gestellung einer Bürgschaft einer Europäischen Großbank bzw. Europäischen Sparkasse erbringen zu dürfen.

Ferner regen wir die Anordnung des schriftlichen Vorverfahrens an. Für den Fall der Fristversäumung oder des Anerkenntnisses beantragen wir bereits jetzt den Erlass eines Versäumnisurteils oder Anerkenntnisurteils im schriftlichen Vorverfahren.

Begründung

Der Beklagte vermietete an Herrn . . . . . mit schriftlichem Mietvertrag vom . . . . . sämtliche Erdgeschossräume des Hauses . . . . . -Straße in . . . . . zum Betriebe eines Einzelhandelsgeschäftes für Damenoberbekleidung. Die monatlich zu zahlende Miete beträgt derzeit 2.500,– EUR zuzüglich gesetzlicher Mehrwertsteuer und einer Betriebskostenvorauszahlung von 400,– EUR. Das Mietverhältnis begann vertragsgemäß am 1.1. des vergangenen Jahres und ist für die Dauer von 10 Jahren nicht ordentlich kündbar.

Beweis: Vorlage des Mietvertrages vom . . . . . (Anlage K1)
Herr . . . . . hat das Ladenlokal Anfang des vergangenen Jahres eröffnet, sich jedoch inzwischen aus gesundheitlichen Gründen aus dem Erwerbsleben zurückgezogen.

Die Klägerin, die das seinerzeit von Herrn angeschaffte Ladeninventar sowie die vorhandenen Warenbestände käuflich erworben hat, führt das Textilgeschäft ab 1.7. dieses Jahres im eigenen Namen und für eigene Rechnung in den Mieträumen unverändert fort. Zuvor hatten sich Herr . . . . und die Klägerin schriftlich dahin geeinigt, dass letztere mit Wirkung ab 1.7. dieses Jahres anstelle von Herrn als Mieterin in den zwischen diesem und dem Beklagten bestehenden Mietvertrag eintritt.[4]

Beweis: Vorlage der bei der Klägerin verbliebenen und von dieser und von Herrn . . . . . unterzeichneten Übernahmevereinbarung vom . . . . . (Anlage K2)

Das für Herrn . . . . . bestimmte, unterzeichnete Exemplar der Übernahmevereinbarung ist dem Beklagten zum Zwecke der Zustimmung vorgelegt worden. Der Beklagte hat noch vor dem 1. 7. diesen Jahres sein Einverständnis zur Vertragsübernahme erklärt und das ihm vorgelegte Exemplar der Vertragsübernahme in Anwesenheit des bisherigen Mieters und des Geschäftsführers der Klägerin durch einen von ihm unterzeichneten Zustimmungsvermerk bekräftigt[5].

Beweis: Zeugnis des Herrn . . . . .

Leider hat der bisherige Mieter, Herr . . . . ., das für ihn bestimmte und vom Beklagten abgezeichnete Exemplar der Übernahmevereinbarung verlegt Der Beklagte hat, nachdem die Klägerin vorübergehend in Zahlungsschwierigkeiten geraten war, sein Einverständnis, insbesondere eine schriftliche Zustimmung zur Übernahmevereinbarung bestritten und behauptet auch weiterhin, er habe seinerzeit lediglich eine Untervermietung an die Klägerin erlaubt[6].

Beweis: Zeugnis des Herrn . . . . . und seiner Ehefrau[7]

Die Klägerin hat ein schutzwürdiges Interesse an der begehrten Feststellung. Sie muss wissen, ob und wie lange der Standort ihres Ladengeschäftes für sie gesichert ist und wer ihr Vertragspartner ist.[8]

Rechtsanwalt[9]

Anmerkungen

1. Die sachliche Zuständigkeit bestimmt sich, wenn es sich - wie im vorliegenden Muster – um einen Mietvertrag über Gewerberäume handelt, nach §§ 23 Nr. 1, 71 GVG, also nach dem Wert des Streitgegenstandes. Maßgebend für den Zuständigkeitsstreitwert sind vorliegend die §§ 2, 8 ZPO. § 41 GKG, der in der Regel zu niedrigeren Streitwerten als § 8 ZPO führt, gilt demgegenüber für den Gebührenstreitwert (vgl. dazu → Anm. 3). Hätte sich die Klage auf vermieteten Wohnraum bezogen, so wäre des Amtsgericht unabhängig vom Streitwert das sachlich zuständige Eingangsgericht, § 23 Nr. 2 a GVG.

2. Da die Parteien über das Bestehen eines Mietvertrages über Räume streiten, ist gemäß § 29a ZPO ausschließlich das Gericht örtlich zuständig, in dessen Bezirk sich die Räume befinden. Das gilt sowohl für Mietverträge über Gewerberaum als auch für solche über Wohnraum.

3. Rechtsverhältnisse im Sinne des § 256 ZPO sind Schuldverhältnisse jeglicher Art, insbesondere auch solche aus Vertrag (Zöller/*Greger* § 256 Rn. 4; BGH MDR 1982, 928 mwN), mithin auch Mietverhältnisse.

4. Durch eine Vertragsübernahme erfolgt eine Subjektänderung dergestalt, dass ein Dritter durch Übertragung eines Schuldverhältnisses im Ganzen in die gesamte Rechts- und Pflichtenstellung eines Vertragspartners eintritt Der bisherige Vertragspartner scheidet für die Zukunft aus dem Vertragsverhältnis aus, der Dritte tritt an dessen Stelle in das Vertragsverhältnis ein (Palandt/*Grüneberg* § 398 Rn. 41). Eine Vertragsübernahme ist auch bei Mietverträgen zulässig (BGH NJW 1978, 2504). Die Vertragsübernahme ist von der Aufnahme eines weiteren Vertragspartners sowie vom Schuldbeitritt eines Dritten zu unterscheiden; in diesen Fällen bleiben die bisherigen Vertragspartner weiterhin Parteien des Mietvertrages, scheiden also nicht aus dem Mietverhältnis aus.

5. Eine Vertragsübernahme, also der Wechsel einer Vertragspartei kann nur unter Mitwirkung aller Beteiligten vollzogen werden (BGH NZM 2005, 584 (585) mwN). Dies ist entweder durch dreiseitigen Vertrag im engeren Sinne oder durch Vereinbarung zwischen zwei Beteiligten unter Zustimmung des Dritten möglich (BGH NZM 2005, 584 (585); 2003, 476; NJW 1986, 918). Bei einer Vertragsübernahme durch dreiseitigen Vertrag genügt zur Wahrung der für langfristige Mietverträge über Grundstücke oder Räume in § 550 BGB vorgeschriebenen Schriftform, dass die drei Beteiligten ihre Absprache in derselben Urkunde niederlegen und ausdrücklich auf den Ursprungsmietvertrag Bezug nehmen, obwohl die eintretende Partei an dem Ursprungsmietvertrag nicht beteiligt war (BGH NZM 2005, 340 (341)). Erfolgt die Vertragsübernahme – wie im vorliegenden Muster behauptet – durch zweiseitigen Vertrag mit Zustimmung der dritten Partei hierzu, so unterliegt der zweiseitige Übernahmevertrag unzweifelhaft der Schriftform des § 550 BGB (BGH NJW 1998, 62). Nach der hM wird die Zustimmung der dritten Partei vom Schriftformerfordernis des § 550 BGB wegen § 182 Abs. 2 BGB nicht erfasst (BGH NZM 2005, 584 (585); NJW 2003, 2158; Palandt/Weidenkaff § 550 Rn. 4).

6. Für die Feststellungsklage des neuen Mieters ist die Schriftformproblematik solange irrelevant, wie sie sich nicht auch auf die Laufzeit des übernommenen Mietvertrages erstreckt. Denn die Nichtbeachtung der Schriftform des § 550 BGB führt abweichend von §§ 125, 139 BGB nicht zur Nichtigkeit der Übernahmevereinbarung, sondern hat lediglich zur Folge, dass das Mietverhältnis mit dem neuen Mieter nicht über die ursprünglich vereinbarte lange Frist, vielmehr gemäß § 550 S. 1 BGB auf unbestimmte Zeit läuft.

7. Die Beweislast für eine wirksame Vertragsübernahme hat diejenige Partei, die sich darauf beruft, im Musterfall also die Klägerin, da sie ihren Eintritt in den Mietvertrag festgestellt wissen will.

8. Zu den allgemeinen Sachurteilsvoraussetzungen tritt bei Feststellungsklagen das besondere Feststellungsinteresse als Prozessvoraussetzung hinzu. Das danach erforderliche schutzwürdige Interesse an der begehrten alsbaldigen Feststellung ist ua dann zu bejahen, wenn der Beklagte Rechte des Klägers – sei es auch außerprozessual – ernstlich bestreitet und/oder sich eines Rechts gegen den Kläger berühmt und wenn das erstrebte Urteil infolge seiner Rechtskraft geeignet ist, diese gegenwärtige Gefahr zu beseitigen (BGH NJW 1986, 2507). Mit der erstrebten Feststellung, dass die Klägerin ab dem Übernahmezeitpunkt anstelle des ursprünglichen Mieters in den Mietvertrag eingetreten ist, wird die von dem Bestreiten bzw. der Berühmung ausgehende Gefahr der Unsicherheit beseitigt. Ab Rechtskraft der begehrten Feststellung würde das Bestehen mietvertraglicher Beziehungen zwischen den Parteien für die Zeit ab Übernahme rechtskräftig festgestellt.

9. Aus einem Urteil aufgrund einer Feststellungsklage kann ganz gleich, ob sie abgewiesen oder ihr stattgegeben wird, die Zwangsvollstreckung nur wegen der Kosten betrieben werden. Dafür gelten die §§ 803 ff. ZPO.
Wegen des möglichen Rechtsmittels → Form. B. III. 44 Anm. 11.

55. Klage auf Zustimmung zur Vertragsübernahme durch den Ersatzmieter

An das

Landgericht[1] . . . . .

in . . . . .[2]

Klage

des Herrn . . . . .   – Klägers –

– Prozessbevollmächtigte: Rechtsanwälte

gegen

Herrn . . . . .   – Beklagter –

vorläufiger Streitwert 125.000,– EUR[3]

Namens und in Vollmacht des Klägers erheben wir Klage gegen den Beklagten. Für die mündliche Verhandlung kündigen wir folgende Anträge an:

I. Der Beklagte wird verurteilt, folgende Erklärung abzugeben:
„Ich stimme der zwischen dem Kläger und Herrn . . . . . unter dem . . . . . unterzeichneten Vereinbarung, nach der Herr . . . . . mit Wirkung vom . . . . . anstelle des Klägers als Mieter in den zwischen den Parteien unter dem . . . . . über die Lagerhalle X-Straße Nr. . . . . . . in . . . . . geschlossenen Mietvertrag eintritt, zu."
II. Die Kosten des Rechtsstreits werden dem Beklagten auferlegt.

Für den Unterliegensfalle erbitten wir zugunsten der Klägerin um

Vollstreckungsschutz

Schacht   713

mit der Maßgabe, eine etwaige Sicherheit auch durch Gestellung einer Bürgschaft einer Europäischen Großbank bzw. Europäischen Sparkasse erbringen zu dürfen.

Ferner regen wir die Anordnung des schriftlichen Vorverfahrens an. Für den Fall der Fristversäumung oder des Anerkenntnisses beantragen wir bereits jetzt den Erlass eines Versäumnisurteils oder Anerkenntnisurteils im schriftlichen Vorverfahren.

Begründung

Der Beklagte ist Eigentümer des mit einer Lagerhalle bebauten Grundstücks X-Straße Nr. . . . . . . in . . . . . Mit schriftlichem Mietvertrag vom . . . . .vermietete der Beklagte diese Halle für die Dauer von 20 Jahren an den Kläger zur Nutzung als Lager im Rahmen des von diesem betriebenen Großhandels mit KFZ-Ersatzteilen. Die monatliche Miete beträgt derzeit 5.000,– EUR zuzüglich gesetzlicher Mehrwertsteuer.

Nach dem Mietvertrag musste der Kläger die Halle auf seine Kosten erst instand setzen. Weiter war, um den Lagerbetrieb wirtschaftlich betreiben zu können, eine Inventarisierung der Halle ua mit speziell den Maßen der Halle angepassten, bis zu 10 m hohen Lagergerüsten erforderlich. Auch diese Kosten hatte der Kläger nach dem Vertrag zu tragen. Mit Rücksicht auf diese hohen Startinvestitionen und die vom Beklagten gewünschte lange Laufzeit des Vertrages hat der Kläger bei den zum Abschluss des Mietvertrages führenden Verhandlungen erfolgreich auf der Aufnahme folgender Regelung in den Mietvertrag bestanden:

§ 7 MV:
"Der Mieter ist, falls er vorzeitig aus dem Mietvertrag auszuscheiden wünscht, berechtigt, einen Ersatzmieter zu stellen. Der Vermieter darf seine Zustimmung zum Mieterwechsel nur verweigern, wenn in der Person des Ersatzmieters ein wichtiger Grund vorliegt oder andere Gründe den vorgeschlagenen Ersatzmieter für den Vermieter unzumutbar machen."[4]

Beweis: Vorlage des Mietvertrags vom . . . . . (Anlage K1)
Der Kläger hat sich nach rund acht Jahren Mietzeit beruflich anders orientiert, sein Unternehmen dem bereits in derselben Branche tätigen Herrn . . . . . übertragen und mit diesem unter dem . . . . . schriftlich einen Mieterwechsel bezüglich der angemieteten Lagerhalle vereinbart[5]. Darin hat sich Herr . . . . . auch verpflichtet, die Investitionen des Klägers in das Mietobjekt anteilig abzugelten.

Beweis: Vorlage des Übernahmevertrags vom . . . . . (Anlage K2)
Der Beklagte verweigert entgegen seiner sich aus § 7 MV ergebenden Verpflichtung die Zustimmung zu der Vertragsübernahme durch Herrn . . . . .[6] Gründe hierfür hat der Beklagte bislang nicht angegeben.

Beweis: 1. Zeugnis des Herrn . . . . .
        2. Zeugnis der Ehefrau des Klägers . . . . .

Der Beklagte ist nicht berechtigt, die erbetene Zustimmung zum Mieterwechsel zu verweigern. Herr . . . . . will den vom Kläger übernommenen Betrieb fortsetzten und die vom Beklagten angemietete Lagerhalle ohne Branchenänderung nutzen, der mietvertraglich festgelegte Gebrauchszweck der Lagerhalle soll in keiner Weise verändert werden[7].

Beweis: Zeugnis des Herrn . . . . .
        Auch aus der Person des Herrn . . . . . ergibt sich kein Ablehnungsgrund.[8] Herr
        . . . . . ist ausgebildeter Großhandelskaufmann und seit über einem Jahrzehnt in

derselben Branche wie bislang der Kläger tätig, ohne dass es dabei zu Liquiditätsschwierigkeiten oder zu sonstigen ernsthaften wirtschaftlichen Problemen gekommen ist Er ist Eigentümer eines Einfamilienhauses, eines Mehrfamilienhauses sowie eines bebauten Betriebsgrundstücks.

Beweis: 1. Vorlage der Gewerbeanmeldung vom . . . . . (Anlage K3)
2. Vorlage von Grundbuchauszügen (Anlagen K4-K6)
Zeugnis des Steuerberaters Herr . . . . .

Der Kläger hat Anspruch auf schriftliche[9] Zustimmung zum Mieterwechsel. Der von den Parteien geschlossene Mietvertrag läuft noch zwölf Jahre. Deshalb dürfte nicht nur die eigentliche zwischen dem Kläger und Herrn . . . . . getroffene Übernahmevereinbarung sondern auch die Zustimmung des Beklagten dem Schriftformerfordernis des § 550 BGB unterliegen.

Rechtsanwalt[10]

Anmerkungen

1. Die sachliche Zuständigkeit richtet sich vorliegend nach §§ 23 Nr. 1, 71 GVG. Maßgebend für den nach § 3 ZPO zu bestimmenden Zuständigkeitsstreitwert ist bei Klagen des Mieters auf Zustimmung zu einem bestimmten Mieterwechsel das Interesse des Mieters einmal an seinem Ausscheiden aus dem Mietvertrag und zu anderen das am Eintritt gerade des von ihm vorgeschlagenen Nachfolgers in den laufenden Mietvertrag. Das Interesse an Letzterem kann wirtschaftlich äußerst bedeutsam sein, wenn nämlich umfangreiche Mieterinvestitionen vom Nachfolgeinteressenten abgegolten werden sollen. Dass das Mieterinteresse im Musterfall die Eingangszuständigkeit der Amtsgerichte übersteigt, liegt auf der Hand.

2. Örtlich ausschließlich zuständig ist gemäß § 29a ZPO das Gericht, in dessen Bezirk die angemietete Lagerhalle des Beklagten liegt. Der Mieter leitet seinen gegen den Vermieter gerichteten Zustimmungsanspruch nämlich aus dem Mietvertrag der Parteien über eine Lagerhalle ab, also über Räume im Sinne des § 29a ZPO her.

3. Da das GKG keine Sonderregelung für Klagen auf Zustimmung zum Mieterwechsel enthält, dürfte der Gebührenstreitwert über § 48 Abs. 1 GKG ebenfalls gemäß § 3 ZPO festzusetzen sein. Deshalb wird auf vorstehende **Ziffer 1** verwiesen. Eine Anlehnung an § 41 Abs. 1 GKG dürfte allenfalls bedingt zulässig sein, da sich das Klägerinteresse, wie bereits unter **Ziffer 1** aufgezeigt, nicht in seiner Entlassung aus dem Mietvertrag erschöpft.

4. Es wird zwischen unechten und echten Ersatzmieterklauseln unterschieden. Haben die Mietvertragsparteien eine unechte Ersatzmieterklausel vertraglich festgelegt, so ist der Vermieter verpflichtet, den Mieter bei der Benennung eines akzeptablen Ersatzmieters für die Zukunft aus dem Mietvertrag zu entlassen (BGH NZM 2003, 277). Haben sich die Mietvertragsparteien demgegenüber auf eine echte Ersatzmietklauselmieterklausel geeinigt, so kann der Mieter vom Vermieter darüber hinaus verlangen, dass der von ihm gestellte Ersatzmieter an seine Stelle in den Mietvertrag eintritt (OLG Koblenz DWW 2002, 127; OLG Frankfurt ZMR 1991, 382, 383; Erman/*Lützenkirchen* § 537 Rn. 9; Staudinger/*Emmerich* § 537 Rn. 18). Welche der beiden Alternativen vorliegt, ist durch Auslegung der Klausel unter Berücksichtigung aller Umstände des Einzelfalls zu ermitteln. Für eine echte Ersatzmieterklausel spricht zB, dass der Mieter auf der Aufnahme einer Ersatzmieterklausel in den Mietvertrag erkennbar insbesondere deshalb bestanden hat, um sich im Falle seines vorzeitigen Ausscheidens aus dem Mietvertrag die Abgeltung seiner noch nicht amortisierten Investitionen durch einen von ihm vorgeschlagenen Nachfolger zu sichern.

5. Der Mieterwechsel auf Grund einer echten Ersatzmieterklausel erfolgt, zumindest in aller Regel, im Wege der Vertragsübernahme (Sternel I Rn. 228). Bei einer Vertragsübernahme auf der Mieterseite scheidet der bisherige Mieter für die Zukunft aus dem Mietvertrag aus, der Nachfolgeinteressent tritt an seine Stelle als Mieter in das Vertragsverhältnis ein (Palandt/Grüneberg § 398 Rn. 41). Eine Vertragsübernahme ist auch bei Mietverträgen zulässig (BGH NJW 1978, 2504, 2505).

6. Eine Vertragsübernahme, also der Wechsel einer Vertragspartei kann nur unter Mitwirkung aller Beteiligten vollzogen werden (BGH NZM 2005, 584, 585 mwN). Dies ist entweder durch dreiseitigen Vertrag im engeren Sinne oder durch Vereinbarung zwischen zwei Beteiligten unter Zustimmung des Dritten möglich (BGH NZM 2005, 340 (341); 2003, 476 und NJW 1986, 918).

7. Während der Vermieter seine Zustimmung zur Vertragsübernahme durch den vorgeschlagenen Ersatzmieter nicht von zusätzlichen Bedingungen abhängig machen darf, muss der Ersatzmieter sämtliche Regelungen des bereits bestehenden Mietvertrages akzeptieren. Insbesondere ist er nicht berechtigt, den mietvertraglich festgelegten Gebrauchszweck einseitig zu verändern.

8. Auch ohne eine dahingehende Einschränkung im Mietvertrag ist der Vermieter aus allgemeinen Treuegesichtspunkten grundsätzlich nur gehalten, dem Eintritt eines akzeptablen Ersatzmieters zuzustimmen (vgl. BGH NZM 2003, 277). Akzeptabel und damit zumutbar ist ein Ersatzmieter, bei dem der Vermieter nicht schlechter gestellt wird, als wenn er auf der Fortsetzung des Vertrages mit dem bisherigen Mieter bestehen würde (OLG Düsseldorf ZMR 1995, 467 (468); LG Bremen ZMR 2001, 545, 546; Bamberger/ Roth/Ehlert § 537 Rn. 15).

9. Erfolgt die Vertragsübernahme durch zweiseitigen Vertrag, so unterliegt der zweiseitige Übernahmevertrag unzweifelhaft der Schriftform des § 550 BGB (BGH NJW 1998, 62). Nach der hM wird die Zustimmung der dritten Partei vom Schriftformerfordernis des § 550 BGB wegen § 182 Abs. 2 BGB nicht erfasst (BGH NJW 2003, 2158 (2160); NZM 2005, 584, 585; Palandt/*Weidenkaff* § 550 Rn. 4).

10. Die Vollstreckung einer Verpflichtung zur Abgabe einer Willenserklärung richtet sich nach § 894 ZPO. Das rechtskräftige Urteil ersetzt die Willenserklärung des Schuldners, u. z. in der notwendigen Form, insbesondere auch in der eventuell erforderlichen Schriftform (BayObLG 53, 111, 117; Zöller/*Stöber* § 894 Rn. 5).
Wegen des möglichen Rechtsmittels → Form. B. III. 44 Anm. 11.

56. Klage auf vorzeitige Entlassung aus dem Mietvertrag nach Ablehnung eines akzeptablen Ersatzmieters

An das

Landgericht[1] . . . . .

in . . . . .[2]

Klage

des Herrn . . . . .　　　　　　　　　　　　　　　　　　　　– Klägers –

– Prozessbevollmächtigte: Rechtsanwälte

gegen

Herrn . . . . .　　　　　　　　　　　　　　　　　　　　　– Beklagter –

vorläufiger Streitwert: (21.420,–– EUR + 10.710,–– EUR) = 32.130,–– EUR[3].

Namens und in Vollmacht des Klägers erheben wir Klage gegen den Beklagten. Für die mündliche Verhandlung kündigen wird folgende Anträge[4] an:

I. Der Beklagte wird verurteilt, folgende Erklärung abzugeben: Ich nehme das Angebot des Klägers zur sofortigen Beendigung des zwischen den Parteien unter dem . . . . . über die Werkstatt X-Straße Nr. . . . . . . in Musterstadt geschlossenen Mietvertrages an.

II. Ferner wird festgestellt dass der Kläger für die Zeit ab 1. 1. diesen Jahres nicht mehr zur Erfüllung von Mieterpflichten aus dem unter Ziffer I genannten Mietvertrag der Parteien verpflichtet ist.

III. Die Kosten des Rechtsstreits werden dem Beklagten auferlegt.

Für den Unterliegensfalle erbitten wir zugunsten der Klägerin um

Vollstreckungsschutz

mit der Maßgabe, eine etwaige Sicherheit auch durch Gestellung einer Bürgschaft einer Europäischen Großbank bzw. Europäischen Sparkasse erbringen zu dürfen.

Ferner regen wir die Anordnung des schriftlichen Vorverfahrens an. Für den Fall der Fristversäumung oder des Anerkenntnisses beantragen wir bereits jetzt den Erlass eines Versäumnisurteils oder Anerkenntnisurteils im schriftlichen Vorverfahren.

Begründung

Der Beklagte ist Eigentümer des bebauten Grundstücks X-Straße Nr. . . . . . . in Musterstadt. Das darauf befindliche Werkstattgebäude vermietete er mit schriftlichem Vertrag vom . . . . . für die Dauer von zehn Jahren an den Kläger. Die monatliche Miete beträgt derzeit 1.500,– EUR zuzüglich Mehrwertsteuer. § 8 des Mietvertrages enthält folgende Regelung:

„§ 8 MV: Wenn der Mieter aus dem Vertrage vorzeitig auszuscheiden wünscht, kann er dem Vermieter einen Ersatzmieter benennen, der bereit ist, in diesen Vertrag zu den gleichen Konditionen einzutreten. Lehnt der Vermieter einen akzeptablen Ersatzmieter ab, so hat der Mieter einen Anspruch auf Entlassung aus dem Mietvertrag."[5]

Beweis: des Mietvertrags vom . . . . . (Anlage K1)

Da der Kläger in finanzielle Schwierigkeiten geraten war, hat er seinen Handwerksbetrieb, in dem er zuletzt 4 Mitarbeiter beschäftigte, mit Wirkung ab dem 1.1. diesen Jahres seinem Berufskollegen Herrn . . . . . übertragen. Dieser war auch bereit, im Wege der Vertragsübernahme in den Mietvertrag der Parteien mit Wirkung ab 1.1. diesen Jahres einzutreten. Der Beklagte hat jedoch Anfang Dezember des vergangenen Jahres in Anwesenheit des Herrn . . . . . die Unterzeichnung einer als dreiseitigen Vertrag konzipierten und bereits vom Kläger und Herrn . . . . . unterschriebenen Übernahmevereinbarung endgültig mit der pauschalen Begründung abgelehnt, eine Fortsetzung des Mietvertrages mit Herrn . . . . . sei ihm nicht zumutbar. Daraufhin hat der Kläger bei der gleichen Gelegenheit den Beklagten um seine Entlassung aus dem Mietvertrag zum 1.1. dieses Jahres gebeten. Das hat der Beklagte kategorisch abgelehnt.[6]

Beweis: 1. Vorlage der Übernahmevereinbarung vom . . . . . (Anlage K2)
         2. Zeugnis des Herrn . . . . .

Herr . . . . . hat sich sogleich räumlich anders orientiert und das Mietobjekt noch im Dezember des vergangenen Jahres mit Zustimmung des Klägers leer geräumt.

Beweis: Zeugnis des Herrn . . . . .

Der Kläger hat die geschuldeten Schönheitsreparaturen durchgeführt und das Objekt einschließlich aller Schlüssel besenrein am 31. Dezember des Vorjahres an den Beklagten herausgegeben. Dieser hat die Schlüssel zwar angenommen, jedoch erklärt, dass er das Mietverhältnis keineswegs als beendet ansehe.

Beweis: Zeugnis der vormaligen Mitarbeiter des Klägers

Der dem Beklagten vom Kläger benannte Herr . . . . . ist als Ersatzmieter durchaus akzeptabel[7]. Er ist seit zehn Jahren Meister in derselben Branche wie der Kläger. Seit fünf Jahren ist er in dieser Branche selbständig und beschäftigte bereits vor der Übernahme des klägerischen Handwerksbetriebes drei Gesellen und zwei Auszubildende.

Beweis: 1. Vorlage des Meisterbriefes des Herrn . . . . . (Anlage K3)
         2. Vorlage der Gewerbeanmeldung des Herrn . . . . . (Anlage K4)
         Zeugnis des Herrn . . . . .

Der Handwerksbetrieb des Herrn . . . . . floriert von seiner Gründung an, warf und wirft weiterhin nicht unerhebliche Gewinne ab.

Beweis: Zeugnis des Steuerberaters des Herrn . . . . .

Nachdem Herr . . . . . im Vorjahr eine größere Erbschaft gemacht hatte, standen ihm hinreichende Geldmittel zur Verfügung, um seinen Handwerksbetrieb durch die Übernahme des klägerischen Betriebes zu vergrößern. Zu dem Herrn . . . . . vererbten Vermögen gehört neben den erwähnten Geldmitteln auch ein Miethaus mit acht vermieteten Wohnungen.

Beweis: 1. Vorlage des Grundbuchauszugs (Anlage K5)
         2. Zeugnis des Herrn . . . . . und seines Steuerberaters

Der vom Beklagten angegebene Ablehnungsgrund ist nur vorgeschoben.[8] Der Beklagte ist nämlich in Wirklichkeit nicht mehr an einer Vermietung über die volle Mietzeit interessiert Er will die Werkstatt seinem Sohn, der derzeit die Meisterschule besucht, überlassen, wenn sich dieser etwa Mitte des nächsten Jahres nach Ablegung der Meisterprüfung selbständig macht.

Beweis: 1. Zeugnis des Sohnes des Beklagten
         2. Parteivernehmung des Beklagten

Der Kläger vermutet, dass der Beklagte ihn bis Mitte nächsten Jahres am Mietvertrag festhalten will, um ihm dann, wenn sich der Sohn des Beklagten selbständig macht, „großzügig" eine vorzeitige Vertragsaufhebung anzubieten. Jedenfalls hat der Beklagte dem Kläger wiederholt erklärt, dass er auf der Erfüllung der Mieterpflichten, insbesondere auf der Zahlung von Miete durch ihn über den 1.1. dieses Jahres hinaus bestehe[9] und dieserhalb auch schon Klage angedroht.

Beweis: Zeugnis der Ehefrau des Klägers

Aufgrund dieser Anspruchsberühmung und Klageandrohung besteht für den Feststellungsantrag ein schutzwürdiges Interesse.

Rechtsanwalt[10]

Anmerkungen

1. Die sachliche Zuständigkeit richtet sich vorliegend, da nicht über Ansprüche aus einem Wohnraummietverhältnis gestritten wird, nach §§ 71, 23 Nr. 1 GVG. Bei der Festlegung des Zuständigkeitsstreitwertes ist zunächst § 5 ZPO zu beachten; die beiden mit der Klage geltend gemachten Ansprüche werden zusammengerechnet Im Übrigen ist für den Wert des Klageantrages zu 1 § 8 ZPO, für den des Antrages zu 2 § 3 ZPO maßgebend. Dass das Mieterinteresse im Musterfall die Eingangszuständigkeit der Amtsgerichte übersteigt, liegt auf der Hand.

2. Örtlich ausschließlich zuständig ist gemäß § 29a ZPO das Gericht, in dessen Bezirk die angemietete Werkstatt des Beklagten liegt. Die Werkstatt zählt zu den Räumen im Sinne des § 29a ZPO.

3. Bei der Festsetzung des Gebührenstreitwertes dürfte bezüglich des Klageantrages zu 1 § 41 Abs. 1 GKG zumindest entsprechend anzuwenden sein. Denn auch im Rahmen einer solchen Klage streiten die Parteien letztlich über die Dauer des Mietverhältnisses. Dann aber ist, da die Restlaufzeit des Mietvertrages offensichtlich länger als ein Jahr wäre, als Gebührenstreitwert die Miete für 1 Jahr anzusetzen. Dass dabei auch die Mehrwertsteuer in Ansatz zu bringen ist, ist nicht ernstlich streitig. Wegen des Streites über die Berücksichtigung von Nebenkosten → Form. B. III. 44 Anm. 3.
Der Klageantrag zu 2 betrifft den Zeitraum zwischen der Mieterbitte um vorzeitige Entlassung aus dem Mietvertrag und der demnächstigen Beendigung des Mietverhältnisses. Es besteht also keine wirtschaftliche Identität zwischen beiden Anträgen. Der Wert dieses Antrages ist über § 48 Abs. 1 GKG gemäß § 3 ZPO zu schätzen. Dabei wird wesentlicher Bemessungsfaktor die Miete sein, deren sich der Beklagte für diesen Zeitraum berühmt. Zwar handelt es sich um einen Feststellungsantrag. Jedoch ist bei der negativen Feststellungsklage im Gegensatz zur positiven Feststellungsklage ein prozentualer Abschlag vom vollen Streitwert nicht angezeigt (Zöller/*Herget* § 3 Rn. 16 „Feststellungsklagen").

4. Es liegt eine objektive Klagenhäufung im Sinne des § 260 ZPO vor. Für den Klageantrag zu 2 müssen dieselben Prozessvoraussetzungen wie für den Klageantrag zu 1 erfüllt sein.

5. Es wird zwischen unechten und echten Ersatzmieterklauseln unterschieden. Haben die Mietvertragsparteien eine unechte Ersatzmieterklausel vertraglich festgelegt, so ist der Vermieter verpflichtet, den Mieter bei der Benennung eines akzeptablen Ersatzmieters für die Zukunft aus dem Mietvertrag zu entlassen (BGH NZM 2003, 277). Haben sich die Mietvertragsparteien demgegenüber auf eine echte Ersatzmieterklausel geeinigt, so kann der Mieter vom Vermieter darüber hinaus verlangen, dass der von ihm gestellte Ersatzmieter an seine Stelle in den Mietvertrag eintritt (OLG Koblenz DWW 2002, 127; OLG Frankfurt ZMR 1991, 382 (383); Erman/*Lützenkirchen* § 537 Rn. 9; Staudinger/*Emme-*

rich 2014, § 537 Rn. 18). Welche der beiden Alternativen vorliegt, ist durch Auslegung der Klausel unter Berücksichtigung aller Umstände des Einzelfalles zu ermitteln.

6. Ist die Weigerung des Vermieters, den angebotenen Ersatzmieter im Wege der Vertragsübernahme (vgl. → Form. B. III. 31 Anm. 6, 7) anstelle des bisherigen Mieters in den Mietvertrag aufzunehmen, unberechtigt, so endet damit das Mietverhältnis nicht automatisch (OLG Frankfurt ZMR 1991, 382 (383)). Der Mieter kann bei einer unechten Ersatzmieterklausel vielmehr zwischen der Vertragsfortsetzung und der Beendigung des Mietverhältnisses wählen. Entscheidet er sich für letztere Möglichkeit, so kann sich die Frage stellen, ob er das Mietverhältnis gemäß § 543 BGB wegen vertragswidrigen Vermieterverhaltens kündigen oder aber vorzeitige Entlassung aus dem Mietvertrag verlangen muss (für letztere Möglichkeit OLG Frankfurt wie vor). In § 8 des der Musterklage zugrunde liegenden Mietvertrages ist diese Frage eindeutig dahin beantwortet, dass der Mieter bei unberechtigter Weigerung des Vermieters die Entlassung aus dem Mietvertrag verlangen kann. Diese kann nur im Wege eines Aufhebungsvertrages erfolgen. Ein solcher bedarf auch bei langfristigen Mietverträgen nicht der Schriftform des § 550 BGB (BGH NJW 1975, 1653, 1655).

7. Auch ohne eine dahingehende Einschränkung im Mietvertrag ist der Vermieter grundsätzlich nur gehalten, dem Eintritt eines akzeptablen Ersatzmieters zuzustimmen (vgl. BGH NZM 2003, 277). Akzeptabel und damit zumutbar ist ein Ersatzmieter, bei dem der Vermieter nicht schlechter gestellt wird, als wenn er auf der Fortsetzung des Vertrages mit dem bisherigen Mieter bestehen würde (OLG Düsseldorf ZMR 1995, 467; LG Bremen ZMR 2001, 545).

8. Zu den Rechtsverhältnissen, deren Nichtbestehen nach § 256 Abs. 1 ZPO festgestellt werden kann, zählen auch einzelne Ansprüche und Pflichten aus Schuldverhältnissen jeglicher Art (Zöller/*Greger* § 256 Rn. 14a). Zu den allgemeinen Sachurteilsvoraussetzungen tritt bei Feststellungsklagen das besondere Feststellungsinteresse als Prozessvoraussetzung hinzu. Das danach erforderliche schutzwürdige Interesse an der begehrten alsbaldigen Feststellung ist ua dann zu bejahen, wenn der Beklagte sich eines Rechts gegen den Kläger – sei es auch außerprozessual – berühmt und wenn das erstrebte Urteil infolge seiner Rechtskraft geeignet ist, diese gegenwärtige Gefahr zu beseitigen (BGH NJW 1986, 2507). Die Androhung des Vermieters, vom Mieter weiterhin Vertragserfüllung zu verlangen, enthält eine solche Berühmung. Mit der erstrebten Feststellung wird die von der Vermieterberühmung ausgehende Gefahr der Unsicherheit beseitigt. Ab Rechtskraft der begehrten Feststellung würde das Bestehen von Vermieteransprüchen für den streitigen Zeitraum rechtskräftig verneint (vgl. BGH NJW 1994, 657 (659)).

9. Obwohl das Mietverhältnis im Falle einer unberechtigten Weigerung des Vermieters, den vorgeschlagenen Ersatzmieter in das Mietverhältnis aufzunehmen, nicht automatisch mit dem Entlassungswunsch des Mieters endet (→ Anm. 6), kann der Vermieter Ansprüche aus dem Mietvertrag für die Zeit ab Zugang des Entlassungsbegehrens nicht herleiten. Sonst würde er nämlich durch vertragswidriges Verhalten auf Kosten seines Vertragspartners besser gestellt, als er bei vertragsgemäßem Verhalten gestanden hätte.

10. Die Vollstreckung einer Verpflichtung zur Abgabe einer Willenserklärung richtet sich nach § 894 ZPO. Das rechtskräftige Urteil ersetzt die Willenserklärung.

Wegen des möglichen Rechtsmittels → Form. B. III. 44 Anm. 11.

Schönheitsreparaturen

57. Klage auf Feststellung, nicht zu Schönheitsreparaturen verpflichtet zu sein bei unrenoviert übergebener Wohnung

An das

Amtsgericht . . . . .[1]

Klage

des Herrn . . . . .

– Kläger –

Prozessbevollmächtigter: Rechtsanwalt . . . . .

gegen

Herrn . . . . .

– Beklagter –

wegen Feststellung nicht geschuldeter Schönheitsreparaturen

vorläufiger Streitwert: . . . . . EUR[2]

Namens und in Vollmacht des Klägers erhebe ich Klage mit dem Antrag,

1. festzustellen,[3]
   dass der Kläger nicht verpflichtet ist, die in § . . . . . des schriftlichen Mietvertrag der Parteien vom . . . . . vorgesehenen Schönheitsreparaturen durchzuführen.
2. festzustellen,
   dass anstelle der mietvertraglichen Bestimmungen über die Durchführung von Schönheitsreparaturen die gesetzlichen Erhaltungspflichten des Vermieters aus § 535 Abs. 1 S. 2 BGB gelten.

im Falle der Anordnung des schriftlichen Vorverfahrens bei Vorliegen der Voraussetzungen ein Versäumnisurteil gemäß § 331 Abs. 3 ZPO zu erlassen.

Begründung:

Der Kläger ist seit dem 1.10.2007 Mieter einer aus . . . . . Zimmern nebst Küche, Diele und Bad bestehenden Wohnung in . . . . ., die der Beklagte ihm vermietet hat. Im schriftlichen Formularmietvertrag wurden eine Monatsmiete von 500,00 EUR sowie eine monatliche Betriebskostenvorauszahlung von 150,00 EUR vereinbart.

Beweis: anliegende Kopie des Mietvertrags vom . . . . .

Zu den Schönheitsreparaturen enthält der Mietvertrag in § . . . . . unter anderem folgende Bestimmungen:[4]

„(1) Der Mieter ist verpflichtet, die während des Mietverhältnisses anfallenden Schönheitsreparaturen auf eigene Kosten durchzuführen.
(2) Die Schönheitsreparaturen sind fachgerecht und wie folgt auszuführen: Tapezieren, Anstreichen der Wände und Decken, das Streichen der Fußböden, der Heizkörper einschließlich der Heizrohre, der Innentüren sowie der Fenster und Außentüren von innen.

(3) Im Allgemeinen werden Schönheitsreparaturen in den Mieträumen in folgenden Zeitabständen erforderlich:

Küche, Bad/Dusche	alle 3 Jahre,
Wohn- und Schlafräume, Flur, Toilette	alle 5 Jahre,
andere Nebenräume	alle 7 Jahre."

§ . . . . . des Mietvertrags enthält eine Rubrik mit dem vorgedruckten Text

„Hinsichtlich des Zustandes der Mietsache werden folgende Feststellungen getroffen: . . . . ."

Dort ist nachstehend handschriftlich vermerkt:

„Der Mietvertrag wird per 1.10.2007 geschlossen. Mietzahlung wird erst ab 15. Oktober 2007 geschuldet, da der Mieter noch Streicharbeiten in 3 Zimmern vornimmt."

Beweis: anliegende Kopie des Mietvertrags

Dieser handschriftliche Vermerk trug dem Umstand Rechnung, dass dem Kläger die gesamte Wohnung unrenoviert übergeben wurde.[5]

Der Beklagte vertrat zwar die Auffassung, dass lediglich drei Zimmer (. . . . .) renovierungsbedürftig waren. Diese Zimmer befanden sich in der Tat in völlig abgewohntem Zustand. Bodenbelag und Wände waren stark verschmutzt und beschädigt. Sie waren von den Kindern der Vormieter beschmiert und bemalt worden. Die Tapeten waren an diversen Stellen eingerissen.

Beweis: anliegende Lichtbilder vom Tage der Übergabe,
Zeugnis des . . . . .

Der bezeichnete Zeuge war bei der Übergabe der Wohnung anwesend und hat die vorgelegten Lichtbilder selbst gefertigt.

Auch die übrigen Mieträume (. . . . .) befanden sich in unrenoviertem Zustand. Zwar wiesen diese Räume keine groben Beschädigungen auf. Die Tapeten waren jedoch vergilbt und wiesen Bilder- und Möbelränder sowie vielfältige Dübellöcher auf.

Beweis: anliegende Lichtbilder vom Tage der Übergabe,
Zeugnis des . . . . .

Der Kläger hat daher vor seinem Einzug die gesamte Wohnung neu tapeziert und gestrichen. Der Teppichboden wurde komplett erneuert.

Beweis: Zeugnis des . . . . .

Mit Schreiben vom . . . . . wandte sich der Beklagte an den Kläger und verlangte, die Mieträume zu besichtigen. Er machte geltend, dass nach Ablauf aller Orientierungsfristen Veranlassung bestehe, die Wohnung darauf hin zu überprüfen, ob diese sich in vertragsgemäßem Zustand befinde und ob erforderliche Schönheitsreparaturen erledigt seien.

Beweis: anliegende Kopie des Schreibens vom . . . . .

Der Kläger hat sich dem Besichtigungsverlangen nicht widersetzt und mit dem Beklagten am . . . . . eine Wohnungsbegehung vorgenommen. Anlässlich dieses Termins machte der Beklagte geltend, die Wohnung sei komplett zu renovieren, weil die Gebrauchsspuren nach rund 8-jährigem Mietgebrauch nicht zu übersehen seien. Er behalte sich die Kündigung des Mietverhältnisses vor.

Beweis: Zeugnis des . . . . .

Der benannte Zeuge war bei der Wohnungsbegehung anwesend.

Im Anschluss an das Treffen hat der Kläger Rechtsrat eingeholt und wurde dahingehend belehrt, dass Schönheitsreparaturen insgesamt nicht geschuldet sind.

Eine Pflicht, Schönheitsreparaturen vorzunehmen, besteht für den Kläger nicht.[6]

Nach der höchstrichterlichen Rechtsprechung hält eine formularvertragliche Überwälzung der Verpflichtung zur Vornahme laufender Schönheitsreparaturen der Inhaltskontrolle nach § 307 Abs. 1 S. 1, Abs. 2 Nr. 1 BGB nicht stand, wenn dem Mieter die Mietsache unrenoviert oder renovierungsbedürftig überlassen worden ist und der Vermieter dem Mieter keinen angemessenen Ausgleich gewährt hat.[7]

Der Kläger hat vom Beklagten keinen hinreichenden Ausgleich erhalten. Das im Mietvertrag geregelte Zugeständnis des Beklagten, wonach dem Kläger wegen vorzunehmender Anstreicharbeiten eine halbe Monatsmiete (250,00 EUR) erlassen wurde, reicht nicht annähernd dazu aus, um eine angemessene Entschädigung zu bewirken. Allein die Materialkosten für die erforderliche Herrichtung der Wohnung bei Mietbeginn belaufen sich auf ein Mehrfaches dieses Betrags.[8]

Beweis: anliegende Kopien der Rechnungen vom . . . . .,
Sachverständigengutachten

Der Beklagte wurde mit Schreiben des Mietervereins vom . . . . . aufgefordert, von seinem Renovierungsverlangen und seiner Kündigungsandrohung Abstand zu nehmen.

Beweis: anliegende Kopie des Schreibens vom . . . . .

Der Beklagte ist dem mit Schreiben vom . . . . . entgegen getreten und bestand weiterhin auf der Renovierung der Wohnung.

Beweis: anliegende Kopie des Schreibens vom . . . . .

Der Kläger hat daher davon auszugehen, dass der Beklagte an seinem unbegründeten Anspruch festhalten will. Die Erhebung der Feststellungsklage ist daher geboten.

Rechtsanwalt

Anmerkungen

1. Bei Ansprüchen aus einem Mietverhältnis über Wohnraum ist die ausschließliche Zuständigkeit des Amtsgerichts gemäß § 23 Nr. 2 a GVG gegeben.

2. Der **Gebührenstreitwert** für eine Feststellungsklage ist nach § 3 ZPO zu schätzen. Zur Wertbemessung bei einer **negativen Feststellungsklage**, die streitige Renovierungspflichten zum Gegenstand hat, vgl. im Einzelnen → Form. B. III. 58 Anm. 2.

3. Zu den Voraussetzungen einer negativen Feststellungsklage vgl. → Form. B. III. 58 Anm. 10, 11.
Zu dem erforderlichen Feststellungsinteresse iSv § 256 ZPO für den – nur klarstellenden – Feststellungsantrag zu 2) vgl. → Form. B. III. 58 Anm. 9.

4. Das Formular behandelt einen Sonderfall der Thematik formularvertraglicher Renovierungsklauseln. Es orientiert sich mit dem Beispielsfall an einem Sachverhalt, über den der BGH (Urt. v. 18.3.2015 – VIII ZR 185/14, BGHZ 204, 302 = NZM 2015, 374) zu entscheiden hatte. Gegenstand des Formulars ist die Inhaltskontrolle im Rahmen von § 307 BGB bei Fallgestaltungen, bei denen dem Mieter die **Mieträume unrenoviert übergeben** wurden.

Zur Problematik formularvertraglicher Renovierungsklauseln vgl. ferner → Form. B. III. 58, →Form. B. III. 59, →Form. B. III. 60, →Form. C. III. 13, →Form. C. III. 14.

5. Bei der Inhaltskontrolle nach § 307 BGB ist im Prozess danach zu unterscheiden, ob Gegenstand der Renovierungsverpflichtung des Mieters eine bei Vertragsbeginn renovierte oder eine unrenovierte bzw. renovierungsbedürftige Wohnung ist (vgl. BGH Urt. v. 18.3.2015 – VIII ZR 185/14, BGHZ 204, 302 = NZM 2015, 374; BGH RE v. 1.7.1987 – VIII ARZ 9/86, BGHZ 101, 253 = NJW 1987, 2575).

Unrenoviert oder renovierungsbedürftig ist eine Wohnung nicht erst dann, wenn sie übermäßig stark abgenutzt oder gar völlig abgewohnt ist. Auch früher hat der BGH nicht zwischen mehr oder weniger abgewohnten Mieträumen unterschieden (vgl. BGH RE v. 1.7.1987 – VIII ARZ 9/86, BGHZ 101, 253 = NJW 1987, 2575). Maßgeblich ist vielmehr, ob die dem Mieter überlassene Wohnung Gebrauchsspuren aus einem vorvertraglichen Zeitraum aufweist. Auf eine Abgrenzung zwischen einer nicht renovierten und einer renovierungsbedürftigen Wohnung kommt es dabei nicht an, weil beide Begriffe Mieträume mit Gebrauchsspuren beschreiben und die Grenze fließend ist.

Um vorvertragliche Abnutzungs- und Gebrauchsspuren zu beseitigen und damit eine „renovierte" Wohnung zu übergeben, muss der Vermieter die Mieträume bei Vertragsbeginn nicht stets komplett frisch renovieren. Im Einzelfall kann die Vornahme geringer Auffrischungsarbeiten genügen. Nach Treu und Glauben (§ 242 BGB) bleiben dabei Abnutzungs- und Gebrauchsspuren außer Betracht, die so unerheblich sind, dass sie bei lebensnaher Betrachtung nicht ins Gewicht fallen. Es kommt letztlich darauf an, ob die überlassenen Mieträume den Gesamteindruck einer renovierten Wohnung vermitteln (vgl. BGH Urt. v. 18.3.2015 – VIII ZR 185/14, BGHZ 204, 302 = NZM 2015, 374).

Im Beispielsfall ergibt sich bereits aus dem Mietnachlass in Höhe einer halben Monatsmiete für das Streichen von drei Zimmern, dass wesentliche Teile der Wohnung nicht renoviert übergeben wurden. Im Zusammenhang mit dem weiteren Vorbringen zum Zustand auch der anderen Mieträume ergibt sich insgesamt der Schluss auf eine Überlassung im unrenovierten Zustand.

6. Die **formularmäßige Überwälzung** von laufenden Schönheitsreparaturen ist gemäß § 307 Abs. 1 Satz 1, Abs. 2 Nr. 1 BGB **unwirksam**, wenn die Wohnung bei Vertragsbeginn dem Mieter ohne angemessenen Ausgleich **unrenoviert oder renovierungsbedürftig überlassen** wird (grundlegend: BGH Urt. v. 18.3.2015 – VIII ZR 185/14, BGHZ 204, 302 = NZM 2015, 374, Anm. *Börstinghaus* jurisPR-BGHZivilR 10/2015 Anm. 1; Anm. *Hartmann* jurisPR-MietR 12/2015 Anm. 1; Anm. *Schneider* jM 2015, 325; BGH, Urt. v. 18.3.2015 – VIII ZR 242/13 –, BGHZ 204, 316 = NZM 2015, 424; vgl. auch *Horst* DWW 2015, 82; *Schach* Grundeigentum 2015, 343).

Insoweit hat der BGH seine frühere Rechtsprechung aufgegeben (vgl. BGH Urt. v. 18.3.2015 – VIII ZR 185/14, BGHZ 204, 302 = NZM 2015, 374; v. 18.3.2015 – VIII ZR 242/13 –, BGHZ 204, 316 = NZM 2015, 424). Früher hat der BGH angenommen, dass Vornahmeklauseln auch bei unrenoviert oder renovierungsbedürftig überlassenen Wohnungen der Inhaltskontrolle nach § 307 Abs. 1 Satz 1, Abs. 2 Nr. 1 BGB jedenfalls dann standhielten, wenn der Mieter nur zu den auf seine eigene Vertragszeit entfallenden Renovierungsleistungen verpflichtet werde (vgl. BGH RE v. 1.7.1987 – VIII ARZ 9/86, BGHZ 101, 253 = NJW 1987, 2575, bestätigt durch Urt. v. 28.4.2004 – VIII ZR 230/03, NJW 2004, 2087; v. 26.5.2004 – VIII ZR 77/03, NJW 2004, 3042; v. 9.3.2005 – VIII

ZR 17/04, NJW 2005, 1426). Damals hat der BGH angenommen, es sei gewährleistet, dass der Mieter einer unrenoviert oder renovierungsbedürftig überlassenen Wohnung nur die auf seine eigene Vertragszeit entfallenden Renovierungsleistungen vorzunehmen habe, wenn das Klauselwerk dahingehend ausgelegt werden könne, dass die üblichen Renovierungsfristen erst mit dem Beginn des Mietverhältnisses zu laufen beginnen.

Durch Rechtsentscheid vom 6.7.1988 (VIII ARZ 1/88, BGHZ 105, 71 = NJW 1988, 2790) hatte der BGH diese Beurteilung auf **Quotenabgeltungsklauseln** übertragen (auch diese Rechtsprechung hat der BGH inzwischen modifiziert: Urt. v. 18.3.2015 – VIII ZR 242/13 –, BGHZ 204, 316 = NZM 2015, 424; vgl. dazu → Form. B. III. 60).

Daran hält der BGH nicht mehr fest. Im Ausgangspunkt nimmt er zwar nach wie vor an, dass der Mieter auch bei Übernahme einer unrenovierten oder renovierungsbedürftigen Wohnung durch AGB nur zu den auf seine eigene Vertragszeit entfallenden Renovierungsleistungen verpflichtet werden darf. Er darf also zur Vermeidung einer unangemessenen Benachteiligung – jedenfalls nicht ohne Gewährung eines angemessenen Ausgleichs durch den Vermieter – formularmäßig nicht mit der Beseitigung von Gebrauchsspuren der Wohnung belastet werden, die bereits in einem vorvertraglichen Abnutzungszeitraum entstanden sind (vgl. BGH Urt. v. 18.3.2015 – VIII ZR 185/14, BGHZ 204, 302 = NZM 2015, 374). Nunmehr nimmt der BGH jedoch Abstand von seiner früheren Praxis, den Anwendungsbereich (die Wirksamkeit) von AGB unter Aufrechterhaltung des danach verbleibenden Vertragsinhalts einzuschränken, weil dies nach heutiger Sicht als **unzulässige geltungserhaltende Reduktion** einer Klausel auf den gerade noch zulässigen Inhalt einzustufen sei.

Der BGH knüpft insoweit an sein Urteil vom 23.6.2004 (VIII ZR 361/03, NJW 2004, 2586) an, mit dem er seine Rechtsprechung dahin weiterentwickelt hat, dass die Wirksamkeit formularmäßiger Vornahmeklauseln einen flexiblen Fristenplan voraussetzt, der Mieter mithin selbst nach Ablauf üblicher Fristen nur dann renovieren muss, wenn der Erhaltungszustand der Dekoration es erfordert. Der (Ausnahme-)Fall, dass die Vornahme von Schönheitsreparaturen trotz Ablauf üblicher Renovierungsfristen noch nicht erforderlich ist, wurde damit nicht mehr über eine korrigierende Auslegung (§§ 133, 157 BGB) oder Anwendung von § 242 BGB vom Anwendungsbereich der Formularklausel ausgenommen, sondern führt seitdem dazu, dass die Klausel, weil sie auch diesen Fall erfasst und den Mieter in dieser Konstellation unangemessen benachteiligt, insgesamt unangemessen und unwirksam ist.

Der BGH stellt sodann auf die weitere Entwicklung seiner Rechtsprechung zu einer strengeren Inhaltskontrolle von Vornahme- und Quotenabgeltungsklauseln (vgl. dazu → Form. B. III. 58, → Form. B. III. 59, Form. B. III. 60) ab und leitet hieraus ab, dass eine Klausel, die dem Mieter einer unrenoviert oder renovierungsbedürftig übergebenen Wohnung die Schönheitsreparaturen ohne angemessenen Ausgleich auferlegt, den Mieter zur Beseitigung sämtlicher Gebrauchsspuren des Vormieters verpflichte und – jedenfalls bei kundenfeindlichster Auslegung – dazu führe, dass der Mieter die Wohnung vorzeitig renovieren oder gegebenenfalls in einem besseren Zustand zurückgeben muss, als er sie selbst vom Vermieter erhalten hat. Die Verpflichtung des Mieters zur Vornahme während des Mietverhältnisses anfallender Schönheitsreparaturen lasse sich nach dem Wortlaut derartiger Regelungen nicht auf die nach Mietbeginn entstehenden Abnutzungsspuren beschränken, denn sie stellen nicht auf den Zeitpunkt der Verursachung, sondern auf den Zeitpunkt der Renovierungsbedürftigkeit ab und schließe damit den vom Vormieter mit verursachten Renovierungsbedarf ein. In der für einen Mieter ungünstigsten Auslegung könne der Mieter bei entsprechendem Zustand der Mieträume sogar bereits unmittelbar nach Mietbeginn zur Renovierung verpflichtet sein, obwohl die Abnutzung der Wohnung nicht auf ihn zurückgeht (BGH Urt. v. 18.3.2015 – VIII ZR 185/14, BGHZ 204, 302 = NZM 2015, 374).

Im Beispielsfall enthält der Mietvertrag zwar keinen starren, sondern flexible Fristen („im Allgemeinen"; zu starren Fristen vgl. → Form. B. III. 58), weshalb sich die Unwirksamkeit nicht schon aus der früheren Rechtsprechung zur Unwirksamkeit starrer Fristenregelungen ergibt (vgl. BGH Urt. v. 23.6.2004 – VIII ZR 361/03, NJW 2004, 2586). Als formularvertragliche Renovierungsklausel scheitert die Wirksamkeit aber an dem Umstand, dass die Mietsache unrenoviert überlassen wurde.

7. Prozessual hat der Mieter darzulegen und ggf. zu beweisen, dass die Wohnung bereits bei Mietbeginn unrenoviert oder renovierungsbedürftig war. Die **Darlegungs- und Beweislast** für tatsächliche Umstände, aus denen sich die Unwirksamkeit einer AGB-Regelung ergeben soll, trägt im Individualprozess der sich auf die Unwirksamkeit der Klausel berufende Vertragspartner des Verwenders, hier also der klagende Mieter (vgl. bereits BGH Urt. v. 18.5.1983 – VIII ZR 83/82, NJW 1983, 1854 ; v. 29.5.1991 – IV ZR 187/90, NJW 1991, 2763; v. 21.11.1995 – XI ZR 255/94, NJW 1996, 388).

Zumal bei Altverträgen kann der Mieter in Beweisnöte geraten. Lichtbilder oder unabhängige Zeugen, wie sie im Formulartext als Beweismittel angeboten werden, stehen oft nicht zur Verfügung. Ein non liquet geht zu Lasten des Mieters (vgl. *Börstinghaus* jurisPR-BGHZivilR 10/2015 Anm. 1).

8. Nach wie vor kann die formularvertragliche Überwälzung der laufenden Schönheitsreparaturen auf den Mieter einer unrenoviert oder renovierungsbedürftig übergebenen Wohnung wirksam vereinbart werden, sofern die Verpflichtung des Mieters zur Beseitigung vorvertraglicher Abnutzungsspuren durch einen vom Vermieter gewährten **Ausgleich** kompensiert wird. Der Mieter muss dadurch so gestellt werden, als sei ihm renovierter Wohnraum überlassen worden (vgl. BGH Urt. v. 18.3.2015 – VIII ZR 185/14, BGHZ 204, 302 = NZM 2015, 374; v. 25.10.1995 – VIII ZR 258/94, NJW 1996, 389; v. 23.4.1991 – XI ZR 128/90, BGHZ 114, 238).

Die **Darlegungs- und Beweislast für die Gewährung eines angemessenen Ausgleichs** obliegt dann dem Vermieter als Klauselverwender, da es sich um besondere tatsächliche Umstände handelt, die eine Benachteiligung des Vertragspartners als gerechtfertigt erscheinen lassen können (vgl. BGH Urt. v. 18.3.2015 – VIII ZR 185/14, BGHZ 204, 302 = NZM 2015, 374 mwN).

Einen genügenden Ausgleich hat der BGH (aaO) trotz eines gewissen Mietnachlasses verneint, weil für Streicharbeiten in drei Zimmern eine im Gegenzug vereinbarte Mietreduzierung von einer halben Monatsmiete keine taugliche Kompensation bewirkt. Entsprechendes wird auch für den Beispielsfall anzunehmen sein.

58. Klage auf Feststellung, nicht zu Schönheitsreparaturen verpflichtet zu sein (Wohnraum)

An das

Amtsgericht . . . . .[1]

Klage

des Herrn . . . . .

– Kläger –

Prozessbevollmächtigter: Rechtsanwalt . . . . .

gegen

Borzutzki-Pasing

Herrn . . . . .

– Beklagter –

wegen Feststellung nicht geschuldeter Schönheitsreparaturen

vorläufiger Streitwert: . . . . . EUR[2]

Namens und in Vollmacht des Klägers erhebe ich Klage mit dem Antrag,

1. festzustellen,
   a) dass der Kläger nicht verpflichtet ist, die in § . . . . . des schriftlichens Mietvertrag der Parteien vom . . . . . vorgesehenen turnusmäßigen Schönheitreparaturen durchzuführen.
   b) dass der Kläger nicht verpflichtet ist, die in § . . . . . des vorbezeichneten Mietvertrags für den Fall der Beendigung des Mietverhältnisses vorgesehene Endrenovierung durchzuführen.
2. festzustellen, dass anstelle der mietvertraglichen Bestimmungen über die Durchführung von Schönheitsreparaturen die gesetzlichen Erhaltungspflichten des Vermieters aus § 535 Abs. 1 S. 2 BGB gelten.
3. im Falle der Anordnung des schriftlichen Vorverfahrens bei Vorliegen der Voraussetzungen ein Versäumnisurteil gemäß § 331 Abs. 3 ZPO zu erlassen.

Begründung:

Mit schriftlichem Formularvertrag vom . . . . . vermietete der Beklagte an den Kläger auf unbefristete Zeit die Wohnung . . . . .

Der Mietvertrag sieht vor, dass der Kläger die Wohnung zu renovieren hat. In § . . . . . sind hierzu folgende Regelungen enthalten:

„(1) Die Schönheitsreparaturen übernimmt der Mieter. Die Wohnung ist nach Maßgabe der in Ziff. (2) aufgeführten Fristen unter Verwendung neutraler, heller und deckender Farben und Tapeten in einen optisch einwandfreien Zustand zu versetzen. (2) Die vom Mieter durchzuführenden Schönheitsreparaturen haben ab Mietbeginn jeweils in folgenden Abständen zu erfolgen:
   Wohnräume alle 5 Jahre,
   Küche und Bad (Toilette) alle 3 Jahre,
   Nebenräume alle 7 Jahre.“

Beweis: anliegende Kopie des Mietvertrags

§ . . . . . des Mietvertrags enthält außerdem folgende Bestimmungen zur Endrenovierung:

„Bei Beendigung des Mietverhältnisses sind die Mieträume unabhängig davon, worauf die Beendigung beruht, in neu renoviertem Zustand an den Vermieter zurückzugeben.“

Beweis: anliegende Kopie des Mietvertrags

Die vertraglichen Bestimmungen zur Durchführung von Schönheitsreparaturen sind insgesamt unwirksam, weil sie als formularvertragliche Regelungen einer Inhaltskontrolle nach § 307 BGB nicht standhalten. Der Mietvertrag benachteiligt den Kläger in unangemessener Weise.[3]

Der Mietvertrag wurde auf einem vom Beklagten verwendeten Formular niedergelegt. Nach der inhaltlichen und äußeren Gestaltung des Vertrags ist der Formularcharakter indiziert.[4]

Beweis: anliegende Kopie des Mietvertrags

Der Mietvertrag enthält einen starren Fristenplan, nach dessen Vorgaben der Mieter während des laufenden Mietverhältnisses Schönheitsreparaturen durchzuführen hat. Formularvertragliche Bestimmungen mit diesem Inhalt sind nach der gefestigten Rechtsprechung des BGH unwirksam, weil sie den Mieter unangemessen benachteiligen (§ 307 BGB). Die Renovierungspflicht soll unabhängig vom tatsächlichen Renovierungsbedarf eintreten, wobei sich die Fälligkeit der vom Mieter geschuldeten Arbeiten nach festen Zeitintervallen richtet. Nach den vertraglichen Klauseln kommt es für die Fälligkeit von Renovierungsarbeiten auf den tatsächlichen Zustand der Räume nicht an.[5]

Eine unangemessene Benachteiligung ergibt sich auch daraus, dass die laufenden Schönheitsreparaturen mit ganz bestimmten Leistungsvorgaben durchgeführt werden sollen („unter Verwendung neutraler, heller und deckender Farben und Tapeten"). Solche Klauseln bewirken schon für sich eine unangemessene Einengung des Mieters in der Art auszuführender Schönheitsreparaturen, wenn sie – wie im gegebenen Fall – nicht auf den Zustand der Wohnung im Zeitpunkt der Rückgabe der Mietsache beschränkt sind, sondern auch für Schönheitsreparaturen gelten sollen, die der Mieter im Laufe des Mietverhältnisses vorzunehmen hat.[6]

Unwirksam sind auch die vertraglichen Bestimmungen zur Durchführung von Schönheitsreparaturen bei Beendigung des Mietverhältnisses. Die Unwirksamkeit der Endrenovierungsklausel ergibt sich bereits aus der vorstehend behandelten Unwirksamkeit der vertraglichen Regelungen über die laufenden Schönheitsreparaturen. Die Unwirksamkeit einer Klausel über starre Renovierungsfristen führt grundsätzlich zur Gesamtunwirksamkeit aller formularvertraglichen Regelungen über die Schönheitsreparaturen, weil die Frage, ob Renovierungspflichten wirksam auf den Mieter übertragen worden sind, nach der Rechtsprechung des BGH nicht von der Frage nach dem Umfang durchzuführender Schönheitsreparaturen zu trennen ist und weil diesbezüglich keine geltungserhaltende Reduktion auf einen noch wirksam vereinbarten Pflichtenkreis möglich ist.[7]

Eine unangemessene Benachteiligung des Mieters im Sinne von § 307 BGB ergibt sich ferner aus dem Zusammenspiel der Regelungen über die laufenden Renovierungspflichten und der Bestimmungen über die Endrenovierungspflicht. Die Pflicht zur Endrenovierung soll nach dem Vertrag unabhängig davon bestehen, in welchem Zustand sich die Mieträume dann befinden und wann während des laufenden Mietverhältnisses zuletzt eine Renovierung stattgefunden hat. Auch solche Renovierungsklauseln sind nach der Rechtsprechung des BGH unwirksam.[8]

Die Unwirksamkeit der vertraglichen Renovierungsklauseln führt dazu, dass die gesetzlichen Erhaltungs- und Instandhaltungspflichten uneingeschränkt fortgelten. Gemäß § 535 Abs. 1 S. 2 BGB sind diese Pflichten vom Vermieter zu erfüllen.[9]

Die Unwirksamkeit der Renovierungsklauseln und die sich hieraus ergebende Geltung der gesetzlichen Erhaltungspflichten sind gerichtlich festzustellen. Das gemäß § 256 Abs. 1 ZPO erforderliche Feststellungsinteresse des Klägers ist gegeben.[10]

Der vertraglich vorgesehene Turnus zur Durchführung laufender Schönheitsreparaturen ist nach dem am . . . . . erfolgten Mietbeginn bereits abgelaufen, soweit es die . . . . . [z.B. 3-jährige] Renovierungsfrist für . . . . . [z.B. Küche und Bad] betrifft. Der Kläger muss befürchten, dass der Beklagte ihm einen Vertragsverstoß anlastet, wenn der Kläger den vertraglichen Fristenplan nicht beachtet. Um die Unverbindlichkeit der vertraglichen Renovierungsklauseln außerprozessual klarzustellen und unberechtigten Ansprüchen des Beklagten vorzubeugen, hat der Kläger den Beklagten unter Hinweis auf die Rechtslage mit Schreiben vom . . . . . aufgefordert, sich bis zum . . . . . ausdrücklich dazu erklären, ob er den Kläger auf Durchführung von Schönheitsreparaturen in Anspruch nehmen will.

Beweis: anliegende Kopie des Schreibens vom . . . . .

Der Beklagte hat auf das vorbezeichnete Schreiben nicht geantwortet. Der Kläger durfte aber in Anbetracht des Umstands, dass die vertraglichen Renovierungsfristen bereits [ggf.: teilweise] abgelaufen waren, erwarten, dass sich der Beklagte alsbald dazu äußert, ob er vom Kläger die Durchführung von Schönheitsreparaturen verlangt oder nicht.[11]

Das Schweigen des Beklagten gibt dem Kläger konkrete Veranlassung zu der Annahme, dass der Beklagte an den im Vertrag geregelten Ansprüchen festhalten will. Die Erhebung der Feststellungsklage ist daher geboten.

Rechtsanwalt

Anmerkungen

1. Bei Ansprüchen aus einem Mietverhältnis über Wohnraum ist die ausschließliche Zuständigkeit des Amtsgerichts gemäß § 23 Nr. 2 a GVG zu beachten.

2. Der **Gebührenstreitwert** für eine Feststellungsklage ist nach § 3 ZPO zu schätzen.
Da der Kläger mit den unter Ziff. 1) formulierten Feststellungsanträgen eine **negative Feststellungsklage** erhoben hat, ist für den Gegenstandswert das klägerische Interesse an der Abwehr von Ansprüchen aus dem streitgegenständlichen Rechtsverhältnis maßgeblich. Bei der negativen (leugnenden) Feststellungsklage ist wegen der vernichtenden Wirkung des obsiegenden Urteils der Streitwert so hoch zu bewerten wie der Anspruch, dessen sich der Gegner berühmt, also ohne Feststellungsabschlag (vgl. BGH Beschl. v. 9.6.2015 – IX ZR 257/14, NJW-Spezial 2015, 700, in Fortführung von BGH Beschl. v. 29.4.2004 – III ZB 72/03, WuM 2004, 352).
Die Feststellungsanträge zu 1) erfassen dem Werte nach an sich alle vertraglich vorgesehenen Renovierungspflichten im Laufe des Mietverhältnisses und bei dessen Beendigung. Bei einem unbefristeten Mietverhältnis steht die Mietdauer aber nicht fest, weshalb auch nicht konkret ermittelt werden kann, wie oft und mit welchem Aufwand laufende Schönheitsreparaturen anfallen können. Die Kosten einer etwaigen Endrenovierung sind ebenfalls nicht ohne Weiteres zu überblicken. Bei der Wertveranschlagung wird daher nur ein ungefährer Annäherungswert ermittelt werden können, der auch unter Berücksichtigung von Größe und Ausstattung der Mietsache sowie ggf. der Mietdauer zu bestimmen sein wird. Die obergerichtliche Rechtsprechung geht überdies davon aus, dass gänzlich überzogene (irreale) Anspruchsberühmungen auf sinnvolle Streitwerte zu reduzieren sind (vgl. OLG Dresden Beschl. v. 30.06.2003 – 18 W 690/03, JurBüro 2004, 141; OLG Düsseldorf Beschl. v. 14.11.2002 – 4 WF 121/02, MDR 2003, 236). In Anlehnung hieran wird man auch dann, wenn die Bemessungskriterien für den Wert erfasster Ansprüche noch weitgehend im Ungewissen liegen, eine schätzweise Begrenzung des Streitwerts auf einen sicheren und realistischen Mindestbetrag vornehmen können.
Der Feststellungsantrag zu 2) dürfte keine zusätzliche Werterhöhung veranlassen, denn er hat lediglich klarstellende Bedeutung. Das ihm zugrunde liegende Interesse (→ Anm. 11 a. E.) deckt sich wirtschaftlich mit dem im Übrigen verfolgten Feststellungsverlangen.

3. Das Formular befasst sich mit den Rechtsfolgen von Formularklauseln über Schönheitsreparaturen, die einer Inhaltskontrolle im Rahmen von § 307 BGB nicht standhalten (im Einzelnen → Anm. 4–8). Bei Altmietverhältnissen sind **Renovierungsklauseln mit**

einem starrem **Fristenplan** und mit einer **unbedingten Endrenovierungspflicht** noch häufig anzutreffen. Für den Mieter, der sich mit entsprechenden Vertragsklauseln konfrontiert sieht, kann sich daher die Frage stellen, ob er künftigen Vermieteransprüchen, die auf die Durchführung solcher Schönheitsreparaturen gerichtet sind, durch Erhebung einer negativen Feststellungsklage prozessual vorbeugen sollte (zur Klage auf Erstattung von Aufwendungen für bereits erfolgte Renovierungen → Form. C. III. 13).

4. Nach der Rechtsprechung beider Mietrechtssenate des Bundesgerichtshofs bestehen grds. keine Bedenken, in einem Formularmietvertrag die Verpflichtung zur Durchführung von Schönheitsreparaturen auf den Mieter zu übertragen. Die **Hürden für wirksame Vertragsgestaltungen**, mit denen Renovierungspflichten des Mieters zeitlich und dem Umfang nach ausgestaltet werden sollen, sind allerdings fast unüberwindbar. Im rechtlichen Ansatz obliegt dem Vermieter nach § 535 Abs. 1 Satz 2 BGB die Verpflichtung, das Mietobjekt während der gesamten Vertragszeit in einem vertragsgemäßen Zustand zu erhalten. Weil die mietvertragliche Praxis, insbesondere in Formularverträgen, seit langem von diesem gesetzlichen Leitbild abweicht und bereits allgemeine Verkehrssitte geworden ist, hat es der Bundesgerichtshof gebilligt, dass in Formularverträgen Schönheitsreparaturen regelmäßig auf den Mieter verlagert werden, obwohl nach § 307 BGB Bestimmungen, die vom wesentlichen Grundgedanken der gesetzlichen Regelung abweichen, in der Regel als unangemessen und damit unwirksam anzusehen sind (vgl. etwa BGH, Urt. v. 12.3.2014 – XII ZR 108/13, NZM 2014, 306; v. 6.4.2005 – XII ZR 308/02, NJW 2005, 2006).

Soweit es um die Inhaltskontrolle von AGB – etwa im Rahmen von § 307 BGB – geht, kann die prozessuale Darlegung geboten sein, dass es sich bei dem jeweils zugrunde liegenden Vertrag um einen Formularvertrag und nicht um individualvertragliche Abreden handelt. Bei Verwendung allgemein bekannter Mustermietverträge können nähere Ausführungen hierzu entbehrlich sein.

5. Mit Blick auf § 307 BGB hat der VIII. Zivilsenat des Bundesgerichtshofs solche AGB, mit denen Schönheitsreparaturen nach einem „starren" Fristenplan auf den Mieter übertragen werden, für unwirksam erachtet, weil sie den Mieter mit Renovierungspflichten belasten, die über den tatsächlichen Renovierungsbedarf hinausgehen und dem Mieter eine höhere Instandhaltungsverpflichtung auferlegen, als sie den Vermieter ohne eine solche vertragliche Klausel treffen würde (vgl. BGH Urt. v. 23.6.2004 – VIII ZR 361/03, NJW 2004, 2586). Ausnahmen lässt der VIII. Zivilsenat nur für solche AGB zu, die eine Renovierung innerhalb bestimmter Fristen zwar für den Regelfall vorsehen, diese aber vom tatsächlichen Erhaltungszustand der Mieträume abhängig machen (vgl. BGH Urteile v. 13.7.2005 – VIII ZR 351/04, NJW 2005, 3416; v. 18.10.2006 – VIII ZR 52/06, NJW 2006, 3778; v. 26.9.2007 – VIII ZR 143/06, NJW 2007, 3632). Knüpft die Vertragsklausel die Renovierungspflicht des Mieters dagegen allein an feste zeitliche Grenzen und führt die Auslegung der AGB dazu, dass der Erhaltungszustand für die Verpflichtung keine Rolle spielt, führt dies regelmäßig zur Unwirksamkeit einer Klausel (BGH Urteile v. 5.4.2006 – VIII ZR 178/05, NJW 2006, 1728; v. 7.3.2007 – VIII ZR 247/05, WuM 2007, 260). Dieser Rechtsprechung hat sich der XII. Senat des BGH für den Bereich der Gewerberaummiete angeschlossen (Urt. v. 8.10.2008 – XII ZR 84/06, BGHZ 178, 158 = NJW 2008, 3772; Urt. v. 12.3.2014 – XII ZR 108/13, NZM 2014, 306 → Form. B. III. 59). Die vom BGH vorgenommene Abgrenzung kann man in rechtspraktischer Hinsicht kritisch sehen, denn Fristbestimmungen, die unter dem Vorbehalt eines erst festzustellenden Renovierungsbedarfs stehen, bieten nur wenig Vertrags- und Rechtssicherheit und bergen hohes Streitpotential.

Die dem Formular zugrunde liegende Klausel beinhaltet starre Fristen, an deren Ablauf unabhängig vom tatsächlichen Renovierungsbedarf die Fälligkeit von Renovierungspflichten geknüpft sein soll. Bereits hieraus ergibt sich mithin eine unangemessene Benachteiligung des Mieters im Sinne von § 307 BGB.

6. Eine unangemessene Benachteiligung des Mieters im Sinne von § 307 BGB kann sich auch daraus ergeben, dass ganz bestimmte Leistungspflichten des Mieters formularmäßig festgelegt werden und der Mieter hierdurch besonders reglementiert und eingeengt wird.

Dies gilt z. B. für die sog. **Fachhandwerkerklauseln**, mit denen dem Mieter aufgegeben wird, einen Fachbetrieb mit der Renovierung zu beauftragen. Nach der Rechtsprechung des BGH benachteiligen Fachhandwerkerklauseln in Formularmietverträgen über Wohnraum den Mieter unangemessen und sind deshalb gemäß § 307 BGB unwirksam (vgl. BGH Urt. v. 9.6.2010 – VIII ZR 294/09, NZM 2010, 615). Dies gilt jedenfalls dann, wenn sie dem Mieter die Möglichkeit der kostensparenden Eigenleistung nehmen, weil eine solche Klausel über das hinausgeht, was der Vermieter nach § 535 BGB ansonsten selbst schulden würde. Ohne eine Abwälzung der Schönheitsreparaturen auf den Mieter ist der Vermieter lediglich zur fachgerechten Ausführung in mittlerer Art und Güte (§ 243 Abs. 1 BGB) verpflichtet, wozu es bei Schönheitsreparaturen nicht zwingend der Ausführung durch Fachhandwerker bedarf. Außerdem kann der Vermieter nur ein Interesse an einer fachgerechten Ausführung haben. Diesem Interesse wird auch durch die Ausführung der Arbeiten durch einen Laien genügt, wenn dies fachgerecht geschehe (BGH Urt. v. 9.6.2010 – VIII ZR 294/09, NZM 2010, 615; OLG Stuttgart RE v. 19.8.1993 – 8 REMiet 2/92, NJW-RR 1993, 1422).

Eine unangemessene Benachteiligung des Mieters kann auch darin liegen, dass **spezielle Ausführungsmodalitäten** beachtet werden sollen. Eine formularvertragliche Klausel, die den Mieter dazu verpflichtet, die auf ihn abgewälzten Schönheitsreparaturen in „neutralen, hellen, deckenden Farben und Tapeten auszuführen", ist wegen unangemessener Benachteiligung des Mieters unwirksam, wenn sie nicht auf den Zustand der Wohnung im Zeitpunkt der Rückgabe der Mietsache beschränkt ist, sondern auch für Schönheitsreparaturen gilt, die der Mieter im Laufe des Mietverhältnisses vorzunehmen hat (vgl. BGH Urt. v. 18.6.2008 – VIII ZR 224/07, NZM 2008, 605). Ein Verstoß gegen diesen Grundsatz soll sogar dazu führen, dass die hiermit bewirkte Festlegung des Mieters bezüglich der Ausführungsart bei Schönheitsreparaturen komplett zur Unwirksamkeit der Abwälzung der Pflicht zur Vornahme der Schönheitsreparaturen führt. Nach der Rechtsprechung des BGH sind Konkretisierungen der Schönheitsreparaturverpflichtung hinsichtlich ihres gegenständlichen und zeitlichen Umfangs sowie ihrer Ausführungsart inhaltlich derart eng mit der Verpflichtung selbst verknüpft, dass diese bei einer Beschränkung der Unwirksamkeit auf die unzulässige Ausführungsmodalität inhaltlich umgestaltet und mit einem anderen Inhalt aufrechterhalten würde (vgl. BGH Urt. v. 18.3.2015 – VIII ZR 21/13, NZM 2015, 485; Urt. v. 13.1.2010 – VIII ZR 48/09, NZM 2010, 157; Urt. v. 18.6.2008 – VIII ZR 224/07, NZM 2008, 605). Demgegenüber ist zT angenommen worden, dass etwa ein Verstoß gegen Fachhandwerkerklauseln namentlich unter Anwendung des sog. blue-pencil-tests allein zum Wegfall der spezifizierten Leistungsanforderung (Pflicht zur Beauftragung eines Fachbetriebs) führt, nicht dagegen zur Gesamtunwirksamkeit der gesamten Reparaturklauseln (vgl. OLG Stuttgart RE v. 19.8.1993 – 8 REMiet 2/92, NJW-RR 1993, 1422; kritisch dazu bereits: *Heinrichs* NZM 2005, 201; zur Gesamtunwirksamkeit vgl. auch → Anm. 7).

Für unwirksam hat der BGH (Beschl. v. 11.9.2012 – VIII ZR 237/11 – WuM 2012, 662) ferner eine Klausel gehalten, derzufolge der Wohnraummieter nur mit Zustimmung des Vermieters von der ursprünglich vorhandenen Ausführungsart abweichen darf.

7. Die Unwirksamkeit einer Klausel über starre Renovierungsfristen birgt das akute Risiko der **Gesamtunwirksamkeit** aller formularvertraglichen Regelungen über Schönheitsreparaturen. Nach der Rechtsprechung des BGH ist die Übertragung der Schönheitsreparaturen auf den Mieter nicht vom Umfang der durchzuführenden Schönheitsreparaturen zu trennen (vgl. BGH Urt. v. 18.3.2015 – VIII ZR 21/13, NZM 2015, 485; Urt. v. 13.1.2010 – VIII ZR 48/09, NZM 2010, 157; Urt. v. 18.6.2008 – VIII ZR 224/07, NZM 2008, 605). Nur dann, wenn sich eine Formularklausel nach ihrem Wortlaut verständlich und sinnvoll in einen inhaltlich zulässigen und in einen unzulässigen Regelungsteil trennen lässt (sog. blue-pencil-test), ist die Aufrechterhaltung des zulässigen Teils rechtlich unbedenklich (vgl. BGH Urt. v. 8.10.2008 – XII ZR 84/06, BGHZ 178, 158 = NZM 2008, 890; → Anm. 6). Wann indessen der blue-pencil-test greift, entzieht sich zuverlässiger Einschätzung. Bei Renovierungsklauseln ist die Rechtsprechung jedenfalls äußerst zurückhaltend. Nach Auffassung des BGH lässt sich die Abwälzung von Schönheitsreparaturen zumeist nicht isoliert vom Umfang der durchzuführenden Arbeiten beurteilen. Wenn der Umfang solcher Arbeiten in Folge einer starren Fristenregelung unwirksam ist, verbleibt danach für die Renovierungsverpflichtung des Mieters auch im Übrigen kein hinreichend bestimmter Rahmen. Ein Wegfall allein des Fristenplans lässt die formularvertragliche Endrenovierungspflicht nach der Rechtsprechung des BGH schon deshalb nicht unberührt, weil das zur Folge hätte, dass die Renovierungsvorschrift inhaltlich umgestaltet würde. Der Fristenplan bildet mit der Überwälzung der Schönheitsreparaturen eine Einheit, indem er den Umfang der Renovierungsverpflichtung konkretisiert. Bliebe die Klausel, soweit sie die Abwälzung der Renovierungspflicht im Allgemeinen und/oder die Pflicht zur Endrenovierung betrifft, nach Streichung eines unzulässigen Fristenplans bestehen, würde der Umfang der auf den Mieter übertragenen Renovierungsverpflichtung auf das gerade noch zulässige Maß zurückgeführt. Dies wäre jedoch nach der Rechtsprechung des BGH (vgl. BGH Urt. v. 8.10.2008 – XII ZR 84/06, BGHZ 178, 158 = NZM 2008, 890 mwN) eine **unzulässige geltungserhaltende Reduktion** der Formularklausel.

Dieser sehr restriktiven Argumentation des BGH ließe sich entgegen halten, dass die Anwendung des blue-pencil-tests im Grunde immer und geradezu denknotwendig den „Umfang" der geschuldeten (Mieter-) Leistungen tangiert und auch eine „inhaltliche Umgestaltung" des Vertrags bewirkt, denn der unzulässige Regelungsteil gerät hierbei in Wegfall. In Anbetracht der gefestigten Rechtsprechung kann jedoch vor Gestaltungsversuchen, die dem blue-pencil-test standhalten sollen, nur gewarnt werden. Die Aufsplittung eines Formulars in gesonderte Regelungsteile (Klauseln) hilft jedenfalls nicht weiter. Wegen des inneren Zusammenhangs der mietvertraglichen Abwälzungsklauseln ist eine Gesamtregelung auch dann unwirksam, wenn eine Regelung zur Abwälzung der Schönheitsreparaturen auf den Mieter und die für ihre Erfüllung maßgebenden starren Fristen in unterschiedlichen Klauseln enthalten sind. Allein aus einer zulässigen Freizeichnung des Vermieters von den ihn treffenden gesetzlichen Renovierungspflichten würde sich im Übrigen noch keine positive Pflicht des Mieters zur Durchführung von Schönheitsreparaturen ergeben (vgl. BGH Urt. v. 18.3.2015 – VIII ZR 21/13, NZM 2015, 485; BGH Urt. v. 8.10.2008 – XII ZR 84/06, BGHZ 178, 158 = NZM 2008, 890).

Zur Wirksamkeit von Quotenabgeltungsklauseln vgl. → Form. B. III. 60.

8. Die im Formular enthaltene Klausel zur Endrenovierung kann unabhängig von der bereits behandelten Gesamtunwirksamkeit des Klauselwerks über die Schönheitsreparaturen (→ Anm. 7) auch für sich keinen Bestand haben.

Nach der Rechtsprechung beider Mietrechtssenate des Bundesgerichtshofs ist eine Regelung in einem Formularvertrag, die den Mieter verpflichtet, die Mieträume unabhängig vom Zeitpunkt der Vornahme der letzten **Schönheitsreparaturen bei Vertragsende** (Endrenovierung) renoviert zu übergeben, wegen unangemessener Benachteiligung des Mieters nach § 307 Abs. 1 BGB unwirksam (BGH Urt. v. 12.3.2014 – XIII ZR 108/13, NZM 2014, 306; BGH Urt. v. 3. Juni 1998 – VIII ZR 317/97, NJW 1998, 3114; v. 6.4.2005 – XII ZR 308/02, NJW 2005, 2006). Die Verpflichtung des Mieters, neben der

Durchführung der Schönheitsreparaturen die Mietsache bei Beendigung des Mietverhältnisses renoviert zurückzugeben, entfernt sich noch weiter vom gesetzlichen Leitbild und führt zu einer zusätzlichen Verschärfung zu Lasten des Mieters. Er muss in diesen Fällen eine Endrenovierung vornehmen unabhängig davon, wann die letzte Schönheitsreparatur erfolgt ist und ob ein Bedarf hierfür besteht. Dies hat zur Folge, dass sowohl die Endrenovierungsklausel als auch die Klausel, die die Übertragung der Schönheitsreparaturen auf den Mieter regelt, unwirksam sind (vgl. BGH Urt. v. 12.3.2014 – XIII ZR 108/13, NZM 2014, 306; v. 14.5.2003 – VIII ZR 308/02, NJW 2003, 2234; v. 25.6.2003 – VIII ZR 335/02, NZM 2003, 755; v. 6.4.2005 – XIII ZR 308/02, NJW 2005, 2006).

Wenn der Mieter die **Rückgabe der Mieträume in bezugsfertigem Zustand** schuldet, nimmt der BGH allerdings keinen Verstoß gegen § 307 BGB an (vgl. BGH Urt. v. 12.3.2014 – XII ZR 108/13, NZM 2014, 306). Um diese Verpflichtung zu erfüllen, muss der Mieter die Mieträume nicht umfassend renovieren. Ausreichend ist vielmehr, wenn er die Mieträume in einem Erhaltungszustand zurückgibt, die es dem Vermieter ermöglichen, einem neuen Mieter die Räume in einem bezugsgeeigneten und vertragsgemäßen Zustand zu überlassen (vgl. BGH Urt. v. 12.3.2014 – XII ZR 108/13, NZM 2014, 306; v. 14.7.1971 – VIII ZR 28/70, NJW 1971, 1839; v. 13.1.1982 – VIII ZR 186/80, ZMR 1982, 180). Nur wenn die Räume diesen Anforderungen nicht genügen, etwa weil der Mieter während der Mietzeit keine Schönheitsreparaturen durchgeführt hat, die letzten Schönheitsreparaturen lange zurückliegen oder sich die Mieträume aufgrund übermäßig starker Abnutzung trotz durchgeführter Schönheitsreparaturen nicht in einem zur Weitervermietung geeigneten Zustand befinden, hat der Mieter bei seinem Auszug Renovierungsarbeiten zu erbringen. Dies folgt jedoch bereits aus der Verpflichtung des Mieters, Schönheitsreparaturen durchzuführen, wenn es der Erhaltungszustand der Mieträume erfordert (vgl. BGH Urt. v. 12.3.2014 – XII ZR 108/13, NZM 2014, 306; v. 10.7.1991 – XII ZR 105/90, NJW 1991, 2416).

9. Wenn Renovierungsklauseln insgesamt unwirksam sind, verbleibt es bei der gesetzlichen **Erhaltungs- und Instandhaltungspflicht des Vermieters** aus § 535 Abs. 1 S. 2 BGB. Die infolge der Unwirksamkeit fortbestehenden gesetzlichen Erhaltungspflichten beziehen sich aber grundsätzlich nur auf die Ermöglichung des vertragsgemäßen Gebrauchs, der vom jeweiligen Vertragszweck abhängig ist. Die insoweit erforderlichen (Grund-) Renovierungspflichten entsprechen dagegen nicht deckungsgleich den nach § 307 BGB für unwirksam erachteten (gesteigerten) Renovierungspflichten, denn insoweit fehlt es gerade an wirksamen vertraglichen Vereinbarungen.

Die Unwirksamkeit von Renovierungsklauseln veranlasst nicht zwingend die Erhebung einer Feststellungsklage mit dem Ziel, ausdrücklich die Fortgeltung der gesetzlichen Vermieterpflichten auszusprechen, denn dies folgt grundsätzlich schon aus dem Wegfall der vertraglichen Überbürdungsklausel, der automatisch zur Geltung der gesetzlichen Vorgaben führt. Gleichwohl kann es geboten sein, auf eine solche Feststellung hinzuwirken, wenn etwa speziell Streit über die Gesamtunwirksamkeit (→ Anm. 7) und deren Reichweite besteht oder wenn die Verbindlichkeit anderer Vertragsklauseln, welche die Geltung der verfänglichen Renovierungsklauseln (ggf. inzidenter) voraussetzen, streitig ist (zum stets erforderlichen Feststellungsinteresse → Anm. 10).

10. Die Erhebung einer Feststellungklage setzt das Vorliegen eines entsprechenden **Feststellungsinteresses** voraus, § 256 Abs. 1 ZPO. Hierfür reicht ein allgemeines Klärungsinteresse nicht aus. Ein rechtliches Interesse an einer alsbaldigen Feststellung des Bestehens oder Nichtbestehens eines Rechtsverhältnisses ist nur gegeben, wenn dem Recht oder der Rechtslage des Klägers eine gegenwärtige Gefahr der Unsicherheit droht und wenn das erstrebte Urteil geeignet ist, diese Gefahr zu beseitigen (st. Rspr., vgl. BGH Urt. v. 13.1.2010 – VIII ZR 351/08, m.w.N.). Gegenstand eines Feststellungsurteils können auch einzelne sich aus einem umfassenderen Rechtsverhältnis ergebende Beziehungen oder Folgen eines Rechtsverhältnisses sowie der Umfang und der Inhalt einer Leistungspflicht (hier: Pflicht zur Erbringung von Reparaturleistungen) sein (vgl. BGH Urt. v. 19.11.2014 – VIII ZR 79/14, NJW 2015, 873).

Die Klage zielt mit den Klageanträgen zu 1) auf die Feststellung ab, dass ein bestimmter (Renovierungs-)Anspruch nicht bestehe. Sie versteht sich daher als **negative Feststellungsklage**, die das Bestehen eines bestimmten Rechtsverhältnisses bzw. eines Anspruchs leugnet.

11. Eine negative Feststellungsklage erfordert grundsätzlich eine von der beklagten Partei aufgestellte **Bestandsbehauptung** (sog. Berühmung) der vom Kläger verneinten Rechtslage durch den Anspruchsteller (st. Rspr., vgl. nur BGH Urt. v. 17.7.2012 – XI ZR 198/11, NJW 2012, 3294). Die ausdrückliche Geltendmachung eines Renovierungsanspruchs durch den Vermieter beinhaltet stets eine solche Berühmung.

Dem Sachverhalt, der dem Formular zugrunde liegt, lässt sich allerdings keine ausdrückliche Berühmung des Vermieters in Bezug auf die Renovierungpflichten entnehmen, denn er hat auf das Mieterschreiben, mit dem Renovierungsansprüche in Abrede gestellt worden sind, geschwiegen. Ein Feststellungsinteresse kann aber bereits dann gegeben sein, wenn der Mieter befürchten muss, dass ihm der Vermieter aufgrund seines vermeintlichen Rechts ernstliche Hindernisse entgegensetzen wird. Eine solche Besorgnis kann sich auch daraus ergeben, dass der Vermieter mit einer nach Treu und Glauben zu erwartenden eindeutigen Erklärung zurückhält (vgl. BGH Urt. v. 13.1.2010 – VIII ZR 351/08, NZM 2010, 237; Urt. v. 16.9.2008 – VI ZR 244/07 – NJW 2009, 751). Eine entsprechende Erklärungpflicht des Vermieters hat der BGH in einem Fall angenommen, bei dem ein Formularmietvertrag möglicherweise unwirksame Klauseln über die Verpflichtung der Mieter zur Vornahme von Schönheitsreparaturen enthielt und die Mieter vor Beendigung des Mietverhältnisses (nach einer von ihnen erklärter Kündigung) Dispositionen treffen mussten, falls sie die Schönheitsreparaturen bei etwa bestehender Verpflichtung selbst durchführen wollten (vgl. BGH Urt. v. 13.1.2010 – VIII ZR 351/08, NZM 2010, 237).

Mit diesen Vorgaben ist eine eher großzügige Beurteilung des Feststellungsinteresses geboten. Wenn der Mieter vorprozessual konkrete Veranlassung hat, die ihm obliegenden (Renovierungs-) Pflichten nach Umfang und Fälligkeit zu eruieren, wird der Vermieter sich hierzu erklären müssen. Bei der Pflicht zur Durchführung von kostenträchtigen Schönheitsreparaturen wird der Mieter wohl stets auf eine Klärung dringen können, denn „Dispositionen" in dem vom BGH angesprochenen Sinne (vgl. BGH, Urt. v. 13.1.2010 – VIII ZR 351/08, NZM 2010, 237; Urt. v. 16.9.2008 – VI ZR 244/07, NJW 2009, 751) wird der Mieter insoweit regelmäßig zu treffen haben. Die dem Formular zugrunde liegende Fallgestaltung geht davon aus, dass die turnusmäßig ausbedungene Renovierung bereits (teilweise) fällig geworden ist. Dies dürfte ohne Weiteres ausreichen, um den Vermieter in Erklärungszwang zu versetzen.

Ein Feststellungsinteresse für den Antrag zu 2) wird diesseits angenommen, wenn die rechtlichen Konsequenzen der Unwirksamkeit von Renovierungsklauseln streitig sind oder wenn andere Vertragsklauseln eine entsprechende Klarstellung nahelegen (→ Anm. 9).

59. Klage auf Feststellung nicht zu Schönheitsreparaturen verpflichtet zu sein (Gewerberaum)

An das

Landgericht . . . . .[1]

Klage

des Herrn . . . . .

– Kläger –

Prozessbevollmächtigter: Rechtsanwalt . . . . .

gegen

die Fa. . . . . . GmbH, vertreten durch ihren Geschäftsführer . . . . .

– Beklagte –

wegen Feststellung nicht geschuldeter Schönheitsreparaturen

vorläufiger Streitwert: . . . . . EUR[2]

Namens und in Vollmacht des Klägers erhebe ich Klage mit dem Antrag,

1. festzustellen,
   a) dass der Kläger nicht verpflichtet ist, die in § . . . . . des schriftlichen Pachtvertrags der Parteien vom . . . . . über die Gaststätte . . . . . vorgesehenen turnusmäßigen Schönheitreparaturen durchzuführen.
   b) dass der Kläger nicht verpflichtet ist, die in § . . . . . des vorbezeichneten Pachtvertrags für den Fall der Beendigung des Mietverhältnisses vorgesehenen Schönheitsreparaturen durchzuführen.[3]
2. im Falle der Anordnung des schriftlichen Vorverfahrens bei Vorliegen der Voraussetzungen ein Versäumnisurteil gemäß § 331 Abs. 3 ZPO zu erlassen.

Begründung:

Mit schriftlichem Formularvertrag vom . . . . . verpachtete der Beklagte an den Kläger für die Dauer von . . . . . Jahren und mit einer dem Kläger eingeräumten Verlängerungsoption die Gaststätte . . . ., bestehend aus . . . . .

Der Pachtvertrag sieht vor, dass der Kläger die Pachträumlichkeiten zu renovieren hat. In § . . . . . ist hierzu folgende Regelung enthalten:

„Der Pächter ist verpflichtet, Schönheitsreparaturen laufend auf eigene Kosten durch Fachhandwerker durchführen zu lassen, sobald der Grad der Abnutzung dies nach der Art des Gewerbebetriebes bzw. der vertraglichen Nutzung erfordert."

Beweis: anliegende Kopie des Pachtvertrags

§ . . . . . des bezeichneten Vertrags enthält außerdem folgende Bestimmung:

„Bei Beendigung des Mietverhältnisses hat der Pächter die nach diesem Vertrag fälligen Schönheitsreparaturen (vgl. § . . . . .) auszuführen."

Beweis: anliegende Kopie des Mietvertrags

Die vertraglichen Bestimmungen zur Durchführung von Schönheitsreparaturen sind insgesamt unwirksam, weil sie als formularvertragliche Regelungen einer Inhaltskontrolle nach § 307 BGB nicht standhalten. Der Mietvertrag benachteiligt den Kläger in unangemessener Weise.[4]

Der Mietvertrag wurde auf einem vom Beklagten verwendeten Formular niedergelegt. Nach der inhaltlichen und äußeren Gestaltung des Vertrags ist der Formularcharakter indiziert.[5]

Beweis: anliegende Kopie des Mietvertrags

Die vertragliche Ausführungsklausel schreibt die Durchführung von Schönheitsreparaturen durch Fachhandwerker vor. Diese Bestimmung ist im Rahmen der gebotenen Inhaltskontrolle nach § 307 BGB als unwirksam zu beurteilen. Sie ist auch im Bereich der gewerblichen Miete bzw. Pacht mit dem gesetzlichen Leitbild aus § 535 Abs. 1 BGB nicht vereinbar, weil sie den Mieter mit Renovierungsverpflichtungen belastet, die über den tatsächlichen Renovierungsbedarf hinausgehen und die auch vom Vermieter, wäre er selbst zur Vornahme der Schönheitsreparaturen verpflichtet, nicht verlangt werden könnten. Auch der gewerbliche Mieter/Pächter schuldet grundsätzlich nur eine fachgerechte Ausführung in mittlerer Art und Güte (§ 243 Abs. 1 BGB), die er ohne Weiteres auch ohne Beauftragung eines Fachbetriebes in Eigenleistung erbringen kann.[6]

Die vertragliche Regelung ist auch deshalb unwirksam, weil sie intransparent ist (§ 307 Abs. 1 Satz 1 BGB). Sie lässt nicht hinreichend erkennen, welcher Abnutzungsgrad „nach der Art des Gewerbebetriebes bzw. der vertraglichen Nutzung" die Durchführung von Schönheitsreparaturen erforderlich machen soll. Konkrete Leistungspflichten und deren Fälligkeit werden im Vertrag nicht nachvollziehbar aufgeführt.[7]

Unwirksam ist letztlich die Bestimmung, wonach die nach dem Vertrag fälligen Schönheitsreparaturen bei Beendigung des Mietverhältnisses durchzuführen sein sollen. Da die Ausführung von Schönheitsreparaturen nicht wirksam auf den Kläger abgewälzt worden ist, geht die weitere Klausel zur Ausführung solcher Arbeiten bei Beendigung des Mietverhältnisses ins Leere.[8]

Rechtsanwalt

Anmerkungen

1. Zur sachlichen und örtlichen Zuständigkeit des Landgerichts → Form. B. II. 47 Anm. 1.

2. Wegen der Berechnung des Streitwerts → Form. B. III. 58 Anm. 2 verwiesen.

3. Zu der Möglichkeit, einen weiteren Feststellungsantrag zu stellen, der auf den Ausspruch der Fortgeltung der gesetzlichen Erhaltungspflichten aus § 535 Abs. 1 S. 2 BGB abzielt, wird auf die Antragsfassung in → Form. B. III. 58 Anm. 9, 11 verwiesen.

4. Das Formular versteht sich als Variante des vorausgehenden → Form. B. III. 58 unter Hervorhebung der gewerberaummietrechtlichen und pachtrechtlichen Besonderheiten.

Die **Abgrenzung zwischen Miete und Pacht** hat zumeist nur geringe praktische Bedeutung. Gegenstand von Mietverträgen können nur „Sachen" im Sinne von §§ 90, 535 BGB sein. Die Verpachtung bezieht sich auf einen „Gegenstand" im Sinne von § 581 BGB; das können Sachen und Rechte sowie der Inbegriff von beidem – insbesondere gewerbliche Unternehmungen – sein. Der Mietvertrag zielt grundsätzlich nur auf die Gebrauchsgewährung im Sinne von § 535 Abs. 1 Satz 1 BGB ab, der Pachtvertrag auch auf den Genuss der Früchte im Sinne von §§ 99, 581 Abs. 1 Satz 1 BGB.

Die Abgrenzung von Miete und Pacht richtet sich nach dem **objektiven Inhalt** des jeweiligen Vertragsverhältnisses und nicht nach der Bezeichnung durch die Vertragsparteien (vgl. BGH Urt. v. 27.3.1991 – XII ZR 136/90, ZMR 1991, 257). Allein die Überlassung leerer Räume kann kein Pachtverhältnis begründen (vgl. BGH, Urt. v. 27.3.1991 – XII ZR 136/90, ZMR 1991, 257 mwN; OLG Frankfurt, Urt. v. 17.10.2014 – 2 U 43/14, ZMR 2015, 18). Die Bestimmung, welche Verpächterleistungen die Gewährung eines Fruchtgenusses erfordert, ist wenig griffig. Allgemein hängt die Entscheidung, ob ein Vertrag als Miet- oder Pachtvertrag anzusehen ist, davon ab, ob die überlassenen (Haupt-)Räume durch ihre bauliche Eigenart und durch ihre innere Einrichtung im Wesentlichen dazu geeignet sind, als die unmittelbare Quelle von wirtschaftlichen Erträgen zu dienen (vgl. OLG Düsseldorf Urt. v. 27.5.2010 – I-10 U 147/09, ZMR 2011, 544, in Anknüpfung an: RG Urt. v. 10.11.1914, WarnRspr. 1915 Nr. 47 – VII 217/14). Im Einzelnen herrscht eine schwer überschaubare Kasuistik. Einigkeit herrscht darüber, dass die **Überlassung von Inventar,** welches die Fruchtziehung ermöglicht, den typischen Fall der Gewährung eines Pachtgebrauchs umschreibt (vgl. BGH Urt. v. 27.3.1991 – XII ZR 136/90, ZMR 1991, 257; OLG Karlsruhe Beschl. v. 21.5.2012 – 9 U 18/12, MDR 2012, 1401). Inventar ist die Gesamtheit der Sachen, die in einem entsprechenden räumlichen Verhältnis zum Pachtgegenstand stehen und dazu bestimmt sind, den Pachtgegenstand entsprechend seinem wirtschaftlichen Zweck zu nutzen.

Der für die Gewerberaummiete zuständige XII. Zivilsenat des BGH hat die wohnmietrechtliche Rechtsprechung des VIII. Zivilsenats zur formularmäßigen Abwälzung der Pflicht zur Durchführung von Schönheitsreparaturen – trotz kritischer Stimmen in Rechtsprechung und Literatur (→ Anm. 6) – auch für die Gewerberaummiete/Pacht übernommen. Hinsichtlich der allgemeinen Grundsätze zur Inhaltskontrolle über § 307 BGB kann daher zunächst auf → Form. B. III. 58 Anm. 5–7 Bezug genommen werden (eine zusammenfassende Darstellung der vom XII. Zivilsenat übernommenen Grundsätze findet sich bei: BGH Urt. v. 12.3.2014 – XII ZR 108/13, NZM 2014, 306).

Die Übernahme wohnraummietrechtlicher Prinzipien hat der XII. Zivilsenat des BGH darauf gestützt, dass die Unwirksamkeit von Reparaturklauseln nicht auf besonderen sozialen Aspekten der Wohnraummiete beruhe, sondern auf den allgemeinen Pflichten eines Vermieters und den Grenzen einer formularmäßigen Abänderung (vgl. BGH Urt. v. 8.10.2008 – XII ZR 84/06, BGHZ 178, 158–170 = NZM 2008, 890). Die im Allgemeinen geringere Schutzbedürftigkeit eines Geschäftsraummieters wird vom BGH zwar akzeptiert; dies schlägt indessen auf die Inhaltskontrolle bei Renovierungsklauseln zumeist nicht durch.

Das Formular behandelt die Umsetzung dieser Grundsätze für eine Fallgestaltung, bei welcher der Vertrag keine starre Fristenregelung sondern eine sog. Ausführungsklausel enthält (zu Fachhandwerkerklauseln → Form. B. III. 58 Anm. 6). In diesem Zusammenhang sollen auch die nahezu unüberwindlichen Schwierigkeiten aufgezeigt werden, die sich bei der Gestaltung von Mietverträgen ergeben, mit denen Renovierungspflichten des gewerblichen Mieters näher ausgestaltet werden sollen (im Einzelnen → Anm. 6).

5. Zu dem Erfordernis, im Rahmen der Klagebegründung Ausführungen zum Formularcharakter von Vertragsbedingungen zu machen, vgl. → Form. B. III. 58 Anm. 4.

6. Der dem Formular zugrunde liegende Sachverhalt ist einer Entscheidung des OLG Düsseldorf entlehnt (Urt. v. 9.12.2010 – I-10 U 66/10, NJW 2011, 1011). Das OLG Düsseldorf ist mit Recht davon ausgegangen, dass seine Entscheidung die Rechtsprechung beider Mietsenate des BGH konsequent fortsetzt (zur Übernahme der wohnraummietrechtlichen Grundsätze durch den XII. Zivilsenat → Anm. 4). Gleichwohl bergen schon die Auslegung des Vertrags und die ihr zugrundegelegte Terminologie Probleme, die das Gewerberaummietrecht auch im Weiteren prägen:

In Abweichung von der Vertragsklausel, über die das OLG Düsseldorf zu befinden hatte, ist dem Formular zur begrifflichen Klarstellung eine Regelung zugrunde gelegt worden, die ausdrücklich eine Ausführung „durch Fachhandwerker" vorsieht, während der vom OLG Düsseldorf behandelte Vertrag die Pflicht regelt, Schönheitsreparaturen „fachgerecht" durchführen zu lassen. Eine Gleichsetzung von „fachgerecht" und „durch Fachhandwerker" erscheint indessen schon im Ansatz als problematisch, was sich schon daran zeigt, dass auch das OLG Düsseldorf wiederholt zutreffend darauf abgestellt hat, dass selbst im Wege der Eigenleistung ausgeführte Arbeiten „fachgerecht" zu sein haben. Es spricht viel dafür, dass Klauseln, die eine „fachgerechte" oder „fachmännische" Ausführung verlangen, nur eine Qualitätserwartung zum Ausdruck bringen, ohne Eigenleistungen schlechthin auszuschließen.

Die Auffassung des OLG Düsseldorf, dass es sich auch bei bloßer Verwendung des Begriffs „fachgerecht" gleichwohl um eine Fachhandwerkerklausel handele, findet allerdings unter einem anderen Aspekt eine gewichtige Stütze in der Rechtsprechung des BGH. So hat der VIII. Zivilsenat des BGH (vgl. Urt. v. 9.6.2010 – VIII ZR 294/09, NZM 2010, 615) angenommen, dass Allgemeine Geschäftsbedingungen in einem Wohnraummietvertrag, wonach es dem Mieter obliegt, die Schönheitsreparaturen „ausführen zu lassen" schon als Fachhandwerkerklausel verstanden werden kann und dem Mieter bei kundenfeindlichster Auslegung die Möglichkeit der kostensparenden Eigenleistung nimmt. Diese Auslegung strapaziert den Grundsatz kundenfeindlicher Auslegung in recht hohem Maße. Soweit der Begriff „fachgerecht" für sich noch keine Handhabe bietet, auf eine Fachhandwerkerklausel zu schließen, dürfte allein die Formulierung „ausführen lassen" dies auch nicht tragen. Sie versteht sich auch in der Laiensphäre schwerlich als ein Verbot von Eigenleistungen, sondern meint nach allgemeinem Sprachgebrauch eher die „Veranlassung" von Arbeiten. Sie deckt auch begrifflich ohne Weiteres solche Eigenleistungen ab, die unter Einsatz von Mitarbeitern, Angehörigen, Freunden usw. erfolgen (der vom OLG Düsseldorf aaO referierte Sachverhalt bot überdies die Besonderheit, dass der Pächter die bei Beendigung fälligen Schönheitsreparaturen „auszuführen" hatte, was mithin auch nach der Lesart des BGH Eigenleistungen nicht ausschließen würde).

Geht man entsprechend der im Formular ausdrücklich enthaltenen Kennzeichnung von einer Fachhandwerkerklausel im engeren Sinne aus, wird auch im gewerblichen Bereich von deren Unwirksamkeit auszugehen sein. Die insoweit einschlägige Rechtsprechung des BGH steht allerdings, soweit es um die deckungsgleiche Anwendung wohnraummietrechtlicher Grundsätze für den gewerblich unternehmerischen Bereich geht, in der Diskussion (vgl. etwa *Bub/von der Osten* NZM 2007, 76–80, *Beyer* Grundeigentum 2007, 122; *Eisenschmid* WuM 2010, 459; *ders.* BGHReport 2007, 99). Eine dem unternehmerischen Rechts- und Wirtschaftsbereich gerecht werdende Auslegung der §§ 305 ff. BGB, die den persönlichen Anwendungsbereich im Sinne von § 310 Abs. 1 BGB (auch im Hinblick auf internationale Geschäftsusancen) praxisnah ausfüllt, ist auch nach diesseitiger Auffassung ferner denn je. Es finden sich kritische Stimmen, die eine grundlegende Revision des gesamten AGB-Rechts einfordern, weil die auf der Grundlage des geltenden Rechts gefundenen Rechtspositionen sich als starr und unflexibel erwiesen hätten (zum Meinungsstand vgl. etwa die Darstellungen und die Nachweise bei *Berger* NJW 2010, 465; *Dauner-Lieb* NJW 2004, 1431; *Kessel/Stomps* BB 2009, 2666; *Koch* BB 2010, 1810; *Kondring* BB 2013, 73; *Lenkaitis/Löwisch* ZIP 2009, 441; *Müller* BB 2013, 1355; *v. Westfalen* BB 2011, 195; *ders.* NJW 2009, 2977). Die Rechtsprechung zur gewerblichen Miete betont zwar immer wieder, dass die im unternehmerischen Bereich geltenden Gewohnheiten und Gebräuche nach einer weniger strengen Inhaltskontrolle verlangten. Sie steht aber im Verdacht, sich hierzu nur in Lippenbekenntnissen zu ergehen.

Es bestehen in der Tat erhebliche Wertungsunsicherheiten, wann und wie sich die auch vom BGH geteilte Annahme, dass der gewerbliche Mieter idR in höherem Maße geschäftserfahren und deshalb weniger schutzbedürftig ist, im unternehmerischen Bereich und im Rahmen einer Inhaltskontrolle nach §§ 310 Abs. 1 iVm 307 BGB rechtspraktisch (und rechtssicher) auswirken soll. Die Rechtsprechung zu starren Fristen (vgl. BGH Urt. v. 8.10.2008 – XII ZR 84/06, NZM 2008, 890), Abgeltungsklauseln (vgl. BGH v. 18.10.2006 – VIII ZR 52/06, WuM 2006, 677, 680) und Fachhandwerkerklauseln setzt den gewerblichen Mieter praktisch mit dem Verbrauchermieter gleich. *Hans-Jürgen Bieber* (vgl. jurisPR-MietR 22/2010 Anm. 1 zu BGH Urt. v. 9.6.2010 – XII ZR 171/08) hat zutreffend darauf hingewiesen, dass der BGH mit zweierlei Maß misst, wenn er etwa eine versteckte Klausel, wonach dem Vermieter das Recht zustehen sollte, den Vertrag jederzeit auf eine andere Gesellschaft zu übertragen, bei einem geschäftserfahrenen Unternehmer als Mieter großzügig billigt, während er im Falle „starrer Fristen" trotz der ausdrücklichen vertraglichen Regelung, dass die Kosten für Schönheitsreparaturen nicht in die Miete einkalkuliert worden seien, von der Schutzbedürftigkeit des unternehmerisch tätigen Mieters ausgeht.

7. Die im Vertrag enthaltene Formulierung, dass Schönheitsreparaturen durchzuführen sind, „sobald der Grad der Abnutzung dies nach der Art des Gewerbebetriebes bzw. der vertraglichen Nutzung erfordert", eröffnet ein weiteres sensibles Kapitel der Inhaltskontrolle sowie der Vertragsauslegung und -gestaltung. Das zentrale Problem liegt darin, dass eine formularmäßige Leistungsbeschreibung, wann der Mieter welche Renovierungen durchzuführen hat, praktisch unmöglich ist. Das allgemein gültige Postulat, dass Schönheitsreparaturen auf den Mieter abgewälzt werden dürfen, erfährt eine ganz gravierende rechtspraktische Einschränkung dadurch, dass sich die Festlegung bestimmter Fälligkeits- und Ausführungskriterien nahezu verbietet.

Der dem Formular zugrunde liegende Vertragstext (nach OLG Düsseldorf, Urt. v. 9.12.2010 – I-10 U 66/10 – juris) versteht sich ersichtlich als der Versuch, den Anforderungen des BGH zu genügen, soweit er die formularmäßige Abwälzung von Schönheitsreparaturen auf den Mieter sogar nach Maßgabe eines Fristenplans („im allgemeinen alle drei. . . . . Jahre. . . . .") ausdrücklich für wirksam hält, wenn es sich denn nicht um einen starren Fristenplan handelt (vgl. BGH Urt. v. 23.6.2004 – VIII ZR 361/03, NJW 2004, 2586). Wie indessen dem Element „starrer" Ausführungsfristen unter gleichwohl erfolgender Festlegung einer konkreten Fälligkeits- und Leistungsbeschreibung zu entgehen sein soll, ohne sich in wiederum vagen und unbestimmten Fälligkeitsvoraussetzungen zu verlieren, ist weitgehend ungeklärt. Immerhin hat der BGH (Urt. v. 12.3.2014 – XII ZR 108/13, NZM 2014, 306) eine Vertragsgestaltung gebilligt, bei welcher der gewerbliche Mieter neben der bedarfsabhängigen Vornahme von Schönheitsreparaturen auch dazu verpflichtet wurde, die Räume bei Beendigung des Mietverhältnisses in einem „bezugsfertigen Zustand" zurückzugeben.

Das OLG Düsseldorf (Urt. v. 9.12.2010 – I-10 U 66/10 –) hat offen gelassen, ob die Formulierung, die auf den Grad der Abnutzung und die Art des Gewerbebetriebes bzw. der vertraglichen Nutzung abstellt, auch wegen Intransparenz (§ 307 Abs. 1 Satz 1 BGB) unwirksam ist (für intransparent hält diese Formulierung *Ulrike Bieber* jurisPR-MietR 7/2011 Anm. 3 zu OLG Düsseldorf, aaO). Das LG Hildesheim (Urt. v. 7.5.2008 – 4 O 408/07 – Grundeigentum 2009, 1049) hat eine Klausel gebilligt, nach der Schönheitsreparaturen auszuführen sein sollten, wenn „das Aussehen der Räume mehr als nur unerheblich durch den Gebrauch beeinträchtigt ist". Im Zweifel wird davon auszugehen sein, dass Klauseln der hier zugrunde liegenden Art nicht hinreichend klar und bestimmt sind.

8. Die Klausel zur Durchführung von Schönheitsreparaturen bei Beendigung des Miet- bzw. Pachtverhältnisses knüpft an die Leistungspflichten an, die im Laufe des Vertragsverhältnisses bestehen sollen. Eine aus sich heraus verständliche und wirksame Endrenovierungsklausel kann darin nicht gesehen werden (zur Problematik der Gesamtunwirksamkeit → Form. B. III. 58 Anm. 7). Die Unwirksamkeit der Klausel über die laufenden Schönheitsreparaturen lässt damit auch die Regelungen zur Beendigung des Pachtverhältnisses ins Leere gehen.

60. Klage auf Feststellung der Unwirksamkeit einer Quotenabgeltungsklausel

An das

Amtsgericht . . . . .[1]

Klage

der Eheleute . . . . .

– Kläger –

Prozessbevollmächtigter: Rechtsanwalt . . . . .

gegen

Herrn . . . . .

– Beklagter –

wegen Feststellung nicht geschuldeter Schönheitsreparaturen und Unwirksamkeit einer Quotenabgeltungsklausel

vorläufiger Streitwert: . . . . . EUR[2]

Namens und in Vollmacht des Klägers erhebe ich Klage mit dem Antrag,

1. festzustellen,[3]
   dass der Kläger nicht verpflichtet ist, die in § . . . . . des schriftlichen Mietvertrag der Parteien vom . . . . . vorgesehenen Schönheitsreparaturen durchzuführen.
2. festzustellen,
   dass die in § . . . . . des schriftlichen Mietvertrags der Parteien vom . . . . . geregelte Pflicht zur quotenanteiligen Erstattung von Renovierungskosten unwirksam ist.

im Falle der Anordnung des schriftlichen Vorverfahrens bei Vorliegen der Voraussetzungen ein Versäumnisurteil gemäß § 331 Abs. 3 ZPO zu erlassen.

Begründung:

Die Kläger mieteten vom Beklagten mit schriftlichem Mietvertrag vom . . . . . Mieter eine Wohnung in . . . . . an, bestehend aus . . . . . Die Wohnung wurde unrenoviert übernommen. Einen Ausgleich haben die Kläger für die Überlassung der unrenovierten Wohnung nicht erhalten.[4]

Das für unbestimmte Zeit begründete Mietverhältnis werden die Kläger wegen eines berufsbedingten Umzugs fristgemäß zum . . . . . aufkündigen müssen. Diese Absicht haben sie dem Beklagten bereits mitgeteilt. Über die Beendigung des Mietverhältnisses besteht zwischen den Parteien kein Streit.

Uneinigkeit besteht zwischen den Parteien jedoch darüber, welche vertraglichen Pflichten die Kläger bei Beendigung des Mietverhältnisses im Zusammenhang mit der Durchführung von Schönheitsreparaturen zu erfüllen haben.[5]

Der Mietvertrag enthält dazu folgende Regelungen:

„§ * Schönheitsreparaturen

1. Der Mieter verpflichtet sich, Schönheitsreparaturen durchzuführen. Schönheitsreparaturen umfassen das Anstreichen oder Tapezieren der Wände und Decken, das Streichen der Fußböden und den Innenanstrich der Fenster, das Streichen der Türen, Heizkörper, Versorgungsleitungen sowie sämtliche anderen Anstriche innerhalb der gemieteten Räume einschließlich derjenigen an Einbaumöbeln.

2. Die Schönheitsreparaturen sind fachgerecht, dem Zweck und der Art der Mieträume entsprechend regelmäßig auszuführen, wenn das Aussehen der Wohnräume mehr als nur unerheblich durch den Gebrauch beeinträchtigt ist. Dies ist im Allgemeinen nach folgenden Zeitabständen der Fall: in Küche, Bädern und Duschen alle 3 Jahre, in Wohn- und Schlafräumen, Fluren, Dielen und Toiletten alle 5 Jahre, in allen anderen Nebenräumen alle 7 Jahre. Die Erneuerung der Anstriche von Fenstern, Türen, Heizkörpern, Versorgungsleitungen und an Einbaumöbeln ist regelmäßig nach 6 Jahren erforderlich, wenn das Aussehen mehr als nur unerheblich durch den Gebrauch beeinträchtigt ist.

3. Abgeltung bei Auszug (Quotenklausel):

Sind bei Beendigung des Mietverhältnisses einzelne oder sämtliche Schönheitsreparaturen noch nicht fällig, so hat der Mieter die zu erwartenden Kosten zeitanteilig an den Vermieter im Allgemeinen nach folgender Quote zu bezahlen:

a) Liegen die letzten Schönheitsreparaturen gerechnet ab Übergabe der Mietsache während der Mietzeit bei den Nassräumen (Küchen, Bädern und Duschen) länger als ein Jahr zurück, so zahlt der Mieter 33,33 % der Kosten; liegen sie länger als 2 Jahre zurück 66,66 %.

b) Liegen die letzten Schönheitsreparaturen während der Mietzeit bei den Wohn- und Schlafräumen, Fluren, Dielen und Toiletten länger als ein Jahr zurück, so zahlt der Mieter 20 % der Kosten, liegen sie länger als 2 Jahre zurück 40 %, länger als 3 Jahre 60 %, länger als 4 Jahre 80 %.

c) Liegen die letzten Schönheitsreparaturen während der Mietzeit bei allen anderen Nebenräumen länger als ein Jahr zurück, so zahlt der Mieter 14,28 % der Kosten, liegen sie länger als 2 Jahre zurück 28,56 %, bei mehr als 3 Jahren 42,84 %, bei mehr als 4 Jahren 57,12 %, bei mehr als 5 Jahren 71,40 %, und bei mehr als 6 Jahren 85,68 %.

d) Liegen die letzten Schönheitsreparaturen während der Mietzeit für Fenster, Türen, Heizkörper, Versorgungsleitungen und an Einbaumöbeln länger als ein Jahr zurück, so zahlt der Mieter 16,66 % der Kosten, nach 2 Jahren 33,33 %, nach 3 Jahren 50 %, nach 4 Jahren 66,66 %, nach 5 Jahren 83,33 %.

d) Dem Mieter bleibt es unbenommen nachzuweisen, wann und in welchem Umfang die Wohnung zuletzt renoviert wurde und dass der Zustand der Wohnung eine Verlängerung der oben genannten Fristen zulässt. Führt der Mieter diesen Nachweis, so hat der Vermieter die Quote nach billigem Ermessen angemessen zu senken. Die Berechnung erfolgt aufgrund eines Kostenvoranschlags eines vom Vermieter auszuwählenden Malerfachbetriebs. Dem Mieter bleibt es unbenommen, den Kostenvoranschlag des Vermieters anzuzweifeln, indem er den Kostenvoranschlag eines anderen Malerfachbetriebs beibringt.

e) Der Mieter hat die Möglichkeit, selbst zu renovieren und seine Zahlungspflicht abzuwenden. Die Schönheitsreparaturen müssen fachgerecht in mittlerer Art und Güte ausgeführt werden. Ist der Mieter einer entsprechenden Aufforderung mit Frist-

setzung nicht oder nur unzureichend nachgekommen, so hat er die entsprechende Quote gemäß Kostenvoranschlag zu zahlen.
4. Die Fristen gemäß Ziffer 2 und 3 beginnen ab Übergabe der Mietsache zu laufen. Sie beginnen für die einzelnen Räume nach fachgerechter Erledigung der Arbeiten jeweils wieder neu. Der Mieter kann nachweisen, dass die Mietsache nach Ablauf der genannten Fristen noch nicht renovierungsbedürftig ist."

Beweis: anliegende Kopie des Mietvertrags vom . . . . .

Der Beklagte hat den Klägern mit Schreiben vom . . . . . mitgeteilt, dass er nach einer Ablauf einer zu erwartenden Gesamtmietzeit von [Beispiel: 5 Jahren] auf einer vertragsgerechten Durchführung von dann fälligen Renovierungsarbeiten bestehen und im Übrigen jedenfalls eine quotenanteilige Erstattung von Renovierungskosten verlangen werde.

Beweis: anliegende Kopie des Schreibens vom . . . . .

Solche Ansprüche stehen dem Beklagten nicht zu.

Nach der höchstrichterlichen Rechtsprechung hält eine formularvertragliche Verpflichtung zur Vornahme laufender Schönheitsreparaturen einer Inhaltskontrolle nach § 307 Abs. 1 S. 1, Abs. 2 Nr. 1 BGB nicht stand, wenn dem Mieter die Mietsache unrenoviert oder renovierungsbedürftig überlassen worden ist und der Vermieter dem Mieter keinen angemessenen Ausgleich gewährt hat.[6] Höchstrichterlich entschieden ist ferner, dass Quotenabgeltungsklauseln den Mieter nach § 307 Abs. 1 BGB unangemessen benachteiligen und daher unwirksam sind, weil sie von dem Mieter bei Vertragsschluss verlangen, zur Ermittlung der auf ihn im Zeitpunkt der Vertragsbeendigung zukommenden Kostenbelastung mehrfach hypothetische Betrachtungen anzustellen, die eine sichere Einschätzung der tatsächlichen Kostenbelastung nicht zulassen.[7] Danach besteht weder die Pflicht zur Vornahme von Schönheitsreparaturen noch steht dem Beklagten ein quotenanteiliger Kostenerstattungsanspruch zu.[8]

Da der Beklagte ausdrücklich auf der Erfüllung der vertraglichen Klauseln besteht und die Kläger Rechtssicherheit in Bezug auf die für sie bestehenden Pflichten bei Beendigung des Mietverhältnisses benötigen, ist die Erhebung der Feststellungsklage geboten.

Rechtsanwalt

Anmerkungen

1. Bei Ansprüchen aus einem Mietverhältnis über Wohnraum ist die ausschließliche Zuständigkeit des Amtsgerichts gemäß § 23 Nr. 2 a GVG gegeben.

2. Der **Gebührenstreitwert** für eine Feststellungsklage ist nach § 3 ZPO zu schätzen. Zur Wertbemessung bei einer **negativen Feststellungsklage**, die streitige Renovierungspflichten zum Gegenstand hat, vgl. im Einzelnen → Form. B. III. 58 Anm. 2 .

3. Zu den Voraussetzungen einer negativen Feststellungsklage vgl. → Form. B. III. 58 Anm. 10, 11.

4. Das Formular behandelt einen weiteren Sonderfall der Thematik formularvertraglicher Renovierungsklauseln. Es orientiert sich mit dem Beispielsfall an einem Sachverhalt, über den der BGH (Urt. v. 18.3.2015 – VIII ZR 242/13, BGHZ 204, 316 = NZM 2015, 424) zu entscheiden hatte.

Gegenstand des Formulars ist die Inhaltskontrolle im Rahmen von § 307 BGB bei Fallgestaltungen, bei denen dem Mieter die **Mieträume unrenoviert übergeben** wurden und eine formularmäßige **Quotenabgeltungsklausel** vereinbart wurde.

Von einer Quotenabgeltung spricht man, wenn der Mieter anteilig die Kosten auch für solche Schönheitsreparaturen übernehmen soll, hinsichtlich derer noch keine fällige Vornahmepflicht besteht (vgl. Staudinger/*Rieble* BGB § 315 Rn. 357). Die seit langem umstrittenen Quotenabgeltungsklauseln stellen sich als Versuch dar, das höchstrichterliche Verdikt **starrer formularvertraglicher Renovierungsfristen** (→ Form. B. III. 58 Anm. 3–5) dadurch zu kompensieren, dass der Mieter zeitanteilig auch zu solchen Renovierungskosten herangezogen wird, die nach teilweisem Ablauf von (flexiblen) Renovierungsfristen zu veranschlagen sind.

Reparaturklauseln bei unrenoviert überlassenen Wohnungen sind bereits in → Form. B. III. 57 behandelt worden. Hier geht es um die Frage, ob Quotenabgeltungsklauseln formularvertraglich vereinbart werden können und ob die etwaige Unwirksamkeit von Vornahmeklauseln durch Quotenabgeltungsklauseln aufgefangen werden kann (→ Anm. 5–8).

Zur Problematik formularvertraglicher Renovierungsklauseln vgl. ferner → Form. B. III. 58, →Form. B. III. 59, →Form. B. III. 60, →Form. C. III. 13, →Form. C. III. 14.

5. Der BGH hat (in einem am selben Tag verkündeten Urteil) in der Sache VIII ZR 185/14 (vgl. dazu im Einzelnen → Form. B. III. 57) unter Aufgabe seiner bisherigen Rechtsprechung entschieden, dass bei **unrenoviert oder renovierungsbedürftig überlassenen Wohnungen** vorformulierte Klauseln, die den Mieter während der Mietzeit nach Ablauf bestimmter, von Beginn der Mietzeit oder Übergabe der Wohnung an berechneter (üblicher) Fristen verpflichten, Schönheitsreparaturen vorzunehmen, der Inhaltskontrolle nach § 307 Abs. 1 Satz 1, Abs. 2 Nr. 1 BGB auch dann nicht standhalten, wenn die Fristen im Übrigen flexibel (bedarfsorientiert) gestaltet sind.

In seiner weiteren grundlegenden Entscheidung (Urt. v. 18.3.2015 – VIII ZR 242/13, BGHZ 204, 316 = NZM 2015, 424; Anm. *Börstinghaus* jurisPR-BGHZivilR 10/2015 Anm. 2; Anm. *Schneider* jM 2015, 325; vgl. dazu ferner *Schach* Grundeigentum 2015, 343; *Beuermann* Grundeigentum 2015, 767; *Horst* DWW 2015, 82) hat der BGH ferner entschieden, dass ein Anspruch auch nicht – selbst in anteiliger Höhe nicht – auf eine **Quotenabgeltungsklausel** gestützt werden kann (zu einer Klausel, die für – vom Vermieter durchzuführende – Schönheitsreparaturen einen Kostenbeitrag des Mieters regelt, vgl. LG München I Beschl. v. 7.4.2016 – 31 S 3878/16, BeckRS 2016, 07869). Dies gilt unabhängig davon, ob die Wohnung bei Mietbeginn renoviert oder unrenoviert übergeben worden war. Quotenabgeltungsklauseln, die dem Mieter einer Wohnung einen Teil der zukünftig entstehenden Kosten für Schönheitsreparaturen für den Fall auferlegen, dass das Mietverhältnis vor Fälligkeit der ihm durch eine weitere Formularbestimmung übertragenen Verpflichtung zur Vornahme von Schönheitsreparaturen endet, benachteiligen den Mieter nach § 307 Abs. 1 Satz 1 BGB unangemessen und sind daher unwirksam. Dies beruht darauf, dass solche Klauseln von dem Mieter verlangen, zur Ermittlung der auf ihn bei Vertragsbeendigung zukommenden Kostenbelastung mehrere hypothetische Betrachtungen anzustellen, die eine sichere Einschätzung der tatsächlichen Kostenbelastung nicht zulassen.

6. Eine aussichtsreiche (negative) Feststellungsklage zur **Abwehr von Vornahmeklauseln** wird dem Mieter nur dann möglich sein, wenn er die **Wohnung unrenoviert übernommen** hat (vgl. dazu eingehend → Form. B. III. 57).

Wenn die Wohnung **renoviert übernommen** wurde, kommt es nämlich darauf an, ob die Vornahmeklausel für sich wirksam ist. Die Wirksamkeit hat der BGH (Urt. v. 18.3.2015 – VIII ZR 242/13, BGHZ 204, 316 = NZM 2015, 424) für die dem Beispielsfall zugrunde liegende vertragliche Gestaltung angenommen, denn er hat die Sache zurückverwiesen, um Feststellungen zum Zustand der Wohnung sowohl bei Nutzungsbeginn als auch bei Rückgabe treffen zu lassen.

Der BGH ist davon ausgegangen, dass die im Streitfall verwendete Vornahmeklausel nicht über den tatsächlichen Renovierungsbedarf hinausgeht, weil die aufgeführten Renovierungsintervalle nach dem Wortlaut der Bestimmung nur für einen „im Allgemeinen" entstehenden Renovierungsbedarf gelten sollen und dem Mieter in allen Fällen einer fristgemäß fälligen Renovierungsverpflichtung der Nachweis offen steht, dass aufgrund des tatsächlichen Zustands der Wohnung noch keine Renovierung erforderlich ist. Soweit die Klausel bestimmt, dass die Renovierungsverpflichtung „regelmäßig" (dh nach Ablauf der im Allgemeinen geltenden Fristen) einsetzt, wenn das Aussehen der Wohnräume „mehr als nur unerheblich durch den Gebrauch beeinträchtigt wird", benachteiligt sie den Mieter nicht unangemessen; denn mit dieser Formulierung wird nur die für den durchschnittlichen und verständigen Mieter ohne weiteres erkennbare Selbstverständlichkeit ausgesprochen, dass unerhebliche Gebrauchsspuren eine Renovierungsverpflichtung nicht auslösen.

Allein die **Unwirksamkeit einer Quotenabgeltungsklausel führt nicht zu Gesamtunwirksamkeit aller Renovierungsklauseln.** Der BGH hat die fortgeltende Wirksamkeit einer Renovierungs- oder Vornahmeklausel mehrfach bejaht, auch wenn der Mietvertrag daneben eine unwirksame Quotenabgeltungsklausel enthielt (vgl. BGH Beschl. v. 18.11.2008 – VIII ZR 73/08, NZM 2009, 197; Urt. v. 18. Juni 2008 – VIII ZR 224/07, WuM 2008, 472; v. 18.10.2006– VIII ZR 52/06, NJW 2006, 3778; v. 26.9.2007 – VIII ZR 143/06, NJW 2007, 3632; v. 5.3.2008 – VIII ZR 95/07, NJW 2008, 1438).

In seiner grundlegenden Entscheidung (BGH Urt. v. 18.3.2015 – VIII ZR 242/13, BGHZ 204, 316 = NZM 2015, 424) hat die Frage nach dem Zustand der Wohnung bei Übernahme indessen nur eine sehr stiefmütterliche Behandlung erfahren. Dafür hat der BGH in der am selben Tage verkündeten Sache (Urt. v. 18.3.2015 – VIII ZR 185/14, BGHZ 204, 302 = NZM 2015, 374; vgl. → Anm. 5) dazu ausführlich Stellung genommen, obwohl der unrenovierte Zustand der Wohnung in dieser Sache feststand. Der BGH ist im Ergebnis davon ausgegangen, dass es sich bei renoviert oder unrenoviert übergebenen Wohnungen um unterschiedliche Vertragsgegenstände handelt, ohne sich allerdings zu den Auswirkungen einer solchen Sichtweise (namentlich auf die Mietpreisbildung und auf die Mietspiegelgerechtigkeit, vgl. dazu Anm. *Börstinghaus* jurisPR-BGHZivilR 10/2015 Anm. 2) zu äußern.

7. Mit seinem Urt. v. 18.3.2015 (VIII ZR 242/13, BGHZ 204, 316 = NZM 2015, 424) **hat der BGH seine mietrechtliche Rechtsprechung erneut geändert,** denn früher hat der BGH Quotenabgeltungsklauseln, denen Vornahmeklauseln zugrunde lagen, die starre, unveränderbare Renovierungsfristen vorsahen, für wirksam angesehen (vgl. RE vom 6.7.1988 – VIII ARZ 1/88, BGHZ 105, 71). Dies galt aber nur mit dem Vorbehalt, dass die für die Vornahme von Renovierungsarbeiten wie für die anteilige Abgeltung maßgeblichen Fristen nicht vor dem Anfang des Mietverhältnisses zu laufen beginnen.

Nunmehr stellt der BGH (Urt. v. 18.3.2015 – VIII ZR 242/13, BGHZ 204, 316 = NZM 2015, 424) darauf ab, dass **Quotenabgeltungsklauseln nicht der Inhaltskontrolle nach § 307 Abs. 1 Satz 1 BGB standhalten** (§ 307 Abs. 1 Satz 2 BGB). Sie benachteiligen den Mieter unangemessen, weil sie dem Mieter bei Vertragsschluss keine realistische Einschätzung der auf ihn zukommenden Kostenbelastung ermöglichen.

Danach ist für den durchschnittlichen und verständigen Mieter bei dem maßgeblichen Zeitpunkt des Vertragsschlusses nicht erkennbar, welcher tatsächliche Abnutzungsgrad der Wohnung bei Beendigung des Mietverhältnisses, dessen Zeitpunkt bei Vertragsschluss noch nicht feststeht, unter Zugrundelegung seines (möglicherweise Veränderungen unterworfenen) individuellen Nutzungsverhaltens erreicht sein wird. Um eine Kostenquote ermitteln zu können, ist darüber hinaus die Prognose notwendig, zu welchem

Zeitpunkt bei unterstellter gleicher Nutzungsart und gleicher Nutzungsintensität voraussichtlich Renovierungsbedarf eintreten wird. Quotenabgeltungsklauseln verlangen vom Mieter daher bei Vertragsschluss seine später bestehende Zahlungspflicht aufgrund eines in der Zukunft liegenden, auf mehreren Variablen beruhenden hypothetischen und damit fiktiven Sachverhalts einzuschätzen.

8. Für den Beispielsfall ist von der Unwirksamkeit sowohl der Vornahmeklausel als auch der Abgeltungsklausel auszugehen. Die an sich unverfängliche Vornahmeklausel (→ Anm. 6) scheitert an der Tatsache, dass die Wohnung unrenoviert überlassen wurde. Die Quotenabgeltungsklausel ist unabhängig von dem Zustand, in dem die Wohnung überlassen wurde, unwirksam (→ Anm. 7).

C. Klagen nach Beendigung des Mietvertrages

I. Klagen beider Seiten

1. (Wider-)Klage auf Feststellung der Beendigung des Mietvertrages (mit der Alternative: Wirksamkeit einer Kündigungsausschlussvereinbarung)

An das

Amtsgericht/Landgericht[2] . . . . .

Klage[1]

In Sachen

des . . . . .

– Kläger –

Prozessbevollmächtigte:

gegen

den . . . . .

– Beklagter –

wegen Feststellung

erheben wir hiermit namens und in anwaltlich versicherter Vollmacht des Klägers

Klage,

entrichten aus einem vorläufigen Streitwert in Höhe von . . . . . EUR[3] Vorschuss auf die Gerichtskosten durch beigefügten Verrechnungsscheck in Höhe von . . . . . EUR, bitten um Zustellung der Klageschrift an den Beklagten und Anberaumung eines baldigen frühen ersten Termins zur mündlichen Verhandlung, in dem wir die

Anträge

stellen/verlesen[4] werden, wie folgt zu erkennen:

1. Es wird festgestellt, dass der zwischen den Parteien bestehende Mietvertrag vom . . . . . über eine Fläche von . . . . . qm in der Mitte des EG im . . . . ./Alternative: über 1 Studentenzimmer in der . . . . .Zimmer-Wohnung nebst . . . . . (Mietobjekt, Straße, Ort) . . . . . zum . . . . . enden wird/alternativ: beendet worden ist.
2. Der Beklagte trägt die Kosten des Rechtsstreits.
3. Das Urteil ist, notfalls gegen Sicherheitsleistung, vorläufig vollstreckbar. Dem Kläger wird nachgelassen, Sicherheitsleistung auch durch unwiderrufliche selbstschuldnerische Bürgschaft eines im Bereich der EU zugelassenen Bank- oder Kreditinstituts zu erbringen, ebenfalls – vorsorglich – zwecks Abwendung der Zwangsvollstreckung.

Sollte das Gericht das schriftliche Vorverfahren beschließen, wird bereits jetzt

3. Die Auffassung des Beklagten hält einer näheren Überprüfung nicht stand. Der Beklagte übersieht vielmehr, dass der Kündigungsausschluss den Kläger als Studenten, wie dem Beklagten bekannt (vermietet wurde ausdrücklich ein „Studentenzimmer"), unzumutbar beeinträchtigt, so dass sich dessen Unwirksamkeit aus § 307 BGB ergibt.[8]
4. Auf der Grundlage dieser Darlegungen ist der Beklagte wie beantragt zu verurteilen.

Rechtsanwalt

Anmerkungen

1. Sowohl der Mieter – wie hier – als auch der Vermieter können das Feststellungsbegehren (und sei es im Wege der Zwischenfeststellungsklage gemäß § 256 Abs. 2 ZPO mit dem Ziel, die Rechtskraft des Urteils auch auf den Bestand des Mietverhältnisses auszudehnen – vgl. *Schneider* MDR 1973, 270) auch als Widerklage gegenüber einer Leistungsklage der jeweils anderen Seite geltend machen, die das Fortbestehen des Mietverhältnisses voraussetzt.

2. Bei Wohnraummietverhältnissen ergibt sich die ausschließliche sachliche Zuständigkeit des Amtsgerichts aus § 23 Nr. 2 a GVG; bei der Gewerberaummiete ist die übliche streitwertabhängige Zuständigkeitsregelung der §§ 23 Nr. 1, 71 Abs. 1 GVG zu beachten.
Örtlich ausschließlich zuständig ist das Gericht, in dessen Bezirk die Mietsache liegt (vgl. § 29a ZPO).

3. Als Streitwert ist die Miete für die streitige Vertragslaufzeit, maximal für 1 Jahr in Ansatz zu bringen (BGH NJW-RR 2006, 16; BGH NZM 1999, 21; OLG Düsseldorf JurBüro 1988, 227). Zum Mietzinsbegriff des § 41 GKG – Grundmiete mit oder ohne (verbrauchsunabhängige) Nebenkosten – vgl. nur Hannemann/Wiek/Emmert/*Emmert*, § 2 Rn. 513 ff. mwN.

4. In Anwaltsprozessen werden die Sachanträge grundsätzlich verlesen (§ 297 ZPO). Dies gilt in amtsgerichtlichen Verfahren nur, soweit ausnahmsweise dessen schriftliche Vorbereitung nach § 129 Abs. 2 ZPO aufgegeben wurde (vgl. auch § 496 ZPO). Andernfalls genügt es, die Anträge zu stellen.

5. Denkbar wäre auch umgekehrt ein entsprechendes Feststellungsbegehren des Vermieters unter denselben Voraussetzungen.

6. Das Feststellungsinteresse besteht insbesondere bei längerfristigen Mietverhältnissen, wenn der Mieter nach Kündigung befürchten muss, der Vermieter werde die Kündigung nicht anerkennen und deswegen auch für die Zeit danach weitere Zahlung der Miete verlangen (LG Berlin GE 1996, 737). Umgekehrt kann auch der Vermieter auf entsprechende Feststellung klagen (ggf. auch zugleich mit einer Räumungsklage), wenn das „ob" und das „wie" der Vertragsauflösung für andere Ansprüche, etwa auf Schadensersatz, von Bedeutung ist (OLG Celle BB 1978, 576). Entscheidend ist aber in beiden Fällen, dass das Feststellungsurteil geeignet ist, diese Unsicherheiten zu beseitigen (BGH NJW 1986, 2507). Das Feststellungsinteresse muss also gerade gegenüber dem Beklagten bestehen (BGH NJW 1984, 2950).

7. Die höchstrichterlichen Rechtsprechung zu § 550 BGB, zur „Schriftform und kein Ende", lässt sich allein bezogen auf die hier streitgegenständliche Problematik wie folgt zusammenfassen (vgl. hierzu ausführlich MAH/*Hannemann* §§ 9 und 47 mwN):
a) Ein Mietvertrag wahrt auch ohne körperliche Verbindung der Einzelnen, von den Parteien nicht unterschriebenen Blätter die gesetzliche Schriftform, wenn sich die Einheit der Urkunde – selbst bei nur einem von mehreren Vertragsexemplaren, die die Parteien

hergestellt haben (BGH NJW 1999, 2591 = NZM 1999, 761) – zum Zeitpunkt der Vertragsunterzeichnung aus fortlaufender Paginierung der Blätter, fortlaufender Nummerierung der einzelnen Bestimmungen, einheitlicher graphischer Gestaltung, inhaltlichem Zusammenhang des Textes oder vergleichbaren Merkmalen **zweifelsfrei** ergibt (BGH NJW 2003, 1248 = NZM 2003, 281; BGH NJW 1998, 58 = NZM 1998, 25).

b) Somit erfordert die gesetzliche Schriftform keine körperliche Verbindung der Vertragsurkunde mit ihr beigefügten Anlagen, auf die in der Vertragsurkunde verwiesen wird, wenn die Einheit des Mietvertrages mit den Anlagen aus anderen Gründen außer Zweifel steht (BGH NJW 2003, 1248 = NZM 2003, 281; BGH NJW 1999, 1104 = NZM 1999, 310). Dies ist z.B. der Fall bei wechselseitiger Verweisung unter zweifelsfreier Bezeichnung der Anlagen **und** den Unterschriften der Vertragsparteien auf jedem Blatt der Anlage (BGH NJW 2003, 1248 = NZM 2003, 281; BGH NJW 1999, 1104 = NZM 1999, 310) oder auch durch Verweisung im Hauptvertrag auf die Anlage (ohne Rückverweisung) und Paraphierung der einzelnen Seiten der im Übrigen nicht unterschriebenen Anlage (sofern der Hauptvertrag, der diese Anlage zum Vertragsbestandteil macht, unterzeichnet ist – BGH NJW 2000, 354 = NZM 2000, 36 unter 3 a, aa, 1). Ebenso genügt es, wenn neben der Bezeichnung der Anlage (hier: „Vermieterbaubeschreibung") und deren entsprechendem zweifelsfreien Inhalt sämtliche Blätter der Anlage im Anschluss an die einzelnen Blätter des Hauptvertrages fortlaufend paginiert sind und jedes einzelne Blatt der Anlage – in gleicher Weise wie die Seiten des Hauptvertrages – von den Vertragsparteien unterschrieben bzw. paraphiert ist (BGH NZM 2000, 907).

c) Allerdings muss die Zusammengehörigkeit verschiedener Schriftstücke nur dann zur Wahrung der Urkundeneinheit zweifelsfrei im vorgenannten Sinne kenntlich gemacht werden, wenn die Parteien die wesentlichen Vertragsbedingungen – insbesondere Mietgegenstand, Mietzins sowie Dauer und Parteien des Mietverhältnisses – oder weitere Bestimmungen, die ebenfalls wesentlicher Inhalt des Mietvertrages sein sollen, nicht in diesen selbst aufnehmen, sondern teilweise in andere Schriftstücke auslagern, so dass sich der Gesamtinhalt der mietvertraglichen Vereinbarung erst aus dem Zusammenspiel dieser „verstreuten" Bestimmungen ergibt (BGH NJW 2003, 1248 = NZM 2003, 281; BGH NJW 1999, 2591 = NZM 1999, 761).

Der Schriftform bedürfen dagegen nicht auch solche Abreden, die für den Inhalt des Vertrages, auf den sich die Parteien geeinigt haben, nur von nebensächlicher Bedeutung sind oder für Bestimmungen, die nicht über das hinausgehen, was bereits im Vertragstext selbst seinen Niederschlag gefunden hat, bzw. die dessen Inhalt nicht modifizieren, sondern lediglich erläutern oder veranschaulichen sollen (BGH NZM 2001, 43; NJW 1999, 2591 = NZM 1999, 761). Hierunter fallen somit alle Anlagen, denen kein rechtsgeschäftlicher Erklärungswert zukommt, wie z.B. Zeichnungen oder Pläne als bloßer Orientierungsbehelf (BGH NZM 2001, 43; NJW 2000, 354 = NZM 2000, 36 unter 3 a, aa (2), bb, cc). Maßgebend ist dabei die Sicht eines an den vertraglichen Absprachen nicht beteiligten Dritten, insbesondere – nach dem Schutzzweck des § 550 BGB – des allein auf den schriftlichen Mietvertrag angewiesenen Grundstückserwerber i.S.v. § 566 BGB (BGH NJW 1999, 2591 = NZM 1999, 761). Dies gilt selbst dann, wenn die Vertragsparteien den in Bezug genommenen Unterlagen zu Unrecht eine eigenständige rechtsgeschäftliche Bedeutung dadurch beigemessen haben, dass sie diese Unterlagen als wesentliche Bestandteile des Vertrages bezeichnet haben (BGH NJW 2006, 139 = NZM 2006, 54; BGH NJW 1999, 3257 = NZM 1999, 962).

d) Etwas anderes könnte aber dann gelten, wenn die Mietvertragsparteien mit der Bezeichnung der Anlagen als „wesentliche Vertragsbestandteile" zB eine besondere Art ihrer Beifügung oder der Bezugnahme auf sie als gewillkürte Form iSv § 127 BGB vereinbaren und die Wirksamkeit des Vertrages von deren Einhaltung abhängig machen wollen (BGH NJW 2006, 139 = NZM 2006, 54; BGH NJW 1999, 3257 = NZM 1999, 962; NJW 1999, 2591 = NZM 1999, 761). Dagegen spricht allerdings in der Regel die auch in Mietverträgen übliche salvatorische Klausel, die – sofern individuell vereinbart – sogar dazu führen soll, dass die Berufung auf den Formmangel auf Grund der dadurch begründeten Verpflichtung beider Seiten zur (ggf. auch nachträglichen) Einhaltung der gesetzlichen Schriftform ausnahmsweise gegen Treu und Glauben verstößt (BGH NZM 2002, 823; OLG Jena NZM 1999, 906).

Treffen gesetzliche und gewillkürte Schriftform zusammen, kommt der Mietvertrag mit der Unterzeichnung der Vertragsurkunde in der Regel selbst dann zustande, wenn diese die Form des § 550 BGB nicht wahrt. Sofern keine gegenteiligen Anhaltspunkte ersichtlich sind, ergibt sich aus dem nachträglichen Verhalten der Vertragsparteien, dass sie unter der als konstitutiv vereinbarten Schriftform nur diejenige verstanden haben, die sie anschließend durch Vertragsunterzeichnung und die später unterschriebenen Zusatzverträge auch verwirklicht haben. Somit bleibt die Anwendung der §§ 125 S. 2, 154 Abs. 2 BGB regelmäßig auf Fälle nur mündlicher Einigung beschränkt, während nach Vertragsunterzeichnung allein § 550 BGB gilt (BGH NZM 2000, 548; NJW 2000, 354, 356 = NZM 2000, 36).

e) Formbedürftig iSv § 550 BGB ist weiter nur, was nicht von Gesetzes wegen ohnehin gelten würde. So schadet es zB angesichts der Regelung in § 311c BGB (die auch auf Miet- und Pachtverträge entsprechend anzuwenden ist: BGH NJW 1975, 2103; vgl. auch § 585b BGB) nicht, wenn der schriftliche Mietvertrag auf ein Inventarverzeichnis als Anlage verweist, dessen nachträgliche Erstellung beabsichtigt war, aber dann unterblieben ist. In einem derartigen Fall ist ohne Anhaltspunkte für eine abweichende Vereinbarung zwischen den Parteien im Zweifel das im Zeitpunkt des Vertragsschlusses vorhandene Zubehör des Miet- bzw. Pachtobjektes mit vermietet bzw. verpachtet (BGH NJW 2000, 354 = NZM 2000, 36 unter 2 b, bb).

f) Ähnliches gilt auch für die hier in Rede stehende Frage, wie ausreichend sicher der Mietgegenstand aus dem Vertrag oder etwaigen Anlagen bestimmbar sein muss, um die Schriftform iSv § 550 BGB zu wahren. Dies bedarf einer ausreichend deutliche Trennung zu nicht mit vermieteten Räumen (OLG Hamm BeckRS 2010, 13237 – Nichtzulassungsbeschwerde vom BGH am 21.4.2012 – XII ZR 32/09 – zurückgewiesen). Die alleinige Beschreibung nach der Funktion („notwendige Flächen" für Anlieferung, Parkplätze und Zufahrten) genügt nicht (OLG Rostock NJW 2009, 445 = NZM 2008, 646). Allerdings kann es ausreichen, wenn sich die Vertragslücke durch Auslegung auch von außerhalb der Vertragsurkunde liegenden Umständen ohne weiteres schließen lässt, etwa durch Einsicht vor Ort (so dass die in Bezug genommenen, tatsächlich aber nicht beigefügten Anlagen (Grundrisspläne, Ausstattungs- und Einrichtungsbeschreibung sowie Inventarverzeichnis nicht schaden – BGH NZM 2009, 198) oder eine unstreitige frühere Nutzung (OLG Hamm NZM 2011, 584: insoweit keine Revision zugelassen, sondern allein zur Frage, ob der GbR-Stempel neben der Unterschrift eines BGB-Gesellschafters als Vertretungszusatz ausreicht: jetzt bejahend entschieden durch BGH NJW 2013, 1082 = NZM 2013, 271; OLG Koblenz BeckRS 2010, 26417). Die „Grenzen" er Mietsache müssen aber eindeutig, etwa durch „Wände, Türen, Zäune oä", bestimmbar sein (OLG Hamm IBRRS 80398).

g) Nachträgliche Verlängerungs-, Ergänzungs- und Änderungsvereinbarungen genügen demgegenüber dem gesetzlichen Schriftformerfordernis dann, wenn die Nachtragsurkunde auf den Ursprungsvertrag ausdrücklich Bezug nimmt und zum Ausdruck bringt, dass es im Übrigen bei der formgültigen ursprünglichen Vereinbarung verbleiben soll, sofern die neue Urkunde ebenfalls von beiden Parteien unterzeichnet ist (BGH NJW 1992, 2283; vgl. auch BGH NJW-RR 1992, 654). Dabei ersetzt die notarielle Beurkundung einer Änderungsvereinbarung zum Mietvertrag nach § 126 Abs. 4 BGB die gesetzliche Schriftform (BGH NJW-RR 2000, 744 = NZM 2000, 381).

Ein Wechsel auf Vermieter- oder Mieterseite zwischen dem Ursprungsvertrag und der Änderungsvereinbarung ändert an dieser Rechtslage nichts (BGH NJW-RR 2000, 744 = NZM 2000, 381; NJW 1998, 62).

Hannemann

Zu wesentlichen Änderungen oder Ergänzungen, die ohne Beachtung der Form des § 550 BGB zur Kündbarkeit des Mietvertrages führen vgl. mit ausführlichen Rechtsprechungsnachweisen MAH MietR/*Hannemann*, §§ 9 und 47; zusammenfassend BGH NJW 2008, 2181 = NZM 2008, 484; BGH NJW 2008, 2178 = NZM 2008, 482.

8. Ein Kündigungsausschluss ist auch in Wohnraummietverträgen ohne Verstoß oder unzulässige Umgehung von § 575 BGB (MAH MietR/*Hannemann*, § 29 I Rn. 96 ff.) formularvertraglich grundsätzlich zulässig, wenn er wechselseitig ausgestaltet ist und einen Zeitraum von 4 Jahren (gerechnet ab Vertragsschluss, nicht Mietbeginn BGH NJW-RR 2006, 1236 = NZM 2006, 579, bis zu dem Zeitpunkt, zu dem der Mieter erstmals den Vertrag beenden kann: BGH NJW 2011, 597 = NZM 2011, 150) nicht überschreitet (BGH NJW 2005, 1574 = NZM 2005, 419; BGH NZM 2004, 733 und 734; BGH WuM 2004, 672). Auch ein vorformulierter einseitiger Kündigungsverzicht nur des Mieters ist wirksam, sofern er 4 Jahre im vorgenannten Sinn (BGH NJW-RR 2006, 1236 = NZM 2006, 579) nicht überschreitet und gleichzeitig eine nach § 557a BGB zulässige Staffelmiete vereinbart ist (BGH NJW 2009, 353 = NZM 2009, 80; BGH NJW 2006, 1056 = NZM 2006, 256; BGH NZM 2005, 782). Wird dagegen der 4-Jahreszeitraum überschritten, ist die Kündigungsverzichtsklausel insgesamt unwirksam (BGH NJW 2006, 1059 = NZM 2006, 254); gleiches gilt, wenn keine wirksame Staffelmiete vereinbart wurde (BGH NJW 2009, 912 = NZM 2009, 153). Individualvertraglich ist ein wechselseitiger Kündigungsausschluss für die Dauer von 10 Jahren grundsätzlich zulässig (BGH NJW 2011, 59 = NZM 2011, 28) und einseitig jedenfalls für 5 Jahre (BGH NZM 2004, 216). Eine auf Wunsch des Mieters vereinbarte, gegen § 575 BGB verstoßende Befristung kann im Wege ergänzender Vertragsauslegung in einen (individuellen) beiderseitigen Kündigungsausschluss „umgedeutet" werden (der dann sogar für 13 Jahre wirksam ist: BGH NZM 2013, 646 = NJW 2013, 2820; vgl. auch BGH NJW-RR 2014, 397 = NZM 2014, 235). Ist neben einem individualvertraglich vereinbarten beidseitigen Kündigungsverzicht von mehr als 4 Jahren eine zulässige Staffelmiete vereinbart, ist der Kündigungsausschluss nicht insgesamt, sondern nur insoweit unwirksam, als der Zeitraum von 4 Jahren überschritten ist (BGH NJW 2006, 2696 = NZM 2006, 653 in Abgrenzung zu BGH NJW 2006, 1059 = NZM 2006, 254). Allerdings darf sich der Kündigungsverzicht nicht auch auf außerordentliche Kündigungen erstrecken (BGH NJW 2012, 521 = NZM 2012, 111) und er bedarf, wenn er für mehr als 1 Jahr gelten soll, wegen § 550 BGB der Schriftform (BGH NJW 2007, 1742 = NZM 2007, 399).

Allein danach würde der Kündigungsausschluss im hier in Rede stehenden Sachverhalt keinen rechtlichen Bedenken begegnen, aber: der BGH hat immer betont, dass die vorstehend fixierten Vorgaben grundsätzlich gelten. So kann auch ein beidseitiger formularmäßiger Kündigungsverzicht von nur 2 Jahren gegen § 307 Abs. 1 S. 1 BGB verstoßen, wenn er den Mieter nach den Umständen entgegen Treu und Glauben unangemessen benachteiligt. Dies ist dann der Fall, wenn ein schutzwürdiges Bedürfnis des Mieters nach einem besonderen Maß an Mobilität und Flexibilität festgestellt werden kann (hier: Studierzimmer) ohne ins Gewicht fallende Interessen des Vermieters an längerer Bindung (BGH NJW 2009, 3506 = NZM 2009, 779). So liegt es hier. An die Stelle des unwirksamen Kündigungsausschlusses ist daher gemäß § 306 Abs. 2 BGB das Recht zur ordentlichen Kündigung (§ 542 Abs. 1, § 573c Abs. 1 BGB) getreten. Dieses wurde vom Kläger wirksam ausgeübt. Dagegen kommt eine Aufrechterhaltung des Kündigungsausschlusses mit einer über den Ablauf der Kündigungsfrist hinausreichenden verkürzten Dauer wegen des für Allgemeine Geschäftsbedingungen generell zu beachtenden Verbots einer geltungserhaltenden Reduktion nicht in Betracht (vgl. BGH NJW-RR 2006, 1236 = NZM 2006, 579 Tz. 20; BGH NJW 2006, 1059 = NZM 2006, 254 Tz. 20 ff.; BGH NJW 2005, 1574 = NZM 2005, 419 unter II 3).

2. (Wider-)Klage auf Feststellung des Fortbestandes des Mietvertrages (ggf. Wirksamkeit einer Kündigungsausschlussvereinbarung/ Formmangel der Kündigung)

An das

Amtsgericht/Landgericht[2]. . . . .

Klage[1]

In Sachen

des . . . . .

– Kläger –

Prozessbevollmächtigte:

gegen

den 1 . . . . . .

– Beklagter Ziffer 1 –

und 2 . . . . . .

– Beklagter Ziffer 2 –

wegen Feststellung

erheben wir hiermit namens und in anwaltlich versicherter Vollmacht des Klägers

Klage,

entrichten aus einem vorläufigen Streitwert in Höhe von . . . . . EUR[3] Vorschuss auf die Gerichtskosten durch beigefügten Verrechnungsscheck in Höhe von . . . . . EUR, bitten um Zustellung der Klageschrift an die Beklagten und Anberaumung eines baldigen frühen ersten Termins zur mündlichen Verhandlung, in dem wir die

Anträge

stellen/verlesen[4] werden, wie folgt zu erkennen:

1. Es wird festgestellt, dass der zwischen den Parteien bestehende Mietvertrag vom . . . . . über . . . . . (Mietobjekt, Straße, Ort) . . . . . auf unbestimmte Zeit fortbesteht.
2. Die Beklagten tragen die Kosten des Rechtsstreits als Gesamtschuldner.
3. Das Urteil ist, notfalls gegen Sicherheitsleistung, vorläufig vollstreckbar. Dem Kläger wird nachgelassen, Sicherheitsleistung auch durch unwiderrufliche selbstschuldnerische Bürgschaft eines im Bereich der EU zugelassenen Bank- oder Kreditinstituts zu erbringen, ebenfalls – vorsorglich – zwecks Abwendung der Zwangsvollstreckung.

Sollte das Gericht das schriftliche Vorverfahren beschließen, wird bereits jetzt

Antrag

auf Erlass eines Versäumnisurteils (§ 331 Abs. 3 ZPO)

gestellt.

Begründung:

Mit der vorliegenden Klage verlangt der Kläger als Vermieter von den Beklagten als Mieter die Feststellung des Fortbestandes des zwischen ihnen bestehenden Mietverhältnisses auf unbestimmte Zeit.[5]

Im Einzelnen:

1. Die Beklagten haben vom Kläger das in Klageantrag Ziffer 1 näher bezeichnete Mietobjekt mit Mietvertrag vom . . . . . auf unbestimmte Zeit angemietet.

> Beweis: Vorliegender Mietvertrag, gemäß § 133 Abs. 1 S. 2 ZPO einfach beigefügt in Ablichtung als Anlage K 1.

Mit Anwaltsschreiben vom . . . . . hat der Beklagte Ziffer 1 diesen Mietvertrag fristgerecht zum . . . . . gekündigt.

> Beweis: Vorerwähntes Anwaltsschreiben, gemäß § 133 Abs. 1 S. 2 ZPO einfach beigefügt in Ablichtung als Anlage K 2.

Der Kläger hat hierauf binnen zweier Werktage reagiert und zunächst die Kündigung mangels beigefügter Originalvollmacht zurückgewiesen[6] und im Übrigen zu Recht moniert, dass die Kündigung nur eines von mehreren Vertragspartnern keine Rechtswirkungen zu zeitigen vermag. Die Kündigung muss vielmehr von beiden Vertragspartnern gemeinsam ausgesprochen werden.[7]

> Beweis: Vorerwähntes Schreiben des Klägers an den Bevollmächtigten des Beklagten Ziffer 1 und den Beklagten Ziffer 2 vom . . . . ., gemäß § 133 Abs. 1 S. 2 ZPO einfach beigefügt in Ablichtung als Anlage K 3.

Der Beklagte Ziffer 1 ließ durch seinen Anwalt hierauf erwidern, an der Rechtswirksamkeit der ausgesprochenen Kündigung (Anlage K 2) könne kein vernünftiger Zweifel bestehen.

> Beweis: Vorerwähntes Anwaltsschreiben vom . . . . ., gemäß § 133 Abs. 1 S. 2 ZPO einfach beigefügt in Ablichtung als Anlage K 4.

Der Beklagte Ziffer 2 hat sich dieser Auffassung angeschlossen.

> Beweis: Schreiben des Beklagten Ziffer 2 an den Kläger vom . . . . ., gemäß § 133 Abs. 1 S. 2 ZPO einfach beigefügt in Ablichtung als Anlage K 5.

Alternative: Formmangel der Kündigung

1. Die Beklagten haben vom Kläger das in Klageantrag Ziffer 1 näher bezeichnete Mietobjekt mit Mietvertrag vom . . . . . auf unbestimmte Zeit angemietet.

> *Beweis: Vorliegender Mietvertrag, gemäß § 133 Abs. 1 S. 2 ZPO einfach beigefügt in Ablichtung als Anlage K 1.*

Mit E-Mail vom . . . . . ohne elektronische Signatur haben die Beklagten diesen Mietvertrag fristgerecht zum . . . . . gekündigt.

Beweis: Vorerwähntes Mailschreiben, gemäß § 133 Abs. 1 S. 2 ZPO einfach beigefügt in Ablichtung als Anlage K 2.

Der Kläger hat hierauf binnen weniger Werktage reagiert und die Kündigung mangels Einhaltung der erforderlichen Form zurückgewiesen.[8]

Beweis: Vorerwähntes Schreiben des Klägers an die Beklagten vom . . . . ., gemäß § 133 Abs. 1 S. 2 ZPO einfach beigefügt in Ablichtung als Anlage K 3.

Die Beklagten haben sodann ein mit dieser Mail wortgleiches Telefax am . . . . . an den Kläger übermittelt.

Beweis: Vorerwähntes Telefaxschreiben vom . . . . ., gemäß § 133 Abs. 1 S. 2 ZPO einfach beigefügt in Ablichtung als Anlage K 4.

Auch diese Kündigung hat der Kläger als formunwirksam zurückgewiesen.[8]

Beweis: Vorerwähntes Schreiben des Klägers an die Beklagten vom . . . . ., gemäß § 133 Abs. 1 S. 2 ZPO einfach beigefügt in Ablichtung als Anlage K 5.

Die Beklagten haben dem unter Hinweis auf heute völlig übliche Kommunikationsmöglichkeiten, die schon deshalb nicht rechtsunwirksam sein könnten,[8] sowie darauf, dass der Kläger – wie seine unberechtigten „Widersprüche" dokumentieren – die Kündigungen erhalten habe, betont, weiterhin von einer wirksamen Vertragsbeendigung zum . . . . . auszugehen.

Beweis: Mailschreiben der Beklagten an den Kläger vom . . . . ., gemäß § 133 Abs. 1 S. 2 ZPO einfach beigefügt in Ablichtung als Anlage K 6.

2. *Nachdem die Kündigungsfrist derzeit zwar noch nicht abgelaufen ist, die Beklagten aber offensichtlich ihren Verpflichtungen aus dem mangels rechtwirksamer Kündigung fortbestehenden Mietvertrag mit dem Kläger (Anlage K 1) danach nicht mehr nachzukommen gedenken, war nunmehr die Inanspruchnahme gerichtlicher Hilfe unumgänglich.*
Zur Klärung dieses Problems steht dem Kläger bereits jetzt ein Feststellungsinteresse im Sinne von § 256 ZPO zu.[9] Er muss sich nicht darauf verweisen lassen, erst den Ablauf der Kündigungsfrist bzw. den Auszug der Beklagten oder die Nichterfüllung der dieser obliegenden Verpflichtungen (insbesondere auf Zahlung der Miete) abzuwarten, bevor er aktiv werden kann.
3. *Auf der Grundlage dieser Ausführungen sind die Beklagten wie beantragt zu verurteilen.*

Rechtsanwalt

Anmerkungen

1. Sowohl der Vermieter – wie hier – als auch der Mieter können das Feststellungsbegehren (und sei es im Wege der Zwischenfeststellungsklage gemäß § 256 Abs. 2 ZPO mit dem Ziel, die Rechtskraft des Urteils auch auf den Bestand des Mietverhältnisses auszudehnen – vgl. *Schneider* MDR 1973, 270) auch als Widerklage gegenüber einer Leistungsklage der jeweils anderen Seite geltend machen, welche die Beendigung des Mietverhältnisses voraussetzt (OLG München ZMR 1997, 459; LG Stuttgart WuM 1976, 56 → Anm. 9).

2. Bei Wohnraummietverhältnissen ergibt sich die ausschließliche sachliche Zuständigkeit des Amtsgerichts aus § 23 Nr. 2 a GVG; bei der Gewerberaummiete ist die übliche streitwertabhängige Zuständigkeitsregelung der §§ 23 Nr. 1, 71 Abs. 1 GVG zu beachten. Örtlich ausschließlich zuständig ist das Gericht, in dessen Bezirk die Mietsache liegt (vgl. § 29a ZPO).

3. Als Streitwert ist eine Jahresmiete, unabhängig von der Anzahl der streitigen Kündigungen anzusetzen (LG Köln WuM 1997, 446), außer die restliche Vertragslaufzeit wäre geringer (BGH NZM 1999, 21; OLG Düsseldorf JurBüro 1988, 227). Zum Mietzinsbegriff des § 41 GKG – Grundmiete mit oder ohne (verbrauchsunabhängige) Nebenkosten – vgl. nur Hannemann/Wiek/*Emmert*, § 2 Rn. 513 ff. mwN.

4. In Anwaltsprozessen werden die Sachanträge grundsätzlich verlesen (§ 297 ZPO). Dies gilt in amtsgerichtlichen Verfahren nur, soweit ausnahmsweise dessen schriftliche Vorbereitung nach § 129 Abs. 2 ZPO aufgegeben wurde (vgl. auch § 496 ZPO). Andernfalls genügt es, die Anträge zu stellen.

5. Denkbar wäre auch umgekehrt ein entsprechendes Feststellungsbegehren des Mieters unter denselben Voraussetzungen (→ Anm. 9).

6. Dies ergibt sich aus § 174 BGB. Danach können einseitige empfangsbedürftige Willenserklärungen oder geschäftsähnliche Handlungen durch einen Vertreter vom Empfänger mangels beigefügter Originalvollmacht (beglaubigte Abschrift oder gar Fotokopie genügen nicht: BGH NJW 1994, 1472; NJW 1981, 1210; OLG Frankfurt/M. NJW-RR 1996, 10) unverzüglich (binnen weniger Werktage) zurückgewiesen werden und sind dann unwirksam. Dies gilt nur dann nicht, wenn der Empfänger die Bevollmächtigung durch den Vollmachtgeber bereits kennt (§ 174 S. 2 BGB). **Achtung:** Erfolgt die Zurückweisung durch einen Bevollmächtigten, etwa einen Anwalt, sollte ebenfalls eine Originalvollmacht beigefügt sein! Andernfalls wäre umgekehrt eine Zurückweisung möglich und die Wiederholung der Zurückweisungserklärung, dieses Mal mit anliegender Originalvollmacht, ggf. nicht mehr unverzüglich.

7. Sind auf Vermieter- oder Mieterseite mehrere Personen Vertragspartei, kann dieses einheitliche, auf eine unteilbare Leistung gerichtete Mietverhältnis nur durch eine Kündigung aller Personen auf einer Vertragsseite beendet werden. Die Kündigung nur eines von mehreren Vertragspartnern beendet weder das Mietverhältnis insgesamt noch zwischen dem Kündigenden und dem Empfänger (vgl. nur Bub/Treier/*Grapetin* IV Rn. 10). Es handelt sich vielmehr um eine unzulässige Teilkündigung (BGH NJW 1986, 918; KG WuM 1995, 648). Daher muss auch z.B. die Feststellungsklage von allen gemeinsam erhoben werden (OLG Celle WuM 1995, 193). Gleiches gilt auch für sonstige Willenserklärungen, wie etwa ein Mieterhöhungsbegehren (BGH NZM 2004, 419), nicht aber für die Betriebskostenabrechnung als reines Rechenwerk bzw. Wissenserklärung (hier genügt der Zugang bei einem von mehreren Mietern, der dann gesamtschuldnerisch haftet – BGH NJW 2010, 1965 = NZM 2010, 577).

8. Die Kündigung eines Wohnraummietverhältnisses bedarf der Schriftform (§ 568 BGB) und zwar alle Kündigungsarten und unabhängig davon, ob vom Vermieter oder vom Mieter ausgesprochen (vgl. nur Palandt/*Weidenkaff* § 568 Rn. 2). Es müssen also alle Voraussetzungen des § 126 Abs. 1 BGB vorliegen. Daher genügt ein Telefaxschreiben nicht (AG Siegburg WuM 1993, 647), ebenso wenig wie eine E-Mail ohne die Erfüllung der Voraussetzungen des § 126a BGB, weil der Empfänger gerade keine Urschrift mit der eigenhändigen Unterschrift des Kündigenden erhält (Schmidt-Futterer/*Blank* § 568 Rn. 13). In diesen Fällen ist die Kündigung nach § 125 BGB nichtig, ohne dass es einer – gar unverzüglichen – Zurückweisung durch den Empfänger bedarf. Wegen § 126 Abs. 3 BGB kann aber die Schriftform durch die elektronische Form des § 126a BGB ersetzt werden, nachdem § 568 BGB diese Möglichkeit nicht ausschließt (anders als etwa § 766 S. 2 BGB). Es bedarf also u. a. unbedingt einer elektronischen Signatur nach dem Signaturgesetz. Das Erfordernis eines – auch konkludenten, etwa aufgrund entsprechender Kommunikation zwischen den Mietvertragsparteien in der Vergangenheit – Einverständnisses des Empfängers lässt sich dem Gesetz nicht entnehmen (AG Gifhorn WuM 1992, 250; a. A. Schmidt-Futterer/*Blank* § 568 Rn. 18 aE).

§ 568 BGB gilt mangels Verweises in § 578 Abs. 2 BGB nicht für die Kündigung eines Geschäftsraummietvertrages. Die übliche Klausel, dass eine Kündigung der Schriftform bedarf, ist schon wegen der im Interesse beider Seiten liegenden Verkehrssicherheit wirksam (OLG Hamm NJW 1982, 452). In diesem Fall würde aber wegen § 127 Abs. 1 BGB eine Kündigung per Telefax, Mail oder SMS genügen. Wird die Form nicht eingehalten, ist die Kündigung im Zweifel gem. § 125 BGB unwirksam (OLG Hamm NJW-RR 1993, 16).

Formprobleme bei einer Kündigung können auch auftreten bei Nichterfüllung des Begründungserfordernisses für die fristlose Kündigung eines Wohnraummietverhältnisses nach § 569 Abs. 4 BGB (Schmidt-Futterer/*Blank* § 569 Rn. 75 ff. mwN; entgegen des auf einem Redaktionsversehen des Gesetzgebers beruhenden Wortlaut des § 569 Abs. 5 BGB nicht abdingbar) oder einer nicht den Voraussetzungen des § 573 Abs. 3 BGB entsprechenden ordentlichen Vermieterkündigung von Wohnraum (näher statt vieler Schmidt-Futterer/*Blank* § 573 Rn. 215 ff. mwN).

9. Das Feststellungsinteresse besteht bereits auf Grund der sich aus einer Kündigung sowohl für den Vermieter als auch für den Mieter ergebenden Rechtsunsicherheit und der damit verbundenen, auch sozialen und wirtschaftlichen Folgen (vgl. nur Bub/Treier/*Fischer* IX Rn. 94 ff.). Ein Klageantrag auf Feststellung der Unwirksamkeit einer Kündigung ist auf Feststellung des Fortbestehens des Mietvertrages umzudeuten (OLG Düsseldorf NJW 1970, 2027), weil das streitige Rechtsverhältnis der Mietvertrag ist (BGH NJW 2000, 354). Wenn der Vermieter die Rechtsposition des Mieters ernsthaft bestreitet, ist die Feststellungsklage zulässig, bevor Räumungsklage erhoben wird (OLG Hamm BeckRS 2008, 26315; OLG Rostock BeckRS 2008, 15453). Gewissermaßen umgekehrt zum Muster kann auch der Mieter Klage – oder gegenüber einer Räumungsklage des Vermieters Widerklage – auf Feststellung erheben, dass das Mietverhältnis fortbesteht, und dies sogar nach Abweisung der Räumungsklage, wenn der Mieter hieran im Hinblick auf sonstige Ansprüche (neben dem Räumungsanspruch), z. B. auf Schadensersatz, ein besonderes rechtliches Interesse hat (BGH NJW 1965, 693). Das Feststellungsinteresse des Mieters entfällt dabei nicht dadurch, dass der Vermieter den Räumungsanspruch nicht mehr weiterverfolgt (LG Köln WuM 1997, 446; aA wohl LG Stuttgart WuM 1976, 56), sondern erst dann, wenn der Fortbestand des Mietvertrages unstreitig gestellt wird. Entscheidend ist aber immer, dass das Feststellungsurteil geeignet ist, Unsicherheiten auf Klägerseite zu beseitigen (BGH NJW 2010, 1877 Tz. 12; NJW 1986, 2507). Das Feststellungsinteresse muss also gerade gegenüber dem Beklagten bestehen (BGH NJW 1984, 2950).

3. (Wider-)Klage auf Fortsetzung des Mietvertrages

An das

Amtsgericht/Landgericht[2] . . . . .

Klage[1]

In Sachen

des . . . . .

– Kläger –

Prozessbevollmächtigte:

gegen

den . . . . .

– Beklagter –

wegen Vertragsfortsetzung

erheben wir hiermit namens und in anwaltlich versicherter Vollmacht des Klägers

Klage,

entrichten aus einem vorläufigen Streitwert in Höhe von . . . . . EUR[3] Vorschuss auf die Gerichtskosten durch beigefügten Verrechnungsscheck in Höhe von . . . . . EUR, bitten um Zustellung der Klageschrift an den Beklagten und Anberaumung eines baldigen frühen ersten Termins zur mündlichen Verhandlung, in dem wir die

Anträge

stellen/verlesen[4] werden, wie folgt zu erkennen:

1. Der Beklagte wird verurteilt, den Mietvertrag mit dem Kläger vom . . . . . über . . . . . (Mietobjekt, Straße, Ort) . . . . . auf unbestimmte Zeit fortzusetzen.
2. Der Beklagte trägt die Kosten des Rechtsstreits.
3. Das Urteil ist, notfalls gegen Sicherheitsleistung, vorläufig vollstreckbar. Dem Kläger wird nachgelassen, Sicherheitsleistung auch durch unwiderrufliche selbstschuldnerische Bürgschaft eines im Bereich der EU zugelassenen Bank- oder Kreditinstituts zu erbringen, ebenfalls – vorsorglich – zwecks Abwendung der Zwangsvollstreckung.

Sollte das Gericht das schriftliche Vorverfahren beschließen, wird bereits jetzt

Antrag

auf Erlass eines Versäumnisurteils (§ 331 Abs. 3 ZPO)

gestellt.

Begründung:

Mit der vorliegenden Klage verlangt der Kläger als Mieter von seinem beklagten Vermieter die Fortsetzung des zwischen beiden Parteien bestehenden Mietvertrages.[5]

Im Einzelnen:

1. Zwischen den Parteien besteht ein Wohnraummietvertrag vom . . . . . über die in Klageantrag Ziffer 1 näher bezeichnete Wohnung.

Beweis: Vorerwähnter Mietvertrag, gemäß § 133 Abs. 1 S. 2 ZPO einfach beigefügt in Ablichtung als Anlage K 1.

Der Beklagte hat diesen Mietvertrag mit Kündigungsschreiben an den Kläger vom . . . . . wegen Eigenbedarfs unter Beachtung der in § . . . . . dieses Vertrages in Übereinstimmung mit § 573c BGB statuierten Kündigungsfrist fristgerecht zum . . . . . gekündigt.[6]

Beweis: Vorerwähntes Kündigungsschreiben, gemäß § 133 Abs. 1 S. 2 ZPO einfach beigefügt in Ablichtung als Anlage K 2.

Der Kläger hegt keine Zweifel an dem Vorliegen des dort geschilderten berechtigten Interesses gemäß § 573 Abs. 2 Nr. 2 BGB. Für ihn und seine Familie stellt aber die vertragsgemäße Beendigung des Mietvertrages eine nicht zu rechtfertigende Härte i. S. v. § 574 BGB dar. Dies aus folgenden Gründen:
. . . . . (hier hat nun eine detaillierte Darstellung des oder der vorliegenden Härtegründe unter Beweisantritt zu erfolgen)[7] . . . . .

Beweis: . . . . .

Der Kläger hat daher der als Anlage K 2 vorgelegten Kündigung fristgerecht, schriftlich und unter Angabe der vorstehend beweisbewehrt dargelegten Härtegründe[8] unter Berufung auf die Sozialklausel des § 574 BGB form- und fristgerecht i. S. v. § 574b BGB widersprochen.

Beweis: Vorerwähntes Widerspruchsschreiben vom . . . . ., gemäß § 133 Abs. 1 S. 2 ZPO einfach beigefügt in Ablichtung als Anlage K 3.

Der Beklagte hat das Vorliegen der Voraussetzungen dieser Sozialklausel schlichtweg in Abrede gestellt und ausgeführt, an der vertragsbeendenden Wirkung seiner Kündigung (Anlage K 2) zum . . . . . bestünden keine Zweifel.

Beweis: Schreiben des Beklagten an den Kläger vom . . . . ., gemäß § 133 Abs. 1 S. 2 ZPO einfach beigefügt in Ablichtung als Anlage K 4.

2. Dem Kläger ist es nicht zuzumuten, erst abzuwarten, ob der Beklagte Räumungsklage erhebt. Er hat vielmehr ein Interesse daran, bereits jetzt eine gerichtliche Entscheidung über die Verlängerung oder Fortsetzung des Mietverhältnisses nach den §§ 574 ff. BGB herbeizuführen.[9]

3. Auf der Grundlage dieser Darlegungen ist der Beklagte wie beantragt zu verurteilen.

Rechtsanwalt

Anmerkungen

1. Der Mieter (zum Vermieter siehe sogleich → Anm. 5), kann die, hier auf die Sozialklausel nach den §§ 574 ff. BGB gestützte Fortsetzungsklage auch als Widerklage gegenüber einer Räumungsklage der Vermieterseite geltend machen. Wird die Räumungsklage aber z. B. mangels berechtigten Interesses nach § 573 BGB abgewiesen, ist die Widerklage unbegründet. Dieses Risiko lässt sich umgehen, wenn die Widerklage nur eventualiter für den Fall erhoben wird, dass der Räumungsklage ohne Berücksichtigung des Widerspruchs des Mieters gem. §§ 574 ff. BGB stattgegeben würde. Zwingend ist die Erhebung einer derartigen Widerklage aber nicht: wird dem Räumungsbegehren des Vermieters stattgegeben und hat der Mieter keine Widerklage auf Fortsetzung des Mietverhältnisses erhoben, so wird der Fortsetzungsanspruch des Mieters nach den §§ 574 ff. BGB lediglich in den Entscheidungsgründen verneint, was aber die Rechtsbehelfsmöglichkeiten des Mieters nicht einschränkt. Wird demgegenüber die Räumungsklage des Vermieters wegen des Widerspruchs des Mieters als unbegründet abgewiesen (nicht aus anderen Gründen), so muss auch ohne Widerklage des Mieters in diesem rechtsgestaltenden Urteil – und zwar bereits im Urteilstenor – Art und Umfang der Verlängerung des bisherigen Mietverhältnisses ausgesprochen werden (vgl. § 308a ZPO, der allerdings keine Pflicht zur Amtsermittlung statuiert und auch nichts daran ändert, dass das Gericht dem Mieter nicht mehr zu erkennen kann, als seinem dokumentierten Willen entspricht – vgl. nur Bub/Treier/*Fischer* IX Rn. 109). Die Erhebung einer Widerklage macht daher in jedem Fall deshalb Sinn, um diesen Willen für das Gericht erkennbar zu dokumentieren, und ist auch zulässig (Schmidt-Futterer/*Blank* § 574a Rn. 19).

Letzteres ist demgegenüber notwendig beim Fortsetzungsverlangen bei vor dem 1.9.2001 zulässigerweise (vgl. Art. 229 § 3 Abs. 3 EGBGB, der die Geltung der bisherigen Rechtslage vor der Mietrechtreform für derartige alte Zeitmietverträge ohne zeitliche Begrenzung perpetuiert) befristeten Mietverhältnissen nach § 564c Abs. 1 BGB aF (vgl. auch § 556b BGB a. F.). Da diesem Fortsetzungsverlangen keine Gestaltungswirkung zukommt, muss der Mieter gegenüber der Räumungsklage des Vermieters stets Widerklage auf Fortsetzung des Mietverhältnisses erheben (LG Berlin NZM 2000, 333; ZMR 1986, 442; LG Regensburg WuM 1992, 194; LG Wuppertal WuM 1994, 543; AG Münster WuM 1988, 364; aA für eine einredeweise Geltendmachung: AG Ebersberg WuM 1988, 364; AG Uelzen WuM 1989, 23). Nach der Mietrechtsreform seit dem 1.9.2001 sind Zeitmietverträge nur noch unter den Voraussetzungen des § 575 BGB zulässigerweise vereinbar, bei denen ein Fortsetzungsverlangen in diesem Sinn nicht mehr mit Erfolg geltend gemacht werden kann, so dass sich diese Problematik insoweit zwar nicht mehr stellt, wohl jetzt aber beim Verlängerungsanspruch aus § 575 Abs. 2 und 3 BGB, bei dem es mangels einer § 308a ZPO entsprechenden Regelung eines Antrags bedarf (Bub/Treier/*Fischer* IX Rn. 110). Zum Zeitmietvertrag ausführlich MAH MietR/*Hannemann*, § 29 I mwN.

2. Bei Wohnraummietverhältnissen ergibt sich die ausschließliche sachliche Zuständigkeit des Amtsgerichts aus § 23 Nr. 2a GVG; bei der Gewerberaummiete (vgl. Anm. 5) ist die übliche streitwertabhängige Zuständigkeitsregelung der §§ 23 Nr. 1, 71 Abs. 1 GVG zu beachten.

Örtlich ausschließlich zuständig ist das Gericht, in dessen Bezirk die Mietsache liegt (vgl. § 29a ZPO).

3. Als Gebührenstreitwert ist entsprechend § 41 GKG eine Jahresmiete anzusetzen, außer die Vertragsfortsetzung wird für einen geringeren Zeitraum begehrt. Zum Mietzinsbegriff des § 41 GKG – Grundmiete mit oder ohne (verbrauchsunabhängige) Nebenkosten – vgl. nur Hannemann/Wiek/Emmert/*Emmert*, § 2 Rn. 513 ff. mwN.

Für den Zuständigkeits- oder Rechtsmittelstreitwert gilt § 8 ZPO (BGH NJW-RR 2006, 1004; vgl. auch BGH NJW-Spezial 2005, 53).

4. In Anwaltsprozessen werden die Sachanträge grundsätzlich verlesen (§ 297 ZPO). Dies gilt in amtsgerichtlichen Verfahren nur, soweit ausnahmsweise dessen schriftliche Vorbereitung nach § 129 Abs. 2 ZPO aufgegeben wurde (vgl. auch § 496 ZPO). Andernfalls genügt es, die Anträge zu stellen.

5. Denkbar wäre auch umgekehrt ein Feststellungsbegehren des Vermieters auf Fortsetzung des Mietvertrages etwa bei Vorliegen der Voraussetzungen des § 545 BGB, und dies auch im Wege der Widerklage, wenn die Mieterseite Leistungsklage erhebt, welche die Beendigung des Mietverhältnisses voraussetzt. Natürlich kann sich auch der Mieter auf die Vertragsfortsetzung nach § 545 BGB berufen. Dies gilt ebenfalls für die Gewerberaummiete. Anders, wenn § 545 BGB rechtswirksam abbedungen wurde. Dies kann auch im Wohnraummietrecht durch Formularklausel geschehen, sofern die damit ausgeschlossene Rechtsfolge des § 545 BGB erläutert wird („. . . . ., so gilt das Mietverhältnis nicht als verlängert."): OLG Schleswig RE NJW 1995, 2858; vgl. auch BGH NJW 1991, 1750; OLG Hamm RE NJW 1983, 826). Im Gewerberaummietrecht kann § 545 BGB dagegen ohne weiteres abbedungen werden (KG BeckRS 2014, 07658). Der Widerspruch des Vermieters kann auch schon vor Fristbeginn wirksam ausgesprochen werden und zwar nicht nur in einem engen zeitlichen Zusammenhang zum Vertragsende, also im Rahmen einer fristlosen Kündigung, sondern auch in einer ordentlichen Kündigung, sofern der Wille des Vermieters, das Mietverhältnis nicht fortsetzen zu wollen, ausdrücklich und eindeutig zum Ausdruck kommt (BGH NJW 2010, 2124 = NZM 2010, 510).

6. Bei einem vor dem 1.9.2001 abgeschlossenen Wohnraummietvertrag ist zu beachten, dass Art. 229 § 3 Abs. 10 EGBGB ursprünglich regelte, dass die neue Kündigungsfristenregelung in § 573c BGB entgegen des dortigen Abs. 4 dann nicht zwingend ist, wenn die Kündigungsfristen vor dem 1.9.2001 durch Vertrag vereinbart worden sind (vgl. auch BGH NJW 2003, 2739). Das in den Worten „durch Vertrag vereinbart" liegende Rätsel war eines der ungeklärten Probleme der Mietrechtsreform (vgl. nur *Börstinghaus* NZM 2002, 51 ff. m. ausf. Nachw.).

Damit stellte sich die Frage, ob die in vielen Formularmietverträgen enthaltene Klausel, die lediglich die bisherige gesetzliche Regelung symmetrisch gestaffelter Kündigungsfristen in § 565 Abs. 2 BGB a. F. wiederholt, als Vertragsregelung in diesem Sinne zu behandeln ist. Sie wäre dann auch nach dem 1.9.2001 in derartigen Altverträgen weiterhin gültig. Anders selbstverständlich dann, wenn im Vertrag geregelt ist, dass die gesetzlichen Kündigungsfristen gelten sollen, selbst wenn zusätzlich der Wortlaut von § 565 Abs. 2 BGB aF wiedergegeben wird. Was aber gilt, wenn eine derartige Vorbemerkung auf die Geltung der gesetzlichen Regelung fehlt oder der Vertrag ohne weiteren Zusatz einfach den Wortlaut des Gesetzes wiederholt? Der Gesetzgeber hatte in der Begründung festgehalten, dass die bloße Wiedergabe des Gesetzestextes in einem Formularvertrag „zweifelsfrei" nicht als Vereinbarung gewertet werden könne (BT-Drs. 14/5663 S. 180). Da das Problem aber erst sehr spät gesehen und diskutiert worden war, bestand (unverständlicherweise) keine Bereitschaft mehr, eine Änderung des Gesetzestextes vorzunehmen. Gewissermaßen als Ersatz wurde eine ausführliches Protokoll des Rechtsausschusses des Deutschen Bundestages erstellt, in dem der Gesetzgeber zum Ausdruck brachte, dass die verkürzte Kündigungsfrist für Mieter bei Altverträgen nur dann nicht gelten soll, wenn die Vertragsparteien im Einzelfall auf Grund individueller („echter") Vereinbarungen eine andere Frist vereinbart haben (eine interessante neue Differenzierung: echte und unechte Vereinbarungen, während man bisher allein wirksame und unwirksame Vereinbarungen kannte). Insoweit muss sich der Gesetzgeber zunächst fragen lassen, weshalb er diesen seinen angeblichen Willen nicht auch zweifelsfrei im Gesetz verankert hat und z.B. in der Übergangsregelung nicht ausdrücklich das Wörtchen „individuell" mit aufgenommen hat (dies wäre sicherlich auch noch kurz vor Verabschiedung des Gesetzes möglich gewesen). Diese Auffassung überzeugt aber auch in der Sache nicht (vor allem, da die Parteien überhaupt nicht wissen, ob eine bestimmte Regelung im Vertrag eigenständigen Charakter hat oder lediglich die ohnehin bestehende gesetzliche Rechtslage wiedergibt) und ist vor allem nicht zweifelsfrei. So hat zB das KG mit Rechtsentscheid vom 22.1.1998 (NZM 1998, 299) festgehalten, dass alle in einen Vertrag aufgenommenen Regelungen Vertragsbestandteil werden, unabhängig davon, ob sie zwingendes oder dispositives Recht enthalten. Daher war auch die damalige gesetzliche Regelung in § 120 Abs. 2 ZGB, die in der ehemaligen DDR eine Kündigungsfrist des Mieters von zwei Wochen vorsah und wortgleich in den Mietvertrag übernommen wurde, zu Gunsten des Mieters nach wie vor gültig. Die hier in Rede stehende Problematik ist damit vergleichbar, sodass die Erwägungen des KG vorliegend auch Anwendung finden müssen, das jede andere Auffassung – also jetzt die des Gesetzgebers – als „offensichtlich unhaltbar" bezeichnet hat. Dieser zutreffenden Auffassung ist der BGH ab 2003 in mehreren Entscheidungen gefolgt (vgl. BGH NZM 2003, 711 – Grundentscheidung; BGH WuM 2004, 275, und NZM 2004, 336 = NJW 2004, 1447 – Fußnotentext; BGH NZM 2005, 417 – befristeter Mietvertrag mit Verlängerungsklausel; BGH WuM 2005, 520; BGH WuM 2005, 584: Einbeziehung eines älteren Vertrages; BGH NZM 2006, 460 = NJW 2006, 1867: Verweis auf die „zur Zeit" geltenden gesetzlichen Kündigungsfristen; BGH NZM 2007, 327 = NJW-RR 2007, 668: Beitritt eines weiteren Mieters nach dem 31.8.2001).

Der Gesetzgeber ist schon nach den ersten BGH-Entscheidungen aktiv geworden und hat – um seinem ursprünglichen Willen jetzt rechtssicher zum Durchbruch zu verhelfen – nach Art. 1 des Gesetzes dem Art. 229 § 3 Abs. 10 EGBGB folgenden Satz angefügt: „Für Kündigungen, die ab dem 1.6.2005 zugehen, gilt dies nicht, wenn die Kündigungsfristen des § 565 Abs. 2 S. 1 und 2 des Bürgerlichen Gesetzbuches in der bis zum 1.9.2001 geltenden Fassung durch Allgemeine Geschäftsbedingungen vereinbart worden sind." Damit sind aber noch nicht alle Probleme gelöst:

- Zwar bedarf es keiner, vom BGH zu Recht als problematisch beurteilten Aufklärung zwischen „echter" und „unechter" Vereinbarung, entgegen der Gesetzesbegründung aber stattdessen einer genauso schwer durchführbaren Beweisaufnahme über die Frage AGB oder Individualvereinbarung iSv § 305 Abs. 1 S. 3 BGB bzw. § 1 Abs. 2 AGBG.
- Warum wird AGB-Regelungen, der Regelfall einer Vereinbarung im Wohnraummietrecht, der vom Reformgesetzgeber bemühte und vom BGH in seinen vorzitierten Urteilen gestärkte (vgl. auch WuM 2004, 101) Vertrauensschutz versagt?
- Weshalb nur die Fristen-AGB nicht weitergelten sollen, die exakt den damaligen gesetzlichen Fristen entsprechen, sehr wohl aber die für den Mieter nachteiligeren längeren Fristen, sogar wenn sie formularmäßig vereinbart wurden, ist nicht nachvollziehbar (trotz OLG Zweibrücken RE NJW-RR 1990, 148). An deren Wirksamkeit bestehen etwa nach § 307 BGB aber auch aus Überraschungsgesichtspunkten gem. § 305 c BGB ernste Bedenken (vgl. nur *Sternel* I Rn. 186).

7. Als Härtegründe sind anerkannt: Alter, Verwurzelung im Wohnquartier und Krankheit (vgl. hierzu OLG Karlsruhe RE NJW 1970, 1746); Mieterinvestitionen (OLG Frankfurt/M. RE WuM 1971, 168; OLG Karlsruhe NJW 1971, 1182); Beruf, Ausbildung, Kinder (insbes. bevorstehender Ausbildungsabschluss); doppelter Umzug in einem Zeitraum von etwa 2 Jahren; fehlender angemessener Ersatzwohnraum zu zumutbaren Bedingungen, wobei umstritten ist, ab wann sich der Mieter ernsthaft und nachhaltig um eine Ersatzwohnung bemühen muss (im Zweifel ab Erhalt der Kündigung – vgl. *Sternel*, Mietrecht aktuell, 4. Aufl. 2009, Rn. 1258 mwN). Zu den Härtegründen vgl. eingehender Schmidt-Futterer/*Blank* § 574 Rn. 28 ff. mwN. Besonders ist noch darauf hinzuweisen, dass der Mieter – im Gegensatz zum Vermieter etwa beim Nachschieben von Kündigungsgründen (vgl. nur LG Düsseldorf WuM 1990, 505; LG Essen WuM 1995, 142; LG Koblenz WuM 1990, 509; LG Köln WuM 1990, 155; anders bei fristlosen Kündigungen, wenn der nachgeschobene Grund bereits vor Zugang der Kündigung entstanden ist: OLG Karlsruhe RE NJW 1982, 2004; LG Berlin GE 1995, 757; LG Dresden WuM 1995, 484, vgl. hierzu aber jetzt das Begründungserfordernis in § 569 Abs. 4 BGB) – im Räumungsprozess noch weitere Härtegründe nachschieben kann (LG Wiesbaden WuM 1988, 269), allerdings mit dem Risiko von Kostennachteilen gemäß § 93b Abs. 2 ZPO.

8. Das Fortsetzungsverlangen bedarf der Schriftform und – auf Verlangen des Vermieters – der Angabe von Gründen (§ 574b BGB). Es muss dem Vermieter spätestens 2 Monate vor Beendigung des Mietverhältnisses zugehen, sofern der Vermieter den Mieter hierauf nach § 568 Abs. 2 BGB hingewiesen hat. Andernfalls kann der Mieter den Widerspruch noch im ersten Termin des Räumungsrechtsstreits erklären – § 574b Abs. 2 S. 2 BGB (zu Form und Frist des Fortsetzungsverlangens vgl. nur Schmidt-Futterer/ *Blank* § 574b Rn. 2 ff. mwN).

9. Die Fortsetzungsklage kann auch mit der – vorrangig zu verbescheidenden – Klage des Mieters auf Feststellung der Nichtigkeit der Kündigung oder des Fortbestandes des Mietverhältnisses (→ Form. C. I. 2) verbunden werden (Palandt/*Weidenkaff* § 573 Rn. 61). Nach § 574a Abs. 2 BGB kann das Gericht das Mietverhältnis auf bestimmte oder unbestimmte Zeit fortsetzen. Die Fortsetzung auf bestimmte Zeit bei einer Fortsetzungsklage auf unbestimmte Zeit führt zu einem teilweisen Prozessverlust mit entsprechender Kostenfolge, erlaubt aber dem Mieter die Einlegung eines Rechtsmittels (LG Mannheim ZMR 1993, II Nr. 10).

4. Klage des Mieters aus einer Verlängerungsoption auf Feststellung, dass durch deren Ausübung der Mietvertrag erst zu einem bestimmten Zeitpunkt endet

An das

Landgericht[1] . . . . .

Klage

des Herrn . . . . .

– Kläger –

Prozessbevollmächtigte: . . . . .

gegen

Herrn . . . . .

– Beklagter –

Prozessbevollmächtigte: . . . . .

wegen Feststellung[3] der Mietdauer

Streitwert: 17.136,– EUR[2]

Wir bitten um Anberaumung eines Termins zur mündlichen Verhandlung, in dem wir beantragen werden,

1. festzustellen, dass der Mietvertrag der Parteien vom 1.1.2004 über die im I. Obergeschoss des Hauses . . . . . in . . . . . gelegenen Büroräume fortbesteht und erst am 31.12.2018 endet,
2. für den Fall des Vorliegens der Voraussetzungen Versäumnisurteil ohne mündliche Verhandlung gemäß § 331 Abs. 3 ZPO zu erlassen.

Begründung:

Der Kläger ist Mieter der im I. Obergeschoss des Hauses . . . . . in . . . . . gelegenen Büroräume zur Größe von 150 m². Wir überreichen hierzu anliegend in Kopie beigefügten Mietvertrag und verweisen auf den dortigen § 2. Die Parteien streiten über den

Zeitpunkt der Beendigung des Vertrages auf Grund einer vom Beklagten am 18.6.2015 ausgesprochenen Kündigung. Zur Vertragsdauer regelt der Mietvertrag in § 3 folgendes:

„§ 3 Ziff. 1: Das Mietverhältnis beginnt am 1.1.2004 und endet am 31.12.2013.

Ziff. 2: Es verlängert sich jeweils um 1 Jahr, wenn es nicht 6 Monate vor seinem Ablauf von einer der Vertragsparteien durch eingeschriebenen Brief gekündigt wird.

Ziff. 3: Dem Mieter wird das Recht eingeräumt, spätestens 6 Monate vor Ablauf des Mietverhältnisses dieses durch eingeschriebenen Brief um 5 Jahre zu verlängern. Gibt der Mieter diese Erklärung ab, verpflichten sich beide Parteien, über eine angemessene Erhöhung der Miete ab diesem Zeitpunkt zu verhandeln. Können sie sich über die Höhe einer angemessenen Miete nicht einigen, soll ein von der örtlichen Industrie- und Handelskammer bestellter Sachverständiger die zukünftige Miete als Schiedsgutachter festlegen."

Mit Ablauf des 31.12.2013 verlängerte sich der Mietvertrag, ohne dass eine der Parteien irgendwelche Erklärungen abgab.[4, 5] Am 15.5.2015 schrieb der Kläger dem Beklagten mit anliegend in Kopie beigefügtem Schreiben, er mache nunmehr von seinem in § 3 Ziff. 3 eingeräumten Optionsrecht Gebrauch. Damit ende das Mietverhältnis zum 31.12.2020.

Der Beklagte widersprach mit anliegend in Kopie beigefügtem Schreiben vom 18.6.2015 und kündigte mit anliegend in Kopie beigefügtem Einschreiben mit Rückschein vom 21.6.2015 zum 31.12.2015. Er machte geltend, das Optionsrecht in § 3 Ziff. 3 des Vertrages habe spätestens 6 Monate vor dem 31.12.2013 ausgeübt werden müssen. Der Kläger habe außerdem die dort vereinbarte Form (Einschreibebrief) nicht gewahrt. Schließlich sei die Option nicht wirksam vereinbart, weil keine Einigung über die zukünftige Miete zustande gekommen sei und die Klausel keine hinreichenden Beurteilungsgrundlagen habe, was für den Fall der Fortsetzung eine angemessene Miete sei.

Die Feststellungsklage ist zulässig, da die Parteien über die noch verbleibende Restdauer des Mietvertrages streiten. Zu Recht geht der Kläger davon aus, dass das zwischen den Parteien begründete Mietverhältnis durch Abgabe seiner Optionserklärung vom 15.5.2015 bis zum 31.12.2018 fortbesteht. Unschädlich ist die Abgabe dieser Erklärung nach dem 31.12.2013. Denn infolge der in § 3 Ziff. 2 vereinbarten Verlängerungsklausel setzte sich der Mietvertrag automatisch um jeweils 1 Jahr fort. Die Erklärung ging dem Beklagten also 6 Monate vor Ablauf des Vertragsverhältnisses am 31.12.2015 rechtzeitig zu. Der Vertrag enthält keine Einschränkungen des Inhalts, dass die Optionsausübung bis zum Ablauf des fest vereinbarten Vertragszeitraums zu erfolgen habe. Konsequenz des vereinbarten Optionsrechts von 5 Jahren ist allerdings, dass sich der Vertrag dann nicht kumulativ um den bisherigen zusätzlichen Zeitraum und den Optionszeitraum von 5 Jahren verlängert, sondern insgesamt nur um 5 Jahre. Aus dem Vertrage ergibt sich damit eine Vertragsdauer von 15 Jahren. Das war dem Kläger bei Abfassung seines Schreibens vom 15.5.2015 nicht geläufig. Unerheblich ist ferner der Einwand der Nichtbeachtung der Schriftform. Zwar verlangt § 3 Ziff. 3 die Versendung eines Einschreibens. Insoweit hat jedoch nur die vereinbarte Schriftform rechtsbegründende Wirkung, während der Übermittlungsform durch Einschreiben lediglich Beweisfunktion zukommt. Schließlich kann der Beklagte nicht einwenden, die Verlängerungsoption in § 3 Ziff. 3 sei deshalb unwirksam, weil keine rechtsgültige Vereinbarung über die zukünftige Miethöhe getroffen worden sei. Es reicht, wenn die in Ausübung der Verlängerungsoption zukünftig zu zahlende Miete bestimmbar ist. Eine Bestimmbarkeit kann im Wege der Auslegung erfolgen, wobei eine Vereinbarung der angemessenen Miete ausreicht. Im Zweifel ist hier die Miete unter Berücksichtigung der Vereinbarung im Vertrage und der örtlichen Verhältnisse zu bestimmen. Dazu ist ein von den Parteien vorgesehener Schiedsgutachter ohne weiteres in der Lage. Selbst ohne jegliche Vereinbarung über die zukünftige Miete wäre eine Verlängerungsoption wirksam, sofern eine Entgeltlichkeitsvereinbarung vorliegt. Die Miete kann dann entweder im Wege ergänzender Vertragsauslegung oder auf Grund eines Bestimmungsrechts des Vermieters gemäß §§ 315, 316 BGB nach billigem Ermessen festgelegt werden. Die für das Zustandekommen von Mietverträgen geltende Auslegungsregel kann auch auf eine Verlängerungsoption ohne weiteres übertragen werden. Ihrer Natur nach handelt es sich um nichts anderes als um einen Vorvertrag über den Abschluss eines Mietvertrages auf weitere 5 Jahre.

Rechtsanwalt

Anmerkungen

1. Zuständigkeit. Ausschließlich örtlich zuständig ist gemäß § 29a Abs. 1 ZPO das Gericht der belegenen Sache. § 29a ZPO gilt auch für Miet- und Pachtverhältnisse über Räume, soweit es sich nicht um Wohnraum handelt, dagegen nicht für Miet- und Pachtverhältnisse über unbebaute Grundstücke (*Sternel*, Mietrecht Aktuell, 4. Aufl. 2009, XIV Rn. 1, 24). Da der Streitwert 5.000,– EUR überschreitet, ist gemäß §§ 23 Nr. 1, 71 Abs. 1 GVG das Landgericht zuständig.

2. Streitwert. Der Zuständigkeitsstreitwert ist gemäß § 8 ZPO zu ermitteln. Maßgeblich ist also die auf die gesamte streitige Zeit entfallende Miete. Für den Gebührenstreitwert ist § 41 Abs. 1 GKG heranzuziehen. Entscheidend ist danach ebenfalls der Betrag der auf die streitige Zeit entfallenden Miete, allerdings, wenn die einjährige Miete geringer ist, dieser Betrag. Der Zuständigkeitsstreitwert errechnet sich daher bei einer Quadratmetermiete von 10,– EUR wie folgt:

1.785,– EUR (10,– EUR x 150 m² zzgl. 19 % Mehrwertsteuer) × 36 Monate = 64.260,– EUR × 80 % = 51.408,– EUR.

Der Gebührenstreitwert ist wegen § 41 Abs. 1 S. 1 2. Hs. GKG geringer:

1.785,– EUR × 12 Monate = 21.420,– EUR × 80 % = 17.136,– EUR (BGH NZM 2006, 378).

Die Reduzierung auf 80 % beruht darauf, dass bei der behaupteten Feststellungsklage ein etwas geringerer Wert, regelmäßig 80 % einer vergleichbaren Leistungsklage anzusetzen sind (BLAH/*Hartmann* Anh. § 3 Rn. 53 „Feststellungsklage").

Der Unterschied zwischen Zuständigkeits- und Gebührenstreitwert wird ggf. für die Frage der Revisibilität von Bedeutung sein. Zwar gibt es nicht mehr die Streitwertrevision, sondern nur noch die Zulassungsrevision (§ 543 ZPO). Gemäß § 543 Abs. 1 Nr. 2 ZPO findet die Revision jedoch auch auf Beschwerde gegen die Nichtzulassung nach Zulassung durch das Revisionsgericht statt. Die Nichtzulassungsbeschwerde gemäß § 544 ZPO ist nach § 26 Nr. 8 S. 1 EGZPO in der Übergangsregelung zum ZPO-Reformgesetz bis Ende des Jahres 2016 von einer Beschwer von mehr als 20.000,– EUR abhängig (BLAH/*Hartmann* § 26 EGZPO Rn. 2). § 8 ZPO gilt auch für die Ermittlung der Beschwer (BLAH/*Hartmann* § 8 Rn. 1; BGH WuM 2007, 639). Im Beispielsfall könnte daher die Revisibilität der Sache über eine Nichtzulassungsbeschwerde erreicht werden.

3. Zulässigkeit der Feststellungsklage. Das Feststellungsinteresse gemäß § 256 Abs. 1 ZPO ergibt sich daraus, dass der Beklagte dem Kläger die Mietdauer bis zum 31.12.2018 streitig macht und auf Grund der von ihm ausgesprochenen Kündigung vom 21.6.2015 mit einem Räumungsbegehren nach Ablauf des 31.12.2015 droht. Die damit für den Kläger verknüpfte tatsächliche Unsicherheit über seine vertraglichen Rechte begründet dessen Rechtsinteresse (*Neuhaus*, Handbuch der Geschäftsraummiete 4. Aufl. 2011, Rn. 2769: Bei einer Räumungsklage des Vermieters kann der Mieter Zwischenfeststellungsklage gemäß § 256 Abs. 2 ZPO erheben, damit die Rechtskraftwirkung auf den Bestand des Mietverhältnisses erstreckt wird; Bub/Treier/*Fischer* IX Rn. 102; BGH NJW 1982, 2770).

4. Verlängerungsoption. Eine Verlängerungsoption berechtigt die daraus begünstigte Partei, durch einseitige empfangsbedürftige Gestaltungserklärung den bestehenden Mietvertrag über den zeitlichen Ablauf hinaus um die in der Optionsklausel vereinbarte Frist zu erweitern (Bub/Treier/*Drettmann* II Rn. 427; BGH NJW 1985, 2581; BGH NJW 1982, 2770). Dieses Recht kann auch noch nach Ablauf der fest vereinbarten Mietzeit ausgeübt werden, wenn der Vertrag infolge einer Verlängerungsklausel fortgesetzt wird. Allerdings führt dies nach Auffassung des Bundesgerichtshofs nicht zu einer Erweiterung der ohne Berücksichtigung der Verlängerungsklausel vereinbarten Vertragshöchstdauer von im Klagebeispiel genannten 15 Jahren. Bei einer Kombination von Verlängerungsklausel und Verlängerungsoption legt der Bundesgerichtshof den Vertrag nämlich dahin aus, dass bei bloßer Verlängerung des Vertrages der bei Abschluss bedachte Sinn und Zweck der Optionsbefugnis ebenfalls erreicht wird. Wird also die Gesamtvertragsdauer von 15 Jahren durch 5-malige Verlängerung erreicht, geht das Optionsrecht als Gestaltungsrecht damit unter. Soll es trotz Verlängerung uneingeschränkt fortbestehen, verlangt der BGH eine unmissverständliche Vereinbarung der Vertragsparteien, die hier nicht besteht (BGH NJW 1982, 2770). Hätte umgekehrt der Vermieter zwecks Beendigung des Mietvertrages rechtzeitig gekündigt, hätte der Kläger unverzüglich nach Zugang der Kündigung spätestens bis zum Ablauf der Kündigungsfrist optieren müssen (*Sternel*, Mietrecht Aktuell, 4. Aufl. 2009, I Rn. 164; BGH ZMR 1985, 260). Der Kläger hätte also höchstens bis zum 30.6.2015 Zeit gehabt, und zwar selbst dann, wenn er das Optionsrecht an sich auch noch später hätte ausüben können. Umstritten ist, ob § 545 BGB eine weitere Fortsetzung des Vertrages begründet (bejahend Wolf/Eckert/Ball/*Ball* Rn. 872; verneinend: BGH NZM 2008, 167; OLG Hamburg NZM 1998, 333; OLG Frankfurt a.M. NZM 1998, 1006). Die Abrede einer Verlängerungsoption bedarf der Schriftform der §§ 550, 578 Abs. 1, Abs. 2 S. 1 BGB (Bub/Treier/*Drettmann* II Rn. 432; *Sternel*, Mietrecht Aktuell, 4. Aufl. 2009, I Rn. 162). Die Ausübung der Verlängerungsoption bedarf der gesetzlichen Schriftform, wenn der Vertrag, aus dem sich das Optionsrecht ergibt, formbedürftig war und er sich über ein Jahr hinaus verlängern soll (*Sternel*, Mietrecht Aktuell, 4. Aufl. 2009, I Rn. 162; OLG Köln NZM 2006, 464). Ist Schriftform vereinbart, hat diese rechtsbegründende Bedeutung. Die Übermittlungsform, etwa durch Einschreiben, hat lediglich Beweisfunktion (Bub/Treier/*Drettmann* II Rn. 438; OLG Hamm NJW-RR 1995, 750). Die mit Optionsklauseln verknüpften Vertragsbedingungen müssen den Anforderungen an das Zustandekommen eines Mietvertrages entsprechen (Bub/Treier/*Drettmann* II Rn. 453 ff.); die Anforderungen an die Bestimmbarkeit der Miete sind jedoch gering (BGH NJW-RR 1992, 517). Gilt für den Fall einer Mieterhöhung die angemessene oder ortsübliche Miete als vereinbart, ist im Wege der ergänzenden Vertragsauslegung die Höhe zu ermitteln. Die Angemessenheit orientiert sich an der orts- und marktüblichen Miete, die für vergleichbare Objekte bei einem Neuabschluss üblicherweise gefordert und gezahlt wird (BGH NJW-RR 1992, 517). Dabei ist jedoch nicht eine Neufestsetzung frei von den Bindungen des Vertrages gemeint. Lag die bisherige Miete ober- oder unterhalb der orts- und marktüblichen Miete, ist diese Abweichung auch bei der Neufestsetzung zu berücksichtigen. Das Verfahren ist in § 3 Ziff. 3 des Mietvertrages im Fallbeispiel bindend geregelt. Selbst wenn die Einholung eines Schiedsgutachtens nicht vereinbart wäre, würde dies die Bestimmbarkeit der Miete nicht ausschließen. Denkbar ist, dass die Höhe der angemessenen Miete auch vom Vermieter gemäß §§ 315, 316 BGB nach billigem Ermessen oder aber durch das Gericht festgelegt werden kann (Bub/Treier/*Drettmann* II Rn. 455; BGH NJW-RR 1992, 517; KG MDR 2008, 1385). Die Schiedsgutachterklausel ist wirksam, da es ausreicht, dass der Dritte die angemessene Miete ermitteln soll (Bub/Treier/*Drettmann* II Rn. 455; BGH NJW 1975, 1547). Bei der Auswahl ist die Neutralität zu wahren, was hier durch den Hinweis auf das Bestimmungsrecht durch die Industrie- und Handelskammer gewährleistet ist. Außerdem darf für das Verfahren der Anspruch auf rechtliches Gehör, die Zulässigkeit der Erhebung von Einwendungen wegen offensichtlicher Unrichtigkeiten und das Recht zur Ablehnung des Gutachtens bei unverhältnismäßigen Nachteilen nicht ausgeschlossen sein (Bub/Treier/*Bub* II Rn. 1306 unter Hinweis auf BGHZ 115, 331; 101, 307; 81, 236). Diese Anforderungen sind beachtet. Wäre die Schiedsgutachterklausel unwirksam, würde dies die Zulässigkeit des Optionsrechts nicht berühren. Die Interessen des Vermieters wären gewahrt, weil er notfalls auf sein Bestimmungsrecht gemäß §§ 315, 316 BGB oder auf die Erhöhung der Miete durch das Gericht zurückgreifen könnte.

5. Wird die Ausübung der Verlängerungsoption durch den Mieter davon abhängig gemacht, dass der Vermieter den Vertrag anpassen darf, ist darauf zu achten, dass die Anpassungsmodalitäten nicht gegen § 307 BGB verstoßen. Dies ist zum Beispiel der Fall, wenn die Ausübung des Optionsrechts durch den Mieter den Vermieter berechtigt, die Vereinbarung neuer Vertragsbedingungen zu verlangen. Schlagen nämlich die Verhandlungen über neue Vertragsbedingungen fehl, darf das nicht zur Folge haben, dass das Recht des Mieters auf Verlängerung des Vertrages erlischt (*Neuhaus*, Handbuch der Geschäftsraummiete 4. Aufl. 2011, Rn. 738; Wolf/Eckert/Ball/*Ball* Rn. 863; OLG Hamburg NJW-RR 1990, 1488).

5. Klage aus Wettbewerbsabreden für die Zeit nach Vertragsende

An das

Landgericht[1] . . . . .

Klage

des Herrn . . . . .

– Kläger –

Prozessbevollmächtigte: . . . . .

gegen

Herrn . . . . .

– Beklagter –

Prozessbevollmächtigte: . . . . .

wegen Unterlassung

Streitwert: 25.000,– EUR[2]

Wir bitten um Anberaumung eines Termins zur mündlichen Verhandlung, in dem wir beantragen werden:[3]

1. den Beklagten unter Androhung eines Ordnungsgeldes bis zu 250.000,– EUR und/ oder Ordnungshaft bis zu 6 Monaten für den Fall der Zuwiderhandlung zu verurteilen, den Betrieb einer Kfz.-Werkstatt im Umkreis von 5 km um das Grundstück Gemarkung Flur . . . . ., Flurstück . . . . ., zu unterlassen,
2. für den Fall des Vorliegens der Voraussetzungen Versäumnisurteil ohne mündliche Verhandlung gemäß § 331 Abs. 3 ZPO zu erlassen,
3. dem Kläger eine vollstreckbare Ausfertigung des Urteils nebst Zustellungsbescheinigung (§ 169 ZPO) zu erteilen.[4]

Begründung:

Der Beklagte war Pächter des Grundstücks Gemarkung . . . . . Flur . . . . ., Flurstück . . . . ., auf dem er vertragsgemäß eine Kfz.-Werkstatt sowie eine Tankstelle betrieb. Der Pachtvertrag vom . . . . . war mit dem damaligen Eigentümer des Grundstücks geschlossen worden. Der Kläger hatte das Pachtgrundstück mit notariellem Kaufvertrag vom . . . . . erworben und war am . . . . . als neuer Eigentümer in das Grundbuch eingetragen worden.[6]

Beweis: unbeglaubigte Ablichtung des Grundbuchauszuges des Amtsgerichts . . . . . vom . . . . .

Der Pachtvertrag weist die Überschrift „Pachtvertrag für einen Handwerksbetrieb" auf und enthält in § 8 folgende Regelung:

„Für die Vertragszeit verpflichtet sich der Verpächter gegenüber dem Pächter und für die Vertragszeit zzgl. der 3 darauf folgenden Jahre verpflichtet sich der Pächter gegenüber dem Verpächter, im Umkreis von 5 km eine andere Kfz.-Werkstatt, Betrieb oder einen Handel mit Betriebsstoffen oder Waren weder selbst zu betreiben noch durch einen anderen betreiben zu lassen noch sich an einem solchen Wettbewerbsunternehmen in irgendeiner Form zu beteiligen."

Das Pachtverhältnis wurde am . . . . . durch Zeitablauf beendet. Der Beklagte räumte das Grundstück fristgerecht. Seitdem betreibt er 150 m vom bisherigen Pachtobjekt entfernt auf einem anderen Pachtgrundstück eine Kfz.-Werkstatt.

Beweis: Ortsbesichtigung

Mit anliegend in Kopie beigefügtem Schreiben wurde er unter Hinweis auf § 8 des Vertrages vom Unterzeichner aufgefordert, den Werkstattbetrieb einzustellen. Der Beklagte beruft sich jedoch darauf, dass der Pachtvertrag ihn nicht binde, da die Klausel ihn in seiner wirtschaftlichen Betätigungsfreiheit unzumutbar beeinträchtige und deshalb unwirksam sei.

Der Beklagte ist gemäß §§ 546 Abs. 1, 578 Abs. 1, Abs. 2 S. 1, 581 Abs. 2 BGB in Verbindung mit § 8 des Vertrages verpflichtet, nach Beendigung des Pachtvertrages Konkurrenz für 3 Jahre zu unterlassen.[5] Die Voraussetzungen der Klausel liegen sowohl in räumlicher, zeitlicher als auch gegenständlicher Hinsicht vor. Ein Zeitrahmen von 3 Jahren ist nicht unangemessen lang, da nur auf diese Weise sich die Beziehungen erwartungsgemäß verflüchtigen, die der Pächter zu Kunden, Lieferanten und anderen Geschäftspartnern durch seine Tätigkeit als Tankstellenpächter gewonnen hat.

Auch ist nicht zu beanstanden, dass der Kläger als Rechtsnachfolger berechtigt ist, vom Beklagten nachwirkenden Konkurrenzschutz zu verlangen. Zwar ist in Rechtsprechung und Literatur nicht unumstritten, ob die Vereinbarung von Konkurrenzschutzklauseln für die Zeit nach Beendigung eines Pachtvertrages (sog. nachwirkender Konkurrenzschutz) zu den übergehenden Rechten und Pflichten aus einem Pachtvertrag gehört. Hier kommt

Deppen   769

jedoch die Besonderheit hinzu, dass nach dem Inhalt des Vertrages darin Elemente einer Betriebsverpachtung enthalten waren, da er eine Vielzahl von betriebstypischen Regelungen enthält.

Gemäß § 1 des Vertrages gehören zur Kfz.-Werkstatt und Tankstelle Verkaufsraum, Kfz.-Werkstatt, Nebenraum, Lagerraum, Waschhalle, Heizöllagerraum zur Mitbenutzung sowie die Tankstellen- und Hoffläche. Aus der Anlage zu § 1, dem Verzeichnis der Einrichtungsgegenstände, folgt als Inventar:

„1. Hebebühne in der Waschhalle

2. Warmluftofen in der Werkstatt

3. Drei Zapfsäulen

4. Drei-Kammer-Kraftstoffbehälter (unterirdisch)

5. Zapfsäulen werden auf Kosten des Pächters auf den heutigen Literpreis umgestellt.

6. Drei-Kammer-Kraftstoffbehälter (unterirdisch) wird auf Kosten des Pächters gereinigt.“

Auf eine Betriebsverpachtung zugeschnittene Einzelregelungen finden sich weiter in § 1 Abs. 3, wo wenn auch nur formularmäßig erwähnt ist, dass der Verpächter nicht beabsichtige, mit der Verpachtung seine gewerbliche Tätigkeit einzustellen. In § 9 heißt es, dass der Verkauf des Geschäfts durch den Pächter mit Zustimmung des Verpächters zulässig sein soll, wenn ein vertrauenswürdiger Handwerksmeister als Käufer gestellt wird. Zwar fehlen im Pachtvertrag Regelungen über den Kundenstamm und den sog. „good-will“. Andererseits besteht zur Grundstückspacht mit diesen betriebsbezogenen Regelungen ein so enger Zusammenhang, dass der in § 8 vereinbarte Konkurrenzschutz von erheblicher Bedeutung ist, die weit über das Interesse des damaligen Verpächters an einer Wiederaufnahme des Gewerbebetriebs im Pachtobjekt nach der Rückgabe hinausgeht. Der Kläger hat auch die Tankstelle mit Kfz.-Werkstatt an einen Nachfolger des Beklagten, den

Zeugen . . . . .

seit dem . . . . . neu verpachtet.

Beweis: Ablichtung des Pachtvertrages vom . . . . .

In Anbetracht des erheblichen wirtschaftlichen Gewichts, das dem in § 8 des Pachtvertrages geregelten Konkurrenzverbot zukommt, bezieht sich die Klausel auf den Zustand des Pachtobjekts bei der Rückgabe und für eine Folgezeit. Sie ist damit Teil der Ausgestaltung der Rückgewährpflicht.

Rechtsanwalt

Anmerkungen

1. **Zuständigkeit.** Ausschließlich örtlich zuständig ist gemäß § 29a Abs. 1 ZPO das Gericht der belegenen Sache. § 29a ZPO gilt auch für Miet- und Pachtverhältnisse über Räume, soweit es sich nicht um Wohnraum handelt, dagegen nicht für Miet- und Pachtverhältnisse über unbebaute Grundstücke (*Sternel*, Mietrecht Aktuell, 4. Aufl. 2009, XIV Rn. 1, 24). Da der Streitwert 5.000,– EUR überschreitet, ist gemäß §§ 23 Nr. 1, 71 Abs. 1 GVG das Landgericht zuständig.

2. Streitwert. Für die Unterlassungsklage wegen Verstoßes gegen nachwirkenden Konkurrenzschutz ist der Zuständigkeitsstreitwert aus § 3 ZPO zu bestimmen (BLAH/ *Hartmann* Anh. § 3 Rn. 122; BGH MDR 2007, 202). Der Gebührenstreitwert ergibt sich nicht aus § 41 GKG, sondern ebenfalls aus § 3 ZPO (*Hartmann* Anh. I § 48 GKG (§ 3 ZPO) Rn. 122). Das Ermessen ist an den voraussichtlichen wirtschaftlichen Nachteilen auszurichten, die der ehemalige Pächter infolge der Durchsetzung des Unterlassungsanspruchs hinnehmen muss (*Grüter*, Streitwert und Anwaltsgebühren im Mietrecht, 2. Aufl. 2011, § 2 Rn. 220). Hierzu können die Grundsätze des gewerblichen Rechtsschutzes analog heranzuziehen sein. Bei größeren Geschäftsbetrieben dürften die Streitwerte schnell bis zu 50.000,– EUR erreichen. Es liegt daher nicht fern, ggf. am Ende der Klageschrift Ausführungen zum Streitwert zu machen.

3. Antrag. Der Unterlassungsantrag ist gemäß § 890 ZPO zu vollstrecken. Zur Höhe des zu verhängenden Ordnungsgeldes bzw. zum Umfang der denkbaren Ordnungshaft (vgl. BLAH/*Hartmann* § 890 Rn. 17 f.). Die Androhung des Ordnungsmittels im Klageantrag (§ 890 Abs. 2 ZPO) ist anders als im einstweiligen Verfügungsverfahren nicht notwendig, jedoch sinnvoll (*Hinz* NZM 2005, 841, 854). Anderenfalls ist sie aufgrund eines zusätzlichen Antrags des Gläubigers in einem weiteren Beschluss auszusprechen (BGH NJW 1993, 1077).

Zu erwägen wäre weiter, gemäß § 256 Abs. 2 ZPO eine Zwischenfeststellungsklage mit folgendem Inhalt zu erheben:

„festzustellen, dass der Beklagte nach Vertragsbeendigung verpflichtet ist, für die Zeit von 3 aufeinander folgenden Jahren im Umkreis von 5 km gegenüber dem Kläger keine andere Kfz.-Werkstatt, Betrieb oder einen Handel mit Betriebsstoffen oder Waren selbst zu betreiben noch durch einen anderen betreiben zu lassen, noch befugt ist, sich an einem solchen Wettbewerbsunternehmen in irgendeiner Form zu beteiligen."

Da nämlich nicht abzusehen ist, ob dem Kläger ggf. Schadensersatzansprüche wegen der bisherigen Zuwiderhandlung entstanden sind, könnte durch die Zwischenfeststellungsklage die zwischen den Parteien umstrittene Wirksamkeit des § 8 bereits rechtsverbindlich geklärt werden.

4. Antrag auf Erteilung einer vollstreckbaren Ausfertigung des Urteils nebst Zustellungsbescheinigung. Die Erteilung der vollstreckbaren Ausfertigung des Urteils erfolgt nicht von Amts wegen, sondern nur auf Antrag (Zöller/*Stöber* § 724 Rn. 8). Der Antrag dient dazu, die Zwangsvollstreckung zu beschleunigen. Mit der von Amts wegen vorgenommenen Zustellung des Titels sind zudem die Voraussetzungen für eine Zwangsvollstreckung in der Regel erfüllt.

5. Anspruch auf Unterlassung nachwirkender Konkurrenz. Der Anspruch ergibt sich als fortwirkender Rückgabeanspruch gemäß §§ 546 Abs. 1, 578 Abs. 1, Abs. 2 S. 1 BGB in Verbindung mit § 581 Abs. 2 BGB (OLG Celle NJW-RR 1990, 974). § 541 BGB kommt als Anspruchsgrundlage deshalb nicht in Betracht, weil er nur für die Dauer des Pachtverhältnisses geltend gemacht werden kann (Palandt/*Weidenkaff* § 541 Rn. 1). Das folgt bereits aus dem Wortlaut, da der Pächter von der gepachteten Sache (noch) einen vertragswidrigen Gebrauch machen muss. Die Wirksamkeit der Klausel hängt davon ab, dass sie in räumlicher, zeitlicher und gegenständlicher Hinsicht sowie unter Berücksichtigung der schützenwerten Interessen des Verpächters Konkurrenz nicht unverhältnismäßig einschränkt (zu nachwirkenden Wettbewerbsklauseln im Gesellschaftsrecht BGH NJW 1997, 3098; BGH NJW 1964, 2203; OLG Celle NZM 2000, 550; OLG Stuttgart NJW 1978, 2340). Ein 3-Jahres-Zeitraum wird dabei nicht als unangemessen angesehen. Das gilt selbst dann, wenn die Klausel formularmäßig verwandt wird (vgl. für die ähnliche Problematik bei Ausschließlichkeitsbindungen in Automatenaufstellverträgen BGH WuM 1979, 918 und in Getränkebezugsverträgen BGH WuM 1980, 1309). Enthält der Pachtvertrag keine Regelung darüber, wann der 3-Jahres-Zeitraum beginnt, ist er von dem Zeitpunkt an zu bemessen, zu dem der Verpächter in der Lage ist, die Zwangsvollstreckung zu betreiben (BGH NJW 1964, 2203). Auf diese Weise soll vermieden werden, dass die Konkurrenzschutzklausel im Falle einer gerichtlichen Auseinandersetzung nach mehr als 3-jähriger Prozessdauer leer läuft. Enthält das nachwirkende Wettbewerbsverbot überhaupt keine zeitliche Schranke, kann deren Wirksamkeit gerettet werden, wenn der Kläger sein Interesse dahin begrenzt, dass es sich um eine Vereinbarung von bestimmter Dauer handele. Schwierig wird es allerdings, wenn der Beklagte geltend macht, dass er auf Dauer zum Konkurrenzschutz verpflichtet sei. Das OLG Hamm (MDR 1987, 320) hat während noch laufender Pachtzeit ein Verbot zur Unterlassung von Wettbewerb des Verpächters gegenüber dem Pächter wegen übermäßiger räumlich-zeitlicher Ausdehnung nach § 138 BGB beanstandet. In räumlicher Hinsicht kommt es immer auf die örtlichen Verhältnisse an. Handelt es sich um einen kleineren Ort, reicht ein 5 km-Radius um das Vertragsgrundstück herum in der Regel aus. In Großstädten könnte diese Entfernung jedoch bereits bedenklich sein. So hat es das OLG Hamm (MDR 1987, 320) für mit den guten Sitten nicht vereinbar gehalten, dass sich das Wettbewerbsverbot auf ein gesamtes Stadtgebiet erstreckte, da ein Betrieb in einem Randgebiet einer Stadt für den Innenstadtbereich keine Konkurrenz mehr sei. Der Gegenstand eines nachwirkenden Wettbewerbsverbotes ist jeweils Vereinbarungssache und ergibt sich aus dem Konkurrenzschutz, der dem Pächter für die Pachtzeit gewährt worden ist (s. auch Bub/Treier/*Kraemer/Ehlert* III B Rn. 3012; Lindner-Figura/ Oprée/Stellmann/*Hübner/Griesbach/Fuerst* Kap. 14 Rn. 170).

6. Aktivlegitimation eines Grundstückserwerbers. Streitig ist die Aktivlegitimation eines Grundstückserwerbers, der nachwirkenden Konkurrenzschutz für sich in Anspruch nimmt. Zwar haben das Reichsgericht (RG JW 1906, 58 f.) und ihm folgend ein Teil des Schrifttums (zitiert bei OLG Celle NJW-RR 1990, 974) die Auffassung vertreten, dass zu den aus dem Miet- oder Pachtverhältnis sich ergebenden Rechten und Pflichten, die gemäß §§ 566 Abs. 1, 578 Abs. 1, Abs. 2 S. 1, 581 Abs. 2 BGB auf den Erwerber des Miet- oder Pachtgrundstücks übergehen, nur diejenigen gehörten, die sich nach ihrem Inhalt als solche des Vermieters oder Verpächters darstellen würden, wozu eben ein vertraglich geregeltes Konkurrenzverbot nicht zähle (so auch für den umgekehrten Fall des Eintritts des Erwerbers in nachvertragliche Pflichten des Vermieters: Schmidt-Futterer/*Streyl* § 566 Rn. 94: Es komme darauf an, ob die Konkurrenzschutzklausel im Einzelfalle ausnahmsweise eine derartige Bedeutung für eine wirtschaftliche Verwertung des Grundstücks habe, dass ein unlösbarer Zusammenhang mit dem Mietverhältnis angenommen werden müsse oder ob sie selbständig neben dem Mietvertrag stehe. Für einen Übergang von Konkurrenzschutzklauseln allerdings BGH NJW 2013, 44; 2012, 844; OLG Koblenz NZM 2008, 405). Anders als im Schrifttum ist dies jedoch nach Auffassung des OLG Celle dann zu sehen, wenn beispielsweise nicht bloße Grundstücksüberlassung, sondern eine Betriebspacht vereinbart war. Auch wenn es sich nicht um einen Betriebspachtvertrag handelt, können die Einzelregelungen, die betriebsbezogenen Charakter haben, so bedeutsam sein, dass damit auch der vereinbarte Konkurrenzschutz ganz andere Qualität gewinnt mit der Folge, dass er über das Interesse des ursprünglichen Verpächters an einer Wiederaufnahme des Gewerbebetriebes nach dessen Rückgabe hinausgeht (OLG Celle NJW-RR 1990, 974). Es kommt daher jeweils auf die Umstände des Einzelfalles an, die im Wege der Auslegung des Vertrages zu entwickeln sind.

Liegt überhaupt keine nachwirkende Konkurrenzschutzregelung vor, bestehen auch keinerlei Schutzansprüche des Verpächters, allenfalls in krassen Fällen sittenwidriger Schädigung (s. hierzu BGH NJW 1970, 471: Pächter eines Getränkeverlages kündigt von heute auf morgen, nimmt die Kunden des Geschäftes mit und macht dem Verpächter auch den Hauptlieferanten abspenstig.).

Anders herum ist es denkbar, dass trotz des Rechtsüberganges der alte Vermieter oder Verpächter Konkurrenz nach seinem Ausscheiden aus dem Vertrage im Rahmen der zeitlichen Schranken (3 Jahre) zu unterlassen hat. Ob sich der Pächter darauf berufen kann, den Unterlassungsanspruch auf die gesamte noch verbleibende Pachtzeit auszudehnen, erscheint zweifelhaft. Die Kehrseite des Übergangs des Anspruchs auf Erfüllung des Konkurrenzschutzes durch den Rechtsnachfolger ist der Wegfall der originären Erfüllungspflicht durch seinen Vorgänger. Gemäß § 566 Abs. 2 BGB haftet er nur dann, allerdings wie ein Bürge, wenn der Nachfolger die übernommenen Verpflichtungen nicht erfüllt. Es geht daher um die Beurteilung einer originären nachwirkenden Konkurrenzschutzpflicht des Verpächters. Anspruchsgrundlage kann in solchen Fällen nur die positive Vertragsverletzung wie in anderen Fällen nachwirkender Vertragspflichten aus Aufklärungs-, Obhuts- und Fürsorgepflichten sein (MüKoBGB/Ernst § 280 Rn. 113 ff., 115).

Ein nachwirkender Konkurrenzschutz kann in einem Formularvertrag problematisch sein, da es sich um eine überraschende Klausel gemäß § 305 c BGB handeln könnte. Es wird daher empfohlen, nachwirkenden Konkurrenzschutz individualvertraglich zu regeln. Zugleich sollte diese Regelung beinhalten, dass der nachwirkende Konkurrenzschutz auch zugunsten eines Rechtsnachfolgers auf Vermieter- oder Verpächterseite gilt, da der Beispielsfall OLG Celle NJW-RR 1990, 974 nicht verallgemeinert werden darf.

II. Klagen des Vermieters

1. Klage auf Unterlassung des Mietgebrauchs

An das

Amtsgericht . . . . .[1]

Klage

der Frau . . . . .

– Klägerin –

Prozessbevollmächtigte: . . . . .

gegen

Frau . . . . .

– Beklagte –

wegen angemaßten Mietbesitzes

– Streitwert: 4.800,– EUR[2]

Namens und in Vollmacht der Klägerin erhebe ich Klage gegen die Beklagte und werde beantragen:

1. Die Beklagte wird verurteilt, die Wohnung Bahnhofstraße 5 in Gießen, 1. Obergeschoss rechts, bestehend aus 2 Zimmern, Küche, Bad und Hausflur, zu räumen und an die Klägerin herauszugeben.[3]

2. Die Beklagte trägt die Kosten des Rechtsstreits.

3. Das Urteil ist vorläufig vollstreckbar.

Ich beantrage ferner, soweit das Gericht das schriftliche Vorverfahren anordnet und die Beklagte ihre Verteidigungsbereitschaft nicht rechtzeitig anzeigt, den Erlass eines Versäumnisurteils.

Begründung:

Die Beklagte ist die Enkeltochter der am 15.11.2015 verstorbenen Frau Helga Wessling. Frau Wessling hatte die im Klageantrag näher bezeichnete Wohnung mit schriftlichem Vertrag vom 7.8.2005 von der Klägerin angemietet.[4]

Beweis: als Anlage K1 überreichte Kopie des Mietvertrags

Die Beklagte hatte in Frankfurt gewohnt und ist erst nach dem Tode ihrer Großmutter in deren Wohnung eingezogen. Sie hatte zu keinem Zeitpunkt einen gemeinsamen Hausstand mit ihrer Großmutter.[5] Die Beklagte ist auch nicht Erbin nach Frau Helga Wessling geworden. Erbe ist vielmehr Herr Gerd Wessling, der in Darmstadt wohnt und an der Nutzung der Gießener Wohnung kein Interesse hat.[6]

Beweis: Zeugnis des Herrn Gerd Wessling, Philosophenweg 8, Darmstadt
Von der Beklagten vorzulegender Erbschein oder Testament

Frau Helga Wessling war zum Zeitpunkt ihres Todes verwitwet und alleinstehend.

Beweis: Zeugnis des Nachbarn der Frau Helga Wessling, Herr Georg Möglich, ...

Damit sind weder die Beklagte noch andere Familienangehörige mit dem Tod von Frau Wessling nach § 563 Abs. 2 BGB in das Mietverhältnis eingetreten. Die Beklagte hat die Wohnung im Dezember 2015 vielmehr ohne Miet- oder sonstiges Besitzrecht in Beschlag genommen.

oder:

Die Beklagte ist Tochter und Alleinerbin der am 15.11.2015 verstorbenen Frau Helga Wessling. Frau Wessling hatte die im Klageantrag näher bezeichnete Wohnung mit schriftlichem Vertrag vom 7.8.2005 für eine Nettokaltmiete von 400,– EUR von der Klägerin angemietet. Etwa zwei Wochen nach dem Tod von Frau Wessling zog die Beklagte überraschend in die Wohnung ein und nutzt diese seitdem.

Beweis: Parteivernehmung der Beklagten
Zeugnis des Hausverwalters Arno Müller, zu laden über die Klägerin

Hierzu ist sie nicht berechtigt. Nach § 2 Abs. 2 des Mietvertrags ist dieser ausdrücklich auf Lebenszeit von Frau Wessling abgeschlossen worden.

Beweis: als Anlage K1 überreichte Kopie des Mietvertrags

Es lag somit ein befristetes Mietverhältnis vor, das ohne Kündigung mit dem Tod der Mieterin geendet hat (§ 542 Abs. 2 BGB) und deshalb nicht im Wege der Sonderrechts-nachfolge auf die Beklagte übergehen konnte.[7] Die Beklagte hat zwar mit Schreiben vom 15.12.2015 die Fortsetzung des Mietverhältnisses unter Beibehaltung der seit 10 Jahren unveränderten Miete verlangt. Dem hat die Klägerin aber widersprochen, weil eine einvernehmliche Regelung über die Miethöhe nicht zustande kam.

oder:

Die Beklagte ist die Tochter und Alleinerbin der am 15.11.2015 verstorbenen Frau Helga Wessling. Frau Wessling hatte die im Klageantrag näher bezeichnete Wohnung mit schriftlichem Vertrag vom 7.8.2005 von der Klägerin angemietet. Die Beklagte ist am 1.1.2008 in die Wohnung eingezogen, unterhielt aber zu keinem Zeitpunkt einen gemein-samen Hausstand mit der Verstorbenen. Die Klägerin erfuhr von dem Todesfall erstmals durch telefonische Mitteilung ihres Hausverwalters Arno Müller am 25.11.2015.

Beweis: Zeugnis des Herrn Arno Müller, zu laden über die Klägerin

Mit Schreiben vom 2.12.2015 hat die Klägerin gegenüber der Beklagten die Kündigung des Mietverhältnisses mit gesetzlicher Kündigungsfrist (§ 575a Abs. 3 BGB) unter Wah-rung der Monatsfrist des § 564 S. 2 BGB erklärt.[8]

Beweis: als Anlage K2 überreichte Kopie der Kündigungserklärung

Eines berechtigten Interesses iSd § 573 Abs. 2 BGB bedarf es für die Kündigung nicht, §§ 573d Abs. 1, 575 a Abs. 1 BGB.[9]

oder:

Am 2.12.2015 verstarb der verwitwete und kinderlose Herr Elias Börnsen, der die im Klageantrag näher bezeichnete Wohnung mit schriftlichem Vertrag vom 7.8.2005 von der Klägerin angemietet hatte.

Beweis: als Anlage K3 überreichte Kopie des Mietvertrags

Die Beklagte war mit dem an Arteriosklerose leidenden Verstorbenen befreundet und hatte ihn vor seinem Tod gelegentlich besucht, um ihm in seinen letzten Lebensmonaten in seiner Krankheit beizustehen. Nach dem Tod des Mieters hat sich die Beklagte ohne Zustimmung der Klägerin in den Besitz der Wohnung gesetzt, diese mit eigenen Möbeln ausgestattet und dem Hausverwalter Arno Müller gegenüber angegeben, sie sei die Lebensgefährtin des Verstorbenen gewesen.[10] Dies ist unzutreffend und wird von der Klägerin energisch bestritten. Die Beklagte hat sich lediglich als Besucherin in der Wohnung der Verstorbenen aufgehalten. Dass ein gemeinsamer Hausstand vorgelegen hätte, behauptet die Beklagte selbst nicht. Zudem litt der Verstorbene in seinem letzten Lebensjahr unter deutlichen geistigen Ausfallerscheinungen,

Beweis (unter Protest gegen die Beweislast): Herr Arno Müller, zu laden über die Klägerin

so dass eine ernst gemeinte Lebensgemeinschaft bereits deshalb nicht vorgelegen haben kann. Der Verstorbene hat auch nicht mit dem Beklagten gemeinsam gewirtschaftet. Der obige Beweisantritt erfolgt unter Protest gegen die Beweislast.[11]

Rechtsanwalt

Anmerkungen

1. In allen *Miet*streitigkeiten über Wohnräume ist örtlich ausschließlich das Amtsgericht (§ 23 Nr. 2 a GVG) der belegenen Sache zuständig, dh das Gericht, in dessen Bezirk sich die Räume befinden, § 29a ZPO. Zur Begründung dieser Zuständigkeit genügt es allerdings nicht, dass sich das Räumungsverlangen auf einen Wohnraum bezieht, ohne dass ein in den §§ 29a ZPO, 23 Nr. 2 a GVG angesprochenes Rechtsverhältnis besteht oder zumindest schlüssig dargetan wird. Hier geht es dem zunächst allein maßgeblichen Vortrag der Klägerin in der Klageschrift zufolge in den meisten Fallvarianten nur um einen *angemaßten* Mietgebrauch. Damit ist grundsätzlich die allgemeine, streitwertabhängige *sachliche* Zuständigkeit der Zivilgerichte nach §§ 23 Nr. 1 GVG eröffnet (vgl. schon OLG München MDR 1977, 497–497). Allerdings kann eine Wohnraumstreitigkeit uU auch dann vorliegen, wenn der Beklagte sich in schlüssiger Weise mit Gegenrechten aus einem behaupteten Wohnraummietverhältnis verteidigt (OLG Düsseldorf WuM 2007, 712). Liegt kein Wohnraummietverhältnis vor, kann sich die *örtliche* Zuständigkeit nach dem Wohnsitz des Beklagten (§ 13 ZPO), dem Erfüllungsort (§ 29 ZPO) oder – bei einem dinglichen Anspruch – nach dem Ort der belegenen Sache richten (dann sogar ausschließlicher Gerichtsstand, 24 ZPO). Zum Streitwert → Anm. 2.

2. Die Wertangabe ist für die Berechnung der Höhe des vom Gericht aufzugebenden Gerichtskostenvorschusses erforderlich, §§ 6 Abs. 1 Nr. 1, 2, 63 Abs. 1 GKG. In der Praxis kommt es wegen der fehlenden Wertangabe immer wieder zu überflüssigen Verzögerungen. Der *Zuständigkeits*streitwert richtet sich bei Räumungsklagen in Miet- oder Pachtsachen – in Wohnraummietsachen natürlich vorbehaltlich des § 23 Nr. 2 a GVG – nach dem insoweit vorrangigen § 8 ZPO (vgl. BGH NZM 2013, 265–266); geht es dagegen um einen Herausgabeantrag, der auf einer anderen rechtlichen Grundlage beruht, ist § 6 ZPO maßgeblich, dh der uU wesentlich höheren Verkehrswert der Wohnung (OLG Brandenburg NZM 2011, 135–136). Der *Gebühren*streitwert dagegen bestimmt sich in einem mietrechtlichen Räumungsrechtsstreit ebenso wie bei sonstigen Herausgabeansprüchen nach § 41 Abs. 2 GKG, also nach der Höhe der Jahresmiete, sofern der Beklagte mietrechtliche Einwendungen vorbringt (OLG Koblenz NZM 2014, 256), sonst nach dem Wert der herauszugebenden Sache (OLG Brandenburg aaO).

3. Nebenräume, ggf. auch zu der Wohnung zählende Dach- und Kellerräume sowie Garagen, Stellplätze etc. sind zur Vermeidung von Zuordnungsschwierigkeiten bei der Zwangsvollstreckung stets im Räumungsantrag anzugeben (BGH NJW 2003, 668).

4. Mit dem **Tod des Mieters** geht dessen Vermögen als Ganzes auf den oder die Erben über, § 1922 Abs. 1 BGB. Aus dem Prinzip der Gesamtrechtsnachfolge folgt, dass die Erben grundsätzlich mit allen Rechten und Pflichten in das Mietverhältnis eintreten, denn Tod bricht nicht Miete (§§ 563 ff. BGB). Dabei ergibt sich aus dem Mietrecht im Hinblick auf das Mietverhältnis allerdings eine unter dem Gesichtspunkt des Schutzes des Wohnungsnutzers gerechtfertigte Sonderrechtsnachfolge (Palandt/*Weidlich* § 1922 Rn. 11): Unter den Erben des Verstorbenen sind seine bisherigen Mitmieter – also Personen, die mit ihm gemeinsam Vertragspartner des Vermieters waren – nach § 563a Abs. 1 BGB vorrangig. Das Mietverhältnis wird unter Ausschluss der übrigen Erben und auch der nach § 563 Abs. 1 und 2 BGB ansonsten eintrittsberechtigten Mitbewohner (nur) mit ihnen fortgesetzt. Soweit die überlebenden Mitmieter *nicht* zu dem nach § 563 BGB privilegierten Personenkreis zählen und auch nicht Erben sind, bleibt ihr Mietverhältnis zwar bestehen, aber nicht sie treten anstelle des Verstorbenen in dessen Mietverhältnis ein, sondern seine Erben, §§ 1922, 1967 BGB. Überlebender Mieter und Erbe haften dann als Gesamtschuldner und sind in Bezug auf die Mieterrechte Gesamtgläubiger (Schmidt-Futterer/*Streyl* § 563 BGB Rn. 19). Handelt es sich bei den überlebenden Mitmietern dagegen um in einem gemeinsamen Haushalt mit dem Verstorbenen lebende Personen iSd § 563 Abs. 1 und 2 BGB und sind sie keine Erben, wird das Mietverhältnis mit ihnen (alleine) fortgesetzt. Sie können das Mietverhältnis allerdings mit einer Frist von 3 Monaten kündigen (§ 563a Abs. 2 BGB). Waren sie dagegen nicht Partei des Mietvertrages, treten sie bei gemeinsamer Haushaltsführung mit dem Erbfall in das Mietverhältnis ein, dabei vorrangig Ehegatten oder Lebenspartner (§ 563 Abs. 1 BGB), dann weitere Familienangehörige und andere Personen, die mit dem Mieter in einem auf Dauer angelegten gemeinsamen Haushalt gelebt haben (§ 563 Abs. 2 BGB). Im Falle des Todes haben sowohl Vermieter (jedoch nur aus in der Person des Erben liegendem wichtigem Grund, vgl. BGH WuM 2013, 349–351), als auch die nicht unter die §§ 563, 563a BGB fallenden Erben nach den §§ 563 Abs. 4, 564 S. 2 BGB ein Sonderkündigungsrecht. Dem in § 563 Abs. 1 und 2 BGB genannten Personenkreis steht das Recht zu, binnen eines Monats, nachdem er von dem Tod des Mieters Kenntnis erlangt hat, den Eintritt in das Mietverhältnis abzulehnen; dann gilt der Eintritt als nicht erfolgt, § 563 Abs. 3 S. 1 BGB. Siehe auch *Theesfeld* MDR 2011, 765–768; *Sternel* ZMR 2004, 713–723; zum Sonderkündigungsrecht des Vermieters nach dem Tod des Mieters vgl. BeckFormB MietR/*Hannemann*/*Weber* Form D. V. 5.

5. Eine Legaldefinition des Begriffs **Hausstand** oder **Haushalt** findet sich im BGB nicht. Nach der steuerrechtlichen Definition ist Hausstand im Sinne des § 9 Abs. 1 S. 3 Nr. 5 S. 2 EStG der Haushalt, den der Arbeitnehmer am Mittelpunkt seiner Lebensinteressen führt und an dem er sich sowohl finanziell als auch durch persönliche Mitwirkung maßgeblich beteiligt (vgl. BFH NZM 2009, 250–251). Danach dürfte primär auf das Vorliegen einer gemeinsamen Haushaltsführung iS einer Wohnungs- und Wirtschaftsgemeinschaft abzustellen sein. Bezug genommen werden kann zur

Abgrenzung aber auch auf die Frage, ob die Wohnung den gemeinsamen Lebensmittelpunkt ihrer Bewohner gebildet hat (vgl. Blank/Börstinghaus/*Blank* § 563 Rn 4 ff. mwN). Für den klagenden Vermieter ergeben sich in beiden Fällen Beweisschwierigkeiten, wenn der Nutzer der Wohnung zu einer gemeinschaftlichen Haushaltsführung vorträgt, weil ihm die Interna der Nutzung regelmäßig nicht bekannt sind. Bewohnt ein Familienangehöriger nur einen Raum und benutzt er diesen ausschließlich und allein, kann ggf. der gemeinsame Haushalt fehlen. Andererseits sind nach neuerer Rechtsprechung des BGH bei Kindern des verstorbenen Mieters keine hohen Anforderungen an die Prüfung der Frage zu stellen, ob ein Eintritt in das Mietverhältnis gemäß § 563 Abs. 2 S. 1 BGB erfolgt ist. Insbesondere muss das Kind gemäß § 563 Abs. 2 S. 1 BGB nicht wie ein übriger Angehöriger den Haushalt zusammen mit dem verstorbenen Mieter geführt haben, sondern es reicht aus, dass es lediglich in dessen Haushalt gelebt hat (BGH WuM 2015, 85–87).

Bei innerhalb einer gemeinsamen Wohnung getrennt lebenden Eheleuten ist der gemeinsame Hausstand i.S. einer Wohnungs- und Wirtschaftsgemeinschaft in der Regel beendet. Ein gelegentliches Zusammentreffen der Ehegatten iS eines bloßen räumlichen Nebeneinanders ohne persönliche Beziehung steht dabei der Annahme einer endgültigen Trennung nicht entgegen (grundlegend BGH NJW 1979, 1360–1361; OLG München FamRZ 2001, 1457–1458). In diesem Zusammenhang ist zu beachten, dass wechselseitige Räumungsansprüche getrennt lebender Eheleute regelmäßig eine familienrechtliche Grundlage haben und daher der Zuständigkeit des Familiengerichts unterfallen, § 266 FamFG.

6. Die Erwähnung des Erben kann prozesstaktisch geboten sein, wenn dieser – wie meist – kein Interesse an einem Erhalt der Wohnung hat. Zu erwarten ist in diesen Fällen die Kündigung des Erben nach § 564 S. 2 BGB bzw. bei Ablauf der Monatsfrist des § 564 BGB nach den §§ 549, 542 Abs. 1 BGB. Dies gilt gemäß § 564 BGB auch dann, wenn mit dem Verstorbenen in Haushaltsgemeinschaft lebende privilegierte Personen iSd § 563 Abs. 1 und 2 BGB nicht in das Mietverhältnis eingetreten sind und der Erbe sodann kündigt (vgl. Schmidt-Futterer/*Streyl* § 563 Rn. 65).

Der Erbe, etwa wenn er der Vater der Beklagten wäre, könnte aber das Mietverhältnis bewusst nicht aufkündigen, um der Familie die Wohnung zu erhalten; hier liegt ein vor Klageerhebung abzuklärendes Risiko für den Vermieter.

7. Ein auf Lebenszeit des Mieters abgeschlossener Mietvertrag über Wohnraum begründet lediglich ein befristetes Mietverhältnis, das mit seinem Tod endet und sich *nicht* mit seinen Erben verlängert, § 544 S. 2 BGB (vgl. zur Abgrenzung → Anm. 1 zum unbefristeten Mietverhältnis). Insbesondere handelt es sich damit nicht um ein auflösend bedingtes Mietverhältnis, das entsprechend der Regelung in § 565a Abs. 2 Satz 1 BGB aF nach dem Tod des Mieters als auf unbestimmte Zeit verlängert gilt (vgl. BayObLG ZMR 1993, 462). Der Mieter, der einen Vertrag auf Lebenszeit geschlossen hat, genießt den denkbar besten Schutz, weil die ordentliche Kündigung ausgeschlossen ist (§ 544 S. 2 BGB). Dem dem Haushalt (Begriff → Anm. 3) nicht angehörenden Erben bleibt allerdings die Möglichkeit verschlossen, das Mietverhältnis fortzusetzen. Wegen der Beendigung des Mietverhältnisses kann keine Rechtsstellung auf ihn übergehen, die im Rahmen des für den Erblasser (früheren Mieter) geltenden Bestandschutzes einen Fortsetzungsanspruch begründen könnte.

8. Der Lauf der einmonatigen Ausschlussfrist des § 563a Abs. 2 BGB beginnt erst, wenn der Vermieter von dem Tod des Mieters sowie davon Kenntnis erlangt hat, dass ein Eintritt gem. § 563 BGB bzw. eine Fortsetzung gem. § 563a BGB nicht erfolgt sind. Erforderlich ist aber auch eine Kenntnis der Person des Erben, weil diese Voraussetzung für eine Entscheidung des Vermieters über die Ausübung des Kündigungsrechts ist (OLG Hamm WuM 1981, 263–264; LG Berlin ZMR 1988, 181–182; LG München NZM 2004, 337). Dies kann sich im Einzelfall, z.B. bei Erbausschlagung oder ungeklärter Erbfolge, als schwierig erweisen. Der Vermieter hat jedoch alles ihm nach den Umständen Zumutbare zu tun, um sich Gewissheit über die Person des Erben zu verschaffen (OLG Hamm, aaO.).

9. Dies ergibt sich aus der Ausnahmeregelung in § 575a Abs. 1 BGB. Die frühere Rechtsprechung zu § 569 BGB a. F., nach der ein berechtigtes Interesse an der Beendigung des Mietverhältnisses vorliegen musste (vgl. BGH WuM 1997, 321–323), ist durch die Einführung des § 575a Abs. 1 BGB obsolet. Allerdings gilt auch hier die Sozialklausel der §§ 574–574 c, 575 a Abs. 2 BGB (vgl. Blank/Börstinghaus/*Blank* § 563 Rn. 45).

10. Ein Eintrittsrecht in das Mietverhältnis haben auch Personen, die ungeachtet der rechtlichen Qualität ihrer Beziehung zu dem verstorbenen Mieter mit ihm einen auf Dauer angelegten gemeinsamen Haushalt geführt hatten, § 563 Abs. 2 S. 3 BGB. Dies sind jedenfalls auch die von dem Lebens*partner* i.S.d. § 1 LPartG (§ 563 Abs. 1 S. 2 BGB) zu unterscheidenden Lebens*gefährten*, d.h. Personen, die zu dem Mieter eine innere Bindung hatten, die ein gegenseitiges Füreinander einstehen begründet hatte (so die Gesetzesbegründung BT-Drucks. 14, 4553, unter Berufung auf die zur alten Rechtslage ergangene Entscheidung BGH WuM 1993, 254–257; ebenso LG München NZM 2005, 336–338). Ob bereits die auf Dauer angelegte gemeinsame Haushaltsführung als solche ausreichend ist, so dass auch die Mitbewohner einer Wohngemeinschaft von der Norm umfasst werden, ist umstritten (zum Meinungsstand vgl. Schmidt-Futterer/*Streyl* § 563 BGB Rn. 34 ff. mwN).

11. Nach den allgemeinen Beweislastregeln muss derjenige, der für ihn vorteilhafte Rechtsfolgen aus dem sich nach § 563 Abs. 1 und 2 BGB ergebenden Eintritt in das Mietverhältnis herleiten will, dessen Voraussetzungen darlegen und beweisen (BGH ZMR 1993, 261). Insbesondere zählen dazu die Zugehörigkeit zu dem privilegierten Personenkreis und die Existenz des gemeinsamen Haushalts (AG Düsseldorf ZMR 2014, 294). Pauschaler Vortrag ist dazu nicht ausreichend, andererseits sind aber auch Darlegungen aus dem Bereich der Intimsphäre nicht veranlasst (BGH aaO). Dem Vermieter bleibt neben dem hier in der Regel zulässigen Bestreiten mit Nichtwissen die Möglichkeit, Tatsachen vorzutragen, die die Bejahung eines gemeinsamen Hausstands erschüttern können. So hatte sich bei der Entscheidung des AG Düsseldorf (aaO) der Vermieter darauf berufen, der Mieter habe nach seinem Tod mehrere Tage unbemerkt in der Wohnung gelegen, ehe von Nachbarn die Polizei verständigt worden sei. Die abonnierten Tageszeitungen hätten sich im Hausflur gestapelt.

Räumungsklagen

2. Klage auf Räumung und Herausgabe von Wohnraum nach ordentlicher Kündigung (Eigenbedarf)

An das

Amtsgericht[1]. . . . .

Klage

des . . . . .

– Kläger[2] –

Prozessbevollmächtigter: . . . . .

gegen

Herrn . . . . .[3]

– Beklagter –

wegen Räumung einer Mietwohnung

– Streitwert: 6.000,– EUR[4]

Namens und in Vollmacht des Klägers erhebe ich Klage gegen den Beklagten und werde beantragen,

1. den Beklagten zu verurteilen, die Wohnung Bahnhofstraße 5 in Gießen, Erdgeschoss rechts, bestehend aus 2 Zimmern, Küche, Bad und Hausflur,[5] zu räumen[6] und an den Kläger herauszugeben.

2. Der Beklagte trägt die Kosten des Rechtsstreits.

3. Das Urteil ist vorläufig vollstreckbar.

Ich beantrage ferner, soweit das Gericht das schriftliche Vorverfahren anordnet und der Beklagte seine Verteidigungsbereitschaft nicht rechtzeitig anzeigt, den Erlass eines Versäumnisurteils.

Begründung:

Der Kläger hat mit Mietvertrag vom 31.8.2009 die im Antrag gekennzeichnete Wohnung an den Beklagten vermietet.

Beweis: in der Anlage K 1 überreichte Kopie des Mietvertrags

Das Mietverhältnis wurde wegen Eigenbedarfs nach § 573 Abs. 2 Nr. 2 BGB durch am selben Tag persönlich übergebene schriftliche Erklärung vom 2.6.2015 gekündigt.

Beweis: in der Anlage K 2 überreichte Kopie des Kündigungsschreibens

Die Kündigungsfrist beträgt nach § 573c Abs. 1 S. 2 BGB sechs Monate, so dass das Mietverhältnis am 30.11.2015 beendet wurde.[7] Der Beklagte hat die Wohnung bislang jedoch nicht geräumt. Der Kläger hat mit Schreiben vom 4.12.2015 einer Fortsetzung des Mietverhältnisses iSd § 545 BGB widersprochen.

oder:

Die Vorschrift des § 545 BGB ist durch die Regelung unter § 31 des Mietvertrages wirksam ausgeschlossen worden.[8]

Das Räumungsbegehren findet seine Begründung darin, dass der 21-jährige Sohn Maximilian des Klägers[9] derzeit noch in einem 15 m² großem Zimmer bei seinem Vater in dessen Wohnung lebt. Maximilian beabsichtigt jedoch, gemeinsam mit seiner Verlobten eine Familie zu gründen.

Beweis: Zeugnis des Sohnes Maximilian . . . . . und seiner Verlobten . . . . . .

Die von dem Beklagten bewohnte Wohnung von 90 m² ist als Heim für eine junge Familie geeignet.[10] Im Übrigen bezieht sich der Kläger zur weiteren Begründung in vollem Umfang auf seine Ausführungen in der Kündigungserklärung vom 2.6.2015.[11]

oder:

Der neunundsechzigjährige Kläger lebt derzeit in einer Wohnung im 2. Stockwerk eines Mehrfamilienhauses. Er will in die von dem Beklagten innegehaltene Erdgeschosswohnung einziehen, weil er wegen eines schmerzhaften Hüftgelenksleidens nicht mehr gut Treppen steigen kann. Er ist zudem Witwer und möchte in die Wohnung eine Pflegerin aufnehmen, die dort ständig wohnt und ihn betreut.[12] Außerdem will der Kläger gerade die erheblich kleinere Wohnung des Beklagten nutzen, weil er nach dem Tod seiner Frau und dem Auszug seiner Kinder einen weniger aufwendigen kleineren Haushalt führen möchte.[13]

oder:

Die Kündigung erfolgt – auch[14] – wegen erheblicher Vertragsverletzungen des Beklagten.[15]

Dieser hält in der Wohnung trotz des ausdrücklichen Verbots im Mietvertrag (§ 13) einen großen Hund, einen Bernhardiner, der in vielen Nächten lautstark und anhaltend bellt. Konkret ist dadurch eine Lärmbelästigung der Mitmieter innerhalb der letzten beiden Monate zu folgenden Zeiten eingetreten: . . . . .[16]

Beweis: Zeugnis des Wohnungsnachbarn. . . . . .

Außerdem hat der Beklagte in der von ihm angemieteten Wohnung zu einem unbekannten Zeitpunkt im Herbst vergangenen Jahres ohne Erlaubnis des Klägers die Zwischenwand zwischen Wohn- und Schlafzimmer niedergelegt, um die Wohnfläche zu vergrößern und dadurch ein Loft herzustellen. Auch nach Erteilung einer Abmahnung wegen der damit verursachten Beschädigung der Sachsubstanz hat der Beklagte mit Schreiben seines Bevollmächtigten vom . . . . . die Auffassung vertreten, dass er kraft seines Mietbesitzes dazu berechtigt sei.[17]

oder:

Der Kläger ist Ehemann einer Rechtsanwältin. Er lebt mit ihr in einer anderen Wohnung des Hauses und beabsichtigt, die vom beklagten Mieter innegehaltene Wohnung seiner Ehefrau zur Ausübung ihrer beruflichen Tätigkeit zu überlassen.[18]

Beweis: Zeugnis der Ehefrau des Klägers. . . . .

Rechtsanwalt[19]

Anmerkungen

1. In allen Mietstreitigkeiten über Wohnräume ist ausschließlich das Gericht der belegenen Sache örtlich zuständig, dh das Amtsgericht (§ 23 Nr. 2 a GVG), in dessen Bezirk sich die Räume befinden, § 29a ZPO. Eine Ausnahme bilden nach § 29a Abs. 2 ZPO Mietverhältnisse iSd § 549 Abs. 2 Nr. 1–3 BGB über Wohnräume, die durch das soziale Mietrecht nicht geschützt werden (zur Abgrenzung iÜ vgl. BGH WuM 2004, 296–297). Bei der Gewerberaummiete besteht für Räumungsklagen, die einen Streitwert von 5.000 EUR (12 × Monatsmiete) übersteigen, eine Zuständigkeit des Landgerichts, §§ 23 Nr. 1, 71 Abs. 1 GVG.

2. Ist das Mietverhältnis auf Vermieterseite von mehreren Personen (dh auch Ehegatten oder Gesellschaftern einer GbR) abgeschlossen worden, müssen diese grundsätzlich das Mietverhältnis gemeinsam kündigen und gemeinsam auf Räumung klagen. Die von einem einzelnen Vermieter erklärte Kündigung ist wirkungslos, wenn er nicht von den Mitvermietern bevollmächtigt worden ist und bei der Kündigung zum Ausdruck bringt, dass er diese im Namen aller Mitvermieter ausspricht (BGH WuM 2009, 587–590). Eine *Abtretung* der Kündigungsbefugnis ist nach hM allerdings nicht möglich (LG Augsburg NJW-RR 1992, 520; LG Kiel WuM 1992, 128–129; Schmidt-Futterer/*Blank* § 542 Rn. 36 mwN; offen gelassen bei BGH WuM 1998, 99–100), im Einzelfall kommt aber die Umdeutung der Abtretung in eine Ermächtigung in Betracht (BGH aaⓄ.). Der mietrechtliche *Herausgabe*- sowie der *Räumungsanspruch* dagegen können nach h.M. zumindest bei der Miete von Geschäftsraum abgetreten werden, so dass dann auch von nur einer Partei Klage erhoben werden kann (OLG München ZMR 1996, 375–376; BGH NJW 1983, 112–113). Anderes dürfte dagegen für die Wohnraummiete gelten, weil bei einer Abtretung die nach Widerspruch (§ 574 BGB) gebotene Interessenabwägung nur möglich ist, wenn der Vermieter selbst Prozesspartei ist (LG München I WuM 1999, 161). Schwierigkeiten ergeben sich, wenn im Kopf des Mietvertrages zwar mehrere Vermieter aufgeführt sind, der Vertrag aber nur von einem unterschrieben wurde (LG Schweinfurt WuM 1989, 362). Bei Gesellschaften bürgerlichen Rechts richtet sich die Vollmacht zur Kündigung nach dem Gesellschaftsvertrag, § 714 BGB (OLG Brandenburg Mietrecht kompakt 2013, 19), subsidiär nach den gesetzlichen Regeln der §§ 709 Abs. 1, 114 BGB (Gesamtvertretung), bei der Gemeinschaft schließlich nach den §§ 744 ff. BGB (vgl. LG Berlin WuM 1979, 25–26).

3. Stehen zwei oder mehr Personen auf Mieterseite, ist die Kündigung gegenüber sämtlichen Mietern zu erklären, andernfalls handelt es sich um eine unzulässige und damit wirkungslose Teilkündigung (BGH WuM 2003, 577). Hat der Mieter zulässigerweise seinen Ehegatten oder Lebenspartner nachträglich in die Wohnung aufgenommen (BGH NZM 2013, 786–788), ohne dass dieser Vertragspartei geworden ist, und hat dieser ein eigenes Besitzrecht erworben, ist die Räumungsklage gegen beide Eheleute oder Partner zu richten, weil dies Voraussetzung einer erfolgreichen Räumungsvollstreckung ist (BGH WuM 2008, 364–365 und 233–235; GE 2004, 1094; OLG Frankfurt WuM 2003, 640–641). Der Anspruch gegen den Mitbewohner beruht auf § 985 BGB (BGH WuM 2008, 364–365 und 233–235).

Der Räumungsanspruch aus § 546 Abs. 1 BGB und das Recht auf eine Titulierung bestehen auch dann weiter, wenn der Mitmieter, zB nach Trennung der Eheleute, bereits ausgezogen ist (BGH WuM 1996, 83–85; OLG Schleswig WuM 1992, 674–677). Die Klage ist in diesem Fall weder rechtsmissbräuchlich, noch kann sich der ausgezogene Mieter auf die Einrede der Unmöglichkeit berufen, weil er in der Lage ist, die geschuldete Leistung zu erbringen. Denn er kann rechtlich oder auch nur tatsächlich auf den verbliebenen Mieter einwirken, um ihn zum Auszug zu bewegen (BGH aaO). Dies wird gelegentlich von den Anwälten der Mieter übersehen.

4. Der Gebührenstreitwert beurteilt sich nach dem Jahresmietzins, § 41 Abs. 2 GKG, der Zuständigkeitsstreitwert dagegen, in Wohnraummietsachen natürlich vorbehaltlich des § 23 Nr. 2 a GVG, nach § 8 ZPO. Die Wertangabe ist für die Berechnung des vom Gericht aufzubringenden Gerichtskostenvorschusses erforderlich, §§ 6 Abs. 1 Nr. 1, 2, 63 Abs. 1 GKG. In der Praxis kommt es wegen der fehlenden Wertangabe immer wieder zu überflüssigen Verzögerungen. Der frühere Streit, ob bei der Berechnung des Gebührenwertes für die Räumungsklage neben dem Nettomietzins auch die Betriebskosten-Vorauszahlungen berücksichtigt werden und ggf. welche, hat sich durch Einführung des § 41 Abs. 2 iVm Abs. 1 des GKG erledigt. Wenn keine Pauschalmiete vereinbart ist, ist nur die Nettomiete maßgeblich (vgl. BGH WuM 2016, 43 und 2015, 681–682).

5. Nebenräume, gegebenenfalls auch angemietete Dach- und Kellerräume, Garagen (falls nicht ein besonderer Garagenmietvertrag abgeschlossen worden ist), Stellplätze etc., sind zur Vermeidung von Zuordnungsschwierigkeiten bei der Zwangsvollstreckung stets im Räumungsantrag anzugeben (BGH NJW 2003, 668).

6. Die Rückgabe der Wohnung erfordert neben der Einräumung des Besitzes, also der Verschaffung der tatsächlichen Gewalt, § 854 Abs. 1 BGB, auch ihre Räumung. Überlässt der Mieter dem Vermieter zwar den Besitz, entfernt er aber seine in den Räumlichkeiten befindlichen Sachen nicht, gibt er die Mietsache nicht zurück, sondern enthält sie dem Vermieter vor, so dass er auch nach Verlassen der Wohnung und Übergabe der Schlüssel weiter zur Zahlung des bisherigen Mietzinses als Nutzungsentschädigung verpflichtet sein kann, § 546a Abs. 1 BGB (BGH WuM 1988, 1277; KG ZMR 2012, 693–695). Vgl. dazu näher unter → Form. C. II. 24. Mit der Rückgabe beginnt in der Regel auch die sechsmonatige Verjährungsfrist des § 548 Abs. 1 BGB.

Nimmt der Mieter nur eine teilweise Räumung des Mietobjekts vor, so hat dies, da Teilleistungen des Mieters bei Erfüllung der Rückgabepflicht unzulässig sind, zur Folge, dass dem Vermieter die gesamte Mietsache vorenthalten wird. Bleiben nur einzelne Gegenstände zurück, kann im Einzelfall dennoch anzunehmen sein, dass der Mieter seine Räumungspflicht erfüllt hat (BGH VersR 2014, 999–1002; OLG Hamm ZMR 1996, 372–375). Ersatzansprüche wegen des Aufwandes für die vollständige Räumung sowie wegen Rückgabe der Räume in beschädigtem oder verschlechtertem Zustand bleiben davon allerdings unberührt (LG Berlin Grundeigentum 2003, 880). So steht das Zurücklassen von Sperrmüll in den Kellerräumen der Annahme der Erfüllung der Rückgabepflicht ebenso wenig entgegen (KG WuM 2015, 524–525), wie der unterlassene Rückbau von Zwischenwänden, die die Weiternutzung der Wohnung nicht beeinträchtigen (OLG Brandenburg ZMR 2014, 28–30).

7. Der Vermieter muss die gestaffelten **Kündigungsfristen** des § 573c Abs. 1 S. 2 BGB von 3, 6 und 9 Monaten beachten; im Falle der erleichterten Kündigung gem. § 573a Abs. 1 S. 2 BGB (sog. Zwei-Familienhaus-Regelung) verlängern sich die genannten Kündigungsfristen noch um weitere drei Monate. Bei Berechnung der Kündigungsfrist wird allerdings die Zeit nicht berücksichtigt, in der der spätere Mieter zunächst als Familienangehöriger des Vermieters in dessen Wohnung gelebt hat, weil die unentgeltliche Nutzung keinen eine Verlängerung rechtfertigenden Vertrauenstatbestand begründen kann (BGH NJW 2014, 2568). Gleiches gilt auch für den Fall, dass die Vertragsparteien mehrfach aufeinander folgende befristete Mietverträge abgeschlossen haben (Schmidt-Futterer/*Blank*, § 573c Rn. 12 mwN) oder wenn sich nach Vertragsschluss der Zuschnitt der Wohnung durch Hinzumietung weiterer Räume vergrößert oder reduziert (WoBauR/ *Franke* § 573c BGB, → Anm. 8). Ebenfalls ohne Einfluss auf die Dauer der Kündigungsfrist bleibt ein Eigentümerwechsel, selbst dann, wenn der Mieter mit dem Erwerber einen neuen Mietvertrag abschließt, § 566 Abs. 1 BGB (LG Stade DWW 1987, 233), ebenso wie ein Vermieterwechsel. Bei einer Eigenbedarfskündigung des Erwerbers von vermietetem Wohnungseigentum ist die im Gesetz vorgesehene dreijährige Sperrfrist zu beachten, § 577a Abs. 1 BGB, die sich nach Abs. 2 der Norm in Gebieten mit einer Gefährdung der Wohnraumversorgung, die mit Kündigungssperrfristverordnung der Landesregierungen festgestellt werden kann, auf bis zu 10 Jahre verlängert. Bislang haben die Bundesländer Baden-Württemberg, Bayern, Berlin, Brandenburg, Bremen, Hamburg, Hessen, Niedersachsen und Schleswig-Holstein von dieser Möglichkeit in unterschiedlichem Umfang Gebrauch gemacht. Vor Abfassen der Kündigung einer umgewandelten Wohnung empfiehlt sich daher eine Anfrage bei der zuständigen Gemeinde- bzw. Stadtverwaltung, ob in dem betreffenden Gebiet eine verlängerte Kündigungssperrfrist gilt. Das Gericht hat die Verfassungsmäßigkeit der Verordnung nach Art. 19 Abs. 4 GG im Räumungsprozess inzident zu prüfen (vgl. zur Kappungsgrenzen-VO LG Berlin WuM 2014, 554–558). Vor Ablauf der Sperrfrist kann der Vermieter nicht wirksam kündigen, nach ihrem Ablauf nur unter Einhaltung der gesetzlichen Kündigungsfristen, die also hinzuzuaddieren sind (BGH WuM 2003, 569–572 mwN).

8. Die Abdingbarkeit des § 545 BGB ist grundsätzlich zu bejahen, und zwar auch bei formularvertraglichem Ausschluss im Rahmen eines Wohnraummietvertrags (BGH WuM 1991, 381–385; aA bei nahezu wortlautidentischer Klausel allerdings OLG Schleswig WuM 1996, 85–86; zum Meinungsstand und weiteren Einzelheiten vgl. Schmidt-Futterer/*Blank* § 545 Rn. 32 mwN). Das OLG Rostock verneint einen Verstoß gegen das Transparenzgebot des § 307 Abs. 1 S. 2 BGB sogar dann, wenn weder der Regelungsgehalt, noch die Rechtsfolgen des § 545 BGB in der Formularklausel wiedergegeben werden (NZM 2006, 584). Unwirksam dürfte die formularmäßige Abbedingung des § 545 BGB jedenfalls sein, wenn sie im Mietvertrag unter der Überschrift „Entschädigungspflicht nach Beendigung des Mietverhältnisses" zu finden ist (LG Kassel WuM 1990, 29 zu § 568 BGB aF).

9. Zu anderen Bedarfspersonen iSd § 573 Abs. 2 Nr. 2 BGB wie Geschwistern und anderen Verwandten → Form. C. III. 18.

10. Für die Begründung des Räumungsbegehrens bei einer auf Eigenbedarf gestützten Kündigung reicht die auf vernünftige Gründe gestützte Darlegung des Wohnraumbedarfs des Angehörigen aus (BGH WuM 2010, 757–758). Von einem Bedarf ist bei dem Wunsch des Vermieters, einem volljährigen Kind die Begründung eines eigenen Hausstands in einer dafür geeigneten Wohnung zu ermöglichen, regelmäßig auszugehen. Einer darüber hinausgehenden Begründung in Gestalt von Angaben zu den bisherigen Wohnverhältnissen bedarf es nicht (BGH aaO.). Bedarf besteht auch dann, wenn eine ausreichende Unterbringung des Angehörigen bei dem Vermieter selbst gewährleistet wäre (BGH WuM 1988, 47–50).

Der grundsätzlich zu respektierende Wunsch nach Einzug der Bedarfsperson in die von dem Mieter genutzte Wohnung ist (nur dann) unbeachtlich, wenn ihm ein weit überhöhter und damit rechtsmissbräuchlicher Wohnbedarf zugrunde liegt (BVerfG WuM 1995, 260–261 und WuM 1994, 450–452). Entscheidend ist dabei nicht allein die häufig im Zentrum der amts- und landgerichtlichen Judikatur stehende Wohnungsgröße, die Frage nach der Angemessenheit des Wohnbedarfs beurteilt sich vielmehr unter Abwägung der beiderseitigen Interessen der Mietvertragsparteien anhand objektiver Kriterien unter umfassender Würdigung der Umstände des konkreten Enzelfalls (BVerfG WuM 1995, 260–261; BGH NZM 2015, 378–381). Dabei können neben der Wohnfläche und der Anzahl der Zimmer weitere Faktoren wie Zuschnitt und Ausstattung der Wohnung eine Rolle spielen, aber auch die Bedürfnisse der Bedarfsperson, ihr Lebensentwurf und ihre Lebensplanung, ihre persönlichen und wirtschaftlichen Verhältnisse sowie die des Vermieters, die Lage auf dem Wohnungsmarkt und die Miethöhe. Von Bedeutung sein kann schließlich auch, welchen Maßstab der Mieter für seine eigene Nutzung angelegt hat (vgl. zu den Kriterien im Einzelnen BGH aaO). Im Einzelfall kann es danach ausreichen, wenn der Vermieter die Kündigung damit begründet, er wolle seiner Tochter die 150 m² große Wohnung des Mieters zur Verfügung stellen, um dieser die Möglichkeit zu verschaffen, dort mit ihrem Lebensgefährten zu leben und ihren Kinderwunsch zu verwirklichen (BVerfG WuM 1995, 260–261). Vgl. im Übrigen auch BeckFormB MietR/*Paltzer* Form. D. III. 3.

11. Bei der ordentlichen Kündigung ist § 573 Abs. 3 BGB einschlägig. Diese Vorschrift statuiert einen Begründungszwang für die ordentliche Kündigung und verhängt zugleich eine schwerwiegende Sanktion: Die berechtigten Interessen des Vermieters, also insbesondere der Eigenbedarf, werden nur berücksichtigt, wenn sie im Kündigungsschreiben angegeben werden. Dabei ist zu beachten, dass der jeweilige Kündigungsgrund unter Angabe des konkreten Lebensvorgangs so unverwechselbar zu beschreiben ist, dass er von anderen Kündigungsgründen unterschieden und von dem Mieter überprüft werden kann. Denn der Mieter soll zum frühestmöglichen Zeitpunkt Klarheit über seine Rechtsposition erlangen und so in die Lage versetzt werden, rechtzeitig alles Erforderliche zur Wahrung seiner Interessen zu veranlassen (BGH WuM 2007, 515–517; vgl. auch Erman/*Lützenkirchen*, § 573 Rn. 52). Abgesehen davon ist in der Praxis zu beobachten, dass eine umfassend und überzeugend begründete Eigenbedarfskündigung auf Mieterseite auf größere Akzeptanz stößt, als eine Kündigungserklärung, die im Räumungsprozess, sofern im Hinblick auf § 573 Abs. 3 S. 2 BGB überhaupt noch möglich, ggf. mehrfach ergänzt und nachgebessert werden muss.

12. Ein berechtigtes Interesse an der Aufnahme einer Pflegeperson setzt einen Eintritt der Pflegebedürftigkeit nicht voraus; es genügt, wenn aufgrund äußerer Umstände mit einiger Sicherheit prognostiziert werden kann, dass der Vermieter ihre Dienste, zB unter Berücksichtigung seines fortgeschrittenen Alters, in naher Zukunft für seine Lebensführung benötigen wird (BayObLG WuM 1982, 125–126). Dies gilt auch für den Fall, dass bei einjähriger Kündigungsfrist des Mietverhältnisses die Person, die die Pflegeleistungen erbringen soll, zum Zeitpunkt des Ausspruchs der Kündigung noch nicht feststeht (BVerfG WuM 2000, 232–233; LG Potsdam WuM 2006, 44–45). Der Vermieter muss sich auch nicht auf einen Umzug in ein Seniorenheim verweisen lassen, um dem Mieter die Möglichkeit der weiteren Wohnungsnutzung zu erhalten (BVerfG ZMR 1985, 154–157). Wenn die Pflegeperson allerdings in der gekündigten Mietwohnung einen eigenen Haushalt begründen soll, ist fraglich, ob die Voraussetzungen eines Eigenbedarfs des Vermieters zu bejahen sind (so LG Potsdam aaO), oder ob es sich um eine Kündigung iSd § 573 Abs. 1 BGB wegen eines berechtigten Interesses an der Beendigung des Mietverhältnisses handelt, der nicht in einem der Regelbeispiele des § 573 Abs. 2 Nr. 2 BGB genannt wird (zum Meinungsstand vgl. Schmidt-Futterer/*Blank*, § 573 Rn. 53 mwN).

13. Der Wunsch nach dem Umzug in eine größere Wohnung (vgl. dazu nur grundlegend BVerfG WuM 1994, 183–184 und 130–132 sowie NJW 1989, 970–972) rechtfertigt das Kündigungsbegehren nach § 573 Abs. 2 Nr. 2 BGB in der Regel ebenso wie auf der anderen Seite Verkleinerungswünsche des Vermieters. Ein berechtigtes Interesse bejahen in diesem Fall neben dem BVerfG (WuM 1993, 231–232) ua LG Landau (WuM 1993, 678), LG Braunschweig (NJW-RR 1993, 400–401) und LG Frankfurt/Main (WuM 1990, 347). Aber auch der Wunsch des Vermieters, der im eigenen Haus eine Souterrain-Wohnung nutzt, jedoch in „die größere, hellere und trockenere" Wohnung des Mieters im Erdgeschoss einziehen will, ist grundsätzlich zu respektieren (BGH ZMR 2005, 702–705).

Hinweis: Die umfangreiche und komplexe Rechtsprechung zum Eigenbedarf kann an dieser Stelle nur im Ansatz angesprochen werden, da sie zwar wesentlich durch die Rechtsprechung des BVerfG und den Rechtsentscheid des BGH vom 20.01.1988 (WuM 1988, 47–50) geprägt ist (Erman/*Lützenkirchen* § 573 Rn. 25), ihre Ausprägung aber erst in zahlreichen Einzelfallentscheidungen der Instanzgerichte erfahren hat. Es muss daher auf die einschlägigen Kommentierungen zu § 573 BGB verwiesen werden.

14. Im Kündigungsschreiben und damit auch in der Klageschrift können mehrere Kündigungsgründe miteinander kombiniert werden (LG Hamburg WuM 1993, 679–680). Wenn die Kündigungsgründe allerdings unterschiedliche Rechtsfolgen zeitigen, zB die Beendigung des Mietverhältnisses zu verschiedenen Fristen eintreten würde (zB im Verhältnis von § 573 BGB zu § 573a BGB), muss der Vermieter klar aufzeigen, welcher der beiden Kündigungsgründe in erster Linie gewollt ist und den zweiten dazu in ein Eventualverhältnis stellen (OLG Hamburg WuM 1983, 151–154; LG Oldenburg WuM 1986, 118). Ein späterer Wechsel kommt grundsätzlich zwar noch in Betracht (OLG Karlsruhe NJW 1982, 391), hat sich der Vermieter mit seiner Kündigungserklärung aber ausdrücklich nur auf § 573a BGB berufen, soll ein Wechsel zur Kündigung nach § 573

BGB mit derselben Erklärung nicht mehr möglich sein (AG Rostock DWW 1993, 142). Umstritten ist, ob eine erneute Kündigung nach dem jeweils anderen Kündigungstatbestand – unabhängig von der Wirksamkeit der zuerst erklärten Kündigung – noch möglich ist (bejahend OLG Karlsruhe WuM 1982, 14–15; Staudinger/*Rolfs* § 573a Rn. 25; verneinend LG Stuttgart WuM 2007, 75–76). Dem sichersten Weg bei der anwaltlichen Mandatsführung (vgl. BGH NJW 1999, 1391–1392; 1991, 2079–2080) dürfte es jedenfalls in der Regel entsprechen, die Kündigung sogleich auf sämtliche in Betracht kommenden Kündigungsgründe zu stützen.

15. § 573 Abs. 2 Nr. 1 BGB unterscheidet sich als zentrale Kündigungsschutzvorschrift zugunsten des Wohnraummieters (vgl. Palandt/*Weidenkaff* § 573 Rn. 1) weniger dem Inhalt, als vielmehr der Zielsetzung nach von den ähnlichen Vorschriften der §§ 543 und 569 BGB. Praktisch bedeutsam ist vor allem, dass die §§ 543, 569 BGB keine Kündigungsfristen kennen. Damit sind geringere Vertragsverstöße des Mieters regelmäßig mit der fristgemäßen Kündigung nach § 573 BGB zu sanktionieren, die außerordentliche fristlose Kündigung nach § 543 BGB bleibt dagegen solchen Verstößen gegen die Mieterpflichten vorbehalten, die dem Vermieter selbst eine Vertragsfortsetzung von nur wenigen Monaten nicht mehr zumutbar erscheinen lassen. Dies entspricht den Vorstellungen des Gesetzgebers, nach denen bereits Vertragsverletzungen geringeren Gewichts für eine Kündigung nach § 573 BGB ausreichen sollen, außer solchen, die – weil sie etwa nur vereinzelt vorgefallen oder nicht fühlbar sind oder über das Maß bloßer Belästigungen nicht hinausgehen – letztlich unerheblich sind (vgl. Staudinger/*Rolfs*, § 573 Rn. 39, unter Hinweis auf die Gesetzesmaterialien). Zu beachten ist in diesem Zusammenhang, dass nicht nur mietvertragliche Haupt-, sondern auch Nebenpflichten von § 573 Abs. 2 Nr. 1 BGB erfasst werden (MüKoBGB/*Häublein* § 573 Rn. 52 mwN).

16. Eine ordentliche Kündigung wegen mietvertraglich verbotener Haustierhaltung dürfte bereits wegen der oft fehlenden Wirksamkeit der Vertragsklausel häufig nicht möglich sein (vgl. BGH WuM 2013, 220–221, und WuM 2008, 23–25). Bei unterstellter Wirksamkeit stellt sich ferner die Frage, ob vor Erklärung der Kündigung nach § 573 Abs. 2 Nr. 1 BGB ausnahmsweise eine Abmahnung erforderlich ist (zur Kündigung nach Abmahnung LG Hildesheim WuM 2006, 525; zur Kündigung bei der Kündigung nach § 573 Abs. 2 Nr. 1 BGB BGH WuM 2008, 31–33, mwN). Anders stellt sich die Rechtslage allerdings bei unzumutbaren Lärmemissionen dar, insbesondere bei dauerndem, den Schlaf der Mitmieter beeinträchtigendem nächtlichen Bellen, das auch nach Abmahnung des Vermieters nicht nachlässt. Hier kommt sogar eine außerordentliche fristlose Kündigung in Betracht (AG Potsdam NZM 2002, 735; AG Frankfurt a.M. WuM 1978, 127–128; zum Ganzen vgl. *Flatow* WuM 2014, 307–316).

Bei wiederkehrenden Beeinträchtigungen durch Lärm ist die Vorlage eines detaillierten „Protokolls" nicht erforderlich. Vielmehr genügt grundsätzlich eine Beschreibung, aus der sich ergibt, um welche Art von Beeinträchtigungen es geht und zu welchen Tageszeiten, über welche Zeitdauer und in welcher Frequenz diese ungefähr auftreten (so bei Mietminderung wegen Hundegebells BGH WuM 2012, 508–510).

17. Das Einreißen einer Zwischenwand gegen den erklärten Willen des Vermieters und der damit verbundene massive Eingriff in die Sachsubstanz rechtfertigen zumindest die Erteilung einer Abmahnung, die darauf erfolgte Antwort der Mieter, sie hätten korrekt gehandelt, die ordentliche Kündigung (LG Kassel DWW 2011, 336–338). Soweit die Mieter sich infolge einer fehlerhaften Beratung über ihre Rechtsposition im Irrtum befunden haben, müssen sie sich ein etwaiges schuldhaftes Verhalten ihres Beraters nach § 278 BGB zurechnen lassen (LG Kassel aaO).

18. Teilweise wird die Ansicht vertreten, dass ein berechtigtes Interesse an der Eigenbedarfskündigung zu verneinen ist, wenn die zu kündigende Wohnung ausschließlich zu geschäftlichen Zwecken genutzt werden soll (vgl. Staudinger/*Rolfs*, § 573 Rn. 95 mwN). Dem BGH zufolge (WuM 2012, 684–686 und 2012, 388–389) rechtfertigt die beabsichtigte geschäftliche Nutzung zwar keine Eigenbedarfskündigung, begründet aber ein Interesse iSd § 573 Abs. 1 S. 1 BGB an der vorzeitigen Beendigung des Mietverhältnisses, das den in § 573 Abs. 2 BGB beispielhaft aufgeführten gesetzlichen Kündigungsgründen gleichwertig ist. Es liege ein artverwandtes Interesse vor, das nicht geringer als der Eigenbedarf nach Abs. 2 Nr. 2 zu bewerten sei. Zudem sei bei der Interessenabwägung auch die in Art. 12 GG geschützte Berufsfreiheit zu berücksichtigen. Diese Rechtsprechung (ebenso LG Stralsund WuM 2005, 779–781; ähnlich LG Berlin WuM 2013, 741–746) ist in der Literatur auf Kritik gestoßen (vgl. *Blank* WuM 2013, 47–49, und *Häublein* WuM 2014, 635–641), dürfte sich letztlich aber durchsetzen.

Kosten und Gebühren

19. Der Streitwert bestimmt sich regelmäßig nach der Höhe der jährlichen Nettomiete (dazu → Anm. 4). Wird im Räumungsprozess auch um die Anwendung der Sozialklausel, §§ 574 ff. BGB, gestritten, ist bei der Wertfestsetzung § 41 Abs. 3 und 4 GKG zu beachten, bei der Kostenentscheidung ferner § 93b ZPO. Die vorläufige Vollstreckbarkeit ist ohne Sicherheitsleistung anzuordnen, § 708 Nr. 7 ZPO. Nach § 711 ZPO ist dem Schuldner nachzulassen, die Vollstreckung durch Sicherheitsleistung abzuwenden (KG MDR 2013, 1487). Beim Räumungstitel bestimmt sich die Höhe der Sicherheitsleistung zur Abdeckung eines durch die Verzögerung der Vollstreckung entstehenden Erfüllungs- oder Verzögerungsschadens des Gläubigers nach dem für den Zeitraum eines Jahres möglichen Mietverlust (KG NZM 2010, 438–439; BLAH/*Hartmann*, § 711 Rn. 3).

Legt der Mieter gegen das für vorläufig vollstreckbar erklärte Urteil beim Landgericht Berufung ein, kann das Gericht nach §§ 719, 707 ZPO anordnen, dass die Zwangsvollstreckung gegen oder ohne Sicherheitsleistung einstweilen eingestellt wird. Das Letztere ist nur gestattet, wenn der Mieter glaubhaft macht, dass er zur Sicherheitsleistung nicht in der Lage ist und die Vollstreckung einen nicht zu ersetzenden Nachteil bringt, § 707 Abs. 1 S. 2 ZPO (vgl. zur Einstellung bei fehlenden Erfolgsaussichten des Rechtsmittels BGH WuM 2014, 681).

3. Klage auf Räumung und Herausgabe von Wohnraum nach ordentlicher Kündigung (wirtschaftliche Verwertung)

An das

Amtsgericht . . . . . .

Abt. für Mietsachen[1]

Klage

des . . . . .

– Kläger[2] –

Prozessbevollmächtigter . . . . .

gegen

. . . . .

– Beklagter –

wegen Räumung

– Streitwert: 6.000,– EUR[3]

Namens und in Vollmacht des Klägers erhebe ich Klage gegen den Beklagten und werde beantragen,

1. den Beklagten zu verurteilen, die Wohnung Bahnhofstraße 5 in Gießen, Erdgeschoss rechts, bestehend aus 2 Zimmern, Küche, Bad und Hausflur, zu räumen[4] und an den Kläger herauszugeben.

2. Der Beklagte trägt die Kosten des Rechtsstreits.

3. Das Urteil ist vorläufig vollstreckbar.

Ich beantrage ferner, soweit das Gericht das schriftliche Vorverfahren anordnet und die Beklagte ihre Verteidigungsbereitschaft nicht rechtzeitig anzeigt, den Erlass eines Versäumnisurteils.

Begründung:

Der Kläger ist alleiniger Eigentümer des mit einem Mehrfamilienhaus bebauten Grundstücks Bahnhofstraße 5 in Gießen. Mit schriftlichem Vertrag vom 31.3.2006 hat er die im Klageantrag näher bezeichnete Wohnung in Gießen an den Beklagten vermietet.

Beweis: in der Anlage K 1 überreichte Kopie des Mietvertrags

Das Mietverhältnis wurde wegen einer von dem Kläger beabsichtigten anderweitigen wirtschaftlichen Verwertung von ihm nach § 573 Abs. 2 Nr. 3 BGB mit schriftlicher Erklärung vom 2.5.2015 gekündigt.

Beweis: in der Anlage K 2 überreichte Kopie des Kündigungsschreibens

Die Kündigungsfrist beträgt nach § 573c Abs. 1 S. 2 BGB 9 Monate, so dass das Mietverhältnis mit dem 31.1.2016 geendet hat.[5] Der Beklagte hat die Wohnung jedoch bis heute nicht geräumt.

Zur Begründung des Räumungsanspruchs wird zunächst in vollem Umfang auf das vorgelegte Kündigungsschreiben vom 2.5.2015 und die dortige ausführliche Begründung Bezug genommen. Der Kläger ist durch das bestehende Mietverhältnis mit dem Beklagten an einer angemessenen wirtschaftlichen Verwertung des Grundstücks gehindert; bei Fortbestehen des Mietvertrages würden ihn erhebliche Nachteile treffen.

Der Kläger will das Gebäude abreißen und das Grundstück neu bebauen. Unter Beifügung des als Anlage K 3 überreichten Gutachtens des Sachverständigenbüros Dr. Gregorius vom 3.4.2015 hat der Kläger in dem Kündigungsschreiben zunächst dargelegt, dass die Bausubstanz den Feststellungen des Sachverständigen zufolge nicht mehr erhaltenswert ist, sodann, welche baulichen Maßnahmen auf dem Grundstück geplant sind. Das 1953 als Flüchtlingsheim errichtete Gebäude hat nur geringe bauliche Dichten, zudem fehlt eine Zuordnung der Freiflächen zu den einzelnen Wohnungen. Außerdem bestehen weitere Mängel in Form unzulässiger Raumhöhen, beengter Erschließungen und mangelnder Belichtung. Dem Mieter wurde auch mitgeteilt, dass die (etwaigen) Kosten einer Modernisierung mit 1.250 EUR/m² zu kalkulieren seien, die die Kosten eines Neubaus mit 1.650 EUR/m² fast erreichen.

Beweis: in der Anlage K 3 überreichtes Gutachten Dr. Gregorius vom 3.4.2015
hilfsweise Gutachten eines gerichtlich bestellten Sachverständigen

Daher bedarf es auch nicht der Vorlage einer Wirtschaftlichkeitsberechnung, etwa zu einer Sanierungsalternative.[6]

Dem Kläger würde bei einer Fortsetzung des Vertragsverhältnisses mit dem Beklagten auch ein erheblicher Nachteil iSd § 573 Abs. 2 Nr. 3, 1. Hs. BGB erwachsen, denn der Beklagte ist der letzte verbliebene Mieter in dem gesamten Wohnblock. Alle anderen Gebäude in dem früher bebauten Gebiet sind bereits abgerissen worden. Dem Kläger ist die Bewirtschaftung des Wohnblocks wegen eines einzelnen Mieters nicht zumutbar.[7] Dies ist auch schon im Kündigungsschreiben ausführlich dargestellt worden.[8]

oder:

Der Kläger ist dringend auf den Erlös aus dem beabsichtigten Verkauf des Hausgrundstücks für den Bau eines behindertengerechten Hauses für seine nach einem Schlaganfall halbseitig gelähmte Ehefrau angewiesen.[9] Ein Verkauf in vermietetem Zustand war trotz umfangreicher Bemühungen nicht möglich.

Beweis: Zeugnis des Maklers. . . . . .

oder:

Der Kläger hatte beabsichtigt, sich eine neue berufliche Existenz in den USA aufzubauen und deshalb das zuvor von ihm selbst bewohnte luxuriöse Einfamilienhaus Bahnhofstraße 5 an den Beklagten vermietet. Leider sind seine Pläne mit erheblichen finanziellen Verlusten gescheitert. Der Kläger ist nach Deutschland zurückgekehrt und wegen seiner inzwischen eingetretenen Arbeitslosigkeit auf einen möglichst schnellen, verlustarmen Verkauf des Grundstücks angewiesen. Derzeit erwirtschaftet er aus dem Grundstück ein monatliches Defizit vom 2.100,– EUR, das sich ergibt, wenn die monatlichen Einnahmen aus der Vermietung von 2.000,– EUR dem Schuldendienst an die D-Bank von 4.100,– EUR gegenüber gestellt werden.

Beweis: in der Anlage K 4 überreichte Kopie des Darlehensvertrags mit der D-Bank vom. . . . . .

Dabei ist auch zu berücksichtigen, dass Einfamilienhäuser von potenziellen Käufern regelmäßig nicht als Kapitalanlage, sondern zur Eigennutzung erworben werden und deshalb ein Verkauf in vermietetem Zustand, wenn überhaupt, nur mit hohen finanziellen Abschlägen möglich ist.[10]

Beweis: Sachverständigengutachten

oder:

Der Kläger will das Hausgrundstück verkaufen, weil er infolge seines fortgeschrittenen Alters und gesundheitlicher Einschränkungen die Verwaltung des sechsgeschossigen Gebäudes nicht mehr selbst durchführen kann und zudem von dem Verkaufserlös seine Tochter, die infolge Krankheit nicht arbeitsfähig ist, unterstützen will. Dazu ist er auf einen möglichst hohen Kaufpreis angewiesen, der bei einem Verkauf in vermietetem Zustand nicht erzielt werden kann. Hinzu kommt, dass bei derzeit noch bestehenden Darlehenslasten von 55.000,– EUR die Mieteinnahmen noch nicht einmal die von dem Kläger zu leistenden Kreditzinsen abdecken.[11]

Beweis: in der Anlage K 5 überreichte Kopie des Darlehensvertrags vom. . . . . .

oder:

Der Kläger will das von dem Beklagten angemietete Einfamilienhaus verkaufen. Dies ist in vermietetem Zustand jedoch nicht möglich. Der Kläger hat sich 1½ Jahre lang unter Einschaltung aller in Betracht kommenden Verkaufswege vergeblich darum bemüht.

Beweis: Zeugnis des Immobilienmaklers. . . . . .

Der Verkaufserlös dient dazu, eine auf dem Haus lastende, hoch verzinsliche Hypothek abzulösen.[12]

oder:

Der Kläger will die an den Beklagten vermieteten Räume in Geschäftsräume umwandeln, wobei die Erweiterung bestehender Geschäftsräume um angrenzende Wohnräume den Tatbestand der Verwertungskündigung erfüllt. Dies ist zumindest anzunehmen, wenn wie hier die Verbindung von 2 Geschossen des Gebäudes unschwer möglich ist. Eine ZweckentfremdungsVO existiert in Gießen nicht.[13]

Rechtsanwalt

Anmerkungen

1. Zur sachlichen und örtlichen Zuständigkeit des Amtsgerichts → Form. C. II. 2 Anm. 1; eine eigene Abteilung für Mietsachen besteht nur bei einigen, in der Regel größeren Amtsgerichten.

2. Zur Klageerhebung bei Personenmehrheit auf Vermieter- bzw. Mieterseite → Form. C. II. 2 Anm. 2, 3.

3. Zur Angabe und Berechnung des Streitwertes → Form. C. II. 2 Anm. 4.

4. Zum Begriff der Räumung → Form. C. II. 2 Anm. 6 und zu dem geschuldeten Umfang der Räumung → Form. C. II. 24 Anm. 8.

5. Zu den gesetzlichen Kündigungsfristen → Form. C. II. 2 Anm. 7.

6. Bei der wirtschaftlichen Verwertung iSd § 573 Abs. 2 Nr. 3 BGB geht es um die Realisierung des der Mietsache innewohnenden wirtschaftlichen Werts, an der der Vermieter bei Fortsetzung des Mietverhältnisses jedoch gehindert wäre (BGH NZM 2004, 377–378). Die Verwertung erfolgt in erster Linie durch Vermietung oder Veräußerung, aber auch durch Abriss und Neubau des Gebäudes sowie anderweitige Nutzung durch Gebrauchsüberlassung, z.B. zu gewerblichen Zwecken (BGH aaO), sowie durch Zusammenlegung oder Aufteilen einzelner Wohnungen (LG Hamburg WuM 1989, 393; LG Berlin GE 1989, 311). Die Erklärung einer Kündigung wegen eines geplanten Abrisses und Neubaus genügt den Begründungserfordernissen des § 573 Abs. 3 BGB bereits dann, wenn der Vermieter dem Mieter mitteilt, aus welchen Gründen er die vorhandene Bausubstanz nicht für erhaltenswert hält und welche baulichen Maßnahmen er stattdessen plant (BGH ZMR 2011, 458–460). Ähnlich ist die Situation, wenn die dem Vermieter bei Fortsetzung des Mietverhältnisses entstehenden finanziellen Nachteile die Nachteile übersteigen, die dem Mieter durch den Verlust der Wohnung erwachsen, zB bei einem unrentablen Einfamilienhaus (BGH NZM 2011, 773–774).

7. Bei der Beurteilung der Frage, ob dem Eigentümer durch den Fortbestand eines Mietvertrags ein zur Kündigung berechtigender erheblicher Nachteil entsteht, sind vor dem Hintergrund der Sozialpflichtigkeit des Eigentums (Art. 14 Abs. 2 GG) das Bestandsinteresse des Mieters und das Verwertungsinteresse des Eigentümers gegeneinander abzuwägen (BGH ZMR 2011, 458–460 und WuM 2009, 182–184). Zwar verbietet sich wegen der dabei gebotenen Berücksichtigung aller Umstände des Einzelfalls einschließlich der konkreten Situation des Vermieters eine generalisierende Betrachtungsweise. Allerdings ist dann, wenn der Vermieter bei einem Fortbestand des Mietverhältnisses den letzten noch vorhandenen Block eines Wohngebiets trotz seines nicht behebbaren niedrigen Wohnwerts weiter bewirtschaften und auf die Verwirklichung seines an einer angemessenen Wohnraumversorgung ausgerichteten städtebaulichen Konzepts verzichten müsste, sicherlich von einem hinreichenden Verwertungsinteresse auszugehen (BGH ZMR 2011, 458–460).

8. Nach § 573 Abs. 3 BGB sind neben der eigentlichen Kündigungserklärung in dem Kündigungsschreiben auch die Kündigungsgründe zumindest in einer Weise anzugeben, die dem Mieter eine Identifizierung und Unterscheidung von anderen Kündigungsgründen ermöglicht (BGH ZMR 2011, 458–460 und WuM 2007, 515–517). Fehlt es daran, ist die Kündigung grundsätzlich unwirksam (vgl. auch *Flatow* NZM 2004, 281–289). Nach diesem Maßstab sind bei der Verwertungskündigung – jeweils in Abhängigkeit von der beabsichtigten Verwertungsweise → Anm. 6 – zunächst die angemessene Verwertungsmaßnahme und der erhebliche Nachteil hinreichend bestimmt anzugeben, ferner ist die Situation vor und nach der Kündigung nachvollziehbar darzustellen. Dazu sollte zumindest eine überschlägige Berechnung aufgestellt werden, die die Erträge aus der Mietsache bei Fortbestand des Mietverhältnisses mit denen bei seiner Beendigung vergleicht (LG Berlin GE 1994, 1055–1057; vgl. auch BGH ZMR 2011, 458–460). In der Regel sind dabei der Zustand des Hauses und die derzeitige Rendite-Situation zu schildern. Die Vorlage einer von der Instanzrechtsprechung häufig geforderten **Wirtschaftlichkeitsberechnung** ist trotz Ablehnung durch den BGH (ZMR 2011, 458–460) zumindest dann empfehlenswert, wenn der Vermieter aus dem Verkaufserlös der Wohnung die hierauf lastenden Verbindlichkeiten ablösen will (LG Berlin WuM 2009, 466–469 und ZMR 2003, 837–839; LG Hamburg ZMR 2009, 366–369 mit zust. Anm. *Gies* in WuM 2009, 448–449; LG Aachen WuM 1991, 495–497; LG Freiburg WuM 1991, 183–184). Die Berechnung sollte aber aus Gründen der anwaltlichen Fürsorge dem Kündigungsschreiben und der Klageschrift in der Regel beigefügt werden. Fehler in einer von dem Vermieter vorgelegten Rechnung führen jedenfalls nicht zur formellen Unwirksamkeit der Kündigung, da davon nur die Frage ihrer gegebenenfalls durch Beweisaufnahme zu klärenden materiellen Berechtigung betroffen ist (BGH ZMR 2011, 458–460).

Im Übrigen ist für die Wirksamkeit einer Kündigung wegen Abrisses und Neubaus nicht erforderlich, dass zur Zeit des Zugangs der Erklärung bei dem Mieter bereits die **baurechtliche Genehmigung** zur Errichtung des Neubaus vorliegt (BayObLG ZMR 1993, 560–563; OLG Frankfurt WuM 1992, 421–423; anders aber bei der Zweckentfremdungsgenehmigung → Anm. 13).

Allgemein dürfte die beabsichtigte Verwertung jedenfalls angemessen sein, wenn sie – insoweit vergleichbar dem Fall des Eigenbedarfs nach § 573 Abs. 2 Nr. BGB – von vernünftigen, nachvollziehbaren Erwägungen getragen wird (BGH WuM 2011, 171–173; Erman/*Lützenkirchen* § 573 Rn. 40; Palandt/*Weidenkaff* § 573 Rn. 35). Eine Abwägung mit dem Fortbestandsinteresse des Mieters ist gleichwohl vorzunehmen → Anm. 7.

Die unterschiedlichen eine Verwertungskündigung rechtfertigenden Sachverhalte bieten in der Praxis zahlreiche Fallstricke für klagende Vermieter und deren Bevollmächtigte. Da der „erhebliche Nachteil" Tatbestandsmerkmal des § 572 Abs. 2 Nr. 3 BGB ist, ist die Schilderung des ihm zugrundeliegenden Lebenssachverhalts in der Kündigungserklärung unerlässlich; ihr Fehlen wird durch § 573 Abs. 3 BGB geahndet, kann also zur

Unwirksamkeit der Kündigung führen. Fehlen Ausführungen zu den der Kündigung zugrundeliegenden Tatsachen oder werden sie *erstmalig* in der Klageschrift gemacht, unterliegt die Räumungsklage der Abweisung als unschlüssig (LG Stuttgart NZM 2015, 165–166). Bloße Wiederholungen des Gesetzestextes oder Plattitüden reichen nicht (LG Köln WuM 1989, 255; vgl. auch AG Darmstadt WuM 2012, 564–565).

Für den erforderlichen Inhalt der Kündigungserklärung bietet sich bei den unterschiedlichen Verwertungsformen folgende **Checkliste** an:

- *Verkauf:* Angabe des erzielbaren Verkaufswertes in vermietetem und unvermietetem Zustand, ggf. Vortrag zu erfolglosen Verkaufsbemühungen
- *Sanierung:* Darlegung der Erforderlichkeit der Sanierung, der deshalb gebotenen Baumaßnahmen sowie der Umstände, warum eine Sanierung in vermietetem Zustand nicht möglich ist (vgl. §§ 555b ff. BGB)
- *Abriss:* Zusätzlich zu den gebotenen Maßnahmen ist die geplante künftige Nutzung des Grundstücks nach dem Abriss darzulegen, insbesondere auch im Hinblick auf das neu zu errichtende Gebäude
- *Umwandlung/Nutzungsänderung:* Darlegung der Maßnahme sowie der ohne die Maßnahme drohenden Nachteile, ggf. Bezifferung

Zur Begründung der Kündigung wegen der Hinderung der angemessenen wirtschaftlichen Verwertung vgl. im Übrigen BeckFormB MietR/*Paltzer* Form. D. III. 5 Anm. 4.

9. Nachgebildet einer Entscheidung des LG Trier (WuM 1991, 273–276): Das von dem Mieter bewohnte Haus findet wegen der Vermietung keinen Kaufinteressenten. Will der Vermieter aus dem Verkaufserlös einen Neubau finanzieren, braucht er seine Finanzierungspläne bei der Kündigung nicht im Einzelnen anzugeben.

10. Eine Fehlkalkulation des Vermieters bei dem Erwerb des Eigentums an dem Gebäude kann im Einzelfall zum Ausschluss der Verwertungskündigung führen, weil sie sich nicht zu Lasten des dort lebenden Mieters auswirken darf (vgl. Schmidt-Futterer/*Blank* § 573 Rn. 162 mwN). So kann ein Vermieter, der eine vermietete Eigentumswohnung zu einem völlig überhöhten Preis erworben hat, dem Mieter nicht mit der Begründung kündigen, dass er das Objekt leerstehend verkaufen müsse, um wieder den Einkaufspreis erzielen zu können (AG Hamburg WuM 1991, 696). In der vorliegenden Fallvariante hat sich die zuvor zufriedenstellende Vermögenslage des Vermieters aber erst mit Eintritt der Arbeitslosigkeit geändert. Weil diese zukünftige Entwicklung zum Zeitpunkt des Vertragsschlusses für ihn nicht absehbar gewesen war, braucht sich der Vermieter keinen Kalkulationsfehler vorwerfen zu lassen (LG Krefeld WuM 2010, 302–305).

11. Zwar rechtfertigt der Umstand, dass die Wohnung in unvermietetem Zustand einen höheren Kaufpreis erzielt als in vermietetem, für sich genommen die Kündigung meist nicht (LG Wiesbaden WuM 2007, 201–202). Hier kommt jedoch der in die Interessenabwägung einzubeziehenden persönlichen und wirtschaftlichen Situation des Vermieters entscheidende Bedeutung zu, für den bereits ein Verkauf der Wohnung zu einem (vermietungsbedingt) um 17.500,– EUR unter dem Verkehrswert liegenden Preis einen erheblichen Nachteil darstellt (LG Wiesbaden aaO.).

12. Gelingt es einem Wohnungseigentümer trotz ausreichender Bemühungen nicht, die Wohnung in vermietetem Zustand zu verkaufen, und benötigt er den Verkaufserlös, um einen infolge von Zinssteigerungen stark verteuerten Kredit für das von ihm selbst bewohnte Eigenheim zurückzuzahlen, ist eine Verwertungskündigung nach § 573 Abs. 2 Nr. 3 BGB gerechtfertigt (LG Düsseldorf NJW-RR 1992, 522–523).

Im Rahmen einer Verwertungs*kündigung* ist es weder erforderlich, dass der Vermieter seine Verwertungsbemühungen konkret darlegt, noch dass überhaupt Verwertungsbemühungen unternommen worden sind. Die Frage nach der Begründetheit der Kündigung ist deshalb nicht auf der Grundlage des Kündigungsschreibens zu beantworten, sondern erst aufgrund einer umfassenden Prüfung der Begründetheit der Räumungsklage im gerichtlichen Verfahren (BVerfG WuM 1998, 463–465). Gleichwohl empfiehlt es sich aus Gründen der höheren Akzeptanz, die Kündigungsgründe sogleich umfassend darzulegen. Sollte der Mandant dazu nicht bereit sein, sollte vorab geklärt werden, ob er zumindest im Rahmen einer gerichtlichen Auseinandersetzung dazu bereit wäre und bei Verneinung von der Erhebung der Räumungsklage im Zweifel abgesehen werden.

13. Eine Verwertungskündigung zur baulichen Verbindung mehrerer Wohnungen ist – ebenso wie zur Aufteilung größerer in kleinere Wohneinheiten – nach § 573 Abs. 2 Nr. 3 BGB grundsätzlich gerechtfertigt (LG Hamburg WuM 1989, 393; LG Berlin GE 1989, 311; AG Velbert WuM 1988, 430–431). Das Vorliegen einer infolge eines kommunalen Zweckentfremdungsverbots ggf. erforderlichen Zweckentfremdungsgenehmigung ist Voraussetzung für den Erfolg der Kündigung. Allerdings ist umstritten, ob die Genehmigung bereits zum Zeitpunkt des Zugangs der Kündigung vorliegen muss, oder erst im letzten Termin zur mündlichen Verhandlung (die Wirksamkeit der Kündigung bei fehlender Genehmigung verneinen OLG Hamburg WuM 1981, 155–157; OLG Frankfurt WuM 1992, 421–423 und LG München II WuM 1997, 115; nach LG Mannheim WuM 2004, 99–101, ist ihr Vorliegen erst im Rahmen der Begründetheitsprüfung zu untersuchen). Vgl. zum Ganzen *Häublein* NZM 2011, 668–671.

4. Klage auf Räumung und Herausgabe nach ordentlicher Kündigung (schuldhafte Pflichtverletzung – Zurechnung von Beraterverschulden)

An

das Amtsgericht . . . . .

Abt. für Mietsachen[1]

Klage

– Kläger –[2]

des . . . . .

Prozessbevollmächtigter . . . . .

gegen

– Beklagter –

. . . . .

wegen Räumung

– Streitwert: 6.000,– EUR[3]

Namens und in Vollmacht des Klägers erhebe ich Klage gegen den Beklagten und werde beantragen,

1. den Beklagten zu verurteilen, die Wohnung Bahnhofstraße 5 in Gießen, Erdgeschoss rechts, bestehend aus 2 Zimmern, Küche, Bad und Hausflur, zu räumen[4] und an den Kläger herauszugeben.

2. Der Beklagte trägt die Kosten des Rechtsstreits.

Kischkel

3. Das Urteil ist vorläufig vollstreckbar.

Ich beantrage ferner, soweit das Gericht das schriftliche Vorverfahren anordnet und die Beklagte ihre Verteidigungsbereitschaft nicht rechtzeitig anzeigt, den Erlass eines Versäumnisurteils.

Begründung:

Der Kläger hat mit Mietvertrag vom 31.3.2013 die im Klageantrag näher bezeichnete Wohnung an den Beklagten vermietet.

Beweis: in Anlage K 1 überreichte Kopie des Mietvertrags

Das Mietverhältnis wurde wegen mehrerer erheblicher und schuldhafter Pflichtverletzungen des Beklagten am 1.3.2015 ordentlich nach § 573 Abs. 2 Nr. 1 BGB schriftlich gekündigt.

Beweis: in Anlage K 2 überreichte Kopie der Kündigungserklärung

Verletzt hat der Beklagte ausnahmslos vertragliche Pflichten, die im Zusammenhang mit der vermieteten Wohnung stehen. Nach der Hausordnung, die Gegenstand des Mietvertrags ist, hat der Beklagte den Flur vor seiner Wohnungseingangstür und das zu ihr führende Treppenhaus wöchentlich zu reinigen. Dieser Pflicht ist der Beklagte seit Herbst 2014 nicht mehr nachgekommen. Trotz einer Abmahnung durch den Kläger, die nicht einmal vom Gesetz verlangt wird,[5] hat der Beklagte seine Reinigungspflicht bis heute nicht wieder erfüllt.[6] Ferner hat der Beklagte mehrere Räume in der von ihm alleine genutzten Wohnung dauerhaft nicht geheizt. Dadurch sind Feuchtigkeitsschäden entstanden, durch die sich nach Mitteilung des Wohnungsnachbarn Hans-Georg Müller die Tapeten schwarz gefärbt haben, sogar die Zimmertüren sind aufgequollen.

Beweis: Zeugnis des Hans-Georg Müller, ...

Die nach § 536c BGB gebotene Mängelanzeige hat der Beklagte unterlassen.[7] Trotzdem weigert er sich beharrlich, den Schaden zu beseitigen oder auch nur die mietvertraglich geschuldeten Schönheitsreparaturen durchzuführen (*wird ausgeführt*). Der Beklagte beruft sich zu Unrecht darauf, dass die entsprechende Regelung unter § 8 des Mietvertrags unwirksam ist, weil sie eine starre Fristenregelung enthalte. Tatsächlich heißt es dort aber wörtlich, dass die Schönheitsreparaturen „in der Regel in Küchen, Bädern und Toiletten spätestens nach drei Jahren, in Wohnräumen, Schlafräumen, Dielen . . . . . . spätestens nach fünf Jahren und in sonstigen Räumlichkeiten . . . . . . spätestens nach sieben Jahren" durchzuführen sind.[8] Er hat dem Kläger trotz mehrfacher Aufforderung auch eine Besichtigung der Wohnung verweigert, damit sich dieser ein Bild von dem bereits eingetretenen Substanzschaden verschaffen kann.[9]

Beweis: in Anlage K 3 überreichte Kopie der Schreiben des Klägers vom . . . . . .

Außerdem hat der Beklagte einen Diebstahl innerhalb der Hausgemeinschaft begangen, indem er die Bettwäsche einer Mitmieterin gestohlen hat; schließlich hat er im Keller uriniert.[10]

Beweis: Zeugnis der . . . . . .

Diese zahlreichen Verstöße können, wenn sie jeder für sich allein gesehen die Kündigung vielleicht auch nicht rechtfertigen, in einer Gesamtschau nur zu der Bejahung einer nicht unerheblichen Pflichtverletzung führen.[11] Die Vertragsverletzungen sind auch deshalb erheblich, weil sie nicht etwa fahrlässig, sondern beharrlich begangen worden sind.[12]

oder:

Der Beklagte hat in der von ihm angemieteten Wohnung einen Mauerdurchbruch hergestellt und dabei eine tragende (!) Wand beseitigt.[13] Zudem hat er trotz Abmahnung eine von ihm in die Wohnungseingangstüre eingebaute Katzenklappe nicht wieder beseitigt.

Beweis: Zeugnis der . . . . . .

oder:

Der Beklagte hat eine dem Kläger unbekannte Dame auf Dauer in die Wohnung aufgenommen und trotz der für zwei Personen zu geringen Wohnungsgröße ein Zimmer bewusst ohne Rücksprache mit dem Kläger an diese untervermietet.[14]

Beweis: Zeugnis der . . . . . .

oder:

Der Beklagte ist in Zahlungsverzug geraten und hat die Miete für den Monat Juni 2015 nicht gezahlt. Nach einem Anruf des Klägers wurde dieser Betrag zwar nachentrichtet, im August 2015 leistete der Beklagte aber erneut keine Zahlungen. Er wendet zwar ein, er habe entsprechend dem Rat des von ihm konsultierten Mietervereins die Leistungen deshalb zurückgehalten, weil er keine Unterlagen zu den Betriebskosten-Abrechnungen bekommen habe. Damit kann der Beklagte aber nicht gehört werden, weil er damit auf eigenes Risiko gehandelt hat.[15]

Der Kläger hat nach anwaltlicher Beratung bewusst den Weg der ordentlichen Kündigung gewählt und nicht denjenigen der fristlosen. Damit wird dem Beklagten die gesetzliche Kündigungsfrist eingeräumt. Der Kläger ist allerdings persönlich der Meinung, dass auch eine fristlose Kündigung gerechtfertigt wäre.[16]

Rechtsanwalt

Anmerkungen

1. Zur sachlichen und örtlichen Zuständigkeit des Amtsgerichts → Form. C. II. 2 Anm. 1.

2. Zur Klageerhebung bei Personenmehrheit auf Vermieter- bzw. Mieterseite → Form. C. II. 2 Anm. 2, 3.

3. Zur Angabe und Berechnung des Streitwertes → Form. C. II. 2 Anm. 4.

4. Zum Begriff der Räumung → Form. C. II. 2 Anm. 6 und zu dem geschuldeten Umfang der Räumung → Form. C. II. 24 Anm. 8.

5. Im Gegensatz zur außerordentlichen fristlosen Kündigung nach § 543 Abs. 3 BGB erfordert die ordentliche fristgemäße Kündigung isd § 573 BGB nach dem Wortlaut des Gesetzes keine Abmahnung. Im Hinblick auf die im Fall schuldhafter nicht unerheblicher Vertragsverletzung nach § 573 Abs. 1 S. 1, Abs. 2 Nr. 1 BGB bestehende Wahlmöglichkeit des Vermieters zwischen fristloser und ordentlicher Kündigung stellt sich allerdings die Frage, inwieweit Merkmale der einen Kündigungsnorm auf die andere übertragbar sind und damit auch, ob der ordentlichen Kündigung des Mietverhältnisses nicht doch eine Abmahnung oder sogar eine mit einer Kündigungsandrohung versehene (qualifizierte) Abmahnung vorauszugehen hat. Bei dem in Rechtsprechung und Schrifttum herrschenden Meinungsstreit hat sich der BGH 2007 unter Berufung auf Wortlaut, Gesetzgebungsgeschichte und Systematik des § 573 Abs. 1 S. 1, Abs. 2 Nr. 1 BGB sowie auf den fehlenden Bedarf an einer entsprechenden Anwendung des § 543 Abs. 3 BGB der Auffassung angeschlossen, eine Abmahnung sei grundsätzlich entbehrlich (BGH NZM 2008, 121–123, mit ausführlicher Darstellung des damaligen Streitstandes; ebenso bereits OLG Oldenburg WuM 1991, 467–468).

6. Die Verletzung der Reinigungspflichten über die Dauer eines Jahres stellt eine nicht unerhebliche und schuldhafte Verletzung mietvertraglicher Verpflichtungen dar und kann im Einzelfall ein Interesse des Vermieters an der Beendigung des Mietverhältnisses rechtfertigen. Dies gilt vor allem dann, wenn eine Zwangsvollstreckung bereits titulierter Reinigungspflichten gem. § 887 ZPO im Wege der Ersatzvornahme wegen der desolaten Vermögensverhältnisse des Mieters keinen Erfolg verspricht (AG Hamburg-Blankenese WuM 1998, 286; AG Frankfurt/Main-Hoechst WuM 1988, 153).

7. Der Mieter hat die vertragliche Nebenpflicht, alles zu unterlassen, was Schäden an der Mietsache verursachen kann. Daher wird ihm zumindest eine mäßige Beheizung abverlangt, um Schäden durch Frost, Feuchtigkeit oder Schimmelbildung zu verhindern. Kommt er dieser Pflicht nicht nach, kann die ordentliche Kündigung gerechtfertigt sein (LG Hagen ZMR 2008, 972–973; LG Düsseldorf DWW 1988, 117–118). Zur Schadensersatzklage wegen Nebenpflichtverletzung vgl. → Form B. I. 8.

8. Nach § 535 Abs. 1 S. 2 BGB schuldet grundsätzlich der Vermieter dem Mieter den Erhalt der Mietsache und damit auch die Durchführung der erforderlichen Schönheitsreparaturen als vertragliche Hauptleistungspflicht. Diese Pflicht wird allerdings regelmäßig formularvertraglich auf den Mieter abgewälzt. Dieser schuldet danach das Tapezieren und Anstreichen der Wände und Decken, das Streichen der Fußböden und der Heizkörper einschließlich der Heizrohre, der Innentüren sowie der Fenster und der Außentüren von innen (BGH WuM 1985, 46–49), nicht aber eine Grundsanierung (Blank/Börstinghaus/*Blank* § 535 Rn. 436). Zwar begegnet die Abwälzung der Renovierungspflichten auf den Mieter keinen grundsätzlichen Bedenken, die Vereinbarung starrer Fristen führt aber zu Unwirksamkeit der gesamten Klausel, wenn ihm damit der Nachweis abgeschnitten wird, dass die Räume aufgrund längerer Abwesenheit, schonender Nutzung oder aus anderer Ursache trotz Fristablaufs noch nicht renovierungsbedürftig sind, § 307 BGB (vgl. nur BGH WuM 2006, 513–516; WuM 2006, 377–379, und WuM 2006, 308–310). Die hier verwendete Regelung lässt diese Möglichkeit jedoch offen („spätestens") und wird deshalb als wirksam angesehen (BGH WuM 2005, 716–717). Zur Farbwahl-, Fachhandwerker- und Ausführungsklausel vgl. Blank/Börstinghaus/*Blank* § 535 Rn. 453 ff.

Die beharrliche Weigerung, die erforderlichen Schönheitsreparaturen auszuführen, kann zwar zur Kündigung nach § 573 Abs. 2 Nr. 1 BGB führen (LG Berlin GE 1999, 1052; LG Münster WuM 1991, 33–34; LG Hamburg ZMR 1984, 90–91). Werden die wirksam vereinbarten Schönheitsreparaturen nicht ausgeführt, ist die Kündigung nach wohl h. M. aber nur berechtigt, wenn dadurch die Gefahr von Substanzschäden eintritt (LG Münster WuM 1991, 33; AG Hamburg – Altona WuM 2000, 418–419; AG Düsseldorf WuM 1990, 149; AG Ellwangen WuM 1991, 104; vgl. auch LG Düsseldorf WuM 1999, 333; aA (bereits bei beharrlicher Weigerung): LG Berlin GE 1999, 1052; MüKoBGB/*Häublein* § 573 Rn. 56).

9. Der Vermieter hat einen Anspruch auf Duldung des Zutritts zur Wohnung, wenn besondere Umstände vorliegen, die eine Besichtigung für die Bewirtschaftung des Objekts, z.B. zur Vorbereitung von Instandhaltungs- und Sanierungsmaßnahmen, erfordern (§§ 555a bis 555 d BGB). Solche Umstände liegen unabhängig von der Frage nach der Wirksamkeit der Schönheitsreparaturklausel im Mietvertrag vor, wenn die Frage nach einer Schädigung der Bausubstanz und die Erforderlichkeit von Renovierungsmaßnahmen geprüft werden sollen. Denn der Mieter ist in diesem Fall verpflichtet, den Zutritt zu den Mieträumen zur Untersuchung des Zustands der Mietsache zu gestatten (vgl. Schmidt-Futterer/*Eisenschmid* § 555a Rn. 8). Wird der Zutritt grundlos oder sogar ersichtlich schikanös verweigert, kann dies eine ordentliche, im Einzelfall sogar eine außerordentliche Kündigung rechtfertigen (BGH WuM 2015, 416–419; LG Berlin GE 2015, 733–734; Schmidt-Futterer/*Eisenschmid* § 555a Rn. 72). Dabei ist die vorherige Titulierung des Duldungsanspruchs nicht Voraussetzung für die Erhebung der Räumungsklage (BGH aaO).

10. Die Begehung eines Diebstahls innerhalb der Hausgemeinschaft stellt einen erheblichen Verstoß gegen die mietvertraglichen Pflichten dar und kann deshalb uU auch eine außerordentliche fristlose Kündigung des Mietverhältnisses rechtfertigen, allerdings nur dann, wenn sie zeitnah zu dem Vorfall ausgesprochen wird (zu verneinen bei einer neunmonatigen Wartezeit). Jedenfalls ist das Vergehen hinreichender Grund für eine ordentliche Kündigung (LG Berlin ZMR 2000, 529–530).

11. Bei der ordentlichen Kündigung nach § 573 Abs. 1 S. 1, Abs. 2 Nr. 1 BGB können auch zurückliegende Vorfälle, die jeder für sich genommen eine Kündigung nicht rechtfertigen würden, als Kündigungsgrund Berücksichtigung finden, da mehrere Vertragsverstöße im Rahmen einer Abwägung zur Bejahung einer nicht unerheblichen Verletzung vertraglicher Pflichten fuhren können (LG Berlin ZMR 2000, 529–530).

12. Ob die schuldhafte Pflichtverletzung erheblich ist, ist nach einer Gesamtschau zu beurteilen. So kann ein ausreichendes Gewicht des Verstoßes bejaht werden, wenn sogar eine der Kündigung vorausgegangene – eigentlich entbehrliche – Abmahnung ohne Erfolg geblieben ist (vgl. BGH WuM 2008, 31–33). Für die Abwägung können auch die Dauer der Pflichtverletzung (BGH WuM 2007, 24–27) und das Verhalten des Mieters nach der Kündigung von Bedeutung sein. Stellt der Mieter sein Fehlverhalten erst unter dem Eindruck der Kündigung oder des Gerichtsverfahrens ein, oder erfüllt er erst dann die ihm obliegenden vertraglichen Pflichten, steht dies der Erheblichkeit der Verletzung nicht mehr entgegen (vgl. zu einem unter Vorbehalt erfolgten Ausgleich eines Miet- und Betriebskostenrückstands BGH WuM 2008, 31–33). Unerheblich ist das Verschulden dagegen, wenn der Erwerber einer Mietwohnung von einer dem Verkäufer erteilten Einzugsermächtigung für die Miete keinen Gebrauch machen kann, wegen des während eines längeren Auslandsaufenthalts des Mieters eingetretenen Zahlungsrückstands kündigt und der Mieter den Rückstand nach seiner Rückkehr sofort ausgleicht (KG WuM 2008, 411–412).

13. Durch bauliche Veränderungen greift der Mieter am stärksten in die Rechte des Vermieters ein. So ist ein berechtigtes Interesse des Vermieters an der Beendigung des Wohnraummietverhältnisses gegeben, wenn der Mieter zweier nebeneinander liegender Wohnungen die dazwischen befindliche tragende Trennwand ohne vorherige Zustimmung des Vermieters durchbricht, um auf diese Weise eine Verbindung zwischen beiden Wohnungen herzustellen (LG Berlin MDR 1988, 146–146). Der unerlaubte massive Eingriff in die Sachsubstanz rechtfertigt jedenfalls die Erteilung einer Abmahnung, die darauffolgende Replik des Mieters, er befinde sich im Recht, die ordentliche Kündigung (LG Kassel DWW 2011, 336–338).

14. Nimmt ein Mieter ohne die erforderliche Erlaubnis seines Vermieters eine Untervermietung vor, verletzt er damit seine vertraglichen Pflichten auch dann, wenn er letztlich einen Anspruch auf Erteilung der Erlaubnis hat (BGH WuM 2011, 169–171; BayObLG WuM 1995, 378–380; OLG Hamm ZMR 1997, 349–350). Allerdings sind bei der Würdigung der Umstände des Einzelfalls die Gründe dafür maßgeblich, die den Mieter dazu bewogen haben, einem Dritten den Gebrauch der Mietsache ohne die Genehmigung des Vermieters zu überlassen. Insbesondere kommt es darauf an, ob damit eine bewusste

Missachtung der Belange oder der Person des Vermieters verbunden war. Ist dies nicht der Fall und hätte die Genehmigung auf Anfrage des Mieters ohnehin erteilt werden müssen, dürfte der Pflichtverstoß den Vermieter in der Regel nicht zur Kündigung berechtigen. Denn die Einholung der Genehmigung hat nur den Zweck, dem Vermieter Gelegenheit zu geben, seine Einwände gegen die Untervermietung geltend zu machen, bevor dem Untermieter die Räume überlassen werden (BGH aaO). Ist die Wohnung dagegen – wie in der Fallvariante – für eine Untervermietung objektiv nicht geeignet oder bestehen objektive Bedenken gegen die Person des Untermieters, dürfte der Verstoß ausreichen (vgl. zum Ganzen die Darstellung bei Blank/Börstinghaus/*Blank* § 573 Rn. 35 mwN).

15. Ein verschuldeter Zahlungsverzug bei der Miete iSv § 543 Abs. 2 Nr. 3 BGB kann ebenso Grund für eine ordentliche Kündigung nach § 573 Abs. 2 Nr. 1 BGB wie für eine außerordentliche Kündigung nach § 543 Abs. 2 Nr. 3 BGB sein (BGH WuM 2007, 24–27; 2006, 193–196). Dem Vermieter steht die Auswahl zwischen den beiden Gestaltungsrechten frei; auch hat er die Möglichkeit, eine außerordentliche fristlose mit einer hilfsweise ausgesprochenen ordentlichen Kündigung zu verbinden, um bei stets in Betracht zu ziehenden formellen Mängeln der fristlosen Kündigung die Beendigung des Mietverhältnisses sicherzustellen.

Umstritten ist in diesem Zusammenhang, ob sich die Frage, ob ein „nicht unerheblicher" Zahlungsverzug des Mieters iSd in § 573 Abs. 2 Nr. 1 BGB vorliegt, nach § 543 Abs. 2 Nr. 3 BGB richtet (MüKoBGB/*Häublein* § 573 Rn. 59), oder ob die Kündigung bereits wegen geringerer Rückstände möglich ist (BGH NZM 2013, 20–22). Nach Ansicht des BGH (aaO.) scheidet eine ordentliche Kündigung wegen Zahlungsverzugs aus, wenn der Mietrückstand eine Monatsmiete nicht übersteigt und die Verzugsdauer weniger als einen Monat beträgt (vgl. → Form. C. II. 17 Anm. 10). Zu beachten ist, dass der nachträgliche Ausgleich der Rückstände innerhalb der Frist des § 569 Abs. 3 Nr. 2 BGB zwar die fristlose außerordentliche Kündigung unwirksam macht, dies aber *nicht* für die ordentliche Kündigung gilt (BGH ZMR 2005, 356–359). In der anwaltlichen Beratung ist hier allerdings Vorsicht geboten, da nach dem vom Bundesjustizminister am 12.04.2016 vorgelegten Entwurf um 2. Mietrechtsnovellierungsgesetz die Regelung auch auf die ordentliche Kündigung erstreckt werden soll.

Eine Kündigung ist auch dann möglich, wenn der Mieter die Pflichtverletzung auf den fehlerhaften Rat des von ihm konsultierten Mieterverein begangen hat. Trotz des Rechtsirrtums, dem er unterliegt, handelt er schuldhaft, denn nach § 278 BGB ist der Schuldner für ein Verschulden seines Erfüllungsgehilfen in gleichem Umfang verantwortlich wie für ein eigenes Verschulden (BGH WuM 2007, 24–27; vgl. auch BGH WuM 2012, 499–501).

16. Der Vermieter kann den Vertrag auch außerordentlich fristlos kündigen, wenn seine Rechte erheblich verletzt sind (§ 543 Abs. 2 Nr. 2 BGB) oder wenn ihm die Fortsetzung des Mietverhältnisses aus anderen Gründen nicht mehr zugemutet werden kann, § 543 Abs. 1 BGB. Die Vorschriften der §§ 543 Abs. 1, 2 und 573 Abs. 1, 2 BGB beziehen sich trotz ihres unterschiedlichen Wortlauts auf ähnliche Lebenssachverhalte, so dass § 573 Abs. 2 Nr. 1 BGB für den Fall einer nicht unerheblichen Verletzung mietvertraglicher Pflichten vereinzelt sogar für überflüssig gehalten wurde (vgl. *Honsell* AcP 186, 115–186 [141] zu den §§ 564b, 556 a, 568 BGB aF). Bei fristgemäßer ordentlicher Kündigung sind allerdings die Kündigungsfristen des § 573c BGB zu beachten. Weiterhin kann der Mieter nach der Sozialklausel des § 574 BGB nur der ordentlichen Kündigung widersprechen (vgl. § 574 Abs. 1 S. 2 BGB). Der Vermieter muss von der fristlosen außerordentlichen Kündigung, auch wenn deren Voraussetzungen erfüllt sind, aber nicht zwingend Gebrauch machen, sondern kann stattdessen die ordentliche Kündigung aussprechen. Das kommt z. B. in Betracht, wenn er sich nicht sicher ist, den Grad der Pflichtwidrigkeit des Mieterverhaltens richtig einschätzen zu können oder wenn er das Prozessrisiko scheut. Ggf. kann er aber außerordentlich fristlos, hilfsweise ordentlich unter Wahrung der gesetzlichen Fristen kündigen → Anm. 14. Eine unwirksame fristlose Kündigung kann uU in eine fristgemäße ordentliche Kündigung umgedeutet werden, wenn nach dem Willen des Vermieters das Vertragsverhältnis in jedem Fall zum nächstmöglichen Termin beendet werden soll (BGH WuM 2016, 28–32; WuM 2013, 668–671; WoBauR/*Franke* § 573 → Anm. 10).

Andererseits erfüllt aber nicht jede „nicht unerhebliche" Vertragsverletzung iSd § 573 Abs. 2 Nr. 1 BGB auch den Tatbestand des § 543 Abs. 1 und 2 BGB. Wenn zwischen beiden Normen wegen der unterschiedlich schwerwiegenden rechtlichen Folgen auch scharf zu differenzieren ist, unterscheiden sie sich in ihren tatbestandlichen Voraussetzungen nur graduell. Bereits der Gesetzgeber hat bei der ordentlichen Kündigung neben den bereits zur fristlosen Kündigung berechtigenden schwerwiegenden Gründen bereits ausdrücklich „schuldhafte Vertragsverletzungen geringeren (!) Gewichts" genannt (vgl. BT-Drucks. VI 1549, 8). Insoweit lässt sich auch von einem Stufen-Verhältnis von geringfügigen Verstößen, die noch nicht einmal die ordentliche Kündigung nach § 573 Abs. 2 Nr. 1 BGB rechtfertigen, bis hin zu einem zur Unzumutbarkeit der Vertragsfortsetzung nach § 543 Abs. 1 BGB führenden wichtigen Grund sprechen. Allerdings erfordert § 573 Abs. 2 Nr. 1 BGB eine auf vertragliche Haupt- oder Nebenpflichten bezogene Verletzungshandlung, nach § 543 Abs. 1 BGB ist dagegen jeder wichtige Grund ausreichend, der zur Unzumutbarkeit der Vertragsfortsetzung führt (vgl. BGH NZM 2012, 394–397). Eine klare Abgrenzung der ordentlichen und der außerordentlichen Kündigungstatbestände kann daher im konkreten Einzelfall schwierig sein.

5. Klage auf Räumung einer Wohnung im Zweifamilienhaus nach Kündigung gem. § 573a BGB

An

das Amtsgericht . . . . .

Abt. für Mietsachen[1]

Klage

– Kläger –[2]

des . . . . .

Prozessbevollmächtigter . . . . .

gegen

. . . . .

– Beklagte –

wegen Räumung

– Streitwert: 10.800,– EUR[3]

Namens und in Vollmacht des Klägers erhebe ich Klage gegen den Beklagten und werde beantragen,

1. den Beklagten zu verurteilen, die Wohnung Bahnhofstraße 5 in Gießen, Erdgeschoss rechts, bestehend aus 2 Zimmern, Küche, Bad und Hausflur, zu räumen[4] und an den Kläger herauszugeben.

2. Die Beklagte trägt die Kosten des Rechtsstreits.

3. Das Urteil ist vorläufig vollstreckbar.

Ich beantrage ferner, soweit das Gericht das schriftliche Vorverfahren anordnet und die Beklagten ihre Verteidigungsbereitschaft nicht rechtzeitig anzeigen, den Erlass eines Versäumnisurteils.

Begründung:

Der Rechtsvorgänger des Klägers hat mit Mietvertrag vom 1.4.2013 die im Tenor genannte Wohnung in Gießen an die beklagten Eheleute vermietet.

Beweis: in der Anlage K 1 überreichte Kopie des Mietvertrags

Der Kläger ist Eigentümer des Hauses und wohnt im Erdgeschoss. Eine weitere Wohnung existiert nicht, es handelt sich um ein Zweifamilienhaus.[5] Soweit in dem Gebäude noch eine Boutique existiert, die von dem Mieter Herrn Oslowski betrieben wird, nimmt dieser Umstand dem Haus nicht den Charakter eines Zweifamilienhauses.[6]

Zwischen den Parteien entstanden ab 2014 Streitigkeiten, zu deren Ursache und Verlauf der Kläger an dieser Stelle keine weiteren Ausführungen machen möchte.[7] Jedenfalls hat er das Mietverhältnis am 1.2.2015 gemäß § 573a Abs. 1 BGB fristgemäß zum 31.7.2015 gekündigt und in dem Kündigungsschreiben gemäß Abs. 3 der Norm angegeben, dass die Kündigung auf die Voraussetzungen des § 573a Abs. 1 BGB gestützt wird. Ferner hat der Kläger die Mieter darauf hingewiesen, dass die Kündigungsfrist nach § 573c BGB drei Monate beträgt und sich gem. § 573a Abs. 1 S. 2 BGB um weitere drei auf insgesamt 6 Monate verlängert.

Beweis: in der Anlage K 2 überreichte Kopie der Kündigungserklärung

Einer weitergehenden Begründung bedurfte es nicht, weil die Kündigung einer Wohnung in einem Zweifamilienhaus keines berechtigten Interesses des Vermieters oder sonstiger Kündigungsgründe bedarf. Auch das gesetzliche Tatbestandsmerkmal, dass der Kläger selbst im Gebäude wohnt, ist hier gegeben.

Der Kläger hat im Übrigen auch Bedarf an der gesamten Wohnung, weil er in sie einzuziehen beabsichtigt und die Parterrewohnung dem Boutiquenbetreiber Herrn Oslowski als Lager zur Verfügung gestellt werden soll. Eine möglicherweise unzulässige Teilkündigung liegt daher nicht vor.[8]

Die von den Beklagten gemietete Wohnung entspricht auch dem für die Anwendung des § 573a BGB maßgeblichen Wohnungsbegriff. Erforderlich ist nach hiesiger Auffassung nur, dass es sich um eine selbstständige und wirtschaftliche Wohnungseinheit handelt, die die Führung eines Haushaltes ermöglicht.[9] Vorhanden sein müssen daher nur entsprechend der alten DIN 283 die Anschlüsse der Wasserversorgung, Stromzufuhr, Toilette und Ausgüsse.[10]

Die Beklagten meinen, der Kläger könne ihnen nicht kündigen, weil er zum Zeitpunkt des Vertragsabschlusses mit seinem Rechtsvorgänger noch nicht in dem Gebäude gewohnt habe. Diese Behauptung ist tatsächlich zwar richtig, rechtlich aber ohne Belang.[11]

Die Beklagten werfen dem Kläger weiter vor, er habe nachträglich die Wohnungszahl im Hause von 3 auf 2 Wohnungen vermindert und sich dadurch erst die Möglichkeit der erleichterten Vermieterkündigung geschaffen.[12] Der Kläger verwahrt sich gegen diesen Vorwurf: Eine dritte Wohnung hat nie existiert. Bei der von den Beklagten angesprochenen sog. „Wohnung" handelt sich lediglich um einen verschlagähnlichen Raum im Souterrain, in dem sich von Juni bis August letzten Jahres tagsüber regelmäßig ein

Student aufgehalten hat, um sich dort ungestört auf seine Abschlussprüfung vorzubereiten.

Beweis: Zeugnis des Studenten Frank Manser (*Anschrift*)

Um eine Wohnung iSd § 573a BGB hat es sich dabei sicherlich nicht gehandelt. Im Übrigen hat der Kläger diesen Raum später im Zuge einer Umbaumaßnahme seiner Parterrewohnung angefügt.

Die Beklagten haben früher einmal gesprächsweise mitgeteilt, sie würden einer Kündigung widersprechen und sich wegen ihres Alters auf die Sozialklausel des § 574 BGB berufen.[13] Die Beklagten werden daher auf folgendes hingewiesen: Sie können gegen die Kündigung Widerspruch einlegen, dieser muss schriftlich erklärt werden und dem Kläger spätestens zwei Monate vor Beendigung des Mietverhältnisses zugehen. Für diesen Fall sollten sie ihren Widerspruch auch begründen (§ 574b Abs. 1 S. 2 BGB).

Einem solchen Widerspruch würde der Kläger jedoch folgendes entgegensetzen:

Die Beklagten zahlen trotz der Abmahnungen vom . . . . (*wird ausgeführt*) ihre Miete weitgehend unpünktlich, nämlich für die Monate . . . . (*wird ausgeführt*); die Verspätungen belaufen sich jeweils auf mehrere Tage: . . . . (*wird jeweils unter Beweisantritt ausgeführt*).

oder:

Der Hausflur wird von den Beklagten trotz Abmahnung vom . . . . häufig nicht geputzt, so in den Wochen vom . . . . . Die beklagte Ehefrau hat die Frau des Klägers mehrfach erheblich beleidigt (wird jeweils unter Beweisantritt ausgeführt).

Rechtsanwalt

Anmerkungen

1. Zur sachlichen und örtlichen Zuständigkeit des AG → Form. C. II. 2 Anm. 1; eine eigene Abteilung für Mietsachen besteht nur bei einigen, in der Regel größeren Amtsgerichten.

2. Zur Klageerhebung bei Personenmehrheit auf Vermieter- bzw. Mieterseite → Form. C. II. 2 Anm. 2, 3.

3. Zur Angabe und Berechnung des Streitwertes → Form. C. II. 2 Anm. 4.

4. Zum Begriff der Räumung → Form. C. II. 2 Anm. 6 und zu dem geschuldeten Umfang der Räumung → Form. C. II. 24 Anm. 8.

5. Voraussetzung des Sonderkündigungsrechts nach § 573a Abs. 1 BGB (auch „Einliegerkündigungsrecht") ist, dass sich die Wohnungen des Mieters und des Vermieters in einem Gebäude befinden, die Vertragsparteien wegen der typischen Bauweise eines Ein- oder Zweifamilienhauses also verhältnismäßig eng zusammen leben, was wiederum ein Mindestmaß an Harmonie voraussetzt. Hier ist eine Kündigung auch ohne berechtigtes Interesse des Vermieters an der Beendigung des Mietverhältnisses möglich, dh auch ohne den – mangels neutraler Zeugen – praktisch nur selten zu führenden Nachweis einer schuldhaften, nicht unerheblichen Vertragsverletzung des Mieters. Auf die Frage, ob die Parteien innerhalb des Gebäudes tatsächlich zusammentreffen können, kommt es nach dem Wortlaut des § 573a BGB allerdings nicht an (BGH WuM 2008, 564–565; OLG

Saarbrücken WuM 1992, 520–525; aA LG Köln WuM 2003, 278–279; teils zu § 564b Abs. 4 BGB aF).

Zu der nach § 564b Abs. 4 Nr. 2 BGB aF (gem. Art. 229 § 3 Abs. 2 EGBGB nur noch bis zum Ablauf des 31.8.2006 möglichen und damit heute nicht mehr praxisrelevanten) Kündigung einer vermieteten Wohnung in einem von dem Vermieter selbst bewohnten Dreifamilienhaus, bei dem mindestens eine der Wohnungen durch Ausbau oder Erweiterung zwischen dem 31. Mai 1990 und dem 1.6.1999 fertiggestellt worden ist, vgl. WoBauR/*Franke* § 573a Anm. 3.

6. Im Gegensatz zu § 564b Abs. 4 Nr. 2 BGB a. F., in dem von einem gemeinsam genutzten „Wohngebäude" die Rede war, findet sich in § 573a Abs. 1 BGB nur noch der Begriff „Gebäude". Nach den Gesetzgebungsmaterialien (BT-Drucks. 14/4553, 66) soll die Vorschrift damit auch zur Anwendung gelangen, wenn in einem – auch – gewerblich genutzten Haus zwei Wohnungen existieren, von denen eine vom Vermieter selbst genutzt wird. Erforderlich ist also nicht, dass auch die Gewerberäume von dem Vermieter selbst genutzt werden. Damit ist der früher zur Auslegung des § 564b BGB aF geführte Meinungsstreit (vgl. OLG Frankfurt/Main NJW 1982, 188) gegenstandslos.

Wenn allerdings nach Abschluss des Mietvertrags zwischen den Parteien eine zu diesem Zeitpunkt noch Wohnzwecken dienende dritte Wohnung in dem Gebäude einer Nutzung zu gewerblichen Zwecken zugeführt, also umgewidmet wird, ohne dass dadurch die Möglichkeit einer selbstständigen Haushaltsführung in den Räumlichkeiten ausgeschlossen ist, reduziert sich der Wohnungsbestand nicht. Eine Einliegerkündigung ist dann – ungeachtet der Frage, wer die dritte Wohnung nutzt – nicht möglich (BGH WuM 2015, 309–312).

7. In der Klageschrift ist Sachvortrag zur Ursache der Einliegerkündigung entbehrlich. Die § 573a Abs. 1 BGB zugrundeliegende Konstellation betrifft den Vermieter unmittelbar in seinen Lebens- und Wohninteressen, weil die von ihm innegehaltene Wohnung den Mittelpunkt seiner Existenz bildet. Sein personaler Bezug zum Eigentum ist so stark, dass der Gesetzgeber den Mieterschutz nur schwach ausgebildet und deshalb die Kündigung trotz der Sozialbindung des Eigentums und des grundgesetzlichen Schutzes auch der Position des Mieters ohne Nachweis eines berechtigten Interesses gestattet hat (vgl. BVerfG WuM 1985, 75–77, zu § 564b Abs. 4 Nr. 2 BGB aF). Beide Parteien sind hier zwar in gleicher Weise in ihrem engsten Wohn- und Lebensbereich betroffen, wegen der ebenfalls durch die Verfassung geschützten Verfügungsbefugnis des Vermieters über sein Eigentum hat sich der Gesetzgeber bei dieser Sonderkonstellation letztlich aber zu seinen Gunsten entschieden. Die Regelung ist im Hinblick auf die verlängerte Kündigungsfrist (§ 573a Abs. 1 S. 2 BGB) und die Anwendbarkeit der Sozialklausel verfassungsgemäß (BVerfG WuM 1994, 520) Zur Kündigungserklärung vgl. BeckFormB MietR/*Paltzer* Form D. III. 13.

8. Eine Teilkündigung eines einheitlichen Wohnraummietverhältnisses ist wegen des Prinzips der Einheitlichkeit der Kündigung nur unter den Voraussetzungen des § 573b BGB möglich (vgl. dazu Verfassungsgerichtshof des Landes Berlin ZMR 2010, 173–175; LG Mainz WuM 2001, 489; AG Frankfurt 2005, 794–796).

9. Unter „Wohnung" wird nach der hier allein maßgeblichen Verkehrsanschauung ein selbständiger, räumlich und wirtschaftlich abgegrenzter Bereich verstanden, der eine eigenständige Haushaltsführung ermöglicht (BGH WuM 2015, 309–312).

10. An der früheren, inzwischen außer Kraft getretenen DIN 283 orientieren sich bei der Bestimmung des Begriffs der „Wohnung" iSd § 573a BGB ua die Entscheidungen LG Saarbrücken ZMR 2007, 540–543 (mit Einschränkungen); LG Aachen WuM 1993, 616–617; LG Hamburg WuM 1994, 21–2165 und LG Kempten WuM 1994, 254–257.

Die Küche muss nicht mit Möbeln und Geräten ausgestattet sein, die Existenz der Versorgungsleitungen reicht bereits aus (BGH WuM 2015, 309–312).

11. Es spielt keine Rolle, ob der Vermieter bei Vertragsabschluss bereits im Haus gewohnt hat oder erst später eingezogen ist. Für die Wirksamkeit der Kündigung kommt es nur darauf an, ob er zum Zeitpunkt der Kündigungserklärung eine Wohnung nutzt. Deshalb besteht das Sonderkündigungsrecht auch dann, wenn der Vermieter erst nach Abschluss des Mietvertrags in das Gebäude eingezogen ist (BayObLG WuM 1991, 249–251 [mit zust. Anm. *Schläger* in ZMR 1991, 241–249: Die Erwartung des Mieters, dass der Vermieter die zweite Wohnung nicht nutzen werde, ist nicht geschützt]; OLG Karlsruhe WuM 1992, 49–52; Staudinger/*Rolfs* § 573a Rn. 10 mwN). Die erleichterte Kündigung nach § 573a BGB knüpft an die Gestaltung des Hauses und nicht an persönliche Umstände in der Person des Vermieters an.

12. Auf diesen Umstand können sich die Beklagten aus Gründen des Vertrauensschutzes in der Tat berufen. Verändert der Vermieter durch bauliche Maßnahmen ein Drei- in ein Zweifamilienhaus, so erlangt er dadurch kein Sonderkündigungsrecht. Der mietrechtliche Bestandsschutz kann nicht in das Belieben des Vermieters gestellt werden (OLG Hamburg ZMR 1982, 282–285). Etwas anderes gilt allerdings dann, wenn der Mieter bei Vertragsschluss über die Erweiterungspläne des Vermieters in Kenntnis gesetzt worden ist (vgl. LG Memmingen NJW-RR 1992, 523–524).

13. Tatsächlich ist diese mit Ausnahme des Abs. 3 (bei der Einliegerkündigung bedarf es keiner Begründung) auch bei der Kündigung nach § 573a BGB anwendbar (Schmidt-Futterer/*Blank* § 574 Rn. 14 und 62; zum Ganzen näher WoBauR/*Franke* § 573a Anm. 16). Im Übrigen sind die zugunsten des Vermieters zu berücksichtigenden Interessen an der Vertragsbeendigung trotz Widerspruchs dieselben, wie sie zur Begründung einer Kündigung nach den §§ 573 Abs. 1 und 2, 573b BGB erforderlich sind (Erman/*Lützenkirchen* § 574 Rn. 12). Zwischen den Interessen des Vermieters an der Beendigung und des Mieters an der Fortsetzung des Mietverhältnisses ist abzuwägen, wobei dem hohen Alter und der Verwurzelung des Mieters in der betreffenden Wohngegend ein hohes Gewicht zukommen können (LG Hamburg WuM 1987, 223; AG Witten ZMR 2007, 43–45).

6. Klage auf teilweise Räumung nach Kündigung gem. § 573b BGB – Kündigung von Datschengrundstücken

An

das Amtsgericht . . . . .

Abt. für Mietsachen[1]

Klage

– Kläger –[2]

des . . . . .

gegen

. . . . .

– Beklagter zu 1) –

. . . . .

– Beklagte zu 2) –

wegen Räumung

– Streitwert Antrag zu 1: 300,– EUR

Antrag zu 2: 1.800,– EUR[3]

Namens und in Vollmacht des Klägers erhebe ich Klage mit dem Antrag,

die Beklagten als Gesamtschuldner zu verurteilen,

1. den Dachboden des Hauses Parkallee 17 in Dresden zu räumen[4] und an den Kläger herauszugeben,

2. die 400 m² große Teilfläche des Grundstücks Bachackerweg 5 in Dresden (*näher bezeichnet nach Flur und Flurstück*) geräumt an den Kläger herauszugeben, die im östlichen Teil der Gesamtfläche liegt und im Norden durch einen von einer Buchs- baumhecke gesäumten Feldweg, im Osten und Südosten durch das Nachbargrundstück X (*näher bezeichnet*) und im Südwesten und Westen durch das Nachbargrundstück Y (dort als Acker genutzt, *näher bezeichnet*) begrenzt wird.

3. Die Beklagten tragen die Kosten des Rechtsstreits.

4. Das Urteil ist vorläufig vollstreckbar.

Ich beantrage ferner, soweit das Gericht das schriftliche Vorverfahren anordnet und die Beklagten ihre Verteidigungsbereitschaft nicht rechtzeitig anzeigen, den Erlass eines Versäumnisurteils.

Begründung:

Zu Antrag Nr. 1:

Der Kläger hat dem Beklagten zu 1) mit Mietvertrag vom 1.5.1989 eine Wohnung in dem Hausanwesen Parkallee 17 vermietet.

Beweis: in der Anlage K 1 überreichte Kopie des Mietvertrags

Der Mietvertrag enthält die Bestimmung, dass der Dachboden als Trocken- und Abstell- raum[5] mitvermietet ist. Die Beklagte zu 2) hat den Beklagten zu 1) Anfang 1990 geheiratet und ist somit gemäß dem insoweit weitergeltenden § 100 Abs. 3 S. 1 ZGB der früheren DDR gemeinsam mit ihrem Ehemann Vertragspartnerin des Klägers geworden. Der Kläger will nunmehr das Dachgeschoss ausbauen und dann als Wohnung neu vermieten. Damit erfüllt er die Bestimmung des § 573b Abs. 1 Nr. 1 BGB, der eine Teilkündigung ohne berechtigtes Interesse zulässt. Das Kündigungsschreiben vom 2.3.2015 ging den Beklagten am selben Tag zu. Darin wird zur Begründung der Kündigung auch ausgeführt, dass die Schaffung neuen Wohnraums beabsichtigt ist.[6]

Beweis: in der Anlage K 2 überreichte Kopie der Kündigungserklärung

Die Kündigungsfrist beträgt nach § 573c Abs. 1 S. 2 BGB neun Monate und ist inzwi- schen abgelaufen. Die Beklagten haben bislang aber weder auf die Kündigung reagiert, noch sind sie der Aufforderung des Klägers nachgekommen, vier auf dem Dachboden deponierte Reifen, größere Mengen Kinderspielzeugs, einen von ihnen eingebauten Wandschrank und eine dort aufgebaute Modelleisenbahn wegzuräumen, die aufgespann- ten Wäscheseile abzunehmen und schließlich den Schlüssel des Dachbodens an den Kläger herauszugeben. Wird der Klage stattgegeben, wird der Kläger sogleich mit dem Umbau beginnen.[7] Er ist auch willens und finanziell in der Lage, das beabsichtigte

Ausbauvorhaben unverzüglich durchzuführen (*wird ausgeführt*).[8] Eine Baugenehmigung liegt vor, wenn sie auch noch nicht bestandskräftig ist.[9]

Beweis: in der Anlage K 3 überreichte Kopie der Baugenehmigung

Der Kläger hat auch nicht die Absicht, wie die Beklagten meinen, die neu errichtete Wohnung als Eigentumswohnung zu verkaufen,[10] sie wäre dazu baulich nicht geeignet.[11]

Beweis: Sachverständigengutachten

Härtegründe iSd § 574 BGB können die Beklagten dem Räumungsbegehren nicht entgegenhalten. Die Berufung auf ihr fortgeschrittenes Alter reicht wegen des untergeordneten Charakters des Nebenraums und im Hinblick auf die Intention des Gesetzgebers nicht aus, den Bestand an nutzbarem Wohnraum zu vergrößern. Der Kläger hat den Beklagten zum Ausgleich der ihnen künftig entgehenden Dachbodennutzung eine Reduzierung der Miete um 25 EUR angeboten (vgl. § 574 Abs. 4 BGB), sie konnten sich darauf aber nicht einlassen.

Zum Antrag Nr. 2:[12]

Der Kläger ist ferner Eigentümer eines am Bachackerweg 5 in Dresden gelegenen Erholungs- und Freizeitgrundstücks (Datschengrundstück) von 1.000 m² Größe, das dem Beklagten aufgrund des Vertrages über die Nutzung von Bodenflächen zur Erholung von dem ehemaligen Zwangsverwalter, der ABC Kommunale Wohnungsverwaltung Dresden, ab dem 1.10.1988 zur kleingärtnerischen Nutzung, Erholung und Freizeitgestaltung überlassen worden war.

Beweis: in der Anlage K 4 überreichte Kopie des Nutzungsvertrags

Die Beklagten haben am westlichen Rand des Grundstücks ein hölzernes Wochenendhaus (Datsche) errichtet. Mit separater Kündigungserklärung vom 2.3.2015, den Beklagten noch am selben Tag zugegangen, hat der Kläger eine Teilkündigung über die im Klageantrag zu 2. näher bezeichnete Teilfläche dieses Grundstücks ausgesprochen.

Beweis: in der Anlage K 5 überreichte Kopie der weiteren Kündigungserklärung

Nach § 23a SchuldRAnpG kann der Kläger den Nutzungsvertrag an einem Datschengrundstück von mindestens 1.000 Quadratmetern Fläche hinsichtlich einer Teilfläche kündigen, wenn dem Nutzer mindestens 400 m² verbleiben. Diese Maße hat der Kläger mit seiner Kündigungserklärung gewahrt. Die Beklagten können die bisherige Nutzung ihrer Datsche am westlichen Rand des Grundstücks „ohne unzumutbare Einbußen fortsetzen".

Die Erklärung entspricht im Übrigen den Erfordernissen des § 25 Abs. 2 und 3 SchuldRAnpG, wonach die Kündigung spätestens am 3. Werktag für den Ablauf des auf die Kündigung folgenden Monats zulässig ist. Gemäß § 25 Abs. 2 SchuldRAnpG ist den Beklagten eine Anpassung des Nutzungsentgelts bezüglich der jetzt genutzten restlichen Fläche angeboten worden. Auch hierauf haben sie nicht reagiert. Soweit ein kleinerer Geräteschuppen aus Blech auf dem von dem Kläger beanspruchten Gebiet versetzt werden soll, wird er den Beklagten diese Aufwendung nach § 573b Abs. 2 BGB ersetzen.[13]

Rechtsanwalt

Anmerkungen

1. Zur sachlichen und örtlichen Zuständigkeit des AG → Form. C. II. 2 Anm. 1.

2. Zur Klageerhebung bei Personenmehrheit auf Vermieter- bzw. Mieterseite → Form. C. II. 2 Anm. 2, 3.

3. Zum Antrag zu 1: Der *Zuständigkeits*streitwert beläuft sich bei einer nicht zu ermittelnden streitigen Zeit i.S.d. § 8 ZPO auf den 3,5-fachen Jahresbetrag der auf den Dachboden anteilig entfallenden Miete, §§ 8, 9 ZPO (BGH WuM 2008, 296–297). Für den *Gebühren*streitwert dagegen gilt § 41 GKG, grundsätzlich ist danach das Jahresentgelt der Nutzung maßgeblich.

Zum Antrag zu 2: Hier gilt grundsätzlich das Gleiche wie zum ersten Antrag, allerdings sind die von den Beklagten getragenen Instandhaltungskosten von der Höhe des Nutzungsentgelts abzuziehen (BGH WuM 1993, 392–393).

4. Zum Begriff der Räumung → Form. C. II. 2 Anm. 6 und zu dem geschuldeten Umfang der Räumung → Form. C. II. 24 Anm. 8.

5. Zur Unterbringung der in jedem Haushalt erforderlichen Gegenstände des täglichen Lebens (Reinigungsgeräte, Lebensmittelkonserven usw.) besteht nach den Landesbauordnungen die Pflicht, in jeder Wohnung einen Abstellraum vorzusehen, der sich auch außerhalb der eigentlichen Wohnung, zB in Keller oder Dachgeschoss befinden kann. Zum Begriff des Abstellraumes und des Dachbodens siehe ausführlich WoBauR/*Heix* § 42 II. BV Anm. 12.3 und 12.4. Nebenräume sind Dachgeschosse, Keller, Trocken- und Unterstellräume (BT-Drucks. 11/5972, 17).

6. Ob die Teilkündigung angesichts der – anders als in § 564b Abs. 3 BGB a.F. – fehlenden Verweisung auf § 573 BGB zu begründen ist, ist in der Literatur umstritten (zum Meinungsstand vgl. Schmidt-Futterer/*Blank* § 573b Rn. 18 mwN). Eine Kündigungsbegründung dürfte dem Mandanten aus Gründen anwaltlicher Fürsorge aber anzuraten sein (vgl. LG Berlin NZM 1998, 328–329 und AG Frankfurt ZMR 2005, 794–796).

7. Angesichts des möglichen Verlängerungsanspruchs des Mieters nach § 573b Abs. 3 BGB ist dieser Vortrag prozesstaktisch zu empfehlen. Nach Ablauf der Fristverlängerung ist eine erneute Kündigung nicht erforderlich.

8. Sofern der Vermieter nicht ausreichend substantiiert, dass er willens und finanziell in der Lage ist, das beabsichtigte Bauvorhaben auszuführen, droht ihm im Räumungsverfahren die Klageabweisung. Im Prozess ist allerdings nur maßgeblich, ob der Kläger diesen Willen zum Zeitpunkt des Schlusses der mündlichen Verhandlung hat (vgl. LG Berlin ZMR 2002, 118–119).

9. Eine bestandskräftige Baugenehmigung ist nicht erforderlich (LG Berlin ZMR 2002, 118–119). Allerdings muss der geplante Ausbau bauordnungsrechtlich zulässig sein und der Vermieter daher mit der zeitnahen Erteilung der erforderlichen Genehmigungen rechnen dürfen (LG Berlin NZM 1998, 328–329).

10. Die neu zu errichtende Wohnung darf dem Zweck der Ausnahmeregelung des § 573b BGB entsprechend ausschließlich zur Vermietung bestimmt sein. Die Absicht des Vermieters, Eigentumswohnungen zu errichten, genügt daher auch dann nicht den Anforderungen des Gesetzes, wenn diese zur wahrscheinlichen Weitervermietung an Kapitalanleger veräußert werden sollen (LG Berlin NZM 1998, 328–329). Uneinheitlich verhält sich die Rechtsprechung zu der Frage, ob der Vermieter Wohnraum zum

Zwecke der Vermietung i. S. d. § 573b Abs. 1 Nr. 1 BGB schafft, wenn er seine bisherige Wohnung veräußern und in die neu zu erstellende einziehen will (verneinend LG Duisburg ZMR 1996, 664–666, eine analoge Anwendbarkeit bejaht dagegen LG Marburg ZMR 1992, 304–305; zum Streitstand vgl. Schmidt-Futterer/*Blank* § 573b Rn. 13 mwN).

11. Die Darlegungs- und Beweislast dafür, dass es ihm ausschließlich um die Schaffung neuen Wohnraums geht, trägt der kündigende Vermieter (MüKoBGB/*Häublein* § 573b Rn. 19; WoBauR/*Franke* § 573b Anm. 5).

12. Zum Sachenrechtsbereinigungs- und zum Schuldrechtsanpassungsgesetz (sog „Datschengesetz") vgl. *Schnabel* NJW 2001, 2362–2376, und NJW 2002, 1916–1924.

13. Der Gesetzgeber hat für die neuen Bundesländer neben § 573b BGB eine weitere Teilkündigungsmöglichkeit geschaffen, die als § 23a des Schuldrechtsanpassungsgesetzes (SchuldRAnpG) am 1.7.2002 in Kraft getreten ist. Nach dieser Vorschrift kann der Grundstückseigentümer den Nutzungsvertrag an einem Datschengrundstück, das sich auf mindestens 1.000 m² erstreckt, hinsichtlich einer Teilfläche kündigen, wenn dem Nutzer mindestens 400 m² verbleiben. Ein ausreichend großer Teil eines Datschengrundstücks ist in der Regel trotz Aufbauten selbstständig nutzbar und damit einer Teilkündigung zugänglich, weil der Verlust des Grundstücks nach § 11 SchuldRAnpG ohnehin stets mit dem Verlust der darauf befindlichen Bauwerke verbunden ist. Entscheidend ist nur, ob es nach Lage und Größe eine sinnvolle selbstständige Nutzung ermöglicht. Für den Verlust der Aufbauten wird der Nutzer des Grundstücks hinreichend durch die Kündigungsschutz- und Entschädigungsregelungen des Schuldrechtsanpassungsgesetzes entschädigt (LG Berlin NZM 329–331; vgl. auch *Schnabel* NJW 2001, 2362–2376, besonders S. 2365).

7. Klage auf Räumung und Herausgabe nach fristloser Kündigung gem. § 543 Abs. 1 BGB (wichtiger Grund)

An

das Amtsgericht . . . . .

Abt. für Mietsachen[1]

Klage

des . . . . .   – Klägerin –

gegen

. . . . .   – Beklagter –

gesetzlich vertreten durch den Betreuer. . . . . .[2]

wegen Räumung[3]

Streitwert: 7.800,– EUR

Namens und in Vollmacht der Klägerin erhebe ich Klage gegen den Beklagten und werde beantragen,

1. den Beklagten zu verurteilen, die Wohnung Bahnhofstraße 5 in Gießen, Erdgeschoss rechts, bestehend aus 2 Zimmern, Küche, Bad und Hausflur, zu räumen[4] und an die Klägerin herauszugeben.

2. Der Beklagte trägt die Kosten des Rechtsstreits.

3. Das Urteil ist vorläufig vollstreckbar.

Ich beantrage ferner, soweit das Gericht das schriftliche Vorverfahren anordnet und die Beklagten ihre Verteidigungsbereitschaft nicht rechtzeitig anzeigen, den Erlass eines Versäumnisurteils.

Begründung:

Die Klägerin hat mit Mietvertrag vom 31.3.2009 die im Klageantrag näher bezeichnete Wohnung an den Beklagten vermietet.

Beweis: in der Anlage K 1 überreichte Kopie des Mietvertrags

Das Mietverhältnis wurde von der Klägerin mit Kündigungsschreiben vom 7.7.2015 wegen der Unzumutbarkeit einer weiteren Vertragsfortsetzung fristlos gekündigt.

Beweis: in der Anlage K 2 überreichte Kopie des Kündigungsschreibens

Die Wohnung wurde bislang jedoch nicht geräumt, so dass der Räumungsanspruch gerichtlich durchzusetzen ist. Die Klägerin stützt sich zur Begründung ihres Begehrens zunächst auf die Ausführungen in ihrem Kündigungsschreiben vom 7.7.2015 und macht sie zum Inhalt ihres Vortrags.[5] Der Beklagte hat die geschuldete Miete seit mehr als einem Jahr unpünktlich, dh jeweils mit mindestens 17 Tagen Verzögerung, gezahlt: . . . . . . (*wird unter Angabe des Datums der jeweiligen Zahlungseingänge ausgeführt*).[6] Die Zahlungen gehen bis heute weiter unpünktlich bei den Klägern ein.

Im Übrigen hat er auch die nach § 5 des Mietvertrags geschuldete Kaution und die Erstmiete nicht entrichtet. Das Dispositionsinteresse der Klägerin an der Miete, auf deren Zahlung sie angewiesen ist, weil sie einen wesentlichen Teil ihres Einkommens bildet, und an der Zahlung der Nebenkosten – überwiegend durchlaufende Posten – wird durch die säumige Zahlungsweise des Beklagten erheblich beeinträchtigt.[7]

Beweis: in der Anlage K 3 überreichte Kopien der Auszüge des Mietkontos der Kläger für die Monate Oktober 2014 bis September 2015

und/oder:

Der Beklagte stört den Hausfrieden inzwischen auch nachhaltig durch exzessiven Lärm (*wird im Detail ausgeführt*).[8]

Beweis: Zeugnis der Mitmieterinnen Erna Schneider und Friederike Schulze
Lärmprotokoll der Mitmieterinnen Erna Schneider und Friederike Schulze

Die Mieterinnen Erna Schneider und Friederike Schulze haben sich mit Beschwerdeschreiben samt Auflistungen nächtlicher Störungen an die Klägerin gewandt.

Beweis: Anschreiben samt beigefügtem Lärmprotokoll der Mitmieterinnen Erna Schneider und Friederike Schulze

Die Mitmieter haben mit einer Minderung des Miete gedroht und im Übrigen ihre Schlafzimmer teilweise umquartieren müssen, um dem Lärm zu entgehen (*wird näher ausgeführt*).[9]

Beweis: Zeugnis Erna Schneider und Friederike Schulze, b. b.

und/oder:

Der Beklagte hat den Ehemann der Klägerin im Hof des Hauses in Gegenwart der vorbenannten Zeuginnen als Halunken bezeichnet; als er sich das energisch verbat, bekam er die Worte „dumme Schnapsnase, halt dein Maul" zur Antwort.[10]

Beweis: Ehemann der Klägerin. . . . . .
  Zeugnis Erna Schneider und Friederike Schulze, b. b.

Bei dieser Vielzahl an Vertragsverletzungen[11] kommt die Gewährung einer Räumungsfrist für den Beklagten nicht mehr in Betracht.[12]

Ferner überzieht der Beklagte die Klägerin mit fast täglich eintreffenden Schreiben meist unzutreffenden Inhalts zur Mietsache und zu seinen Mitmietern, bei denen sich später ausnahmslos herausgestellt hat, dass der wirkliche Sachverhalt falsch oder maßlos verzerrt wiedergegeben wurde. Dem Gericht wird nur ein Auszug von Schriftsätzen und Stellungnahmen des Beklagten unterbreitet.

Beweis: in der Anlage K 4–12 überreichte Schreiben des Beklagten

und/oder:

Der Beklagte ist möglicherweise nicht zurechnungsfähig, jedenfalls ist ihm vom Amtsgericht kürzlich ein gesetzlicher Betreuer für alle Angelegenheiten bestellt worden. Die Klage wird daher für den Fall fehlender Schuldfähigkeit des Beklagten vorsorglich zumindest auf die sog. „Zerrüttungskündigung" gestützt, § 543 Abs. 1 BGB.[13]

Rechtsanwalt

Anmerkungen

1. Zur sachlichen und örtlichen Zuständigkeit des AG → Form. C. II. 2 Anm. 1; eine eigene Abteilung für Mietsachen besteht nur bei einigen, in der Regel größeren Amtsgerichten.

2. Bei prozessunfähigen Parteien muss der gesetzliche Vertreter in der Klageschrift angegeben werden, soweit dies für die Zustellung erforderlich ist, § 253 Abs. 2 Nr. 1 ZPO (Zöller/*Greger* § 253 Rn. 8). Zum Problem der Kündigung bei Schuldunfähigkeit des Mieters → Anm. 13.

3. Zur Definition und zum konkreten Umfang der nach der Kündigung geschuldeten Räumung → Form. C. II. 2 Anm. 6.

4. Zur Notwendigkeit präziser Angaben im Hinblick auf die Vollstreckung des Räumungstitels → Form. C. II. 1 Anm. 1.

5. Der zur Kündigung des Wohnraummietverhältnisses führende wichtige Grund ist, anders als nach § 564b Abs. 3 BGB a. F., stets in der Kündigungserklärung anzugeben, § 569 Abs. 4 BGB (vgl. BGH WuM 2004, 97–98). Auf Geschäftsraummietverhältnisse und die Miete beweglicher Sachen findet die Norm dagegen keine Anwendung (KG GE

2013, 618–620). Das Erfordernis der Angabe von Kündigungsgründen besteht nach ganz hM trotz des insoweit unklaren Wortlauts der Norm nicht nur für Kündigungen nach § 569 Abs. 1 und 2 BGB, sondern auch nach § 543 Abs. 1 und 2 BGB (vgl. Schmidt-Futterer/*Blank* § 569 Rn. 76 mwN). § 569 BGB verhält sich allerdings in seinen beiden ersten Absätzen nur zur fristlosen Kündigung bei Gesundheitsgefährdung und Störung des Hausfriedens, nicht zu anderen für eine vorzeitige Beendigung des Mietverhältnisses in Betracht kommenden Gründen. Dass das Begründungserfordernis nicht ausdrücklich auch auf die nicht in § 569 BGB genannten Kündigungsgründe erstreckt worden ist, beruht möglicherweise auf einem Redaktionsversehen, denn Abs. 4 der Norm wurde erst gegen Ende des Gesetzgebungsverfahrens auf ausdrücklichen Wunsch des Bundesrats eingeführt, weil es wünschenswert sei, „dass jede (!) durch den Vermieter ausgesprochene Kündigung eine Begründung enthalte, das diene der Rechtsklarheit" (BR-Drucks. 439/00). Aus anwaltlicher Fürsorge sollte dem Mandanten ungeachtet des missverständlichen Gesetzeswortlauts in jedem Fall eine Begründung der außerordentlichen Kündigung angeraten werden, einer bereits erteilten unbegründeten eine begründete Kündigung nachgeschoben werden.

Die Begründung hat sicherzustellen, dass der Mieter erkennt, welcher Umstand zur fristlosen Kündigung geführt hat. Denn er soll zum frühestmöglichen Zeitpunkt Klarheit über seine Rechtsposition erlangen und so in die Lage versetzt werden, rechtzeitig alles Erforderliche zur Wahrung seiner Interessen zu veranlassen (vgl. BGH WuM 2007, 515–517). Eine auf **Zahlungsverzug** des Mieters gestützte Kündigung genügt den formellen Anforderungen bereits dann, wenn der Mieter anhand ihrer Begründung die Höhe des Mietrückstands erkennen kann und dass der Vermieter diesen Rückstand als Grund für eine fristlose Kündigung heranzieht (BGH WuM 2010, 484–490; WuM 2004, 97–98). Weitere Angaben sind auch bei einer komplexen Sachlage nicht erforderlich.

Ist Kündigungsgrund eine **nachhaltige Zahlungsverzögerung**, also eine dauerhaft unpünktliche Zahlungsweise des Mieters, muss der Vermieter in der Kündigung die Zahlungseingänge der maßgeblichen vergangenen Monate aufführen, damit der Mieter weiß, auf welchen Sachverhalt der Vermieter die Kündigung stützt (BGH WuM 2006, 193–196, Tz. 21). Ist der Kündigung eine **Abmahnung** vorangegangen, ist darzulegen, dass der Mieter nach Erhalt der Abmahnung zumindest **eine** weitere, den gerügten gleichartige Pflichtverletzung begangen hat (BGH WuM 2009, 228–231; LG Bonn WuM 1992, 18; zur Kündigung bei Zahlungsverzug vgl. ausführlich → Form. C. II. 15).

Bei einer Kündigung wegen **anderer schwerwiegender Vertragsverletzungen** hat der Vermieter die vertragswidrigen Handlungen des Mieters nach Zeit, Ort und Umständen anzugeben (vgl. LG Berlin WuM 2003, 208–210, zu fristloser Kündigung wegen Hausfriedensstörung). Sind die Gründe mit dem Kündigungsscheiben mitgeteilt worden, genügt die Kündigungserklärung also den formalen Anforderungen, kann der Vermieter den Räumungsanspruch grundsätzlich auch auf andere Gründe stützen, die zum Zeitpunkt des Zugangs der Kündigung zwar vorgelegen haben, im Kündigungsschreiben aber nicht aufgeführt wurden (vgl. im Übrigen zur Kündigungserklärung, BeckFormB MietR/ *Hütte* Form. D. VI. 8).

6. Die fristlose Kündigung des Mietvertrages kann *schon vor seinem Vollzug*, also vor Beginn des Mietverhältnisses, ausgesprochen werden (BGH ZMR 1987, 87–90; KG NZM 2014, 199–200). § 543 BGB verlangt nur, insbesondere bei der Wohnraummiete, dass die Vertragsverletzungen so schwerwiegend sind, dass dem Vermieter die Fortsetzung des Vertrages nach den Umständen des Einzelfalles aufgrund einer umfassenden Abwägung der Interessen der Parteien nicht mehr zumutbar ist (BGH NZM 2010, 901–902), d.h. nicht einmal die ordentliche Kündigung unter Einhaltung von Kündigungsfristen (BGH WuM 1993, 529–531, insoweit *obiter dictum*). Andererseits stellt die Kündigung regelmäßig einen so schwerwiegenden Eingriff in den persönlichen Lebensbereich des Mieters dar, dass an ihre Voraussetzungen strenge Anforderungen zu stellen sind. § 543 Abs. 1 BGB enthält den Grund- oder Auffangtatbestand, während in Abs. 2 der Norm Fallkonstellationen genannt werden, bei deren Vorliegen ein wichtiger Grund regelmäßig zu bejahen ist. Weitere Regelbeispiele eines wichtigen Grundes sind enthalten in § 569 Abs. 1, 2 und 2 a BGB i. V. m. § 578 Abs. 2 S. 1 und 2 BGB, die eine außerordentliche Kündigung ohne Rückgriff auf § 543 Abs. 1 BGB, dh auch ohne Darlegung der Unzumutbarkeit einer Fortsetzung des Mietverhältnisses, rechtfertigen (BGH WuM 2009, 349–351); allenfalls subsidiär kann § 314 BGB (Wegfall der Geschäftsgrundlage) zur Anwendung gelangen (vgl. dazu unten). Von einer Unzumutbarkeit der Fortsetzung des Mietverhältnisses iSd § 543 Abs. 1 BGB ist insbesondere dann auszugehen, wenn das gegenseitige Vertrauensverhältnis der Parteien so sehr erschüttert ist, dass eine gedeihliche Zusammenarbeit der Parteien nicht mehr zu erwarten ist (BGH WuM 2009, 349–351; OLG Düsseldorf ZMR 2012, 183–184). Näher zum Ganzen vgl. die Kommentierungen bei Staudinger/*Emmerich* § 543 Rn. 5 ff., Schmidt-Futterer/*Blank* § 543 Rn. 160 ff., und Erman/*Lützenkirchen* § 543 Rn. 3 ff.

Die außerordentliche fristlose Kündigung steht, wie alle rechtsgeschäftlichen Erklärungen, unter dem Vorbehalt der unzulässigen Rechtsausübung, § 242 BGB, und kann damit auch *verwirkt* werden. Dabei ist für das Wohnraummietrecht bislang ungeklärt, ob § 314 Abs. 3 BGB unmittelbar zur Anwendung gelangt, oder der Gedanke der illoyalen Verspätung nur über § 242 BGB berücksichtigt werden kann (ausdrücklich offengelassen bei BGH NZM 2015, 536–538). Eine Verwirkung tritt jedenfalls ein, wenn der Berechtigte (Mieter oder Vermieter) den Vertragspartner nach einem Pflichtenverstoß unverhältnismäßig lange darüber im Zweifel lässt, ob er kündigen wird. Daher sollte die Kündigung möglichst bald nach der Vertragsverletzung ausgesprochen werden (BGH WuM 2000, 416–417, geht von einer Verwirkung des Kündigungsrechts bei zehnjähriger (!) Hinnahme der fehlenden Funktionstauglichkeit einer Be- und Entlüftungsanlage aus; LG Berlin NZM 2002, 214, hält bereits zwei Monate Wartezeit nicht mehr für ausreichend; OLG Frankfurt a. M. ZMR 1991, 382–384, schließlich nimmt eine Verwirkung bereits nach Ablauf einer vierzehntägigen Frist an). Eine Abmahnung bzw. eine Fristsetzung zur Abhilfe sind nach § 543 Abs. 3 BGB außer in den Fällen des Abs. 3 S. 2 Nr. 1–3 stets erforderlich, die damit verbundene Androhung der Kündigung iS einer qualifizierten Abmahnung dagegen nicht (BGH NZM 2007, 561–562).

Ein nachträgliches Wohlverhalten des Mieters ändert an der Wirksamkeit der Kündigung nichts mehr, maßgeblich ist die Situation zum Zeitpunkt des Zugangs der Kündigungserklärung (BGH WuM 1988, 125–126, zur nachträglichen Tilgung von Zahlungsrückständen; OLG Düsseldorf ZMR 1987, 423–425, zum Wohlverhalten nur eines von mehreren Mietern; LG Düsseldorf DWW 1989, 393–394, Auszug der klavierspielenden Tochter nach Kündigung wegen Lärmbelästigung). Selbst wenn bei ständiger unpünktlicher Zahlungsweise sämtliche Rückstände bereits bei Kündigung ausgeglichen waren, steht dies ihrer Wirksamkeit grundsätzlich nicht entgegen (BGH WuM 2006, 193–196).

7. Die fortdauernde unpünktliche Erfüllung der Zahlungsverpflichtungen beeinträchtigt die auf Dauer angelegten Beziehungen zwischen den Mietvertragsparteien und verursacht zwischen ihnen Spannungen mindestens in gleichem Maße wie andere den Hausfrieden störende Verhaltensweisen (BGH WuM 1988, 125–126). Das gilt insbesondere dann, wenn die unpünktliche Zahlungsweise bereits zu gerichtlichen Auseinandersetzungen geführt und es in der Vergangenheit sogar schon zur Zwangsvollstreckung gekommen ist. Es spielt für die Begründetheit der Kündigung auch keine Rolle, ob der Mieter seine Pflicht zur Zahlung der Miete, der vertraglich vereinbarten Nebenkosten oder sonstiger von ihm nach dem Mietverhältnis zu erbringender Leistungen unpünktlich erfüllt (BGH aaO.).

Etwas anderes kann gelten, wenn der Mieter die unpünktliche Zahlungsweise nicht zu vertreten hat, weil er im **Sozialleistungsbezug** steht und der Leistungsträger (Jobcenter, Sozialamt) die Anweisung der Miete an den Vermieter stets verspätet durchführt (vgl. dazu eingehend → Form. C. II. 15 Anm. 8).

Die *Nichtzahlung der Kaution* kann nach den konkreten Umständen des Einzelfalls das Sicherungsbedürfnis des Vermieters so erheblich beeinträchtigen, dass er zumindest zur fristlosen Kündigung des gewerblichen Mietverhältnisses berechtigt ist (OLG Düsseldorf ZMR 1995, 465–467; OLG Celle ZMR 1998, 272–274). Zur Nichtzahlung der Kaution als Kündigungsgrund iSd (seit dem 1. Mai 2013 geltenden) § 569 Abs. 2 a S. 1 BGB vgl. ausführlich → Form. C. II. 14, zur Klage auf Zahlung der Kaution → Form. B. II. 3.

8. Welcher Grad an Unpünktlichkeit, dh welches Maß an Nachhaltigkeit der Pflicht-verletzung für die außerordentliche fristlose Kündigung ausreichend ist, wird von der Rechtsprechung unterschiedlich beurteilt. Als hinreichend wurden angesehen:
– vier Verspätungen bei bereits vorangegangener unpünktlicher Zahlweise (OLG Hamm NJW-RR 1993, 1163–1164,
– Überschreitung des Zahlungstermins in neun Monaten hintereinander bei vorangegan-gener Abmahnung (OLG Düsseldorf ZMR 2009, 196–197),
– sechs Zahlungstermine innerhalb von 9 Monaten (LG Frankfurt a. M. NZM 2011, 152–153),
– verspätete Zahlung bei drei Terminen innerhalb eines Jahres trotz Abmahnung (LG Berlin GE 1993, 1097).

Darüber hinaus wird vereinzelt angenommen, dass bei nur geringer Verspätung (so LG München I WuM 1991, 346), geringem Verschulden (LG Itzehoe WuM 1991, 99) oder längerer widerspruchsloser Hinnahme der unpünktlichen Zahlungsweise durch den Ver-mieter die Pflichtverletzung als nicht ausreichend iSd § 543 Abs. 1 BGB angesehen wird (KG GE 2013, 618–620; LG Berlin GE 2014, 323–325).

9. Einen der für die amtsgerichtliche Praxis wichtigsten Kündigungsgründe iSv § 569 Abs. 2 BGB stellt die nachhaltige **Störung des Hausfriedens** durch Lärmbelästigungen dar. Diese führen regelmäßig zu Streitigkeiten zwischen den Vertragsparteien, jedoch auch unter den Mitmietern selbst (vgl. § 1004 BGB). Der Vermieter hat gegen den Mieter einen Anspruch auf Unterlassung nach § 541 BGB und kann bei nachhaltiger Fortsetzung des Fehlverhaltens fristlos kündigen. Bei der Frage, ob das Verhalten des Mieters noch zumutbar ist, sind in die Abwägung als Kriterien ua die objektiv festgestellte Lautstärke, die Ortslage, die Art und die Intensität der Störung, ihre Üblichkeit oder Gemeinschäd-lichkeit sowie ihre Lästigkeit für die Betroffenen einzubeziehen (OLG Düsseldorf WuM 1996, 56; OLG München ZMR 1996, 487–493). Bei ausgeprägter Hellhörigkeit des Hauses, ob anfänglich vorhanden oder durch Umbauten verursacht, ist allerdings eine gesteigerte Rücksichtnahme der Mieter erforderlich (OLG Düsseldorf WuM 1997, 221–223). Grundsätzlich gilt, dass eine Verletzung der zur Wahrung des Hausfriedens erforderlichen Verhaltenspflichten, sofern sie zu einer Beeinträchtigung der anderen Mietvertragspartei oder der Mietmieter führt, als Störung des Hausfriedens anzusehen ist (BGH WuM 2015, 289–292; Schmidt-Futterer/*Blank* § 569 Rn. 20). Eine zur Kündi-gung berechtigende Störung des Hausfriedens erfordert eine schwerwiegende Verletzung dieser Pflichten (BGH aaO.).

Zu der zurzeit häufig den Gegenstand gerichtlicher Entscheidungen bildenden Beein-trächtigung der Mitmieter durch unzumutbare, in das Treppenhaus dringende Geruchs-belästigungen (insbesondere durch Zigarettenrauch) als Kündigungsgrund vgl. BGH aaO.; LG Frankfurt ZMR 2012, 352–354; AG Wetzlar NZM 2014, 238–239.

10. Um den Mietern eines Mehrfamilienhauses die Möglichkeit eines vertragsgemäßen Gebrauchs zu erhalten, ist der Vermieter bei fortlaufenden Ruhestörungen verpflichtet, gegen die lärmverursachenden Mieter mit einer Unterlassungsklage oder nach Abmahnung mit der außerordentlichen fristlosen Kündigung des Mietverhältnisses vorzugehen (LG Berlin GE 2011, 616–617). Ist das Haus besonders hellhörig, spricht dieser Umstand indiziell gegen den Wunsch der inkriminierten Vertragspartei, andere bewusst zu stören (LG Saarbrücken NZM 2015, 694). Zur Begründung der Kündigung **bedarf es nicht der Vorlage eines Lärmprotokolls** (vgl. BGH WuM 2012, 508–510), dies kann zur Substantiierung der Räumungsklage jedoch hilfreich sein. Vor der Kündigung ist eine Abmahnung erforderlich, die sich nicht auf die Angabe beschränken darf, andere Mieter hätten Beschwerde darüber geführt, dass es zur Nachtzeit in der Wohnung des Beklagten sehr laut sei. Eine Abmahnung muss die missbilligten Störungen so greifbar beschreiben, dass für den Mieter nachvollziehbar ist, welches Verhalten der Vermieter als vertragswidrig ansieht (LG Berlin GE 2015, 323).

Auch **Gewalttaten** können zur Begründung einer außerordentlichen fristlosen Kündigung ausreichen. Ein Hausfriedensbruch, verbunden mit einem tätlichen Angriff, begründet auch ohne Abmahnung die fristlose Kündigung (LG Berlin GE 2008, 871; LG Münster WuM 2007, 19; AG Brühl WuM 2008, 596). Bereits die Androhung von Gewalt reicht regelmäßig aus (LG Hamburg ZMR 2014, 794; AG München ZMR 2015, 41). Umgekehrt rechtfertigt die Erteilung eines Hausverbots gegenüber dem zu Besuch in der Wohnung weilenden Angehörigen eines Mieters nicht die fristlose Mieterkündigung, wenn der Angehörige auf dem Hausgrundstück zuvor dritte Personen mit einer Waffe bedroht hat (AG Wetzlar ZMR 2008, 634–635).

11. **Beleidigungen, Verleumdungen oder üble Nachrede** können ebenfalls zur Kündigung nach § 543 Abs. 1 BGB führen. Sie werden als Kündigungsgrund anerkannt, wenn sie von Gewicht sind und ein leichtfertiges, grob verletzendes Verhalten des Beleidigenden aufzeigen. Hierhin gehören bewusste und geplante Angriffe in Presse oder Öffentlichkeit, etwa die Äußerung, der „sanierungswillige Vermieter sei ein Halunke mit der höflichen Maske", er trete „ohne Skrupel wie ein Terrorist auf" (LG Köln DWW 1988, 325), der Vermieter sei meineidig (AG Schwelm WuM 1985, 265), aber auch der an den Vermieter gerichtete Satz „Du kannst mich am Arsch lecken, du verrücktes Arschloch" mit anschließender erneuter Titulierung als „Arschloch" in Gegenwart Dritter (LG Köln WuM 1993, 349); gleiches gilt für den Vergleich des Hausmeisters auf einem Transparent mit einem Diktator (AG Gelsenkirchen-Buer ZMR 1998, 353–354). Allerdings wird eine einmalige Beleidigung iSd § 185 StGB, eine sog. Formalbeleidigung, ebenso wie bloße Unhöflichkeiten die fristlose Kündigung regelmäßig nicht begründen können. Im Übrigen sind in die Abwägung nach § 543 Abs. 1 BGB stets die konkreten Umstände des Einzelfalls wie der Kontext der beleidigenden Äußerung, die soziale Herkunft des Beleidigenden, sein emotionaler Zustand und sein späteres Verhalten (Entschuldigung) zu berücksichtigen. Daher rechtfertigen wechselseitige Beleidigungen die Beendigung des Mietverhältnisses in der Regel nicht (LG Mannheim WuM 1981, 17–18; AG Kassel WuM 1984, 199). Letztlich ist bei einer auf eine Beleidigungskündigung gestützten Räumungsklage daher Vorsicht geboten.

12. In der Praxis wird oft übersehen, dass der Anlass der Kündigung im Verhältnis zu den sonstigen konkreten Beziehungen der Mietvertragsparteien zu sehen ist. Auch mehrere geringfügige Pflichtverletzungen führen daher bei einem jahrelang beanstandungsfrei verlaufenen Mietverhältnis regelmäßig nicht zu dessen Beendigung. Auch muss die Verhältnismäßigkeit zwischen ordentlicher und außerordentlicher Kündigung gewahrt bleiben. Schwere und Nachhaltigkeit des Pflichtverstoßes, darin zum Ausdruck kommende Gleichgültigkeit oder Rücksichtslosigkeit, die Qualität der Beziehung der Parteien zueinander und schließlich das Ausmaß an in der Vertragsverletzung liegender Illoyalität sind Gesichtspunkte, die im Einzelfall in die Entscheidungsfindung des Gerichtes miteinzubeziehen sind und diese nicht vereinfachen.

Ein Verschulden ist nicht zwingend erforderlich, damit § 543 Abs. 1 BGB greift → Anm. 13. Bei beiderseitigem Verschulden der Vertragsparteien muss eine Abwägung vorgenommen werden, allerdings muss in diesem Fall der Grund für die Kündigung (zumindest auch) in der **Sphäre des Kündigungsgegners** liegen.

13. **Verschulden** ist dem Wortlaut der Norm („insbesondere") zufolge ein wesentliches Kriterium bei der Interessenabwägung nach § 543 Abs. 1 BGB. Für den Begriff des Verschuldens gilt § 276 BGB, so dass die Mietvertragsparteien zwar Vorsatz und Fahrlässigkeit zu vertreten haben, gem. § 276 Abs. 1 S. 2 BGB iVm §§ 827, 828 BGB bei einem die freie Willensbestimmung ausschließenden Zustand krankhafter Störung der Geistestätigkeit für ihr Handeln aber nicht verantwortlich sind. Damit stellt sich die Frage nach der Möglichkeit der Zerrüttungskündigung trotz fehlender Schuldfähigkeit der ihren vertraglichen Pflichten zuwiderhandelnden Partei, in der Praxis meist des Mieters. Bereits nach früherer Rechtslage – noch vor der Existenz des § 554a BGB aF – hat die Rspr. analog §§ 242, 626 BGB die Möglichkeit bejaht, Dauerschuldverhältnisse bei unzumutbarer Vertragsfortsetzung aus wichtigem Grund zu beenden. Der BGH hatte diese Rechtsprechung zunächst fortgeführt (BGH ZMR 1978, 207–210) und dabei nicht unbedingt ein Verschulden des Kündigungsgegners gefordert (BGH ZMR 1996, 309–312, zur Kündigung nach Wegfall der Geschäftsgrundlage). Im Vordergrund der Abwägung nach § 543 Abs. 1 BGB steht lediglich die Frage der *Unzumutbarkeit*, wobei alle Umstände in einer Gesamtabwägung zu gewichten sind. Nach dem Gesetzeswortlaut ist ein schuldhaftes Verhalten der Parteien zwar in die Abwägung einzubeziehen, also mit zu gewichten, aber **nicht zwingende Voraussetzung** für die Kündigung (vgl. BGH WuM 2005, 125–126). Allerdings sind an die Voraussetzungen der Kündigung aus wichtigem Grund strenge Anforderungen zu stellen, gerade wenn die Vertragsbeendigung nicht auf einem Verschulden beruht (vgl. *Kraemer* WuM 2001, 163–171).

In den Gesetzesmaterialien zur Neuregelung des § 569 BGB (BT-Drucks. 14/5663, 80 f.) heißt es dazu: *„Nach derzeit geltendem Recht ist eine fristlose Kündigung möglich, wenn ein Vertragsteil schuldhaft in einem solchen Maße seine Verpflichtungen verletzt, insbesondere den Hausfrieden so nachhaltig stört, dass dem anderen Teil die Fortsetzung des Mietverhältnisses nicht zugemutet werden kann, § 554a (a. F.). Allerdings kann das Mietverhältnis nach ganz herrschender Meinung . . . . . . auch dann gekündigt werden, wenn der Gekündigte nicht schuldhaft gehandelt hat. Rechtsgrundlage ist in diesen Fällen § 242 BGB . . . . . . Diese Rechtslage [ist] in einer Neuregelung klarzustellen und zu verdeutlichen, dass es nicht in erster Linie auf das Verhalten des Störers ankommt, sondern allein darauf, ob die Fortsetzung des Mietverhältnisses für die andere Vertragspartei noch zumutbar ist. Das Verschulden ist hier aber insoweit von Relevanz, als die Anforderungen an die Unzumutbarkeit bei nichtschuldhaften Verhalten des Störers höher sein werden als bei einer schuldhaften Störung des Hausfriedens."*

Schuldunfähiger Mieter und Kündigung. Anhand des gängigen Beispiels des schuldunfähigen Mieters besteht ein praktisches Bedürfnis, eine allgemeine Abwägung der Zumutbarkeit nach den oben aufgestellten Maßstäben vornehmen zu können. In diesem Sinne hat das LG Hamburg angenommen, der Vermieter könne bei Mietrückständen von mehr als zwei Jahren und neun Monaten aus wichtigem Grund kündigen, die aufgelaufen waren, weil der Mieter wegen einer psychischen Erkrankung nicht in der Lage war, seinen Verpflichtungen aus dem Mietverhältnis nachzukommen (LG Hamburg WuM 1996, 271–272). Im Ergebnis ähnlich sieht die Rechtslage das LG Berlin, das angenommen hat, einer unter einer paranoid-halluzinatorischen Psychose leidenden Mieterin könne aus wichtigem Grund gekündigt werden, wenn sie im Zustand der Schuldunfähigkeit wiederholt ihre Mitmieter dadurch stört, dass sie mit der Behauptung von Lärmbelästigung, sexuellen Missbrauchs von Kindern und anderen Anschuldigungen nächtliche Polizeieinsätze provoziert (LG Berlin NZM 2002, 733–734). Auch das LG Heidelberg

(NZM 2011, 693–694) erachtet eine fristlose Kündigung des infolge einer schizophrenen Erkrankung schuldunfähigen Mieters als gerechtfertigt, wenn dieser Mitmieter und Besucher am Schlafen hindert, sie durch Schreien und Gesten bedroht und durch unkontrollierten Gebrauch von Kerzen sowie Verstecken von Feuerlöschern gefährdet. Gleiches soll gelten, wenn der psychisch kranke Sohn des Mieters den Hausfrieden dadurch stört, dass er in die Wohnungen anderer Mieter eindringt (vgl. BGH WuM 2009, 762). Andererseits hat der BGH eine vorangegangene Entscheidung des LG Freiburg bestätigt, mit der die Möglichkeit einer außerordentlichen fristlosen Kündigung im Falle einer seit 21 Jahren in ihrer Wohnung lebenden Mieterin verneint wurde, die aufgrund einer psychischen Erkrankung insbesondere zur Nachtzeit ruhestörenden Lärm verursacht hat, indem sie auf dem Boden herumgetrampelt und mit Gegenständen gegen Heizrohre und Heizkörper geschlagen hat, weil die Möglichkeit einer Selbsttötung oder eines sog. „Totstellreflexes" mit apathischem Verhalten und Verweigerung der Nahrungsaufnahme bestanden hatte (BGH WuM 2005, 125–126). Harmlose Störungen eines verwirrten Mitbewohners sind ohnehin zu tolerieren (OLG Karlsruhe MDR 2000, 578).

Bei der Abwägung ist einerseits die Wertentscheidung des Grundgesetzes zu berücksichtigen, nach der im nachbarschaftlichen Zusammenleben mit behinderten oder kranken Menschen ein erhöhtes Maß an Toleranzbereitschaft gefordert wird (AG Tempelhof-Kreuzberg WuM 2016, 27–28), andererseits der Umstand, dass ein psychisch erkrankter Mieter erhebliche Gefahren für Mietsache und Mitmieter heraufbeschwören kann, die über eine bloße Verletzung der ihm obliegenden Obhutspflicht über die Mietsache weit hinausgehen. Im Einzelfall kann sich im Rahmen der Verhältnismäßigkeitsprüfung die Frage stellen, ob anstelle der Kündigung nicht vorrangig weniger einschneidende Maßnahmen (Information der zuständigen Betreuungsbehörde, Initiierung einer kurzzeitigen Unterbringung zur medikamentösen Einstellung des erkrankten Mieters bei sonst fremd- oder eigengefährdendem Verhalten) zu ergreifen sind. Wenn allerdings erst im Räumungsprozess die Möglichkeit einer erfolgreichen Therapie eingewendet wird, ist dieser Vortrag – ungeachtet der Frage nach der Verlässlichkeit einer solchen Prognose – unerheblich. Denn das wirksam beendete Mietverhältnis lebt nicht dadurch wieder auf, dass ein Kündigungsgrund nach dem rechtlichen Ende des Mietverhältnisses weggefallen oder im Rahmen einer Abwägung nunmehr anders zu gewichten ist (LG Heidelberg NZM 2011, 693–694).

Zu beachten ist, dass die Kündigung nach den Absätzen 1 und 2 des § 543 BGB grundsätzlich eine Abmahnung voraussetzt (Ausnahmen s. Abs. 3). Obwohl diese im Einzelfall entbehrlich sein kann, z.B. wenn der psychisch erkrankte Mieter darauf nicht sachgerecht reagieren kann (vgl. AG Braunschweig, ZMR 2005, 369–370), sollte sie aus Gründen anwaltlicher Vorsorge in der Regel doch ausgesprochen werden. Abmahnung und Kündigung sollten (zumindest auch) an den gerichtlich bestellten Betreuer als gesetzlichen Vertreter des Mieters gerichtet werden, § 1902 BGB (vgl. BGH FamRZ 2014, 556–559).

8. Klage auf Räumung und Herausgabe von Wohnraum nach fristloser Kündigung gem. §§ 543 Abs. 2 Nr. 3, 569 Abs. 3 BGB – Zahlungsverzug (Grundfall)

An das

Amtsgericht. . . . .[1]

Klage

des . . . . .

– Kläger[2] –

Prozessbevollmächtigter: . . . . .

gegen

Herrn . . . . .

– Beklagter –

wegen Räumung[3] einer Mietwohnung (und Mietzahlung)[4]

– Streitwert: 6.000,– EUR[5]

Namens und in Vollmacht des Klägers erhebe ich Klage gegen den Beklagten und werde beantragen,

1. den Beklagten zu verurteilen, die Wohnung Bahnhofstraße 5 in Gießen, Erdgeschoss rechts, bestehend aus 2 Zimmern, Küche, Bad und Hausflur,[6] zu räumen und an den Kläger herauszugeben.

2. Der Beklagte trägt die Kosten des Rechtsstreits.

3. Das Urteil ist vorläufig vollstreckbar.

Ich beantrage ferner, soweit das Gericht das schriftliche Vorverfahren anordnet und die Beklagte ihre Verteidigungsbereitschaft nicht rechtzeitig anzeigt, den Erlass eines Versäumnisurteils.

Begründung:

Der Kläger hat mit Mietvertrag vom 31.8.2009 die im Antrag gekennzeichnete Wohnung an den Beklagten vermietet.

Beweis: in der Anlage K 1 überreichte Kopie des Mietvertrags

Das Mietverhältnis wurde vom Kläger wegen Zahlungsverzugs mit schriftlicher Erklärung vom 7.8.2015 fristlos gekündigt.

Beweis: in der Anlage K 2 überreichte Kopie des Kündigungsschreibens

Der Kläger begründet die Kündigung wie folgt:[7] Die monatliche Miete beläuft sich nach § 2 Abs. 1 und 2 des Mietvertrags zurzeit auf 480,– EUR netto zuzüglich einer monatlichen Betriebskosten-Vorauszahlung[8] von 160,– EUR. Die Miete ist nach § 3 Abs. 1 des Mietvertrages bis zum 3. Werktag des Monats im Voraus zu bezahlen.[9] Miete und

Betriebskostenvorauszahlung sind im Juni und Juli 2015[10] nicht gezahlt worden, so dass die fristlose Kündigung gerechtfertigt ist.

Der Beklagte hat in der Folgezeit weder die Mietrückstände beglichen, noch die im Hinblick auf die Beendigung des Mietverhältnisses inzwischen fällig gewordene Nutzungsentschädigung für den Monat August.[11] Die Wohnung wurde auch nicht geräumt.

ggf. ergänzend

Der Beklagte hat keine Möglichkeit mehr, die fristlose Kündigung nach § 569 Abs. 3 Nr. 2 BGB (sog. Heilungswirkung) durch Nachzahlung unwirksam zu machen, selbst wenn die rückständige Miete noch innerhalb der zweimonatigen Schutzfrist nachentrichtet werden sollte, § 569 Abs. 2 Nr. 2 S. 2 BGB. Er war bereits mit der Januar- und Februarmiete vergangenen Jahres im Rückstand geraten und schuldete seinerzeit schon einmal einen Betrag von 1.280,– EUR, so dass der Kläger bereits im März letzten Jahres die Kündigung ausgesprochen hatte.[12]

Beweis: in der Anlage K 3 überreichte Kopie des Kündigungsschreibens vom März 2014

Nach Erhalt der Kündigung glich der Beklagte noch im März 2014 den Rückstand aus und machte hierdurch die damalige Kündigung unwirksam. Da der erneute Rückstand innerhalb der Zweijahresfrist des § 569 Abs. 2 Nr. 2 S. 2 BGB aufgelaufen ist, hat der Beklagte keine weitere Möglichkeit einer Nachzahlung. Er ist daher antragsgemäß zur Räumung zu verurteilen.

Mit der Kündigung wurde schon zum Ausdruck gebracht, dass auch eine Fortsetzung des Mietverhältnisses nach § 545 BGB nicht in Betracht kommt; überdies ist die Regelung des § 545 BGB im Mietvertrag ausgeschlossen worden.

ggf. ergänzend

Der Beklagte hat vorprozessual eingewandt, ihm stünde ein Minderungsrecht von 50 % der Miete zu. Er hat dies damit begründet . . . . . . (wird ausgeführt).[13] Die Angaben des Beklagten sind jedoch ausnahmslos unzutreffend, weil . . . . . . (wird ausgeführt).

Beweis (unter Protest gegen die Beweislast): Zeugnis des . . . . . .
        Sachverständigengutachten

Selbst wenn die Ansicht des Beklagten zum Eintritt der Mietminderung zutreffen würde, wäre die Klage gerechtfertigt. Denn sie wird hilfsweise auch auf ein ordentliches Kündigungsrecht des Klägers wegen der Zahlungsrückstände des Beklagten gestützt. Eine ordentliche Kündigung ist auch möglich, wenn die Wertgrenze des § 543 Abs. 2 Nr. 3 BGB nicht erreicht wird. Eine nicht unerhebliche Pflichtverletzung liegt hier jedenfalls vor.[14]

Rechtsanwalt[15, 16]

Anmerkungen

1. Zur sachlichen und örtlichen Zuständigkeit des Amtsgerichts → Form. C. II. 2 Anm. 1.

2. Zur Klageerhebung bei Personenmehrheit auf Vermieter- bzw. Mieterseite → Form. C. II. 2 Anm. 2, 3.

3. Zum Begriff der Räumung → Form. C. II. 2 Anm. 6, zu ihrem geschuldeten Umfang → Form. C. II. 24 Anm. 8.

4. In der Praxis werden die Ansprüche auf Räumung und auf Zahlung der rückständigen Miete nach § 543 Abs. 2 Nr. 3 BGB regelmäßig im Wege der objektiven Klagehäufung in einer Klage verbunden. Es bleibt der Taktik des Anwaltes überlassen, die Mietforderung separat im Wege des Mahnverfahrens oder durch gesonderte Klage gerichtlich durchzusetzen, insbesondere wenn abzusehen ist, dass das Verfahren dort zu einem zügigeren Abschluss kommen wird.

5. Zur Erforderlichkeit der Angabe und zur Berechnung des Streitwertes vgl. → Form. C. II. 2 Anm. 4.

6. Nebenräume, ggf. auch zu der Wohnung zählende Dach- und Kellerräume sowie Garagen, Stellplätze etc. sind zur Vermeidung von Zuordnungsschwierigkeiten bei der Zwangsvollstreckung im Räumungsantrag so genau wie möglich anzugeben (BGH NJW 2003, 668).

7. Zum Begründungszwang bei der fristlosen außerordentlichen Kündigung im Wohnraummietrecht vgl. den auch auf Kündigungen nach § 543 Abs. 1 und 2 BGB anwendbaren § 569 Abs. 4 BGB (h.M.; vgl. Schmidt-Futterer/*Blank* § 569 Rn. 76 mwN). Vgl. iÜ → Form. C. II. 7 Anm. 7 sowie BeckFormB MietR/*Hütte* Form. D. VI. 10 Anm. 7.

8. Neben der Grundmiete berechtigen auch die (monatlich) laufend zu entrichtenden Betriebskosten-Vorschüsse zur Kündigung aus § 543 Abs. 2 Nr. 3 BGB (BGH NZM 2014, 34–37; NZM 2008, 770–772; hM). Es handelt sich dabei um die regelmäßig zu entrichtenden Beträge, die entsprechend § 556 Abs. 1 BGB monatlich neben der Miete fällig und ihrer in den letzten Jahren nahezu durchgängig steigenden Höhe wegen oft als „zweite Miete" bezeichnet werden. Eine Nachforderung aus der jährlichen Betriebskostenabrechnung fällt dagegen nicht unter § 543 Abs. 2 Nr. 3 BGB, kann im Einzelfall aber die *ordentliche* Kündigung nach § 573 BGB Abs. 2 Nr. 1 begründen (OLG Koblenz WuM 1984, 269–271; LG Köln WuM 1994, 207; Schmidt-Futterer/*Blank* § 543 Rn. 87 mwN; Staudinger/*Emmerich* § 543 Rn. 49). Zur Miete iSd § 543 Abs. 2 Nr. 3 BGB zählen als einmalige Leistungen auch nicht Mietsicherheiten (LG Bielefeld WuM 1992, 124–125; vgl. aber § 596a Abs. 2 a S. 1 BGB), Verzugszinsen (LG Berlin ZMR 1989, 94), Prozesskosten und die Rückstandsbeträge, die infolge einer mit einem noch nicht länger als zwei Monate rechtskräftigen Urteil ausgesprochenen Mieterhöhung angefallen sind, § 569 Abs. 3 Nr. 3 BGB (LG Berlin GE 1997, 187).

9. Für die Beurteilung der Frage, ob bereits ein die Kündigung rechtfertigender Zahlungsrückstand eingetreten ist, kommt es auf den Zeitpunkt der Fälligkeit der Mietzahlungspflicht an. Dieser ist gesetzlich in dem – abdingbaren – § 556b Abs. 1 BGB normiert, die Leistung ist im Voraus bis zum 3. Werktag des jeweils maßgeblichen Zeitabschnitts, idR also des Monats, zu erbringen. Probleme können sich allerdings im Hinblick auf die Vorgängerregelung dieser Norm, § 551 BGB aF, ergeben, die auf bereits am 1.9.2001 bestehende Mietverhältnisse auch weiterhin zur Anwendung gelangt,

Art. 229 § 3 Abs. 1 Nr. 7 EGBGB. Danach besteht bei den genannten Altverträgen immer noch eine nachschüssige Zahlungspflicht zum Ende des Monats oder eines Vierteljahres (BGH NZM 2009, 315–317). Eine davon abweichende Vorauszahlungsklausel – seinerzeit allgemein üblich und auch für zulässig gehalten – kann unwirksam sein, wenn gleichzeitig das Recht des Mieters zur Aufrechnung oder Zurückbehaltung wegen Minderung davon abhängig gemacht wird, dass er seine Absicht einen Monat vor Fälligkeit der Miete anzeigt und die Aufrechnung zugleich nur mit unbestrittenen oder rechtskräftig festgestellten Forderungen zulässig ist (BGH ZMR 1995, 60–63). Dagegen stellt eine Formularklausel, die in Abweichung von § 551 BGB a. F. bestimmt, dass die Miete für den jeweiligen Monat im Voraus zu zahlen ist, auch in Kombination mit einer Klausel, nach der die Aufrechnung dem Vermieter lediglich einen Monat zuvor anzukündigen ist (sog Ankündigungsklausel), *keine* unangemessene Benachteiligung des Mieters dar, ist also wirksam (BGH WuM 2011, 418–420). Ist die Vorfälligkeitsklausel unwirksam, richtet sich die Fälligkeit der Miete weiterhin nach § 551 BGB aF (BGH WuM 2009, 228–231). Besteht keine Klarheit über die Wirksamkeit einer derartigen Klauselkombination, ist danach also unsicher, ob die Miete bereits fällig und der Mieter mit zwei Monatsmieten in Rückstand geraten ist, ist dem Vermieter anzuraten, mit Kündigung und Räumungsklage einen Monat zuzuwarten, wenn die Kündigung nicht auch auf unpünktliche Zahlungsweise (§ 543 Abs. 1 BGB) gestützt werden kann (vgl. BGH aaO). Auch kann es daher im Einzelfall geboten sein, trotz mietvertraglicher Einschränkung von Aufrechnungs- oder Minderungsrechten bei der Berechnung des Zahlungsrückstands etwaige Gegenrechte des Mieters zu berücksichtigen (vgl. näher zum Ganzen Staudinger/ *Weitemeyer* § 556b Rn. 3, 9 und 25 ff.).

Die Gefahr eines Rechtsverlusts des Mieters durch vertragliche Aufrechnungs- oder Zurückbehaltungsverbote nach Einführung der gesetzlichen Vorauszahlungspflicht ist mit Inkrafttreten des nicht abdingbaren § 556b Abs. 2 BGB gebannt, da nach oben angeführter Rspr. unzulässige Klauselkombinationen nunmehr kraft Gesetzes unwirksam sind. Die nach § 556b Abs. 2 BGB nach wie vor mögliche Vereinbarung einer Anzeigepflicht des Mieters vor Durchführung der Aufrechnung oder Ausübung des Zurückbehaltungsrechts führt nicht zu einer unangemessenen Benachteiligung des Mieters (vgl. zur Abgrenzung BGH ZMR 2007, 854–856).

10. Wegen des Bestimmungsrechts des Schuldners nach § 366 Abs. 1 BGB muss dem Mieter bekannt sein, welche konkreten Monatsmieten er schuldet, damit er sein Nachzahlungsrecht nach § 569 Abs. 3 Nr. 2 BGB ausüben kann. Vortrag des klagenden Vermieters zu der Frage, auf welche Forderungen er Zahlungen des Mieters verrechnen möchte, ist entbehrlich. Das Recht zur Tilgungsbestimmung steht allein dem Mieter zu, § 366 Abs. 1 BGB; macht er davon keinen Gebrauch, greift die gesetzliche Tilgungsreihenfolge des § 366 Abs. 2 BGB (OLG Brandenburg WuM 2007, 142). Die in der Praxis häufig zu findende Angabe in Kündigungsschreiben und Klageschrift, der Mieter sei „für zwei aufeinander folgende Termine im Verzug" geraten, entspricht zwar dem Gesetzestext, enthält aber keinen schlüssigen Tatsachenvortrag, so dass alleine deshalb Klageabweisung droht (LG Mannheim WuM 1991, 687–688; LG Hamburg ZMR 1996, 326–327). Die Frage, ob die pauschale Bezugnahme auf einen Mietkontoauszug ausreichend ist, hat der BGH zunächst lediglich bei klarer und einfacher Sachlage bejaht (WuM 2004, 97–98; vgl. auch OLG Düsseldorf, ZMR 2005, 943–946), später sogar dann, wenn der Mieter erkennen kann, von welchem Rückstand der Vermieter ausgeht und dass er diesen als gesetzlichen Grund für die fristlose Kündigung wegen Zahlungsverzuges heranzieht (BGH NZM 2010, 548–552; ebenso Erman/*Lützenkirchen* § 569 Rn. 26; aA *Gellwitzki* WuM 2004, 181–185, und *Franke* in der Vorauflage).

11. Oft wird übersehen, dass das Nachholungsrecht des Mieters nicht nur einen Ausgleich des Rückstands, sondern auch die Zahlung der fälligen Entschädigung nach

§ 546a Abs. 1 BGB erfordert (so § 569 Abs. 3 Nr. 2 BGB). Der Mieter kann die Forderungen des Vermieters aber auch durch Aufrechnung zum Erlöschen bringen und so sein Nachholungsrecht wahren, allerdings muss die Aufrechnung nach § 543 Abs. 2 S. 3 BGB bei der Gewerberaummiete *unverzüglich* nach der Kündigung erfolgen, bei Wohnraummietverhältnissen reicht die Erklärung dagegen innerhalb der zweimonatigen Schutzfrist des § 569 Abs. 3 Nr. 2 BGB aus (LG Aachen ZMR 1989, 304–305; Schmidt-Futterer/ *Blank* § 569 Rn. 42; Staudinger/*Emmerich* § 543 Rn. 65; aA *Franke* in der Vorauflage). Erforderlich ist die Erklärung der Aufrechnung, das Bestehen einer Aufrechnungs*lage* reicht nicht aus, um die Wirkungen des § 543 Abs. 2 S. 3 BGB herbeizuführen (BGH WuM 2010, 484–490). Allerdings tritt bei Erfüllung durch Aufrechnung nicht die Folge des § 569 Abs. 3 Nr. 2 S. 2 BGB ein → Anm. 12. Zu beachten ist, dass die Kündigung ungeachtet des Ablaufs der Zweimonatsfrist jedenfalls bis zur endgültigen Befriedigung des Vermieters wirksam bleibt, was insbesondere bei der Insolvenz des Mieters Bedeutung erlangen kann (BGH ZMR 2007, 348–351).

12. Das Nachholungsrecht ist ausgeschlossen, wenn der Kündigung vor nicht länger als zwei Jahren bereits eine Kündigung wegen Zahlungsverzuges vorausgegangen und diese wegen der nachträglichen Befriedigung des Vermieters unwirksam geworden ist, § 569 Abs. 3 Nr. 2 S. 2 BGB. Nach dem Wortlaut des Gesetzes bemisst sich die Zwei-Jahres-Frist nach der Zeitspanne zwischen der *Unwirksamkeit* der ersten und dem Zugang der zweiten Kündigung (so auch WoBauR-*Franke* § 569 Anm. 8.5); der wohl herrschenden Meinung zufolge richtet sie sich dagegen nach dem Zeitraum, der zwischen dem *Zugang* der ersten, nachträglich unwirksam gewordenen Kündigungserklärung, und dem der zweiten verstrichen ist (Staudinger/*Emmerich* § 569 Rn. 49; MüKoBGB/*Häublein* § 569 Rn. 33; Schmidt-Futterer/*Blank* § 569 Rn. 51). Eine Rechtshängigkeit der Räumungsklage ist nicht Voraussetzung für den Eintritt der Wirkungen des § 569 Abs. 3 Nr. 2 S. 1 BGB, die Kündigung reicht aus (vgl. KG WuM 1984, 93–94; LG Detmold WuM 2006, 527).

Ist nach einer ersten Kündigung vom Mieter nur ein Teil der Miete nachgezahlt worden, sieht der Vermieter zunächst aber von der gerichtlichen Durchsetzung seines Räumungsanspruchs ab, bleibt diese erste Kündigung grundsätzlich auch dann wirksam, wenn der fehlende Restbetrag später ausgeglichen wird. Fraglich ist in diesen Fällen, ob bei einer innerhalb der Zwei-Jahres-Frist des § 569 Abs. 3 Nr. 2 S. 2 BGB erfolgten weiteren Kündigung wegen eines erneuten Zahlungsrückstandes – vor allem dann, wenn noch Rückstände aus dem Zeitraum vor der ersten Kündigung offenstehen – eine Heilung dieser *zweiten* Kündigung durch Nachzahlung möglich ist (bejahend LG Frankfurt WuM 1991, 34; AG Tiergarten GE 1994, 711; verneinend AG Charlottenburg GE 1994, 55). Gegen den Eintritt der Heilungswirkung spricht die Erwägung, dass der Vermieter in diesen Fällen dadurch einen Rechtsnachteil erleiden würde, dass er dem Mieter nachgelassen hat, den Rückstand nicht binnen der gesetzlichen Frist, sondern in längeren Raten auszugleichen (nach LG Stuttgart ZMR 1995, 470, gibt es hier „erst recht" kein Nachholungsrecht, weil der nicht pünktlich nachzahlende Mieter sonst begünstigt würde; ähnlich AG Darmstadt WuM 1988, 159–160).

Nur in dem oben beschriebenen Rahmen treten die Folgen des § 569 Abs. 3 Nr. 2 S. 2 BGB ein, dh nicht, wenn die Kündigung nach § 543 Abs. 2 Nr. 3 S. 3 BGB wegen Aufrechnung des Mieters unwirksam geworden ist. Denn nach § 389 BGB wirkt die Aufrechnung *ex tunc*, dh die Forderungen der Mietvertragsparteien gelten, soweit sie sich decken, bereits als in dem Zeitpunkt erloschen, in welchem sie sich erstmals zur Aufrechnung gegenübergestanden haben. Die Aufrechnung führt also nicht erst zu einer nachträglichen Erfüllung, vielmehr ist ein zur Kündigung berechtigender Zahlungsverzug noch gar nicht eingetreten (LG Mannheim WuM 1986, 250).

13. Es ist in prozesstaktischer Hinsicht zu prüfen, ob ein solcher Vortrag zweckmäßig ist. Bei einem zu bejahendem Minderungsrecht des Mieters können Kündigung und Räumungsklage ohne Erfolg bleiben. Die Vorwegnahme einer möglichen Replik des Mieters in der Klageschrift bietet sich allerdings an, wenn der Beklagte anwaltlich vertreten ist und den Prozess mit großer Wahrscheinlichkeit aufnehmen wird. Der Mieter gerät nicht in Verzug, wenn die Minderung gerechtfertigt ist oder wenn er wegen Mängeln der Mietsache ein Zurückbehaltungsrecht hat (BGH NZM 2015, 618–624 mwN). Vergleichbares kann gelten, wenn er sich über den Umfang einer Aufrechnungsforderung (LG Berlin GE 2007, 1486–1487) oder einer Mietminderung (LG Berlin GE 2009, 1126) im Irrtum befindet. Zwar sind den Voraussetzungen für die Beachtlichkeit eines Rechtsirrtums grundsätzlich enge Grenzen gesetzt (BGH WuM 2011, 469–471), im Einzelfall kann dieser jedoch wegen des daraus resultierenden fehlenden Verschuldens des Mieters an der Pflichtverletzung zur Unwirksamkeit der Kündigung und damit zum Misserfolg der Räumungsklage führen. Hat ein Mieter über Jahre hinweg ungerechtfertigt die Miete gemindert, war das Minderungsrecht jedoch noch in der Berufungsinstanz umstritten und hat das Berufungsgericht außerdem im Verlauf des Prozesses seine Ansicht geändert, so befand sich der Mieter in einem unverschuldeten und den Zahlungsverzug ausschließenden Rechtsirrtum (LG Berlin GE 2009, 1126). Auch wenn der Mieter die Minderungs*quote* falsch bestimmt hat, kann es im Einzelfall an einem Verschulden fehlen (LG Berlin GE 2005, 1353; LG Hannover WuM 1994, 463–464; AG Lübeck ZMR 2012, 277–280; vgl. aber auch OLG Düsseldorf DWW 2006, 21–22). Ähnlich ist entschieden worden, wenn der Mieter die Zusammensetzung der Kostenmiete nach der II. BV bzw. der NMV falsch ermittelt hat und ihm dabei zunächst sogar das Amtsgericht in seiner Entscheidung gefolgt ist (LG Itzehoe WuM 1990, 548). Befindet sich der Mieter über die Person des neuen Vermieters nach einem Grundstücksverkauf unverschuldet im Ungewissen, tritt kein Zahlungsverzug ein, wenn er die Miete nicht an den berechtigten Vertragspartner zahlt, sondern hinterlegt (LG Kaiserslautern WuM 1985, 229). Unterliegt der Mieter einem unverschuldetem *Tatsachen*irrtum – hier hinsichtlich der vom Jobcenter angekündigten, versehentlich aber unterbliebenen Mietzahlungen an den Vermieter – steht dies dem Eintritt des Verzugs entgegen (BGH NZM 2015, 487–488).

14. Wenn die für die fristlose Kündigung geltende Grenze des § 543 Abs. 2 Nr. 3 BGB nicht erreicht ist, bleibt eine ordentliche Kündigung wegen Zahlungsverzugs möglich (BGH WuM 2012, 682–684). An einer für die ordentliche Kündigung erforderlichen nicht unerheblichen Pflichtverletzung des Mieters fehlt es jedoch, wenn der Mietrückstand eine Monatsmiete nicht übersteigt und die Verzugsdauer weniger als einen Monat beträgt.

Kosten und Gebühren

15. Vgl. zu Streitwert und Sicherheitsleistung → Form. C. II. 2 aE.

Insolvenz

16. Vgl. zum Fall der **Mieterinsolvenz** nach Kündigung wegen Zahlungsrückstands BGH ZMR 2007, 348–351 und → Form. F. I. 1.

9. Klage auf Räumung und Herausgabe von Wohnraum nach fristloser Kündigung gem. §§ 543 Abs. 2 Nr. 3, 569 Abs. 3 BGB – Zahlung durch Sozialamt

An

das Amtsgericht . . . .

Abt. für Mietsachen[1]

Klage

der . . . .

– Kläger –[2]

gegen

. . . .

– Beklagter –

wegen Räumung[3]

Streitwert: 3.840,– EUR

Namens und in Vollmacht der beiden Kläger erhebe ich Klage gegen den Beklagten und werde beantragen,

1. den Beklagten zu verurteilen, die Wohnung in Gießen, Erdgeschoss, bestehend aus 2 Zimmern, Küche, Bad und Hausflur,[4] zu räumen und an die Kläger als Gesamtgläubiger herauszugeben.

2. Der Beklagte trägt die Kosten des Rechtsstreits.

3. Das Urteil ist vorläufig vollstreckbar.

Ich beantrage ferner, soweit das Gericht das schriftliche Vorverfahren anordnet und der Beklagte seine Verteidigungsbereitschaft nicht rechtzeitig anzeigt, den Erlass eines Versäumnisurteils.

Begründung:

Die beiden Kläger, Eheleute, haben mit Mietvertrag vom 31.3.2009 die im Klageantrag näher bezeichnete Wohnung an den Beklagten vermietet.

Beweis: in der Anlage K 1 überreichte Kopie des Mietvertrags

Das Mietverhältnis wurde von den Klägern unter dem 22.9.2015 mit einem von ihnen beiden unterzeichneten Kündigungsschreiben wegen eines erheblichen Mietrückstandes des Beklagten außerordentlich fristlos gekündigt.

Beweis: in der Anlage K 2 überreichte Kopie des Kündigungsschreibens

Die Wohnung wurde bislang jedoch nicht geräumt, so dass der Räumungsanspruch gerichtlich durchzusetzen ist. Die Kläger stützen sich zur Begründung ihres Begehrens zunächst auf die Ausführungen im Kündigungsschreiben und machen sie zum Inhalt ihrer Darlegungen.[5] Im Einzelnen wird hierzu vorgetragen:

Die monatliche Miete beläuft sich nach § 2 Abs. 1 des Mietvertrags zurzeit auf 320,– EUR netto pro Monat zuzüglich einer monatlichen Betriebskosten-Vorauszahlung von 140,– EUR.[6] Im Mietvertrag fehlt es an einer Regelung zur Fälligkeit der Miete, so dass sie nach § 556b Abs. 1 BGB bis zum 3. Werktag des Monats im Voraus zu entrichten ist.[7] Miete und Betriebskostenvorauszahlung sind jedoch im Juni und Juli 2015 in vollem Umfang nicht geleistet worden, so dass die fristlose Kündigung gerechtfertigt ist.[8]

Der Beklagte hat vorgerichtlich mitteilen lassen, er stehe infolge einer inzwischen länger dauernden Arbeitslosigkeit im Hartz-IV-Bezug. Er habe im Mai 2015 mit dem für ihn zuständigen Sachbearbeiter bei dem Jobcenter Gießen vereinbart, dass die Miete ab dem Monat Juni 2015 unmittelbar an die Kläger gezahlt werden solle. Er sei deshalb nicht dafür verantwortlich zu machen, dass dies bislang nicht geschehen sei. Zudem habe er im Juni und Juli, nachdem die Kläger ihn zuvor zweimal schriftlich auf die ausstehende Mietzahlung hingewiesen hatten,

Beweis: in der Anlage K 3 überreichte Schreiben der Kläger vom 5. Juni und 7. Juli 2015

mehrfach beim Jobcenter vorgesprochen und um Veranlassung einer pünktlichen Zahlweise gebeten. Dieser Vortrag vermag den Beklagten – bei allem Verständnis für seine finanzielle Situation – aber nicht zu entlasten.[9]

oder:

Der Beklagte beruft sich auf ein vermeintliches Recht zur Mietminderung und hat die Miete deshalb seit Januar 2015, also seit inzwischen sieben Monaten, um jeweils 30 % gemindert. Er zahlt auf Miete und Nebenkosten zusammen nur noch 322,– EUR anstelle der von ihm geschuldeten 460,– EUR pro Monat. Eine Minderung ist jedoch trotz der von dem Beklagten gerügten zu niedrigen Heiztemperaturen nicht eingetreten, denn tatsächlich wird in sämtlichen Mieträumen stets eine ausreichende Wärme erreicht (wird ausgeführt).

Beweis (unter Protest gegen die Beweislast): Sachverständigengutachten

Der Beklagte hat in der Folgezeit weder die Mietrückstände ausgeglichen, noch die im Hinblick auf die Beendigung des Mietverhältnisses inzwischen fällig gewordene Nutzungsentschädigung für den Monat August geleistet.[10] Die Wohnung wurde bislang auch nicht geräumt. Daher ist Klage geboten.

Rechtsanwalt

Anmerkungen

1. Zur sachlichen und örtlichen Zuständigkeit des Amtsgerichts → Form. C. II. 2 Anm. 1.

2. Zur Klageerhebung bei Personenmehrheit auf Vermieter- bzw. Mieterseite → Form. C. II. 2 Anm. 2, 3.

3. Zur Definition und zum konkreten Umfang der nach der Kündigung geschuldeten Räumung → Form. C. II. 2 Anm. 6 und → Form. C. II. 24 Anm. 8.

4. Zur Erforderlichkeit präziser Angaben im Räumungsantrag → Form. C. II. 1 Anm. 1.

5. Der zur Kündigung des Wohnraummietverhältnisses führende wichtige Grund ist, anders als nach § 564b Abs. 3 BGB aF, stets in der Kündigungserklärung anzugeben, § 569 Abs. 4 BGB (vgl. BGH WuM 2004, 97–98) → Form. C. II. 7 Anm. 5.

6. Miete iSd § 543 Abs. 2 S. 1 Nr. 3 BGB ist zunächst die Grund- oder Nettomiete in vertraglich geschuldeter Höhe, hinzu kommen regelmäßig die vereinbarten Betriebskostenvorauszahlungen gem. § 556 Abs. 2 BGB (BGH NZM 2014, 34–37; NZM 2008, 770–772; hM) und schließlich weitere periodisch wiederkehrende, regelmäßig geschuldete Leistungen, nicht aber Mietsicherheiten, Verzugszinsen, Prozesskosten und die Rückstandsbeträge aus Nebenkostenabrechnungen. Vgl. näher → Form. C. II. 8 Anm. 8.

7. Vgl. Palandt-*Weidenkaff* § 556b Rn. 2 f.; bei am 1.9.2001 bestehenden Altverträgen (vgl. Art. 223 EGBGB § 3 Abs. 1 Nr. 7) gilt nach wie vor § 551 Abs. 1 BGB aF (BGH WuM 2009, 228–231). Zu den daraus im Einzelfall resultierenden Schwierigkeiten bei der Berechnung der Höhe des aktuell bestehenden Rückstands → Form. C. II. 8 Anm. 9.

8. Ein Mietrückstand kann nach § 543 Abs. 2 S. 1 Nr. 3 BGB eine Kündigung in drei unterschiedlichen Fallkonstellationen rechtfertigen, zunächst, wenn sich der Mieter für zwei aufeinander folgende Termine mit der Entrichtung der Miete in Verzug befindet (Nr. 3 Buchst. a Alt. 1), sodann, wenn er für zwei aufeinander folgende Termine mit der Entrichtung eines nicht unerheblichen Teils der Miete in Verzug ist (Nr. 3 Buchst. a Alt. 2) und schließlich, wenn er sich in einem über mehr als zwei Termine erstreckenden Zeitraum mit der Entrichtung der Miete in Höhe eines Betrages in Verzug befindet, der die Miete für zwei Monate erreicht.

Für Wohnraummietverhältnisse gilt, dass der Rückstand iSd § 543 Abs. 2 S. 1 Nr. 3 Buchst. a Alt. 2 BGB gem. § 569 Abs. 3 Nr. 1 BGB nur dann nicht unerheblich ist, wenn er die Miete für einen Monat übersteigt, also um mindestens 0,01 EUR darüber liegt. Die Beurteilung, ob der rückständige Teil der Miete als nicht unerheblich anzusehen ist, richtet sich nicht nach der für den einzelnen Termin rückständigen Miete, sondern nach dem gesamten Rückstandsbetrag (BGH ZMR 1987, 289–292). Ob die beiden letzten Zahlungszeiträume, in denen Verzug eingetreten ist, aufeinander folgen müssen, hängt von der Beantwortung der umstrittenen Frage ab, wie zwischen den in § 543 Abs. 2 S. 1 Nr. 3 Buchst. a Alt. 2 und Nr. 3 Buchst. b BGB geregelten Kündigungstatbeständen zu differenzieren ist (zum Meinungsstand vgl. Blank/Börstinghaus/*Blank* § 543 Rn. 152 mwN). Nach einer in der Literatur vertretenen Auffassung (Blank/Börstinghaus/*Blank* aaO.; Staudinger/*Emmerich* § 543 Rn. 52 a und 58 f.) kommt der im Wortlaut der Nr. 3 b enthaltenen Zeitbestimmung „über mehr als zwei Termine" keine eigenständige Bedeutung zu. Maßgeblich ist danach nur, dass sich der Rückstand auf mehr als zwei Monatsmieten beläuft und sich der Mieter während des gesamten fraglichen Zeitraums in Verzug befunden hat. Nach Ansicht des BGH dagegen ist entscheidend, ob der Rückstand an zwei aufeinander folgenden (dann „ein nicht unerheblicher Teil") oder an mehr als zwei aufeinander folgenden Zahlungsterminen (dann zwei Monatsmieten) entstanden ist (BGH NZM 2008, 770–772). Nr. 3 a gelangt danach nur zur Anwendung, wenn der Rückstand von mehr als einer Monatsmiete gerade aus zwei aufeinanderfolgenden Terminen herrührt, während allein Nr. 3 b einschlägig ist, wenn sich dieser Rückstand aus einem längeren Zeitraum ergeben hat, selbst wenn er an zwei aufeinanderfolgenden Terminen bestehen sollte (BGH aaO.); § 543 Abs. 2 Nr. 3 Buchst. b BGB setzt darüber hinaus aber noch einen Verzug des Mieters mit mindestens zwei Monatsmieten voraus. Angesichts der Gesetzgebungsgeschichte scheint die erstgenannte Meinung vorzugswürdig, da mit Einführung der Norm ua dem sog „Springen" begegnet werden sollte, dh der illoyalen Mietertaktik, bewusst nur in jedem dritten oder vierten Monat unbegründete Abzüge von der Miete vorzunehmen, um dadurch zu vermeiden, an zwei aufeinanderfolgenden Terminen in Verzug zu geraten und damit eine Kündigung zu riskieren (vgl.

Blank/Börstinghaus/*Blank* aaO.; Staudinger/*Emmerich* aaO.). Wenn die Rückstände aus mehreren Monaten insgesamt die Höhe von zwei Monatsmieten erreichen und der Mieter sich stets in Verzug befunden hat, greift heute § 543 Abs. 2 Nr. 3 Buchst. b BGB ein. In der anwaltlichen Praxis ist nach dem Grundsatz des sichersten Wegs gleichwohl zu empfehlen, die Rechtsprechung des BGH bei Ausspruch der Kündigung und Erhebung der Räumungsklage zu beachten.

9. Ausbleibende Zahlungen des Sozialamts oder Jobcenters. Anders als bei bloß unpünktlicher Zahlungsweise (dazu → Form. C. II. 15) stellt sich die Situation des im Leistungsbezug stehenden Mieters dar, wenn in seiner Person die Voraussetzungen des § 543 Abs. 2 Nr. 3 BGB erfüllt sind, er infolge gänzlich ausgebliebener Zahlungen des Jobcenters also entweder für zwei aufeinanderfolgende Termine mit der Entrichtung der Miete oder eines nicht unerheblichen Teils der Miete in Verzug geraten ist (lit. a), oder in einem Zeitraum, der sich über mehr als zwei Termine erstreckt, mit der Entrichtung eines mietvertraglich geschuldeten Betrages in Höhe von mindestens zwei Monatsmieten in Rückstand war (lit. b; zur Abgrenzung → Anm. 8.). In diesem Fall ist eine außerordentliche fristlose Kündigung möglich, ohne dass die in § 543 Abs. 1 BGB genannten Abwägungsvoraussetzungen noch zusätzlich erfüllt sein müssen, also ohne dass ein Verschulden des Mieters zu prüfen ist (BGH WuM 2015, 152–155, m. abl. Anm. *Derleder* in JZ 2015, 517–519). Denn bei den in § 543 Abs. 2 S. 1 Nr. 1 bis 3 BGB aufgeführten Kündigungsgründen handelt es sich um gesetzlich typisierte Fälle der Unzumutbarkeit einer weiteren Fortsetzung des Mietverhältnisses (BGH aaO). Soweit deren tatbestandliche Voraussetzungen erfüllt sind, liegt danach grundsätzlich auch ein wichtiger Grund iSv § 543 Abs. 1 BGB für eine außerordentliche fristlose Kündigung vor, ohne dass es einer weitergehenden Abwägung der Interessen der Mietvertragsparteien unter Einbeziehung eines Verschuldens des Mieters bedürfte. Maßgeblich ist hier, dass der Mieter das Beschaffungsrisiko für die von ihm vertraglich geschuldeten Mietzahlungen trägt, weil bei Geldschulden nach allgemeiner Auffassung grundsätzlich eine strengere Haftung des Schuldners als bei sonstigen Leistungspflichten besteht (BGH aaO mwN). Danach trägt der Mieter bei einer infolge wirtschaftlicher Schwierigkeiten eingetretenen Leistungsunfähigkeit auch dann die Folgen des Ausbleibens der (rechtzeitigen) Leistung, wenn er sie nicht verschuldet hat. Grundlage dieser Erwägung ist das § 276 Abs. 1 S. 1 BGB zugrunde liegende Prinzip der unbeschränkten Vermögenshaftung, das eine verschuldensunabhängige Haftung des Zahlungsschuldners für seine finanzielle Leistungsfähigkeit ohne Rücksicht auf ein Verschulden statuiert (BGH aaO.). Die og Entscheidung des Bundesgerichtshofs erscheint angesichts der Rechtsprechung des 8. Senats zum fehlenden Mieterverschulden bei *unpünktlicher* Zahlung durch das Jobcenter (vgl. → Form. C. II. 15 Anm. 8) und im Hinblick auf die grundlegende Wertung des § 543 Abs. 1 BGB, nach dem alle Umstände des Einzelfalls, *insbesondere ein Verschulden der Vertragsparteien*, bei der Abwägung zu berücksichtigen sind, auf den ersten Blick zwar den Interessen der sozial schwächeren Vertragspartei nicht hinreichend gerecht zu werden und in ihrer Differenzierung überspitzt, sie entspricht jedoch der Rechtslage und überzeugt letztlich mit einer sauberen dogmatischen Herleitung (vgl. auch die zust. Anm. *Flatow* NZM 2015, 654–656, und *Walburg* GE 2015, 630). Selbst wenn inhaltliche Bedenken bestehen sollten, ist für die anwaltliche Praxis im Falle unpünktlicher Mietzahlung eine die höchstrichterliche Rechtsprechung angemessen berücksichtigende Vorgehensweise zu empfehlen.

10. Zur Zahlung auch der fälligen Entschädigung nach § 546a Abs. 1 BGB durch den Mieter – also nicht nur der Rückstände –, um das Nachholungsrecht des § 569 Abs. 3 Nr. 2 BGB wirksam ausüben zu können, vgl. → Form. C. II. 8 Anm. 11.

10. Klage auf Räumung und Herausgabe von Wohnraum nach fristloser Kündigung gem. §§ 543 Abs. 2 Nr. 3, 569 Abs. 3 BGB – Mieter beruft sich auf Mietpreisbremse

An das

Amtsgericht. . . . .[1]

Klage

des . . . . .

– Kläger[2] –

Prozessbevollmächtigter: . . . . .

gegen

. . . . .

– Beklagter –

wegen Räumung[3] einer Mietwohnung (und Mietzahlung)[4]

– Streitwert: 10.800,– EUR[5]

Namens und in Vollmacht des Klägers erhebe ich Klage gegen den Beklagten und werde beantragen,

1. den Beklagten zu verurteilen, die Wohnung, bestehend aus 3 Zimmern, Küche, Bad und Hausflur mit einer Wohnfläche von 80 Quadratmetern[6], zu räumen und an den Kläger herauszugeben.

2. Der Beklagte trägt die Kosten des Rechtsstreits.

3. Das Urteil ist vorläufig vollstreckbar.

Ich beantrage ferner, soweit das Gericht das schriftliche Vorverfahren anordnet und die Beklagte ihre Verteidigungsbereitschaft nicht rechtzeitig anzeigt, den Erlass eines Versäumnisurteils.

Begründung:

Der Kläger hatte mit Mietvertrag vom 15.8.2008 die im Antrag näher bezeichnete Wohnung in Darmstadt an Herrn Marvin Heiner vermietet. Nach § 2 des Vertrages belief sich die von Herrn Heiner zu zahlende Nettomiete auf 900,– EUR.

Beweis: in der Anlage K 1 überreichte Kopie des Mietvertrags vom 15.8.2008

Ab Juli 2015 wurde die Miete gemäß einer schriftlichen Vereinbarung der Vertragsparteien wegen eines Heizungsdefekts um 200,– EUR gemindert.

Beweis: in der Anlage K 2 überreichte Kopie der Vereinbarung vom 2.7.2015

Das Mietverhältnis mit Herrn Heiner wurde einvernehmlich zum 31.11.2015 beendet. Noch im November 2015 hat der Kläger umfangreiche Reparaturen an der Heizungsanlage veranlasst, die inzwischen wieder voll funktionsfähig ist. Das ist zwischen den Parteien auch unstreitig.

Mit Vertrag vom 15.11.2015 wurde die Wohnung dann zum 1.12.2015 an den Beklagten zu denselben Konditionen wie zuvor an Herrn Heiner vermietet. Geschuldet war also auch von dem Beklagten die Zahlung einer monatlichen Miete von 900,– EUR netto.

Beweis: in der Anlage K 3 überreichte Kopie des Mietvertrags vom 1.12.2015

Das Mietverhältnis wurde vom Kläger wegen Zahlungsverzugs mit schriftlicher Erklärung vom 1.6.2016 fristlos gekündigt.

Beweis: in der Anlage K 4 überreichte Kopie des Kündigungsschreibens

Der Kläger begründet die Kündigung wie folgt:[7] Der Beklagte hat seit seinem Einzug nur eine monatliche Miete von 704,– EUR gezahlt, sein Rückstand beläuft sich inzwischen auf fast 1.400,– EUR. Er beruft sich zur Begründung zu Unrecht darauf, dass er wegen der auch in Darmstadt geltenden Mietpreisbremse[8] nicht zur Zahlung einer höheren Miete als sein Vormieter, nämlich von 700,– EUR, verpflichtet sei, höchstens jedoch von 704,– EUR netto. Zwar beträgt die ortsübliche Vergleichskaltmiete nach dem städtischen Mietspiegel 8,– EUR/m², bei einer hier zu berücksichtigenden Wohnfläche von 80 Quadratmetern also 640,– EUR netto.[9] Der Beklagte hat jedoch keinen Anspruch darauf, nur diesen Betrag zu zahlen. Er muss sich an der Höhe der von seinem Vormieter gezahlten ungeminderten Miete von 900,– EUR festhalten lassen.[10]

oder/und:

Im Übrigen übersieht der Beklagte, dass der Kläger im Sommer 2013 umfangreiche Modernisierungsmaßnahmen in der Wohnung durchgeführt hat, indem er in sämtlichen Räumen Thermostatventile an den Heizkörpern angebracht, wärmegedämmte Fenster eingebaut und schließlich eine drehzahlgeregelte Umwälzpumpe eingebaut hat. Daraus ergibt sich ein Modernisierungszuschlag auf die örtliche Vergleichsmiete, der sich wie folgt errechnet: . . . . . . (wird ausgeführt).[11]

Beweis: in der Anlage K 5 überreichte Handwerkerrechnungen
          Sachverständigengutachten

oder :

Der Kläger hatte die im Klageantrag genannte Wohnung in Darmstadt mit schriftlichem Vertrag vom 10.12.2011 mit Wirkung zum 1.1.2012 an die Eheleute Bühler vermietet. Nach § 2 Abs. 1 des Mietvertrags beläuft sich die Nettomiete auf 600,– EUR und erhöht sich nach Abs. 2 alle drei Jahre jeweils zum 1. Januar um einen Festbetrag von 100,– EUR, erstmals zum 1.1.2015. Nach § 4 des Mietvertrags sollte das Mietverhältnis zunächst über vier Jahre bis zum 31.12.2015 laufen und eine Kündigung erstmals unter Wahrung einer dreimonatigen Frist zum 30.4.2015 möglich sein. Nach diesem Zeitpunkt sollte das Mietverhältnis unbefristet weiterlaufen und von beiden Parteien mit gesetzlicher Frist gekündigt werden können.[12]

Beweis: in der Anlage K 5 überreichte Kopie des Mietvertrags

Im Oktober 2015 erklärten die Eheleute Bühler wegen einer Versetzung des Ehemannes, den Mietvertrag zu kündigen. Der Kläger hat die Kündigung zurückgewiesen, sich aber zur Entlassung der Eheleute aus dem Mietvertrag bei Stellung eines geeigneten Nachmieters bereit erklärt.[13] Der als Nachmieter vorgeschlagene Beklagte ist vom Kläger akzeptiert worden und zum 1. Dezember 2015 anstelle der Eheleute Bühler in das bestehende Mietverhältnis eingetreten.[14]

Beweis: in der Anlage K 6 überreichte Kopie der Vereinbarung der Parteien vom ......

Der Beklagte hat die geschuldete Miete von 600,– EUR im Dezember 2015 beanstandungsfrei gezahlt, die Zahlungshöhe aber im Januar 2016 nicht auf den vereinbarten Betrag von 700,– EUR geändert. Die Mietrückstände belaufen sich zum jetzigen Zeitpunkt bereits auf 800,– EUR.[15] *Der Kläger hat den Beklagten deshalb mehrfach ohne Erfolg abgemahnt.*[16]

Beweis: in der Anlage K 7 überreichte Abmahnschreiben des Klägers vom ......

Der Beklagte hat sich vorgerichtlich zur Rechtfertigung zu Unrecht auf die seit dem 27.11.2015 auch für die Stadt Darmstadt geltende hessische Mietenbegrenzungsverordnung berufen. Diese greift jedoch nur bei Neuvermietungen, findet hier also keine Anwendung.[17]

Rechtsanwalt

Anmerkungen

1. Zur sachlichen und örtlichen Zuständigkeit des Amtsgerichts → Form. C. II. 2 Anm. 1.

2. Zur Klageerhebung bei Personenmehrheit auf Vermieter- bzw. Mieterseite → Form. C. II. 2 Anm. 2, 3.

3. Zur Definition und zum konkreten Umfang der nach der Kündigung geschuldeten Räumung → Form. C. II. 2 Anm. 6 und → Form. C. II. 24 Anm. 8.

4. In der Praxis werden die Ansprüche auf Räumung und auf Zahlung der rückständigen Miete nach § 543 Abs. 2 Nr. 3 BGB aus verfahrensökonomischen Gründen häufig im Wege der objektiven Klagehäufung in einer Klage verbunden. Es bleibt der Taktik des Anwaltes überlassen, die Mietforderung separat im Wege des Mahnverfahrens oder mit gesonderter Klage gerichtlich durchzusetzen, insbesondere wenn abzusehen ist, dass das Verfahren dort zu einem zügigeren Abschluss kommen wird.

5. Zur Angabe und zur Berechnung des Streitwertes → Form. C. II. 2 Anm. 4.

6. Nebenräume, ggf. auch zu der Wohnung zählende Dach- und Kellerräume sowie Garagen, Stellplätze etc. sind zur Vermeidung von Zuordnungsschwierigkeiten bei der Zwangsvollstreckung im Räumungsantrag so genau wie möglich anzugeben (BGH NJW 2003, 668).

7. Zum Begründungszwang bei der fristlosen außerordentlichen Kündigung im Wohnraummietrecht vgl. den auch auf Kündigungen nach § 543 Abs. 1 und 2 BGB anwendbaren § 569 Abs. 4 BGB (hM; vgl. Schmidt-Futterer/*Blank* § 569 Rn. 76 mwN). Vgl. iÜ → Form. C. II. 7 Anm. 7; zur Zahlungsklage des Vermieters bei bestrittener Mietpreisbremse → Form. B. II. 11.

8. Von der in § 556d Abs. 2 S. 1 BGB enthaltenen Ermächtigung zur Bestimmung von Gebieten mit angespannten Wohnungsmärkten iSv § 556d Abs. 1 BGB – streng zu unterscheiden von Wohnungsmangelgebieten iSd § 558 Abs. 3 S. 3 BGB (dann niedrigere Kappungsgrenze) – haben bislang neben Berlin auch die meisten westdeutschen

Bundesländer Gebrauch gemacht. In der Praxis empfiehlt es sich angesichts des zersplitterten Wohnungsmarkts jedoch (vgl. *Blank* WuM 2014, 641–660), sorgfältig zu prüfen, ob die Mietwohnung tatsächlich in einem Gebiet mit einem angespanntem Wohnungsmarkt liegt, denn zum einen sind einige der Landesverordnungen regional ausgesprochen differenziert (die vorliegend maßgebliche hessische Mietenbegrenzungsverordnung vom 17.11.2015 nimmt in fünf der 16 betroffenen Kommunen *einzelne Stadtteile* ausdrücklich von der Regelung aus, in Bayern unterfallen ihr mehrere der anfänglich noch einbezogenen Kommunen inzwischen nicht mehr), zum anderen unterliegen die Verordnungen, die in Rechte nach Art. 14 und 2 GG eingreifen, einer Überprüfung der Zivilgerichte auf ihre Verfassungsmäßigkeit (*Zehelein* NZM 2015, 761–769; vgl. zur Kappungsgrenzen-Verordnung BGH GE 2016, 113–120). Ob die Zivilgerichte von Amts wegen zu ermitteln (*Zehelein* NZM 2015, 761–769) oder die Parteien entsprechend vorzutragen haben, ist umstritten (vgl. *Börstinghaus* jurisPR-BGHZivilR 2/2016, Anm. 3).

9. Nach § 556d Abs. 1 BGB darf die Neuvertragsmiete im Anwendungsbereich einer Mietenbegrenzungsverordnung die ortsübliche Vergleichsmiete iSd § 558 Abs. 2 BGB um nicht mehr als 10 % übersteigen (zum Begriff der ortsüblichen Vergleichsmiete vgl. Schmidt-Futterer/*Blank* § 558 Rn. 41 ff. mwN). Bei der in der Praxis seltenen Teilinklusivmiete dürfte die Summe aus ortsüblicher Nettokaltmiete und den einbezogenen Betriebskosten mit 110 % zu multiplizieren sein, um die zulässige Miethöhe zu ermitteln (vgl. zum Ganzen, auch zu den dem vorliegenden Fall zugrundeliegenden Rechenbeispielen, *Flatow* WuM 2015, 191–203; ebenso Schmidt-Futterer/*Börstinghaus* § 556d Rn. 55).

10. In § 556e Abs. 1 S. 1 BGB ist geregelt, dass ungeachtet der Geltung einer Mietenbegrenzungsverordnung die Neumiete die ortsübliche Vergleichsmiete dann um mehr als 10 % übersteigen darf, wenn bereits der Vormieter eine höhere Miete gezahlt hatte. Nach S. 2 der Norm bleiben bei der Ermittlung der Vormiete Mietminderungen unberücksichtigt. Besteht ein möglicher Mangel der Mietsache fort, hat der Neumieter aber selbst das Recht zur Minderung § 536 Abs. 1 S. 2 BGB, war ihm der Mangel bei Anmietung dagegen bekannt, scheidet diese Möglichkeit aus, § 536b Abs. 1 S. 1 BGB (vgl. näher Schmidt-Futterer/*Börstinghaus* § 556e Rn. 27 ff.).

11. Hier ist die zweite Alternative des § 556e BGB einschlägig: Nach Abs. 2 der Norm darf die nach § 556d Abs. 1 BGB zulässige Miete dann, wenn in der Wohnung in den letzten drei Jahren vor Beginn des Mietverhältnisses Modernisierungsmaßnahmen im Sinne des § 555b BGB durchgeführt wurden, um den Betrag überschritten werden, der sich bei einer Mieterhöhung nach §§ 559 Abs. 1 bis 3 und 559a Abs. 1 bis 4 BGB ergeben würde. Praktisch hat dies zur Konsequenz, dass der Vermieter die begrenzte Miete um den Modernisierungszuschlag erhöhen kann, also zunächst die ortsübliche Miete für die nicht modernisierte Wohnung ermitteln muss, diese um 10 % erhöht und dazu den Betrag addiert, den er auch in einem Bestandsmietverhältnis als Modernisierungsmieterhöhung i.S.d. §§ 559, 559a BGB anzusetzen berechtigt war (*Flatow* WuM 2015, 191–203).

12. Bei einer komplizierten Berechnung der zulässigen Miethöhe kann der Mieter sich uU auf fehlendes Verschulden berufen, wenn er rechtsirrtümlich eine geringere als die vereinbarte Miete gezahlt hat (vgl. *Abramenko* MDR 2015, 921–925). Schwierigkeiten, die ortsübliche Vergleichsmiete zu ermitteln, werden bereits in den Gesetzesmaterialien erwähnt (BT-Drs. 18/3121, 32 f.; ebenso *Flatow* aaO).

Die Zulässigkeit der Staffelmietvereinbarung richtet sich ebenso wie die der Befristung des Mietvertrags nach § 557a BGB. Der jeweilige Erhöhungsbetrag oder die jeweils erhöhte Miete sind in der Vereinbarung anzugeben (§ 557a Abs. 1 Hs. 2 BGB), anderenfalls ist sie zumindest teilnichtig, § 139 BGB (vgl. BGH WuM 2012, 278–280). Das Kündigungsrecht kann im Fall der Vereinbarung einer Staffelmiete für höchstens vier Jahre ausgeschlossen werden (§ 557a Abs. 3 BGB). Die Dauer der Staffelmietvereinbarung unterliegt dagegen keinen Beschränkungen (Palandt/*Weidenkaff* § 557a Rn. 6).

13. Stimmt der Vermieter einer Nachmietergestellung vor dem vereinbarten Ablauf des Mietvertrags zu, ist es allein Sache des Mieters, einen geeigneten Nachfolger zu suchen, den Vermieter über dessen Person aufzuklären und ihm sämtliche erforderlichen Informationen zu geben. Verweigert der potentielle Nachmieter die Auskunftserteilung, ist der Vermieter nicht verpflichtet, den Vertrag mit ihm fortzusetzen (BGH WuM 2015, 723–726).

14. Hier ist zu differenzieren zwischen einem Eintritt des Nachmieters in das bestehende Mietverhältnis und dem Abschluss eines Neuvertrages zwischen Vermieter und Nachmieter. § 556d Abs. 1 BGB gelangt nur im zweiten Fall zur Anwendung, weil die Mietpreisbremse nur bei *Neu*abschluss eines Mietvertrages gilt (*Börstinghaus* jurisPR-MietR 9/2015, Anm. 1; *Eisenschmid* jurisPR-MietR 11/2015, Anm. 1). Tritt der Nachmieter dagegen lediglich in einen *bestehenden* Mietvertrag ein, richten sich vereinbarte Mieterhöhungen nach § 557 Abs. 1 BGB, ohne dass § 556d Abs. 1 BGB eingreift (*Börstinghaus* jurisPR-BGHZivilR 22/2015, Anm. 2).

15. Zur den Voraussetzungen der Kündigung nach § 543 Abs. 2 Nr. 3 BGB und zur Berechnung des Mietrückstandes → Form. C. II. 9 Anm. 8. Wenn die für die fristlose Kündigung geltende Grenze des § 543 Abs. 2 Nr. 3 BGB nicht erreicht ist, bleibt eine ordentliche Kündigung wegen Zahlungsverzugs möglich (BGH WuM 2012, 682–684); vgl. → Form. C. II. 17.

16. Eine Abmahnung bzw. eine Fristsetzung zur Abhilfe sind nach § 543 Abs. 3 BGB mit Ausnahme der unter Abs. 3 S. 2 Nr. 1–3 aufgezählten Fälle grundsätzlich stets erforderlich, bei dem hier vorliegenden Fall des Zahlungsverzugs iSd § 543 Abs. 2 Nr. 3 BGB also nicht. Eine Abmahnung kann zur Vermeidung der bei einer gerichtlichen Auseinandersetzung zunächst nur auf Vermieterseite anfallenden Kosten aber zu empfehlen sein. Einer qualifizierten Abmahnung bedarf es in keinem Fall (BGH NZM 2007, 561–562).

17. Vgl. → Anm. 14.

11. Klage auf Räumung und Herausgabe von Wohnraum nach fristloser Kündigung gem. §§ 543 Abs. 2 Nr. 3, 569 Abs. 3 BGB – Mieter beruft sich auf Zurückbehaltungsrecht wg. fehlender Auskunft gem. § 556g Abs. 3 BGB

An das

Amtsgericht. . . . .[1]

Klage

des . . . . .

– Kläger[2] –

Prozessbevollmächtigter: . . . . .

gegen

. . . . .

– Beklagter –

wegen Räumung[3] einer Mietwohnung (und Mietzahlung)[4]

– Streitwert: 7.200,– EUR[5]

Namens und in Vollmacht des Klägers erhebe ich Klage gegen den Beklagten und werde beantragen,

1. den Beklagten zu verurteilen, die Wohnung in, bestehend aus 3 Zimmern, Küche, Bad und Hausflur, mit einer Wohnfläche von 80 Quadratmetern,[6] zu räumen und an den Kläger herauszugeben.

2. Der Beklagte trägt die Kosten des Rechtsstreits.

3. Das Urteil ist vorläufig vollstreckbar.

Ich beantrage ferner, soweit das Gericht das schriftliche Vorverfahren anordnet und der Beklagte seine Verteidigungsbereitschaft nicht rechtzeitig anzeigt, den Erlass eines Versäumnisurteils.

Begründung:

Der Kläger hat die im Klageantrag näher bezeichnete Wohnung in Darmstadt mit Mietvertrag vom 15.12.2015 mit Wirkung zum 1.1.2016 an den Beklagten vermietet. Die Wohnung liegt in einem mit der Mietenbegrenzungsverordnung des Bundeslandes Hessen bestimmten Gebiet mit angespanntem Wohnungsmarkt.[7] Nach § 2 des Mietvertrages beläuft sich die monatlich im Voraus zu entrichtende Nettokaltmiete auf 600,– EUR, zu denen weitere 180,– EUR als Nebenkostenvorauszahlung hinzukommen.

Beweis: in der Anlage K 1 überreichte Kopie des Mietvertrags vom 15.8.2012

Der Kläger hat das Mietverhältnis mit schriftlicher Erklärung vom 3.5.2016, auf deren Inhalt Bezug genommen wird, wegen Zahlungsverzugs des Beklagten außerordentlich fristlos gekündigt.

Beweis: in der Anlage K 2 überreichte Kopie des Kündigungsschreibens

Der Kläger begründet die Kündigung im Einzelnen wie folgt: Der Beklagte hat seit dem 1.2.2016, also seit mehr als drei Monaten, weder die geschuldete Nettomiete, noch die vereinbarten Betriebskostenvorauszahlungen geleistet,[8] so dass die fristlose Kündigung gerechtfertigt ist.

Der Kläger hat den Beklagten zweimal zur Zahlung aufgefordert,

Beweis: in der Anlage K 3 überreichte Kopien der Abmahnungen

dieser hat in der Folgezeit aber weder die Mietrückstände ausgeglichen, noch die im Hinblick auf die Beendigung des Mietverhältnisses inzwischen fällig gewordene Nutzungsentschädigung für die Monate ab Mai 2016 gezahlt.[9] Die Wohnung wurde auch nicht geräumt.

Der Beklagte hat sich vorgerichtlich darauf berufen, dass er gegenüber dem Anspruch des Klägers auf Mietzahlung ein Zurückbehaltungsrecht habe, weil der Kläger ihm trotz mehrfacher Aufforderung nicht hinreichend Auskunft über die Tatsachen erteilt habe, deren Kenntnis für ihn für die Berechnung der nach § 556d BGB wegen der Mietpreisbremse zulässigen Miethöhe erforderlich sei.[10] Es entspricht zwar den Tatsachen, dass der Kläger keine Auskunft erteilt hat, dazu ist er aber auch nicht verpflichtet, denn der Beklagte kann die für die Berechnung der Miethöhe erforderlichen Informationen problemlos zum einen dem Mietvertrag selbst, zum anderen dem im Internet öffentlich zugänglichen städtischen Mietspiegel entnehmen.[11] In dem Mietvertrag finden sich unter § 23 insbesondere auch Angaben zum Baujahr des Gebäudes und im Detail zu den im Jahre 2005 durchgeführten – bislang einzigen – Modernisierungsarbeiten an der Wohnung (Außenisolierung und Einbau von Thermopane-Fenstern), als Anlage zu § 24 des Vertrags sind dem Beklagten ferner neben einem Grundriss auch die notwendigen Unterlagen zur Bedienung der Heizungsanlage zur Verfügung gestellt worden, aus denen sich auch ihr Alter und ihre Leistungsfähigkeit ergeben. Mehr Informationen hat der Kläger selbst nicht.

Beweis: Kopie des Mietvertrags, wie vor

Nach dem Mietspiegel der Stadt Darmstadt beläuft sich die Nettokaltmiete im Übrigen auf 8,– EUR/m²,

Beweis: in der Anlage K 4 überreichter Ausdruck des Mietspiegels der Stadt Darmstadt

so dass der Kläger sogar eine Nettomiete von 640,– EUR verlangen könnte. Abgesehen davon hat bereits der Vormieter des Beklagten eine Miete in gleicher Höhe bezahlt.[12]

oder:

Der Beklagte beruft sich gegenüber dem Mietzahlungsanspruch des Klägers auf ein Zurückbehaltungsrecht, weil der Kläger ihm nicht hinreichend Auskunft über diejenigen Tatsachen gegeben haben soll, deren Kenntnis für die Berechnung der nach § 556d BGB wegen der Mietpreisbremse zulässigen Miethöhe erforderlich ist. Die Wohnung ist im November 2015 modernisiert worden.[13] Der Kläger hat in sämtlichen Räumen Thermostatventile an den Heizkörpern angebracht, wärmegedämmte Fenster eingebaut und schließlich eine drehzahlgeregelte Umwälzpumpe montieren lassen. Deshalb hat er gegenüber dem Vormieter des Beklagten, Herrn Manfred Klinger, mit Schreiben vom 25.11.2015 eine Erhöhung der Nettomiete von ursprünglich 640,– EUR auf 700,– EUR geltend gemacht und dies ausführlich wie folgt begründet und erläutert: . . . . . . (wird ausgeführt).[14]

Beweis: in der Anlage K 4 überreichtes Mieterhöhungsverlangen

Zu einer Mieterhöhung ist es dann aber nicht mehr gekommen, weil Herr Klinger das Mietverhältnis im Einvernehmen mit dem Kläger aus beruflichen Gründen zum 31.12.2015 beenden musste. Das Mieterhöhungsverlangen hat der Kläger dem Beklagten bereits auf seine erste Anfrage hin am 23.1.2015 in Kopie übergeben.

Beweis: Zeugnis der dabei anwesenden Ehefrau des Klägers, ...

Der Erteilung darüber hinausgehender Auskünfte bedarf es nach dem Gesetz nicht, im Übrigen wäre der Kläger dazu auch nicht in der Lage.

oder:

Der Kläger hat die Wohnung im November 2015 umfassend iSd § 556f Abs. 2 BGB modernisiert (wird ausgeführt). Daher kann der Beklagte nach hiesiger Auffassung allenfalls einen Auskunftsanspruch nach § 556g Abs. 3 S. 1 BGB haben.[15] *Dieser besteht aber nicht, weil der bauliche Zustand des Hauses im Detail unter den §§ 23, 24 des Mietvertrages einschließlich Anlagen ausführlich in allen Details geschildert wird (wird ausgeführt) und der Mieter im Übrigen Einsicht in den städtischen Mietspiegel nehmen kann.*

Da der Beklagte weder auf die Abmahnungen des Klägers reagiert,[16] noch die Wohnung geräumt hat, war Klage geboten.

Rechtsanwalt

Anmerkungen

1. Zur sachlichen und örtlichen Zuständigkeit des Amtsgerichts → Form. C. II. 2 Anm. 1.

2. Zur Klageerhebung bei Personenmehrheit auf Vermieter- bzw. Mieterseite → Form. C. II. 2 Anm. 2, 3.

3. Zum Begriff der Räumung und zum Inhalt des Räumungsanspruchs → Form. C. II. 2 Anm. 6.

4. Zur Verbindung der Ansprüche auf Räumung und auf Zahlung der rückständigen Miete im Wege der objektiven Klagehäufung → Form. C. II. 8 Anm. 4.

5. Zur Angabe und Berechnung des Streitwertes → Form. C. II. 2 Anm. 4.

6. Nebenräume, ggf. auch zu der Wohnung zählende Dach- und Kellerräume sowie Garagen, Stellplätze etc. sind zur Vermeidung von Zuordnungsschwierigkeiten bei der Zwangsvollstreckung im Räumungsantrag so genau wie möglich anzugeben (BGH NJW 2003, 668).

7. Zur Mietenbegrenzungsverordnung („Mietpreisbremse") → Form. C. II. 10 Anm. 8.

8. Zum Begründungszwang bei der fristlosen außerordentlichen Kündigung im Wohnraummietrecht s. § 569 Abs. 4 BGB (vgl. Schmidt-Futterer/*Blank* § 569 Rn. 76 mwN). Vgl. iÜ → Form. C. II. 7 Anm. 7.

9. Zu den Voraussetzungen der Kündigung nach § 543 Abs. 2 Nr. 3 BGB und zur Berechnung des Mietrückstandes → Form. C. II. 9 Anm. 8. Wenn die für die fristlose Kündigung geltende Grenze des § 543 Abs. 2 Nr. 3 BGB nicht erreicht ist, bleibt eine ordentliche Kündigung wegen Zahlungsverzugs möglich (BGH WuM 2012, 682–684).

10. Zur Berechnung der Neuvertragsmiete im Anwendungsbereich einer Mietenbegrenzungsverordnung nach § 556d Abs. 1 BGB → Form. C. II. 10 Anm. 9. Der Anspruch aus § 556g Abs. 3 S. 1 BGB verpflichtet den Vermieter gegenüber dem Mieter zur **Auskunft** über diejenigen Tatsachen, die für die Berechnung der Zulässigkeit der vereinbarten Miete nach den §§ 556d bis 556f BGB maßgebend sind, allerdings nur, soweit diese Tatsachen nicht allgemein zugänglich sind und soweit der Vermieter hierüber unschwer Auskunft zu geben vermag. Der Gesetzgeber wollte dem Mieter mit dieser Regelung die Möglichkeit geben, sich Kenntnis der für die Prüfung der Zulässigkeit der Miethöhe nach §§ 556d ff. BGB erforderlichen, ihm selbst aber oft nicht zugänglichen Tatsachen aus der Sphäre des Vermieters zu verschaffen (BT-Drucks. 18/3121, 33; Staudinger/*Emmerich* § 556g Rn. 21).

Bei dem nicht fristgebundenen Auskunftsanspruch handelt es sich um einen bloßen Hilfsanspruch, der keine Voraussetzung für die Geltendmachung des Rügerechts nach

§ 556g Abs. 2 BGB oder des Rückforderungsanspruchs wegen überzahlter Miete nach § 556g Abs. 1 S. 3 BGB ist. Er kann – natürlich nur bis zu seiner Erfüllung – beliebig oft wiederholt werden. Inhaltlich geschuldet ist nur eine Auskunft über die Tatbestandsmerkmale der §§ 556d bis 556 f BGB, aus denen der Mieter wiederum das Vorliegen der Wohnwertmerkmale des § 558 Abs. 2 BGB ableiten kann (vgl. *Blank* WuM 2014 641–660; zur anwaltlichen Rüge eines Verstoßes gegen die zulässige Höhe bei Mietbeginn vgl. BeckFormB MietR/*Flintrop* Form. C. VII. 1). Dazu gehören Informationen über die Höhe der ortsüblichen Vergleichsmiete (Staudinger/*Emmerich* § 556g Rn. 26) und – weil sich die meisten Mietspiegel auch an der Baualtersklasse des Gebäudes orientieren – das Datum der Errichtung der Wohnung. Wenn die Einordung der Wohnung nach dem Mietspiegel von der Qualität einer Heizungsanlage oder dem Zeitpunkt von Modernisierungsarbeiten abhängt, schließt der Auskunftsanspruch auch diese Angaben ein (Schmidt-Futterer/*Börstinghaus* § 556g Rn. 31; vgl. BT-Drs. 18/3121, 34).

In Kommunen ohne Mietspiegel ist der Vermieter auf das Auskunftsersuchen hin nur zu der Angabe verpflichtet, von welcher ortsüblichen Vergleichsmiete *er* ausgeht. Eine Begründung entsprechend § 558a BGB ist nicht erforderlich (Schmidt-Futterer/*Börstinghaus* aaO.; BT-Drs. 18/3121, 34).

Wird die Auskunft verweigert, kann der Mieter nach § 273 Abs. 1 BGB ein Zurückbehaltungsrecht an der von ihm zu erbringenden Leistung geltend machen und die fällige Miete einbehalten, bis der Vermieter seine Auskunftspflicht erfüllt (Staudinger/*Emmerich* § 556g Rn. 31). Das Zurückbehaltungsrecht ist, anders als bei einer *neben* der Minderung vorgenommenen Zurückbehaltung der Miete wegen Mängeln der Mietsache (vgl. BGH WuM 2015, 568–577), auch nicht zeitlich begrenzt, denn der Vermieter kann die Auskunft jederzeit mit der Folge nachholen, dass der Mieter nunmehr zur Nachzahlung der einbehaltenen Miete verpflichtet ist (so überzeugend Staudinger/*Emmerich* aaO.; im Ergebnis ebenso Schmidt-Futterer/*Börstinghaus* § 556g Rn. 46 und *Blank* WuM 2014, 641–660). Zur Auskunftsklage vgl. → Form. B. III. 6.

11. Kein Auskunftsanspruch besteht für Tatsachen, die entweder allgemein oder der eigenen Wahrnehmung des Mieters zugänglich sind (Schmidt-Futterer/*Börstinghaus* § 556g Rn. 32), dies betrifft neben einem allgemein zugänglichen Mietspiegel vor allem die Ausstattungsmerkmale der Wohnung oder die Wohnungsgröße, die der Mieter jeweils ohne weiteres selbst ermitteln kann (vgl. BGH WuM 2014, 744–747, Tz. 17 mwN).

12. Nach § 556e Abs. 1 S. 1 BGB darf die Neumiete ungeachtet der Geltung einer Mietenbegrenzungsverordnung die ortsübliche Vergleichsmiete dann um mehr als 10 % übersteigen, wenn bereits der Vormieter eine höhere Miete gezahlt hatte → Form. C. II. 10 Anm. 9.

13. Hier gelangt die zweite Alternative des § 556g BGB zur Anwendung: Bei **einfachen Modernisierungen** iSd § 559b Abs. 1 S. 2 und 3 BGB greift § 556g Abs. 3 S. 2 BGB als Sonderregelung für den Auskunftsanspruch des Mieters. Danach gilt die Regelung des § 559b Abs. 1 S. 2 und 3 BGB zu den Voraussetzungen einer wirksamen Mieterhöhungserklärung nach Modernisierung (§ 559 Abs. 1 BGB) für den Umfang der zu erteilenden Auskunft entsprechend. Erforderlich ist danach eine Berechnung der Erhöhung der Miete aufgrund der entstandenen Kosten, die entsprechend den Voraussetzungen der §§ 559 und 559 a BGB zu erläutern ist. Zusätzlich verweist § 559b Abs. 1 S. 3 BGB auf § 555c Abs. 3 BGB mit der Gestattung einer Bezugnahme auf allgemein anerkannte Pauschalwerte bei einer energetischen Modernisierung iSd § 555b Nr. 1 BGB. Zusammengefasst soll die nach § 556g Abs. 3 S. 2 BGB geschuldete Auskunft des Vermieters inhaltlich einer Mieterhöhungserklärung wegen Wohnungsmodernisierung iSv § 559 Abs. 1 BGB entsprechen (vgl. BT-Drs 18/3121, 34; *Blank* WuM 2014, 641–

660; Schmidt-Futterer/*Börstinghaus* § 556g Rn 36 ff; Staudinger/*Emmerich* § 556g Rn. 34). Die Auskunft bedarf der Textform, § 556g Abs. 4 BGB.

14. *Inhaltlich* umfasst der Anspruch eine nachvollziehbare Berechnung des Erhöhungsbetrages, hier also des Betrages, um den die ortsübliche Vergleichsmiete überschritten wird, und eine hinreichende Erläuterung des angegebenen Verteilungsschlüssels (LG Berlin GE 2003, 122–124; LG Dresden ZMR 1998, 292–294; LG Halle WuM 1997, 628–629; Schmidt-Futterer/*Börstinghaus* § 556g Rn 37 mwN). Im Einzelnen bedarf es u.a. einer Auskunft über die Kosten der Modernisierungsmaßnahme nach Abzug der Aufwendungen für Erhaltungsmaßnahmen und der Drittmittel i.S.d. des § 559a BGB, aufgeteilt nach den einzelnen Gewerken (vgl. § 559 Abs. 1 und 2 BGB; LG Berlin aaO.). Bei einer Modernisierung mehrerer Wohnungen ist außerdem eine Aufteilung der Kosten auf die einzelnen Wohnungen erforderlich (§ 559 Abs. 3 BGB). Die durchgeführten Modernisierungsmaßnahmen iSd § 555b Nr. 1 und 3–6 BGB müssen im Einzelnen nachvollziehbar beschrieben werden (zu den Einzelheiten vgl. Schmidt-Futterer/*Börstinghaus* § 559b BGB Rn. 14 ff. mwN). Der mit der Auskunftserteilung verbundene, oft erhebliche Aufwand des Vermieters dient letztlich der Vermeidung der nachteiligen Folgen des § 556g Abs. 1 und 2 BGB oder von Schadensersatzforderungen des Mieters.

15. Da sich § 556g Abs. 3 S. 2 BGB explizit auf *einfache* Modernisierungsmaßnahmen i.S.d. § 556e Abs. 2 BGB bezieht, kann die Regelung nicht, auch nicht analog, auf **umfassende Modernisierungen** iSv § 556f Abs. 2 BGB angewandt werden. Hier bleibt es bei dem allgemeinen Auskunftsanspruch des Mieters gem. § 556g Abs. 3 S. 1 BGB (Staudinger/*Emmerich* § 556g Rn. 35; Schmidt-Futterer/*Börstinghaus* § 556g Rn 40).

16. Eine Abmahnung bzw. eine Fristsetzung zur Abhilfe ist nach § 543 Abs. 3 S. 2 Nr. 3 BGB bei Zahlungsverzug iSd Abs. 2 Nr. 3 entbehrlich, kann im Einzelfall zur Vermeidung der mit der Einleitung des Räumungsrechtsstreits verbundenen Kosten aber sinnvoll sein.

12. Klage auf Räumung und Herausgabe von Wohnraum nach fristloser Kündigung gem. §§ 543 Abs. 2 Nr. 3, 569 Abs. 3 BGB – Mieter beruft sich auf Zurückbehaltungsrecht wg. beseitigter Mängel (Prüffrist)

An

das Amtsgericht . . . . .

Abt. für Mietsachen[1]

Klage

der . . . . .

– Kläger –

gegen

. . . . .
. . . . .

– Beklagter zu 1) –
– Beklagte zu 2) –[2]

wegen Räumung[3]

Streitwert: 6.000,– EUR

Namens und in Vollmacht der beiden Kläger erhebe ich Klage gegen den Beklagten und werde beantragen,

1. die Beklagten zu verurteilen, die Wohnung Fasanenweg 17 in Gießen, 3. Stock links, bestehend aus 3 Zimmern, Küche, Bad, WC und Hausflur, zu räumen[4] und an die Kläger als Gesamtgläubiger herauszugeben.

2. Die Beklagten tragen die Kosten des Rechtsstreits.

3. Das Urteil ist vorläufig vollstreckbar.

Ich beantrage ferner, soweit das Gericht das schriftliche Vorverfahren anordnet und der Beklagte seine Verteidigungsbereitschaft nicht rechtzeitig anzeigt, den Erlass eines Versäumnisurteils.

Begründung:

Die beiden Kläger, Eheleute, haben mit Mietvertrag vom 18.5.2010 die im Klageantrag näher bezeichnete Wohnung an den Beklagten zu 1) vermietet, der sie seitdem gemeinsam mit seiner Frau, der Beklagten zu 2), und seiner minderjährigen Tochter bewohnt.

Beweis: in der Anlage K 1 überreichte Kopie des Mietvertrags

Das Mietverhältnis wurde von den Klägern unter dem 22.10.2015 mit einem von ihnen beiden unterzeichneten und noch am selben Tag persönlich übergebenen Kündigungsschreiben wegen eines erheblichen Mietrückstandes außerordentlich fristlos gekündigt.

Beweis: in der Anlage K 2 überreichte Kopie des Kündigungsschreibens

Die Wohnung wurde bislang jedoch nicht geräumt, so dass der Räumungsanspruch gerichtlich durchzusetzen ist. Die Kläger stützen sich zur Begründung ihres Begehrens zunächst auf die Ausführungen im Kündigungsschreiben und machen sie zum Inhalt ihres Vortrags.[5] Im Einzelnen wird hierzu vorgetragen:

Die monatliche Miete beläuft sich nach § 2 Abs. 1 des Mietvertrags zurzeit auf 500,– EUR netto pro Monat zuzüglich einer monatlichen Betriebskosten-Vorauszahlung von 140,– EUR und ist bis zum 3. Werktag des Monats im Voraus zu entrichten.[6] Bereits seit August 2013 erfolgen jedoch keine Zahlungen mehr. Der Beklagte zu 1) stützt sich zur Begründung der Zahlungseinstellung auf ein vermeintliches Minderungs- und Zurückbehaltungsrecht wegen Schimmelbefalls im Wohn- und im Schlafzimmer der Wohnung.[7] Es trifft zwar zu, dass sich in den genannten Räumen Schimmel gebildet hat, dessen Entstehung die Mieter auch nicht zu verantworten haben. Ein vom Kläger selbst in Auftrag gegebenes Sachverständigengutachten hat ergeben, dass die Schimmelbildung ausschließlich baulich bedingt ist und nicht auf einem fehlerhaften Heizungs- und Lüftungsverhalten des Beklagten zu 1) oder seiner Familienangehörigen beruht.

Beweis: in der Anlage K 3 überreichte Kopie des Sachverständigengutachtens Dr. Henz

Die Baumängel – die Verwendung fehlerhaften hydrophilen Baumaterials bei Errichtung des Hauses im Jahre 1953 und eine fehlende Außenisolierung – können von den Klägern wegen der dafür erforderlichen bedeutenden Finanzmittel, die ihnen derzeit noch nicht zur Verfügung stehen und erst angespart werden müssen, im Laufe der nächsten drei bis vier Jahre aber noch nicht behoben werden.[8] Die Kläger sind deshalb auch nur bereit, eine fünfundzwanzigprozentige Minderung der Miete zu akzeptieren, nicht aber die weitere Zurückbehaltung eines das Dreifache des Minderungsbetrages erreichenden Betrages.[9] Im Ergebnis führt die Kombination von Minderungs- und Zurückbehaltungsrecht dazu, dass die Beklagten die Wohnung kostenlos nutzen dürfen, die Kläger dagegen die Betriebskosten gegenüber den Versorgungsunternehmen alleine zu tragen haben und auch nicht den für die Mängelbeseitigung erforderlichen Geldbetrag ansparen können. Daher ist die fristlose Kündigung des Mietverhältnisses gerechtfertigt.[10]

oder:

Die Kläger haben die Mängel im Juli 2015 entsprechend den Vorgaben des Sachverständigen Henz von einer Spezialfirma beseitigen lassen. Der Schimmel wurde mit einem Spezialreiniger vollständig beseitigt, die Wände der vormals schimmelbefallenen Räume getrocknet, eine Feuchtigkeitssperre installiert und schließlich eine vollständige Neuisolierung der Außenmauer vorgenommen.

Beweis: in der Anlage K 4 überreichte Handwerkerrechnungen

    Augenschein

Seitdem ist in den vermieteten Räumen kein Schimmel mehr aufgetreten. Die Beklagten haben die Mietzahlungen seit August 2015 auch wieder in vertraglich geschuldeter Höhe aufgenommen. Die von ihnen seit August 2013 einbehaltene Miete haben sie aber trotz Zeitablaufs von inzwischen mehr als sechs Monaten und ausdrücklicher Aufforderung der Kläger bislang nicht, auch nicht teilweise, nachgezahlt, obwohl es immerhin um einen rückständigen Gesamtbetrag von 11.520,– EUR geht (24 Monate à 640,– EUR abzgl. 25 % Minderung). Ein von den Beklagten vorgerichtlich angeführter vermeintlicher Prüfungsbedarf hinsichtlich der Forderungshöhe besteht ebenso wenig, wie ihnen ein weiterer Zeitraum zuzubilligen ist, den sie zu benötigen meinen, um sich den geschuldeten Geldbetrag erst anderweitig zu beschaffen.[11] Angesichts der bereits im Dezember 2014 einvernehmlich getroffenen Absprache der Parteien, die Mängelbeseitigungsarbeiten im Juli 2015 – während des Sommerurlaubs der Beklagten – durchzuführen, wäre dazu im Übrigen hinreichend Zeit gewesen.[12]

Weil die Beklagten dem Räumungsverlangen des Klägers bislang nicht nachgekommen sind, ist nunmehr Klage geboten.

                                           Rechtsanwalt

Anmerkungen

1. Zur sachlichen und örtlichen Zuständigkeit des Amtsgerichts → Form. C. II. 2 Anm. 1.

2. Zur Klageerhebung bei Personenmehrheit auf Vermieter- bzw. Mieterseite → Form. C. II. 2 Anm. 2, 3. Hier ist zu beachten, dass die Ehefrau des Beklagten zwar nicht Partei des Mietvertrags ist, die Räumungsklage aber gegen beide Eheleute oder Partner zu richten ist, weil die Beklagte, anders als ihre Tochter, ein eigenes Besitzrecht erworben hat. Die Titulierung des Räumungsanspruchs gegen beide Eheleute ist Voraussetzung einer erfolgreichen Räumungsvollstreckung (BGH WuM 2008, 364–365 und 233–235).

3. Zur Definition und zum konkreten Umfang der nach der Kündigung geschuldeten Räumung → Form. C. II. 2 Anm. 6.

4. Auch Nebenräume, Stellplätze etc. sind zur Ermöglichung einer Zuordnung bei der späteren Räumungsvollstreckung stets im Klageantrag anzugeben (BGH NJW 2003, 668).→ Form. C. II. 1 Anm. 1.

5. Der zur Kündigung des Wohnraummietverhältnisses führende wichtige Grund ist, anders als nach § 564b Abs. 3 BGB aF, stets in der Kündigungserklärung anzugeben, § 569 Abs. 4 BGB (vgl. BGH WuM 2004, 97–98) → Form. II. 7 Anm. 5.

6. Miete iSd § 543 Abs. 2 S. 1 Nr. 3 BGB ist zunächst die Grund- oder Nettomiete in vertraglich geschuldeter Höhe, hinzu kommen regelmäßig die vereinbarten Betriebskostenvorauszahlungen gem. § 556 Abs. 2 BGB (BGH NZM 2014, 34–37; NZM 2008, 770–772; hM) und schließlich weitere periodisch wiederkehrende, regelmäßig geschuldete Leistungen, nicht aber Mietsicherheiten, Verzugszinsen, Prozesskosten und die Rückstandsbeträge aus Nebenkostenabrechnungen. Vgl. näher → Form. C. II. 8 Anm. 8.

7. Die Existenz von Schimmel in den angemieteten Wohnräumen kann zum Eintritt einer Mietminderung iSd § 536 BGB führen, die den Mieter zum Einbehalt eines Teils der vertraglich vereinbarten Miete berechtigt, § 536 Abs. 1 S. 1 BGB (vgl. zur Thematik ausführlich Schmidt-Futterer/*Eisenschmid* § 536 BGB Rn. 226 ff. mwN). Allerdings ist bei der Vornahme des Einbehalts Vorsicht geboten, wenn die Verursachung der Schimmelbildung durch einen in der Verantwortungssphäre des Vermieters liegenden Umstand (in der Regel Baumangel) nicht sicher ist. Nach neuerer Rechtsprechung des BGH entfällt der eine fristlose Kündigung nach § 543 Abs. 2 S. 1 Nr. 3 BGB begründende Zahlungsverzug dann nicht wegen fehlenden Verschuldens des Mieters, wenn dieser bei Anwendung verkehrsüblicher Sorgfalt hätte erkennen können, dass die tatsächlichen Voraussetzungen für das von ihm in Anspruch genommene Minderungsrecht nicht bestehen (BGH WuM 2012, 499–501).

8. Werden angezeigte Mängel der Mietsache nicht beseitigt, kann der Mieter während der Mietzeit Klage auf Wiederherstellung des vertragsgemäßen Zustandes nach § 535 Abs. 1 S. 2 BGB erheben (Schmidt-Futterer/*Eisenschmid* § 535 Rn. 90; vgl. auch → Form. B. III. 13). Die Frage der finanziellen Leistungsfähigkeit des Vermieters ist dafür grundsätzlich ohne Belang, wenn nicht die sog. „Opfergrenze" des § 275 Abs. 2 BGB berührt wird (vgl. BGH WuM 2005, 713–714; OLG Celle ZMR 2015, 228–231, mwN). Im Übrigen kann der Mieter auch im Wege der Ersatzvornahme vorgehen, wenn der Vermieter sich nach vergeblicher Mahnung mit der Mängelbeseitigung in Verzug befindet, § 536a Abs. 2 BGB (BGH WuM 2008, 476–477). Gegen einen Vorschussanspruch des Mieters kann der Vermieter nicht mit Ansprüchen auf Zahlung vermeintlicher Mietrückstände aufrechnen (LG Kleve WuM 1989, 14; AG Wetzlar WuM 2005, 715–716).

9. Der Eintritt der Minderung nach § 536 BGB berührt den Erfüllungsanspruch des Mieters nach § 535 Abs. 1 S. 2 BGB grundsätzlich nicht. Er behält damit seinen Anspruch auf Wiederherstellung des vertragsgemäßen, mangelfreien Zustands der von ihm gemieteten Wohnung. Wird dieser Anspruch nicht erfüllt, kann sich der Mieter *neben* der Minderung, jedenfalls dann, wenn der Mangel nicht unerheblich ist (vgl. AG Wetzlar ZMR 2009, 542–54), auch auf die Einrede des nichterfüllten Vertrages berufen, § 320 BGB. Damit soll ihm die Möglichkeit eingeräumt werden, den Vermieter zur Erfüllung seiner Pflicht aus § 535 Abs. 1 S. 2 BGB anzuhalten (BGH WuM 2015, 1473; NZM 2011, 153–154; WuM 2011, 12–13; WuM 2006, 435–436; vgl. auch BeckFormB MietR/*Gies* Form. B. I. 7 Anm. 7 mwN). Die Höhe des zurückzubehaltenden Betrages bestimmt sich nach § 320 Abs. 1 und 2 BGB und wird in der Rspr meist mit dem Drei- bis Fünffachen des Minderungsbetrags angesetzt (BGH WuM 2015, 568–577, Tz. 55 mwN; BGH WuM 2003, 439–440; OLG Naumburg WuM 2000, 242–246; LG München I NZM 2013, 508–510; LG Hamburg WuM 1989, 566; LG Berlin GE 1995, 821–823; Staudinger/*Emmerich* § 536 Rn. 61 mwN). Zu beachten ist allerdings, dass der Einbehalt nicht auf Dauer bei dem Mieter verbleibt, sondern nach der Beseitigung des Mangels oder Beendigung des Mietverhältnisses an den Vermieter nachzuzahlen ist (BGH WuM 2015, 568–577; 2014, 681; 1995, 149–151; LG Berlin GE 1995, 821–823).

Von diesen Grundsätzen ist der BGH mit zwei neueren Entscheidungen abgewichen, mit denen er eine zeitliche Befristung des Zurückbehaltungsrechts auch für den Fall einer dauernden Untätigkeit des Vermieters angenommen hat (BGH, Beschluss vom 27.10.2015 zu Az. VIII ZR 288/14 – BeckRS 2016, 00482; WuM 2015, 568–577, m. abl. Anm. *Blank*; ebenso *Börstinghaus* jurisPR-MietR 17/2015 Anm. 1 und *Emmerich* JuS 2016, 169–170). Begründet wird dies mit der Erwägung, das Zurückbehaltungsrecht könne redlicher Weise nur so lange ausgeübt werden, wie es noch den Zweck erfülle, den Vermieter durch den dadurch ausgeübten Druck zur Mangelbeseitigung anzuhalten. Wenn aufgrund der Höhe des Mieteinbehalts oder des seit dem erstmaligen Einbehalt eingetretenen Zeitablaufs nicht mehr zu erwarten sei, dass der Vermieter seiner Pflicht zur Mangelbeseitigung noch nachkommen werde, habe das Leistungsverweigerungsrecht seinen Zweck verfehlt. Ferner sei es bereits grundsätzlich verfehlt, das Leistungsverweigerungsrecht ohne zeitliche Begrenzung mit dem Mehrfachen der monatlichen Minderung oder der Mangelbeseitigungskosten zu bemessen. Denn bei einem Dauerschuldverhältnis wie der Miete könne, anders als im übrigen Mängelrecht, das mangelbedingte Ungleichgewicht der Parteien nur für die Zukunft beseitigt werden. Schließlich verblieben dem Mieter auch die Rechte aus den §§ 535 Abs. 1 S. 2, 536 a Abs. 1 und Abs. 2 BGB, auch könne er das Mietverhältnis ggf. selbst fristlos kündigen.

Die Frage, in welchem Umfang und für welchen Zeitraum dem Mieter ein Zurückbehaltungsrecht zuzubilligen sei, sei vom Tatrichter aufgrund einer Gesamtwürdigung der Umstände des jeweiligen Einzelfalls unter Berücksichtigung des Grundsatzes von Treu und Glauben (§§ 320 Abs. 2, 242 BGB) zu beantworten.

Nach dieser Rechtsprechung fehlen sowohl für den Vermieter, als auch für den Mieter klare Vorgaben, bis zu welchem Zeitraum und Umfang das grundsätzlich unbefristete Zurückbehaltungsrecht des § 320 BGB noch geltend gemacht werden kann und ab wann eine Nachzahlung des einbehaltenen Betrages zu erfolgen hat (vgl. *Börstinghaus* jurisPR-MietR 17/2015, Anm. 1). Während dem Mieter danach anzuraten sein dürfte, von dem ihm dem Gesetz nach zustehenden Zurückbehaltungsrecht bei einem Mangel der Mietsache nur noch mit größter Vorsicht Gebrauch zu machen (vgl. *Blank* aaO.), scheint dem Vermieter in letzter Konsequenz sogar die Möglichkeit offenzustehen, mit einer ernsthaften und endgültigen Weigerung, die ihm obliegende Pflicht zur Wiederherstellung des vertragsgemäßen Zustandes nach § 535 Abs. 1 S. 2 BGB zu erfüllen, eine Ausübung des Zurückbehaltungsrechts gänzlich zu verhindern. Wenn dem letztlich auch die Wertung des § 242 BGB entgegenstehen dürfte, besteht nach den mit og Entscheidung des BGH aufgestellten Maßstäben jedenfalls in der der Klageschrift zugrundeliegenden ersten Fallvariante kein Zurückbehaltungsrecht der Mieter mehr; mangels Nachzahlung der von ihnen geschuldeten Miete war die Kündigung damit berechtigt.

10. Neben den Rückständen muss auch die laufende Miete – die fälligen Entschädigung iSd § 546a Abs. 1 BGB – gezahlt werden, um das Nachholungsrecht des § 569 Abs. 3 Nr. 2 BGB in Anspruch nehmen zu können, vgl. → Form. C. II. 8 Anm. 11.

11. Grundsätzlich ist der Mieter mit dem Erlöschen des Leistungsverweigerungsrechts des § 320 BGB zur sofortigen Nachzahlung der bislang von ihm einbehaltenen Miete an den Vermieter verpflichtet (LG Berlin GE 1995, 821–823; MüKoBGB/*Emmerich* § 320 Rn. 8; vgl. auch BGH WuM 1995, 149–151). Allerdings kann sich im Einzelfall die Frage stellen, ob ein wegen verspäteter Zahlung des Rückstands eintretender Verzug wegen fehlenden Verschuldens entfällt, § 286 Abs. 4 BGB, zB wenn der Vermieter einen angezeigten Mangel jahrelang nicht beseitigt und die Beseitigung dann kurzfristig ohne Ankündigung vorgenommen hat, oder ob dem Mieter eine zusätzliche **Prüfungsfrist** zuzubilligen ist, wenn der Vermieter seine Forderung nach Auskehr des zurückbehaltenen Betrages in ein mehrseitiges kompliziertes Aufrechnungsrechenwerk eingebettet hat (BGH WuM 2014, 681). Trotz der ausstehenden Zahlungen wäre der Vermieter ohne Verzug des Mieters nicht zur außerordentlichen fristlosen Kündigung des Mietverhältnisses nach §§ 543 Abs. 2 Nr. 3, 569 Abs. 3 BGB berechtigt, uU aber zu einer ordentlichen Kündigung nach § 573 Abs. 1 BGB (vgl. zur Abgrenzung Schmidt-Futterer/*Blank* § 573 Rn. 25 ff. mwN). Eine Prüfungsfrist dürfte dem Mieter allerdings nur im Ausnahmefall einzuräumen sein, wogegen einer auf einen Verzug des Mieters mit der Zahlung der einbehaltenen Miete gestützten sofortigen fristlosen Kündigung bei jahrelanger eigener Untätigkeit des Vermieters sogar die Einwendung des § 242 BGB (*dolo agit*) entgegenstehen könnte.

Auf die *irrtümliche* Annahme einer ihm zustehenden Prüfungsfrist kann sich der Mieter dagegen nicht mit Erfolg berufen. Denn ein Rechtsirrtum lässt ein Verschulden nur dann entfallen, wenn der Mieter bei Anwendung der im Verkehr erforderlichen Sorgfalt (dh nach fachkundiger Beratung) nicht mit einer anderen Beurteilung durch die Gerichte rechnen muss (BGH WuM 2007, 24–27). Ggf. wäre dem Mieter aber auch zuzumuten, bei unklarer Rechtslage die vertraglich vereinbarte Miete zumindest unter Vorbehalt oder auf ein Anderkonto zu zahlen, um die Kündigung zu vermeiden (BGH aaO).

12. Hier sollte der Mieter beachten, dass die einbehaltene Miete ungeachtet der mit der Ausübung des Zurückbehaltungsrechts verbundenen rechtlichen Implikationen vorbehaltlich einer noch vorzunehmenden Mängelbeseitigung dem Vermieter zusteht, der wirtschaftlichen Dispositionsbefugnis des Mieters also nur noch mit Einschränkungen unterworfen ist.

13. Klage auf Räumung und Herausgabe nach fristloser Kündigung gem. § 543 Abs. 2 Nr. 2 BGB – Vernachlässigung beim Gebrauch

An

das Amtsgericht . . . . .

Abt. für Mietsachen[1]

Klage

des

. . . . .   – Kläger –

Prozessbevollmächtigter . . . . .

gegen

. . . . .

           – Beklagter –[2]

wegen Räumung

– Streitwert: 6.000,– EUR[3]

Namens und in Vollmacht des Klägers erhebe ich Klage gegen den Beklagten und werde beantragen,

1. den Beklagten zu verurteilen, die Wohnung Bahnhofstraße 5 in Gießen, Erdgeschoss rechts, bestehend aus 2 Zimmern, Küche, Bad und Hausflur, zu räumen und an den Kläger herauszugeben.

2. Der Beklagte trägt die Kosten des Rechtsstreits.

3. Das Urteil ist vorläufig vollstreckbar.

Ich beantrage ferner, soweit das Gericht das schriftliche Vorverfahren anordnet und der Beklagte seine Verteidigungsbereitschaft nicht rechtzeitig anzeigt, den Erlass eines Versäumnisurteils.

Begründung:

Der Kläger hat mit Mietvertrag vom 31.3.2013 die im Klageantrag näher bezeichnete Wohnung an den Beklagten vermietet.

Beweis: in Anlage K 1 überreichte Kopie des Mietvertrags

Das Mietverhältnis wurde von dem Kläger wegen vertragswidrigen Gebrauchs der Mietsache mit Schreiben vom 7.7.2015 gekündigt.

Beweis: in Anlage K 2 überreichte Kopie der Kündigungserklärung

Der Beklagte hat die Wohnung nicht geräumt, so dass der Räumungsanspruch nach §§ 556, 543 Abs. 2 Nr. 2 BGB fällig ist. Zur Begründung der Kündigung stützt sich der Kläger zunächst auf die Ausführungen im Kündigungsschreiben und macht sie zum Inhalt seines Vortrags.[4] Im Einzelnen geht es um Folgendes:

Der Beklagte hat alle von ihm angemieteten Räume zu Beginn des Jahres 2014 an die EG-GmbH mit Sitz in Wetzlar untervermietet, obwohl die Untervermietung in § 8 Abs. 1 des Mietvertrags ausdrücklich verboten ist. Die EG-GmbH betreibt in den Räumen jetzt trotz mehrfacher Abmahnung eine Gastwirtschaft, der Beklagte hatte die Räume dagegen nur zu Wohnzwecken angemietet.[5]

Beweis: Zeugnis des Geschäftsführers der EG-GmbH, Ernst Förster . . . .
       Augenschein

oder:

Der Beklagte hat die gesamte Wohnung ohne Rücksprache mit dem Kläger einer Familie Ahmed Yildiz zum Gebrauch überlassen, sich selbst aber in die USA begeben, wo er nur schwierig zu erreichen ist.[6]

Beweis: Zeugnis des Herrn Ahmed Yildiz, ...
       Augenschein

oder:

Der Beklagte hat ohne Rücksprache mit dem Kläger, der nur zufällig davon erfahren hat, 2 Räume an die Eheleute Joris und Brigitte Zwickowski untervermietet.

Beweis: Zeugnis der Eheleute Zwickowski, ...

Der Kläger hat den Beklagten wie auch die Eheleute Zwickowski wegen der Gründe der Untervermietung befragt und darauf keine klare Antwort erhalten. Der Kläger ist nicht bereit, der Untervermietung nachträglich zuzustimmen. Die schriftliche Aufforderung an die beiden Beteiligten, das Untermietverhältnis zu beenden und sofort den Auszug zu veranlassen bzw. vorzunehmen, blieb erfolglos.[7]

Beweis: in Anlage K 3 überreichte Kopie des Schreibens vom . . . .

oder:

Der Beklagte hat die von ihm angemieteten Wohnräume zu einem Büro mit umfangreichem Publikumsverkehr umgestaltet (wird ausgeführt).[8] *Diese erhebliche Verletzung der Vermieterinteressen braucht sich der Kläger nicht gefallen zu lassen.*[9]

Beweis: Augenschein

   Parteivernehmung des Beklagten

Außerdem hat der Beklagte die angemieteten Räume in den Monaten Dezember 2014 und Januar 2015 wegen zeitweiliger Stilllegung des Büros nicht geheizt. Die Folge waren geplatzte Wasserrohre und eine Durchfeuchtung der Wände im Keller und im Erdgeschoss.[10]

Beweis: Zeugnis des Hausmeisters Andreas Haupt, zu laden über den Kläger

oder:

Der Beklagte, der zunächst der einzige Mieter war, hat seine Ehefrau in die Wohnung aufgenommen, dann sind insgesamt 5 Kinder hinzugekommen, so dass die Wohnung mit einer Größe von lediglich 40 Quadratmetern gänzlich überbelegt ist. Mit den Kindern gibt es ständig Auseinandersetzungen, sie schreien im Hausflur und die Mitbewohner beschweren sich darüber, dass Lärm aus der Wohnung dringt und die Flure verschmiert werden.[11]

Beweis: Zeugnis des Hausmeisters Andreas Haupt, zu laden über den Kläger

Der Beklagte ist wegen seiner vertragswidrigen Verhaltensweisen am . . . . . schriftlich abgemahnt worden.[12]

Beweis: als Anlage K 4 in Kopie überreichte Abmahnung vom . . . .

                  Rechtsanwalt

Anmerkungen

1. Zur sachlichen und örtlichen Zuständigkeit des Amtsgerichts → Form. C. II. 2 Anm. 1.

2. Zur Klageerhebung bei Personenmehrheit auf Vermieter- bzw. Mieterseite → Form. C. II. 2 Anm. 2, 3. Ist die Wohnung von dem Mieter unbefugt an einen Dritten untervermietet worden, empfiehlt es sich, die Räumungsklage sowohl gegen den Haupt-, als auch gegen den Untermieter zu richten → Anm. 7.

3. Zur Höhe und zur Berechnung des Streitwerts → Form. C. II. 2 Anm. 4.

4. Der zur Kündigung des Wohnraummietverhältnisses führende wichtige Grund ist, anders als nach § 564b Abs. 3 BGB aF, stets in der Kündigungserklärung anzugeben, § 569 Abs. 4 BGB (vgl. BGH WuM 2004, 97–98) → Form. C. II. 7 Anm. 5.

5. Die außerordentliche Kündigung nach § 543 Abs. 2 Nr. 2 BGB setzt voraus, dass der Mieter die Mietsache vertragswidrig gebraucht und diesen Gebrauch trotz Abmahnung fortsetzt. Ein vertragswidriger Gebrauch liegt nach dem Wortlaut der Norm ausschließlich in den Fällen der unbefugten Gebrauchsüberlassung an Dritte und der Gefährdung der Mietsache durch Vernachlässigung der dem Mieter obliegenden Sorgfaltspflichten vor. Andere Fälle der Verletzung der Rechte des Vermieters fallen nicht unter § 543 Abs. 2 Nr. 2 BGB, können also allenfalls eine Kündigung nach § 543 Abs. 1 BGB rechtfertigen. Die Abmahnung ist zwingendes gesetzliches Erfordernis; dazu näher unten bei → Anm. 16. Die Unterlassungsklage nach § 541 BGB ist nicht als milderes Mittel gegenüber der Kündigung vorrangig, zudem ist der Mieter bereits mit der Abmahnung zur Unterlassung des vertragswidrigen Gebrauchs aufgefordert worden (OLG Frankfurt a.M. ZMR 1988, 461–462). Die Ausübung der Kündigung setzt also nicht stets die Anwendung vorheriger leichterer Sanktionen voraus, sie muss nicht das „letzte Mittel" sein (ebenso OLG Düsseldorf ZMR 1987, 423–425). Der Mieter muss sich ein vertragswidriges Verhalten seiner Erfüllungsgehilfen zurechnen lassen, also der Personen, die die Mietsache mit seinem Willen nutzen oder denen er die Sache (befugt oder nicht) zum Gebrauch überlassen hat. Bei Mitmietern reicht es aus, wenn die Kündigungsvoraussetzungen in *einer* Person begründet sind (OLG Düsseldorf aaO.; vgl. aber zur Abgrenzung beim Heimvertrag LG Freiburg NZM 2013, 286–288).

6. Die unbefugte Überlassung des Gebrauchs an Dritte als Kündigungsgrund führt § 543 Abs. 2 Nr. 2 BGB schon im Gesetzestext auf. Dritter iSd Norm ist jeder, der nicht Partei des Mietvertrags ist und dem der Mieter die Mietsache wissentlich und willentlich zur Nutzung überlässt. Erforderlich ist neben der Tathandlung der unbefugten Gebrauchsüberlassung auch eine dadurch als Folge hervorgerufene erhebliche Rechtsverletzung des Mieters. An der Erheblichkeit der Beeinträchtigung der Vermieterrechte fehlt es in der Regel, wenn der Mieter einen Anspruch auf Erteilung der Gebrauchsüberlassung hat (BGH WuM 2011, 169–171; GE 2011, 1159–1160, jeweils zur unerlaubten Untervermietung). § 543 Abs. 2 Nr. 2 BGB gilt für alle Mietverhältnisse, bei der Kündigung eines Wohnraummietverhältnisses müssen allerdings Schriftform (§ 568 Abs. 1 BGB) und Begründungszwang (§ 569 Abs. 4 BGB) beachtet werden. Zur Gestattung der Untervermietung bei längerem Auslandsaufenthalt des Hauptmieters vgl. BGH WuM 2014, 489–494, und AG Tempelhof-Kreuzberg GE 2012, 66–67.

7. Zweckmäßigerweise wird in diesen Fällen der vertragslose **Untermieter mitverklagt**. Denn der Vermieter kann aus einem nur gegen den Mieter erwirkten Räumungstitel nicht gegen einen Untermieter oder andere in dem Urteil nicht aufgeführte Personen vollstrecken (BGH ZMR 2004, 324–325). Der Vermieter hat auch gegen Personen, die sich nach dem Auszug des Mieters noch in der Wohnung aufhalten und nicht Mitmieter sind, einen Räumungs- und Herausgabeanspruch, der seine Grundlage in § 546 Abs. 2 oder § 985 BGB findet (OLG Schleswig WuM 1992, 674–677, zum Ehepartner; ebenso LG Hamburg WuM 1992, 549; LG Frankfurt a.M. WuM 1989, 295, zu Eltern und Brüdern des Mieters). Für Untermieter gilt im Ergebnis nichts anderes (Schmidt-Futterer/*Streyl* § 546 Rn 100 f). Der Vermieter kann von dem Mieter Auskunft über die Person des Dritten zur Vorbereitung einer Räumungsklage verlangen (LG Kiel ZMR 2010, 532–533). Der Untermieter wird von dem Rückgabeanspruch des Vermieters jedoch frei, wenn er die Mieträume nach Vertragsende an den Mieter zurückgibt (OLG München NJW-RR 1989, 524, bei Pacht; LG Hamburg WuM 1980, 199); ebenso wird er durch die Herausgabe an den Vermieter von seiner Herausgabepflicht gegenüber dem Mieter befreit (BGH WuM 1996, 32–34).

Nach § 553 Abs. 1 BGB hat der Wohnraummieter die Erlaubnis des Vermieters vor der Gebrauchsüberlassung an Dritte einzuholen, geschieht dies nicht, liegt darin eine schwerwiegende Vertragsverletzung, die den Vermieter jedenfalls dann regelmäßig zur außerordentlichen fristlosen Kündigung berechtigt, wenn der Mieter auf die Untervermietung keinen Anspruch hat (BGH WuM 1985, 88–90; OLG Hamburg ZMR 1982, 186–190). Hat der Wohnraummieter dagegen den Anspruch nach § 553 Abs. 1 BGB, kann die Kündigung des Vermieters nach § 543 Abs. 2 Nr. 2 BGB unwirksam sein (zur Abgrenzung vgl. BayObLG WuM 1991, 18–20).

Sind die Voraussetzungen für ein außerordentliche fristlose Kündigung nicht erfüllt, kann dem Vermieter u. U. wegen schuldhafter Verletzung der ihm obliegenden mietvertraglichen Pflichten ein Recht zur ordentlichen Kündigung nach § 573 Abs. 2 Nr. 1 BGB zustehen, ggf. auch nach § 573 Abs. 1 BGB („sonstiges berechtigtes Interesse"). Dabei sind die Kündigungsfristen des § 573c BGB zu beachten. Dies gilt auch dann, wenn der Mieter nach § 553 Abs. 1 BGB einen Anspruch auf die Genehmigung gehabt hätte. Der Anspruch auf Erteilung der Genehmigung der Gebrauchsüberlassung an Dritte ist dann im Rahmen der Gesamtwürdigung bei Beantwortung der Frage zu berücksichtigen, ob der Mieter schuldhaft gehandelt hat und seine Pflichtverletzung „nicht unerheblich" war (BayObLG WuM 1991, 18–20; OLG Hamm DWW 1998, 211–212). Dabei kann insbesondere von Bedeutung sein, ob der Mieter rechtsirrtümlich von einer Berechtigung zur Gebrauchsüberlassung ausgegangen war oder bewusst dem Willen des Vermieters zuwider handeln wollte (vgl. AG Bad Homburg WuM 1994, 327–328: Fristlose Kündigung bei Täuschung des Untermietwilligen über die Vermietungsbefugnis des Mieters anhand gefälschter Unterlagen). In der Regel dürfte in dieser Fallkonstellation aber eine Verletzung der berechtigten Vermieterinteressen zu verneinen sein, so dass eine auf Gebrauchsüberlassung an Dritte gestützte Kündigung im Einzelfall sogar rechtsmissbräuchlich sein kann (BGH WuM 2011, 169–171). Zur Klage des *Mieters* auf Zustimmung zur Untervermietung vgl. → Form. B. III. 51.

8. Der Vermieter ist sogar dann zur ordentlichen Kündigung einer zu Wohnzwecken gemieteten Wohnung wegen unerlaubter gewerblicher Nutzung berechtigt, wenn der Mieter die Räume trotz Abmahnung gegenüber dem Gewerbeamt als Betriebsstätte seines Gewerbebetriebes nennt und gegenüber Kunden als Geschäftsadresse angibt, in dem Haus im Übrigen aber weder Mitarbeiter noch Geschäftskunden empfängt (BGH WuM 2013, 554–555). Anders dagegen, wenn der Mieter nach Abmahnung jeden Hinweis auf sein Gewerbe an den Mieträumen beseitigt und diese zwar noch für kurze Zeit als Geschäftsadresse nutzt, dort aber keine Geschäftspost mehr empfängt; in diesem Fall kommt dem Vertragsverstoß nicht mehr ein Gewicht zu, das eine ordentliche Kündigung rechtfertigen könnte (LG Berlin GE 2015, 790–791). Zur Erheblichkeit der Pflichtverletzung vgl. → Anm. 9.

9. § 543 Abs. 2 Nr. 2 BGB fordert eine **erhebliche Verletzung** der Rechte des Vermieters infolge einer durch Vernachlässigung der erforderlichen Sorgfalt verursachten Gefährdung der Mietsache. Bei weniger gravierenden Verstößen oder solchen mit geringen Auswirkungen kann der Vermieter nur die Unterlassungsklage nach § 541 BGB erheben. Absicht des Gesetzgebers ist, den Mieter bei geringeren Verstößen durch den Unterlassungsanspruch des Vermieters zu vertragsgemäßem Verhalten zu veranlassen und nur bei erheblichen Verletzungen als stärkste Reaktion des Vermieters eine Kündigung zuzulassen (MüKoBGB/*Bieber* § 543 Rn. 34; ausführlich WoBauR/*Franke*, § 543 BGB, Anm. 21 Nr. 5). Der Begriff der erheblichen Vertragsverletzung korrespondiert mit dem der erheblichen Pflichtverletzung. Grundsätzlich sind hohe Anforderungen an die Annahme eines wichtigen Grundes iSd § 543 Abs. 2 Nr. 2 BGB zu stellen, sodass eine fristlose Kündigung des Vermieters nach dieser Norm nur in gravierenden Fällen vertragswidrigen Verhaltens in Betracht kommen dürfte (vgl. BVerfG ZMR 1994, 10–12). Maßstab kann daher sein, ob durch das fragliche Verhalten des Mieters die Substanz der

Mietsache gefährdet oder Mitmieter erheblich belästigt werden (vgl. LG Berlin ZMR 2011, 873–874: Verweigerung und Verhinderung notwendiger Instandsetzungsarbeiten und Verletzung der Obhuts- und Sorgfaltspflichten durch Vermüllung der Wohnung). Auf die Unzumutbarkeit der Vertragsfortsetzung iSd § 543 Abs. 1 S. 2 BGB kommt es dagegen bei Prüfung der Erheblichkeit des Kündigungsgrundes nicht an, weil eine Anwendung dieser Norm ausscheidet, wenn die tatbestandlichen Voraussetzungen für eine Kündigung nach § 543 Abs. 2 oder § 569 BGB erfüllt sind (*Kraemer* NZM 2001, 553–563). Die Beweislast für die erheblichen Vertragsverletzungen trägt der jeweils Kündigende, sei es Vermieter oder Mieter (OLG Köln WuM 1996, 270–271).

Beispiele für erhebliches vertragswidriges Verhalten iSv § 543 Abs. 2 Nr. 2 BGB aus der Rechtsprechung sind die Benutzung der Wohnung als Umschlag- und Lagerplatz für umfangreiche Rauschgiftgeschäfte (LG Berlin GE 1990, 255), aber sogar eine verbotene und von den städtischen Wasserwerken beanstandete, trotz Abmahnung jedoch fortgesetzte Benutzung von Brunnenwasser zur Toilettenspülung wird als ausreichend angesehen (LG Gießen WuM 1994, 681–682). Bei der ohne Erlaubnis des Vermieters erfolgten Nutzung von gewerblich angemieteten Räumen zu Wohnzwecken wird die Anwendbarkeit des § 553 BGB zT mit der Folge verneint, dass ein Recht des Vermieters zur fristlosen Kündigung nach § 543 Abs. 2 Nr. 2 BGB angenommen wird (OLG Düsseldorf ZMR 1987, 423–425), zT aber auch mit dem Ergebnis bejaht, dass die Kündigung unwirksam ist (OLG Köln WuM 1996, 270–271).

10. Neben der unbefugten Überlassung der Mietsache an Dritte enthält § 543 Abs. 2 Nr. 2 BGB auch den Tatbestand der Gefährdung des Mietobjektes durch **mangelnde Sorgfalt**. Dem Mieter obliegt neben der Anzeigepflicht des § 536c Abs. 1 BGB auch eine Obhuts-, aber keine Benutzungspflicht (die in der Gewerberaummiete aber vertraglich vereinbart werden kann, in der Praxis regelmäßig bei Einkaufszentren). Die Wahrnehmung der Obhutpflicht, also der Pflicht, mit der Mietsache pfleglich umzugehen und Schäden von ihr abzuwenden (Schmidt-Futterer/*Blank* § 543 Rn. 54), erfordert beispielsweise eine hinreichende Beheizung der angemieteten Räume, um einen Schadenseintritt durch Frost oder Feuchtigkeit zu verhindern. Zu den Vorkehrungen zum Schutz der Mietsache zählt daher zumindest gelegentliches Heizen im Winter, ferner hat der Mieter die Überwachung der Räume sicherzustellen (OLG Hamm NJW-RR 1988, 530–531; vgl. zur Abgrenzung aber BGH WuM 1986, 145–146). Den Mieter trifft auch eine Pflicht, die ihm zumutbaren Maßnahmen zu ergreifen, um die seinen Mitmietern drohenden Schäden zu vermeiden, die durch einen bei Frostgefahr drohenden Wasserrohrbruch in seinen Miträumen entstehen, notfalls muss er behelfsmäßige Isolierungen anbringen (OLG München VersR 1989, 1157). Jedenfalls darf eine frostgefährdete Wasserleitung nicht längere Zeit ohne Kontrolle zurückgelassen werden (BGH WuM 1971, 1542–1543; OLG München aaO). Die Obhutspflicht besteht auch weiter, wenn der Mieter die Räume nach Vertragsende nicht zurückgibt bzw. eine vollständige Räumung verweigert (BGH ZMR 1983, 198–199; OLG Düsseldorf WuM 1994, 461: aus einem nach Räumung des Grundstücks von Unbekannten dorthin verbrachten Fass ausfließendes Öl verursacht eine Bodenkontaminierung).

Der Mieter ist auch zu richtigem Heizungs- und Lüftungsverhalten verpflichtet. Dazu näher ua *Künzel* WuM 2012, 652–656 (richtiges Lüftungsverhalten), *Mathonia* WuM 2005, 223–226 (Lüften und Feuchtigkeitsschäden), zu den Obhutspflichten allgemein Schmidt-Futterer/*Eisenschmid* § 535 Rn. 275 ff., und Staudinger/*Emmerich* § 535 Rn. 93 ff.).

11. Die **Überbelegung** einer Wohnung ist ein weiterer Fall vertragswidriger Benutzung. Der Mieter darf zwar Ehefrau, Verlobte und Kinder in die Wohnung aufnehmen, weil diese nicht „Dritte" sind (BGH WuM 1993, 529–531; WuM 1991, 381–385; LG Potsdam WuM 2012, 612–613, zum Einzug des volljährigen selbstständigen Kindes). Die Überbelegung lässt sich auch nicht als unbefugte Gebrauchsüberlassung an Dritte iSd § 543 Abs. 2 Nr. 2, 2. Alt. BGB qualifizieren, weil die Aufnahme naher Angehöriger zum

Gebrauchsrecht des Mieters gehört (BGH aaO). Sie ist jedoch – verschuldensunabhängig – als vertragswidriger Gebrauch der Mietsache iSv § 543 Abs. 2 Nr. 2, 1. Alt. BGB zu sehen, auch wenn sie erst durch die Aufnahme des Ehegatten und das Hinzukommen von Kindern zustande kommt. Der Mieter hat nur das Recht, die Wohnung vertragsgemäß, also im Rahmen des auch durch die Wohnungsgröße vorgegebenen Gebrauchs, zu nutzen (BGH WuM 1993, 529–531).

Verbindliche gesetzliche Vorgaben, ab wann der Umfang des vertragsgemäßen Gebrauch überschritten ist, fehlen (öffentlich-rechtliche Vorgaben sind grundsätzlich ohne Belang); die Judikatur ist uneinheitlich. **Bejaht** wurde eine Überbelegung in folgenden Entscheidungen:

- AG Stuttgart WuM 2012, 150–152   64,3 m², 8 Personen
- BVerfG WuM 1994, 119–122   70 m², 7 Personen
- LG Mönchengladbach ZMR 1991, 110–111   49 m², 7 Personen
- OLG Karlsruhe NJW 1987, 1952–1953   54 m², 8 Personen
- BayObLG ZMR 1984, 13   25 m², 3 Personen
- LG Düsseldorf WuM 1983, 141   23 m², 5 Personen
- OLG Hamm ZMR 1983, 66–66   57 m², 8 Personen

Eine Überbelegung **verneint** haben dagegen:

- AG Tempelhof-Kreuzberg
  GE 2013, 1067–1068   287 m², 7 Personen
- LG Hamburg WuM 2002, 93–94   65 m², 3 Personen
- LG Kempten WuM 1997, 371   78 m², 7 Personen
- LG Bonn WuM 1990, 345   90 m², 10 Personen
- AG Charlottenburg WuM 1989, 626   41 m², 5 Personen
- LG Darmstadt WuM 1987, 393–394   33 m², 3 Personen
- LG Köln WuM 1983, 327   20 m², 3 Personen

Nicht jede Veränderung der Nutzerzahl hat bereits eine Überschreitung des vertragsgemäßen Gebrauchs zur Folge (anders ggf. bei Vermietung eines Ein-Personen-Appartements, bestehend aus einem Zimmer und Bad). Auch bei Feststellung einer objektiven Überbelegung muss daher kumulativ eine erhebliche Verletzung der Vermieterrechte hinzukommen. Gehen von der Überbelegung keine beeinträchtigenden Wirkungen aus, besteht kein Recht zur fristlosen Kündigung des Mietverhältnisses. Andernfalls würde das grundgesetzlich geschützte Recht des Mieters, mit seinen Kindern zusammenzuleben, erheblich beeinträchtigt (BGH WuM 1993, 529–531). Im dem der Entscheidung des BGH (aaO) zugrundeliegenden Ausgangsfall hatte die erstinstanzliche Beweisaufnahme keine Hinweise auf eine Gefährdung oder Beschädigung der Wohnung ergeben, obwohl eine Zwei-Zimmer-Wohnung von 30 Quadratmetern Größe von einem Ehepaar und drei Kindern bewohnt wurde.

12. Eine Abmahnung bzw. eine Fristsetzung zur Abhilfe sind nach § 543 Abs. 3 BGB außer in den Fällen des Abs. 3 S. 2 Nr. 1–3 der Norm stets erforderlich, die damit verbundene Androhung der Kündigung iS einer qualifizierten Abmahnung dagegen nicht (BGH NZM 2007, 561–562). Die Abmahnung kann ausnahmsweise entbehrlich sein (§ 543 Abs. 3 Nr. 1 BGB), wenn der Mieter bereits vollendete Tatsachen geschaffen hat (BGH WuM 1975, 365–366). Gleiches gilt, wenn er sich weigert, seine vertraglichen Verpflichtungen zu erfüllen oder ausdrücklich erklärt, er werde sein vertragswidriges Verhalten fortsetzen. Die Abmahnung wäre dann leere Förmelei (BGH aaO). Zur Kündigung wegen Überbelegung vgl. BeckFormB MietR/Paltzer Form. D. III. 7.

14. Klage auf Räumung nach Kündigung gem. § 569 Abs. 3 BGB (Kaution)

An

das Amtsgericht . . . . .[1]

Klage

des . . . . .

– Kläger –[2]

gegen

. . . . .

– Beklagter –

wegen Räumung[3]

Streitwert: 4.800,– EUR

Namens und in Vollmacht des Klägers erhebe ich Klage gegen den Beklagten und werde beantragen,

1. den Beklagten zu verurteilen, die Wohnung Bahnhofstraße 5 in Gießen, Erdgeschoss rechts, bestehend aus 2 Zimmern, Küche, Bad und Hausflur, zu räumen[4] und an den Kläger herauszugeben.

2. Die Beklagte trägt die Kosten des Rechtsstreits.

3. Das Urteil ist vorläufig vollstreckbar.

Ich beantrage ferner, soweit das Gericht das schriftliche Vorverfahren anordnet und der Beklagte seine Verteidigungsbereitschaft nicht rechtzeitig anzeigt, den Erlass eines Versäumnisurteils.

Begründung:

Der Kläger hat mit Mietvertrag vom 1.6.2015 die im Klageantrag näher bezeichnete Wohnung an den Beklagten vermietet.

Beweis: in der Anlage K 1 überreichte Kopie des Mietvertrags

Das Mietverhältnis wurde von der Klägerin mit Kündigungsschreiben vom 10.10.2015 wegen ausstehender Kautionszahlung fristlos gekündigt.

Beweis: in der Anlage K 2 überreichte Kopie des Kündigungsschreibens

Die Wohnung wurde bislang jedoch nicht geräumt, so dass der Räumungsanspruch gerichtlich durchzusetzen ist. Unter Bezugnahme auf die Ausführungen im Kündigungsschreiben[5] wird zur Begründung des Räumungsbegehrens im Einzelnen vorgetragen:

Unter § 5 des Mietvertrags vom 1.6.2015 haben die Parteien vereinbart, dass der Beklagte an den Kläger eine Kaution in Höhe von 3 Netto-Monatsmieten zu je 480,– EUR zu entrichten hat, zahlbar in drei jeweils gleichhohen Raten, wobei diese spätestens am 3. des Monats jeweils zusammen mit der Miete zu leisten sind.[6] Die Ratenzahlung

Kischkel

sollte der vertraglichen Regelung zufolge mit Vertragsanfang beginnen.[7] Der Beklagte hat bei Vertragsbeginn auch noch pflichtgemäß die erste von ihm geschuldete Miete und auch die erste Rate der Kaution auf das Mietkonto überwiesen, in der Folgezeit – inzwischen sind vier Monate vergangen – auf den restlichen Kautionsanspruch jedoch keine weiteren Zahlungen geleistet. Der Kläger hat das Mietverhältnis deshalb unter dem 10.10.2015 fristlos außerordentlich gekündigt.[8] Die fristlose Kündigung wird auf § 569 Abs. 2 a BGB gestützt.[9] Es bleibt dem Beklagten überlassen, eine Nachzahlung des Rückstandes zu erbringen, um das Mietverhältnis zu „retten".[10]

oder:

Der Beklagte hat weder bei Vertragsbeginn noch in den Folgemonaten auch nur einen Teil der Kaution gezahlt; ihm wurde daher am 10.10.2015 fristlos gekündigt.[11]

Rechtsanwalt

Anmerkungen

1. Zur sachlichen und örtlichen Zuständigkeit des Amtsgerichts → Form. C. II. 2 Anm. 1; eine eigene Abteilung für Mietsachen besteht nur bei einigen, in der Regel größeren Amtsgerichten.

2. Zur Klageerhebung bei Personenmehrheit auf Vermieter- bzw. Mieterseite → Form. C. II. 2 Anm. 2, 3.

3. Zur Definition und zum konkreten Umfang der nach der Kündigung geschuldeten Räumung → Form. C. II. 2 Anm. 6.

4. Zur Erforderlichkeit einer präzisen Angabe der zu räumenden und herauszugebenden Mieträume → Form. C. II. 1 Anm. 1.

5. Die Angabe des wichtigen Grundes gehört zu den Wirksamkeitsvoraussetzungen der Kündigung → Form. C. II. 7 Anm. 7. Das gilt für alle außerordentlichen fristlosen Kündigungen aus wichtigem Grund und daher auch für die Kündigung nach § 569 Abs. 2 a BGB (*Wiek* WuM 2013, 195–202).

6. Eine vertragliche Abänderung dieser sich aus § 551 Abs. 2 BGB ergebenden Fälligkeitstermine, etwa in eine Zahlungspflicht der gesamten Kaution bei der Wohnraummiete, ist nach § 551 Abs. 4 BGB nicht möglich (vgl. BGH WuM 2004, 269). Wird gegen die gesetzliche Reglung verstoßen, führt dies jedoch nur zur Unwirksamkeit der Fälligkeitsregelung, der Mietvertrag im Übrigen einschließlich der Kautionsvereinbarung als solcher bleibt davon unberührt (BGH NZM 2004, 613–615). Soweit die von dem Mieter erbrachte Kaution drei Monatsmieten übersteigt, steht ihm hinsichtlich der überzahlten Differenz ein bereicherungsrechtlicher Herausgabeanspruch nach § 812 Abs. 1 S. 1 BGB zu, der nach § 199 Abs. 1 BGB innerhalb 3 Jahren verjährt, gerechnet seit Ablauf des Jahres, in dem der Mieter den überschießenden Betrag gezahlt hat (BGH DWW 2011, 260–262).

7. Das Gesetz kannte vor Inkrafttreten des § 551 Abs. 2 a BGB keine Regelung zur Fälligkeit der 2. und 3. Rate. Allgemein wurde aber angenommen, die Raten seien zusammen mit der 2. und 3. fälligen Miete zu zahlen (vgl. Palandt/*Weidenkaff*, 66. Aufl., § 551 Rn. 10). Durch das Mietrechtsänderungsgesetz vom 18.3.2013 (MietRÄndG) ist dem § 551 Abs. 2 BGB ein dritter Satz angefügt worden (in Kraft seit dem 1.5.2013), nach dem die weiteren Kautionsteilzahlungen zusammen mit den weiteren Mietzahlungen fällig werden.

8. Der ebenfalls durch das MietRÄndG 2013 mit Wirkung zum 1. Mai 2013 in das Gesetz eingefügte § 569 Abs. 2 a BGB enthält einen neuen Kündigungstatbestand. Danach liegt ein zur fristlosen Kündigung iSv § 543 Abs. 1 BGB berechtigender wichtiger Grund vor, wenn der Mieter mit der Verpflichtung zur Zahlung der Kaution in Verzug gerät. Die Regelung findet nur im Wohnraummietrecht Anwendung, allerdings ist die Nichtzahlung der Kaution auch im Gewerberaummietrecht als wichtiger Grund für eine fristlose Kündigung nach § 543 Abs. 1 BGB anerkannt (BGH NZM 2007, 400–401). Begründet wird dies damit, dass die Kaution regelmäßig ein legitimes Sicherungsbedürfnis des Vermieters befriedigt und die Nichtzahlung daher grundsätzlich eine erhebliche Vertragsverletzung darstellt (BGH aaO.). Vor der Kündigung nach § 543 Abs. 3 S. 1 BGB (Gewerberaummiete) ist eine Abmahnung erforderlich, nach § 569 Abs. 2 a S. 3 BGB, dh im Wohnraummietrecht, dagegen nicht.

Ein weiterer Unterschied zwischen der Kündigung nach § 543 Abs. 1 BGB und nach § 569 Abs. 2 a BGB besteht darin, dass im ersten Fall eine Abwägung der Interessen der Mietvertragsparteien an Bestand bzw. Beendigung des Mietverhältnisses zu erfolgen hat, im zweiten Fall dagegen grundsätzlich nicht. Denn § 569 Abs. 2 a BGB enthält mit dem Verzug der Kautionszahlung ein Regelbeispiel für einen zur fristlosen Kündigung berechtigenden wichtigen Grund. Danach ist für die fristlose Kündigung erforderlich, aber auch ausreichend, dass der Verzug vorliegt. Ein Rückgriff auf die Generalklausel des § 543 Abs. 1 S. 2 BGB ist in diesem Fall nicht mehr möglich (*Wiek* WuM 2013, 195–202; vgl. die Rechtsprechung des BGH in WuM 2015, 152–155, zu den Regelbeispielen des § 543 Abs. 2 Nr. 3 BGB).

9. § 569 Abs. 2 a BGB findet auf sog „Altmietverhältnisse" keine Anwendung, die vor dem 1. Mai 2013 entstanden sind, Art 229 § 3 EGBGB. Einen Regelungsbedarf für die älteren Verträge sieht der Gesetzgeber ebenso wenig wie für gewerbliche Mietverhältnisse. Damit bleibt es dort bei der Möglichkeit einer außerordentlichen Kündigung nach § 543 Abs. 1 BGB (LG Berlin ZMR 2012, 350–351; Schmidt-Futterer/*Blank* § 569 Rn. 32 k; aA LG Köln WuM 1993, 605), ggf. auch der ordentlichen Kündigung.

10. Der neue Kündigungstatbestand lehnt sich an die fristlose Kündigung wegen Verzuges mit 2 Monatsmieten an und stellt auch einen Gleichlauf mit der fristlosen Kündigung nach § 543 Abs. 2 S. 1 BGB her. Satz 4 der Neuregelung ordnet die sinngemäße Anwendung des § 569 Abs. 3 Nr. 2 S. 1 BGB an und stellt dadurch sicher, dass auch die fristlose Kündigung wegen rückständiger Kautionszahlungen unwirksam wird, wenn der Vermieter spätestens 2 Monate nach Rechtshängigkeit des Räumungsanspruchs befriedigt wird. Gerät der Mieter nach Befriedigung des Vermieters mit der Kaution mit der *Mietzahlung* in Verzug, gilt § 569 Abs. 3 Nr. 2 S. 2 BGB: Eine erneute Nachholung ist ausgeschlossen.

11. Erbringt der Mieter bereits die erste Kautionsrate nicht, hat der Vermieter ein Zurückbehaltungsrecht an der Wohnung (§ 273 BGB) und kann auch die Schlüssel zurückhalten (Schmidt-Futterer/*Blank* § 551 Rn. 62 und BeckFormB MietR/*Borzutzki-Pasing* Form. B. IX. 5 Anm. 2; vgl. auch BGH NZM 1998, 766). Gleichwohl verbleibt ihm der Anspruch auf die Mietzahlungen. Der Mieter muss die Kaution auch erbringen, wenn die Mieträume Mängel aufweisen und er deshalb die Übernahme ablehnen darf (zur Geschäftsraummiete BGH ZMR 2007, 444–446). Ihm steht an der Kaution kein Zurückbehaltungsrecht zu, weil aufgrund ihres Sicherungscharakters kein Gegenseitigkeitsverhältnis iSd § 273 BGB existiert (BGH aaO; ebenso KG GE 2003, 525; OLG Düsseldorf, ZMR 2000, 452–455).

15. Klage auf Räumung wegen unpünktlicher Mietzahlung

An

das Amtsgericht . . . . .

Abt. für Mietsachen[1]

Klage

des

. . . . .   – Klägerin –[2]

gegen

. . . . .   – Beklagter –

wegen Räumung[3]

Streitwert: 9.600,– EUR

Namens und in Vollmacht der Klägerin erhebe ich Klage gegen den Beklagten und werde beantragen,

1. den Beklagten zu verurteilen, das Einfamilienhaus Hoher Weg 6 a in Gießen einschließlich Garage und des zugehörigen Grundstücks zu räumen[4] und an die Klägerin herauszugeben.

2. Der Beklagte trägt die Kosten des Rechtsstreits.

3. Das Urteil ist vorläufig vollstreckbar.

Ich beantrage ferner, soweit das Gericht das schriftliche Vorverfahren anordnet und der Beklagte seine Verteidigungsbereitschaft nicht rechtzeitig anzeigt, den Erlass eines Versäumnisurteils.

Begründung:

Die Klägerin hat mit Mietvertrag vom 31.3.2009 das im Klageantrag näher bezeichnete Hausgrundstück in Gießen an den Beklagten vermietet.

Beweis: in der Anlage K 1 überreichte Kopie des Mietvertrags

Das Mietverhältnis wurde von der Klägerin mit Kündigungsschreiben vom 7.5.2015 wegen fortwährender unpünktlicher Mietzahlung fristlos, hilfsweise ordentlich zum 30.11.2015 gekündigt.[5]

Beweis: in der Anlage K 2 überreichte Kopie des Kündigungsschreibens

Das Haus wurde bislang jedoch nicht geräumt, so dass der Räumungsanspruch gerichtlich durchzusetzen ist. Die Kündigung ist wie folgt begründet worden:[6]

Der Beklagte hatte bis zum Kündigungszeitpunkt bereits zwölfmal unpünktlich gezahlt, und zwar in den Monaten Oktober 2014 bis September 2015 jeweils erst zwischen dem 16. und dem 20. Tag des Monats statt, wie unter § 2 Abs. 2 des Mietvertrags vereinbart, jeweils am 3. Werktag des Monats. Im Einzelnen sind die Zahlungen eingegangen am

17.10., 17.11. und 20.12.2014 sowie am 19.1., 16.2., 17.3., 17.4., 15.5., 19.6., 15.7., 15.8. und schließlich am 20.9.2015.[7]

Beweis: in der Anlage K 3 überreichte Kopien der Auszüge des Mietkontos der Klägerin für die Monate Oktober 2014 bis September 2015

Der Beklagte hat vorgerichtlich mitteilen lassen, er stehe infolge inzwischen länger dauernder unverschuldeter Arbeitslosigkeit im Hartz-IV-Bezug. Er habe im September 2014 mit dem für ihn zuständigen Sachbearbeiter des Jobcenters Gießen vereinbart, dass die Miete ab dem Monat Oktober 2014 unmittelbar an die Kläger gezahlt werde. Er sei nicht dafür verantwortlich zu machen, dass dies nicht pünktlich geschehe.[8] Dieser Vortrag entlastet den Beklagten aber nicht. Zwar lässt sich den Kontoauszügen der Klägerin in der Tat entnehmen, dass die Miete seit Oktober 2014 vom Gießener Jobcenter auf das Mietkonto überwiesen wird.

Beweis: wie vor

Die regelmäßigen Zahlungsverzögerungen hat aber gleichwohl der Beklagte selbst zu vertreten. Denn obwohl ihn die Klägerin mit Schreiben vom 20.11.2014, vom 18.2. und vom 17.7.2015 jeweils auf den verspäteten Zahlungseingang hingewiesen und zur pünktlichen Mietzahlung angehalten und ihm am 17.8.2015 für den Fall weiterer unpünktlicher Zahlung sogar ausdrücklich die fristlose Kündigung angekündigt hat, hat der Beklagte darauf nicht angemessen reagiert.[9]

Beweis: in der Anlage K 4 überreichte Kopien der Abmahnungen vom 20.11.2014, vom 18.2., 17.7. und 17.8.2015

Die Zahlungen gehen bis heute weiter unpünktlich bei der Klägerin ein.[10] Insbesondere hat der Beklagte den für ihn ausschließlich zuständigen Mitarbeiter des Jobcenters, Herrn Janssen, weder auf die Aufforderungsschreiben der Klägerin, noch auf die Abmahnung hingewiesen und auch nicht versucht, ihn zu einer fristgerechten Anweisung der Miete an die Klägerin anzuhalten. Eine telefonische Nachfrage bei Herrn Janssen hat ergeben, dass eine Anweisung bereits zu Monatsbeginn organisatorisch und technisch ohne weiteres möglich wäre, er aber von dem Beklagten bislang nicht darauf angesprochen wurde.[11]

Beweis: Zeugnis des Herrn Janssen, zu laden über das Jobcenter Gießen, mit der Anregung an das Gericht, verfahrensleitend eine Schweigepflichtentbindungserklärung bei der Behördenleitung des Jobcenters Gießen einzuholen[12]

Die Klägerin ist auf die Zahlung der Miete aber angewiesen, weil sie daraus einen wesentlichen Teil ihres Einkommens erzielt, bei den ebenfalls nur unpünktlich geleisteten Nebenkostenvorauszahlungen handelt es sich zudem überwiegend nur um durchlaufende Posten, die sie sogleich an die Versorger weiterzuleiten hat.[13]

Rechtsanwalt

Anmerkungen

1. Zur sachlichen und örtlichen Zuständigkeit des Amtsgerichts → Form. C. II. 2 Anm. 1; eine eigene Abteilung für Mietsachen besteht nur bei einigen, in der Regel größeren Amtsgerichten.

2. Zur Klageerhebung bei Personenmehrheit auf Vermieter- bzw. Mieterseite → Form. C. II. 2 Anm. 2, 3.

3. Zum Begriff der nach der Kündigung geschuldeten Räumung → Form. C. II. 2 Anm. 6, zu ihrem konkreten Umfang bei der Raummiete vgl. → Form. C. II. 24 Anm. 8.

4. Grundsätzlich sollten zur Vermeidung von Zuordnungsschwierigkeiten bei der Zwangsvollstreckung im Räumungs- und Herausgabeantrag die herauszugebenden Räume, Nebenräume, ggf. auch zu der Wohnung zählende Dach- und Kellerräume sowie Garagen, Stellplätze etc. stets so genau wie möglich bezeichnet werden (BGH NJW 2003, 668); vgl. → Form. C. II. 1 Anm. 1. Wenn allerdings ein zu Wohnzwecken vermietetes Hausgrundstück (Einfamilienhaus) geräumt werden soll, ist in der Regel die Angabe der Anschrift ausreichend.

5. Zahlt der Mieter die geschuldete Miete nachhaltig unpünktlich, steht es dem Vermieter nach seiner Wahl offen, das Mietverhältnis entweder durch eine außerordentliche fristlose Kündigung nach § 543 Abs. 1 BGB oder durch eine ordentliche Kündigung nach § 573 BGB zu beenden (BGH WuM 2006, 193–196). Auch kann der Vermieter beide Kündigungsarten kombinieren, indem er die fristlose, hilfsweise die ordentliche Kündigung erklärt (BGH aaO.). Zu beachten ist dabei allerdings, dass die beiden Kündigungstatbestände unterschiedlichen materiellen und formellen Voraussetzungen unterliegen (vgl. Schmidt-Futterer/*Blank* § 573 Rn. 37). Die ordentliche Kündigung erfordert lediglich ein *berechtigtes Interesse* des Vermieters an der Beendigung des Mietverhältnisses, § 573 Abs. 1 BGB, die außerordentliche Kündigung dagegen die *Unzumutbarkeit* einer Fortsetzung des Mietverhältnisses bis zum Ablauf der Kündigungsfrist, § 543 Abs. 1 S. 2 BGB (BGH aaO). Ferner ist für die ordentliche Kündigung, anders als bei der außerordentlichen Kündigung, eine ihr vorausgehende Abmahnung durch den Vermieter grundsätzlich *nicht* obligatorisch (allerdings regelmäßig zu empfehlen, wenn die unpünktliche Zahlungsweise des Mieters für sich betrachtet eine ordentliche Kündigung des Mietverhältnisses nach § 573 Abs. 2 Nr. 1 BGB noch nicht rechtfertigt; vgl. BGH WuM 2010, 495–500).

6. Hinsichtlich des Begründungserfordernisses ähneln sich die beiden Kündigungstatbestände, denn Vorbild des für die außerordentliche Kündigung von Wohnraummietverhältnissen geltenden § 569 Abs. 4 BGB war der für die ordentliche Kündigung maßgebliche § 573 Abs. 3 S. 1 BGB (zum Ganzen vgl. Staudinger/*Rolfs* § 573 Rn. 145 ff. und Staudinger/*Emmerich* § 569 Rn. 59 ff.): Bei der außerordentlichen Kündigung ist der zur Kündigung des *Wohnraum*mietverhältnisses führende wichtige Grund stets in der Kündigungserklärung anzugeben, § 569 Abs. 4 BGB (vgl. BGH WuM 2004, 97–98). Auf *Geschäftsraum*mietverhältnisse und die Miete beweglicher Sachen findet die Norm dagegen keine Anwendung (KG GE 2013, 618–620). Das Erfordernis einer Angabe von Kündigungsgründen besteht nach ganz hM trotz des insoweit unklaren Wortlauts der Norm nicht nur für Kündigungen nach § 569 Abs. 1 und 2 BGB, sondern auch nach § 543 Abs. 1 und 2 BGB (vgl. Schmidt-Futterer/*Blank* § 569 Rn. 76 mwN).

Die Begründung muss den Mieter erkennen lassen, welcher Umstand zur fristlosen Kündigung geführt hat. Denn er soll zum frühestmöglichen Zeitpunkt Klarheit über seine Rechtsposition erlangen und so in die Lage versetzt werden, rechtzeitig alles Erforderliche zur Wahrung seiner Interessen zu veranlassen (vgl. BGH WuM 2008, 233–235, und WuM 2007, 515–517). Ist Kündigungsgrund eine nachhaltige Zahlungsverzögerung, also eine dauerhaft unpünktliche Zahlungsweise des Mieters, muss der Vermieter in der Kündigung die Zahlungseingänge der maßgeblichen vergangenen Monate aufführen, damit der Mieter weiß, auf welchen Sachverhalt der Vermieter die Kündigung stützt (BGH NZM 2014, 466; WuM 2006, 193–196, Tz. 21). Ist der Kündigung eine Abmahnung vorangegangen, ist darzulegen, dass der Mieter nach Erhalt der Abmahnung zumindest *eine* weitere, den gerügten gleichartige Pflichtverletzung begangen hat (BGH WuM 2009, 228–231; LG Bonn WuM 1992, 18). Vgl. auch → Form. C. II. 7 Anm. 7.

Auch für die ordentliche Kündigung gilt, dass die Gründe für das berechtigte Interesse des Vermieters an der Kündigung des Wohnraummietverhältnisses in der Kündigungserklärung stets anzugeben sind, § 573 Abs. 3 BGB (vgl. BGH WuM 2004, 97–98). Darzustellen ist damit die tatsächliche Grundlage des Kündigungsinteresses, eine bloße Wiedergabe des Wortlauts des § 573 Abs. 1 bzw. 2 BGB reicht nicht (vgl. BVerfG WuM 1992, 178–180). Danach ist die Darlegung der zu einem berechtigten Interesse führenden sog. Kerntatsachen für die Begründung erforderlich, aber auch ausreichend (vgl. grundlegend BayObLG WuM 1981, 200–204, und WuM 1985, 50–51; dem folgend BGH in st. Rspr., ua in WuM 2011, 518–519; WuM 2011, 171–173, und WuM 2010, 301–302). Daneben können auch lediglich der Erläuterung dienende Ergänzungen vorgebracht werden, die im Zweifel aber auch noch im Prozess nachgeschoben werden können (BayObLG WuM 1981, 200–204; BGH WuM 2008, 233–235; WuM 2007, 579–580). Hinsichtlich des konkreten Inhalts der Erklärung kann auf die vorangegangenen Ausführungen zur Begründung der außerordentlichen Kündigung verwiesen werden.

7. Welcher Grad an Unpünktlichkeit, dh welches Maß an Nachhaltigkeit der Pflichtverletzung für die außerordentliche *fristlose* Kündigung ausreichend ist, wird von der Rechtsprechung unterschiedlich beurteilt. Als hinreichend wurden angesehen:
- vier Verspätungen bei bereits vorangegangener unpünktlicher Zahlweise (OLG Hamm NJW-RR 1993, 1163–1164,
- Überschreitung des Zahlungstermins in neun Monaten hintereinander bei vorangegangener Abmahnung (OLG Düsseldorf ZMR 2009, 196–197),
- sechs Zahlungstermine innerhalb von 9 Monaten (LG Frankfurt a. M. NZM 2011, 152–153),
- verspätete Zahlung bei drei Terminen innerhalb eines Jahres trotz Abmahnung (LG Berlin GE 1993, 1097).

Darüber hinaus wird vereinzelt angenommen, dass bei nur geringer Verspätung (so LG München I WuM 1991, 346), geringem Verschulden (LG Itzehoe WuM 1991, 99) oder längerer widerspruchsloser Hinnahme der unpünktlichen Zahlungsweise durch den Vermieter die Pflichtverletzung als nicht ausreichend iSd § 543 Abs. 1 BGB angesehen wird (KG GE 2013, 618–620; LG Berlin GE 2014, 323–325).

8. Weist das **Sozialamt oder Jobcenter** als Leistungsträger des Mieters die Mietzahlungen an den Vermieter nachhaltig verspätet an, verletzt der Mieter seine Pflicht zur pünktlichen Mietzahlung nicht schuldhaft, soweit er zur Bezahlung der Miete auf **Sozialleistungen** angewiesen ist und die Miete allein aufgrund eines Verschuldens des Leistungsträgers nicht fristgerecht beim Vermieter eingeht (BGH WuM 2009, 736–738; KG WuM 1998, 85–87). Eine Kündigung des Mietverhältnisses kommt in diesem Fall weder nach § 543 Abs. 1 BGB noch nach § 573 Abs. 1 und 2 BGB in Betracht (zu den ungleich schwereren Folgen des weitgehend verschuldensunabhängigen Zahlungsverzugs iSd § 543 Abs. 2 Nr. 3 BGB vgl. → Form. C. II. 9). Ursache dafür ist, dass der Mieter nur für ein **eigenes Verschulden** zur Verantwortung gezogen werden kann und nicht für die Untätigkeit des Jobcenters haftet. Das Jobcenter ist kein Erfüllungsgehilfe des Mieters iSd § 278 BGB, wenn es im Rahmen der Daseinsvorsorge staatliche Transferleistungen an ihn erbringt. Wenn ein Schuldner nach § 278 BGB für das Verschulden eines Dritten einzustehen hat, liegt der Grund dafür in der Erweiterung seines Geschäfts- und Risikobereichs; die Hilfsperson übernimmt für ihn eine Aufgabe, die im Verhältnis zum Gläubiger eigentlich dem Schuldner selbst obliegt. Im Verhältnis zum hilfebedürftigen Mieter nimmt das Jobcenter aber ausschließlich hoheitliche Aufgaben wahr, um seine Grundsicherung zu gewährleisten (BGH aaO). Im Übrigen dürfte das Vertrauensverhältnis zwischen den Mietvertragsparteien auch kaum gestört sein, wenn die Miete nicht

Kischkel 853

fristgerecht bei dem Vermieter eingeht, weil ein Dritter die Zahlung verzögert. Nach diesen Maßstäben berechtigt die unpünktliche Zahlung der Miete (in dem vom BGH entschiedenen Fall war es zu mehrfachen geringfügigen Überschreitungen der Frist des § 556b Abs. 1 BGB gekommen und das Jobcenter hatte eine Abänderung seiner dieser Überschreitung zugrundeliegenden Zahlungsweise verweigert) den Vermieter nicht zur fristlosen Kündigung des Mietverhältnisses, auch ein Recht zur **ordentlichen** Kündigung ist in diesen Fällen nicht gegeben (BGH aaO.). Der Mieter muss sich zwar um die Wiederherstellung seiner Zahlungsfähigkeit selbst kümmern, in dem vom BGH entschiedenen Fall war zwischen den Parteien aber unstreitig, dass der Mieter insoweit alles ihm Zumutbare unternommen hatte.

9. Der Vermieter darf die Unpünktlichkeit der Mietzahlungen ebenso wenig wie das Ausstehen fälliger Nebenforderungen oder Sicherheitsleistungen widerspruchslos hinnehmen, wenn er gem. § 543 Abs. 1 BGB kündigen will. Es bedarf daher einer vorherigen **Abmahnung**, § 543 Abs. 3 S. 1 BGB (zur früheren Rechtslage ebenso bereits OLG München ZMR 2001, 535–536; OLG Brandenburg ZMR 2000, 373–375). Die Abmahnung muss nicht qualifiziert sein, für den Fall weiteren Zuwiderhandelns also keine Konsequenzen androhen und diese erst recht nicht ausdrücklich benennen (BGH NZM 2007, 561–562; aA zur früheren Rechtslage noch LG Berlin WuM 1989, 19; LG Frankfurt WuM 1992, 370). Erforderlich ist nur, dass sich aus der Abmahnung mit hinreichender Deutlichkeit ergibt, dass der Vermieter Wert auf eine pünktliche Mietzahlung legt, zB indem er den Mieter zur Zahlung der Miete nach Fälligkeit auffordert (KG GE 2013, 618–620; LG Kleve WuM 1995, 537; vgl. zum Meinungsstand Schmidt-Futterer/ *Blank* § 543 Rn. 179 mwN). Wenn die Androhung einer Kündigung danach auch nicht mehr erforderlich ist (BGH NZM 2007, 561–562), dürfte sie gleichwohl zu empfehlen sein (vgl. BGH WuM 2009, 228–231).

Nach der Abmahnung ist der Vermieter nicht sogleich zur Kündigung berechtigt, sondern muss dem Mieter ausreichend Zeit zur Beendigung seines Fehlverhaltens geben. Bei abgemahnter unpünktlicher Zahlung rechtfertigt jedoch bereits **eine** weitere unpünktliche Zahlung die Kündigung (BGH WuM 2009, 228–231; NZM 2006, 338–340). Im Übrigen werden bei der Würdigung der Unzumutbarkeit einer Fortsetzung des Mietverhältnisses aber auch die vor der Abmahnung liegenden Vertragsverletzungen berücksichtigt (BGH NZM 2012, 22–23).

10. Ein nachträgliches Wohlverhalten des Mieters ändert an der Wirksamkeit der Kündigung grundsätzlich nichts mehr, maßgeblich ist die Situation zum Zeitpunkt des Zugangs der Kündigungserklärung (BGH WuM 1988, 125–126, zur nachträglichen Tilgung von Zahlungsrückständen). Selbst wenn bei ständiger unpünktlicher Zahlungsweise sämtliche Rückstände bereits bei Kündigung ausgeglichen waren, steht dies ihrer Wirksamkeit grundsätzlich nicht entgegen (BGH WuM 2006, 193–196).

11. Ein für die Abwägung nach § 543 Abs. 1 BGB relevantes Eigenverschulden des Mieters kann bei einem Verstoß gegen seine mietvertraglichen Pflichten angenommen werden, wenn er einen bekannt unzuverlässigen Erfüllungsgehilfen bestellt und diesen nicht hinreichend überwacht oder nicht alles ihm Zumutbare unternimmt, um eine pünktliche Mietzahlung zu veranlassen (Schmidt-Futterer/*Blank* § 543 Rn. 176). Dazu zählt bei unpünktlicher Zahlung durch das Jobcenter auch, dass der Mieter die Behörde zu pünktlicher Zahlweise anhält und über eine Abmahnung des Vermieters und die ihm drohende Wohnungskündigung informiert. Bleiben nach diesen Maßstäben ausreichende Aktivitäten des Mieters ohne Erfolg, kann ihm ein Verschulden der Behörde nicht nach § 278 BGB zugerechnet werden. Unternimmt der Mieter trotz mehrfacher Abmahnung des Vermieters dagegen keine Anstrengungen, um die Behörde zu einer pünktlichen Zahlungsweise zu veranlassen, kann – je nach dem Ergebnis der Abwägung – eine die fristlose Kündigung rechtfertigende schuldhafte Pflichtverletzung bejaht werden (vgl. BGH WuM 2009, 736–738, Tz. 13 und 29).

12. Vgl. § 376 Abs. 1 und 3 ZPO.

13. So die vom BGH aufgestellten Grundsätze (BGH WuM 1988, 125–126). Danach beeinträchtigt die fortdauernde unpünktliche Erfüllung der Zahlungsverpflichtungen die auf Dauer angelegten Beziehungen zwischen den Mietvertragsparteien und verursacht zwischen ihnen Spannungen mindestens in gleichem Maße wie Verhaltensweisen, die den Hausfrieden stören. Das gilt insbesondere dann, wenn die unpünktliche Zahlungsweise bereits zu gerichtlichen Auseinandersetzungen geführt und der Mieter es in der Vergangenheit sogar schon zur Zwangsvollstreckung kommen gelassen hat. Es spielt für die Begründetheit der Kündigung auch keine Rolle, ob der Mieter die Pflicht zur Zahlung der Miete, der vertraglich vereinbarten Nebenkosten oder sonstiger von ihm nach dem Mietverhältnis zu erbringender Leistungen unpünktlich erfüllt (BGH aaO).

16. Klage auf Räumung bei Mischmietverhältnis

An

das Amtsgericht/Landgericht[1]

. . . . .

Klage

des

– Kläger –

. . . . .

Prozessbevollmächtigter: . . . . .

gegen

Herrn . . . . .
und Frau . . . . .

– Beklagte –[2]

wegen Räumung
– Streitwert: 39.600,– EUR/12.000,– EUR[3]

Namens und in Vollmacht des Klägers erhebe ich Klage gegen die Beklagten und werde beantragen,

1. die Beklagten als Gesamtschuldner zu verurteilen, an den Kläger die Geschäftsräume im 5. Stockwerk des Bürogebäudes Siemensstraße 12 in Gießen, bestehend aus einem Großraumbüro von 200 Quadratmetern Größe, drei einzelnen Büroräumen zu je 15 Quadratmetern, 2 Wohnraumen zu je 25 Quadratmetern, 3 Toilettenräumen, einer Dusche und einer Küche einschließlich des zugehörigen Treppenaufgangs und Aufzugs zu räumen und an den Kläger herauszugeben.[4]

oder:

1. die Beklagten als Gesamtschuldner zu verurteilen, an den Kläger das Hofanwesen Aussiedlerhof 1 in Langsdorf geräumt herauszugeben.

2. Die Beklagten tragen die Kosten des Rechtsstreits.

3. Das Urteil ist vorläufig vollstreckbar.

Ich beantrage ferner, soweit das Gericht das schriftliche Vorverfahren anordnet und die Beklagten ihre Verteidigungsbereitschaft nicht rechtzeitig anzeigen, den Erlass eines Versäumnisurteils.

Begründung:

(zum besten Antrag)

Der Kläger hat mit schriftlichem Mietvertrag vom 31.3.2011[5] die im Klageantrag näher bezeichneten Räume unbefristet zum Betrieb eines Finanzberatungsunternehmens an die beiden Beklagten vermietet. Nach § 2 Abs. 2 des Mietvertrags waren die Beklagten verpflichtet, an den Kläger monatlich im Voraus eine monatliche Gesamtmiete von 3.300,– EUR zu zahlen. Die Kosten der Energie- und Wasserversorgung sollten von den Beklagten unmittelbar mit den jeweiligen Versorgungsunternehmen abgerechnet werden.

Beweis: in Anlage K 1 überreichte Kopie des Gewerberaummietvertrags vom 31.3.2011

Der Kläger hat das Gewerberaummietverhältnis mit den Beklagten mit schriftlicher Erklärung vom 2.6.2015 ordentlich zum 31.12.2015 gekündigt.[6]

Beweis: in Anlage K 2 überreichte Kopie der Kündigungserklärung vom 2.6.2015

Die Beklagten haben vorprozessual die Ansicht vertreten, dass die Kündigung unwirksam sei, weil der Kläger nicht zur Kündigung berechtigt sei. Sie tragen dazu vor, dass sie in dem von ihnen gemieteten 5. Stockwerk des Bürogebäudes wohnen und dort auch ihren Lebensmittelpunkt haben – was zwischen den Parteien außer Streit steht– und daher Wohnraummietrecht anzuwenden sei. Dem Kläger stehe jedoch kein berechtigtes Interesse an der Kündigung des vermieteten Wohnraums iSd § 573 Abs. 1 BGB zur Seite. Sie sind daher weder fristgerecht aus den Mieträumen ausgezogen, noch haben sie zumindest den gewerblich genutzten Teil geräumt oder an den Kläger herausgegeben.[7]

Die Beklagten unterliegen jedoch einem Rechtsirrtum, denn es handelt sich bei dem Vertrag vom 31.3.2011 nicht nur seiner Überschrift nach um einen Vertrag über Gewerberaummiete.[8] Die Parteien haben über die in dem Bürogebäude befindlichen Wohn- und Gewerberäume einen einheitlichen Vertrag geschlossen, in dem die Gewerberaummiete deutlich den Schwerpunkt bildet.[9] Die Anmietung ist zum Zwecke des Betriebs eines Finanzberatungsunternehmens erfolgt (§ 1 des Vertrags). Von der Gesamtfläche des Stockwerks von 330 Quadratmetern entfallen lediglich 50 m² auf die mitvermieteten Wohnräume, selbst unter Einbeziehung der Mitarbeiterküche, einer Toilette und der Dusche sind es allenfalls 75 m².

Beweis: in Anlage K 3 überreichter Grundriss des Stockwerks

Zudem wurde die Miete nach § 3 des Vertrags auf der Basis einer Quadratmetermiete von 10,– EUR nach der Gesamtfläche berechnet, so dass allenfalls ein Viertel des Nutzungsentgelts auf die Wohnräume entfällt.[10]

(zum Alternativantrag)

Der Kläger hat mit schriftlichem Mietvertrag vom 31.3.2011 sein im Klageantrag näher bezeichnetes bäuerliches Anwesen in Langsdorf an die beiden Beklagten zu Wohnzwecken und zum Betrieb eines kleinen Hofladens in zweien der insgesamt 12 Räume des Gebäudes vermietet.

Beweis: in Anlage K 1 überreichte Kopie des Wohnraummietvertrags vom 31.3.2011

Der Kläger hat das Mietverhältnis mit den Beklagten mit schriftlicher Erklärung vom 2.6.2015 wegen Eigenbedarfs ordentlich zum 30.11.2015 gekündigt.

Beweis: in Anlage K 2 überreichte Kopie der Kündigungserklärung vom 2.6.2015

Die Kündigung war erforderlich, weil die erwachsene Tochter des Klägers, die zurzeit noch mit ihm in seinem Haushalt lebt, eine Familie gegründet und ein Kind bekommen hat und das vermietete Haus nunmehr selbst zu Wohnzwecken benötigt. Auf den Inhalt der Kündigungserklärung wird insoweit Bezug genommen.[11]

Beweis: Zeugnis der Tochter des Klägers, Frau . . . . . .

Die Beklagten sind jedoch nicht zum Auszug bereit und berufen sich zur Begründung darauf, dass die Tochter des Klägers allenfalls die Wohn-, nicht aber die Geschäftsräume benötige. Sie verweigern daher bis heute Räumung und Herausgabe des gesamten Anwesens.[12] Daher ist nunmehr Klage geboten.

Rechtsanwalt

Anmerkungen

1. Bei Mietstreitigkeiten, die ihre Grundlage *nicht* in einem Wohnraummietverhältnis finden, ist nach §§ 23 Nr. 1, 71 Abs. 1 GVG eine streitwertabhängige sachliche Zuständigkeit der Zivilgerichte gegeben, bei einem Wert von über 5.000,– EUR also die des örtlich zuständigen Landgerichts. In Wohnraummietsachen ist dagegen ausschließlich das Amtsgericht der belegenen Sache zuständig, §§ 23 Nr. 2 a GVG, 29 a ZPO → Form. C. II. 1 Anm. 1. Bei der Frage nach der Zuordnung des Raummietverhältnisses handelt es sich um eine sowohl für die Frage der Zulässigkeit der Klage, als auch für ihre Begründetheit bedeutsame und damit um eine sog. „doppelrelevante" Tatsache (BGH WuM 2014, 539–546; vgl. *Wietz* NZM 2015, 145–151). Beruft sich der Kläger einer Räumungsklage darauf, dass die herauszugebenden Räume zur gewerblichen Nutzung vermietet worden sind, ist daher eine Zuständigkeit nach den §§ 23 Nr. 1, 71 Abs. 1 GVG gegeben. Entscheidend ist allein, ob sich die sachliche Zuständigkeit des Gerichts aus den zur Begründung des Anspruchs vom Kläger vorgebrachten Tatsachen ergibt (BGH aaO.); auf entgegenstehende Einwendungen der Beklagtenseite, deren Erweislichkeit sich erst im Erkenntnisverfahren überprüfen lässt, kommt es damit für die Bestimmung der sachlichen Zuständigkeit nicht an.

2. Stehen zwei oder mehr Personen auf Mieterseite, ist die Kündigung gegenüber sämtlichen Mietern zu erklären, andernfalls liegt eine unzulässige und damit wirkungslose Teilkündigung vor (BGH WuM 2003, 577).

3. Der Zuständigkeitsstreitwert richtet sich bei Räumungsklagen im Gewerberaummietrecht nach § 8 ZPO (vgl. BGH NZM 2013, 265–266), geht es dagegen um einen Herausgabeantrag, der auf einer anderen rechtlichen Grundlage beruht, ist § 6 ZPO maßgeblich (OLG Brandenburg NZM 2011, 135–136). Der Gebührenstreitwert dagegen ist in einem mietrechtlichen Räumungsrechtsstreit grundsätzlich nach § 41 Abs. 2 GKG zu bestimmen, also nach der Höhe der Jahresmiete.

4. Die exakte Angabe der herauszugebenden Räume im Räumungsantrag dient der Vermeidung von Zuordnungsschwierigkeiten bei der späteren Zwangsvollstreckung (BGH NJW 2003, 668). Allerdings hätte hier wohl auch eine pauschale Angabe wie „sämtliche Räume im 4. Stockwerk des Anwesens. . . . . ." oä ausgereicht.

Kischkel 857

5. Wird bei Abschluss eines Gewerberaummietvertrags die Schriftform nicht gewahrt, gilt er als für unbestimmte Zeit abgeschlossen, § 550 S. 1 BGB. Dies hat nach S. 2 wiederum Auswirkungen auf die Kündigungsfristen, die sich dadurch im Vergleich zu der gesetzlichen Regelung des § 580 a Abs. 2 BGB uU erheblich verlängern können (BGH WuM 2013, 668–671).

6. Ein Mietverhältnis über Gewerberäume kann gem. § 542 Abs. 1 BGB auch ohne ein berechtigtes Interesse des Vermieters an seiner Beendigung jederzeit nach den gesetzlichen Vorschriften, dh unter Berücksichtigung der Fristen der §§ 550, 578 Abs. 1 und 2, 580 a Abs. 2 BGB und der Form des § 568 BGB, gekündigt werden (BGH NZM 2014, 471–473). Daher ist in der Praxis – insbesondere bei Mischmietverhältnissen – eine klare Zuordnung des Vertrags zum Wohnraum- oder zum Gewerberaummietrecht vorzunehmen; → Anm. 8.

7. Zu Teilleistungen ist der Mieter grundsätzlich allerdings nicht berechtigt, § 266 BGB, er erfüllt den Räumungsanspruch des Vermieters also nicht, wenn er nur einen Teil der Mieträume zurückgibt (BGH ZMR 1988, 378–380). Allerdings kann der Vermieter nach Treu und Glauben gehalten sein, eine Teilleistung anzunehmen, wenn der Mieter einen abgegrenzten Teil der Mietsache an ihn herausgeben will, der in Zukunft ohnehin getrennt von dem übrigen Objekt oder gar nicht mehr vermietet werden soll. Wenn eine Weitervermietung erfolgt, ist der Nutzungsentschädigungsanspruch nach § 546a BGB entsprechend zu kürzen, (Schmidt-Futterer/*Streyl* § 546 Rn. 51).

8. Mischmietverhältnisse sind in rechtlicher Hinsicht einheitlich zu beurteilen, wegen der jeweils unterschiedlichen Rechtsfolgen nach materiellem Recht (zB bei § 549 BGB und § 578 Abs. 2 BGB), aber auch nach Prozessrecht (zur sachlichen Zuständigkeit vgl. § 23 Nr. 2 a GVG und §§ 23 Nr. 1, 71 Abs. 1 GVG) jedoch zwingend entweder als Wohnraummietverhältnis oder als Mietverhältnis über sonstige Räume zu qualifizieren (BGH WuM 2014, 539–546). Maßgeblich ist für die Einordnung als Wohnraummietverhältnis nicht die bloße Eignung der Räume zur Wohnnutzung, sondern der vertraglich vereinbarte Nutzungszweck (BGH WuM 2014, 539–546; NZM 2008, 804–805; OLG Stuttgart WuM 1986, 10–11; jeweils mwN). Wird Wohnraum nur zur Weitervermietung angemietet, ist er danach nicht zur Wohnnutzung durch den Mieter bestimmt, der Nutzungszweck daher gewerblicher Natur (BGH ZMR 1979, 49–50; vgl. zur Abgrenzung auch *Bühler* ZMR 2010, 897–926).

9. Maßgebliches Kriterium für die Zuordnung von Mischmietverhältnissen zum Wohn- oder zum sonstigem Raummietrecht ist nach ganz hM das Überwiegen der jeweiligen Nutzungsart (BGH WuM 2014, 539–546; OLG Karlsruhe WuM 2012, 666, 668; OLG Saarbrücken, MDR 2012, 1335; OLG Düsseldorf MDR 2012, 20, 21; KG ZMR 2010, 956; Schmidt-Futterer/*Blank* Vorbem. v. § 535 Rn. 109; Erman/*Lützenkirchen* Vorb. v. § 535 Rn. 15; vgl. and BeckFormB MietR/*Borzutzki-Pasing* Form. B. IX. 6 Anm. 1, 2).

10. Die Nutzungsart (→ Anm. 9) richtet sich zunächst nach dem Vertragszweck. Steht danach – wie hier – die Vermietung zu Zwecken im Vordergrund, die keinen Wohnraumcharakter haben, ist allgemeines Mietrecht maßgebend (BGH WuM 2014, 539–546). Als weitere Anhaltspunkte kommen die Verwendung eines ausschließlich für eine der beiden Nutzungsarten vorgesehenen Vertragsformulars in Betracht (BGH aaO.; OLG Stuttgart MDR 2008, 1091), ferner das Verhältnis zwischen vermieteter Gewerbe- und Wohnfläche (BGH aaO; WuM 1986, 274; OLG Karlsruhe WuM 2012, 666–668) sowie die Verteilung der Gesamtmiete auf die einzelnen Nutzungsanteile (BGH WuM 2014, 539–546; OLG Düsseldorf ZMR 2006, 685–686). Lässt sich bei der danach gebotenen Einzelfallprüfung kein Überwiegen der gewerblichen Nutzung feststellen (also auch bei einer Gleichwertigkeit beider Nutzungsarten), ist von einer Geltung der Vorschriften über die Wohnraummiete auszugehen (BGH aaO). Zum Ganzen vgl. auch *Emmerich* JuS 2014, 1034–1035, und *Börstinghaus* LMK 2014, 361205.

11. Die Fallvariante ist dem der Entscheidung BGH WuM 2015, 553–554, zugrundeliegenden Lebenssachverhalt nachgebildet. Die Eigenbedarfskündigung des Klägers ist begründet, denn die Voraussetzungen des § 573 Abs. 2 Nr. 2 BGB – er muss die Räume als Wohnung für sich oder einen Angehörigen benötigen – sind hier erfüllt. Der Wunsch des Klägers, die Wohnung seiner Tochter zur Verfügung zu stellen, beruht auf vernünftigen, nachvollziehbaren Gründen (BGH NZM 2015, 378–381, und aaO). Zu den Voraussetzungen der Eigenbedarfskündigung vgl. → Form. C. II. 2.

12. Problematisch ist hier, dass das vorliegende Mischmietverhältnis nach den oben (→ Anm. 10, 11) dargelegten Kriterien als Wohnraummietverhältnis zu qualifizieren ist und eine Vermieterkündigung deshalb zumindest hinsichtlich der Wohnräume auch auf § 573 Abs. 2 Nr. 2 BGB gestützt werden kann, an den Geschäftsräumen aber kein Eigenbedarf besteht. Eine Teilkündigung kommt nicht in Betracht (BGH WuM 2015, 553–554; WuM 2012, 14–16). Damit erhebt sich die Frage, ob die Eigenbedarfskündigung auch im Hinblick auf die Geschäftsräume gilt, auf die sich der Kündigungsgrund gar nicht erstreckt. Dies bejaht der BGH (WuM 2015, 553–554) mit der Begründung, dass sich der Eigenbedarf im Mischmietverhältnis nicht auch auf die gewerblich genutzten Räume beziehen müsse. Diese seien ohnehin ohne ein berechtigtes Interesse des Vermieters an der Vertragsbeendigung iSv § 573 Abs. 1 BGB kündbar. Zudem würde eine Eigenbedarfskündigung bei Mischmietverhältnissen regelmäßig scheitern, wenn von dem Vermieter nicht auch Bedarf an den Geschäftsräumen geltend gemacht werden könnte (BGH aaO, m. zust. Anm. *Börstinghaus* jurisPR-BGH ZivilR 16/2015, Anm. 1). Bereits unter Praktikabilitätsgesichtspunken verdient diese Rechtsprechung Zustimmung.

17. Klage auf Räumung nach ordentlicher Kündigung wegen Zahlungsverzugs

An das

Amtsgericht. . . . .[1]

Klage

des . . . . .

– Kläger[2] –

Prozessbevollmächtigter: . . . . .

gegen

Frau . . . . .

– Beklagte –

wegen Räumung[3] einer Mietwohnung (und Mietzahlung)[4]

– Streitwert: 4.800,– EUR[5]

Namens und in Vollmacht des Klägers erhebe ich Klage gegen die Beklagte und werde beantragen,

1. die Beklagte zu verurteilen, die Wohnung Hoher Weg 6 a in Gießen, 1. Stock links, bestehend aus 2 Zimmern, Küche, Bad und Hausflur,[6] zu räumen und an den Kläger herauszugeben.

2. Die Beklagte trägt die Kosten des Rechtsstreits.

3. Das Urteil ist vorläufig vollstreckbar.

Ich beantrage ferner, soweit das Gericht das schriftliche Vorverfahren anordnet und die Beklagte ihre Verteidigungsbereitschaft nicht rechtzeitig anzeigt, den Erlass eines Versäumnisurteils.

Begründung:

Der Kläger hat mit Mietvertrag vom 31.8.2009 die im Antrag näher bezeichnete Wohnung an die Beklagte vermietet.

Beweis: in der Anlage K 1 überreichte Kopie des Mietvertrags vom 31.8.2009

Das Mietverhältnis wurde vom Kläger wegen Zahlungsverzugs mit schriftlicher Erklärung vom 22.3.2015 ordentlich zum 30.9.2015 gekündigt.

Beweis: in der Anlage K 2 überreichte Kopie des Kündigungsschreibens vom 22.3.2015

Der Kläger begründet die Kündigung wie folgt:[7] Die monatliche Miete beläuft sich nach § 2 Abs. 1 und 2 des Mietvertrags zurzeit auf 400,– EUR netto zuzüglich einer monatlichen Betriebskosten-Vorauszahlung von 140,– EUR.[8] Die Miete ist nach § 3 Abs. 1 des Mietvertrages bis zum 3. Werktag des Monats im Voraus zu bezahlen.[9] Die Beklagte hat die Miete und die Betriebskostenvorauszahlung in den Monaten Dezember 2014 bis März 2015 jedoch um ein Drittel gekürzt und jeweils nur einen Teilbetrag von insgesamt 360,– anstelle der geschuldeten 540,– EUR gezahlt, so dass die Kündigung gerechtfertigt ist.[10]

Sie hat bis heute weder die Mietrückstände ausgeglichen, noch die Wohnung geräumt.[11]

Die Beklagte hat vorprozessual geltend gemacht, die Miete sei in dem fraglichen Zeitraum wegen eines teilweisen Ausfalls der Heizanlage um ein Drittel gemindert gewesen. Sie hat dazu vorgetragen . . . . . . (*wird ausgeführt*).[12] Die Angaben der Beklagten sind jedoch ausnahmslos unzutreffend, weil die Heizung in ihrer Wohnung nur deshalb mit eingeschränkter Leistung gelaufen ist, weil sie selber entgegen der vertraglichen Vereinbarung nicht für eine ausreichende Brennstoffzufuhr gesorgt hat. . . . . . (*wird ausgeführt*).

Beweis (unter Protest gegen die Beweislast): Zeugnis des. . . . . .
          Sachverständigengutachten

oder:

Die Beklagte hat erklärt, dass sie in dem fraglichen Zeitraum nicht mehr ausreichend Geld für die Bezahlung der gesamten Miete gehabt habe.[13] Sie habe jedoch mit einem Teil der von ihr an den Kläger geleisteten Kaution aufgerechnet. Der Kläger brauche daher bei Beendigung des Mietverhältnisses nur noch einen um die Miete gekürzten Betrag an sie auszuzahlen.[14]

oder:

In der fraglichen Zeit sei von dem für die im Hartz-IV-Bezug stehende Beklagte zuständigen Jobcenter in Gießen aufgrund eines Computerfehlers ein Drittel der Miete nicht sogleich an den Kläger angewiesen, sondern irrtümlich in bar an sie ausgezahlt worden. Sie habe den Betrag versehentlich für die Tilgung anderer Verbindlichkeiten verbraucht.[15]

oder:

Die Beklagte meint, dass die Kündigung unwirksam sei, weil sie gegenüber dem Mietzahlungsanspruch des Klägers mit einem Anspruch auf Auszahlung eines ihr vermeintlich für das Jahr 2015 zustehenden Nebenkostenguthabens aufrechnen könne. Tatsächlich ist es aber während des laufenden Abrechnungszeitraums nicht möglich, eine Abrechnung zu erstellen. Zudem ist nicht erkennbar, dass sich ein Rückzahlungsanspruch der Klägerin ergeben könnte, weil sie in den vergangenen vier Jahren stets eine Nachzahlung zu leisten hatte.[16]

Rechtsanwalt

Anmerkungen

1. Zur sachlichen und örtlichen Zuständigkeit des Amtsgerichts der belegenen Sache nach §§ 23 Nr. 2 a GVG, 29 a ZPO → Form. C. II. 1 Anm. 1.

2. Zur Klageerhebung bei Personenmehrheit auf Vermieter- bzw. Mieterseite → Form. C. II. 2 Anm. 2, 3.

3. Zum Begriff der Räumung → Form. C. II. 2 Anm. 6 und zu dem geschuldeten Umfang der Räumung → Form. C. II. 24 Anm. 8.

4. Meist werden Räumungs- und Zahlungsanspruch aus Gründen der Prozessökonomie im Wege der objektiven Klagehäufung in einer Klage verbunden. Im Einzelfall kann es sich aber empfehlen, die Mietforderung separat im Mahnverfahren oder mit gesonderter Klage durchzusetzen, insbesondere wenn abzusehen ist, dass das Verfahren auf diese Weise zu einem zügigeren Abschluss gelangen kann.

5. Zur Erforderlichkeit der Angabe und zur Berechnung des Streitwertes vgl. → Form. C. II. 2 Anm. 4.

6. Nebenräume, ggf. auch zu der vermieteten Wohnung zählende Dach- und Kellerräume, sowie Garagen, Stellplätze etc. sind im Interesse einer reibungslosen Räumungsvollstreckung in der Regel möglichst genau anzugeben (BGH NJW 2003, 668).

7. Der Begründungszwang folgt aus § 573 Abs. 3 BGB, nach dem als berechtigte Interessen des Vermieters iSd § 573 Abs. 1 BGB nur solche Gründe berücksichtigt werden, die er in dem Kündigungsschreiben auch angegeben hat, es sei denn (Abs. 3 S. 2), sie sind nachträglich entstanden. Damit ist zum einen die Angabe der Gründe in dem Kündigungsschreiben Wirksamkeitsvoraussetzung der Kündigung, zum anderen ergibt sich aus Abs. 3 S. 2, dass auch nachträglich entstandene Gründe zur Begründung des berechtigten Interesses herangezogen werden können (vgl. Staudinger/*Rolfs* § 573 Rn. 201). Vgl. iÜ → Form. C. II. 7 Anm. 11.

8. Nicht nur der Verzug mit der Zahlung der Grundmiete berechtigt den Vermieter zur ordentlichen Kündigung nach § 573 Abs. 2 Nr. 1 BGB, sondern auch ein Verzug mit der monatlichen Betriebskostenvorauszahlung iSd § 556 Abs. 1 BGB (BGH NZM 2014, 34–37; WuM 2012, 682–684; OLG Koblenz ZMR 1984, 351–353). Auch die Nichtzahlung einer Nachforderung aus der jährlichen Betriebskostenabrechnung, die nicht unter § 543 Abs. 2 Nr. 3 BGB fällt, kann die ordentliche Kündigung nach § 573 BGB Abs. 2 Nr. 1 rechtfertigen (OLG Koblenz aaO.; LG Köln WuM 1994, 207; Schmidt-Futterer-*Blank* § 543, Rn. 87 m w N; Staudinger/*Emmerich* § 543 Rn. 49). Gleiches soll für die Mietkaution gelten (LG Berlin GE 2000, 1475; aA Palandt/*Weidenkaff* § 573 Rn. 16 unter Hinweis auf § 569 Abs. 2 a BGB), ebenso für Verzugszinsen und Schadensersatzforderungen aus dem Mietverhältnis sowie schließlich für dem Vermieter geschuldete Prozesskosten (vgl. Schmidt-Futterer/*Blank* aaO).

9. Für die Beurteilung der Frage, ob bereits ein die Kündigung rechtfertigender Zahlungsrückstand eingetreten ist, kommt es auf den Zeitpunkt der Fälligkeit der Mietzahlungspflicht an, der sich grundsätzlich nach § 556b Abs. 1 BGB richtet. Zu den Einzelheiten und den bereits am 1.9.2001 bestehenden Altverträgen vgl. ausführlich → Form. C. II. 8 Anm. 9.

10. Die Frage, wie hoch ein vom Mieter verschuldeter Zahlungsrückstand sein und wie lange er angedauert haben muss, um eine *ordentliche* Kündigung zu rechtfertigen, ist umstritten, wenn auch Einigkeit darüber besteht, dass jedenfalls ein Rückstand in einem die außerordentliche fristlose Kündigung rechtfertigenden Umfang *auch* den Ausspruch der ordentlichen Kündigung rechtfertigt (BGH NJW 2006, 1585; NJW 2007, 428; NJW 2008, 3210). *Blank* geht im Hinblick auf die gesetzgeberischen Wertvorstellungen darüber, wie die Vermögensinteressen des Vermieters mit den Erfordernissen des Mieterschutzes in Einklang zu bringen sind, davon aus, dass der Maßstab des § 543 Abs. 2 Nr. 3 BGB grundsätzlich auch für die ordentliche Kündigung nach § 573 Abs. 1 BGB gelten soll (Schmidt-Futterer/ *Blank* § 573 Rn. 27), ähnlich auch *Häublein* (MüKoBGB/*Häublein* § 573 Rn. 57). Danach ist Voraussetzung auch für die auf den Zahlungsverzug des Mieters gestützte ordentliche Kündigung ein Verzug mit einem Betrag in Höhe von zwei vollen Monatsmieten oder mit einem nicht unerheblichen Teil der Miete für zwei aufeinanderfolgende Monate.

Nach ganz hM soll aber auch bei einem geringeren Zahlungsverzug eine ordentliche Kündigung möglich sein, wobei zu den im Einzelnen zu erfüllenden Voraussetzungen wiederum unterschiedliche Ansichten vertreten werden. Überwiegend wird eine erhebliche Pflichtverletzung iSd § 573 Abs. 1 BGB aber erst bei einem Rückstand von einer Monatsmiete und einer Verzugsdauer von mindestens einem Monat angenommen, weil nicht jeder geringfügige oder nur kurzfristige Zahlungsverzug die Annahme einer nicht unerheblichen Pflichtverletzung rechtfertigt (BGH WuM 2012, 682–684, m. zust. Anm. *Hinz* JR 2014, 74–75, und *Börstinghaus* LMK 2013, 341709; abl. Anm. *Blank* NZM 2013, 104–107; LG Berlin GE 2014, 1590–1591; Staudinger/*Rolfs* § 573 Rn. 47; Erman/*Lützenkirchen* § 573 Rn. 24). Beide Voraussetzungen sind hier in Person der Beklagten erfüllt.

11. Ein nachträglicher Ausgleich der Mietrückstände führt nicht entsprechend §§ 543 Abs. 2 S. 2 569 Abs. 3 Nr. 2 BGB zur Heilung der Pflichtverletzung und damit zur Unwirksamkeit der ordentlichen Kündigung, ist jedoch bei der Prüfung, ob der Mieter seine vertraglichen Pflichten schuldhaft nicht unerheblich verletzt hat, § 573 Abs. 2 Nr. 1 BGB, zu berücksichtigen (BGH NZM 2005, 334–335; Palandt/*Weidenkaff* § 573 Rn. 16). Hier wird aber uU aufgrund des am 12.4.2016 vorgelegten Entwurfs zum 2. Mietrechtsnovellierungsgesetz in naher Zukunft eine Änderung eintreten.

12. Zu der Frage, ob Vortrag zu evtl. Einreden des Beklagten in der Klageschrift zweckmäßig ist und zur Beachtlichkeit eines möglichen Rechtsirrtums des Mieters über die Minderungsquote → Form. C. II. 8 Anm. 13.

13. Die fehlende Leistungsfähigkeit des Mieters als solche führt – zumindest ohne weiteren Tatsachenvortrag – nicht zur Verneinung des nach § 573 Abs. 2 Nr. 1 BGB erforderlichen Verschuldens am Eintritt des Zahlungsverzugs (Staudinger/*Caspers* § 275 Rn. 74 mwN). Nach § 286 Abs. 4 BGB obliegt ihm die Darlegungs- und Beweislast für sein fehlendes Verschulden (Schmidt-Futterer/*Blank* § 543 Rn. 95). Nach dem § 276 Abs. 1 S. 1 BGB zugrunde liegenden Prinzip der unbeschränkten Vermögenshaftung haftet der Mieter grundsätzlich verschuldensunabhängig für seine finanzielle Leistungsfähigkeit (vgl. dazu die Ausführungen zum Zahlungsverzug iSd § 543 Abs. 2 Nr. 3 BGB bei BGH WuM 2015, 152–155). Auf der anderen

Seite sind Fälle unverschuldeter Arbeitslosigkeit, Erkrankung etc. als Entschuldigungsgründe iSd § 573 Abs. 2 Nr. 1 BGB anerkannt (KG DWW 2009, 26–28; Schmidt-Futterer/*Blank* § 573 Rn. 30), ein Verschulden bejaht wird dagegen bei Verlust des für die Mietzahlung vorgesehenen Geldes bei dem Besuch eines Spielcasinos (LG Berlin ZMR 2014, 635–636).

14. Zweck der Mietkaution ist die Sicherung möglicher Ansprüche des Vermieters *nach* Beendigung des Mietverhältnisses. Danach ist *während* des laufenden Mietverhältnisses dem Vermieter der Zugriff auf die Mietsicherheit verwehrt (BGH NZM 2014, 551), es besteht aber auch kein Recht des Mieters, gegen die Mietforderung mit einem (etwaigen) Kautionsrückzahlungsanspruch aufzurechnen, weil dieser noch nicht fällig ist, § 387 BGB (LG Berlin GE 2012, 487).

15. Zum Verschulden des Jobcenters und seiner Zurechnung bei ausbleibender Zahlung → Form. C. II. 9 Anm. 9, bei unpünktlicher Zahlungsweise → Form. C. II. 15 Anm. 8.

In der vorliegenden Fallkonstellation liegt eine unverschuldete wirtschaftliche Notlage, die die Beklagte an der Zahlung der geschuldeten Miete gehindert hätte, schon deshalb nicht vor, weil sie in dem fraglichen Zeitraum den fehlenden Differenzbetrag vom Jobcenter erhalten hatte. Dass sie diese Beträge versehentlich zur Tilgung anderer Verbindlichkeiten verwendet hat, entlastet sie zumindest nicht von dem Vorwurf der Fahrlässigkeit, § 276 Abs. 2 BGB (vgl. BGH WuM 2010, 484–490).

16. Eine vom Mieter gegenüber dem Mietzahlungsanspruch zur Aufrechnung gestellte Gegenforderung muss vollwirksam und fällig sein, bei Ansprüchen aus Abwicklungs- und Abrechnungsverhältnissen also erst, wenn ein Überschuss feststeht. Bezieht sich die Aufrechnung allein auf ein nach Abrechnung der Betriebskosten erwartetes Guthaben, sind die Aufrechnungsvoraussetzungen des § 387 BGB nicht erfüllt (OLG Naumburg Urt. v. 16.8.2011 – 9 U 16/11, BeckRS 2012, 01599).

18. Klage auf Räumung, Zahlung künftiger Leistung, Kaution sowie Erstattung der Anwaltskosten

An das

Landgericht[1] . . . .

in . . . . .

Räumungs- und Zahlungsklage

der Firma . . . . . GmbH, ...-Straße, ... Stadt, vertreten durch die Geschäftsführerin

– Klägerin –

– Prozessbevollmächtigte: Rechtsanwälte . . . . .

gegen

die Firma . . . . . GmbH, ...-Straße, ... Stadt, vertreten durch den Geschäftsführer

– Beklagte –

wegen: Herausgabe, Zahlung

vorläufiger Streitwert:[2a]   15.970,80 EUR (Räumungsklage)

5.355,00 EUR (Mietrückstand)

10.000,00 EUR (Kaution)

15.970,80 EUR (Nutzungsentschädigung)[2b]

gesamt: 47.296,60 EUR

Namens und in Auftrage der Klägerin erheben wir Klage gegen die Beklagte. In der mündlichen Verhandlung werden wir beantragen:[3]

I.   Die Beklagte wird verurteilt, die Bürofläche im Erdgeschoss des Objekts . . . . . -Straße Nr. . . . . ., ... Stadt, ca. 150qm groß, zu räumen und mit allen ausgegebenen und nachgefertigten Schlüsseln an die Klägerin herauszugeben.

II. Die Beklagte wird ferner verurteilt, an die Klägerin 5.355,00 EUR nebst Zinsen in Höhe von jeweils neun[4] Prozentpunkten über dem Basiszinssatz der Europäischen Zentralbank
aus dem Betrag in Höhe von 1.785,00 EUR seit dem 5.1.2013,
aus dem Betrag in Höhe von 1.785,00 EUR seit dem 5.2.2013 und
aus dem Betrag in Höhe von 1.785,00 EUR seit dem 5.3.2013
zu zahlen.

III. Darüber hinaus wird die Beklagte verurteilt, an die Klägerin 10.000,00 EUR nebst Zinsen in Höhe von neun Prozentpunkten über dem Basiszinssatz der Europäischen Zentralbank seit Rechtshängigkeit zu zahlen.

IV. Weiterhin wird die Beklagte verurteilt, die monatliche Nutzungsentschädigung in Höhe des vereinbarten Mietzinses von monatlich 1.785,00 EUR zu zahlen nebst Zinsen in Höhe von jeweils neun Prozentpunkten über dem Basiszinssatz der Europäischen Zentralbank seit dem vierten Werktag des jeweiligen Monatsbeginns, erstmals zum . . . . . bis einschließlich des Tages, in welchem die Beklagte die Mietfläche im Objekt . . . . .-Straße Nr. . . . . ., ... Stadt, im Erdgeschoss gelegen (zusammen ca. 150,00qm) geräumt und mitsamt aller ausgegebenen und nachgearbeiteten Schlüssel an die Klägerin herausgegeben hat.

V.   Darüber hinaus wird die Beklagte verurteilt, an die Klägerin 1.098,04 EUR zu zahlen nebst Zinsen in Höhe von fünf[4] Prozentpunkten über dem Basiszinssatz der Europäischen Zentralbank seit Rechtshängigkeit zu zahlen.

VI. Die Kosten des Rechtsstreits werden der Beklagten auferlegt.

VII. Das Urteil ist vorläufig vollstreckbar.

Für den Unterliegensfalle erbitten wir zugunsten der Klägerin um

Vollstreckungsschutz

mit der Maßgabe, eine etwaige Sicherheit auch durch Gestellung einer Bürgschaft einer Europäischen Großbank bzw. Europäischen Sparkasse erbringen zu dürfen.

Ferner regen wir die Anordnung des schriftlichen Vorverfahrens an. Für den Fall der Fristversäumung oder des Anerkenntnisses beantragen wir bereits jetzt, den Erlass eines Versäumnisurteils oder Anerkenntnisurteils im schriftlichen Verfahren.

Begründung

I.

Die Klägerin ist Vermieterin der Beklagten. Die Beklagte mietete mit Vertrag vom . . . . . die im Antrag zu I. genannte Bürofläche im Erdgeschoss des Objekts . . . . .-Straße Nr. . . . . ., ... Stadt, ca. 150qm Fläche nebst Küche, zwei Toiletten und Sozialraum, an.

Beweis: Vorlage des Mietvertrages vom . . . . . (Anlage K1)

Die Parteien vereinbaren einen monatlichen Mietzins in Höhe von 1.118,40 EUR zzgl. monatlicher Betriebskostenvorauszahlung in Höhe von 381,60 EUR sowie (derzeitig) 19 % Umsatzsteuer in Höhe von 285,00 EUR, mithin in einer Gesamthöhe von 1.785,00 EUR/mtl..

Beweis: wie vor.

Das Mietverhältnis begann zum . . . . .

1. Die Beklagte erbrachte die Mietzahlungen für Januar, Februar und März . . . . . nicht. Mit Anwaltsschreiben vom . . . . . kündigte die Klägerin das Mietverhältnis gegenüber der Beklagten fristlos und forderte die Beklagte auf, die Mieträume bis spätestens zum . . . . . zurückzugeben.

Beweis: Vorlage des Kündigungsschreibens vom . . . . . (Anlage K2)

Das Kündigungsschreiben wurde der Beklagten per Gerichtsvollzieher am . . . . . zugestellt.

Beweis: Vorlage der Zustellungsbescheinigung vom . . . . . (Anlage K3)

Weiterhin wurde die Beklagte aufgefordert, den seinerzeit angelaufenen Mietrückstand in Höhe von 3.570,00 EUR bis spätestens zum . . . . . auszugleichen und die monatliche Mietzinszahlung für April . . . . in Höhe von 1.785,00 EUR fristgerecht zu erbringen.

Beweis: Vorlage des Schreibens vom . . . . . (liegt vor)

Die streitgegenständliche Bürofläche wurde bis zum heutigen Tage nicht geräumt an die Klägerin übergeben. Der Ausgleich des rückständigen Mietzinses ist ebenfalls nicht erfolgt. Infolgedessen liegen die gesetzlichen Voraussetzungen für die nunmehr erhobene Räumungsklage vor.

2. Der Mietrückstand der Beklagten beziffert sich zum Zeitpunkt der Klageerhebung auf:

Januar . . . . .:		1.785,00 EUR
Februar . . . . .:		1.785,00 EUR
März . . . . .:		1.785,00 EUR
	gesamt:	5.355,00 EUR

Mit der vorliegenden Zahlungsklage wird indessen der vorstehende Mietrückstand geltend gemacht.

3. Weiterhin vereinbarten die Parteien unter § 6 MV die Zahlung einer Sicherheitsleistung in Höhe von 10.000,-- EUR.[5]

Beweis: Vorlage des Mietvertrags vom . . . . . (liegt vor)

Die Geltendmachung der vereinbarten Sicherheitsleistung ist auch nach Ausspruch der fristlosen Kündigung unproblematisch zulässig, soweit der Vermieter darlegen kann, dass er die Kaution als Verrechnungsposition gegen eigene Forderungen aus dem Mietverhältnis bzw. dessen Beendigung hat.[6] Vorliegend endete das Mietverhältnis zwar aufgrund fristloser Kündigung, die Mieterin hat die Gewerbefläche aber noch nicht zurückgegeben. Insofern könnten Schadensersatzforderungen ab zusichern sein. Weiterhin besteht ein weiterer Sicherungsanspruch der Vermieterin darin, dass (neben der rückständigen Miete) die Betriebskostenabrechnung . . . . . (anteilig) etwaig einen Nachzahlungsbetrag beziffert.

4. Darüber hinaus ist der Antrag zu IV. in Form der Leistungsklage auf die zukünftige Nutzungsentschädigung bis zur tatsächlichen Inbesitznahme der Mieträume/-fläche zulässig.[7] Die Klägerin kann in einem mietrechtlichen Räumungsverfahren nach der Rechtsprechung nunmehr bereits mit Klageerhebung gerichtlich den vereinbarten Mietzins als Nutzungsentschädigung für den Zeitraum einklagen, in dem die Beklagte die streitgegenständlichen Geschäftsräume bis zu deren Herausgabe an die Klägerin nutzt.

Der Streitwert für den Antrag auf Verurteilung zur Zahlung zukünftiger Nutzungsentschädigung in Höhe des vereinbarten Mietzinses beziffert sich ebenfalls auf den Jahresnettokaltmietzins, es sei denn, dass eine Inklusivmiete oder Betriebskostenpauschale zwischen den Parteien vereinbart ist.[2b]

II.

Bei dem weitergehenden Schadensersatzanspruch in Höhe von 1.098,04 EUR handelt es sich um den nicht anrechenbaren Honoraranspruch des Unterzeichners im Zusammenhang mit der außergerichtlichen Tätigkeit und den Ausspruch der fristlosen Kündigung vom . . . . . gegen die Beklagte. Die Beklagte befand sich zum Zeitpunkt der fristlosen Kündigung mit den Mietzahlungen für Januar, Februar und März . . . . . in Verzug. Seit der Neufassung der Anrechnungsregelungen im RVG zum 1.7.2009 kann die anteilige Verrechnung der außergerichtlichen Tätigkeit des Rechtsanwalts alternativ auf die vorgerichtlich entstandene oder die gerichtlich entstehende Gebühr angerechnet werden, sofern sie die volle Gebühr nur einmal gefordert und im Kostenfestsetzungsverfahren auch berücksichtigt (angerechnet) wird.

Die Klägerin erhebt vorliegend die volle außergerichtliche Geschäftsgebühr als Schadensersatzanspruch gegen die Schuldnerin. Die aus dem Aufforderungsschreiben vom . . . . . bezifferten außergerichtlichen Kosten belaufen sich einschließlich Mehrwertsteuer auf 1.098,04 EUR. Zwischenzeitlich hat der Unterzeichner gegenüber der Klägerin die außergerichtliche Tätigkeit abgerechnet.

Beweis: Vorlage der Kostenrechnung vom . . . . . (Anlage K4)
Der Rechnungsbetrag ist zwischenzeitig ausgeglichen.

III.

Der geltend gemachte Räumungs- und Zahlungsanspruch ergibt sich aus dem Gesichtspunkt des Mietvertrages und der §§ 535 ff. BGB. Einwendungen gegen die Klageforderung liegen nicht vor, insbesondere stehen der Beklagten keinerlei Gegenrechte zu.

Die beantragten Zinsen ergeben sich aus der jeweiligen Fälligkeit des Zahlungsanspruchs spätestens zum 3. Werktag eines jeden Monats. Für die Zinsen ist auf §§ 286 Abs. 2 Nr. 1, 288 Abs. 2 BGB hinzuweisen. Seit dem 29.7.2014 fallen auf Schuldverhältnisse, an denen keine Verbraucher beteiligt sind, Verzugszinsen in Höhe von neun Prozentpunkten über dem Basiszinssatz an (BGBl. I. 2014, 1218 ff.).

Sollte das Gericht weiteren Sachvortrag für erforderlich halten, wird um richterlichen Hinweis gemäß § 139 ZPO gebeten.

Rechtsanwalt

Anmerkungen

1. Die sachliche Zuständigkeit richtet sich nach §§ 71, 23 Nr. 1 GVG, da vorliegend über Rechte und Pflichten aus einem Gewerberaummietverhältnis gestritten wird. Bei der Festlegung des Zuständigkeitsstreitwertes werden die mit der Klage geltend gemachten Einzelansprüche zusammengerechnet, lediglich der Zuständigkeitsstreitwert des § 23 Ziffer 1 GVG ist zu beachten (Zöller/*Lückemann* § 23 GVG Rn. 3). Örtlich zuständig ist im vorliegenden Fall das Landgericht, in dessen Gerichtsbezirk das streitige Mietverhältnis und die Mietfläche belegen ist.

2a. Der Streitwert für den Räumungsantrag bemisst sich auf das von der Mieterin zu zahlenden Entgelt für die Dauer eines Jahres (§ 41 Abs. 1 S. 2, § 41 Abs. 2 GKG). Insofern richtet sich der Streitwert nach dem jährlichen Betrag der Nettogrundmiete, wenn vereinbart zzgl. Umsatzteuer. Sollte die Zahlung einer Nebenkostenpauschale vereinbart sein, berechnet sich der Streitwert für den Räumungsantrag auf das vollständige Jahresmietentgelt einschließlich Nebenkostenpauschale (BGH vom 30.10.2007 - VIII ZR 163/07; ders. ZMR 2011, 709 f.; OLG Koblenz IMR 2013, 81).

2b. Der Streitwert für die zukünftige Nutzungsentschädigung bis zur Herausgabe der Mieträumlichkeiten bemisst sich ebenfalls nach dem Jahresmietentgelt (OLG Düsseldorf MietRB 2012, 106; KG Berlin ZMR 2007, 366).

3. Die Klage umfasst sowohl den vermieterseitigen Anspruch auf Räumung, auf Zahlung rückständiger und zukünftiger Miete bis zur abschließenden Rückgabe der Mietsache, notfalls durch Gerichtsvollzieher.
a) Der Räumungsantrag muss hinreichend konkret die Mietfläche bezeichnen, damit ein vollstreckbarer Inhalt tituliert werden kann. Die Bezugnahme auf Urkunden reicht in der Regel nicht aus, kann aber zur Identifizierung der Mietfläche hilfreich sein. Besser sind Bezeichnungen wie „Laden-Nr.", Bezeichnung des Obergeschosses, Lage (rechts, links, mittig), Bezifferung des Garagenstellplatzes usw.
b) Die Miete wird nach § 556b Abs. 1 BGB zu Beginn des Monats, spätestens zum dritten Werktag zu Beginn des Monats für den laufenden Monat. Die Zinshöhe liegt für den Fall, dass beide Parteien als Gewerbetreibende tätig sind, neun Prozentpunkte über dem Basiszins der Europäischen Zentralbank hinsichtlich der Forderungen aus dem Mietverhältnis, bezogen auf den Schadensersatzanspruch wegen der Erstattung außergerichtlicher Rechtsanwaltskosten jedoch fünf Prozentpunkte über dem Basiszinssatz.

4. Kontrahieren beide Mietvertragsparteien nicht als Verbraucher im Sinne des § 13 BGB, beträgt der Zinssatz für Entgeltforderungen neun Prozentpunkte über dem Basiszinssatz (§ 288 Abs. 2 BGB). Dagegen beträgt der Zinssatz auf den Schadensersatz wegen der entstandenen außergerichtlichen Rechtsanwaltskosten fünf Prozentpunkte über dem Basiszinssatz.

5. Im Gewerberaummietrecht kann die Sicherheitsleistung abweichend von § 551 Abs. 1 BGB auch mit mehr als drei Monatsmieten vereinbart werden, da die Verweisungsnorm des § 578 Abs. 1 und 2 BGB den § 551 BGB nicht in Bezug nimmt. Die Rechtsprechung sieht im Mietverhältnis über Gewerberaum eine Höhe von bis zu einem Jahresmietzins als unproblematisch an (*Sternel* III Rn. 174a; OLG Brandenburg ZMR 2006, 853, 854; *Wolf/Eckert/Ball* Rn. 697).

6. Der Anspruch auf Zahlung des vereinbarten Kautionsbetrages (und auch der Nachschusspflicht) besteht über die Vertragsbeendigung hinaus fort; insoweit hat der Vermieter die Wahl, ob er die nicht geleistete (oder verbrauchte) Kaution einklagt oder ob er die Zahlungsansprüche selbst klageweise geltend macht (vgl. BGH NZM 2012, 156; OLG Düsseldorf NZM 2001, 380ff; ders. ZMR 2006, 686,687; ders. ZMR 2006, 923). Der Kautionsklage ist - ohne dass es bei Bestreiten des Mieters eine Beweisaufnahme bedarf - bereits dann stattzugeben, wenn der Vermieter zur Begründung seiner Forderung schlüssig vorträgt, es bestünden noch Zahlungsansprüche gegen den Pächter, zu deren Sicherung er die Kaution benötige.

Hinzu kommt, dass bereits nach „altem Recht" im Gewerberaummietverhältnis die Nichterbringung der vereinbarten Sicherheit zur Erklärung der außerordentlichen Kündigung rechtfertigte (BGH ZMR 2007, 525, 528; OLG Celle ZMR 1998, 272;).

7. Die Erhebung der Klage auf zukünftige Leistung ist gemäß § 259 ZPO zulässig, wenn der Mieter einen Rückstand an Miete und Mietnebenkosten in einer die Bruttomiete mehrfach übersteigenden Höhe hat anlaufen lassen (vgl. BGH ZMR 2011, 709 f.; NJW 2003, 1395 f.).

19. Klage auf Räumung nach Kündigung gemäß § 563 Abs. 4 BGB gegen eintretende Personen aus wichtigem Grund

An das

Amtsgericht[1] . . . . .

in . . . . .

Räumungsklage

der Frau . . . . ., ...-Straße, ... Stadt,

– Klägerin –

– Prozessbevollmächtigte: Rechtsanwälte

gegen

Herrn . . . . ., ...-Straße, ... Stadt,

– Beklagten –

wegen: Räumung

vorläufiger Streitwert: 9.600,00 EUR

Namens und in Auftrage der Klägerin erheben wir Klage gegen den Beklagten. In der mündlichen Verhandlung werden wir beantragen:

I. Der Beklagte wird verurteilt, die Wohnung im 3. Obergeschoss rechts des Objekts . . . . .-Straße Nr . . . . ., ... Stadt, bestehend aus drei Zimmern, Küche, Diele, Bad und Balkon, zu räumen und mit allen ausgegebenen und nachgefertigten Schlüsseln an die Klägerin herauszugeben.
II. Die Kosten des Rechtsstreits werden dem Beklagten auferlegt.
III. Das Urteil ist vorläufig vollstreckbar.

Für den Unterliegensfalle erbitten wir zugunsten der Klägerin um

Vollstreckungsschutz

mit der Maßgabe, eine etwaige Sicherheit auch durch Gestellung einer Bürgschaft einer Europäischen Großbank bzw. Europäischen Sparkasse erbringen zu dürfen.

Ferner regen wir die Anordnung des schriftlichen Vorverfahrens an. Für den Fall der Fristversäumung oder des Anerkenntnisses beantragen wir bereits jetzt, den Erlass eines Versäumnisurteils oder Anerkenntnisurteils im schriftlichen Verfahren.

Begründung

I.

Die Klägerin ist Vermieterin des Beklagten. Der verstorbene Lebenspartner des Beklagten mietete mit Vertrag vom . . . . . die im Antrag zu I. genannte Wohnräume im 3. Obergeschoss rechts des Objekts . . . . .-Straße Nr . . . . . ., ... Stadt, an.

Beweis: Vorlage des Mietvertrages vom . . . . . (Anlage K1)

Die Klägerin vereinbarte mit dem verstorbenen Lebenspartner des Beklagten einen monatlichen Mietzins in Höhe von 800,00 EUR zzgl. monatlicher Betriebskostenvorauszahlung in Höhe von 245,00 EUR, mithin in einer Gesamthöhe von EUR 1.045,00/mtl.

Beweis: wie vor.

Das Mietverhältnis begann zum . . . . . Am . . . . . verstarb unerwartet der Lebenspartner des Beklagten. Der Beklagte, der selbst nicht Mietvertragspartei der Klägerin war, teilte dieser eine Woche nach dem Tod seines Lebenspartners mit Schreiben vom . . . . . mit, in den laufenden Mietvertrag eingetreten zu sein.

Beweis: Vorlage des Schreibens vom . . . . . (Anlage K2)

Die Klägerin kündigte daraufhin unverzüglich nach Erhalt des vorgenannten Schreibens gegenüber dem Beklagten das Mietverhältnis außerordentlich unter Einhaltung der gesetzlichen Frist zum . . . . .[2]

Beweis: Vorlage des Schreibens vom . . . . . (Anlage K3)

Zur Begründung[3] führte die Klägerin aus, Kenntnis davon zu haben, dass der Beklagte die eidesstattliche Versicherung abgegeben habe. Ferner würde ihrer Auffassung nach seitens der öffentlichen Hand die Finanzierung des Mietzinses nicht vollständig gewährleistet sein, da die ca. 80qm große Wohnung für eine Person nicht mit öffentlichen Mitteln finanziert werden würde. Darüber hinaus hätten sich Mitbewohner über Beeinträchtigungen beschwert, die darauf schließen lassen, dass durch den Beklagten in der Mietwohnung mit weiteren Personen Drogen konsumiert werden würden. Eine Nachfrage bei der örtlichen Polizei hätte diese Aussage bestätigt, dort sei der Beklagte als Drogenkonsument amtsbekannt. Weiterhin habe der Beklagte auf den Drogenkonsum von der Klägerin angesprochen, dieser mit körperlichen Repressalien gedroht.

Beweis: wie vor.

Das Mietverhältnis ist seit dem . . . . . beendet. Der Beklagte übergab die Wohnung auch nicht nach nochmaliger außergerichtlicher Aufforderung zur Räumung unter Fristsetzung bis zum . . . . .

Beweis: Vorlage des Schreibens vom . . . . . (Anlage K4)

Vor diesem Hintergrund ist nunmehr die Einleitung des Klageverfahrens angezeigt.

III.

Der Räumungsanspruch ergibt sich aus dem Gesichtspunkt des Mietvertrages und der §§ 535 ff. BGB. Insbesondere durfte die Klägerin nach Eintrittserklärung des Beklagten das Mietverhältnis außerordentlich unter Einhaltung der gesetzlichen Frist von drei Monaten (das Mietverhältnis dauerte zum Zeitpunkt des Ausspruchs der Kündigung noch keine fünf Jahre) gemäß § 563 Abs. 4 BGB kündigen, da in der Person des Beklagten wichtige Gründe liegen, die gegen einen Eintritt in den Mietvertrag sprechen.

Der Klägerin kann die Fortsetzung des Mietverhältnisses mit dem Beklagten aufgrund dessen Drogenkonsums und der Drohungen nicht zugemutet werden. Darüber hinaus stellt auch die Zahlungsunfähigkeit des Beklagten (anders als bei der Untervermietung) regelmäßig einen wichtigen Grund dar, da kein Hauptmieter vorhanden ist, der für den Mieter haftet.

Einwendungen gegen die Klageforderung liegen nicht vor, insbesondere stehen der Beklagten keinerlei Gegenrechte zu.

Sollte das Gericht weiteren Sachvortrag für erforderlich halten, wird um richterlichen Hinweis gemäß § 139 ZPO gebeten.

Rechtsanwalt

Anmerkungen

1. Die Anwendbarkeit des § 563 BGB beschränkt sich auf Wohnraummietverhältnisse. Infolgedessen ist das jeweilige Amtsgericht ausschließlich zuständig, in dessen Bezirk sich die Mieträume befinden (§ 29a ZPO).

2. Die vermieterseitige Kündigung nach § 563 Abs. 4 BGB setzt einen wichtigen Grund in der Person des Eintretenden voraus. Der wichtige Grund ist nicht gleichzusetzen mit dem, was zur außerordentlichen fristlosen Kündigung gegenüber dem Mieter berechtigt (Palandt/*Weidenkaff* § 563 Rn. 23). Insofern gilt die Kündigungsfrist von drei Monaten. Der Vermieter muss die Kündigung innerhalb eines Monats erfolgen, nachdem der Vermieter positive Kenntnis erlangte vom Tod des Mieters und vom endgültigen Eintritt, spätestens mit dem Ablauf der Erklärungsfrist der eintretenden Person. Der Eintritt des Berechtigten erfolgt kraft Gesetzes im Wege der Sonderrechtsnachfolge.

3. Die Kündigungserklärung ist unter Angabe der konkreten Gründe abzugeben. Der Kündigungsgrund muss in der Person oder den damit zusammenhängenden Umständen liegen (Schmidt-Futterer/*Streyl* § 563 Rn. 68). Entscheidend ist dabei, ob dem Vermieter die Fortsetzung des Mietverhältnisses zugemutet werden kann (Hinz 2002, 640, 643). Aufgrund es zeitbezogenen Kündigungsausspruchs kommen als Gründe auch Umstände aus der Vergangenheit in Betracht, nach denen z.B. Störungen des Hausfriedens zu befürchten sind (Sternel XII Rn. 219). Wichtige Gründe sind etwa die persönliche Verfeindung zwischen dem Vermieter und den Eintretenden, ein unsittlicher Lebenswandel und die Straffälligkeit. Ob die Zahlungsunfähigkeit des Eintretenden ebenfalls ein wichtiger Grund ist, ist streitig (zum Meinungsstand: Blank/*Börstinghaus* § 563 Rn. 64; Schmidt-Futterer/*Streyl* § 563 Rn. 69). Unter Durchbrechung des Gedankens der Sonderrechtsnachfolge kraft Gesetzes ist dem Vermieter beizustehen, dass er sich nicht „sehenden Auges" der fehlenden Solvenz des Eintretenden beugen muss. Die Zahlungsunfähigkeit ist dem Vermieter genauso wenig zumutbar, wie der unsittliche Lebenswandel des Eintretenden. Allerdings muss das Zumutbarkeitskriterium auch im konkreten Einzelfall tatrichterlich bewertet werden, was möglicherweise bei der Zahlungsunfähigkeit eines von mehreren Eintretenden zu einem anderen Ergebnis führt.

20. Klage des Erwerbers auf künftige Räumung und Herausgabe von Wohnraum

An das

Amtsgericht . . . . .[1]

Klage

des . . . . .

– Kläger[2] –

Prozessbevollmächtigter: . . . . .

gegen

Herrn . . . . .

– Beklagter –

wegen künftiger Räumung einer Mietwohnung[2]

– Streitwert: 6.000,– EUR[3]

Namens und in Vollmacht des Klägers erhebe ich Klage gegen den Beklagten und werde beantragen,

1. den Beklagten zu verurteilen, die Wohnung Bahnhofstraße 5 in Gießen, Erdgeschoss rechts, bestehend aus 2 Zimmern, Küche, Bad und Hausflur, am 31.12.2015[4] geräumt an den Kläger herauszugeben.

2. Der Beklagte trägt die Kosten des Rechtsstreits.

3. Das Urteil ist vorläufig vollstreckbar.

Ich beantrage ferner, soweit das Gericht das schriftliche Vorverfahren anordnet und die Beklagte ihre Verteidigungsbereitschaft nicht rechtzeitig anzeigt, den Erlass eines Versäumnisurteils.

Begründung:

Der Beklagte hat mit Mietvertrag vom 31.8.2014 die im Klageantrag näher bezeichnete Eigentumswohnung in Gießen von ihrem Voreigentümer, Herrn Robert Müller, angemietet.

Beweis: in der Anlage K 1 überreichte Kopie des Mietvertrags

Der Kläger hat die Eigentumswohnung anschließend von Herrn Müller erworben, seine Eintragung in das Grundbuch ist gemäß anliegendem Grundbuchauszug am 15.4.2015 erfolgt.[5]

Beweis: in der Anlage K 2 überreichter Grundbuchauszug

Der Kläger hat das Mietverhältnis mit dem Beklagten mit Kündigungsschreiben vom 15.6.2015 fristgemäß ordentlich gekündigt, weil dem Beklagten nachhaltige und erhebliche Verletzungen seiner vertraglichen Pflichten (Zuwiderhandlungen gegen die Hausordnung) vorzuwerfen sind (*wird ausgeführt*).[6]

Beweis: in der Anlage K 3 überreichte Kopie des Kündigungsschreibens

Wegen der weiteren Einzelheiten wird zudem auf die ausführliche Begründung im Kündigungsschreiben[7] Bezug genommen. Zwar ist die sechsmonatige Kündigungsfrist des § 573c Abs. 1 S. 2 BGB noch nicht abgelaufen. Der Beklagte hat aber in Gegenwart des Hausmeisters Lars Bayer Mitte Mai 2015 auf entsprechende Nachfrage erklärt: „Mich bekommen keine zehn Pferde aus dem Haus, schon gar nicht der Kläger".

Beweis: Zeugnis des Herrn Lars Bayer, zu laden über den Kläger

Damit ist auch die Klage auf zukünftige Räumung nach § 259 ZPO gerechtfertigt.[8] Es liegt eine unmissverständliche Erklärung des Beklagten vor, dass er auch nach Ablauf der Kündigungsfrist nicht freiwillig ausziehen wird. Der Beklagte hat der Kündigung nicht widersprochen, obwohl er im Kündigungsschreiben auf sein Widerspruchsrecht nach § 574 BGB hingewiesen worden ist, auch im Hinblick auf Form und Frist des Widerspruchs.[9]

Rechtsanwalt[10, 11]

Anmerkungen

1. Zur sachlichen und örtlichen Zuständigkeit des Amtsgerichts → Form. C. II. 2 Anm. 1.

2. Zum Begriff der Räumung → Form. C. II. 2 Anm. 6, zu ihrem geschuldeten Umfang → Form. C. II. 24 Anm. 8.

3. Zum Erfordernis der Angabe und zur Berechnung des Streitwertes → Form. C. II. 2 Anm. 4.

4. Nach § 259 ZPO kann der Vermieter von Wohnraum auch dann Klage auf künftige Räumung und Herausgabe erheben, wenn die Kündigungsfrist noch nicht abgelaufen ist. Die Vorschrift gestattet dies bei Besorgnis nicht rechtzeitiger Räumung, so dass zu dem erst in der Zukunft liegenden Zeitpunkt der Fälligkeit der Räumungspflicht bereits ein Räumungstitel vorliegen kann, der dem Vermieter eine zeitnahe Vollstreckung ermöglicht. § 259 ZPO ist *lex specialis* zu § 257 ZPO, der allerdings einschlägig für die Klage auf künftige Räumung gewerblich genutzter Grundstücke oder Flächen ist. Tatbestandlich wird in § 257 ZPO nur auf das Kalenderdatum abgestellt, eine Besorgnis der nicht rechtzeitigen Räumung wie in § 259 ZPO wird hier dagegen nicht verlangt.

Die §§ 257 ff. ZPO waren nach den Vorstellungen des Gesetzgebers dazu bestimmt, die Rechtsschutzmöglichkeiten des Gläubigers zu erweitern, der damit trotz fehlender Fälligkeit der ihm geschuldeten Leistung nicht auf die insoweit ineffektive Feststellungsklage angewiesen sein sollte. § 257 ZPO gilt daher als Generalklausel für Klagen auf künftige Leistung. Zwischen der Feststellungsklage nach § 256 ZPO und der Leistungsklage nach den §§ 257 ff. ZPO besteht ein Wahlrecht (MüKoZPO/*Becker-Eberhard* § 257 Rn. 1). Zu beachten ist, dass § 257 ZPO *keine Vorverlegung* der Fälligkeit des Anspruchs bewirkt, sondern nur die Statthaftigkeit der Klage regelt (MüKoZPO/*Becker-Eberhard* aaO.). Voraussetzung für die Klage auf künftige Leistung ist im Übrigen grundsätzlich nur, dass die Verpflichtung zur künftigen Leistung – hier also zur Räumung und Herausgabe der Mietwohnung – in ihrem Bestand gewiss sein muss (BGH NJW 1965, 440–441).

Zum Widerspruchsrecht des Mieters nach der Sozialklausel (§ 574 BGB) vgl. → Anm. 9.

5. Der Erwerber eines Grundstücks oder einer Eigentumswohnung wird kraft Gesetzes erst dann neuer Vermieter, wenn der Kaufvertrag notariell beglaubigt ist, ihm das Grundstück von dem Verkäufer überlassen wurde und schließlich die **Umschreibung im Grundbuch** erfolgt ist (§ 566 BGB; vgl. Schmidt-Futterer/*Streyl* § 566 Rn. 57 ff.). In der Praxis ist aber durchaus zu beobachten, dass Klage auf künftige Räumung bereits erhoben wird, wenn der klagende Grundstückserwerber noch nicht in das Grundbuch eingetragen worden ist. Diese Klagen unterliegen der Abweisung (BGH ZMR 1961, 327; LG München I, Beschluss vom 19.12.1979 zu Az. 14 T 16247/79 = BeckRS 1979, 01245; vgl. auch OLG Düsseldorf ZMR 1993, 15–16). Das gleiche gilt, wenn das dem Grundstückserwerb zugrundeliegende Rechtsgeschäft unwirksam oder infolge erfolgreicher Anfechtung *ex tunc* nichtig ist. So ist ein auf den Erwerb eines vermieteten Grundstücks gerichtetes Rechtsgeschäft für einen Minderjährigen nicht lediglich rechtlich vorteilhaft im Sinne des § 107 BGB und damit unwirksam (BGH GE 2005, 478–480), ein Eintritt des Minderjährigen in die Vermieterstellung gem. § 566 BGB erfolgt danach nicht.

Streitig ist, ob der zukünftige Vermieter das Mietverhältnis bereits vor seiner Eintragung in das Grundbuch mit Vollmacht des Veräußerers kündigen darf. Diese Frage dürfte grundsätzlich zwar zu verneinen sein, weil das Recht zur Kündigung als höchstpersönliches Gestaltungsrecht nicht abgetreten werden kann und auch eine analoge Anwendung des § 566 BGB ausscheidet (LG Berlin ZMR 1996, 325–326; LG Augsburg NJW-RR 1992, 520; LG Kiel WuM 1992, 128–129). Nach einer im Vordringen befindlichen Rechtsprechung kann der Verkäufer den Käufer des Grundstücks und damit potentiellen neuen Vermieter jedoch noch vor dessen Eintragung ins Grundbuch **nach § 185 BGB ermächtigen**, den Mietvertrag in eigenem Namen zu kündigen (BGH WuM 2002, 601–603; NZM 1998, 146–147, m. abl. Anm. *Sternel* EWiR 1998, 249–250; KG ZMR 2008, 365–366).

Spricht der neue Eigentümer die Kündigung wegen schuldhafter Vertragsverletzung nach § 573 Abs. 2 Nr. 1 BGB aus – wie in der vorliegenden Fallkonstellation – ergeben sich keine weiteren Schwierigkeiten. Aber auch wenn der Veräußerer noch vor dem Eigentumsübergang kündigt und erst danach der Vermieterwechsel nach § 566 BGB erfolgt, bleibt die Erklärung materiell-rechtlich wirksam (LG Frankenthal WuM 1991, 350–351; Schmidt-Futterer-*Streyl* § 566 Rn. 119, bei die Person des Vermieters betreffenden Kündigungsgründen allerdings nicht ohne erneute Prüfung). Der Herausgabe- und Räumungsanspruch kann abgetreten werden (BGH ZMR 1983, 23–24).

6. Vgl. zur Kündigung nach § 573 Abs. 2 S. 1 BGB → Form. C. II. 2 Anm. 15 ff.

7. Zum Begründungszwang bei der ordentlichen Kündigung → Form. C. II. 2 Anm. 11.

8. Für die Besorgnis nicht rechtzeitiger Leistung genügt es, wenn der Schuldner seine Leistungspflicht, hier also der Mieter seine Verpflichtung zur Räumung, ernsthaft bestreitet (vgl. BGH WuM 1978, 244–245). Nicht ausreichend dagegen ist es, wenn er eine Anfrage des Vermieters nach dem Räumungszeitpunkt gänzlich unbeantwortet lässt (AG Hersbruck WuM 2012, 687–688). Für die Erfüllung dieses Tatbestandsmerkmals des § 259 ZPO ist die Motivation des Leistungsschuldners zwar irrelevant, insbesondere müssen in seiner Person auch nicht die Merkmale eines böswilligen oder arglistigen Verhaltens vorliegen, es muss aber ein **Wille** erkennbar werden, seine gesetzliche Verpflichtung nicht einzuhalten, dh sich ihr bewusst zu entziehen oder sie zumindest nicht rechtzeitig zu erfüllen. Dabei geht es um ein voluntatives Element, das seine Grundlage im Bestreiten der Rechtspflicht, aber auch in persönlichen Vorbehalten gegen den Gläubiger oder anderen Ursachen finden kann. Allein die *objektiv* fehlende Leistungsfähigkeit des Schuldners dagegen rechtfertigt die Klage auf künftige Leistung nicht (vgl. zum Ganzen *Henssler* NJW 1989, 138–144, insbesondere S. 142 ff. zur Räumungsklage). Erklärt der Mieter, er werde nach Ablauf der Kündigungsfrist nicht – oder nicht sogleich – ausziehen, ist die Klage damit statthaft. Dabei ist ohne Bedeutung, ob der Mieter noch Widerspruch nach § 574 BGB gegen die Kündigung einlegen kann oder sogar bereits eingelegt hat; dazu näher vgl. → Anm. 9.

Der Vermieter muss bei Klage auf künftige Räumung nur den Kündigungsgrund darlegen (LG Bochum WuM 1983, 56–57; ähnlich LG Aachen MDR 1976, 848). Ein nur vorsorglicher Widerspruch des Mieters (Mieter verweist darauf, er sei noch auf der Wohnungssuche) begründet somit nicht die Besorgnis nicht rechtzeitiger Räumung; dies kann bei Erledigung einer verfrüht erhobenen Klage zu einer Kostenentscheidung zu Lasten des Vermieters führen, § 91a ZPO (LG Köln NJW-RR 1996, 778), ebenso bei sofortigem Anerkenntnis, §§ 93, 93 b ZPO (OLG Hamm ZMR 1996, 499; LG Köln WuM 1993, 542–543; vgl. aber auch LG Bonn ZMR 2014, 283–286).

9. Eine Klage auf künftige Leistung ist bereits während der 2 Monate vor Ablauf der Kündigungsfrist endenden **Widerspruchsfrist** nach § 574b Abs. 2 BGB statthaft, wenn bereits zu diesem Zeitpunkt die Besorgnis der nicht rechtzeitigen Räumung besteht, z.B. weil der Mieter seine entsprechende Rechtspflicht verneint oder jetzt schon einen verspäteten Auszug ankündigt (OLG Karlsruhe NJW 1984, 2953; LG Berlin NZM 1999, 71; LG Kempten WuM 1993, 45–46; LG Bochum WuM 1983, 56–57; AG Fritzlar WuM 1998, 606; a.A. LG Heidelberg WuM 1997, 446). Der Mieter, der noch keine Ersatzwohnung gefunden hat und dem sonstige Härtegründe zur Seite stehen, ist allerdings nicht verpflichtet, sich vor Ablauf der Zwei-Monatsfrist darüber zu erklären, ob er bei Vertragsende räumen wird. Er darf eine Erklärung sogar ausdrücklich verweigern, ohne dass dies bereits eine Klage auf künftige Räumung rechtfertigen würde (LG Kempten WuM 1993, 45–46; LG Köln NJW-RR 1996, 778; aA *Henssler* NJW 1989, 138–144, 143). Der Mieter ist vielmehr berechtigt, die Widerspruchsfrist voll auszuschöpfen (LG Köln WuM 1993, 542–543). Weist der Vermieter den Mieter nicht rechtzeitig auf die Möglichkeit des Widerspruchs, seine Form und seine Frist hin, § 568 Abs. 2 BGB, kann der Mieter den Widerspruch noch im ersten Termin des Räumungsrechtsstreits erklären, § 574b Abs. 2 S. 2 BGB (LG Kempten WuM 1993, 45–46).

Der Räumungsprozess darf allerdings auch nicht ausgesetzt werden, bis der Mieter den Widerspruch eingelegt hat oder die Widerspruchsfrist abgelaufen ist (MüKoZPO/*Becker-Eberhard* § 259 Rn. 9 mwN). Beruft sich der Mieter im gerichtlichen Verfahren auf die Sozialklausel des § 574 BGB, hat das Gericht deren Voraussetzungen zu prüfen, ggf. ist der Mieter zur Durchsetzung seiner Rechte nach Erlass eines rechtskräftigen Räumungsurteils aber auf die Vollstreckungsgegenklage zu verweisen, § 767 ZPO (MüKoZPO/*Becker-Eberhard* aaO).

Zu beachten ist, dass bei einem Kündigungsgrund, der den Vermieter zur außerordentlichen fristlosen Kündigung des Mietverhältnisses berechtigen würde, ein Widerspruchsrecht des Mieters nicht besteht, dh auch nicht bei Ausspruch einer ordentlichen Kündigung, § 574 Abs. 1 S. 2 BGB (Schmidt-Futterer/*Blank* § 574 Rn. 10 ff.; Palandt/*Weidenkaff* § 574 Rn. 5; aA wohl *Franke* in der Vorauflage). Bei vermieteten Eigentumswohnungen sind im Übrigen die dreijährigen bzw. längerfristigen Kündigungs-Sperrfristen des § 577a BGB zu berücksichtigen.

Vollstreckung, Rechtsmittel und Kosten

10. Für Urteile auf künftige Räumung ist die Bestimmung über den Räumungsschutz in § 721 Abs. 2 ZPO zu beachten; dazu näher → Form. D. I. 1. Die Zwangsvollstreckung darf nicht vor Ablauf des im Urteil genannten Kalendertags beginnen, § 751 Abs. 1 ZPO. Die Entscheidung ist ohne besondere Abweichungen von anderen Leistungsurteilen mit der Berufung anfechtbar, §§ 511 ff. ZPO. Erkennt der Mieter den Antrag an, kann Anerkenntnis-Urteil ergehen, auch wenn die Besorgnis nicht rechtzeitiger Leistung nicht gerechtfertigt war (MüKoZPO/*Becker-Eberhard* § 259 Rn. 19 mwN). Eine Kostenentscheidung zu Lasten des Vermieters nach § 93 ZPO dürfte allerdings nicht ergehen, wenn die Besorgnis nicht rechtzeitiger Leistung bei Einleitung des Gerichtsverfahrens noch bestanden hatte.

Der Streitwert des Räumungsverfahrens richtet sich, wie regelmäßig im Wohnraummietrecht, nach der Höhe der Jahresmiete (§ 41 Abs. 2 GKG) → Form. C. II. 2 Anm. 4.

Insolvenz und Zwangsversteigerung

11. Wer eine Wohnung ersteigert oder von einem **Insolvenzverwalter** erwirbt, tritt auf Vermieterseite in das Mietverhältnis ein und hat gegenüber dem Mieter ein Sonderkündigungsrecht nach § 57a ZVG bzw. § 111 InsO (BeckFormB MietR/*Hannemann/Weber* Form D. V. 16 und BeckFormB MietR/*Vallender/Dahl* Form E. IX.). Während Gewerberaummieter diesem Sonderkündigungsrecht, das nur zum erstmöglichen Kündigungstermin ausgeübt werden darf, schutzlos ausgeliefert sind (*Wolf/Eckert/Ball* Rn. 1543), gilt bei Wohnraummietverhältnissen uneingeschränkt der gesetzliche Mieterschutz (*Stöber* ZVG § 57a Rn. 6.1). Die Erleichterung durch das Sonderkündigungsrecht ergibt sich nur aus der von der Dauer des Mietverhältnisses unabhängigen Frist des § 573d Abs. 2 BGB.

Schadensersatz und Nutzungsentschädigung

21. Klage auf Schadensersatz wegen zwar überbürdeter, aber nicht durchgeführter Schönheitsreparaturen

An das
Amtsgericht[1] Berlin-Köpenick[2]

Klage

In Sachen des
Vermieters Max Schulz . . . . .

– Kläger –

Prozessbevollmächtigter: Rechtsanwalt . . . . .

gegen

die Mieter

1 . . . . . .

2 . . . . . .

– Beklagte –

wegen Zahlung[3] und Feststellung

erhebe ich Klage und beantrage,

1. die Beklagten als Gesamtschuldner zu verurteilen, dem Kläger 7.530,60 EUR nebst Zinsen in Höhe von fünf Prozentpunkten über dem Basiszinssatz seit Rechtshängigkeit zu zahlen;
2. festzustellen, dass die Beklagten verpflichtet sind, alle weiteren Schäden[4] für nicht ausgeführte Schönheitsreparaturen zu ersetzen.

Der Streitwert für den Klageantrag zu 2. wird vorläufig mit 2.178,– EUR angegeben (drei Monatsmieten).[5]

Für den Fall der Säumnis im schriftlichen Vorverfahren beantrage ich Versäumnisurteil.

Begründung:

Die Beklagten waren Mieter einer 3-Zimmerwohnung im Hause Kaulsdorfer Str. 12 in Berlin-Köpenick auf Grund des schriftlichen Mietvertrages[6] mit dem Kläger vom 9.12.2005. Die Beklagten hatten die Schönheitsreparaturen zu tragen.

Beweis: Mietvertrag vom 9.12.2005

Die monatliche Miete betrug zuletzt 496,– EUR netto zuzüglich 110,– EUR Betriebskostenvorschuss und 120,– EUR Heizkostenvorschuss.

Beweis (im Bestreitensfalle): Belege über vorbehaltlose Mietzahlungen für Juni bis Dezember 2014 in Höhe von je 726,– EUR

Seit Januar 2015 sind die Beklagten mit ihren Mietzahlungen in Verzug. Der Kläger hat deshalb nach §§ 543, 569 BGB das Mietverhältnis mit Schreiben vom 19.5.2015 außerordentlich fristlos gekündigt.[7] Wegen der Mietrückstände bis einschließlich April 2015 ist ein gerichtliches Mahnverfahren anhängig. Auf die Kündigung haben die Beklagten die Wohnungsschlüssel am 28.5.2015 in den Briefkasten des Hauswarts geworfen, ohne ihre neue Anschrift zu hinterlassen.[8] Die Wohnungsbesichtigung vom 29.5.2015 durch den Kläger ergab, dass die Beklagten seit langem keine Schönheitsreparaturen mehr ausgeführt hatten.[9]

Nachdem der Kläger über Wohnungsnachbarn die neue Anschrift der Beklagten ermittelt hatte, übersandte[10] er mit Schreiben vom 24.6.2015 den Beklagten das Protokoll vom 29.5.2015 mit der Aufforderung, die dort angegebenen Arbeiten ausführen zu lassen. Im Wohnzimmer und im Schlafzimmer waren die Decke zu streichen und die Wände neu zu tapezieren, ebenso im Flur. In der Küche und im Bad war ebenfalls die Decke zu streichen, ebenso die Oberwände. In allen Räumen waren die Heizkörper, die Türen und die Fensterflügel von innen zu lackieren.[11]

Beweis: Protokoll vom 29.5.2015
        Schreiben vom 24.6.2015

für den Zustand: anliegende Fotos vom 29.5.2015

    Zeugnis des Hauswarts . . . . .
    Zeugnis des Malermeisters . . . . .

Nachdem die Beklagten die ihnen gesetzte Frist von zwei Wochen hatten verstreichen lassen, setzte der Kläger mit Schreiben vom 11.7.2015[12] ihnen eine Nachfrist von weiteren zwei Wochen und fügte den Kostenvoranschlag des Malermeisters Y vom 8.7.2015 über die notwendigen Malerarbeiten bei.

Beweis: Schreiben vom 11.7.2015
        Kostenvoranschlag vom 8.7.2015 über 6.853,– EUR zuzüglich MwSt

Die Beklagten haben keinerlei Arbeiten ausführen lassen. Der Kläger verlangt Schadensersatz in Höhe der im Kostenvoranschlag angegebenen Nettobeträge, also 6.853,– EUR).[13] Der Betrag ist angemessen und entspricht den ortsüblichen Preisen.

Beweis: sachverständiges Zeugnis des Malermeisters Y
        notfalls: Sachverständigengutachten

Dazu verlangt der Kläger Nutzungsausfall für Mai 2015 bis zur Räumung in Höhe von 677,60 EUR. Die Geltendmachung eines weiteren Schadensersatzanspruchs bleibt vorbehalten, da die Räume so nicht vermietbar sind.[14]

Der Kläger hat nunmehr die Arbeiten in Auftrag gegeben; bis zur Beendigung ist eine Neuvermietung nicht möglich und die Beklagten haften auf Nutzungsausfall.[15]

Rechtsanwalt[16]

Anmerkungen

1. Unabhängig von der Höhe des Streitwerts nach § 23 Nr. 2 a GVG.

2. § 29a ZPO: Lage der Wohnung.

3. Schadensersatz statt der Leistung kann nach § 281 BGB verlangt werden, wenn das Mietverhältnis beendet ist. Während der Dauer des Mietverhältnisses hat der Vermieter nur Anspruch auf Leistung (Erfüllung), nicht aber auf Schadensersatz (BGH VIII ZR 192/04 NJW 2005, 1862). Folgende Punkte sind vom Vermieter darzulegen und notfalls zu beweisen:
a) Dem Mieter ist auf Grund einer wirksamen Klausel die Verpflichtung zu Schönheitsreparaturen auferlegt worden. Die Rechtsprechung entdeckt fortwährend neue unwirksame Klauseln mit der Folge, dass im Zweifel die Renovierungspflicht des Mieters überhaupt entfällt. Bei allen mietvertraglichen Regelungen, die über die Formulierung „Der Mieter trägt die Schönheitsreparaturen" hinausgehen, ist besondere Vorsicht geboten. Auch müssen die Räume bei Vertragsbeginn im wesentlichen renoviert sein, da sonst die Verpflichtung des Mieters zu laufenden Schönheitsreparaturen ebenfalls unwirksam ist, wenn dem Mieter nicht ein angemessener Ausgleich vom Vermieter gewährt worden ist (BGH VIII ZR 185/14 NJW 2015, 1594). Nur Gebrauchsspuren, die bei lebensnaher Betrachtung nicht ins Gewicht fallen, bleiben außer Acht. Die Beweislast für Überlassung der Wohnung im renovierungsbedürftigen Zustand trägt allerdings der Mieter (BGH aaO)
b) Fälligkeit der Leistung, also dass Schönheitsreparaturen erforderlich waren. Der bloße Ablauf von üblichen Renovierungsfristen reicht nicht. Maßstab ist vielmehr, ob ein durchschnittlicher Mieter bei Fortbestand des Mietverhältnisses Renovierungsarbeiten als erforderlich angesehen hätte. Eine Verpflichtung des Mieters, nach Beendigung des Mietverhältnisses unabhängig vom Zustand der Räume stets Renovierungsarbeiten auszuführen, verstößt gegen § 307 BGB (unwirksame Endrenovierungsklausel: BGH VIII ZR 317/97 NJW 1998, 3114) festgestellt hat.
Der Mieter muss in Verzug gekommen sein. Eine substantiierte Mahnung ist erforderlich. Dazu muss eine Frist nach § 281 BGB gesetzt werden, wenn nicht der Mieter die Leistung ernsthaft endgültig verweigert hatte (§ 281 Abs. 2 BGB). Das kann auch dann angenommen werden kann, wenn der Mieter trotz er sich ihm aufdrängenden Erkenntnis, dass Schönheitsreparaturen nötig sind, aus der Wohnung auszieht (BGH XII ZR 281/95 NJW 1998, 1303 str.).

4. Der Schadensersatz nach §§ 280 Abs. 2, 281 BGB umfasst auch den Nutzungsausfall, den der Vermieter dadurch erleidet, dass die Räume nicht weiter vermietet werden können. Auch dieser Anspruch verjährt nach § 548 BGB. Die Leistungsklage des Vermieters auf Ersatz eines Mietausfallschadens unterbricht nach Rechtsprechung des BGH (XII ZR 281/95 NJW 1998, 1303) nicht die Verjährung für künftige Mietausfälle; die Notwendigkeit einer Feststellungsklage ist daher stets zu prüfen. Zweifelhaft ist der Nutzungsausfall allerdings bei einem Überangebot an Wohnraum (vgl. BGH VIII ZR

326/09 NJW-RR 2010, 1521). Hier wird teilweise verlangt, dass der Vermieter konkret darlegt, gerade wegen des Zustands der Räume seien Mietinteressenten abgesprungen (LG Berlin GE 2001, 926).

5. Schätzung nach § 3 ZPO.

6. Eine wirksame Überbürdung im schriftlichen Mietvertrag ist erforderlich. Bei mündlichen Mietverträgen wird sie immer fehlen (oder nicht nachzuweisen sein). Dabei kann ein mündlicher Mietvertrag auch dann vorliegen, wenn der Vermieter den Mietvertrag per Post abgeschlossen hat (Übersendung des Formulars an den Mieter ohne Unterschrift und Rücksendung des Formulars nach Eingang mit der Unterschrift des Mieters). Hier ist § 147 Abs. 2 BGB zu beachten, weil eine verspätete Annahme als neues Angebot gilt. Hat also der Mieter den Vertrag mit der Unterschrift des Vermieters später als zwei Wochen nach Übersendung an den Vermieter erhalten, kommt im Zweifel ein Formularmietvertrag nicht zu Stande (vgl. § 154 Abs. 2 BGB), sondern nur ein mündlicher Vertrag (vgl. OLG Brandenburg ZMR 2009, 841).

7. Ob die Klage des Vermieters hier wirtschaftlich sinnvoll ist, kann bezweifelt werden. Ein entsprechender Hinweis im Beratungsgespräch ist erforderlich.

8. Darin liegt Verletzung einer Nebenpflicht des Mieters, der nach Beendigung des Vertragsverhältnisses zur Abwicklung der gegenseitigen Ansprüche erreichbar sein muss.

9. Unbedingt zu beachten ist die kurze Verjährungsfrist von sechs Monaten nach § 548 BGB. Die Verjährung beginnt nicht mit Mietvertragsende, sondern mit dem Zeitpunkt, in dem der Vermieter ungehinderten Zutritt zu den Räumen erlangt und der Mieter den Besitz daran aufgegeben hat. Zu diesem Zeitpunkt schon entstandene Schadensersatzansprüche (Pflichtverletzung, Sachbeschädigung) verjähren ohne weiteres nach sechs Monaten. Das Gleiche gilt für den Leistungsanspruch auf Durchführung von Schönheitsreparaturen und den sich daraus ergebenden Schadensersatzanspruch. Auch wenn der Schadensersatzanspruch nach § 281 BGB erst nach Rückgabe der Wohnung und Fristsetzung entstand, beginnt die Verjährungsfrist schon mit der Rückgabe zu laufen (BGH VIII ZR 114/04 NJW 2005, 739). Die Verjährung wird nach § 203 BGB für die Zeit von Verhandlungen über den Anspruch gehemmt, wobei einseitige Schreiben, die nicht beantwortet werden, nicht ausreichen.

Die Verjährung wird ferner nach § 204 BGB durch einen Mahnbescheid gehemmt, wenn der Anspruch dort hinreichend individualisiert wurde. Angaben wie „Ansprüche aus Mietverhältnis, auch Schönheitsreparaturen" reichen nicht aus.

10. Nötig ist im Bestreitensfalle der Beweis des Zugangs, der am besten durch Zeugen angetreten werden kann, die das Schreiben als Bote überbracht haben.

11. Eine schlüssige Darlegung, welche Arbeiten wo warum erforderlich sind, ist für die Mahnung und für den späteren Rechtsstreit nötig. Der Kläger hätte hier allerdings auch auf das beigefügte Protokoll vom 29.5. verweisen können, wenn dort die notwendigen Angaben enthalten sind.

12. Eine Nachfristsetzung ist deshalb sinnvoll, weil der Mieter erst durch das Schreiben vom 24.6. in Verzug gesetzt wurde.

13. Nach § 249 Abs. 2 BGB kann die Mehrwertsteuer nur dann verlangt werden, wenn sie tatsächlich angefallen ist. Das gilt allerdings nur für Ansprüche wegen Beschädigung einer Sache, wozu Schönheitsreparaturen nicht gehören. Gleichwohl wendet die herrschende Meinung § 249 Abs. 2 BGB auch auf Schadensersatzansprüche wegen nicht ausgeführter Schönheitsreparaturen an (KG WuM 2006, 436; so auch Schmidt Futterer/ Langenberg Rn. 327 zu § 538 BGB), so dass keine Mehrwertsteuer verlangt werden kann, wenn die Arbeiten nicht ausgeführt werden. Auch die Durchführung von Schönheitsreparaturen durch den Nachmieter entlastet nach der obergerichtlichen Rechtsprechung den Mieter nicht. Der Kläger ist nicht verpflichtet, eine etwa erhaltene Kaution schon jetzt zu berücksichtigen, da hierüber erst in der Regel innerhalb von sechs Monaten nach Beendigung des Mietverhältnisses abzurechnen ist.

14. Ein Anspruch auf Nutzungsausfall kann sich auch aus §§ 280, 281 BGB ergeben, denn die Beklagten haben durch ihren Zahlungsverzug die fristlose Kündigung und damit die vorzeitige Beendigung des Mietverhältnisses verursacht (Auflösungsverschulden OLG Frankfurt/Main WuM 1998, 24). Ein solcher Anspruch verjährt an sich nicht nach § 548 BGB. Wenn der Leerstand der Räume allerdings damit begründet wird, dass vor Ausführung von Schönheitsreparaturen kein Nachmieter gefunden wurde, dürfte wiederum § 548 BGB anwendbar sein.

15. Der Vermieter muss im eigenen Interesse (§ 254 BGB) zügig vorgehen. In der Regel ist eine Frist von zwei bis drei Monaten anzunehmen. Maßgeblich sind aber immer die Umstände des Einzelfalls wie Umfang der Arbeiten, Verhalten der Mieter nach Beendigung des Mietverhältnisses (Angabe der neuen Anschrift, Verhandlungen über die Arbeiten) oder die Notwendigkeit der Durchführung eines selbstständigen Beweisverfahrens, das auch im günstigsten Fall mehrere Monate dauert.

Insolvenz

16. Ansprüche eines Vermieters gegen einen **insolventen** Mieter wegen nicht durchgeführter Schönheitsreparaturen sind regelmäßig Insolvenzansprüche, § 108 Abs. 3 InsO. Denn es kommt nicht darauf an, wann die Forderung fällig, sondern wann sie begründet wurde, § 38 InsO, → Form. F. I. 3 Anm. 2. Den Aspekt, dass es für die Qualifizierung einer Forderung als Insolvenz- oder Masseforderung nicht auf deren Fälligkeit, sondern darauf ankommt, wann der Anspruch begründet wurde, hat der BGH hinsichtlich der Betriebskostenforderungen im Einklang mit den Vorgaben der Insolvenzordnung hervorgehoben (BGH ZInsO 2011, 968–970). Begründet wurde der Anspruch auf Durchführung von Schönheitsreparaturen im Mietvertrag, wenn dort die Pflicht, die Schönheitsreparaturen durchzuführen, wirksam auf den Mieter übertragen wurde.

Unstreitig führt Renovierungsbedarf zu einer Insolvenzforderung, wenn er nachweislich bis zur Eröffnung des Insolvenzverfahrens angefallen ist. Fraglich ist, ob Ansprüche wegen nicht durchgeführter Schönheitsreparaturklauseln Masseansprüche sein können, wenn das Mietverhältnis während des Insolvenzverfahrens fortdauert. Dies soll nicht gelten, wenn der Renovierungsbedarf ganz überwiegend aus der Zeit vor der Insolvenzeröffnung stammt und das Mietverhältnis nur kurze Zeit durch den Insolvenzverwalter fortgesetzt wurde bzw. nur kurze Zeit bis zur Abgabe der Enthaftungserklärung nach § 109 Abs. 1 S. 2 oder § 35 S. 2 InsO verstrichen ist (Uhlenbruck/*Sinz* § 55 Rn. 58). Nutzt der Insolvenzverwalter die Mietsache allerdings bis zum Ablauf der Kündigungsfrist und waren Schönheitsreparaturen bei Verfahrenseröffnung noch nicht veranlasst, soll eine Masseschuld begründet sein, wenn dann Schönheitsreparaturen erforderlich sind (OLG Celle EWiR 1996, 369). Da die vom Mieter vertraglich übernommenen Schönheitsreparaturen Gegenleistung für die Gebrauchsgewährung sind, soll die Masse zur Sachleistung verpflichtet sein, soweit sie nach der Verfahrenseröffnung wegen fortschreitenden Verschleißes fällig werden (*Wolf/ Eckert/Ball* Rn. 1576)

Ist das Gewerberaummietverhältnis eines Selbstständigen von der Insolvenz betroffen und hat der Insolvenzverwalter die Erklärung nach § 35 Abs. 2 InsO abgegeben oder geht es um das Wohnraummietverhältnis des Insolvenzschuldners und hat der Insolvenzverwalter die Enthaftung nach § 109 Abs. 1 S. 2 InsO abgegeben, werden in der Praxis die

Ansprüche wegen nicht erledigter Renovierungen wie eine Neuforderung behandelt und gegenüber dem Mieter geltend gemacht. Erfüllen die Mieter die geltend gemachten Ansprüche, ist der Vermieter nicht verpflichtet, das dadurch Erlangte zurück zu gewähren, § 301 Abs. 3 InsO (*Flatow* NZM 2011, 617).

Erfährt ein Vermieter, dass gegen seinen Mieter Insolvenzantrag gestellt wurde und wurde dem Mieter wirksam die Durchführung der Schönheitsreparaturen überbürdet, sollte der Vermieter so rasch wie möglich dokumentieren, ob und wenn ja welcher Renovierungsbedarf in den Mieträumen besteht. Die für die Renovierung erforderlichen Kosten sind, wirksame Abwälzung der Schönheitsreparaturen auf den Mieter unterstellt, zu schätzen bzw. in Geld umzurechnen, § 45 InsO, und zur Insolvenztabelle anzumelden (*Flatow* NZN 2011, 617).

22. Klage auf Schadensersatz wegen sonstiger Schäden am Mietobjekt

An das

Amtsgericht[2] Naumburg/Saale

Klage

In Sachen

der Vermieterin . . . . .

– Klägerin –

Prozessbevollmächtigter: Rechtsanwalt . . . . .

gegen

den Mieter . . . . .

– Beklagter –

wegen Schadensersatz[1]

erhebe ich Klage und beantrage,

> den Beklagten zu verurteilen, der Klägerin 16.682,69 EUR nebst Zinsen in Höhe von fünf Prozentpunkten über dem Basiszinssatz seit Rechtshängigkeit zu zahlen.

Ich beantrage Erlass eines schriftlichen Versäumnisurteils.[3]

Begründung:

Der Beklagte war Mieter einer 4-Zimmerwohnung im Hause Berghofstr. 4 a in Naumburg auf Grund des schriftlichen Mietvertrages vom 10.3.2011 mit der Klägerin. Die monatliche Miete betrug zuletzt 570,– EUR netto kalt zuzüglich Betriebskostenvorschuss kalt in Höhe von 120,– EUR, zusammen also 690,– EUR. Die Wohnung ist mit einer Gasetagenheizung ausgestattet. Das Mietverhältnis wurde durch fristgerechte Kündigung des Beklagten zum 31.8.2015 beendet. Der Mietvertrag vom 10.3.2011 und die Kündigung des Beklagten vom 2.5.2015 sind zur Information beigefügt.

Zu einer gemeinsamen Wohnungsabnahme kam es nicht. Der Hausverwalter der Klägerin stellte bei der Besichtigung am 1.9.2015 fest, dass die Wohnung sich in einem katastrophalen Zustand befand. Der Beklagte hatte ohne Genehmigung[4] der Klägerin laienhaft erhebliche Umbaumaßnahmen vorgenommen, wobei die bisherige Küche dadurch vergrößert wurde, dass die Wand zur Speisekammer abgerissen wurde. Das Bad wurde in das Zimmer zur Hofseite verlegt; sämtliche Zu- und Abflüsse für Kalt- und Warmwasser wurden neu verlegt. Zur Wiederherstellung des ursprünglichen Zustands sind umfangreiche Maurer- und Installationsarbeiten notwendig, deren Ausmaß sich aus den beigefügten Kostenvoranschlägen ergibt.

An Maurerarbeiten werden nach dem Kostenvoranschlag der Fa. Bauer vom 5.10.2015 Kosten von 5.516,33 EUR netto anfallen und für und für Installationsarbeiten nach dem Voranschlag der Fa. Rohrmann vom 6.10.2015 Kosten von 6.642,70 EUR netto.

Beweis für alles: Zeugnis des Hausverwalters X, Anschrift . . . . .
Kostenvoranschläge vom 5./6.10.2015
Zeugnis der Mitarbeiter Friedhelm Kraft (Fa. Bauer) und Peter Wapnewski (Fa. Rohrmann), beide zu laden über die Arbeitgeberfirmen[5]

Der Beklagte hatte ferner die Türen zum Wohnzimmer und zur Küche ausgehängt und die Türzargen entfernt.

Beweis: Zeugnis des Hausverwalters X, b. b.

Die Klägerin hat die erforderlichen Arbeiten zur Wiederherstellung bereits ausführen lassen, wofür zusammen 1.037,92 EUR anfielen.

Beweis: Rechnung vom 4.11.2015
Zeugnis des Hausverwalters

Entsprechendes gilt für eine vom Beklagten beschädigte Fensterscheibe im Schlafzimmer,[6] deren Reparatur 35,74 EUR brutto kostete.

Beweis: Rechnung vom 9.11.2011

Die Klägerin hatte den Beklagten mit Schreiben vom 10.9.2015 aufgefordert, die Schäden zu beseitigen und den früheren Zustand wiederherzustellen.[7] Gleichzeitig hatte sie eine Frist bis zum 8.10.2015 gesetzt.[8]

Beweis: Schreiben vom 10.9.2015

Erst mit Schreiben vom 14.10.2015 berief sich der Beklagte darauf, dass die Umbaumaßnahmen den Wohnwert erhöht hätten und er die Arbeiten auch mit Genehmigung[9] der Klägerin ausgeführt habe. Dies ist jedoch unrichtig, da der Beklagte lediglich in einem Gespräch kurz nach Beginn des Mietverhältnisses Umbauwünsche angedeutet hatte, woraufhin die Klägerin um Vorlage von Kostenvoranschlägen von Fachfirmen bat. Das unterließ der Beklagte jedoch, so dass die Klägerin davon ausging, der Beklagte habe seine Absichten aufgegeben.

Die Klägerin verlangt Schadensersatz in Höhe der zum Rückbau und der Reparatur erforderlichen Kosten.

Voranschlag vom 5.10.2015 5.516,33 EUR

Voranschlag vom 6.10.2015 6.642,70 EUR

Rechnung vom 4.11.2015 1.037,92 EUR

Rechnung vom 9.11.2015 35,74 EUR

Dazu macht die Klägerin Nutzungsausfall für die Zeit vom 1.9.2015 bis zum 31.1.2016 in Höhe von je 690,– EUR geltend, zusammen also 3.450,– EUR. Die Bauarbeiten sind inzwischen in Auftrag gegeben und werden voraussichtlich Mitte Januar 2016 beendet sein.[10] Ich bitte um beschleunigte Zustellung;[11] Kostenvorschuss als Verrechnungsscheck, für dessen Einlösung ich mich verbürge, anbei.

Rechtsanwalt[12]

Anmerkungen

1. Für eine schuldhafte Beschädigung der Mietsache haftet der Mieter aus Pflichtverletzung (§ 280 BGB) und Sachbeschädigung (§ 823 Abs. 1 BGB). Der Anspruch entsteht mit der schadensstiftenden Handlung und geht auf Wiederherstellung, in der Regel auf Geldersatz (§ 249 BGB). Für Schäden, die sich im Rahmen des vertragsmäßigen Gebrauchs ergeben, haftet der Mieter dagegen nicht, weil es an einer schuldhaften Vertragsverletzung fehlt (§ 538 BGB). (Beispiel: Auslegware ist nach 10 Jahren verschlissen oder weist unvermeidliche Gebrauchsspuren wie Flecke auf.) Das Verschulden des Mieters wird nur dann vermutet mit der Folge, dass er sich entlasten muss, wenn feststeht, dass die Schadensursache aus dem alleinigen Einflussbereich des Mieters stammt. Neben reinen Sachbeschädigungen sind nach Beendigung des Mietverhältnisses noch Ansprüche des Vermieters aus § 546 BGB möglich. Der Mieter ist verpflichtet, die Mietsache in vertragsgerechtem Zustand zurückzugeben und insbesondere Einbauten zu entfernen und sonstige Veränderungen rückgängig zu machen. Eine Genehmigung des Vermieters zu den Umbauarbeiten wirkt nur für die Dauer des Mietverhältnisses und ist kein Verzicht auf den Rückbau bei Vertragsende (LG Berlin GE 2010,1269). Die Rückbauverpflichtung entfällt allerdings dann, wenn durch Baumaßnahmen des Vermieters die Wiederherstellungsarbeiten des Mieters beseitigt werden würden (BGH VIII ZR 231/84 NJW 1986, 310). Die Grenze zur Sachbeschädigung ist fließend (Beispiel: entfernte Zwischenwand); häufig folgt die Rückbauverpflichtung auch aus einem Anspruch aus Pflichtverletzung. Erfüllt der Mieter seine Pflicht zur Rückgabe im vertragsgerechten Zustand nicht, kommt ein Schadensersatzanspruch des Vermieters aus Verzug (§ 280 Abs. 1 BGB) in Betracht, der die Kosten der Beseitigung von Einbauten umfasst. Dazu kommt ein Anspruch auf Nutzungsausfall, wenn der Vermieter darlegt, dass er bei Rückgabe der Räume in ordnungsgemäßem Zustand die Wohnung hätte vorher vermieten können.

Bei Altfällen ist zu beachten, dass bauliche Veränderungen bei einem DDR-Mietvertrag nur eingeschränkt eine Rückbaupflicht auslösten. Diese entfiel dann, wenn die Umbauarbeiten zwar ohne Zustimmung des Vermieters erfolgten, aber im „gesellschaftlichen Interesse" lagen (BGH XII ZR 101/97 GE 1999, 711).

Der Schadensersatzanspruch umfasst auch Nutzungsausfall. Die Vorschrift des § 546a BGB gilt nur für die verspätete Rückgabe (Besitzeinräumung), während für den Fall der Rückgabe in schlechtem (vertragswidrigen) Zustand Nutzungsausfall nach dieser Vorschrift nicht verlangt werden kann (BGH VIII ZR 304/91 NJW 1983, 1050). Nutzungsausfall als Schadensersatz kann nur für die notwendige Dauer der Schadensbeseitigung verlangt werden.

2. § 23 Nr. 2 a GVG.

3. Mit einem Anerkenntnis ist nicht zu rechnen. Darüber hinaus ergeht seit dem 1.1.2002 ein Anerkenntnisurteil von Amts wegen, § 307 Abs. 2 ZPO.

4. Bei vertragsgemäß vorgenommenen Einbauten von dauerhaftem Nutzwert kann nach Treu und Glauben der Vermieter die Entfernung nicht verlangen (LG Hamburg WuM 1988, 305). Die Verpflichtung zum Rückbau entfällt, wenn es sich bei der Maßnahme des Mieters um eine dauerhafte, über das Mietverhältnis hinausreichende Wertverbesserungsmaßnahme handelt, die nur mit erheblichem Aufwand an Kosten wieder zu entfernen wäre und deren Beseitigung die Mietsache in einen schlechteren Zustand versetzt, wie etwa beim Einbau eines Bades, dem Austausch von Kachelöfen gegen eine Gasheizung oder der Verlegung hochwertiger Teppichböden. In diesem Fall kann der Mieter erwarten, dass der Vermieter bei Erteilung der Erlaubnis einen Entfernungsvorbehalt erklärt (LG Berlin GE 2010, 1269).

5. Grundsätzlich ist die Privatanschrift des Zeugen anzugeben; die Praxis begnügt sich vielfach bei Zeugenladungen nach § 273 ZPO mit der Anschrift des Arbeitgebers.

6. Formularmäßige Klauseln, wonach der Mieter von Wohnraum Glasschäden stets zu beseitigen habe, sind ebenso unwirksam wie eine Bestätigung, dass die Wohnung bei Übergabe keine Mängel aufgewiesen habe (§ 309 Nr. 12 b BGB). Wenn kein gesondertes Übergabeprotokoll gefertigt wurde, ist auf einen entsprechenden Einwand des Mieters der Vermieter daher beweispflichtig dafür, dass bei Beginn des Mietverhältnisses der Schaden noch nicht vorlag.

7. Dadurch geriet der Beklagte in Verzug.

8. An sich überflüssig für die Ansprüche aus Sachbeschädigung.

9. Dafür trägt der Beklagte die Darlegungs- und Beweislast. Grundsätzlich ist bei genehmigungspflichtigen Änderungen der Räume durch den Mieter zu unterscheiden: Ohne besonderen Zusatz in der Genehmigung gilt sie nur für die Mietzeit; die Rückbauverpflichtung wird davon nicht berührt. Aus der Sicht des Mieters sind daher <u>zwei</u> Genehmigungen nötig: für die gegenwärtige Veränderung der Mietsache und für das Entfallen der Rückbaupflicht. Der Vermieter sollte ebenfalls bei Erteilung einer Genehmigung dies im Auge behalten und klarstellen, was mit den Veränderungen nach Mietende zu geschehen hat.

10. Die Klageschrift ist im Dezember 2015 eingereicht; wegen der Ende Februar 2016 drohenden Verjährung hat sich der Rechtsanwalt eine Frist von Ende Januar 2016 notiert, um zu prüfen, ob die Arbeiten fristgerecht ausgeführt wurden. Anderenfalls wäre die Klage hinsichtlich eines weiteren Nutzungsausfalls rechtzeitig vor Ende Februar zu erweitern. Die kurze Verjährungsfrist des § 548 BGB von sechs Monaten kann zwar grundsätzlich verlängert werden (BGH VIII ZR 123/05 NJW 2006,1588 – offen gelassen, ob nur durch Individualvereinbarung -); der Praktiker sollte sich aber auf eine solche Regelung nicht verlassen, da immer wieder Instanzgerichte eine solche Verlängerung für unwirksam ansehen (vgl. etwa AG Köpenick GE 2015,981).

11. Wegen § 167 ZPO.

Insolvenz und Zwangsverwaltung

12. Für den Fall der **Insolvenz** eines Mieters gilt hinsichtlich der möglichen Schadensersatzansprüche des Vermieters wegen Zerstörung oder Beschädigung der Mietsache: Trat der Schaden bereits vor der Insolvenzeröffnung oder erst nach Vertragsbeendigung ein, so ist der Anspruch des Vermieters eine Insolvenzforderung (*Flatow* NZM 2011, 616). Liegt das schädigende Ereignis jedoch in der Zeit zwischen Insolvenzeröffnung und Vertragsende, beispielsweise, wenn das Verfahren während der laufenden Kündigungsfrist eröffnet wird, wird die Forderung zu Verbindlichkeit nach § 55 Abs. 1 Nr. 2 InsO, weil die Obhutspflicht aus dem laufenden Mietvertrag auf den Verwalter übergegangen ist. Derartige Schadensersatzansprüche sind durch den Insolvenzverwalter aus der Masse zu befriedigen. Sie resultieren allerdings nicht aus seiner persönlichen Haftung. Sofern er für die Beschädigungen verantwortlich ist, kann ein Insolvenzgläubiger den Insolvenzverwalter haftbar machen, § 60 InsO (*Franken/Dahl* Mietverhältnisse in der Insolvenz, 2. Aufl. 2006, S. 32 Rn. 34).

Für den umgekehrten Fall der Insolvenz des Vermieters ergeben sich keine Besonderheiten. Im Falle der Beendigung des Mietverhältnisses während des eröffneten Verfahrens hat der Insolvenzverwalter die Ansprüche geltend zu machen. Dieselbe Verpflichtung trifft im Falle einer Zwangsverwaltung den Zwangsverwalter.

23. Klage auf Feststellung der Schadensersatzpflicht wegen möglicher weiterer Bodenverunreinigungen

An das

Landgericht Frankfurt/Main

Klage

In Sachen

des Herrn. . . . .

– Klägers –

Prozessbevollmächtigter: Rechtsanwalt. . . . .

gegen

die X-GmbH

. . . . .

– Beklagte –

wegen Feststellung[1] der Schadensersatzverpflichtung aus Bodenverunreinigungen

– Streitwert vorläufig 150.000,– EUR

erhebe ich Klage und beantrage festzustellen,

dass die Beklagte verpflichtet ist, dem Kläger den Schaden einschließlich des Mietausfalls zu ersetzen, der diesem zur Feststellung und Beseitigung von Bodenverunreinigungen durch halogenierte Kohlenwasserstoffe auf und in dem ihm gehörenden Grund und Boden auf dem Grundstück. . . . . in. . . . . entstanden ist und noch entstehen wird und dass die Beklagte verpflichtet ist, den Kläger von allen damit zusammenhängenden Kosten freizuhalten.

Ich beantrage die Klage unverzüglich wegen drohender Verjährung zuzustellen; unterschriebener Überweisungsträger (blanko) anbei. Für Einzahlung des Kostenvorschusses verbürge ich mich persönlich.[2]

Begründung

Der Kläger ist Eigentümer des gewerblich genutzten und mit einer Halle bebauten Grundstücks. . . . . in. . . . . Mit Geschäftsraummietvertrag[3] vom 1.11.2007 mietete die Beklagte Grundstück und Halle mit einer Grundfläche von 1000 m² und richtete dort einen Metallbeschichtungsbetrieb[4] ein. Nach mehreren Jahren wurden infolge eines Berichts an das Wasserschutzamt Höchst auf dem Betriebsgelände CKW-Gehalte ermittelt; bei einer gründlichen Überprüfung wurde im Bereich des Entfettungsbades eine starke Bodenverunreinigung festgestellt.

Beweis: Gutachten des Ingenieurbüros Amann vom 3.9.2015
Anordnung des Wasserschutzamtes vom 11.12.2015

Die Beklagte stellte ihre Geschäftstätigkeit ein, ebenso wie die Mietzahlungen. Nach fristloser Kündigung hat die Beklagte die Mietsache am 28.2.2016 zurückgegeben; nötige Bodensanierungsarbeiten hat sie nicht veranlasst.[5] Die Beklagte hat durch unsachgemäßen Betrieb des Entfettungsbades, bei dem ein Abflussrohr undicht gewesen ist, erhebliche Bodenverunreinigungen verursacht, die von ihr zu beseitigen sind.[6]

Beweis: Sachverständigengutachten

Bei Mietvertragsbeginn gab es keine Bodenverunreinigungen; das Grundstück wurde landwirtschaftlich genutzt.[7]

Beweis: Zeugnis der Eheleute Peter und Walburga Maier. . . . .

Eine Sanierungsanordnung der zuständigen Behörde ist zwar noch nicht erlassen, sondern es ist nur eine regelmäßige Überwachung der Grundwasserbeschaffenheit veranlasst worden. Spätere Maßnahmen können jedoch nicht ausgeschlossen werden, zumal der Kläger vor Schadensbeseitigung nicht das bebaute Grundstück weitervermieten kann. Die Feststellung der Verantwortlichkeit der Beklagten[8] ist daher dringend geboten.

Rechtsanwalt[9]

Anmerkungen

1. Da eine Leistungsklage noch nicht möglich ist, muss der Kläger zur Hemmung der drohenden Verjährung nach § 548 BGB (sechs Monate nach Rückgabe der Mietsache) eine Feststellungsklage erheben (OLG Düsseldorf NJW-RR 1997, 1488; OLG Schleswig 5U 98/04 OLGR 2008, 299). Auch wenn im Verlauf des Rechtsstreits Zahlungsansprüche beziffert werden können, ist ein Übergang zur Leistungsklage nicht nötig (BGH VIII ZR 248/97 NJW 1999,639). Schadensersatzansprüche kommen nach §§ 280, 823 Abs. 1 BGB in Betracht; auf die Erkennbarkeit der Bodenverunreinigungen bei Rückgabe kommt es grundsätzlich nicht an. Erst wenn die Verjährungsfrist schon abgelaufen ist, kann der – unsichere – Weg beschritten werden, dass ein Folgeschaden geltend gemacht wird, der keinen Bezug zum Mietobjekt selbst hatte, weswegen die kurze Verjährungsfrist nicht eingreift (BGH XII ZR 79/92 NJW 1994,251: Ausgelaufenes Öl und Folgeschaden an einer entfernt liegenden Fischzuchtanlage eines Dritten). Möglich ist ferner ein Ausgleichsanspruch nach § 24 Abs. 2 BBodSchG, der erst in drei Jahren verjährt. Er setzt nicht voraus, dass der Eigentümer als Zustandsstörer vorher von der Behörde in Anspruch genommen wurde (BGH XII ZR 52/07 NJW 2009, 139). Wenn das Ausmaß der Bodenverunreinigungen noch unklar ist, kommt auch ein Antrag auf Durchführung eines selbständigen Beweisverfahrens in Betracht, der ebenfalls die Verjährung hemmt(§ 204 Abs. 1 Nr. 7 BGB).

2. Nach § 12 GKG soll die Klage erst nach Einzahlung des Kostenvorschusses zugestellt werden. Einzahlung heißt Gutschrift auf dem Konto der Justizkasse, so dass weder ein vom Rechtsanwalt unterzeichnetes Überweisungsformular noch die Erklärung der persönlichen Haftung des Rechtsanwalts streng genommen ausreichen – in der Praxis aber vielfach akzeptiert werden (vgl. aber § 29 Nr. 2 GKG). Auch die Bitte um unverzügliche Zustellung (§ 14 Nr. 3 b GKG) schon vor Einzahlung des Vorschusses kann in der Praxis leicht übersehen werden; der Rechtsanwalt hat deshalb hier alles ihm Mögliche getan, um die Verjährung zu hemmen.

3. Der Mietvertrag sollte unbedingt Regelungen enthalten, dass der Mieter für alle Schäden haftet, die aus dem Mietgebrauch oder der Risikosphäre des Mieters stammen (BGH XII ZR 158/01 NJW-RR 2006, 84). Gerade bei Bodenverunreinigungen ist oft der

Nachweis schwierig, dass eine umweltgefährdende Vorbenutzung ausscheidet, weswegen – insbesondere bei Risikobetrieben wie der Verpachtung einer Tankstelle – regelmäßige vorherige Bodenuntersuchungen, die zu keinen Beanstandungen führten, geboten sind. Dies sollte auch im Mietvertrag festgehalten werden (vgl. *Schlemminger/Latinovic* NJW 1999, 163).

4. Der Mieter/Pächter haftet nicht für Bodenverunreinigungen, die durch vertragsgemäßen Gebrauch (§ 538 BGB) entstanden sind (BGH XII ZR 107/99 NZM 2002, 913); ebenso wenig haftet der Mieter, wenn der Vermieter seiner Pflicht zur Wartung der vermieteten Sache nicht nachgekommen ist (BGH XII ZR 163/03 NZM 2004, 916). Wenn also der Mietzweck (Metallbeschichtungsbetrieb) vertraglich vereinbart worden wäre, wäre der Vermieter verpflichtet gewesen, die Mietsache in einem für diesen Gebrauch geeigneten Zustand zu überlassen und zu erhalten. Eine Regelung zur Instandhaltung durch den Mieter ist dann immer erforderlich; kein Vermieter sollte sich darauf verlassen, dass die Gerichte so großzügig sind wie das OLG Frankfurt/Main, das aus der schlichten Vereinbarung einer „Komplettrenovierung" auch eine Verpflichtung zur Beseitigung von Verschmutzungen/Verunreinigungen und Instandsetzung des Bodens hergeleitet hat (ZMR 2013, 29).

5. Der Zustand der Mietsache ist für die Räumung irrelevant; auch eine Rückgabe in nicht vertragsgerechtem Zustand ist Erfüllung der Räumungsverpflichtung (BGH XII ZR 52/08 NZM 2010, 621), so dass der Vermieter nicht die Annahme verweigern darf.

6. Der Vermieter muss beweisen, dass der Schaden nicht aus seinem Einflussbereich oder dem eines Dritten herrührt (BGH XII ZR 272/97 NJW 2000, 2344). Nötig ist weiter ein Verschulden des Mieters (vgl. Lindner-Figura/Oprée/Stellmann Kap. 23 Rn. 214 ff.), was dann zweifelhaft ist, wenn der Mieter den damaligen Stand der Technik eingehalten hat, so dass oft dem Mieter der Entlastungsbeweis gelingt (Knoche NJW 1997, 2080). Für eine Bodenverunreinigung durch vertragsgemäßen Gebrauch haftet der Mieter nicht (BGH XII ZR 107/99 NZM 2002, 913). Der Vermieter kann sich aber für den Ausgleichsanspruch nach § 24 Abs. 2 BBodSchG auf die Beweiserleichterung analog §§ 6, 7 UmwHG berufen, da eine Vermutung für die Kausalität der Nutzung und der Bodenkontamination besteht (BGH V ZR 267/03 NJW-RR 2004, 1243). Auch eine spätere rechtmäßige Handlung des Eigentümers (Aufbrechen der Bodenversiegelung zum Zwecke der Bebauung) ändert nichts an der Verantwortlichkeit des Verursachers (vgl.OLG Hamm NuR 2014,74).

Daneben besteht auch eine verschuldensunabhängige Störerhaftung des Mieters, der Bodenverunreinigungen verursacht hat, so dass er für den Bodenaustausch mit den Folgekosten haftet (BGH V ZR 9/94 NJW 1996, 845; BGH V ZR 142/04 NZM 2005, 315). Einzelheiten dieser verschuldensunabhängigen Störerhaftung sind allerdings nach wie vor umstritten (vgl. *Katzenstein* NZM 2008, 594; BeckOK BGB/*Fritzsche* § 1004 Rn. 57). In der Klageschrift muss darauf nicht eingegangen werden.

7. Der Vermieter sollte schon bei Vertragsschluss Beweise sichern, dass eine umweltgefährdende Vornutzung ausscheidet (vgl. *Schlemminger/Latinovic* NJW 1999, 163), etwa durch Prüfgutachten und Individualvereinbarungen im Mietvertrag.

8. Ob die Klage wirtschaftlich einen Sinn macht, ist unbedingt vorher mit dem Mandanten zu besprechen. Eine Kaution (Bankbürgschaft) in dieser Größenordnung wird es nicht geben; ob die GmbH weiter am Geschäftsleben teilnehmen wird (Risiko: Insolvenz, Löschung im Handelsregister), ist zu prüfen. Günstig für den Vermieter wäre, wenn der Geschäftsführer den Vertrag als Gesamtschuldner ebenfalls unterzeichnet hätte.

Insolvenz

9. Wird in der **Mieterinsolvenz** das Mietobjekt mit Verunreinigungen zurückgegeben und wurden die Verunreinigungen während der Mietzeit durch den Mieter verursacht, handelt es sich bei den daraus resultierenden Forderungen um Insolvenzforderungen. Denn der Anspruch des Vermieters wurde vor Eröffnung des Insolvenzverfahrens begründet, § 38 InsO. Die Forderungen sind zur Tabelle anzumelden.

Wenn der Insolvenzverwalter das Grundstück in Besitz genommen und selbst genutzt hat, beispielsweise, indem er den dort befindlichen Betrieb fortführte und es dadurch zu weiteren Bodenverunreinigungen kam, können sich daraus (Masse-)Ansprüche gegen ihn ergeben. Wichtig ist es deshalb, sobald der Insolvenzantrag gestellt ist, so rasch wie möglich das Grundstück zu begehen und dessen Zustand, gegebenenfalls auch mit gerichtlicher Hilfe, feststellen zu lassen.

24. Klage auf Nutzungsentschädigung nach § 546a BGB

An

das Amtsgericht/Landgericht[1] . . . . .

Klage

des . . . . .

– Kläger –

Prozessbevollmächtigter: . . . . .

gegen

Herrn . . . . .

und Frau . . . . .

– Beklagte –[2]

wegen Nutzungsentschädigung[3]

– Streitwert: 10.200,–EUR/3.570,– EUR/300,– EUR[4]

Namens und in Vollmacht des Klägers erhebe ich Klage gegen die Beklagten und werde beantragen,

1. die Beklagten als Gesamtschuldner zu verurteilen, an den Kläger bis zur Herausgabe der Wohnung Industriestr. 37, 1. Stock, in Gießen eine monatliche Nutzungsentschädigung in Höhe von 850,– EUR zu zahlen, jeweils bis zum 4. Tag des Monats im Voraus, erstmals am 4.1.2016.[5]

oder:

1. die Beklagten als Gesamtschuldner zu verurteilen, an den Kläger 3.570,– EUR nebst Zinsen in Höhe von 5 Prozentpunkten über dem Basiszinssatz aus jeweils 1.190,– EUR seit dem 4.1., 4.2. und 4.3.2016 zu zahlen.

oder:

1. die Beklagten als Gesamtschuldner zu verurteilen, an den Kläger 300,– EUR nebst Zinsen in Höhe von 5 Prozentpunkten über dem Basiszinssatz aus jeweils 100,– EUR seit dem 4.1., 4.2. und 4.3.2016 zu zahlen.

2. Die Beklagten tragen die Kosten des Rechtsstreits.

3. Das Urteil ist vorläufig vollstreckbar.

Ich beantrage ferner, soweit das Gericht das schriftliche Vorverfahren anordnet und die Beklagten ihre Verteidigungsbereitschaft nicht rechtzeitig anzeigen, den Erlass eines Versäumnisurteils.

Begründung:

(zum ersten Klageantrag)

Der Kläger hat mit Mietvertrag vom 31.3.2011 die im Klageantrag näher bezeichnete Wohnung in Gießen an die beiden Beklagten vermietet. Nach § 2 Abs. 2 des Mietvertrags waren die Beklagten verpflichtet, an den Kläger monatlich im Voraus eine monatliche Nettomiete von 850,– EUR und weitere 250,– EUR an Nebenkostenvorauszahlungen zu leisten.

Beweis: in Anlage K 1 überreichte Kopie des Mietvertrags

Die Beklagten haben das Mietverhältnis mit schriftlicher Erklärung vom 15.6.2015 ordentlich zum 31.12.2015 gekündigt,

Beweis: in Anlage K 2 überreichte Kopie der Kündigungserklärung

was der Kläger auch akzeptiert hat.[6] Sie sind jedoch nicht fristgerecht aus der Mietwohnung ausgezogen. Der Kläger hat der Fortsetzung des Mietvertrages am 6.1.2016 gemäß § 545 BGB widersprochen und die Beklagten zur Räumung aufgefordert.

Beweis: in Anlage K 3 überreichte Kopie des Schreibens vom 6.1.2016

Die früher aufgestellte Behauptung der Beklagten, der Kläger hätte im Dezember im Rahmen eines Gesprächs in Gegenwart des Hausmeisters Inger Boeck einer Fortsetzung des Mietverhältnisses zugestimmt, ist unrichtig und kann – unter Protest gegen die Beweislast – widerlegt werden.[7]

Beweis (gegenbeweislich): Zeugnis des Hausmeisters Inger Boeck, zu laden über den Kläger

Die weitere Behauptung der Beklagten, die Wohnung sei bereits zum 31.12.2015 geräumt worden, ist ebenso unrichtig. Die Kellerräume waren noch bis zum 13.3.2016 mit Möbelstücken und Gerümpel aller Art vollgestopft, wie Schränken, einem Herd, alten Radios, einem Fernseher etc. Ferner standen in der gesamten Zeit in der Küche noch die von den Beklagten eingebauten Schränke, in einem anderen Raum (ehemaliges Kinderzimmer) schließlich lagen noch etwa 12 mit Müll gefüllte Plastiksäcke.[8]

Beweis: Zeugnis des Hausmeisters Inger Boeck, b. b.

Die Beklagten haben sich erst für den 13.3.2016 einen großen Container bestellt, um diese Sachen damit zu entsorgen. Selbst wenn man – wie die Beklagten – die Räumung damit zum 13.3.2016 als bewirkt ansehen würde, wären sie zur Zahlung der Miete für den gesamten Monat März zumindest unter Schadensersatzgesichtspunkten verpflichtet.[9]

Entscheidend ist aber, dass die Beklagten an den Kläger am 13.3. nur einen der beiden ihnen bei Einzug übergebenen Haustürschlüssel, einen der insgesamt drei Schlüssel für die Wohnungseingangstür und nur einen der fünf Zimmerschlüssel zurückgegeben haben, so dass sie die Zahlung ohnehin über den Monat März hinaus schulden.[10] Ob die fehlenden Schlüssel verloren gegangen sind oder ob sie von den Beklagten bewusst zu anderen Zwecken einbehalten worden sind, evtl. zur Durchführung von Schönheitsreparaturen, ist unklar. Eine entsprechende Anfrage des Klägers vom 15.3.2016 haben sie bislang nicht beantwortet.

Beweis: in Anlage K 4 überreichte Kopie des Schreibens vom 15.3.2016

(zum ersten Alternativantrag)

Der Kläger hat mit Mietvertrag vom 31.3.2011 eine Lagerhalle in der Industriestr. 37 in Gießen an die beiden Beklagten vermietet. Nach § 2 Abs. 2 des Mietvertrags waren die Beklagten verpflichtet, an den Kläger monatlich im Voraus eine monatliche Miete von 850,– EUR zu leisten. Die Umsatzsteuer war nach § 6 des Mietvertrages zusätzlich zu zahlen.[11]

Beweis: in Anlage K 1 überreichte Kopie des Mietvertrags

Nach fristgerechter Kündigung der Beklagten zum 31.12.2015 hatten sie zunächst Interesse an einer weiteren Nutzung der Halle über diesen Zeitpunkt hinaus gezeigt. Nachdem die Verhandlungen der Parteien über eine Fortsetzung des Mietverhältnisses im Dezember vergangenen Jahres jedoch gescheitert waren, hat der Kläger den Makler Justus Pörtzsch, der dem Ring Deutscher Makler (RDM) angeschlossen ist, damit beauftragt, eine Kurzbegutachtung über die Höhe der ortsüblichen Miete vorzulegen. Herr Pörtzsch kommt in seiner schriftlichen Expertise vom 30.12.2015 zu dem Resultat, dass in Gießen die ortsübliche Vergleichsmiete für das von den Beklagten genutzte Objekt bei 1.000,– EUR monatlich liegt (4,– EUR/m^2 × 250).[12]

Beweis: in Anlage K 2 überreichte Kopie des Kurzgutachtens vom 30.12.2015

Daraufhin hat der Kläger die Beklagten mit am selben Tag übergebenen Schreiben vom 31.12.2015 für den Fall, dass keine fristgerechte Räumung erfolgen sollte, zur Zahlung einer Nutzungsentschädigung von 1.000,– EUR zzgl. 19 % MwSt., also eines Gesamtbetrags von 1.190,– EUR pro Monat, ab dem 1.1.2016 aufgefordert.[13]

Beweis: in Anlage K 3 überreichte Kopie des Schreibens vom 31.12.2015

Die Beklagten haben die Halle erst zum 31.3.2016 unter Rückgabe sämtlicher Schlüssel zu dem Gebäude an den Kläger zurückgegeben. Daher schulden sie ihm für die Monate Januar bis März 2016 jeweils eine monatliche Nutzungsentschädigung von 1.190,– EUR, die auch Gegenstand dieser Klage ist. Da die Beklagten die monatlichen Nebenkostenvorauszahlungen bis zum März einschließlich weiter entrichtet haben, soll es mit diesem Betrag vorerst sein Bewenden haben.

Die Beklagten verweigern jedoch die Zahlung der Rückstände, weil sie irrigerweise der Meinung sind, es gelte die halbjährige Verjährungsfrist des § 548 Abs. 1 S. 1 BGB.[14]

(zum zweiten Alternativantrag)

Die Beklagten waren bis 31.12.2015 Mieter einer Wohnung im Haus Industriestraße 8 in Gießen, die ihnen von dem Rechtsvorgänger des Klägers mit schriftlichem Vertrag vom 31.3.2002 vermietet worden war. Nach § 2 Abs. 2 des Mietvertrags waren die Beklagten verpflichtet, an den Kläger monatlich im Voraus eine monatliche Miete von 500,– EUR und weitere 150,– EUR an Nebenkostenvorauszahlungen zu leisten.

Beweis: in Anlage K 1 überreichte Kopie des Mietvertrags

Der Kläger hat das Mietverhältnis bereits am 15.12.2014 wegen Eigenbedarfs zum 31.12.2015 gekündigt.

Beweis: in Anlage K 2 überreichte Kopie der Kündigungserklärung

Die Beklagten haben der Kündigung jedoch widersprochen, eine Räumungsklage ist bei dem angerufenen Gericht derzeit unter Az. 314 C ..... /16 anhängig. Die Klageschrift aus dem Parallelverfahren ist als Anlage K 3 beigefügt. Die Beiziehung der Akte wird angeregt.[15]

Die Beklagten haben die Wohnung zum 31.12.2015 nicht geräumt, benutzen sie seit Ablauf der Kündigungsfrist, dh seit dem 1.1.2016, also ohne Rechtsgrund. Sie haben im Jahre 2016 weiter eine monatliche Nettomiete – tatsächlich aber eine Nutzungsentschädigung – von 500,– EUR gezahlt. Mit Schreiben vom 15.12.2015 hatte der Kläger allerdings eine Erhöhung der Miete um 100,– EUR pro Monat verlangt und dieses Verlangen auch in einer den gesetzlichen Vorgaben entsprechenden Weise begründet.

Beweis: in Anlage K 4 überreichte Kopie des Mieterhöhungsverlangens

Darin wird im Einzelnen ausgeführt, dass sich die ortsübliche Vergleichsmiete für die Wohnung der Beklagten nach dem Mietspiegel der Stadt Gießen auf 600,– EUR beläuft (wird weiter ausgeführt). Die Beklagten haben die Mehrzahlung jedoch verweigert und den Kläger auf das ordentliche Mieterhöhungsverfahren nach § 558 BGB verwiesen.[16]

Die Beklagten haben darüber hinaus vorgerichtlich eingewandt, die Miete sei wegen einer feuchten Wand im Schlafzimmer um 20 % gemindert. Feuchtigkeitsschäden sind dem Kläger vor Vertragsende jedoch nie angezeigt worden, so dass die Beklagten mit der Minderung schon nach § 536c Abs. 2 BGB ausgeschlossen sind. Die Nutzungsentschädigung ist daher in voller Höhe zu zahlen.[17]

oder:

Über eine Mietzinsminderung haben die Parteien eine anderweitige Vereinbarung getroffen. Der Kläger ist den Beklagten hinsichtlich der Anmietung zweier Garagen großzügig entgegengekommen, so dass die Minderung nunmehr nicht mehr geltend gemacht werden kann.[18]

Rechtsanwalt

Anmerkungen

1. Bei Mietstreitigkeiten, die ihre Grundlage *nicht* in einem Wohnraummietverhältnis finden, ist nach §§ 23 Nr. 1, 71 Abs. 1 GVG eine streitwertabhängige sachliche Zuständigkeit der Zivilgerichte gegeben, bei einem Wert von über 5.000,– EUR also die des örtlich zuständigen Landgerichts. In Wohnraummietsachen ist dagegen ausschließlich das Amtsgericht der belegenen Sache zuständig, §§ 23 Nr. 2 a GVG, 29 a ZPO, → Form. C. II. 1 Anm. 1. Diese Zuständigkeit schließt trotz Beendigung des Mietverhältnisses auch Klagen auf Zahlung eines Nutzungsentschädigungsanspruchs nach § 546a BGB ein, weil dieser die frühere Existenz eines (Wohnraum-)Mietverhältnisses voraussetzt. Räumungsklage und Klage auf Zahlung laufender Miete und künftiger Nutzungsentschädigung (§ 259 ZPO) können im Wege der objektiven Klagehäufung miteinander verbunden werden (BGH WuM 2011, 434–437; WuM 2003, 280, 281). Zu differenzieren ist im Verhältnis zwischen

Eheleuten allerdings zwischen einem mietvertraglichen und einem familienrechtlichen Nutzungsentschädigungsanspruch, der seine Grundlage regelmäßig in § 745 BGB findet und gem. § 23a Abs. 1 Nr. 1 GVG unter die ausschließliche Zuständigkeit der Familiengerichte fällt (OLG Hamm MDR 2014, 350).

2. Zieht nur einer von mehreren Mietern endgültig aus der Wohnung aus, liegt rechtlich ein Fall der Teilräumung vor. In der Praxis betrifft dies häufig die Konstellation, dass ein Ehepartner die Wohnung nach der Trennung der Eheleute verlässt. Bei der Rückgabepflicht mehrerer Mieter handelt es sich um eine Gesamtschuld, die der Vermieter – auch bei vorheriger endgültiger Besitzaufgabe eines der Mieter – gegen jeden von ihnen gesondert geltend machen kann, §§ 427, 431 BGB (BGH WuM 2015, 85–87; 1996, 83–85). Wird diese Pflicht verletzt, haftet der bereits ausgezogene für die in der Wohnung verbliebenen Mitmieter, denn er schuldet nicht nur die Aufgabe des eigenen Besitzes, sondern auch die Besitzaufgabe durch seine Mitmieter, auf die er nach seinen Möglichkeiten hinzuwirken hat (BGH ZMR 1996, 182–184; KG ZMR 2006, 526–528; OLG Düsseldorf ZMR 1987, 377). Handelt es sich dagegen um einen vertragslosen Mitbewohner, sei es Ehepartner, sonstiger Angehöriger oder Untermieter, ergibt sich ein Räumungsanspruch aus § 546 Abs. 2 BGB.

Der Nutzungsentschädigungsanspruch des § 546a BGB betrifft unmittelbar nur den oder die Mieter selbst, für den vertragslosen Dritten kommt dagegen nach erfolgloser Fristsetzung eine Zahlungspflicht nach § 281 BGB wegen schuldhafter Verletzung der ihm obliegenden Räumungspflicht in Betracht. Auch sind nach Mahnung Ansprüche des Vermieters wegen Verzugs denkbar, § 286 BGB. Der Verzugsschaden liegt dabei in dem Mietausfall und in den angefallenen Rechtsverfolgungskosten. Schließlich kommen auch Ansprüche des Vermieters gegen den Mieter aus ungerechtfertigter Bereicherung nach §§ 812 ff. BGB in Betracht (BGH ZMR 2010, 21–23; WuM 1999, 689–691 mwN) oder nach §§ 987 ff. BGB auf Zahlung von Nutzungsersatz, wenn der Vermieter zugleich Eigentümer der Mietsache ist (BGH WuM 2014, 347–350; NJW 2008, 221–222; NZM 2005, 830–831). Für die Wohnung *unentgeltlich nutzende Dritte* gelten dann die §§ 988, 812 BGB, im Übrigen aber § 987 BGB (Haftung erst ab Rechtshängigkeit oder bei Bösgläubigkeit; vgl. LG Berlin WuM 2014, 95–96). In allen Fällen ist bei Ansprüchen aus Wohnraummietverhältnissen § 571 BGB zu beachten.

3. § 546a BGB betrifft einen Zahlungsanspruch des Vermieters gegen den Mieter nach Vertragsende (zum öffentlich-rechtlichen Nutzungsentschädigungsanspruch des Vermieters gegen die Gebietslkörperschaft, die den Räumungspflichtigen wieder in seine frühere Mietwohnung einweist vgl. BeckFormB MietR/*Hütte* Form. D. IX. 3). Dieser setzt voraus, dass der Mieter nach Beendigung des Mietverhältnisses noch Besitz an der Mietsache hat, ferner ihre Vorenthaltung gegenüber dem Vermieter. Eine Vorenthaltung i.S.d. Norm ist dann zu bejahen, wenn der Mieter die Sache dem Vermieter trotz bestehender Möglichkeit gegen dessen Willen nicht zurückgibt (BGH NZM 2010, 815–816; NZM 2007, 500–502; WuM 2006, 102–106; OLG Düsseldorf ZMR 2004, 750–751). Als Rechtsfolge sichert § 546a Abs. 1 BGB dem Vermieter die Zahlung einer Entschädigung mindestens in der vertraglich vereinbarten oder, wenn diese darüber liegt, der ortsüblichen Höhe (vgl. § 558 BGB), → Anm. 15. Dies gilt unabhängig davon, ob und inwieweit der Vermieter durch die Vorenthaltung der Mietsache einen Schaden erlitten hat, ob er den Willen hat, die Sache in Zukunft zu nutzen oder ob der frühere Mieter die von ihm vorenthaltene Mietsache tatsächlich genutzt hat (Staudinger/*Rolfs* § 546a Rn. 35 mwN). Durch die Vorschrift wird im Übrigen auch ein Streit über den Mietwert der Räume vermieden. Der Vermieter kann frei zwischen den beiden Alternativen Vertrags- oder ortsübliche Miethöhe wählen, der Abgabe einer besonderen Erklärung iSd Ausübung einer erst *ex nunc* wirkenden Ersetzungsbefugnis bedarf es dabei nicht (BGH WuM 1999, 689–691).

§ 546a BGB gibt dem Vermieter zum einen die Möglichkeit, Druck auf den Mieter auszuüben, um ihn zur Rückgabe der vorenthaltenen Mietsache anzuhalten, zum anderen soll ihm ein finanzieller Ausgleich dafür verschafft werden, dass sein früherer Vertragspartner trotz Beendigung des Mietverhältnisses immer noch über die Mietsache verfügt (BGH WuM 2015, 493–497; WuM 2005, 771–772; NZM 2004, 354–356).

Neben der Nutzungsentschädigung kann der Vermieter auch Schadensersatz verlangen, da nach § 546a Abs. 2 BGB die Geltendmachung eines weiteren Schadens nicht ausgeschlossen ist; vgl. → Anm. 2 .

4. Zum Streitwert vgl. → Form. C. II. 1 Anm. 2, wobei hier allerdings bei den Klageanträgen zu 2) und 3) der bezifferte Zahlungsbetrag maßgeblich ist (KG GE 2011, 1020). Hinsichtlich des Antrags zu 1) dagegen gilt, dass für die Berechnung des *Gebühren*streitwerts nach hM § 3 ZPO iVm § 48 Abs. 1 GKG einschlägig ist, der Wert sich also nach der Höhe der bis zum voraussichtlichen (regelmäßig nach ca. 6–12 Monaten zu erwartenden) Räumungszeitpunkt zu zahlenden Nutzungsentschädigung bemisst (vgl. OLG Brandenburg MietRB 2013, 117–118; OLG Naumburg MietRB 2012, 71; KG ZMR 2006, 207–208; aA zur Nutzungsentschädigung im Rahmen einer Gemeinschaft OLG Hamm FamRZ 2008, 1208–1209); hinsichtlich des *Zuständigkeits*streitwerts dürfte im Ergebnis das Gleiche gelten, da bei gekündigtem Mietverhältnis nicht mehr um das sog. Stammrecht, dh um den Bestand des Mietvertrags (vgl. § 9 ZPO), sondern nur noch um die sich aus seiner Beendigung ergebenden Folgen gestritten wird (vgl. Zöller-*Herget*, 31. A., § 9, Rn. 1 und 3 mwN).

5. Wenn der Mieter entweder aufgrund vertraglicher Regelung oder kraft Gesetzes (§ 556b Abs. 1 BGB) bis zum 3. Werktag des Monats im Voraus vorleistungspflichtig war, ist auch die Nutzungsentschädigung zu diesem Zeitpunkt fällig (BGH NZM 2007, 500–502; Palandt/*Weidenkaff* § 546a Rn. 10). Da die Vorschrift des § 551 Abs. 4 BGB a.F. für vor dem 1.9.2001 abgeschlossene Altverträge weitergilt, Art. 229 § 3 Abs. 1 Nr. 7 EGBGB, bestimmt sich für diese u.U. ein anderer, späterer, Fälligkeitszeitpunkt; vgl. → Form. C. II. 8 Anm. 9.

Ein auf die Zahlung der bis zur Herausgabe des Mietobjektes jeweils monatlich fällig werdenden Beträge gerichteter Klageantrag ist hinreichend bestimmt, § 253 Abs. 2 Nr. 2 ZPO, und damit zulässig (BGH ZMR 1999, 533–535).

6. Die Beendigung des Mietverhältnisses kann durch Vertragsablauf, Parteivereinbarung oder wirksame Kündigung erfolgen (vgl. Palandt/*Weidenkaff* § 542 Rn. 1 ff.). Wird das Mietverhältnis auf den Widerspruch des Mieters hin nach § 574 BGB fortgesetzt, ist § 546a BGB nicht anwendbar. Gleiches gilt für den Fall der stillschweigenden Verlängerung des Mietverhältnisses nach § 545 BGB. Im Übrigen sind bei der Wohnraummiete die Besonderheiten des § 571 BGB zu beachten (nicht bei Mieterkündigung, vgl. Abs. 1 S. 3).

7. In der Weigerung, einer Vertragsverlängerung zuzustimmen, gelangt der erforderliche Wiedererlangungswillen des Vermieters zum Ausdruck (BGH GuT 2007, 140–141; ZMR 1983, 23–24). Ein Vermieter, der die Mieträume trotz der Kündigung tatsächlich nicht zurückerhalten will, etwa weil er mit der Kündigung lediglich Druck auf den Mieter ausüben will, um diesen zur Zustimmung zu einer Mieterhöhung zu bewegen, oder weil er die Mietsache dem früheren Mieter noch zur Durchführung von Schönheitsreparaturen überlässt, hat keinen Wiedererlangungswillen (KG ZMR 2001, 890; vgl. zur Abgrenzung bei Abtretung des Anspruchs BGH ZMR 1983, 23–24). Das Gleiche gilt für einen Vermieter, der sich bei fehlender Schlüsselrückgabe nach Beendigung des Mietverhältnisses durch eigenmächtigen Austausch der Türschlösser unter Ausschluss des Mieters selbst wieder Besitz an den Mieträumen verschafft (OLG Karlsruhe NZM 2005, 542).

Ein Festhalten des Vermieters am Mietverhältnis schließt den Anspruch nach § 546a BGB aus; dies gilt auch, wenn der Vermieter gegenüber dem Mieter erkennen lässt, dass er nicht von einer wirksamen Kündigung des Vertrags ausgeht (BGH NZM 2006, 12–15; OLG München WuM 2003, 279; OLG Hamm NJW-RR 1997, 264–265; OLG Düsseldorf WuM 1991, 264–265) oder wenn er sich im Annahmeverzug befindet (LG Lüneburg ZMR 2010, 765–766). Denn ein Vorenthalten setzt immer ein Zurückhalten *gegen* den Willen des Vermieters voraus (BGH NZM 2010, 815–816; NZM 2007, 500–502; WuM 2006, 102–106; OLG Düsseldorf ZMR 2004, 750–751). Soll der Mieter nach Vertragsende auf Aufforderung des Vermieters noch Rückbaumaßnahmen oder Schönheitsreparaturen durchführen, fehlt es solange an einem Wiedererlangungswillen des Vermieters und damit an einer Vorenthaltung der Mietsache (BGH WuM 2010, 632–633; OLG Celle ZMR 2011, 948–951). Wird der Mieter durch verbotene Eigenmacht aus dem Besitz gesetzt, liegt ebenfalls keine Vorenthaltung vor (KG NZM 2006, 376–377; vgl. zu den diversen hier in Betracht kommenden Fallkonstellationen Erman/ *Lützenkirchen* § 546a BGB Rn. 7 mwN).

8. Der Mieter schuldet eine Rückgabe der Mietsache in vollständig geräumtem Zustand, § 546 BGB (BGH GE 2014, 661–663; WuM 1988, 270–271: **keine Teilräumung**). Hinterlässt er sein gesamtes Mobiliar in der Wohnung, übt er grundsätzlich weiterhin Besitz an den Räumen aus, denn auf die Fortsetzung des *Gebrauchs* kommt es nicht an. Durch die Räumung muss der Vermieter zum einen in die Lage versetzt werden, sich ein umfassendes Bild von den Mängeln, Veränderungen und Verschlechterungen der Mietsache zu machen, zum anderen ist aber eine vollständige und unzweideutige Besitzrückgabe des Mieters erforderlich (BGH WuM 2004, 21–23; OLG Brandenburg NZM 2000, 463–464). Ist dem Vermieter nach Art und Umfang der zurückgelassenen Gegenstände eine Inbesitznahme nicht möglich, liegt keine Rückgabe vor (KG ZMR 2011, 114–116; LG Berlin GE 2003, 880). Lässt der Mieter Teile seines Mobiliars oder Einrichtungen bzw. Einbauten zurück, handelt es sich um eine ungenügende Räumung, die keine Erfüllung des Herausgabeanspruchs darstellt (vgl. BGH aaO.; OLG Hamburg WuM 1996, 543), zB bei Hinterlassung einer Einbauküche und einer Waschmaschine (LG Gießen ZMR 2013, 630). Sind aber nur einzelne kleinere Sachen betroffen, ist der Vermieter an einer Inbesitznahme nicht gehindert und darf die Rücknahme bei Meidung des Gläubigerverzugs nicht verweigern (LG Berlin GE 2003, 880). Auch kommen Nutzungsentschädigungsansprüche nach § 546a Abs. 1 BGB in diesem Fall nicht in Betracht.

Danach ist im Einzelfall nach den konkreten Umständen, dh nach Qualität und Quantität der in der Wohnung gebliebenen Hinterlassenschaften des Mieters, abzugrenzen (BGH ZMR 1983, 198–199): Von einer bloßen Schlechterfüllung der Räumungspflicht ist auszugehen, wenn lediglich wenige kleinere Gegenstände zurückgeblieben sind, deren Abtransport nur einen geringen Aufwand erfordert, die Bagatellgrenze also noch nicht überschritten ist (BGH GE 2014, 661–663; WuM 1999, 334–336; ZMR 1995, 13–17; OLG Düsseldorf GE 2011, 1681; ZMR 2004, 27–29). Lässt der Mieter umgekehrt eine Vielzahl von Gebrauchsgegenständen und von Gerümpel in den Räumen zurück, liegt lediglich eine Teilräumung und damit wiederum eine zur Geltendmachung von Nutzungsentschädigungsansprüchen berechtigende Vorenthaltung vor (OLG Hamm ZMR 1996, 372–375: in der Wohnung belassene Gegenstände füllen einen Container; LG Gießen ZMR 2013, 630: Einbauküche und Waschmaschine; LG Köln NJW-RR 1996, 1480: Einbauküche und Teppichboden). Nach diesen Maßstäben haben die Mieter in der ersten Fallvariante ihrer Räumungspflicht bis zum März 2016 sicherlich nicht genügt.

Die Teilräumung ist von der Rückgabe der Wohnung in bloß verwahrlostem oder beschädigtem Zustand zu unterscheiden, die ggf. zu Schadensersatzansprüchen des Vermieters führen kann; entscheidend ist letztlich, ob der Vermieter durch den Zustand der Wohnung an ihrer Inbesitznahme gehindert wird (LG Berlin GE 2003, 880; OLG Düsseldorf ZMR 1988, 175).

9. Dem Vermieter steht eine Nutzungsentschädigung nur für die Zeit der Vorenthaltung der Mietsache zu, nicht aber für den gesamten Zeitraum bis zur Neuvermietung. Wegen des *nach* Beendigung der Vorenthaltung entstehenden Mietausfalls können allerdings ggf. Schadensersatzansprüche geltend gemacht werden (vgl. § 546a Abs. 2 BGB). Erfolgt die Räumung nicht zum Ende, sondern noch während des laufenden Monats oder eines anderen im Vertrag für die Mietzahlung vereinbarten Zeitabschnitts, stellt sich die Frage nach dem für die Bemessung der Entschädigung relevanten Zeitraum. Nach inzwischen wohl herrschender Meinung endet der Anspruch auf Nutzungsentschädigung *mit dem Tag* der Rückgabe der Mietsache und nicht erst zum Ende des laufenden Zeitabschnitts, für den die Miete dem Vertrag zufolge zu entrichten war (BGH WuM 2005, 771–772; OLG Köln ZMR 1993, 77–78; OLG München DWW 1987, 124–126; Staudinger/*Rolfs* § 546a Rn. 33; Schmidt-Futterer/*Streyl* § 546a Rn. 73; a.A. *Franke* in der Vorauflage). Der weitergehende Zahlungsanspruch des Vermieters für den Rest des Monats März beruht im vorliegenden Fall daher nicht auf § 546a Abs. 1 BGB, sondern auf Abs. 2 iVm §§ 280 Abs. 1, 241 Abs. 2 BGB (vgl. BGH aaO; Staudinger/*Rolfs* aaO).

10. Werden von dem Mieter **Schlüssel** einbehalten, schließt dies regelmäßig die geschuldete Herausgabe der Mietwohnung aus, denn die ordnungsgemäße Rückgabe beinhaltet grundsätzlich die Übergabe *sämtlicher* Schlüssel an den Vermieter (vgl. grundlegend BGH ZMR 1983, 198–199; KG WuM 2015, 524–525; OLG Köln ZMR 2006, 859–860; LG Bonn ZMR 2014, 977–979). Allerdings scheidet eine Vorenthaltung iSd § 546a BGB aus, wenn der frühere Mieter im Einverständnis mit dem Vermieter einen Teil der Schlüssel einbehält, um Schönheitsreparaturen durchzuführen (OLG Düsseldorf ZMR 2013, 629–630; KG ZMR 2001, 890–891). Für eine ordnungsgemäße Rückgabe von Mieträumen soll die Aushändigung nur eines Schlüssels ausnahmsweise dann genügen, wenn daraus der Wille des Mieters zur endgültigen Besitzaufgabe hervorgeht und dem Vermieter ein ungestörter Gebrauch der Mieträume ermöglicht wird (KG ZMR 2012, 693–695). Umgekehrt soll der Einbehalt nur eines Schlüssels für eine Lagerhalle wegen der jederzeitigen Zugriffsmöglichkeit des früheren Mieters auf die Mietsache seinen Mitbesitz verlängern und dadurch eine Pflicht zur Zahlung einer Nutzungsentschädigung begründen (so OLG Düsseldorf NJW-RR 1996, 209–210). Allerdings soll dieser Anspruch wiederum einem Vermieter *nicht* zustehen, der sich nach Beendigung des Mietverhältnisses monatelang nicht darum bemüht, sämtliche Schlüssel zum Mietobjekt zu erhalten, um sich selbst zu diesem Zugang zu verschaffen (OLG Düsseldorf ZMR 2004, 750–751). Ähnlich *Lützenkirchen* (WuM 1997, 135–144, 140), der im Einzelfall eine sich aus Treu und Glauben ergebende Pflicht des Vermieters zum Austausch der Schlösser bejaht, wenn bereits ein Interessent für die im Übrigen geräumten Mieträume vorhanden ist. Die obergerichtliche Judikatur zu dieser Frage ist uneinheitlich (vgl. zum Ganzen auch *Derleder* WuM 2011, 551–557). Dem Mieter ist daher zu empfehlen, dem Vermieter sämtliche Schlüssel bei oder nach der Räumung der Mietsache unverzüglich zu übergeben oder ihm zumindest die Rückgabe in verzugsbegründender Weise anzubieten, dem Vermieter dagegen, sich bei unvollständiger Rückgabe zunächst selbst um die Herausgabe evtl. fehlender Schlüssel zu bemühen und zumindest bei einem eindeutigen und unzweifelhaften Besitzaufgabewillen des Mieters die Mietsache auch ohne Schlüssel wieder in Besitz zu nehmen.

Weigert sich der Vermieter, die ihm angebotenen Räume wegen seiner Ansicht nach unterlassener Renovierung bzw. Instandsetzung zurückzunehmen und scheitert hieran die Schlüsselübergabe bei einem Ortstermin, ist die Rückgabeverpflichtung deshalb nicht ohne weiteres erloschen (differenzierend OLG Düsseldorf, 10. Zivilsenat, WuM 1997, 218; aA aber der 24. Zivilsenat des OLG Düsseldorf in WuM 2002, 494–495). Das Gleiche gilt, wenn Schlüssel dem Bevollmächtigten des Vermieters mit der ausdrücklichen Treuhandauflage übersandt werden, diese nur zur Öffnung der Räume bei einem Besichtigungstermin zu verwenden (OLG München ZMR 1996, 557–558).

11. Auf die Einnahmen aus Vermietung und Verpachtung von Grundstücken fällt grundsätzlich keine Umsatzsteuer an, § 4 Nr. 12 a UStG. Der Vermieter kann jedoch, wenn in seiner Person bestimmte Voraussetzungen erfüllt sind, durch Erklärung gegenüber dem Finanzamt auf die Steuerbefreiung verzichten, § 19 Abs. 2 UStG. Daraus resultiert aber nur dann eine Pflicht des Mieters, die Steuern zusätzlich zur Miete zu zahlen, wenn die Vertragsparteien dies ausdrücklich vereinbart haben (OLG Düsseldorf MietRB 2012, 229–230). Sind diese Voraussetzungen erfüllt, fließt die Umsatzsteuer auch in die Berechnung der Höhe der Nutzungsentschädigung ein (BGH ZMR 1996, 131–134).

12. Zur Berechnung der Nutzungsentschädigung nach der ortsüblichen Vergleichsmiete vgl. → Anm. 3. Entrichten die früheren Mieter die Nutzungsentschädigung nur in Höhe der vertraglich vereinbarten Miete weiter, kann der Vermieter die Aufstockung der Zahlung auf die ortsübliche Vergleichsmiete verlangen, als Differenzmiete auch für die Vergangenheit (BGH NZM 1999, 803–804).

13. Wenn sich die Miethöhe im Verlauf der Vertragszeit infolge wirksamer Vereinbarung einer Staffel- oder Indexmiete (§§ 557a f. BGB) oder einer Wertsicherungsklausel verändert hat, ist für die Höhe der zu zahlenden Nutzungsentschädigung grundsätzlich der bei Vertragsende geschuldete Mietzins maßgeblich. Wenn den vertraglichen Regelungen zufolge aber während der Dauer der Vorenthaltung der Mieträume eine weitere Erhöhung eintreten würde, erhöht sich auch der Nutzungsentschädigungsanspruch des Vermieters entsprechend (BGH MDR 1973, 492; OLG Celle NJW 1964, 1027–1028). Für die Klage nach § 546a BGB ist – wenn die Beendigung des Mietverhältnisses nicht zweifelsfrei feststeht – in diesen Fällen zu empfehlen, den Zahlungsanspruch primär auf Zahlung der in der Regel höheren ortsüblichen Vergleichsmiete zu stützen und sich nur hilfsweise auf die Wertsicherungsklausel zu beziehen.

Macht der Vermieter einen Anspruch auf Zahlung der ortsüblichen Vergleichsmiete geltend, ist er nicht an die formellen Voraussetzungen der §§ 558a f. BGB gebunden. § 546a BGB setzt insbesondere kein Zustimmungsverfahren iSd § 558b BGB voraus. Diese Vereinfachung dient dem Ziel, dem Vermieter bei einer Vorenthaltung der Mietsache eine sofortige Realisierung des Mietwerts zu ermöglichen. Auch die Kappungsgrenzen des § 558 BGB müssen nicht berücksichtigt werden. Der (frühere) Wohnraummieter wird hinreichend durch § 571 BGB geschützt.

14. Weil die nach § 546a BGB zu zahlende Nutzungsentschädigung nicht an eine Veränderung oder Verschlechterung der Mietsache anknüpft, sondern wie die Miete Entgeltcharakter hat, handelt es sich jedenfalls *nicht* um einen der kurzen Verjährung des § 548 Abs. 1 BGB unterliegenden Schadensersatzanspruch des Vermieters (BGH NZM 2009, 358–360; OLG Düsseldorf MDR 2012, 1155–1156; vgl. BGH NZM 2003, 871–872, Tz. 11; WuM 2003, 280–281, Tz. 14; WuM 1984, 131–132; OLG Bremen MDR 2009, 1268–1269; OLG Köln ZMR 2006, 772–773). Ungeachtet der Frage nach seiner genauen Rechtsnatur (zum Meinungsstreit vgl. Schmidt-Futterer/*Streyl* § 546a Rn. 19 mwN) verjährt der wohl vertragsähnliche Zahlungsanspruch daher in drei Jahren, § 195 BGB.

15. Ob eine Verbindung der beiden Verfahren nach § 147 ZPO angeregt werden sollte, richtet sich nicht nur nach dem Gesichtspunkt der Verfahrensökonomie, sondern auch der Opportunität im Einzelfall. Bei streitiger Beendigung des Mietverhältnisses ist diese Frage als Voraussetzung für den Nutzungsentschädigungsanspruch nach § 546a BGB jedenfalls vorab zu klären. Liegt allerdings bereits ein rechtskräftiges Räumungsurteil vor, ist der Richter im Nutzungsentschädigungsverfahren daran gebunden (BGH MDR 1987, 394–394).

16. Grundlage des Anspruchs auf Zahlung einer die vereinbarte Miethöhe übersteigenden Nutzungsentschädigung ist hier *nicht* das Mieterhöhungsverlangen des Vermieters nach den §§ 558 ff. BGB, sondern seine Erklärung, er verlange als Entschädigung für die Vorenthaltung der Mietsache die Zahlung der ortsüblichen Vergleichsmiete,

§ 546a Abs. 1 BGB a. E. Für die Wirksamkeit eines dem Mieter noch vor Beendigung des Mietverhältnisses zugegangenen Mieterhöhungsverlangens nach den §§ 558 ff. BGB kommt es darauf an, ob ihm der Mieter zum Zeitpunkt der Vertragsbeendigung bereits zugestimmt hatte, weil dies nach Vertragsende nicht mehr möglich ist (vgl. LG Hamburg ZMR 2005, 367–368; AG Münster, Urt. v. 28. Februar 2007, Az. 38 C 1040/06, zit. n. juris = WuM 2007, 674 (LS)). Da der Vermieter allerdings nach § 546a BGB ohnehin die Zahlung einer Nutzungsentschädigung in Höhe der ortsüblichen Vergleichsmiete verlangen kann, hat die Frage nach der Wirksamkeit eines Mieterhöhungsverlangens nur dann praktische Relevanz, wenn der Vermieter eine die ortsübliche Miete *übersteigende* Mieterhöhung nach § 559 BGB begehrt (Blank/Börstinghaus/*Blank* § 546a Rn. 27; vgl. dazu auch → Anm. 13.)

Der Vermieter hat die Ortsüblichkeit der verlangten, über der zuletzt vereinbarten Miete liegenden Entschädigung zu beweisen. Fraglich ist allerdings, was unter dem Begriff der „ortsüblichen Miete" iSv § 546a BGB zu verstehen ist, denn zu seiner Ausfüllung kommen sowohl die Marktmiete in Betracht, als auch die Durchschnittsmiete, als auch schließlich die Miete iSv § 558 Abs. 2 BGB. Eine wohl leicht überwiegende Meinung scheint von der letzten Möglichkeit auszugehen (LG Köln WuM 1987, 123 (Mietspiegel); AG Köln ZMR 2013, 204–206; Blank/Börstinghaus/*Blank* § 546a Rn. 34; zum Meinungsstand vgl. Staudinger/*Rolfs* § 546a Rn. 23 und Schmidt-Futterer/*Streyl* § 546a Rn. 59). In der anwaltlichen Praxis ist hier besondere Sorgfalt geboten, vor allem bei der Formulierung des Auftrags an einen evtl. vorgerichtlich zu beauftragenden Sachverständigen.

Auch bei preisgebundenem Wohnraum orientiert sich die Höhe der Nutzungsentschädigung an der ortsüblichen Marktmiete. Allerdings sind hier zusätzlich die Bestimmungen über die höchstzulässige Kostenmiete zu beachten, weil eine diese übersteigende Miete nach § 8 Abs. 2 WoBindG nicht verlangt werden kann. Die Kostenmiete stellt daher auch die Obergrenze einer Nutzungsentschädigung dar (vgl. OLG Celle NJW 1964, 1027–1028).

17. Eine Reduzierung der Nutzungsentschädigung kommt in Betracht, wenn die Miete nach § 536 BGB gemindert war, weil durch die Minderung *kraft Gesetzes* eine Änderung der Vertragspflicht eingetreten ist. Daher bildet nach ganz hM die zum Zeitpunkt der Beendigung des Vertragsverhältnisses geminderte auch die für die Bemessung der Nutzungsentschädigung maßgebliche vertragliche Miete (BGH WuM 1990, 246; NJW 1961, 916–917; OLG Düsseldorf WuM 1991, 264–265; LG Berlin ZMR 1992, 541–542; Palandt/*Weidenkaff* § 546a Rn. 11; Schmidt-Futterer/*Streyl* § 546a Rn. 68).

Dagegen sind die Mängel nicht relevant, wenn sie erst nach Beendigung des Mietverhältnisses auftreten. Da der Vermieter dann den vertragsgemäßen Gebrauch der Sache nicht mehr zu gewähren hat, kann er ungeachtet einer Verschlechterung der Mietsache weiter die Zahlung einer Entschädigung in Höhe der letzten Vertragsmiete bzw. der ungekürzten ortsüblichen Vergleichsmiete verlangen (BGH WuM 2015, 493–497). Dabei besteht auch kein Wertungswiderspruch zu seinem Recht, während der Zeit der Vorenthaltung auch die vertraglich vereinbarten Mieterhöhungen als Entschädigung zu verlangen. Denn der die Sache widerrechtlich vorenthaltende Mieter braucht die Mieträume ja nur zurückzugeben (BGH NJW 1961, 916–917; OLG Düsseldorf DWW 1992, 52–53). Würde es dem Mieter dagegen gestattet, sich bei einer Verschlechterung der Mietsache in entsprechender Anwendung mietrechtlicher Gewährleistungsvorschriften auf die Minderung der Nutzungsentschädigung berufen zu können, würde der Zweck der Norm verfehlt, zusätzlichen Druck auf ihn auszuüben, die vertraglich geschuldete Rückgabe vorzunehmen (BGH WuM 2015, 493–497). Etwas anderes kann sich aber dann ergeben, wenn der Vermieter nach Treu und Glauben im Rahmen des Abwicklungsverhältnisses ausnahmsweise zur Beseitigung der Mängel verpflichtet ist (BGH aaO).

18. Wenn die Parteien vor Beendigung des Mietverhältnisses eine Vereinbarung über die Bewertung des Umfangs der Minderung im Verhältnis zum Wert der gemieteten Sache und über einen vom Vermieter dafür zu leistenden anderweitigen Ausgleich getroffen haben, bleibt diese Regelung auch für die Zeit der Vorenthaltung der Mietsache nach Vertragsbeendigung wirksam (vgl. BGH WuM 1990, 246).

25. Klage auf Ersatz von Mietausfall nach Kündigung wegen Zahlungsverzuges

An das

Landgericht . . . . .[1]

Klage

der Firma . . . . . Brauerei AG, vertreten durch den Vorstand, dieser vertreten durch den Vorstandsvorsitzenden . . . . .

– Klägerin –

Prozessbevollmächtigter: Rechtsanwalt . . . . .

gegen

Herrn . . . . .

– Beklagter –

wegen Schadensersatz

vorläufiger Streitwert: . . . . . EUR[2]

Namens und in Vollmacht der Kläger erhebe ich Klage mit dem Antrag,

1. den Beklagten zu verurteilen, an die Klägerin . . . . . EUR nebst Zinsen in Höhe von 9 % über dem jeweiligen Basiszinssatz nach § 247 BGB aus dem Betrag von . . . . . EUR und von 5 % über dem jeweiligen Basiszinssatz aus dem Betrag von . . . . . EUR jeweils seit Klagezustellung zu zahlen,
2. festzustellen, dass der Beklagte verpflichtet ist, der Klägerin für den Zeitraum vom . . . . . bis zum 31.12.2015 alle weiteren Schäden zu ersetzen, die ihr durch die vorzeitige Beendigung des Pachtverhältnisses entstehen.
3. im Falle der Anordnung des schriftlichen Vorverfahrens bei Vorliegen der gesetzlichen Voraussetzungen Versäumnisurteil gemäß § 331 Abs. 3 ZPO zu erlassen.

Begründung:

Mit schriftlichem Pachtvertrag[3] vom 1.6.2010 verpachtete die Klägerin die im Hause . . . . ., ...-straße . . . . . gelegenen Räumlichkeiten zum Betrieb einer Gaststätte an den Beklagten.

Die Pacht betrug gemäß § 3 des Vertrages monatlich . . . . . EUR zzgl. der jeweils geltenden gesetzlichen USt., also insgesamt . . . . . EUR.

Gemäß § . . . . . des Vertrags war eine Pachtzeit bis zum 31.12.2020 vereinbart.

Beweis: anliegende Kopie des Pachtvertrages

Ab dem Monat . . . . . zahlte der Beklagte keine Pacht mehr. Wegen des Pachtrückstandes für insgesamt drei Monate (. . . . . EUR) hat die Klägerin deshalb mit Schreiben vom . . . . . die außerordentliche fristlose Kündigung des Pachtverhältnisses erklärt. Das Schreiben ist dem Beklagten am . . . . . zugegangen, und zwar durch persönliche Aushändigung seitens des Zeugen . . . . ., der vor Übergabe Kenntnis vom Inhalt des Kündigungsschreibens genommen hat.[4]

Beweis: anliegende Kopie des Kündigungsschreibens,
         Zeugnis des Herrn . . . . .

Die Kündigung ist nach § 543 Abs. 1, Abs. 2 S. 1 Nr. 3 BGB gerechtfertigt gewesen. Der Beklagte hat die Gaststätte zum . . . . . geräumt und an die Klägerin herausgegeben.

Da der Beklagte die fristlose Kündigung durch seinen Zahlungsverzug schuldhaft veranlasst hat, muss er der Klägerin den hierdurch entstandenen Schaden ersetzen.

Eine Neuverpachtung ist der Klägerin trotz umfangreicher Bemühungen bislang nicht möglich gewesen. Der Beklagte hat der Klägerin zwar mit Schreiben vom . . . . . eine Pachtinteressentin benannt.

Beweis: anliegende Kopie des Schreibens vom . . . . .

Dabei handelte es sich jedoch um die Ehefrau des vermögenslosen Herrn . . . . ., gegen den im vergangenen Jahr Insolvenzantrag gestellt worden ist. Die Eröffnung des Insolvenzverfahrens ist mangels Masse abgelehnt worden.

Beweis: Beiziehung der Insolvenzakten . . . . .

Die Ehefrau betätigt sich seit jeher als Hausfrau und muss sich um vier minderjährige Kinder kümmern. Sie verfügt über keinerlei Berufserfahrung als Gastwirtin und ist wie ihr Ehemann vermögenslos.

Beweis: Zeugnis der Frau . . . . .

Bei dieser Sachlage ist davon auszugehen, dass die angebliche Interessentin lediglich von ihrem in Vermögensverfall geratenen Ehemann (als „Strohfrau") vorgeschoben wurde und dass die Voraussetzungen für ein wirtschaftlich tragfähiges Pachtverhältnis nicht im Ansatz erfüllt sind.

Die eigenen Bemühungen der Klägerin, einen geeigneten neuen Pächter zu finden, sind bislang ohne Erfolg geblieben. Die Klägerin hat regelmäßig in der örtlichen und regionalen Presse sowie im Mitteilungsblatt des Gaststättenverbandes inseriert.

Beweis: anliegende Kopien der Inserate vom . . . . .

Die wenigen Mietinteressenten, die sich bei der Klägerin meldeten, waren nicht bereit oder in der Lage, einen Pachtzins zu zahlen, der den für das Objekt getätigten Investitionen der Klägerin und dem mit dem Beklagten vereinbarten Mietzins auch nur annähernd entspräche. Die Klägerin ist weder bereit noch verpflichtet, das Objekt zu einem Schleuderpreis anderweitig zu verpachten.

Mit der Klage verlangt die Klägerin nunmehr Zahlung des rückständigen Pachtzinses für die Zeit bis . . . . ., das sind . . . . . EUR. Die Pflicht zur Zahlung des rückständigen Brutto-Pachtzinses folgt auf der Grundlage des mit dem Beklagten abgeschlossenen Pachtvertrags aus §§ 581 Abs. 2, 535 Abs. 2 BGB.

Die Klägerin verlangt ferner Ersatz des nach Beendigung des Pachtverhältnisses bereits eingetretenen Netto-Pachtausfalls für die Zeit bis . . . . ., d. h. Zahlung weiterer . . . . . EUR.[5]

Außerdem begehrt die Klägerin die Feststellung, dass der Beklagte ihr auch für die Restlaufzeit des Vertrags denjenigen Schaden zu ersetzen hat, der ihr durch die vorzeitige Beendigung des Pachtverhältnisses entsteht. Die Klägerin hat ein dringendes Interesse daran, die Ersatzpflicht des vertragsuntreuen und zahlungsunwilligen Beklagten feststellen zu lassen (§ 256 Abs. 1 ZPO).[6]

Zurzeit steht nicht fest, in welcher Höhe der Beklagte ihr gegenüber insgesamt schadensersatzpflichtig ist. Der Beklagte hat der Klägerin zwar für die gesamte Restlaufzeit des Vertrags für diejenigen Nachteile einzustehen, die sich aus der vorzeitigen Beendigung des befristeten Pachtverhältnisses ergeben. Die Klägerin ist aber ihrerseits verpflichtet und gewillt, sich weiterhin um einen neuen Pächter zu bemühen und ggf. auch einen Folgevertrag mit einem geringeren Zins als dem mit dem Beklagten vereinbarten Pachtzins abzuschließen, wenn dies wirtschaftlich sinnvoll und zumutbar ist. Ob und wann diese Bemühungen Erfolg haben, steht derzeit aber noch nicht fest.[7]

Rechtsanwalt

Anmerkungen

1. Bei Ansprüchen aus einem Mietverhältnis über Wohnraum ist die ausschließliche Zuständigkeit des Amtsgerichts gemäß § 23 Nr. 2 a GVG gegeben. Für die örtliche Zuständigkeit bei der Raummiete und Pacht gilt im Weiteren – vorbehaltlich der Ausnahme nach § 29a Abs. 2 ZPO – die ausschließliche Zuständigkeit des § 29a Abs. 1 ZPO, wobei sich die Zuständigkeit des Landgerichts – vom Streitwert abhängig – aus §§ 23 Nr. 1, 71 Abs. 1 GVG ergibt.

2. Die dem Formular zugrunde liegende Klage verbindet einen **Leistungsantrag** auf rückständige Pacht und auf Ersatz bereits eingetretenen Pachtausfallschadens (Antrag zu 1) mit einem **Feststellungsantrag**, der die Pflicht zum Ersatz des weiterhin eintretenden Pachtausfalls zum Gegenstand hat (Antrag zu 2). Während der Gegenstandswert für den Leistungsantrag sich ohne weiteres aus dem verlangten Zahlungsbetrag ergibt, sind für den Feststellungsantrag Besonderheiten zu berücksichtigen:

Der **Streitwert für den Feststellungsantrag** bestimmt sich gemäß § 3 ZPO nach der Höhe des der Klägerin voraussichtlich in dem fraglichen Zeitraum entstehenden Schadens abzüglich eines Feststellungsabschlags von 20 % (vgl. Zöller/*Herget* § 3 Rn. 16 „Feststellungsklage"). Die für die Festsetzung des Streitwerts maßgeblichen Erwägungen sind allerdings recht kompliziert. Insoweit ist nicht an § 41 Abs. 1 GKG (analog) anzuknüpfen und auch nicht an § 9 ZPO. Früher war bei einer auf künftig wiederkehrende Leistungen gerichteten Klage in der obergerichtlichen Rechtsprechung umstritten, ob sich in diesem Fall der Streitwert nach §§ 16 Abs. 1, 17 GKG aF oder nach § 9 ZPO bestimmt (vgl. OLG Frankfurt Beschl. v. 27.3.2003 – 1 W 11/03, NJW-RR 2004, 299 mwN). Diese Streitfrage ist für den Bereich des Mietrechts zwar grundsätzlich dahin entschieden worden, dass der Wert einer auf einen zukünftigen Mietausfall gerichteten Klage nach § 9 ZPO festzusetzen ist (vgl. BGH Beschl. v. 11.8.2004 – XII ZR 101/01, NZM 2004, 824 → Form. B. II. 47 Anm. 1). Der Anwendungsbereich des § 9 ZPO erfordert aber, dass mit der Klage ein Recht geltend gemacht wird, das auf wiederkehrende Nutzungen oder Leistungen gerichtet ist. Ein solcher Anspruch liegt dem mit dem Feststellungsantrag geltend gemachten Schaden jedoch nicht zugrunde. Hierbei handelt es sich nach den von der Rechtsprechung entwickelten Grundsätzen um einen Anspruch auf Ersatz eines bereits eingetretenen Schadens (vgl. BGH Beschl. v. 11.8.2004 – XII ZR 101/01, NZM 2004, 824), dessen Höhe lediglich noch nicht feststeht. Dass die Schadenshöhe für die Zukunft in der Tat offen bleiben muss und nicht zum Gegenstand eines Leistungsantrags gemacht werden kann, ergibt sich schon daraus, dass bei Klageerhebung nicht feststeht, ob, wann und zu welchen Konditionen dem Vermieter/Verpächter eine Neuvermietung möglich sein wird (im Einzelnen → Anm. 7). Somit handelt es sich nicht um gleichbleibende Nutzungen oder Leistungen, die sich regelmäßig als einheitliche Folgen eines Rechtsverhältnisses ergeben (vgl. BGH Beschl. v. 11.8.2004 – XII ZR 101/01, NZM 2004, 824).

Der **Zinsanspruch** ist differenziert zu behandeln. Die vor Kündigung angefallenen Pachtrückstände beinhalten Entgeltforderungen iSv § 288 Abs. 2 BGB und sind daher erhöht zu verzinsen. Der Pachtausfall nach Beendigung des Pachtverhältnisses wird als Schadensersatz geltend gemacht. Schadensersatzansprüche sind aber keine Entgeltforderung und werden nach § 288 Abs. 1 BGB verzinst.

3. Zur **Abgrenzung zwischen Miete und Pacht** → Form. B. III. 59 Anm. 4.

Die Überlassung einer Gaststätte geht typischerweise mit der Bereitstellung von Inventar einher (Theke, Mobiliar, Zapfanlage, Bierkeller usw.) und begründet daher regelmäßig ein Pachtverhältnis, weil solches Inventar der Fruchtziehung iSv §§ 99, 581 Abs. 1 Satz 1 BGB dient.

4. Für den **Zugang eines Kündigungsschreibens** ist die Mietpartei darlegungs- und beweispflichtig, die sich aufgrund außerordentlicher Kündigung auf die Beendigung des Miet- oder Pachtverhältnisses beruft. Der Anspruch auf Ersatz des Kündigungsschadens (insbesondere in Gestalt von Mietausfall) setzt eine wirksame außerordentliche unbefristete Kündigung voraus. Der Anspruch richtet sich auf Ersatz des Kündigungsfolgeschadens (vgl. BGH Urt. v. 21.3.2007 – XII ZR 255/04, NZM 2007, 401), der sich auf das (Verzugs-) Verschulden des Mieters bei der Verwirklichung des Kündigungstatbestands stützt.

Nicht selten bestreitet der Mieter/Pächter den **Zugang der Kündigungserklärung** oder deren Inhalt. Selbst ein Einschreiberückschein verschafft für den Inhalt eines auf diesem Wege übermittelten Schreibens keinen hinreichenden Nachweis. Wenn Anhaltspunkte dafür bestehen, dass der Empfänger sich der Rechtsverfolgung des Vermieters widersetzen könnte, wird es praktisch unumgänglich sein, alle sich um den Inhalt und die Übermittlung der Kündigungserklärung rankenden Umstände durch geeignete Zeugen unter Beweis zu stellen. Dazu kann auch gehören, dass der Zustand des Briefkastens sowohl für den Zeitpunkt des Einwurfs als auch für den nachfolgenden Tag als ordnungsgemäß (zB durch Vorlage von Lichtbildern) belegt werden kann.

Während im Falle der Kündigung von Wohnraum ua zu prüfen ist, ob der im Kündigungszeitpunkt bestehende Zahlungsrückstand die Erheblichkeitsgrenze aus § 569 Abs. 3 Nr. 1 BGB überschritten hat und ob die Kündigung nicht gemäß § 569 Abs. 3 Nr. 2 BGB unwirksam geworden ist, sind diese Vorschriften (vgl. auch § 569 Abs. 3 Nr. 3 BGB) für die Gewerberaummiete nicht – auch nicht analog – anwendbar.

5. Einem Vermieter steht gegen den Mieter ein **Schadenersatzanspruch** eigener Art zu, wenn der Mieter schuldhaft eine vorzeitige Beendigung des Mietverhältnisses herbeiführt. Ob und inwieweit ein nach den §§ 249 ff. BGB zu ersetzender Vermögensschaden vorliegt, beurteilt sich nach einem Vergleich der infolge des haftungsbegründenden Ereignisses eingetretenen Vermögenslage mit derjenigen, die ohne jenes Ereignis eingetreten wäre. Diese sogenannte Differenzhypothese umfasst zugleich das Erfordernis der Kausalität zwischen dem haftungsbegründenden Ereignis und einer dadurch eingetretenen Vermögensminderung. Nur eine Vermögensminderung, die durch das haftungsbegründende Ereignis verursacht worden ist, das heißt ohne dieses nicht eingetreten wäre, ist als ersatzfähiger Schaden anzuerkennen. Handelt es sich – wie auch im vorliegenden Fall des Zahlungsverzugs – um die Nichterfüllung eines Vertrages, so liegt der Schaden in der Differenz zwischen der vorhandenen Vermögenslage und derjenigen, die bei weiterer ordnungsgemäßer Erfüllung eingetreten wäre. Dementsprechend geht der Anspruch auf Schadensersatz wegen Nichterfüllung dahin, den Geschädigten vermögensmäßig so zu stellen, wie er bei ordnungsgemäßer Erfüllung des Vertrages gestanden hätte (vgl. BGH Urt. v. 15.3.2000 – XII ZR 81/97, NJW 2000, 2342, nebst Anm. *Horst* NJW 2000, 2342). Bei ordnungsgemäßer Erfüllung wäre der laufende Mietzins entrichtet worden. Der weitere Schaden (Mietausfall) wäre ohne Kündigung nicht entstanden.

Der dem Formular zugrunde liegende Sachverhalt hat ein Vertragsverhältnis mit fester Miet- bzw. Pachtzeit zum Gegenstand. Für diese gesamte Vertragszeit ist der Mieter, der die vorzeitige Beendigung zu verantworten hat, grundsätzlich zum Schadensersatz hinsichtlich etwaigen Mietausfalls verpflichtet (zur Schadensminderungspflicht des Vermieters/Verpächters → Anm. 7). Wenn der Vertrag dagegen nicht (wirksam) befristet oder kein Kündigungsausschluss vereinbart worden ist, könnte der Mieter das Vertragsverhältnis seinerseits gemäß § 542 BGB durch eine ordentliche Kündigung beenden. In einem solchen Fall kann der Vermieter deshalb einen Mietsausfallschaden nur bis zum Ablauf der nächstmöglichen Kündigungsfrist ab Zugang seiner eigenen Kündigung verlangen (vgl. OLG Rostock Urt. v. 2.7.2009 – 3 U 146/08, OLGR Rostock 2009, 890 mwN). Das Kündigungsverschulden des Mieters ist dann für weiter entstehenden Mietausfall nicht ursächlich.

Neben dem Ersatz von Mietausfallschäden kommen weitere Ersatzansprüche in Betracht, wenn es sich um Schäden handelt, die adäquat kausal auf das Kündigungsverschulden und die darauf beruhende vorzeitige Beendigung des Vertragsverhältnisses zurückzuführen sind. Solche Ansprüche ergeben sich aus § 280 Abs. 1 Satz 1 BGB unter dem Gesichtspunkt der Verletzung vertraglicher Pflichten (vgl. BGH Urt. v. 16.1.2009 – V ZR 133/08, NJW 2009, 1262).

Als **Schaden** kann jedoch nur der **Nettopachtzins** verlangt werden, weil bei Schadensersatzleistungen wegen entgangenen Gewinns keine vom Schädiger zu ersetzende Umsatzsteuer anfällt (vgl. BGH Urt. v. 23.4.2008 – XII ZR 136/05, ZMR 2008, 867).

6. Der gewerbliche Vermieter/Verpächter hat gemäß § 252 S. 2 BGB das Recht zu einer **abstrakten Schadensberechnung.** Eine solche Berechnung erfordert die Darlegung von Anknüpfungstatsachen, die geeignet sind, dem gerichtlichen Ermessen bei der Wahrscheinlichkeitsprüfung nach § 252 S. 2 BGB eine Grundlage zu geben. Reichen diese nicht aus, um den gesamten Schaden durch Schätzung (§ 287 ZPO) zu ermitteln, so ist jedenfalls zu prüfen, in welchem Umfang die vorgetragenen Tatsachen eine hinreichende Basis für die Ermittlung eines Mindestschadens bieten (st. Rspr.: vgl. BGH Urt. v. 14.12.1998 – II ZR 330/97, NJW 1999, 954).

Daraus folgt beim Anspruch auf Ersatz von Mietausfall jedoch nicht, dass der Vermieter den gesamten Mietzins für die Restlaufzeit des Vertrags geltend machen kann. Zwar geht die Rechtsprechung beim Anspruch auf Ersatz von Mietausfall von einem bereits (insgesamt) eingetretenen Schaden aus. Dessen Höhe steht aber vor Ablauf der Restlaufzeit des Vertrags noch nicht fest (→ Anm. 2). Der Vermieter kann im Wege der Leistungsklage nicht davon ausgehen, dass ihm der gekündigte Mieter/Pächter für die gesamte vertragliche Restlaufzeit zum Ausgleich des vollen vertraglichen Mietzinses verpflichtet bleiben wird. Der Vermieter ist vielmehr im Rahmen seiner **Schadensminderungspflicht** nach § 254 Abs. 2 BGB gehalten, sich seinerseits um eine alsbaldige anderweitige Vermietung des Objekts zu bemühen (→ Anm. 7). Wenn ihm das gelingt, wird sein Schaden durch die insoweit erzielten Mieteinnahmen kompensiert.

Gegenüber dem leistungsunwilligen Mieter/Pächter wird der Vermieter/Verpächter jedoch regelmäßig ein berechtigtes Interesse daran haben, dass die Ersatzpflicht (über den bereits bezifferbaren Ausfallschaden hinaus) durch Urteil festgestellt wird. Dies gilt jedenfalls dann, wenn mit dem Eintritt weiterer Schäden zu rechnen ist, die nach Dauer und Umfang noch nicht absehbar sind.

Das nach § 256 ZPO erforderliche **Feststellungsinteresse** ist bei Fallgestaltungen der zugrunde liegenden Art ohne Weiteres gegeben, denn es kann im Regelfall nicht festgestellt werden, wann dem Verpächter/Vermieter zu welchen Konditionen ein neuer Vertragsabschluss gelingen wird.

7. Durch die wirksame Kündigung ist der Mietausfall unmittelbar als (einheitlicher) Schaden entstanden, ohne dass der Vermieter hierzu Näheres darzulegen hätte. Im Rahmen seiner **Schadensminderungspflicht** nach § 254 Abs. 2 BGB ist der Vermieter jedoch gehalten, sich nachhaltig um die anderweitige Vermietung des in Rede stehenden Objekts zu bemühen. Die Vermietbarkeit hängt idR davon ab, ob für ein gewerbliches Mietobjekt eine konkrete Nachfrage auf dem örtlichen Immobilienmarkt besteht.

Der Vermieter hat mithin nach einem neuen Mieter zu suchen, der bereit ist, einen Mietvertrag zu solchen Konditionen abzuschließen, welche die Entstehung eines Mietausfalls ganz oder teilweise verhindern würden. Der Vermieter muss im Prozess darlegen, wann und wie er sich um die Weitervermietung bemüht hat und dass seine Bemühungen wegen fehlenden Interesses gescheitert sind (vgl. OLG Düsseldorf Beschl. v. 23.7.2009 – I-24 U 109/08, NJOZ 2010, 141; OLG Düsseldorf, Urt. v. 6.12.2007 – I-10 U 138/06 – OLGR Düsseldorf 2009, 147; OLG Rostock, Urt. v. 2.7.2009 – 3 U 146/08 – OLGR Rostock 2009, 890). Die **Darlegungs- und Beweislast** für diesbezügliche Versäumnisse des Vermieters trifft aber den Mieter (vgl. BGH Urt. v. 16.2.2005 – XII ZR 162/01, NZM 2005, 340). Er kann die Unmöglichkeit einer früheren (oder günstigeren) Wiedervermietung nicht etwa schlicht bestreiten.

Die Pflicht des Vermieters, den Schaden gering zu halten, beinhaltet aber nicht die Verpflichtung, sofort und um jeden Preis neu zu vermieten (vgl. BGH Urt. v. 16.2.2005 – XII ZR 162/01, NZM 2005, 340). Wenn der Vermieter/Verpächter lediglich einen geringeren Miet- oder Pachtzins als den mit dem Beklagten vereinbarten erzielen kann, bleibt der frühere Mieter in Bezug auf die nicht gedeckte Differenz schadensersatzpflichtig (→ Form. C. II. 26 Anm. 9). Der Vermieter muss sich in einem solchen Falle nur diejenigen Vorteile anrechnen lassen, die er durch die Weitervermietung erlangt hat (vgl. BGH Urt. v. 16.2.2005 – XII ZR 162/01, NZM 2005, 340). Auch ansonsten kommt es nach einer durch Kündigung bewirkten Beendigung des Miet- oder Pachtverhältnisses nicht darauf an, ob der Mieter in Gestalt der Gebrauchsüberlassung (noch) ein Äquivalent erhält, denn dies ist nicht Voraussetzung für den zu leistenden Schadensersatz. Nach wirksam erfolgter Kündigung hat er ohnehin kein vertragliches Gebrauchsrecht mehr.

Der Schadensersatzanspruch wird auch nicht dadurch ausgeschlossen, dass der Verpächter die Pachtsache zeitweilig unentgeltlich einem Dritten zum Gebrauch überlässt (vgl. OLG Düsseldorf Urt. v. 7.11.1984 – 15 U 218/83, ZMR 1985, 89).

Der Fall der vorzeitigen Beendigung eines Miet- oder Pachtverhältnisses ist jedoch von den Fallgestaltungen zu trennen, in denen ein Mieter vor Ablauf der vertraglichen Mietzeit ohne Kündigungserklärung seitens des Vermieters (und ohne eigene Kündigungsberechtigung) seine Mietzahlungen einstellt und ggf. auszieht. Dann ist der Vermieter nach allgemeiner Auffassung nicht verpflichtet, sich einen Ersatz- oder Nachmieter zu suchen (vgl. BGH Urt. v. 7.12.1983 – VIII ZR 206/82, WM 1984, 171). Er kann grundsätzlich unter Abzug ersparter Aufwendungen – namentlich in Gestalt verbrauchsabhängiger Betriebskosten und unter Anrechnung anderweitiger Vorteile – weiterhin die vertragliche Miete verlangen, und zwar bis zum Ende der vertraglichen Mietzeit (zur Weitervermietung ohne vorherige Kündigung → Form. C. II. 26 Anm. 9).

In diesem Fall besteht auch keine Schadensminderungspflicht des Vermieters im Sinne von § 254 BGB, die ihn zwingen könnte, anderweitig zu vermieten, denn der auf die vertragliche Miete gerichtete Zahlungsanspruch des Vermieters ist vertraglicher Natur und hat überhaupt keinen Schadensersatz zum Gegenstand. Selbst dann, wenn der Vermieter (ohne vorherige Kündigung) zu einem niedrigeren Mietpreis weiter vermietet, kann der Mieter sich demgegenüber nicht ohne weiteres darauf berufen, der Vermieter sei wegen einer zwischenzeitlichen Weitervermietung überhaupt nicht mehr zu einer Gebrauchsüberlassung in der Lage gewesen. Darin kann eine gegen Treu und Glauben verstoßende unzulässige Rechtsausübung im Sinne von § 242 BGB liegen (vgl. BGH Urt. v. 31.3.1993 – XII ZR 198/91, BGHZ 122, 163 = NJW 1993, 1645; → Form. C. II. 26 Anm. 9).

26. Klage auf Ersatz der Mietdifferenz und der Kosten der Neuvermietung nach Kündigung wegen vertragswidrigen Verhaltens

An das

Landgericht . . . . .[1]

Klage

des Herrn . . . . .

– Kläger –

Prozessbevollmächtigter: Rechtsanwalt . . . . .

gegen

die Fa . . . . . . KG,

vertreten durch den persönlich haftenden Gesellschafter . . . . .

– Beklagte –

wegen Schadensersatz

vorläufiger Streitwert: . . . . . EUR[2]

Namens und in Vollmacht der Kläger erhebe ich Klage mit dem Antrag,[3]

1. den Beklagten zu verurteilen, an die Klägerin . . . . . EUR nebst Zinsen in Höhe von 5 % über dem jeweiligen Basiszinssatz nach § 247 BGB seit Klagezustellung zu zahlen,
2. festzustellen, dass der Beklagte verpflichtet ist, der Klägerin für den Zeitraum vom . . . . . bis zum 31.12.2015 alle weiteren Schäden zu ersetzen, die ihr durch die vorzeitige Beendigung des Mietverhältnisses entstehen.
3. im Falle der Anordnung des schriftlichen Vorverfahrens bei Vorliegen der gesetzlichen Voraussetzungen Versäumnisurteil gemäß § 331 Abs. 3 ZPO zu erlassen.

Begründung:

Mit schriftlichem Mietvertrag vom . . . . . vermietete der Kläger an die Beklagte die im Erdgeschoss des Hauses . . . . ., ...-straße . . . . . gelegenen Räumlichkeiten zum Betrieb eines Einzelhandelsgeschäftes.

Die Miete betrug nach § . . . . . des Vertrages monatlich . . . . . EUR zzgl. der jeweils geltenden gesetzlichen USt., also insgesamt . . . . . EUR.

Gemäß § . . . . . des Vertrags war eine feste Mietzeit bis zum . . . . . vereinbart.

In § . . . . . des Mietvertrages ist der Mietzweck wie folgt festgelegt:[4]

„(1) Die Vermietung erfolgt zum Betrieb eines Bekleidungsgeschäfts für Damenoberbekleidung gehobenen Standards und modische Accessoires.

(2) Eine von Ziff. (1) abweichende Nutzung der Mieträume ist dem Mieter nur mit der zuvor einzuholenden Erlaubnis des Vermieters gestattet."

Nach § . . . . . des Mietvertrages war der Beklagten eine Untervermietung nur unter Wahrung des vertraglich vereinbarten Mietzwecks gestattet.

Beweis: anliegende Fotokopie des Mietvertrages

Im Verlauf des letzten Jahres geriet die Beklagte in wirtschaftliche Schwierigkeiten. Dies führte dazu, dass sie entgegen dem ausdrücklichen Widerspruch des Klägers ihr in den Mieträumen betriebenes Gewerbe zum . . . . . aufgab und ab dem Folgemonat an den Betreiber eines sog. Sonderpostenmarktes untervermietete. In den Mieträumen wurden von da an Billigartikel asiatischer Provenienz verkauft.[5]

Mit Schreiben vom . . . . . mahnte der Kläger die Beklagte wegen dieses vertragswidrigen Gebrauchs ab und forderte sie auf, die Untervermietung zu beenden und für die Schließung des Sonderpostenmarktes zu sorgen. Hierfür wurde ihr eine Frist bis zum . . . . . gesetzt.[6]

Beweis: anliegende Kopie des Schreibens vom . . . . .

Mit Antwortschreiben vom . . . . . verweigerte die Beklagte die Beendigung der Untervermietung. Sie vertrat den Standpunkt, dass die erfolgte Untervermietung durch den Mietvertrag gedeckt sei, da in dem Sonderpostenmarkt auch Bekleidung verkauft werde.

Der Kläger erklärte deshalb mit Schreiben vom . . . . . die außerordentliche fristlose Kündigung des Mietverhältnisses und forderte die Beklagte zur Herausgabe des Mietobjekts auf.[7] Dieses Schreiben wurde dem persönlich haftenden Gesellschafter der Beklagten am selben Tage durch den nachbenannten Zeugen als Boten übergeben. Der Bote hat auch Kenntnis vom Inhalt des ausgehändigten Kündigungsschreibens gehabt.

Beweis: Zeugnis des Herrn . . . . .

Die Beklagte reagierte auf die Kündigung nicht, weshalb der Kläger mit Schreiben vom . . . . . einer Fortsetzung des Mietgebrauchs ausdrücklich widersprach.[8]

Beweis: anliegende Kopie des Schreibens vom . . . . .

Die danach weiter eingehenden Mietzahlungen hat der Kläger auf seinen Anspruch auf Nutzungsentschädigung gemäß § 546a BGB verrechnet. Dies hat er der Beklagten mitgeteilt und mehrfach mit einer Räumungsklage gedroht.

Zum . . . . . schloss auch der Sonderpostenmarkt. Die Beklagte gab das Mietobjekt am . . . . . an den Kläger heraus und stellte ihre Zahlungen ein.

Der Kläger hatte sich bereits vor diesem Zeitpunkt intensiv um eine Neuvermietung bemüht, was aber daran scheiterte, dass kein Mietinteressent sich auf die Anmietung des noch nicht geräumten Geschäfts einlassen wollte. Seine Bemühungen setzte der Kläger auch danach fort. Der Kläger hat regelmäßig in der örtlichen und regionalen Presse sowie im Mitteilungsblatt des Einzelhandelsverbands inseriert.

Beweis: anliegende Kopien der Inserate vom . . . . .

Mit Wirkung zum . . . . . konnten die Mieträume an einen neuen Mieter vermietet werden. Dem Kläger gelang es jedoch nicht, bei der Neuvermietung den mit der Beklagten vereinbarten Mietzins zu erzielen. Es konnte lediglich eine Miete von . . . . . EUR monatlich (netto) vereinbart werden. Dieser Mietzins liegt jedoch innerhalb der Spanne, in der sich die ortsübliche Marktmiete für vergleichbare Mietobjekte bewegt.

Beweis: Sachverständigengutachten

Der Kläger war zur außerordentlichen fristlosen Kündigung des Mietverhältnisses berechtigt, denn die von der Beklagten praktizierte Untervermietung beinhaltete einen vertragswidrigen Mietgebrauch, durch den der Kläger in seinen Rechten erheblich verletzt wurde. Da die Beklagte schuldhaft Anlass zur fristlosen Kündigung gegeben hat, hat sie dem Kläger den hierdurch entstandenen Schaden zu ersetzen.[9]

Die ausdrückliche Festlegung des vertraglichen Mietzwecks erfolgte vor dem Hintergrund, dass in den Mieträumen seit Jahrzehnten – früher vom Kläger selbst – ein Bekleidungsgeschäft für modische Damenbekleidung geführt wurde. In dem Objekt, das sich in bevorzugter und gepflegter Einkaufslage befindet, betreibt außerdem ein anderer Mieter ein Herrenausstatter-Geschäft, so dass sich die Produkte beider Ladengeschäfte ideal ergänzten. Der so etablierte Standort hat sich bei den Vertragsverhandlungen der Parteien ebenso wie bei früheren Vertragsanbahnungen als ausgesprochen förderlich für eine Vermietung erwiesen.

Die von der Beklagten praktizierte Untervermietung hat demgegenüber einen vertragswidrigen Zustand geschaffen. Der vertraglich zugrunde gelegte Standard ist zugunsten des Vertriebs von Ramschwaren aufgegeben worden. Daran ändert auch der Umstand nichts, dass der Untermieter neben diversen Küchen- und Haushaltsutensilien einfachster Machart in geringerem Umfang auch Billigtextilien asiatischer Herkunft (hauptsächlich T-Shirts, Nacht- und Unterwäsche sowie Socken) verkauft hat. Eine solche Produktpalette ist mit der eines Damenoberbekleidungsgeschäfts gehobenen Standards nicht vergleichbar.

Der dem Kläger entstandene Schaden gemäß dem Leistungsantrag zu 1) ermittelt sich wie folgt:

1. Mietausfall für die Monate . . . . . jeweils . . . . . EUR = ... EUR netto,[10]

2. Netto-Mietdifferenz für die Monate . . . . . jeweils . . . . . EUR = ... EUR.

3. Aufwendungen für die Neuvermietung insgesamt   . . . . . EUR:[11]

a) Für Zeitungsanzeigen hatte der Kläger

insgesamt   . . . . . EUR

aufzuwenden.

Beweis: anliegende Kopien der Rechnungen vom . . . . .

Auf eine dieser Annoncen hat sich der Nachmieter gemeldet.

b) Um eine Vermietung an den Nachfolger vornehmen zu können, hat der Kläger gewisse Umbauten in dem Ladenlokal vornehmen müssen, ohne die der Nachmieter das Objekt nicht angemietet hätte. Der Nachmieter betreibt in den Mieträumen ein Geschäft für Sanitärbedarf. Der insoweit zu erwartende Kundenkreis machte es erforderlich, den Zugang zum Ladengeschäft behindertengerecht auszugestalten.

Beweis: Zeugnis des Nachmieters . . . . .

Es handelt sich im Einzelnen um folgende Aufwendungen:

. . . . .

Es ergibt sich ein Betrag von insgesamt   ..... EUR

Beweis: anliegende Kopien der Rechnungen vom .....

c) .....

Neben dem Leistungsantrag auf Ersatz des bereits eingetretenen Mietausfalls begehrt der Kläger ferner die Feststellung, dass die Beklagte ihm auch für die Restlaufzeit des Vertrags diejenigen Schäden zu ersetzen hat, die ihm durch die vorzeitige Beendigung des Mietverhältnisses entstehen. Der Kläger hat ein dringendes Interesse daran, die Ersatzpflicht der vertragsuntreuen und zahlungsunwilligen Beklagten feststellen zu lassen (§ 256 Abs. 1 ZPO). Zurzeit steht nicht fest, in welcher Höhe die Beklagte ihm gegenüber insgesamt schadensersatzpflichtig ist, denn der Bestand des Nachfolgemietverhältnisses steht ebenso wenig fest wie die künftige Mietpreisentwicklung.[12]

Rechtsanwalt

Anmerkungen

1. Zur Zuständigkeit des Landgerichts → Form. C. II. 25 Anm. 1.

2. Zum Streitwert → Form. C. II. 25 Anm. 2. Auch für den hier zu stellenden Feststellungsantrag sind die dort behandelten Besonderheiten der Streitwertbemessung zu beachten.

3. Die dem Formular zugrunde liegende Klage verbindet einen **Leistungsantrag** auf Ersatz eines bereits eingetretenen Mietausfallschadens (Antrag zu 1) mit einem **Feststellungsantrag**, der die Pflicht zum Ersatz des weiterhin eintretenden Schadens (hier: Mietdifferenz zzgl. etwaiger weiterer Schäden) zum Gegenstand hat (Antrag zu 2, → Form. C. II. 25). Auch für die vorliegende Fallgestaltung kann der Gesamtschaden nicht im Wege der Leistungsklage geltend gemacht werden, weil bei Klageerhebung nicht feststeht, ob und in welcher Höhe die verlangte Mietdifferenz fortbestehen wird (→ Form. C. II. 25 Anm. 2).

Wenn kein weitergehender Schaden iSv § 288 Abs. 3 BGB konkretisiert werden kann, kommt bei Schadensersatzansprüchen nur eine Verzinsung gemäß § 288 Abs. 1 BGB in Betracht → Form. C. II. 25 Anm. 2).

4. Aus dem vertraglichen **Nutzungszweck** (Mietzweck) ergibt sich für den Mieter der Umfang seiner Gebrauchsberechtigung (vgl. §§ 538, 541, 543 Abs. 2 Nr. 2 BGB). Der Umfang der erlaubten Nutzung richtet sich nach den mietvertraglichen Vereinbarungen, die nach den allgemeinen Regeln der §§ 133, 157 BGB auszulegen sind (vgl. OLG Köln Urt. v. 12.11.2010 – 1 U 26/10, NZM 2011, 76; KG Urt. v. 1.9.2003 – 12 U 20/03, ZMR 2004, 261).

Eine möglichst klare Festlegung des Mietzwecks ist für den Vermieter dann wichtig, wenn er ein besonderes Interesse daran hat, dem Mietgebrauch bestimmte Grenzen zu setzen, oder wenn er gewährleistet sehen will, dass das vom Mieter geführte Gewerbe zu dem geschäftlichen Umfeld anderer Mieter passt. Auch dann, wenn der Vertragszweck im Mietvertrag nicht ausdrücklich bezeichnet ist, darf der Mieter das gemietete Objekt nicht zu jedem beliebigen gewerblichen Zweck nutzen, sondern muss sich an Nutzungsbeschränkungen halten, wenn solche sich durch Auslegung des Vertrags ergeben (vgl. OLG Düsseldorf Beschl. v. 20.9.2010 – I-24 U 202/09, ZMR 2011, 865).

Die **Zustimmung zu einem anderen Gebrauchszweck** kann sich der Vermieter grundsätzlich nach eigenem freien Ermessen, wenngleich nur in den Grenzen des § 242 BGB, vorbehalten (vgl. KG Urt. v. 6.6.2011 – 8 U 9/11, Grundeigentum 2011, 1083).

5. Wenn der Mieter die Mietsache ohne Erlaubnis des Vermieters anderen Personen überlässt, beinhaltet dies grundsätzlich einen **vertragswidrigen Gebrauch** im Sinne von § 543 Abs. 2 Nr. 2 BGB. Eigenmächtige Änderungen des vertraglich festgelegten Verwendungszwecks braucht der Vermieter nicht hinzunehmen (vgl. Palandt/*Weidenkaff* § 540 Rn. 4 ff. und § 541 Rn. 6).

Allerdings lassen sich die **Grenzen des vertragsgemäßen Gebrauchs** gerade bei der Vermietung von Gewerberaum trotz entsprechender vertraglicher Vereinbarungen der Parteien oftmals nicht scharf bestimmen. Dies liegt darin begründet, dass zum einen vertragliche Regelungen zu diesem Punkt nicht immer hinreichend bestimmt sind, und zum anderen darin, dass der gewerbliche Mieter nach Treu und Glauben eine Änderung des vereinbarten Verwendungszwecks verlangen kann. Das beurteilt sich im Einzelfall nach umfassender Abwägung der beiderseitigen Belange (vgl. dazu grundlegend BGH Urt. v. 11.1.1984 – VIII ZR 237/82, BGHZ 89, 308–316 = NJW 1984, 1031). Mit dieser Maßgabe dürfte auch die streitige Frage zu beantworten sein, ob § 543 Abs. 2 S. 1 Nr. 2 BGB jeden vertragswidrigen Gebrauch umfasst (vgl. Palandt/*Weidenkaff* § 543 Rn. 20 mwN). Im Zweifel wird darauf abzustellen sein, ob der kündigenden Partei bei Abwägung der wechselseitigen Interessen ein Festhalten am Vertrag bis zum Ablauf der vereinbarten Mietdauer nicht mehr zugemutet werden kann (vgl. BGH Urt. v. 11.1.1984 – VIII ZR 237/82, BGHZ 89, 308–316 = NJW 1984, 1031; OLG Köln Urt. v. 12.11.2010 – 1 U 26/10, NZM 2011, 76). Deshalb ist es prozessual ratsam, bei vertragswidrigem Gebrauch vorsorglich zur **Unzumutbarkeit der weiteren Fortsetzung des Mietverhältnisses** im Sinne von § 543 Abs. 1 S. 2 BGB vorzutragen. Besteht der vertragswidrige Gebrauch jedoch in der unbefugten Überlassung an einen Dritten, so ist dies wegen § 543 Abs. 2 S. 1 Nr. 2 BGB im Zweifel entbehrlich. Anders könnte es liegen, wenn der Mieter die Zustimmung des Vermieters zu einer bestimmten Untervermietung erbeten und der Vermieter diese aus Gründen verweigert hat, die erläuterungsbedürftig sein können.

Die Festlegung des vertraglichen Mietzwecks kann besondere Bedeutung im Rahmen des **Konkurrenzschutzes** gewinnen. Wenn etwa ein Ladenmieter seine betriebliche Praxis in Abweichung vom vertraglich zugrunde gelegten Geschäftsbereich abändert und zB andere Waren vertreibt oder sich auf ein gänzlich anderes Gewerbe verlegt, indiziert dies die Gefahr einer Kollision mit den Geschäftsinteressen anderer Mieter im selben Objekt, denen der Vermieter möglicherweise ausdrücklichen oder immanenten Konkurrenzschutz zu gewähren hat (zu dieser Problematik vgl. im Einzelnen BeckFormB MietR/*Borzutzki-Pasing* Form. A. VI. 3 Anm. 3,6 – 9).

Auch bei grundsätzlich erlaubter **Untervermietung** kann eine vertragswidrige Drittüberlassung vorliegen, wenn die Untervermietung nur **unter bestimmten Einschränkungen oder Auflagen** gestattet ist. In der dem Formular zugrunde liegenden Fallgestaltung ist von einer unberechtigten Untervermietung auszugehen, weil der vertragliche Mietzweck nicht gewahrt wurde. Die Vermietung an ein Sonderpostengeschäft stellt gegenüber dem vertraglichen Nutzungszweck ein Aliud dar. Die Berufung des Klägers auf den Mietzweck ist auch nicht treuwidrig (§ 242 BGB), denn die für die Festlegung des Mietzwecks angeführten Gründe sind ohne weiteres nachvollziehbar und wirtschaftlich sinnvoll.

6. Handelt der Mieter dem Vertragszweck zuwider, kann dies gemäß § 543 Abs. 2 Nr. 2 BGB ein **Recht zur fristlosen Kündigung** begründen (→ Anm. 5, → Anm. 7). Dies erfordert gemäß § 543 Abs. 3 BGB grundsätzlich eine **Abmahnung**, falls nicht einer der gesetzlichen Ausnahmetatbestände vorliegt. Dabei ist zu beachten, dass die Abmahnung stets an den oder die Vertragspartner – dh bei einer Mehrzahl von Mietern an alle Mieter – gerichtet sein muss, auch wenn der vertragswidrige Gebrauch von einem Dritten oder nur von einem von mehreren Mietern ausgeht (vgl. Palandt/*Weidenkaff* § 543 Rn. 47).

Reagiert der Vermieter über längere Zeit hinweg nicht auf die unerlaubte Untervermietung, kann er sein **Kündigungsrecht verwirken** (§ 242 BGB) oder er gibt ggf. zu erkennen, dass dieser Vertragsverstoß **keine erhebliche Rechtsverletzung** iSv § 543 BGB bewirkt hat (vgl. LG Berlin Urt. v. 4.6.1993 – 65 S 253/92, MM 1993, 287).

7. Auch die Kündigungserklärung muss allen Mietern zugehen. Zu den praktischen Schwierigkeiten, den Zugang der Kündigung und deren Inhalt prozessual nachzuweisen, → Form. C. II. 18 Anm. 4.

8. Einer der häufigsten Fehler nach Kündigungen ist es, dass der zur Vermeidung einer stillschweigenden Verlängerung des Mietverhältnisses nach § 545 BGB notwendige **Widerspruch gegen eine Fortsetzung des Mietgebrauchs** unterlassen wird. Der Widerspruch kann auch schon im Kündigungsschreiben erfolgen und sich ggf. sogar aus dem Zusammenhang der Kündigungserklärung ergeben (zur Neubegründung eines zuvor aufgekündigten Mietverhältnisses vgl. BGH Urt. v. 24.6.1998 – XII ZR 195/96, NZM 1998, 628).

Allerdings war die auch formularmäßig mögliche **Abdingbarkeit der stillschweigenden Vertragsverlängerung** schon im Geltungsbereich des § 568 BGB a. F. anerkannt (vgl. BGH Urt. v. 15.5.1991 – VIII ZR 38/90, NJW 1991, 1751). Bereits die Vorschrift des § 568 BGB wurde als nicht interessengerecht kritisiert (vgl. *Gather* DWW 1980, 293; Palandt/ *Putzo*, 60. Aufl., § 568 Rn. 1). Die Verlängerungswirkung wird oft als Falle empfunden, wenn der Widerspruch gegen eine Vertragsverlängerung schlicht vergessen wurde, was auch bei anwaltlich vertretenen Vermietern nicht selten der Fall ist.

Auch dem Argument, dass durch widerspruchslose Entgegennahme der Miete das Vertragsverhältnis stillschweigend verlängert worden sei, kann der Vermieter durch ausdrücklichen Widerspruch vorbeugen (etwa durch die im Beispielsfall angeführte Androhung der Räumungsklage).

9. Zu dem vom Mieter zu ersetzenden Schaden, dem sog. **Kündigungsfolgeschaden** (→ Form. C. II. 18), gehören sowohl der durch die Kündigung verursachte (komplette) **Mietausfall** bis zur Neuvermietung als auch die **Mietdifferenz** nach Neuvermietung zu einem geringeren Mietzins. Der Ersatzanspruch setzt voraus, dass die dem Mieter angelastete Pflichtwidrigkeit für die Kündigung des Mietverhältnisses ursächlich war (vgl. OLG Brandenburg Urt. v. 20.2.2008 – 3 U 138/06, juris; *Kluth/Böckmann/Freigang* NZM 2004, 446).

Der **Schadensersatzanspruch** des Vermieters kann **ausgeschlossen** oder zeitlich begrenzt sein, wenn der Mieter ebenfalls zur fristlosen Kündigung berechtigt war und eine solche auch ausgesprochen hätte (vgl. KG Urt. v. 29.10.2001 – 20 U 1885/00, Grundeigentum 2002, 258). Der zu ersetzende **Mietausfall** ist generell **zeitlich begrenzt**, wenn der Vertrag mangels wirksamer Befristung oder mangels Kündigungsausschlusses auch vom Mieter gemäß § 542 BGB ordentlich aufgekündigt werden kann. Dann kann der Vermieter einen Mietsausfallschaden nur bis zum Ablauf der nächstmöglichen Kündigungsfrist ab Zugang seiner eigenen Kündigung verlangen (vgl. OLG Rostock Urt. v. 2.7.2009 – 3 U 146/ 08, OLGR Rostock 2009, 890 m. w. N.)

Der Fall des Schadensersatzes nach Aufkündigung des Mietverhältnisses ist von denjenigen Ansprüchen zu unterscheiden, die ohne Kündigung bestehen → Form. C. II. 25 Anm. 5. Vermietet der Vermieter die Mietsache ohne Kündigung weiter und ist dadurch außerstande, dem ausgezogenen Mieter weiterhin den Gebrauch zu gewähren, wird der Mieter grundsätzlich von seiner Pflicht zur Fortentrichtung der vereinbarten Miete frei. Dies gilt jedoch dann nicht, wenn der Mieter endgültig ausgezogen ist und die Weiterzahlung der Miete ernsthaft und endgültig verweigert. In diesem Fall bleibt der ausgezogene Mieter zur Zahlung der Mietdifferenz verpflichtet, sofern der Vermieter trotz Weitervermietung zum dann ortsüblichen Marktpreis nur eine geringere Mieteinnahme erzielt (vgl. BGH Urt. v. 22.12.1999 – XII ZR 339/97, NJW 2000, 1105; OLG Brandenburg Beschl. v. 15.11.2006 – 3 U 88/06, juris). Es wird vertreten, dass eine Weiterhaftung des eigenmächtig ausgezogenen Mieters trotz Weitervermietung sogar zu einer höheren Miete fortbestehen soll, wenn er vom Vermieter ausdrücklich nicht aus der Haftung entlassen wurde (vgl. OLG Düsseldorf Urt. v. 23.10.1997 – 10 U 39/97, WuM 1998, 483).

Nach erfolgter Kündigung muss sich der Vermieter im Rahmen seiner **Schadensminderungspflicht** um eine **Anschlussvermietung** bemühen (§ 254 Abs. 2 BGB, → Form. C. II. 25 Anm. 7). Die nach Weitervermietung anderweitig erzielte Miete muss sich der Vermieter im Wege der **Vorteilsausgleichung** anrechnen lassen. Ist diese Miete aber geringer als die zuvor vereinbarte Miete, schuldet der ursprüngliche Mieter weiterhin den Ausgleich der verbleibenden Mietdifferenz (vgl. OLG Düsseldorf Urt. v. 22.1.1990 – 10 U 79/90, DWW 1991, 19). Auch insoweit gilt, dass der ersatzpflichtige Mieter die Beweislast für die Behauptung trägt, eine Vermietung sei zu besseren Konditionen möglich gewesen → Form. C. II. 25 Anm. 7).

Im Einzelfall kann allerdings zweifelhaft sein, ob bei einer Weitervermietung mit einer Unterschreitung der bisherigen Miete oder bei der Ablehnung einer solchen seitens des Vermieters ein Verstoß gegen die Schadensminderungspflicht vorliegt. Der Vermieter, der die Sache (ggf. weit) unter dem bisherigen Preis vermietet, läuft Gefahr, sich dem Verschleuderungseinwand auszusetzen, weil er die Chance, die Mietsache ggf. zu einem etwas späteren Zeitpunkt auch noch zum ursprünglichen Preis zu vermieten, zunichte gemacht hat. Wartet der Vermieter dagegen ab und vermietet die Mietsache bei einem entsprechenden Angebot nicht zu einer niedrigeren Miete, kann das dazu führen, dass er später gar keinen Mieter mehr findet. Gleichwohl tendiert die Rechtsprechung dahin, dass der Vermieter in seinen Dispositionen eher frei ist (vgl. BGH Urt. v. 22.10.2003 – XII ZR 112/02, BGHZ 156, 328 = NJW 2004, 284). Jedenfalls muss der Vermieter das Mietobjekt nicht sofort zu einer reduzierten Miete anbieten (vgl. OLG Frankfurt Urt. v. 18.7.1996 – 15 U 151/95, WuM 1998, 24 m.w.N.). Bei erkennbar sinkendem Mietniveau kann der Vermieter verpflichtet sein, alsbald zu dem noch erzielbaren Preis weiter zu vermieten.

Im Falle erfolgter Weitervermietung werden die **Mietzahlungen des neuen Mieters** auf den Schadensersatzanspruch des Vermieters angerechnet. Fraglich ist aber, ob und in welcher Weise der Vermieter gegen einen seinerseits zahlungssäumigen Nachmieter vorgehen muss, ehe er sich beim früheren Mieter schadlos halten kann. Teilweise wird vertreten, der Vermieter müsse seine Ansprüche zunächst gegen den Nachmieter durchzusetzen (vgl. KG Urt. v. 22.11.2001 – 20 U 3584/00, Grundeigentum 2002, 329). Teilweise wird angenommen, der Vermieter könne sogleich den ersatzpflichtigen Altmieter in Anspruch nehmen, müsse an diesen jedoch die Mietzinsforderung abtreten (vgl. OLG Naumburg Urt. v. 25.11.1997 – 11 U 940/97, WuM 1998, 283). Es wäre evtl. zu erwägen, ob im Falle der Wiedervermietung überhaupt noch ein hinreichender kausaler Zusammenhang zum Kündigungsverschulden des Vormieters besteht, wenn der nachfolgende Mieter seinen Zahlungsverpflichtungen nicht mehr nachkommt (→ Anm. 11).

Ob der Vermieter verpflichtet sein kann, **zusätzliche Aufwendungen** zu treffen, um eine **Anschlussvermietung** überhaupt zu ermöglichen, entzieht sich einer generalisierenden Beurteilung. In kleinerem Umfang werden dem Vermieter solche Aufwendungen zuzumuten sein, wenn es sich darum handelt, die allgemein üblichen Vorkehrungen für eine Neuvermietung zu treffen (zB kleinere Renovierungsarbeiten). Größere Investitionen, die bei ungestörtem Vertragsverhältnis nicht erforderlich geworden wären, sind allenfalls dann geboten, wenn Ausstattung und Zuschnitt der Mieträumlichkeiten so speziell ausgestaltet sind, dass eine Neuvermietung in dem vorhandenen Zustand praktisch ausgeschlossen wäre oder nur ein verschwindend kleiner Interessentenkreis vorhanden wäre.

Der Anspruch auf Mietzinsausfall ist aber grundsätzlich nicht dadurch ausgeschlossen, dass der Vermieter im Hinblick auf eine Anschlussvermietung Umbau- oder Renovierungsarbeiten im Mietobjekt durchführt. Dies gilt jedenfalls dann, wenn solche Aufwendungen einer Neuvermietung förderlich sein können, was im Regelfall anzunehmen sein dürfte. Hiervon zu unterscheiden ist allerdings die Frage, unter welchen Voraussetzungen der Vermieter für diese Aufwendungen vom früheren Mieter Schadensersatz verlangen kann (→ Anm. 11).

10. Zum Wegfall der Umsatzsteuer im Rahmen eines Schadensersatzanspruches → Form. C. II. 25 Anm. 5.

11. Zu dem vom Mieter zu ersetzenden Schaden können auch die Kosten gehören, die der Vermieter im Zuge der Neuvermietung veranlasst hat. Grundsätzlich besteht der zu ersetzende Schaden in allen (adäquat kausal) kündigungsbedingten Nachteilen einschließlich derjenigen Aufwendungen, die zur Schadensminderung im Rahmen einer Neuvermietung notwendig werden (vgl. BGH Urt. v. 3.12.1997 – XII ZR 45/96, NJW-RR 1998, 1125).

So räumt etwa der Umstand, dass der Altmieter an der Auswahl des späteren Ersatzmieters keinen Anteil hat, die adäquate Kausalität zwischen seinem (Kündigungs-)Verschulden und dem hieraus mündenden Schaden nicht aus. Eine Unterbrechung des Kausalzusammenhangs ist auch nicht deshalb anzunehmen, weil der Vermieter durch die Neuvermietung an von ihm selbst ausgesuchte Vertragspartner das Schicksal und durch die in diesem Rahmen getroffenen Aufwendungen gleichsam in die eigenen Hände genommen hätte (vgl. dazu OLG Brandenburg Urt. v. 20.2.2008 – 3 U 138/06, BeckRS 2008, 05063).

Der adäquate **Ursachenzusammenhang** wird nur dann **unterbrochen**, wenn der Geschädigte in ungewöhnlicher und unsachgemäßer Weise in den Geschehensablauf eingreift und von sich aus weitere Ursachen setzt, die sich selbständig als schadensträchtig auswirken. Davon ist dann auszugehen, wenn für bestimmte Handlungen des Geschädigten kein rechtfertigender Anlass besteht, diese durch das haftungsbegründende Ereignis nicht herausgefordert wurden und keine angemessene Reaktion auf das Schadensereignis darstellen (vgl. BGH Urt. v. 3.12.1997 – XII ZR 45/96, NJW-RR 1998, 1125; OLG Brandenburg Urt. v. 20.2.2008 – 3 U 138/06, BeckRS 2008, 05063).

Grundsätzlich sind jedoch alle **Aufwendungen für eine Neuvermietung** ersatzfähig, die ohne die Kündigung nicht entstanden wären und sich im Sinne einer Neuvermietung als erforderlich darstellen. Im Einzelfall kann es jedoch schwierig sein, die Notwendigkeit einer Maßnahme als adäquate Folge des Kündigungsverschuldens darzustellen. Das kann etwa der Fall sein, wenn der Wert der Mieträume (durch Umbauten oder umfängliche Modernisierungsarbeiten) nachhaltig verbessert wird. Auch die Kosten für die Beseitigung eines schon vor Kündigung bestehenden Renovierungsstaus kann der Vermieter nicht als Schaden geltend machen.

12. Wenn dem Vermieter eine Weitervermietung nur zu einem geringeren Mietzins möglich gewesen ist, wird er nicht in der Lage sein, den Gesamtschaden abschließend zu beziffern (vgl. hierzu *Kluth/Böckmann/Freigang* NZM 2004, 446). Die Schadenshöhe steht vor Ablauf der Restlaufzeit des Vertrags noch nicht fest. Der Vermieter kann im Wege der Leistungsklage nicht einfach unterstellen, dass ihm der gekündigte Mieter für die gesamte vertragliche Restlaufzeit zum Ausgleich der Mietdifferenz verpflichtet bleiben wird. Der Anspruch des Vermieters auf Ersatz von Mietausfall wird vielmehr nur sukzessiv fällig, und zwar erst in den Zeitpunkten, in denen die jeweiligen Mietzinsraten fällig werden würden (vgl. BGH Urt. v. 11.7.1979 – VIII ZR 183/78, ZMR 1979, 351). Außerdem steht nicht fest, dass der Vermieter in Gestalt der Zahlungen des Nachmieters eine bleibende Schadenskompensation erhält (zum erforderlichen Feststellungsinteresse → Form. C. II. 25 Anm. 6).

27. Klage des Erwerbers auf Schadensersatz nach Kündigung wegen vertragswidrigen Verhaltens

An das

Amtsgericht . . . . .[1]

Klage

des Herrn . . . . .

– Kläger –

Prozessbevollmächtigter: Rechtsanwalt . . . . .

gegen

1. Herrn . . . . .
2. Frau . . . . .

– Beklagte –

wegen Schadensersatz

vorläufiger Streitwert: . . . . . EUR

Namens und in Vollmacht des Klägers erhebe ich Klage mit dem Antrag,

1. die Beklagten zu verurteilen, an den Kläger . . . . . EUR nebst Zinsen in Höhe von 5 % über dem jeweiligen Basiszinssatz nach § 247 BGB seit dem . . . . . zu zahlen,
2. im Falle der Anordnung des schriftlichen Vorverfahrens bei Vorliegen der gesetzlichen Voraussetzungen Versäumnisurteil gemäß § 331 Abs. 3 ZPO zu erlassen.

Begründung:

Mit schriftlichem Mietvertrag vom . . . . . vermietete der Rechtsvorgänger des Klägers die im 1. OG des Hauses . . . . ., ...-straße . . . . . gelegene Wohnung an die beklagten Eheleute.

Gemäß § . . . . . des Mietvertrags verzichteten die Vertragsparteien für die Dauer von vier Jahren wechselseitig auf das Recht zur ordentlichen Kündigung.[2]

Die Miete betrug nach § 3 des Vertrages monatlich . . . . . EUR.

Nach § . . . . . des Mietvertrags war die Miete monatlich im Voraus, spätestens bis zum dritten Werktag eines jeden Monats zu zahlen.

Beweis: anliegende Fotokopie des Mietvertrages

Der Kläger ist aufgrund notariellen Kaufvertrages vom . . . . . und nachfolgender Übereignung und Eigentumsumschreibung im Grundbuch, die am . . . . . erfolgte, neuer Eigentümer des Mietobjekts geworden und damit gemäß § 566 BGB als Vermieter in das Mietverhältnis eingetreten.

In der Folgezeit verstießen die Beklagten in mehrfacher Hinsicht nachhaltig gegen ihre Pflichten aus dem Mietvertrag:

a) Die Beklagten haben nahezu ständig die Miete unpünktlich entrichtet.[3]
   Die Mietzahlungen gingen zu folgenden Terminen ein: . . . . .

Beweis: anliegende Kopien der Kontoauszüge . . . . .

b) Die Beklagten haben in folgenden Fällen den Hausfrieden gestört:[4]
Die Beklagten benutzen den Hausflur ständig zur Lagerung von Abfalltüten und leeren Getränkeflaschen.
Außerdem beschweren sich die Mitbewohner laufend über nächtliche Ruhestörungen durch ausgiebige Trinkgelage, die mindestens zweimal wöchentlich bis weit in die Nachstunden (bis gegen 3.00 Uhr) hinein stattfinden.

Beweis: Zeugnis der . . . . .

c) Die Beklagten haben in folgenden Fällen andere Hausbewohner und den Kläger beleidigt:[5]
Am . . . . . bezeichnete der beklagte Ehemann den Kläger als „Kapitalistenschwein", das sich „den Mietvertrag sonst wohin stecken" könne.

Beweis: Zeugnis . . . . .

Am . . . . . beschimpften beide Beklagten den Mitmieter . . . . . als „dreckigen Zuhälter".

Beweis: . . . . .

Wegen der vorstehenden Vertragsverletzungen hat der Kläger die Beklagten mit dem in Fotokopie beigefügten Schreiben vom . . . . . abgemahnt.[6]

Beweis: anliegende Kopie des Schreibens vom . . . . .

Am Verhalten der Beklagten ändert sich jedoch nichts. Die Mietzahlungen für die Folgemonate gingen wiederum jeweils um mehrere Tage verspätet ein.

Beweis: anliegende Kopien der Kontoauszüge . . . . .

Nächtliche Ruhestörungen erfolgten erneut an folgenden Tagen: . . . . .

Beweis: Zeugnis . . . . .

Am . . . . . bezeichnete die beklagte Ehefrau die Ehefrau des Klägers als „alte Schlampe".

Beweis: Zeugnis . . . . .

Die Fortsetzung des Mietverhältnisses war für den Kläger aufgrund dieser andauernden Pflichtverletzungen nicht mehr zumutbar. Die ständigen Unpünktlichkeiten bei der Zahlung des Mietzinses, die nachhaltigen Störungen des Hausfriedens und die hierauf beruhenden berechtigten Beschwerden der anderen Hausbewohner sowie die gröblichen Beleidigungen des Klägers und anderer Mitbewohner haben zu einer völligen Zerrüttung des Vertragsverhältnisses geführt.

Mit dem in Kopie beigefügten Schreiben vom . . . . . erklärte der Kläger deshalb gemäß §§ 543 Abs. 1, 569 Abs. 2 BGB die außerordentliche fristlose Kündigung des Mietverhältnisses.[7]

Das Kündigungsschreiben wurde den Beklagten am selben Tage durch den nachbenannten Zeugen als Boten übergeben. Der Bote hat auch Kenntnis vom Inhalt des ausgehändigten Kündigungsschreibens genommen.[8]

Beweis: Zeugnis des Herrn . . . . .
anliegende Kopie des Schreibens vom . . . . .

Die Beklagten haben die Wohnung zum . . . . . geräumt. Eine Neuvermietung war dem Kläger jedoch erst zum . . . . . möglich, wodurch ihm ein Mietausfallschaden von . . . . . EUR entstanden ist, der mit der Klage geltend gemacht wird.

Da die Vertragszeit, für welche auf eine ordentliche Kündigung verzichtet worden ist, noch nicht abgelaufen ist, sind die Beklagten dem Kläger zum Ersatz des Mietausfalls verpflichtet.[9]

Die von den Beklagten an den Rechtsvorgänger des Klägers geleistete Mietkaution in Höhe von . . . . . EUR hat der Kläger auf die Mieten für die Monate . . . . . verrechnet.[10]

Zur Zahlung des danach noch offenen Restbetrags von . . . . . EUR hat der Kläger die Beklagten letztmalig mit Schreiben vom . . . . . unter Fristsetzung bis zum . . . . . aufgefordert.

Beweis: anliegende Kopie des Schreibens vom . . . . .

Damit befinden sich die Beklagten ab dem folgenden Tage in Verzug, so dass der Anspruch von da ab zu verzinsen ist.

Rechtsanwalt

Anmerkungen

1. Zur Zuständigkeit des Amtsgerichts → Form. C. II. 25 Anm. 1.

2. Nach der Rechtsprechung des BGH verstößt der in einer **Individualvereinbarung** enthaltene, einseitige und befristete **Verzicht des Mieters auf sein ordentliches Kündigungsrecht** weder gegen § 573c Abs. 4 BGB noch gegen § 575 Abs. 4 BGB (vgl. BGH Urt. v. 10.7.2013 – VIII ZR 388/12, NZM 2013, 646; v. 13.10.2010 – VIII ZR 98/10, NJW 2011, 59; v. 25.1.2006 – VIII ZR 3/05, NZM 2006, 254; v. 23.11.2005 – VIII ZR 154/ 04, NZM 2006, 256; zur Auslegung eines befristeten Kündigungsverzichts in einem Wohnraummietvertrag vgl. BGH Urt. v. 23.11.2011 – VIII ZR 120/11, NZM 2012, 11).
Außerdem hat der BGH wiederholt entschieden, dass auch ein beiderseitiger, zeitlich begrenzter **Kündigungsausschluss in einem Formularmietvertrag** über Wohnraum grundsätzlich wirksam ist (vgl. BGH Urt. v. 6.4.2005 – VIII ZR 27/04 –, NZM 2005, 419 mwN).
Ein formularmäßiger – auch beidseitiger – Kündigungsverzicht ist allerdings wegen unangemessener Benachteiligung des Mieters gemäß § 307 Abs. 1 S. 1 BGB in der Regel unwirksam, wenn seine **Dauer mehr als vier Jahre** beträgt (vgl. BGH Urt. v. 2.3.2011 – VIII ZR 163/10, WuM 2011, 294; v. 8.12.2010 – VIII ZR 86/10, NZM 2011, 150). Hinsichtlich der Dauer des Kündigungsausschlusses von vier Jahren als höchstzulässiger Grenze hat der BGH dabei auf § 557a Abs. 3 BGB abgestellt, weil diese Regelung zu Staffelmietverträgen einen Hinweis darauf gibt, wo nach Auffassung des Gesetzgebers allgemein die zeitliche Grenze für einen Kündigungsverzicht des Mieters zu ziehen ist.
Ein **einseitiger formularvertraglicher Kündigungsausschluss zu Lasten des Mieters** ist unabhängig von dessen Dauer unwirksam (vgl. BGH Urt. v. 19.11.2008 – VIII ZR 30/08 – nebst Anm. *Börstinghaus* jurisPR-BGHZivilR 3/2009 Anm. 4). Ein einseitiger – formularmäßig erklärter – Kündigungsausschluss zu Lasten des Mieters von Wohnraum soll den Mieter dagegen dann nicht unangemessen benachteiligen (§ 307 BGB), wenn er zusammen mit einer nach § 557a BGB zulässigen Staffelmiete vereinbart wird und seine Dauer nicht mehr als vier Jahre seit Abschluss der Staffelmietvereinbarung beträgt (vgl. BGH Beschl. v. 21.2.2006 – VIII ZA 14/05, MietPrax-AK § 557a BGB Nr 9; Urt. v. 23.11.2005 – VIII ZR 154/04, NJW 2006, 1056). Diese Rechtsprechung ist kritisch gewürdigt worden, weil sie entgegen der früheren Praxis von Zeitmietabreden im Geltungsbereich der Mietrechts-

reform noch deutlich längere Vertragsbindungen zulässt (vgl. *Derleder* NZM 2012, 147; *Börstinghaus* jurisPR-BGHZivilR 3/2009 Anm. 4).

Der dem Formular zugrunde liegende Fall beinhaltet einen **beiderseitigen Kündigungsverzicht.** Ein solcher Kündigungsverzicht begründet kein befristetes Mietverhältnis, sondern einen **Vertrag auf unbestimmte Zeit,** zu dessen Beendigung es auch nach Ablauf der Verzichtsdauer einer Kündigung bedarf (BGH Versäumnisurt. v. 11.12.2013 – VIII ZR 235/12, NZM 2014, 235). Für die Dauer des Verzichts auf das Recht zur ordentlichen Kündigung (§ 573 BGB) kann das das Mietverhältnis grundsätzlich nur im Wege der außerordentlichen fristlosen Kündigung (§§ 543, 569 ZPO) beendet werden, falls nicht ausnahmsweise ein Recht zur außerordentlich befristeten Kündigung gegeben ist (§ 573d BGB iVm den einzelnen gesetzlichen Kündigungstatbeständen).

Das Recht zur außerordentlichen Kündigung ist nicht abdingbar. Eine darauf abzielende Vertragsbestimmung verstößt gegen § 569 Abs. 5 BGB (vgl. *Börstinghaus* Anm. zu BGH Urt. v. 2.3.2011 – VIII ZR 163/10 – jurisPR-BGHZivilR 3/2012 Anm. 2; *Derleder* NZM 2012, 147).

3. Die Miete ist gemäß § 556b Abs. 1 BGB zu Beginn, spätestens bis zum dritten Werktag der einzelnen Zeitabschnitte zu entrichten, nach denen sie (zumeist monatlich) bemessen ist. Entsprechende Formularklauseln unterliegen von daher keinen Wirksamkeitsbedenken.

Bei der **Berechnung der Zahlungsfrist** von drei Werktagen, die ein vorleistungspflichtiger Mieter nach § 556b Abs. 1 BGB oder entsprechenden Vertragsklauseln einzuhalten hat, ist der Sonnabend nicht als Werktag mitzuzählen (vgl. BGH Urt. v. 13.7.2010 – VIII ZR 129/09, NJW 2010, 2879, und zwar in Abgrenzung zu BGH Urt. v. 27.4.2005 – VIII ZR 206/04, NJW 2005, 2154). Dass der Sonnabend kein Werktag im Sinne des § 556b Abs. 1 BGB und entsprechender mietvertraglicher Vereinbarungen ist, gilt auch für Vereinbarungen, die vor dem Inkrafttreten des § 556b Abs. 1 BGB am 1.9.2001 getroffen worden sind (vgl. BGH Urt. v. 13.7.2010 – VIII ZR 291/09, NJW 2010, 2882). An die Stelle einer formularmäßig vereinbarten Mietvorauszahlungsklausel eines am 1.9.2001 bereits bestehenden Mietvertrages, die wegen einer unzulässigen Beschränkung des Mietminderungsrechts unwirksam gewesen ist (vgl. dazu BGH RE v. 26.10.1994 – VIII ARZ 3/94, BGHZ 127, 245 = NJW 1995, 254), tritt auch für die Zeit nach dem 1.1.2003 die Fälligkeitsbestimmung des § 551 BGB aF (vgl. BGH Urt. v. 4.2.2009 – VIII ZR 66/08, WuM 2009, 228), also nicht§ 556b Abs. 1 BGB (nF).

Fortdauernd unpünktliche Mietzahlungen können einen Grund zur außerordentlichen fristlosen Kündigung im Sinne von § 543 Abs. 1 BGB bilden (vgl. BGH Urt. v. 1.6.2011 – VIII ZR 91/10, NZM 2011, 625; Urt. v. 13.7.2010 – VIII ZR 129/09, NZM 2010, 661; Urt. v. 11.1.2006 – VIII ZR 364/04, NJW 2006, 1585; Urt. v. 28.11.2007 – VIII ZR 145/07 – NJW 2008, 508; BGH NJW-RR 1988, 77; OLG Karlsruhe NJW-RR 2003, 945). Allerdings setzt die Kündigung gemäß § 543 Abs. 3 S. 1 BGB grundsätzlich eine **Abmahnung** voraus. Dies gilt aber nur mit der Einschränkung aus § 543 Abs. 3 Nr. 3 BGB. Danach bedarf es bei einer auf Zahlungsverzug des Mieters gestützten Kündigung nach § 543 Abs. 2 Satz 1 Nr. 3 BGB keiner vorherigen Fristsetzung oder Abmahnung. Dass der Vermieter einen sich aufbauenden Mietrückstand nicht sofort zum Anlass einer fristlosen Kündigung nimmt, ändert daran nichts und lässt eine ohne Abmahnung erfolgte Kündigung noch nicht treuwidrig erscheinen (vgl. BGH Urt. v. 11.3.2009 – VIII ZR 115/08, NZM 2009, 314).

Die Anforderungen an das Vorliegen eines wichtigen Grundes im Sinne von § 543 Abs. 1 BGB sind nicht zu überspannen. So ist etwa eine mehrmalige verspätete Zahlung nach Abmahnung nicht erforderlich (vgl. BGH Urt. v. 11.1.2006 – VIII ZR 364/04, NZM 2006, 338). Auch sind Zahlungsverzögerungen vor erfolgter Abmahnung durchaus zu berücksichtigen (vgl. BGH Urt. v. 11.1.2006 – VIII ZR 364/04, NZM 2006, 338).

Zweck des Abmahnungserfordernisses ist es, dem Mieter vor Vertragsbeendigung noch eine Chance zu vertragsgemäßem Verhalten einzuräumen. Der Erfolg der Abmahnung im Sinne von § 543 Abs. 3 S. 1 BGB zeigt sich darin, dass das beanstandete Verhalten nicht wiederholt wird (vgl. MüKoBGB/*Bieber* § 543 Rn. 68).

Eine Kündigung ist daher nicht schon deshalb unwirksam, weil zwischen der Abmahnung und dem Zugang der Kündigung nur ein einziger Zahlungstermin liegt, zu dem die Miete nicht pünktlich eingegangen ist. Nach den vor einer Abmahnung fortdauernd unpünktlich erfolgten Mietzahlungen muss das Verhalten des Mieters nach einer Abmahnung mit Kündigungsandrohung geeignet sein, das Vertrauen des Vermieters in eine pünktliche Zahlungsweise wiederherzustellen. Solche Umstände liegen dann nicht vor, wenn der Mieter nicht auf die Abmahnung reagiert und sein vertragswidriges Verhalten auch danach – sei es auch nur einmal – fortsetzt (vgl. BGH Urt. v. 11.1.2006 – VIII ZR 364/04, NZM 2006, 338).

4. Das allgemeine Gebot, den **Hausfrieden** im Sinne von §§ 569 Abs. 2 BGB, der über § 578 Abs. 2 BGB S. 1 BGB zu wahren, hat das Erfordernis gegenseitiger Rücksichtnahme zum Gegenstand, durch welches das Zusammenleben mehrerer Mieter in einem Objekt ermöglicht und erleichtert wird (vgl. KG, Urt. v. 1.9.2003 – 12 U 20/03, BeckRS 2003, 30326902; Palandt/*Weidenkaff* § 569 BGB Rn. 12). Die Wahrung des Hausfriedens setzt keineswegs das Vorhandensein einer förmlich niedergelegten **Hausordnung** voraus, die bestimmte Verhaltensmaßregeln enthält. Der Verstoß gegen eine solche Hausordnung kann aber durchaus eine Verletzung des Hausfriedens bewirken.

Geschützt sind sowohl die **Rechtsbeziehungen zwischen dem Mieter und dem Vermieter** als auch das idR nicht vertraglich ausgestaltete **Verhältnis zwischen einem Mieter zu anderen Mietern.** Im Verhältnis zum Vermieter bestimmt sich der Umfang erlaubten Mietgebrauchs nach dem Mietvertrag und dem darin vereinbarten Mietzweck und den vertraglichen Verhaltensregelungen. Für deren Auslegung gelten die allgemeinen Regeln der §§ 133, 157 BGB. Außerdem sind die gesetzlichen Vorgaben zum Mietgebrauch heranzuziehen, insbesondere auch die aus den Kündigungsvorschriften ableitbaren Verhaltenspflichten (§§ 543, 569 Abs. 2 BGB).

Im Verhältnis zwischen den Mietern gelten mangels unmittelbarer vertraglicher Abreden die Grenzen, die sich aus Besitzschutzrechten (§§ 862, 906 BGB analog, vgl. dazu: OLG Düsseldorf, Urt. v. 29.1.1997 – 9 U 218/96, NJWE-MietR 1997, 198) oder aus Deliktsrecht (§§ 823 ff. BGB) ergeben können (vgl. KG, Urt. v. 1.9.2003 – 12 U 20/03, BeckRS 2003, 30326902). Ob sich Mieter untereinander auf eine im Mietvertrag des jeweils anderen enthaltene Hausordnung berufen können, ist umstritten (befürwortend: OLG München Urt. v. 21.1.1992 – 13 U 2289/91, NJW-RR 1992, 1097; Palandt/*Weidenkaff* § 535 Rn. 20, 28; dagegen: *Horst*, Praxis des Mietrechts, 2003, Rn. 959).

Beispiele aus der Rechtsprechung finden sich in einer umfassenden Übersicht von *Eisenhardt* (ABC der fristlosen Kündigung des Vermieters, MDR 2003, 445); aktuelle Beispiele finden sich auch in: BeckOK BGB/*Ehlert* § 543 Rn. 37). Ein Mieter, der in seiner Wohnung stark raucht, kann aufgrund des mietvertraglichen Gebots der Rücksichtnahme (§ 241 Abs. 2 BGB) gehalten sein, einfache und zumutbare Maßnahmen zur Vermeidung einer Beeinträchtigung der Mitmieter zu ergreifen. Eine durch Verletzung einer solchen Rücksichtnahmepflicht verursachte Geruchsbelästigung der Mitbewohner kann auch eine zur Kündigung berechtigte Störung des Hausfriedens darstellen, insbesondere wenn die Intensität der Beeinträchtigungen ein unerträgliches und/oder gesundheitsgefährdendes Ausmaß erreicht (vgl. BGH Urt. v. 18.2.2015 – VIII ZR 186/14, NZM 2015, 302).

5. Auch **Beleidigungen oder Tätlichkeiten** stellen Vertragsverstöße dar, die zur außerordentlichen fristlosen Kündigung berechtigen können (vgl. BGH Urt. v. 15.9.2010 – XII ZR 188/08, NZM 2010, 901; weitere Beispiele aus der Rechtsprechung finden sich bei *Eisenhardt* MDR 2003, 445).

6. Zum Erfordernis einer **Abmahnung** → Anm. 3, 6. Eine Abmahnung ist, falls nicht die gesetzlichen Voraussetzungen für deren Entbehrlichkeit vorliegen (§ 543 Abs. 3 BGB) vorliegen, grundsätzlich für alle Vertragsverstöße erforderlich, auf die eine Kündigung gestützt werden soll.

Besondere Gründe im Sinne von § 543 Abs. 3 S. 2 Nr. 2 BGB können ausnahmsweise eine sofortige Kündigung ohne vorherige Abmahnung rechtfertigen. Dies ist aber nur bei besonders schwerwiegenden Vertragsverletzungen (zB gravierenden Tätlichkeiten) in Betracht zu ziehen.

Nach der Rechtsprechung des Bundesgerichtshofs muss eine Abmahnung den Schuldner darauf hinweisen, dass er vertragliche Pflichten verletzt hat und ihm für den Fall eines weiteren Vertragsverstoßes Konsequenzen drohen (BGH Urt. v. 4.7.2002 – I ZR 313/99, NJW 2002, 3541; v. 2.3.2004 – XI ZR 288/02, NJW-RR 2004, 873; v. 20.2.2008 – VIII ZR 139/07, NJW 2008, 1303; v. 12.10.2011 – VIII ZR 3/11, NJW 2012, 53). Dabei ist zwar keine ausdrückliche Kündigungsandrohung erforderlich, jedoch muss aus der Erklärung des Vermieters deutlich werden, dass die weitere vertragliche Abwicklung auf dem Spiel steht (vgl. BGH Urt. v. 4.7.2002 – I ZR 313/99, NJW 2002, 3541; v. 20.2.2008 – VIII ZR 139/07, NJW 2008, 1303).

7. Der **Geltungsbereich der §§ 543, 569 BGB** ist nur schwer voneinander abzugrenzen. Die gesetzgeberische Redaktion ist eher missglückt. Im Ansatz ist davon auszugehen, dass § 543 BGB für alle Mietverhältnisse gilt, während § 569 BGB Ergänzungen für die Wohnraummiete enthält. Das gilt aber nicht für § 569 Abs. 1 und 2 BGB, die (wegen des darin enthaltenen Rückgriffs auf § 543 BGB) wieder insgesamt auf die Raummiete Anwendung finden (vgl. Palandt/*Weidenkaff* § 569 Rn. 1).

Nach § 543 Abs. 1 S. 1 BGB, der die frühere Rechtslage einschließlich der gefestigten höchstrichterlichen Rechtsprechung wiederspiegeln soll, kann jede Partei das Mietverhältnis aus wichtigem Grund fristlos kündigen. Ein **wichtiger Grund** liegt vor, wenn dem Kündigenden unter Berücksichtigung aller Umstände des Einzelfalls, insbesondere eines Verschuldens der Vertragsparteien, und unter Abwägung der beiderseitigen Interessen die Fortsetzung des Mietverhältnisses bis zum Ablauf der Kündigungsfrist oder bis zur sonstigen Beendigung des Mietverhältnisses nicht zugemutet werden kann (§ 543 Abs. 1 S. 2 BGB). Die Beantwortung der Frage, ob Unzumutbarkeit in diesem Sinne vorliegt, ist das Ergebnis einer wertenden Betrachtung; diese obliegt in erster Linie dem Tatrichter (vgl. BGH Urt. v. 9.3.2005 – VIII ZR 394/03, NZM 2005, 538).

Einen Sonderfall umschreibt der **schuldlos verursachte Kündigungsgrund.** Auch nach dem Rechtszustand, wie er vor dem Inkrafttreten des Mietrechtsreformgesetzes bestand, war die Möglichkeit einer fristlosen Kündigung aus wichtigem Grund bei schuldlosem Verhalten des Kündigungsgegners anerkannt (vgl. BGH Urt. v. 8.12.2004 – VIII ZR 218/03, NZM 2005, 300 mwN). Dieser vor dem Inkrafttreten des Mietrechtsreformgesetzes bestehende Rechtszustand ist nunmehr durch die für das gesamte Mietrecht geltende allgemeine Kündigungsvorschrift des § 543 BGB kodifiziert worden. Diese Vorschrift setzt zwar kein Verschulden, wohl aber, soweit der Kündigungsgrund in der Verletzung einer Pflicht aus dem Mietvertrag besteht, im Regelfall eine erfolglose Abmahnung voraus (§ 543 Abs. 3 BGB, → Anm. 3, → Anm. 6).

Wenn ein schuldlos handelnder Mieter durch sein Verhalten den Hausfrieden nachhaltig stört und dadurch seine mietvertragliche Pflicht zur Wahrung des Hausfriedens in erheblicher Weise verletzt, enthält die neue Bestimmung des § 543 BGB also keine grundlegend neue inhaltliche Änderung gegenüber dem bisherigen Rechtszustand (vgl. BGH Urt. v. 8.12.2004 – VIII ZR 218/03, NZM 2005, 300).

Die **Rechtsfolgen schuldloser Vertragswidrigkeiten** haben in der Rechtsprechung jedoch eine spezielle Behandlung erfahren, bei der die Kündigungsauswirkungen auf den Mieter in den Vordergrund gerückt wurden. Der BGH (Urt. v. 8.12.2004 – VIII ZR 218/03, NZM

2005, 300) hält es für im Rahmen tatrichterlichen Ermessens liegend, wenn das Gericht davon ausgeht, dass selbst bei empfindlichen Ruhestörungen durch einen Mieter eine außerordentliche Kündigung des Mietverhältnisses nicht gerechtfertigt ist, wenn bei Erlass eines Räumungsurteils die ernsthafte Gefahr eines Suizids oder anderer schwerer gesundheitlicher Beeinträchtigungen besteht und deshalb das Recht auf Leben und körperliche Unversehrtheit sowie auch des allgemeinen Persönlichkeitsrechts und des Rechtsstaatsprinzips gegenüber den Interessen des Vermieters besondere Berücksichtigung gebieten.

An das nicht selten bemühte Vorliegen eines **unverschuldeten Rechtsirrtums** sind strenge Maßstäbe anzulegen (vgl. BGH Urt. v. 1.6.2011 – VIII ZR 91/10, NZM 2011, 625; Urt. v. 25.10.2006 – VIII ZR 102/06, NJW 2007, 428). Beim Zahlungsverzug kann sich der säumige Mieter nur ausnahmsweise auf einen solchen Irrtum berufen, denn für den Vermieter und seine wirtschaftliche Situation ist es idR ohne Bedeutung, ob die verspätete oder ausbleibende Zahlung auf einem verschuldeten Rechtsirrtum oder auf einer sonstigen Nachlässigkeit des Mieters beruht. Eine unverschuldete wirtschaftliche Notlage wird vom zahlungssäumigen Mieter im Regelfall ebenfalls nicht eingewendet werden können, weil das Vertretenmüssen im Sinne von § 280 Abs. 1 S. 2 BGB bei Geldschulden weit reicht. Die versehentlich zweckwidrige Verwendung von Mitteln, die durch das Jobcenter bereit gestellt werden, hat der BGH nicht als unverschuldete Notlage anerkannt (vgl. BGH Urt. v. 10.10.2012 – VIII ZR 107/12, NZM 2013, 20).

Eine unwirksame fristlose Kündigung kann nicht ohne weiteres in eine ordentliche Kündigung umgedeutet werden. Im zugrunde liegenden Fall verbietet sich das schon im Ansatz, weil die Vertragsparteien für die Dauer von vier Jahren auf das Recht zur ordentlichen Kündigung verzichtet haben (→ Anm. 2).

8. Für den **Zugang eines Kündigungsschreibens** ist die Mietpartei darlegungs- und beweispflichtig, die sich aufgrund außerordentlicher Kündigung auf die Beendigung des Miet- oder Pachtverhältnisses beruft. Hierzu sowie auf die Beweisschwierigkeiten, die sich prozessual ergeben können, → Form. C. II. 25 Anm. 4.

9. Ein Anspruch auf **Ersatz von Mietausfall** ergibt sich bei Wohnraummietverhältnissen klassischerweise dann, wenn der Mieter die vorzeitige Beendigung eines befristeten Mietverhältnisses (§ 575 BGB) herbeiführt. Auch für den hier zugrunde liegenden Fall des Kündigungsverzichts hat der Mieter, der eine außerordentliche fristlose Kündigung zu vertreten hat, für die Dauer des vereinbarten Verzichts für den Mietausfall einzustehen, denn für die Dauer des Verzichts kann der Vertragspartner auf den Fortbestand des Mietverhältnisses vertrauen. Erst das Kündigungsverschulden, dh die Verursachung des Kündigungsgrundes führt zur vorzeitigen Beendigung des Mietverhältnisses.

Wird ein Mietverhältnis aufgrund einer Vertragsverletzung des Mieters durch eine Kündigung des Vermieters vorzeitig beendet, kann der Vermieter vom Mieter den ihm hierdurch entstandenen Mietausfall aber nur für den Zeitraum bis zum Wirksamwerden einer dem Mieter möglichen ordentlichen Kündigung verlangen (vgl. OLG Rostock Urt. v. 2.7.2009 – 3 U 146/08 – OLGR Rostock 2009, 890). Eine solche Beschränkung kann sich insbesondere gegen Ende des Zeitraums ergeben, für den ein Kündigungsverzicht wirkt.

Die zur **Schadensminderungspflicht des Vermieters** entwickelten Grundsätze → Form. C. II. 25 Anm. 7 und → Form. C. II. 26 Anm. 9) sind auch in diesem Rahmen anzuwenden. Der Vermieter hat sich daher nach erfolgter Kündigung und Räumung um eine Neuvermietung zu bemühen.

Der Schadensersatzanspruch des Vermieters kann uU gemäß § 254 BGB eingeschränkt sein, wenn auch den Vermieter ein **Mitverschulden** an der vorzeitigen Vertragsbeendigung trifft (vgl. BGH Urt. v. 4.6.1969 – VIII ZR 134/67, NJW 1969, 1845). Namentlich die Fälle gestörten Hausfriedens sind oft von wechselseitigen Beeinträchtigungen geprägt. Ist der eigene Vertragsverstoß als Mitursache für die Zerstörung des Vertrauensverhältnisses jedoch so gravierend, dass auch der Kündigungsgegner seinerseits hätte kündigen können, so kann der Kündigende ebenso wie der Vertragspartner keinen Schadensersatz verlangen (BGH Urt. v. 11.2.1981 – VIII ZR 312/79, NJW 1981, 1264). Es kommt dann auch nicht darauf an, wer als Erster kündigt.

10. Der gemäß § 566 BGB in das Mietverhältnis eingetretene **Erwerber eines Mietobjekts** hat vor Klageerhebung zusätzlich zu prüfen, ob der Mieter evtl. dem früheren Vermieter eine **Mietsicherheit** (Kaution) geleistet hat, weil der Mieter dann ggf. mit seinem **Rückforderungsanspruch** einschließlich des Zinsanspruchs aus § 551 Abs. 3 S. 3 BGB aufrechnen kann. Sowohl für die Wohnraummiete als auch für die Geschäftsraummiete gilt nach §§ 566a, 578 S. 1 BGB, dass der Erwerber einer Mietsache nicht nur in die Rechte eintritt, die in Bezug auf eine geleistete Mietsicherheit begründet worden sind (so aber § 572 S. 1 BGB aF), sondern auch in die Pflichten, namentlich der Pflicht zur Rückerstattung der Mietsicherheit bei Beendigung des Mietverhältnisses.

28. Klage auf Schadensersatz nach vorzeitiger einverständlicher Vertragsaufhebung

An das

Landgericht . . . . .[1]

Klage

des Herrn . . . . .

– Kläger –

Prozessbevollmächtigter: Rechtsanwalt . . . . .

gegen

Herrn . . . . .

– Beklagter –

wegen Schadensersatz

vorläufiger Streitwert: . . . . . EUR[2]

Namens und in Vollmacht des Klägers erhebe ich Klage mit dem Antrag,[3]

1. den Beklagten zu verurteilen, an den Kläger . . . . . EUR nebst Zinsen in Höhe von 9 % über dem jeweiligen Basiszinssatz nach § 247 BGB aus jeweils 199,66 EUR seit dem . . . . ., dem . . . . . – usw. – und von 5 % über dem jeweiligen Basiszinssatz aus dem Betrag von . . . . . EUR seit dem . . . . . zu zahlen,
2. festzustellen, dass der Beklagte verpflichtet ist, dem Kläger für den Zeitraum vom . . . . . bis zum . . . . . denjenigen weiteren Schaden zu ersetzen, der ihm durch die vorzeitige Beendigung des Mietverhältnisses entsteht.
3. im Falle der Anordnung des schriftlichen Vorverfahrens bei Vorliegen der Voraussetzungen Versäumnisurteil gemäß § 331 Abs. 3 ZPO zu erlassen.

Begründung:

Mit schriftlichem Mietvertrag vom . . . . . vermietete der Kläger dem Beklagten Räumlichkeiten im Hause . . . . . in . . . . . zum Betrieb einer Diskothek.

Die Mietdauer betrug nach § . . . . . des Mietvertrags 10 Jahre, beginnend mit dem Monat . . . . .

Die monatliche Miete belief sich nach § . . . . des Vertrags auf . . . . . EUR zuzüglich der jeweils geltenden gesetzlichen Mehrwertsteuer.

Beweis: anliegende Fotokopie des Mietvertrages

In § . . . . . des Mietvertrages war Folgendes festgelegt:

„(1) Die Stadt . . . . . hat die Erteilung der Konzession für die Diskothek davon abhängig gemacht, dass die Räumlichkeiten mit einem Notausgang im Bereich . . . . . ausgestattet werden, die Decken und Wände im Gastraum eine feuerhemmende Beschichtung erhalten und die Damentoilette um 4 WC-Kabinen erweitert wird.[4]
(2) Der Mieter darf die in Ziff. (1) bezeichneten baulichen Maßnahmen entsprechend den behördlichen Auflagen durchführen bzw. durchführen lassen. Die hierzu notwendigen Arbeiten hat der Mieter auf eigene Kosten und für eigene Rechnung fachgerecht herzustellen zu lassen. Der Mieter stellt den Vermieter von jeglicher Inanspruchnahme frei, die im Zusammenhang mit den bezeichneten Maßnahmen steht."

Im Zuge der vom Beklagten veranlassten Bauarbeiten beanstandete der Beklagte, dass die Mietsache sich nicht in einem vertragsgemäßen Zustand befinde. Die Kosten für die Decken- und Wandbeschichtung würden die ursprüngliche Kalkulation um das Dreifache übersteigen, weil die vorgesehene Beschichtung nicht auf den vorhandenen Putz aufgebracht werden könne. Auch der bauliche Aufwand für die Erweiterung der Toilettenräumlichkeiten liege weit über den geplanten Kosten, weil eine tragende Wand mit erheblichem baulichem Aufwand versetzt werden müsse. Durch diese unvorhergesehenen Kostensteigerungen sei die Geschäftsgrundlage für die vertraglichen Regelungen über die Herrichtung der Mieträume weggefallen. Außerdem habe der Kläger die Erteilung gebotener Hinweise über den baulichen Zustand der Mieträume verabsäumt.

Nachdem der Beklagte die Diskothek eröffnet hatte, teilte er dem Kläger mit, dass er den baulichen Mehraufwand von insgesamt 23.000,– EUR im Wege der Mietminderung geltend machen wolle, und zwar in der Weise, dass er die monatliche Nettomiete um einen (zeit-)anteiligen Teilbetrag von 191,66 EUR kürzen werde. So verfuhr der Beklagte in der Folgezeit auch tatsächlich, obwohl der Kläger einer Mietminderung mit Schreiben vom . . . . . ausdrücklich widersprochen hatte.

Beweis: anliegende Kopie des Schreibens vom . . . . .

Zum . . . . . befand der Beklagte sich mit Mietzahlungen in Höhe von . . . . . in Rückstand, dh mit mehr als zwei Monatsmieten. Der Kläger beabsichtigte daher, gegenüber dem Beklagten umgehend die außerordentliche fristlose Kündigung des Mietverhältnisses nach § 543 Abs. 2 S. 1 Nr. 3 BGB auszusprechen.

In dieser Situation bat der Beklagte den Kläger um eine persönliche Unterredung, um über eine vorzeitige Beendigung des Mietverhältnisses zu verhandeln. Der Beklagte meinte, er sei seinerseits zur Kündigung berechtigt, weil der Betrieb der Diskothek nicht zuletzt durch die unvorhergesehenen Kostensteigerungen völlig unrentabel sei.[5]

Der Kläger, der auf Grund der Erklärungen und der Minderungspraxis des Beklagten befürchten musste, dass dieser auch weiterhin die Miete kürzen oder die Zahlungen ganz einstellen würde, fand sich letztlich zu einer Übereinkunft über die vorzeitige Beendigung des Mietverhältnisses bereit.

Am . . . . . schlossen die Parteien folgende schriftliche Vereinbarung:

Borzutzki-Pasing

„Die Vertragsparteien sind sich darüber einig, dass der Mietvertrag mit sofortiger Wirkung beendet wird. Der Mieter wird die Mieträumlichkeiten am . . . . . geräumt an den Vermieter herausgeben.

Über alle weiteren vertraglichen Ansprüche und über wechselseitige Schadensersatzansprüche haben die Parteien sich nicht einigen können. Hierüber muss das Gericht entscheiden."[6]

An vorgesehenen Tage zog der Beklagte aus und übergab dem Kläger die Schlüssel zu dem geräumten Mietobjekt.

Mit der Klage verlangt der Kläger nunmehr Zahlung des rückständigen, vom Beklagten zu Unrecht geminderten Mietzinses für . . . . . Monate. Das sind . . . . . EUR.[7] Unter Berücksichtigung der vom Beklagten geleisteten Mietkaution[8] in Höhe von . . . . . EUR, die der Kläger vorrangig mit diesen Mietrückständen verrechnet, verbleiben noch zu zahlende . . . . . EUR.

Ein Recht zur Mietminderung hat für den Beklagten nicht bestanden, denn die Mietsache war mängelfrei. Der Kläger hat gegenüber dem Beklagten weder Zusicherungen über den Zustand der Mietsache abgegeben noch arglistig aufklärungsbedürftige Umstände verschwiegen. Dem Kläger war und ist nicht bekannt, welche (bau-)technischen Voraussetzungen und Anforderungen bei der Erfüllung der behördlichen Auflagen zu beachten waren. Dies zu prüfen und praktisch abzuwickeln war allein Sache des Beklagten.

Der Kläger verlangt ferner Ersatz des nach Beendigung des Mietverhältnisses bereits eingetretenen Netto-Mietausfalls für die Zeit bis . . . . ., dh Zahlung weiterer . . . . . EUR.[9]

Der Beklagte hat durch sein vertragswidriges Verhalten die vorzeitige Beendigung des Mietverhältnisses verschuldet. Daran ändert auch der Umstand einer einvernehmlichen Aufhebungsvereinbarung nichts, denn im Zuge dieser Vereinbarung hat sich der Kläger ausdrücklich die Geltendmachung aller vertraglichen Ansprüche und Schadensersatzansprüche vorbehalten.

Außerdem begehrt der Kläger die Feststellung, dass der Beklagte ihm auch für die Restlaufzeit des Vertrags denjenigen Schaden zu ersetzen hat, der ihm durch die vorzeitige Beendigung des Mietverhältnisses entsteht.[10]

Eine Neuvermietung war dem Kläger bislang nicht möglich . . . . .[11]

Der Kläger hat den Beklagten mit Schreiben vom . . . . . unter Fristsetzung bis zum . . . . . aufgefordert, den Klagebetrag zu zahlen.

Beweis: anliegende Fotokopie des Schreibens vom . . . . .

Damit befand sich der Beklagte ab dem folgenden Tage in Verzug, so dass der Zahlungsanspruch von da ab zu verzinsen ist.

Rechtsanwalt

Anmerkungen

1. Zur Zuständigkeit → Form. C. II. 25 Anm. 1 in entsprechender Lesart. Ob das Landgericht anzurufen ist, wird streitwertbezogen zu ermitteln sein.

2. Zum Gegenstandswert → Form. C. II. 25 Anm. 2.

3. Zur Fassung der Anträge → Form. C. II. 25 Anm. 2. Zur unterschiedlichen Verzinsung der bis zur Beendigung rückständigen Mieten und des danach zu leistenden Schadensersatzes → Form. C. II. 25 Anm. 2.

4. Was den **vertragsgemäßen Zustand** und den **Vertragszweck** ausmacht, unterliegt den Abreden der Parteien. Die Einstandspflicht des Vermieters kann also durch Vereinbarungen darüber, für welchen Zustand der Mieter selbst zu sorgen hat, eingeschränkt werden.

Im Beispielsfall hat es der Mieter vor Vertragsbeginn unter Freistellung des Vermieters übernommen, einen bestimmten baulichen Zustand selbst zu schaffen, der den behördlichen Auflagen entspricht. Grundsätzlich kann ein Mieter von Geschäftsräumen durch **Individualvereinbarung** weitgehend zu solchen Leistungen wie auch zu Reparaturen und Instandsetzungsarbeiten verpflichtet werden, auch wenn dies im Ergebnis bis hin zu einer verschuldensunabhängigen Haftung des Mieters für den Bestand und die Erhaltung der Mietsache reicht. Gegen eine solche Abrede bestehen insbesondere dann keine Bedenken, wenn die Übernahme von Erhaltungspflicht in die Mietzinskalkulation eingeht (vgl. BGH Urt. v. 5.6.2002 – XII ZR 220/99, BGHZ 151, 53 = NZM 2002, 655). Der dem Formular zugrunde gelegte Fall beinhaltet eine Individualabrede, denn die Vereinbarung über die Herrichtung der Räumlichkeiten erfolgte wegen eines ganz speziellen Regelungsbedarfs im konkreten Einzelfall.

Wenn dagegen bestimmte Vertragspassagen formularmäßig vorgegeben sind, liegt eine Individualabrede nur dann vor, wenn der Verwender den in seinen Allgemeinen Geschäftsbedingungen enthaltenen gesetzesfremden Kerngehalt ernsthaft zur Disposition stellt und dem Verhandlungspartner einen Einfluss auf die inhaltliche Ausgestaltung der Vertragsbedingungen tatsächlich eingeräumt hat. Insoweit ist die Rechtsprechung in der Annahme einer Individualvereinbarung sehr restriktiv (vgl. BGH Urt. v. 18.3.2009 – XII ZR 200/06, NZM 2009, 397; Urt. v. 18.5.1995 – X ZR 114/93, WM 1995, 1455; Urt. v. 25.6.1992 – VII ZR 128/91, NJW 1992, 2759).

Öffentlich rechtliche (behördliche) Auflagen sowie Gebrauchshinderungen und -beschränkungen können nach der Rechtsprechung des BGH allerdings einen Sachmangel im Sinne der §§ 536 ff. BGB begründen, wenn sie auf der konkreten Beschaffenheit der Mietsache beruhen und nicht in persönlichen oder betrieblichen Umständen des Mieters ihre Ursache haben (vgl. BGH Urt. v. 13.7.2011 – XII ZR 189/09, NZM 2011, 727; v. 15.10.2008 – XII ZR 1/07, NJW 2009, 124; v. 24.10.2007 – XII ZR 24/06, ZMR 2008, 274; v. 2.3.1994 – XII ZR 175/92, ZMR 1994, 253, 254). Andere – zB gesetzgeberische – Maßnahmen, die den Mietzweck beeinträchtigen, fallen dagegen in den Risikobereich des Mieters (vgl. BGH Urt. v. 13.7.2011 – XII ZR 189/09, NZM 2011, 727).

Haben die Verwaltungsbehörden die nach einem Brand erforderlich werdende Neuerteilung einer **Nutzungsgenehmigung** für eine Gaststätte - noch – nicht erteilt, bleibt der vertragsgemäße Gebrauch insgesamt aufgehoben (vgl. BGH Urt. v. 25.2.1987 – VIII ZR 88/86, NJW-RR 1987, 906; zu einem anfänglichen Mangel infolge brandschutzmäßiger Beanstandungen der Behörden vgl. OLG Düsseldorf Urt. v. 21.1.1993 – 10 U 90/92, ZMR 1993, 275).

Eine Klausel, die dem Mieter/Pächter generell das Risiko für behördliche Auflagen überbürdet, verstößt nach der Rechtsprechung gegen § 307 Abs. 2 BGB (vgl. BGH Urt. v. 22.6.1988 – VIII ZR 232/87, NJW 1988, 2664; OLG Celle Beschl. v. 1.6.1999 – 2 U 228/98, NJW-RR 2000, 873 = NZM 2000, 621).

Ein öffentlich-rechtliches **Rauchverbot** (vgl. § 7 Abs. 1 Nichtraucherschutzgesetz Rheinland-Pfalz) stellt aber **keinen Mangel** einer verpachteten Gaststätte dar (vgl. BGH Urt. v. 13.7.2011 – XII ZR 189/09, NZM 2011, 727). Der Verpächter ist auch nicht verpflichtet, auf Verlangen des Pächters durch bauliche Maßnahmen die Voraussetzungen zu schaffen, dass dieser einen gesetzlich vorgesehen Raucherbereich einrichten kann (vgl. BGH Urt. v. 13.7.2011 – XII ZR 189/09, NZM 2011, 727).

Es stellt ebenfalls einen Mangel eines verkauften Grundstücks dar, wenn es an der baurechtlich gesicherten Befugnis für die vertraglich vorausgesetzte gewerbliche Nutzung fehlt. Die baurechtlich gesicherte Befugnis besteht nicht, wenn trotz kaufvertraglich zugesagten Bestandsschutzes durch die Gemeinde deren Baubehörde von einer Nutzungsänderung ausgeht und dafür eine Baugenehmigung verlangt (vgl. OLG Nürnberg, Urt. v. 7.1.2013 – 4 U 585/12, juris).

5. Ein Schadensersatzanspruch steht einem Vertragsteil nicht zu, wenn zur Zeit seiner Kündigung auch der andere aus von dem Kündigenden zu vertretendem wichtigem Grunde fristlos hätte kündigen können; es kommt nicht darauf an, ob er von seiner Kündigungsbefugnis auch tatsächlich Gebrauch gemacht hat (vgl. BGH Urt. v. 11.2.1981 – VIII ZR 312/79, NJW 1981, 1264; Urt. v. 29.11.1965 – VII ZR 202/63, BGHZ 44, 271 = NJW 1966, 347). Im Beispielsfall wird davon ausgegangen, dass der Beklagte als Mieter kein solches Kündigungsrecht hatte:
Sein Einwand, das in den Mieträumen betriebene Gewerbe sei nicht rentabel, ist ohnehin grundsätzlich unbeachtlich. Die **enttäuschte Gewinnerwartung** des Mieters berührt die Geschäftsgrundlage nach der Rechtsprechung grundsätzlich auch dann nicht, wenn diese Erwartungen vom Vermieter bei Vertragsabschluss geteilt wurden. Nach ständiger Rechtsprechung des BGH trägt bei der Gewerberaummiete grundsätzlich der Mieter das Verwendungsrisiko bezüglich der Mietsache (vgl. BGH Urt. v. 29.9.1999 – XII ZR 313/98, NZM 2000, 36; Urt. v. 16.2.2000 – XII ZR 279/97, NJW 2000, 1714, 1716; Urt. v. 19.7.2000 – XII ZR 176/98, NJW-RR 2000, 1535; Urt. v. 26.5.2004 – XII ZR 149/02, NJW-RR 2004, 1236; Urt. v. 21.9.2005 – XII ZR 66/03, NJW 2006, 899). Der Mieter hat das **Ertragsrisiko** grundsätzlich auch dann zu tragen, wenn an die Mietsache mittelbar geknüpfte Erwartungen enttäuscht werden, zB bei fehlender Akzeptanz durch den Kundenkreis. Erfüllt sich die Gewinnerwartung des Mieters bzw. Pächters nicht, so verwirklicht sich damit für ihn ein typisches Risiko, welches nicht nachträglich auf den Vermieter bzw. Verpächter verlagert werden kann (vgl. BGH Urt. v. 21.9.2005 – XII ZR 66/03, NJW 2006, 899; Urt. v. 17.3.2010 – XII ZR 108/08, NJW-RR 2010, 1016).

6. Wenn sich die Parteien über eine vorzeitige Mietaufhebung und über die Räumung einvernehmlich verständigen, handelt es sich regelmäßig um einen **Vergleich** im Sinne von § 779 BGB (zur Auslegung der Umstände, welche die Annahme einer Vertragsaufhebung rechtfertigen, vgl. OLG Brandenburg Urt. v. 4.7.2007 – 3 U 186/06, juris). Vorliegend wurde ein Teilvergleich über die Beendigung des Mietverhältnisses geschlossen. Hieran knüpft die Frage an, ob die Vereinbarung die Weiterverfolgung von Ansprüchen hindert, über die keine Einigung erzielt werden konnte. Dies gilt namentlich für den Anspruch auf Ersatz von Mietausfall, der gerade wegen der einvernehmlichen Auflösung des Mietverhältnisses anfällt:
Ein Vergleich ist unter den Voraussetzungen von § 779 Abs. 1 BGB unwirksam, wenn der bei Vergleichsabschluss als feststehend zugrunde gelegte Sachverhalt tatsächlich nicht vorliegt und davon auszugehen ist, dass die Vertragsparteien bei Kenntnis der wahren Sachlage nicht zu der Übereinkunft gekommen wären (vgl. BGH Urt. v. 20.3.2013 – XII ZR 72/11, MDR 2013, 596). Dabei ist der Begriff des Sachverhalts nicht wörtlich zu verstehen; denn er umfasst nicht nur reine Tatsachen, sondern auch zB gängige Rechtsbegriffe oder Rechtsfragen, die der Auslegung unterliegen und eine Wertung der Umstände voraussetzen (vgl. BGH Urt. v. 6.11.2003 – III ZR 376/02, WM 2004, 1100; Urt. v. 13.3.2003 – IX ZR 181/99, NJW-RR 2003, 850).
Ein Irrtum über Umstände oder das Bestehen von Ungewissheiten, die der Vergleich gerade beheben soll und die mithin Gegenstand des Vergleichs sein sollen, führt aber nicht zur Anwendung des § 779 Abs. 1 BGB und ist unbeachtlich (BGH, Urteil vom 21.12.2006 – VII ZR 275/05, NJW 2007, 838 mwN).
Der Vergleich über die vorzeitige Aufhebung des Mietvertrags ist mit diesen Vorgaben auf seine Reichweite hin zu überprüfen → Anm. 9.

Borzutzki-Pasing

7. Bei dem Verlangen auf Zahlung rückständiger (zu Unrecht geminderter) Miete handelt es sich nicht um einen Schadensersatzanspruch, sondern um den vertraglichen Anspruch aus § 535 Abs. 2 BGB. Insoweit kann im unternehmerischen Bereich der erhöhte Zinssatz aus § 288 Abs. 2 BGB eingefordert werden, weil es sich um das Entgelt für die Gebrauchsüberlassung handelt.

8. Da der Vermieter über eine vom Vermieter geleistete **Mietsicherheit (Kaution)** ohnehin abzurechnen hat, wird bei der prozessualen Geltendmachung von Ansprüchen immer zu prüfen sein, ob und in welchem Umfang diese gegenüber dem Anspruch des Mieters auf Rückerstattung der Kaution aufzurechnen sind. Andernfalls kann der Mieter den Klageanspruch seinerseits durch Aufrechnung zu Fall bringen.

Der **Rückgewähranspruch** des Mieters wird aber nicht schon mit Beendigung des Mietverhältnisses oder mit der Herausgabe der Mietsache an den Vermieter fällig. Der Anspruch des Mieters auf Rückzahlung der Mietsicherheit entsteht zwar bereits mit Vertragsabschluss, ist aber aufschiebend bedingt durch die Beendigung des Vertrages sowie durch den Ablauf der dem Vermieter zusätzlich zuzubilligenden Abrechnungsfrist (vgl. OLG Düsseldorf Urt. v. 1.6.2006 – I-10 U 171/05, ZMR 2012, 186). Bis zum Ablauf dieser Frist (von ca. 6 Monaten) ist jeglicher Zugriff des Mieters auf die Kaution, insbesondere durch Aufrechnung gegen die Forderungen des Vermieters, ausgeschlossen (vgl. BGH Urt. v. 8.3.1972 – VIII ZR 183/70, NJW 1972, 721).

9. Die einvernehmliche Aufhebung eines Mietvertrages steht **Schadensersatzansprüchen** wegen vertragswidrigen Verhaltens nicht entgegen, es sei denn, der Aufhebungsvertrag ist zugleich als **Verzichtsvertrag** in Bezug auf Schadensersatzansprüche (Mietausfall) auszulegen (vgl. BGH Urt. v. 29.11.1965 – VII ZR 202/63, BGHZ 44, 271 = NJW 1966, 347).

Dieser Grundsatz muss in jedem Einzelfall kritisch hinterfragt werden, denn nach Abschluss eines Mietaufhebungsvertrags, der typischerweise als Vergleich im Sinne von § 779 BGB zu beurteilen ist (→ Anm. 6), fragt sich, ob die Regelungen in diesem Vertrag der Geltendmachung von Schadensersatzansprüchen entgegen stehen. Einem Schadensersatzanspruch kann insbesondere entgegen gehalten werden, dass der Aufhebungsvertrag gerade dazu gedient habe, auch solche Rechtsfolgen (mit) zu erledigen und weiterem Streit hierüber vorzubeugen.

Dieser Einwand ist oft nicht von der Hand zu weisen. Beispielhaft zeigt sich das an Fallgestaltungen, die Eigenbedarfskündigungen zum Gegenstand haben. Wenn der Streit über das Vorliegen von Eigenbedarf im Wege des (Räumungs-)Vergleichs beigelegt wurde, ist es wiederholt zu Auseinandersetzungen darüber gekommen, ob und in welchem Umfang der ausgezogene Mieter einen Anspruch auf Schadensersatz hat, wenn sich später heraus stellt, dass der Eigenbedarf tatsächlich nicht bestand oder nachträglich weggefallen ist. Es kommt in solchen Fällen entscheidend darauf an, worüber sich die Parteien konkret vergleichsweise geeinigt haben:

Wenn der Vergleich vor dem Hintergrund erfolgt ist, dass bis zuletzt über das Vorliegen von Eigenbedarf als dem zentralem Punkt gestritten wurde, und der Vergleich dazu dienen soll, dem Streit über die Beweisbarkeit des Eigenbedarfs ein Ende zu machen, dann ist der Vergleich im Zweifel auf das Risiko hin geschlossen worden, dass der Bedarf tatsächlich nicht besteht (vgl. BGH Beschl. v. 7.9.2011 – VIII ZR 343/10, WuM 2011, 634). Einem Mieter, der auf eine Kündigung wegen eines vorgetäuschten Eigenbedarfs hin auszieht, stehen dagegen Schadensersatzansprüche wegen unberechtigter Kündigung zu, wenn die Kündigung zwar formell unwirksam war, der Vermieter ihm den Eigenbedarf aber schlüssig dargetan und er keine Veranlassung hatte, die Angaben des Vermieters in Zweifel zu ziehen (vgl. BGH Urt. v. 8.4.2009 – VIII ZR 231/07, NZM 2009, 429).

Diese theoretisch stimmige Differenzierung ist in der Praxis jedoch nicht ohne Tücken. Zumeist wird sich die Frage nach der Kündigungsberechtigung nicht von den anderen Vergleichsmodalitäten trennen lassen. Der Mieter, der sich mit der Kündigung als solcher abgefunden hat, deren Berechtigung anerkennt und lediglich erleichterte Räumungsmodalitäten erstrebt (z.B. eine längere Räumungsfrist oder eine Umzugsbeihilfe), wird eher die Ausnahme sein gegenüber demjenigen, der dem Räumungsverlangen insgesamt mit Bedenken begegnet. Wenn sich Letzterer auf eine vergleichsweise Beendigung des Mietverhältnisses einlässt, muss er damit rechnen, dass ihm der Vergleich als endgültige Erledigung auch der Kündigungsfolgen bzw. der Folgen aus einem vertragswidrigen Verhalten entgegen gehalten wird. Bei einem Vergleichsabschluss wird daher wesentlich darauf zu achten sein, die Reichweite der Einigung und die Vorstellungen über den Vergleichsgegenstand klar zu dokumentieren.

Vor diesem Hintergrund ist auch der dem Formular zugrunde liegende Beispielsfall deutlich im Grenzbereich solcher Schadensersatzansprüche anzusiedeln, die auch die Schadensfolgen im Zusammenhang mit Mietausfall zum Gegenstand haben. Wenn ausdrücklich erklärte Vorbehalte sich nach einem Mietaufhebungsvergleich auch auf solche Ansprüche erstrecken sollen, wird sich oft die Frage stellen, was dann mit dem Vergleich überhaupt noch bezweckt werden konnte und sollte. Wenn alle weiteren Rechtsfolgen offen bleiben sollen, muss die zentrale Frage nach dem Vorliegen eines hinreichenden Kündigungsgrundes ohnehin (inzidenter) gerichtlich geklärt werden. Daher kann in Bezug auf den Inhalt und die Auslegung eines Mietaufhebungsvergleichs, der sich unschädlich für weiter gehende Schadensersatzansprüche auswirken soll, nur große Vorsicht angeraten werden.

Für den Beispielsfall wird davon ausgegangen, dass der ausdrückliche Vorbehalt im Mietaufhebungsvertrag ausreicht, um sich auch weiteren (Mietausfall-) Schadensersatz zu erhalten. Die zwischen den Parteien streitigen Umstände und etwaige Ungewissheiten über das Bestehen von wechselseitigen Ansprüchen sollten gerade nicht durch den Vergleich erledigt werden, sondern wurden ausdrücklich ausgeklammert.

Ein Vertragsteil kann dann keinen Schadensersatz fordern, wenn auch der andere Teil fristlos hätte kündigen können (vgl. BGH Urt. v. 29.11.1965 – VII ZR 202/63, BGHZ 44, 271 = NJW 1966, 347). In diesem Fall kann keine Vertragspartei einen Schaden mit der Behauptung begründen, das Vertragsverhältnis wäre ohne das die eigene Kündigung hervorrufende Verhalten des Gegners bestehen geblieben. Das gilt auch dann, wenn nicht festgestellt werden kann, dass der Partner des Kündigenden von seinem eigenen Kündigungsrecht Gebrauch gemacht hätte (vgl. BGH Urt. v. 29.11.1965 – VII ZR 202/63, BGHZ 44, 271 = NJW 1966, 347). Für den Beispielsfall wird davon ausgegangen, dass der Mieter (Beklagte) kein Recht zur außerordentlichen Kündigung hatte.

10. Zum Feststellungsverlangen → Form. C. II. 25 Anm. 2, 6.

11. Zur Schadensminderungspflicht des Vermieters und zur Pflicht, sich um einen neuen Mieter zu bemühen, → Form. C. II. 25 Anm. 7, → Form. C. II. 26 Anm. 9.

Mietsicherheit

29. Herausgabeklage aufgrund Vermieterpfandrechts

An das

Amtsgericht . . . . .[1]

Klage

des . . . . .

– Kläger –

Prozessbevollmächtigter: Rechtsanwalt . . . . .[2]

gegen

. . . . .

– Beklagter –

wegen: Herausgabe von Sachen

Streitwert: . . . . .[3]

Namens und in Vollmacht des Klägers erhebe ich Klage und werde beantragen,

> den Beklagten zur Herausgabe der HiFi-Anlage . . . . . (genaue Bezeichnung), des Fernsehers . . . . . (genaue Bezeichnung) und des Videorecorders . . . . . (genaue Bezeichnung) an den Kläger zu verurteilen.

Sollte das Gericht das schriftliche Vorverfahren anordnen, wird bereits jetzt für den Fall des Vorliegens der Voraussetzungen

Antrag

auf Erlass eines Versäumnisurteils gestellt.

Begründung:

Der Kläger war Vermieter, Herr . . . . . war Mieter der Wohnung . . . . . in . . . . .

Beweis: Mietvertrag vom . . . . ., Kopie Anlage 1

Die im Klageantrag bezeichneten Sachen[4] stehen im Eigentum[5] des Mieters und befanden sich in der oben genannten Wohnung des Mieters.[6] Sie unterliegen dem Vermieterpfandrecht.[7, 8]

Am . . . . . hat der Mieter die Wohnung geräumt[9] und die Sachen zusammen mit dem Beklagten in die Wohnung des Beklagten gebracht. Der Kläger wusste nichts davon.[10] Der Kläger hat hiervon durch eine Mitteilung der Nachbarin des Beklagten, Frau . . . . ., am . . . . . Kenntnis erlangt.[11]

Beweis: Zeugnis Frau . . . . .

Der Mieter schuldet dem Kläger noch . . . . . EUR als Mietrückstand für die Monate . . . . .[12]

Der Kläger begehrt vom Beklagten gem. § 562b Abs. 2 BGB Herausgabe der Sachen.[13]

Der Beklagte wurde mit Schreiben des Klägers vom . . . . . zur Herausgabe aufgefordert.

Beweis: Schreiben vom . . . . ., Kopie Anlage 2

Der Beklagte hat dies jedoch mit Schreiben vom . . . . . abgelehnt. Er behauptet, die Sachen vom Mieter gekauft und zu Eigentum erworben zu haben.[14]

Beweis: Schreiben vom . . . . ., Kopie Anlage 3

Dieser – voraussichtliche – Vortrag wird bereits jetzt bestritten. Im Übrigen kommt ein gutgläubiger lastenfreier Erwerb des Eigentums durch den Beklagten nicht in Betracht, da er die Sachen zusammen mit dem Mieter anlässlich der Wohnungsräumung des Mieters aus der Wohnung abtransportiert hat. Diese Umstände sprechen – mindestens – für eine grobfahrlässige Unkenntnis des Beklagten.[15]

Rechtsanwalt

Anmerkungen

1. → Form. B. II. 3 Anm. 1.

2. → Form. B. II. 3 Anm. 2.

3. Entspricht dem Wert der herausverlangten Sachen. Dabei ist zu beachten, dass es auf den **in einer gedachten Verwertung** erzielbaren Betrag einer Sache ankommt; dies wird in der Regel nur ein Bruchteil des Einkaufspreises sein.

4. Nur Sachen (nicht: Forderungen) können mit einem Vermieterpfandrecht belastet sein.

5. Voraussetzung für ein Vermieterpfandrecht ist, dass die Sachen im Eigentum des Mieters stehen. Kein Vermieterpfandrecht besteht also zB an Sachen, die der Mieter sich nur geliehen hat. Kein Vermieterpfandrecht besteht an den Sachen eines Untermieters. Hier erlangt nur der Hauptmieter ein Vermieterpfandrecht. Hat der Mieter nur Miteigentum an einer Sache, unterliegt (nur) dieses dem Vermieterpfandrecht. Bei der Sicherungsübereignung ist zu differenzieren: Wird die zunächst dem Mieter gehörende und in die Mieträume bereits eingebrachte Sache anschließend sicherungsübereignet, berührt dies das bereits entstandene Vermieterpfandrecht nicht mehr (BGH NZM 2014, 904). Verwertet der Sicherungseigentümer in einem solchen Fall das Pfandgut, kann dem Vermieter gem. § 823 Abs. 1 BGB ein deliktischer Anspruch zustehen (OLG Stuttgart NZM 2012, 26). Hat der Mieter dagegen die Sache vor der Einbringung in die Mieträume sicherungsübereignet, kann ein Vermieterpfandrecht nicht entstehen. Die Entscheidung des BGH (NJW 1992, 1156, bestätigt in BGH NZM 2004, 224 = NJW-RR 2004, 772), wonach sich bei einem während der Mietzeit zugunsten eines Kreditgebers abgeschlossenen Raumsicherungsübereignungsvertrag über ein Warenlager das Pfandrecht auch auf solche Gegenstände erstreckt, die erst nach der Sicherungsübereignung dem Warenlager hinzugefügt werden, ist demgegenüber abzulehnen.

6. Das Vermieterpfandrecht entsteht gem. §§ 1257, 1209 (562) BGB mit der Einbringung, d.h. mit dem gewollten Hineinschaffen der Sache in die Mieträume. Der Mieter braucht dabei nicht das Bewusstsein zu haben, dass dadurch ein Vermieterpfandrecht begründet wird, da es nach dem Gesetzeswortlaut nur auf die Einbringungshandlung als solche ankommt. „Einbringen" darf dabei nicht zu wörtlich verstanden werden. Auch das Abstellen eines Kfz auf einem offenen, aber mit der Wohnung mitvermieteten Stellplatz gehört dazu (OLG Frankfurt/M. ZMR 2006, 209 für Baufahrzeuge auf einem Betriebsgelände). Auch Sachen, die der Mieter erst innerhalb der Mieträume herstellt, sind umfasst.

7. Streitig ist, ob ein Pfandrecht auch an Sachen entsteht, die von vornherein nur vorübergehend in die Mieträume eingebracht werden. Das Gesetz sieht hier allerdings keine Ausnahme vor.

Streitig ist auch, ob ein Vermieterpfandrecht bei nur vorübergehender Entfernung aus der Mietsache erlischt und bei der Wiedereinbringung wieder entsteht (OLG Hamm MDR 1981, 407), oder ob es in diesen Fällen auch außerhalb der Mietsache fortbesteht (OLG Frankfurt/M. ZMR 2006, 209). Dies kann praktisch bedeutsam sein: z.B. beim Wagen des Garagenmieters, der tagsüber regelmäßig, aber trotzdem immer nur vorübergehend, aus der Mietsache entfernt wird. Auch für das Werkunternehmerpfandrecht (§ 647 BGB) ist die Frage wichtig: Je nach Auffassung geht das Pfandrecht des Reparaturbetriebes, der Reinigung usw. entweder dem auf Grund nur vorübergehender Entfernung unverändert fortbestehenden Vermieterpfandrecht im Range nach, oder es entsteht erstrangig an der nach der vorübergehenden Entfernung nicht mehr mit dem Vermieterpfandrecht belasteten Sache.

Vom Vermieterpfandrecht ausgenommen sind nach dem – nicht abdingbaren – § 562 Abs. 1 S. 2 BGB die gem. §§ 811, 812 ZPO unpfändbaren Sachen. Auch kann die Entstehung des Pfandrechts vertraglich ausgeschlossen oder auf bestimmte Gegenstände beschränkt werden.

8. Die Beweislast dafür, dass die Sache im Eigentum des Mieters steht, trägt der Vermieter (OLG Brandenburg MDR 2007, 1365). Streitig ist, ob ihm dabei die Eigentumsvermutung des § 1006 BGB zugutekommt (bejahend AG Berlin-Mitte GE 2010, 273, mit abl. Anm. *Lammel* WuM 2010, 676; Erman/*Jendrek* § 562 Rn. 17; verneinend WoBauR/*Franke* § 562 Anm. 21; OLG Brandenburg MDR 2007, 1365, (wonach allerdings dem Vermieter der Beweis des ersten Anscheins zugutekommt, wenn der Mieter die Sache bisher ständig wie eine eigene benutzt hat. Außerdem würden insoweit die Grundsätze der sekundären Darlegungslast zur Anwendung kommen: Macht der Vermieter an einem in der Mietsache befindlichen Gegenstand ein Pfandrecht geltend, so muss der Mieter substantiiert darlegen, wem die Sache gehört). Einigkeit besteht darüber, dass der Vermieter sich auf die Eigentumsvermutung des § 1006 BGB jedenfalls im Verhältnis zu Dritten berufen kann (WoBauR/*Franke* § 562 Anm. 21). Den Vermieter trifft auch die Beweislast dafür, dass die Sache in die Wohnung des Mieters eingebracht war (OLG Brandenburg MDR 2007, 1365) und dass sie gegen seinen Widerspruch oder ohne sein Wissen entfernt worden ist (AG Köln WuM 1985, 123). Der Vermieter muss das Entstehen seiner Forderung, der Mieter ihr Erlöschen beweisen (BGH NJW 1986, 2426, 2427). Auch den behaupteten Verzicht des Vermieters auf sein Vermieterpfandrecht muss als rechtsvernichtende Tatsache der Mieter beweisen (BGH NZM 2005, 665). Die Unpfändbarkeit von Sachen muss derjenige beweisen, der sich darauf beruft.

9. → Anm. 12.

10. Das Vermieterpfandrecht erlischt zunächst aus den gleichen Gründen, die auch zum Erlöschen eines rechtsgeschäftlichen Pfandrechts führen können (§ 1257 BGB); siehe die Zusammenstellung bei MüKoBGB/*Artz* § 562a Rn. 1. Das Vermieterpfandrecht erlischt ferner gem. § 562a S. 1 BGB mit der Entfernung der Sachen von dem Grundstück, es sei denn, dass die Entfernung ohne Wissen oder unter Widerspruch des Vermieters erfolgt.

Der Vermieter darf der Wegschaffung gem. § 562a S. 2 BGB nicht widersprechen, wenn die Sachen entsprechend den gewöhnlichen Lebensverhältnissen entfernt werden. Der Vermieter darf der Wegschaffung gem. § 562a S. 2 BGB auch nicht widersprechen, wenn der voraussichtliche Erlös einer Pfandverwertung der zurückbleibenden Sachen zu seiner Sicherheit offenbar (d. h. nach einem ersten Eindruck ohne dem Vermieter nicht zumutbare zeitaufwändige Untersuchung) ausreicht.

Außerdem ist kein Widerspruch möglich, wenn der Mieter gem. § 562c BGB für die entfernten Sachen Sicherheit leistet (vgl. §§ 232 ff. BGB). Durch eine solche Sicherheitsleistung können auch einzelne Sachen vom Pfandrecht des Vermieters befreit werden, § 562c S. 2 BGB. Dann kann der Vermieter nur der Entfernung der übrigen Sachen nach § 562a BGB widersprechen.

Soweit der Vermieter zu einem Widerspruch gegen die Entfernung berechtigt ist, steht ihm gem. § 562b Abs. 1 BGB auch ein Selbsthilferecht zu. Er darf dann die Entfernung der Sachen von dem Grundstück auch ohne Anrufung des Gerichts verhindern, oder, wenn der Mieter auszieht, die seinem Pfandrecht unterliegenden Sachen in Besitz nehmen. Das Selbsthilferecht nach § 562b Abs. 1 BGB ist allerdings auf ein Verhindern der Entfernung der Sachen beschränkt, es gibt kein Recht zur Nacheile bzw. zum Zurückholen von fremdem Ort (zum Inhalt des Selbsthilferechts und zur Zulässigkeit einzelner

Selbsthilfemaßnahmen, etwa dem Versperren des Zugangs zur Verhinderung der Wegschaffung des Pfandguts vgl. *Katzenstein/Hüfle* MDR 2005, 1027, 1028).

11. Der Vermieter muss seine Rechte aus § 562b Abs. 2 BGB binnen 1 Monat,
nachdem er von der Entfernung der Sachen Kenntnis erlangt hat, gerichtlich geltend
machen. Die Frist ist eine Ausschlussfrist, nach der das Pfandrecht erlischt, siehe im
Einzelnen Palandt/*Weidenkaff* § 562b Rn. 12 bis 14.

12. Wenn der Mieter ausgezogen ist und der Vermieter seine Forderung abschließend
beziffert hat, könnte der Beklagte seine Klageerwiderung z. B. darauf stützen, dass der Wert
sämtlicher herausverlangten Sachen die Forderung des Vermieters übersteigt. Denn § 562b
Abs. 2 S. 1 BGB bezieht sich mit der Formulierung „die" Sachen auf § 562b Abs. 1 BGB,
wonach der Vermieter die Entfernung von seinem Pfandrecht unterliegenden Sachen nur
verhindern darf, „soweit er berechtigt ist, der Entfernung zu widersprechen". Dazu ist der
Vermieter aber gem. § 562a S. 2 BGB nicht berechtigt, soweit die zurückbleibenden Sachen
zu seiner Sicherung offenbar ausreichen. Wenn der Vermieter aber schon einer Entfernung
nicht hätte widersprechen dürfen, kann er danach erst recht keine Herausgabe verlangen.
Allerdings wird man hier angesichts des zweifelhaften Wertes und der Unsicherheiten seiner
Realisierung bei gebrauchten Sachen zugunsten des Vermieters eher von sehr niedrigen
Sachwerten ausgehen müssen.

Wenn der Mieter noch nicht ausgezogen ist, ist der dann (lediglich) bestehende Rück-
schaffungsanspruch (→ Anm. 13) allerdings nicht automatisch auf den Wert der Sachen
beschränkt, der dem bereits aufgelaufenen Mietrückstand oder sonstigen bereits bezifferbaren Forderungen des Vermieters entspricht. Denn dann dient das Pfandrecht darüber
hinaus (in den Grenzen des § 562 Abs. 2 BGB) auch der Sicherung möglicher erst noch
entstehender Mietforderungen oder – zB – dem Vermieter im Einzelnen ggf. noch gar
nicht bekannter und bezifferbarer Schadensersatzforderungen (etwa wegen des Zustands
der Wohnung bei Auszug des Mieters).

13. § 562b Abs. 2 S. 1 BGB unterscheidet:

Ist der Mieter **bereits ausgezogen**, kann der Vermieter Herausgabe der Sachen an sich
verlangen. Das verschafft ihm die Rechtsstellung eines Faustpfandgläubigers mit Ver-
wahrungspflicht (§ 1215 BGB) und der Befugnis, die Pfändung durch andere Gläubiger
zu verhindern (Palandt/*Weidenkaff* § 562b Rn. 11). Zum Herausgabeanspruch im einstweiligen Rechtsschutz → Form. D. V. 5 Anm. 10.

Ist der Mieter **noch nicht ausgezogen**, kann der Vermieter nur Wiederherstellung des
vorherigen Zustands, also Herausgabe zum Zwecke der Zurückschaffung der Sachen in die
Mieträume („auf das Grundstück") verlangen, → Form. B. II. 5. Dieser Anspruch besteht
auch bei der Herausgabevollstreckung, die ein Dritter bzgl. eines in den Räumen des
Schuldners befindlichen Gegenstandes durchführt, wenn das Vermieterpfandrecht dem der
Herausgabevollstreckung zu Grunde liegenden Recht des Dritten vorgeht (BGH NZM
2009, 877 = NJW-RR 2010, 281). Der Vermieter kann in einem solchen Fall aber nicht im
Wege der Vollstreckungserinnerung nach § 766 ZPO unter Berufung auf sein Vermieterpfandrecht gegen die Vollstreckung vorgehen, da die Erinnerung nach § 766 ZPO beschränkt ist auf Anträge, Einwendungen und Rügen, die die Art und Weise der Zwangsvollstreckung oder das vom Vollstreckungsorgan zu beachtende Verfahren betreffen; nicht
jedoch Einwendungen aus einem materiellen Recht (hier dem Vermieterpfandrecht). Zu dem
vom Gerichtsvollzieher zu beachtenden Verfahren gehört nicht die Prüfung materiell-recht-
licher Ansprüche der Parteien oder Dritter (BGH NZM 2009, 877 = NJW-RR 2010, 281).
Zum Zurückschaffungsanspruch im einstweiligen Rechtsschutz → Form. D. V. 5 Anm. 10

14. Vor einer Klageerhebung gegen einen Dritten ist sorgfältig dessen eventuelle
Gutgläubigkeit zu prüfen. Das Vermieterpfandrecht ist ein gesetzliches besitzloses Pfandrecht. Das Vermieterpfandrecht selber kann daher nicht gutgläubig erworben werden.

Allerdings ist ein gutgläubiger Erwerb des mit dem Vermieterpfandrecht belasteten Gegenstands möglich, § 936 BGB. Der Erwerber erlangt dann lastenfreies Eigentum, die Klage hätte keine Aussicht auf Erfolg. Wird allerdings die dem Vermieterpfandrecht unterliegende Sache im Wege eines Besitzkonstituts veräußert, ist gem. § 936 Abs. 1 S. 3 BGB für einen gutgläubigen lastenfreien Erwerb die Übergabe der Sache an den Erwerber erforderlich (BGH NZM 2005, 665). Ausführlich zum Vermieterpfandrecht und gutgläubig lastenfreiem Erwerb s. *Fehrenbach* NZM 2012, 1.

15. Der Erwerber von Gegenständen, die in Mieträumen stehen, handelt grob fahrlässig, wenn er sich in Kenntnis des Mietverhältnisses nicht nach einem Vermieterpfandrecht erkundigt (BGH NZM 2011, 275; BGH NJW 1972 (43); BGH NJW 1965, 1475).

30. Klage auf Zahlung der Kaution nach Vertragsbeendigung

An das

Amtsgericht . . . . .[1]

Klage

des . . . . .

– Kläger –

Prozessbevollmächtigter: Rechtsanwalt . . . . .[2]

gegen

. . . . .

– Beklagter –

wegen: Forderung

Streitwert: . . . . .[3]

Namens und in Vollmacht des Klägers werde ich

beantragen,

> den Beklagten zu verurteilen, an den Kläger . . . . . EUR[4] nebst . . . . .% Zinsen[5] seit dem . . . . . zu zahlen.[6]

Sollte das Gericht das schriftliche Vorverfahren anordnen, wird bereits jetzt für den Fall des Vorliegens der Voraussetzungen

Antrag

auf Erlass eines Versäumnisurteils gestellt.

Begründung:

Der Kläger war Vermieter, der Beklagte Mieter der Wohnung . . . . .str. . . . . . in . . . . .

Beweis: Mietvertrag vom . . . . ., Kopie Anlage 1

Das Mietverhältnis endete durch Kündigung des . . . . . vom . . . . . zum . . . . . Der Beklagte hat die Mieträume am . . . . . geräumt.

Ausweislich § . . . . . des Mietvertrags betrug die vom Beklagten zu leistende Kaution . . . . . EUR.[7]

Der Beklagte hat den Kautionsbetrag jedoch bis heute nicht gezahlt. Der Kläger beabsichtigt, sich aus der Kaution bezüglich folgender Ansprüche aus dem Mietverhältnis[8] zu befriedigen:[9]

1. Der Beklagte hat mit Schreiben vom . . . . . einer vom Kläger mit Schreiben vom . . . . . erklärten Mieterhöhung ab dem . . . . . um monatlich . . . . . EUR zugestimmt. Der Beklagten hat jedoch bis zu seinem Auszug, also für . . . . . Monate, unverändert die vorherige Miete weitergezahlt, so dass insoweit ein Mietrückstand i.H.v. . . . . . EUR besteht.

Beweis: Schreiben des Klägers vom . . . . ., Kopie Anlage 2
         Schreiben des Beklagten vom . . . . ., Kopie Anlage 3

2. Der Beklagte hat bei seinem Auszug im Treppenhaus vor seiner Wohnungstür zwei hölzerne Streben des Geländers abgebrochen, indem er mit einem schweren Schrank davor gestoßen ist.

Beweis: Zeugnis des . . . . .

Der Beklagte ist mit Schreiben vom . . . . . unter Fristsetzung zum . . . . . zur Schadensbeseitigung aufgefordert worden, verbunden mit dem Hinweis, dass der Kläger nach fruchtlosem Verstreichen der Frist die Reparatur auf Kosten des Beklagten durchführen lassen werde.

Beweis: Schreiben vom . . . . ., Kopie Anlage 4

Nachdem der Beklagte darauf nicht reagiert hat, hat der Kläger am . . . . . die Reparatur durch die Fa. . . . . . ausführen lassen. Dies hat . . . . . EUR gekostet.

Beweis: Rechnung der Fa. . . . . . vom . . . . ., Kopie Anlage 5

3. Schließlich wird der Beklagte noch eine Nachzahlung[10] aus der noch zu erstellenden[11] Betriebskostenabrechnung für das laufende Jahr zu leisten haben. Insoweit ist mindestens von einem Betrag von . . . . . EUR auszugehen. Dieser voraussichtliche Betrag orientiert sich -zeitanteilig unter Berücksichtigung der Dauer des Mietverhältnisses im laufenden Jahr- am Nachzahlungsbetrag des letzten Jahres, zumal der Vorauszahlungsbetrag des Beklagten im laufenden Jahr dem des vergangenen entsprach und Anhaltspunkte für nachhaltige Abweichungen nach unten bei den einzelnen Abrechnungspositionen im laufenden Jahr nicht ersichtlich sind.[12]

Beweis: Betriebskostenabrechnung für das Jahr . . . . . (= Vorjahr), Kopie Anlage 6

Der Kläger hat den Beklagten mit Schreiben vom . . . . . unter Fristsetzung zum . . . . . zur Zahlung der Kaution aufgefordert.

Beweis: Schreiben vom . . . . ., Kopie Anlage 7

Eine Reaktion des Beklagten ist bis heute nicht erfolgt.

Rechtsanwalt

Anmerkungen

1. → Form. B. II. 3 Anm. 1.

2. → Form. B. II. 3 Anm. 2.

3. Entspricht der Höhe des zur Sicherheit der Ansprüche des Vermieters erforderlichen Betrags, maximal der Höhe der vertraglich vereinbarten Kaution, ggf. plus die errechneten Zinsen (→ Anm. 4).

4. a) Falls der Betrag der durch die Kaution zu sichernden Forderungen niedriger ist als die Kaution, kann nur dieser niedrigere Betrag eingeklagt werden. Für eine darüber hinausgehende Klage besteht nach Beendigung des Mietverhältnisses kein Rechtsschutzbedürfnis mehr. Insoweit müsste der Vermieter auch eine ordnungsgemäß erhaltene Kaution zurückgeben, und müsste eine nun nachträglich eingeklagte Kaution sogleich zurückgeben („dolo petit, ...").

Falls der Betrag der nach Auszug des Mieters aus dem Mietverhältnis gegen den Mieter bestehenden Forderungen höher ist als die vertraglich vereinbarte Kaution, kann – jedenfalls mit der Begründung der vorliegenden Klage – maximal der Kautionsbetrag eingeklagt werden.

b) Fraglich ist, ob der Vermieter auch die ausgerechneten Zinsen als Teil der Hauptforderung einklagen kann. Dafür könnte sprechen, dass der Vermieter bei Kautionszahlung nach Vertragsende nicht schlechter gestellt werden soll als wenn der Mieter die Kaution pünktlich gezahlt hätte (OLG Düsseldorf DWW 2000, 307). Bei pünktlicher Zahlung wäre aber der dem Vermieter von Wohnraum nun zur Verfügung stehende Betrag bei dem Gesetz entsprechender Anlage gem. § 551 Abs. 3 BGB um die Kautionserträge erhöht. Auf der anderen Seite könnte man hier aber unter dem Gesichtspunkt des § 242 BGB einwenden, dass der Vermieter die zeitige Einforderung der Kaution unterlassen hat, es also (zumindest mit) in seinem Verantwortungsbereich gelegen hat, dass der Kautionsbetrag bis zur Klageerhebung nicht um Erträge anwachsen konnte. Bei der Vermietung von Nicht-Wohnräumen wird das Problem noch durch die Frage überlagert, ob die Erträge der Kaution diese erhöhen oder – etwa bei einer entsprechenden Vereinbarung der Unverzinslichkeit der Kaution – dem Vermieter zustehen (→ Form. C. III. 5 Anm. 13). Ausgerechnete Zinsen wären dann entgangener Gewinn und – anders als der eingeklagte Kautionsbetrag – ohnehin nicht zur Deckung von Ansprüchen aus dem Mietverhältnis gedacht. Vor diesem Hintergrund wird man erst recht einwenden können, dass es gemäß § 242 BGB jedenfalls bzgl. eines möglichen Zinsanspruchs zu Lasten des Vermieters geht, dass er sich um die Erlangung der Kaution nicht beizeiten gekümmert hat.

5. Ob überhaupt und mit welchem Beginnzeitpunkt man hier Zinsen geltend machen kann, hängt auch von der Beantwortung der Frage → Anm. 4 b) ab. Wenn man ausgerechnete Zinsen als Teil der Hauptforderung geltend gemacht hat oder wenn man die bisherige Nichtgeltendmachung der Kautionsforderung im Hinblick auf die Zinsen über § 242 BGB berücksichtigt, kommen bzgl. des Zinsantrags nur noch § 288 BGB oder § 291 BGB in Betracht. Die weitere Frage ist dann, ob jedenfalls bei der Wohnraummiete bzgl. der Zinshöhe § 551 Abs. 3 S. 1 BGB als Spezialregelung zu berücksichtigen ist. Siehe auch ergänzend → Form. B. II. 3 Anm. 4, → Form. B. II. 3 Anm. 18.

6. → Form. B. II. 3 Anm. 6.

7. Zur Höhe des Kautionsbetrags → Form. B. II. 3 Anm. 8.

8. Einer Befriedigung anderer Ansprüche steht regelmäßig die Zweckbestimmung der Kaution (Kautionsabrede) entgegen. Der Vermieter kann auch nicht mit mietrechtlichen Forderungen aus einem **anderen** mit demselben Mieter bestehenden Mietverhältnis gegen den Kautionsrückzahlungsanspruch des Mieters aufrechnen (BGH NZM 2012, 678).

9. Der Anspruch des Vermieters auf Zahlung der Kaution erlischt nicht mit der Beendigung des Mietverhältnisses, sondern kann bei fortbestehendem Sicherungsbedürfnis auch danach noch geltend gemacht werden (BGH NZM 2012, 156). Trotzdem erscheint diese Art der Klageerhebung auf den ersten Blick unsinnig, denn der Vermieter könnte auch die Zahlungsansprüche geltend machen; jedenfalls insoweit, als sie bereits jetzt bezifferbar sind (Nrn. 1. und 2. der Klagebegründung). Wenn man die Klage jedoch wie hier auf den bislang nicht erfüllten Kautionszahlungsanspruch stützt, bietet dies Vorteile. Bei einer auf die zu sichernden Forderungen selbst gestützten Zahlungsklage müssten die Zahlungsansprüche im Einzelnen vorgetragen werden, möglicherweise würde sich eine langdauernde Beweisaufnahme anschließen, und möglicherweise wächst während dieser Zeit das Risiko einer Insolvenz des Mieters. Der Klage auf nachträgliche Kautionszahlung ist dagegen „– ohne dass es bei Bestreiten des Mieters einer Beweisaufnahme bedarf – bereits dann stattzugeben, wenn der Vermieter zur Begründung seiner Forderung schlüssig vorträgt, es bestünden noch Zahlungsansprüche, zu deren Sicherung er die Kaution benötige. Dabei sind an die Darlegungslast des Vermieters keine überzogenen Ansprüche zu stellen. Er ist nicht verpflichtet, die streitigen Ansprüche in allen Einzelheiten darzustellen. Die von ihm zur Begründung der Klage vorzutragenden Tatsachen müssen lediglich so konkret sein, dass sie auf Grund einer juristischen Subsumtion geeignet sind, den geltend gemachten Anspruch als in der Person des Klägers entstanden erscheinen zu lassen" (OLG Düsseldorf DWW 2000, 307, 308). Der Vermieter kommt hier also schneller und leichter zum Ziel. Hätte der Mieter die Kaution pünktlich gezahlt, hätte der Vermieter sich nach Vertragsbeendigung durch einfachen Rückgriff auf die Kaution befriedigen können. So soll er auch jetzt gestellt werden: „Der Vermieter soll sich gerade wegen der nach Beendigung des Vertrags noch bestehenden Ansprüche aus der Kaution auf einfache Weise, nämlich durch Aufrechnung gegen den Rückzahlungsanspruch des Mieters, befriedigen können. Der Erfüllungsanspruch des Vermieters wirkt über die Zeit des Vertragsendes hinaus, weil der mit der Sicherheitsleistung bezweckte Schutz vor einer Insolvenz des Mieters bis zur endgültigen Abwicklung auch nach Vertragsbeendigung gewährleistet sein muss." (OLG Düsseldorf aaO; ebenso OLG Düsseldorf DWW 2000, 122 und OLG Düsseldorf OLGR 2007, 103).

Der Vermieter hat hier also nach Beendigung des Mietverhältnisses ein Wahlrecht, ob er die Kaution einklagt oder sogleich die mit der Kaution gesicherten Zahlungsansprüche selbst. Der Vermieter kann aber nicht beide Forderungen gleichzeitig einklagen, weil er bei Erfüllung der Zahlungsansprüche die Kaution sofort wieder zurückgeben müsste (OLG Düsseldorf OLGR 2007, 103).

10. Der Vortrag, dass lediglich die Abrechnung noch aussteht, dürfte insoweit nicht ausreichen. Auf diese Begründung -Sicherung einer noch zu erwartenden Betriebskostennachzahlung – kann die Klage vielmehr nur dann gestützt werden, wenn auch tatsächlich eine Nachzahlung zu erwarten ist, was vorzutragen ist. Zu den allerdings auch insoweit erleichterten Anforderungen an die Darlegungslast des Klägers → Anm. 9.

Auf (insbesondere) die zu erwartende Betriebskostennachzahlung kann die Klage außerdem nur solange gestützt werden, als der Vermieter auch eine vom Mieter pünktlich gezahlte Kaution nach Beendigung des Mietverhältnisses nicht herauszugeben brauchte. Zu dem Vermieter insoweit zuzubilligenden Prüfungs- und Abrechnungsfristen → Form. C. III. 4 Anm. 9, → Form. C. III. 5 Anm. 15. Denn der Vermieter soll durch die nachträgliche Kautionszahlung nicht schlechter, aber auch nicht besser gestellt werden als bei pünktlicher Zahlung (OLG Düsseldorf DWW 2000, 307, 309).

11. Nach OLG Düsseldorf (DWW 2000, 307, 309) erstreckt sich das Sicherungsbedürfnis des Vermieters sogar auf eine neu zu erstellende Betriebskostenabrechnung, wenn die zunächst erstellte wegen fehlender Nachvollziehbarkeit keine Fälligkeit der Nachzahlung herbeiführen konnte. Auch dies gilt allerdings nur innerhalb der üblichen Überlegungs- und Abrechnungsfristen, → Anm. 10.

12. Entsprechend der erleichterten Darlegungslast (→ Anm. 9) ist ein schlüssiger Vortrag einer zu erwartenden Nachzahlung ausreichend, ohne dass diese bereits jetzt auf den Cent genau ausgerechnet werden muss. Da ein Kautionseinbehalt jedenfalls in Höhe der Nachzahlung des vorangegangenen Jahres (ggf. unter Berücksichtigung der nicht mehr ein volles Jahr betragenden Mietzeit im noch abzurechnenden Jahr der Beendigung des Mietverhältnisses) unproblematisch sein dürfte, muss dies auch für eine entsprechende Klage auf nachträgliche Zahlung der Kaution gelten.

III. Klagen des Mieters

1. Klage auf Fortsetzung des Mietverhältnisses gemäß § 574 BGB (Sozialklausel)

An das

Amtsgericht/Landgericht[1] . . . . .

In dem Rechtsstreit . . . . .

erhebe ich Namens und in Vollmacht des Beklagten Widerklage[2] mit dem Antrag,

zu bestimmen, dass das Mietverhältnis zwischen den Parteien vom . . . . . über . . . . . zu den Bedingungen des schriftlichen Mietvertrags vom . . . . . auf unbestimmte Zeit fortgesetzt wird.[3]

alternativ:[4]

rege ich an, entsprechend § 308 a Abs. 1 ZPO auszusprechen, dass das Mietverhältnis zwischen den Parteien vom . . . . . über . . . . . zu den Bedingungen des schriftlichen Mietvertrags vom . . . . . auf unbestimmte Zeit fortgesetzt wird.

Begründung:[5]

Der Beklagte hat der Kündigung vom . . . . . schriftlich am . . . . . und damit form- und fristgerecht nach § 574b BGB widersprochen. In diesem Widerspruch hat er vorgetragen, dass es ihm als 82jährigem, depressiven Mieter, der seit 35 Jahren in der Wohnung lebt, unzumutbar ist, die Wohnung zu räumen.

Beweis: Widerspruchsschreiben, Anlage B1.

Die Wohnung des Beklagten ist unverändert im Stil der 1970er Jahre eingerichtet. Sie ist immer noch Ausdruck des Lebens, das der 82-jährige Beklagte mit seiner Frau und seinen fünf Kindern in der Wohnung verbracht hat.

Beweis: Augenschein.

Wird die Beendigung des Mietvertrags durch Räumungsurteil festgestellt, so verliert der Beklagte diesen äußeren Rahmen, der seinem Leben Halt gibt. In diesem Fall ist ein Zusammenbruch des Beklagten wahrscheinlich mit der Gefahr unvorhersehbarer Kurzschlussreaktionen, die auch suizidale Handlungen einschließen. Es besteht daher ein erhebliches Risiko für einen Selbstmord im Falle einer Räumung bzw. Räumungsankündigung.

Beweis: Sachverständigengutachten.

Der Fortsetzungsanspruch ist nach § 574a BGB gerechtfertigt. Es ist in der Rechtsprechung anerkannt, dass die bei einer Räumung drohende Selbsttötung einen Härtegrund gemäß § 574 BGB begründet (etwa LG Berlin GE 2015, 1165).

Zum Streitwert:[6] Dieser wird durch den hiesigen Antrag nicht erhöht (s. BGH NJW 1994, 3292).

Beglaubigte und einfache Abschrift anbei.

Rechtsanwalt

Anmerkungen

1. Dem Muster liegt der Sachverhalt zugrunde, dass der Mieter sein Fortsetzungsverlangen als **Verteidigungsmittel** gegen den rechtshängigen Räumungsanspruch einsetzt (zur isolierten Klage s. Anmerkung 2). Der Schriftsatz ist dann bei dem Gericht einzureichen, bei dem dieser Räumungsanspruch rechtshängig ist. Dies kann durchaus auch das Landgericht sein, weil auch in der Berufung noch auf Vertragsfortsetzung erkannt werden kann. Eine entsprechende Widerklage ist allerdings nur unter den Voraussetzungen des § 533 ZPO zulässig. Der im Formulartext als Alternative verfasste Hinweis auf § 308 a ZPO kann hingegen in der Berufungsinstanz ohne Einschränkung erstmalig erfolgen. Denn es handelt sich nicht um ein Verteidigungsmittel gemäß § 531 ZPO, weil der Richter wegen § 308 a Abs. 1 ZPO über die Vertragsfortsetzung von Amts wegen zu entscheiden hat.

2. Es ist umstritten, ob einer **Widerklage** des Mieters das **Rechtsschutzbedürfnis** fehlt, weil § 308 a Abs. 1 ZPO eine Entscheidung über das Fortsetzungsverlangen von Amts wegen anordnet. Für die Zulässigkeit spricht entscheidend, dass es anderenfalls der Vermieter durch Rücknahme seiner Räumungsklage in der Hand hätte, einen sich abzeichnenden Prozesserfolg des Mieters beim Fortsetzungsverlangen zu verhindern (für Zulässigkeit auch etwa MüKoBGB/*Häublein* § 574a Rn. 9; Schmidt-Futterer/*Blank* § 574a Rn. 19 mwN). Anstelle einer Widerklage kommt auch die Erhebung einer **isolierten Klage** in Betracht, für die nach § 29a ZPO, § 23 Nr. 2 a GVG das Amtsgericht am Belegenheitsort der Mietsache ausschließlich zuständig ist. Für diesen Fall ist das hiesige Muster um ein vollständiges Rubrum zu ergänzen.

3. Nach § 574a Abs. 2 BGB wird, wenn sich die Parteien nicht einigen, die Fortsetzung des Mietverhältnisses, deren Dauer sowie die Bedingungen, zu denen es fortgesetzt wird, durch Urteil bestimmt. Der Mieter/Räumungsschuldner kann daher seinen **Antrag** auch abweichend von dem Vorschlag aus dem Formular fassen und etwa geänderte Konditionen oder eine befristete Fortsetzung beantragen. Bei der Entscheidung des Gerichts handelt es sich um ein **Gestaltungsurteil** (MüKoBGB/*Häublein* § 574a Rn. 9 mN), weshalb der Antrag nicht etwa auf Abgabe einer auf die Vertragsfortsetzung gerichteten Willenserklärung zu richten ist.

4. Die Alternativformulierung verzichtet auf eine Widerklage und beschränkt sich auf den Hinweis an das Gericht, dass es über das **Fortsetzungsverlangen von Amts wegen** zu entscheiden hat.

5. Ob ein Anspruch auf **Vertragsfortsetzung** vorliegt und zu welchen vertraglichen Konditionen, richtet sich nach § 574a Abs. 1 S. 1 BGB und hängt von den Umständen des **Einzelfalls** ab. Rechtstatsächlich ist es so, dass Fortsetzungsverlangen nur in Ausnahmekonstellationen Erfolg haben, weil insbesondere an den Härtegrund des § 574 Abs. 2 BGB (Fehlen zumutbaren Ersatzwohnraums) von den Gerichten hohe Anforderungen gestellt werden (s. etwa die Darstellung bei etwa MüKoBGB/*Häublein* § 574a Rn. 2 ff.). Die Beweislast für den Fortsetzungsanspruch trägt der Mieter, weshalb die diesen Anspruch tragenden Tatsachen substantiiert und unter Beweisantritt vorzutragen sind.

6. Weder die Widerklage noch die Anregung, von Amts wegen zu entscheiden, wirken sich streitwerterhöhend aus (vgl. BGH NJW 1994, 3292, zum Gebührenstreitwert § 41 Abs. 3 GKG) Wird eine isolierte Fortsetzungsklage erhoben, so richtet sich der **Gebührenstreitwert** nach § 41 Abs. 1 GKG.

2. Klage auf Rücknahme der Mietsache

An das

Landgericht[1]. . . . .

in . . . . .[2]

Klage

der Firma . . . . . GmbH

– Klägerin –

– Prozessbevollmächtigte: Rechtsanwälte

gegen

die Firma . . . . . GmbH

– Beklagte –

Vorläufiger Streitwert: 15.000,00 EUR.[3]

Namens und in Vollmacht der Klägerin erheben wir Klage gegen die Beklagte. Für die mündliche Verhandlung kündigen wird folgende Anträge[4] an:

I. Die Beklagte wird verurteilt, die in der Produktionshalle der Klägerin X-Straße in Musterstadt befindliche Flaschenabfüllanlage der Marke . . . . ., Fabrikat . . . . ., Baujahr . . . . ., Maschinen-Nr.: . . . . . zu demontieren und vom Betriebsgrundstück der Klägerin abzutransportieren.[4, 5]

II. Die Kosten des Rechtsstreits werden der Beklagten auferlegt.

Für den Unterliegensfalle erbitten wir zugunsten der Klägerin um

Vollstreckungsschutz

mit der Maßgabe, eine etwaige Sicherheit auch durch Gestellung einer Bürgschaft einer Europäischen Großbank bzw. Europäischen Sparkasse erbringen zu dürfen.

Ferner regen wir die Anordnung des schriftlichen Vorverfahrens an. Für den Fall der Fristversäumung oder des Anerkenntnisses beantragen wir bereits jetzt den Erlass eines Versäumnisurteils oder Anerkenntnisurteils im schriftlichen Vorverfahren.

Begründung

Die Klägerin stellt Fruchtsäfte her und füllt diese in der im Klageantrag näher bezeichneten Betriebsstätte u. a. in Flaschen ab. Mit schriftlichem Vertrag vom . . . . . mietete sie von der Beklagten für die Dauer von 3 Jahren und für einen monatlichen Mietzins von 1.050,00 EUR zzgl. MwSt. die im Klageantrag angeführte Flaschenabfüllmaschine. Nach § 2 des Vertrages stand der Klägerin das Recht zu, bis zum Ablauf eines Jahres ab Übergabe die Mietsache unter Anrechnung der bis dahin gezahlten Mietraten für . . . . . EUR zu kaufen.[6] Der Beklagten oblag nach § 5 des Vertrages die Anlieferung und Montage der Anlage; nach § 6 des Vertrags ist sie bei Vertragsende zum Abbau- und zum Rücktransport der Anlage auf ihre Kosten verpflichtet.[7]

Beweis: Vorlage des Mietkaufvertrages vom . . . . . (Anlage K1)

Bereits wenige Tage nach der Montage der Anlage arbeitete diese nicht mehr einwandfrei, zeitweilig lief sie mit sich ständig ändernder Geschwindigkeit, stotterte gewissermaßen, um dann nach gut 2 Wochen völlig auszufallen.

Beweis: Zeugnis des Herrn . . . . . zu laden über die Klägerin

Der Ausfall der Maschine ist auf einen Konstruktionsfehler zurückzuführen.

im Bestreitensfalle: Sachverständigengutachten

Die Klägerin hat der Beklagten die zunächst aufgetretenen maschinenbedingten Schwierigkeiten beim Abfüllen und den sich daran anschließenden kompletten Ausfall der Abfüllmaschine jeweils umgehend telefonisch gemeldet und, als die Beklagte hierauf nicht reagierte, dieser mit Schreiben vom . . . . . eine angemessene Frist bis zum . . . . . zur Abhilfe gesetzt.

Beweis: 1. Zeugnis der Mitarbeiterin des Sekretariats Frau . . . . ., zu laden über
die Klägerin
2. Vorlage des Schreibens vom . . . . . (Anlage K2)

Die Beklagte hat diese Frist ungenutzt verstreichen lassen. Daraufhin hat die Klägerin das Mietverhältnis mit Schreiben vom . . . . . fristlos gekündigt[8] und der Beklagten gleichzeitig eine inzwischen verstrichene Frist von 1 Woche zur Demontage und zum Abtransport der Abfüllanlage gesetzt.

Beweis: Vorlage des Kündigungsschreibens vom . . . . . (Anlage K3)

Die Klägerin hat ein dringendes Interesse an der umgehenden Rücknahme der Anlage durch die Beklagte, da diese Anlage den Platz, an dem das zur Fortsetzung der Abfüllung bestellte Ersatzgerät aufgestellt werden soll, versperrt.

Rechtsanwalt[9]

Anmerkungen

1. Die sachliche Zuständigkeit ergibt sich vorliegend aus §§ 71, 23 Nr. 1 GVG. Maßgebend für den Zuständigkeitsstreitwert ist bei Klagen auf Abnahme/Rücknahme von Sachen das Interesse des Klägers an der Befreiung vom Besitz. Dieses Interesse ist nach § 3 ZPO zu schätzen. § 6 ZPO ist unanwendbar (OLG Stuttgart Rpfleger 1964, 162; BLAH/ *Hartmann* Anhang nach § 3 ZPO Rn. 5; Thomas/Putzo/*Hüßtege* § 3 Rn. 8).

2. Im Musterfall kann die Klägerin zwischen 2 Gerichtsständen wählen. Örtlich zuständig ist sowohl das Gericht des Ortes, an dem die Verwaltung der beklagten GmbH geführt wird (§ 17 ZPO), als auch das Gericht des Ortes, an dem die eingeklagte Verpflichtung zu erfüllen ist (§ 29 ZPO). Die Vermieterin ist nach dem hier relevanten Mietvertrag zur Demontage und zum Abtransport der Abfüllanlage verpflichtet. Diese Verpflichtung kann sie naturgemäß nur am derzeitigen Aufstellungsort des Gerätes, also auf dem Betriebsgelände der Mieterin erfüllen, so dass dort der Natur des Schuldverhältnisses nach der Erfüllungsort für die in Rede stehende Vermieterverpflichtung liegt (§ 269 Abs. 1 BGB). Der Umstand, dass die Vermieterin nach dem Mietvertrag die Kosten der Demontage und des Rücktransport zu tragen hat, ist in diesem Zusammenhang für sich allein irrelevant (vgl. § 269 Abs. 3 BGB).

3. Für den Gebührenstreitwert ist über § 48 Abs. 1 GKG ebenfalls § 3 ZPO maßgebend (vgl. Hartmann Anhang I nach § 48 GKG Stichwort „Abnahme der Kaufsache"
in Rn. 12 zu § 3 ZPO). Auf vorstehende Anm. 1 wird verwiesen.

4. In der Praxis kommen Mieterklagen auf Rücknahme von Mietgrundstücken und von
Mieträumen praktisch nicht vor. Denn der Mieter kann sich nach Beendigung des Miet-
verhältnisses selbst von seiner Herausgabeverpflichtung aus § 546 Abs. 1 BGB (ggf. iVm
§ 985 BGB) durch Aufgabe des Besitzes (§ 856 BGB) an dem Grundstück befreien. Gemäß
§ 303 BGB, der auch auf vertragliche Herausgabeansprüche nach § 546 BGB anwendbar ist
(OLG Düsseldorf MDR 1999, 538), ist dafür erforderlich, dass sich der Vermieter in
Annahmeverzug befindet (S. 1) und weiter, dass der Mieter dem Vermieter die Aufgabe des
Besitzers vorher androht (S. 2). Solange der Mieter den Besitz aber noch nicht aufgegeben
hat, besteht seine Obhutspflicht selbst dann weiter, wenn er dem Vermieter mitteilt, er
werde sich nicht mehr um die Sache kümmern (BGH NJW 1983, 1049, 1050). Sinn und
Zweck erfordern eine Erstreckung von § 303 BGB auch auf die sich auf Räume beziehende
Herausgabeverpflichtung (im Ergebnis ebenso OLG Düsseldorf aaO).

§ 303 BGB kann allerdings nicht auf die Preisgabe beweglicher Sachen ausgedehnt
werden. Einer solchen Erstreckung dieser Norm bedarf es auch nicht. Denn bei der Miete
beweglicher Sachen hat der Mieter nach Vertragsende im Falle des Annahmeverzuges des
Vermieters die Möglichkeit, sich bei hinterlegungsfähigen Sachen durch Hinterlegung (§ 372
BGB) oder bei nicht zur Hinterlegung geeigneten Sachen durch Hinterlegung des Versteige-
rungserlöses nach rechtmäßigem Selbsthilfeverkauf (§ 383 BGB) von seiner Herausgabeverpflichtung zu befreien (Erman/*Hager* § 303 Rn. 1; Palandt/*Grüneberg* § 303 Rn. 1).
Ein praktisches Bedürfnis für gegen Vermieter gerichtete Klagen auf Rücknahme der
Mietsache besteht daher in aller Regel nur dann, wenn – wie bei der Musterklage – eine
allein beim Vermieter vorhandene Fachkenntnis für die Demontage der Mietsache und/
oder ein kostenträchtiger Rücktransport erforderlich ist und der Vermieter diese Arbeiten
nach dem Mietvertrag schuldet.

5. Ob und ggf. in welchem Umfange eine Spezifizierung des auf Rücknahme der
Mietsache gerichteten Antrags angezeigt ist, richtet sich nach den Umständen des Einzelfalls. Notwendig ist eine Spezifizierung der Art der Rücknahme in aller Regel nicht. Indes
muss aus dem Antrag jedenfalls hervorgehen, ob und ggf. wo der Vermieter verpflichtet
sein soll, die angelieferte Mietsache entgegenzunehmen oder ob er – wie im Musterfall –
selbst aktiv werden soll.

6. Beim Mietkauf findet vor der Ausübung der Kaufoption und ebenso bei Nichtaus-
übung innerhalb der Optionsfrist Mietrecht Anwendung (Erman/*Lützenkirchen* Vor
§ 535 Rn. 39 mwN).

7. Nach Mietende ist der Vermieter aus dem Mietvertrag heraus zur Rücknahme der
Mietsache verpflichtet (BGH NJW 1983, 1049, 1050). In welchem Zustand sich die
Mietsache befindet, ist für die Rückgabe selbst ohne Bedeutung. Der Vermieter kann
wegen Verschlechterungen oder Veränderungen der Mietsache und wegen Abänderungen
vom vertragsgemäßen Zustand zwar Schadensersatz verlangen, nicht aber die Rücknahme ablehnen (BGH wie vor).
Im Musterfall darf sich der Vermieter nicht nur auf die Entgegennahme der Mietsache
beschränken; ihn trifft vielmehr nach der Vertragsgestaltung eine Demontage- und
Abfuhrverpflichtung. Die Darlegungs- und Beweislast für eine dahingehende Vermieterpflicht trifft den Mieter, da er sich auf eine über die bloße Rücknahme der Mietsache
hinausgehende Vermieterpflicht beruft.

8. Wegen des Defekts der Flaschenabfüllmaschine kommt ein Recht zur fristlosen
Kündigung nach § 543 Abs. 1, 2 Nr. 1 BGB in Betracht. Voraussetzungen hierfür sind

(hier) ein den Gebrauch der Mietsache nicht unerheblich mindernder Sachmangel im Sinne des § 536 Abs. 1 BGB sowie der ungenutzte Ablauf einer vom Mieter dem Vermieter gesetzten angemessenen Abhilfefrist, § 543 Abs. 3 BGB. Die Beweislast für den Sachmangel und die Fristsetzung trifft den Mieter, den Vermieter die für Abhilfe vor der Kündigung und für Unerheblichkeit der Behinderung (Erman/*Lützenkirchen* § 543 Rn. 13 mwN).

9. Für die Zwangsvollstreckung ist § 887 ZPO maßgebend. Vom Vermieter wird eine vertretbare Handlung verlangt. § 887 Abs. 3 ZPO ist nicht einschlägig, da nicht Herausgabe sondern Wegnahme der Mietsache verlangt wird.

Wegen des möglichen Rechtsmittels → Form. B. III. 44 Anm. 11.

3. Klage auf Duldung der Wegnahme von Einrichtungen (§ 539 Abs. 2 BGB)

An das

Amtsgericht/Landgericht[1] . . . . .

Klage

des . . . . .

– Kläger –

Prozessbevollmächtigter: Rechtsanwalt . . . . .

gegen

den . . . . .

– Beklagter –

wegen Duldung der Wegnahme von Einrichtungen.

Streitwert: 3.000 EUR

Namens und in Vollmacht des Klägers erhebe ich Klage und beantrage,

den Beklagten zu verurteilen, den Ausbau und die Wegnahme der Türen, des Türfutters, der Toiletten und der Waschtische im WC im 1. OG in der . . . . . zu dulden.[2]

Sofern das Gericht das schriftliche Vorverfahren anordnet, wird für den Fall der Fristversäumnis beantragt,

den Beklagten durch Versäumnisurteil ohne mündliche Verhandlung zu verurteilen.

Begründung:

A. Sachverhalt

Der Kläger mietete vom Beklagten ab dem . . . . . die im Klageantrag bezeichneten Geschäftsräume. Nach § 12 des Mietvertrags war der Kläger zum Einbau eines WC in den Mieträumen berechtigt.

Beweis: Mietvertrag, Anlage K 1.

Von diesem Recht hat der Kläger im Jahr . . . . . Gebrauch gemacht. Das Mietverhältnis zwischen den Parteien endete gemäß der Befristung im Mietvertrag am . . . . . .

Mit Schreiben vom . . . . . setzte der Kläger den Beklagten darüber in Kenntnis, dass er beabsichtige, zum Mietende die im Klageantrag bezeichneten Gegenstände auszubauen und mitzunehmen. Dem widersprach der Beklagte mit Schreiben vom . . . . . unter Hinweis auf sein Eigentumsrecht.

Beweis: Schreiben des Klägers und des Beklagten, Anlage K 2 und K 3.

Wegen des Widerspruchs des Beklagten hat der Kläger die Räume nach Vertragsende am . . . . . mit den im Klageantrag versehenen Gegenständen unter Erklärung des Vorbehalts seiner diesbezüglichen Rechte zurückgegeben.

Beweis: Rückgabeprotokoll Anlage K 4.

B. Rechtslage

Der Klageanspruch folgt aus § 539 Abs. 1 BGB.[3] Danach ist der Mieter berechtigt, eine Einrichtung wegzunehmen, mit der er die Mietsache versehen hat. Bei der Tür nebst Zarge sowie den Sanitärinstallationen handelt es sich um Gegenstände im Sinne der Norm (OLG Düsseldorf GE 2012, 129). Mit der Rückgabe der Mietsache entsteht nach §§ 539 Abs. 1, 258 S. 2 BGB der hier vom Kläger geltend gemachte Gestattungsanspruch.

Zum Streitwert: Dieser richtet sich nach dem Verkehrswert der Gegenstände (BGH NJW 1991, 3221), den der Kläger auf 3.000 EUR schätzt.

Beglaubigte und einfache Abschrift anbei.

Rechtsanwalt

Anmerkungen

1. Örtlich **zuständig** ist das Gericht am Belegenheitsort der Mietsache (§ 29a ZPO); in Wohnraummietsachen ist das Amtsgericht ausschließlich zuständig (§ 23 Nr. 2 a GVG), bei der Geschäftsraummiete ist die sachliche Zuständigkeit streitwertabhängig (§ 23 Nr. 1 GVG).

2. Ist der Mieter noch in Besitz der Mietsache, so rechtfertigt § 539 Abs. 2 BGB einen Eingriff in die Mietsache und enthält ein Aneignungsrecht bezüglich der in das Eigentum des Vermieters übergegangenen Gegenstände (vgl. *Blank/Börstinghaus* § 539 Rn. 23). Solange der Mieter also noch im Besitz der Mietsache ist, handelt es sich bei § 539 Abs. 2 BGB nicht um einen Anspruch im Sinne des § 194 Abs. 1 BGB; ein- Rechtsstreit – etwa wenn der Vermieter ein solches Recht in Abrede stellt – ist daher mit der Feststellungsklage zu führen. Erst nach Besitzwechsel wird § 539 Abs. 2 BGB iVm § 258 S. 2 BGB zu einem **Duldungsanspruch** gegen den Mieter (vgl. BGH NJW 1981, 2564; Staudinger/Bittner § 258 Rn. 1). Der Vermieter hat lediglich die Wegnahme zu dulden, ist daher nicht auf Herausgabe zu verklagen (BGH NJW 1981, 2564). Mit Blick auf das Gebot des bestimmten Klageantrags (§ 253 Abs. 2 Nr. 2 ZPO) ist zu beachten, dass der Antrag die in Rede stehenden Gegenstände unmissverständlich konkretisieren muss (BGH NJW 1991, 3031).

3. Der Anspruch aus § 539 Abs. 2 BGB **verjährt** nach § 548 Abs. 2 BGB binnen sechs Monaten nach Vertragsende. Nach § 552 Abs. 1 BGB kann der Vermieter die Ausübung des Wegnahmerechts durch Zahlung einer angemessenen Entschädigung abwenden, wenn nicht der Mieter ein berechtigtes Interesse an der Wegnahme hat. Diese Abwendungsbefugnis besteht nach § 578 Abs. 2 BGB auch in der Geschäftsraummiete.

Mietsicherheit

4. Klage auf Auskunft über die Höhe des Kautionsguthabens

An das

Amtsgericht . . . . .[1]

Klage

des . . . . .

– Kläger –

Prozessbevollmächtigter: Rechtsanwalt . . . . .[2]

gegen

. . . . .

– Beklagter –

wegen: Auskunftserteilung

Streitwert: . . . . .[3]

Namens und in Vollmacht des Klägers werde ich beantragen,

den Beklagten zu verurteilen, dem Kläger Auskunft[4] über die am . . . . .[5] bestehende Höhe seines Kautionsguthabens aus dem Mietvertrag vom . . . . .[6] zu erteilen.[7, 8]

Sollte das Gericht das schriftliche Vorverfahren anordnen, wird bereits jetzt für den Fall des Vorliegens der Voraussetzungen

Antrag

auf Erlass eines Versäumnisurteils gestellt.

Begründung:

Der Kläger war seit . . . . . Mieter, der Beklagte Vermieter der Wohnung . . . . .str . . . . . . in . . . . .

Beweis: Mietvertrag vom . . . . ., Kopie Anlage 1

Ausweislich § . . . . . des Mietvertrags betrug die vom Kläger zu leistende Kaution . . . . . EUR. Der Kläger hat den Kautionsbetrag an den Beklagten gezahlt.[9]

Beweis: Quittung des Beklagten vom . . . . ., Kopie Anlage 2/
Einzahlungsbeleg des Klägers vom . . . . ., Kopie Anlage 2

Der Kläger hat das Mietverhältnis mit Einschreiben/Rückschein vom . . . . . zum . . . . . gekündigt.

Beweis: Schreiben vom . . . . ., Kopie Anlage 3
Rückschein vom . . . . ., Kopie Anlage 4

Der Kläger hat sodann das Mietobjekt frist- und ordnungsgemäß geräumt und dem Beklagten die Schlüssel zurückgegeben.

Der Beklagte hat den Kautionsbetrag jedoch bis heute nicht ausgezahlt.[10] Der Beklagte ist mit Schreiben des Unterzeichners vom . . . . . unter Fristsetzung zum . . . . . zur Angabe der Höhe des Kautionsguthabens des Klägers am . . . . . und zur Auszahlung aufgefordert worden.

Beweis: Schreiben vom . . . . ., Kopie Anlage 5

Der Beklagte hat dieses Schreiben nicht beantwortet.

Dem Kläger ist die gegenwärtige Höhe seines Kautionsguthabens nicht bekannt. Wie sich aus den obigen Angaben zur Dauer des Mietverhältnisses in Verbindung mit der Verpflichtung des Vermieters zur verzinslichen Anlage der Kaution gem. § 551 Abs. 3 BGB[11] ergibt, muss das Guthaben jedenfalls heute deutlich über dem damals an den Beklagten gezahlten Kautionsbetrag liegen.

Damit der Kläger seinen Rückzahlungsanspruch beziffern kann, ist er auf eine entsprechende Auskunft des Beklagten angewiesen.[12]

. . . . .[13]

Rechtsanwalt[14]

Anmerkungen

1. → Form. B. II. 3 Anm. 1.

2. → Form. B. II. 3 Anm. 2.

3. Der Streitwert hängt vom Interesse an der Auskunftserteilung ab. Regelmäßig ist dies nur ein Bruchteil desjenigen Anspruchs, dessen Geltendmachung die Auskunft erleichtern soll (vgl. im Einzelnen BLAH/*Hartmann* Anh. § 3 Rn. 24; *Schneider* NZM 2010, 466 (467)). Zur Streitwertberechnung bei einer Stufenklage (→ Anm. 7.) vgl. die Beispiele bei *Schneider* NZM 2010, 466, 467 f.

4. Die dem Gesetz entsprechende Anlage der Kaution ist vertragliche Nebenpflicht des Mietvertrags, die der Mieter mit der Auskunfts- und Leistungsklage verfolgen kann (LG Köln NJW-RR 1991, 80).
Nach Ansicht des OLG Karlsruhe besteht kein Anspruch des Mieters auf Abrechnung der Kaution, wenn aufgrund berechtigter oder gar rechtskräftig festgestellter Forderungen des Vermieters feststeht, dass ein Kautionsrückzahlungsanspruch ausscheidet, Denn dann bestehe für den Mieter kein Informationsbedürfnis mehr. Aus der der Kautionszahlung zugrunde liegenden Sicherungsabrede folge nicht ein Anspruch des Mieters auf Abrechnung, nur um in Erfahrung zu bringen, was er dem Vermieter noch schulde (OLG Karlsruhe NJW-RR 2010, 585). Diese Auffassung erscheint bedenklich, da der Mieter auch bei die Kautionhöhe übersteigenden Gegenforderungen ein berechtigtes Interesse daran haben kann zu prüfen, wie seine Kaution –einschließlich der ebenfalls von ihm auf Richtigkeit zu prüfenden Abrechnung der ihm zustehenden Kautionszinsen- auf die Gegenansprüche verrechnet worden ist.

5. Ein Stichtag nach Fälligkeit des Rückzahlungsanspruchs sollte angegeben werden. Zur Fälligkeit → Anm. 9. Der Stichtag sollte möglichst nah vor dem Datum der Inverzugsetzung liegen (→ Anm. 7). Denn der Mieter hat nach hier vertretener Ansicht vom Tag der Zahlung der Kaution bis zur Rückzahlung der Kaution (also nicht nur bis zur

Beendigung des Mietverhältnisses) gem. § 551 Abs. 3 BGB Anspruch auf Verzinsung – mindestens – mit einem Zinssatz für Spareinlagen mit dreimonatiger Kündigungsfrist (aA AG Wetzlar WuM 1987, 20: Ende der Verzinsungspflicht mit Abrechnung über die Kaution und Auflösung des Kautionskontos). Ab Inverzugsetzung steht dem Mieter dann der regelmäßig höhere Verzugszinssatz des § 288 Abs. 1 BGB zu.

6. Gibt es zwischen den Parteien mehrere Mietverträge gleichen Datums, ist eine weitere Individualisierung erforderlich, zB

„betr. die Wohnung in der . . . . .str., II. OG rechts".

7. Je nach Kenntnisstand des Klägers kann der Auskunftsantrag auch anders lauten. ZB:

„. . . . ., dem Kläger Auskunft über die Höhe des Kautionsguthabens des Kontos Nr . . . . . . bei der . . . . .-Bank am . . . . . zu erteilen."

Weiß der Kläger zB, dass der Beklagte das Kautionskonto schon aufgelöst hat, kann beantragt werden:

„. . . . ., dem Kläger Auskunft über die Höhe des Kautionsguthabens im Zeitpunkt der Auflösung des Kautionskontos Nr . . . . . . bei der . . . . .-Bank sowie über den Tag der Auflösung des Kautionskontos zu erteilen."

Die – weitere – Auskunft über den Tag der Kontoauflösung ist erforderlich, damit der Kläger ab diesem Termin bis zum Verzugseintritt weitere Zinsen gem. § 551 Abs. 3 S. 1 BGB berechnen kann. Ab Verzugseintritt kann dann der höhere Verzugszins gefordert werden. Verzug tritt bzgl. der Kautionsrückzahlung jedoch nicht automatisch ein, sondern bedarf einer Inverzugsetzung.

Ggf. kann noch zusätzlich beantragt werden

„. . . . . und die Sparurkunde vorzulegen", vgl. § 259 Abs. 1 BGB.

Der Auskunftsantrag ist auf die Höhe des Kautionsguthabens insgesamt zu richten, und nicht nur auf Auskunft über die angesammelten Zinsen. Auch soweit der Kautionsbetrag selber dem Mieter bekannt ist, ist ein Rechtsschutzbedürfnis für den Auskunftsanspruch insgesamt zu bejahen. Da die Möglichkeit besteht, dass die Auskunft des Beklagten unter sogleich erfolgender Einbeziehung von Gegenansprüchen zu einem Betrag unterhalb der ursprünglich gezahlten Kaution gelangt, hat der Mieter ein Interesse daran, nach der Auskunft die Aussichten einer Zahlungsklage insgesamt abschätzen zu können. Daher kann man vom Mieter auch nicht verlangen, Zahlungsantrag hinsichtlich der ursprünglichen Kaution und Auskunftsantrag nur hinsichtlich der Kautionszinsen zu stellen.

8. Bei einer Stufenklage würden die Anträge zB lauten:

„1. (s. o.)

2. . . . . ., die Richtigkeit und Vollständigkeit der Auskunft an Eides statt zu versichern,

3. . . . . ., den nach Erteilung der Auskunft noch zu beziffernden Betrag nebst Zinsen in Höhe von fünf Prozentpunkten über dem Basiszinssatz seit . . . . . (das Datum entspricht dem durch das im Formular als Anlage 5 bezeichneten Schreiben bewirkten Verzugseintritt) an den Kläger zu zahlen."

Bei einer solchen Stufenklage sieht sich der Mieter dem allgemeinen Risiko jeder Stufenklage gegenüber: die Verpflichtung zur Abgabe der eidesstattlichen Versicherung – 2. Stufe – setzt gem. § 259 Abs. 2 BGB voraus, dass Grund zu der Annahme besteht, dass die Auskunft nicht sorgfältig erteilt wurde. Bzgl. der 3. Stufe muss sich erst noch durch die Auskunft herausstellen, ob überhaupt ein Zahlungsanspruch besteht. Möglicherweise kann der Vermieter zB mit Schadensersatzansprüchen oder einer Betriebskostennachforderung gegen den Kautionsrückzahlungsanspruch aufrechnen. Der Kläger muss dann ggf. bzgl. der zweiten und dritten Stufe seine Anträge zurücknehmen, will er nicht insoweit ein klageabweisendes Urteil riskieren. Beides ist kostenmäßig ungünstig. Allerdings kann dem Mieter gemäß §§ 280 Abs. 2, 286 BGB ein materieller Kostenerstattungsanspruch gegen den Vermieter zustehen, der im Rahmen der Entscheidung nach § 91a ZPO zur Auferlegung der Kosten des

Rechtsstreits auf den Vermieter führt, wenn die Parteien den Rechtsstreit übereinstimmend für erledigt erklären, weil der Kautionsrückzahlungsanspruch im Hinblick auf Forderungen des Vermieters gegen den Mieter nicht besteht. Voraussetzung ist, dass sich der Vermieter mit der Abrechnung der Kaution in Verzug befand, der Mieter nicht zuverlässig wissen konnte, ob und in welcher Höhe ihm ein Rückzahlungsanspruch gegen den Vermieter zusteht und der Mieter deshalb zur Zahlungsklage bzw. Stufenklage herausgefordert wurde (OLG Karlsruhe NJW-RR 2010, 585).

9. Zum Recht des Mieters, die Kaution –auch bei abweichender Vereinbarung im Mietvertrag- in drei gleichen Teilbeträgen zu entrichten, → Form. B. II. 3 Anm. 8.

10. Solange der Mietvertrag andauert, ist der Kautionsrückzahlungsanspruch aufschiebend bedingt. Bedingung ist die Vertragsbeendigung. Allerdings muss man dem Vermieter einen gewissen Zeitraum zubilligen, die Ordnungsmäßigkeit der Rückgabe des Mietobjektes und seine eigenen Ansprüche (zB noch nachzufordernde Betriebskosten) zu prüfen. Erst danach ist der Rückzahlungsanspruch fällig (BGH NZM 2009, 779; BGH NZM 1999, 296; LG Berlin GE 2011, 268). Ein Zeitraum von 6 Monaten dürfte insoweit als Überlegungs- und Abrechnungsfrist angemessen sein. 6 Monate erscheinen auch als die nach der Rechtsprechung regemäßig zuzubilligende Frist. Im Einzelfall kann die Frist auch länger sein (BGH NZM 2006, 343; LG Berlin GE 2011, 268 –sechs Monate als **Mindestfrist***)*.

Problematisch sind Ansprüche des Vermieters, die sich erst nach Ablauf dieser Zeit exakt beziffern lassen, zB wenn das Mietverhältnis Ende Januar endet und der Vermieter die Betriebskostenabrechnung für jedes Jahr regelmäßig zu Beginn des Folgejahres erstellt, oder sich die Erstellung der Betriebskostenabrechnung ohne Verschulden des Vermieters verzögert (vgl. dazu OLG Hamburg ZMR 1988, 264; LG Hildesheim WuM 1986, 262; AG Köln WuM 1988, 267). In diesem Fall darf der Vermieter einen angemessenen Teil der Kaution bis zum Ablauf der ihm zustehenden Abrechnungsfrist einbehalten, wenn eine Nachforderung zu erwarten ist (BGH NZM 2006, 343). Der Vermieter ist also verpflichtet, nach Ablauf einer angemessenen Überlegungsfrist einen Abschlag auf die noch zu erstellende Kautionsabrechnung zu leisten. Dieser Abschlag entspricht der Differenz zwischen dem Kautionsguthaben und einer voraussichtlichen Betriebskostennachzahlung, wobei man allerdings hier dem Vermieter eine überschlägig großzügige Berechnung des bis zur Betriebskostenabrechnung zurückzubehaltenden Kautionsbetrags zubilligen sollte.

11. Zur Kautionsanlagepflicht des Vermieters und zu anderen Anlageformen als Spareinlagen mit dreimonatiger Kündigungsfrist → Form. B. III. 39 Anm. 6.

12. Der Anspruch des Mieters auf Abrechnung der Kaution verjährt mit dem Anspruch auf deren Rückzahlung (OLG Düsseldorf MDR 2005, 981; zur Verjährung des Rückzahlungsanspruchs → Form. C. III. 5 Anm. 15).

13. Ggf. sind hier noch Ausführungen bzgl. der Anträge zu 2. und 3. bei einer Stufenklage erforderlich, → Anm. 7.

Insolvenz und Zwangsverwaltung

14. Ist der Vermieter insolvent und reagiert dessen **Insolvenzverwalter** außergerichtlich auf die Aufforderung des Mieters, ihm den Verbleib und die Höhe der geleisteten Kaution nachzuweisen, nicht, kann der Anspruch auf Auskunft gegenüber dem Insolvenzverwalter gerichtlich geltend gemacht werden. Dasselbe gilt für den Zwangsverwalter, unabhängig davon, ob er die Mietsicherheit erhalten hat oder nicht.

5. Klage auf Auskehrung des Kautionsguthabens

An das

Amtsgericht . . . . .[1]

Klage

des . . . . .

– Kläger –

Prozessbevollmächtigter: Rechtsanwalt . . . . .[2]

gegen

. . . . .

– Beklagter –

wegen: Forderung

Streitwert: . . . . .[3]

Namens und in Vollmacht des Klägers werde ich

beantragen,

> den Beklagten zu verurteilen, an den Kläger . . . . . EUR nebst Zinsen in Höhe von 5 Prozentpunkten über dem Basiszinssatz[4] seit dem . . . . .[5] zu zahlen.[6]

Sollte das Gericht das schriftliche Vorverfahren anordnen, wird bereits jetzt für den Fall des Vorliegens der Voraussetzungen

Antrag

auf Erlass eines Versäumnisurteils gestellt.

Begründung:

Der Kläger[7] war seit . . . . . Mieter, der Beklagte Vermieter[8] der Wohnung . . . . . str . . . . . . in . . . . .

Beweis: Mietvertrag vom . . . . ., Kopie Anlage 1

Ausweislich § . . . . . des Mietvertrags betrug die vom Kläger zu leistende Kaution . . . . . EUR. Der Kläger hat den Kautionsbetrag am . . . . . an den Beklagten gezahlt.[9]

Beweis: Quittung des Beklagten vom . . . . ., Kopie Anlage 2/
Einzahlungsbeleg des Klägers vom . . . . ., Kopie Anlage 2[10]

Der Beklagte hat mit Schreiben vom . . . . . die vom Kläger gezahlte[11] Kaution unter Berücksichtigung eines –unstreitigen-[12] Mietrückstands für den Monat . . . . . abgerechnet.[13] Danach ergibt sich ein Kautionsguthaben des Klägers (einschließlich aufgelaufener Kautionszinsen[14]) in Höhe von . . . . . EUR.

Beweis: Schreiben (Kautionsabrechnung) vom . . . . ., Kopie Anlage 3

Der Beklagte hat den Kautionsbetrag jedoch nicht ausgezahlt. Der Beklagte hat auch nicht mitgeteilt, ob und aus welchen Gründen er die Kaution noch einbehält.[15] Vorsorglich wird bereits jetzt darauf hingewiesen, dass solche Gründe auch nicht bestehen.

Dem Beklagten ist mit Schreiben des Unterzeichners vom . . . . . zum . . . . . eine letzte Frist zur Rückzahlung des Kautionsguthabens gesetzt worden.[16]

Beweis: Schreiben vom . . . . . , Kopie Anlage 4

Zahlung ist jedoch bis heute nicht erfolgt.[17]

Rechtsanwalt[18, 19]

Anmerkungen

1. → Form. B. II. 3 Anm. 1.

2. → Form. B. II. 3 Anm. 2.

3. Entspricht der Höhe des zurückzufordernden Kautionsbetrags einschließlich der aufgelaufenen Kautionszinsen (AG Michelstadt WuM 1987, 353; LG Köln WuM 1995, 719; vgl. auch *Schneider* NZM 2010, 466, 467).

4. Gem. § 289 BGB scheinen Verzugszinsen zunächst nur auf den vom Mieter gezahlten Kautionsbetrag begehrt werden zu können, nicht auf die aufgelaufenen Kautionszinsen. Allerdings bestimmt § 551 Abs. 3 S. 4 BGB, das die Kautionserträge „die Sicherheit" „erhöhen". Damit verlieren sie letztlich ihren Zinscharakter und werden Teil der Kaution (so auch LG Köln WuM 1995, 719). Mit dieser Begründung ist eine Anwendbarkeit des § 289 BGB zu verneinen. Demgemäß ist die einzuklagende Hauptforderung die Summe aus Kaution und aufgelaufenen Kautionszinsen, und darauf können dann 5 % über dem Basiszinssatz gem. § 288 Abs. 1 BGB verlangt werden, → Anm. 5. Andernfalls müsste der Klageantrag lauten,

> „den Beklagten zu verurteilen, an den Kläger . . . . . EUR (= reiner Kautionsbetrag) nebst Zinsen in Höhe von 5 Prozentpunkten über dem Basiszinssatz (= Verzugszinsen nur auf den Kautionsbetrag) seit dem . . . . . (Verzugseintritt) sowie weitere Zinsen in Höhe von . . . . . EUR (= die aufgelaufenen Kautionszinsen) zu verurteilen."

5. Verzugszinsen können ab Verzug verlangt werden, wenn nach Fälligkeit des Rückzahlungsanspruchs bzgl. der Kaution eine Inverzugsetzung erfolgt ist. Zur Fälligkeit → Form. C. III. 4 Anm. 9.

6. → Form. B. II. 3 Anm. 6.

7. Besteht die Mieterseite aus einer Personenmehrheit, kann die Rückgabe der Kaution nur von allen gemeinsam gefordert werden; selbst dann, wenn die Sicherheit nur von einem Mieter gegeben worden ist, da dessen Zahlung eine Leistung aller Mieter zur Erfüllung der Sicherheitsabrede darstellt (KG ZMR 2012, 695).

8. a) Wird die Wohnung im Laufe des Mietverhältnisses veräußert, und datiert das Veräußerungsgeschäft nach dem 1. September 2001, ist gem. § 566a S. 1 BGB der Erwerber zur Rückzahlung der Kaution verpflichtet (BGH NZM 2009, 615). Dies gilt unabhängig davon, ob er die Kaution vom Veräußerer erhalten hat und auch dann, wenn er sie gar nicht erhalten kann, etwa weil der mittlerweile insolvente Veräußerer die Kaution nicht insolvenzfest – von seinem Vermögen getrennt angelegt hatte (BGH NZM 2012, 344); und auch beim Kauf vom Insolvenzverwalter (BGH NZM 2012, 344). Die Rückzahlungsverpflichtung trifft in einer „Veräußerungskette" den Erwerber bei einem Erwerbsvorgang während der Geltung des § 566a BGB auch dann, wenn es noch unter Geltung des § 572 BGB a. F. weitere Veräußerungsgeschäfte gegeben hat und die Kaution in der Kette der vorangegangenen Vermieter nicht weitergeleitet worden ist (BGH NZM 2012, 81, mit krit, Anm. *Bister* NZM 2012, 446). Zutreffend führt der BGH (NZM 2012, 344) aus, dass der Gesetzgeber mit § 566a S. 1 BGB „der Sache nach eine Belastung des vermieteten Grundstücks geschaffen" hat.

Der Rückzahlungsanspruch besteht auch gegen den Zwangsverwalter der Wohnung, und zwar selbst dann, wenn der Vermieter die Kaution dem Zwangsverwalter nicht ausgehändigt hat (BGH NZM 2009, 481; BGH NZM 2005, 596; BGH NZM 2003, 849). Dies gilt allerdings nicht, wenn das Mietverhältnis dadurch beendet wird, dass der Mieter das Eigentum an der Wohnung durch Zuschlag in der Zwangsversteigerung selbst erworben hat, weil sich damit die Parteien des Mietvertrags in der Person des Mieters vereinigen, das Mietverhältnis insgesamt durch Konfusion und damit auch ein etwaiger – durch die Beendigung des Mietverhältnisses aufschiebend bedingter – Kautionsrückzahlungsanspruch des Mieters gegen sich selbst erlischt (BGH NZM 2010, 698).

Kann bei Beendigung des Mietverhältnisses der Mieter die Sicherheit vom Erwerber nicht erlangen, so ist der Veräußerer gem. § 566a S. 2 BGB weiterhin zur Rückgewähr verpflichtet. Dies gilt selbst dann, wenn er anlässlich der Veräußerung die Kaution an den neuen Vermieter weitergereicht hatte. Bevor der Veräußerer eintreten muss, muss der Mieter aber versuchen, die Kaution vom neuen Vermieter zurückzuerhalten, es sei denn, dies erscheint von vornherein aussichtslos, zB weil der neue Vermieter bereits die eidesstattliche Versicherung geleistet hat.

b) Betrachtet man die Problematik aus der Sicht des Erwerbers, so muss er aus den eingangs a) genannten Gründen alles daran setzen, die Kaution auch tatsächlich vom Veräußerer zu erhalten, denn ein Anspruch auf ein „Wiederleisten" der Kaution gegen den Mieter besteht grundsätzlich nicht. Etwas anderes kann allerdings gelten, wenn der Mieter – etwa durch das Unterlassen von Mitwirkungshandlungen – treuwidrig die Übertragung der Kaution auf den Erwerber vereitelt und vom Veräußerer zurückerlangt hat (BGH NZM 2012, 303).

c) § 566a S. 2 BGB kann vertraglich abbedungen werden, allerdings muss die Formulierung für den Mieter eindeutig und verständlich sein (BGH NZM 2013, 230 – formularmäßige Bitte des Zwangsverwalters zur Entlassung aus „bürgenähnlicher Haftung.")

9. Zum Recht des Mieters, die Kaution –auch bei abweichender Vereinbarung im Mietvertrag- in drei gleichen Teilbeträgen zu entrichten, → Form. B. II. 3 Anm. 8.

10. Vortrag und Beweisantritt, dass der Kläger die Kaution gezahlt hat, sind entbehrlich, wenn der Beklagte die Kaution abgerechnet hat.

11. Der Kautionsrückzahlungsanspruch setzt die Zahlung der Kaution durch den Mieter voraus, nicht die gesetzeskonforme Anlage durch den Vermieter gem. § 551 Abs. 3 BGB.

12. Für das laufende Mietverhältnis hat der BGH (NZM 2014, 551) entschieden, dass der Vermieter wegen eines streitigen Betrages **nicht** auf die Kaution zugreifen darf (→ Form. B. II. 4 Anm. 12). Der BGH hat aber ausdrücklich offengelassen, „ob der Vermieter berechtigt ist, die Kaution nach Vertragsende auch wegen einer streitigen Forderung zu verwerten" (BGH NZM 2014, 551). Für die Zeit nach Beendigung des Mietverhältnisses ist damit unverändert streitig, ob die Forderung des Vermieters unstreitig, rechtskräftig festgestellt oder zumindest offensichtlich begründet sein muss (bejahend: LG Halle NZM 2008, 685; AG Bremen WuM 2007, 399; LG Wuppertal NZM 2004, 298; LG Berlin (65. ZK) GE 2003, 742; verneinend: OLG Karlsruhe NZM 2009, 817; LG Berlin (62. ZK) GE 2007, 449). Dem Streit kommt insbesondere Bedeutung zu, wenn der Mieter mit einer einstweiligen Verfügung dem Vermieter die Verwertung der Kaution, etwa die Auflösung des Kautionssparbuchs, untersagen will.

13. Auch wenn der Vermieter nicht abgerechnet hat, kann der Mieter sogleich auf Rückzahlung der Kaution klagen. Zur Klagebegründung reicht dabei der Vortrag (nur) der fehlenden Abrechnung aber nicht aus, Vielmehr muss der Mieter den Rückzahlungsanspruch mit einer eigenen Berechnung begründen. Soweit dem Mieter nähere Darlegungen nicht möglich sind, kann er sich auf den Vortrag beschränken, der bei zumutbarer Ausschöpfung der ihm zur Verfügung stehenden Quellen seinem Kenntnisstand entspricht (OLG Karlsruhe NJW-RR 2010, 585). Empfehlenswert ist ein solches Vorgehen nicht, da der Mieter bei einer sogleich auf Zahlung gerichteten Klage das (Kosten)risiko eingeht, dass der Vermieter den Kautionsrückzahlungsanspruch mit berechtigten Gegenforderungen aus dem Mietverhältnis ganz oder zum Teil zu Fall bringt. Dem kann eine vorgeschaltete Auskunftsklage vorbeugen, → Form. C. III. 4.

14. Die Verzinsung der Kaution muss ab dem Zeitpunkt der Kautionszahlung erfolgen, nicht erst ab der tatsächlichen Anlage durch den Vermieter auf einem Sparbuch. Die Anlage der Kaution hat bei **einem** Kreditinstitut zu dem für Spareinlagen mit dreimonatiger Kündigungsfrist üblichen Zinssatz zu erfolgen; vgl. ergänzend → Form. B. II. 2 Anm. 8. Der Vermieter ist nicht verpflichtet, das Kreditinstitut zu ermitteln, das bei dreimonatiger Kündigungsfrist die höchsten Zinsen anbietet. Das Gericht kann den Zinssatz des § 551 Abs. 3 BGB (Zinssatz für Spareinlagen mit dreimonatiger Kündigungsfrist) ggf. gem. § 287 ZPO schätzen (LG Nürnberg-Fürth NJW-RR 1992, 335).

Problematisch ist die Verzinsung von „Altkautionen". Dies betrifft einmal ältere Mietverträge, in denen zur Verzinsung der Kaution gar nichts gesagt ist, und zum anderen ältere Mietverträge, in denen die Verzinsung von Kautionen explizit ausgeschlossen ist. Hier trifft Art. 229 § 3 Abs. 8 EGBGB folgende Regelung: Eine Kaution braucht nicht verzinst zu werden, wenn die Verzinsung vor dem 1.1.1983 durch Vertrag ausgeschlossen worden ist. Das heißt, **nur** dann braucht eine Kaution nicht verzinst zu werden. Das heißt im Umkehrschluss, dass eine Kaution auch dann verzinst werden muss, wenn die Verzinsung in einem Vertrag **nach** dem 1.1.1983 ausgeschlossen worden ist. Außerdem ist eine Kaution zu verzinsen, wenn in einem Vertrag **vor** und **nach** dem 1.1.1983 zur Verzinsungspflicht nichts gesagt ist.

Da § 551 BGB aber im Gesetz unter der Überschrift „Mietverhältnisse über Wohnraum" steht, dürfte auf der anderen Seite daraus folgen, dass bei Mietverhältnissen über Nicht-Wohnräume, also z.B. über Geschäftsräume oder auch über Garagen, eine Verzinsungspflicht der Kaution nur besteht, wenn dies ausdrücklich im Vertrag vereinbart ist. Nach BGH NJW 1994, 3287 allerdings ist eine aufgrund eines Mietvertrags über gewerbliche Räume geleistete Mietkaution vom Vermieter regelmäßig auch dann vom Empfang an zu dem für Spareinlagen mit dreimonatiger Kündigungsfrist üblichen Zinssatz zu verzinsen, wenn der Vertrag keine ausdrückliche Bestimmung über eine Verzinsung enthält. Nur wenn die Verzinsungspflicht also im gewerblichen Mietvertrag explizit ausgeschlossen ist, braucht nach Ansicht des BGH eine Verzinsung der Kaution nicht zu erfolgen.

Falls der Vermieter die Kaution bei Wohnraummietverhältnissen entgegen § 551 Abs. 3 BGB nicht verzinslich angelegt hat, schuldet er die § 551 Abs. 3 S. 1 BGB entsprechenden Zinsen als Schadensersatz wegen der Verletzung einer vertraglichen Nebenpflicht.

Eine – wenig einleuchtende – Ausnahme von der Verzinsungspflicht (nicht: von der Anlagepflicht) besteht gem. § 551 Abs. 3 S. 5 BGB für Vermieter von Wohnraum in einem Studenten- oder Jugendwohnheim.

15. Falls sich im Rechtsstreit herausstellt, dass ein Kautionsrückforderungsanspruch des Mieters wegen berechtigter Gegenforderungen des Vermieters nicht besteht, können die Parteien ggf. den Rechtsstreit gem. § 91a ZPO übereinstimmend für erledigt erklären. In diesem Fall trägt der Vermieter die Kosten, wenn er die Kautionsrückzahlungsklage provoziert hat, zum Beispiel wenn er sich mit der Abrechnung der Kaution in Verzug befand und der Mieter nicht zuverlässig wissen konnte, ob und in welcher Höhe ihm ein Rückzahlungsanspruch gegen den Vermieter zusteht (OLG Karlsruhe BeckRS 2009, 20883).

16. → Anm. 5.

17. Der Anspruch des Mieters auf Abrechnung der Kaution verjährt mit dem Anspruch auf deren Rückzahlung (OLG Düsseldorf NZM 2005, 783). Der Kautionsrückzahlungsanspruch verjährt gem. § 195 BGB 3 Jahre nach dem Schluss des Jahres, in dem er entstanden ist, § 199 Abs. 1 Nr. 1 BGB. Dies setzt die Fälligkeit des Anspruchs voraus (BGH NZM 2013, 29). Solange der Vermieter aber noch berechtigter Weise Zeit hat, seine Gegenansprüche zu prüfen (→ Form. C. III. 4 Anm. 10), braucht er über die Kaution nicht abzurechnen, so dass der Rückzahlungsanspruch nicht fällig wird. Der Anspruch auf Rückzahlung der Kaution nach rechtlicher Beendigung des Mietverhältnisses entsteht also erst, wenn der Vermieter in der Lage ist, noch offene Ansprüche, zu deren Sicherung die Kaution dient, in zumutbarer Weise abzurechnen (OLG Düsseldorf NZM 2005, 783). Da auch Nachzahlungsansprüche aus einer Betriebskostenabrechnung zu den durch die Kaution gesicherten Ansprüchen aus dem Mietverhältnis gehören (BGH NZM 2006, 343 = NJW 2006, 1422), hängt mithin die Frage der Fälligkeit des Kautionsrückzahlungsanspruchs (BGH NZM 2006, 343 = NJW 2006, 1422) und damit auch die wiederum davon abhängige Verjährungsfrage davon ab, wann der Vermieter die Betriebskostenabrechnung zu erstellen hatte (OLG NZM 2005, 783).

Zwangsverwaltung und Insolvenz

18. Ein Mieter, dessen Mietverhältnis von einer **Zwangsverwaltung** betroffen war, hat einen Anspruch gegen den Zwangsverwalter auf Abrechnung und Auszahlung einer einmal geleisteten Kaution, wenn die Zwangsverwaltung bei Ende des Mietverhältnisses fortdauert. Der Zwangsverwalter muss gegenüber dem Mieter die Kaution abrechnen und etwaige Guthaben auch dann erstatten, wenn er die Kaution nicht erhalten hat, § 566a BGB (BGH NJW 2003, 3342–3343). Deren Herausgabe kann er gegenüber dem Schuldner/Eigentümer durchsetzen. Der Zwangsverwalter einer Wohnung muss die Kaution allerdings nur dann abrechnen und herausgeben, wenn den Vermieter, also den Zwangsverwaltungsschuldner, diese Pflicht getroffen hätte (BGH NJW-RR 2005, 962–964). In einem Fall, in dem der Zwangsverwaltungsschuldner das Grundstück vor dem 1.9.2001 erworben hatte und nicht klar war, ob ihm der Voreigentümer des Grundstücks die Kaution übergeben hatte, wendete der BGH § 572 S. 2 BGB a.F. an und verneinte die Pflicht des Zwangsverwalters auf Herausgabe der Kaution (BGH NJW-RR 2005, 962–964).

Die Pflicht des Verwalters endet mit Verfahrensaufhebung. Wird der Anspruch gegenüber dem Zwangsverwalter eingeklagt, besteht immer die Gefahr, dass die Gläubiger den Zwangsverwaltungsantrag zurücknehmen oder die Zwangsverwaltung anderweitig durch Aufhebung endet. Der Anspruch lässt sich dann nicht mehr gegenüber dem Zwangsverwalter durchsetzen und geht womöglich ins Leere.

19. Der **Insolvenzverwalter** hat gegen den insolventen Vermieter einen Anspruch auf Herausgabe der Mietsicherheit. Er kann sich zur Durchsetzung § 883 ZPO bedienen (Uhlenbruck/*Wegener* § 108 Rn. 24).

Hat der insolvente Vermieter die Kaution von seinem Vermögen gesondert angelegt, besteht hieran zugunsten des Mieters ein Aussonderungsrecht, § 47 InsO (OLG Hamburg ZIP 1990, 115; OLG Düsseldorf ZIP 1988, 449; BayObLG WuM 1988, 205). Nach Ende des Mietverhältnisses hat der Insolvenzverwalter dem Mieter den Geldbetrag herauszugeben. Wurde der Kautionsbetrag anderweitig mit Geldern vermischt, liegt jedoch nicht einmal eine Masseverbindlichkeit vor (*Wolf/Eckert/Ball* Rn. 1536). Der Mieter kann Schadenersatzansprüche, die ihm wegen der nicht ordnungsgemäßen Anlage der Kaution entstanden sind, allenfalls als Insolvenzforderung anmelden (BGH NZM 2008, 203; LG Berlin GE 2006, 1481; *von Gleichenstein* Info M 2007, 95; aA *Derleder* NZM 2004, 578). Der Wohnraummieter kann seine Kaution erst wieder vom Vermieter herausverlangen, wenn der Insolvenzverwalter das Objekt veräußert, sei es im Wege der Versteigerung oder des freihändigen Verkaufs. Dann ist der Erwerber, sofern der Eigentümerwechsel noch während des laufenden Mietverhältnisses erfolgte, zur Rückzahlung der Kaution verpflichtet, § 566a BGB (BGH NJW 2012, 1353 (1354)), wenn nach den mietvertraglichen Vereinbarungen die Voraussetzungen dafür geben sind.

Kündigt der Insolvenzverwalter eines insolventen Gewerberaummieters das Mietverhältnis und gibt er die Mietsache nach Eröffnung des Insolvenzverfahrens zurück, hat er mindestens einen Anspruch auf Herausgabe des nicht verbrauchten Teils der Kaution.

Geht es in der Mieterinsolvenz um die Kaution, die der Mieter für seine Wohnung geleistet hat, gilt anderes. Hier darf der Insolvenzverwalter das Wohnraummietverhältnis nicht kündigen. Er kann allenfalls die Erklärung nach § 109 Abs. 1 S. 2 InsO abgeben. Zu den Rechtsfolgen der Erklärung siehe → Form. F. I. 1 Anm. 7. Je nachdem, welcher Auffassung man zuneigt, fällt die Kaution in die Masse (so *Cymutta* WuM 2008, 441, 443; *Pape* NZM 2004, 401 (411) Uhlenbruck/Hirte/Vallender/*Wegener* § 108 Rn. 32). In der Rechtsprechung wurde bisher nur vereinzelt von dieser Auffassung abgewichen (AG Göttingen NZI 2009, 607–609; aA allerdings LG Göttingen Urt. v. 14.4.2010 – 5 S 33/09). Kündigt der Insolvenzverwalter/Treuhänder die Mitgliedschaft des Schuldners in einer Wohnungsgenossenschaft, um damit das der Masse gebührende Auseinandersetzungsguthaben zu realisieren, hat der Schuldner allerdings keinen Anspruch auf Auskehrung des Teils des Guthabens, den er als Kaution für die von ihm bewohnte Wohnung benötigt (BGH vom 2.12.2010 – IX ZB 120/10, ZInsO 2011, 93–94).

6. Klage auf Rückgabe sonstiger Mietsicherheiten

An das

Landgericht . . . . .²

Klage

des . . . . .

– Kläger –

Prozessbevollmächtigter: Rechtsanwalt . . . . .³

gegen

. . . . .

– Beklagter –

wegen: Herausgabe

Streitwert: . . . . .⁴

Namens und in Vollmacht des Klägers werde ich

beantragen,

den Beklagten zu verurteilen, an den Kläger[5] die Bürgschaftsurkunde der . . . . .-Bank vom . . . . . über . . . . . EUR[6] herauszugeben.

Sollte das Gericht das schriftliche Vorverfahren anordnen, wird bereits jetzt für den Fall des Vorliegens der Voraussetzungen

Antrag

auf Erlass eines Versäumnisurteils gestellt.

Einer Entscheidung der Sache durch den Einzelrichter wird zugestimmt.[7]

Begründung:

Der Kläger war seit . . . . . Mieter, der Beklagte Vermieter des Ladenlokals im Erdgeschoss links, ...str . . . . . . in . . . . .

Beweis: Mietvertrag vom . . . . ., Kopie Anlage 1

Ausweislich § . . . . . des Mietvertrags war vom Kläger bis zum . . . . . als Kaution eine Bürgschaftsurkunde über einen Betrag von . . . . . EUR beizubringen.[1]

Dieser Verpflichtung ist der Kläger am . . . . . durch Übergabe der im Klageantrag genannten Bürgschaftsurkunde nachgekommen.

Beweis: Quittung des Beklagten vom . . . . ., Kopie Anlage 2

Der Kläger hat das Mietverhältnis mit Einschreiben/Rückschein vom . . . . . zum . . . . . gekündigt.

Beweis: Schreiben vom . . . . ., Kopie Anlage 3
Rückschein vom . . . . ., Kopie Anlage 4

Der Kläger hat das Mietobjekt frist- und ordnungsgemäß geräumt und dem Beklagten die Schlüssel zurückgegeben. Sodann war der Beklagte nach Ablauf einer angemessenen Zeit zur Überprüfung etwaiger eigener Ansprüche – regelmäßig sechs Monate[8] – verpflichtet, die Bürgschaftsurkunde herauszugeben.[9]

Nachdem acht Monate ohne eine Rückmeldung des Beklagten vergangen waren, wurde der Beklagte mit Schreiben des Unterzeichners vom . . . . . unter Fristsetzung zum . . . . . letztmalig gemahnt.

Beweis: Schreiben vom . . . . ., Kopie Anlage 5

Der Beklagte hat diese Frist jedoch verstreichen lassen.

Rechtsanwalt

Anmerkungen

1. Zwar kann im Rahmen der Vertragsfreiheit auch die Art der Mietsicherheit frei vereinbart werden. Meist wird die Kaution jedoch als Geldleistung erbracht. Andere Kautionen sind seltener. Denkbar sind zB Naturalsicherheiten, Hinterlegung, Bürgschaft, Hypothekenbestellung, Sicherungsabtretung zB von Lohn- und Gehaltsansprüchen; vgl. auch § 232 BGB. Auch scheinen für andere als Barkautionen gewerbliche Mieterverhältnisse geeigneter als Wohnraummietverhältnisse, bei denen gem. § 551 Abs. 1 BGB die

Summe aller Sicherheiten regelmäßig drei (Grund-)mieten nicht überschreiten darf. Vgl. im Einzelnen → Form. B. II. 3 Anm. 8.

Die Klage zur Durchsetzung eines Rückgewähranspruchs richtet sich nach der Art der anderweitigen Kautionsleistung. Der häufigste Fall dürfte die Klage auf Herausgabe einer Bürgschaftsurkunde sein.

2. → Form. B. II. 3 Anm. 1.

3. → Form. B. II. 3 Anm. 2.

4. Entspricht dem Wert der anderweitigen Sicherheit, hier dem in der Urkunde genannten Bürgschaftsbetrag (str., vgl. im Einzelnen BLAH/*Hartmann* Anh. § 3 Rn. 68 und *Schneider* NZM 2010, 466, ua: Verhinderung der Inanspruchnahme des Bürgen = Wert der Bürschaftsforderung, Geltendmachung von Vermieteransprüchen in Höhe der Bürgschaft und Inzidenterprüfung dieser Ansprüche im Streit über die Bürgschaftsherausgabe = Wert der Hauptschuld (Bürgschaftshöhe)). Nach OLG Hamm (JurBüro 1981, 434) ist das Interesse an der Unterbindung einer mißbräuchlichen Benutzung der Bürgschaftsurkunde äußerst gering, wenn die durch die Bürgschaft abgesicherte Forderung infolge Zahlung unstreitig erloschen ist und dies leicht durch Urkunden belegt werden kann. Dabei soll der Wert der Gegenansprüche, wegen derer der Vermieter die Bürgschaftsurkunde zurückbehält, für die Streitwertfestsetzung unerheblich sein. Genaugenommen könnte man aber eben diesen Wert der Gegenansprüche auch der Streitwertfestsetzung zugrunde legen, denn (nur) das ist der Betrag, um den die Parteien in der Sache streiten.

5. Vgl. OLG Hamm NJW-RR 1992, 1036. Bei BGH NJW 1989, 1482 lautete der Antrag auf Herausgabe der Bürgschaftsurkunde an den Bürgen; zum Rechtsschutzbedürfnis des Klägers in diesem Fall vgl. die zitierte Entscheidung. Die – nicht nur für die Formulierung des Klageantrags, sondern auch für die Begründetheit der Klage – wichtige Frage, ob der Mieter Herausgabe der Bürgschaftsurkunde an sich selbst oder nur an den Bürgen verlangen kann, ist streitig. Vgl. dazu mwN *Geldmacher* DWW 2000, 180, 187 f. und DWW 2001, 178, 184 f.). Wie hier (Klage auf Herausgabe an den Mieter) zB LG Saarbrücken NJW-RR 2000, 822; LG Kiel WuM 2001, 238.

6. Falls noch weitere Identifikationsmerkmale der Urkunde vorhanden sind, zB eine Urkundennummer, so sollte dies mit angegeben werden.

7. Gem. § 253 Abs. 3 ZPO soll die Klageschrift eine Äußerung zu der Frage enthalten, ob einer Entscheidung der Sache durch den Einzelrichter Gründe entgegenstehen. § 277 Abs. 1 S. 2 ZPO enthält eine entsprechende Soll-Vorschrift für die Klageerwiderung. Es empfiehlt sich aber, diese Erklärung bei an das Landgericht gerichteten Klagen zur Vermeidung einer entsprechenden formularmäßigen Anfrage durch das Gericht stets gleich mit in die Klageschrift aufzunehmen.

8. Speziell für eine Bürgschaft vgl. OLG Düsseldorf DWW 2000, 92; OLG Hamm NJW-RR 1992, 1036; LG Kiel WuM 2001, 238; im Übrigen → Form. C. III. 4 Anm. 9.

9. OLG Hamm NJW-RR 1992, 1036. Das OLG Hamm stellt maßgeblich darauf ab, dass der Vermieter seine behaupteten Schadensersatzansprüche nie aktiv (auch nicht im Wege der Widerklage) geltend gemacht hatte, sondern stets – auch im Prozess – nur als Grund für ein Zurückbehaltungsrecht an der Bürgschaftsurkunde anführte.

7. Klage auf Herausgabe wegen nicht (mehr) bestehenden Vermieterpfandrechts

An das

Amtsgericht . . . . . [1]

Klage

des . . . . .

– Kläger –

Prozessbevollmächtigter: Rechtsanwalt . . . . . [2]

gegen

. . . . .

– Beklagter –

wegen: Herausgabe von Sachen

Streitwert: . . . . . [3]

Namens und in Vollmacht des Klägers erhebe ich Klage und werde

beantragen,

> den Beklagten zur Herausgabe des Orientteppichs Isfahan, ca. 3,00 × 4,00 m, Hauptfarben rot (innen) und blau (Umrandung), Muster Rosette (ca. 60 cm durchmessend, in der Mitte des Teppichs) und Blumen[4] an den Kläger zu verurteilen.
> *oder:*
> den Beklagten zur Herausgabe des Orientteppichs Isfahan, ca. 3,00 × 4,00 m, wie aus nachfolgendem Foto ersichtlich, an den Kläger zu verurteilen.
> – Foto –

Sollte das Gericht das schriftliche Vorverfahren anordnen, wird bereits jetzt für den Fall des Vorliegens der Voraussetzungen

Antrag

auf Erlass eines Versäumnisurteils gestellt.

Begründung:

Der Kläger war Mieter, der Beklagte war Vermieter der Wohnung . . . . . in . . . . .

Beweis: Mietvertrag vom . . . . ., Kopie Anlage 1

Nachdem der Kläger mit drei Mieten in Rückstand geraten war, hatte der Beklagte das Mietverhältnis mit Schreiben vom . . . . . fristlos gekündigt und den Kläger zur Räumung bis zum . . . . . aufgefordert.

Beweis: Schreiben vom . . . . ., Kopie Anlage 2

Als der Beklagte am . . . . . auszog, erschien unerwartet der Kläger und widersprach der Entfernung der Einrichtungsgegenstände aus der Wohnung, da ihm insoweit ein Vermieterpfandrecht[5] zustünde. Der Beklagte drohte außerdem an, von seinem Selbsthilferecht[6] Gebrauch zu machen. Der Kläger wollte sich in dieser Situation nicht im Hausflur mit dem Beklagten auseinandersetzen. Im Übrigen war zu diesem Zeitpunkt noch, wovon auch der Kläger ausging, selbst unter Berücksichtigung der von ihm bei Mietbeginn gezahlten Kaution mit einer Miet- und Betriebskostennachforderung von ca. 1.000,– EUR zu rechnen. Der Kläger ließ daher den im Klageantrag bezeichneten Teppich in der Obhut des Beklagten zurück. Der Beklagte gab sich damit zufrieden, da der Teppich, wovon beide Parteien ausgingen, ca. 2.000,– EUR wert ist.[7]

Zwischenzeitlich sind die Mietrückstände und Betriebskosten unter gleichzeitiger Verrechnung der vom Kläger geleisteten Mietkaution vom Beklagten abgerechnet worden. Der Kläger hat den verbleibenden Nachzahlungsbetrag von 1.125,98 EUR gezahlt.

Beweis: Miet-, Betriebskosten- und Kautionsabrechnung, Kopie Anlage 3
Kontoauszug des Klägers vom . . . . ., Kopie Anlage 4

Weitere Ansprüche des Beklagten gegen den Kläger bestehen nicht.

Der Kläger hat den Beklagten wiederholt, zuletzt mit Schreiben vom . . . . . unter Fristsetzung zum . . . . . zur Herausgabe des Teppichs aufgefordert.

Beweis: Schreiben vom . . . . ., Kopie Anlage 5

Da der Beklagte bis heute nicht reagiert, insbesondere den Teppich nicht zurückgegeben hat, war Klage geboten.

Rechtsanwalt

Anmerkungen

1. → Form. B. II. 3 Anm. 1.

2. → Form. B. II. 3 Anm. 2.

3. Entspricht dem Wert der herausverlangten Sache(n).

4. Die Bezeichnung des herauszugebenden Gegenstands im Klageantrag muss so genau wie möglich erfolgen, damit der Gerichtsvollzieher aus dem Titel auch vollstrecken kann. Bei technischen Geräten mit Produktnamen und Seriennummern usw. bereitet dies keine Probleme. Gerade bei Gegenständen, bei denen dies nicht so einfach ist (Teppiche, Gemälde) ist eine penible Genauigkeit in der Beschreibung umso wichtiger. Die Beschreibung, auch wenn sie lang ist, gehört bereits in den Klageantrag, nicht erst in die Begründung. Als Alternative zu einer umfangreichen Beschreibung bietet sich in solchen Fällen auch ein mit dem Klageantrag verbundenes Foto an. Wenn ein Antrag nicht vollstreckungsfähig wäre, muss das Gericht darauf gem. § 139 ZPO hinweisen und Gelegenheit zur Präzisierung geben.

5. Zu den Voraussetzungen für ein Vermieterpfandrecht siehe die Anmerkungen → Form. C. II. 29.

6. § 562b Abs. 1 BGB.

7. Falls auch der Vermieter davon ausging, dass außer einer zu erwartenden Nachforderung von ca. 1.000,– EUR keine weiteren Forderungen mehr bestanden, hätte er einer Entfernung der übrigen Sachen von dem Grundstück ohnehin nicht widersprechen dürfen, vgl. § 562a S. 2 BGB, da die zurückbleibenden Sachen (der Teppich) zur Sicherung des Vermieters offenbar ausreichten. → Form. C. II. 29 Anm. 10.

Schadensersatz/Aufwendungsersatz/ungerechtfertigte Bereicherung

8. Klage auf Ersatz der Kosten einer in den Mieträumen durchgeführten Notreparatur

An das

Amtsgericht . . . . .[1]

Klage

des Herrn . . . . .

– Kläger –

Prozessbevollmächtigter: Rechtsanwalt . . . . .

gegen

Herrn . . . . .

– Beklagter –

wegen Aufwendungsersatz

vorläufiger Streitwert: . . . . . EUR

Namens und in Vollmacht des Klägers erhebe ich Klage mit dem Antrag,

1. den Beklagten zu verurteilen, an den Kläger . . . . . EUR nebst Zinsen in Höhe von 5 Prozentpunkten über dem jeweiligen Basiszinssatz nach § 247 BGB aus . . . . . EUR seit dem und aus . . . . . EUR seit dem . . . . . zu zahlen,
2. im Falle der Anordnung des schriftlichen Vorverfahrens bei Vorliegen der Voraussetzungen Versäumnisurteil gemäß § 331 Abs. 3 ZPO zu erlassen.

Begründung:

Mit schriftlichem Mietvertrag vom . . . . . mietete der Kläger vom Beklagten die Erdgeschosswohnung im Hause . . . . . in . . . . . an.

Beweis: anliegende Kopie des Mietvertrages

Am . . . . . gegen 22.00 Uhr, einem Freitagabend, bemerkte der Kläger an der Küchenwand einen sich rasch ausbreitenden Feuchtigkeitsfleck, der auf einen Wasserrohrbruch schließen ließ. Die Feuchtigkeit erstreckte sich auf den unter der Wohnung liegenden Kellerraum, in dem Wasser von der Decke tropfte.

Der Kläger stellte daraufhin zunächst die Wasserzufuhr am Haupthahn ab und versuchte noch am selben Abend vergeblich, den Beklagten telefonisch zu erreichen, um ihn von dem Schaden in Kenntnis zu setzen und ihm die Notwendigkeit einer sofortigen Reparatur mitzuteilen. Erfolglos blieben auch weitere Versuche am Samstagvormittag. Nach Auskunft eines Nachbarn des Beklagten war der Beklagte für einige Tage mit unbekanntem Ziel verreist.

Beweis: Zeugnis des . . . . .

Borzutzki-Pasing955

Da der Kläger und seine Familie ohne fließendes Wasser waren, bestand mit Rücksicht auf das bevorstehende Wochenende keine andere Möglichkeit, als die Beseitigung des Rohrbruchs selbst in Auftrag zu geben. Dies geschah noch im Laufe des späteren Samstagvormittags bei dem Notdienst der Sanitärfirma . . . . .

Die Firma . . . . . stellte in der Tat einen Rohrbruch fest und reparierte diesen noch am Nachmittag desselben Tages. Sie stellte dem Kläger hierfür den Betrag von . . . . . EUR in Rechnung.

Beweis: anliegende Kopie der Rechnung vom . . . . .

Der Kläger hat den Rechnungsbetrag am . . . . . bezahlt.

Beweis: anliegende Kopie des Überweisungsbelegs

Mit seiner Klage begehrt der Kläger zunächst Ersatz des von ihm zur Schadensbeseitigung aufgewendeten Rechnungsbetrags von . . . . . EUR.[2]

Diesen Aufwand hat der Beklagte zu ersetzen, weil die vom Kläger veranlassten Arbeiten zur Abwehr akuter Gefahren für das Mietobjekt erforderlich waren und der Kläger anstelle des nicht erreichbaren Beklagten gehalten war, Sofortmaßnahmen zu ergreifen.[3]

Außerdem verlangt der Kläger Aufwendungsersatz in Höhe von weiteren . . . . . EUR für die von ihm selbst aufgewendete Arbeitszeit.[4]

Der Inhaber der mit der Reparatur beauftragten Firma teilte dem Kläger nach einer ersten Besichtigung der Schadensstelle mit, dass zunächst noch eine weitere Notreparatur in einem anderen Objekt zu erledigen sei. Eine Instandsetzung sei an diesem Wochenende nur dann möglich, wenn der Kläger die vorbereitenden Stemmarbeiten selbst vornehme. Diese Arbeiten hat der Kläger sodann nach Anweisung durchgeführt.

Beweis: Zeugnis des . . . . .

Hierfür wandte der Kläger eine Arbeitszeit von 2 Stunden auf. Diese Zeit war angesichts des Umfangs der notwendigen Stemmarbeiten erforderlich und angemessen.

Beweis: Zeugnis des Monteurs . . . . .,
            Sachverständigengutachten

Der Beklagte schuldet auch Wertersatz für die Arbeitsleistung des Klägers.

Diesen Wert bemisst der Kläger mit mindestens . . . . . EUR pro Stunde. Dies entspricht wegen des gebotenen Abzugs von Lohnnebenkosten einem Anteil von 60 % des von der Sanitärfirma . . . . . berechneten Lohnaufwands.[5]

Das Gericht mag den insoweit gerechtfertigten Aufwendungsersatz notfalls gemäß § 287 ZPO schätzen.[6]

Sowohl diesen Wertersatz als auch den aufgewendeten Rechnungsbetrag hat der Beklagte jeweils ab dem Zeitpunkt des tatsächlichen Aufwandes gemäß § 256 S. 1 BGB zu verzinsen.[7]

Rechtsanwalt

Anmerkungen

1. Zur sachlichen **Zuständigkeit** des Amtsgerichts bei der **Wohnraummiete** vgl. § 23 Abs. 2 Nr. 2 a GVG. Die örtliche Zuständigkeit ergibt sich aus § 29a ZPO.

Das Formular kann bei **Anmietung eines Gewerbeobjekts** entsprechende Anwendung finden. Die Zuständigkeit des Amts- oder Landgerichts hängt dann vom Streitwert ab (vgl. §§ 29a ZPO, 23 Abs. 1 Nr. 1, 71 Abs. 1 GVG). Der Gegenstandswert bemisst sich nach dem geltend gemachten Aufwendungsersatz.

2. Die Vorschrift des § 536a Abs. 2 Nr. 2 BGB, die für alle Mietverhältnisse gilt, regelt einen vom Verzug unabhängigen **Aufwendungsersatzanspruch** des Mieters. Dieser setzt voraus, dass der Mieter Aufwendungen getätigt hat, die zur Erhaltung oder Wiederherstellung notwendig waren. Insoweit deckt sich der Regelungsbereich des § 536a Abs. 2 Nr. 2 BGB mit dem des § 547 Abs. 1 BGB aF, auch wenn das Gesetz nicht mehr auf den Begriff der „notwendigen Verwendungen" zurückgreift. Der Sache nach liegt der gesetzlichen Regelung dasselbe rechtliche Verständnis zugrunde wie bei § 547 Abs. 1 BGB aF (vgl. Palandt/*Weidenkaff* § 536a Rn. 16).

Wenn ein Aufwendungsersatzanspruch nach § 536a Abs. 2 Nr. 2 BGB ausscheidet, kann ein solcher im Rahmen von **§ 539 Abs. 1 BGB** in Betracht kommen, und zwar unter den Voraussetzungen einer **Geschäftsführung ohne Auftrag** im Sinne von §§ 677 ff. BGB (→ Form. C. III. 9 Anm. 4 ff.). Aus dem Gesetzeswortlaut des § 539 Abs. 1 BGB ist zu folgern, dass ein Aufwendungsersatz nach dieser Bestimmung nur sekundär gegenüber dem – zunächst auszuschließenden - Aufwendungsersatz nach § 536a Abs. 2 BGB bejaht werden kann (vgl. BGH Urt. v. 16.1.2008 – VIII ZR 222/06, NZM 2008, 279; aA Emmerich/Sonnenschein/*Sonnenschein* BGB § 539 Rn. 1).

Der Aufwendungsersatz nach § 539 Abs. 1 BGB erfordert das Vorliegen eines objektiv fremden Geschäfts (aus dem Zuständigkeitsbereich des Vermieters), das vom Mieter mit **Fremdgeschäftsführungswillen** wahrgenommen wird und dessen Durchführung objektiv im Interesse des Vermieters liegt und seinem wirklichen oder (nachrangig zu berücksichtigenden) mutmaßlichen Willen entspricht. Fremd ist ein Geschäft bei einem Mietverhältnis idR ohne weiteres schon dann, wenn der Mieter Aufwendungen für das fremde Eigentum des Vermieters erbringt (vgl. Emmerich/Sonnenschein/*Sonnenschein* BGB § 539 Rn. 2 ff.).

§ 539 Abs. 1 BGB gilt aber nur mit Einschränkungen als Auffangtatbestand. Beseitigt ein Mieter einen Mangel der Mietsache selbst, ohne den Vermieter zuvor in Verzug gesetzt zu haben, und liegt auch keine Notmaßnahme vor, ist ein Rückgriff auf § 539 Abs. 1 iVm den Vorschriften über die Geschäftsführung ohne Auftrag nicht gestattet (vgl. BGH Urt. v. 16.1.2008 – VIII ZR 222/06, NZM 2008, 279). Dann scheidet auch ein Schadensersatzanspruch gemäß § 536a Abs. 1 BGB aus.

Der Anwendbarkeit des § 539 Abs. 1 BGB auf Fälle der eigenmächtigen **Mängelbeseitigung** durch den Mieter steht der Zweck des § 536a Abs. 2 Nr. 1 BGB entgegen. Danach soll dem Vermieter der Vorrang bei der Beseitigung eines Mangels zukommen, weil er dadurch die Minderung der Miete (§ 536 BGB) oder Schadensersatzansprüche des Mieters (§ 536a Abs. 1 BGB) abwenden kann. Die dem Vermieter grundsätzlich einzuräumende Möglichkeit, einen Mangel selbst zu beseitigen, soll es ihm zudem ermöglichen, die Mietsache darauf zu überprüfen, ob der behauptete Mangel besteht, auf welcher Ursache er beruht, ob und auf welche Weise er beseitigt werden kann und ob hierzu ggf. Beweise zu sichern sind (vgl. BGH Urt. v. 16.1.2008 – VIII ZR 222/06, NZM 2008, 279). Beseitigt der Mieter eigenmächtig einen Mangel der Mietsache, ohne dass der Vermieter mit der Mangelbeseitigung in Verzug ist (§ 536a Abs. 2 Nr. 1 BGB) oder die umgehende Beseitigung des Mangels zur Erhaltung oder Wiederherstellung des Bestands der Mietsache notwendig ist (§ 536a Abs. 2 Nr. 2 BGB), so kann er die Aufwendungen zur Mangelbeseitigung weder nach § 539

Abs. 1 BGB noch als Schadensersatz gemäß § 536a Abs. 1 BGB vom Vermieter ersetzt verlangen (BGH Urt. v. 16.1.2008 – VIII ZR 222/06, NZM 2008, 279).

Aufwendungen im Sinne von § 536a Abs. 2 Nr. 2 BGB, um die es vorliegend geht, erfordern dagegen keinen Fremdgeschäftsführungswillen (vgl. Palandt/*Weidenkaff* § 536a Rn. 16), wenngleich dieser zumeist vorliegen wird. Beim Aufwendungsersatz handelt es sich um einen eigenständigen mietvertraglichen Anspruch und nicht um einen Unterfall der Geschäftsführung ohne Auftrag. Erforderlich sind solche vermögenswerten Verwendungen, die zur Erhaltung der Mietsache oder zu ihrer Wiederherstellung **ohne Aufschub notwendig** sind (vgl. BGH Urt. v. 20.1.1993 – VIII ZR 22/92, NJW-RR 1993, 522). Die Vorschrift regelt mithin keinen Auffangtatbestand für den Ersatz solcher Aufwendungen, die sich als bloße Herstellung eines vertragsgemäßen Zustands im Rahmen einer Mängelbeseitigung darstellen (vgl. BGH Urt. v. 6.7.1990 – LwZR 8/89, NJW-RR 1991, 75), denn dies unterfällt dem verzugsabhängigen Aufwendungsersatz nach § 536a Abs. 2 Nr. 1 BGB.

Maßgeblicher Prüfungsmaßstab für die Notwendigkeit von Aufwendungen sind daher die (Kontroll-) Fragen, ob ein Mangel der Mietsache vorliegt und der Vermieter gehalten gewesen wäre, die vom Mieter getroffenen Aufwendungen ohne Aufschub zu veranlassen, um die Mietsache zu erhalten oder wiederherzustellen (vgl. BGH Urt. v. 16.1.2008 – VIII ZR 222/06, NZM 2008, 279, 1216). Die Vorschrift des § 536a Abs. 2 Nr. 2 BGB ist dabei eng auszulegen, da in das Recht des Vermieters, selber über seine Mietsache zu bestimmen, eingegriffen wird (vgl. BGH Urt. v. 16.1.2008 – VIII ZR 222/06, NZM 2008, 279). Zu den Aufwendungen, die nicht umgehend erledigt werden müssen, zählen die Durchführung von Schönheitsreparaturen, soweit sie dem Vermieter obliegen, die Beseitigung bloßer optischer Fehler ohne nachhaltige Gebrauchsbeeinträchtigung und die Beseitigung geringerer Funktionsstörungen an Heizung, Elektroanlagen und sonstigen Versorgungsanlagen.

Der mietrechtliche Aufwendungsersatzanspruch besteht nur für **notwendige Verwendungen während der Vertragszeit.** Hat der Mieter nach Beendigung des Mietverhältnisses noch Verwendungen auf die Mietsache gemacht, so bestimmen sich seine Rechte, da der Besitz sich nicht mehr aus dem Mietvertrag ableiten lässt, nur noch nach den Grundsätzen zur Geschäftsführung ohne Auftrag im Sinne von §§ 677 ff. BGB oder im Rahmen des Eigentümer-Besitzer-Verhältnisses (§§ 994 ff. BGB).

Bei einer durch Erhaltungsmaßnahmen erlittenen **Umsatzeinbuße** handelt es sich nicht um eine ersatzfähige Aufwendung (vgl. BGH Urt. v. 13.5.2015 – XII ZR 65/14, NZM 2015, 538; OLG Saarbrücken Urt. v. 20.12.2010 – 8 U 507/09, BeckRS 2011, 00103). Es besteht weithin Einigkeit darüber, dass unter einer „Aufwendung" die freiwillige Aufopferung von Vermögenswerten für die Interessen eines anderen zu verstehen ist, wobei von einer Freiwilligkeit nur dann ausgegangen werden kann, wenn die Aufwendung auf einer Leistung beruht, an der es aber bei einer Umsatzeinbuße fehlt (vgl. BGH Urt. v. 13.5.2015 – XII ZR 65/14, NZM 2015, 538 mwN). Ob diese Auffassung zwingend ist, ließe sich hinterfragen. Wenn ein gewerblicher Mieter seinen Betrieb für eine Notmaßnahme schließt, um die Reparatur überhaupt erst zu ermöglichen, erscheint es als fraglich, die dadurch bedingte Umsatzeinbuße nicht als unmittelbare Folge seiner „Leistung" zu klassifizieren. Nach der Rechtsprechung wird jedoch erst dann mit einem Ersatz zu rechnen sein, wenn der Vermieter schadensersatzpflichtig ist, was im Regelfall seinen Verzug mit der Mangelbeseitigung voraussetzt.

Verjährung tritt beim Aufwendungsersatzanspruch gemäß § 548 Abs. 2 BGB in sechs Monaten nach Beendigung des Mietverhältnisses ein (vgl. BGH Urt. v. 4.5.2011 – VIII ZR 195/10, NZM 2011, 452; jurisPK-BGB *Münch* § 536a Rn. 33). Damit hat der BGH den Meinungsstreit – zumindest für die Rechtspraxis – dahin entschieden, dass nicht die Regelverjährung von drei Jahren Geltung findet. Dies soll seine Rechtfertigung darin finden, dass nach Beendigung des Mietverhältnisses alsbald Klarheit über bestehende Ansprüche im Zusammenhang mit dem Zustand der Mietsache erreicht werden soll (vgl. BGH Urt. v. 4.5.2011 – VIII ZR 195/10, NZM 2011, 452, unter Hinweis auf BT-

Drucks. 14/4553, S. 45). Zum anderen dient die in § 548 Abs. 2 BGB getroffene Spezial-regelung auch dem Zweck, das laufende Mietverhältnis nicht unnötig mit Auseinander-setzungen zu belasten (vgl. BGH Urt. v. 4.5.2011 – VIII ZR 195/10, NZM 2011, 452; Urt. v. 28.5.2008 – VIII ZR 133/07, NZM 2008, 519). Maßgeblich ist dabei nicht der Zeitpunkt der Rückgabe der Mietsache, der gemäß § 548 Abs. 1 S. 2 BGB für Ersatz-ansprüche des Vermieters wegen Veränderungen oder Verschlechterungen der Mietsache einschlägig ist, sondern nach dem ausdrücklichen Wortlaut des Gesetzes der Zeitpunkt des rechtlichen Endes des Mietverhältnisses. Die Regelungen in § 548 Abs. 1 S. 2 und Abs. 2 BGB regeln also einen unterschiedlichen Verjährungsbeginn.

3. Die **tatsächlichen Voraussetzungen** für einen außerordentlichen Aufwendungsersatz wegen Gefahr im Verzuge (§ 536a Abs. 2 Nr. 2 BGB) sind zweistufig zu prüfen. Der Mietsache muss zum einen eine **konkrete, erhebliche Gefahr** drohen. Die vom Mieter getätigten Aufwendungen müssen in diesem Rahmen zur Gefahrenabwehr **erforderlich** sein. Zum anderen muss der Vermieter für einen nicht nur kurzfristigen Zeitraum **uner-reichbar** sein. Diese Voraussetzungen müssen kumulativ vorliegen. Eine Notwendigkeit zur umgehenden Mangelbeseitigung erfordert damit eine besondere Intensität des Mangels und die Dringlichkeit seiner Behebung.

Die **Notwendigkeit** der Aufwendungen ist vom klagenden Mieter zu begründen (zur Darlegungs- und Beweislast vgl. Palandt/*Weidenkaff* § 536a Rn. 19). Richtschnur ist dabei zum einen der vom Vermieter zu gewährleistende vertragsgemäße Zustand und zum anderen die Erheblichkeit des Mangels für den vertragsgemäßen Gebrauch und den Bestand der Mietsache. Es muss also ein **konkreter Interventionsbedarf** für den Mieter bestehen.

Für den Mieter wird in diesem Zusammenhang oft fraglich sein, ob er anstelle des Vermieters überhaupt gehalten sein kann, in eigener Initiative Verwendungen auf die Mietsache zu unternehmen. Rechtlich ist er grundsätzlich nicht zur Beseitigung von Män-geln verpflichtet, denn die Erhaltung und Instandhaltung der Mietsache ist gemäß § 535 Abs. 1 S. 2 BGB eine Hauptleistungspflicht (Kardinalpflicht) des Vermieters. Der Mieter kann aber gegen vertragsimmanente **Obhutspflichten** verstoßen, wenn er gebotene Vor-sorge- oder Schutzmaßnahmen unterlässt (zu solchen Pflichten vgl. Palandt/*Weidenkaff* § 536c Rn. 1 ff.). Hierdurch kann er sich gegenüber dem Vermieter schadensersatzpflichtig machen. Es gehört zu den allgemeinen Vertragspflichten, dass bei der Durchführung des Mietvertrages Eigentum und andere Rechtsgüter des Vermieters nicht beeinträchtigt wer-den. Dies folgt insbesondere aus der Rechtsnatur als Dauerschuldverhältnis, bei dessen Durchführung Obhutspflichten eine besondere Bedeutung gewinnen. Diese Pflichten sind nicht auf die eigentliche Mietsache selbst beschränkt, sondern erstrecken sich auch auf das übrige Eigentum des Vermieters, zu dem der Mieter Zugang hat (vgl. OLG Oldenburg Urt. v. 25.3.2010 – 14 U 77/09, juris; Palandt/*Weidenkaff* § 535 BGB Rn. 85; Palandt/*Grüne-berg* § 280 BGB Rn. 28).

Im Falle eines durch eine Obhutpflichtverletzung des Mieters verursachten Schadens wird ihm sein Verhalten dann als (ggf. überwiegendes) Mitverschulden im Sinne von § 254 BGB anzulasten sein. Im Beispielsfall dürfte die schlichte Untätigkeit des Mieters wegen der Gefahr gravierender Schäden und Folgeschäden als pflichtwidrig anzusehen sein. Die Mietsache war akut durch Feuchtigkeitsbeeinträchtigungen gefährdet. Weitere Anwendungsfälle können sich beim totalen Heizungsausfall im Winter, bei Unwetter-schäden oder bei der Abwehr von Diebstahl und Einbrüchen ergeben (vgl. BGH Urt. v. 16.1.2008 – VIII ZR 222/06, NJW 2008, 1216; *Dauner-Lieb* NZM 2004, 641).

Der Grundsatz, dass der Vermieter zur Erhaltung und Instandhaltung der Mietsache verpflichtet ist, zwingt den Mieter aber auch, nicht ohne triftigen Grund in die Befugnisse des Vermieters einzugreifen, der zumeist auch Eigentümer der Mietsache ist und als solcher Eingriffe abwenden darf (vgl. § 1004 BGB). Solche Aufwendungen, die dem Mieter lediglich eine gewisse Erleichterung oder Verbesserung des Mietgebrauchs ermöglichen und ohne weiteres aufschiebbar wären, sind im Zweifel nicht notwendig. Die Vorschrift erfasst also nur Notmaßnahmen des Mieters, die keinen Aufschub dulden und auch ohne vorherige Mahnung einen Aufwendungsersatzanspruch auslösen sollen (BT-Drs. 14/4553, S. 41).

Dem Bereich der Notwendigkeit ist auch die **Angemessenheit des vom Mieter veranlassten Kostenaufwandes** zuzuordnen. Grundsätzlich ist nur der Aufwand angemessen, der zur Erhaltung oder Wiederherstellung erforderlich war. Dabei sind jedoch **Ermessens- und Zumutbarkeitsgesichtspunkte** zu berücksichtigen, die entsprechend den Grundsätzen zur Geschäftsbesorgung im Rahmen von § 670 BGB zu beurteilen sein sollten. Maßgebend ist danach ein objektiver Maßstab mit subjektivem Einschlag (vgl. etwa Palandt/*Sprau* § 670 Rn. 4), der dem Mieter einen Entscheidungsspielraum belässt. Im Beispielsfall wäre es kaum denkbar, von der Beauftragung eines Fachhandwerkers abzusehen (zur Angemessenheit von Kosten für die Beseitigung eines Wespennests durch die Feuerwehr vgl. AG Würzburg Urt. v. 19.2.2014 – 13 C 2751/13, Grundeigentum 2014, 1067; AG Meppen Urt. v. 11.3.2003 – 8 C 92/03, WuM 2003, 355).

Die Angemessenheit von Aufwendungen kann namentlich dann in Frage stehen, wenn über die bloße Mängelbeseitigung hinaus eine **qualitative Veränderung** (Wertsteigerung oder Funktionsverbesserung) bewirkt wird. Ein voller Aufwendungsersatz ist dann fraglich, weil der Vermieter ohne besondere Abreden für solche Verbesserungen seinerseits nicht (vertraglich) einzustehen hätte. Wenn solche qualitativen Veränderungen indessen praktisch nicht vermeidbar sind, etwa wenn keine Reparatur möglich ist oder wenn es sich um Sachen handelt, die einem schnellen technischen Wandel unterliegen, dürften solche Auswirkungen bei gegebener Eilbedürftigkeit in gewissem Rahmen hinzunehmen sein.

Wenn die objektive Notwendigkeit von Verwendungen fraglich ist, können **nützliche (verbessernde) Aufwendungen** im Sinne von § 539 Abs. 1 BGB vorliegen (→ Form. C. III. 9).

Ausnahmsweise kann auch (hilfsweise) ein **Bereicherungsanspruch** des Mieters in Betracht kommen, wenn der Markt-, Funktions- oder Ertragswert der Mietsache erhöht wurde (→ Form. C. III. 11). Ein Bereicherungsanspruch darf aber nicht zur Umgehung der zur Fremdgeschäftsführung geltenden Grundsätze führen. Wenn dem Geschäftsherrn durch bewusst eigenmächtiges Handeln und gegen seinen Willen sowie unter Umgehung des Rechtswegs etwas aufgedrängt wurde, scheidet ein solcher Anspruch aus (vgl. BGH Urt. v. 25.3.1963 – VII ZR 270/61, BGHZ 39, 186; BayObLG Beschl. v. 26.5.2004 –2Z BR 63/04, ZMR 2004, 841; vgl. hierzu auch *Derleder* WuM 2006, 175).

Ist der Beauftragte zum Zweck der Auftragsausführung eine Verbindlichkeit eingegangen (insbesondere gegenüber Handwerkern), so kann er nach §§ 670, 257 BGB **Befreiung von der Verbindlichkeit** verlangen (Staudinger/*Martinek* BGB § 670 Rn. 32).

Die **Beweislast** für das Bestehen eines Aufwendungsersatzanspruchs nach § 670 BGB hat der Mieter. Dieser muss auch die **Erforderlichkeit** der Aufwendungen beweisen (vgl. Staudinger/*Martinek* BGB § 670 Rn. 37). Wenn die vom Mieter veranlassten Aufwendungen erforderlich waren, kann der Vermieter nicht ohne weiteres einwenden, die Instandsetzungsarbeiten hätte er selbst billiger vornehmen oder durch andere vornehmen lassen können. Im Beispielsfall kann der Vermieter zB nicht erfolgreich beanstanden, dass der Wochenendnotdienst einer Sanitärfirma teurer ist als die Beauftragung während der üblichen Arbeitszeiten, denn dieser Mehraufwand ist gerade durch die Umstände bedingt, welche die Gefahrenlage begründet haben.

4. Dass im Rahmen zu leistenden Aufwendungsersatzes auch **eigene Arbeitsleistungen** des Mieters zu ersetzen sein können, ergibt sich aus allgemeinen Grundsätzen. Selbst nach den strengeren Anforderungen zum Umfang eines Schadensersatzanspruchs im Sinne von §§ 249 ff. BGB ist anerkannt, dass der Ersatzberechtigte den Wert eigener Arbeitsleistungen dann geltend machen kann, wenn er selbst zur Schadensbeseitigung tätig geworden ist und diese Leistungen einen Marktwert haben (vgl. BGH Urt. v. 24.11.1995 – V ZR 88/95, BGHZ 131, 220 = NJW 1996, 921; Urt. v. 7.3.2001 – X ZR 160/99, NJW-RR 2001, 887; Palandt/*Heinrichs* Vorbem. 44 zu § 249 mwN). Da das Recht zum Aufwendungsersatz auch von Billigkeitserwägungen geprägt ist, sind die schadensrechtlichen Grundsätze – ggf. sogar erweitert – hierauf zu übertragen (vgl. Erman/*Ehmann* § 670 Rn. 16 ff.; aA *Lehmann-Richter* WuM 2005, 747). Ausdrücklich anerkannt hat der BGH (Urt. v. 24.11.1995 – V ZR 88/95, BGHZ 131, 220 = NJW 1996, 921) dies für die vergleichbaren Verwendungen des Besitzers im Sinne der §§ 994 ff. BGB. Er argumentiert dahin, dass wenn schon eine verhinderte geldwerte Arbeitsleistung einen Vermögensschaden, also eine nachteilige Vermögensänderung, bedeute, könne für eine geldwerte Arbeitsleistung, die tatsächlich erbracht worden ist, nichts anderes gelten.

5. Die **Höhe des durch eigene Arbeitsleistung entstandenen Aufwands** richtet sich grundsätzlich nach dem hierfür zu veranschlagenden Marktwert. Dieser ist jedoch um die beim Anspruchsteller/Mieter nicht angefallenen Lohnnebenkosten zu bereinigen. Da der Mieter diese Kosten üblicherweise nicht konkretisieren kann, wird ein schätzweise zu bestimmender Ersatz in Höhe von 60 % der Gesamtkosten befürwortet (vgl. OLG Hamm Urt. v. 23.4.2002 – 21 U 56/01, NJW-RR 2002, 1669). Wenn der Mieter eigene Arbeitnehmer einsetzt, sind die dafür angefallenen Kosten zu ersetzen (vgl. BGH Urt. v. 24.11.1995 – V ZR 88/95, BGHZ 131, 220 = NJW 1996, 921).

Im Beispielsfall bietet die Unternehmerrechnung einen tauglichen Anhaltspunkt dafür, welche Kosten als marktüblich zu veranschlagen sind, denn ohne die Eigenleistung des Mieters wären die insoweit von der Fachfirma zu erbringenden Leistungen ohne weiteres ersatzfähig gewesen.

6. Da der Wertansatz für die eigene Arbeitsleistung (→ Anm. 4, 5) in einer gewissen Spanne anzusiedeln ist, kann dieser Punkt einer gerichtlichen **Schätzung im Rahmen von § 287 ZPO** unterworfen sein. Allerdings fragt sich, ob das Gericht (gegenüber dem geltend gemachten Anteil von 60 % der Lohnkosten der Fachfirma) über hinreichende anderweitige Schätzgrundlagen verfügt. Für diese Grundlagen ist die klagende Partei darlegungs- und beweispflichtig (vgl. BGH Urt. v. 17.4.1997 – X ZR 2/96, NJW-RR 1998, 331). Fehlen entsprechende Angaben, weil zB anders als im Beispielsfall keine Handwerkerrechnung als Orientierungspunkt zur Verfügung steht, und wäre eine Schätzung willkürlich, muss sie unterbleiben (vgl. BGH Urt. v. 23.10.1991 – XII ZR 144/90, NJW-RR 1992, 202). Daher ist Vorsicht geboten, wenn der Anspruchsteller seinerseits nur einen vagen Schätzwert vorträgt. Im Zweifel ist dann ein sicherer Mindestbetrag anzugeben.

7. Zinsen hat der Vermieter als Schuldner des Aufwendungsersatzes gemäß § 256 BGB verzugsunabhängig zu zahlen, und zwar ab dem Zeitpunkt der Aufwendung. Dieser Zeitpunkt ist vom Mieter vorzutragen und ggf. nachzuweisen.

9. Klage auf Ersatz von Aufwendungen für die Beseitigung von Mängeln ohne Zustimmung des Vermieters

An das

Landgericht . . . . .[1]

Klage

der Frau . . . . .

– Klägerin –

Prozessbevollmächtigter: Rechtsanwalt . . . . .

gegen

Herrn . . . . .

– Beklagter –

wegen Aufwendungsersatz

vorläufiger Streitwert: . . . . . EUR

Namens und in Vollmacht der Klägerin erhebe ich Klage mit dem Antrag,

1. den Beklagten zu verurteilen, an die Klägerin . . . . . EUR nebst Zinsen in Höhe von 5 Prozentpunkten über dem jeweiligen Basiszinssatz nach § 247 BGB aus . . . . . EUR seit dem . . . . . und aus weiteren . . . . . EUR seit dem . . . . . zu zahlen,
2. im Falle der Anordnung des schriftlichen Vorverfahrens bei Vorliegen der Voraussetzungen Versäumnisurteil gemäß § 331 Abs. 3 ZPO zu erlassen.

Begründung:

Die Klägerin mietete mit schriftlichem Mietvertrag vom . . . . . vom Beklagten die unteren zwei Etagen eines Bürogebäudes nebst angrenzender Lagerhalle und Hofraum in . . . . . an.

Beweis: anliegende Kopie des Mietvertrages

Das Mietverhältnis der Parteien endete vertragsgemäß zum . . . . .[2]

Während der Mietzeit hat die Klägerin Aufwendungen für die Mietsache erbracht und hierfür insgesamt den mit der Klage geltend gemachten Betrag aufgewandt.

Es handelt es sich um folgende Aufwendungen:

1. Am . . . . . ließ die Klägerin auf eigene Kosten und mit der gefälligkeitshalber erteilten Zustimmung des Beklagten eine Antennenanlage auf dem Dach des Mietobjekts installieren, wobei der vom Beklagten bereits früher angebrachte Antennenmast abredegemäß mitbenutzt werden sollte. Der von der Klägerin beauftragte Installateur stellte im Zuge der Arbeiten fest, dass die Halterung des Antennenmastes korrodiert war und dass zwei der vier Befestigungsdübel locker geworden waren. Der Antennenmast drohte daher – selbst ohne die Anbringung einer weiteren Antenne – abzubrechen und auf die am Objekt vorbei führende belebte Verkehrsstraße oder auf den Bürgersteig zu fallen.

Beweis: Zeugnis des Monteurs . . . . .

Der Monteur teilte dies der Klägerin mit und unterrichtete sie darüber, dass die Befestigung des Antennenmastes erforderlich sei. Die Klägerin beauftragte ihn daher, den Antennenmast zu befestigen. Hierfür wurden der Klägerin mit Rechnung vom . . . . . EUR zusätzlich zu der Antennenmontage . . . . . EUR berechnet. Den Rechnungsmehrbetrag beglich die Klägerin am . . . . .

Beweis: anliegende Kopie der Rechnung vom . . . . .,
anliegende Kopie des Überweisungsbelegs

2. Anlässlich der Durchführung von Schönheitsreparaturen in den Mieträumen stellte der von der Klägerin beauftragte Malermeister . . . . . fest, dass die straßenwärts gelegene Außenwand Feuchtigkeitserscheinungen aufwies, die nach der fachlichen Einschätzung

des Malers in die Mieträume durchzuschlagen drohten. Eine Überprüfung des betroffenen Bereichs zeigte, dass ein an der Außenwand verlaufendes Regenfallrohr undicht war. Ein verrottetes Rohrsegment musste erneuert werden.

Beweis: Zeugnis des . . . . .

Die Klägerin befürchtete, dass die von ihr veranlassten Renovierungsarbeiten infolge eines auf die Mieträume übergreifenden Feuchtigkeitseintritts alsbald nutzlos sein könnten. Sie unterrichtete den Beklagten telefonisch über die getroffenen Feststellungen und bot ihm an, die Reparatur des Fallrohrs aus Zeitgründen von sich aus in Auftrag zu geben, um die Renovierungsarbeiten alsbald abschließen zu können. Der Beklagte ihr erklärte ihr daraufhin, das käme ihm ganz gelegen, denn er habe die Schadhaftigkeit des Rohrs ebenfalls festgestellt und schon auf Abhilfemaßnahmen gesonnen.

Die Klägerin ließ das Fallrohr durch den Klempnermeister . . . . . herrichten, wofür ihr unter dem . . . . . ein Betrag von . . . . . EUR berechnet wurde. Den Rechnungsbetrag beglich die Klägerin am . . . . .

Beweis: anliegende Kopie der Rechnung vom . . . . .,
anliegende Kopie des Überweisungsbelegs

Als die Klägerin dem Beklagten die Rechnungen mit der Bitte um Ausgleich übermittelte, teilte der Beklagte ihr mit, er habe zwar nichts gegen die von der Klägerin veranlasste Instandsetzung des Regenfallrohrs einzuwenden gehabt, sehe sich aber nicht als verpflichtet an, die dadurch entstandenen Kosten zu tragen. Das sei allein Sache der Klägerin, denn wer „die Musik bestelle", müsse auch für die Kosten aufkommen. Hinsichtlich der Befestigung des Antennenmastes habe die Klägerin ohnehin eigenmächtig gehandelt und müsse daher auch diese Kosten selbst tragen.

Der Beklagte hat gemäß § 539 Abs. 1 BGB die von der Klägerin getätigten Aufwendungen zu ersetzen. Sowohl bei der Wiederherstellung der Funktionsfähigkeit des Antennenmastes als auch bei der Reparatur des Fallrohrs handelt es sich um nützliche Aufwendungen auf das Mietobjekt im Sinne von § 539 Abs. 1 BGB, so dass die Klägerin nach den Grundsätzen zur Geschäftsführung ohne Auftrag gemäß §§ 677, 683, 670 BGB Aufwendungsersatz verlangen kann.[3]

Die Klägerin hat für den Beklagten Geschäfte wahrgenommen, die zu seinem Rechtskreis gehören und ihm als Eigentümer und Vermieter des Mietobjekts oblagen. Die Erledigung der Arbeiten lag objektiv in seinem Interesse.[4]

Die Befestigung des Antennenmastes hat die Klägerin zwar ohne vorherige Einwilligung des Beklagten veranlasst. Auf den etwa entgegen stehenden Willen des Beklagten kommt es jedoch nicht an, weil die Durchführung dieser Maßnahme im öffentlichen Interesse (§ 679 BGB) lag. Der Antennenmast drohte abzustürzen, was konkrete Gefahren für Leib und Leben anderer und eine Gefährdung der Verkehrssicherheit begründet hätte.[5]

Hinsichtlich der Instandsetzung des Regenfallrohrs hat der Beklagte zu Unrecht den Standpunkt eingenommen, dass er nicht zum Aufwendungsersatz verpflichtet sei. Diese Maßnahme erfolgte mit dem ausdrücklichen Einverständnis des Beklagten, wobei seine Zustimmung nach der Verkehrsanschauung und auch aus dem Empfängerhorizont der Klägerin zugleich die Zusage beinhaltete, für die anfallenden Kosten einstehen zu wollen.[6]

Ein etwaiger stillschweigender Vorbehalt des Beklagten, die Klägerin auf den Kosten sitzen zu lassen, wäre nach § 116 BGB unbeachtlich. Die Weigerung des Beklagten ist außerdem treuwidrig (§ 242 BGB), denn der Beklagte wäre auch ohne vorherige Kontaktaufnahme zum Aufwendungsersatz verpflichtet gewesen, weil die von der Klägerin durchgeführte Maßnahme dazu gedacht und geeignet war, größeren Schaden vom Mietobjekt abzuwenden. Solche Maßnahmen entsprechen grundsätzlich dem mutmaßlichen Willen des Geschäftsherrn.

Gemäß § 256 S. 1 BGB hat der Beklagte die aufgewendeten Beträge jeweils ab dem Zeitpunkt der tatsächlichen Aufwandsentfaltung zu verzinsen.[7]

Rechtsanwalt[8]

Anmerkungen

1. Das Formular ist für die Gewerberaummiete ausgestaltet. Es kann aber auch für die Wohnraummiete entsprechende Anwendung finden.

Zu der (vom Streitwert abhängigen) sachlichen Zuständigkeit des Amts- oder Landgerichts vgl. § 71 Abs. 1 GVG iVm § 23 GVG. Die örtliche Zuständigkeit ergibt sich aus § 29a ZPO.

Zur sachlichen **Zuständigkeit** des Amtsgerichts bei der **Wohnraummiete** vgl. § 23 Abs. 2 Nr. 2 a GVG. Die örtliche Zuständigkeit ergibt sich ebenfalls aus § 29a ZPO.

2. **Verjährung** tritt gemäß § 548 Abs. 2 BGB bei Aufwendungsersatzansprüchen, die sich hier aus § 539 Abs. 1 BGB ergeben, in sechs Monaten nach Beendigung des Mietverhältnisses ein (vgl. BGH Urt. v. 4.5.2011 – VIII ZR 195/10, NZM 2011, 452; → Form. C. III. 8 Anm. 2). Maßgeblich ist dabei – anders als § 548 Abs. 1 S. 2 BGB dies für Ersatzansprüche des Vermieters regelt – nicht der Zeitpunkt der Rückgabe der Mietsache, sondern der des rechtlichen Endes des Mietverhältnisses (BGH Urt. v. 2.10.1985 – VIII ZR 326/84, NJW 1986, 254).

Der Anspruch auf Verwendungsersatz wird aber bereits mit Vornahme der Verwendung fällig (vgl. Palandt/*Heinrichs* § 256 Rn. 2) und ist von da an zu verzinsen, § 256 BGB (→ Form. C. III. 8 Anm. 7). Der Anspruch kann also auch schon während des laufenden Mietverhältnisses geltend gemacht werden (vgl. dazu die Fallgestaltung in → Form. C. III. 8).

3. Zur **Abgrenzung zwischen** den verschiedenen **Ersatztatbeständen** der §§ 536a Abs. 1 und 2, 539 Abs. 1 BGB und zum Rangverhältnis der in Betracht kommenden Ansprüche → Form. C. III. 8 Anm. 2.

Der Beispielsfall regelt zwei Ansprüche aus dem **Regelungsbereich des § 539 Abs. 1 BGB.** Bevor ein Ersatzanspruch nach dieser Vorschrift bejaht werden kann, ist zunächst auszuschließen, dass ein Aufwendungsersatz nach der spezielleren Regelung des § 536a Abs. 2 BGB besteht. Das ist der Fall, wenn überhaupt (noch) kein der eigentlichen Mietsache (hier: der Büroräume) anhaftender Mangel vorliegt bzw. wenn bei einem Mangel die Verzugsvoraussetzungen aus § 536a Abs. 2 Nr. 1 BGB nicht erfüllt sind oder keine notwendige Maßnahme im Sinne von § 536a Abs. 2 Nr. 2 BGB vorliegt.

In beiden Anspruchsvarianten des zugrunde liegenden Beispielsfalls ist der vertragliche Mietgebrauch an den eigentlichen Mieträumen nicht bzw. noch nicht beeinträchtigt gewesen.

4. § 539 Abs. 1 BGB knüpft hinsichtlich der Anspruchsvoraussetzungen an das Recht zur **Geschäftsführung ohne Auftrag** im Sinne von §§ 677 ff. BGB an. Eine in diesem Rahmen vorzunehmende Geschäftsbesorgung erfordert eine vom Anspruchsinhaber entfaltete Tätigkeit, wobei der Begriff des „Geschäfts" allerdings weit zu verstehen ist (vgl. Palandt/*Sprau* § 677 Rn. 2).

Voraussetzungen des Aufwendungsersatzanspruchs aus §§ 256, 257 BGB sind der Fremdgeschäftsführungswille im Sinne von § 683 BGB, die Genehmigung des Vermieters gemäß § 684 Satz 2 BGB oder die Erfüllung einer Pflicht im öffentlichen Interesse gemäß § 679 BGB.

Bei dem besorgten Geschäft muss es sich um ein **objektiv fremdes Geschäft** handeln (§ 677 BGB: „für einen anderen"), das der Geschäftsführer mit **Fremdgeschäftsführungswillen** wahrnimmt (vgl. BGH Urt. v. 27.5.2009 – VIII ZR 302/07, BGHZ 181, 188 = NZM 2009, 541). Der für eine Fremdgeschäftsführung erforderliche unmittelbare Bezug zum Rechts- und Interessenkreis des Vermieters ist nicht schon dann gegeben, wenn die Maßnahmen zu einer Verbesserung der Mietsache führen und damit dem Vermögen des Vermieters zugekommen. Eine dadurch bewirkte Vermögensmehrung auf Vermieterseite stellt ebenso wenig wie die Zahlung der Miete eine Wahrnehmung von Vermieterinteressen und damit eine Geschäftsführung dar, welche eine Anwendung der Vorschriften über die Geschäftsführung ohne Auftrag rechtfertigen könnte (OLG Frankfurt Urt. v. 11.10.2013 – 2 U 168/12, juris).

Ob der Fremdgeschäftsführungswille schon dann zu vermuten ist, wenn der Geschäftsherr Maßnahmen an Sachen ergreift, die in fremdem Eigentum stehen und zum Rechts- und Pflichtenkreis des Vermieters gehören, ist umstritten. Die Rechtsprechung geht von einer solchen Vermutung aus, wenn das objektiv fremde Geschäft unmittelbaren Bezug zum Rechts- und Interessenkreis eines anderen aufweist (vgl. BGH Urt. v. 22.5.1970 – IV ZR 1008/68, BGHZ 54, 157 = NJW 1970, 1841; Palandt/*Sprau* § 677 Rn. 3 f. mwN). Für das Mietrecht werden zT strengere Anforderungen an eine solche Vermutung gestellt. Eine Ersatzpflicht des Vermieters scheidet danach aus, wenn der Mieter die Aufwendungen nur für seine Zwecke und in seinem eigenen Interesse gemacht hat, wenn er sich zu den fraglichen Maßnahmen für verpflichtet hielt oder wenn die Voraussetzungen des § 685 BGB vorliegen (vgl. BGH Urt. v. 27.5.2009 – VIII ZR 302/07, NZM 2009, 541; OLG Düsseldorf Beschl. v. 19.10.2009 – I-24 U 58/09, ZMR 2010, 679). Fallgestaltungen im mietrechtlichen Umfeld sind in der Tat nicht selten dadurch geprägt, dass der Mieter in erster Linie zu seinen eigenen Gunsten tätig werden will (zur GoA bei nicht geschuldeten Schönheitsreparaturen vgl. *Dötsch* NZM 2008, 108). Bei Geschäften, die zugleich objektiv eigene als auch objektiv fremde sind, kann es genügen, dass das Geschäft seiner äußeren Erscheinung nach nicht nur dem Besorger, sondern auch einem Dritten zugutekommt, insbesondere wenn dessen Interesse an der Vornahme der Handlung im Vordergrund steht oder gar vordringlich ist (vgl. BGH Urt. v. 27.5.2009 – VIII ZR 302/07, NZM 2009, 541). Hingegen erhalten objektiv eigene oder neutrale Geschäfte ihren (subjektiven) Fremdcharakter allenfalls durch einen Willen des Geschäftsführers zur vordringlichen Wahrnehmung fremder Interessen. Hierfür besteht aber grundsätzlich keine tatsächliche Vermutung. Der Wille, ein solches Geschäft in erster Linie oder zumindest zugleich für einen anderen zu führen, muss vielmehr hinreichend deutlich nach außen in Erscheinung treten (vgl. BGH Urt. v. 27.5.2009 – VIII ZR 302/07, NZM 2009, 541; Urt. v. 21.10.2003 – X ZR 66/01, WM 2004, 1397).

Das Vorliegen des Fremdgeschäftsführungswillens ist allerdings nicht stets ausgeschlossen, weil sich der Mieter aufgrund einer **unwirksamen mietvertraglichen Vereinbarung zur Leistung von Renovierungsarbeiten** verpflichtet sah (zum Wegfall der Fremdgeschäftsführung bei einer verbindlichen Vertragspflicht des Mieters vgl. OLG Düsseldorf Beschl. v. 19.10.2009 – I-24 U 58/09, ZMR 2010, 679). Es gilt zwar der Grundsatz, dass ein Mieter, der auf Grund vermeintlicher vertraglicher Verpflichtung Schönheitsreparaturen in der Mietsache vornimmt, damit kein Geschäft des Vermieters führt, sondern nur im eigenen Rechts- und Interessenkreis tätig wird (vgl. BGH Urt. v. 27.5.2009 – VIII ZR 302/07, NZM 2009, 541 mwN). Wie der Beispielsfall zeigt, kann sich aber anlässlich solcher Renovierungsmaßnahmen ein Handlungsbedarf offenbaren, der den Rechtskreis des Vermieters tangiert. Die vom Mieter ergriffene Maßnahme muss dann jedoch im bereits aufgezeigten Sinne **im Interesse des Vermieters** liegen. Dabei ist von der objektiven Nützlichkeit (vgl. BGH Urt. v. 28.10.1992 – VIII ZR 210/91, NJW-RR 1993, 200) auszugehen, die sich subjektiv im Willen des Mieters niedergeschlagen haben muss (vgl. OLG München Urt. v. 10.12.1987 – 19 U 6312/86, NJW-RR 1988, 1013).

In beiden Varianten des Beispielsfalls unterliegt die Nützlichkeit keinen Bedenken. Ob auch das Vorhandensein von nicht mehr umpflanzbaren Bäumen und Sträuchern, die ein Mieter angepflanzt hat, noch im Interesse des Vermieters liegt (so: LG Görlitz Urt. v. 22.9.2004 – 2 S 39/04, juris), erscheint eher als fraglich, denn die optische Gestaltung der Mietsache wird typischerweise nur vom rein subjektiven Gestaltungswillen des Mieters geprägt.

Die Maßnahme des Mieters muss außerdem dem **wirklichen oder mutmaßlichen Willen** des Vermieters entsprechen oder von ihm nachträglich genehmigt worden sein, wobei in erster Linie auf den tatsächlichen Willen abzustellen ist (vgl. KG Berlin Beschl. v. 13.7.2015 – 8 W 45/15, juris). Dadurch soll der Vermieter vor allem gegen aufgedrängte Bereicherungen geschützt werden (Emmerich/Sonnenschein/*Emmerich* § 539, Rn. 5). Nur wenn der wirkliche Wille des Vermieters nicht erkennbar ist (→ Anm. 6), kann es auf seinen mutmaßlichen Willen ankommen. Als Richtschnur können nach diesseitiger Auffassung **Gesichtspunkte der Gefahrenabwehr** dienen (zur Gefahr im Verzuge → Form. C. III. 8 Anm. 3). Je dringlicher Maßnahmen zur Schadens- oder Gefahrenabwehr sind, desto weniger wird sich der Vermieter auf einen entgegen stehenden Willen berufen können.

Auf den tatsächlichen oder mutmaßlichen Willen des Vermieters kommt es nicht an, wenn er die Geschäftsführung durch den Mieter genehmigt, § 683 S. 2 BGB. Die **Genehmigung** beurteilt sich in entsprechender Anwendung der §§ 182, 184 BGB.

Unter den Voraussetzungen einer Geschäftsführung ohne Auftrag kann der Mieter wie ein Beauftragter Aufwendungsersatz verlangen. Dabei ist er nicht auf den Ersatz für eigene (Arbeits-)Leistungen beschränkt, sondern kann auch Ersatz für von ihm beauftragte Handwerker oder andere Helfer beanspruchen, denn dies ist ohne weiteres vom Aufwendungsbegriff mit umfasst. Zum **Umfang des zu leistenden Aufwendungsersatzes** im Einzelnen → Form. C. III. 8 Anm. 3 ff.).

Ausnahmsweise kann auch ein **Bereicherungsanspruch** des Mieters in Betracht kommen, wenn der Markt-, Funktions- oder Ertragswert der Mietsache erhöht wurde (vgl. zum Bereicherungsanspruch → Form. C. III. 11; zum Bereicherungsanspruch bei Durchführung nicht geschuldeter Schönheitsreparaturen → Form. C. III. 13, → Form. C. III. 14). Ein Bereicherungsanspruch darf aber nicht zur Umgehung der zur Fremdgeschäftsführung geltenden Grundsätze führen. Wenn dem Geschäftsherrn durch bewusst eigenmächtiges Handeln und gegen seinen Willen sowie unter Umgehung des Rechtswegs etwas aufgedrängt wurde, scheidet ein solcher Anspruch aus. Dabei bemisst sich der Umfang der Bereicherung bei wertsteigernden Investitionen des Mieters grundsätzlich nicht nach den Kosten der getätigten Verwendungen oder der dadurch geschaffenen objektiven Wertsteigerung des Bauwerks, sondern nach den Vorteilen, die der Vermieter aus dem erhöhten objektiven Ertragswert der Mietsache tatsächlich erzielen kann oder hätte erzielen können (vgl. BGH Urt. v. 16.9.2009 – XII ZR 71/07, NZM 2009, 783 mwN).

5. Auf den einer Maßnahme entgegen stehenden Willen des Vermieters kommt es gemäß § 679 BGB nicht an, wenn die Geschäftsführung der Erfüllung einer Pflicht dient, deren Beachtung im **öffentlichen Interesse** liegt. Dies soll dann nicht gelten, wenn es eine anderweitige lückenlose Regelung des öffentlichen Rechts gibt (vgl. OLG Hamburg Beschl. v. 4.7.2014 – 6 W 22/14, juris). Es muss ein gesteigertes öffentlichesInteresse gerade an der Erfüllung der in Frage stehenden Verpflichtung bestehen, also eine Rechtspflicht zum Schutz wesentlicher Rechtsgüter (vgl. Erman/*Dornis* § 679 BGB Rn. 4)

Im Beispielsfall erfolgte die Instandsetzung der instabilen Antennenanlage zur Abwehr konkreter Gefahren. Die Erfüllung von **Verkehrssicherungspflichten** zur Abwehr von akuten Gefahren für Leib und Leben anderer liegt im öffentlichen Interesse.

6. Ob eine Maßnahme dem **wirklichen Willen** des Vermieters entspricht, ist nach allgemeinen Grundsätzen durch Auslegung zu ermitteln (§§ 133, 157 BGB). An die Annahme einer Zustimmung sind strenge Anforderungen zu stellen (vgl. BGH Urt. v. 16.9.1998 – XII ZR 136/96, NZM 1999, 19). Der Mieter trägt deshalb – auch prozessual – das Risiko, im wirklichen Willen des Vermieters gehandelt zu haben. Die bloße Duldung von Maßnahmen, zu deren Untersagung der Vermieter berechtigt wäre, genügt nicht. Insbesondere kann der Vermieter nicht unter dem Gesichtspunkt der Geschäftsführung ohne Auftrag zur Kostenbeteiligung herangezogen werden, wenn es an jedem Einverständnis über den Umfang und die Finanzierung der Kosten der beabsichtigten Maßnahmen fehlt (vgl. BGH Urt. v. 16.9.1998 – XII ZR 136/96, NZM 1999, 19).

Im Beispielsfall sind die Erklärungen des Vermieters zur Reparatur des Regenfallrohrs als Zustimmung auszulegen, wobei der Hinweis des Vermieters darauf, dass er bereits selbst eine Instandsetzung erwogen habe, zu erkennen gibt, dass er sich auch schon mit den Kosten für eine Reparatur abgefunden hatte. Die vorbehaltlose Zustimmung erfordert bei dieser Sachlage keine ausdrückliche Abstimmung über die Kosten.

7. **Zinsen** hat der Vermieter als Schuldner des Aufwendungsersatzes gemäß § 256 BGB verzugsunabhängig zu zahlen, und zwar ab dem Zeitpunkt der Aufwendung. Dieser Zeitpunkt ist vom Mieter vorzutragen und ggf. nachzuweisen.

Im **unternehmerischen Bereich** erhöht sich der **Zinssatz gemäß § 288 Abs. 2 BGB** auf 9 % über dem Basiszins, jedoch steht beim Aufwendungsersatz die Entgeltlichkeit iSv § 288 Abs. 2 BGB durchgreifend in Frage.

Wenn der Mieter die Aufwendungen noch nicht getätigt, dh die Kosten der betreffenden Maßnahme noch nicht übernommen und entsprechende Rechnungen noch nicht bezahlt hat, kommt eine Klage auf **Freistellung von den eingegangenen Verbindlichkeiten** in Betracht (§ 257 BGB).

Insolvenz

8. Der Verwendungsersatzanspruch eines Mieters nach § 539 BGB wird genauso behandelt wie andere Forderungen in der **Insolvenz**. Stammt er aus der Zeit vor dem Insolvenzantrag, handelt es sich um eine einfache Insolvenzforderung. Darauf, ob die Verwendung der Masse zu Gute gekommen ist, kommt es nicht an. Nach Eröffnung des Insolvenzverfahrens vorgenommene Verwendungen können Masseverbindlichkeiten nach § 55 Abs. 1 Nr. 3 InsO sein, wenn sie notwendig waren. Der Mieter hat hier den Insolvenzverwalter von einer entsprechenden Verpflichtung befreit und dafür Ausgleich erhalten. Zum gleichen Ergebnis gelangt man, wenn es sich nicht um notwendige Verwendungen gehandelt hat, die aber dennoch zu einer Wertsteigerung der Masse geführt haben. Zwar greifen die Regelungen über die Geschäftsführung ohne Auftrag oftmals nicht, da die Geschäftsführung durch den Mieter selten im Interesse der Insolvenzmasse liegt. Gleichwohl kann eine rechtsgrundlose Bereicherung nach § 55 Abs. 1 Nr. 3 InsO gegeben sein, sofern die übrigen Voraussetzungen von § 812 BGB vorliegen (*Franken/Dahl* S. 147, 148).

10. Klage auf Ersatz von Aufwendungen zur Modernisierung von Mieträumen mit Billigung des Vermieters

An das

Amtsgericht . . . . .[1]

Klage

1. der Frau . . . . .
2. des Herrn . . . . .

– Kläger –

Prozessbevollmächtigter: Rechtsanwalt . . . . .

gegen

Herrn . . . . .

– Beklagter –

wegen Aufwendungsersatz

vorläufiger Streitwert: . . . . . EUR

Namens und in Vollmacht der Kläger erhebe ich Klage mit dem Antrag,

1. den Beklagten zu verurteilen, an die Kläger . . . . . EUR nebst Zinsen in Höhe von 5 Prozentpunkten über dem jeweiligen Basiszinssatz nach § 247 BGB seit dem . . . . . zu zahlen,
2. im Falle der Anordnung des schriftlichen Vorverfahrens bei Vorliegen der gesetzlichen Voraussetzungen Versäumnisurteil gemäß § 331 Abs. 3 ZPO zu erlassen.

Begründung:

Mit schriftlichem Mietvertrag vom . . . . . mieteten die Kläger vom Beklagten das Einfamilienhaus in . . . . , ...-straße Nr . . . . . . -, zu Wohnzwecken an.

Gemäß § . . . . . des Mietvertrags begann das Mietverhältnis am . . . . . und lief auf unbestimmte Zeit.

Da es sich bei dem Mietobjekt um ein älteres Gebäude handelt, das anfangs des vorigen Jahrhunderts errichtet wurde, haben die Parteien vertragliche Regelungen zur Modernisierung des Objekts getroffen.

In § . . . . . des Mietvertrages ist Folgendes festgelegt worden:

„(1) Die Mieter sind berechtigt, die sanitären Einrichtungen im Erdgeschoss des Hauses in Abstimmung mit dem Vermieter zu erneuern und zu modernisieren. Im 1. Obergeschoss dürfen die Mieter in Abstimmung mit dem Vermieter ein zweites Badezimmer installieren. Ein Recht zur Wegnahme der Mieter der in das Objekt eingebrachten Einrichtungen (§ 539 Abs. 2 BGB) steht den Mietern nicht zu.[2] Die Modernisierungsarbeiten sollen innerhalb eines Jahres nach Mietbeginn abgeschlossen werden.
(2) Der Vermieter ist verpflichtet, den Mietern die für die Modernisierung getätigten Aufwendungen nach Beendigung des Mietverhältnisses bei Auszug bis zum Höchstbetrag von . . . . . EUR zu erstatten, wenn die tatsächlichen Kosten diesen Betrag erreichen.[3] Für den tatsächlichen entfalteten Aufwand sind die Mieter dem Vermieter rechenschaftspflichtig.[4]
(3) Der nach Ziff. (2) zu leistende Erstattungsbetrag ermäßigt sich für jedes vollendete Jahr der Nutzung der in Ziff. (1) bezeichneten Einrichtungen um 5 % des aufgewendeten Betrages, wobei der Abzug unabhängig von der Fertigstellung der Modernisierungsarbeiten spätestens mit dem . . . . . beginnt."[5]

Beweis: anliegende Fotokopie des Mietvertrages

Im Jahre . . . . . statteten die Kläger das Bad und die gesonderte Toilette im Erdgeschoss mit neuen sanitären Einrichtungen aus und ließen im 1. Obergeschoss ein zweites Badezimmer installieren. Die Arbeiten waren im Monat . . . . . abgeschlossen.

Hierfür wandten sie insgesamt einen Betrag von . . . . . EUR auf.

Beweis: anliegende Rechnungen der Fa . . . . . . mit Quittungsvermerk

Das Mietverhältnis endete aufgrund einer aus beruflichen Gründen ausgesprochenen ordentlichen Kündigung der Kläger zum . . . . . Über die Beendigung des Mietverhältnisses besteht kein Streit.

Als die Kläger vom Beklagten unter Berücksichtigung einer . . . . . jährigen Nutzungsdauer die Erstattung von . . . . .% ihrer Aufwendungen (. . . . . EUR) verlangten, lehnte der Beklagte jeden Ausgleich ab.

Der Beklagte macht geltend, die von den Klägern veranlassten Maßnahmen seien mit ihm nicht hinreichend abgestimmt worden. An der Farbauswahl der Sanitärobjekte sei er nicht beteiligt worden. Die aufgewendeten Kosten seien außerdem unangemessen und übersetzt.

Diese Einwendungen greifen nicht durch. Die Abstimmung mit dem Beklagten ist in der Weise geschehen, dass die Kläger vor Durchführung der Maßnahmen Angebote eingeholt und diese dem Beklagten nebst der Mitteilung übermittelt haben, dass sie die darin angebotenen Arbeiten durchzuführen beabsichtigten. Aus den eingeholten Angeboten ergaben sich die bestellten Materialien einschließlich ihrer Farbgebung und auch die zu erwartenden Gesamtkosten, die in etwa dem vertraglich vorgesehenen Gesamtaufwand entsprachen. Der Beklagte hatte hierauf nicht weiter reagiert, was die Kläger unter Berücksichtigung der vertraglichen Vereinbarung als Zustimmung verstehen mussten. Der Beklagte hat das Objekt während der Durchführung der Bauarbeiten mehrmals besichtigt, ohne Widerspruch gegen die veranlassten Maßnahmen zu erheben.[6]

Beweis: Zeugnis . . . . .

Vorsorglich und hilfsweise stützen die Kläger ihren Anspruch auf § 539 Abs. 1 BGB.[7]

Die Kläger haben auch ein fremdes Geschäft geführt, da sie Aufwendungen auf das im Eigentum des Beklagten stehende Mietobjekt vorgenommen haben. Dies geschah nicht nur in der Absicht, die Mietsache selbst besser nutzen zu können, sondern auch in dem Bewusstsein, dass die Einrichtungen nach der Beendigung des Mietverhältnisses beim Beklagten verbleiben würden und bei einer Neuvermietung weiter verwendet werden konnten. Der tatsächliche Wille des Beklagten war auf die Durchführung der Arbeiten gerichtet, denn er hat sich vertraglich mit der Durchführung der Maßnahmen gegen eine nach Vertragsende fällige Entschädigung einverstanden erklärt. Die Kläger durften daher die mit dem Beklagten abgestimmten Aufwendungen für erforderlich halten, so dass ein Ersatzanspruch gemäß §§ 539 Abs. 1, 670 BGB gegeben ist.

Die Kläger haben den Beklagten mit Schreiben vom . . . . . unter Fristsetzung zum . . . . . zur Zahlung des Klagebetrages aufgefordert.

Beweis: anliegende Kopie des Schreibens vom . . . . .

Der Beklagte befindet sich daher ab dem . . . . . in Verzug.[8]

Rechtsanwalt

Anmerkungen

1. Zur sachlichen Zuständigkeit des Amtsgerichts bei der Wohnraummiete vgl. § 23 Abs. 2 Nr. 2 a GVG. Die örtliche Zuständigkeit ergibt sich aus § 29a ZPO.

2. Vereinbarungen in Mietverträgen über Modernisierungs- oder Umbaumaßnahmen sind vor dem Hintergrund der wechselseitigen Interessen der Vertragsparteien zu beurteilen. Der Mieter erstrebt durch solche Maßnahmen eine Verbesserung des Wohn- und

Gebrauchswerts. Eigene Investitionen will er aber nicht ohne Hoffnung auf einen angemessenen Ausgleich erbringen, denn das Wegnahmerecht aus § 539 Abs. 2 BGB ist wirtschaftlich oft nicht sinnvoll und praktikabel.

Der Vermieter erstrebt eine Wertverbesserung in Bezug auf sein Eigentum. Er wird sich im Zweifel nur zu einem Wertausgleich/Aufwendungsersatz bereitfinden, dem dauerhafte Wertverbesserungen gegenüber stehen und der auch dem Umstand Rechnung trägt, dass der Mieter das Mietobjekt (ab-)nutzt.

Das **Wegnahmerecht** aus § 539 Abs. 2 BGB ist grundsätzlich **abdingbar**. Bei Wohnraummietverhältnissen ist ein Wegnahmeausschluss gemäß § 552 Abs. 2 BGB aber nur dann wirksam, wenn ein **angemessener Ausgleich** vorgesehen ist. Dieser Ausgleich muss nicht notwendig in Geld erfolgen, sondern kann insbesondere auch durch ein „Abwohnen" von Modernisierungsinvestitionen erfolgen. Eine von der Nutzungsdauer abhängige gestaffelte Entschädigung kann daher ebenfalls angemessen sein.

§ 552 Abs. 2 BGB ist auch auf Vereinbarungen anwendbar, die nach Überlassung der Mietsache i.S. von § 535 Abs. 2 BGB geschlossen werden (vgl. LG Köln Urt. v. 14.7.2011 – 6 S 267/10, ZMR 2011, 956). Der Wortlaut des § 552 BGB enthält keine Beschränkung auf Vereinbarungen bei Abschluss des Mietvertrages. Zudem stellt sich die Frage des Wegnahmerechts und eines angemessenen Ausgleichs oft erst später, wenn Einrichtung eingebaut werden, so dass auch erst dann ein angemessener Ausgleich festgesetzt werden kann (vgl. LG Köln Urt. v. 14.7.2011 – 6 S 267/10, ZMR 2011, 956; Palandt/*Weidenkaff* § 552 Rn. 4).

Bei Gewerberaummietverhältnissen ist auch ein **entschädigungsfreier Ausschluss** des Wegnahmerechts möglich. Nach §§ 552 Abs. 2, 578 Abs. 2 BGB macht das Gesetz nur bei Mietverhältnissen über Wohnraum, nicht aber über Gewerberaum den vertraglichen Ausschluss des Wegnahmerechts davon abhängig, dass die Parteien einen angemessenen Ausgleich vorsehen. Ein Ausschluss des Wegnahmerechts durch AGB des Vermieters von Gewerberäumen beinhaltet selbst dann keine unangemessene Benachteiligung des Mieters, wenn zugleich bestimmt wird, dass jeglicher Zahlungsanspruch wegen der baulichen Veränderung ausgeschlossen sein soll (vgl. BGH Urt. v. 8.1.1995 – XII ZR 202/94, NJWE-MietR 1996, 33; KG Urt. v. 19.1.2006 – 8 U 22/05, KGR 2006, 375). Solche Vereinbarungen sind außerhalb der Wohnraummiete grundsätzlich wirksam, sofern sich nicht aus der Gesamtgestaltung des Vertrages ein **Verstoß gegen die guten Sitten** nach § 138 BGB ergibt (vgl. OLG Karlsruhe Urt. v. 31.10.1985 – 15 U 129/84, NJW-RR 1986, 1394 mwN).

Bei **vorzeitiger Beendigung eines langfristigen Mietverhältnisses** kann der Mieter für investierte Modernisierungs- oder Umbaukosten nach § 812 Abs. 1 S. 2, 1. Alt. BGB einen **Bereicherungsanspruch** auf Ausgleich von etwaigen Vorteilen haben, die der Vermieter daraus erzielen kann, dass er vorzeitig in den Genuss von Nutzungsmöglichkeiten des Mietobjektes gelangt, die dem Mieter aufgrund der Kündigung für die Zeit nach Vertragsbeendigung bis zu dem an sich vorgesehenen Vertragsablauf entgangen sind. Das ist insbesondere der Fall, wenn aufgrund der verbliebenen Investitionen des Mieters bei einer Neuvermietung höhere Mieteinnahmen erzielbar sind (vgl. BGH Urt. v. 10.101984 – VIII ZR 152/83, NJW 1985, 313 mwN; vgl. auch BGH Urt. v. 4.3.2015 – XII ZR 46/13, NJW 2015, 1523).

3. Bei dem im Beispielsfall geregelten **Aufwendungsersatz** handelt es sich um einen **vertraglichen Anspruch**. Da der Aufwendungsersatz aus § 539 Abs. 1 BGB (im Einzelnen → Form. C. III. 9) abdingbar ist (vgl. BGH NJW 1959, 2163), bestehen keine rechtlichen Bedenken dagegen, einen Ersatzanspruch durch eigenständige vertragliche Abreden zu begründen und auszugestalten. Nach diesseitiger Auffassung geht ein solcher Vertrag den gesetzlichen Regelungen vor (zur hilfsweisen Geltendmachung eines Anspruchs aus § 539 Abs. 1 BGB → Anm. 7).

Ob ein Mieter auch einen **außervertraglichen Anspruch** gegen den Vermieter haben kann, selbst Modernisierungsmaßnahmen durchzuführen, ist fraglich. Ein Anspruch aus Treu und Glauben (§ 242 BGB) ist bejaht worden, wenn der Mieter ein berechtigtes Interesse an der Modernisierungsmaßnahme hat, dieses das Interesse des Vermieter an der Substanzerhaltung überwiegt, die Maßnahme zu einer erheblichen Verbesserung der Wohnqualität führt und dabei nur minimale Eingriffe in die Substanz verursacht, welche mit geringen Mitteln wieder beseitigt werden können (vgl. LG Berlin Urt. v. 8.2.2002 – 64 S 355/01, MM 2002, 331; VerfGH Berlin Beschl. v. 13.6.2003 – 59/02).

Dem Umfang nach ist der vertragliche Aufwendungsersatz entsprechend den zu § 539 Abs. 1 BGB geltenden Grundsätzen zu beurteilen. Der Mieter kann danach Ersatz für von ihm beauftragte Handwerker oder andere Helfer beanspruchen und ggf. auch Ersatz für Eigenleistungen verlangen. Im Einzelnen kommt es dabei auf die vertragliche Ausgestaltung an. Zum **Umfang des zu leistenden Aufwendungsersatzes** vgl. im Übrigen → Form. C. III. 9 Anm. 4, → Form. C. III. 8 Anm. 3 ff.

Ungeklärt ist die Frage, wen die **Erhaltungspflicht** bei vom Mieter eingebrachten Installationen trifft. Teilweise wird vertreten, dass die Instandhaltungspflicht des Vermieters sich auch auf Einrichtungen erstreckt, die der Mieter eingebracht hat (vgl. AG Friedberg Urt. v. 3.12.1986 – C 927/85, WuM 1987, 52; AG Potsdam Urt. v. 20.7.1995 – 26 C 433/94, WuM 1995, 700; AG Tempelhof-Kreuzberg Urt. v. 26.10.2010 – 3 C 23/10, Grundeigentum 2010, 1691 nebst Anm. *Flatow* jurisPR-MietR 3/2011 Anm. 2 mwN). Das erscheint jedenfalls dann als fraglich, wenn der Mieter auf eigenen Wunsch Zusatzausstattungen erbringt, die den vertragsgemäßen Gebrauch als solchen nicht tangieren, sondern Extrawünsche beinhalten (vgl. Flatow jurisPR-MietR 3/2011 Anm. 2). Wertungsmäßig hat der BGH inzwischen Mietermodernisierungen insoweit aus der Vermietersphäre ausgesondert, als vom Mieter auf eigene Kosten erbrachte Ausstattungen bei der Ermittlung der ortsüblichen Vergleichsmiete grundsätzlich dauerhaft unberücksichtigt zu bleiben haben (vgl. BGH Urt. v. 7.7.2010 – VIII ZR 315/09, NZM 2010, 735, nebst Anm. *Schach* jurisPR-MietR 20/2010 Anm. 2; *Börstinghaus* jurisPR-BGHZivilR 17/2010 Anm. 3). Etwas anderes gilt nur, wenn der Vermieter dem Mieter die Kosten nicht erstattet hat oder die Parteien keine konkrete anderweitige Vereinbarung getroffen haben (vgl. BGH Urt. v. 7.7.2010 – VIII ZR 315/09, NZM 2010, 735). Ob schon der Ausschluss einer Berücksichtigung von Ausstattungen bei einer Mieterhöhung den Gegenschluss darauf zulässt, der Vermieter habe dann auch keine entsprechenden Erhaltungspflichten zu beachten, mag aber fraglich sein. Hierzu hat sich der BGH nicht geäußert.

4. Der Umfang von **Rechenschaftspflichten** (hier: über den Umfang der getätigten Aufwendungen) bestimmt sich nach den zu § 259 Abs. 1 BGB geltenden Grundsätzen. Die Rechenschaftspflicht geht über die bloße Auskunft (vgl. dazu Palandt/*Heinrichs* § 261 Rn. 3 ff.) hinaus und versteht sich als qualifizierte Auskunftserteilung. Sie muss zumindest bei komplexeren Gegenständen schriftlich abgefasst werden und umfasst auch die Pflicht zur Vorlage von Belegen, wenn der Gläubiger hierauf angewiesen ist und die Vorlage zumutbar ist (vgl. BGH Urt. v. 21.2.2002 – I ZR 140/99, NJW-RR 2002, 1119).

Im Beispielsfall reicht es für die Erfüllung der Rechenschaftspflicht unbedenklich aus, dass dem Vermieter die Angebotsunterlagen und die Rechnungen über die erbrachten Bauleistungen übermittelt werden. Wenn vorhandene Unterlagen für sich nicht aussagekräftig sind, muss der Schuldner **Ergänzungen und Erläuterungen** unterbreiten, damit der Gläubiger in der Lage ist, die Angaben nachzuvollziehen und den zugrunde liegenden Anspruch zu überprüfen (vgl. BGH Urt. v. 23.11.1981 – VIII ZR 298/80, NJW 1982, 573).

5. Die zeitanteilige Ermäßigung des Aufwendungsersatzes (in Relation zur Miet- und Nutzungsdauer) ist ein Gestaltungselement zur Bestimmung des angemessenen Ausgleichs für den Ausschluss des Wegnahmerechts (→ Anm. 2)

6. Zu welchen Handlungen eine mietvertraglich vorgesehene „**Abstimmung**" zwischen den Vertragsparteien verpflichtet, ist im Wesentlichen Tatfrage. Wenn der Vermieter bei vom Umfang her überschaubaren Modernisierungsarbeiten in die Planung (Angebotseinholung) und Umsetzung (Besichtigung der Bauarbeiten) sowie durch Rechnungsvorlage einbezogen wird, kann dies für die Unterrichtung und Entscheidungsbildung des Vermieters ausreichen. Bei größeren baulichen Vorhaben wird jedoch eine qualifiziertere Unterrichtung zu fordern sein und ein Bedarf nach ausdrücklicher Zustimmung bestehen.

Die **Kostenkontrolle** wird (als Bestandteil der Abstimmung) entsprechend zu handhaben sein. Da die vertragliche Übereinkunft im Beispielsfall einen Höchstbetrag für die zu erstattenden Gesamtkosten vorsieht, ist das Bedürfnis des Vermieters, durch besondere Kontrollmaßnahmen Luxusaufwendungen des Mieters vorzubeugen, als geringer zu veranschlagen.

7. Wenngleich im Beispielsfall vom Vorrang der vertraglichen Vereinbarungen auszugehen ist (→ Anm. 3), kann es sich empfehlen, **hilfsweise einen Ersatzanspruch nach § 539 Abs. 1 BGB** geltend zu machen. Dies ist insbesondere veranlasst, wenn die Wirksamkeit der vertraglichen Abreden fraglich ist. Die Tatbestandselemente der Fremdgeschäftsführung und des hierauf gerichteten Willens (des Mieters) dürften aus den im Beispielsfall referierten Gründen erfüllt sein.

Wegen der näheren Einzelheiten zum gesetzlichen Aufwendungsersatz nach § 539 Abs. 1 BGB wird auf → Form. C. III. 9 verwiesen (zur Abgrenzung zu § 536a Abs. 2 Nr. 2 BGB und zum Inhalt des damit geregelten Aufwendungsersatzes → Form. C. III. 8).

Bei Modernisierungsmaßnahmen, die auf Wunsch und Veranlassung des Mieters vorgenommen werden, kann es – selbst bei Zustimmung des Vermieters – naheliegen, dass diese Maßnahmen nur zur Verbesserung des Mietgebrauchs und nur im alleinigen Interesse des Mieters erfolgt sind. Dann fehlt schon ein Fremdgeschäftsführungswille (vgl. im Einzelnen → Form. C. III. 9 Anm. 4).

Weiter hilfsweise käme ein **Bereicherungsanspruch** nach § 812 Abs. 1 Satz 2, 1. Alt. BGB in Betracht (→ Anm. 2; → Form. C. III. 11).

Wenn der Mieter die Aufwendungen noch nicht getätigt, d. h. die Kosten der betreffenden Maßnahme noch nicht übernommen und entsprechende Rechnungen noch nicht bezahlt hat, kommt eine Klage auf **Freistellung von den eingegangenen Verbindlichkeiten** in Betracht (§ 257 BGB).

8. Der dem Beispielsfall zugrunde liegende Vertrag regelt gegenüber § 256 BGB eine abweichende **Fälligkeit** für den zu leistenden Aufwendungsersatz. **Zinsen** sind daher nur aufgrund Verzugs (§ 286 BGB) oder als Prozesszinsen zu zahlen (§ 291 BGB).

11. Klage wegen Reparatur- und Verbesserungsmaßnahmen

An das

Landgericht . . . . .[1]

Klage

der Fa . . . . . . KG, vertreten durch den persönlich haftenden Gesellschafter . . . . .

– Klägerin –

Prozessbevollmächtigter: Rechtsanwalt . . . . .

gegen

Herrn . . . . .

– Beklagter –

wegen ungerechtfertigter Bereicherung

vorläufiger Streitwert: . . . . . EUR

Namens und in Vollmacht der Klägerin erhebe ich Klage mit dem Antrag,

1. den Beklagten zu verurteilen, an die Klägerin . . . . . EUR nebst Zinsen in Höhe von 5 Prozentpunkten über dem jeweiligen Basiszinssatz nach § 247 BGB seit Rechtshängigkeit zu zahlen,[2]
2. im Falle der Anordnung des schriftlichen Vorverfahrens bei Vorliegen der Voraussetzungen Versäumnisurteil gemäß § 331 Abs. 3 ZPO zu erlassen.

Begründung:

Mit schriftlichem Mietvertrag vom . . . . . mietete die Klägerin vom Beklagten das Gewerbegrundstück in . . . . ., ...-straße . . . . ., an. Es handelt sich um ein mit Hallen und Büroräumen bebautes Grundstück.

Das Mietverhältnis begann am . . . . . und war gemäß § . . . . . des Mietvertrags zunächst auf 10 Jahre befristet. Aufgrund der in § . . . . . des Mietvertrags geregelten Verlängerungsoption, von der die Klägerin Gebrauch machte, verlängerte sich die Mietzeit um zweimal 5 Jahre.

Beweis: anliegende Kopie des Mietvertrages

Eine Einigung der Parteien über eine weitere Vertragsverlängerung kam nicht zustande, so dass das Mietverhältnis zum . . . . . endete.

Während der Dauer des Mietverhältnisses hat die Klägerin mit Billigung des Beklagten verschiedene Investitionen in das Mietobjekt vorgenommen, die zu einer nachhaltigen Wertverbesserung geführt haben. Im Einzelnen handelt es sich dabei um folgende Maßnahmen:

a) Um ein Befahren der Hallen mit schweren Lkws zu ermöglichen, erneuerte die Klägerin im Jahre . . . . . die schadhaften Böden in den Hallen. Hierfür wendete die Klägerin insgesamt . . . . . EUR auf.

Beweis: . . . . .

b) Außerdem ließ die Klägerin die bis dahin unbefestigte Hoffläche zwischen den Hallen, die nach stärkerem Regen oft völlig durchweicht war, pflastern. Die Kosten hierfür beliefen sich auf . . . . . EUR.

Beweis: . . . . .

c) Um das Grundstück vor dem Eindringen von Unbefugten zu sichern, nahm die Klägerin im Jahre . . . . . zur bis dahin offenen Ost- und Südseite eine Einfriedung des Grundstücks mit einem 2,20 m hohen Zaun vor. Hierfür waren Kosten in Höhe von . . . . . EUR aufzuwenden.

Beweis: . . . . .

d) Im Jahre . . . . . modernisierte die Klägerin die teilweise maroden Sozialräume. Sie ließ in den Waschräumen, in denen bereits der Putz von den Wänden bröckelte, eine

1,70 m hohe Wandverfliesung anbringen. Die Kosten hierfür beliefen sich auf insgesamt . . . . . EUR.

Beweis: . . . . .

e) Schließlich erneuerte die Klägerin im Jahre . . . . . die völlig veraltete und defektanfällige Heizungsanlage in der großen Halle. Für den Einbau eines neuen Brenners, eines neuen Gebläses und diverse Nebenarbeiten bezahlte die Klägerin . . . . . EUR.

Beweis: . . . . .

Der Beklagte hat sich geweigert, für die von der Klägerin getätigten Aufwendungen einen Ausgleich zu leisten. Der Beklagte hat die Auffassung vertreten, dass die Maßnahmen ohne seinen Willen und allein im Interesse der Klägerin zur Verbesserung ihres Mietgebrauchs erfolgt seien. Darin erschöpft sich der von der Klägerin entfaltete Aufwand jedoch nicht.

Der Beklagte hat aufgrund der getätigten Investitionen ein höherwertiges Mietobjekt zurückerhalten.[3] Mit Rücksicht hierauf hat der Beklagte der Klägerin nach § 812 Abs. 1 BGB diejenige Bereicherung herauszugeben, die ihm durch den Wertzuwachs zugeflossen ist, denn der Ertragswert der Immobilie ist erheblich gesteigert worden.[4] Dieser beläuft sich nach dem beigefügten Gutachten des Sachverständigen . . . . . auf nunmehr . . . . . EUR und würde sich ohne die von der Klägerin getätigten Investitionen auf . . . . . EUR belaufen. Die vom Beklagten zu erstattende Ertragswertsteigerung beläuft sich unter Berücksichtigung einer Abzinsung nach § 17 ImmoWertV und einer Restnutzungsdauer von . . . . . Jahren auf . . . . . EUR.[5]

Beweis: anliegende Kopie des Privatgutachtens,
       Sachverständigengutachten,

Rechtsanwalt

Anmerkungen

1. Zu der (vom Streitwert abhängigen) sachlichen Zuständigkeit des Landgerichts vgl. § 71 Abs. 1 GVG iVm § 23 GVG. Die örtliche Zuständigkeit ergibt sich aus § 29a ZPO.

2. Der **Klageantrag** ist im Beispielsfall als einheitlicher Leistungsantrag konzipiert (→ Anm. 5).

Der auf **ungerechtfertigter Bereicherung** beruhende Zahlungsanspruch ist nicht nach § 256 BGB zu verzinsen, da er sich nicht nach den Aufwendungen des Mieters (→ Form. C. III. 8 ff.), sondern allein nach dem Vermögenszuwachs des Vermieters bemisst (BGH WM 1967, 1147; → Anm. 3 ff.). Für den Beispielsfall sind **Rechtshängigkeitszinsen** gemäß § 291 BGB zugrunde gelegt. Andernfalls kommen Verzugszinsen aus § 288 BGB in Betracht.

Im **unternehmerischen Bereich** erhöht sich der **Zinssatz** gemäß § 288 Abs. 2 BGB grundsätzlich auf 9 % über dem Basiszins. Bei einem Bereicherungsanspruch steht indessen die Entgeltlichkeit der Forderung iSv § 288 Abs. 2 BGB durchgreifend in Frage, wenngleich die Erstreckung dieses Begriffs auf Bereicherungsansprüche in Ausnahmefällen angenommen wird (vgl. Palandt/*Heinrichs* § 286 Rn. 27 mwN).

3. Neben einem Ersatzanspruch wegen notwendiger Verwendungen auf die Mietsache (→ Form. C. III. 8, → Form. C. III. 9) im Sinne des § 536a Abs. 2 Nr. 2 BGB und einem Aufwendungsersatz nach § 539 Abs. 1 BGB (→ Form. C. III. 9) oder aus Vertrag

(→ Form. C. III. 10) kann der Mieter wegen sonstiger Verwendungen einen **Anspruch aus Bereicherungsrecht** haben.

Ein Bereicherungsanspruch kann sich insbesondere dann ergeben, wenn das **Vertragsverhältnis vorzeitig endet**, so dass der Vermieter früher als vereinbart in den Genuss der Verwendungen gelangt (vgl. BGH Beschl. v. 26.7.2006 – XII ZR 46/05, Grundeigentum 2006, 1224; Urt. v. 16.9.1998 – XII ZR 136/96, NZM 1999, 19; OLG Rostock Beschl. v. 24.2.2005 – 3 U 187/04, NZM 2005, 666).

Dem Umfang nach bemisst sich die Bereicherung in einem solchen Fall nicht nach den Kosten der getätigten Verwendungen oder der dadurch geschaffenen objektiven Wertsteigerung des Bauwerks, sondern nach den Vorteilen, die der Vermieter aus dem erhöhten objektiven **Ertragswert** der Mietsache tatsächlich erzielen kann oder hätte erzielen können. Anhaltspunkt dafür ist in erster Linie die Zahlung eines höheren Mietzinses durch einen Nachmieter oder eine sonstige gewinnbringende Nutzung durch den Vermieter (vgl. BGH Beschl. v. 26.7.2006 – XII ZR 46/05, Grundeigentum 2006, 1224; Urt. v. 16.9.1998 – XII ZR 136/96, NZM 1999, 19; OLG Rostock Beschl. v. 24.2.2005 – 3 U 187/04, NZM 2005, 666).

Eine weitere Fallgruppe betrifft die Leistung von (verlorenen) **Baukostenzuschüssen** eines Mieters, wenn es zu einer vorzeitigen Vertragsbeendigung kommt. Unter einem solchen Zuschuss versteht man eine Geld- oder Sachleistung, welche der Mieter als Sonderleistung neben der Miete zugunsten des Vermieters zum Neu- oder Ausbau, zur Erweiterung, Wiederherstellung oder Instandsetzung von Räumen erbringt, ohne dass der Vermieter zur vollen oder teilweisen Rückerstattung dieser Leistung vertraglich verpflichtet ist (vgl. BGH Urt. v. 12.2.1959 – VIII ZR 54/58, BGHZ 29, 289; Urt. v. 26.4.1978 – VIII ZR 236/76, NJW 1978, 1483; Urt. v. 10.10.1984 – VIII ZR 152/83, NJW 1985, 313; OLG Dresden Beschl. v. 15.7.2014 – 5 U 52/14, ZMR 2015, 120; OLG Düsseldorf Urt. v. 21.3.2000 – 24 U 115/99, NZM 2001, 1093).

Wenn der verlorene Baukostenzuschuss noch nicht „abgewohnt" worden ist, hat der Mieter grundsätzlich einen Bereicherungsanspruch aus § 812 Abs. 1 S. 2 1. Halbs. BGB, weil der rechtliche Grund der für die Zeit nach der Beendigung des Mietverhältnisses erbrachten Leistung weggefallen ist. Nach der Rechtsprechung deckt sich der Bereicherungsanspruch allerdings nicht mit dem um den abgewohnten Teil verminderten Betrag, den der Mieter als Baukostenzuschuss geleistet hat. Er richtet sich vielmehr auf Ausgleich desjenigen Vermögensvorteils, der darin liegt, dass der Vermieter das Mietobjekt vorzeitig ohne Rücksicht auf den Baukostenzuschuss nutzen kann, während dem Mieter die Nutzung vorzeitig entzogen worden ist (vgl. BGH Urt. v. 21.1.1960 – VIII ZR 16/59, WM 1960, 497).

Ein **Bereicherungsanspruch hat dagegen auszuscheiden,** wenn die Parteien eine ausdrückliche vertragliche Regelung dahin getroffen haben, dass auch bei vorzeitiger Beendigung des Mietverhältnisses ein Bereicherungsausgleich nicht erfolgen und auch kein Wegnahmerecht des Mieters bestehen soll (vgl. → Form. C. III. 10 Anm. 2; OLG Karlsruhe Urt. v. 31.10.1985 – 15 U 129/84, NJW-RR 1986, 1394; zur Abdingbarkeit von Erstattungsansprüchen vgl. *Horst* MDR 2007, 1117).

Ein Bereicherungsanspruch darf auch nicht zur **Umgehung der zur Fremdgeschäftsführung geltenden Grundsätze** (im Rahmen von § 539 Abs. 1 BGB → Form. C. III. 9 Anm. 4) führen. Dies gilt insbesondere dann, wenn dem Geschäftsherrn durch bewusst eigenmächtiges Handeln und gegen seinen Willen sowie unter Umgehung des Rechtswegs etwas aufgedrängt wurde.

Wenn der Mieter **entgegen dem Willen und dem Interesse des Vermieters** Reparatur- und Verbesserungsmaßnahmen veranlasst, eröffnet dies den schwer zu überblickenden **Problembereich des § 951 Abs. 1 BGB.** Danach kann derjenige, der infolge der Vorschriften der §§ 946 bis 950 BGB einen Rechtsverlust erleidet, von demjenigen, zu dessen Gunsten die Rechtsänderung eintritt, Vergütung in Geld nach den Vorschriften über die

Herausgabe einer ungerechtfertigten Bereicherung fordern. Die Wiederherstellung des früheren Zustands kann grundsätzlich nicht verlangt werden. Dies betrifft die Fälle, in denen der Vermieter durch **Verbindung, Vermischung oder Verarbeitung** Eigentum an Sachen erworben hat, die vom Mieter eingebracht (eingebaut) wurden. Der Vermieter genießt aber einen **Schutz vor aufgedrängter Bereicherung**, über den sich Rechtsprechung und Literatur im Grundsatz einig sind, der aber im Einzelnen beträchtliche dogmatische und rechtspraktische Schwierigkeiten in sich birgt (vgl. etwa die Darstellung und die Nachweise bei Staudinger/*Gursky* § 951 Rn. 46 ff.). Im Kern treffen sich die insoweit vertretenen Rechtsauffassungen in dem Punkt, dass der Schutz vor ungebetener vermögenswirksamer Einwirkung in die Angelegenheiten dessen, dem eine Bereicherung aufgedrängt wird, im Vordergrund der Rechtsabwägung zu stehen hat (vgl. BGH Urt. v. 21.6.2000 – XII ZR 153/98, juris). Demgegenüber muss der Gedanke zurücktreten, es sei dem Empfänger allgemein zumutbar, eine infolge der ungebetenen Einmischung eingetretene objektive Wertsteigerung seines Vermögens entsprechend zu vergüten. Eine andere Beurteilung ist allerdings dann angebracht und geboten, wenn eine auf solche Weise eingetretene Wertsteigerung des Vermögens gewinnbringend realisiert, also wenn der Vermögenszuwachs nutzbringend verwertet oder wenn dadurch eine sonst notwendig gewesene Ausgabe erspart wird (vgl. BGH, Urt. v. 21.6.2000 – XII ZR 153/98, juris). In den Rechtsfolgen einer aufgedrängten Bereicherung ist jedoch vieles unklar und streitig. Der Mieter, der entgegen dem Willen des Vermieters Aufwendungen veranlasst, wird damit zu rechnen haben, dass der Vermieter ihn entweder anspruchsausschließend auf ein **Wegnahmerecht** (§ 539 Abs. 2 BGB) verweist (vgl. BGH Urt. v. 21.12.1956 – V ZR 110/56, BGHZ 23, 61) oder ihn sogar auf **Beseitigung** des erlangten Vorteils in Anspruch nimmt (vgl. die Nachweise bei Staudinger/*Gursky* § 951 Rn. 47; → Anm. 4). Eine erfolgversprechende Bereicherungsklage bei Maßnahmen des Mieters, die entgegen dem Willen und dem Interesse des Vermieters veranlasst wurden, steht damit durchgreifend in Frage. Im Beispielsfall wird daher eine **Billigung des Vermieters** vorausgesetzt.

Ob und inwieweit der Eigentümer vor dem Ersatz werterhöhender Investitionen zu schützen ist, ist für den Bereich des **Pachtrechts** auch durch § 591 BGB geregelt (zum Anwendungsbereich vgl. Staudinger/*von Jeinsen* § 591 Rn. 5 ff.). Andere als notwendige Verwendungen, denen der Verpächter zugestimmt hat, hat er dem Pächter bei Beendigung des Pachtverhältnisses zu ersetzen, soweit die Verwendungen den Wert der Pachtsache über die Pachtzeit hinaus erhöhen (Mehrwert). Die Vorschrift begünstigt den Pächter zwecks Förderung einer dynamischen Betriebsbewirtschaftung, die auf eine Verbesserung der Betriebsrentabilität abzielt (vgl. Staudinger/*von Jeinsen* § 591 Rn. 2). Auf-, Um- und Ausbauarbeiten iSv § 591 BGB können Maßnahmen sein, die der Erhaltung, Wiederherstellung oder Verbesserung des Pachtobjekts dienen und dann als verbessernde Verwendungen ersatzfähig sind (vgl. BGH Urt. v. 29.11.1996 – LwZR 8/95, 1997, 174, ZMR 1996, 122; Urt. v. 24.11.1995 – V ZR 88/95, BGHZ 131, 220 = BGH NJW 1996, 921; OLG Schleswig Urt. v. 5.6.2015 – 2 L U 13/14, BeckRS 2016, 03696). Auch Maßnahmen zur Erhaltung oder nachhaltigen Verbesserung der Rentabilität eines Betriebs fallen hierunter.

Vereinbarungen, die dem Mieter das Recht einräumen, die Mietsache auf eigene Kosten zu modernisieren oder umzubauen, enthalten oft einen (ggf. konkludenten) **Ausschluss von Aufwendungsersatz**. Dies hindert im Zweifel wegen des anderweitigen vertraglichen Bindungswillens – außer im Falle der vorzeitigen Beendigung des Mietverhältnisses (→ Form. C. III. 12) – auch einen Bereicherungsanspruch. Die vom Mieter übernommene Pflicht, die Mieträume auf eigene Kosten in bestimmter Weise herzurichten, kann auch Gegenstand des mietvertraglichen Nutzungsentgelts sein (vgl. BGH Urt. v. 29.11.1996 – LwZR 8/95, 1997, 174, ZMR 1996, 122). Auch dann scheidet ein Bereicherungsanspruch zumindest bei Ausschöpfung der vertraglichen Mietdauer grundsätzlich aus.

4. Nach der Rechtsprechung des BGH ist ein Bereicherungsausgleich nur nach der **Ertragswertsteigerung** zu gewähren (→ Anm. 5).

Wenn der Mieter nicht geschuldete Schönheitsreparaturen oder Ersatzleistungen erbracht hat, kann ebenfalls ein Bereicherungsanspruch gegeben sein (im Einzelnen → Form. C. III. 13, → Form. C. III. 14; → Form. B. III. 48, → Form. B. III. 49).

Wichtig ist bei all diesen Ansprüchen die **Verjährungsproblematik**. Spätestens ab dem Urteil des BGH vom 23.6.2004 (VIII ZR 361/03, NJW 2004, 2586) besteht keine unsichere und zweifelhafte Rechtslage mehr hinsichtlich der Frage, dass Ansprüche des Mieters aus ungerechtfertigter Bereicherung wegen durchgeführter Schönheitsreparaturen oder Ersatzleistungen für eine solche vermeintliche Verpflichtung der **kurzen Verjährung nach § 548 Abs. 2 BGB** und nicht der Regelverjährung gemäß §§ 195, 199 BGB unterliegen (vgl. BGH Beschl. v. 31.1.2012 – VIII ZR 141/11, NJW 2012, 1572).

5. Der Bereicherungsausgleich nach dem erhöhten Ertragswert kann (und sollte) in Gestalt eines einheitlichen Leistungsantrags verfolgt werden. Wenn nach den Objekt- und Marktgegebenheiten von der Möglichkeit einer Neuvermietung auszugehen ist, die dem Zuschnitt und der Ausstattung des Mietobjekts wirtschaftlich Rechnung trägt, kann der Mieter den Bereicherungsanspruch in einem Zuge mit einem **einheitlichen Leistungsantrag** geltend machen und ist nicht auf eine ratenweise Klage auf künftige Leistung entsprechend den sukzessive fällig werden Mietforderungen gegenüber dem Nachmieter angewiesen (→ Form. C. III. 12 Anm. 4).

Nach der **Ertragswertmethode** (vgl. dazu BGH Urt. v. 5.10.2005 – XII ZR 43/02, NZM 2006, 15 mwN; → Form. C. III. 21) stellt der nachhaltig erzielbare Reinertrag des Gebäudes (Rohertrag abzüglich Bewirtschaftungskosten) die Grundlage der Wertermittlung dar, **§ 17 ImmoWertV**.

Hinsichtlich der danach verbleibenden Ertragswertsteigerung ist die verbleibende **Restnutzungsdauer** zu ermitteln, innerhalb derer sich ein erhöhter Ertrag realisieren kann (vgl. BGH Urt. v. 5.10.2005 – XII ZR 43/02, NZM 2006, 15). Bei einem einheitlichen Ausgleichanspruch, der auf sofortige Zahlung gerichtet ist, muss der Erstattungsbetrag unter dem Gesichtspunkt der **Abzinsung** ermittelt werden, und zwar früher gemäß § 16 der Wertermittlungsverordnung (WertV) vom 6.12.1998 (BGBl. I 2209) und nunmehr gemäß **§ 17 ImmoWertV**, die seit dem 1.7.2010 gilt. Die Abzinsung ist erforderlich, weil der einheitliche und sofort geltend gemachte Bereicherungsanspruch die höheren Ertragserwartungen noch vor ihrer Realisierung („auf einen Schlag") zum Ausgleich stellt.

Bei einem **Eigentumswechsel** ist für Ertragswertsteigerungen zu beachten, dass der neue Eigentümer/Vermieter auch dann Schuldner des Bereicherungsanspruchs wird, wenn die Investitionen zu einer Zeit vorgenommen wurden, als der Wechsel im Eigentum noch nicht eingetreten war. Auch dies folgt aus dem Grundsatz, dass der Umfang der Bereicherung sich in diesem Rahmen nicht nach der Höhe der Aufwendungen des Mieters richtet und auch nicht im Zeitwert der Investitionen besteht, sondern in der Erhöhung der Ertragsmöglichkeiten. Um eine derartige Möglichkeit ist der Voreigentümer, der die Nutzung zum vertraglich vereinbarten Mietzins der Klägerin bis zum Eigentumsübergang gewähren musste und gewährt hat, (noch) nicht bereichert worden. Dem soll sich nach der Rechtsprechung des BGH auch nicht entgegen halten lassen, dass der Erwerber wegen der Investitionen einen höheren Kaufpreis gezahlt hat, denn dies ist das Entgelt dafür, dass nach dem Ende der Vertragslaufzeit eine etwa noch vorhandene Ertragswertsteigerung dem Erwerber zugutekommt und nicht dem Verkäufer (vgl. BGH Urt. v. 5.10.2005 – XII ZR 43/02, NZM 2006, 15).

12. Klage auf Ersatz nützlicher Aufwendungen trotz Ausschlusses von Ersatzansprüchen (Gewerberaum)

An das

Landgericht . . . . .[1]

Klage

der Frau . . . . .

– Klägerin –

Prozessbevollmächtigter: Rechtsanwalt . . . . .

gegen

Herrn . . . . .

– Beklagter –

wegen eines Bereicherungsanspruchs

vorläufiger Streitwert: . . . . . EUR

Namens und in Vollmacht der Klägerin erhebe ich Klage mit dem Antrag,

1. den Beklagten zu verurteilen, an die Klägerin . . . . . EUR nebst Zinsen in Höhe von 5 Prozentpunkten über dem jeweiligen Basiszinssatz nach § 247 BGB seit Rechtshängigkeit zu zahlen,[2]
2. im Falle der Anordnung des schriftlichen Vorverfahrens bei Vorliegen der Voraussetzungen Versäumnisurteil gemäß § 331 Abs. 3 ZPO zu erlassen.

Begründung:

Mit schriftlichem Mietvertrag vom . . . . . mietete die Klägerin vom Beklagten die Räumlichkeiten im Erdgeschoss des Hauses . . . . .-straße 13 in . . . . . zum Betrieb einer Gaststätte an.

Die Mietdauer war nach § . . . . . des Vertrags auf 10 Jahre festgelegt. Das Mietverhältnis begann gemäß § . . . . . des Mietvertrags am . . . . .

In § . . . . . des Mietvertrages haben die Vertragsparteien unter „Besondere Vereinbarungen" Folgendes niedergelegt:

„(1) Die Mieterin ist berechtigt, das bislang als Ladenlokal genutzte Mietobjekt auf eigene Kosten und für eigene Rechnung zu einer Gaststätte umzubauen. Darunter fallen insbesondere folgende Maßnahmen:
a) die Herstellung von zwei Toilettenräumen im Bereich . . . . .,
b) die Herstellung einer Luftaustausch- und Klimaanlage,
c) die Installation einer Zapf- und Bierkühlanlage im Kellerraum . . . . .
d) . . . . .
(2) Soweit die Mieterin im Rahmen des vertraglichen Mietgebrauchs die Installation weiterer Anschlüsse und technischer Einrichtungen wünscht, hat sie auch die dafür erforderlichen Vorkehrungen in eigenem Namen und für eigene Rechnung zu treffen. Soweit solche Installationen und Einrichtungen bauliche Eingriffe und Veränderungen erforderlich machen, ist die Mieterin hierzu nur mit der ausdrücklichen Zustimmung des Vermieters berechtigt.

(3) Die nach Ziff. (1) gestatteten und ggf. nachträglich genehmigten Einrichtungen sind von der Mieterin auf eigene Kosten und für eigene Rechnung fachgerecht herzustellen, zu erhalten, zu sichern, zu warten und instandzuhalten. Die Mieterin stellt den Vermieter von jeglicher Inanspruchnahme frei, die im Zusammenhang mit den bezeichneten Einrichtungen und den vorstehend aufgeführten Mieterpflichten steht.
(4) Bei Mietende hat die Mieterin alle von ihr eingebrachten Einrichtungen mit Ausnahme von . . . . . entschädigungslos in den Mieträumlichkeiten zu belassen. Ein Wegnahmerecht der Mieterin besteht insoweit nicht."

Beweis: anliegende Kopie des Mietvertrages

Der Klägerin gelang es nach Abschluss des Vertrags nicht, die zum Betrieb der Gaststätte notwendige Konzession zu erhalten. Sie hat daher das Mietverhältnis mit Schreiben vom . . . . . unter Berufung auf den Wegfall der Geschäftsgrundlage außerordentlich gekündigt.

Beweis: anliegendes Schreiben vom . . . . .

Der Beklagte hat diese Kündigung gemäß Schreiben vom . . . . . mit Wirkung zum . . . . . akzeptiert.

Beweis: anliegendes Schreiben vom . . . . .

Bis zum Zeitpunkt der Kündigung hatte die Klägerin bereits folgende Installationen durchführen lassen:

1. die Herstellung von zwei Toilettenräumen im Bereich . . . . .

Die von der Klägerin hierfür aufgewendeten Kosten beliefen sich auf . . . . . EUR.

Beweis: . . . . .

2. die Installation einer Zapf- und Bierkühlanlage im Kellerraum.

Die von der Klägerin hierfür aufgewendeten Kosten beliefen sich auf . . . . . EUR.

Beweis: . . . . .

3 . . . . .

Der Beklagte hat die Gaststätte ab dem . . . . . anderweitig vermietet. Aufgrund der von der Klägerin getätigten Aufwendungen erzielt der Beklagte nunmehr eine höhere Miete. Während die Klägerin eine Nettomiete von monatlich . . . . . EUR zu entrichten hatte, zahlt der Nachmieter eine Miete von monatlich . . . . . EUR netto. Ohne diese Einbauten hätte das Objekt nur zu einer geringeren Miete vermietet werden können.

Beweis: Zeugnis des Nachmieters . . . . .
Sachverständigengutachten

Auf der Grundlage der vom neuen Mieter gezahlten Nettomiete macht die Klägerin für die von ihr veranlassten Investitionen einen bereicherungsrechtlichen Erstattungsanspruch geltend, denn der Ertragswert der Mietsache ist erheblich gesteigert worden.[3]

Diesem Anspruch stehen die vertraglichen Bestimmungen nicht entgegen, auch soweit sie einen entschädigungslosen Verbleib der Einrichtungen vorsehen und ein Wegnahmerecht ausschließen. Bei Abschluss des Mietvertrags sind die Parteien von einer 10-jährigen Mietdauer ausgegangen. Die Klägerin hätte die getätigten Investitionen in dieser Zeit unter Geltung eines niedrigeren Mietzinses nutzen können. Infolge der vorzeitigen Beendigung des Mietverhältnisses hat der Beklagte die Mietsache jedoch vorzeitig zurückerhalten und ist dadurch in die Lage versetzt worden, wegen der getätigten Aufwendungen nachhaltig höhere Erträge zu erzielen. Dieser vermögenswerte Vorteil findet in den vertraglichen Bestimmungen keinen Rechtsgrund und ist daher vom Beklagten herauszugeben.[4]

Der Ertragswert für das Objekt beläuft sich nach dem beigefügten Gutachten des Sachverständigen . . . . . auf . . . . . EUR und würde sich ohne die von der Klägerin getätigten Investitionen auf . . . . . EUR belaufen. Die vom Beklagten zu erstattende Ertragswertsteigerung beläuft sich unter Berücksichtigung einer Abzinsung nach § 17 ImmoWertV und einer restlichen Nutzungsdauer von . . . . . Jahren auf . . . . . EUR.[5]

Beweis: anliegende Kopie des Privatgutachtens,
         Sachverständigengutachten.

Rechtsanwalt

Anmerkungen

1. Zu der (vom Streitwert abhängigen) sachlichen Zuständigkeit des Landgerichts vgl. § 71 Abs. 1 GVG iVm § 23 GVG. Die örtliche Zuständigkeit ergibt sich aus § 29a ZPO.

2. Ein Bereicherungsanspruch ist nicht nach § 256 BGB zu verzinsen, da er sich nicht nach den Aufwendungen des Mieters (→ Form. C. III. 8 ff.), sondern allein nach dem Vermögenszuwachs des Vermieters bemisst (BGH WM 1967, 1147, 1149). Im Beispielsfall sind **Rechtshängigkeitszinsen** gemäß § 291 BGB zugrunde gelegt. Andernfalls kommen Verzugszinsen aus § 288 BGB in Betracht, die hinsichtlich der Verzugsvoraussetzungen zu begründen wären.

Im **unternehmerischen Bereich** erhöht sich der **Zinssatz** zwar grundsätzlich gemäß § 288 Abs. 2 BGB auf 9 % über dem Basiszins. Bei Bereicherungsansprüchen steht jedoch der Entgeltcharakter iSv § 288 Abs. 2 BGB durchgreifend in Frage (→ Form. C. III. 11 Anm. 2).

Der Klageantrag ist als einheitlicher Leistungsantrag ausgestaltet (→ Anm. 4; zur Wertermittlung → Form. C. III. 11 Anm. 3).

3. Ein **Bereicherungsanspruch** gemäß § 812 Abs. 1 S. 2 BGB kommt materiell in Betracht, wenn der Mieter **Investitionen** auf die Mietsache tätigt (zum Bereicherungsausgleich → Form. C. III. 11; vgl. ferner *Horst* MDR 2007, 1117). Dies kann auch durch einen verlorenen Baukostenzuschuss geschehen → Form. C. III. 21).

Im Beispielsfall regelt der Vertrag allerdings, dass der Mieter die gestatteten Inverstitionen auf eigene Kosten zu erbringen hat. Damit regelt der Vertrag einen **Ausschluss von Erstattungsansprüchen.**

Eine solche Vertragsgestaltung schließt einen Bereicherungsanspruch jedoch nicht schlechthin aus. Die im Vertrag vorgesehenen Investitionen des Mieters stehen in Beziehung zur vertraglich Mietzeit, so dass der Mieter bei einer vorzeitigen Beendigung eines ursprünglich langfristig konzipierten Mietvertrages einen Bereicherungsanspruch („ob causam finitam") hat, soweit er seine Investitionen noch nicht genutzt („abgewohnt") hat (vgl. BGH Urt. v. 16.9.2009 – XII ZR 73/07, juris; BGH Urt. v. 5.10.2005 – XII ZR 43/02, NJW-RR 2006, 294; OLG Düsseldorf Urt. v. 19.4.2007 – 10 U 127/06, BeckRS 2007, 06979). Da der mit den Aufwendungen erstrebte Erfolg sich infolge vorzeitiger Beendigung des Mietverhältnisses nicht voll verwirklicht hat, entsteht auf Mieterseite ein Vermögensverlust in Gestalt des vorzeitig eingetretenen Wegfalls der Nutzungsmöglichkeit. Dem Vermieter fällt dagegen eine vorzeitige Nutzungsmöglichkeit zu (vgl. BGH Urt. v. 16.9.2009 – XII ZR 73/07, juris; BGH Urt. v. 5.10.2005 – XII ZR 43/02, NJW-RR 2006, 294).

Einem solchen Bereicherungsanspruch steht auch nicht entgegen, dass ein auf eine bestimmte Zeit abgeschlossener Mietvertrag wegen **Nichteinhaltung der Schriftform** des § 550 BGB mit gesetzlicher Kündigungsfrist kündbar war. Die vorzeitige Aufkündbarkeit ändert bereicherungsrechtlich nichts daran, dass die Parteien einen unkündbaren Mietvertrag vereinbaren wollten und dass der Abschluss des Vertrags Grundlage für die mieterseits getätigten Investitionen war. Mit der vorzeitigen Beendigung des Mietvertrages ist dann der Rechtsgrund für die vorgenommene Investition weggefallen (vgl. BGH Urt. v. 21.1.1960 – VIII ZR 16/59, WM 60, 497) mit der Folge, dass der Vermieter bereichert sein kann.

Entsprechendes gilt, wenn sich der Mieter zur Erbringung von Investitionen, für die er Ersatz fordert, vertraglich verpflichtet hat (vgl. BGH Urt. v. 8.11.1995 – XII ZR 202/94, NJWE-MietR 1996, 33). In diesem Fall hat er nach Beendigung des Mietverhältnisses hinsichtlich der geschaffenen Einrichtungen weder ein Wegnahmerecht aus § 539 Abs. 2 BGB noch einen Anspruch auf Ersatz von Verwendungen gemäß § 539 Abs. 1 BGB, unabhängig davon, ob es sich um notwendige oder nützliche Verwendungen handelt (vgl. BGH Urt. v. 8.11.1995 – XII ZR 202/94, NJWE-MietR 1996, 33). Bei vorzeitiger Vertragsbeendigung entsteht dann aber ebenfalls ein Bereicherungsanspruch gegen den Vermieter.

Ein **Bereicherungsanspruch hat dagegen auszuscheiden,** wenn die Parteien eine ausdrückliche vertragliche Regelung dahin getroffen haben, dass auch bei vorzeitiger Beendigung des Mietverhältnisses kein Bereicherungsausgleich erfolgen soll. Haben die Parteien im Mietvertrag einen Forderungsausschluss vereinbart, wonach auch im Falle der Auflösung des Mietverhältnisses kein Wertersatz für bauliche Veränderungen, Instandsetzungen und Einbauten geleistet werden soll, hat der Mieter nach berechtigter vorzeitiger Vermieterkündigung keinen Bereicherungsanspruch für seine Investitionen (vgl. BGH Urt. v. 14.10.1958 – VIII ZR 155/57, NJW 1958, 2109; OLG Karlsruhe Urt. v. 31.10.1985 – 15 U 129/84, NJW-RR 1986, 1394; *Horst* MDR 2007, 1117). Eine solche Regelung muss sich aber einer **Sittenwidrigkeitskontrolle** im Rahmen von § 138 Abs. 1 BGB stellen.

Ob ein Bereicherungsausgleich auch dann ausscheidet, wenn der Mieter schuldhaft eine außerordentliche fristlose Kündigung durch den Vermieter herbeiführt, ist eher fraglich, denn der Bereicherungsanspruch ist grundsätzlich unabhängig vom Kündigungsverschulden zu beurteilen. Im Einzelfall wird die Geltendmachung eines Bereicherungsanspruch jedoch treuwidrig (§ 242 BGB) sein können, wenn der Vermieter in dem Vertrauen auf ein langfristiges Mietverhältnis gröblich enttäuscht worden ist und deswegen Schadensersatz verlangen könnte.

4. Die Bereicherung ist dem **Umfang** nach weder nach den Baukosten noch nach der durch die Mieterleistung geschaffenen Werterhöhung des Bauwerks zu bemessen, sondern nach den Vorteilen, die der Vermieter daraus hat erzielen können, dass er vorzeitig in den Genuss derjenigen Nutzungsmöglichkeit des vermieteten Objekts gelangt ist, die dem Mieter für die Zeit nach tatsächlicher Vertragsbeendigung bis zum an sich vorgesehenen Vertragsablauf entgangen ist. Eine etwaige Bereicherung des Vermieters liegt grundsätzlich allein in der Erhöhung des **Ertragswerts,** soweit der Vermieter diesen früher als vertraglich vorgesehen durch anderweitige Vermietung zu einem höheren Mietzins realisieren kann. Maßgeblich sind also die Vorteile, die der Vermieter aus dem erhöhten objektiven Ertragswert der Mietsache tatsächlich erzielen kann oder hätte erzielen können (vgl. BGH Beschl. v. 26.7.2006 – XII ZR 46/05, Grundeigentum 2006, 1224; Urt. v. 16.9.1998 – XII ZR 136/96, NZM 1999, 19; KG Beschl. v. 13.7.2015 – 8 W 45/15, juris). Die Angabe der tatsächlichen (Bau-)Kosten ist dennoch geboten, da dies einem Sachverständigen wesentliche Anknüpfungstatsachen für die (Ertrags-)Wertveranschlagung vermitteln kann.

Die bereicherungsrechtliche Orientierung am Ertragswert beinhaltet gegenüber dem Aufwendungsersatz (→ Form. C. III. 8) regelmäßig eine Anspruchsbeschränkung, die – im Falle ausbleibender Ertragswertsteigerung – sogar zu einer Reduzierung des Anspruchs gegen Null führen kann.

Bevor eine Bereicherungsklage erhoben wird, muss daher vorrangig geprüft werden, ob nicht ein Ersatzanspruch nach den Grundsätzen der **Geschäftsführung ohne Auftrag (GoA)** in Betracht kommt. GoA setzt aber voraus, dass mit Fremdgeschäftsführerwillen, dh zumindest auch für den Vermieter und um der Sache willen gehandelt wurde oder dass der Vermieter nachträglich genehmigt hat. Eine Ersatzpflicht des Vermieters nach GoA scheidet aus, wenn der Mieter die Verwendungen nur für seine Zwecke und in seinem eigenen Interesse gemacht hat. An die Erfüllung der Voraussetzungen des § 683 Satz 1 BGB sind strenge Anforderungen zu stellen (vgl. BGH Urt. v. 16.9.1998 – XII ZR 136/96, NZM 1999, 19; BGH Urt. v. 20.01.1993 – VIII ZR 22/92, WM 1993, 797; → Form. C. III. 8).

Entgegen einer verbreiteten Auffassung (vgl. etwa OLG Düsseldorf Urt. v. 19.4.2007 – I-10 U 122/06, NZM 2007, 643, m.w.N.) kann der Vermieter, der das Mietobjekt zu einem höheren Gesamtpreis neu vermietet oder neu vermieten könnte, die Höhe der Bereicherung nicht allein nach Maßgabe der sukzessiven monatlichen Mietfälligkeit im Rahmen eines Nachfolgemietverhältnisses bemessen. Der Bereicherungsanspruch ist also nicht zwingend – ratenmäßig – auf zukünftig fällig werdende laufende Zahlungen in Höhe und nach Fälligkeit des zusätzlich zu erwirtschaftenden Entgelts gerichtet. Wenn nach den Objekt- und Marktgegebenheiten von der Möglichkeit einer Neuvermietung auszugehen ist, die dem Zuschnitt und der Ausstattung des Mietobjekts wirtschaftlich Rechnung trägt, kann der Mieter den Bereicherungsanspruch auch in einem Zuge mit einem **einheitlichen Leistungsantrag** geltend machen und ist nicht auf eine ratenweise Klage auf künftige Leistung entsprechend den sukzessive fällig werden Mietforderungen gegenüber dem Nachmieter angewiesen. Dann kann der Mieter bei vorzeitiger Beendigung eines auf längere Zeit geschlossenen Mietvertrages (auch) die sofortige Rückzahlung in Höhe des nicht abgewohnten Teils des Zuschusses verlangen (vgl. BGH Urt. v. 5.10.2005 – XII ZR 43/02, NZM 2006, 15). Ein solcher **einheitlicher Bereicherungsausgleich** hat den ganz gewichtigen Vorteil, dass er (auch prozessual) in einem Zuge erledigt und vollstreckt werden kann und sich insbesondere nicht die Problematik eröffnet, für wie lange der Mieter zukünftige Erstattungsleistungen verlangen kann.

5. Der Höhe nach ist der Bereicherungsausgleich nach der sog. **Ertragswertmethode** zu bemessen (→ Anm. 4). Zu den vom Mieter behaupteten Umbauinvestitionen und der dadurch herbeigeführten Ertragswertsteigerung sind in diesem Rahmen Feststellungen zu treffen (vgl. BGH Urt. v. 5.10.2005 – XII ZR 43/02, NZM 2006, 15). Dabei ist auch zu berücksichtigen, ob dem Mieter bereits zu Beginn des Mietverhältnisses wegen der Bauinvestitionen ein Nachlass gewährt wurde, der den zu zahlenden Bereicherungsausgleich mindert (vgl. BGH Urt. v. 5.10.2005 – XII ZR 43/02, NZM 2006, 15).

Hinsichtlich der danach verbleibenden Ertragswertsteigerung ist die verbleibende **Restnutzungsdauer** zu ermitteln, innerhalb derer sich ein erhöhter Ertrag realisieren kann (vgl. BGH Urt. v. 5.10.2005 – XII ZR 43/02, NZM 2006, 15). Bei einem einheitlichen Ausgleichanspruch, der auf sofortige Zahlung gerichtet ist, muss der Erstattungsbetrag unter dem Gesichtspunkt der **Abzinsung** ermittelt werden, und zwar früher gemäß § 16 der Wertermittlungsverordnung (WertV) vom 6.12.1998 (BGBl. I 2209) und nunmehr gemäß § 17 ImmoWertV, die seit dem 1.7.2010 gilt. Die Abzinsung ist erforderlich, weil der einheitliche und sofort geltend gemachte Bereicherungsanspruch die höheren Ertragserwartungen noch vor ihrer Realisierung („auf einen Schlag") zum Ausgleich stellt.

Die Abzinsung erfolgt mit folgenden Vorgaben:

Im Ertragswertverfahren wird der Ertragswert auf der Grundlage marktüblich erzielbarer Erträge ermittelt. Soweit die Ertragsverhältnisse absehbar wesentlichen Veränderungen unterliegen oder wesentlich von den marktüblich erzielbaren Erträgen abweichen, kann der Ertragswert auch auf der Grundlage periodisch unterschiedlicher Erträge ermittelt werden (§ 17 Abs. 1 ImmoWertV).

Der Ertragswert wird ermittelt aus dem nach § 16 ImmoWertV ermittelten Bodenwert und dem um den Betrag der angemessenen Verzinsung des Bodenwerts verminderten und sodann kapitalisierten Reinertrag (§ 18 Absatz 1 ImmoWertV) oder aus dem nach § 20 ImmoWertV kapitalisierten Reinertrag (§ 18 Absatz 1 ImmoWertV) und dem nach § 16 ImmoWertV ermittelten Bodenwert, der grundsätzlich nach § 20 ImmoWertV abzuzinsen ist (vereinfachtes Ertragswertverfahren, vgl. § 17 Abs. 2 ImmoWertV).

Die prozessuale Umsetzung dieser komplexen Bewertungsgrundsätze wird in der Regel die vorprozessuale Einholung eines **Sachverständigengutachtens** unumgänglich machen, denn ansonsten kann der Klageantrag nicht hinreichend sicher beziffert werden. Dies bedingt entsprechende Kosten, deren Veranlassung sich der Mieter gut überlegen sollte. Selbst aufwändige Investitionen indizieren keineswegs eine erhebliche Ertragswertsteigerung (vgl. *Derleder* WuM 2006, 175), wenn sie weitgehend ertragsneutral sind. Das kann namentlich für solche Investitionen gelten, die – an den Marktgegebenheiten vorbei – allein den speziellen Gebrauchsinteressen des investierenden Mieters dienten.

13. Klage auf Erstattung der Aufwendungen für die Durchführung nicht geschuldeter Schönheitsreparaturen (Wohnraum)

An das

Amtsgericht . . . . .[1]

Klage

des Herrn . . . . .

– Kläger –

Prozessbevollmächtigter: Rechtsanwalt . . . . .

gegen

Herrn . . . . .

– Beklagter –

wegen Erstattung von Aufwendungen für Schönheitsreparaturen[2]

vorläufiger Streitwert: . . . . . EUR[3]

Namens und in Vollmacht des Klägers erhebe ich Klage mit dem Antrag,

1. den Beklagten kostenpflichtig zu verurteilen, an den Kläger . . . . . EUR nebst Zinsen in Höhe von 5 Prozentpunkten über dem jeweiligen Basiszinssatz nach § 247 BGB[4] seit Rechtshängigkeit zu zahlen.
2. im Falle der Anordnung des schriftlichen Vorverfahrens bei Vorliegen der Voraussetzungen Versäumnisurteil gemäß § 331 Abs. 3 ZPO zu erlassen.

Begründung:

Mit schriftlichem Formularvertrag vom . . . . . vermietete der Beklagte an den Kläger auf unbefristete Zeit die Wohnung . . . . .

Der Mietvertrag enthielt Regelungen, aufgrund derer der Kläger verpflichtet sein sollte, die Wohnung zu renovieren. In § . . . . . des Mietvertrags sind hierzu folgende Regelungen enthalten:

„(1) Die Schönheitsreparaturen übernimmt der Mieter. Die Wohnung ist nach Maßgabe der in Ziff. (2) aufgeführten Fristen unter Verwendung neutraler, heller und deckender Farben und Tapeten in einen optisch einwandfreien Zustand zu versetzen. (2) Die vom Mieter durchzuführenden Schönheitsreparaturen haben ab Mietbeginn jeweils in folgenden Abständen zu erfolgen:
Wohnräume alle 5 Jahre,
Küche und Bad (Toilette) alle 3 Jahre,
Nebenräume alle 7 Jahre. "

Beweis: anliegende Kopie des Mietvertrags

§ . . . . . des Mietvertrags enthält außerdem folgende Bestimmungen zur Endrenovierung:

„Bei Beendigung des Mietverhältnisses sind die Mieträume unabhängig davon, worauf die Beendigung beruht, in neu renoviertem Zustand an den Vermieter zurückzugeben. "

Beweis: anliegende Kopie des Mietvertrags

Das Mietverhältnis ist durch fristgerechte Kündigung des Klägers, die der Beklagte akzeptiert hat, zum . . . . . beendet worden. Der Kläger ist im Vertrauen auf die Gültigkeit der vertraglichen Regelungen in dem vom Beklagten verwendeten Vertragsformular[5] von der Verpflichtung ausgegangen, zum Vertragsende die im Mietvertrag vorgesehene Endrenovierung durchführen zu müssen. Er hat daher durch den Malerfachbetrieb . . . . . folgende Arbeiten ausführen lassen:

. . . . .

Für die durchgeführten Malerarbeiten hat der Kläger insgesamt . . . . . EUR bezahlt.

Beweis: anliegende Kopie der Rechnung vom . . . . . , anliegende Kopie der Überweisung
        vom . . . . .

Diese Aufwendungen hat der Beklagte dem Kläger zu erstatten. Der Kläger war zur Durchführung einer Endrenovierung nicht verpflichtet und hat die insoweit erbrachten Leistungen ohne Rechtsgrund erbracht.

Die vertraglichen Bestimmungen zur Durchführung von Schönheitsreparaturen sind insgesamt unwirksam, weil sie als formularvertragliche Regelungen einer Inhaltskontrolle nach § 307 BGB nicht standhalten. Der Mietvertrag benachteiligt den Kläger in unangemessener Weise (§ 307 BGB).[6]

Der Mietvertrag wurde auf einem vom Beklagten verwendeten Formular niedergelegt. Nach der inhaltlichen und äußeren Gestaltung des Vertrags ist der Formularcharakter indiziert.[7]

Beweis: anliegende Kopie des Mietvertrags

Der Mietvertrag enthält einen starren Fristenplan, nach dessen Vorgaben der Mieter während des laufenden Mietverhältnisses Schönheitsreparaturen durchzuführen hat. Formularvertragliche Bestimmungen mit diesem Inhalt sind nach der gefestigten Rechtsprechung des BGH unwirksam, weil sie den Mieter unangemessen benachteiligen (§ 307 BGB). Der Vertrag enthält starre Renovierungsfristen, denn die Renovierungspflicht soll unabhängig vom tatsächlichen Renovierungsbedarf eintreten. Die Fälligkeit der vom Mieter geschuldeten Arbeiten soll nach festen Zeitintervallen eintreten. Nach den vertraglichen Klauseln kommt es für die Fälligkeit von Renovierungsarbeiten auf den tatsächlichen Zustand der Räume nicht an.[8]

Eine unangemessene Benachteiligung ergibt sich auch daraus, dass die laufenden Schönheitsreparaturen mit ganz bestimmten Leistungsvorgaben durchgeführt werden sollen („unter Verwendung neutraler, heller und deckender Farben und Tapeten"). Solche Klauseln bewirken schon für sich eine unangemessene Einengung des Mieters in der Art auszuführender Schönheitsreparaturen, wenn sie – wie im gegebenen Fall – nicht auf den Zustand der Wohnung im Zeitpunkt der Rückgabe der Mietsache beschränkt sind, sondern auch für Schönheitsreparaturen gelten sollen, die der Mieter im Laufe des Mietverhältnisses vorzunehmen hat.[9]

Unwirksam sind auch die vertraglichen Bestimmungen zur Durchführung von Schönheitsreparaturen bei Beendigung des Mietverhältnisses. Die Unwirksamkeit der Endrenovierungsklausel ergibt sich bereits aus der vorstehend behandelten Unwirksamkeit der vertraglichen Regelungen über die laufenden Schönheitsreparaturen. Die Unwirksamkeit einer Klausel über starre Renovierungsfristen führt grundsätzlich zur Gesamtunwirksamkeit aller formularvertraglichen Regelungen über die Schönheitsreparaturen, weil die Frage, ob Renovierungspflichten wirksam auf den Mieter übertragen worden sind, nach der Rechtsprechung des BGH nicht von der Frage nach dem Umfang durchzuführender Schönheitsreparaturen zu trennen und keine geltungserhaltende Reduktion auf einen noch wirksam vereinbarten Pflichtenkreis möglich ist.[10]

Eine unangemessene Benachteiligung des Mieters im Sinne von § 307 BGB ergibt sich ferner aus dem Zusammenspiel der Regelungen über die laufenden Renovierungspflichten und der Bestimmungen über die Endrenovierungspflicht. Die Pflicht zur Endrenovierung soll nach dem Vertrag unabhängig davon bestehen, in welchem Zustand sich die Mieträume dann befinden und wann während des laufenden Mietverhältnisses zuletzt eine Renovierung stattgefunden hat. Auch solche Renovierungsklauseln sind nach der Rechtsprechung des BGH unwirksam.

Der Kläger hat somit in vermeintlicher Erfüllung des Mietvertrags ohne rechtlichen Grund Renovierungsleistungen erbracht, auf die der Beklagte als Vermieter keinen Anspruch hatte.[11] Dies führt nach der Rechtsprechung des Bundesgerichtshofs zu einem Bereicherungsanspruch des Klägers in Höhe der üblichen Vergütung für die ausgeführten Renovierungsleistungen.[12]

Der dem Kläger in Rechnung gestellte Betrag entspricht der üblichen Vergütung. Bei der von ihm beauftragten Firma . . . . . handelt es sich um einen eingeführten Fachbetrieb. Die Beauftragung erfolgte auf der Grundlage von . . . . . Kostenvoranschlägen, die der Kläger vor Auftragserteilung eingeholt hatte.

Beweis: anliegende Kopien des Kostenvoranschläge

Die vom Kläger beauftragte Firma . . . . . hat das günstigste Angebot erteilt.

Beweis: anliegende Kopien des Kostenvoranschläge

Der Klageanspruch ist nicht verjährt, denn seit Beendigung des Mietverhältnisses sind noch keine 6 Monate vergangen.[13]

Rechtsanwalt

Anmerkungen

1. Zur **sachlichen Zuständigkeit** vgl. § 23 Abs. 2 Nr. 2 a GVG. Die **örtliche Zuständigkeit** ergibt sich aus § 29a ZPO.

2. Das Formular schließt hinsichtlich der Voraussetzungen, unter denen von der Unwirksamkeit von Reparaturklauseln auszugehen ist, an die → Form. B. III. 58 (Wohnraum), → Form. B. III. 59 (Gewerberaum) an, die (negative) Feststellungsklagen des Mieters zum Gegenstand haben, dass bestimmte Renovierungspflichten nicht geschuldet seien. In den bezeichneten Formularen wird die höchstrichterliche Rechtsprechung zur Inhaltskontrolle nach § 307 BGB behandelt. Hierauf wird verwiesen.

Das vorliegende Formular verhält sich zu Erstattungsansprüchen des Mieters, nachdem nicht geschuldete Schönheitsreparaturen durchgeführt wurden.

3. Der **Gebührenstreitwert** für eine Geldforderung richtet sich nach dem Nennbetrag des Hauptanspruchs (§§ 3, 6 ZPO) ohne die Nebenforderungen (§ 4 Abs. 1 ZPO).

4. Der auf **ungerechtfertigter Bereicherung** beruhende Zahlungsanspruch ist nicht nach § 256 BGB zu verzinsen, da er sich nicht unmittelbar nach den tatsächlichen Aufwendungen des Mieters → Form. C. III. 8, →Form. C. III. 9), sondern allein nach dem Vermögenszuwachs des Vermieters bemisst (vgl. BGH Urt. v. 27.5.2009 – VIII ZR 302/07, BGHZ 181, 188 = NJW 2009, 2590 = NZM 2009, 541; → Anm. 11).

Im Beispielsfall sind **Rechtshängigkeitszinsen** gemäß § 291 BGB zugrunde gelegt. Außerdem kommen **Verzugszinsen** aus § 288 BGB in Betracht, deren rechtliche Voraussetzungen (§ 286 BGB) darzulegen wären.

5. Bereicherungsansprüche gegen den Vermieter aufgrund unwirksamer AGB kommen nur dann in Betracht, wenn der Vermieter auch **Verwender** im Sinne von § 305 Abs. 1 BGB ist. Wenn dagegen – was allerdings nur ganz ausnahmsweise der Fall sein dürfte – der Mieter den Formularvertrag gestellt hat, scheiden solche Ansprüche aus, weil der Verwender sich nach dem Schutzzweck der §§ 305 ff. BGB nicht zu seinen Gunsten auf die Unwirksamkeit von AGB berufen kann (zum Schutzzweck der Norm vgl. BGH Urt. v. 30.6.1994 – VII ZR 116/93, BGHZ 126, 326 = NJW 1994, 2825).

6. Zu den Voraussetzungen, unter denen die Rechtsprechung von unwirksamen Renovierungsklauseln ausgeht, kann auf → Form. B. III. 58 Anm. 5, 6 verwiesen werden (zur weitgehenden Übernahme der zur Wohnraummiete entwickelten Grundsätze für die Gewerberaummiete → Form. B. III. 59 Anm. 4, 5).

Das Formular knüpft hier an die nicht geschuldete Durchführung einer Endrenovierung an. Erstattungsansprüche nach Ausführung nicht geschuldeter **Renovierungsarbeiten während des laufenden Mietverhältnisses** (Zwischenrenovierung) sind durchaus denkbar, in der Praxis jedoch kaum anzutreffen. Dem Vermieter ist in erster Linie daran gelegen, nach Mietende eine renovierte Wohnung zu erhalten, die er ohne eigenen Aufwand alsbald weiter vermieten kann. Im laufenden Mietverhältnis ist auch die Konfliktbereitschaft der Mietparteien geringer zu veranschlagen.

Zum Umfang eines Erstattungsanspruchs nach einer nicht geschuldeten Zwischenrenovierung → Anm. 11; zur Verjährung → Anm. 13.

7. Soweit es um die Inhaltskontrolle von AGB insbesondere im Rahmen von § 307 BGB geht, kann die prozessuale Darlegung geboten sein, dass es sich bei dem jeweils zugrunde liegenden Vertrag um einen Formularvertrag und nicht um individualvertragliche Abreden handelt. Bei Verwendung allgemein bekannter Mustermietverträge können nähere Ausführungen hierzu entbehrlich sein.

8. Wenn der Mietvertrag für das laufende Mietverhältnis eine Renovierungspflicht unter Zugrundelegung starrer Renovierungsfristen enthält, ist deren Behandlung in der Klagebegründung ratsam, auch wenn die Klage sich – wie im Formular – nur darauf stützt, dass die Endrenovierung nicht geschuldet war. Die Unwirksamkeit einer Endrenovierungsklausel kann sich nämlich schon daraus ergeben, dass für die Dauer der Mietzeit starre Renovierungsfristen vorgesehen waren. Dies folgt daraus, dass nach der Rechtsprechung des BGH die Übertragung der Schönheitsreparaturen auf den Mieter zumeist nicht vom Umfang der durchzuführenden Schönheitsreparaturen zu trennen ist und zur **Gesamtunwirksamkeit von Renovierungsklauseln** führt (vgl. BGH Urt. v. 8.10.2008 – XII ZR 84/06, BGHZ 178, 158 = NZM 2008, 890, mwN; → Form. B. III. 58 Anm. 7).

Nur dann, wenn sich eine Formularklausel nach ihrem Wortlaut verständlich und sinnvoll in einen inhaltlich zulässigen und in einen unzulässigen Regelungsteil trennen lässt (sog. „blue-pencil-test"), ist die Aufrechterhaltung des zulässigen Teils rechtlich unbedenklich (vgl. BGH Urt. v. 8.10.2008 – XII ZR 84/06, BGHZ 178, 158 = NZM 2008, 890). Von dieser Möglichkeit macht der BGH im Rahmen der Inhaltskontrolle von Reparaturklauseln jedoch praktisch keinen Gebrauch. Danach scheidet die bloße Streichung unwirksamer Klauseln aus, wenn damit eine inhaltliche Veränderung der dem Mieter auferlegten Pflicht und damit der Sache nach eine geltungserhaltende Reduktion der unangemessenen Formularvertragsregelung einherginge, die auch dann nicht zulässig ist, wenn die Verpflichtung als solche und ihre inhaltliche Ausgestaltung in zwei verschiedenen Klauseln enthalten sind (vgl. nur BGH Urt. v. 22.9.2004 – VIII ZR 360/03, NZM 2004, 901, Anm. *Emmert* jurisPR-MietR 8/2005 Anm. 4). In der praktischen Umsetzung des blue-pencil-tests ist der BGH insgesamt zurückhaltend und kleinlich (vgl. dazu auch die Einschätzung und die Nachweise bei Staudinger/*Schlosser* § 306 BGB Rn. 20).

9. Eine **kumulative Anspruchsbegründung** kann sich auch daraus ergeben, dass der Mietvertrag ganz bestimmte Leistungspflichten des Mieters formularmäßig festgelegt hat. Eine unangemessene Benachteiligung des Mieters kann darin liegen, dass bestimmte Ausführungsmodalitäten beachtet werden müssen. Eine formularvertragliche Klausel, die den Mieter dazu verpflichtet, die auf ihn abgewälzten Schönheitsreparaturen in „neutralen, hellen, deckenden Farben und Tapeten auszuführen", ist wegen unangemessener Benachteiligung des Mieters unwirksam, wenn sie nicht auf den Zustand der Wohnung im Zeitpunkt der Rückgabe der Mietsache beschränkt ist, sondern auch für Schönheitsreparaturen gilt, die der Mieter im Laufe des Mietverhältnisses vorzunehmen hat (vgl. BGH Urt. v. 18.6.2008 – VIII ZR 224/07, NZM 2008, 605). Ein Verstoß gegen diesen Grundsatz führ nach der Rechtsprechung des BGH wiederum zur Gesamtunwirksamkeit der vertraglichen Renovierungsklauseln (→ Anm. 8).

10. Zur grundsätzlichen Unwirksamkeit einer unbedingten Endrenovierungsklausel → Form. B. III. 58 Anm. 8.

Eine unangemessene Benachteiligung des Mieters im Sinne von § 307 BGB ergibt sich sowohl aus der Endrenovierungsklausel als solcher als auch aus dem Zusammenspiel von Regelungen über die laufenden Renovierungspflichten und der Bestimmungen über die Endrenovierungspflicht, wenn die Pflicht zur Endrenovierung nach dem Vertrag unabhängig davon bestehen soll, in welchem Zustand sich die Mieträume bei Mietende befinden und wann während des laufenden Mietverhältnisses zuletzt eine Renovierung stattgefunden hat.

Die Frage, ob der Vermieter bei einer unwirksamen Schönheitsreparaturklausel eine **höhere Miete** verlangen kann, ist vom BGH für preisfreien Wohnraum verneint (vgl. BGH Urt. v. 9.7.2008 – VIII ZR 181/07 – MietPrax-AK § 558 BGB Nr. 19; Anm. *Wüstefeld* jurisPR-MietR 21/2008 Anm. 3) und für preisgebunden Wohnungsbau bejaht worden (vgl. BGH Urt. v. 24.3.2010 – VIII ZR 177/09, NZM 2010, 396, Anm. *Börstinghaus* jurisPR-MietR 10/2010 Anm. 1).

11. Bei rechtsgrundlos erbrachten Dienst- oder Werkleistungen bemisst sich der **Wert der herauszugebenden Bereicherung grundsätzlich nach dem Wert der üblichen, hilfsweise der angemessenen Vergütung** (vgl. BGH Urt. v. 27.5.2009 – VIII ZR 302/07, BGHZ 181, 188 = NJW 2009, 2590 = NZM 2009, 541).

Eine solche Bemessungsweise kann auch bei (in der Mietsache) verkörperten Werkleistungen geboten sein (vgl. hierzu auch *Blank*, Wertausgleich für rechtsgrundlos geleistete Schönheitsreparaturen durch den Mieter während der Mietzeit, NZM 2010, 97). Das ist insbesondere dann der Fall, wenn der vom Mieter herbeigeführte Dekorationserfolg dem entspricht, was der Vermieter sich vertraglich (durch eine Endrenovierungsklausel) ausbedungen hatte und im Zuge der Weitervermietung nutzen konnte. Dabei kommt es nicht entscheidend darauf an, ob und in welcher Höhe die Renovierungsleistung zu einer Wertsteigerung bei der Mietsache geführt hat. Wenn der Mieter zu marktgerechten Preisen einen Handwerker beauftragt hat, umschreibt dessen Vergütung den Bereicherungsanspruch. Das Formular enthält deshalb Ausführungen zur Ortsüblichkeit der Vergütung, die für die Renovierungsarbeiten zu entrichten war. Die Bemessung nach dem Wert der Vergütung steht allerdings in einem noch unklaren Verhältnis zu der ansonsten gebotenen Bemessung nach dem Ertragswert (→ Form. C. III. 12 Anm. 4). In der Literatur wird gefordert, dass die Ertragswertmethode auch bei nicht geschuldeten Schönheitsreparaturen gelten müsse (vgl. die Nachw. bei *Blank* NZM 2010, 97).

Wenn ein Mieter bei der Ausführung von Schönheitsreparaturen von der Möglichkeit Gebrauch macht, Arbeiten in **Eigenleistung** zu erledigen oder sie durch Verwandte und Bekannte erledigen zu lassen, gelten Besonderheiten. Für die Wohnraummiete bemisst sich der Wert der Dekorationsleistungen dann üblicherweise nur nach dem, was der Mieter billigerweise neben seinem Einsatz an freier Zeit als Kosten für das notwendige Material sowie als Vergütung für die Arbeitsleistung seiner Helfer aus dem Verwandten- und Bekanntenkreis aufgewendet hat oder hätte aufwenden müssen (vgl. BGH Urt. v. 27.5.2009 – VIII ZR 302/07, BGHZ 181, 188 = NJW 2009, 2590 = NZM 2009, 541). Ob der Wert von erbrachten Eigenleistungen im Bereich der Gewerberaummiete höher liegen und den Wert erreichen kann, den der Mieter bei Beauftragung eines Handwerkers hätte aufbringen müssen, entzieht sich genereller Festlegung. Ein bis zur Höhe üblicher Handwerkerkosten reichender Ausgleich wird jedenfalls dann eröffnet sein, wenn die Ausführung der Schönheitsreparaturen zum selbständigen beruflichen Gewerbe des Mieters gehörte (was der BGH auch bei der Wohnraummiete für möglich gehalten hat, vgl. BGH Urt. v. 27.5.2009 – VIII ZR 302/07, BGHZ 181, 188 = NJW 2009, 2590 = NZM 2009, 541).

Das Formular verhält sich zur Erstattung der Kosten für eine nicht geschuldete Endrenovierung. Die von der Rechtsprechung entwickelten Grundsätze sind jedoch nach diesseitiger Auffassung auch auf einen **Bereicherungsanspruch wegen nicht geschuldeter turnusmäßiger (Zwischen-) Renovierung** zu übertragen (→ Anm. 6). Zwar ist in solchen Fällen keine Konstellation gegeben, bei welcher der Vermieter die Renovierungsleistungen im Zuge der Weitervermietung nutzen kann. Der Vermieter ist jedoch auch bei turnusmäßigen Renovierungsarbeiten während der laufenden Mietzeit zumindest dann ungerechtfertigt bereichert, wenn konkreter Renovierungsbedarf bestand. Bei einer unwirksamen Renovierungsklausel lebt nämlich die gesetzliche Erhaltungs- und Instandhaltungspflicht des Vermieters aus § 535 Abs. 1 S. 2 BGB auf mit der Folge, dass die vom Mieter ohne vertragliche Verbindlichkeit erbrachten Renovierungsleistungen eine entsprechende Entlastung des Vermieters bewirkt haben.

Wenn ein Mieter im Vertrauen auf eine bestimmte Vertragsdauer **wertsteigernde Investitionen** vornimmt, kommt ebenfalls ein Bereicherungsanspruch in Betracht

(→ Form. C. III. 12 Anm. 4). Der Umfang der Bereicherung richtet sich dann allein nach der **Erhöhung des Ertragswerts.**

12. Neben dem hier behandelten Bereicherungsanspruch kommt auch ein **Schadensersatzanspruch** des Mieters aus § 280 Abs. 1 BGB in Betracht. Es entspricht der ständigen Rechtsprechung des Bundesgerichtshofs, dass ein Verwender Allgemeiner Geschäftsbedingungen durch die Verwendung unwirksamer Klauseln seine Pflicht zur Rücksichtnahme gegenüber seinem Vertragspartner verletzen und sich bei Verschulden diesem gegenüber schadensersatzpflichtig machen kann, wenn der Vertragspartner in Unkenntnis der Unwirksamkeit der Klausel Aufwendungen tätigt (vgl. BGH Urt. v. 27.5.2009 – VIII ZR 302/ 07, BGHZ 181, 188 = NJW 2009, 2590; Urt. v. 8.10.1987 – VII ZR 358/86, WM 1988, 56; Urt. v. 28.5.1984 – III ZR 63/83, WM 1984, 986). Vom Bereicherungsanspruch nicht gedeckte Schäden werden bei der Wohnraummiete aber eher selten vorliegen, weshalb sich die Schadensersatzproblematik eher bei der Gewerberaummiete verwirklicht. Hierzu wird auf das → Form. C. III. 14 verwiesen.

Ein Schadensersatzanspruch setzt aber voraus, dass der Vermieter die Pflichtverletzung zu vertreten hat (§ 280 Abs. 1 S. 2 BGB, → Form. C. III. 14). Beim Bereicherungsanspruch reicht es demgegenüber aus, dass die zugrunde liegende Klausel objektiv unwirksam ist. Ein Schadensersatzanspruch kommt über §§ 280 f. BGB namentlich in Betracht, wenn vom Mieter keine Renovierungsarbeiten durchgeführt, sondern Zahlungen aufgrund einer vermeintlichen Schönheitsreparaturverpflichtung erbracht werden, etwa als Schadensersatz wegen unterlassener Schönheitsreparaturen oder als Zahlung aufgrund einer unwirksamen Quotenabgeltungsklausel (vgl. dazu und zur kurzen Verjährung eines solchen Ersatzanspruchs: *Börstinghaus* jurisPR-BGHZivilR 15/2012 Anm. 1 zu BGH Urt. v. 20.6.2012 – VIII ZR 12/12).

13. Die **Verjährung von Bereicherungs- und Ersatzansprüchen** erfordert besondere Beachtung:

Nach der umstrittenen Rechtsprechung des BGH (Urt. v. 4.5.2011 – VIII ZR 195/10, NZM 2011, 452) tritt die Verjährung nach § 548 Abs. 2 BGB binnen sechs Monaten ab Beendigung des Mietverhältnisses ein (kritisch hierzu unter Befürwortung der 3-jährigen Regelverjährung: *Blank* NZM 2010, 97; *Börstinghaus* jurisPR-BGHZivilR 16/2011 Anm. 2; *Eisenschmid* WuM 2010, 459; *Jacoby* ZMR 2010, 335; *Wiek* WuM 2011, 67). Vom Mieter durchgeführte Schönheitsreparaturen dienen nach der Auffassung des BGH der Verbesserung der Mietsache und sind deshalb Aufwendungen im Sinne des § 548 Abs. 2 BGB. Ansprüche, die der Mieter wegen der Durchführung solcher Arbeiten gegen den Vermieter erhebt, fallen damit unter die kurze Verjährung des § 548 Abs. 2 BGB. Auf die rechtliche Einordnung des vom Mieter geltend gemachten Anspruchs kommt es nach der Rechtsprechung des BGH (Urt. v. 4.5.2011 – VIII ZR 195/10, NZM 2011, 452) nicht an, denn die kurze Verjährungsfrist findet auch dann Anwendung, wenn der Mieter den Anspruch auf Ersatz seiner Aufwendungen nicht oder nicht nur auf gesetzliche Vorschriften des Mietrechts stützt, sondern sich auf mietvertragliche Vereinbarungen, Geschäftsführung ohne Auftrag oder ungerechtfertigte Bereicherung beruft (vgl. BGH Urt. v. 13.2.1974 – VIII ZR 233/72, NJW 1974, 743).

Die kurze Verjährung des § 548 Abs. 2 BGB soll ihre Rechtfertigung darin finden, dass nach Beendigung des Mietverhältnisses alsbald Klarheit über bestehende Ansprüche im Zusammenhang mit dem Zustand der Mietsache erreicht werden soll (BT-Drucks. 14/ 4553, S. 45). Außerdem dient die in § 548 Abs. 2 BGB getroffene Spezialregelung dem Zweck, das laufende Mietverhältnis nicht unnötig mit Auseinandersetzungen zu belasten (vgl. BGH Urt. v. 28. Mai 2008 – VIII ZR 133/07, NZM 2008, 519). Auch für einen etwaigen Schadensersatzanspruch aus §§ 280 Abs. 1, 241 Abs. 2, 311 Abs. 2 BGB, der bei schuldhafter Verwendung unwirksamer Schönheitsreparaturklauseln in Betracht kommen kann, findet die kurze Verjährung des § 548 Abs. 2 BGB Anwendung.

Der BGH (Urt. v. 4.5.2011 – VIII ZR 195/10 – NZM 2011, 452) hat ausdrücklich darauf hingewiesen, dass sämtliche Ansprüche, die der Mieter wegen der Durchführung von Schönheitsreparaturen gegen den Vermieter erhebt, nach § 548 BGB und nicht nach §§ 199, 195 BGB verjähren (vgl. BGH Urt. v. 20.6.2012 – VIII ZR 12/12, Anm. *Börstinghaus*, jurisPR-BGHZivilR 15/2012 Anm. 1; *Krapf* jurisPR-MietR 18/2012 Anm. 4). Mithin wäre hiervon auch ein Anspruch aus ungerechtfertigter Bereicherung nach Durchführung einer **Zwischenrenovierung** während des laufenden Mietverhältnisses (→ Anm. 6, 11) erfasst. Dies hätte allerdings zur Folge, dass selbst langjährig zurückliegende Renovierungsarbeiten selbst weit über die 3-jährige Regelverjährung des § 195 BGB hinaus noch einem Anspruch zugänglich wären, der dann nach Mietende schon binnen 6 Monaten verjähren würde. Dies wird mit gewichtigen Gründen als eine eher unsystematische Rechtsfolge angesehen, wobei diskutiert wird, ob nicht die während der Mietzeit entstandenen Ansprüche der kurzen Verjährung von 6 Monaten analog unterworfen sein sollten oder aber hierfür die die reguläre Verjährungszeit von drei Jahren heranzuziehen sei (vgl. *Lehmann-Richter* NZM 2009, 761; *Blank* WuM 2010, 232 = Anm. zu AG Freiburg, Urt. v. 5.3.2010 – 6 C 4050/09).

Spätestens ab dem Urteil des BGH vom 23. Juni 2004 (VIII ZR 361/03, NJW 2004, 2586) besteht keine unsichere und zweifelhafte Rechtslage mehr, die nach der Rechtsprechung des Bundesgerichtshofs im Einzelfall dazu führen kann, dass eine **Rechtsunkenntnis** (des Anspruchsinhabers) den Verjährungsbeginn hinauszuschieben geeignet ist (vgl. BGH Beschl. v. 31.1.2012 – VIII ZR 141/11, NZM 2012, 380; Urt. v. 23.9.2008 – XI ZR 262/07, NJW-RR 2009, 547). An der Zumutbarkeit der Klageerhebung als übergreifender Voraussetzung für den Verjährungsbeginn fehlt es bei unsicherer und zweifelhafter Rechtslage nur bis zur objektiven Klärung der Rechtslage, ohne dass es auf eine entsprechende (Rechts-)Kenntnis ankäme (vgl. BGH Beschl. v. 31.1.2012 – VIII ZR 141/11, NZM 2012, 380).

14. Klage auf Bereicherungsausgleich und Schadensersatz nach Durchführung nicht geschuldeter Renovierung (Gewerberaum)

An das

Landgericht . . . . . [1]

Klage

des Herrn . . . . .

– Kläger –

Prozessbevollmächtigter: Rechtsanwalt . . . . .

gegen

Herrn . . . . .

– Beklagter –

wegen Schadensersatzes nach Durchführung nicht geschuldeter Schönheitsreparaturen[2]

vorläufiger Streitwert: . . . . . EUR[3]

Namens und in Vollmacht des Klägers erhebe ich Klage mit dem Antrag,

Borzutzki-Pasing

1. den Beklagten kostenpflichtig zu verurteilen, an den Kläger ..... EUR nebst Zinsen in Höhe von 5 Prozentpunkten über dem jeweiligen Basiszinssatz nach § 247 BGB[4] seit Rechtshängigkeit zu zahlen.
2. im Falle der Anordnung des schriftlichen Vorverfahrens bei Vorliegen der Voraussetzungen Versäumnisurteil gemäß § 331 Abs. 3 ZPO zu erlassen.

Begründung:

Mit schriftlichem Formularvertrag vom ..... vermietete der Beklagte an den Kläger für die Dauer von ..... Jahren und mit einer dem Kläger eingeräumten Verlängerungsoption ein Ladenlokal zum Betrieb eines Geschäfts für Damenmoden, bestehend aus .....

Der Mietvertrag sieht vor, dass der Kläger die Mieträume zu renovieren hat. In § ..... sind hierzu folgende Regelungen enthalten:

„(1) Die Schönheitsreparaturen übernimmt der Mieter. Die Geschäftsräume sind nach Maßgabe der in Ziff. (2) aufgeführten Fristen auf eigene Kosten durch Fachhandwerker in einen optisch einwandfreien Zustand zu versetzen.
(2) Die vom Mieter durchzuführenden Schönheitsreparaturen haben ab Mietbeginn jeweils in folgenden Abständen zu erfolgen:
Geschäftsräume und Personalraum alle 5 Jahre,
Teeküche und Toilette alle 3 Jahre."

Beweis: anliegende Kopie des Mietvertrags

§ ..... des Mietvertrags enthält außerdem folgende Bestimmungen zur Endrenovierung:

„Bei Beendigung des Mietverhältnisses sind die Mieträume unabhängig davon, worauf die Beendigung beruht, in neu renoviertem Zustand an den Vermieter zurückzugeben."

Beweis: anliegende Kopie des Mietvertrags

Das Mietverhältnis ist zum ..... beendet worden, nachdem die vertragliche Mietzeit abgelaufen ist und der Kläger von der ihm eingeräumten Verlängerungsoption keinen Gebrauch gemacht hat.

Der Beklagte hat den Kläger vor Räumung und Herausgabe der Mieträume mit Schreiben vom ..... darauf hingewiesen, dass diese in renoviertem Zustand an ihn zurückzugeben seien.

Beweis: Schreiben vom .....

Im Vertrauen auf die Gültigkeit der vertraglichen Regelungen ist der Kläger davon ausgegangen, zum Vertragsende die im Vertrag vorgesehene Endrenovierung durchführen zu müssen. Er hat daher durch den Malerfachbetrieb ..... folgende Arbeiten ausführen lassen:

.....

Zwecks Durchführung der Renovierungsarbeiten hat der Kläger den in den Mieträumen geführten Geschäftsbetrieb, den er ansonsten uneingeschränkt bis zur Räumung aufrecht erhalten hätte, für ..... Tage vorzeitig geschlossen. Eine Fortführung der Geschäfte während der Durchführung der Schönheitsreparaturen war auch nicht teilweise möglich, da sämtliche Räumlichkeiten während der umfassenden Renovierungsarbeiten nicht nutzbar waren und die im Ladengeschäft vertriebenen Modeartikel durch die Malerarbeiten zwangsläufig Schaden genommen hätten. Eine vertrags- und verkehrsübliche Präsentation von Damenmoden war während der Renovierungsarbeiten nicht möglich.

Der Beklagte hat dem Kläger sowohl die Kosten für die Endrenovierung zu erstatten als auch den durch die vorzeitige Schließung des Geschäfts entstandenen Gewinnausfall zu ersetzen.

Die vertraglichen Bestimmungen zur Durchführung von Schönheitsreparaturen sind insgesamt unwirksam, weil sie als formularvertragliche Regelungen einer Inhaltskontrolle nach § 307 BGB nicht standhalten. Der Mietvertrag benachteiligt den Kläger in unangemessener Weise (§ 307 BGB).

Der Mietvertrag wurde auf einem vom Beklagten verwendeten Formular niedergelegt. Nach der inhaltlichen und äußeren Gestaltung des Vertrags ist der Formularcharakter indiziert.[5]

Beweis: anliegende Kopie des Mietvertrags

Die vertragliche Ausführungsklausel schreibt die Durchführung von Schönheitsreparaturen durch Fachhandwerker vor. Diese Bestimmung ist im Rahmen der gebotenen Inhaltskontrolle nach § 307 BGB als unwirksam zu beurteilen. Sie ist auch im Bereich der gewerblichen Miete mit dem gesetzlichen Leitbild aus § 535 Abs. 1 BGB nicht vereinbar, weil sie den Mieter mit Renovierungsverpflichtungen belastet, die über den tatsächlichen Renovierungsbedarf hinausgehen und die auch vom Vermieter, wäre er selbst zur Vornahme der Schönheitsreparaturen verpflichtet, nicht verlangt werden könnten. Auch der gewerbliche Mieter schuldet grundsätzlich nur eine fachgerechte Ausführung in mittlerer Art und Güte (§ 243 Abs. 1 BGB), die er ohne Weiteres auch ohne Beauftragung eines Fachbetriebes in Eigenleistung erbringen kann.[6]

Der Mietvertrag enthält außerdem einen starren Fristenplan, nach dessen Vorgaben der Mieter während des laufenden Mietverhältnisses Schönheitsreparaturen durchzuführen hat. Formularvertragliche Bestimmungen mit diesem Inhalt sind nach der gefestigten Rechtsprechung des BGH unwirksam, weil sie den Mieter unangemessen benachteiligen (§ 307 BGB).[7]

Unwirksam sind ferner die vertraglichen Bestimmungen zur Durchführung von Schönheitsreparaturen bei Beendigung des Mietverhältnisses. Die Unwirksamkeit der Endrenovierungsklausel ergibt sich bereits aus der vorstehend behandelten Unwirksamkeit der vertraglichen Regelungen über die laufenden Schönheitsreparaturen. Die Unwirksamkeit einer Klausel über starre Renovierungsfristen führt grundsätzlich zur Gesamtunwirksamkeit aller formularvertraglichen Regelungen über die Schönheitsreparaturen, weil die Frage, ob Renovierungspflichten wirksam auf den Mieter übertragen worden sind, nach der Rechtsprechung des BGH nicht von der Frage nach dem Umfang durchzuführender Schönheitsreparaturen zu trennen ist und weil diesbezüglich keine geltungserhaltende Reduktion auf einen noch wirksam vereinbarten Pflichtenkreis möglich ist.[8]

Eine unangemessene Benachteiligung des Mieters im Sinne von § 307 BGB ergibt sich ferner aus dem Zusammenspiel der Regelungen über die laufenden Renovierungspflichten und der Bestimmungen über die Endrenovierungspflicht. Die Pflicht zur Endrenovierung soll nach dem Vertrag unabhängig davon bestehen, in welchem Zustand sich die Mieträume dann befinden und wann während des laufenden Mietverhältnisses zuletzt eine Renovierung stattgefunden hat. Auch solche Renovierungsklauseln sind nach der Rechtsprechung des BGH unwirksam.[9]

Der Kläger hat erst nachträglich davon erfahren, dass die formularvertraglichen Renovierungsregelungen ihn unangemessen beteiligen und unwirksam sind. Der Kläger hat somit in vermeintlicher Erfüllung des Mietvertrags ohne rechtlichen Grund Renovierungsleistungen erbracht, auf die der Beklagte als Vermieter keinen Anspruch hatte. Zur

Ausführung von Renovierungsarbeiten auf Kosten des Klägers bestand auch ansonsten keine Veranlassung, insbesondere keine solche, die etwa auf einen übermäßigen oder vertragswidrigen Mietgebrauch zurückzuführen wäre.

Nach der Rechtsprechung des Bundesgerichtshofs führt dies zu einem Bereicherungsanspruch des Klägers in Höhe der üblichen Vergütung für die ausgeführten Renovierungsleistungen.[10]

Der dem Kläger in Rechnung gestellte Betrag entspricht der üblichen Vergütung. Bei der von ihm beauftragten Firma . . . . . handelt es sich um einen eingeführten Fachbetrieb. Die Beauftragung erfolgte auf der Grundlage von . . . . . Kostenvoranschlägen, die der Kläger vor Auftragserteilung eingeholt hatte.

Beweis: anliegende Kopien des Kostenvoranschläge

Die vom Kläger beauftragte Firma . . . . . hat das günstigste Angebot erteilt.

Beweis: anliegende Kopien des Kostenvoranschläge

Der Beklagte hat dem Kläger außerdem Schadensersatz in Gestalt entgangenen Gewinns zu leisten.[11]

Durch die vorzeitige Schließung des Geschäfts für die Dauer der Renovierungsarbeiten hat der Kläger einen Schaden erlitten, und zwar in Gestalt des zeitanteiligen Gewinnausfalls in Höhe von . . . . . EUR, der sich für die . . . . . Tage vorzeitiger Geschäftsaufgabe wie folgt berechnet:

. . . . .

Die Höhe des dem Kläger entgangenen Gewinns ergibt sich aus folgenden Unterlagen, denen auch zu entnehmen ist, dass der Kläger seinen Betrieb auch im letzten Monat der Mietzeit mit durchschnittlichen Umsätzen und Gewinnerwartungen fortgeführt hat:
. . . . .[12]

Beweis: [Vorlage von Steuerunterlagen, bilanzmäßigen Auswertungen o. ä.]

Der Beklagte hat den insoweit entstandenen Schaden zu vertreten. Er ist als gewerbsmäßiger Vermieter von diversen Gewerbemietobjekten seit Jahren mit der einschlägigen Rechtsprechung vertraut.[13] Durch die Anforderung und Entgegennahme der nicht geschuldeten Renovierungsleistungen hat er den entstandenen Gewinnausfall zurechenbar verursacht.

Die Klageansprüche sind nicht verjährt, denn seit Beendigung des Mietverhältnisses sind noch keine 6 Monate vergangen.[14]

Rechtsanwalt

Anmerkungen

1. Für die örtliche Zuständigkeit bei der gewerblichen Miete und Pacht gilt – vorbehaltlich der Ausnahme nach § 29a Abs. 2 ZPO – die ausschließliche Zuständigkeit des § 29a Abs. 1 ZPO, wobei sich die Zuständigkeit des Landgerichts – vom Streitwert abhängig – aus §§ 23 Nr. 1, 71 Abs. 1 GVG ergibt.

2. Das Formular schließt an → Form. C. III. 13 und an die → Form. B. III. 58 (Wohnraum), → Form. B. III. 59 (Gewerberaum) an, die (negative) Feststellungsklagen des Mieters zum Gegenstand haben, dass bestimmte Renovierungspflichten nicht geschuldet seien. Das vorliegende Formular versteht sich als Ergänzung des Formulars C.III.13 mit der Hervorhebung gewerberaummietrechtlicher Besonderheiten unter dem Gesichtspunkt des **Schadensersatzes aus § 280 Abs. 1 BGB** (→ Form. C. III. 13 Anm. 12).

Die mit dem → Form. C. III. 13 behandelten **Bereicherungsansprüche** sind keine Spezialität der Wohnraummiete; die dort aufgezeigten Grundsätze gelten vielmehr auch im Rahmen der Gewerberaummiete, weshalb insoweit auf die Anm. zu → Form. C. III. 13 verwiesen werden kann. Das vorliegende Formular hat sowohl einen Bereicherungsanspruch (bzgl. der Malerkosten, → Anm. 10) als auch einen Schadensersatzanspruch (hinsichtlich des entgangenen Gewinns, → Anm. 11, 12) zum Gegenstand.

3. Der **Gebührenstreitwert** für eine Geldforderung richtet sich nach dem Nennbetrag des Hauptanspruchs (§§ 3, 6 ZPO) ohne die Nebenforderungen (§ 4 Abs. 1 ZPO).

4. Im unternehmerischen Bereich (der Gewerberaummiete) bestimmt sich die **Zinshöhe** grundsätzlich nach § 288 Abs. 2 BGB. Bei Rechtsgeschäften, an denen ein Verbraucher nicht beteiligt ist, gilt gegenüber § 288 Abs. 1 BGB ein erhöhter gesetzlicher Zinssatz, dies jedoch nur für **Entgeltforderungen**. Um eine solche Forderung handelt es sich hier jedoch nicht, denn Schadensersatzansprüche beinhalten kein „Entgelt" (vgl. BGH Urt. v. 21.4.2010 – XII ZR 10/08, NJW 2010, 1872). Die Zinshöhe bestimmt sich daher nach § 288 Abs. 1 BGB.

Im Beispielsfall sind **Rechtshängigkeitszinsen** gemäß § 291 BGB zugrunde gelegt. Außerdem kommen **Verzugszinsen** aus § 288 BGB in Betracht, deren rechtliche Voraussetzungen (§ 286 BGB) darzulegen wären.

5. Soweit es um die Inhaltskontrolle von AGB insbesondere im Rahmen von § 307 BGB geht, kann die prozessuale Darlegung geboten sein, dass es sich bei dem jeweils zugrunde liegenden Vertrag um einen Formularvertrag und nicht um individualvertragliche Abreden handelt. Bei Verwendung allgemein bekannter Mustermietverträge können nähere Ausführungen hierzu entbehrlich sein.

6. Zur Unwirksamkeit sog. **Fachhandwerkerklauseln** bei der Gewerberaummiete im Einzelnen → Form. B. III. 58 Anm. 6, → Form. B. III. 59 Anm. 4, 5 (vgl. dort auch zur nahezu deckungsgleichen Übernahme der zur Wohnraummiete entwickelten Grundsätze für gewerbliche Mietverträge und der sich insoweit ergebenden Kritik an der Rechtsprechung des BGH).

7. Zur Unwirksamkeit von **Renovierungsklauseln mit starren Fristen** → Form. B. III. 58 Anm. 5.

Der für die Gewerberaummiete zuständige XII. Zivilsenat des BGH hat die wohnraummietrechtliche Rechtsprechung des VIII. Zivilsenats zur formularmäßigen Abwälzung der Pflicht zur Durchführung von Schönheitsreparaturen auch für die Gewerberaummiete/Pacht übernommen. Hinsichtlich der allgemeinen Grundsätze zur Inhaltskontrolle über § 307 BGB kann daher zunächst auf → Form. B. III. 58 Anm. 5–7 Bezug genommen werden (eine zusammenfassende Darstellung der vom XII. Zivilsenat übernommenen Grundsätze findet sich bei: BGH Urt. v. 12.3.2014 – XII ZR 108/13, NZM 2014, 306).

Zwar geht auch der BGH durchweg davon aus, dass ein geschäftserfahrener Unternehmer als gewerblicher Mieter nicht in gleichem Maße schutzbedürftig sei wie ein Verbraucher als Wohnungsmieter. Auch ein gewerblicher Mieter gehe aber regelmäßig nicht davon aus, dass er die übernommenen Schönheitsreparaturen allein nach dem starren Zeitplan und völlig unabhängig vom Erhaltungszustand der Räume schulde. Selbst wenn der gewerbliche Mieter die Problematik erkenne, könne nicht ohne weiteres unterstellt werden, dass ihm die örtliche Marktsituation die Abwehr einer solchen Klausel, die seine gesetzlichen Rechte beschneide, ermögliche (vgl. BGH Urt. v. 8.10.2008 – XII ZR 84/06, NZM 2008, 890; Urt. v. 6.4.2005 – XII ZR 308/02, NJW 2005, 2006).

8. Zur **Gesamtunwirksamkeit** von Renovierungsklauseln → Form. B. III. 58 Anm. 7.
Wenn der Mietvertrag für das laufende Mietverhältnis eine Renovierungspflicht unter Zugrundelegung starrer Renovierungsfristen enthält, ist deren Behandlung in der Klagebegründung auch dann ratsam, auch wenn die Klage sich – wie im Formular – nur darauf stützt, dass eine Endrenovierung nicht geschuldet war. Die Unwirksamkeit der Endrenovierungsklausel kann sich nämlich schon daraus ergeben, dass für die Dauer der Mietzeit starre Renovierungsfristen vorgesehen waren, denn nach der Rechtsprechung des BGH ist die Übertragung der Schönheitsreparaturen auf den Mieter zumeist nicht vom Umfang der durchzuführenden Schönheitsreparaturen zu trennen (→ Form. B. III. 58 Anm. 7).

9. Zur Unwirksamkeit von Klausel, die eine unbedingte **Endrenovierungspflicht** begründen, → Form. B. III. 58 Anm. 8.
Wie im Wohnraummietrecht führt auch in Formularmietverträgen über Geschäftsräume die Kombination einer Endrenovierungsklausel mit einer solchen über turnusmäßig vorzunehmende Schönheitsreparaturen wegen des dabei auftretenden Summierungseffekts zur Unwirksamkeit beider Klauseln (vgl. BGH Urt. v. 6.4.2005 – XII ZR 308/02, NZM 2005, 504; im Anschluss an BGH Urt. v. 14.5.2003 – VIII ZR 308/02, NJW 2003, 2234; Urt. v. 25.6.2003 – VIII ZR 335/02, NZM 2003, 755). Der XII. Zivilsenat des BGH hat – wie auch bei der Behandlung starrer Renovierungsfristen (→ Anm. 7) – keine Veranlassung gesehen, die Gewerberaummiete einer differenzierten Behandlung zu unterziehen.

10. Hinsichtlich nicht geschuldeter Renovierungsaufwendungen (Malerkosten) besteht ein **Bereicherungsanspruch aus § 812 Abs. 1 S. 1 1. Alt. BGB.**
Bei rechtsgrundlos erbrachten Dienst- oder Werkleistungen bemisst sich der **Wert der herauszugebenden Bereicherung** grundsätzlich nach dem Wert der üblichen, hilfsweise der angemessenen Vergütung (vgl. BGH Urt. v. 27.5.2009 – VIII ZR 302/07, BGHZ 181, 188 = NJW 2009, 2590 = NZM 2009, 541). Zu den Einzelheiten wird verwiesen auf → Form. C. III. 13 Anm. 11 (vgl. dort auch zum Bereicherungsausgleich nach vom Mieter erbrachten Eigenleistungen).
Die Anspruchsdurchsetzung ist bei Geltendmachung eines Bereicherungsanspruchs erleichtert, denn er setzt nur die Unwirksamkeit vertraglicher Renovierungsklauseln voraus, ohne dass es auf eine etwaiges Verschulden des Vermieters ankäme (Vertretenmüssen im Sinne von § 280 Abs. 1 S. 2 BGB). Demgegenüber kann die Verfolgung eines Schadensersatzanspruches aus § 280 Abs. 1 BGB Darlegungsschwierigkeiten bei der Verschuldensfrage bereiten (→ Anm. 11, 12). Dies kann namentlich dann der Fall sein, wenn die Rechtsprechung sich zeitnah geändert hat.

11. Der Vermieter begeht eine zum Schadensersatz verpflichtende **Vertragsverletzung im Sinne von § 280 Abs. 1 BGB**, wenn er es zu vertreten hat, dass dem Mieter durch die Aufforderung zur Durchführung nicht geschuldeter Schönheitsreparaturen oder auch nur die stillschweigende Entgegennahme solcher Renovierungsarbeiten ein Schaden entsteht.
Die im Sinne eines angemessenen Interessenausgleichs gebotene Haftungsbegrenzung wird dabei durch das **Erfordernis des Vertretenmüssens (§ 280 Abs. 1 S. 2 BGB)** sichergestellt (vgl. BGH Urt. v. 19.6.2009 – V ZR 93/08, BGHZ 181, 317 = NZM 2009, 619). Zum Vertretenmüssen gehören sowohl Vorsatz als auch Fahrlässigkeit (§ 276 BGB).
Nach § 280 Abs. 1 S. 2 BGB muss der Schuldner (Vermieter) beweisen, dass er eine Pflichtverletzung nicht zu vertreten hat (vgl. BGH Urt. v. 12.5.2009 – XI ZR 586/07, NJW 2009, 2298). Grundsätzlich hat der Mieter zwar als Schadensersatzgläubiger schlüssig darzulegen und notfalls auch zu beweisen, dass den Vermieter eine Pflichtverletzung trifft und diese für den entstandenen Schaden ursächlich war (vgl. BGH Urt. v. 31.5.1978 – VIII ZR 263/76, NJW 1978, 2197). Jedoch regelt § 280 Abs. 1 S. 2 BGB eine **Beweislastumkehr**, soweit es um das Vertretenmüssen der Pflichtverletzung geht. Die Grenze dieser Beweislastumkehr ist nach der Rechtsprechung des BGH danach zu bestimmen, in wessen

Obhuts- und Gefahrenbereich die Schadensursache liegt. Der Bundesgerichtshof hat eine Differenzierung der Darlegungs- und Beweislast je nach dem Verschuldensgrad ausdrücklich abgelehnt und entschieden, dass der Schuldner, der nur für Vorsatz oder grobe Fahrlässigkeit einzustehen hat, zu beweisen hat, dass beide Verschuldensgrade nicht vorliegen (vgl. BGH Urt. v. 19.6.2009 – V ZR 93/08, BGHZ 181, 317 = NZM 2009, 619).

12. Wirtschaftliche Schäden in Gestalt **entgangenen Gewinns** kommen insbesondere dann in Betracht, wenn der Mieter seinen Gewerbebetrieb zwecks Durchführung von Schönheitsreparaturen ganz oder teilweise schließen musste. Eine eher kurzfristige (ggf. vorzeitige) Schließung indiziert häufig die Schwierigkeit, den entgangenen Gewinn dem Umfang nach zu konkretisieren. Nach der ständigen Rechtsprechung des Bundesgerichtshofs erleichtert indessen § 287 ZPO dem Geschädigten nicht nur die Beweisführung, sondern auch die Darlegungslast. Steht der geltend gemachte Ersatzanspruch dem Grunde nach fest und bedarf es lediglich der Ausfüllung zur Höhe, darf die Klage grundsätzlich nicht vollständig abgewiesen werden, sondern **der Tatrichter muss den Schaden im Rahmen des Möglichen nach § 287 ZPO schätzen.** Zwar ist es Sache des Anspruchstellers, diejenigen Umstände vorzutragen und gegebenenfalls zu beweisen, die seine Vorstellungen zur Schadenshöhe rechtfertigen sollen. Enthält der diesbezügliche Vortrag Lücken oder Unklarheiten, so ist es in der Regel jedoch nicht gerechtfertigt, dem jedenfalls in irgendeiner Höhe Geschädigten jeden Ersatz zu versagen. Der Tatrichter muss vielmehr nach pflichtgemäßem Ermessen beurteilen, ob nach § 287 ZPO nicht wenigstens die Schätzung eines Mindestschadens möglich ist. Eine Schätzung darf erst dann gänzlich unterlassen werden, wenn sie mangels jeglicher konkreter Anhaltspunkte völlig in der Luft hinge und daher willkürlich wäre (vgl. BGH Urt. v. 24.6.2009 – VIII ZR 332/07, NJW-RR 2009, 1404, mwN).

Ein Mieter, der nicht geschuldete Renovierungsleistungen erbracht hat, wird sich nach vorstehenden Grundsätzen im Zweifel damit begnügen können, den zur fraglichen Zeit durchschnittlich erwirtschafteten Gewinn darzulegen und dies durch aussagekräftige Unterlagen zu untermauern. Auf dieser Grundlage kann dann der Gewinnausfall für eine zeitweilige Betriebsschließung schätzweise hochgerechnet werden.

Anderweitige Schäden sind denkbar, wenn es anlässlich der Renovierungsarbeiten etwa zu **Unfällen** kommt, zB durch einen Sturz von der Leiter. Das bereits (→ Anm. 11) behandelte Haftungselement des Vertretenmüssens ist jedenfalls dann erfüllt, wenn die durchzuführenden Arbeiten von vornherein objektiv gefahrgeneigt waren, etwa weil besonders große, schwer erreichbare oder technisch schwierig zu handhabende Anlagen zur Renovierung anstanden.

13. Trotz der Beweislastverteilung zugunsten des Mieters (→ Anm. 11) kann es prozessual ratsam sein, dass der Mieter, der seinen Vermieter auf Schadensersatz in Anspruch nimmt, Umstände darlegt, aus denen sich das Vertretenmüssen im Sinne von § 280 Abs. 1 S. 2 BGB ergibt. Ein Vermieter handelt grundsätzlich dann schuldhaft, wenn er in Kenntnis von der Unwirksamkeit einer Renovierungsklausel die Durchführung von Schönheitsreparaturen einfordert oder entgegen nimmt, denn er muss damit rechnen, dass ein Mieter infolge der nicht geschuldeten Arbeiten wirtschaftliche Nachteile und auch andere Schäden erleidet.

Auf einen unverschuldeten **Rechtsirrtum über das Bestehen eines vertraglichen Anspruchs** auf Durchführung von Schönheitsreparaturen kann sich ein Vermieter nur unter sehr eingeschränkten Voraussetzungen berufen. Ein beachtlicher Irrtum liegt nur dann vor, wenn er die Rechtslage unter Einbeziehung der höchstrichterlichen Rechtsprechung sorgfältig geprüft hat und bei Anwendung der im Verkehr erforderlichen Sorgfalt auch mit einer anderen Beurteilung durch die Gerichte nicht zu rechnen brauchte. Ein solcher Ausnahmefall ist etwa dann anzunehmen, wenn der Schuldner eine gefestigte höchstrichterliche Rechtsprechung für seine Auffassung in Anspruch nehmen konnte und eine spätere

Änderung derselben nicht zu befürchten brauchte (st. Rspr. vgl. BGH Urt. v. 30.4.2014 – VIII ZR 103/13, BGHZ 201, 91; Urt. v. 11.6.2014 – VIII ZR 349/13, NJW 2014, 2727). Das Bestehen auf nicht geschuldeten Renovierungsleistungen entgegen hierzu ergangener Rechtsprechung umschreibt danach idR keinen unverschuldeten Rechtsirrtum.

14. Zur Verjährung → Form. C. III. 13 Anm. 13.

Die zur Wohnraummiete entwickelte Rechtsprechung des BGH (vgl. Urt. v. 4.5.2011 – VIII ZR 195/10, NZM 2011, 452), wonach die Verjährung gemäß § 548 Abs. 2 BGB binnen sechs Monaten ab Beendigung des Mietverhältnisses eintritt, wird – auch in Anbetracht der hierzu geäußerten Kritik (→ Form. C. III. 13 Anm. 13) – ohne Weiteres auf die Gewerberaummiete zu übertragen sein. Es kommt für die Verjährung auch nicht darauf an, ob der Mieter von der Unwirksamkeit einer Renovierungsklausel erst später erfahren hat. Zwar beginnt die regelmäßige Verjährung gemäß § 199 Abs. 1 Nr. 1 BGB erst, wenn der Gläubiger Kenntnis von den anspruchsbegründenden Umständen erlangt hat oder ohne grobe Fahrlässigkeit hätte erlangen müssen. Im Rahmen der kurzen Verjährung des § 548 Abs. 2 BGB kommt es aber nicht auf die Kenntnis des Gläubigers an, sondern allein auf die Beendigung des Mietverhältnisses (vgl. BGH Urt. v. 4.5.2011 – VIII ZR 195/ 10, NZM 2011, 452). Eine Ausnahme hat der BGH nur insoweit bejaht, als es um die Kenntnis von einer Grundstücksveräußerung als tatsächlicher Voraussetzung für die Beendigung eines Mietverhältnisses ging (vgl. BGH Urt. v. 28.5.2008 – VIII ZR 133/07, NZM 2008, 519). Eine weitere Ausnahme bezüglich der Kenntnis der tatsächlichen Umstände, aus denen sich der geltend gemachte Anspruch ergibt, hält der BGH nicht für geboten (vgl. BGH Urt. v. 4.5.2011 – VIII ZR 195/10, NZM 2011, 452).

15. Klage auf Erstattung als Mietvorauszahlung erbrachter Verwendungen

An das

Landgericht . . . . .[1]

Klage

1. der Frau . . . . .
2. des Herrn . . . . .

– Kläger –

Prozessbevollmächtigter: Rechtsanwalt . . . . .

gegen

Herrn . . . . .

– Beklagter –

wegen Erstattung von Mietvorauszahlungen

vorläufiger Streitwert: . . . . . EUR

Namens und in Vollmacht der Kläger erhebe ich Klage mit dem Antrag,

1. den Beklagten zu verurteilen, an die Kläger als Gesamtgläubiger . . . . . EUR nebst Zinsen in Höhe von 9 Prozentpunkten über dem jeweiligen Basiszinssatz nach § 247 BGB seit dem . . . . . zu zahlen,[2]

2. im Falle der Anordnung des schriftlichen Vorverfahrens bei Vorliegen der Voraussetzungen Versäumnisurteil gemäß § 331 Abs. 3 ZPO zu erlassen.

Begründung:

Mit schriftlichem Mietvertrag vom . . . . . mieteten die Kläger vom Beklagten das in seinem Eigentum stehende Gewerbegrundstück in . . . . ., ...-Straße Nr . . . . . . mit Lager- und Verkaufsräumen zum Betrieb eines Handelsgeschäfts für . . . . . an.

Das Mietverhältnis sollte gemäß § . . . . . des Mietvertrags am . . . . . beginnen und war für die Dauer von 15 Jahren fest abgeschlossen.

Die Miete betrug nach § 4 des Vertrages monatlich . . . . . EUR zuzüglich der jeweils geltenden gesetzlichen Umsatzsteuer.

Da sich die Räumlichkeiten sich in einem alten, heruntergekommenen Zustand befanden, haben die Vertragsparteien in § . . . . . des Vertrags Folgendes festgelegt:

„(1) Die Mieter übernehmen in Abstimmung mit dem Vermieter für eigene Rechnung den Ausbau- und die Instandsetzung der Mieträume und werden insbesondere folgende Arbeiten durchführen lassen:
die Verlegung eines neuen Estrichs in den Räumen . . . . .,
die Herstellung einer neuen Eingangstür im . . . . .,
die Installation einer wärmeisolierenden Deckenverkleidung im . . . . .,
die Verlegung eines Fliesenbelags im . . . . .,
. . . . .
(2) Die in Ziff. (1) bezeichneten Arbeiten sind sach- und fachgerecht durch Handwerksbetriebe auszuführen. Für die beabsichtigten Arbeiten sind vorab spezifizierte Kostenvoranschläge einzuholen und dem Vermieter jeweils vor Auftragserteilung vorzulegen. Über Änderungswünsche und Verbesserungsvorschläge des Vermieters werden sich die Vertragsparteien im Einzelnen abstimmen. Nach Durchführung der Arbeiten sind dem Vermieter die Rechnungen über die einzelnen Bauleistungen nebst Zahlungsbelegen zu übermitteln.
(3) Die von den Mietern aufgewendeten Kosten werden bis zum Höchstbetrag von . . . . . EUR netto wie folgt mit der vertraglichen geschuldeten Miete verrechnet:
Die Mieter sind berechtigt, von der in § . . . . . festgelegten Nettomiete einen Anteil von 1 % der tatsächlich aufgewendeten Netto-Gesamtkosten für von ihnen veranlasste Verwendungen, höchstens jedoch 1 % des vorstehend bezeichneten Höchstbetrags von . . . . . EUR, im Wege der Verrechnung in Abzug zu bringen. Die gesetzliche Umsatzsteuer ist weiterhin nach dem vollen vertraglichen Mietbetrag zu entrichten. Mit Ablauf des 100. Monats nach Beginn dieser Verrechnung ist die dann vertraglich geschuldete Gesamtmiete ohne Abzüge in vollem Umfang zu entrichten.
(4) Bei Mietende haben die Mieter alle in Ziff. (1) bezeichneten Anlagen und Einrichtungen entschädigungslos in den Mieträumlichkeiten zu belassen. Ein Wegnahmerecht der Mieter besteht insoweit nicht."

Beweis: anliegende Kopie des Mietvertrages

Die Kläger haben in den Mieträumen nach Abstimmung mit dem Beklagten und mit dessen Billigung folgende Instandsetzungs- und Modernisierungsarbeiten vorgenommen:

die Verlegung eines neuen Estrichs in den Räumen . . . . .,

. . . . .

Die Kläger haben dafür insgesamt . . . . . EUR aufgewendet, die sich wie folgt aufschlüsseln:

. . . . .

Beweis: anliegende Kopien der Rechnungen vom . . . . .
        Zeugnis des . . . . .

Da die von den Kläger getragenen Gesamtkosten den im Vertrag vorgesehenen Höchstbetrag nicht überstiegen, haben die Kläger vereinbarungsgemäß 1 % der tatsächlich angefallenen Netto-Gesamtkosten, das sind monatlich . . . . . EUR, beginnend mit dem Monat . . . . ., von der laufenden Miete einbehalten.

Aufgrund schriftlicher Vereinbarung vom . . . . . haben die Parteien das Mietverhältnis auf Bitten der Kläger einvernehmlich mit Wirkung zum . . . . . vorzeitig aufgehoben.[3]

Beweis: anliegende Kopie der Vereinbarung vom . . . . .

Von den getätigten Aufwendungen hatten die Kläger bis zu diesem Zeitpunkt lediglich für . . . . . Monate durch Verrechnung einen Betrag von jeweils . . . . . EUR zurückerhalten, also insgesamt . . . . . EUR. Den hinsichtlich der Netto-Gesamtkosten von . . . . . verbleibenden Differenzbetrag von . . . . . machen die Kläger mit ihrer Klage geltend.

Die Kläger haben insoweit gemäß § 547 Abs. 1 BGB einen Anspruch auf Rückerstattung, denn die von ihnen getätigten Investitionen sind nach der zugrunde liegenden Vertragsgestaltung als Mietvorauszahlung zu beurteilen.[4]

Der Beklagte haftet gemäß § 547 Abs. 1 S. 2 BGB für die zu erstattenden Kosten nach Bereicherungsgrundsätzen (§§ 812 ff. BGB), da er die Beendigung des Mietverhältnisses nicht zu vertreten hat.[5]

Der Beklagte ist um die von den Klägern getätigten Aufwendungen bereichert, da die Baumaßnahmen eine nachhaltige Wertverbesserung bewirkt haben, die sich noch im Vermögen des Beklagten befindet und im Rahmen der bereits erfolgten Neuvermietung auch genutzt wird. Der Umfang der Bereicherung ist vertraglich festgelegt worden, denn nach dem zugrunde liegenden Vertrag standen die von den Klägern getätigten Investitionen mit einem bestimmten Verrechnungssatz dem Mietzahlungsanspruch gegenüber. Die Vertragsparteien haben sich damit auch inzidenter über den Umfang des den Klägern zustehenden Ausgleichs geeinigt.[6]

Der Erstattungsanspruch ist mit Beendigung des Mietverhältnisses sofort fällig geworden.[7]

Die Kläger haben den Beklagten mit Schreiben vom . . . . . zur Zahlung aufgefordert und ihm eine Zahlungsfrist bis zum . . . . . gesetzt.

Beweis: anliegende Kopie des Schreibens vom . . . . .

Ab diesem Zeitpunkt ist daher Verzug eingetreten.[7]

Rechtsanwalt

Anmerkungen

1. Zu der (vom Streitwert abhängigen) sachlichen Zuständigkeit des Landgerichts vgl. § 71 Abs. 1 GVG iVm § 23 GVG. Die örtliche Zuständigkeit ergibt sich aus § 29a ZPO.

2. Das Formular behandelt einen Anspruch aus § 547 BGB. Der Erstattungsanspruch aus § 547 Abs. 1 BGB für im Voraus entrichtete Miete ist bei der **Wohnraummiete** nicht abdingbar (§ 547 Abs. 2 BGB). Er ist auch gegenüber dem Ersteher einer zwangsversteigerten Wohnung durchsetzbar (vgl. BGH Urt. v. 29.10.1969 – VIII ZR 130/68, BGHZ 53, 35). Dem Formular liegt ein Sachverhalt zugrunde, der ein gewerbliches Mietverhältnis zum Gegenstand hat, bei dem § 547 Abs. 1 BGB grundsätzlich abdingbar ist (vgl. Palandt/*Weidenkaff* § 547 Rn. 1).

Der in den Rechtsfolgen (nicht im Rechtsgrund, vgl. BGH Urt. v. 21.10.1970 – VIII ZR 63/69, BGHZ 54, 347) als Bereicherungsanspruch ausgestaltete Anspruch aus § 547 Abs. 1 S. 2 BGB (im Einzelnen → Anm. 4) ist nicht nach § 256 BGB (von der Zeit der Aufwendung an) zu verzinsen. Der Zeitpunkt der **Fälligkeit** hängt davon ab, ob der Vermieter die Beendigung des Mietverhältnisses zu vertreten hat (→ Anm. 3).

Zinsen werden hier als **Verzugszinsen** (§§ 286, 288 BGB) geltend gemacht (→ Anm. 7).

Im **unternehmerischen Bereich** erhöht sich der **Zinssatz** gemäß **§ 288 Abs. 2 BGB** auf 9 % über dem Basiszins. Zwar steht der Entgeltcharakter iSv § 288 Abs. 2 BGB bei Bereicherungsansprüchen in Frage (→ Form. C. III. 12 Anm. 2; zum Aufwendungsersatz → Form. C. III. 8 Anm. 7). Auch diesseits wird zumindest bei Mietvorauszahlungen eine Erweiterung des § 288 Abs. 2 BGB auf Bereicherungsansprüche befürwortet, weil die durch Sachleistungen erbrachte Vorausleistung auch ein Entgelt für die Gebrauchsüberlassung darstellt (→ Anm. 4).

3. Zu den Modalitäten der **vorzeitigen Beendigung des Mietverhältnisses** kann im Rahmen von § 547 BGB prozessual vorzutragen sein, denn von der Frage, ob der Vermieter die Beendigung des Mietverhältnisses zu vertreten hat, hängt die Fälligkeit von Zins- und Erstattungsansprüchen des Mieters ab. Die Relevanz des **Vertretenmüssens** ergibt sich aus § 547 Abs. 1 S. 2 BGB, wonach der Vermieter, der die Beendigung des Mietverhältnisses nicht zu vertreten hat (§§ 276, 278 BGB), nur nach Bereicherungsgrundsätzen haftet. Im Falle des Vertretenmüssens gilt die Zinspflicht des Vermieters gemäß § 547 Abs. 1 S. 1 BGB ab Empfang der im Voraus entrichteten Miete.

Die Rückzahlungspflicht in Bezug auf nicht verbrauchte Mietvorauszahlungen besteht unabhängig vom Grund der Beendigung des Mietverhältnisses. Ein **Verschulden des Mieters** an der Beendigung des Mietverhältnisses schließt den Erstattungsanspruch nach § 547 BGB daher nicht aus (vgl. Palandt/*Weidenkaff* § 547 Rn. 8; → Form. C. III. 12 Anm. 3). Ein Vertretenmüssen des Vermieters führt dagegen zu der verschärften Haftung aus § 547 Abs. 1 S. 1 BGB (vgl. Palandt/*Weidenkaff* § 547 Rn. 7 f.).

Ob ein Vermieter die vorzeitige Beendigung zu vertreten hat, wenn diese in einem **Aufhebungsvertrag** festgelegt worden ist, ist umstritten (vgl. die Nachweise bei Staudinger/*Rolfs* BGB § 547 Rn. 19). Im Ausgangspunkt wird festzuhalten sein, dass ein mietrechtliches Vertretenmüssen im Sinne des § 547 Abs. 1 S. 2 BGB nicht notwendig ein Verschulden im Rechtssinne (§§ 276 bis 278 BGB) voraussetzt. Dies zeigt etwa die verschuldensunabhängige Mängelhaftung im Rahmen von § 536 BGB. Die Annahme, dass ein bloßes Mitwirken des Vermieters an einem Aufhebungsvertrag bereits stets zum Vertretenmüssen führe (vgl. OLG Celle Urt. v. 16.12.1977 – 2 U 180/77, MDR 1978, 492), dürfte aber gleichwohl zu weit gehen. Eine vertragliche Mietaufhebung erfordert zwar notwendig die Mitwirkung des Vermieters, indiziert aber keinen Vertretenstatbestand. Diesseits wird befürwortet, dass für die Frage nach dem Vertretenmüssen auf die Umstände abzustellen ist, die zur einvernehmlichen Vertragsaufhebung geführt haben, denn ansonsten könnte der Vermieter, der einem Beendigungsverlangen nachgibt, das allein aus dem Mieter zuzurechnenden Gründen virulent geworden ist, eine ungerechtfertigte Schlechterstellung erfahren (so auch Staudinger/*Rolfs* § 547 Rn. 19; aA MüKoBGB/*Bieber* § 547 Rn. 10; Blank/*Börstinghaus* § 547 Rn. 16).

Nicht zu vertreten hat der Vermieter die Beendigung des Mietverhältnisses, wenn er in berechtigter Weise außerordentlich fristlos gekündigt hat (§ 543 BGB). Wenn der Mieter das Mietverhältnis durch eine außerordentliche befristete Kündigung beendet hat, gilt grundsätzlich dasselbe (zu den einzelnen Kündigungstatbeständen vgl. Staudinger/*Rolfs* § 547 Rn. 20).

Wie der Fall zu beurteilen ist, in dem der Vermieter außerordentlich mit gesetzlicher Frist gekündigt hat, ist eher ungeklärt und dürfte sich einer generalisierenden Betrachtung entziehen (zum Meinungsstand vgl. Staudinger/*Rolfs* § 547 Rn. 20). Es wird auch hier im Zweifel darauf ankommen, aus wessen Sphäre der Kündigungsgrund stammt.

4. Mietvorauszahlung im Sinne von § 547 BGB ist jede Mieterleistung, die nach dem Inhalt des Mietvertrages Bezug zum Mietzins hat und mit ihm innerlich verbunden, also letztlich **Gegenleistung für die Gebrauchsüberlassung** der Mietsache ist (vgl. BGH Urt. v. 28.5.2008 – VIII ZR 133/07, NJW 2008, 2256). Erfasst ist damit jede Leistung des Mieters, durch die der Mietzins ganz oder teilweise als für eine bestimmte Zeit im Voraus als erbracht gilt (vgl. BGH Urt. v. 17.5.2000 – XII ZR 344/97, NJW 2000, 2987). Es ist nicht von Belang, ob die Vorausleistung im Wege der Zahlung oder auf andere Weise, etwa durch Sachleistungen oder im Wege der Verrechnung, erbracht wird (vgl. BGH Urt. v. 28.5.2008 – VIII ZR 133/07, NJW 2008, 2256; Urt. v. 17.5.2000 – XII ZR 344/97, NJW 2000, 2987). Wenn ein Mieter berechtigt sein soll, bestimmte Investitionskosten mit dem Mietzins zu verrechnen, die er unter Wahrung eines im Mietvertrag vorgesehenen Verfahrens getätigt hat, so steht ihm bei einer vorzeitigen Beendigung des Mietverhältnisses ein Erstattungsanspruch zu (vgl. OLG Düsseldorf Urt. v. 21.11.1991 – 10 U 47/91, ZMR 1992, 110). Eine **Verrechnungsvereinbarung** kann das entscheidende Indiz für eine Vorauszahlung sein.

Unter einem **verlorenen Baukostenzuschuss** versteht man demgegenüber eine Geld- oder Sachleistung, welche der Mieter als Sonderleistung neben der Miete zugunsten des Vermieters zum Neu- oder Ausbau, zur Erweiterung, Wiederherstellung oder Instandsetzung von Räumen erbringt, ohne dass der Vermieter zur vollen oder teilweisen Rückerstattung dieser Leistung vertraglich verpflichtet ist (vgl. BGH Urt. v. 12.2.1959 – VIII ZR 54/58, BGHZ 29, 289; Urt. v. 26.4.1978 – VIII ZR 236/76, NJW 1978, 1483; Urt. v. 10.10.1984 – VIII ZR 152/83, NJW 1985, 313; OLG Dresden Beschl. v. 15.7.2014 – 5 U 52/14, ZMR 2015, 120; OLG Düsseldorf Urt. v. 21.3.2000 – 24 U 115/99, NZM 2001, 1093). Verlorene Baukostenzuschüsse des Mieters sind also dann keine Mietvorauszahlungen iSv § 547 BGB, wenn sie nicht mit der Miete verrechnet werden und keine Gegenleistung für die mietrechtliche Gebrauchsüberlassung darstellen (vgl. OLG Düsseldorf Urt. v. 21.3.2000 – 24 U 115/99, NZM 2001, 1093).

Ob eine Geldleistung des Mieters als Mietvorauszahlung oder als **Mieterdarlehen** zu bewerten ist, kann dann offen bleiben, wenn in beiden Fällen eine nach § 547 Abs. 1 S. 1, Abs. 2 BGB verzinsliche Leistung vorliegt und kein „echtes" bezugslos zur Miete gegebenes Darlehen, für das § 547 BGB nicht gilt (vgl. BGH Urt. v. 31.1.2003 – V ZR 333/01, NZM 2003, 314).

Unerheblich ist ferner, als was die Parteien die Mietvorauszahlung betrachtet oder bezeichnet haben. Der BGH (vgl. Urt. v. 31.1.2003 – V ZR 333/01, NZM 2003, 314) beurteilt auch sog. Aufbauleistungen des Mieters als Mietvorauszahlung (ebenso: OLG Düsseldorf Urt. v. 12.12.1991 – 10 U 69/91, DWW 1992, 114) und macht keinen Unterschied zwischen einem vom Mieter in Geld oder durch andere Leistungen erbrachten Vorschuss.

Der Annahme einer Mietvorauszahlung steht weiter nicht entgegen, dass mit ihr nur ein Teil von künftig fällig werdenden Mietzinsraten getilgt werden soll und der Restbetrag nach Zeitabschnitten hinzu zu zahlen ist (vgl. BGH Urt. v. 17.5.2000 – XII ZR 344/97, NJW 2000, 2987, mwN).

Wenn der zugrunde liegende Mietvertrag keine ausdrückliche Regelung darüber enthält, was mit Mietvorauszahlungen bei vorzeitiger Beendigung des Mietverhältnis zu geschehen hat, richten sich die Voraussetzungen für einen Rückzahlungsanspruch des Mieters grundsätzlich nach § 547 BGB. Bei Gewerberäumen kann die Rückerstattungspflicht des Vermieters von weiteren Voraussetzungen abhängig gemacht oder abbedungen werden, soweit die mietvertraglichen Abreden nicht in unangemessener Weise gegen wesentliche gesetzliche Grundgedanken (§§ 138, 307 Abs. 1 BGB) verstoßen (vgl. OLG Düsseldorf Urt. v. 21.11.1991 – 10 U 47/91, ZMR 1992, 110).

Der **Umfang des Erstattungsanspruchs** beurteilt sich nach den Regeln zur ungerechtfertigten Bereicherung. Da es sich bei § 547 BGB nur um eine Rechtsfolgen- und nicht um eine Rechtsgrundverweisung handelt (→ Anm. 2), beruht die Rückerstattungspflicht als solche nicht auf ungerechtfertigter Bereicherung. Sie ist eine im Mietvertrag verankerte Vertragspflicht, die ihren Rechtsgrund im Vertrag findet (vgl. BGH Urt. v. 21.10.1970 – VIII ZR 63/69, BGHZ 54, 347). Mithin kommt es maßgeblich darauf an, was die Vertragsparteien zur Frage der Erstattung von Mietvorauszahlungen vertraglich geregelt haben (→ Anm. 6).

5. Zu den Voraussetzungen, unter denen der Vermieter die Beendigung des Mietverhältnisses zu vertreten hat → Anm. 3. Wenn der Mieter – wie im zugrunde gelegten Fall – von sich aus um eine Vertragsaufhebung bittet, hat dies der Vermieter nach diesseitiger Auffassung nicht zu vertreten mit der Folge, dass er gemäß § 547 Abs. 1 S. 2 BGB nur nach bereicherungsrechtlichen Grundsätzen haftet.

6. Der nicht genutzte (nicht abgewohnte) Teil einer vom Mieter geleisteten Vorauszahlung ist im Rahmen von §§ 547 Abs. 1 S. 2, 812 Abs. 1 BGB grundsätzlich zurückzuerstatten. Ob der Vermieter noch bereichert ist, bestimmt sich danach, ob die empfangene Vorauszahlung wirtschaftlich noch im Vermögen des Vermieters vorhanden ist (vgl. BGH Urt. v. 21.10.1970 – VIII ZR 63/69, BGHZ 54, 347; OLG Düsseldorf Urt. v. 12.12.1991 – 10 U 69/91, DWW 1992, 114). Beim Erstattungsanspruch aus § 547 Abs. 1 S. 1 BGB kommt es dagegen auf den Umfang der Bereicherung bzw. auf eine Entreicherung des Vermieters nicht an, da die Erstattungspflicht unbedingt gilt.

Nach diesseitiger Auffassung bedarf die beim Vermieter objektiv eingetretene Vermögensmehrung – namentlich im Zusammenhang mit der Frage nach einer etwaigen Erhöhung des Verkehrs- oder Ertragswerts eines Grundstücks (→ Form. C. III. 12 Anm. 4) – dann keiner weiteren Darlegung und auch keiner prozessualen Sachaufklärung, wenn die Vertragsparteien diesen Wert bereits vertraglich festgelegt haben. Dies kann – wie im Beispielsfall – durch die vertragliche Vereinbarung eines ganz bestimmten **Verrechnungssatzes** geschehen, um den die laufende Miete reduziert sein soll. Dieser Verrechnungswert ist dann unter Anrechnung des bereits abgewohnten Teils auch für die Höhe des Bereicherungsanspruchs nach § 547 BGB maßgeblich. Die vertragliche Regelung geht dann einer Wertveranschlagung nach dem Verkehrs- oder Ertragswert vor, denn die Parteien haben sich verbindlich auf einen mietwertrelevanten Anrechnungssatz und damit auch konkludent auf einen anderen Wertausgleich geeinigt (→ Anm. 4).

In den meisten Fällen wird eine Mietvorauszahlung, die in Gestalt abzuwohnender Investitionen des Mieters vereinbart wurde, der Höhe nach vertraglich ausgestaltet sein. Sollte dies nicht der Fall sein, gilt nach der Rechtsprechung des BGH der Grundsatz, dass sich der Umfang der Bereicherung nicht nach der Höhe der Aufwendungen des Mieters richtet und auch nicht nach dem Zeitwert der Investition und der Verkehrswertsteigerung des Mietobjektes bei Rückgabe (und erst recht nicht zu einem früheren Zeitpunkt) sondern allein nach der Erhöhung des **Ertragswertes**, soweit der Vermieter diesen Wert – früher als vertraglich vorgesehen – durch anderweitige Vermietung zu einem höheren Mietzins realisieren kann (st. Rechtsprechung vgl. etwa BGH Urt. v. 16.9.2009 – XII ZR 73/07, BeckRS 2009, 26988; → Form. C. III. 12 Anm. 4).

7. Der Erstattungsanspruch entsteht mit der Beendigung des Mietverhältnisses und ist ab diesem Zeitpunkt fällig (vgl. Palandt/*Weidenkaff* § 547 Rn. 3). Verzug tritt nach allgemeinen Grundsätzen erst unter den Voraussetzungen von § 286 BGB – idR nach Mahnung – ein.

Zum Zinsanspruch, wenn der Vermieter die vorzeitige Beendigung des Mietverhältnisses zu vertreten hat, → Anm. 3.

16. Klage auf Ersatz der Mietdifferenz nach Kündigung wegen Nichtgewährung des Mietgebrauchs

An das

Amtsgericht .....[1]

Klage

1. des Herrn .....
2. der Frau .....

– Kläger –[2]

Prozessbevollmächtigter: Rechtsanwalt .....

gegen

Herrn .....

– Beklagter –

wegen Schadensersatz

vorläufiger Streitwert: ..... EUR[3]

Namens und in Vollmacht der Kläger erhebe ich Klage mit den Anträgen,

1. den Beklagten zu verurteilen, an die Kläger als Gesamtgläubiger ..... EUR nebst Zinsen in Höhe von 5 Prozentpunkten über dem jeweiligen Basiszinssatz nach § 288 BGB aus ..... EUR seit Rechtshängigkeit und aus jeweils weiteren ..... EUR seit dem ..... zu zahlen,[4]
2. festzustellen, dass der Beklagte den Klägern alle weiteren Schäden zu ersetzen hat, die ihnen dadurch entstehen, dass er ihnen die mit Vertrag vom ..... vermietete Wohnung im Hause ..... nicht vertragsgemäß zum ..... überlassen hat,[5]
3. im Falle der Anordnung des schriftlichen Vorverfahrens bei Vorliegen der Voraussetzungen Versäumnisurteil gemäß § 331 Abs. 3 ZPO zu erlassen.

Begründung:

Mit schriftlichem Mietvertrag vom ..... vermietete der Beklagte den klagenden Eheleuten die Wohnung im Erdgeschoss im Hause ..... in ....., bestehend aus drei Zimmer, Küche, Diele und Bad.

Der Mietbeginn war für den ..... vereinbart.

Der monatliche Mietzins belief sich nach § ..... des Vertrags auf ..... EUR.

Beweis: anliegende Kopie des Mietvertrag vom .....

Bei dem Mietobjekt handelte es sich um einen Neubau, der sich im Zeitpunkt des Vertragsschlusses der Parteien noch in der Herstellung befand.

Mit Schreiben vom ..... teilte der Beklagte den Klägern mit, dass er den Übergabetermin wegen Verzögerungen bei den Bauarbeiten voraussichtlich nicht werde einhalten können; es sei mit einer Verschiebung um zwei Wochen zu rechnen.

Beweis: anliegende Kopie des Schreibens vom .....

Die Kläger erwiderten mit Schreiben vom . . . . ., dass sie ihre alte Wohnung bereits gekündigt hätten und dass sich ihr Vermieter wegen einer bereits erfolgten Weitervermietung weigere, ihnen die Wohnung länger zu überlassen. Ihnen sei allenfalls ein kurzfristiges Unterkommen im Hause der Eltern der klägerischen Ehefrau möglich, wobei das Mobiliar und wesentliche Teile des Hausrats eingelagert werden müssten. Daher müsse jedenfalls gewährleistet sein, dass der nunmehr genannte Einzugstermin eingehalten werde.

Beweis: anliegende Kopie des Schreibens vom . . . . .

Die Einhaltung des um längstens zwei Wochen verzögerten Übergabetermins sagte der Beklagte am . . . . . anlässlich eines Zusammentreffens auf der Baustelle zu.

Beweis: Zeugnis des . . . . .

Zum ursprünglich avisierten Übergabetermin mussten die Kläger aus der früheren Mietwohnung ausziehen und fanden im Haushalt der Eltern der klagenden Ehefrau in deren früherem Kinderzimmer ein provisorisches Unterkommen.

Beweis: Zeugnis der . . . . .

Schon wenige Tage später gewannen die Kläger den Eindruck, dass die Bauarbeiten stagnierten. Sanitär- und Fliesenarbeiten waren zu diesem Zeitpunkt gerade erst begonnen worden. Im gesamten Objekte befanden sich noch keine Bodenbeläge. Auch mit den Malerarbeiten war noch nicht begonnen worden.

Die Kläger stellten den Beklagten deshalb am . . . . . zur Rede. Nunmehr nannte der Beklagte einen um weitere vier Wochen verzögerten Übergabetermin. Er versprach für diesen Termin jedenfalls die Möglichkeit eines Einzugs, auch wenn noch Restarbeiten an den Mieträumen durchzuführen seien. Diese Arbeiten sollten nach dem Einzug der Kläger sukzessive nachgeholt werden.

Beweis: Zeugnis des . . . . .

Hierzu haben die Kläger sich nicht abschließend geäußert. Sie haben noch am selben Tage den Unterzeichner aufgesucht. Mit Anwaltsschreiben vom nächsten Tage ist seitens der Kläger die außerordentliche fristlose Kündigung nach § 543 Abs. 1, Abs. 2 Nr. 1 BGB erklärt worden.[6]

Beweis: anliegende Kopie des Schreibens vom . . . . .

Die Kläger waren gezwungen, zum . . . . . eine andere Wohnung anzumieten. Ein längerer Aufenthalt im Kinderzimmer des elterlichen Haushalts war weder ihnen noch den Eltern zuzumuten. Die Kläger brauchten sich auch nicht weiter vertrösten zu lassen, zumal sich nach dem Baufortschritt und nach den Erklärungen des Beklagten konkret abzeichnete, dass sie auch nach Ablauf weiterer vier Wochen allenfalls in eine unfertige Baustelle hätten umziehen können. Von daher war auch eine gegenüber dem Beklagten zu erklärende Fristsetzung zur Abhilfe entbehrlich, weil der Beklagte nach der bereits eingetretenen erheblichen Verzögerung eine zu späte und überdies unvollständige Abhilfe in Aussicht gestellt hatte und die Kläger sich nicht zumutbar auf ein weiteres Zuwarten einzulassen brauchten. Mit der Übergabe der Mietsache befand sich der Beklagte ohnehin in Verzug, denn zum vertraglich festgelegten Mietbeginn war keine Übergabe erfolgt.

Für die neue Wohnung, die ebenfalls aus drei Zimmern, Küche, Diele und Bad besteht, haben die Kläger eine höhere Miete von monatlich . . . . . EUR zu entrichten.

Beweis: anliegende Fotokopie des Mietvertrages vom . . . . .

Gegenüber der mit dem Beklagten vereinbarten Miete entstehen den Klägern somit monatliche Mehrkosten in Höhe von . . . . .

Diese Mietdifferenz machen die Kläger mit der vorliegenden Klage als Schadensersatz geltend.

Der Klageantrag zu 1) hat die Mietdifferenz bis zum Monat . . . . . zum Gegenstand.[7]

Für die Zeit danach ist die Schadensersatzpflicht des Beklagten gemäß dem Klageantrag zu 2) festzustellen.

Für die Zukunft kann der den Klägern entstehende Schaden noch nicht beziffert werden, weil nicht feststeht, wie lange die Differenz noch entrichtet werden muss. Die Kläger bemühen sich im Rahmen ihrer Schadensminderungspflicht darum, wieder in eine preiswertere Wohnung umzuziehen. Das ist ihnen trotz Einschaltung eines Maklers und mehrerer Zeitungsinserate noch nicht gelungen.[8]

Beweis: Zeugnis des . . . . .,
      anliegende Kopien der Inserate

Der Beklagte wird dann auch die zusätzlichen Umzugskosten erstatten müssen, die zurzeit ebenfalls nicht beziffert werden können.[9]

Rechtsanwalt

Anmerkungen

1. Zur sachlichen Zuständigkeit des Amtsgerichts vgl. § 23 Abs. 2 Nr. 2 a GVG. Die örtliche Zuständigkeit ergibt sich aus § 29a ZPO.

2. Wenn Eheleute oder sonst eine **Personenmehrheit (Mietergemeinschaft)** Schadensersatzansprüche oder andere gemeinsame Ansprüche geltend machen wollen, wird vielfach dazu gegriffen, den Anspruch an einen Mieter abzutreten, um so den anderen Mitmieter als Zeugen in den Prozess einführen zu können. Bei vertraglichen Vereinbarungen fehlt es den Vertragsparteien oft an außen stehenden Zeugen.

Die Sachdienlichkeit einer solchen **Abtretung** steht jedoch in Frage. Wenn eine Abtretung erkennbar nur zu dem Zweck erfolgt, dem Zedenten eine Zeugenstellung zu verschaffen, ist dies bei der Beweiswürdigung (§ 286 ZPO) zu berücksichtigen (vgl. OLG Sachsen-Anhalt Urt. v. 7.7.2005 – 2 U 14/05 [Lw], juris). Einwände des Prozessgegners, der Zedent habe seine Zeugenstellung aufgrund der Abtretung missbräuchlich erlangt oder es läge nur eine rechtlich unbeachtliche Scheinabtretung vor, greifen dagegen im Zweifel nicht durch. Eine Abtretung aus prozesstaktischen Gründen ist grundsätzlich wirksam und schließt den Abtretenden nicht als Zeugen aus (vgl. BGH Urt. v. 13.3.2007 – VI ZR 129/06, NJW 2007, 1753, zugleich zur Möglichkeit einer Drittwiderklage gegen den Zedenten)

3. Für den **Gegenstandswert** sind Zahlungs- und Feststellungsantrag zusammenzurechnen. Der Leistungsantrag bemisst sich nach der Summe der für die Vergangenheit eingeklagten Mietdifferenz.

Der Streitwert für den Feststellungsantrag ist nach § 3 ZPO zu schätzen (→ Form. C. III. 12 Anm. 2). Für diese Schätzung ist zunächst zu berücksichtigen, dass die Geltendmachung einer Mietdifferenz als Schadensersatz nicht auf Dauer in Betracht kommt, sondern dass der anspruchsberechtigte Mieter sich im Rahmen seiner Schadensminderungspflicht um eine billigere Wohnung bemühen muss (→ Anm. 8). Von daher wäre daran zu denken, die künftigen Mietdifferenzen etwa zwischen $^1/_2$ bis 1 Jahr zu veranschlagen.

Begrenzt ist der Ersatz der Mietdifferenz jedenfalls bis zu dem Zeitpunkt, zu dem das Mietverhältnis ohnehin geendet hätte (bei **befristeten Mietverhältnissen**) oder zu dem es vom Vermieter erstmalig hätte durch ordentliche Kündigung beendet werden können.

Bei **unbefristeten Wohnraummietverhältnissen** steht grundsätzlich nicht fest, wann der erstmögliche Beendigungstermin gewesen wäre, weil der Vermieter nur bei Vorliegen eines Kündigungsgrundes im Sinne von § 573 BGB kündigen kann. Ist ein solcher Grund bis zur Klageerhebung nicht eingetreten, so können wegen der Kündigungsfrist aus § 573c Abs. 1 BGB jedenfalls der laufende (wenn die Klage nach dem dritten Werktag des Monats erhoben wird) und die nächsten beiden Monate in den bezifferten Antrag mit einbezogen werden.

In den **Feststellungsstreitwert** fließen weitere ersatzfähige Schäden ein, die erst mit dem erneuten Umzug anfallen. Das sind namentlich Umzugskosten, die ebenfalls schätzweise zu veranschlagen sind. Von der Summe der noch zu erwartenden Schäden ist nach allgemeinen Grundsätzen ein Abschlag von zumeist 20 % vorzunehmen (vgl. Zöller/ *Herget* § 3 Rn. 16 „Feststellungsklagen" mwN).

4. Für den **Zinsanspruch** ist zu beachten, dass der Anspruch nur sukzessive zu den Zeitpunkten fällig wird, in denen dem Mieter die Mehraufwendungen entstehen. Für die in der Zukunft liegenden Mehrzahlungen ist der Anspruch auch erst ab dann zu verzinsen, § 291 S. 1 2. Halbs. BGB.

5. Die erst **künftig eintretenden Schäden** können wegen der Ungewissheit über eine mögliche vorzeitige Beendigung des Mietverhältnisses und die Dauer der Ersatzpflicht des Vermieters nur mit einem Feststellungsantrag erfasst werden (→ Anm. 3). Unschädlich für die Zulässigkeit der Feststellungsklage ist es aber, wenn sie bis zur mündlichen Verhandlung fällig werden und nunmehr beziffert werden könnten. Der grundsätzliche Vorrang der Leistungsklage gilt dann nicht, wenn die Leistungsklage erst später als die einmal zulässig erhobene Feststellungsklage möglich geworden ist (vgl. Zöller/*Greger* ZPO § 256 Rn. 7 ff. mwN). Erhebt dagegen der Kläger einer (positiven) Feststellungsklage zusätzlich eine gesonderte Leistungsklage mit gleichem Streitstoff, so entfällt das Feststellungsinteresse, sobald die Leistungsklage nicht mehr einseitig zurückgenommen werden kann, es sei denn, die Feststellungsklage ist zu diesem Zeitpunkt (im Wesentlichen) entscheidungsreif (vgl. BGH Urt. v. 21.12.1989 – IX ZR 234/88, NJW-RR 1990, 1532).

6. Eine **Schadensersatzverpflichtung** des Vermieters aus §§ 280 Abs. 1, 314 Abs. 4 BGB kommt in Betracht, wenn er diesen durch eine Vertragsverletzung oder durch Nichtgewährung des Mietgebrauchs veranlasst hat, das bestehende Mietverhältnis wegen Vorenthaltung des Mietgebrauchs gemäß § 543 Abs. 2 Nr. 1 BGB zu **kündigen**. Die Kündigung muss schriftlich erfolgen und der Kündigungsgrund sollte jedenfalls im Kündigungsschreiben angegeben sein, § 568 Abs. 1 und 4 BGB.

Begründet ist eine Kündigung nach § 543 Abs. 2 S. 1 Nr. 1 BGB, wenn der vertragsgemäße Mietgebrauch nicht gewährt wird. Auf ein Verschulden des Vermieters kommt es dabei nicht an (vgl. Palandt/*Weidenkaff* § 543 Rn. 18). Auch ein (ggf. bleibender) Sachmangel des Mietobjekts kann sich als Vorenthalten des vertragsgemäßen Gebrauchs darstellen, wenn die durch ihn hervorgerufene Gebrauchsbeeinträchtigung erheblich ist (vgl. OLG Düsseldorf Urt. v. 7.3.2006 – I-24 U 112/05, ZMR 2006, 518; Urt. v. 20.9.2007 – I-10 U 46/07, NZM 2009, 281).

Die Schadensersatzverpflichtung des Vermieters setzt aber ein **Verschulden** voraus, auch wenn der gesetzliche Kündigungstatbestand ein derartiges Verschulden nicht erfordert (vgl. OLG Düsseldorf Urt. v. 18.12.2003 – I-10 U 33/03, NZM 2004, 502; Palandt/ *Weidenkaff* § 543 Rn. 61). Das bei Vorenthaltung des Mietgebrauchs typischerweise vorliegende Verzugsverschulden (§§ 286 f. BGB) reicht hierfür aus. Verzug mit der Übergabe der Mietsache (§ 535 Abs. 1 S. 2 BGB) tritt ohne Mahnung ein, wenn der Mietbeginn kalendermäßig bestimmt ist (§ 286 Abs. 2 Nr. 1 BGB).

Das Verschulden kann indiziert sein, wenn der Vermieter sich zu einem fixen Termin zur Überlassung der Mieträume verpflichtet und diesen Termin aus Gründen, die in seinen Verantwortungsbereich fallen, nicht einhalten kann. Dazu gehört auch die nicht fristgerechte Fertigstellung eines Neubauvorhabens, in dem sich die Mieträume befinden sollen. An einem Verschulden des Vermieters fehlt es dagegen, wenn der Mieter durch sein Verhalten die Fertigstellung des Mietobjekts maßgeblich verzögert (etwa durch Unterlassen zugesagter Mitwirkung an dem Bauvorhaben). Dann steht ihm weder ein Recht zur fristlosen Kündigung wegen nicht rechtzeitiger Gewährung des Mietgebrauchs noch ein Ersatzanspruch zu (vgl. OLG Düsseldorf Urt. v. 8.7.1993 – 10 U 219/92, ZMR 1993, 522).

Das Verschulden des Vermieters kann fehlen, wenn die Parteien sich über die Beendigung des Mietverhältnisses durch **Vergleich** geeinigt haben. Der an sich zum Schadensersatz verpflichtete Vermieter kann dann von Ersatzansprüchen befreit sein, wenn er mit dem Mieter einen Vergleich geschlossen hat, durch den der Streit über die Berechtigung einer Kündigung bzw. die Ungewissheit über den Bestand des Vertragsverhältnisses beigelegt worden ist. Es kommt dabei entscheidend auf die Auslegung des von den Mietparteien abgeschlossenen (Räumungs-) Vergleichs an (vgl. BGH Beschl. v. 7.9.2011 – VIII ZR 343/ 10, WuM 2011, 634). Ein Irrtum einer Partei über Umstände oder das Bestehen von Ungewissheiten, die der Vergleich gerade beheben soll und die mithin Gegenstand des Vergleichs sein sollen, stellt Ersatzansprüche dieser Partei durchgreifend in Frage, denn § 779 Abs. 1 BGB ist dann nicht anwendbar (vgl. BGH, Urt. v. 21.12.2006 – VII ZR 275/ 05, NJW 2007, 838 mwN).

Die Kündigung setzt grundsätzlich eine angemessene **Abhilfefrist** voraus, § 543 Abs. 3 S. 1 BGB. Im Regelfall ist eine fristlose Kündigung nur bei wiederholten, nach Abmahnung fortgesetzten Verstößen zulässig (vgl. BGH Urt. v. 13.6.2007 – VIII ZR 281/06, NZM 2007, 561, zugleich zu den Voraussetzungen wiederholter Fristsetzung zur Abhilfe). Nach § 543 Abs. 3 BGB (vgl. auch §§ 281 Abs. 2 Hs. 2, 323 Abs. 2 Nr. 3 BGB) ist eine **Fristsetzung entbehrlich,** wenn sie keinerlei Aussicht auf Erfolg hat oder wenn besondere Umstände vorliegen, die unter Abwägung der beiderseitigen Interessen die sofortige Geltendmachung des Schadensersatzanspruchs bzw. die sofortige Kündigung rechtfertigen und die Setzung einer Abhilfefrist als unzumutbar darstellen (vgl. Palandt/*Weidenkaff* § 543 Rn. 48 ff.).

Die sofortige Kündigung ist auch nach einer ernsthaften und endgültigen **Erfüllungsverweigerung** berechtigt (vgl. BGH Urt. v. 21.3.2007 – XII ZR 255/04, NZM 2007, 401) oder wenn der Vermieter die Abhilfe für einen Zeitpunkt ankündigt, der erst nach Ablauf einer nicht mehr angemessenen Frist liegt. Grds. ist der Mieter nicht verpflichtet, eine Mietsache, die ihm in vertragswidrigem Zustand (unfertig) angeboten wird, zu übernehmen. Vielmehr kann er die Übernahme ablehnen, wenn das Mietobjekt nicht den vertraglichen Vereinbarungen entspricht und die Sach- oder Rechtsmängel nicht nur geringfügig sind (vgl. BGH Urt. v. 21.3.2007 – XII ZR 255/04, NZM 2007, 401).

Im zugrunde liegenden Beispielsfall wird von der Entbehrlichkeit einer nochmaligen Fristsetzung ausgegangen, weil bei dringlichem Wohnbedarf der Kläger die nicht mehr zumutbare Ankündigung einer zu späten und überdies unvollständigen Abhilfe vorliegt. Der Mieter kann dann wählen, ob er weiterhin Erfüllung verlangen oder kündigen und zum Schadensersatz übergehen will (vgl. BGH Urt. v. 12.7.1995 – VIII ZR 219/94, NJW-RR 1995, 1327; Urt. v. 11.5.1988 – VIII ZR 138/87, NJW-RR 1988, 1100).

7. Der zu ersetzende Schaden erfasst rechtspraktisch in erster Linie die (Mehr-)**Kosten für die Beschaffung von Ersatzräumen** (vgl. OLG Düsseldorf Urt. v. 18.12.2003 – I-10 U 33/03, NZM 2004, 502). Wenn ein Mieter für Ersatzräume einen höheren als den zuvor geschuldeten Mietzins zahlen muss, kann er den Vermieter auf Ausgleich der **Mietdifferenz** in Anspruch nehmen (vgl. OLG Düsseldorf Urt. v. 18.12.2003 – I-10 U 33/03, NZM 2004, 502). Teilweise wird vertreten, dass der Mieter nach fristloser Kündigung des Mietvertrages eine Mietdifferenz als Schaden nur dann geltend machen könne, wenn er nachweist, dass eine angemessene vergleichbare Wohnung mit zumutbarem Aufwand nicht zu finden war (vgl. LG Lübeck Urt. v. 17.12.1991 – 14 S 188/90, WuM 1992, 605). Die **Pflicht zur Schadensminderung** ist jedoch immer in Relation zur Dringlichkeit des Wohnbedarfs und zu den zumutbar möglichen Alternativen zu beurteilen.

Eine **schadensrechtliche Sonderproblematik** liegt vor bei Aufwendungen, die der kündigende Mieter im Hinblick auf einen abgeschlossenen Vertrag gemacht und die durch dessen Nichterfüllung nutzlos werden. Die Besonderheit bei solchen Schäden besteht darin, dass sie auch bei vertragstreuem Verhalten des Schuldners/Vermieters entstanden wären (vgl. BGH Urt. v. 15.3.2000 – XII ZR 81/97, NZM 2000, 496). Dennoch hat der BGH solche nutzlos gewordenen Aufwendungen als erstattungsfähig angesehen mit der Begründung, es bestehe im allgemeinen eine (widerlegbare) Rentabilitätsvermutung, die dahin gehe, dass der enttäuschte Vertragspartner seine Aufwendungen durch Vorteile aus der vereinbarten Gegenleistung wieder erwirtschaftet hätte (vgl. BGH Urt. v. 15.3.2000 – XII ZR 81/97, NZM 2000, 496; Urt. v. 28.5.1975 – VIII ZR 70/74, WM 1975, 897; Urt. v. 22.6.1977 – VIII ZR 240/75, WM 1977, 1089). Auch insoweit handelt es sich um die Anwendung der Differenzhypothese unter Anwendung einer Darlegungs- und Beweiserleichterung des kündigenden Mieters. Der Nichterfüllungsschaden liegt in solchen Fällen nicht in den Aufwendungen als solchen, sondern in dem Verlust der im Falle der Vertragserfüllung bestehenden Kompensationsmöglichkeit (vgl. BGH Urt. v. 15.3.2000 – XII ZR 81/97, NZM 2000, 496).

Nach diesseitiger Auffassung ist der Vermieter bei vorliegendem dringendem Bedarf (insbesondere zur Abwendung der Obdachlosigkeit) weitgehend mit Einwendungen ausgeschlossen, mit denen etwa geltend gemacht wird, die Ersatzräume seien mit den ursprünglich angemieteten Räumen nicht identisch und böten eine größere Wohnfläche. Dem Mieter, der eine Ersatzwohnung benötigt, entstehen solche „Vorteile" oft zwangsläufig, ohne dass sie sich effektiv nutzbringend auszuwirken. Eine **Vorteilsausgleichung** findet dabei in der Regel nicht statt, denn die Frage einer Vorteilsausgleichung beurteilt sich danach, ob der Geschädigte durch das den Schaden auslösende Ereignis Vermögensvorteile erlangt, die in einem adäquaten Kausalzusammenhang mit diesem Ereignis stehen, und ob die Anrechnung des Vorteils dem Zweck des Schadensersatzes sowie der Billigkeit entspricht (st. Rechtsprechung vgl. nur BGH Urt. v. 15.4.1983 – V ZR 152/82, NJW 1983, 2137). Einen Vorteil erlangt der Mieter aufgrund des dem Vermieter anzulastenden Kündigungsverschuldens jedoch nicht. Vielmehr eröffnet sich in diesem Rahmen die Problematik der Schadensminderungspflicht → Anm. 8.

8. Die Anmietung einer teureren Ersatzwohnung begründet gemäß § 254 Abs. 2 BGB grundsätzlich die **Schadensminderungspflicht** des Mieters, die in Gestalt der Mietdifferenz laufend anfallenden Schäden durch Anmietung einer gleich teuren oder billigeren Wohnung zu begrenzen oder wegfallen zu lassen. Die Schadensminderungsobliegenheit des § 254 Abs. 2 BGB ist ein Anwendungsfall des allgemeinen Grundsatzes von Treu und Glauben (§ 242 BGB), der dann eingreift, wenn der Geschädigte Maßnahmen unterlässt, die ein ordentlicher und verständiger Mensch zur Schadensabwendung oder Minderung ergreifen würde (vgl. BGH Urt. v. 17.3.2011 – IX ZR 162/08, MDR 2011, 978). Unzumutbare Maßnahmen zur Schadensminderung muss der Geschädigte nicht ergreifen. Nach der höchstrichterlichen Rechtsprechung darf nämlich ein eigenes Verhalten des Geschädigten, zu dem er nicht aufgrund seiner Schadensabwendungs- und -minderungspflicht (§ 254 Abs. 2 BGB) verpflichtet ist, weder in die Schadensberechnungsbilanz eingestellt werden noch braucht der Geschädigte es sich im Wege der Vorteilsausgleichung anrechnen zu lassen (vgl. BGH Urt. v. 17.3.2011 – IX ZR 162/08, MDR 2011, 978; Urt. v. 16.2.1971 – VI ZR 147/69, BGHZ 55, 329; Urt. v. 11.1.2005 – X ZR 118/03, BGHZ 161, 389).

Die Schadensminderungspflicht führt daher im mietrechtlichen Zusammenhang nicht dazu, dass dem kündigenden Mieter wegen geringfügiger Einsparungen ggf. sogar mehrere Zwischenumzüge oder berufliche Einbußen infolge zeitaufwändiger Wohnungssuche zuzumuten wären (vgl. BGH Urt. v. 15.3.2000 – XII ZR 81/97, NZM 2000, 496).

Wenn der Mieter nach einer fristlosen Kündigung in eine teurere Wohnung einzieht und in dieser Zeit ein Eigenheim plant und baut, muss er ebenfalls nicht unverzüglich eine billigere Wohnung zu suchen. Er kann ohne Einschränkung seines Schadensersatzanspruches bis zur Fertigstellung des Eigenheimes in der teureren Wohnung verbleiben, wenn ein anderes Verhalten unter dem Gesichtspunkt der Schadensminderungspflicht weder zumutbar noch realistisch ist (vgl. LG Münster Urt. v. 8.3.1979 – 8 S 17/79, WuM 1980, 17).

9. Im Rahmen des **Feststellungsantrags** sind diejenigen Schäden zu behandeln, die erst künftig eintreten und noch nicht bezifferbar sind.

Zum Ersatz von **Umzugskosten** und anderen Aufwendungen → Form. C. III. 18 Anm. 5. Die Kosten des endgültigen Umzugs sind adäquat kausal auf das Kündigungsverschulden des Vermieters zurückzuführen und wären ohne das schadensbegründende Ereignis nicht angefallen. Die Kosten sind daher im Rahmen des Erforderlichen vom Vermieter zu ersetzen.

Die Kosten des **Zwischenumzugs in die Ersatzwohnung** wären dagegen auch ohne Kündigung für den Umzug in die ursprünglich angemietete Wohnung angefallen und werden nach der Differenzhypothese grundsätzlich nicht ersetzt, es sei denn, durch das Kündigungsverschulden wurden insoweit zusätzliche Nachteile für den kündigenden Mieter geschaffen. Das ist der Fall, wenn es kündigungsbedingt zu einem Mehraufwand gekommen ist, der bei ordnungsgemäßer Vertragserfüllung nicht angefallen wäre. Diese Mehrkosten wären jedoch zum Gegenstand eines Leistungsantrags zu machen, da sie im Regelfall Gegenstand eines bereits eingetretenen und bezifferbaren Schadens sind.

17. Klage auf Ersatz nutzloser Investitionen und entgangenen Gewinns nach vorausgegangener Mieterkündigung (Gewerberaum)

An das

Landgericht . . . . .[1]

Klage

des Herrn . . . . .

– Kläger –

Prozessbevollmächtigter: Rechtsanwalt . . . . .

gegen

Herrn . . . . .

– Beklagter –

wegen Schadensersatz

vorläufiger Streitwert: . . . . . EUR[2]

Namens und in Vollmacht des Klägers erhebe ich Klage mit dem Antrag,

1. den Beklagten zu verurteilen, an den Kläger . . . . . EUR nebst Zinsen in Höhe von 5 Prozentpunkten über dem jeweiligen Basiszinssatz nach § 247 BGB von . . . . . EUR seit dem . . . . . zu zahlen,[3]
2. festzustellen, dass der Beklagte dem Kläger zum Ersatz aller weiteren Schäden verpflichtet ist, die dem Kläger aus der vorzeitigen Beendigung des Mietverhältnisses entstehen.
3. im Falle der Anordnung des schriftlichen Vorverfahrens bei Vorliegen der Voraussetzungen Versäumnisurteil gemäß § 331 Abs. 3 ZPO zu erlassen.

Begründung:

Mit schriftlichem Mietvertrag vom . . . . . mietete der Kläger vom Beklagten Räumlichkeiten im Hause . . . . . in . . . . . zum Betrieb eines Fitnessstudios an.

Das Mietverhältnis war gemäß § . . . . . des Mietvertrags für die Dauer von 10 Jahren geschlossen und begann mit der Übergabe am . . . . .

Beweis: anliegende Kopie des Mietvertrags

Die Eröffnung des Studios erfolgte am . . . . ., nachdem der Kläger mit der zunächst erteilten Zustimmung des Beklagten kleinere Umbauten vorgenommen und das Studio eingerichtet hatte.

Noch vor der Übergabe und während der Bau- und Einrichtungsphase kam es zwischen den Parteien zu gravierenden Unstimmigkeiten. Der Beklagte weigerte sich, an der Ausgestaltung des Mietobjekts mitzuwirken und dem Kläger sowie den von ihm beauftragten Handwerkern ungehinderten Zugang zu den Mieträumen zu verschaffen.

Beweis: Zeugnis des . . . . .

Gegen den Wunsch des Klägers, auf dem Grundstück bzw. an der Hausfassade ein branchenübliches, dezentes Firmenschild und einen Hinweis auf die Eröffnung des Studios und die Öffnungszeiten anzubringen, setzte sich der Beklagte entschieden zur Wehr.

Beweis: Zeugnis des . . . . . Schreiben des Beklagten vom . . . . .

Auf Mängelbeanstandungen des Klägers reagierte der Beklagte überhaupt nicht oder nur höchst zögerlich und unwillig. So kam es dazu, dass die Heizanlage trotz wiederholter Mängelrügen stets unzulänglich arbeitete und lediglich eine Raumtemperatur von maximal 17 Grad erreicht wurde.

Beweis: Zeugnis des . . . . .,
anliegende Kopien der Schreiben vom . . . . .

Solche Raumtemperaturen sind in einem Sportstudio nicht hinnehmbar, denn sie indizieren die Gefahr, dass die Kunden sich unwohl fühlen, sich erkälten und verletzen.

Beweis: Sachverständigengutachten

Eine Reparatur der defekten Schließanlage an der Eingangstür erfolgte erst nach insgesamt sieben schriftlichen Aufforderungen, was dazu führte, dass auch der gesamte Kundenverkehr für mehrere Wochen über den unansehnlichen Hintereingang geleitet werden musste.

Beweis: Zeugnis des . . . . .

Auch das Hoftor des Mietobjekts war von Anfang an defekt und ließ sich nicht abschließen. Auch dies hat der Kläger wiederholt beanstandet.

Beweis: anliegende Kopien der Schreiben vom . . . . .

Der Defekt am Hoftor hatte zur Folge, dass der Hofbereich zu einer nächtlichen Anlaufstelle für Nichtsesshafte wurde. Am . . . . . kam es über die im Hofbereich gelegene Kellertür zu einem Einbruch in die vom Kläger angemieteten Räume, in denen der zu betrieblichen Zwecken genutzte PC und diverse Bürogeräte entwendet wurden.

Beweis: Zeugnis . . . . .,
           Beiziehung der polizeilichen Ermittlungsakten . . . . .

Mit Anwaltsschreiben vom . . . . . forderte der Kläger den Beklagten unter Fristsetzung bis zum . . . . . auf, die Anbringung eines branchenüblichen Firmenschilds zu gestatten, die Heizanlage instand zu setzen und das Hoftor zu reparieren.

Beweis: anliegende Kopie des Schreibens vom . . . . .

Der Beklagte reagierte hierauf lediglich mit mehreren telefonischen Beschimpfungen, wobei er den Kläger als „lästige Zecke", „Querulanten" und „Psychopathen" bezeichnete.

Beweis: Zeugnis des . . . . .

Mit Schreiben vom . . . . . sprach der Kläger daher die außerordentliche Kündigung zum . . . . . aus.[4]

Beweis: anliegende Kopie des Schreibens vom . . . . .

Diese Kündigung ist gemäß § 543 Abs. 1, Abs. 2 Nr. 1 BGB gerechtfertigt.[5]

Der Beklagte hat dem Kläger nicht den vertragsgemäßen Gebrauch der Mietsache gewährt und eine nachhaltige Zerrüttung des Vertrauensverhältnisses bewirkt. Dem Kläger ist daher die Fortsetzung des Mietverhältnisses bis zum regulären Vertragsende nicht zuzumuten.

Der Kläger nimmt den Beklagten wegen der vorzeitigen Vertragsbeendigung, die der Beklagte zu verantworten hat, auf Schadensersatz in Anspruch:

– Variante 1 –

Der Kläger hat mit Rücksicht auf die vertragliche Mietdauer Investionen getätigt, die sich in Folge der vorzeitigen Beendigung des Mietverhältnisses als nutzlos erwiesen haben. Die hierfür aufgewendeten Kosten hat der Beklagte zu ersetzen, denn sie hätten sich bei vertragsgemäßer Abwicklung durch den laufenden Geschäftsbetrieb in vollem Umfang amortisiert. Dies hat der Beklagte durch sein vertragswidriges Verhalten zurechenbar vereitelt.[6]

Im Vertrauen auf die vertraglich vereinbarte Mietzeit hat der Kläger folgende Aufwendungen veranlasst, um den Betrieb Fitnessstudios zu ermöglichen:

a) Der Kläger hat mit Zustimmung des Beklagten einen Nebenraum komplett mit Fliesenbelag und mit jewels 3 Duschen und Toiletten ausstatten lassen.

Hierdurch sind Kosten in Höhe von   . . . . . EUR

entstanden.

Beweis: Vorlage beigefügter Rechnungskopien

b) Der zur Straße gelegene Raum ist durch eine Zwischenwand unterteilt worden, um den Rezeptions- und Kassenbereich vom Trainingsbereich abzutrennen.

Dies hat Kosten in Höhe von   . . . . . EUR

verursacht.

Beweis: Vorlage beigefügter Rechnungskopien

c) . . . . .

Insgesamt sind Investitionen in Höhe von   . . . . . EUR

angefallen.

Die Gesamtkosten haben sich mit Rücksicht auf die Gesamtmietzeit von 10 Jahren und die tatsächliche Nutzungsdauer von . . . . . Monaten/Jahren nur zeitanteilig in Höhe von . . . . . EUR amortisieren können. Die restlichen Kosten in Höhe von . . . . . EUR sind vom Beklagten zu erstatten.

– Variante 2 –

Der Kläger hat durch die Kündigung Gewinneinbußen erlitten, die sich wie folgt ermitteln:[7]

a) Im Verlauf der Vertragszeit hat der Kläger einen festen Kundenstamm gewonnen. Dieser belief sich in den Monaten . . . . . auf mindestens . . . . . Personen, die jeweils ein Abonnement gebucht hatten und hierfür monatlich ein Entgelt von jeweils . . . . . EUR entrichteten.

Daraus ergeben sich monatliche Einnahmen in Höhe von   . . . . . EUR.

Beweis: Zeugnis des Steuerberaters . . . . .,
        Vorlage der Geschäftsbücher

b) Weitere Kunden erschienen im Rahmen besonderer Werbeaktionen zu Einzeltrainings, die für ein einmaliges Entgelt von . . . . . EUR angeboten wurden.

Hierbei handelte es sich in den Monaten . . . . . um durchschnittlich . . . . . Kunden pro Monat, woraus sich weitere Einnahmen von monatlich . . . . . EUR

ergeben.

Beweis: wie vor

Beide Positionen zusammen ergeben im Durchschnitt einen monatlichen Gesamtumsatz von . . . . . EUR.

Unter Berücksichtigung der Abschreibungen für die angeschafften Geräte, der Kosten für Miete und den Personaleinsatz sowie sonstiger Gemeinkosten, die sich aus der anliegenden Auswertung des Steuerberaters . . . . . ergeben, beträgt der durchschnittliche Gewinnanteil . . . . .% des erzielten Umsatzes.

Beweis: Zeugnis des Steuerberaters . . . . .,
        anliegende Auswertung . . . . .,
        Sachverständigengutachten

Hieraus errechnet sich ein entgangener Gewinn von monatlich   . . . . . EUR.

c) Weitere Einnahmen erzielte der Kläger aus dem Verkauf von Getränken, Sportbekleidungsartikeln, Ernährungszusätzen und Körperpflegemitteln. Aus der anliegenden Auswertung des Steuerberaters . . . . . ergibt sich insoweit ein durchschnittlicher Monatsumsatz von jeweils . . . . . EUR.

Beweis: Zeugnis des Steuerberaters . . . . .,
anliegende Auswertung . . . . .,
Sachverständigengutachten

Bei dem Verkauf dieser Waren kalkulierte der Kläger mit einer branchenüblichen Handelsspanne von . . . . .%, woraus sich ein Gewinn von . . . . . EUR ergibt.

Beweis: Zeugnis des Steuerberaters . . . . .,
anliegende Auswertung . . . . .,
Sachverständigengutachten

Infolge der vorzeitigen Beendigung des Mietverhältnisses ist dem Kläger folglich ein Gesamtgewinn von monatlich . . . . . EUR

entgangen.

Ein Gewinn in dieser Höhe wäre auch weiterhin nachhaltig zu erzielen gewesen, denn das Studio befand sich nach lediglich kurzer Mietdauer noch in der Anlaufphase, weshalb nach den örtlichen Marktgegebenheiten und den bereits erzielten Geschäftsergebnissen noch eine deutliche Gewinnsteigerung von jedenfalls . . . . .% zu erwarten gewesen wäre.

Beweis: Sachverständigengutachten

Die zu erwartende Gewinnsteigerung unterlegt der Kläger dem Klageanspruch als zusätzliche Hilfsbegründung.[8]

Mit dem Klageantrag zu 1) verlangt der Kläger den Ersatz entgangenen Gewinns für die bis zur Klageerhebung bereits abgelaufenen Monate . . . . .

Der Gesamtbetrag für diese Monate beträgt . . . . . EUR.

Der Kläger hat den Beklagten mit Schreiben vom . . . . . unter Fristsetzung bis zum . . . . . aufgefordert, den Klagebetrag zu zahlen.

Beweis: anliegende Kopie des Schreibens vom . . . . .

Damit befindet sich der Beklagte ab dem folgenden Tage in Verzug, so dass der Anspruch von da ab zu verzinsen ist.

Hilfsweise wird der Klageanspruch mit dem entgangenen Gewinn für die bis zur Entscheidung anfallenden Folgemonate in ihrer zeitlichen Reihenfolge aufgefüllt, beginnend mit dem Monat . . . . .[9]

Der Beklagte ist dem Kläger auch für die künftig entstehenden Schäden ersatzpflichtig. Dies ist Gegenstand des Feststellungsantrags (Klageantrag zu 2).[10]

Das erforderliche Feststellungsinteresse im Sinne von § 256 Abs. 1 ZPO ist gegeben. Auch in Anbetracht der den Kläger treffenden Schadensminderungspflicht (§ 254 BGB) steht fest, dass der Kläger in den nächsten Monaten nicht in der Lage sein wird, sein Gewerbe an anderer Stelle wieder aufzunehmen. Die bisherigen Bemühungen, geeignete Ersatzräumlichkeiten zu finden, sind trotz wiederholter Zeitungsinserate erfolglos geblieben.

Beweis: anliegende Kopien der Inserate vom . . . . .

Außerdem würde eine Neuanmietung wieder eine gewisse Anlaufzeit zur betriebsgerechten Herrichtung und Ausstattung der Räumlichkeiten erfordern.

Rechtsanwalt

Anmerkungen

1. Zu der (vom Streitwert abhängigen) sachlichen Zuständigkeit des Landgerichts vgl. § 71 Abs. 1 GVG iVm § 23 GVG. Die örtliche Zuständigkeit ergibt sich aus § 29a ZPO.

2. Für den **Gegenstandswert** sind Zahlungs- und Feststellungsantrag zusammenzurechnen. Der Leistungsantrag bemisst sich nach der Summe des für die Vergangenheit eingeklagten Gewinnausfalls.

Der Streitwert für den Feststellungsantrag ist nach § 3 ZPO zu schätzen → Form. C. III. 12 Anm. 2). Für diese Schätzung ist jedoch zu berücksichtigen, dass die Geltendmachung entgangenen Gewinns als Schadensersatz nicht auf Dauer in Betracht kommt, sondern dass der anspruchsberechtigte Mieter sich im Rahmen seiner Schadensminderungspflicht (§ 254 BGB) um einen anderweitigen Erwerb bemühen muss (→ Anm. 9). Von daher wäre daran zu denken, die künftigen Ansprüche etwa auf $^1/_2$ bis 1 Jahr zu begrenzen.

Von der Summe der noch zu erwartenden Schäden ist nach allgemeinen Grundsätzen ein Abschlag von zumeist 20 % vorzunehmen (vgl. Zöller/*Herget* § 3 Rn. 16 „Feststellungsklagen" mwN).

3. Im **unternehmerischen Bereich** erhöht sich der **Zinssatz gemäß § 288 Abs. 2 BGB** auf 9 % über dem Basiszins, wenn eine Entgeltforderung in Rede steht. Das ist bei Schadensersatzforderungen grds. nicht der Fall. Es verbleibt daher bei dem Zinssatz aus § 288 Abs. 1 BGB.

4. Eine außerordentliche Kündigung muss nicht notwendig zugleich eine fristlose Kündigung (mit sofortiger Räumung) sein. Wer zur fristlosen Kündigung berechtigt ist, kann die Kündigung auch zu einem späteren Termin aussprechen und sich so eine Auslauffrist verschaffen (vgl. BGH Urt. v. 25.11.1998 – VIII ZR 221/97, MDR 1999, 308; *Eisenhardt* MDR 2002, 981). Dies liegt oft im Interesse des Kündigenden, der mit seiner Kündigungserklärung die zeitliche Nähe zum Vertragsverstoß der anderen Mietpartei wahren will (zur Verwirkung des Kündigungsrechts vgl. OLG Düsseldorf Urt. v. 16.2.2006 – I-10 U 116/05, ZMR 2006, 855), sich jedoch erst Ersatzräume suchen muss oder noch Ware abverkaufen will. Der Kündigungs- bzw. Räumungstermin kann aber nicht beliebig weit hinausgeschoben werden. Er findet jedenfalls seine Grenze in der Dauer der ordentlichen Kündigungsfrist bzw. der vertraglichen Mietdauer (vgl. BGH Urt. v. 25.11.1998 – VIII ZR 221/97, MDR 1999, 308; *Eisenhardt* MDR 2002, 981).

5. Ein wichtiger Grund für die außerordentliche Kündigung liegt vor, wenn dem Mieter der vertragsgemäße Gebrauch der Mietsache ganz oder zum Teil nicht rechtzeitig gewährt oder wieder entzogen wird. Ein Sachmangel kann, sofern er den Gebrauch nicht nur unerheblich beeinträchtigt, einen solchen wichtigen Grund zur Kündigung darstellen (KG Urt. v. 15.5.2014 – 8 U 12/13, ZMR 2015, 538; *Kraemer* NZM 2001, 553).

Die Kündigung setzt grundsätzlich die Setzung einer angemessenen **Abhilfefrist** voraus, § 543 Abs. 3 S. 1 BGB. Die Abmahnung ist grds. Wirksamkeitsvoraussetzung der Kündigung. Dem Vertragspartner muss Gelegenheit gegeben werden, sein ordnungswidriges Verhalten einzustellen. Eine Abmahnung ist inhaltlich die Beanstandung einer konkreten Pflichtverletzung und die Aufforderung, diese Pflichtverletzung innerhalb einer Abhilfefrist zu beseitigen (vgl. OLG Brandenburg Urt. v. 21.3.2013 – 5 U (Lw) 28/11, ZMR 2013, 624; Palandt-Weidenkaff § 543 Rn. 47).

Nach § 543 Abs. 3 (vgl. auch §§ 281 Abs. 2 Hs. 2, 323 Abs. 2 Nr. 3 BGB) ist eine **Fristsetzung entbehrlich**, wenn sie keinerlei Aussicht auf Erfolg hat oder wenn besondere Umstände vorliegen, die unter Abwägung der beiderseitigen Interessen die sofortige Geltendmachung des Schadensersatzanspruchs bzw. die sofortige Kündigung rechtfertigen und die Setzung einer Abhilfefrist als unzumutbar darstellen (vgl. Palandt/*Weidenkaff* § 543 Rn. 48 ff.).

Ein **völliger Vertrauensverlust** kann – etwa aufgrund unberechtigter Bezichtigung von Straftaten oder nach groben Beleidigungen – auch ohne Abhilfefrist zur Kündigung berechtigen (vgl. OLG Hamm Urt. v. 22.9.2010 – 30 U 119/09, juris).

Die sofortige Kündigung ist auch berechtigt nach einer **ernsthaften und endgültigen Erfüllungsverweigerung** (vgl. BGH Urt. v. 22.10.1975, NJW 1976, 796) oder wenn der Vermieter die Abhilfe für einen Zeitpunkt ankündigt, der erst nach Ablauf einer angemessenen Frist liegt.

Auch in den Fällen der **Gesundheitsgefährdung** kann eine Fristsetzung oder Abmahnung oftmals nach § 543 Abs. 3 Satz 2 BGB entbehrlich sein (vgl. BGH Urt. v. 18.4.2007, NJW 2007, 2177; OLG Düsseldorf Urt. v. 14.1.2010 – I-10 U 74/09, MietRB 2010, 134), wenn eine Frist oder Abmahnung offensichtlich keinen Erfolg verspricht (§ 543 Abs. 3 Satz 2 Nr. 1 BGB).

Wenn die Abhilfe mit **unzumutbaren Belastungen** für den Mieter verbunden wäre, weil sie etwa **unverhältnismäßigen Bau- oder Zeitaufwand** erfordern würde, kann eine Abhilfefrist ebenfalls entbehrlich sein (vgl. OLG Brandenburg Urt. v. 26.2.1997 – 3 U 219/96, NJWE-MietR 1997, 224).

Auch eine nicht behebbare **Unterschreitung der vertraglichen Mietfläche** erfordert keine Fristsetzung zur Abhilfe (vgl. BGH Urt. v. 29.4.2009 – VIII ZR 142/08, NZM 2009, 431).

Die Voraussetzungen für die Entbehrlichkeit einer Fristsetzung hat der kündigende Mieter darzulegen und zu beweisen (vgl. OLG Düsseldorf Urt. v. 14.1.2010 – I-10 U 74/09, MietRB 2010, 134).

6. Das Formular sieht die Geltendmachung von Schadensersatz in alternativer Weise vor, soweit es zum einen um den **Ersatz für nutzlose Investitionen** des Mieters und zum anderen um **entgangenen Gewinn** (§ 252 BGB) geht.

Die Frage, welcher Schaden eingeklagt werden soll, hat eine gewichtige **prozessuale Weichenstellung** zum Gegenstand, denn Ersatz für nutzlose Aufwendungen und entgangener Gewinn können nicht uneingeschränkt nebeneinander (kumulativ) berechnet werden (im Einzelnen → Anm. 7).

Nach der ständigen Rechtsprechung des Bundesgerichtshofs ist die Mietvertragspartei, die durch eine von ihr zu vertretende Vertragsverletzung die andere Partei zu einer wirksamen außerordentlichen Kündigung des Mietvertrages veranlasst hat, dieser Partei zum Ersatz des hierdurch verursachten Schadens verpflichtet (vgl. BGH Urt. v. 13.6.2007 – VIII ZR 281/06, NZM 2007, 561; v. 4.4.1984 – VIII ZR 313/82, NJW 1984, 2687; v. 15.3.2000 – XII ZR 81/97, NJW 2000, 2342).

Eine **schadensrechtliche Sonderproblematik** wird z. T. angenommen bei Aufwendungen, die der kündigende Mieter im Hinblick auf einen abgeschlossenen Vertrag gemacht und die durch dessen vorzeitige Beendigung nutzlos werden. Die Besonderheit bei solchen Schäden besteht darin, dass sie auch bei vertragstreuem Verhalten des Schuldners/Vermieters entstanden wären (vgl. BGH Urt. v. 15.3.2000 – XII ZR 81/97, NZM 2000, 496). Dennoch hat der BGH solche nutzlos gewordenen Aufwendungen als erstattungsfähig angesehen mit der Begründung, es bestehe im allgemeinen eine (widerlegbare) **Rentabilitätsvermutung**, die dahin geht, dass der enttäuschte Vertragspartner seine Aufwendungen durch Vorteile aus der vereinbarten Gegenleistung wieder erwirtschaftet hätte (vgl. BGH Urt. v. 15.3.2000 – XII ZR 81/97, NZM 2000, 496; v. 28.5.1975 – VIII ZR 70/74, WM 1975, 897; v. 22.6.1977 – VIII ZR 240/75, WM 1977, 1089). Auch insoweit handelt es sich um die Anwendung der Differenzhypothese unter Anwendung einer Darlegungs- und Beweiserleichterung des kündigenden Mieters. Der Nichterfüllungsschaden liegt in solchen Fällen nicht in den Aufwendungen als solchen, sondern in dem Verlust der im Falle der Vertragserfüllung bestehenden Kompensationsmöglichkeit (vgl. BGH Urt. v. 15.3.2000 – XII ZR 81/97, NZM 2000, 496). Die Rentabilitätsvermutung ist widerlegt, wenn der Anspruchsgegner nachweist, dass sich der Vertrag auch bei ordnungsgemäßer Durchführung als Verlustgeschäft erwiesen hätte (vgl. BGH Urt. v. 15.3.1990 – I ZR 149/88, NJW 1990, 2543).

Die Geltendmachung von Aufwendungsersatz bietet sich dann an, wenn der entgangene Gewinn (→ Anm. 7) nicht oder nur mit erheblichen Schwierigkeiten ermittelt werden kann oder eine nennenswerte Schadensersatzleistung nicht zu erwarten ist.

Da nach § 284 BGB nur solche Aufwendungen zu ersetzen sind, die der Gläubiger billigerweise tätigen durfte (vgl. hierzu *Canaris* JZ 2001, 499, 516 f.), sind solche Aufwendungen nicht zu ersetzen, die erst zu einem Zeitpunkt erfolgten, als sich das Scheitern des Vertrages schon konkret abzeichnete. In solchen Fällen dürfte zumeist auch ein Mitverschulden des Mieters anzunehmen sein (§ 254 BGB).

Ein Schadensersatzanspruch wegen **nutzlos getätigter Investitionen** ist gemäß § 254 BGB ebenfalls ausgeschlossen, wenn der kündigende Mieter Aufwendungen veranlasst hat, ohne sich um die Genehmigungsfähigkeit seines Gewerbes gekümmert zu haben (vgl. zur Konzessionierung eines Swinger-Clubs: OLG Düsseldorf Urt. v. 12.5.2005 – I-10 U 190/04, ZMR 2005, 707).

Ein Ersatzanspruch ist auch ausgeschlossen, wenn der Kündigungsgegner ebenfalls ein Recht zur fristlosen Kündigung gehabt hat, denn dann hätte dieser den gleichen Schaden auch rechtmäßig zufügen können. Die Rentabilitätsvermutung hängt nicht davon ab, wer von beiden Vertragspartnern zuerst zulässig kündigt. Es gibt also **keinen „Wettlauf" der Kündigungen**, bei dem derjenige Schadenersatz erhält, der als Erster kündigt (vgl. KG Urt. v. 29.10.2001 – 20 U 1885/00, Grundeigentum 2002, 258 mwN).

Hinsichtlich der **Höhe des Investitionsschadens** wird grds. eine (teilweise) **Amortisierung der Kosten** zu veranschlagen sein. Wenn der gewerbliche Mieter die Gebrauchsvorteile bereits rentabel genutzt hat, haben sich seine Investitionskosten entsprechend amortisiert. Wie dies dem Umfang nach als **schadensmindernd** zu veranschlagen ist, lässt sich nicht generalisieren. Insoweit wird regelmäßig eine – ggf. zeitanteilige – Schätzung nach § 287 ZPO geboten sein (vgl. BGH Urt. v. 11.1.1984 – VIII ZR 255/82, NJW 1984, 1028).

Bei beständigen Investitionsgütern kann die gesamte Vertragslaufzeit als Bezugsgröße dienen, die in Relation zur tatsächlichen Nutzungsdauer zu setzen ist (vgl. OLG Frankfurt, Urt. v. 26.3.1993 – 2 U 110/92, IBR 1995, 78). Eine solche zeitanteilige „Abschreibung" der Investitionskosten liegt auch dem Formular zugrunde.

Bei Investitionen, die der Abnutzung, einem raschen technischen Wandel oder einem Schwund unterliegen, kann die Gebrauchsdauer maßgeblich sein.

Wenn der kündigende Mieter geltend machen wollte, es sei mangels Rentabilität überhaupt keine Amortisierung eingetreten, wäre das prozessschädlich. Damit untergräbt er sich die zu seinen Gunsten geltende Rentabilitätsvermutung, denn wo die Rentabilität schlechthin und womöglich dauerhaft fehlt, wirkt sich das Kündigungsverschulden des Vermieters überhaupt nicht als schadensursächlich aus. Der Schadensersatzanspruch dient nicht dazu, ohnehin notleidende Unternehmer zu sanieren.

7. Zum ersatzfähigen Schaden gehört im Rahmen von § 249 BGB grundsätzlich auch der dem gewerblichen Mieter **entgangene Gewinn** im Sinne von § 252 BGB (Variante 2 des Formulars).

Der Anspruchsberechtigte muss sich zunächst darüber klar werden, ob **er Gewinn-ausfall oder Aufwendungsersatz** geltend machen will (→ Anm. 6). Beides kann er grund-sätzlich nicht verlangen, was oft verkannt wird. Das Verbot einer Kumulation ergibt sich unmittelbar aus § 284 BGB („anstelle"), aus der im Rahmen des Aufwendungsersatzes geltenden Rentabilitätsvermutung sowie ferner daraus, dass sich eine Gewinnveranschla-gung nicht von den zur Gewinnerzielung getätigten Aufwendungen trennen lässt. Das war im Grunde schon vor Inkrafttreten des § 284 BGB anerkannt:

Die Berechnung nutzlos erbrachter Aufwendungen (Variante 1 des Formulars, → Anm. 6) ist nur im Rahmen des Mindestschadensersatzes über die ohnehin widerlegliche Rentabi-litätsvermutung möglich, wonach davon auszugehen ist, dass die gesamten Kosten zu erwirt-schaften gewesen wären (→ Anm. 6). Diese Vermutung gilt aber nur, wenn entgangener Gewinn nicht zusätzlich berechnet wird. In allen anderen Fällen ist die Rentabilitätsver-mutung nicht gerechtfertigt, denn sie würde zu einer doppelten Begünstigung des Geschä-digten führen. Es wäre sinnwidrig, wollte man zugunsten des Geschädigten im Rahmen des Aufwendungsersatzes vermuten, dass er seine Investitionen erwirtschaftet hätte und ihm sodann dieselbe Rentabilitätsvermutung nochmals beim entgangenen Gewinn zubilligen. Deshalb kann zumindest in Höhe des geltend gemachten entgangenen Gewinns an die Aufwendungen nicht mehr angeknüpft werden kann und es muss eine konkrete Darlegung des entgangenen Gewinns erfolgen (vgl. KG Urt. v. 29.10.2001 – 20 U 1885/00, KGR Berlin 2002, 69).

So hat auch der BGH die Rentabilitätsvermutung abgelehnt, wenn der Gläubiger nicht nur den Mindest(aufwendungs)schaden, sondern weitergehend Schadenersatz bzw. entgan-genen Gewinn geltend macht (vgl. BGH Urt. v. 24.9.1999 – V ZR 71/99, NJW 1999, 3625). Die Rentabilitätsvermutung gilt danach uneingeschränkt nur, wenn der Geschädigte allein die Erstattung nutzlos gewordener Aufwendungen beansprucht (als „Mindestscha-den", vgl. BGH Urt. v. 24.9.1999 – V ZR 71/99, NJW 1999, 3625, mwN). Verlangt der Geschädigte konkret Ersatz von Vorteilen, die er aus der Gegenleistung hätte ziehen können, so kann er – jedenfalls bis zur Höhe dieser Vorteile – Erstattung von Aufwendungen nicht mehr verlangen (vgl. KG Urt. v. 29.10.2001 – 20 U 1885/00, KGR Berlin 2002, 69); *Kleine/ Scholl* NJW 2006, 3466; aA *Gsell* NJW 2006, 125; zu der Frage, ob im Einzelfall auch eine Kumulierung von Schadensersatz statt der Leistung und Aufwendungsersatz möglich ist, vgl. *Canaris* JZ 2001, 499, 517).

Ein Geschädigter, der Schadensersatz in Gestalt **entgangenen Gewinns** gemäß § 252 S. 1 BGB geltend macht, muss alle konkreten Umstände darlegen und gegebenenfalls beweisen, aus denen sich die berechtigte Gewinnerwartung ergibt (vgl. KG Urt. v. 31.1.2008 – 8 U 69/07, juris). Im Falle der Nichterfüllung eines Gewerberaummietver-trages durch Überlassung der Mieträume in einem zum vertragsgemäßen Gebrauch nicht geeigneten Zustand genügt jedoch der Mieter, der entgangenen Gewinn fordert, seiner Darlegungs- und Beweislast, wenn er nachweist, an der Durchführung bestimmter Geschäfte gehindert worden zu sein und dass ihm wegen der Nichtdurchführbarkeit dieser Geschäfte Gewinn entgangen ist (vgl. BGH Urt. v. 27.10.2010 – XII ZR 128/09, GuT 2010, 343). Ist der Erwerbsschaden eines Unternehmers festzustellen, so ist es im Rahmen der §§ 252 BGB, 287 ZPO in der Regel erforderlich, an die Geschäftsentwick-lung und die Geschäftsergebnisse in den letzten Jahren anzuknüpfen (vgl. BGH Urt. v. 6.2.2001 – VI ZR 339/99, NJW 2001, 1640). Erforderlich ist mithin die schlüssige Darlegung von Ausgangs- bzw. Anknüpfungstatsachen, die geeignet sind, dem Ermessen bei der Wahrscheinlichkeitsprüfung eine Grundlage zu geben und eine Schadensschät-zung gemäß § 287 ZPO zu ermöglichen (vgl. Palandt/*Heinrichs* § 252 Rn. 5).

Ob und inwieweit ein nach §§ 249 ff. BGB zu ersetzender Vermögensschaden vorliegt, beurteilt sich nach einem Vergleich der durch das haftungsbegründende Ereignis einge-tretenen Vermögenslage mit derjenigen, die ohne jenes Ereignis eingetreten wäre (vgl.

BGHZ 86, 128; BGH NJW 1984, 128). Als Ansatz für die Ermittlung eines Vermögens-schadens ist diese so genannte **Differenzhypothese** heranzuziehen (vgl. etwa BGH WM 1986, 1352). Nur eine Vermögensminderung, die durch das haftungsbegründende Ereignis konkret verursacht ist, d. h. ohne dieses nicht eingetreten wäre, ist als ersatzfähiger Schaden anzuerkennen.

8. Bei der prozessualen Darlegung des effektiven Gewinnausfalls muss Vorsicht walten, soweit es um **prognostische Gewinnerwartungen** für die Zukunft geht.

Bloße **hypothetische Gewinnchancen** können noch nicht als ersatzfähiger Schaden angesehen werden. Dem Mieter steht daher ein Ersatzanspruch in erster Linie nur insoweit zu, als ihm für zurück liegende Zeiträume Gewinn entgangen ist, nicht hingegen mögliche Gewinneinbußen, die ungewiss in der Zukunft liegen. Insoweit steht nicht fest, dass überhaupt ein Schaden eintritt. Nach der Rechtsprechung des Bundes-gerichtshofs gilt die Rentabilitätsvermutung für Zukunftsschäden wie den entgangenen Gewinn gerade nicht (vgl. BGH Urt. v. 13.6.2006 – X ZR 167/04, NJW-RR 2006, 1309).

Gleichwohl kann der Mieter sich für den (gedachten) Fall einer ordnungsgemäßen Vertragsfortsetzung auf eine Prognose des zu erwartenden Gewinns berufen, wenn diese Prognose hinreichend sicher ist. Dafür muss nach dem gewöhnlichen Verlauf der Dinge ohne das schädigende Ereignis mit Wahrscheinlichkeit eine Gewinnsteigerung zu erwarten gewesen sein (vgl. OLG Celle Urt. v. 9.11.2011 – 14 U 98/11, Schaden-Praxis 2012, 107 m. w. N.). Der Geschädigte muss dabei die Tatsachen, die seine Gewinner-wartung wahrscheinlich machen, im Einzelnen darlegen und beweisen (vgl. BGH Urt. v. 16.3.2004 – VI ZR 138/08, NJW 2004, 1945).

Zur Darlegung des entgangenen Gewinns aus der Vorenthaltung eines gewerblichen Mietobjekts ist die Gewinnermittlung für ein einziges Quartal als Grundlage der Prog-nose für einen Zeitraum von mehreren Jahren aber nicht geeignet (vgl. KG Urt. v. 11.8.2003 – 8 U 89/02, KGR 2004, 177). Wenn dagegen in der Vergangenheit eine kontinuierliche Geschäfts- und Gewinnsteigerung zu veranschlagen war, wird dies zu-mindest dann für die Zukunft schätzweise hochgerechnet werden können, wenn ent-sprechendes Markt- und Geschäftspotential vorhanden ist. So wird man bei einem Unternehmen, das sich noch im Aufbau befindet, auf künftige Gewinnsteigerungen schließen können, wenn sich das Unternehmen im Markt etablieren konnte, nachhaltig gewirtschaftet hat und eine kontinuierliche Geschäftsentwicklung aufweisen kann.

Im Beispielsfall wird in Bezug auf die anzunehmende künftige (günstige) Geschäfts-entwicklung vorsorglich nur eine hilfsweise Anspruchsbegründung gestützt.

9. Im Beispielsfall erfasst der Zahlungsantrag den bis zur Klageerhebung bereits eingetretenen Gewinnausfall. Die weitere Entwicklung ist Gegenstand des Feststellungs-antrags. Die erst künftig eintretenden Schäden können wegen der Ungewissheit über die Dauer der Ersatzpflicht des Vermieters nur mit einem Feststellungsantrag erfasst werden. Unschädlich für die Zulässigkeit der Feststellungsklage ist es aber, wenn sie bis zur mündlichen Verhandlung fällig werden und nunmehr beziffert werden könnten. Der grundsätzliche Vorrang der Leistungsklage gilt dann nicht, wenn die Leistungsklage erst später als die einmal zulässig erhobene Feststellungsklage möglich geworden ist (Zöller/ *Greger* § 256 ZPO Rn. 7 a mwN). Diese Ansprüche, die zum Zeitpunkt der letzten mündlichen Verhandlung bereits fällig geworden sind, können zur Auffüllung des bereits gestellten Leistungsantrags verwendet werden.

10. Der Mieter ist im Rahmen seiner **Schadensminderungspflicht** nach § 254 BGB gehalten, sein Gewerbe in anderen Räumen auszuüben (vgl. KG Urt. v. 11.8.2003 – 8 U 89/02, KGR 2004, 177; Palandt/*Heinrichs* § 254 Rn. 36). Entgangener Gewinn kann also nicht auf Dauer geltend gemacht werden. Insoweit muss der Geschädigte zunächst darlegen, was er unternommen hat, um seiner Schadensminderungspflicht zu genügen. Demgegenüber ist es Sache des Schädigers zu behaupten und zu beweisen, dass der Verletzte entgegen seiner Darstellung seine Schadensminderungspflicht hätte erfüllen können (vgl. BGH Beschl. v. 22.11.2005 – VI ZR 330/04, VersR 2006, 286; Urt. v. 23.1.1979 – VI ZR 103/78, VersR 1979, 424).

18. Klage auf Schadensersatz nach Kündigung wegen vorgetäuschtem Eigenbedarf

An das

Amtsgericht . . . . .[1]

Klage

der Frau . . . . .

– Klägerin –

Prozessbevollmächtigter: Rechtsanwalt . . . . .

gegen

Herrn . . . . .

– Beklagter –

wegen Schadensersatz

vorläufiger Streitwert: . . . . . EUR

Namens und in Vollmacht der Klägerin erhebe ich Klage mit dem Antrag,

1. den Beklagten zu verurteilen, an die Klägerin . . . . . EUR nebst Zinsen in Höhe von 5 Prozentpunkten über dem jeweiligen Basiszinssatz nach § 247 BGB von . . . . . EUR seit dem . . . . . zu zahlen,
2. im Falle der Anordnung des schriftlichen Vorverfahrens bei Vorliegen der gesetzlichen Voraussetzungen Versäumnisurteil gemäß § 331 Abs. 3 ZPO zu erlassen.

Begründung:

Mit schriftlichem Mietvertrag vom . . . . . mietete die Klägerin vom Beklagten die Wohnung im Dachgeschoss des Hauses . . . . . in . . . . . an.

Gemäß § . . . . . des Mietvertrags begann das Mietverhältnis am . . . . . und lief auf unbestimmte Zeit.

Die monatliche Miete betrug gemäß § . . . . . des Mietvertrags . . . . . EUR zuzüglich Nebenkostenvorauszahlungen in Höhe von monatlich . . . . . EUR.

Beweis: anliegende Kopie des Mietvertrags

Mit Kündigungsschreiben vom . . . . . erklärte der Beklagte die Kündigung des Mietvertrages zum . . . . ., weil er die Wohnung für seine Tochter benötige. Diese habe ihr

Studium abgeschlossen und wolle nunmehr ihren eigenen Hausstand begründen. Daher sei Eigenbedarf im Sinne von § 573 Abs. 2 Nr. 2 BGB gegeben.

Beweis: anliegende Kopie des Kündigungsschreibens vom . . . . .

Diese Kündigung ist unwirksam gewesen. Der geltend gemachte Eigenbedarf hat nicht bestanden, denn die Tochter des Klägers lebte schon bei Abgabe der Kündigungserklärung mit ihrem ständigen Lebensgefährten . . . . . in dessen Einfamilienhaus in . . . . . zusammen.

Beweis: Zeugnis . . . . .

Hierauf hat die Klägerin den Beklagten mit Schreiben vom . . . . . hingewiesen und geltend gemacht, dass seine Tochter auf die kleine Dachgeschosswohnung, in der die Klägerin lebte, nicht angewiesen sei.[2]

Beweis: anliegende Kopie des Schreibens vom . . . . .

Der Beklagte beharrte jedoch auf seinem Rechtsstandpunkt und teilte der Klägerin mit Schreiben vom . . . . . mit, dass seine Tochter nur eine vorübergehende Bleibe im Hausstand eines Freundes gefunden habe. Er drohte der Klägerin mit einer Räumungsklage, falls sie die Kündigung nicht akzeptiere.

Beweis: anliegende Kopie des Schreibens vom . . . . .

In dieser Situation gab die Klägerin vorsorglich ein Wohnungsinserat in der Zeitung auf. Als ihr daraufhin eine kurzfristig frei werdende preisgünstige Wohnung in der . . . . .-Straße angeboten wurde, entschloss sie sich, die vom Beklagten angemietete Wohnung unter dem Druck der Kündigung zu räumen. Sie befürchtete, bei einem ihr ungünstigen Prozessausgang nicht sofort und zu angemessenen Bedingungen eine Ersatzwohnung finden zu können.[3]

Nach dem Auszug der Klägerin vermietete der Beklagte die angeblich für seine Tochter bestimmte Wohnung ab dem . . . . . an den Mieter . . . . .

Beweis: Zeugnis des Herrn . . . . .

Die Tochter des Beklagten lebt nach wie vor mit ihrem Lebensgefährten in dessen Einfamilienhaus zusammen und hatte auch nicht vor, in die von der Klägerin genutzte Wohnung einzuziehen.

Beweis: Zeugnis . . . . .[4]

Die Klägerin verlangt vom Beklagten nunmehr Ersatz derjenigen Kosten, die ihr durch den Umzug entstanden sind.[5]

Die unwirksame Kündigung des Beklagten stellt eine Pflichtverletzung iSv § 280 Abs. 1 BGB dar, durch die er sich gemäß § 281 BGB schadensersatzpflichtig gemacht hat.

Die durch den Umzug verursachten Kosten setzen sich wie folgt zusammen:

a) Transportkosten gemäß Rechnung der Firma . . . . EUR

b) Inseratskosten gemäß Rechnung des Verlages . . . . EUR

c) Kosten für die Erstrenovierung der neuen Wohnung gemäß
   Rechnung der Firma . . . . EUR

d) . . . . EUR

insgesamt   . . . . . EUR

Beweis: anliegende Kopien der bezeichneten Belege

Die Klägerin hat den Beklagten mit Schreiben vom . . . . . unter Fristsetzung bis zum . . . . . aufgefordert, den Klagebetrag zu zahlen.

Beweis: anliegende Kopie des Schreibens vom . . . . .

Damit befindet sich der Beklagte ab dem folgenden Tage in Verzug, so dass der Anspruch von da an zu verzinsen ist.

Rechtsanwalt

Anmerkungen

1. Zur sachlichen Zuständigkeit des Amtsgerichts bei der Wohnraummiete vgl. § 23 Abs. 2 Nr. 2 a GVG. Die örtliche Zuständigkeit ergibt sich aus § 29a ZPO.

2. Das Formular behandelt den Fall einer unberechtigten Vermieterkündigung wegen tatsächlich nicht gegebenen Eigenbedarfs.

Gemäß § 573 Abs. 1 S. 1, Abs. 2 Nr. 2 BGB kann der Vermieter ein Mietverhältnis über Wohnraum kündigen, wenn er ein **berechtigtes Interesse an der Beendigung des Mietverhältnisses** hat. Ein berechtigtes Interesse kann vorliegen, wenn der Vermieter die Räume als Wohnung für sich, die zu seinem Hausstand gehörenden Personen oder seine Familienangehörigen benötigt. Hierfür ist es ausreichend, dass der Vermieter vernünftige, nachvollziehbare Gründe für die Inanspruchnahme des Wohnraums für sich oder eine der im Gesetz genannten Personen hat. Die Gerichte haben grundsätzlich zu respektieren, welchen Wohnbedarf der Vermieter für sich oder seine Angehörigen als angemessen sieht. Sie sind daher nicht berechtigt, ihre Vorstellungen von angemessenem Wohnen verbindlich an die Stelle der Lebensplanung des Vermieters (oder seiner Angehörigen) zu setzen (vgl. BGH Urt. v. 4.3.2015 – VIII ZR 166/14, BGHZ 204, 216 = NZM 2015, 378 mwN).

Solche – an sich berücksichtigungsfähigen – Gründe hat der Beklagte im Beispielsfall geltend machen wollen. Bei einer Kündigung wegen Eigenbedarfs ist grundsätzlich die Angabe der Person, für die die Wohnung benötigt wird, und die Darlegung des Interesses, das diese Person an der Erlangung der Wohnung hat, ausreichend (BGH Urt. v. 30.4.2014 – VIII ZR 284/13, NZM 2014, 466).

Am berechtigten Interesse zur Kündigung fehlt es allerdings, wenn die Kündigungsgründe nicht zutreffen. Ein – auf vernünftige, nachvollziehbare Gründe gestützter – Eigennutzungswunsch rechtfertigt die Kündigung des Mietverhältnisses nur dann, wenn er vom Vermieter auch ernsthaft verfolgt wird und bereits hinreichend bestimmt und konkretisiert ist. Eine bislang nur vage oder für einen späteren Zeitpunkt verfolgte Nutzungsabsicht rechtfertigt eine Eigenbedarfskündigung noch nicht (BGH Urt. v. 23.9.2015 – VIII ZR 297/14, NZM 2015, 812).

Der vom Vermieter geltend gemachte Wohnbedarf ist nicht auf seine Angemessenheit hin, sondern nur auf **Rechtsmissbrauch** zu überprüfen. Rechtsmissbräuchlich ist nicht schon der überhöhte, sondern erst der **weit überhöhte Wohnbedarf**. Die Wertung, ob der geltend gemachte Wohnbedarf weit überhöht ist, obliegt dem Gericht unter Abwägung der beiderseitigen Interessen anhand objektiver Kriterien und der Einzelfallumstände (vgl. BGH Urt. v. 4.3.2015 – VIII ZR 166/14, BGHZ 204, 216 = NZM 2015, 378).

Im Beispielsfall steht der geltend gemachte Wohnbedarf der Tochter durchgreifend in Frage, denn diese verfügte im Rahmen einer dauerhaften Lebensgemeinschaft über ausreichende Wohnmöglichkeiten in einem Einfamilienhaus. Den geltend gemachten Bedarf hat der Vermieter auch nicht verwirklicht, sondern die Wohnung anderweitig vermietet.

Eine weitere Fallgruppe betrifft Sachverhalte, bei denen zunächst ein berechtigter **Eigenbedarf** geltend gemacht wurde, der jedoch später in **Wegfall** gerät. Insoweit war (bis BGH Urt. v. 9.11.2005 – VIII ZR 339/04, BGHZ 165, 75 = NJW 2006, 220) sehr umstritten, ob und bis wann der Vermieter verpflichtet war, den Mieter vom Wegfall des Bedarfsgrundes in Kenntnis zu setzen und ihm die weitere Benutzung der Mietsache anzubieten. Der Wegfall des zunächst vorhandenen Eigenbedarfs ist nach der Rechtsprechung des BGH nur dann zu berücksichtigen, wenn er **bis zum Ablauf der Kündigungsfrist** eingetreten ist (vgl. BGH Urt. v. 9.11.2005 – VIII ZR 339/04, BGHZ 165, 75 = NJW 2006, 220; Versäumnisurt. v. 13.6.2012 – VIII ZR 356/11, GuT 2012, 384). Mit dem Ende des Mietverhältnisses erlischt nämlich das Besitzrecht des Mieters, der keine originäre, sondern nur eine abgeleitete Beziehung zu der von einem anderen geschaffenen Wohnung hat. Die Verfügungsbefugnis des Vermieters, der meist auch Eigentümer der Wohnung ist, erlangt wieder ihren vollen, von der Verfassung in Art. 14 GG anerkannten und garantierten Umfang (vgl. BGH Urt. v. 9.11.2005 – VIII ZR 339/04, BGHZ 165, 75 = NJW 2006, 220).

Der Vermieter ist aber verpflichtet, die Folgen einer auf Eigenbedarf gestützten Kündigung für den Mieter so gering wie möglich zu halten. Diese gesteigerte Pflicht zur Rücksichtnahme beruht auf der besonderen Bedeutung, die der Wohnung als Mittelpunkt der persönlichen Existenz eines Menschen zukommt und dem Besitzrecht des Mieters einen eigentumsgleichen Rang im Sinne des Art. 14 Abs. 1 GG verleiht (st. Rspr. seit BVerfG Beschl. v. 26.5.1993 – 1 BvR 208/93, BVerfGE 89, 1 = NJW 1993, 2035).

Aus dem Gebot der Rücksichtnahme hat der BGH (vgl. Urt. v. 9.11.2005 – VIII ZR 339/04, BGHZ 165, 75 = NJW 2006, 220) den weiteren Grundsatz abgeleitet, dass der Vermieter, der ein Mietverhältnis wegen Eigenbedarfs kündigt, dem Mieter bis zum Ablauf der Kündigungsfrist eine vergleichbare, im selben Haus oder in derselben Wohnanlage befindliche und verfügbare Wohnung zur Anmietung anzubieten hat. Kommt der Vermieter dieser **Anbietpflicht** nicht nach, so ist die Kündigung wegen Rechtsmissbrauchs unwirksam.

Nach der Rechtsprechung des BGH macht sich ein Vermieter, der schuldhaft – insbesondere unter Angabe falscher Tatsachen – eine (materiell) unberechtigte Kündigung ausspricht und dem Mieter dadurch die weitere Nutzung des Mietobjekts vorwerfbar streitig macht, wegen Verletzung der vertraglichen Pflicht zur Rücksichtnahme auf den Vertragspartner schadensersatzpflichtig, wenn der Mieter aufgrund der Kündigung einen Schaden erleidet (vgl. BGH Urt. v. 13.6.2012 – VIII ZR 356/11, MietPrax-AK § 573 BGB Nr 42; Urt. v. 15.12.2010 – VIII ZR 9/10, NZM 2011, 119; v. 11.1.1984 – VIII ZR 255/82, BGHZ 89, 297; v. 8.7.1998 – XII ZR 64/96, NZM 1998, 718 betreffend eine auf eine unwirksame AGB-Klausel gestützte Kündigung; v. 18.5.2005 – VIII ZR 368/03, NJW 2005, 2395, betreffend eine Eigenbedarfskündigung ohne tatsächlichen Selbstnutzungswunsch).

Diese Pflicht zur Rücksichtnahme ergab sich nach altem Recht aus den gewohnheitsrechtlich anerkannten Grundsätzen zur positiven Vertragsverletzung. Nach Inkrafttreten des Gesetzes zur Modernisierung des Schuldrechts (vgl. zum zeitlichen Geltungsbereich Art. 229 § 5 EGBGB) folgt diese Pflicht aus §§ 280, 281 BGB (vgl. BGH Urt. v. 10.6.2015 – VIII ZR 99/14, NZM 2015, 532). Schadensersatz ist namentlich dann zu leisten, wenn ein vom Vermieter mit der Kündigung geltend gemachter Eigenbedarf in Wahrheit nicht besteht. Schuldhaft ist in diesem Rahmen in der Regel auch ein Rechtsirrtum auf Seiten des Vermieters, es sei denn, dieser Irrtum war unvermeidbar (vgl. BGH Urt. v. 15.12.2010 – VIII ZR 9/10, NZM 2011, 119 mwN).

Grundsätzlich ist auch für ein Schadensersatzverlangen gemäß §§ 280 Abs. 3, 281 Abs. 1 BGB eine **Fristsetzung** erforderlich. Diese ist wiederum unter den Voraussetzungen des § 281 Abs. 2 BGB entbehrlich. Da in der unberechtigten Kündigung durch den Vermieter regelmäßig eine Leistungsverweigerung zu sehen ist, weil der Vermieter dem Mieter das Gebrauchsrecht für die Zeit nach dem Kündigungstermin streitig macht, bedarf es idR keiner Fristsetzung.

Der durch einen Wohnungswechsel entstandene Schaden eines Mieters kann auch dann als durch eine unberechtigte Eigenbedarfskündigung des Vermieters adäquat verursacht angesehen werden, wenn der Mieter die Unwirksamkeit der Kündigung erkannt, aufgrund mündlich dargelegter schlüssiger Eigenbedarfsgründe das Mietverhältnis dann aber einvernehmlich mit dem Vermieter beendet hat (zur Mietaufhebung durch Vergleich vgl. im Einzelnen → Anm. 3).

Eine Schadensersatzklage des Mieters kann auch auf **Wiedereinräumung der Besitz- und Mietrechte** an der ehemaligen Wohnung, die der Mieter nach einer Eigenbedarfskündigung des Vermieters geräumt hat, gerichtet sein. Nach Veräußerung der Wohnung durch den Vermieter hat eine solche Klage aber nur dann Aussicht auf Erfolg, wenn feststeht, dass dem Vermieter die Wiedereinräumung dieser Rechte noch möglich ist (vgl. BGH Urt. v. 16.12.2009 – VIII ZR 313/08, NZM 2010, 273).

3. Ist der Mieter unter dem Druck der Kündigung ausgezogen, obwohl er die Unwirksamkeit der Kündigung erkannte, kann sich die Frage nach einem **Mitverschulden** im Sinne von § 254 Abs. 1 BGB stellen. Nach der Rechtsprechung des BGH kann eine Ersatzpflicht des Vermieters für Kündigungsfolgeschäden aus dem Gesichtspunkt mitwirkenden Verschuldens des Mieters nur dann ganz oder teilweise entfallen (§ 254 BGB), wenn das Fehlen eines Kündigungsgrundes auf der Hand liegt oder wenn dem Mieter aus anderen Umständen des konkreten Einzelfalles zumutbar ist, sich gegen die Kündigung zu wehren (vgl. BGH Beschl. v. 13.4.2010 – VIII ZR 180/09, WuM 2010, 575). Was einem Mieter an Gegenwehr zumutbar ist, kann jedoch nicht ohne Berücksichtigung der damit unter Umständen verbundenen Nachteile beurteilt werden. Je gewichtiger die Gründe sind, die für die Wirksamkeit einer umstrittenen Kündigung sprechen, desto weniger kann dem gekündigten Mieter zugemutet werden, sich auf eine Auseinandersetzung mit dem Vermieter einzulassen und es auf einen teuren und riskanten Prozess ankommen zu lassen (vgl. BGH Urt. v. 11.1.1984 – VIII ZR 255/82, BGHZ 89, 296 = NJW 1984, 1028).

Von Bedeutung ist in diesem Zusammenhang auch, ob und in welcher Höhe der Mieter sich möglichen Ersatzansprüchen des Vermieters aussetzt, wenn er der Kündigung entgegentritt. Nur wenn das Fehlen eines Kündigungsgrundes evident ist oder wenn es sich dem Mieter aus anderen Umständen aufdrängt, sich gegen die Kündigung zu wehren, kann eine Ersatzpflicht des Vermieters für Kündigungsfolgeschäden aus dem Gesichtspunkt mitwirkenden Verschuldens des Mieters ganz oder teilweise entfallen (vgl. BGH Urt. v. 11.1.1984 – VIII ZR 255/82, BGHZ 89, 296 = NJW 1984, 1028).

Der Ersatzanspruch des Mieters kann ausnahmsweise auch dann entfallen, wenn feststeht, dass der Mieter ohnehin entschlossen war, die Wohnung in jedem Fall unabhängig vom Eigenbedarf zu räumen (vgl. OLG Karlsruhe Beschl. v. 7.10.1981 – 3 REMiet 6/81, WuM 1982, 11 unter Ziff III 3; BayObLG RE v. 25.5.1982 – ReMiet 2/82, WuM 1982, 203; *Blank* jurisPR-MietR 13/2009 Anm. 4). Wenn sich die Parteien vor dem Hintergrund einer Eigenbedarfskündigung über eine vorzeitige Mietaufhebung und über die Räumung einvernehmlich verständigen, handelt es sich regelmäßig um einen **Vergleich** im Sinne von § 779 BGB. Der bloße Auszug eines Mieters unter dem Druck einer Kündigung reicht für die Annahme eines Vergleichs über die Aufhebung des Mietverhältnisses aber nicht aus.

Es kommt entscheidend auf die **Auslegung eines von den Mietparteien abgeschlossenen (Räumungs-) Vergleichs** an (vgl. BGH Beschl. v. 7.9.2011 – VIII ZR 343/10, WuM 2011, 634):

Ein Vergleich ist unter den Voraussetzungen von § 779 Abs. 1 BGB unwirksam, wenn der bei Vergleichsabschluss als feststehend zugrunde gelegte Sachverhalt tatsächlich nicht vorliegt und davon auszugehen ist, dass die Vertragsparteien bei Kenntnis der wahren Sachlage nicht zu der Übereinkunft gekommen wären.

Anders kann es liegen, wenn die Ungewissheit über bestimmte Tatsachen im Vergleich geradezu vorausgesetzt wird und die sich daraus ergebenden Folgerungen im Vergleich geregelt sind. Dann beruht der Vergleich überhaupt nicht auf einem bestimmten Sachverhalt, sondern enthält trotz der bestehenden Ungewissheiten einen vertraglichen Bindungswillen. Ein Schadensersatzanspruch wegen unwirksamer Eigenbedarfskündigung kann also ausscheiden, wenn sich der Mieter trotz der weiterhin offenen und streitigen Frage nach der Berechtigung der Kündigung auf einen Räumungsvergleich eingelassen hat. Wenn der Vergleich dagegen auf der Annahme des geltend gemachten Bedarfsgrundes beruht, bleiben Ersatzansprüche unberührt.

Ob ein Räumungsvergleich den Zurechnungszusammenhang zwischen der Vortäuschung einer (Eigen-)Bedarfssituation und dem später vom Mieter geltend gemachten Schaden unterbricht, ist maßgeblich danach zu beurteilen, ob die Parteien durch gegenseitiges Nachgeben auch den Streit darüber beilegen wollten, ob die (Eigen-)Bedarfslage des Vermieters tatsächlich bestand oder nur vorgetäuscht war. Nur dann, wenn mit dem Vergleich auch etwaige Ansprüche des Mieters wegen eines nur vorgetäuschten Bedarfs abgegolten werden sollten, fehlt es an dem erforderlichen Zurechnungszusammenhang (vgl. BGH Urt. v. 10.6.2015 – VIII ZR 99/14, NZM 2015, 532, in Fortführung von BGH, Beschl. vom 7.9.2011, VIII ZR 343/10, BeckRS 2011, 24838). Für einen stillschweigenden **Verzicht des Mieters** auf Ersatzansprüche bedarf es regelmäßig bedeutsamer Umstände, die auf einen solchen Verzichtswillen schließen lassen (vgl. BGH Urt. v. 10.6.2015 – VIII ZR 99/14, NZM 2015, 532, in Fortführung von BGH Urt. v. 11.10.2000 – VIII ZR 276/99; v. 20.9.2006 – VIII ZR 100/05, WM 2007, 177).

Zieht der Mieter nicht aus und wird vom Vermieter auf Räumung in Anspruch genommen, kann es vorkommen, dass der Vermieter ein obsiegendes Urteil aus erster Instanz vollstreckt und erst das Berufungsgericht die Wirksamkeit der Kündigung verneint. In diesen Fällen haftet der Vermieter zusätzlich aus § 717 Abs. 2 ZPO. Der Mieter kann den hierdurch verursachten Schaden noch in den anhängigen Räumungsrechtsstreit einführen, § 717 Abs. 2 S. 2 ZPO. Er kann also mit der Berufung gegen das Räumungsurteil **Widerklage auf Schadensersatz** erheben und kann diesen Antrag auch noch bis zum Schluss der mündlichen Verhandlung vor dem Berufungsgericht stellen. Ebenso kann er gegenüber einem evtl. noch gleichzeitig anhängigen Zahlungsanspruch aufrechnen, ohne dass er den Beschränkungen aus § 533 ZPO unterliegt.

Der Erstattungsanspruch nach § 717 ZPO setzt aber voraus, dass die Leistung in der Zwangsvollstreckung beigetrieben wurde oder der Schuldner sie zur Abwendung einer drohenden Zwangsvollstreckung erbracht hat, die Leistung also auf den Vollstreckungswillen des Gläubigers zurückzuführen ist (vgl. BGH Urt. v. 15.12.2010 – VIII ZR 9/10, WuM 2011, 33; v. 22.6.1976 – X ZR 44/74, NJW 1976, 2162). Das ist nicht der Fall, wenn der Titelschuldner unmittelbar nach Erlass eines Urteils und zu einem Zeitpunkt zahlt oder auszieht, als der Wille des Titelgläubigers, die Vollstreckung aus dem Urteil schon vor der Rechtskraft des Titels zu betreiben, noch gar nicht erkennbar war.

4. Der auf Schadensersatz klagende Mieter muss sich über die **Prozessrisiken** im Klaren sein, die sich hinsichtlich des streitigen Eigenbedarfs ergeben können. Der Mieter wird immer darauf bedacht sein müssen, taugliche Beweismittel für das Fehlen oder den Wegfall des Eigenbedarfs anbieten zu können.

Grundsätzlich hat derjenige, der aus einer ihm günstigen Norm Rechte herleitet, deren tatsächliche Voraussetzungen darzulegen und zu beweisen. Dementsprechend ist anerkannt, dass ein Anspruchsteller, der einen Schadensersatzanspruch geltend macht, die anspruchsbegründenden Tatsachen, welche die Pflichtverletzung ausmachen, darzulegen und im Bestreitensfalle zu beweisen hat. Diese Verteilung der **Beweislast** gilt auch für den Schadensersatzanspruch, den der Mieter gegen den früheren Vermieter wegen einer auf vorgeschobene Eigenbedarfsgründe gestützten Kündigung geltend macht (vgl. BGH Urt. v. 18.5.2005 – VIII ZR 368/03, NZM 2005, 580).

Eine **Umkehr der Beweislast** findet auch dann nicht statt, wenn es sich bei dem fehlenden Selbstnutzungswillen des Vermieters um eine **innere, negative Tatsache** handelt, deren Nachweis dem Mieter im Einzelfall Schwierigkeiten bereiten kann (vgl. BGH MDR 2005, 1218; anders aber: LG Bochum NJWE-MietR 1997, 50; wohl auch LG Freiburg WuM 1979, 215).

Rechnet der Mieter gegenüber einem vom Vermieter geltend gemachten Anspruch auf Mietzinszahlung mit einem Schadensersatzanspruch wegen vorgetäuschten Eigenbedarfs auf und weigert sich der Vermieter, vom Mieter benannte und nur ihm bekannte Zeugen für den Wegfall des Eigenbedarfs namhaft zu machen, so kann dies aber im Rahmen der Beweiswürdigung zum Nachteil des Vermieters unter dem Gesichtspunkt der Beweisvereitelung berücksichtigt werden (vgl. BGH Urt. v. 13.6.2012 – VIII ZR 356/11, MietPrax-AK § 573 BGB Nr 42).

Ob unter bestimmten Voraussetzungen ein **Anscheinsbeweis** zugunsten des Mieters dafür sprechen kann, dass der vom Vermieter mit der Kündigung behauptete Eigenbedarf nicht bestand, wenn dieser später nicht verwirklicht wird, steht ebenfalls durchgreifend in Frage. Der Anscheinsbeweis greift grds. nur bei typischen Geschehensabläufen, um die es sich bei Eigenbedarfskündigungen zumeist nicht handelt (vgl. BGH Urt. v. 18.5.2005 – VIII ZR 368/03, NZM 2005, 580). Diesseits wird daher keine Handhabe gesehen, die allgemeinen Grundsätzen folgende Beweislastverteilung unter der Geltung des Schuldrechtsmodernisierungsgesetzes abweichend zu beurteilen.

5. Dem Mieter stehen bei einer unberechtigten Eigenbedarfskündigung eine Reihe möglicher Schadensersatzforderungen zu (vgl. *Teichmann* JZ 2006, 155; *Kinne* Grundeigentum 1995, 523; vgl. ferner den Katalog ersatzfähiger Kosten bei jurisPK-BGB *Mössner* § 573 Rn. 38 mwN; Emmerich/Sonnenschein/*Haug* § 573 Rn. 95). Danach ist in erster Linie an folgende **Schadenspositionen** zu denken:

Die **Umzugskosten** einschließlich der Kosten für die Montage der Wohnungseinrichtungen machen dem Umfang nach einen gewichtigen Schadensposten aus.

Auch **Maklerkosten** für die Suche einer neuen Wohnung können unter den kündigungsbedingten Schaden fallen (vgl. BGH Urt. v. 16.12.2009 – VIII ZR 313/08, juris), desgleichen ein Aufwendungsersatz wegen der für Wohnungsbesichtigungen aufgewendeten **Urlaubszeit**.

Im Falle eines Räumungsrechtsstreits über den Eigenbedarf kann der Mieter die gesamten, ihn belastenden **Kosten des Rechtsstreits** und der vorprozessualen Rechtsverfolgungskosten (Anwaltskosten) geltend machen.

Ggf. kann die vorübergehende **Zahlung doppelten Mietzinses** für die alte und die neue Wohnung zu ersetzen sein, wenn die nahtlos anschließende Anmietung einer neuen Wohnung nicht möglich war.

Auch die **Mietdifferenz** zwischen alter und neuer Wohnung, soweit die Wohnungen in etwa vergleichbar sind, kann zur Erstattung gestellt werden (→ Form. C. III. 16).

Ferner sind die Kosten der **Anfangsrenovierung** der neu gemieteten Wohnung grundsätzlich zu ersetzen (vgl. LG Düsseldorf Urt. v. 10.1.1995 – 24 S 214/94, DWW 1996, 280), ferner notwendige Kosten für die Ausstattung der neuen Wohnung (zB Jalousien, Gardinen usw.) sowie die Kosten für die **Ummeldung eines Telefonanschlusses.**

Anstelle des Schadensersatzes (statt der Leistung) kann der Mieter auch **Ersatz der vergeblichen Aufwendungen** verlangen, die er im Vertrauen auf den Bestand des Mietverhältnisses getätigt hat. Insoweit schafft § 284 BGB einen neuen Rechtszustand, denn nach altem Recht hatte ein Mieter, der den Mietvertrag zu anderen Zwecken als gewerblichen Zwecken abgeschlossen hat, keinen (Schadens-)Ersatzanspruch wegen der Aufwendungen, die er im Hinblick auf den Vertrag veranlasst hat (vgl. Palandt/ *Heinrichs* § 284 Rn. 2 ff.). Rentabilitätsvermutungen greifen zugunsten des Wohnraummieters, der nur sog. ideelle Zwecke verfolgt, grds. nicht ein. Der Aufwendungsersatz aus § 284 BGB kann aber grundsätzlich nur alternativ („anstelle") und nicht kumulativ neben dem Anspruch auf Schadensersatz im Sinne von §§ 281 ff. BGB verlangt werden.

Zum Schadensersatzanspruch des gewerblichen Mieters → Form. C. III. 17.

19. Klage auf Schadensersatz wegen nachwirkender Obhutspflichten

An das

Landgericht[1] . . . . .

Klage

des Herrn . . . . .

– Kläger –

Prozessbevollmächtigte: . . . . .

gegen

die Stadt . . . . .

– Beklagte –

Prozessbevollmächtigte: . . . . .

wegen Schadensersatzes

Streitwert: 22.500,– EUR[2]

Wir bitten um Anberaumung eines Termins zur mündlichen Verhandlung, in dem wir beantragen werden:

1. die Beklagte zu verurteilen, an den Kläger 22.500,– EUR nebst Zinsen in Höhe von 5 Prozentpunkten über dem Basiszinssatz seit . . . . . (Datum) zu zahlen,
2. für den Fall des Vorliegens der Voraussetzungen Versäumnisurteil ohne mündliche Verhandlung gemäß § 331 Abs. 3 ZPO zu erlassen,
3. dem Kläger eine vollstreckbare Ausfertigung des Urteils nebst Zustellungsbescheinigung (§ 169 ZPO) zu erteilen.[3]

Begründung:

Der Kläger war ursprünglich Eigentümer des Grundstücks . . . . . in . . . . ., auf dem er eine Werkzeugmaschinenfabrik betrieb. Im Frühsommer des Jahres . . . . . verkaufte er dieses Grundstück mit anliegend in Kopie beigefügtem Kaufvertrag vom . . . . . an die Beklagte, die es zu Sanierungszwecken benötigte. Da der Kläger zur Errichtung eines neuen Betriebsgrundstückes weitere Zeit benötigte, vereinbarten die Parteien ferner gemäß anliegend in Kopie beigefügtem Mietvertrag vom . . . . ., dass er gegen Zahlung einer Miete in Höhe von 3000,– EUR monatlich zuzüglich Mehrwertsteuer das bebaute Grundstück bis zum . . . . . nutzen konnte.

Borzutzki-Pasing/Deppen

Nach Ablauf des . . . . . räumte der Kläger im Wesentlichen sein ehemaliges Betriebs-grundstück. Zwei Werkzeugmaschinen ließ er indessen zurück. Sie hätten nur über das Nachbargrundstück abtransportiert werden können. Da das Gebäude des Nachbar-grundstücks aus Sanierungsgründen abgerissen worden und deshalb die Grundstück-soberfläche nicht befahrbar war, wandte sich der Kläger mit anliegend in Kopie beigefügtem Schreiben vom . . . . . an die Bediensteten . . . . . der Beklagten mit dem Ziel, die Räumungsfristen um mindestens einen Monat zu verlängern. Weiterer Grund des Klägers war nämlich, dass dieser in der Zeit vom . . . . . bis voraussichtlich . . . . . eine Geschäftsreise durchführen wollte, so dass die endgültige Beseitigung der Werk-zeugmaschinen erst im Anschluss daran erfolgen konnte. Aus diesem Grunde fand am . . . . . bei der Beklagten eine Besprechung zwischen dem Kläger und dem Zeugen . . . . . statt. In diesem Gespräch vereinbarte der Kläger mit dem Zeugen . . . . ., dass der Abbruch nicht vor der Rückkehr des Klägers beginnen sollte.

Beweis: Zeugnis . . . . .

Der Kläger trat seine Geschäftsreise am . . . . . pünktlich an. Aus unvorhersehbaren Gründen kehrte er jedoch erst am . . . . . zurück. Zwischenzeitlich hatte der Zeuge . . . . . den Sohn des Klägers, den Zeugen . . . . ., fernmündlich darüber informiert, dass am . . . . . die Abbruchfirma mit dem Einrüsten des Grundstücks beginnen werde. Aus diesem Grunde begab sich der Zeuge . . . . . am . . . . . in die Diensträume der Beklagten, um mit dem Zeugen . . . . . einen weiteren Aufschub des Beginns des Abbruchs zu vereinbaren. Ergebnis des Gesprächs vom . . . . . war, dass zunächst die Abbruchfirma nur einrüsten, jedoch nicht mit dem Abbruch beginnen sollte. Dieses teilte der Zeuge . . . . . seinem Vater am . . . . . fernmündlich in Übersee mit. Der Kläger ging deshalb davon aus, dass bis zu seiner Rückkehr nichts Nachteiliges passieren würde.

Beweis: Zeugnis . . . . .

Als er jedoch am . . . . . in . . . . . eintraf, erfuhr er, dass zwischen dem . . . . . und dem . . . . . die Abbruchfirma nicht nur eingerüstet hatte, sondern die Abbruchmaßnahme bereits vollzogen war. Die beiden Werkzeugmaschinen waren zwar in einem provisorischen Schuppen untergestellt worden. Die Abbruchfirma hatte aber 8 Holzmodelle für Guss-Ersatzteile vernichtet, die in den Räumen zurückgeblieben waren. Diese sollten nämlich ebenfalls noch mit den beiden Werkzeugmaschinen abgeholt werden. Das Verbleiben dieser 8 Holzmodelle wird durch

Zeugnis . . . . .;

unter Beweis gestellt. Die Entsorgung der 8 Holzmodelle ist von der Abbruchfirma - . . . . . der Beklagten auch in Rechnung gestellt worden. Ihr mag deshalb auferlegt werden, die Abrechnung zu den Akten zu reichen. Außerdem wird die Beseitigung der Holzmodelle durch

Zeugnis . . . . .

unter Beweis gestellt. Der Zeuge . . . . . ist bei der Abbruchfirma . . . . . als Vorarbeiter angestellt. Er hat den Abbruch geleitet.

Beweis: Zeugnis . . . . .

Dem Kläger ist dadurch ein Gesamtschaden in Höhe von 45.000,– EUR entstanden (wird ausgeführt). Davon macht er einstweilen als Teilforderung einen Betrag von 22.500,– EUR geltend.[4]

Vorprozessual hat die Beklagte auf anliegend in Kopie beigefügtes Forderungsschreiben der Bevollmächtigten des Klägers jegliche Haftung mit der Begründung abgelehnt, der Kläger sei nach Beendigung des Mietverhältnisses räumungsverpflichtet gewesen. Besitzrechte habe der Kläger über den . . . . . hinaus nicht gehabt. Man habe keineswegs davon ausgehen können, dass der Kläger erst nach dem . . . . . zurückkehren werde. Auch am . . . . . sei in dem Gespräch mit dem Sohn des Klägers unklar gewesen, wann er endgültig wieder zurück sei. Mit dem Sohn des Klägers habe man sich dahin geeinigt, dass ab . . . . . abgebrochen werden dürfe. Der Kläger habe den Schaden selbst verschuldet, da er auf das Vorhandensein der Holzmodelle und damit auch das Entstehen eines hohen Schadens nicht die Beklagte vorab hingewiesen habe. Außerdem habe er den Schaden deshalb zu verantworten, weil er die Holzmodelle nicht rechtzeitig abtransportiert habe. Zumindest habe er in Erkenntnis der Verzögerung seiner Rückkehr einen Vertreter bestellen müssen, der vor Ort die Entscheidungen habe treffen müssen. Dieser wäre dann in der Lage gewesen, eine rechtzeitige Räumung zu veranlassen.

Die Beklagte haftet dem Kläger auf Schadensersatz in Höhe von zumindest 50 % des eingetretenen Schadens aus Verletzung einer vertraglichen nachwirkenden Schutzpflicht gemäß §§ 241 Abs. 2, 311 Abs. 2 BGB iVm § 278 BGB sowie aus § 831 BGB.[5] Der Beklagten oblag die nachwirkende Obhutspflicht, nach Wiedereinräumung des Besitzes an dem Mietgrundstück vom Kläger eingebrachte Sachen vor Beschädigung zu bewahren. Ihr war das Zurückbleiben von Gegenständen im Betriebsgebäude bekannt. Ein Mitverschulden auf Grund einer Pflicht zum Hinweis auf den hohen Wert der Holzmodelle lag nicht vor.[6] Ebenso wenig kann dem Kläger vorgeworfen werden, dass er diese Modelle vor seiner Abreise nicht abtransportieren ließ. Aufgrund der diesseitig bekundeten Abrede mit dem Zeugen . . . . . konnte der Kläger davon ausgehen, dass die Beklagte bis zur geplanten Rückkehr am . . . . mit dem Abbruch des Betriebsgebäudes nicht beginnen würde. Zwar war zu diesem Zeitpunkt dem Kläger nicht klar, dass er erst später zurückkehren würde. Diesbezüglich hatte jedoch der Sohn des Klägers im Gespräch vom . . . . . mit dem Zeugen . . . . . vereinbart, dass mit dem Abbruch auch nach dem . . . . . noch zugewartet werde, allenfalls die Einrüstung des Betriebsgebäudes einschließlich der Werkstatthalle erfolgen sollte. Ein Abtransport der beiden Werkzeugmaschinen und der 8 Holzmodelle wäre binnen eines Tages mit Lkw möglich gewesen.

Beweis: Zeugnis   . . . . .;

                  Sachverständigengutachten

Ein Mitverschulden des Klägers könnte allenfalls daraus erwachsen sein, dass er trotz Kenntnis von dem bevorstehenden Abbruch bei gleichzeitiger Verzögerung seiner Rückreise keine Anordnungen getroffen hat, um sein Eigentum sicherzustellen. Dieses Mitverschulden kann aber nur als geringfügig eingestuft werden, da konkrete Abbruchmaßnahmen von der Beklagten noch gar nicht angekündigt waren. Anscheinend hat es zwischen der Beklagten und der Abbruchfirma . . . . . diesbezüglich Verständigungsschwierigkeiten gegeben. Die Beklagte haftet für das Verschulden ihrer Erfüllungsgehilfin, die vorsätzlich die Holzmodelle zerstört hat. Zumindest überwiegt deshalb das Verschulden der Beklagten dasjenige des Klägers beträchtlich. Außerdem hat die Beklagte gemäß § 831 BGB für die unerlaubte Handlung ihrer Verrichtungsgehilfin einzustehen. Die Abbruchfirma . . . . . hat durch die Zerstörung der Holzmodelle verbotene Eigenmacht geübt und damit zugleich fremdes Eigentum zerstört. Ein Selbsthilferecht stand der Beklagten nicht zu. Selbst wenn man unterstellt, dass die Abbruchfirma . . . . . von einem nicht existenten Selbsthilferecht ausging, vermag der Irrtum über die Reichweite eines derartigen Selbsthilferechts nichts zu rechtfertigen.

Rechtsanwalt

Anmerkungen

1. Zuständigkeit. Ausschließlich örtlich zuständig ist gemäß § 29a Abs. 1 ZPO das Gericht der belegenen Sache. § 29a ZPO gilt auch für Miet- und Pachtverhältnisse über Räume, soweit es sich nicht um Wohnraum handelt, dagegen nicht für Miet- und Pachtverhältnisse über unbebaute Grundstücke (*Sternel*, Mietrecht Aktuell, 4. Aufl. 2009, XIV Rn. 1, 24). Da der Streitwert 5.000,– EUR überschreitet, ist gemäß §§ 23 Nr. 1, 71 Abs. 1 GVG das Landgericht zuständig.

2. Streitwert. Für den Zahlungsantrag gilt der Zuständigkeitsstreitwert des § 3 ZPO. Bei Geldforderungen ist der Betrag der Klageforderung maßgeblich (*Hartmann* Anh. I § 48 GKG (§ 3 ZPO) Rn. 59 „Geldforderung"). Für den Gebührenstreitwert kommt es bei bezifferten Leistungsanträgen gemäß § 48 Abs. 1 GKG wiederum auf die §§ 3 bis 9 ZPO an.

3. Antrag auf Erteilung einer vollstreckbaren Ausfertigung des Urteils nebst Zustellungsbescheinigung. Die Erteilung einer vollstreckbaren Ausfertigung des Urteils erfolgt nicht von Amts wegen, sondern nur auf Antrag (Zöller/*Stöber* § 724 Rn. 8). Der Antrag dient dazu, die Zwangsvollstreckung zu beschleunigen. Mit der von Amts wegen vorgenommenen Zustellung des Titels sind zudem die Voraussetzungen für eine Zwangsvollstreckung in der Regel erfüllt.

4. Teilklage. Die Bezeichnung der Schadensersatzforderung als Teilklage begründet die Rechtshängigkeit des Klageanspruchs nur in Höhe der geltend gemachten Forderung (BLAH/*Hartmann* § 253 Rn. 82 „Rechtshängigkeit"; BGH NJW 2009, 1950; BGH NJW-RR 2008, 521); sie ermöglicht, Einwendungen etwa aus dem Gesichtspunkt des Mitverschuldens Rechnung zu tragen, ohne sich nach Rechtskraft der Entscheidung einer Nachforderung für den Fall zu begeben, dass nach Auffassung des Gerichts zu wenig geltend gemacht worden ist (Baumbach/*Hartmann* § 322 Rn. 51 f. „Nachforderung"). Allerdings wird die Verjährung nur in Höhe der erhobenen Teilforderung gehemmt (Palandt/*Heinrichs* § 204 Rn. 16 m.w.N.; BGH NJW 2009, 1950; 2009, 56; OLG Hamm NJW-RR 2006, 1689). Bei kurzer Verjährung gemäß § 548 BGB empfiehlt es sich daher, eine Hemmung der Verjährung zumindest mit Hilfe einer Feststellungsklage herbeizuführen oder aber gemäß § 204 Abs. 1 Nr. 7 BGB ein selbständiges Beweisverfahren einzuleiten, falls der Schaden abschließend noch nicht bezifferbar ist. Der hier geltend gemachte Schadensersatzanspruch verjährt in 3 Jahren gemäß § 195 BGB. Bei Ansprüchen des Mieters gilt § 548 BGB nur für solche, die bereits vor Beendigung des Mietverhältnisses entstanden sind. Bei diesen Ansprüchen beginnt nämlich die Verjährung schon mit Beendigung des Mietverhältnisses. Dasselbe gilt für Ansprüche des Vermieters, die nach Rückerhalt der Mietsache entstehen (BGH NJW 2005, 739). Nach Beendigung des Mietverhältnisses entstehende Ansprüche können diesem Verjährungsbeginn nicht unterworfen werden.

5. Ansprüche wegen Verletzung **nachvertraglicher Obhutspflichten.** Die Beklagte schuldet dem Kläger Schadensersatz gemäß §§ 241 Abs. 2, 311 Abs. 2 BGB wegen der Nichtbeachtung einer ihr obliegenden nachvertraglichen Obhutspflicht für die im Eigentum des Mieters stehenden im Mietobjekt verbliebenen Gegenstände. Dies gilt auch dann, wenn eine Verlängerung der Räumungsfrist zwischen den Vertragsparteien nicht zustande gekommen ist (Bub/Treier/*Scheuer/Emmerich* V A Rn. 46; Wolf/Eckert/Ball/*Ball* Rn. 1076; BGH NJW-RR 2004, 493; BGH WM 1971, 943). Unklar ist, wie lange die Obhutspflicht andauert. Der BGH hat in seiner Entscheidung WM 1971, 943 die Zerstörung in der Mietsache verbliebener Sachen gute 3 Monate nach Beendigung des Vertragsverhältnisses als positive Vertragsverletzung behandelt. *Scheuer/Emmerich* (in Bub/Treier V A Rn. 42) halten nach Treu und Glauben im Einzelfall die Obhuts- und Aufbewahrungspflicht des Vermieters nach 2 Monaten für beendet. Wolf/Eckert/Ball/*Ball* (Rn. 1076) legen sich diesbezüglich nicht fest. Maßgeblich dürfte insofern der für den Vermieter erkennbare Wert der Gegenstände sein. Für wertlose Gegenstände wird man die Aufbewahrungspflicht nicht über Gebühr ausdehnen dürfen. Bei wertvolleren Sachen des Mieters kommt eine Einlagerung in Betracht. Die Aufbewahrungskosten kann der Vermieter dem Mieter gemäß § 280 BGB in Rechnung stellen, weil dieser seine Rückgabepflicht gemäß § 546 BGB nur unzureichend erfüllt hat (Bub/Treier/*Scheuer/Emmerich* V A Rn. 46; Wolf/Eckert/Ball/*Ball* Rn. 1076).

Das Verschulden der Abbruchfirma wird der Beklagten gemäß § 278 BGB zugerechnet. Der BGH hat in der bereits zitierten Entscheidung (WM 1971, 943) für eine deliktische Haftung verbotene Eigenmacht angenommen und ein Selbsthilferecht als Rechtfertigungsgrund verneint, da die gesetzlichen Voraussetzungen der §§ 229 ff. BGB nicht vorlagen. Im Falle eines vermeintlichen Selbsthilferechts gilt dasselbe wie im Falle der Putativnotwehr. Die Rechtswidrigkeit wird durch dieses Handeln nicht in Frage gestellt (Palandt/*Ellenberger* § 229 Rn. 9 i. V. m. § 227 Rn. 12). Vom Bundesgerichtshof nicht angesprochen, jedoch nahe liegend sind im Falle der Putativselbsthilfe die Voraussetzungen des § 231 BGB zu prüfen. Die Vorschrift begründet einen schuldunabhängigen Schadensersatzanspruch, dem jedoch auch der Einwand des Mitverschuldens entgegengesetzt werden kann (BGH BeckRS 2010, 18251; NJW 1977, 1818).

6. Mitverschulden. Vertragswidrig nach Beendigung des Mietverhältnisses vom Mieter im Mietobjekt zurückgelassene Gegenstände legen den Einwand des Mitverschuldens nahe. Mitverschulden wird man allerdings nicht schon immer dann annehmen können, wenn der Hinweis des Mieters darauf unterlassen wurde, dass nicht vollständig geräumt wurde. Der BGH hat in der Entscheidung (WM 1971, 943) das Mitverschulden sogar dann verneint, wenn der Mieter vom Abrissvorhaben des Vermieters Kenntnis hatte und auf die Entstehung eines hohen Schadens nicht hinwies. Voraussetzung war jedoch, dass der Mieter den Nachweis führt, dass er mit dem Vermieter eine Abrede darüber getroffen hatte, bis zum Ablauf einer bestimmten Frist keine Abrissmaßnahmen vorzunehmen. Erst wenn er diese Frist aus von ihm zu vertretenden Gründen überschreitet, da ihn beispielsweise ein Organisationsverschulden trifft, wird das Mitverschulden bejaht.

20. Klage auf Lieferung von Wasser, Strom, Heizung sowie auf Entsorgung (Müll) nach Vertragsbeendigung

An das

Amtsgericht[1] . . . . .

Klage[2]

des Herrn . . . . .

– Kläger –

Prozessbevollmächtigte: . . . . .

gegen

Herrn . . . . .

– Beklagter –

Prozessbevollmächtigte: . . . . .

wegen Beheizung der Wohnung

Streitwert: 1.200,– EUR[3]

Wir bitten um Anberaumung eines Termins zur mündlichen Verhandlung, in dem wir beantragen werden:[4, 5]

1. den Beklagten zu verurteilen, die Gaszentralheizung des Hauses ..... in ..... so wieder in Betrieb zu nehmen, dass in der im III. Obergeschoss rechts gelegenen 80 m² großen Wohnung des Klägers tagsüber zwischen 6.00 Uhr und 23.00 Uhr Temperaturen von mindestens 20 °C sowie nachts zwischen 23.00 Uhr und 6.00 Uhr von mindestens 16 °C erreicht werden,
2. für den Fall des Vorliegens der Voraussetzungen Versäumnisurteil ohne mündliche Verhandlung gemäß § 331 Abs. 3 ZPO zu erlassen,
3. dem Kläger eine vollstreckbare Ausfertigung des Urteils nebst Zustellungsbescheinigung (§ 169 ZPO) zu erteilen.[6]

Begründung:

Zwischen den Parteien wurde am ..... anliegend in Kopie beigefügter Mietvertrag über die im Klageantrag näher bezeichnete Wohnung abgeschlossen. Gemäß § 5 des Mietvertrages war die Mietzeit bis zum ..... befristet. Trotz der Beendigung des Mietvertrages sieht sich der Kläger derzeit außerstande, dem Anspruch auf Rückgabe der Mietsache gemäß § 546 Abs. 1 BGB zu entsprechen. Er beabsichtigt, nach deren Fertigstellung in eine Alteneinrichtung einzuziehen, die nach dem Prinzip des betreuten Wohnens vollständig abgeschlossene Wohnungen zur Anmietung zur Verfügung stellt, den Mietern jedoch im Hause den Anschluss an Pflegeeinrichtungen ermöglicht. Zum Nachweis dessen überreichen wir anliegend in Kopie beigefügten Mietvertrag vom ....., den der Kläger bereits im vergangenen Jahr mit seiner künftigen Vermieterin abgeschlossen hat. Mietbeginn ist nach § 4 dieses Vertrages der ..... Danach wäre der Einzug des Klägers in seine neue Wohnung schon einen Monat vor Ablauf des streitgegenständlichen Mietverhältnisses möglich gewesen.

Bedauerlicherweise kann der Kläger jedoch derzeit nicht umziehen, da das Bauvorhaben seiner neuen Vermieterin noch nicht fertiggestellt ist. Es wird sich aller Voraussicht nach um 6 Monate verzögern. Grund ist zum einen laut Auskunft der neuen Vermieterin die Insolvenz des Rohbauunternehmers, zum anderen eine Bauzeitverzögerung, die sich aus einer Schlechtwetterperiode während des regenreichen Frühjahres dieses Jahres ergeben hat. Wir überreichen hierzu Ablichtung eines Rundschreibens der neuen Vermieterin vom ..... und berufen uns im Übrigen dazu auf

Zeugnis .....

Im Hinblick auf die sich abzeichnende Verzögerung seines Umzuges hat der Kläger zum einen versucht, mit dem Beklagten eine 6-monatige Verlängerung der Mietzeit auszuhandeln, was dieser jedoch ablehnt. Außerdem hat er die Möglichkeiten einer anderweitigen Unterbringung in einer vergleichbaren Einrichtung geprüft. Vergleichbares gibt es jedoch nur in der 50 km entfernten Stadt ..... Dies ist dem inzwischen ..... jährigen Kläger zu weit, da in ..... die Familie seiner einzigen Tochter wohnt, die er häufiger besucht und die ihm in seinem Haushalt gelegentlich zur Hand geht.

Der Beklagte beruft sich zur Begründung seiner weigerlichen Haltung auf Eigenbedarf. Deswegen habe er das Mietverhältnis von vornherein befristet. Er verlangt vom Kläger, dass dieser vorübergehend in die Wohnung seiner Tochter einziehen soll, bis das Wohnheim der .....-GmbH errichtet ist. Um dieser Absicht Nachdruck zu verleihen, hat er seit dem Ende der Mietzeit vor einer Woche die zur Wohnung des Klägers gehörende Heizung abgestellt, so dass dieser seine Wohnung nicht beheizen kann.

Obwohl das Mietverhältnis beendet ist, schuldet der Beklagte die angemessene Beheizung der Wohnung bis zum Auszug des Klägers. Zwar kann dieser Anspruch nicht aus § 535 Abs. 1 BGB abgeleitet werden, die Mietsache in einem zu dem vertragsgemäßen Gebrauch geeigneten Zustand zu erhalten, da zwischen den Parteien nur noch ein gesetzliches Schuldverhältnis besteht.[7] In dessen Rahmen ist jedoch eine Instandhaltungspflicht in Form der Aufrechterhaltung von Mindestbedingungen lebensnotwendiger und am allgemeinen üblichen Standard orientierter Nutzungsmöglichkeiten geschuldet. Dazu gehört auch eine Grundversorgung der Wohnung mit Heizwärme, die ganzjährig zu gewährleisten ist. Dies gilt aber insbesondere für die kalte Jahreszeit, die Anfang Oktober beginnt und bis Ende April des Folgejahres andauern kann (vgl. Schmidt-Futterer/*Eisenschmid* § 535 Rn. 392; MüKoBGB/*Häublein* § 535 Rn. 77). Auch wenn der Mietvertrag Einzelheiten dazu nicht regelt, hat der Kläger Anspruch darauf, dass die Tagestemperaturen zwischen 6.00 Uhr und 23.00 Uhr in Höhe von mindestens 20 °C und während der Nachtzeit im Übrigen von mindestens 16 °C zu gewährleisten sind (vgl. Schmidt-Futterer/*Eisenschmid* § 535 Rn. 394; MüKoBGB/*Häublein* § 535 Rn. 78). Auf ein Zurückbehaltungsrecht wegen des Anspruchs auf Rückgabe der Wohnung kann sich der Beklagte nicht berufen.[8] Die Einstellung der für die Mieträume geschuldeten Beheizung stellt auch nach Beendigung des Mietverhältnisses eine verbotene Eigenmacht des Beklagten dar. Außerdem schließt das Fortbestehen eines gesetzlichen Schuldverhältnisses mit Mindestleistungspflichten ein Zurückbehaltungsrecht denknotwendig aus. Der Kläger zahlt im Übrigen die Miete einschließlich Nebenkosten in unveränderter Höhe weiter, so dass der Beklagte finanzielle Einbußen nicht zu befürchten braucht.[9]

Die Nettomiete beträgt derzeit 400,– EUR monatlich.[3]

Rechtsanwalt

Anmerkungen

1. Zuständigkeit. Gemäß § 23 Nr. 2 a GVG sind die Amtsgerichte ausschließlich für Streitigkeiten über Ansprüche aus einem Mietverhältnis über Wohnraum zuständig. Die ausschließliche örtliche Zuständigkeit ergibt sich aus § 29a Abs. 1 ZPO. Örtlich zuständig ist also das Amtsgericht der belegenen Sache.

2. Verfahrensart. Ausfälle der Heizung werden häufig im Wege der einstweiligen Verfügung verfolgt (→ Form. D. V. 17). Allerdings besteht für eine Klageerhebung dann Raum, wenn ein Verfügungsgrund entfällt. Das ist etwa der Fall, wenn die Außentemperaturen nicht so niedrig sind, dass ein sofortiges Tätigwerden des Gerichts erforderlich ist. Auch kann in einstweiligen Verfügungsverfahren nur ein vorübergehender Zustand geregelt werden. Da im Beispielsfall ein konkreter Zeitpunkt für den Auszug des Klägers noch nicht absehbar ist, könnte das Fehlen einer zeitlichen Befristung im einstweiligen Verfügungsverfahren auf Schwierigkeiten stoßen. Schließlich kommt eine Hauptsacheklage unter den Voraussetzungen des § 926 ZPO in Betracht, wenn der Schuldner bei Gericht den Antrag stellt, binnen einer zu bestimmenden Frist Klage zu erheben.

3. Streitwert. Gemäß § 3 ZPO ist bei einer Klage auf Ermöglichung einer ordnungsgemäßen Beheizung des Mietobjektes der Streitwert zu schätzen. Maßgeblich ist der Betrag, um den der vereinbarte Mietzins mit unzureichender Beheizung gemindert werden könnte, wobei ein Jahresbetrag der möglichen Mietminderung zugrunde zu legen ist (*Grüter*, Streitwerte und Anwaltsgebühren im Mietrecht 2. Aufl. 2011, § 2 Rn. 213; Schneider/*Herget*, Streitwertkommentar für den Zivilprozess, Rn. 3634 ff.; BLAH/*Hartmann* Anh. § 3 Rn. 83; LG Hamburg JurBüro 1994, 116). Das LG Hamburg hat für die mögliche Mietminderung gemäß § 16 GKG a. F. analog, also nunmehr gemäß § 41 GKG analog einen Jahresbetrag angesetzt (so auch unter Berufung auf § 41 Abs. 5 S. 1 2. Alt. GKG *Grüter*, Streitwerte und Anwaltsgebühren im Mietrecht 2. Aufl. 2011, § 2 Rn. 213; Schneider/*Herget*, Streitwert-kommentar für den Zivilprozess Rn. 3634 ff.). Kommt bei einer Monatsmiete von 400,– EUR eine Minderung wegen mangelnder Beheizung der Wohnung von jahresdurch-schnittlich 25 % = 100,– EUR im Monat in Betracht, errechnet sich ein Streitwert von 12 × 100,– EUR = 1200,– EUR (zur Berechnung der Mietminderung bei fehlender Beheizung s. Bub/Treier/*Kraemer*/*Ehlert* III B Rn. 3253). Es empfiehlt sich wegen der Streitwertberech-nung, Angaben zur Höhe der Miete in der Klageschrift zu machen.

4. Antragstellung. Die Klage auf Lieferung von Heizwärme unterliegt der Vollstreckung gemäß §§ 887, 888 ZPO (MAH MietR/*Wiegner* § 39 Rn. 7; OLG Köln ZMR 1994, 325). Der Kläger beansprucht einen Erfolg. Die Bestimmtheit des Antrags und damit auch die Vollstreckbarkeit ist gewahrt, wenn dieser Erfolg festgelegt wird. § 253 Abs. 2 Nr. 2 ZPO wäre deshalb nicht entsprochen, wenn nur beantragt würde, dass der Beklagte dazu ver-urteilt würde, den Heizungsanschluss wieder herzustellen. Der Beklagte kann dann den Weg, wie er bestimmte Temperaturen in der Wohnung durch den Betrieb der Heizungsanlage sicherstellt, selbst bestimmen. Zu den Einzelheiten, die die Anforderungen an die Heizdauer und die zu erzielenden Mindesttemperaturen in Wohnräumen betreffen, → Anm. 7.

5. Vollstreckung. Gemäß § 887 ZPO ist die Handlungsvollstreckung zulässig. Der Titel geht auf Vornahme einer vertretbaren Handlung. Der Kläger muss allerdings einen Voll-streckungsantrag stellen, in dem er die Handlung konkret bezeichnen muss, zu deren Vornahme ihn das Gericht ermächtigen soll. Wenn im Vollstreckungstitel die technischen Mittel nicht angegeben sind, ist streitig, ob im Vollstreckungsantrag nur die Handlung nach Maßgabe des Urteilstenors zu bezeichnen ist (OLG München NJW-RR 1988, 22; OLG Hamm MDR 1984, 591; 1983, 850) oder diese konkret so anzugeben ist, dass deutlich wird, welcher Erfolg bewirkt werden soll (so die h.M. BLAH/*Hartmann* § 887 Rn. 12; Musielak/*Voit* § 887 Rn. 7; differenzierend *Saenger*, ZPO, 6. Aufl. 2015, § 887 Rn. 4: Sei ein bestimmter Handlungserfolg geschuldet, habe der Gläubiger die von dem Schuldner zu ergreifenden Maßnahmen nur zu benennen, wenn streitig ist, welche Maß-nahmen für eine fachkundige Mangelbeseitigung erforderlich sind. OLG Düsseldorf MDR 2002, 1394; OLG Bamberg NJW-RR 2000, 358, 359; OLG Stuttgart NJW-RR 1999, 792). Erforderlich ist ferner, dass der Gläubiger zumindest schlüssig behauptet, der Schuldner habe seit Eintritt der Vollstreckbarkeit ausreichend Zeit gehabt, die titulierte Leistung zu erbringen, die Erfüllung jedoch ganz oder teilweise verweigert (BLAH/*Hart-mann* § 887 Rn. 4; Thomas/Putzo/*Putzo* § 887 Rn. 4). Wird dem Vollstreckungsantrag entsprochen, kann der Kläger im Wege der Ersatzvornahme die Wiederinbetriebnahme der Wohnungsheizung selbst vornehmen lassen und die Kosten bei dem Beklagten vollstre-cken. Formulierungsvorschläge für die Zwangsvollstreckung zur Erwirkung von Hand-lungen oder Unterlassungen sind nachlesbar bei MAH MietR/*Wiegner* § 39 Rn. 3, 5.

6. Antrag auf Erteilung einer vollstreckbaren Ausfertigung des Urteils nebst Zustellungs-bescheinigung. Die Erteilung der vollstreckbaren Ausfertigung des Urteils erfolgt nicht von Amts wegen, sondern nur auf Antrag (Zöller/*Stöber* § 724 Rn. 8). Der Antrag dient dazu, die Zwangsvollstreckung zu beschleunigen. Mit der von Amts wegen vorgenommen Zustellung des Titels sind zudem die Voraussetzungen für eine Zwangsvollstreckung in der Regel erfüllt.

7. Anspruch auf **Lieferung von Wasser, Strom, Heizenergie** und **Entsorgung** nach Beendigung des Mietverhältnisses. Der Anspruch auf Lieferung von Wasser, Strom, Heiz-energie und Entsorgung nach Beendigung des Mietverhältnisses kann nicht mehr aus § 535 Abs. 1 BGB, sondern nur als eigenständiger schuldrechtlicher Anspruch aus einem Abwick-lungsverhältnis mit nachvertraglichen Rechten und Pflichten abgeleitet werden, welches sich inhaltlich am bisherigen Mietverhältnis ausrichtet (Schmidt-Futterer/*Eisenschmid*

§ 535 Rn. 390; *Sternel,* Mietrecht Aktuell, 4. Aufl. 2009, VII Rn. 215 ff.; OLG Rostock MDR 2007, 1249; OLG Celle NZM 2005, 741). Dogmatisch wird die Unterbrechung der Versorgung als verbotene Eigenmacht behandelt (OLG Rostock MDR 2007, 1249; OLG Celle NZM 2005, 741). Diese Auffassung ist aber hoch umstritten (verbotene Eigenmacht verneinend KG NZM 2007, 923). Zum Teil wird dahin differenziert, ob das Mietverhältnis durch fristlose Kündigung beendet worden ist. Ist die Kündigung berechtigt, wird die Liefersperre nicht mehr als verbotene Eigenmacht angesehen (*Sternel,* Mietrecht Aktuell, 4. Aufl. 2009, VII Rn. 217; KG NZM 2007, 923; KG NZM 2005, 65). Ferner wird die Auffassung vertreten, dass jedenfalls bei erheblichen Zahlungsrückständen die Wärmeversorgung eingestellt werden darf. Erheblich ist ein Zahlungsrückstand, der die fristlose Kündigung rechtfertigt (MüKoBGB/*Häublein* § 535 Rn. 81).

Der BGH hat jedenfalls für die Gewerberaummiete eine Verpflichtung des Vermieters zur Versorgungsleistung grundsätzlich verneint (BGH NJW 2009, 1947). Eine nachvertragliche Pflicht zur Versorgung des Mieters mit Heizenergie sieht er nicht. Das Bestehen nachvertraglicher Pflichten hat er allerdings für die Wohnraummiete ausdrücklich offen gelassen und diese ggf. für besondere Belange des Mieters (zum Beispiel Gesundheitsgefährdung oder etwa durch eine Versorgungssperre drohender, besonders hoher Schaden) bejaht. Der für Wohnraummietrecht zuständige VIII. Senat des BGH hat sich zu dieser Frage noch nicht geäußert. Für das Wohnungseigentumsrecht hat der BGH ebenfalls Versorgungssperren bejaht (BGH MDR 2005, 1279; OLG Frankfurt a. M. NZM 2006, 869, 870). Tendenziell ist daher in der höchstrichterlichen Rechtsprechung ein Abrücken von der bisher mieterfreundlichen Rechtsprechung zu beobachten. Das Klagebeispiel ist jedoch so gewählt, dass ein Anspruch auf Versorgung mit Heizenergie auch noch nach Vertragsende besteht. Der Kläger ist nicht in Zahlungsrückstand geraten. Es besteht kein Räumungstitel. Die Dauer seines Verbleibens in der Wohnung liegt innerhalb der Räumungsfrist des § 721 Abs. 5 ZPO. Hinzu kommt der soziale Aspekt des Alters des Klägers. Ob der vom Beklagten ins Feld geführte Gesichtspunkt des Eigenbedarfs ein höherrangiges Interesse begründet, wäre zwar im Einzelfall nicht auszuschließen, ist hier aber nicht hinreichend vertieft (zum Ganzen Schmidt-Futterer/*Streyl* § 546 Rn. 116 ff.).

Eine vollumfängliche Beheizung ist, was die Anforderungen an die Heizdauer und die zu erzielenden Mindesttemperaturen in Wohnräumen angeht, im Einzelnen streitig. Hinsichtlich der Heizperiode schwanken die Auffassungen zwischen dem 1.10. und 30.4. (Bub/Treier/*Bub* II Rn. 1400; *Sternel,* Mietrecht Aktuell, 4. Aufl. 2005, VII Rn. 198) und einer ganzjährigen Heizpflicht des Vermieters (Schmidt-Futterer/*Eisenschmid* § 535 Rn. 392; MüKo BLB/*Häublein* § 535 Rn. 77). Die Abgrenzung zwischen Tages- und Nachtzeit schwankt zwischen 6.00 Uhr bis 7.00 Uhr morgens und 22.00 Uhr bis 24.00 Uhr abends (wegen der Einzelheiten s. Bub/Treier/*Bub* II Rn. 1402). Hinsichtlich der geforderten Temperaturen wird teilweise nach der Nutzung der jeweiligen Räume unterschieden. Die geforderten Tagestemperaturen liegen bei mindestens 20 °C bis zu 22 °C, die zur Nachtzeit geforderten Temperaturen zwischen 16 °C und 17 °C (Schmidt-Futterer/*Eisenschmid* § 535 Rn. 394 f.; Bub/Treier/*Bub* II Rn. 1402; MüKo BLB/*Häublein* § 535 Rn. 78). Als Grundlage wird teilweise auf die DIN 4701 verwiesen (MüKo BLB/*Häublein* § 535 Rn. 78: Danach sind 20°C in Wohn- und Schlafräumen und in Küchen, 15 °C in Fluren und 22 °C in Bädern ausreichend). Angesichts gestiegener Mieten und einer damit einhergehenden Steigerung des Wohnkomforts ist inzwischen von höheren Anforderungen auszugehen (indessen hat der BGH in seiner Entscheidung NJW 1991, 1750, 1753 offengelassen, ob eine Temperatur von 20 °C zeitgemäßem Wohnstandard entspricht).

8. Rückgabeanspruch kein Zurückbehaltungsgrund. Der Rückgabeanspruch des § 546 Abs. 1 BGB begründet kein Zurückbehaltungsrecht bezüglich des Anspruchs auf Versorgung einer Wohnung mit Grundenergien. Es gilt prinzipiell dasselbe wie beim bestehenden Mietverhältnis (dazu Bub/Treier/*Kraemer*/*Schüller* III B Rn. 3098). Liegen die Voraussetzungen einer Liefersperre nicht vor, stellt die Zurückbehaltung von Wasser, Wärme oder Elektrizität eine verbotene Eigenmacht dar. Zurückbehaltungsrechte gemäß §§ 273, 320 BGB scheiden auch deshalb aus, weil die vorenthaltene Versorgungsleistung nicht mehr nachholbar ist (Bub/Treier/*Kraemer/Schüller* III B Rn. 3098 f.). Die Vorenthaltung der Mietsache löst das schuldrechtliche Abwicklungsverhältnis erst aus und vermag deshalb nicht, Erfüllungsansprüche des Mieters zu blockieren.

9. Voraussetzungen der **Fortsetzung des Mietgebrauchs.** Da gemäß § 546a Abs. 1 BGB bei Vorenthaltung der Mietsache statt Miete weiterhin Nutzungsentschädigung in voller Höhe einschließlich der Nebenkostenvorauszahlungen geschuldet ist, ist der Hinweis auf die Fortzahlung der Miete an sich überflüssig. Ebenso bedarf es an sich keiner Ausführungen zu den Gründen, warum der Mieter die Mietsache trotz Beendigung des Mietverhältnisses noch nicht zurückgegeben hat. Andererseits sollte auch dann, wenn bei einem Wohnraummietverhältnis eine Räumungsklage noch nicht anhängig ist, zu den Voraussetzungen vorgetragen werden, die eine Räumungsfrist gemäß § 721 ZPO begründen würden (BGH NJW 2009, 1947 für den Fall der Gewährung einer Räumungsfrist nach §§ 721, 765 a, 794 a ZPO. Zum Ganzen ausführlich *Scheidacker* NZM 2010, 103). Denn zum Teil wird die Notwendigkeit der Zurverfügungstellung von Wasser, Strom, Heizung und Entsorgungsmöglichkeiten darauf gestützt, dass das Benutzungsverhältnis zumindest eine gesetzliche Legitimation aufweist; und sei es nur diejenige einer Räumungsfrist gemäß § 721 ZPO (*Müller* MDR 1971, 253).

Baukostenzuschüsse

21. Klage auf Ersatz eines verlorenen Baukostenzuschusses (Gewerberaum)

An das

Landgericht . . . . .[1]

Klage

der Fa . . . . . . GmbH, vertreten durch die Geschäftsführerin . . . . .

– Klägerin –

Prozessbevollmächtigter: Rechtsanwalt . . . . .

gegen

die Fa . . . . . . KG, vertreten durch den persönlich haftenden Gesellschafter . . . . .

– Beklagte –

wegen ungerechtfertigter Bereicherung

vorläufiger Streitwert: . . . . . EUR

Namens und in Vollmacht der Klägerin erhebe ich Klage mit dem Antrag,

1. den Beklagten zu verurteilen, an die Kläger . . . . . EUR nebst Zinsen in Höhe von 9 Prozentpunkten über dem jeweiligen Basiszinssatz nach § 247 BGB seit Rechtshängigkeit zu zahlen,[2]
2. im Falle der Anordnung des schriftlichen Vorverfahrens bei Vorliegen der Voraussetzungen Versäumnisurteil gemäß § 331 Abs. 3 ZPO zu erlassen.

Begründung:

Mit schriftlichem Mietvertrag vom . . . . . mietete die Klägerin von der Beklagten Geschäftsräume in . . . . , ...-straße . . . . . zum Betrieb einer Boutique für Damenmode im „Modecenter Chic" an.

Das Mietverhältnis begann am . . . . . und war gemäß § . . . . . des Mietvertrags zunächst auf 10 Jahre befristet. Aufgrund einer in § . . . . . des Mietvertrags zugunsten der Klägerin geregelten Verlängerungsoption konnte sich die Mietzeit um zweimal 5 Jahre verlängern.

Die monatliche Miete betrug . . . . . EUR zuzüglich der jeweils geltenden gesetzlichen Umsatzsteuer.

Beweis: anliegende Kopie des Mietvertrages

Bei dem Mietobjekt handelte es sich um einen Neubau. Die Mieträume wurden zum ersten Mal vermietet. Die Beklagte hatte in Inseraten um Mietinteressenten für ein „exklusives Modecenter" geworben.

Beweis: anliegende Kopie des Zeitungsinserats . . . . .

Die Vermietung der anderen drei Gewerbeobjekte erfolgte an einen Herrenausstatter, eine Lederboutique und ein Ladenlokal für Dessous und Bademoden.

Schon im Zuge der Bauphase hatten die Vertragsparteien über die bauliche Ausstattung des Ladenlokals verhandelt. Die Beklagte fand sich bereit, bestimmte Verbesserungs- und Ausstattungswünsche der Klägerin zu berücksichtigen.

Die Regelung in § . . . . . des Mietvertrags knüpft hieran an. Sie lautet wie folgt:

„(1) Die Vermieterin hat bei der Errichtung des Mietobjekts Sonderwünsche der Mieterin berücksichtigt, um die langfristige Anmietung in einem exklusiven Ambiente zu fördern. In diesem Rahmen sind folgende bauliche Änderungen vorgenommen worden:
die Installation einer Klima- und Entlüftungsanlage,
die Herstellung eines hochwertigen Marmorbodens,
die Vergrößerung des Schaufensters auf eine Länge von . . . . . m,
. . . . .
(2) Für die der Vermieterin infolge der vorgenommenen Änderungen bei Planung und Bauausführung entstandenen Kosten zahlt die Mieterin an die Vermieterin zusätzlich zu der vertraglich geschuldeten Miete bis zum . . . . . einen einmaligen pauschalen Zuschuss in Höhe von . . . . . EUR. Dieser Zuschuss steht der Vermieterin auch im Falle einer vorzeitigen Beendigung des Mietverhältnisses zu."

Beweis: anliegende Fotokopie des Mietvertrages

Die Zahlung des vertraglich vorgesehenen Zuschusses hat die Klägerin am . . . . . geleistet.

Beweis: anliegende Fotokopie des Überweisungsträgers/der Quittung

Bereits im Verlauf des ersten Mietjahres zogen der Herrenausstatter und die Lederboutique aus dem Center aus. Diese beiden Ladengeschäfte wurden an einen Sexshop und an einen Schnellimbiss vermietet. Das Objekt verlor dadurch völlig seinen Charakter als exklusives Modecenter. Die Attraktivität des Geschäftsumfelds ging dadurch verloren. Das Kundeninteresse ließ drastisch nach. Da die Beklagte sich ausdrücklich weigerte, für eine Geschäftsausrichtung zu sorgen, die einem Modecenter entspricht, erklärte die Klägerin mit Schreiben vom . . . . . die außerordentliche fristlose Kündigung des Mietverhältnisses zum . . . . .

Beweis: anliegende Kopie des Kündigungsschreibens

Der Klägerin steht hinsichtlich des von ihr geleisteten Baukostenzuschusses ein Bereicherungsanspruch gemäß § 812 Abs. 1 S. 2 BGB zu, weil sich der mit der Leistung des Zuschusses verfolgte Zweck nicht verwirklicht hat.[3]

Die Klägerin hat den Zuschuss in der Erwartung erbracht, jedenfalls während der vorgesehenen festen Mietdauer von 10 Jahren in dem Objekt ihr Ladenlokal betreiben zu können.

Vorgerichtlich hat die Beklagte auf die vertragliche Regelung verwiesen, wonach ihr der Zuschuss auch im Falle vorzeitiger Beendigung des Mietverhältnisses zustehen solle. Auf diese Regelung kann sich die Beklagte jedoch nicht berufen, weil sie die vorzeitige Beendigung des Mietverhältnisses schuldhaft verursacht hat.[4]

Die durch den Baukostenzuschuss ausgeglichenen baulichen Maßnahmen haben zu einer Steigerung des Ertragswerts für das Mietobjekt geführt.[5]

Der Ertragswert für das Objekt beläuft sich nach dem beigefügten Gutachten des Sachverständigen . . . . . auf . . . . . EUR und würde sich ohne die von der Klägerin bezuschussten Investitionen auf . . . . . EUR belaufen. Die vom Beklagten zu erstattende Ertragswertsteigerung beläuft sich unter Berücksichtigung einer Abzinsung nach § 17 ImmoWertV und einer restlichen Nutzungsdauer von . . . . . Jahren auf . . . . . EUR.[5]

Beweis: anliegende Kopie des Privatgutachtens,
            Sachverständigengutachten.

Bei einer festen Mindestmietdauer von 10 Jahren (120 Monate) entspricht die aufgezeigte Ertragswertsteigerung einem monatlichen Anteil von . . . . . EUR (Ertragswertsteigerung : 120 = mtl. Anteil). Die tatsächliche Mietdauer belief sich jedoch lediglich auf . . . . Monate, weshalb die Klägerin auch nur in Höhe eines Betrags von . . . . . EUR (mtl. Anteil × Monate Mietzeit) Nutznießerin der durch den Zuschuss ermöglichten Vorteile war. Den Differenzbetrag zur Gesamtwertsteigerung in Höhe von . . . . . EUR macht die Klägerin mit ihrer Klage geltend.

Rechtsanwalt

Anmerkungen

1. Zu der (vom Streitwert abhängigen) sachlichen Zuständigkeit des Landgerichts vgl. § 71 Abs. 1 GVG iVm § 23 GVG. Die örtliche Zuständigkeit ergibt sich aus § 29a ZPO.

2. Zur Geltendmachung eines in einem Zuge eingeklagten Bereicherungsausgleichs → Anm. 5 sowie die → Form. C. III. 11, → Form. C. III. 12.

Im **unternehmerischen Bereich** erhöht sich der **Zinssatz** gemäß **§ 288 Abs. 2 BGB** auf 9 % über dem Basiszins, wenn es sich um eine Entgeltforderung handelt. Dies wird bei Bereicherungsansprüchen, die eine Vorausleistung im Rahmen des mietvertraglichen Leistungsaustausches betreffen, befürwortet (vgl. Palandt/*Heinrichs* § 286 Rn. 27; → Form. C. III. 15 Anm. 2).

3. Von einem **verlorenen Baukostenzuschuss** spricht man, wenn eine Erstattung der Aufwendungen oder eine Verrechnung mit der Miete („**abwohnbarer**" **Baukostenzuschuss**) nicht vereinbart ist (vgl. BGH Urt. v. 7.7.2010 – VIII ZR 315/09, NZM 2010, 735). Dem Beispielsfall liegt ein solcher Zuschuss zugrunde.

Die Differenzierung zwischen „verloren" und „abwohnbar" bedeutet aber nicht, dass der verlorene Zuschuss nicht mit dem Aspekt des Abwohnens in Zusammenhang stünde (vgl. MüKo/*Bieber* § 547 Rn. 19). Es fehlt dann insoweit nur an einer ausdrücklichen Vereinbarung über die Modalitäten (Verrechnung) des Abwohnens. Ein **verlorener Baukostenzuschuss** ist eine neben der Miete vereinbarte **Sonderleistung des Mieters,** die typischerweise für den Abschluss eines langfristigen Mietvertrages verabredet wird. Es handelt sich zumeist um einen Ausgleich für diejenigen Kosten, die für die Herstellung der vermieteten Räumlichkeiten aufzuwenden waren, und zwar zugeschnitten auf die Eignung der Mietsache für den vertraglich vorgesehenen Zweck und nach den konkreten Vorstellungen des Mieters, ohne dass eine Abrechnungsverpflichtung des Vermieters über die Baukosten besteht (vgl. BGH Urt. v. 10.10.1984 – VIII ZR 152/83, NJW 1985, 313; OLG Dresden Beschl. v. 15.7.2014 – 5 U 52/14, ZMR 2015, 120). Im Gewerberaummietrecht sind Baukostenzuschüsse noch häufiger praxisrelevant, wenn gewerbliche Mietobjekte in Absprache mit dem Mieter und nach dessen Wünschen und Bedürfnissen hergestellt (neu errichtet) und ausgestattet werden.

Ein verlorener Baukostenzuschuss kann außer in Geldzahlungen auch in **Arbeits- oder Sachleistungen des Mieters** bestehen, die vereinbarungsgemäß erbracht werden, ohne dass der Vermieter die Erstattung (Bezahlung) solcher Leistungen schuldet (vgl. BGH Urt. v. 25.11.2015 – XII ZR 114/14, NSW BGB § 242 Ca [BGH-intern] Anm. *Börstinghaus* jurisPR-BGHZivilR 1/2016 Anm. 1). Berücksichtigungsfähig ist alles, was bei wirtschaftlicher Betrachtung als (vorausbezahlte) Miete oder als sonstiger, etwa in Eigenleistungen bestehender Beitrag, und sei es auch nur mittelbar an Werterhöhendem zur Schaffung oder Instandsetzung des Mietgrundstücks erbracht worden ist (vgl. BGH Urt. v. 15.2.2012 – VIII ZR 166/10, NJW-RR 2012, 525 mwN).

Bei **Gewerberaum** ist die Vereinbarung eines verlorenen Baukostenzuschusses ohne weiteres zulässig, zumal es sich in aller Regel um Individualvereinbarungen handeln dürfte (zur Schriftform iRv § 550 BGB vgl. BGH Urt. v. 25.11.2015 – XII ZR 114/14, NSW BGB § 242 Ca [BGH-intern]; für die Wohnraummiete → Form. C. III. 23).

Abzugrenzen ist der Baukostenzuschuss von monatlichen **Zins- und Tilgungsleistungen,** welche der Mieter (anstelle des Vermieters) für das Mietobjekt an ein finanzierendes Kreditinstitut zu leisten hat und die auf die jeweilige Mietzinsforderung anzurechnen sind. Dann soll es sich um eine Vorausverfügung über den Mietzins handeln, die einem Zwangsverwalter gegenüber nur nach Maßgabe des § 1124 Abs. 2 BGB wirksam ist (vgl. OLG Frankfurt Urt. v. 23.3.2012 – 2 U 143/11, ZfIR 2012, 335; zum Baukostenzuschuss im Rahmen der Insolvenzverwaltung vgl. *Dötsch* NZI 2009, 713).

Die Vereinbarung eines verlorenen Baukostenzuschusses steht regelmäßig in Beziehung zur vertraglichen Mietzeit. Der Mieter, der einen Baukostenzuschuss wegen **vorzeitiger Beendigung eines langfristig konzipierten Mietvertrages** noch nicht abgenutzt (abgewohnt) hat, kann grundsätzlich einen Bereicherungsanspruch aus § 812 Abs. 1 S. 2, 1. Alt. BGB geltend machen, denn der rechtliche Grund der für die Zeit nach der Beendigung des Mietverhältnisses erbrachten Leistung ist weggefallen (vgl. BGH Urt. v. 25.11.2015 – XII ZR 114/14, NSW BGB § 242 Ca [BGH-intern]; → Anm. 4). Wenn der mit der Hingabe des verlorenen Baukostenzuschusses erstrebte Erfolg sich infolge der vorzeitigen Beendigung des Mietverhältnisses nicht voll verwirklicht hat, ist auf Seiten des Mieters ein Vermögensverlust in Gestalt des vorzeitig eingetretenen Wegfalls der Nutzungsmöglichkeit entstanden und dem Vermieter eine vorzeitige Nutzungsmöglichkeit als Vermögenszuwachs (Bereicherung) zugefallen.

4. Der Bereicherungsausgleich nach § 812 Abs. 1 S. 2, 1. Alt. BGB richtet sich gegen den Vermieter.

Nach erfolgter **Veräußerung oder Zwangsversteigerung** ist nach der neueren Rechtsprechung des BGH der **Erwerber** bzw. **Ersteigerer** anspruchsverpflichtet, weil er in den Genuss der Bereicherung gekommen ist (vgl. BGH Urt. v. 16.9.2009 – XII ZR 73/07, BeckRS 2009, 26988; v. 20.5.2009 – XII ZR 66/07, NJW 2009, 2374; OLG Saarbrücken Urt.l v. 15.5.2013 – 2 U 7/13, ZMR 2014, 35).

Ein Bereicherungsausgleich findet grundsätzlich dann nicht statt, wenn die Parteien eine ausdrückliche vertragliche Regelung dahin getroffen haben, dass selbst bei vorzeitiger Beendigung des Mietverhältnisses kein Bereicherungsausgleich erfolgen soll (vgl. BGH Urt. v. 22.5.1968 – VIII ZR 69/66, NJW 1968, 1625 mwN). Wenn der Mieter auf eigene Kosten und im eigenen Interesse tätig werden sollte, kann aufgrund **ergänzender Vertragsauslegung** ein vertraglicher Ausschluss von Wertersatzansprüchen für Maßnahmen des Mieters anzunehmen sein (vgl. BGH Urt. v. 13.6.2007 – VIII ZR 387/04, NJW-RR 2007, 1309; OLG Düsseldorf Urt. v. 19.10.2009 – I-24 U 58/09, ZMR 2010, 679).

Auf einen solchen Ausschluss oder Verzicht kann sich der Vermieter gemäß § 242 BGB aber dann nicht berufen, wenn er zurechenbare Gründe für eine **außerordentliche fristlose Kündigung des Mieters** zu vertreten hat (vgl. OLG Düsseldorf Urt. v. 10.2.1994 – 10 U 50/93, ZMR 1994, 402). Einen vertraglichen Ausschluss hat aber selbst für diesen Fall das OLG Karlsruhe angenommen (vgl. Urt. v. 31.10.1985 – 15 U 129/84, NJW-RR 1986, 1394), dies aber wohl in zu weiter Anwendung der BGH-Rechtsprechung (vgl. BGH Urt. v. 12.2.1959 – VIII ZR 54/58, BGHZ 29, 289 = WM 1959, 543), die gerade darauf abstellt, dass ein Ausschluss von Erstattungsansprüchen nur unter engen Voraussetzungen für den Fall der außerordentlichen Kündigung anzunehmen ist. Für den Beispielsfall wird von einer Konstellation ausgegangen, bei der dem Mieter kein Ausschluss von Erstattungsansprüchen entgegen gehalten werden kann, weil der Vermieter schuldhaft die vorzeitige Auflösung des Mietverhältnisses herbeigeführt hat.

Dem Umfang nach bemisst sich die Bereicherung nicht nach den Kosten der getätigten Verwendungen oder der dadurch geschaffenen objektiven Wertsteigerung des Bauwerks, sondern nach den Vorteilen, die der Vermieter aus dem erhöhten objektiven **Ertragswert** der Mietsache tatsächlich erzielen kann oder hätte erzielen können. Anhaltspunkt dafür ist in erster Linie die Zahlung eines höheren Mietzinses durch einen Nachmieter oder eine sonstige gewinnbringende Nutzung durch den Vermieter (vgl. BGH Urt. v. 16.9.2009 – XII ZR 72/07, ZMR 2010, 104; BGH Beschl. v. 26.7.2006 – XII ZR 46/05, Grundeigentum 2006, 1224; Urt. v. 16.9.1998 – XII ZR 136/96, NZM 1999, 19; OLG Rostock Beschl. v. 24.2.2005 – 3 U 187/04, NZM 2005, 666; begrifflich wenig konkret ist die Entscheidung des BGH Beschl. v. 16.12.2008 – VIII ZR 306/06, die auf den Verkehrswert abstellt und die Wahl der Wertermittlungsmethode offen lässt).

Wenn die vom Mieter durch einen Baukostenzuschuss „finanzierten" Maßnahmen allein den Zweck hatten, dem persönlichen Mietgebrauch des konkreten Mieters oder nur dessen subjektiven Gestaltungsvorstellungen zu dienen, ohne eine objektive Ertragswertsteigerung zu bewirken, scheidet mithin ein Bereicherungsausgleich aus. Die bereicherungsrechtliche Orientierung am Ertragswert bewirkt also gegenüber dem Aufwendungsersatz (→ Form. C. III. 8) oft eine Anspruchsbeschränkung.

Entgegen einer verbreiteten Auffassung (vgl. etwa OLG Düsseldorf Urt. v. 19.4.2007 – I-10 U 122/06, NZM 2007, 643, mwN) kann der Vermieter, der das Mietobjekt zu einem höheren Gesamtpreis neu vermietet oder neu vermieten könnte, die Höhe der Bereicherung nicht allein nach Maßgabe der sukzessiven monatlichen Mietfälligkeit im Rahmen eines Nachfolgemietverhältnisses bemessen. Der Bereicherungsanspruch ist also nicht zwingend – ratenmäßig – auf zukünftig fällig werdende laufende Zahlungen in Höhe und nach Fälligkeit des zusätzlich zu erwirtschaftenden Entgelts gerichtet. Wenn nach den Objekt- und Marktgegebenheiten von der Möglichkeit einer Neuvermietung auszugehen ist, die dem Zuschnitt und der Ausstattung des Mietobjekts wirtschaftlich Rechnung trägt, kann der Mieter den Bereicherungsanspruch auch in einem Zuge mit einem **einheitlichen Leistungsantrag** geltend machen und ist nicht auf eine ratenweise Klage auf künftige Leistung entsprechend den sukzessive fällig werden Mietforderungen gegenüber dem Nachmieter angewiesen. Dann kann der Mieter bei vorzeitiger Beendigung eines auf längere Zeit geschlossenen Mietvertrages (auch) die sofortige Rückzahlung in Höhe des nicht abgewohnten Teils des Zuschusses verlangen (vgl. BGH Urt. v. 5.10.2005 – XII ZR 43/02, NZM 2006, 15). Ein solcher **einheitlicher Bereicherungsausgleich** hat den ganz gewichtigen Vorteil, dass er (auch prozessual) in einem Zuge erledigt und sodann vollstreckt werden kann und sich insbesondere nicht die Problematik eröffnet, für wie lange der Mieter zukünftige Erstattungsleistungen verlangen kann.

Die **rechnerische Bemessung** des Bereicherungsausgleichs nach der sog. **Ertragswertmethode** geschieht wie folgt:

Anzuknüpfen ist an die vom Mieter getragenen Umbauinvestitionen und und an die dadurch herbeigeführte Ertragswertsteigerung (vgl. BGH Urt. v. 5.10.2005 – XII ZR 43/02, NZM 2006, 15). Dabei ist auch zu berücksichtigen, ob dem Mieter bereits zu Beginn des Mietverhältnisses wegen der Bauinvestitionen ein Nachlass gewährt wurde, der den zu zahlenden Bereicherungsausgleich mindert (vgl. BGH Urt. v. 5.10.2005 – XII ZR 43/02, NZM 2006, 15).

Hinsichtlich der danach verbleibenden Ertragswertsteigerung ist die verbleibende **Restnutzungsdauer** zu ermitteln, innerhalb derer sich ein erhöhter Ertrag realisieren kann (vgl. BGH Urt. v. 5.10.2005 – XII ZR 43/02, NZM 2006, 15). Bei einem einheitlichen Ausgleichsanspruch, der auf sofortige Zahlung gerichtet ist, muss der Erstattungsbetrag unter dem Gesichtspunkt der **Abzinsung** ermittelt werden, und zwar früher gemäß § 16 der Wertermittlungsverordnung (WertV) vom 6.12.1998 (BGBl. I 2209) und nunmehr gemäß § 17 ImmoWertV, die seit dem 1.7.2010 gilt. Die Abzinsung ist erforderlich, weil der einheitliche und sofort geltend gemachte Bereicherungsanspruch die höheren Ertragserwartungen noch vor ihrer Realisierung („auf einen Schlag") zum Ausgleich stellt.

Die Abzinsung erfolgt mit folgenden Vorgaben:

Im Ertragswertverfahren wird der Ertragswert auf der Grundlage marktüblich erzielbarer Erträge ermittelt. Soweit die Ertragsverhältnisse absehbar wesentlichen Veränderungen unterliegen oder wesentlich von den marktüblich erzielbaren Erträgen abweichen, kann der Ertragswert auch auf der Grundlage periodisch unterschiedlicher Erträge ermittelt werden (§ 17 Abs. 1 ImmoWertV).

Der Ertragswert wird ermittelt aus dem nach § 16 ImmoWertV ermittelten Bodenwert und dem um den Betrag der angemessenen Verzinsung des Bodenwerts verminderten und sodann kapitalisierten Reinertrag (§ 18 Absatz 1 ImmoWertV) oder aus dem nach § 20 ImmoWertV kapitalisierten Reinertrag (§ 18 Absatz 1 ImmoWertV) und dem nach § 16 ImmoWertV ermittelten Bodenwert, der grundsätzlich nach § 20 ImmoWertV abzuzinsen ist (vereinfachtes Ertragswertverfahren, vgl. § 17 Abs. 2 ImmoWertV).

Die prozessuale Umsetzung dieser komplexen Bewertungsgrundsätze wird in der Regel die vorprozessuale Einholung eines **Sachverständigengutachtens** unumgänglich machen, denn ansonsten kann der Klageantrag nicht hinreichend sicher beziffert werden. Dies bedingt entsprechende Kosten, deren Veranlassung sich der Mieter gut überlegen sollte. Selbst aufwändige Investitionen indizieren keineswegs eine erhebliche Ertragswertsteigerung (vgl. *Derleder* WuM 2006, 175), wenn sie weitgehend ertragsneutral sind. Das kann namentlich für solche Investitionen gelten, die – an den Marktgegebenheiten vorbei – allein den speziellen Gebrauchsinteressen des investierenden Mieters dienten.

Insolvenz

5. *Wolf/Eckert/Ball* erheben bei der Berücksichtigung angeblich vom Mieter geleisteter Baukostenzuschüsse im **Insolvenzverfahren** des Vermieters Bedenken: Es sei nicht zu rechtfertigen, den dinglich nicht abgesicherten Mieter gegenüber dinglich gesicherten Gläubigern zu bevorzugen. Gegen die Wirksamkeit von Baukostenzuschüssen als Vorausleistung zulasten der Masse wird eingewandt, der Gesetzgeber habe die Ablösung der Konkursordnung durch die Insolvenzordnung nicht zum Anlass genommen, die frühere Rechtsprechung zu § 21 Abs. 2 und 3 KO zu kodifizieren. Daher sei von einem bewussten Schweigen auszugehen (*Wolf/Eckert/Ball* Rn. 1525 unter Bezugnahme auf OLG Schleswig, ZInsO 2001, 239). Möchte der Insolvenzverwalter eines Mieters Entschädigungen wegen angeblicher Investitionen in die Mietsache zur Masse ziehen, muss er darlegen und beweisen, dass die Investitionen aus dem Vermögen der Mieterin stammen (BGH Grundeigentum 2012, 544 (545).

Der Zwangsverwalter muss sich etwaige Baukostenzuschüsse entgegenhalten lassen, sofern die Voraussetzungen für die Ausnahme von der Regel des § 1124 BGB gegeben sind (BGH vom 15.2.2012 – VIII ZR 166/10, NZM 2012, 301). In der Zwangsversteigerung kann der Mieter versuchen, die Anordnung abweichender Versteigerungsbedingungen gemäß § 59 ZVG zu erreichen und so die Ausübung des Sonderkündigungsrechts des Erstehers bis zum Ende der „Abwohnzeit" hinauszuzögern. Der Ersteher ist bei vorzeitiger Beendigung des Mietvertrags für die hier im Formular verlangte Zahlung passiv legitimiert.

22. Klage auf Ersatz eines dem Vormieter erstatteten verlorenen Baukostenzuschusses (Wohnraum)

An das

Amtsgericht . . . . .[1]

Klage

des Herrn . . . . .

– Kläger –

Prozessbevollmächtigter: Rechtsanwalt . . . . .

gegen

Herrn . . . . .

– Beklagter –

wegen Erstattung eines Baukostenzuschusses

vorläufiger Streitwert: . . . . . EUR

Namens und in Vollmacht des Klägers erhebe ich Klage mit dem Antrag,

den Beklagten zu verurteilen,

1. an den Kläger . . . . . EUR nebst Zinsen in Höhe von 5 Prozentpunkten über dem jeweiligen Basiszinssatz nach § 247 BGB seit dem . . . . . zu zahlen,
2. im Falle der Anordnung des schriftlichen Vorverfahrens bei Vorliegen der gesetzlichen Voraussetzungen Versäumnisurteil gemäß § 331 Abs. 3 ZPO zu erlassen.

Begründung:

Mit schriftlichem Mietvertrag vom . . . . . mietete der Zeuge . . . . . vom Beklagten die Wohnung im 1. Obergeschoss links des Hauses . . . . .-Straße . . . . . in . . . . . an.

Das Mietverhältnis sollte gemäß § . . . . . des Mietvertrags am . . . . . beginnen.

Die monatliche Miete sollte gemäß § . . . . . des Mietvertrags . . . . . EUR betragen.

Beweis: anliegende Kopie des Mietvertrags,
       Zeugnis des Herrn . . . . .

Bei dem Mietobjekt handelte es sich um einen Neubau. Die Mieträume wurden zum ersten Mal vermietet. Auf Wunsch des Zeugen . . . . . stattete der Beklagte die Wohnung mit einer Einbauküche und mit einem Parkettboden aus, wofür der Zeuge vereinbarungsgemäß einen Zuschuss von . . . . . EUR an den Beklagten leistete.[2]

Beweis: Zeugnis des . . . . .

Zum Bezug der Wohnung durch den Zeugen . . . . . kam es jedoch nicht, weil er aus beruflichen Gründen ins Ausland ziehen musste. Er kam mit dem Beklagten überein, dass er einen Ersatzmieter stellen durfte und fand diesen in der Person des Klägers.

Am . . . . . kam es zwischen den ursprünglichen Mietvertragsparteien und dem Kläger zu folgender schriftlichen Vereinbarung:

„(1) Herr . . . . . (Mieter) hat mit Vertrag vom . . . . . die Wohnung im 1. Obergeschoss links des Hauses . . . . .-Straße . . . . . in . . . . . angemietet. Der bezeichnete Mietvertrag ist dieser Vereinbarung beigeheftet. Der Mieter . . . . . kann die Wohnung aus beruflichen Gründen nicht beziehen.
(2) Anstelle des Mieters tritt Herr . . . . . mit Wirkung ab dem . . . . . als Ersatzmieter in den Mietvertrag ein.
(3) Der Ersatzmieter erstattet dem Mieter die an den Vermieter für die Installation einer Einbauküche und des Parkettbodens geleistete Zahlung von . . . . ."

Beweis: anliegende Fotokopie der Vereinbarung vom . . . . .

Diese in Ziff. (3) geregelte Zahlung hat der Kläger noch am selben Tage geleistet.

Beweis: anliegende Kopie der Quittung vom . . . . .

Mit Schreiben vom . . . . . hat der Beklagte das Mietverhältnis wegen Eigenbedarfs nach § 573 Abs. 2 Nr. 2 BGB fristgerecht zum . . . . . gekündigt.[3]

Dem Kläger steht im Hinblick auf den von ihm erbrachten verlorenen Baukostenzuschuss ein anteiliger Rückerstattungsanspruch nach § 1 S. 1 BaukZuschG zu, denn der Zuschuss ist noch nicht vollständig abgewohnt.[4]

Dieser Anspruch berechnet sich wie folgt:

Die Jahresmiete beträgt . . . . . EUR. Sie entspricht der ortsüblichen Vergleichsmiete im Sinne von § 2 S. 2 BaukZuschG.

Beweis: Sachverständigengutachten

Der Baukostenzuschuss belief sich anfänglich auf insgesamt . . . . . Jahresmieten.

Eine Jahresmiete gilt nach § 2 S. 1 BaukZuschG durch eine Mietdauer von vier Jahren als getilgt.

Hier betrug die Mietdauer seit Leistung des Zuschusses an den Beklagten . . . . . Monate.

Getilgt sind vorliegend . . . . . EUR (Jahresmiete: 48 × Mietmonate). Es verbleibt ein nicht abgewohnter Differenzbetrag von . . . . . EUR, der mit der vorliegenden Klage zurück verlangt wird.

Der Kläger kann die Erstattung in eigener Person verlangen, da er dem Vormieter den geleisteten Zuschuss erstattet hat und damit im Verhältnis zum Beklagten selbst Leistender des Zuschusses geworden ist.[5]

Der Kläger hat den Beklagten mit Schreiben vom . . . . . unter Fristsetzung zum . . . . . zur Zahlung des Klagebetrages aufgefordert. Der Beklagte befindet sich daher ab dem . . . . . in Verzug.[6]

Rechtsanwalt

Anmerkungen

1. Zur sachlichen Zuständigkeit vgl. § 23 Abs. 2 Nr. 2 a GVG. Die örtliche Zuständigkeit ergibt sich aus § 29a ZPO.

2. Während bei der Gewerberaummiete die Vereinbarung eines Baukostenzuschusses ohne weiteres möglich ist (→ Form. C. III. 21), gelten bei der Wohnraummiete Besonderheiten. Bei der Wohnraummiete hatten Baukostenzuschüsse ihre größte Bedeutung in der Nachkriegszeit, als Vermieter oft nicht mit eigenen Mitteln in der Lage waren, neuen Wohnraum zu schaffen. Die Beteiligung von Mietern an den Baukosten ist heute eher selten.
Bei **frei finanzierten Wohnungen** gilt das Baukostenzuschüsse-Rückerstattungsgesetz (BaukZuschG):

§ 1: [1]Hat ein Mieter oder für ihn ein Dritter dem Vermieter mit Rücksicht auf die Vermietung einer Wohnung auf Grund vertraglicher Verpflichtung einen verlorenen Zuschuß oder einen verlorenen Baukostenzuschuß, geleistet, und wird das Mietverhältnis nach dem 31.10.1965 beendigt, so hat der Vermieter die Leistung, soweit sie nicht durch die Dauer des Mietverhältnisses als getilgt anzusehen ist, nach Maßgabe des § 347 des Bürgerlichen Gesetzbuchs zurückzuerstatten. [2]Erfolgt die Beendigung des Mietverhältnisses wegen eines Umstandes, den der Vermieter nicht zu vertreten hat, so hat er die Leistung nach den Vorschriften über die Herausgabe einer ungerechtfertigten Bereicherung zurückzuerstatten.

§ 2: [1]Beruht der Zuschuß auf einer nach dem Inkrafttreten dieses Gesetzes getroffenen Vereinbarung, so gilt ein Betrag in Höhe einer Jahresmiete durch eine Mietdauer von vier Jahren von der Leistung an als getilgt. [2]Dabei ist die ortsübliche Miete für Wohnungen gleicher Art, Finanzierungsweise, Lage und Ausstattung zur Zeit der Leistung maßgebend. [3]Leistungen, die den Betrag einer Vierteljahresmiete nicht erreichen, bleiben außer Betracht.

§ 3: Beruht der Zuschuß auf einer vor dem Inkrafttreten dieses Gesetzes getroffenen Vereinbarung, so gilt er als für eine Mietdauer gewährt, die unter Berücksichtigung aller Umstände, insbesondere der Höhe des Zuschusses und der laufenden Miete, der Billigkeit entspricht.

§ 4: Der Anspruch auf Rückerstattung verjährt nach Ablauf eines Jahres von der Beendigung des Mietverhältnisses an.

§ 5: Eine von den Vorschriften der §§ 1–4 zum Nachteil des Mieters abw. Vereinbarung ist unwirksam.

§ 6: Die §§ 1 bis 5 gelten nicht für verlorene Zuschüsse, die wegen ihrer Unzulässigkeit nach anderen Vorschriften zurückzuerstatten sind.

. . . . . .

Das BaukZuschG erfasst (in § 1) **Geld-, Sach- und Arbeitsleistungen des Mieters** zugunsten der Herstellung eines Mietobjekts, die nicht zurückerstattet oder (mit dem Mietzins) verrechnet werden sollen (zur Rechtsnatur eines Baukostenzuschusses → Form. C. III. 21

Anm. 3). Erfasst sind auch alle sonstigen Zuschüsse, die anlässlich der Vermietung von Wohnraum geleistet werden.

Von einem **verlorenen Baukostenzuschuss** spricht man, wenn eine Erstattung der Aufwendungen oder eine Verrechnung mit der Miete („**abwohnbarer**" **Baukostenzuschuss**) nicht vereinbart ist (vgl. BGH Urt. v. 7.7.2010 – VIII ZR 315/09, NZM 2010, 735; → Form. C. III. 21). Dem Beispielsfall liegt ein verlorener Zuschuss zugrunde.

Bei **Sozialwohnungen** kann ein verlorener Baukostenzuschuss nicht wirksam vereinbart werden, § 9 WoBindG iVm § 6 BaukZuschG. Ein gleichwohl geleisteter Zuschuss ist gemäß § 9 Abs. 7 WoBindG zurückzuerstatten.

Der Baukostenzuschuss ist von der Mietvorauszahlung zu unterscheiden. **Mietvorauszahlung** ist jede Mieterleistung, die nach dem Inhalt des Mietvertrages Bezug zum Mietzins hat und letztlich **Gegenleistung für die Gebrauchsüberlassung** der Mietsache ist (vgl. BGH Urt. v. 17.5.2000 – XII ZR 344/97, NJW 2000, 2987; → Form. C. III. 15). Erfasst ist damit jede Leistung des Mieters, durch die der Mietzins ganz oder teilweise als für eine bestimmte Zeit im Voraus als erbracht gilt. Es ist nicht von Belang, ob die Vorausleistung im Wege der Zahlung oder auf andere Weise, etwa im Wege der Verrechnung, erbracht wird (vgl. BGH Urt. v. 17.5.2000 – XII ZR 344/97, NJW 2000, 2987).

Abzugrenzen ist der Baukostenzuschuss ferner von monatlichen **Zins- und Tilgungsleistungen**, welche der Mieter (anstelle des Vermieters) für das Mietobjekt an ein finanzierendes Kreditinstitut zu leisten hat und die auf die jeweilige Mietzinsforderung anzurechnen sind. Dann soll es sich um eine Vorausverfügung über den Mietzins handeln, die einem Zwangsverwalter gegenüber nur nach Maßgabe des § 1124 Abs. 2 BGB wirksam ist (vgl. OLG Frankfurt Urt. v. 23.3.2012 – 2 U 143/11, ZfIR 2012, 335; zum Baukostenzuschuss in der Zwangsverwaltung vgl. auch BGH Urt. v. 15.2.2012 – VIII ZR 166/10, NJW-RR 2012, 525; LG Bochum Urt. v. 15.3.2013 –10 S 67/12, BeckRS 2014, 07805; zur Erwerberhaftung im Rahmen der Zwangsversteigerung vgl. OLG Saarbrücken Urt. v. 15.5.2013 – 2 U 7/13, ZMR 2014, 35; zur Erwerberhaftung bei Veräußerung des Objekts vgl. → Form. C. III. 23; zum Baukostenzuschuss im Rahmen der Insolvenzverwaltung vgl. *Dötsch* NZI 2009, 713).

Vom Mieter auf eigene Kosten geschaffene **Wohnwertverbesserungen bleiben bei der Ermittlung der ortsüblichen Vergleichsmiete unberücksichtigt,** und zwar auch dann, wenn sie auf einer vertraglichen Verpflichtung beruhen. Solche Ausstattungen sind nicht vom Vermieter „zur Verfügung gestellt" und nicht Gegenstand seiner Gebrauchsgewährungspflicht. Für die von ihm selbst auf eigene Kosten eingebauten Einrichtungen schuldet der Mieter dem Vermieter deshalb kein Entgelt, und insoweit kann er – mangels abweichender Vereinbarung – den Vermieter auch nicht auf Instandhaltung oder Instandsetzung in Anspruch nehmen oder Gewährleistungsansprüche bei etwaigen Mängeln geltend machen (vgl. BGH Urt. v. 7.7.2010 – VIII ZR 315/09, NZM 2010, 735, Anm. *Börstinghaus* jurisPR-BGHZivilR 17/2010 Anm. 3).

3. Der nicht genutzte (abgewohnte) Teil eines vom Mieter geleisteten Zuschusses ist vom Vermieter zurückzuerstatten (§ 1 BaukZuschG).

Der Erstattungsanspruch ist nicht davon abhängig, dass besondere Vereinbarungen zur Dauer des Mietverhältnisses und zum Zeitraum des Abwohnens getroffen worden sind. Es kommt auch nicht darauf an, ob der Vermieter den Zuschuss tatsächlich zum Auf- oder Ausbau des Mietobjekts verwendet hat und ob der mit der Hingabe eines Zuschusses verfolgte Zweck infolge vorzeitiger Beendigung des Mietverhältnisses nicht erreicht worden ist (vgl. demgegenüber zur Gewerberaummiete → Form. C. III. 21).

Für das Vorliegen eines Erstattungsanspruchs ist auch nicht erheblich, aus welchen Gründen es zur Beendigung des Mietverhältnisses gekommen ist. Ein Verschulden des Mieters an der Beendigung des Mietverhältnisses schließt einen Erstattungsanspruch nach § 1 BaukZuschG nicht aus (vgl. Palandt/*Weidenkaff* § 547 Rn. 8). Ein Vertretenmüssen des

Vermieters führt allerdings zu der verschärften Haftung aus § 1 S. 1 BaukZuschG (wenngleich dessen Rechtsfolgenverweisung auf § 347 BGB inzwischen weitgehend gegenstandslos geworden ist, → Anm. 4), während er sonst gemäß § 1 S. 2 BaukZuschG nur nach Bereicherungsgrundsätzen (§§ 812 ff. BGB) einen Ausgleich schuldet (→ Form. C. III. 15 Anm. 3).

Der Vermieter hat im Streitfall darzulegen und zu beweisen, dass er die Beendigung des Mietverhältnisses nicht zu vertreten hat. Das Vertretenmüssen beurteilt sich dabei nicht nach Verschuldensgrundsätzen, sondern nach mietvertraglichen Zurechnungskriterien. Eine Eigenbedarfskündigung ist in diesem Rahmen ohne Weiteres vom Vermieter zu vertreten (→ Form. C. III. 15 Anm. 3).

4. Dem Umfang nach ist der Erstattungsanspruch aus § 1 BaukZuschG bei der Wohnraummiete besonders ausgestaltet. Nach § 2 BaukZuschG ist der geleistete Zuschuss in Höhe einer **Jahresmiete der ortsüblichen Vergleichsmiete** (§ 2 S. 2 BaukZuschG) als getilgt anzusehen, wenn eine Mietzeit von 4 Jahren verstrichen ist. Das BaukZuschG regelt also einen von der Mietzeit abhängigen Rückerstattungsmaßstab.

Wenn der Mietzins wegen eines Baukostenzuschusses des Mieters unterhalb der ortsüblichen Vergleichsmiete festgesetzt worden ist, kann der Vermieter bei der Ermittlung des Erstattungsanspruchs einen höheren abgewohnten Betrag (bis zur ortsüblichen Vergleichsmiete) geltend machen. Daraus können sich erhebliche Prozessrisiken für den Mieter ergeben, wenn die Höhe der ortsüblichen Vergleichsmiete zunächst nicht feststeht.

§ 1 S. 1 BaukZuschG mit der Verweisung auf die Rückerstattungspflicht „nach Maßgabe des § 347 des Bürgerlichen Gesetzbuchs" läuft inzwischen weitgehend leer, denn die Vorschrift des § 347 BGB ist durch das Schuldrechtsänderungsgesetz einschneidend geändert worden. Die Verzinsungspflicht nach § 347 S. 3 BGB aF, für deren Beginn der Zeitpunkt der Zahlung maßgebend war, ist ersatzlos weggefallen. Dies schlägt nach diesseitiger Ansicht auf den Erstattungsanspruch aus § 1 BaukZuschG durch. Anknüpfend an § 4 BaukZuschG, wonach der Anspruch nach Ablauf eines Jahres von der Beendigung des Mietverhältnisses an verjährt, wird mit der Beendigung von einem einheitlichen Fälligkeitszeitpunkt für Erstattungsansprüche auszugehen sein (zum Zinsanspruch → Anm. 6).

5. Ein **Mietnachfolger** ist in eigener Person erstattungsberechtigt, wenn er dem (Vor-) Mieter für den geleisteten Zuschuss einen Ausgleich geleistet hat. Die folgert man aus dem Grundsatz, dass auch ein Mietnachfolger, der dem Vormieter eine an den Vermieter geleistete, noch nicht abgewohnte Mietvorauszahlung erstattet hat, bei vorzeitiger Beendigung des Mietverhältnisses die Vorauszahlung vom Vermieter zurückfordern kann, soweit sie noch nicht abgewohnt ist (vgl. BGH Urt. v. 6.7.1966 – VIII ZR 169/64, NJW 1966, 1705). Die Mietzeit des Vormieters muss sich der Mietnachfolger im Rahmen von § 2 BaukZuschG anrechnen lassen.

Eine entsprechende Erstattungspflicht zugunsten eines Mietnachfolgers regelt § 9 Abs. 4 WoBindG auch für öffentlich geförderten Wohnraum, wenn es faktisch (wenngleich ohne Rechtsverbindlichkeit, → Anm. 2) zu einer Zuschussgewährung gekommen ist.

6. Nach diesseitiger Auffassung können Zinsen außerhalb des Verzugs (§§ 286, 288 BGB) und der Rechtshängigkeit (§ 291 BGB) nicht mehr erfolgsträchtig geltend gemacht werden. Zinsen unter dem Gesichtspunkt gezogener Nutzungen (vgl. § 346 Abs. 1 letzte Alt. BGB), dh soweit der Vermieter den empfangenen Zuschuss tatsächlich zinsbringend angelegt hat, dürften nicht begründet sein, weil die Verweisung in § 1 S. 1 BaukZuschG die Vorschrift des § 346 BGB nicht erfasst (→ Anm. 4).

23. Klage gegen den Erwerber auf Rückzahlung des nicht abgewohnten Teils eines anrechenbaren Baukostenzuschusses (Wohnraum)

An das

Amtsgericht . . . . .[1]

Klage

der Frau . . . . .

– Klägerin –

Prozessbevollmächtigter: Rechtsanwalt . . . . .

gegen

Herrn . . . . .

– Beklagter –

wegen Rückzahlung eines Baukostenzuschusses[2]

vorläufiger Streitwert: . . . . . EUR

Namens und in Vollmacht der Klägerin erhebe ich Klage mit dem Antrag,

1. an den Kläger . . . . . EUR nebst Zinsen in Höhe von 5 Prozentpunkten über dem jeweiligen Basiszinssatz nach § 247 BGB seit dem . . . . . zu zahlen,
2. im Falle der Anordnung des schriftlichen Vorverfahrens bei Vorliegen der gesetzlichen Voraussetzungen Versäumnisurteil gemäß § 331 Abs. 3 ZPO zu erlassen.

Begründung:

Mit schriftlichem Mietvertrag vom . . . . . mietete die Klägerin vom Rechtsvorgänger des Beklagten die Wohnung im Dachgeschoss des Hauses . . . . .-straße 15 in . . . . . für die Zeit ab dem . . . . . an.

Nach § . . . . . Mietvertrages betrug die monatliche Miete . . . . . EUR.

Beweis: anliegende Kopie des Mietvertrages

Die Parteien des Mietvertrages haben außerdem am . . . . . folgende schriftliche Vereinbarung niedergelegt:[3]

„1. Die Mieterin lässt in Abstimmung mit dem Vermieter für eigene Rechnung das Badezimmer sanieren und wird dabei insbesondere folgende Arbeiten ausführen lassen: deckenhohe Neuverfliesung des gesamten Badezimmers mit weißen Marmorfliesen und schwarzer Marmorbordüre,
Installation einer neuen Duschwanne nebst Armaturen,
Installation einer neuen Badewanne nebst Armaturen,
Installation eines Toilettenbeckens sowie eines Bidets nebst Armaturen,
Installation eines Waschbeckens mit Einhandmischanlage,
. . . . .
2. Die in Ziff. (1) bezeichneten Arbeiten sind sach- und fachgerecht durch Handwerksbetriebe auszuführen. Für die beabsichtigten Arbeiten sind vorab spezifizierte Kostenvoranschläge einzuholen und dem Vermieter jeweils vor Auftragserteilung vorzulegen.

Über Änderungswünsche und Verbesserungsvorschläge des Vermieters werden sich die Vertragsparteien im Einzelnen abstimmen. Nach Durchführung der Arbeiten sind dem Vermieter die Rechnungen über die einzelnen Bauleistungen nebst Zahlungsbelegen zu übermitteln.

3. Die von den Mietern aufgewendeten Kosten werden bis zum Höchstbetrag von ..... EUR brutto wie folgt mit der vertraglichen geschuldeten Miete verrechnet: Die Mieter sind berechtigt, von der in § ..... festgelegten Miete einen Anteil von 2 % der tatsächlich aufgewendeten Brutto-Gesamtkosten, höchstens jedoch 2 % des vorstehend bezeichneten Höchstbetrags von ..... EUR, im Wege der Verrechnung in Abzug zu bringen. Mit Ablauf des 50. Monats nach Beginn dieser Verrechnung ist die vertraglich geschuldete Gesamtmiete ohne Abzüge in vollem Umfang zu entrichten.

4. Bei Mietende haben die Mieter alle in Ziff. 1) bezeichneten Anlagen und Einrichtungen entschädigungslos in den Mieträumlichkeiten zu belassen. Ein Wegnahmerecht der Mieter besteht insoweit nicht."

Beweis: anliegende Fotokopie der Vereinbarung vom .....

Die Klägerin hat in Abstimmung mit dem früheren Vermieter für die Sanierung des Bades einen Betrag von insgesamt ..... EUR aufgewendet.

Beweis: anliegende Kopien der quittierten Rechnungen

Da die von der Klägerin getragenen Gesamtkosten den im Vertrag vorgesehenen Höchstbetrag nicht überstiegen, hat die Klägerin vereinbarungsgemäß 2 % der tatsächlich angefallenen Gesamtkosten, das sind monatlich ..... EUR, beginnend mit dem Monat ....., von der laufenden Miete einbehalten.

Im Jahre ..... veräußerte der frühere Vermieter das Hausgrundstück an den Beklagten. Der Eigentumswechsel durch Umschreibung im Grundbuch erfolgte am .....

Beweis: Grundbuchakten von ....., Blatt .....

Die Klägerin hat das Mietverhältnis wegen eines aus beruflichen Gründen erfolgten Umzugs zum ..... fristgerecht gekündigt.[4]

Bis zu diesem Zeitpunkt hat die Klägerin von ihren Aufwendungen lediglich ..... EUR (Monate × ..... EUR) durch Verrechnung mit der Miete zurückerhalten. Den Restbetrag von ..... EUR macht sie mit der vorliegenden Klage geltend.

Der Klageanspruch auf Rückerstattung folgt aus § 547 Abs. 1 BGB, denn die getätigten Investitionen sind bei der zugrunde liegenden Vertragsgestaltung als Mietvorauszahlung zu beurteilen.[5]

Der Beklagte haftet für die Rückerstattung, da er gemäß § 566 BGB in die Vereinbarungen der ursprünglichen Mietvertragsparteien eingetreten ist.

Der Mietvertrag stellt den Rechtsgrund für die Leistung des Baukostenzuschusses dar, auch wenn die Vereinbarung getrennt von dem Abschluss des Mietvertrags zu einem späteren Zeitpunkt erfolgt ist.

Da der Beklagte die Beendigung des Mietverhältnisses nicht zu vertreten hat, haftet er gemäß § 547 Abs. 1 S. 2 BGB nach Bereicherungsgrundsätzen (§§ 812 ff. BGB). Der Beklagte ist bereichert, da sich die Wertverbesserung durch die Baumaßnahmen noch in seinem Vermögen befindet und er diese bei der Neuvermietung durch eine höhere Miete auch genutzt hat. Diese vom Nachmieter zu leistende Miete ist nur durch die bessere Ausstattung des Bades zu erzielen gewesen.[6]

Beweis: 1. Zeugnis des Nachmieters . . . . .
         2. Sachverständigengutachten

Der Anspruch ist mit Beendigung des Mietverhältnisses sofort fällig geworden.

Die Kläger haben den Beklagten mit Schreiben vom . . . . . zur Zahlung aufgefordert und eine Zahlungsfrist bis zum . . . . . gesetzt, so dass spätestens ab diesem Zeitpunkt Verzug eingetreten ist.[7]

Rechtsanwalt

Anmerkungen

1. Zur sachlichen Zuständigkeit des Amtsgerichts vgl. § 23 Abs. 2 Nr. 2 a GVG. Die örtliche Zuständigkeit ergibt sich aus § 29a ZPO.

2. Der hier behandelte Fall entspricht im Ausgangspunkt dem Erstattungsanspruch nach § 547 BGB, wie er bereits in → Form. C. III. 12. behandelt worden ist; auf die dortigen Erläuterungen wird verwiesen. Im Folgenden wird noch auf einige Besonderheiten eingegangen. Zum Baukostenzuschuss des Wohnraummieters außerhalb des Anwendungsbereichs von § 547 BGB vgl. → Form. C. III. 22.

3. Zur rechtlichen Einordnung eines Baukostenzuschusses vgl. zunächst → Form. C. III. 21 Anm. 3.

Die Vereinbarung über den Baukostenzuschuss und seine Anrechnung auf den Mietzins muss nicht notwendig im Mietvertrag selbst getroffen werden, jedoch muss ein **unmittelbarer Zusammenhang mit dem Mietvertrag** in der Weise bestehen, dass die Mieterleistung für die Baufinanzierung bezweckt ist (zur Wahrung der Schriftform bei gesonderten bzw. nachträglichen Vereinbarungen vgl. BGH Urt. v. 25.11.2015 – XII ZR 114/14, NSW BGB § 242 Ca [BGH-intern]). Die Zweckabrede muss schon im Zeitpunkt der Zahlung getroffen sein; der Zuschuss muss auch zweckentsprechend verwendet werden, was der Mieter im Streitfalle zu beweisen hat (vgl. BGH Urt. v. 11.7.1962 – VIII ZR 98/61, BGHZ 37, 346).

Ein Baukostenzuschuss setzt voraus, dass die Leistung des Mieters zugunsten des Vermieters erfolgt sein muss. Der Vermieter muss also einen **Wertzuwachs** für sein Grundstück verzeichnen, den er sonst nur durch eigenes Tätigwerden hätte erreichen können. Veränderungen an der Mietsache, zu denen der Mieter ohnehin wirksam vertraglich verpflichtet war, sind keine Zusatzleistungen zugunsten des Vermieters, denn auf diese als Teil des Entgelts für die Gebrauchsüberlassung hat der Vermieter schon einen vertraglichen Anspruch (vgl. OLG Rostock Urt. v. 3.7.2006 – 3 U 149/05, OLGR 2006, 970).

4. Die Erstattungspflicht in Bezug auf **nicht verbrauchte Mietvorauszahlungen** ist unter den Voraussetzungen des § 547 Abs. 1 S. 2 BGB als **Bereicherungsanspruch** ausgestaltet. Dieser besteht unabhängig vom Grund der Beendigung des Mietverhältnisses. Ein Verschulden des Mieters an der Beendigung des Mietverhältnisses schließt den Erstattungsanspruch nach § 547 BGB daher nicht aus (vgl. Palandt/*Weidenkaff* § 547 Rn. 8; vgl. dazu auch Anm. zu → Form. C. III. 15). Ein Vertretenmüssen des Vermieters führt dagegen zu der verschärften Haftung aus § 547 Abs. 1 S. 1 BGB (vgl. Palandt/*Weidenkaff* § 547 Rn. 7 f.).

5. Anspruchsgegner kann auch der **Erwerber eines Mietobjekts** sein, der gemäß § 566 **Abs. 1 BGB** in das Mietverhältnis eintritt.

Nach erfolgter **Veräußerung oder Zwangsversteigerung** ist nach der neueren Rechtsprechung des BGH der Erwerber bzw. Ersteher anspruchsverpflichtet, weil er in den Genuss der Bereicherung gekommen ist (vgl. BGH Urt. v. 16.9.2009 – XII ZR 73/07, BeckRS 2009, 26988; v. 20.5.2009 – XII ZR 66/07, NJW 2009, 2374). Der BGH geht nicht mehr davon aus, dass es der Schutz der Realgläubiger gebiete, den Ersteher bei vorzeitiger Vertragsbeendigung nicht nach Bereicherungsrecht haften zu lassen.

Einem Bereicherungsanspruch ist der Ersteiger nur dann ausgesetzt, wenn er die **Mietsache vorzeitig zurückerhält** und sie zu einem **höheren Mietzins** als bisher weiter vermieten kann. Nur wenn er mehr erlösen kann, als er nach dem bisherigen Vertrag erhalten hat, ist er bereichert. Erlöst er nur das, was er bisher erhalten hat, besteht kein Anspruch gegen ihn. Er muss also nicht befürchten, dass seine Einnahmemöglichkeiten durch einen Bereicherungsanspruch geschmälert werden, und hat deshalb keine begründete Veranlassung, ein geringeres Gebot im Versteigerungsverfahren abzugeben. Die nunmehr aufgegebene frühere Auffassung des BGH (vgl. BGHZ 16, 31; BGH Urt. v. 14.7.1960 – VIII ZR 156/59 – WM 1960, 1125) beruhte auf der Vorstellung, dass (nur) der ursprüngliche Vermieter durch die Investition des Mieters bereichert ist. Sieht man den Umfang der Bereicherung aber nicht in der Höhe der Aufwendungen des Mieters und nicht im Zeitwert der Investitionen oder der Verkehrswertsteigerung des Mietobjektes bei Rückgabe, sondern allein in der Erhöhung des Ertragswertes, den der Vermieter früher als vertraglich vorgesehen durch anderweitige Vermietung zu einem höheren Mietzins realisieren kann, kann sich der Anspruch nur gegen denjenigen richten, der das Mietobjekt vorzeitig zurückerhält (vgl. BGH Urt. v. 16.9.2009 – XII ZR 73/07, BeckRS 2009, 26988; v. 20.5.2009 – XII ZR 66/07, NJW 2009, 2374).

Auf die Kenntnis des neuen Eigentümers von der Vereinbarung über einen Baukostenzuschuss als im Voraus entrichtete Mietleistung kommt es nicht an (vgl. BGH Urt. v. 17.12.1954 – V ZR 4/54, BGHZ 16, 31).

Voraussetzung für den Eintritt des Erwerbers in das bestehende Vertragsverhältnis ist jedoch stets, dass **Vermieter und Veräußerer identisch** sind. Ist ein vermietetes Grundstück mehrfach mit Zwischeneintragung veräußert oder im Wege der Zwangsversteigerung erworben worden, muss die Identität bei jedem Vorgang gewahrt sein. Steht ein Grundstück im Eigentum mehrerer Personen, die in einer Gesellschaft oder einer Gemeinschaft verbunden sind, ist die Identität nur dann gewahrt, wenn alle Eigentümer Vermieter sind (vgl. OLG Saarbrücken Urt. v. 15.5.2013 – 2 U 7/13, ZMR 2014, 35).

Baukostenzuschüsse als Mietvorauszahlungen (→ Form. C. III. 15 Anm. 4) sind nach hM nicht dem Anwendungsbereich des § 566c BGB zu unterstellen (vgl. BGH Urt. v. 21.10.1970 – VIII ZR 63/69, BGHZ 54, 347 = NJW 1970, 2289; OLG Saarbrücken Urt. v. 15.5.2013 – 2 U 7/13, ZMR 2014, 35; OLG Düsseldorf Urt. v. 16.6.1994 – 10 U 184/93, ZMR 1994, 505). Dies hat zur Folge, dass der Erwerber sich nicht auf die nur befristete Wirksamkeit von Vereinbarungen zwischen dem früheren Vermieter/Eigentümer und dem Mieter über Mietvorauszahlungen durch Baukostenzuschuss berufen kann.

Im Rahmen der **Zwangsverwaltung** stellt sich die Frage, ob Baukostenzuschüsse als Mietvorauszahlungen eine **Vorausverfügung iSv § 1124 Abs. 2 BGB** darstellen.

Im Ausgangspunkt gilt, dass eine (Voraus-)Verfügung über Mietforderungen nach § 1124 Abs. 2 BGB, der gemäß § 146 Abs. 1, § 148 Abs. 1 Satz 1, § 20 ZVG auch in der Zwangsverwaltung eines Grundstücks gegenüber dem eingesetzten Zwangsverwalter Anwendung findet, dem Grundpfandgläubiger gegenüber grundsätzlich unwirksam ist und ihm deshalb nicht als Erfüllung entgegen gehalten werden kann, soweit sie sich auf die Miete für eine spätere Zeit als den zur Zeit der Beschlagnahme laufenden Kalendermonat bezieht.

Eine **Ausnahme** von dieser Regel, die verhindern soll, dass Grundpfandrechte durch unerkannte Vorausverfügungen über Mietforderungen ausgehöhlt werden, bilden Baukostenzuschüsse. Diese Leistungen sind dadurch gekennzeichnet, dass sie zum Auf- oder Ausbau des Mietgrundstücks bestimmt sind, bestimmungsgemäß dazu verwendet werden und zu einer Erhöhung des Grundstückswertes führen (vgl. BGH Urt. v. 15.2.2012 – VIII ZR 166/10, NJW-RR 2012, 525; Urt. v. 30.11.1966 – VIII ZR 145/65, WM 1967, 74). Wegen dieser Auswirkungen muss sich ein Grundpfandgläubiger beziehungsweise ein für ihn tätiger Zwangsverwalter solche Zuschüsse als Mietvorauszahlungen entgegenhalten

lassen. Die Vorzugsstellung abwohnbarer Baukostenschüsse liegt wiederum darin begründet, dass der Mieter durch tatsächliche Leistungen, die an sich vom früheren
Eigentümer und Vollstreckungsschuldner hätten aufgebracht werden müssen, einen Sach-
wert schafft, der dem Grundpfandgläubiger in Form einer Wertsteigerung des Grundstücks zugutekommt. Es wäre mit Treu und Glauben (§ 242 BGB) nicht zu vereinbaren,
wenn der Grundpfandgläubiger sich gleichwohl auf eine durch § 1124 Abs. 2 BGB
begrenzte Berücksichtigungsfähigkeit einer in solchen Leistungen liegenden Mietvorauszahlung berufen könnte (vgl. BGH Urt. v. 15.2.2012 – VIII ZR 166/10, NJW-RR 2012,
525; Urt. v. 30.11.1966 – VIII ZR 145/65, WM 1967, 74; Urt. v. 25.11.1958 – VIII ZR
151/57, WM 1959, 120; v. 11.3.2009 – VIII ZR 83/08, WuM 2009, 367).

Dass die Voraussetzungen eines Baukostenzuschusses gegeben sind, muss der Mieter
vortragen und beweisen, der diesen einer Mietforderung entgegenhält (vgl. BGH Beschl.
v. 13.6.2002 – IX ZR 26/01, NJW-RR 2002, 1304). Die den Mieter schützende
Ausnahme vom Grundsatz der §§ 1124, 1125 BGB setzt voraus, dass er vor Durchführung der Instandsetzung tatsächlich Beiträge zur Schaffung oder Instandsetzung des
Miet- oder Pachtobjektes erbrachte, und zwar bei der gebotenen wirtschaftlichen Betrachtungsweise aus seinem eigenen Vermögen (vgl. BGH Beschl. v. 13.6.2002 – IX ZR
26/01, NJW-RR 2002, 1304).

6. Wenn die **Werterhöhung** des Mietobjekts zum Zeitpunkt des Eigentumsübergangs
noch vorhanden ist und so zu seiner Besserstellung geführt hat, folgt daraus grds., dass
der Vermieter/Ersteher den einheitlichen Ausgleichanspruch, der auf sofortige Zahlung
gerichtet ist, nach dem **Ertragswertverfahren** erstatten muss (vgl. dazu im Einzelnen
→ Form. C. III. 21 ; → Form. C. III. 22).

Nach diesseitiger Auffassung bedarf die beim ursprünglichen Vermieter objektiv eingetretene Vermögensmehrung dann keiner weiteren Darlegung und auch keiner prozessualen Sachaufklärung, wenn die Vertragsparteien diesen Wert nach objektiven Kriterien
bereits vertraglich festgelegt haben. Dies kann insbesondere – wie im Beispielsfall – durch
die vertragliche Festlegung eines ganz bestimmten **Verrechnungssatzes** geschehen, der
sodann auch für die Erstattung nach § 547 BGB maßgeblich sein dürfte. Die vertragliche
Regelung geht dann einer Wertveranschlagung nach dem Verkehrs- oder Ertragswert vor,
denn die Parteien haben sich verbindlich auf einen anderen Wertausgleich geeinigt. Die
dem Beispielsfall zugrunde liegende Vertragsgestaltung mit einer strikt kostenorientierten
Verrechnungsabrede indiziert jedenfalls einen entsprechenden Wertzuwachs. Dessen
Fortbestand kann allerdings wegen zwischenzeitlicher **Verschlechterungen** (zB durch
Beschädigungen oder übermäßigen Gebrauch) in Frage stehen. Dies wäre prozessual
Gegenstand einer sich aus **§ 818 Abs. 3 BGB** ergebenden Einrede des Anspruchsgegners/
Vermieters und nicht der Schlüssigkeitsprüfung bzgl. der Anspruchsbegründung.

Ob der vertragliche Verrechnungssatz auch dann verbindlich bleibt, wenn der Anspruch sich gegen den Rechtsnachfolger (Erwerber/Ersteher) richtet, ist nicht abschließend geklärt. Unter rein bereicherungsrechtlichen Aspekten ließe sich das in Frage stellen,
denn die auszugleichende Bereicherung ist nach der Rechtsprechung des BGH dem
Umfang weder nach den Baukosten noch nach der durch die Mieterleistung geschaffenen
(Verkehrs-)Werterhöhung des Bauwerks zu bemessen, sondern nur nach den Vorteilen,
die der Vermieter daraus erzielen kann, dass er vorzeitig in den Genuss derjenigen
Nutzungsmöglichkeit des vermieteten Objekts gelangt ist. Maßgeblich sind die
Vorteile, die der Vermieter aus dem erhöhten objektiven Ertragswert der Mietsache
tatsächlich erzielen kann oder hätte erzielen können (vgl. BGH Urt. v. 16.9.2009 – XII
ZR 72/07, ZMR 2010, 104). Allerdings gilt für den Erwerber die Vorschrift des § 566
BGB, die auch solche **Zusatzvereinbarungen zum Mietvertrag** fortgelten lässt, die in
unlösbarem Zusammenhang mit dem Mietvertrag stehen (vgl. BGH Urt. v. 2.2.2006 –
IX ZR 67/02, NJW 2006, 1800). Bei einem Mietvertrag, der – wie im Beispielsfall –

langfristige Verrechnungsabreden zum Gegenstand hat, welche die Hauptleistungspflicht des Mieters zur Mietzahlung unmittelbar ausgestalten, wird ein solcher Zusammenhang anzunehmen sein mit der Folge, dass auch der Erwerber an die Verrechnungsabsprachen gebunden ist, auch soweit es um die Bemessung des Bereicherungsausgleichs geht.

Fehlt es an einem Wertzuwachs, kann sich der Vermieter wegen der Rechtsfolgenverweisung auf die §§ 812 ff. BGB auf den **Wegfall der Bereicherung** berufen (§ 818 Abs. 3 BGB).

7. Der Erstattungsanspruch entsteht mit der Beendigung des Mietverhältnisses und ist ab diesem Zeitpunkt fällig (vgl. Palandt/*Weidenkaff* § 547 Rn. 3). Verzug tritt nach allgemeinen Grundsätzen erst unter den Voraussetzungen von § 286 BGB – dh typischerweise nach Mahnung – ein.

Zum Zinsanspruch, wenn der Vermieter die vorzeitige Beendigung des Mietverhältnisses zu vertreten hat, → Form. C. III. 12 Anm. 3.

D. Sonstige Verfahren und Anträge

I. Räumungsschutz

1. Antrag des Mieters auf Räumungsschutz nach §§ 721, 794 a ZPO

An das

Amtsgericht . . . . .[1]

Antrag

des . . . . .

– Schuldner –

Prozessbevollmächtigter: Rechtsanwalt . . . . .

gegen

den . . . . .

– Gläubiger –

wegen Gewährung einer Räumungsfrist nach § 794 a ZPO

Vorläufiger Streitwert: . . . . . EUR[2]

Namens und in Vollmacht des Schuldners beantrage ich,

dem Schuldner für die Räumung der Wohnung . . . . . eine angemessene Frist von mindestens drei Monaten zu gewähren.[3]

Begründung:[4]

Durch gerichtlichen Vergleich vor dem Amtsgericht . . . . . (AZ . . . . .) vom . . . . . hat sich der Schuldner zur Räumung der im Antrag bezeichneten Wohnung verpflichtet bis zum . . . . ., die er mit seinen vier Kindern bewohnt.

Beweis: Vergleich, Anlage K 1.

Zum Zeitpunkt des Abschluss dieses Räumungsvergleichs war der Schuldner davon ausgegangen, spätestens am . . . . . werde seine Eigentumswohnung bezugsfertig, die während des Räumungsprozesses zwischen den Parteien noch saniert wurde. Erst nach Abschluss des Vergleichs, nämlich am . . . . ., wurde dem Kläger von seiner Architektin mitgeteilt, dass im Bereich der Eigentumswohnung im Gemeinschaftseigentum echter Hausschwamm entdeckt wurde.

Beweis: Zeugnis der Architektin . . . . . .

Die zur Beseitigung des echten Hausschwamms erforderlichen Sanierungsarbeiten haben die Fertigstellung der Eigentumswohnung um sechs Monate verzögert. Denn erst drei Monate nach der Entdeckung des echten Hausschwamms wurde eine Eigentümerversammlung durchgeführt und die Sanierung beschlossen.

Beweis: Protokoll der Eigentümerversammlung, Anlage K 2.

Die Sanierung wurde am . . . . .. abgeschlossen und erst danach konnten die Renovierungs- und Umbauarbeiten in der Wohnung des Schuldners fortgeführt werden. Diese werden voraussichtlich in drei Monaten abgeschlossen.

Beweis: Zeugnis der Architektin . . . . ..

Der Antrag ist nach § 794a ZPO begründet. Denn es haben sich hier nach Abschluss des Vergleichs Umstände ergeben haben, die der Schuldner bei Vergleichsabschluss nicht vorhersehen konnte. Dies rechtfertigt die Gewährung einer Räumungsfrist (vgl. etwa LG Freiburg WuM 1993, 204).

Zum Streitwert: Dieser berechnet sich nach der auf den Zeitraum der Räumungsfrist entfallenden Nutzungsentschädigung (LG München I ZMR 2014, 991).

Beglaubigte und einfache Abschrift anbei.

Rechtsanwalt

Anmerkungen

1. **Zuständig** ist nach § 794a Abs. 1 ZPO das Amtsgericht am Belegenheitsort der Mietsache, unabhängig davon, vor welchem Gericht der Räumungsvergleich geschlossen wurde (Schmidt-Futterer/*Lehmann-Richter* ZPO § 794a Rn. 9).

2. Über die **Kosten** der Entscheidung nach § 794a ZPO ist gemäß den §§ 91 ff. ZPO zu entscheiden (BGH NJW-RR 2009, 422). Der Streitwert bestimmt sich nach der Rspr. anhand der auf den Zeitraum der Räumungsfrist entfallenden Nutzungsentschädigung (LG München I ZMR 2014, 991; LG Kiel WuM 1992, 492).

3. Der Antrag muss keine bestimmte Räumungsfrist nennen. Dennoch ist die Nennung einer Mindestfrist zu empfehlen, weil eine Unterschreitung dieser Frist die für die sofortige Beschwerde nach § 794a Abs. 4 ZPO erforderliche Beschwer auslöst (Schmidt-Futterer/*Lehmann-Richter* ZPO § 794a Rn. 26).

4. Es ist umstritten ist, ob sich der Schuldner auf **Härtegründe** berufen darf, die bereits beim Abschluss des Vergleichs bestanden bzw. zu diesem Zeitpunkt absehbar waren (näher Schmidt-Futterer/*Lehmann-Richter* § 794a ZPO Rn. 17 f.). Nach einer Meinung ist eine neue Entwicklung erforderlich, die beim Abschluss des Räumungsvergleichs nicht vorhersehbar war (zB LG Freiburg WuM 1993, 204). Nach anderer Ansicht ist nur maßgeblich, dass die Interessen des Schuldners eine gerichtliche Frist gebieten (zB LG Mannheim ZMR 1994, 21). Nach einer vermittelnden Meinung darf eine gerichtliche Räumungsfrist gewährt werden, wenn sich nachträglich Umstände ergeben haben, die der Schuldner bei Vergleichsabschluss ohne grobes Verschulden übersehen hat (zB LG Aachen WuM 2007, 398).

2. Einwendung des Vermieters gegen Räumungsschutzantrag

An das

Amtsgericht/Landgericht . . . . .[1]

In dem Rechtsstreit . . . . .

beantrage ich,

dem Beklagten (*alternativ bei Antrag nach § 721 Abs. 2, Abs. 3 oder § 794a ZPO: Schuldner*) keine Frist für die Räumung der Wohnung . . . . . zu gewähren.

Begründung:[2]

Der Beklagte/Schuldner hat mit Schriftsatz vom . . . . . einen Antrag auf Gewährung einer Räumungsfrist gestellt mit dem Argument, er sei nicht in der Lage, Ersatzwohnraum zu finden. Diesem Antrag ist nicht zu entsprechen. Zunächst trägt der Beklagte/Schuldner gar nicht substantiiert vor, welche Bemühungen er bei der Wohnungssuche entfaltet hat. Der pauschale Vortrag, er habe „nur Ablehnungen erhalten", wird vorsorglich bestritten. Hinzu kommt, dass der Beklagte/Schuldner seit dem . . . . . für die Nutzung der Wohnung keinerlei Nutzungsentschädigung zahlt. Es ist auch nicht absehbar, dass der Beklagte/Schuldner in Zukunft eine Nutzungsentschädigung zahlen wird, weil er mittellos ist und die Sozialbehörden eine Übernahme der Zahlung bereits verweigert haben. Es ist dem Kläger/Gläubiger aber nicht zuzumuten, dem Beklagten/Schuldner die Wohnung im Rahmen einer Räumungsfrist zu überlassen, ohne die geschuldete Gegenleistung zu erhalten (s. etwa OLG Stuttgart ZMR 2006, 863).

Beglaubigte und einfache Abschrift anbei.

Rechtsanwalt

Anmerkungen

1. Das zu adressierende Gericht richtet sich danach, welches Gericht im konkreten Fall mit dem Antrag befasst ist. **Zuständig** ist bei einem Antrag nach § 721 Abs. 1 ZPO das Gericht, das über den Räumungsanspruch zu entscheiden hat. Wird eine Räumungsfrist bei einer Entscheidung über eine künftige Räumung gestellt (§ 721 Abs. 2 ZPO) oder geht es um die Verlängerung/Verkürzung einer gewährten gerichtlichen Räumungsfrist (§ 721 Abs. 3 ZPO), ist nach § 721 Abs. 4 ZPO das Gericht erster Instanz, solange die Sache in der Berufungsinstanz anhängig ist das Berufungsgericht zuständig. Für den Antrag nach § 794a ZPO ist das Amtsgericht am Belegenheitsort zuständig (§ 794a Abs. 1 S. 1 ZPO).

2. Ob das Gericht nach §§ 721, 794a ZPO eine Räumungsfrist gewährt bzw. verlängert oder verkürzt, liegt in seinem – pflichtgemäßen Ermessen. Bei der Ermessensausübung hat der Richter die **Interessen der Parteien** gegeneinander abzuwägen, wobei nur solche Interessen einzubeziehen sind, die von den Parteien vorgetragen und ggf. bewiesen wurden (Schmidt-Futterer/*Lehmann-Richter* ZPO § 721 Rn. 16). Hier gelten die allgemeinen zivilprozessualen Regeln, weshalb die Interessen des Vermieters/Gläubigers – substantiiert vorzutragen und unter Beweis zu stellen sind und die vorgetragenen Interessen des Mieters/Schuldners entsprechend zu bestreiten sind.

II. Vollstreckungsschutz

1. Antrag auf Vollstreckungsschutz nach § 765a ZPO

An das

Amtsgericht[1].....

Vollstreckungsschutzantrag[2]

In Sachen

des.....

– Schuldner –

Verfahrensbevollmächtigte:.....

gegen

den.....

– Gläubiger –

wegen Vollstreckungsschutzes

zeigen wir hiermit unter in anwaltlicher Versicherung ordnungsgemäßer Bevollmächtigung an, dass uns der Schuldner mit der Wahrnehmung seiner rechtlichen Interessen beauftragt hat.

In dessen Namen und Vollmacht stellen wir die

Anträge,

wie folgt zu erkennen:

1. Die Zwangsvollstreckung aus dem Räumungsurteil des.....-gerichts..... vom..... (Az......) wird hinsichtlich des Räumungsanspruchs bis zum...../alternativ: zeitlich unbefristet untersagt.[3]
2. Bis zur Entscheidung über den Vollstreckungsschutzantrag gemäß Ziffer 1 wird die Zwangsvollstreckung aus dem in Antrag Ziffer 1 genannten Räumungsurteil ohne, hilfsweise gegen Sicherheitsleistung einstweilen eingestellt.[4]
3. Die Kosten werden dem Gläubiger auferlegt (§ 788 Abs. 3 ZPO).

Begründung:

Die Zwangsräumung zum jetzigen Zeitpunkt würde auch bei Berücksichtigung sämtlicher Interessen des Gläubigers wegen der nachstehend geschilderten besonderen Umstände auf Schuldnerseite ein unzumutbare Härte bedeuten, die mit den guten Sitten nicht vereinbar ist.

Der Schuldner hat gerade letzte Woche eine Ersatzwohnung gefunden, die ihm aber erst ab dem 1. des übernächsten Monats zur Verfügung steht.[5]

Beweis: 1. Bestätigung des neuen Vermieters vom..... beigefügt in Ablichtung als Anlage 1;
2. Hilfsweise: Zeugnis des Vermieters..... Name....,..... ladungsfähige Anschrift.....;

3. Bereits abgeschlossener Wohnraummietvertrag, beigefügt in Ablichtung als Anlage 2.

Es wäre eine unzumutbare Härte für den Schuldner, innerhalb dieser kurzen Frist zweimal umziehen zu müssen.[6]

Da der Schuldner unstreitig seinen laufenden Zahlungsverpflichtungen gegenüber dem Gläubiger nachkommt, und nachdem die Kündigungsgründe des Gläubigers nicht so dringend sind, dass sie innerhalb der nächsten Wochen unbedingt befriedigt werden müssten, stehen Interessen auf Gläubigerseite dem begehrten Räumungsaufschub nicht entgegen.[7]

Alternativ:

Der Schuldner, zurzeit 68 Jahre alt, hat seinen Altersruhestand nicht verkraftet und befindet sich seit diesem Zeitpunkt in psychiatrischer Behandlung. Er leidet unter einem sog. Pensionsschock mit schweren Depressionszuständen. Der Zustand hat sich auf Grund des Räumungsverfahrens verschlimmert. Der Gedanke, seine über Jahre hinweg innegehabte Wohnung aufgeben zu müssen, löst panische Angstzustände und regelrechte Psychosen beim Schuldner aus.[8]

Beweis: 1. Sachverständiges Zeugnis des behandelnden Arztes Dr. . . . . . ., ... ladungsfähige Anschrift . . . . .;
2. Hilfsweise: Einholung eines Sachverständigengutachtens.

Die Beweisaufnahme wird die erhebliche Suizidgefahr im Falle der Zwangsräumung des Schuldners wie auch die konkrete Gefahr eines Autonomieverlustes in der neuen Umgebung und damit eines Pflegefalls ergeben.[8]

Beweis: Wie vor.

Eine Besserung seines psychischen Zustandes ist auf absehbare Zeit nicht zu erwarten.

Beweis: Wie vor.

Ausnahmsweise ist es daher gerechtfertigt, die Zwangsvollstreckung ohne zeitliche Befristung zu untersagen. Unter Beachtung des Verhältnismäßigkeitsgrundsatzes haben in einem derartigen Fall nach der einschlägigen Rechtsprechung des Bundesverfassungsgerichts die Belange des Gläubigers auf Räumung zurückzutreten.[9]

Rechtsanwalt

Anmerkungen

1. Zuständig ist das Amtsgericht als Vollstreckungsgericht, in dessen Bezirk die zu räumende Wohnung liegt (§ 764 Abs. 2 ZPO).

2. Mit dem Zweiten Gesetz zur Änderung zwangsvollstreckungsrechtlicher Vorschriften (BGBl. I 1997 S. 3039) wurde seit dem 1.1.1999 zeitgleich mit der InsO auch § 765a ZPO geändert. Während zuvor Vollstreckungsschutzanträge wenige Tage oder auch nur Stunden vor der Räumungsvollstreckung gestellt werden konnten (ua mit dem Problem der Übernahme der nicht unerheblichen Bereitstellungskosten der idR eingeschalteten Spedition), regelt § 765a Abs. 3 ZPO, dass ein derartiger Antrag „spätestens zwei Wochen vor dem festgesetzten Räumungstermin" gestellt werden muss, „es sei denn, dass die Gründe, auf denen der Antrag beruht, erst nach diesem Zeitpunkt entstanden sind oder der Schuldner ohne sein Verschulden an einer rechtzeitigen Antragstellung gehindert war."

§ 765a ZPO ist im Übrigen auch außerhalb eines Zwangsvollstreckungsverfahrens, etwa im Rahmen einer Teilungsversteigerung entsprechend anwendbar (KG NZM 1998, 452) und sogar dann, wenn eine Räumungsfrist nach § 721 ZPO nicht oder wegen Überschreitung der Jahresfrist nicht mehr bewilligt werden kann (OLG Köln ZMR 1995, 535).

3. Mit der eng auszulegenden Ausnahmevorschrift des § 765a ZPO (BGH NJW 1965, 2107) kann grundsätzlich nur bei besonderen, über die mit jeder Zwangsvollstreckung verbundenen Härte hinausgehenden Gründen ein befristeter Vollstreckungsaufschub erreicht werden. Härtegründe können außer den im Form. Aufgeführten sein: Alter (BVerfG NJW 2008, 295; OLG Köln NJW 1993, 2248; aA BGH NJW 2009, 3440), Entbindung (LG Bonn DGVZ 1994, 75; LG Wuppertal DGVZ 1995, 41: nur 5 Tage; AG Schwetzingen DWW 1978, 269), Krankheit BGH NJW 2008, 1743; BVerfG NJW 2004, 49), Bruch einer Stillhaltezusage des Vermieters (LG Rostock WuM 2003, 578), besonders angespannter Wohnungsmarkt (LG Magdeburg Rpfleger 1995, 470) ua. Nur ganz ausnahmsweise zur unmittelbaren Erhaltung von Leben und Gesundheit kommt eine unbefristete Vollstreckungseinstellung in Betracht (so bei Suizidgefahr des Schuldners: BVerfG NZM 2005, 657; BGH NJW 2006, 508; BVerfG NZM 1998, 431; BVerfG BeckRS 2007, 28232; BVerfG NJW 1998, 295; BVerfG NJW 1994, 1272 und 1719; BVerfG NJW 1992, 1155; BVerfG NJW 1991, 3207; → Anm. 8).

4. Das Vollstreckungsgericht selbst kann einstweilige Anordnungen nach § 732 Abs. 2 ZPO erlassen (§ 765a Abs. 1 S. 2 ZPO).

5. Die Zeitspanne reicht von wenigen Tagen (LG Köln WuM 1969, 103) und „gewisse Zeit" (LG Aachen WuM 1973, 174) über 3 Monate (LG Braunschweig WuM 1973, 82), 8 Monate (AG Bergheim BlGBW 1973, 60), mehrere Monate (LG Stuttgart Rpfleger 1985, 71) sogar bis zum Bezug eines noch zu errichtenden Altenheims (AG Sonthofen WuM 1969, 173). Auch der ansonsten drohende Umzug in ein Obdachlosenheim kann eine Härte darstellen (OLG Köln ZMR 1995, 535; LG Aachen WuM 1973, 174; LG Lübeck WuM 1970, 13; AG Lübeck WuM 1970, 67). Die bloße Möglichkeit der Wiedereinweisung als polizeiliche Maßnahme rechtfertigt die Ablehnung des Vollstreckungsschutzes nicht (LG Hamburg WuM 1991, 114 und 360; LG Hannover WuM 1990, 397; AG Hamburg WuM 1992, 147). Ist der Mieter vollständig auf die Hilfe der Sozialbehörde angewiesen, kann er sich auf deren Aktivitäten bei der Beschaffung einer Ersatzwohnung verlassen (LG München I WuM 1993, 473).

6. LG Braunschweig WuM 1973, 82; LG Lübeck WuM 1970, 13; LG Münster ZMR 1978, 220 Leits.

7. Vgl. LG Hildesheim MDR 1995, 1010.

8. Maßgeblich ist eine konkrete Gefahr für Leib oder Leben des Schuldners oder dessen Autonomieverlust in der neuen Umgebung (BGH NJW 2006, 508; BVerfG NJW 1998, 295; OLG Köln NJW-RR 1990, 590; OLG Köln ZMR 1993, 336; LG Köln WuM 1991, 284). Insoweit ist dem entsprechenden Vorbringen schon aus dem Grundsatz der Verhältnismäßigkeit nachzugehen (BVerfG NZM 2005, 657; BVerfG NJW 1991, 3207). Auf die Ursache kommt es dabei nicht an (BVerfG NJW 1994, 1719). Die Möglichkeit der ärztlichen, auch stationären Behandlung allein lässt eine besondere Härte nicht entfallen, wenn nicht festgestellt werden kann, dass damit die Suizidgefahr gebannt ist (BGH NJW 2006, 508; BVerfG BeckRS 2007, 28232; BVerfG NJW 1998, 295; BVerfG NJW 1994, 1272). Dabei müssen die Vollstreckungsgerichte selbst alle erforderlichen Aufklärungen treffen, z.B. welchen Erfolg bisherige Behandlungen des Schuldners gezeigt haben und welche Behandlungen mit welcher Dauer die konkrete Gefahr für Leben, Gesundheit und körperliche Unversehrtheit für den Schuldner mit welcher Wahrscheinlichkeit ausschließen (BVerfG NJW-RR 2012, 393) oder wie dieser Gefahr wirksam begegnet werden kann (BVerfG BeckRS 2007, 28232). Dies darf nicht dem Gerichtsvollzieher überlassen werden (BVerfG NJW 2013, 290). Die bloße Äußerung von Suizidabsichten, ohne fachpsychiatrische Bestätigung eines inneren Zwangs zur Selbsttötung, genügt zwar nicht (OLG Düsseldorf WuM 1999, 174). Der Schuldner muss aber das Gericht nicht bereits durch seinen Vortrag davon überzeugen, dass eine konkrete Suizidgefahr bestehe und er muss diese Gefahr auch nicht durch Beibringung von Attesten nachweisen (vgl. BGH NJW-RR 2011, 419 = NZM 2011, 167, 168; BGH NJW-RR 2011, 423 = NZM 2011, 166; BGH NJW-RR 2011, 1000 = NZM 2011, 791; BGH WuM 2011, 533 = BeckRS 2011, 08815 Tz. 14); die Richtigkeit einer schlüssigen Behauptung muss sich vielmehr – wie auch sonst in Verfahren, die nach der ZPO durchzuführen sind – im Rahmen der Beweisaufnahme erweisen (vgl. BGH NJW-RR 2011, 1000 = NZM 2011, 791). Bestehen hinreichende Anhaltspunkte für die Annahme einer konkreten Suizidgefahr, ist das Gericht – da es die Ernsthaftigkeit dieser Gefahr mangels eigener medizinischer Sachkunde ohne sachverständige Hilfe in aller Regel nicht beurteilen kann – regelmäßig gehalten, einem Antrag auf Einholung eines Sachverständigengutachtens zu entsprechen (vgl. BGH NJW-RR 2011, 419 = NZM 2011, 167; BGH NJW-RR 2011, 1000 = NZM 2011, 791; BGH WuM 2011, 533 = BeckRS 2011, 08815 Tz. 18). So ausdrücklich BVerfG NJW-RR 2012, 393 Tz. 54. Ein Verweisen des Vollstreckungsgerichts auf Betreuungsbehörden bzw. das Betreuungsgericht kann nur ausnahmsweise genügen (BVerfG NJW-RR 2014, 2090 = NZM 2014, 701). Instruktiv zur Problematik suizidgefährdeter Schuldner *Schuschke* NZM 2011, 394 ff. und NZM 2012, 209, 215 ff. jew. mwN.

9. Vgl. nur BVerfG BeckRS 2007, 28232; BVerfG NJW 1992, 1155; BVerfG NJW 1991, 3207; BVerfG WuM 1980, 27.

2. Einwendungen des Vermieters gegen Vollstreckungsschutzantrag

An das

Amtsgericht . . . . .

Az.: . . . . .

In Sachen

. . . . ./. . . . .

wegen Vollstreckungsschutzes

zeigen wir hiermit unter in anwaltlicher Versicherung ordnungsgemäßer Bevollmächtigung an, dass uns der Gläubiger mit der Wahrnehmung seiner rechtlichen Interessen beauftragt hat.

In dessen Namen und Vollmacht

beantragen

wir,

die Vollstreckungsschutzanträge des Schuldners kostenpflichtig zurückzuweisen.

Begründung:

Die Voraussetzungen des § 765a Abs. 1 ZPO liegen nicht vor. Die in Rede stehende Zwangsräumung bedeutet für den Schuldner keine besondere, mit den guten Sitten nicht mehr zu vereinbarende Härte:

Der Schuldner hat schon während des Räumungsprozesses und auch in der Zeit danach vor Erteilung des Zwangsräumungsauftrags immer wieder behauptet, eine Ersatzwohnung oder Ersatzräume gefunden zu haben. Er hat dies zum Teil auch durch angebliche Bestätigungen dokumentiert.

Beweis: Vorerwähnte, vom Schuldner seinerzeit vorgelegte Bestätigungen, gemäß § 133 Abs. 1 S. 2 ZPO einfach beigefügt in Ablichtung als Anlagenkonvolut 1.

Die erneute Behauptung des Schuldners, für den 1. des übernächsten Monats eine Ersatzwohnung gefunden zu haben, wird daher bestritten. Es ist davon auszugehen, dass es sich wieder nur um eine Schutzbehauptung handelt.

Alternativ:

Der Schuldner hat in der Vergangenheit schon mit Selbstmord gedroht, ohne diese Drohung in die Tat umzusetzen.[1] Seine Behauptungen über seine Erkrankung und die erhebliche konkrete Suizidgefahr werden daher ausdrücklich bestritten.

Weiter ist von Seiten des Schuldners weder dargetan, weshalb es bereits jetzt einer einstweiligen Einstellung der Zwangsvollstreckung, schon gar ohne Sicherheitsleistung, bedarf.

Schließlich wird ausdrücklich der beantragten zeitlich unbefristeten Untersagung der Räumungsvollstreckung entgegengetreten. Es wäre ohne weiteres möglich, dass das Vollstreckungsgericht sicherheits- oder betreuungsrechtliche Maßnahmen durch die zuständigen Behörden veranlasst[2] von der Eigeninitiative des Schuldners[3] wie Inanspruchnahme fachlicher Hilfen[4] bis hin zur stationären Unterbringung[5] bzw. der Zurverfügungstellung einer angemessenen alternativen Wohnung gegebenenfalls unter Inanspruchnahme des Sozialamtes[6] oder zu einer Ingewahrsamnahme nach polizeirechtlichen Vorschriften.[7] Mit derartigen Auflagen ist dem Recht des Schuldners auf Unverletzlichkeit seines Lebens, seiner Gesundheit und seiner körperlichen Unversehrtheit genüge getan gerade auch unter Abwägung der Gläubigerinteressen. Alles andere verstieße gegen den nach der ständigen Rechtsprechung des BVerfG ausnahmslos zu beachtenden Verhältnismäßigkeitsgrundsatz,[8] dieses Mal zu Lasten des Gläubigers.

Dabei ist weiter ausdrücklich auszusprechen, dass der Schuldner die mit derartigen Auflagen verbundenen Kosten als Kosten der Zwangsvollstreckung im Sinne von § 788 ZPO[9] zu tragen hat. Dies gilt erst recht für den Fall einer Unterbringung entweder nach den jeweiligen Sicherheitsgesetzen der Länder und der dortigen Kostenvorschriften oder bei betreuungsrechtliche Maßnahmen nach § 2 Nr. 2, §§ 91 ff. KostenO.

Rechtsanwalt

Anmerkungen

1. Vgl. BVerfG NZM 2007, 87.

2. Prütting/Gehrlein/*Scheuch*, ZPO Kommentar, 7. Aufl. 2015, § 765a Rn. 14.

3. *Schuschke* NJW 2006, 874, 876.

4. *Schuschke* NJW 2006, 874, 876.

5. BGH NZM 2005, 517.

6. *Walker* JZ 2005, 1114, 1115; vgl. auch LG München I WuM 1993, 473.

7. BGH NZM 2005, 517.

8. → Form. D. II. 1 Anm. 8 mwN.

9. Umkehrschluss aus § 788 Abs. 4 ZPO.

III. Selbständiges Beweisverfahren

1. Vorbemerkungen

Durch das Rechtspflegevereinfachungsgesetz vom 17.12.1990 ist mit Wirkung vom 1.4.1991 das bisherige Beweissicherungsverfahren zu einem selbstständigen Beweisverfahren umgestaltet worden. Hauptsächlich kommt es zu seiner Einleitung, wenn der aktuelle Zustand, in dem sich die Wohnung befindet, festgestellt werden soll. Neben **Schadensersatzansprüchen des Vermieters wegen Sachbeschädigung und unterlassener bzw. mangelhaft ausgeführter Schönheitsreparaturen und Schadensersatz- und Minderungsansprüchen des Mieters wegen Sachmängeln** betrifft dies in der Praxis vor allem auch **Ansprüche des Vermieters wegen Modernisierung** (§§ 554, 559 BGB) und des Mieters auf **Entschädigung wegen Einbauten** (§ 552 BGB).

Hervorragend geeignet ist es darüber hinaus zur Vorbereitung von **Rückforderungsansprüchen aus** mutmaßlich **überhöhter Abstands- bzw. Ablösungsvereinbarung** nach den §§ 4a WoVermittG, 138 BGB (vgl. dazu und zum maßgebenden Bewertungsmaßstab OLG Hamburg WuM 1997, 33 sowie BGH WuM 1997, 380 ff.; Bub/Treier/*Bub* II Rn. 2374). Als ausgeschlossen von vornherein angesehen wird das Verfahren dagegen teilweise für die **Feststellung der ortsüblichen Vergleichsmiete im Vorfeld eines Mieterhöhungsverfahrens** (LG Berlin NJW-RR 1997, 585; LG Braunschweig WuM 1996, 291; *Sternel* III 756; Bub/Treier/*Fischer* IX 218; zum alten Recht: LG Mannheim WuM 1976, 58). Nicht geeignet ist das selbständige Beweisverfahren für die Feststellung der ortsüblichen Vergleichsmiete (hM in der Rechtsprechung z.B. LG Braunschweig WuM 1996, 291; LG Köln WuM 1996, 484, LG Freiburg WuM 1997, 337). § 558 Abs. 2 BGB stellt sich als Spezialgesetz im Verhältnis zu § 485 ZPO dar, so dass sich bereits aus systematischen Gründen das selbständige Beweisverfahren als Verfahren zur Ermittlung der ortsüblichen Vergleichsmiete außerhalb eines Rechtsstreits entzieht (vgl. Bub/Treier/Fischer IX Rn. 218). Hinzu kommt, dass bereits sprachlich der Wert einer Sache im Sinne des § 485 Abs. 2 Ziffer 1 ZPO nicht der Höhe der ortsüblichen Vergleichsmiete entspricht (vgl. dazu Schmidt-Futterer/*Börstinghaus* § 558b Rn. 137 m.w.N.). Demgemäß erscheint es auch zweifelhaft, ob **die Höhe einer Nutzungsentschädigung** nach § 546a BGB im selbstständigen Beweisverfahren geklärt werden kann (so aber AG Lörrach WuM 1996,31; 31; Bub/Treier/*Fischer* IX Rn. 221). Zur Zulässigkeit **im WEG-Verfahren** siehe BayObLG NJW-RR 1996, 528 = WuM 1997, 299: §§ 485–494a ZPO sind hier entsprechend anwendbar).

Ganz allgemein geht es im selbstständigen Beweisverfahren außerhalb des klassischen Anwendungsbereichs der Beweissicherung nach § 485 Abs. 1 ZPO (drohender Beweismittelverlust, drohende Beweisführungserschwerung, Zustimmung des Gegners) praktisch immer nur um die Einholung eines Sachverständigengutachtens aus den in § 485 Abs. 2 Nr. 1–3 ZPO genannten Gründen, sofern ein rechtliches Interesse daran glaubhaft gemacht ist (Nr. 1: Feststellung des Zustands oder Wertes einer Sache; Nr. 2: der Ursache eines Schadens oder Mangels; Nr. 3: des Aufwands für die Beseitigung des Schadens oder Mangels). **Das Verhältnis der Regelung des § 485 Abs. 1 ZPO zu der des Abs. 2 ist umstritten.** Vor der Neuregelung diente das damalige Beweissicherungsverfahren zwar in erster Linie dazu, der Partei ein gefährdetes Beweismittel für einen künftigen oder bereits anhängigen, aber noch nicht bis zur Anordnung der entsprechenden Beweisaufnahme fortgeschrittenen Prozess zu erhalten. Dabei war aber streitig, ob neben der reinen Tatsachenfeststellung Ursachen oder auch notwendige Schadensbeseitigungsmaßnahmen sowie die anfallenden

Kosten zB durch ein Sachverständigengutachten festgestellt werden konnten. Die Praxis ließ dies wohl schon seinerzeit der Einfachheit wegen überwiegend mit zu. Die Neuregelung stellt nun klar, dass – soweit es um die in § 485 Abs. 2 ZPO geregelten Gegenstände geht – ein selbstständiges Beweisverfahren im Vorfeld eines Prozesses durch schriftliches Sachverständigengutachten unter den dort geregelten Voraussetzungen in jedem Fall zulässig sein soll (vgl. dazu *Schreiber* NJW 1991, 2600, 2601). Die Regelung in § 485 Abs. 2 ZPO wird daher für seinen Anwendungsbereich teilweise als lex specialis begriffen, wenn es um die Klärung der dort angesprochenen Fragen durch Einholung eines Sachverständigengutachtens geht (MüKoZPO/*Schreiber* § 485 Rn. 12; OLG Saarbrücken NJW-RR 1994, 787, 788), eine Folge, die in der Praxis freilich überwiegend nicht gezogen wird (BLAH/*Hartmann* § 485 Rn. 5; Zöller/*Herget* Rn. 6; *Thomas/Putzo* Rn. 5; *Cuypers* NJW 1994, 1986 Fn. 7; LG Mainz WuM 1997, 631), auch mit Rücksicht auf die sich speziell um § 485 Abs. 2 ZPO rankenden Streitfragen wie die des Begriffs des Wertes der Sache (nur der Verkehrswert gemeint?) und des Rechts der Beteiligten auf mündliche Sachverständigenanhörung – siehe dazu im Folgenden. Überwiegend wird der Neuregelungseffekt wegen der schon früheren großzügigen Verfahrensweise als zusätzliches Recht auf selbstständige Beweiserhebung begriffen für den Fall, dass die Voraussetzungen des Abs. 1 nicht vorliegen (vgl. z.B. LG Mainz WuM 1997, 631) und es werden im Rahmen des Abs. 1 selbstverständlich auch dieselben Beweisfragen zugelassen, wie sie in Abs. 2 ausdrücklich aufgeführt sind. Der Wortlaut des Gesetzes, seine Systematik und die Entstehungsgeschichte sprechen auch eher dafür als dagegen, § 485 Abs. 1 ZPO als selbstständige Regelung zu behandeln, die neben § 485 Abs. 2 ZPO anwendbar ist.

Der Begriff des rechtlichen Interesses in § 485 Abs. 2 ZPO wird allgemein weit verstanden (*Thomas/Putzo* Rn. 7; Baumbach/*Hartmann* Rn. 8; Bub/Treier/*Fischer* IX Rn. 219; vgl. auch KG WuM 1992, 76; LG Saarbrücken WuM 1992, 144; LG Ellwangen WuM 1997, 300: einhellige Rechtsprechung; kritisch u. einschränkend: *Schreiber* WuM 1997, 301). Streitig ist, ob das rechtliche Interesse auch dann gegeben ist, **wenn der Antragsgegner definitiv erklärt, eine Einigung abzulehnen** (verneinend: LG Hannover JurBüro 1992, 496; LG Passau NJW-RR 1992, 768; bejahend: BLAH/*Hartmann* Rn. 8; Zöller/*Herget* Rn. 7 a; OLG Hamm MDR 1999,184; OLG Oldenburg MDR 1995,746; LG Köln WuM 1995, 490, 491). Nach der überwiegenden Auffassung ist wohl schon genügend, wenn der Zustand oder der Wert der Sache **Grundlage eines sachlichrechtlichen Anspruchs** sein kann (OLG Frankfurt MDR 1991, 989; OLG Stuttgart NJW 1999, 874; OLG Karlsruhe MDR 1999, 496; LG Köln WuM 1995, 491; Bub/Treier/*Fischer* IX Rn. 219; BLAH/*Hartmann* Rn. 8; MüKoZPO/*Schreiber* § 485 Rn. 13; *Thomas/Putzo* § 485 Rn. 7; aA OLG Köln MDR 1998, 224). Das rechtliche Interesse ist nur dann zu verneinen, wenn kein Rechtsverhältnis, kein möglicher Prozessgegner oder kein Anspruch ersichtlich ist (vgl. z.B. Zöller/*Herget* § 485, Rn. 7 a).

Die **Schlüssigkeit** wird im selbstständigen Beweisverfahren nicht geprüft (BGH NJW 2000, 960; OLG Celle BauR 1992, 405; LG Köln WuM 1995, 491; Zöller/*Herget* Rn. 4). Beachtlich sind aber offensichtliche rechtliche Eignungsmängel für eine Prozessvermeidung, so wenn kein Rechtsverhältnis oder kein möglicher Prozessgegner ersichtlich ist (KG BauR 1992, 403, 404; vgl. auch OLG Köln NJW-RR 1996, 573). Das Gericht ist an die Tatsachenbehauptungen des Antragstellers gebunden; die Beweisbedürftigkeit und die Entscheidungserheblichkeit der behaupteten Tatsache wird nicht überprüft (BGH NJW 2000, 960).

Gemäß § 492 Abs. 1 ZPO iVm § 411 Abs. 3 ZPO kann jede Partei später nicht nur die schriftliche Gutachtensergänzung, sondern auch die **Anhörung des Sachverständigen** zur Gutachtenserläuterung beantragen (hM: BGH MDR 2006, 287; OLG Celle MDR 2014, 109; OLG Düsseldorf BauR 1993, 637; MDR 1994, 939; OLG München BauR 1994, 663; OLG Saarbrücken NJW-RR 1994, 787; OLG Köln OLGR 1996, 111 = VersR 1997, 511 u. OLGR 1997, 69; vgl. auch Zöller/*Herget* § 492 Rn. 1; BLAH/*Hartmann* § 492 Rn. 5). Dagegen vertrat zB die 12. ZK des LG Köln im Anschluss an Zöller/*Herget* § 485

Rn. 8 die Auffassung, dass, weil zulässiges Beweismittel nach § 485 Abs. 2 ZPO ausschließlich das schriftliche Gutachten sei, auch nur eine schriftliche Nachbefragung zulässig sei, es sei denn, es seien konkrete Anhaltspunkte für eine vergleichsweise Beilegung des Streitstoffs vorhanden und damit für einen Erörterungstermin nach § 492 Abs. 3 ZPO Beschl. v. 23.2.1996 – 12 T 14/96 = WuM 1998, 110. Diese enge Auslegung des Gesetzes ist abzulehnen. Eine mündliche Erläuterung des Gutachtens ist ohne weitere Einschränkung möglich (vgl. Bub/Treier/Fischer IX Rn. 227). Davon ist namentlich Gebrauch zu machen, wenn über den Inhalt des Gutachtens keine Einigkeit besteht, wie häufig bei Gutachten über Feuchtigkeitsschäden, die häufig laienunverständlich abgefasst sind und der Interpretation bedürfen. Gegebenenfalls kann das Erfragen einer klaren und eindeutigen Antwort im Anhörungstermin einen zeitaufwändigen Prozess ersparen. Gemäß § 492 Abs. 3 ZPO kann auch dort ein vollwertiger gerichtlicher Vergleich aufgenommen und der Sachverstand des Gerichts sogleich miteinbezogen werden.

Werden allerdings im Antrag bereits eng umgrenzte konkrete Fragen gestellt, kann sich das Gericht u. U. bedenkenfrei mit einer nur schriftlichen Befragung des Sachverständigen begnügen; ein Anspruch auf mündliche Anhörung besteht dann i. d. R. nicht. Häufig wird auch nur die Ergänzung des eingeholten schriftlichen Gutachtens beantragt. Die ablehnende Entscheidung ist wie im Fall der beantragten mündlichen Anhörung mit der Beschwerde anfechtbar, vgl. OLG Stuttgart MDR 2014, 744; OLG Köln OLGR 1998, 54 sowie OLG Saarbrücken NJW-RR 1994, 787 mwN. Der Antrag ist allerdings von vornherein unbegründet, wenn das selbstständige Beweisverfahren beendet ist. Das ist, auch wenn keine Erklärungsfrist nach § 411 Abs. 4 ZPO gesetzt ist, regelmäßig nach Ablauf von 4–6 Wochen nach Zugang des Gutachtens, jedenfalls nach Ablauf von 6 Monaten der Fall (→ Form. D. III. 1 Anm. 3). Insbesondere ist aber auch im selbstständigen Beweisverfahren der eine beantragte neue Begutachtung gemäß § 412 ZPO ablehnende Beschluss unanfechtbar (OLG Köln OLGR 1999, 305). Haben die Parteien rechtzeitig Einwendungen gegen das im selbstständigen Beweisverfahren erstattete Gutachten erhoben, ist – sofern nicht eine weitere Beweisaufnahme stattfindet – das selbstständige Beweisverfahren jedenfalls dann beendet, wenn der mit der Beweisaufnahme befasste Richter zum Ausdruck bringt, dass eine weitere Beweisaufnahme nicht stattfindet und dagegen innerhalb angemessener Frist keine Einwendungen erhoben werden (BGH Urt. v. 28.10.2010 – VII ZR 172/09 – NJW 2011, 594; OLG Stuttgart MDR 2014, 744; Bub/Treier/Fischer IX Rn. 228). Das Gericht muss, auch wenn es selbst die schriftliche Begutachtung eines gerichtlichen Sachverständigen für ausreichend und überzeugend hält, einem Parteiantrag stattgeben, dem Sachverständigen Ergänzungsfragen zu seinem Gutachten zu stellen, es sei denn, der Antrag ist verspätet oder rechtsmissbräuchlich gestellt (OLG Celle MDR 2014, 109).

Natürlich kann für das selbstständige Beweisverfahren auch **Prozesskostenhilfe** beantragt werden (OLG Oldenburg MDR 2002, 910), und zwar unabhängig davon, ob es zur Hauptsacheklage kommt (BLAH/Hartmann § 114 Rn. 38 mwN; vgl. auch LG Augsburg WuM 1996, 233). Hauptsacheverfahren und selbstständiges Beweisverfahren sind dabei verschiedene Verfahren im Sinne des § 115 ZPO, auch wenn sie auf demselben Sachverhalt beruhen (OLG Köln Beschl. v. 4.9.1996 – 2 W 181/96). Maßgebend sind dabei die Erfolgsaussichten in diesem Verfahren, nicht diejenigen der Klage (OLG Saarbrücken MDR 2003, 1436; OLG Oldenburg MDR 2002, 910; BLAH/Hartmann § 114 Rn. 102 mwN).

Auch ist eine **Streitverkündung** im selbstständigen Beweisverfahren zulässig (BGH NJW 1997, 859; OLG Karlsruhe Beschl. v. 9.7.2008 – 7 W 31/08 – MDR 2008, 1354; Kunze NJW 1996, 102; 1997, 1290; Bub/Treier/Fischer IX Rn. 231). Bedeutsam ist dies im Fall mängelbezogener Feststellungen zB für den Fall, dass einer der Beteiligten Ersatzansprüche gegen einen anderen Vertragspartner (zB Handwerker) haben zu können glaubt (vgl. auch den Fall KG NJW-RR 2000, 513).

Ferner sind die Vorschriften über das **Ruhen des Verfahrens** entsprechend anwendbar (KG NJW-RR 1996, 1086; Bub/Treier/Fischer IX Rn. 231).

Zur **Anfechtbarkeit der** gerichtlichen **Anordnung** über das selbstständige Beweisverfahren ergibt sich aus § 490 Abs. 2 ZPO, dass der die Einleitung ablehnende Beschluss grundsätzlich mit der Beschwerde nach § 567 ZPO anfechtbar ist, der stattgebende nur ausnahmsweise, beim Vorliegen sog. „greifbarer Gesetzwidrigkeit" (vgl. dazu BLAH/ *Hartmann* § 490 Rn. 9 m. w. N.). Im selbständigen Beweisverfahren ist gegen die Ablehnung einer erneuten Begutachtung durch einen anderen Sachverständigen eine Beschwerdemöglichkeit nicht eröffnet (OLG Düsseldorf Beschl. v. 30.1.2009 – I – 1 W 3/09 – MDR 2009, 588).

Darüber hinaus hat es der Gegner in der Hand, das Hauptsacheverfahren zu erzwingen, indem er nach § 494a ZPO zur Klageerhebung Frist setzen lässt. Der entsprechende Beschluss ist nicht anfechtbar (vgl. statt aller OLGR Köln 1998, 54; Zöller/*Herget* § 494a Rn. 3 aE). Wegen der Folgen beim Ausbleiben der Klageerhebung in der Frist siehe § 494 a Abs. 2 ZPO und die eingehende Erläuterung unter der Rubrik Kosten und Gebühren im Anhang zu → Form. D. III. 2.1.

Hervorzuheben ist schließlich, dass das Beweissicherungsverfahren im Mietrecht **nunmehr verjährungshemmende Wirkung** hat, § 204 I Nr. 7 BGB. Die Hemmung endet sechs Monate nach Beendigung des Verfahrens, § 204 Abs. 2 BGB.

Allerdings sind die im selbständigen Verfahren gewonnene **Beweisergebnisse nur dann verwertbar** und bindend („stehen einer Beweisaufnahme vor dem Prozessgericht gleich" § 493 Abs. 1 ZPO), **wenn** dort **die verfahrensrechtlichen Beteiligungsrechte der späteren Prozessparteien hinreichend gewahrt worden sind.** Andernfalls kann eine Wiederholung der Beweisaufnahme bzw. Fortsetzung der Beweiserhebung vor dem Prozessgericht geboten sein (OLG Celle NZM 1998, 158, 160; Zöller/*Herget* § 493 Rn. 3 mwN).

Die folgenden → Form. D. III. 1–→ Form. D. III. 4 dokumentieren die typischen Grundkonstellationen von Beweissicherungsanträgen, wie sie im amtsgerichtlichen Mietdezernat so ähnlich immer wieder vorkommen.

Vermieteranträge auf Beweissicherung

2. Antrag wegen Beschädigung der Mietsache

An das

Amtsgericht[1]. . . . .

– Abteilung für Mietsachen –

Antrag auf Beweissicherung

der Eheleute Marion und Herbert V

– Antragsteller –

gegen

Herrn Oskar M. . . . . .

– Antragsgegner –

Vorläufiger Streitwert:[2] 500,– EUR

Namens und in Vollmacht der Antragsteller beantrage ich im Wege der Beweissicherung ohne mündliche Verhandlung, das schriftliche Gutachten eines Sachverständigen für das Schreinerhandwerk über folgende Fragen einzuholen:

1. Ist die Tür zur Wohnung D. im 2. OG des Hauses W-Straße 97 in K ober- und unterhalb des Schlosseinsatzes eingerissen?
2. Hat sich das Schließblech zu dieser Tür aus dem Rahmen gelöst, gegebenenfalls wie weit?
3. Schließt die vorgenannte Tür nicht und klappert sie?
4. Sind die vorgenannten Schäden darauf zurückzuführen, dass mehrere heftige Fußtritte oder Faustschläge von außen gegen die Tür erfolgten?
5. Welche Reparaturen sind zur Beseitigung dieser Schäden erforderlich und wie hoch sind die voraussichtlichen Kosten der Schadensbeseitigung?

In welcher Höhe ist ein Abzug neu für alt[3] gerechtfertigt?

Begründung:

Die Antragsteller sind Eigentümer des im Antrag bezeichneten Hauses.

Der Antragsgegner ist Mieter einer in diesem Haus gelegenen Wohnung.

Aus für dieses Verfahren nicht erheblichem Anlass trat der Antragsgegner am 11.1.2015 von außen gegen die Tür zur Wohnung D. im selben Haus.

Glaubhaftmachung:[4] Kopie eines Schreibens des Herrn D. vom 12.1.2015 in Kopie

Vorlage einer eidesstattlichen Versicherung des Herrn D., ...

Durch die Tritte des Antragsgegners traten die im Antrag bezeichneten Schäden an der Tür auf.

Beweis: Einholung eines Sachverständigengutachtens

Als Sachverständiger wird benannt:[5] Herr B., ...

Vor dem Angriff des Antragsgegners war die Tür vollständig intakt.

Glaubhaftmachung: Vorlage einer eidesstattlichen Versicherung des Herrn D., b. b.

Für die Frage, ob die Schäden an der Tür von dem Antragsgegner stammen und dieser verpflichtet ist, die Kosten der Schadensbeseitigung zu tragen, kommt es ganz erheblich auf die Feststellung des Umfanges und der möglichen Ursache der Schäden und den Umfang der notwendigen Reparaturarbeiten an, so dass eine Feststellung der Schäden und der notwendigen Reparaturarbeiten noch vor Reparaturbeginn erforderlich wird.[6] Nach erfolgter Reparatur wäre dieser Nachweis nicht oder nur unzulänglich zu treffen.

Eine Reparatur ist vor Abschluss eines ordentlichen Klageverfahrens dringend zur Einbruchssicherung erforderlich.

Ein selbständiges Beweisverfahren ist deshalb auch unter diesem Gesichtspunkt notwendig.

Rechtsanwalt

Anmerkungen

1. Zuständig ist das Amtsgericht (§ 23 Abs. 1 Nr. 2 a GVG) des Orts, in dem sich die Räume befinden; ferner vgl. § 486 ZPO. Eingehend dazu → Form. D. III. 4 Anm. 1.

2. Maßgebend für den **Streitwert** ist der Wert des zu sichernden Anspruchs (→ Form. D. III. 4 Anm. 3). Da hier ein Schadensersatzanspruch der Höhe nach aufgeklärt werden soll, kommt es letztlich auf den (ersatzfähigen) Wert der beschädigten Sache an. Im Ergebnis wird der im Gutachten ermittelte Betrag zugrunde gelegt, einstweilen der geschätzte Wert. Für die Bemessung des Streitwerts des selbständigen Beweisverfahrens ist der vom Antragsteller bei der Verfahrenseinleitung geschätzte Wert weder bindend noch maßgeblich. Das Gericht hat vielmehr nach Einholung des Sachverständigengutachtens den zutreffenden Hauptsachewert bezogen auf den Zeitpunkt der Verfahrenseinleitung und das Interesse des Antragstellers festzusetzen (OLG Celle MDR 2014, 1344).

3. Die Zulässigkeit des Antrages folgt jedenfalls aus § 485 Abs. 1 ZPO, da ein Beweismittelverlust besorgt wird (→ Anm. 5). **Die gestellten Beweisfragen** allerdings beziehen sich hier in erster Linie auf den aktuellen **Zustand der Sache** (§ 485 Abs. 2 Nr. 1 ZPO) und die maßgebliche **Ursache** (§ 485 Abs. 2 Nr. 2 ZPO) sowie den **für eine Schadensbehebung erforderlichen Aufwand** (§ 485 Abs. 2 Nr. 3 ZPO). Zur generellen Zulässigkeit von Fragen der Vereinbarkeit mit §§ 487 Nr. 2, 490 Abs. 2 ZPO → Form. D. III. 4 Anm. 4, 5.

Unter Vorteilsausgleichsgesichtspunkten ist dabei auch die Frage nach der **Höhe des anzusetzenden Abzugs neu für alt** zu stellen, welche häufig vergessen und dann erst im Hauptsacheverfahren mit erheblichen Kostennachteilen und -risiken problematisiert wird. Zu bedenken ist, dass ein Vortrag zur Höhe des Abzugs nach hM Schlüssigkeitserfordernis im Hauptsacheverfahren ist (vgl. statt aller LG Köln WuM 1988, 302 mwN), dh die Klage ohne solchen Vortrag als von vornherein unbegründet der Höhe nach der Abweisung unterliegen kann. Ist die Frage im Beweissicherungsverfahren zunächst übersehen worden, empfiehlt sich, auf eine mündliche oder schriftliche Nachbefragung zu dringen (Ergänzungsfrage iSd § 411 Abs. 4 ZPO). Ist das nicht mehr möglich wegen Fristversäumnisses (geringfügige Fristüberschreitungen, etwa von drei Tagen, sind allerdings unschädlich, Köln OLGR 2000, 26), bleibt nur der Weg der unmittelbaren Nachfrage beim Gutachter selbst. In diesem Zusammenhang hat der 1. Zivilsenat des OLG Köln entschieden (OLGR 1997, 116 = NJW-RR 1997, 1220 u. NJW-RR 1998, 210):

„Wird ein Antrag auf Ergänzung eines im selbstständigen Beweisverfahren eingeholten Sachverständigengutachtens oder auf Anhörung des Sachverständigen nicht innerhalb des im Sinne der §§ 411 Abs. 4, 492 Abs. 1 ZPO angemessenen Zeitraums gestellt, so ist davon auszugehen, dass das selbstständige Beweisverfahren beendet ist. Die Angemessenheit des Zeitraums, innerhalb dessen ein solcher Antrag zu stellen ist, richtet sich nach den schutzwürdigen Interessen der Parteien und den verfahrensrechtlichen Erfordernissen. In einem einfach gelagerten Fall kann es nach Ablauf von vier Monaten nach Übersendung des Gutachtens an dieser Angemessenheit fehlen."

Entsprechend hat der 2. Zivilsenat des OLG Köln klargestellt, dass auch der Umfang und der Schwierigkeitsgrad des Gutachtens und ein etwa gegebenes Beschleunigungsbedürfnis zu berücksichtigen seien. Sechs Wochen nach Übermittlung eines umfangreichen schriftlichen Gutachtens trete keine Beendigung des Verfahrens ein (OLGR 1997, 198; vgl. zum Ganzen auch LG Frankfurt/M. MDR 1985, 150 sowie BLAH/*Hartmann* § 492 Rn. 6). Haben die Parteien rechtzeitig Einwendungen gegen das im selbständigen Beweisverfahren erstattete Gutachten erhoben, ist – sofern nicht eine weitere Beweisaufnahme stattfindet – das selbständige Beweisverfahren jedenfalls dann beendet, wenn der mit der Beweisaufnahme befasste Richter zum Ausdruck bringt, dass eine weitere Beweisaufnahme nicht stattfindet und dagegen innerhalb angemessener frist keine Einwände erhoben werden (BGH Urt. v. 28.10.2010 – VII ZR 172/09 – NJW 2011, 594). Eine konkrete Beendigung im Sinne eines formellen Aktes ist gesetzlich nicht vorgesehen.

4. Die **Glaubhaftmachung** ist hier zweigleisig vorgenommen worden (→ Form. D. III. 4 Anm. 5): einmal in Form der Vorlage eines Schreibens des Zeugen, d. h. des Urkundenbeweises, zum anderen in Form der Vorlage einer eidesstattlichen Versicherung, d. h. des vereinfachten Zeugenbeweises. Die Urkunde erbringt nach § 416 ZPO bereits den Beweis dafür, dass die in ihr enthaltene Erklärung von dem Aussteller abgegeben worden ist. Dass er für ihre Richtigkeit einstehen will, ergibt sich erst aus der eidesstattlichen Versicherung; insoweit ist der Beweiswert angehoben. Notwendig ist die Beifügung der eidesstattlichen Versicherung allerdings nicht, zumal über die behauptete Tatsache im selbstständigen Beweisverfahren nicht abschließend, sondern nur ergänzend zu entscheiden ist.

5. Die **Beweisaufnahme** erfolgt nach den für die Aufnahme des betreffenden Beweismittels überhaupt geltenden Vorschriften, § 492 Abs. 1 ZPO. Regelmäßig wird die Beweisaufnahme durch die Einholung eines Sachverständigengutachtens erfolgen, um einen Zustand der Sache feststellen zu lassen. Die beabsichtigte Reparatur, die insbesondere der Einbruchsvermeidung dienen soll, führt allerdings dazu, dass sich der Zustand des Mietobjekts nachhaltig verändert und das Beweismittel verloren geht (Augenschein). Hinzu treten die weiteren Fragen zur Schadenshöhe, die einer sachverständigen Klärung zugeführt werden sollen. Der Sachverständige nimmt zudem den Zustand der Mietsache in Augenschein, um damit die weiteren Fragen im Zusammenhang mit § 485 Abs. 2 Ziffern 2 und 3 ZPO beantworten zu können (Höhe des Schadens und Aufwand für die Schadensbeseitigung).

Für den Beweis durch Sachverständigengutachten gelten die Vorschriften der §§ 402 ff. ZPO. Die **Auswahl des Sachverständigen** obliegt dabei dem Gericht, das an den Vorschlag des Antragstellers nicht gebunden ist (Zöller/*Greger* § 404 Rn. 3).

6. Beruft sich eine Partei in dem nachfolgenden Rechtsstreit auf Tatsachen, über die selbständig Beweis erhoben worden ist, so steht die selbständige Beweiserhebung einer Beweisaufnahme vor dem Prozessgericht gleich, § 493 Abs. 1 ZPO.

Angesichts klarer Feststellungen des Sachverständigen besteht die grundsätzliche Möglichkeit, einen nachfolgenden Rechtsstreit zu vermeiden. Wenn nämlich alles Wesentliche bereits feststeht, ist von einer einsichtigen Gegenpartei nicht zu erwarten, dass sie ihre Ersatzverpflichtung abstreitet. Ein von ihr hinzugezogener Rechtsberater müsste dringend zu einem Anerkenntnis raten (vgl. auch LG Köln WuM 1995, 490. 491).

3. Antrag zur Schadensfeststellung wegen unterlassener bzw. mangelhaft durchgeführter Schönheitsreparaturen

An das

Amtsgericht . . . . .

– Abteilung für Mietsachen –

Antrag auf Durchführung des
selbstständigen Beweisverfahrens gemäß §§ 485 ff. ZPO

der Eheleute V. . . . . .

– Antragsteller –

gegen

Frau Marita M. . . . . .

– Antragsgegnerin –

wegen unterlassener bzw. mangelhaft ausgeführter Schönheitsreparaturen

Streitwert: (vorläufig) 2.500,– EUR

Namens und in Vollmacht der Antragsteller beantrage ich,

gemäß § 490 ZPO ohne mündliche Verhandlung durch Einholung eines Gutachtens eines Sachverständigen für das Maler- und Lackierer-Handwerk Beweis zu erheben über folgende Fragen:

1. Hat die Antragsgegnerin die Schönheitsreparaturen, bestehend aus dem Innenanstrich der Türen, Fenster, Fußleisten und Heizkörper sowie der Ausbesserung von Schäden am Verputz der Wände und Decken[1] sowie das Tapezieren bzw. Anstreichen oder Kalken der Wände und Decken nicht ordnungsgemäß ausgeführt bezogen auf die im Hause K-Str. 10 in K im 1. OG links gelegene Wohnung, bestehend aus zwei Zimmern, Küche, Diele, Bad? Ist die Wohnung insbesondere renovierungsbedürftig in dem Sinne, dass die vorangegangene Renovierung verbraucht ist, die Farbe schwindet, die Tapeten und Decken verschmutzt sind?
2. Ggf.: Wie hoch sind die erforderlichen und angemessenen Renovierungskosten?

Begründung:

Unter dem 29.7.2010 schlossen ein Herr K. und eine Frau S. einen Wohnungsmietvertrag über die im Antrag angegebene Wohnung. Vor einigen Jahren haben die Antragsteller das Haus K-Str. 10 erworben und sind als Eigentümer in das Grundbuch eingetragen worden, so dass das Mietverhältnis gemäß § 566 BGB auf sie übergegangen ist.

Die Mieterin S. ist am 12.8.2014 verstorben und durch die Antragsgegnerin beerbt worden. Sie hat das Mietverhältnis mit Schreiben vom 13.8.2014 zum 30.11.2014 gekündigt.

Beweis: in Anlage 1 beigefügtes Kündigungsschreiben vom 13.8.2014

In § 5 des Mietvertrages ist im Wege einer Individualabrede vereinbart, dass die Antragsgegnerin die Schönheitsreparaturen durchzuführen hat.

Beweis: in Anlage 2 beigefügter Mietvertrag vom 29.7.2010

Die Antragsgegnerin hatte mit Schreiben vom 29.8.2014 die Auffassung vertreten, die erforderlichen Renovierungskosten beliefen sich auf maximal 1.250,– EUR und die Wohnung sei in wesentlichen Teilen nicht renovierungsbedürftig.[2]

Beweis: in Anlage 3 beigefügtes Schreiben des Rechtsanwalts X als Vertreter der Antragsgegnerin vom 29.8.2014

Demgegenüber vertreten die Antragsteller die Auffassung, dass die Wohnung vollständig renoviert werden muss und die von der Antragsgegnerin angebotenen 1.250,– EUR keinesfalls ausreichen, die Wohnung in einen vertragsgemäßen Zustand zu versetzen.

Mit Schreiben vom 1.12.2014[2] wurde die Antragsgegnerin, vertreten durch Rechtsanwalt X aufgefordert, die Wohnung bis zum 16.12.2014 in einen vertragsgemäß renovierten Zustand zu versetzen. Weiterhin wurde ausgeführt, dass nach Ablauf der Frist jede Renovierungstätigkeit durch sie abgelehnt und Schadensersatz wegen Nichterfüllung verlangt werden würde.

Beweis: in Anlage 4 beigefügtes Schreiben der Antragsteller vom 1.12.2014

Die Antragsgegnerin hat die gesetzte Frist ungenutzt verstreichen lassen, so dass es zur Sicherung des Zustands der Wohnung zwingend erforderlich ist, diesen durch einen Sachverständigen verbindlich feststellen zu lassen. Die Antragsteller wollen die Wohnung unverzüglich vermieten und zu diesem Zweck die Renovierung durchführen. Die Durchführung der Renovierung würde den jetzigen Zustand nachhaltig verändern, so dass die ggf. erforderlichen Feststellungen nicht mehr getroffen werden könnten.

Im Übrigen ist davon auszugehen, dass nach Durchführung des selbständigen Beweisverfahrens und der entsprechenden Festlegung des Renovierungszustands und der Renovierungskosten eine einvernehmliche Regelung zwischen den Beteiligten über die Tragung der Kosten erfolgen wird.[2]

uf telefonische Nachfrage hat der Sachverständige Y erklärt, er sei in der Lage, kurzfristig das Gutachten zu erstellen. Wir schlagen vor, ihn oder einen anderen dem Gericht bekannten erfahrenen Gutachter unverzüglich zu beauftragen, damit die Wohnung nach dessen Besichtigung wieder in einen vermietbaren Zustand versetzt und weitervermietet werden kann.

Der Auslagenvorschuss für den Sachverständigen in Höhe von 750,– EUR ist per Scheck beigefügt.

Rechtsanwalt[3]

Anmerkungen

1. Bei der Wiedergabe der vertraglichen Schönheitsreparaturregelung sollte Wert darauf gelegt werden, dass lediglich die wirksam übertragenen Pflichten Gegenstand der Feststellung werden. Denn im selbstständigen Beweisverfahren wird vom Gericht die Beweiserheblichkeit, d. h. Schlüssigkeit regelmäßig nicht geprüft (BGH NJW 2000, 960; OLG Celle BauR 1992, 405; LG Köln WuM 1995, 491; Zöller/*Stephan* § 485 Rn. 4 mwN). Daraus folgt, dass rechtliche Mängel, die nach Gutachtenserstellung aufgedeckt werden, den Wert der Feststellungen erheblich einschränken können.

Praktisch empfiehlt sich daher das selbstständige Beweisverfahren zur Schadensfeststellung wegen unterlassener bzw. mangelhaft ausgeführter Schönheitsreparaturen nur, wenn die vertragliche Pflicht feststeht, d. h. bei „getesteten" Einheitsmietverträgen, die der aktuellen BGH- Rechtsprechung entweder Rechnung getragen oder bekanntermaßen ihr standgehalten haben. Dabei ist namentlich auf die **umfangreiche Änderung der Rechtsprechung** vom 18.3.2015 zu achten (BGH NJW 2015, 1594; 2015, 1871und 2015, 1874). Demgemäß geht der Beispielsfall von einer Individualabrede aus.

Die wesentlichen Wirksamkeitsprobleme sind:

a) **Schönheitsreparaturen von der Sache her sind** nur das Tapezieren, Anstreichen oder Kalken der Wände und Decken, das Streichen der Fußböden, der Heizkörper einschließlich Heizrohren, der Innentüren sowie der Fenster und Außentüren von innen sind (§ 28 Abs. 4 S. 5 der II. BV sowie § 7 des vom Bundesminister der Justiz herausgegebenen Mustermietvertrages 1976). Ihr Begriff ist **festgelegt** als im Wesentlichen durch das Abwohnen bedingte Malerarbeiten, d. h. Arbeiten, die der Instandhaltung dienen. Instandsetzungsarbeiten, also Reparaturen, fallen nicht unter den Begriff und sind folglich Sache des Vermieters (vgl. *Wetekamp*, Kommentar zum BGB-Mietrecht, 1998, Kap. 4 Rn. 7). Die häufig in Formularverträgen zusätzlich aufgenommenen Pflichten wie das „Abziehen der Parkettböden und die Ausbesserung von Schäden am Verputz der Wände und Decken" sind als selbstständige Pflichten also von der Verkehrsanschauung nicht gedeckt und auch nicht überschaubar. Ihre Auferlegung verstößt gegen § 307 Abs. 2 BGB (LG Köln WuM 1989, 70 u. 506). Dessen ungeachtet ist die **Behebung kleinerer Schäden** (Risse), die gewöhnlich im Zuge von Malerarbeiten miterledigt werden, zu den **Schönheitsreparaturen zu rechnen** (Bub/Treier/*Kraemer*/*Paschke* III A 2602; *Wetekamp*, Kommentar zum BGB-Mietrecht, 1998, Kap. 4 Rn. 7). Nicht zu den Schönheitsreparaturen gehört in jedem Fall das Lackieren von Außenfenstern oder das Abschleifen eines Parketts sowie das Auswechseln von Teppichböden (vgl. LG Berlin GE 1999, 983; Bub/

Treier/*Kraemer*/*Paschke* III A 2604) und die generelle Beseitigung aller vom Mieter eingebrachter Tapeten (BGH NZM 2006, 622).

b) **Ist die vertragliche Fristenregelung zu eng,** dh weicht wesentlich von den üblichen Fristen ab, wonach Küche, Bäder und Dielen alle drei Jahre, Wohn- und Schlafräume alle fünf Jahre und sonstige Nebenräume alle sieben Jahre zu renovieren sind, **ist die gesamte Klausel in aller Regel unwirksam** (BGH NZM 2006, 621 u. 924; LG Berlin WuM 1996, 758; LG Köln WuM 1989, 70 u. 506; LG München II WuM 2001, 599). Anderes soll nur gelten, wenn die Fristenregelung lediglich bezüglich des Streichens der Heizkörper und Türen unangemessen erscheint. Dann soll die Pflicht zur Durchführung von Schönheitsreparaturen im Übrigen bestehen bleiben (LG Köln WuM 1997, 434 u. 1999, 36; vgl. auch LG München II WuM 1997, 549; a.A. wohl BGH NZM 1998, 710). Die in der Literatur verschiedentlich aufgeworfene Frage, ob die Regelfristen von drei, fünf und sieben Jahren nicht zu kurz bemessen sind, d.h. nicht im Hinblick auf veränderte Wohnverhältnisse und verbesserte Dekorationsmaterialien längere Fristen künftig geboten sind, hat der BGH im Urteil vom 26.9.2007 für die Vergangenheit noch verneint und für die Zukunft offengelassen (NZM 2007, 879).

c) **Unwirksam ist auch die sog. „starre Fristenklausel",** dh eine solche Klausel, die unabhängig vom Bedarf allein anknüpfend an eine bestimmte Wohnzeit die Durchführung von Schönheitsreparaturen auferlegt, mögen die zugrunde gelegten Fristen als solche auch dem Üblichen entsprechen (BGH NZM 2006, 621 u. 924; OLG Düsseldorf NZM 2006, 462 u. 2007, 215; OLG München NZM 2007, 215) **sowie die uneingeschränkte Endrenovierungsklausel,** die am Ende des Mietverhältnisses in jedem Fall die Endrenovierung auferlegt (das gilt selbst, wenn keine Schönheitsreparaturpflicht vertraglich begründet ist: BGH NZM 2007, 921), und sei es nur in Form einer Tapetenentfernung (BGH NZM 2006, 622). **Infolge des „Summierungseffekts"** ist hiernach auch die – für sich allein gesehen wirksame – Schönheitsreparaturklausel mit unwirksam (BGH NZM 2003, 594 u. 2006, 623), und zwar auch im Gewerbemietrecht (BGH NZM 2005, 504). **Wirksam** ist dagegen die Auferlegung **flexibler Schönheitsreparaturfristen** als Richtlinien infolge des Zusatzes: „im Allgemeinen" oder „in der Regel", „grundsätzlich", auch **in Verbindung mit einer eingeschränkten Endrenovierungs („Bedarfs-")klausel,** die je nach dem Grad der Abnutzung oder Beschädigung die Ausführung der bei Ende des Mietverhältnisses erforderlichen Schönheitsreparaturarbeiten aufgibt (BGH NZM 2004, 497). Dabei ist insbesondere erheblich, ob die Räume renoviert übergeben waren. Zu beachten sind die drei Entscheidungen des BGH vom 18.3.2015 (NJW 2015, 1594, 1871 und 1874: unrenoviert übergeben Mietwohnung ohne angemessenen Ausgleich, unwirksame Quotenabgeltungsklauseln und unwirksame Klauselbestandteile mit Wirkung für die gesamte Dekorationsverpflichtung).

d) **Ist nur die Verpflichtung zur Durchführung von Schönheitsreparaturen übertragen, gelten die üblichen Inhalte als vereinbart** (BGH RE NJW 1985, 480, 481), d.h. entscheidend ist, ob aus der Sicht eines objektiven Betrachters Renovierungsbedarf besteht (BGH NZM 2005, 450). Das setzt freilich voraus, dass die Verpflichtung dem Grunde nach hinreichend eindeutig übertragen ist. Ist lediglich bestimmt, dass die Kosten für Schönheitsreparaturen der Mieter trägt, wurde dies früher häufig lediglich als Freizeichnung für den Vermieter verstanden, nicht aber als Pflicht zum Tätigwerden für den Mieter (vgl. dazu *Sternel* I 337, II 380 betreffend die Regelungen: „Schönheitsreparaturen sind Sache des Mieters, ... gehören zu Lasten des Mieters, ... trägt der Mieter"). Dem ist der BGH zwischenzeitlich entgegengetreten, Jedenfalls die Mietvertragsklausel, wonach der Mieter die Kosten der Schönheitsreparaturen trägt, sei ohne Hinzutreten weiterer Umstände gerade nicht als bloße Kostenübernahmeregelung zu verstehen, sondern dahingehend auszulegen, dass der Mieter- entsprechend der im Wohnraummietrecht üblichen Handhabung- zur Ausführung von Schönheitsreparaturen verpflichtet ist. Denn die Abwälzung der Schönheitsreparaturen sei Verkehrssitte geworden und die

Vertragsparteien eines Wohnraummietvertrages sähen es als selbstverständlich an, dass der Mieter die Schönheitsreparaturen zu tragen hat (BGH NZM 2004, 734).

e) Zum Problem sog. Farbtonklauseln siehe LG Hamburg NZM 2008, 40. Für das laufende Mietverhältnis hat der Bundesgerichtshof (NJW – RR 2010, 666 = NZM 2010, 236) entschieden, dass eine Formularklausel, derzufolge der Mieter „nur weiß" streichen dürfe, unwirksam ist. In einem Hinweisbeschluss hat der Bundesgerichtshof (NJW 2011, 514 = NZM 2011,150) jetzt für „Decken, Fenster und Türen" auch hinsichtlich der Auszugsrenovierung dies so gesehen mit der Begründung, ein Zwang zu bestimmter Rückgabe sei geeignet, den Mieter bereits im laufenden Mietverhältnis in seiner Freiheit der Farbwahl zu beeinträchtigen.

2. Das Schreiben vom 29.8.2014 enthielt lediglich ein Vergleichsangebot, welches keine Anerkennung einer Pflicht dem Grunde nach zum Gegenstand hat. Es ist aber insoweit von Bedeutung, als das **Aufforderungsschreiben** vom 1.12.2014 wohl nicht als hinreichend bestimmte Leistungsaufforderung im Sinne des § 281 Abs. 1 BGB angesehen werden und auch keine endgültige Erfüllungsverweigerung der Antragsgegnerin angenommen werden kann. **Nach Vorlage des Gutachtens** empfiehlt sich daher auch aus materiellrechtlichem Grund, noch einmal unter Fristsetzung und Ankündigung von Schadensersatz (vgl. dazu *Kinne/Schach/Bieber* § 535 Rn. 96 a S. 183) zur Leistung aufzufordern, was zugleich den praktischen Vorteil in sich trägt, dass auf Gutachtensbasis noch eine Einigung zustande kommen könnte. Die Zulässigkeit des Beweisantrags als solchen folgt hier in erster Linie aus § 485 Abs. 2 Nr. 1 ZPO (Feststellung des derzeitigen Zustands, vgl. Bub/Treier/*Fischer* IX Rn. 216, daneben – wegen der Gefahr der Veränderung – zugleich aus § 485 Abs. 1 ZPO. Zum derzeit noch umstrittenen Verhältnis der Regelung des § 485 Abs. 1 ZPO zu der des Abs. 2 siehe die eingehende Darstellung in der Vorbemerkung → Form. D. III. 1.

3. Weitere **Glaubhaftmachung** durch Beifügung einer eidesstattlichen Versicherung der Antragsteller erscheint hier entbehrlich abgesehen davon, dass hier regelmäßig nur der Inhalt des Schriftsatzes als richtig bezeichnet zu werden pflegt. Eine solche Erklärung ist aber wertlos (BGH NJW 1988, 2045). Regelmäßig sollte darauf bestanden werden, dass eine eidesstattliche Versicherung eine eigene Sachdarstellung enthält.

4. Antrag zur Klärung von Art und Umfang einer behaupteten Gesundheitsgefahr

An das

Amtsgericht (Landgericht)[1] . . . . .

Antrag auf Durchführung eines
selbstständigen Beweisverfahrens gemäß §§ 485 ff. ZPO

der Firma R.–AG, ...

– Antragstellerin –

Verfahrensbevollmächtigte: Rechtsanwälte . . . . .

gegen

Firma A. B.–GmbH, vertreten durch den Allein-Geschäftsführer . . . . .

– Antragsgegnerin –

Streitwert:[2] (vorläufig) 50.000,– EUR

Unter Vorlage auf uns lautender Vollmacht beantragen wir im Wege des selbstständigen Beweisverfahrens nach § 485 ZPO die schriftliche Begutachtung durch einen Sachverständigen. Der Sachverständige möge folgende Feststellungen treffen:

I. Art und Umfang der Schadstoffkontamination in der Raumluft und in Ablagerungen der Lagerhalle, die in dem hier als Anlage 1 beigefügten Lageplan grün schraffiert dargestellt ist und sich auf dem Grundstück H-Straße in K. befindet, und zwar anhand der Feststellungen der F. S.–GmbH vom 25.2.2014 sowie des Schreibens des staatlichen Gewerbeaufsichtsamts K. an die Fa. K-B-GmbH vom 19.3.2014[3]

II. Ursache der festgestellten Schadstoffkontamination.

Als Sachverständigen,[4] schlagen wir vor:

Herrn M., Technischer Überwachungsverein, ...

Begründung:

1. Zuständigkeit des Amtsgerichts[1]
Die zu begutachtende Lagerhalle befindet sich im Bezirk des Amtsgerichts K. Es handelt sich um einen Fall dringender Gefahr: das Gewerbeaufsichtsamt K. stellte in dem in Anlage 3 beigefügten Schreiben vom 19.3.2014 fest:
„Da im vorliegenden Ist-Zustand der Lagerhalle eine erhebliche Gesundheitsgefährdung, die durchaus strafrechtlich relevant zu werten ist, vorliegt, ist eine fachgerechte Entsorgung zu einem schnellstmöglichen Termin unumgänglich."
Hilfsweise wird Verweisung bzw. Abgabe an das Landgericht beantragt für den Fall, dass das Amtsgericht seine subsidiäre Zuständigkeit auch unter den gegebenen Umständen nach pflichtgemäßem Ermessen verneinen sollte.
Die Antragstellerin als Eigentümerin der Lagerhalle beabsichtigt demgemäß die schnellstmögliche Reinigung und Entsorgung der Halle, was hiermit zur Glaubhaftmachung[5] anwaltlich versichert wird. Zur Wahrung zivilrechtlicher Ansprüche (wie unten näher dargelegt) müssen jedoch die erforderlichen Zustandsfeststellungen über Art und Umfang der Kontamination schnellstmöglich vor Durchführung der Reinigungsarbeiten getroffen werden.
2. Ein Rechtsstreit ist noch nicht anhängig, was hiermit zur Glaubhaftmachung anwaltlich versichert wird.
3. Das rechtliche Interesse[6] der Antragstellerin ergibt sich aus Folgendem:
Die Antragstellerin hat die Lagerhalle, auf die sich der Beweisantrag bezieht, zusammen mit dem Grundbesitz, auf dem sich die Halle befindet, von der Firma D-AG erworben und an die Antragsgegnerin vermietet.

Zur Glaubhaftmachung: Mietvertrag vom 4.12.2010 (Anlage 4)

Die Antragsgegnerin als Mieterin hat mit Schreiben ihrer Anwälte Dres. R. pp vom 4.4.2014, gestützt auf die Feststellungen der Firma S. GmbH im Schreiben vom 25.2.2014 sowie des Gewerbeaufsichtsamts K. vom 19.3.2008 das Mietverhältnis fristlos gekündigt.

Zur Glaubhaftmachung: Schreiben der Rechtsanwälte Dres. R. pp vom 4.4.2014 (Anlage 5)

Die Antragstellerin hat demgegenüber die Auffassung vertreten, die Kündigung sei nicht gerechtfertigt und sie deshalb zurückgewiesen.

Zur Glaubhaftmachung: Schreiben der Verfahrensbevollmächtigten der Antragstellerin vom 14.4.2014

Die Feststellungen zu Art und Umfang der Kontamination durch einen unabhängigen Sachverständigen dienen der Vermeidung eines Rechtsstreits, denn sie geben darüber

Aufschluss, ob eine Gesundheitsgefährdung in einem Ausmaße vorliegt, das die fristlose Kündigung des Mietverhältnisses durch die Antragsgegnerin rechtfertigt.
Wir bitten, über den Antrag so schnell wie möglich[7] ohne mündliche Verhandlung zu
entscheiden, da der Antragstellerin bereits ein Angebot der V. AG zur Reinigung und
Entsorgung der Kontamination vorliegt (vom 23.4.2014, Anlage 7). Der Auftrag soll
baldmöglichst erteilt werden, um die vom Gewerbeaufsichtsamt im Schreiben vom
19.3.2014 (Anlage 3) angeführten Gefahren zu beseitigen.

Rechtsanwalt

Anmerkungen

1. Dem Wortlaut des Gesetzes nach ist nicht zu bezweifeln, dass nach § 486 Abs. 3
ZPO vorliegend **auch die Zuständigkeit des Amtsgerichts** in Betracht kommt, in dessen
Bezirk sich die zu begutachtende Sache befindet. Eine dringende Gefahr ist dem Schreiben
des Gesundheitsamts vom 19.3.2014 zu entnehmen.

Allerdings ist darauf hinzuweisen, dass *Hartmann* (BLAH/*Hartmann* § 486 Rn. 9)
einen Fall dringender Gefahr verneint, wenn das nach Abs. 1 u. 2 zuständige Landgericht
sich am selben Ort befindet wie das Amtsgericht, was in Köln und Hamburg z.B. der Fall
ist. Denn dann sei dieses ebenso schnell einsatzbereit, wahrscheinlich auch bei ortsver-
schiedenem Sitz angesichts der heutigen Verkehrs- und Kommunikationsmöglichkeiten
(ebenso nunmehr: OLG Celle NJW-RR 2000, 1738).

2. Die **Streitwertangabe** indiziert die für das Hauptsacheverfahren anzunehmende
Zuständigkeit des Landgerichts. In dem Ausgangsfall, dem das Muster nachgebildet ist,
wurde der Streitwert letztlich mit 1.731.900,– DM festgesetzt auf der Grundlage der hM
(vgl. zB BGH NJW 2004, 3488 = MDR 2005, 162; OLG Celle NJW – RR 2004, 234;
Zöller/Herget § 3 Rn. 16 Stichwort „selbständiges Beweisverfahren"), wonach auch für das
selbstständige Beweisverfahren der Wert der Hauptsache zugrunde zulegen ist (eingehend
→ Form. D. III. 4 Anm. 3).

3. Die Beweisfragen bezogen auf den Zustand der Sache sind hier sehr knapp gefasst,
aber durchaus noch vereinbar mit dem Wortlaut des § 485 Abs. 2 Nr. 1 ZPO und damit
nicht zu beanstanden.

4. Die **Benennung eines Sachverständigen** ist an sich nicht erforderlich, aber sinnvoll,
da das Gericht im Zweifel die zuständige Industrie- und Handelskammer um Vorschläge
bittet, was bei einer Eilsache allenfalls fernmündlich vertretbar wäre (→ Form. D. III. 4
Anm. 7).

5. Die anwaltliche Versicherung kann zur **Glaubhaftmachung** reichen (→ Form. D. III.
4 Anm. 5). Erforderlich ist aber die Mitteilung, dass der Anwalt über die behaupteten
Tatsachen aus eigener Wahrnehmung Bescheid weiß. Hier bezieht sie sich naturgemäß
nur auf die mitgeteilte Absicht schnellstmöglicher Reinigung und Entsorgung der Halle.

6. Das rechtliche Interesse an der Begutachtung ist hier in notwendigen Feststellungen
begründet, die einem Rechtsstreit vorgreifen sollen (§ 485 Abs. 2 ZPO; in Betracht
kommt für die Antragsrechtfertigung aber auch § 485 Abs. 1 ZPO, da mit der Beseitigung
der Kontamination auch ein diesbezüglicher Beweismittelverlust droht; vgl. zum Verhältnis der Regelung des § 485 Abs. 1 ZPO zu der des Abs. 2 die eingehende Darstellung
in der → D. III Vorb.). Solche Feststellungen sind hier zwar im Schreiben des Staatlichen
Gewerbeaufsichtsamts vom 19.3.2014 getroffen unter Bezugnahme auf ein von der
Untermieterin eingeholtes Privatgutachten. Auch ein solches Privatgutachten kann im
Rahmen freier Beweiswürdigung bereits ausreichende Aufklärung bringen (vgl. BLAH/

Hartmann Übers. § 402 Rn. 23). Indes ist die Sachkunde des letztlich tätig gewordenen Dipl.-Ing. zweifelhaft. Er ist nicht als Sachverständiger öffentlich bestellt und vereidigt. Auch ist nach § 53 ArbeitsstättenVO die Überprüfung durch den Technischen Überwachungsverein vorgesehen und vom Gewerbeaufsichtsamt in dem angezogenen Schreiben der Antragstellerin deshalb die Beibringung eines entsprechenden, die Unbedenklichkeit bescheinigenden Gutachtens unter Fristsetzung ausdrücklich auch vorbehalten. Hiernach ist nach § 412 Abs. 1 ZPO Raum für die Einholung eines weiteren und gerade des beantragten Gutachtens in jedem Fall (vgl. insoweit auch BLAH/*Hartmann* § 412 Rn. 5 ff. mwN). Obwohl sich diese Gesichtspunkte aus den beigefügten Unterlagen (Anlagen) ergeben, empfiehlt sich, hierauf bereits im Antrag einzugehen. Dies erleichtert dem Gericht die Entscheidung, ob dem Gegner nicht – wenngleich kurz bemessen – vor Beschlussfassung Gelegenheit zur Stellungnahme gegeben werden soll.

Im Originalfall wurde dem Antrag sofort stattgegeben, ohne dass eine solche Anhörung vorgesehen wurde.

Kein rechtliches Interesse war im Originalfall allerdings gegeben, soweit als 2. Antragsgegnerin die Verkäuferin des Grundstücks (hier: D-AG) in die Feststellungen mit einbezogen werden sollte. Ihr gegenüber war Verjährung nahe liegend. Nach § 438 Abs. I Nr. 3 BGB verjähren Gewährleistungsansprüche bei Grundstücken – unabhängig davon, ob Mängel erkennbar oder verdeckt sind – binnen zwei Jahren seit Übergabe (Gemäß §§ 438 Abs. 2, 218 BGB hindert die Verjährung zugleich den Rücktritt wegen des Mangels.). Aus einem dem Antrag beigefügten Schreiben der D-AG ergab sich zudem, dass sie nicht nur ihre Urheberschaft für die beanstandeten Verunreinigungen bestritt, sondern sich darüber hinaus ausdrücklich auch auf Verjährung berief. Insoweit war der Antrag zurückzuweisen. Zwar wird die Erheblichkeit des Beweisthemas grundsätzlich nicht geprüft (BGH NJW 2000, 960; OLG Celle BauR 1992, 405, 406; LG Köln WuM 1995, 491; Zöller/*Stephan* § 485 Rn. 4). Das gilt aber nicht bei offensichtlich fehlender Eignung zu einer Prozessvermeidung (vgl. KG BauR 1992, 403, 404; OLG Köln NJW-RR 1996, 573).

7. Erwidert wurde der Antrag nach Zustellung zusammen mit dem ergangenen Beweisbeschluss durch a) eine Ablehnung des beauftragten Sachverständigen wegen Besorgnis der Befangenheit b) umfangreiche Gegenanträge bzw. -anregungen „folgende Tatsachen in die Begutachtung zusätzlich mit einzubeziehen: . . . . .“ (Es folgten 4 engbeschriebene Seiten Text unterteilt in I–XIII und Untergliederungen 1–7 und a–e). Eine per Fax binnen 1 Woche angeforderte Stellungnahme der Antragstellerin ergab, dass sie der Ausweitung des Beweisthemas und der Auswechslung des Sachverständigen entgegentrat. Auch bestritt der Sachverständige jegliche Vorbefassung bzw. Voreingenommenheit.

a) Die **Ablehnung des im selbstständigen Beweisverfahren beauftragten Gutachters** ist in diesem bereits zulässig (**BGH MDR 2006, 287**; OLG Köln VersR 1993, 72; OLG Celle WuM 1996, 430; OLG Hamm VersR 1996, 911; Zöller/*Herget* § 487 Rn. 5 – hM). Über § 492 ZPO ist auch § 406 anwendbar. Damit hat sich die zum früheren Beweissicherungsverfahren vertretene Gegenauffassung, die Ablehnung sei erst im Hauptsacheverfahren statthaft (OLG Hamm ZMR 1990, 216), an sich erledigt (siehe aber BLAH/*Hartmann* § 487 Rn. 8). Über den Antrag kann jedoch ohne mündliche Verhandlung entschieden werden. Im Originalfall erfolgte eine Zurückweisung durch Beschluss. Die Ablehnung dürfte auch hier unverzüglich zu erfolgen haben ungeachtet einer gesetzten Erklärungsfrist (vgl. dazu OLG Koblenz NJW-RR 1999, 72).

b) Hingegen sind **Gegenanträge** nach noch immer verbreiteter Auffassung nicht zulässig (OLG München MDR 1993, 380; OLG Köln OLGR 1997, 52 u. 70; OLG Koblenz WuM 1997, 383; BLAH/*Hartmann* § 487 Rn. 8 mwN), da sie zu einer nicht erwünschten Verzögerung des Verfahrens führen können (**aA** immerhin: OLG Köln VersR 1994, 1328; OLG Frankfurt ZfBR 1996, 160, OLG München NJW-RR

1996, 1277; OLG Düsseldorf BauR 1995, 430; LG Köln BauR 1994, 407 im Hinblick auf die immer weitergehende Annäherung des selbstständigen Beweisver- fahrens zu einem vorweggenommenen Beweisverfahren aus dem Hauptsacheprozess; vgl. auch *Thomas/Putzo* § 485 Rn. 1 u. *Zöller/Herget* § 487 Rn. 4). Decken sich die vom Beweisgegner aufgeworfenen Fragen im Wesentlichen mit dem Beweisthema des Antragstellers, folgt die Unzulässigkeit der Beweiserhebung hierüber bereits aus § 485 Abs. 3 ZPO. Im Übrigen ist er auf das Recht zur Einleitung eines eigen- ständigen (Gegner-)Beweisverfahrens zu verweisen.

Wohl ist dem Antragsgegner zweckmäßigerweise Gelegenheit zu geben, die gegebene Anregung aufzugreifen. Auch ist dem Gericht unbenommen, von Amts wegen einen anderen Sachverständigen zu betrauen, wenn ihm auf Grund des Gegenvorbringens Zweifel gegen die Zweckmäßigkeit der bisherigen Auswahlentscheidung gekommen sind.

Natürlich ist gegen die zurückweisende Entscheidung zu a) und b) die sofortige Beschwerde bzw. die einfache Beschwerde zulässig, was zu einer weiteren Verfahrens- verzögerung von bis zu mehreren Wochen führen kann. Hier hilft auch keine Doppel- aktenanlegung weiter, solange die Frage der Voreingenommenheit des Gutachters noch im Raum steht. Im Originalfall war Grund des Widerstands wohl, dass ein neues Gutachten sehr kosten- und zeitaufwändig gewesen wäre. Der Gutachter hat hierauf in seiner Äußerung auch hingewiesen und über die zunächst eingezahlten 2.000,– Euro hinaus weiteren Vorschuss in Höhe von 18.000,– Euro erbeten. Im Ergebnis hat sich dann die Antragstellerin geschlagen gegeben und das Votum des Gewerbeaufsichtsamts akzeptiert. Es kam zu einem Abbruch der Beweisaufnahme und einer außergerichtlichen Streitbeilegung. Für die vorzeitige Vertragsaufhebung wurde allerdings eine Abfindung in Höhe von 300.000,– DM (= ca. 150.000,– EUR) vereinbart.

Mieteranträge auf Beweissicherung

5. Antrag zur Mängelfeststellung

An das

Amtsgericht[1] . . . . .

– Abteilung für Mietsachen –

Antrag auf Beweissicherung

der Eheleute Anna und Herbert M. . . . . . .

– Antragsteller –

Verfahrensbevollmächtigte: Rechtsanwälte . . . . .

gegen

die Aufbaugemeinschaft K.–N., Gesellschaft Bürgerlichen Rechts, bestehend aus den Mitgliedern . . . . .,

diese wiederum vertreten durch die BB Baubetreuung GmbH, vertreten durch den Geschäftsführer . . . . .

– Antragsgegnerin[2] –

Gegenstandswert: geschätzt 2.000,– EUR[3]

Namens und im Auftrag der Antragsteller – Vollmacht anbei – beantragen wir, im Wege des selbstständigen Beweisverfahrens gemäß §§ 485 ff. ZPO ohne mündliche Verhandlung über folgende Fragen Beweis zu erheben:

1. Die von den Antragstellern bei der Antragsgegnerin angemietete Wohnung im Erdgeschoss links des Hauses O-Straße 260, K, weist folgende Mängel auf:
   a) Im Esszimmer sind beide Fensterhälften des Doppelfensters blind und undicht, so dass bei starkem Regen Wasser eindringt.
   b) Im Wohnzimmer ist die Balkontür undicht und das im Wohnzimmer befindliche Fenster löst sich stellenweise aus dem Rahmen, so dass starke Luftzugerscheinungen gegeben sind. Der über dieser Tür und dem Fenster angebrachte Rollladenkasten ist zur Decke hin undicht.
   c) Beide Fenster im Kinderzimmer sind undicht, so dass bei starkem Regen Wasser eindringt.
   d) Beide Fensterhälften des Doppelfensters im Schlafzimmer sind blind.
2. Worin liegt die Ursache dieser Mängel?
3. Welche Maßnahmen sind zur dauerhaften Beseitigung der festgestellten Mängel erforderlich und welche Kosten entstehen für die Mängelbeseitigung?[4]
4. In welcher Höhe ist der Gebrauch der Mietsache beeinträchtigt, d.h. die Gebrauchstauglichkeit aufgehoben oder gemindert (Wie hoch ist der Grad der Minderung des Mietwerts zu veranschlagen)?[5]

Begründung:

Die Antragsteller mieteten mit schriftlichem Mietvertrag vom 5.1.2011 die im Antrag näher bezeichnete Wohnung.

Zur Glaubhaftmachung[6] fügen wir anliegend Fotokopie des Mietvertrages bei.

Erstmalig mit Schreiben der Verfahrensbevollmächtigten der Antragsteller vom 5.6.2013 wurde die Antragsgegnerin bzw. deren Verwalterin auf die mangelhaften Fensteranlagen hingewiesen. Gleichzeitig wurde sie aufgefordert, diese Mängel zu beseitigen. Mit Schreiben vom 1.10.2013 wurde die Verwalterin unter Fristsetzung bis zum 31.10.2013 aufgefordert, die Sanierungsarbeiten auszuführen.

Zur Glaubhaftmachung sind die vorgenannten Schreiben in Fotokopie beigefügt.

Die Antragsgegnerin reagierte auf diese Schreiben nicht.

Zuletzt wurde sie mit Schreiben[7] der Prozessbevollmächtigten vom 24.5.2014 zur Vermeidung eines selbständigen Beweisverfahrens vor Gericht aufgefordert, die Mängel bis zum 15.6.2014 zu beseitigen.

Die Antragsgegnerin reagierte auf dieses Schreiben ebenfalls nicht. Zur Sicherung des Beweises ist daher die Durchführung dieses Verfahrens dringend erforderlich.

Zur Glaubhaftmachung fügen wir anliegend eidesstattliche Versicherung des Antragstellers bei.

Wir regen an,[8] mit der Erstellung des Gutachtens Herrn Dipl.-Ing. Bruno R. in K. zu beauftragen.

Soweit Bedenken gegen Beweisfragen in der gestellten Form bestehen sollten, wird um Hinweis gebeten. Ggf. mag die betroffene Beweisfrage vom Gericht selbst in eine andere, nach seiner Auffassung zulässige Sachverständigenfrage geändert, d.h. umgedeutet werden.[9]

Rechtsanwalt[10]

Anmerkungen

1. Zuständig ist das Gericht der Hauptsache (§ 486 Abs. 1 ZPO), ist diese noch nicht anhängig, das Gericht, das nach dem Vorbringen des Antragstellers in der Hauptsache zuständig wäre (§ 486 Abs. 2 ZPO). Es gilt damit bei Mietsachen auch für das selbständige Beweisverfahren die ausschließliche örtliche Zuständigkeit des Gerichts, in dessen Bezirk sich die Räume befinden (§ 29a ZPO). Die Zuständigkeit des Amtsgerichts selbst ergibt sich aus § 23 Abs. 1 Nr. 2a GVG (Liegt keine Streitigkeit aus einem Wohnraummietverhältnis zugrunde, bestimmt sich die Zuständigkeit nach dem Streitwert, § 23 Abs. 1 GVG). Nur in Fällen dringender Gefahr ist die Zuständigkeit des Amtsgerichts, in dessen Bezirk sich die Räume befinden, auch in solchen Fällen begründet, die in der Hauptsache vor dem LG zu verhandeln wären, § 486 Abs. 3 ZPO (→ Form. D. III. 3 Anm. 1).

2. Zur Rechtsfähigkeit der Außen-GBR nach der neueren BGH-Rechtsprechung → Form. B. III. 13 Anm. 3.

3. Für den **Streitwert** (Zuständigkeitsstreitwert ebenso wie Gebührenstreitwert) ist nach heute h.M. jeweils der Wert der Hauptsache maßgebend. Teilweise wird beim isolierten Beweisverfahren jedoch noch weiterhin, wie beim alten Recht, für den Gebührenstreitwert nur ein Bruchteil des Interesses zugrundegelegt (eingehend zum Streitstand vgl. statt aller: BLAH/*Hartmann* Anh. § 3 Rn. 102; Zöller/*Herget* § 3 Rn. 16 „Selbständiges Beweisverfahren"; Thomas/Putzo/*Hüßtege* § 3 Rn. 33; Beierlein/*Zimmermann* 14. Kap. Rn. 19 jeweils mwN). Da das selbständige Beweisverfahren als vorgezogener Hauptsachebeweis zu bewerten ist, muss angesichts dieser prozessualen Funktion der Streitwert der Hauptsache maßgebend sein (vgl. BGH NJW 2000. 960).

Natürlich kann die Partei, die den Wert der Hauptsache zunächst mangels eigener Sachkenntnis zu hoch geschätzt hat, diese Wertangabe nach Vorliegen des Sachverständigengutachtens nach unten korrigieren. Die nämliche Befugnis hat auch das Gericht von Amts wegen.

Maßgebend ist der objektive Zustand, d.h. mit welchen Schäden u. Mängeln nach den Darlegungen objektiv zu rechnen war, nicht hingegen der subjektiv erwartete Beseitigungsaufwand (Köln OLGR 1999, 246 u. 356). Anzuknüpfen ist an die für die Mängel in Betracht kommende Minderungsquote (BGH NZM 2000, 713 = WuM 2000, 427; LG Köln WuM 2001, 345). Dabei ist nach § 41 Abs. 5 GKG für den Gebührenstreitwert der Jahresbetrag der Mietminderung die Grundlage (→ Form. B. III. 13 Anm. 2).

4. Die gestellten Beweisfragen folgen der in § 485 Abs. 2 ZPO gegebenen Aufzählung:
a) Ist-Zustand des Mangels (Zustand der Sache, § 485 Abs. 2 Nr. 1 2. Alt.)
b) Ursache des Mangels (§ 485 Abs. 2 Nr. 2)
c) Aufwand zu seiner Beseitigung (§ 485 Abs. 2 Nr. 3)
d) **Minderung: Auswirkung auf den Wert der Sache** (§ 485 Abs. 2 Nr. 1 3. Alt.)

5. Um die **Zulässigkeit der letzten Beweisfrage** wird lebhaft gestritten. Dabei stellt sich die Frage, ob der Sachverständige auch zur Höhe der Minderung Auskünfte erteilen kann oder ob die Festlegung der Minderungsquote dem Gericht vorbehalten ist. Der Sache nach handelt es sich aber um ein Scheinproblem. Nach dem Sinn und Zweck des selbständigen Beweisverfahrens soll der Sachverständige die Tatsachen ermitteln, die er auf Grund seiner Sachkunde gutachterlich feststellen kann. Ob der Sachverständige sodann seine Feststellungen auch mit dem Vorschlag für eine Minderungsquote versehen kann, mag dahingestellt bleiben, da das Gericht in einem späteren Rechtsstreit ohnehin nicht an die Bewertung des Sachverständigen gebunden ist, weil nämlich die Bewertung der vom Sachverständigen festgestellten Tatsachen eine rechtliche Subsumtion voraussetzt, die sich der Kompetenz des Sachverständigen entzieht und allein dem Gericht vorbehalten ist. Demgemäß ist es zweckmäßig, die Frage an den Sachverständigen so zu formulieren, dass Kern der Ermittlungen die Feststellung von Tatsachen bleibt. Zum Problem vgl. *Scholl* NZM 1999,108; Zöller/*Herget* § 485 Rn. 9; BLAH/*Hartmann* § 485 Rn. 17; LG Saarbrücken WuM 1992, 144).

6. Nach § 487 Nr. 4 ZPO sind die Tatsachen, die die Zulässigkeit des selbstständigen Beweisverfahrens und die Zuständigkeit des Gerichts begründen sollen, **glaubhaft zu machen.** Dazu sind alle Beweismittel zugelassen einschließlich der eidesstattlichen Versicherung (§ 294 ZPO). Wegen des Grundsatzes der sofortigen Beweisaufnahme (§ 294 Abs. 2 ZPO) ist die unmittelbare Beifügung vorhandener Urkunden allerdings geboten ebenso wie eidesstattlicher Zeugenerklärungen anstelle direkter Zeugenstellung. Ggf. kann auch eine anwaltliche Versicherung zur Überzeugungsbildung ausreichen, wohingegen die eidesstattliche Versicherung der Partei selbst in aller Regel wertlos ist (vgl. zum Ganzen BLAH/*Hartmann* § 294 Rn. 8 mwN). Eine hinreichende Glaubhaftmachung fehlt regelmäßig, wenn lediglich auf den Anwaltsschriftsatz Bezug genommen wird, ohne eine eigene Sachverhaltsschilderung zu geben, obwohl dies möglich gewesen wäre (BGH VersR 1988, 860; NJW 1996, 1682).

7. Ein **rechtliches Interesse an der Feststellung** ist nach § 485 Abs. 2 ZPO anzunehmen, wenn sie der Vermeidung eines Rechtsstreits dienen kann. Dazu gehört natürlich auch im Vorfeld, dass ein berechtigter Anlass zur selbstständigen Beweiserhebung überhaupt gegeben ist. Die hier wiedergegebene Korrespondenz räumt Zweifel an der Notwendigkeit der Beweiserhebung aus. Eine vernünftige Partei wird nach eindeutigem Beweisergebnis es nicht mehr zum Prozess kommen lassen (vgl. zum häufigen Verlauf bei doch anhängig zu machendem Rechtsstreit Vorbem. aE und zu → Form. B. III. 13 Anm. 7).

Soweit eine Selbstvornahme beabsichtigt ist, folgt die Zulässigkeit freilich auch aus § 485 Abs. 1 ZPO. Zum derzeit noch umstrittenen Verhältnis der Regelung des § 485 Abs. 1 ZPO zu der des Abs. 2 siehe die eingehende Darstellung in der zu → D. III Vorb.

Allerdings:

Das rechtliche Interesse für die Einleitung eines selbstständigen Beweisverfahrens fehlt in der Regel, wenn der Antragsteller seine Darlegungslast durch das Gutachten ersetzen und erst durch den Sachverständigen ermitteln lassen will ob ihm durch ein bestimmtes Ereignis überhaupt ein Schaden entstanden ist (OLG Köln Beschl. v. 17.11.1999 – 16 W 28/99). Zugelassen sind rein ausforschende Fragen, d.h. solche, die keinen tatsächlichen Kern enthalten und nicht den allgemein anerkannten Standard der Technik betreffen, nur im Rahmen von § 485 Abs. 2 Nr. 2 u. 3 ZPO (OLG Köln Beschl. v. 4.2.2002 – 17 W 24/02). Hier ist der Schaden (Mangel) indes zweifelsfrei als vorliegend bezeichnet.

8. Gemäß § 487 Nr. 3 ZPO ist der Sachverständige nicht mehr, wie nach altem Recht, zu benennen. Gleichwohl kann natürlich eine Anregung gegeben werden und sollte auch, wenn ein zuverlässiger Sachverständiger bekannt ist. Umgekehrt mag auch angegeben werden, wer nicht beauftragt werden sollte. Denn ist erst einmal eine Beauftragung erfolgt, vermag zwar eine Gegenvorstellung oder gar eine Ablehnung zu erfolgen (für letztere gilt die Frist des § 406 Abs. 2 ZPO, vgl. OLG Köln NJW-RR 1993, 63). Die Erfolgsaussichten solchen Vorgehens sind aber erheblich weniger aussichtsreich als die **direkte Einwirkung auf die gerichtliche Auswahlentscheidung im Vorfeld.** Zu bedenken ist auch, dass der Gegner einen Gegenantrag selbstständig zum gleichen Thema nicht anhängig machen kann, wenn er nur einen anderen Sachverständigen sich äußern lassen will. Nach § 485 Abs. 3 ZPO findet eine erneute Begutachtung nur statt neben einer bereits gerichtlich angeordneten, wenn die Voraussetzungen des § 412 ZPO erfüllt sind, dh die Situation des sog Obergutachtens gegeben ist.

9. Der Hinweis ist zur Klarstellung sinnvoll, in dem er das Gericht auf eine ohnehin bestehende Pflicht zur Umdeutung hinweist (vgl. KG MDR 1992, 179, 180; OLG Karlsruhe BauR 1983, 190). Dabei ist namentlich auf die Zielsetzung des selbständigen Beweisverfahrens im Sinne des § 492 Abs. 3 ZPO zu achten. An die Darlegung des Sachverhalts sollte das Gericht nicht überhöhte Anforderungen stellen. Ausreichend ist eine Formulierung dahingehend, dem Sachverständigen aufzugeben, die zur Abhilfe notwendigen Leistungen einschließlich des dafür anzusetzenden Kostenaufwands fest-zustellen (vgl. KG MDR 1992, 410). Auf diese Weise ist regelmäßig eine Zurückweisung des Antrags zur Einleitung eines selbständigen Beweisverfahrens zu vermeiden.

Kosten und Gebühren

10. An Gerichtskosten fällt, ggf. neben den im späteren Hauptprozess zu erhebenden Gebühren, eine volle Gebühr an (KV Nr. 1610), zu der als Auslagen die Kosten des Sachverständigen hinzutreten, für die ein Vorschuss einzuzahlen ist (§§ 492, 379 ZPO).

Der Rechtsanwalt erhält dieselben Gebühren wie in einem bürgerlichen Rechtsstreit (vgl. statt aller *Enders*, RVG für Anfänger, 17. Aufl. 2016, Rn. 1178 ff.): die Verfahrensgebühr nach Nr. 3100 VV RVG (1,3), ggf. auch – falls ein Termin stattfindet – die Terminsgebühr nach Nr. 3104 VV RVG (1,2) und – falls es zu einer Einigung kommt – die Einigungs-gebühr nach Nr. 1000 VV RVG (1,5).

Denn zwar ist das selbständige Beweisverfahren in § 19 RVG nicht aufgeführt. Aus der Begründung zu § 19 RVG geht indes hervor, dass das selbständige Beweisverfahren immer eine eigene gebührenrechtliche Angelegenheit bilden soll.

Eingeschränkt wird dies durch Absatz 5 der Vorbemerkung 3 VV RVG: „Soweit der Gegenstand eines selbständigen Beweisverfahrens auch Gegenstand eines anderen Rechtsstreits wird, wird die Verfahrensgebühr des selbständigen Beweisverfahrens auf die Verfahrensgebühr des Rechtszugs angerechnet". Dies gilt auch, wenn der Zivil-prozess zum Zeitpunkt der Durchführung des selbständigen Beweisverfahrens noch nicht anhängig war. Allerdings ist die Verfahrensgebühr des selbständigen Beweisverfahrens nicht mehr anzurechnen, wenn zwischen der Erledigung des Auftrags zur Vertretung im selbständigen Beweisverfahren und dem Hauptsacheverfahren mehr als 2 Kalenderjahre verstrichen sind (§ 15 Abs. 5 S. 2 RVG).

Allerdings wird zu fordern sein, dass der Gegenstand des selbständigen Beweisver-fahrens und des Zivilprozesses derselbe ist und dass das selbständige Beweisverfahren und der Zivilprozess zwischen denselben Parteien anhängig ist oder wird (*Enders*, RVG für Anfänger, 17. Aufl. 2016, Rn. 1185, 1186 mwN).

Der stattgebende Beschluss des Gerichts nach § 490 ZPO enthält keine Kostenentschei-dung (anders der ablehnende Beschluss: vgl. OLG Brandenburg JB 1996, 372; OLG Hamm NJW-RR 1997, 959; LG Köln JB 1996, 599; LG Berlin NJW-RR 1997, 586). Der Antrag-steller kann deshalb eine unmittelbare Kostenerstattung in der Regel nur im Hauptsache-prozess erreichen, wenn es dort auf die Beweiserhebung ankommt (OLG Koblenz NJW-RR 1994, 1277: die Kosten des selbständigen Beweisverfahrens werden meist dann in der Kostenendentscheidung ausdrücklich zwischen den Parteien verteilt). Dabei sind der unter-liegenden Partei die Kosten des selbständigen Beweisverfahrens in der Regel auch dann aufzuerlegen, wenn der Gegenstand des Beweisverfahrens zwar in den Prozess eingeführt, aber nicht entscheidungserheblich geworden ist (KG NJW-RR 1997, 960; Bub/Treier/*Fischer* VIII Rn. 106 a). Denn entscheidend ist, ob das Beweisverfahren aus der Sicht der Partei, die in der Regel nicht vorhersehen kann, auf welchen Gesichtspunkt das Gericht seine Entscheidung stützt, als notwendig angesehen werden konnte.

Ansonsten kommen materiell-rechtliche Ersatzforderungen für den Antragsteller in Betracht, wenn es nicht zum Hauptsacheprozess kommt, etwa: wenn der Vermieter auf Grund der vom Mieter behaupteten Mängel ein selbstständiges Beweisverfahren eingeleitet hat, das dieselben nicht bestätigte, oder umgekehrt, wenn der Mieter das Verfahren eingeleitet, dieses die Beanstandungen bestätigt und der Vermieter den Mieter sodann in der Hauptsache klaglos gestellt hat (vgl. auch OLG Düsseldorf NJW-RR 1997, 856, 857).

Nach der Rechtsprechung ist der Anspruch aus positiver Forderungsverletzung (nunmehr: § 280 BGB) gegeben, wenn der Vermieter vom Tatsächlichen her das Vorliegen eines zur Minderung berechtigenden Mangels zu Unrecht bestritten hat (LG Hamburg WuM 1983, 290; LG Offenburg WuM 1984, 300; AG Hamburg WuM 1984, 299; AG Köln WuM 1980, 6). Vorrangig ist allerdings zu prüfen, ob nicht eine unmittelbare gesetzliche Anspruchsgrundlage eingreift. Eine solche ist für den Mieter § 536a BGB. Aus dieser Bestimmung unmittelbar lässt sich im Regelfall der Anspruch des Mieters auf Erstattung der Sachverständigenkosten bereits herleiten. Denn nach dieser Vorschrift können nicht nur die Mängelbeseitigungskosten ersetzt verlangt werden, sondern auch weiterer Schaden. Der Nichterfüllungsschaden umfasst grundsätzlich auch die (notwendigen) Kosten der Schadensfeststellung, namentlich auch eines selbstständigen Beweisverfahrens (vgl. LG Köln WuM 1990, 387; AG Gelsenkirchen WuM 1990, 204; Schmidt-Futterer/*Eisenschmid* § 536a Rn. 89 mwN).

Ebenso kann im Grundsatz zwar auch der Vermieter aus § 280 BGB Ersatzansprüche stellen, wenn der Mieter zu Unrecht Mängel behauptet hat: vorrangig aus Verzug, § 286 BGB (vgl. dazu *Börstinghaus* Mietzinsminderung Rn. 150 mwN). Vielfach indes fehlt es am Verschulden, wird dem Mieter eine Wahrnehmung berechtigter Interessen attestiert (vgl. z.B. KG NJW-RR 1996, 846 u. WuM 1996, 58).

Der Antragsgegner muss für seinen Kostenerstattungsanspruch zunächst den Weg über § 494a ZPO gehen. Dabei soll die Fristsetzung zur Klageerhebung unwirksam sein, wenn das Gericht verabsäumt, in den Beschluss nach §§ 231 Abs. 1, 494 a Abs. 2 ZPO auch auf die Folgen der Säumnis hinzuweisen (OLG Köln JMBl NW 1997, 79; *Thomas/Putzo* § 494a Anm. 1). Auch soll § 270 Abs. 3 ZPO entsprechend anwendbar sein (OLG Düsseldorf NJW-RR 1998, 359). Ausnahmsweise kann für eine Fristsetzung nach § 494a Abs. 1 ZPO das Rechtsschutzbedürfnis fehlen, so wenn der Antragsteller nach dem Gutachtenergebnis auf Gewährleistungsrechte ausdrücklich verzichtet hat. Der Kostenerstattungsanspruch des Antragsgegners folgt dann unmittelbar aus § 494a Abs. 2 ZPO (OLG Karlsruhe JB 1996, 375). Hauptsacheklage im Sinne des § 494a ZPO ist nur die der Zielrichtung des Beweisverfahrens entsprechende Klage, wenn das Kriterium der „Nämlichkeit" vorliegt, d.h. Identität der Verfahrensbeteiligten ganz oder zum Teil gegeben ist und der Gegenstand des Beweisverfahrens ganz oder teilweise in den Hauptsacheprozess eingeführt und dort darüber entschieden wird (OLG Köln JMBl NW 2002, 19). Ist das selbstständige Beweisverfahren auf die Feststellung von Mängeln gerichtet, genügt nach dem eindeutigen Wortlaut des Gesetzes nur ein prozessualer Angriff des Antragstellers, der die im selbstständigen Beweisverfahren geprüften Mängel zum Gegenstand hat (OLG Köln OLGR 1997, 67), mag auch statt des Herstellungsanspruchs nach § 536 BGB ein Erstattungsanspruch nach § 538 BGB und ein Minderungsbegehren verfolgt werden. Ein Hauptsacheprozess im Sinne des § 494a ZPO soll allerdings nicht nur vorliegen, wenn der Antragsteller des selbstständigen Beweisverfahrens Klage erhebt, sondern auch, wenn er sich als Beklagter des Hauptsacheprozesses mit der Einrede des nicht erfüllten Vertrages nach § 320 Abs. 1 BGB oder im Wege der Hilfs-Aufrechnung verteidigt und sich dabei auf den Gegenstand des Beweisverfahrens stützt (OLG Köln 17. Senat OLGR 1999, 323; aA OLG Köln 7. Senat BauR 1997, 517; OLG Düsseldorf MDR 1994, 201). § 494a Abs. 2 ZPO soll auch gelten, wenn die in der Frist erhobene Klage nur gegen den Streitverkündeten erhoben wird, d.h. nicht gegen den Antragsgegner (OLG Köln Beschl. v. 12.2.2002 – 19 W 7/02). Wird der Antrag zurückgenommen oder erklärt der Antragsteller, er werde auf die Erhebung der Klage verzichten, ist auf Antrag des Gegners in analoger Anwendung des § 494a Abs. 2 ZPO auszusprechen, dass er dessen Auslagen zu tragen hat (OLG Köln JMBl NW 1997, 23; MDR 1994, 315). Nach OLG Köln JMBl 2002, 19 soll dagegen

§ 269 Abs. 3 ZPO entsprechend anzuwenden sein, wenn sich ergibt, dass nach Antragsrücknahme oder sonstiger Erledigung des selbstständigen Beweisverfahrens sich entweder ein Hauptsacheverfahren nicht mehr anschließt und eine Kostenentscheidung nach
§ 494a ZPO nicht mehr möglich ist oder wenn sich zwar ein Hauptsacheverfahren noch
anschließt bzw. anschließen kann, aber auf Grund frühzeitiger Rücknahme des Antrags
auf Durchführung des selbstständigen Beweisverfahrens feststeht, dass eine Beweiserhebung im selbstständigen Beweisverfahren nicht durchgeführt wird und somit ein
im Hauptsacheverfahren verwertbares Ergebnis des selbstständigen Beweisverfahrens
nicht vorliegen kann. Entsprechendes gilt, wenn das selbstständige Beweisverfahren
nicht betrieben wird, dh vom Antragsteller der eingeforderte Vorschuss für die Auslagen des Sachverständigen nicht gezahlt wird (OLG Celle NJW-RR 1998, 1079).

Nicht anwendbar sein sollen die Regeln des § 91a ZPO, wenn sich nachträglich das
selbstständige Beweisverfahren **erledigt**, es sei denn der Antrag wird unzulässig oder war
es von Anfang an (OLG Hamburg MDR 1998, 242; OLG Dresden NJW-RR 1999,
1516; OLGR Düsseldorf 2005, 454; OLGR Schleswig 2005, 593; Zöller/*Vollkommer*
§ 91a Rn. 58 „Selbständiges Beweisverfahren"; a.A.: OLG München NJW-RR 2000,
1455; LG Stuttgart NJW-RR 2001, 720; Thomas/Putzo/*Reichold* § 494a Rn. 6; Zöller/
Herget § 494a Rn. 5; BLAH/*Hartmann* § 494a Rn. 13; unentschieden: BGH MDR 2005,
227, 228).

Auch ist auch eine **Teilkostenentscheidung** im selbstständigen Beweisverfahren möglich
hinsichtlich der Mängel, die vom Gutachter nicht anerkannt und folglich nicht klageweise
geltend gemacht worden sind (OLG Koblenz NJW-RR 1998, 68) bzw. allgemein, wenn
nur bezüglich eines Teils des Streitgegenstands des selbstständigen Beweisverfahrens
Klage erhoben wird (vgl. OLG Düsseldorf NJW-RR 1998, 210).

Dagegen wird allerdings aus Praktikabilitätsgründen von anderen Gerichten zu Recht
die Auffassung vertreten, eine Entscheidung im Rahmen des § 494a ZPO sei insgesamt
unstatthaft, wenn Klage erhoben wird, sei es auch nur wegen eines Teils des Streitgegenstands (OLG Düsseldorf NJW-RR 1998, 358; BauR 1993, 370; OLG Koblenz BauR
1993, 250; OLG München OLGR 1994, 212). Die einheitliche Kostenentscheidung sei in
entsprechender Anwendung des § 96 ZPO vielmehr im Hauptsacheverfahren zu treffen.
Dementsprechend ist die im selbstständigen Beweisverfahren ergangene Kostenentscheidung nur vorläufiger Natur und im Hauptsacheverfahren auch jederzeit abänderbar (vgl.
LG Kleve NJW-RR 1997, 1356).

Kommt es insgesamt zum Hauptsacheprozess, wird über die Kosten des selbstständigen Beweisverfahrens im Rahmen der §§ 91 ff. ZPO notwendigerweise mitentschieden.
Dabei besteht Streit, ob es sich um außergerichtliche oder gerichtliche Kosten handelt
(vgl. BLAH/*Hartmann* § 91 Rn. 199 mwN). Von Bedeutung kann dies sein, wenn der
Gegner erst im Prozess Darlegungen oder Belege bringt, die das bisherige Gutachtens-
ergebnis in Frage stellen (→ Form. D. III. 6 Anm. 5). Erfolgt keine ausdrückliche
Entscheidung über die Kosten des selbstständigen Beweisverfahrens, umfasst die Kos-
tengrundentscheidung des Hauptsacheprozesses dieses entsprechend mit, soweit Identität der Verfahrensbeteiligten und des Gegenstandes des Beweisverfahrens besteht (OLG
Köln OLGR 1999, 323). Zu den Einzelheiten der dem Gericht obliegenden Kostenentscheidung, namentlich bei Teilverschiedenheit der Streitgegenstände von Hauptsacheprozess und selbstständigem Beweisverfahren siehe ansonsten z.B. BLAH/*Hartmann* § 91 Rn. 202 mwN.

6. Antrag zur Klärung des Entschädigungsumfangs gemäß § 552 BGB bei Übernahme einer vom Mieter zurückgelassenen Einrichtung

An das

Amtsgericht . . . . .

– Abteilung für Mietsachen –

Antrag auf Durchführung des
selbstständigen Beweisverfahrens gemäß §§ 485 ff. ZPO

des Herrn . . . . .

– Antragstellers –

Verfahrensbevollmächtigter: Rechtsanwalt . . . . .

gegen

Herrn . . . . .

– Antragsgegner –

wegen Feststellung des Entschädigungsumfangs nach § 552 BGB für die Übernahme einer zurückgelassenen Einrichtung

Streitwert: (vorläufig) 5.000,– EUR

Namens und in Vollmacht des Antragstellers beantrage ich, gemäß § 490 ZPO ohne mündliche Verhandlung

durch Einholung eines Gutachtens eines Sachverständigen für das Zentralheizungs- und Lüftungsbauerhandwerk

Beweis zu erheben über folgende Fragen:

Wie hoch ist auf der Grundlage der Anschaffungskosten und der anteiligen technischen Lebensdauer der Zeitwert der Gasetagenheizung zu veranschlagen, die in der Wohnung im 2. OG des Hauses N-Str. installiert ist? Ob und in welchem Umfang ist diese ausreichend dimensioniert? Ggf. welche Veränderungsmaßnahmen sind erforderlich, die Anlage in einen ordnungsgemäßen Betriebszustand zu versetzen und welche Kosten sind hierfür aufzuwenden?[1]

(Ggf. – im Falle fehlender Vereinbarung zu einer Erstattung des Zeitwerts wie hier –): Der Zeitwert soll alternativ sowohl auf der Basis der aktuellen Wiederbeschaffungskosten als auch der seinerzeitigen Anschaffungs- und Einrichtungskosten unter Berücksichtigung eines auf die technische Lebensdauer bezogenen Abschlages für die zwischenzeitliche Abnutzung ermittelt werden. Zugleich wird gebeten, die Kosten der Wiederherstellung des ursprünglichen Zustands zu benennen (Kosten der Schadensbeseitigung im Sinne des § 485 Abs. 2 Nr. 3 ZPO, bezogen auf den sonst mit der Wegnahme verbundenen Schaden im Sinne des § 258 Abs. 2 BGB).

Begründung:

Der Antragsteller bewohnte seit 1990 die Wohnung im 2. OG des Hauses N-Str. in K, welches zwischenzeitlich im Eigentum des Antragsgegners steht.

An schriftlichen Unterlagen ist lediglich ein schriftlicher Mietvertrag vom 26.1.2001 vorhanden, der mit einem der früheren Eigentümer geschlossen worden ist.

Beweis: in Anlage 1 beigefügter Mietvertrag vom 26.1.2001

Mit Schreiben vom 28.12.2014, zugestellt am 10.1.2015, erklärte der Antragsgegner die Kündigung des bestehenden Mietverhältnisses wegen Eigenbedarfs. Der Antragsteller zog am 12.12.2015 aus.

Mit Schreiben vom 18.11.2015 forderte der Antragsgegner den Antragsteller auf, die von diesem im Jahre 2005 installierte Gasetagenheizung in der Wohnung zu belassen, wobei er ankündigte, den Zeitwert der Anlage nach Vorlage entsprechender Belege erstatten zu wollen. Wörtlich heißt es in dem Schreiben:

„Die Heizungsanlage ist in der Wohnung zu belassen. Eine Überprüfung der Heizungsanlage ist uns zu gewähren. Der Zeitwert der ausreichend dimensionierten Bestandteile der Heizungsanlage wird Ihnen von mir nach Vorlage entsprechender Belege ersetzt werden".

Beweis: in Anlage 2 beigefügtes Schreiben des Antragsgegners vom 18.11.2015 in Kopie

Zwischen den Beteiligten besteht nun Streit, ob die Heizungsanlage technische Mängel aufweist.[1] Der Antragsgegner teilte unter dem 28.1.2016 mit, dass die Heizkörper unterdimensioniert und unsachgemäß innerhalb der Nischen verlegt seien; auch seien einzelne Rohre falsch verlegt.

Beweis: in Anlage 3 beigefügtes Schreiben des Antragsgegners vom 28.1.2016 in Kopie

Auch sind keine Belege über den Zeitwert zurzeit vorhanden. Der Antragsteller verfügt nicht einmal mehr über Rechnungen, die die seinerzeitige Anschaffung im Jahre 2005 betreffen. Der Antragsgegner meint deshalb, er sei nicht zu einer Entschädigung verpflichtet.[1] Er spricht – in der Sache völlig zu Unrecht – von einer im Do-it-yourself-Wege erstellten Bastelei.

Beweis: wie vor

Dem Grunde nach kann allerdings die Entschädigungspflicht des Antragsgegners nicht zweifelhaft sein. Das Schreiben vom 18.11.2015 stellt hinsichtlich der Heizungsanlage nicht lediglich ein Angebot dar. Eines Angebots bedurfte es angesichts von § 552 BGB nicht. In dem ihm eigenen Kommandoton hat der Antragsgegner vielmehr darauf bestanden, dass die Heizungsanlage in der Wohnung zu belassen ist. Damit hat er dem Antragsgegner die Ausübung des Wegnahmerechts gemäß § 539 Abs. 2 BGB untersagt und gleichzeitig das notwendige Versprechen abgegeben, den Zeitwert nach Vorlage der entsprechenden Belege zu ersetzen.[2]

Die notwendigen Belege sind hier durch das einzuholende Gutachten zu erbringen. Der Antragsteller geht davon aus, dass nach objektiver Feststellung des Zeitwerts abzüglich evtl. notwendiger Instandsetzungskosten der Antragsgegner es nicht auf einen Rechtsstreit ankommen lassen wird.[3] Hieraus ergibt sich das rechtliche Interesse an der beantragten Feststellung durch einen Sachverständigen (§ 485 Abs. 2 Nr. 1 3. Alt. ZPO).

Zugleich ist nach dem Schreiben vom 28.1.2016 zu besorgen, dass der Antragsgegner Veränderungen an der Anlage vornehmen lassen wird, die die Feststellung des maßgebenden Zustands zum Rückgabezeitpunkt erschweren werden. Sie ist deshalb auch schon zur Beweissicherung geboten (§ 485 Abs. 1 ZPO).[4]

Namentlich wird unterstellt, dass der Antragsgegner „eine Überprüfung der Heizungsanlage" nunmehr auch dem Antragsteller bzw. dem beauftragten gerichtlichen Sachverständigen gewährt, wie er es selbst vom Antragsteller im Schreiben vom 18.11.2015 erwartet und daraufhin selbstverständlich auch erhalten hat. Die entsprechende Duldungspflicht ergibt sich als nachwirkende Treuepflicht aus dem beendeten Mietverhältnis (§ 242 BGB).

(Das Interesse an der Feststellung der Kosten der Wiederherstellung des ursprünglichen Zustands folgt aus der evtl. gegebenen Bedeutung für die Bemessung der Entschädigung nach § 552 BGB, siehe dazu Fischer-Dieskau/*Franke* § 547a Anm. 7.1; *Scholl* WuM 1998, 328 mwN).

Der erforderliche Auslagenvorschuss in Höhe von 750,– EUR ist mit der Antragstellung eingezahlt. Für etwa erforderliche weitere Zahlung sage ich mich stark. Ich bitte dementsprechend, unverzüglich – ggf. nach Rücksprache mit der Handwerkskammer und kurzfristiger Anhörung des Gegners – den Sachverständigen zu bestimmen und ihm die Akten zuzuleiten.

Rechtsanwalt

Anmerkungen

1. **Die Beweisfragen** ergeben sich hier aus der vorangegangenen Korrespondenz. Sie sind so aber auch ohne ausdrückliche Ansprechung sachlich geboten, um künftigem Streit von vornherein die Grundlage zu entziehen. Zur maßgebenden Bewertungsgrundlage für den Zeitwert → Anm. 5. Zu den nachfolgenden, in anderen Fällen ggf. zweckmäßigen Anordnungen → Anm. 5 a.E.

2. Der hier mitgeteilte Rechtsstandpunkt entspricht der hM; für die Ausübung der Abwendungsbefugnis reicht, dass sich der Vermieter zur Übernahme verpflichtet und auf seinen Beseitigungsanspruch verzichtet (BGH NJW-RR 2006, 294 u. NJW 1988, 705: entscheidend die Erklärung, die Wegnahme abwenden zu wollen, KG MDR 2001, 984; ebenso: Bub/Treier/*Scheuer/Emmerich* V. B Rn. 348; *Kinne/Schach/Bieber* Rn. 12; Palandt/ *Weidenkaff* § 552 Rn. 2). Dafür reicht das Angebot der Zahlung aus (AG Aachen WuM 1987, 123).

Liegen die Voraussetzungen des § 552 BGB nicht vor, kommt praktisch kein Entschädigungsanspruch in Betracht (instruktiv OLG München NJW-RR 1997, 650 ff.). Allerdings wird die Schlüssigkeit im selbstständigen Beweisverfahren grundsätzlich von Seiten des Gerichts nicht geprüft (BGH NJW 2000, 960; OLG Celle BauR 1992, 405; LG Köln WuM 1995, 491) (→ D. III Vorb.).

3. Ein weiterer Streitpunkt ergibt sich in rechtlicher Hinsicht aus der teilweise falschen bzw. unvollständigen Kommentierung zu § 547a BGB a.F., der § 552 BGB entspricht. In der Tat ist höchst streitig, ob als angemessene Entschädigung allein der **Zeitwert** (meist bezogen auf die Anschaffungskosten) anzusehen ist (so LG Hamburg WuM 1977, 141, 142; AG/LG Köln WuM 1998, 345; *Sternel* IV 623; RGRK/*Gelhaar* § 547a Rn. 8) oder ob die **Kosten und der Wertverlust durch Ausbau** und **Aufwendungen für die Wiederherstellung** anspruchsmindernd zu berücksichtigen sind. Das vertrat die ganz hM im Schrifttum (Palandt/*Weidenkaff* § 552 Rn. 2; Bub/Treier/*Scheuer/Emmerich* V. B Rn. 352; Staudinger/ *Emmerich* § 547a Rn. 24; MüKo/*Voelskow* Rn. 16; *Kinne/Schach/Bieber* § 552 Rn. 3; WoBauR/*Franke* Anm. 7.1.; *Kossmann/Meyer-Abich* § 98 Rn. 7; Soergel/*Kummer* § 547a Rn. 19), und zwar unter Berufung meist auf BGH ZMR 1969, 340 und die Entstehungsgeschichte des Gesetzes.

Hingegen verweist Schmidt-Futterer/*Langenberg* § 552 Rn. 9 zutreffend darauf, dass die früher hM nicht zu überzeugen vermochte, da sonst nicht selten ein Schrottwert zu veranschlagen wäre (ebenso *Sternel* IV Rn. 623; *Emmerich/Sonnenschein* § 552 Rn. 3;

Beierlein/*Zimmermann* Kap. 14 Rn. 14 u. OLG Hamburg WuM 1997, 333). Die für die Praxis dringend erforderliche Klärung durch höchstrichterliche Entscheidung steht allerdings bislang noch immer aus. Im Beispielsfall hat der Antragsgegner ausdrücklich die Erstattung des Zeitwerts angeboten, ist auf dieser Grundlage zwischen den Beteiligten eine bindende spezielle Vereinbarung zustandegekommen (für die Anwendung der gesetzlichen Regelung deshalb beschränkt auf die Berechnungsgrundlage in ähnlichem Fall AG/LG Köln WuM 1998, 345); wenn nicht Zeitwertentschädigung auf der Basis des Neupreises ausdrücklich vereinbart ist, sollen im Zweifel die Anschaffungskosten maßgebend sein.

Für die **Ermittlung des Zeitwerts** ergeben sich zwar an sich von Rechts wegen keine methodischen Beschränkungen. Die Entschädigung mag im Regelfall, wie *Sternel* (IV 623) meint, schon zweckmäßigerweise **vom Anschaffungswert** errechnet werden, dh den Herstellungskosten abzüglich eines Abschlages für die bisherige Nutzung (so namentlich auch AG/LG Köln WuM 1998, 345). Diese Berechnung schreibt § 14 Abs. 2 des Mustermietvertrags für Berlin vor. Näherliegend und praktikabler erscheint aber, wenn Belege fehlen, die Errechnung vom Neuwert aus, wie sie im DEinhMV seinerzeit vorgesehen war und vom BGH als zulässige AGB-Regelung gebilligt worden ist (ebenso OLG Hamburg WuM 1997, 334 für den rechtsähnlichen Rückforderungsanspruch wegen überhöhter Ablösungsvereinbarung nach den §§ 4a Abs. 2 WoVermittG, 138 BGB, das im Folgenden freilich auf der Grundlage der allein geltend gemachten Anschaffungskosten entscheidet). Denn andernfalls müssen die seinerzeitigen Herstellungskosten von einem Sachverständigen umständlich zurückgeschätzt werden. **Entscheidend ist freilich zunächst die (formular-) vertragliche Regelung.** Auch wird in der Literatur die erstgenannte Berechnungsmethode bevorzugt, falls die Wegnahmekosten nicht gesondert in Abzug gebracht werden, um eine unangemessene Bevorzugung des Mieters abzuwenden, der sich die Kosten der Wiederherstellung erspart (vgl. dazu WoBauR/*Franke* § 547a Anm. 7.1.). Dies ist auch der Grund dafür, dass im Gesetzgebungsverfahren die Festschreibung auf eine Erstattung des Zeitwerts abgelehnt und stattdessen die auslegungsfähige „angemessene Entschädigung" vorgesehen worden ist. Haben sich die Beteiligten aber auf die Erstattung des Zeitwerts verständigt oder ist sie vertraglich vorgeschrieben, besteht zwar nicht dieser Grund für eine restriktive Bemessung der Entschädigung. Lässt sich jedoch nicht durch Auslegung annehmen, die Entschädigung sei auf der Basis des Neupreises gewollt, wird der Mieter im Rahmen billigen Ermessens nach § 315 BGB gleichwohl im Zweifel die den beiderseitigen Interessen eher gerecht werdende und für den Vermieter günstigere Berechnung auf der Grundlage der Anschaffungskosten wählen müssen (ebenso: Beierlein/*Zimmermann* Kap. 14 Rn. 14; Schmidt-Futterer/*Langenberg* § 552 Rn. 9; siehe zudem auch AG/LG Köln WuM 1998, 345 m. zust. Anm. *Scholl*). Dass hier solches von vornherein nur gewollt ist, ergibt sich hier aus dem Schreiben vom 18.11.2015 selbst, in dem die Erstattung von der Vorlage der Belege abhängig gemacht ist. Dies deutet darauf hin, dass der Vermieter nur auf der Basis der Anschaffungskosten den Zeitwert entschädigen wollte.

Die **alternative Feststellung des Zeitwerts** sowohl auf der **Basis des Neupreises** als auch **der Anschaffungskosten** und die vorsorgliche Ermittlung der Kosten der Wiederherstellung des ursprünglichen Zustands nimmt für Fälle, in denen keine Vereinbarung über die Erstattung des Zeitwerts vorliegt, wie hier, auf die noch nicht abschließend erfolgte Klärung der Rechtslage Bedacht (**zum Streitstand** siehe *Scholl* WuM 1998, 328 aE).

4. Zum derzeit noch umstrittenen Verhältnis der Regelung des § 485 Abs. 1 ZPO zu der des Abs. 2 siehe die eingehende Darstellung in der → D. III Vorb.

7. Antrag auf Feststellung der Ursachen und des Aufwands zur Schadensbeseitigung bei Schimmel in der Wohnung

An das

Amtsgericht[1] . . . . .

Antrag auf Durchführung eines
selbstständigen Beweisverfahrens

der Eheleute Marita und Karl M . . . . .

– Antragsteller –

gegen

die Eheleute Martha und Josef V

– Antragsgegner –

wegen

Streitwert:[2] (vorläufig) 5.000,– EUR

Namens und im Auftrag der Antragsteller beantrage ich,

gemäß § 490 ZPO ohne mündliche Verhandlung durch Einholung eines Gutachtens eines Sachverständigen für das Gebiet der Bauphysik und des Maler- und Lackierhandwerks Beweis zu erheben über folgende Fragen:

1. Beruht die in der Wohnung . . . . . an der Außenwand zur X – Straße hin befindliche Schimmelbildung auf einer Kältebrücke, so dass trotz ausreichender Heizung und Belüftung durch die Antragsteller eine Feuchtigkeitsbildung nebst Schimmel nicht verhindert werden kann?

2. Welche handwerklichen Maßnahmen sind erforderlich, um den Schimmelschaden für dauernd zu beseitigen?

3. Auf welchen Betrag belaufen sich die damit verbundenen Kosten?

Begründung:

Die Antragsteller sind seit 2011 Mieter einer Wohnung in K. Maßgebend sind die Bestimmungen des Mietvertrages vom 1.1.2011.

Beweis: anliegender Mietvertrag vom 1.1.2011 in Kopie.

Seit Mai 2015 haben die Antragsteller auf der Straßenseite im Wohnzimmer ihrer angemieteten Wohnung zunächst Feuchtigkeit und sodann an nämlicher Stelle Schimmel festgestellt, der sich auch nach mechanischer Säuberung der Wand immer wieder neu gebildet hat. Zwischenzeitlich hat das Schadensbild das Ausmaß von mehr als einem Quadratmeter. Das Schadensbild ist den Antragsgegnern mit Schreiben vom 1.6.2015 mitgeteilt worden. Gleichzeitig wurde um Abhilfe gebeten.[3]

Beweis: anliegendes Schreiben der Antragsteller vom 1.6.2015 in Kopie.

Die Antragsgegner haben zunächst nicht reagiert, so dass die Schadensanzeige und die Bitte um Abhilfe mit weiterem Schreiben vom 15.6.2015 wiederholt werden mussten. Gleichzeitig haben die Antragsteller die Bruttomiete um 20 Prozent gemindert.

Beweis: Anliegendes Schreiben vom 15.6.2015 in Kopie.

Mit Schreiben vom 1.7.2015 haben die Antragsgegner in Abrede gestellt, für die Schimmelbildung verantwortlich zu sein und den üblichen Einwand erhoben, die Feuchtigkeit in der zur Straße gelegenen Außenwand sei auf fehlerhaftes Heiz- und Lüftungsverhalten der Antragsteller zurückzuführen.

Beweis: anliegendes Schreiben der Antragsgegner vom 1.7.2015 in Kopie.

Die Antragsteller bestreiten ganz entschieden, dass ihnen fehlerhaftes Heiz- und Lüftungsverhalten zur Last gelegt werden kann. Bereits aus den Abrechnungen über die Heizkosten der vergangenen Jahre wird ersichtlich, dass die Antragsteller erhebliche Heizkosten aufwenden mussten, um in den angemieteten Räumen angemessene Temperaturen erreichen zu können.

Beweis: Abrechnungen über die Heizkosten der Jahre 2012 und 2013 in Kopie.

Die Antragssteller haben demgemäß mit Schreiben vom 15.7.2015 die seitens der Antragsgegner erhobenen Vorwürfe zurückgewiesen.

Beweis: anliegendes Schreiben der Antragsteller vom 15.7.2015 in Kopie.

Die Antragsgegner haben sich sodann mit weiterem Schreiben vom 1.8.2015 erneut gemeldet, ihre Vorwürfe gegen die Antragsteller wiederholt, jedoch angekündigt, im Hinblick auf eine Teilsanierung des Hauses die Straßenfassade des Hauses gänzlich zu dämmen. Gleichzeitig haben die Antragsgegner angekündigt, das Mietverhältnis fristlos gemäß §§ 543, 569 BGB zu kündigen, falls der Mietrückstand angesichts der Mietminderung die Grenzen der vorbezeichneten Vorschriften erreicht oder überschritten hätte.

Beweis: anliegendes Schreiben des Antragsgegner vom 1.8.2015 in Kopie.[4]

Bis heute ist indessen nichts geschehen, so dass sich die Antragsteller gezwungen sahen, die Antragsgegner auf ihr Schreiben vom 1.8.2015 zu verweisen. Die Situation ist gekennzeichnet durch die Umstände, dass Schimmel und Feuchtigkeit fortbestehen, die Antragsgegner die in Aussicht gestellten Arbeiten in ihrer Regie nicht veranlasst haben und die Gefährdung durch den gefährlichen Schimmel anhält. Die Antragsteller haben das Vertrauen zu ihren Vertragspartnern verloren und haben demgemäß nunmehr vor, in Eigenregie die erforderlichen Handwerkerarbeiten zwecks Beseitigung der Feuchtigkeit und der Schimmelbildung in Auftrag zu geben. Zu diesem Zweck bedarf es einer Beantwortung der Beweisfragen, damit klargelegt wird, welche Maßnahmen notwendig sind und welchen Umfang die damit verbundenen Kosten ausmachen.[5]

Der Auslagenvorschuss in Höhe von 1.000.– EUR ist mit der Antragstellung eingezahlt. Für etwaige weitere Zahlungen sage ich mich ausdrücklich stark. Ich bitte demgemäß höflich, unverzüglich – gegebenenfalls nach kurzfristiger Anhörung der Antragsgegner und einer Rücksprache mit der Industrie und Handelskammer – den Sachverständigen zu bestimmen und ihm die Akten zuzuleiten.[6]

Rechtsanwalt

Anmerkungen

1. Zuständig ist das Amtsgericht des Ortes, an dem sich die Mieträume befinden, § 23 Abs. 1 Nr. 2 a GVG.

2. Für die Bemessung des Streitwertes ist auf den Jahresbetrag einer möglichen Minderung der Miete abzustellen (Zöller/*Herget* § 3 Stichwort Mietstreitigkeiten). Der Sache nach handelt es sich um einen vorläufigen Streitwert, da nämlich durch die Frage 3 erst die Höhe der Aufwendungen ermittelt werden soll, um das Schadensbild dauerhaft zu beseitigen, so dass dieser Betrag im Endergebnis dem Streitwert zugeschlagen werden muss.

3. Der Sache nach geht es im vorliegenden Formular um den Streit der Vertragsparteien, wem die Feuchtigkeit an der Außenwand und die daraufhin entstandene Schimmelbildung anzulasten ist. Feuchtigkeit wird in der Wohnung sichtbar durch Schimmelbildung, Stockflecken und vergleichbare Schäden (BGH NJW 2007, 2177; 2007, 2474; LG München I NJW 2007, 2500; Schmidt-Futterer/*Eisenschmid* § 536 Rn. 226). Das Formular enthält die von den Vertragsparteien üblicherweise verwendeten Argumente, die allein durch ein Sachverständigengutachten zu klären sind. Das Gutachten sollte durch einen mit der Bauphysik erfahrenen Sachverständigen verfasst werden. Sodann besteht die Möglichkeit, dass beide Parteien des selbständigen Beweisverfahrens mit dem Ergebnis des in der Regel komplizierten Gutachtens einverstanden sind, was regelmäßig einen weiteren Rechtsstreit verhindern kann (vgl. Schmidt-Futterer/*Eisenschmid* § 536 Rn. 226).

4. Die vorgelegte außergerichtliche Korrespondenz befasst sich mit dem Herstellungsanspruch nach § 535 Abs. 1 Satz 2 BGB, darüber hinaus auch mit einem möglichen Anspruch der Antragsteller gemäß § 536a BGB. Da die Abtragsgegner angekündigt hatten, sie wollten eine Teilsanierung des Mietobjekts vornehmen, ohne allerdings dieser Ankündigung alsbald Taten folgen zu lassen, liegen die Zulässigkeitsvoraussetzungen des § 485 ZPO vor. Die Antragsgegner befanden sich mit der Beseitigung des Mietmangels im Verzug.
Die Schimmelbildung ist mit einer Gesundheitsgefährdung verbunden, die die Antragsteller nicht hinnehmen müssen (vgl. BGH NJW 2007, 2177; Palandt/*Weidenkaff* § 536 Rn. 22 mwN). Bleiben demgemäß die Antragsgegner untätig im Hinblick auf den Herstellungsanspruch der Antragsteller und setzen auch das ihrerseits angekündigte Vorhaben nicht um, kann ein Gutachten zwischen den Parteien Klarheit schaffen, welcher Vertragspartei der Schaden anzulasten ist.

5. Richtigerweise wird auch nach der Höhe der Kosten gefragt. Dabei sollte auch darauf geachtet werden, dass sich der Sachverständige über die Frage der Verursachung auch zu dem Problem äußert, welche Folgekosten etwa aus dem Bereich der Maler- und Tapezierarbeiten entstehen werden.

6. Die Ablehnung des im selbständigen Beweisverfahren beauftragten Gutachters ist zulässig (BGH MDR 2006, 287). Über § 492 ZPO ist auch § 406 ZPO anwendbar. Über den Antrag kann ohne mündliche Verhandlung entschieden werden, regelmäßig durch Beschluss. Die Ablehnung muss unverzüglich erfolgen, dies auch ungeachtet einer gesetzten Erklärungsfrist (OLG Koblenz NJW – RR 1999, 72). Gegen die Zurückweisung des Antrags auf Ablehnung des Sachverständigen durch das erstinstanzliche Gericht ist die sofortige Beschwerde nach § 567 ZPO gegeben.
Gegenanträge sind nach immer noch verbreiteter Auffassung nicht zulässig (OLG München MDR 1993, 380; OLG Köln OLGR 1997, 52 und 70; OLG Koblenz WuM 1997, 383; BLAH/*Hartmann* § 487,8). Begründet wird diese Auffassung mit der damit verbundenen Verfahrensverzögerung (a. A. OLG Köln VersR 1994, 1328; OLG München NJW – RR 1996, 1277; OLG Düsseldorf BauR 1995, 430; LG Köln BauR 1994, 407 mit

der Begründung, das selbständige Beweisverfahren sei als vorweggenommenes Beweisverfahren dem Hauptsacherechtsstreit angenähert). Decken sich die vom Beweisgegner aufgeworfenen Fragen im Wesentlichen mit dem Beweisthema der Antragsteller, folgt die Unzulässigkeit der Beweiserhebung bereits aus § 485 ZPO selbst. Im Übrigen haben die Antragsgegner ein Recht auf Einleitung eines eigenen selbständigen Beweisverfahrens.

Sachgerecht ist, den Antragsstellern Gelegenheit zu geben, die Anregung des Gegners aufzunehmen, da dies die Akzeptanz des zu erstellenden Gutachtens erhöht.

8. Schutzschrift

An das

Amtsgericht[1] . . . . .

Schutzschrift[2]

des . . . . .

– möglicher Antragsgegner –

Prozessbevollmächtigter: Rechtsanwalt . . . . .

gegen

den . . . . .

– möglicher Antragsteller –

wegen Abwehr eines auf Herausgabe einer Mietwohnung gerichteten Antrags auf Erlass einer einstweiligen Verfügung.

Für den Fall, dass der Antragsteller einen Antrag auf Erlass einer einstweiligen Verfügung gegen den Antragsgegner stellen sollte mit dem Ziel, dem Antragsgegner aufzugeben, die Wohnung . . . . . herauszugeben oder falls der Antragssteller einen ähnlichen Antrag stellen sollte, so bitte ich namens des Antragsgegners darum,

einen solchen Antrag auf Erlass einer einstweiligen Verfügung durch Beschluss abzuweisen,

hilfsweise,

über einen solchen Antrag auf Erlass einer einstweiligen Verfügung nicht ohne vorherige mündliche Verhandlung zu entscheiden.

Ich bitte außerdem darum, die Schutzschrift dem jeweiligen Antragsteller nicht auszuhändigen, bevor nicht ein Antrag auf Erlass einer einstweiligen Verfügung vorliegt.[3]

Begründung:

A. Sachverhalt

Der Antragsgegner vermietete an den Antragsteller ab dem . . . . . die im Antrag beschriebene Wohnung. Die Miete betrug zuletzt insgesamt . . . . . EUR.

Glaubhaftmachung: Mietvertrag, Anlage K1.

Dieser Mietvertrag endete durch Aufhebungsvertrag vom . . . . . zum . . . . . Am . . . . . erfolgte die Rückgabe der Wohnung durch den Antragsteller, der zu diesem Zweck die Schlüssel an den vom Antragsgegner beauftragten Hausmeister, Herrn . . . . ., herausgab.

Glaubhaftmachung: Aufhebungsvertrag, Anlage K 2.

Eidesstattliche Versicherung des Herrn . . . . ., Anlage K3

Zwei Tage nach der Rückgabe meldete sich der Antragsteller mit der Behauptung, er sei beim Abschluss des Mietaufhebungsvertrags arglistig getäuscht worden und verlangte vom Antragsgegner die Wohnung zurück. Dieser Vorwurf entbehrt jeglicher Tatsachen und wird vorsorglich bestritten. In diesem Gespräch drohte der Antragssteller auch damit, er werde gerichtliche Hilfe in Anspruch nehmen.

B. Rechtslage

Ein Herausgabeanspruch des Antragsstellers besteht nicht. Der Mietvertrag ist durch den Aufhebungsvertrag beendet, ein Besitzkehranspruch aus § 861 Abs. 1 BGB scheidet ebenfalls aus, da der Antragsteller den Besitz willentlich zurückgegeben hat, mithin keine verbotene Eigenmacht geübt wurde, vgl. § 858 Abs. 1 BGB.

Beglaubigte Abschrift anbei.

Rechtsanwalt

Anmerkungen

1. Die Schutzschrift ist bei dem **Gericht** zu hinterlegen, bei dem der Antragsteller seine einstweilige Verfügung beantragen wird. In **Wohnraummietsachen** ist für den Antrag auf Erlass einer einstweiligen Verfügung nur das Amtsgericht zuständig, in dessen Bezirk die Räume liegen, § 23 Nr. 2 a GVG, § 29a ZPO. Bei **Geschäftsräumen** bestimmt sich die örtliche Zuständigkeit ebenfalls nach § 29a ZPO. Diese Normen sind auch dann anwendbar, wenn – wie im hiesigen Beispielsfall – ein Mietvertrag streitig ist und die Anspruchsgrundlage auf Herausgabe (auch) aus einer gesetzlichen Norm abgeleitet wird (vgl. KG NZM 2006, 720; OLG Düsseldorf NZM 2008, 479). Ausreichend ist, dass sich der Antragssteller auf einen Mietvertrag beruft (vgl. KG NJW-RR 2008, 1465).

Die **sachliche Zuständigkeit** ist bei **Geschäftsraumsachen** streitwertabhängig (§§ 23 Nr. 1, 71 Abs. 1 GVG). Der Zuständigkeitsstreitwert richtet sich nicht nach dem nur für die Kosten maßgeblichen GKG, sondern nach § 8 ZPO (BGH NJW-RR 1992, 190; KG NZM 2006, 720). Der Streitwert bemisst sich danach nach der auf die gesamte streitige Zeit entfallenden Miete nebst Nebenkosten und Umsatzsteuer (Musielak/Voit/*Heinrich* § 8 Rn. 5). Ist der 25-fache Betrag des einjährigen Entgelts geringer, ist dieser Betrag für die Wertberechnung entscheidend. Maßgeblich ist danach grundsätzlich die Miete für den Zeitraum zwischen Antragstellung und **Vertragsende**. Das Vertragsende bestimmt sich bei Verträgen mit bestimmter Laufzeit nach dieser Vereinbarung, bei unbestimmter Vertragsdauer ist der der Zeitpunkt maßgeblich, zu dem diejenige Partei hätte kündigen können, die die längere Bestehenszeit behauptet (BGH NJW-RR 2009, 775). Ist der Beendigungszeitpunkt ungewiss, weil sich die Kündigungsmöglichkeit mangels Sachvortrag nicht feststellen lässt, ist § 9 ZPO analog heranzuziehen (BGH NJW-RR 2009, 775; KG NZM 2006, 720; Musielak/Voit/*Heinrich* § 9 Rn. 5). Aus Gründen der anwaltlichen Vorsicht kann es sich in Fällen zweifelhafter Zuständigkeit in der Geschäftsraummiete anbieten, die Schutzschrift bei sämtlichen in Betracht kommenden Gerichten (also Amts- und Landgericht) zu hinterlegen.

2. Die **Schutzschrift** ist in der **ZPO nicht geregelt**. Sie dient dazu, die Verteidigung im Verfahren über eine einstweilige Verfügung zu gewährleisten, indem dem Richter vorsorglich die Argumente des möglichen Antragsgegners vorgetragen werden (Musielak/Voit/*Huber* § 937 Rn. 7; *Lämmer/Muckle* NZM 2008, 69). Damit soll erreicht werden, dass vor Erlass einer einstweiligen Verfügung eine **mündliche Verhandlung** anberaumt wird, was nach §§ 936, 922 Abs. 1 S. 1 ZPO im Ermessen des Gerichts steht. Regelmäßig wird in Schutzschriften – so auch im hiesigen Muster – angeregt, das Gesuch des Antragsstellers sofort zu verwerfen. Dies kommt wegen Art. 103 Abs. 1 GG allerdings nicht in Betracht, wenn das Gesuch schlüssig ist, dem Erlass der einstweiligen Verfügung aber der Vortrag aus der Schutzschrift entgegensteht. Hier ist mündliche Verhandlung anzuberaumen (Musielak/Voit/*Huber* § 937 Rn. 5).

3. Ob sich der mögliche Antragsteller vor Einreichung seines Gesuchs bei Gericht nach dem Eingang einer Schutzschrift erkundigen kann und das Recht hat, diese einzusehen, ist umstritten. Der zivilprozessuale Gesichtspunkt der Waffengleichheit spricht gegen ein derartiges **Einsichtsrecht** (BeckOK ZPO/*Bacher* § 299 Rn. 15; Musielak/Voit/*Huber* § 299 Rn. 2). Mit der Anregung im Muster, die für den Richter selbstverständlich unverbindlich ist, soll diese Einsichtnahme verhindert werden.

IV. Hinterlegung

1. Sicherheitsanordnung gemäß § 283a ZPO

An das

Amtsgericht[3] . . . .

in . . . . .

In dem Rechtsstreit

des . . . . . .

– Kläger –

Prozessbevollmächtigte:

gegen

den . . . . . .

– Beklagten –

– Az..

beantragen wir namens und in Auftrag des Klägers im Wege der Klageerweiterung:

IV. Den Beklagten wird im Wege der Sicherungsanordnung[1, 2] aufgegeben, die monatliche Nutzungsentschädigung in Höhe des vereinbarten Mietzinses von monatlich 800,00 EUR[3] beim Amtsgericht . . . . . zur Sicherheit zu hinterlegen, jeweils spätestens zum dritten Werktag des jeweiligen Monatsbeginns, erstmals zum . . . . . bis zur rechtskräftigen Entscheidung über die Räumungs- und Zahlungsklage des Amtsgerichts . . . . . zum Az. . . . . . ., und Herausgabe der Wohnung im 3. Obergeschoss rechts des Objekts . . . . .-Straße Nr. . . . ., ... Stadt, bestehend aus drei Zimmern, Küche, Diele, Bad und Balkon.

V. Den Beklagten wird eine Frist zum Nachweis der Erbringung der Sicherheitsleistung von drei Wochen ab Zustellung dieses Beschlusses gesetzt.[4]

Begründung:

Die Beklagten waren Mieter und der Kläger Vermieter der Wohnung im 3. Obergeschoss rechts des Objekts . . . . .-Straße Nr. . . . ., ... Stadt, bestehend aus zwei Zimmern, eingerichtete Küche, Diele, Bad und Balkon. Der Mietzins bezifferte sich inklusive der Nebenkosten auf monatlich 800,00 EUR.

Beweis: Vorlage des Mietvertrags vom . . . . . (liegt vor als Anlage K1)

Aufgrund wiederholten Zahlungsrückstands kündigte der Kläger das Mietverhältnis mit Schreiben vom . . . . . bereits das zweite Mal innerhalb von zwei Jahren fristlos.

Beweis: 1. Vorlage des Kündigungsschreibens vom . . . . . (liegt vor als Anlage K2)
2. Vorlage des wiederholten Kündigungsschreibens vom . . . . . (Anlage K3)

Die Räumungs- und Zahlungsklage[4] wird zum o.g. gerichtlichen Aktenzeichen geführt. Ergänzend zu den bisherigen Klageanträgen stellt der Kläger nunmehr auch den Antrag auf Erlass einer Sicherheitsanordnung gemäß § 283a ZPO gegen den Beklagten.

1. Die Zahlungsklage hat hohe Aussicht auf Erfolg, die Beklagten haben ohne Begründung die vereinbarten Mietzahlungen[5] für einen Zeitraum von zehn Monaten nicht geleistet. Mietvertraglich haben die Parteien die Zahlung der Miete per Lastschrifteinzug vereinbart, es kam jedoch zu kostenpflichtigen Rückbelastungen aufgrund mangelnder Kontodeckung. Der Kläger hat die Beklagten mehrfach zum Ausgleich der rückständigen Miete aufgefordert und angeregt, dass die Mietzahlung per Überweisung erfolgen könne. Die Beklagten kündigten schriftlich an, künftig die Miete überweisen zu wollen.

Beweis: 1. Vorlage des Mietvertrags (liegt vor)
　　　　 2. Vorlage des Schreibens vom . . . . . (Anlage K4)

Mietzahlungen sind aber keine eingegangen. Die Beklagten haben außergerichtlich keine Einwendungen gegen die Mietforderung des Klägers erhoben, während des bisherigen gerichtlichen Verfahrens haben die Beklagten lediglich mitgeteilt, die Miete nicht zahlen zu können, erheblich wurde nicht vorgetragen. Insofern ist es sehr wahrscheinlich, dass die Zahlungs- und Räumungsklage aus Klägersicht erfolgreich abgeschlossen werden wird.[6]

2. Ferner geht auch die Abwägung[7] der Parteieninteressen zugunsten des Klägers aus. Der Kläger sieht sich zurecht erheblichen Nachteilen ausgesetzt, wenn die Sicherheitsanordnung nicht erlassen wird. Insbesondere handelt es sich bei der Mietwohnung des Klägers um eine bankenfinanzierte Immobilie (vermietetes Sondereigentum), deren monatlichen Darlehensraten im Wesentlichen durch die Mieteinnahmen bestritten werden.

Beweis: Vorlage des Darlehensvertrags und diverser Kontoauszüge
　　　　 (Anlage K5)

Darüber hinaus könnte der Kläger die Wohnung sofort an einen Mietinteressenten neu vermieten.

Beweis: Zeugnis des Herrn . . . . .

Demgegenüber haben die Beklagten bis heute Einwendungen gegen die Klageforderung bzw. die Gefahr eigener besonderer Nachteile nicht erhoben.

Nach alledem ist der ergänzende Antrag auf Erlass einer Sicherheitsleistung gemäß § 283a ZPO begründet.[8]

Rechtsanwalt

Anmerkungen

1. Mit der Einführung der Sicherheitsanordnung wurde ein neues prozessuales Verfahren institutionalisiert, welches in der ursprünglichen Überlegung nicht nur für Mietprozesse vorgesehen war, sondern für alle Dauerschuldverhältnisse gelten sollte. Mithin sollten alle Rechtsverhältnisse die auf Dauer angelegt und wiederkehrende Leistungen zum Gegenstand haben, mit der Sicherheitsanordnung für die Zukunft die wirtschaftliche Gefahr der Zahlungsempfängerin minimieren (BT-Drs. 17/10485, 28). Der Gesetzgeber hat dann aber von seiner ursprünglichen Absicht auf Öffnung der Sicherheitsanordnung Abstand genommen und diese nur noch zugelassen für den Fall, dass im ehemaligen

Mietvertragsverhältnis die Parteien sich in einer verbundenen Räumungs- und Zahlungsklage auseinander setzen.

2. Bei dem Antrag auf Erlass einer Sicherheitsanordnung nach § 283a ZPO stellt sich die
Frage, ob beim Prozessgericht ein von der Hauptsacheklage getrenntes Anordnungsverfahren eingereicht werden müssen, oder die Sicherheitsanordnung auch im laufenden
Klageverfahren bis zur letzten mündlichen Verhandlung beantragt werden kann. Der hier
gewählte Ansatz verfolgt die Antragstellung im laufenden Klageverfahren, da diese Verfahrensweise der einheitlichen Entscheidung durch das Prozessgericht dient und wider-
sprechende Wertungen zweier Spruchkörper am Prozessgericht betreffend der Begriffe
„Erfolgsaussicht" und „besondere Nachteile des klagenden Vermieters" vermieden werden
können. Dies führt dazu, dass das Anordnungsverfahren in das Klageverfahren implentiert
wird. Der Gesetzgeber formuliert im Übrigen klar „Prozessgericht", nicht „Vollstreckungsgericht", weswegen es nur günstig sein kann, wenn der Antrag auf Erlass einer Sicherheitsanordnung im laufenden Räumungs- und Zahlungsrechtsstreit gestellt wird.

Der Anordnungsantrag ist im Urkundenprozess nicht statthaft, da der Antrag die
verbundene Räumungs- und Zahlungsklage voraussetzt (a.A. Lützenkirchen ZMR 2012,
604, 605). Unzulässig ist die Geltendmachung des Räumungsanspruchs im Urkundsverfahren (OLG Naumburg, NZM 1999, 1007, 1008).

3. Die Zuständigkeit des örtlichen Gerichts richtet sich für den Anordnungsantrag
nach den allgemeinen Regelungen der §§ 23 Nr. 1, 71 GVG. Der Antrag ist jederzeit im
laufenden Verfahren zu stellen, auch als weiteres Sicherungsmittel im Berufungsrechts-
streit.

4. Der zusätzliche Klageantrag ist zu ergänzen um den Ausspruch einer Fristsetzung, in
welcher die Beklagten die beantragte Sicherheitsleistung zu erbringen haben. Die Fristsetzung ist Voraussetzung, um die weiteren Rechte des Vermieters auf Beantragung des
Erlasses einer Einstweiligen Verfügung gemäß § 940a Abs. 3 ZPO in Gang zu setzen.

5. Unabdingbare Voraussetzung für den Antrag auf Erlass einer Sicherheitsanordnung ist, dass eine Räumungsklage mit einer Zahlungsklage verbunden ist und vor dem
zuständigen Gericht anhängig ist. Die Sicherungsmöglichkeit bleibt auf Geldforderungen
beschränkt (§ 283a Abs. 1 Satz 1 ZPO). Zwingende Voraussetzung ist daher bei der
Antragsformulierung die konkretisierte Angabe der (in der Regel monatlich fälligen)
Sicherungshöhe. Gesetzlich geregelt ist damit insbesondere der Fall zukünftiger Nutzungsentschädigung in Höhe der vereinbarten Miete, welche im Antrag konkret genannt
werden muss.

6. Zum Problem kann der Antrag auf Erlass einer Sicherheitsanordnung werden, wenn
die Zahlungsklage auf vollständige Mietzahlung gerichtet ist, obgleich der Mieter möglicherweise minderungsberechtigt ist. Insoweit sollte bereits die Zahlungsklage eine realistische Minderungsquote ohne Anerkennung einer rechtlichen Verpflichtung zu berücksichtigen.

7. Hohe Erfolgsaussichten für die Klage liegen vor, wenn nach dem bis zur Stellung
des Anordnungsantrags bekannten Sach- und Streitstand mit hoher Wahrscheinlichkeit
keine berechtigten Einwendungen oder Einreden entgegenstehen. Das Gericht hat eine
Prognoseentscheidung über den Verfahrensausgang zu treffen, wobei die Gefahr besteht,
dass das Gericht eine vorweggenommene Beweiswürdigung vornimmt. Umso mehr ist es
die gestalterische Aufgabe der den Vermieter vertretenden Prozessbevollmächtigten, von
Beginn an über den Verfahrensgang der Räumungs- und Zahlungsklage nachzudenken.
Etwaige Forderungen, die erst im Rahmen einer Beweisaufnahme zu verifizieren sind,
sollten dann ohne Anerkennung einer rechtlichen Verpflichtung nicht thematisiert werden. Insofern ist bereits vor Klageerhebung zu entscheiden, ob die Mietforderung unbe-

dingt in voller Höhe besteht oder aber Minderungsthemen bereits vorhanden sind. Bei Minderungsklage empfiehlt sich weder der vorschnelle Ausspruch der fristlosen Kündigung noch die Erhebung der Räumungs- und Zahlungsklage nebst Antrag auf Erlass einer Sicherheitsanordnung.

8. Die Interessenabwägung erfolgt in der Weise, dass der klagende Vermieter zunächst den Eintritt besonderer Nachteile in seiner eigenen Person darlegen muss. Insbesondere ist darauf hinzuweisen, dass die Verfahrensdauer oder das Risiko einer späteren Zahlungsunfähigkeit des Mieters kein besonderer Nachteil darstellt. Unter den Begriff „besonderer Nachteil" ist z.B. zu subsummieren die konkrete Existenzgefährdung des Vermieters aufgrund Nichtzahlung der Miete, ferner die Existenz eines Nachmieters, der die Wohnung nutzen möchte. Eine konkrete Substanzgefährdung könnte ebenfalls ein besonderer Nachteil bedeuten, wenn die fehlenden Mietzahlungen zur Finanzierung von Reparaturarbeiten benötigt werden. Darüber hinaus sind bei der Interessenabwägung einerseits die Höhe des Zahlungsrückstands und deren wirtschaftliche Bedeutung für den Vermieter und andererseits die Nachteile des Mieters an der Erfüllung der Sicherheitsleistung zu berücksichtigen. Im Verfahren auf Erlass der Sicherheitsanordnung nutzt der Mieter die Mietfläche noch, eine Übergabe der Mietfläche hat noch stattgefunden. Mithin ist der Mieter verpflichtet, für die Nutzung eine Entschädigung (Miete) zu zahlen. Ein besonderer Nachteil mit Ausnahme der Frage der richtigen Zahlungshöhe setzt sich der gekündigte Mieter nicht aus. Vor diesem Hintergrund ist die Nachteilsfrage deutlich beschränkt, gfs. auf Suizidproblematiken. Zuviel geleistete Sicherheitsleistungen würde der Mieter nach Beendigung des Rechtsstreits zurück bezahlt bekommen.

9. Gegen die Entscheidung über den Erlass der Sicherheitsanordnung ist die sofortige Beschwerde statthaft (§ 283a Abs. 1 Ziffer 2 a.E. ZPO).

2. Antrag auf Urteilsergänzung gemäß § 283a Abs. 3 ZPO

An das

Landgericht[1, 2] . . . . . .

in . . . . . .

In dem Rechtsstreit

der Firma . . . . . . GmbH, ...-Straße, ... Stadt, vertreten durch die Geschäftsführerin

– Prozessbevollmächtigte: Rechtsanwälte

gegen

die Firma . . . . . . GmbH, ...-Straße, ... Stadt, vertreten durch den Geschäftsführer

– Prozessbevollmächtigte: Rechtsanwälte

Az.: . . . . . .

beantragen im Wege der Urteilsergänzung gemäß § 283a Abs. 3 ZPO:

> V. Es wird festgestellt, dass der Kläger berechtigt ist, den bei der Hinterlegungsstelle beim Amtsgericht . . . . . . (Az.: . . . . . .) als Sicherheit hinterlegten Betrag in Höhe von . . . . . . EUR für die Monate . . . . . . bis . . . . . . zur Auszahlung anzufordern.

Begründung:

Das erkennende Gericht verurteilte den Beklagten am . . . . . . zur Zahlung rückständigen Mietzinses in Höhe von . . . . . . EUR und zur Zahlung einer Nutzungsentschädigung für die Monate von . . . . . ./Jahr bis . . . . . ./Jahr in Höhe von weiteren . . . . . . EUR.

Gemäß § 283a Abs. 1 ZPO ordnete das erkennende Gericht am . . . . . . auf Antrag des Klägers an, dass der Beklagte die monatliche Nutzungsentschädigung des monatlichen Mietzinses in Höhe von 1.045,00 EUR als Sicherheit zu leisten hat, da abzusehen war, dass die Klage auf diese Forderungen hohe Aussicht auf Erfolg haben werde.

Der Beklagte leistete die monatliche Nutzungsentschädigung an die Hinterlegungsstelle beim Amtsgericht . . . . . . zum Az.: . . . . . .

Beweis: Vorlage des Hinterlegungsscheins vom . . . . . . (Anlage)

Das Urteil des Ausgangsgerichts wurde dem Beklagten am . . . . zugestellt. Ein Rechtsmittel hat der Beklagte nicht erhoben, das Urteil vom . . . . . . ist rechtskräftig und mit einem Rechtskraftvermerk versehen.[3]

Beweis: Vorlage des rechtskräftigen Urteils vom . . . . . . zu Az.: . . . . . .

Vor diesem Hintergrund hat das Ausgangsgericht - wie beantragt – im Wege der Urteilsergänzung auszusprechen, dass der Kläger berechtigt ist, sich aus der Sicherheit des Beklagten zu befriedigen.

Rechtsanwalt

Anmerkungen

1. Der Antrag auf Erlass einer Sicherheitsanordnung ist nicht auf das Wohnraummietrecht beschränkt. Die Hinterlegung ist auch bei Räumungs- und Zahlungsklagen in Gewerbemietverhältnissen möglich. In diesem Fall ist für die Sicherheitsanordnung streitwertabhängig in der Regel das örtliche Landgericht der Belegenheit der Mietsache zuständig.

2. Nach der Regelung des § 283a Abs. 3 ZPO kann bereits mit dem Endurteil die Regelung ausgesprochen werden, dass der Kläger sich aus der hinterlegten Sicherheit ganz oder zum Teil (vgl. § 283a Abs. 4 ZPO) befriedigen kann. Zuständig ist das Gericht des laufenden Hauptsache- oder aber auch des beendeten Hauptsacheverfahrens.

3. Voraussetzung ist, dass ein Endurteil ausgesprochen wird. Mit Einlegung der Berufung ist der Antrag auf Urteilsergänzung nicht möglich. Sollte der Ausspruch der Befriedigung aus der Sicherheitsleistung bereits im erstinstanzlichen Urteil erfolgen, wäre die verfrühte Anforderung der Sicherheit unbillig und formell fehlerhaft. Hier muss die Praxis der Hinterlegungsstellen abgewartet werden, da die Anforderung als Kontrollmechanismus nur mit einem Rechtskraftvermerk möglich sein wird.

V. Einstweilige Verfügungen

Vermieteranträge auf Erlass einstweiliger Verfügungen

1. Antrag auf Unterlassung bestimmter Nutzungen

An das

Amtsgericht/Landgericht[1]. . . . .

Antrag auf Erlass einer einstweiligen Verfügung

In Sachen

des . . . . .

– Antragsteller –

Verfahrensbevollmächtigte:

gegen

den . . . . .

– Antragsgegner –

wegen einstweiliger Verfügung

beantragen wir namens und in anwaltlich versicherter Vollmacht des Antragstellers wegen Dringlichkeit ohne mündliche Verhandlung den Erlass folgender einstweiligen Verfügung:

1. Dem Antragsgegner wird unter Androhung der gerichtlichen Festsetzung eines der Höhe nach in das Ermessen des Gerichts gestellten Ordnungsgeldes bis zu 250.000,– EUR, ersatz- oder wahlweise einer Ordnungshaft bis zu 6 Monaten, untersagt, die Räume im . . . . . (Stockwerk) . . . . ., in der . . . . . (Straße) . . . . . in . . . . . (Ort) . . . . . unterzuvermieten.[2]
2. Der Antragsgegner trägt die Kosten des Rechtsstreits.

Begründung:

Zwischen den Parteien besteht über die in Antrag Ziffer 1 näher bezeichneten Räumlichkeiten ein befristeter Mietvertrag vom . . . . ., der in knapp zwei Monaten ausläuft.[3]/ alternativ: der auf Grund . . . . . (Kündigung/Mietaufhebung) . . . . . in knapp zwei Monaten endet.[4]

Glaubhaftmachung: Vorerwähnter Mietvertrag, gemäß § 133 Abs. 1 S. 2 ZPO einfach beigefügt in Ablichtung als Anlage Ast. 1.

Der Antragsteller hat zufällig vor drei Tagen, am . . . . ., vor dem Anwesen, in dem sich die an den Antragsgegner vermieteten Räumlichkeiten befinden, einen Herrn . . . . . getroffen, der ihm mitgeteilt hat, dass er innerhalb der nächsten 10 bis 14 Tage mit dem Antragsgegner einen Untermietvertrag über die in Antrag Ziffer 1 näher bezeichneten Räume abschließen werde. Der Antragsgegner ziehe zwar aus. Er werde aber die gesamte Einrichtung übernehmen, woran dem Antragsgegner und auch ihm selbst besonders gelegen sei.

Glaubhaftmachung: Eidesstattliche Versicherung des Antragstellers, zweifach beigefügt im Original als Anlage Ast. 2.

Der Antragsteller hat sofort mit dem Antragsgegner Kontakt aufgenommen. Der Antragsgegner hat den von Herrn . . . . . geschilderten Sachverhalt im Ergebnis bestätigt und sich auf den Standpunkt gestellt, er sei zur Untervermietung berechtigt, nachdem er auf diese Art und Weise die Einrichtungsgegenstände, für die er ansonsten keine Verwendung habe, wirtschaftlich sinnvoll verwerten könne.

Glaubhaftmachung: wie vor.

Daher war nunmehr die Inanspruchnahme gerichtlicher Hilfe im Eilverfahren unumgänglich.

Der Verfügungsanspruch ergibt sich daraus, dass der Antragsgegner unter keinem rechtlichen Gesichtspunkt jetzt kurz vor Vertragsende berechtigt ist, die Räumlichkeiten noch unterzuvermieten, nachdem das Mietverhältnis mit dem Antragsteller in jedem Fall endet.[5] Da dennoch ein Untermietvertrag – wenn auch nicht mit Wirkung gegenüber dem Antragsteller – rechtswirksam abgeschlossen werden könnte, wäre der Antragsteller darauf verwiesen, gegen den Antragsgegner und wahrscheinlich auch den Untermieter Räumungsklage zu erheben mit einem erheblichen zusätzlichen Aufwand an Zeit und Kosten.[5] Da der Untermieter die Räume noch vom berechtigten Besitzer, dem Antragsgegner, überlassen erhielte, würde mangels verbotener Eigenmacht auch ein Räumungsbegehren im Wege der einstweiligen Verfügung ausscheiden.[6]

Hierin liegt in Verbindung mit dem Umstand, dass der Abschluss des Untermietvertrages offensichtlich unmittelbar bevorsteht, auch der Verfügungsgrund zu Gunsten des Antragstellers.

Nach alledem ist die einstweilige Verfügung wie beantragt zu erlassen.

Rechtsanwalt

Anmerkungen

1. Grundsätzlich ist das Gericht der Hauptsache zuständig (§ 937 ZPO), in dringenden Fällen nach § 942 ZPO das Amtsgericht, in dessen Bezirk sich der Streitgegenstand (hier die Mietsache) befindet. Bei der Gewerberaummiete ist folglich die übliche streitwertabhängige Zuständigkeitsregelung der §§ 23 Nr. 1, 71 Abs. 1 GVG zu beachten. Bei Wohnraummietverhältnissen ergibt sich die ausschließliche sachliche Zuständigkeit des Amtsgerichts aus § 23 Nr. 2 a GVG.

2. Der Antrag orientiert sich an § 890 ZPO. Die erforderliche Androhung des Ordnungsmittels nach Abs. 2 sollte zweckmäßigerweise gleich in den Antrag aufgenommen werden, damit sie schon in der gerichtlichen Entscheidung enthalten ist (zulässig: vgl. nur *Zöller/Stöber* § 890 Rn. 12 ff.). Andernfalls bedarf es eines gesonderten Beschlusses nach Anhörung des Schuldners.

3. Dabei kann offen bleiben, ob es sich um Wohn- oder Gewerberaum handelt. Seit dem 1.9.2001 sind Zeitmietverträge nur noch unter den Voraussetzungen des § 575 BGB zulässigerweise vereinbar, bei denen ein Fortsetzungsverlangen nicht mehr mit Erfolg geltend gemacht werden kann (vgl. ausführlich zum Zeitmietvertrag MAH MietR/*Hannemann* § 29 I mwN).

4. Auch insoweit spielt es keine Rolle, ob es sich um einen Wohn- oder Gewerberaum-mietvertrag handelt, sofern beim ersterem die Vertragsbeendigung feststeht, also z. B. die Voraussetzungen der §§ 573 ff. und 574 ff. BGB vorliegen.

5. Dem Gewerberaummieter steht ohne ausdrückliche vertragliche Vereinbarung (LG München ZMR 2004, 915; OLG Hamburg WuM 1993, 737) grundsätzlich kein Anspruch auf Erteilung einer Untermieterlaubnis nach § 540 Abs. 1 BGB zu (BGH WM 1968, 650; OLG Düsseldorf WuM 1993, 399). Anders nur in eng begrenzten Ausnahmefällen aus § 242 BGB (vgl. näher Schmidt-Futterer/*Blank* § 540 Rn. 45 ff. mwN). Bei der Wohnraummiete hat der Mieter selbst unter den Voraussetzungen des § 553 BGB keinen Anspruch auf Erteilung einer Untervermietungserlaubnis für eine Gesamtüberlassung der Räume (vgl. BGH NZM 2006, 220 = NJW 2006, 1200). Ungeachtet dessen ist die Drittüberlassung dem Vermieter gemäß § 553 Abs. 1 S. 2 BGB unzumutbar, wenn das Mietverhältnis alsbald endet und ein zusätzlicher Räumungstitel auch gegen den Untermieter erforderlich wird (Schmidt-Futterer/*Blank* § 553 Rn. 13).

6. Vgl. für die Wohnraummiete § 940 a Abs. 1 ZPO iVm § 858 BGB. Selbst rechtsgrundlos erlangter Besitz, etwa nach Beendigung des Mietverhältnisses, kann dem durch verbotene Eigenmacht erlangten Besitz nicht gleichgestellt werden (*Sternel* V Rn. 59). Die Voraussetzungen des § 940 a Abs. 2 ZPO liegen hier nicht vor.

2. Antrag auf Unterlassung der Betriebseinstellung

An das

Amtsgericht/Landgericht[1] . . . . .

           Antrag auf Erlass einer einstweiligen Verfügung

In Sachen

des . . . . .

           – Antragsteller –

Verfahrensbevollmächtigte:

           gegen

den . . . . .

           – Antragsgegner –

wegen einstweiliger Verfügung

beantragen wir namens und in anwaltlich versicherter Vollmacht des Antragstellers wegen Dringlichkeit ohne mündliche Verhandlung den Erlass folgender einstweiligen Verfügung:

1. Dem Antragsgegner wird unter Androhung der gerichtlichen Festsetzung eines der Höhe nach in das Ermessen des Gerichts gestellten Ordnungsgeldes bis zu 250.000,– EUR, ersatz- oder wahlweise einer Ordnungshaft bis zu 6 Monaten, untersagt, die von ihm betriebene Gaststätte „. . . . .“ im Anwesen . . . . . (Straße) . . . . . in . . . . . (Ort) . . . . . zu schließen und den Gaststättenbetrieb einzustellen.[2]
2. Der Antragsgegner trägt die Kosten des Rechtsstreits.

Begründung:

Zwischen den Parteien besteht über das in Antrag Ziffer 1 näher bezeichnete Anwesen ein noch mindestens 8 Jahre andauernder Gaststättenpachtvertrag. In dessen § . . . . . ist rechtswirksam eine Betriebspflicht des Antragsgegners vereinbart, wonach dieser mit Ausnahme eines wöchentlichen Ruhetages und üblicher Betriebsferien von maximal einem Monat jährlich verpflichtet ist, die Gaststätte offen zu halten und zu betreiben.[3]

Glaubhaftmachung: Vorerwähnter Pachtvertrag vom . . . . ., gemäß § 133 Abs. 1 S. 2 ZPO einfach beigefügt in Ablichtung als Anlage Ast. 1.

Der Antragsgegner hat sich vor einigen Monaten bereits an den Antragsteller gewandt mit dem Begehren, den befristeten Pachtvertrag einvernehmlich vorzeitig aufzuheben. Hierzu konnte sich der Antragsteller nicht verstehen, schon gar nicht auf Grund der erheblichen Investitionen, die er seinerzeit in Absprache mit dem Antragsgegner und auf dessen Veranlassung hin getätigt hatte. Der Antragsgegner war zu einer irgendwie gearteten Ausgleichszahlung nicht bereit.

Glaubhaftmachung: Eidesstattliche Versicherung des Antragstellers vom heutigen Tage, beigefügt in zweifacher Ausfertigung im Original als Anlage Ast. 2.

Dennoch hat der Antragsgegner in den letzten Tagen begonnen, Dritten gegenüber (Gästen, Lieferanten, ua) zu bekunden, dass er in absehbarer Zeit die Gaststätte schließen werde.

Glaubhaftmachung: wie vor.

Da die Schließung der Gaststätte schon nach kurzer Zeit dazu führt, dass sich vor allen Dingen die vielen Stammgäste (auch unter der Woche zum Mittagessen) anderweitig orientieren und damit unmittelbar auf die Werthaltigkeit des gesamten Objektes Einfluss genommen wird, war nunmehr die Inanspruchnahme gerichtlicher Hilfe im Wege des Eilverfahrens unumgänglich.

Der Verfügungsgrund ergibt sich aus der vorstehend geschilderten Eilbedürftigkeit. Dem Antragsteller ist es nicht zuzumuten, erst nach Schließung der Gaststätte tätig werden zu können. Die dann möglicherweise beendeten Beziehungen zu den Gästen, zu Lieferanten, zum Personal u.a., würden eine Wiedereröffnung der Gaststätte zur Erfüllung der vereinbarten Betriebspflicht zumindest erheblich erschweren.

Der Verfügungsanspruch ergibt sich aus der vertraglich vereinbarten Betriebspflicht[4] (vgl. Anlage Ast. 1, dort § . . . . .) bzw. aus § 541 BGB.[5]

Auf der Grundlage dieser Darlegungen ist wie beantragt zu erkennen.

Rechtsanwalt

Anmerkungen

1. Grundsätzlich ist das Gericht der Hauptsache zuständig (§ 937 ZPO), in dringenden Fällen nach § 942 ZPO das Amtsgericht, in dessen Bezirk sich der Streitgegenstand (hier die Mietsache) befindet.

Da die Vereinbarung einer Betriebspflicht nur bei Gewerberaummietverhältnissen in Betracht kommt, hängt die Zuständigkeit des Gerichts der Hauptsache vom Streitwert ab (§§ 23 Nr. 1, 71 Abs. 1 GVG). Hierfür ist das Interesse des Vermieters an der Erfüllung der Betriebspflicht maßgebend, hier also der Wertverlust, den das Gaststättenanwesen durch den Nichtbetrieb erleidet, beziffert z. B. nach der Jahresmiete (so KG ZMR 2006, 619) oder einem Prozentsatz daraus.

2. Der Antrag orientiert sich an § 890 ZPO. Die erforderliche Androhung des Ordnungsmittels nach Abs. 2 sollte zweckmäßigerweise gleich in den Antrag aufgenommen werden, damit sie schon in der gerichtlichen Entscheidung enthalten ist (zulässig: vgl. nur Zöller/*Stöber* § 890 Rn. 12 ff.). Andernfalls bedarf es eines gesonderten Beschlusses nach Anhörung des Schuldners.

3. Ohne eine derartige Vereinbarung wäre das Begehren des Antragstellers von vornherein unbegründet, nachdem das Gesetz eine Betriebs- oder Gebrauchspflicht des Mieters nicht kennt (→ Form. B. II. 2 Anm. 6; instruktiv *Jendrek* NZM 2000, 526 jew. mwN).

Verstößt der Mieter gegen eine rechtswirksam begründete Betriebspflicht, kann der Vermieter deren Erfüllung beanspruchen (hier bei Eilbedürftigkeit in Form der begehrten Unterlassungsverfügung), er kann nach § 537 Abs. 1 BGB die Miete verlangen (bei vereinbarter Umsatzmiete den bei vertragsgemäßer Nutzung anfallenden Betrag: BGH NJW 1979, 2351), er kann Schadensersatz gem. § 280 Abs. 1 S. 1 BGB ggf. iVm §§ 281, 282 BGB verlangen (BGH NJW-RR 1992, 1032 zu pVV; etwa in Höhe der Wertminderung durch das Nichtbetreiben: *Jendrek* NZM 2000, 526, 529), er kann nach erfolgloser Abmahnung fristlos kündigen (BGH NJW-RR 1992, 1032; WM 1983, 531) und der Vermieter kann schließlich Schadensersatz wegen Auflösungsverschuldens verlangen (BGH NJW 1984, 2687).

4. So mit beachtlichen Argumenten *Jendrek* NZM 2000, 526, 528 f.; *Sternel* II Rn. 276.

5. So die überwiegende Meinung: OLG Celle NZM 2007, 838; OLG Frankfurt BeckRS 2009, 03013; OLG Hamburg BeckRS 2003, 30998555, vgl. auch NZM 2014, 273; KG BeckRS 2011, 23087; KG NZM 2013, 731; KG BeckRS 2015, 07490; Bub/Treier/*v. Brunn/Paschke/Emmerich* III Rn. 84; aA OLG Naumburg NJW-RR 1998, 873 = NZM 1998, 575; Schmidt-Futterer/*Eisenschmid* § 535 Rn. 266.

3. Antrag auf Einstellung wettbewerbswidrigen Gebrauchs der Mietsache

An das

Landgericht[1] . . . . .

      Antrag auf Erlass einer einstweiligen Verfügung

des

Herrn . . . . .

               – Antragsteller –

Verfahrensbevollmächtigte: . . . . .

        gegen

die . . . . .-GmbH . . . . .

             – Antragsgegnerin –

Verfahrensbevollmächtigte: . . . . .

Namens und in Vollmacht des Antragstellers beantragen wir, das Gericht möge im Wege der einstweiligen Verfügung – wegen besonderer Dringlichkeit ohne mündliche Verhandlung durch Beschluss[2] – anordnen:[3, 6]

1. der Antragsgegnerin wird unter Androhung eines Ordnungsgeldes bis zu 250.000,– EUR und/oder Ordnungshaft bis zu 6 Monaten für den Fall der Zuwiderhandlung untersagt, Pizza- und Nudelgerichte sowie Salate bis zum 31. 12. . . . . . . in dem von dieser im Hause . . . . . in . . . . . angemieteten Ladenlokal anzubieten und zu verkaufen.

Streitwert: 12.500,– EUR[4]

Begründung:

Am . . . . . vermietete der Antragsteller der Antragsgegnerin ein Ladenlokal in dem Hause . . . . . zum Betriebe einer Trinkhalle.

Glaubhaftmachung: beigefügte Ablichtung des Mietvertrages vom . . . . .

Das Objekt, das die Antragsgegnerin zeitweise untervermietete, wurde zunächst als Kiosk und dann als Getränkecenter betrieben.

Im selben Haus hatten bereits die Rechtsvorgänger des Antragstellers Herrn . . . . . mit schriftlichem Vertrag vom . . . . . ebenfalls ein Ladenlokal im Hause . . . . . in . . . . . zu einer monatlichen Miete von 500,– EUR vermietet. In § 22 des Vertrages trafen die damaligen Vertragsparteien die Abrede, dass der Mietvertrag automatisch enden sollte, wenn für den „Verkaufsimbissladen" eine Genehmigung nicht erteilt werde. Es wurde eine feste Mietzeit bis zum 31. 12. . . . . . . vereinbart.

Glaubhaftmachung: Ablichtung des Mietvertrages vom . . . . .

Herr . . . . . betrieb in diesem Mietobjekt bis zuletzt einen Imbissladen. Er bot dort Schnellgerichte aller Art mit den Schwerpunkten Würstchen, Pommes frites, Hamburger, Döner sowie alkoholfreie Getränke und Bier an.

Glaubhaftmachung: Ablichtung der aktuellen Speisekarte;

eidesstattliche Versicherung des Zeugen . . . . . vom . . . . .

Vor einer Woche hat die Antragsgegnerin in ihren Räumlichkeiten eine Pizzeria eröffnet, in der auch Nudelgerichte und Salate verkauft werden.

Glaubhaftmachung: eidesstattliche Versicherung des Zeugen . . . . . vom . . . . .;

beigefügte Fotos

Durch die Eröffnung der Pizzeria hat die Antragsgegnerin im Verhältnis zum Imbiss des Herrn . . . . . eine unerlaubte Konkurrenz aufgenommen. Dabei kommt es nicht darauf an, ob der Zeuge . . . . . ebenfalls Pizzagerichte vertreibt. Vielmehr ist von Bedeutung, dass in beiden Betrieben fertige Gerichte aus dem sog. „fast-food"-Bereich angeboten werden, die in derartigen Imbissbetrieben üblich und deshalb geeignet sind, dem Wettbewerber Konkurrenz zu machen. Sämtliche Speisen, die angeboten werden, gehören zum Hauptsortiment beider Geschäfte. Pizza- und Nudelgerichte haben bereits seit Jahrzehnten in Deutschland eine derartige Verbreitung auf dem Schnellimbisssektor erfahren, dass sie zum normalen Sortiment zählen.

Der Antragsteller wurde durch anliegend in Kopie beigefügtes Schreiben der von Herrn . . . . . beauftragten Anwälte vom . . . . . unter Fristsetzung bis zum . . . . . aufgefordert, zur Vermeidung einer einstweiligen Verfügung auf die Antragsgegnerin in der Weise einzuwirken, dass sie in dem von ihr im Hause . . . . . in . . . . . angemieteten Ladenlokal Pizza- und Nudelgerichte sowie Salate bis zum . . . . . nicht weiter anbietet und verkauft. Die Befristung hängt damit zusammen, dass der zwischen Herrn . . . . . und dem Antragsteller bestehende Mietvertrag zum 31. 12. . . . . endet.

Die Antragsgegnerin ist gemäß § 541 BGB verpflichtet, das Anbieten und Verkaufen von Nudelgerichten und Salaten einzustellen.[5] Ihr war das überlassene Ladenlokal lediglich zum Betriebe einer Trinkhalle vermietet. Der jetzige Betrieb einer Pizzeria geht über diesen Vertragszweck hinaus. Die Antragsgegnerin verhält sich damit gegenüber dem Zeugen . . . . . wettbewerbswidrig. Der Antragsteller ist gemäß § 535 Abs. 1 BGB in Verbindung mit Ziffer 22 des Mietvertrages vom . . . . . dem Zeugen . . . . . gegenüber verpflichtet, diesen Wettbewerb zu unterbinden. Aus Ziffer 22 jenes Mietvertrages geht hervor, dass das an den Zeugen . . . . . vermietete Ladenlokal zum Betriebe eines Verkaufsimbissladens bestimmt ist, so dass sich der vertragsimmanente Konkurrenzschutz des Zeugen . . . . . auf alle Konkurrenzbetriebe in demselben Hause des Antragstellers erstreckt.

Die Antragsgegnerin ist durch anliegend in Kopie beigefügtes Anwaltsschreiben vom . . . . . unter Fristsetzung bis zum . . . . . sowie unter Beifügung des vorbezeichneten Schreibens der Rechtsanwälte des Zeugen . . . . . aufgefordert worden, zur Vermeidung einer einstweiligen Verfügung den Vertrieb von Nudelgerichten und Salaten einzustellen. Sie hat darauf nicht reagiert.

Rechtsanwalt[7]

Anmerkungen

1. Zuständigkeit. Ausschließlich örtlich zuständig ist gemäß § 29a Abs. 1 ZPO das Gericht der belegenen Sache. § 29a ZPO gilt auch für Miet- und Pachtverhältnisse über Räume, soweit es sich nicht um Wohnraum handelt, dagegen nicht für Miet- und Pachtverhältnisse über unbebaute Grundstücke (*Sternel*, Mietrecht Aktuell, 4. Aufl. 2009, XIV Rn. 1, 24). Da der Streitwert 5.000,– EUR überschreitet, ist gemäß §§ 23 Nr. 1, 71 Abs. 1 GVG das Landgericht zuständig.

2. Einstweilige Verfügung ohne mündliche Verhandlung. Der Antrag, aus Dringlichkeitsgründen ohne mündliche Verhandlung zu entscheiden, beruht auf § 937 Abs. 2 ZPO. Zugleich kommt der Antrag in Betracht, gemäß § 944 ZPO durch den Vorsitzenden entscheiden zu lassen.
Der Verfügungsgrund gemäß §§ 935, 940 ZPO setzt bei der Unterlassungsverfügung des Vermieters voraus, dass dem Altmieter größere Schäden drohen, insbesondere bei diesen Gewährleistungsansprüche überwiegend wahrscheinlich sein müssen (OLG Schleswig IMR 2014, 66).

3. Antragstellung. Verändert ein Mieter sein Hauptsortiment während der Laufzeit des Mietvertrages in der Weise, dass im Verhältnis zu einem anderen Mieter eine Konkurrenzsituation entsteht, kann der Vermieter von diesem Mieter im Wege der Unterlassungsverfügung verlangen, dass er seine konkurrierende Tätigkeit einstellt. Der Fall korrespondiert mit demjenigen → Form. D. V. 16, also mit dem Antrag des anderen Mieters gegen den Vermieter, diesem aufzugeben, durch zumutbare Maßnahmen auf den Konkurrenten einzuwirken, dass dieser Konkurrenzprodukte nicht anbietet oder verkauft. Die dortigen Anmerkungen gelten hier also sinngemäß. Das Vorgehen, dem betroffenen Altmieter Konkurrenzschutz durch ein einstweiliges Verfügungsverfahren des Vermieters gegen den vertragswidrig handelnden Neumieter zu gewähren, hat das OLG Hamm (OLG-Report Hamm 1/97 S. 1 f.) ausdrücklich gebilligt (so auch *Neuhaus*, Handbuch der Geschäftsraummiete,

4. Aufl. 2011, Rn. 1397 allerdings für das Verhältnis Altmieter/Vermieter; *Hinz* NZM 2005, 841; *Jendrek* NZM 2000, 1116; *Jendrek/Ricker* NZM 2000, 229). Der Verfügungsgrund ergibt sich u.a. daraus, dass der beeinträchtigte Mieter nur noch begrenzte Zeit Konkurrenzschutz beanspruchen kann und deshalb Gefahr läuft, bis zur Entscheidung in einem Hauptsacheprozess rechtlos zu stehen. Dem Antrag auf Erlass einer einstweiligen Verfügung dieses Mieters kann der Vermieter deshalb nur zuvorkommen, wenn er selbst im Wege der einstweiligen Verfügung gegen den vertragswidrig handelnden Mieter vorgeht.

In den Verfügungsantrag ist die Androhung des Ordnungsmittels gemäß § 890 Abs. 2 ZPO zwingend aufzunehmen, um die Vollziehungsfrist gemäß §§ 929 Abs. 2, 936 ZPO zu wahren (*Hinz* NZM 2005, 841, 854; BLAH/*Hartmann* § 936 Rn. 10; BGH MDR 1996, 452; aA OLG Celle GRUR 1987, 66). Das Verkaufsverbot ist nämlich gemäß § 890 Abs. 1 ZPO zu vollstrecken.

4. Streitwert. Für einen Unterlassungsantrag wegen vertragswidrigen Gebrauchs der Mietsache ist der Zuständigkeitsstreitwert aus § 3 ZPO zu bestimmen (BLAH/*Hartmann* Anh. § 3 Rn. 122; BGH MDR 2007, 202 für die entsprechende Unterlassungsklage; aA LG Mannheim WuM 1999, 224: Maßgeblich sei § 9 ZPO). Der Gebührenstreitwert ergibt sich nicht aus § 41 GKG, sondern ebenfalls aus § 3 ZPO. Das Ermessen ist an den voraussichtlichen wirtschaftlichen Nachteilen auszurichten, die der Antragsgegner infolge der Durchsetzung des Unterlassungsanspruchs hinnehmen muss . Bei einem Antrag auf Erlass einer einstweiligen Verfügung des Vermieters kann das Interesse auch an den Kosten einer zu erwartenden Konkurrenzschutzklage oder einem Verfügungsantrag des Altmieters zu messen sein (BGH NJW-RR 1996, 460). Hierzu können die Grundsätze des gewerblichen Rechtsschutzes analog herangezogen werden. Bei kleineren Ladengeschäften dürften für die Hauptsache Streitwerte zwischen 15.000,– EUR und 25.000,– EUR angemessen sein. Bei größeren Geschäftsbetrieben dürften die Streitwerte im Hauptsacheverfahren schnell 50.000,– EUR erreichen. Bei einstweiligen Verfügungsverfahren ist alsdann wegen der Vorläufigkeit der Regelung nur ein Bruchteil des Hauptsachewertes anzusetzen, in der Regel $^1/_3$ bis $^1/_2$ (BLAH/*Hartmann* Anh. § 3 Rn. 35 „Einstweilige Verfügung"; *Hartmann* § 53 GKG Rn. 2). Allerdings kann sich eine höhere Quote dann ergeben, wenn mit Hilfe der einstweiligen Verfügung ein Rechtsschutzziel angestrebt wird, welches einer Hauptsacheentscheidung bereits nahe kommt oder sie gar erreicht (BLAH/*Hartmann* Anh. § 3 Rn. 39 „Unterlassung"; OLG Karlsruhe GRUR-RR 2011, 288; OLG Düsseldorf NZM 2006, 159: Maßgeblich sei gemäß § 3 das Interesse des Altmieters, der Konkurrenzschutz vom Vermieter beanspruche. Der Wert des Erfüllungsinteresses orientiere sich am Minderwert der Mietsache, zum anderen an dem Schaden, den der Altmieter durch die Konkurrenz erleiden müsse. Der kumulierte Wert aus der Minderung (§ 536 Abs. 1 BGB) und dem Schadensersatz (§ 536a Abs. 1 BGB) sei die nach dem Gesetz vorgesehene Kompensation für das verletzte Erfüllungsinteresse.).

5. Anspruch des Vermieters auf **Unterlassung von Konkurrenz.** Der Anspruch auf Einstellung des Anbietens und des Verkaufs von Waren kann nur aus § 541 BGB begründet werden. Voraussetzung ist das Andauern der Beeinträchtigung zum Zeitpunkt der letzten mündlichen Verhandlung. Weitere Voraussetzung ist die vorherige Abmahnung. Die Abmahnung mit Fristsetzung ist unabdingbare Voraussetzung eines Anspruchs aus § 541 BGB. Als geschäftsähnliche Willensäußerung muss sie dem Mieter zugehen (BGH NJW 2008, 1303). Für die Abmahnung gilt § 174 BGB bei Vertreterhandeln, insbesondere bei anwaltlicher Tätigkeit. Es empfiehlt sich daher der Aufforderung zur Einstellung des vertragswidrigen Handelns eine Originalvollmacht beizufügen. Die Erforderlichkeit einer Abmahnung als Voraussetzung für die Durchsetzung eines Unterlassungsanspruchs kann individualvertraglich, aber nicht formularvertraglich (§ 309 Nr. 4 BGB) wirksam abbedungen werden (Schmidt-Futterer/*Blank* § 541 Rn. 11; MüKoBGB/*Bieber* § 541 Rn. 18).

Auf das unterschiedliche Angebot des Imbissbetriebes einerseits und der Pizzeria andererseits kommt es nicht an. Eine Überschneidung des Warenangebots liegt deshalb vor, weil sich die potenziellen Kunden beider Anbieter nur bei einem von ihnen versorgen (*Neuhaus*, Handbuch der Geschäftsraummiete, 4. Aufl. 2011, Rn. 1444; „Hunger hat man nur einmal", s. OLG Hamm NJW-RR 1997, 459).

Darüber hinaus braucht der Vermieter eine vom vertraglich festgelegten Gebrauch abweichende Benutzung der Mietsache unabhängig von der Konkurrenzlage nicht hinzunehmen (*Neuhaus*, Handbuch der Geschäftsraummiete, 4. Aufl. 2011, Rn. 1389, 1397; OLG Hamm NJW 1992, 916; OLG Düsseldorf ZMR 1987, 423). Der Unterlassungsanspruch besteht deshalb auch ungeachtet dessen, dass andere Mieter in ihrer wirtschaftlichen Betätigungsfreiheit betroffen sind. Fraglich wäre dann allerdings, ob ein Verfügungsgrund zu bejahen oder ob ein derartiger Unterlassungsanspruch nicht im Klageverfahren zu verfolgen wäre.

6. Vollstreckung. → Form. B. II. 64 Anm. 6, → Form. B. III. 32 Anm. 6. Die Vollstreckung richtet sich nach § 890 Abs. 1 ZPO. Zur Höhe des zu verhängenden Ordnungsgeldes bzw. zum Umfang der denkbaren Ordnungshaft (vgl. BLAH/*Hartmann* § 890 Rn. 17 f.). Das Ordnungsgeld muss fühlbar und empfindlich sein (OLG Celle MDR 2010, 1891). Lässt sich der Wille des Schuldners durch Ordnungsmittel nicht beugen, kommen zusätzlich Schadensersatzklagen gemäß § 893 Abs. 2 ZPO in Betracht. § 893 Abs. 1 ZPO verweist auf diese Schadensersatzmöglichkeit, ist aber keine materiell-rechtliche Anspruchsgrundlage. Schadensersatzansprüche können sich aus Unmöglichkeit (§§ 275, 280, 283 BGB), Nichtleistung nach erfolglosem Ablauf einer angemessenen Frist (§§ 280, 281, 284, 325 BGB), Verzug (§§ 280, 286 BGB) und positiver Vertragsverletzung (§§ 241 Abs. 2, 280, 282, 311 Abs. 2 BGB) ergeben. Zu beachten ist, dass gemäß § 893 Abs. 2 ZPO für solche Schadensersatzklagen immer sachlich und örtlich das Gericht zuständig ist, bei dem die Unterlassungsklage anhängig war, so dass etwa der Streitwert keine Rolle spielt (Zöller/*Stöber* § 893 Rn. 1 ff.). Derartige Schadensersatzansprüche sind jedoch im Hauptsacheverfahren zu verfolgen.

7. Vergleichbares Hauptsacheverfahren. Siehe zu diesem Komplex auch → Form. B. II. 64, → Form. B. II. 65. Dort werden vergleichbare Hauptsacheverfahren behandelt.

4. Antrag auf Duldung eiliger Reparaturmaßnahmen

An das

Amtsgericht[1] . . . . . .

– Abteilung für Mietsachen –

Antrag auf Erlass einer einstweiligen Verfügung

In Sachen

. . . . . .

– Antragsteller –

Prozessbevollmächtigter: Rechtsanwalt . . . . . .

gegen

. . . . . .

– Antragsgegner –

Vorläufiger Streitwert: . . . . . .[2]

zeige ich unter Vollmachtsvorlage an, dass der Antragsteller von mir vertreten wird.

Wegen der Dringlichkeit der Sache beantrage ich, im Wege der einstweiligen Verfügung ohne mündliche Verhandlung anzuordnen:

1. Dem Antragsgegner wird geboten, die Reparatur des schadhaften Wasserrohres im Badezimmer der von ihm bewohnten Wohnung . . . . . . zu dulden.[3]
2. Dem Antragsgegner wird geboten, den vom Antragsteller beauftragten Handwerkern Zugang zu der Wohnung zur Durchführung der erforderlichen Reparaturarbeiten nach vorheriger Ankündigung zu gewähren.[4]
3. Der Antragsgegner trägt die Kosten des Verfahrens.

Begründung:

Der Antragsteller ist Vermieter, der Antragsgegner Mieter einer Wohnung in . . . . . .

Beweis: Mietvertrag vom . . . . . . in beglaubigter Kopie.

Am . . . . . . teilte der Antragsgegner dem Hausmeister des klägerischen Anwesens mit, dass sich an der Wand des Badezimmers seiner Mietwohnung an einer nicht verfliesten Stelle im Bereich wasserführender Leitungen ein nasser Fleck zeige. Auf das Angebot des Hausmeisters, die Schadstelle unverzüglich zu besichtigen, reagierte der Antragsgegner nicht.

Beweis: Eidesstattliche Erklärung des Hausmeisters . . . . . . in der Anlage.[5]

Gestern teilte der Mieter . . . . . ., der die Wohnung unmittelbar unter der vom Antragsgegner bewohnten Wohnung innehat mit, dass eine Wand seines Badezimmers nass sei und Wasser an dieser Wand herunter flösse.

Beweis: Eidesstattliche Versicherung des Mieters . . . . . . in der Anlage.

Die Wohnungen sind gleich geschnitten.

Der Antragsgegner wurde noch gestern, nachdem er telefonisch nicht erreichbar war, durch in seinen Briefkasten eingeworfenes Schreiben aufgefordert, unverzüglich den Zugang zu der von ihm angemieteten Wohnung zur Reparatur des Wasserschadens zu ermöglichen.

Beweis: Schreiben vom . . . . . . in beglaubigter Kopie.

Das Schreiben wurde durch den Hausmeister . . . . . . um . . . . . . Uhr in den Briefkasten des Antragsgegners eingeworfen.

Beweis: Eidesstattliche Versicherung des Hausmeisters . . . . . . in der Anlage.

Aus nicht nachvollziehbaren Gründen reagierte der Antragsgegner auf diese Aufforderung nicht.

Zur Verhinderung weiterer Schäden ist ein sofortiges Handeln erforderlich, die Angelegenheit duldet keinen Aufschub, da der Schaden sich weiter ausbreitet. Bereits jetzt ist die bezeichnete Wand im Badezimmer des Mieters . . . . . . durchfeuchtet,

ebenso die Decke und der Boden.

Beweis: Eidesstattliche Versicherung des Mieters . . . . . . in der Anlage.

Nachdem Verfügungsanspruch und Verfügungsgrund gegeben und glaubhaft gemacht sind, ist die beantragte einstweilige Verfügung zu erlassen.[6]

Rechtsanwalt

Anmerkungen

1. Für den Erlass einstweiliger Verfügungen ist nach § 937 Abs. 1 ZPO das Gericht der Hauptsache zuständig. Nachdem es um eine einstweilige Verfügung in Bezug auf ein Wohnraummietverhältnis sich handelt, ist nach §§ 29a ZPO, 23 Nr. 2 a GVG ausschließlich das Amtsgericht zuständig, in dessen Bezirk sich die Mieträume befinden. Im Übrigen besteht, soweit es sich nicht um Wohnräume handelt, in dringenden Fällen die Zuständigkeit nach § 942 ZPO.

2. Beim Streitwert scheint es sinnvoll, auf die Instandsetzungskosten abzustellen. Der Streitwert der einstweiligen Verfügung bestimmt sich nämlich nach dem Interesse des Antragstellers an der Sicherung des Anspruchs. Der Streitwert ist in der Regel geringer anzusetzen, etwa $^1/_3$ des Wertes des Hauptsacheanspruchs.

3. Bei der Reparatur einer Wasserleitung handelt es sich um eine Maßnahme, zu der der Vermieter nach §§ 535 Abs. 1 S. 2, 538 BGB im Rahmen seiner Instandhaltungsverpflichtung berechtigt und verpflichtet ist. Die Duldungspflicht des Mieters ist hier grundsätzlich nicht begrenzt (*Wetekamp*, Mietsachen, 4. Aufl. 2007, Kap. 7 Rn. 7). Anspruchsgrundlage ist neben §§ 535 Abs. 1 S. 2, 538 BGB, 555 a Abs. 1 BGB.

4. Der Anspruch des Vermieters auf Duldung umfasst auch die Verpflichtung des Mieters, Zugang zu den Wohnräumen zu gewähren. Der Antrag, zusätzlich zur Duldung auch Zugang zu gewähren, ist daher deklaratorisch, dient aber der Klarstellung der Verpflichtung des Mieters. Nicht zu empfehlen ist, einen bestimmten Tag oder eine bestimmte Uhrzeit für das Betreten der Räume in den Antrag aufzunehmen, da nicht ohne weiteres ersichtlich ist, wann mit dem Erlass der einstweiligen Verfügung gerechnet werden kann.

5. Nach §§ 936, 920 Abs. 2 ZPO ist Verfügungsanspruch und Verfügungsgrund glaubhaft zu machen. Als Mittel der Glaubhaftmachung kommt nach § 294 ZPO vor allem die eidesstattliche Versicherung und die Vorlage von Urkunden in Betracht. Alle Beweismittel müssen von der Partei selbst zur Stelle gebracht werden (*Thomas/Putzo* § 294 ZPO Rn. 2). Möglich ist auch die Beibringung präsenter Zeugen, falls ein Termin zur mündlichen Verhandlung stattfindet, eine Ladung von Zeugen findet nicht statt, § 294 Abs. 2 ZPO.

6. Für den Erlass der einstweiligen Verfügung ist ein Verfügungsanspruch erforderlich, hierfür genügt jeder zivilrechtliche Anspruch, wie die Durchführung von Instandsetzungsmaßnahmen. Hinzukommen muss der Verfügungsgrund, aus dem sich die Dringlichkeit ergibt, die den Erlass einer einstweiligen Verfügung erforderlich macht. Es müssen Umstände bestehen, die befürchten lassen, dass der gegenwärtige Zustand sich verschlechtert, bzw. eine unmittelbare Gefährdung besteht (*Thomas/Putzo* § 935 Rn. 6).

5. Antrag auf Unterlassung der Entfernung der dem Vermieterpfandrecht unterliegenden Sachen

An das

Amtsgericht . . . . .[1, 2]

Antrag auf Erlass einer einstweiligen Verfügung

des . . . . .

– Antragsteller –

Prozessbevollmächtigter: Rechtsanwalt . . . . .[3]

gegen

. . . . .

– Antragsgegner –

wegen: Unterlassung

Streitwert: . . . . .[4]

Namens und in Vollmacht des Antragstellers beantrage ich, im Wege der einstweiligen Verfügung

– wegen der Dringlichkeit der Sache ohne mündliche Verhandlung[5]

zu beschließen:

I. Der Antragsgegner hat es zu unterlassen, die Einrichtung der Wohnung . . . . .[6] in der
. . . . .-straße in . . . . . aus dieser zu entfernen.[7]

II. Dem Antragsgegner wird für jeden Fall der Zuwiderhandlung gegen das in Ziff. I. genannte Unterlassungsgebot ein Ordnungsgeld bis zu 250.000,– EUR, ersatzweise für den Fall, dass dieses nicht beigetrieben werden kann, Ordnungshaft bis zu sechs Monaten angedroht.[8]

Begründung:

Der Antragsteller ist Vermieter, der Antragsgegner ist Mieter der Wohnung . . . . . in
. . . . .

Glaubhaftmachung: Mietvertrag vom . . . . ., Kopie Anlage 1

Der Antragsgegner schuldet dem Antragsteller . . . . . EUR als Mietrückstand für die Monate . . . . .

Dem Antragsteller ist vom Etagennachbarn des Antragsgegners mitgeteilt worden, dass dieser sich noch im Verlauf dieses Monats nach Südamerika absetzen wolle. Er hat dem Etagennachbarn zur Vorbereitung seines Weggangs seinen Fernseher und seine Stereoanlage zum Kauf angeboten. Der Parterremieterin hat er die Kücheneinrichtung offeriert.

Glaubhaftmachung: eidesstattliche Versicherung des Herrn . . . . ., Anlage 2

eidesstattliche Versicherung der Frau . . . . ., Anlage 3

Die genannten Gegenstände unterliegen – ebenso wie die übrige Wohnungseinrichtung – dem Vermieterpfandrecht.[9] Ihre unmittelbar bevorstehende Wegschaffung muss daher verhindert werden.[10]

Rechtsanwalt

Anmerkungen

1. Zuständig ist das Gericht der Hauptsache, § 937 Abs. 1 ZPO.

2. → Form. B. II. 3 Anm. 1.

3. → Form. B. II. 3 Anm. 2.

4. Entspricht dem Interesse des Antragstellers an der begehrten Sicherstellung, wobei auf Grund der Vorläufigkeit der Regelung idR nur ein Teil (regelmäßig $^1/_3$ bis $^1/_2$) des Hauptsachestreitwerts angenommen werden kann, vgl. im Einzelnen Baumbach/*Hartmann* Anhang zu § 3 Rn. 35 ff.

5. § 937 Abs. 2 ZPO. Der Grundsatz ist die mündliche Verhandlung. Die Entscheidung ohne mündliche Verhandlung ist die Ausnahme, die eine gesteigerte, besondere Dringlichkeit erfordert (BLAH/*Hartmann* § 937 Rn. 5). Das Gericht entscheidet nach pflichtgemäßem Ermessen, ob es von einer mündlichen Verhandlung absieht.

6. Wohnung nach Lage innerhalb des Hauses genau bezeichnen, zB „2. Obergeschoss, von der Straße aus gesehen links".

7. Die genaue Spezifizierung jedes in Anspruch genommenen Gegenstands stellt insbesondere bei einer Mietwohnung, deren Möblierung usw. dem Vermieter in aller Regel gar nicht bekannt ist, ein Problem dar. Bei einer einstweiligen Verfügung sollte man sich daher, will man sie nicht in den meisten Fällen für den Vermieter praktisch unmöglich machen, mit dem Antrag begnügen, eine Entfernung der Wohnungseinrichtung zu verbieten (OLG Celle NJW-RR 1987, 447; AG Baden-Baden WuM 1985, 123).

Das dem Vermieter gem. § 562b Abs. 1 BGB zustehende Selbsthilferecht lässt das Rechtsschutzbedürfnis für einen Antrag auf Erlass einer Sicherungsverfügung gem. § 935 ZPO nicht entfallen (OLG Celle NJW-RR 1987, 447).

8. § 890 ZPO. Der Antrag auf eine entsprechende Androhung sollte sinnvollerweise gleich zusammen mit dem Sachantrag gestellt werden.

9. Zu den Voraussetzungen des Vermieterpfandrechts siehe die Anmerkungen → Form. C. II. 29.

10. Angesichts des im Beispielsfall geschilderten Sachverhalts erscheint die Inanspruchnahme einstweiligen Rechtsschutzes zur Verhinderung der Entfernung der dem Vermieterpfandrecht unterliegenden Sachen unproblematisch. Ist die Entfernung allerdings bereits erfolgt, soll nach Ansicht des OLG Brandenburg (GE 2007, 1316 und MDR 2007, 1365) dem Erlass einer bei **Fortbestehen** des Mietverhältnisses auf Zurückschaffung nach § 562b Abs. 2 S. 1 BGB gerichteten einstweiligen Verfügung entgegenstehen, dass damit bereits eine im einstweiligen Rechtsschutz allenfalls ausnahmsweise zulässige Erfüllung eintreten würde. **Nach Auszug** des Mieters habe der Vermieter im Rahmen des einstweiligen Rechtsschutzes allenfalls Anspruch auf Überlassung des Besitzes an einen Sequester.

6. Antrag gegen Mitbesitzer gem. § 940 a Abs. 2 ZPO (Gewerberaum)

An das

Landgericht[1]......

Antrag auf Erlass einer einstweiligen Verfügung

In Sachen

des......

– Antragstellers –

Verfahrensbevollmächtigte:

gegen

der . . . . . .

– Antragsgegnerin –

wegen: Erlass einer einstweiliger Verfügung

Namens und in Auftrage des Antragstellers beantrage ich im Wege der einstweiligen Verfügung - wegen besonderer Dringlichkeit ohne mündliche Verhandlung, jedoch nach Anhörung der Antragsgegner[2] - zu beschließen:[3]

I. Der Antragsgegnerin wird aufgegeben, die Gewerberäume im Objekt . . . . . ., Ladenlokal rechts verbunden mit einer Bürofläche im 1. Obergeschoss sowie einem Appartement (Wohnbüro) im 1. Obergeschoss, zu räumen und mit allen ausgegebenen und nachgefertigten Schlüsseln an den Antragsteller herauszugeben.

II. Der Antragsgegnerin werden die Kosten des einstweiligen Verfügungsverfahrens auferlegt.

Begründung:

Die Firma A. . . . . . . war Mieterin und der Antragsteller Vermieter einer Gewerbemietfläche im Objekt . . . . . ., Ladenlokal rechts verbunden mit einer Bürofläche im 1. Obergeschoss sowie einem Appartement (Wohnbüro) im 1. Obergeschoss. Der Mietzins bezifferte sich auf 1.200,00 EUR zzgl. monatlicher Betriebskostenvorauszahlung in Höhe von 200,00 EUR sowie Umsatzsteuer (= derzeitig 19 % = 266,00 EUR/mtl.), mithin in einer Höhe von insgesamt 1.666,00 EUR/mtl.

Glaubhaftmachung: Vorlage des Mietvertrags vom . . . . . . (Anlage ASt. 1)

Aufgrund Zahlungsrückstands kündigte der Antragsteller das Mietverhältnis mit Schreiben vom . . . . . . fristlos und forderte die Mieterin auf, die Mietfläche binnen zehn Tagen bis spätestens zum . . . . . . zurückzugeben.

Glaubhaftmachung: Vorlage des Kündigungsschreibens vom . . . . . . (Anlage ASt. 2)

Nachdem die Mieterin die Gewerbefläche nicht fristgerecht räumte und an den Antragsteller herausgab, erhob der Antragsteller vor dem Landgericht . . . . . . Räumungs- und Zahlungsklage.

Glaubhaftmachung: Vorlage der Klageschrift vom . . . . . . (Anlage ASt. 3)

Der Rechtsstreit war anhängig zum Az. . . . . . .

Glaubhaftmachung: Vorlage der gerichtlichen Verfügung vom . . . . . . (Anlage ASt. 4)

In der mündlichen Verhandlung in dem Räumungsverfahren wies das dortige Gericht die ehemalige Mieterin ausdrücklich darauf hin, dass die Klageverteidigung keine Aussicht auf Erfolg hat. Für den . . . . . . kündigte das Gericht sodann die Verkündung einer Entscheidung an. Nach der mündlichen Verhandlung haben die ehemaligen Mieter die herauszugebenden Mieträume an die hiesigen Antragsgegner vermietet.

Glaubhaftmachung: Vorlage des Mietvertrags vom . . . . . . (Anlage ASt. 5)

Am . . . . . . verkündete des Landgericht - wie beantragt - ein Räumungsurteil gegen die ehemalige Mieterin des Antragstellers. Das Urteil ist rechtskräftig.

Der Antragsteller beauftragte daraufhin den zuständigen Gerichtsvollzieher mit der Räumung der Wohnung. Mit Schreiben vom . . . . . . teilte der Gerichtsvollzieher mit, dass der Antragsgegner, der im Urteil nicht als Räumungsschuldner genannt war, der Räumung widersprach und dem Gerichtsvollzieher erklärte, die Gewerbemietfläche von der ehemaligen Mieterin angemietet zu haben.

Glaubhaftmachung: Vorlage des Schreibens vom . . . . . . (Anlage ASt. 6)

Der Antragsteller hat vor diesem Hintergrund einen Anspruch auf Erlass einer Einstweiligen Verfügung gemäß § 940 Abs. 2 ZPO.

1. Zunächst ist festzustellen, dass ein etwaiges Besitzrecht nicht zwischen dem Antragsteller und der Antragsgegnerin besteht, die Beteiligten stehen in keinem vertraglichen oder gesetzlichen Rechtsverhältnis. Der Antragsteller kann seinen Räumungsanspruch daher auf der Grundlage der Besitzstörung einer verbotenen Eigenmacht der Antragsgegnerin gegenüber geltend machen.

2. Der Verfügungsgrund ist gegeben, da der Antragsteller an der Durchsetzung seines rechtskräftigen Räumungsanspruchs[4] gehindert ist, da der Dritte, der ihm durch die ehemaligen Mieterin im Räumungsprozess vorenthalten wurde, und der Untermietvertrag, auf den sich der Dritte gegenüber dem Gerichtsvollzieher berief, erst einige Tage vor Urteilsverkündung unterzeichnet wurde.

Der Antragsteller hatte während des Räumungsrechtsstreits die zu räumende Gewerbemietfläche beobachtet und keine Veränderungen an der Klingelanlage und am Briefkasten feststellen können.[5] Mithin hatte der Antragsteller von der Besitzverschiebung keine Kenntnis.[6]

Glaubhaftmachung: Eidesstattliche Versicherung des Antragstellers vom . . . . . . (Anlage ASt. 7)

Da der Antragsteller ferner den Geschäftsführer der ehemaligen Mieterin, Herrn . . . . . . vor der Gewerbemietfläche antraf, zeigt sich auch tatsächlich, dass die Untervermietung an die Antragsgegnerin ausschließlich zur Vereitelung der Zwangsvollstreckung vorgeschoben wurde.

Nach alledem ist die einstweilige Verfügung wie beantragt zu erlassen.

. . . . . .

Rechtsanwalt

Anmerkungen

1. Grundsätzlich ist das Gericht der Hauptsache zuständig (§ 937 ZPO), in dringenden Fällen nach § 942 ZPO das Gericht, in dessen Bezirk sich der Streitgegenstand (hier die Mietsache) befindet. Die sachliche Zuständigkeit richtet sich nach §§ 71, 23 Nr. 1 GVG, da vorliegend über Rechte und Pflichten aus einem Gewerberaummietverhältnis gestritten wird und der Streitwert oberhalb von EUR 5.000,00 gelegen ist.

2. Die einstweilige Verfügung darf aufgrund gesetzlicher Auflage in § 940 a Abs. 4 ZPO nicht vor Anhörung der Antragsgegner erlassen werden. Dies setzt voraus, dass dem Antragsgegner zwingend eine Frist zur Stellungnahme zum Verfügungsantrag gewährt werden muss, wobei diese Stellungnahme je nach Erheblichkeit noch einmal dem Antragsteller zugeleitet werden sollte, bevor eine Entscheidung ergeht.

3. Strittig ist immer noch die Frage, ob § 940 a ZPO auf Mietverhältnisse über Gewerberaum anwendbar ist oder nicht. Eine unmittelbare Anwendbarkeit wird aufgrund des Wortlautes zwar abzulehnen sein, doch besteht nach hier vertretener Auffassung eine planwidrige Regelungslücke, die durch Analogie geschlossen werden muss. Bisher wurde § 940 a ZPO für Wohnraummietverhältnisse kaum angewandt, denn im Wohnraummietrecht ist der Gedanke des Mieterschutzes immanent. Fallkonstellationen, dass der Mieter im Verlaufe eines Räumungsrechtsstreits einen Untermietervertrag schließt, waren aufgrund der Länge der Verfahren und der Heilungsmöglichkeit des § 569 Abs. 3 Nr. 2 BGB eher selten. Aufgrund der wirtschaftlichen Bedeutung und der Laufzeit von gewerblichen Mietverhältnissen ist insbesondere bei Räumungs- und Zahlungsklagen, in denen der Mieter die Berechtigung zur Minderung der Miete einwendet, problematisch. Wenn hier der Mieter unter Hinweis auf die Nichtanwendbarkeit des § 940 a ZPO noch dazu angeregt wird, ein Untermietvertrag zu schließen, dann ist zumindest für den „privaten" Vermieter schnell die wirtschaftliche Grenzen des Tragfähigen erreicht. Unabhängig davon hat der Gesetzgeber in seinem Entwurf vom 25.5.2011 die Gewerberaummiete gar nicht beachtet.

Die Rechtsprechung hat bis heute der analogen Anwendung der Räumungsverfügung nach § 940 a Abs. 2 ZPO auf Geschäftsräume in Ermangelung einer planwidrigen Regelungslücke eine Absage erteilt (OLG Hamburg NZM 2015, 738 f.; OLG Celle IMR 2015, 40; KG IMR 2014, 131; LG Köln IMR 2013, 478). Der Gesetzgeber habe bewusst § 940 a Abs. 2 ZPO ausschließlich auf die Wohnraummiete anwenden wollen, dies ergäbe sich unzweifelhaft aus der Bezeichnung der Norm („Räumung von Wohnraum").

Der Einäugige ist und bleibt blind, denn die Problematik der unberechtigten Untervermietung bzw. Überlassung an Dritte in der Geschäftsraummiete ist genauso verbreitet wie bei der Wohnraummiete. Das finanzielle Vermieterrisiko ist in der Geschäftsraummiete indessen ungleich größer. Insoweit verbleibt die dringende Klarstellung und Erweiterung der Norm durch den Gesetzgeber geboten. Nach hiesiger Auffassung ist kein ersichtlicher Grund denkbar, der eine unterschiedliche Handhabung der Zwangsvollstreckung bei Wohnraum- und Gewerberaummietverhältnissen erklären lässt.

4. Die Räumungsverfügung gemäß § 940 a Abs. 2 ZPO setzt voraus, dass ein vollstreckbarer Räumungstitel gegen den (ursprünglichen) Mieter vorliegt und die jetzige Antragsgegnerin ein Dritter ist, der im Verhältnis zum Vermieter kein Besitzrecht an der Mietsache hat. Zudem darf der Vermieter erst nach Schluss der mündlichen Verhandlung davon Kenntnis erlangt haben, dass der Dritte Besitz an der Mietsache hat.

5. Im Verfügungsverfahren nach § 940 a Abs. 2 ZPO ist es von erheblicher Bedeutung, dass der Antragsteller keine Kenntnis von den veränderten Besitzverhältnissen während des vorausgehenden Rechtsstreits hatte oder hätte haben müssen. Es empfiehlt sich daher, dem Gericht unter Beweisantritt nahe zu bringen, dass man vermieterseits bereits im Vorprozess versuchte, alle in der Wohnung lebenden Personen zu ermitteln, das Wohnungsumfeld zu beobachten (Post- und Klingelbeschilderung) oder aber Nachforschungen z.B. beim Einwohnermeldeamt anzustellen. Der Antragsteller solle sich nicht alleinig darauf verlassen, dass die Behauptung seiner Unkenntnis von dem Besitz des Dritten ausreichend ist.

6. Ungeschrieben dürfte der Antragsteller aber zeitnah nach Kenntniserlangung über die Besitzüberlassung den Antrag auf Erlass der Einstweiligen Verfügung stellen müssen (Zöller/*Vollkommer* § 940 Rn. 4).

7. Antrag gegen Mitbesitzer gemäß § 940 a Abs. 2 ZPO (Wohnraum)

An das

Amtsgericht[1] . . . . . .

Antrag auf Erlass einer einstweiligen Verfügung

des . . . . . .

– Antragsteller –

Verfahrensbevollmächtigte:

gegen

den . . . . . .

– Antragsgegner –

wegen: Erlass einer einstweiliger Verfügung

vorläufiger Streitwert:

Namens und in Auftrage des Antragstellers beantrage ich im Wege der einstweiligen Verfügung - wegen besonderer Dringlichkeit ohne mündliche Verhandlung, jedoch nach Anhörung der Antragsgegner[2] - zu beschließen:

I. Den Antragsgegnern wird aufgegeben, die Wohnung im 3. Obergeschoss rechts des Objekts . . . . . .-Straße Nr. . . . . . ., ... Stadt, bestehend aus zwei Zimmern, eingerichteter Küche, Diele, Bad und Balkon zu räumen und mit allen ausgegebenen und nachgefertigten Schlüsseln an den Antragsteller herauszugeben.

II. Den Antragsgegnern werden die Kosten des einstweiligen Verfügungsverfahrens auferlegt.

Begründung:

Die Antragsgegner waren Mieter und der Antragsteller Vermieter der Wohnung im 3. Obergeschoss rechts des Objekts . . . . . .-Straße Nr. . . . . . ., ... Stadt, bestehend aus zwei Zimmern, eingerichtete Küche, Diele, Bad und Balkon. Der Mietzins bezifferte sich inklusive der Nebenkosten auf monatlich 800,00 EUR.

Glaubhaftmachung: Vorlage des Mietvertrags vom . . . . . . (Anlage ASt. 1)

Aufgrund wiederholten Zahlungsrückstands kündigte der Antragsteller das Mietverhältnis mit Schreiben vom . . . . . . das Mietverhältnis bereits das zweite Mal innerhalb von zwei Jahren fristlos.

Glaubhaftmachung: 1. Vorlage des Kündigungsschreibens vom . . . . . . (Anlage ASt. 2)

2. Vorlage des wiederholten Kündigungsschreibens vom . . . . . . (Anlage ASt. 3)

Der Antragsteller erhob daraufhin vor dem Amtsgericht . . . . . . Stadt Räumungs- und Zahlungsklage.

Glaubhaftmachung: Vorlage der Klageschrift vom . . . . . . (Anlage ASt. 4)

Der Rechtsstreit ist anhängig zum Az. . . . . . .

Glaubhaftmachung: Vorlage der gerichtlichen Verfügung vom . . . . . . (Anlage ASt. 5)

Mit Klageerhebung stellte der Antragsgegner Antrag auf Sicherheitsanordnung gemäß § 283a ZPO.

Glaubhaftmachung: Vorlage der Klageschrift vom . . . . . . (lieg vor als Anlage ASt. 4)

Das Hauptsachegericht gab dem Antrag auf Sicherheitsanordnung statt und legte den Antragsgegnern auf, eine Sicherheit in Höhe des rückständigen Mietzinses von vier Monaten à 800,00 EUR zu stellen und im Übrigen für die Dauer des Rechtsstreits die monatlichen Mietzinszahlungen in Höhe von 800,00 EUR jeweils spätestens zum dritten Werktag zu Beginn des Monats für den laufenden Monat als Sicherheit zu hinterlegen.

Glaubhaftmachung: Vorlage des Beschlusses des AG . . . . . . vom . . . . . . (Anlage ASt. 6)

Die Antragsgegner haben entgegen der Sicherheitsanordnung bis heute keine Sicherheit geleistet.

Glaubhaftmachung: Vorlage der Bestätigung der Hinterlegungsstelle beim Amtsgericht

. . . . . . vom . . . . . . (Anlage ASt. 7)

Da die Antragsgegner auch sonst keine Sicherheit leisten und die monatlich fällig werdenden Beträge als Nutzungsentschädigung nicht aufbringen, war nunmehr die Inanspruchnahme gerichtlicher Hilfe im Eilverfahren unumgänglich.

Der Verfügungsanspruch ergibt sich daraus, dass die Antragsgegner unter keinem rechtlichen Gesichtspunkt eine weitere Einrede gegenüber der gerichtlichen Sicherheitsanordnung vom . . . . . ., die gemäß § 283a ZPO ergangen ist, geltend machen können. Offenkundig ist, dass die Antragsgegner die Mietzahlung nicht erbringen können oder erbringen wollen.

Nach alledem ist die einstweilige Verfügung wie beantragt zu erlassen.

Rechtsanwalt

Anmerkungen

1. Grundsätzlich ist das Gericht der Hauptsache zuständig (§ 937 ZPO), in dringenden Fällen nach § 942 ZPO das Amtsgericht, in dessen Bezirk sich der Streitgegenstand (hier die Mietsache) befindet. Bei Wohnraummietverhältnissen ergibt sich die ausschließliche sachliche Zuständigkeit des Amtsgerichts aus § 23 Nr. 2 a GVG.

2. § 940 a Abs. 4 ZPO schreibt vor, dass vor Erlass einer Räumungsverfügung der Räumungsschuldner anzuhören sei. Zumindest bei der Räumungsverfügung wegen Nichtbefolgung der erlassenen Sicherheitsanordnung ist die nochmalige Anhörung des Räumungsschuldners in der Regel ohne Wert, da die Interessen der Parteien bereits im Verfahren über den Erlass der Sicherheitsanordnung abgewogen wurden. Insoweit wird der Räumungsschuldner bei einer erneuten Anhörung nur noch einwenden können, dass er die Sicherheit erbracht hat.

8. Antrag auf Räumung gem. § 940 Abs. 3 ZPO

An das

Amtsgericht[1, 2] . . . . .

Antrag auf Erlass einer einstweiligen Verfügung

des . . . . . .

– Antragsteller –

Verfahrensbevollmächtigte:

gegen

die . . . . . .

– Antragsgegner –

wegen: Erlass einer einstweiliger Verfügung

vorläufiger Streitwert:

Namens und in Auftrage des Antragstellers beantrage ich im Wege der einstweiligen Verfügung – wegen besonderer Dringlichkeit ohne mündliche Verhandlung, jedoch nach Anhörung der Antragsgegner[3] – zu beschließen:

I. Den Antragsgegnern wird aufgegeben, die Wohnung im 3. Obergeschoss rechts des Objekts . . . . .-Straße Nr. . . . ., ... Stadt, bestehend aus zwei Zimmern, eingerichteter Küche, Diele, Bad und Balkon zu räumen und mit allen ausgegebenen und nachgefertigten Schlüsseln an den Antragsteller herauszugeben.

II. Den Antragsgegnern werden die Kosten des einstweiligen Verfügungsverfahrens auferlegt.

Begründung:

Die Antragsgegner waren Mieter und der Antragsteller Vermieter der Wohnung im 3. Obergeschoss rechts des Objekts . . . . .-Straße Nr. . . . ., ... Stadt, bestehend aus zwei Zimmern, eingerichtete Küche, Diele, Bad und Balkon. Der Mietzins bezifferte sich inklusive der Nebenkosten auf monatlich 800,00 EUR.

Glaubhaftmachung: Vorlage des Mietvertrags vom . . . . . (Anlage ASt. 1)

Aufgrund wiederholten Zahlungsrückstands kündigte der Antragsteller das Mietverhältnis mit Schreiben vom . . . . . das Mietverhältnis bereits das zweite Mal innerhalb von zwei Jahren fristlos.

Glaubhaftmachung: 1. Vorlage des Kündigungsschreibens vom . . . . . (Anlage ASt. 2)

2. Vorlage des wiederholten Kündigungsschreibens vom . . . . . (Anlage ASt. 3)

Der Antragsteller erhob daraufhin vor dem Amtsgericht . . . . . Stadt Räumungs- und Zahlungsklage.[4]

Glaubhaftmachung: Vorlage der Klageschrift vom . . . . . (Anlage ASt. 4)

Der Rechtsstreit ist anhängig zum Az. . . . . . .

Glaubhaftmachung: Vorlage der gerichtlichen Verfügung vom . . . . . (Anlage ASt. 5)

Nach Rechtshängigkeit stellte der Antragsteller klageerweiternd Antrag auf Erlass einer Sicherheitsanordnung gemäß § 283a ZPO.[5]

Glaubhaftmachung: Vorlage der Klageerweiterung vom . . . . . (liegt vor als Anlage ASt. 4)

Das Hauptsachegericht gab dem Antrag auf Sicherheitsanordnung statt und legte den Antragsgegnern auf, eine Sicherheit in Höhe des rückständigen Mietzinses der vier auf die Klageerhebung folgenden Monate á 800,00 EUR zu stellen und im Übrigen für die Dauer des Rechtsstreits die monatlichen Mietzinszahlungen in Höhe von 800,00 EUR jeweils spätestens zum dritten Werktag zu Beginn des Monats für den laufenden Monat als Sicherheit zu hinterlegen.

Glaubhaftmachung: Vorlage des Beschlusses des AG . . . . . vom . . . . . (Anlage ASt. 6)

Die Antragsgegner haben entgegen der Sicherheitsanordnung bis heute keine Sicherheit geleistet.

Glaubhaftmachung: Vorlage der Bestätigung der Hinterlegungsstelle beim Amtsgericht

. . . . . vom . . . . . (Anlage ASt. 7)

Da die Antragsgegner auch sonst keine Sicherheit leisten und die monatlich fällig werdenden Beträge als Nutzungsentschädigung nicht aufbringen, war nunmehr die Inanspruchnahme gerichtlicher Hilfe im Eilverfahren unumgänglich.

Der Verfügungsanspruch ergibt sich daraus, dass die Antragsgegner unter keinem rechtlichen Gesichtspunkt eine weitere Einrede gegenüber der gerichtlichen Sicherheitsanordnung vom . . . . ., die gemäß § 283a ZPO ergangen ist, geltend machen können. Offenkundig ist, dass die Antragsgegner die Mietzahlung nicht erbringen können oder erbringen wollen.

Nach alledem ist die einstweilige Verfügung[6] wie beantragt zu erlassen.

Rechtsanwalt[7]

Anmerkungen

1. Grundsätzlich ist das Gericht der Hauptsache zuständig (§ 937 ZPO), in dringenden Fällen nach § 942 ZPO das Amtsgericht, in dessen Bezirk sich der Streitgegenstand (hier die Mietsache) befindet. Bei Wohnraummietverhältnissen ergibt sich die ausschließliche sachliche Zuständigkeit des Amtsgerichts aus § 23 Nr. 2a GVG.

2. Nach hiesiger Auffassung ist das Einstweilige Verfügungsverfahren wegen Nichtbefolgung einer erlassenen Sicherheitsanordnung gemäß § 283a Abs. 1 ZPO nicht auf die Wohnraummiete beschränkt. Der Wortlaut des § 283a Abs. 1 ZPO ist offen und unterscheidet nicht zwischen Wohnraum- und Gewerberaummiete. Insoweit kann auch bei einer Räumungs- und Zahlungsklage im Gewerberaummietrecht auf Antrag eine Sicherheitsanordnung ergehen. Die Nichtbefolgung der Sicherheitsanordnung in § 940a Abs. 3 ZPO kann nicht zu einem Wertungswiderspruch führen (so auch Streyl Die Hinterlegungsanordnung und die Räumungsverfügung, NZM 2012, 249, 268), zumal die wirtschaftliche Bedeutung bei Mietverhältnissen über Gewerberaum von erheblicher Bedeutung sein kann.

3. § 940a Abs. 4 ZPO schreibt vor, dass vor Erlass einer Räumungsverfügung der Räumungsschuldner anzuhören sei. Zumindest bei der Räumungsverfügung wegen Nichtbefolgung der erlassenen Sicherheitsanordnung ist die nochmalige Anhörung des Räumungsschuldners in der Regel ohne Wert, da die Interessen der Parteien bereits im Verfahren über den Erlass der Sicherheitsanordnung abgewogen wurden. Insoweit wird der Räumungsschuldner bei einer erneuten Anhörung nur noch einwenden können, dass er die Sicherheit erbracht hat.

4. Der Antrag auf Erlass einer Räumungsverfügung nach § 940a Abs. 3 ZPO setzt voraus, dass der Antragsteller gegen den Mieter (hiesiger Antragsgegner) eine Räumungsklage wegen Zahlungsverzugs erhoben hat. Die gesetzgeberische Formulierung weicht hier von derjenigen des § 283a Abs. 1 ZPO ab, dessen Voraussetzung ein verbundenes Klageverfahren bestehend aus einem Räumungs- und Zahlungsantrag ist. Die Benennung des § 283a ZPO lässt darauf schließen, dass damit ein verbundenes Klageverfahren vorliegen muss, damit der Verfügungsanspruch gegeben ist.

5. Der Verfügungsgrund ist gegeben, wenn der Mieter der ihm gegenüber erlassenen Sicherheitsanordnung nicht Folge leistet. Die Voraussetzungen des § 283a Abs. 1 ZPO sind im einstweiligen Verfügungsverfahren nicht erneut zu prüfen. Als Kontrollmechanismus ist ausschließlich das sofortige Beschwerdeverfahren gegen den Erlass der Sicherheitsanordnung (§ 283a Abs. 1 ZPO) gegeben. Im Übrigen ist der Räumungsschuldner auf die Geltendmachung von Schadensersatzansprüchen beschränkt.

6. Der Erlass einer einstweiligen Verfügung nach § 940a Abs. 3 ZPO könnte auch beantragt werden, wenn das Mietverhältnis gemäß §§ 573 Abs. 2 Nr. 1, 543 Abs. 2 Nr. 3 BGB nach Abmahnung ordentlich wegen Zahlungsrückstands gekündigt wird. Allerdings müsste im Verfahren der Sicherheitsanordnung nach § 283a Abs. 1 ZPO die Hürde der besonderen Benachteiligung des Vermieters dargestellt werden.

7. Der Nachweis der hohen Erfolgsaussicht im Falle der mieterseitigen Einwendung eines Minderungsrechts sollte dadurch erfolgen, dass vom Vermieter eine Minderungsquote großzügig ohne Anerkennung einer rechtlichen Verpflichtung in Ansatz gebracht wird, deren Berechtigung der Vermieter in einem von der Räumungs- und Zahlungsklage getrennten Rechtsstreit verfolgt wird, sofern der dann verbleibende Mietrückstand für den Ausspruch der fristlosen Kündigung und die Erhebung der Räumungs- und Zahlungsklage ausreicht.

Der Gesetzgeber formuliert ferner, dass vor Erlass der einstweiligen Verfügung die Interessen beider Parteien abgewogen werden müssen. Eine Abwägung setzt aber voraus, dass der Mieter zwingend zum Verfügungsantrag zu hören ist (§ 940a Abs. 4 ZPO). Der Vermieter muss konkret darlegen, welche besonderen Nachteile ihn neben dem Ausfall seiner Forderung erwarten.

Mieteranträge auf Erlass einstweiliger Verfügungen

9. Antrag auf Wiedereinräumung des entzogenen Besitzes

An das

Amtsgericht[1]

in . . . . .

Antrag auf Erlass einer einstweiligen Verfügung

des . . . . .

– Antragsteller –

Prozessbevollmächtigter: . . . . .

gegen

Herrn . . . . .

– Antragsgegner –

Vorläufiger Streitwert: . . . . .

Namens und in Vollmacht des Antragstellers beantrage ich, im Wege der einstweiligen Verfügung wegen der besonderen Dringlichkeit ohne mündliche Verhandlung anzuordnen, dass der Antragsgegner die Wohnung . . . . . bestehend aus . . . . . an den Antragsteller herauszugeben hat.[2]

Bereits jetzt wird nach § 192 Abs. 3 ZPO der Gerichtsvollzieher mit der Zustellung der vom Gericht erlassenen einstweiligen Verfügung beauftragt und die Geschäftsstelle gebeten, den Gerichtsvollzieher mit der Zustellung zu beauftragen.[5]

Begründung:

A. Sachverhalt

Der Antragsteller ist Mieter der Wohnung im Mietshaus . . . . . Die Miete beträgt . . . . . EUR im Monat.

Glaubhaftmachung:[3] Eidesstattliche Versicherung des Antragstellers, Anlage K1.

Der Antragsgegner ist Eigentümer und Vermieter dieser Wohnung.

Glaubhaftmachung: Grundbuchauszug, Anlage K2;

Eidesstattliche Versicherung des Antragstellers, Anlage K1.

Der Antragsteller ist nicht in der Lage, den Mietvertrag über die Wohnung vorzulegen, da sich dieser in der Wohnung befindet, zu der er – dazu sogleich – nach einer „Kalträumung" durch den Antragsgegner keinen Zutritt hat. Der Antragsteller ist deshalb derzeit obdachlos und übernachtet bei seinem Bruder auf dem Sofa.

Glaubhaftmachung: Eidesstattliche Versicherung des Antragstellers, Anlage K1.

Am . . . . . kam der Antragsteller nach Hause und stellte fest, dass der Antragsgegner das Schloss der Tür zu seiner Wohnung ausgetauscht hatte. An der Wohnungstür hing ein Zettel, auf dem stand: „Wohnung wurde geöffnet und das Schloss ausgewechselt! Wenden Sie sich an Ihre Hausverwaltung".

Glaubhaftmachung: Zettel der Hausverwaltung, Anlage K3.

Der Antragsteller wandte sich zunächst telefonisch an die Hausverwaltung des Antragsgegners. Diese verweigerte die Rückgabe der Wohnung.

Glaubhaftmachung: Eidesstattliche Versicherung des Antragstellers, Anlage K1.

Zuletzt forderte der Unterzeichner mit Telefonat vom heutigen Tag die Hausverwaltung des Antragsgegners zur Herausgabe der Wohnung auf. Die zuständige Mitarbeiterin Frau . . . . . teilte ihm mit, der Antragsteller habe Mietschulden und werde die Wohnung nicht wiederbekommen.

Der Antragsgegner hatte den Antragsteller nach fristloser Kündigung wegen Zahlungsverzugs zwar mit Schreiben vom . . . . . zur Räumung der Wohnung aufgefordert. Ein Räumungstitel liegt gegen den Antragsteller jedoch nicht vor. Die fristlose Kündigung ist zwischenzeitlich nach § 569 Abs. 3 Nr. 2 BGB unwirksam geworden, da der Antragsteller am . . . . . sämtliche Mietschulden beglichen hat.

Glaubhaftmachung: Eidesstattliche Versicherung des Antragstellers, Anlage K1.

B. Rechtslage

Die Zuständigkeit des angerufenen Gerichts folgt aus §§ 936, 919 ZPO. Danach ist für die Entscheidung das Gericht der Hauptsache zuständig. Dies ist das angerufene Amtsgericht, da es sich um einen Streit aus einem Wohnraummietvertrag handelt, § 23 Nr. 2 a GVG, § 29a ZPO. Hierfür ist entscheidend, dass sich der Antragsteller auf einen Wohnraummietvertrag beruft (etwa KG NJW-RR 2008, 1465). Unschädlich ist, dass der Antragsteller seinen Verfügungsanspruch auch auf eine gesetzliche Anspruchsgrundlage, nämlich § 861 BGB, stützt (vgl. OLG Düsseldorf NZM 2008, 479).

Der Verfügungsanspruch des Antragstellers folgt aus § 861 Abs. 1 BGB. Die Räumung des Antragstellers ohne gerichtlichen Titel und ohne Hinzuziehung eines Gerichtsvollziehers bedeutet eine Besitzkehr mit der Folge, dass der Antragsteller – ohne dass es auf den

Bestand des Mietvertrags ankäme, vgl. § 863 BGB – Rückgabe des Besitzes verlangen kann. Daneben ist Anspruchsgrundlage § 535 Abs. 1 BGB. Der Verfügungsgrund ergibt sich bereits aus dem Besitzschutzanspruch selbst (etwa OLG Celle ZMR 2008, 288; OLG Köln MDR 2000, 152). Er folgt hier aber auch aus der Tatsache, dass der Antragsteller derzeit obdachlos ist.

Zum Gebührenstreitwert:[4] Dieser bemisst sich gemäß § 53 Abs. 1 Nr. 1 GKG nach § 3 ZPO. In dessen Rahmen ist aber auf die spezielle Regel des § 41 Abs. 1 GKG zurückzugreifen, weshalb der Gebührenstreitwert die 12fache Monatsmiete beträgt (OLG Düsseldorf WuM 2011, 246). Ein Abschlag wegen der Geltendmachung durch einstweilige Verfügung ist nicht angezeigt, da die Herausgabe zu einer endgültigen Befriedigung des Antragstellers führt (OLG Düsseldorf WuM 2011, 246; vgl. auch OLGR Celle 2008, 91; OLGR Koblenz 2009, 503).

Beglaubigte Abschrift anbei.

Rechtsanwalt

Anmerkungen

1. Zuständig für die Entscheidung ist nach §§ 936, 919 ZPO das **Gericht der Hauptsache**. Beruft sich der Antragsteller (dies reicht aus: KG NJW-RR 2008, 1465) – wie im Muster – auf einen bestehenden Mietvertrag, folgt die Zuständigkeit den bekannten Regeln: Bei **Wohnraummietverhältnissen** ist zuständig ausschließlich das Amtsgericht in dessen Bezirk sich die Wohnung befindet (§ 23 Nr. 2 a GVG, § 29a ZPO). Bei **Geschäftsräumen** bestimmt sich die örtliche Zuständigkeit ebenfalls nach § 29a ZPO. Die sachliche Zuständigkeit ist aber streitwertabhängig (§§ 23 Nr. 1, 71 Abs. 1 GVG). Der Zuständigkeitsstreitwert richtet sich in diesen Fällen nicht nach dem nur für die Kosten maßgeblichen GKG, sondern nach § 8 ZPO (BGH NJW-RR 1992, 190; KG NZM 2006, 720). Der Streitwert bemisst sich danach nach der auf die gesamte streitige Zeit entfallenden Miete nebst Nebenkosten und Umsatzsteuer (Musielak/Voit/*Heinrich* § 8 Rn. 5). Ist der 25-fache Betrag des einjährigen Entgelts geringer, ist dieser Betrag für die Wertberechnung entscheidend. Maßgeblich ist danach grundsätzlich die Miete für den Zeitraum zwischen Antragstellung und Vertragsende. Das Vertragsende bestimmt sich bei Verträgen mit bestimmter Laufzeit nach dieser Vereinbarung, bei unbestimmter Vertragsdauer ist der Zeitpunkt maßgeblich, zu dem diejenige Partei hätte kündigen können, die die längere Bestehenszeit behauptet (BGH NJW-RR 2009, 775; Musielak/Voit/*Heinrich* § 8 Rn. 5). Ist der Beendigungszeitpunkt ungewiss, weil sich die Kündigungsmöglichkeit mangels Sachvortrag nicht feststellen lässt, ist § 9 ZPO analog heranzuziehen (BGH NJW-RR 2009, 775; KG NZM 2006, 720). Zwar ist im einstweiligen Verfügungsverfahren grds. ein **Abschlag vom Wert der Hauptsache** vorzunehmen. Dies gilt bei Besitzschutzanträgen aber nicht, weil diese zur Vorwegnahme der Hauptsache führen (OLGR Celle 2008, 91; OLGR Koblenz 2009, 503).

Schwierigkeiten bei der Bestimmung der Zuständigkeit bereiten Sachverhalte, in denen der **Mietvertrag** auch nach dem Vortrag des Mieters **beendet** ist. Hier geht es bei enger Auslegung nicht mehr um einen Streit „aus einem Mietverhältnis". Die **Nähe zum Vertrag** spricht dennoch dafür, sowohl § 29a ZPO als auch § 23 Nr. 2 a GVG anzuwenden. Denn der Besitzentzug ist letztlich der im Wege der Selbstjustiz durchgesetzte Anspruch aus § 546 BGB, so dass dessen Rückgängigmachung den erforderlichen Bezug zum Mietverhältnis aufweist. Sieht man dies anders – Rechtsprechung und Literatur zu dieser Frage sind nicht ersichtlich –, so folgt die Bestimmung des zuständigen Gerichts allgemeinen Regeln: Die örtliche Zuständigkeit ergibt sich aus § 24 ZPO, die sachliche Zuständigkeit ist streitwertabhängig und bemisst sich nach dem Wert der Sache (§ 6 ZPO), so dass im Regelfall das Landgericht zuständig ist, in dessen Bezirk die Räume liegen.

2. Entzieht der Vermieter dem Mieter eigenmächtig den Besitz, kommen verschiedene **Anspruchsgrundlagen** auf Rückgabe der Räume in Betracht (ausführlich *Lehmann-Richter* NZM 2009, 117). Praktisch am bedeutsamsten ist der Anspruch wegen **Besitzkehr** nach § 861 BGB, da dieser im einstweilen Verfügungsverfahren ohne nähere Darlegung des Verfügungsgrunds und entgegen dem grundsätzlichen Verbot des Vorwegnahme der Hauptsache durchsetzbar ist (OLG Celle ZMR 2008, 288; OLG Köln MDR 2000, 152). **Petitorische Einwendungen** des Vermieters – insbesondere das Erlöschen des Besitzrechts wegen Beendigung des Mietvertrags – können nur im Wege des Widerantrags in das Eilverfahren eingebracht werden. Hierfür bedarf es aber der Zulässigkeit dieses Antrags. Bei Wohnräumen scheitert der Widerantrag regelmäßig an § 940 a Abs. 1 ZPO, bei Geschäftsräumen regelmäßig am fehlenden Verfügungsgrund (*Lehmann-Richter* NZM 2009, 117; vgl. OLG Rostock OLG-NL 2001, 279; LG Berlin GE 2005, 238). Hat der Vermieter die Räume einem Nachmieter überlassen, soll der Anspruch aus § 861 Abs. 1 BGB auf Herausgabe des mittelbaren Besitzes gerichtet sein (KG MDR 1999, 927; OLG Celle ZMR 2008, 288; OLG Köln VersR 1997, 465). Dies ist abzulehnen, weil damit dem Vermieter eine Position entzogen würde, die er schon vorher innehatte (*Lehmann-Richter* NZM 2009, 117, 180). Der Mieter kann allerdings vom bösgläubigen Nachmieter die Herausgabe der Räume nach § 861 Abs. 2 BGB verlangen, weil der bösgläubige Nachmieter fehlerhafter Besitzer ist, § 858 Abs. 2 S. 2 BGB (*Lehmann-Richter* NZM 2009, 117, 179).

3. Nach §§ 920 Abs. 2, 936 ZPO sind der Verfügungsanspruch und der Verfügungsgrund glaubhaft zu machen. Glaubhaft gemacht ist eine Behauptung, wenn eine überwiegende Wahrscheinlichkeit dafür besteht, dass sie zutrifft (BGH NJW-RR 2011, 136). Mittel der **Glaubhaftmachung** sind nach § 294 Abs. 1 ZPO neben üblichen Beweismitteln die eidesstattliche Versicherung. Diese Versicherung an Eides Statt bedarf keiner besonderen Form, kann also etwa auch per Telefax erfolgen (BGH GRUR 2002, 915). Die Mittel der Glaubhaftmachung müssen nach § 294 Abs. 2 ZPO sofort vorliegen, also zum Zeitpunkt der Entscheidung des Richters über das Gesuch. Will der Antragsteller eine Entscheidung ohne mündliche Verhandlung erreichen, müssen daher sämtliche Tatsachen, die für die Ausfüllung der Tatbestände des Verfügungsanspruchs und des Verfügungsgrunds erforderlich sind, durch Urkunden oder eidesstattliche Versicherung nachgewiesen sein (die amtliche Auskunft nach § 273 Abs. 2 Nr. 3 ZPO bzw. die schriftliche Zeugenaussage nach § 377 Abs. 3 ZPO spielen in der Praxis keine große Rolle). Darauf ist bei der Anfertigung insb. der **eidesstattlichen Versicherung** peinlichst zu achten. Urkunden sind, um die Beweisregel des § 416 ZPO auszulösen, im Original vorzulegen, sonst gilt (nur) der Grundsatz der freien Beweiswürdigung (Musielak/Voit/*Huber* § 420 Rn. 1). Soll die Glaubhaftmachung durch Zeugen erfolgen, sind diese zum Verhandlungstermin mitzubringen.

4. Gemäß § 53 Abs. 1 Nr. 1 GKG ist der **Gebührenstreitwert** im einstweiligen Verfügungsverfahren nach § 3 ZPO zu bestimmen. Die Rechtsprechung greift bei der Bemessung aber zu Recht auf § 41 Abs. 1 GKG zurück, weil diese Norm den Gebührenstreitwert beim Streit um den Bestand eines Mietvertrags spezialgesetzlich regelt (OLG Düsseldorf WuM 2011, 246). Der im einstweiligen Verfügungsverfahren üblicherweise vorzunehmende Abschlag entfällt in den hiesigen Konstellationen, da die Herausgabe zu einer endgültigen Befriedigung des Antragstellers führt (OLG Düsseldorf WuM 2011, 246; vgl. auch OLGR Celle 2008, 91; OLGR Koblenz 2009, 503).

Geht es nicht um den Streit um den Bestand eines Mietvertrags, ist § 41 Abs. 1 GKG nicht einschlägig. Der Richter muss daher nach § 53 Abs. 1 Nr. 1 GKG, § 3 ZPO den Wert des Gesuchs des Antragstellers schätzen; es bietet sich an, dafür die Nutzungsentschädigung bis zu dem Tag anzusetzen, zu dem der frühere Vermieter bei Einreichung einer zeitnahen Räumungsklage seinen Herausgabeanspruch vollstrecken könnte.

5. Der Beschluss oder das Urteil (zur Sicherheitsleistung siehe §§ 921, 936 ZPO) über die einstweilige Verfügung ist **Vollstreckungstitel** (vgl. §§ 929, 936 ZPO). Die Zustellung des

Titels erfolgt nach §§ 922 Abs. 2, 936 ZPO im Parteibetrieb. Der Vermieteranwalt muss also beachten, dass die Mitteilung des Gerichts an den Antragsgegner die für die Vollstreckung erforderliche **Zustellung** (vgl. § 750 ZPO) nicht ersetzt. Vielmehr muss der Antragsteller den Titel nach § 192 ZPO durch Beauftragung des Gerichtsvollziehers zustellen lassen. Im Verfahren vor dem Amtsgericht kann nach § 192 Abs. 3 ZPO der Antragsteller die Vermittlung des Gerichts in Anspruch nehmen. Hierauf zielt der Antrag im Muster, der bei einem Verfahren vor dem Landgericht zu streichen ist. Vollstreckungsrechtlich ist weiter die einmonatige Vollziehungsfrist des § 929 Abs. 2 ZPO zu beachten; nach Ablauf dieser Frist sind Vollstreckungshandlungen unzulässig. Der Antragsteller muss also vor Fristablauf den Titel zugestellt und einen Gerichtsvollzieher mit der Räumung beauftragt haben (vgl. BGH NJW 2006, 1290).

10. Antrag auf erstmalige Einräumung des Mietbesitzes

An das

Amtsgericht[1]

. . . . .

Antrag auf Erlass einer einstweiligen Verfügung

der . . . . . GmbH,

vertreten durch ihren Geschäftsführer . . . . .

– Antragstellerin –

Prozessbevollmächtigter: . . . . .

gegen

Herrn . . . . .

– Antragsgegner –

Vorläufiger Gebührenstreitwert: . . . . . EUR[2]

Zuständigkeitsstreitwert: . . . . . EUR

Namens und in Vollmacht der Antragstellerin beantrage ich im Wege der einstweiligen Verfügung wegen der besonderen Dringlichkeit ohne mündliche Verhandlung anzuordnen:

Dem Antragsgegner wird aufgegeben, der Antragstellerin den unmittelbaren Besitz an der circa 100 m² großen, direkt rechts hinter dem Haupteingang der Halle 7 in . . . . . gelegene Ausstellungsfläche, die in der Anlage K2 rot umrandet ist, einzuräumen.

Es wird beantragt, die Anlage K2 zum Bestandteil einer zu erlassenden einstweiligen Verfügung zu machen, um dem vollstreckungsrechtlichen Bestimmtheitsgebot zu genügen.[3]

Bereits jetzt wird nach § 192 Abs. 3 ZPO der Gerichtsvollzieher mit der Zustellung der vom Gericht erlassenen einstweiligen Verfügung beauftragt und die Geschäftsstelle gebeten, den Gerichtsvollzieher mit der Zustellung zu beauftragen.[4]

Begründung:

A. Sachverhalt

Die Antragstellerin ist Herstellerin von Spezialmöbeln für Arztpraxen. Der Antragsgegner organisiert jährlich die Messe „Medicus-Möbel" in der im Antrag beschriebenen

Ausstellungshalle. Diese Messe wendet sich an Praxisausstatter und sonstige Fach-einkäufer. Sie ist die einzige Spezialausstellung dieser Branche im deutschsprachigen Raum und wird von allen namhaften Herstellern der in Rede stehenden Spezialmöbel besucht.

Glaubhaftmachung:[5] Eidesstattliche Versicherung des Geschäftsführers der Antragstellerin, Anlage K1

Seit Jahren nimmt die Antragstellerin an dieser Messe teil. Für die in vier Tagen beginnende diesjährige Ausstellung mietete die Antragstellerin mit schriftlichem Mietvertrag vom . . . . . vom Antragsgegner die im Verfügungsantrag näher beschriebene Ausstellungsfläche, die in der beiliegenden Anlage K2 rot umrandet ist, zu einer Miete von . . . . . EUR. Nach dem Mietvertrag der Parteien soll die Ausstellungsfläche der Antragstellerin bereits fünf Tage vor Ausstellungsbeginn zu Einrichtungszwecken zur Verfügung stehen.

Glaubhaftmachung: Mietvertrag vom . . . . ., Anlage K3

Jetzt weigert sich der Antragsgegner grundlos, der Antragstellerin die Ausstellungsfläche zur Verfügung zu stellen. Die der Antragstellerin versprochene Fläche hat die Antragsgegnerin nicht anderweitig vermietet.

Glaubhaftmachung: Eidesstattliche Versicherung des Geschäftsführers der Antragstellerin, Anlage K1

Die Antragstellerin ist auf schnellen Rechtsschutz angewiesen, da die Ausstellung in vier Tagen eröffnet wird und ihr Stand noch hergerichtet werden muss. Die Teilnahme an der Messe hat für die Antragstellerin existenzielle Bedeutung. Denn die anlässlich der früheren Fachausstellungen geknüpften Kontakte haben zu Geschäftsabschlüssen geführt, die rund 40 % ihres gesamten Jahresumsatzes ausmachen.

Glaubhaftmachung: Eidesstattliche Versicherung des Geschäftsführers der Antragstellerin, Anlage K1

B. Rechtslage

Die Zuständigkeit des angerufenen Gerichts folgt aus §§ 936, 919 ZPO. Danach ist für die Entscheidung das Gericht der Hauptsache zuständig. Die örtliche Zuständigkeit folgt aus § 29a ZPO. Die sachliche Zuständigkeit ergibt sich aus § 23 Nr. 1 GVG; der Zuständigkeitsstreitwert berechnet sich nach § 8 ZPO (BGH NJW-RR 1992, 190; KG NZM 2006, 720). Der Streitwert bemisst sich danach nach der auf die gesamte streitige Zeit entfallenden Miete nebst Nebenkosten und Umsatzsteuer (Musielak/Voit/*Heinrich* § 8 Rn. 5). Ein Abschlag wegen der Geltendmachung durch einstweilige Verfügung ist nicht angezeigt, da die Herausgabe zu einer endgültigen Befriedigung des Antragstellers führt (OLG Düsseldorf WuM 2011, 246; vgl. auch OLGR Celle 2008, 91; OLGR Koblenz 2009, 503). Der Zuständigkeitsstreitwert liegt hier unterhalb der Schwelle des § 23 Nr. 1 GVG.

Der Verfügungsanspruch folgt aus § 535 Abs. 1 BGB. Es liegt auch ein Verfügungsgrund[6] vor, obwohl es sich im Ergebnis um die Vorwegnahme der Hauptsache handelt. Eine die Hauptsache vorwegnehmende Leistungsverfügung ist nämlich ausnahmsweise zulässig, wenn die Entscheidung im Hauptsacheverfahren zeitlich zu spät käme und der Gläubiger der sofortigen Erfüllung seines Anspruchs bedarf und eine Abwägung seiner Interessen mit denen des Schuldners der Leistungsverfügung nicht entgegensteht (OLG Köln NJW-RR 1985, 1088). Diese Voraussetzungen sind hier erfüllt. Bei einem

Abwarten des Hauptsacheverfahrens käme für die Antragstellerin der Rechtsschutz zu spät, weil die Messe bis dahin bereits beendet wäre. Die Antragstellerin ist auf die Teilnahme an der Messe auch dringend angewiesen, da sie hier ihre wesentlichen Geschäftskontakte knüpft. Wird ihr die Teilnahme vereitelt, droht hier ein ganz erheblicher wirtschaftlicher Nachteil, den sie in einem Schadensersatzprozess gegen die Antragsgegnerin allerdings nur schwer darlegen und beweisen könnte. Der Verweis auf derartige Sekundäransprüche ist ihr daher nicht zumutbar. Das Interesse der Antragsgegnerin steht dem Erlass einer einstweiligen Verfügung nicht entgegen, da sie die Fläche nicht weitervermietet hat und hier aus sachfremden Motiven die Vertragserfüllung verweigert.

Zum Gebührenstreitwert: Dieser bemisst sich gemäß § § 53 Abs. 1 Nr. 1 GKG nach § 3 ZPO. In dessen Rahmen ist aber auf die spezielle Regel des § 41 Abs. 1 GKG zurückzugreifen, weshalb der Gebührenstreitwert hier der vereinbarten Miete entspricht (vgl. OLG Düsseldorf WuM 2011, 246). Ein Abschlag wegen der Geltendmachung durch einstweilige Verfügung ist nicht angezeigt, da die Herausgabe zu einer endgültigen Befriedigung des Antragstellers führt (OLG Düsseldorf WuM 2011, 246; vgl. auch OLGR Celle 2008, 91; OLGR Koblenz 2009, 503).

Beglaubigte und einfache Abschrift anbei.

Rechtsanwalt

Anmerkungen

1. Zur sachlichen und örtlichen **Zuständigkeit** → Form. D. V. 9 Anm. 1.

2. Zum Gebührenstreitwert → Form. D. V. 9 Anm. 4.

3. Um dem **vollstreckungsrechtlichen Bestimmtheitsgebot** zu genügen, muss der Titel die herauszugebende Fläche so genau bezeichnen, dass bei der Vollstreckung durch den Gerichtsvollzieher keine Zweifel entstehen, was genau herauszugeben ist (dazu Schmidt-Futterer/*Lehmann-Richter* ZPO § 885 Rn. 14 ff.). Kann – wie im Beispielsfall – die Fläche nicht durch postalische Angaben hinreichend bezeichnet werden, muss auf einen Grundriss o. ä. Bezug genommen werden. Dieser ist als Anlage zum Bestandteil des Titels zu machen, weil der Titel aus sich heraus genügend bestimmt sein muss (BGH NJW 2006, 695).

4. Zur Zustellung und **Vollstreckung** der einstweiligen Verfügung → Form. D. V. 9 Anm. 5.

5. Zur **Glaubhaftmachung** → Form. D. V. 9 Anm. 3.

6. Ein **Verfügungsgrund** ist bei der hiesigen Leistungsverfügung, die sich nicht auf Besitzschutzansprüche stützen kann (→ Form. D. V. 9 Anm. 2) nur ganz ausnahmsweise gegeben. Dafür muss der Antragsteller dringend auf die sofortige Erfüllung angewiesen sein; die geschuldete Leistung muss, soll sie ihren Sinn nicht verlieren, so kurzfristig zu erbringen sein, dass das Abwarten eines Titels in der Hauptsache nicht mehr möglich erscheint und die dem Antragsteller aus der Nichtleistung drohenden Nachteile müssen im Vergleich zu den Nachteilen für den Antragsgegner unverhältnismäßig groß sein (etwa OLG Koblenz VersR 2011, 1000). Der Erlass einer einstweiligen Verfügung auf erstmalige Einräumung des Mietbesitzes kommt daher allenfalls in ganz besonders gelagerten **Ausnahmefällen** in Betracht.

11. Antrag auf Unterlassung einer Doppelvermietung

An das

Landgericht[1]

. . . . .

Antrag auf Erlass einer einstweiligen Verfügung[1]

der . . . . . GmbH, vertreten durch ihren Geschäftsführer . . . . .

– Antragstellerin –

Prozessbevollmächtigter: . . . . .

gegen

Herrn . . . . .

– Antragsgegner –

Vorläufiger Gebührenstreitwert: . . . . . EUR.

Zuständigkeitsstreitwert: . . . . . EUR

Namens und in Vollmacht der Antragstellerin beantrage ich im Wege der einstweiligen Verfügung wegen der besonderen Dringlichkeit ohne mündliche Verhandlung anzuordnen:

1. Dem Antragsgegner wird aufgegeben, es zu unterlassen, das Ladenlokal bestehend aus . . . . . gelegen in . . . . . für die Zeit vom . . . . . bis . . . . . an die Firma . . . . . zu vermieten.

2. Außerdem beantrage ich, dem Antragsgegner für den Fall der Zuwiderhandlung gegen die unter 1) aufgeführte Pflicht die Verurteilung zu einem Ordnungsgeld bis zu 250.000,– EUR oder ersatzweise Ordnungshaft bis zu 6 Monaten anzudrohen.[2]

Begründung:

A. Sachverhalt

Die Antragstellerin betreibt in Deutschland zahlreiche Drogerie-Märkte. Der Antragsgegner ist Eigentümer des im Antrag zu 1) näher beschriebenen Wohn- und Geschäftshauses, in dem das gegenständliche Ladenlokal liegt. Der Mietvertrag mit dem derzeitigen Betreiber des Ladengeschäftes läuft Ende des nächsten Monats aus. Die Antragstellerin ist seit langem an der Mietnachfolge interessiert. Intensive Anmietverhandlungen führten schließlich zum Erfolg. Mit schriftlichem Mietvertrag vom . . . . . hat sie das im Antrag beschriebene Ladenlokal vom Antragsgegner für die Dauer von 10 Jahren zum Betrieb eines Drogerie-Marktes angemietet. Die monatlich zu zahlende Miete ist auf . . . . . EUR festgelegt. Die Gebrauchsüberlassung soll am Ersten des übernächsten Monats erfolgen.

Glaubhaftmachung:[3] Mietvertrag der Parteien vom . . . . ., Anlage K1

Wie der Prokurist . . . . . der Antragstellerin gestern Abend erfahren hat, verhandelt der Antragsgegner intensiv und ernsthaft mit einem anderen Mietinteressenten, der Firma . . . . ., über die Vermietung des bereits von der Antragstellerin angemieteten Ladenlokals. Termin zur Unterzeichnung des Mietvertrages durch den Antragsgegner und die Firma . . . . . ist auf heute in einer Woche festgelegt.

Glaubhaftmachung: Eidesstattliche Versicherung des Prokuristen . . . . . der Antragstellerin, Anlage K2

B. Rechtslage[4]

Die Zuständigkeit des angerufenen Gerichts folgt aus §§ 936, 919 ZPO. Danach ist für die Entscheidung das Gericht der Hauptsache zuständig. Die örtliche Zuständigkeit folgt aus § 29a ZPO, da ein Unterlassungsanspruch aus einem Mietvertrag geltend gemacht wird. Die sachliche Zuständigkeit ergibt sich aus § 23 Nr. 1 GVG. Für die Berechnung des Zuständigkeitsstreitwerts ist der Rückgriff auf § 8 ZPO gerechtfertigt. Denn der Kläger möchte mit diesem Verfahren die Durchführung seines eigenen Mietvertrags absichern. Der Streitwert bemisst sich daher nach der auf die gesamte streitige Zeit entfallenden Miete nebst Nebenkosten und Umsatzsteuer abzüglich des im einstweiligen Verfügungsverfahren üblichen Abschlags. Der sich danach ergebende Zuständigkeitsstreitwert von . . . . . EUR liegt hier oberhalb der Schwelle des § 23 Nr. 1 GVG.

Der Verfügungsanspruch folgt aus § 535 BGB. Denn der Mietvertrag zwischen den Parteien verpflichtet den Antragsgegner einerseits zur Überlassung der Mieträume und andererseits zur Rücksichtnahme auf die Interessen der Antragstellerin, § 241 Abs. 2 BGB. Durch den Abschluss des Mietvertrags mit der Firma . . . . . würde der Antragsgegner diese Pflichten verletzen, da hierdurch das Risiko entsteht, dass dieser Firma aufgrund des Mietvertrags die Räume überlassen werden und der Vertragsanspruch der Antragstellerin vereitelt wird (vgl. *Hinz* WuM 2005, 615; *Kluth/Grün* NZM 2002, 473). Der Verfügungsgrund folgt aus der Eilbedürftigkeit, die ein Abwarten in der Hauptsache nicht zulässt, da der Zweitvertrag schon nächste Woche unterzeichnet werden soll.

Zum Gebührenstreitwert:[5] Dieser bemisst sich gemäß § 53 Abs. 1 Nr. 1 GKG nach § 3 ZPO. Bei der Schätzung ist auf die Gedanken des § 41 Abs. 1 GKG zurückzugreifen, weshalb der Gebührenstreitwert sich nach der zwischen den Parteien vereinbarten Jahresmiete abzüglich des im einstweiligen Verfügungsverfahren üblichen Abschlags bemisst. Dies ergibt den angegebenen Betrag.

Rechtsanwalt[6]

Anmerkungen

1. Hinweis: Die Erfolgsaussichten einer solchen einstweiligen Verfügung sind ungeklärt → Anm. 5.

2. Zuständig für die Entscheidung ist nach §§ 936, 919 ZPO das Gericht der Hauptsache. Die **örtliche Zuständigkeit** ergibt sich aus § 29a ZPO, da es um einen Unterlassungsanspruch aus dem Mietvertrag geht. Die sachliche Zuständigkeit ist streitwertabhängig (§§ 23 Nr. 1, 71 Abs. 1 GVG). Der **Zuständigkeitsstreitwert** richtet sich nicht nach dem nur für die Kosten maßgeblichen GKG, sondern nach den §§ 3 ff. ZPO. Hier kann entweder auf § 3 ZPO oder – so das Argument im Muster – auf § 8 ZPO zurückgegriffen werden, da es letztlich um die Sicherung des Mietvertrags der Antragstellerin geht. Rechtsprechung oder Literatur zu dieser Frage sind nicht ersichtlich. Da es sich um ein einstweiliges Verfügungsverfahren handelt, ist ein Abschlag vom Wert der Hauptsache vorzunehmen. Den Streitwert setzt die Rechtsprechung meist mit 1/6 bis 1/3 des Hauptsachestreitwerts an (*Musielak/Voit/Huber* § 3 Rn 26); richtigerweise verbietet sich aber eine schematische Betrachtung (etwa OLG Köln MDR 1995, 1140).

3. Der Beschluss oder das Urteil (zur Sicherheitsleistung siehe §§ 921, 936 ZPO) über die einstweilige Verfügung ist **Vollstreckungstitel** (vgl. § 929, 936 ZPO). Die **Zustellung** des Titels erfolgt nach §§ 922 Abs. 2, 936 ZPO im Parteibetrieb. Der Vermieteranwalt muss also beachten, dass die Mitteilung des Gerichts an den Antragsgegner die für die Vollstreckung erforderliche Zustellung (vgl. § 750 ZPO) nicht ersetzt. Vielmehr muss der Antragssteller den Titel nach § 192 ZPO durch Beauftragung des Gerichtsvollziehers zustellen lassen. Die Vollstreckung erfolgt nach § 890 ZPO. Der Verurteilung zum Ordnungsmittel muss eine Androhung vorausgehen, die bereits im Duldungsurteil erfolgen kann, § 890 Abs. 2 ZPO.

4. Zur **Glaubhaftmachung** → Form. D. V. 9 Anm. 3.

5. Die **Erfolgsaussichten** des hiesigen Antrags auf Unterlassung einer Doppelvermietung sind **zweifelhaft**. Ein direkter Unterlassungsanspruch folgt aus dem Mietvertrag nämlich nicht. Denn die Rechte des Mieters werden nicht durch den Abschluss des zweiten Mietvertrags, sondern erst durch die Besitzüberlassung an den Dritten beeinträchtigt (gegen einen Unterlassungsanspruch des Mieters daher *Kluth/Grün* NZM 2002, 473, 475). Als Verfügungsanspruch kommt daher nur der Übergabeanspruch in Betracht, dessen Erfüllung durch die einstweilige Verfügung gesichert wird (*Kluth/Grün* NZM 2002, 473, 475). Problematisch ist allerdings der Verfügungsgrund: Denn auf eine entsprechende einstweilige Verfügung ist der Mieter wohl nicht dringend angewiesen, weil seine Rechte durch die Zweitvermietung noch nicht beeinträchtigt werden. In der Literatur wird eine einstweilige Verfügung dennoch für zulässig gehalten, wenn der Vermieter sich in treuwidriger Weise seinen Pflichten aus dem Mietvertrag entziehen will (*Hinz* WuM 2005, 615; *Kluth/Grün* NZM 2002, 473, 475; aA *Katzenstein* ZZP 2003, 459, 461). Dafür lässt sich anführen, dass ohne Mietvertrag der Vermieter die Mietsache wohl nicht an den Konkurrenten überlassen wird. Ist der Wohnraummieter durch eine vorgeschobene Eigenbedarfskündigung zum Auszug bewogen worden, kann sein daraus folgender Schadensersatzanspruch auf Rückgabe der Wohnung durch ein Vermietungs- und Veräußerungsverbot im Eilverfahren gesichert werden (LG Hamburg ZMR 2007, 787).

6. Gemäß § 53 Abs. 1 Nr. 1 GKG ist der **Gebührenstreitwert** im einstweiligen Verfügungsverfahren nach § 3 ZPO zu bestimmen. Rechtsprechung oder Literatur zu der Frage, wie der Wert für einen Antrag auf Unterlassung einer Zweitvermietung zu bestimmen ist, sind nicht ersichtlich. Es bietet sich an, auf die spezielle Regel des § 41 Abs. 1 GKG zurückzugreifen, weil es dem Mieter – sein Angreiferinteresse ist maßgeblich (*Musielak/Voit/Heinrich* § 3 Rn. 6) – um die Sicherung seines Vertrags geht. Deshalb entspricht der Gebührenstreitwert der zwischen den Parteien vereinbarten Jahresmiete abzüglich des im einstweiligen Verfügungsverfahren üblichen Abschlags.

12. Antrag auf Unterlassung der Besitzübergabe an einen Dritten

An das

Landgericht[1]

. . . . .

Antrag auf Erlass einer einstweiligen Verfügung

der . . . . . GmbH,

vertreten durch ihren Geschäftsführer . . . . .

– Antragstellerin –

Prozessbevollmächtigter: . . . . .

gegen

Herrn . . . . .

– Antragsgegner –

Vorläufiger Gebührenstreitwert: . . . . . EUR[2]

Zuständigkeitsstreitwert: . . . . . EUR

Namens und in Vollmacht der Antragstellerin beantrage ich im Wege der einstweiligen Verfügung wegen der besonderen Dringlichkeit ohne mündliche Verhandlung anzuordnen:

1. Dem Antragsgegner wird aufgegeben, es zu unterlassen, den unmittelbaren Besitz an dem Ladenlokal bestehend aus . . . . . gelegen in . . . . . der Firma . . . . . ab sofort bis zum . . . . . zu überlassen.

2. Außerdem beantrage ich, dem Antragsgegner für den Fall der Zuwiderhandlung gegen die unter 1) aufgeführte Pflicht die Verurteilung zu einem Ordnungsgeld bis zu 250.000,– EUR oder ersatzweise Ordnungshaft bis zu 6 Monaten anzudrohen.[3]

Begründung:

I. Sachverhalt

Die Antragstellerin betreibt Präge- und Verkaufsstellen für KFZ-Schilder. Der Antragsgegner ist Eigentümer des im Antrag zu 1) näher bezeichneten Gebäudes, in dem das gegenständliche Ladenlokal liegt. Dieses grenzt unmittelbar an die KFZ-Zulassungsstelle in . . . . .

Glaubhaftmachung:[4] Eidesstattliche Versicherung des Geschäftsführers der Antragstellerin, Anlage K1

Mit schriftlichem Mietvertrag vom . . . . . hat die Antragstellerin das gegenständliche Ladenlokal vom Antragsgegner für die Dauer von 5 Jahren zum Betriebe einer KFZ-Schilder-Prägestelle angemietet. Die monatlich zu zahlende Miete beträgt . . . . . EUR. Mietbeginn ist nach dem Mietvertrag der Erste des kommenden Monats.

Glaubhaftmachung: Mietvertrag vom . . . . ., Anlage K2

Eben diese von der Antragstellerin angemieteten beiden Räume hat der Antragsgegner zwischenzeitlich für den gleichen Zeitraum an einen Konkurrenten der Antragstellerin vermietet.

Glaubhaftmachung: Eidesstattliche Versicherungen des Geschäftsführers der Antragstellerin, Anlage K1

Da mit dem Konkurrenten eine höhere Miete vereinbart worden ist, besteht die dringende Gefahr, dass der Antragsgegner die Mieträume in aller Kürze dem anderen Mieter überlassen wird.

II. Rechtslage[5]

Die Zuständigkeit des angerufenen Gerichts folgt aus §§ 936, 919 ZPO. Danach ist für die Entscheidung das Gericht der Hauptsache zuständig. Die örtliche Zuständigkeit folgt aus § 29a ZPO, da ein Unterlassungsanspruch aus einem Mietvertrag geltend gemacht wird. Die sachliche Zuständigkeit ergibt sich aus § 23 Nr. 1 GVG. Für die Berechnung des Zuständigkeitsstreitwerts ist der Rückgriff auf § 8 ZPO gerechtfertigt. Denn der Kläger möchte mit diesem Verfahren die Durchführung seines eigenen Mietvertrags absichern. Der Streitwert bemisst sich daher nach der auf die gesamte streitige Zeit entfallenden Miete nebst Nebenkosten und Umsatzsteuer abzüglich des im einstweiligen Verfügungsverfahren üblichen Abschlags. Der sich danach ergebende Zuständigkeitsstreitwert von . . . . . EUR liegt hier oberhalb der Schwelle des § 23 Nr. 1 GVG.

Verfügungsanspruch ist der mietrechtliche Überlassungsanspruch der Antragstellerin aus § 535 Abs. 1 S. 1 BGB, der im Falle einer Besitzübergabe an die Firma . . . . . vereitelt werden würde (OLG Düsseldorf NJW-RR 1991, 137; *Wichert* ZMR 1997, 16). Der Verfügungsgrund folgt daraus, dass bei einem Abwarten des Hauptsachverfahrens für die Antragstellerin der Rechtsschutz zu spät käme, weil bis dahin die Räume an die Firma . . . . . überlassen sind. Die Antragstellerin ist daher zur Sicherung ihrer Vertragsrechte dringend auf den Erlass der begehrten Eilregelung angewiesen. Deren Erlass ohne vorherige mündliche Verhandlung ist vorliegend angezeigt, da sonst nämlich der Antragsgegner dem beantragten Unterlassungsgebot durch sofortige Einräumung des Mietbesitzes an den Konkurrenten zuvorkommen könnte.

Zum Gebührenstreitwert: Dieser bemisst sich gemäß § 53 Abs. 1 Nr. 1 GKG nach § 3 ZPO. Bei der Schätzung ist auf den Gedanken des § 41 Abs. 1 GKG zurückzugreifen, weshalb der Gebührenstreitwert hier sich nach der zwischen den Parteien vereinbarten Jahresmiete abzüglich des im einstweiligen Verfügungsverfahren üblichen Abschlags bemisst. Dies ergibt den angegebenen Betrag.

Rechtsanwalt

Hinweis: Die hM hält eine solche einstweilige Verfügung für unzulässig (→ Anm. 5).

Anmerkungen

1. Zur **Zuständigkeit** → Form. D. V. 11 Anm. 1.

2. Zum **Gebührenstreitwert** → Form. D. V. 11 Anm. 5.

3. Zur **Vollstreckung** → Form. D. V. 11 Anm. 2.

4. Zur **Glaubhaftmachung** → Form. D. V. 9 Anm. 3.

5. Bei einer **Doppelvermietung** sind beide Verträge wirksam (BGH MDR 1962, 398; KG NZM 2008, 889; OLG Hamm NZM 2004, 192, 193). Ob einer der beiden Mieter die Überlassung an seinen Konkurrenten im Wege der einstweiligen Verfügung unterbinden kann, ist umstritten. Die **überwiegende Meinung** in der obergerichtlichen Rechtsprechung hält eine solche einstweilige Verfügung für **unzulässig** (KG ZMR 2007, 614; OLG Brandenburg MDR 1998, 98; OLG Celle ZMR 2009, 113; OLG Koblenz ZMR 2008, 50; OLG Hamm NJW-RR 2004, 521; OLG Frankfurt MDR 1997, 137; OLGR Schleswig 2000, 329; ebenso LG Hamburg v. 10.1.2008 – 334 O 259/07 – juris). Lediglich das – hier auch im Muster zitierte – OLG Düsseldorf (NJW-RR 1991, 137) ist anderer Meinung. Die **Literatur** ist **gespalten** (für eine einstweilige Verfügung etwa *Katzenstein* ZZP 116, 459; *Kohler* NZM 2008, 545; dagegen etwa Palandt/*Weidenkaff* § 536 Rn. 30). Die hM begründet ihr Ergebnis damit, die einstweilige Verfügung sei „unstatthaft" und deshalb unzulässig (etwa OLG Hamm NJW-RR 2004, 521): Es sei allein Sache des Vermieters zu bestimmen, welche Gläubigerforderung er erfülle und welchem Gläubiger er Schadensersatz leiste. Der Vermieter als Schuldner könne sich bis zur Zwangsvollstreckung entscheiden, an wen er leistet; dieses Wahlrecht sei als Ausfluss der Vertragsfreiheit schützenswert, da anderenfalls allein das Zufallsprinzip herrschen würde (etwa KG ZMR 2007, 614). Angesichts dieses Meinungsbildes in der obergerichtlichen Literatur erscheint der Antrag auf eine einstweilige Verfügung wenig erfolgversprechend.

13. Antrag auf Unterlassung von Besitzstörungen (Baustopp)

An das

Amtsgericht[1]

. . . . .

Antrag auf Erlass einer einstweiligen Verfügung

des Herrn . . . . .

– Antragsteller –

Prozessbevollmächtigter: . . . . .

gegen

Herrn . . . . .

– Antragsgegner –

Vorläufiger Gebührenstreitwert: . . . . . EUR.[2]

Namens und in Vollmacht des Antragstellers beantrage ich im Wege der einstweiligen Verfügung wegen der besonderen Dringlichkeit ohne mündliche Verhandlung anzuordnen:

1. Dem Antragsgegner wird aufgegeben, die durch Entfernung des Fassadenputzes und Anbringung einer Wärmedämmung an der Außenwand des Gebäudes verursachte Zuführung von Geräuschen, Erschütterungen, Staub sowie anderen Immissionen in die Wohnung . . . . . auf dem Grundstück . . . . . zu unterlassen.[3]

2. Dem Antragsgegner wird aufgegeben, das vor der Wohnung . . . . . installierte Baugerüst zu entfernen.

3. Dem Antragsgegner wird für jeden Fall der Zuwiderhandlung gegen die Pflichten nach Ziffer 1 ein Ordnungsgeld bis zu 250.000,– EUR, ersatzweise Ordnungshaft, oder Ordnungshaft bis zu sechs Monaten angedroht.[4]

Bereits jetzt wird nach § 192 Abs. 3 ZPO der Gerichtsvollzieher mit der Zustellung der vom Gericht erlassenen einstweiligen Verfügung beauftragt und die Geschäftsstelle gebeten, den Gerichtsvollzieher mit der Zustellung zu beauftragen.[5]

Begründung:

A. Sachverhalt

Der Antragsteller ist Mieter der im Antrag beschriebenen Wohnung. Die Miete beträgt . . . . . EUR im Monat. Der Antragsgegner ist Vermieter dieser Wohnung.

Glaubhaftmachung:[6] Eidesstattliche Versicherung des Antragstellers, Anlage K1;

Mietvertrag, Anlage K2

Am . . . . . kam der Antragsteller nach Hause und stellte fest, dass vor und im Gebäude sich Handwerker aufhielten, die dabei waren, ein Gerüst an das Gebäude anzuschrauben. Auf Nachfrage des Antragstellers teilten ihm die Handwerker mit, sie seien vom Antragsgegner beauftragt, das Gerüst anzubringen. Eine andere Firma werde anschließend die Fassade sanieren. Das Gerüst steht seit zwei Tagen vor dem Gebäude und verschattet die Wohnräume des Antragstellers.

Glaubhaftmachung: Eidesstattliche Versicherung des Antragstellers, Anlage K1.

Tatsächlich begannen einen Tag später Bauarbeiter damit, den Putz von der Fassade zu stemmen. Der hierdurch verursachte Lärm ist in der Wohnung des Antragstellers deutlich zu vernehmen; es dringt auch Staub durch die Fensterritzen in die Wohnung ein.

Glaubhaftmachung: Eidesstattliche Versicherung des Antragstellers, Anlage K1.

Der Antragsteller hat mittlerweile vom Antragsgegner die telefonische Nachricht erhalten, das Haus werde durch Anbringung einer Wärmedämmung saniert. Eine andere Ankündigung dieser Arbeiten hat der Antragsteller nicht erhalten.

Glaubhaftmachung: Eidesstattliche Versicherung des Antragstellers, Anlage K1.

B. Rechtslage

Die Zuständigkeit des angerufenen Gerichts folgt aus §§ 936, 919 ZPO. Danach ist für die Entscheidung das Gericht der Hauptsache zuständig. Dies ist das angerufene Amtsgericht, da es sich um einen Streit aus einem Wohnraummietvertrag handelt (§ 23 Nr. 2 a GVG § 29a ZPO). Unschädlich ist, dass der Antragsteller seinen Verfügungsanspruch auch auf eine gesetzliche Anspruchsgrundlage, nämlich § 862 Abs. 1 BGB, stützt (vgl. OLG Düsseldorf NZM 2008, 479).

Der Verfügungsanspruch[7] des Antragstellers folgt zum einen aus § 535 Abs. 1 S. 2 BGB, daneben aus § 862 Abs. 1 BGB. Die Bauarbeiten am und im Gebäude beeinträchtigen durch Lärm, Verschattungen und Schmutz den Mietgebrauch. Sie stören daneben aber auch den Besitz des Antragstellers an der Mietwohnung (vgl. LG Berlin WuM 2012, 554; AG Pankow-Weißensee GE 2007, 989). Zur Duldung dieser Störung ist der Antragsteller weder vertraglich noch besitzrechtlich verpflichtet, weil der Antragsgegner die Baumaßnahmen nicht in der nach § 555c BGB vorgeschriebenen Form angekündigt und damit keine Duldungspflicht ausgelöst hat. Der Unterlassungsanspruch des Antragstellers bezieht sich auf alle Maßnahmen, die den Mietgebrauch beeinträchtigen (vgl. LG Berlin WuM 2012, 213). Daher kann der Antragsteller nach § 862 Abs. 1 BGB Unterlassung der im Antrag zu 1) genannten Arbeiten verlangen, da diese seinen Mietgebrauch durch Lärm und Schmutz beeinträchtigen (vgl. LG Berlin NZM 2012, 859). Dem Antragsteller steht nach dieser Norm auch ein Anspruch auf Rückbau des Gerüstes zu, da dieses seine Wohnung verschattet (Antrag zu 2, vgl. AG Mitte GE 1999, 984). Der Verfügungsgrund[8] folgt hier aus der Tatsache, dass der Antragsteller einen Besitzschutzanspruch geltend macht (vgl. OLGR Koblenz 2001, 2).

Zum Gebührenstreitwert: Dieser bemisst sich gemäß § 53 Abs. 1 Nr. 1 GKG nach § 3 ZPO. In dessen Rahmen ist aber auf die spezielle Regel des § 41 Abs. 5 GKG zurückzugreifen, weshalb der Gebührenstreitwert sich nach dem Jahresbetrag einer angemessen Minderung bemisst (OLG Düsseldorf WuM 2011, 246). Ein Abschlag wegen der

Geltendmachung durch einstweilige Verfügung ist nicht angezeigt, da der Baustopp zu einer endgültigen Befriedigung des Antragstellers führt.

Beglaubigte Abschrift anbei.

Rechtsanwalt

Anmerkungen

1. Zuständig für die Entscheidung ist nach §§ 936, 919 ZPO das **Gericht der Hauptsache**. Beruft sich der Antragsteller (dies reicht aus: KG NJW-RR 2008, 1465) auf einen bestehenden Mietvertrag, folgt die Zuständigkeit den bekannten Regeln: Bei **Wohnraummietverhältnissen** ist zuständig ausschließlich das Amtsgericht in dessen Bezirk sich die Wohnung befindet (§ 23 Nr. 2 a GVG, § 29a ZPO). Bei **Geschäftsräumen** bestimmt sich die örtliche Zuständigkeit ebenfalls nach § 29a ZPO. Die sachliche Zuständigkeit ist aber **streitwertabhängig** (§§ 23 Nr. 1, 71 Abs. 1 GVG). Der Zuständigkeitsstreitwert richtet sich hier nicht nach dem nur für die Kosten maßgeblichen GKG, sondern nach § 3 ZPO (nicht nach § 6 ZPO, vgl. *Musielak/Voit/Huber* § 3 Rn. 24 und § 6 Rn. 2 mwN). Der Zuständigkeitsstreitwert ist nach dem Unterlassungsinteresse des Antragstellers zu bestimmen. Da es diesem um den ungestörten Mietgebrauch geht, bemisst sich der Streitwert in Anlehnung an § 9 ZPO nach dem $3^{1}/_{2}$-fachen Wert des einjährigen Minderungsbetrags (BGH NJW 2000, 3142). Ein Abschlag wegen der Geltendmachung durch einstweilige Verfügung ist regelmäßig nicht angezeigt, da der Baustopp zu einer endgültigen Befriedigung des Antragstellers führt.

2. Der **Gebührenstreitwert** bemisst sich gemäß § 53 Abs. 1 Nr. 1 GKG nach § 3 ZPO. In dessen Rahmen ist aber auf die spezielle Regel des § 41 Abs. 5 GKG zurückzugreifen, weshalb der Gebührenstreitwert sich nach dem Jahresbetrag einer angemessen Minderung bemisst (vgl. OLG Düsseldorf WuM 2011, 246; OLG Frankfurt NJW-RR 2008, 534; aA für Geschäftraummiete OLG Düsseldorf MDR 2012, 1187: Bestimmung nur nach § 3 ZPO). Ein Abschlag wegen der Geltendmachung durch einstweilige Verfügung ist regelmäßig nicht angezeigt, da der Baustopp zu einer endgültigen Befriedigung des Antragstellers führt.

3. Inhaltlich ist der Anspruch des Mieters auf Unterlassung der Störung gerichtet. In der Rechtsprechung wird teilweise vertreten, nach § 253 Abs. 2 Nr. 2 ZPO sei auch ein Antrag zulässig, in dem der Mieter allgemein „die Einstellung der Bauarbeiten" begehrt (LG Berlin NZM 2012, 859; WuM 2012, 554). Andere Gerichte nennen im Tenor hingegen die gerügten Baumaßnahmen (LG Hamburg ZMR 2010, 530; LG Gera v. 10.4.1995 – 5 T 152/95, BeckRS 1995, 12338). Dies ist naheliegend, weil bei einer Unterlassungsverfügung die zu **unterlassende Handlung konkret bezeichnet** werden muss (Prütting/Gehrlein/*Fischer*, ZPO Kommentar, 7. Aufl. 2015, § 938 Rn. 3). Problematisch ist an derartigen Anträgen allerdings, dass ein Anspruch auf vollständige Unterlassung der gerügten Maßnahme nur besteht, wenn ihre Ausführung zwingend mit einer Besitzstörung des Mieters einhergeht. Dies ist keineswegs ausgemacht. Denn wenn etwa der Vermieter an weit entfernter Stelle vorsichtig den Putz entfernt und dies in der Wohnung des Mieters nicht zu vernehmen ist, fehlt es an einer Besitzstörung. Dies legt es nahe, dass der Antrag auch die zu **unterlassende Emissionen nennen** muss, wie dies im Muster erfolgt ist (allg. zu den Anforderungen an den Antrag auf Unterlassung von Emissionen BGH NJW 1993, 1656). Die in dieser Randnummer zitierte Instanzrechtsprechung verlangt eine solche Beschränkung bislang indes noch nicht, was in der Praxis dafür sprechen könnte, den Antrag ohne die Benennung der Emissionen zu formulieren. Denn ein Verstoß gegen eine einstweilige Verfügung ist schwieriger nachzuweisen, wenn zur Ausführung der Baumaßnahmen noch konkrete Emissionen hinzukommen müssen.

4. Die Anträge im Muster sind auf Unterlassung (Antrag zu 1) sowie Vornahme einer vertretbaren Handlung (Antrag zu 2) gerichtet. Die **Vollstreckung** des Unterlassungstitels erfolgt nach § 890 ZPO. Der Verurteilung zum Ordnungsmittel muss eine Androhung vorausgehen, die – daher der Antrag zu 3) – bereits im Duldungsurteil erfolgen kann, § 890 Abs. 2 ZPO. Die Vollstreckung der vertretbaren Handlung (im Muster: Abbau des Gerüsts) erfolgt nach § 887 ZPO (vgl. OLG Dresden ZMR 2002, 32).

5. Die **Zustellung** des Titels erfolgt nach §§ 922 Abs. 2, 936 ZPO im Parteibetrieb. Der Mieteranwalt muss also beachten, dass die Mitteilung des Gerichts an den Antragsgegner die für die Vollstreckung erforderliche Zustellung (vgl. § 750 ZPO) nicht ersetzt. Vielmehr muss der Antragssteller den Titel nach § 192 ZPO durch Beauftragung des Gerichtsvollziehers zustellen lassen. Im Verfahren vor dem Amtsgericht kann nach § 192 Abs. 3 ZPO der Antragsteller die Vermittlung des Gerichts in Anspruch nehmen. Hierauf zielt der Antrag im Muster, der bei einem Verfahren vor dem Landgericht zu streichen ist. Vollstreckungsrechtlich ist weiter die einmonatige Vollziehungsfrist des § 929 Abs. 2 ZPO zu beachten; nach Ablauf dieser Frist sind Vollstreckungshandlungen unzulässig. Der Antragsteller muss also vor Fristablauf den Titel zugestellt und Vollstreckungshandlungen eingeleitet haben (vgl. BGH NJW 2006, 1290).

6. Zur **Glaubhaftmachung** → Form. D. V. 9 Anm. 3.

7. Ein **Verfügungsanspruch** ergibt sich sowohl aus dem Mietvertrag als auch aus § 862 BGB. Der Anspruch aus § 862 Abs. 1 BGB greift bereits dann, wenn eine Besitzstörung unmittelbar bevorsteht (OLG Köln ZMR 2000, 639; LG Berlin ZMR 1991, 109;). Als Verteidigungsmittel des Vermieters kommt das Argument in Betracht, der Mieter sei zur Duldung verpflichtet. Indes setzt dies jedenfalls voraus, dass der Vermieter die Duldungspflicht ausgelöst hat. Bei Modernisierungsmaßnahmen bedarf es hierfür der Erfüllung der Voraussetzungen des § 555c Abs. 1 BGB. Erhaltungsmaßnahmen hat der Vermieter mit im Einzelfall angemessener Frist anzukündigen, § 555a Abs. 2 BGB (vgl. BGH NJW 2009, 1736). Aber selbst wenn der Vermieter die Duldungspflicht ausgelöst hat ist fraglich, ob er damit im einstweiligen Verfügungsverfahren einen Anspruch des Mieters abwehren kann. Inwieweit der Vermieter den Erlass einer solchen gerichtlichen Verfügung mit dem Argument verhindern kann, der Mieter sei zur **Duldung verpflichtet**, ist nämlich noch ungeklärt. Hiergegen könnte sprechen, dass gegen den Anspruch aus § 862 Abs. 1 BGB petitorische Einwendungen des Vermieters nach § 863 BGB unzulässig sind. Dann kommt nur in Betracht, die Duldungspflicht im Wege des Widerantrags in das Eilverfahren einzuführen (dazu OLG Rostock OLG-NL 2001, 279; *Lehmann-Richter* NJW 2003, 1717). Hierfür bedarf es aber der Zulässigkeit dieses Antrags; bei der Duldungspflicht von Baumaßnahmen fehlt es aber regelmäßig am Verfügungsgrund. Überzeugend ist es, dass der Vermieter keine verbotene Eigenmacht ausübt, wenn er bei bestehender Duldungspflicht **Baumaßnahmen im Außenbereich** ausführt, weil die Interessen des Mieters seine Verurteilung zur Duldung nicht gebieten. Die Duldungsnormen sind insoweit (nicht aber für Maßnahmen im Inneren der Wohnung) gesetzliche Gestattungsnormen iSd § 858 Abs. 1 BGB (*Lehmann-Richter* NZM 2013, 451). Ob sich diese Ansicht durchsetzen wird, ist aber ungeklärt. Die Instanzrechtsprechung folgt diesem Argument bislang nicht, ohne die Frage allerdings zu problematisieren (aA etwa LG Berlin WuM 2012, 554; AG Charlottenburg GE 1999, 984; ähnlich LG Hamburg ZMR 2010, 530, das die Prüfung der Duldungspflicht im Eilverfahren ablehnt).

8. Der **Verfügungsgrund** ergibt sich beim Anspruch aus § 862 Abs. 1 BGB aus der Tatsache, dass der Antragsteller Besitzschutzansprüche geltend macht; die Darlegung einer besonderen Eilbedürftigkeit ist entbehrlich (vgl. LG Hamburg ZMR 2010, 530).

Der Verfügungsgrund kann aber entfallen, wenn der Antragsteller längere Zeit die Besitzstörung hingenommen hat, weil er dann durch seine Untätigkeit erkennen lässt, dass die Sicherung seines Rechts für ihn nicht eilig ist (vgl. KG Berlin 2008, 927; OLG Frankfurt MDR 2012, 515).

14. Antrag auf Unterlassung des Abschlusses eines Mietvertrages mit dem Konkurrenten

An das

Landgericht[1]. . . . .

Antrag auf Erlass einer einstweiligen Verfügung

des . . . . .

– Antragsteller –

Verfahrensbevollmächtigte: . . . . .

gegen

den . . . . .

– Antragsgegner –

Verfahrensbevollmächtigte: . . . . .

Namens und in Vollmacht des Antragstellers beantragen wir, das Gericht möge im Wege der einstweiligen Verfügung – wegen besonderer Dringlichkeit ohne mündliche Verhandlung durch Beschluss[2] – anordnen:[3, 5, 7]

1. dem Antragsgegner wird unter Androhung eines Ordnungsgeldes bis zu 250.000,– EUR und/oder Ordnungshaft bis zu sechs Monaten für den Fall der Zuwiderhandlung untersagt, Räumlichkeiten im Hause . . . . . in . . . . . an einen Facharzt für Orthopädie zu vermieten.

Streitwert: 12.500,– EUR[4]

Begründung:

Mit Vertrag vom . . . . . mietete der Antragsteller von dem Antragsgegner in dessen Hause . . . . . in . . . . . Räumlichkeiten zum Betrieb einer Arztpraxis als Facharzt für Innere Medizin, Rheumatologie und Physikalische Therapie. Der Antragsgegner betreibt im Erdgeschoss des Hauses eine Apotheke. In weiteren Geschossen des Objekts befinden sich eine chirurgische Praxis, ein Lungenfacharzt, ein Allgemeinmediziner und ein Hals-Nasen-Ohren-Arzt. Außerdem sind Räumlichkeiten an einen Heilpraktiker und eine Geschäfts- und Kommunikationsstelle für Schlaganfallbehinderte vermietet. Der Antragsgegner betreibt das Haus unter dem Namen „Medi-Center". Als der Antragsteller nach Abschluss des Mietvertrages einzog, waren weitere Räumlichkeiten im I. OG bereits fertiggestellt, jedoch noch nicht vermietet. Dem Antragsteller war bei Abschluss seines Mietvertrages bekannt, dass der Antragsgegner auch diese Räume in Zukunft an einen Arzt vermieten wollte.

Glaubhaftmachung: Ablichtung des Mietvertrages vom . . . . .;

eidesstattliche Versicherung des Antragstellers vom . . . . .

Nach Bezug der Praxisräume durch den Antragsteller suchte der Antragsgegner diesen mehrfach auf. Er stellte ihm Berufskollegen vor, die an der Anmietung der noch freien Praxisräume im I. OG interessiert waren. Am . . . . . erfuhr der Antragsteller vom Antragsgegner, dass dieser beabsichtigte, die freien Räume an einen Orthopäden zu vermieten. Am . . . . . kam es zu einem Gespräch in den Praxisräumen des Antragstellers, an dem neben den Parteien der Orthopäde . . . . . und der Praxiseinrichter . . . . . teilnahmen. Der Antragsgegner wollte vom Antragsteller die Zustimmung zu einer Vermietung der freistehenden Räumlichkeiten an den Orthopäden . . . . . erlangen. Der Antragsteller war jedoch wegen der für ihn eintretenden Konkurrenzsituation über das Begehren des Antragsgegners so entsetzt, dass er schon kurze Zeit nach dem Eintreffen des Antragsgegners mit den Herren . . . . . und . . . . . das Gespräch abbrach.

Glaubhaftmachung: anliegende eidesstattliche Versicherung des Antragstellers und der Sprechstundenhilfe . . . . .

Zeugnis der Sprechstundenhilfe . . . . .

Im Übrigen hatte der Antragsteller schon vor Abschluss seines Mietvertrages im Jahre . . . . . mit dem Antragsgegner vereinbart, dass sich in den freistehenden Praxisräumen des I. OG kein weiterer Internist, kein Radiologe, kein Orthopäde und kein Allgemeinmediziner mehr ansiedeln dürfe.

Glaubhaftmachung: anliegende eidesstattliche Versicherung des Antragstellers und der Ehefrau des Antragstellers vom . . . . .

Zeugnis der Ehefrau des Antragstellers

Diese Vereinbarung war im Mietvertrag nicht ausdrücklich schriftlich festgehalten worden. Der Antragsteller muss auf Grund des Verlaufs des Gesprächs und der vom Antragsgegner geäußerten Absichten befürchten, dass dieser trotz der vom Antragsteller zum Ausdruck gebrachten Weigerung eine Vermietung der freistehenden Räumlichkeiten in Kürze an den Orthopäden . . . . . vornehmen wird.

Aus diesem Grunde ist der Antragsteller auf sofortigen Rechtsschutz angewiesen, um seinem Unterlassungsanspruch zur Durchsetzung zu verhelfen. Ist der Mietvertrag erst einmal zustande gekommen, kann der Antragsteller seine Konkurrenzschutzansprüche nur noch in der Weise weiterverfolgen, dass dem Antragsgegner aufgegeben wird, auf Herrn . . . . . in der Weise einzuwirken, dass er den Bezug der Räumlichkeiten unterlässt. Je mehr sich die Rechtsposition des Konkurrenten jedoch verfestigt, desto schwieriger wird es für den Antragsteller, ihn störenden Wettbewerb zu verhindern.

Der Verfügungsanspruch ergibt sich aus § 535 Abs. 1 BGB.[6] Dem Antragsgegner ist es untersagt, Räumlichkeiten im Hause . . . . . an Ärzte zu vermieten, deren Fachrichtung mit derjenigen des Antragstellers identisch ist oder sich wesentlich überschneidet. Obwohl der schriftliche Mietvertrag zwischen den Parteien keine derartige Bestimmung enthält, gelten im Verhältnis der Parteien zueinander die Regeln des vertragsimmanenten Konkurrenzschutzes. Das entspricht auch der bisherigen Handhabung des Vertrages durch die Parteien, die sich in der Vergangenheit bei der Vermietung freier Praxisräume abgestimmt hatten. Der Antragsgegner war daher nicht befugt, die im I. OG des Hauses . . . . . gelegenen Räumlichkeiten an einen Orthopäden zu vermieten. Außerdem hatten die Parteien die bereits dargelegte glaubhaft gemachte Nebenabrede zum Mietvertrag ausdrücklich getroffen. Eine Überschneidung der Fachgebiete bestätigt die anliegende Auskunft der Ärztekammer sowie die ebenfalls anliegende Weiterbildungsanordnung der nordrhein-westfälischen Ärzte für das Jahr . . . . . Es kommt nur darauf an, dass eine abstrakte Überschneidung besteht. Danach gibt es den Teilbereich „Rheumatologie" als sogenannte Schwerpunkt-bezeichnung sowohl für den Internisten als auch für den Orthopäden. Eine Abgrenzung ist nur insoweit möglich, als die entzündliche Rheumatologie Sache des Internisten, die degenerative Rheumatologie Sache des Orthopäden ist. Insbesondere operative Maßnahmen wie zum Beispiel Gelenkersatz fallen in das Fachgebiet des Orthopäden. Da dies jedoch Aufgabe spezieller Kliniken ist, kann sich der niedergelassene Orthopäde mangels eines vorhandenen Tätigkeitsfeldes nicht allein auf die degenerative Rheumatologie beschränken. Niedergelassene Ärzte erweitern ihre Tätigkeitsfelder nach und nach, so dass substanzielle Überschneidungen unvermeidbar sind. Besonders zahlreiche Überschneidungen gibt es im Bereich der physikalischen Therapie. Ein Beispiel ist das Aufbringen einer Kühlpackung auf erkrankte Gelenke.

Rechtsanwalt

Anmerkungen

1. **Zuständigkeit.** Ausschließlich örtlich zuständig ist gemäß § 29a Abs. 1 ZPO das Gericht der belegenen Sache. § 29a ZPO gilt auch für Miet- und Pachtverhältnisse über Räume, soweit es sich nicht um Wohnraum handelt, dagegen nicht für Miet- und Pachtverhältnisse über unbebaute Grundstücke (*Sternel*, Mietrecht Aktuell, 4. Aufl. 2009, XIV Rn. 1, 24). Da der Streitwert 5.000,– EUR überschreitet, ist gemäß §§ 23 Nr. 1, 71 Abs. 1 GVG das Landgericht zuständig.

2. **Einstweilige Verfügung ohne mündliche Verhandlung.** Der Antrag, aus Dringlich-keitsgründen ohne mündliche Verhandlung zu entscheiden, beruht auf § 937 Abs. 2 ZPO. Zugleich kann beantragt werden, gemäß § 944 ZPO durch den Vorsitzenden entscheiden zu lassen. Zur Abwägung, ob eine einstweilige Verfügung oder eine Hauptsacheklage in Betracht kommt → Form. B. III. 30 Anm. 2.

3. **Antragstellung.** Im Wege der einstweiligen Verfügung kann der Abschluss eines Mietvertrages nur dann verhindert werden, wenn er noch nicht geschlossen worden ist bzw. der Dritte die Räume noch nicht bezogen hat. Stellt sich im Zuge des einstweiligen Verfügungsverfahrens also heraus, dass der Mietvertrag bereits zustande gekommen ist, kann der Antragsteller je nachdem, wann das geschehen ist, seinen Antrag nur zurück-nehmen oder eine Erledigungserklärung abgeben (im Einzelnen → Form. B. III. 30 Anm. 4). Als Hilfsanträge wären ins Auge zu fassen:
Antrag auf Rückgängigmachung eines bereits abgeschlossenen Mietvertrages mit dem Dritten, etwa im Wege der Kündigung, vor Überlassung der Antrag auf Unterlassung des Vermieters, dem Konkurrenzunternehmen den Mietbesitz zu überlassen (*Jendrek/Ricker* NZM 2000, 229, 230). Nach Vermietung und Überlassung kommt nur noch eine einst-weilige Verfügung mit dem Inhalt in Betracht, dem Vermieter aufzugeben, auf den Kon-kurrenten in der Weise einzuwirken, dass dieser sein Unternehmen nicht aufnimmt oder wieder einstellt. Folgende Anträge wären denkbar: Dem Antragsgegner wird aufgegeben, dafür Sorge zu tragen, dass die Konkurrenzfirma die Aufnahme/Fortführung in den Mieträumen unterlässt (s. weitere Antragsvarianten bei *Jendrek/Ricker* NZM 2000, 229, 230). Für derartige Hilfsanträge ist jedoch der Verfügungsgrund bereits problematisch, da in diesen Fällen der Verweis auf die Hauptsacheklage näher liegt. Gerichte könnten bemängeln, dass mit diesen Anträgen bereits vollendete Tatsachen geschaffen werden (→ Form. D. V. 15 Anm. 3). Zahlreiche Formulierungsvorschläge zum Verfügungsantrag bei MAH MietR/*Lehr* § 55 Rn. 152 ff.

4. **Streitwert.** Für einen Unterlassungsantrag wegen vertragswidrigen Gebrauchs der Mietsache ist der Zuständigkeitsstreitwert aus § 3 ZPO zu bestimmen (BLAH/*Hartmann*

Anh. § 3 Rn. 122; BGH MDR 2007, 202 für die entsprechende Unterlassungsklage; a. A. LG Mannheim WuM 1999, 224: Maßgeblich sei § 9 ZPO). Der Gebührenstreitwert ergibt sich nicht aus § 41 GKG, sondern ebenfalls aus § 3 ZPO. Das Ermessen ist an den voraussichtlichen wirtschaftlichen Nachteilen auszurichten, die der Antragsgegner infolge der Durchsetzung des Unterlassungsanspruchs hinnehmen muss . Bei einem Antrag auf Erlass einer einstweiligen Verfügung des Vermieters kann das Interesse auch an den Kosten einer zu erwartenden Konkurrenzschutzklage oder einem Verfügungsantrag des Altmieters zu messen sein (BGH NJW-RR 1996, 460). Hierzu können die Grundsätze des gewerblichen Rechtsschutzes analog heranzuziehen sein. Bei kleineren Ladengeschäften dürften für die Hauptsache Streitwerte zwischen 15.000,– EUR und 25.000,– EUR angemessen sein. Bei größeren Geschäftsbetrieben dürften die Streitwerte im Hauptsacheverfahren schnell 50.000,– EUR erreichen. Bei einstweiligen Verfügungsverfahren ist alsdann wegen der Vorläufigkeit der Regelung nur ein Bruchteil des Hauptsachewertes anzusetzen, in der Regel $1/3$ bis $1/2$ (BLAH/*Hartmann* Anh. § 3 Rn. 35 „Einstweilige Verfügung"; *Hartmann* § 53 GKG Rn. 2). Allerdings kann sich eine höhere Quote dann ergeben, wenn mit Hilfe der einstweiligen Verfügung ein Rechtsschutzziel angestrebt wird, welches einer Hauptsacheentscheidung bereits nahe kommt oder sie gar erreicht (BLAH/*Hartmann* Anh. § 3 Rn. 39 „Unterlassung"; OLG Karlsruhe GRUR-RR 2011, 288). Das ist bei einer Untersagungsverfügung, mit der dem Vermieter verboten wird, einen Mietvertrag mit dem Konkurrenten abzuschließen, schon deshalb der Fall, weil die Entscheidung in einem vergleichbaren Hauptsacheverfahren erfahrungsgemäß zu spät käme. Entweder unterläuft der Vermieter den Anspruch des Mieters durch Abschluss des Mietvertrages oder aber er entschließt sich, dem Verlangen des Mieters Folge zu leisten. Möglicherweise gibt auch der potenzielle Wettbewerber seine Absichten auf Anmietung auf. OLG Düsseldorf NZM 2006, 159: Maßgeblich sei gemäß § 3 das Interesse des Altmieters, der Konkurrenzschutz vom Vermieter beanspruche. Der Wert des Erfüllungsinteresses orientiere sich am Minderwert der Mietsache, zum anderen an dem Schaden, den der Altmieter durch die Konkurrenz erleiden müsse. Der kumulierte Wert aus der Minderung (§ 536 Abs. 1 BGB) und dem Schadensersatz (§ 536a Abs. 1 BGB) sei die nach dem Gesetz vorgesehene Kompensation für das verletzte Erfüllungsinteresse.).

5. **Vollstreckung.** Das Vermietungsverbot ist gemäß § 890 Abs. 1 ZPO zu vollstrecken. Zur Höhe des zu verhängenden Ordnungsgeldes bzw. zum Umfang der denkbaren Ordnungshaft (vgl. BLAH/*Hartmann* § 890 Rn. 17 f.). In den Verfügungsantrag ist die Androhung des Ordnungsmittels gemäß § 890 Abs. 2 ZPO zwingend aufzunehmen, um die Vollziehungsfrist gemäß §§ 929 Abs. 2, 936 ZPO zu wahren (BLAH/*Hartmann* § 936 Rn. 10; BGH MDR 1996, 452; aA OLG Celle GRUR 1987, 66).

6. **Anspruch auf Untersagung des Abschlusses eines Mietvertrages.** Der Anspruch auf Untersagung des Abschlusses eines Mietvertrages mit dem Konkurrenten ergibt sich aus § 535 Abs. 1 BGB. Für Freiberufler wie Ärzte, Rechtsanwälte, Steuerberater, Architekten usw. ist seit langem anerkannt, dass diese ebenso Konkurrenzschutz wie Gewerbetreibende genießen (Bub/Treier/*Kraemer/Ehlert* III B Rn. 2899; *Neuhaus*, Handbuch der Geschäftsraummiete, 4. Aufl. 2011, Rn. 1333; BGH NJW 2013, 44; NJW 1978, 585; OLG Brandenburg NZM 2010, 43; OLG Düsseldorf NZM 2007, 357). Es gelten zugleich die Grundsätze des vertragsimmanenten Konkurrenzschutzes (zum Begriff → Form. B. II. 66 Anm. 5). Fraglich ist, ob dieser Konkurrenzschutz auch dann gilt, wenn Freiberufler verschiedener Fachrichtungen im selben Objekt tätig sind, wie das beispielsweise in einem „Ärztehaus" der Fall ist (verneinend: Schmidt-Futterer/*Eisenschmid* § 535 Rn. 608; Bub/Treier/*Kraemer/Ehlert* III B Rn. 2899; BGHZ 70, 79; OLG Hamburg NJW-RR 1987, 403; bejahend: OLG Hamm 30 U 90/94 – n. v.). Generell wird man einen konkludenten Verzicht auf Konkurrenzschutz in einem Ärztehaus annehmen können. Es dürfte allerdings auf die Umstände des Einzelfalles ankommen. Der Antragsteller hatte hierzu geltend gemacht, dass eine vertragliche Nebenabrede getroffen worden sei und dass der Antragsgegner in der zurückliegenden Zeit bei der Vermietung freier Praxisräume ihn um Zustimmung gebeten habe. Dies würde gegen einen Verzicht sprechen. Zur Auslegung von vertraglichen Abreden zum Konkurrenzschutz (*Jendrek* NZM 2000, 1116; BGH ZMR 1985, 374; OLG Hamm NJW-RR 1991, 1483). Die Überschneidung der Tätigkeitsbereiche eines auf dem Gebiete der Rheumatologie tätigen Internisten und eines Orthopäden ist Sachverhaltsfrage. Die Glaubhaftmachung einer Konkurrenzsituation im einstweiligen Verfügungsverfahren ist schwierig, vor allem dann, wenn es möglicherweise um Stunden geht. Die Darlegungslast hat der Antragsteller. Die Einholung eines Gutachtens kommt im einstweiligen Verfügungsverfahren nicht in Betracht. Er muss daher geeignetes Material von seiner Interessenvertretung, z.B. der Ärztekammer oder der Kassenärztlichen Vereinigung möglichst kurzfristig beschaffen.

Generelle Bedenken gegen einen Anspruch auf Verhinderung des weiteren Vertragsabschlusses im einstweiligen Verfügungsverfahren äußert *Hinz* NZM 2005, 841, 845. Er meint, dass es einen zu weitgehenden Eingriff in die Privatautonomie des Vermieters bedeuten würde, wenn man ihm von vornherein den Abschluss eines weiteren Mietvertrages verbietet. Die Untersagung wäre allenfalls dann gerechtfertigt, wenn besondere Umstände hinzutreten, die darauf schließen lassen, dass sich der Vermieter in treuwidriger Weise seinen Pflichten aus dem Mietvertrag entziehen wolle. Diese Auffassung übersieht jedoch, dass sich der Vermieter in seiner Privatautonomie selbst eingeschränkt hat, da er durch den Abschluss des Vertrages mit dem beeinträchtigten Mieter die Bindung eingegangen ist, diesem Konkurrenzschutz zu gewähren. Das Verlangen besonderer Treuwidrigkeit geht daher zu weit.

7. **Vollziehung** der einstweiligen Verfügung. Die im Beschlusswege erwirkte einstweilige Verfügung ist gemäß § 929 Abs. 2 ZPO innerhalb eines Monats nach Verkündung im Parteibetrieb zuzustellen (§§ 929 Abs. 2, 936 ZPO). Legt der Antragsgegner gegen die einstweilige Verfügung Widerspruch mit dem Antrag auf Anberaumung einer mündlichen Verhandlung ein und begründet er diesen mit dem zwischenzeitlich abgeschlossenen Mietvertrag, hat er den Abschluss des Vertrages nachzuweisen, da es sich um den Einwand der Unmöglichkeit gemäß § 275 BGB handelt, der den Erfüllungsanspruch untergehen lässt (zur Unmöglichkeitsproblematik → Form. B. II. 64 Anm. 5).

15. Antrag auf Einwirkung auf den anderen Mieter, die Aufnahme eines Konkurrenzbetriebes zu unterlassen oder wieder einzustellen

An das

Landgericht[1] . . . . .

Antrag auf Erlass einer einstweiligen Verfügung

1. des Herrn . . . . .

2. der Frau . . . . .

– Antragsteller –

Verfahrensbevollmächtigte: . . . . .

gegen

Frau . . . . .

– Antragsgegnerin –

Verfahrensbevollmächtigte: . . . . .

Namens und in Vollmacht der Antragsteller beantragen wir, das Gericht möge im Wege der einstweiligen Verfügung – wegen besonderer Dringlichkeit ohne mündliche Verhandlung durch Beschluss[2] – anordnen:[3, 5, 7]

1. der Antragsgegnerin wird aufgegeben, auf den medizinischen Bademeister . . . . . in der Weise einzuwirken, dass er den Umbau der von ihm angemieteten Räume im Hause der Antragsgegnerin . . . . . in . . . . . unterlässt,
2. hilfsweise in der Weise auf ihn einzuwirken, dass er aufgenommene Arbeiten einstellt,
3. äußerst hilfsweise ihr aufzugeben, den Einzug des medizinischen Bademeisters . . . . . in die von ihm angemieteten Räume im Hause der Antragsgegnerin . . . . . in . . . . . zu verhindern.

Streitwert: 17.500,– EUR[4]

Begründung:

Die Antragsteller haben von der Antragsgegnerin mit Vertrag vom . . . . . Räume im I. Obergeschoss des Hauses . . . . . in . . . . . zum Betriebe einer krankengymnastischen Praxis angemietet. In dem auf 10 Jahre abgeschlossenen Mietvertrag haben die Parteien unter Ziff. 12 folgende Wettbewerbsklausel vereinbart:

„Sollten im Umkreis von 10 km, gemessen von dem Gebäude, in dem die Mietsache gelegen ist, weiter ähnlich genutzte Häuser im Eigentum des Vermieters stehen oder in eigentumsähnlicher Weise von dem Vermieter genutzt werden oder sollte er während der Dauer dieses Vertrages ähnlich geartete Häuser hinzuerwerben, so wird der Vermieter während der Dauer dieses Vertrages keine in diesen Gebäuden gelegene Räume zum Betriebe einer Krankengymnastik-Praxis (Physiotherapie) weitervermieten. Bei Zuwiderhandlung zahlt der Vermieter dem Mieter eine Konventionalstrafe von 100.000,– EUR.

Der Mieter erhält u.a. das Recht, bei Nichteinhaltung dieser Verpflichtung fristlos zu kündigen, mit dem Vorbehalt, dass die Kündigung schriftlich mindestens 1 Monat nach positiver Kenntnis des Mieters oder dessen Rechtsnachfolgers zugehen muss.

Ein Wissen der genannten Umstände reicht nicht aus, um diese Frist in Lauf zu setzen.“

Glaubhaftmachung: Ablichtung des Mietvertrages vom . . . . .

Die Antragsgegnerin ist des weiteren Eigentümerin des Hauses . . . . . in . . . . .

Glaubhaftmachung: Ablichtung des Grundbuchauszuges Bl. . . . . von . . . . .

Dieses Haus ist von dem Objekt, in dem sich die Mieträume der Antragsteller befinden, 9,6 km entfernt.

Glaubhaftmachung: Stadtplan von . . . . .

In diesem Stadtplan haben wir den Standort des Mietobjektes der Antragsteller in der . . . . . Straße und das Haus, in dem Räume an den medizinischen Bademeister in der . . . . .-Straße vermietet sind, farblich gekennzeichnet. Der Stadtplan hat den Maßstab 1 : 50.000. Legt man also zwischen beiden Standorten ein Lineal an, beträgt die direkt gemessene Entfernung 19,2 cm. 10 km werden erst überschritten, wenn man auf dem kürzesten Wege von der . . . . .-Straße zur . . . . .-Straße mit dem Auto fährt.

Die Antragsteller haben per Zufall von dem Zeugen . . . . . am . . . . . anlässlich einer Berufsfortbildungsmaßnahme in . . . . . erfahren, dass die Antragsgegnerin hinter ihrem Rücken im Hause . . . . . in . . . . . ehemalige Räumlichkeiten einer Arztpraxis an den medizinischen Bademeister . . . . . zwecks Errichtung einer Massagepraxis vermietet haben soll.

Glaubhaftmachung: anliegende eidesstattliche Versicherung des Zeugen . . . . . vom . . . . .;

Zeugnis . . . . .;

Den Zeugen . . . . . werden wir für den Fall einer mündlichen Verhandlung im Termin stellen. Wir haben im Auftrage der Antragsteller mit Schreiben vom . . . . . die Antragsgegnerin aufgefordert, Auskunft darüber zu erteilen, ob die Behauptung zutreffe, dass eine derartige Vermietung erfolgt sei. Außerdem haben wir für den Fall der Vermietung von der Antragsgegnerin verlangt, den etwaig abgeschlossenen Mietvertrag wieder aufzulösen und dafür Sorge zu tragen, dass der medizinische Bademeister . . . . . den Einzug in die etwaig vermieteten Räume und die Aufnahme seines Massagebetriebes unterlässt. Schließlich haben wir die Antragsgegnerin darauf aufmerksam gemacht, dass durch die Weitervermietung bereits die Konventionalstrafe verwirkt sei. Die Geltendmachung weitergehender Schadensersatzansprüche der Antragsteller wegen Gewinnausfalls haben wir uns ausdrücklich vorbehalten. Die Antragsgegnerin hat über ihren Verfahrensbevollmächtigten mit anliegend in Kopie beigefügtem Schreiben vom . . . . . nur lapidar mitteilen lassen, dass die Antragsteller die Einzelheiten der Vermietung nichts anginge, eine Berufung auf die Konkurrenzklausel entfalle, da das Haus . . . . .in . . . . . außerhalb des 10 km-Umkreises liege, und darüber hinaus die Vermietung an einen medizinischen Bademeister mit dem Betriebe einer krankengymnastischen Praxis nicht vergleichbar sei. Außerdem würde der Mieter . . . . . schon in Kürze mit dem Umbau der Räume beginnen, so dass die Antragsgegnerin keine Möglichkeit mehr habe, „die Uhr zurückzudrehen". Die Antragsteller haben am Nachmittag des . . . . . mit Herrn . . . . . fernmündlich Kontakt aufgenommen. Dieser hat ihnen erklärt, ihm sei von dem Mietvertrag zwischen den Parteien nichts bekannt. Er wolle nach Anmietung der ehemaligen Arztpraxisräume im Hause . . . . . am kommenden Wochenende mit den Umbauarbeiten beginnen. Insbesondere wolle er mehrere Umkleide- und Massagekabinen installieren lassen. Alsdann beabsichtige er, kurzfristig in die Räume einzuziehen, um spätestens ab dem kommenden 1. den Praxisbetrieb aufnehmen zu können. Er halte sich nicht für verpflichtet, auf die Interessen der Antragsteller Rücksicht zu nehmen, zumal er in die Planung des Praxisbetriebes einiges investiert habe.

Glaubhaftmachung: anliegender Aktenvermerk des Antragstellers zu 1) über das vorbezeichnete Telefonat;

eidesstattliche Versicherung des Antragstellers zu 1) vom . . . . .

Die Antragsteller sind darauf angewiesen, dass zur Wahrung ihrer Rechte die Antragsgegnerin gegen Herrn . . . . . sofort Maßnahmen ergreift, die es verhindern, dass dieser in den von ihm angemieteten Räumen eine Massagepraxis errichtet und darin einzieht. Auf Grund der von Herrn . . . . . am Nachmittag des . . . . . erteilten telefonischen Auskünfte ist damit zu rechnen, dass die Umbauarbeiten in 4 Tagen, nämlich am kommenden Wochenende, beginnen und innerhalb der nächsten 10 Tage, nämlich bis zum 1. des Folgemonats, in den Einzug münden werden. Mit Hilfe einer Hauptsacheklage ließe sich deshalb die Verwirklichung dieser Absichten nicht mehr unterbinden.

Die Antragsteller sind berechtigt, gemäß § 535 Abs. 1 BGB[6] in Verbindung mit Ziff. 12 des Mietvertrages vom . . . . . ein Einwirken der Antragsgegnerin auf Herrn . . . . . zu verlangen, damit dieser die von ihm geplanten Umbauarbeiten und den Einzug unterlässt. Die Voraussetzungen der Konkurrenzklausel liegen vor. Das Konkurrenzprojekt des Herrn . . . . . liegt innerhalb eines Umkreises von 10 km. Bereits eine Wortlautauslegung ergibt, dass damit nicht Wegekilometer, sondern ein Radius von 10 km gemeint ist („Umkreis"). Zwar hat die . . . . . -Straße eine Länge von ca. 2 km. Das Haus . . . . . liegt jedoch noch innerhalb der 10 km, wie wir es auf dem Stadtplan markiert haben. Die Umbauarbeiten stehen nach den Auskünften des Herrn . . . . . unmittelbar bevor. Für den Fall, dass die einstweilige Verfügung erst zu einem Zeitpunkt erlassen wird, zu dem Herr . . . . . mit den Arbeiten bereits begonnen hat, wird beantragt, der Antragsgegnerin aufzugeben, ihren Mieter dazu zu veranlassen, die Umbauarbeiten ggf. bis zu einer Entscheidung im Hauptsacherechtsstreit einzustellen. Auch die sachlichen Voraussetzungen der Ziff. 12 des Mietvertrages liegen vor. Mit dem Betriebe einer Krankengymnastik-Praxis ist entgegen der Auffassung der Antragsgegnerin nicht nur der Praxisbetrieb durch staatlich geprüfte Krankengymnasten gemeint, sondern darüber hinaus jede artverwandte Tätigkeit, in der krankengymnastische Leistungen als Hauptleistung erbracht werden. Dazu gehört auch die Tätigkeit eines medizinischen Bademeisters, der in erster Linie seine Kunden massiert. Das Tätigkeitsbild der Antragsteller überschneidet sich mit demjenigen eines medizinischen Bademeisters um mehr als 50 %. Wir überreichen hierzu zwecks Glaubhaftmachung ein Kurzgutachten des Verbandes Freiberuflicher Krankengymnasten Ost-Westfalen, das eine Auswertung der prozentualen Anteile der Anwendungen von Krankengymnasten und artverwandten Berufen bezogen auf die vergangenen 5 Jahre enthält. Die Antragsgegnerin kann sich nicht darauf berufen, dass ihr nach Abschluss des Mietvertrages eine Einflussnahme auf ihren Mieter nicht mehr möglich sei. Im Hinblick auf die ihr drohende Vertragsstrafe von 100.000,– EUR hat sie alles daran zu setzen, zum jetzigen Zeitpunkt den Herrn . . . . . zu veranlassen, von einem Umbau und einem Bezug der Räumlichkeiten notfalls gegen Erstattung der von diesem bislang getätigten Planungsaufwendungen abzusehen. Die Antragsgegnerin ist im Übrigen wenn auch gemeinsam mit den Miterben . . . . . und . . . . . Eigentümerin des Hauses . . . . . in . . . . . Das Hausgrundstück liegt außerhalb des 10 km-Umkreises im Vorort . . . . . von . . . . . Die ersten beiden Etagen werden ebenfalls gewerblich genutzt. Die Antragsgegnerin mag deshalb Herrn . . . . . passende Räumlichkeiten dort anbieten.

Rechtsanwalt

Anmerkungen

1. **Zuständigkeit.** Zur ausschließlichen örtlichen Zuständigkeit → Form. D. V. 14 Anm. 1.

2. **Einstweilige Verfügung ohne mündliche Verhandlung.** Wegen der Dringlichkeit und damit verknüpften Beschlussfassung ohne mündliche Verhandlung → Form. D. V. 14 Anm. 2.

3. **Antragstellung.** In der Phase, in der der Konkurrent einen Mietvertrag mit dem Vermieter bereits abgeschlossen hat, kann der Mieter nur noch verlangen, dass der Vermieter auf den Dritten Einfluss nimmt, um dessen Vorbereitungsmaßnahmen zur Aufnahme eines Geschäftsbetriebes zur Einstellung zu bringen. Im vorliegenden Falle ergibt sich der Verfügungsgrund daraus, dass der Dritte Umbaumaßnahmen durchzuführen beabsichtigt, deren Unterbindung im Hinblick auf die zeitliche Abfolge wie im Verfügungsantrag dargestellt nur noch durch Eilmaßnahmen möglich ist. Eine den Verfügungsgrund ausschließende Vorwegnahme der Hauptsache, die zum Ziel haben wird, den Vermieter zu verpflichten, auf den Neumieter in der Weise einzuwirken, dass dieser den Konkurrenzbetrieb nicht aufnimmt, liegt daher noch nicht vor (zum Verfügungsgrund bei Leistungsverfügungen Bub/Treier/*Fischer* IX Rn. 276 ff.; bejahend wohl für den Anspruch auf Verhinderung oder Beseitigung der Konkurrenzsituation *Hinz* NZM 2005, 841, 854; *Jendrek/Ricker* NZM 2000, 229, 230; *Sternel*, Mietrecht Aktuell, 4. Aufl. 2009, XIV Rn. 124, der eine einstweilige Verfügung für zulässig hält, durch die dem Vermieter untersagt wird, die Mieträume dem Konkurrenten zu überlassen; OLG Hamm NJW-RR 1990, 1236). Die Hilfsanträge tragen dem Umstand Rechnung, dass nicht abzusehen ist, ob wegen der dargelegten Zeitabläufe bis zum Erlass der einstweiligen Verfügung sich der Hauptantrag bereits erledigt hat. Insbesondere ist für den Fall des Widerspruchs gemäß § 924 ZPO Vorsorge zu treffen. Findet auf den Widerspruch eine mündliche Verhandlung statt, die im Beispielsfalle zweckmäßigerweise vor dem 1. des Folgemonats anberaumt werden sollte, käme eine Aufrechterhaltung der einstweiligen Verfügung immer noch auf den zweiten Hilfsantrag in Betracht. Zu weitgehend wäre wegen der evtl. Vorwegnahme der Hauptsache der darüber hinausgehende Hilfsantrag, dem Vermieter aufzugeben, die begonnene Geschäftstätigkeit des Konkurrenten zu verhindern. Auch besteht für die Geltendmachung der Vertragsstrafe kein Eilbedürfnis.

4. Streitwert. Für eine Leistungsverfügung wegen Konkurrenzschutzes aus dem Mietvertrag ist der Zuständigkeitsstreitwert aus § 3 ZPO maßgeblich (BLAH/*Hartmann* Anh. § 3 Rn. 44 „Erfüllung" und Rn. 58 „Gegenseitiger Vertrag"; es gilt der Wert der verlangten Leistung. Wird um die Art der Erfüllung gestritten, ist das Interesse des Klägers maßgeblich, BGH MDR 1982, 36). Das Klägerinteresse wird sich an den mit der Aufnahme des Konkurrenzbetriebes drohenden Gewinnausfällen orientieren (*Neuhaus*, Handbuch der Geschäftsraummiete, 4. Aufl. 2011, Rn. 1406; BGH NZM 2006, 777). Diese werden angesichts der Entfernung der beiden Konkurrenzbetriebe im Beispielsfall nicht mehr allzu hoch sein. Andererseits spricht die Höhe der vereinbarten Vertragsstrafe von 100.000,– EUR für ein eminentes Interesse der Antragsteller an der Wahrung des Konkurrenzschutzes. Im einstweiligen Verfügungsverfahren ist alsdann wegen der Vorläufigkeit der Regelung nur ein Bruchteil des Wertes der Hauptsache anzusetzen, in der Regel $^1/_3$ bis $^1/_2$ (→ Form. D. V. 14 Anm. 4).

Für den Gebührenstreitwert ist § 53 Abs. 1 GKG einschlägig, der auf § 3 ZPO zurückverweist. In dem mit modifizierter Antragstellung auf Beseitigung der Konkurrenzsituation geführten Hauptsacheprozess (OLG Hamm ZMR 1997, 581) wurde der Streitwert auf 35.000,– EUR festgesetzt.

5. Vollstreckung. Die Leistungsverfügung unterliegt der Vollstreckung gemäß § 888 ZPO, da sie auf ein aktives Tun des Vermieters gerichtet ist. Die Bestimmtheit des Antrags und damit auch dessen Vollstreckbarkeit ist gewahrt, wenn der mit dem Vermieterhandeln bezweckte Erfolg festgelegt wird. Hingegen kann der Vermieter den Weg, wie er den Neumieter an der Umplanung hindern will, selbst bestimmen (zur Bestimmtheit des Klageantrages auf Verhinderung der Konkurrenzsituation s. *Neuhaus*, Handbuch der Geschäftsraummiete, 4. Aufl. 2011, Rn. 1404; generell BLAH/*Hartmann* § 253 Rn. 96; *Musielak/Voit* § 253 Rn. 32; Zöller/*Greger* § 253 Rn. 13 c; BGH ZMR 1968, 248). Mit der Antragstellung darf anders als im Falle des § 890 ZPO die Androhung eines Zwangsgeldes oder der Zwangshaft nicht verbunden werden (BLAH/*Hartmann* § 888 Rn. 10; → Form. D. V. 14 Anm. 5). Eine Androhung des Zwangsmittels ist im Vollstreckungsverfahren nicht erforderlich, ja sogar untunlich. Es kann sofort die Festsetzung von Zwangsgeld zwischen 5,00 EUR und einem Höchstbetrag von je 25.000,– EUR oder Zwangshaft zwischen 1 Tag und höchstens 6 Monaten im Falle der Untätigkeit des Schuldners beantragt werden. Darüber entscheidet das Prozessgericht des ersten Rechtszuges (§§ 888 Abs. 1 S. 1 bis 3, 913 ZPO, Art. 6 Abs. 1 EGStGB; Zöller/*Stöber* § 888 Rn. 9 f.; *Musielak/Voit* § 888 Rn. 10 f.; BGH NJW-RR 2005, 1211, 1213).

6. Anspruch auf **Verhinderung von Konkurrenz.** Der Anspruch auf Verhinderung von Konkurrenz durch den Neumieter besteht gemäß § 535 Abs. 1 BGB (Bub/Treier/*Kraemer/Ehlert* III B Rn. 3003; *Neuhaus*, Handbuch der Geschäftsraummiete, 4. Aufl. 2011, Rn. 1377 f.; *Hinz* NZM 2005, 841, 854; BGH WuM 1985, 1175; OLG Hamm ZMR 1991, 295; NJW-RR 1990, 1236). Im Hinblick auf die Entfernung des Konkurrenzbetriebes vom Mietobjekt wird ein Schutz der Antragsteller nur über die Klausel erreichbar sein. Ein darüber hinausgehender vertragsimmanenter Rechtsschutz scheitert in örtlicher Hinsicht an der zwischen dem Miet- und dem Konkurrenzobjekt bestehenden Entfernung. Die vertragsimmanente Verpflichtung zur Fernhaltung unzumutbarer Konkurrenz ist nämlich auf die auf dem Mietgrundstück befindlichen Räume und auf die Grundstücke des Vermieters in unmittelbarer Nachbarschaft des Mietobjekts begrenzt (Bub/Treier/*Kraemer/ Ehlert* III. B Rn. 2891; MüKoBGB/*Häublein* § 535 Rn. 140; BGH NJW 1979, 1405). Ein Hauptproblem für den Erlass der einstweiligen Verfügung ist die Prüfung der Frage, ob die Wettbewerbsklausel nur vor der Vermietung an andere krankengymnastische Praxen oder auch an artverwandte Unternehmen schützt. Die Formulierung der Klausel ist eng. Ein Hinweis auf ähnliche Unternehmen fehlt. Andererseits kann im Wege ergänzender Auslegung eine Ausdehnung auch auf ähnliche Gewerbezweige erfolgen, wenn eine Überschneidung im Hauptdienstleistungsangebot besteht (zur Auslegung einer vom Vermieter von Gewerberaum mit dem Mieter vereinbarten Konkurrenzschutzklausel s. BGH NJW-RR 1986, 9). Die von der Antragsgegnerin ins Feld geführte Unmöglichkeit schließt den Verfügungsanspruch grundsätzlich nicht aus (*Jendrek/Ricker* NZM 2000, 1116, 1120; BGH WuM 1985, 1175; BGH WuM 1975, 163; BGH NJW 1974, 2317; BGH ZMR 1968, 248; zur Begründung → Form. B. III. 31 Anm. 7). Nach neuerem Verständnis kommt eine rechtliche Unmöglichkeit gemäß § 275 Abs. 2 BGB jedoch in Betracht, wenn die Antragsgegnerin dartun kann, dass sie alle Möglichkeiten der Einflussnahme auf den Konkurrenzmieter ausgeschöpft hat (zu den vom Vermieter zu unternehmenden Anstrengungen: MAH MietR/*Lehr* § 55 Rn. 189 ff.).

7. **Vollziehung.** Zur Vollziehung → Form. D. V. 14 Anm. 7. Die Zustellung der einstweiligen Verfügung kann sogar gemäß § 929 Abs. 3 ZPO Vollstreckungsmaßnahmen nachfolgen. Jedoch ist die Wochenfrist zu beachten. Wird nach Einlegung eines Widerspruchs der Tenor einer Beschlussverfügung durch das bestätigende Urteil sachlich geändert, muss dieses erneut zugestellt werden, um die Vollziehungsfrist des § 929 Abs. 2 ZPO zu wahren. Dies wäre beispielsweise von Bedeutung, wenn nach mündlicher Verhandlung nur noch der zweite Hilfsantrag erfüllbar ist, den Neumieter daran zu hindern, in die angemieteten Räume einzuziehen. Die Versäumung der Vollziehungsfrist ist ein veränderter Umstand im Sinne des § 927 ZPO (OLG Hamm GRUR 1989, 931), der zur Aufhebung der einstweiligen Verfügung führt.

16. Antrag auf Einwirkung auf den anderen Mieter, Konkurrenzprodukte weder anzubieten noch zu verkaufen

An das

Landgericht[1] . . . . .

Antrag auf Erlass einer einstweiligen Verfügung

des Herrn . . . . .

– Antragsteller –

Verfahrensbevollmächtigte: . . . . .

gegen

den Herrn . . . . .

– Antragsgegner –

Verfahrensbevollmächtigte: . . . . .

Namens und in Vollmacht des Antragstellers beantragen wir, das Gericht möge im Wege der einstweiligen Verfügung – wegen besonderer Dringlichkeit ohne mündliche Verhandlung durch Beschluss[2] – anordnen:[3, 5, 9]

1. dem Antragsgegner wird aufgegeben, durch zumutbare Maßnahmen auf die Firma . . . . .-GmbH einzuwirken, dass in dem von dieser im Hause . . . . . in . . . . . angemieteten Ladenlokal Pizza- und Nudelgerichte sowie Salate bis zum 31. 12. . . . . . . nicht angeboten und verkauft werden.

Streitwert: 12.500,– EUR[4]

Begründung:

Die Rechtsvorgänger des Antragsgegners vermieteten dem Antragsteller mit schriftlichem Vertrag vom . . . . . ein Ladenlokal im Hause . . . . . in . . . . . zu einer monatlichen Miete von 500,– EUR. Ein bestimmter Nutzungszweck des Mietobjektes wurde nicht vereinbart. Doch trafen die Vertragsparteien in § 22 die Abrede, dass der Mietvertrag automatisch enden solle, wenn für „den Verkaufsimbissladen" eine Genehmigung nicht erteilt werde. Es wurde eine feste Mietzeit bis zum 31. 12. . . . . . . vereinbart.[3]

Glaubhaftmachung: Ablichtung des Mietvertrages vom . . . . .

Der Antragsteller betrieb in diesem Mietobjekt bis zuletzt einen Imbiss. Er bot dort Schnellgerichte aller Art mit den Schwerpunkten, Würstchen, Pommes Frites, Hamburger, Döner sowie alkoholfreie Getränke und Bier an.

Glaubhaftmachung: Ablichtung der aktuellen Speisekarte;

eidesstattliche Versicherung des Zeugen . . . . . vom . . . . .

Der Zeuge . . . . . arbeitet im Geschäft des Antragstellers als Angestellter im Schichtdienst.

Am . . . . . vermietete der Antragsgegner ein weiteres Ladenlokal in dem Hause . . . . . an die Firma . . . . .-GmbH zum Betriebe einer Trinkhalle.

Glaubhaftmachung: eidesstattliche Versicherung des Zeugen . . . . . ;

eidliche Parteivernehmung des Antragsgegners

Der Antragsgegner mag im Bestreitensfalle den Vertrag vom . . . . . vorlegen.[6]

Das Objekt, das die Firma . . . . .-GmbH zeitweise untervermietete, wurde zunächst als Kiosk und dann als Getränkecenter betrieben. Vor einer Woche hat die Firma . . . . .-GmbH in den Räumlichkeiten eine Pizzeria eröffnet, in der auch Nudelgerichte und Salate verkauft werden.

Glaubhaftmachung: eidesstattliche Versicherung des Zeugen . . . . . vom . . . . . ;

beigefügte Fotos

Durch die Eröffnung der Pizzeria hat die Firma . . . . .-GmbH im Verhältnis zum Imbiss des Antragstellers eine unerlaubte Konkurrenz aufgenommen. Dabei kommt es nicht darauf an, ob der Antragsteller ebenfalls Pizzagerichte vertreibt. Vielmehr ist von Bedeutung, dass in beiden Betrieben fertige Gerichte aus dem sog. „fast-food"-Bereich angeboten werden, die in derartigen Imbissbetrieben üblich und deshalb geeignet sind, dem Wettbewerber Konkurrenz zu machen. Sämtliche Speisen, die angeboten werden, gehören zum Hauptsortiment beider

Geschäfte. Pizza- und Nudelgerichte haben bereits seit Jahrzehnten in Deutschland eine derartige Verbreitung auf dem Schnellimbisssektor erfahren, dass sie zum normalen Sortiment zählen. Der Antragsgegner ist gemäß § 535 Abs. 1 BGB in Verbindung mit Ziff. 22 des Mietvertrages verpflichtet, auf die Firma . . . . .-GmbH in der Weise einzuwirken, dass sie den Betrieb einer Pizzeria in dem Ladenlokal unterlässt.[7] Aus Ziff. 22 des Mietvertrages zwischen den Parteien geht hervor, dass das an den Antragsteller vermietete Ladenlokal zum Betriebe eines Verkaufsimbissladens bestimmt war, so dass sich der vertragsimmanente Konkurrenzschutz auf alle Konkurrenzbetriebe in demselben Hause des Antragsgegners erstreckt. Zwar steht dem Antragsgegner frei, in welcher Weise er auf die Firma . . . . .-GmbH einwirkt. Der Antragsteller ist jedoch berechtigt, vom Antragsgegner zu verlangen, dass dieser sofort und effizient tätig wird. Dem Antragsgegner ist es beispielsweise möglich, gegen die Firma . . . . .-GmbH seinerseits im Wege der einstweiligen Verfügung vorzugehen, um auf diese Weise sofort eine Stilllegung des Betriebes zu erreichen. Unabhängig von der vertraglichen Gestaltung dieses Mietverhältnisses war das der Firma . . . . .-GmbH überlassene Ladenlokal lediglich zum Betriebe einer Trinkhalle vermietet, so dass der Antragsgegner jederzeit in der Lage ist, ihr den Betrieb einer Pizzeria zu untersagen.[6, 8]

Der Antragsgegner wurde durch anliegend in Kopie beigefügtes Anwaltsschreiben vom . . . . . unter Fristsetzung bis zum . . . . . aufgefordert, zur Vermeidung einer einstweiligen Verfügung die geltend gemachten Maßnahmen zu ergreifen. Er hat sich bis heute nicht gemeldet.

Rechtsanwalt

Anmerkungen

1. Zuständigkeit. Zur ausschließlichen örtlichen Zuständigkeit → Form. D. V. 14 Anm. 1

2. Einstweilige Verfügung ohne mündliche Verhandlung. Wegen der Dringlichkeit und damit verknüpften Beschlussfassung ohne mündliche Verhandlung → Form. D. V. 14 Anm. 2.

3. Antragstellung. Verändert ein Mieter sein Hauptsortiment während der Laufzeit des Mietvertrages in der Weise, dass eine Konkurrenzsituation entsteht, kann der beeinträchtigte Mieter vom Vermieter im Wege der Leistungsverfügung verlangen, dass dieser auf den Konkurrenten in der Weise einwirkt, dass jener seine konkurrierende Tätigkeit unterlässt. Eine Vorwegnahme der Hauptsache liegt darin noch nicht (Bub/Treier/*Fischer* IX Rn. 276 ff.; OLG Hamm NJW-RR 1990, 1236; OLG Hamburg MDR 1976, 1028). Einen Verfügungsgrund wird man im Beispielsfall insbesondere deshalb bejahen können, weil der Mietvertrag nur noch eine beschränkte Laufzeit hat und deshalb der beeinträchtigte Mieter Gefahr läuft, bis zur Entscheidung in einem Hauptsacheprozess keinen Konkurrenzschutz mehr erwirken zu können. Aus diesem Grunde und im Hinblick auf die zeitlichen Grenzen des Anspruchs empfiehlt es sich, die Befristung bis zum Vertragsablauf in die Antragstellung aufzunehmen. Zur Bestimmtheit des Antrages, der nur die Festlegung des mit dem Vermieterhandeln bezweckten Erfolgs verlangt, → Form. D. V. 15 Anm. 5.

4. Streitwert. → Form. D. V. 14, → Form. D. V. 15 jeweils → Anm. 4

5. Vollstreckung. Als Leistungsverfügung ist die einstweilige Verfügung gemäß § 888 ZPO zu vollstrecken (→ Form. D. V. 15 Anm. 5).

6. Beweisführung im einstweiligen Verfügungsverfahren. Ein Antrag nach § 421 ZPO (Vorlegung des Mietvertrages durch den Antragsgegner) ist als Mittel der Glaubhaftmachung im Sinne des § 294 ZPO unzulässig, da es sich nicht um ein Mittel zur sofortigen Beweisaufnahme handelt (BLAH/*Hartmann* § 294 Rn. 9 f.).

7. Anspruch des Mieters auf **Einwirkung des Vermieters** gegenüber dem **konkurrenzwidrig handelnden Mieter.** Anspruchsgrundlage ist § 535 Abs. 1 BGB in Verbindung mit den Grundsätzen des vertragsimmanenten Konkurrenzschutzes (→ Form. B. II. 66 Anm. 5). Auf das unterschiedliche Angebot des Imbissbetriebes des Antragstellers und der Pizzeria kommt es nicht an. Eine Überschneidung des Warenangebots liegt deshalb vor, weil sich die potenziellen Kunden beider Anbieter nur bei einem von ihnen versorgen ("Hunger hat man nur einmal").

8. Vertragslage des konkurrierenden Mieters. Zur Durchsetzung einer Leistungsverfügung ist es unerheblich, ob die Ausübung der konkurrierenden Tätigkeit dem anderen Mieter nach dem Inhalt seines Mietvertrages erlaubt ist, beispielsweise deshalb, weil der Vertragszweck in diesem Vertrag nicht hinreichend umrissen wurde. Die Verletzung der Konkurrenzschutzpflicht des Vermieters liegt dann schon in der Gestaltung jenes Vertrages selbst. Unmöglichkeit liegt auch in einer für den Vermieter gegenüber dem Neumieter ungünstigen Vertragskonstellation grundsätzlich nicht vor (→ Form. B. III. 31 Anm. 7. Nach neuerem Verständnis kommt eine rechtliche Unmöglichkeit gemäß § 275 Abs. 2 BGB jedoch in Betracht, wenn die Antragsgegnerin dartun kann, dass sie alle Möglichkeiten der Einflussnahme auf den Konkurrenzmieter ausgeschöpft hat (zu den vom Vermieter zu unternehmenden Anstrengungen: MAH MietR/*Lehr* § 55 Rn. 189 ff.).

Es könnte zur Untermauerung des Verfügungsgrundes sinnvoll sein, in der Begründung des Antrags auf Erlass einer einstweiligen Verfügung die Vertragssituation zwischen dem Vermieter und dem Konkurrenten glaubhaft zu machen. Auf diese Weise wird dem Vermieter die Einwendung der Unmöglichkeit von vorneherein abgeschnitten und ihm der Weg aufgezeigt, wie auch er effektiv den Erfüllungsanspruch des Mieters unverzüglich befriedigen kann; und zwar im Beispielsfall in der Weise, dass er seinerseits durch einen Antrag auf Erlass einer einstweiligen Verfügung gegen den vertragswidrig handelnden Konkurrenten vorgeht (so auch OLG Hamm OLG-Report Hamm 1/97 S. 1 f.; → Form. D. V. 3). Da der Mieter den Vertrag des Konkurrenten im einstweiligen Verfügungsverfahren selten wird vorlegen können, wird er ihn anderweitig glaubhaft machen müssen.

9. Vollziehung der einstweiligen Verfügung. → Form. D. V. 14, → Form. D. V. 15 jeweils → Anm. 7

17. Antrag auf Versorgung mit Heizenergie, Wasser, Strom (Geschäftsraum)

An das

Landgericht[1] . . . . .

               Antrag auf Erlass einer einstweiligen Verfügung

des Herrn . . . . .

                                   – Antragsteller –

Verfahrensbevollmächtigter: . . . . .

               gegen

Herrn . . . . .

                                   – Antragsgegner –

Namens und in Vollmacht des Antragstellers beantrage ich, im Wege der einstweiligen Verfügung wegen der besonderen Dringlichkeit durch den Vorsitzenden ohne mündliche Verhandlung anzuordnen:

Dem Antragsgegner wird aufgegeben,

1. die Heizungsversorgung für die Geschäftsräume in . . . . . bestehend aus . . . . . durch Anschluss an die Zentralheizung im Gebäude . . . . . wiederherzustellen;
2. die Stromversorgung für die unter Ziffer 1 bezeichneten Räumlichkeiten durch Anschluss an das Stromversorgungsnetz wiederherzustellen;
3. die Wasserversorgung für die unter Ziffer 1 bezeichneten Räumlichkeiten durch Anschluss an das Wasserversorgungsnetz wiederherzustellen.[2]

Gebührenstreitwert: . . . . . EUR

Zuständigkeitsstreitwert: . . . . . EUR

Begründung:

Der Antragsteller hat vom Antragsgegner mit Vertrag vom . . . . . die im Antrag beschriebenen Geschäftsräume zum Betrieb eines Zeitungs- und Tabakladens gemietet. Der Vertrag hat noch eine feste Laufzeit bis . . . . . Die Räume werden durch eine im Keller des Hauses befindliche Zentralheizung beheizt. Die Strom- und Wasserversorgung erfolgt ebenfalls aus dem Keller. Die Parteien haben die Umlage der Betriebskosten auf den Antragsteller mit jährlicher Abrechnung und Vorauszahlungen vereinbart. Die Miete beträgt inklusive Betriebskostenvorauszahlungen . . . . . EUR

Glaubhaftmachung:[3] Mietvertrag, Anlage K1;

Eidesstattliche Versicherung des Antragstellers vom . . . . ., Anlage K2.

Der Antragsgegner hat den Mietvertrag mit Schreiben vom . . . . . (Anlage K3) fristlos gekündigt. Als Kündigungsgrund stützt er sich auf den nach seiner Ansicht offenen Betrag von . . . . . EUR aus der Betriebskostenabrechnung 2011 (Anlage K4). Diese Kündigungserklärung ist unwirksam, weil der Antragsteller den Betrag aus der Abrechnung 2011 nicht schuldet, denn die Abrechnung ist inhaltlich fehlerhaft. Der Antragsgegner hat in die Abrechnung nämlich sowohl Verwaltungskosten als auch Kosten der Müllbeseitigung eingestellt, obwohl deren Umlage im Vertrag nicht vereinbart ist. Die auf diese Positionen entfallenden Kosten übersteigen den Saldo aus der Abrechnung.

Mit Schreiben vom . . . . . hat der Antragsgegner dem Antragsteller angedroht, er werde ihm Heizung, Wasser und Strom abdrehen, wenn nicht der Betrag von . . . . . EUR aus der Betriebskostenabrechnung 2011 binnen drei Tagen gezahlt werde.

Glaubhaftmachung: Schreiben des Antragsgegners vom . . . . ., Anlage K5.

Tatsächlich funktioniert seit heute in den Räumen des Antragstellers weder Heizung, Wasserversorgung noch Strom. Auf einen Anruf teilte der Antragsgegner mit, er habe seine Ankündigung wahr gemacht und der Antragsteller möge ausziehen. Der Antragsteller hat dafür kein Verständnis, insbesondere, da er die laufende Miete nebst Betriebskostenvorauszahlungen entrichtet.

Glaubhaftmachung: Eidesstattliche Versicherung des Antragstellers vom . . . . ., Anlage K2.

B. Rechtslage

Die Zuständigkeit des angerufenen Gerichts folgt aus §§ 936, 919 ZPO. Danach ist für die Entscheidung das Gericht der Hauptsache zuständig. Örtlich zuständig ist nach § 29a ZPO das Gericht, in dessen Bezirk sich die Räume befinden, da es sich um einen Streit aus einem Mietvertrag handelt. Die sachliche Zuständigkeit ist aber streitwertabhängig (§§ 23 Nr. 1, 71 Abs. 1 GVG). Der Zuständigkeitsstreitwert richtet sich nach § 3 ZPO (vgl. OLG Hamburg ZMR 2008, 891; LG Saarbrücken ZMR 2009, 689) und ist nach dem Interesse des Antragstellers zu bestimmen. Da es diesem um den ungestörten Mietgebrauch geht, ist es in Anlehnung an § 9 ZPO gerechtfertigt, den $3^1/_2$-fachen Wert des einjährigen Minderungsbetrags für maßgeblich zu halten. Bei funktionsloser Heizung, Wasser- und Stromversorgung ist die Mietsache nicht gebrauchsfähig, was eine vollständige Minderung rechtfertigt; dies ergibt den angegebenen Zuständigkeitsstreitwert. Da die einstweilige Verfügung zu einer Befriedigung des Antragstellers führt, ist ein Abschlag nicht angezeigt.

Der Verfügungsanspruch[4] des Antragstellers folgt aus § 535 Abs. 1 S. 2 BGB. Die Norm verpflichtet den Antragsgegner, dem Antragsteller den vertragsgemäßen Gebrauch der Mietsache zu gewähren; hierzu gehört auch die Versorgung mit Heizenergie, Strom und Wasser. Der Mietvertrag ist auch nicht etwa durch Kündigung beendet, weil die Kündigung mangels Zahlungsrückstands offensichtlich unwirksam ist. Letztlich kann dies aber hier sogar offenbleiben. Denn der Antragsgegner wäre auch aus einer nachvertraglichen Pflicht angehalten, die Räume weiter zu versorgen. Eine solche nachvertragliche Pflicht wird zutreffend angenommen, wenn der frühere Mieter die laufende Nutzungsentschädigung entrichtet, weil dem Vermieter dann durch die Versorgung kein Schaden entsteht (LG Hamburg v. 6.1.2011 – 2–18 O 608 – juris; vgl. auch BGH NJW 2009, 1947). Der Verfügungsgrund[5] folgt daraus, dass dem Antragsteller ohne Versorgung mit Wasser, Heizung und Strom eine Nutzung der Räume nicht möglich ist. Das Abwarten einer Entscheidung im Hauptsacheverfahren ist ihm daher unzumutbar.

Zum Gebührenstreitwert:[6] Dieser bemisst sich gemäß § 53 Abs. 1 Nr. 1 GKG nach § 3 ZPO. In dessen Rahmen ist aber auf die spezielle Regel des § 41 Abs. 5 GKG zurückzugreifen, weshalb der Gebührenstreitwert sich nach dem Jahresbetrag einer angemessen Minderung bemisst (vgl. OLG Düsseldorf WuM 2011, 246). Ein Abschlag wegen der Geltendmachung durch einstweilige Verfügung ist nicht angezeigt, da die Weiterversorgung zu einer endgültigen Befriedigung des Antragstellers führt.

Beglaubigte Abschrift anbei.

Rechtsanwalt

Anmerkungen

1. Zuständig für die Entscheidung ist nach §§ 936, 919 ZPO das Gericht der Hauptsache. Beruft sich der Antragsteller (dies reicht aus: KG NJW-RR 2008, 1465) auf einen bestehenden Mietvertrag, bestimmt sich die örtliche Zuständigkeit nach § 29a ZPO. Die sachliche Zuständigkeit ist bei der Vermietung von Geschäftsräumen aber streitwertabhängig (§§ 23 Nr. 1, 71 Abs. 1 GVG). Der **Zuständigkeitsstreitwert** richtet sich nicht nach dem nur für die Kosten maßgeblichen GKG, sondern nach § 3 ZPO (nicht nach § 6 ZPO, vgl. Musielak/Voit/*Huber* § 3 Rn. 24 und § 6 Rn. 2 mwN). Der Zuständigkeitsstreitwert ist nach dem Interesse des Antragstellers zu bestimmen. Da es diesem um den ungestörten Mietgebrauch geht, ist es in Anlehnung an § 9 ZPO gerechtfertigt, den $3^1/_2$-fachen Wert des einjährigen Minderungsbetrags für maßgeblich zu halten (BGH NJW 2000, 3142). Ein Abschlag wegen der Geltendmachung durch einstweilige Verfügung ist regelmäßig nicht angezeigt, da die Weiterversorgung zu einer endgültigen Befriedigung des Antragstellers führt.

2. Die **Anträge** im Muster sind auf Vornahme einer Handlung gerichtet. Der Sache nach handelt es sich um eine Maßnahme der Mängelbeseitigung. Der Antrag muss daher nur den erstrebten Erfolg hinreichend konkret angeben, da die Art der Beseitigung dem Vermieter als Schuldner überlassen ist (AG Hannover WuM 2009, 585; *Musielak/Voit/ Foerste* § 253 Rn. 32). Die **Vollstreckung** erfolgt nach § 887 ZPO. Denn beim Wiederanschluss der Räume an die Versorgungsleitungen handelt es sich um eine vertretbare Handlung (vgl. OLG Dresden ZMR 2002, 32). Zur **Zustellung** des Titels und zur **Vollziehungsfrist** → Form. D. V. 9 Anm. 5.

3. Zur **Glaubhaftmachung** → Form. D. V. 9 Anm. 3.

4. Der **Verfügungsanspruch** ist in Fällen der Versorgungssperre problematisch. Denn der Vermieter greift typischerweise zur Versorgungssperre, um die Erfüllung eines Anspruchs aus dem Vertrag zu erzwingen. Meist ist dies die Räumung nach Vertragsende; denkbar ist aber auch eine Versorgungssperre im laufenden Mietvertrag zwecks Durchsetzung etwa von Zahlungsansprüchen. Nach der Rechtsprechung des BGH (NJW 2009, 1947) liegt in der Versorgungssperre keine Besitzstörung, so dass ein Verfügungsanspruch aus § 862 Abs. 1 BGB ausscheidet. Damit liegt das Augenmerk beim **vertraglichen Anspruch**. Dieser kann entweder aus § 535 Abs. 1 S. 2 BGB folgen oder – wenn der Mietvertrag beendet ist – ausnahmsweise als nachwirkende Vertragspflicht (BGH NJW 2009, 1947). Ist der Vertrag noch nicht beendet, kann die Versorgungssperre des Vermieters nach § 320 BGB als **Zurückbehaltungsrecht** gerechtfertigt sein (*Lehmann-Richter* NJW 2008, 1196, 1199). Die Einzelheiten, insbesondere zur Höhe des Gegenanspruchs, sind streitig (vgl. *Börsting haus* MietRB 2007, 209, 211; *Herrlein* NZM 2006, 527, 529: erst ab Kündigungsrelevanz). Umstritten sind auch die Voraussetzungen einer Versorgungspflicht nach Vertragsende (näher *Lehmann-Richter* PiG 90 [2011], S. 199, 206 f.). Der BGH hält eine solche Pflicht für denkbar, wenn dem Mieter ein besonders hoher Schaden droht und die Weiterversorgung dem Vermieter zumutbar ist (BGH NJW 2009, 1947, 1948). Die Literatur befürwortet teilweise eine umfangreichere nachvertragliche Versorgungspflicht (vgl. etwa Blank/Börstinghaus § 546a Rn. 60 f.; Lindner-Figura/Oprée/Stellmann/*Pietz/Leo* Kap. 16 Rn. 58). Zu Besonderheiten bei Vermietung von Teileigentum in einer **Wohnungseigentumsanlage** → Form. D. V. 18 Anm. 6.

5. Der **Verfügungsgrund** bei der Versorgungssperre ergibt sich nicht aus der Tatsache, dass Besitzschutz geltend gemacht wird, da es sich nicht um eine Besitzstörung handelt (BGH NJW 2009, 1947). Ob der Verfügungsgrund vorliegt – erforderlich ist eine Eilbedürftigkeit, die dem Mieter ein Abwarten auf den Ausgang des Hauptsacheverfahrens unzumutbar macht – muss daher im Einzelfall geprüft werden. Hiervon ist regelmäßig auszugehen, weil ohne Versorgung die Nutzung der Mietsache nicht in zumutbarer Art und Weise möglich ist.

6. Der **Gebührenstreitwert** bemisst sich gemäß § 53 Abs. 1 Nr. 1 GKG nach § 3 ZPO. In dessen Rahmen ist aber auf die spezielle Regel des § 41 Abs. 5 GKG zurückzugreifen, weshalb der Gebührenstreitwert sich nach dem Jahresbetrag einer angemessen Minderung bemisst (vgl. OLG Düsseldorf WuM 2011, 246; OLG Frankfurt NJW-RR 2008, 534). Ein Abschlag wegen der Geltendmachung durch einstweilige Verfügung ist regelmäßig nicht angezeigt, da die Wiederaufnahme der Versorgung zu einer endgültigen Befriedigung des Antragstellers führt.

18. Antrag auf Versorgung mit Heizenergie (Wohnraum)

An das

Amtsgericht[1]. . . . .

Antrag auf Erlass einer einstweiligen Verfügung

des Herrn . . . . .

– Antragsteller –

Verfahrensbevollmächtigter: . . . . .

gegen

Herrn . . . . .

– Antragsgegner –

Namens und in Vollmacht des Antragstellers beantrage ich, im Wege der einstweiligen Verfügung wegen der besonderen Dringlichkeit ohne mündliche Verhandlung anzuordnen:

Dem Antragsgegner wird aufgegeben, die Heizungsversorgung für die Wohnräume in . . . . . bestehend aus . . . . . durch Anschluss an die Zentralheizung im Gebäude wiederherzustellen.

Bereits jetzt wird nach § 192 Abs. 3 ZPO der Gerichtsvollzieher mit der Zustellung der vom Gericht erlassenen einstweiligen Verfügung beauftragt und die Geschäftsstelle gebeten, den Gerichtsvollzieher mit der Zustellung zu beauftragen.[2]

Gebührenstreitwert: . . . . . EUR

Begründung:

A. Sachverhalt

Der Antragsteller hat vom Antragsgegner mit Vertrag vom . . . . . die im Antrag beschriebenen Wohnräume gemietet. Die Räume werden durch eine im Keller des Hauses befindliche Zentralheizung beheizt. Die Miete beträgt inklusive Betriebskostenvorauszahlungen . . . . . EUR.

Glaubhaftmachung:[3] Kopie des Mietvertrages vom . . . . ., Anlage K1;

Eidesstattliche Versicherung des Antragstellers vom . . . . ., Anlage K2.

Der Antragsgegner hat den Mietvertrag mit Schreiben vom . . . . . (Anlage K3) wegen Eigenbedarfs zum . . . . . gekündigt. Diese Kündigungserklärung ist unwirksam, weil der Eigenbedarf nicht besteht. Zudem hat der Antragsteller der Kündigung nach § 574 BGB widersprochen. Denn der Antragsteller pflegt seine im selben Gebäude lebende, 90 Jahre alte pflegebedürftige Mutter. Die Pflege erfolgt dergestalt, dass die Mutter zweimal am Tag von einem Pflegedienst besucht wird, der Antragsteller sie aber morgens aus dem Bett nimmt und ihr Frühstück bereitet sowie abends mit ihr gemeinsam zu Abend isst und seine Mutter ins Bett bringt. Auch bei nächtlichen Notfällen betreut der Antragsteller seine Mutter; zu diesem Zweck ist ein funkbasiertes Notrufsystem in beiden Wohnungen installiert.

Glaubhaftmachung: Widerspruch vom . . . . ., Anlage K4;

Eidesstattliche Versicherung des Antragstellers vom . . . . ., Anlage K2:

Eidesstattliche Versicherung der Mitarbeiterin des Pflegedienstes vom . . . . ., Anlage K5.

Mit Schreiben vom . . . . . hat der Antragsgegner dem Antragsteller angedroht, er werde ihm die Heizung im Keller abdrehen.

Glaubhaftmachung: Schreiben des Antragsgegners vom . . . . ., Anlage K6.

Tatsächlich funktioniert seit heute in den Räumen des Antragstellers die Heizung nicht mehr. Auf einen Anruf teilte der Antragsgegner mit, er habe seine Ankündigung wahr gemacht und der Antragsteller möge ausziehen. Der Antragsteller hat dafür kein Verständnis, insbesondere, da er die laufende Miete nebst Betriebskostenvorauszahlungen entrichtet.

Glaubhaftmachung: Eidesstattliche Versicherung des Antragstellers vom . . . . ., Anlage K2.

B. Rechtslage

Die Zuständigkeit des angerufenen Gerichts folgt aus §§ 936, 919 ZPO. Danach ist für die Entscheidung das Gericht der Hauptsache zuständig. Dies ist das angerufene Amtsgericht, da es sich um einen Streit aus einem Wohnraummietvertrag handelt (§ 23 Nr. 2 a GVG, § 29a ZPO). Hierfür ist entscheidend, dass sich der Antragsteller auf einen Wohnraummietvertrag beruft (etwa KG NJW-RR 2008, 1465).

Der Verfügungsanspruch[4] des Antragstellers folgt aus § 535 Abs. 1 S. 2 BGB. Die Norm verpflichtet den Antragsgegner, dem Antragsteller den vertragsgemäßen Gebrauch der Mietsache zu gewähren; hierzu gehört auch die Versorgung mit Heizenergie. Der Mietvertrag ist auch nicht etwa durch Kündigung beendet, weil die Kündigung unwirksam ist. Letztlich kann dies aber hier sogar offenbleiben. Denn der Antragsgegner wäre auch aus einer nachvertraglichen Pflicht angehalten, die Räume weiter zu versorgen. Eine solche nachvertragliche Pflicht folgt hier daraus, dass dem Antragsteller wegen seines Widerspruchs nach § 574a BGB ein Anspruch auf Fortsetzung des Vertrags zusteht. Diesen Anspruch darf der Antragsgegner nicht durch „Ausfrieren" vereiteln. Deshalb sind die vertraglichen Rechte und Pflichten bis zur Entscheidung über den Anspruch auf Vertragsfortsetzung uneingeschränkt weiter zu erfüllen (OLG Karlsruhe NJW 1973, 1001). Der Verfügungsgrund[5] folgt daraus, dass dem Antragsteller ohne Versorgung mit Heizung eine Nutzung der Räume[6] bei den derzeit herrschenden Temperaturen nicht möglich ist. Das Abwarten einer Entscheidung im Hauptsacheverfahren ist ihm daher unzumutbar.

Zum Gebührenstreitwert:[7] Dieser bemisst sich gemäß § § 53 Abs. 1 Nr. 1 GKG nach § 3 ZPO. In dessen Rahmen ist aber auf die spezielle Regel des § 41 Abs. 5 GKG zurückzugreifen, weshalb der Gebührenstreitwert sich nach dem Jahresbetrag einer angemessen Minderung bemisst (vgl. OLG Düsseldorf WuM 2011, 246). Ein Abschlag wegen der Geltendmachung durch einstweilige Verfügung ist nicht angezeigt, da die hiesige Entscheidung zu einer endgültigen Befriedigung des Antragstellers führt.

Beglaubigte Abschrift anbei.

Rechtsanwalt

Anmerkungen

1. Zuständig für die Entscheidung ist nach §§ 936, 919 ZPO das **Gericht der Hauptsache**. Beruft sich der Antragsteller (dies reicht aus: KG NJW-RR 2008, 1465) auf einen bestehenden Mietvertrag, ist bei Wohnraummietverhältnissen zuständig ausschließlich das Amtsgericht in dessen Bezirk sich die Wohnung befindet (§ 23 Nr. 2 a GVG, § 29a ZPO).

2-3. Zur **Formulierung** des **Antrags** und zur **Vollstreckung** → Form. D. V. 17 Anm. 2; zur **Zustellung** des Titels und zur Vollziehungsfrist → Form. D. V. 9 Anm. 5; zur **Glaubhaftmachung** → Form. D. V. 9 Anm. 3 zum Muster. Zur Vollstreckung bei Vermietung eine Eigentumswohnung → Anm. 6.

4. Der **Verfügungsanspruch** ist in Fällen der Versorgungssperre **problematisch**. Denn der Vermieter greift typischerweise zur Versorgungssperre, um die Erfüllung eines Anspruchs aus dem Vertrag zu erzwingen. Meist ist dies die Räumung nach Vertragsende; denkbar ist aber auch eine Versorgungssperre im laufenden Mietvertrag zwecks Durchsetzung etwa von Zahlungsansprüchen. Nach der Rechtsprechung des BGH zur Geschäftsraummiete (NJW 2009, 1947) liegt in der Versorgungssperre keine Besitzstörung. Dies ist auf die Wohnraummiete übertragbar, da es sich um eine besitzrechtliche, nicht um eine spezifisch geschäftsraummietrechtliche Argumentation handelt (*Lehmann-Richter* PiG 90 [2011], S. 199, 208). Ein Verfügungsanspruch kann daher nur aus § 535 Abs. 1 S. 2 BGB folgen oder – wenn der Mietvertrag beendet ist – ausnahmsweise als nachwirkende Vertragspflicht (BGH NJW 2009, 1947). Die **Einzelheiten** sind allerdings **umstritten**. Der BGH hat in seiner Entscheidung zur Geschäftsraummiete festgehalten, eine nachvertragliche Versorgungspflicht könne sich „im Einzelfall aus der Eigenart des – beendeten – Mietvertrags (z.B. Wohnraummiete) oder den besonderen Belangen des Mieters (zB Gesundheitsgefährdung oder etwa durch eine Versorgungssperre drohender, besonders hoher Schaden) ergeben", wenn dem Vermieter eine weitere Versorgung zumutbar sei (NJW 2009, 1947, 1948). Wie diese Entscheidung von den Instanzgerichten in die Wohnraummiete umgesetzt werden wird, bleibt abzuwarten (unklar etwa AG Lahnstein und AG Schöneberg beide NJW-RR 2010, 1522; für Weiterversorgungspflicht bei Zahlung der Nutzungsentschädigung LG Koblenz WuM 2012, 140). In der Literatur wird teilweise die Ansicht vertreten, der Mieter habe einen Versorgungsanspruch, solange er die Nutzungsentschädigung zahlt (*Blank/Börstinghaus* § 546a Rn. 60). Richtigerweise ist eine nachvertragliche Versorgungspflicht nur in **Sonderkonstellationen** (Anwartschaft auf Vertragsfortsetzung, gerichtlicher Räumungsschutz) anzuerkennen (*Lehmann-Richter* PiG 90 [2011], S. 199, 206 ff.; vgl. auch BGH NJW 2015, 2795 Rn. 27). Ist der Vertrag noch nicht beendet, kann die Versorgungssperre des Vermieters nach § 320 BGB als Zurückbehaltungsrecht gerechtfertigt sein (AG Waldshut-Tiengen DWW 2010, 23; *Lehmann-Richter* NJW 2008, 1196, 1199). Die Einzelheiten, insbesondere zur Höhe des Gegenanspruchs, sind streitig (vgl. *Börstinghaus* MietRB 2007, 209, 211; *Herrlein* NZM 2006, 527, 529: erst ab Kündigungsrelevanz). Wer aber sogar eine nachvertragliche Versorgungspflicht annimmt, kann beim Zurückbehaltungsrecht nicht anders entscheiden.

5. Zum **Verfügungsgrund** → Form. D. V. 17 Anm. 5.

6. Besonderheiten sind bei der **vermieteten Eigentumswohnung** zu beachten. Zahlt der Vermieter sein Wohngeld nicht, kann dies die Wohnungseigentümergemeinschaft wohnungseigentumsrechtlich zur Versorgungssperre berechtigen (BGH NJW 2005, 2622; LG München I ZWE 2011, 186). Dies gilt auch dann, wenn die Wohnung vermietet ist (KG ZMR 2002, 458). Dem hiervon betroffenen Mieter stehen in diesem Fall gegen die Wohnungseigentümergemeinschaft keine Ansprüche auf Versorgung zu, weil keine Besitzstörung vorliegt (BGH NJW 2009, 1947; zum Einschreiten der Ordnungsbehörden

VG Berlin ZWE 2012, 338 mAnm *Lehmann-Richter* S. 314) und vertragliche Beziehungen zur Gemeinschaft nicht bestehen. Es bleibt dem Mieter aber unbenommen, seine Ansprüche gegen den Vermieter durchzusetzen. Dem Vermieter ist allerdings die Wiederherstellung der Versorgung alleine nicht möglich, weil er ohne **Beschluss der Gemeinschaft** nicht in das Gemeinschaftseigentum eingreifen darf. Dies führt indes nicht zum Wegfall des Verfügungsanspruchs nach § 275 Abs. 2 BGB, weil der Vermieter durch Nachzahlung der Wohngelder die wohnungseigentumsrechtliche Versorgungssperre beseitigen kann. In der Wohnungseigentumsanlage besteht also die Besonderheit, dass der Vermieter die Versorgungssperre nicht durch Eingriff in die Anlagen des Gebäudes (Wiederanschließen), sondern die Begleichung des Wohngeldrückstands herbeizuführen hat. Dies wirft die Frage auf, ob der Verfügungsantrag des Mieters auf eben diese Handlung zu richten ist („. . . . . dem Antragsgegner aufzugeben, seine Wohngeldrückstände gegenüber der Wohnungseigentümergemeinschaft . . . . . in Höhe von . . . . .zu begleichen"). Dagegen spricht, dass der Anspruch des Mieters auf Mängelbeseitigung gerichtet, die Art der Beseitigung aber dem Vermieter als Schuldner überlassen ist (AG Hannover WuM 2009, 585). Hier kommen auch in der Eigentumsanlage andere Wege als die Begleichung des Wohngeldrückstands in Betracht; so mag es etwa sein, dass die Gemeinschaft bereit ist, die Sperre gegen Sicherheitsleistung des Vermieters oder aus Kulanz wieder aufzuheben. Deshalb ist auch bei der vermieteten Eigentumswohnung der **Antrag auf Wiederversorgung** zu richten. Eine andere Frage ist, wie der gerichtliche Titel **zu vollstrecken** ist. Verbreitet wird vertreten, dass wegen der wohnungseigentumsrechtlichen Bindung eine nichtvertretbare Handlung vorliege, die nach § 888 ZPO zu vollstrecken sei (OLG Hamm WuM 1996, 568;). Dem ist entgegenzuhalten, dass die Beseitigung der Versorgungssperre in diesen Fällen vom Vermieter regelmäßig die Begleichung des Wohngeldrückstands voraussetzt. Dies ist eine vertretbare Handlung, weil auch ein Dritter diese nicht höchstpersönliche Schuld begleichen kann, § 267 BGB (vgl. zur titulierten Pflicht, den Gläubiger von einer Forderung freizustellen OLG Köln FamRZ 1994, 1048; OLGR Stuttgart 2000, 21). Der Mieter kann daher in der Vollstreckung nach § 887 Abs. 2 ZPO beantragen, dass der Vermieter ihm den für die Begleichung der Wohngeldschuld erforderlichen Geldbetrag vorschießt. Es handelt sich bei dem Geldbetrag nämlich um die Kosten, die zur Vornahme der Handlung (Aufhebung der Versorgungssperre) entstehen werden.

7. Der **Gebührenstreitwert** bemisst sich gemäß § 53 Abs. 1 Nr. 1 GKG nach § 3 ZPO. Dabei ist aber auf die spezielle Regel des § 41 Abs. 5 GKG zurückzugreifen, weshalb der Gebührenstreitwert sich nach dem Jahresbetrag einer angemessen Minderung bemisst (vgl. OLG Düsseldorf WuM 2011, 246; OLG Frankfurt NJW-RR 2008, 534;). Ein Abschlag wegen der Geltendmachung durch einstweilige Verfügung ist regelmäßig nicht angezeigt, da die Wiederaufnahme der Versorgung zu einer endgültigen Befriedigung des Antragstellers führt.

19. Antrag auf Mängelbeseitigung (Reparatur defekter Teile der Mietsache)

An das

Amtsgericht[1]. . . . .

Antrag auf Erlass einer einstweiligen Verfügung

des Herrn . . . . .

– Antragsteller –

Verfahrensbevollmächtigter: . . . . .

gegen

den Herrn . . . . .

– Antragsgegner –

Namens und in Vollmacht des Antragstellers beantrage ich, im Wege der einstweiligen Verfügung wegen der besonderen Dringlichkeit ohne mündliche Verhandlung anzuordnen:[2]

Dem Antragsgegner wird aufgegeben, das Dach des Mehrfamilienhauses gelegen in . . . . . so instand zu setzen, dass die in der . . . . . Etage belegene Wohnung bestehend aus . . . . . vor Witterungseinflüssen, insbesondere Niederschlägen geschützt ist.

Bereits jetzt wird nach § 192 Abs. 3 ZPO der Gerichtsvollzieher mit der Zustellung der vom Gericht erlassenen einstweiligen Verfügung beauftragt und die Geschäftsstelle gebeten, den Gerichtsvollzieher mit der Zustellung zu beauftragen.[3]

Vorläufiger Gebührenstreitwert:[4] . . . . . EUR

Begründung:

A. Sachverhalt

Der Antragsteller hat vom Antragsgegner mit Vertrag vom . . . . . die im Antrag beschriebenen Wohnräume gemietet, die sich unter dem Dach befindet. Die Miete beträgt inklusive Betriebskostenvorauszahlungen . . . . . EUR

Glaubhaftmachung:[5] Mietvertrag vom . . . . ., Anlage Kl.

Das Gebäude weist erheblichen Instandsetzungsbedarf auf. Insbesondere das Dach befindet sich in einem schlechten baulichen Zustand. Vor zwei Tagen kam es wegen Starkregens zu erheblichen Wassereinbrüchen durch das Dach in die Wohnung des Antragstellers. Das Wasser ist in Schlaf-, Kinder- und Wohnzimmer von der Decke getropft und musste mit Eimern aufgefangen werden. In sämtlichen Räumen sind Nässeschäden entstanden und ist das Mobiliar beschädigt worden.

Glaubhaftmachung: Eidesstattliche Versicherung des Antragstellers vom . . . . ., Anlage K2.

Auf einen Anruf des Antragstellers teilte der Antragsgegner gestern mit, er halte eine Reparatur nicht für nötig, weil er im nächsten Jahr das Dach sowieso neu eindecken lassen wolle.

Glaubhaftmachung: Eidesstattliche Versicherung des Antragstellers vom . . . . ., Anlage K2.

B. Rechtslage

Die Zuständigkeit des angerufenen Gerichts folgt aus §§ 936, 919 ZPO. Danach ist für die Entscheidung das Gericht der Hauptsache zuständig. Dies ist das angerufene Amtsgericht, da es sich um einen Streit aus einem Wohnraummietvertrag handelt (§ 23 Nr. 2 a GVG, § 29a ZPO).

Der Verfügungsanspruch[6] des Antragstellers folgt aus § 535 Abs. 1 S. 2 BGB. Die Norm verpflichtet den Antragsgegner, dem Antragsteller den vertragsgemäßen Gebrauch der Mietsache zu gewähren; hierzu gehört auch der Schutz vor durch die Decke eindringendem Wasser. Der Verfügungsgrund[7] ergibt sich daraus, dass dem Antragsteller ohne Reparatur des Daches eine Nutzung der Räume nicht in zumutbarer Weise möglich ist. Er kann daher nicht auf eine Klage im Hauptsachverfahren verwiesen werden.

Zum Gebührenstreitwert: Dieser bemisst sich gemäß § 53 Abs. 1 Nr. 1 GKG nach § 3 ZPO. In dessen Rahmen ist aber auf die spezielle Regel des § 41 Abs. 5 GKG zurückzugreifen, weshalb der Gebührenstreitwert sich nach dem Jahresbetrag einer angemessen Minderung bemisst (vgl. OLG Düsseldorf WuM 2011, 246). Ein Abschlag wegen der Geltendmachung durch einstweilige Verfügung ist nicht angezeigt, da die hiesige Entscheidung zu einer endgültigen Befriedigung des Antragstellers führt.

Beglaubigte Abschrift anbei.

Rechtsanwalt

Anmerkungen

1. **Zuständig** für die Entscheidung ist nach §§ 936, 919 ZPO das Gericht der Hauptsache. Bei **Wohnraummietverhältnissen** ist zuständig ausschließlich das Amtsgericht in dessen Bezirk sich die Wohnung befindet (§ 23 Nr. 2a GVG, § 29a ZPO). Bei **Geschäftsräumen** bestimmt sich die örtliche Zuständigkeit ebenfalls nach § 29a ZPO. Die sachliche Zuständigkeit ist aber streitwertabhängig (§§ 23 Nr. 1, 71 Abs. 1 GVG). Der **Zuständigkeitsstreitwert** richtet sich in diesen Fällen nicht nach dem nur für die Kosten maßgeblichen GKG, sondern nach §§ 3 ff. ZPO. Den Wert des Interesses des Mieters an der Mängelbeseitigung bemisst der BGH gemäß § 9 ZPO nach dem $3\frac{1}{2}$-fachen Betrag der jährlichen Minderung (BGH NJW 2000, 3142). Zwar ist im einstweiligen Verfügungsverfahren grds. ein Abschlag vom Wert der Hauptsache vorzunehmen. Dies gilt hier aber nicht, weil die Entscheidung zur Vorwegnahme der Hauptsache führt (vgl. OLGR Celle 2008, 91; OLGR Koblenz 2009, 503).

2. Zur **Formulierung des Antrags** und zur **Vollstreckung** → Form. D. V. 17 Anm. 2.

3. Zur Zustellung des Titels und zur Vollziehungsfrist → Form. D. V. 9 Anm. 5.

4. Zur **Glaubhaftmachung** → Form. D. V. 9 Anm. 3.

5. Zum Gebührenstreitwert → Form. D. V. 18 Anm. 7.

6. Der **Verfügungsanspruch** ergibt sich regelmäßig aus § 535 Abs. 1 BGB. Daneben kommt ausnahmsweise auch ein Anspruch aus § 862 Abs. 1 BGB in Betracht, wenn – wie im Muster – der Mangel der Mietsache sich dahingehend auswirkt, dass der Mietgebrauch durch Immissionen gestört wird (vgl. AG Leipzig ZMR 2003, 44).

7. Bei der Verfolgung des Anspruchs auf Mängelbeseitigung im Eilverfahren ist regelmäßig der **Verfügungsgrund** problematisch. Erforderlich ist eine Eilbedürftigkeit der Angelegenheit, die dem Antragsteller ein Abwarten auf den Ausgang des Klageverfahrens unzumutbar erscheinen lässt. Da die Hauptsache vorweggenommen wird, ist der Antrag nur in ganz eilbedürftigen **Ausnahmefällen** zulässig, insbesondere bei solchen Mängeln, die die Gesundheit des Mieters konkret gefährden (*Hinz* WuM 2005, 615). In der Rechtsprechung wird teilweise vertreten, dass es am Verfügungsgrund fehlt, wenn der Mieter im Wege der Ersatzvornahme den Mangel selbst beseitigen kann, § 536 Abs. 2 Nr. 2 BGB (AG Lörrach WuM 1990, 204). Kann der Anspruch – wie im Muster – auf Besitzschutz gestützt werden, ergibt sich aus diesem der Verfügungsgrund (vgl. LG Hamburg ZMR 2010, 530).

20. Antrag auf Unterlassung vermieterseitigen Kautionszugriffs bei bestrittener Forderung

An das

Amtsgericht . . . . .[1, 2]

Antrag auf Erlass einer einstweiligen Verfügung

des . . . . .

– Antragsteller –

Prozessbevollmächtigter: . . . . .[3]

gegen

. . . . .

– Antragsgegner –

wegen: Unterlassung

Streitwert: . . . . .[4]

Namens und in Vollmacht des Antragstellers beantrage ich, im Wege der einstweiligen Verfügung

– wegen der Dringlichkeit der Sache ohne mündliche Verhandlung[5]

zu beschließen:

I. Der Antragsgegner hat es zu unterlassen, dem von ihm angelegten Kautionskonto . . . . .[6] für die vom Antragsteller angemietete Wohnung in der . . . . . -straße in . . . . . zum Ausgleich der vom Antragsteller ausgebrachten Mietminderung bzgl. einer Schimmelbildung im Schlafzimmer der Wohnung[7] einen Betrag iHv . . . . . EUR zu entnehmen. II. Dem Antragsgegner wird für jeden Fall der Zuwiderhandlung gegen das in Ziff. I. genannte Unterlassungsgebot ein Ordnungsgeld bis zu 250.000,– EUR, ersatzweise für den Fall, dass dieses nicht beigetrieben werden kann, Ordnungshaft bis zu sechs Monaten angedroht.[8]

Begründung:

Der Antragsteller ist Mieter, der Antragsgegner ist Vermieter der Wohnung . . . . . in . . . . .

Glaubhaftmachung: Mietvertrag vom . . . . ., Kopie Anlage 1

Ausweislich § . . . . . des Mietvertrags betrug die vom Antragsteller zu leistende Kaution . . . . . EUR. Der Antragsteller hat den Kautionsbetrag am . . . . . in bar an den Antragsgegner gezahlt.[9]

Glaubhaftmachung: Quittung des Antragsgegners vom . . . . ., Kopie Anlage 2

Der Antragsgegner ist seiner Verpflichtung gem. § 551 Abs. 3 BGB zur Anlage des Kautionsbetrags zunächst nachgekommen und hat dem Antragsteller mit Schreiben vom . . . . . . auch mitgeteilt, bei welchem Kreditinstitut und auf welchem Konto er die Kaution des Antragstellers von seinem Vermögen getrennt –als Kautionskonto deklariert- angelegt hat.[10]

Sodann kam es ab . . . . . . zu einer Schimmelbildung an der Schlafzimmeraußenwand der Mietwohnung. Die Parteien streiten darüber, ob deren Ursache in –vom Antragsgegner zu verantworten- einer mangelnden Isolierung und eindringendem Regenwasser durch einen von außen sichtbaren Riss der Außenwand oder in unzureichendem Heiz- und Lüftungsverhalten des Antragstellers zu finden ist.

Glaubhaftmachung: Schreiben des Antragstellers vom . . . . ., Kopie Anlage 3

Schreiben des Antragsgegners vom . . . . ., Kopie Anlage 4

Da der Antragsgegner auf seinem Standpunkt beharrt, hat der Antragsteller –nach entsprechender Androhung-

Glaubhaftmachung: Schreiben des Antragstellers vom . . . . ., Kopie Anlage 5

ab dem . . . . . . die Bruttomiete[11] um . . . . . .% = ... EUR gemindert. Dh, bis heute ist für die Monate . . . . . . ein Minderungsbetrag iHv . . . . . . EUR entstanden. Mit Schreiben vom . . . . . . hat der Antragsgegner dem Antragsteller mitgeteilt, dass er diesen Minderungsbetrag vom eingangs bezeichneten Kautionssparbuch abheben werde, wenn der Antragsteller nicht bis zum . . . . . . den Minderungsbetrag nachzahlen würde.

Glaubhaftmachung: Schreiben des Antragsgegners vom . . . . ., Kopie Anlage 6

Ein solcher Anspruch steht dem Antragsgegner jedoch nicht zu, da der Minderungsbetrag zwischen den Parteien im Streit ist.[12] Da der Ablauf der vom Antragsgegner gesetzten Frist unmittelbar bevorsteht, ist dem Antragsgegner der von diesem beabsichtigte Zugriff auf die Kaution wie beantragt zu untersagen.

Rechtsanwalt

Anmerkungen

1. Zuständig ist das Gericht der Hauptsache, § 937 Abs. 1 ZPO.

2. → Form. B. II. 3 Anm. 1.

3. → Form. B. II. 3 Anm. 2.

4. Regelmäßig wird aufgrund der Vorläufigkeit der Regelung nur ein Teil (etwa $^1/_3$ bis $^1/_2$) des Hauptsachestreitwerts angenommen (→ Form. D. V. 5 Anm. 4). Hier spricht aber einiges dafür, den genau bezifferten Betrag in voller Höhe als Streitwert anzusetzen.

5. → Form. D. V. 5 Anm. 5.

6. Hier sollte das Kautionskonto (Geldinstitut, Kontonummer) genau bezeichnet werden, was im vorliegenden Sachverhalt wegen der entsprechenden Mitteilung des Vermieters anlässlich der Kautionsanlage leicht fällt. Wenn dem Mieter diese Informationen fehlen, muss es jedenfalls ausreichen, dass er das Kautionskonto entsprechend den im Antrag nachfolgenden Präzisierungen bezeichnet. Würde man hier mehr verlangen –etwa eine vorherige Inanspruchnahme des Vermieters auf Auskunftserteilung über die genauen Kontodaten– wäre eine einstweilige Verfügung wegen des bis zur erstrittenen Erteilung der Auskunft längst stattgefundenen Zugriffs des Vermieters auf die Kaution stets von vornherein aussichtslos.

7. Zur Klarstellung sollte die streitige Forderung, wegen der dem Vermieter der Kautionszugriff untersagt werden soll, in den Antrag aufgenommen werden.

8. § 890 ZPO. Der Antrag auf eine entsprechende Androhung sollte sinnvollerweise gleich zusammen mit dem Sachantrag gestellt werden.

9. Zum Recht des Mieters, die Kaution in drei gleichen Teilbeträgen zu entrichten, → Form. B. II. 3 Anm. 8.

10. Zur Verpflichtung des Vermieters zur Anlage der Kaution → Form. B. III. 39 Anm. 6.

11. → Form. B. III. 41 Anm. 9.

12. BGH NZM 2014, 551 → Form. B. II. 4 Anm. 12.

VI. Klagen von Mietern untereinander

1. Klage auf Mitwirkung an der Auflösung eines gemeinschaftlich eingegangenen Mietvertrages

An das

Amtsgericht/Landgericht[1] . . . . .

Klage

In Sachen

des . . . . .

– Klägerin –

Prozessbevollmächtigte: . . . . .

gegen

den . . . . .

– Beklagter –

wegen Abgabe von Willenserklärungen

erheben wir hiermit namens und in anwaltlich versicherter Vollmacht der Klägerin

Klage,

entrichten aus einem vorläufigen Streitwert in Höhe von EUR . . . . .[2] Vorschuss auf die Gerichtskosten durch beigefügten Verrechnungsscheck in Höhe von EUR . . . . ., bitten um Zustellung der Klageschrift an den Beklagten und Anberaumung eines baldigen frühen ersten Termins zur mündlichen Verhandlung, in dem wir die

Anträge

stellen/verlesen werden,[3] wie folgt zu erkennen:

1. Der Beklagte wird verurteilt, der noch auszusprechenden ordentlichen Kündigung des mit . . . . . auf Vermieterseite und beiden Prozessparteien auf Mieterseite am . . . . . abgeschlossenen Mietvertrages über . . . . . (Mietobjekt) . . . . . zuzustimmen.[4]
2. Der Beklagte wird weiter verurteilt, sämtliche für die Wirksamkeit dieser Kündigung erforderlichen Erklärungen gegenüber der Vermieterseite . . . . . abzugeben.[5]
3. Der Beklagte wird schließlich auch noch vorsorglich verurteilt, seine Zustimmung zur gerichtlichen Durchsetzung der Aufhebung des in Ziffer 1 genannten Mietverhältnisses zu erteilen.[5]
4. Der Beklagte trägt die Kosten des Rechtsstreits.
5. Das Urteil ist, notfalls gegen Sicherheitsleistung, vorläufig vollstreckbar. Der Klägerin wird nachgelassen, Sicherheitsleistung auch durch unwiderrufliche selbstschuldnerische Bürgschaft eines im Bereich der EU zugelassenen Bank- oder Kreditinstituts zu erbringen, ebenfalls – vorsorglich – zwecks Abwendung der Zwangsvollstreckung.

Sollte das Gericht das schriftliche Vorverfahren beschließen, wird bereits jetzt

Antrag

auf Erlass eines Versäumnisurteils (§ 331 Abs. 3 ZPO)

gestellt.

Begründung:

Mit der vorliegenden Klage verlangt die Klägerin die Zustimmung des Beklagten zur Beendigung des Mietvertrages über eine gemeinsam angemietete Wohnung.

Im Einzelnen:

1. Beide Parteien haben die in Klageantrag Ziffer 1 näher bezeichnete Wohnung seit dem . . . . . mit Mietvertrag vom . . . . . angemietet.

   Beweis: Vorerwähnter Mietvertrag, gemäß § 133 Abs. 1 Satz 2 ZPO einfach beigefügt in Ablichtung als Anlage K 1.

   Die Klägerin will aus hier nicht näher interessierenden Gründen aus dieser gemeinsam angemieteten Wohnung ausziehen. Ein weiteres Zusammenleben in der gemeinsamen Wohnung war und ist danach ausgeschlossen.[6] Die Klägerin hat den Beklagten daher nach vergeblichen mündlichen Versuchen am . . . . . schriftlich aufgefordert, das gemeinsam eingegangene Mietverhältnis auch gemeinsam wieder aufzulösen.

   Beweis: Vorerwähntes Schreiben, gemäß § 133 Abs. 1 Satz 2 ZPO einfach beigefügt in Ablichtung als Anlage K 2.

   Diesem Begehren widersprach der Beklagte vehement. Die Klägerin ist zwar schon aus der gemeinsamen Wohnung ausgezogen,[7] kann aber das Mietverhältnis gegenüber der Vermieterseite nur gemeinsam mit dem Beklagten rechtswirksam kündigen.[8]
   Die vom Beklagten geforderte Zustimmung zu dieser Kündigung hat er nicht erteilt. Daher war nunmehr die Inanspruchnahme gerichtlicher Hilfe unumgänglich.

2. Der Beklagte ist verpflichtet, an der Beendigung des gemeinsam eingegangenen Mietverhältnisses mitzuwirken.[9]
3. Auf der Grundlage dieser Darlegungen ist der Beklagte daher wie beantragt zu verurteilen.

Rechtsanwalt

Anmerkungen

1. Nachdem es sich nicht um einen Rechtsstreit über Ansprüche aus Miet- oder Pachtverhältnissen über Räume oder deren Bestehen handelt, sondern um eine Auseinandersetzung zwischen den Nutzern eines Mietobjektes untereinander nach gesellschafts- oder gemeinschaftsrechtlichen Grundsätzen, finden die §§ 23 Nr. 2 a GVG, 29 a ZPO keine Anwendung. Die Zuständigkeit ergibt sich daher wie in anderen Zivilstreitigkeiten nach dem Streitwert – §§ 23 Nr. 1, 71 Abs. 1 GVG.

2. § 41 GKG ist weder unmittelbar noch analog anwendbar. Maßgeblich ist vielmehr nach § 3 ZPO der mit der Klage erstrebte Erfolg, der sich nach der Grundmiete für die streitige Zeit, maximal für ein Jahr, beziffern lässt (vgl. KG WuM 1992, 323).

3. In Anwaltsprozessen werden die Sachanträge grundsätzlich verlesen (§ 297 ZPO). Dies gilt in amtsgerichtlichen Verfahren nur, soweit ausnahmsweise dessen schriftliche Vorbereitung nach § 129 Abs. 2 ZPO aufgegeben wurde (vgl. auch § 496 ZPO). Andernfalls genügt es, die Anträge zu stellen.

4. Vorliegend geht es nicht um ein Räumungs- und Herausgabeverlangen nach § 546 BGB oder § 985 BGB, sondern um einen Anspruch auf Mitwirkung an der Aufhebung einer Gemeinschaft gemäß §§ 741, 749, 242 BGB bzw. ggf. an der Auseinandersetzung einer Gesellschaft gemäß §§ 705, 723 Abs. 1, 730 Abs. 1 BGB, der sich bei einem gemeinsam abgeschlossenen Mietvertrag auf Mitwirkung an der Beendigung des Mietverhältnisses konkretisiert (BGH NZM 2005, 452; OLG Hamburg NZM 2002, 521; OLG Köln NZM 1999, 998; LG Hamburg WuM 1993, 343; LG Karlsruhe WuM 1996, 146; LG München II WuM 1993, 611; *Schuschke* NZM 1999, 481, 482; *Sonnenschein* NZM 1999, 977, 979).
Das Rechtsverhältnis zwischen den Prozessparteien spielt dabei eine untergeordnete Rolle. Es kann, muss sich aber nicht um eine Lebens(abschnitts)partnerschaft (zB Ehe/gleichgeschlechtliche Lebenspartnerschaft nach dem LPartG/heterosexuelle Lebenspartnerschaft) handeln, sondern könnte auch eine einfache Wohngemeinschaft ohne weitere persönliche Bindung zwischen den Mietern sein oder auch eine dauerhafte Lebensgemeinschaft alter Menschen. Im Regelfall wird es sich um eine Gemeinschaft handeln mit der Folge, dass gem. § 749 Abs. 1 BGB jedem Teilhaber der Gemeinschaft das Recht zusteht, jederzeit die Auseinandersetzung der Gemeinschaft zu verlangen. Die Beendigung der Gemeinschaft kann hier nur durch die Kündigung dieses Mietvertrags erfolgen. Andere Möglichkeiten zur Beendigung der Gemeinschaft sind nicht ersichtlich. Allerdings kann die Kündigungsfolge nicht durch die Klägerin allein ausgelöst werden, sondern nur durch die Parteien in ihrer Gesamtheit, denn über den gemeinschaftlichen Gegenstand im Ganzen können die Gemeinschaftsmitglieder nur gemeinschaftlich verfügen (§ 747 S. 2 BGB). Eine auf eine Beendigung des Mietverhältnisses abzielende Klage würde bereits an dem Nichtvorliegen der gem. § 747 BGB erforderlichen Einstimmigkeit der Gemeinschaftsmitglieder hinsichtlich einer Kündigung und deren gerichtlicher Klärung scheitern. Aus der Mitwirkungspflicht gem. § 749 Abs. 1 BGB ergibt sich unmittelbar die Pflicht der übrigen Gemeinschaftsmitglieder, mit zu diesem Zweck tätig zu werden und an den dazu erforderlichen Handlungen teilzunehmen und mitzuwirken. Die Vorschriften der §§ 752 ff. BGB setzen diese Verpflichtung voraus und bestimmen lediglich das zu diesem Zweck anzuwendende Verfahren. Ist, wie im vorliegenden Fall, der Gemeinschaftsgegenstand nicht teilbar oder veräußerlich, so folgt aus § 749 Abs. 1 BGB die Pflicht, in anderer Weise zur Aufhebung der Gemeinschaft mit beizutragen. Kommt dabei nur eine Kündigung des gemeinschaftlichen Mietvertrags in Betracht, schulden die Gemeinschaftsteilhaber einander die Mitwirkung hieran.
Das Recht, die Aufhebung der Gemeinschaft zu verlangen, ist im vorliegenden Fall auch nicht durch den Gemeinschaftsgegenstand und dessen Eigenart iSd § 749 Abs. 2 BGB aufgehoben oder auch nur auf den Fall eines wichtigen Grunds verengt, der im Lichte des § 242 BGB betrachtet werden müsste.

5. Um einen weiteren Prozess über die Abgabe einer Willenserklärung iSv § 894 ZPO zu vermeiden, bietet es sich an, diese weiteren Begehren – und sei es hilfsweise – angesichts der generell ablehnenden Haltung des Beklagten gleich mit geltend zu machen (vgl. nur OLG Hamburg NZM 2002, 521).

6. Dies wäre etwa auch ein wichtiger Grund i. S. v. § 723 Abs. 1 Satz 2 BGB, wenn dem Kündigenden eine Fortsetzung der Gesellschaft bis zum Vertragsende nicht zugemutet werden kann, weil das Vertrauensverhältnis grundlegend gestört oder ein gedeihliches Zusammenleben bzw. Zusammenwirken aus sonstigen Gründen nicht mehr möglich ist (LG Gießen WuM 1996, 273, 274; LG München II WuM 1993, 611, 612).

7. Im endgültigen Auszug aus der gemeinsamen Wohnung liegt in der Regel die konkludente Aufkündigung der BGB-Gesellschaft bzw. Gemeinschaft (LG Gießen WuM 1996, 273, 274; LG Köln WuM 1993, 613). Ergänzend wird auf § 14 Abs. 4 LPartG verwiesen.

8. Vor – ggf. durch Urteil gem. § 894 ZPO ersetzter – Zustimmung aller Mieter ist eine wirksame Kündigung etwa durch einen von mehreren Mietern nicht rechtswirksam möglich. Erst eine Kündigung aller Vertragsparteien auf einer Seite oder die Kündigung eines von mehreren Vertragspartnern unter Zustimmung oder obsiegendem Zustimmungsurteil mit Wirkung für alle anderen Vertragspartner auf derselben Seite, die dann allen Vertragsparteien auf der anderen Seite zugegangen ist, zeitigt Rechtswirkungen. § 185 Abs. 1 BGB, nicht aber § 185 Abs. 2 BGB, ist auch auf einseitig gestaltende Rechtsgeschäfte anwendbar mit der Einschränkung, dass die Einwilligung aller Berechtigten bei der Vornahme des Rechtsgeschäfts vorliegen muss und folglich eine nachträglich „heilende" Genehmigung ausscheidet (vgl. statt vieler MüKoBGB/*Schramm* § 185 Rn. 20 mwN vor allem in Fn. 54). Bis zum Vorliegen dieser Vorgaben, also etwa einem obsiegenden Urteil nach diesem Form., kann aber daran gedacht werden, dass eine unberechtigte Weigerung an der Mitwirkung zur Vertragsauflösung zu einer Schadensersatzpflicht in Gestalt eines Freistellungsanspruchs führt mit der Folge, dass der sich weigernde Mieter die Miete und alle weiteren Lasten im Innenverhältnis allein zu übernehmen hat (Schmidt-Futterer/*Blank* Vor § 535 Rn. 382 aE).

9. Ergänzend zur → Anm. 4: Der Mitwirkungsanspruch nach Beendigung der „Partnerschaft" zwischen mehreren Mietern – unabhängig davon, ob sie im Innenverhältnis als Gesellschaft oder als Gemeinschaft zu qualifizieren ist (meist offengelassen: OLG Köln NZM 1999, 9098; LG Hamburg WuM 1993, 343; LG Karlsruhe WuM 1996, 146; für Gesellschaft: KG WuM 1992, 323; LG München II, WuM 1993, 611, 612) – ist auf Abgabe der Zustimmung zur Auflösung des gemeinschaftlich eingegangenen Mietverhältnisses gerichtet (LG München II WuM 1993, 611, 612). Diese kann von mehreren Mietern nach einhelliger Auffassung nur gemeinsam herbeigeführt werden (vgl. LG Berlin NZM 1999, 998; *Sonnenschein* NZM 1999, 977 ff.).

Meistens wird es um die Zustimmung zur Kündigung gehen (KG WuM 1992, 323; OLG Köln NZM 1999, 998; LG Gießen WuM 1996, 273; LG Hamburg WuM 1993, 343; LG Karlsruhe WuM 1996, 146; LG Köln WuM 1993, 613; LG München II WuM 1993, 611). Dabei sind dann Kündigungsfristen im Verhältnis zur Vermieterseite nicht aber zwischen den Mitmietern zu beachten (LG München II WuM 1993, 611, 612; aA LG Gießen WuM 1996, 273, 274). Die Kündigungsschutzvorschriften finden im Innenverhältnis keine – auch keine analoge – Anwendung (OLG Köln NZM 1999, 998; LG Hamburg WuM 1993, 343). Wäre aber die Vermieterseite mit einer vorfristigen Vertragsaufhebung einverstanden, ist der mitmietende Partner zur Zustimmung hierzu verpflichtet, nachdem der Mitwirkungsanspruch nach § 730 BGB bzw. §§ 749, 242 BGB abgesehen vom Fall des Rechtsmissbrauchs auf sofortige Beendigung des Mietverhältnisses gerichtet ist (LG Karlsruhe WuM 1996, 146; aA LG Gießen WuM 1996, 273, 274).

Im Falle der Ehescheidung oder der Aufhebung der gleichgeschlechtlichen Lebenspartnerschaft nach dem LPartG hat der aus der Wohnung ausgezogene eine Partner keinen Anspruch gegen den in der Wohnung verbliebenen anderen Mieter auf Zustimmung zur Kündigung (LG Düsseldorf WuM 1996, 36), wohl aber umgekehrt. Der in der Wohnung verbliebene Partner kann verlangen (sofern der Vermieter zustimmt, worauf kein Anspruch besteht), dass der ausgezogene andere Mieter bei der Auflösung des Mietverhältnisses mitwirkt (LG Aachen NJW-RR 1996, 462).

Denkbar wäre im Übrigen auch ein Begehren auf Aufgabe des Mitbesitzes an der nur von der klagenden Partei angemieteten Wohnung, der ursprünglich durch den alleinigen Mieter jederzeit widerruflich gestattet worden war (vgl. *Brudermüller* FamRZ 1994, 207, 209; *Schuschke* NZM 1999, 481, 482). Dann würde Räumung und Herausgabe von dem alleinigen Mieter verlangt, der entweder die Mietsache künftig allein nutzen oder ggf. selbst ausziehen will. Auch in diesem Fall der Alleinmieter ein Interesse an der Aufgabe des Mitbesitzes durch seinen „Mitnutzer", da er sich andernfalls Ansprüchen der Vermieterseite aus §§ 546a, 571 BGB, Schadensersatz u.a. aussetzen würde, nachdem ihm ein Fehlverhalten seines Mitbewohners zugerechnet werden würde.

Durch die Aufnahme in die Wohnung des alleinigen Mieters wird der Dritte nicht etwa automatisch Mitmieter oder Untermieter (LG Wiesbaden FamRZ 1960, 152, 153; AG Hamburg NJW-RR 1989, 271; AG Köln ZMR 1964, 275, 276; AG Potsdam WuM 1994, 528). Sein Besitzrecht leitet sich nicht aus mietrechtlichen Vorschriften, sondern allein aus der Gemeinschaft mit dem Alleinmieter ab (vgl. nur *Brudermüller* FamRZ 1994, 207, 208; *Schuschke* NZM 1999, 481, 482 jew. mwN).

Mit dem Zerbrechen dieser Gemeinschaft kann der Alleinmieter jederzeit den Auszug des Dritten verlangen (AG Hamburg NJW-RR 1989, 271; AG Köln ZMR 1964, 275; s.a. *Steinert* NJW 1986, 685; *Strätz* FamRZ 1980, 439). Zum Teil wird die Rechtsgrundlage für dieses Begehren aus § 732 BGB hergeleitet: zwischen den Partnern bestehe eine Innengesellschaft, die mit dem Auszugsverlangen konkludent gekündigt werde, so dass der aufgenommene Partner dem Mieter den von diesem eingebrachten Mitbesitz zurückgeben müsse (*Battes* Nichteheliches Zusammenleben im Zivilrecht, Rn. 166; *Tegge* Die nichteheliche Lebensgemeinschaft im Zivilrecht, S. 101 f.). Überwiegend wird der Herausgabeanspruch aber auf § 812 Abs. 1 S. BGB gestützt: mit der Beendigung der Lebensgemeinschaft ist der Rechtsgrund für den Mitbesitz weggefallen (LG Wiesbaden FamRZ 1960, 152, 153; AG Köln ZMR 1964, 275, 276; *Brudermüller* FamRZ 1994, 207, 210; *Schuschke* NZM 1999, 481, 482; vgl. auch *Scholz* NJW 1982, 1072). Dem anderen Partner steht kein Besitzrecht über die Beendigung der Lebensgemeinschaft hinaus zu (aA *Derleder* NJW 1980, 545, 551 bei Fn. 59) auch nicht über die Schutzvorschriften des Wohnraummietrechts (insbes. § 573 BGB – *Brudermüller* FamRZ 1994, 207, 209; *Schuschke* NZM 1999, 481, 482) oder über § 273 BGB wegen Geldüberlassung an den Mieter (OLG Hamm NJW 1986, 728).

Der Alleinmieter hat aber kein Selbsthilferecht (*Brudermüller* FamRZ 1994, 207, 210). Der ehemalige Lebensgefährte genießt vielmehr Besitzschutz nach § 861 BGB, gegen den keine Einwendungen nach § 863 BGB geltend gemacht werden können, solange kein Räumungstitel vorliegt (vgl. § 864 Abs. 2 BGB – AG Waldshut-Tiengen NJW-RR 1994, 712; vgl. auch LG Chemnitz NJW-RR 1995, 269). Dem Begehren auf Wiedereinräumung des Mitbesitzes können aber Rechtsmissbrauchsgesichtspunkte entgegenstehen, wenn der ehemalige Partner zur Räumung verpflichtet ist und weitere Umstände hinzukommen (LG Mainz WuM 1992, 440; AG Bruchsal NJW 1981, 1674; – AG Waldshut-Tiengen NJW-RR 1994, 712).

Der andere Partner hat aber die Möglichkeit, sich gegenüber dem Räumungsverlangen des Mieters auf Räumungsschutz nach § 721 ZPO (LG Wiesbaden FamRZ 1960, 152, 154) oder auch auf Vollstreckungsschutz nach § 765a ZPO zu berufen, wenn die dort geregelten Voraussetzungen vorliegen.

Auch im Fall der Scheidung bei Eheleuten oder der Aufhebung der gleichgeschlechtlichen Lebenspartnerschaft nach dem LPartG (vgl. dort § 15) verstößt die Kündigung des allein mietenden Partners grundsätzlich nicht gegen § 138 BGB. Das Innenverhältnis zwischen den Partnern soll den Vermieter nichts angehen. Der Schutz des Partners, der nicht Mietvertragspartei geworden ist, kann allenfalls über das Familiengericht gewährleistet werden (*Blank* in Schmidt-Futterer, Vor §§ 535 Rn. 352 und auch 385 f.).

Ergänzend bleibt noch anzumerken, dass die Fortsetzung oder Wiederherstellung der Lebensgemeinschaft ohne besondere Anhaltspunkte nicht zu einem schlüssigen Verzicht auf die Zwangsvollstreckung aus einem Räumungsurteil gegen den Partner führt (LG Oldenburg NJW-RR 1990, 590).

2. Klage auf Pfandfreigabe bzw. Herausgabe des Sparbuchs

An das

Amtsgericht/Landgericht[1] . . . . .

Klage

In Sachen

des . . . . .

– Kläger –

Prozessbevollmächtigte: . . . . .

gegen

die . . . . .

– Beklagte –

wegen Abgabe einer Willenserklärung

erheben wir hiermit namens und in anwaltlich versicherter Vollmacht des Klägers

Klage,

entrichten aus einem vorläufigen Streitwert in Höhe von EUR . . . . .[2] Vorschuss auf die Gerichtskosten durch beigefügten Verrechnungsscheck in Höhe von EUR . . . . ., bitten um Zustellung der Klageschrift an die Beklagte und Anberaumung eines baldigen frühen ersten Termins zur mündlichen Verhandlung, in dem wir die

Anträge

stellen/verlesen[3] werden, wie folgt zu erkennen:

1. Die Beklagte wird verurteilt, dem Verlangen auf Freigabe der an . . . . . (Vermieter) am . . . . . verpfändeten Sparforderung . . . . . (genaue Bezeichnung) . . . . . unter Herausgabe des Sparbuchs . . . . . (genaue Bezeichnung) . . . . . zuzustimmen.[4]
2. Die Beklagte trägt die Kosten des Rechtsstreits.
3. Das Urteil ist, notfalls gegen Sicherheitsleistung, vorläufig vollstreckbar. Dem Kläger wird nachgelassen, Sicherheitsleistung auch durch unwiderrufliche selbstschuldnerische Bürgschaft eines im Bereich der EU zugelassenen Bank- oder Kreditinstituts zu erbringen, ebenfalls – vorsorglich – zwecks Abwendung der Zwangsvollstreckung.

Sollte das Gericht das schriftliche Vorverfahren beschließen, wird bereits jetzt

Antrag

auf Erlass eines Versäumnisurteils (§ 331 Abs. 3 ZPO)

gestellt.

Begründung:

Der Kläger hat gemeinsam mit der Beklagten am . . . . . einen Wohnraummietvertrag über . . . . . mit . . . . . Vermieter . . . . . abgeschlossen, der seit dem . . . . . beendet ist.

Beweis: Vorerwähnter Mietvertrag, gemäß § 133 Abs. 1 S. 2 ZPO einfach beigefügt in Ablichtung als Anlage K 1.

Entsprechend der dortigen Vereinbarung in § .. haben beide Prozessparteien ihr gemeinsames Sparkonto, wie in Klagantrag Ziff. 1 näher, bezeichnet unter Übergabe des dazu gehörigen Sparbuchs an den – jetzt ehemaligen – Vermieter als Mietsicherheit verpfändet.

Beweis: Kopie der Verpfändungsurkunde und des Sparbuchs, gemäß § 133 Abs. 1 S. 2 ZPO einfach beigefügt in Ablichtung als Anlagen K 2 und K 3.

Dem Vermieter stehen keinerlei Ansprüche mehr aus diesem beendeten Mietverhältnis bzw. dessen Abwicklung zu, so dass die Rückgabe der geleisteten Mietsicherheit fällig ist. Auf die entsprechende Aufforderung der Klägerin hat der ehemalige Vermieter zutreffend darauf hingewiesen, dass es hierfür auch der Mitwirkung des Beklagten bedarf,[5] die dieser aber bislang trotz mehrerer Aufforderungen durch die Klägerin unverständlicherweise verweigert.

Beweis: Schreiben der Klägerin an den Beklagten vom . . . . ., vom . . . . . und vom . . . . .
(letzteres mit Zugangsnachweis), gemäß § 133 Abs. 1 S. 2 ZPO einfach beigefügt in Ablichtung als Anlagenkonvolut K 4.

Daher war nunmehr die Inanspruchnahme gerichtlicher Hilfe unumgänglich. Der Beklagte ist zur Mitwirkung als Gesamtgläubiger verpflichtet, wobei angesichts der ohnehin zu erhebenden Klage auch zugleich seine Mitwirkung auf Rückgabe des Sparbuchs mit geltend gemacht wird.[6]

Rechtsanwalt

Anmerkungen

1. Nachdem es sich nicht um einen Rechtsstreit über Ansprüche aus Miet- oder Pachtverhältnissen über Räume oder deren Bestehen handelt, sondern um eine Auseinandersetzung zwischen mehreren Mietern untereinander nach gesellschafts- oder gemeinschaftsrechtlichen Grundsätzen, finden die §§ 23 Nr. 2 a GVG, 29 a ZPO keine Anwendung. Die Zuständigkeit ergibt sich daher wie in anderen Zivilstreitigkeiten nach dem Streitwert – §§ 23 Nr. 1, 71 Abs. 1 GVG.

2. § 41 GKG ist weder unmittelbar noch analog anwendbar. Maßgeblich ist vielmehr nach § 3 ZPO der mit der Klage erstrebte Erfolg, der sich auf die Höhe der freizugebenden verpfändeten Forderung beläuft.

3. In Anwaltsprozessen werden die Sachanträge grundsätzlich verlesen (§ 297 ZPO). Dies gilt in amtsgerichtlichen Verfahren nur, soweit ausnahmsweise dessen schriftliche Vorbereitung nach § 129 Abs. 2 ZPO aufgegeben wurde (vgl. auch § 496 ZPO). Andernfalls genügt es, die Anträge zu stellen.

4. Die Mietsicherheit kann je nach Absprache im Mietvertrag unter Beachtung der Vorgaben des § 551 BGB auch in Form der Verpfändung eines Sparguthabens oder Sparbuchs, ausgestellt auf den Namen des Mieters, geleistet werden. Dies setzt zum einen eine Einigung der Parteien voraus, dass ein dingliches Pfandrecht und nicht lediglich eine schuldrechtliche Verpflichtung begründet werden soll (BGH NJW 1984, 1749). Zusätzlich muss der Mieter die Verpfändung bei dem Kreditinstitut anzeigen, also unter Angabe der erfolgten Verpfändung und der Identität des Pfandgläubigers (OLG Nürnberg NZM 1998, 660). Andernfalls liegt eine konkludente Sicherungsabtretung vor (Schmidt-Futterer/*Blank* § 551 Rn. 105). Es spielt im Übrigen keine Rolle, in wessen Besitz sich das Sparbuch befindet.

Zu beachten ist allerdings, dass der Vermieter einem derartigen Fall mangels Gleich-
artigkeit der sich gegenüberstehenden Ansprüche keine Aufrechnung nach § 215 BGB
erklären kann (vgl. zuletzt KG Beschl. v. 9.5.2011 – 8 U 172/10 – BeckRS 2011, 14068).
In der Insolvenz des Mieters hat der Vermieter ein Absonderungsrecht.

5. → Form. D. VI. 1 Anm. 6, 8 zu den wechselseitigen Verpflichtungen zwischen
mehreren Mietern und den entsprechenden Rechtsgrundlagen.

6. Der Mieter muss auf Freigabe klagen. Eine Klage auf Zahlung des verpfändeten
Betrages wäre unzulässig (LG Berlin ZMR 2002, 349; LG Kaiserslautern WuM 2003,
630). Das Herausgabeverlangen bezogen auf das Sparbuch würde für sich genommen
keiner Mitwirkung des anderen – ehemaligen – Mieters bedürfen, sofern, ebenso wie bei
der Rückzahlung einer Barkaution, das Klagebegehren auf Leistung an den Kläger und
die Mitmieter lautet (Schmidt-Futterer/*Blank* § 551 Rn. 103: der Vermieter muss die
von mehreren Mietern geleistete Mietsicherheit an alle Leistenden als Gläubiger zur
gesamten Hand zurückgewähren. Hat ein Mieter die volle Mietsicherheit geleistet, liegt
Gesamtgläubigerschaft vor mit der Folge, dass der Vermieter an jeden Mieter leisten
kann mit schuldbefreiender Wirkung auch gegenüber den anderen Mietern. Jeder der
Mieter kann dann den Vermieter im eigenen Namen auf Rückerstattung der Mietsicherheit in Anspruch nehmen. Teilgläubigerschaft ist anzunehmen, wenn die Mietsicherheit von mehreren Mietern anteilig geleistet wurde, so dass jeder Mieter nur ein
Anspruch auf den von ihm geleisteten Anteil an der Mietsicherheit zusteht: *Woitke-
witsch* ZMR 2005, 426).

E. Besonderheiten bei Mietverhältnissen in der Zwangsverwaltung

I. Klagen des Zwangsverwalters gegen den Mieter

1. Klage auf Zahlung von Miete, die der Beschlagnahme unterliegt

An das

Amtsgericht[1].....

Klage

des ..... als Zwangsverwalter[2] für die im Erdgeschoß des Hauses ..... in .....
gelegene Wohnung..

– Kläger –

gegen

..... den Mieter .....

– Beklagter –

auf Zahlung rückständiger Miete

A N T R Ä G E:

Der Beklagte wird verurteilt, an den Kläger ..... EUR zuzüglich Zinsen in Höhe von
fünf Prozentpunkten über dem jeweiligen Basiszinssatz seit dem 04.04 ..... zu zahlen.

Begründung:

Der Kläger macht als Zwangsverwalter der Wohnung .....rückständige Miete geltend.

Der Beklagte mietete die Erdgeschoßwohnung im Haus ..... in ..... von X an. Die
monatliche Bruttomiete beträgt ..... EUR. Die Miete ist monatlich zum jeweils
3. Werktag fällig.

Beweis: Mietvertrag vom .....

X ist eingetragener Eigentümer der streitgegenständlichen Wohnung.[3] Der Kläger wurde
im März ..... zum Zwangsverwalter der Wohnung bestellt.

Beweis: 1. Anordnungsbeschluss des Amtsgerichts ..... vom
2. Bestellungsurkunde vom .....

Am 13.3 ..... nahm der Kläger das Objekt in Besitz. Damit war die Beschlagnahme
bewirkt, § 22 Abs. 1 ZVG.[4] Der Beklagte wurde hierüber nachweislich noch am gleichen
Tag durch Übergabe einer schriftlichen Mitteilung informiert.

Beweis: Mitteilung des Klägers vom 13.3 ..... über die Anordnung der
Zwangsverwaltung mit Empfangsvermerk des Beklagten

Moersch

Der Beklagte hätte also die Miete für den Monat April . . . . . an den Kläger leisten müssen, denn sie ist in der angeordneten Zwangsverwaltung beschlagnahmt, §§ 21 Abs. 2, 146 Abs. 1, 148 Abs. 1 ZVG.[5] Statt die Miete dem Kläger zu überweisen, zahlte sie der Beklagte an Y. Y hatte die Mieten aus dem Mietvertrag zwischen X und dem Beklagten vor Anordnung der Zwangsverwaltung gepfändet.[6]

An Y hätte der Beklagte nicht mehr leisten dürfen. Die Pfändung stellt eine Vorausverfügung dar, nämlich eine Verfügung über den Mietanspruch, die vor der Beschlagnahme erfolgt und sich auch auf Mietforderungen, die nach der Beschlagnahme fällig werden, erstreckt. Die Wirkung von Vorausverfügungen, wie hier der Pfändung, wird durch die Beschlagnahme in der Zwangsverwaltung gebrochen, § 1124 Abs. 2 BGB.

Miet- oder Pachtzahlungen, über die vor der Zwangsverwaltung im Voraus verfügt wurde, werden durch die Beschlagnahme in der Zwangsverwaltung in den Haftungsverband zurückgeführt, §§ 1123 ff. BGB, 8 ZwVwV, und sind an den Zwangsverwalter zu zahlen. Die Miete für April . . . . . hätte daher an den Kläger geleistet werden müssen.

Da zudem während der Zwangsverwaltung ein Aufrechnungsverbot gilt, §§ 392, 1125 BGB, kann sich der Beklagte auch nicht, wie er dies vorgerichtlich versucht hat, mit dem Einwand verteidigen, er habe noch Forderungen gegen X, die er jetzt aufrechne.[7]

Von dem Zeitpunkt an, in welchem dem Beklagten die Beschlagnahme des Grundstücks bekannt war, musste er die der Beschlagnahme unterfallenden Forderungen aus dem Mietverhältnis, insbesondere alle weiter fällig werdenden Mieten, Betriebskostenvorauszahlungen, Kautionen etc. an den Kläger leisten. Weil die Zahlung an den insofern nicht Berechtigten Y geleistet wurde, ist der Beklagte von seiner Mietzahlungspflicht nicht frei geworden, §§ 135, 136 BGB, § 23 ZVG.

Da der Beklagte mehreren vorgerichtlichen Aufforderungen zur Zahlung nicht nachkam, ist Klage geboten.[8]

Beglaubigte und einfache Abschrift anbei.

Rechtsanwalt

Anmerkungen

1. Bei Wohnraummietverhältnissen ergibt sich die ausschließliche sachliche Zuständigkeit des Amtsgerichts aus § 23 Nr. 2 a GVG; bei der Gewerberaummiete ist die übliche Streitwert abhängige Zuständigkeitsregelung der §§ 23 Nr. 1, 71 Abs. 1 GVG zu beachten. Örtlich ausschließlich zuständig ist das Gericht, in dessen Bezirk die Mietsache liegt (vgl. § 29 ZPO).

2. Die Zwangsverwaltung ist neben der Zwangsversteigerung oder der Eintragung einer Zwangssicherungshypothek eine von drei Möglichkeiten, in Immobilien zu vollstrecken. In der Zwangsverwaltung werden die Gläubiger aus den Erträgen, die aus einer Immobilie gezogen werden, also maßgeblich aus Miet- oder Pachtzahlungen, befriedigt, § 21 Abs. 2, 148 ZVG. Die der Zwangsverwaltung maßgeblich zugrunde liegenden Normen enthalten die Zwangsverwalterverordnung (ZwVwV), das ZVG und das BGB.
Hinsichtlich aller Rechte, Pflichten und Gegenstände, die der Beschlagnahme unterfallen, ist der Zwangsverwalter als Partei kraft Amtes prozessführungsbefugt, § 51 ZPO (BGH NJW 1992, 2487; *Haarmeyer/Wutzke/Förster/Hintzen* § 7 ZwVwV, Rn. 2 ff.; *Wedekind/Wedekind* Rn. 1253). Dazu gehören insbesondere alle Forderungen und Rechte aus den Miet- und Pachtverträgen, an die er gebunden ist. Die Verfolgung etwaiger Ansprüche hat

der Zwangsverwalter zeitnah einzuleiten, § 7 ZwVwV. Die Prozessführungsbefugnis beginnt mit der Beschlagnahme (*Haarmeyer/Wutzke/Förster/Hintzen* § 7 ZwVwV, Rn. 6).

Gegenstand und Reichweite der Prozessführungsbefugnis eines Zwangsverwalters sind nicht abschließend und eindeutig im Gesetz geregelt. Dies birgt für alle Beteiligten zahlreiche Risiken (s. hierzu auch *Wedekind* ZInsO 2010, 889–899). Zu einzelnen Fallgestaltungen liegen Entscheidungen des BGH vor. Sofern durch unterschiedliche Senate entschieden wurde, ist die Rechtsprechung nicht in allen Aspekten aufeinander abgestimmt.

In einen Rechtsstreit, den der Schuldner oder für ihn der Insolvenzverwalter eingeleitet hat, tritt der Zwangsverwalter, selbst wenn der Prozessgegenstand die Zwangsverwaltung berührt, nicht ohne weiteres ein. Der Rechtsstreit wird durch die Anordnung der Zwangsverwaltung auch nicht unterbrochen, § 241 ZPO. Vielmehr kann der Zwangsverwalter nur mit Zustimmung des Gegners in den Rechtsstreit eintreten, § 265 Abs. 2 ZPO, oder wenn das Gericht dies für sachdienlich erachtet (BGH NJW 1986, 3206–3209).

Wird ein Mieter vom Zwangsverwalter auf Zahlung verklagt, ist für den Mietervertreter wichtig zu wissen, ob und wie lange die Prozessführungsbefugnis des Zwangsverwalters besteht.

Grundsätzlich enden Amt und Prozessführungsbefugnis mit der Aufhebung des Verfahrens durch Beschluss. Im Aufhebungs- oder einem gesonderten Beschluss kann das Gericht eine Ermächtigung zur nachfolgenden Prozessführung für bestimmte Ansprüche erteilen (§ 12 ZwVwV). Wird ein Zwangsverwaltungsverfahren nicht wegen Antragsrücknahme, §§ 161 Abs. 4, 24 ZVG, oder der vollständigen Befriedigung des Gläubigers, § 161 Abs. 2 ZVG, aufgehoben, sondern weil das Grundstück in der Zwangsversteigerung zugeschlagen wurde, ist der Zwangsverwalter auch ohne entsprechende Ermächtigung im Aufhebungsbeschluss befugt, wegen Nutzungen aus der Zeit vor der Zuschlagserteilung Klage zu erheben, sofern der die Zwangsverwaltung betreibende Gläubiger im Zeitpunkt des Wirksamwerdens des Zuschlagsbeschlusses noch nicht vollständig befriedigt ist (BGH NZM 2010, 676 – 678). Einen Rechtsstreit, der beschlagnahmte Ansprüche betrifft und den er bereits begonnen hatte, darf er fortführen (BGH NJW-RR 2003, 1419–1421; *Hintzen* Rpfleger 2009,67–72; Brandenburgisches Oberlandesgericht Info M 2012, 417). Die Nutzungen aus der Zeit vor der Wirksamkeit des Zuschlags gehören nämlich zur Zwangsverwaltungsmasse (*Morvilius* Rn. 959).

Endet die Zwangsverwaltung durch Versteigerung, kann weder der Ersteher noch ein Grundstücksgläubiger in den vom Zwangsverwalter angestrengten Rechtsstreit gegen einen Mieter eintreten (BGH in LM Nr. 2 zu § 265 ZPO). Der Ersteher eines Grundstücks, das nach vorangegangener Zwangsverwaltung zwangsversteigert worden ist, wird nicht Rechtsnachfolger des früheren Zwangsverwalters (BGH NZM 2012, 724–725; BGH WuM 2012, 457–459).

Endet die Zwangsverwaltung nicht durch Aufhebung nach Zuschlagserteilung, sondern weil der Zwangsverwaltungsantrag zurückgenommen wurde, ist zu differenzieren (*Depré/Mayer* Rn. 654 ff.). Wurde die Zwangsverwaltung ohne jede Beschränkung zurückgenommen, entfällt mit der Aufhebung durch das Gericht die Aktivlegitimation des Zwangsverwalters (BGH NJW-RR 2003, 1419–1421; BGH NJW 2008, 3067–3068; *Wedekind* ZInsO 2009, 808–817), die Prozessführungsbefugnis für bereits anhängige Verfahren geht wieder auf den Schuldner über (BGH NJW 1978, 1529–1531). Um dem vorzubeugen, darf der Gläubiger seinen Antrag auf Rücknahme mit der Maßgabe stellen, dass der Zwangsverwalter berechtigt sein soll, bereits begonnene Rechtsstreite zu Ende zu führen. Das Gericht muss daraufhin seinen Aufhebungsbeschluss entsprechend beschränken, § 12 Abs. 2 ZwVwV.

Selbst wenn der Zwangsverwalter nach dem Inhalt des Aufhebungsbeschlusses befugt ist, rückständige Mieten einzuziehen, ermächtigt ihn dies nicht, einen Rechtsstreit gegen Dritte zu beginnen, welche Mieten unberechtigt vereinnahmt haben. Denn bei dem Anspruch handelt es sich nicht um einen Anspruch auf Zahlung von Miete, sondern um einen Bereicherungsanspruch, § 816 Abs. 2 BGB (BGH ZInsO 2009, 2111–2113).

Zusammengefasst sollte also in einem Aktivprozess eines Zwangsverwalters immer geprüft werden, ob seine Prozessführungsbefugnis (noch) besteht. Umgekehrt ist jede Klage gegen einen Zwangsverwalter mit einem erheblichen Risiko verbunden. Die Prozessführungsbefugnis besteht maßgeblich nur während des Zwangsverwaltungsverfahrens. Vor Beschlagnahme oder nach Beendigung der Zwangsverwaltung gegen ihn erhobene Klagen sind unzulässig (BGH WuM 2005, 463–464). Die Zwangsverwaltung kann durch Gläubiger kurzfristig beendet werden, indem angeforderte Vorschüsse nicht gezahlt werden, § 161 Abs. 3 ZVG, oder der Zwangsverwaltungsantrag uneingeschränkt zurückgenommen wird. Hat der Mieter Klage gegen den Zwangsverwalter erhoben und endet die Zwangsverwaltung während des Rechtsstreits, wird die Klage unzulässig. Sie wäre dann gegen den Schuldner, der wieder Anspruchsinhaber ist, zu richten. Meist ist der Schuldner aber längst nicht mehr solvent und/oder nicht mehr auffindbar. Der Mieter sollte daher seine Ansprüche falls irgend möglich außergerichtlich durch Minderung, Zurückbehaltung etc. sichern. Ob die Voraussetzungen hierfür gegeben sind, ist im Einzelfall zu prüfen. Zu berücksichtigen ist dabei auch, dass es sich bei der Zwangsverwaltung in der Regel um eine zeitlich beschränkte Maßnahme handelt und das Mietobjekt nach ihrem Ende regelmäßig einen neuen Eigentümer hat, dem gegenüber er seine Ansprüche womöglich verfolgen kann.

3. Der Zwangsverwalter ist nur an den Mietvertrag gebunden, wenn der Mieter vom Zwangsverwaltungsschuldner, Nießbraucher oder Eigenbesitzer, § 147 ZVG, angemietet hat. Alle anderen Fälle erfasst § 152 Abs. 2 ZVG nicht (*Stöber* § 152 12.2; BGH Rpfleger 1986, 26). Ferner muss der Mieter/Pächter im Zeitpunkt der Beschlagnahme bereits die Mieträume im Besitz gehabt haben, s. im Übrigen zur Bindung des Zwangsverwalters an die Mietverträge → Form. E. I. 2 Anm. 3.

4. Welche Mietzahlungen der Zwangsverwalter beanspruchen kann, hängt davon ab, wann die Beschlagnahme erfolgte, welche Zahlungen der Mieter bereits geleistet hat und seit wann dem Mieter die Beschlagnahme bekannt war.

Die Beschlagnahme tritt ein entweder

- mit Eingang des die Zwangsverwaltung anordnenden Beschlusses beim Grundbuchamt, §§ 146, 22 Abs. 1 S. 2 ZVG;
- oder mit Inbesitznahme (Erlangung des mittelbaren oder unmittelbaren Besitzes) durch den Zwangsverwalter, § 151 Abs. 1 ZVG
- oder durch Zustellung des Anordnungsbeschlusses an den Zwangsverwaltungsschuldner, § 22 Abs. 1 S. 1 iVm § 146 ZVG. Gibt es mehrere Zwangsverwaltungsschuldner, die als Gesamthänder Eigentümer der zwangsverwalteten Immobilie sind, tritt die Beschlagnahme mit der Zustellung an den letzten der Schuldner ein. Besteht Bruchteilseigentum, kann für jeden Bruchteil, je nach dem, wann dem betreffenden Eigentümer zugestellt wurde, die Beschlagnahme unterschiedlich eintreten,
- oder mit der Zustellung eines vom Vollstreckungsgericht erlassenen Zahlungsverbots an den Mieter § 151 Abs. 3, 22 Abs. 2 S. 2 ZVG.

Entscheidend für den Zeitpunkt der Beschlagnahme ist, welche der Alternativen zuerst verwirklicht wurde.

Zum beschlagnahmten Vermögen gehören zunächst alle aus dem Miet- oder Pachtvertrag geschuldeten Zahlungen, die vom Zeitpunkt der Beschlagnahme an gerechnet nicht länger als ein Jahr zurückliegend fällig geworden sind und noch nicht geleistet wurden, § 1123 Abs. 2 S. 1 BGB. Geleistet wurden Zahlungen, wenn sie vor der Beschlagnahme an den damals Berechtigten erbracht worden sind. Dies kann der Vermieter, ein Gläubiger des Vermieters, aber auch der Insolvenzverwalter gewesen sein. Alle Forderungen, die innerhalb der Jahresfrist vor der Beschlagnahme fällig und noch nicht ausgeglichen wurden, sind an den Zwangsverwalter zu zahlen.

Von der Beschlagnahme an sind alle aus dem Miet- oder Pachtverhältnis weiter fällig werdenden und noch nicht geleisteten Zahlungen nach Maßgabe der §§ 1123 Abs. 2, 1124 Abs. 2 BGB, §§ 148, 146, 20 ZVG an den Zwangsverwalter zu entrichten:

Ist die Miete monatlich im Vorhinein zu zahlen und erfolgte die Beschlagnahme vor dem 15. des laufenden Monats, ist die Miete des laufenden Monats nicht mehr von der Beschlagnahme erfasst, wenn sie für den betreffenden Monat schon geleistet wurde. Erfolgt die Beschlagnahme nach dem 15. des Monats, ist nicht nur die Miete des laufenden Monats, sondern auch die des folgenden frei, § 1123 Abs. 2, 1124 Abs. 2 BGB. Alle darüber hinaus künftig fällig werdenden Mieten sind an den Zwangsverwalter zu zahlen.

Wird die Miete oder Pacht nicht monatlich, sondern für längere Zeitabschnitte, zum Beispiel quartalsmäßig, halbjährlich oder jährlich gezahlt, ist der zum jeweiligen Zahlungstermin geschuldete Betrag auf Monate umzurechnen und muss entsprechend an den Zwangsverwalter gezahlt werden (*Wedekind/Wedekind* Rn. 1197 ff.; *Depré/Mayer* Rn. 180)

Für das hier gewählte Beispiel, in dem die Beschlagnahme nachweislich und in Kenntnis des Mieters vor dem 15. eines Monats, nämlich am 13. März . . . . . erfolgte, stand dem Zwangsverwalter die Miete für den darauf folgenden April . . . . . zu.

Grundsätzlich sind Mieten aus Untermietverhältnissen nicht mit beschlagnahmt (LG Bonn ZIP 1981, 730; *Stöber* § 148 Rn. 2.3 f). Der Zwangsverwalter darf auf sie nicht zugreifen, weil die Gläubiger nicht berechtigt sind, sich aus Vermögen zu befriedigen, das dem Schuldner nicht gehört. In einem Sonderfall hat der BGH jedoch entschieden, der Zwangsverwalter dürfe auf die Zahlungen des Untermieters zugreifen (BGH NZM 2005, 433–434). In dem betreffenden Fall war die Untervermietung gewählt worden, um den Gläubigern die Mieterträge zu entziehen, wobei der Schuldner mit seinem Mieter zulasten der Gläubiger zusammengewirkt hatte. Der BGH erklärte daraufhin das Hauptmietverhältnis für nichtig (BGH NZM 2005, 433 f.).

5. Ein Zwangsverwalter kann einen Mieter nur dann erfolgreich auf Zahlung von Mieten in Anspruch nehmen, wenn der Mieter nachweislich von der Beschlagnahme wusste oder ihm ein vorläufiges Zahlungsverbot zugestellt wurde, § 22 Abs. 1 S. 2 ZVG. Die bloße Möglichkeit der Kenntnisnahme durch Zugang der Mitteilung des Zwangsverwalters über die Anordnung der Zwangsverwaltung nach § 130 Abs. 1 S. 1 BGB reicht nicht aus. Hat der Zwangsverwalter die Mitteilung beispielsweise in den Briefkasten des Mieters eingeworfen und liest sie der Mieter erst nach geraumer Zeit, weil er die eingehende Post nicht kontrolliert hat, ist ihm die Beschlagnahme erst ab diesem Zeitpunkt bekannt. Hat er in diesem Zeitpunkt bereits beschlagnahmte Mieten an nicht mehr Berechtigte, wie zum Beispiel den Zwangsverwaltungsschuldner gezahlt, kann ihn der Zwangsverwalter nicht auf erneute Zahlung in Anspruch nehmen (s. LG Berlin GE 2007, 1121 – 1123). Weil die Vorausverfügung aber unberechtigt war, kann der Verwalter die Zahlung von demjenigen, der sie erhalten hat, zurückfordern.

6. Bei einer Pfändung handelt es sich um eine Vorausverfügung. Vorausverfügungen sind alle Rechtsgeschäfte des Schuldners, durch welche die Miet- oder Pachtforderung unmittelbar übertragen, belastet, geändert oder aufgehoben wird. Eine Vorausverfügung liegt vor, wenn die Miete oder Pacht abgetreten, verpfändet oder gepfändet war. Ebenso, wenn sie durch den Vermieter erlassen, aufgerechnet oder gestundet wurde.

Wird in einem Mietvertrag vereinbart, dass die Miete nicht nach periodischen Zeitabschnitten zu zahlen ist, sondern als Einmalzahlung vorab, erlischt mit der Zahlung dieses Einmalbetrages der Anspruch auf Mietzahlung insgesamt. Wird die Einmalzahlung geleistet, bevor die Beschlagnahme durch einen Grundpfandgläubiger erfolgt, ist die Verfügung ihm gegenüber wirksam, § 1124 Abs. 1 BGB. Nach § 1124 Abs. 2 BGB ist eine Verfügung dem Grundpfandgläubiger gegenüber nur insoweit unwirksam, als sie sich auf eine spätere Zeit als den Monat der Beschlagnahme bezieht. Eine Vorausverfügung nach § 1124 BGB setzt somit die Existenz einer nach periodischen Zeitabschnitten bemessenen Mietforderung gegen den Schuldner voraus, auf die rechtsgeschäftlich eingewirkt wird. An einer solchen Mietforderung fehlt es, wenn vereinbart ist, dass die Miete mit einer Einmalzahlung abgegolten ist (BGH NJW 2007, 2919–2921).

7. Dem Mieter ist es verboten, etwaige, ihm gegen den Vermieter zustehende Zahlungsansprüche gegen Miet- oder andere -forderungen aufzurechnen, die nach der Beschlagnahmewirksamkeit fällig geworden sind, §§ 392, 1125 BGB. Obwohl der VIII. Senat des BGH entschieden hat, ein Mieter könne vom Zwangsverwalter selbst dann die Rückzahlung der Kaution verlangen, wenn der Zwangsverwalter die Kaution nicht erhalten habe, bleibt es bei dem Aufrechnungsverbot (BGH NJW-RR 2005, 1029–1031; NZM 2005, 596–599; BGH NZM 2003, 871–872; *Depré/Mayer* Rn. 194). Mit Forderungen, die dem Mieter gegen den Zwangsverwalter zustehen, ist die Aufrechnung möglich (*Wedekind/Wedekind* Rn. 1202).

Das Aufrechnungsverbot erfasst alle Forderungen ohne Rücksicht auf den Rechtsgrund. Der Mieter oder Pächter darf deshalb auch keine Ansprüche wegen notwendiger Aufwendungen aufrechnen, die ihm gegen den Vermieter zustehen können, weil dieser seiner Instandhaltungspflicht nicht nachgekommen ist, § 1135 BGB (MüKoBGB/*Eickmann*, § 1125, Rn. 5; keine Aufrechnung von Versorgungskosten, die der Mieter vor der Zwangsverwaltung verauslagt hat gegenüber vom Zwangsverwalter geltend gemachter Mieten, AG Heilbronn ZfIR 2009, 114).

Nicht vom Aufrechnungsverbot erfasst sind Mietforderungen aus der Zeit vor der Beschlagnahme. Gegen diese kann der Mieter aufrechnen, da der Eigentümer über diese Forderungen hätte wirksam verfügen können (§ 1124 BGB). Voraussetzung ist aber, dass auch der Mieter seinen Anspruch vor der Beschlagnahme der Mietforderungen erworben hat (Palandt/*Bassenge* BGB § 1125 Rn. 1; vgl. *Eckert* „Mietvertragsdurchführung und – abwicklung mit dem Zwangsverwalter", im Archiv des Mietgerichtstags unter www. mietgerichtstag.de\mietgerichtstag_2008.php, dort 6. a) und b)).

Kein Raum ist für Aufrechnungen, bei denen es in der Gegenseitigkeit fehlt, weil der Zwangsverwalter die vom Mieter verlangte Leistung nicht schuldet (BGH NJW 2009, 1076–1078).

Gesetzlich verboten ist nur die Aufrechnung, § 1125 BGB. Erlaubt ist dem Mieter, die Miete zurückzuhalten, es sei denn es fehlt an der Gegenseitigkeit der Forderungen, so dass die Ausübung einer von § 1125 BGB nicht mehr gedeckten Aufrechnung gleichkäme (BGH NJW 2009, 1990)

Wird ein Mieter durch einen Zwangsverwalter auf Zahlung von Miete verklagt, kann er sich unter Umständen damit verteidigen, er habe Baukostenzuschüsse geleistet (BGH NJW 1953, 1182). Wohnt der Mieter derartige Leistungen ab oder werden sie mit der Miete verrechnet, ist dies dem Zwangsverwalter und den die Zwangsverwaltung betreibenden Gläubigern gegenüber wirksam (BGHZ 29, 289; 6, 202; 15, 296; 16,31, 36; 37, 346; OLG Düsseldorf NJW-RR 1994, 1234 f.; *Reismann* WM 1998, 388 f.). Anderes gilt in der Zwangsversteigerung: Aufgrund der Abschaffung von §§ 57c, 57 d ZVG wirken derartige Finanzierungsleistungen nicht mehr gegen Ersteher (*Eckert* ZfIR 2008, 453 f.).

Der Mieter wird sich nur dann erfolgreich darauf berufen können, einen Baukostenzuschuss geleistet zu haben, wenn die Vereinbarung mit ihm über die Zahlung und die Verwendung des Geldes (interessant hierzu: AG Köln WuM 2001, 21) vor der Beschlagnahme, nicht zwingend aber schon im Mietvertrag, erfolgt ist. Es muss ausdrücklich vereinbart worden sein, dass die Miet- oder Pachtzahlungen zum Aus- oder Aufbau des Grundstückes verwendet werden. Die Mittel müssen zweckentsprechend verwendet worden sein (*Garczynski* JurBüro 1999, 63 mwN; *Reismann* WM 1998, 388 f.). Der Wert der Mietsache muss sich durch die Leistung erhöht haben (BGHZ 16, 31; OLG Bremen ZMR 1955, 75; LG Lüneburg Rpfleger 1987, 513 f.). Darauf, in welchen Baumaßnahmen und Bauteilen sich das eingesetzte Geld im Einzelnen niedergeschlagen hat, kommt es wegen der

Maßgeblichkeit des durch die Baumaßnahmen erreichten Gesamtergebnisses nicht an. Ebenso wenig darauf, ob der Mieter die Leistung selbst erbracht hat, solange sie ihm zurechenbar ist (BGH NZM 2012, 301). Dafür, dass die vorgenannten Voraussetzungen vorliegen, ist der Mieter beweispflichtig (BGH NJW 1959, 380, 381; *Wedekind/Wedekind* Rn. 1226). Freiwillige Leistungen des Mieters lassen also ebenso wenig eine erfolgreiche Berufung auf angeblich geleistete Baukostenzuschüsse zu wie Maßnahmen, die nicht werterhöhend wirken (*Wedekind/Wedekind* Rn. 1226; kritisch Schmidt-Futterer/*Streyl* BGB § 566c Rn. 23 ff.).

8. Es besteht die Möglichkeit, die Gläubiger zu bitten, auf die Zahlung zu verzichten, § 8 ZwVwV. Da die Gläubiger in der Regel daran interessiert sind, zuverlässig die laufenden Mieten zu erhalten, um mit ihnen die Kosten der Bewirtschaftung der Immobilie zu decken und ihre eigenen Forderungen befriedigt zu bekommen, kann es gut sein, dass ihnen eine einzige Mietzahlung nicht derart wichtig ist, um den Zwangsverwalter deshalb einen Rechtsstreits gegen den Mieter führen zu lassen, wenn der Mieter die weiteren Mieten zahlt. Der Mieter seinerseits hat einen Bereicherungsanspruch gegen den Zahlungsempfänger.

2. Klage auf Einsicht in den Mietvertrag

An das

Amtsgericht . . . . .

Klage

des . . . . . als Zwangsverwalter für die im Erdgeschoß des Hauses . . . . . in . . . . .gelegene Wohnung..

– Kläger –

gegen

. . . . . den Mieter . . . . .

– Beklagter –

auf Vorlage/Einsichtnahme in den Mietvertrag[1]

A N T R Ä G E :

Der Beklagte wird verurteilt, dem Kläger den Mietvertrag, den er über die im Erdgeschoss des Hauses . . . . . in . . . . . gelegene Wohnung mit X geschlossen hat, vorzulegen oder dem Kläger zu gestatten, den Mietvertrag einzusehen[2]

Begründung:

Der Beklagte mietete die Erdgeschoßwohnung im Haus . . . . . in . . . . . von X an. Der Kläger wurde zum Zwangsverwalter dieser Wohnung bestellt.

Beweis: Beschluss über die Anordnung der Zwangsverwaltung vom . . . . .

Das Mietverhältnis besteht fort. Es ist die Aufgabe des Klägers, die Vermieterpflichten aus dem Mietvertrag wahrzunehmen, beispielsweise die Nebenkosten abzurechnen, sofern dies geschuldet ist, Kautionen ordnungsgemäß anzulegen etc., § 152 Abs. 2 ZVG.[3]

Zu seinen Aufgaben gehört es auch, die laufenden Mieten zu vereinnahmen, sofern sie der Beschlagnahme unterliegen, §§ 21 Abs. 2, 146 Abs. 1 ZVG.

Der Kläger nahm die Wohnung am 13.3 . . . . . in Besitz, stellte sich dem Beklagten vor und übergab ihm seine Bestellungsurkunde sowie den Beschluss, mit dem die Zwangsverwaltung angeordnet wurde in Abschrift. Der Beklagte quittierte, die Unterlagen in Empfang genommen zu haben.

Beweis: Handschriftliche Quittung des Beklagten auf der Kopie des
       Anordnungsbeschlusses und der Bestellungsurkunde vom . . . . .

Der Beklagte weiß daher, dass der Kläger Zwangsverwalter der Wohnung ist. Der Kläger bat den Beklagten am 13.3 . . . . ., ihm den Mietvertrag, den er mit X über die streitgegenständliche Wohnung geschlossen hat, zur Einsicht vorzulegen: Da er für die Dauer der Zwangsverwaltung die Vermieterpflichten aus dem Mietverhältnis wahrzunehmen hat und die geschuldeten Miet- und sonstigen Zahlungen einziehen muss, § 152 ZVG, muss er die zugrunde liegenden Regelungen des Mietvertrages kennen.

Der Beklagte weigert sich. Er meint, die Wohnung habe schon mehrfach unter Zwangsverwaltung gestanden. Er sei es leid, Zwangsverwaltern immer wieder Unterlagen, die zum Mietverhältnis gehören, zugänglich zu machen. Er wisse außerdem, dass der Kläger mit dem Beschluss, mit dem die Zwangsverwaltung angeordnet worden sei, die Herausgabevollstreckung hinsichtlich aller Unterlagen und Gegenstände, die zum Mietverhältnis gehören, gegenüber seinem Vermieter, dem X, betreiben könne. Dafür, gegen ihn vorzugehen, gebe es daher keinen Grund und schon gar kein Rechtsschutzbedürfnis.

Beweis: Schreiben des Beklagten vom . . . . .

Richtig ist, dass auch hinsichtlich des Mietvertrages die Herausgabevollstreckung gegen X als Zwangsverwaltungsschuldner mithilfe des Anordnungsbeschlusses möglich ist.[4] X wurde jedoch schon mehrfach schriftlich zur Herausgabe des Mietvertrages, der Nebenkostenabrechnungen und -belege, einer möglicherweise geleisteten Kaution etc. aufgefordert, letztmals unter Fristsetzung zum . . . . .

Beweis: 1. Schreiben des Klägers vom . . . . .
        2. Schreiben des Klägers vom . . . . .

Bis heute reagierte X hierauf nicht. Auch anderweitig verhielt sich X im Rahmen des Zwangsverwaltungsverfahrens unkooperativ. Ob er sich (noch) im Besitz der Unterlagen befindet und ob der Gerichtsvollzieher sie bei ihm finden würde, ist vollkommen offen. Dagegen, vom Beklagten zu verlangen, dass der den Mietvertrag vorlegt, gibt es also keine vernünftigen Einwände. Insbesondere fehlt es nicht am Rechtsschutzinteresse, da nicht feststeht, dass der Kläger sicher und auf einfacherem Wege von X die Unterlagen erlangen kann.[5]

Beglaubigte und einfache Abschrift anbei.

                                         Rechtsanwalt

Anmerkungen

1. Zur gerichtlichen Zuständigkeit, der Prozessführungsbefugnis des Zwangsverwalters und dazu, an welche Mietverträge er gebunden ist, → Form. E. I. 1 Anm. 1–3.

2. Das Recht, in das Mietvertragsexemplar des Mieters Einsicht zu nehmen, ergibt sich aus §§ 809 ff. BGB. Es ist eine nebenvertragliche Pflicht des Mieters, Einsicht zu gewähren (AG Stolzenau WuM 1998, 212 und WuM 1999, 32–33; *Eckert*, „Mietvertragsdurchführung und –abwicklung mit dem Zwangsverwalter", Vortrag anlässlich des Mietgerichtstags 2008 unter www.mietgerichtstag.de, „Thematische Übersicht der Vorträge und Referenten"). Kommt der Mieter dieser Pflicht nicht nach, kann der Zwangsverwalter seinen Anspruch auf Einsichtnahme gerichtlich geltend machen (*Depré/Mayer* Rn. 552).

3. Nach § 152 ZVG ist der Zwangsverwalter verpflichtet, das Grundstück in seinem wirtschaftlichen Bestand zu erhalten und es ordnungsgemäß zu benutzen. Ansprüche, die der Beschlagnahme unterfallen, hat er geltend zu machen. Die laufenden Kosten des Objektes hat er zu begleichen und die nach Ausgleich der Kosten des Verfahrens verbleibenden Erträge nach Maßgabe der § 155 Abs. 1, 10 ZVG an die Gläubiger zu verteilen. Ist das Grundstück vor Beschlagnahme, → Form. E. I. 1 Anm. 4, einem Mieter oder Pächter überlassen, so ist der Miet- oder Pachtvertrag auch dem Zwangsverwalter gegenüber wirksam, § 152 Abs. 2 ZVG.

Hieraus leitet insbesondere der VIII. Senat des BGH ab, der Zwangsverwalter habe die Vermieterpflichten aus den Mietverträgen, an die er gebunden ist, umfassend zu erfüllen, hinsichtlich aller Rechte und Pflichten aus dem Mietvertrag sei er wie der Vermieter zu behandeln (ua BGH NJW 2003, 3342; BGH NZM 2005, 596; BGH NZM 2009, 481, Tz. 8 f.; BGH NJW 2009, 1673–1674, statt vieler hierzu krit. *Wedekind/Wedekind* Rn. 1195 ff.). – Dazu gehört allerdings nicht, dem Mieter, wenn er hinsichtlich seiner Wohnung das Vorkaufsrecht nach § 577 Abs. 1 BGB ausgeübt hat, das Eigentum an der Wohnung zu verschaffen (BGH NJW 2009, 1076–1078). Aufgrund seines gesetzlich bestimmten Aufgabenkreises ist der Zwangsverwalter darauf angewiesen, den Inhalt der Mietverträge, an die er gebunden ist, zu kennen.

Gebunden ist der Zwangsverwalter an alle Miet- und Pachtverhältnisse, die er in Vollzug gesetzt vorfindet und bei denen der Mieter Besitz an der Mietsache erlangt hat oder mindestens erlangen konnte, → Form. B. III. 1 Anm. 16. Der Mieter muss vom Zwangsverwaltungsschuldner, Nießbraucher oder Eigenbesitzer angemietet haben. Alle anderen Fälle erfasst § 152 Abs. 2 ZVG nicht, → Form. E. I. 1 Anm. 3.

Die Bindungswirkung nach § 152 Abs. 2 ZVG tritt nicht ein, wenn das Mietverhältnis im Zeitpunkt der Beschlagnahme bereits beendet ist (*Haarmeyer/Wutzke/Förster/Hintzen* § 6 Rn. 7; *Wedekind/Wedekind* Rn. 1148). Beendet ist es, wenn der Mietvertrag nicht mehr besteht und der Mieter ausgezogen ist. Daran ändern noch nicht erledigte Abwicklungshandlungen, wie zum Beispiel die Abrechnung von Nebenkosten oder Mietsicherheiten nichts (BGH ZfiR 2007, 209). Offen gelassen hat der BGH, ob etwas anderes gilt, wenn die Anordnung der Zwangsverwaltung in der Zeit zwischen Vertragsende und Rückgabe des Mietobjekts wirksam wird und der Zwangsverwalter die gemäß § 546a Abs. 1 BGB vom Mieter geschuldete Nutzungsentschädigung zur Haftungsmasse zieht (BGH, ZFR 2007, 209).

4. Der Zwangsverwaltungsschuldner ist gegenüber dem Zwangsverwalter zur Herausgabe der Unterlagen, die der Zwangsverwalter für die Verwaltung benötigt, verpflichtet, § 402 BGB, § 148 Abs. 1, 21 Abs. 1, 2 ZVG. Der Zwangsverwalter kann mit dem Beschluss über die Anordnung der Zwangsverwaltung als Vollstreckungstitel den Gerichtsvollzieher mit der Herausgabevollstreckung gegen den Vermieter hinsichtlich aller das Mietverhältnis betreffenden Schriftstücke und Gegenstände, also auch der Mietverträge, beauftragen (BGH WuM 2005, 405–407; AG Ludwigsburg, DGVZ 2009, 152; s. auch *Wedekind/Wedekind* Rn. 935 ff.). Er benötigt nicht einmal eine Durchsuchungsanordnung, wenn er hierfür die Wohnung des Schuldners betreten werden muss (BGH NZM 2011, 628–629). Findet der Zwangsverwalter die Unterlagen nicht, nimmt der Gerichtsvollzieher dem Schuldner allenfalls die eidesstattliche Versicherung über deren Verbleib ab (BGH NJW-RR 2005, 1032–1033). Weiter reicht die Befugnis, die die Herausgabevollstreckung gibt, nicht.

Auch wenn der Zwangsverwalter Auskünfte vom Schuldner benötigt, kann er den Gerichtsvollzieher gem. § 148 Abs. 2, § 150 Abs. 2, § 152 ZVG, § 753 ZPO damit beauftragen, die Auskunft vom Schuldner einzuholen, wenn sie zur Zwangsvollstreckung in das Grundstück erforderlich ist (AG Künzelsau ZfIR 2012, 38).

5. Dem Zwangsverwalter steht es frei, ob er den Anspruch auf Einsicht gegenüber dem Mieter oder den Anspruch auf Herausgabe gegenüber dem Vermieter geltend macht (AG Stolzenau in WuM 1999, 32–33).

3. Klage auf Zutritt, Besichtigungsrecht

→ Form. B. II. 59 Anm. 12.

II. Ansprüche des Mieters gegen den Zwangsverwalter

1. Vorbemerkungen

Ansprüche des Mieters gegen den Zwangsverwalter werden in gesonderten Textanhängen zu den betreffenden Formularen behandelt: Da nach Auffassung des VIII. Senates des BGH der Zwangsverwalter aufgrund von § 152 ZGV die Vermieterpflichten ganz umfassend wahrzunehmen hat, ergeben sich für den Mieter während der laufenden Zwangsverwaltung keine wesentlichen Besonderheiten. Den Zwangsverwalter kann er ebenso in Anspruch nehmen, wie sonst seinen Vermieter. Wegen des hohen Risikos, dass die Zwangsverwaltung, beispielsweise wegen Antragsrücknahme oder Nichteinzahlung von Vorschüssen plötzlich endet, sollte der Mieter seine Ansprüche nach Möglichkeit außergerichtlich durch Aufrechnung, Zurückbehaltung etc. sichern, → Form. E. I. 1 Anm. 2, also keine Klage erheben.

2. Anspruch auf erstmalige Einräumung des Mietbesitzes

→ Form. B. III. 1 Anm. 16.

3. Anspruch des Mieters auf Auskunft über die Anlage bzw. den Verbleib der Kaution

→ Form. B. III. 39 Anm. 7.

4. Anspruch auf Anlage bzw. Auffüllen der Kaution

→ Form. B. III. 40 Anm. 10.

5. Anspruch des Insolvenzverwalters des Mieters auf Auskehrung des Kautionsguthabens

→ Form. C. III. 5 Anm. 18.

6. Anspruch auf Abrechnung der Betriebskosten

→ Form. B. III. 45 Anm. 15.

7. Anspruch auf Mängelbeseitigung

→ Form. B. III. 13 Anm. 8.

F. Besonderheiten bei Mietverhältnissen in der Insolvenz

I. Mieterinsolvenz – Klagen des Vermieters

1. Klage gegen den Mieter auf Herausgabe der Wohnung des Insolvenzschuldners wegen Zahlungsverzugs (eröffnetes Insolvenzverfahren)

An das

Amtsgericht[1]

. . . . .

Klage

des Vermieters

– Kläger –

gegen

. . . . .den Mieter[2]. . . . .

– Beklagten –

auf Herausgabe (Wohnraummietverhältnis)

Streitwert:..[3]

A N T R Ä G E:

Der Beklagte wird verurteilt, die Wohnung in der . . . . . Etage des Hauses . . . . . in . . . . . bestehend aus drei Zimmern, Küche, Bad, Balkon und Kellerraum Nr . . . . . an den Kläger herauszugeben.[4]

Begründung:

Der Kläger verlangt vom Beklagten Herausgabe der ihm vermieteten Wohnung. Das Mietverhältnis wurde gekündigt, weil der Beklagte, seit er Insolvenzantrag gestellt hat, keine Miete mehr zahlt.

Der Beklagte mietete vom Kläger die im Klageantrag näher bezeichnete Wohnung an.

Beweis: Mietvertrag vom . . . . .

Die monatliche Miete beträgt netto . . . . .EUR. Hinzu kommt eine monatliche Betriebskostenvorauszahlung in Höhe von . . . . .EUR.

Beweis: Wie vor, dort . . . . .

Schon seit geraumer Zeit zahlte der Beklagte die Miete nicht pünktlich und nicht vollständig. Nachdem eine vorgerichtliche Einigung mit seinen Gläubigern fehlschlug,[5] stellte er Insolvenzantrag. Das Insolvenzverfahren wurde am . . . . . eröffnet.[6]

Beweis: Eintrag unter www.insolvenzbekanntmachungen.de in Abschrift

Sofort nach Eröffnung des Insolvenzverfahrens gab dessen Treuhänder die Enthaftungserklärung nach § 109 Abs. 1 S. 2 InsO ab. Der Kläger möge sich wegen der weiter fällig werdenden Ansprüche aus dem Mietverhältnis direkt an den Beklagten wenden.[7]

Beweis: Schreiben des Treuhänders vom . . . . .

Nachdem der Insolvenzantrag gestellt worden war, zahlte der Beklagte zwei Bruttomonatsmieten nicht, nämlich die Mieten für die Monate . . . . ., ... und . . . . . Der Kläger kündigte das Mietverhältnis deshalb fristlos, hilfsweise fristgerecht.[8]

Beweis: Kündigungsschreiben vom . . . . .

Die Kündigung ließ er vorsorglich sowohl dem Beklagten als auch dessen Treuhänder zustellen.[9]

Beweis: Zeugnis des . . . . .

Schon bevor der Beklagte Insolvenzantrag stellte, standen zwei Bruttomonatsmieten offen, nämlich die Mieten für . . . . . in Höhe von . . . . .[10]

Da der Beklagte die Wohnung bis heute weder geräumt noch herausgegeben hat, ist Klage geboten.

Beglaubigte und einfache Abschrift anbei.

Rechtsanwalt

Anmerkungen

1. Bei Wohnraummietverhältnissen ergibt sich die ausschließliche sachliche Zuständigkeit des Amtsgerichts aus § 23 Nr. 2 a GVG. Örtlich ausschließlich zuständig ist das Gericht, in dessen Bezirk die Mietsache liegt, vgl. § 29 ZPO.

2. → Form. C. II. 8: Die Klage ist gegen den Mieter und alle Personen zu richten, die mit dem Mieter zusammen in der Wohnung leben und ein selbstständiges Besitzrecht an der Wohnung haben.

Gegen einen Treuhänder/Insolvenzverwalter kann der Anspruch auf Herausgabe der Wohnung nur ganz ausnahmsweise und nur im Umfang des § 985 BGB gerichtet werden, wenn er die Wohnung in Besitz genommen hat oder wenn er unter Anerkennung fremden Eigentums das Recht beansprucht, die Mietwohnung für die Masse zu nutzen und darüber zu entscheiden, ob, wann und in welcher Weise er sie an den Vermieter zurückgibt (BGH ZIP 2008, 1736). Diese Voraussetzungen liegen in der Regel nicht vor: An der Wohnung des Schuldners hat der Treuhänder/Insolvenzverwalter kein Interesse. Aus ihr lässt sich zugunsten der Gläubiger keine Masse generieren. Im Gegenteil: Es besteht immer die Gefahr, dass das Insolvenzverfahren durch Verbindlichkeiten aus dem Mietverhältnis belastet wird, wenn sie der Schuldner selbst nicht erfüllt. Der Treuhänder/Insolvenzverwalter wird daher so rasch wie möglich die Enthaftungserklärung nach § 109 Abs. 1 S. 2 InsO abgeben, → Anm. 7. Dies vor allem auch, um Haftungsgefahren für sich zu vermeiden. Durch die verspätete Abgabe der Erklärung nach § 109 Abs. 1 S. 2 InsO können Mietverbindlichkeiten auflaufen, für die die Masse haftet, die aber mangels Masse nicht beglichen werden können (BGH WM 2012, 533–537).

Eine vergleichbare Situation ergibt sich bei Gewerberaummietverhältnissen, die der Insolvenzschuldner für seine selbstständige Tätigkeit benötigt. Hier hat sein Insolvenzverwalter nach § 35 Abs. 2 InsO zu erklären, ob Vermögen und Ansprüche, die aus der selbstständigen Tätigkeit des Insolvenzschuldners stammen, zur Insolvenzmasse gehören. Zieht er die Ansprüche aus der selbstständigen Tätigkeit nicht zur Masse, löst er das Gewerberaummietverhältnis von der Masse, ohne es zu kündigen. Es besteht mit Wirkung für und gegen den insolventen Mieter fort. Auf die selbstständige Tätigkeit des Schuldners bezogene vertragliche Ansprüche von Gläubigern, die nach dem Zugang der Erklärung beim Schuldner entstehen, können dann nur gegen den Schuldner und nicht gegen die Masse verfolgt werden (BGH NJW 2012, 1361–1364).

3. Der Streitwert bemisst sich nach der Jahresnettomiete, § 41 Abs. 2 GKG.

4. Der (dingliche) Anspruch auf Herausgabe der Wohnung (§ 985 BGB) ist ein Aussonderungsanspruch, § 47 InsO. Aussonderungsansprüche sind auf Herausgabe eines Gegenstandes gerichtet, der nicht in die Insolvenzmasse, sondern einem Gläubiger gehört. Während des laufenden Insolvenzverfahrens kann er gerichtlich geltend gemacht werden. Der Vermieter muss ihn im laufenden Insolvenzverfahren gegen den Schuldner direkt richten, wenn dieser die Wohnung trotz wirksamer Kündigung nicht herausgibt (*Flatow* NZM 2011, 616).

Demgegenüber ist der (schuldrechtliche) Anspruch auf Räumung der Wohnung (§ 546 BGB) hinsichtlich der Gegenstände, die vor Antragstellung in die Wohnung gebracht wurden, ein Insolvenzanspruch. Der Anspruch, die Wohnung geräumt zurückzuerhalten, wurde bereits mit Abschluss des Mietvertrages, also vor dem Insolvenzantrag begründet, § 38 InsO. Er ist in Geld umzurechnen und zur Insolvenztabelle anzumelden, § 45 InsO. Während des laufenden Insolvenzverfahrens kann er nicht gerichtlich geltend gemacht und auch nicht vollstreckt werden. Siehe aber nachstehend zur Möglichkeit der Vollstreckung durch Besitzeinweisung.

Hinsichtlich der Gegenstände, die nach Stellung des Insolvenzantrags eingebracht wurden, handelt es sich bei dem Räumungsanspruch um eine (Neu)Masseverbindlichkeit. Er ist nach Insolvenzantragstellung, möglicherweise nach Abgabe der Masselosigkeitserklärung mit Einbringung entstanden.

Wurde aufgrund einer Kündigung wegen Zahlungsverzuges bereits vor Eröffnung des Insolvenzverfahrens Klage auf Räumung und Herausgabe erhoben, lässt sich die Klage nach Eröffnung des Verfahrens nur hinsichtlich des Herausgabeanspruches fortführen. Hinsichtlich des geltend gemachten Räumungsanspruches würde eine bereits vor Eröffnung des Insolvenzverfahrens anhängige Klage nach § 240 ZPO unterbrochen (BGH NZM 2004, 734).

Selbst wenn der Räumungsanspruch bereits tituliert wäre, würde er sich im eröffneten Verfahren zunächst nicht mehr vollstrecken lassen, § 89 Abs. 1 InsO. Das Vollstreckungsverbot gilt während des gesamten Insolvenzverfahrens. Mit einem gegebenenfalls aus der Zeit vor der Eröffnung des Insolvenzverfahrens stammenden Räumungstitel könnte daher während des laufenden Insolvenzverfahrens die Wohnung des Schuldners nicht geräumt werden.

Sobald der Treuhänder/Insolvenzverwalter die Enthaftungserklärung nach § 109 Abs. 1 S. 2 InsO abgegeben hat, kann die Klage auf Räumung wieder gegen den Schuldner erhoben bzw. fortgesetzt werden, wobei es hinsichtlich der Gegenstände, die vor Eröffnung des Insolvenzverfahrens bereits eingebracht worden sind, dabei bleibt, dass der Räumungsanspruch eine Insolvenzforderung ist. Gegenstände, die erst nach Eröffnung eingebracht worden sind, würden dem Räumungsanspruch allerdings unterfallen. Es wäre Sache des Mieters, darzulegen, ob und inwiefern eine Insolvenz- oder eine Neumasseverbindlichkeit vorliegt (*Flatow* NZM 2011, S. 616).

Die eine Möglichkeit, die Wohnung in geräumtem Zustand zurückzubekommen, ist also die, die Räumungsanspruch frühestens nach Wirksamwerden der Enthaftungserklärung gerichtlich geltend zu machen und durchzusetzen. Alternativ dazu ist es auch ohne Räumungsurteil und sogar während des laufenden Insolvenzverfahrens möglich, mithilfe des Herausgabetitels den Gerichtsvollzieher mit einer Besitzeinweisung, einer so genannten „Berliner Räumung", zu beauftragen. Die Vollstreckung aus dem Herausgabetitel ist zulässig. Denn der Herausgabeanspruch ist ein Anspruch auf Aussonderung, § 47 InsO. Er unterfällt nicht dem Vollstreckungsverbot des § 89 InsO, das nur für Insolvenzgläubiger gilt.

Im Verbraucherinsolvenzverfahren ist der Vermieter in den vereinfachten Verfahren (§§ 312 ff. InsO) weiterhin zur Verwertung des Pfandgutes berechtigt (§ 313 Abs. 3 InsO aF), wenn das Verfahren vor dem 30.6.2014 eröffnet wurde. Den Treuhänder/Insolvenzverwalter sollte er allerdings über das Ergebnis der Verwertung informieren: Die dem Vermieterpfandrecht unterliegenden Gegenstände gehören zur Masse. Durch die erzielten Erträge können sich Ansprüche, die der Vermieter als Insolvenzordnung zur Tabelle angemeldet hat, vermindern.

Die Möglichkeit des Vermieters, selbst zu verwerten ist mit der Aufhebung der §§ 312–314 InsO für alle ab dem 1.7.2014 eröffneten Verfahren entfallen. Der Vermieter darf die dem Vermieterpfandrecht unterliegenden Gegenstände nicht mehr selbst verwerten. Dies ist vielmehr – wie regelmäßig – Sache des Insolvenzverwalters, § 165, 166 InsO, wohl auch mit der Folge, dass er hierfür seine Kostenbeiträge nach § 171 InsO geltend machen kann. In der Praxis ist es in Einzelfällen möglich, mit dem Insolvenzverwalter abzustimmen, dass er die Verwertung der Gegenstände dem Gläubiger überlässt.

5. Bevor ein Verbraucher Insolvenzantrag stellen kann, muss er versuchen, sich mit seinen Gläubigern vorgerichtlich zu einigen, § 305 Abs. 1 Nr. 1 InsO. Dass der Mieter die vorgerichtliche Einigung betreibt, hat keinerlei Einfluss auf das Mietverhältnis.

6. Auch wenn ein Insolvenzantrag gestellt wurde, gelten laufende Mietverhältnisse fort, § 108 InsO, allerdings mit einer Ausnahme: In der Vermieterinsolvenz gilt dies nur, wenn dem Mieter die Mietsache vor Eröffnung des Insolvenzverfahrens übergeben wurde (BGH NZM 2007, 883–886).

Von § 108 InsO nicht erfasst werden Mietverträge, die vor Verfahrenseröffnung bereits rechtlich beendet waren. Ist ein Mietverhältnis zum Zeitpunkt der Insolvenzeröffnung wirksam gekündigt, aber rechtlich noch nicht beendet, besteht es nach § 108 Abs. 1 InsO bis zum Wirksamwerden der Kündigung für und gegen die Masse fort (Uhlenbruck/*Wegener* § 108 Rn. 9).

Keine der Parteien eines Miet- oder Pachtvertrages über eine unbewegliche Sache hat aufgrund der Eröffnung des Insolvenzverfahrens das Recht, das Mietverhältnis zu kündigen, § 108 InsO. Klauseln in Mietverträgen, wonach eine Verschlechterung der Vermögenslage des Vertragspartners, insbesondere die Einleitung eines Insolvenzverfahrens gegen ihn der anderen Vertragspartei das Recht einräumen soll, das Mietverhältnis zu kündigen oder davon zurückzutreten, sind unwirksam. § 112 InsO soll verhindern, dass Besitz und Vermögen des Schuldners vorzeitig auseinandergerissen werden. Zulässig ist es aber in Gewerberaummietverträgen, Vertragsstrafen für die vorzeitige Beendigung des Mietvertrages vereinbaren. Die Vertragsstrafe ist dann allerdings lediglich eine Insolvenzforderung, die zur Tabelle anzumelden ist.

7. Hinsichtlich des Mietverhältnisses über die Wohnung des Schuldners gilt die Sonderregelung des § 109 Abs. 1 S. 2 InsO. Sie soll den Mieter nach Möglichkeit davor schützen, aufgrund des laufenden Insolvenzverfahrens seine Wohnung zu verlieren und obdachlos zu werden:

Vor der Geltung des § 109 Abs. 1 S. 2 InsO wurden auch auf das Wohnraummietverhältnis des Schuldners die §§ 108 ff. InsO angewendet, die letztlich für Gewerberaummietverhältnisse konzipiert sind. Dies hatte zur Folge, dass der Insolvenzverwalter das Wohnraummietverhältnis des Schuldners kündigte, nur um die Kaution zur Masse ziehen zu können, aber auch, um zu vermeiden, dass die Masse mit Verbindlichkeiten belastet wird, die sich aus dem Wohnraummietverhältnis ergeben können.

Durch § 109 Abs. 1 S. 2 InsO wird das Sonderkündigungsrecht des Insolvenzverwalters hinsichtlich der Schuldnerwohnung durch das Recht ersetzt, zu erklären, dass die Ansprüche für die Zeit nach Ablauf der für die Kündigung vorgesehenen Frist von drei Monaten nicht im Insolvenzverfahren geltend gemacht werden können. Welche Wirkung diese Erklärung hat, insbesondere inwiefern das Mietverhältnis, das sich nach § 108 InsO während des Insolvenzverfahrens fortsetzt, nach und aufgrund der Erklärung nach § 109 Abs. 1 S. 2 InsO noch massebefangen ist, war streitig (s. ausführlich hierzu *Flatow* NZM 2011, 609 ff.). Der Bundesgerichtshof hat sich der Auffassung angeschlossen, das Mietverhältnis – dessen Bestand durch die Freigabe nicht betroffen sei – werde durch die Erklärung freigegeben. Der Vertrag unterliege wieder vollständig dem Verwaltungs- und Verfügungsrecht des Schuldners (BGH vom 22.5.2014 – IX ZR 136/13, ZInsO 2014, 1272). Nur der Schuldner kann kündigen. Die Vermieterkündigung ist auch nur gegenüber dem Insolvenzschuldner als Mieter zu erklären. Ihm stünden Forderungen aus dem Mietverhältnis, beispielsweise auf Auszahlung von Betriebskostenguthaben oder der Kaution zu.

Anwendbar ist § 109 Abs. 1 S. 2 InsO nur auf die vom Schuldner zu eigenen Wohnzwecken gemietete Wohnung. Es genügt, wenn der Schuldner neben anderen selbst in der Wohnung lebt. Die Wohnung muss als Lebensmittelpunkt dienen. Nicht anwendbar ist § 109 Abs. 1 Satz 2 InsO daher auf Zweit- oder Ferienwohnungen oder Wohnungen, die der Schuldner untervermietet hat. Maßgebend ist der Zeitpunkt der Insolvenzeröffnung (Uhlenbruck/*Wegener* § 109 Rn. 15).

Die Erklärung des Insolvenzverwalters/Treuhänders, für Ansprüche aus dem Wohnraummietverhältnis des Schuldners nach Ablauf der dreimonatigen gesetzlichen Kündigungsfrist nicht mehr mit der Insolvenzmasse aufzukommen, wirkt auch gegenüber dem Erwerber, auf den das Mietverhältnis infolge Veräußerung des Grundstücks übergegangen ist, wenn sie in Unkenntnis des Eigentumsübergangs dem alten Vermieter gegenüber abgegeben worden ist (BGH MDR 2012, 573–574).

Für nicht entsprechend anwendbar hat der BGH § 109 Abs. 1 S. 2 InsO erklärt, wenn der Insolvenzverwalter oder Treuhänder die Mitgliedschaft des Schuldners in einer Wohnungsgenossenschaft kündigt, § 66 GenG (BGH NZM 2010, 359). Das Kündigungsverbot sei bei einer Mitgliedschaft des Schuldners in einer Wohnungsgenossenschaft nicht entsprechend anwendbar, weil der Sachverhalt nicht vergleichbar sei. Daran hält der BGH auch nach der gesetzlichen Neuregelung durch Einführung der §§ 66a und 67 c in das Genossenschaftsgesetz fest (BGH vom 18.9.2014 – IX ZR 276/13, ZInsO 2014, 2221). Danach ist der Insolvenzverwalter seit Juli 2013 ausdrücklich berechtigt, das Kündigungsrecht des Genossenschaftsmitglieds an dessen Stelle auszuüben. Die Kündigung der Mitgliedschaft durch einen Gläubiger wie auch durch einen Insolvenzverwalter ist aber ausgeschlossen wenn die Mitgliedschaft die Voraussetzung für die Nutzung der Wohnung durch das Mitglied ist und das Geschäftsguthaben höchstens das Vierfache des auf einen Monat entfallenden Nutzungsentgelts ohne die als Pauschale oder Vorauszahlung ausgewiesenen Betriebskosten oder höchstens 2.000,– EUR beträgt. Wenn das Geschäftsguthaben des Mitglieds den vorgenannten Betrag übersteigt, ist die Kündigung der Mitgliedschaft auch dann ausgeschlossen, wenn das Guthaben durch Kündigung einzelner Geschäftsanteile auf den vorgenannten Betrag gemindert werden kann.

8. Zur Vorgehensweise, wenn wegen Mietrückständen aus der Zeit vor dem Insolvenzantrag gekündigt wurde, → Form. C. II. 8. Sobald Insolvenzantrag gestellt ist, gilt nach hM auch bei Wohnraummietverhältnissen die Kündigungssperre des § 112 InsO: Es darf nicht mehr wegen Mietrückständen gekündigt werden, die aus der Zeit vor dem Eröffnungsantrag stammen (*Flatow* NZM 2011, 614 mwN, *Franken/Dahl* S. 182 Rn. 45). Auch eine Kündigung wegen Verschlechterung der Vermögensverhältnisse ist nicht möglich. Läuft nach dem Eröffnungsantrag erneut ein kündigungsrelevanter Mietrückstand auf, darf wieder gekündigt werden.

Streitig war, ob die Wirkung des § 112 InsO mit der Abgabe der Enthaftungserklärung endet. Dies wird teilweise mit der Begründung, dem Vermieter sei es nicht zumutbar, länger zuzuwarten, begründet (*Tetzlaff* NZI 2006, 88 ,91; *Flatow* NZM 2011, 614 mwN). Diese Auffassung widerspricht jedoch dem Sinn und Zweck von § 112 InsO (*Derleder* ZAP Fach 14, 2005, 513, 518 f). Der Schuldner wäre sofort wieder in der Gefahr, obdachlos zu werden. Vermögen, aus dem er die Rückstände begleichen könnte, steht ihm nicht zur Verfügung: Sein unpfändbares Einkommen muss er für die Zahlung der laufenden Mieten verwenden. Pfändbares Einkommen gehört zur Masse (*Flatow* NZM 2011, 614). Der BGH hat jedoch nun mit Urteil vom 17.6.2015 (XIII ZR 19/14, ZIP 2015, 1496) nach Freigabe durch den Treuhänder eine auf Zahlungsrückstände des Mieters vor Insolvenzeröffnung gestützte Vermieterkündigung für wirksam erklärt.

9. Solange die Frist bis zur Wirksamkeit der Enthaftungserklärung noch nicht abgelaufen ist, sollte die Kündigung vorsorglich sowohl gegenüber dem Treuhänder als auch dem Mieter ausgesprochen und zugestellt werden.

10. Der Vermieter hätte also schon bevor der Insolvenzantrag gestellt wurde, kündigen können. Kündigungen, die ein Vermieter wegen Zahlungsverzuges wirksam ausspricht, bevor Insolvenzantrag gestellt wird, behalten ihre Wirksamkeit trotz des Insolvenzantrages.

Mit Mietrückständen, die sich aus Lastschriftwiderrufen ergeben, ist der Praxis wohl nicht mehr zu rechnen. Der Streit des IX. und des XI. Senates darüber, ob Treuhänder/Insolvenzverwalter Mieten, die ein Mieter im Lastschriftverfahren geleistet hat, dadurch zur Masse ziehen dürfen, dass sie der Abbuchung widersprechen, wurde beigelegt. Lastschriften dürfen nur noch widerrufen werden, wenn das entsprechende Bankguthaben unpfändbar wäre, § 850 k ZPO (BGH NZM 2010, 833). Selbst wenn das Bankguthaben insgesamt den unpfändbaren Betrag übersteigt, kommt ein Lastschriftwiderruf wegen des übersteigenden Betrages nur dann infrage, wenn der Schuldner festlegt, welche Lastschriften aus dem „Schonvermögen" bedient werden sollen (BGH NZM 2010, 833).

2. Klage gegen den Insolvenzverwalter auf Räumung von Gewerbemietflächen im eröffneten Insolvenzverfahren

An das

Landgericht[3]

. . . . .

Klage

des Vermieters

– Kläger –

gegen

I als Insolvenzverwalter über das Vermögen der Mieterin[4]. . . . . .

– Beklagter –

auf Räumung[1] (Gewerberaummietverhältnis)

ANTRÄGE:

Der Beklagte wird verurteilt, siebzehn große Papierrollen, fünf Tonnen mit Druckerfarbe und eine mit Fixierlack[5] aus der im Erdgeschoß des Hauses . . . . .straße X in . . . . . gelegenen Werkhalle zu räumen.

Begründung:

Der Kläger macht gegen den Beklagten als Insolvenzverwalter über das Vermögen der Mieterin . . . . . einen Räumungsanspruch geltend.

Seit . . . . . ist der Beklagte Insolvenzverwalter über das Vermögen der vormaligen Mieterin. Diese hatte vom Kläger die im Klageantrag näher bezeichnete Werkhalle zum Betrieb einer Druckerei angemietet.

Beweis: Mietvertrag vom . . . . .

Nach Eröffnung des Insolvenzverfahrens[2] und seinem Amtsantritt als Insolvenzverwalter nahm der Beklagte das Mietobjekt in Besitz.[6] Er teilte dem Kläger mit, er beabsichtige, einen Mieter zu benennen, der den Geschäftsbetrieb der Insolvenzschuldnerin fortführen werde. Der Kläger stimmte dieser Vorgehensweise zu.

Beweis: 1. Schreiben des Beklagten vom . . . . .
2. Schreiben des Klägers vom . . . . .

Da noch niemand gefunden war, der den Betrieb übernehmen wollte, führte der Beklagte den Betrieb fort. Hierfür benötigte er Material. Er bestellte die für den Betrieb erforderlichen großen Papierrollen, Druckerfarbe und Fixierlack sowie andere Utensilien, ließ diese in die Mietsache bringen und nahm die Produktion auf.

Beweis: Zeugnis des . . . . .

Trotz aller Bemühungen fand sich kein Interessent für die Druckerei. Der Beklagte entschloss sich daher, den Betrieb zu liquidieren. Er kündigte das Mietverhältnis unter Bezugnahme auf § 109 Abs. 1 InsO[7] und gab nach Ablauf der Kündigungsfrist die Mietflächen zurück.[8]

Dort befinden sich jedoch nach wie vor die von der Insolvenzschuldnerin eingebauten Einrichtungen,[9] wie beispielsweise auch die Druckmaschine mit Anleger sowie die im Klageantrag näher bezeichneten Gegenstände. Hinsichtlich letzterer besteht ein Räumungsanspruch gegen den Beklagten. Er hat diese Gegenstände nachweislich nachdem das Insolvenzverfahren eröffnet war, in die Mietsache eingebracht. Dies steht unter anderen deshalb fest, weil der Kläger sofort, nachdem er von der Eröffnung des Insolvenzverfahrens erfuhr,[10] nämlich am . . . . ., mit dem nachbenannten Zeugen X die Mietfläche begangen und deren Zustand festgehalten hat.[11] Dabei wurde auch dokumentiert, was sich zu diesem Zeitpunkt dort befand. Die genannten Rollen und Farbfässer befanden sich nicht dort.

Beweis: 1. Zeugnis des . . . . .
2. Dokumentation der Mieträume mit Lichtbildern

Bis heute ist der Beklagte der Aufforderung, die Gegenstände zu räumen, nicht nachgekommen. Daher ist Klage geboten.

Beglaubigte und einfache Abschrift anbei.

Rechtsanwalt

Moersch 1185

Anmerkungen

1. S. zur Räumungsklage wegen Zahlungsverzugs → Form. C. II. 8.

2. → Form. F. II Das Regelinsolvenzverfahren gliedert sich im Wesentlichen in zwei Teile, nämlich das Vorverfahren oder auch vorläufige Insolvenzverfahren und das eigentliche Insolvenzverfahren. Das Vorverfahren ist der Teil zwischen der Stellung des Insolvenzantrags und der Entscheidung über die Eröffnung des Insolvenzverfahrens. Danach schließt sich das eigentliche Insolvenzverfahren an, wenn nicht die Eröffnung mangels Masse abgelehnt oder danach das Verfahren deshalb wieder eingestellt wird, § 26 InsO, § 207 Abs. 1 InsO.

3. Der allgemeine Gerichtsstand eines Insolvenzverwalters für Klagen, die sich auf die Insolvenzmasse beziehen, wird durch den Sitz des Insolvenzgerichts bestimmt, § 19a ZPO. In Betracht kommen bei einer allgemeinen Herausgabeklage auch die Gerichtsstände nach §§ 27 und 29 ZPO. Hier ist § 29a ZPO – der ausschließliche Gerichtsstand am Belegenheitsort der Mietsache – einschlägig, nachdem das Mietverhältnis zunächst mit dem Insolvenzverwalter fortgesetzt und während des eröffneten Verfahrens beendet wurde. Der hier geltend gemachte Räumungsanspruch ist ein mietrechtlicher, nachdem der dingliche Herausgabeanspruch mit Rückgabe der Schlüssel nach dem Sachvortrag des Klägers erfüllt ist. Ist der Gegenstandswert von 5000,– EUR überschritten, ist die Klage an das Landgericht zu richten, § 23 Nr. 2 a GVG.

4. Werden im Rahmen einer Insolvenz Ansprüche geltend gemacht, ist stets zu berücksichtigen, in welcher Phase sich das Insolvenzverfahren befindet, → Anm. 2 und → Form. F. I. 3, ob also beispielsweise noch das Vorverfahren läuft oder die Insolvenz bereits eröffnet wurde. Dies ist unter anderem maßgeblich dafür, gegen wen die Ansprüche geltend zu machen sind:
Hier ist das Insolvenzverfahren eröffnet und der Insolvenzverwalter bestellt, § 27 InsO. Mit der Unterzeichnung des Eröffnungsbeschlusses geht das gesamte Verfügungsrecht des Insolvenzschuldners auf den Insolvenzverwalter über, §§ 27 Abs. 3, 80 Abs. 1 InsO. Der Insolvenzverwalter ist kein Vertreter des Schuldners, sondern eine unabhängige, geschäftserfahrene und für den jeweiligen Einzelfall geeignete natürliche Person.
Der Insolvenzverwalter nimmt die Insolvenzmasse in Besitz, sichert und verwaltet sie, um sie dann an die Gläubiger zu verteilen, §§ 148, 80 InsO. Gegenstände, die nicht zur Masse gehören, hat er auszusondern, § 47 InsO. Absonderungsrechte gemäß §§ 49, 50 InsO wie beispielsweise das Vermieterpfandrecht, Sicherungseigentum oder Sicherungsabtretung, hat er zu beachten.
Bestehende Mietverhältnisse des Insolvenzschuldners muss der Insolvenzverwalter gegen sich gelten lassen, wenn dem Schuldner die Mietsache bereits übergeben wurde, § 108 InsO. Den Abschluss ungünstiger Mietverträge kann er allerdings nach Maßgabe der §§ 129 ff. InsO anfechten, wenn dem Insolvenzschuldner hieraus ersichtlich ungünstige Folgen erwachsen, wie zum Beispiel eine deutlich überhöhte oder deutlich zu niedrige Miete. Zum Sonderkündigungsrecht des Insolvenzverwalters nach § 109 InsO → Anm. 7.

5. Ein Insolvenzverwalter schuldet keine Räumung, wenn nicht er, sondern der Mieter die betreffenden Gegenstände in die Mietsache eingebracht hat. Der Insolvenzverwalter schuldet nur Herausgabe der Mietsache, § 47 InsO. Der Räumungsanspruch gegen den Mieter ist ein Insolvenzanspruch, weil er schon im Mietvertrag und damit vor Eröffnung des Insolvenzverfahrens begründet wurde, §§ 108, 38 InsO. Ansprüche aus unterlassener Räumung durch den Mieter und sind damit zur Tabelle anzumelden.

Räumung schuldet der Insolvenzverwalter nur hinsichtlich der Gegenstände, die er selbst bei Fortbestand des Mietverhältnisses während des Insolvenzverfahrens auf das Grundstück und in die Mietsache gebracht hat. Es ist also wichtig, diese Gegenstände im Klageantrag genau zu bezeichnen. Ferner wird es wichtig sein, nachweisen zu können, dass hinsichtlich dieser Ansprüche der Insolvenzverwalter zur Räumung verpflichtet ist. → Anm. 11. Für die Begründetheit des Räumungsanspruchs kann es auf die Höhe des Beseitigungsaufwands ankommen (vgl. BGH NJW 1983, 1049; BGH NJW 2002, 3234).

6. Die Eröffnung des Insolvenzverfahrens ändert nichts daran, dass das Mietverhältnis fortbesteht, § 108 InsO → Form. F. II Eröffnet wird das Insolvenzverfahren nur, wenn die Prüfung im Vorverfahren ergeben hat, dass ausreichend Masse vorhanden ist, um die Kosten des Verfahrens zu decken, § 54 InsO, oder ein Antragsteller oder anderer Verfahrensbeteiligter, § 26 Abs. 1 S. 2 InsO, bereit ist, einen Kostenvorschuss zu zahlen.

7. Hat der Schuldner als Mieter oder Pächter einen Mietvertrag geschlossen und wurde ihm die Mietsache übergeben, bevor das Insolvenzverfahren eröffnet wurde, hat der Insolvenzverwalter ein Sonderkündigungsrecht nach § 109 Abs. 1 S. 1 InsO. Dieses Kündigungsrecht gilt nicht für die Wohnung des Schuldners, § 109 Abs. 1 S. 2 InsO. Das Kündigungsrecht nach § 109 Abs. 1 S. 1 InsO steht dem Insolvenzverwalter während des gesamten Insolvenzverfahrens zu. Er muss es also nicht sofort ausüben.

Seit dem Inkrafttreten des Gesetzes zur Vereinfachung des Insolvenzverfahrens ist geklärt, dass für diese Kündigung die Kündigungsfrist drei Monate zum Monatsende beträgt, sofern nicht eine kürzere Frist gilt. Der Insolvenzverwalter soll sich so rasch wie möglich vom Vertrag lösen können, damit die Masse entlastet wird.

Aufgrund der vorzeitigen Beendigung des Mietvertrages hat der Vermieter einen Schadensersatzanspruch nach § 109 Abs. 1 S. 3 InsO. Er ist so zu stellen, als wenn das Mietverhältnis bis zur ersten Kündigungsmöglichkeit fortgeführt worden wäre. Hat der Vermieter seinerseits das Mietverhältnis gekündigt, ist das dadurch bestimmte Mietende maßgebend.

Im Zeitpunkt der Kündigung des Mietverhältnisses durch den Insolvenzverwalter steht meist noch nicht fest, ob und wann das Objekt weitervermietet werden kann und wie hoch der Schaden des Vermieters letztlich sein wird. Er sollte jedoch gleichwohl in voller Höhe angemeldet werden.

Sofern damit künftig fällig werdende Mieten angemeldet werden, handelt es sich um aufschiebend bedingte Forderungen, § 191 InsO. Der Insolvenzverwalter muss für sie eine Rücklage bilden, die bei einer möglichen Abschlagsverteilung nicht verteilt werden darf. Würde bei der Schlussverteilung immer noch nicht feststehen, wie hoch der Schaden ist, müsste der Insolvenzverwalter den Betrag hinterlegen, § 198 InsO. Sollte die Rücklage nicht benötigt werden, weil der Schaden in der erwarteten Höhe nicht entstanden ist, ist die Rücklage aufzulösen und an die Insolvenzgläubiger auszuschütten. Sollte sich herausstellen, dass der hinterlegte Betrag nicht benötigt wird, wäre der hinterlegte Betrag frei und insofern eine Nachtragsverteilung anzuordnen.

8. Endet das Mietverhältnis vor oder während des Insolvenzverfahrens, muss der Vermieter seinen Anspruch auf Herausgabe der Mietsache, also seinen Aussonderungsanspruch, gegenüber dem Insolvenzverwalter geltend machen. Er muss ihm das Mietobjekt genauestens beschreiben und alle Fakten belegen, aus denen sich das Aussonderungsrecht ergibt. Der Aussonderungsanspruch besteht, weil die Mietsache nicht zur Insolvenzmasse gehört, sondern dem Vermieter. Mit der Herausgabe der Mietsache erfüllt der Insolvenzverwalter den Aussonderungsanspruch des Vermieters, § 47 InsO. Er muss ihm lediglich den unmittelbaren Besitz an der Mietsache verschaffen (BGH ZInsO 2010, 1452–1454; BGH NJW 2001, 2966).

9. Bei dem Anspruch des Vermieters auf Entfernung von Einbauten, die der insolvente Mieter vorgenommen hat bzw. Rückbau, handelt es sich regelmäßig um Insolvenzansprüche. Denn der Anspruch entsteht nicht erst, wenn er geltend gemacht wird, sondern schon mit Einbau durch die Mieterin (s. hierzu den interessanten Fall des OLG Celle in ZIP 2007, 1914–1917). Gleiches gilt sinngemäß für noch vom Insolvenzschuldner vor Verfahrenseröffnung eingebrachte Gegenstände.

10. Die Eröffnung des Verfahrens wird öffentlich bekannt gemacht. Für alle Insolvenzverfahren, die nach dem 1.7.2007 eröffnet wurden, erfolgt die Veröffentlichung im Internet, § 9 InsO (www.insolvenzbekanntmachungen.de). Die Bekanntgabe gilt als bewirkt, wenn nach dem Tag der Bekanntgabe zwei weitere Tage verstrichen sind.

Nach vormaliger Rechtslage war umstritten, ob die Abweisung eines Insolvenzverfahrens mangels Masse bekannt zu machen war. Mit dem Gesetz zu Vereinfachung des Insolvenzverfahrens hat der Gesetzgeber ausdrücklich festgelegt, dass eine Bekanntmachung zu erfolgen hat, § 26 Abs. 1 InsO.

11. Es empfiehlt sich, nach Eröffnung des Insolvenzverfahrens so rasch wie möglich die Mietsache zu begehen und deren Zustand zu dokumentieren. Nur so können gegebenenfalls berechtigte Räumungs- und womöglich weitere Ansprüche geltend gemacht werden:

§ 38 InsO stellt dafür, welche Forderungen und Ansprüche des Vermieters im Insolvenzverfahren des Mieters Insolvenzforderungen sind und nur zur Tabelle angemeldet werden können, darauf ab, ob ein Anspruch im Zeitpunkt der Eröffnung des Insolvenzverfahrens begründet war. Auf die Fälligkeit kommt es nicht an.

Die Eröffnung des Insolvenzverfahrens stellt also eine Zäsur dar, die für den Vermieter nicht nur für die Räumungsansprüche interessant ist, sondern beispielsweise auch wegen möglicher Ansprüche wegen Verschlechterung der Mietsache oder unterlassener Renovierungsarbeiten. Um derartige Forderungen zu Insolvenztabelle anmelden zu können, muss feststehen, wie der Zustand der Mietsache bis zum Zeitpunkt der Eröffnung des Insolvenzverfahrens war und ob er sich und wenn ja inwiefern und durch wen, danach verändert hat. Ansprüche, die bereits vor Eröffnung entstanden waren, können gegebenenfalls nur als Insolvenzforderungen zur Tabelle angemeldet werden, § 38 InsO. Ansprüche, die danach entstanden sind, können Masseansprüche sein, die aus der Insolvenzmasse zu befriedigen sind, § 55 InsO.

3. Klage gegen den Mieter auf Zahlung rückständiger Mieten aus dem Wohnraummietverhältnis des Insolvenzschuldners (Masseverbindlichkeit)

An das

Amtsgericht[1]

. . . . .

Klage

des Vermieters

– Kläger –

gegen

. . . . . den Mieter . . . . .

– Beklagten –

auf Zahlung (Wohnraummietverhältnis)

ANTRÄGE:

Der Beklagte wird verurteilt, an den Kläger . . . . .EUR zuzüglich Zinsen in Höhe von fünf Prozentpunkten über dem jeweiligen Basiszinssatz aus . . . . .EUR seit dem . . . . . und dem . . . . . zu zahlen.

Begründung:

Gegenstand der Klage sind zwei offene Mieten aus der Zeit nach der Eröffnung des Insolvenzverfahrens gegen den Beklagten.

Der Beklagte mietete vom Kläger die Erdgeschosswohnung im Haus . . . . .straße . . . . .in . . . . . an.

Beweis: Mietvertrag vom . . . . .

Die monatliche Miete beträgt netto . . . . .EUR. Hinzu kommt eine monatliche Betriebskostenvorauszahlung in Höhe von . . . . .EUR.

Beweis: Wie vor, dort . . . . .

Der Beklagte wurde insolvent. Das Insolvenzverfahren gegen ihn wurde vom Amtsgericht – Insolvenzgericht – . . . . . unter dem Aktenzeichen . . . . . am . . . . . eröffnet.

Beweis: Eintrag unter www.insolvenzbekanntmachungen.de

Die hier geltend gemachten Mietforderungen wurden nach diesem Datum, nämlich am . . . . . und am . . . . . fällig. Somit handelt es sich nicht um Insolvenz-, sondern um Masseforderungen.[2] Für diese haftet der Beklagte.[3]

Für die erste geltend gemachte Monatsmiete haftete zunächst die Insolvenzmasse. Denn es handelt sich um die Monatsmiete, die fällig wurde, bevor die durch den Treuhänder des Beklagten am . . . . . abgegebene Enthaftungserklärung nach § 109 Abs. 1 Satz 2 InsO wirksam wurde.[4]

Beweis: Enthaftungserklärung des Treuhänders vom . . . . .

Der Treuhänder hat diese Forderung als Masseforderung anerkannt[5] Er konnte allerdings keine Zahlung leisten, weil während des laufenden Insolvenzverfahrens keine Masse vorhanden war.

Beweis: Schreiben des Treuhänders vom . . . . .

Die weitere, geltend gemachte offene Monatsmiete fällt in die Zeit nach dem Wirksamwerden der Enthaftungserklärung des Treuhänders. Es handelt sich um die Miete für den Monat . . . . .

Der Beklagte hat die Forderung trotz außergerichtlicher Aufforderung nicht anerkannt. Das Insolvenzverfahren ist mittlerweile aufgehoben[6] Die Klage wird erhoben, um zu verhindern, dass die Mietschuld verjährt[7]

Beglaubigte und einfache Abschrift anbei.

Rechtsanwalt

Moersch

Anmerkungen

1. Bei Wohnraummietverhältnissen ergibt sich die ausschließliche sachliche Zuständigkeit des Amtsgerichts aus § 23 Nr. 2 a GVG; bei der Gewerberaummiete ist die übliche streitwertabhängige Zuständigkeitsregelung der §§ 23 Nr. 1, 71 Abs. 1 GVG zu beachten. Örtlich ausschließlich zuständig ist das Gericht, in dessen Bezirk die Mietsache liegt (§ 29a ZPO).

2. Ob eine Forderung eine Insolvenz- oder eine Masseforderung ist, richtet sich danach, wann sie begründet wurde, § 38 InsO. Auf die Fälligkeit kommt es nicht an. Zu dem Sonderfall, dass die Insolvenz am 1. eines Monats eröffnet wurde, s. AG Tempelhof ZInsO 2012, 1137–1138, krit. dazu *Geißler* ZInsO 2012, 1206–1209.

Forderungen, die vor Verfahrenseröffnung begründet worden sind, sind Insolvenzforderungen. Sie sind zur Tabelle anzumelden. Der Gläubiger kann allenfalls quotale Befriedigung erwarten. Forderungen, die nach Verfahrenseröffnung begründet wurden, sind Masseforderungen, § 55 InsO. Der Gläubiger einer Masseforderung ist insofern privilegiert, als seine Forderung vorrangig aus der Masse bedient wird, § 53 InsO.

Auch wenn geschuldete Miet- oder Pachtzahlung monatlich zu leisten sind und damit die Pflicht zu monatlichen Zahlung bereits mit Abschluss des Mietvertrages, also vor Eröffnung des Insolvenzverfahrens, begründet wurde, handelt es sich bei den nach Eröffnung des Insolvenzverfahrens fällig werdenden Mieten nicht um Insolvenz-, sondern um Masseverbindlichkeiten: Bei Verbindlichkeiten aus Mietverträgen handelt es sich um teilbare Leistungen im Sinne des § 105 InsO. Da das Mietverhältnis mit Wirkung für die Insolvenzmasse fortbesteht, § 108 Abs. 1 S. 1 sind solche Verträge nach Maßgabe des § 55 Abs. 1 Nr. 2 2. Alt. InsO als Masseverbindlichkeiten zu erfüllen (Kreft/*Marotzke*, Insolvenzordnung, 7. Aufl. 2014, § 105 Rn. 12; BGHZ 125, 270, 275; aA wohl *Eckert* ZIP 1997, 2007, 2079). Neben der Insolvenzmasse haftet auch der Schuldner für die Mietzahlungen trotz Insolvenzeröffnung weiter (*Flatow* NZM 2011, 610). In der Insolvenz einer natürlichen Person unterfallen diese Forderungen nicht der Restschuldbefreiung. Denn die Restschuldbefreiung bezieht sich nur auf Insolvenzforderungen, § 286 InsO. Während eines laufenden Insolvenzverfahrens können Masseverbindlichkeiten allerdings wegen § 80 InsO (noch) nicht gegen den Schuldner selbst durchgesetzt werden. Die vorliegende Klage ist also erst nach Verfahrensbeendigung möglich (vgl. → Anm. 6), soweit sie sich auf die vor dem Wirksamwerden der Enthaftungserklärung fällig gewordene Miete bezieht.

Mieten und alle anderen Forderungen aus einem Mietverhältnis, die vor Eröffnung des Insolvenzverfahrens begründet waren, sind regelmäßig Insolvenzforderungen, § 108 Abs. 3 InsO. Ausnahmsweise gilt anderes, wenn im Eröffnungsverfahren ein vorläufiger starker Insolvenzverwalter bestellt wurde und er die Gegenleistung, also die Mietsache, in Anspruch genommen hat, § 55 Abs. 2 InsO. Ein schwacher vorläufiger Insolvenzverwalter kann im Insolvenzeröffnungsverfahren nur Masseschulden begründen, wenn er hierzu ausdrücklich gerichtlich ermächtigt ist (BGH NJW 2002, 3326, 3327; BGH in ZInsO 2009, 1102–114). Seine Ermächtigung muss sich aus dem Beschluss des Gerichts ergeben, §§ 22 Abs. 2, 23 InsO. Im Beschluss müssen die zu begründenden (späteren) Masseverbindlichkeiten im Einzelnen aufgelistet sein (BGH in BGHZ 151, 353 ff.). Ausnahmsweise sind danach beispielsweise Mietforderungen Masseforderungen, wenn ein schwacher vorläufiger Insolvenzverwalter durch das Gericht ermächtigt wurde, schon während des Eröffnungsverfahrens neue Mietverträge zu schließen, um den Betrieb des Schuldners fortführen zu können.

Um die Masse nach Eröffnung des Insolvenzverfahrens von Verbindlichkeiten aus Miet- oder Pachtverträgen zu entlasten, kann der Insolvenzverwalter bei Gewerberaummietverhältnissen zu jeder Zeit im Verfahren sein Sonderkündigungsrecht ausüben, § 109 Abs. 1 S. 1 InsO. Es gilt ohne Rücksicht auf einen möglicherweise vertraglich vereinbarten Ausschluss der ordentlichen Kündigung und/oder eine wirksame Befristung des Vertrages. Es beendet das Gewerberaummietverhältnis mit einer Frist von drei Monaten.

Bezüglich des Wohnraummietverhältnisses des Schuldners hat sein Treuhänder/Insolvenzverwalter die Möglichkeit, die Enthaftungserklärung nach § 109 Abs. 1 S. 2 InsO abzugeben, → Form. F. I. 1 Anm. 7. Bei Gewerberaummietverhältnissen, die ein insolventer Mieter für die Ausübung seiner selbstständigen Tätigkeit braucht, kann der Insolvenzverwalter des Schuldners die Masse von allen weiter fällig werdenden Verbindlichkeiten durch die Abgabe einer Erklärung nach § 35 Abs. 2 InsO entlasten, → Form. F. I. 1 Anm. 2.

3. Es besteht eine Haftung des Schuldners wenn die Masse nicht ausreicht, s. auch *Flatow* NZM 2011, 610 die allerdings erst nach Aufhebung des Insolvenzverfahrens zum Tragen kommt.

4. Zur Enthaftungserklärung → Form. F. I. 1 Anm. 7.

5. Es macht Sinn, den Treuhänder/Insolvenzverwalter um ein Anerkenntnis zu bitten, bevor man erwägt, gegen ihn Klage zu erheben, erst recht, wenn Masselosigkeit droht. Wurde Masselosigkeit bereits angezeigt, § 208 InsO, treten die Rechtsfolgen des § 209 InsO ein. Unter anderem werden Neumassegläubiger vor Altmassegläubigern befriedigt. Außerdem gilt für Massegläubiger das Vollstreckungsverbot des § 210 InsO.

Wurde Masselosigkeit angezeigt, fehlt es einer Klage gegen den Treuhänder/Insolvenzverwalter am Rechtsschutzbedürfnis (BGH NZI 2001, 537, 539). Verbraucherinsolvenzverfahren sind in vielen Fällen bereits von Beginn an massenlos und bleiben es auch, was aber wegen der Verfahrenskostenstundung nicht zur an sich veranlassten Zurückweisung des Insolvenzantrags oder Verfahrenseinstellung führt. .

In der Position des Massegläubigers zu sein, ist gleichwohl vorteilhaft, weil man später, sollte noch Verteilungsmasse vorhanden sein, vorrangig zu berücksichtigen wäre (*Flatow* NZM 2011, 610).

6. Wenn während des laufenden Insolvenzverfahrens *aufoktroyierte* Masseverbindlichkeiten, s. § 90 InsO, nicht beglichen werden, darf der Gläubiger den Schuldner während der Wohlverhaltensphase auf Zahlung verklagen und auch vollstrecken, (BGH NZM 2007, 771, 772). Das Vollstreckungsverbot entfällt insoweit mit Aufhebung des Insolvenzverfahrens, § 90 Abs. 1 InsO. Generell gilt § 294 Abs. 1 InsO für Masseforderungen nicht. Zwar ist nach wie vor umstritten, ob eine Klage wegen (oktroyierter) Masseverbindlichkeiten gegen den Schuldner vor Aufhebung des Insolvenzverfahrens zulässig ist (*Flatow* NZM 2011, 611), sinnvoll dürfte es deswegen jedoch sein, bis zur Verfahrensaufhebung abzuwarten. Jedenfalls wird die Vollstreckung aber auch noch während der Wohlverhaltensphase keinen Erfolg haben, weil pfändbare Einkünfte an den Treuhänder abgetreten und etwaige Vermögensgegenstände verwertet sind.

7. Mögliche Verjährung kann einer der Gründe sein, die Forderung gerichtlich feststellen zu lassen. Im Übrigen ist, gerade in den Fällen, in denen es um Kleinstforderungen geht, zu überlegen, ob eine derartige Klage gegen einen insolventen Schuldner wirtschaftlich sinnvoll ist. Immer besteht die Gefahr, dass der Schuldner nach Eröffnung eines ersten Insolvenzverfahrens einen zweiten Insolvenzantrag stellt und zugleich Restschuldbefreiung und Stundung der Verfahrenskosten beantragt (ausführlich hierzu: *Hackländer* ZInsO 2008, 1308 ff.). Die Problematik taucht in den unterschiedlichsten Fallgestaltungen auf, beispielsweise, wenn es der Schuldner im ersten Insolvenzverfahren versäumt hat, einen Stundungs- oder Restschuldbefreiungsantrag zu stellen oder wenn er im ersten Verfahren seinen Antrag auf Restschuldbefreiung zurückgenommen hat. Gleiches gilt, wenn der Antrag auf Restschuldbefreiung als unzulässig abgewiesen wurde.

Ob und inwiefern „Zweitanträge" zulässig sind, ist weder abschließend noch für alle Fallkonstellationen entschieden. Zum Teil wird vertreten, es bestünde kein gesetzliches Verbot, einen zweiten Antrag zu stellen. Eine Lösung für das Problem „Dauerinsolvenzverfahren" müsse der Gesetzgeber finden (AG Göttingen NZI 2008, 447: Hier war das erste Insolvenzverfahren eröffnet und Restschuldbefreiung beantragt worden, der Antrag auf Restschuldbefreiung aber in der Wohlverhaltensphase aber zurückgenommen worden). Zum Teil wird die Durchführung eines zweiten oder wiederholten Verfahrens unter Hinweis auf § 290 Abs. 1 Nr. 3 InsO nicht für zulässig gehalten (AG Göttingen ZInsO 2008, 1216).

Der BGH hat einen erneuten Antrag auf Restschuldbefreiung für unzulässig erachtet, wenn der Antrag im früheren Verfahren nicht rechtzeitig gestellt worden und als unzulässig zurückgewiesen worden war (BGH ZInsO 2006, 821; krit. und ablehnend hierzu *Büttner* ZVI 2007, 229, 235). Ein erneuter Antrag des Schuldners auf Restschuldbefreiung ist auch dann unzulässig, wenn er innerhalb von drei Jahren nach rechtskräftiger Versagung der Restschuldbefreiung in einem früheren Verfahren wegen einer vorsätzlichen oder grob fahrlässigen Verletzung seiner Auskunfts- oder Mitwirkungspflichten gestellt worden ist. Eine Stundung der Verfahrenskosten für einen solchen Antrag scheidet aus (BGH ZInsO 2009, 1777 ff.). Nach Ablauf der Sperrfrist kann ein erneuter Insolvenz-, Stundungs- und Restschuldbefreiungsantrag ebenfalls dann gestellt werden, wenn in einem früheren Verfahren wegen Vermögensverschwendung die Restschuldbefreiung im Schlusstermin versagt worden ist (BGH ZInsO 2010, 347–348). Einem neuen Antrag auf Eröffnung eines Insolvenzverfahrens fehlt ein schutzwürdiges rechtliches Interesse, wenn dem Schuldner nach Eröffnung des Insolvenzverfahrens die Restschuldbefreiung rechtskräftig versagt wurde und wenn kein neuer Gläubiger hinzugekommen ist (BGH NZI 2008, 45). Nach Ablauf der Sperrfrist von drei Jahren kann der Schuldner einen erneuten Insolvenz-, Stundungs- und Restschuldbefreiungsantrag auch dann stellen, wenn ihm in einem früheren Verfahren die Restschuldbefreiung wegen Vermögensverschwendung im Schlusstermin versagt worden war; die Rechtskraft der Versagungsentscheidung steht dem Rechtsschutzinteresse an der Durchführung eines erneuten Verfahrens nicht entgegen (BGH ZInsO 2010, 347–348).

4. Klage gegen den Insolvenzverwalter auf Zahlung des Erlöses aus der Verwertung von Gegenständen, an denen ein Vermieterpfandrecht bestand

An das

Amtsgericht . . . . . [2]

Klage

des Vermieters . . . . .

– Kläger –

gegen

. . . . . als Insolvenzverwalter über das Vermögen des M[3]

– Beklagten –

auf Zahlung des Erlöses nach Verwertung[1]

Streitwert: . . . . . [4]

A N T R Ä G E :

Der Beklagte wird verurteilt,

an den Kläger . . . . . EUR zuzüglich Zinsen in Höhe von fünf Prozentpunkten über dem jeweiligen Basiszinssatz seit dem . . . . . zu zahlen.[5]

Für den Fall, dass die Beklagtenseite sich nicht oder nicht rechtzeitig zur Klage äußert oder die Klageforderung anerkennt, wird bereits jetzt beantragt, Anerkenntnis- bzw. Versäumnisurteil im schriftlichen Verfahren zu erlassen und eine vollstreckbare Urteilsausfertigung zu erteilen.

Begründung:

Der Beklagte wird als Insolvenzverwalter über das Vermögen des M auf Zahlung des Ertrages, der sich aus der Verwertung von Gegenständen, die dem Vermieterpfandrecht unterfielen, in Anspruch genommen.

Der Kläger vermietete M eine Gewerbefläche im 2. OG des Hauses . . . . . M betrieb dort ein Lager mit Vertrieb für Elektronikgeräte. Die Miete für das Objekt betrug monatlich . . . . . EUR. Nachdem M die Mieten für drei Monate, nämlich . . . . ., ... und . . . . . nicht gezahlt hatte, kündigte der Kläger das Mietverhältnis fristlos, hilfsweise fristgerecht wegen Zahlungsverzugs.

Beweis: Schreiben des Klägers vom . . . . .

In dem vorgenannten Schreiben übte der Kläger sein Vermieterpfandrecht an den zu diesem Zeitpunkt in den Flächen befindlichen Gegenständen aus.[6]

Beweis: Wie vor

Das Kündigungsschreiben wurde dem M am . . . . . um . . . . . Uhr in den Mieträumen durch Y übergeben. Y fertigte eine Liste der Gegenstände, die sich zu diesem Zeitpunkt in der Gewerbefläche befanden. Die Liste hat M gegengezeichnet und damit ihre Richtigkeit bestätigt.

Beweis: 1. Zeugnis des Y
2. Beigefügte Liste

Wenig später wurde über das Vermögen des M das Insolvenzverfahren eröffnet.[7] Der Beklagte wurde zum Insolvenzverwalter bestellt. Der Kläger informierte ihn darüber, dass er den Gewerberaummietvertrag mit M gekündigt und das Vermieterpfandrecht an den noch dort befindlichen Gegenständen ausgeübt hat.[8] Dem Beklagten wurde die durch Y gefertigte Inventarliste übersandt.

Beweis: Schreiben des Klägers vom . . . . .

Als der Beklagte die Räumlichkeiten in Besitz nahm, befanden sich dort noch folgende Gegenstände, die auf der von Y gefertigten Liste aufgeführt sind:

. . . . .

. . . . .

. . . . .

Der Beklagte erklärte, diese Gegenstände durch Verkauf an . . . . . verwerten und dem Kläger den Erlös zukommen lassen zu wollen.[9] Er gab dem Kläger Gelegenheit, eine andere, günstigere Verwertungsmöglichkeit zu benennen.[10]

Beweis: Schreiben des X vom . . . . .

Der Kläger hörte dann längere Zeit nichts vom Beklagten, obwohl er mehrfach schriftlich wegen des Sachstands anfragte.

Beweis: 1. Schreiben des Klägers vom . . . . .
        2. Schreiben des Klägers vom . . . . .
        3. Schreiben des Klägers vom . . . . .

Am . . . . . erfuhr der Kläger, der Beklagte habe die Gegenstände bereits vor geraumer Zeit verwertet.[11] Er soll hierfür . . . . . EUR erlöst haben.

Beweis: Telefonnotiz vom . . . . . über das Gespräch mit der zuständigen Sachbearbeiterin
        . . . . . aus dem Büro des Beklagten

Erneut forderte der Kläger den Beklagten auf, ihm den Erlös abzüglich der Kostenbeiträge nach § 171 Abs. 2 InsO[12] zu überweisen, zuletzt unter Fristsetzung zum . . . . . Da der Beklagte hierauf bis heute nicht reagiert hat, ist Klage geboten.

Rechtsanwalt

Anmerkungen

1. Zur Auskunftsklage aufgrund eines Vermieterpfandrechts → Form. B. II. 6. Zum Auskunftsanspruch gegenüber dem Insolvenzverwalter → Anm. 9. Zur Klage auf vorzugsweise Befriedigung aufgrund Vermieterpfandrechts → Form. B. II. 7.
Auch wenn das Vermieterpfandrecht ansonsten ein „stumpfes Schwert" sein mag, für den Vermieter von Gewerberaum ist es im Insolvenzverfahren von großer Bedeutung, weil es insolvenzfest ist. Rückständige Mieten sichert es allerdings nur bis zu einem Jahr vor der Eröffnung des Insolvenzverfahrens, § 50 Abs. 2 S. 1 InsO. Gesichert sind auch die Mietansprüche zwischen Antragstellung und Eröffnung des Verfahrens (BGH NZM 2007, 212). Das Vermieterpfandrecht umfasst allerdings nicht den Schadenersatzanspruch des Vermieters wegen vorzeitiger Beendigung des Mietverhältnisses nach § 109 InsO (*Wolf/Eckert/Ball* Rn. 1524). Bei Auskehr des Erlöses für Gegenstände, die dem Vermieterpfandrecht unterliegen, ist der Insolvenzverwalter berechtigt, nach § 366 Abs. 1 BGB zu bestimmen, dass zunächst die Mietzinsforderungen des Vermieters getilgt werden sollen, die als Masseverbindlichkeiten zu berichtigen sind und sodann erst offene Mietzinsinsolvenzforderungen (OLG Dresden NZM 2012, 84–90).

2. Der allgemeine Gerichtsstand eines Insolvenzverwalters für Klagen, die sich auf die Insolvenzmasse beziehen, wird durch den Sitz des Insolvenzgerichts bestimmt, § 19a ZPO. Daneben können auch die besonderen Gerichtsstände der § 27 und 29 ZPO möglich sein (*Franken/Dahl* S. 13 Rn. 15).

3. Das Vermieterpfandrecht begründet ein Absonderungsrecht, § 49 InsO. Absonderungsberechtigte Gläubiger dürfen ihre Forderungen aus dem Verwertungserlös einzelner massezugehöriger Gegenstände, an denen ihr Absonderungsrecht besteht, befriedigen, § 50 Abs. 1 InsO (Kreft/*Lohmann*, Insolvenzordnung, 7. Aufl. 2014, § 49 InsO Rn. 1). Sonstige Absonderungsberechtigte sind in § 51 InsO aufgeführt.

Der Insolvenzverwalter ist für die Verwertung zuständig, wenn er die Sache im Besitz hat, § 165 InsO. Gegen ihn ist die Klage zu richten. Denn er ist verpflichtet, den Erlös aus der Verwertung abzüglich der Kostenbeteiligung nach § 171 InsO unverzüglich an den absonderungsberechtigten Gläubiger auszuzahlen, § 170 Abs. 1 S. 2 InsO.

4. Der Insolvenzverwalter ist dem Vermieter zur Erteilung bestimmter Auskünfte hinsichtlich der dem Vermieterpfandrecht unterliegenden Gegenstände und deren Verwertung verpflichtet, → Anm. 9. Zum Streitwert eines möglichen Auskunftsanspruchs des Vermieters → Form. B. II. 6 Anm. 3. Übersteigt der Wert der Forderung auf Auszahlung des Erlöses alleine oder zusammen mit einem gegebenenfalls ergänzend geltend zu machenden Auskunftsanspruch 5.000,– EUR, wäre die Zuständigkeit des Landgerichts begründet, § 23 Nr. 2 a GVG, da vorliegend ein Gewerberaummietverhältnis betroffen ist.

5. Die Klagesumme setzt sich aus dem Verwertungserlös abzüglich der Kostenbeiträge nach § 171 InsO und ggf. anfallender Umsatzsteuer zusammen, → Anm. 12. Zinsen können nach Maßgabe des § 169 InsO geltend gemacht werden, → Anm. 11.

6. Zur Entstehung des Vermieterpfandrechts → Form. C. II. 29 Anm. 6.

7. Wird das Vermieterpfandrecht für Insolvenzforderungen in Anspruch genommen, muss es im Zeitpunkt der Eröffnung bereits entstanden sein (Uhlenbruck/*Uhlenbruck* § 50 Rn. 19; Kreft/*Lohmann*, Insolvenzordnung, 7. Aufl. 2014, § 49 InsO Rn. 4). Werden Gegenstände nach Verfahrenseröffnung eingebracht, kann insofern kein Absonderungsrecht zu Gunsten des Vermieters entstehen, § 91 InsO.
Entstehen kann ein Vermieterpfandrecht aber auch an Sachen, die der Insolvenzverwalter nach Verfahrenseröffnung in die Mietsache einbringt, soweit es sich auf Masseforderungen nach § 55 Abs. 1 Nr. 2 InsO bezieht (Uhlenbruck/*Brinkmann* § 50 InsO Rn. 18). Wer Gegenstände erwirbt, die in Mieträumen stehen, handelt nach Auffassung des BGH grob fahrlässig, wenn er sich in Kenntnis des Mietverhältnisses nicht nach dem Vermieterpfandrecht erkundigt (BGH NZM 2011, 275).

8. Der Vermieter sollte sein Vermieterpfandrecht so rasch wie möglich gegenüber dem Insolvenzverwalter geltend machen bzw. ihn so rasch wie möglich darüber informieren, dass er es und an welchen Gegenständen genau ausübt hat, damit der Insolvenzverwalter es beachtet (*Horst* ZMR 2007, 170).
Hat der Insolvenzverwalter die dem Vermieterpfandrecht unterliegenden Gegenstände bereits verwertet, kommt dem Vermieter an dem Erlös analog § 48 InsO ein Ersatzabsonderungsrecht zu (BGH NJW 2010, 2585 ff. Rn. 7; Braun/*Bäuerle*, Insolvenzordnung, 6. Aufl. 2014, § 48 Rn. 38; OLG Dresden NZM 2012, 84–90). § 48 InsO ist auf Absonderungsrechte entsprechend anwendbar (BGH ZIP 2006, 959 ff Rn. 16). Der Erlös muss gesondert verwahrt werden (BGH NJW 2010, 2585 ff. Rn. 33).
Ist der Erlös unterscheidbar von der Masse vorhanden, handelt es sich bei dem Anspruch auf Auskehrung des Erlöses nicht bloß um eine Masseverbindlichkeit nach § 55 Abs. 1 Nr. 1 InsO. Vielmehr setzt sich das Absonderungsrecht am Erlös fort (BGH NJW 2010, 2585 ff. Rn. 38; BGHZ 170, 196, 205 Rn. 19). Auch bei Massearmut kann der Absonderungsberechtigte folglich Herausgabe des Erlöses abzüglich der Pauschalen des § 171 InsO bis zur Höhe der gesicherten Forderung verlangen. Nichts anderes gilt, wenn beispielsweise ein gesondert hierzu befugter vorläufiger Insolvenzverwalter nach Anordnung des Insolvenzgerichts bereits im Eröffnungsverfahren nach § 21 Abs. 2 S. 1 Nr. 5 InsO verwertet hat (BGH NJW 2010, 2585 ff. Rn. 38).
Wird der Erlös ununterscheidbar zur Masse genommen, so steht dem Gläubiger eine Masseforderung nach § 55 Abs. 1 Nr. 3 InsO zu (BGH ZIP 2009, 228; Uhlenbruck/*Brinkmann* § 50 InsO Rn. 50). Bei Masseunzulänglichkeit haftet der Verwalter nach § 60 Abs. 1 InsO (Kreft/*Landfermann*, Insolvenzordnung, 7. Aufl. 2014, § 170 InsO Rn. 9).

9. Gesetzlich geregelt ist, dass der Insolvenzverwalter dem Gläubiger auf dessen Verlangen Auskunft über den Zustand der Sache zu erteilen hat. Anstatt Auskunft zu erteilen, kann er dem Gläubiger gestatten, die Sache zu besichtigen, § 167 Abs. 1 InsO. Der Insolvenzverwalter ist ferner verpflichtet, Auskunft darüber zu erteilen, wo sich die dem Vermieterpfandrecht unterfallenden Gegenstände befinden (BGH NZM 2004, 224). Insgesamt muss der Insolvenzverwalter so Auskunft erteilen, dass der Vermieter die Lage versetzt wird, gegebenenfalls sein Ersatzaussonderungsrecht geltend machen zu können (*Franken/Dahl* S. 99 Rn. 19; *Pape* NZM 2004, 401 (407)).

Erteilt ein Insolvenzverwalter erforderliche Auskünfte nicht, kann gegebenenfalls mit einem gesonderten Antrag Auskunft darüber verlangt werden, ob und welche Gegenstände, an denen das Vermieterpfandrecht bestand, in der Insolvenzmasse noch vorhanden sind, ob und welche Gegenstände der Insolvenzverwalter an Dritte veräußert hat, ob und welche dem Vermieterpfandrecht unterliegenden Gegenstände durch den Schuldner an Dritte veräußert worden sind, ob und welcher Kaufpreis vom Erwerber vereinnahmt wurde und auf welche Weise (bar oder unbar, auf welches Konto). Die Auskunftspflicht ist umfassend.

10. Der Insolvenzverwalter hat den Gläubiger über die beabsichtigte Verwertung zu unterrichten, damit dieser die Möglichkeit hat, eine günstigere Verwertungsmöglichkeit zu benennen, § 168 InsO. Hierzu hat der Vermieter eine Woche lang Gelegenheit. Unterbleibt die Information des Gläubigers, kann der Insolvenzverwalter dadurch seine insolvenzspezifischen Pflichten verletzt haben und dem Gläubiger haftbar sein (OLG Frankfurt Urt. v. 9.7.2010 – 2 U 34/06 n. v.).

11. Gegenstände, die dem Vermieterpfandrecht unterliegen, werden nach Maßgabe des § 166 InsO verwertet. Für die Verwertung nach § 166 InsO gilt § 159 InsO nicht. Der Insolvenzverwalter hat sie also nicht erst nach dem Berichtstermin zu verwerten. Das Verwertungsrecht entsteht schon mit der Eröffnung des Insolvenzverfahrens. Dies ergibt sich aus § 170 Abs. 2 InsO, wonach der Verwalter statt der Verwertung auch die Freigabe des Gegenstands aus der Masse wählen kann (Uhlenbruck/*Uhlenbruck* § 166 InsO Rn. 8). Der Insolvenzverwalter sollte zügig verwerten, da die Insolvenzmasse anderenfalls zulasten der übrigen Gläubiger mit Zinsen belastet wird, § 169 InsO. Den Anspruch auf Zahlung laufender Zinsen kann der Gläubiger während des laufenden Insolvenzverfahrens vor den ordentlichen Gerichten gegenüber dem Insolvenzverwalter geltend machen (Uhlenbruck/*Uhlenbruck* § 169 Rn. 14).

12. Im Zusammenhang mit der Ausübung und Geltendmachung des Vermieterpfandrechts sollte der Vermieter vorab darüber informiert werden, dass der Insolvenzverwalter aus dem Erlös der verwertenden Sachen Kostenbeiträge samt Umsatzsteuer für sich entnehmen darf, § 171 InsO, nämlich die Feststellungs- und die Verwertungskosten.

Feststellungskosten im Sinne des § 171 Abs. 1 InsO sind die Kosten, die für die inventarmäßige Feststellung des Gegenstandes und die Feststellung des Absonderungsrechts anfallen. Hierfür darf der Insolvenzverwalter 4 % des Bruttoerlöses beanspruchen. Bei diesem Betrag handelt es sich um einen Festbetrag, der weder erhöht noch herabgesetzt werden kann.

Bei den Verwertungskosten nach § 171 Abs. 2 InsO handelt es sich demgegenüber um die Kosten, die für die Verwertung der abgesonderten Gegenstände anfallen. Hier kann der Insolvenzverwalter aus dem Verwertungserlös 5 % für sich beanspruchen. Bei diesem Betrag handelt es sich allerdings nicht wie in § 117 Abs. 1 InsO um eine feste Pauschale. Sie kann, wenn die tatsächlichen Kosten erheblich unter oder über 5 % liegen, angepasst werden. Eine erhebliche Abweichung liegt vor, wenn die tatsächlich entstandenen und erforderlichen Verwertungskosten die Hälfte oder das Doppelte des Vomhundertsatzes betragen (BT-Drs. 12/2443, S. 181).

Selbst wenn der Gläubiger und nicht der Insolvenzverwalter die Verwertung der Sachen vornehmen würde, hat er gleichwohl die entstandene Umsatzsteuer an die Masse zu zahlen.

5. Klage gegen den Insolvenzverwalter auf Schadensersatz wegen Beschädigung der Mietsache

→ Form. C. II. 22 Anm. 12.

6. Klage gegen den Insolvenzverwalter wegen möglicher herbeigeführter Bodenverunreinigungen

→ Form. C. II. 23 Anm. 9.

7. Klage gegen den Insolvenzverwalter wegen überbürdeter, aber nicht durchgeführter Schönheitsreparaturen

→ Form. C. II. 21 Anm. 16.

8. Klage gegen den Insolvenzverwalter auf Erfüllung einer vereinbarten Betriebspflicht

→ Form. B. II. 2 Anm. 10.

9. Klage gegen den Insolvenzverwalter auf Wiederauffüllung der Kaution

→ Form. B. II. 4 Anm. 15.

II. Mieterinsolvenz – Klage des Insolvenzverwalters gegen den Vermieter auf Zahlung bereits vereinnahmter Mieten zur Masse (Insolvenzanfechtung)

An das

Landgericht[1]. . . . .

Klage

des . . . . . als Insolvenzverwalter[2] über das Vermögen des M (vormaliger Mieter des Beklagten) . . . . .

– Kläger –

gegen

. . . . . den Vermieter . . . . .

– Beklagten –

auf Zahlung bereits vereinnahmter Miete zur Masse

A N T R Ä G E :

Der Beklagte wird verurteilt, an den Kläger . . . . .EUR zuzüglich Zinsen in Höhe von fünf Prozentpunkten über dem jeweiligen Basiszinssatz seit dem . . . . . zu zahlen.

Begründung:

Der Kläger wurde zum Insolvenzverwalter über das Vermögen des M bestellt. M war Mieter einer Gewerbefläche des Beklagten. Im Wege der Insolvenzanfechtung[3] macht der Kläger einen Anspruch auf Rückzahlung von Mieten, die der Beklagte innerhalb der drei Monate, bevor Insolvenzantrag gestellt wurde, vereinnahmt hat, geltend.[4] – Im Einzelnen:

M hatte vom Beklagten Räume für den Betrieb einer Kfz-Reparaturwerkstatt angemietet.

Beweis: Mietvertrag vom . . . . .

Die monatliche Miete betrug . . . . .EUR netto. Hinzu kam eine monatliche Betriebskostenvorauszahlung in Höhe von . . . . .EUR

Beweis: Wie vor, dort . . . . .

M geriet in Zahlungsschwierigkeiten: Zahlungen an seine Lieferanten leistete er nur noch unvollständig und unregelmäßig. Warenlieferungen, die gegen Barzahlung geliefert wurden, konnte M häufig nicht annehmen, weil ihm die Mittel fehlten. Auch der zuständige Gerichtsvollzieher war immer wieder bei ihm, um Forderungen beizutreiben. Der Beklagte wusste von den Zahlungsschwierigkeiten des M. Dem Gerichtsvollzieher gegenüber, den er am . . . . . auf dem Grundstück traf, hat er dies . . . . . bestätigt.[5]

Beweis: Zeugnis des Herrn OGVZ . . . . .

Zuletzt gab M die eidesstattliche Versicherung ab. Bis dahin hatte er die Mieten noch pünktlich und vollständig gezahlt.[6] Dann jedoch bat er den Beklagten um Verständnis,

Moersch

falls die Miete einmal nicht so pünktlich oder vollständig eingehen würde: Dadurch, dass er die eidesstattliche Versicherung abgegeben habe, könne es nun zu Kontenpfändungen kommen.

Beweis: Zeugnis des M, b. b.

M's Lage verschlechterte sich weiter. Weil er ohne die Werkstatt seinen Beruf nicht ausüben konnte, war es ihm besonders wichtig, seine Zahlungspflichten aus dem Mietverhältnis pünktlich und vollständig zu erfüllen. Im April . . . . . beschloss er, vorrangig die Mieten zu begleichen.[7] Er zahlte deshalb bereits mit der Miete für Mai die Mieten für Juni und Juli . . . . . vorab.[8]

Am 01.07 . . . . . wurde Insolvenzantrag gegen ihn gestellt. Das Insolvenzverfahren ist mittlerweile eröffnet.

Beweis: Eröffnungsbeschluss des Amtsgerichts . . . . . über das
　　　　Insolvenzverfahren des M

Der Kläger erklärte unverzüglich nach Eröffnung des Insolvenzverfahrens gegenüber dem Beklagten die Insolvenzanfechtung hinsichtlich der Mieten für Mai bis Juli . . . . . und verlangte Zahlung unter Fristsetzung zum . . . . .

Beweis: Schreiben des Klägers vom . . . . .

Der Beklagte weigert sich, Zahlung zu leisten. Er steht auf dem Standpunkt, er habe die vereinnahmten Mieten nicht herauszugeben. Sie stünden ihm aufgrund des Mietvertrages zu. Schließlich habe M die Werkstatt auch genutzt.

Beweis: Schreiben des Beklagten vom . . . . .

Der Beklagte übersieht insofern insolvenzspezifische Regelungen: Es liegt mindestens ein Fall der sogenannten „Krisenanfechtung", § 130 Abs. 1 Nr. 1 InsO vor. Zwar hatte der Beklagte einen mietvertraglichen Anspruch auf Zahlung der Miete. Dies schließt die Insolvenzanfechtung jedoch nicht aus.

Dass der Beklagte über die sich schon lange anbahnende Zahlungsunfähigkeit des M informiert war, ist ausführlich dargelegt.[9] Da nicht gezahlt wurde, ist Klage geboten.

Beglaubigte und einfache Abschrift anbei.

Rechtsanwalt

Anmerkungen

1. Für Anfechtungsklagen ist in erster Linie das Gericht des allgemeinen Gerichtsstandes des Anfechtungsgegners örtlich zuständig, §§ 13 – 19 in Verbindung mit § 22 ZPO. § 19a ZPO gilt nicht für Aktivprozesse des Insolvenzverwalters. Deshalb kann auf diese Norm auch nicht die internationale Zuständigkeit eines deutschen Gerichts für solche Prozesse gestützt werden. Ausnahmen bestehen lediglich für Anfechtungsklagen, wenn der Anfechtungsgegner seinen satzungsmäßigen Sitz in einem Mitgliedstart der EU hat, deutsche Gerichte für die Anfechtungsklage nach Art. 3 Abs. 1 EUInsVO zuständig sind und nach den deutschen Gerichtsstandsbestimmungen eine örtliche Zuständigkeit nicht begründet wurde. In diesen Fällen ist das sachlich zuständige Streitgericht für den Sitz des eröffneten Insolvenzverfahrens entsprechend § 19a ZPO in Verbindung mit § 3

InsO, Artikel 102 § 1 EUInsVO hilfsweise ausschließlich örtlich zuständig (*Kreft*, Insolvenzordnung, 7. Aufl. 2014, § 129 InsO Rn. 99).

Neben dem allgemeinen Gerichtsstand des Anfechtungsgegners kommen die Wahlgerichtsstände des Aufenthaltsortes, § 20 ZPO, der Niederlassung, § 21 ZPO, oder des Vermögens, § 23 ZPO, in Betracht. Nicht anwendbar ist der Gerichtsstand des Erfüllungsortes, § 29 ZPO. Überschreitet der Gegenstandswert 5.000,– EUR, ist die Zuständigkeit des Landgerichts begründet, § 23 Nr. 2 a GVG.

2. Durch die Eröffnung des Insolvenzverfahrens geht das Recht des Insolvenzschuldners, sein Vermögen zu verwalten und über es zu verfügen, auf den Insolvenzverwalter über, § 80 InsO. Auch die Prozessführungsbefugnis geht, sofern sie sich auf das insolvenzbefangene Vermögen bezieht, auf den Insolvenzverwalter über (Kreft/*Kayser*, Insolvenzordnung, 7. Aufl. 2014, § 80 InsO Rn. 23). Ansprüche macht er als Partei kraft Amtes geltend.

3. Gerät ein Schuldner in die Krise, versuchen seine Gläubiger häufig, sich den besten Zugriff auf sein Vermögen zu sichern und den Schuldner zu Rechtshandlungen zu veranlassen, die sie begünstigen. Wird das Insolvenzverfahren eröffnet, können dergleichen Rechtshandlungen des Schuldners angefochten werden, § 129 ff. InsO. Was durch eine anfechtbare Handlung aus dem Vermögen des Schuldners veräußert, weggegeben oder aufgegeben wurde, muss zur Insolvenzmasse zurückgewährt werden, § 143 InsO.

Die Insolvenzanfechtung hat keinen Strafcharakter. Ihr Ziel ist es, bestimmte Vermögensverschiebungen, die vor dem Insolvenzantrag vorgenommen worden sind, rückgängig zu machen, um die Masse zu mehren und daraus nach Möglichkeit alle Gläubiger gleichmäßig zu befriedigen. Die Vorschriften über die Rechtsfolgen einer ungerechtfertigten Bereicherung, bei der dem Empfänger der Mangel des rechtlichen Grundes bekannt ist, gelten entsprechend. Viele Insolvenzverfahren werden nur eröffnet, weil Anfechtungsansprüche geltend gemacht werden können und so – ansonsten vielleicht gar nicht vorhandene – Insolvenzmasse geschaffen werden kann.

Rechtshandlungen des Schuldners, die angefochten werden können, können sowohl verfügende als auch verpflichtende Handlungen sein, wie auch geschäftsähnliche oder Prozesshandlungen.

Angefochten werden können Handlungen,
- die mit Gläubigerbenachteiligungsvorsatz vorgenommen wurden, § 133 InsO;
- die unentgeltlich vorgenommen wurden, § 134 InsO;
- die bereits in der Krise vorgenommen wurden, §§ 130, 131, 132 InsO
- oder die Besicherung oder Rückgabe eigenkapitalersetzender Leistungen zum Gegenstand hatten, § 135 InsO.

Zwischen den einzelnen Anfechtungstatbeständen besteht kein Alternativverhältnis. Vielmehr nehmen die Anforderungen an den Nachweis einer Anfechtung ab mit der zeitlichen Nähe der Rechtshandlung zum Insolvenzverfahren, dem im Verhältnis zu den Insolvenzgläubigern kritischer zu beurteilen Inhalt des Geschäfts und der persönlichen Nähebeziehung desjenigen, gegenüber dem die Rechtshandlung vorgenommen wurde. Sie stehen grundsätzlich in einem Stufenverhältnis zueinander. Können die Voraussetzungen eines behaupteten bestimmten Anfechtungstatbestandes nicht bewiesen werden, muss das Gericht von sich aus prüfen, ob die Rechtshandlung nicht wegen Verstoßes gegen einen anderen Anfechtungstatbestand mit anderen Nachweisanforderungen angreifbar ist (Uhlenbruck/ *Hirte* § 129 InsO Rn. 9).

Anfechtbar nach § 133 InsO sind alle Rechthandlungen des Schuldners, die er in den letzten zehn Jahren vor Antrag auf Eröffnung des Insolvenzverfahrens oder nach diesem Antrag mit dem Vorsatz vorgenommen hat, seine Gläubiger zu benachteiligen, wenn er also weiß, dass seine Mittel nicht ausreichen, um alle Gläubiger zu befriedigen. Auf Seiten des Schuldners muss dolus eventualis vorliegen (BGH WM 2003, 1690, 1693). Der andere

Teil muss im Zeitpunkt der Verfügung den Vorsatz des Schuldners gekannt haben. Wegen des langen Zeitraums von 10 Jahren ergeben sich häufig Beweisschwierigkeiten.

Teilzahlungen des Schuldners, die dieser nach fruchtloser Zwangsvollstreckung im Rahmen einer vom Gerichtsvollzieher herbeigeführten Ratenzahlungsvereinbarung erbringt, sind beispielsweise wegen vorsätzlicher Gläubigerbenachteiligung anfechtbar (BGH ZIP 2010 – 191–194). Barzahlungen an den Gerichtsvollzieher oder Vollstreckungsbeamten in den Räumen des Schuldners sollen in der Regel keine insolvenzrechtlichen Rechtshandlungen des Schuldners und damit wohl nicht anfechtbar sein (LG Mannheim NZI 2012, 848–849, ähnlich auch OLG Frankfurt EWiR 2011, 85).

Eine Gläubigerbenachteiligung ist auch dann gegeben, wenn durch die Aufwertung einer Mietforderung zu einer voll zu begleichenden Masseforderung die Aktiva verkürzt wurden (BGH ZInsO 2012, 971 f.).

Angefochten werden können außerdem alle objektiv unentgeltlichen Zuwendungen des Schuldners ab 4 Jahre vor Antragstellung. Ausgenommen sind nur gebräuchliche Gelegenheitsgeschenke. Entscheidend ist, dass ein objektives Missverhältnis vorliegt. Der Empfänger muss die Leistung nur zurückgeben, wenn er durch sie bereichert ist. Auch wenn er durch sie nicht mehr bereichert ist, muss er sie zurückgeben, wenn er von der gläubigerbenachteiligenden Wirkung wusste, § 143 Abs. 2 InsO.

Zur Anfechtung ist nur der Insolvenzverwalter berechtigt, § 129 Abs. 1 InsO. Dies gilt für alle am 1.7.2014 oder später eröffneten Verfahren auch für die Verbraucherinsolvenz. Bei bis einschließlich zum 30.06.2014 eröffneten Verbraucherinsolvenzverfahren kann nicht der Treuhänder, sondern nur die Gläubiger die Insolvenzanfechtung erklären. Die Gläubigerversammlung kann den Treuhänder oder einen Gläubiger mit der Anfechtung beauftragen, § 313 Abs. 2 InsO a. F.

4. Die sog. „Krisenanfechtung" bezieht sich auf Verfügungen des Schuldners in den letzten drei Monaten vor Insolvenzantragstellung bis zur Eröffnung des Verfahrens. Sie betrifft Rechtshandlungen des Schuldners bei kongruenter und bei inkongruenter Deckung, §§ 130, 131 InsO. Handelt es sich um ein Rechtsgeschäft, muss eine unmittelbar benachteiligende Rechtshandlung vorliegen, § 132 InsO.

- Kongruente Deckung liegt vor, wenn der Gläubiger auf die Leistung, so, wie sie erbracht wurde, einen Anspruch nach Art und Leistungszeit hatte.
  Eine Rechtshandlung, der eine kongruente Deckung zugrunde liegt, ist anfechtbar, wenn der Gläubiger zur Zeit der Vornahme vom Eröffnungsantrag wusste oder die Zahlungsunfähigkeit des Schuldners kannte.
- Inkongruent ist die Deckung, wenn der Schuldner auf sie so, wie sie erbracht wurde, keinen Anspruch hatte.
  Die auf Anweisung des zahlungsunfähigen Zwischenmieters erfolgte Direktzahlung des Endmieters an den Vermieter gewährt diesem eine inkongruente Deckung, welche die Gläubiger des Zwischenmieters objektiv benachteiligt (BGH ZInsO 2011, 421).

5. Eine erfolgreiche Insolvenzanfechtung nach §§ 130, 131 InsO setzt voraus, dass der Vermieter wusste, dass der Mieter zahlungsunfähig ist oder Antrag auf Eröffnung des Insolvenzverfahrens gegen ihn gestellt war. Anhaltspunkte für die Zahlungsunfähigkeit des Mieters sind unpünktliche und unvollständige Mietzahlungen, Stockungen bei den Zahlungen, Bitten des Mieters um Stundung, Ratenzahlung usw. Zahlt ein bereits zahlungsunfähiger Mieter die Miete noch und kennt der Vermieter die Zahlungsunfähigkeit, oder die Umstände, die darauf hindeuten, sind alle Mietzahlungen, die in den letzten drei Monaten vor Insolvenzantragstellung auf die geschuldete Miete geleistet wurden, anfechtbar, auch, wenn der Anspruch begründet und fällig war, § 130 InsO. Mit einem Mieter in einer derartigen Situation einen Vergleich über die Mietzahlungen zu schließen, ist besonders risikoreich: Werden durch ihn andere Gläubiger benachteiligt, kann er noch 10 Jahre lang angefochten werden, § 133 InsO.

Die Vorsatzanfechtung nach § 133 InsO setzt voraus, dass der Anfechtungsgegner den Vorsatz des Insolvenzschuldners, seine übrigen Gläubiger zu benachteiligen, kannte, § 133 Abs. 1 InsO. Diese Kenntnis wird vermutet, wenn der Anfechtungsgegner wusste, dass die Zahlungsunfähigkeit Schuldners drohte und durch die Handlung des Insolvenzschuldners andere Gläubiger benachteiligt wurden.

Für die Vermutungswirkung des § 133 Abs. 1 S. 2 InsO reicht es aus, dass der Gläubiger Umstände kennt, die zwingend auf eine drohende Zahlungsunfähigkeit hindeuten. Dann muss er damit rechnen, dass es andere Gläubiger mit nicht erfüllten Ansprüchen gibt. Entscheidende Voraussetzung für die Anwendung des § 133 Abs. 1 S. 2 InsO in der Praxis ist daher die Kenntnis von der drohenden Zahlungsunfähigkeit.

Um die Kenntnis von der drohenden Zahlungsunfähigkeit des Schuldners festzustellen, bedarf es einer Gesamtbetrachtung der dem Gläubiger bekannten Umstände. Erhält der Vermieter von Gewerberaum über einen längeren Zeitraum hinweg die Mietzahlungen ausschließlich vom Gerichtsvollzieher, hatte der Mieter auch im Zeitraum davor stets Mietschulden und kündigt der Vermieter das Mietverhältnis daraufhin außerordentlich, so reichen diese Indizien nicht, um eine Kenntnis von der drohenden Zahlungsunfähigkeit sicher festzustellen. Dies gilt auch dann, wenn der Mieter auf Antrag des Vermieters zur Abgabe der eidesstattlichen Versicherung geladen wurde (Hanseatisches OLG ZInsO 2011, 1066 – 1067). Kennt der Gläubiger die einmal eingetretene Zahlungsunfähigkeit des Schuldners und ist aufgrund der Umstände zu vermuten, dass dessen Benachteiligungsvorsatz dem Gläubiger bekannt ist, so obliegt es diesem, darzulegen und zu beweisen, dass er später gleichwohl davon ausgehen durfte, der Schuldner habe seine Zahlungen wieder aufgenommen (BGHZ 149, 100, 108, 109; 149, 178, 188; BGH ZIP 2006, 290, 293).

Nimmt ein Vermieter von einem Mieter, von dem er weiß, dass er sich in der Krise befindet, Zahlungen an, obwohl er weiß, dass es noch andere Gläubiger gibt, kann er dem Risiko einer Vorsatzanfechtung gemäß § 133 InsO nur entgehen, wenn er darlegt und beweist, dass er davon ausging, die übrigen Gläubiger seien mittlerweile befriedigt worden, er sei der einzig verbleibende Gläubiger. Damit läge keine Gläubigerbenachteiligungsabsicht im Sinne des § 133 InsO vor (BGH ZInsO 2009, 145–146). Weiß der Gläubiger, dass der Schuldner nicht in der Lage ist oder voraussichtlich nicht in der Lage sein wird, die bestehenden Zahlungspflichten im Zeitpunkt der Fälligkeit im Wesentlichen zu erfüllen, so weiß er in der Regel auch, dass dessen Rechtshandlung andere Gläubiger benachteiligt.

6. Selbst wenn der Mieter in der Krise die Miete pünktlich und vollständig zahlt, kann trotzdem Zahlungsunfähigkeit vorliegen, wenn es sich bei der Miete um eine geringe Verpflichtung verglichen mit den übrigen Verbindlichkeiten des Mieters handelt.

7. Bei der Zahlung handelt es sich um Rechtshandlung des im Sinne des § 133 Abs. 1 S. 1 InsO. Der Mieter hatte den Vorsatz, seine anderen Gläubiger zu benachteiligen. Deren Befriedigungsaussichten verringerten sich entsprechend (BGH ZInsO 2009, 189–190).

8. Die Zahlung von Mieten kann womöglich nicht angefochten werden, wenn ein Bargeschäft vorliegt, § 142 InsO. § 142 InsO soll gewährleisten, dass auch ein sich in der Krise befindlicher Schuldner noch Geschäfte tätigen kann. Anderenfalls wäre ihm jegliche Handlungsfreiheit genommen (Uhlenbruck/Hirte/Vallender § 142 InsO Rn. 2). Bei einer zeitnahen Zahlung von Miet- oder Pachtzinsen – längstens innerhalb Monatsfrist nach Leistungsende – soll ein Bargeschäft vorliegen (BGHZ 151, 353 Rn. 48). *Franken/Dahl* weisen allerdings darauf hin, dadurch, dass die Zahlung für den Mietgebrauch geleistet werde, fließe der Masse keine gleichwertige Leistung zu. Eine Gleichwertigkeit der Leistung, wie sie für ein Bargeschäft erforderlich ist, hat der BGH beispielsweise bei einer Zahlung für Strom verneint (*Franken/Dahl* S. 63 Rn. 80; BGHZ 97, 94).

9. → Anm. 5

III. Mieterinsolvenz – Klage der Mitmieter gegen den Vermieter auf erstmalige Einräumung des Mietbesitzes

An das

Landgericht[2]

. . . . .

Klage

1. des Mieters . . . . .
2. des Mieters . . . . .
3. des Mieters . . . . .

– Kläger –

gegen

den Vermieter

– Beklagter –

auf erstmalige Einräumung des Mietbesitzes[1] (Gewerberaummietverhältnis)

Streitwert: . . . . .[3]

A N T R Ä G E :

Der Beklagte wird verurteilt, den Klägern den alleinigen unmittelbaren Mietbesitz an den Gewerbeflächen im 4. OG links des Hauses . . . . . in . . . . . bestehend aus 8 Zimmern, einem Empfangsbereich, einem Lagerraum, vier Toiletten, einem Flur, einem Archivkeller sowie den Pkw-Stellplatzen Nr. 70–78 in der Tiefgarage des Hauses einzuräumen.

Begründung:

Die Kläger sind Ärzte. Sie haben sich zusammengetan, um eine Gemeinschaftspraxis zu betreiben. Zu diesem Zweck mieteten sie die im Klageantrag zu 1. genannten Gewerbeflächen vom Beklagten an. Der Gewerberaummietvertrag ist, beginnend mit dem . . . . . auf fünf Jahre befristet.

Beweis: Mietvertrag vom . . . . .

Bevor die Mietflächen übergeben wurden, wurde das Insolvenzverfahren gegen den Kläger zu 3. eröffnet. Anscheinend war sich der Beklagte daraufhin nicht sicher, ob er an dem Mietverhältnis festhalten sollte. Es wies die Kläger zunächst auf eine Klausel im Mietvertrag hin, wonach ihm die Verschlechterung der Vermögensverhältnisse eines von ihnen, insbesondere die Eröffnung eines Insolvenzverfahrens, ein Recht zur sofortigen Kündigung des Mietverhältnisses geben soll.

Beweis: 1. Schreiben des Beklagten vom . . . . .
          2. Mietvertrag vom . . . . .

Zu Recht machten die Kläger darauf aufmerksam, dass diese Klausel unwirksam ist, weil sie dem Sinn und Zweck von § 108 Abs. 1 S. 2 InsO widerspricht.[4] Daraufhin versuchte der Beklagte auszuloten, wie sich der Insolvenzverwalter des Klägers zu 3. zur Sache stellt. Er forderte ihn auf, sich binnen zwei Wochen dazu zu erklären, ob er von dem Vertrag zurücktreten wolle, § 109 Abs. 2 S. 3 InsO. Der Insolvenzverwalter reagierte hierauf nicht.[5] Sofort nach Eröffnung des Insolvenzverfahrens erklärte er gegenüber dem Kläger zu 3., er gebe dessen selbstständige Tätigkeit aus dem Insolvenzverfahren frei, § 35 Abs. 2 S. 1. InsO. Der Kläger zu 3. teilte dies dem Beklagten mit[6]

Beweis: 1. Schreiben des Beklagten an den Insolvenzverwalter vom . . . . .
2. Schreiben des Klägers zu 3. an den Beklagten vom

Daraufhin erklärte der Beklagte seinerseits den Rücktritt von Mietvertrag gegenüber den Klägern.

Beweis: Schreiben des Beklagten an die Kläger . . . . .

Dem widersprachen die Kläger. Der Rücktritt ist nach § 109 InsO nicht zulässig. Der Beklagte habe nicht zurücktreten dürfen, da nur einer von drei Mietern insolvent sei. Dem Sicherungsinteresse des Beklagten sei dadurch ausreichend Genüge getan, dass zwei der Mieter ausreichend solvent sind und ihm für die Verbindlichkeiten aus dem Mietverhältnis einstehen müssen. Sie verlangen zu Recht, ihnen den Besitz an der Mietsache einzuräumen.[7]

Beglaubigte und einfache Abschrift anbei.

Rechtsanwalt

Anmerkungen

1. Zur Klage auf erstmalige Einräumung des Mietbesitzes → Form. B. III. 1

2. Es handelt sich um einen Rechtsstreit bezüglich eines Gewerberaummietverhältnisses. Sofern der Gegenstandswert 5.000,– EUR überschreitet, ist das Landgericht zuständig, § 23 Nr. 2 a GVG.

3. Zum Streitwert → Form. B. III. 1 Anm. 2.

4. Die §§ 108, 112 InsO sollen verhindern, dass die wirtschaftliche Einheit im Besitz des Schuldners vorzeitig auseinandergerissen wird (*Franken/Dahl* S. 55 Rn. 49). Klauseln in Mietverträgen, die eine Kündigungsmöglichkeit aufgrund der Verschlechterung der Vermögensverhältnisse des Mieters einräumen, insbesondere wenn gegen den Mieter ein Insolvenzantrag gestellt bzw. Insolvenzverfahren eröffnet wurde, sind mit diesem Zweck nicht zu vereinbaren und daher unwirksam (*Franken/Dahl* S. 55 Rn. 49).

5. Ist der Mieter insolvent und ihm die Mietsache vor Eröffnung des Insolvenzverfahrens noch nicht übergeben, kann sowohl sein Insolvenzverwalter als auch der Vermieter von dem Mietvertrag zurücktreten, § 109 Abs. 2 S. 1 InsO. Die Rücktrittserklärung ist an keine Frist gebunden. Fordert der Vermieter oder der Insolvenzverwalter die jeweils andere Seite aber auf, sich dazu zu erklären, muss die entsprechende Erklärung innerhalb von zwei Wochen erfolgen. Anderenfalls geht das Rücktrittsrecht verloren, § 109 Abs. 2 S. 3 InsO.
Der Vermieter, der zurücktritt, erhält keinerlei Schadenersatz. Dies ist gerechtfertigt, weil er aufgrund des Rücktritts anderweitig vermieten und damit seinen Schaden gering halten kann.
Tritt der Insolvenzverwalter vom Mietverhältnis zurück, hat der Vermieter einen Schadensersatzanspruch nach § 109 Abs. 1 S. 3 InsO. Er umfasst das Erfüllungsinteresse abzüglich ersparter Aufwendungen. Er ist allerdings nur eine Insolvenzforderung.

Für den Fall, dass nur wenig Insolvenzmasse zur Verfügung steht und die Sanierungschancen gering sind, kann es für den Vermieter günstiger sein, von seinem Rücktrittsrecht Gebrauch zu machen, um rasch weitervermieten zu können. Selbst wenn das Mietverhältnis zunächst fortgeführt wird, kann Masseunzulänglichkeit eintreten (*Franken/Dahl* S. 139 Rn. 171).

Um den Schadenersatzanspruch zu begründen, kann der Vermieter zunächst den Insolvenzverwalter zur Erklärung über sein Rücktrittsrecht auffordern. Dies ist unschädlich. Der Vermieter behält sein Rücktrittsrecht auch, wenn sich der Insolvenzverwalter nicht erklärt (*Kübler/Prütting/Tintelnot* § 109 Rn. 28 a, aA *Wegener* in FK-InsO § 109 Rn. 23). Will der Vermieter von seinem Rücktrittsrecht keinen Gebrauch machen und erklärt sich der Insolvenzverwalter nicht, kann das Mietverhältnis gekündigt werden.

Sind mehrere Mieter an dem Mietverhältnis beteiligt und wird nur einer von ihnen insolvent, kann dessen Insolvenzverwalter gleichwohl das Rücktrittsrecht nach § 109 Abs. 2 Satz 1 InsO alleine, also ohne Mitwirkung der übrigen Mitmieter, aber mit Wirkung für und gegen alle Beteiligten ausüben (*Uhlenbruck/Wegener* § 109 InsO Rn. 30).

Die gleiche Problematik besteht, wenn von mehreren Mietern einer insolvent wird, die Mietsache bereits übergeben ist und dem Insolvenzverwalter das Sonderkündigungsrecht des § 109 Abs. 1 S. 1 InsO zusteht. Auch hier kann der Insolvenzverwalter bei einer Mietermehrheit ohne die Mitwirkung der anderen Mieter von dem Sonderkündigungsrecht Gebrauch machen (BGH vom 13.3.2013 – VII ZR 34/12, ZInsO 2013, 873). Diese Erklärung beendet den Mietvertrag auch für die nicht insolventen Mieter (BGH aaO; OLG Düsseldorf NJW-RR 1987, 1369–1370; *Dahl* NZM 2008, 585, 587; Hanseatisches Oberlandesgericht NZI 2012, 673–674), weil sich die Gestaltungswirkung nur auf das Mietverhältnis insgesamt als im Rechtssinne unteilbare Leistung beziehen kann (*Uhlenbruck/Wegener* § 109 Rn. 3).

Insgesamt hat der Rücktritt zur Folge, dass bereits erhaltene Leistungen zurück zu gewähren sind, §§ 547 Abs. 1 oder 346 BGB. Neben dem insolvenzbedingten Rücktrittsrecht besteht das Rücktrittsrecht nach dem BGB.

6. Übt ein Schuldner eine selbstständige Tätigkeit aus oder beabsichtigt er, demnächst eine solche Tätigkeit auszuüben, hat der Insolvenzverwalter ihm gegenüber zu erklären, ob Vermögen aus der selbstständigen Tätigkeit zur Insolvenzmasse gehört und ob Ansprüche aus dieser Tätigkeit im Insolvenzverfahren geltend gemacht werden können, § 35 Abs. 2 S. 1 InsO.

Diese Regelung gilt nur für natürliche Personen. Der Insolvenzverwalter hat nicht, wie dies ursprünglich vorgesehen war, ein Wahlrecht für seine Erklärung. Er ist vielmehr zur Abgabe der Erklärung gegenüber dem Schuldner verpflichtet. Eine Frist hierfür ist nicht vorgeschrieben. Er sollte die Erklärung aber unverzüglich abgeben, um sich nicht schadenersatzpflichtig zu machen.

Wenn der Neuerwerb für die Masse günstig ist, wird der Verwalter diesen bei der Masse belassen. Dann muss er allerdings auch die dadurch entstehenden Masseverbindlichkeiten erfüllen. Wird die selbstständige Tätigkeit freigegeben, hat der Schuldner die Insolvenzgläubiger durch Zahlung an den Insolvenzverwalter so zu stellen, als wenn er ein angemessenes Dienstverhältnis eingegangen wäre. Erwirtschaftet der Schuldner mit seiner selbstständigen Tätigkeit nicht genug, muss er sie nicht sofort aufgeben. Er muss sich dann nachweislich um eine andere, abhängige Beschäftigung bemühen (BGH NZI 2009, 482–483).

Streitig war, wie sich die Freigabe z. B. auf Mietverträge auswirkt, die der Insolvenzschuldner zur Ausübung seiner selbstständigen Tätigkeit geschlossen hat. Nach herrschender Auffassung macht die Abgabe der Freigabeerklärung eine Kündigung des Mietverhältnisses durch den Insolvenzverwalter entbehrlich (BGH WM 2012, 522–525; LG Krefeld NZI 2010, 485–486; *Haarmeyer* ZInsO 2007, 696, 698; krit. hierzu *Priebe* ZInsO 2010, 1673 ff.). Dafür spricht der Wortlaut der Gesetzesbegründung, wonach die Freigabe der selbstständigen Tätigkeit des Schuldners die dazugehörenden Vertragsverhältnisse einschließt (Begr RegE, BT-Drucks 15/3227, S. 17). Die Abgabe der Erklärung nach § 35 Abs. 2 S. 1 InsO durch den Insolvenzverwalter hat zur Folge, dass alle Ansprüche aus Vertragsverhältnissen, die im Zusammenhang mit der selbstständigen Tätigkeit des Schuldners stehen, wieder unmittelbar an den Schuldner zu richten sind. Alle vertraglichen Ansprüche von Gläubigern, die sich auf dessen selbstständige Tätigkeit beziehen, die nach dem Zugang der Erklärung beim Schuldner entstehen, können nur gegen den Schuldner und nicht gegen die Masse verfolgt werden (BGH WM 2012, 522–525).

7. Sind an einem Mietverhältnis neben dem Schuldner noch weitere Mieter beteiligt, muss für die Frage der Berechtigung unterschieden werden:
Mit der Eröffnung des Insolvenzverfahrens über das Vermögen eines Mieters besteht bei einer Mietermehrheit nur ein Rücktrittsrecht für den Insolvenzverwalter des Mieter-Schuldners. Er kann sein Rücktrittsrecht nach § 109 Abs. 2 S. 1 InsO entgegen § 351 BGB ohne die Mitwirkung der übrigen Mitmieter, aber mit Wirkung für und gegen alle Beteiligten entsprechend den Grundsätzen zur vorzeitigen Kündigung → Anm. 5 ausüben (Uhlenbruck/ *Wegener* § 109 Rn. 30 mwN). Der Vermieter kann sich hingegen nicht gemäß § 109 Abs. 2 InsO durch Rücktritt vom Vertrag lösen. Anderes ergibt sich nicht aus dem Wortlaut der Norm. Zwar sieht § 109 Abs. 2 S. 1 InsO für den Insolvenzverwalter und den Vermieter die gleichen Rechte vor, geht aber ersichtlich davon aus, dass auf Mieterseite nur eine Person steht. Da die Frage der Berechtigung bei Personenmehrheit auf Mieterseite gesetzlich nicht geregelt ist, ist der Gesetzeszweck des § 109 Abs. 2 S. 1 InsO und die Interessenlage maßgebend. Im Hinblick auf die gesamtschuldnerische Haftung der Mieter muss das Interesse des Vermieters an einer Auflösung des Vertrages in der Insolvenz nur eines Mieters hinter den Interessen der Mitmieter an der Erhaltung des Mietverhältnisses zurückstehen (unter Hinweis auf die vergleichbare Interessenlage bei der Kündigung BGH NJW 1958, 421).

IV. Vermieterinsolvenz

1. Klage des Mieters auf Einräumung des Mietbesitzes

→ Form. B. III. 1 Anm. 17.

2. Klage des Mieters auf Auskunft über die Anlage der Kaution

→ Form. B. III. 39 Anm. 8.

3. Klage des Insolvenzverwalters des Mieters auf Abrechnung und Auszahlung der Kaution

→ Form. C. III. 5 Anm. 19.

4. Klage des Mieters auf Abrechnung der Betriebskosten gegen den Insolvenzverwalter

→ Form. B. III. 45 Anm. 16.

Sachverzeichnis

Die **fett** gesetzten Großbuchstaben, römischen Zahlen und arabischen Zahlen
beziehen sich auf die Systematik des Formularbuchs; die nachfolgenden mageren Zahlen
kennzeichnen die betreffende Anmerkung